DEUTSCHER
KLASSIKER
VERLAG

JOHANN WOLFGANG GOETHE
FAUST

KOMMENTARE

VON ALBRECHT SCHÖNE

DEUTSCHER
KLASSIKER
VERLAG

Sonderausgabe

textidentisch mit der
vierten, überarbeiteten Auflage
von Band 7/2 der Goethe-Ausgabe
des Deutschen Klassiker Verlages

Gefördert durch den Stifterverband für die Deutsche Wissenschaft

Satz: pagina GmbH, Tübingen
Druck: Nomos Verlagsgesellschaft, Baden-Baden
Printed in Germany

FAUST

KOMMENTARE

INHALT

VORBEMERKUNGEN
ZU GOETHES FAUST-DICHTUNG

Ja ich möchte sagen, wenn die Poesie ganz von der Welt verlorenginge, so könnte man sie aus diesem Stück wiederherstellen.

Ließe sich, was Goethe von Calderóns Schauspiel *El príncipe constante* geglaubt hat (Brief an Schiller, 28. 1. 1804), mit einigermaßen zulänglicher Begründung überhaupt von irgendeinem Einzelwerk der Weltliteratur sagen, dann von seiner eigenen *Faust*-Dichtung.

Er ist dem Doktor Faustus schon im Puppentheater seiner frühen Kinderzeit begegnet und hat die letzten Eingriffe in die letzte Szene des großen Spiels doch erst wenige Wochen vor seinem Tod vorgenommen. Dazwischen lagen wohl 75 Jahre. So ist in den mächtigen Speicher dieses Werkes ein Formenreichtum eingegangen, wie ihn auch der mit einer unerhörten Sprachgewalt und dichterischen Gestaltungskraft und mit nahezu beispielloser Wandlungsenergie Begabte nur in einem langen Leben hat ausbilden können. Es sprechen und singen in diesem polyphonen Werk die Stimmen des jungen Leipziger Studenten, des Straßburger und Frankfurter Stürmers und Drängers, des Weimarer Klassikers, des alten Mannes im Haus am Frauenplan. Und die Vielzahl der poetischen Instrumente, die Goethe im Gang durch diese Altersstufen und Arbeitsphasen meistern lernte und für den *Faust* eingesetzt hat, läßt ihn geradezu als eine Summe seiner Dichtkunst erscheinen.

Alle Kunst aber beruht auf Vorgaben in der Kunst; keines ihrer Werke verdankt sich allein dem Ingenium eines einzelnen. Als sich unser Zeitgenosse Bertolt Brecht dem Vorwurf ausgesetzt sah, er habe in seiner *Dreigroschenoper* Lieder von François Villon verwendet, ohne deren Herkunft kenntlich zu machen, erklärte er seine grundsätzliche »Laxheit in Fragen geistigen Eigentums« (1963,241). Der

Weimaraner hatte es ihm vorgesagt: »alles, was die Vor- und Mitwelt geleistet«, gehöre dem Dichter von Rechts wegen an, erklärte er am 17. 12. 1824 dem Kanzler v. Müller. »Nur durch Aneignung fremder Schätze entsteht ein Großes. Hab' ich nicht auch im ⟨*Prolog im Himmel* für das Gespräch des Herrn mit⟩ Mephistopheles den Hiob und ⟨für die *Nacht*-Szene auf der *Straße vor Gretchens Türe*⟩ ein Shakespearisches Lied mir angeeignet?« (Biedermann/Herwig 3.1, Nr 5564)

Der Verfasser des jüdischen Buches *Hiob* und der Dichter des englischen *Hamlet* stehen in einer kaum übersehbaren, vielsprachigen, weit in die Antike zurückreichenden und bis in Goethes Gegenwart führenden Reihe von Erzählern, Lyrikern und Dramatikern, deren Stimmen im *Faust* vernehmbar werden. Auch bestehen die fremden Schätze, die der Autor sich hier angeeignet hat, keineswegs nur aus identifizierbaren und zuschreibbaren literarischen Vorgaben, wie er sie durch Zitate, Paraphrasen, Anspielungen und Verweise ins Spiel bringt. Daß man die Poesie aus diesem Werk »wiederherstellen« könne, will auch besagen, daß es seinen Bedeutungsreichtum durch eine Vielzahl von Aneignungen aus dem Formenarsenal gewinnt, welches sich im kollektiven Besitz der Dichter befindet. Im Hinblick etwa auf lexikalische Vorgaben, Satzbaupläne, rhetorische Figuren oder an bestimmten Motiven, Bildformeln, Symbolen und Allegorien, auch für typisierte Gestalten, Schauplatzmodelle oder Verhaltensmuster, ebenso beim vorgegebenen Instrumentarium der Bühnenkunst wird das in den nachfolgenden Kommentaren an vielen Einzelfällen sichtbar werden. Hier in den Vorbemerkungen (die sich durchaus nicht an einer Gesamtdarstellung der *Faust*-Dichtung versuchen, sondern lediglich einige Eigenarten des Werkes bezeichnen, auf welche die anschließenden Erläuterungen abgestimmt sind) soll diese Art »Aneignung fremder Schätze« deshalb nur am Beispiel der Metrik als dem Fundament aller sprachlichen Regelungen und danach, weiter ausgreifend, an der Gattungsfrage bedacht werden.

Während man der Komödie häufig eine etwas größere Freiheit zum Versmaßwechsel eingeräumt hat, zeigt sich das ‘ernste’ Drama in aller Regel doch in (epochenspezifisch) einheitlicher Gestalt. So werden in den antiken Tragödien die Figurenreden durchgehend vom Jambischen Trimeter bestimmt oder in Fastnachtsspielen des 16. Jahrhunderts vom Knittelvers, in französischen Renaissance- und deutschen Barock-Trauerspielen vom Alexandriner, in Shakespeares großen Dramen und denen der deutschen Klassik vom Blankvers, und für die neuzeitliche Bühnendichtung hat sich im 19. Jahrhundert die schon von den Sturm und Drang-Dramatikern verwendete Prosa durchgesetzt. In der einen *Faust*-Dichtung hingegen finden sich alle eben angeführten, dazu noch viele weitere Versmaße und unterschiedliche Strophenformen gebündelt (in 37 Formgruppen geordnet und nach Abfolge und Häufigkeit tabellarisch aufgelistet bei Ciupke 1994,205 ff.); und von den in Prosa gehaltenen Teilen der Urfassung blieb wenigstens die Szene *Trüber Tag · Feld* in dieser Form auch im *Faust I* erhalten. Eine immerhin vergleichbare Vielfalt begegnet freilich schon bei den spanischen Dramenmeistern Lope de Vega und Calderón (auch in dessen *El príncipe constante*) oder später bei den Romantikern. Einzigartig aber und geradezu als Summa metrica erscheint Goethes Dichtung dadurch, daß sie mit den angeeigneten Metren nicht nur ein kunstvoll wechselndes Formenspiel veranstaltet, sondern zugleich damit deren kulturgeschichtliche Aura, die ihnen anhaftenden Reminiszenzen und die ihnen innewohnenden Bedeutungspotenzen in das semantische Gefüge des Dramas einbringt. Das Medium der Metren selbst wird so zu einem Bestandteil der poetischen Botschaft.

Weit vorherrschend sind dabei die aus der italienischen Singspieldichtung gewonnenen Madrigalverse. 4769 von den insgesamt 12111 Versen der *Faust*-Tragödie zählt Ciupke 1994,234 f. zu dieser Formgruppe. Sie werden in sehr unterschiedlicher Länge (zwei- bis sechshebig) und mit freier Reimordnung verwendet, sind aufgrund ihrer Variabilität und hohen Flexibilität zu vielfältigen Absichten brauchbar, geben die metrische Tragfläche insbesondere für die Gesprächspassagen ab. Zugleich aber bildet dieser Folienvers das Grundgewebe, in welches die anderen Versarten und Strophenformen eingesetzt werden: auf dessen vergleichsweise neutralem Hintergrund ihre Formprofile konturenscharf sich abzeichnen und von dem ihre entschiedener ausgeprägten spezifischen semantischen Leistungen sich abheben.

Die Räume und Zeiten, in die dieses Weltspiel ausgreift, bilden sich immer auch in den metrischen Formen ab. Und gleichermaßen dient die Sprache der Metrik hier zur Charakterisierung der dramatischen Figuren, bezeichnet die Situationen, in die sie geraten, offenbart ihre Stimmungslagen, deren Schwankungen und Umbrüche, und beschreibt die zwischen ihnen bestehenden oder sich entwikkelnden Verhältnisse. So sind (beispielsweise) für den Faust der Eingangsszene die Knittelverse, in denen er spricht, nicht weniger aufschlußreich als der *Urväter Hausrat*, der ihn in diesem Studierzimmer umgibt, und beim 'Religionsgespräch' besagen seine nicht mehr metrisch geregelten und reimgebundenen Freien Rhythmen auf ihre Weise das gleiche wie die Worte, mit denen er sich Margaretes kirchlich geregeltem und dogmatisch gebundenem Christenglauben entzieht (→ Kommentare zu 3431-58 und 3460). Mephisto, dessen weltmännische Konversationskunst sich nicht zuletzt in der Souveränität erweist, mit der er den geschmeidigen Madrigalvers handhabt, stellt sich ebenso in der chamäleonhaften metrischen Anpassung an die Sprechweisen anderer Figuren dar wie in seinen rollengerecht und situationsgemäß wechselnden Kostümen. Die 'klassische' Schönheit der Königin Helena ist die ihres Versmaßes (→ S. 590 f.). Den restaurativen Charakter der Szene in *Des Gegenkaisers Zelt* bezeugt gleichermaßen der Rückgriff auf den versgeschichtlich überholten Alexandriner wie der auf die Paragraphen der *Goldenen Bulle* (→ S. 689 ff.). Selbst Regelverstöße, wie sie dort erfolgen, und anderswo etwa ein entschieden dilettantischer, holpernder oder auf andere Weise 'mißratener' Versbau sind dabei durchaus absichtsvoll, nämlich rollenbezogen und mit erkennbarer Bedeutung eingesetzt; da urteile man nicht vorschnell, daß dieser Metrenmeister selber es besser nicht gekonnt hätte.

Entsprechendes gilt für das kunstreiche Spiel der Reime. Die Liebesbegegnung zwischen Faust und Helena im *Inneren Burghof* vollzieht und bezeugt sich geradezu im Medium des Paarreims (9377 ff.) oder die Gebetserhörung durch die Mater gloriosa in dem des Kreuzreims (→ Kommentar zu 12094 f.), und es gibt viele weitere Beispiele für solch funktionale, unmittelbar sinntragende Verwendung dessen, was Goethe sich aus dem vorgegebenen Formenschatz der Reimkunst angeeignet hat.

Auch hier sind bestimmte Unregelmäßigkeiten intentional bestimmt – gewiß die regelwidrig aus dem Reimverband herausfallenden 'Waisen', vielleicht sogar die mit dreisilbig 'gleitenden Reimen' überzierten Gesangsverse der Engel (*Wie frömmelnder Geschmack sichs lieben mag.* → Kommentare zu vor 737-807 und 11699 ff.). Aber wie sich der *Faust*-Dichter bei der Verwendung der überkommenen metrischen Formen auch ohne solche figurenbezogenen Absichten mancherlei (eigene) Freizügigkeiten erlaubte, so ist er bei der Reimbildung mitunter sehr großzügig umgegangen mit dem Reinheitsgebot (dazu Hohlfeld 1953). Zu seinen 'unreinen' Reimen gehören eigentlich nicht die mundartlich eingefärbten. Wenn er *Buch* auf *genug* reimt oder *Ach neige* auf *Du Schmerzenreiche*, folgt er der eigenen frankfurterisch-hessischen und der hier gleichlautenden sächsisch-thüringischen Aussprache. Ebenso beruhen die häufig auftretenden Reime von *ä*|*ö-*, *äu*|*ei-*, *e*|*ö-*, *ei*|*eu-* oder *ü*|*i*-Wörtern (wie *Zügen* auf *liegen*) auf der Lautnähe dieser Vokale im Obersächsischen. Was aber heute als dialektaler Verstoß gegen hochsprachliche Artikulationsregeln verstanden wird (und deshalb im Fall von *neige,* |*Du Ohnegleiche* gegen die Goethesche Diktion auf einen Gleichklang allein der Vokale reduziert werden müßte), haben die Zeitgenossen keineswegs als mundartlich-unreinen Reim empfunden. In der gebildeten Schicht galt das Obersächsisch-Meißnische noch als allgemein vorbildlich, und in Goethes *Regeln für Schauspieler* heißt es: »auf der Bühne herrsche nur die reine deutsche Mundart, unter dieser wird jene Oberdeutsche, durch den sächsischen Dialekt gemilderte, und durch Geschmack, Künste und Wissenschaften ausgebildete und verfeinerte Mundart verstanden.« (WA I 40,424) Im übrigen hat er auf Einwände gegen seine in strengem Sinn wirklich unreinen Reime unbekümmert entgegnet, es gehe »Alles jetzt aufs Technische aus, und die Herren Kritiker fangen an zu quängeln, ob in einem Reim ein s auch wieder auf ein s komme und nicht etwa ein ß auf ein s. – Wäre ich noch jung und verwegen genug, so würde ich absichtlich gegen alle solche technische Grillen verstoßen, ich würde Alliterationen, Assonanzen und falsche Reime, Alles gebrauchen wie es mir käme und bequem wäre; aber ich würde auf die Hauptsache losgehen, und so gute Dinge zu sagen suchen, daß jeder gereizt werden sollte, es zu lesen und auswendig zu lernen.« (zu Eckermann, 9. 2. 1831)

Nur stumm zu »lesen« genügt da freilich nicht. Wer allenfalls die Silben zählt, diese Verse und Reime aber nicht gesprochen oder gesungen hört oder für sich selber spricht, sie bei schweigender Lektüre nicht wenigstens für das innere Ohr laut werden läßt, wird den musikalischen Reichtum der Metren und Rhythmen, Versklänge und Satzmelodien, Lautstärken- und Tempiwechsel, Registerzüge und Pausensetzungen kaum wahrnehmen können, der in diesen Partituren beschlossen ist.

Wie sich die *Faust*-Dichtung eine Fülle metrischer Formen angeeignet hat, so umgreift sie eine Vielzahl auch von Genres.

Mehrere seiner Bühnenstücke hat Goethe als Trauerspiele bezeichnet, als *Tragödie* nur dieses eine – und war doch schon 1797, als er die Arbeit daran wieder aufnahm, sehr im Zweifel, ob er überhaupt »eine wahre Tragödie schreiben«, sich nicht vielmehr »durch den bloßen Versuch zerstören könnte« (an Schiller, 9. 12. 1797); hat das auch, als der *Faust* nahezu abgeschlossen war, noch einmal wiederholt und näher erklärt: »Ich bin nicht zum tragischen Dichter geboren, da meine Natur konziliant ist; daher kann der rein-tragische Fall mich nicht interessieren, welcher eigentlich von Haus aus unversöhnlich sein muß, und in dieser übrigens so äußerst platten Welt kommt mir das Unversöhnliche ganz absurd vor.« (an Zelter, 31. 10. 1831)

Er hat die Bezeichnung *Tragödie* vor das ganze Werk gesetzt, so daß sie auch den *Prolog im Himmel* und die *Bergschluchten*-Szene übergreift. Schon dieser metaphysische Rahmen, wie immer man ihn verstehen mag, nimmt dem Spiel das »Unversöhnliche«. Und das Binnengeschehen, für sich betrachtet, läßt den strebend-irrenden Faust zwar von Mal zu Mal scheitern, führt auf jeder Station seines Erdenwandels in eine Katastrophe, aber der »rein-tragische Fall« ergibt sich daraus keineswegs. Die »wahre Tragödie« setzt sich nicht aus 'Einzeltragödien' zusammen, in die man das *Faust*-Spiel zu zerlegen pflegt, indem man eine 'Gelehrtentragödie' unterstellt (→ S. 188 f.), von der 'Gretchentragödie' spricht (→ S. 199 f.) und eine 'Helenatragödie' postuliert oder »auf die Tragödie des Denkers die des Liebenden, des Künstlers und des Herrschers« folgen sieht (HA 516).

Alles in allem war für Goethe wohl *Tragödie* genug, was seinem Faust widerfährt oder von ihm angerichtet wird und was die Weltverhältnisse vor Augen stellen, durch die er ihn führt – auch wenn er das nicht im zerstörerisch Ausweglosen enden, im selbstzerstörerisch Hoffnungslosen versinken läßt, sondern es 'aufhebt' in dem, was der unendlich offene Ausgang über den *Bergschluchten* als *Das Unbeschreibliche* imaginiert. Als vorgeordnetes Lesezeichen blockiert die Gattungsangabe *Faust. Eine Tragödie* von vornherein ein geschichtsoptimistisch-teleologisches Verständnis des Binnengeschehens. Will man dieses Drama, der lange vorherrschenden Deutungstradition folgend, als ein Lehrgedicht von der zunehmenden Vervollkommnung des Individuums oder der durch die Faustfigur repräsentierten menschlichen »Gattung« verstehen oder ausgeben (Lukács 1965,547 ff.), als Verherrlichung eines zielsicheren 'objektiven' Fortschritts etwa der wissenschaftlichen Erkenntnisbemühung, der technisch-industriellen Entwicklung, der Unterwerfung der Natur unter die Herrschaft des Menschen oder der ökonomischen, sozialen, politischen Verhältnisse (wie 'dialektisch' man diesen Prozeß auch darstellen mag, wie allererst 'utopisch' man den Vorschein solcher Verheißungen auch nehmen will) – dann muß man nicht nur die Gegenanzeigen übersehen, die das allemal doch in tiefe Fragwürdigkeit ziehen: die vielen Ungewißheitssignale und Zweifelszeichen, Katastrophenmeldungen und Untergangsprognosen, auch die vereinzelten eschatologischen Konnotationen, welche die *Faust*-Dichtung geradezu als ein Endzeitspiel erscheinen lassen könnten (→ hier S. 353 f.)) Man muß ebenso die mit der Gattungsangabe vorangestellte Generalklausel außer Kraft setzen, welche all diese Vorbehalte im Begriff der *Tragödie* zusammenfaßt. Wie zwangsläufig das mit der innerweltlichen Perfektibilitäts- und Fortschrittsideologie verbunden ist, hat die Rezeptionsgeschichte erwiesen (vgl. etwa Schwerte 1962,9 u.ö., auch Lützeler 1975,50 ff., allgemein G. Schulz 1988).

In dieser Funktion schließt die Bezeichnung *Tragödie* keineswegs aus, »daß es eine Vielzahl von Szenen gibt, die man nach den Regeln der klassischen Stiltrennung der Komödie vorbehalten müßte« oder der Tragikomödie zurechnen würde (Müller-Seidel 1968,96 ff.). Und weit hinaus noch über eine solche Stilmischung, die das Todernste mit Hochamüsantem, Entsetzliches mit Vergnüglichem verbindet, umfaßt die *Faust*-Dichtung ein ganzes Bündel von Gattungen oder Gattungszügen, Dichtarten und Darstellungsweisen, Spieltraditionen aus vielen Zeiten und vielen Literaturen. Sie erinnert an das Spiel im Puppentheater wie an das auf der Wanderbühne, zitiert mit dem *Prolog im Himmel* die großen Mysterienspiele oder holt in die *Nacht*-Szene das mittelalterliche Osterspiel herein, stellt in den Margareten-

Szenen des Ersten Teils ein neuzeitlich Bürgerliches Trauerspiel vor und bildet im Helena-Akt des Zweiten Teils die antike Tragödie nach, nimmt das dionysische Satyrspiel in sich auf, die Zauberposse, das Rüpelspiel, das geistliche Spiel und die Moralität, ebenso die 'Textsorten' der Revue, der Maskerade, des Umzugsspiels oder des höfischen und des kultischen Festes – *Der Dichter bringt sie, wie er's braucht zur Schau*, und *den Poeten bindet keine Zeit*. (7429 ff.)

Unter den lyrischen Einlagen innerhalb der Sprechtexte, die ihrerseits eine ganze Reihe unterschiedlicher Gattungen repräsentieren, finden sich zahlreiche Lieder und Chöre: zum Gesang bestimmt. Häufig ist aber auch der dramatische Grundtext selber für eine musikalische Darbietung gedacht, verlangt Soli, Tutti, auch großes Orchester oder gelegentlich (nach Art des Melodrams) eine Instrumentalbegleitung der gesprochenen Verse. Über weite Strecken hin nimmt die *Faust*-Dichtung geradezu Singspielcharakter an, ist als Oratorium angelegt, nähert sich der Oper (→ beispielsweise hier S. 619 f.). Nach seinem Gesprächsbericht vom 12. 2. 1829 hat Eckermann gesagt, er gebe »die Hoffnung nicht auf, zum Faust eine passende Musik kommen zu sehen. 'Es ist ganz unmöglich, sagte Goethe. Das Abstoßende, Widerwärtige, Furchtbare, was sie stellenweise enthalten müßte, ist der Zeit zuwider. Die Musik müßte im Charakter des Don Juan sein; *Mozart* hätte den Faust komponieren müssen. *Meyer-Beer* wäre vielleicht dazu fähig, allein der wird sich auf so etwas nicht einlassen; er ist zu sehr mit italienischen Theatern verflochten.'« Die schon zu Goethes Lebzeiten einsetzenden Vertonungen (zuerst durch Radziwill für die seit 1819 veranstalteten Berliner Teilaufführungen) spielen in der weiteren Rezeptions- und Wirkungsgeschichte der *Faust*-Dichtung eine hochbedeutende Rolle. Es gibt, bis in die Gegenwart, eine kaum mehr überschaubare Fülle von Kompositionen: Vertonungen einzelner Lieder (etwa von Zelter, Loewe, Schubert, Schumann, Wagner, Paul Dessau) oder Szenen (Berlioz, Schumann), auf den *Faust* bezogene oder an Goethes Dichtung angelehnte Chorwerke und Kantaten (Liszt, Pfitzner, Lili Boulanger), Opern (Berlioz, Gounod, Boito), Chorsymphonien (Liszt, Mahler) oder reine Instrumentalwerke (Wagner, Rubinstein). Aber eine durchgehende Vertonung aller auf die Musik angewiesenen oder gar aller dafür geeigneten Teile des *Faust*-Spiels durch einen Komponisten, dessen musikalisches Vermögen dem dichterischen Rang dieser Texte gewachsen wäre, ist trotz einiger Versuche nie zustande gekommen. (Bibliographisches Verzeichnis: Meier 1990,685 ff.)

Vielleicht traf Goethes Altersseufzer, das sei »ganz unmöglich«, sogar die Wahrheit. Jedenfalls sollte der nur lesend Aufnehmende bedenken, daß weite Teile des *Faust*-Textes allererst Kompositionsvorlagen oder regelrechte Libretti abgeben und sich nach Absicht des Autors und in der Intention dieses an alle Sinne appellierenden Gesamtkunstwerks sehr anders darzustellen hätten, als sie sich auf dem bedruckten Papier ausnehmen. Sie müßten vom Lesenden also auch anders angesehen werden als die im reinen Wortlaut 'sich selbst genügenden' Passagen. Die sprachliche Musikalität, die Goethes Versen selber innewohnt, mag das meist vergessen lassen. Aber es gibt gelegentlich auch Reimzeilen und Chorstrophen, bei denen zu wünschen bliebe, daß die Musik, »wie ein einströmendes Gas, den Luftballon mit in die Höhe« nähme (an Zelter, 11. 5. 1820).

Zur Vielfalt der Gattungen, mit denen Goethe hier sein Spiel treibt und auf seine Weise zeigt, was 'Universalpoesie' sei, gehört in einem weiteren Sinn auch, daß er dabei gleichermaßen Gebrauch macht von den allgemeinen Möglichkeiten eines Bühnenwerks, eines Vorlesestücks und eines Lesedramas. Denn deren verschiedenartige Darbietungsformen und die ihnen entsprechenden Rezeptionsangebote bilden durchaus unterschiedliche Aspekte der *Faust*-Dichtung und bestimmen, einander ergänzend, ihren Aktionsradius.

Daß die *Tragödie* auf eine Aufführung zielt, liegt auf der Hand. Diese Verse wollen gesprochen, die Lieder und Chöre gesungen, die pantomimischen Einlagen sinnfällig gemacht, die ballettartig ins Tanztheater ausgreifenden Szenen choreographisch ausgeführt werden; die Zauberkünste und 'magischen' Rollenwechsel oder Bühnenverwandlungen, die Feuer-, Wasser- und Wolkenspiele wollen vor Augen treten. Im Gespräch mit Förster über die Schwierigkeiten, diesen Text »für *unser* ⟨Weimarer⟩ Theater bühnengerecht zu bearbeiten«, soll Goethe erklärt haben, er hätte »von Haus aus gar nicht an eine Aufführung auf der Bühne gedacht« (Biedermann/Herwig 3.2, Nr 6889). Dem widersprechen die Auskünfte, die der Text erteilt. Er enthält Hunderte von direkten oder indirekten Anweisungen für den Regisseur und die Darsteller, für den Bühnenbildner, Bühnentechniker oder Maskenbildner. Unverkennbar sind in diese Dichtung die langjährigen praktischen Bühnenerfahrungen eines Autors eingegangen, der als Prinzipal des Weimarer Theaters auch keineswegs nur mit dem Schauspiel, sondern ebenso mit Singspiel- und Opernregie und mit der Choreographie der Tanzbühne befaßt war (dazu Hinck 1982). Freilich hat er den *Faust* nicht auf die bühnentechnischen Möglichkeiten seiner Zeit abgestimmt. Aber auch dort, wo seine Imaginationen weit über die beschränkten Verhältnisse des Weimarer Hauses hinausgingen, waren ihm Fragen der theatralischen Realisierung keineswegs gleichgültig. Für die *Mummenschanz*-Szene beispielsweise dachte er erklärtermaßen sogar an den Auftritt eines leibhaftigen Elefanten (→ Kommentar zu 5395-97) oder für das Fest in den *Felsbuchten des Aegäischen Meers* offenbar an das spanisch-barocke Wassertheater eines Freilichtspiels, von dem er meinte, es ließe sich selbst in Weimar arrangieren (→ Kommentar zu vor 8034). Daß jede *Faust*-Aufführung – nicht erst hinsichtlich des Zweiten Teils und keineswegs nur wegen der Spieldauer, die der vollständige Text des ganzen Werks beanspruchen würde – gewaltige Probleme aufwirft, war diesem Praktiker zweifellos bewußt. Aber einschneidende Kürzungen, wie sie dabei in aller Regel bis heute vorgenommen werden, Abstriche und Eingriffe erschienen dem in seiner eigenen Bühnenarbeit durchaus nicht zimperlichen, um 'Werktreue' einigermaßen unbekümmerten Theaterdirektor wohl kein zu hoher Preis für den Gewinn, den allein doch die Schaubühne einbringen kann.

Schon vom *Faust I* erklärte er, als man sich in Weimar mit Aufführungsplänen trug und er selber sich um eine monodramatische Bühnenfassung des Stücks bemühte: »Es steht gar zu weit von theatralischer Vorstellung ab. Man müßte vieles aufopfern, das aber auf andere Weise zu ersetzen, dazu hat Geist und Humor ⟨Stimmung, Laune⟩ nicht hinreichen wollen.« (an Brühl, 1. 5. 1815) So ist diese Dichtung erst spät auf die Bühne gelangt. Mit einer Weimarer Hausaufführung einiger Szenen nach Art des damals modischen chinesischen Schattenspiels, also mit Hilfe von Silhouetten, scheint es am 13. 1. 1809 begonnen zu haben: Dem zuschauenden Abeken kam es »äußerst komisch vor, wie diese aus schwarzem Papier geschnittenen, fingerlangen Püppchen, die Gretchen, Valentin, Faust und Mephistopheles vorstellen sollten, vor Goethes Augen sich hin und her bewegten. Er sah das ganz ruhig an; am andern Tage sagte er zu Frau von Schiller, 'es sei ihm vorgekommen, als ob er schon hundert Jahre tot gewesen'.« (Biedermann/Herwig 2, Nr 2895) Zehn Jahre später setzten unter Leitung des Fürsten Radziwill und des Grafen v. Brühl die melodramatischen Teilaufführungen der Berliner Hofgesellschaft ein. Aber erst 21 Jahre nach der Drucklegung erfolgte 1829 durch August Klingemann in Braunschweig die Uraufführung des dafür rigoros zusammengestrichenen, 'zensierten' Ersten Teils (→ hier S. 125 f.). Ebenso ist auch der Zweite Teil erst 22 Jahre nach seiner Veröffentlichung uraufgeführt worden: 1854 in Hamburg, in der Bearbeitung von Wollheim da Fonseca. Und abermals 22 Jahre später, 1876, hat zum ersten Mal Otto Devrient beide Teile miteinander auf die Weimarer Bühne gebracht.

Doch wurde die *Faust*-Dichtung lange vor den ersten

Aufführungen, auch lange Zeit schon vor den Drucklegungen auf eine andere, für dramatische Texte inzwischen ganz unübliche Weise bekannt gemacht: durch Goethes eigenes Vorlesen. Mit der wohl 1797 verfaßten *Zueignung* kommt diese über Jahrzehnte hin einzige (aber auch nach den Buchveröffentlichungen und Bühnendarstellungen beibehaltene, lebenslang praktizierte) Form seiner Mitteilung im *Faust*-Text selber zur Sprache: *Sie hören nicht die folgenden Gesänge, | Die Seelen, denen ich die ersten sang; | Zerstoben ist das freundliche Gedränge, | Verklungen ach! der erste Widerklang. | Mein Lied ertönt der unbekannten Menge* . . . (17 ff.). In eigener Sache reflektieren diese Klageverse den krisenhaften, tief in die dichterischen Werke einwirkenden Übergang von der im 18. Jahrhundert noch weithin geübten mündlich-direkten Vermittlung der Literatur und ihrer Aufnahme in kleinen und vertrauten, unmittelbar 'antwortenden' Zuhörerkreisen zur nurmehr schriftlichen Verbreitung unter einer anonymen Leserschaft und zu öffentlichen Aufführungen vor einer *unbekannten Menge.*

Die gewiß höchst unvollständigen Nachrichten über Goethes *Faust*-Lesungen (Gräf 1904, passim) setzen vor der Übersiedlung nach Weimar ein und enden erst mit seinem Tod. »Durchs lebendige Wort wirkt Shakespear«, hat er 1813 erklärt, »und dies läßt sich bei'm Vorlesen am Besten überliefern; der Hörer wird nicht zerstreut, weder durch schickliche noch unschickliche Darstellung. Es gibt keinen höhern Genuß und keinen reinern, als sich mit geschloßnen Augen, durch eine natürlich richtige Stimme, ein Shakespeare'sches Stück nicht deklamieren, sondern rezitieren zu lassen« – »wir erfahren die Wahrheit des Lebens und wissen nicht wie.« (FA I 19,638 f.) Nur war das gesprochene Wort mehr als eine vom Autor des *Faust* bevorzugte Mitteilungsform. Allemal unterwirft es auch den Text einer Tauglichkeitsprobe, verlangt, fördert, bildet statt papierner Sprache das »lebendige Wort«. Nach Ausweis seines Tagebuchs hat der alte Goethe vom 2. bis zum 29. Januar 1832 den ganzen Zweiten Teil des *Faust*, den er zu Lebzeiten nicht mehr zum Druck geben mochte, noch einmal seiner Schwiegertochter Ottilie vorgelesen, ihr allein – und sich selber. Sogleich vermerkt das Tagebuch auch Rückwirkungen auf den Wortlaut der Dichtung: 17. Januar »Einiges im Faust Bemerkte nachgeholfen«, 18. Januar »Einiges umgeschrieben«. Selbst wenn diese letzten Eingriffe 'inhaltlich' bestimmt sein sollten: *Gehalt bringt die Form mit | Form ist nie ohne Gehalt.* (Paralipomenon 1. Text-Band S. 576) Er muß ein ungemein eindrucksvoller Sprecher gewesen sein (dazu etwa Eckermann bei Tewes 1901,X f.). Eben dafür war die Partitur seiner Texte aber auch eingerichtet. Im geschriebenen Wort hat er das gesprochene aufbewahrt (übrigens vieles den Schreibern auch ins Manuskript diktiert). So ist im ungezwungenen Reimfall, im Klangzauber, im lebendigen Rhythmus der *Faust*-Verse selbst die Stimme dieses Vorlesers vernehmbar geblieben. (→ dazu S. 109 ff. über Goethes Interpunktion)

Das Bühnenwerk *Faust* und der Vorlesetext *Faust* ist aber außerdem ein Lesedrama. Auch hier meint das keineswegs nur eine der unterschiedlichen Rezeptionsmöglichkeiten, sondern zugleich eine spezifische Qualität des Werkes: eine Textbeschaffenheit, welche allein kraft dieser Mitteilungsform und Aufnahmeweise wahrnehmbar wird. Daß in der *Hochgebirgs*-Szene auf Mephistos Erdentstehungslegende hochbedeutsam eine Bibelstellenangabe folgt, welche die politisch-revolutionäre Reichweite dieser vulkanistischen Lehre zu erkennen gibt (→ Kommentar zu 10094), vermag das Theater nicht mitzuteilen. So gibt es hier vieles, was überhaupt nur lesend aufgenommen werden kann. Und alle Bühnenkünste versagen wohl, wenn beispielsweise in der Schlußszene der Pater seraphicus die Seligen Knaben *in sich* nimmt, damit diese Weltunkundigen mit seinen Augen die Bergschluchten betrachten können, oder wenn dort *Faustens Unsterbliches* imaginiert wird, *die Flocken* losgelöst werden, die ihn umgeben, und *aus ätherischem Gewande | Hervortritt erste Jugendkraft.*

Nicht nur solche einzelnen, nicht bühnenfähigen Elemente bestimmen den *Faust* zum Lesestück. Stärker noch fällt dafür ins Gewicht, daß diese ganze Dichtung entschieden nachdenkend, ja ‘anwendend’ aufgenommen werden will: daß man hier nämlich – nach erklärter Absicht des Autors – Ergänzungen vorzunehmen, »an Übergängen zu supplieren« hat, zum Verständnis des Ganzen vielerlei Vor- und Rückverweise und »sich gleichsam in einander abspiegelnde Gebilde« wahrnehmen muß und eigene Welt- und Lebenserfahrungen einzubringen, ja »über sich selber hinauszumuten« genötigt ist (→ dazu die ‘Leseanweisungen’ im Text-Band S. 815 ff.). Für solche vom Text geradezu vorgeschriebenen ‘Eigenleistungen des Rezipienten’ lassen das unterbrechungsfreie Bühnenspiel oder die rasche Wortfolge beim Vorlesen wenig Raum. Vieles erschließt sich hier allein dem langsamer vorgehenden, innehaltenden, zurückblätternden und nachdenkenden Leser. Und während die Theateraufführung wie die Vorlesung (als praktizierte Interpretation ihrer Spiel- oder Sprechvorlage) genötigt bleibt, sich auswählend, also einschränkend auf ein bestimmtes Verständnis von Rollen und Szenen, auf definitive Bedeutungsakzente und Sinnzuweisungen festzulegen, welche den einzelnen Satz ebenso betreffen wie das ganze Werk, eröffnet die lesende Betrachtung Einsichten in das reiche, freie Spiel auch der Mehrdeutigkeiten, die diesem Text Spannung verleihen, Tiefe geben und seine Reichweite steigern. (→ dazu ‘Absichten und Anlage des Kommentars’, S. 144 ff.)

Mit der vorliegenden Ausgabe kann die *Faust*-Dichtung nur als Lesetext angeboten werden. Auch die folgenden Kommentare behandeln sie so und verfehlen damit die ganze, volle Wirklichkeit, auf die hin sie angelegt ist. Notgedrungen machen sie wieder nur Worte über Worte. Wenn dabei ab und an Fragen der sinnenhaften Realisierung wenigstens zur Sprache kommen, könnte das vielleicht auch Regisseuren und Darstellern, Bühnenbildnern oder Technikern mit einigen Anregungen dienlich sein. Vor allem aber sollten solche Angaben an die theatralische Einbildungskraft des Lesers selbst appellieren. Sie möchten ihn anregen, diesen Text vom bedruckten Papier auf jene wunderbar freie, imaginäre Bühne zu bringen, die das eigene Vorstellungsvermögen zu errichten vermag. Denn gleichermaßen behelfsweise als Theater- und Vorlese- und Lesestück eingerichtet, ist der *Faust* eigentlich doch für diese, die ganz ‘unmögliche’ Bühne verfaßt.

Goethes These: »Nur durch Aneignung fremder Schätze entsteht ein Großes«, kann man gewiß nicht auf Vorgaben in der Kunst beschränken, wie sie bisher zur Rede standen. Wollte man behaupten, aus der *Faust*-Dichtung ließe sich die Poesie geradezu »wiederherstellen«, wenn sie denn »ganz von der Welt verlorenginge«, müßte man jedenfalls die Vorstellung ausschließen, daß (auch) im Fall dieser Summa poetica Literatur wieder nur aus Literatur hervorgegangen sei. Eine solche modische Inzucht der Kunst war Goethes Sache nicht. Dem gelten die folgenden Bemerkungen.

> Qu'ai-je fait? J'ai recueilli, utilisé tout ce que j'ai entendu, observé. Mes œuvres sont nourries par des milliers d'individus divers, des ignorants et des sages, des gens d'esprit et des sots. L'enfance, l'âge mûr, la vieillesse, tous sont venus m'offrir leurs pensées, leurs facultés, leur manière d'être, j'ai recueilli souvent la moisson que d'autres avaient semée. Mon œuvre est celle d'un être collectif et elle porte le nom de Goethe.

Frédéric Soret hat diese Worte überliefert (Biedermann/Herwig 3.2, Nr 6954). Sie fielen in einem mit Rücksicht auf den Gast französisch geführten Gespräch am 17. 2. 1832, also wenige Tage vor Goethes Tod und wenige Tage, nachdem er die letzten Eingriffe in den Zweiten Teil des *Faust* vorgenommen und dessen Reinschrift endgültig sekretiert hatte. Für keines der Einzelwerke seines Œuvre gelten sie so entschieden wie für dieses Lebenswerk.

Es wurde damals im Haus am Frauenplan über den Grafen Mirabeau gesprochen, den großen Beweger am Beginn der Französischen Revolution – der eigentlich doch nur ein genialer Beobachter, Sammler und Aneigner von anderer Leute Einsichten und Ideen gewesen sei, also vorgegebene Gedanken und Vorstellungen aufgenommen, genutzt und wirksam gemacht hätte. Aber was er selber denn anderes getan habe?, fragte der zweiundachtzigjährige Goethe. Den Lebensweisen, Erfahrungen, Ansichten und Fähigkeiten Tausender von Beiträgern verdankten sich seine Arbeiten. So habe er doch oft nur geerntet, was andere säten. Und dann dieser außerordentliche Satz: 'Mein Werk ist das eines Kollektivwesens, und es trägt den Namen Goethe.'

Zu denen, die daran mitwirkten, gehören nicht nur all die meist Namenlosen oder Unbekannten, deren Lebensverhältnisse und Lebensart, Denkweisen, Verhaltensweisen, Redeweisen das Spiel dieses großen Menschenbeobachters und Figurengestalters widerspiegelt, die selber hier aber wortlos bleiben. Neben den Griechen und den Juden, deren antike Mythen und deren biblische Bücher die beiden Basiswerke der *Faust*-Dichtung abgeben, und neben Dichtern aus vielen Weltgegenden und vielen Jahrhunderten haben auch zahllose andere (im eigentlichen oder in einem übertragenen Sinn des Wortes) 'mitgeschrieben' an diesem Werk eines Kollektivwesens: Theologen und Philosophen und Naturwissenschaftler (von denen Goethe doch erklärt hat, es sei ein »Großer Vorteil gleichzeitig mit großen Entdeckungen gewesen zu sein. Man sieht sie an als Brüder Schwestern, Verwandte ja in sofern man selbst mitwirkt als Töchter und Söhne«: FA I 25,49. → hier beispielsweise S. 506 ff., 530 ff., 646 ff.); ebenso aber Politiker, Juristen und Wirtschaftswissenschaftler, Kriegstheoretiker auch, Techniker und Ingenieure oder Geschichtsschreiber, Philologen (deren der Autor »sich gleich der Trüffelhunde« bediente: Biedermann/Herwig 2, Nr 3842) und Lexikonverfasser (deren einem er hier sogar ein kleines Denkmal errichtet hat: → Kommentar zu 9667-78); selbst Baumeister und Bildhauer kamen hinzu, dann Maler vor allem und Zeichner, deren Werke Goethe im Original, durch Reproduktionsstiche in seiner Kunstsammlung oder aus Beschreibungen kannte und die ihm in vielen Fällen Anregungen lieferten oder Modelle abgaben für die in Sprache und bewegtes Spiel transformierte Darstellung von Figuren und Vorgängen oder für die Szenerien der *Faust*-Dichtung (reichhaltige, aber keineswegs vollständige Überblicke bei Morris 1902 I,114 ff. und Storck 1914).

Wie sich dieses »être collectif« zusammensetzt, das Goethe als den Urheber seines Werkes verstand, werden die nachstehenden Erläuterungen an zahlreichen Einzelbeispielen verdeutlichen – nicht um den Leser mit Einflußnachweisen zu langweilen, sondern um ihm ein reicheres Verständnis dieser Dichtung zu ermöglichen. Denn viele solcher angeeigneten fremden Schätze sind im *Faust* keineswegs so aufgegangen und unkenntlich geworden, so eingeschmolzen, daß ihre Herkunft belanglos bliebe, sind hier vielmehr in erkennbarer Form aufbewahrt und auf eine herkunftsbezogen bedeutsame Weise eingesetzt worden. Die weiten Erfahrungsräume, die sich dem Autor in den ein ganzes langes Leben durchziehenden Inkubationszeiten und Entstehungsphasen seines Werkes eröffnet haben und durch die er seine Leitfigur führt (bis der greise Faust am Ende sagen kann: *Der Erdenkreis ist mir genug bekannt*), all diese Räume und Zeiten durchschreitet mit ihm auch der Leser. Eine Weltfülle begegnet ihm hier, wie kein anderes Werk der neuzeitlichen Literatur sie in sich aufgenommen hat. Ja, für ihn erreicht diese Dichtung unendlich viel weitere Dimensionen noch, als den Spielfiguren selber einsichtig werden kann. Mit dem *Prolog im Himmel* betritt, als erste von vielen Hintergrundfiguren, unsichtbar Hiob die Bühne, und mit der 'Epilog'-Szene nimmt *Faustens Unsterbliches* auf den Bahnen, welche die Wiederbringungslehre des Kirchenvaters Origenes vorzeichnet, seinen Weg in weltenferne Sphären und Äonen. So hat das Spiel schon längst begonnen, wenn es einsetzt, und findet kein Ende mit Goethes schließendem FINIS.

Kommt ihr alle! –
Und nun schwillt er
Herrlicher; ein ganz Geschlechte
Trägt den Fürsten hoch empor! ⟨. . .⟩
Und so trägt er seine Brüder,
Seine Schätze, seine Kinder,
Dem erwartenden Erzeuger
Freudebrausend an das Herz.

Wie die vielfältigen Zuströme zur *Faust*-Dichtung gehen in Goethes frühem *Mahomets Gesang* (FA I 2,283 f.) von weit her die Rinnsale, Bäche, Nebenflüsse in den Wasserlauf ein, der sie in sich aufnimmt, und lassen ihn zu dem gewaltigen Strom anschwellen, der seine »Schätze« meerwärts führt: zum wolkennährenden Ursprung des großen Kreislaufs. So spiegelt sich in diesem Sinnbild vom »erwartenden Erzeuger« als dem Empfänger auch die Entstehungs- und Wirkungsgeschichte des *Faust*. Denn was Goethe sich hier zu eigen machte, was er aufhob in die Kunstform seines Werkes, hat er mit ihm auch wieder zurückgegeben an das »être collectif«.

Schon zu seinen Lebzeiten versuchten sich andere Schriftsteller an eigenen Fortsetzungen des Ersten Teils der Tragödie. Sehr bald setzten auch Bearbeitungen und Nachdichtungen ein, Umdichtungen und Gegenentwürfe, Kontrafakturen, Parodien oder Satiren, wie sie sich bis in unsere Zeit ziehen (dazu Butler 1952, Henning 1966-1976 III, Borchmeyer 1989 u. a.). An Übersetzungen, deren erste Goethe noch mit lebhafter Zustimmung verfolgte, zählt man heute mehr als 200 für das Gesamtwerk und weit über 400 Teilübersetzungen in zusammen etwa 50 Sprachen. Ins Weltweite, kaum mehr Übersehbare gehen so auch die Anleihen, Anlehnungen, Anspielungen, und im Unmerklichen verlieren sich schließlich die zahllosen Spurenelemente, mit denen der *Faust* in literarischen Werken fortgewirkt hat.

Bereits 1808, mit vier Kupferstichen von Osiander, welche (gegen den Rat des Autors: → S. 206) einem Teil der Erstausgabe des *Faust I* eingebunden wurden, begann seine Aufnahme auch durch bildende Künstler. Wenig später schon entstanden illustrierende Arbeiten von Nauwerck, dann von Retzsch, Cornelius, Ramberg, die der Autor mit einigermaßen wohlwollendem Interesse zur Kenntnis nahm (WA I 49.1,44 f. und 344 f.) und die ihrerseits auf die Bühnenbilder und Kostüme der ersten Aufführungen einwirkten. Aus der Fülle solcher geschmacksgeschichtlich rasch veralteten, historisierenden und romantisierenden Versuche der Zeitgenossen ragen die 17 Lithographien von Delacroix hervor, die 1828 Stapfers französischer Übersetzung beigegeben wurden; dessen ungestüme, gewaltsame, rohe: »wilde Art«, die Goethe an zwei Probestücken ausmachte, ließ ihn schon 1827 bemerken, das sei »eben der Mann, sich in den Faust zu versenken und wahrscheinlich Bilder hervorzubringen, an die niemand hätte denken können.« (WA I 41.2,233 f.) Von den zahlreichen, weithin epigonalen Illustrationen der zweiten Jahrhunderthälfte fanden besonders Kaulbachs Stahlstiche oder Spitzwegs Bleistiftzeichnungen weite Verbreitung. Im 20. Jahrhundert dann entdeckte die moderne Kunst den *Faust* und befaßte sich nicht mehr vornehmlich mit 'Gretchen'-Szenen, sondern auch mit seinem Zweiten Teil. Mit Einzelwerken gehören in diese Reihe bedeutender Zeichner und Maler etwa Nolde, Schlemmer, Kubin, Masereel, Pechstein oder Baumeister; mit größeren Bilderfolgen beispielsweise Klemm (10 Holzschnitte zu *Faust I* 1912), Hegenbarth (6 Lithographien zu *Faust I* 1922, 50 Federzeichnungen zu *Faust I* und 67 zu *Faust II* 1959/61), Barlach (20 Holzschnitte zur nordischen *Walpurgisnacht* 1923), Slevogt (510 Lithographien und 11 Radierungen zu *Faust II* 1925/27), Beckmann (143 Federzeichnungen zu *Faust II* 1943/44; dazu Perels 1989), Dalí (21 Kaltnadelradierungen zu *Faust I* 1969/70) oder Heisig (44 Federzeichnungen zu *Faust I* 1982). – Abbildungen und nähere Angaben findet man für das 18. und 19. Jh. u. a. im RDK VII,848-66, für das 20. Jh. bei Lüders 1982,45-123; einen Überblick gibt Fusenig 1996.

Wie die Dichter und Schriftsteller, die Maler und Zeichner sind die früher schon erwähnten Komponisten und die Theaterleute erreicht worden von dem, was der große Aneigner wieder zurückgegeben hat. In entsprechender Weise gilt das auch für alle anderen Beiträgergruppen. Etwa für die Theologen oder Philosophen, von denen er gelernt hat und denen er nun seinerseits zu denken gibt, für die Philologen und für Lexikonverfasser (wie sie bis heute am *Deutschen Wörterbuch* der Brüder Grimm und am *Goethe-Wörterbuch* arbeiten) oder für Juristen und selbst für Wirtschaftswissenschaftler (→ etwa Kommentar zu 1824 ff.).

Den vielen Namenlosen schließlich, deren Einsichten, Vorstellungen, Verhaltensformen, Redeweisen eingegangen sind in das Spiel, entsprechen bei diesem entstehungs- und wirkungsgeschichtlichen Wechselverhältnis des Nehmens und Gebens die anonymen Leser- und Zuschauerschaften, auf die das Kunstwerk nun seit 200 Jahren zurückwirkt. Geistreiche wie einfältige Leute, Einsichtige und Ignoranten hat der Autor in seinem oben angeführten Gespräch mit Soret unter die gezählt, denen er es dankte. So setzt sich denn auch das Kollektiv der Empfänger zusammen. »Geht nur, sagte Goethe ⟨grämlich zu Eckermann am 20. 12. 1829⟩, und laßt mir das Publikum, von dem ich nichts hören mag. Die Hauptsache ist, daß es geschrieben steht, mag nun die Welt damit gebahren so gut sie kann, und es benutzen so weit sie es fähig ist.« Die Wirkungsgeschichte der *Faust*-Dichtung (die in angemessener, zusammenhängender Weise darzustellen dieser Kommentar-Band keinen Raum bietet) reicht bis zum aktualisierenden Gebrauch von Zitaten, die über trivialisierende Vermittlungen der Schule in den kollektiven Redensartenschatz eingegangen und zu klischierten Versatzstücken verkommen sind, endet also erst am Stammtisch, wo einer Fausts *Hier bin ich Mensch, hier darf ich's sein* mißbräuchlich im Munde führt, ohne daß er mehr von der Quelle wüßte, die ihm das zugeführt hat.

> Ich wiederhole daher: bleiben Sie bei uns, und nicht bloß diesen Winter, wählen Sie Weimar zu Ihrem Wohnort. Es gehen von dort die Tore und Straßen nach allen Enden der Welt.

Durch diese offenen Tore und über die in beide Richtungen befahrbaren Straßen, von denen Goethe zu Eckermann redete (15. 9. 1823), kamen und gingen die Besuche, die Briefe, Zeitungen und Zeitschriften, Bildersendungen und Bücher eines weltweit grenzüberschreitenden wechselseitigen Verkehrs. Über die Grenzen der deutschen Länder hat er da gar nicht erst gesprochen. Von Weimar – »nach allen Enden der Welt«. An die praktischen Erfahrungen, die er in diesen Jahren zunehmender verkehrstechnischer Mobilität und »durchaus erleichterter Kommunikation« (WA I 41.2,299) machte, knüpfte Goethe die Vorstellung, daß davon nicht allein Handel und Gewerbe, sondern ebenso ein neuer, weitausgreifender geistiger »Wechseltausch« befördert werden müsse. »Zu einer Zeit, wo die Eilboten aller Art aus allen Weltgegenden her immerfort sich kreuzen«, schrieb er 1826, »ist einem jeden Strebsamen höchst nötig, seine Stellung gegen die eigne Nation und gegen die übrigen kennen zu lernen« (WA I 41.2,203). Und er erklärte: »National-Literatur will jetzt nicht viel sagen, die Epoche der Welt-Literatur ist an der Zeit und jeder muß jetzt dazu wirken, diese Epoche zu beschleunigen.« (zu Eckermann, 31. 1. 1827)

Daß seine *Faust*-Dichtung, nehmend und gebend, vom Anfang an daran mitwirkte, mögen die voranstehenden Bemerkungen wenigstens angedeutet haben. Als hätte er's geradezu gemünzt auf dieses Werk eines entschieden übernationalen 'Kollektivwesens', hat Goethe 1808 in seinem Plan für ein *Lyrisches Volksbuch* vermerkt: »Was die äußern poetischen Formen betrifft; so dürfte gleichfalls keine fehlen ⟨so wenig wie in stofflicher Hinsicht »das Abstruse, das Flache, das Freche, das Lüsterne, das Trockne, das Sentimentale«⟩. Im Knittelverse würde die für uns natürlichste, und vielleicht die künstlichste in Sonett und Terzinen aufzunehmen sein. Bedenkt man, daß so wenig Nationen überhaupt, besonders keine neuere, Anspruch an absolute Originalität machen kann; so braucht sich der Deutsche nicht zu schämen, der seiner Lage nach in den Fall kam seine Bildung von außen zu erhalten, und besonders, was Poesie betrifft, Gehalt und Form von Fremden genommen hat. Ist doch das fremde Gut unser Eigentum geworden. Mit dem rein Eigenen würde Angeeignetes, es wäre durch Übersetzung oder durch innigere Behandlung unser geworden, aufzunehmen sein; ja man müßte ausdrücklich auf Verdienste fremder Nationen hinüberweisen, weil man das Buch ⟨das geplante *Lyrische Volksbuch* nämlich⟩ ja auch für Kinder bestimmt, die man besonders jetzt früh genug auf die Verdienste fremder Nationen aufmerksam zu machen hat.« (FA I 19,400)

In eben den Jahren 1827-30, in denen Goethe den *Faust II* seinem Abschluß entgegenführte, richteten sich seine Gespräche, Briefe, Publikationen dann entschieden programmatisch auf die Entwicklung einer »gehofften allgemeinen Weltliteratur« (WA I 41.2,348. – Dazu u. a. Schrimpf 1968, Lange 1971). Nicht etwa einen Kanon literarischer 'Werke von Weltrang' hat er so bezeichnet, sondern eben den gemeineuropäischen, ja weltweiten »Wechseltausch« des Nehmens und Gebens, für den die *Faust*-Dichtung als Beispiel gelten darf. Was er von »diesem großen Zusammentreten« der Nationen erhoffte (an Streckfuß, 27. 1. 1827), war auch keineswegs eine kulturelle Uniformität, welche die heimatlichen Wurzeln zu kappen, regionale und nationale Verschiedenheiten einzuebnen und die in den Muttersprachen gespeicherten vaterländischen Eigenheiten zu löschen suchte. Realistisch und weitsichtig genug meinte er, »daß nicht die Rede sein könne, die Nationen sollen überein denken, sondern sie sollen nur einander gewahr werden, sich begreifen, und wenn sie sich wechselseitig nicht lieben mögen, sich einander wenigstens dulden lernen.« (WA I 41.2,348)

Goethes auf eine solche »europäische, ja eine allgemeine Weltliteratur« gerichteten Postulate (WA II 13,449 – anläßlich der Zusammenkunft der Naturforscher in Berlin 1828) waren durchaus auf den allgemeinen Bewußtseinsstand dieser nachnapoleonischen Ära und ihre entschieden patriotischen Tendenzen bezogen. Aber unter veränderten Bedingungen haben sie inzwischen neue und so dringliche Bedeutung gewonnen, daß einiges wenige davon auch hier in Erinnerung gerufen werden sollte:

»Offenbar ist das Bestreben der besten Dichter und ästhetischen Schriftsteller aller Nationen schon seit geraumer Zeit auf das allgemein Menschliche gerichtet. In jedem Besondern, es sei nun historisch, mythologisch, fabelhaft, mehr oder weniger willkürlich ersonnen, wird man durch Nationalität und Persönlichkeit hin⟨durch⟩ jenes Allgemeine immer mehr durchleuchten und durchscheinen sehen. Da nun auch im praktischen Lebensgange ein Gleiches obwaltet und durch alles irdisch Rohe, Wilde, Grausame, Falsche, Eigennützige, Lügenhafte sich durchschlingt und überall einige Milde zu verbreiten trachtet, so ist zwar nicht zu hoffen, daß ein allgemeiner Friede dadurch sich einleite, aber doch, daß der unvermeidliche Streit nach und nach läßlicher werde, der Krieg weniger grausam, der Sieg weniger übermütig. Was nun in den Dichtungen aller Nationen hierauf hindeutet und hinwirkt, dies ist es, was die übrigen sich anzueignen haben. Die Besonderheiten einer jeden muß man kennen lernen, um sie ihr zu lassen, um gerade dadurch mit ihr zu verkehren: denn die Eigenheiten einer Nation sind wie ihre Sprache und ihre Münzsorten, sie erleichtern den Verkehr, ja sie machen ihn erst vollkommen möglich. Eine wahrhaft allgemeine Duldung wird am sichersten erreicht, wenn man das Besondere der einzelnen Menschen und Völkerschaften auf sich beruhen läßt, bei der Überzeugung jedoch festhält, daß das wahrhaft Verdienstliche sich dadurch auszeichnet, daß es der ganzen Menschheit angehört. Zu einer solchen Vermittelung und wechselseitigen Anerkennung tragen die Deutschen seit langer Zeit schon bei. Wer die deutsche Sprache versteht und studiert, befindet sich auf dem Markte, wo alle Nationen ihre Waren anbieten, er spielt den Dolmetscher, indem er sich selbst bereichert. Und so ist jeder Übersetzer anzusehen, daß er sich als Vermittler dieses allgemein-geistigen Handels bemüht und den Wechseltausch zu befördern sich zum Geschäft macht. Denn was man auch von der Unzulänglichkeit des Übersetzens sagen mag, so ist und bleibt es doch eines der wichtigsten und würdigsten Geschäfte in dem allgemeinen Weltverkehr.« (WA I 41.2,305 ff.)

»Verwirrende Lehre zu verwirrenden Handel waltet über die Welt«, schrieb er am 17. 3. 1832 an Wilhelm v. Humboldt und verweigerte die Veröffentlichung des Zweiten Teils zu seinen Lebzeiten. Das *Faust*-Verständnis, das sich nach Goethes Tod ausbildete und schließlich für lange Zeit in Deutschland vorherrschte (weithin von der wissenschaftlichen Literatur vertreten, im Universitäts- und Schulunterricht befestigt, durch popularisierende Schriften, Zeitungen und Reden verbreitet), hat die »Verdienste fremder Nationen« an dieser Dichtung und den in und mit ihr vollzogenen »Wechseltausch« eines die nationalen Grenzen überschreitenden »allgemein-geistigen Handels« kaum noch wahrhaben wollen. Auch von den damit verbundenen Hoffnungen des Autors hat man sich abgekehrt und geradewegs gegenläufig zu seinen Bemühungen um eine »europäische, ja eine allgemeine Weltliteratur« den *Faust* für eine zunehmend chauvinistisch verstandene Nationalliteratur reklamiert.

Schon nach Erscheinen des *Fragment*-Druckes von 1790 nannte Schelling in seinen Jenaer Vorlesungen 1802/03 den Doktor Faust »unsere mythologische Hauptperson« und erklärte: »Andere theilen wir mit anderen Nationen, diesen haben wir ganz für uns allein, da er recht aus der Mitte des deutschen Charakters und seiner Grundphysiognomie wie geschnitten ist« (Schelling 1927,458). In der Tat hefteten sich solche exklusiven Besitzansprüche nicht daran, daß der *Faust* in deutscher Sprache verfaßt war; die wurde auch jenseits der Landesgrenzen von vielen gebildeten Lesern verstanden und bildete im übrigen dank der aufkommenden Übersetzungen keine dauerhaft unüberwindliche Grenzbefestigung gegen einen »allgemeinen Weltverkehr«. Auch die Schauplätze spielten dabei keine Rolle; ohnehin waren allein *Auerbachs Keller in Leipzig* und der im *Harzgebirg* gelegene Blocksberg der nordischen *Walpurgisnacht* ausdrücklich als deutsche Örtlichkeiten ausgewiesen, und solche Studentenkneipen oder Hexentanzplätze gab es auch anderswo in Europa. Entsprechendes gilt für Universitäten, Studierzimmer und Laboratorien, für frühneuzeitliche Städte und Dome oder für herrscherliche Residenzen, Paläste und Landgewinnungswerke an den Meeresküsten und für die mit solchen Spielstätten verbundenen sozialen, kulturellen, politischen Verhältnisse und Verhaltensweisen. Der Hebel, mit dem man die *Faust*-Dichtung als Hauptwerk unserer Nationalliteratur zu einem Grundbuch des Deutschtums beförderte, setzte bei der Zentralfigur der Tragödie an, der vermeintlich »recht aus der Mitte des deutschen Charakters« geschnittenen. *Goethes Faust als weltliche Bibel betrachtet*, lautete 1894 der Titel einer Abhandlung von Hugo Lahnor. Aus solcher Sichtweise wurde Fausts exzentrische Gestalt als eine vorbildhaft-exemplarische wahrgenommen und das Bild dieses geduldlosen, ruhelosen, maßlosen und glücklosen Egozentrikers zum nationalen Mythos verklärt (grundlegend für dieses *Kapitel deutscher Ideologie* Schwerte 1962, dann Dabezies 1967. Zur Rezeptionsgeschichte: dokumentierend Mandelkow 1975-1984, abhandelnd u. a. Mandelkow 1980/1989, auch Michelsen 1989/I).

Koinzidierend mit dem militärischen Triumph über Frankreich und der Bismarckschen Reichsgründung 1870/71, mit dem technologischen und industriellen Wirtschaftsaufschwung der Gründerjahre dann und dem Wilhelminischen Imperialismus avancierte Faust zur kultischen Identifikationsfigur des aufstrebenden Deutschland. Als den Prototyp eines Denkers und Forschers, der zu erkennen verlangt, *was die Welt | Im Innersten zusammenhält* (382 f.); als den von Griechenlandsehnsucht Geadelten, welcher in der mythischen Vermählung mit Helena und der imperialen Eroberung des Peloponnes die klassische Antike eindeutscht; als den gründerzeitlichen Titanen, den Unternehmer-Ingenieur, welcher die Natur zu bändigen und zu unterwerfen, Neuland aus dem Meer zu gewinnen und *Räume vielen Millionen* zu eröffnen sucht, erhob man diesen Faust zum Leitbild einer Nation, die auf solchen Wegen *Zum höchsten Dasein immerfort zu streben* sich anschickte (4685): zu einer Inkarnation deutschen Wesens und deutschen Sendungsbewußtseins.

Durch die nachstehenden Kommentare wird sich verdeutlichen, wie weit sich diese Vorstellungen von Goethes Dichtung entfernt, sie höchst einseitig verstanden, aus 'erkenntnisleitendem Interesse' mißverstanden oder gar wissentlich mißdeutet haben. Man berief sich auf die Engelverse von der Rechtfertigung dessen, der *immer strebend sich bemüht* (11936), und überhörte die Herrenworte im *Prolog* vom immerwährenden Irren des Strebenden (317). Man bezog durchaus nicht auf seinen Faust, was der Autor andernorts gegen solch eine Heiligung des Strebens zu bedenken gibt: »Unbedingte Thätigkeit, von welcher Art sie sey, macht zuletzt bankerott.« (FA I 13,40) Oder: »Es ist nichts trauriger anzusehn als das unvermittelte Streben ins Unbedingte in dieser durchaus bedingten Welt; es erscheint im Jahre 1830 vielleicht ungehöriger als je.« (ebd. 83) Und: »gerade das grenzenlose Streben ⟨sei es⟩, was uns aus der menschlichen Gesellschaft, was uns aus der Welt treibt, unbedingte Leidenschaft; für die dann bei unübersteiglichen Hindernissen nur Befriedigung im Verzweifeln bleibt, Ruhe nur im Tod.« (WA I 41.2,7)

Eckermann hat unter dem 6. 5. 1827 als Gesprächsäußerung Goethes mitgeteilt, »daß ein aus schweren Verirrungen immerfort zum Besseren aufstrebender Mensch zu *erlösen* sei«. Freilich geht dieser Satz dann weiter: »das ist zwar ein wirksamer, Manches erklärender guter Gedanke, aber es ist keine *Idee*, die dem Ganzen und jeder einzelnen Szene im Besondern zu Grunde liege«. Trotzdem hat man daraufhin in den weit verbreiteten 'perfektibilistischen' Deutungen das ganze Spiel als ein zur Erlösungswürdigkeit führendes Läuterungsdrama hingestellt. Dem nachzuhelfen, ist Faust wo immer möglich zu Lasten Mephistos entschuldet worden. Nicht etwa als bloßer Erfüllungsgehilfe und vollstreckender »Regisseur seines Lebenstheaters« (G. Schulz 1988,186), gar als ein in Fausts geeinter *Zwienatur* (11962) selber angelegter, im dramatischen Spiel projektionsartig verselbständigter 'Zwillingsbruder' wurde der ihm beigegebene *Geselle*, *Diener* und *Knecht* (1646 ff.) charakterisiert, sondern als der Widersacher und Verderber, welcher die eher arglosen Absichten und fahrlässigen Anordnungen seines Herrn erst ins eigentlich Böse, Verbrecherische kehrt.

Eine andere, gleichermaßen im Dienst dieser nationalpolitischen Instrumentalisierung der Leitfigur entwickelte Deutung nahm Fausts strebendes Irren und seine schuldhaften Verfehlungen sehr wohl wahr, verstand sie aber geradezu als Ausweis 'tragischer' Größe: als unvermeidbare und vom historischen Prozeß gerechtfertigte Begleiterscheinungen eines objektiven und letztlich humanen Fortschritts, die von den Tätern wie von den Opfern in Kauf genommen werden müßten. Solche Vorstellungen sind auch in den weit verbreiteten, in vielen Facetten schillernden Begriff des 'Faustischen' eingegangen, der sich nun vollends von Goethes Dichtung abgelöst und als ideologische Formel verselbständigt hat. Unter den titelgebenden pathetischen Parolen: *Der faustische Mensch* (Obenauer 1922) und *Faustischer Geist* (Brunner 1927) oder *Faustischer Glaube* (Korff 1938), auch von der *faustischen Natur* (Walzel

1908), gar vom *faustischen Jahrtausend* (Kummer 1934) usf. expandierte das deutsche Sendungsbewußtsein ins neuzeitlich Abendländische – auf sehr andere Weise, als man es der Bemerkung des Autors unterstellen darf, daß von Weimar die Straßen »nach allen Enden der Welt« gingen.

All das blieb zu keiner Zeit unwidersprochen (vgl. Schwerte 1962,94 ff. u. 191 ff.). Die kritischen Gegenstimmen fanden ihren schärfsten Ausdruck 1933 in Böhms Kampfschrift *Faust der Nichtfaustische*, die aus rabiat überzogener Opposition gegen die 'Perfektibilisten' Goethes Spiel geradezu als »Geschichte eines Verfalls« ausgab, in welcher Faust, ein schlechthin »Unverbesserlicher durch das ganze Drama«, als »immer tiefer im Blute« watender »Wüstling« agiere (aaO. 26,22,66). Aber die alte 'deutschnationale' Lesart hat sich auch unter anderen Rahmenbedingungen – gleichsam eingekapselt und obenhin harmlos anmutend – als anhaltend resistent erwiesen. Offenbar entspricht es einer allgemeinen, tief eingeprägten, klischierten Vorstellung, wenn beispielsweise Beutler 1980,560 erklärt, es gelte der *Faust* »heute schlechthin« nicht allein »als die größte dichterische Leistung« in deutscher Sprache, sondern »auch als größte dichterische Selbstoffenbarung des deutschen Geistes« (wobei die Faustdichtung und die Faustfigur ununterscheidbar in eins gefaßt werden und konsequenterweise, notwendigerweise das textfern-perfektibilistische Argumentationsmodell in Geltung bleibt: »sollte Faust die satanische Welt Mephistos überwinden –, so mußte er ⟨im Helena-Akt⟩ unbedingt durch das läuternde Bereich der Schönheit gehen wie die verlorne Seele durch das läuternde Feuer.« – Beutler, GA 738).

Selbst unter gründlich veränderten politischen Vorzeichen blieb das Wilhelminische Deutungsmuster in seinen Grundzügen merklich konstant – von den patriotischen Tiraden im Kaiserreich und der Tornisterlektüre des Ersten Weltkriegs (1915: *Der Tragödie Faust erster Teil. Erster Band der Deutschen Kriegerbibliothek*) bis in die nationalsozialistische Adaption des deutschen Heros (1933 Kurt Engelbrecht: *Faust im Braunhemd*) und bis in das parteigesteuerte Auslegungsmonopol, welches über Jahrzehnte hin das der DDR auferlegte ideologisch retuschierte *Faust*-Bild bestimmt hat (dazu etwa Lützeler 1975, Gille 1984, Vietor-Engländer 1987, Mandelkow 1980/1989 II,206 ff.). Vor dem Hintergrund der Lehren des Dialektischen Materialismus hat Bloch 1959,1188 f. Faust noch als den »Grenzüberschreiter schlechthin« und als »das höchste Exempel des utopischen Menschen« bezeichnet. Von den Parteistrategen aber wurde er als nationale Leitfigur »objektiv nach vorn, an die Front aktueller Klassenkämpfe« versetzt (Dietze 1986,638), wo man die letzten Worte des Blinden von *freiem Grund* und *freiem Volke* (11580) als geschichtsprophetische Vision des ersten ‘Arbeiter-und-Bauern-Staates’ auf deutschem Boden ausgab. Der Staatsratsvorsitzende Ulbricht hat 1962 in seiner Rede *An die ganze deutsche Nation* diese sozialistisch-nationale Lesart kanonisiert (→ Kommentar zu 11559 f.). *Faust*, wahrhaftig eine *Tragödie*, war das Paradestück einer Aneignungsdoktrin, welche den realexistierenden Sozialismus zum einzig legitimen Erben dieses Hauptwerks der deutschen Nationalliteratur, ja als den Vollstrecker und Erfüller eines in ihm beschlossenen Autorwillens ausrief.

Das ist abgetan. Solche schwarz-weiß-roten und braunen und roten Übermalungen des Goetheschen Textes werden verblassen. Für die von ihren gemeinsamen Lasten beschwerte Erbengemeinschaft der deutschen Länder aber gehört die *Faust*-Dichtung zu den ihr verbliebenen gemeinsamen G ü t e r n, welche die Erben nicht entzweien, sondern sie untereinander verbinden könnten. Goethe hat uns 1827 ins Stammbuch geschrieben: »warum sollten die Nationen unter sich einig sein, wenn die Mitbürger nicht mit einander übereinzukommen verstehen? ⟨. . .⟩ Wie aber die militarisch-physische Kraft einer Nation aus ihrer innern Einheit sich entwickelt, so muß auch die sittlich-ästhetische aus einer ähnlichen Übereinstimmung nach und nach hervorgehen. Dieses kann aber nur durch die Zeit bewirkt werden« (WA I 41.2,266). Glücklicherweise kann der Wert eines solchen Gutes nicht sinken sondern nur steigen, wenn man es teilen darf mit Menschen in anderen Ländern, die es auf ihre Weise sich aneignen mögen. Daß der *Faust* als 'Geschenk eines deutschen Dichters an die Welt' doch eine Gegengabe war; daß nämlich von allen Enden her zu ihm kam, was da in ein Werk unserer Sprache eingegangen ist, so wie es selber dann von Weimar wieder »nach allen Enden der Welt« ging; daß es uns also darüber belehren könnte, wie im Nehmen und Geben »die Dichtkunst überhaupt eine Welt- und Völkergabe sei« (*Dichtung und Wahrheit* 10. Buch. FA I 14,445) – das muß man der *Faust*-Dichtung nicht erst als ein neuerdings opportunes Gütezeichen außen anheften. Es ist ihr eingeschrieben.

> Es käme jetzt nur auf einen ruhigen Monat an, so sollte das Werk zu männiglicher Verwunderung und Entsetzen, wie eine große Schwammfamilie, aus der Erde wachsen.

Als Goethe im Sommer 1797 die alten *Faust*-Pläne wieder aufnahm und der »großen erfundenen und halb bearbeiteten Massen« Herr zu werden suchte, die sich in langen Jahren angesammelt hatten, schrieb ihm sein Ratgeber Schiller: »für eine so hoch aufquellende Masse finde ich keinen poetischen Reif, der sie zusammenhält. Nun, Sie werden sich schon zu helfen wissen.« (26. 6.) Wie er sich zu helfen wußte, zeigt sein oben angeführter Satz (an Schiller, 1. 7.), der also keineswegs eine nachträgliche, metaphorisch-saloppe Umschreibung für die Bauform des abgeschlossenen Werkes gibt, sondern weit vorausgreifend einen sehr genauen Bauplan zu erkennen gibt. Es brauchte erheblich länger als »einen ruhigen Monat«, fast ein Jahrzehnt noch bis zur Fertigstellung des Ersten und mehr als drei Jahrzehnte bis zum Abschluß des Zweiten Teils. Aber was endlich zustande kam, läßt sich in struktureller Hinsicht kaum anschaulicher zeigen und genauer bestimmen als mit diesem Bild einer »Schwammfamilie«, einer Pilzkolonie: Nah beieinanderstehende und familienähnlich »sich gleichsam in einander abspiegelnde Gebilde« (Goethe an Iken, 27. 9. 1827 über die *Faust*-Dichtung), die sich obenhin in durchaus eigenständigen, je besonderen Formen darstellen und doch (aber auch nur) durch das unter der Erde gelegene Fadengeflecht des Myceliums ein einziges, in sich zusammenhängendes Gebilde abgeben.

Die in den hier voranstehenden Bemerkungen bezeichnete, im Lauf der langen Entstehungszeit immer weiter sich anreichernde äußere Fülle und innere Komplexität dessen, was der Aneigner in sein Drama einzubringen unternahm, hat die Fassungskraft eines nach traditionell-aristotelischen Einheitsregeln gebauten, ‘geschlossenen’ Kunstgebildes überfordert und seine Form gesprengt.

Genau besehen ging das Stück schon im Ersten Teil aus den gewohnten dramatischen Fugen. Vollends im Zweiten Teil sind solche Auflösungserscheinungen unübersehbar. Die Vielfalt und Reichweite der oft sprunghaft wechselnden Spielfelder und Schauplätze gibt die ‘Einheit des Ortes’ preis. Die weit auseinandergedehnten Spielzeiten, die in einem (gedachten) chronologischen Verlauf des Geschehens oft gar nicht mehr sicher bestimmbar sind oder überhaupt von ihm abgelöst und phantasmagorisch verschoben werden, überschreiten jeden Begriff einer ‘Einheit der Zeit’. Hieß es in der *Poetik* des Aristoteles 1449b (und war es später geradewegs zu einer Vorschrift erhoben worden), daß die Tragödie versuche, ‘sich nach Möglichkeit innerhalb eines einzigen Sonnenumlaufs zu halten oder nur wenig darüber hinauszugehen’, erklärte Goethe doch, daß allein der Helena-Akt »seine volle 3000 Jahre spielt, von Troja’s Untergang bis zur Einnahme von Missolunghi« 1824, und riskierte die Behauptung: »Dies kann man also auch für eine Zeiteinheit rechnen, im höheren Sinne« (an Wilhelm v. Humboldt, 22. 10. 1826). Ebenso und auf noch befremdendere Weise wird die ‘Einheit der Handlung’ aufgegeben oder doch bis an die Grenze des Zumutbaren vernachlässigt. Entschieden handlungswichtige, also eigentlich darstellungsbedürftige Vorgänge bleiben (keineswegs erst im Zweiten Teil) ausgespart und werden gleichsam ‘hinter die Bühne’ verlegt. Auch sind einzelne Passagen nurmehr ‘erzählend’ skizziert und der ergänzenden Vorstellungskraft des Lesers oder dem Improvisationsvermögen der Schauspieler überlassen worden. Unbekümmert um lückenlose Begründungen des Geschehens wird der Handlungszusammenhang (nicht nur in der *Frühen Fassung* des sogenannten ‘Urfaust’) in fragmentarische Ausschnitte zerrissen, in eine Bilderreihe, eine Stationenfolge zerlegt.

Zehn Jahre vor dem Abschluß des *Faust I* schon hat Goethe den Bauplan für beide Teile dieses 'epischen' Theatergedichts auf eben die »Selbstständigkeit seiner Teile« gerichtet, welche sein Bild von der »Schwammfamilie« vor Augen stellt (→ dazu im *Faust II*-Kommentar S. 389 ff.). Damit wiederum hängt unmittelbar zusammen, daß sich auch die 'Einheit der Person' auflöst. Schon im *Faust I* hat man die Charakterkonstanz des 'Helden' mit guten Gründen vermißt, und für den *Faust II* kann selbst von einer personalen Identität des Protagonisten kaum mehr die Rede sein (→ Kommentar S. 388).

Was das Verlangen wenigstens nach einer durchgehenden, einheitstiftenden 'Idee' dieser Dichtung angeht (Schillers »poetischen Reif, der sie zusammenhält«): der Autor verstand sich am Ende nur zu der Bemerkung, es hätte »ein schönes Ding werden müssen, wenn ich ein so reiches, buntes und so höchst mannigfaltiges Leben, wie ich es im Faust zur Anschauung gebracht, auf die magere Schnur einer einzigen durchgehenden Idee hätte reihen wollen!« (→ 'Leseanweisungen', Text-Band S. 819)

Nicht allein die »Aneignung fremder Schätze« ging über das innere und äußere Fassungsvermögen eines in den herkömmlichen 'Einheiten' gehaltenen Dramas hinaus. Die im Wechsel langer Stillstände und mächtiger Produktionsschübe durch ein ganzes Leben sich hinziehende Entstehung der *Faust*-Dichtung, die ihr diese Weltfülle einbrachte (→ dazu die 'Zeugnisse zur Entstehungsgeschichte' im Text-Band S. 755-814), hat ihrerseits Unregelmäßigkeitsspuren hinterlassen, die nicht mehr auszugleichen waren. Denn die Handschrift des Autors veränderte sich, seine Arbeitspläne verschoben sich, die Konzeptionen schwankten. Auch wuchsen die verschiedenen Teile der »Schwammfamilie« keineswegs so im nacheinander aus der Erde, wie man sie auf der Bühne besichtigen kann; vielmehr brachte der Autor die einzelnen Szenen und Akte oft in sehr anderer Abfolge zu Papier, als sie dem Leser jetzt vor Augen stehen.

So gibt dieser Text, »in langen, kaum übersehbaren Jahren gestaltet und umgestaltet« (Goethe an Nees v. Esenbeck, 24. 5. 1827), durchaus äußere Unstimmigkeiten und innere Widersprüche zu erkennen, notdürftig kaschierte oder überbrückte Verwerfungen, Risse und Brüche.

Derart 'uneinheitliche' Züge betreffen nicht nur das Verhältnis zwischen dem Ersten und Zweiten Teil der *Tragödie*, sondern sind ebenso innerhalb der beiden Teilstücke bemerkbar. Auf Handschriftenbefunde gestützt, insbesondere durch die (im Text-Band dieser Ausgabe nun in erweiterter, auch berichtigter Fassung abgedruckten) sogenannten Paralipomena belehrt, haben genetische Untersuchungen sie weithin als bedauerliche Resultate der Entstehungsgeschichte erklären können. Nur läßt sich gar nicht immer sicher sagen, wieviel jedenfalls nachträglich billigende Absicht damit denn doch verbunden war. Wie unter den streitenden Gelehrten die Partei der 'Fragmentisten' die *Faust*-Dichtung oft nur noch als ein Konglomerat in sich widersprüchlicher, willkürlich zusammengefügter Teile betrachtet hat, so hat doch schon der Autor selbst, offenbar mit ironischem Bezug auf das nachfolgende eigene Spiel, in seinem *Vorspiel* erklären lassen (vom Theaterdirektor, der da dem Dichter zuredet): *Gebt ihr ein Stück, so gebt es gleich in Stücken! | Solch ein Ragout es muß euch glücken;* 〈. . .〉 *Was hilft's, wenn ihr ein Ganzes dargebracht, | Das Publikum wird es euch doch zerpflücken.* (99 ff.) Goethe hat die 'Mängel', die man später aufdeckte, gewiß nicht übersehen, sie also autorisiert und als Elemente des Werkes gelten lassen. Sein rigoros-apologetisches Diktum im *Faust*-Gespräch mit Luden 1806 ist immerhin nachdenkenswert: »Alles, was Sie da vorbringen, kann nichts gelten. In der Poesie gibt es keine Widersprüche. Diese sind nur in der wirklichen Welt, nicht in der Welt der Poesie. Was der Dichter schafft, das muß genommen werden, wie er es geschaffen hat.« (Biedermann/Herwig 2, Nr 2264, S. 106)

Zu akzeptieren, daß es sich hier nicht immer oder nicht nur um 'Kunstfehler' handeln müsse, daß Widersprüche auch Spannungselemente und Mehrdeutigkeitssignale abzugeben vermögen, daß man Risse und Brüche, wie sie wohl ein Bauwerk zum Einsturz bringen können, nicht aber ein Dichtwerk, auch als »Sprünge und Würfe« verstehen kann (was schon Herder 5,196 f. gewußt hat), wird einem in moderne Dichtung eingeübten Leser leichter fallen als dem des 19. Jahrhunderts. Der über anderthalb Jahrhunderte hingezogene Philologenstreit, in dem die 'Unitarier' gegen die 'Fragmentisten' eine wie auch immer zu unterstellende 'Einheit' aller Teile der *Tragödie* zu behaupten suchten, belehrt darüber, wie schwer es (für beide Parteien) gewesen ist und wie lange man brauchte, ihre Formenkühnheit einzuholen und zu begreifen, daß die sprengenden Kräfte, die hier wirkten, zugleich formbildende waren. Goethe ließ, jedenfalls entwurfsweise und gewiß nicht ohne Ironie, schon 1797/98 seinen Theaterdirektor zum Dichter des *Vorspiels* sagen, was mit den normativen Kunstregeln der Zeit schlechthin unvereinbar war: *Laßt unser Stück nur reich an Fülle seyn | Dann mag der Zufall selbst als Geist der Einheit schalten* (→ Text-Band S. 575). Und Ende 1831 teilte er Humboldt mit, er habe die Reinschrift des Zweiten Teils versiegelt, damit er »nicht etwa hie und da weiter auszuführen in Versuchung käme« (ebd. S. 809) – was sich ebensowenig mit den herkömmlichen Vorstellungen von der Vollkommenheit eines dramatischen Kunstwerks vertrug. Die unerhört modern anmutende poetologische Grundkonzeption, die er für die *Wanderjahre* formuliert hat (an Rochlitz, 23. 11. 1829), läßt sich tatsächlich eher noch als auf diesen Roman auf seine *Faust*-Dichtung beziehen: »Mit solchem Büchlein aber ist es wie mit dem Leben selbst: es findet sich in dem Komplex des Ganzen Notwendiges und Zufälliges, Vorgesetztes und Angeschlossenes, bald gelungen, bald vereitelt, wodurch es eine Art von Unendlichkeit erhält, die sich in verständige und vernünftige Worte nicht durchaus fassen noch einschließen läßt.«

So etwas wollte man nicht gelten lassen. Man schrieb der

»Schwammfamilie« dieses sonderbaren Werkes eine klassizistische 'Einheit' zu – weil man allein doch ein auf solche Weise in sich geschlossenes Kunstwerk, so vollständig wie notwendig in all seinen Teilen, als das vollkommene verstand. Zur Stabilisierung derart von Wertungsvorurteilen bestimmter Interpretationen und Kommentierungen hat die Vorstellung vom *Faust* als dem Zentralwerk der Nationalliteratur und einem Grundbuch des Deutschtums offenbar wesentlich beigetragen. Frankenberger 1926,104 f. erklärte, es gehe bei der Behauptung, »der Faust, unsere größte nationale Dichtung, sei ohne Einheit, ohne Form« (was er schlichtweg gleichsetzt), um anderes und um mehr noch »als eine literarhistorische Frage. Das produktive Selbstgefühl unseres Volkes wird sich auf seinem künftigen Weg durch die Geschichte zu einem guten Teile immer aus den Werken der Epoche seiner hohen Dichtung nähren müssen, und soll es sich dabei mit dem Troste abfinden, daß wir auch da nur immer das Größte gewollt und nicht erreicht hätten?« So hat, eingestandenermaßen oder unterschwellig, auch die dem *Faust* zugeschriebene nationalideologische Bedeutung – selbst in ihren oben skizzierten nachwilhelminischen Varianten – für lange Zeit ein angemessenes Verständnis dieser Dichtung blockiert.

In seinem für die strukturelle Konzeption des Werkes höchst aufschlußreichen gattungstheoretischen Gedankenaustausch mit Schiller über die Grundgesetze epischer und dramatischer Dichtung (→ hier S. 389 ff.) hat Goethe von den Homerischen Epen bemerkt, daß sie »erst nach und nach entstanden sind, und zu keiner vollständigen und vollkommenen Einheit haben gebracht werden können (obgleich beide vielleicht weit vollkommner organisiert sind als man denkt)«. (28. 4. 1797) Wie genau das für die *Faust*-Dichtung gilt, die sich also keineswegs in einer den altaristotelischen Regeln genügenden und klassizistischen Glättungsbedürfnissen entsprechenden »vollständigen und vollkommenen Einheit« darstellt und dabei doch »weit vollkommner organisiert« ist, als man bei flüchtiger Betrachtung wahrnehmen mag, werden die nachfolgenden Kommentare in vielfacher Hinsicht erläutern. Dazu bedarf es hier nur einiger allgemeiner Bemerkungen.

Und wenn der Narr durch alle Scenen läuft, | So ist das Stück genug verbunden. In dem der Vorbereitung einer Wanderbühnen-Aufführung nachgebildeten *Vorspiel auf dem Theater* sollte die Lustige Person das sagen (Paralipomenon 3; Text-Band S. 575). Auch wenn Mephisto in einige Szenen lediglich als Hintergrundsfigur hineinspielt und die Narrenrolle ihm allein in der *Thronsaal*-Szene ausdrücklich zugeschrieben wird – auf ihn darf man diese Worte beziehen. Ihm fallen im *Faust*-Spiel die Aufgaben zu, die bei den Wanderkomödianten zumeist der Prinzipal einer solchen Truppe selber übernahm, indem er als ulkige Figur auftrat und in dieser Rolle zugleich auch als Spielführer, als Souffleur und *ad Spectatores* als Kommentator agierte: das Ganze so zusammenhielt.

Daß überhaupt wiederkehrende Spielfiguren ein Theaterstück zusammenhalten, gilt auch hier. Bemerkenswert für Goethes Metamorphosenspiel ist eher schon ihre Wiederkehr in 'umgearteter' Erscheinung. *Ein Anderer bin ich wieder da*, erklärt der Schüler des Ersten Teils, wenn er im Zweiten als Baccalaureus auftritt (6726), und das gilt, beide Teile übergreifend, entsprechend für Wagner, den Famulus und Professor, oder für Margarete, die himmlische Büßerin der *Bergschluchten*-Szene, für Mephisto wiederum, nicht nur wenn er in der *Klassischen Walpurgisnacht* die Gestalt der Phorkyas annimmt, vor allem aber und in vielfacher Hinsicht für die Leitfigur Faust.

Weit eigenartiger noch und höchst aufschlußreich für das dichterische Verfahren, das hier den inneren Zusammenhalt des Spiels bewirkt, sind aber die zahlreichen Parallelzüge, Entsprechungen oder Gleichungen zwischen ganz unterschiedlichen dramatischen Personen: zwischen Faust und dem Schüler/Baccalaureus beispielsweise oder Faust und Homunkulus, dem Knaben Lenker und Euphorion,

Galatee und der Mater gloriosa – und so, weniger offensichtlich und mit geringerer Reichweite, zwischen vielen Einzelgestalten des riesigen *Faust*-Ensembles (das außer den nahezu 90 Gruppen, Chören und Massen etwa 230 Spielfiguren umfaßt. – Nach Szenen aufgelistet bei Kittel/Fuerst 1946,24 ff.). Solche wechselseitigen Bezüge zwischen deutlich voneinander abgesetzten, auch im Handlungsgang oft weit voneinander entfernten Gestalten fügen sich nämlich in ein hintergründiges Verweisungssystem, welches das obenhin in selbständige Teile sich lockernde, 'uneinheitliche' Gesamtgefüge der *Faust*-Dichtung in sich verbindet.

Die aufschlußreichste unter vielen Äußerungen Goethes zur Komposition des Werkes findet sich in einem Brief an Iken vom 27. 9. 1827: »Da sich gar manches unserer Erfahrungen nicht rund aussprechen und direkt mitteilen läßt, so habe ich seit langem ⟨!⟩ das Mittel gewählt, durch einander gegenüber gestellte und sich gleichsam in einander abspiegelnde Gebilde den geheimeren Sinn dem Aufmerkenden zu offenbaren.« Was damit als ein Mittel der Sinngebung bestimmt wird (insofern die ineinander sich abspiegelnden Gebilde sich wechselweise bestimmen, erhellen, einander Bedeutungen zuspielen), ist als solches zugleich ein formales, strukturelles Element der *Faust*-Dichtung, ja ihr eigentliches Bindemittel.

Denn was sich an den dramatischen Figuren beobachten läßt, gilt nun in ganz analoger Weise auch für viele andere Bauteile des Dramas. Bestimmte Situationen und Konstellationen, Handlungsvorgänge, Grundgeschehnisse wiederholen sich (gerade so, wie Erichtho 7005 ff. das von der mythisch wiederkehrenden Schlacht auf den *Pharsalischen Feldern* berichtet: *Wie oft schon wiederholt sich's! Wird sich immerfort | In's Ewige wiederholen* . . ., oder wie es 11286 f. Mephisto ansagt: *Auch hier geschieht was längst geschah, | Denn Naboths Weinberg war schon da*). Ganze Szenen spiegeln sich ineinander (die beiden Walpurgisnächte beispielsweise, erst im *Harzgebirg*, dann auf 'klassischem' Boden, oder das Liebesfest am ägäischen Meer und die *Bergschluchten*-Szene). Selbst choreographische Figuren kehren auf solche Art wieder (wie das etwa der paarweise Auftritt Fausts und Mephistos mit Margarete und der Frau Marthe beim Rundgang im *Garten* und dann ihr Blocksbergtanz mit der schönen nackten und der wüsten alten Hexe zeigt, → Kommentar zu 4127 ff.). Schließlich sind kleinere Formationen in nahezu unübersehbarer Fülle auf diese Weise als verbindende Elemente eingesetzt worden. Wiederkehrend abgewandelte Grundgedanken und Begriffe, Metaphern und Sinnbilder oder 'Leitmotive' (dazu etwa Requadt 1972 passim), auch Redeweisen, Redensarten, formelhafte Prägungen setzen Klammern über kurze oder mittlere Distanzen hinweg oder bilden in anderen Fällen kunstvolle Verstrebungen auch zwischen weit auseinander liegenden Teilen (wie etwa Margaretes Leidensworte in der *Zwinger*-Szene von *Faust I*: *neige, | Du Schmerzenreiche, | Dein Antlitz gnädig meiner Not!* und ihr Dankgebet zur Gottesmutter am Ende: *neige | Du Ohnegleiche, | Du Strahlenreiche, | Dein Antlitz gnädig meinem Glück*). – Wie schon die wenigen hier angeführten Beispiele verdeutlichen, geht es dabei nie um eine bloße Wiederholung des Gleichen und Gleichbedeutenden, sondern allemal um Variationen, Kontrastphänomene, Analogie-Antithesen. Es sind auch hier die Goetheschen »Triebräder« von *»Polarität* und von *Steigerung«* (FA I 25,81), die den »geheimeren Sinn« der »sich gleichsam in einander abspiegelnden Gebilde« zur Erscheinung bringen.

Tatsächlich wirken die formsprengenden Kräfte, welche die alten Einheiten des dramatischen Kunstwerks aufheben, dabei zugleich als formbildende Kräfte. Daß (beispielsweise) die 'Einheit der Person' sich auflöse, meint, daß ihre konturenscharfe individuelle Prägung, ihre Charakterkonstanz sich verliert. Der Baccalaureus also: *Ein Anderer bin ich wieder da.* Oder Helena: *Selbst jetzo, welche denn ich sei, ich weiß es nicht.* 〈...〉 *Ich schwinde hin und werde selbst mir ein Idol.* (8875 ff.) Viele Figuren sind von solchen 'Identitätskrisen' betroffen, beginnen zu schwanken, gehen gar (wie am entschiedensten der quecksilberhaft unfeste, vielgestaltige Mephisto es vorführt) in unterschiedlichen Rollen auf, verschwinden hinter wechselnden Masken. Proteus, der antike Gott der Verwandlungen, beherrscht die Szene (→ Kommentar zu vor 8225). Eben diese 'Auflösung' aber bringt eine neue Form von 'Bindung' hervor: Indem die personale Charakterkonstanz sich verliert, gewinnt das Prinzip der Verwandlung selber Konstanz.

Worauf das zielt, wird sichtbar am Homunkulus (der, ins Meer eingehend, *Durch tausend abertausend Formen* den Weg der Evolution betreten wird, → hier S. 529-533) und durch das ihm »gegenüber gestellte«, in ihm »sich abspiegelnde Gebilde« der Leitfigur: Faust, das ist der unaufhörlich Veränderbare, beständig Wandlungsfähige, dem hier noch über den Tod hinaus vergönnt wird, sich *Dankend umzuarten* (12099). Wohl 1795 hat Goethe das naturkundlich formuliert: »Die Gestalt ist ein bewegliches, ein werdendes, ein vergehendes. Gestaltenlehre ⟨Morphologie⟩ ist Verwandlungslehre. Die Lehre der Metamorphose ⟨der stufenweisen Entwicklung durch Umbildung, Umartung, Verwandlung⟩ ist der Schlüssel zu allen ⟨gestalthaften⟩ Zeichen der Natur.« (FA I 24,349) Mit seinen Mephisto zugewiesenen Worten hat er dieses Strukturprinzip der *Faust*-Dichtung ihr selber eingeschrieben: *Gestaltung, Umgestaltung, | Des ewigen Sinnes ewige Unterhaltung* (6287 f.).

Daran ist hier auch die Alchymie beteiligt, die schon im *Faust I* eine hochbedeutende Rolle spielt (→ Kommentar zu 1038-49) – insofern sie auf eine qualitative Transmutation der Elemente zielt: auf die Umwandlung von Unedlem oder Unerwünschtem, Unvollkommenem in das Vollkommene. Und überdies erfaßt das morphogenetische Prinzip nicht allein die 'menschlichen' Gestalten oder Fabelfiguren (etwa die schauerlich sich verwandelnden Lamien, deren *Metamorphosen* Mephisto 7759 befürchtet). Selbst die Tiere nehmen teil an diesem Metamorphosenspiel. Aus dem elefantenhaft aufschwellenden Pudel wird im Ersten Teil die Gestalt des Mephistopheles hervortreten (1310 ff.); aus dem häßlich-gehässigen Zoilo-Thersites, hinter dessen Doppelmaske Mephisto sich im Zweiten Teil zu verbergen scheint, werden Otter und Fledermaus herausplatzen (5475 ff.). Der aus Raupe und verpuppter *Chrysalide* hervorgehende *Schmetterling*, Goethes Zentralsymbol der Metamorphose, durchzieht das Umartungsspiel: wird ironisch schon auf den Baccalaureus bezogen (6729 f.), später auf die Kindheitsmythe des Hermes (9657 ff.), auf Euphorion dann, der sich in die Lüfte wirft (9897 f.), und am Ende auf den sich 'umartenden' Faust, den die Seligen Knaben *im Puppenstand* empfangen (11981 ff. → dazu die Kommentare zu den angeführten Stellen). In ähnlicher Weise ziehen sich die symbolischen Erscheinungen von Dunst, Nebel und Wolken durch die *Faust*-Dichtung, bis hin zum meteorologischen Theater über den *Bergschluchten*, mit dem Goethe das »aufsteigende Spiel« der vom Stratus zum Kumulus zum Zirrus führenden Wolkenmetamorphose zum Sinnbild der 'Wiederbringung' erhoben hat (→ Kommentar S. 793 ff.).

So wird das »seltsame Gebäu« der *Faust*-Dichtung (Goethe an Wilhelm v. Humboldt, 17. 3. 1832) in sich zusammengehalten durch ein vielfältig verklammerndes und verstrebendes Verweisungsgefüge, durch ein obenhin kaum schon sichtbares, aber dichtgewebtes »Symbol- und Bildnetz« (Emrich 1981,14). Es ist eben dieses unter der Erde gelegene Fadengeflecht eines weit ausgebreiteten Myceliums, welches die weithin selbständigen Teile, in denen die »große Schwammfamilie« vor Augen steht, als ein in sich zusammenhängendes Gebilde zu erkennen gibt.

> Ich tadle nicht, wenn Sie lächeln, daß ich schon wieder in's Allgemeine gehe; als ethisch-ästhetischer Mathematiker muß ich in meinen hohen Jahren immer auf die letzten Formeln hindringen, durch welche ganz allein mir die Welt noch faßlich und erträglich wird.

Mit einigem Recht könnte man *Faust I* als ein spät abgeschlossenes Frühwerk, *Faust II* als ein früh begonnenes Alterswerk bezeichnen. Ungeachtet ihrer vielfältigen Verstrebungen bestehen zwischen den beiden Teilen der *Tragödie* doch tiefgreifende Unterschiede (→ dazu hier insbesondere S. 202 ff. und 386 ff.). Emrich hat seiner zuerst 1943 erschienenen, in den nachfolgenden Jahrzehnten ungemein einflußreichen 'symbol-genetischen' Deutung des Zweiten Teils zwar die These vorausgeschickt, daß sich ein in sich zusammenhängendes »Symbol- und Bildnetz« durch Goethes Gesamtwerk »von seiner frühesten Zeit bis ins höchste Alter in streng gesetzlichen Wandlungen zieht« (1981,14). Den *Faust I* aber hat er völlig aus solchen Zusammenhängen gelöst und ihn entschieden abgesetzt vom Zweiten Teil. Tatsächlich vollzog sich in Goethes Poetologie etwa seit 1805/06 ein Wandel (dazu Mandelkow 1980/1989, II,109 ff.). Seine frühere Begriffsbestimmung und Symbolverwendung, für die das »Besondere« und das »Allgemeine« in eins fallen, das Zeichen und etwas von ihm Bezeichnetes also geradezu identisch erscheinen, wendete sich (literarhistorisch gesehen: wendete sich zurück) zu einer 'allegorischen' Darstellungsweise, welche das zeichenhaft »Besondere nur als Beyspiel« versteht und »als Exempel des Allgemeinen« einsetzt. (FA I 13,368) Emrich unternimmt keine terminologischen Differenzierungen, spricht oft einfach von »symbolisch-allegorischen« Phänomenen und unterstellt der *Symbolik von 'Faust II'* mit Hilfe einer unscharf gehaltenen, expansiven Verwendung dieses Begriffs ganze Szenen, Handlungsausschnitte, dramatische Figuren und Begriffe, Tropen, Sinnbilder, Symbole, Allegorien usf., die er unterschiedslos seinen aus Goethes Spätwerk ableitenden 'genetischen' Deutungen unterzieht. Auf solche Weise wird dem *Faust II* freilich »eine höhere Einheit garantiert, als sie der erste Teil enthält« (aaO. 37). Aber sein fest in sich zusammengeschlossenes »Symbolgefüge« wird nun zugleich als ein in sich abgeschlossenes verstanden, nurmehr auf sich selbst verweisend, sich allein in sich selber spiegelnd, abgeriegelt gegen die Welt außerhalb des Kunstwerks. Soviel bei Emrich von dialektisch vermittelter »Natur« und »Geschichte« die Rede geht: was durch die »Aneignung fremder Schätze« in die Dichtung eingegangen ist, scheint unter seinen fest auf das abgeschlossene Werk gerichteten Augen einzig einer in sich kreisenden, kryptisch-zirkulären Selbstreflexion der Kunst zu dienen. Durchaus folgerichtig wird bei dieser strikt werkimmanenten Betrachtung aber auch in umgekehrter Richtung jeder Weg versperrt, der aus der Dichtung wieder in die Welt des Lesers führen könnte. Das Kunstwerk genügt sich selbst. Mit dieser Vorstellung müssen sich die letzten hier noch anstehenden Überlegungen auseinandersetzen.

Einen Paradigmenwechsel gegenüber Emrichs *Symbolik* hat 1981 Schlaffer vollzogen. Auf frühe Einsichten von Weiße (1837) zurückgreifend, legt er seiner Deutung des *Faust II* das Formprinzip der *Allegorie* zugrunde. Mit großer Entschiedenheit (und Luzidität) wird hier eine Gegenposition zu Emrich vertreten. Um so auffälliger erscheint, daß dessen Bestimmungen in zweifacher Hinsicht doch durchaus resistent geblieben sind.

Im Zentrum von Schlaffers Darstellungen und Ableitungen (→ hier S. 430 ff.) steht die *Mummenschanz*-Szene des 1. Akts von *Faust II*, deren allegorische Züge ganz offenkundig erscheinen, ja im Text selber ausdrücklich markiert worden sind (denn jede Allegorie setzt voraus, daß sie als solche erkannt wird). Zum Herold, der die verschiedenen Präsentationen dieses Karnevalzuges ansagen und ihre Bedeutungen erklären soll, beim außerhalb des Programms erfolgenden Auftritt des Elefanten, des magischen Viergespanns und der daran beteiligten Masken aber ratlos bleibt, spricht also der Knabe Lenker: *wir sind Allegorien | Und so solltest du uns kennen.* (5531 f.) Die verstrebenden Entsprechungen zum gleichermaßen allegorisch angelegten *Walpurgisnachtstraum* im *Faust I* liegen auf der Hand. Schlaffer aaO. 66 marginalisiert sie, läßt anderes außer acht (etwa die allegorisch-satirischen Figuren der *Walpurgisnacht*-Szene oder die allegorischen Meerkatzenspiele in der *Hexenküche*) und erklärt: »Was einst die Ausnahme war, wird jetzt zur Regel.« Wie Emrichs symbol-genetischer Deutungsversuch hat auf diese Weise auch seine allegorische Auslegung den *Faust I* separierend beiseite gerückt.

Andererseits aber dient jetzt die *Allegorie*, wie zuvor die *Symbolik*, als Generalschlüssel für den ganzen Zweiten Teil des Spiels. Auch hier wird das ermöglicht und muß das erkauft werden durch einen weitgehenden Verzicht auf begriffliche Trennschärfe (→ dazu S. 431 f.). »Im vertikalen Aufbau von Feld, Akt und Drama nimmt der Abstraktionsgrad der Allegorien von Stufe zu Stufe zu, so daß die jeweils sichtbare Allegorie von einer noch unsichtbaren umgriffen wird.« (aaO. 147) – »Was aber ist Helenas allegorische Bedeutung? Helena ist die Allegorie ihrer selbst. Die erscheinende Helena verweist auf die gewesene.« (aaO. 119) So stellt man 'Allegorien' her.

Während die beiden zur Rede stehenden, konkurrierenden Deutungssysteme darin einander gleichen, daß sie einerseits den Ersten und Zweiten Teil der *Faust*-Dichtung entschieden voneinander absondern, andererseits für *Faust II* einen so umfassenden wie ausschließlichen Geltungsanspruch erheben, hat Schlaffer die werkimmanente Betrachtungsweise Emrichs doch weit hinter sich gelassen. *Faust Zweiter Teil*, so besagt es der Titel seiner Abhandlung, ist *Die Allegorie des 19. Jahrhunderts.* »Denn die wesentlichen

Bestimmungen der modernen bürgerlichen Gesellschaft decken sich ihm ⟨Goethe⟩ mit den Bedeutungsstrukturen der allegorischen Form: Aufhebung der Sinnlichkeit, Auflösung natürlicher Zusammenhänge, Herstellung einer künstlichen Welt, Vernichtung der natürlichen und Nichtigkeit der künstlichen Phänomene, Funktionalisierung der Gegenstände zu Attributen, Inkongruenz von Erscheinung und Bedeutung, Abbau der Individualität, Herrschaft von Abstraktionen.« (aaO. 98) So, heißt es, betreten hier »die Grundbegriffe der politischen Ökonomie die Bühne«, und es »beginnen sich ⟨Karl Marx'⟩ *Kapital* und *Faust II* wechselseitig zu kommentieren.« (aaO. 62 u. 54) Nach Art eines allegorischen Geschichtsdramas wird der *Faust II* als Darstellung des Übergangs von der feudalistischen zur kapitalistischen Gesellschaftsordnung und als eine fundamentale Kritik Goethes an deren abstrakten Prinzipien verstanden – und eben darauf reduziert. In letzter Konsequenz, scheint mir, besäße er damit eine Geltung für unsere Gegenwart und eine Aufschluß- und Erklärungskraft für die Zukunft, welche sich an Marx' politisch-ökonomischer Theorie bemißt. – So heißt es bei Metscher 1976,145, Faust sei »an das Schicksal der Klasse geknüpft, deren historischem Aufstieg er auch seine Existenz verdankt. Mit dem Ende dieser Klasse tritt auch ihr literarisches Symbol von der Bühne der Weltgeschichte ab.« – Wirklich?

Mit einer Konzentration auf den poetischen Text, welche allein diejenigen seiner 'Verweise' in den Blick nimmt, die ihn in sich selber zusammenhalten und rückbezüglich ihm selber gelten, mit einer 'immanenten' Leseweise also (wie Emrichs *Symbolik*-Buch sie übt) oder doch mit einer Analyse, welche das literarische Werk aus dem Kontext seiner Zeit zu begreifen versucht, sich bei ihren Erkundungen und Erklärungsversuchen also auf diejenigen Erfahrungen, Einsichten, Erwartungen bezieht, die dem Autor zukamen und in seine Dichtung eingingen (wie Schlaffers *Allegorie*-Buch das vorführt) – damit dürfen Literaturwissenschaftler und Literarhistoriker sich zufrieden geben. Darauf müssen sie sich in aller Regel wohl beschränken. Der *Faust*-Autor freilich wünschte, ja forderte von seinen Lesern mehr noch und anderes (und was er damit ausdrücklich verlangte, tut ein unverbildeter Leser schon von sich aus allemal).

Von den *Leiden des jungen Werthers* hat Goethe im nachhinein gesagt (zu Eckermann, 2. 1. 1824), »es müßte schlimm sein, wenn nicht Jeder einmal in seinem Leben eine Epoche haben wollte, wo ihm der Werther käme, als wäre er bloß für ihn geschrieben« – weil er nämlich eigene Erlebnisse oder Erfahrungen in ihm abgebildet sieht und darauf 'antwortet'. Im *Faust I* gibt es Passagen, für die das ebenso gelten könnte. Und aus Goethes späten Jahren während der Abschlußarbeit am *Faust II* ist eine ganze Reihe gleichgerichteter Bemerkungen überliefert, die solchen Leseweisen gelten. Da schreibt er etwa an Borchardt (1. 5. 1828), er sei in seinen »Arbeiten nicht leicht didaktisch geworden«, habe sich eher um »eine poetische Darstellung« bemüht: »damit ein sinniger Leser sich in den Bildern bespiegeln und die mannichfaltigsten Resultate bei wachsender Erfahrung selbst herausfinden möge.« Oder an Iken (27. 9. 1827): »Da alles, was von mir mitgeteilt worden, auf Lebenserfahrung beruht, so darf ich wohl andeuten und hoffen, daß man meine Dichtungen auch wieder *erleben* wolle und werde.« An Zelter (27. 3. 1830): Es sollten »verständige Menschen« doch damit zufrieden sein, »daß ihnen irgend Einer ⟨in der Dichtung⟩ das Speziale ⟨seiner Erfahrungen und Erlebnisse⟩ so in's Allgemeine emporgehoben, damit sie es wieder in ihre eigene Spezialität ohne Weiteres aufnehmen können.« Oder zu Eckermann (17. 2. 1831) über seine Darstellungsweise im *Faust II*: »wer sich nicht etwas umgetan und Einiges erlebt hat, wird nichts damit anzufangen wissen.«

Weit bewußter und absichtsvoller als der Erste Teil der *Faust*-Dichtung, für den dergleichen durchaus auch gelten kann, ist ihr Zweiter Teil an solche Leser adressiert. Ja auf eine solche Leseweise hin ist er angelegt. Daß er ihn erst schreibe (sagte Goethe zu Eckermann, 6. 12. 1829), nachdem ihm »die weltlichen Dinge so viel klarer geworden«, werde dem *Faust* zugute kommen: »Es geht mir damit wie Einem, der in seiner Jugend sehr viel kleines Silber- und Kupfer-Geld hat, das er während dem Lauf seines Lebens immer bedeutender einwechselt, so daß er zuletzt seinen Jugendbesitz in reinen Goldstücken vor sich sieht.« Solche poetischen Goldstücke eben sind es, die der Leser in sein »kleines Silber- und Kupfer-Geld« eigener Welt- und Lebenserfahrungen wieder einwechseln könnte. Und dessen Münzsorten oder Währungen hat der Autor oft noch gar nicht gekannt.

Ein von ihm selbst in dieser Weise erläutertes Beispiel (kleinen Formats) geben Mephistos Verse 7003 f.: *Am Ende hängen wir doch ab | Von Kreaturen die wir machten.* – »Ich dächte, sagte Goethe, man hätte eine Weile daran zu zehren. Ein Vater, der sechs Söhne hat, ist verloren, er mag sich stellen wie er will. Auch Könige und Minister, die viele Personen zu großen Stellen gebracht haben, mögen aus ihrer Erfahrung sich etwas dabei denken können.« (Eckermann, 16. 12. 1829) Er selber hatte keine sechs Söhne. Was er, auf anderer Leute Erfahrungen bezogen, hier erläuternd anmerkt, würde ein 'wissenschaftlicher' Kommentar deshalb von sich aus gewiß nicht erklären. Darf er dergleichen grundsätzlich nicht?

Die Kaiserhof-Szenen des 1. Akts im Zweiten Teil stellen das Bild eines wirtschaftlich zerrütteten, moralisch heruntergekommenen, vom Aufruhr bedrohten Staatswesens vor Augen. Jeder Gemeinsinn hat sich da verloren; es herrschen öffentliches Unrecht, ungesetzliche Gewalttat und allgemeine Korruption; der Oberbefehlshaber der Streitkräfte hat seine Truppen nicht mehr sicher in der Hand; die inflationäre Vermehrung der umlaufenden Geldmenge beschleunigt nur noch den drohenden Staatsbankrott – und der *Staatsrat* (vor 4728) repräsentiert nach wie vor im pompösen Zeremoniell der *Thronsaal*-Szene, die schmarotzend herrschende Schicht tanzt im Karneval auf dem Vulkan.

Schlaffer 1981,78 u. 80 f. (beispielsweise) erläutert diese *Mummenschanz* als allegorische Darstellung des Umbruchs vom »verfallenden Feudalismus« in die bürgerlich-frühkapitalistische Gesellschaftsordnung. Das 'steht im Text' nun ebensowenig wie die Zusammenbrüche ganz anderer Staats- und Gesellschaftsordnungen, die ein späterer Leser mit eigenen, andersartigen Geschichtserfahrungen hier abgebildet sehen könnte. Eigentlich entscheidend aber ist dabei gar nicht die eine oder die andere 'Auslegung', sondern der Tatbestand, daß die gleiche Szenenreihe beide und noch unabsehbare weitere Anwendungen auf durchaus überzeugende Weise ermöglicht. Wenn beispielsweise der junge Marx den *Faust I*-Versen *Wenn ich sechs Hengste zahlen kann, | Sind ihre Kräfte nicht die meine?* seine Charakterisierung des kapitalistischen Privateigentums abgelesen hat (→ Kommentar zu 1824 ff.), oder wenn Paul Celan in einer Reihe aufeinander bezogener Worte und Vorgänge um den Gewaltherrscher Faust und seinen *Aufseher* Mephisto im 5. Akt von *Faust II* offenbar das präfiguriert sah, was zu seinen eigenen Lebzeiten die Deutschen den Juden antaten (→ Kommentar S. 726 zu: vor 11282), dann wird deutlich, daß sich die *Faust*-Texte für Einsichten öffnen können oder daß sie Erfahrungen in sich aufzunehmen vermögen, die den Vorstellungsbereich des Autors und den Horizont seiner eigenen Zeit übersteigen. In zahlreichen Fällen sind die im oben beschriebenen Sinn selbständigen größeren und kleineren Teile des Ganzen auf besondere und sehr bewußte Weise so beschaffen, daß sie über sich hinausweisen und ihre Geltung nicht beschränkt bleibt auf das 'Material', aus dem sie gebildet wurden (Beispiele in den Kommentaren S. 286, 495, 531 ff., 692 f. u. ö.).

Zur begrifflichen Bestimmung solcher sehr komplexen 'Zeichen', die sich nach der Absicht des Autors und der Intention des Werkes auf etwas richten, das im Text als solches nicht präsent ist, wohl aber von ihm angezeigt wird und allererst vom Leser gemäß dessen eigenen Erfahrungen realisiert werden soll, sind die ohnehin überanstrengten und verwaschenen Termini 'Symbol' oder 'Allegorie' untauglich, erscheinen auch Angaben wie 'parabolisch', 'exemplarisch' oder 'modellartig' einigermaßen unzulänglich. Deshalb findet man (wo überhaupt nötig) in den nachfolgenden Erläuterungen dafür die unverbrauchte Bezeichnung, welche der alte Goethe in seinem eingangs zitierten Brief an Boisserée vom 3. 11. 1826 verwendet hat: Als »ethisch-ästhetischer Mathematiker«, schreibt er da, »muß ich in meinen hohen Jahren immer auf die letzten Formeln hindringen, durch welche ganz allein mir die Welt noch faßlich und erträglich wird.«

Solche Formeln besitzen freilich nicht den Abstraktionsgrad der nackten mathematischen Konstruktionen. Vielmehr erscheinen sie in 'eingekleideter', anschaulich gestalthafter Form. Von einem »ethisch-ästhetischen Mathematiker« geschaffen, sind das ihrerseits 'ethisch-ästhetische Formeln'. Die Präzision aber und die universale Gültigkeit mathematischer Gebilde hat Goethe mit diesem Sprachgebrauch gewiß auch für sich in Anspruch nehmen wollen. Es gleichen seine Formeln den genuin mathematischen jedenfalls darin, daß sie auch für solche konkreten Phänomene gelten oder auf solche empirischen Erscheinungen angewendet werden können, die dem Mathematiker selber nicht bekannt oder nicht zugänglich waren.

Schreibt Goethe von dieser Art Formeln, daß durch sie allein ihm »die Welt noch faßlich und erträglich« werde, darf man das wohl auch auf ihren Adressaten beziehen: auf den Leser, der seine eigenen Erfahrungen von ihnen erfaßt oder in ihnen präfiguriert sieht. Daß ihm seine Welt »erträglich« werden könnte, meint dabei nicht, daß sie ihm ästhetisch geschönt würde. Wenn er etwa die auf Philemon und Baucis bezogenen Faust-Worte *Dorn den Augen, Dorn den Sohlen* als eine ethisch-ästhetische Formel für die uralte und fortdauernde Unheilsgeschichte gewaltsamer Vertreibungen begreift (→ Kommentar zu 11161), oder falls er in der vulkanistischen Legende der Erdoberflächenformung, die Mephisto im *Hochgebirg* erzählt, eine Formel erkennt, welche auch die gewaltsamen, zerstörerischen, blutigen Revolutionen seiner eigenen Zeit erfaßt (→ S. 649 f. u. ö.), oder wenn er das Landgewinnungswerk des greisen Faust im letzten Akt der *Tragödie* als ethisch-ästhetische Formel für den Versuch des Menschen versteht, sich die Erde untertan zu machen und die Natur sich zu unterwerfen (→ S. 706-709 u. ö.) – dann wird er da keineswegs mit poetischen Verklärungen konfrontiert. Vielmehr: insofern der Gang des »immer kreis- und spiralartig wiederkehrenden Erdetreibens« (an Zelter, 11. 5. 1820) dem Leser faßlicher werden könnte auf solche Weise, mag es ihm allenfalls auch erträglicher werden.

Trifft aber zu, daß mit der *Faust*-Dichtung nur etwas anzufangen weiß, wer sich »umgetan und Einiges erlebt hat«, dann sollten neue Erfahrungen auch neue Einsichten in die prognostische Reichweite solch ethisch-ästhetischer Formeln ermöglichen, also das Verständnis dieses Kunstwerks erweitern und bereichern. Wer sich »auf Miene, Wink und leise Hindeutung versteht«, meinte Goethe (an Boisserée, 8. 9. 1831), werde hier »mehr finden als ich geben konnte.« Das wird, auf andere Weise als jetzt, auch für spätere Zeiten und andere Leser gelten – solange die Poesie nicht ganz aus der Welt verlorengeht, solange es das être collectif als erwartenden Erzeuger noch gibt, von Weimar die Straßen nach allen Enden der Welt gehen, die Schwammfamilie sichtbar bleibt und man sich an diesen ethisch-ästhetischen Mathematiker erinnert (»Ich tadle nicht, wenn Sie lächeln, daß ich schon wieder in's Allgemeine gehe . . .«).

ANGABEN ZUM TEXT

Als in der Cotta'schen Buchhandlung die Veröffentlichung von *Goethe's Werken* vorbereitet wurde (13 Bände, deren 8. Band dann 1808 den Erstdruck von *Faust I* enthielt), schrieb der Autor am 30. 9. 1805 seinem Verleger:
»Sie können nunmehr, wertester Herr Cotta, den Druck und das ganze Arrangement überlegen, ja Sie schicken mir vielleicht eine Probe des Drucks und Papieres. Ich wünsche, daß das Ganze heiter aussehen möge.
Doch ist mir daran nicht so viel gelegen, als an der Korrektheit des Druckes, als worum ich inständigst bitte. Sie sehen, das Exemplar ist mit großer Sorgfalt durchgegangen und korrigiert, und ich würde in Verzweiflung sein, wenn es wieder entstellt erscheinen sollte. Haben Sie ja die Güte, einem sorgfältigen Mann die Revision höchlich anzuempfehlen, wobei ich ausdrücklich wünsche, daß man das übersandte Exemplar genau abdrucke, nichts in der Rechtschreibung, Interpunktion und sonst verändre, ja sogar, wenn noch ein Fehler stehn geblieben wäre, denselben lieber mit abdrucke.«

Die hier im Text-Band vorgelegte Edition der *Faust*-Dichtungen Goethes unterscheidet sich in Schreibweise und Zeichensetzung, aber selbst hinsichtlich des Wortlauts, der Versanordnung und der Szenengliederung so weitgehend von allen vorangehenden Ausgaben, daß zur Erklärung und Rechtfertigung eine vergleichsweise ausführliche Darstellung der ÜBERLIEFERUNG ebenso erforderlich ist wie ein darauf bezogener Rechenschaftsbericht zur TEXTGESTALTUNG der vorliegenden Ausgabe, welche die herkömmlichen Beschädigungen und Entstellungen zu beheben sucht. Dem schließen sich einige Erläuterungen zur INTERPUNKTION an, die der Leser besser nicht überblättern sollte, und zuletzt Mitteilungen über die SELBSTZENSUR, der diese Texte durch ihren Autor unterworfen wurden.

ÜBERLIEFERUNG DER TEXTE

FAUST. EINE TRAGÖDIE

HANDSCHRIFTEN UND DRUCKE ZU GOETHES LEBZEITEN

Vom Ersten Teil des Faust ist handschriftlich nur weniges überliefert (angeführt in WA I 14,253 ff., zusammengestellt bei Gräf 1904,1 ff.). Abgesehen von den sogenannten Paralipomena handelt es sich dabei um sechs kleinere Bruchstücke, außerdem um vollständige Handschriften der Szenen *Nacht. Straße vor Gretchens Türe* (→ im Text-Band Abb. 12) und *Dom* und um ein längeres Stück der *Walpurgisnacht* (→Abb. 13 des Text-Bandes; Faksimileausgabe dieser Handschriften zu *Nacht* und *Walpurgisnacht*: Stolzenberg 1975). Es gibt vom *Faust I* also keine vollständige Niederschrift oder als Druckvorlage benutzte Reinschrift mehr.

Wohl aber existiert eine Vorstufe in Form der Niederschrift des Weimarer Hoffräuleins Luise von Göchhausen (im Text-Band S. 467-539), deren Überlieferung hier S. 81 ff. erläutert wird. Dieser zumeist als 'Urfaust' ausgegebene, hier als *Frühe Fassung* bezeichnete Text beginnt zwar mit der ersten Szene von *Faust I* (*Nacht*) und endet mit seiner letzten (*Kerker*). Aber im Wortlaut weicht er beträchtlich von der endgültigen Fassung ab. Auch fehlen noch ganz die späteren Szenen *Vor dem Tor*, *Studierzimmer I*, *Hexenküche*, *Wald und Höhle* (bis auf ein Teilstück, das hier noch in der Szene *Nacht. Vor Gretgens Haus* steht), ebenso *Walpurgisnacht* und *Walpurgisnachtstraum* – während sich allein in dieser *Frühen Fassung* der später entfallende Szenenfetzen *Land Strase* (Text-Band S. 493,453-56) findet. Die Szene *Nacht* enthält noch nicht ihren späteren zweiten Teil mit Fausts Selbstmordversuch und dem Osternachtgeschehen; vom *Studierzimmer II* gibt es allein die Universitätssatire des Studienberatungsgesprächs (mit 68 später ganz entfallenden Versen: Text-Band S. 478 ff., 265-332) – so daß Mephisto noch völlig uneingeführt und unvermittelt auftritt. Die *Nacht*-Szene *Vor Gretgens Haus* (hier auf die *Dom*-Szene folgend) enthält noch nicht das nächtliche Gefecht, Fausts Flucht und die Verdammungsrede des sterbenden Valentin über Margarethe. Schließlich gibt diese *Frühe Fassung* den größten Teil von *Auerbachs Keller* und die gesamte *Kerker*-Szene noch in Prosa (ebenso die später *Trüber Tag · Feld* überschriebene Szene, für die allein diese Prosaform endgültig beibehalten wird).

Ein Teildruck: *Faust. Ein Fragment*, die erste zur allgemeinen Lektüre bestimmte Mitteilung der bis dahin allein durch Goethes häufige Vorlesungen bekanntgewordenen Dichtung überhaupt, wurde 1790 veröffentlicht. Diese Fassung ist in der vorliegenden Ausgabe nicht enthalten, weil sie in hinreichend zuverlässigen späteren Drucken vorliegt (etwa in den Editionen von Grumach 1954 in der Akademie-Ausgabe, von Keller 1985 oder von Edith Zehm 1990 in der Münchner Ausgabe, Bd 3.1), und weil sie – sehr anders als die vielfach auf die Bühne gebrachte, durchaus als eigenständiges Werk rezipierte *Frühe Fassung* – als fragmentarische Vorstufe von *Faust I* eigentlich nur in entstehungsgeschichtlicher und biographischer Hinsicht von Interesse ist (zu ihrer Entstehungsgeschichte → Text-Band S. 767-770). Der Text dieses *Fragment*-Druckes ist über weite Strecken hin bereits identisch mit dem entsprechenden Wortlaut des Ersten Teils. Es besteht hier aber noch immer die »große Lücke« (→ Text-Band S. 782) zwischen Wagners Abgang in der Eingangsszene *Nacht* und Mephistos erstem Auftritt beim Gespräch mit dem Schüler in *Studierzimmer II* (gegenüber der *Frühen Fassung* freilich schon mit den *Faust I*-Versen 1770-1867 *Und was der ganzen Menschheit zugeteilt ist* . . . und mit dem endgültigen Wortlaut der Studienberatung). Hingegen enthält das *Fragment* bereits die Szenen *Hexenküche*, *Wald und Höhle* (hier der Szene *Am Brunnen* nachgestellt). Hinter der *Dom*-Szene aber bricht es ab, endet also vor den späteren Szenen *Walpurgisnacht*, *Walpurgisnachtstraum* und den schon in der *Frühen Fassung* vorgegebenen weiteren Szenen *Trüber Tag · Feld* und *Nacht*, *Offen Feld* und *Kerker*.

Ein erster Druck des *Faust I* folgt der *Fragment*-Veröffentlichung von 1790 erst in weitem Abstand: 1808 im 8. Bd von *Goethe's Werken* (hier nun ausdrücklich als *Erster Theil* bezeichnet und schon zusammen mit der *Zueignung*, dem *Vorspiel auf dem Theater* und dem *Prolog im Himmel*). Nach diesem Erstdruck und vor der 1828/29 vorgelegten *Ausgabe letzter Hand* sind als Einzelausgaben oder innerhalb von Werkausgaben noch rund 20 Nachdrucke oder Doppeldrucke und Raubdrucke erschienen (verzeichnet bei Hagen 1983). Sie unterscheiden sich, aufs Ganze gesehen, sehr wohl durch unterschiedliche Setzerfehler und Druckversehen, enthalten aber nur wenige und geringfügige Textvarianten (dazu Jensen 1965,63 und AA Erg.-Bd 3,260 f.).

Man vermutet mit guten Gründen, daß Goethe auch die zuerst 1808 gedruckte Fassung des Ersten Teils in sich selber noch als eine Art Fragment verstanden habe. Etwa an die nicht ausgeführte Disputations-Szene (→ Text-Band S. 577-80) wäre dabei zu denken, vielleicht auch an die unterdrückten Satansszenen der *Walpurgisnacht* (→ ebd. S. 552-59). Goethes Äußerungen dazu sind freilich nicht eindeutig: Am 24. 2. 1806 schrieb er an Cotta zum Ersten Teil, er werde »den Faust enthalten, insofern dieser jetzt mitteilbar ist«; am 8. 9. 1831, nach Fertigstellung des *Faust II*, an Boisserée: »Nun sollte und konnte dieser zweite Teil nicht so fragmentarisch sein als der erste«. Aber eine Texterweiterung des *Faust I* erfolgte erst mit der Ausgabe von 1828/29 und umfaßte lediglich die *Walpurgisnachtstraum*-Verse 4335-42. Immerhin handelt es sich hier, streng genommen, doch um die erste und zu Goethes Lebzeit einzige vollständige Fassung des Ersten Teils. Sie erschien als 12. Bd von *Goethe's Werke. Vollständige Ausgabe letzter Hand*, und zwar zunächst 1828 als Taschenausgabe im

Kleinoktav-Format (Sigle: $C^1 12$), dann 1829 in einer nach dieser Taschenausgabe neu gesetzten Ausgabe im Oktav-Format (Sigle: $C^3 12$). Hier wie dort folgt dem *Faust I* bereits ein Abdruck vom 1. Akt des Zweiten Teils, der bis zum Vers 6036 reicht und abschließt mit der Notiz: *(Ist fortzusetzen.)*

Für diese beiden letzten Ausgaben zu Lebzeiten des Autors ist der *Faust I*-Text in geringem Maß von Goethe selbst, gründlicher durch den damit von ihm beauftragten Jenaer Altphilologen Karl Wilhelm Göttling (vgl. hier S. 108 f.) noch einmal revidiert worden. So hat die in der weiteren Überlieferungsgeschichte der *Faust*-Dichtung maßgebliche Weimarer Ausgabe 1887 festgestellt, Goethe habe »mit größter Umsicht, mit einer Sorgfalt wie bei keiner früheren, sich um die Reinheit und Vollkommenheit dieser Ausgabe selbst bemüht«, die er als »sein Vermächtniß«, als »den Abschluß seiner Lebensarbeit« ansah. Doch gab es bei dieser *Ausgabe letzter Hand* die beiden unterschiedlichen Drucke von 1828 und 1829, und die Weimarer Ausgabe folgte der späteren, »in erneuter Durchsicht hergestellten Octavausgabe, der letztwilligen Textrecension« (WA I 1,XIX f.). Nach Untersuchungen von Grumach 1950 richtete sich freilich »die eigentliche Revisionsarbeit Goethes und seiner Helfer auf die Taschenausgabe, deren Text tatsächlich 'mit einer Sorgfalt wie bei keiner früheren' geprüft worden ist. In viel geringerem Maße kann dies von der ⟨aus verlegerisch-wirtschaftlichen Gründen veranstalteten⟩ Oktavausgabe gelten«, die – gemessen an der Taschenausgabe – »ein ziemlich nachlässiger Druck ist, in den sich trotz aller Sorgfalt zahlreiche neue Fehler eingeschlichen haben oder Fehler, die in C^1 ⟨12⟩ schon berichtigt sind, wieder auftauchen.« (aaO. 66) – So enthält erst die *Ausgabe letzter Hand* den vollständigen Wortlaut des Ersten Teils, den ihre Taschenausgabe in seiner vergleichsweise am sorgfältigsten überprüften, letztwillig authentischen Fassung überliefert (dagegen Kassel 1995, richtigstellend Schöne 1997/I).

Freilich wurde auch bei dieser Taschenausgabe in Weimar keine Korrektur mehr gelesen. So kam es noch zu Druckfehlern und eigenmächtigen Eingriffen der Cotta'schen Offizin. Gegenüber der Setzervorlage (einem handschriftlich ergänzten und auftragsgemäß von Göttling durchkorrigierten *Faust I*-Druck des 9. Bandes der Cottaschen Werkausgabe von 1817, welcher aus dem Verlagsarchiv in den Besitz des Deutschen Literaturarchivs in Marbach a.N. gelangt und dort zugänglich ist – Signatur: Cotta Ms. Goethe) zeigt der Druck $C^1 12$ von 1828 etwa 77 unnötige oder fehlerhafte Abweichungen: geringfügig veränderte Schreibungen, ausgelassene, zusätzliche oder veränderte Interpunktionen und zugesetzte oder getilgte Apostrophierungen.

Zu einer groben Orientierung über das Verhältnis der Textbestände in *Faust I* und *Faust. Ein Fragment* und *Faust. Frühe Fassung* soll die hier nachfolgende SZENENÜBERSICHT UND VERSKONKORDANZ dienen. Die in diesem Schema auf jeweils gleicher Höhe stehenden Verszahl-Angaben unterscheiden freilich nicht zwischen gleichlautenden und im Wortlaut abweichenden Partien und können herausfallende Einzelverse nicht berücksichtigen. Einen genaueren Vergleich zwischen der *Frühen Fassung* und dem endgültigen *Faust I* ermöglichen aber die Konkordanzzeilen, die im Text-Band am Fuß der Seiten 469-539 stehen und deren Anlage sich aus der Fußnote dort auf Seite 469 erklärt.

SZENENÜBERSICHT UND VERSKONKORDANZ

FAUST I insgesamt 4612 Verse und 63 Prosa-Zeilen	EIN FRAGMENT insgesamt 2135 Verse –	FRÜHE FASSUNG insgesamt 1441 Verse und 360 Prosa-Zeilen
ZUEIGNUNG 1-32	–	–
VORSPIEL AUF DEM THEATER 33-242	–	–
PROLOG IM HIMMEL 243-353	–	–
1 NACHT 354-605 606-807	1 NACHT 1-248	1 NACHT 1 248
2 VOR DEM TOR 808-1177	–	–
3 STUDIERZIMMER I 1178-1529	–	–
4 STUDIERZIMMER II	2 FAUST. MEPHISTOPHELES	2 MEPHISTOPHELES. STUDENT
1530-1769		
1770-1867	249-346	
1868-1883	347-362	249-264
1884-1895	363-374	
		265-332
1896-1903	375-382	333-340
1904-1909	383-388	

FAUST I	EIN FRAGMENT	FRÜHE FASSUNG
1910-1963 1964-2000 2001-2050 2051-2072	389-442 443-479 480-529 530-551	341-394 395-444
5 AUERBACHS KELLER 2073-2080 2081-2336	3 AUERBACHS KELLER 552-559 560-815	3 AUERBACHS KELLER 445-452 1-196 (Prosa)
–	–	4 LAND STRASE 453-456
6 HEXENKÜCHE 2337-2604	4 HEXENKÜCHE 816-1067	–
7 STRASSE 2605-2677	5 STRASSE 1068-1140	5 STRASE 457-529
8 ABEND 2678-2804	6 ABEND 1141-1267	6 ABEND 530-656
9 SPAZIERGANG 2805-2864	7 SPAZIERGANG 1268-1327	7 ALLEE 657-718
10 DER NACHBARIN HAUS 2865-3024	8 DER NACHBARINN HAUS 1328-1487	8 NACHBARINN HAUS 719-878
11 STRASSE 3025-3072	9 STRASSE 1488-1535	9 FAUST MEPHISTOPHELES 879-924

FAUST I	EIN FRAGMENT	FRÜHE FASSUNG
12 GARTEN 3073-3204	10 GARTEN 1536-1664	10 GARTEN 925-1053
13 EIN GARTENHÄUSCHEN 3205-3216	11 EIN GARTENHÄUSCHEN 1665-1676	11 EIN GARTENHÄUSGEN 1054-1065
14 WALD UND HÖHLE 3217-3341 3342-3373	*(hier: 1889-2013 in Szene 15)* *(hier: 2014-2044 in Szene 15)*	*(hier: 1408-1435 in Szene 17)*
15 GRETCHENS STUBE 3374-3413	12 GRETHCHENS STUBE 1677-1716	12 GRETGENS STUBE 1066-1105
16 MARTHENS GARTEN 3414-3543	13 MARTHENS GARTEN 1717-1846	13 MARTHENS GARTEN 1106-1235
17 AM BRUNNEN 3544-3586	14 AM BRUNNEN 1847-1888	14 AM BRUNNEN 1236-1277
	15 WALD UND HÖHLE 1889-2013 *(in Faust I: 3217-3341)* 2014-2044 *(in Faust I: 3342-3373)*	*(hier: 1408-1435 in Szene 17)*
18 ZWINGER 3587-3619	16 ZWINGER 2045-2077	15 ZWINGER 1278-1310

FAUST I	EIN FRAGMENT	FRÜHE FASSUNG
	17 DOM 2078-2135 *(in Faust I: 3276-3834)*	16 DOM 1311-1371
19 NACHT 3620-3645 3646-3649 3650-3659 3660-3775	–	17 NACHT 1372-1397 1398-1407 1408-1435 *(im Fragment: 2014-2044, in Faust I: 3342-3369)*
20 DOM 3776-3834	*(hier: 2078-2135 in Szene 17)*	*(hier: 1311-1371 in Szene 16)*
21 WALPURGISNACHT 3835-4222	–	–
22 WALPURGISNACHTS-TRAUM 4223-4398	–	–
23 TRÜBER TAG. FELD 1-63 (Prosa)	–	18 FAUST, MEPHISTOPHELES 1-60 (Prosa)
24 NACHT. OFFEN FELD 4399-4404	–	19 NACHT. OFFEN FELD 1436-1441
25 KERKER 4405-4612	–	20 KERKER 1-104 (Prosa)

Sehr anders als beim Ersten Teil der *Faust*-Dichtung stellt sich die Überlieferungslage für den Zweiten Teil dar. Mehr als 300 Teilhandschriften sind hier erhalten, die zahllose Entstehungsvarianten aufweisen (Verzeichnisse in WA I 15.2, Ergänzungen und Berichtigungen ebd. I 53; Überblick bei Gräf 1904,6 ff.). Sie liegen größtenteils im Goethe- und Schiller-Archiv in Weimar, das als seinen kostbarsten Schatz auch die Reinschrift hütet, welche den vollständigen *Faust II* umfaßt (Sigle: H).

Dieses in Pappdeckel gebundene Manuskript (187 Folioblätter und 3 Zusatzblätter von Hand der Schreiber John und Schuchardt, mit zahlreichen Korrektureintragungen auch der Gehilfen Eckermann, Riemer und Göttling) hat Goethe selbst mehrfach durchgesehen. Seine letzten eigenhändigen Eingriffe in die Reinschrift, die im Juli 1831 abgeschlossen wurde, stammen noch aus dem Januar 1832, in dem er alle ungedruckten Teile des *Faust II* seiner Schwiegertochter Ottilie vorgelesen hat.

Er hatte verfügt, daß die Veröffentlichung des Zweiten Teils erst nach seinem Tod erfolgen solle (→ Text-Band S. 809-12). So existiert an Drucken zu Lebzeiten neben dem oben genannten Teildruck vom 1. Akt (Vers 4613-6036, 1828/29 im 12. Bd der *Ausgabe letzter Hand*) lediglich ein Vorabdruck des 3. Akts im 4. Bd eben dieser Ausgabe unter dem Titel: *Helena | klassisch-romantische Phantasmagorie, Zwischenspiel zu Faust* (Taschenausgabe 1827, Sigle: $C^1$4; Oktavausgabe 1828, Sigle: $C^3$4). – Auch hinsichtlich dieser vorab veröffentlichten Teile aber hat die weiterhin bearbeitete und abschließend zum postumen Druck bestimmte Gesamthandschrift H als maßgeblicher Textzeuge des Zweiten Teils zu gelten. Daran ändert sich nichts durch zwei mit Fragezeichen versehene Randnotizen Riemers (→ hier die Stellenkommentare zu 6847 und 8386!), von denen die Münchner *Faust II*-Ausgabe (MA 18.1,632) meint: sie »beweisen, daß der Text noch nicht als fertig betrachtet wurde.«

DRUCKE NACH GOETHES TOD

Nach Goethes Tod wird zur Ostermesse 1833 mit dem 41. Bd der *Ausgabe letzter Hand* der Zweite Teil des *Faust* veröffentlicht (Taschenausgabe datiert auf 1832, Sigle: $C^1$41; Oktavausgabe 1833, Sigle: $C^3$41). Bereits mit diesem von Riemer und Eckermann besorgten Druck beginnen die für den Leser nicht erkennbaren Eingriffe, durch welche die *Faust*-Herausgeber – im Dienst des vermeintlich ‘eigentlichen’ Autorwillens – fortan den autorisierten Text zu verbessern suchten: berichtigend, was sie (sogar hinsichtlich des Wortlauts und häufig auch in höchst zweifelhaften Fällen) als Irrtümer oder Fehler auffaßten, und nachhelfend (insbesondere durch veränderte Schreibungen und Interpunktionen), wo sie das ihrer Ansicht nach rechte Verständnis durch den Leser beeinträchtigt glaubten. Eckermann/Riemers *Faust II*-Ausgabe ist angesichts des oben über die Reinschrift H Notierten für die Konstitution eines korrekten Textes unmaßgeblich. Sie findet in den nachfolgenden Kommentaren nur dort Erwähnung, wo ihre unzulässigen Eingriffe in den nachfolgenden Ausgaben weitergeschleppt und rezeptionsgeschichtlich bedeutsam wurden.

Als 1885 Goethes letzter Enkel starb, wurde das Familienarchiv mit seinem Nachlaß zugänglich. Bereits 1887 erschien im Rahmen der damals eröffneten großen Weimarer Ausgabe deren von Erich Schmidt besorgter *Faust I*-Band (WA I 14), und 1888 schon lagen seine beiden *Faust II*-Bände vor (WA I 15.1/2) – mit den umfangreichen Lesartenapparaten, deretwegen allererst eine Ordnung des riesigen und mittlerweile verwahrlosten Handschriftenbestandes hatte vorgenommen werden müssen. Gemessen an der Laufzeit heutiger Editionsunternehmungen war das eine geradezu unglaubliche, bewundernswerte Leistung.

Aber diese WA hat schwerwiegende Mängel. Sie hielt sich an die *Ausgabe letzter Hand*, legte dabei aber für *Faust I* nicht die vergleichsweise sorgfältig revidierte Taschenausgabe C¹12 oder deren damals noch unbekannte Setzervorlage zugrunde, sondern die fehlerhafter gedruckte Oktavausgabe C³12 (→ S. 69). Für *Faust II* stellte sie einen Mischtext zusammen aus den vorab erschienenen Teildrukken (→ S. 75) und der Reinschrift H, an die sie sich lediglich bei den »nur handschriftlich hinterlassenen Partien« hielt (vgl. WA 15.2,7 f.). In diesen Textbestand hat der Herausgeber, gemäß den generellen Richtlinien der WA, dann auch noch eigenmächtig regulierend, normierend und im Zweifelsfall modernisierend eingegriffen, ohne seine zahlreichen Abänderungen von Orthographie und Interpunktion kenntlich zu machen. Schließlich sind die Lesartenverzeichnisse der WA, für die es bisher keinen zureichenden Ersatz gibt, vergleichsweise unübersichtlich, auswählend unvollständig und über ein zuzubilligendes Maß hinaus fehlerhaft. So hat diese Ausgabe den Erfordernissen einer 'historisch-kritischen' Edition eigentlich schon 1887/88 nicht genügt. Hinter dem inzwischen geltenden Standard bleibt sie entschieden zurück.

Auf der WA aber beruhen die meisten nachfolgenden *Faust*-Ausgaben. Um einen wenigstens teilweise korrekteren Text bemühten sich später zwar Witkowski (1906 u. ö.) und Hecker (WGA, 1932 u. ö.; weitgehend übernommen von Beutler SD, 1939 u. ö.), aber auch hier trat keine grundsätzliche Besserung mehr ein. In aller Regel benutzte man die WA als einen Ausgangstext, der immer weiter 'berichtigt' und 'verbessert' wurde. Solche Eingriffe machten selbst vor dem autorisierten Wortlaut nicht halt, obgleich hier schon durch ganz minimale Veränderungen gewichtige Sinnverschiebungen bewirkt werden können (→ beispielsweise die Kommentare zu 11112 oder 11160). Denn in einem so ungemein sorgfältig gearbeiteten Text kann die Auslassung auch nur eines einzigen Buchstabens durch eigenmächtige Apostrophierung erhebliche Folgen haben (→ Kommentar zu 12109). Zahlreicher sind Eingriffe in die bloße Schreibweise, obgleich doch beispielsweise schon die geänderte Klein- bzw. Großschreibung eines Anfangsbuchstabens (dazu ausführlicher hier S. 94 f.) oder die aufgehobene Getrennt- bzw. Zusammenschreibung eines Wortes (→ Kommentar zu 10082) massive semantische Störungen hervorzurufen vermag. Zahllos schließlich sind die Herausgebereingriffe in die Interpunktion, obgleich dabei in vielen Fällen die Bedeutung von Sätzen offensichtlich verfälscht wird (beispielsweise mit der bloßen Tilgung eines Kommas, → Kommentar zu 342 f. oder 8592; ebenso mit seiner Ersetzung durch ein anderes Zeichen, → Kommentar zu 11372 f.). Beinahe gravierender noch ist die Menge der im Einzelfall oft harmlosen Ergänzungen, mit denen die Herausgeber die Zeichensetzung ihrer Textzeugen gleichmacherisch zu vereinheitlichen strebten, den vermeintlichen Sinn der Verse zu verdeutlichen suchten, ja die Interpunktion überhaupt schematisch nach den jeweils geltenden Regeln einrichteten.

Handelt es sich bei diesen allermeist unkenntlich bleibenden editorischen Emendationen und Konjekturen der neueren Lese- und Studienausgaben in der Regel um nur wenige hundert eigenmächtige Eingriffe, welche den Lautstand und die Wortbedeutung berühren, so doch um einige tausend, meist zusätzliche und verstärkende Zeichensetzungen (abgesehen noch von zahllosen Eingriffen, die 'nur' den Apostroph betreffen). Angesichts eines heftigen Zuwachses an neuen Doppelpunkten und Ausrufezeichen in Heckers WGA von 1937 konstatierte Hohlfeld 1940,67 (University of Wisconsin!) »eine bedenkliche Verschiebung« des »klanglichen Charakters in der Richtung auf scharfe Bestimmtheit und gehobenen Nachdruck« und erklärte dazu, ihm sei »in den letzten Jahren kaum ein Faustbuch bekannt geworden, in dem nicht der neue Kurs des nationalsozialistischen Deutschland sich auf die eine oder andre Weise fühlbar gemacht hätte (woran an und für sich kein Anstoß zu nehmen ist), und ich frage mich, ob der gleiche Einfluß, vielleicht ganz unbewußt, nicht auch hier am Werke gewesen ist.« Dahinter wird man ein Fragezeichen setzen dürfen, zumal die WGA schon 1932 so aussah.

Aber daß eine eingreifende Veränderung des allgemeinen Text-'Klimas' eintritt, wenn sich über diese Verslandschaften eine derart dichte Dunstschicht zusätzlicher und verstärkender Interpunktionen legt, ist ganz unbestreitbar (dazu Schöne 1990,78 f.).

Ein Zahlenbeispiel mag Erlers auf der WA beruhende Berliner Ausgabe (BA 1965 u. ö.) geben, die hinsichtlich ihrer Eingriffe – nach Stichproben – im Mittelfeld der neueren *Faust*-Drucke liegen dürfte. Henning hat ihr (in *Duitse Kronik* 19, Amsterdam 1968,153 ff.) bescheinigt, daß sie »keine, an eine Lese- und Studienausgabe zu stellenden Wünsche unerfüllt« lasse, die »Forderung nach einem verläßlichen Text« erfülle und »die geeignete Grundlage für Analyse und Interpretation der Faust-Dichtung Goethes« biete. Gegenüber $C^1$12 und H bietet sie (ohne Berücksichtigung des Apostrophs) 1009 Abweichungen von Wortlaut und Schreibweise, 647 getilgte oder abschwächend veränderte Interpunktionen, 2415 zusätzliche oder verstärkende Satzzeichen und 45 sonstige Interpunktionsabweichungen.

Diese den autorisierten *Faust*-Text weit häufiger mißhandelnden als etwa 'heilenden' Herausgebereingriffe, die in aller Regel von Ausgabe zu Ausgabe weitergereicht und vermehrt worden sind, stellen – in ihrer Gesamtheit und aufs Ganze der Überlieferungsgeschichte gesehen – eine fortgesetzte Überarbeitung dar, welche durchaus einheitlichen Tendenzen folgt. Sie zielen auf Eindeutigkeit, wo diese Dichtung mehr- und vieldeutig offen bleibt, und auf Verständlichkeit, wo sie dem Leser Widerstände entgegensetzt, ihm also zu denken gibt. Sie dämpfen ihre Anstößigkeit und Fremdartigkeit. Sie verfälschen ihre rhythmisch-musikalische Zeichensetzung in eine grammatisch syntaktisch regelnde und zwingen ihren lebendigen Sprachleib in ein dudengefertigtes Interpunktionskorsett (zu Goethes Zeichensetzung → hier S. 108-115).

Ein Versuch, die durch ihre Derivat-Editionen vollends diskreditierte Weimarer Ausgabe zu ersetzen: die historisch-kritisch angelegte Akademie-Ausgabe (AA), ist stekkengeblieben und aufgegeben worden. Sie enthält von *Faust. Eine Tragödie* nur den 1958 erschienenen, von Ernst Grumach und Inge Jensen bearbeiteten Ersten Teil – fußend auf der Erstausgabe von 1808, aber kontaminierend bemüht, »den besten Text« zu rekonstruieren, nämlich »unter Berücksichtigung aller vorhandenen Textzeugen« selber »die Textfassung herzustellen, die ‹nach dem Ermessen des Editors!› der Intention des Autors adäquaten Ausdruck verleiht« (Grumach 1950,64. – Zur Kritik dieses Editionsprinzips hier S. 91). Dabei ist Grumachs Textkonstitution nicht überprüfbar, weil seine Ausgabe ohne editorischen Rechenschaftsbericht und ohne Lesartenverzeichnis blieb. Die von Landeck 1981 veranstaltete *Kommentierte kritische Ausgabe* nur vom 5. Akt des *Faust II* schließlich, von Fehlern strotzend, muß man als nahezu unbrauchbar bezeichnen.

Eine historisch-kritische Ausgabe der *Faust*-Dichtung, welche auf dem inzwischen erreichten Kenntnisstand und nach neueren Editionsgrundsätzen neben einem zuverlässigen Text beider Teile alle Lesarten einschließlich der sogenannten Paralipomena und möglichst auch die wichtigsten Überlieferungsvarianten verfügbar machte, ist bisher nicht zustande gekommen. Ein solcher Plan scheiterte letztlich an den politischen Folgen der deutschen Teilung. Aber angesichts des weltliterarischen Ranges dieser Dichtung bleibt das denn doch eine nationale Schande.

Lese- und Studienausgaben sollten einer solchen umfassenden wissenschaftlichen Edition nicht vorausgehen, sondern eigentlich auf ihr beruhen, können sie jedenfalls nicht ersetzen. Das gilt für die hier vorgelegte Gesamtausgabe ebenso wie für die Münchner *Faust II*-Ausgabe von 1997 (in MA 18.1). Die bietet einen aus HCo und H zusammengestellten Text (dazu hier S. 90 f.) mit vergleichsweise wenigen Versehen, freilich mit vielen nicht ausgewiesenen Eingriffen in die Interpunktion (obgleich sie sich für eine strikte »Bewahrung der historischen Schreibweise« entschieden hat und sich, selbst durch Beibehaltung abgekürzter Sprecherbezeichnungen, erklärtermaßen um eine »Dokumentation des Unfertigen« bemüht: aaO. 633 f.).

FAUST. FRÜHE FASSUNG

Wann Goethe begonnen hat, die ersten Verse zum *Faust* zu Papier zu bringen, dessen »bedeutende Puppenspielfabel« ihm aus seiner frühen Kinderzeit nachsummte (→ Text-Band S. 759 f.), ist ungewiß und umstritten. Die weithin spekulativen Mutmaßungen darüber konzentrieren sich auf die Jahre 1773-75 als den Zeitraum vergleichsweise zusammenhängender, planmäßiger Niederschriften, tasten sich mitunter aber bis in Goethes Leipziger Jahre (1765-68) zurück. Was er vom *Faust* am 7. November 1775 nach Weimar mitbrachte und was er dann von dort 1786 mitnahm auf die Italienische Reise (an Schiller, 5. 5. 1798: »Das alte noch vorrätige höchst konfuse Manuskript«), blieb nicht erhalten. Nurmehr zwei in Goethes Nachlaß aufgefundene Sammelblätter mit den Paralipomena 21 und 54 können diesem Ur-Manuskript vermutlich zugerechnet werden (→ Text-Band Abb. 10).

1887 aber entdeckte Erich Schmidt unter nachgelassenen Papieren des Weimarer Hoffräuleins Luise v. Göchhausen deren Niederschrift eines *Faust*-Textes, welcher vom 1790 gedruckten *Fragment* wie vom späteren *Faust I* entschieden abweicht. Er hat ihn (Erstdruck noch 1887) unter dem Titel *Goethes Faust in ursprünglicher Gestalt* veröffentlicht und ihn in seiner Einleitung als »Urfaust« bezeichnet. (Wiedergaben der Handschrift im Text-Band: Abb. 16 und 17)

Wie dieser Text zustande kam, ist wiederum sehr wiß und höchst umstritten (dazu bes. Grumach 1959,268 ff. und, breit referierend und abwägend, Nollendorfs 1967). Vermutlich ist die Göchhausensche Niederschrift erst 1776 oder eher 1777 entstanden – was wichtig wird für die Frage, ob sie auch noch umfaßt, was erst in Goethes früher Weimarer Zeit verfaßt oder überarbeitet sein könnte. Ihren

Authentizitätsgrad angehend, ist unklar, ob sie überhaupt durchgehend als Abschrift zustande kam oder nicht teilweise auch diktiert worden ist (worauf die thüringisch-mundartlichen Schreibungen deuten könnten, die gelegentlich unterlaufen); unbekannt ebenso, ob das mit Goethes Wissen und Zustimmung, gar unter seiner redaktionellen Beteiligung erfolgte. Auch weiß man nicht, ob der Göchhausensche Text unmittelbar auf Goethes Ur-Manuskript zurückgeht, oder ob ihr, was wahrscheinlicher ist, eine möglicherweise daraus aussondernde Abschrift vorlag (die etwa für Goethes zahlreiche Weimarer *Faust*-Vorlesungen diente? oder identisch war mit einer *Faust*-Abschrift, welche am 1. 12. 1777 an seine Mutter nach Frankfurt ging?).

So war denn lange Zeit vor allem umstritten, in welchem Vollständigkeitsgrad die Göchhausensche Niederschrift den Ur-Kodex Goethes wiedergibt. Daß jenes alte »höchst konfuse Manuskript« Entwurfsfetzen und Bruchstücke enthielt, die sie nicht berücksichtigt, gilt als sicher. Darüber hinaus aber darf man inzwischen mit guten Gründen annehmen, daß sie auch den damals schon ausgeführten Szenenbestand nur unvollständig oder jedenfalls nicht mehr im ursprünglichen Wortlaut erfaßt. Wieland, der Goethe im Januar 1776 aus dem *Faust* hatte vorlesen hören, erklärte 1796 (also nach Erscheinen des *Fragment*-Druckes) in einem von Böttiger festgehaltenen Gespräch: »Schade nur, daß dieser Faust, so wie wir ihn jetzt in seinen Werken haben, ein aus früheren und späteren Arbeiten zusammengeflicktes Lappenwerk ist 〈...〉, und daß die interessantesten Wollustscenen (z. B. im Gefängnisse, wo Faust so wüthend wird, daß er selbst den Mephistopheles erschreckt) unterdrückt worden sind.« (nach Grumach 1959, Faks.-Abb. 2)

Insofern handelt es sich bei der Göchhausenschen Niederschrift keinesfalls um Goethes Urfassung, um den *Faust in ursprünglicher Gestalt*. Durch die eingebürgerte Plakatierung als »Urfaust« wird eine haltlos gewordene Vorstellung am Leben erhalten und irreführend befördert (vgl. auch Scheibe 1970,70 f.). Die vorliegende Ausgabe beseitigt dieses Ärgernis durch die Bezeichnung *Faust. Frühe Fassung.*

Deren Text ist in den Erich Schmidt nachfolgenden Ausgaben zunächst in gleicher Weise bearbeitet worden wie der der *Faust*-Tragödie. Nur kam hier noch hinzu, daß der Schreiberin zahlreiche Versehen und Fehler unterlaufen waren, die man stillschweigend berichtigte, und daß überdies Schmidts Weimarer Ausgabe (vgl. WA I 39,441 f.), später auch Heckers Welt-Goethe-Ausgabe sich bemühten, die Göchhausensche Schreibweise in die des jungen Goethe zurückzukorrigieren (WGA 12,408: »Auch wird ernstlich versucht, Goethes Rechtschreibung wieder einzuführen« – wobei notfalls der bei ihm »überwiegende Gebrauch maßgebend geworden«). Dieser Rekonstruktionsversuch war nicht nur eine Authentizität vorspiegelnde Fälschung, sondern entstellte durch seine Vereinheitlichung auch die durch Göchhausens Niederschrift vermittelte Schreibweise des jungen Goethe selbst, deren geradezu 'genialische' Regellosigkeit kaum nur als belanglose Äußerlichkeit zu verstehen ist.

1954 aber hat die Ausgabe von Grumach (AA), 1973 die von Fischer-Lamberg (DjG 5, Textgrundlage auch für MA 1.2) auf korrigierende und ergänzende Eingriffe weitgehend verzichtet; Keller 1985 bietet dann sogar eine nahezu »buchstaben- und zeichengetreue« Wiedergabe (aaO. 2,630).

Zur Textgestaltung der *Frühen Fassung* in der vorliegenden Ausgabe → hier S. 100 f.

PARALIPOMENA ZUM FAUST

Der Begriff ‘Paralipomena’ (abgeleitet vom griech. παραλείπω) bezeichnet allgemein Beiseitegelassenes: vorläufig oder endgültig ausgeschiedene, übergangene, verschwiegene Texte oder Textteile und wird dann auch für spätere Textergänzungen, Nachträge oder Zusätze verwendet. Goethe selber hat diese Bezeichnung benutzt. Der *Vorschlag*, den er zur Veröffentlichung seines Nachlasses aufsetzte, führt auch die Rubrik »Paralipomena« an und vermerkt dort, ohne Einzelangaben, ausdrücklich: »Zu Faust« (WA III 8,370). Vermutlich dachte er dabei eher an wirklich ausgelassene und aufgesparte Texte als etwa an zurückgebliebene Hilfsmittel und abgefallene Hobelspäne, wie sie später den ‘Paralipomena zum *Faust*’ zugerechnet wurden, kaum also an Exzerpte, erledigte oder überholte Notizen einzelner Einfälle, stichworthaft konzipierende Planskizzen, verworfene Lesarten und dergleichen. Gewiß aber zeigt diese Anweisung zur postumen Publikation, daß er zum Ganzen der *Faust*-Dichtung keineswegs nur den ‘kanonischen’ Text des Ersten und Zweiten Teils gerechnet hat. Auch nach seinem eigenen Verständnis gehörte jedenfalls eine Reihe unveröffentlichter Stücke zu den ‘organischen’ Bestandteilen dieses Kunstgebildes, von dem er an Schiller schrieb (1. 7. 1797), es sollte, »zu männiglicher Verwunderung und Entsetzen, wie eine große Schwammfamilie, aus der Erde wachsen.«

Mit einer Veröffentlichung von 28 zum *Faust*-Komplex gehörigen Bruchstücken im Rahmen der ‘Quartausgabe’ von 1836 entsprachen Riemer und Eckermann also Goethes eigenem *Vorschlag*. Freilich geschah das mit eigenmächtigen Zusätzen der Herausgeber, die als solche nicht erkennbar waren, und mit zensierenden Auslassungen innerhalb der mitgeteilten Texte (→ dazu hier S. 122 ff.). Auf dieser Publikation beruhten ein halbes Jahrhundert lang alle weiteren Drucke der Paralipomena zum *Faust* und jede Beschäftigung mit ihnen.

Das änderte sich erst nach der Öffnung des Goetheschen Familienarchivs, nach der Sichtung und Ordnung der dort noch vorhandenen Papiere mit den von Erich Schmidt bearbeiteten, 1887/88 erscheinenden *Faust*-Bänden I 14 und 15.2 der Weimarer Ausgabe. Sie enthielten 209 durchnumerierte 'Paralipomena', zu denen von nun an neben Versbruchstücken auch Vorarbeiten, Entwürfe, die Projektskizzen der 'Schemata' und Goethes Inhaltsangaben von weiter Geplantem rechneten. Dafür hatte man eine Zweiteilung der Nachlaßblätter vorgenommen, welche bis heute das Ordnungssystem des Weimarer Goethe- und Schiller-Archivs bestimmt. Die sogenannten 'Paralipomena' nämlich waren von den 'Handschriften zum Faust' gesondert worden (zu denen man alle Blätter rechnete, welche jedenfalls eine Zeile der endgültigen *Faust*-Fassung enthalten). Darauf beruht auch die seither gängige, oft höchst fragwürdige Unterscheidung der 'Paralipomena'-Sammlungen von den 'Lesarten'-Apparaten. (Zu diesen Problemen: Bohnenkamp 1994, 17 ff. u. 62 ff.).

In den WA-Bänden wurden die Paralipomena zwar ohne Herausgeberzusätze, keineswegs aber ohne zensierende Textauslassungen mitgeteilt. Abgesehen von fehlerhaften Lesungen, irrtümlichen Zuordnungen und übersehenen Stücken (die dann verstreut in verschiedene Nachlaßbände der WA aufgenommen wurden) hat Schmidt nicht selten einzelne Zeilen kommentarlos aus dem Textzusammenhang der Handschriften herausgelöst und auf diese Weise 'Paralipomena' geradezu hergestellt.

Wiederholt hat man versucht, solche Fehler und Mängel der WA zu beheben: Strehlke in einer eigenständigen separaten Ausgabe der *Paralipomena zum Faust* (1891); abhängig von der WA dann Harnack 1902, Witkowski 1906 u. ö., Alt 1910, Petsch 1926 in ihren *Faust*-Ausgaben. Jede dieser Bearbeitungen hat (neben gelegentlichen Korrekturen des Wortlauts) eine neue eigene Auswahl, Anordnung und Numerierung der Paralipomena gegeben. Keine von ihnen entspricht und genügt den Grundsätzen einer zuverlässigen kritischen Edition.

Folgenreicher als diese Versuche war Max Heckers in seiner Welt-Goethe-Ausgabe (1932 u. ö.) enthaltene, für die Einzelausgabe im Insel Verlag (1941 u. ö.) überarbeitete Fassung der Paralipomena, die von allen nachfolgenden Herausgebern ohne wesentliche Modifikationen übernommen worden ist (die Berliner Ausgabe von 1965 fügte Heckers Korpus als neue Gruppe *Skizzen und Varianten zu Versen des Zweiten Teils* hinzu, die großenteils auch in Strehlkes Edition schon enthalten waren). Hecker hat bei wiederum neuer Anordnung und Numerierung der Paralipomena (die sich neben der Orientierung am Gang der *Faust*-Handlung nach Textarten richtet) eigenmächtig in die Texte eingegriffen, nicht nur 'behutsam modernisierend', sondern auch deutlich interpretierend. Bei ihm und den ihm folgenden Ausgaben weicht die Orthographie, die Interpunktion und die graphische Gestalt, in manchen Fällen sogar der Wortlaut der Paralipomena vom handschriftlich überlieferten Befund ab, ohne daß die Herausgebereingriffe als solche kenntlich wären.

Diesen Mißstand bessert grundlegend die zum erstenmal wieder vollständig aus den Handschriften gearbeitete Dokumentation der Paralipomena von Anne Bohnenkamp 1994. Sie umfaßt (abgesehen von Berichten dritter Personen, selbständigen Gedichten Goethes und irrtümlich dem *Faust* zugerechneten Texten) sämtliche Stücke, welche in früheren Ausgaben als 'Paralipomena' enthalten waren oder separat veröffentlicht worden sind, und erweitert damit die WA-Sammlung um gut 50 Texte. Außerdem ergänzt sie diesen Bestand um eine Reihe unveröffentlichter Handschriften zum *Faust* und wichtiger Entwürfe zum Zweiten Teil. Sie ordnet in erster Linie nach den jetzt vollständig wiedergegebenen Handschriftenblättern, in deren

Kontext sich das betreffende Paralipomenon findet und aus dem es in vielen Fällen erst zulänglich verstehbar wird (im übrigen nach entstehungsgeschichtlich-chronologischen und nach systematischen Gesichtspunkten). Hinsichtlich der Numerierung dieser neu geordneten Texte freilich folgt sie aus praktischen Gründen der eingebürgerten, meistbenutzten Zählung der Weimarer Ausgabe. Soweit die mittlerweile oft nur noch schwer, gelegentlich kaum mehr entzifferbaren Handschriften das noch ermöglichen, macht Bohnenkamps Dokumentation die *Faust*-Paralipomena zum ersten Mal in ihrem korrekten Wortlaut, ihrer authentischen Schreibweise und ihrer originalen graphischen Verfassung verfügbar.

Auf dieser Edition beruht die hier vorliegende Lese- und Studienausgabe der Paralipomena (zu deren Textgestaltung → hier S. 102 ff. und 921).

TEXTGESTALTUNG DIESER AUSGABE

FAUST. EINE TRAGÖDIE

TEXTGRUNDLAGE

Die Seite 66-80 beschriebene und bewertete Überlieferungslage der *Tragödie* bestimmt die Wahl der Textzeugen, auf denen die vorliegende Edition beruht.

Der Erste Teil der *Faust*-Dichtung folgt hier also der Taschenausgabe *letzter Hand* von 1828 ($C^{1}12$) – genauer, und darin abweichend von der 1.-3. Auflage: der alten Setzervorlage dieses in Weimar nicht mehr korrigierten Drukkes, so daß auch Fehler oder Eigenmächtigkeiten der Cotta'schen Offizin jetzt getilgt sind (vgl. dazu hier S. 70).

Der Zweite Teil folgt der Reinschrift H. Im Hinblick auf die anders verfahrende Münchner Ausgabe von 1997 bedarf das einer Begründung. Als Setzervorlage für den noch zu Goethes Lebzeiten erfolgten Teilabdruck von *Faust II* in Cottas *Faust I*-Ausgabe $C^{1/3}12$ diente eine Handschrift des Schreibers John vom Januar/Februar 1828 (jetzt im Deutschen Literaturarchiv in Marbach a.N., Signatur: Cotta Ms. Goethe; vorläufige Sigle hier: H^{Co}). Sie geht über eine nicht erhaltene Zwischenabschrift auf H zurück, ist ausgiebiger interpungiert, enthält einige eigenhändige Fehlerkorrekturen Goethes, die versehentlich nicht in H rückübertragen wurden, und mehrere Eingriffe, bei denen jedenfalls nicht sicher entscheidbar ist, ob sie nur versehentlich oder später doch absichtsvoll nicht auch in H übernommen worden sind. Die kontaminierende *Faust II*-Edition in MA 18.1 hält sich für die Verse 4613-6036 an diese Fassung, ab 6037 dann an H (und begründet das S. 634 ff.). Da aber Goethe in die Gesamt-Reinschrift noch bis zum Januar 1832 verändernd eingriff (so in 4989, 4990, 5190, vor 5199, 5282, vor 5351, 5656) und ihren Text für den postumen Druck bestimmt hat, wird in der vorliegenden Edition durchgehend H zugrunde gelegt. HCo-Schreibungen sind nur fallweise in den nachstehenden Abweichungslisten und den Stellenkommentaren angeführt.

Berichtigende Abweichungen von diesen leitenden Textzeugen werden im folgenden aufgelistet und, wo nötig, im Kommentar erläutert. Entstehungsvarianten (also abweichende Fassungen anderer Handschriften oder Drucke zu Lebzeiten des Autors), aber auch Überlieferungsvarianten (durch Eingriffe früherer Herausgeber) sind gleichfalls in den Stellenkommentaren angeführt – soweit sie nach Ansicht des Herausgebers wichtig sind für das Verständnis des Textes und seine Entwicklung oder aufschlußreich für seine Rezeptions- und Wirkungsgeschichte.

Eine ‘Rekonstruktionsphilologie’ (wie sie bei nicht erhaltenem Originalmanuskript und nurmehr verderbter Textüberlieferung für die Edition antiker und mittelalterlicher Schriften ausgebildet wurde) wird hier also nicht geübt. Wo keine eindeutigen Textfehler vorliegen, sind (von wenigen, im Kommentar begründeten Ausnahmen abgesehen) die leitenden Textzeugen nicht mit früheren Handschriften oder Drucken zu einem Mischtext verschnitten oder durch eigenmächtige Eingriffe des Herausgebers ‘verbessert’ worden. Ein solches an der »Idealkonstruktion eines richtigen Textes« orientiertes Verfahren hat die neuere Editionstheorie weithin verabschiedet (hat aber Michelsen 1995 auch für den *Faust* wieder eingeklagt – dazu Schöne 1997/I, 310f., Anm. 25). Tatsächlich öffnet es der Herausgeberwillkür Tür und Tor. Wie häufig die Vorstellungen von einem im autorisierten Wortlaut nicht realisierten ‘Autorwillen’ und einem daraufhin nach subjektivem Ermessen des jeweiligen Herausgebers herzustellenden ‘richtigen’ Text auch dem sich wandelnden *Geist der Zeiten* (Vers 577) unterliegen, hat nicht zuletzt die Überlieferungsgeschichte der *Faust*-Dichtung erwiesen.

VERSZÄHLUNG, EINZÜGE, TYPOGRAPHIE

Die von der Weimarer Ausgabe eingeführte und seither gebräuchliche Verszählung wurde aus praktischen Gründen beibehalten, obgleich sie gelegentlich auf fehlerhafter Zeilenanordnung beruht und mit der tatsächlichen Zahl der hier im Druckbild entsprechend berichtigten Verse nicht mehr übereinstimmt. – Eine unterschiedliche Zählung bei Prosastücken ergibt sich aus ihrer Abhängigkeit von der Zeilenlänge.

Alle Verse gleichmäßig linksbündig zu setzen, wie manche Herausgeber das getan haben, liefe den Intentionen des Autors entschieden zuwider. Für den *Faust*-Druck der *Ausgabe letzter Hand* gab er dem Leiter der Cotta'schen Druckerei Anweisungen auch für den Satzspiegel. Er verstand die Textanordnung als eine Lese- und Verständnishilfe und wollte, daß der Unterschied zwischen gesprochenen und gesungenen Partien, ebenso der vielfältige Wechsel der Versmaße, der häufig auch ein Wechsel der Sprechweise ist, durch unterschiedliche Einzüge augenfällig gemacht würde. So wies er Wilhelm Reichel am 22.1.1828 an, »dasjenige, was von einzelnen Personen gesprochen wird, hervorzurücken, dagegen, was von einer Masse und Menge gesprochen wird, wie z.B. das Gemurmel ⟨etwa 4757 ff.⟩, welches auch kürzere Verse sind, hineinzurücken sei. Eben so ist auch alles, was als Lied erscheint oder lyrisch vorgetragen wird, wie der größte Teil des Karnevals ⟨5065-5986⟩, gleichfalls einzurücken. Allein es kommen zweideutige Fälle vor, wo der Geschmack das Urteil zu leiten hat, inwiefern nämlich auf irgend eine Stelle die Aufmerksamkeit des Lesers zu heften sein möchte, welche denn hienach einzurichten wären. Doch kommen dergleichen selten vor und ich überlasse sie gänzlich Ihrer Dijudikatur ⟨Entscheidung⟩.« An diese Generalanweisung hält sich die vorliegende Ausgabe so genau als möglich, wenn nötig auch abweichend von den Regelungen der leitenden Textzeugen (wobei Einzüge nach Seitenwechsel in H nicht immer eindeutig auszumachen sind, gelegentlich wohl auch aus Platzgründen unterblieben). – Der Einzug am Beginn einer neuen Seite markiert eine Strophen- oder Abschnittsgrenze, die hier mit der Seitengrenze zusammenfällt.

Die Typographie der Textzeugen ist behutsam reguliert worden. Alle Sprecherbezeichnungen, in beiden Vorlagen auf Zeilenmitte stehend, wurden linksbündig und in Versalien gesetzt, die nachfolgenden Sprechtexte aber mit neuer Zeile begonnen, damit bei häufig bedeutsam wechselndem Metrum eine neue Verslänge sogleich erkennbar wird. Hinter die Sprecherbezeichnungen wurden keine Punkte gesetzt, hinter die ihnen folgenden Regieangaben nur dann, wenn sie eine dem Sprechtext vorausgehende, abgeschlossene Handlung betreffen. Die Bezeichnungen wortlos agierender Figuren wurden graphisch wie Sprecherangaben behandelt, sofern sie wie diese in den Vorlagen freistehend auf Zeilenmitte erscheinen (so im Text-Band S. 108 unten oder 359 oben). Abkürzungen der Personennamen, die bei den Sprecher- und Regieangaben von H vorkommen (auch gelegentliches *u.* dort für *und*) wurden stillschweigend aufgelöst. Die in der Vorlage für *Faust I* recte petit gesetzten, in der Reinschrift des *Faust II* durch /:Klammer-Allograph:/ bezeichneten Regiebemerkungen oder Bühnenanweisungen sind einheitlich durch Kursivdruck kenntlich gemacht, ihre graphischen Hervorhebungen, etwa von Figurenbezeichnungen (in H unterstrichen), durch Versalien wiedergegeben – solche im Sprechtext hingegen durch Sperrungen. Fremdsprachliche Wörter, welche die Textzeugen durch lateinische Schrift von der sonst verwendeten deutschen absetzen, erscheinen in Kapitälchen. Kommata, Punkte oder Trennstriche nach den Überschriftzeilen einer Szene und Schlußstriche am Szenenende (unregelmäßig-willkürlich in H) sind nicht übernommen worden.

ORTHOGRAPHIE

Den allgemeinen editorischen Richtlinien des Deutschen Klassiker Verlages entsprechend wird der Text von *Faust I* und *Faust II* nach heutigen Rechtschreibregeln wiedergegeben – sofern der Lautstand, also die Aussprache der betroffenen Wörter, davon unberührt bleibt (so ist beispielsweise 1289 *Hülfe* nicht zu ‘Hilfe’ modernisiert worden). Freilich weiß man in vereinzelten Fällen keineswegs ganz sicher, wie das Geschriebene und Gedruckte seinerzeit tatsächlich ausgesprochen worden ist oder gesprochen werden sollte. Aber das gilt bei mittlerweile veränderter Schreibweise ebenso wie bei gleichgebliebener. – Wenn auch (unter diesem Vorbehalt) die hier vorgenommenen Eingriffe in die Orthographie die Aussprache der Worte unberührt lassen, muß man doch gelegentlich mit der Möglichkeit rechnen, daß die originale Schreibung semantischen Absichten diente, welche sich nicht im mündlichen Vortrag, sondern allein im Schriftbild ausdrücken (vgl. dazu Zeller 1985, 308-314). Deshalb wurde auf eine Modernisierung der Schreibweise auch da verzichtet, wo sie nach dem heutigen Stand unserer Einsicht bedeutungstragende Elemente des Druckbilds berühren könnte. Beispielsweise wird die ‘etymologische’ Schreibung von *gräulich* (vor 11644 u. ö.) beibehalten, in der noch ‘das Grauen’ sichtbar werden mag – denn *Jedem Worte klingt | Der Ursprung nach wo es sich her bedingt* (Vers 7094 f.).

Die Groß- oder Kleinschreibung der Textzeugen (die freilich in H bei den Buchstaben *D/d*, auch bei *H/h* nicht immer eindeutig ist) blieb überall dort erhalten, wo man ihr eine Bedeutung zusprechen könnte. Die Großschreibung eines Wortes nämlich dient nicht selten einer sinntragenden Akzentuierung (etwa 7808, 10396, 10408, 11510), markiert beim Anredepronomen gelegentlich wohl auch den hierarchischen Abstand zwischen sprechender und angesprochener Figur (so 10962/64). Wenn die Wiedergabe der Belehnungsrede des Kaisers an die Kurfürsten 10944 das originale *Euch Landesherrn* zu *euch* verkleinert, erscheint das bei diesem Staatsakt geradezu als Fehler im höfischen Protokoll. Umgekehrt kann die in vielen älteren Editionen praktizierte Umsetzung originaler Kleinschreibung in eine großgeschriebene persönliche Anrede die möglicherweise kollektive Adresse allein auf den Dialogpartner einengen; ändert man etwa 111 *ihr habet* in *Ihr habet*, so meinen diese Worte des Direktors im *Vorspiel* nur noch seinen Theaterdichter, nicht mehr die Künstler überhaupt, was nach der authentischen Schreibung immerhin denkbar wäre.

Die nicht immer einheitliche Getrennt- oder Zusammenschreibung und Bindestrichschreibung zusammengesetzter Wörter ist auch gegen heutige Regeln beibehalten worden. Überhaupt wurde auf vereinheitlichende Herausgebereingriffe verzichtet. Mit variierenden Wortformen und wechselnden Schreibungen oder unterschiedlicher Interpunktion bei gleichartigen grammatisch-syntaktischen Verhältnissen war man zu Goethes Zeit noch großzügiger als heute. Da haben die Uniformierungsbestrebungen früherer Herausgeber zur Leseerleichterung kaum beigetragen, wohl aber eine Farbigkeit des Originals verblassen lassen, die bei solch älteren Texten nicht nur etwas Äußerliches ist.

Stillschweigend berichtigt wurden nur die eindeutigen Schreiberversehen oder Setzerfehler der Vorlagen. Bei Zweifelsfällen sind in aller Regel keine eigenmächtigen 'Verbesserungen' angestellt worden, folgt der edierte Text vielmehr den oben bezeichneten Zeugen – wobei die möglicherweise tatsächlich beabsichtigte, ggf. durch ältere Handschriften oder frühere Drucke belegte Fassung dann in den Stellenkommentaren angeführt wird. Herausgebereingriffe, die bei irritierenden oder mißverständlichen Schreibungen und bei sinnwidrigen oder irreführenden Interpunktionen ratsam erschienen, werden in den folgenden Listen ausgewiesen.

Faust I – Abweichende Schreibungen der oben S. 70 genannten Setzervorlage für den Druck der Taschenausgabe C¹12 gegenüber dem hier edierten Text:
20 *Wiederklang* | 21 *Leid* | 39 *Breter* | 239 *Breterhaus* | 992 *Erwiedr'* | 1186 *wieder* | 1264 *wieder* | 1401 *nach außen zu* | 1497 *glimmen* | 1698 *Top!* | 2085 *wiederschallt* | 2200 *wiederklingen* | 2348 *Doch* | 2598 *wieder* | 2921 *Ich würde* | 3356/57 in einen Vers gesetzt | 3634 *Top! Top!* | 3888 *wieder* | 4389 *plumpst'* |.
Abweichende Interpunktionen:
51 *Wehen,* | 392 *Berges-Höh'n,* | 437 *Trieb,* | 620 *Und* | 638 *Gefühle* | 658 *Tand,* | 679 *schmauchte,* | 719 *Und,* | 777 *Thränen,* | 1057 *genug;* | 1059 *auszuüben.* | 2037 *wie?* | 2174 *Glase,* | 2352 *Zauberey,* | 2989 *Platze;* | 3724 *Weiber* | 3853 *Schritte,* | S. 188,26 *durch* | 4501 *gewiß* |.

Faust II – Abweichende Schreibungen der oben S. 75 genannten Reinschrift H gegenüber dem edierten Text (wo dieser der S. 90 angeführten handschriftlichen Setzervorlage HCo für den Vorabdruck von 1828 entspricht, folgt der H-Fassung hier die Markierung o):
4719 *aber tausend* | 4761 *getreuen Lieben* o | 4934 *dort wohin* | 5025 *Tauben* | 5084 *hin aus* | 5091 *Hofes-Pracht* o | 5102 *Möcht* o | 5117 *markten* o | 5150 *Doch wir* über *Rosenknospen* eingefügt | 5199 *Plätz* o | 5234 und 35 *möcht* o | vor 5301 *Hegemann* o | 5391 *Erwiedert* | 5554 *Milde* o | vor 5560, 69, 73, 82 nur *Knabe* o | 5599 *krabeln* o | 5703 *deinen* | 5775 *überfülltem* | 5824 *an den* o | 5839 *dortoben* o | 5894 *tapfers* o | 5955 *ihn eingeschnürt* o | 5972 *Stabsgewalt* o | 5982 *Feuchten* o | 6014 *Wimlens, Hinundwiederstrebens* o | 6075 *hundert* | 6120 *weis* | 6178 *Solen* | 6179 *Wiedergehn* | 6338 *erwiedern* | 6552 *Stand* | vor 6566 *zurücksieht* | vor 7005 und 7006 *Erichto* | 7026 *Wiederschein* | 7118 *Britten* | 7147 *unten hin* | 7260 *menschlichähnlichs* | 7287 *wadend* | 7307 *wieder* | 7534 *Kreisenden* | 7558 *Angesichts* | 7710 *Mansen* | 7716 *erwiedern* | 7729 *ungewissen* | 8289 *Allieblichste* | 8341 *Liebentzündet* | vor 8359 *Psellen* | 8670 *wandelenden* | 8714 *Lohe* | 8803 *Anerkannte! nun* | vor 8812 *erwiedern* | 9460 *lauren* | 9599 *Frauenschos* | 9885 *wiederdonnern* | 10003 *erwiedernd* | 10149 *Wiederrutschen* | 10150 *ewigen-Hin-und Wiederlaufen* | 10212 *aber tausend* | 10439 *Nekromant* | 10522 *unseren* | 10556 *aufgeräumt* | 10590 *wieder* | 10636 *gesenkten* | 10735 *Menschen Augen* | 10818 *den* | 10832 *willkommne* | 10885 *allen* | 10901 *Lieblingsspeise wahl* | 10909 *sich* | 10959

heiligen | 11228 *Breterhaus* | 11235 *Vielgewandten* | 11473 *Weges-Mitte* | 11543 *strengen* | 11561 *Pfuel* | 11638 *Vom altem* | 11814 *Liebespuck* | 12031 *Othem* | 12071 *Die Strahlenreiche* | 12079 *erwiedern* |.

Abweichende Interpunktionen:
vor 4757 *Gemurmel,* ∘ | 4807 *schwarz doch* ∘ | 4880 *Macht,* ∘ | 4884 *Finsterniß* | 5177 *Blume* ∘ | 5220 *Lappen,* ∘ | 5270 *gethan* ∘ | 5351 *ein ihr* ∘ | 5527 *Kreise* ∘ | 5534 *beschreiben* ∘ | 5619 *geglückt* ∘ | 5627 *Kronen* ∘ | 5662 *mehr,* ∘ | 5664 *Reiz* ∘ | 5685 *Wagen,* ∘ | 5702 *dir* ∘ | 5881 *Verhielt* | 5890 *Gewalt,* ∘ | 5901 *zeigt.* ∘ | 5983 *Wetterleuchten,* ∘ | 6032 *Nacht* ∘ | 6034 *Gnaden* ∘ | 6211 *Säumniß,* | 6692 *Toter,* | 7419 *Lauf,* | 8113 *kündet ich'* | 8333 *s'ist* | 8386 *Galatee der* | 8498 *aufgebaut,* | 8499 *Und als* | 8501 *Spartas,* | 8702 *Tosen,* | 8794 *dient* | 8834 *Zorn,* | 8878 *liebend gegen* | 8925 *diese?* | 8946 *würdig,* | 8971 *Zug,* | 8999 *Geschlecht,* | 9102 *verkündenden sagen* | 9195 *Der Pflicht verfehlend mir* | 9438 *gar nur* | 9468 *Schluchten,* | 9734 *Sein* | 9756 *bewegest;* | 9846 *Bluts.* | 9993 *leise,* | 9996 *versammeln,* und *Herden,* | 10061 *Schwung,* | 10170 *Frauen,* | 10204 *Blut,* | 10260 *wie?* | 10430 *Gas,* | 10433 *Gewalten,* | 10438 *hier.* | 10456 *kommen heiter* | 10464 *zurück* | 10466 *mich,* | 10539 *Wird, Mann für Mann,* | 10619 *erfahren* | 10630 *Kreisen;* | 10764 *Grüften,* | 10790 *schlecht* | 11422 *dich* | 11635 *wieder* | 11901 *Gewinn* |.

Schließlich wurde in 40 Fällen ein Semikolon des Textzeugen durch Doppelpunkt wiedergegeben. Diesen semantisch sehr gewichtigen Eingriff begründe ich hier S. 112 ff. im Abschnitt ›Interpunktion‹. Er betrifft im *Faust I* die Verse 145, 273, 308, 624, 788, 1348, 1377, 1586, 1692, 1696, 1786, 2589, 2637, 2664, 3231, 3236, 3564, 3644, 4031, 4523; im *Faust II* die Verse 4947, 5037, 5314, 5359, 6350, 6353, 7046, 7072, 7219, 7309, 7623, 8441, 8754, 9185, 10126, 10676, 11442, 11500, 11524, 11881.

14 Textergänzungen durch den Herausgeber (in 1821, vor 2729, in 3961, in 4138 f., in 4142 f., nach 5157, vor 6155, nach 6452, vor 7982, nach 8609, vor 9755, 10524, vor 10931, nach 11831) wurden durch eckige Klammern bezeichnet und sind, ebenso wie ein Eingriff in die Textanordnung (bei 5150), im Stellenkommentar erläutert worden.

ABSICHTEN DIESER TEXTBEHANDLUNG

Die Genauigkeit der Textwiedergabe in der vorliegenden Ausgabe beruht durchaus nicht auf antiquarischer Pedanterie und nostalgischer Freude an musealem Staub, sondern folgt der Einsicht, daß es in der Kunst, auch an den Dichtwerken, kaum etwas nur 'Äußerliches' gebe. Der in solchen Fragen vermeintlich nachlässige oder großzügige Goethe wußte sehr wohl, weshalb er seinem Verleger Cotta schrieb (25. 11. 1805): »Ich muß Sie daher nochmals inständig bitten, da von unserer Seite nichts versäumt werden soll, einem sorgfältigen Mann die Revision zu übergeben, der aber freilich nicht etwa nach seiner Art wieder hineinzukorrigieren und interpungieren hat.«

Zugleich trägt diese Textbehandlung dem Umstand Rechnung, daß der *Faust* eine 'alte' Dichtung ist. Sie stellt dem Leser optische Fremdheitssignale vor Augen, um ihm auch auf diese Weise bewußt zu halten, daß er hier keine 'moderne' Schrift vor sich habe, deren Wörter und Satzformen, Versmaße und Figuren, Symbole und Allegorien, Begriffe und Vorstellungen er uneingeschränkt im Rahmen seines je eigenen, zeitgenössischen Zeichensystems verstehen könnte. Sie bildet die Historizität des Textes ab.

Aber jeder ältere literarische Text zeigt das Doppelgesicht eines Janushauptes: ein uns abgewendetes und ein uns zugekehrtes. Als alternd fremd gewordene Schrift ist er der Möglichkeit nach zugleich doch eine je gegenwärtige: Ein halbes Jahrhundert nach Erscheinen der *Leiden des jungen Werthers* sagte Goethe, »es müßte schlimm sein, wenn nicht Jeder einmal in seinem Leben eine Epoche haben wollte, wo ihm der Werther käme, als wäre er bloß für ihn geschrieben.« (Eckermann, 2. 1. 1824) Dieser im dichterischen Werk selber angelegten Ambivalenz kann der spätere Herausgeber auch bei den Fragen der Textbehandlung nicht entkommen. Bringt er, um zu popularisieren, durch radikale Modernisierung der veralteten Schreibweisen allein die Gegenwärtigkeit, die potentielle Aktualität einer

Dichtung zur Geltung, so täuscht er mit einer derartigen 'Volksausgabe' den Leser über den historischen Charakter des Textes hinweg. Bringt er hingegen, um wissenschaftlich zu dokumentieren, durch strikt an den Textzeugen gebundene Wiedergabe einer veralteten Schreibweise allein die Fremdheit zur Geltung (die doch keineswegs der 'originale' Zustand eines Textes ist, sondern allererst das Ergebnis des historischen Entfremdungsprozesses), dann unterdrückt oder verdeckt er mit einer solchen 'historisch-kritischen Ausgabe' die der Dichtung eingeschriebene Gegenwärtigkeitsintention. Beide Lösungen haben ihr Recht und erlauben ein konsequentes Verfahren. Aber beide verfälschen. Diesem Dilemma versucht die hier vorgelegte Lese- und Studienausgabe dadurch Rechnung zu tragen, daß sie den (durch die oben angeführten Maßnahmen 'fremd' gehaltenen) Text einer behutsam eingeschränkten orthographischen Modernisierung unterzieht.

Bei dieser Leseerleichterung handelt es sich in der Mehrzahl der Fälle um eine Tilgung der veralteten *th*- und *y*-Schreibungen. Eine solche Texterfrischung sollte die Gegenwärtigkeitsintention der *Faust*-Dichtung auch optisch unterstützen und sich dadurch mit den nachfolgenden 'Erläuterungen' verbinden, welche den gleichen Dienst auf ihre Weise doch auch leisten möchten. Für diese Spinnwebenentfernung darf sich der Herausgeber auf den ausdrücklichen Willen des Autors selbst berufen. Der wünschte nämlich durchaus nicht, daß die Aufnahme und Wirkung seiner Werke durch eine befremdliche Abweichung von der gängigen Orthographie beeinträchtigt würde, drang vielmehr bei der Vorbereitung der *Ausgabe letzter Hand* entschieden darauf, daß seine früheren Schriften nicht in einer inzwischen altmodisch gewordenen Schreibweise vor den Leser kämen. An den Leiter von Cottas Offizin schrieb er deshalb am 22. 1. 1828, als er ihm für den Druck $C^{1}12$ die ersten Szenen von *Faust II* ankündigte: »Auch überlasse, die Rechtschreibung, wenn sie etwa von der ⟨mittlerweile⟩ eingeführten abwiche, vorkommenden Falls abzuändern.« Er wollte keineswegs, daß da ein orthographisches Museum eingerichtet würde.

FAUST. FRÜHE FASSUNG

Die *Frühe Fassung* ist hier nach der Niederschrift der Luise v. Göchhausen ediert worden, die im Weimarer Goethe- und Schiller-Archiv aufbewahrt wird (vollständige Faksimile-Wiedergabe im Bd I der AA, 1954). Anders als die Reinschrift H des *Faust II* war sie nie zum Druck bestimmt. Deshalb erfolgt hier ein zum ersten Mal uneingeschränkt 'diplomatischer Abdruck', der den Charakter dieser Handschrift vor Augen stellen will (freilich bleibt auch hier die Groß- oder Kleinschreibung bei *D/d* oft eine Ermessensentscheidung des Herausgebers; gleiches gilt nicht selten für die Getrennt- oder Zusammenschreibung eines Wortes). Es wurde also auf jeden (berichtigenden, ergänzenden, gar vereinheitlichenden) Herausgebereingriff in Schreibweise und Interpunktion verzichtet, selbst auf die Korrektur eindeutiger und sinnwidriger Versehen und Auslassungen. Wo der Leser solche Fehler nicht mühelos erkennen und stillschweigend berichtigen kann, gibt eine Fußnote gleich unter der betreffenden Textseite den entsprechenden Wortlaut des *Faust I*, mit dessen Hilfe man durchkommt.

Strikt dem Textzeugen folgend, wurden hier die Szenen fortlaufend gesetzt. Alle Trennstriche am Szenenschluß und (ganz unregelmäßigen) Unterstreichungen, Zeilenanordnungen und Einzüge, Abkürzungen von Personennamen, Klammer-Allographe /: . . . :/ etc. entsprechen genau der Handschrift (vgl. die Abb. 16 und 17 im Text-Band). Eine Ausnahme davon bilden allein die Striche, durch welche die Schreiberin gelegentlich die Verdoppelung eines Buchstabens bezeichnet hat: sie konnten hier aus satztechnischen Gründen nicht reproduziert werden und wurden deshalb aufgelöst (beispielsweise steht S. 476,211 *Weeg* für *Wēg* oder S. 483,421 *ehrbaar* für *ehrbār*).

Die Zeilenzählung der Prosastücke unterscheidet sich von der anderer Ausgaben – was sich aus der unterschiedlichen Zeilenlänge ergibt. Die Verszählung hingegen entspricht der allgemein eingeführten.

Von der Verszählung des *Faust I* freilich weicht die der *Frühen Fassung* so weitgehend ab, daß sie dem Leser keine Orientierungshilfe für einen Stellenvergleich zwischen diesen beiden Texten liefert. Außer der sehr groben Verskonkordanz in der hier S. 71 ff. eingerückten SZENENÜBERSICHT findet man deshalb am Fuß jeder Seite der *Frühen Fassung* eine Konkordanzzeile, welche die jeweils entsprechende Partie im *Faust I* angibt (und sich im Text-Bd S. 469 unten verständlich macht).

PARALIPOMENA ZUM FAUST

Die im Text-Band S. 541-736 enthaltene, von Anne Bohnenkamp besorgte Lese- und Studienfassung der Paralipomena zum Faust beruht auf der Handschriften-Dokumentation Bohnenkamp 1994 (→ hier S. 86 f.), berücksichtigt dabei jedoch deren Berichtigungen durch Schillemeit 1996 (→ hier S. 921). Insofern unterscheidet sie sich von allen früheren Paralipomena-Drucken durch eine erweiterte Auswahl der Texte, durch deren an den Überlieferungsträgern orientierte entstehungsgeschichtliche Anordnung, durch eine Darstellung, welche die für ein zulängliches Verständnis oft unentbehrlichen Kontexte der Handschriften berücksichtigt und ihre signifikanten graphischen Besonderheiten beibehält, durch Wiedergabe der authentischen Schreibweise und vielfach auch hinsichtlich des korrekten Wortlauts.

Mitgeteilt werden hier sämtliche Texte, welche in den bisherigen Ausgaben als 'Paralipomena' enthalten sind oder separat veröffentlicht wurden (ausgenommen Berichte von dritten Personen, selbständige Gedichte Goethes und nur irrtümlich dem *Faust* zugerechnete Stücke). Abweichend von Bohnenkamp 1994 wurde jedoch verzichtet auf den Abdruck von 14 dort enthaltenen Entwurfshandschriften, die vom endgültigen Dramentext nur geringfügig abweichen.

Die Anordnung der Paralipomena folgt zunächst den in ihrem Zusammenhang belassenen handschriftlichen Überlieferungsträgern, die dann (soweit möglich) in eine entstehungsgeschichtlich-chronologische Reihenfolge gebracht und für den Zweiten Teil des *Faust*, der Übersichtlichkeit wegen, außerdem nach dessen fünf Akten gruppiert wurden.

Obgleich die Abfolge der Texte damit von allen früheren Editionen abweicht, wurde die von der WA eingeführte, in den Stellenangaben der *Faust*-Literatur allermeist verwendete Numerierung (der auch die Ordnung dieser Handschriften im Weimarer Goethe- und Schiller-Archiv entspricht) mit Rücksicht auf den wissenschaftlichen Benutzer beibehalten. Die durch jeweils eigene Paralipomena-Nummern anderer Ausgaben entstandene verwirrende Unübersichtlichkeit sollte nicht noch vergrößert werden; außerdem muß eine grundlegend neue Siglierung (die mit der Neuordnung der Weimarer Archivbestände verbunden sein wird) einer künftigen historisch-kritischen *Faust*-Ausgabe vorbehalten bleiben, welche alle zugehörigen Handschriften berücksichtigen und dabei die mit der WA herbeigeführte Trennung von ›Lesarten‹ und ›Paralipomena‹ jedenfalls in der bisherigen Form nicht übernehmen wird.

Dadurch, daß Textfolge und Nummernfolge nun nicht mehr übereinstimmen, ergeben sich leider Orientierungsschwierigkeiten für den Benutzer. Sie zu mildern, wurden in der Kolumne über jeder rechten Seite des Text-Bandes die (zumeist schon von der Weimarer Ausgabe vorgegebenen) Siglen der an dieser Stelle auffindbaren Handschriften angegeben. Im Text- wie im Kommentar-Band sind außerdem die WA-Nummern der Paralipomena am Seitenrand vermerkt worden. Schließlich findet man im Kommentar-Band auf den Seiten 1065-1068 eine KONKORDANZ DER PARALIPOMENA, welche von der Nummernfolge der WA ausgeht und die zuständige Seitenzahl im Text-Band angibt.

Abweichend von Bohnenkamp 1994 teilt die vorliegende Lese- und Studienausgabe allein die jeweils letzte Fassung der einzelnen Texte mit. Entstehungsvarianten werden nur in besonders interessanten Fällen verzeichnet. Die Textwiedergabe folgt buchstaben- und zeichengetreu dem handschriftlichen Befund. Unleserliche Stellen und unsichere Lesungen wurden als solche kenntlich gemacht. Auch die bedeutungstragenden graphischen Eigenheiten der Handschrift (etwa Absätze, Trennstriche, Randergänzungen,

Einrückungen oder Lücken, welche Raum für Ergänzungen oder Korrekturen ließen) sind handschriftengetreu wiedergegeben bzw. vom Herausgeber vermerkt worden. Unberücksichtigt blieben dabei nur zufällige oder ornamentale Besonderheiten.

Stillschweigend ergänzt wurden allein die in Goethes flüchtigen Entwürfen häufig fehlenden Umlautstriche (falls eindeutig gemeint). Andere Lesehilfen: die Auflösung von Abkürzungen, Einfügung von Sprecherbezeichnungen, Ergänzungen unvollständiger oder Berichtigungen fehlerhafter Wörter (wo das möglich war und wegen denkbarer Mißverständnisse nötig erschien) und alle sonstigen Einschaltungen des Herausgebers wurden durch *Kursivdruck* kenntlich gemacht und ggf. außerdem in ⟨Winkelklammern⟩ gestellt.

Die bei dieser Wiedergabe der Paralipomena verwendeten ABKÜRZUNGEN UND BEZEICHNUNGEN sind im Text-Band S. 543 mitgeteilt worden. Zur Bequemlichkeit des Lesers und Benutzers werden sie auf der hier nebenstehenden Seite noch einmal wiederholt.

ABKÜRZUNGEN UND BEZEICHNUNGEN

H P6 *(usf.)*
Handschrift mit dem Paralipomenon 6 (nach der durch die Weimarer Ausgabe eingeführten, hier beibehaltenen Paralipomena-Zählung); ggf. auch weitere, dann nur noch am Seitenrand bezeichnete Paralipomena enthaltend.

III H^{58} *(usf.)*
Handschrift 58 zum III. Akt des Faust II *(nach der Handschriften-Zählung der Weimarer Ausgabe); solche Bezeichnungen nur bei Handschriften, die kein bisher als Paralipomenon veröffentlichtes Textstück enthalten.*

P21 *Paralipomenon 21 (usf.) nach der WA-Zählung. Bei nicht in den* Faust-*Bänden der Weimarer Ausgabe enthaltenen Paralipomena stehen zusätzliche Kleinbuchstaben:* P62a. *Zusätzliche Großbuchstaben bezeichnen unterschiedliche Fassungen:* H P123A.

P97v *Variante oder Bruchstück von Paralipomenon 97 (usf.).*

– *Trennstrich am Seitenrand markiert das Ende eines Paralipomenons, sofern das anders nicht eindeutig ist.*

4166 *entspricht dem* Faust-*Vers 4166 (usf.).*

331v *Variante von* Faust-*Vers 331 (usf).*

[ ] *in der Handschrift als erledigt durchgestrichen, weil für den endgültigen* Faust-*Text berücksichtigt oder verworfen.*

{ } *unsichere Lesung.*

x *unleserlicher Buchstabe.*

xx *unleserliche Buchstabengruppe.*

xxx *unleserliches Wort.*

INTERPUNKTION

Während die Orthographie in der Regel von geringer Bedeutung für das Textverständnis ist, hat die Interpunktion darauf erheblichen Einfluß. Das wußte Goethe sehr genau. Doch überliefern die *Faust I*-Drucke zu seinen Lebzeiten und die Reinschrift des *Faust II* keineswegs durchgehend seine eigenhändige und in diesem strengen Sinn authentische Zeichensetzung. Immer waren daran auch Schreiber und Gehilfen beteiligt. Für die *Ausgabe letzter Hand* hat Goethe die Durchsicht der Setzervorlagen weitgehend dem Jenaer Altphilologen Karl Wilhelm Göttling überlassen, dem er in einem Schreiben vom 12.3.1825 »völlige Macht und Gewalt« erteilte, in Fragen der Orthographie und Interpunktion nach eigener »Überzeugung zu handeln«. Auch seinem Verleger Cotta hat er bei früherer Gelegenheit erklärt, er sei »hier nicht pedantisch und lasse dem Herrn Korrektor ⟨in Weimar selbst wurde nie mehr Korrektur gelesen⟩ die völlige Freiheit in gewissen Fällen nach eignem Urteil ein Komma herzustellen.« (3.6./9.5.1816)

Aber als Freibrief für spätere Editoren, die den *Faust*-Text dann nach eigenem Gutdünken zusätzlich interpungierten, kann man das nicht gelten lassen. Gleichgültig war Goethe in dieser Frage keineswegs. Ausdrücklich verlangte er am 25. 11. 1805, bei der Verlagsrevision eines Druckes nicht etwa »wieder hineinzukorrigieren und interpungieren«; er rügte am 2. 12. 1815 »falsche Interpunktion« durch »Anhäufung der Kommaten«: »bitte daher die von mir delierten Kommata sämtlich zu tilgen und wenn ich einige ⟨unangebrachte⟩ übergangen haben sollte, dieselbigen gleichfalls auszumerzen«; er sah am 7. 1. 1817 den als Satzvorlage dienenden ersten Abdruck eines Werkes »so mit Kommaten überladen, daß man es kaum lesen konnte«: sie seien jetzt »sorgfältig wegkorrigiert«, und er lege »an Setzer, Korrektor und Revisor eine inständige Bitte« bei, das sorgfältig zu beachten. Und als er dann am 10. 1. 1825

Göttling die Durchsicht seiner Schriften für ihren Druck in der *Ausgabe letzter Hand* antrug, wünschte er doch ausdrücklich, daß dabei eine »in früherer Zeit gewöhnliche, allzuhäufige Interpunktion und Kommatisierung ausgelöscht und dadurch ein reinerer Fluß des Vortrags bewirkt werde.«

Anders als man nach dem unzutreffend verallgemeinernden Verdikt von Grumach 1950,78 über die gesamte *Ausgabe letzter Hand* bisher annehmen mußte, hat Göttling beim *Faust I* keineswegs durch eine »besonders radikale und pedantische Anwendungsform« der grammatisch normierenden Interpunktion Goethes »eigene Interpungierung zerstört« und den Text auf diese Weise eingreifend überfremdet (so wieder Kassel 1995 – richtigstellend Schöne 1997/I). Vielmehr war er bei der Durchsicht der für die hier vorliegende Ausgabe wieder zugrunde gelegten Setzervorlage für den Druck von 1828 sichtlich und nachweislich bemüht, Goethes Zeichensetzungs-Intentionen und seiner Generalanweisung zu sparsamer Kommasetzung zu entsprechen. Angesichts der Überlieferungslage muß man sich mit der eingeschränkten Authentizität der Interpunktion unserer Textzeugen begnügen. Goethes 'eigene' Zeichensetzung läßt sich nicht restaurieren, weil sich die fallbezogen schwankende Interpungierung seiner Handschriften formalen Regeln entzieht, häufig auch nachlässiger erscheint, als der Autor es beim Druck für angebracht halten mochte.

Umgekehrt dürfte man die jedenfalls 'passiv autorisierte' Zeichensetzung der Textzeugen keinesfalls nach den heutigen, ohnehin unsinnig festgezurrten Duden-Regeln korrigieren (was die oben dargelegte maßlose Vermehrung von Satzzeichen zur Folge hat). Das nämlich verstößt gegen die Grundprinzipien der Goetheschen Vers-Interpunktion (vgl. allg. Grumach 1950,73-82, *Tasso*-bezogen Blumenthal 1950,110-123), die in unseren Textzeugen sehr wohl noch wahrnehmbar und wirksam sind. Sie unterscheiden sich so wesentlich von den unseren, daß nicht nur ein Schauspieler oder Vorleser von ihnen wissen müßte, sondern auch der Leser – sofern er auf die anscheinend belanglosen Kommata, Frage- und Ausrufezeichen und Semikola überhaupt achtet oder wenigstens wissen will, wie diese eigenartige Zeichensetzung sein Textverständnis unterschwellig beeinflußt.

KOMMATA

Was Goethe meinte, als er seinem Revisor Göttling einschärfte, daß durch angemessen zurückhaltende Interpunktion »ein reinerer Fluß des Vortrags bewirkt werde«, erläutert eine Notiz, in der er am 3. 6./9. 5. 1816 Cotta erklärte, es habe sich »in der deutschen Schrift, dadurch daß man mehr liest als hört, die Gewohnheit eingeschlichen viel zu viel Kommata zu machen. Wie schädlich dieses dem lebendigen Vortrag sei hab ich seit dreißig Jahren nur allzusehr bemerken können, indem ich mir die Mühe gab Schauspieler auszubilden. Z. B. *Glaubst du denn, daß sie dich liebt! – Hab ich dir nicht gesagt, daß ich nicht kommen kann?* Diese 〈. . .〉 Kommata sind es die ich möglichst weggestrichen habe, weil sie den Schauspieler, den Vorleser zu einem gehackten Vortrag verführen.« Ein Praktiker erklärt sich da. Tatsächlich hat der Schauspieler Genast berichtet, wie der Theaterdirektor Goethe bei einer Leseprobe zu Calderóns *Standhaftem Prinzen* für die Sprechpausen nach Komma, Semikolon, Doppelpunkt, Ausrufzeichen, Fragezeichen und Punkt ein genaues (in dieser Zeichenfolge anwachsendes) »Zeitmaß« vorschrieb, ja dessen »Länge bildlich«, also wohl auf einer Tafel vor Augen stellte: »Es war im Anfang ein fast automatisches Sprechen; als sich aber nach und nach diese Methode entwickelte, welcher Reiz, welch poetischer Schwung trat endlich in der Rhetorik hervor! Musik war sie zu nennen.« (Biedermann/Herwig 2, Nr 3368)

Sobald man insbesondere die Kommata in solcher Weise als Pausenzeichen wahrnimmt, zeigt sich noch in den von

Göttling überarbeiteten Texten, welche Bedeutung der Verzicht auf eine schematisch geregelte Interpunktion besitzt – und was demgegenüber die gängigen Herausgeberergänzungen bewirken. Den geschmeidigen lyrischen Fluß und schwebenden Klang etwa der fünf Peneius-Verse 7249-53 entstellen fünf zusätzliche Komma-Pausen (HA) tatsächlich »zu einem gehackten Vortrag«. Auf entsprechende Weise erscheint eine tumultuarisch-erregte oder ungeduldig heftige Rede beispielsweise in 5749 f. oder 10311 f. durch die Herausgeber-Kommata ebd. sehr unangemessen gebremst. Und die beiden Eingangsverse der Königin Helena 8488 f. mit ihrem hochgespannten Gleichmaß werden ebd. durch die heutiger Regel folgenden Kommazusätze nicht nur in Rhythmus und Satzmelodie, sondern eben damit auch semantisch verändert, entwertet.

Seine Kommata hat Goethe also keineswegs schon starren Regeln und in erster Linie auch nicht grammatisch-syntaktischen Gesichtspunkten unterwerfen wollen, wie das zu seiner Zeit bereits üblich wurde und im späteren 19. Jh. endgültig sich durchsetzte. Eben das suchte er zu verhindern, wenn er seine Setzer und Korrektoren um Zurückhaltung bat. Er verstand die Satzzeichen (noch) als schriftliche Hinweise auf gesprochene Sprache, also als sinnverdeutlichende, rhetorisch-strukturierende und rhythmisch-musikalische Hilfsmittel. Winzigen Regieanweisungen gleich, bestimmen sie die sinntragende Klanggestalt des Verses und damit das Textverständnis – nicht nur des Zuhörers, sondern auch des lautlos sprechenden Lesers: machen den Text zu einer Partitur. (→ dazu S. 22 ff. über *Faust* als Vorlesetext)

FRAGE- UND AUSRUFZEICHEN

Abweichend vom heutigen, auch schon seinerzeit gängigen Gebrauch stellen Goethes Texte diese beiden Zeichen häufig nicht erst an das Ende eines Satzes. Das mag den uninformierten Leser zunächst ein wenig irritieren. 1185: *Man fragt ums Was?* – daß es sich nicht etwa um eine Erkundigung, sondern durchaus um eine Feststellung handelt, zeigt aber sogleich der folgende Satzteil: *und nicht ums Wie?* Das Fragezeichen markiert hier *Was* und *Wie* als Fragewörter, und der Satz also nimmt auf diese Weise die Fragenden beim Wort. Häufiger steht ein solches Zeichen gleich hinter dem tatsächlich fragenden Satzteil auch dann, wenn ihm ein Relativsatz oder eine Infinitivkonstruktion noch folgt. 4176 f.: *Was lässest du das schöne Mädchen fahren?| Das dir zum Tanz so lieblich sang.* Oder 3670 f.: *Nicht ein Geschmeide? Nicht ein Ring?| Meine liebe Buhle damit zu zieren.* Die späteren Herausgeber haben das in aller Regel 'in Ordnung gebracht'. Aber daß diese Verschiebung ans Satzende den emphatischen Ausdruckswert solcher Binnenzeichen dämpft (HA: »Nicht ein Geschmeide, nicht ein Ring, | Meine liebe Buhle damit zu zieren?«), ist ganz offensichtlich.

Für die mitten in den Satz gekeilten Ausrufzeichen gilt das in eher noch stärkerem Maß. Grundsätzlich verpflanzen neuere Ausgaben sie an den gehörig erscheinenden Ort. Die authentische und autorisierte Schreibweise aber, die in solchen Fällen durch Intonationszeichen heftige Sprechakzente auf die Ausrufwörter selber legt, hat durchaus ihren Sinn. 7166: *Weg! das Hassen, weg! das Neiden* . . . Und 1064: *O glücklich! wer noch hoffen kann* . . . Oder 1981: *O glücklich der! den ihr belehrt.*

Man wird sich an solche Abweichungen vom gewohnten Satzbild rasch wieder gewöhnen. Schwieriger ist das jedoch beim Semikolon, das offensichtlich ausnahmslos auch von den *Faust*-Herausgebern selber verkannt und mißverstanden, also mißbräuchlich behandelt worden ist.

SEMIKOLON

In Goethes Texten begegnen zahlreiche Fälle von offenbar fehlerhaft gesetzten Semikola. Beispiele:

Wenn er mir jetzt auch nur verworren dient;
So werd' ich ihn bald in die Klarheit führen. (308 f.)

Kannst du mich mit Genuß betrügen;
Das sei für mich der letzte Tag! (1696 f.)

Doch nur vor Einem ist mir bang';
Die Zeit ist kurz, die Kunst ist lang. (1786 f.)

Die Töpfe drunten, voll von Goldgewicht;
Zieh' an dem Pflug, und ackre sie ans Licht. (5037 f.)

Alt ist das Wort, doch bleibet hoch und wahr der Sinn;
Daß Scham und Schönheit nie zusammen, Hand in Hand,
Den Weg verfolgen über der Erde grünen Pfad. (8754 ff.)

Stillschweigend haben die neueren Ausgaben dafür Kommata oder Doppelpunkte gesetzt – sinngerecht, aber ahnungslos, obgleich die Häufigkeit solcher vermeintlichen Versehen, keineswegs nur in Goethes Schriften sondern auch bei seinen Zeitgenossen, zu denken geben sollte.

Tatsächlich ist im heutigen Arsenal der Satzzeichen das (erst seit dem 16. Jh. gebräuchliche) Semikolon das einzige, welches seine Funktion entschieden verändert hat. Es nimmt in den *Faust*-Texten noch die beiden gegensätzlichen Aufgaben wahr, in welche sich Semikolon und Doppelpunkt heute teilen: kann nämlich sowohl die (schwächer als der Punkt, stärker als ein Komma abgrenzende) Trennung zweier Satzteile als auch deren (überleitend ankündigende) Verbindung markieren. Für die Zeichensetzungspraxis gilt das ebenso wie für die Interpunktionstheorie dieser Zeit (vgl. Höchli 1981,108-230: Beispiele aus den Lehrschriften Schottels, Stielers, Frischs, Gottscheds, Bodmers, Heynatz' – unerwähnt: Adelung). Nachgewiesenermaßen war aber für Goethe und seine Helfer bei der Druckvorbereitung seiner Schriften seit 1788 gerade Adelungs *Vollständige Anweisung zur deutschen Orthographie* maßgeblich (Blumenthal

1950,107). In deren Abschnitt *Von den orthographischen Zeichen* heißt es, daß innerhalb zwei- oder mehrteiliger Sätze sowohl der Doppelpunkt (ältere Bezeichnung: Kolon) gesetzt werden kann, wie auch das Semikolon (also: der Halb-Doppelpunkt). Beide Satzzeichen stünden »besonders in consecutiven, concessiven, conditionalen, causalen und comparativen Sätzen, wenn sich der Nachsatz mit *so* anfängt.« (Adelung 1788,375 u. 380) Die Beispielsätze fürs Semikolon verdeutlichen, daß diesem Satzzeichen damit neben seiner heutigen Trennungsfunktion auch die heute allein vom Doppelpunkt wahrgenommene überleitende Verbindungsfunktion zufiel: »Wenn häufige Zusammenkünfte die Geselligkeit unterhalten, die Sitten verfeinern und den guten Geschmack allgemeiner machen; so haben die Gesellschaften der feinern Welt noch einen neuen Vorzug, und es ist nicht nur Wohlstand, sondern auch Pflicht sie zu besuchen.« Und: »Gleichwie der Gefangene, wenn er aus einem finstern Kerker erlöset worden, wie neu geboren von seiner Veränderung entzückt wird; so frohlocket die Seele, wenn sie ⟨. . .⟩ Hoffnungen athmet.« Ausdrücklich wird für beide Beispiele vermerkt: »Ein Kolon ⟨Doppelpunkt⟩ würde zwar eben kein Fehler seyn; indessen ist doch schon das Semikolon hinlänglich« – es soll nämlich dann gesetzt werden, wenn die entsprechenden Sätze »von mittlerer Länge sind, d. i. nicht so lang, daß sie zu ihrem Unterschiede eines Kolons bedürften« (ebd. 380 f.). Die Wahl zwischen dem stärkeren Zeichen des Doppelpunktes oder dem schwächeren des Semikolons hängt also allein vom Umfang der Sätze ab – was einen erheblichen Ermessensspielraum öffnet.

Danach richteten sich Goethe und seine Mitarbeiter im *Faust I* und *Faust II*. Wenn ein Semikolon hier (wie in den anfangs zitierten Fällen) eindeutig überleitend gemeint war, muß der von heutigen Interpunktionsregeln ausgehende Leser dieses Zeichen als entschieden sinnstörend empfinden, also als Fehler mißverstehen. Wo es hingegen uneindeutig bleibt, ob das Goethesche Semikolon wie ein heutiger Doppelpunkt oder wie ein heutiges Semikolon funktioniert, nimmt der heutige Leser es wohl in der gewohnten Trennungsfunktion, so daß ihm ein an die Überleitungsfunktion gebundener Textsinn verdeckt bliebe (→ etwa 10126 f. oder 11442 f. und Kommentare dazu).

Um massive Mißverständnisse auszuschließen, sind alle Semikola, deren Doppelpunkt-Funktion vom Kontext eindeutig bezeugt scheint, in dieser Lese- und Studienausgabe denn auch durch Doppelpunkte ersetzt worden. Die vollständige Liste dieser Fälle findet sich oben auf S. 97.

Weit häufiger jedoch ist die Funktionsbestimmung der Semikola im *Faust* eine Ermessensfrage, nämlich interpretationsabhängig (Beispiele: 487, 1672, 1758, 2071, 4677, 6728, 11405 usf.). Hier glaubte sich der Herausgeber zu notwendigerweise 'interpretierenden' Eingriffen in den Text nicht befugt. Er muß den Leser aber nachdrücklich darauf aufmerksam machen, daß grundsätzlich jedes Semikolon in der Partitur dieser Texte nicht in der ihm naheliegenden Weise als Trennungs-, sondern als ein Überleitungszeichen gemeint sein könnte: als eine Intonationsanweisung für den Sprecher (der den Ton hier in der Schwebe zu halten oder gar in die Höhe zu treiben hätte) – als Ankündigungssignal nämlich für nachfolgende Bestimmungen, Begründungen, Folgerungen oder Zusammenfassungen etc. der im Vorsatz mitgeteilten Tatbestände, Bedingungen usf. Für das Textverständnis kann das durchaus von Bedeutung sein. So macht es einen erheblichen Unterschied, ob das Semikolon vor den zwei letzten Versen der Dichtung deren Worte *Das Ewig-Weibliche | Zieht uns hinan* nurmehr (wie ein heutiges Semikolon) als das letzte Glied einer Reihe von Aussagen bezeichnet, oder ob es sie etwa (wie ein heutiger Doppelpunkt) als die Summe der vorangehenden Verse oder dieser Schlußszene gar oder des *Faust*-Spiels überhaupt zu verstehen gibt.

SELBSTZENSUR

ANSTANDSSTRICHE

Wie immer die Vorlage aussah, welcher die Niederschrift der *Frühen Fassung* folgte (→ oben S. 81 f.) – als das Hoffräulein Luise v. Göchhausen an die Stelle kam, wo Mephisto von den bei Frau Sprizbierlein eingemieteten Studenten bemerkt, daß sie *ihren Nahm aufs Scheißhaus mahlten*, schrieb sie: *aufs -Haus* (→ Text-Band S. 479,302). Und mit vier solchen Strichen ersetzte sie später auch den 'Doktor Luther'. Diesmal nicht, weil die Worte selber ihr anstößig waren (was entschiedene Katholiken damals durchaus noch zu der gleichen Schreibverweigerung und Namenslöschung bestimmte), sondern weil die gut lutherische Weimaranerin es offenbar ungehörig fand, von ihrem Reformator mitzuteilen, daß er sich einen Bauch *angemäst* hatte (→ Text-Band S. 485,27 f.).

Solche sogenannten 'Anstandsstriche', durchaus üblich im 18. und 19. Jh., spielen für den *Faust*-Text auch weiterhin eine Rolle. Rücksicht nehmend auf die Konventionen seiner Zeit, hat nämlich der Autor selber die Bezeichnungen für die Geschlechtsorgane und ihre Beschaffenheit, die Mephisto beim Tanzflirt mit der alten Hexe benutzt, und andere 'Obszönitäten' in allen Drucken des *Faust I* nur durch Striche andeuten lassen – während sie in seiner Handschrift doch wörtlich ausgeschrieben sind (→ 4138-43 und 3961, auch 1821). Allen Ernstes dachte man sich 1808 die Wörter *Loch*, *Pfropf*, *groß* usf. – unaussprechlich allein der Bedeutung wegen, die ihnen der Kontext hier gibt – beim Vorlesen allenfalls gelispelt, besser noch durch Husten verdeckt (dazu Schöne 1993,211).

Solche Textverstümmelungen, die keineswegs dem freien Willen des Autors entsprachen, sind heilbar. Mit der vorliegenden Ausgabe werden die ausgesparten Wörter wieder eingesetzt in ihr ursprüngliches Recht [obgleich durch eckige Klammern kenntlich gemacht, überdies in den Stellenkommentaren erläutert, sind diese Herausgeber-Eingriffe doch in unbeirrbarem Editorenpurismus als »Besonders unsinnig« rezensiert worden: Siegfried Scheibe, Germanistik 1996, 196]. Aber Goethes 'Anstandsstriche' machen darauf aufmerksam, daß er anstößige Passagen anderswo nicht durch eliminierbare Auslassungszeichen markieren konnte und sie dauerhaft umgeschrieben hat. Der in dieser Hinsicht 'gereinigte', endgültige Wortlaut des *Faust I* hat einer einschneidenden Selbstzensur des Autors unterlegen.

REINIGUNG DER FRÜHEN FASSUNG

Die Abweichungen der durch Göchhausens Niederschrift überlieferten älteren Fassung der Dichtung gegenüber dem Wortlaut der Drucke seit 1790 bzw. 1808 haben verschiedenartige Ursachen und Absichten. Zweifellos gehört dazu auch die an Goethes 'Anstandsstrichen' ablesbare Intention. Diese Textänderungen lassen sich nicht allein als eine dem eigenen Geschmacks- und Sprachwandel des Autors folgende Zügelung seiner 'Sturm und Drang'-Diktion erklären. Sie sind das Ergebnis (auch) einer Akzeptabilitätsprüfung, welche bei einer Veröffentlichung im Druck begreiflicherweise strenger ausfallen mußte, als für eine handschriftliche Verbreitung und für Vorlesungen im engeren Kreis. Solche Texteingriffe betreffen 'grobianische' Einzelwörter der *Frühen Fassung*; etwa: *Will keiner sauffen* und *Stille Mastschwein!* (S. 484,445 und 492,175 – was seit 1790 zu *trinken* und *Still, altes Weinfaß!* domestiziert wurde). Dann Äußerungen, die in 'geistlicher' Hinsicht Ärgernis hervorrufen konnten; etwa die Worte des Pfaffen, dem Margarethes Mutter den Schmuck ausliefert: *Er sprach: ach kristlich so gesinnt* (S. 502,688 – seit 1790: *So ist man recht gesinnt*). Schließlich 'moralisch' Anstößiges; etwa die Verse im Selbstgespräch des Mädchens: *Mein Schoos! Gott! drängt | Sich nach ihm hin* (S. 519,1098 f. – seit 1790: *Mein Busen*), oder seine hingerissenen und hinreißenden Erinnerungssätze in der *Kerker*-Szene: *Wie sonst ein ganzer Himmel mit deiner Um-*

armung gewaltig über mich eindrang. Wie du küsstest als wolltest du mich in wollüstigem Todt ersticken (S. 537,41 ff. – seit 1808: *Wenn sonst von deinen Worten, deinen Blicken | Ein ganzer Himmel mich überdrang, | Und du mich küßtest als wolltest du mich ersticken.*)

Solche Zurichtungen des Textes, die ihn zumutbar machen sollten für die zeitgenössischen Leserinnen und Leser, waren vermutlich nicht die einzigen Eingriffe der Goetheschen Selbstzensur. Vielmehr muß man annehmen, daß ihr ganze Teile des ursprünglichen *Faust*-Manuskripts zum Opfer gefallen sind, die schon von der *Frühen Fassung* nicht mehr wiedergegeben werden. Wie hier S. 82 in anderem Zusammenhang und vollständig vermerkt, hat Wieland, der 1776 bei einer der Vorlesungen Goethes zugegen war, 1796 in einem von Böttiger festgehaltenen Gespräch bedauert, »daß die interessantesten Wollustscenen (z. B. im Gefängnisse, wo Faust so wüthend wird, daß er selbst den Mephistopheles erschreckt) unterdrückt worden sind.« Der nur als Beispiel angeführte Fall kann die *Kerker*-Szene, jedenfalls in Gestalt der *Frühen Fassung*, kaum gemeint haben.

AUSSCHLUSS DER SATANSSZENEN

Das für die endgültige Fassung der *Faust*-Dichtung einschneidendste Ergebnis der Selbstzensur des Autors sind die Textverluste, welche die *Walpurgisnacht* im *Harzgebirg* erlitten hat (zum Folgenden insgesamt Schöne 1993,107-216). Die in Goethes ursprünglichem Plan vorgesehenen Satansszenen und die Phantasmagorie einer *Hochgerichtserscheinung*, welche die 'Hexe' Margarete als Opfer der Inquisition vorstellt, finden sich in den Paralipomena 34, 48, 49 und 50 skizziert und in entscheidenden Passagen bereits ausgeführt (→ Text-Band S. 548; 564; 546; 552-59). Ihre Bedeutung geht weit über die *Walpurgisnacht*-Szene hinaus, weil hier offenbar ein Gegenstück zum *Prolog im Himmel* konzipiert war – in Analogieantithese zur Erscheinung des Herrn: der Auftritt des Satans selbst, der die Rolle eines

Gegenspielers Gottes sich anmaßt (→ dazu hier S. 344 f. und Paralipomenon-Kommentar S. 937). Damit hätte die *Faust*-Dichtung eine gnostisch-manichäistisch grundierte, dualistische Spannung gewonnen, die der endgültige Text jedenfalls mildert, indem er nurmehr den einen Herrn auftreten läßt und Fausts Weg durch die Welt ganz unter dessen 'Erlösungs'-Zusage stellt (308 f.).

Um die kanonisierte Fassung zu rechtfertigen, also den Vorzug des Endgültigen gegenüber dem Aufgegebenen zu behaupten, hat man sich bemüht, Goethes (die Grundstruktur des Spiels tangierenden) Verzicht auf die Satansszenen unter dramaturgischen Gesichtspunkten oder mit Rücksicht auf die taktischen Manöver Mephistos zu erklären, ihn aus der Ökonomie des Stückes zu begründen oder ihn als notwendig nachzuweisen, weil die ursprüngliche Konzeption unvereinbar gewesen sei mit dem *Prolog im Himmel* (dazu Schöne 1993, 201-04). Als aufklärerischen Verzicht auf eine »metaphysische« und »dogmatische« Darstellung des im Satan verkörperten rein-bösen Prinzips zugunsten einer in den menschlichen Spielfiguren selber angelegten »Dialektik des Guten und des Bösen« versuchte dann wieder Zabka 1998 »Goethes Entscheidung gegen einen Auftritt der Satansfigur« als »konzeptionell folgerichtig« zu rechtfertigen (→ dazu auch S. 345 und 353).

Unter entstehungsgeschichtlichen Aspekten hat Scheibe 1965,52 den Ausschluß der Satansszenen gar bloßen »Terminschwierigkeiten« zugeschrieben: dem »Zeitdruck«, unter den der Autor geriet, als er *Faust I* fertigstellte für den Druck von 1808. Ausschlaggebend aber war offensichtlich auch hier die Rücksichtnahme des Autors auf seine Zeitgenossen, deren aktenkundige Entrustungen noch über die gereinigte *Walpurgisnacht*-Szene den Ausschluß wenigstens der Satansszenen höchst begreiflich erscheinen lassen. Goethe hat von ihren fertiggestellten Passagen eine eigenhändig-sorgfältige Reinschrift hergestellt (→ Abb. 14 und 15 des Text-Bandes) und sie sekretiert in jenem »Walpurgissack«, von dem er im Gespräch mit Falk erklärte, er habe ihn »ursprünglich zur Aufnahme einiger Gedichte bestimmt, die auf Hexenszenen im 'Faust', wo nicht auf den Blocksberg selbst, einen nähern Bezug hatten«: »wenn mein Walpurgissack nach meinem Tode sich einmal eröffnen und alle bis dahin verschlossenen, stygischen Plagegeister, wie sie mich geplagt, so auch zur Plage für andere wieder loslassen sollte ⟨. . .⟩ das, denke ich doch, vergeben sie ⟨die Deutschen⟩ mir sobald nicht!« (Biedermann/Herwig 5, Nr 7228).

Wie man in seiner engsten Umgebung über das zeitgenössische Publikum und hinsichtlich der Zumutbarkeit dieser Texte urteilte, bezeugt ein ungemein aufschlußreicher Brief von Riemer, der dem Autor zur Hand gegangen war, als 1806 der erste *Faust I*-Druck von 1808 vorbereitet und die Satansmesse dabei ausgeschlossen wurde. Was er da 30 Jahre später dem Kanzler v. Müller schrieb (als man daran ging, in der 'Quartausgabe' von 1836 die ausgeschlossenen Texte zum ersten Mal zu publizieren, auszugsweise), macht überdies kenntlich, welche Bedeutung Riemer ihnen im Zusammenspiel mit dem *Prolog im Himmel* beigemessen hat, und erlaubt wohl Rückschlüsse auf die Gründe, die den *Faust*-Dichter selbst bestimmt haben, sie einerseits vom Druck auszuschließen, sie andererseits aber für eine postume Veröffentlichung verfügbar zu machen: »Unser Publicum, das zum größern Theil aus Frauen und Mädchen, Jünglingen und Knaben besteht, und unsre Zeit die den Heiligen die Zehen abfrißt, kann freylich durch solche Aristophanismen ⟨Anstößiges nach Art des griech. Komödiendichters Aristophanes⟩, wie sie die Blocksbergsscene darbietet, nicht erbaut sondern nur geärgert werden. Ich bin daher ursprünglich und sponte nicht für die Veröffentlichung dieser Scene gewesen.« Aber: »Ein so bedeutendes, von dem Volksmährchen selbst aufgenommenes und noch weiter ausgesponnenes Motiv, wie die Erscheinung des Satans auf dem Blocksberg, sammt dem Hexenunfug – den sogar unsere keuschesten Künstler mit unaussprechlichen (inexpressibles!) Nuditäten ausschmückten – darf schon in Künstlerischer Hinsicht – gleichsam als Contrapunct und Gegenstück zu der Erscheinung ⟨des Herrn⟩ im ⟨Prolog im⟩ Himmel, nicht unbenutzt bleiben und muß wenigstens angedeutet werden; freylich, da das Ohr keuscher ist als das Auge, nicht mit den Nuditäten und Cruditäten, die sich vom bildenden Künstler eher verstecken und in den Hintergrund bringen lassen; aber das Scenario, die Angabe der Personen oder Figuren, mit abgerissenen Worten müßte allerdings beybehalten werden, damit ein Kunstverständiger, Dichter oder Bildner, sehe der Poet habe ein Wesentliches seiner Fabel nicht übersehen, sondern diese Partieen nur angedeutet und nicht detaillirt. Man muß das Harzgebirge sehen. Die ganze Scenerie unter der Ueberschrift Höhere Region ⟨Herausgeber-Einfügung in der Ausgabe von 1836⟩ muß bleiben. Man muß auf dem Gipfel des Brockens den Satan auf seinem Thron. Großes Volk umher. Faust und Mephistopheles im nächsten Kreise sehen. Man muß des Satans erste Worte wenigstens vernehmen. Diese Parodie von Böcken zur Rechten, Ziegen zur Linken ist zu characteristisch für den Teufel, dem man für den Teufel! doch erlauben wird ein Atheist seyn zu dürfen! Nach den Kirchenvätern ist er ein Simia Dei ⟨Nachäffer des Herrn⟩, macht dem lieben Gott alles nach (wie er denn auch den Merlin erzeugt hat, auch mit einer Jungfrau, um Christi Erscheinung und Wirken einen Gegner und Widersacher zu stellen) – kurz er parodirt den Herrn und hält daher auch Audienz. Davon hernach! – Es muß daher auch der Chor bleiben, der übrigens nichts Anstößiges hat, sobald man des Satans Worte nicht gehört hat, auf die er sich bezieht. Die Stimme ist ebenfalls nöthig, um auch die Zuhörer gewahr zu werden, und deren Interesse in die diabolischen Geheimnisse eingeweiht zu werden. Mephistopheles Worte zu dem jungen Mädchen sind gleichfalls nothwendig, wie ihre Antwort – soweit nämlich als ich's angestrichen habe. Endlich Satans letzte Worte seiner Thronrede, so weit als ich angedeutet, sind nothwendig zum Schluß dieser jetzt nebulistisch gehaltenen Scene, von der man durch den Hexen-Dampf und Lärm nur einzelne Brocken vernehmen kann, und hinreichend um diese jungen Confirmanden und Neophyten

⟨neu Aufgenommenen⟩ der Hexenschaft als gehörig endoctrinirt ⟨indoktriniert⟩ sich vorzustellen. Denn wenn es einen Satan giebt, und Hexen über die er ein Imperium ausübt, wenn das Local von Faust und Mephistopheles besucht wird; so muß man doch von der Teufelskanzel etwas zu sehen und von dem Prediger darauf etwas zu hören bekommen können, und wenn es auch nur von weitem und so wenig als möglich ist. Soweit.

Die Privataudienz ist gleichfalls nicht ganz aufzugeben. Die unendlich feine Ironie die darin liegt, daß der Simia Dei sich den H- küssen läßt, wie der Stellvertreter Christi den Pantoffel, ist zu bedeutend und wenn man einmal über den Hund kommt, kommt man auch über den Schwanz!

Nach dieser Ansicht vom Ganzen habe ich die wegzulassenden Stellen mit Bleystift durchstrichen oder umklammert. So läßt es sich nicht nur ertragen, sondern auch nothdürftig verstehen, und mehr braucht man auch nicht. Versteht man doch – oder viele wenigstens – das in extenso ausgesprochene an andern Stellen nicht; und muß doch nicht jedem alles klar seyn.« (bei Nahler 1986,386 f.).

Inzwischen läßt es sich ungestrichen ertragen und so doch besser verstehen. Die vorliegende Ausgabe hat den »Walpurgissack« auf zweifache Weise geöffnet: mit dem anstandslos unzensierten Abdruck dieser Paralipomena selbst, und überdies mit dem im Text-Band S. 737-54 enthaltenen Vorschlag für eine Bühnenfassung der *Walpurgisnacht*-Szene, welche die ausgeschlossenen Passagen wieder aufnimmt. Das sollte nicht mißverstanden werden als eine in der Tat aussichtslose Bemühung, Goethes ursprünglichen Plan zu rekonstruieren, oder gar als Versuch, die kanonisierte Fassung durch einen 'richtigeren', für uns 'interessanteren' Text abzulösen. Vielmehr will diese Bühnenfassung, indem sie die der Selbstzensur zum Opfer gefallenen Satansszenen für das Theater verfügbar macht, anstelle umständlicher Kommentare dem Leser unmittelbar vor Augen führen, wie diese Stücke untereinander und mit dem von Goethe veröffentlichten Text zusammenhängen könnten.

WEIMARER SOUFFLIERBUCH 1829

Nach der Braunschweiger Uraufführung des *Faust I* (19. 1. 1829) wurden auch in Weimar die Aufführungspläne von 1810/12 wieder aufgenommen, die damals versandet waren. Goethe an Zelter, 28. 3. 1829: »Meinen Faust wollen sie auch geben, dabei verhalt ich mich passiv, um nicht zu sagen leidend.« Weniger zurückhaltend äußerte er sich nach dieser Weimarer Erstaufführung (29. 8. 1829) in einem Brief vom 2. 9. 1829 an Rochlitz (der ihm seinerseits ausführlich über eine Leipziger Inszenierung vom 28. 8. 1829 berichtet hatte): »Es ist wunderlich genug daß diese seltsame Frucht erst jetzo gleichsam vom Baume fällt. Auch hier hat man ihn gegeben, ohne meine Anregung, aber nicht wider meinen Willen und nicht ohne meine Billigung der Art und Weise wie man sich dabei benommen.«

Die Weimarer Textfassung ist überliefert (Goethe- u. Schiller-Archiv Weimar: Goethe-Werke XIX,5. Nähere Angaben bei Gräf 1904,486 ff.). Es handelt sich wahrscheinlich um eine aus Braunschweig käuflich erworbene Abschrift des Soufflierbuches, welches dem dortigen Theaterdirektor August Klingemann für seine Uraufführung gedient hatte. Zweifellos mit Goethes Zustimmung wurde diese Abschrift von Riemer und dem Regisseur Durand, vielleicht auch von Eckermann für die Weimarer Aufführung noch einmal durchgesehen. Obgleich der vollständige *Faust I* seit dem Druck von 1808, also seit mehr als 20 Jahren, bekannt war, ist er dabei einer rigorosen Zensur unterworfen worden: bei öffentlicher Präsentation auf der Schaubühne vor einem breiten und aus beiden Geschlechtern gemischten Publikum hielt man offensichtlich nochmals strengere Maßstäbe für angebracht als bei einem für den je einzelnen Leser bestimmten Druckwerk.

Schon bei den vom Fürsten Radziwill betriebenen Berliner Aufführungen (dazu Schillemeit 1988) hatte man in den gedruckten Wortlaut eingegriffen. Zelter an Goethe,

7. 6. 1820: »Der Stein des Anstoßes bestand nun abermalen darin, Surrogate für anstößige Stellen zu finden, um nicht sowohl den jüngsten weiblichen Personen des Hofes als ihren alten Hüterinnen ohne Ärgernis zu erscheinen.« Aber auf Zelters Vorschlag hin mutete man das dem Autor selber nicht zu, unterrichtete ihn auch nicht über Einzelheiten, sondern überließ es jedem Akteur, »durch Auslassung oder Veränderung einzelner Worte nach seinem Gefühl von Schicklichkeit Anstößiges zu verhüten.«

In Weimar jedoch legte man Goethe das Soufflierbuch vor. Darin hatten seine Mitarbeiter eine große Zahl von Braunschweiger Abschreibfehlern oder Auslassungen sorgfältig berichtigt. Aber die (des öffentlichen Anstands wegen) vorgenommenen Streichungen beispielsweise der *Faust I*-Verse 836-45, 872-83, 2512-17, 3286-3310, 3729-31, 3788-91 und der gesamten (ohnehin schon gereinigten) *Walpurgisnacht*-Szene hatten sie keineswegs rückgängig gemacht, sondern darüber hinaus etwa in 2757 (*Mir läuft ein Schauer über'n ganzen Leib*) das Wort *ganzen* und 2524 wie 3505 völlig getilgt – so wie sie außer der (aus theologischer Rücksicht erfolgten) Braunschweiger Beseitigung von 2559-66 auch noch 2441-43 und 2834-42 ausmerzten. Umgeschrieben hatten sie für Weimar außerdem 2078 *Sauerei* in *Sudelei*, 2637 *Heut' Nacht in meinen Armen* in *Noch heut* . . ., 2662 *Strumpfband* in *Armband*, 3503 f. *Busen* in *Munde* und *Brust an Brust* in *Blick in Blick* oder 3536 *Dreck* in *Schmutz*.

Goethes ausdrückliche »Billigung der Art und Weise, wie man sich dabei benommen«, ist unbestreitbar. Denn für eine ganze Reihe weiterer Passagen, welche seine Gehilfen bei ihrer Vorzensur mit Bleistift oder Rötel zunächst nur vorschlagsweise gestrichen oder angestrichen hatten, sind in Form von 17 eigenhändigen Randnotizen in diesem Weimarer Soufflierbuch seine Entscheidungen überliefert. Er formulierte sie freilich eher »passiv, um nicht zu sagen leidend.« Aber er billigte, er autorisierte damit doch textentstellende Eingriffe, die heute geradezu unglaublich erscheinen. Er übte eine Selbstzensur, an der sich gleichermaßen ablesen läßt, was man damals auf der Bühne für schicklich befinden mochte, in welcher Weise Goethes Mitarbeiter darauf Rücksicht nahmen und wie der Autor selbst sich dem Publikumsgeschmack und diesen Vorschlägen seiner Ratgeber fügte.

Seine mit weichem Bleistift quer an den Außenrand der Soufflierbuch-Seiten geschriebenen Anweisungen sind inzwischen so abgegriffen, daß sie teilweise nur noch mit Hilfe der Entzifferungen nachvollzogen werden können, die Gräf 1904 (dort 489-94) noch möglich waren. Ich führe sie im überprüften Wortlaut hier vollständig an:

zu 2023-36 (*Besonders lernt die Weiber führen . . . Zu seh'n, wie fest geschnürt sie sei.*) Goethe: »Ich würde rathen die ganze vorgestrichne Stelle wegzulassen.« (wurde gestrichen)

zu 2111-14 (*Zum Liebsten sei ein Kobold ihr beschert . . . Mag im Galopp noch gute Nacht ihr meckern!*) Goethe: »Könnte wegfallen.« (wurde gestrichen)

zu 2132 f. (*Als hätte sie Lieb' im Leibe.*) Goethe: »Wäre allenfalls für einen andern Refrain 〈*undeutlich*〉 zu sorgen.« (geändert in *Als plagten sie Liebesschmerzen*)

zu 2648-52 (*Die Freud' ist lange nicht so groß, | Als wenn ihr erst . . . | Das Püppchen geknetet und zugericht't, | Wie's lehret manche welsche Geschicht'.*) Goethe: »Ueberlasse die Abändrung.« (2651 geändert in *Den Bissen Euch habt zugericht*)

zu 2709 f. (*Und hier! Er hebt einen Bettvorhang auf. Was faßt mich für ein Wonnegraus!*) Goethe: »Sey dem Akteur 〈?〉 überlassen.« (*Und hier!* mit folgender Regieanmerkung gestrichen)

zu 3334 f. (*Ja, ich beneide schon den Leib des Herrn, . . . ihn*) Goethe: »Ueberlasse die Abändrung.« (zunächst geändert in *Ja, ich beneide selbst das heil'ge Kreuz . . . es*; dann 3332-35 überhaupt gestrichen) zu 3336 f. (*. . . hab' euch oft beneidet | Um's Zwillingspaar, das unter Rosen weidet*) Goethe: »Zu beliebiger Abändrung.« (zunächst geändert in *Um das, woran Ihr Aug' und Mund geweidet*; dann 3336-37 überhaupt gestrichen)

zu 3454 (*Nenn's Glück! Herz! Liebe! Gott!*) Goethe: »Hier weis ich keinen Rath« (wurde gestrichen)

zu 3686-97 (*Laß, laß es sein! . . . Als mit dem Ring am Finger.*) Goethe: »Die letzten Strophen können wegbleiben« (3686-97 gestrichen)

zu 3587 ff. und 3776 ff. (Szenen *Zwinger* und *Dom* im Soufflierbuch zusammengezogen zu *Kirche*. Angestrichen dort das Szenar: *Am Hochaltar in der Tiefe liest der Priester im Ornate eine Seelenmesse. Volk knieend um ihn her. Am Seitenaltare, rechts vom Zuschauer, ein Andachtsbild der Mater dolorosa, Blumenkrüge davor. Zur Seite Grabsteine mit Figuren.*) Dazu Goethe: »Wie sichs schicken will.« (keine einschlägigen Eingriffe in die Vorlage außer den beiden hier anschließend notierten)

zu 3790-93 (*Und unter deinem Herzen | Regt sich's nicht quillend schon . . . Gegenwart?*) Goethe: »Wegzulassen.« (wurde gestrichen)

zu 3834 (*Nachbarin! Euer Fläschchen!*) Goethe: »Wie sichs schicken will.« (geändert in *Nachbarin! Mir schwindelt!* Zur Erklärung → Kommentar zu *Faust I*, 3834)

zu 4412-20 (*Meine Mutter, die Hur, . . . fliege fort!*) Goethe: »Hier wüsste nichts Verfängliches« (doch bis auf 4412-15 gestrichen – wobei 4412 schon vorher umgeschrieben war: *Meine Mutter, die Brut*)

zu 4443 f. (*Laß mich nur erst das Kind noch tränken . . . diese ganze Nacht*) Goethe: »Ueberlasse einige Umänderung« (geändert in *Laß mich nur noch das Kind bedenken.*)

zu 4508-10 (*Mein Kind hab' ich ertränkt . . . glaub' es kaum.*) Goethe: »Ueberlasse die Umändrung« (*Mein* geändert in *Ach und das*)

zu 4528-32 (*Und das Kleine mir an die rechte Brust . . . gelingen;*) Goethe: »Ueberlasse die Umändrung.« (geändert in *Und das Kleine mir an das Herz.* | *Niemand sonst wird bei mir ruhn;* – | *Mich an Deiner Seite zu wissen,* | *Das war sonst ein süßes, ein holdes Glück!* | *Aber es ist mir auf immer entrissen;*)

zu 4552-61 (*Rette dein armes Kind . . . Es zappelt noch!*) Goethe: »finde nichts Verfängliches.« (wurde beibehalten)

Was Goethe damit zugelassen hat, entspricht hinsichtlich der Gesichtspunkte, welche diese Eingriffe leiteten, sehr genau den Zensurbestimmungen, denen er selbst schon bei der Überarbeitung des älteren Szenenbestandes für den *Fragment-* bzw. *Faust I*-Druck folgte. Hier wie dort wurde eliminiert, was in moralischer Hinsicht den damals guten Sitten zuwiderlief, oder was in geistlicher, theologischer Hinsicht hätte Anstoß erregen können. Nur wurden die für den Druck erforderlich scheinenden Maßstäbe für die Theateraufführung noch erheblich verschärft, was die Zahl der Eingriffe entsprechend vermehrte und zu einer jammervollen Entstellung seines Textes geführt hat. – Auf den Gedanken, daß diese von Goethe autorisierte Theaterfassung des *Faust I* fortan als das für die Bühne einzig zulässige Textbuch zu gelten hätte, sind selbst die 'Textologen' der strengen Observanz bisher nicht verfallen (obgleich das ihren fundamentalistischen Editionsprinzipien eigentlich entspräche). Aber daran würde sich das Theater ohnehin nicht halten – glücklicherweise.

ABSICHTEN UND ANLAGE DES KOMMENTARS

Einschüchterung durch Klassizität hat Brecht seine Anmerkungen zum *Faust* überschrieben (1964,321 ff.). Dabei erklärte er dessen abschreckende Wirkung doch allein durch die »verkommene, gewohnheitsdiktierte Art«, in der er klassische Werke »auf dem Theater einer verkommenden Bourgeoisie« aufgeführt fand, und äußerte sich überhaupt nur zu dem einladend schmalen, jugendfrischen Skizzenheft der *Frühen Fassung* und ihren »herrlich erfundenen Handlungen«. Ungleich einschüchternder erscheint das abgeschlossene Werk mit dem ungeheuren Druck seiner historischen Autorität, überfrachtet von den Lasten einer 200jährigen Wirkungs- und Deutungsgeschichte, umstellt von zahllosen gelehrten Interpreten und abgepanzert gegen eine unbefangen zudringliche Leserneugier durch den Ruf des abschreckend Tiefsinnigen und entmutigend Anspruchsvollen.

Schon der *Faust*-Autor selbst hat 1815 den Deutschen vorgehalten, sie machten sich »durch ihre tiefen Gedanken und Ideen, die sie überall suchen und hineinlegen, das Leben schwerer, als billig. – Ei! so habt doch endlich einmal die Courage, *Euch den Eindrücken hinzugeben*, Euch ergötzen zu lassen, Euch rühren zu lassen, Euch erheben zu lassen, ja Euch belehren und zu etwas Großem entflammen und ermutigen zu lassen«. (→ 'Leseanweisungen': Text-Band S. 818 f.) Solche »Courage« zu beleben, wären einige ermutigende Hilfestellungen gewiß nicht überflüssig. Am 25. 11. 1947 hat Thomas Mann an Hermann Hesse geschrieben, »es könnte einen wohl die Lust ankommen, einmal einen ganz frischen, zutraulichen Faust-Kommentar zu schreiben, der den Leuten die allzu fromme Scheu vor dem hohen, heiteren, keineswegs unzugänglichen Werk, exceptionell wie es ist, kühn und menschlich fehlbar, – nehmen sollte.« Das hätte ich gern getan. Man wünschte sich doch Erläuterungen, die nicht ihrerseits einschüchternd wirken, sondern eher belebend und aufregend, die sich in dieser Absicht auch weniger anbetend verhalten als kritisch begeisternd. Und nun droht dem Leser neben dem gut 800 Seiten umfassenden Text-Band ein Kommentar-Band von mehr als 1100 Seiten. Wie sollte das zutraulich machen?

Also zur Ermutigung: Man braucht hier nicht alles zu lesen.

Die Vorbemerkungen zu Goethes Faust-Dichtung (S. 9-62) sollte man wohl zur Kenntnis nehmen, weil sie einige grundsätzliche Eigenarten des Werkes bezeichnen, auf die die nachfolgenden Erläuterungen abgestimmt sind.

Die anschließenden Angaben zum Text (S. 63-129) achtlos zu überblättern wäre auch nicht ratsam: Bevor man sich zum Essen setzt, empfiehlt sich ein Blick in die Küche.

Bei den Erläuterungen zu Faust I und Faust II (S. 147-818) nehmen die Stellenkommentare großen Raum ein (Goethe an Knebel, 21. 2. 1821: »Laß Dich nicht verdrießen, den Dichter auf solche Weise zu zerstückeln; ich kenne nur diesen Weg, um aus der allgemeinen in die besondere Bewunderung zu gelangen.«). Aber hier wird mancher Leser doch eher flüchtig ansehen, was er nicht braucht oder was ihn nicht weiter interessiert. Es geht diesen an einzelne Worte und Verse gehefteten Erläuterungen immer ein Szenen-Kommentar voraus; beim Zweiten Teil steht vor den einzelnen Szenen noch ein Akt-Kommentar, und all dem vorgeordnet findet man Angaben zu den beiden Teilen der Tragödie. Nur wird der Leser bemerken, daß die jeweils vorangehenden 'Überblicks'-Kommentare keineswegs eine Zusammenfassung der ihnen nachgeordneten Erläuterungen enthalten. Gerade umgekehrt sind viele Stellenerläuterungen nachgestellte, aber notwendige Bestandteile der Szenen-Kommentare; ebenso sollte man die Angaben zu den einzelnen Szenen auch als ergänzend nachgetragene Beiträge zu den vorausgehenden Akt-Kommentaren verstehen; diese wiederum müßte man bitte mit den an die Spitze gestellten Angaben zum *Faust I* oder *Faust II* zusammensehen. Die derart gestaffelten Kommentarteile bilden insofern doch ein Ganzes. Das ist freilich ein erhebliches Pensum.

Der Umfang aber, den die ebenso eingerichteten ERLÄUTERUNGEN ZUR FRÜHEN FASSUNG einnehmen (S. 825-915), dient nur der Bequemlichkeit des Benutzers. Kommentare, welche allein dieser frühen Textfassung gelten, sind durch einen • am Seitenrand markiert. Doch auch diejenigen erklärungsbedürftigen Stellen, die dem endgültigen Wortlaut im *Faust I* entsprechen, wurden hier in aller Regel ein zweites Mal erläutert. So kann man diesen Kommentarteil ohne Blättern und Suchen einigermaßen mühelos für sich selber lesen. Er bleibt auch weitgehend entlastet vom Ballast bloßer Textfehlerberichtigungen. Wo nämlich dem Hoffräulein v. Göchhausen, auf dessen Niederschrift die diplomatische Wiedergabe dieser Fassung beruht, Versehen unterlaufen sind und der Leser ohne Nachhilfe nicht gut verstehen kann, was gemeint war, informiert eine Fußnote über den entsprechenden 'richtigen' Wortlaut im *Faust I.*

Die daran anschließenden ERLÄUTERUNGEN DER PARALIPOMENA ZU GOETHES FAUST (S. 917-1068) sind anders angelegt als die Kommentare zum *Faust I* und *Faust II* und zur *Frühen Fassung*, und man kann sie sehr wohl nur fallweise benutzen. Einer allgemeineren Darstellung, welche den Charakter und die Bedeutung dieser Texte erklärt, folgen hier knapp gefaßte Informationen zu den einzelnen Stücken. Sie gelten insbesondere entstehungsgeschichtlich-chronologischen Fragen, geben Funktionsbestimmungen, sollen außerdem konzeptionelle Zusammenhänge mit anderen hier wiedergegebenen Handschriften aufweisen und schließlich das Verhältnis dieser Vorarbeiten oder Nebenschriften zur endgültigen Fassung der *Faust*-Dichtung verdeutlichen. Auf Datierungsbegründungen wurde in der Regel verzichtet. Dafür müßte man den ausführlichen entstehungsgeschichtlichen Kommentar der Paralipomena-Dokumentation Bohnenkamp 1994 zu Rate ziehen, der die Grundlage des hier Mitgeteilten bildet. – Worterklärungen,

Sacherläuterungen und inhaltsbezogene Kommentare erscheinen hier nur, wenn sich die erforderlichen Angaben nicht schon im Kommentar zum *Faust*-Text selber finden. Wo bereits im Text-Band die den Paralipomena (am Seitenrand) beigefügten Verszahlen die jeweilige Parallelstelle im *Faust* bezeichnen, blieb der Kommentar auch von Querverweisen auf entsprechende Erläuterungen entlastet.

Schließlich bildet das umfangreiche Literatur- und Abkürzungsverzeichnis (S. 1069-1134) doch keineswegs eine Pflichtlektüre. Es schlüsselt die abkürzenden Stellenangaben und Literaturhinweise auf, die in den Kommentaren stehen, und orientiert darüber, wie man spezielleren Interessen nachgehen könnte, denen dieser Kommentar-Band nicht genügt. Es werden aber in den Erläuterungen alle 'fremden' Texte so wiedergegeben oder zitiert, daß der Leser im Normalfall keine weiteren Bücher braucht – ausgenommen allenfalls ein kleines Konversationslexikon, sofern ihm doch noch eine Erklärung fehlt (oder gar ein kommentierendes Wort seinerseits des Kommentars bedarf).

Denn anders als jahrgangsbezogene Schulbücher sind diese Erläuterungen notgedrungen unspezifisch adressiert. So werden sie für die einen noch immer zu viel voraussetzen, für die anderen aber durchaus Entbehrliches enthalten und mitunter wohl auch gegen die beherzigenswerte Mahnung verstoßen, die Jean Paul (1974,473) hinterlassen hat: »Es wäre unfein, dem Leser das zu sagen, was er sich selbst sagen kan, ihm wie einem Kinde das Buchstabiren zu lehren, und mit dem Stokke oder Griffel auf ieden Buchstaben aufmerksam zu machen.« Ich hoffe, daß sich die Anfänger nicht allzuoft im Stich gelassen sehen, die Fortgeschritteneren sich nicht zu häufig zurückversetzt glauben und daß auch Sachkenner hier noch genug von dem finden, was sie interessieren, belehrend anregen oder zum Widerspruch reizen könnte. Denn diese *Faust*-Ausgabe und dieser Kommentar verfolgen keine andere Absicht, als der *Einschüchterung durch Klassizität* entgegenzuwirken und beizutragen zu dem, was der Autor von dieser Dichtung gehofft hat:

daß sie »die Menschen zu wiederholter Betrachtung immer wieder anlockt.« (Eckermann, 13. 2. 1831)

»Erläuterungen sind insgemein Entzauberung, also Tod der Dichtung«, hat Beutler in einer seiner (kommentierten!) *Faust*-Ausgaben angemerkt. Man solle »deshalb immer wieder nur die Dichtung selbst befragen; man möge aufmerksam jedes Wort aufnehmen, wie Nietzsche sagt: 'vorwärts und rückwärtslesen', bis sich der Gehalt erschließt.« (SD 529) Nur gibt es da vieles, was auch bei beliebig oft wiederholter, noch so genauer und nachdenklicher Lektüre nicht von selber einsichtig wird. Gewiß kann man den *Faust* lesen, ohne ständig nachzublättern, was ein fremd gewordenes Wort denn bedeuten solle oder was es mit einer unbekannt gewordenen Sache auf sich habe. Die Tiefenschärfe aber, die diese Dichtung eigentlich erst lesenswert macht und lesenswert hält, erschließt sich kaum mehr, wenn man regelmäßig so vorgeht.

Freilich kann man sich darauf berufen und könnte man sich damit beruhigen, daß sicher schon Goethes Zeitgenossen vieles im *Faust* nicht 'verstanden' haben. Was den Text verdunkelt, ist in der Tat nicht allein der unaufhaltsame Alterungsprozeß des Werkes und der fortschreitende 'Bildungsverlust' seiner Leser. Dunkles genug hat der Autor selbst höchst absichtsvoll ihm eingeschrieben. Auch das Fremdartige, Rätselhafte, Absurde, Geheimnisvolle, ja das Unbegreifliche zählt zu den Ingredienzien der Kunst. Das will dieser Kommentar wohl sichtbar machen, aber nicht um seine Bedeutung und Wirkung bringen, also 'aufklärend' zu beseitigen suchen. Erläuterungen müssen nicht entzaubern und die Dichtung um ihr Leben bringen. Der *Faust*-Autor jedenfalls meinte, anders als Beutler:

> Denn bei den alten lieben Toten
> Braucht man Erklärung, will man Noten;
> Die Neuen glaubt man blank zu verstehen;
> Doch ohne Dolmetsch wird's auch nicht gehn.
> (FA I 2,390)

Gilt das, mitunter, selbst für die Literatur unserer eigenen Zeit, wie erst für diesen »alten lieben Toten«. Viele Wörter, die er benutzte, bedürfen inzwischen schon der Übersetzung. Mit dem epochalen Traditionsbruch, den die rapide abnehmende Belesenheit etwa in den Bereichen der antiken Mythologie und der biblischen Bücher herbeiführt, gehen fundamentale Voraussetzungen für das Verständnis seiner Dichtung verloren. Ebenso steht es um die Engramme der politischen, sozialen, wirtschaftlichen oder kulturellen Verhältnisse zu Goethes Zeit, der *Philosophie, Juristerei und Medizin*, der *Theologie* (354 ff.), nicht zuletzt der Naturwissenschaften, die er lebenslang studierte: sie wahrzunehmen und zu entziffern wird zunehmend schwieriger. Dabei ist dieses unabsehbar reichhaltige Werk doch alles andere als ein in Verse gesetztes veraltetes Universallexikon, das wir im Urväterhausrat verstauben lassen dürften, ohne damit etwas einzubüßen, was uns angeht. Die dichterischen »Formeln«, die dieser »ethisch-ästhetische Mathematiker« hinterlassen hat (→ hier S. 60-62), verlieren ihre Aufschlußkraft für unsere eigene Welt, wenn wir die Zeichen nicht mehr begreifen, aus denen sie gebildet sind.

Auch reicht ja die *Faust*-Dichtung nicht nur bis in Goethes eigene Zeit zurück. Daß das Stück »seine volle 3000 Jahre spielt, von Troja's Untergang bis zur Einnahme von Missolunghi« im Jahr 1824, hat er vom *Helena*-Akt erklärt (an Wilhelm v. Humboldt, 22. 10. 1826). Auf andere Weise gilt das fürs Ganze auch. Und mit eben dieser Zeitangabe heißt es im *West-östlichen Divan*:

> Wer nicht von dreytausend Jahren
> Sich weiß Rechenschaft zu geben,
> Bleib im Dunkeln unerfahren,
> Mag von Tag zu Tage leben. (FA I 3,59)

Indem dieses Weltspiel und Menschheitsdrama zurückführt in die Tiefe der Zeit, zielt es ins Künftige, je Gegenwärtige. Und je weiter einer die Sehne seines Bogens zurückzieht, desto weiter können seine Pfeile fliegen.

Was die in diesem Band enthaltenen Erläuterungen erfassen (auch: worin er sich dabei von früheren Kommentar-Werken unterscheidet), wird man bemerken. Ich beschränke mich im folgenden auf einige Erklärungen zu dem, was der Leser allenfalls vermissen oder umgekehrt nicht erwarten mag.

Hinsichtlich der Worterläuterungen werden nicht etwa nur Ausdrücke erklärt, die sich aus unserem Sprachgebrauch verloren haben oder zu verlieren beginnen, sondern auch nach wie vor gebräuchliche Wörter, die andere Bedeutungen angenommen haben. Weil man solche Fälle keineswegs immer auf den ersten Blick bemerkt, wäre es ratsam, den Kommentar nicht erst beizuziehen, wenn man irgendwo hakt. Grundsätzlich findet man dabei nicht nach Art eines allgemeinen Lexikons das gesamte Bedeutungsspektrum eines Wortes verzeichnet, sondern nur was im kontextbedingten Verwendungsfall in Frage käme.

Entsprechendes gilt für viele der Sacherläuterungen. Man hat es hier mit einem Autor zu tun, der sich sehr zu Recht einen »realistischen Tic« zuschrieb (an Schiller, 9. 7. 1796), offene Augen hatte für alles in der Welt und wirklich die Welt hineingeholt hat in seine Dichtung: Weit fester, als ein späterer Leser noch wahrnehmen kann, ist sie in der Realität verankert, mit Lebenserfahrung und Sachkenntnis gesättigt. Das allererst gibt dem Text Farbe und Kontur und macht ihn an vielen Stellen geradezu aufregend interessant. Gerade solche Züge aber sind für uns verblaßt, sind nicht selten nahezu unkenntlich geworden. Auch deshalb könnte es förderlich sein, den Kommentar, der sie zu verdeutlichen und dem Leser wieder aufzufrischen sucht, zu begleitender Lektüre zu nutzen.

Andererseits hat sich im Lauf der Erläuterungs- und Deutungsgeschichte der *Faust*-Dichtung manches angehäuft und ist vieles unbesehen (meist auch ohne Herkunftsbezeichnung) von Kommentar zu Kommentar weitergereicht worden, was man hier nur noch in reduziertem Umfang oder im Dienst veränderter Absichten vorfinden wird. Drei Bereiche sind davon besonders betroffen.

Erstens ist auf biographische Angaben überall dort verzichtet worden, wo sie zum Verständnis des Werkes selbst entbehrlich erscheinen. Auch kehren diese Kommentare das Verhältnis nicht um: versuchen also keineswegs, mit Hilfe der Dichtung Goethes Lebensgeschichte (als sein 'eigentliches Kunstwerk') zu illustrieren oder seine eigenen Denkweisen aus ihr abzuleiten – als wären die rollengebundenen Äußerungen dramatischer Figuren »Bruchstücke einer großen Konfession« (*Dichtung und Wahrheit* 7. Buch. FA I 14,310) in dem unvermittelten Sinn, daß man sie des Autors eigenen 'Maximen und Reflexionen' gleichsetzen dürfte.

Zweitens bleibt dieser Kommentar entlastet von einer Fülle möglicher Querverweise auf bloße Parallelstellen in anderen Dichtungen, Schriften, Briefen oder Gesprächsäußerungen Goethes (gar schon seiner Zeitgenossen). Sie werden nur dann angeführt, wenn sie den *Faust*-Text zu erhellen vermögen – nicht aber, um Zusammenhänge seines Gesamtwerks (oder einen 'Diskurs' der Zeit) vor Augen zu führen. Im übrigen sind solche 'indirekten Selbstdeutungen' nicht anders behandelt worden als Goethes ausdrückliche Erklärungen (die hier, herausgelöst aus dem tradierten Konvolut seiner *Äusserungen über Faust*, an der jeweils einschlägigen Kommentarstelle mitgeteilt werden; → Text-Band S. 757). Diese Autorkommentare haben in der Rezeptions- und Wirkungsgeschichte des *Faust* einen nahezu kanonischen Rang eingenommen. Er selber müsse ja auch »am besten wissen«, wo in seinem »Stall die Zäume hängen«, hat Goethe (im Hinblick auf Friedrich Schlegels Rezension seiner Werke) am 22. 6. 1808 an Reinhard geschrieben. Aber er fügte hinzu: »ein scharfsichtiger Fremder, der in ein Haus tritt, bemerkt oft gleich, was der Hausherr aus Nachsicht, Gewohnheit oder Gutmütigkeit übersieht oder ignoriert.« Und allemal sind seine Eigenkommentare doch Gelegenheitsäußerungen, situationsabhängig und adressatenbezogen. Oft ist ihnen durchaus anzumerken, daß sie sich vorgegebenen Ansichten des Gesprächs- oder Briefpartners anzupassen oder diese zu kontrebalancieren suchen, daß sie beruhigen oder provozieren wollen, daß sie nachträgliche Absichtserklärungen geben, 'Fehlendes' ergänzen und selbstempfundene 'Mängel' ausgleichen möchten oder daß sie gar Versteckspiele treiben. Grundsätzlicher noch: Jeder Autor, der es unternimmt, das eigene Werk zu erklären, wechselt damit in eine andere Rolle. Über seinen Text ist er Herr. Aber wie der zu verstehen sei, kann er selbst nicht mehr vorschreiben. Er mag uns wichtiger und interessanter erscheinen als jeder andere Interpret. Aber Goethe selber erklärte im Gespräch mit Luden (19. 8. 1806, Biedermann/Herwig 2, Nr 2264): »Der Dichter soll doch nicht sein eigener Erklärer sein und seine Dichtung in alltägliche Prosa fein zerlegen; damit würde er aufhören Dichter zu sein. Der Dichter stellt seine Schöpfung in die Welt hinaus; es ist die Sache des Lesers, des Ästhetikers, des Kritikers, zu untersuchen, was er mit seiner Schöpfung gewollt hat« (und, wäre hinzuzufügen: was sein Text selber besagt). Das müßte man auch dort berücksichtigen, wo der Kommentator glaubte, solche Selbstdeutungen Goethes ohne ausdrücklichen Vorbehalt mitteilen zu sollen.

Drittens dann wurde in den hier vorgelegten Kommentaren erheblich reduziert oder in andere Richtungen gewendet, was die ältere, positivistische 'Einflußforschung' an vermeintlichen, möglichen oder tatsächlichen Anregungen und Vorbildern für Goethes *Faust*-Dichtung ermittelt hat. Die Vorstellung, man könne einer Dichtung habhaft werden, wenn man nur all ihre 'Quellen' ausmache und sie damit auf die Bestandteile zurückführe, aus denen sie zusammengesetzt wurde, ist in der Literaturwissenschaft längst obsolet geworden. Auch haben Urheberrechtsprobleme dieser Art, Prioritätsstreitigkeiten und Fragen des geistigen Privateigentums zu Recht an Interesse verloren. Man lernt hier freilich nachvollziehen, was Goethe, im Blick auf den *Faust*, 1824 dem Kanzler v. Müller erklärt hat:

»Nur durch Aneignung fremder Schätze entsteht ein Großes« (Biedermann/Herwig 3.1, Nr 5564); aber dem unverbildeten Leser oder Theaterbesucher mag im Einzelfall doch ziemlich gleichgültig geworden sein, woher er einmal nahm, was er sich angeeignet hat.

In bestimmter Weise freilich ermöglicht die Beobachtung dessen, was in dieses 'Werk eines Kollektivwesens' eingegangen ist (→ S. 27 ff.), durchaus verständnisfördernde Einsichten. In einem neueren Kommentar (der anhand älterer Erläuterungswerke doch zahllose *Faust*-Vorgaben zusammenträgt) wird erklärt, es sei »die Auffindung solcher 'Vorbilder' bei Goethe bekanntlich darum sinnlos, weil er sie immer so stark umgeformt hat, daß sie sein geistiges Eigentum wurden.« (Arens 1989,1010) Das genaue Gegenteil ist richtig. Gerade die Umformung, die Abweichung vom Vorgegebenen erscheint hier aufschlußreich. Denn aus der Art und Weise, wie Goethe solche Vorgaben umgearbeitet und eingesetzt hat, lassen sich mitunter sehr zuverlässige Schlüsse auf die Absichten des Autors und die Intentionen des dichterischen Werkes ziehen.

Wichtiger noch und entschieden kommentarpflichtig erscheinen diejenigen Fälle von 'Intertextualität', in denen dem *Faust*-Text Bedeutungen zugespielt werden, die ein erkennbar ihm unterlegter 'Subtext' aus seinem Ursprungs- und Herkunftsbereich mit sich führt und in das semantische Gefüge des neuen Textzusammenhangs einbringt. Es kann sich dabei um Stoffe, Motive, Formen jeder Art ebensogut handeln wie um wörtlich zitierte oder paraphrasierte oder nur eben angespielte Literatur aller Provenienz. Wenn der Autor selber in den beiden letzten Akten von *Faust II* mehrfach Bibelstellen anmerkt (ohne Rücksicht darauf, daß es sich eigentlich doch um ein Bühnenspiel handelt, das solche Quellenangaben gar nicht vermitteln könnte), wollte er gewiß nicht mitteilen, von wo er's geholt hatte, sondern den Leser anweisen, wohin der blicken sollte. So müßte man hier an zahllosen Stellen 'mitlesen', was durchschimmernd unter den palimpsestartigen Überschreibungen der *Faust*-Dichtung steht – nicht um den Tatbestand einer Entlehnung aufzudecken, sondern um zu erfassen, was man einen 'intertextuellen Mehrwert' nennen könnte. Solche Fälle sind oft von großer Bedeutung, und gewiß ist hier viel mehr noch zu entdecken, als dieser Kommentar beibringen kann. Denn neben dem Offensichtlichen gehört dazu wohl auch vieles Verdeckte – es »hat ein guter Kopf und Sinn schon zu tun, wenn er sich will zum Herrn machen von allem dem was da hineingeheimnisset ist.« (Goethe an Zelter, 26./27. 7. 1828)

Man wird in den Erläuterungen auf viele Fragezeichen, Zweifelssätze und nurmehr vermutende, konjunktivische Formulierungen stoßen. Das hat unterschiedliche Gründe.

Damit niemand denke, eine ihm unverständliche Sache sei in Wahrheit so einfach, daß für halbwegs verständige Leute gar keine Lesehilfe nötig wäre, werden auch diejenigen Stellen angemerkt, die der Kommentator durchaus als erläuterungsbedürftig verstand, aber selber nicht zu erklären wußte.

Außerdem stehen solche Fragezeichen hinter vorgegebenen und gängigen Erklärungen, die er zwar mitzuteilen, aber doch mit einem ausdrücklichen Vorbehaltssignal zu versehen für richtig hielt. Wenn er aus der *Faust*-Literatur vergleichsweise häufig auch anführt, was ihm selber nicht einleuchtete (oder eigenmächtige Texteingriffe der früheren Herausgeber erwähnt, die er doch meinte abweisen zu sollen), will er sich damit nicht als Besserwisser aufspielen. Einerseits kommt hier die Rezeptionsgeschichte ins Spiel. Zu ihrer Mitgift, die unweigerlich auf unser Vorverständnis einwirkt, gehören nicht nur Aufklärungen, sondern ebenso fortwirkende oder sich wiederholende Mißverständnisse und Mißdeutungen, die jedenfalls nicht stillschweigend ausgeräumt werden können. Vor allem aber sollte sich der Leser hier nicht bevormundet sehen; auch Zweifelhaftes, selbst Abwegiges wird ihm also, wo es wichtig genug erschien, zu eigener Prüfung angeboten. Davon sollte keineswegs ausgenommen sein, was hier als richtig ausgegeben und als förderlich betrachtet wird. Auch wo diese Erläuterungen in den herkömmlichen: fraglos-indikativischen und autoritären Gattungsstil verfallen, zu dem Kommentare neigen, wünschten sie sich einen mündigen Leser, der das Behauptete nicht unbedenklich akzeptiert, sondern seine eigenen Fragezeichen anbringt.

Daß hier in vielen Fällen keine eindeutigen Auskünfte erteilt werden, folgt aber zugleich aus der Mehrdeutigkeit, die dem Kunstwerk selber eignet. Reine Worterklärungen und sachbezogene Informationen unterliegen dem wohl nur in geringem Maß, können eindeutig und einfach 'richtig' sein. In der Theorie hat man die Gattung 'Kommentar' ja überhaupt auf solche Angaben beschränken und sie von 'interpretierenden' Mitteilungen grundsätzlich freihalten wollen. Auch in der Praxis erweist sich ein solches Verfahren häufig als durchaus zureichend und zweckmäßig. Aber für die *Faust*-Dichtung und im Hinblick auf die Bedürfnisse ihrer heutigen und künftigen Leser erschien mir eine durchgängige Beschränkung auf die pure positivistische Sachinformation nicht ratsam. Und sobald ein Kommentar auch nur anzudeuten versucht, was man mit derartigen Angaben anfangen sollte, wie sie für das Textverständnis fruchtbar werden könnten, betritt er das weite Feld der Mehrdeutigkeiten.

Als »Verfasser von Werther und Faust« erklärte sich Goethe von den »Mißverständnissen tief durchdrungen«, die darauf beruhen, »daß keiner bei denselben Worten dasselbe was der andere denkt« und »eine Lektüre bei verschiedenen Personen verschiedene Gedankenfolgen aufregt« (*Dichtung und Wahrheit* 16. Buch. FA I 14,731). Nur resultieren daraus nicht allein Mißverständnisse, sondern ebenso jene durchaus verständnisfördernden Einsichten, die je unterschiedliche Aspekte im Bedeutungsspektrum einer Dichtung wahrnehmen. Diesem Kommentar liegt keineswegs die Vorstellung zugrunde, daß allererst der Leser als autonomer 'Erzeuger' des Textsinnes zu gelten habe. Er ergibt sich nicht dem haltlosen Relativismus modischer Theorien, der (zu Ende verfolgt) allen Erklärungsversuchen die Bedingung ihrer Möglichkeit entzöge, indem er jede beliebige Lesart gleichberechtigt gelten oder den Wortlaut einer Dichtung so weit aufgehen läßt im 'intertextuellen Diskurs', daß eine ins Grenzenlose expandierende Fülle diffuser Bedeutungen ihn bis zur Unentzifferbarkeit destabilisiert. Wohl aber setzen diese Erläuterungen voraus, was Goethe zum Vorabdruck des *Helena*-Akts schrieb und auf das »gemeinsame Anschauen« des Kunstwerks bezog: »Da es viele Seiten hat, sollte es auch jederzeit vielfältig angesehen werden.« (an Knebel, 14. 11. 1827) Auch insofern sollten hier keine Vorschriften erlassen, sondern Angebote gemacht werden.

Die gleichen Bücher lesend, lesen wir sie anders doch zu verschiedenen Zeiten unseres Lebens. Aber auch als Kinder unserer eigenen Zeit verstehen wir sie anders, interessieren uns nicht nur für anderes, sondern begreifen auch anderes an ihnen als frühere Leser. Goethe an Zelter, 8. 8. 1822: »Lese ich heute den Homer, so sieht er anders aus als vor zehen Jahren; würde man dreihundert Jahre alt, so würde er immer anders aussehen.« Denn jedes Textverständnis ist in zweifacher Weise kontextbedingt. Wie intern die potentiellen (lexikalischen) Bedeutungen eines Wortes durch den Satz definiert und in bestimmter Weise aktualisiert werden oder wie der Sinn einer Szene reguliert wird durch den Akt, so steht die *Faust*-Dichtung als ganze in einem übergreifenden externen Kontext (von Sprechweisen und Verhaltensformen, Kenntnissen und Erfahrungen, Interessen und Erwartungen), der die Wahrnehmungen des Lesers steuert und die dem Text eingeschriebenen Bedeutungen aktualisiert. Es müsse »die Weltgeschichte von Zeit zu Zeit umgeschrieben werden«, heißt es im *Historischen Teil* der *Farbenlehre* – nicht etwa nur, »weil viel Geschehenes nachentdeckt worden, sondern weil neue Ansichten gegeben werden, weil der Genosse einer fortschreitenden Zeit auf Standpunkte geführt wird, von welchen sich das Vergangene auf eine neue Weise überschauen und beurteilen läßt. Eben so ist es in den Wissenschaften. Nicht allein die Entdeckung von bisher unbekannten Naturverhältnissen und Gegenständen, sondern auch die abwechselnden vorschreitenden Gesinnungen und Meinungen verändern sehr vieles und sind wert von Zeit zu Zeit beachtet zu werden.« (FA I 23/1,684) Eben so, darf man hinzufügen, ist es mit den Kunstwerken. Der zeitgenössische Kontext, in den der Autor sein Werk 'hineingeschrieben' hat, verblaßt. Ihn wieder sichtbar zu machen ist eine vordringliche Aufgabe von Kommentaren. Aber auch neue Kontexte wachsen dem *Faust* zu, stellen ihn also in neue Bezüge, rücken ihn in neues Licht (»würde man dreihundert Jahre alt, so würde er immer anders aussehen«). Auch wie er heute aussehen, was er für unsere Zeit besagen und unserer Welt ausrichten könnte, schien diesem Kommentar »wert von Zeit zu Zeit beachtet zu werden.« Herkömmlicherweise erklären Kommentatoren die Schriftwerke, indem sie zurückgreifen auf das, was ihnen vorausging, ihnen vorgegeben war und in sie eingegangen ist. Mit dem Zeitpunkt ihrer Fertigstellung sehen sie auch die eigene Zuständigkeit enden und überlassen das weitere den deskriptiven Darstellungen der Rezeptions- und Wirkungsgeschichte: 'Aktualisierungen' (unabhängig davon, ob sie dem Text Gewalt antun oder aber seinen Intentionen folgen) gelten als durchaus unwissenschaftlich. So tun denn die Regisseure das Ihre. Aber die dichterischen »Formeln«, von denen dieser »ethisch-ästhetische Mathematiker« erklärte, daß sie ihm die Welt »faßlich und erträglich« machten (an Boisserée, 3. 11. 1826. → dazu S. 60-62), haben nicht nur rückwärtsgerichtete Geltung. Hinzuweisen auch auf das vorstrebende Neue, das dem alten Text innewohnt, sah sich der Kommentator durch den Autor selbst ermutigt:

> Wir sind vielleicht zu antik gewesen,
> Nun wollen wir es moderner lesen. (FA I 2,630)

ERLÄUTERUNGEN

Seite 11
1-32 ZUEIGNUNG

In Stanzen verfaßt, jede Strophe also aus acht 5hebig-jambischen Zeilen gebildet, die hier zwischen den zweisilbig-klingenden Versausgängen des urspr. italienischen Modells und einem einsilbig-stumpfen Versschluß wechseln. Ihre Reimordnung läßt ein dreifach wiederkehrendes Zeilenpaar a b in den Paarreim c c münden. Eine anspruchsvolle, weitausgreifend-feierliche Strophenform, wie Goethe sie mehrfach für Gedichte über Dichtung verwendet hat (dazu Kayser 1961,90 f.).

Dieses dem *Faust* vorangestellte Initiations-Gedicht wurde lange vor der Vollendung des Dramas niedergeschrieben, wahrscheinlich am 24. 6. 1797 (Tagebuchnotiz: »Zueignung an Faust«). Zwei Tage vorher schreibt Goethe dem drängenden Schiller, er habe sich entschlossen, wieder an den »Faust zu gehen und ihn, wo nicht zu vollenden, doch wenigstens um ein gutes Teil weiter zu bringen, indem ich das was gedruckt ist ⟨*Faust. Ein Fragment*, 1790⟩, wieder auflöse und, mit dem was schon fertig oder erfunden ist, in große Massen disponiere, und so die Ausführung des Plans, der eigentlich nur eine Idee ist, näher vorbereite.«

Diese Situation, in der der Autor den alten Druck und seine Entwürfe wieder zur Hand nimmt, sich der ihm fremd gewordenen »nordischen Barbarei« dieser Faust-Welt wieder zuzuwenden sucht (an Hirt, 30. 1. 1798) und sich erinnert fühlen mochte an den beflügelnden *Widerklang* aus dem Kreis der Freunde, denen er einst aus der entstehenden Dichtung vorgelesen hatte – diese biographisch bestimmbare Situation liegt den Versen zugrunde. Sie spiegeln ein Stück Entstehungsgeschichte des Dramas. Doch geschieht das in so kunstvoll stilisierter Form, daß man den Autor des

Faust keinesfalls einfach gleichsetzen dürfte mit dem gedichteten Dichter, dem er diese elegischen Stanzen zugeschrieben hat. Die passiv-instrumentale Rolle, in die sich der Sprecher der Zueignungsverse gibt, erinnert wohl an eigene Vorstellungen Goethes (WA I 42.2,131): »Vom eigentlich Produktiven ist niemand Herr, und sie müssen es alle nur so gewähren lassen.« Aber als er 1797 die Arbeit am *Faust* wieder aufnahm, ließ er gewiß nicht einfach die *Gestalten* seines Werkes *walten.* Er selber, gestaltend und umgestaltend, erfand sie, verfügte über sie, plante und organisierte.

Zueignung meint hier wohl mehr als eine unadressierte 'Vorrede', nämlich: 'Widmung'. Doch was da zugeeignet und wem es gewidmet werde, sprechen diese Verse nicht aus. Ist überhaupt die *Faust*-Dichtung gemeint, so wird sie hier offenbar nicht ihren wirklichen, künftigen Lesern oder Zuschauern gewidmet. An die Stelle der Zuhörer, die dem Autor einst in *Lieb' und Freundschaft* verbunden waren, ist eine unpersönlich-anonyme Leserschaft getreten. Darin manifestiert sich der allgemeine Übergang von mündlicher Darbietung und Aufnahme der Dichtung (die bei Goethe und für den *Faust* noch eine bedeutende Rolle spielte) zu schriftlicher Verbreitung und die daraus folgende zunehmende Entfremdung zwischen dem Schriftsteller und seinem Publikum, die sich im 18. Jh. durch eine ausgreifende Erweiterung der lesenden Schichten vollzieht. Und eben nicht dieser *unbekannten Menge* scheint der Sprechende sein Werk zueignen zu wollen, sondern unter *Schmerz* und *Tränen* denen gerade, die er nicht mehr erreicht: den *Schatten* der Entfernten und Toten, welche einst die frühen *Gesänge* des Dichters hörten, aber die hier folgenden nun nicht mehr vernehmen.

Aber auch zu ihnen wird nicht gesprochen, nur: von ihnen. Meint dieses merkwürdige 'Widmungs'-Gedicht also etwa (nur oder auch?), daß der Autor selbst (*der Äolsharfe gleich* dem hingegeben, was da herandrängt) den hier angeredeten dichterischen Gestalten, ihrem *Geisterreich* sich zueigne? sich selbst der Dichtung 'widme', der noch immer unvollendeten, die er jetzt wieder aufnimmt? »Zueignung an Faust« lautet Goethes mehrdeutige Tagebucheintragung. (Ähnlich, gegen unbefriedigende ältere Erklärungsversuche, Arens 1982,18, »daß der Dichter sich erneut sein verlassenes Werk zueignet bzw. sich ganz ihm weiht«; Michelsen 1990,190: »Nicht der Dichter eignet sein Werk dem Leser oder überhaupt irgendjemandem zu, sondern die Dichtung eignet sich dem Dichter zu, wird ihm zur 'Wirklichkeit'«).

11 Jahre nach seiner Entstehung erst wird das Zueignungsgedicht gedruckt: Seit 1808 steht es (mit dem *Vorspiel auf dem Theater* und dem *Prolog im Himmel*) dem vollständigen Ersten Teil voran, dem sich in der Ausgabe von 1828 ($C^1$12) auch der Beginn des Zweiten Teils schon anschließt. Es leitet also das Gesamtwerk ein – obgleich es doch eine längst überholte Etappe des Entstehungsprozesses festzuhalten scheint. Und nicht nur in das Lesestück *Faust* hat Goethe es eingebracht. Auch für eine in den Jahren 1810/12 geplante erste Aufführung auf dem Weimarer Theater verzeichnet das Inszenierungskonzept unter *Act. I* die *Zueignung* (→ Text-Band S. 582).

Über seinen Widmungscharakter hinaus übernimmt das Gedicht damit eine dramaturgische Funktion: Es bricht die unmittelbare theatralische Illusion, indem es alles Folgende als dichterische Hervorbringung, als ein Spiel der poetischen Imagination zu verstehen gibt. Der gedichtete Dichter dieser *Zueignung* erscheint als Urheber des nachstehenden *Vorspiels auf dem Theater*, der dort auftretende Theaterdichter wiederum als der des *Prologs im Himmel* und der ihm unterstellten irdischen Tragödie. So staffeln sich von hier an die Spielebenen. Durch die *Zueignung* als dichterische Veranstaltung der 2. Potenz ausgewiesen, rückt das *Vorspiel* seinerseits den *Prolog* (als Bestandteil einer Theateraufführung, deren Beginn das im *Vorspiel* beschriebene Publikum *mit hohen Augenbraunen* erwartet) in die 3. Potenz. Insofern aber der Herr des *Prologs* (nach dem alten Modell des Welttheaters) als Zuschauer des Spiels von Fausts Erdetreiben zu denken ist, versetzt dieser *Prolog* das ihm folgende Spiel im Spiel im Spiele in die 4. Potenz. Die ins *Faust*-Spiel eingelegten Spiele endlich (etwa das Blocksbergtheater im *Walpurgisnachtstraum* des Ersten Teils oder die Laterna magica-Aufführung im *Rittersaal* des Zweiten Teils) erreichen die 5. Potenz. So setzt diese *Zueignung* in Praxis um, was Goethes Aufsatz *Weimarisches Hoftheater* (1802) für »höchst nötig« erklärt – daß nämlich »der Zuschauer erinnert wird: daß das ganze theatralische Wesen nur ein Spiel sei, über das er, wenn es ihm ästhetisch, ja moralisch, nutzen soll, erhoben stehen muß, ohne deshalb weniger Genuß daran zu finden.« (FA I 18,849)

Dem Rahmentext *Zueignung* entspricht das (gleichermaßen in Stanzen verfaßte und vom 'Dichter' vorgebrachte) Schlußgedicht *Abschied* – wie dem auf die *Zueignung* folgenden *Vorspiel* die dem *Abschied* vorangehende *Abkündigung* korrespondiert (die man sich vom 'Theaterdirektor' oder der 'Lustigen Person' des *Vorspiels* gesprochen denken könnte). Diese beiden von Goethe beiseite gelassenen Schlußgedichte finden sich in ihrer letzten Fassung als Paralipomena 97v und 98v im Text-Band S. 729 f.

11,1 *schwankende Gestalten]* In Goethes naturwissenschaftlich-morphologischem Sprachgebrauch: die in Metamorphosen sich umbildenden organischen Gestalten (Kuhn 1988,11 ff.) – bei denen freilich, nach Goethes eigenen Worten, anders als im Kunstwerk »nirgend ein Bestehendes, nirgend ein Ruhendes, ein Abgeschlossenes vorkommt, ⟨. . .⟩ vielmehr alles in einer steten Bewegung schwanke.« (FA I 24,392) So wären die hier gemeinten, noch nicht im vollendeten Werk verfestigten Figuren der *Faust*-Dichtung wohl eher in der Nähe des anorganisch-mineralogischen Bildungsprozesses zu sehen. Goethe 1824 über *Gebirgs-Gestaltung* (FA I 25,628): »Solideszenz ist der letzte Akt des Werdens, aus dem Flüssigen durchs Weiche zum Festen hingeführt, das Gewordene abgeschlossen darstellend.« So an Nees v. Esenbeck, 24. 5. 1827 (über die Helena): »wie vielfach hatte sich diese in langen, kaum übersehbaren Jahren gestaltet und umgestaltet, nun mag sie im Zeitmoment solidesziert endlich verharren.«

11,4 *Wahn]* Hier wohl im Sinne eines tastenden Entwurfs der dichterischen Einbildungskraft und poetischen Phantasie (vgl. DWb 27, 633 f., 7.d und 637,7.g).

11,6 *Wie ihr aus Dunst und Nebel um mich steigt]* Aus *Dunst und Nebel* (*Odyssee* 11,15: ἠέρι καὶ νεφέλῃ) steigen in der homerischen Unterwelt die *Schatten* (→ 10, griech. εἴδωλα) auf: die Toten, die von Odysseus beschworen werden und zu ihm sprechen, wenn sie vom Opferblut getrunken haben. Zugleich aber bezeichnet Goethe mit diesen Worten (aus der Perspektive seiner italienischen Reise) die Landschaft nördlich der Alpen, ihr geistiges Klima, die dichterischen Formen des Nordens und verweist hier mit ihnen auf die Herkunft der *Faust*-Figuren aus mittelalterlichem Teufels- und Hexenwahn, Brockennebel, Walpurgisnacht. Zwei Tage vor der Tagebucheintragung »Zueignung an Faust« (24. 6. 1797) schreibt er an Schiller über die neu aufgenommene Arbeit an seinem Drama: »Unser Balladenstudium hat mich wieder auf diesen Dunst- und Nebelweg gebracht«.

11,10 *Schatten]* → Kommentar zu 6. Wohl nicht nur auf die Frühverstorbenen aus Goethes Freundeskreis bezogen (→ 16), sondern auch auf die seinem Blick Entschwundenen oder ihm Entfremdeten (→ 24).

11,16 *Vom Glück getäuscht]* Durch frühen Tod vom Schicksal (Fortuna) betrogen.

11,17 f. *Sie hören nicht . . ., denen ich die ersten sang]* Lebenslang hat Goethe den ihm Nahestehenden aus der *Faust*-Dichtung vorgelesen – gleichsam in der Rolle eines Homerischen Rhapsoden, der die *Gesänge* eines (dramatisierten) Epos vorträgt. Das gilt besonders für die früh entstandenen Szenen. Seine Schwester Cornelia beispielsweise, Merck, Lenz oder Zimmermann haben sie *hören* können, die bei der Niederschrift dieser *Zueignungs*-Verse schon nicht mehr lebten (→ dazu hier S. 23).

11,21 *Mein Lied]* Ein von Riemer geschriebenes, auf den Erstdruck von 1808 bezogenes Verzeichnis der »Druckfehler meiner Werke« in Goethes Tagebuch 1809 (WA III 4,374) vermerkt: »Leid lies: Lied«. Aber von den folgenden Drukken zu Lebzeiten haben sich daran nur der von 1816 und einer von 1825 gehalten (vgl. Hagen 1983, Nr 315 u. 320). So verfuhren die späteren Herausgeber uneinheitlich. – Daß *Leid* kein Druckfehler, vielmehr *Lied* (in der postumen Ausgabe von 1836) eine »trivialisierende Schlimmbesserung Riemers« (WA) war, kann nach der bisherigen Diskussion als unwahrscheinlich gelten. Zwar ist nicht auszuschließen, daß Goethe diesen Druckfehler im nachhinein billigte und beibehielt. Aber wahrscheinlich wurde er späterhin nur versehentlich nicht berichtigt, weil dieses ganze Druckfehlerverzeichnis in Vergessenheit geriet (Grumach 1962).

In Erinnerung an seine frühen Lesungen aus dem Drama (in der Rolle des Homerischen Rhapsoden) mochte Goethe *die folgenden Gesänge* der Dichtung hier durchaus als *Mein Lied* bezeichnen. Hingegen hätte er vom *Faust* wohl nicht gut sagen können, daß da sein (eigenes) *Leid* ertöne.

11,23 *sonst]* Früher.

11,28 *lispelnd]* In der ält. Bedeutung: flüsternd.

11,28 *Äolsharfe]* Saiteninstrument, das der Wind in geisterhaft-leisen, flüsternd *unbestimmten Tönen* erklingen läßt – wie hier der Dichter angerührt wird von dem, was auf ihn eindrängt. → Kommentar zu vor 4613.

Seite 13-21
33-242 VORSPIEL AUF DEM THEATER

Entstanden wohl erst in weiterem Abstand von der *Zueignung* im zweiten Halbjahr 1798 (so, gegen die ältere Datierung auf 1797, M. Mommsen 1953). Seidlin 1963 vermutete, es sei dieser Text als Vorspiel zu einer großen Ausstattungsrevue und Zauberposse: Goethes eigenem Opernlibretto *Der Zauberflöte zweiter Teil* (auf deren Bühnenapparat und Szenarium sich inbesondere die Verse 233-38 und 242 weit eher beziehen ließen als auf das Drama) schon 1795/96 verfaßt und dem *Faust* in entsprechend redigierter Fassung erst zugewiesen worden, als Goethe seine *Zauberflöte* aufgab. Im Frühjahr 1798 versuchte sich Goethe noch einmal an diesem Plan und schrieb an Schiller (12.5.), er habe »dabei wieder recht artige Erfahrungen gemacht, die sich sowohl auf mein Subjekt als aufs Drama überhaupt, auf die Oper besonders und am besondersten auf das Stück beziehen« – was die von Seidlin bemerkten Entsprechungen zwischen *Zauberflöte* und *Vorspiel* verständlich erscheinen ließe. Aber Schillemeit 1986 hat wahrscheinlich gemacht, daß diese »dramatische Gelegenheitsdichtung« ursprunglich doch für die am 12. 10. 1798 erfolgende Eröffnung des umgebauten und neu eingerichteten Weimarer Theaters geschrieben wurde und sich gar nicht auf ein bestimmtes Drama beziehen sollte, sondern auf die Institution des Theaters allgemein (Goethe an Kirms, 14. 8. 1798: »Eine Art von Vorspiel und dialogi⟨sie⟩rtem Prolog will ich ⟨dafür⟩ wohl machen und dann dächte ich, nähme man ein anständiges, nicht gar zu langes, schon bekanntes Stück«). Bei der Theatereröffnung nicht verwendet, wäre dieses »Vorspiel« dann dem *Faust*-Drama vorangestellt worden – was die kaum übersehbaren Differenzen zwischen beiden Texten erklären würde.

Von der Schaubühne als Geschäftsunternehmen, vom Dichter und seinen hohen Werken, von Besucherwünschen und Publikumswirksamkeit sprechen die drei hier auftretenden typisierten Figuren. Selber Theaterleiter, Stückeschreiber und (während der frühen Weimarer Zeit) Darsteller in einer Person, kannte Goethe nicht nur die Zustände in deutschen Bühnenhäusern, sondern sehr genau auch die unterschiedlichen Interessen der Beteiligten und ihre differierenden Ansichten von Sinn und Zweck der Theaterarbeit. Wohl spiegelt das *Vorspiel* eigene Vorstellungen Goethes (Schillemeit verweist auf die 1798 verfaßte Einleitung in die *Propyläen*, WA I 47,1-32), aber die sind weder mit denen des Direktors oder der Lustigen Person einfach identisch, noch auch mit denen des opponierenden Theaterdichters, dem jeder der beiden anderen da auf seine Weise zusetzt; allesamt hält Goethe sie in ironischer Distanz zu sich selbst.

Ihr Meinungsaustausch geht der Aufführung unmittelbar voran. Die Bühne einer gastierenden Truppe ist aufgeschlagen worden (von solchen Wanderkomödianten wurde ja tatsächlich der Faust-Stoff aus England aufs europäische Festland zurückgebracht). Aber während die Zuschauer schon auf den Spielbeginn warten, reden die drei doch, als wäre das Stück allererst zu schreiben, die Aufführung noch zu arrangieren. Auch das hochtrainierte Improvisationsvermögen der Wandertruppen, auf das man zur Erklärung hingewiesen hat, hätte da nichts mehr retten können. Indem er das Weimarer »Vorspiel« einbringt in die *Faust*-Dichtung, setzt der Autor sich über dieses Problem souverän hinweg: 7433 *G'nug, den Poeten bindet keine Zeit.*

Mit der Bitte um seine Zustimmung oder Ablehnung hat Schubarth (17.-20. 10. 1820) an Goethe vom *Vorspiel* geschrieben, er stelle sich da »auf der wirklichen Bühne« die Ansicht eines Theaters vor: »auf der einen Seite die 〈dort versammelten〉 Zuschauer, dann in einem Teil des Bühnenlokals, etwa in der Garderobe, eben jene drei benannten Personen in letzten Geschäften zur eben bevorstehenden

Aufführung bestrebt, der Theaterdirektor eintretend vom letzten Anordnen und Vorbereiten alles Szenischen und auf Maschinerie Bezüglichen, der Dichter als Faust für die ersten Szenen sich kostümierend und die lustige Person als Mephistopheles schon gekleidet.

⟨...⟩ hiervon scheint abermals das höhere Motiv zu sein, daß der Dichter ⟨meint jetzt: Goethe⟩ voraussah, man werde zwar allenfalls sich entschließen sein Werk zu lesen, vielleicht auch zu studieren, aber darzustellen werde man es nicht wagen. Um nun dennoch aber immer lebendig zu erhalten, selbst dem bloßen Leser, daß ein dramatisches Kunstwerk und ein Gedicht nur durch den hinzutretenden Anteil der Zeitgenossen ganz lebendig und wirksam werde, so hat der Dichter diesen Anteil wenigstens noch hinzudichten mögen, da er keine Aussichten hatte, ihn wirklich zu erhalten.«

Goethe antwortete, höchst konziliant (3. 11. 1820): was der Freund da geschrieben habe, sei »untadelig«. Was das »höhere Motiv« dieses *Vorspiels* angeht, mag Schubarth von den Absichten des Dichters wohl wirklich etwas erfaßt haben.

Anders als in der *Zueignung* wird vom Direktor und von der Lustigen Person (die man sich keineswegs als die Darsteller Fausts und Mephistos vorstellen muß) nicht mehr in einer kunstvoll-streng geregelten Form gesprochen, sondern in den über eine wechselnde Hebungszahl und freie Reimordnung verfügenden Madrigalversen. Davon setzt sich der Theaterdichter nachdrücklich ab. Er nimmt die hohe Dichtersprache der *Zueignung* auf, redet also 59-74 in Stanzen (wiederholt dabei sogar wörtlich des dort Sprechenden Formel *Lieb' und Freundschaft* 12/65 und nähert sich 71 f. deutlich dessen Versen 1-3) – bis dann auch er sich einläßt auf das weniger anspruchsvolle Versniveau der beiden anderen.

Entwürfe zum *Vorspiel* (Paralipomena 3, 4, 5, 5a): → Text-Band S. 575 f.

15,41 *mit hohen Augenbraunen]* Mit hochgezogenen Augenbrauen: kritisch-abwartender, überlegener Miene.

15,43 *versöhnt]* zufriedenstellt.

15,48 *mit Bedeutung auch gefällig]* Beides hält der Direktor für nötig – wie Goethe als Leiter der Weimarer Bühne erklärte, »daß der Hauptzweck unsers Theaters sei, dreimal die Woche bedeutende, gefällige Vorstellungen zu geben« (an Voigt, 9. 12. 1808).

15,52 *die enge Gnadenpforte]* Eine kesse Anleihe beim geistlichen Sprachgebrauch besonders der Pietisten. – Lukas 13,24: »Ringet darnach, daß ihr durch die enge pforte eingehet: Denn viel werden (das sag ich euch) darnach trachten, wie sie hinein kommen, und werdens nicht thun können.«

15,53 *schon vor Vieren]* Zwei Stunden vor dem Aufführungsbeginn (in Weimar meist 17.30 oder 18 Uhr).

15,59 ff. *O sprich mir nicht von jener bunten Menge . . .]* Der Theaterdichter kennt seinen Horaz – *Carmina* III,1: »Odi profanum volgus et arceo« (‘Zuwider ist mir der uneingeweihte große Haufe, und ich wehre ihn ab’).

16,63 f. *zur stillen Himmelsenge, | Wo nur dem Dichter reine Freude blüht]* Meint: dort nur blüht sie dem Dichter. Entsprechend 5690 ff., wenn der Knabe Lenker (als Verkörperung der Poesie) in die *Sphäre* verwiesen wird, deren die dichterische Kreativität bedarf: *Zur Einsamkeit! – Da schaffe deine Welt.* – Goethe 8. 12. 1787 an Carl August: »Um das Stück zu vollenden, werd’ ich mich sonderbar zusammennehmen müssen. Ich muß einen magischen Kreis um mich ziehen, wozu mir das günstige Glück eine eigne Stätte bereiten möge.«

16,66 *erpflegen]* Goethesche Wortbildung: durch Pflege fördern.

16,85 *musterhaft]* vorbildhaft.

17,99 *ein Stück . . . in Stücken]* Wie die folgenden Verse durchaus als ironische ‘Captatio benevolentiae’ auf das *Faust*-Stück beziehbar (→ hier S. 44 ff. und 389 ff.).

17,102 *ein Ganzes]* Ein in sich geschlossenes (‘klassisches') Kunstwerk – statt des zusammengestoppelten *Ragouts*.

17,110 *das beste Werkzeug]* Meint: das bestgeeignete.

17,116 f. *... kommt vom Lesen der Journale. | Man eilt zerstreut zu uns ...]* Goethe an Schiller, 9. 8. 1797 (Frankfurter Zustände): »alle Vergnügungen, selbst das Theater, sollen nur zerstreuen, und die große Neigung des lesenden Publikums zu Journalen und Romanen entsteht eben daher, weil jene immer und diese meist Zerstreuung in die Zerstreuung bringen.«

18,133 *Was fällt euch an?]* Was überkommt euch? (er beobachtet offenbar die wortlose Reaktion des Angesprochenen).

18,139 *Wodurch besiegt er jedes Element?]* Wohl so zu verstehen, wie Goethe es an Fritz Jacobi schrieb (21. 8. 1774): »Sieh Lieber, was doch alles Schreibens Anfang und Ende ist die Reproduktion der Welt um mich, durch die innre Welt die alles packt, verbindet, neuschafft, knetet und in eigner Form, Manier, wieder hinstellt, das bleibt ewig Geheimnis ...«.

18,143 *Gleichgültig]* Gleichmäßig (im Gegensatz zu 146 f.).

18,154 *die unbedeutend grünen Blätter]* des Lorbeers – als Gleichnis für eine Dichtung, welche menschliche Verdienste rühmt und auszeichnet.

18,156 *Wer sichert den Olymp, vereinet Götter?]* Auf Homer bezogen, der dem Olymp als gemeinsamem Sitz der Götter durch seine Dichtung Bestand gibt. Oder (im Anschluß an 154 f.): Wer sichert den Hochverdienten ihren Ehrenplatz auf dem 'Olymp' und vereint sie so mit den Göttern?

19,180 *gleich]* sogleich. Oder eher: gleichermaßen?

19,186 *gedrängter Lieder]* In dicht gedrängter Folge entstehend.

19,193 *die Lust am Trug]* Freude am Spiel der poetischen Einbildungskraft. *Dichtung und Wahrheit* 11. Buch. FA I 14,532: »Die höchste Aufgabe einer jeden Kunst ist, durch den Schein die Täuschung einer höheren Wirklichkeit zu geben.«

20,202 f. *des schnellen Laufes Kranz . . .]* Der am Ziel des antiken olympischen Wettlaufs sichtbar aufgehängte Siegerkranz.

20,206 *ins bekannte Saitenspiel]* Lyra oder Harfe, Begleitinstrument des antiken Sängers, als Sinnbild der Dichtkunst.

20,208 *selbstgesteckten]* So erst C³12. In den Drucken bis C¹12 fehlerhaft: *selbgesteckten.*

20,209 *Mit holdem Irren]* auf den reizvollen Umwegen, mit den (im *Faust* geübten) Sprüngen und Auslassungen, Verzögerungen und Abschweifungen des freien Spiels dichterischer Imagination.

20,218 *Was hilft es viel von Stimmung reden?]* Goethe an Schiller, 6. 9. 1798, an einem Hochzeitsgedicht sich abmühend: »woher die Stimmung nehmen!?!?« Doch habe ihm »neulich Freund Richter« versichert, »daß es mit der Stimmung Narrenspossen seien, er brauche nur Kaffee zu trinken, um, so grade von heiler Haut, Sachen zu schreiben worüber die Christenheit sich entzücke.«

20,234 f. *Prospekte . . . Maschinen | . . . das groß' und kleine Himmelslicht]* Gemalte Bühnenhintergründe; Wind- und Donnerapparaturen etc.; entspr. 1. Mose 1,16 Bühnensonne und -mond (wie der *Prolog im Himmel* 243 ff. und die *Walpurgisnacht* 3851 ff. sie erfordern).

21,242 *Vom Himmel durch die Welt zur Hölle]* Die alten Faustbücher berichteten zwar von einer Höllen- und Himmelsfahrt des Wißbegierigen (→ *Faust I*-Kommentar S. 183 und 187). Auch mag der Direktor hier für die Aufführung in seinem *Bretterhaus* noch an den Handlungsgang des Wanderbühnen-Spiels von dem in die Hölle verdammten Teufelsbündner denken. Unsicher gestützt auf Goethes Arbeitsnotiz: *Epilog im Chaos auf dem Weg zur Hölle* (→ Paralipomenon 1, Text-Band S. 577,16), vermuten Minor 1901, 2,69 und Grumach 1953,75 f. sogar, daß nach einem älteren Plan dem Himmelsgericht des Epilogs tatsächlich eine Höllen-Szene hätte vorausgehen sollen. Aber die Endfassung des Spiels zeigt keineswegs mehr die hier genannte Schauplatzfolge (entspricht eher doch den drei großen Stationen von Dantes Wanderschaft in der *Divina Commedia*: → Kommentar zu 4679-4727). Auf den »Gang der Handlung« bezogen, bleibt Goethes von Eckermann (6. 5. 1827) berichtete Äußerung deshalb problematisch: »Da kommen sie und fragen: welche Idee ich in meinem *Faust* zu verkörpern gesucht? – Als ob ich das selber wüßte und aussprechen könnte! – *Vom Himmel durch die Welt zur Hölle*, das wäre zur Not etwas; aber das ist keine Idee, sondern Gang der Handlung.«

Der Direktor gibt hier keine Programmansage fürs Publikum, sondern spricht zum Theaterdichter, welcher ihm den Faust-Stoff (erst noch) einrichten soll für seine Bühne. Auch wenn der das Spiel etwas anders anlegt, darf man den fraglichen Vers wohl als eine Formel für den *ganzen Kreis der Schöpfung* gelten lassen, wie die *Faust*-Dichtung ihn dann 'ausschreitet'.

Aber die Anweisungen des Prinzipals, dem es um ein volles Haus geht, dienen zugleich der Ironisierung dieser Figur. In Goethes *Sprüchen in Prosa* (FA I 13,103: 1.717.) heißt es: »Um die abgeschmacktesten *Locos communes* ⟨Gemeinplätze⟩ der menschheit durch zu peitschen hat Klopstock ⟨in seinem 'Messias'-Epos⟩ Himmel und Hölle Sonne Mond und sterne Zeit und Ewigkeit Gott und Teufel aufgeboten.« All das möchte doch auch der Direktor des *Vorspiels* aufgeboten wissen (und all das bietet schließlich auch der *Faust*-Autor auf – der mit den bombastischen Schlußversen seines Theaterprinzipals eine leise ironische Spitze wohl gar auf sich selber richtet?).

Seite 23-28
243-353 PROLOG IM HIMMEL

Entstanden vermutlich um 1800, aber in Verbindung mit dem Epilog eines Gerichts im Himmel über Faust wohl schon in Goethes ältestem Plan, jedenfalls vor 1797 konzipiert (dazu Grumach 1953).

Nachdem die *Zueignung* eine Selbstdarstellung des (zur gedichteten Figur verwandelten) Autors gegeben und das *Vorspiel* mit dem (imaginären) *Bretterhaus* des Theaters das Medium alles Folgenden kenntlich gemacht hat, gibt dieser allein so bezeichnete dritte *Prolog* jetzt die über dem Spielfeld des Binnendramas gelegene 'Oberbühne' frei, die sich nur dieses eine Mal dem Einblick des Lesers oder Zuschauers öffnet. Eine überirdische Regieanweisung für Fausts Erdenwandel wird hier mitgeteilt.

So stellt der *Prolog*, zusammen mit der *Bergschluchten*-Szene am Ende des Zweiten Teils, das irdische Spiel in einen metaphysischen Rahmen. Mittelalterliche Mysterienspiele, Jesuitendramen und vor allem das spanische Barocktheater des 17. Jh.s haben einen Dramentypus entwickelt, welcher das Leben und Treiben der Menschen darstellt und deutet als ein Spiel auf der großen Bühne der Welt: vor Gott als dem eigentlichen Zuschauer, der dann im Endgericht darüber urteilt, wie jeder in der ihm zugeteilten Rolle agiert habe. In Calderóns sakralen Bühnenwerken erreicht diese Konzeption eines christlichen 'Welttheaters' ihre bedeutendste Ausprägung (um 1645: *El gran teatro del mundo*). In der Tat haben seine Werke die Dichter und Dichtungstheoretiker der Romantik, nicht zuletzt deren Zeitgenossen Goethe, ausgiebig beschäftigt und vielfältig inspiriert. In Form eines Struktur-Zitats weist die *Faust*-Dichtung auf dieses Modell zurück.

Aber man wird sie selber kaum noch als ein solches Mysterienspiel verstehen können. Anders als der zunächst geplante Epilog eines Endgerichts über Faust kehrt die *Bergschluchten*-Szene doch nicht mehr auf die 'Oberbühne' des *Prologs* zurück; aufsteigend wohl, aber mit unabsehbarem Ausgang, führt sie das große Metamorphosenspiel, über Fausts Tod hinweg, neuen, unbekannten Dimensionen entgegen (→ Kommentar zu *Bergschluchten*, S. 778 ff.). Überdies wird das mit der *Nacht*-Szene einsetzende irdische Geschehen vom überirdischen *Prolog* nun verbindungslos abgesetzt. Ein einziges Mal nur tut in dieser undurchlässigen Schranke ein schmaler Spalt sich auf: mit dem Margarete geltenden *Ist gerettet!* einer *Stimme von oben* (4611); und diese eine Ausnahme von der Regel des für Goethes *Faust* fundamentalen Strukturprinzips ist wohl nur dadurch zu erklären, daß es dem Autor ratsam erscheinen mochte, am Ende des separat veröffentlichten Ersten Teils einen Hinweis zu geben auf den Fortgang, den Ausgang des Zweiten Teils, wo die Gerettete wiederkehrt. Im übrigen bleiben die in das Erdetreiben eintretenden und eingreifenden Himmelsboten der alten Welttheater-Spiele aus (oder werden als solche doch unkenntlich – allenfalls die den Tod ankündigenden vier grauen Weiber der *Mitternacht*-Szene 11384 ff. mögen von fern noch an sie erinnern). Diese entschiedene Trennung des diesseitigen Geschehens vom Jenseitigen läßt offen, macht also fraglich, ob und inwieweit der theozentrische Rahmen das Verständnis des anthropozentrischen Binnenspiels noch immer so zweifelsfrei bestimmt, daß man die prädestinierende metaphysische Vorgabe als verläßliche Sinngebung des menschlichen Lebens verstehen dürfte. Fast als wollte er diese Fraglichkeit sichern, hat der Autor nicht etwa allein über das Binnenspiel, sondern vor das ganze, auch diesen *Prolog* und die *Bergschluchten*-Szene umfassende Werk das Vorzeichen einer Gattungsangabe gesetzt, welche mit der Weltdeutung des *teatro del mundo* unverträglich erscheint: *Faust. Eine Tragödie* (zum Problem dieser Bezeichnung → hier S. 16 ff.).

Tatsächlich versteht sich ja nicht nur der Protagonist als autonomes Individuum, verhält sich so, versucht sich so und scheitert so. Als hätte es das Vorspiel in den oberen Rängen nie gegeben, ist von Fausts erstem Auftritt an dafür gesorgt, daß seine Worte: *Nach drüben ist die Aussicht uns verrannt* (11442) auch für den Leser oder Zuschauer gelten. Was ihm vor Augen tritt auf der irdischen Bühne, scheint unabhängig von jenseitigen Vorentscheidungen: ein in den oberen Rängen vereinbartes, aber nun frei ablaufendes Experiment. Das begründet den fundamental neuzeitlichen Charakter der Goetheschen *Faust*-Dichtung.

So gilt wohl auch hier, was Goethe, 'entmythologisierend', im Jahr des Erstdruckes des *Prologs* über den homerischen Götterhimmel sagte: »Im Homer reflektiert sich die Menschenwelt noch einmal im Olymp und schwebt wie eine Fata Morgana über der irdischen. Diese Spiegelung tut in jedem poetischen Kunstwerk wohl, weil sie gleichsam eine Totalität hervorbringt und wirklich Menschenbedürfnis ist. Daher auch in der katholischen Religion.« (Biedermann/Herwig 2, Nr 2829)

25, vor 243 DER HERR] Goethe hat sich an die im Buch Hiob (→ Kommentar zu 299) vorgegebene Bezeichnung gehalten und seine Spielfigur nicht 'Gott' genannt. Die leise Ironie, mit der er sie behandelt, und ebenso seine Bühnenzeichnung für den *Prolog* (→ Abb. 2 im Text-Band und Kommentar dazu hier S. 821) bleiben freilich weit entfernt von der Verlegenheitsharlekinade, mit der neuere Regisseure diesen HERRN als ulkige Figur vor Augen zu stellen beliebten. Raphaels Sonnengesang eröffnet die Szene, und im blendenden Licht des Sonnenballs wären der Herr und seine himmlischen Heerscharen für Menschenaugen allenfalls schemenhaft auszumachen. Eine solche Befolgung des der Bühne wohl angemessenen biblischen Bilderverbots (2. Mose 20,4) entspräche jedenfalls den Gottesvorstellungen des Farbenlehrers, der noch in seinen letzten Lebenstagen die Sonne bezeichnet hat als »eine Offenbarung des Höchsten, und zwar die mächtigste, die uns Erdenkindern wahrzunehmen vergönnt ist. Ich anbete in ihr das Licht und die zeugende Kraft Gottes, wodurch allein wir leben, weben und sind« (Eckermanns Bericht über das Religionsgespräch am 11. 3. 1832. – Dazu Schöne 1987,84 ff.).

25, vor 243-270 *Die drei Erzengel treten vor . . .]* Den im hohen Ton gehaltenen oratoriumsartigen Eingang bildet das Terzett der drei biblischen Erzengel mit 8zeiligen Strophen (beschrieben bei Frank 1980,649 ff.), wie sie dem Lob und Dank schon im ev. Kirchengesang des 16. und in dt. Psalmliedern des 17. Jh.s dienten.

Während aber die mittelalterl. Theologie den Himmel als den Raum einer beseligenden Anschauung Gottes und eines unaufhörlichen Gotteslobes imaginierte, ist hier vom Anblick der göttlichen *Werke* die Rede. Die Lobgesänge der Engel folgen dem, was der Römerbrief 1,20 von der Möglichkeit schon der irdischen Gotteserkenntnis sagt: »Gottes unsichtbares wesen, das ist, seine ewige krafft und gottheit, wird ersehen, so man deß wahrnimmt an den wercken, nemlich an der schöpfung der welt«.

25,243 f. *Die Sonne tönt nach alter Weise | In Brudersphären Wettgesang]* Insofern die Erzengel gleichermaßen Sonne und Erde ihre Bahn ziehen sehen, orientiert sich ihr kosmologischer Hymnus offenbar nicht am ptolemäisch-geozentrischen oder kopernikanisch-heliozentrischen Weltbild, sondern eher *nach alter Weise* am astronomischen System der Pythagoreer: mit acht anderen Himmelskörpern kreisen da Sonne und Erde auf ihren *Brudersphären* um den gemeinsamen Mittelpunkt eines Zentralfeuers. Dem entspricht die pythagoreische Lehre der Sphärenharmonie. – So meint *nach alter Weise* wohl auch eine alt-ewige Melodie.

Aristoteles (*De caelo* B 9, 290 b 15-28, Übersetzg. Günther Patzig): 'Einige Denker meinen nämlich, bei der Bewegung so großer Körper müsse ein Geräusch entstehen; denn so sei es auch hier auf der Erde bei Körpern, die ihnen weder an Masse noch an Geschwindigkeit gleichkämen.

Wenn nun Sonne und Mond, dazu noch so zahlreiche und so große Gestirne sich mit solcher Geschwindigkeit bewegen, dann sei es ausgeschlossen, daß dabei nicht auch ein unvorstellbar starkes Geräusch entstünde. Aufgrund dieses Arguments und der Annahme, daß sich die Geschwindigkeiten, wie sie sich aus den Entfernungen ergeben, entsprechend den musikalischen Akkorden verhalten, behaupten sie, daß der Klang der Kreisbewegung der Gestirne eine Harmonie sei. Da es aber unverständlich scheint, daß wir von diesem Klang nichts hören, geben sie als Erklärung an, daß uns dieses Geräusch gleich von Geburt an gegenwärtig und daher von der ihm entgegengesetzten Stille nicht unterscheidbar sei, denn die Wahrnehmung von Klang und Stille sei auf ihren gegenseitigen Kontrast angewiesen.'

Auf der Grundlage der kopernikanischen Astronomie hat Kepler das aufgenommen und die Gesetzmäßigkeiten einer musikalischen Harmonie in den Bewegungen der Planeten rechnerisch nachzuweisen versucht (*Harmonices Mundi*, 1619). Diese mehrstimmige Sphärenmusik, meinte er, könne man freilich nicht mit dem Gehör wahrnehmen, sondern nur mit dem Intellekt erfassen. Aber an Herwart v. Hohenburg schrieb er (6. 8. 1599), reine Geistwesen und in gewisser Weise auch Gott selber fänden an einem solchen »concentus intellectualis« nicht weniger Freude, als der Mensch an den musikalischen Akkorden, und erklärte: »si daretur aer in caelo, certissime sit futurus concentus« ('wenn man Luft in den Himmel gäbe, dann würde dort wahrhaftig die ⟨Sphären-⟩Harmonie ertönen').

25,248 *Wenn keiner sie ergründen mag]* Konzessiv (für: wenngleich, obschon)? oder (durchaus möglich: DWb 29,68) schon mit kausaler Bedeutung, wie ausdrücklich im abschließenden Dreier-Chor 268: *Da keiner dich* ⟨jetzt: den Schöpfer selbst⟩ *ergründen mag* ⟨kann⟩? Dann gäbe angesichts der *unbegreiflich hohen Werke* gerade das *den Engeln Stärke*, was Faust (der nicht gewillt ist, »das Unerforschliche ruhig zu verehren«; FA I 13,240) in Verzweiflung treibt: daß er nicht zu ergründen vermag, *was die Welt | Im Innersten zusammenhält* (382 f.).

25,250 *herrlich wie am ersten Tag]* Wie am Tag ihrer Erschaffung (nicht etwa: wie am ersten Tag der Schöpfung in 1. Mose 1,5).

25,259-66 *Und Stürme brausen ... Das sanfte Wandeln deines Tags]* 1. Könige 19,11 ff.: »ein grosser starcker wind, der die berge zerriß, und die felsen zerbrach, ⟨ging⟩ vor dem Herrn her: Der Herr aber war nicht im winde. Nach dem winde aber kam ein erdbeben; aber der Herr war nicht im erdbeben. Und nach dem erdbeben kam ein feuer; aber der Herr war nicht im feuer. Und nach dem feuer kam ein still sanfftes sausen. Da das Elia hörete, verhüllete er sein antlitz mit seinem mantel«.

25,261 *bilden wütend eine Kette]* Als Part. Präs. von 'wüten' für: verheerend, vernichtend (hier eine sich verkettende Abfolge solcher Wirkungen).

25,265 *deine Boten, Herr]* Wörtl. Übersetzung von griech. ἄγγελοι. Als solche ließen sich wohl die Engel der beiden Schlußszenen des Zweiten Teils verstehen. Und in entschieden säkularisierter Gestalt mögen die vier grauen Weiber der Szene *Mitternacht* 11384 ff. von fern her noch an die Engels-Boten der alten Mysterienspiele erinnern, die dem sündigen Menschen vor seinem Ende ins Gewissen zu reden versuchen.

26,271 ff. MEPHISTOPHELES] Der Name war, mit Varianten, in den Faustbüchern, Wanderbühnen- und Puppenspielen vorgegeben, zunächst als 'Mephostophiles'. Man hat ihn aus dem Griechischen oder Hebräischen zu erklären versucht – so zweifelhaft in den sprachlichen Ableitungen, wie einleuchtend in den dabei gewonnenen Bedeutungen; etwa: 'Der das Licht nicht liebt', oder: 'Zerstörer des Guten' (dokumentiert in HwbdA 6,175-82). Goethe an Zelter, 20. 11. 1829: »Läßt man sich in historische und etymologische Untersuchungen ein, so gelangt man meistens immerfort in's Ungewissere. Woher der Name Mephistopheles entstanden wüßte ich direkt nicht zu beantworten«!

Um Mephistos Herkunft und seinen Rang in der höllischen Hierarchie hat sich der Autor weit weniger bekümmert als die ernsten Faustforscher dann. Anders als im 16. Jh., aus dem Goethe ihn in eine Dichtung seiner eigenen Zeit holte, hat der Teufel seine leibhaftige Glaubenswirklichkeit hier verloren und wird damit verfügbar für ein freies Spiel der Bedeutungen und Rollen, die er selber sich zuschreibt, oder in denen die anderen ihn wahrnehmen. Als einen, als den *Schalk* unter all den *Geistern die verneinen*, wird der Herr im *Prolog* ihn identifizieren (338 f.). Wenn er von sich selber spricht oder Faust ihn anredet, ist bald von *dem*, bald von *einem* Teufel die Rede, und in den ironischen Versen 2809 f. geht das vollends durcheinander: *Ich möcht' mich gleich dem Teufel übergeben | Wenn ich nur selbst kein Teufel wär'!* Bezeichnen andere ihn gar als *Satan*, ist damit jedenfalls nicht der oberste Höllenfürst gemeint. *Ich bin keiner von den Großen*, offenbart er dem Faust in der Paktszene (1641), und wenn in den Paralipomena 48 und 50 zur *Walpurgisnacht* wahrhaftig *der Satan* das Spielfeld betritt, wird Mephisto doch sogleich als Charge kenntlich. So ist er auch hier im *Prolog* nicht etwa der Satan, von dem das Buch Hiob erzählt.

Wenn nach den Engeln dieser *Schalk* das Wort ergreift, wechselt auf höchst bezeichnende Weise auch das erhabene Maß der feierlich ritualisierenden Gotteslob-Strophen in eine nun fast umgangssprachlich anmutende, lockere Versrede. Anfangs bemüht sich Mephisto noch, es mit einer durch Kreuzreim gebundenen 8-Zeilen-Passage den Erzengeln gleichzutun (ausgleitend doch schon von deren vier auf fünf Hebungen: um eine Jambusbreite verfehlt er das Engelmaß). Dann gibt er es auf, *hohe Worte* im hohen Ton zu machen, und redet 281 ff., wie ihm der Schnabel gewachsen ist: mit den flink wechselnden Hebungszahlen und mobilen Reimstellungen nun des Madrigals. Wofern er keine metrische Mimikry betreibt, wird das über's ganze Spiel hin Mephistos Redeform bleiben. – Im Gespräch mit ihm übernimmt auch der Herr dieses Versmaß: eine metrische Herablassung.

26,274 *Gesinde]* Adelung 2,624: alle Personen, »welche

man in seinem Gefolge oder zu seiner Bedienung hat«. Aber auch »gemeine liederliche Leute«! – DWb 5,4110 außerdem: »in kirchlicher anwendung, von den himmlischen und höllischen heerscharen«.

26,281 *Der kleine Gott der Welt]* Leibniz (*Essais de Théodicée* 2, § 147): »L'Homme y est donc comme un petit Dieu dans son propre monde, ou Microcosme, qu'il gouverne à sa mode« ('Der Mensch ist dort wie ein kleiner Gott in seiner eigenen Welt, oder wie in einem Mikrokosmos, den er auf seine eigene Art regiert').

26,282 *wunderlich als wie am ersten Tag]* Mephisto nimmt das Bibel-*Pathos* des Erzengel-Refrains auf: als Anwalt der Menschheit sich darstellend, parodiert er ihr *herrlich wie am ersten Tag* mit dem doppelsinnigen Adjektiv *wunderlich* (Adelung 5,302: im älteren Sprachgebrauch »Werth, bewundert zu werden«, jetzt aber nur noch »in engerm Verstande, für seltsam, sonderbar.«).

26,283 ff. *Ein wenig besser würd' er leben . . .]* Michelsen 1993,250 f. schreibt dem Mephisto eine »Mitleids-Rolle« zu (→ auch Kommentar zu 297 f.): Er unternehme hier einen »Rettungsversuch aus dem Theodizee-Dilemma«, wolle nämlich den Faust von der durch Gott zugelassenen »mißbräuchlichen Verwendung der Vernunft« befreien und ihn »im Status der vernunftlosen, der Last des Intellekts enthobenen Kreatur – gewissermaßen erlöst – in glücklichen Einklang mit sich selbst bringen.« (? Sch.)

26,284 ff. *Schein des Himmelslichts . . . Er nennt's Vernunft und braucht's allein, | Nur tierischer als jedes Tier zu sein]* Mephisto zeigt sich als Kenner auch des Gesangbuchs und variiert hier zu seinem Zweck, was beispielsweise Schirmers *O heil'ger Geist, kehr bei uns ein* vorgibt: »Du Himmelslicht, laß deinen Schein bei uns und in uns kräftig sein 〈. . .〉 Und führ uns stets den rechten Pfad, weil wir den Weg nicht wissen«. Indem Mephisto die menschliche *Vernunft* als Widerschein oder als Anschein des *Himmelslichts* bezeichnet, bezieht er sich offenbar auf den Baum der Erkenntnis im Paradiesgarten (1. Mose 2,9 ff.). Damit kommt eine Dialektik der Aufklärung ins Spiel, wie sie Herders *Philosophie der Geschichte zur Bildung der Menschheit* formuliert hat: »Gemeiniglich ist der Philosoph alsdenn am meisten Thier, wenn er am zuverlässigsten Gott seyn wollte«; im Triumphgefühl der »Aufklärung«, zu der man sich erhoben habe, bedenke er nicht, daß er »nichts als Mensch« und kein »allwißendes Geschöpf« sei (Herder 5,557 f. → Fausts Konfrontation mit dem Erdgeist 486-517).

26,287 *Ew. Gnaden]* Übliche Abkürzung für 'Euer Gnaden', so auch auszusprechen (und in den meisten Ausgaben einfach so wiedergegeben). Adelung 2,733: »Ehedem gab man diesen Titel den Kaisern, Königen und weltlichen Fürsten«. In Goethes Zeit auch noch für geistliche Würdenträger verwendet, aber durch inflationären Gebrauch schon entschieden abgewertet: »es verlangen diesen Titel alle geringere Edelleute von ihren Bedienten und Unterthanen« (Adelung ebd.). So hat diese formelhaft-höflich sich gebende Titulierung des Herrn im Munde Mephistos einen entschieden respektlos-spöttischen Zug.

26,297 f. *Die Menschen dauern mich . . .]* Daraus abzuleiten, daß Mephistos »gegen Gott und seine Welt« gerichtete Anklagen auf ernstlichem »Mitgefühl für die Menschen und deren erbärmliches Ergehen auf Erden« beruhten (Michelsen 1993,249), heißt doch wohl, den heuchlerischen und ironischen Modus verkennen, in dem der *Schalk* (339) hier redet.

27,299 *Kennst du den Faust? | Den Doktor? | Meinen Knecht!]* Die mit dem Ausrufezeichen endende dreifache Aufteilung des einen Verses auf beide Sprechenden, diese im *Faust* vergleichsweise seltene Antilabe, gibt dem Wortwechsel außerordentlichen Nachdruck, signalisiert auch graphisch, daß hier das am Hiob-Modell orientierte Experimentum crucis eröffnet wird.

Hiob 1,6-12: »Es begab sich aber auf einen tag, da die kinder Gottes kamen, und vor den Herrn traten, kam der satan auch unter ihnen. | Der Herr aber sprach zu dem satan: Wo kommest du her? Satan antwortete dem Herrn, und sprach: Ich habe das land umher durchzogen. | Der Herr sprach zum satan: Hast du nicht acht gehabt auf meinen knecht Hiob? Denn es ist seines gleichen nicht im lande, schlecht und recht, gottesfürchtig, und meidet das böse. | Satan antwortete dem Herrn, und sprach: Meynest du, daß Hiob umsonst Gott fürchtet? | Hast du doch ihn, sein haus, und alles, was er hat, rings umher verwahret. Du hast das werck seiner hände gesegnet, und sein gut hat sich ausgebreitet im lande. | Aber recke deine hand aus, und taste an alles, was er hat; was gilts, er wird dich ins angesicht segnen? ⟨ironisch im gegenteiligen Sinne gemeint⟩ | Der Herr sprach zum satan: Siehe, alles, was er hat, sey in deiner hand; ohn allein an ihn selbst lege deine hand nicht. Da gieng der satan aus von dem Herrn«.

Nach Eckermanns Gesprächsbericht vom 18. 1. 1825 hat sich Goethe über diese Vorgabe bemerkenswert beiläufig und abschwächend geäußert: »Hat daher auch die Exposition meines *Faust* mit der des *Hiob* einige Ähnlichkeit, so ist das wiederum ganz recht und ich bin deswegen eher zu loben als zu tadeln.« Tatsächlich gehen die motivischen und strukturellen Entsprechungen zwischen dieser biblischen Urszene und dem *Prolog* über »einige Ähnlichkeit« doch weit hinaus; sie machen kenntlich, welch ein Anspruch auf Ranghöhe und Bedeutungsreichweite hier erhoben wird.

Faust als der neue Hiob erscheint dabei keinesfalls als der Mensch, von dem Mephisto verallgemeinernd geredet hat. Kann man ihn überhaupt als Beispielfigur verstehen, so doch nicht im Sinne eines durchschnittlichen, sondern des außerordentlichen Falles. Wie es vom Hiob heißt, es sei »seines gleichen nicht im lande«, so wird Mephisto (mit ironischem Einschlag) von Faust erklären: *Fürwahr! er dient euch auf besondre Weise.* Keineswegs wird von ihm behauptet, er sei »gottesfürchtig, und meidet das böse.« Aber auch ihn nennt der Herr hier, wie dort den Hiob: *Meinen Knecht.* Das meint mehr als einen Untergebenen. Es ist das alttestamentliche Wort für den von Gott Erwählten. Moses wird so genannt, auch David, und bei Jesaja dann lautet 42,1 die

Verheißung des Herrn: »das ist mein knecht, ich erhalte ihn; und mein auserwählter, an welchem meine seele wohlgefallen hat.« Indem der Herr des *Prologs* hier gegen Mephistos aufmüpfiges *herzlich schlecht* das Reimwort von Faust als seinem *Knecht* stellt, beruft er sich gegen dessen nörgelnde Anprangerung der irdischen Zustände auf diesen Auserwählten: das Reimspiel rührt an die Theodizee.

27,302 *Ihn treibt die Gärung in die Ferne]* Der Weinkenner aus Frankfurt (der den Mephisto 6813 f. sagen läßt: *Wenn sich der Most auch ganz absurd gebärdet,* | *Es gibt zuletzt doch noch e' Wein*) wußte, daß *Gärung* einen Entwicklungs-, Klärungs-, Vervollkommnungsprozeß darstellt. Über Herder in *Dichtung und Wahrheit* 10. Buch (FA I 14,442): »Was in einem solchen Geiste für eine Bewegung, was in einer solchen Natur für eine Gärung müsse gewesen sein, läßt sich weder fassen noch darstellen. Groß aber war gewiß das eingehüllte Streben wie man leicht eingestehn wird, wenn man bedenkt, wie viele Jahre nachher, und was er alles gewirkt und geleistet hat.«

So läßt sich, gegenläufig zu Mephistos Intentionen, seine Gleichnisrede von der *Gärung* geradezu auf das Wort des Herrn beziehen, daß er Faust *bald in die Klarheit führen* werde. Vom *Prolog im Himmel* stellt sich, über das Spiel von Fausts Erdetreiben hinweg, ein Bezug zur *Bergschluchten*-Szene her. *Faustens Unsterbliches tragend*, werden die Engel dort 11954 ff. vom *Erdenrest* sprechen, der *nicht reinlich* ist, und über seine *Geeinte Zwienatur* sagen: *Die ewige Liebe nur* | *Vermags zu scheiden.* – Goethe an Lavater, 14. 11. 1781: »Alsdenn mag ich aber gern, daß das alberne und ekelhafte menschlicher Exkremente durch eine feine Gärung abgesondert und der reinlichste Zustand in den wir versetzt werden können, empfunden werde.«

27,309 *So werd' ich ihn bald in die Klarheit führen]* Diese Verheißung, die den neutestamentlichen Zentralbegriff von der »klarheit des Herrn« (Lukas 2,9) und »von der erkänntniß der klarheit Gottes« (2. Korintherbrief 4,6) aufnimmt, wird sich mit der dem *Prolog* antwortenden *Berg-*

schluchten-Szene im Sinn der origenistischen Wiederbringungslehre wortwörtlich erfüllen: *Der früh Geliebte | Nicht mehr Getrübte | Er kommt zurück* (12073 ff., → auch 11801 ff. und Kommentar zu *Bergschluchten*).

27,312 *Was wettet ihr?]* Von einer Wette zwischen Mephisto und dem Herrn, zumindest von einem solchen Angebot Mephistos ist ständig die Rede in der *Faust*-Literatur. Tatsächlich geht der Herr doch mit keinem Wort auf Mephistos Frage ein, läßt später auch dessen *Mir ist für meine Wette gar nicht bange* so auf sich beruhen, als habe der *Schalk* allein mit sich selber gewettet. Fraglich bleibt sogar, ob Mephisto sich hier überhaupt zu einem solchen Wettangebot von gleich zu gleich vermessen hat. Sein *Was wettet ihr?* läßt sich durchaus als bloße Floskel verstehen, die Luthers Übersetzung der Satansworte im Buch Hiob 1,11 entspricht: »was gilts«? (vgl. Arens 1982,49)

Der Herr stellt ihm frei, einzuwirken auf Faust. Wenn Mephisto ausdrücklich die *Erlaubnis* haben will, ihn seine *Straße sacht zu führen,* kann er allenfalls meinen, daß der herkömmliche Teufelsauftrag, die Menschen zu versuchen, im Falle Fausts nicht etwa aufgehoben sein sollte durch die Absicht des Herrn, ihn *bald in die Klarheit* zu führen. Aber daß es dabei um Fausts ewiges Seelenheil gehe, um seine jenseitige Rettung oder Verdammnis, um Himmel oder Hölle, wird eher wohl durch die Erinnerung an die alte Faust-Fabel nahegelegt, als vom Wortlaut des *Prologs*. Mephisto mag dergleichen im Sinne haben (→ 332 ff.), und in der *Grablegungs*-Szene, welche noch einmal die geistlichen Spiele des Mittelalters zitiert, wird in eben dieser Weise auch inszeniert, was auf dem Spiele steht. Aber alles, was der Herr hier dem Mephisto zubilligt, steht offenbar unter dem Vorbehalt *So lang' er auf der Erde lebt* (315). Für den Ausgang des großen Spiels ist das nicht ohne Bedeutung: es könnte geradezu die Voraussetzung abgeben für Fausts 'Wiederbringung' in der *Bergschluchten*-Szene.

27,317 *Es irrt der Mensch so lang' er strebt]* Nicht nur ein zeitlicher, sondern zugleich ein ursächlicher Zusammenhang wird damit hergestellt: er irrt, indem – ja: weil er strebt. So erscheint Irren geradezu als Indiz des Strebens, und Fausts Weg durch die Welt führt durch ein *Meer des Irrtums* (1065). Schon die Lustige Person des *Vorspiels* hat als Ingredienzien für das angekündigte Stück *Viel Irrtum* und *wenig Klarheit* empfohlen (170 f.). Und als wäre eben darauf alles abgestellt, hat Goethe über seine Behandlung des Zweiten Teils der *Faust*-Dichtung am 3. 11. 1820 an Schubarth geschrieben, »es gibt noch manche herrliche, reale und phantastische Irrtümer auf Erden, in welchen der arme Mensch sich edler würdiger, höher, als im ersten, gemeinen Teile geschieht, verlieren dürfte.« 1796 heißt es in den *Xenien* (FA I 1,518): »Nie verläßt uns der Irrtum, doch zieht ein höher Bedürfnis | Immer den strebenden Geist leise zur Wahrheit hinan.« Und am 15. 9. 1804 schrieb Goethe an Eichstädt, »daß das, was man mit Recht ein falsches Streben nennen kann, für das Individuum ein ganz unentbehrlicher Umweg zum Ziele sei. Jede Rückkehr vom Irrtum bildet mächtig den Menschen im Einzelnen und Ganzen aus, so daß man wohl begreifen kann, wie dem Herzensforscher ein reuiger Sünder lieber sein kann, als neunundneunzig Gerechte.« Wenn also der Engelchor am Ende nur das eine Herrenwort des *Prologs* wieder aufnimmt (11936: *Wer immer strebend sich bemüht* . . .), schließt es das andere vom Irren doch ungesagt ein.

'Streben', ganz ohne den Beigeschmack des heutigen 'Strebsamen' oder gar 'Streberhaften': ein ruheloses Verlangen nach dem Anderen, Höheren und Besseren, Lebenswerteren – gleichnishaft abgebildet im Richtungstrieb des Vogelfluges, wenn *über Flächen, über Seen, | Der Kranich nach der Heimat strebt* (1098 f. Dazu Stöcklein 1974,67 f.).

27,321 *Für einen Leichnam bin ich nicht zu Haus]* Daß der Versucher nur mit dem Lebenden sein Spiel treibt, versteht sich wohl. Es bleibt merkwürdig verdeckt (nur unausgesprochen, oder doch aufgegeben?), was die ausgeschiedenen Mephisto-Verse zur *Studierzimmer*-Szene (Paralipomenon 7, Text-Band S. 544,15 ff.) über das herkömmliche

Teufelsbegehren doch ausdrücklich besagten: *Dein Fleisch und Blut ist wohl schon etwas werth | Allein die Seel ist unsre rechte Speise.*

27,323 *Nun gut, es sei ...]* Böhm 1933,88 u. 100 nimmt an: auf Mephistos Vorschlag eingehend, ziehe der Herr damit »seine Hand von Faust für die Dauer seines Erdenlebens ab« und verzichte »auf seine ursprüngliche Absicht, Faust 'bald in die Klarheit' zu führen« (? Sch.).

27,324 *Urquell]* Leibniz: »Gleichwie er ⟨Gott⟩ nemlich ein Urquell aller Ding ist, so ist auch alle gründliche Erkänntniß aus dem Erkänntniß Gottes zu leiten« (*Deutsche Schriften* 2,35).

28,325 *erfassen]* Adelung 2,52 f.: »Ergreifen« (aber auch: »mit dem Verstande begreifen, seinen Gründen nach einsehen«; → 1677).

28,328 f. *Ein guter Mensch in seinem dunkeln Drange | Ist sich des rechten Weges wohl bewußt]* Kaum ein einschränkendes, eher ein verstärkendes *wohl* (: 'sehr wohl'); *bewußt* wird dabei durch die Angaben vom *dunkeln Drange* und *verworren dienen* (308) als eine eher unbewußte, innere Richtungssicherheit bestimmt. Goethes 'Pelagianismus' entsprechend (→ Kommentar zu 739-41), bleibt das, auf Faust bezogen und auf seinen Gang durch die Welt, ein irritierend euphemistischer Satz im Munde des Allwissenden – auch wenn man den *rechten* Weg hier durchaus nicht als den des Glaubens verstehen darf.

28,334 f. *Staub soll er fressen ... Wie meine Muhme, die berühmte Schlange]* Mephisto zitiert den Gottesfluch über die Schlange (seine »nahe Seitenverwandte«: Adelung 3,601), die den Menschen verführte, vom Baum der Erkenntnis zu essen (→ 2048 f., auch 4132 ff.): »Auf deinem bauch sollt du gehen, und erde essen dein lebenlang« (1. Mose 3,14) – als ziele der Versuch, auch Faust *von seinem Urquell* abzuziehen, auf vergeltende Wiedergutmachung dieser alten Niederlage!

28,336 *Du darfst auch da nur frei erscheinen]* Gemeint: Du dürftest, könntest dich auch dabei ungehindert aufführen (das deutlicher auf eine Jenseitsvorstellung weisende *auch künftig frey* der ält. Handschrift H P2 wurde ersetzt!).

28,339 *Schalk]* Mit breiter Bedeutungspalette in Goethes Sprachgebrauch. 1801 hat er erklärt: »Freilich bedeutet das Wort Schalk im gewöhnlichen Sinne eine Person, die mit Heiterkeit und Schadenfreude jemand einen Possen spielt«, die aber auch jemandem, von dem sie abhängt, »das Leben sauer macht« (*Die guten Frauen*, FA I 8, 632). Hier meint es, nachsichtiger und milder als etwa in 4885 oder 5792, den auf erheiternde Weise durchtriebenen und arglistigen, ironisch provozierenden 'Hofnarren' im *Gesinde* des Himmelherrn.

28,340 f. *Des Menschen Tätigkeit kann allzuleicht erschlaffen ... unbedingte Ruh]* Forster 1971 bezieht das auf die acedia (Trägheit), die in frühchristlich-monastischem Schrifttum als eine der acht Hauptsünden galt; seit Gregor d. Gr. hat man sie dann der tristitia (der verzweifelnden Traurigkeit) untergeordnet, die ihrerseits in altkirchl. Katalogen als eine der sieben Todsünden: als Sünde wider den hl. Geist angeführt wurde und den Verlust des Gnadenstandes nach sich zog. Als eine der Hauptversuchungen im asketischen Mönchsleben meinte acedia freilich die geistliche Trägheit des Herzens und keineswegs die Tatenlosigkeit auf dem weltlichen *Faulbett* (1692), die im *Prolog* als die einzige 'Sünde' des Menschen genannt wird und gegen die der Herr hier das neuzeitliche Tätigkeitsethos aufruft. Inhalte und Ziele werden dem nicht gegeben, Grenzen nicht gesetzt. – Der Autor selber meinte doch: »Unbedingte Thätigkeit, von welcher Art sie sey, macht zuletzt bankerott.« (FA I 13,40)

28,342 f. *Drum geb' ich gern ihm den Gesellen zu, | Der reizt und wirkt, und muß, als Teufel, schaffen]* Sehr anders als Mephisto selbst sich dann darstellen wird (→ 1335-58), beschreibt ihn der Herr des *Prologs* hier nicht als den neutestamentlichen Gegenspieler Gottes, sondern alttestamentlich als den in seinem Dienst Stehenden, seinem *Gesinde* zugehörig, (wie vergleichbar in Goethes *Festzug* vom 18. 12. 1818, FA I 6,848 f.). Auf Teufelsweise habe er mitzuwirken am göttlichen 'Heilsplan', als Ruhestörer und Antreiber dem in Untätigkeit erschlaffenden Menschen beigesellt. – Diesen Sinn sichern die beiden Kommata (er *muß, als Teufel, schaffen*), die fast alle späteren Ausgaben, auf C³12 gestützt, ausgelassen haben. Als Teufel, der das Böse will, muß er – indem er *reizt und wirkt* – doch mit*schaffen* am Guten (vgl. Grumach 1953,276 ff.).

Nur gilt das eigentlich gar nicht für den ruhelosen Faust. Der trägt, wie Mephisto und der Herr doch wissen, den treibenden Stachel in sich selbst, strebend irrend, und bedarf des ihm beigegebenen Gesellen dabei allenfalls als eines Ermöglichers und Vollstreckers. Gerade gegenläufig zu den Bestimmungen des Herrn wird dieser Versucher sich bemühen, Faust *auf ein Faulbett* zu legen (1692), ihn in Selbstgefälligkeit erschlaffen und Genüge finden zu lassen im Genuß des Augenblicks. – Diese programmatischen Unstimmigkeiten sind durch entstehungsgeschichtliche Konzeptionsverschiebungen nicht erklärbar, und jedenfalls hat der Autor sie billigend in Kauf genommen (7429: *Der Dichter bringt sie, wie er's braucht zur Schau*).

28,344 *ihr, die echten Göttersöhne]* Damit wendet sich der Herr wieder seinen Erzengeln zu: nennt sie die *echten* im Unterschied zu den von Gott abgefallenen, in die Tiefe gebannten Engeln, zu denen Mephisto gehört (→ 10075 f.). – *Göttersöhne*, antikisierend, sind mit christlich-monotheistischen Vorstellungen freilich nicht recht vereinbar (Hiob 1,6 heißt der Hofstaat des Herrn hebr. »bnei ha'elohim«, was die Vulgata richtig mit »filii Dei« wiedergibt; Luther übersetzt »kinder Gottes«).

28,346 *Das Werdende, das ewig wirkt und lebt]* In der ält. Handschrift H P2 noch: *Das Seyn des Seyns, das ewig lebt.* – Daß die »Gottheit« wirksam sei »im Lebendigen«, im »Werdenden und sich Verwandelnden« (Eckermann, 13. 2. 1829), ist eine Grundvorstellung Goethes; auch vom österlich Auferstandenen läßt er den Chor singen, er sei *in Werdelust | Schaffender Freude nah* (789 f.).

28,348 f. *was in schwankender Erscheinung schwebt, | Befestiget mit dauernden Gedanken]* Dunkle Gottesworte, die den Erzengeln verständlicher sein mögen als den Auslegern. Vgl. etwa Petsch 1926,636: »Eure liebende Versenkung in die ewigen, gestaltenden und erhaltenden Kräfte des Alls äußere sich in den Ideen (der gesetzgebenden Vernunft).« – Ist an die *dauernden Gedanken* der Erzengelstrophen zu denken? Signalisiert die Nähe zu den Versen 1-3 der *Zueignung* gar einen dem Dichter geltenden Hintersinn?

28,350-53 *Von Zeit zu Zeit seh' ich den Alten gern ...]* Kaum daß sich *Der Himmel schließt*, nennt der *Schalk* den Herrn schon *den Alten* (in der Handschrift H P2 zunächst noch unverfänglich: *ihn*); unterstellt, daß er mit ihm auch *brechen* könne; findet es *hübsch* (in der ält. Wortbedeutung von höflich, liebenswürdig) von diesem *großen Herrn* und *menschlich* gar, wie er mit dem Teufel gesprochen hat. So geben seine keß kontrastierenden Unverschämtheiten dem großartig-feierlich eröffneten Prolog ein erheiterndes Ende.

DER TRAGÖDIE ERSTER TEIL

Der Himmel schließt, heißt es am Ende des *Prologs*. Was da »wie eine Fata Morgana über der irdischen« Welt schwebte (→ hier S. 164), hat sich dem Blick entzogen. Die metaphysische Oberbühne der alten Mysterienspiele liegt im Dunkel, wenn das Faust-Drama beginnt – *Nach drüben ist die Aussicht uns verrannt* (11442). Den Schauplatz der Erde betritt ein Mensch, welcher die Orientierung nach *drüben* aufgegeben und die damit verbundene Sinngebung des Lebens verloren, aus den alten Bindungen sich gelöst hat: das autonome Individuum einer neuen Zeit, das in seinem *innern Selbst genießen* und erleiden will, *was der ganzen Menschheit zugeteilt ist* (1770 f.), und danach verlangt, die Welt sich zu eigen, ja sich untertan zu machen. Von der Erdgeistbeschwörung *(Du mußt! du mußt! und kostet' es mein Leben!)* bis zur Anweisung an den mephistophelischen Aufseher seiner Arbeiterheere *(Bezahle, locke, presse bei!)* geht dieser Faust die Welt mit wahrhaft rücksichtslosen Imperativen an. *Hör, du mußt mir die Dirne schaffen!* lautet sein auf Margarete zielender erster Auftrag an den Vollstrecker dieses Unterwerfungswillens; *schafft sie mir zur Seite!* der auf Philemon und Baucis gerichtete letzte.

Mephisto, Zeuge des *Prologs im Himmel*, ist ironischerweise der einzige, letzte Bote von *drüben*. Nur gibt er keine Botschaft von dort. Seine Verheißung lautet: *Wir sehn die kleine, dann die große Welt.* (2052) Das darf man auf die beiden Teile der Dichtung beziehen. Aus weiter äußerer und innerer Distanz zurückblickend auf ihren Ersten Teil (vom Helena-Akt her, also erklärtermaßen »in freierer Kunst-Region« und »auf höhere Ansichten« gestimmt), hat der Autor 1827 die *kleine Welt* des *Faust I* charakterisiert als einen »Wust mißverstandener Wissenschaft, bürgerlicher Beschränktheit, sittlicher Verwirrung, abergläubischen Wahns« (WA I 15.2,214 f.). Diese harschen Formeln sind durchaus seine eigenen. Das Spiel aber, in dem er sie zur Anschauung bringt, geht auf eine fremde Vorgabe zurück.

Als der alte Goethe im Gespräch mit Eckermann (18. 9. 1823) »vor *eigenen* großen Erfindungen« warnte, vielmehr zu »einem *gegebenen* Stoffe« riet, erklärte er: »Da werden Facta und Charaktere überliefert und der Dichter hat nur ⟨!⟩ die Belebung des Ganzen.« Wie in vielen seiner Werke hat er dieses Verfahren – in Grenzen – auch hier geübt. Im Faustbuch des 16. Jahrhunderts, seinen Bearbeitungen, seinen Umsetzungen in Wanderbühnenstücke und Puppenspiele waren die »Charaktere« Faust, Mephisto, Margarete, selbst der Famulus Wagner (für den Zweiten Teil dann Helena, auch der Kaiser) und eine ganze Reihe mit ihnen verknüpfter motivischer »Facta« vorgegeben. Schon die *Historia Von D. Johann Fausten* (1587) stellt ihren Titelhelden als einen Gelehrten dar, als einen »Doctor Theologiae«, der sich abwendet von der hl. Schrift und abfällt von Gott. Der »Beschwerung vnd Zauberey«, der schwarzen *Magie ergeben*, »speculiert vnd studiert ⟨er⟩ Nacht vnd Tag darinnen / wolte sich hernacher keinen Theologum mehr nennen lassen / ward ein Weltmensch / nandte sich ein D. Medicinae / ward ein Astrologus vnnd Mathematicus / vnd zum Glimpff ward er ein Artzt / halff erstlich vielen Leuten mit der Artzeney«. Er verlangte aber »zulieben / das nicht zu lieben war« und »die Elementa zu speculieren«. Da er »solches von den Menschen nicht erlehrnen mag«, beschwört er den Teufel und besiegelt mit »hiefür getrucktem eygen Blut« das Bündnis mit ihm: 24 Jahre lang hat ihm der Geist Mephostophiles »als ein Diener« gehorsam zu sein und ihn »zu lehren«; nach Ablauf dieser Zeit aber fällt er dafür mit Leib und Seele und in Ewigkeit dem Bösen anheim (Kap. 1,2,4,6).

In diesem ältesten, zur Frankfurter Herbst-Buchmesse 1587 von Johann Spies herausgebrachten Faustbuch-Druck hat ein ungenannter Autor (Möbus 1999 mit überzeugenden Indizien: Nicodemus Frischlin?) mündlich umlaufende und schriftlich verbreitete Wanderlegenden, Anekdoten und Schwänke zusammengetragen, dazu aus vielerlei Druckwerken der Zeit informierendes und belehrendes

Sachwissen beigebracht und all das an die romanhaft fabulierte Lebensgeschichte vom *weitbeschreyten Zauberer vnnd Schwartzkünstler* Faustus geknüpft. Die stammte vorgeblich *Mehrertheils auß seinen eygenen hinderlassenen Schrifften*, gab sich jedenfalls als Mitteilung von wahrhaftig Geschehenem.

Tatsächlich steht hinter dieser Erzählfigur eine historische Gestalt. Nur geben die spärlichen urkundlichen Nachrichten, die man hat ausmachen können, mehr nicht zu erkennen als die halb verwischten Spuren und schemenhaften Umrisse eines Mannes namens Georgius (auch mit dem Beinamen Sabellicus) oder Johann⟨es⟩ Faustus. Er soll – wenn die unterschiedlichen Angaben nicht überhaupt verschiedene Personen meinen – um 1480 vielleicht im württembergischen Knittlingen geboren und um 1540 bei Staufen im Breisgau gestorben sein (dazu mit verschiedenartigen, oft höchst spekulativen Thesen u. a. Mahal 1980, Baron 1982, Henning 1993 und kritisch Möbus 1999). Dieser offenbar als Sterndeuter und Wahrsager agierende Wandermagier ist unter den Zeitgenossen durchaus als ein marktschreierischer Scharlatan mit höchst anrüchigem Lebenswandel ausgemacht oder hingestellt worden; 1528 hat man ihn aus Ingolstadt ausgewiesen, 1532 ihm in Nürnberg überhaupt den Zutritt (oder einen vom Rat der Stadt erbetenen Geleitbrief) verweigert. Immerhin ist aktenkundig auch, daß der Fürstbischof von Bamberg ihm 1520 ein beträchtliches Honorar für ein Horoskop auszahlen ließ, und jedenfalls nahm man ihn ernst genug, um ihn sehr bald schon in den Rang eines Teufelsbündners zu erheben. Angeblich soll Luther 1537 erklärt haben, daß dieser Faustus »den Teufel seynen schwoger hies, vnd hat sich lassen horen, wen ich, Martin Lutter, ihm nur di handt gereycht hette, wolt er mich vorterbet haben« (WA. Tischreden Bd 3, Nr 3601), und bereits um das Jahr 1565 berichtet die *Zimmerische Chronik* 3,361 über Faustus' Tod: Auf Grund von »allerhandt anzeigungen und vermuetungen« hätten viele »vermaint, der bös gaist, den er in seinen lebzeiten nur sein schwager genannt, hab ine umbbracht.« An dieser

Stelle berühren sich die 'biographischen' Nachrichten vom historischen Faust und die literarische Darstellung dieser Figur, vollzieht sich im Medium der Sagenbildung ein gleitender Übergang. Denn 1587 wird die *Historia*, die dem Faustus nun auch das alte (seit der *Theophilus*-Legende des 9. Jh.s bekannte) Motiv eines mit »eygen Blut« besiegelten förmlichen Paktes mit dem Teufel zudichtet, gräßlich ausmalend schildern, wie ihn der Böse nach Ablauf seiner Dienstzeit umgebracht habe.

Ohne Zweifel ging es dem Erzähler um Warnung und Abschreckung. Aber deutlich ist auch, wie sehr diese Figur ihn faszinierte. So schlägt in den alten Faustbüchern das Strukturmodell der Heiligenlegende durch, deren Stationen (sündiges Weltleben, Bekehrung, Versuchung und Bewährungen, Wundertaten und seliges Ende) hier in spiegelverkehrter, analogie-antithetischer Fassung erkennbar werden. Bis zur blasphemisch gewendeten Imitatio Christi wird das geführt. Nicht allein, daß Faustus, schon zu Lebzeiten, niedergefahren sei zur Hölle und aufgefahren gen Himmel, berichtet die *Historia* (24. u. 25. Kap.). In ihren beiden letzten Kapiteln erzählt sie, unverkennbar, sogar von seinem Abendmahl mit den Jüngern, von Gethsemane und Emmaus. Auch diese Züge reichen hinter die Faustbücher zurück. Schon 1507 unterstellt ein Brief des Abtes Trithemius dem 'historischen' Faust die Behauptung »se quoque omnia facere posse quæ Christus fecit quoties & quandocunque velit« ('er könne alles tun, was Christus getan habe, so oft und wann er wolle.' – Trithemius 1601,560). Hier trifft man wohl auf die Schicht, in der das gleichermaßen entsetzte wie faszinierte Interesse des Reformationsjahrhunderts an seinem Doktor Faustus wurzelte.

Um den geschichtlichen 'Urfaust' hat Goethe selber sich nie gekümmert. Den ihm »*gegebenen* Stoff« lieferte erst und allein die literarische Behandlung der Faust-Gestalt. Aber mit näheren Angaben darüber war er bemerkenswert zurückhaltend.

Spies' vergleichsweise knapp gefaßte *Historia* ist in zahlreichen Auflagen, alsbald auch in mehreren Übersetzungen und dann in unterschiedlichen Bearbeitungen verbreitet worden. 1599 erschien eine dreibändig ausladende Fassung von Georg Rudolf Widman; 1674 eine auf Widman fußende, nicht weniger weitschweifige Version von Johann Nicolaus Pfitzer; 1725 schließlich eine spröde Kurzfassung, welche der Titel-Angabe entsprechend als das Faustbuch des 'Christlich Meynenden' bezeichnet wird (nähere Angaben unter 'Faustbücher' hier im Literaturverzeichnis S. 1084 ff.; grundlegend zu ihrer Druckgeschichte Henning 1963 und 1966).

Eine englische Übersetzung der Spies'schen *Historia* hat – möglicherweise nur mittelbar – die erste große Faustdichtung angeregt: Christopher Marlowes um 1590 verfaßte *Tragicall History of D. Faustus*. Goethe hat sie (in einer Übersetzung von Wilhelm Müller) wohl erst 1818 gelesen. Aber von englischen Wandertruppen wurde sie schon seit dem frühen 17. Jh. nach Deutschland gebracht – in nicht erhaltenen, gewiß zweckdienlich zugerichteten Spektakelfassungen, die dann vermutlich nach der Wende zum 18. Jh. auch von Marionettenspielern aufgenommen und für deren Zuschauerschaft entsprechend bearbeitet worden sind.

So ist Goethe seinem Faust zuerst und schon in früher Kindheit im Puppentheater begegnet (→ Text-Band S. 759 f.). In seiner Straßburger Zeit könnte er eine Wanderbühnenaufführung der Lepper-Ilgnerischen Truppe gesehen haben, die nach Ostern 1770 dort gastierte und den *Doctor Faust* in ihrem Repertoire hatte (vgl. Chr. H. Schmid 1902,193). Welche Fassungen des Faustbuchs selber er gekannt hat und wann sie ihm in die Hand kamen, ist ungewiß. Feststellen konnte man nur, daß er Pfitzers Bearbeitung 1801 aus der Weimarer Bibliothek entlieh. Aber er hat sie wahrscheinlich lange vorher gekannt und genutzt (dazu Pniower 1920); nicht zuletzt die dort enthaltene Kindsmorderzählung macht das wahrscheinlich (→ hier S. 195 f.). Noch früher könnte er wohl an das in zahlreichen Auflagen verbreitete dürftige Heftchen vom 'Christlich Meynenden' gekommen sein. Doch unter den Titeln der 'Volksbücher', die er in *Dichtung und Wahrheit* (1. Buch. FA I 14,42) als seine Kinderlektüre anführt, wird auffälligerweise gerade das Faustbuch nicht genannt. »Die bedeutende Puppenspielfabel«, von der er schrieb: sie »klang und summte gar vieltönig in mir wider« (ebd. 451), gab eine eindrucksvollere Herkunftsbezeichnung. Goethes sehr späte Äußerung über die alte Faustsage (an Zelter, 20. 11. 1829) beruft sich immerhin auf eine ausgedehnte, geradezu vollständige Kenntnis der einschlägigen Werke und setzt deren gründliches Studium voraus: »Die Geschichte von Faust wurde nach Wittenberg verlegt, also in das Herz des Protestantismus, und gewiß von Protestanten selbst; denn es ist in allen den dahin gehörigen Schriften keine pfäffische Bigotterie zu spüren, die sich nie verleugnen läßt.« (Mit anderen Begründungen als der hier vorgetragenen, einigermaßen zweifelhaften, sind die Gelehrten dieser These einer protestantischen Verfasserschaft des Faustbuchs in der Regel gefolgt.)

Was da stofflich vorgegeben war (»Facta und Charaktere«), hat die an solchen 'Einflüssen' interessierten älteren Kommentarwerke und stoff- oder motivgeschichtliche Studien zum *Faust* ausgiebig beschäftigt. Für das Verständnis der Goetheschen Dichtung selbst ist damit wenig gewonnen. Zu den 'Subtexten', die sie so in sich aufgenommen hat, daß sie einen 'intertextuellen Mehrwert' aus ihnen zieht, wird man gerade die Faustbücher kaum zählen können.

Folgenreich bedeutsam ist jedoch, daß vom »*gegebenen* Stoffe« her Spielfiguren und Requisiten, Spracheigentümlichkeiten, Denkweisen und Vorstellungen der *Frühen Fassung* wie des *Faust I* aus dem 16. Jahrhundert stammen, während Goethes »Belebung des Ganzen« doch seiner eigenen, 'aufgeklärten' Zeit angehört (so kommt mit der Kindsmörderinnen-Tragödie ein damals hochaktuelles Bürgerliches Trauerspiel zustande, in dem doch, entschieden anachronistisch, der alte Teufel leibhaftig auftritt). Aus dieser historischen Differenz und einer solchen dichterischen Epochenüberlagerung ergeben sich vielerlei Spannungen und Zwei-Deutigkeiten, Doppelungen und Spiegelungen. Man wird das kaum auf den Generalnenner einer »intendierten Widersprüchlichkeit« bringen können, welche den Autor allererst zur »Selbstreflexion der eigenen Geschichtlichkeit« angeleitet habe und Gleiches beim Leser bewirken sollte (Gaier 1989,10,42 u. passim). Aber richtig ist wohl, daß die Goethes eigener Zeit abgewonnenen Formeln »mißverstandener Wissenschaft, bürgerlicher Beschränktheit, sittlicher Verwirrung, abergläubischen Wahns« (und nicht nur diese) auch aus der Transformation in ein um zwei Jahrhunderte älteres Spielmaterial ihre Reichweite und Geltungskraft ziehen – insofern solche 'ethisch-ästhetischen Formeln' dadurch schon dem zeitgenössischen und wiederum dem zwei Jahrhunderte späteren Leser freier verfügbar erscheinen für die Erfahrungen seiner eigenen Zeit und Welt (dazu hier S. 60 ff.). Auch deshalb hat sich der *Faust I* in seiner Wirkungsgeschichte gegen die Warnung behaupten können, welche der um die Mitte des Aufklärungsjahrhunderts für die gebildeten Schichten maßgebliche Geschmacksrichter mit dem alten, »*gegebenen* Stoffe« verband: »Das Mährchen von D. Fausten hat lange genug den Pöbel ‹die Zuschauer der Wanderbühnen- und Puppenspiele› belustiget: Und man hat ziemlicher maßen aufgehört, solche Alfanzereyen gerne anzusehen. Daher muß denn ein Poet große Behutsamkeit gebrauchen, daß er nicht unglaubliche Dinge auf die Schaubühne bringe, vielweniger sichtbar vorstelle.« (Gottsched 1737,175)

Aufschlußreicher als die »Facta«, die Goethe aus dem »*gegebenen* Stoffe« übernahm, erscheinen im übrigen gerade seine Abweichungen von dieser Vorgabe. Das gilt keineswegs nur für die Umwandlung des herkömmlichen Teufelspaktes in die neue *Wette* (→ Kommentar zu 1692-1711) oder für die dadurch vorbereitete und damit ermöglichte 'Rettung', die dem in alle Ewigkeit verdammten alten Teufelsbündner hier zuteil wird. Es betrifft – entgegen einem der vielen zählebigen Vorurteile, die sich über Goethes Dichtung gelegt haben – auch Fausts Erkenntnisverzicht.

Vom Doktor der alten Faustdichtungen freilich hieß es (*Historia* 1587, 2. Kap.), er »name an sich Adlers Flügel / wolte alle Gründ am Himmel vnd Erden erforschen«. Den »hochtragenden / fürwitzigen vnd Gottlosen Menschen zum schrecklichen Beyspiel / abscheuwlichen Exempel / vnd treuwhertziger Warnung« (Vorrede) überschreiten der Wagemut dieses neuen Ikaros und sein neugieriger Erfahrungshunger frevelhaft die dem Menschen gesetzten Grenzen. Zu einer regelrechten Weltraumfahrt bricht er im 25. Kapitel auf, um aus seinem von Drachen gezogenen Flugwagen (dessen »Räder im vmbher lauffen jmmer Fewrstromen« abgeben!) den Erdball und die Gestirne zu erkunden. Das Erkenntnisverlangen und die Wissensgier dieses Vermessenen, der im 24. Kapitel selbst in der Hölle deren »Qualitet / Fundament vnd Eygenschafft / auch Substantz möchte sehen / vnd abnemen« (DWb n 1,612: abmessen!), spiegeln ganz offenbar den erwachenden Geist einer neuzeitlichen, empirisch exakten Naturwissenschaft. Insofern dieses Verlangen, »alle Gründ am Himmel vnd Erden ⟨zu⟩ erforschen«, jedenfalls eine der Ursachen ist, die den alten Faustus zum Pakt mit dem Teufel bestimmen und ihn am Ende in die Verdammnis stürzen, zielt die Warnschrift der *Historia* auch auf diese uneingeschränkte Wißbegierde des Forschers und ein menschliches Erkenntnisstreben, das sich keine Grenzen mehr setzt.

Lessing (der sich nicht die Gott vorbehaltene »reine Wahrheit« erbitten wollte, wohl aber den »immer regen Trieb nach Wahrheit, obschon mit dem Zusatze, mich immer und ewig zu irren«: *Eine Duplik*, 1778. FA 8,510) hat das in eine andere, neue Richtung gewendet. Die wohl in den Jahren 1755-75 entstandenen Entwürfe und Fragmente zu vier Szenen eines von ihm geplanten Faust-Dramas lassen erkennen, wie auch seinen Helden die Wißbegierde treibt. Durch Mitteilungen von Zeitgenossen weiß man aber, daß das Erkenntnisverlangen und die Wahrheitssuche, jedenfalls nach des Autors späterer Absicht, den Teufelsbündner hier keineswegs mehr in die Verdammnis stürzen sollten. Nach einem Bericht Friedrich v. Blankenburgs aus dem Jahr 1784 hat Lessing sein Stück als ein warnendes Traumspiel geplant, in dessen 5. Akt ein rettender Engel den schon triumphierenden Teufeln erklärt: »ihr habt nicht über Menschheit und Wissenschaft gesiegt; die Gottheit hat dem Menschen nicht den edelsten der Triebe gegeben, um ihn ewig unglücklich zu machen; was ihr sahet, und jetzt zu besitzen glaubt, war nichts als ein Phantom.« (Petsch 1911, 47)

Lessings Plan wurde 1784/86 durch die Veröffentlichung von Blankenburgs Brief und durch einen parallelen Bericht J. J. Engels bekannt (ein erstes belangloses Rettungsstück des Österreichers Paul Weidmann ging dem 1775 voraus: *Johann Faust. Allegorisches Drama*). Man weiß nicht, ob Goethe davon überhaupt erreicht wurde. Zwar scheint das Blankenburgsche Lessing-Zitat in Mephistos Versen anzuklingen: *Verachte nur Vernunft und Wissenschaft,* | *Des Menschen allerhöchste Kraft* ... *So hab' ich dich schon unbedingt* (1851 ff.). Aber das bleibt hier ein nahezu blindes Motiv. Weder führt der Wissensdrang Fausts Verdammnis herbei, noch begründet das Wahrheitsverlangen seine Rettung. Vielmehr endet die vermeintliche 'Gelehrtentragödie' bereits mit der Eingangsszene; niederschmetternd, aber tragisch doch nicht (und was man ihr noch hinzuzurechnen pflegt aus *Auerbachs Keller*, der *Hexenküche*, dem *Kerker*, ist kaum gelehrtenspezifisch). Der erkennen wollte, *was die Welt* | *Im Innersten zusammenhält*, hat zu Beginn des Spiels doch schon eingesehen, *daß wir nichts wissen können.* Seine Versuche einer magischen Makrokosmos-Schau und Erdgeistbeschwörung sind tatsächlich die letzten, die 'alternativen' und alsbald gründlich scheiternden Versuche, das noch zu erreichen, was die Schulwissenschaft ihm versagt. Fortan gilt, was er in der zweiten *Studierzimmer*-Szene erklären wird: Er ist *vom Wissensdrang geheilt* und will ins *Rauschen der Zeit*, ins *Rollen der Begebenheit* sich stürzen (→ 1746-75). Seine anderslautenden Verse in den Szenen *Wald und Höhle* und *Anmutige Gegend* heben das grundsätzlich nicht auf (→ Kommentare zu 3217-39 und 4716-27). Was ihn durch das Spiel treibt, ist Lebensdurst und Welthunger, das Verlangen nach der Schönheit, dem Besitz, der Macht, dem Tatengenuß und keineswegs mehr die Erkenntnisneugier des alten Teufelsbündners oder das Wahrheitsverlangen des Lessingschen Faust.

Wenn Goethe vom »*gegebenen* Stoffe« erklärte, daß er »Facta und Charaktere« schon überliefere, der Dichter also »nur die Belebung des Ganzen« zu bewirken habe (→ oben S. 181), kann 'Charakter', auf den *Faust* bezogen, freilich mehr nicht meinen als eine in grobem Umriß vorgeprägte Spielfigur. Allererst Goethes Dichtung hat die holzschnittartigen Gestalten der Faustbücher 'belebt' – zu wirklichen Charakteren nämlich mit individuellen, also personhaften Zügen. Und ein 'Charakterdrama' von ganz außerordentlicher psychologischer Tiefenschärfe stellt dieser Erste Teil des *Faust* vor Augen. Während sich sein Zweiter Teil erklärtermaßen vom 'Besonderen', Individuellen, Subjektiven eher doch objektivierend zu 'Allgemeinem' wendet, ein höheres poetisches Abstraktionsniveau besetzt und das Innere der sprechenden und handelnden Figuren weithin verdeckt hält, öffnen sich hier Einblicke und eröffnen sich Einsichten in das Gefühlsleben, ja in die Herzkammern und die Seelenregungen des Menschen. Eines dieser drei Wörter: *Gefühl* oder *Herz* oder *Seele* begegnet dem Leser in jeder 46. Vers-Zeile des Ersten Teils (ohne daß er es in dessen Kontexten etwa als verbraucht und abgenutzt empfinden müßte) – beim Zweiten Teil hingegen nur in jedem 163. Vers. Das kann der Computer so ausrechnen. Aber ohne dafür Worte zählen zu müssen, empfindet es auch der Hörer oder Leser. Denn stärker und unmittelbarer als der Zweite Teil appelliert der Erste an sein eigenes Gefühl, ja an sein

Herz – der Zweite aber, wie Goethe häufig erklärt hat, entschiedener als der Erste an seine eigene Welterfahrung und an seinen Verstand (→ etwa die 'Leseanweisungen' im Text-Band S. 824 u. 825). Gewiß liegt hier einer der Gründe für die sehr unterschiedliche wirkungsgeschichtliche Resonanz beider Teile. Das war abzusehen. »Ihr leset gewöhnlich ein Buch, um darin Nahrung für Euer Herz zu finden«, sagte der Autor des *Faust II* seiner Schwiegertochter und konterte: »es kommt gar nicht darauf an, daß Euch dieser oder jener *Charakter* gefalle, sondern daß Euch das *Buch* gefalle.« (Eckermann, 3. 10. 1828)

In das vielschichtige und hochproblematische Charakterbild seines Protagonisten hat Goethe vom Anfang an auch solche Züge eingebracht, die ihn in ein ironisches Licht rücken und auf Distanz bringen; die jedenfalls nicht dazu angetan sind, daß er dem Leser im Sinn naiver Bewunderung »gefalle«. Gemeint ist damit keineswegs nur das rücksichtslos egozentrische Genußstreben und Besitzverlangen dieses freudlosen Verderbenbringers, dessen Unternehmungen doch unentwegt scheitern und hier im Ersten wie später im Zweiten Teil ausnahmslos in Katastrophen führen. Es gilt das ebenso für die cholerisch aufbrausenden, nicht selten maßlos übertriebenen und übertreibenden Reaktionen dieses Exzentrikers, für das mitunter geradezu lachhaft großsprecherische Pathos und den apokalyptischen Donner dieses Rhetorikers (→ etwa 1661 f., 1775 u. ö.). Solche Züge wahrzunehmen, wird erschwert durch die Ablagerungen, welche die Rezeptions- und Wirkungsgeschichte auf Goethes Text hinterlassen hat. Denn die über mehr als ein Jahrhundert hin betriebene Idealisierung der gleichsam verselbständigten Faustfigur (die zweifellos im Dienst ihrer ideologischen Instrumentalisierung stand, ihr jedenfalls Vorschub leistete, → S. 17 f. und 36 ff.) hat dem kollektiven Bewußtsein ein entschieden einseitiges Bild von dieses *Menschen Geist, in seinem hohen Streben* (1676) eingeprägt.

Auf andere Weise gilt das auch für das Mädchen. Dabei spielt nun die Namengebung eine bemerkenswerte Rolle. Der Autor selber wechselt bei seinen Sprecherangaben zwischen dem vollen Namen MARGARETE (in den Szenen *Straße* bis *Gartenhäuschen*, in *Marthens Garten*, im *Kerker*) und der Kurzform GRETCHEN (zuerst in der 'Intim'-Szene *Gretchens Stube*, dann von der *Brunnen*- bis zur *Dom*-Szene). Daß er diese unterschiedlichen Benennungen aber keineswegs als gleichwertig nahm, zeigt ein Nachlaß-Schnipsel (WA I 14,295 als Paralipomenon 23; bei Bohnenkamp 1994 ausgeschieden) mit den Worten, die der Jurist Johann Philipp Orth wohl an eine Dienstmagd in Goethes Elternhaus richtete: »Worum Gretel, laßt ihr euch Gretel nennen, so ist sie nicht getauft, Margret! so heist sie M. Wie sie befehlen Herr Docter heisen sie mich wie sie wollen.« – Die Figuren des Spiels, wenn sie von ihr oder zu ihr reden, läßt Goethe durchweg das vertraute oder einfach abkürzende, überdies metrisch besser einzubringende Diminutiv *Gretchen* benutzen (nur vereinzelt *Margretlein* oder *Gretelchen*, auch *Gretel*). Faust selbst ruft sie einzig in der *Kerker*-Szene so an: *Gretchen! Gretchen!* – und da erkennt sie *den süßen, den liebenden Ton.* (4460, 4469)

Es wird dieser Name wohl nirgendwo im *Faust*-Text als »Bezeichnung für ein Lustobjekt« eingesetzt, für eine Dirne (wie Gaier 1989,703 unterstellt). Aber im genau entgegengesetzten Sinn enthält und vermittelt unsere rezeptionsgeschichtlich eingebürgerte exklusive Benennung dieser dramatischen Figur als 'Gretchen' gleichermaßen textferne oder jedenfalls unangemessen einseitige Konnotationen. Vor allem wohl die älteren bildlichen Darstellungen des Mädchens und die von solchen Illustrationen deutlich beeinflußten Bühnendarstellungen haben ein biedermeierlich-'altdeutsches' Stereotyp hervorgerufen, das sich mit den Worten 'Gretchenfrisur' und 'Gretchenzopf' selbst im allgemeinen Sprachgebrauch festgesetzt hat. Abgestimmt auf diese äußere Erscheinung transportiert der typisierende Name eine 'Gretchen'-Vorstellung, welche ganz aufs Liebe,

Rührende, ein wenig Naive und gänzlich Unschuldige reduziert ist, sie nur noch als *sitt- und tugendreich* (2611) imaginiert. Dem entspricht die von Petriconi 1953 aus den um die Mitte des 18. Jh.s erscheinenden Briefromanen Samuel Richardsons (*Pamela*, *Clarissa Harlowe*, *Sir Charles Grandison*) abgeleitete, auch auf Goethes Figur bezogene Formel *Die verführte Unschuld* (dazu Reuchlein 1986,144 f.). Aber die an dieses 'Gretchen' geheftete Namens-Aura läßt selbst die koketten Züge verblassen, die der Autor ihr beigab. Mehr noch verdeckt sie, daß hier eine leidenschaftlich Begehrende und unbedingt Liebende gedichtet ist, deren kühne, rücksichtslose Hingabe an das *Gefühl*, ja an ihr sinnliches Verlangen alle (auch in ihr selbst errichteten) ständischen, familiären, kirchlichen, moralischen Schranken niederlegt. Nicht auf rührende, sondern auf hinreißende Weise. – Um sich die Macht der Namens-Aura zu verdeutlichen, versuche man nur, den Vers, den Paul Celan in seiner *Todesfuge* schrieb: »dein goldenes Haar Margarete . . .« umzudenken in die gängige Diminutiv-Benennung.

Zur Herkunft des Namens hat man auf das Mädchen verwiesen, von dem 1811 in *Dichtung und Wahrheit* (5. Buch. FA I 14,181 ff.) erzählt wird, daß ihm die »ersten Liebes-Regungen« des Fünfzehnjährigen galten. Einige vage Reminiszenzen mag man da ausmachen (dieses »Gretchen«, offenbar als Bedienerin in der Altstadt tätig, war wohl nur wenig älter als das Kindmädchen, von dem Faust 2627 erklärt, es sei *über vierzehn Jahr doch alt*, und war »von unglaublicher Schönheit«; der Junge folgt ihr beim Kirchgang; sie, heißt es einmal, »saß am Fenster und spann; die Mutter ging ab und zu«; er reicht ihr den Arm, wenn sie beim Frankfurter Kaiserkrönungsfest durch die nächtlichen Straßen gehen; ihr Standesunterschied kommt zur Sprache; nach einem hochpeinlichen Begleitgeschehen endet die novellistische Erzählung mit »Gretchens« Fortgang aus der Stadt). Aber ob diese flüchtigen Entsprechungen überhaupt aus der Lebensgeschichte in die *Faust*-Dichtung eingingen oder gar den umgekehrten Weg nahmen, ist ungewiß. Für das Textverständnis bleiben sie ohnehin belanglos.

Bedeutsamer wird eine Namensschwester, die Goethe aus dem *Chorus Sanctorum Omnium* kannte. In der *Kerker*-Szene des *Faust I*, am *heiligen Ort* (4603), folgt die Darstellung Margaretes so weitgehend dem Bericht von der eingekerkerten und am Ende hingerichteten hl. Margarethe (Margarita), daß ihre Gestalt transparent wird für die Legendenfigur dieser namensgleichen Glaubenskämpferin (→ Kommentar S. 376 f.). Es ist das eines der vielen Beispiele für eine indirekte Bedeutungsmitteilung, welche durch »sich gleichsam in einander abspiegelnde Gebilde den geheimeren Sinn dem Aufmerkenden zu offenbaren« sucht. (Goethe an Iken, 27. 9. 1827)

Eine dritte Namensentsprechung schließlich führt auf die Dienstmagd Susanna Margaretha Brandt, eingekerkert 1771 im Frankfurter Katharinenturm und hingerichtet mit dem Schwert am 14. 1. 1772, 24jährig, auf dem Gerichtsplatz nahe der Hauptwache – weil sie »ihr eigen Fleisch umgebracht«, um »der Schande und des Vorwurfs der Leute zu entgehen, daß sie ein unehrliches Kind gebohren« (Verhörsprotokoll, Birkner 1973,62). Damit kommt das Kindsmord-Motiv ins Spiel.

In *Dichtung und Wahrheit* (4. Buch. FA I 14,166) heißt es andeutungsweise: »bald setzte ein entdecktes großes Verbrechen, dessen Untersuchung und Bestrafung die Stadt auf viele Wochen in Unruhe.« Möglicherweise hatte schon der 16jährige Goethe in seiner Leipziger Studienzeit von einer Stralsunder Kindsmörderin gehört oder gelesen (deren Vater und Mutter waren vor der Geburt ihres unehelichen Kindes gestorben; der Kindsvater mit seinen Helfern holte sie gewaltsam aus dem Gefängnis, in einem nächtlichen Straßenkampf kam dabei ein Soldat ums Leben; das Mädchen folgte nur widerstrebend seinen Befreiern, kehrte freiwillig in die Stadt zurück, wurde 1765 öffentlich enthauptet: Boenigk 1914). Über den Frankfurter Prozeß jedenfalls war der *Faust*-Autor ohne Zweifel sehr genau informiert. Beutler 1980,85 ff. hat dargelegt, daß der damals 22jährige Anwalt den Verhören der Susanna Margaretha Brandt möglicherweise selber beigewohnt, gewiß aber die Vernehmungsprotokolle gekannt hat, die sich in Teilabschriften von der Hand seines Kanzleischreibers unter den Akten des Vaters gefunden haben. Für Mephistos: *Sie ist die erste nicht* in der Szene *Trüber Tag · Feld* gibt es dort wörtliche Entsprechungen (→ Kommentar zu S. 188,13). Und die abgerissenen Sätze, mit denen Margarete im Kerker ihre Hinrichtung imaginiert (*Frühe Fassung*, S. 539, 89-93; dann *Faust I* 4587-95), entsprechen nicht nur dem Ritual der Frankfurter Exekution, sondern reflektieren mit der Eindrucksgewalt des Authentischen den Schauder des Augenzeugen, wenn der Scharfrichter ausholt mit dem Schwert: *Es zuckt in iedem Nacken die Schärfe die nach meinem zuckt!*

Darauf gründet Beutlers Mutmaßung, daß früheste Prosastücke der *Faust*-Dichtung unter dem unmittelbaren Eindruck dieser Ereignisse schon zu Anfang des Jahres 1772 entstanden sein könnten (aaO. 94 u. 97 f.). Nur bleibt dabei offen, wie es überhaupt zu einer Verbindung der Kindsmörderinnengeschichte mit der Magier- und Teufelsbündnerfabel gekommen sei: zur Kombination der beiden Motivkomplexe also, auf der die *Frühe Fassung* und der *Faust I* beruhen. Beutler hat das konzeptionell entscheidende »Bindeglied« im »Teufel als Versucher« sehen wollen (aaO. 96 f.); die Frankfurter Dienstmagd erklärte nämlich im Verhör, den Kindsmord habe »der Satan ihr in den Sinn gegeben« (Birkner 1973,51). Aber es lohnt sich, dafür noch einmal den »*gegebenen* Stoff« des alten Faustbuchs zu Rate zu ziehen.

Als dessen Vorgabe für die 'Gretchentragödie' wird allgemein die beiläufig knappe Erwähnung eines namenlos bleibenden Mädchens angeführt, in das der Doktor Faustus sich verliebt (bei Widmann und Pfitzer und dem im folgenden zitierten 'Christlich Meynenden', S. 34). Nur will diese »schöne doch arme Magd« ihm »ausser der Ehe nichts erlauben«, und das Sakrament der Ehe ist dem Teufelsbündner verboten. »Facta und Charaktere« dieser dürftigen Passage wird man für die Margareten-Handlung kaum in Anspruch nehmen können (wohl aber für *Faust II* – denn weil Faustus »Appetit nach Weiber-Fleische bekommen«, heißt es hier, daß er »kurtz darauf, aus sonderbarer Gnade des Lucifers, die schöne Helena aus Griechen-Land zur Beyschläfferin erhielt, mit welcher er einen Sohn gezeuget«).

Hingegen enthält die Faustbuch-Fassung Pfitzers (nur diese, als Anmerkung zum 2. Kapitel des 1. Teils) einen ausführlichen Kindsmörderinnen-Bericht mit sehr bemerkenswerten »Facta«, den dieser Bearbeiter aus Harsdörffers *Der Grosse Schau-Platz jämmerlicher Mordgeschichte* (I, 1650. Hist. 24) abgeschrieben hat. Als Beispiel für das üble Treiben an den Universitäten, an dem Faustus teilnimmt, wird da »ein solcher junger Student« namens Apion angeführt. Der bringt Amee, die Tochter seiner Wirtin, durch ein Eheversprechen dazu, sich mit ihm einzulassen. »Es war ihnen leicht ihrer Mutter Augen zu blenden«, und »so liegen sie deß Nacht beysammen.« Frau Marthe vorbildend, bietet die Magd Caride zu diesem »böslichen Leben hülffliche Hand«. Das Mädchen wird schwanger, der Verführer »ziehet 〈. . .〉 heimlich darvon«, und was die Verlassene »für Klagen geführet, ist leichtlich zu erachten.« Nach der Niederkunft bespricht sie mit der Magd, »das Kind zu erstechen und in dem Garten unter einem Baum zu begraben« (→ Kommentar zu 4412-20, dem *Kerker*-Lied vom Machandelbaum). »Apion aber war in Teutschland verreiset.« Dann wird das tote Kind aufgefunden: »wird die Mutter und Tochter in Verhafft genommen, und nach Entdeckung dieses Meuchel- und Kinder-Mords, die Caride auch eingezogen, und diesen beyden die Häupter für die Füsse gelegt, die Mutter aber, weil sie ihrer Tochter nicht besser gehütet, der Stadt verwiesen.« (Pfitzer 1674,9 f.) – So war schon im »*gegebenen* Stoffe« die Verbindung des Faust-Dramas mit dem Margareten-Trauerspiel vorgezeichnet, in das dann die Frankfurter Vorgänge ihre Spuren eingeprägt haben und in dessen

Szenen *Trüber Tag · Feld | Kerker* die Erschütterungen des Augen- und Ohrenzeugen nachzubeben scheinen.

Sie ist die erste nicht: Der Kindsmord – verstanden als vorsätzliche Tötung eines neugeborenen, in der Regel unehelichen, immer ungetauften Kindes durch die eigene Mutter nach verheimlichter Niederkunft – war ein großes, bewegendes Thema der Zeit (dazu u. a. Wächtershäuser 1973, Dülmen 1991). Grundsätzlich stand auf dieses erst im 16. Jh. als eigenständiger, qualifizierter Straftatbestand erfaßte, seit dem 17. Jh. immer häufiger registrierte und als besonders ruchlos und widernatürlich beurteilte Verbrechen die Todesstrafe. Gemäß der *Carolina* (der *Peinlichen Gerichtsordnung* Karls V. von 1532, noch im 18. Jh. Grundlage der Rechtsprechungspraxis im Deutschen Reich) wurde sie durch Lebendigbegraben oder Pfählen vollstreckt. Als milderer Vollzug galt das Ertränken, als Gnadenakt die zunehmend übliche Enthauptung durch das Schwert. Aber 1771 lautete eine der Thesen, mit denen Goethe in Straßburg zum Lizentiaten der Rechtswissenschaft promoviert wurde: »An fœmina partum recenter editum trucidans capite plectenda sit? quæstio est inter Doctores controversa« (MA I 2,556. – ‘Ob eine Frau, die ein Neugeborenes grausam umbringt, mit dem Tode zu bestrafen sei, ist eine Streitfrage unter den Gelehrten’). Seit der Mitte des Aufklärungsjahrhunderts nämlich hatte sich eine breite öffentliche Auseinandersetzung auf die sozialen Ursachen und psychologischen Bedingungen dieser Verbrechen gerichtet. Man sah im Kindsmord nicht mehr die schlechthin todeswürdige Untat eines moralisch haltlosen und dirnenhaft verkommenen Subjekts (als das der sterbende Valentin in seiner Verdammungsrede 3726-63 Margarete brandmarken wird), sondern vielfach doch eine Verzweiflungstat aus Angst vor den Unzuchtstrafen und Kirchenbußen, welche einen außerehelichen Geschlechtsverkehr bedrohten, vor öffentlicher Entehrung und materieller Verelendung. Strafmilderungen und Begnadigungen setzten ein. So rückte der Kindsmord geradezu ins Zentrum der strafrechtsreformerischen, liberalisierenden Bestrebungen des ausgehenden 18. Jahrhunderts, und es wurden vorbeugende Maßnahmen bedacht (auf eine Mannheimer Preisfrage des Jahres 1780: »Welches sind die besten ausführbaren Mittel, dem Kindermord Einhalt zu thun?« gingen mehr als 400 Schriften ein).

Mephisto, der Helfershelfer, konstatiert mit eisigem Lakonismus: *Sie ist die erste nicht.* Faust, der Täter, repliziert in tobendem Wortschwall (kaum einer seiner Sätze oder Satzfetzen in dieser Szene *Trüber Tag · Feld* ohne Ausrufzeichen, und keines doch richtet sich gegen ihn selbst): *Die erste nicht! – Jammer! Jammer! von keiner Menschenseele zu fassen, daß mehr als ein Geschöpf in die Tiefe dieses Elendes versank, daß nicht das erste genugtat für die Schuld aller übrigen in seiner windenden Todesnot vor den Augen des ewig Verzeihenden!* (S. 188,21 ff.) Einer *richtenden gefühllosen Menschheit* läßt Goethe seinen Protagonisten hier entgegentreten (ebd. 9 f.). Und wenige Jahre später hat er selber doch in Weimar die Todesstrafe für eine Kindsmörderin gutgeheißen. Dieser Fall ist im Zusammenhang mit der *Faust*-Dichtung häufig so verkürzt und entstellend angeführt worden (nicht zuletzt in juristischen Publikationen während der Hitler-Zeit, die für Todesstrafen plädierten), daß er einer Randbemerkung bedarf.

1783 war vom Schöffenstuhl in Jena Johanna Höhn, die ihr Kind umgebracht hatte, zum Tod durch das Schwert verurteilt worden. Goethes Herzog hatte diesen Spruch zu bestätigen oder ihn kraft landesherrlichen Begnadigungsrechtes abzumildern und legte den Fall seinem dreiköpfigen Consilium vor. Der Geheime Rat v. Fritsch beschloß seine allgemein gehaltenen Darlegungen über die »zeither auf den Kinder-Mord gesetzt gewesene Todes-Strafe« mit dem Vorschlag, dafür »überhaupt keine bestimmte« Strafe festzulegen, »sondern in einem jeden einzelne Falle nach sorgfältiger Untersuchung und Erforschung aller Umstände« zu entscheiden. Sein Kollege Schnauß dann erörterte die Ursachen für den Kindsmord, die »aus dem Weg geräumet« werden müßten – darunter eben die, welche in der *Faust*-

Szene *Am Brunnen* zur Sprache kommen: »Verlust der Ehre und der Verheiratung« und »Übernahme der öffentlichen Schande und Strafe«. Er erklärte es freilich für eine »ganz vergebliche Sache, das Publikum von dem seit so vielen Jahrhunderten eingewurzelten Vorurteil 〈...〉 zu heilen«: »es bleibt vielmehr eine Geschwächte 〈außerehelich Geschwängerte〉 allezeit eine geschändete und verachtete Weibs-Person.« Im Fall der Johanna Höhn, bei der man »nicht die geringste Entschuldigung ihrer mit rechten Bedacht verübten Grausamkeit« geltend machen könne, hielt er es aus Abschreckungsgründen nicht für ratsam, das Todesurteil aufzuheben. Wohl aber empfahl er, »in ähnlichen Fällen, wenn zumalen der Verbrecherin ein erheblicher 〈mildernder〉 Umstand zustatten kommen sollte, eine Begnadigung 〈...〉 angedeihen zu lassen.« – So kam die Sache an Goethe. Er nahm sich zehn Tage Zeit für das Akten- und Literaturstudium. Auf Grund eines dazu vorgelegten, nicht erhaltenen eigenen Aufsatzes lautete schließlich sein Votum: Er könne nicht zweifeln, daß es richtig sei, den beiden vorausgegangenen Empfehlungen »in allen Stücken beyzutreten, und zu erklären daß auch nach meiner Meinung räthlicher seyn mögte die Todtesstrafe beyzubehalten.« (FA I 26, 201-208 – Andere Kindsmörderinnen sind auf Vorschlag des Consiliums, also auch Goethes, in Weimar begnadigt worden; dazu Frede 1966,423 ff.)

Der Doppelrolle entsprechend, in der Goethe selber hier als Autor des *Faust* und als juristisch vorgebildeter Politiker erscheint, haben sich am Kindsmord-Diskurs im Zeitalter der Aufklärung nicht nur Rechtsgelehrte, Philosophen, Pädagogen, Ärzte und Theologen beteiligt, sondern auch die Dichter. Die 'Gretchentragödie' ist insofern kein isolierter Fall; vielmehr hat die Generation der Stürmer und Dränger dieses Motiv mehrfach behandelt (vgl. Rameckers 1927, B. Weber 1974). Von Heinrich Leopold Wagner, dem Freund seiner Straßburger und Frankfurter Zeit, berichtet Goethe in *Dichtung und Wahrheit* (14. Buch. FA I 14,655 f.), er habe ihm seine »Absicht mit Faust, besonders die Katastrophe von Gretchen« erzählt, und er behauptet (man meint heute: zu Unrecht), Wagner »faßte das Sujet auf, und benutzte es für ein Trauerspiel, *die Kindesmörderin* ⟨richtig: *Die Kindermörderin*, 1776⟩. Es war das erst Mal, daß mir Jemand etwas von meinen Vorsätzen wegschnappte.«

Das Thema lag in der Luft. Was die jungen Autoren daran reizte, war nicht zuletzt sein gesellschaftskritischer Aspekt, den sie in der Regel denn auch deutlich verschärften. In der Praxis nämlich war – ganz wie im Fall der Susanna Margaretha Brandt – Kindsmord vorwiegend ein Delikt heiratswilliger Dienst- und Bauernmägde, gehörten die das Weite suchenden Kindsväter der gleichen sozialen Schicht an und spielte 'Verführung' offenbar kaum eine Rolle (Dülmen 1991,84). Für die Sturm- und Drang-Dichtungen hingegen ist durchaus bezeichnend, daß Goethe einerseits Margarete aus dem Dienstbotenmilieu in bürgerliche Zustände befördert und damit die Tugendbegriffe und Moralvorstellungen ihrer Schicht unmittelbar ins Spiel bringt, andererseits den Standesunterschied zwischen diesem Kleinbürgermädchen und dem *gelehrten Herrn* nachdrücklich markiert und Faust durchaus in der Rolle eines schuldhaften Verführers agieren läßt. Von daher bestimmt sich der gattungsgeschichtliche Charakter der Margareten-Szenen. Die alte Ständeklausel, nach der das Trauerspiel »der Könige / Fürsten und grosser Herren Geschichte behandeln« sollte und allein »Freudenspiele ⟨. . .⟩ deß gemeinen Burgermanns Leben außbilden« durften (Harsdörffer, *Poetischer Trichter* II, 1648. 11,2), ist hier aufgehoben. Nicht mehr vom Thron, sondern vom Spinnrad nur stürzt die tragische Figur auf das Schafott. Aber was ihr Sturz dabei an 'heroischer', auf die Erschütterung des Zuschauers zielender äußerer Fallhöhe verliert, gewinnt er hier an innerer, herzergreifender Gefühlsgewalt. Nicht mehr aus metaphysischen, sondern aus innerweltlich-mitmenschlichen Antagonismen resultiert das tragische Geschehen. Mit Goethe zu reden: Das *beschränckte des bürgerlichen Zustands* (s. u.), die als wirklichkeitsnah und lebenswahr imaginierten häuslichen, familiären, nachbarlichen: die privaten Verhältnisse des 'Mittelstandes' werden zum Ursprungsbereich und Spielfeld der Tragödie. Mit alledem ordnen sich die Margareten-Szenen einer seit der Mitte des 18. Jahrhunderts ausgebildeten neuen Erscheinungsform des ernsten Dramas zu. Diese 'Gretchentragödie' (auf das *Faust*-Spiel bezogen: eine höchst unproportionale 'Episode', die in der *Frühen Fassung* den größten Teil, im *Faust I* noch immer die Hälfte des Textes ausmacht) hieße – für sich genommen – richtiger doch: 'Margarete. Ein bürgerliches Trauerspiel.' Allein Mephisto, der leibhaftig auftretende Teufel, erscheint dabei als eine gattungsfremde, anachronistische Spielfigur. Im übrigen sind die Familienverhältnisse des Mädchens doch so angelegt, daß für den verstorbenen Vater und die im Hintergrund bleibende Mutter Stellvertreterfiguren agieren, welche dem Elterntypus im Bürgerlichen Trauerspiel der Zeit entsprechen: die Züge einer kupplerischen Mutter werden auf die Nachbarin Marthe, die des moralstrengen kleinbürgerlichen Hausvaters auf den Bruder Valentin übertragen (dazu M. Schmidt 1985,93 ff.).

Zeitweise hat Goethe daran gedacht, die Margareten-Szenen weiter in das soziale Umfeld eines solchen Bürgerlichen Trauerspiels auszudehnen. Paralipomenon 24 (Text-Band S. 563): *Kleine Reichsst.⟨adt⟩ Das anmuthige beschränckte des bürgerlichen Zustands. Kirchgang Neugetauftes Kind Hochzeit.* Da wird der 'normale' Lebensgang des Bürgermädchens skizziert, aus dem die Liebe zu Faust sie herausreißt; werden Erwartungen angedeutet, wie sie in der *Brunnen*-Szene 3570 zur Sprache kommen, und eine eigene Hoffnung wohl auch, die sich erst in der *Kerker*-Szene 4581 verrät.

Das blieb unausgeführt. Die Margareten-Szenen bleiben eng zusammengezogen auf das Mädchen. Die Binnenräume ihrer *kleinen Welt* (3355) sind die Spielfelder dieses Trauerspiels. Von der *Straße* her greifen Faust und Mephisto an, schmieden sie ihr Komplott, dringen sie ein in Margaretes *kleines reinliches Zimmer*, in der *Nachbarin Haus*, in den *Ker-*

ker am Ende; und auf der Straße wiederum, am *Brunnen*-Platz und *vor Gretchens Türe*, wird offenbar, was drin geschehen ist.

So sind auch Fausts eigene Spielfelder hier zugeschnitten. Drei lange Eröffnungsszenen in seinem *engen, gotischen Zimmer*, der *engen Zelle*, dem verfluchten dumpfen *Mauerloch*: in Fausts *Kerker* (398) beginnt das Spiel, in Margaretes *Kerker* endet es. Und was die so oder so Eingekerkerten unternehmen (noch die aus *niedriger Häuser dumpfen Gemächern* und *der Straßen quetschender Enge* österlich auferstehenden Stadtbewohner: 923 ff., selbst die in Mephistos *herrliche Walpurgisnacht* ausfliegenden Hexen), sind alles doch Ausbruchsversuche. Denn das *beschränckte des bürgerlichen Zustands* meint Äußeres wie Inneres. Die engen Spielfelder sind symbolische Schauplätze. Sie 'verräumlichen' die Bedrängnisse der im Muff des Urväterhausrats erstickenden Schulwissenschaft ebenso wie die von *Handwerks- und Gewerbes-Banden* (924) oder die der ständischen Schranken, der kirchlichen und bürgerlichen Tugendregeln und Moralvorschriften, der sozialen Kontrolle und Disziplinierung.

Daß die Faust-Handlung aus einer Folge von Ausbruchsversuchen besteht, ist offensichtlich. Sie führen von der Wendung zur Magie (418: *Flieh! Auf! Hinaus in's weite Land!*) und dem Selbstmordversuch (704: *Auf neuer Bahn den Äther zu durchdringen*) bis zum Vertrag mit Mephisto (1754 f.: *Stürzen wir uns in das Rauschen der Zeit, | Ins Rollen der Begebenheit!*) und den von diesem *Schandgesellen* inszenierten ersten Ausfahrten (in *Auerbachs Keller*, die *Hexenküche*, die *Walpurgisnacht*). Das gilt nicht weniger für Margarete. Anders als der sprachmächtig reflektierende Faust, der als der *Flüchtling*, der *Unbehaus'te* sich versteht (3348), macht sie darum keine Worte. Tatsächlich aber läßt die unbedingt Liebende nicht nur alle Schranken ihrer bürgerlichen Existenz, sondern alle Bedingungen ihres Lebens hinter sich: *zerscheitern* und *zu Grunde gehn* – er sagt es von sich (1775, 3365), sie handelt so. Und wenn sie, ja: weil sie am Ende dieses Trauerspiels sich weigert, auszubrechen aus ihrem *Kerker*, während Faust ohne sie flüchtet, erscheint sie doch als die eigentlich Befreite. In einem anderen Sinn, als sie selber es hier versteht, werden ihre Worte wahr: *Ich bin frei! Mir soll niemand wehren* (4463). Im 4. Akt des Zweiten Teils wird Faust angesichts der *in den Äther* sich erhebenden Zirruswolke begreifen oder ahnen: Sie *zieht das Beste meines Innern mit sich fort* (10066). In der *Bergschluchten*-Szene wird sich das ereignen.

Das große Ausbruchs-, Befreiungs- und Metamorphosenspiel der *Faust*-Dichtung findet mit diesem Ersten Teil kein Ende. Getrieben von seinem unstillbaren Verlangen nach Weltgewinn und Ich-Erweiterung, wird Faust in immer weitere räumliche und geistige Fernen ausbrechen – bis dieser *Hungerleider | Nach dem Unerreichlichen* (8204 f.) auch die Schranke hinter sich läßt, die der Tod dem Leben setzt, und dem Blick entschwindet, hingezogen in unabsehbare Räume.

Den Kommentaren zum *Faust II* vorgreifend, will ich hier anmerken: Der *Faust I*, auf dessen Lektüre viele Leser und auf dessen Aufführung viele Inszenierungen sich doch beschränken, ist auf das hin angelegt, was mit diesem Zweiten Teil ihm folgt. Ohne ihn bleibt er eigentlich unverständlich oder doch tief mißverstehbar. Nicht nur, weil so (hinsichtlich der dramatischen Handlung) der Ausgang der zwischen Faust und Mephisto abgeschlossenen *Wette* offen und die Verheißung unerfüllt bliebe, die der Herr im *Prolog im Himmel* gegeben hat. Auch nicht nur, weil so (hinsichtlich der Komposition des Ganzen) die vielfältigen Fäden eines Bild- und Symbolnetzes in der Luft hingen, welches keineswegs allein den Zweiten Teil in sich zusammenhält, und weil durch »sich gleichsam in einander abspiegelnde Gebilde« (Goethe an Iken, 27. 9. 1827), durch Wiederholungs- und Entsprechungsphänomene, durch vom *Faust I* her vorausdeutende, vom *Faust II* aus zurückweisende Korrespondenzen beide Teile einander wechselseitig ‘kommentieren'. Vielmehr gibt sich, darüber hinaus, der nur in Szenen gegliederte *Faust I* in bestimmter Hinsicht geradezu als der 1. Akt des ganzen *Faust*-Spiels zu verstehen. Denn die ihm folgenden fünf Akte des *Faust II* fügen sich keineswegs zur geschlossenen Struktur des 'klassischen Dramas'. Eher doch stellen sie, durch den eigentlichen Handlungsgang nur notdürftig miteinander verbunden, fünf sehr unterschiedliche Spielfelder eines großen Stationenstückes dar: fünf 'Abhandlungen' eines 'epischen' Theatergedichts, denen eine sechste hier vorangeht (→ S. 390 f.). Vom 4. Akt hat Goethe am 13. 2. 1831 Eckermann erklärt, er bekomme »wieder ⟨!⟩ einen ganz eigenen Charakter, so daß er, wie eine für sich bestehende kleine Welt, das Übrige nicht berührt, und nur durch einen leisen Bezug zu dem Vorhergehenden und Folgenden sich dem Ganzen anschließt.« Das gilt nicht nur für das Verhältnis aller 5 Akte des *Faust II* untereinander, sondern ebenso für das des Ersten Teils zum Zweiten Teil. Der als ganzer (schreibt Goethe an Stapfer, 3. 4. 1827), »ist in Anlage und Ausführung von dem ersten durchaus verschieden, indem er in höheren Regionen spielt und dadurch von jenem sich völlig absondert.« Unter dem Aspekt eines Ausbruchsspiels aber, das auf Befreiung, Verwandlung, Steigerung zielt, begründet eben diese Unterschiedlichkeit beider Teile auf zwingende Weise ihren Zusammenhang.

Wenn Mephisto erklärt: *Wir sehn die kleine, dann die große Welt* (2052), geht das auf Faust, der sich nach Goethes Plan (Paralipomenon 123C: Text-Band S. 636,21 ff.) *aus der bisherigen kummervollen Sphäre durchaus erheben* wird in die *höheren Regionen* des Zweiten Teils: aus der engen Bürgerstadt zum Kaiserhof, vom Harz nach Hellas, aus dem Studierzimmer-*Kerker* in den Palast. Wer ihn am Ende dieses Ersten Teils aus dem Blick verlöre, verließe ihn in eben dem Bereich, der doch gerade auf Überwindung hin angelegt ist – in jenem »Wust mißverstandener Wissenschaft, bürgerlicher Beschränktheit, sittlicher Verwirrung, abergläubischen Wahns«, als den der Autor die *kleine Welt* des *Faust I* charakterisierte (WA I 15.2,215). Wenn Goethe aber erklärt: »Der erste Teil ist fast ganz subjektiv; es ist alles aus einem befangeneren, leidenschaftlicheren Individuum hervorgegangen, welches Halbdunkel den Menschen auch so wohl tun mag. Im zweiten Teile aber ist fast gar nichts Subjektives, es erscheint hier eine höhere, breitere, hellere, leidenschaftslosere Welt« (Eckermann, 17. 2. 1831), dann geht das auch auf den Leser oder Theaterbesucher, der selber aus seiner befangeneren, subjektiveren Welt in eine 'höhere' eintreten mag, wenn er nicht beim Ersten Teil dieser Dichtung stehenbleibt.

Seite 30, Abbildung I] Im 7. Bd von *Goethe's Schriften*, in dem 1790 mit *Faust. Ein Fragment* zum ersten Mal ein Teil der *Faust*-Dichtung durch den Druck veröffentlicht wurde, stand gegenüber dem Titelblatt der hier wiedergegebene ganzseitige Kupferstich, den Goethe bei dem Maler und Kupferstecher Johann Heinrich Lips in Auftrag gegeben hatte (briefl. Zeugnisse bei Gräf 1904,47). Als Vorlage hat Rembrandts etwa 1652/55 entstandene Radierung eines Gelehrten gedient, der in seinem Studierzimmer die magischen Zeichen einer Lichterscheinung betrachtet (in Goethes Besitz befand sich ein Abzug vom 3. Zustand dieser Radierung – abgebildet bei Holtzhauer 1969,653). Ursprünglich titellos, dann zunächst als 'Praktizierender Alchymist' bezeichnet, erhielt das Bild 1751 durch den niederländ. Kunsthändler Gersaint den (wohl an der Werbewirksamkeit dieses Namens orientierten) Titel 'Faust' (vgl. Wegner 1962, 19). Lips hat seitenverkehrt und verkleinert kopiert, Rembrandts bartlosen Niederländer dabei in einen bärtigen und älteren, eher orientalisch gekleideten Mann verwandelt.

Im Zentrum der Lichterscheinung, offenbar einer Projektion aus dem seitlich angebrachten Spiegel, stehen die Buchstaben INRI (für: Jesus Nazarenus Rex Judaeorum), die durch die Balken eines Andreaskreuzes getrennt werden. Im inneren Kranz die Worte ADAM TE DAGERAM, im äußeren AMRTET ALGAR ALGASTNA. Sie wurden lange für eine arkansprachliche Zauberformel gehalten und erst von Bojanowski (1938,527-530 u. 1956,526-532) entschlüsselt. Die durch Buchstabenvertauschung chiffrierten Worte sind zu lesen als: ADAM TE ADGERAM (Mensch, ich ⟨Christus⟩ werde dich hinführen, oder: werde dich darauf bringen) und: TANGAS LARGA LATET AM⟨O⟩R (Vieles magst du berühren, verborgen bleibt dir die Liebe ⟨Gottes⟩). Mit dieser Radierung hat Rembrandt offenbar die Verse aus dem

1. Korintherbrief 13,2 u. 12 ikonographisch umgesetzt: »Und wenn ich weissagen könnte, und wüßte alle geheimnisse, und alle erkänntniß, und hätte allen glauben, ⟨...⟩ und hätte der liebe nicht: so wäre ich nichts. ⟨...⟩ Wir sehen jetzt durch einen spiegel in einem dunckeln wort, denn aber von angesicht zu angesicht. Jetzt erkenne ichs stück-weise, denn aber werde ichs erkennen, gleichwie ich erkennet bin.« – Ob Goethe Rembrandts Anagramm überhaupt durchschaute, seine Anspielung auf den Korintherbrief verstand und etwa deswegen dieses Bild dem *Fragment*-Druck voranstellte, oder ob nur dessen 'Faust'-Titel ihn dazu bestimmte, ist ungewiß.

Für den *Faust I*-Druck dann wünschte Goethe keine (durchgehende) Illustrierung. Cottas Bitte um Vorlagen dafür hat er am 25.11.1805 abgewehrt: »Den Faust, dächt' ich, gäben wir ohne Holzschnitte und Bildwerk. Es ist so schwer, daß etwas geleistet werde, was dem Sinne und dem Tone nach zu einem Gedicht paßt. Kupfer und Poesie parodieren sich gewöhnlich wechselsweise ⟨meint: stören einander – oder auch: paraphrasieren sich nur⟩. Ich denke, der Hexenmeister soll sich allein durchhelfen.« Am 31.3.1808 lieferte er dem Verleger dafür eine sehr aufschlußreiche, bedenkenswerte Begründung nach: Er wolle dieses Schriftwerk »nicht mit Kupfern begleitet sehen, wenn sie auch noch so gut wären. Sie beschränken die Einbildungskraft des Lesers, die ich ganz frei erhalten möchte«.

Der Herausgeber der vorliegenden Ausgabe hat das dem Text des *Fragment*-Drucks von 1790 voranstehende Kupfer hier trotzdem reproduzieren lassen: er mochte dem Benutzer diesen wirkungsgeschichtlich bedeutsamen Stich nicht vorenthalten und vertraut darauf, daß »die Einbildungskraft des Lesers« von diesem einen Bild nicht gegängelt und eingeschränkt wird.

Seite 33-47 Szene
354-807 NACHT

Nach dem *Prolog*, mit dem sich die Weite des Kosmos eröffnet hatte und dessen erstes Wort *Die Sonne* war, setzt die irdische ›Tragödie‹ bei *Nacht* ein und im *engen Zimmer* (zur Bühnenvorstellung Goethes → seine Skizzen von Fausts Studierzimmer, Text-Band Abb. 3-5). Auf diese Ausgangslage (im *Kerker* und verfluchten dumpfen *Mauerloch*, in trübseligem *Mondenschein* und *Wissensqualm*) antworten die Ausbruchsversuche ins Helle und Weite, die Faust hier unternimmt: die Makrokosmos-Schau und die Erdgeistbeschwörung des Magiers wie sein enthusiastischer Entschluß zum Selbstmord. Die euphorischen Aufschwünge und tiefen Abstürze dieser Ikarusflüge, die hochemotionalen Stimmungsumschläge dieser hier geradezu manisch-depressiv anmutenden Figur bilden sich gleichermaßen im Wortlaut ihrer Verse wie in deren jäh wechselnder metrischer Verfassung ab (→ Kommentare zu 386-429, 430, 464-67, 514-17).

Wohl erscheint Faust mit seiner enttäuschten, verzweifelten Abkehr von aller Schulwissenschaft, seinem Ausstieg aus der akademischen Lehre, seiner Hinwendung zur ›alternativen Wissenschaft‹ der Magie als eine Identifikationsfigur: als Wortführer einer Generation (jeder Generation), die sich der *lebendigen Natur* entfremdet und von einer unmittelbaren Erfahrung des Lebens ausgeschlossen fühlt; die, um die *Menschen zu bessern und zu bekehren*, aus erstickendem *Urväter Hausrat* und steriler Gelehrsamkeit, aus einem in Konvention erstarrten, verkürzten Leben auszubrechen sucht ins Ganze, Große und Wahre. Aber vom Anfang an stellt Faust sich als eine höchst ambivalente, ironisch gebrochene Figur dar. Schon im Eingangsmonolog besorgen das – in der Funktion eines metrischen Vorzeichens – seine Knittelverse (→ Kommentar zu 354 ff.). Denn für Goethes zeitgenössische Hörer und Leser, auf die sie doch berechnet waren, besaßen sie nichts von der edlen Patina, welche die Wirkungsgeschichte mittlerweile auf ihnen abgelagert hat. Dieser damals durchaus als altfränkisch-humorig, ja primitiv-ulkig empfundene Jahrmarkts- und Puppenspielvers, in den der Autor Fausts hohes Pathos bricht, rückt den Titanen, den *Übermenschen* (490) in ironisches Licht und entspricht damit einer absehbaren Publikumsreaktion, von der wir durch Mendelssohn wissen. »Wo sind Sie, liebster Lessing! mit Ihrem bürgerlichen Trauerspiele?« heißt es in einem Brief vom 19. 11. 1755 an seinen mit *Faust*-Plänen umgehenden Freund. »Ich möchte es nicht gern bey dem Nahmen nennen, denn ich zweifle, ob Sie ihm den Nahmen Faust lassen werden. Eine einzige Exclamation, o Faustus! Faustus! könnte das ganze Parterre lachen machen.« (Mendelssohn 1974,11,20).

33, vor 354 *In einem . . . gotischen Zimmer]* Anders als schon 1772 in Goethes Aufsatz *Von deutscher Baukunst* ist *gotisch* hier negativ bestimmt im Sinne von: disparat zusammengestoppelt und überladen, dumpf und beklemmend, naturfern. Im 18. Jh. überdies gängig für Mittelalterlich-Überlebtes, Unmodernes (DWb 8,1004 ff.). → Goethes Bühnenskizze, im Text-Band Abb. 3.

33,354 ff. *Habe nun, ach! . . .]* Fausts hochpathetischer Eingangsmonolog beginnt in vierhebigen Paarreimen mit unregelmäßiger Senkungszahl. Solche im 16. Jh. weit verbreiteten 'Knittel' hatte Goethe (in ihrer strengen, 8- oder 9silbigen Fassung) beim alten Hans Sachs gefunden – was häufig als Argument für eine Abfassungszeit der ältesten *Faust*-Szenen erst ab 1773 benutzt worden ist. Tatsächlich sind sie ihm schon in seiner Leipziger Studienzeit (1765-68) beigebracht worden. Von Gottscheds *Versuch einer Criti-*

schen Dichtkunst vor die Deutschen berichtet er in *Dichtung und Wahrheit* (7. Buch. FA I 14,287), er habe ihm »von allen Dichtungsarten eine historische Kenntnis, so wie vom Rhythmus und den verschiedenen Bewegungen desselben« vermittelt. Die beiden ersten Auflagen dieses Lehrbuchs (1730/37) enthalten einen eigenen Paragraphen über den Knittel, zitieren dabei Hans Sachs und liefern als eigenes Beispiel ein Gratulationsgedicht, in dem es von einem »zum Magister-Ampt« Promovierten heißt, daß sie ihn

Zum Lehrer gmachet han allhie
Der Waisheit oder Philosofi
Weil sie von wegen deiner Gabn
Der Eer dich werthgeschetzet habn
Seitdem du wol, daß gibt dir Praiß
Studirt mit unverdroßnem Flaiß
Als wellichs heit zu Tage nun
Schier wenige mit Eyffer tuhn ⟨. . .⟩
So wirst du ein Philosofus
Bist gleich sonst ein Theologus
⟨. . . und verlachst die Stümper, die⟩
verstehn nit die geringste Spur
Vom ewgen Gsätz in der Natur
Wollen große Juristen seyn
Bleibn alzeit am Verstand sehr klain
Imgleichen in der Medicin
Siht man fast vile sich bemühn
Nichts nit mit größerm Eiffer treiben
Als die Kunst ein Recept z'verschreiben
(Gottsched 1737,597 f.).

Aus der Leipziger Zeit wird in *Dichtung und Wahrheit* (7 Buch. FA I 14,551) Clodius' hochpathetisches *Medon*-Schauspiel erwähnt, »dessen Weisheit, Großmut und Tugend wir unendlich lächerlich fanden«. 1767 war das: »Ich machte gleich Abends, als wir zusammen in unser Weinhaus ⟨wohl Auerbachs Keller⟩ kamen, einen Prolog in Knittelversen« dazu. – Das gleiche Versmaß dann in seinem Farcen-Fragment *Hanswursts Hochzeit* von 1775 (FA I 4,575 f.):

Hab ich endlich mit allem Fleiß
Manchem moralisch politischem Schweiß
Meinen Mündel Hanswurst erzogen
Und ihn ziemlich zurechtgebogen ⟨...⟩
Indes er sich am Arsche reibt
Und Wurstel immer Wurstel bleibt.

Die daran abzulesende, inzwischen verblaßte metrische Aura des Eingangsmonologs hat Heine (1973,6,200) noch empfunden, aber wohl mißdeutet, als er 1826 schrieb: »den großen Denkerschmerz ⟨Fausts⟩, der seine eigne Nichtigkeit begreift, wagt Goethe nur in den Knittelversen eines Puppenspiels auszusprechen«. – Über das ursprünglich »Humorige« der Knittel und Goethes »Kraft, das Ethos eines Versmaßes zu ändern«: Kayser 1960,69 f. (→ dazu auch Kommentar S. 268).

33,354 ff. *Philosophie, | Juristerei und Medizin, | Und leider auch Theologie! | Durchaus studiert . . .]* An den Hohen Schulen des Mittelalters und noch der frühen Neuzeit wurden die Studenten zunächst in der Philosophischen Fakultät in Grammatik, Rhetorik, Dialektik und einigen 'Schulfächern' unterrichtet, bevor sie in eine der drei höheren, angeseheneren Fakultäten übergingen. Auch für Universitätslehrer war es durchaus üblich, die Fakultäten zu wechseln (und Fausts Laufbahn entspricht exakt der Staffel ihrer Bezüge: bis ins 19. Jh. hinein wurden die Professoren der Philosophischen Fakultät in der Regel am dürftigsten bezahlt, Juristen und Mediziner erheblich höher, am besten die Theologen).

Fausts Eingangsverse bezeichnen eine Voraussetzung für alles Folgende. Jedes Schulwissen (*Durchaus studiert*, nämlich von Grund auf und vollständig) erscheint ihm sinnlos (1066 f.: *Was man nicht weiß das eben brauchte man, | Und was man weiß kann man nicht brauchen*), und vor der Angabe *leider auch Theologie* gewinnen seine späteren Leugnungen fundamentaler christlicher Glaubenssätze (→ 1605 f., 1667 ff., 11442 ff.) die Schärfe des wissentlich vollzogenen Abfalls. Das 'verlorene Ich' einer glaubenslosen, tief skeptischen Neuzeit betritt die Bühne.

Dabei werden nun in der weiteren Faust-Exklamation Verse aus Albrecht v. Hallers Gedicht *Die Falschheit menschlicher Tugenden* (1730) vernehmbar, die im 18. Jh. so häufig angeführt wurden, daß Goethe ihre Kenntnis bei den zeitgenössischen Lesern voraussetzen konnte. Von der breiten Menge, vom »Pöbel« sagen sie: »Er kennet von der Welt, was außen sich bewegt, | Und nicht die innre Kraft, die heimlich alles regt.« (v. 101 f.) Von Einem jedoch heißt es, daß sein »erhabner Geist sich aus der Menschheit Schranken« schwinge (v. 256. → Faust 366 f.: *Zwar bin ich gescheiter als alle die Laffen* . . .). Der habe gewußt, »Warum die Sterne sich an eigne Gleise halten; | Wie bunte Farben sich aus lichten Strahlen spalten; | Was für ein innrer Trieb der Welten Wirbel dreht« (→ Faust 422 und 382 f.). Diese Verse machen unzweifelhaft deutlich, daß von Newton die Rede ist – der die irdische Mechanik und die Himmelsmechanik verband und im universalen Gesetz der Gravitation zu erkennen meinte, *was die Welt | Im Innersten zusammenhält* (in einer Anmerkung zu v. 260 nennt der Autor ausdrücklich auch seinen Namen). Aber selbst für ihn, Newton, gelten dann in Hallers Poem die Verse 289 ff. (die Goethe in seinem Altersgedicht *Allerdings*, FA I 2,507 f. noch einmal wörtlich aufgenommen, dort freilich zurückgewiesen hat): »Ins innre der Natur dringt kein erschaffner Geist, | Zu glücklich, wann sie noch die äußre Schale weißt! | Du hast nach reifer Müh und nach durchwachten Jahren | Erst selbst, wieviel uns fehlt, wie nichts du weißt, erfahren!«

Durch unverkennbare ‘intertextuelle Verweise’ hat Goethe die von Haller vorgezeichnete Rolle Newtons auf seinen Protagonisten übertragen. So tritt mit den Eingangsversen des *Faust* Spiels der Begründer der neuzeitlichen Naturwissenschaft ins Spiel.

33,360 *Heiße Magister, heiße Doktor gar]* Die aufsteigende Rangfolge in der mittelalterl. Universität ging vom *Baccalaureus* (→ 6689 ff.) über den Lizenziaten und *Magister* bis hin zum *Doktor.* Für Lehrer der Philosophischen Fakultät war noch bis ins 19. Jh. der *Magister*-Titel gebräuchlich, während der *Doktor*-Titel zunächst eher von den drei höheren Fakultäten verliehen wurde.

33,366 *Laffen]* Adelung 3,15 f.: »junger unverschämter alberner Mensch, im verächtlichen Verstande«.

33,367 *Schreiber]* Hier für Schreiblehrer, Schulhalter (DWb 15,1699) oder rechtsgelehrte Kanzlei-, Stadt-, Gerichtsschreiber u. ä.

33,375 *Herrlichkeit der Welt]* mit der der Teufel Jesus versuchte (Matthäus 4,8. → 10131). Fausts Verlangen richtet sich also durchaus auch aufs Materielle und Sinnliche.

33,376 *möchte]* In ält. Bedeutung: könnte.

33,377 *Drum hab' ich mich der Magie ergeben]* Fausts Erkenntnisverlangen (382 f.) begnügt sich nicht mit dem Erzengelpreis der unergründbaren, *unbegreiflich hohen Werke.* Die *Magie*, eine aufgrund weit zurückreichender Traditionen in der Renaissance ausgebildete, auf die 'Zusammenführung aller Dinge' gerichtete universale Natur-, Menschen- und Himmelskunde, verhieß den Zugang zur Geisterwelt, versprach mit ihren Geheimlehren Einsichten über alle Bücherwissenschaft hinaus und lieferte verändernde, bewirkende, schaffende Handlungsanweisungen, welche die bloße Theorie überwinden sollten (→ 384 f.). Man unterschied dabei eine kirchlich zugelassene 'weiße' Magia naturalis und die mit Dämonen und Teufeln sich einlassende zauberisch-'schwarze' Magie. Beides kommt hier ins Spiel.

Gaier 1989,297,300,303 ff. u. ö. hat Fausts Versuche mit dem Makrokosmos-Zeichen und der Erdgeistbeschwörung an den Lehren von Paracelsus und Agrippa gemessen und als schülerhaft inkompetent bestimmt: nach Goethes Absicht, erklärt er, waren sie von vornherein zum Scheitern verurteilt (? Sch.).

34 f.,386-429 *O sähst du, voller Mondenschein . . .]* Stimmungswechsel im Metrum, das in jambisch alternierende Vierheber übergeht, ab 402 auch mit freier Reimbindung; ebenso im Satzbau, der von bisher überwiegender Parataxe in weite hypotaktische Konstruktionen ausgreift.

34,401 *Trüb' durch gemalte Scheiben]* Vom farbigen 'gotischen' Fensterglas wird, wie das *Himmelslicht* der Sonne, auch ein (im Freien gedachter) *voller Mondenschein* so verdunkelt, daß er 391 als *Trübsel'ger Freund* erscheint.

34,404 f. *Den ... angeraucht Papier umsteckt]* An die Wände geheftete oder zwischen die Bücher gesteckte Papiere; *angeraucht* wird erklärt durch 678 f.

35,420 *Nostradamus]* Der dafür oft angeführte Michel de Notredame (franz. Astrologe, 1503-66) hat kein *Buch* von *eigner Hand* hinterlassen, das hier gemeint sein könnte: *Nostradamus*, dessen Vademecum den Faust in die kosmische Geisterwelt führen soll, ist eine allenfalls an den 'Geisterseher' Emanuel v. Swedenborg erinnernde dichterische Figur. → aber Kommentar zu 442-46.

35,425 ... *Wie spricht ein Geist zum andern Geist]* Wohl aus metrischen Gründen vorgezogene Stellung des Verbs (: *die Seelenkraft*, zu erkennen, *Wie ein Geist ... spricht.*)

35, vor 430 *Zeichen des Makrokosmus]* Aus dem Griechischen: große Ordnung, Weltall. – In den Goethe bekannten pansophisch-alchymistischen Schriften finden sich vielfach Illustrationen, die durch geometrische Figuren und magisch-mystische Symbole der Elemente und Planeten ins Bild setzen, wie *alles sich zum Ganzen webt*, wie nämlich »sich der verborgene GOtt aus sich selber ⟨...⟩ offenbaret: Was Himmel und Hölle, Welt, Engel, Teufel und alle Creaturen, samt allen Wesen und Weben sind: Wovon Böses und Gutes, Licht und Finsterniß, Leben und Tod, Freund und Feind, Härte und Weiche urstände; Und wie die Verwandelung aller Wesen geschehen; Wie sich das Gute in ein Böses, und das Böse in ein Gutes verwandelt« (Jacob Böhme, 57). → 447-53 und Kommentar dazu.

Goethe befaßte sich besonders um 1769 im Klettenberg-Zirkel mit derartigen Theorien (Paracelsus, van Helmont, von Welling u. a.) und notierte später für *Dichtung und Wahrheit*: »Indessen beschäftigte mich die Bearbeitung solcher gestaltlosen Vorstellungen einige Zeit lang indem ich sie, durch eine Art mathematischer Symbolik, nach Weise meiner Vorgänger zu versinnlichen strebte, und die unorganischen Wesen, mit denen ich mich mehr alchymisch als chymisch beschäftigte, dadurch zu begeisten trachtete« (FA I 14,965. – Solche Versuche »mathematischer Symbolik« haben sich nicht erhalten; zum gesamten Sachverhalt Zimmermann 1969/1979).

Die Möglichkeit einer umgreifenden 'Weltformel' freilich hat Goethe lebenslang beschäftigt. Von seinem »alten Wunsch«, die Tonlehre »unmittelbar mit dem übrigen Physischen und auch mit der Farbenlehre zusammenzuknüpfen«, schrieb er am 19. 7. 1810 an Sartorius: »Wenn ein paar große Formeln glücken, so muß das alles Eins werden, alles aus Einem entspringen und zu Einem zurückkehren.«

35,430 *welche Wonne fließt in diesem Blick]* bei diesem, durch diesen Anblick: das sogleich reagierende Metrum befreit sich bis 467 zu Madrigalversen.

35,442-46 *was der Weise spricht . . .]* Morris, insbes. 1902 I, 13-41 u. a. haben diesen Weisheitslehrer als Emanuel v. Swedenborg (1688-1772) identifizieren wollen, auf dessen *Arcana Coelestia* (1749-56) sie zahlreiche Verse dieser Beschwörungsszene zurückführen (bestritten von Jantz 1951, Heinrichs 1979, Gaier 1989). Diesen 1766 von Kant abgefertigten schwedischen »Geisterseher« meinte Goethe offenbar, als er 1772 in seiner Rezension von Lavaters *Aussichten in die Ewigkeit* ohne Namensnennung einen »gewürdigten Seher unserer Zeiten« erwähnte, »rings um den die Freude des Himmels war, zu dem Geister durch alle Sinnen und Glieder sprachen, in dessen Busen die Engel wohnten« (WA I 37,261). An Lavater, 14. 11. 1781: »Ich bin geneigter als jemand noch eine Welt außer der Sichtbaren zu glauben und ich habe Dichtungs- und Lebenskraft genug, sogar mein eigenes beschränktes Selbst zu einem Schwedenborgischen Geisteruniversum erweitert zu fühlen«.

Doch die Einflüsse Swedenborgs (eindeutig immerhin für *Faust II*, 11906-09, → Kommentar dazu) hat man wohl überbewertet. Neuplatonische und theosophische Vorstellungen über die *Geisterwelt* sind Goethe aus vielerlei Quellen zugekommen, und als *der Weise* (identisch mit *Nostradamus* in 420?) wird hier offenbar kein bestimmter ungenannter Autor vorgestellt, sondern eine überpersonale Autorität imaginiert. Deren durch ‘gnomische Häkchen’ bezeichneter Lehrspruch 443-46 ist wohl kein Zitat. Aber es klingen in ihm (auch) Vorstellungen aus Herders *Ältester Urkunde des Menschengeschlechts* an: »*Aufgehende Morgenröte*! 〈...〉 dein Auge folgt dem *lieblichen Bilde* – Folge! Es wird dich *weit führen*, von Himmel zur Erde, von Erde zu Himmel! Bald einen großen erleuchteten Schauplatz, eine Flamme der Welt, Allbelebung zwischen Himmel und Erde wirds dir zeigen: fasse die große Morgenlektion Gottes ganz!« (FA 5,248).

35 f.,447-53 *Wie alles sich zum Ganzen webt ... das All durchklingen!]* Hinter Fausts neuplatonisch-pansophischer Beschreibung des Makrokosmos-Zeichens stehen zwei große alte mythische Bildprogramme. Die *Himmelskräfte* mit *segenduftenden Schwingen* (hier die Bewirkungen der sieben Planeten; dazu Gaier 1989,307) verweisen auf den Traum Jakobs (1. Mose 28,12 f.: »eine leiter stund auf erden, die rührete mit der spitze an den himmel; und siehe, die engel Gottes stiegen dran auf und nieder. Und der Herr stund oben drauf ...«). Und diese biblische Himmelsleiter hat man, schon im Mittelalter, zusammengesehen mit der Goldenen Kette Homers, einer durch drei Jahrtausende hin immer wieder aufgenommenen und abgewandelten antiken Bildformel für den vertikalen Zusammenhang des Weltganzen (dazu Ohly 1990). Goethe in *Dichtung und Wahrheit* (8. Buch. FA I 14,373): »Mir wollte 〈1769, bei der Lektüre hermetischer Schriften〉 besonders die Aurea Catena Homeri gefallen 〈zuerst 1723, dem Rosenkreuzer Anton Joseph Kirchweger zugeschrieben〉, wodurch die Natur, wenn auch vielleicht auf phantastische Weise, in einer schönen Verknüpfung dargestellt wird«. – Vgl. dazu den Hinweis von Graffunder 1891, 704 f. auf Helmonts *Paradoxal Discourse* (1691).

Solche Vorstellungen lagen als kosmologisches Programm den Sympathie-Lehren auch der Alchymisten zugrunde. Agrippa von Nettesheims musikalische Metapher für die 452 f. wieder aufklingende Harmonie der Sphären (*De Occulta Philosophia.* 1533, Lib. I, Cap. XXXVII – in Goethes Besitz) lautet übersetzt: 'Das Untere ist mit dem Oberen gegenseitig dergestalt verbunden, daß der Einfluß vom Endpunkte des Letzteren, von der ersten Ursache aus, bis zum Untersten sich erstreckt, wie bei einer angespannten Saite, die, wenn man ein Ende derselben berührt, plötzlich ihrer ganzen Länge nach erbebt, indem die Berührung auch am anderen Ende widerhallt. Wird also etwas Unteres in Bewegung gesetzt, so wird es auch das ihm entsprechende Obere, wie die Saiten an einer gutgestimmten Zither.'

36,454 *ach! ein Schauspiel nur]* Nur eine kontemplative Schau wird durch das Makrokosmos-Zeichen ermöglicht; das eben führt den enttäuschten, nach eingreifendem eigenem Handeln verlangenden Magier zur Erdgeistbeschwörung.

36, vor 460 *das Zeichen des Erdgeistes]* Für die kosmogonischen Vorstellungen der folgenden Verse hat man zahlreiche 'Quellen' im pansophischen Schrifttum ausmachen wollen (kritisch dazu F. J. Schneider 1949,25 f.). Vorgegeben war der *Erdgeist* in einem Artikel des vom *Faust*-Autor vielfach benutzten mythologischen Lexikons von Hederich (1770,858), der auch für die später benannten und viel umstrittenen Zusammenhänge zwischen dem Erdgeist und Mephisto Erklärungsansätze enthält: DAEMOGORGON »soll so viel als der Erdgeist heißen und wird für das erste und ursprüngliche Wesen aller Dinge angegeben, welches die dreyfache Welt, nämlich den Himmel, die Erde und das Meer und alles, was darinnen ist, hervorgebracht hat, dessen Namen man aber eigentlich nicht nennen durfte 〈. . .〉, der in dem Innern der Erde wohnete und die Ewigkeit und das Chaos zu Gefährten hatte. 〈. . .〉 An sich aber war dieses Grundwesen nichts anders, als was man die Natur nennet.« (→ 1384, Faust zu Mephisto: *Des Chaos wunderlicher Sohn*;

1745 ff.: *In deinen Rang gehör' ich nur. | Der große Geist hat mich verschmäht, | Vor mir verschließt sich die Natur*; 3217 ff.: *Erhabner Geist, du gabst mir . . . den Gefährten*).

Aufschlußreich auch ein Entwurf Herders zum 2. Teil seiner *Ideen zur Philosophie der Geschichte der Menschheit* von 1785 (13,254 f., Anm. 3): »Großer, lebendiger Geist der Erde, der du alle deine Gebilde durchhauchst und dich in ihnen 〈. . .〉 freuest und fühlest: du führest auf und zerstörest, verfeinst Gestalten und änderst sie ab 〈. . .〉. Welch Geschöpf kann sich retten vor deinem zudringenden Einfluß (〈. . .〉 und vor der Fülle von Herrlichkeit, die uns in jeder Gestalt deiner Sichtbarkeit umgiebet)? welch sterbliches Auge kann aber auch deinen Fußtritt spähen und den (〈. . .〉 ganzen Plan) deines Ganges verfolgen?«

36,463 *von neuem Wein]* Meint den z. B. als 'Federweißer' bekannten Weinmost, der noch wenig Alkohol besitzt, aber durch Kohlensäure und hohen Vitamingehalt stark euphorisierend wirkt.

36,464-67 *wagen | tragen | herumzuschlagen | zagen]* Fausts im viermal gleichen Reim konzentrierte Selbstbehauptung verliert sich in reimlos kurzatmige Verse, sobald 468 ff. die Erscheinungen einsetzen.

36, Regieanweisung nach 481 DER GEIST *erscheint]* Über die erste Bühnenaufführung des *Faust* (nur der Szenen *Nacht* und *Studierzimmer*; 1819 auf Veranlassung des Fürsten Radziwill in Berlin) schrieb der mit der Einrichtung betraute Graf v. Brühl am 26. 5. 1819 an Goethe: »Sie werden erfahren haben, daß der Fürst den Gedanken gehabt hat, die Erscheinung des Erdgeistes durch Phantasmagorie zu bewirken und daß er den Erdgeist unter Ihren Gesichtszügen hat darstellen lassen. 〈. . .〉 Durch das hintere Fenster, welches transparent gemalt ist, zeigt sich nicht allein der vorgeschriebene Mondschein, sondern auch die Erscheinung des Erdgeistes, von dem man aber nur den kolossalen Kopf sah«. – Goethe antwortete am 2.6.1819: »Als wir uns hier auch einmal vornahmen 〈1810/12〉, dieses Stück anzugreifen und vorzubereiten, war mein Gedanke gleichfalls nur, einen kolossalen Kopf und Brustteil transparent vorzustellen, und ich dachte, dabei die bekannte Büste Jupiters zu Grunde zu legen, da die Worte: schreckliches Gesicht ‹482› auf die Empfindung des Schauenden ‹Fausts›, der vor einer solchen Erscheinung allerdings erschrecken kann, eben sowohl als auf die Gestalt ‹den Erdgeist› selbst bezogen werden konnten; auch überhaupt hier nichts Fratzenhaftes und Widerliches erscheinen dürfte.« → dazu seine Bühnenskizze, im Text-Band Abb. 4.

Als aber diese erste Weimarer *Faust I*-Aufführung Jahre später tatsächlich bevorstand, brachte Goethe statt des transparenten Fensters im Bühnenhintergrund eine ganz andere Darstellungstechnik ins Spiel. Am 12. 12. 1828 schrieb er dem Maler Wilhelm Zahn in Berlin: »Fürst Radziwill ‹...› ließ die Erscheinung des Geistes in der ersten Szene auf eine phantasmagorische Weise vorstellen, daß nämlich, bei verdunkeltem Theater, auf eine im Hintergrund aufgespannte Leinwand, von hinten her, ein erst kleiner, dann sich immer vergrößernder lichter Kopf geworfen wurde, welcher daher sich immer zu nähern und immer weiter hervorzutreten schien. Dieses Kunststück ward offenbar durch eine Art Laterna magica hervorgebracht. Könnten Sie baldigst erfahren: wer jenen Apparat verfertigt, ob man einen gleichen erlangen könnte, und was man allenfalls dafür entrichten müßte? Das vorzustellende Bild würde man von hier aus dem Künstler hinsenden.« → Laterna magica-Kommentar, S. 479 ff.

37,482 *wer ruft mir?]* Die im älteren Sprachgebrauch noch durchaus gängige Dativ-Fügung legt den Akzent eher auf den Anruf selbst, als auf einen im Akkusativ genannten Angerufenen. Vgl. dazu DWb 14,1402 f.

37,486 *eratmend]* Etwa: mit tiefen Atemzügen den Geist heranziehend (→ 484).

37,488 *neigt]* Hier: »bewegen herabzukommen, niederziehen« (DWb 13,572).

37,490 *Übermenschen dich]* Der durch Nietzsche gängig gewordene, hier natürlich ironisch-verächtlich eingesetzte

Begriff begegnet schon in theologischen Schriften des 16. Jh.s (DWb 23, 417). Goethe mag ihn durch Herder kennengelernt haben (3,202: »ein völliger Uebermensch! hervorragend über die Schranken des Menschlichen Geistes«).

37,503 *Wehe*] *Frühe Fassung*, auch *Fragment* und Erstdruck A 8 von 1808 noch: *Webe*. Doch entspricht das 'Wehen' der späteren Drucke (außer dem hier A 8 folgenden Wiener Nachdruck Ba von 1817) dem *Tatensturm*, wie das 'Wallen' den *Lebensfluten* (so auch WA; dagegen JA 13,278: *Wehe* »geistreicher Druckfehler« oder »ungoethesche Korrektur«).

37,508 *am sausenden Webstuhl der Zeit*] Zur Technik des Handwebstuhls, auch zur Verwendung des Weber-Gleichnisses für das Wirken der Gott-Natur → Kommentar zu 1922-27.

38,510 f. *Der du die weite Welt umschweifst, | Geschäftiger Geist ...*] Seine eigene weltumschweifende, unruhige Geschäftigkeit projiziert Faust auf den Erdgeist (den das Paralipomenon I als den *Welt u Thaten Genius* bezeichnet: Text-Band S. 576,2); eben darauf antwortet die niederschmetternde Zurückweisung: *Du gleichst dem Geist den du begreifst* ...

38,514-17 *Nicht dir ...*] Die Worte des Niederstürzenden fallen aus der Reimbindung und verlieren den Halt einer metrischen Regelung: eine sprachliche Signatur des Zusammenbruchs.

38,516 *Ebenbild der Gottheit*] 1. Mose 1,27: »Gott schuff den menschen ihm ⟨sich⟩ zum bilde, zum bilde Gottes schuff er ihn«.

38,518 *O Tod! Ich kenn's – das ist mein Famulus*] Wagner in den Faustbüchern vorgegeben, auch dieser störende Auftritt schon in den Puppenspielen. – *Famulus:* eine Art Vorläufer der student. Hilfskraft, freilich mit weitergehenden Rechten und Pflichten: »armer Student, der bey einem Professor freye Wohnung und andre Vortheile hat, in den Hörsälen die Plätze beschlägt ⟨mit Beschlag belegt⟩, und das Honorarium für die Kollegia eintreibt« (Kindleben 1781,73).

38,519 *Es wird mein schönstes Glück zu nichte!]* Meint offenbar, trotz der Zurückweisung durch den Erdgeist, die dem Magier eröffnete *Fülle der Gesichte* (Adelung 2,622 »Dasjenige, was man siehet, oder vielmehr zu sehen glaubt, in welcher Bedeutung doch nur diejenigen Vorstellungen der Einbildungskraft diesen Namen führen, bey welchen alles Bewußtseyn seiner selbst aufhöret, und welche man auch Entzückungen zu nennen pflegt«). → 3218 f.

38,521 *Schleicher]* DWb 15,571 f.: »heuchler, leisetreter, schönthuer, duckmäuser«.

38, nach 521 Auftritt WAGNER*]* Ein eminenter Kontrast und ein groteskes Mißverständnis: dem *in der Flamme* erscheinenden *Welt u Thaten Genius* folgt *im Schlafrocke und der Nachtmütze* ein zur Humanistenkarikatur heruntergekommener Nachläufer des Erasmus von Rotterdam (dazu Mayer 1969,179 ff.). Der meint, es sei ein antikes Trauerspiel rezitiert worden, wo doch ein gegenwärtiges sich ereignet hat.

38,522 ff. *ich hör' euch deklamieren; | Ihr las't gewiß ein griechisch Trauerspiel? . . .]* Noch im 18. Jh. war es durchaus üblich, auch für sich allein poetische Texte, insbesondere Versdichtungen, laut zu lesen. – Dem lernbegierigen Famulus ist es freilich nicht um Inhalte zu tun, sondern um die *Kunst* der Rede: um die Rhetorik, auf die sich auch seine weiteren Äußerungen beziehen.

38,527 *Ein Komödiant könnt' einen Pfarrer lehren]* JA 13,279: Der aufklärerische Theologe Karl Friedr. Bahrdt hatte 1773 gefordert, die angehenden Pfarrer sollten von Schauspielern für ihre Predigten unterwiesen werden (Goethe hat ihn in seinem *Prolog zu den neusten Offenbarungen Gottes, verdeutscht durch Dr. Carl Friedrich Bahrdt* heftig attackiert: WA I 16,105-110).

38,530 *Museum]* Im Altertum ein den Musen geweihter Tempel oder Hain, dann eine für deren Zuständigkeitsbereich (Künste und Wissenschaften) bestimmte Einrichtung; hier also das Studierzimmer des gelehrten Humanisten. BA 809 (ohne Nachweis): »bei Spinoza heißt es: ‘quasi in museo suo sepultus’ (gleichsam in seinem Museum begraben)« – einer der Wagnerschen Zitat-*Schnitzel* also.

38,533 *Überredung]* Zentralbegriff der Rhetorik, welche als die Kunst des angemessenen und wirksamen Redens oder Schreibens auf Überredung/Überzeugung (persuasio) des Hörers oder Lesers zielt.

38 f., 534 ff. *Wenn ihr's nicht fühlt . . .]* Gegen Wagners schülerhafte Bemühungen um die formalen Kunstregeln der Rhetorik setzt Faust die Genieästhetik eines affektischen, spontanen, inspirierten Sprechens. Auf diesen Gegensatz beziehen sich wohl die Stichworte über *Form* und *Gehalt* im Paralipomenon 1 (Text-Band S. 576, 3 ff.). Aber Fausts eigener Ausbruch ist alles andere als formlos (vgl. Arens 1982,99), und daß sich kraftvolle Beredsamkeit dem Affekt verdankt, ja *von Herzen geht*, lehrte schon die klassische Rhetorik (so Quintilian *Institutio oratoria* X, 7,15 über die Stegreifrede).

39,536 *Behagen]* Hier in der älteren Bedeutung: ‘mit Sicherheit und Stolz’ (vgl. Pretzel 1979, 275 f.).

39,538 f. *Leimt zusammen, | Braut ein Ragout . . .]* Hinsichtlich der ‘inventio’ einer Rede leitete der Rhetorikunterricht dazu an, geeignete und bewährte Bilder, Beispiele, Argumente etc. aus musterhaften Texten (oder den dazu veranstalteten ‘Blütenlesen’) zu übernehmen, also vorformulierte Bestandteile ‘zusammenzuleimen’, ‘zusammenzukochen’ und *Schnitzel* aus den großen Literaturwerken kunstfertig zusammenzuflicken (→ 555). – *Ragout*: aus kleingeschnittenem Fleisch, besonders aus »übergebliebenen« Resten gekochte »Brühe, die hernach an andere Essen gegossen wird, sie desto wohlgeschmackter zu machen«! (*Frauenzimmer-Lexicon* 1715,1575)

39,546 *Allein der Vortrag macht des Redners Glück] Allein* wohl für: Jedoch (→ *Frühe Fassung* Vers 193), »trotz Quintilians ‘pronunciatio non prima sed sola’« in *Institutio oratoria* XI, 3, 5 f. (JA 13, 280). – Die in der Artisten-Fakultät der alten Universitäten und im Schulunterricht noch bis zu Goethes Zeit gelehrte und geübte Redekunst behandelte in der Tradition der antiken Rhetorik als letzten Teil der Arbeit an einer Rede auch die Techniken des Vortrags, Stimmführung und Gestik. Gottsched 1739,364 im 16seitigen Hauptstück *Vom guten Vortrage:* »Daß derselbe einem Redner höchstnöthig sey, daß ist sehr leicht zu begreifen.«

39,548 *Such' Er]* Die ursprüngl. ehrerbietige Anrede in der 3. Person wurde schon im 18. Jh. zunehmend durch 'Sie' ersetzt, schließlich nur noch als schroff zurechtweisende Anrede einer rangniederen, untergebenen Person benutzt.

39,549 *schellenlauter Tor]* der mit seinen Glöckchen klingelnde Narr, nach mittelalterl. Brauch durch eine Schellenkappe kenntlich gemacht. Aber auch der 1. Korintherbrief 13,1 kommt damit ins Spiel: »Wenn ich mit menschen- und mit engel-zungen redete, und hätte der liebe nicht: so wäre ich ein thönend ertz, oder eine klingende schälle.« – Die Grundsatzerklärung 550 f. war in der *Frühen Fassung* noch spezifisch auf Goethes Straßburger 'Sturm und Drang'-Zeit bezogen: → S. 475,197 f. und Kommentar dazu.

39,555 *der Menschheit Schnitzel kräuselt] Menschheit* als Genitiv, aber auch als Dativ zu verstehen. *Schnitzel*: von alters her vorgegebene Exempel, Sentenzen, Gemeinplätze etc. – als Schmuck der rhetorisch kunstgerechten, *blinkend*en *Reden* (wie mit der Kräuselschere zurechtfrisiert). Solche Bildungsgüter stecken auch in Wagners Sätzen.

39,558 f. *die Kunst ist lang! | Und kurz ist unser Leben]* Hippokrates-Aphorismus (lat. durch Seneca, *De brevitate vitae* I,1: »vitam brevem esse, longam artem«).

39,560-63 *bei meinem kritischen Bestreben ... Mittel ... Quellen]* Der Philologe Wagner hat die von den Renaissance-Humanisten betriebene Erfassung und textkritische Reinigung antiker Handschriften im Auge und meint Sprachkenntnisse, histor. Hilfswissenschaften etc. als die *Mittel*, zu diesen *Quellen* der Bildung und Erziehung zu gelangen (Humanistenwahlspruch: »Ad fontes!«). – Faust

566 f. versteht unter *Quellen* sehr anderes als alte Pergamenthandschriften (→ auch 455 ff. und 1200 f.).

40,572 f. *Zu schauen ... gebracht.]* Den *Geist der Zeiten* bedenkend, verfällt er ins altertümliche Versmaß des Alexandriners.

40,583-85 *Haupt- und Staatsaktion ...]* Gängige Bezeichnung für die bombastischen Spiele, in denen spätbarocke Wandertruppen mit typisierten Figuren und moralisierend-sentenzenreichen Texten Fürstenschicksale und Staatsaffären auf die Bühne brachten.

41,605 *... wenn er Regenwürmer findet!]* In der *Frühen Fassung* (Text-Band S. 477) beginnt hier die »große Lücke«, die bis zum Auftritt des Schülers in der zweiten *Studierzimmer*-Szene von *Faust I* reicht (Text-Band S. 81) und erst mit dem Druck von 1808 geschlossen wurde. Von Fausts hier folgendem, etwa ein Vierteljahrhundert nach dem vorangegangenen Teil der Szene verfaßten Monolog hat man vor allem hinsichtlich der Verse 618-20 immer wieder erklärt, daß er weit hinausgehe über das, ja unverträglich sei mit dem, was der Magier bei der Makrokosmos-Schau und Erdgeist-Beschwörung erlebte und erhoffte. Das war eher doch ein Rückschluß aus der Entstehungsgeschichte, als ein zwingender Textbefund (→ etwa 384, 439, 491-93, 519). Weiß man aber, daß Goethe hier erst nach Jahrzehnten seine Schreibarbeit fortgesetzt hat, vermeint man wohl im Faust, der vom eben vergangenen als von *jenem sel'gen Augenblicke* spricht (626), den Autor selbst zu vernehmen.

41,618 *Ich, mehr als Cherub]* In mittelalterl. Vorstellungen von der Hierarchie der Engel stehen die Cherubim, deren Name in Anlehnung an eine Deutung Philons als 'Fülle der Erkenntnis' erklärt wird, näher noch bei Gott als die Erzengel, die ihn nicht zu *ergründen* vermögen (→ 267 f.).

42,634-51 *Stoff ... Phantasie ... Sorge]* Offenbar absichtsvolle, rekapitulierende Entsprechungen zu Schillers 24. Brief *Ueber die ästhetische Erziehung* ⟨...⟩ von 1795 (NA 20,390 f.): »Auf den Flügeln der Einbildungskraft verläßt der Mensch die engen Schranken der Gegenwart«, imaginiert »das Unendliche«, verlangt nach dem »Absoluten«. Indem aber »seine Bestrebungen bloß auf das Materielle und Zeitliche gehen, und bloß auf sein Individuum sich begrenzen«, also »anstatt nach Form nach einem unversiegenden Stoff« verlangen, bringt dieser Trieb »nichts als ein unbegrenztes Verlangen, als ein absolutes Bedürfniß hervor«, überfallen ihn »also Sorge und Furcht«.

42,635 *Drängt immer fremd und fremder Stoff sich an]* Die adverbiale Klimax muß man sich sinngemäß in Kommata eingeschlossen denken (Resenhöfft 1975,290). – Mit den Versen 11958-65 in der Schlußszene des Zweiten Teils bilden 634-35 in dieser Eingangsszene eine bedeutsame Verstrebung im Sinngefüge des Spiels.

42,640 f. *sonst]* Hier vergangenheitsbezogen (etwa auf die Makrokosmos-Schau und Erdgeistbeschwörung).

42,644-51 *Die Sorge . . .]* Eine der weitreichenden Spiegelungen und Verstrebungen im Gefüge der *Faust*-Dichtung: → den Auftritt der *Sorge* in der *Mitternacht*-Szene 11384 ff.

42,648 *Haus und Hof . . . Weib und Kind]* Wörtlich so in Luthers *Kleinem Katechismus* (Erklärung des ersten Glaubensartikels): als die Gaben des Schöpfers.

42,661 ff. *in tausend Büchern lesen, | Daß überall die Menschen . . .]* Aus einem langen Gespräch über den *Faust* und die Geschichtsschreibung (19. 8. 1806) hat Luden Goethes Sätze festgehalten: »wenn Sie nun auch alle Quellen zu klären und zu durchforschen vermöchten: was würden Sie finden? Nichts anderes, als eine große Wahrheit, die längst entdeckt ist, und deren Bestätigung man nicht weit zu suchen braucht; die Wahrheit nämlich, daß es zu allen Zeiten und in allen Ländern miserabel gewesen ist. Die Menschen haben sich stets geängstigt und geplagt; sie haben sich untereinander gequält und gemartert; sie haben sich und anderen das bißchen Leben sauer gemacht, und die Schönheit der Welt und die Süßigkeit des Daseins, welche die schöne Welt ihnen darbietet, weder zu achten noch zu genießen vermocht. Nur wenigen ist es bequem und erfreulich geworden.« (Biedermann/Herwig 2, Nr 2264. S. 113 f.)

42,664 *hohler Schädel]* → 417.

42,666 *Den leichten Tag]* Zweifelhafter Herausgeber-Eingriff in einigen Ausgaben: 'lichten'. Vgl. Pniower 1924, 141 f., der hier einen Druckfehler unterstellt und *schwer* wie *jämmerlich* als Adverb zu *geirret* verstehen will. Offenbar wird doch durch einen Chiasmus der leichte *Tag* mit einer schweren *Dämmrung* in Kontrast gesetzt.

42 f.,668-75 *Instrumente ... Mit Rad und Kämmen, Walz' und Bügel ... mit Hebeln und mit Schrauben]* Mechanische Antriebs-, Getriebe- (= Kämme) und Befestigungsteile; keinem konkreten Instrument zuzuordnen. – Fausts Agnostizismus richtet sich (jedenfalls nach den Vorstellungen des Autors selbst) nicht etwa grundsätzlich gegen die experimentelle Naturwissenschaft, sondern gegen die Erwartung, daß deren 'kunstvoller Schlüsselbart' (670 f.) den Zugang »Ins innre der Natur« zu eröffnen vermöge; → Kommentar zu 354 ff. (Haller).

672 f. entsprechend heißt es 1782 in Tobler-Goethes Fragment *Die Natur*: »Man reißt ihr keine Erklärung vom Leibe, trutzt ihr kein Geschenk ab, das sie nicht freiwillig gibt.« (FA I 25,13) Und Goethes Vortragsnotizen von 1805 über seinen eigenen »Widerwillen« gegen den »Maschinen-Apparat« besagen: »Man stellt sich die Naturwirkungen unter solchen mechanischen Formen vor. | Die Ansicht bleibt zerstreut. | Die Einsicht wird gehindert. | ... | Für uns ist daher die Maschine nur da, um die Erscheinungen auffallender zu machen.« (ebd. 156 f.)

43,690 *Phiole]* Retortenähnliches bauchiges Glasgefäß mit langem Hals, zum alchymistisch-medizinischen Apparat gehörig (→ 6824).

43,693 f. *Inbegriff ... Auszug]* Konzentrat – Extrakt.

43,698 *ebbet]* Adelung 1, 1492: »nach der Fluth ablaufen«.

43,701 *Zu neuen Ufern lockt ein neuer Tag]* Wohl nimmt der zur Selbsttötung Entschlossene die *Gefahr* in Kauf, *in's*

Nichts dahin zu fließen (719). Aber sein Verlangen zielt auf die *neuen Sphären reiner Tätigkeit.* Das werden am Ende, nach Fausts Tod (der, auf andere Weise, hier doch vorausgedacht ist) die Worte der Mater gloriosa aufnehmen und erfüllen (12094 f.: *Komm! Hebe dich zu höhern Sphären ...!* → zu 704 auch 10065 f.). Mit zahlreichen wörtlichen Anklängen dem Verlauf von Makrokosmos-Schau und Erdgeistbeschwörung entsprechend, wird auch die Selbsttötung zum euphorischen Akt: zu einem dritten Versuch befreiender Erhebung aus den *Grenzen der Menschheit* (FA I 2,301 f.).

43,702 *Ein Feuerwagen ...]* Anspielung auf die Himmelfahrt des Elia, der nach bibl. Überlieferung als einziger Mensch lebendig in den Himmel gelangte (2. Könige 2,11: »da kam ein feuriger wagen 〈...〉 und Elia fuhr also im wetter gen himmel.«). → 2069 f., wo es mit Mephistos *Feuerluft*-Ballon freilich in eine andere Richtung geht.

44,707 *erst noch]* eben noch.

44,710-19 *Vermesse dich ... in's Nichts dahin zu fließen.]* Die altchristl. Bilder (*Pforten* der *Hölle* vorgegeben bei Jesaja 38,10 und Matthäus 16,18; zu 717 → auch die Regieanweisung vor 11644 in der *Grablegungs*-Szene) werden konterkariert durch antike Vorstellungen (die *Höhle* als Eingang zur Unterwelt, auch *Götterhöhe* vorher und dann die *Gefahr, in's Nichts dahin zu fließen*, die jedenfalls mit der Höllenqual einer ewigen Verdammnis nicht vereinbar ist).

44,720 ff. *kristallne reine Schale ...]* Die Schale aus Kristall oder Kristallglas, die in ihre Wandung eingeschnittenen Darstellungen, die gereimte Rede des Trinkenden: alles dem hohen, heitern *Freudenfeste* gemäß, als das Faust die Selbsttötung hier imaginiert.

44, nach 736 *Er setzt die Schale an den Mund]* Der Selbstmord, nicht in geistiger Umnachtung, sondern in freier Willensbestimmung unternommen, ist zu Goethes Zeit durchaus noch als ein verbrechensnaher Angriff auf die öffentliche Ordnung verstanden worden, als verwerflicher Verstoß gegen das sittliche Gebot, daß man kein Verfügungsrecht über das eigene Leben habe, als frevlerische

Versündigung an der göttlichen Vorsehung. Solche Vorstellungen werden hier keineswegs mitgeteilt, selbstverständlich aber beim Leser vorausgesetzt. Wenn jetzt der österliche *Chorgesang* den 'irrenden' Faust, dessen erste Untat nicht ein fremdes, sondern das eigene Leben angeht, im letzten Augenblick innehalten und umkehren läßt, erscheint das (innerweltlich) als eine nostalgisch sentimentale Reaktion. Darin aber ist der metaphysische Akt des alten geistlichen Spiels aufgehoben: am Rande des Abgrunds reißen die in das irdische Geschehen eingreifenden himmlischen Mächte den frevelnd Irrenden von der sündhaften Selbstvernichtung zurück.

745 ff., vor 737-807 *Chorgesang]* In einer nahen Kirche zu denken, aus der er herüberklingt (vorbereitet durch die in der *Frühen Fassung* noch nicht enthaltenen, zusammen mit 606 ff. später eingefügten Verse 598-601 vom bevorstehenden Osterfest). Nach dem Modell mittelalterlich liturgischer Osterfeiern hört man die Responsorien der Frauen, die zum leeren Grabe Christi kommen, und der Engel, die ihnen die Auferstehung verkünden, dann den Chor der Jünger, denen diese Botschaft weitergegeben wurde. Mit den Versen 785 ff. freilich entfernt sich der Text entschieden von der Osterliturgie und dem Wortlaut ihrer neutestamentlichen Vorgaben (Matthäus 28, Markus 16, Lukas 24, Johannes 20).

Wie später die Gesänge der Engel in der *Grablegungs-Szene* sind diese Chöre in auftaktlose daktylische Kurzverse gesetzt und mit dreisilbig 'gleitenden Reimen' geschmückt, welche dann nicht selten die Hälfte des Verses umfassen und sich bis zu fünfmal wiederholen (→ dazu auch die Kommentare S. 765 und zu 11699 ff.). Friedrich Theodor Vischer hat diese peinlich überladene Klangspielerei in seinem parodierenden *Faust. Der Tragödie dritter Theil* (zuerst 1862) auf penetrante Weise hervorgekehrt. Aber man wird bedenken müssen, daß es sich hier nicht um Lesestücke handelt, sondern um Vertonungsvorlagen – wie die *Faust*-Dichtung ja überhaupt über weite Strecken hin ein Libretto darstellt.

45,737 *Christ ist erstanden]* Der Part der Engel setzt jedesmal mit dem Eingangsvers des altkirchlichen Osterliedes ein: »Christ ist erstanden Von der marter alle, Deß solln wir alle froh seyn, Christ der wil unser trost seyn, Kyrie eleison . . .«. *Dies Lied* wohl ist 779 gemeint.

45,739-41 *die verderblichen . . . erblichen | Mängel]* Abschwächend für ‘Erbsünde’. Im Rückblick auf seine Kontakte zur pietistischen Brüdergemeine äußert sich Goethe 1813 in *Dichtung und Wahrheit* (15. Buch. FA I 14,690 f.) über die Augustinische Lehre, nach der »die menschliche Natur durch den Sündenfall dergestalt verdorben sei, daß auch bis in ihren innersten Kern nicht das mindeste Gute an ihr zu finden, deshalb der Mensch auf seine eignen Kräfte durchaus Verzicht zu tun, und alles von der Gnade und ihrer Einwirkung zu erwarten habe.« Er stellte dagegen die heterodoxe Lehre des Pelagius, von der er selber »auf's innigste durchdrungen« sei: die gebe »zwar die erblichen Mängel der Menschen sehr gern zu, wollte aber der Natur inwendig noch einen gewissen Keim zugestehn, welcher, durch göttliche Gnade belebt, zu einem frohen Baume geistiger Glückseligkeit emporwachsen könne.« Diese Vorstellungen deutet schon der *Prolog* an, → 328; sie klingen auch in den Engelversen der Schlußszene 11936-41 nach.

45,746 f. *den tröstlichen Gesang | Der einst, um Grabes Nacht, von Engelslippen klang]* Von solchem *Gesang* weiß das Neue Testament nichts. Immerhin kommt dort die Auferstehungs-*Botschaft* (an die Faust nicht glauben kann: 765) von *Engelslippen* zu den Frauen am Grabe: »Aber der engel antwortete, und sprach zu den weibern: fürchtet euch nicht; ich weiß, daß ihr Jesum den gecreutzigten suchet. Er ist nicht hie; er ist auferstanden« (Matthäus 28,5 f.).

45,748 *Gewißheit einem neuen Bunde]* Die dem jüdischen ‘alten’ Bund Gottes mit seinem auserwählten Volk entsprechende, durch Christus begründete neue Gemeinschaft mit Gott (vorgegeben in der Weissagung Jeremia 31,31 von einem »neuen bund«).

45, VOR 749-756 CHOR DER WEIBER] Lukas 23,55 f.: »Es folgeten aber die weiber nach, die mit ihm kommen waren aus Galiläa, und beschaueten das grab ⟨Christi⟩ und wie sein leib geleget ward. Sie kehreten aber um, und bereiteten specereyen und salben.« In *Tücher und Binden* hüllten den Leichnam nicht die Frauen, sondern Joseph von Arimathia und Nikodemus: sie legten Christus »in leinen tücher mit specereyen, wie die Juden pflegten zu begraben.« (Johannes 19,40) – *Spezereien* hier im älteren, engeren Sinne für Duftstoffe.

45,761 *Prüfung]* Meint wohl nicht nur die des Gekreuzigten selbst (wie Heffner, BO kommentiert), sondern ebenso die der liebenden Frauen und Jünger, die nach dem Tod Jesu verlassen zurückblieben, und darüber hinaus die jedes Liebenden (758): vorausweisend auf die Liebesbotschaft der Schlußszene des Zweiten Teils.

46,771 *Sonst]* Temporal: früher.

46,772 *Sabbatstille]* Jüdischer Sabbat (Samstag), meint hier den christlichen (Oster-)Sonntag.

46,779 *der Jugend muntre Spiele]* die brauchtümlich-österlichen.

46,787 der *Lebend Erhabene]* Der auferstandene Christus (Lukas 24,5: »Was suchet ihr den lebendigen bey den todten?«) – nicht etwa »der schon zu Lebzeiten Erhabene« (Arens 1982,119, entsprechend älteren Kommentaren).

46,788 *Herrlich erhoben:]* In $C^1$12 hier ein Semikolon, das wohl als konsekutiv verbindendes Satzzeichen zu verstehen ist (→ S. 112 ff.): Da *der Begrabene* sich *Herrlich erhoben* hat, ist er *in Werdelust | Schaffender Freude nah.* Diese vom Doppelpunkt-Semikolon stark akzentuierte Folgerung, in der christlich-österlichen Auferstehungslehre nicht vorgegeben, weist voraus auf das, was nach Fausts *Grablegung* in der Schlußszene des Zweiten Teils für *Faustens Unsterbliches* gilt (→ etwa 11981 ff.).

47,801-807 *Tätig ihn preisenden . . .]* Euch als den beim Abendmahl *Brüderlich speisenden*, die Auferstehung *Predigend reisenden . . . : Euch ist der Meister nah'.*

Seite 48-59 Szene
808-1177 VOR DEM TOR

Schlußredaktion vermutlich um 1801, wohl aufgrund älterer Aufzeichnungen. Dieser Osterspaziergang fehlt also noch in der *Frühen Fassung* und im *Fragment*-Druck von 1790 (zur »großen Lücke« dort → Text-Band S. 782 und hier Kommentar zu 1770 ff.). Er führt den Mephisto ein: als Pudel auf der *Spur des Herren* (1151).

Zu Beginn der Szene ein Reigen ineinanderfließender Miniaturszenen: eine Revue (wie in großer Form dann ähnlich das höfische Karnevalsfest des Zweiten Teils, 5065 ff.). Namenlose, ständisch markierte und typisierte, zumeist in Gruppen auftretende Figuren. Bemerkenswert die für das Drama dieser Zeit ganz ungewöhnliche Reihung ihrer abgerissen unvollständigen Gesprächsfetzen (→ bes. 820 ff. und 846 ff.), die der Zuschauer/Leser wahrnimmt, als zögen diese Spaziergänger an ihm vorüber.

48,809-14 *Jägerhaus ... Mühle ... Wasserhof ... Burgdorf]* Die Szenerie geht sehr genau auf Örtlichkeiten in der Umgebung Frankfurts und auf Jugenderinnerungen Goethes an beliebte Wanderziele zurück. Beutler, SD 541: »Das Jägerhaus ist das Forsthaus bei Sachsenhausen 〈...〉, die Mühle die Gerbermühle, der Wasserhof unmittelbar neben der Gerbermühle, 〈...〉 Burgdorf ist das Dorf Bergen«. – Bei der Frankfurter Aufführung einzelner Szenen des *Faust* vom 27. 8. 1829 wählte man für das entsprechende Bühnenbild tatsächlich »recht hübsch« eine »Durchsicht aus dem Walde, wie etwa auf dem St. Wendelsweg nach dem alten Frankfurt« (Marianne v. Willemer an Goethe, 25. 9. 29).

48,818 f. *zum drittenmal ... mir graut es ...]* ? Auch das wohl ein absichtsvoll nur halbverständliches Gesprächsstück.

49,824 *Plan]* Adelung 3,1089: »zu einer gewissen Verrichtung bestimmter ebener oder geebneter Platz; ⟨...⟩ Tanzplan«.

49,828 ff. SCHÜLER] Übliche ält. Bezeichnung für Studenten (→ 1868 ff.), die sich untereinander *Herr Bruder* anreden (DWb 2,418).

49,828 *Dirnen]* Meint die Dienstmädchen (→ 844 f.), keineswegs Prostituierte; Adelung 1,1368 einfach: »junge unverheurathete Person des andern Geschlechtes ⟨...⟩ im Hochdeutschen bey nahe veraltet«, auch »Magd« (→ 831 und, den Standesunterschied hervorhebend, 835).

49,830 f. *Ein starkes Bier ... das ist nun mein Geschmack]* Als sprichwörtlich schon angeführt in Joh. Georg Schochs *Neuerbauetem Poetischen Lust- u. Blumen-Garten* Leipzig 1660: »Ein Weib / Toback und Bier / das kan das Herze laben / Wol dem der dieses kan beysammen immer haben.«

49,832 *Knaben]* Adelung 2,1650: »In der weitesten Bedeutung, eine jede junge Mannsperson, selbst ein junger Mann ⟨...⟩ eine im Hochdeutschen veraltete Bedeutung«; in der gewählten Diktion der Bürgertöchter wird schon durch den standesbewußten Wortgebrauch das ungehörige studentische Interesse an *diesen Mägden* (835) markiert.

49,837 *niedlich]* Für hübsch, anziehend (näher als heute bei der ält. Bedeutungsrichtung von »verlangen, lust erweckend, wünschenswerth«: DWb 13,816).

49,842 *nicht gern geniert]* Von französ. gêner: hindern, hemmen (es geht auf die freie Jagd: die Dienstmädchen als *Wildpret*).

49,845 *karessieren]* Von französ. caresser: liebkosen (hier, höchst anzüglich, auf die Masturbation anspielend?).

49,846 *Burgemeister]* »bedeutet den Vornehmsten einer Burg oder Stadt, der ehedem auf ähnliche Art auch Städtemeister genannt wurde« (Adelung 1,1141).

50,856 *leiern]* Gesangsbegleitung durch das mit einem Kurbelrad angestrichene Saiteninstrument der »Bauernleyer«, auch Bettlerleier (Koch 1802,899 f.). Oder doch nur leiernd wiederholter Klagegesang (Düntzer 1899,98)?

50,859 *Erntetag]* Metaphorisch auf die Freigebigkeit der Vorübergehenden zielend (kein Grund, die Szene statt auf Ostern in die Erntezeit zu denken, wie Franz Jostes in Euphorion 3, 1896,394 f. – vgl. Vers 921).

50,863 *Die Völker]* Wohl noch mit der im 18. Jh. veralteten Bedeutung von kriegerischen Heerhaufen, Truppen (vgl. DWb 26,454 ff.).

50,878/80 *in Sankt Andreas Nacht . . . im Kristall]* Als Teufelskunst gebrandmarkt und mit schweren Strafen bedroht, beruht die sog. Kristallomantie auf halluzinatorischen Erscheinungen beim Fixieren z. B. eines Bergkristalls. Dazu HwbdA 5,578 ff. – Francisci 1690 (von Goethe benutzt), 808: »Mit dieser schädlichen Thorheit / beflecken sich auch viele mannsüchtige Dirnen«, um zu erfahren, »wer ihr Liebster und Heiraht werden solle / auf Anleitung alter aberglaubischer / und wol gar zaubrischer Vetteln / bey gewissen heiligen Zeiten / gemeinlich aber in der Nacht vor dem S. Andreas- oder hochheiligem Christ-Fest«.

51,892 *werben]* In volkstüml. Dichtung bes. des 17. Jh.s häufig gleichsetzend bezogen auf die Belagerung von Städten oder *Burgen* wie von Frauen oder *Mädchen.*

51 f.,903-40 *Vom Eise befreit sind Strom und Bäche . . . Hier bin ich Mensch, hier darf ich's sein.]* Von den Liedern und den in Madrigalverse gefaßten Gesprächsfetzen der in rascher Folge vorüberziehenden Gruppen hebt Fausts großer betrachtender Monolog eindrucksvoll sich ab: 4hebig jetzt, mit freier Reimstellung, reich an rhythmisch bewegten daktylischen Figuren (– vv).

Was der spätere Leser hier weithin nur als eine Reihe freischwebender 'symbolischer' Bilder wahrzunehmen vermag, war tatsächlich doch fest verankert in der Realität, gesättigt mit Lebenswirklichkeit. Jede dieser kleinen, hochkomprimierten poetischen Formeln erschließt ein weites Erfahrungsfeld der zeitgenössischen Stadtbewohner, deren Existenzbedingungen sich vom Mittelalter bis in die frühe Neuzeit noch kaum verändert hatten:

Vom Eise befreit der *Strom*. Der aber ist die Lebensader dieser Stadt. Denn Flüsse waren die wichtigsten Verkehrswege für den Transport der Massengüter (Kolonialwaren, Getreide, Holz, Rohstoffe), der also in den strengen Wintermonaten unterbunden oder behindert war. Fließende Gewässer dienten zugleich als Energielieferanten für die vorindustrielle Manufakturwirtschaft. Sie trieben nicht nur die Wassermühlen an, die für frisches Mehl sorgten, sondern ebenso die Säge- und Papiermühlen, Lohmühlen, Walkmühlen oder Hammerschmieden, so daß im Winter viele Gewerke lahm lagen. Auch hatte die den Fachwerkbauten ständig drohende Gefahr von Feuersbrünsten durch den Frost gewaltig zugenommen, weil man vom Fluß kein Löschwasser mehr durch Eimerketten heranführen konnte. Selbst an Wasser für den täglichen Bedarf mangelte es bei zugefrorenen Brunnen und Gewässern, zumal die hohen Holzpreise kaum zuließen, daß man Eis oder Schnee auftaute. Wasch- und Scheuerwasser fehlte also; Exkremente und Unrat konnten nicht mehr fortgeschwemmt werden durch die Gassenschleusen und Kanäle und häuften sich so sehr, daß auch Moderkarren die engen Straßen kaum passieren konnten.

Aus dem Wintergrab einer solchen darbenden Stadt: aus ihrer *Straßen quetschender Enge*, aus ihren dicht an dicht gebauten, meist gar nicht für Wohnzwecke eingerichteten Häusern, aus den dunklen (wegen der schmalen Giebelfront zur Straße hin vielfach völlig fensterlosen) und kaum beheizten oder gelüfteten *dumpfen Gemächern*, aus dem *hohlen finstren Tor*, das im Verbund mit den Stadtmauern nicht nur Feinde abhält und Fremde aussperrt, sondern auch die Bürger eingepfercht hielt, drängt jetzt alles ins Offene, ins Freie – *an's Licht*.

Im Tale grünet Hoffnungs-Glück. Die nicht erfrorene Wintersaat nimmt für diesmal die Furcht vor einem Hungerjahr, und das mühselig in städtischen Stallungen gehaltene Vieh kann endlich wieder auf die Weiden getrieben werden. Draußen auch das Grün der *Gärten*, für die es innerhalb des

Stadtwalls kaum Raum gab. Zwar *an Blumen fehlt's* noch um Ostern (weil im ausgehenden 18. Jh., am Ende einer sog. Kleinen Eiszeit, der meteorologische Frühling spät einsetzte), aber statt der bei mangelndem Waschwasser und in winterlicher Kälte gebotenen derben, dunklen Stoffe nun endlich wieder *farbige Kleider* und *geputzte Menschen. Noch* auf *des Berges fernen Pfaden* kann man sie sehen, weil die umgebenden Hügel des Brenn- und Baustoffbedarfs wegen in aller Regel doch abgeholzt waren.

Draußen ist man aber auch von den städtischen *Handwerks- und Gewerbes-Banden* frei. Die den Winter lang festgehaltenen Gesellen gehen wieder auf die Walz. Und während in der Stadt Innungen und Zünfte die Konkurrenz einschränken, auch bei oft mittelmäßiger Warenqualität für hohe, ‘auskömmliche’ Preise sorgen, ist die Gewerbeordnung draußen weniger streng, der Lebensunterhalt leichter, locken Dorfläden und Dorfgaststätten. Daß *groß und klein* da zufrieden jauchze, meint Erwachsene und Kinder, denen die Polizeyordnungen vieler Städte das Lärmen, Laufen und Springen auf den Straßen verboten, und für die Familienausflüge eine festliche Ausnahme waren; meint aber ebenso vornehme und einfache Leute, weil in *des Dorfs Getümmel* die soziale Kontrolle und Disziplinierung nachließ und die städtischen Umgangsformen vernachlässigt, ja von Außenstehenden die Ständeschranken übersehen werden konnten.

So wird in dieser weltlichen Auferstehungspredigt *des Volkes wahrer Himmel* beschrieben, steht an ihrem Ende der kollektive Jubelruf: *Hier bin ich Mensch, hier darf ich's sein.*

(Zu Einzelheiten der städtischen Verhältnisse in Goethes Zeit etwa Krünitz 167,643-676.)

52,939 f. *Zufrieden jauchzet groß und klein: | Hier bin ich Mensch . . .]* Der Doppelpunkt in der Textvorlage C¹12 leitet keinesfalls ein wörtliches Zitat ein (wie manche Ausgaben es dann durch Anführungsstriche eigenmächtig hergestellt haben). Faust selber artikuliert das der allgemeinen Freude zugrunde liegende Empfinden – das er *hier* und in diesem Augenblick wohl auch teilt.

52, vor 949 BAUERN *unter der Linde. Tanz und Gesang]* »zu den ersten Eindrücken« in Goethes Frankfurter Kinderzeit gehörten Feste »außerhalb der Stadt unter freiem Himmel«: auf einem Gemeindeplatz »mit uralten Linden« versammelte man »zu einem gewissen Tage des Jahres die Rindviehherden aus der Nachbarschaft, und die Hirten samt ihren Mädchen feierten ein ländliches Fest, mit Tanz und Gesang, mit mancherlei Lust und Ungezogenheit« (*Dichtung und Wahrheit* 1. Buch. FA I 14,32 f.).

52 f.,949-80 *Der Schäfer putzte sich zum Tanz ...]* Ein Lied gleichen Titels, das »eigentlich von einem tanzenden gestikulierenden Paare gesungen werden muß«, wird schon in *Wilhelm Meisters theatralischer Sendung* (IV,13. FA I 9,220) von Philine und dem alten Harfner vorgetragen – wobei das Mädchen »die Zweideutigkeiten, indem sie sie verbergen zu wollen schien, geltend machte«, so daß Wilhelm bei aller Bewunderung »die Moralität Ihres Leibgesanges« nicht loben mochte. – Ähnlich noch 1795 in den *Lehrjahren* (II, 11. FA I 9,485), wo der Inhalt des Liedes gleichfalls nicht mitgeteilt wird, weil die Leser »es vielleicht abgeschmackt oder wohl gar unanständig finden könnten.« (Pniower 1914 vermutet, daß es sich um eine ältere, derbere Textfassung gehandelt habe).

54,1000 *Ziel]* Hier für: Ende (Adelung 5,389).

54,1002 *in jedes Krankenhaus]* Adelung 2,1754: »Haus, worin jemand krank lieget ⟨dafür spricht hier der Kontext⟩. In engerer und gewöhnlicherer Bedeutung, ein öffentliches Gebäude, in welchem arme Kranke verpfleget und curieret werden«.

55,1021 *Als käm' das Venerabile]* das 'Verehrungswürdige', Allerheiligste: die in der kathol. Prozession mitgeführte Monstranz mit der geweihten Hostie.

55,1025-29 *quälte mich mit Beten und mit Fasten ... das Ende jener Pest | Vom Herrn des Himmels zu erzwingen]* Die Pestepidemien, die bes. im 14. und dann bis ins 18. Jh. hinein auch in Europa weite Landstriche entvölkerten, suchte man nicht nur mit ärztlichen Mitteln zu bekämpfen, sondern als

Heimsuchung und Gottesstrafe auch durch »Händeringen und Gebet, schwere Bußübungen und Geißelungen« abzuwenden (HwbdA 6,1512). – Zu der Zeit also, wo Faust die Medizin *studiert, mit heißem Bemühn* (355 ff.), sah er sich auch noch *im Glauben fest*.

55,1034 *ein dunkler Ehrenmann]* Laut DWb 2,1537 (und den meisten Kommentaren) hier nur im Sinne von 'unbekannt', 'unberühmt', wofür *Redlichkeit* (1036) spräche, während 1048-52 eher auf 'finster', 'obskur' weist. – *Ehrenmann* hochdeutsch »nur im Scherze gebraucht«, süddeutsch »werden angesehene Personen auch im Ernste« so genannt (Adelung 1,151).

55,1037 *Mit grillenhafter Mühe]* Campe 1808,455 zu 'Grille': »seltsame herbeigesuchte Gedanken und Vorstellungen ohne Grund, und die nur Unruhe verursachen«.

55,1038-49 *in Gesellschaft von Adepten]* Als *Adepten* bezeichnete man die Schüler der Alchymie (aus arabisch al-kimiya), später auch die in diese Geheimwissenschaft 'Eingeweihten'. Welling 1735,519: »diejenigen Künstler, welche den Lap.〈is philosophorum = 'Stein der Weisen'〉 würcklich ausgearbeitet haben, werden Philosophi adepti 〈...〉 genannt«.

Ihre Kunst, aus der die neuzeitlich-wissenschaftliche Chemie hervorging, wurzelt in der Priestergelehrsamkeit des hellenistischen Ägypten, die, von den Arabern weiterentwickelt und über Spanien nach Europa vermittelt, im Mittelalter nachhaltig durch gnostische und neuplatonische Einflüsse geprägt wurde. Mit ihrem im 16. Jh. einsetzenden Verfall degenerierte die Alchymie mehr und mehr zu einer vorgeblichen Goldmacherkunst, die besonders an den Fürstenhöfen bis ins 18. Jh. betrieben wurde (→ 4955-66 bei Mephistos Sanierung der Staatsfinanzen).

Die Alchymisten glaubten an die Möglichkeit einer Transmutation (Verwandlung) der Elemente, die sie sich hinsichtlich des Mischverhältnisses ihrer Grundsubstanzen in abgestufter Reinheit vorstellten, so daß die allemal durch Quecksilber und Schwefel gebildeten Metalle aus unedleren zu edleren (etwa aus Blei zu Gold) geläutert und veredelt werden könnten – mittels eines als Pulver oder Flüssigkeit beschriebenen universellen Geheimpräparats, das man den 'Stein der Weisen' nannte. Diese qualitative Transmutation der Elemente lag auch den alchymistischen Bemühungen um die Herstellung eines *Chymischen Menschen* (Praetorius 1666,156 ff.) zugrunde, die im *Faust* den Hintergrund der Homunkulus-Erschaffung abgeben (→ Kommentar zur *Laboratorium*-Szene, S. 504 ff.). Die hier zur Rede stehende medizinisch angewandte Alchymie schließlich suchte durch das Universalrezept des 'Steins der Weisen' niedere Krankheitselemente auszuscheiden und zur Heilung, Verjüngung, Lebensverlängerung ein ideales Mischungsverhältnis im Körper wiederherzustellen.

1768/69 erhielt der schwer erkrankte junge Goethe selbst von dem in alchymistischen Lehren bewanderten Frankfurter Mediziner Dr. Metz »geheimnisvolle selbstbereitete Arzneien« eines »Universalmittels« (*Dichtung und Wahrheit* 8. Buch. FA I 14,372) und experimentierte im Elternhaus in einem eigenen kleinen alchymistischen Laboratorium (ebd. 374 ff.). »Es bedurfte nur einer geringen Anregung, um auch mir diese Krankheit zu inokulieren. Ich schaffte das Werk 〈Wellings *Opus mago-cabbalisticum*〉 an, das, wie alle Schriften dieser Art, seinen Stammbaum in gerader Linie bis zur Neuplatonischen Schule verfolgen konnte. 〈...〉 Gedachtes Werk erwähnt seiner Vorgänger mit vielen Ehren, und wir wurden daher angeregt jene Quellen selbst aufzusuchen. Wir wendeten uns an die Werke des *Theophrastus Paracelsus* und *Basilius Valentinus*; nicht weniger an *Helmont*, *Starkey* und andere, deren mehr oder weniger auf Natur und Einbildung beruhende Lehren und Vorschriften wir einzusehen und zu befolgen suchten.« (ebd. 373. Dazu Zimmermann 1969/1979). Im Historischen Teil seiner *Farbenlehre* von 1810 (FA I 23/I, 663) hat Goethe sich dann entschieden negativ geäußert über »die ewige Ausführung alchymischer Schriften, die mit einem unerträglichen Einerlei, wie ein anhaltendes Glockengeläute, mehr zum

Wahnsinn als zur Andacht hindrängen. Eine Materie soll es sein ⟨die prima materia = die jungfräuliche Erde⟩, ein Unorganisiertes, das durch eine der organischen ähnliche Behandlung veredelt wird. Hier ist ein Ei, ein Sperma, Mann und Weib, Vierzig Wochen, und so entspringt zugleich der Stein der Weisen, das Universal-Rezipe ⟨ärztliche Anweisung für das Allheilmittel⟩ und der allzeitig fertige Cassier ⟨der durch die Goldmacherei immer zahlungskräftige Schatzmeister⟩.«

Francisci, Welling u. a., deren Werke Goethe kannte, nennen als Ingredienzien für die Bereitung des 'Steins der Weisen' den *roten Leu* (rötliches = männliches Quecksilberoxyd) und die *Lilie* (weiße = weibliche Salzsäure bzw. der weißliche Nebel, zu dem sich Salzsäure- und Ammoniakdämpfe verbinden). Zu deren Vermählung im *Brautgemach* von Retorten und Sublimiertöpfen wird das »nach dem rothen Mann« begierige »weiche zärtliche Weiblein bis zur Weisse gewaschen«; man legt beide »in ein wohl verschlossenes Ehebette« und reizt sie durch Feuer, »daß sie entzündet werden« (Welling 1735,576). »Dann so die eine männlich und die andere weiblich ist, alsdann geschiehet eine Zeugung; Dahero, wann sie nicht von einander geschieden wären, könnten sie nicht vereiniget werden« (ebd. 573). So wird hier 1041 *Das Widrige* (einer Verbindung Widerstrebende) zusammengeführt, und es erscheint *Die junge Königin im Glas*. Auch die *bunten Farben* dieser im *Flammenfeuer* sublimierten Quecksilbersalz-Kristalle werden bei den hermetischen Alchymisten häufig erwähnt (Welling 1735,523; Francisci 1670,1209).

Im *Historischen Teil* seiner *Farbenlehre* von 1810 hat Goethe »den poetischen Teil der Alchymie, wie wir ihn wohl nennen dürfen«, als »ein aus allgemeinen Begriffen entspringendes, auf einen gehörigen Naturgrund aufgebautes Märchen« bezeichnet (FA I 23/I,663). – In der poetischen, hermetischen Bildersprache der *Adepten* beschreibt Faust 1042-47 offenbar ein Rezept zur Herstellung von Quecksilberchlorid, wie es sich in den Arznei- und den Chemie-Büchern der Zeit findet. Bei der Behandlung von Geschwüren und gegen die Syphilis verwendet, hatte dieses Pharmakon bei unvorsichtiger Dosierung freilich mörderische Wirkungen (Auskünfte von Wolf v. Engelhardt; dazu auch D. Lohmeyer 1975,161 f.). – Zum alchymistischen Komplex → 4955-66, 4974, vor 6819, 6835 und Kommentare dazu.

55,1039 *schwarze Küche]* Das Laboratorium der alchymistischen Schwarzkünstler (→ Szenarium vor 6819).

55,1050 *mit höllischen Latwergen]* Meint wohl den besonders in Pestzeiten als Gegenmittel verwendeten Theriak: »eine ehemals berühmte Arzney in Form einer Latwerge ⟨dick eingekochte Substanz⟩ aus fast siebzig Heilmitteln, von denen einige ganz unwirksam, andere sich unter einander ganz entgegengesetzt sind, so daß sie sich in der Wirkung aufheben« (Krünitz 183,244).

55,1053 *den Gift]* Adelung 2, 683: »kommt, selbst im Hochdeutschen, in allen dreyen Geschlechtern vor« (in der ursprüngl. Bedeutung von 'Gabe' nicht maskulin).

56,1059 *pünktlich]* Auf den Punkt genau (DWb 13,2240).

56,1061 *empfangen]* Annehmen, übernehmen (bei Goethe auch für »Verhaltensweisen« und »geistige Inhalte«: GWb 3,57).

56,1066 f. *Was man nicht weiß das eben brauchte man, | Und was man weiß kann man nicht brauchen]* Anonymes *Studenticoses Conversationslexicon*, Leipzig schon 1825,37: »fast wird man durch die unverkennbare Wahrheit, die sich hierin ausspricht, versucht, die kühne Conjektur zu machen, der berühmte Göthe habe diese Worte während, oder sogleich nach einem überstandenen Examen niedergeschrieben.«

56,1070 f. *Betrachte wie in Abendsonne-Glut | Die grünumgebnen Hütten schimmern]* Goethes *Farbenlehre* erörtert in den sinnesphysiologischen Paragraphen des *Didaktischen Teils*, wie das menschliche Auge auf einen bestimmten äußeren Farbeindruck mit der 'subjektiven' Wahrnehmung der jeweiligen Kontrast- und Komplementärfarbe reagiert. Das zu beobachten, heißt es in § 57, seien besonders »Grün und Purpur zu empfehlen, weil diese Farben einander auffallend hervorrufen.« (→ auch 6009 f.) Zu gegebenem Purpurrot selber die Farbe Grün bildend, setze das Auge »sich selbst in Freiheit, indem es den Gegensatz des ihm aufgedrungenen Einzelnen und somit eine befriedigende Ganzheit hervorbringt.« (§ 812) Eine solche ‘sinnlich-sittliche Wirkung der Farbe’ aber erhöhe sich, wenn die vom Auge hervorgebrachte Kontrastfarbe zugleich als äußere Erscheinung wahrgenommen werden könne: »In einem Hofe, der mit grauen Kalksteinen gepflastert und mit Gras durchwachsen war, erschien das Gras von einer unendlich schönen Grüne, als Abendwolken einen rötlichen kaum bemerklichen Schein auf das Pflaster warfen.« (§ 59) Diese aus den »harmonischen Gegensätzen« Grün und Purpur gebildete Farbentotalität erscheine dem Betrachter »erfreulich, weil ihm die Summe seiner eignen Tätigkeit als Realität entgegen kommt.« (§ 808) – Deshalb wird hier, um dem *Trübsinn* zu begegnen, der Blick auf die in *Abendsonne-Glut* schimmernden, *grünumgebnen Hütten* gerichtet: praktizierte Farbenlehre (vgl. Schöne 1979,17 ff.).

56,1082 f. *Schon tut das Meer sich . . . auf]* Das indikativische Präsens gibt dem bisher nur konjunktivisch Vorgestellten (*Ich säh’* | *Nicht hemmte*) visionäre Realpräsenz.

56,1084 *Göttin]* Noch immer die *Abendsonne.*

56,1087 *Vor mir den Tag, und hinter mir die Nacht]* Im Märchen als magische Fluchtformel vorgegeben: Rölleke 1996 (→ auch Vers 6806 und Kommentar dazu).

57,1108 *Pergamen]* Noch im 18. Jh. benutzte Nebenform zu Pergament.

57,1112-17 *Zwei Seelen . . .]* Auf die in unterschiedlichen Ausprägungen weit verbreitete Zwei Seelen-Lehre (vgl. etwa Platons *Phaidros* 237 d ff. oder Xenophons *Kyrupädie* VI, 41) ist Goethe gewiß an vielen Stellen gestoßen. Bei Bekker 1693 1,102 (den er 1801 aus der Hofbibliothek entlieh) heißt es von den Manichäern: »Sie halten gar dafür / daß jeder Mensch zwo Seelen habe / derer eine allezeit wieder die andere streite.« – Jedenfalls für das Weimarer Publikum stellte sich Faust damit geradezu in die Nähe eines antiken Heros. Denn in Wielands Singspiel *Die Wahl des Herkules* (26,174 f.; 1773 zum Geburtstag Carl Augusts uraufgeführt) spricht der Held zu Arete, der Allegorie der »Tugend«, und zu Kakia, der Verkörperung einer »wollüstigen Unthätigkeit«:

Zwey Seelen – ach, ich fühl' es zu gewiss! –
Bekämpfen sich in meiner Brust
Mit gleicher Kraft: die bessre siegt, so lange
Du 〈Arete〉 redest; aber kaum ergreift
Mich diese Zaubrerin 〈Kakia〉 mit ihren Blicken wieder,
So fühl' ich eine andere
In jeder Ader glühn, die wider Willen mich
In ihre Arme zieht.

57,1114 *in derber Liebeslust]* Metaphorisch auf die 'Frau Welt' bezogen; meint gewiß kein sexuelles Begehren (das diesen frauenfernen Gelehrten erst in der *Hexenküche* befallen wird).

57,1116 *Dust]* Staub, Dunst, uneigentlich für wertlos Nichtiges (DWb 2,1761).

57,1120 *Duft]* Adelung 1, 1432: »ein jeder Dunst, feuchter Dampf, oder Nebel«, → 1127.

57,1122 *wäre nur ein Zaubermantel mein!]* Den wird Mephisto stellen, → 2065 ff. Wagner ahnt hier etwas von der gefährlichen Vermessenheit des Faustschen Verlangens (1126 ff.): wenig später sieht man den *schwarzen Hund* schon *auf der Spur des Herren* (1147 ff.).

58,1126-37 *Berufe nicht die wohlbekannte Schar . . .]* Bis ins Detail führen die Parallelen auf einem Holzschnitt in Robert Fludds pansophischer Abhandlung *Medicinæ catholicæ* I, 2. Frankfurt 1631 (Hinweis bei Jantz 1951,63). Er stellt dar, wie aus allen vier Windrichtungen (hier von *allen Enden* der Welt her: *Norden*, *Morgen*, *Mittag* und *West*) Scharen von bösartigen Windgeistern auf einen Kranken abgeschossen werden. Durch einen *Dunstkreis* von Wolken, Regen und Nebel dringen sie *strömend* auf den *Menschen* ein, um ihm die *tausendfältige Gefahr* von Naturkatastrophen und Krankheiten zu bringen: den spitzen Pfeil von Krieg und Schmerz (→ 1131), Flamme und Hitzeglut (für Feuersbrunst und Dürre, aber auch Atemnot und Fieber, → 1132-35), Wassermassen von Flut und Schweiß (→ 1136 f.).

58,1127 *die sich im Dunstkreis überbreitet]* Adelung 4, 1129: sich wie eine »Decke 〈...〉 über etwas« breitet.

58,1141 *lispeln englisch]* Meint leise Windgeräusche (vgl. DWb 12,1063) – als ob Engelsgeflüster vorgetäuscht würde.

58,1147 *Siehst du den schwarzen Hund ...]* In Berichten über Teufels- und Dämonenerscheinungen wie in Magierlegenden ein häufiges Erscheinungsbild des Bösen. Auch in den Faustbüchern Pfitzers und des Christlich Meynenden und auf den Darstellungen, die Goethe 1765-68 in Auerbachs Hof sah (→ hier Abb. 1) ist das der Begleiter des Teufelsbündners. So wird schon in der später *Trüber Tag · Feld* überschriebenen Prosaszene der *Frühen Fassung* (S. 533,14 u. 18) die *Hundsgestalt* als Mephistos *Lieblingsbildung* bezeichnet.

Über die Einsicht und Absicht der Sprechenden hinaus machen bestimmte Wortanklänge in Fausts Versen deutlich, wie sehr die am Ende doch von ihm selbst gebilligten verharmlosenden Kommentare des Realisten Wagner die Bedeutung dieses Geschehens verfehlen. Fausts Ruf *Geselle dich zu uns!* (1166) erinnert an die Rede des Herrn: *Drum geb' ich gern ihm den Gesellen zu* (342), und seine Ahnung, daß der Hund *magisch leise Schlingen* zu *künft'gem Band* ziehe (1158 f.), weist voraus auf die späte Einsicht (11491 f.): *Dämonen, weiß ich, wird man schwerlich los, | Das geistig-strenge Band ist nicht zu trennen.* – Wenn dieser schwarze Hund hier wahrhaftig *auf der Spur des Herren* jagt (1151), kommt zum erstenmal die 'schwarze' Magie ins Spiel.

58,1147 *durch Saat und Stoppel]* Wintersaat und Getreidestoppeln, die erst während der Frühjahrsbestellung als Dünger untergepflügt werden.

58,1150 *Pudel]* Anders als heute damals ein kräftiger Jagdhund; besonders für die Wasserjagd verwendet, »weil diese Art Hunde gern ins Wasser geht, und sich leicht zum Apportiren 〈...〉 abrichten lässet« (→ 1170 f.). Nicht etwa getrimmt, wie später üblich, trug er »langes und über den ganzen Leib so krauses Haar, daß man sich die wahre Gestalt dieses Thieres, dessen Theile sämmtlich unter wollichten Haaren verborgen liegen, kaum vorstellen kann«! (Krünitz 26,350)

59,1154 f. *ein Feuerstrudel ... hinterdrein]* In seiner *Farbenlehre* von 1810 wünschte Goethe das Wort *Augentäuschung*, das Wagner hier 1157 ausspricht, »ein für allemal verbannt« (FA I 23/I,942); 1822 notierte er über *Physiologe Farben* (FA I 25,742 f.) zu den sog. Nachbildern: »Ein dunkler Gegenstand, sobald er sich entfernt, hinterläßt dem Auge die Nötigung dieselbe Form hell zu sehen. In Scherz und Ernst führen wir eine Stelle aus Faust an, welche hierher bezüglich ist 〈folgt Zitat der Verse 1147-57〉. Vorstehendes war schon lange, aus dichterischer Ahnung und nur im halben Bewußtsein geschrieben, als, bei gemäßigtem Licht, vor meinem Fenster auf der Straße, ein schwarzer Pudel vorbei lief, der einen hellen Lichtschein nach sich zog: das undeutliche, im Auge gebliebene Bild seiner vorübereilenden Gestalt.«

59,1167 *ein pudelnärrisch Tier]* Adelung 3,1171: »im höchsten Grade närrisch, d. i. lustig, spaßhaft. Ein pudelnärrischer Mensch. Etwa von den Hunden dieses Nahmens, weil sie vor andern Arten Hunden zu Spaßen und Possen abzurichten sind?«

59,1177 *der Studenten trefflicher Scolar]* Lehrling, Schüler: der dressierte 'Renommierhund' (den sich später auch Goethes Sohn August mit seinem schwarzen Pudel 'Türk' hielt) war besonders bei den Studenten beliebt.

Seite 60-88 Szenen
1178-2072 STUDIERZIMMER I UND II

Von diesen Szenen, die Faust und Mephisto zusammenführen, den Abschluß ihrer *Wette* bringen und Fausts *neuen Lebenslauf* eröffnen, enthielt die *Frühe Fassung* lediglich das Zwischenspiel Mephistos mit dem Schüler (dort 249-444, erheblich abweichend vom Wortlaut der *Faust I*-Verse 1868– 2050). Mit dem *Fragment*-Druck von 1790 erscheint dann in dieser »großen Lücke« der im *Faust I* mit Vers 1770 beginnende letzte Teil der zweiten *Studierzimmer*-Szene in seiner endgültigen Gestalt (→ Kommentar zu 1770 ff.).

Vermutlich zwischen den beiden jetzt unmittelbar einander folgenden Szenen mit gleicher Bezeichnung, die eine lange Entstehungsgeschichte hinter sich haben und keineswegs 'aus einem Guß' hervorgingen, sollte eine akademische *Disputation* im Auditorium der Universität stattfinden, die sich in den Paralipomena skizziert und stückweise schon ausgeführt findet (→ insbes. P11,12,14,15: Text-Band S. 577 ff.). Mit diesem aufgegebenen Plan hängen die jetzige Regieanweisung vor 1322, ebenso 1424 f. und 1712 f. noch zusammen: als *fahrender Scholastikus* (wie er hier aus der Pudelbeschwörung hervorgeht) sollte Mephisto bei der *Disputation* auftreten, beim anschließenden *Doktorschmaus* offenbar als *Diener*.

Die Teilung der jetzt in kurzem zeitlichen Abstand zu denkenden Szenen durch Mephistos Abgang (nachdem Faust vom hypnotischen Gesang der Geister in Schlaf gebracht worden ist) wird durch taktische Rücksichten des Verführers plausibel: trifft er beim ersten Mal auf den Bibelübersetzer, in dem die *Menschenliebe*, ja die *Liebe Gottes* (1184 f.) sich regt, so beim zweiten Mal auf den in eine tiefe (posthypnotische) Depression Gefallenen – jetzt erst rückt er mit seinem *Pakt*-Vorschlag heraus.

1178-1529 STUDIERZIMMER I

60, vor 1178 FAUST *mit dem* PUDEL *hereintretend]* »Auch dürfen keine Hunde auf der Bühne erscheinen«, lautete eines der »Theatergesetze« Goethes (Genast 1905,156). Als man sich 1817 in Weimar erneut mit dem 1810-12 verfolgten Plan einer *Faust I*-Aufführung befaßte, erhielt er nach einem Bericht Eberweins »eine Zuschrift von dem Herrn ⟨Karsten⟩, der mit einem Pudel eine Kunstreise unternommen, worin ihn dieser um Erlaubnis bittet, im Weimarischen Hoftheater« auftreten zu dürfen. »Der Pudel wurde abfällig beschieden«, aber die Schauspielerin Caroline Jagemann, Mätresse des Großherzogs, setzte dieses Gastspiel *Der Hund des Aubry de Mont-Didier* durch: Goethe hielt es für »unter seiner Würde, einer Anstalt länger vorzustehen, die man einer Katzenbude gleichstellen konnte«, und legte sein 26 Jahre lang wahrgenommenes Amt als Intendant des Hoftheaters nieder. – Als Korrespondenznachricht aus Weimar war am 10. 5. 1817 in der Zeitschrift *Der Gesellschafter* hinsichtlich des Pudels zu lesen: die »Bearbeitung seines Faust fürs Theater wird freilich ins Stocken geraten« (Biedermann/Herwig 2, Nr 4417 u. 4418).

60,1184 f. *die Menschenliebe ...]* Wie hier *Menschenliebe* (von der sonst und weiterhin bei Faust keine Rede ist) die zu den Menschen bedeutet, so *Liebe Gottes* die zu Gott (Genitivus objectivus). – Timm 1974,335 sieht in den Versen 1182-85 »die höchste Synthese des Spinozismus« formuliert (Libertas humana = amor Dei intellectualis = amor proprii).

60,1187 *An der Schwelle was schnoberst du]* Schnobern, schnopern: schnüffeln, schnuppern. Auf die *Schwelle* ist der *Drudenfuß* gezeichnet, und offenbar hat der Pudel schon bemerkt, daß er ihm den Ausgang verwehrt; → 1395 u. 1400-08 mit Kommentar dazu.

60,1188 *hinter den Ofen]* Umgangssprachl. wurde der »enge und dunkle Raum zwischen dem Ofen und der Wand« (wo sich 1310 ff., wie in den Faustbüchern von

1674/1725 vorgegeben, die Verwandlung des Pudels in den Mephisto vollziehen wird) auch »Hölle« genannt (Adelung 2,1264)!

61,1216 f. *das Überirdische ... Offenbarung]* Daß damit nicht der exklusive Gegenbegriff zum Irdischen und die Offenbarung Gottes in Christus gemeint ist, wird mit Fausts Versuchen der Übersetzung aus dem Neuen Testament zunehmend deutlich (→ Kommentar zu 61,1224). – An Zelter hatte Goethe geschrieben (14. 11. 1816), Luther erblicke »in dem alten und neuen Testament das Symbol des großen sich immer wiederholenden Weltwesens«, so daß »das Luthertum mit dem Papsttum nie vereinigt werden kann, der reinen Vernunft aber nicht widerstrebt, sobald diese sich entschließt, die Bibel als Weltspiegel zu betrachten; welches ihr eigentlich nicht schwer fallen sollte.« (1198: *Vernunft fängt wieder an zu sprechen*).

61, vor 1224 *schlägt ein Volum auf und schickt sich an]* Ein Buch, einen Band (lat. volumen) und macht sein Schreibgerät fertig.

61,1224-37 *Geschrieben steht ...]* Vor dem aufgeschlagenen *Grundtext* des Johannesevangeliums 1,1: Ἐν ἀρχῇ ἦν ὁ λόγος) rekapituliert Faust zunächst die durch Anführungsstriche ausgewiesene Übersetzung Luthers, welche den in der griech. Philosophie vorgegebenen, vieldeutigen λόγος-Begriff als *Wort* wiedergibt. Herder hatte 1774 geschrieben: »Wort! aber das Deutsche Wort sagt nicht, was der 〈griechische〉 Urbegrif sagt«; »kein Gedanke kann ihn 〈den göttlichen Geist〉 denken: kein Wort ihn nennen: kein Geschöpf sehen und empfinden 〈...〉 ewig würksam, schaffend, Gedanke, Wille, Bild, Urkraft, Plan Gottes (lauter Menschliche unvollkommene Worte 〈...〉)«. Und 1775: Um sich den Menschen begreiflich zu machen, habe die Gottheit hier »kein Gleichniß außer Uns« gewählt, sondern »das innigst begriffene, heiligste, geistigste, würksamste, tiefste wählte sie, das Bild Gottes in der Menschlichen Seele, Gedanke! Wort! Wille! That! Liebe!« (Herder 7,320 f. u. 355 f. – Hinweis in JA 13,290). Diese worthäufende Umschreibung von λόγος aber wird in Fausts Versen zu Übersetzungs-Alternativen umgeformt. Sein Einwand, er könne *das Wort so hoch unmöglich schätzen* (daß die deutsche Vokabel 'Wort' als Übertragung in Frage käme), mißdeutet das *heilige Original*, das (an die Eingangsverse der biblischen Schöpfungsgeschichte erinnernd) doch das von Gott ausgehende Wort meint und es ausdrücklich auf Christus bezieht (1,14 nach Luther: »Und das wort ward fleisch, und wohnete unter uns«). Eher wohl das Vermögen menschlicher Worte abschätzend (vgl. Vers. 385, auch 3455 ff.) und weniger *vom* heiligen *Geiste recht erleuchtet* als in eigener Sache dolmetschend, kommt der abgefallene Theologe über die rasch verworfenen Vokabeln *Sinn* und *Kraft* schließlich auf das, was dem eigenen Verlangen (freilich auch der Tätigkeitsforderung des Herrn im *Prolog* 340 ff.) entspricht, und schreibt: *im Anfang war die Tat!* – Im gleichen Augenblick macht der sicher witternde *Pudel* sich bemerkbar! (dazu Pestalozzi 1996, mit kühnen Thesen über die Eingebung dieser Bibelübersetzung durch Mephisto).

62,1250-55 *Wie wird mein Pudel lang und breit! . . .]* Eine (1829 auf Goethes Geheiß von der Weimarer Bibliothek angekaufte) kolorierte Abschrift des Beschwörungs-Traktats *Praxis cabulæ nigræ* mit einem *Höllenzwang* (Mitte 17. Jh.?, dem historischen Faust zugeschrieben) zeigt »Mephistophilis erste Erscheinung« in Gestalt eines von magischen 'Charakteren' umgebenen schwarzen Bären mit roten, *feurigen Augen* (1255) und feuerflammendem Maul: → hier Abb. 2.

Für die theatertechnische Realisierung der 'Metamorphosen' des Pudels könnte Goethe an die Laterna magica und deren sog. 'Schattenbilder' (1249: *Schatten*) oder 'Nebelbilder' (1313: *Nebel*) gedacht haben, bei denen auf künstlich erzeugte Rauchschwaden eine Figur projiziert wurde, die als sog. 'Phantasmagorie' bewegt und vergrößert, auch in eine andere Gestalt verwandelt werden konnte (→ Kommentar dazu S. 479 ff.).

62,1254 *wie ein Nilpferd]* das man sich im 18. Jh. noch als furchtbares Untier »mit ungemein harten und starcken Zähnen« vorstellte; »frißet die Kinder, auch wohl gar erwachsene Leute« (Zedler 13,179).

62,1258 *Salomonis Schlüssel]* Weist auf eine gnostisch-kabbalistische, später von christlich-spiritualistischer Pansophie überformte und seit dem 16. Jh. in zahlreichen Abschriften kursierende Schrift *Claviculæ Salomonis* ('Die Schlüssel des Salomo', gedruckt Wesel/Duisburg/Frankfurt 1686), die diesem biblischen König zugeschrieben wurde. Sie wird beispielsweise bei Paracelsus, von Welling und van Helmont (deren pansophische Schriften Goethe seit seinen Kontakten mit dem pietistischen Frankfurter Klettenberg-Zirkel kannte; vgl. FA I 14,369-73) als magisches Grundbuch auch für die Beschwörung der Geister und den Umgang mit ihnen erwähnt.

Einen *Spruch der Viere* enthalten diese *Claviculæ* freilich nicht. Aber *Salomonis Schlüssel* läßt sich auch als ein magisches Symbol denken, wie es hier die Abb. 3 zeigt. Auch dieses als »Cingulum Salomonis« ('Fessel des Salomo') bezeichnete Pentagramm (→ 1395 f. u. 1400-08 und Kommentare dazu) mit christlich-mystischen Symbolen, das zum Bannen der Geister dienen sollte, stammt aus der dem historischen Faust zugeschriebenen kolorierten Handschrift *Praxis cabulæ nigræ*, die 1829 auf Goethes Geheiß von der Weimarer Bibliothek angekauft wurde. Zum Thema allgemein Bartscherer 1911 und Zimmermann 1979.

62,1260 *haußen]* Draußen (nach Adelung 2,1031 im 18. Jh. »nur in den niedrigen Sprecharten« üblich; aber Offenbarung 22,15: »haussen sind die hunde, und die zauberer«).

62,1261 *Eisen]* »eine zum Fange der Raubthiere und besonders der Füchse bequeme Maschine« (Adelung 1,1628).

62 f.,1271-91 *Erst zu begegnen dem Tiere, | Brauch' ich den Spruch der Viere ...]* Zu stofflichen Vorgaben in Pfitzers Faustbuch ausführlich JA 13,288 f. Aber während dort der Doktor nach dem Teufel verlangt und ihn beschwört, hat der Magier ihm hier durchaus *nicht nachgestellt* (1426). Me-

phisto selber folgt Fausts *Spur* (1151), und der vermutet doch nur eine *halbe Höllenbrut* in ihm, glaubt keineswegs eine Teufelsbeschwörung zu unternehmen. – Um dem Ungeheuer *zu begegnen* (entgegenzutreten), setzt er als erstes die magische Formel (1283-91) ein, welche einen in diesem Tier verborgenen Elementargeist zwingen würde, sich in seinem Element und seiner eigentlichen Gestalt zu zeigen. Wie in 1273-76 beschrieben, wohnen diese (nach *Liber de nymphis, sylphis, pygmaeis et salamandris*: Paracelsus 14,124) »in den vier elementen«: »die im wasser sind nympfen 〈*Undene* von lat. unda: Woge, Wasser〉, die im luft sind sylphen 〈*Silphe*, die als Meteor erscheinen kann〉, die in der erden sind pygmaei 〈Berg-*Kobold*, der um Bodenschätze *sich mühen* muß〉, die im ſeur salamandrae 〈*Salamander*, der unverbrennbar *Verschwind' in Flammen*〉«:

Wer sie nicht kennte . . . Wäre kein Meister | Über die Geister (1277-82) – Agrippa 1533 (in Goethes Besitz. Hier in Lib. I, Cap. IIII, übersetzt): 'Es gibt vier Elemente, ohne deren vollkommene Kenntnis wir in der Magie keinerlei Wirkung hervorbringen können 〈. . .〉 aller Dinge Bindung und Lösung, auch die Austreibung böser Dämonen und Anziehung guter Geister hängt von diesen ab.'

63,1289-91 *Bring' häusliche Hülfe* | INCUBUS! INCUBUS! | *Tritt hervor und mache den Schluß.]* Bezogen auf das, was die magisch-kabbalistischen Schriften dem Autor vorgaben, ist der Bannspruch des Magiers hier (versehentlich, aus Nachlässigkeit, gar mit Absicht?) 'fehlerhaft'. Denn nach *Salamander*, *Undene* und *Silphe* müßte jetzt der 1276 genannte *Kobold* gemeint sein, der allein noch in dem *Tiere* stecken und, hervortretend, mit dessen Erscheinung *Schluß* machen könnte. Aber einen »Kobolt, oder Spiritum familiarem«, der nach dem Volksglauben die Haus- und »Küchen-Arbeit 〈. . .〉 mit verrichten hülffe« (*Frauenzimmer-Lexicon* 1715,1068), darf man mit den von Paracelsus erwähnten »pygmaeis« (→ Kommentar zu 1271-91) keinesfalls gleichsetzen, und zweifellos gehört er nicht zu den Elementargeistern. Der INCUBUS wiederum (für dessen Anruf die seit

Düntzer 1899,104 oft wiederholte Reimzwang-Begründung kaum überzeugt) bezeichnet eigentlich einen männlichen Buhlteufel ('Auflieger'), der nächtens »in buhlerischer Absicht Menschenfrauen heimsucht« (HwbdA 4,695). Freilich wurden auch weibliche Dämonen so benannt (vgl. *Zauberbibliothek* 1826,47 f.). Aber keinesfalls ist das ein gutartiger Berggeist oder Küchenhelfer, vielmehr gehört er zu den *schwarzen Scharen* der *Hölle* (1298 ff.).

63,1298-1300 *Bist du Geselle | Ein Flüchtling der Hölle? | So sieh dies Zeichen!]* – das einem Elementargeist, wie Faust ihn zunächst vermutete, *nicht weh* tut (1295). Meist als beschwörend vorgehaltenes Kruzifix mit der Inschrift INRI erklärt. Aber in der Griffnähe Fausts (der sich *der Magie ergeben* hat: 377) ließe sich eher ein Zauberzeichen denken (von der Art etwa, wie es Rembrandts Radierung zeigt, → Abb. I im Text-Band S. 30 und Kommentar dazu, hier S. 205 f.), dessen kryptische Züge sowohl den heilig-unaussprechlichen Namen Gottes wie auch den Gekreuzigten bedeuten könnten, und dessen den Teufel bezwingende Bann- und Abwehrkraft unabhängig wäre vom 'Christenglauben' des Beschwörers. Das im Detail rekonstruieren oder dafür eine konkrete Vorlage ausfindig machen zu wollen (vgl. etwa Arens 1982,154), ist wohl ebenso müßig wie beim *Hexen-Einmal-Eins* (2558: *geheimnisvoll für Kluge wie für Toren*), denn der Text will es gerade im Geheimnisvollen belassen – wie dann 1319 ff. auch das als *stärkste von meinen Künsten* angedrohte *dreimal glühende Licht*.

63,1303 *Schon schwillt es auf ...]* → Goethes Theaterzeichnung im Text-Band, Abb. 5.

63,1305-09 *Kannst du ihn lesen? ...]* Die vier folgenden Verse bezeichnen Christus: den seit Anbeginn der Welt dagewesenen (präexistenten), den in Worten nicht faßbaren (oder ist hier der unaussprechbare Name Gottes gemeint? → 3432), den als Emanation Gottes kosmisch-allgegenwärtigen, den vom Speer des Kriegsknechts und den Kreuzesnägeln durchbohrten.

64,1310 *Ofen]* → Kommentar zu 1188.

64, vor 1322 *gekleidet wie ein fahrender Scholastikus]* Wie 1324 *Scolast*: von Universität zu Universität wandernder Student. In dieser Rolle sollte Mephisto dann bei der geplanten *Disputation* auftreten (→ Text-Band S. 577-80).

64,1324 *Der Casus]* Fall, Vorfall.

64,1328 *Für einen der das Wort so sehr verachtet]* →1226: der *Pudel* hatte zugehört.

64,1334 *Fliegengott, Verderber, Lügner]* Nach 2. Könige 1,2 (wörtl. Bedeutung von hebr. Baal-Sebub/Beelzebub), Hiob 15,21 u. ö., Johannes 8,44.

64,1335 f. *Ein Teil von jener Kraft, | Die stets das Böse will und stets das Gute schafft]* Mephisto kleidet seine berühmte Selbstdarstellung in einen höchst mißverständlichen paradoxen Satz. Um Fausts Argwohn zu beschwichtigen, scheint er sich hier zunächst der Sprachregelung des *Prologs* (340 ff.) anzupassen – als müsse er bei böser Absicht *stets* doch *das Gute* bewirken (→ Kommentar zu 342 f.). Aber wenn Faust dann 1337 die Auflösung seines Rätselworts verlangt, beendet er diesen Versuch einer dialektischen Aufhebung des Bösen (der sich geradezu als eine Kontrafaktur des Römerbriefs 7,18 f. gibt: »Wollen habe ich wohl, aber vollbringen das gute finde ich nicht. Denn das gute, das ich will, das thue ich nicht; sondern das böse, das ich nicht will, das thue ich«). Unverstellt beschreibt er sich 1338-44 so, wie er selber sich versteht. Damit wird im nachhinein auch für 1335 f. eine andre Lesart aufgedeckt (die Seidlin 1944 diesen Versen von vornherein zuschreibt): Der *Verderber, Lügner* hat die Wortbedeutung hier in seinem Sinne umgekehrt und den Begriff *das Gute* also mephistophelisch besetzt (entsprechend Jesaja 5,20: »Wehe denen, die böses gut und gutes böse heissen; die aus ſinsterniß licht und aus licht finsterniß machen«). In verstellter Sprache redend, hat er tatsächlich schon hier als *Teil von jener Kraft* sich dargestellt, die will, *was ihr* 〈...〉 *das Böse nennt* (1342 f.), und die dieses aus der Sicht des Verderbers einzig *Gute* stets auch *schafft*.

65,1347-49 *Wenn sich der Mensch, die kleine Narrenwelt,* |

Gewöhnlich für ein Ganzes hält: | Ich bin . . .] Während sich der närrische Mensch als vermeintlicher (dem Makrokosmos analoger) Mikrokosmos anmaßend *für ein Ganzes hält*, bin ich tatsächlich . . .

65,1349-50 *Ich bin ein Teil des Teils, der Anfangs alles war, | Ein Teil der Finsternis, die sich das Licht gebar]* In den antiken Weltentstehungsvorstellungen stand am Beginn der Schöpfung der ungeordnete, lichtlose Urzustand 'Chaos', »der Anfang aller Dinge, und also auch selbst der Götter; wie denn von selbigem Erebus ‹Finsternis› und Nox ‹Nacht› gezeuget worden«; diese beiden wiederum haben nach Hesiod »den Æther und den Tag erzeuget« (Hederich 1770,693 f. u. 126). Eine Rezension in *Nöthiger Beytrag* 1735,751 erklärte: Hesiod, Homer, Orpheus, aber auch Mose »lehren, daß das Licht erst aus der Finsterniß entsprungen sey«. – Mephistos Rede von der souveränen Uranfänglichkeit der Finsternis, die ihn auf deren Endsieg hoffen läßt, widerruft die Lichttheologie des Johannesevangeliums (1,1-5), dem Fausts Übersetzungsbemühungen galten: »IM anfang war das wort, und das wort war bey Gott, und Gott war das wort ‹. . .› und ohne dasselbige ist nichts gemacht, was gemacht ist. In ihm war das leben, und das leben war das licht der menschen. Und das licht scheinet in der finsterniß, und die finsterniß habens nicht begriffen.« An die Stelle Gottes als »Vatter des lichts« (Jakobus 1,17), »der da hieß das licht aus der finsterniß hervor leuchten« (2. Korinther 4,6), rückt damit in Mephistos 'Genesis' (wieder) die *Mutter Nacht*, die *sich das Licht gebar*.

65,1354 ff. *an den Körpern . . .]* Die Lehre, daß das Licht den Körpern (der Materie) *verhaftet* sei und sich nur an diesen manifestiere, geht zurück auf den mittelalterl. engl. Theologen Robert Grosseteste (dazu Arens 1982,161). Goethes *Beiträge zur Optik:* die Finsternis denken wir »abstrakt ohne Gegenstand als eine Verneinung ‹. . .›. Das Licht hingegen können wir uns niemals in abstracto denken, sondern wir werden es gewahr als die Wirkung eines bestimmten Gegenstandes, der sich in dem Raume befindet und durch eben diese Wirkung andere Gegenstände sichtbar macht.« (FA I 23/2, 23)

66,1377 *die Flamme]* der sich keine *Keime* mehr entwinden.

66,1378 *nichts Apart's]* nichts abgesondert Eigenes (französisch à part) und reizvoll Anziehendes: das Höllenfeuer.

66,1380 *Der heilsam schaffenden Gewalt]* Im Sinne von *Kraft* und *Tat* in Fausts Übersetzungsversuch 1233 u. 1237.

66,1384 *Des Chaos wunderlicher Sohn]* Mephisto als Wiederverkörperung des antiken Erebus? (→ Kommentar zu 1349-50).

66,1395 f. *Drudenfuß]* Praetorius 1668,452 (von Goethe benutzt) erläutert, daß der Drudenfuß »nicht so wol benahmet sey von den übelgesonnenen Unholden ⟨von mhd. trut⟩ oder Druyden ⟨keltischen Priestern und Zauberern⟩ / als von unserm Heylande und Seeligmacher selbsten: sintemal er vor Alters immerfort bey unsern Vorfahren ⟨...⟩ ist Truthin oder Drythen genennet worden / welches so viel ist als Herr«. – Dieser fünfstrahlige Stern (= *Pentagramma*, → Abb. 3 u. Kommentar zu 1400-08), mit dem »sich die Leut verwaren / damit die Hexen ⟨...⟩ ihnen nicht schaden« (ebd. 450 f.), galt als mystisches Symbol des Weltalls, auch als Sinnbild der fünf Sinne oder der fünf Extremitäten des Menschen. Jeder seiner fünf Strahlenwinkel bildet ein A, den wichtigsten Buchstaben der magisch-kabbalistischen Künste, und bezeichnet damit zugleich die fünf Buchstaben des Namens Jesus (Offenbarung 1,8: »Ich bin das A und das O, der anfang und das ende, spricht der Herr«). So diente das Pentagramm dem Magier als Schutz vor Dämonen: auf die *Schwelle* seiner Tür gezeichnet, sollte es dem Bösen den Eintritt ins Haus versperren.

66,1399 *betrogen]* Hier: gefangen, in die Falle gebracht (DWb 1,1715: wie Wild oder Vögel).

67,1400-08 ... *Der eine Winkel, der nach außenzu* ... *Der Teufel kann nicht aus dem Haus]* Alle Drucke zu Lebzeiten haben mißverständlich: »nach außen zu«. Emendiert von Hecker, WGA: *nach außenzu*. In der Tat ist keineswegs ein nach außen geschlossener Winkel gemeint. Vielmehr steht der auf der Schwelle nach außen, nämlich nach außerhalb des Hauses hin gerichtete Winkel des magischen Zeichens hier *ein wenig offen*. Ein solches *Pentagramma* (auch *Drudenfuß*, → Kommentar zu 1395 f.) zeigt hier Abb. 3 mit dem »Cingulum Salomonis« (→ Kommentar zu 1258). Der Magier mußte es, an der oberen Spitze beginnend, mit einem einzigen durchgehenden Strich zeichnen. Faust aber hat (versehentlich? oder aus mangelnder Kenntnis magischer Praktiken?) die Linie, die den oberen bzw. *nach außenzu* weisenden Winkel schließen muß, *nicht gut gezogen* (1400), und durch die offene Spitze (im magischen Sprachgebrauch: die 'Pforte') konnte Mephisto in das mystische Zeichen eindringen und die Türschwelle übertreten.

Von innen aber sieht die *Sache . . . anders aus* (1407). Hier hindern ihn die geschlossenen Winkelspitzen am Eintritt in dieses Zeichen und damit am Überschreiten der Schwelle: *von ohngefähr* (1405), also absichtslos, zufällig ist eine Teufelsfalle zustande gekommen. So muß erst eine Ratte die *Spitze* an einem der beiden nach innenzu liegenden Winkel aufnagen, ehe Mephisto wieder entweichen kann (→ 1512-24).

67,1416 *rein]* Ungetrübt, uneingeschränkt.

67,1419 *zunächst]* als Nächstes, in Kürze (vgl. DWb 32,547).

67,1420 *hoch und höchst]* Unterwürfige Dringlichkeitsformel.

67,1423 *gute Mär]* Hier für nützliche Kunde, interessante Nachricht (aber wohl mit blasphemischer Konnotation: in Luthers *Vom Himmel hoch* singt der Engel die *gute Mär* von der Christgeburt).

67,1424 f. *ich komme bald zurück; | Dann magst du nach Belieben fragen]* Ursprünglich wohl auf die geplante *Disputation* bezogen, bei der Faust als Universitätsprofessor und Mephisto als *Fahrender Scholasticus* in einem alt-akademischem Brauch entsprechenden Streitgespräch philosophische Fragen angehen sollten. → Paralipomenon 11, Text-Band S. 577 f.

68,1432 *mit Bedingnis]* unter der Bedingung.

68,1445 *Bereitung braucht es nicht voran]* Vorbereitung (Adelung 4,1638: *voran* oberdeutsch »für vorher«).

68 ff., 1447-1505 GEISTER: *Schwindet, ihr dunkeln | Wölbungen droben! . . .]* Der narkotisierende lyrische Klangzauber dieses Gesanges ist wohl nur deshalb kein *leeres Zauberspiel* (1441), weil die *schönen Bilder*, die Mephistos Geister dem Einschlafenden *bringen*, dessen eigene Traumgesichte in Verse fassen (wie 6903 ff. der Homunkulus). Sie scheinen hier einem aufsteigenden Wolkenzug zu folgen (Arens 1982,165): Die *Wölbungen* des Zimmers schwinden wie eine dunkle Wolkendecke; der blaue *Äther* öffnet sich; in schwankender *Beugung* schweben die (auch 1457 gemeinten?) Himmelswolken dahin, denen der Träumende sehnsüchtig folgt; *Decken die Länder*; fliegen (1484: Vögeln gleich?) der *Sonne* und den *Inseln* der Seligen entgegen – *Alle zum Leben, | Alle zur Ferne | Liebender Sterne | Seliger Huld* (1502-05). Ein Vorschein des meteorologischen Theaters, das sich am Ende in der *Bergschluchten*-Szene ereignen wird (→ Kommentar S. 793 ff.).

69,1482 *Genügen]* DWb 5,3511: »befriedigung in erhöhtem sinn, bis zu seligkeit«.

70,1520 *So wie er sie mit Öl betupft]* Die genaue Stelle bezeichnend; mit dem Öl die Ratte anlockend (oder eine blasphemische Anspielung auf das kathol. Sakrament der letzten Ölung, das zur Sündenvergebung an Haupt, Händen und Füßen eines Todkranken verrichtet wird – an eben den fünf Extremitäten also, welche das Pentagramm symbolisiert? → Kommentar zu 1395 f. *Drudenfuß*).

70,1522 *Die Spitze, die mich bannte]* Eine nach innen gerichtete, geschlossene Winkelspitze vom *Drudenfuß* (Pentagramm), → Kommentare zu 1395 f. und 1400-08.

70,1527 *Drang]* DWb 2,1333: »wie andrang, zudrang«, aber auch: »anreizung, innerer trieb«!

1530-2072 STUDIERZIMMER II

71,1535-43 *als edler Junker . . .]* Mephisto in der Tracht eines höfisch-adligen Weltmannes. Aber dieses rote Kleid und die *Hahnenfeder auf dem Hut* sind zugleich doch traditionelle Insignien des Satans (→ 2485 f.). *Dergleichen* für die von Mephisto vorgesehene 'Kavalierstour' in *die kleine, dann die große Welt* (2052) *gleichfalls anzulegen*, heißt für Faust also nicht nur: *losgebunden, frei* zu werden von der durch die Kleiderordnung markierten Standesgrenze. Es signalisiert zugleich: er wird *eingeteufelt* (3371).

71 f.,1549 f. *sollst entbehren . . . ist der ewige Gesang] Dichtung und Wahrheit* (16. Buch. FA I 14,729): »Unser psychisches sowohl als geselliges Leben, Sitten, Gewohnheiten, Weltklugheit, Philosophie, Religion, ja so manches zufällige Ereignis, alles ruft uns zu daß wir *entsagen* sollen; so manches was uns innerlich eigenst angehört sollen wir nicht nach außen hervorbilden, was wir von außen zu Ergänzung unsres Wesens bedürfen, wird uns entzogen, dagegen aber so vieles aufgedrungen das uns so fremd als lästig ist.«

72,1559 *Krittel]* DWb 11,2338: »kleinliches mäkeln«.

72,1562-71 *Auch muß ich . . . das Leben mir verhaßt.]* In Fausts Verzweiflungsversen klingt die Klage des Hiob nach (dessen Rolle der *Prolog im Himmel* ihm übertragen hat): »Wenn ich gedachte, mein bette soll mich trösten, mein lager soll mirs leichtern ⟨. . .⟩ so erschreckest du mich mit träumen, und machest mir grauen, Daß meine seele wünschet erhangen zu seyn, und meine gebeine den tod. Ich begehre nicht mehr zu leben.« (Hiob 7,13-16).

72,1579 *Und doch hat Jemand . . .]* Nach der Andeutung 1572 jetzt die unverdeckte Anspielung auf den Selbstmordversuch in der *Nacht*-Szene (also weiß Mephisto von Fausts Verfassung, wenn er sich beim Osterspaziergang auf die *Spur des Herren* setzt).

73,1583 ff. *Wenn . . . mich zog, . . . So fluch' ich . . .]* Meist als konzessive Konjunktion erklärt: Wenngleich . . . Eher doch in temporal-kausalem Sinn zu nehmen, Fausts Fluchlawine geradezu auslösend: Nachdem, ja weil mich . . . (vgl. DWb 29,68 f.).

73,1604 ff. *Fluch jener höchsten Liebeshuld ... der Hoffnung ... dem Glauben ... vor allen der Geduld!]* Schon mit dem *Balsamsaft der Trauben* mag der Fluchende die religiöse Sphäre berühren. Wenn er jetzt mit *jener höchsten Liebeshuld* wieder auf das Osternachtgeschehen verweist, ist die *Liebe Gottes* gemeint (Genitivus objectivus, → Kommentar zu 1184 f). Fausts Verfluchung der fundamentalen christlichen Tugenden folgt so (umkehrend) dem 1. Korintherbrief 13,13: »glaube, hoffnung, liebe« und dem 1. Thessalonicherbrief 1,3: »gedult in der hoffnung«. – Weshalb er dabei *vor allen* der ihm selber mangelnden *Geduld* flucht, erläutert eine Stelle aus den *Wanderjahren* (FA I 10,686): »Daß der Mensch in's Unvermeidliche sich füge, darauf dringen alle Religionen 〈...〉. Die christliche hilft durch Glaube, Liebe, Hoffnung gar anmutig nach; daraus entsteht denn die Geduld, ein süßes Gefühl, welch eine schätzbare Gabe das Dasein bleibe, auch wenn ihm, anstatt des gewünschten Genusses, das widerwärtigste Leiden aufgebürdet wird«.

Noch am Ende seines Lebens wird Faust sich an diesen Ausbruch erinnern (11409: *Mit Frevelwort mich und die Welt verfluchte*) – ohne doch zu bedenken oder zu erwähnen, daß er (der einst an *Hoffnung reich, im Glauben fest* gewesen war: 1026) hier seinen Abfall vom Christentum besiegelte.

73 f.,1607-26 GEISTER-CHOR*]* In jeweils eindeutigen Zuschreibungen unterschiedlich erklärt (vgl. Witkowski 1950,219 ff.): entweder als warnende oder wohlwollend ratende gute Geister, von denen Mephisto nur behauptet, sie seien *die kleinen | Von den Meinen* (1627 f.), oder aber als schmeichelnd verführerische böse Geister in seinem Dienst; auch als ursprünglich wechselnde Stimmen guter und böser Geister oder als innere Stimmen Fausts. Absichtsvoll uneindeutig gehalten, entsprechend dem ambivalenten *Neuen Lebenslauf* (1622), auf den Faust hier eingestimmt werden soll? – Maché 1971 sieht diesen Chor in Entsprechung zu Goethes ursprünglicher (aufgegebener) Konzeption der Geisterchöre am Beginn von *Faust II* (*Sie verhüllen in schmeichelnde Worte und Melodien ihre eigent-*

lich ironischen Anträge. → Paralipomenon 63: Text-Band S. 593,7 f.) und nimmt für sie in Anspruch, was Wagner 1140 f. über die bösen Geister sagte: *Sie stellen wie vom Himmel sich gesandt, | und lispeln englisch, wenn sie lügen.*

74,1630 *Altklug]* Sehr weise für ihr Alter, hier wohl ohne die Konnotation des Unangemessenen.

74,1633 *Wo Sinnen und Säfte stocken]* Nicht metaphorisch zu verstehen, sondern höchst realistisch begründet. Entsprechende Vorstellungen der Zeit resümiert z. B. 1804 die *Deutsche Encyclopädie* 23,511 f.: »Die Krankheiten der Gelehrten haben zwey Hauptquellen: die beständigen Arbeiten und Anstrengungen des Geistes, und die stete Ruhe des Körpers. ⟨...⟩ Der Kreislauf des Bluts in dem Unterleibe und hauptsächlich in dem Pfortadersystem wird gehemmt, wovon, wenn Leibesverstopfungen und Cruditäten hinzukommen, Hypochondrie, Melancholie und Hämorrhoidalkrankheiten entstehen, auch Verhärtungen und andere Fehler der Leber und der Milz. Die Hypochondrie hat auf die Ruhe und Heiterkeit des Geistes den augenscheinlichsten Einfluß, und man nennt sie vorzugsweise die gelehrte Krankheit.«

74,1636 *... ein Geier, dir am Leben frißt]* Wohl Anspielung auf den Prometheus, der gegen die Götter aufbegehrte und dem ein Adler an seiner Leber fraß. Unterstellt Mephisto also, daß Faust den leidenden Halbgott nur spiele, daß die *schlechteste* ⟨schlichteste, normalste⟩ *Gesellschaft* ihn fühlen lasse, er sei nur *ein Mensch mit Menschen*?

75,1661 *Schlägst du erst diese Welt zu Trümmern]* Faust meint eher wohl (entspr. 3358 f.) sich selber, als etwa den Mephisto.

75,1672 *Verbinde dich]* Zielt auf den bindenden Vertrag (→ 1414 f.).

75,1676 f. *... eines Menschen Geist, in seinem hohen Streben ...]* In der vorangehenden Fluchlitanei aber, konterkarierend: *Verflucht voraus die hohe Meinung, | Womit der Geist sich selbst umfängt!* (1591 f.)

75,1677 *gefaßt]* Hier (nach Adelung 2,53): »mit dem Verstande begreifen, seinen Gründen nach einsehen«. → 325.

75 f.,1678-85 *Doch hast du Speise ... wie ein Meteor, verschwindet.]* Diese die Wette vorbereitenden Verse haben anhaltende Deutungskontroversen hervorgerufen, die sich an das abschließende Satzzeichen heften (dazu Molnár 1979). Alle *Faust I*-Drucke zu Goethes Lebzeiten stellen hinter 1685 (*verschwindet*) einen Punkt, welcher die gesamte Passage als Tatsachenfeststellung verstehen läßt. Die WA setzte dafür eigenmächtig ein Fragezeichen, welches die Passage nun als eine in Frageform ausgesprochene Forderung ausgibt. Fast alle späteren Ausgaben haben das übernommen, mehrere setzen sogar ein Fragezeichen hinter jede der fünf vermeintlichen Einzelfragen.

Ohne Zweifel muß man diese Verse in ihrem Kontext sehen. Enden sie mit Fragezeichen, so könnten sie besagen: ‘Das Verlangen des menschlichen Geistes vermagst du nicht zu fassen (1676 f.) – oder hast du etwa doch?’ bzw.: ‘Aber hast du nicht wenigstens Speise, die ...? – dann zeig mir solche *Frucht* ...!’ (1686 f.). Ernstgemeinte positive Wünsche haben nur wenige Kommentatoren in Fausts paradoxen Aufzählungen gesehen, viele ein verzweifeltes Verlangen gerade nach dem Unbeständig-Unbefriedigenden, weil es ihm Betäubung verschaffe im rauschhaften Wechsel (→ 3249 f.), oder weil es seinem rastlosen Ungenügen Vorschub leiste und ihn davor bewahre, sich mit dem Gegebenen zufrieden zu stellen.

Läßt man es hingegen beim Punkt hinter 1685, was ich für richtig halte, wären die fraglichen Verse als höhnende Feststellungsrede zu nehmen: Du *armer Teufel* ‘hast ja doch nur Speise, die ...!’ Die Verse 1686 f. verstünden sich dann als eine verzweifelt-resignierende Aufforderung, ihm das zu bestätigen: Mephisto solle sie ihm nur zeigen, diese *Frucht die fault, eh’ man sie bricht* (die niemals sättigende *Speise*, das zerrinnende *Gold*), und diese *Bäume die sich täglich neu begrünen*, weil sie doch täglich verwelken (das wechselnde Glück im *Spiel*, das unbeständige *Mädchen*). – Überzeugt, daß ihm das Leben *Nicht Einen Wunsch erfüllen wird, nicht Einen* (1557), würde Faust mit dieser Aufzählung trügerisch-vergänglicher, wertloser Teufelsgaben seine große Fluchlitanei (1587 ff.) wiederholen, die das *Lock- und Gaukelwerk* allen Lebens verdammt.

1692-1711 Die Wette

Beiläufig bringt Faust schon in der ersten *Studierzimmer*-Szene 1414 die Rede auf einen *Pakt*. Was Mephisto dann 1656-59 anbietet, entspricht durchaus dem in der Faustsage vorgegebenen Teufelspakt und folgt damit dem Muster eines Vertrages, wie ihn (in den seit dem 6. Jh. umgehenden Legenden) ein Teufelsbündner mit seiner Blutunterschrift besiegelt: für den zeitlich begrenzten Dienst auf Erden, zu dem der Böse sich verpflichtet, verschreibt er selber sich ihm nach seinem Tode mit Leib und Seele und in Ewigkeit. Freilich beschränkt Mephisto sein Angebot nicht auf die 24jährige Dienstzeit, die das Faustbuch angab. Überhaupt kaschiert seine Rede mit bloßem *hier* und *drüben*, was zeitlich und ewig doch meint. Ja sein doppeldeutiges: *Wenn wir uns drüben wieder finden*, legt wohl absichtsvoll nahe, die von ihm zweifellos temporal gedachte, also bindend festlegende Konjunktion als nurmehr konditionale zu verstehen: ‘falls überhaupt’!

Zu einem solchen *Pakt* bestimmen Mephistos unbefriedigende *Künste* (alles nur *Speise die nicht sättigt*: 1678 ff.) den ruhelos Unbefriedigten nicht. Erst im Widerspruch zu der Behauptung des Versuchers, da komme wohl auch einmal die Zeit, *Wo wir was Gut's in Ruhe schmausen mögen* (womit er die Aufgabe, die im *Prolog* 340 ff. der Herr ihm zugewiesen hat, geradewegs umkehrt!), zeigt Faust sich vertragsbereit – in Form einer unsymmetrischen *Wette*, die vom traditionellen Muster des Teufelspakts entschieden abweicht. Jetzt soll Mephisto zwar Dienste leisten, aber ob er dafür auch den hergebrachten Lohn erhält, Faust also überhaupt zur Gegenleistung verpflichtet wird, bleibt offen.

Den Wortlaut dieser *Wette* formulieren Fausts Verse 1692-97: das Ritual des 1698 in der ‘Sprechhandlung’ der beiden Vertragspartner so angesagten wie vollzogenen Handschlags besiegelt sie. Was 1699-1706 dann folgt, ist (bei fortdauerndem bekräftigendem Handschlag?) eine fixierende Auslegung nur, die Mephisto 1707 freilich akzeptiert. Deren bedingender Satz (*Werd' ich zum Augenblicke sagen: | Verweile doch! du bist so schön!* ...) bringt die Wette auf jene Formel, die dann in Fausts letzter Rede 11581 f. aufgenommen wird. Undeutlich bleibt jedoch, worauf das nachfolgende *Dann* ... hier geht. Sollte der zum Augenblick gesagte Satz oder der Zustand, den er bezeichnet, geradezu Fausts Lebensende herbeiführen (was die Verse 1697 und wieder 1703 ff. doch zu besagen scheinen) und ihn (wie der traditionelle Pakt es vorgibt) in Teufelsknechtschaft stürzen – *drüben*? Oder ist da nur das Ende von Mephistos Dienstbarkeit gemeint, der Umschlag des Verhältnisses von Herr und Knecht – *hier* oder wo immer?

Wort und Sinn dieser Wette im Kontext der Szene, in ihrem Verhältnis auch zum *Prolog im Himmel* und im Hinblick auf den vielumstrittenen Ausgang des Spiels, sind mit sehr unterschiedlichen Kommentaren bedacht worden. Mehrdeutiges, ja in sich Widersprüchliches hat man dabei auch aus wechselnden Konzeptionen erklärt und durch die Kombination von Textstücken, die zu unterschiedlichen Zeiten entstanden sind. Im endgültigen Text haben solche Undeutlichkeiten aber durchaus ihren Sinn. Sie ermöglichen allererst, daß sich die beiden Kontrahenten bei ganz unterschiedlichen Vorstellungen und Absichten mit diesem Vertrag doch zusammenfinden. Faust, um's *Drüben* wenig bekümmert, will von *jenen Sphären* ja *nichts weiter hören* (1660 ff.). *Dann magst du mich in Fesseln schlagen*: das mag für ihn geradezu identisch sein mit einem selbstzufriedenen, beruhigt genießenden, satten Genügen am Gegebenen und Erreichten und nicht erst aus ihm folgen – 1710: *Wie ich* ⟨indem ich⟩ *beharre bin ich* ⟨bereits⟩ *Knecht*. Im Paralipomenon 7 (Text-Band S. 544) lautet Mephistos Entgegnung auf einen solchen Satz noch: *Mein Freund wenn je der Teufel dein begehrt | Begehrt er dein auf eine Andre Weise | Dein Fleisch und*

Blut ist wohl schon etwas werth | Allein die Seel ist unsre rechte Speise. So unverhohlen redet er hier nicht mehr, aber so denkt und plant er offensichtlich noch immer. Ersatzweise nimmt er die Wette doch im Sinn des alten Teufelspaktes und fordert denn auch, was Faust entschieden überflüssig scheinen muß: den alten *blutgeschriebnen Titel* (11613).

Zum Ausgang der Wette → Kommentar S. 752 ff.

76,1705 *Die Uhr mag stehn, der Zeiger fallen]* In der Sterbe-Szene, Vers 11593 f. wird der triumphierende Mephisto Fausts eigene Worte aufnehmen: *Die Uhr steht still,* und wird der Chor seine Metapher für das Ende der Faust zugemessenen Zeit rekapitulieren: *Der Zeiger fällt.* – MA 18.1,1131: »Übersetzung des lateinischen: horologium cadit (cecidit), seit dem 11.Jh. in mönchischen Regeltexten Anweisung zur Einhaltung der Nachtwachen nach der Benediktinerregel; noch im 17.Jh. ›der Wecker fällt‹ (vgl. G. Dohrn-van-Rossum: *Die Geschichte der Stunde.* München 1992, S. 49 ff., S. 335)«.

(Für technisch Interessierte: Daß bei einer Räderuhr der Zeiger in die Senkrechte herabfiele, setzte nach Bassermann-Jordan 1926,157 voraus, daß »der Eingriff von Gehwerk und Zeigerwerk gelöst ist«, oder »das Stundenrohr sich auf seiner Welle gelockert hat«. – Bei einer antiken Wasseruhr = Clepsydra hingegen müßten nach dem Erklärungsversuch von Bastomsky 1970,59 »plötzlich das obere Gefäß und das untere, der Rezipient, einen Sprung bekommen oder sonst leck werden. Aus dem Rezipienten entweicht also das Wasser, so daß der ⟨dort von einem Schwimmer bewegte waagerechte⟩ Zeiger zum Stehen kommt, er fällt aber noch nicht, weil das obere Gefäß noch Wasser in den Rezipienten fließen läßt. Dann wird das obere Gefäß leer, das Geräusch des ausströmenden Wassers hört auf, und die Uhr ›schweigt wie Mitternacht‹. Nun sinkt natürlich der Wasserspiegel im Rezipienten und damit der Schwimmer, so daß ›der Zeiger fällt‹«).

76,1710 *Wie ich beharre . . .]* Indem (oder sobald?) ich in Zufriedenheit verharre . . . → *Prolog* 340 f.

77,1712 f. *bei'm Doktorschmaus]* Festessen nach der Ernennung eines *Scholastikus* zum Doktor, der eine öffentliche *Disputation* vorausging (zu dieser geplanten, aber ausgelassenen Szene → Kommentar S. 958 ff. und zugehörige Paralipomena, Text-Band S. 577-80).

77,1716 *was geschriebnes forderst du]* Mephisto hat die *Paar Zeilen* offenbar schon mitgebracht oder schreibt sie jetzt selber; Faust scheint nur unterzeichnen zu müssen (→ 1737).

77,1719 *mit meinen Tagen schalten]* Über sie bestimmen, Gewalt über sie haben (DWb 14,2103).

77,1726 *beprägt]* mit einem Wachssiegel.

77,1729 *Wachs und Leder]* des Siegels und des Pergaments.

77,1737 *Du unterzeichnest dich mit einem Tröpfchen Blut]* Zedler 49,2198: »gleichwie im alten Heydenthum die Bündnisse mit Menschen-Blute bestätiget worden; also hat der Aberglaube auch unter den Christen sich vielfältig geäussert«. Vorgegeben in den Faustsagen, geht dieses Ritual des Teufelsbundes als pervertierende Kontrafaktur zurück auf 2. Mose 24,7 f., wo das Volk Israel spricht: »Alles, was der Herr gesaget hat, wollen wir thun, und gehorchen; Da nahm Mose das blut ⟨hier: der Opfertiere⟩, und sprengete das volck damit, und sprach: Sehet, das ist blut des bundes, den der Herr mit euch machet«.

77,1739 *Fratze]* Die herkömmliche Blutunterschrift unter den Teufelspakt als abergläubischer Unsinn (im Briefwechsel mit Schiller, 5./7. 12. 1798, wird Wallensteins astrologischer Orakelglaube so bezeichnet).

78,1760 *Euch ist kein Maß und Ziel gesetzt]* Das gilt gleichermaßen für den ruhelos heftigen Wechsel der Versmaße, der hier wie häufig Fausts schwankende Stimmungen metrisch verlautbart: Nach vorangehenden Madrigalversen fällt er 1748-53 wieder in Knittel, die (auch inhaltlich) auf seinen Eingangsmonolog in der *Nacht*-Szene zurückweisen, deren obligater Paarreim sich aber zum sog. Schweifreim öffnet; dann stürzt er sich mit den Daktylen von 1754 in das *Rauschen der Zeit* und vollzieht schließlich 1755-59 in freien Versen mit wechselnder Hebungs- und Senkungszahl den Aufbruch auch aus allen metrischen Bindungen. – Freilich erhalten die klischeehaft gehaltenen Phrasen dieses Stubengelehrten (*Tiefen der Sinnlichkeit . . . glühende Leidenschaften*) einen geradezu pubertär schwadronierenden Beigeschmack.

78,1764 *blöde]* Neben der heutigen Bedeutung im 18. Jh. auch für furchtsam, zaghaft, schüchtern (Adelung 1,971).

78 ff.,1770 ff. *Und was der ganzen Menschheit zugeteilt ist . . .]* In der »großen Lücke« der *Frühen Fassung* (→ dort S. 477) zwischen Wagners Abgang und dem noch unvermittelten Auftritt Mephistos in der Schüler-Szene stehen im *Fragment*-Druck 1790 nach vorangehenden Auslassungsstrichen die späteren *Faust I*-Verse 1770-1867. Binder 1944 hat sie als die in Rom entstandene »neue Szene« verstanden, von der in der *Italienischen Reise* berichtet wird (→ Text-Band S. 769). Dabei habe sich Goethe zunächst mit einer unzulänglich motivierten Selbstübergabe Fausts an den Teufel begnügen wollen, die ohne förmlichen Vertrag erfolge – weil der im alten Faustbuch vorgegebene Teufelspakt den Ausgang zugunsten des Bösen präjudizierte, eine Wette aber, die den Ausgang offen ließe, noch nicht konzipiert war. Der später in *Faust I* vorangestellte Abschluß der *Wette* sollte nach Binders Ansicht die Passage 1770 ff. eigentlich ersetzen, habe sie nun zum unorganischen Nachspiel herabgestuft und eine ganze Reihe sachlicher Widersprüche entstehen lassen.

So zitiert Goethe jetzt 1770-75 gleichsam das eigene jugendlich-titanische Totalitätsprogramm des großen Individuums – als ein unerfüllbares, hybrides Verlangen. In der *Italienischen Reise* heißt es schon 1787, daß jeder einzelne Mensch »nur als ein Supplement aller übrigen zu betrachten« sei (FA I 15/I,372), und 1796 erklärt der Abbé in *Wilhelm Meisters Lehrjahren* (FA I 9,954): »Wer alles und jedes in seiner ganzen Menschheit tun oder genießen will, wer alles außer sich zu einer solchen Art von Genuß verknüpfen will, der wird seine Zeit nur mit einem ewig unbefriedigten Streben hinbringen.«

79,1779 *den alten Sauerteig]* 1. Korinther 5,7: »feget den alten sauerteig aus« – die aufblähende Ursünde der superbia nämlich, die schon Adam zu Fall brachte (1. Mose 3,5: ihr »werdet seyn wie Gott«). Hier ist diese schwerverdaulich unverträgliche Speise wohl auch als ein Gärstoff zu verstehen (→ 302), der dazu dient, den Teig aufzutreiben, zu *erweitern* (1774).

79,1781-84 *Gott ... findet sich in einem ew'gen Glanze, | Uns hat er in die Finsternis gebracht, | Und euch taugt einzig Tag und Nacht]* Spielt an auf den Engelsturz von *Luzifers Geschlecht* (11770; → Kommentar zu 10075 f.) – Dazu in der *Farbenlehre*, § 744: »Wir fanden einen uranfänglichen ungeheuren Gegensatz von Licht und Finsternis, den man allgemeiner durch Licht und Nichtlicht ausdrücken kann; wir suchten denselben zu vermitteln und dadurch die sichtbare Welt aus Licht, Schatten und Farbe herauszubilden« (FA I 23/I,241).

79,1787 *Die Zeit ist kurz, die Kunst ist lang]* → 558 f. und Kommentar dazu.

79,1789 *Poeten ...]* Läßt an die Hofdichter mit ihren bilderreichen Preisgesängen und überschwenglichen Lobreden denken. Und an ihre Nachfolger.

79,1796 *Des Nordens Dau'rbarkeit]* Meint den Nordländer (Pniower 1924,139 ff. folgend, hat man die regelwidrige Genitivbildung dieses Neologismus häufig 'berichtigt' in: »Des Norden ...«). – Goethe 1772 über die altnordischen Jenseitsvorstellungen: »Der brave Norde« erblicke »in den Tiefen des Himmels ⟨einen⟩ unermeßlichen Kampfplatz, ein erwünschtes Feld seiner unzerstörlichen Stärke, ruht dann, sein Glas Bier mit Heldenappetit auszechend, neben Vater Odin auf der Bank.« (WA I 37,256)

79,1802 *Mikrokosmos]* Ironische Aufnahme der alten Vorstellung, daß der Mensch das Weltall (den *Makrokosmos*, vor 430) in sich fasse. → 1347 f.

79,1808 *Socken]* Hier wohl weder in der ält. Nebenbedeutung von Überschuhen (so DWb 16,1391), noch Neubildung nach ital. zocco = Plinthe, Sockel einer Säule oder Statue (so Pniower 1930,367), sondern entspr. lat. soccus: der flache Schauspielerschuh in der antiken Komödie. Nach gängiger Ansicht seit JA habe Goethe diesen freilich verwechselt mit dem stelzenartig hohen Kothurn der antiken Tragödie. Überzeugender erklärt Arens 1982 *ellenhohe Socken* ebenso als spöttische Übertreibung Mephistos, wie die *Millionen Locken* barocker Allonge-Perücken: Faust bleibe allemal »nur ein sich aufblähender Komödiant«.

80,1821 *H[intern]]* In den Drucken zwei 'Anstandsstriche'; keine Handschrift erhalten. Denkbar allenfalls auch: *H[oden]*. (→ hier S. 118 f.)

80,1824 ff. *Wenn ich sechs Hengste zahlen kann, | Sind ihre Kräfte nicht die meine? . . .]* Mit einer »Auslegung der göthischen Stelle« hat der junge Marx 1844,319 ff. aus diesen Versen seine Charakteristik des kapitalistischen »Privateigenthums« abgeleitet (das damit geradezu als mephistophelische Errungenschaft, als Teufelswerk erscheint): »was ich zahlen, d. h., was das Geld kaufen kann, das *bin ich*, der Besitzer des Geldes selbst. So groß die Kraft des Geldes, so groß ist meine Kraft. Die Eigenschaften des Geldes sind meine – seines Besitzers – Eigenschaften und Wesenskräfte. Das was ich *bin* und *vermag* ist also keineswegs durch meine Individualität bestimmt. ⟨. . .⟩ Ich – meiner Individualität nach – bin *lahm*, aber das Geld verschafft mir 24 Füsse; ich bin also nicht lahm; ich bin ein schlechter, unehrlicher, gewissenloser, geistloser Mensch, aber das Geld ist geehrt, also auch sein Besitzer. Das Geld ist das höchste Gut, also ist sein Besitzer gut, das Geld überhebt mich überdem der Mühe unehrlich zu sein, ich werde also als ehrlich präsumirt; ich bin *geistlos*, aber das Geld ist der *wirkliche Geist* aller Dinge, wie sollte sein Besitzer geistlos sein? Zudem kann er sich die Geistreichen Leute kaufen und wer die Macht über d⟨en⟩ Geistreichen hat, ist der nicht geistreicher als der Geistreiche? Ich, der durch das Geld *alles*, wonach ein menschliches Herz sich sehnt, vermag, besitze ich nicht alle menschlichen Vermögen? Verwandelt also mein Geld nicht alle meine Unvermögen in ihr Gegentheil? 〈. . .〉 Da das Geld, als der existirende und sich bethätigende Begriff des Werthes alle Dinge verwechselt, vertauscht, so ist es die allgemeine *Verwechslung* und *Vertauschung* aller Dinge, also die verkehrte Welt, die Verwechslung und Vertauschung aller natürlichen und menschlichen Qualitäten.«

80,1829 *mit in die Welt hinein!]* WGA 12,409 und Leithe 1935,414 f. unterstellen ein seit dem *Fragment*-Druck fortgeschlepptes Schreiberversehen; gemeint sei: mitt'n . . . hinein.

80,1837 *ennuyieren]* langweilen.

80,1838 *Nachbar Wanst]* Redensartlich? – *Wanst* (DWb 27,1914): was »den menschenbauch und 〈. . .〉 den menschen selbst bezeichnet; 〈. . .〉 nur in derber und derbster rede- und schreibweise möglich«.

81,1855 *So hab' ich dich schon unbedingt]* Nicht nur 'ganz gewiß' (Binder 1944,29 u. 36 ff.), sondern in Verbindung mit 1866: auch ohne die Bedingungen des Vertrages. – Von den Bestimmungen des *Prologs im Himmel* freilich weicht Mephistos hier folgendes Programm entschieden ab (→ dort 340 ff.); so wird das 'faustische' *Streben* denn auch ausdrücklich als zielloses beschrieben und als *übereiltes* bezeichnet.

81,1862 *zappeln, starren, kleben]* Bilder vom Insekt im Honig, vom Vogel an der Leimrute (*starren:* erschöpft stillhalten).

81,1864 *Speis' und Trank vor gier'gen Lippen]* Anspielung auf den Tantalus der griech. Mythologie, welcher sich an den Göttern versündigt hatte und zur Strafe »bis an den Hals im Wasser stehen, und dennoch einen unerträglichen Durst leiden mußte. Denn wenn er sich nach dem Wasser bückete, so fuhr selbiges ihm vor dem Munde weg, welches denn auch die Aepfel und andern Früchte thaten, die ihm auf ihren Aesten vor dem Maule hiengen; allein, wenn er nach solchen schnappete, oder die Hände ausstreckete, der Wind allemal mit den Aesten zurück wehete.« (Hederich 1770,2282).

1868-2050 Mephistopheles und der Schüler

Anders als in der stark abweichenden *Frühen Fassung* (→ Text-Band S. 477 ff.) hat sich Mephisto hier mit *Faust's* Kleidern maskiert, geht es bei dieser satirischen Studienberatung auch nicht mehr nur um die Medizin, sondern um alle vier in Fausts Eingangsmonolog angeführten Fakultäten. Von der verzweifelten Wissenschaftsskepsis des Professors ist der hoffnungsvoll naive *Schüler* (ält. Bezeichnung für den Studenten) noch weit entfernt. Aber zwischen beiden Figuren werden doch Korrespondenzen deutlich; in den Studenten-Versen 1899 ff. klingt das enttäuschte faustische Erkenntnisverlangen an und in des Neuankömmlings Klage über die *Mauern*, die ihn als *gar beschränkter Raum* hier umgeben (1882 ff.), schon Fausts *Verfluchtes dumpfes Mauerloch* (399). Das von Mephisto wie auf einer kleinen Nebenbühne veranstaltete Satyrspiel spiegelt so das große Trauerspiel der Haupthandlung. Wenn dieser Schüler 6689 ff. als Baccalaureus wiederkehrt, ist aus dem *guten treuen Jungen* (6741) freilich kein zweiter Faust geworden, zeigt sich an ihm vielmehr der Erfolg des Erziehungsprogramms zur *Gottähnlichkeit*, das Mephisto ihm ins Stammbuch geschrieben hat (→ 2048 ff.).

Entstehungsgeschichtlich weist diese Universitätssatire in Goethes Leipziger Studienzeit zurück (→ Kommentar zur *Frühen Fassung* S. 846 ff.). Damals hat ihn Gottscheds *Versuch einer Critischen Dichtkunst* auch über das Versmaß belehrt, in dem er seinen Schüler hier leiern läßt: »Man pflegt zum Scherze auch Knittelverse zu machen, das ist, solche altfränkische, 〈bei fester Silbenzahl:〉 achtsylbige, gestümpelte Reime, als man vor Opitzens Zeit gemacht hat. Die Schönheit dieser 〈heutzutage so verfaßten〉 Verse besteht darinn, daß sie 〈den alten〉 wohl nachgeahmet seyn« (Gottsched 1737,585. → auch Kommentar S. 208 ff. zu 354 ff.). Eine Weile paßt sich der Professor dieser Schülersprache an, geht dann aber (besonders wenn er des altbakken steifen *trocknen Tons nun satt* geworden: 2009) wieder zu den ungebundenen, souveränen Madrigalversen über.

81,1870 f. *Einen Mann ... Den Alle mir mit Ehrfurcht nennen]* Nach dem Antrittsbesuch und der Studienberatung bei seinem Leipziger Mentor (dem Staatsrechtslehrer und Historiker Böhme, vgl. FA I 14,269 ff.) schreibt der 16jährige Goethe am 13. 10. 1765 seinem Vater: »Sie können nicht glauben was es eine schöne Sache um einen Professor ist. Ich bin ganz entzückt gewesen da ich einige von diesen Leuten in ihrer Herrlichkeit sah«!

82,1879 *hieraußen]* hier in der Fremde.

82,1891 f. *ernährt es sich mit Lust ... an der Weisheit Brüsten]* Gemäß der traditionellen Personifikation der sapientia als Frau (die erst viel später aufkommende Bezeichnung der Universität als 'alma mater' = nährende Mutter vorwegnehmend).

83,1903 *nicht zerstreuen lassen]* In einem Schema für *Dichtung und Wahrheit* stellt Goethe die Stichworte zur Straßburger Zeit (»Liederlicher Tanzboden 〈...〉. Fortsetzung der übrigen Natur- und Medizinischen Studien. Andringen der französischen Literatur. Disputation«) unter die Notiz: »Unendliche Zerstreuung. Vorbild zum Schüler im Faust« (Paralipomenon 3.2: FA I 14,900).

83,1911 *Zuerst Collegium Logicum]* im Rahmen der 'artes liberales' an der Philosophischen Fakultät; dem Studium von *Juristerei und Medizin, | Und leider auch Theologie* (355 f.) vorgeordnet. – Goethe über seine Leipziger Studentenzeit (*Dichtung und Wahrheit* 6. Buch. FA I 14,272): »Meine Collegia besuchte ich Anfangs emsig und treulich; die Philosophie wollte mich jedoch keineswegs aufklären. In der Logik kam es mir wunderlich vor, daß ich diejenigen Geistesoperationen, die ich von Jugend auf mit der größten Bequemlichkeit verrichtete, so aus einander zerren, vereinzeln und gleichsam zerstören sollte, um den rechten Gebrauch derselben einzusehen.«

83,1913 *spanische Stiefeln]* Die Schienbeine zusammenpressendes Marterinstrument beim zweiten Grad der Inquisitionstortur (vgl. etwa Zedler 38,1175).

83,1917 *Irrlichteliere hin und her]* Goethesche Wortbildung für eine unstete, sprunghaft-hüpfende Bewegung, wie das Irrlicht sie vortäuscht (3862: *Nur Zickzack geht gewöhnlich unser Lauf*).

83,1922-27 ... *Weber-Meisterstück]* Meint nicht etwa das fertige Gewebe selbst, sondern die Verfahrensweise, die man am Handwebstuhl zur Herstellung eines Webstükkes meistern muß: Der *Tritt* des Webers, der die 'Kette' der (längs gespannten) *tausend Fäden regt*, öffnet eine Art Fadentunnel, durch welchen die von Hand geworfenen *Schifflein* (mit dem 'Einschlag' der auf Spulen gebrachten, quer laufenden Fäden) *schießen* und die *tausend Verbindungen* des Gewebes zustandebringen. So wird hier mit *Zwar* (1922) und *aber* (1935) der auf rationale Prämissen und Schlüsse (1930 ff.) reduzierten, in *spanische Stiefeln* einschnürenden Denkdressur der Universität gleichnisweise ein lebendiger, produktiver Denkprozeß entgegengestellt, der auch das Unbewußte und Assoziative einbezieht (1926 f.).

Eine umgearbeitete Fassung der Verse 1922-27, mit der Goethe sein »altes Liedchen ⟨aus dem *Faust*⟩ mit einiger Abwechslung erneuern« wollte, erschien 1820 in den Heften *Zur Morphologie* als Abschluß des Aufsatzes *Bedenken und Ergebung* und wurde unter dem Titel *Antepirrhema* 1827 auch unter seine Gedichte aufgenommen (FA I 2,500 f.). Dort wird die Weberkunst nicht mehr mephistophelisch-polemisch gegen das *Collegium Logicum* gehalten, sondern goethisch-weltfromm allein auf die Gott-Natur als ewige »Weberin« bezogen – wie bei der Verwendung der *Webstuhl*-Metapher in der Rede des Erdgeistes 501-09.

84,1940 f. ENCHEIRESIN NATURAE ...*]* Griech./latein., meint den 'Handgriff der Natur'. Goethe an Wackenroder, 21. 1. 1832: »Es interessiert mich höchlich, inwiefern es möglich sei, der organisch-chemischen Operation des Lebens beizukommen, ⟨...⟩ ob wir gleich gern der Natur ihre geheime Encheiresis, wodurch sie Leben schafft und fördert, zugeben und, wenn auch keine Mystiker, doch zuletzt ein Unerforschliches eingestehen müssen«. Indem sie diesen Begriff verwendet, spottet die analytische *Chemie* also ihrer selbst. – Goethe hat damit die Kritik an einer nurmehr zergliedernden Naturwissenschaft aufgenommen, die sein Straßburger Lehrer, der Chemiker Jacob Reinhold Spielmann, übte (dazu Burdach 1912,637 f.).

84,1944 f. *reduzieren ... klassifizieren]* Fachtermini für die Zurückführung von Konkret-Komplexem auf abstrakte Prinzipien und die Subsumtion unter systematische Normen.

84,1956 *Fünf Stunden habt ihr jeden Tag]* Der Leipziger Student Goethe an Riese, 28. 4. 1766: »Habt mehr Collegia in Zukunft. Horn soll 5 nehmen. Ich 6.«

84,1959 *Paragraphos wohl einstudiert]* Die Paragraphen der Lehrbücher (Mephisto spricht gelehrt: im lat. Akkusativ), an denen sich nach alter Universitätspraxis die Vorlesungen orientierten (so daß dann der Professor *nichts sagt, als was im Buche steht*).

84,1962 *Doch euch des Schreibens ja befleißt]* Doch befleißigt euch ja des Mitschreibens (zu einer Zeit, in der die Studierenden in der Regel nicht über Lehrbücher verfügten. *Idiotikon der Burschensprache* 1795,391: »Gutgeschriebene und vollständige Hefte sind der größte Reichthum des Studenten, wie bei dem Frauenzimmer das Linnen. Die Wucherer scheinen dies auch wohl zu wissen und leihen daher Geld auf die Hefte«).

84,1963 *Als diktiert' euch der Heilig' Geist!]* Anspielung auf die Eingebung durch den hl. Geist (Lehre von der Verbalinspiration der bibl. Schriften) – oder gar auf die Schnellschreiber, die im 18. Jh. die ‘Aussprachen’ der radikalpietistischen Inspirierten protokollierten?

85,1975 *rücken sacht von Ort zu Ort]* Auf die Ausbreitung des Römischen Rechts bezogen.

85,1976 *Vernunft wird Unsinn, Wohltat Plage] Dichtung und Wahrheit* 9. Buch. FA I 14,393 über die juristischen Examina in Straßburg: man frage gar nicht, wie ein Gesetz »sich durch Zeit und Gewohnheit abgeändert, so wenig als in wiefern es sich durch falsche Auslegung oder verkehrten Gerichtsbrauch vielleicht gar umgewendet.«

85,1978 *Vom Rechte, das mit uns geboren . . .]* Das gegen ein positives Gesetzesrecht gestellte Naturrecht (von dem im 18. Jh. freilich ganz entschieden *die Frage* ist) wird offenbar seiner revolutionären Impulse wegen von Mephisto propagiert; in *Hermann und Dorothea* (1797) heißt es über den Beginn der französ. Revolution: »man hörte vom Rechte der Menschen, das allen gemein sei« – dann aber über die real existierenden Verhältnisse: »Losgebunden erscheint, sobald die Schranken hinweg sind, | Alles Böse, das tief das Gesetz in die Winkel zurücktrieb.« (FA I 8,848 u. 851)

85, nach 1982 *Fast möcht' ich nun Theologie studieren]* Erinnerungen des Schauspielers La Roche: Bei einer Probe für die Weimarer Erstaufführung von 1829 ließ Goethe nach diesen Worten »eine Pause eintreten. In derselben zog er, Mephistopheles darstellend, das Haupt ganz in die Schultern ein, indem er hämisch, mit lauerndem Blick und breitem Grinsen, erwiderte . . . Ich wünschte nicht, Euch irre zu führen. – « (Biedermann/Herwig 3.2, Nr 6681)

85,1986 f. *verborgnes Gift . . . von der Arzenei ist's kaum zu unterscheiden]* die Ketzerei von der Orthodoxie (oder für Mephisto: umgekehrt).

86,2000 *Von einem Wort läßt sich kein Jota rauben]* Der theologisch beschlagene Teufel bezieht sich auf den großen Streit des 4. Jh.s um die dogmatischen Formeln, welche die Gottheit Christi bezeichnen: ὁμοιούσιος (Gott nur wesensähnlich) ergibt, um ein Jota beraubt, das endgültig als rechtgläubig geltende nicänische ὁμοούσιος (wesensgleich, »eines Wesens mit dem Vater«), das Mephisto, Goethes eigenen arianischen Vorstellungen folgend, also verwirft.

86,2005 *Drei Jahr']* Die bis zum Ende des 18. Jh.s übliche Regelstudienzeit ('triennium academicum').

86,2012 *die groß' und kleine Welt]* Meint den im *Labyrinthus medicorum eranntium* entwickelten Grundgedanken des

Paracelsus vom Arzt als »apotheker der natur«: »im menschen, als im microcosmo« walten dieselben Strukturen »wie in der großen welt«, dem Makrokosmos des Weltalls. Der Arzt, der den Makrokosmos nicht begreift, kann deshalb auch »den microcosmum nicht erkennen. und was er von der natur des menschen schreibt, ist nichts besser dan so vil der blint von farben ret.« (Paracelsus I 11,196 u. 186)

86,2029 f. *Ein Titel . . .]* Meint wohl nicht nur den Doktor-Titel, sondern die quacksalberische Gepflogenheit, sich mit vielerlei bombastischen Titulaturen anzupreisen (wie etwa zu Beginn des 18. Jh.s der bekannte 'Kayserliche, auch verschiedener Chur- und Fürsten hochprivilegirte Medicus und Operator, Königlich preussische Hof-Oculist und Rath, Stein- und Bruchschneider Doctor medicinæ Eysenbarth').

87,2036 *Zu seh'n, wie fest geschnürt sie sei]* Schnüren: »eines Frauenzimmers Leib in die Schnur-Brust, mit dem daran hängenden Schnür-Senckel feste zusammen ziehen und einzwängen, damit selbige geschlanck aussehen« (*Frauenzimmer-Lexicon* 1715,442). – Ärztliche Untersuchungen wurden noch im 18. Jh. nur von Männern und an bekleideten Frauen vorgenommen.

87,2039 *grün des Lebens goldner Baum]* Anklingend an den Paradies-Bericht 1. Mose 2,9: »der Herr ließ aufwachsen aus der erde ⟨. . .⟩ den baum des lebens mitten im garten, und den baum des erkänntnisses gutes und böses« – von dessen verbotener Frucht dann Eva und Adam essen; vorausweisend also auf 2048 (→ Kommentar dazu).

87,2045 *mein Stammbuch überreichen]* Zur Erinnerung an die Lehr- und Wanderjahre, an Studienzeiten und Bildungsreisen war es seit der Mitte des 16. Jh.s besonders unter Studenten üblich, bei Besuchen und Begegnungen Eintragungen in ein mitgeführtes Album zu erbitten: geflügelte Worte, Lebensregeln, erbauliche Sprüche oder dergleichen. Goethe wurde häufig darum gebeten, legte für seinen Sohn auch selber noch ein solches Stammbuch an (vgl. FA I 2,772).

87,2048 Eritis sicut Deus, scientes bonum et malum] Ihr »werdet seyn wie Gott, und wissen, was gut und böse ist.« (Vulgata-Wortlaut der Verheißung 1. Mose 3,5, mit der Eva im Paradiesgarten von der Schlange verführt wird, die verbotene Frucht vom Baum der Erkenntnis zu essen). – Der Schreibakt 2047/48 bildet eine Prosaeinlage im metrisch geregelten Dialog. Die eingebürgerte Verszählung wird beibehalten.

87,2049 *Muhme]* »nahe Seitenverwandte« (Adelung 3,601); so schon 335.

87,2052 *die kleine, dann die große Welt]* die bürgerlich-enge im Ersten Teil, die fürstlich-weite im Zweiten (der Spielplatz Kaiserhof und die Helenafigur standen, der Faustsage entsprechend, von Anfang an in Goethes Plan).

88,2054 *den Cursum durchschmarutzen]* Den 'Lehrgang' schmarotzerhaft (auf Kosten anderer) genießen.

88,2055 *bei meinem langen Bart]* Weniger ein Alterszeichen als ein Attribut des weltfremd ungelenken Gelehrten. – Wenn in Goethes *Festzug* vom 18. 12. 1818 (beim Besuch 'der Kaiserin Mutter Maria Feodorowna in Weimar') unter den Figuren aus eigenen Dichtungen auch »Faust als Doktor, begleitet von Wagner« auftritt, erklärt Mephisto:

Doch da er Kenntnis g'nug erworben,
Ist er der Welt fast abgestorben.
Auch ist, um resolut zu handeln,
Mit heiterm Angesicht zu wandeln,
Sein Äußeres nicht von rechter Art,
Zu lang der Rock, zu kraus der Bart ⟨. . .⟩
(FA I 6,849, Vers 608 ff.).

88,2065 ff. *Wir breiten nur den Mantel aus . . .]* Diesen traditionellen *Zaubermantel* (→ 1122) füllt der Autor mit der *Feuerluft* der Brüder Montgolfier, die eben, 1782/83, ihre aus Leinwand genähten Heißluftballons hatten aufsteigen lassen. Goethe nahm an solchen Versuchen lebhaften Anteil (an Sömmering, 9. 6. 1784: »In Weimar haben wir einen Ballon auf Montgolfierische Art steigen lassen ⟨. . .⟩ ein schöner Anblick, nur hält sich der Körper nicht lange in der

Luft, weil wir nicht wagen wollen, ihm Feuer mitzugeben.«). »Von Luftballonen haben Sie neuerer Zeit viel gehört«, läßt er 1802 im Vorspiel zu *Was wir bringen* (10. Auftritt) seinen Reisenden erklären; »Herren und Frauen sind damit aufgestiegen. Ferner aus ältern Zeiten ist die wahrhafte Geschichte von Fausts Mantel jedem bekannt.« (FA I 6,281)

Bis in das technische Detail der Ballastfrage zeigt sich der Ballonführer Mephisto jetzt informiert: ohne *großen Bündel* soll Faust die Montgolfiere besteigen – denn *sind wir leicht, so geht es schnell hinauf*.

Seite 89-100 Szene
2073-2336 AUERBACHS KELLER
IN LEIPZIG

In Auerbachs Hof und seinem Weinkeller war Goethe während seiner Leipziger Studienzeit 1765-68 häufig zu Gast. Dort sah er die Bilder mit dem unter Studenten pokulierenden und ein Weinfaß aus dem Keller reitenden Doktor Faustus (→ Abb. 1). So lag es nahe, sich seine *Zeche lustiger Gesellen* ganz im akademischen Bereich vorzustellen (*Frosch* als Bezeichnung für einen jungen 'Schüler', *Brander* als 'Brandfuchs' im zweiten Semester, *Siebel* jedenfalls als ein 'bemoostes Haupt' und *Altmayer* als 'Alten Herrn'), während es sich eher wohl um eine gemischte Gesellschaft handelt.

Zur Strukturierung der Szene bemerkt Errante 1949,40 (gestützt auf Trendelenburg 1922), daß die »erste Episode (mit dem vokalen Widerpart der vier lustigen Gesellen – Frosch und Brander: Tenor, Siebel und Altmayer: Baß) ein echtes Quartett darstellt, genauer, ein Quartett der komischen Oper. In dies Quartett fügen sich als 'Rezitativ' die verschiedenen 'Romanzen' ein: das politische Ritornell und die leicht angedeuteten Liebesritornelle von Frosch, das hier von Brander mit kräftiger Stimme geschmetterte Rattenlied, das in den Ritornellen des Scholarenchors sein Echo findet, sowie auch das von dem Bariton Mephistopheles gesungene Flohlied. Es leitet zum Schlußstück des komischen Opernauftritts über: den Zauberkunststücken des Mephistopheles. Das heißt damit zur zweiten Episode, die ganz in einem erregten 'Crescendo' der Bewegung und der Klangstärke abläuft, das an den 'Rhythmus einer musikalischen Fuge' erinnert.«

Nurmehr feucht-fröhlich und harmlos ist freilich nicht,

was sich da abspielt. Auf eine durchgehende Tiermetaphorik abgestellt (Requadt 1972,204), zeigt diese erste Station im *neuen Lebenslauf* Fausts nicht nur die *flache Unbedeutenheit*, durch die Mephisto ihn schleppen will, in der er *zappeln, starren, kleben* soll (1860 ff.). Sie wird zur Offenbarung der *Bestialität* (2297; noch nicht in der *Frühen Fassung*), und Faust bleibt ein nahezu wortloser Zuschauer bei diesem wüsten Rüpelspiel. Nur zu einer knappen Begrüßung (2183) gibt er sich her, und gegen Ende zu einem angewiderten, eisigen: *Ich hätte Lust nun abzufahren* (2296).

Das steht in bemerkenswerten Zusammenhängen. In der *Frühen Fassung* konnte man das Flohlied (hier 2211 ff.) noch als eine witzig selbstironische Satire des herzoglichen Günstlings auf das (Weimarer) Hofleben verstehen. Mit dem 1790 erscheinenden *Fragment*-Druck aber rückt es vor den Hintergrund der Ereignisse in Frankreich. Schon die jetzt eingefügte Bezeichnung Leipzigs als *klein Paris* (2172) scheint einen verdeckten Hinweis zu geben. Gewiß aber bezieht sich der neu eingebrachte Satz Mephistos, der auf das kannibalische Gegröhle von den *fünfhundert Säuen* folgt und Fausts *Ich hätte Lust nun abzufahren* vorausgeht: *Das Volk ist frei, seht an, wie wohl's ihm geht!* nicht allein auf die Freiheitstiraden der Saufbrüder (→ 2244), sondern zugleich auf die neuen Losungen, die in Paris ausgegeben wurden. In seinen kleinen Leipziger Weinkeller läßt Goethe das Wetterleuchten der großen Revolution fallen.

89, vor 2073 *Zeche]* »Gesellschaft zusammen reichlich trinkender Personen, ein Gelag.« (Adelung 5, 342)

89,2082 *singt Runda]* Zedler 32,1813: »Runda, ein Saufwort, durch welches, sonderlich bey Handwerckspurschen, das Bier in den Leib begleitet wird«. – Bei dem ebenso genannten Trinkritual »kreiste der Becher durch die Zechgesellschaft und jeder mußte vor dem Trunk ein Lied singen.« (Kluge 1895,29)

89,2084 *Baumwolle]* zum Ohrenverstopfen.

90,2090 f. *Das liebe, heil'ge Röm'sche Reich . . .]* Das Heilige Römische Reich deutscher Nation: konfessionell gespalten und in eine Vielzahl zunehmend selbständiger Territorien sich auflösend, 'zusammengehalten' noch durch die röm.-dt. Kaiserkrone (die Franz II. 1806 niederlegte).

90,2092 f. . . . *politisch Lied! | Ein leidig Lied]* Die durch WA eingeführte eigenmächtige Tilgung des Ausrufzeichens hat semantische Konsequenz (*politisch* ist per se dann *leidig*).

90,2098-2102 *Wir wollen einen Papst erwählen . . . Grüß' mir mein Liebchen]* Kluge 1908 verweist auf ein studentisches Bierspiel des 18. Jh.s, bei dem der durch eine Art Roulette schließlich bis zum 'Papst' Aufgestiegene mitsamt seinem Stuhl auf den Tisch gehoben wurde und ein langes Trinklied singen mußte. Aber der auf die Brander-Verse sogleich folgende Frosch-Gesang 2101 f. läßt keinen szenischen Spielraum für dieses langwierige Ständespiel.

Die *Qualität*, welche den *Ausschlag gibt, den Mann erhöht*, meint also wohl gar nicht die Trinkfestigkeit, sondern spielt auf eine mittelalterl. Zeremonie bei der Papsterhebung an (so schon 1872 Karl Goedeke in *Göttingische Gelehrte Anzeigen* 10,375 f.). Vom 11. bis ins 16. Jh. wird bezeugt, daß sich ein neu gewählter Papst bei Inbesitznahme des Laterans auf einen sogenannten Kotstuhl niederlassen mußte (der sella stercoraria, deren Sitzfläche eine entsprechende Öffnung besaß). Eine in Rom umgehende Erklärung für diesen merkwürdigen Inthronisationsritus hat später weite Verbreitung gefunden. Danach handelte es sich um eine Leibesvisitation, bei der man die Virilität des neuen Papstes überprüfte – was mit der Legende von einer Päpstin Johanna zusammengebracht und begründet wurde (dazu Herbers 1988,189 f.). Bis in Goethes Zeit waren dieses immer wieder erwähnte Ritual und sein angeblicher Zweck allgemein bekannt (vgl. etwa Pierer Bd 10, 438).

In *Auerbachs Keller* hat man sich eine solche Männlichkeitsprüfung offenbar als handfest obszöne Veranstaltung vorzustellen, auf die der Frosch entsprechend 'reagiert':

2101 ist der Eingang eines Liedes aus dem *Venus-Gärtlein* von 1639 und 2102 eine variable Formel in Volksliedern. Im Kontext des Spiels erweisen sich diese unverfänglich anmutenden Verse tatsächlich als eine *Sauerei*, wie Brander sie 2078 angemahnt hatte.

91,2125 *Rundreim]* In der ganzen Runde gesungener Refrain.

91,2126-40 *Es war ein Ratt' . . .]* (→ Text-Band S. 765). In sog. 'Lutherstrophen' verfaßt, die der 2129 genannte Reformator zur Zeit des historischen Faustus für einige seiner frühen Gemeindelieder verwendete und so in die ev. Kirchenlieddichtung einführte (vgl. Frank 1980,543 f.); deshalb 2124: *Ein Lied vom neusten Schnitt!* Inhaltlich handelt es sich freilich um einen wüsten, rohen Abklatsch der 'petrarkistischen' Liebesdichtung, in der die hochstehende Herrin den, der *Lieb' im Leibe* hat, grausam quält und unbarmherzig martert.

92,2150 *Bursche]* Ältere, aber keineswegs exklusive Bezeichnung für Studenten (DWb 2,546 ff.), mag insofern Frosch und Brander meinen, die beiden jungen Leute.

92,2154 *Schmerbauch]* »eine Benennung des Unterleibes, weil sich daselbst das Schmeer ⟨. . .⟩ anzulegen pflegt«: »das auf dem Bauche und an den Gedärmen befindliche Fett, welches, wenn es ausgelassen worden, Schmalz heißt« (Adelung 4,175). Siebel ist gemeint.

92,2165 *Kopfweh]* Meint wortspielerisch den 'Kater'?

92,2172 *klein Paris]* Gängige Bezeichnung Leipzigs im 18. Jh.

93,2176 *die Würmer aus der Nase* ziehen*]* Redensartlich für: die Wahrheit herauslocken. Dahinter die volksmedizin. Vorstellung von Hirnwürmern (HwbdA 9,848 u. 857).

93,2180 *ich schraube sie]* Foppend und höhnend »mit gewundenen redensarten«, Anspielungen etc. (DWb 15, 1654 f.)

93,2184 *hinkt . . . auf Einem Fuß]* dem volkstüml. Pferdefuß des Teufels.

93,2189 f. *von Rippach . . . mit Herren Hans]* Hans Arsch

von Rippach: im 18. Jh. weit verbreiteter Schimpfname (auch in Goethes handschriftl. Katalog der Spottfiguren für *Hanswursts Hochzeit*: FA I 4,579).

94 f.,2211 ff. *Es war einmal . . .]* Mephistos Flohlied ist in der sog. 'Hildebrandsstrophe' der spätmittelalterl. Heldenepik verfaßt, die im späteren 18. Jh. häufig für heiter-gesellige Lieder benutzt wurde (vgl. Frank 1980,573 ff.). – Die zeitgenössischen Leser, erst recht die Zuhörer bei Goethes frühen *Faust*-Lesungen am Hof, konnten diesen schon in der *Frühen Fassung* enthaltenen Bürgerspott über das Hofleben und den fürstlichen Favoriten als eine auf den Autor selbst bezogene Satire belachen. Vielleicht entstand sie sogar im Zusammenhang mit dem Wechsel nach Weimar – wo der Herzog seinen Günstling zum Mitglied des Geheimen Consiliums und *Minister* machte. Im Kontext der endgültigen Fassung aber (zuerst 1790) steht dieses Lied vor dem Hintergrund der Französischen Revolution (→ Szenen-Kommentar S. 277).

96,2257 ff. *Schafft einen Bohrer an . . .]* Anders als noch in der *Frühen Fassung* wird der in den Faustbüchern seit 1589 vorgegebene Weinzauber (vgl. JA 13,303) seit dem *Fragment*-Druck von 1790 durch Mephisto ausgeübt: eine blasphemische Kontrafaktur des Weinwunders Jesu bei der Hochzeit zu Kana (Johannes 2,1-11)?

97,2272 *Franzen]* Im 18. Jh. gängig für: Franzosen.

97,2284-89 *Trauben trägt der Weinstock . . .]* Variiert einzelne Verse aus einer verbreiteten Kinderpredigt in Kettenreimen (dazu Heilig 1892).

98,2294 *Als wie fünfhundert Säuen]* Matthäus 8,28 ff. läßt Jesus die Teufel aus den von ihnen Besessenen in eine »heerde säue« fahren, die sich dann im Meer ersäuft.

98,2295 *Das Volk ist frei]* Bezogen auf die Freiheitstiraden dieser Saufbrüder (→ 2244) – und auf die Losungen der Französischen Revolution.

98,2300 f. *freundlich Element . . . ein Tropfen Fegefeuer]* Ihm sei *die Flamme vorbehalten*, hatte Mephisto 1377 erklärt; hier bleibt es bei einem *Tropfen* vom strafenden, reinigenden *Fegefeuer.*

98,2302-09] Situationsbezogen und dem Stimmungswechsel gemäß wechselt das von den *Gesellen* gebrauchte Anredepronomen jetzt vom bisherigen förmlich-höflichen *Ihr* über aufbegehrendes *Er* zu einem grob ausfälligen *Du.*

99,2317-23 *Trauben gleich zur Hand . . . (heben die Messer)]* In den Faustbüchern vorgegebene Wanderlegende (vgl. JA 13,304); mit dem Weinzauber verbunden, wird dieses Zauberstück, anders als noch in der *Frühen Fassung*, seit dem *Fragment*-Druck von Mephisto vollbracht.

100,2327 *spüre]* aufspüre.

100,2329 f. *hinaus zur Kellertüre – | Auf einem Fasse reiten]* In den Faustbüchern seit 1589 verschafft der Schwarzkünstler den Studenten in Leipzig ein Faß Wein, das er aus einem Keller herausreitet. Ein Bild seines Faßritts hing zu Goethes Leipziger Studienzeit im Keller von Auerbachs Hof (→ Abb. 1, unten). – Anders als noch in der *Frühen Fassung* wird seit der *Fragment*-Fassung von 1790 mit dem Weinzauber auch dieser Faßritt auf Mephisto übertragen.

100,2332 *Mein]* Kurzform für: Mein Gott! o. ä.

Seite 101-111 Szene
2337-2604 HEXENKÜCHE

In der *Frühen Fassung*, die ihren Faust auch keineswegs als gealterten, eines Verjüngungsmittels und Aphrodisiakums bedürftigen Mann vorstellt, ist diese Szene nicht enthalten. Sie entstand wohl im Frühjahr 1788 in Rom, weitab von der »nordischen Barbarei« des Teufels- und Hexentreibens, im Garten der Villa Borghese (→ Text-Band S. 769). Ergänzende Passagen kamen gewiß erst kurz vor dem Erstdruck von 1790 hinzu, unter dem Eindruck der revolutionären Vorgänge in Frankreich. Wie in *Auerbachs Keller* spielen sie auch in die *Hexenküche* hinein, jetzt aber in allegorischer Form und bezogen auf die korrumpierte Monarchie und ihren Zusammenbruch (→ Kommentare zu 2402 ff. und 2448).

Das in der voranstehenden Bühnenanweisung beschriebene szenische Arrangement und Requisit hat der Autor in einer seiner Theaterzeichnungen skizziert (Text-Band Abb. 6).

In das durchgehende Grundmaß des Madrigals setzt er hier scharf kontrastierend die Kurzverse der daktylisch-tapsigen, äffischen Meerkatzenverse, des zeternden Geschreis der niederfahrenden Hexe und des Singsangs ihrer liturgischen Deklamation.

Ich bin zu alt, um nur zu spielen, | Zu jung, um ohne Wunsch zu sein, hatte Faust in der zweiten *Studierzimmer*-Szene erklärt (1546 f.). *Wohl dreißig Jahre* soll ihm *vom Leibe* schaffen, was jetzt veranstaltet wird. Und überdies (oder doch nur kraft solch verjüngender Belebung?) gibt die *Sudelköcherei* der Hexe hier wohl ein Aphrodisiakum ab; er wird, *mit diesem Trank im Leibe, | Bald Helenen in jedem Weibe* sehn. Was für eine Droge dem Widerwilligen da auch verabfolgt wird:

daß es um Verjüngung und Verwandlung geht (bestritten u. a. von Resenhöfft 1973), zeigt die *Festzug*-Dichtung vom 18. 12. 1818. Unter anderen Figuren ließ Goethe dort auch einen 'Faust' auftreten – in doppelter Gestalt: »Hier sind nicht Zwei, die man für Einen halten muß, sondern Ein Mann, der im Zweiten nicht wieder zu erkennen ist. *Faust als Doktor*, begleitet von *Wagner; Faust als Ritter*, *Gretchen* geleitend. Die *Zauberin*, die das Wunder geleistet, mit glühendem Becher, tritt zwischen beiden Paaren auf.« Und Mephisto erläuterte:

Die gute Dame war zu Diensten.
An einem Becher Feuerglut
Tat er sich eilig was zu gut.
In einem Wink, eh man's versah
Stand er nun freilich anders da;
Vom alten Herrn ist keine Spur,
Das ist derselbe, glaubt es nur.
(FA I 6,828 u. 850).

In der *Hexenküche* zeigen er und die »gute Dame« freilich ein anderes Format als in dieser zahnlosen Platitüde. Und in dem mit Flüchen und Zoten gepfefferten Theater des Grotesken und Absurden bleibt Faust ein abstandhaltender, fremder Gast. Wie zuvor unter den zotenreißenden gröhlenden Saufkumpanen im Weinkeller müßte er hier wohl sagen: *Ich hätte Lust nun abzufahren* – wäre da nicht der *Zauberspiegel*, der ihn das *Frauenbild* erblicken läßt. Dafür gilt, was das Paralipomenon 89 (Text-Band S. 571) festhält: Fausts Wort, es reiße ihn *Die Schönheit aus der Barbarey*. Mitten in diesem *Wust von Raserei* erhebt sich das Gegenspiel. Ehe noch der obszöne Hexentrank ihm eingeflößt wird, spricht Faust doch (2431 ff.) zur *Liebe*, sieht und begreift er die Schönheit als den *Inbegriff von allen Himmeln*. Da bleibt wohl offen, ob der Spiegel das *himmlisch Bild* ihm zuzaubert, vorgaukelt, oder ob er nur das Medium ist, welches freisetzt und zur Erscheinung bringt, was dem Bezauberten selber eingebildet ist.

101, Bühnenanweisung vor 2337 *großer Kessel über dem Feuer. In dem Dampfe, der davon in die Höhe steigt, zeigen sich verschiedene Gestalten]* wie in Michael Herrs Kupferstich vom Hexensabbat (→ Abb. 5). Hinsichtlich der Vorstellungen Goethes zur theatertechnischen Realisierung wäre auch hier an die Laterna magica und ihre 'Nebelbilder' zu denken (→ Kommentar dazu S. 479 ff.).

101, vor 2337 MEERKATZE*]* Von dieser Affenart, »scharff zu aller Büberey«, hieß es, daß sie »grosse Gemeinschafft mit den wilden Leuten haben, daß sie auch mit ihnen um Geld spielen, das Getrancke mit dem gewonnenen Gelde bezahlen, und ihre Mit-Spieler zum Truncke nöthigen sollen.« (Zedler 20,183) – In seinen *Tischreden* (WA 4,29) erklärt Luther von »affen und meerkatzen«, mit ihnen dürfe man nicht spielen: in ihnen sei Satan verborgen.

101, vor 2337 *sitzt bei dem Kessel und schäumt ihn]* schöpft den Schaum ab (DWb 14,2365).

101,2348 *Dich]* Nur in *Faust. Ein Fragment*; alle anderen Drucke zu Lebzeiten haben *Doch.* Aber das in Vergessenheit geratene Druckfehlerverzeichnis in Goethes Tagebuch 1809 (→ Kommentar zu 21) vermerkt: »dich zu verjüngen statt doch z. v.«

101,2349 f. *in einem andern Buch . . . ein wunderlich Kapitel]* Petzsch 1962 macht wahrscheinlich, daß hier ein *Buch* des Goetheschen Leibarztes 'vorangekündigt' wurde: Christoph Wilh. Hufelands *Die Kunst das menschliche Leben zu verlängern* mit seinem *Kapitel* über *Das Land- und Gartenleben.* Das erschien erst 1797 (während diese Verse schon 1790 gedruckt wurden), aber Hufeland arbeitete daran seit 1785 und hat seinen Patienten gewiß mit entsprechenden Ratschlägen bedacht. Mephistos ironisch abschreckende (inzwischen doch kaum noch so empfundene) natürliche 'Alternativen' zur hexenhaften *Sudelköcherei* (2353-61) folgen offenbar Hufelands Empfehlungen, die auf den »Genuss einer reinen gesunden Luft, einfacher und frugaler Kost, tägliche starke Bewegung im Freyen« abgestellt waren: auch »Gelehrte« und »Kopfarbeiter« sollten es »nicht unter ihrer Würde« halten, wenn man »täglich einige Stunden oder alle Jahre einige Monate den Spaten und die Hacke zur Hand nähme und sein Feld oder seinen Garten bearbeitete«; das werde »eine Verjüngung und Restauration bewirken, die der Lebensdauer und dem Lebensglück von unglaublichen Nutzen seyn würde.« (Hufeland 1797, 569-73 passim) → *Faust II*, 5039 ff.

102,2358 *acht' es nicht für Raub]* halte es nicht für eine Zumutung (Hufeland: für unter der »Würde«).

102,2383 *Zum Schornstein hinaus]* dem traditionellen Hausausgang der ausschwärmenden Hexen.

103,2392 *breite Bettelsuppen]* Verdünnte Armenspeise.

103,2394-99 *O würfle nur gleich ...]* → Kommentar zu vor 2337.

103,2402 ff. *die Welt;| Sie steigt und fällt | Und rollt beständig ...]* Hinter dem allegorischen Spiel mit der die Welt bedeutenden tönernen Kugel das alte Unbeständigkeits-Sinnbild des Rades der Fortuna, auf dem die Großen, Mächtigen steigen und fallen: die 2427 f. und 2448 ff. ausgeführten politischen Konnotationen deuten sich an.

104,2416-21 *Was soll das Sieb? ...]* Als magisches Requisit diente ein aufgehängtes Sieb von altersher der Ermittlung von Verbrechern: es begann sich zu drehen, wenn der Name eines Schuldigen ausgesprochen wurde. Für die hier beschriebene Art, den Dieb zu 'durchschauen', gibt es nach HwbdA 7,1671 keine Parallele in der Praxis des Aberglaubens.

104,2427 *Wedel]* Staubwedel (Adelung 5,106: »in Gestalt eines harigen Schwanzes«); hier als Zepter des in seinem Sessel einen *König auf dem Throne* spielenden Mephisto (→ 2448 f.).

104,2429 f. *Welch ein himmlisch Bild | Zeigt sich in diesem Zauberspiegel!]* Bildprojektionen durch Spiegelungen (ausdrücklich spricht Faust dann 6496 von der *Zauberspiegelung* in der Hexenküche) gehörten seit langem zum magischen Repertoire. Insbesondere die 'Nebelbilder' der Laterna magica (2435: *nur als wie im Nebel sehn*) waren in Goethes Zeit so verbreitet wie beliebt. → Kommentar dazu S. 479 ff.

105,2441 ff. *wenn ein Gott sich erst sechs Tage plagt, | Und selbst am Ende Bravo sagt, | Da muß es was gescheites werden]* Blasphemische Paraphrase von 1. Mose 1,31: Am sechsten Tag der Schöpfung betrachtete Gott »alles, was er gemacht hatte: und siehe da, es war sehr gut.«

105,2444 *immer]* DWb 10,2072: »tritt zu imperativen, wenn durch sie mehr die erlaubnis als der befehl ausgedrückt wird«.

105,2448 f. *Hier sitz' ich . . .]* Das 2427 f. einsetzende, hier fortgeführte Spiel um Thron, Zepter und Krone allegorisiert offensichtlich die zeitgeschichtlichen Vorgänge zu Beginn der franz. Revolution. Mit dem *Zepter* seines Staubwedels gebärdet sich Mephisto *wie der König auf dem Throne,* monarchische Macht usurpierend, ohne doch gekrönt zu sein. Die *Krone,* welche die Tiere ihm bringen wollen (2452: sie *zu leimen* gibt wohl nur Sinn, wenn die später erst brechende bereits einen Sprung hat), nehmen die meisten Kommentatoren als Sinnbild für die durch den Skandal der 'Halsbandaffäre' von 1785/86 schon tief diskreditierte und nun zerbrechende Monarchie in Frankreich. Aber mit der Reichweite ihrer politischen Geltung greift Goethes 'ethisch-ästhetische Formel' wohl auch hier über den zeitgeschichtlichen Anlaß hinaus, der ihrer Bildung zugrunde liegt (dazu S. 58 ff.).

106,2464 *aufrichtige Poeten]* weil sie 2458-60 immerhin zugeben, was sie in der politischen Allegorie ihrer Verse zu *reimen* sich bemühen: nur *Gedanken.*

107,2490 *Pferdefuß]* mit dem man sich den Teufel vorstellt (→ 2184 u. 6340).

107,2491 *Wo sind denn eure beiden Raben?]* Keine 'traditionellen' Begleiter des Teufels, auch für Mephisto nicht vorgegeben. In der Kriegsszene des Zweiten Teils werden sie tatsächlich erscheinen (→ 10664 und Kommentar dazu).

107,2501 f. *bedien' ich mich . . . falscher Waden]* um den *Pferdefuß* zu kaschieren. DWb 27,240: »den mangel recht formirter waden ersetze mit einem futter ⟨aus Stoff oder Sägespänen⟩ in den strümpfen!« – bei der Kniebundhosen-Mode im 18. Jh. eine weit verbreitete Praxis.

107, nach 2513 *unanständige Gebärde]* Bei der von den meisten Kommentatoren beigebrachten »italienischen Priapgebärde« (die Goethe den Weimarer Mephisto 1829 angeblich durch einen Schlag auf den Hintern ersetzen ließ: JA 13,307) läßt der »zwischen Zeige- und Mittelfinger der geballten Hand« herausstehende Daumen Arens 1982 »an das Lilienemblem der Bourbonen denken« (und dient zur Stütze für seine absurde These, daß Mephisto in der *Hexenküche* ständig vorführe, wie sich der französ. König nach Goethes Ansicht bei Beginn der Revolution richtig verhalten hätte).

108,2518 *was ihr schafft]* befehlt (DWb 14,2030).

108,2535 ... *bekannt, verhaßt genug]* In den priesterlich-magischen Zeremonien der Hexe (Regieanweisung nach 2531) nimmt Faust offenbar die deutlich durchschimmernden Entsprechungen zum liturgischen Ritual der kathol. Meßfeier wahr – nicht aber ihren blasphemisch parodistischen Charakter (weil beides ihm gleichermaßen absurd erscheint). – Goethe aus Rom an Frau v. Stein, 2. 2. 1787: »In der Sixtinischen Kapelle war Amt wo die Kerzen geweiht werden. Ich war einen Augenblick drinn und bin wie ich schon schrieb für dies Hokuspokus ganz verdorben.«

109,2540-52 ... *Das ist das Hexen-Einmal-Eins!]* Im Rückgriff auf okkulte Schriften des Spätmittelalters und der Renaissance, kabbalistische Zahlenmystik oder magische Quadrate und mit verschiedenen anderen Ansätzen hat man sich immer wieder bemüht zu dechiffrieren, was doch zweifellos als Nonsens, als eine in sich sinnlose, verdeckten Sinn nur vortäuschende Karikatur solcher Zauberlehren und Rätselsprüche gemeint ist. Goethe an Zelter, 4. 12. 1827: ihn und sich selber quälten die deutschen Leser »mit dem Hexen-Einmaleins und so manchem andern Unsinn, den man dem schlichten Menschenverstande anzueignen gedenkt. Suchten sie doch die psychisch-sittlich-ästhetischen Rätsel, die in meinen Werken mit freigebigen Händen ausgestreut sind, sich anzueignen und sich ihre Lebensrätsel dadurch aufzuklären!«

109,2561 f. *Durch Drei und Eins, und Eins und Drei | Irr-*

tum statt Wahrheit zu verbreiten] Den *Hokuspokus*-Vers der Hexe 2543 nutzt Mephisto zu einem Ausfall gegen die christl. Lehre vom dreieinigen Gott (über Goethes eigene, arianisch bestimmte Ablehnung des Trinitätsdogmas im Zusammenhang mit seiner 'Farbentheologie': Schöne 1987, 68 ff.).

110,2577 *treffliche Sibylle]* Die weise Wahrsagerin der Antike, im 18. Jh. aber auch für Hexen gebraucht: »Mephisto wählt also geschickt und witzig eine vieldeutige Anrede« (HA 1986).

110,2590 *So darfst du]* brauchst du.

110,2590 *auf Walpurgis]* Bei der nächtlichen Orgie auf dem Blocksberg.

111,2591 *Hier ist ein Lied ...]* Kaum als »die eben durchexerzierte Litanei des Zaubers der Verjüngung« zu denken (MA 6.1,1016), eher als ein pornographischer Text zur Wirkungsverstärkung des Aphrodisiakums – ausgegeben wie fromme Traktätchen oder Liedblätter nach einem Gottesdienst.

111,2598 *hin und wider]* In C¹12: *hin und wieder.* Gemeint ist aber sicher nicht, daß er nur 'ab und zu', sondern daß er nun 'hin und her' springen werde (oder gar: vor und zurück?).

111,2601-04 *das Muster aller Frauen ... in jedem Weibe.]* Mephistos Lesart: Das Idealbild im Zauberspiegel wird rasch sich verkörpern, weil (*Leise* gesagt, also wohl ungehört von Faust) das Aphrodisiakum ihn eine begehrenswert schöne 'Helena' *in jedem Weibe* sehen läßt.

Seite 112-114 Szene
2605-2677 STRASSE

Zur Bedeutung der Spielplätze: Wenn Faust auf offener Straße zum ersten Mal das Mädchen anspricht, das Mephisto ohne sein Wissen schon ausspioniert und für ihn vorgesehen hat, kommt Margarete aus der Kirche, er aus der *Hexenküche*; bei der Trennung der Liebenden am Ende wird es mit ihm zur *Walpurgisnacht* gehn, mit ihr in den *Kerker*.

Zur Namengebung *Margarete / Gretchen* und deren Namens-Aura → hier S. 191 ff.

112,2605 f. *Mein schönes Fräulein ...]* Mit seinen ersten Worten schon spricht Faust die Sprache des galanten Verführers (gewiß nicht »von ihrer unbewußten Vornehmheit befangen«: Witkowski 1950,244). *Fräulein* nämlich bezeichnet »ein junges und annoch unvermähltes Frauenzimmer, so von adelichen Eltern gebohren worden« (*Frauenzimmer-Lexicon* 1715,578), und die 'Kleiderordnungen' der Zeit ließen doch kein Mißverständnis darüber zu, daß er hier ein Bürgermädchen vor sich hat; → Kommentar zu 2792 f. – Dem entspricht das *Arm und Geleit Ihr anzutragen* (mit dem Faust sich sogleich bei der 'Jungfer' einhängt). Er selber hat sich, Mephistos Rat 1535 ff. entsprechend, inzwischen offenbar *als edler Junker* ausstaffiert.

112,2607 *weder Fräulein, weder schön]* Adelung 5,106: veraltet für 'weder . . . noch'. – Die Zurückweisung bleibt nicht frei von Koketterie: Margarete ist nicht ein adrettes Bürgermädchen, als das man sich 'Gretchen' wohl vorstellt. Sie ist *schön* und weiß das sehr wohl (und wird im *Kerker* 4434 sagen: *das war mein Verderben*)!

112,2611 *so sitt- und tugendreich]* → Kommentar zu 2640-44.

112,2619 *Dirne]* Adelung 1,1368: »Jungfer, eine junge unverheurathete Person« – keineswegs für *Hur'* (Valentin: 3730).

112,2623 *Stuhl]* Beichtstuhl.

113,2627 *Ist über vierzehn Jahr doch alt]* Womit nach geltendem Recht Mündigkeit und Geschlechtsreife eingetreten waren. Doch macht der Kontext deutlich, daß es Faust keineswegs um die damit gegebene Heiratsfähigkeit des Mädchens geht (wie viele Kommentare unterstellen); er will die Verführung.

113,2628 *Hans Liederlich]* Redensartlich. Adelung 2,964 u. 3,214: *Hans* entsprechend dem »allgemeinen Nennworte einer jeden Person«; *Liederlich* hier »Den Ausschweifungen in den Sitten ergeben, ⟨...⟩ im harten und sehr verächtlichen Verstande.«

113,2630 *Ehr']* Hier in »engerer Bedeutung, jungfräuliche Unschuld« (Adelung 1,1514).

113,2633 *Mein Herr Magister Lobesan]* Formelhaft nachgestelltes Attribut, das (Adelung 3,233) »ehedem für löblich, lobenswürdig üblich war, jetzt aber veraltet ist«. – Betty Jacobi an Goethe, 6. 11. 1773 (aus dem Kindbett diktiert): »Herr Doktor Goethe Lobesan: ⟨...⟩ mein Schreiben ⟨gilt⟩ niemand als dem bösen Mensch mit dem guten Herzen, welcher brave neue Bekanntschaften nicht so ehrenrührig behandelt, und aus der Acht läßt. ⟨...⟩ wenn ich wieder nach F⟨rank⟩furt komme, so bin ich schlank, rasch, munter, und kann hübsch ohne Herrn Doktors Arm gehen« (Anspielung auf 2606-08 bzw. *Frühe Fassung* 458 ff.; damals also kannte die Freundin diese Szene bereits).

113,2634 *Laß er mich mit dem Gesetz in Frieden!]* Meint Faust ironisch nur, was für einen *Magister Lobesan* als Gesetz gelte? Oder unterstellt er die mögliche Strafbarkeit der Verführung auch eines mündigen Mädchens und erklärt also, daß ihn das *Gesetz* selbst in diesem Fall nicht kümmere (→ Kommentar zu 2627)?

113,2639 *was gehn und stehen mag]* vorfallen und im Weg stehen könnte.

113,2640-44 *Ich brauche wenigstens vierzehn Tag', ... So ein Geschöpfchen zu verführen]* Goethe 18jährig an Behrisch, 7. 11. 1767: »Ich bin bei Fritzgen gewesen ⟨...⟩. So sittsam, so tugendhaft ⟨... → 2611⟩ Sie ist manchmal Sonntags alleine zu Hause. Vierzehn Tage Vorbereitung und so ein Sonntag sollten die Erberkeit ⟨Ehrbarkeit⟩ von dem Schlosse ⟨des 'Keuschheitsgürtels' ihrer Tugendhaftigkeit⟩ wegjagen, und wenn zehen solche Injenieurs zehen solche Halbejahre an der Befestigung gearbeitet hätten. ⟨...⟩ Könnte ich's aber nur ungestraft tun ⟨...⟩, so würde ich die affaire des Teufels übernehmen, und das gute Werk zu nichte machen. Kennst du mich in diesem Tone Behrisch? Es ist der Ton eines siegenden jungen Herrn. ⟨...⟩ Aber ohne zu schwören ich unterstehe mich schon ein Mädgen zu verf- wie Teufel soll ich's nennen.« – Späteres 'Selbstzitat' im *Faust*? Oder Beleg für die Entstehung einzelner Passagen schon in der Leipziger Zeit?

113,2645 *wie ein Franzos]* der als sittenlos galt (so daß man die Syphilis 'Franzosenkrankheit' nannte).

113,2652 *manche welsche Geschicht']* Mephisto also überblickt die romanische Literatur, kennt italienische und französ. Liebeserzählungen, etwa Boccaccios *Decamerone*.

114,2654 *Schimpf]* In der ält. Bedeutung: Scherz.

114,2664 *Will förderlich und dienstlich sein]* – der *Pein* der Begierde nämlich, die er (seiner 2647 ff. vorangegangenen Ars amandi gemäß) anstachelnd zu verschärfen trachtet. Für solche Dienste setzt er hier, zynisch parodierend, die kanzleisprachliche Formel ein, die in Luthers *Kleinem Katechismus* das 9. Gebot erläutert.

114,2666 *noch heut' in ihr Zimmer führen]* Mephistos: *brauche wenigstens vierzehn Tag'* (2640) diente also der Taktik anstachelnden Hinhaltens: in Wahrheit hatte er (entsprechend 2445) eben dieses Mädchen für Fausts Liebesabenteuer wohl schon ausspioniert (Arens 1982,264).

114,2674 *Gleich schenken ...]* Mit diesem Alexandriner (französ. Herkunft) und dem aus dem Französischen entlehnten *reüssieren* spricht nun Mephisto selber *fast wie ein Franzos* (2645): paßt sich seinem Auftraggeber an.

Seite 115-119 Szene
2678-2804 ABEND

Von Margaretes kleinem Zimmer wird in der voranstehenden Bühnenanweisung erklärt, was eigentlich selbstverständlich ist bei einem Bürgermädchen dieser Zeit: daß es 'reinlich' sei. Aber anders, als Mephisto es 2686 versteht, sind 'rein' und 'reinlich' in Goethes Sprachgebrauch Worte, deren Bedeutung weit hinausgreift über die hier von ihnen bezeichnete Sauberkeit eines fein mit Sand bestreuten Fußbodens oder einer sorgsam über den Tisch gebreiteten Decke (2705). Auch in der *Faust*-Dichtung erstreckt sich ihre 'symbolische' Reichweite bis ins Religiöse, berühren sie das Höchste und Heilige (→ etwa 754, 3831, 8298, 8574, 9560, 11920, 11957, 12049). Vom Doctor marianus heißt es am Ende der *Bergschluchten*-Szene (vor 11989): *in der höchsten, reinlichsten Zelle.* Das wird, auf der 'objektiven' Ebene der Regieangaben des Autors, hier vorbedeutet.

Der schwärmende Faust selber nennt des Mädchens *kleines reinliches Zimmer* ein *Heiligtum*, ein *Himmelreich* gar. *Hoffnung*, das Wort, das er verfluchte, stellt sich wieder ein, und der, der eben noch an sich und der Welt verzweifelte, empfindet jetzt doch *Seligkeit.* Sein religiöses Vokabular ist das einer Liebesfrömmigkeit. Die überkommt und verwandelt ihn hier. In dem frechen Eindringling, dem mit Mephisto verbündeten gewissenlosen Schürzenjäger, der sich ein hübsches Mädchen greifen will, wird der Liebende sichtbar – am deutlichsten wohl in dem einen Augenblick, in dem er die eigenen Wünsche verwirft und zu dem schon entschlossen ist, was der alte Goethe 'Entsagung' nannte (2730).

115, vor 2678 *Zöpfe . . . aufbindend]* um den Kopf legend.

115,2682 *an der Stirne lesen]* Margarete als 'Physiognomikerin': → wieder 3471-90, dann 3537-41 mit Kommentar dazu.

115,2694 *Kerker]* In Fausts verzückter Emphase nur für einschränkende Enge (doch zusammenspielend mit seinem alten Studierzimmer, das er so nannte, auch mit Margaretes wirklichem Kerker dann).

115, vor 2695 *Sessel]* Damals »eine Art kleiner ausgestopffter und beschlagener niedriger Stühle sonder ⟨ohne⟩ Lehne« (*Frauenzimmer-Lexicon* 1715,1842).

116,2699 *den heil'gen Christ]* Meint das weihnachtliche Geschenk.

116,2705 *Teppich]* Adelung 4,935: »jede zierliche, besonders gewirkte Decke, womit die Wände, Fußböden, Tische, Sitze, Altäre u.s.f. zur Zierde bekleidet werden«.

116,2706 *Sand . . . kräuseln]* Den auf die Dielen gesiebten Sand (*Frauenzimmer-Lexicon* 1715,1691: »damit der Unflath nicht so gleich an dem Fuß-Boden hafften kann«) mit einem Rechen oder dgl. lockenartig ringeln.

116,2709 (a) *Und hier!]* Anders als im *Fragment*-Druck von 1790 in allen *Faust I*-Ausgaben zu Lebzeiten als selbständiger Vers gesetzt: also reimlos und mit nachfolgender Sprechpause (von den späteren Herausgebern seit WA mit der folgenden Zeile zu einem Vers zusammengezogen, was hier unter Beibehaltung der gängigen Verszählung korrigiert wird).

116,2709 (b) *Wonnegraus]* *-graus* in diesem Oxymoron »mehr im sinne eines furchtsamen erschauderns« (DWb 8, 2179).

116,2712 *Den eingebornen Engel]* Das von Geburt her in Margarete angelegte Wesen eines Engels = lat. innatus; → 2715 f. (kaum, wie viele Kommentare erklären: anspielend auf »Gottes eingeborenen Sohn« im Apostol. Glaubensbekenntnis = lat. unigenitus, der einzig erzeugte).

116,2716 *Entwirkte sich]* GWb 3,203: »sich aus-, hervorbilden, im Topos der webenden Natur«.

116,2727 *Der große Hans]* Redensartlich typologisch für Großhans; Adelung 2,965: »Groß- oder Klein-Hans, d. i.

ein jeder, er sey vornehm oder geringe«. – Abwegig spekulativ Atkins 1958,84 (»Heinrich may be an alias« für den tatsächlich *Hans* heißenden Faust) und Holesovsky 1978,170 (es handele sich um ein Durchschlagen des Autornamens 'Johann' und den »Durchbruch des Persönlichen«).

116, vor 2729 MEPHISTO [*kommt*]*]* Gegen alle Drucke sinngemäß ergänzt: entspr. 2685 f. war Mephisto diesmal wirklich entfernt.

117,2730 *Ich kehre nimmermehr!]* Zu ergänzen: zurück.

117,2731 *Kästchen]* Das verschlossene *Kästchen*, dem gar ein lockendes *Schlüsselchen* beigegeben ist (2788), würde Sigmund Freud – unabhängig von bewußter Absicht des Autors – gewiß als 'vorausweisendes' Sexualitätssymbol deuten. – Zu Uhlands *Graf Eberstein* (1814): »Schön Jungfräulein, | Hüte dich fein! | Heut Nacht wird ein Schlößlein gefährdet sein«, hat er erklärt: »Welcher Schlüssel ⟨was⟩ aufsperrt, braucht dann nicht ausdrücklich gesagt zu werden« (Freud II/III, 359).

117,2732 *wo anders hergenommen]* Nämlich gestohlen; wohl nicht den Inhalt (→ 2675 ff. und 2735), aber doch das *Kästchen* – und Faust nimmt das hin.

117,2733 *Schrein]* Durch ein Schloß gesichertes (→ 2784) »Behältniß, worein das Frauenzimmer ihre Sachen zu verschliessen ⟨. . .⟩ pfleget« (*Frauenzimmer-Lexicon* 1715, 1776).

117,2735 ff. *. . . eine andre zu gewinnen. | Zwar Kind ist Kind und Spiel ist Spiel]* eine weit Verwöhntere, Anspruchsvollere zu gewinnen (→ 2792 f.); in der *Frühen Fassung* dafür: *eine Fürstin.* – Doch so und so geht's um das gleiche.

117,2739 *den Schatz zu wahren]* zu bewahren (Adelung 5,28), zu behalten.

117,2740 *eurer Lüsternheit]* Trotz der Kleinschreibung wohl ironisch parodierende Titulierung entspr. 'Eurer Heiligkeit' o. ä.

117,2744 f. *- Nur fort! geschwind! –]* Unterbricht den dann weitergeführten Satz: ich *reib' an den Händen* ⟨tue, was ich nur kann⟩ – *Um euch . . .*

117,2747 *wenden]* »drehend in eine andere lage oder richtung bewegen«, etwa einen Braten am Spieß (DWb 28, 1764 f.).

117, vor 2753 MARGARETE *mit einer Lampe]* Meine Vermutung, das von *drauß'* zurückkommende Mädchen sei auf dem außerhalb des Hauses gelegenen 'Örtchen' gewesen (so 1.-3. Aufl. des Kommentars; vgl. dazu Kassel 1995, 378), war unbedacht und ist abwegig. Mephisto hatte ausspioniert, daß Margarete auf einen Abendschwatz ihre *Nachbarin* zu besuchen pflegt (2668), und behält mit dieser Ankündigung recht: Wenn sie hier nach getaner Hausarbeit das Haar in *Zöpfe* geflochten und sie aufgebunden hat (vor 2678), dann gewiß nicht, um sich so zu Bett zu legen, sondern eben für einen Gang zu Frau Schwerdtlein.

118, vor 2759 *indem sie sich auszieht]* Gemeint (anders als spätere Regisseure das gelegentlich anzuordnen beliebten): bis auf ein wadenlanges Unterhemd, das man üblicherweise auch zum Schlaf anbehielt und erst am Wochenende wechselte.

118,2759-82 *Es war ein König in Thule . . .]* Zunächst noch abweichend von ihrem seit dem *Fragment*-Druck 1790 endgültigen Wortlaut, wurde diese Ballade wohl auf Goethes Rheinreise 1774 verfaßt (Erstdruck 1782 in einer Liedersammlung Seckendorffs – mit der Angabe »aus Göthens D. Faust«; zu den damit verbundenen entstehungsgeschichtlichen Fragen → Kommentar zur *Frühen Fassung*, Vers 611-34).

Zum ersten Mal macht sich Margarete hier Verse zu eigen, die ihr vorgegeben sind, und die doch mehr von ihr sagen, als ihre eigenen Worte vermöchten. Für den Leser oder Zuhörer, der im nachhinein weiß, wieviel dieses Lied von einem König und seiner Buhle, von Liebe und Tod und einer Liebestreue über den Tod hinaus mit ihr selber zu tun haben wird, scheint die Singende von Ahnungen bestimmt – auch wenn sie selber nichts von dem Schauer begreift, der sie hier überkommt.

118,2759 *Thule]* Zedler 43,1910: »Insel in dem Mitternächtlichen Meere, welche bey den Alten das letzte bekannte Land gegen Norden war«.

118,2761 *seine Buhle]* Wie häufig im Volkslied für die Geliebte. Von ält. Erläuterungen als Gemahlin ausgegeben, bezeichnet es hier doch keineswegs die Königin, sondern die Konkubine (dazu Richter 1944).

118,2765 *Die Augen gingen ihm über]* Vom Tränenfluß (Johannes 11,35 f.: »Und Jesu ⟨am Grab des Lazarus⟩ giengen die augen über. Da sprachen die Juden: Siehe, wie hat er ihn so lieb gehabt«).

118,2779 *trinken]* Mit Wasser sich füllen.

118 f., 2783-2804 *Wie kommt das schöne Kästchen hier herein? . . .]* Mit ihren einfachen Knittelversen hat sich Margaretes Sprache bisher von Mephistos und Fausts Madrigalzeilen deutlich abgesetzt. Das wird sogleich anders, wenn sie jetzt das Kästchen entdeckt und öffnet, das die beiden in ihren Schrein gelegt haben. Ohne daß sie sie doch hätte reden hören, fällt sie in deren Sprechweise (hier wie häufig: das Metrum als Indiz einer Annäherung zwischen den Figuren). – Und wie sie die Standesgrenze zwischen dem Bürgermädchen und einer *Edelfrau* überschreitet, wenn sie diesen Schmuck nun anlegt, übertritt ihre begleitende Rede hier erregt die Grenze des Verses: 2792 | 93 ihr erstes Enjambement.

118,2785 *wunderbar]* Hier (Adelung 5,301): »ein glimpflicher Ausdruck für das härtere seltsam.«

119,2786 f. *Vielleicht bracht's jemand als ein Pfand, | Und meine Mutter lieh darauf]* Wenn das Mädchen sogleich eine derartige Erklärung für möglich hält, kann es sich nicht gut um einen wohltätigen Einzelfall handeln. Auch muß es angesichts eines solchen Schmuckkästchens (→ 2843 ff.) um eine beträchtliche Darlehenssumme gehen. Damit rückt, wie später der Bruder Valentin, hier Margaretes Mutter in ein höchst zweifelhaftes Licht: Offenbar nutzt sie ihr *hübsch Vermögen* (3117) geradezu professionell zu zinsnehmender Pfandleihe, die doch den Christen durch vielfach wiederholte Verbote untersagt war. (Zedler 62,982: »Nach Anleitung und Maßgebung des Canonischen oder Geistlichen Rechts gehöret es ⟨gemäß dem biblischen

Zinsverbot 5. Mose 23,19 u. ö.⟩ zu denen geistlichen Verbrechen, wenn man Zinsen von seinem Gelde nimmet.«) → 2842 und Kommentar dazu.

119,2792 f. *Ein Schmuck! Mit dem könnt' eine Edelfrau | Am höchsten Feiertage gehn]* Bis ins 18. Jh. regelten die städtischen 'Kleiderordnungen' gemäß der Ständeordnung, also dem Sozialstatus der Frauen entsprechend, auch den jeweils zulässigen Schmuck, durch den sich die adlige Dame vom Bürgermädchen unterschied (→ 2883 f.) und dieses wiederum von einer Hure (→ 3756).

Seite 120-122 Szene
2805-2864 SPAZIERGANG

Die Szenenüberschrift meint einen Spazierweg (in der *Frühen Fassung* noch: *Allee* – also baumbestanden).

120,2805 f. ... *Ich wollt' ich wüßte was ärgers]* Noch *ärgers* können Teufel, diese gefallenen Engel, freilich nicht wissen, als das Verschmähen der *Liebe* Gottes und ihren Sturz »mit ketten der finsterniß zur hölle« (2. Petrusbrief 2,4).

120,2807 *was kneipt dich]* kneift, ärgert, ergrimmt dich (DWb 11,1407 f.).

120,2823 *ungerechtes Gut ...]* Biblisch, nach Sprüche 10,2: »Unrecht gut hilfft nicht« – wie wieder in der Pfaffenrede 2840.

120,2826 *Himmels-Manna]* Offenbarung 2,17: »wer überwindet, dem will ich zu essen geben von dem verborgenen manna«, → 2835.

120,2828 *ein geschenkter Gaul]* dem man sprichwörtl. nicht ins Maul schaut (um an den Zähnen festzustellen, wie es um sein Alter steht).

121,2833-40 nach *Der hatte kaum den Spaß vernommen ...]* Nach Resenhöfft 1975,308 verderbte Versfolge (der Paarreimung entsprechend wäre die korrekte Abfolge 2834|35 – 2839|40 – 2833|36 – 2837|38; nur 2836-38 dann Mephistos eigene, nicht mehr den Pfaffen zitierende Verse).

121,2834 *So ist man recht gesinnt]* Schärfer in der *Frühen Fassung*: *kristlich so gesinnt* – was der Pfaffe durch seine bibelsprachl. Wendungen 2835 und 2840 stützt.

121,2835 *Wer überwindet der gewinnt]* Nach Offenbarung 21,7: »Wer überwindet, der wirds alles ererben«.

121,2836-40 *Die Kirche hat einen guten Magen ...]* Die

szenische Entfaltung dieses Motivs auf höherer Ebene folgt in *Des Gegenkaisers Zelt*, 10980-11042.

121,2842 *Ein Jud' und König kann es auch]* Zielt auf 'Wucherzinsen' (das Pfandleih- und Kreditwesen war nur den vom christl. Zinsverbot ausgenommenen Juden und der Obrigkeit selber zugebilligt; → 2786 f. und Kommentar dazu), meint aber wohl auch Eroberungskriege.

121,2849 *Und Gretchen?]* Gaier 1989,385: »zweideutig Kosename und Bezeichnung für ein Lustobjekt« (? Sch. → Kommentar zu *Frühe Fassung* 703).

122,2859 *wie Brei]* Also zäh, schwerfällig.

Seite 123-129 Szene
2865-3024 DER NACHBARIN HAUS

Zur Figurenkonstellation: Mit der neu ins Spiel tretenden Marthe Schwerdtlein wird eine über Kreuz geführte zweifache Paarbildung erreicht: die gleichgeschlechtliche von Faust-Mephisto und Margarete-Marthe (insofern mit diesem *Weib wie auserlesen | Zum Kuppler- und Zigeunerwesen* (3029 f.) auch dem Mädchen sein 'Mephisto' beigesellt wird) und die gegengeschlechtliche von Faust-Margarete und Mephisto-Marthe (wie sie dann in der *Garten*-Szene auftreten). – Als Abwesende sind in dieser *Haus*-Szene gleichermaßen im Spiel der aus Marthes Haus geflüchtete Herr Schwerdtlein (der *stracks in die Welt* gezogen ist) und der vor dem Eintritt in Margaretes Haus stehende Faust (der auf sehr andere Weise später doch das gleiche tun wird).

Marthes Eröffnungsverse hat Goethe dem Eingang von Hans Sachs' *Der farendt Schuler ins Paradeiß* von 1550 nachgebildet (dessen gattungsbezeichnenden Untertitel aufnehmend, befindet Gaier 1989,387, es lasse sich Goethes »ganze Szene wie ein 'Faßnacht spiel mit 3 Personen' lesen«). Freilich ein unvergleichlich anderes Kaliber dort und hier.

123,2868 *läßt mich auf dem Stroh allein]* Anklingend an Strohwitwe: so nennt »man aus Schertz an etlichen Orten diejenigen Weiber, deren Männer verreiset oder abwesend seynd«, sie also auf dem 'Strohlager' ihres Bettes allein lassen (*Frauenzimmer-Lexicon* 1715,1916).

123,2872 *Totenschein]* Als Vorbedingung der Wiederverheiratung »vom competenten Pfarrer ausgestelltes Kirchenzeugniß« auf Grund des Kirchenbuches und Totenregisters, ersatzweise auf gerichtlichem Wege von der weltlichen Obrigkeit zu erlangen (*Rechtslexikon* XI,420).

123,2882 *O du glücksel'ge Kreatur!]* Bei Frau Marthes Seligpreisung wußten bibelfeste Zeitgenossen Goethes wohl zu assoziieren, woran sie selber kaum denkt: »Siehe, das sind die gottlosen, die sind glückselig in der welt, und werden reich.« (Psalm 73,12)

123,2883 f. *Darf mich, leider, nicht . . . mit sehen lassen]* Gemäß den 'Kleiderordnungen' für Bürgermädchen; → Kommentar zu 2792 f.

124, vor 2896 *Vorhängel]* vor dem »guckfenster in der thür« (DWb 26,1168).

124,2998 *Muß . . . Verzeihn erbeten]* Förmlich-altertümlich; unterwürfiger als 'erbitten'.

124,2904 *Nachmittage]* In allen *Faust I*-Drucken fehlerhaft? *Frühe Fassung* wie *Fragment*-Druck haben *nach Mittage.*

124,2906 *Der Herr dich für ein Fräulein hält]* weil der schauspielernde Mephisto, Margaretes *Schmuck und Geschmeide* erblickend, zurücktritt und vom *vornehmen Besuch* redet. → Kommentare zu 2605 f. und 2792 f.

125,2914 *frohere Mär']* Erfreulichere Nachricht.

125,2921 *Ich möchte drum]* So nur im Erstdruck 1808; später (versehentlich 2922 vorwegnehmend?): *Ich würde drum . . .*

125,2927 f. *An einer wohlgeweihten Stätte | Zum . . .]* Bei der Basilica di Sant'Antonio gelegen, ist seine Grabstätte besonders geweiht zum . . .

125,2931 *dreihundert Messen]* Seelen- oder Totenmessen. Hier in absurd hoher Zahl: der zu entrichtenden Meßstipendien wegen wären sie mit enormen Kosten verbunden.

125,2933 *Schaustück]* Schaumünze.

126,2938 *verzettelt]* Hier wohl für »nutzlos anwenden, vergeuden« (DWb 25,2568) – schon auf 2981 ff. zielend?

126,2942 *manch Requiem noch beten]* Meint wohl den Introitus der Totenmesse (»Requiem aeternam dona eis, Domine . . .«).

126,2950 *Es gibt sich auch]* ergibt sich schon.

126,2954 ... *auf der Zeche]* auf dem Kerbholz – *weit mehr noch*, als er vor dem Empfang der Sterbesakramente gebeichtet hatte? (: *er starb als Christ*).

127,2981-84 *Ein schönes Fräulein ...]* Mephisto macht sich den Spaß, Fausts erste Worte an Margarete (→ Kommentar zu 2605 f.) auf eine Dirne anzuwenden, bei der sich Frau Marthes Mann in *Napel* (gängige Kurzform im 18. Jh. für Neapel) geholt haben soll, was er *bis an sein selig Ende spürte*: die auch als 'mal de Naples' bezeichnete Syphilis. – Davon begreift freilich Margarete nichts, Marthe nur die Hälfte; es geht ad spectatores.

127,2985 *Der Schelm!]* Hier nach ält. Sprachgebrauch: »verworfener mensch, betrüger«, auch für einen »treulosen geliebten oder gatten« (DWb 14,2507 f.).

128,2990 *ein züchtig Jahr]* Das sog. 'Trauerjahr', in dem eine Wiederverheiratung als unschicklich galt und für die Witwe den Verlust ihres Erbes bedeuten konnte (entgegen dem Namen war seine Dauer »für Frauen gewöhnlich auf 9 Monate〈!〉, für Männer auf 12 oder 6 Wochen bestimmt«: *Rechtslexikon* III,583).

128,3001 *Beding]* In der ält. Rechtssprache für vertragliche Abmachung, Bedingung (DWb 1,1232 f.).

129,3012 *im Wochenblättchen lesen]* Wo im 18. Jh. entspr. Auszüge aus den Kirchenbüchern veröffentlicht wurden.

129,3013 f. *durch zweier Zeugen Mund ...]* Gemäß 5. Mose 19,15 und entsprechend Johannes 8,17 mußte in der dt. Rechtspraxis »der Tod durch das Zeugniß zweyer solcher Personen erwiesen werden, welche einen haben sterben und begraben sehen« (Zedler 44,650). So bringt Mephisto seinen *Gesellen* ins Spiel.

129,3018 und 3020 *Jungfrau ... Fräuleins]* Noch einmal das Anredespiel. Zuerst (mit *Jungfrau*) korrekt, wenn auch etwas gehobener als die Kurzform *Jungfer* der *Frühen Fassung* (für die DWb 10,2381 angibt: »in der anrede und als titel zumal bürgerlicher unverheirateter, während *fräulein* für den adel blieb«); aber dann wird (mit *Fräuleins*) in verallgemeinernder Form das dafür nicht unanfällige Mädchen doch noch über die Standesgrenze gehoben, hinter der es den Herrn *aus einem edlen Haus* weiß (2681).

129,3019 *Knab']* Der verjüngte Faust wird damit vorgestellt als »ein junger Mann, d. i. eine männliche Person, bis bald nach dem angetretenen männlichen Alter« (Adelung 2,1650).

129,3020 *alle Höflichkeit]* Das ist und bleibt, sehr dezent, der einzige Hinweis auf die Herkunft der Schmuckkästchen – die ihren Zweck doch kaum erfüllten, wenn Margarete sie nicht mit Faust in Zusammenhang brächte.

Seite 130-131 Szene
3025-3072 STRASSE

In der ersten Männer-Szene auf der Straße hieß es: *du mußt mir die Dirne schaffen* (2619), in der zweiten: *Und mach', und richt's nach meinem Sinn* (2857); die dritte jetzt setzt mit dem rohen *Will's fördern? Will's bald gehn?* ein. Das alles läuft hinaus auf die letzten Worte hier, auf Fausts: *ich muß*. Außerstande, und nach 2730 auch durchaus nicht mehr gewillt, sich gegen sein Verlangen noch zu wehren – allein deshalb (keineswegs nur *vorzüglich* deshalb) 'muß' er sich denn auch in Mephistos Pläne fügen – 'muß', nachdem er sich unerlaubt eingeschlichen in Margaretes Zimmer und selbst den Diebstahl des Kästchens hingenommen hat, nun auch zu der eidlichen Falschaussage sich bereit erklären, die ihn vollends korrumpiert.

130,3025 *fördern]* DWb 3, 1894: »weiter kommen, von statten gehen«.

130,3037 SANCTA SIMPLICITAS*]* 'Heilige Einfalt'! Durch den böhmischen Reformator Jan Huß berühmt gewordener Ausruf. Als der schon auf dem Scheiterhaufen stand (weil er *von Gott* ketzerische *Definitionen* gegeben) und ein einfältiger Bauer noch Holz herantrug, »lachte Huß darüber, und rief aus: 'O heilige Einfalt!'«, schwor dann der Zuschauermenge zu, daß ihn »falsche⟨r⟩ Zeugen Schuld« (→ 3042) auf die Richtstätte gebracht habe (Zedler 13,1284). – Darauf zurückbezogen 3040: *Da wär't ihr's nun* auch – ein *heil'ger Mann*?

131,3048 *ihr müßt es g'rad' gestehen]* Das hier Vorangehende hat Faust in der *Nacht*-Szene 380 f. 'gestanden'.

131,3052 *morgen]* Meint hier: ganz bald doch.

131,3059-66 *Wenn ich empfinde ... ein teuflisch Lügenspiel?]* Es geht um die gleiche Unsäglichkeit des Gefühls, auf die Faust sich später im 'Religionsgespräch' berufen wird (→ 3451-58). An die Gräfin Stolberg schrieb Goethe im Januar 1775: »ich will Ihnen keinen Namen geben, denn was sind die Namen Freundin Schwester, Geliebte, Braut, Gattin, oder ein Wort das einen Komplex von all denen Namen begriffe, gegen das unmittelbare Gefühl, zu dem – ich kann nicht weiter schreiben«. Dann, neu ansetzend, gab er dem doch einen Namen: »ich fühle Sie können ihn tragen diesen zerstückten, stammelnden Ausdruck wenn das Bild des Unendlichen in uns wühlt. Und was ist das als Liebe!« – So wird auch Faust das Wort *ewig* Margarete zu 'tragen' geben (3188 ff.) Ein *Lügenspiel* sind seine Worte *Unendlich, ewig, ewig* nur deshalb nicht, weil er sie allein als den äußersten Ausdruck des ganz Gefühlten und wahrhaftig Empfundenen nimmt, als einen sprachlichen Behelf (3457: *Name ist Schall und Rauch*), bei dem diese Worte nicht das Versprechen ewiger Dauer geben, sondern die unermeßliche Zeit, von der sie doch reden, aufgeht in der Unermeßlichkeit des Gefühls: Ewigkeit im Augenblick.

Seite 132-137 Szene
3073-3204 GARTEN

Hinter Marthes Haus zu denken, uneinsehbar von der Straße her.

Mit dem *falsch Zeugnis* über Schwerdtleins Tod, das Faust zuvor doch abgelegt haben müßte, wird hier, wie häufig im weiteren Verlauf des dramatischen Geschehens, ein für die Handlung wesentlicher Vorgang 'hinter die Bühne' verlegt.

Fausts *Arm und Geleit* (2606) hat das Mädchen schon angenommen, wenn sie miteinander auftreten. Aber noch spricht Margarete befangen und angestrengt förmlich (lexikalisch wie metrisch aufschlußreich dafür ihr Alexandrinervers 3081); erst mit dem Blumenorakel wird das anders.

In fünffachem Szenenschnitt werden die ungleichen Paare (hier Faust, dort Marthe in der werbenden Rolle) auf ihrem Gartenrundgang am Zuschauer/Leser vorübergeführt. Immer nur ein Stück weit hört er ihnen zu, und dieser Wechsel der Töne schärft das Profil der hart gefügten Gesprächsausschnitte. Als strukturelle Spiegelung, geradezu wie ein choreographisches Zitat, wird sich das 4128 ff. beim Tanz mit den *Walpurgisnacht*-Hexen wiederholen. (Goethe an Iken, 27. 9. 1827: er habe »seit langem das Mittel gewählt, durch einander gegenüber gestellte und sich gleichsam in einander abspiegelnde Gebilde den geheimeren Sinn dem Aufmerkenden zu offenbaren.«)

132,3078/79 *unterhalten]* Hier: »die Zeit verkürzen« (Adelung 4,1294).

132, vor 3081 *Er küßt ihre Hand . . .]* und behandelt sie damit wiederum wie ein *Fräulein* (→ 2605 f. und Kommentar dazu): Während Mädchen aus gesellschaftlich hochstehenden Kreisen in der zweiten Hälfte des 18. Jh.s oft »den hergebrachten Handkuß so strenge als eine Wechselschuld einzufordern« pflegten, waren »Personen aus niedrigern Ständen und in wohlfeilen Kleidern« gewöhnlich von dieser »französischen Ziererei« ausgeschlossen (Misophiletes 1782,425 u. 421).

Fausts galante Geste abwehrend, paßt Margarete sich ihm doch an, verläßt nämlich die ihrem Stand angemessene Sprachebene. Von ihren 'eigenen' treuherzigen Knittelversen (bis 2758) ist sie bereits zu den von Mephisto und Faust gebrauchten Madrigalversen übergegangen (bei 2783 – genau in dem Augenblick, wo sie auf das Schmuckkästchen stößt). Jetzt bringt sie in dieses 'fremde' Metrum gar einen förmlichen 'französisierenden' Alexandriner ein (3081) und das gezierte *Inkommodiert euch nicht!* (für: macht euch keine solchen Umstände).

132,3089 *In raschen Jahren]* DWb 14,126: im »jungen, lebenskräftigen alter«.

132,3092 *Hagestolz]* Aus der Rechtssprache: »Person männliches Geschlechtes, welche funfzig Jahre alt ist und noch nicht geheurathet hat«, und: deren »Erwerb- oder Errungenschaft« nach dem Tode an die Obrigkeit fällt! (Adelung 2,895)

133,3097 *Höflichkeit]* Im Sinn von Courtoisie, jedenfalls von Umgangsformen der höheren Stände. Mephisto hatte 3020 Fausts *Höflichkeit* gerühmt (und damit auf das Geschenk der Schmuckkästchen angespielt).

133,3098 *der Freunde häufig]* Hier: »eine Menge« (Adelung 2,1002).

133,3104 *Demut, Niedrigkeit]* Die christliche Tugend der humilitas – die Faust freilich als Gabe einer *liebevoll austeilenden Natur* bezeichnet; hier durchaus mit standesspezifischer Konnotation (an Frau von Stein, 4. 12. 1777: »Wie sehr ich wieder ⟨. . .⟩ Liebe zu der Klasse von Menschen gekriegt habe! die man die niedre nennt! die aber gewiß für Gott die höchste ist. Da sind doch alle Tugenden beisammen, Beschränktheit, Genügsamkeit, Grader Sinn, Treue, Freude über das leidlichste Gute, Harmlosigkeit, Dulden«).

133,3105 f. ... *Natur – | Denkt ihr an mich ...]* Sie fällt ihm ins Wort (praktizierte humilitas).

133,3109 f. *Wirtschaft ... versehen]* Die »Hauswirthschaft« und die dazu gehörigen »häuslichen Geschäfte selbst verwalten und besorgen« (Adelung 5,256).

133,3116 *regen]* Hier: finanziell »in nicht zu engen verhältnissen sein« (DWb 14,512).

134,3139 *durfte kaum sich regen]* Für: brauchte sich nur eben zu bewegen.

134,3141 ff. *Bald mußt' ich's tränken ...]* Das findet ein Echo in der *Kerker*-Szene. → 4443 f. und Kommentar dazu.

134,3147 *mutig]* Adelung 3,636: »munter, aufgeweckt«.

134 f., 3149-61 *Die armen Weiber ...]* Auch mit der Gliederung der Wechselrede, die Marthe dem entsprechend antwortenden Mephisto vorgibt, sucht sie den *Hagestolz* immer dichter an sich heranzuholen: zunächst bekommt er zweimal erst nach jeweils zwei Versen das Wort (sog. Distichomythie), dann zweimal schon nach je einem Vers (Stichomythie), zuletzt bereits nach einem halben (Hemistichomythie) – mit dem die unverhohlen Werbende dann freilich resigniert.

135,3155 f. *Das Sprichwort ...]* Kontaminiert 'Eigener Herd ist Goldes wert' mit »ein tugendsam weib ⟨...⟩ ist viel edler, denn die köstlichsten perlen« (Sprüche 31,10).

135,3163 *Engel]* Höchst bezeichnend für Fausts schillernde, schwankende Rolle sind die stilistischen Valeurs seiner Anreden für Margarete. *o kleiner Engel*: diese leutselige *Höflichkeit* ist dem Herrn *aus einem edlen Haus* in der Tat *geläufig* (2681, 3097). In dem ersten Brief, mit dem Werther von Lotte berichtet, nennt er sie »Einen Engel!« und schreibt sogleich: »Pfui! das sagt jeder von der Seinigen, nicht wahr?« (FA I 8,36 f. – schon in der Fassung von 1774). – Dagegen dann 3179 *Süß Liebchen!* mit der volksliedhaft anmutenden Tilgung des auslautenden -es, wie sie häufig bei Margarete begegnet: da nimmt der Liebende den Herzton des Mädchens auf.

135,3167 *Frechheit]* Wohl noch in der Nähe der ält. Bedeutung von kühn, allenfalls dreist (vgl. DWb 4,91).

135,3172 *Was freches, unanständiges]* Hier (wiederum standesbezogen, deshalb anders als 3167) für Unschickliches, Sittenloses, das nämlich dem Bürgermädchen nicht 'ansteht' (vgl. DWb 4,92 u. 24,163 f.).

136,3174 *Mit dieser Dirne g'rade hin zu handeln]* Auf das einfache (nicht verheiratete) Mädchen ohne Umstände zuzugehen.

136,3176 *begonnte]* Ält. schwache Form für: begann.

136,3179 *Einen Strauß?]* In allen Drucken fehlerhaft? Die *Frühe Fassung* hat situationsgerechter: *Keinen Straus?*

136,3184 *Er liebt mich! | Ja ... Blumenwort]* Gegen alle Drucke zu Lebzeiten haben WA und die ihr folgenden Ausgaben diese beiden Verse als einen gesetzt (weil das »ein regelrechter Alexandriner« sei) und Margaretes Worte so um das Gewicht der ihnen folgenden Pause gebracht (die eingebürgerte Verszählung wird trotz der Berichtigung beibehalten).

136 f., 3184-94 *Ja, mein Kind ...]* Jetzt, nach dem Blumenorakel, das zu Margaretes Liebeserklärung wird, fallen Fausts erregte Sätze aus der metrischen Ordnung und klanglichen Bindung der (überwiegend im Madrigalvers gehaltenen) Szene heraus in eine rhythmisch ungeregelte und ungereimte Prosa. Fünf heftige Akzente muß deren letzte 7silbige Zeile (3194) tragen.

136,3187 *Mich überläuft's!]* Einer der für die Konzeption der Margaretengestalt und für ihr Verständnis sehr bedeutsamen Bezüge auf die Braut im biblischen Hohenlied – »dem zartesten und unnachahmlichsten was uns von Ausdruck leidenschaftlicher, anmuthiger Liebe zugekommen« (*Noten und Abhandlungen* zum *Divan*, FA I 3,140). Goethe an Merck, 8. oder 11. 10. 1775: »Ich habe das Hohelied Salomons übersetzt, welches ist die herrlichste Sammlung Lieblieder, die Gott erschaffen hat. 〈...〉 Hab an Faust viel geschrieben.«

In seiner Übersetzung von 1775 (WA I 37,306) lautet Vers 5,4: »Da reichte mein Freund mit der Hand durchs Schalter 〈Fenster〉 und mich überliefs.« Diese Wendung findet sich schon in der *Frühen Fassung* (1036), ebenso Margaretes anspielungsreiches Spinnlied (3374-3413 bzw. *Frühe Fassung* 1066-1105, → Szenenkommentare dazu). Aber vor allem in der *Kerker*-Szene von *Faust I* wurden die Hohelied-Bezüge dann deutlich verstärkt (→ 4435 und 4461 und Kommentare dazu, sowie 4469, 4485, 4505). Mephistophelisch gewendet erscheinen sie 3336 f. und 4128-31. – Insgesamt dazu Pniower 1892/I und Requadt 1972,241,273 f.,336 ff.

137,3193 *Ewig!]* Da spricht er es aus: → 3059-66 und Kommentar dazu.

137,3198 *niemand nichts]* Doppelte, verstärkende Verneinung.

137,3203 *Sommervögel]* »Schmetterlinge oder Tagefalter«, als »Sinnbild des Leichtsinnes und der Flatterhaftigkeit« (Adelung 4,518 u. 1780).

Seite 138-139 Szene
3205-3216 EIN GARTENHÄUSCHEN

Mutwill'ge Sommervögel! (3203) Aber ihr nur dieses eine Mal so unbeschwert erscheinendes, ausgelassenes Spiel schließt im tatsächlichen Zeitverlauf keineswegs unmittelbar an die *Garten*-Szene an, in der Mephisto das sagte. Die vertraute Anrede, in die das Mädchen sich hier gefunden hat, ihr unbefangener Umgang mit dem Freund, auch was ihre Schlußverse inhaltlich voraussetzen, deutet darauf, daß zwischen den anscheinend fugenlos einander folgenden Szenen doch ausgesparte Begegnungen liegen: Fausts und Margaretes Zeit vergeht.

Für die Berliner Aufführungen aus dem *Faust I* (→ hier S. 22; dazu Schillemeit 1988) hat Goethe diese szenische Momentaufnahme 1814 zur Vertonung durch den Fürsten Radziwill in unsäglich platte Singspielverse für Solo- und Duettpartien ausgewalzt; → Text-Band S. 588 ff.

Seite 140-145 Szene
3217-3373 WALD UND HÖHLE

Nur die Verse 3342-69 am Ende dieser Szene finden sich, mit einigen Abweichungen, schon in der *Frühen Fassung*, dort aber (1408-35) an anderer Stelle und mit anderen Bezügen: in der Valentin-Szene nämlich, die ihrerseits hinter der *Dom*-Szene steht – da ist das Mädchen schon schwanger. Während diese Passage also zum älteren Textbestand gehört, wurden die vorangehenden Dialogpartien und Fausts Eingangsmonolog weit später, wohl während oder nach der italienischen Reise verfaßt. Der *Fragment*-Druck von 1790 enthält dann den vollständigen und endgültigen Wortlaut, plaziert *Wald und Höhle* aber zwischen die Szenen *Am Brunnen* und *Zwinger* – nachdem Faust mit Margarete geschlafen hat. Erst im *Faust I* wird das Ganze nach vorn gezogen und als retardierendes Moment eingesetzt: hier staut sich jetzt die rasche Folge der Margareten-Szenen – ehe sich das Unaufhaltsame vollzieht: *Was muß geschehn, mag's gleich geschehn!* (3363)

In Kenntnis dieser uneinheitlichen Genese und angesichts offenbar sich wandelnder Konzeptionen hat man, auf psychologische Stimmigkeit erpicht, der Szene interne Ungereimtheiten und externe Widersprüchlichkeiten zugeschrieben, die jedenfalls in solcher Schärfe kaum ins Auge fallen, wenn man die endgültige Fassung unabhängig von ihrem entstehungsgeschichtlichen Vorspiel betrachtet und sie in den Bedeutungszusammenhängen zu verstehen sucht, die ihr definitiver Stellenwert im Spielverlauf bestimmt. Der Autor jedenfalls, dem man zutrauen dürfte, daß er dergleichen doch bemerkt habe, ließ das auf sich beruhen. In einem langen *Faust*-Gespräch mit Luden hat er am 19. 8. 1806 geradezu erklärt: »In der Poesie gibt es keine Widersprüche. Diese sind nur in der wirklichen Welt, nicht in der Welt der Poesie. Was der Dichter schafft, das muß genommen werden, wie er es geschaffen hat. So wie er seine Welt gemacht hat, so ist sie. Was der poetische Geist erzeugt, muß von einem poetischen Gemüt empfangen werden. Ein kaltes Analysieren zerstört die Poesie und bringt keine Wirklichkeit hervor. Es bleiben nur Scherben übrig, die zu nichts dienen und nur inkommodieren« (Biedermann/Herwig 2, Nr 2264, S. 106 f.).

140 f., 3217-50 FAUST *(allein) Erhabner Geist . . .]* Zum ersten (und im *Faust I* einzigen) Mal wird für diesen Monolog der fünfhebig jambische, reimlose Blankvers eingesetzt: das 'klassische' Dramenmaß, in das Goethe etwa zur gleichen Zeit seine Prosa-*Iphigenie* umschreibt. Es bildet den entschiedensten Gegensatz zu den unregelmäßigen Madrigalversen, die mit Mephistos Auftritt 3251 sogleich wieder einsetzen werden (Petsch 1926,656: »Verskürzung, Versstreckung, Rhythmenwechsel, Melodie- und Tempounterschiede, fortwährender Wandel der Stimmungsnote«).

Offenbar redet Faust hier den Erdgeist an: der hatte ihm in der *Nacht*-Szene sein *Angesicht im Feuer zugewendet*. Nur erscheint das unvereinbar mit der Erklärung, daß er ihm *alles* gegeben habe, worum er *bat* (denn 1746 f.: *Der große Geist hat mich verschmäht, | Vor mir verschließt sich die Natur*), und mit der Angabe auch, daß er es war, der ihm den *Gefährten* Mephisto beigab (denn im *Prolog* 342 waren das die Worte des Herrn: *Drum geb' ich gern ihm den Gesellen zu*).

So hat man erklärt, daß hier eigentlich doch Gott der Herr gemeint sei. Oder der im Paralipomenon 1 (→ Text-Band S. 576) genannte *Welt u Thaten Genius*, der im ausgeführten Text nicht mehr erscheine, auf den aber das Makrokosmos-Zeichen der *Nacht*-Szene deute. Oder aber ein Luzifer, dem (nach einem älteren, auch in der Szene *Trüber Tag · Feld* noch durchschlagenden Plan, → dort S. 189, 36 ff.) »die ganze Schöpfungskraft übertragen war, und von dem alles übrige Sein ausgehen sollte« – auch Mephisto als sein Sendling (so Grumach 1953,82 ff., zurückgreifend auf Goethes hier zitierten Schöpfungsmythos in *Dichtung und Wahrheit* 8. Buch, FA I 14,383. – Zu diesem Erdgeistproblem insges. Mason 1967,110-178).

Will man aber weder unterstellen, daß der Autor sich hier entschieden mißverständlich ausgedrückt, noch daß er höchst irritierende Rückstände einer verworfenen Erdgeist-Konzeption einfach übersehen hätte, müßte man annehmen, daß er diesen Versen im endgültigen Kontext eine veränderte Bedeutung zugedacht habe. Daß Faust den Mephisto als einen Abgesandten des Erdgeistes ansieht, wäre dann hier (wie in der Szene *Trüber Tag · Feld*, → Kommentar zu S. 189,36-40) als eine Selbsttäuschung zu verstehen. Hingegen wären seine Verse: *du gabst mir, gabst mir Alles,* | *Warum* ⟨worum⟩ *ich bat*, gar nicht auf jene *Nacht*-Szene zurückzubeziehen, sondern meinten das, was ihm erst jetzt in *Wald und Höhle* zuteil wird. Hier erst hätte der *Geist der Erde* ihm gegeben, worum er damals bat. Hier erführe und empfände Faust nun, wonach seine *Ach! könnt' ich*-Verse 392-95 verlangten, und ausdrücklich berichtigte er jetzt, was er in dieser *Nacht*-Szene empfand: *Du hast mir* ⟨in Wahrheit doch⟩ *nicht umsonst* | *Dein Angesicht im Feuer zugewendet.* Tatsächlich spricht hier ja nicht mehr der titanisch Vermessene, der sich mit der Gewalt der Magie den Zugang in eine *unendliche Natur* zu erzwingen suchte, sondern ein kontemplativ an die *herrliche Natur* Hingegebener. Fausts Dankgebet (*du gabst mir – Vergönnest mir – lehrst mich – führst mich – zeigst* mich *mir selbst*) zeigt den ganz in die umgreifende Natur Einbezogenen mit sich selbst befriedet. Eine von der hier gar nicht genannten Margarete ermöglichte, durch die verwandelnde Liebe ausgelöste Wandlung Fausts? In Tobler/Goethes 1782/83 gedrucktem Prosahymnus über *Die Natur* heißt es: »Ihre Krone ist die Liebe. Nur durch sie kommt man ihr nahe. Sie macht Klüfte zwischen allen Wesen und alles will sich verschlingen. Sie hat alles isolieret um alles zusammen zu ziehen. Durch ein paar Züge aus dem Becher der Liebe hält sie für ein Leben voll Mühe schadlos« (FA I 25,13).

140,3218 *Warum]* Nebenform zu: worum.

140,3225 ff. *die Reihe der Lebendigen . . . meine Brüder | Im stillen Busch, in Luft und Wasser]* Hinter diesen Versen steht Goethes große osteologische Entdeckung des Jahres 1784. An Schädelpräparaten hatte er damals den Zwischenkieferknochen der oberen Kinnlade nicht nur an Vögeln, Fischen und zahlreichen Säugetieren dargestellt (: »Welch eine Kluft von dem Os intermaxillare der Schildkröte und des Elefanten, und doch läßt sich eine Reihe Wesen dazwischen stellen die beide verbindet.« FA I 24,23). Vielmehr hat er die *Reihe der Lebendigen* damals bis zum Menschen weitergeführt – durch seinen Nachweis, daß sich Spuren eines solchen vermeintlich unterscheidenden Bauteils auch am menschlichen Schädel finden: »der Mensch aufs nächste mit den Tieren verwandt« und »jede Kreatur nur ein Ton eine Schattierung einer großen Harmonie« (an Knebel, 17.11.1784).

140,3229 f. *Die Riesenfichte stürzend Nachbaräste | Und Nachbarstämme quetschend nieder streift]* Wie dann 3350 ff. der *Wassersturz* deutet das (moralisch indifferente!) Naturphänomen wohl schon hier als sinnbildhafter Vorgang in den menschlichen Bereich: *Mag ihr Geschick auf mich zusammenstürzen | Und sie mit mir zu Grunde gehn.* (3364 f., → aber Kommentar zu 3371).

140,3232 *zur sichern Höhle]* Das ist (raumsymbolisch) der Gegensatz zum freien *Wald* und der Komplementärgedanke zur Einheit der Gottnatur mit ihrer *Reihe der Lebendigen.* 1772 hat Goethe von der Natur doch auch erklärt, sie sei »Kraft, die Kraft verschlingt, nichts gegenwärtig, alles vorübergehend, tausend Keime zertreten ⟨. . .⟩. Und die Kunst ⟨→ hier 3238 und nachfolgenden Kommentar⟩ ist gerade das Widerspiel; sie entspringt aus den Bemühungen des Individuums sich gegen die zerstörende Kraft des Ganzen zu erhalten. ⟨. . .⟩ der Mensch durch alle Zustände befestigt sich gegen die Natur« (Sulzer-Rezension, WA I 37,210).

140,3235-39 *der reine Mond . . . Der Vorwelt silberne Gestalten . . . der Betrachtung strenge Lust]* Eher als an Naturgeister oder dichterische oder geschichtliche Gestalten (wie häufig kommentiert wurde, vgl. Arens 1982,309) ist wohl an die der antiken Mythologie und ihre marmorn schimmernde Verkörperung in den Kunstwerken des Altertums zu denken. Zur gleichen Zeit schrieb Goethe zu Karl Philipp Moritz' Essay *Über die bildende Nachahmung des Schönen:* »Was uns allein zum wahren Genuß des Schönen bilden kann, ist das, wodurch das Schöne selbst entstand: ruhige Betrachtung der Natur und Kunst als eines einzigen großen Ganzen. Denn was die Vorwelt hervorgebracht, ist nun mit der Natur verbunden und eins geworden und soll mit ihr vereint harmonisch auf uns wirken.« (WA I 47,88. Hinweis von Burdach, 1926,25).

141,3248 *Nach jenem schönen Bild]* Wohl *Das schönste Bild von einem Weibe* (2436), das Faust im Zauberspiegel der *Hexenküche* sah – jetzt auf Margarete projiziert.

141,3249 f. *von Begierde zu Genuß . . .]* Die von der Endfassung abweichende Position der Szene *Wald und Höhle* im *Fragment*-Druck von 1790 (→ hier S. 312) läßt *Genuß* als den einer dort schon vollzogenen Liebesvereinigung mit Margarete und *Begierde* also als Wiederholungsverlangen verstehen (Lessing FA 2, 234: Ovid lehre eine Wollust, »die ohne Zärtlichkeit des Herzens vom Genuß zum Genusse schweift, und selbst in dem Genusse schmachtet.«). – Hier gibt der veränderte Stellenwert der Szene dem gleichen Wort wohl einen anderen Sinn: *Genuß* scheint identisch mit der *Wonne*, welche Faust im einsamen *Königreich* der Natur erfährt, und steht im ständigen Widerstreit mit der von Mephisto angestachelten *Begierde*, das Mädchen allererst zu besitzen (dazu Requadt 1972,263 f.). Zu *Genuß* und *Begierde* → Paralipomenon 51: Text-Band S. 547,30 f.

141,3251 *das Leben]* Diese Art von Leben.

141,3258 *Du darfst mir's nicht im Ernste sagen]* Hinter der ält. Wortbedeutung (du brauchst nicht) steht hier möglicherweise schon die heutige (im Ernst sagtest du das besser nicht), denn Mephistos *ich lass' dich gerne ruhn* deutet zurück auf das *Prolog*-Wort von der *unbedingten Ruh* (341).

141,3265 *daß er mich ennuyiert]* mich langweilt, mir lästig wird (dieser Fremdwortgebrauch ist sonst *just der rechte Ton* Mephistos).

141,3268 *Kribskrabs]* »zur Bezeichnung eines seltsamen, unverständlichen Durcheinanders« (Frankfurter Wb 3,1620).

141,3270 f. *Und wär' ich nicht, so wär'st du schon | Von diesem Erdball abspaziert]* Kaum als Anspielung auf den Selbstmordversuch 690-784 zu verstehen (der, anders als diese Szene *Wald und Höhle*, auch im *Fragment*-Druck 1790 noch fehlte), wohl auch nicht als Restbestand einer ält. Konzeption, sondern einfach auf Fausts verzweifelten Lebensüberdruß gemünzt.

141,3273 *Dich wie ein Schuhu zu versitzen]* Wie ein Uhu »durch langes Sitzen zu andern Geschäften träge und untauglich werden« (Adelung 4,1528).

141,3274 f. *Was schlurfst aus dumpfem Moos und triefendem Gestein, | Wie eine Kröte, Nahrung ein?]* 'dumpf' hier: »Feucht, naß« (Adelung 1,1436). Von Kröten weiß G. R. Böhmer (*Neuer Schauplatz der Natur*, Bd. 4, Leipzig 1777,444), daß sie »sich in den Kellern aufhalten und von der Feuchtigkeit der Mauern leben«. – Mephisto spricht, als ironisiere er Goethes eigene Mitteilung aus Ilmenau (an Jacobi, 9. 6. 1785): »Hier bin ich auf und unter Bergen, suche das Göttliche in herbis et lapidibus.« ('in Kräutern und Gesteinen')

142,3279 *Wandel in der Öde]* Mitschwingend wohl beide Bedeutungen: »Handlung des Gehens« und dadurch bewirkte seelische »Veränderung« in der *Öde* der Natur (»von Menschen ⟨. . .⟩ leer, unbewohnt«: Adelung 5,59 u. 3,884).

142, nach 3282-91 *Mit einer Gebärde]* Fausts pantheistische *Intuition*, die sich zum Selbstgefühl göttlicher Schöpferkraft erhebt (*Alle sechs Tagewerk'*: 1. Mose 1), hat Mephisto mit Sexual-Metaphern beschrieben: *wonniglich umfassen | aufschwellen lassen | durchwühlen | genießen | liebewonniglich*

⟨. . .⟩ *überfließen.* Mit einer Masturbations-Pantomime denunziert er das *überirdische Vergnügen* des Einsamen am Ende als bloße Selbstbefriedigung.

142,3300 f. *Du bist schon wieder abgetrieben . . . aufgerieben]* Hier wohl: vom richtigen Kurs abgekommen (DWb n 1, 1156) und zermürbt, ruiniert. – Von der *Ihr-* und *Er-*Anrede wechselt Mephisto hier zum 'fürsorglichen' *Du.*

142,3303 *dadrinne]* Fingerzeig zur nahen Stadt (→ 3316 f.).

143,3312 *Ließ es dem großen Herren gut]* stünde es ihm wohl an.

143,3313 *Das arme affenjunge Blut]* Nimmt, ihre kindliche Hilflosigkeit akzentuierend, Margaretes Selbstbeschreibung 2907 auf.

143,3318 *Wenn ich ein Vöglein wär'!]* ». . . Und auch zwei Flüglein hätt', | Flög' ich zu dir« (aus Herders *Volkslieder-*Sammlung von 1778): findet dann eine unheimliche Spiegelung in Margaretes *Kerker-*Lied 4419 f.

143,3324 f. *Schlange!]* Auf Mephistos Versuch einer sexuellen Verführung bezogen, hier (entspr. der Paradieserzählung I. Mose 3) als »Benennung des Teufels« (Adelung 4,116) – was der Versucher mit seinem verschmitzten *Gelt!* ('das gilt') zu bestätigen scheint.

143,3326 *Verruchter! hebe dich von hinnen]* Formelhaft nach Matthäus 4,10: »Heb dich weg von mir, satan«.

143,3329 *die halb verrückten Sinnen]* Adelung 4,1498: »Jemanden ⟨. . .⟩ den Kopf verrücken, ihn um den gehörigen Gebrauch seines Verstandes bringen.«

143,3334 *den Leib des Herrn]* die Hostie der hl. Kommunion (oder den Kruzifixus, dessen Fuß bei der adoratio crucis am Karfreitag geküßt wurde?).

143,3336 f. *Gar wohl, mein Freund! Ich hab' euch oft beneidet | Um's Zwillingspaar, das unter Rosen weidet]* Wie die Liebenden selbst (→ bes. 3187, 4435, 4461 und Kommentare dazu) verwendet hier auch Mephisto die Sprache des biblischen Hohenliedes (4,5: »Deine zwo brüste sind wie zwey junge rehezwillinge, die unter den rosen weiden«) – er aber handfest erotisch, frech und zynisch.

144,3339-41 *Der Gott, der Bub' und Mädchen schuf, | Erkannte gleich den edelsten Beruf, | Auch selbst Gelegenheit zu machen]* Der Schöpfer als Kuppler – 1. Mose 1,27 f.: »er schuff sie ein männlein und fräulein ⟨...⟩ und sprach zu ihnen: Seyd fruchtbar und mehret euch«.

144,3351 *Begierig wütend]* Als Part. Präs. von 'wüten' hier etwa für: zerstörend, vernichtend.

144,3352 *sie, mit kindlich dumpfen Sinnen]* 'dumpf' hier für Margaretes vom unreflektiert-innigen Gefühl bestimmte ('kindliche') Wesensart (vgl. GWb).

144,3353 *Im Hüttchen auf dem kleinen Alpenfeld]* Die unübersehbare Abweichung von Margaretes tatsächlichen Lebensverhältnissen signalisiert eine übertragene, sinnbildhafte Bedeutung dieser topographischen Angaben. Goethes Zeitgenossen mußten sich an Albrecht v. Hallers berühmtes Gedicht *Die Alpen* (1729) erinnert sehen: In scharfer Antithese zu den ruhelos, friedlos von »Ehrsucht«, »Staatssucht«, Gier nach »Reichthum« und »Wollust« umgetriebenen, verblendeten und verderbten Städtern wurde dort »selig« gepriesen das idyllisch-»stille Glück« der schweizerischen Alpenbewohner, die ohne »Gelehrtheit« und »in ungestörtem Frieden« ein naturnahes, arbeitsames und sittenreines einfaches Leben führen. Da fallen, in Hallers Winterschilderung, sogar die Stichworte dieses *Faust*-Verses: »Ruht das erschöpfte *Feld* nun aus für neue Gaben, ⟨...⟩ Dann zieht sich auch der Hirt in die beschneiten *Hütten*« (v. 253 ff.).

144,3366 *Wie's wieder siedet, wieder glüht!]* Meint das überschäumende Titanen-Pathos, mit dem Faust hier behauptet, daß er *die Felsen faßte | Und sie zu Trümmern schlug!*

145,3371 *Du bist doch sonst so ziemlich eingeteufelt]* Nach Luther (WA 54,147: »ein eingeteuffelt, durch teuffelt, uberteuffelt, lesterlich hertz und Lügenmaul«). – Mit dreifachem *mußt'*, *mußtest*, *muß* hat Faust 3360-63 als Margaretes *Geschick* dargestellt, was er ihr zufügt, wenn er in *Liebchens Kammer* schleicht – ohne daß er doch mit ihr *zu Grunde gehn* wird.

Seite 146-147 Szene
3374-3413 GRETCHENS STUBE

Margaretes Verse sind häufig vertont worden (durch Zelter, Schubert, Löwe, Berlioz, Wagner, Verdi u. a.). Aber auf der Bühne hat man sie sich gewiß nicht, wie häufig erklärt, gesungen zu denken (gar als ein vorgegebenes 'Volkslied'), sondern gesprochen: dem Takt des Spinnrades folgend. Mit der Unruhe ihrer zweihebig unregelmäßigen Kurzzeilen verbindet sich so »die ihr entgegenstehende Wirkung der Monotonie«, ein »Basso continuo, über dessen Grundierung sich die dominierenden Töne der Ruhelosigkeit durchsetzen.« (Michelsen 1989/II,83)

Dabei legen leise Anklänge an die alttestamentliche Liebesdichtung um das Bürgermädchen die Aura der Braut im (von Goethe selbst übersetzten) Hohelied; besonders deutlich etwa 3392 f. (*Nach ihm nur geh' ich | Aus dem Haus* – WA I 37,304: »Aufstehen will ich und umgehen in der Stadt, auf den Märkten und Straßen. Suchen den meine Seele liebt«) oder 3394-99 (*Sein hoher Gang | Sein' edle Gestalt . . . Und seiner Rede | Zauberfluß* – ebd. 307: »Seine Beine wie Marmorsäulen auf güldenen Sockeln. Seine Gestalt wie der Libanon, auserwählet wie Zedern. Seine Kehle voll Süßigkeit, er ganz mein Begehren«); zu den Hohelied-Entsprechungen → bes. 3187, 4435, 4461 und Kommentare dazu. – Freilich: Margaretes »'Nimmermehr'-Finden der Ruhe ist das Ergebnis einer Liebe ohne Hoffnung oder mit der einzigen Hoffnung, an ihr zu 'vergehen'.« (Michelsen aaO. 93)

Um eine Art inneren Monologs handelt es sich hier. Die Verse, in denen er vernehmbar wird, tragen kraft ihrer inneren Wahrheit darüber hinweg, daß ihr *Zauberfluß* doch weit über das hinausgeht, was mit Margaretes rollengebundenem Sprachvermögen vereinbar wäre.

146,3383 *verrückt]* Part. Perf. Pass. des Verbs (Adelung 4,1498: Jemandem »den Kopf verrücken, ihn um den gehörigen Gebrauch seines Verstandes bringen«).

147,3406 f. *Mein Busen drängt | Sich nach ihm hin]* Ein glättend abschwächender Eingriff Goethescher Selbstzensur (→ hier S. 119 f.). In der *Frühen Fassung* 1098 f. hieß es, rücksichtslos direkt gegen den Verhaltenskodex des zeitgenössischen Publikums verstoßend: *Mein Schoos! Gott! drängt | Sich nach ihm hin* – ein tonbeugender Aufschrei hob dort das Wort *Gott* aus der metrischen Senkung, so daß dieses für Margarete ganz ungeheure Eingeständnis als einzig dreihebiger Vers das zweihebig gefaßte Regelmaß ihrer Rede durchbrach (dazu Michelsen 1989/II,88 f.).

147,3408 *Ach dürft' ich]* Wortbedeutung schwankend zwischen: wäre es mir erlaubt! und: hätte ich Gelegenheit!

147,3409 f. *Und halten ihn! | Und küssen]* Wie schon 3397 f. überspült der Redefluß hier die Strophengrenze: *Faust. Ein Fragment* und die *Faust I*-Ausgaben bis 1817 drucken die beiden Schlußstrophen noch in eins (Michelsen 1989/II,85).

Seite 148-153 Szene
3414-3543 MARTHENS GARTEN

Was das liebende Mädchen dazu treibt, Faust nach seinem *Christentum* (3468) zu fragen, weiß der Befragte sehr wohl: → 3528 ff. Dieses Religionsgespräch, das Margarete instinktsicher auch auf Mephisto bezieht, und die unmittelbar folgende erste Verabredung der Liebenden für die Nacht stehen gewiß nicht in einem von ihr geplanten, aber doch in einem für sie zwingenden inneren Zusammenhang. Auf andere Weise als für Faust gehört auch für sie zusammen, was er hier als austauschbare Wörter anführt: *Liebe! Gott!*

Sein großartiger Hymnus auf den unaussprechbar namenlosen *Allumfasser* und *Allerhalter* ist freilich zugleich die Rede eines Verführers. Gewiß von unzweifelhaft subjektiver Wahrhaftigkeit, und doch auch ein Täuschungsversuch mit allen Mitteln der Rhetorik, kaum weniger verlogen als die Auskünfte, die er 3471 ff. der lieben *Puppe* über Mephisto gibt. Ein *übersinnlicher, sinnlicher Freier*, wie der ihn hier nennt, hat er bei alledem das *Fläschchen* schon in der Tasche, das ihm den nächtlichen Zugang zu Margarete ermöglichen soll, an dem ihre Mutter sterben wird, und das am Ende auch sie zu Tode bringt. Der 'spionierende' Mephisto ist von Anfang an gegenwärtig, hat seine *Freude d'ran!*

Wenn Faust und Margarete nach dieser Verabredung für ihre erste Nacht wieder zusammen auftreten, liegt das Mädchen als Kindsmörderin in Ketten. Alles, was von dieser *Garten-* bis zur *Kerker*-Szene zwischen ihnen geschieht, hat der Autor 'hinter die Bühne' verlegt, also dem freien Vorstellungsvermögen des Lesers überantwortet. – Große Schriftsteller erkennt man auch an dem, was sie nicht sagen oder zeigen.

148,3414 *Versprich mir ...]* Der in das Gespräch sich einblendende Szenenbeginn läßt unbestimmt, worauf Margaretes (von der *Frühen Fassung* abweichende) Eingangsbitte sich richtet. Daß Faust ihr die Wahrheit sagen möge? Arens 1982,326: »unter diesem Zeichen des Versprechens findet die Unterredung statt.«

148,3414 *... Heinrich]* Nur Margarete nennt ihn so, hier in *Marthens Garten* und wieder im *Kerker.* Goethe hat den durch die Faustbücher und das Puppenspiel vorgegebenen Namen Johann(es) vermieden – weniger wohl, weil er als Rufname für Bediente gebräuchlich war, eher um die dramatische Figur auf Distanz zur eigenen Person zu halten. Wenig plausibel Atkins' Vermutung (1958,84), Faust benutze dem Mädchen gegenüber *Heinrich* nur als Decknamen.

Heinrich war ein Vorname des Agrippa von Nettesheim (1486-1535): »dem ein schwarzer Satanshund angedichtet wurde wie dem Faust, der wie Mephistopheles in der Schülerszene und wie Faust im Gespräch mit Wagner die Wissenschaft verspottet, der wie Faust Philosophie, Juristerei, Medizin und Theologie studiert zu haben behauptet, der sich wie Faust der Magie ergab, der wie dieser als Pestarzt wirkte, dem Kaiser Maximilian diente« (Möbus 1989,361). Auch als Namensgeber könnte er an der 'synthetischen' Figur Heinrich Faust beteiligt sein. – Am Beginn der *Tragicall History of D. Faustus* Christopher Marlowes aus dem Jahr 1604 (Goethe lernte sie wohl erst in der deutschen Übersetzung Wilhelm Müllers, Berlin 1818 kennen) erklärt Faust: »Ich will nun werden, was Agrippa war, | Des Namen ganz Europa noch verehrt.«

148,3419 *Für meine Lieben]* In der *Frühen Fassung* noch weniger phrasenhaft: *Für die ich liebe ...*

148,3422 *etwas auf dich könnte]* auf dich einzuwirken vermöchte.

148,3423 *die heil'gen Sakramente]* Nach der hier zur Rede stehenden kathol. Lehre neben Taufe, Firmung, Eucharistie (*Messe*), Buße (*Beichte*), Letzter Ölung und Priesterweihe auch das der Ehe!

148,3424 *Ich ehre sie . . .]* Daß Faust, ihr eigenes, weiter reichendes Wort wiederholend, in Wahrheit doch nur ein 'Achten, Respektieren' bekundet, spürt die Besorgte sogleich: *Doch ohne Verlangen*!

149,3431-58 *Mißhör' mich nicht . . .]* (Goethesche Neubildung, analog zu 'mißverstehen') – Das sprachgewaltige 'Credo', mit dem Faust auf Margaretes liebend besorgte Frage antwortet und sich ihrem kirchlich geregelten, dogmatisch gebundenen Christenglauben entzieht, läßt die vorangehenden überwiegend jambisch geregelten und vom Reim gebundenen Madrigalverse hinter sich. Hier spricht er im hohen Ton der freien, ab 3438 auch reimlosen Rhythmen, welche Klopstock den 'Stürmern und Drängern' vorgebildet hat als eine der hymnisch-enthusiastischen Dichterrede gemäße Form.

Inhaltlich rührt dieser Hymnus an pantheistische Glaubenssätze, und zweifellos hing Goethe selbst Vorstellungen an, wie er sie durch Faust hier zur Sprache bringt. Auch über »den Mißbrauch des göttlichen Namens« hat er sich, bis ins Alter, auf solche Weise geäußert: »Die Leute traktieren ihn, sagte Goethe, als wäre das unbegreifliche, gar nicht auszudenkende höchste Wesen nicht viel mehr, als ihres Gleichen. Sie würden sonst nicht sagen: Der *Herr* Gott, der *liebe* Gott, der *gute* Gott. Er wird ihnen, besonders den Geistlichen, die ihn täglich im Munde führen, zu einer Phrase, zu einem bloßen Namen, wobei sie sich auch gar nichts denken. Wären sie aber durchdrungen von seiner Größe, sie würden verstummen und ihn vor Verehrung nicht nennen mögen« (Eckermann, 31. 12. 1823).

Keineswegs aber ist Fausts Bekenntnis »fern von allen biblisch-kirchlichen Formeln« (Burdach 1932,13 u. a.). Wie Wilkinson 1972 zeigt, verdichtet sich in diesen Versen die bis zu den Kirchenvätern zurückreichende, vielstimmig kontroverse innerchristliche Auseinandersetzung um die Unaussprechbarkeit Gottes als des Unbegreiflichen und doch sich Offenbarenden, des Namenlosen und zugleich Allnamigen (→ die im Kommentar zu 1224-37 zitierten Äußerungen Herders, die hier wörtlich anklingen).

Freilich ist schon Fausts einleitende Exklamation *Wer darf ihn nennen?* entschieden doppeldeutig – entsprechend dem älteren Gebrauch von 'dürfen' (vgl. GWb). Margarete kann (soll?) das verstehen, wie es *der Pfarrer auch* lehrt: Wer wäre imstande, Gott in Worte zu fassen? Es besagt aber zugleich: Wer wäre überhaupt berechtigt, bekennend von Gott zu sprechen und ein solches Bekenntnis zu fordern? Den grundlegenden Unterschied, der an *ein bißchen andern Worten* hängt und hier verwischt wird, spürt das Mädchen sehr wohl: 3459 ff.

149,3435 ff. *Wer empfinden | Und sich unterwinden | Zu sagen . . .]* Die *Frühe Fassung* setzt (dort 1127) ein Fragezeichen, das den auch hier gemeinten konditionalen Bezug verdeutlicht: *Wer* vermag zu *empfinden*? – *Und* könnte sich dann noch anmaßen, *Zu sagen* . . . (vergleichbar 3059 ff.). – Dabei bezieht Fausts: *Wer darf . . . sich unterwinden*? seinen verwerflichen Sinn aus dem biblischen Wortgebrauch: »Es unterwunden sich aber etliche ⟨mißbräuchlich⟩ den namen des Herrn Jesu zu nennen« (Apostelgeschichte 19,13).

149,3438 *Der Allumfasser]* Vorgegeben in Herders jambischer Übersetzung der Apokalypse von 1774/75 für griech. παντοκράτωρ (Leitzmann 1942,159). Wie *Allerhalter* mit einer durchgehend pantheistischen, gar panentheistischen Lesart von Fausts 'Credo' kaum vereinbar.

149,3460 *Ungefähr sagt das der Pfarrer auch]* In der *Frühen Fassung* noch unpersönlich gehalten: *der Cathechismus auch.* Wilkinson 1972,252 ff. hat gezeigt, wie in der Tat auch die alten Katechismen über die Unaussprechlichkeit Gottes und über seine Offenbarungen in den Werken der Natur belehren. Das wird hier übertragen auf die Glaubensunterweisungen, die das Mädchen durch seinen *Pfarrer* erfahren hat.

Ungefähr so, nur mit *ein bißchen andern Worten*: Wie unbestechlich Margaretes *Gefühl* auf den *Zauberfluß* (3399) der Faust'schen Bekenntnisrede reagiert, signalisiert denn auch die sprachliche Fassung ihrer Entgegnung. Sie stimmt keineswegs in diese freien Rhythmen ein, sondern setzt ihnen ihre vierhebig festen Reimverse entgegen. Und doch bindet die Liebende hier Fausts letzte freie Versschlüsse (3457/58) mit ihren eigenen ersten (3459/60) zusammen in den 'umarmenden Reim': a b b a.

150,3475 *des Menschen widrig Gesicht]* Adelung 5,206 f.: »Den äußern Sinnen unangenehm, oder zuwider«; → 3537-41 und Kommentar dazu.

150,3480 *ein heimlich Grauen]* Bedeutungsspektrum: insgeheim, unwillkürlich, unheimlich (vgl. DWb 10,878 f.).

150,3481 *Schelm]* Hier weit weniger harmlos als in der neckischen Anrede 3205: »ein Mensch, der sich solcher Vergehungen schuldig macht, welche in der bürgerlichen Gesellschaft die Ehrlosigkeit mit sich führen, besonders ein Dieb, und großer Betrüger«; im übertragenen Sinne aber auch: »ansteckende tödtliche Seuche, die Pest« (Adelung 4,22).

151,3489 *Es steht ihm an der Stirn' geschrieben . . .]* Margarete als Physiognomikerin: → 3537-41 und Kommentar dazu.

151,3501 *Antipathie]* »nennet man eine solche natürliche Feindschaft, Abneigung, Verabscheuung oder Widerwärtigkeit unterschiedlicher Körper, die gar nicht miteinander bestehen können, sondern von ganz unterschiedlicher Natur sind« (Krünitz 2,265). Im 18. Jh. noch deutlich naturwissenschaftlich konnotiert und nur in übertragener Bedeutung auf menschliche Beziehungen angewendet.

151,3508 *betroffen]* Für: angetroffen, ertappt.

151,3511 ff. *Hier ist ein Fläschchen! Drei Tropfen nur . . .]* Herkunft und Beschaffenheit bleiben offen; ebenso, wer den Tod der Mutter eigentlich zu verantworten hat (dazu Ch. Müller 1993,359 f.). Was mit vielen Kommentatoren Trunz, HA 1986,483 entlastend behauptet: »Faust will Gretchens Mutter einen Schlaftrunk geben, Mephistopheles aber gibt ihr tödliches Gift«, hat keine Stütze im Text (es sei denn durch die Trödelhexen-Verse 4105 f.: *Kein Kelch, aus dem sich nicht in ganz gesunden Leib | Verzehrend heißes Gift ergossen*). Genug: Faust hat das *Fläschchen* schon mitgebracht! Und das zweideutige *nur* dieses drogenerfahrenen Arztes (→ 720 ff. und 1024 ff.) kann meinen: *Drei Tropfen* genügen schon – aber auch: drei nur dürfen es sein.

152,3521 *Grasaff]* Mundartlich für »törichte, auch: eitle, eingebildete Person, auch Kosename für Kinder« (Frankfurter Wb 2,971).

152,3523 *katechisiert]* Dem Katechismus entsprechend »durch mündliches Fragen und Antworten in der Glaubenslehre unterrichten« (Adelung 2,1513).

152,3532 f. *sich heilig quäle, | Daß . . .]* 'heilige' Qual darum leide, daß . . .

152 f.,3537-41 *Und die Physiognomie versteht sie meisterlich . . .]* Mephisto spricht 3538, als habe er Margaretes Worte 2755 noch gehört. Jedenfalls hat er *wieder spioniert* (3521), als sie sich 3471 ff. im Religions-Gespräch mit Faust über ihn erklärte. Er benutzt das Wort *Physiognomie*, dem Sprachgebrauch der Zeit folgend, noch gleichbedeutend mit 'Physiognomik' als der Wissenschaft (oder Kunst), den Gesichtszügen des Menschen seine Wesenszüge abzulesen (hier: dem *Mäskchen* Mephistos seinen *verborgnen Sinn*).

Seit 1775 erschienen Lavaters *Physiognomische Fragmente, zur Beförderung der Menschenkenntnis und Menschenliebe*, die solche Interessen mächtig belebten. Ihre Charakterdeutungen, nicht weniger intuitiv als die des Mädchens, gingen vornehmlich von der durch Silhouetten vorgestellten Profillinie aus – wie Margarete hier, wenn sie 2682 dem Faust, 3489 dem Mephisto *an der Stirne* liest. – Die im Herbst 1774 einsetzende Mitarbeit Goethes an Lavaters Unternehmen fällt in die mutmaßliche Abfassungszeit dieser bereits in der *Frühen Fassung* enthaltenen Passage. So impliziert sie keineswegs schon seine spätere Lavater-Kritik. Wohl aber liefert sie eine Lavater-Anspielung, unübersehbar für eingeweihte Zeitgenossen und von wahrhaft mephistophelischem Witz. Das müßte als beabsichtigt gelten, wenn das zur Rede stehende Textstück erst nach dem September 1775 und nach Goethes Übersiedlung nach Weimar verfaßt wäre (was nicht auszuschließen ist, hierdurch sogar wahrscheinlich wird). Anderenfalls aber hätten die Zuhörer bei Goethes *Faust*-Lesungen – und später die zeitgenössischen Leser – Mephistos Schlußverse gewiß von sich aus auf die *Physiognomischen Fragmente* bezogen. Denn in deren Ostern 1776 erscheinendem 2. Bd 194 ff. hat Lavater zu großem öffentlichen Aufsehen und Amüsement berichtet, was Goethe jedenfalls seit September 1775 bekannt war: daß ihm der Hannoversche Leibarzt Zimmermann die Silhouette eines Unbekannten zur physiognomischen Begutachtung übersandt habe und sein Urteil bei diesem 'Blindversuch' lautete: »das größte, schöpferischte Urgenie«! Anschließend darüber aufgeklärt, daß es sich um den eben in Einbeck hingerichteten mehrfachen Meuchelmörder Rüttgerodt handele, berichtigte er: »die Physiognomie eines Unmenschen; eines eingefleischten Teufels«, und erklärte: »Diesen äussersten Grad der Teufelei hatt' ich anfangs, ich gesteh' es, an dem bloßen Schattenprofile nicht bemerkt« – erst eine Zeichnung dieses Gesichts habe ihn erleben lassen: »Ein lebendiger Satan! Ein unaufhörlicher Mörder!« – So 'zitiert' ihn Mephisto 3540 f.: *Sie fühlt, daß ich ganz sicher ein Genie, | Vielleicht wohl gar der Teufel bin.*

152,3539 *Sinn]* Hier: »die gesinnung, das gemüt oder den character« (DWb 16,1115).

Seite 154-155 Szene
3544-3586 AM BRUNNEN

Noch zu Goethes Zeiten hatten die städtischen Häuser selten eigene Brunnen, holte man das Wasser von den Gemeinschaftsbrunnen der Gassen oder Wohnviertel: den nachbarschaftlichen 'Kommunikationszentren' der Stadt. So wiederholt sich hier, in pervertierter Form, noch einmal die archetypische Szene 'Frauen am Brunnen' (unmittelbar anregend könnte ein vor 1789 in Straßburg gedrucktes volkstümlich-mundartliches *Brunne-Gschbräch zwische vier Strossburjerische Dienschd-Mäide* über Mädchenverführung und uneheliche Schwangerschaft gewesen sein: Otto 1994 verweist auf wörtliche Anklänge und die Namensgleichungen Lissel, Berwel, Gredel). Dieser kleinbürgerliche Weibertratsch und bösartige Nachbarschaftsklatsch, Ausdruck und Instrument einer rigorosen sozialen Kontrolle, Disziplinierung und Sanktionierung, kündigt an und nimmt an Bärbelchens Beispiel vorweg, was dem gefallenen Mädchen droht und unter welchem kirchlichen und gesellschaftlichen Ächtungsdruck Margarete am Ende Ausflucht im Kindsmord suchen wird.

Gegen die metrisch unregelmäßigen Verse des Gesprächs zwischen dem aufgeregt plappernden Lieschen und der einsilbig erstarrt reagierenden Margarete steht deren einsamer Monolog beim Heimgang: jambisch alternierende Vierheber.

154,3546 *Sibylle sagt' mir's]* Der Name des Mädchens, auf das Lieschen sich beruft, ist zugleich der der antiken Wahrsagerinnen. Tatsächlich ist ja, was sie von Bärbelchen klatscht, eine Voraussage dessen, was Margarete geschehen wird.

154,3547 *hat sich endlich auch betört]* hat sich betören (verführen) lassen. → 3681.

154,3550 *Ach!]* In der *Frühen Fassung* 1242 noch zusammen mit Lieschens nachfolgendem Satz in einen vierhebig jambischen Vers gerückt, hebt dieses *Ach!* vom *Fragment*-Druck an die durch Reim und Rhythmus geregelte Rede auf: steht für sich allein, ein einsilbiger Vers.

154,3553-60 *Das war . . .]* Arens 1982,340: »nun sprudelt sie über in lauter subjektlosen Sätzen, obwohl die handelnde Person ⟨beide, er, sie⟩ ständig wechselt«.

154,3556 *Kurtesiert' ihr]* Macht ihr den Hof (das Lieschen imitiert die französisierende Galanteriesprache).

154,3561 *das Blümchen weg]* Die »monathliche Reinigung« (Adelung 1,976), die bei Bärbelchen ausgeblieben ist.

155,3564 *Nachts]* Abends nach Einbruch der Dunkelheit (südwestdt. Sprachgebrauch).

155,3566 *Türbank]* DWb 21,464: »bank bei, vor einer (haus-)thür«.

155,3569 *Kirchbuß']* Zu den Praktiken dieses kirchlichen Schauprozesses vgl. Rameckers 1927,36 ff. – Joh. Jodocus Beck (*Tractatus de eo, quod justum est circa stuprum*, Nürnberg 1743,459 f.) vermerkt: »diese Straffe ist grösser und härter als andere Straffen, weilen sie die vorhero verborgen gewesene Schand-That und Ubelthat wiederum aufdecket, und durch neue Ceremonien und Solennitäten vermehret ⟨. . .⟩, zur desperation treibet, und aus Furcht vor der Kirchen-Buß, sie hernachmalen zu denen grösten Verbrechen, zu Kinder-Mord, Abtreib- und Vertuschung der Leibes-Frucht, Hinweglegung der Kinder, ingleichen zu Meineid, Aenderung der Religion, zur Flucht aus ihrem Vater-Land, Verlassung ihres Amts und Dienstes, und anders dergleichen mehr, veranlasset«.

Goethe selbst (*Betrachtungen über die abzuschaffende Kirchenbuße*. 1780. FA I 26,101 ff.) erklärte, daß sie »weder apostolisch noch altkirchlich sei«, und plädierte im Geheimen Consilium dafür, nur unverbesserlichen, »wiederholenden Verbrechern« die »Strafe der öffentlichen Abkündigung, ja den Kirchenbann« aufzuerlegen.

155,3570 *Er nimmt sie gewiß zu seiner Frau]* Margarete muß dabei wohl auch an sich selber denken (obschon sie dergleichen erst und nur aussprechen wird, wenn sie im *Kerker* ihrer selbst nicht mehr mächtig ist: *Mein Hochzeittag sollt' es sein!* 4581). Ihr hilfloser Satz findet auch in der Versordnung dieser Szene keinen Halt mehr: neben ihrem außerordentlichen *Ach!* (3550) ist das hier der einzige Fall von metrisch ungeregelter, reimloser Rede.

155,3575 f. *Kränzel ... Häckerling]* Brauchtümlich: der Brautkranz für das unbescholtene Mädchen, kleingehacktes Stroh statt Blumen fürs gefallene.

155,3577 *tapfer schmälen]* Herabsetzen, heruntermachen (mit Verstärkungsadverb).

155,3578 *fehlen]* Absolut gebraucht: fehlgehen.

155,3584 *der Sünde bloß]* bloßgestellt, verfallen (*Sünde* als Dativ).

Seite 156-157 Szene
3587-3619 ZWINGER

Adelung 5,473: »der enge Platz ⟨...⟩ zwischen der Stadtmauer und den Häusern«. Das *Andachtsbild* in der Mauernische zeigt die schmerzenreiche Gottesmutter, wie sie im Ensemble der Kreuzigungsgruppe dargestellt wird: aufschauend zu ihrem sterbenden Sohn.

Wechselnde Strophenmaße, Metren, Rhythmen und Reimbindungen geben Margaretes Versen eine hochemotionale Unruhe. Wie ein vorgegebenes Gebet anmutend, nähern sich die drei ersten Strophen in der Tat der *Stabat mater dolorosa*-Dichtung des 13. Jh.s, die als Hymnus ins Brevier, als Sequenz in die kathol. Liturgie einging (und sich im röm. Meßbuch findet). – Ihre abschließend wiederholten Eingangsverse weisen weit voraus: in verwandelter Form werden sie am Ende von *Faust II* im Glücksgebet der Büßerin wiederkehren (12069 ff.); diese Metamorphose bildet eine der bedeutsamsten Verstrebungen zwischen Erstem und Zweitem Teil.

156,3587 ff. *neige, | Du Schmerzenreiche, | Dein Antlitz ...]* Die Gottesmutter, aufschauend zum Gekreuzigten und zum *Vater* im Himmel (3592 ff.), soll ihren Blick herabwenden auf die Betende.

neige | –reiche: Zu Goethes mundartlichen, hochsprachlich heute als 'unrein' empfundenen Reimen → hier S. 15 f.

156,3590 *Das Schwert im Herzen]* Ein besonders durch den Margaretes Gebet unterlegten *Stabat mater dolorosa*-Hymnus weit verbreiteter, häufig (wie hier) in den Figurendarstellungen und Gemälden der religiösen Kunst aufgenommener Bildgedanke; zurückgehend auf Lukas 2,35

(Simeon zu Maria: »es wird ein schwerdt durch deine seele dringen«).

156,3605 *Ich bin ach kaum alleine]* Meint: Sobald ich nur allein bin.

156,3608 *Scherben]* Adelung 4,31: »der Blumenscherben, ein irdenes oder porzellänenes Gefäß, Blumen darein zu pflanzen«.

157,3616 *Hilf! rette mich von Schmach und Tod!]* An die *Stabat mater dolorosa*-Sequenz anklingend (»Fac me cruce custodiri«), hieß es in der *Frühen Fassung* noch: *Hilf retten mich von* ... (1307) – die Mater dolorosa als Fürsprecherin und Mittlerin, Rettung aber 'durch das Kreuz'. Die mit dem *Fragment*-Druck von 1790 vorgenommene winzige Änderung tilgt diesen Verweis auf den Opfertod Christi und apostrophiert die Gottesmutter selbst als Retterin. Das entspricht sehr genau schon der Schlußszene von *Faust II* (wo die Büßerin, *sonst Gretchen genannt*, im Gebet zur Mater gloriosa die Schmerzensverse der *Zwinger*-Szene in Seligkeitsverse transformieren wird: 3617 ff. → 12069 ff.).

Seite 158-163 Szene
3620-3775 NACHT

In der *Frühen Fassung* nur als Bruchstück enthalten (→ Szenen-Kommentar S. 900) und den in der *Dom*-Szene stattfindenden *Exequien der Mutter Gretgens*, also deren (nur dort) ausdrücklich mitgeteiltem Tod noch nachgestellt. Die *Faust I*-Fassung entstand erst im Frühjahr 1806 (Scheibe 1965,50 f.) und wurde vor die *Dom*-Szene gerückt, die dadurch entschieden an Nachdruck gewinnt.

Mit voller Schärfe (weit über das hinaus, was sich im Tratsch über Bärbelchen *Am Brunnen* drohend schon auf Margarete richtete) setzt Valentins öffentliche Anprangerung und Verfluchung das 'gefallene', allen Beistands beraubte Mädchen jetzt unmittelbar dem sozialen Druck aus, der es zum Kindsmord treiben wird (3744 kommt er hier schon zur Sprache).

Allein um das eigene Sozialprestige bekümmert, in mörderischer Selbstgerechtigkeit und pharisäerhafter Mitleidslosigkeit übernimmt der Bruder die klassische Rolle des Hausvaters im 'Bürgerlichen Trauerspiel'. Dabei lassen ihn linkische Wortstellungen, verfehlte Satzbaupläne, schwankende Tempora in seinem Eingangsmonolog (dazu Arens 1982,346 f.) geradezu wie betrunken erscheinen. Und die Szene gewinnt ein zunehmend opernhaftes Gepräge: Erst wenn die 'Nummer' der vom Zitherspiel begleiteten Mephisto-Arie ausgesungen ist, springt Valentin mit seinem Haudegen hervor; zu Tode getroffen arrangiert er doch noch um sich das Personal für seine hochpathetische Verfluchung, bleibt sprachmächtig bis zuletzt und »stirbt mit einem großen Schlußakkord des imaginären Orchesters, ohne daß einer der Umstehenden, einschließlich seiner Schwester, auch nur den Versuch gemacht hätte, ihm zu helfen!« (Arens 1982,356).

158,3624 *verschwemmt]* Für: überschwemmt (vgl. DWb 25,1205) – trinkend bekräftigend.

158,3634 *Topp! Topp! Kling! Klang!]* Petsch 1926,659: »Eine Wette wird geschlossen 〈. . .〉 und mit Anstoßen besiegelt.«

158,3642 *ein böser Schuldner]* »böser Bezahler, der schwer zur Bezahlung zu bringen ist.« (Adelung 1,1019)

158,3644 *zusammenschmeißen]* Ält. Sprachgebrauch für: -schlagen.

159,3654 *So sieht's in . . .]* Im 18. Jh. geläufig für: sieht es aus in . . .

159,3655 *Kätzlein schmächtig]* Das Diminutiv für beide Geschlechter gebräuchlich; *schmächtig* in der von 'schmachten' abgeleiteten Bedeutung »des sehnsüchtigen Verlangens« (Adelung 4,164). Entsprechend 3659 *Rammelei*: in der Viehzüchter- und Jägersprache für die »begattung von thieren« (DWb 14,76). – Wie das Frühjahr die Fortpflanzungszeit der Katzen ist, so erscheinen in der *Walpurgisnacht* auf den 1. Mai (3661) die Hexen auch in »Katzengestalt zu ihrem Fest« (HWbdA 3,1871).

159,3664-69 *der Schatz . . .]* Zum dritten Mal geht es um ein *Geschmeide* für das Mädchen (jetzt aber um *Geschenke*: 'Belohnungen'). – Vom aufleuchtenden, aus der Erde hervorrückenden *Schatz*, dem Kesselchen mit Münzen, auch über *Löwentaler* (Silbermünzen mit Löwenwappen) las Goethe bei Praetorius 1666, 1,168 und 302.

160,3680-97 *ein moralisch Lied, | Um sie gewisser zu betören . . .]* Höhnischer Zynismus: als wäre es noch nötig, Margarete *zu betören* (zu täuschen, zu verführen); als stünde nicht Faust *Vor Liebchens Tür*, sondern sie wäre ihm vor die seine nachgelaufen; als wäre sie durch *moralisch* warnende Verse nur desto *gewisser* zu Fall zu bringen.

Goethe, nach Eckermanns Gesprächsbericht vom 18. 1. 1825: »So singt mein Mephistopheles ein Lied von Shakespeare, und warum sollte er das nicht? warum sollte ich mir die Mühe geben, ein eigenes zu erfinden, wenn das von Shakespeare eben recht war und eben das sagte, was es sollte?« Freilich übernimmt er nur die Verse 3687-89 aus diesem Lied vom gefallenen Mädchen (*To-morrow is Saint Valentines day*!) in *Hamlet* IV,5. Dort singt das Ophelia – die von dem Dänenprinzen umworben und verlassen wurde, deren Vater und Bruder durch Hamlet ums Leben kommen, und die selber in Wahnsinn und Selbstmord endet. Shakespeares Lied konnte eigentlich nur deshalb »recht« sein, weil es ermöglicht, die beiden Mädchenfiguren Margarete und Ophelia in einer 'Spiegelung' aufeinander zu beziehen; durch »ein eigenes« Lied war das kaum erreichbar.

160,3698 *bei'm Element]* Adelung 1,1647: »In den niedrigen Sprecharten ⟨. . .⟩ eine Art des Fluches, oder vielmehr eines sinnlosen Ausdruckes einer heftigen Leidenschaft.«

160,3699 *Vermaledeiter Rattenfänger]* Kein »Kammerjäger« ist es hier, den Valentin verflucht (so der eigentl. Wortsinn im 18. Jh.: Adelung 3,1277), vielmehr ein »Mädchenfänger«, wie in Goethes *Rattenfänger*-Lied (FA I 2,118 f.): »Und wären Mädchen noch so blöde, | Und wären Weiber noch so spröde; | Doch allen wird so liebebang | Bei Zaubersaiten und Gesang.«

160,3703 *Schädelspalten]* Valentin führt bei diesem mörderischen Überfall aus dem Hinterhalt offenbar die schwere soldatische Hiebwaffe des 'Haudegens'. Daß Faust jetzt in Notwehr handelt und tötet, steht außer Zweifel.

160,3705 *Hart]* Für: dicht.

161,3706 *Flederwisch]* Federbüschel zum Abstauben – gängige Spottbezeichnung für einen zur Zierde getragenen 'Galanterie-Degen' (wie 1539, wieder 4516), mit dem Faust hier zustoßen soll, während Mephisto mit eigener Waffe Valentins Hiebe *pariert* (abfängt).

161,3711 *Lümmel]* Anders als im heutigen Sprachgebrauch »nur in den niedrigsten Sprecharten übliches Wort« für »einen groben, ungesitteten, ungeschickten Menschen« (Adelung 3,281).

161,3713 *mörderlich Geschrei]* Meint »Mordgeschrey« (Adelung 3,578: »mit welchem man einen unternommenen oder begangenen Mord verkündiget«).

161,3714 f. *Polizei ... Blutbann]* In älterer Bedeutung meint *Polizei* die obrigkeitlichen Regelungen für ein wohlgeordnetes Gemeinwesen, *Blutbann* hingegen die landeshoheitliche 'peinliche Gerichtsbarkeit', welche bei Kapitalverbrechen an Leib und Leben straft (Goethe FA I 13,144: »Das Recht dringt auf Schuldigkeit, die Policey auf's Geziemende.«).

161,3720 *Deiner Mutter Sohn]* »Meiner Mutter Söhne feinden mich an«, sagt die Geliebte in Goethes Übersetzung des Hohelied-Verses 1,6 (WA I 37,301). → dazu Kommentar *Gretchens Stube*, hier S. 320.

162,3730 *Hur']* Zunächst noch im milderen Wortsinn: »ein gefallenes, jungfräulicher ehre baares mädchen« (DWb 10,1958). Dann aber: *sei's auch eben recht!* – Wie 3736-39 beschrieben, führte der Weg eines entehrten und verlassenen Mädchens unter dem Druck sozialer Ächtung und materieller Not (→ 4546) geradezu zwangsläufig in die Prostitution.

162,3737 *mehre]* Ält. Nebenform zu: mehrere.

162,3746 *bloß]* Unverdeckt, offen sichtbar (Subjekt: *die Schande*).

162,3748 f. *Je häßlicher wird ihr Gesicht, | Je mehr ...]* Umso ärger wird der Anblick (also die Wahrnehmung dieses Hurenkindes in der Öffentlichkeit), je mehr ...

163,3752 *von einer angesteckten Leichen]* Etwa durch die Pest angesteckt und so wiederum mit Ansteckung drohend.

163,3753 *Metze]* Adelung 3,490: »eine Hure, obgleich nicht mit einem so harten und verächtlichen Nebenbegriffe«.

163,3756 f. *keine goldne Kette ... In der Kirche nicht ...]* Frankfurter Polizeyordnung des 16. Jh.s: Es dürfen »die gemeinen armen dirnen und sust offentl. bulerin in dieser stadt keine güldener oder vergülte ketten« tragen, »auch in der kirche in keinem stule steen« (Goethe bekannt aus Joh. Philipp Orth: *Ausführl. Abhandlung von den berümten zwoen Reichsmessen so in der Reichsstadt Frankfurt am Main järlich gehalten werden*, ebd. 1765,517. – Dazu Benda 1890,170 f.).

163,3762 *wenn dir denn auch Gott verzeiht]* Setzerfehler? In Goethes Handschrift gegen alle Drucke: *dann* (später, beim Jüngsten Gericht).

163,3769 *reiche Maß]* Älteres Femininum. Für: in reichem Maß.

Seite 164-166 Szene
3776-3834 DOM

In der *Frühen Fassung* anders plaziert: noch vor der *Nacht*-Szene mit Valentin, also in der sich steigernden Reihe *Am Brunnen | Zwinger | Dom*. Auch war dort noch angegeben, daß es um die *Exequien*, die liturgischen Feierlichkeiten beim Begräbnis *der Mutter Gretgens* gehe, an denen *alle Verwandte* teilnehmen. In der endgültigen Fassung hier bleibt ganz unbestimmt, zu wessen Bestattung das *Amt* (Totenamt, Seelenmesse) abgehalten wird. Dafür kommentierend Valentin einzusetzen (Petsch 1926,660), heißt einen Handlungszusammenhang zu konstruieren, den Goethes Szenenreihe gerade auflöst.

Gegen die nicht vom Endreim gefestigten Verse sehr unregelmäßiger Länge, die der Böse Geist und das Mädchen sprechen, stehen die lateinischen Vierheber des Chors mit der Gewalt ihrer auftaktlos-apodiktischen Verseinsätze und ihrer unerbittlichen Wiederholung des jeweils gleichen Reims. Goethe hat sie der zur Liturgie der Totenmesse gehörigen hochmittelalterlichen *Dies irae*-Sequenz entnommen. Deren dafür ausgewählte Verse gelten dem Weltuntergang und dem Endgericht, bei dem alle Sünden offenbar werden und Gottes Zorn über den Strafwürdigen kommt (was dabei ausgespart wird, was Margarete nicht mehr zu vernehmen vermag, ist die in 11 von 19 Strophen dieser Sequenz erfolgende Bitte um Gottes Erbarmen, um die durch Christus bewirkte Gnade und um die ewige Seligkeit).

Der Böse Geist hier ist zweifellos nicht als ein Agent Mephistos oder Vertreter des in solchem Sinne Bösen zu verstehen, wie häufig erklärt wurde, sondern als 'quälender' Geist (vgl. Goethes *Tiberius*-Fragment oder seine *Clau-*

dine von Villa Bella, wo den meineidigen Knaben »der böse Geist vom Herrn ängstiget«: FA I 4,616). Seine Erscheinung, die nach der einleitenden Regieanweisung *hinter Gretchen* sichtbar wird, könnte man sich als eine sich verselbständigende Projektion des 'bösen' Gewissens vorstellen (dagegen, abwegig, Arens 1982,361: »Der böse Geist ist böse, weil er implicite die Gnade leugnet«).

Brecht hat im *Arbeitsjournal* vom 7. 5. 49 notiert, es sei »nicht zu schwierig, die domszene etwa als seelische und körperliche execution Gretchens durch die kirche zu spielen und vor allem als moralische execution – sie wird hier zum mord angestiftet«. Nur hat sie sich die hier zur Sprache kommenden kirchlichen Vorstellungen ganz zu eigen gemacht: an sich selber vollzieht sie diese »moralische execution«.

164,3779 *dem vergriffnen Büchelchen]* abgegriffenen Gebetbuch.

164,3784 *Wo steht dein Kopf?]* Wie: Wo steht dir der Kopf?

164,3788 *zur langen, langen Pein]* JA 13,326: »Fegefeuer nach dem Tod ohne Sakrament und Absolution.«

164,3789 *Auf deiner Schwelle wessen Blut?]* Valentins – dessen durch Faust herbeigeführten Tod der Böse Geist ihr also auch zurechnet.

164,3791 *quillend]* Nebenform zu: quellend = anschwellend, wachsend (DWb 13,2371 f.).

164,3792 f. *ängstet dich und sich | Mit ahnungsvoller Gegenwart]* Arens 1982, 363: »als fühlte ⟨auch⟩ das Ungeborne schon das Verhängnis, das über ihm liegt«.

164,3796 *herüber und hinüber]* Das Hin und Her in den Selbstgesprächen der Verzweifelten (die der Böse Geist 3792 f. meint?).

164,3797 *Wider mich]* Mich anklagend, oder (Kippenberg 1923,332:) gegen meinen Willen?

164,3798 f. DIES IRAE . . .*]* Aus der Sequenz der Seelenmesse (Vers 1 und 2 ihrer 1. Strophe): 'Der Tag des ⟨Gottes-⟩Zorns, jener Tag, wird die Welt in Asche auflösen' – bezogen auf das Jüngste Gericht, dessen Beginn die nachfolgenden Verse des Bösen Geistes vorstellen.

165,3805 f. *Zu Flammenqualen | Wieder aufgeschaffen]* Auferweckt zu ewiger Verdammnis im Höllenfeuer.

165,3810 *Den Atem versetzte]* Für: stocken ließe, raubte.

165,3813-15 IUDEX ERGO . . .*]* 6. Strophe der Sequenz: 'Wenn der Richter so zu Gericht sitzen wird, wird offenbar werden alles, was verborgen ist, wird nichts ungestraft bleiben.'

165,3825-27 QUID SUM . . .*]* 7. Strophe der Sequenz: 'Was soll ich Elender dann sagen? Wen zum Fürsprecher erbitten, da doch ⟨selbst⟩ der Gerechte kaum sicher ist?'

166,3834 *Nachbarin! Euer Fläschchen!]* Margaretes Bitte an die neben ihr Sitzende meint das im 18. Jh. gebräuchliche »Riechfläschchen, ein Fläschchen, in Ohnmachten u.s.f. daran zu riechen« (Adelung 3,1428). – Für die Bühnenfassung der Weimarer Aufführung von 1829 gab Goethe zur Abänderung dieses Verses die Anweisung »Wie sichs schikken will«, und seine Mitarbeiter korrigierten daraufhin in: »Nachbarin! Mir schwindelt!« (zu dieser Selbstzensur → hier S. 125 ff.) Als unschicklich hat man den originalen Wortlaut wohl deshalb empfunden, weil Margaretes *Ohnmacht* als Schwangerschaftssymptom verstanden werden konnte (sollte?). Zedler 25,1011 f.: bei »Ohnmachten der Schwangeren« sei ein Riechfläschchen »äusserlich vor die Nase zu halten«!

Seite 167-180 Szene
3835-4222 WALPURGISNACHT

Die Margareten-Szenen *Strasse* bis *Dom* werden im *Faust I* eingefaßt, ja umklammert von den vielfach aufeinander verweisenden, nicht zuletzt durch die Sexualitätsthematik miteinander verbundenen mephistophelischen Szenen *Hexenküche* und *Walpurgisnacht*. Diese äußere Abfolge erweist sich als ein gleichermaßen sinnbestimmtes und sinntragendes Gefüge.

Die Szenenüberschrift (der *Klassischen Walpurgisnacht* des Zweiten Teils korrespondierend) macht eine Zeitangabe, meint nämlich die Nacht vom 30. April auf den 1. Mai, in der nach der Harzsage die Hexen zum Blocksberg ziehen. Zugleich bezeichnet sie einen symbolischen, geistigen Raum: den satanischen Herrschaftsbereich. Dem Szenarium dieser *Walpurgisnacht* liegt ein Kupferstich aus dem 17. Jh. zugrunde, den (oder dessen Nachbildung als Titelholzschnitt bei Praetorius 1668) Goethe kannte und nutzte: Michael Herrs *Eigentlicher Entwurf und Abbildung deß Gottlosen und verfluchten Zauber Festes* (→ Abb. 4 und 5). Nur vollzieht sich das dramatische Geschehen keineswegs im festen Rahmen eines stehenden Bühnenbildes, sondern als Stationenstück in Form einer Wandelszene – bei der sich die gesprochenen Texte mit gesungenen Partien (*Wechselgesang* des Terzetts, Chor- und Doppelchor-Strophen, Tanzduette) und mit Instrumentalmusik (→ 4050) verbinden zu einer ins Groteske, Absurde, Chaotische und wüst Obszöne ausgreifenden Hexenoper.

Freilich zeigt die 1808 veröffentlichte und dann beibehaltene 'kanonische' Fassung der Szene Spuren einer Textkürzung, mit der Goethe tief in seine ursprüngliche Konzeption eingegriffen hat. Faust verlangt zu sehen, was auf dem Gipfel des Berges geschieht, will *droben* sein: *Dort strömt die Menge zu dem Bösen; | Da muß sich manches Rätsel lösen.* (4037 ff.) Es bleibt unverträglich mit seinem Grundverhalten und entschieden befremdlich, daß er sogleich doch Mephistos Vorschlag nachgibt, auf diese *große Welt* zu verzichten und sich *im Stillen* zu begnügen, daß er sich zu den Feuerchen unterhalb des Gipfels und am Ende gar in den *Prater* des Blocksberg-Theaters ziehen läßt, in das die Szene sich jetzt verläppert. Mephistos Angabe: *Der ganze Strudel strebt nach oben; | Du glaubst zu schieben und du wirst geschoben*, ebenso Fausts Ausruf: *Daß ich mich nur nicht selbst vergesse! | Heiß' ich mir das doch eine Messe!* sind offensichtlich isolierte, nicht mehr gedeckte Restbestände eines älteren Szenenplans (→ Kommentar zu 4115 u. 4116 f.).

Falk hat ein Gespräch (wahrscheinlich aus dem Sommer 1808) überliefert, in dem von einem »Walpurgissack« die Rede war: »ursprünglich zur Aufnahme einiger Gedichte bestimmt, die auf Hexenszenen im 'Faust', wo nicht auf den Blocksberg selbst, einen nähern Bezug hatten.« (vgl. Biedermann/Herwig 5, Nr 7228) Tatsächlich fand sich in Goethes Nachlaß eine ganze Reihe teils stichworthaft skizzierender, teils auch schon ausgeführter *Walpurgisnachts*-Paralipomena (→ Text-Band S. 546: P49; S. 548: P34; S. 552-59: P50; S. 563 f.: P31; S. 564: P48). Diese Entwürfe und Fragmente zeigen, wie genau sich der Autor aus den in breitem Umfang genutzten, weit zurückreichende Überlieferungen aufnehmenden Schriften des 17. und frühen 18. Jh.s (inbes. bei Bekker 1693, Bodin 1698, Francisci 1670 u. 1708, Groß 1600, Meyfart 1635, Praetorius 1666 u. 1668 – vgl. Witkowski 1894) über Zauberei und Aberglauben, über das Teufels- und Dämonenwesen, über Ketzerverfolgungen und Hexenprozesse unterrichtet hat. Was er davon in die Brockenszene einzubringen plante, war über vielerlei Detail hinaus das strukturierende Ritual der 'Synagoga Satanae': eines Satanskultes, der in den Ausrottungskämpfen der Kirche gegen die großen mittelalterlichen Häresien und das Hexenwesen kodifiziert worden ist. Dieser 'Ketzersabbat' und der im 14. Jh. aus ihm abgeleitete 'Hexensabbat' sind bis ins späte 17. Jh. immer wieder in gleichartiger Weise beschrieben worden. Ihr spiegelverkehrt widerchristliches, kultisches Programm umfaßt (in der Regel als Beginn) die Huldigung der Versammelten vor dem Satan, die in einem sakramentalen Afterkuß gipfelt; häufig zweitens eine Predigt des Satans, seine Lehrverkündigung und geistliche Unterweisung; drittens die 'Sabbatrunde', einen ekstatischen Ringtanz, welcher übergeht in eine kollektive sexuelle Orgie, mit der sich Männer wie Weiber dem Bösen leibhaftig zu eigen geben (dazu Schöne 1993, 126-33, 146-72).

Die Unterdrückung dieser Satansmesse und einer daran anschließenden *Hochgerichtserscheinung* (eines phantasmagorischen Schauprozesses gegen die 'Hexe' Margarete, → hier S. 939-41: Kommentar zu 557-559) hat nicht nur Verse von großer sprachlicher Kraft, gedanklicher Kühnheit und dramatischer Energie für das *Faust*-Spiel verloren gegeben. Aus dem Sinngefüge des Ganzen ist damit das Kernstück der *Walpurgisnacht* herausgebrochen worden. Die beiden auf den Reichtum und die Geschlechtlichkeit bezogenen Symbolreihen und Themenstränge, welche die Faust/Margareten-Handlung durchziehen, hätten erst mit den Heilsverkündigungen und Seligpreisungen der satanischen Bergpredigt, mit der Konsekration von Phallus, Schoß und Gold (→ Text-Band S. 553) ihr Ziel erreicht. Fausts Tanz mit der Hexe und die geisterhafte Erscheinung Margaretes, die ihn aus den Armen der Buhlteufelin löst, wären erst im Kontext des vorgegebenen Sabbatrituals kenntlich geworden als die dem Faust drohende tödliche Gefahr, leibhaftig dem Bösen zu verfallen, und als seine Rettung durch die schrecklich büßende Kindsmörderin (die der Schlußszene des Zweiten Teils hochbedeutsam korrespondiert). Schließlich hätte die häretisch inspirierte Satansszene eine weit über die *Walpurgisnacht* hinausreichende Bedeutung für das Faust-Spiel gewonnen. Schon Riemer hat 1836 die in Goethes Paralipomena entworfene Satansfigur als »Simia Dei« (Nachäffer Gottes) bezeichnet und erklärt, daß sein Auftritt *droben* »gleichsam als Contrapunkt und Gegenstück« zum *Prolog im Himmel* zu verstehen sei (→ seinen Brief an den Kanzler v. Müller, hier S. 122 ff.). Gleichgültig wie es dabei um Goethes eigene, durchaus nicht eindeutige Vorstellungen bestellt war: nicht im Sinn einer 'Konfession' des Autors, sondern hinsichtlich der dramaturgischen Konstellation des Spiels hätte sein großes Welttheater durch den Auftritt des Gegenspielers, des satanischen Gegengottes eine dualistische Grundspannung gewonnen, welche der isolierte *Prolog im Himmel* mit der Erlösungszusage des einen *Herrn* verblassen läßt (dagegen Zabka 1998; → auch hier S. 121 und 353 zu 175,4072-91).

»Übrigens will die Klugheit und die Liebe zum Frieden«, schrieb Goethe am 8. 2. 1816 an Woltmann, »daß ich ein Bändchen Paralipomena und so manches andre vor der Hand sekretiere, welches alles, nach meinem seligen Hintritt, Ihnen empfohlen sein soll.« Daß er die Satansmesse und das *Hochgericht* nicht in die *Walpurgisnacht*-Szene aufnahm, ihre fertiggestellten Teile vielmehr sekretierte und dem späteren Leser empfahl, geschah gewiß nicht wegen »Terminschwierigkeiten, unter Zeitdruck« bei der Fertigstellung des *Faust I* zum Erstdruck von 1808 (so Scheibe 1965,52 ff.). Vielmehr nahm er mit dieser einschneidenden Korrektur seines ursprünglichen Szenenplanes in einem Akt von Selbstzensur Rücksicht vor allem auf die absehbare Reaktion des zeitgenössischen Publikums (→ dazu hier S. 120 ff.; widersprechende Thesen der *Faust*-Literatur und Versuche, die 'kanonisierte' Fassung mit unterschiedlichen dramen-internen Argumenten zu rechtfertigen, werden kritisch referiert bei Schöne 1993,201-04).

In seinen *Noten und Abhandlungen* zum *Divan* hat der *Faust*-Autor erklärt: »Kein Schade geschieht den heiligen Schriften, so wenig als jeder anderen Ueberlieferung, wenn wir sie mit critischem Sinne behandeln, wenn wir aufdekken, worin sie sich widerspricht, und wie oft das Ursprüngliche, Bessere, durch nachherige Zusätze, Einschaltungen und Accommodationen ⟨Anpassungen⟩ verdeckt, ja entstellt worden.« (FA I 3,247) So werden in der vorliegenden Ausgabe die Satans-Paralipomena nicht nur unzensiert abgedruckt, sondern in den Vorschlag des Herausgebers für eine Bühnenfassung der *Walpurgisnacht* eingebracht, die dem Leser vor Augen führt, wie die ausgeführten Teile des ursprünglichen Plans untereinander und mit dem von Goethe veröffentlichten Text dieser Szene zusammenhängen könnten (→ Text-Band S. 737-754).

167, vor 3835 *Schi⟨e⟩rke und Elend]* Ortschaften auf dem Weg von Südosten her zum Brocken.

167,3837 *Auf diesem Weg]* dem weiten ansteigenden Fußweg zum Brocken, statt des Hexen-Fluges auf einem *Besenstiele* oder einem *Bock*, dem stinkenden Teufelstier (→ 4000 f. und Abb. 4).

167,3851 f. *Wie traurig steigt die unvollkommne Scheibe | Des roten Monds mit später Glut heran]* Das symbolische Gegenbild zur *Sonne* des *Prologs im Himmel* (→ Kommentar zu vor 243). Nach Eckermanns Bericht vom 26. 2. 1824 erklärte Goethe: Für diese Verse (er zitiert abweichend *Des späten Monds mit feuchter Glut heran*) »bedurfte es einiger Beobachtung der Natur« (? Sch.). Spät aufsteigend, wird der Mond hier in seiner abnehmenden Phase vorgestellt. – Sehr anders *der reine Mond*, der 3235 ff. in der *Wald und Höhle*-Szene der *Vorwelt silberne Gestalten* zur Erscheinung bringt, und dann in der *klassischen Walpurgisnacht*, über den Felsbuchten des ägäischen Meers *im Zenit verharrend*, das mythologische Getümmel der griechischen Vorwelt erleuchtet (→ 8034 ff.).

167,3855 *Irrlicht]* Ein in Sumpfgebieten und Mooren dicht über dem Boden schwebendes Flämmchen (naturwissenschaftlich ungeklärt. Selbstentzündung von Sumpfgas = Methan? → 4375 f.). Der Eindruck ziellos im *Zickzack* hüpfender Bewegung (sehr anschaulich geschildert in *Dichtung und Wahrheit* 6. Buch. FA I 14,267) könnte darauf beruhen, daß *die irren Lichter, | Die sich mehren, die sich blähen* (3910 f.), häufig zu erlöschen scheinen, an anderer Stelle aber ihr *Flacker-Leben* (3865) neu beginnen. → auch 11741-44 und Kommentar dazu.

167,3857 *fodern]* Im 18. Jh. noch vorherrschend für: fordern.

168 f., 3871-3911 *Wechselgesang]* Für die mögliche Verteilung der Verse auf die drei Beteiligten → Vorschlag für eine Bühnenfassung der *Walpurgisnacht*-Szene, im Text-Band S. 740 f.

168,3879 f. *Und die langen Felsennasen, | Wie sie schnarchen . . .]* An den zwischen Elend und Schierke gelegenen Granitfelsen der sogenannten 'Schnarcherklippen' (→ 7682 und *Corpus der Goethezeichnungen* V B, Nr 170) ruft starker Südwestwind tatsächlich Schnarchgeräusche hervor.

169,3898 *Masern]* »Flecken, krause Adern oder Wolken von anderer Farbe in dem Holze« (Adelung 3,385).

169,3903 *Funkenwürmer]* Johannis- oder Glühwürmchen.

169,3913 *Mittelgipfel]* Für »Mittel-Gebürge«?, welches »zwischen dem Vor- und Hohen-Gebürge lieget, und allda sind die Gänge am geschicktesten und beständig zu Metallen.« (Bergwercks-Lexicon 1743,387) – Hörisch 1996, 121 f. deutet den *Zipfel* (3912) als »phallischen«, den *Mittelgipfel* als »die bisweilen aufragende männliche Körpermitte«!

169,3915 *Wie im Berg der Mammon glüht]* Der 'Reichtum', der in den magisch aufleuchtenden Erzadern des Gebirges liegt.

Fausts jetzt folgende Schilderung des satanischen Naturfeuerwerks mutet an wie ein Augenzeugenbericht von vulkanischen Vorgängen. Zezschwitz 1985,285: »das nächtliche Bild in Rauchschwaden talwärts ziehender zischender, glühender Lavaströme.« Damit deutet die *Walpurgisnacht* im *Harzgebirg* auf die *Mummenschanz*, die *Klassische Walpurgisnacht* und die *Hochgebirg*-Szene des Zweiten Teils voraus, wo das Teufelswerk des 'Vulkanismus' eine bedeutende Rolle spielt (→ Szenen-Kommentare 430,525,646-653).

Durchsetzt sind diese Verse 3916-31 mit bergbausprachlicher Fachterminologie, die Goethe seit seiner Tätigkeit im

Ilmenauer Bergbau und seinen damit zusammenhängenden Harz-Exkursionen sachverständig beherrschte:

3916 *glimmert durch die Gründe]* = schwach leuchtend (DWb 8,98). »Glimmer, ist eine taube gläntzende Berg-Art, so gar kein, oder doch sehr wenig Silber hält« (Bergwercks-Lexicon 1743,265). Vorrede (ebd.): »Vor allen Dingen muß die Wünschel-Ruthe zeigen, | Wo edle Gänge sich den Gründen einverleibt«. – 3919 f. ... *wittert er hinein. | Da steigt ein Dampf ...]* Witterung: »der Dampff, so zuzeiten von reichen Gängen zu Tage ausziehet, und wie ein Feuer scheinet« (ebd. 603). – 3920 *Schwaden]* »ein böses Wetter, oder gifftige Lufft, Witterung, oder unzeitiger Berg-Saame, Kobaldische und Arsenicalische Dämpffe und Flüchtigkeit. 〈...〉 Schwaden steiget auf, das ist, wenn die gifftigen Wasser in der Gruben gestöhret werden, so steigen die Wetter in die Höhe und setzen die Bergleute in Lebens-Gefahr.« (ebd. 504 f.). – 3922 *Faden]* Kein eigentlich bergmännischer Begriff; hier für dünne Metalladern (→ Kommentar zu 5898-5901). – Entsprechend 3924 *Strecke]* Teil eines in den Berg getriebenen Stollens (vgl. Bergwercks-Lexicon 1743,546) und 3925 *Adern]* Metall führende Gänge unter der Erde (vgl. Frisch 1741,1,12).

170,3933 *Herr Mammon]* Gegenüber 3915 jetzt personifiziert (wie bei Matthäus 6,24 u. ö.), illuminiert er den *Palast* des Gebirges für das Fest der anfliegenden Hexen. Die seit Morris 1901,188 f. gängigen Verweise auf Miltons *Paradise Lost* 1,670-717 (wo dieser Höllenfürst die Teufel anleitet, Goldadern freizulegen, einzuschmelzen und daraus das Gerüst eines Palastes für den Satan zu errichten) tragen zum Textverständnis wenig bei.

170,3940-55 *Ein Nebel verdichtet die Nacht ...]* Bei diesem Übergang vom regelmäßig alternierenden Madrigal zu gereimten freien Rhythmen mit oft nur dreihebig heftigen Kurzversen, die den Anflug des Wilden Heeres seismographisch verzeichnen und (lautmalend) die orkanhafte Gewalt der von ihm bewirkten Naturkatastrophe indizieren, wäre ein Sprecherwechsel zu Faust naheliegend. Der Zustand der Handschrift (→ im Text-Band Abb. 13) läßt denkbar erscheinen, daß diese Sprecherangabe nur versehentlich ausgelassen wurde (so zuerst Harczyk 1884,223).

170,3947 *Der Wurzeln ... Gähnen]* Das Geräusch der Entwurzelung, die 'gähnende' Löcher reißt?

170,3954 f. *den ganzen Berg entlang | Strömt ein wütender Zaubergesang]* der nicht 'wuterfüllt' ist, sondern wütet: zerstört, vernichtet (die jetzt folgenden Hexen-Chöre können damit kaum gemeint sein – oder bleiben dahinter doch weit zurück).

170,3957 *Die Stoppel ist gelb, die Saat ist grün]* das in der Regel noch bis gegen Walpurgis brachliegende alte Stoppelfeld neben der aufgegangenen Wintersaat (wie 1147). – Dagegen zeigen die nur im Paralipomenon 50 gegebenen Heimflug-Verse der schadensmächtigen Hexen mit ihren umgewendeten Bezügen offenbar die entstellte Natur und 'verkehrte Welt': → Text-Band S. 556,126 f.

171,3959 *Herr Urian sitzt oben auf]* Niederdt. Name für den Teufel, den die Hexen eher verharmlosend (Adelung 4,1346: »mit dem Ehrenworte Herr, als eine Art eines scherzhaften Schimpfwortes«) benutzen für den auf dem Gipfel thronenden Satan (→ 4039 und Paralipomenon 48, Text-Band S. 564,24 ff.).

171,3961 *Es f[arz]t die Hexe, es st[ink]t der Bock]* In den Drucken zu Lebzeiten wurden hier 'Anstandsstriche' gesetzt (*f-t* und *st-t*), welche alle späteren Herausgeber beibehielten; Goethes eigenhändige Handschrift hat *farzt* (für: furzt) und *stinckt*. – Zu dieser Selbstzensur → hier S. 118 f.

171,3962 *Die alte Baubo]* Wie später Mephisto in die *Klassische Walpurgisnacht* eingeht, so hier schon eine antike Figur in das nordische Treiben. Der an Baubo (die personifizierte Vulva) geknüpfte Mythos nähert sie dem unzüchtigen Verhalten der Hexen, die von ihr *angeführt* werden sollen (3965): diese unflätige Amme der Demeter hat ihrer Herrin die Wehen einer gebärenden *Mutter* (3966) vorgespielt.

171,3964 *dem]* So entsprechend dem Römerbrief 13,7

alle Drucke zu Lebzeiten. Seit der WA durchweg als angeblich fehlerhaft ersetzt durch das *denn* der (hier S. 66 angeführten, nicht als Setzervorlage dienenden, älteren) *Walpurgisnacht*-Handschrift.

171,3968 *Ilsenstein]* Etwa 6 km nordöstl. vom Brocken.

171,3972 *Mich hat sie geschunden]* Die Schnellreitende, die sie streifte.

171,3974 *Der Weg ist breit]* Matthäus 7,13 f.: »der weg ist breit, der zur verdammniß abführet; und ihrer sind viel, die drauf wandeln. Und die pforte ist eng, und der weg ist schmal, der zum leben führet«.

171,3977 *Das Kind erstickt, die Mutter platzt]* Oft schon hochschwanger (wie die Nackte in Herrs Kupferstich, → hier Abb. 4), bringen die Hexen im Gedränge ihres Rittes auf *Gabel* oder *Besen* Totgeburten zur Welt.

171 f., 3978-85 *Wir schleichen wie die Schneck' ... Mit einem Sprunge macht's der Mann]* Beim Flug zum Gipfel des Blocksberges eilen die Hexen den langsamer folgenden Hexenmeistern voran, denn *Das Weib* ist dem Manne allemal *voraus* auf dem Weg zum Bösen. Der *Malleus maleficarum* ('Hexenhammer', Grundbuch der Hexenverfolgung durch die Inquisition, zuerst 1487) hat die verbreitete Vorstellung kodifiziert, daß das männliche Geschlecht, in dessen Gestalt Christus Mensch wurde, dem Zugriff des Bösen weit weniger ausgesetzt sei als die ihrer Natur nach von unersättlicher sexueller Gier getriebenen Weiber (dazu Schöne 1993,134 f.). Vergleichbar hat sich tatsächlich Goethe selbst gegen Riemer geäußert (Biedermann/Herwig 2, Nr 2527).

Der zweite Halbchor bezieht sich ausdrücklich auf die von beiden Geschlechtern verübte Teufelsbuhlschaft, der man hier zustrebt: der den *tausend Schritten* der Frau entgegengehaltene e i n e *Sprung* des Mannes nimmt die sexuelle Nebenbedeutung dieses Wortes an (Adelung 4,626: bei »großen Thieren, von welchen springen für befruchten üblich ist, ist der Sprung die Handlung des Befruchtens«).

172, vor 3990 BEIDE CHÖRE] Wohl als die der Hexen u n d der Hexenmeister (nicht als deren Halbchöre) zu verstehen – wie wieder vor 4000 und 4012.

172, vor 4004 *Halbhexe]* Der *Malleus maleficarum* (→ Kommentar zu 3978-85) bezeichnet als »intermedio Maleficam« diejenige, die noch nicht das sog. Homagium, die Übergabe von Leib und Seele geleistet, sondern sich nur halb dem Teufel übergeben habe (Ausgabe Frankfurt 1588, tom. I,549). – Schon die *Stimmen von unten* ab 3987 scheinen von solchen Halbhexen zu kommen.

172,4008 *Die Salbe gibt den Hexen Mut]* Nach den von Goethe studierten Berichten und Protokollen (vgl. etwa Praetorius 1668,301 u. ö.) wurden für den Flug zum 'Hexensabbat' Schläfen, Achselhöhlen und Geschlechtsteile mit einer Salbe eingerieben, deren Zusammensetzung mehrfach mitgeteilt worden ist. Die dabei jedenfalls verwendeten Nachtschattengewächse haben narkotische und bewußtseinsverändernde Wirkungen, rufen wilde Halluzinationen und rauschhafte Delirien hervor (von seinem Selbstversuch mit der nach einem solchen Rezept hergestellten Hexensalbe hat der Volkskundler Peuckert angegeben: »wir träumten erst wilde und dann doch gehemmte Flüge, drauf wüste Feste, welche einem entfesselten Jahrmarktstreiben glichen, und mündeten schließlich in erotische Zügellosigkeit ein«. – Dazu Schöne 1993,137 f.).

173,4012-15 *Und wenn wir . . . | So streichet* ⟨ihr?⟩ *. . .]* Von den zum *Gipfel* fliegenden Hexen und Hexenmeistern der nachtrippelnden Halbhexe und all denen zugerufen, deren Stimmen *unten* laut wurden? Auf diese wäre dann die Regieanweisung *Sie lassen sich nieder* zu beziehen (von Arens 1982,392 auf *Beide Chöre* der Hexen und der Hexenmeister selbst bezogen, welche diese Aufforderung »einander zurufen und auch sogleich ausführen« – ? Sch.).

173,4016 *ruscht]* Lautmalend (DWb 14,1537: »sich mit geräusch bewegen«).

173,4021 *dort schon hingerissen]* wo *die Menge zu dem Bösen* strömt (4039) und Faust doch hingelangen möchte (4037)?

173,4023 *Junker Voland]* Alter Teufelsname (mhd. vâlant = der Erschreckende).

173,4032 f. *Zum Brocken wandlen wir in der Walpurgisnacht, |*

Um uns beliebig nun hieselbst zu isolieren] – um uns hier nun abzusondern von der *Menge*, die *zu dem Bösen* strömt (also das eigentliche Ziel der Walpurgisnacht-Fahrt aufzugeben).

174,4045 *Daß in der großen Welt man kleine Welten macht]* kleine Zirkel bildet? – Oder steht dahinter die zum Grundbestand Goethescher Denkfiguren gehörige Mikrokosmos-Makrokosmos-Formel, die als kleine Welt den Menschen bezeichnet, so daß man 'machen' hier als 'zeugen' zu verstehen hätte und das Ganze als eine Aufforderung zum Geschlechtsverkehr mit den Hexen?

174,4054 *ich verbinde dich auf's neue]* verpflichte dich mir (vgl. DWb 25,119 ff.) – *auf's neue*: indem er (4071: als *Werber*) diesem *Freier* nach Margarete jetzt auch die junge Hexe zuführt?

174,4061 *Als Zaub'rer oder Teufel]* Meint vielleicht: nur etwas vorgaukeln in dieser *Traum- und Zaubersphäre* (3871) oder tatsächlich als *Werber* agieren (4071)?

174,4062 *inkognito]* Wie in der *Hexenküche*, wo Mephisto seinen *Pferdefuß* mit Hilfe *falscher Waden* (→ 2501 f. und Kommentar dazu) getarnt hat.

174,4064 *Knieband]* Eigentl. Halterung für Wadenstrümpfe; meint hier wohl den engl. *Knieband*-Orden.

174,4066-68 *die Schnecke ... | Mit ihrem tastenden Gesicht | Hat sie mir schon was abgerochen]* Ihre Augen (= *Gesicht*) sind an die Spitze der *tastenden* oberen Fühler gerückt. (*Brehms Tierleben* Bd 1, ^{4}1918,472 bezieht Goethes Verse auf diese 'Ommatophoren': »Wir kennen aus dieser älteren Zeit keine genialere und richtigere Auffassung. Das Auge mag viel oder wenig wert sein, ⟨...⟩ es sitzt jedenfalls im Fühler in dem Endknopf ⟨...⟩. Aber daß dasselbe Organ auch der Hauptsitz der Geruchswahrnehmung ist, haben erst neuere, mühselige Versuche in das rechte Licht gestellt.«)

175,4071 *Werber ... Freier]* treten im Sprachgebrauch der Zeit bei der Brautwerbung auf. *Freier* bezeichnet aber auch den unehrenhaften Buhler und Verführer und, unter dem Einfluß des Rotwelschen, wie im heutigen Prostituiertenjargon den Kunden einer Dirne (Adelung 2,289: überhaupt »nur in den gemeinen Sprecharten«).

175,4072-91 *Ihr alten Herrn ...]* Zeitsatirische Einsprengsel (wie sie dann im *Intermezzo* des *Walpurgisnachtstraums* wuchern). Die hier nörgelnd *um verglimmende Kohlen sitzen*, sind abgehalfterte Vertreter des Ancien régime und der älteren Generation: reaktionäre Typen, wie sie seit der franz. Revolution und von der *Jugend* (der redensartlichen Verwünschungsformel entsprechend) 'auf den Blocksberg' gewünscht werden mochten.

Zabka 1998,215-19 bezieht das an Faust gerichtete Wort *Freier* auf die *alten Herrn*, die hier ein Bordell aufsuchen würden! und erklärt diese »kleine Welt des Walpurgis-Bordells« dann zu Goethes funktional äquivalentem »Ersatz« für die ausgeschiedene Satansmesse (→ hier S. 121 und 345).

175,4089 *mäßig]* Hier für »mittelmäßig, das Maß des Gewöhnlichen nicht übersteigend« (Adelung 3,394).

175,4092-95 *Zum jüngsten Tag fühl' ich das Volk gereift, | Da ich zum letztenmal den Hexenberg ersteige, | Und, weil mein Fäßchen trübe läuft, | So ist die Welt auch auf der Neige.]* Diese sehr merkwürdigen Verse erscheinen zu gewichtig, um sie mit den bisherigen Kommentaren für eine nurmehr ironisch nachäffende, parodierend abwehrende Entgegnung auf das Gerede der reaktionären Nöckergreise zu erklären. Sollte Mephisto, *der auf einmal sehr alt erscheint*, hier nicht wirklich den *alten Herrn* beipflichten? also in vollem Ernst auf die Seite des Ancien régime treten, das in der franz. Revolution seinen Weltuntergang erlebte?

»Die Welt wird reiff und zeitig«, heißt es 1748 in Johann Albrecht Bengels *Sechzig erbaulichen Reden über die Offenbarung Johannis*, S. 808. Gegenläufig zum theologischen Rationalismus hatten die biblizistischen Endzeitberechnungen dieses Württemberger Pietisten seit der Mitte des 18. Jh.s Einfluß gewonnen und Nachfolge gefunden. Auch in *Dichtung und Wahrheit* (7. Buch. FA I 14,302) werden seine »Bemühungen um die Offenbarung Johannis« nachdrücklich gewürdigt – während es über die aufklärerische Leipziger Theologie, für die Goethe in seiner Studienzeit Partei genommen hatte, dort heißt, daß durch ihre »höchst löbliche, verständige Auslegungsweise« der Bibel doch »zuletzt der poetische Gehalt jener Schriften mit dem prophetischen verloren gehen müsse.« Bengel hatte die Wiederkunft Christi auf das Jahr 1836 berechnet. Durch die Schreckensherrschaft der Jakobiner unter dem 'Antichrist' Robespierre waren solche Naherwartungen des Weltuntergangs dann mächtig belebt worden, weil man in bestimmten zeitgeschichtlichen Figuren und Vorgängen (auch noch der Napoleonischen Epoche) die Zeichen glaubte ausmachen zu können, welche in der Offenbarung des Johannes das Weltende verkünden. Ausdrücklich vermerkt 1835 der Herausgeber der postumen Neuausgabe von Bengels *Reden* (1835,IX), daß die »neueste französische Revolution die Augen der Gläubigen warnend hinrichtete ⟨auf Bengels Thesen⟩ und seinem System damit ein viel längeres Ansehen gewährte, als irgend einem andern.«

In der *Faust*-Dichtung stehen Mephistos eschatologische Verse denn auch keineswegs isoliert (→ etwa 1357 f.). Mit der Angabe *Jüngster Tag* beginnt das *Walpurgisnachts*-Paralipomenon 28 (Text-Band S. 561), und das Paralipomenon 62 (ebd. S. 550) lautet:

Die Welt geht auseinander wie ein fauler Fisch
Wir wollen sie nicht balsamiren

Weil aber auch der Böse nur *wirkt* und, *als Teufel, schaffen* kann (343), solange die Welt noch Bestand hat, hatte schon Bengel verkündet: »Die wenige Zeit des Teufels ist auf der Neige.« (aaO. 1221 f.) Genau das sagt auch Mephisto hier, und eben deshalb heißt es, daß er *zum letzten Mal den Hexenberg ersteige*. In dieser letzten Walpurgisnacht, der 'Jüngsten Nacht', ließ das Paralipomenon 50 (→ Text-Band S. 552 und Kommentar dazu) Satan als den Antichrist die Rolle des Weltenrichters usurpieren, die Christus einnimmt am Jüngsten Tag. – Dazu insges. Stenzel 1986.

175,4094 f. *mein Fäßchen trübe läuft . . . auf der Neige]* Hefe als der »trübe und schwerste Teil des Weines«, der sich »auf dem Grunde derer Fässer setzet« (Zedler 12,1099), läßt den Rest *trübe* laufen, wenn das *Fäßchen* auf die *Neige* geht.

175, vor 4096 TRÖDELHEXE*]* → Herrs Kupferstich vom Hexensabbat (Abb. 5), wo ein Weibsbild mit erhobenen Armen seine mörderische Ware auszuschreien scheint.

Was Mephistos *Muhme* (wie er 335 und 2049 auch die Paradies-Schlange nennt! – Adelung 3,601: »nahe Seitenverwandte«) in ihrem *Laden* hat, müßte bei Faust wohl Erinnerungen wecken: ein *Kelch*, aus dem sich *Gift ergossen*; *Schmuck*, der *ein liebenswürdig Weib verführt*; ein *Schwert*, das *den Gegenmann* (Gegner im Kampf) *durchstochen*. – Mephisto hat Grund genug für sein abwiegelndes, Fausts Erinnerungen verdrängendes *Getan geschehn!* (4111).

176,4114 *Daß ich mich nur nicht selbst vergesse . . .]* Zabka 1998,219 will das zurückbeziehen auf 4105-09: als »Selbstermahnung« Fausts, »nicht sich selbst als den vormaligen Besitzer der verbrecherischen Instrumente zu vergessen.« (? Sch.)

176,4115 . . . *Heiß' ich mir das doch eine Messe!]* Einen 'großen öffentlichen und privilegierten Jahrmarkt' gibt der *Laden* der Trödelhexe kaum ab. In der ursprüngl. Bedeutung als großes gottesdienstliches Fest aber (das Gelegenheit gab für einen dann selber so bezeichneten Jahrmarkt) weist *Messe* auf die kultische Feier, zu der der Hexenschwarm hier *nach oben* drängt. Erst diese (unterdrückte) Satansmesse hätte Faust tatsächlich in Gefahr gebracht, sich selbst zu vergessen (4114).

176,4116 f. *Der ganze Strudel strebt nach oben; | Du glaubst zu schieben und du wirst geschoben]* Den spiralartigen *Strudel* bildet Herrs Kupferstich mit der 'Sabbatrunde' vor (→ Abb. 4). – Die Szenenführung entspricht hier keineswegs (mehr) dem, was diese Verse (noch) besagen: Vom Weg *nach oben*, wo der Böse thront, hat Mephisto den Faust längst abgebracht (→ 4021-43); alles jetzt spielt sich unterhalb des Gipfels ab. So deutet dieser kleine Fremdkörper im Szenengefüge auf die ursprünglich geplante Satansmesse.

176,4119 *Lilith ist das . . . Adams erste Frau]* Die rabbinische Legendengestalt, die den Auftakt gibt zu Fausts Hexentanz, steht als Prototyp der Unzuchttreibenden und Kindermordenden in Analogie-Antithese zu Margarete, ihrer Gegenspielerin (→ Fausts Vision 4183 ff.). – Praetorius 1668,87 führt die im hebräischen Wortlaut von Jesaja 34,14 Lilith genannte unter den Personen an, »so auff dem

Blocksberge zu Gaste fahren«, und 1666,21 schreibt er über die sexuelle Verführungskraft dieser Buhlteufelin (succuba: die unten Liegende), sie sei »von Angesicht wie ein schön Weib gestalt / die vorgehenden mit lieblichen anblicken / und entblössung der Brust zu sich locke / und hindenzu eine schüpichte Schlange«. Goldschmid 1704,214 (von Goethe 1801 ausgeliehen) erklärt, nach Meinung der Juden sei sie »Adams erstes Weib gewesen« (nach 1. Mose 1,27 – während 2,21 ff. dann Eva meine) und später »eine Zauberinn geworden / ja gar eine Teuffelinn / die noch heuriges Tages mit den Teuffeln buhle / und die Welt mit jungen Teuffeln anfülle. Sie halten sie auch für eine Nacht-Teuffelinn / die insonderheit denen Kindbettern / und denen zur Welt erstgebohrnen Kindern hefftig zusetze / wie sonst die Hexen und Unholden zu thun pflegen«.

176,4120-23 *Nimm dich in Acht vor ihren schönen Haaren . . .]* Nach einer talmudisch-rabbinischen Legende fesselte Lilith die Seelen der Verführten mit ihren Haaren; auch soll sich eine »Unzahl von Teufeln 〈. . .〉 in den schönen Haaren dieses Weibes 〈. . .〉 fest gesetzt« haben (*Zauberbibliothek* 1826,13).

176,4125 *was rechts gesprungen]* getanzt. Herrs Kupferstich (→ Abb. 4) zeigt eine springende, zuckende, ekstatische Menschenschlange beim Hexentanz dieser ‘Sabbatrunde’.

177,4127 ff. *Es geht zum neuen Tanz . . .]* Durch ihre choreographische Entsprechung wird die folgende Tanz-Szene zur Kontrafaktur: zum Zerrspiegel der *Garten*-Szene 3073 ff., in der die Paare Faust-Margarete und Mephisto-Marthe nacheinander ins Blickfeld treten und ihre Gespräche vernehmbar werden.

Der Hexentanz war als ‘Sabbatrunde’ fester Bestandteil des altüberlieferten Satansrituals der Ketzer und Unholden; er gipfelte in der Orgie einer geschlechtlichen Vermischung mit den Buhlteufeln oder -teufelinnen, welche den Satansbund leibhaftig besiegelte (dazu Schöne 1993,164 ff.). Dieser Ausgang, mit dem Faust dem Bösen verfiele, deutet sich im Folgenden denn auch unübersehbar an.

177,4128-31 *Einst hatt' ich einen schönen Traum . . .]* Wie Mephisto 3336 als *Kuppler*, nimmt jetzt Fausts Sexualtraum die Bildersprache des Hoheliedes auf, in dem Salomo die Sulamith »meine Schöne« nennt, die Geliebte vom »Apfelbaum« und seinen »Äpfeln« spricht, und der Liebende sagt: »Deine Gestalt ist Palmengleich, Weintrauben deine Brüste. Ich will auf den Palmbaum steigen, sagt ich, und seine Zweige ergreifen. Laß deine Brüste sein wie Trauben am Weinstock, deiner Nasen ruch wie Äpfel« (so Goethes eigene Übersetzung der Hohelied-Verse 2,13; 2,3; 2,5; 7,8 f.: WA I 37,302; 303; 309).

177,4132-35 *Der Äpfelchen begehrt ihr sehr . . .]* Die schöne Hexe übernimmt die Bilder der Faustschen Hohelied-Reminiszenz und lenkt sie zurück auf die Paradieserzählung (1. Mose 3), in der die verführende Eva Adam den Apfel vom Baum der Erkenntnis anbietet. – 4046: *junge Hexchen nackt und bloß* : so hat man sich gewiß auch die junge *Schöne* zu denken, die ihren Körper also nicht nur beschreibt, sondern ihn dabei zeigt, anbietet. Wie die 'Sabbatrunde' nach dem vorgegebenen kultischen Ritual ihr Ziel in der sexuellen Orgie hat, lockt die Verführerin mit ihren *Äpfelchen* hier Faust, den neuen Adam, in seinen Sündenfall. (Es erscheint mir durchaus textwidrig-anachronistisch, das im Sinn sexueller Emanzipation zu verstehen – wie M. Schmidt 1985,156: »Die Schöne bestreitet den Sündenfall-Mythos«, vollzieht »eine Umkehrung der vom Christentum behaupteten sexuellen Urschuld der Frau«, vertritt gerade zu das »Naturrecht auf Liebe, auf Sexualität«).

177,4136-43 *Einst hatt' ich einen wüsten Traum . . .]* Mephisto parodiert die Traumerzählung Fausts mit brutaler Obszönität. Im Walpurgis-Paralipomenon 31 (Text-Band S. 564,18) heißt es: *Hexe aus der Küche*. Das wird sich, gemäß Mephistos Versprechen 2589 f. in der *Hexenküche*, auf seine Partnerin hier beziehen, deren Verse 4140 f. überdies ihre damalige Entschuldigungsrede 2489 f. aufnehmen. Beide sprechen mit äußerster Direktheit aus, was die biblische Bildersprache des anderen Paares verhüllt.

Die in eckige Klammern gesetzten Wörter ihres Tanzgesprächs oder -gesanges stehen in Goethes eigenhändiger Handschrift (4142 versehentlich nur: *Pfrof*). In den Drukken zu Lebzeiten wurden sie durch 'Anstandsstriche' ersetzt, die alle späteren Herausgeber beibehalten haben. Zu dieser Selbstzensur → hier S. 118 f.

177, vor 4144 PROKTOPHANTASMIST] Unübersetzbare eigene Wortbildung, etwa mit der Bedeutung 'Arsch-Hirngespinstler' (von griech. πρωκτός = Hinterteil). Damit wurde der schon in den *Xenien* verspottete Friedrich Nicolai für seine *Werther*-Parodie abgestraft. Dieser unentwegte Aufklärer, der lebenslang »gegen Aberglauben, Mysticismus, Gespenster und ähnliche Phantome mit blindem Eifer gefochten hatte, erlebte im Februar 1791 das Malheur, daß ihm nach heftigen Gemüthsaffectionen, wahrscheinlich in Folge des vielen Sitzens und hämorrhoidalischer Beschwerden, allerlei Erscheinungen von Verstorbenen und Lebenden 〈...〉 vorkamen und sich vor ihm stunden- und tagelang herumbewegten. Bereits in früheren Jahren hatte Nicolai gegen Schwindel und Congestionen des Bluts nach dem Kopfe die Ansetzung von Blutigeln am After erprobt gefunden, und auch bei jenen Visionen ward endlich am 20. April des bezeichneten Jahres dem unbescheidenen Geisterspuke durch Verordnung des nämlichen Mittels ein Ziel gesetzt. Die selbstgefällige Breite, mit welcher diese keineswegs appetitliche Krankheitsgeschichte auseinandergesetzt wird 〈in Nicolais eigenem Akademie-Vortrag *Beispiel einer Erscheinung mehrerer Phantasmen* in Biesters *Neuer Berlinischer Monatsschrift* Mai 1799,321-60〉, konnte ihre Wirkung auf lachlustige Gemüther nicht verfehlen« (W. E. Weber 1836,110 f.). – Darauf beziehen sich dann die sarkastischen Verse 4172-75.

Wie sperrig dieser ohnehin uninteressant gewordene, wiederum zeitsatirische Einschub in der Szene steht, zeigen Mephistos Worte 4176 f.; denn daß die tanzende Schöne auch noch ihre an den in jeder Hinsicht störenden Proktophantasmisten gerichteten Sätze *lieblich sang*, ist kaum denkbar.

177,4150 *schätzen]* abschätzen, bekritteln.

177,4153 *vorwärts gehn]* Fortschritte machen.

178,4155 *in seiner alten Mühle]* Könnte Nicolais spätaufklärerisch *im Kreise* sich drehende Zeitschrift *Allgemeine Deutsche Bibliothek* meinen.

178,4157 *darum begrüßen]* Amtsstil für: Eingabe machen, Gesuch vorlegen.

178,4158-63 *Ihr seid noch immer da . . . das ist doch unerhört]* Frankenberger 1926,94: »Sein Protest hat schon in der Versgestalt die Form des drehenden Mühlrads: die Reime laufen zyklisch ineinander zurück« (a b c c b a), und der letzte Vers mündet wieder in den ersten.

178,4161 *dennoch spukt's in Tegel]* 1797 wurde »in dem Diensthause des Hrn Oberförsters Schulz zu Tegel ein nächtliches Gepolter gehört, welches Viele, wie gewöhnlich, einem Gespenste« zuschrieben (Biesters *Berlinische Blätter*, November 1797,161). – In seinem Akademie-Vortrag von 1799 (→ Kommentar zu vor 4144) war der alte Aberglaubensbekämpfer Nicolai auch auf diesen längst als Schabernack aufgeklärten Vorgang noch einmal eingegangen.

178,4164 *uns hier zu ennuyieren]* Für: uns auf die Nerven zu fallen. Die weltgewandte Dame sucht den engstirnigen Aufklärer mit einer französ.-mondänen Wendung abzufertigen.

178,4167 *. . . nicht exerzieren]* Meint: den Despotismus von Geistern kann mein Geist nicht walten lassen.

178,4169 *eine Reise nehm' ich immer mit]* Über Nicolai als Reiseschriftsteller zogen schon die *Xenien* her (vgl. FA I 1,522, 523, 588).

178,4173 *soulagiert]* Linderung verschafft.

178,4179 *Ein rotes Mäuschen ihr aus dem Munde]* Abgeleitet wohl aus Offenbarung 16,13 ff., signalisiert dieser Vorgang offenbar, daß mit dem rettenden Auftritt der Gegenspielerin die geschlechtliche Macht der Hexe über Faust erlischt. Goethes Exzerpt-Notiz *Rothe Maus aus dem Munde* im Walpurgis-Paralipomenon 29 (Text-Band S. 562,8) bezieht sich auf Praetorius 1666,43 f., wo das an einer Magd beobachtbar wird – nach deren Tod ein häufig von dieser Hexe geplagter Knecht endlich Frieden hat.

179,4184 ff. *Ein blasses, schönes Kind allein und ferne . . .]* Die geisterhafte Erscheinung Margaretes, die doch weit entfernt im Kerker liegt und den Henker erwartet, der ihr das Haupt abschlagen wird (→ 4592 ff.), ist offenbar nicht als bloße Halluzination inszeniert und als Trugbild zu verstehen. Was Faust da wahrnimmt, hat 'objektivierbare' Gründe, die er selber nicht kennt. Er sieht sie *mit geschloss'nen Füßen* gehen, ohne doch zu wissen, daß sie tatsächlich in *Ketten* geschlossen ist (4422); sieht ein messerrückenschmales *rotes Schnürchen* um ihren Hals, ohne zu ahnen, worauf es vorausdeutet. Auch ihre phantasmagorische Erscheinung gehört in die *Traum- und Zaubersphäre* (3871) dieser *Walpurgisnacht* – als deren rettender Gegentraum und Gegenzauber. Nackt wie die Tanzhexe zeigt Margarete sich hier: die Liebende und Geliebte, die Faust dem Zugriff des Bösen entzieht.

Auch Mephisto nimmt diese Erscheinung wahr. Zwar versucht er, sie als bloßes Trugbild auszugeben (4190: *Idol*) – als das der Medusa, welcher Perseus das schreckliche Haupt abgeschlagen hat, bei dessen Anblick man nach der antiken Sage versteinerte (4194 und 4207 f.). Aber Faust, der also den Blick abwenden soll von dieser *Gretchen-Medusa*, ist schon *aus dem Tanz getreten*: das Spiel ist verloren. So sucht Mephisto ihn abzulenken mit den *abgeschmackten Zerstreuungen* (hier S. 188,10 f.) des läppischen Walpurgis-Theaters, das als *Intermezzo* jetzt folgt.

Immerhin gibt es zwischen der *Meduse*, die Mephisto hier vorschiebt, und der Margareten-Erscheinung bemerkenswerte Entsprechungen. Bei Hederich 1770,1250 konnte Goethe lesen, daß im griech. Herakles-Mythos Merkur den Helden in die Unterwelt, die »Hölle«, geleitete und ihm, als sie dort auf die Medusa trafen, »bedeutete, daß solches nur ein Schatten ⟨griech. εἴδωλον = *Idol*⟩ sey«. Von dieser *Meduse* heißt es dort (1548), sie sei vor der Entstellung ihres Hauptes »von einer solchen Schönheit ⟨gewesen⟩, daß Neptun selbst sich in sie verliebte« und »seine ⟨geschlechtlichen⟩ Händel in dem Tempel der Minerva mit ihr hatte«. – Goethe besaß einen Abguß der Medusenmaske des Palastes Rondanini. Was er in der *Italienischen Reise* (FA I 15/I,586) über dieses Abbild geschrieben hat, mutet an, als gelte es gleichermaßen Margaretes Erscheinung in der *Walpurgisnacht*, die Faust da mit *Wonne* und *Leiden* wahrnimmt (4201): »ein wundersames Werk, das, den Zwiespalt zwischen Tod und Leben, zwischen Schmerz und Wollust ausdrückend, einen unnennbaren Reiz wie irgend ein anderes Problem über uns ausübt.«

179,4195 *die Augen einer Toten]* In Goethes eigenhändiger Niederschrift der Szene (→ hier S. 66) und im Erstdruck von 1808 noch: *eines Todten* – was trotz 4187 f. denkmöglich macht, daß Faust erst 4197 f. in dieser Erscheinung tatsächlich Margarete erkennt.

179,4204 f. *Ein einzig rotes Schnürchen . . .]* Vorausdeutend auf Margaretes Enthauptung: Bei Francisci 1690,927 konnte Goethe von einem Mann lesen, dem der Teufel »eine rote Korallen-Schnur von Blut um den Hals zuwegen gebracht / als den rechten Werth solcher Künste: Denn das gerichtlich ergangene Urtheil hat ihn ⟨wegen Hexerei⟩ zum Schwert verdammt.«

180,4211 *lustig wie im Prater]* dem Wiener Vergnügungspark, den Joseph II. »der Menschheit gewidmet« hat.

180,4212 *angetan]* Was »so viel als anzaubern bedeutet« (Adelung 1,354)

180,4214 Servibilis*]* lat.: ein Dienstfertiger.

180,4215 *das letzte Stück von sieben]* Anspielung auf das grotesk-komische Satyrspiel im antiken Theater, das als letztes, viertes Stück entlastend auf die Tragödien-Trilogie folgte (Zezschwitz 1985,341)? Versuchen die ehrgeizigen *Dilettanten* etwa, mit *sieben* Spielen die griech. Tetralogie noch zu übertreffen?

180,4218 *Dilettanten]* die Goethe und Schiller in ihrer Abgrenzung wahrer Kunst vom Dilettantismus gleichsam ‘auf den Blocksberg’ wünschten (→ 4221 f.).

180,4220 *Mich dilettiert's]* Wortspielerisch nach ital. mi diletto: ich ergötze mich.

Seite 181-187 Intermezzo
4223-4398 WALPURGISNACHTSTRAUM

Über *Wilhelm Meisters Wanderjahre* schrieb Goethe (an Rochlitz, 23. 11. 1829), es finde sich in dem »Komplex des Ganzen Notwendiges und Zufälliges, Vorgesetztes und Angeschlossenes, bald gelungen, bald vereitelt«. Was hier als handlungsloses Blocksberg-*Theater* im *Faust I* untergebracht wurde, gehört offensichtlich nicht zum eigentlich Notwendigen, ursprünglich Vorgesetzten und Gelungenen. Zur Fortsetzung des zeitsatirischen *Xenien*-Scharmützels im *Musenalmanach für das Jahr 1797* hatte Goethe neu entstehende Spottverse um das Motiv einer Goldenen Hochzeit des Elfenkönigspaares Oberon und Titania gebündelt (deren Streit und Versöhnung in Shakespeares *Sommernachtstraum* vorgegeben war und dann in Wielands Stanzen-Epos *Oberon* von 1780, ebenso in einer 1796 in Weimar aufgeführten gleichnamigen Operette von Wranitzky behandelt wurde) und sie Schiller für dessen nächstjährigen Almanach übergeben. Der ließ sie ungedruckt, und Goethe meinte daraufhin, inzwischen erheblich vermehrt würden sie im *Faust* »am besten ihren Platz finden« (Briefwechsel 2. 10./20. 12. 1797). Die Spuren dieser Herkunft sind dem *Intermezzo* anzumerken.

Durch eine Reihe motivischer und figuraler Entsprechungen wurde es locker angebunden an die *Walpurgisnacht*, die ihrerseits eine Reihe ähnlich zeitsatirischer, allegorisch-typenhafter Figuren aufgenommen hat (General, Minister, Parvenü, Autor und Proktophantasmist). Aber der dramatischen Kraft und der Sprachgewalt der eigentlichen *Walpurgisnacht*-Szene (auch in ihrer um die Satansszenen gebrachten Endfassung) halten diese einigermaßen läppischen, (absichtsvoll?) 'dilettantischen' Verse nicht stand.

Friedrich Theodor Vischer 1875,54: »das Ganze ⟨ist⟩ eine Einstreuung von satyrischem Häckerling in ein ewiges Gedicht, die ein unverantwortlicher Leichtsinn zu nennen ist.« Die Bemühungen der Interpreten, das zu entkräften und den *Walpurgisnachtstraum* als einen folgerichtigen und notwendigen, ja geradezu unentbehrlichen und 'organischen' Bestandteil der *Faust*-Dichtung darzustellen, haben kein Ende genommen (kritisch referierend Schöne 1993,113-119; ein erneuter Versuch der Aufwertung und Rechtfertigung dieses *Intermezzos* dann von Zabka 1998, 222-26).

Wie später in der *Mummenschanz* des Zweiten Teils (5065 ff.) werden bei diesem *Maskeraden-Spott* (4267) die Spielfiguren von einem Herold angekündigt; sie beschreiben und erklären sich selbst, oder werden von anderen, nicht gekennzeichneten Sprechern vorgestellt und 'ausgelegt'. Soweit sie zeitkritischen Absichten dienen, gruppieren sie sich mehr oder weniger deutlich: bilden zunächst einen kunst- und literatur-, dann einen philosophie-, schließlich einen politik- und gesellschaftssatirischen Trupp. Dabei waren die von Fall zu Fall 'gemeinten' Personen gewiß schon für die Zeitgenossen kaum identifizierbar (→ etwa Kommentar zu 4323-26: der *Kranich* als Lavater). Es ging dem Autor wohl auch eher um zeittypische Einstellungen und Verhaltensweisen, für die er bestimmte Modelle benutzte und die der Leser in seiner Lebenswelt wiedererkennen und ausmachen sollte. Freilich sind diese satirischen Spitzen mit der Zeit stumpf geworden; von 'satanischem' Zuschnitt (4305 f.) waren sie nie.

Die Musikanten, die neben den bei Shakespeare vorgegebenen Figuren und dem zeitsatirisch-allegorischen Personal auftreten oder benannt werden (4251 ff., 4259 f.), mag Herrs Kupferstich vom Hexensabbat angeregt haben (→ Abb. 5): in einem verfallenen Gemäuer führen da kleine monströse Dämonengestalten mit grotesken Sprüngen und Flügen, tanzend und musizierend ein Walpurgis-Theater auf. Zwar sind die Vierzeiler-Texte des *Intermezzos* kaum gesungen zu denken. Wohl aber werden sie (durchgehend?) vom 'atonalen' Konzert des aus summenden Fliegen und

Mücken, quakenden Fröschen, zirpenden Grillen zusammengesetzten Orchesters untermalt.

Für den Weimarer Aufführungsplan von 1812 (→ Text-Band S. 584) hat Goethe selbst die Streichung des *Walpurgisnachtstraums* gebilligt.

182,4223-26 THEATERMEISTER: *Heute ruhen wir einmal | Miedings wackre Söhne . . .]* Joh. Martin Mieding war der für das Bühnenbild des Weimarer Liebhabertheaters zuständige Hoftischlermeister. Seine *Söhne*, also professionelle Bühnenarbeiter, haben nichts zu tun, wenn die *Dilettanten* (4218) hier auf einem Freilichttheater ohne Kulissen spielen.

182,4227-30 HEROLD*]* Der Ansager – wie er später in der gleichermaßen revueartigen *Mummenschanz*-Szene des Zweiten Teils wieder auftritt. – 4228 *funfzig]* Noch im 19. Jh. überwog die umlautlose Form (vgl. DWb 4,580). – 4230 *Das golden ist mir lieber]* Das Gold wiederkehrenden Friedens zwischen den Ehegatten ist dem Sprecher *lieber* noch, als das ihrer Goldenen Hochzeit.

182,4231-34 OBERON*]* Der Elfenkönig aus Shakespeares *Sommernachtstraum*. – 4231 *Seid ihr Geister wo ich bin]* einladend, hervorbittend (wenn ihr euch hier in meiner Nähe aufhaltet . . .).

182,4235-38 PUCK*]* Kobold aus dem *Sommernachtstraum*.

182,4239-42 ARIEL*]* Luftgeist aus Shakespeares *Sturm* (der gleiche Name wird 4613 ff. verwendet – was über eine Identität dieser beiden Spielfiguren im *Faust* nichts besagen will).

182,4247-50 TITANIA*]* Die mit Oberon wieder versöhnte Elfenkönigin aus dem *Sommernachtstraum*. – 4247 *grillt]* abgeleitet aus ‘Grille’: eigensinnige Laune o. ä., oder Nebenform von ‘grellen’: schreien (DWb 9,321/325)? – 4249 *Mittag]* für: Süden.

183,4254 *Das sind die Musikanten!]* Wie 4226 mit einem ironisierenden, das *Dilettanten*-Spiel markierenden Ausrufzeichen.

183,4261 *ein Tierchen gibt es nicht]* ein richtiges, lebensfähiges ergibt sich aus solchen Bestandteilen nicht.

183,4271-74 ORTHODOX*]* Typus des bornierten christlich-orthodoxen Kritikers (des näheren Friedr. Leopold zu Stolberg, der sich gegen Schillers *Die Götter Griechenlands* gewandt hatte?).

183,4275-78 NORDISCHER KÜNSTLER*]* Beispielsweise über Joh. Heinr. Menken, der beim Preisausschreiben der 'Weimarer Kunstfreunde' Gemälde eingesandt hatte, schreibt Goethe: »Wer so viel vermag, sollte die Leinwand, die er vor sich nimmt, als einen heiligen Raum ansehen. Das geistreiche Skizzieren betrübt uns, indem es uns in Erstaunen setzt.« – »Lebte er in Italien, so würde die Natur an sein schönes Naturell ganz andere Forderungen machen« (an Meyer, 10. 10. u. 15. 11. 1804).

183 f., 4279-82 PURIST*]* Hier der prüde Kritiker, der gerade nicht die liederliche 'pure' Natur sehen will, sondern frivol das ein wenig Verhüllte goutiert: nackte Hexen *gepudert.*

184,4295-4302 WINDFAHNE*]* Als Wendehals-Allegorie urteilt sie über die zur Teufelsbuhlschaft auf dem Blocksberg versammelten *Hexen* und *Hexenmeister* zur *einen Seite* verharmlosend freundlich, zur *andern* vernichtend negativ.

184,4303 XENIEN: *Als Insekten sind wir da]* Die *Xenien*, seine und Schillers satirische Distichen in dessen *Musenalmanach für das Jahr 1797*, die in anderer Form hier fortgesetzt werden, nannte Goethe »geflügelte Naturen aller Art, Vögel, Schmetterlinge und Wespen« (24. 9. 1796, an Voigt). – 4305 *Satan, unsern Herrn Papa]* → 1517: Mephisto als Herr der *Fliegen, Frösche, Wanzen, Läuse.*

184 f., 4307-4318 HENNINGS*]* August v. H., belangloser Literat, der sich mit Goethe und Schiller angelegt hatte; Der MUSAGET ('Musen-Anführer', → 4314) hießen die Beihefte seiner Zeitschrift GENIUS DER ZEIT (1801 umbenannt, deshalb hier CI-DEVANT = 'vormals'. Offenbar wird damit auf die in der französ. Revolution gängige Adelsbezeichnung 'ci-devant nobles' angespielt. Goethe an Schiller,

24. 8. 1797: die »veralteten Fratzen«; → auch 4241. Dazu Kiefer 1988,106 ff.).

185,4317 *Parnaß]* Der griech. Musenberg, auf den sich hier die Seilschaften deutscher Schriftsteller gegenseitig herauflobten.

185,4319 NEUGIERIGER REISENDER] Der gleiche (außer Faust und Mephisto einzige!) Außenstehende, wie 4267 ff. Frage und Antwort aber von zwei verschiedenen Sprechern (Anführungsstriche wie bei 4322 finden sich in den *Xenien* des *Musenalmanachs* mehrfach zur unterscheidenden Bezeichnung des Rollencharakters der Versreden: Schöne 1987,176 – ein Indiz für den dramenfernen Ursprung dieser in den *Faust* eingebrachten zeitsatirischen Gedichtchen). – Gemeint ist wohl nicht wieder der Spätaufklärer Nicolai (→ 4144 ff.), der hier argwöhnisch nach den Umtrieben der Jesuiten schnuppert, sondern in gleicher Funktion der jetzt auftretende KRANICH Lavater (so Zabka 1998,223).

185,4323-26 KRANICH] Goethe über Joh. Kaspar Lavater: »die ganz strenge Wahrheit war nicht seine Sache; er belog sich und Andere. Es kam zwischen mir und ihm deshalb zum völligen Bruch ⟨. . .⟩. Sein Gang war wie der eines Kranichs, weswegen er auf dem Blocksberg als Kranich vorkommt« (Eckermann, 17. 2. 1829).

185,4327-30 WELTKIND] Goethe, als er auf der Rheinreise 1774 zwischen Lavater und Basedow, dem theologischen und dem pädagogischen Eiferer saß: »Prophete rechts, Prophete links, | Das Weltkind in der Mitten.« (FA I 1,164) – 4328 *Vehikel]* Fahrzeug, Hilfsmittel, günstige Gelegenheit. – 4330 *Konventikel]* religiöse Erbauungszirkel.

185,4331-34 TÄNZER] Offenbar zwei Sprecher; die Antwort 4333 f. in Anführungszeichen zu denken (→ Kommentar zu 4319). – 4334 *Die unisonen Dommeln]* Wie eintönig schreiende Sumpfvögel kommen 4343-62 die Philosophen heran: alle über die Existenz des Teufels spekulierend, dabei jeder auf die eine Position festgelegt, welche die jeweilige Sprecherbezeichnung angibt.

185 f., 4335-42 TANZMEISTER und FIDELER] Diese wohl

1826 entstandenen acht Verse (zuerst 1828/29 in der *Ausgabe letzter Hand*) bilden die einzige Textergänzung im *Faust I* seit dem Erstdruck von 1808 (dazu Jensen 1965). Weitere, nicht mehr vorgeführte *Blocksberg-Candidaten* zeigt das Paralipomenon 47 (Text-Band S. 581). – FIDELER meint ziemlich sicher keine fidele Person, wie mehrfach unterstellt worden ist, sondern einen die Fidel oder Fiedel spielenden Musikanten (vgl. Goethe in WA I 42.1,6). Wie *Tänzer* und *Tanzmeister* beschreibt auch er das nahende *Lumpenpack* der Philosophen. – 4342 *Wie Orpheus Leier die Bestjen*] wie der mythische Sänger, dessen Saitenspiel selbst die wilden Tiere besänftigt und um ihn versammelt. Dem parodierenden Gefälle von *Leier* zu *Dudelsack* entspricht die verulkende Schreibung der auf *Restchen* reimenden *Bestjen*.

186,4343-46 DOGMATIKER] Sein vorkantischer Schluß vom gegebenen Begriff 'Teufel' auf dessen Existenz ist zumeist als Parodie des ontologischen Gottesbeweises bestimmt worden (JA u. ö.). Goethe an Schiller, 19. 11. 1796: aus den *Xenien* werde man hoffentlich ein »neues Argument für die wirkliche und unwiderlegliche Existenz des Teufels nehmen«.

186,4347-50 IDEALIST] *wenn ich das alles bin* meint den Versuch, die Realität aller äußeren Erscheinungen in das Bewußtsein des wahrnehmenden Subjekts zu verlagern (Fichte 1965,285: »Das Ich sezt das Nicht-Ich, als beschränkt durch das Ich«).

186,4351-54 REALIST] der angesichts der Teufelserscheinung unsicher steht auf seinen empirischen *Füßen*. – 4352 *baß*] sehr, mächtig.

186,4355-58 SUPERNATURALIST] der sich durch die real existierenden Teufel in seinem Glauben an die außerwirkliche, übernatürliche Welt auch hinsichtlich *guter Geister* bestätigt sieht.

186,4359-62 SKEPTIKER] Als den *Schatz*, den die *Flämmchen* anzuzeigen scheinen (→ 3664 f.), versteht er offenbar eine erkenntnissichere Existenz des Teufels – der selber sich doch auf *Zweifel* 'reimt'.

186,4367-70 DIE GEWANDTEN] Bevor am Ende Puck und Ariel wieder das Wort nehmen und das Orchester das Finale bestreitet, tritt eine durch politische Konnotationen bezeichnete Gruppe auf: typenhafte Figuren der europäischen Gesellschaft nach der französ. Revolution. Hier die 'ohne Sorge' (*Sanssouci*) opportunistisch Angepaßten.

187,4371-74 DIE UNBEHÜLFLICHEN] Etwa ehemalige Hofschranzen, die als Emigranten über die französ. Grenze kamen (Xenion im *Musenalmanach für 1797*: »Vor dem Aristokraten in Lumpen bewahrt mich, ihr Götter, . . .«).

187,4375-78 IRRLICHTER] Wohl die Emporkömmlinge des revolutionären Umbruchs (aus dem *Sumpfe* aufgestiegen und irreführend), die sich doch sogleich wieder in höfischer Galanterie ergehen (Fortsetzung des im vorangehenden Kommentar angeführten Xenions: » . . . Und vor dem Sansculott auch mit Epauletten und Stern.« – FA I 1,596). – 4377 *Reihen*] Für: Reigen.

187,4379-82 STERNSCHNUPPE] Erloschene Tagesberühmtheiten.

187,4381 *Liege nun im Grase*] Goethe mochte daran denken, daß man die Gallertklümpchen der Alge 'Tremella' oder 'Nostoc', die er kannte und untersuchte (FA I 24,44 ff. u. ö.), für niedergegangene Sternschnuppen hielt. Dazu G. Schmid 1951,277 ff.

187,4383-86 DIE MASSIVEN] Der alles niedertrampelnde plumpe Mob.

187,4394 *zum Rosenhügel!*] Am Ende von Wielands Stanzen-Epos *Oberon* (23,292) fliegt man in einem von Schwänen gezogenen Wagen zu dem von »Rosenbüschen« umgebenen Palast des Elfenkönigs.

Seite 188-190 Szene
Zeile 1-63 TRÜBER TAG · FELD

Zum ältesten Bestand der *Faust*-Dichtung gehörig (wohl deshalb an einigen Stellen sperrig gegen den Kontext, → Kommentare zu 1 f., 15-19 u. 36-40); wie die *Kerker*-Szene der *Frühen Fassung* wohl unter dem Eindruck des Prozesses gegen die Kindsmörderin Susanna Margaretha Brandt und möglicherweise unmittelbar nach ihrer öffentlichen Hinrichtung Anfang 1772 entstanden (H. Fischer-Lamberg 1957,388 f.; → im allg. Kommentar zu *Faust I* hier S. 193 f.): Mephistos *Sie ist die erste nicht* stammt offenbar aus den Frankfurter Verhörprotokollen.

Nur in diesem einen Fall hat Goethe unterlassen oder aufgegeben, was am 5. 5. 1798 sein Brief an Schiller ankündigte: die Prosa-Szenen der Urfassung »in Reime zu bringen«, um eine »unmittelbare Wirkung des ungeheuern Stoffes« zu dämpfen, weil er »ihre Natürlichkeit und Stärke, in Verhältnis gegen das andere, ganz unerträglich« fand (Text-Band S. 777). Der Kontrast zu den in *Faust I* vorangehenden Dilettanten-Versen des *Walpurgisnachtstraums* schärft noch die »unmittelbare Wirkung« dieser ungebändigt wild erhaltenen, elliptisch verstümmelten, von heftigen Interjektionen zerrissenen 'Sturm und Drang'-Prosa. Nahezu ausnahmslos werden die hocherregten Ausbrüche Fausts durch Ausrufzeichen markiert – denen Mephisto seine kühlen und zynischen Fragezeichen entgegensetzt.

Allein gegen ihn richten sich Fausts Anwürfe und Flüche; kein Wort der Selbstanklage. Daß er jetzt weiß, was mit Margarete geschehen ist, läßt sich aus deren geisterhafter Erscheinung am Ende der *Walpurgisnacht*-Szene kaum erklären. Vorausgesetzt blieb wohl noch das im Paralipomenon 50 skizzierte *Geschwäz von Kielkröpfen* | *Dadurch Faust erfährt* (→ Kommentar zu S. 559,197 f.) – die dort folgende Angabe *Faust Meph.* bezeichnet offenbar den unmittelbaren Anschluß der Szene *Trüber Tag · Feld*: sie entspricht deren Überschrift in der *Frühen Fassung* und hier dem Untertitel.

188,1 f. *lange verirrt und nun gefangen]* Setzt wohl eine Flucht Margaretes voraus, wie sie nur in der *Kerker*-Szene erwähnt, dort aber abgelehnt wird (→ 4545-49 und Kommentar dazu).

188,8 *Im unwiederbringlichen Elend]* Adelung 4,1333: »was sich nicht wiederbringen ⟨...⟩, nicht wieder gut machen« läßt. – *Elend* hier wohl (auch) noch mit der ält. Bedeutung »ein fremdes Land, so fern der Aufenthalt in demselben als eine Strafe ⟨...⟩ angesehen wird« (ebd. 1,1648; → 4548).

188,8 f. *Bösen Geistern übergeben]* Wie einer in der *Dom*-Szene *hinter Gretchen* steht? (→ Szenenkommentar S. 339 f.).

188,10 f. *mich wiegst du indes in abgeschmackten Zerstreuungen]* So schon in der *Frühen Fassung* S. 532 f.,9 f.: ein Hinweis auf die (dann schon ganz früh geplante) *Walpurgisnacht*? Oder (Grumach 1959,272) allgemeiner auf die nicht überlieferten »interessantesten Wollustscenen« zu beziehen, von denen Wieland berichtet hat? (→ hier S. 82)

188,13 *Sie ist die erste nicht]* Im Verhörprotokoll der Frankfurter Kindsmörderin vom 8. 10. 1771 heißt es, daß »ihre Schwestern sie scharf befragt, sie solte es gestehen, wann sie schwanger seye, sie wäre ja nicht die erste und würde auch nicht die letzte seyn« (Birkner 1973,52; die gleichen Worte durch eine andere Dienstmagd, ebd. 31). → dazu hier S. 193 f.

188,14 f. *unendlicher Geist]* → Kommentar zu 36-40.

188,15-19 *seine Hundsgestalt, wie er ...]* Diese Schilderungen werden durch den Pudel Mephisto beim Osterspaziergang *Vor dem Tor* (1147 ff.) nicht gedeckt; offenbar schlägt ein älterer, aufgegebener Plan hier durch.

188,16 *nächtlicher Weise]* So alle Drucke zu Lebzeiten. In der *Frühen Fassung* (S. 533,15) aber: *nächtlicher Weile.*

188,19 f. *seine Lieblingsbildung . . . im Sand auf dem Bauch]* Die (Paradies-)Schlange. → 334 f.

188,23 ff. *daß nicht das erste* ⟨Geschöpf⟩ *genugtat für die Schuld aller übrigen . . .]* Meint wohl (*die erste nicht* in 13 und 21 aufnehmend) die erste Kindsmörderin – deren *Todesnot* damit geradezu dem Opfertod des Gekreuzigten angenähert wird.

188,25 f. *vor den Augen des ewig Verzeihenden]* Die Abweichung von der *Frühen Fassung* (dort: *vor den Augen des Ewigen*) könnte mit dem veränderten Schluß der *Kerker*-Szene zusammenhängen (jetzt erst, 4611: *Ist gerettet!*) und vorausdeuten auf den Ausgang auch des Zweiten Teils; → Kommentar zur Apokatastasis ('Wiederbringung') in den *Bergschluchten*, hier S. 788 ff.

189,29 *Grenze unsres Witzes]* Meint hier: eure (!) »geistige kraft schlechthin« (DWb 30,866 f.).

189,36-40 *Großer herrlicher Geist . . . warum an den Schandgesellen mich schmieden . . .?]* Ähnliches erklärt Faust schon in der Szene *Wald und Höhle* 3217-19 u. 3241-46. Das Verhältnis zwischen dem hier (wie bereits 14 f.) offensichtlich gemeinten Erdgeist und Mephisto ist daraufhin in der *Faust*-Literatur ausufernd umstritten worden. Daß Faust von eben dem *Geist*, der sich in der *Nacht*-Szene so entschieden von ihm abwendete, jetzt doch erklärt, er habe ihn seiner Erscheinung gewürdigt, hat man als nicht mehr beseitigte Spur einer Konzeptionsänderung zu erklären versucht (→ aber Kommentar zu 3217-50!). Die Angabe, daß Mephisto ein Sendling des Erdgeistes sei, hat man allermeist als einen Irrtum verstehen wollen, als eine Selbsttauschung Fausts, der in seinem *Schandgesellen* denn auch gar nicht den Teufel, sondern nur einen Naturdämon oder Elementargeist vermute (vgl. Nollendorfs 1967,180 ff. und den Kommentar zur später entfallenden Szene *Land Strase* der *Frühen Fassung*, S. 859); die Erdgeistrede 512 f.: *Du gleichst dem Geist den du begreifst,* | *Nicht mir!* mochte dem Vorschub leisten.

Fraglich bleibt ohnehin, ob Fausts Worte den Mephisto geradezu als einen ‘Abgesandten’ des Erdgeistes bezeichnen (sollen).

189,44 *die Bande des Rächers]* Die der Obrigkeit (Römerbrief 13,4: »Gottes dienerin; eine rächerin zur straffe, über den, der böses thut«) – aus deren Gefängnis der Teufel nach dem Volksglauben nicht befreien kann.

189,47 *Greifst du nach dem Donner?]* spielst den Himmelsherrscher Zeus, der den zerschmetternden Donnerkeil schleudert?

189,48 f. *Den unschuldig entgegnenden]* Entgegentretenden, Begegnenden (DWb 3,539).

189,52 f. *noch liegt auf der Stadt Blutschuld . . .]* Auf den ungesühnten Tod Valentins bezogen. Kein juristischer Terminus, sondern ein alttestamentl. Gottesgesetz (4. Mose 35,33: der Totschläger, der »blutschuldig ist, der schändet das land; und das land kan vom blute nicht versöhnet werden, das darinnen vergossen wird, ohne das blut deß, der es vergossen hat.« – Psalm 106,38: »Und vergossen unschuldig blut, 〈. . .〉 daß das land mit blutschulden beflecket ward«).

190,58 f. *Habe ich alle Macht im Himmel und auf Erden?]* Christus: »Mir ist gegeben alle gewalt im himmel und auf erden« (Matthäus 28,18).

190,59 *Des Türners]* Ält. Nebenform für: Türmer; hier der Wächter über den Gefängnisturm.

Seite 191 Szene
4399-4404 NACHT, OFFEN FELD

Reimlose Zeilen mit wechselnder Hebungszahl: metrisch vermittelnd zwischen der vorausgehenden Prosa- und der nachfolgenden Reim-Szene (gegenüber der *Frühen Fassung* 1438 ist jetzt auch 4401 rhythmisiert); dazu Wagenknecht 1989,106 f.

Was Faust und Mephisto, vorüberjagend auf den Zauberpferden, in dieser nur sekundenlangen Fetzenszene wahrnehmen, sind gewiß nicht gute Geister, gar »blumenstreuende Engel«, die Vorbereitungen treffen zur Rettung von Margaretes Seele und nur von Mephisto als *Hexenzunft* ausgegeben werden (Förster in Biedermann/Herwig 3.2, Nr 6186 u. a.; wieder Resenhöfft 1975,273-80). Ebensowenig aber kann es sich hier, wie viele Kommentare erklären, um die Stätte handeln, wo die eingekerkerte Kindsmörderin am Morgen hingerichtet werden soll. Denn das wird innerhalb der Stadt auf dem Marktplatz geschehen (→ 4588 ff.), während man sich jetzt auf freiem, *offen Feld* befindet (im alten Frankfurt ging es denn auch durchs Galgentor zu dem außerhalb des Stadtwalles auf einem Hügel gelegenen *Rabenstein*).

Vielmehr handelt es sich hier um ein phantasmagorisches, visionäres Geschehen, das freilich auf Margaretes Hinrichtung deutet, aber offensichtlich mit den *Walpurgisnacht*-Vorgängen und der *Hochgerichtserscheinung* im Paralipomenon 50 zusammenhängt (→ Text-Band S. 557 ff. und hier Kommentar S. 939 ff.). Dem entspricht der sakralrituelle Charakter dieses Hexentreibens; DjG Morris 6,548: eine blasphemische »Parodie des katholischen Meßritus«.

191,4399 *Rabenstein]* »erhabener gemauerter Platz, auf welchem man die Missethäter zu enthaupten pflegt, vermuthlich auch, so fern die Raben sich gern daselbst versammeln, zumahl da ein solcher Richtplatz nicht weit von dem Galgen zu seyn pflegt.« (Krünitz 121,231 f.)

Seite 192-199 Szene
4405-4612 KERKER

In der *Frühen Fassung* noch als entschieden kargerer und härterer Prosatext, der zweifellos zu den ältesten Stücken der *Faust*-Dichtung gehört; entstanden möglicherweise schon 1772 unter dem unmittelbaren Eindruck des Prozesses gegen die im August 1771 in Frankfurt eingekerkerte, im Januar 1772 öffentlich enthauptete Kindsmörderin Susanna Margaretha Brandt (→ hier S. 193 f.). Im *Fragment*-Druck von 1790 ausgelassen. Jetzt in Verse umgesetzt. Die Faust-Partien überwiegend jambisch-alternierend; Margaretes Verse deutlich unregelmäßiger, haltloser: von höchst unterschiedlicher Länge (ein- bis fünfhebig) und gegen Ende der Szene zunehmend reimlos.

Insbesondere für diese Versfassung der *Kerker*-Szene gilt, was Goethe bei der Wiederaufnahme seiner Arbeit am *Faust* in einem Brief an Schiller am 5. 5. 1798 erklärt hat: »Einige tragische Szenen waren in Prosa geschrieben, sie sind durch ihre Natürlichkeit und Stärke, in Verhältnis gegen das andere, ganz unerträglich. Ich suche sie deswegen gegenwärtig in Reime zu bringen, da denn die Idee wie durch einen Flor durchscheint, die unmittelbare Wirkung des ungeheuern Stoffes aber gedämpft wird.« (Text-Band S. 777)

Dieses Urteil, das auf den ästhetischen Prinzipien und Kriterien der 'klassizistischen' Periode Goethes beruht, haben die Interpreten und Kommentatoren allermeist gebilligt (Witkowski 1950,285 beispielsweise spricht von einer »mit höchster Meisterschaft ohne Schädigung des erschütternden Eindrucks künstlerisch veredelten Gestalt«; Trunz, HA: »Berühmtestes Beispiel, was die Umarbeitung in Verse vermochte«). Doch wird der spätere, im Verlauf der Geschmacksgeschichte abgehärtete Leser bei vergleichender Lektüre hier nicht nur Gewinne, sondern auch Einbußen wahrnehmen. Wie durch die 'veredelnde' und distanzierende Kunstform des Reimes, die abschwächend aufschwellende Erweiterungsverse mit sich bringt (vgl. etwa 4407-10 mit S. 535,2), so hat der Autor auch sprachlich 'gedämpft' und gezähmt (vgl. 4484-97 mit S. 537,40-46 u. Kommentar dazu; oder 4551 f. mit S. 538,76 f.). Schließlich ersetzt die Versfassung wortlose Vorgänge auf der Bühne und deren »unmittelbare Wirkung« mehrfach durch blassere Lese- oder Deklamationstexte (vgl. 4498-4502 mit S. 537,47-50 oder auch 4421 f. mit Regieanmerkung S. 536).

Eine Fülle von Vorgängen, Äußerungen, Motiven der vorangehenden Szenen wird in den *Kerker*-Versen gespiegelt (zusammengestellt bei Arens 1982,466 ff.). Nicht selten geschieht das in veränderter Bedeutung oder verzerrter Form, sprunghaft und gedankenflüchtig, halluzinatorisch und in symbolischen Bildern. Diese letzte Szene des Trauerspiels zeigt das Mädchen in tiefer Verwirrung, der Wahrnehmungswelt entfremdet, hin- und hergerissen von abrupt wechselnden emotionalen Schüben: wahnsinnig und hellsichtig zugleich.

Ihr 'Wahnsinn' mag sich in der *Dom*-Szene schon andeuten. Keineswegs aber wird er, wie häufig erklärt worden ist, als 'mildernder Umstand' für den Kindesmord geltend gemacht. Reemtsma 1991,11 versteht ihn im Zusammenhang mit dem ursprünglich geplanten Hexenprozeß als »eine 〈erst〉 durch die Folter erzeugte Psychose« (→ Text-Bd S. 188,2 f.). Jedenfalls erscheint er als der mentale Zufluchtsort einer unerträglich Gequälten, der die äußere Flucht benommen ist. In dieser Entrückung bildet sich noch einmal die uralte Vorstellung vom Wahnsinn als morbus sacer, als 'heiliger Krankheit' ab. Die von Gott Geschlagene ist zugleich doch die Gott-Nahe.

Dem entsprechen die gegenüber der *Frühen Fassung* entschieden verstärkten religiösen Züge. Sie legen um das Erscheinungsbild dieser Glaubenskämpferin im Kerker die

Konturen einer alten Legendenfigur: die der heiligen Margarethe (Margarita). Der in Goethes Besitz befindliche *Chorus Sanctorum Omnium*, Köln 1563,403-06 berichtet, daß dieses fromme »Megdlin / so von 15.jaren war« (2627: *Ist über vierzehn Jahr doch alt*), einem heidnischen Landpfleger nicht zu Willen sein wollte, sich vielmehr vor ihm zum Christentum bekannte und eingekerkert wurde. Um einen »Hellischen Drachen« abzuwehren, »der zu jr ins gefengnis kame / seinen rachen gegen sie auffsperret / vnd sie verschlingen wolt«, fiel sie »auff jre knie zur erden« und »rekket aus jre hende / sucht rettung allein bey Gott im Hymel«, so daß sie den »Drachen (das der Deufel selbst war) überwandt und veriagt« (4453 ff.: *O laß uns knien die Heil'gen anzurufen! | Sieh! unter diesen Stufen 〈...〉 Siedet die Hölle! | Der Böse, | Mit furchtbarem Grimme, | Macht ein Getöse!*). Nach »disem sieg / kame ein ander deufel / vnd anderst figuriert / welcher die gefangen zeugin Christi listiger vnd mechtiger angriefff«, und als »die starcke überwinderin auch disen Beelzebub weg geiagt hatt / erfrewet sie der Herr mit einem klaren vnd grossen liecht im finstern kercker / dardurch aller Deufelsstanck / gesicht und zittern vertrieben / sie aber mehr zu leiden vmb Christi willen / ermanet vnd gestercket ward« (4602 ff.: *der! Schick' ihn fort! | Was will der an dem heiligen Ort? | Er will mich! 〈...〉 Gericht Gottes! Dir hab' ich mich übergeben!*). Schließlich erging »das Halsvrteil über Sanct Margarita«, und der Henker hat sie »mit dem schwerd in einem strich nidder gehawen / vnd jr Heupt von jrem Leibe gelöset«.

Mit diesen Zügen wird das Szenenende vorbereitet. Erst hier in der *Faust I*-Fassung nennt Margarete ihren Kerker den *heiligen Ort* (4603). Und auf ihren Gebetsschrei antwortet nun die *Stimme von oben*, die gegen Mephistos in der *Frühen Fassung* noch unwidersprochenes *Sie ist gerichtet!* das jenseitsbezogene und den Ausgang des Zweiten Teils präludierende *Ist gerettet!* stellt (→ Kommentar zu 4611).

192,4408 *Wahn]* Hier Substantiv zu 'wähnen', im Sinne einer »unbegründeten, irrigen Meinung« (Adelung 5,25). Worin die (nach Fausts Ansicht) bestanden hätte, wird nicht deutlich – wie überhaupt die Verse 4407-10 eine eher unbefriedigende Aufschwellung des lakonischen Eingangs der *Frühen Fassung* darstellen.

192,4411 *zögert]* Im ält. Sprachgebrauch auch transitiv verwendet, wie: zieht den Tod heran (DWb 32,22).

192,4412-20 *Es singt inwendig ...]* Ein geisterhaft unpersönliches Pronomen. Tatsächlich gibt die Singende ja auch dem toten Kind ihre Stimme.

Goethe nahm dafür Verse aus dem Märchen vom Machandelbaum (Wacholder) auf, das ihm in unbekanntem Wortlaut, offenbar aus mündlicher Überlieferung bekannt war, ehe noch Philipp Otto Runge es 1806 in niederdt. Fassung aufzeichnete und die Brüder Grimm es in ihre *Kinder- und Hausmärchen* aufnahmen (Nr 47, FA 209 ff.). Auch dort geht es um Kindestötung: Eine Frau hat ihren kleinen Stiefsohn umgebracht und ihn ihrem Mann zu essen gegeben. Seine Seele verwandelt sich in einen Vogel, der nach dem Tod der bösen Stiefmutter seine wiederbelebte menschliche Gestalt zurückgewinnt, vorher aber mit diesem Lied die Bluttat offenbar macht: »miin Moder de mi slacht't ⟨geschlachtet hat⟩, | miin Vader de mi att ⟨hier: ge*gessen* hat⟩, | miin Swester, de Marleeniken, | söcht alle miine Beeniken ⟨hier: *Bein*, Knöchelchen⟩ | un bindt se in een siiden Dook ⟨seidenes Tuch⟩, | legts unner den Machandelboom; | kiwitt, kiwitt, ach watt een schön Vagel bin ick!«

Im *Kerker*-Lied heißt es abweichend: *Meine Mutter, die Hur* (so hat Valentin 3730 seine Schwester genannt: die Rolle der mordenden Stiefmutter wird auf Margarete übertragen, Faust damit in Parallele gesetzt zum *Vater*, dem *Schelm* – DWb 14,2507: »verworfener mensch, betrüger«). In des Vogels letztem Vers aber: *Fliege fort, fliege fort!* scheint hier das Verlangen der Eingekerkerten selbst zu Wort zu kommen.

Bemerkenswert: In Runges Aufzeichnung stirbt die eigentliche Mutter bei der Geburt des Kindes, nachdem sie von den Beeren des Machandelbaums gegessen hat. Die Wacholderart Juniperus sabina ('Jungfernpalme' genannt) diente in der Volksmedizin als Abtreibungsmittel (HwbdA 7,868 ff.). Damit fällt auf die Bezeichnung der Mutter als *Hur*, des Vaters als *Schelm* (etwa schon in Goethes Vorlage?) ein überraschendes Licht.

193,4435 *Nah war der Freund, nun ist er weit]* Die hier einsetzende, mehrfach wiederholte (in der *Frühen Fassung* aber noch nirgendwo gegebene) Bezeichnung oder Anrede Fausts als *Freund* zitiert das Hohelied (→ 4461 und Kommentar dazu). Diese im *Faust I* deutlich »verstärkte Stilisierung der Gretchenfigur« nach dem »Modell der biblischen Braut« sieht Requadt 1972,338 in Verbindung damit, daß jetzt der *Kerker* »in der Auffassung Gretchens zum 'heiligen Ort'« wird.

193,4436 *Zerrissen liegt der Kranz, die Blumen zerstreut]* Hochzeits-*Kranz*, Symbol der Jungfräulichkeit (→ 3575 f. und Kommentar dazu). *Zerrissen* wurde er, und zu öffentlicher Schande wurden seine *Blumen zerstreut*, wenn man glaubte, daß die Braut ihn zu Unrecht trage (vgl. HwbdA 5,412 ff.).

193,4440 *mein Tage nicht]* Umgangssprachl. verkürzende Genitiv-Konstruktion: mein Lebtage nicht (nie im Leben).

193,4443 f. *Laß mich nur erst das Kind noch tränken. | Ich herzt' es diese ganze Nacht]* Der gegenüber der *Frühen Fassung* (S. 536,24) verdeutlichte Rückbezug auf 3141 ff. zeigt: was die Mütterliche mit dem Schwesterchen tat, überträgt sie auf das umgebrachte eigene Kind.

193,4445 *kränken]* Hier im ält. Wortsinn für: krank machen, quälen (vgl. DWb 11,2030 f.).

193,4448 ff. *Sie singen Lieder auf mich . . .]* Spottlieder auf den von Gott Geschlagenen schon biblisch (etwa in den Klageliedern Jeremias 3,14: »Ich bin ein spott alle meinem volck, und täglich ihr liedlein«, und 3,63: »so singen sie von mir ein liedlein«). – Bis ins 19. Jh. wurden Bänkellieder und

Moritaten auch über Kindsmordfälle öffentlich vorgetragen und auf fliegenden Blättern verbreitet (Sammlung Dt. Volksliedarchiv Freiburg; ein Beispiel bei Arens 1982,456 f.).

193,4449 f. *Ein altes Märchen endigt so . . .]* Meint die Verwirrte das eben von ihr gesungene Lied – und will es doch nicht auf sich selber *deuten* lassen? Die durch Runge überlieferte Fassung des Machandelbaum-Märchens (→ Kommentar zu 4412-20) endet nicht mit dem Lied, sondern mit der wunderbaren Wiederbelebung des ermordeten Kindes.

194,4460 *Gretchen! Gretchen!]* Das einzige Mal im gesamten Werk, daß Faust sie mit diesem Namen anredet (dahinter Jesaja 43,1 ff.: »ich habe dich bey deinem namen geruffen, du bist mein 〈. . .〉 und ich habe dich lieb 〈. . .〉. So fürchte dich nun nicht, denn ich bin bey dir«). Ein geradezu sprachmagischer Akt, der die bei ihrem Namen Gerufene für Augenblicke in die 'Realität' zurückholt, sie von aller *Qual* und *Angst* (4471 f.) erlöst. – Anders in der *Frühen Fassung*, → Kommentar zu 536,29.

194,4461 *Das war des Freundes Stimme!]* Margaretes Ruf wiederholt den der biblischen Sulamith (ebenso 4435, 4485, 4505). Der *Kerker*-Szene wird damit das Hohelied unterlegt. Dessen Verse 5,2 und 5,6 f. lauten in Goethes eigener Übersetzung (WA I 37,306): »Horch! Die Stimme meines klopfenden Freundes 〈. . .〉 er war weggeschlichen, hingegangen. Auf seine Stimme kam ich hervor, ich sucht ihn und fand ihn nicht, rief ihm, er antwortet nicht. Mich trafen die umgehenden Wächter der Stadt. Schlugen mich, verwundeten mich«; 2,8-10 (WA I 37,303): »Sie ists die Stimme meines Freundes. Er kommt! 〈. . .〉 Er steht schon an der Wand, siehet durchs Fenster, gucket durchs Gitter! Da beginnt er und spricht: Steh auf, meine Freundin, meine Schöne, und komm.« (→ 4435 und Kommentar dazu)

194, vor 4462 *springt auf. Die Ketten fallen ab]* – die Faust offenbar aufgeschlossen hat (nach 4426; deutlicher *Frühe Fassung* S. 537, nach 36). – Bemerkenswert: Margarete war doch schon vorher aufgestanden (nach 4431); jetzt erst, wo sie *des Freundes Stimme* erkennt, fallen die *Ketten* von ihr ab (in der Apostelgeschichte 12,6 f. trat zu Petrus im Gefängnis der Engel des Herrn »und sprach: Stehe behends auf. Und die ketten fielen ihm von seinen händen.«).

194,4463 ff. *Ich bin frei! . . .]* Sobald sie Faust erkennt, glaubt Margarete sich *frei* und *gerettet* (4474) – obgleich sie sich einer Entführung aus dem Kerker doch widersetzt, sobald sie diesen Plan begreift (4540 ff.). Sollte sie zunächst etwa an eine legale Befreiung und Rettung denken, die nach altem Rechtsbrauch möglich wäre, wenn Faust sie heiratete? (aus dem 16. Jh. sind zahlreiche Fälle bekannt, in denen Kindsmörderinnen so der Exekution entgangen sind; vgl. HwbdA 9, 829; Nachträge).

194,4467 *Heulen und Klappen der Hölle] Frühe Fassung* noch: *Heulen und Zähnklappen.* – Matthäus 8,12: »die kinder des reichs ⟨des Bösen⟩ werden ausgestossen in die äusserste finsterniß hinaus, da wird seyn heulen und zähnklappen.«

194,4469 *den süßen, den liebenden Ton]* Hohelied 5,16 (in Goethes Übersetzung, WA I 37,307): »Seine Kehle voll Süßigkeit, er ganz mein Begehren.« → Kommentar zu 4435 und 4461.

194,4479 *weile]* Verweile, bleibe.

195,4505 *weißt du denn . . ., wen du befreist?]* In der *Frühen Fassung* noch entschiedener: *Befreyst mich. Wen befreyst du! Weist du's?* Meint sie: eine Kindsmörderin? gar eine, die man als Hexe zum Tode verurteilt hat? (→ Kommentar zur *Hochgerichtserscheinung* im Paralipomenon 50, hier S. 939 ff.).

196,4526-29 *Mich ein wenig bei Seit', | Nur nicht gar zu weit! | Und das Kleine mir an die rechte Brust . . .]* Tatsächlich wurden die Hingerichteten doch sehr weit von den 'ehrlichen' Toten (wie Margaretes Mutter und Bruder), oft sogar außerhalb der Stadtmauern verscharrt, ungetaufte Kinder jedenfalls an gesonderter Stelle des Friedhofs.

196,4535 *fromm]* Hier kaum im Sinne von gottesfürchtig, sondern wie im ält. Sprachgebrauch für: ehrlich, unschuldig (vgl. DWb 4,241 f.).

196,4538 ff. *Ist das Grab drauß', | Lauert der Tod, so komm! . . .]* Kaum mehr verständlich. Will sie Fausts *komm!* nun folgen, um *Von hier aus in's ewige Ruhebett* des draußen wartenden Todes zu gelangen? Oder sträubt sie sich, eben weil draußen doch nur Grab und Tod warten und sie *Von hier in's ewige Ruhebett* zu finden hofft?

197,4544 *Ich darf nicht fort]* Auch heutigem 'kann nicht' entsprechend.

197,4545-49 *Was hilft es fliehn? . . .]* Margaretes Fluchtverweigerung ist auch in der goethezeitlichen Praxis von Steckbriefen und hohen Kopfgeldern wohlbegründet. Eine solche Geächtete, ins Elend der Bettlerexistenz (oder wilden Prostitution) 'unehrlicher' fahrender Leute Ausgestoßene würden die Häscher wahrscheinlich *doch ergreifen* (für die »Habhaftwerdung« der Kindsmörderin Susanna Margaretha Brandt waren 50 Reichstaler geboten – mehr als das Vierfache dessen, was sie selbst als Magd in einem ganzen Jahr verdienen konnte: Birkner 1973,36 u. 133).

197,4569 f. *wackelt mit dem Kopfe; | Sie winkt nicht, sie nickt nicht]* Mag auf dem Volksglauben beruhen, daß die Ermordeten keine Ruhe hätten, ehe ihr Tod gesühnt sei (vgl. HwbdA 6,568-73): Nahe der Richtstätte (*Berg* gewiß nicht der von Margaretes »Schuld«: Arens 1982,462, sondern eher der Galgenberg der Hochgerichtsstätte) wartet die Mutter, *winkt nicht* und *nickt nicht*, um die Flucht gutzuheißen, sondern *wackelt mit dem Kopfe* – soll sie ihren Seelenfrieden finden, muß ihre Tochter von Hand des Henkers sterben.

198,4572 *Sie schlief damit wir uns freuten]* → 3511 ff.

198,4582 *Sag niemand daß du schon bei Gretchen warst]* Meint natürlich nicht, daß er hier im Kerker war, sondern schon vor dem *Hochzeittag* in ihrer Kammer. – Unzensierter auch hier die *Frühe Fassung* (S. 539,87 f.): *Sags niemand dass du die Nacht vorher bey Gretgen warst.*

198,4583 *Weh meinem Kranze]* → 3575 f. u. 4436 und Kommentare dazu.

198,4586 *nicht beim Tanze]* Nicht beim Hochzeitstanz, aber wohl auch nicht bei der Hinrichtung. Auf ein jenseitiges 'Wiedersehen' hofft die Liebende (so schon in der *Frühen Fassung*!), glaubt also auch sich selber nicht ewig verdammt.

198,4587-95 *Die Menge drängt sich ...]* Nicht etwa im Futur, sondern im grammatischen Präsens steht Margaretes halluzinative Vorwegnahme der eigenen Hinrichtung, die sehr genau dem herkömmlichen Ritual entspricht: Unter gewaltigem Andrang der *Menge* ereignet sich diese andere *Hochgerichtserscheinung* (→ Paralipomenon 50, Text-Band S. 557 ff., 164-194 und Kommentar dazu, hier S. 939 ff.). Das Geläut einer *Glocke* zeigt die öffentliche Prozedur an. Vor den Augen der Verurteilten zerbricht der Richter ein *Stäbchen* zum Zeichen, daß ihr Leben verwirkt und sie dem ewigen Richter übergeben sei. Von den Gehilfen des 'Nachrichters', den Henkersknechten gepackt und sitzend auf einen *Blutstuhl* gebunden, wird sie enthauptet (das war die zu Goethes Lebzeiten übliche, 'fortschrittlich-humane' Form der Hinrichtung von Kindsmörderinnen, welche früher meist lebendig begraben oder gepfählt oder in einem verschnürten Sack ertränkt wurden: Wächtershäuser 1973, 153-69).

Die Exekution der Frankfurter Kindsmörderin, die wohl den Anstoß für diese Darstellung gab, schildert Beutler 1980,88-90; die amtlichen Berichte bei Birkner 1973,108 ff. Dazu hier S. 193 f.

198,4593 f. *Schon zuckt nach jedem Nacken | Die Schärfe die nach meinem zückt.]* Das mag im Perspektivenwechsel über den Imaginationshorizont des Mädchens hinausgehen (Arens 1982,463 oberlehrerhaft: »ist anstößig« und »ein Mißklang in dieser Vision«), vermittelt aber höchst suggestiv das Empfinden des Augenzeugen (bei der Hinrichtung der Frankfurter Kindsmörderin – der, wenn nicht überhaupt der 22jährige Rechtsanwalt Goethe selbst, so doch ihm ganz Nahestehende beiwohnten. *Dichtung und Wahrheit* 4. Buch. FA I 14,166: »Wir mußten Zeugen von verschiedenen Exekutionen sein«).

198,4596 *O wär' ich nie geboren!]* Im Faustbuch von 1587 beklagt der Teufelsbündner mit diesem Topos seine ewige Verdammnis: »O daß ich nie geboren were worden« (*Historia* 1587,42) – freilich nur in der Spies'schen Fassung, die Goethe wohl nicht kannte. Aber er wird gewußt haben, daß diese Worte den Klageruf des Chors in der *Oedipus auf Kolonos*-Tragödie des Sophokles (1225) aufnehmen, die Selbstverfluchung Hiobs (3,3) und Jesu Urteil über Judas (Matthäus 26,24): Faust *der Unglücksmann* (4620).

199,4607 ff. *Vater! Rette mich! | Ihr Engel! Ihr heiligen Scharen, | Lagert euch umher, mich zu bewahren!]* Psalm 34,5 ff.: »Da ich den Herrn suchte, antwortete er mir, und errettete mich aus aller meiner furcht. 〈. . .〉 Der engel des Herrn lagert sich um die her, so ihn fürchten, und hilft ihnen aus.«

199,4611 *Sie ist gerichtet!]* Nur das irdische Gericht kann Mephisto da meinen: die Flucht aus dem Kerker verweigernd, sei Margarete nun nicht mehr vor dem Henker zu retten. Aber er usurpiert dabei das traditionelle (überirdische) Urteil über die Teufelsbündner: »judicatus es« (‘du bist gerichtet’) heißt es am Ende des Wanderbühnen- und Puppenspiels auch vom Doktor Faust, und es folgt dort ein apodiktisches »in aeternum damnatus es« (‘du bist in Ewigkeit verdammt’); vgl. Mahal 1991,50 u. 52. Dem widerspricht hier – auf die Gerichtete bezogen – die entgegnende *Stimme von oben.*

199,4611 STIMME *(von oben) Ist gerettet!]* Noch nicht in der *Frühen Fassung* (→ Kommentar zu 539,103). – Wie aus dem alten Mysterienspiel zitiert, ist das (als Gegenwort zu *gerichtet* vorgegeben im Johannesevangelium 3,17) der einzige ‘transzendente’ Eingriff in die dem *Prolog im Himmel* folgende *Tragödie* des Spiels vom ‘Erdetreiben’ (→ *Prolog*-Kommentar S. 163). Er weist voraus auf die Erscheinung der geretteten, fürbittenden Büßerin Margarete am Ende des Zweiten Teils.

199,4612 *Heinrich! Heinrich!]* Die verhallenden Schreie des Mädchens hat Goethe für die Weimarer Aufführung von 1829 gestrichen und durch einen *Chor* ersetzt, der das *Ist gerettet!* übernimmt und mit *Engelsarmen* und *erwarmen* auf dreifaches *Erbarmen* reimt! (Text-Band S. 592)

DER TRAGÖDIE ZWEITER TEIL

1808 war – unter dieser Bezeichnung – *Der Tragödie Erster Teil* erschienen. Die frühesten Nachrichten von einem Teilungsplan der *Faust*-Dichtung stammen aus dem Jahr 1800 (→ hier S. 956, 958: Kommentare zum Paralipomenon 1, außerdem Schillers Brief vom 13. 9. 1800: Text-Band S. 780). Aber erst 1826 wurde der 3. Akt des Zweiten Teils abgeschlossen, dem dann der 1. und 2. Akt folgten, darauf der 5. und zuletzt der im Sommer 1831 fertiggestellte 4. Akt. Diese groben Angaben (die von überlappenden Abschlußarbeiten ohnehin absehen) unterstellen eine breite entstehungsgeschichtliche Zäsur zwischen beiden Teilen. In Wahrheit reichen die Pläne für den späteren *Faust II* doch weit zurück. Ebenso wie die S. 181 ff. beschriebenen »Facta und Charaktere« des *Faust I* waren Fausts Auftritt am Kaiserhof und seine Begegnung mit Helena schon in den alten Faustbüchern vorgegeben und gehörten in Goethes ganz frühes Konzept. Auch seine Niederschriften zum späteren Zweiten Teil setzen schon lange vor Abschluß des Ersten ein. Aber zwischen beiden läuft doch eine Art Wasserscheide. *Faust I* läßt sich vom jungen Goethe her lesen, *Faust II* auf den alten Goethe hin: ein spät vollendetes Frühwerk das eine, ein früh begonnenes Alterswerk das andere.

Schon die Zeitgenossen, die vom Zweiten Teil 1827 den Vorabdruck des *Helena*-Aktes und 1828 die ersten Kaiserhof-Szenen zu lesen bekamen, hatten wohl Schwierigkeiten, sich diese Fortführung mit dem Ersten Teil zusammenzureimen. Das zeigt und darauf antwortet offenbar das Nachlaß-Xenion

> Seid ihr verrückt? was fällt euch ein,
> Den alten Faustus zu verneinen!
> Der Teufelskerl muß eine Welt sein
> Dergleichen Widerwärt'ges zu vereinen. (FA I 2,720)

»Widerwärt'ges« meint hier irritierend Heterogenes. Denn jetzt verläßt das Spiel den engen Schauplatz einer Bürgerwelt, die Goethe 1827, aus weiter eigener Distanz, als einen »Wust mißverstandener Wissenschaft, bürgerlicher Beschränktheit, sittlicher Verwirrung, abergläubischen Wahns« abgetan hat (WA I 15.2,215). Der Zweite Teil greift in andere, größere Bereiche aus, führt von Auerbachs Kellerlokal in die Kaiserpfalz (1. Akt), vom engen Harz in die weite antike Landschaft am ägäischen Meer (2. Akt), von Margaretes Kammer zur königlichen Burg der Helena (3. Akt), von der Straße *Vor Liebchens Tür*, wo Faust mit Mephistos Hilfe den Valentin niedersticht, auf das große Schlachtfeld, wo sie des Gegenkaisers Heer besiegen (4. Akt), von der verstaubten Gelehrtenstube in den herrscherlichen Palast (5. Akt). Im *Kerker* ruft am Ende des Ersten Teils Mephisto sein *Komm!* und *Her zu mir!* Und über den *Bergschluchten* spricht am Ende des Zweiten Teils die Mater gloriosa ihr *Komm! Hebe dich zu höhern Sphären, | Wenn er dich ahnet folgt er nach.*

So führt die Reihe der Versuche, mit denen der nach Weltgewinn und Ich-Erweiterung verlangende, vom Hunger nach dem Unerreichlichen getriebene Faust im Ersten Teil des Spiels ausbrechen will aus den Kerkern seiner *kleinen Welt*, in die *große Welt* des Zweiten Teils hinüber (→ Kommentar zu *Faust I*, S. 201-204). Was sich dabei verändert und auf welche Weise das geschieht, hat Goethe in seiner Vorankündigung des *Helena*-Abdrucks sehr genau angegeben: *einen solchen Mann* müsse man jetzt, *in höheren Regionen, durch würdigere Verhältnisse durchführen.* (Paralipomenon 123C: Text-Band S. 636,23 f.) Durch sie hindurch wird Faust geführt. Ließe sich vom Ersten Teil sagen, daß die Schauplätze um des Protagonisten willen gewählt wurden, so steht es jetzt eher umgekehrt. Nicht mehr die Person ist eigentlich entscheidend, sondern um die Spielfelder geht es: um die großen Weltverhältnisse.

Das unausgesprochen dem *Faust I* voranstehende erste Wort ist bezeichnenderweise das Personalpronomen 'Ich' *(Habe nun . . .)* – eine situationsbezogene Konjunktion hingegen ist das erste im *Faust II (Wenn der ...)*. In gleiche Richtung weisen die quantitativen Befunde. Der auf die Faustfigur entfallende Sprechtext geht von etwa 30% im Ersten Teil auf 13% im Zweiten zurück. Weit stärker noch als die Zahl der auftretenden Einzelfiguren erhöht sich jetzt die der Gruppen und Massen: von etwa 20 im *Faust I*, denen dort weniger als 7% des Textes zukommen, auf etwa 70 im *Faust II*, wo nahezu 20% des Textes im Kollektiv gesprochen oder gesungen werden. Goethe zu Eckermann (17. 2. 1831): »Der erste Teil ist fast ganz subjektiv; es ist alles aus einem befangeneren, leidenschaftlicheren Individuum hervorgegangen, welches Halbdunkel den Menschen auch so wohl tun mag. Im zweiten Teile aber ist fast gar nichts Subjektives, es erscheint hier eine höhere, breitere, hellere, leidenschaftslosere Welt«.

Mit dem heilenden Schlaf, der in der Eröffnungsszene Faust Vergessen schenkt, fällt über sein Inneres ein Schleier, der fortan die personale Individualität verdeckt und die an sie gebundene Identität der Person aufzuheben scheint. Das gilt, in unterschiedlichem Maß und auf unterschiedliche Weise, für alle Figuren, die Goethe im Zweiten Teil auf die Spielbretter der *Faust*-Dichtung setzt. Die Herzensergießungen versiegen. Die psychologisierende Darstellung des Menschen tritt zurück hinter den phantasmagorischen 'Formeln', welche die Welt zu erfassen suchen, durch die er geführt wird.

Mit dem Verblassen von Individualität, dem Zurücktreten der Individuen und der Gewichtsverlagerung auf transpersonale Weltverhältnisse und Vorgänge löst sich die dramatische Darstellung freilich auch aus ihrer gewohnten, im *Faust I* noch weitgehend erhaltenen Bindung an eine linear verlaufende und in sich lückenlose, kausalmotivierte Lebensgeschichte des 'Helden'. So bildet sich in der Struktur des Dichtwerks selbst eine Geschichtsbetrachtung ab (vgl. Koselleck 1993), deren eigentliches Interesse den in immer neuen Konstellationen und anderen Einkleidungen sich wiederholenden 'Geschichten' gilt, welche von der historischen Diachronie modellhaft ablösbar erscheinen. *Denn Naboths Weinberg war schon da.* (11287) Immer gilt hier Erichthos: *Wie oft schon wiederholt sich's! Wird sich immerfort | In's Ewige wiederholen* ... (7012 f.). Damit zerbricht die personale, chronologische, räumliche Kontinuität der dramatischen Handlung. Häufiger noch und gravierender als im *Faust I* werden Vorgänge, die für die Geschichte des Protagonisten von großer Bedeutung wären, jetzt 'hinter die Bühne' verlegt. Und was das Spiel vor Augen stellt, zu betrachten und zu bedenken gibt, folgt einander in mächtigen 'Sprüngen und Würfen', welche die überkommenen Vorstellungen vom dramatischen Kunstwerk verabschieden und die auf ein solches Bühnenstück gerichteten Publikumserwartungen hintansetzen. Einzig die willkürfreie Zahl seiner Akte ist es, mit der dieses Spiel noch an das 'klassisch'-normative, strukturnotwendig fünfaktige Drama erinnert.

Als Goethe 1797 wieder an den *Faust* ging, richtete sich die Frage, ob und wie er den alten Plan abschließend noch zu einem Ende führen könnte, auf das Strukturprinzip, nach dem diese »großen erfundenen und halb bearbeiteten Massen« zu disponieren wären. Zur gleichen Zeit, in der er darüber mit Schiller korrespondierte (→ Text-Band S. 771-75), beschäftigte die beiden ein gattungstheoretischer Gedankenaustausch über die Grundgesetze epischer und dramatischer Dichtung. Damals entwarf Goethe ein zusammenfassendes, strukturierendes 'Schema' und schrieb dem Freund von der im traditionellen Sinn regellosen, »barbarischen Komposition« der *Faust*-Dichtung: »Ich werde sorgen daß die Teile anmutig und unterhaltend sind und etwas denken lassen, bei dem Ganzen, das ⟨hinsichtlich einer in sich vollständigen, 'geschlossenen' dramatischen Form⟩ immer ein Fragment bleiben wird, mag mir die neue Theorie des epischen Gedichts zu statten kommen.« Was das meint, hatte Schiller in einem Brief vom 21. 4. 1797 in den Satz gefaßt: »Es wird mir aus allem, was Sie sagen, immer klarer, daß die Selbstständigkeit seiner Teile einen Hauptcharakter des epischen Gedichtes ausmacht.« Eben darauf zielte offenbar Goethes Gattungsbezeichnung, als er ihm am 11. 4. 1798 vom *Faust* als seinem »rhapsodischen Drama« berichtete. Hinsichtlich der »Selbstständigkeit seiner Teile« nimmt es jetzt in der Tat »einen Hauptcharakter des epischen Gedichtes« an. Die etwa gleichzeitig verfaßten Verse zur *Abkündigung* der *Faust*-Dichtung erklären: *Des Menschen Leben ist ein ähnliches Gedicht*, und ein sinngemäß in gleicher Weise vergleichend auf das Drama bezogener Entwurf dazu macht das Gemeinte vollends deutlich: *Das Leben ist ein episches Gedicht* (Paralipomena 97 u. 97v: Text-Band S. 573 u. 548).

34 Jahre später wurde in einem höchst aufschlußreichen Gespräch mit Eckermann formuliert, welche Konsequenzen dieser Bauplan gehabt hat. Da wird deutlich, daß der *Faust* keineswegs infolge einer nachlassenden Gestaltungskraft des Alternden aus den dramatischen Fugen geht (wie man doch häufig unterstellt hat), sondern daß seine 'epische' Form entschieden plangemäß aus dem Grundprinzip einer Selbständigkeit der Teile resultiert (und damit weit vorausweist auf 'Errungenschaften' der Moderne). Goethe arbeitete damals am zuletzt geschriebenen 4. Akt und bezog sich zunächst auch auf ihn. Aber seine Strukturbeschreibung gilt gleichermaßen für alle fünf Spielfelder dieses Stationenstücks *Faust II*, selbst für einzelne ihrer locker angefügten Szenen, und erstreckt sich rückwirkend sogar über alle sechs 'Abhandlungen' dieses epischen Theatergedichts (denn mit vollem Recht hat das Gespräch sich auch auf Szenen des Ersten Teils bezogen).

Also Goethe, am 13. 2. 1831: »'Dieser Akt bekommt wieder ⟨!⟩ einen ganz eigenen Charakter, so daß er, wie eine für sich bestehende kleine Welt, das Übrige nicht berührt, und nur durch einen leisen Bezug zu dem Vorhergehenden und Folgenden sich dem Ganzen anschließt.' Er wird also, sagte ich ⟨Eckermann⟩, völlig im Charakter des Übrigen sein; denn im Grunde sind doch der Auerbachsche

Keller, die Hexenküche, der Blocksberg, der Reichstag, die Maskerade, das Papiergeld, das Laboratorium, die klassische Walpurgisnacht, die Helena, lauter für sich bestehende kleine Weltenkreise, die, in sich abgeschlossen, wohl aufeinander wirken, aber doch einander wenig angehen. Dem Dichter liegt daran, eine mannigfaltige Welt auszusprechen, und er benutzt die Fabel eines berühmten Helden bloß als eine Art von durchgehender Schnur, um darauf aneinander zu reihen was er Lust hat. Es ist mit der Odyssee und dem Gil-Blas auch nicht anders. 'Sie haben vollkommen Recht, sagte Goethe; auch kommt es bei einer solchen Komposition bloß darauf an, daß die einzelnen Massen bedeutend und klar seien, während es als ein Ganzes immer inkommensurabel ⟨etwa: unberechenbar⟩ bleibt, aber eben deswegen, gleich einem unaufgelösten Problem, die Menschen zu wiederholter Betrachtung immer wieder anlockt.'«

Dieser programmatischen »Selbstständigkeit seiner Teile« wegen beschränken sich die allgemeinen Erläuterungen zum *Faust II* hier auf einige übergeordnete, grundsätzliche und formale Aspekte. Den »ganz eigenen Charakter« der einzelnen Akte und Szenen suchen erst die nachfolgenden Kommentare zu verdeutlichen.

Tagebuch 22. 7. 1831: »Das Hauptgeschäft zu Stande gebracht. Letztes Mundum. Alles rein Geschriebene eingeheftet.« (zur letzten Phase der Entstehungsgeschichte → Text-Band S. 805-813) Goethe verfügte, daß die Drucklegung und Veröffentlichung des Zweiten Teils erst nach seinem Tod zu erfolgen habe. Auf Wilhelm v. Humboldts Beschwörung, »diesen Vorsatz wieder aufzugeben« (6. 1. 1832), hat er am 17. 3. 1832 entgegnet: »Ganz ohne Frage würd' es mir unendliche Freude machen, meinen werten, durchaus dankbar anerkannten, weitverteilten Freunden auch bei Lebzeiten diese sehr ernsten Scherze zu widmen, mitzuteilen und ihre Erwiederung zu vernehmen. Der Tag aber ist wirklich so absurd und konfus, daß ich mich überzeuge meine redlichen, lange verfolgten Bemühungen um dieses seltsame Gebäu würden schlecht belohnt und an den Strand getrieben, wie ein Wrack in Trümmern daliegen und von dem Dünenschutt der Stunden zunächst überschüttet werden. Verwirrende Lehre zu verwirrenden Handel waltet über die Welt . . .«.

Für diese hartnäckige Weigerung, den Zweiten Teil der *Faust*-Dichtung noch zu Lebzeiten zu veröffentlichen, gab es mancherlei Gründe (dazu Schöne 1997/II, 118 f.). Ausdrücklich aber richten sich die erklärenden Sätze des Briefs an Humboldt auch auf das Formproblem. Eine der beiden Bestimmungen, die Goethe hier für das Werk selber gegeben hat, gilt seiner Architektur, bezeichnet es als »dieses seltsame Gebäu«. Und er wußte: »Den Stoff sieht Jedermann vor sich, den Gehalt findet nur der der etwas dazu zu thun hat, und die Form ist ein Geheimniß den meisten.« (1826. FA I 13,31) Darin hat die Wirkungsgeschichte ihm recht gegeben. Die »Selbstständigkeit seiner Teile« und die semantischen Konsequenzen dieser 'epischen Struktur' seines Theatergedichts, die »Dergleichen Widerwärt'ges zu vereinen« wußte, haben nicht nur im 19. Jahrhundert dazu geführt, daß man es – oft mit bewundernder, meist mit abwehrender Befremdung – von vornherein als ein aus »Trümmern« bestehendes bühnenfernes »Wrack« ansah.

Auch Goethes zweite Bestimmung des dem Druck zu Lebzeiten entzogenen Werkes: »diese sehr ernsten Scherze«, deutet in verschiedene Richtungen. Gewiß schließt sie ein, was bei den Zeitgenossen nicht nur auf Unverständnis und Befremden treffen, vielmehr äußerste Mißbilligung und Entrüstung hervorrufen mußte. Den gedruckten Wortlaut des Ersten Teils und mehr noch dessen Weimarer Theaterfassung hatte er in vorsorglichem Publikumsgehorsam einer Selbstzensur unterworfen, welche die sittlichen und religiösen Empfindlichkeiten seiner Zeitgenossen schonte (→ hier S. 118-129). Davon zeigen die überlieferten Vorarbeiten zum Zweiten Teil kaum eine Spur. Er beginnt mit einer Szene, die den Verderber Gretchens, wahrhaftig 'ohne

Verdienst und Würdigkeit', im bloßen Schlaf von seiner *Blutschuld* befreit, und endet, nach einer haarsträubenden Homosexualitätsposse, mit der blanken Ketzerei der 'Erlösungs'-Szene. Den Reaktionen, die solche »sehr ernsten Scherze« erwarten ließen, mochte sich der Alte nach abgeschlossenem »Hauptgeschäft« nicht mehr ausgesetzt sehen.

Auf einen dritten Grund für den Veröffentlichungsverzicht deuten im Brief an Humboldt die Worte: »Verwirrende Lehre zu verwirrenden Handel waltet über die Welt«. An Schubarth hatte Goethe am 3. 11. 1820 über seine Pläne zum Zweiten Teil geschrieben, es gebe da »noch manche herrliche, reale und phantastische Irrtümer auf Erden, in welchen der arme Mensch sich edler würdiger, höher, als im ersten, gemeinen ⟨bürgerlich-gewöhnlichen⟩ Teile geschieht, verlieren dürfte. Durch diese sollte unser Freund Faust sich auch durchwürgen. In der Einsamkeit der Jugend ⟨also ohne eine wirkliche Weltkenntnis⟩ hätte ich's aus Ahnung geleistet ⟨das Stück so zu Ende zu schreiben⟩, am hellen Tage der Welt ⟨aus der Lebenserfahrung des Alters, in tatsächlicher Kenntnis der Welt aber⟩ säh es wie ein Pasquill aus.« Im Begriff einer solchen 'Schmähschrift' auf die Welt geht seine *Faust*-Dichtung nicht auf. Aber Züge dieser Art trägt sie sehr wohl. Was der Alte an verwirrender »Lehre« und verwirrendem »Handel« über seiner Welt glaubte walten zu sehen, hat er ihr eingeschrieben. Und die 'ethisch-ästhetischen Formeln', in denen er das darstellte, durch die er es übertragbar machte, haben an fortdauernder Gültigkeit für unsere Welt kaum schon verloren.

Als Goethe dem Freund Boisserée mitteilte, er habe das Manuskript versiegelt und verzichte verzweifelnd »auf die nächste unmittelbare Teilnahme« der Mitlebenden (24. 11. 1831), da fügte er hinzu: »Mein Trost ist jedoch, daß gerade die, an denen mir gelegen sein muß, alle jünger sind als ich und seiner Zeit das für sie Bereitete und Aufgesparte zu meinem Andenken genießen werden.«

ERSTER AKT

Nach Erscheinen des vorgezogenen und 1827 vorab veröffentlichten 3. Aktes arbeitet Goethe, ältere Pläne und Entwürfe aufnehmend, konzentriert von Mitte 1827 an am 1. Akt (zur Entstehungsgeschichte Bohnenkamp 1994, 279-90). Die Eingangsszene *Anmutige Gegend* und die drei ersten der sechs Auftritte in der *Kaiserlichen Pfalz* werden (abbrechend im *Lustgarten* mit dem Vers 6036) zur Ostermesse 1828 in der *Ausgabe letzter Hand* veröffentlicht – zusammen mit *Zueignung*, *Vorspiel*, *Prolog* und dem Ersten Teil der *Faust*-Dichtung. Alles im 1. Akt noch Folgende ist dann Anfang 1830 fertiggestellt, zuletzt die drittletzte Szene *Finstere Galerie*, und wird erst nach Goethes Tod gedruckt.

Durch einen ungemein abrupten Szenenschnitt abgesetzt vom nachfolgenden Geschehen, vollzieht sich in der *Anmutigen Gegend* ein Zwischenspiel, das nach dem *jammervollen Abschluß des ersten Theiles* (Goethe 1826 im Paralipomenon 123C, → Text-Band S. 637,40) den Neubeginn des Zweiten Teils allererst ermöglicht. Die Gnade der Natur senkt den *Unglücksmann* hier in einen Heilschlaf, der ihn vergessen macht und *gesunden* läßt, gibt den Erwachenden *zurück dem heiligen Licht* (4633). Dann wird – wie ähnlich später vor dem *Palaste des Menelas* (3. Akt) und wieder in Fausts *Palast* (5. Akt) – eine ganze Szenengruppe gebündelt im weitläufigen Palast der *Kaiserlichen Pfalz*: Der Protagonist betritt *die große Welt* (2052).

Wohl 1816, als Goethe an der Möglichkeit einer Vollendung der *Faust*-Dichtung verzweifelte, hat er 'ersatzweise' eine Inhaltserzählung vom Zweiten Teil diktiert, wie er ihn um 1775 geplant haben mag (→ Text-Band S. 786). Auch das Geschehen am Kaiserhof wird da geschildert (Paralipomenon 63, → Text-Band 593 ff., hier 12-71). Als Folie verwendet, auf der sich die Abweichungen der späteren

Szenen abzeichnen, kann dieser ältere Plan bestimmte Eigenarten und Absichten der endgültigen Fassung verdeutlichen:

1. Bevor sich Faust vor den Kaiser führen läßt, macht er im Inhaltsbericht von 1816 eine Bedingung geltend: *Mephistophles dürfe nicht in den Saal, sondern müsse auf der Schwelle bleiben, ferner daß in des Kaisers Gegenwart nichts von Gaukeley und Verblendung vorkommen solle.* Von seinem Gespräch mit Maximilian heißt es dann, dessen Fragen bezögen sich *auf irdische Hindernisse, wie sie durch Zauberey zu beseitigen. Fausts Antworten deuten auf höhere Forderungen und höhere Mittel.* Das entspricht offenbar der später dort folgenden Angabe: Faust *entläßt den Mephistophles* (Text-Band S. 596,116), steht jedenfalls in deutlichem Zusammenhang mit dem, was Faust nach älterem Plan in der *Mitternacht*-Szene des 5. Aktes erklären sollte: *Ich habe längst schon die Magie entfernt. | Die Zauber Sprüche williglich verlernt.* Diese Vorfassung (in H4, Text-Band S. 725,4 ff., wohl aus dem Frühjahr 1825), die Fausts endliche 'Rettung' geradezu als verdient erscheinen lassen könnte, hat Goethe gründlich verändert. *Könnt ich Magie von meinem Pfad entfernen | Die Zaubersprüche ganz und gar verlernen*, lauten am Ende die Verse 11404 f. (→ Kommentar zu 11403-07). So gibt es auch im 1. Akt keine Spur mehr von den 1816 geplanten Entlastungen. Vielmehr agiert Faust bei der keineswegs nur harmlos-unterhaltsamen *Gaukeley und Verblendung* der Hofszenen durchaus als Mephistos *Kumpan* (6311). Wo seine Reden und Handlungen überhaupt noch *höhere Forderungen und höhere Mittel* andeuten oder vorgeben, erscheinen sie zwielichtig und entschieden fragwürdig.

2. Wie im Faustbuch von Pfitzer 1674 (10. Kap. des 2. Teils) und beim 'Christlich Meynenden' (S. 29 f.) läßt Goethes Inhaltserzählung von 1816 Faust vor dem Kaiser Maximilian I. auftreten; nur nicht wie dort in Innsbruck, sondern beim *Reichstage zu Augsburg.* Nach einem anderen Bericht (Falk, in Biedermann/Herwig 5, Nr 7229; → hier S. 970 f.) sollte Fausts Audienz beim Kaiser ursprünglich

einmal in Frankfurt erfolgen, zur Zeit der Krönungsfeierlichkeiten. Nichts mehr von solchen Angaben findet sich im 1. Akt. Der Kaiser bleibt ohne Namen, seine *Pfalz* ohne Ortsangabe. Wohl lassen sich Züge ausmachen, die an diesen Maximilian erinnern (dazu Wiesflecker 1982): die Bedrängnisse des Herrschers über ein zerfallendes Reich, seine Verschuldung, sein Interesse an den magischen Künsten, ebenso seine Freude an höfischen Festen (die 1816 noch nicht erwähnte große *Mummenschanz*-Szene hat eine andere Quelle, entspricht aber in vieler Hinsicht auch Dürers 'Triumphzug Kaiser Maximilians'). Gerade deshalb wird die Namenlosigkeit des Herrschers hier aufschlußreich. Sie wehrt das Mißverständnis ab, daß es um ein individualisierendes Geschichtsdrama ginge, und bezeichnet die typisierende Grundtendenz des *Faust II*. Eckermann, 1. 10. 1827: »Ich habe in dem Kaiser, sagte er, einen Fürsten darzustellen gesucht, der alle möglichen Eigenschaften hat sein Land zu verlieren, welches ihm denn auch später wirklich gelingt.« Während der Staatshaushalt vor dem Bankrott steht, Rechtlosigkeit und Korruption das Gemeinwesen befallen haben, während es *fieberhaft durchaus im Staate wütet* und schon *des Aufruhrs wachsendes Gewühl* sich erhebt, spricht der von astrologischen Prognosen ideologisch verblendete Herrscher noch vom vorbestimmten *Glück und Heil* eines solchen Reiches und denkt an die festliche Repräsentation seiner Macht. Die Weltstunde, in der dieser Kaiser als *der Kaiser* erscheint, ist die des krisenhaften Übergangs vom feudalistischen in ein bürgerliches Zeitalter. Aber Goethes 'ethisch-ästhetische Formel' reicht auch hier über den historischen Befund hinaus, aus dessen Schriftzeichen sie gebildet wurde.

3. In der Inhaltserzählung von 1816 wird zwischen Fausts Erwachen aus dem heilenden Schlaf und seinem Auftritt am Kaiserhof ein Übergangsgeschehen skizziert, auf das die endgültige Fassung gänzlich verzichtet. Gängigen Vorstellungen von der Notwendigkeit kontinuierlicher Handlungsverläufe verhaftet, meinte selbst der verständ-

nisvoll folgsame Eckermann, daß hier »eine grosse Lücke fühlbar« sei (Tewes 1901,16). Als er 1834 *Goethes Faust am Hofe des Kaisers* in drei Akten für die Bühne einzurichten suchte, fühlte er sich ermächtigt, nachbessernd eine »neue Scene zwischen Faust und Mephistopheles« hinzuzudichten, welche den unterbrochenen Handlungsfaden flickt und Fausts Gang an den Kaiserhof psychologisch motiviert (aaO. 16 ff.). Eine solche Ergänzungsprobe verdeutlicht, was der Autor mit seiner harten Fügung beabsichtigen mochte. Hier wie in anderen, ähnlichen Fällen überließ er es »dem vernünftigen Leser« oder Zuschauer, »an Übergängen zu supplieren« (an Humboldt, 1. 12. 1831. → Text-Band S. 825), und verlagerte durch sichtliche Vernachlässigung des Geschehnisverlaufs und der personbezogenen Motivierung das Gewicht von der Handlung und der Zentralfigur auf die gleichsam freigestellte, objektivierte 'Station', auf die modellhafte 'ethisch-ästhetische Formel'.

In der Szenengruppe *Kaiserliche Pfalz* geht es in dieser Weise um den Staat, um Herrschafts- und Gesellschaftsverhältnisse, um Finanz- und Wirtschaftspolitik – in derjenigen Phase historischer Prozesse, wo »Throne bersten, Reiche zittern« (Eröffnungsgedicht *West-östlicher Divan.* FA I 3,12).

Aus der Fülle der hier eingebrachten Themen und Vorgänge heben sich, jeweils drei Einzelszenen übergreifend, die magischen Projekte der Papiergeldschöpfung und der Helenabeschwörung heraus. Was sie miteinander verbindet, ist das auch in vielfältig anderer Weise thematisierte Motiv des Künstlichen, Fiktiven, Scheinhaften, Trügerischen. Während aber das Papiergeld-*Gespenst*, auf zentrale Weise mit diesem Staats-Akt verbunden, hier ausgespielt hat, eröffnet das für *Kaiser und Hof*, also unter dem eigentlich politischen Aspekt nur periphere (eher auswechselbare) *Helena*-Gespenst ein weiterreichendes Spiel. Das wird im 2. Akt sich fortsetzen, mit dem 3. Akt gipfeln, auch in den 4. und 5. Akt hinein noch nachwirken.

Seite 203-206 Szene
4613-4727 ANMUTIGE GEGEND

Als Missetäterin im Kerker zu entsetzlichen Qualen eingesperrt Margarete (188,2 f.) – Faust *auf blumigen Rasen gebettet.* Für den Schauplatzwechsel zwischen dem Ende des Ersten und dem Beginn des Zweiten Teils läßt sich ein schärferer Kontrast kaum denken. Mit dem *grünumschränkten Plan* dieser idealisierten lieblichen Landschaft, ihrer *Schatten-Ruh*, ihren *Silberwellen* werden die Grundbestandteile einer aus der römischen Antike überkommenen Bildformel zitiert (dazu Curtius 1948,200 ff.). Die Szenenüberschrift *Anmutige Gegend* ist nichts anderes als die Übersetzung der traditionellen Bezeichnung für eben diesen literarischen 'Topos': locus amoenus (vgl. Michelsen 1983,307).

Hier wird Faust vom hypnotischen Zaubergesang der kleinen Naturgeister in einen Heilschlaf versenkt, der ihm das gleiche zuteil werden läßt, was *nächtiger Weile* in der umgebenden Natur geschieht, wenn alles still wird und Frieden findet, in tiefe Ruhe fällt, dann wieder einem neuen Tag sich zuwendet und im Morgenlicht sich belebt. So wenig dieser vierstrophige Gesang selber die reale Dauer der *Nacht* ausfüllt, die er in raffenden Phasenbildern vergehen läßt, darf man unterstellen, daß Faust nach seiner Flucht aus dem Kerker tatsächlich den Schlaf einer einzigen Nacht nur brauche, um alles hinter ihm Liegende von sich abzutun. Hier und immer wieder im Zweiten Teil entziehen sich die 'symbolischen' Bilder einer chronologischen Berechnung, werden die Stationen des Szenenganges nicht mehr von Uhr und Kalender reguliert. Die großen 'Formeln' dieser Dichtung treten aus dem realen Zeitverlauf heraus.

Ein geradezu biologischer Wiederherstellungsprozeß ist

es, der den nurmehr als *ermüdet*, *unruhig*, *schlafsuchend* bezeichneten Faust hier *gesunden* läßt. Denn im Medium des Elfengesanges und der ihn begleitenden Musik handelt die heilkräftige Natur selber an diesem Schlafenden – gerade so, wie sie die magischen Klänge der *Äolsharfen* bewirkt: ohne menschliches Zutun (→ Kommentar zu vor 4613). Faust leistet da wahrhaftig keine 'Trauerarbeit'. Nicht die auf der Fähigkeit zur Schuldeinsicht beruhende moralische Würde des Menschen erweist sich an ihm, sondern eine amoralisch vegetative Regenerationsfähigkeit auch der menschlichen Natur. Nichts mehr wird erinnert. Fausts Gewissensentlastung verdankt sich dem Vergessen. Dieses Bad der Wiedergeburt, aus dem er selber so *neu erquickt* hervorgeht wie die erinnerungslos morgenfrohe Natur, ist ein Bad *im Tau aus Lethes Flut* (→ Kommentar zu 4629). Am Extremfall einer mörderischen Verschuldung hat Goethe hier exemplifiziert, was er am 15. 2. 1830 dem Altersfreunde Zelter schrieb: »daß mit jedem Atemzug ein ätherischer Lethestrom unser ganzes Wesen durchdringt, so daß wir uns der Freuden nur mäßig, der Leiden kaum erinnern. Diese hohe Gottesgabe habe ich von jeher zu schätzen, zu nützen und zu steigern gewußt.«

Tatsächlich erscheint die Gnade der Natur, die der Schuldbeladene hier ohne alles eigene Zutun erfährt, als ein Vorschein jener göttlichen Gnade, die ihm am Ende in der *Bergschluchten*-Szene zuteil wird – jetzt nach dem Schlaf, dann nach dem Tod. Auf diese endliche 'Wiederbringung' weisen Ariels Worte voraus: *Gebt ihn zurück dem heiligen Licht* (4633). Denn in Goethes Denken war die gnädige Natur kein der göttlichen Gnade entzogener oder gar entgegengesetzter Bereich. Der Wiederbelebte, *dem heiligen Licht* Wiedergegebene erblickt *des bunten Bogens Wechsel-Dauer*: das göttliche Friedenszeichen aus dem Alten Testament (→ Kommentar zu 4716-27). Was als nurmehr vegetativer Regenerationsprozeß erscheint, hat Goethe in der Tat als die »hohe Gottesgabe« der Natur verstanden und gemeint. Man muß diese Szene im Licht von Herders theologischer Schrift *Älteste Urkunde des Menschengeschlechts* von 1774 lesen, die hier nicht etwa nur Anregungen geliefert und 'Einfluß' ausgeübt hat, sondern so weitgehend in den *Faust*-Text hineingedichtet wurde, daß dessen religiöse Dimension ohne ihre Kenntnis verdeckt bliebe:

An der biblischen Schöpfungsgeschichte hat Herder darzulegen versucht, daß die in der Hl. Schrift gegebene Offenbarung immer schon und fortdauernd in den sinnenhaft wahrnehmbaren Naturphänomenen zu erleben und zu erkennen sei. In hymnischer Prosa beschreibt er, wie sich das Schöpfungswort »Es werde licht. Und es ward licht« (1. Mose 1,3) als »*grosses Werk Gottes in der Natur*« an jedem Morgen mit der aufsteigenden Sonne wiederhole. »Alles lag in Nacht und Dunkel«, heißt es da; »die Stadtwelt, die vielleicht niemals Morgen gesehen, liegt begraben: selbst die frühe Lerche steigt noch nicht – die Natur ein harrender dunkler Tempel Gottes – lebender Wind und –

– Licht!

's ward Licht!

still wird er eingeweiht der Tempel! Vielleicht die Blüthe des Baums, die Blume, die Knospe fühlen! *Lichtstrahl! ein tönender Goldklang auf die grosse Laute der Natur* – ⟨. . .⟩ Morgenröthe, wie sie jeden Augenblick weiter hinaufschimmert, jeden Augenblick die Wolken um sich her anders wandelt – welche Farben! welch lachender Glanz! ⟨. . .⟩ Zu eben der Zeit, da sich droben der Himmel läutert und sondert – siehe! *sondert* und *läutert sich nieden die Erde*! Wie sie sich in *lichte* und *dunkle Massen* theilet! wie ein grosses Gebürge gleichsam *entschleiert* sich *erhebt*! Nun *unter Thau* und *Morgenstral beblümt* – die Rose öfnet allmälich ihren Busen und die Nachtviole schließt ihre duftenden Kelche! ⟨. . .⟩ Siehe *da ging die Sonne auf*! die herrlichste Erscheinung der Natur! Flamme! Glorienantlitz! König! Das Auge kann nur Einen ⟨einzigen⟩ Anblick aushalten! Uebertrift und endet Alles! Alles in der Schöpfung, wird mit ihr Pracht, Glanz, Geräusch! ⟨. . .⟩ – Und siehe! *Mensch, da stehest du!* ⟨. . .⟩ rufe den zerstreuten, betäubten Blick zurück auf dich! in dich selbst – ⟨. . .⟩ betrachte dein *Glück*! deine *Gestalt*! deine *Kräfte*! deine große *Bestimmung*: höre über dir Rathschluß Gottes, siehe That –«. Von diesem Menschen aber, der in den Schlaf gesunken war wie in den Tod, heißt es: »wer sollte wähnen, daß er *innerlich fortlebe*? daß er *wieder erwache*? Und siehe! er erwacht! Augen, Sinne ihm wiedergegeben und neugestärkt! Kräfte, Säfte, Glieder wiedergegeben und neugestärkt – der Mensch ist *neugeschaffen*, ist *neugeboren*!«

Diese »große Morgenlektion Gottes« hat Herder bezeichnet als die Offenbarung dessen, »von dem alles nur als *dunkler Abglanz* stralet«. Was er von solchem »Unterricht unter der Morgenröthe« erklärt, mag deshalb in gleicher Weise gelten für das, was Goethe ihm hier nachgedichtet hat: »wehe dem Fühllosen, der diese Scene gesehn und Gott nicht gefühlt hat!« (Zitate nach Herder 6,258-68. Hier Kursiviertes im Original gesperrt)

Emrich 1981,67 hat erklärt, daß der aus dem Heilschlaf des Vergessens erwachende Faust »frei und gereinigt von jeder Erinnerung an die vorhergegangene Tragödie wie ein vollkommen neuer Mensch einer vollkommen neuen und höheren Welt entgegentritt, mehr ein subjektlos maskierter Zuschauer als ein Handelnder und Fordernder ⟨. . .⟩ Die Phänomene des Daseins selbst sind Helden und Spieler des Dramas, sind das ‘Höhere’, dem das Dumpf-Subjektivere weicht. Schlaf und Lethe sind die Bedingungen, unter denen das Spiel überhaupt erst einsetzen kann, weil sie den Helden von sich selber befreien«. – Frei »von jeder Erinnerung« ist er keineswegs (→ 10058-63), und was am Beginn des Zweiten Teils geschieht, ist wohl kaum als eine »Auslöschung des Ich« (Emrich aaO. 78) durch eine Art Gehirnwäsche zu bestimmen. Aber wie schon in dieser Eingangsszene ein Einblick in das ‘Innenleben’ Fausts allenfalls noch durch Ariel vermittelt wird (*Entfernt des Vorwurfs glühend bittre Pfeile*!), bleibt es direkter Einsicht von nun an so gut wie ganz verschlossen. Das gilt jetzt für alle Spielfiguren. Den Zweiten Teil absetzend vom Ersten, erklärte

Goethe, hier gebe es »fast gar nichts Subjektives«, es erscheine eine »leidenschaftslosere Welt« (Eckermann, 17. 2. 1831). Die Herzensergießungen versiegen. »Auf ihrem höchsten Gipfel scheint die Poesie ganz äußerlich« (FA I 13,139).

203, vor 4613 ARIEL] Der Name dieses hilfreich dienstbaren Luftgeistes aus Shakespeares *Sturm* (als Führer eines Elfenchores vorgebildet in Alexander Popes komischem Epos *The Rape of the Lock* von 1714) wird schon im *Walpurgisnachtstraum* 4239 f. verwendet: *Ariel bewegt den Sang | In himmlisch reinen Tönen.*

Mit seinen in Kreuzreime gefaßten, trochäisch alternierenden Sangversen 4613-20, deren Bauform der *Chor* der Elfen dann übernimmt, wird das Hauptmetrum der großen *Mummenschanz*-Szene S. 217-246 vorgegeben: Vom *Faust I*, wo das noch kaum in Erscheinung trat, ist der Zweite Teil auch durch einen merklich neuen Ton abgehoben.

203, vor 4613 *Gesang von Äolsharfen begleitet]* Äols- oder Windharfe: ein Holzkasten mit Resonanzboden und mehreren, meist gleichgestimmten Darmsaiten, welche der durch eine seitliche Öffnung eintretende Wind in Schwingung versetzt – unisono in den tiefsten Tönen, in höheren Lagen infolge unterschiedlicher Teilschwingungen in fremdartigen Klangmischungen. – Genauere Konstruktionsbeschreibungen solcher Instrumente finden sich beispielsweise in Lichtenbergs *Göttinger Taschen Calender* 1792,142. Was dort, außerdem, vom Klang der Äolsharfen mitgeteilt wird, mutet geradezu wie eine vorgegebene Beschreibung der Elfenszene an, die Goethe dem ihm regelmäßig zugesandten *Calender* entnommen haben könnte: »wie sich der Wind mehr erhebt, so entwickelt sich eine Mannigfaltigkeit entzückender Töne, die alle Beschreibung übertrifft. Sie gleichen dem sanft anschwellenden und nach und nach wieder dahin sterbenden Gesang entfernter Chöre, und überhaupt mehr einem harmonischen Gaukelspiel ätherischer Wesen, als einem Werke menschlicher Kunst.«

203,4620 *Unglücksmann]* Der neubelebte Faust mag an den auferstandenen ‘Schmerzensmann’ erinnern. In Goethes Schrift *Christus nebst zwölf alt- und neutestamentlichen Figuren den Bildhauern vorgeschlagen* (1830? WA I 49.2,92 f.) heißt es, daß Christus »als hervortretend aus dem Grabe darzustellen« sei: »Die herabsinkenden Grabestücher werden Gelegenheit geben, den göttlich auf's neue Belebten⟨!⟩ in verherrlichter Mannesnatur und schicklicher Nacktheit darzustellen, zur Versöhnung, daß wir ihn sehr unschicklich gemartert, sehr oft nackt am Kreuze und als Leichnam sehen mußten.« – Wie weit der neue *Unglücksmann* dabei abgesetzt wird vom Bild des unschuldig Gemarterten und Gekreuzigten, verdeutlicht 4619: den mitleidigen Elfen bleibt gleichgültig, ob er *heilig* oder *böse* ist.

203,4623 *Strauß]* »harter Kampf oder Streit« (Adelung 4,807).

203,4625 *von verlebtem Graus]* meint die durchlebte (nach ält. Bedeutung: die überlebte) Empfindung des Entsetzens – oder das beendete/überlebte entsetzliche Geschehen selbst. In H^{Co} und $C^{1/3}12$, daraufhin durch WA eingeführt: *erlebtem*.

203,4626 *Vier sind die Pausen nächtiger Weile]* Meint: vier Phasen des Innehaltens umfaßt die Zeitspanne der Nacht. Sie entsprechen einer aus dem Wachdienst röm. Legionen in den christl. Kult übernommenen Einteilung in vier 3stündige ‘Vigilien’ (Nachtwachen).

Diesem Programm folgen dann die vier Strophen des Elfenchors. Nach Eckermanns Angabe (bei Tewes 1901,120) trugen sie in einem nicht erhaltenen Entwurf Goethes die (wohl als Hinweis für eine Vertonung gedachten) Überschriften *Serenade* (Abendmusik), *Notturno* (Nachtmusik), *Matutino* (Morgengesang), *Reveil*⟨le⟩ (Weckruf).

203,4629 *im Tau aus Lethes Flut]* In deren *Tau* nur, weil Faust doch unter den Lebenden bleibt. Denn »Lethe« war nach Hederich 1770,1458 »einer von den höllischen Flüssen« der griech. Unterwelt, aus dem die Seelen der Verstorbenen tranken, damit sie »sowohl des Elendes vergaßen, welches sie auf der Welt ausgestanden, als auch der Herrlichkeiten, die sie in den elysischen Feldern genossen, um solcher Gestalt mit desto weniger Unzufriedenheit in die ihnen von neuem bestimmten Körper zu fahren« (4651: *Hingeschwunden Schmerz und Glück*). »Uebrigens scheint dessen ⟨Lethes⟩ Erdichtung dem Pythagoras beyzumessen zu seyn, welcher anders nicht wohl mit seiner Seelenwanderung zu Rechte kommen können.« So versteht sich das Vergessenheittrinken oder Baden im Lethe-Fluß hier als ein 'Bad der Wiedergeburt'.

In Dantes *Divina Commedia*, die in der Eingangsszene des *Faust II* deutlich nachwirkt, fließt Lethe nicht mehr in der Hölle, sondern im irdischen Paradies und gilt als Strom der Läuterung (*Purgatorio* XXVIII,128 ff.). Dort freilich waschen sich in ihm nur die reuigen Seelen, deren Schuld durch Buße getilgt ist (*Inferno* XIV,136 ff.)!

204,4634-65 CHOR ...*]* Staiger 1959,277: »Die Verse strömen so unendlich mild und ruhevoll dahin, und eine solche Fülle von Gesichten löst sich auf in eine mühelose Melodie, daß wir wie Faust die Augen schließen, uns auf nichts besinnen und uns nur von einem namenlosen Glück umspielen lassen möchten. Der Dichter selber bleibt aber wach und schreitet sicher seinem Ziel, dem Licht des neuen Tags, entgegen.« (! Sch.)

Schadewaldt 1963/I hat in den beiden ersten, der *Dämmerung* und der *Nacht* geltenden Strophen Goethes Nachbildung eines eigenen Gedichts gesehen, das diesen Zeilen in der Tat bemerkenswert nahe steht: *Dämmrung senkte sich von oben* im Zyklus *Chinesisch-Deutsche Jahres- und Tageszeiten* (FA I 2,697). Der unsicheren Entstehungszeiten wegen ist das Abhängigkeitsverhältnis nicht eindeutig. Beides nebeneinander zu lesen, schärft aber den Blick für einen eminenten Rangunterschied und zeigt, wie Goethe dem vergleichsweise fast gekünstelten Rollentext der Elfen einen leichten Zug ins süßlich Kitschige gibt. Absichtsvoll? Also doch: *schmeichelnde Worte und Melodien* der *eigentlich ironischen Anträge*? (→ Kommentar zu 4658-65)

204,4635 *grünumschränkten Plan]* »ebener mit Gras bewachsener Platz«, vom *Wald* (4687) »rings herum 〈...〉 umgeben« (Adelung 3,1088 u. 4,1200).

204,4658-65 *Wunsch um Wünsche zu erlangen ...]* Nur diese letzte Strophe deutet noch an, was Goethe 1816 (Paralipomenon 63, → Text-Band S. 593,3 ff.) zum *Plan* des Zweiten Teils mitteilte: Man finde *Faust schlafend. Er ist umgeben von Geister Chören die ihm in sichtlichen Symbolen und anmuthigen Gesängen die Freuden der Ehre, des Ruhms, der Macht und Herrschaft vorspiegeln* (noch im Paralipomenon 100 von 1826/27 heißt es so: *F.〈aust〉 Schlafend Geister des Ruhms der großen That*: Text-Band S. 597).

Ganz aufgegeben scheint übrigens nicht, was der *Plan* von 1816 anfügt: *Sie verhüllen in schmeichelnde Worte und Melodien ihre eigentlich ironischen Anträge.* Michelsen 1983,26 glaubt die Elfenverse frei von Ironie. Aber 'sich erdreisten' (wozu sie 4662 dem Erwachenden raten) läßt unterschiedliche Lesarten zu. In Goethes Sprachgebrauch steht es sowohl für: sich erkühnen, beherzt anpacken, riskieren, wie auch für: sich erfrechen, auf anmaßende Weise zugreifen (vgl. GWb, auch unter 'dreist' u. 'Dreistigkeit'. Beispiele für diese Zweideutigkeit hier 6299 u. 6688).

204,4661 *Schlaf ist Schale]* in der die Frucht ausreift: eine sehr bezeichnende Metapher für Fausts 'biologischen' Heilschlaf.

204,4663 *Wenn ...]* Für: Während *die Menge* doch nur ...

205,4666-78 (*Ungeheures Getöse ...*) *Horchet! ...]* Die *Horen*, griech. Göttinnen der Jahres- und Tageszeiten, hüten in der *Ilias* (V 749 u. ö.) das dröhnend sich öffnende Himmelstor, durch das jetzt der Sonnenwagen des *Phöbus* ausfährt. Wie im *Prolog im Himmel* nur die Engel den Klang der pythagoreischen Sphärenharmonie vernehmen (→ Kommentar zu 243 f.: *Die Sonne tönt nach alter Weise ...*), so ertönt das *Getöse* des Lichts auch hier nur für *Geistes-Ohren*. Diesmal gibt die Regieanweisung vor 4666 an, daß auch der Theaterbesucher oder der imaginierende Leser das *Getöse* vernimmt und zum Ohrenzeugen des naturmagischen Geschehens wird.

Für die Elfen aber ist so *Unerhörtes* nicht zu ertragen (4674): um sich vor diesem *Donnergang* (246) der herannahenden Sonne zu schützen, schlüpfen sie *zu den Blumenkronen* und dann, *tiefer* noch, zwischen *die Felsen unters Laub.* – Emendationsvorschlag Resenhöfft 1975,294 zu 4675: *Schlüpfet* aus *den Blumenkronen* (wo sie sich während der Dunkelheit verbargen) *unters Laub.*

205 f.,4679-4727 FAUST *Des Lebens Pulse schlagen ...]* Der Monolog am Beginn von des neubelebten Faust Wanderschaft durch die *große Welt* (2052) ist in das fünfhebig jambische: feierlich getragene, kraftvoll voranschreitende Versmaß der Terzinen gefaßt (die hier freilich nicht in dreizeiligen Strophen, sondern in ungleich langen Versabschnitten stehen). Ihre formstreng verketteten »fortschreitenden Reime« (an Schiller, 21. 2. 1798) aba bcb cdc ... münden in den Kreuzreim ... yzyz und führen so zu der großen Goetheschen Maxime des Verses 4727. Die nur an dieser einen Stelle im *Faust* eingesetzte Versform ist geradezu ein metrisches Zitat. Sie ruft die *Divina Commedia* auf, deren hundert Gesänge Dantes große Wanderschaft schildern: vom *Inferno* und *Purgatorio* (in Streckfuß' Übersetzung, die Goethe 1826 las: 'Hölle' und 'Fegefeuer' – beide noch als Teil dieser Welt dargestellt) zum *Paradiso.* → 242: *Vom Himmel durch die Welt zur Hölle.*

(Hier wie häufig in Goethes alternierenden Versen zeigt das Schriftbild zwei Senkungssilben, die der Autor jedenfalls in den formstrengen Versarten zweifellos synkopiert gesprochen und gehört wissen wollte: *Ǻthĕr⟨i⟩schĕ Dām-m⟨e⟩rŭng mīldĕ zŭ bĕgrūßĕn.* Dazu Ciupke 1994,94 f.)

Dem Kanzler v. Müller sagte Goethe: »Terzinen müssen immer einen großen reichen Stoff zur Unterlage haben« (Biedermann/Herwig 3.1, Nr 5272). Die große, reiche Natursymbolik seines Terzinenmonologs geht auf Eindrücke einer Schweizreise im Jahre 1797 zurück, wo er »noch einmal die kleinen Kantone und den Vierwaldstädter See« besuchte und den Plan faßte, »die Abwechselung und Fülle einer so unvergleichlichen Landschaft in einem Gedicht

⟨einem nicht ausgeführten *Tell*-Epos⟩ darzustellen«: »Ich sah den See im ruhigen Mondschein, erleuchtete Nebel in den Tiefen der Gebirge. Ich sah ihn im Glanz der lieblichsten Morgensonne, ein Jauchzen und Leben in Wald und Wiesen. ⟨. . .⟩ Auch fehlte es nicht an nächtlicher Stille und an heimlichen Zusammenkünften über Brücken und Stegen. ⟨. . .⟩ ja ich hätte ohne die frischen Eindrücke jener wundervollen Natur den Inhalt der ⟨. . .⟩ Terzinen ⟨im *Faust*⟩ gar nicht denken können.« (Eckermann, 6. 5. 1827)

205,4680 *Ätherische Dämmerung]* Natürlich nicht mehr die der hereinsinkenden Nacht, was 4637 gemeint ist, sondern die des heraufsteigenden Morgens.

205,4685 *Zum höchsten Dasein immerfort zu streben]* Valentin 1894,117, Hecker und Beutler (WGA, GA) emendieren: *immer fortzustreben*, und unterstellen damit eine kontinuierliche Bewegung aufwärts zum *höchsten Dasein.* Hinter diesem eigenmächtigen Eingriff steht offenbar die ebenso geläufige wie zweifelhafte Vorstellung eines von Stufe zu Stufe immer mehr sich vervollkommnenden Faust – während die autorisierte Schreibweise eher doch ein immer wieder neu einsetzendes strebendes Bemühen bezeichnet.

205,4692 *Farb' an Farbe klärt sich los vom Grunde]* Das Gelände talabwärts ist als dunkel zu denken, erst nach und nach von den Sonnenstrahlen erreicht, die da im Zusammentreffen von Licht und Schatten die Farben hervorrufen – sie nach den Vorstellungen des (gegen Newtons Lichtspaltungs-Lehre opponierenden) Farbenlehrers Goethe als »Taten des Lichts« bewirken. In seinem Gedicht *Wiederfinden* (FA I 2,491) heißt es von der »Morgenröte«, die Gott erschuf: »Sie entwickelte dem Trüben | Ein erklingend Farbenspiel«.

Hinter der Lichtmetaphorik des Faust-Monologs steht (bis hin zu *des bunten Bogens Wechsel-Dauer* 4722) Goethes 'Farbentheologie' (dazu Schöne 1987); Fausts naturfrommer Rede von den Taten *des ewigen Lichts* (4697) antwortet das Distichon über *Licht und Farbe* (FA I 1,515): »Wohne du ewiglich Eines dort bei dem ewiglich Einen, | Farbe, du wechselnde, komm freundlich zum Menschen herab.«

206,4702 ff. *leider schon geblendet, | Kehr' ich mich weg . . .]* Wie für die *Geistes-Ohren* der Elfen das *Getöse* der nahenden Sonne unerträglich ist, so für das menschliche Auge ihr Glanz. Der Mensch, heißt es 1808 in Goethes *Pandora* (FA I 6,693) angesichts der aufgehenden Sonne, sei »Bestimmt Erleuchtetes zu sehen, nicht das Licht!«

Man hat diese Verse immer im Zusammenhang mit der Eingangsszene des Ersten Teils erläutert, in der der Erdgeist *in der Flamme* erscheint (Faust 485: *Weh! ich ertrag' dich nicht!*), und sie als Zeugnis einer fundamentalen Wandlung verstanden. Dem vermessenen Verlangen nach unmittelbarer Erkenntnis des *ewigen Lichts* habe Faust nun entsagt; als ein Gereifter bescheide er sich mit dem *Abglanz* dessen, was dem Menschen unzugänglich ist: *So bleibe denn die Sonne mir im Rücken!* Wenn er auf diese Weise den Blick *wieder nach der Erde* wendet, entspricht das freilich durchaus seiner früheren 'theologischen' Position: *Das Drüben kann mich wenig kümmern . . . Aus dieser Erde quillen meine Freuden* (1660 ff.) – nur jetzt naturphilosophisch gefaßt und 4727 im Sinn einer Goetheschen Erkenntnistheorie formuliert.

206,4714 *in jugendlichstem Schleier]* Meint den von morgenfrüher *Himmelsklarheit* durchzogenen *Nebelstreif* im Tal (4688 f.).

Die symbolische Reichweite dieses *Schleier*-Bildes für Goethes Dichtungsverständnis verdeutlicht sein Gedicht *Zueignung* (1787 dem 1. Bd der *Schriften* vorangestellt: FA I 1,9-12). Auch dort eine Berglandschaft, Sonnenaufgang, sich auflösende Nebel und Wolken – und dann empfängt der Dichter das Initiationsgeschenk: »Aus Morgenduft gewebt und Sonnenklarheit, | Der Dichtung Schleier aus der Hand der Wahrheit.« (dazu u. a. Emrich 1981,51-55; Kayser 1961,90-99; Keller 1968,208 f.).

206,4716-27 *Wassersturz . . . des bunten Bogens Wechsel-Dauer . . . Am farbigen Abglanz haben wir das Leben.]* Die empirische Grundlage dieses großen Natur-Sinnbildes verdeutlichen Goethes Beobachtungen am Rheinfall bei Schaffhausen, die hier bis in den Wortgebrauch hinein nachzuwirken scheinen. Tagebuch 18. 9. 1797 (»bei heftig innern Empfindungen«): »Felsen, in der Mitte stehende, von dem höhern Wasser ausgeschliffne, gegen die das Wasser herabschießt. Ihr Widerstand; einer oben, und der andere unten, werden völlig überströmt. Schnelle Wellen. Locken Gischt im Sturz, Gischt unten im Kessel ⟨...⟩ Gewalt des Sturzes. Unerschöpfbarkeit als wie ein Unnachlassen der Kraft. Zerstörung, Bleiben, Dauern, Bewegung, unmittelbare Ruhe nach dem Fall. ⟨...⟩ Das Sonnenlicht teilte nun die Massen ab, bezeichnete alles Vor- und Zurückstehende, verkörperte die ungeheure Bewegung. Das Streben der Ströme gegen einander schien gewaltsam zu werden, weil man ihre Richtung und Abteilungen deutlicher sah. Stark spritzende Massen aus der Tiefe zeichneten sich beleuchtet nun vor dem feinern Dunst aus, ein halber Regenbogen erschien im Dunste. ⟨...⟩ Der Regenbogen erschien in seiner größten Schönheit; er stand mit seinem ruhigen Fuß in dem ungeheuern Gischt und Schaum, der, indem er ihn gewaltsam zu zerstören droht, ihn jeden Augenblick neu hervorbringen muß.«

Die andauernde Erscheinung des Regenbogens beruht auf den immer neu emporsprühenden und wieder fallenden Tröpfchen hier über dem *Wassersturz*. So ist *des bunten Bogens Wechsel-Dauer* zu verstehen. Der Farbenlehrer akzeptierte freilich nicht, daß Wassertropfen das weiße Licht in die Spektralfarben brechen, sondern unterstellte eine »Zurückstrahlung wodurch der Regenbogen möglich werden soll«: im *Abglanz* widergespiegelte »kleine Sonnenbilder« (an Boisserée, 25. 2. 1832; FA I 25,843 ff.). So wird ihm der Regenbogen zum Sinnbild indirekter Wahrnehmung, ja zum »Zeugnis einer bessern Welt«, zu einem Abbild, das »Gott und sein Gesetz« zu erkennen gibt (wie es im *Regen und Regenbogen*-Gedicht von 1813 heißt; FA I 2,551). Die Formel, die er den Faust am Ende seines Monologs aussprechen läßt: *Am farbigen Abglanz haben wir das Leben*, hat Goethe als das Grundgesetz einer an die sinnenhafte Wahrnehmung gebundenen und zugleich doch über sie hinausdrängenden Erkenntnisbemühung verstanden. Seinen *Versuch einer Witterungslehre* von 1825 einleitend, hat er erklärt: »Das Wahre mit dem Göttlichen identisch, läßt sich niemals von uns direkt erkennen, wir schauen es nur im Abglanz, im Beispiel, Symbol, in einzelnen und verwandten Erscheinungen; wir werden es gewahr als unbegreifliches Leben und können dem Wunsch nicht entsagen, es dennoch zu begreifen. Dieses gilt von allen Phänomenen der faßlichen Welt« (FA I 25,274).

Die Eingangsszene des Ersten Teils endete mit dem *tröstlichen Gesang* des Osterchors. *Gewißheit einem neuen Bunde?* hat Faust dort gefragt (746 ff.). Dem entspricht hier in der Eingangsszene des Zweiten Teils die alttestamentliche Bedeutung des Regenbogens. Nach der Sintflut sprach Gott zu dem geretteten Noah (1. Mose 8,21 u. 9,13): »Ich will hinfort nicht mehr die erde verfluchen um der menschen willen; denn das tichten des menschlichen hertzens ist böse von jugend auf« – »Meinen bogen habe ich gesetzt in die wolcken, der soll das zeichen seyn des bundes, zwischen mir und der erden.« (Zu den Entsprechungen und kontrastierenden Parallelen zwischen beiden Eingangsszenen: Michelsen 1983).

Seite 207-268 Szenengruppe

KAISERLICHE PFALZ

4728-5064 SAAL DES THRONES

Mit dem Thronsaal öffnet sich das Machtzentrum des Kaiserreichs. Aber die Berichte zur Lage, welche die Mitglieder des *Staatsrates* vortragen, ergeben das Bild eines in sich zerfallenden Staatswesens. Es herrschen hemmungsloser Privategoismus, Parteilichkeit ohne jeden Gemeinsinn, öffentliches Unrecht, ungesetzliche Gewalttat und allgemeine Korruption. Während die herrschende Schicht zu Hofe im Wohlleben praßt, schreitet der Staatsbankrott unaufhaltsam voran. Der Oberkommandierende der Streitkräfte hat seine Truppen nicht mehr in der Hand. *Des Aufruhrs wachsendes Gewühl* zerreißt das unregierbar gewordene Land.

Bei allgemeiner Ratlosigkeit richtet Mephisto (in der Rolle des Hofnarren und als Einflüsterer des Astrologen, der im *Staatsrat* geradezu die Position des Chef-Ideologen einnimmt) seine windigen Eröffnungen auf die ökonomische Basis der Mißstände – ohne daß er seinen eigentlichen Plan zur Sanierung der öffentlichen Finanzen und Entwicklung einer Wohlstandsgesellschaft hier schon offenlegte.

Die *Goldene Bulle*, die dem Staatsakt in der Szene *Des Gegenkaisers Zelt* zugrunde liegt (→ hier S. 689 und 693), bringt mit ihrem Eingangssatz (den Goethe schon als Junge auswendig lernte: *Dichtung und Wahrheit* 1. Buch. FA I 14,174) diese Zustände eines Staatswesens auf die Formel: »omne regnum in se divisum desolabitur: nam principes ejus facti sunt socii furum« ('Jedes Reich, das in sich selbst zerfällt, wird zugrunde gehen, denn seine Staatsoberhäupter sind zu Genossen von Schurken geworden'; abgeleitet aus Matthäus 12,25 und Jesaja 1,23). Personal und Requisit der Thronsaal-Szene mögen an den Hof Maximilians I. erinnern, wo sie nach Goethes ursprünglichem Plan doch spielen sollte (→ S. 396 ff.). Auch auf der Abstraktionsstufe der Endfassung spiegelt sich in den hier zur Rede kommenden Zuständen der krisenhafte Übergang einer feudalistischen Gesellschaftsordnung in ein bürgerliches Zeitalter. Aber ebenso wie die Formel der *Goldenen Bulle* erfaßt auch Goethes Modell einer Staatskrise mehr als nur diese eine Geschichtsstunde: wer »Einiges erlebt hat«, wird damit etwas »anzufangen wissen.« (zu Eckermann, 17. 2. 1831; → die 'Leseanweisung' im Text-Band S. 824).

Von dem durch Sangstrophen und Terzinenverse bestimmten lyrischen Ton der vorangegangenen locus amoenus-Szene hebt sich, schauplatzgerecht, das 'politische' Redemetrum der fast durchgehend verwendeten 4– oder 5hebigen Madrigalzeilen mit ihren formelhaften Zügen und auf Wirkung berechneten rhetorischen Figuren entschieden ab (zu dieser »Hofweltsprache« May 1962,41-51). Dabei setzen sich von 4917 an paargereimte Fünfheber durch: Wie der zur Linken des Herrschers aufgestiegene Mephisto dem Astrologen seine Worte einbläst, souffliert er dem Kaiser und dem Staatsrat auch sein Metrum (4972 begründet geradezu psychologisch den dort einsetzenden Rückfall in 4hebige Verse – bei denen das unwillige Gemurmel des politikverdrossenen Volkes immer geblieben ist).

207, vor 4728 KAISER] In H durch doppelte Unterstreichung von den sonst einfach unterstrichenen Figurenbezeichnungen abgehoben.

207,4728 *die Getreuen, Lieben]* Die herrscherliche Anredeformel. Adelung 2,638: »Lieber Getreuer, ist der gewöhnliche Titel, welchen Fürsten ihren Ministern und Räthen in Kanzelleyschreiben geben«. – Goethe an seinen Herzog (am 5. 11. 1789, wenn ein Kanzleisekretär ihm *Faust*-Passagen ins Reine schreibt): »Es ist recht eigen alle diese Tollheiten von eben der Hand zu sehen, welche uns sonst nur: Veste, liebe getreue vorzulegen gewohnt ist.«

207,4730 *Den Weisen seh ich]* Meint den Astrologen, den die Szenenanweisung *zu seiner Rechten* postiert (als sternkundiger Berater des Herrschers eine gewohnte Erscheinung an den Höfen des 16. und 17. Jh.s).

207,4737 *Drängt sich ein andrer an die Stelle]* Goethe zu Eckermann, 1. 10. 1827: »Mephisto, der den bisherigen Narren schnell beseitigt hat und als neuer Narr und Ratgeber sogleich an der Seite des Kaisers ist.«

207,4741 *Hellebarden]* Adelung 2,1096: »Spieß mit einer Barthe, d. i. einer Art eines Beiles, ⟨...⟩ eine ehemalige Art des Kriegesgewehres, welches jetzt nur noch von den Leibwachen zu Fuße großer Herren geführet wird«.

207 f., 4743-4750 *Was ist ...?]* Die paradoxen Rätselverse, mit denen der neue Hofnarr sich einführt, lassen sich am ehesten wohl auf den Sprechenden selber beziehen: auf den *Geist des Widerspruchs* (4030) in seiner Doppelrolle als Teufel und Narr (vgl. Mann 1949).

207,4747 *Wen darfst du nicht herbeiberufen?]* Für: Wen brauchst du nicht ... (oder, auf den Teufel bezogen, doch in heutiger Bedeutung? → 1126).

208,4754 *Da löse du!]* An den Hofnarren gerichtet, von dem der Kaiser keine Rätsel, sondern Lösungen hören möchte (oder 'zitiert' er mit diesen Worten trotz des vorangehenden Gedankenstrichs, was die *Herrn* des Staatsrates von ihm fordern? *das hört' ich gern* wäre dann ironisch zu verstehen).

208,4755 *ging ... weit in's Weite]* Euphemistisch für: *Tot* (4735).

208,4757-4760 GEMURMEL DER MENGE ...*]* Hier wie bei den weiteren *Gemurmel*-Passagen nicht als Chor vorzustellen, sondern als durcheinandergehende Rufe und Fragen einzelner Sprecher oder Gruppen aus dem aufgeregt politikverdrossenen Volk (das kaum identisch sein kann mit dem eingangs allein angeführten *Hofgesinde*).

208,4759 *Der hat vertan]* Adelung 4,1547: ist »so gut als ve⟨r⟩loren«.

208,4760 *ein Faß ... ein Span]* Das *Fett-Gewicht* des alten und die dürre Erscheinung des neuen Hofnarren.

208,4761 *Und also ihr Getreuen, Lieben]* Nach der Unterbrechung wegen des ausgebliebenen Hofnarren noch einmal die zeremonielle Anrede des Staatsrates (Schreibweise deshalb wie in H^{Co} an 4728 angeglichen).

208,4765 *in diesen Tagen]* Zur Karnevalszeit.

208,4767 *Schönbärte mummenschänzlich tragen]* DWb 15, 1486/87: »verderbt aus schemebart, schembart, eigentlich ‘bärtige maske’«; später »im allgemeinen sinne von ‘maske’, wie sie besonders beim fastnachtsmummenschanz üblich ist«.

208,4768 *heitres nur genießen]* Wie 5057 ff. Daß mit dem Kaiser eine typisierte Figur vorgestellt und hier allgemeine Fürstenkritik geübt wird, verdeutlicht Goethes Erklärung nach eben vorgelesener Szene zu Eckermann am 1. 10. 1827: »Ich habe in dem Kaiser, sagte er, einen Fürsten darzustellen gesucht, der alle möglichen Eigenschaften hat, sein Land zu verlieren, welches ihm denn auch später wirklich gelingt. Das Wohl des Reichs und seiner Untertanen macht ihm keine Sorge; er denkt nur an sich und wie er sich von Tag zu Tag mit etwas Neuem *amüsiere*. Das Land ist ohne Recht 〈...〉. Das Heer ist ohne Sold 〈...〉. Die Staatskasse ist ohne Geld 〈...〉. Hier ist nun das wahre Element für Mephisto«. – In dem 1783 an Carl August gerichteten Mahngedicht *Ilmenau* heißt es: »wer andre wohl zu leiten strebt | Muß fähig sein viel zu entbehren« (FA I 1,268). So sieht K. Mommsen 1989 in der Darstellung des Kaisers einen späten Reflex der Goetheschen Kritik am Weimarer Herzog (→ auch Kommentar zu 5864-71).

208,4771 *Geschehen ist's, so sei's getan]* Da der Staatsrat nun einmal einberufen ist, sollen die *Herrn* denn auch vortragen.

209,4781 *Und Übel sich in Übeln überbrütet]* Meint, daß jedes über sich hinaus noch weitere Übel ausbrütet.

209,4784 *Wo Mißgestalt in Mißgestalten schaltet]* Bezieht sich auf die Deformation des erkrankten Reichskörpers (in dem das *Ungesetz gesetzlich überwaltet*, also als entartetes Gesetz über die *Gerechtigkeit* triumphiert usf.).

209,4795 *darf auf Schand und Frevel pochen]* Meint: kann schändlich, frevlerisch handeln und das offen zur Schau tragen (vgl. DWb 13,1959).

209,4798 *Wo Unschuld nur sich selber schützt]* also keinen Schutz außer sich selbst findet vor den *Schuldig!*-sprechenden Richtern.

209,4800 *Vernichtigen]* Zunichte machen, zugrunde richten (DWb 25,924).

209,4807 f. *dichtern Flor | Zög' ich dem Bilde lieber vor]* so daß dieses *schwarz* gemalte Bild gar nicht mehr zu sehen wäre (in H[a] ursprünglich: *Das Bild zu decken zög ich vor*).

209,4811 *Geht selbst die Majestät zu Raub]* wird selbst sie zum *Raub* (vgl. DWb 14,216), geht auch ihr Herrschaftsanspruch verloren.

210,4814 *Kommando]* Oberbefehl, »Aufsicht und vollkommene Gewalt ⟨...⟩ über ein gewisses corps oder die gantze Armee« (Zedler 6,826).

210,4817 *uns auszudauren]* sich im Widerstand gegen uns zu behaupten ('ausdauern' Adelung 1,522: »standhaft verbleiben«).

210,4819 *Mietsoldat]* Der »fremde auf gewisse Zeit für Geld in Sold und Dienst genommene« Soldat eines anderen Herrschers (Campe 3,280) – oder hier überhaupt für die Söldnertruppe?

210,4823 f. *Verbiete wer ... Der hat ...]* Konjunktivisch zu verstehen: Würde man ... so hätte man.

210,4824 *ins Wespennest gestört]* Redensartlich (DWb 19,386): Aufruhr bewirken durch Vorgehen gegen einen Übelstand.

210,4827 *wütend]* Als Part. Präs. von 'wüten' hier etwa für: zerstörend, vernichtend.

210,4829 f. *Könige da draußen ...]* die nicht eingreifen, weil sie den Bestand der eigenen Monarchie nicht gefährdet glauben (dahinter die zeitgenössischen Auseinandersetzungen um die Frage der Intervention der europ. Mächte im revolutionären Frankreich).

210,4831 *pochen]* Sich vertrauensvoll stützen auf.

210,4832 *Subsidien]* Hier: Hilfsgelder, »Geldsummen, welche ein Staat seinen Bundesverwandten zur Führung eines Krieges, oder zur Unterhaltung einer gewissen Anzahl Truppen bewilliget« (Adelung 2,1313).

210,4833 *Röhrenwasser]* Das durch Leitungsrohre von weit her herangeführte Wasser (im Unterschied zu nahen Zisternen oder Brunnen) war sprichwörtlich unzuverlässig: DWb 14,1130.

210,4844 *Gleichgültig]* Hier noch: auf das gleiche hinauslaufend.

210,4845 f. *Die Ghibellinen wie die Guelfen | Verbergen sich um auszuruhn]* Bezieht sich, typisierend, auf die im Italien des 13. Jh.s entstandenen gegnerischen Parteiungen kaiserlicher Reichs- und päpstlicher Kirchenanhänger (Goethe überschrieb 1826 eine Rezension zum Streit der Romantiker und Klassiker: *Moderne Guelfen und Ghibellinen*, WA I 41.2,276 f.). Selbst auf solchen Gruppengeist ist *kein Verlaß* mehr: *jeder hat für sich zu tun.*

211, vor 4852 MARSCHALK] Ält. Form für: Hofmarschall, zuständig für die Verwaltung des kaiserl. Haushalts.

211,4858 *Welschhühner]* »weil wir sie zunächst aus Wälschland bekommen haben, Truten, Truthühner« (Adelung 1,1167).

211,4859 *Deputate ... Renten]* Naturalien-Abgaben zinspflichtiger Bauern und Pächter ... Einkünfte des Landesherrn aus Grundstücken und Kapitalien.

211,4863 *Berg- und Jahresläufte]* Lagen der Rebgärten und Jahrgänge des Weins.

211,4864 *Gesäufte]* Für: Sauferei. Bezogen aus den *Begebenheiten des schlesischen Ritters Hans von Schweinichen*, die Goethe 1821-27 las (3 Bde, hg. von J. G. G. Büsching, Breslau 1820-23). Diese Autobiographie brachte ihm »die wunderlichsten Menschen, wie sie vor mehr als zweihundert Jahren in Deutschland gehaus't, unmittelbar zur handgreiflichsten Nähe« (WA I 42.1,93) und wurde so auch zur Quelle für realistische Details und authentische Sprachformen des *Faust II.*

211,4867 *Napfen]* Näpfe (Campe 3,452: unrichtige Pluralbildung. »Doch kömmt vielleicht diese Form im O.⟨ber⟩D.⟨eutschen⟩ vor«).

211,4870 *Der Jude]* Geldverleiher (→ Kommentar zu 2842; hier freilich im großen Stil, für den fürstlichen Bedarf – wie im 17. Jh. beim chronisch zahlungsunfähigen Habsburger Kaiser Rudolph II. und seinem Hofbankier Mordechaj Meisel).

211,4871 *Antizipationen]* Vorschüsse gegen Verpfändung künftiger Einnahmen.

211,4875 *vorgegessen Brot]* Im voraus verzehrt, noch gar nicht bezahlt (bei Schweinichen vorgegeben, → Kommentar zu 4864).

211,4877 ff. *Den Glanz umher zu schauen . . .]* Enthusiastisch hingerissen, etwa für: Da ich hier doch schaue . . . Vor 4880 wäre wieder ein *Wo* zu denken; gegen H wurde hier (entsprechend C^{1}12 und H^{Co}) ein Komma nach *Macht* getilgt.

212,4885 *Schalk]* Meint hier den »groben arglistigen Betrüger« (Adelung 3,1664).

212,4888 *was denn weiter? – Ein Projekt]* 'Volkes Stimme' liefert hier ein Schlüsselwort für Mephisto-Fausts Aktionen, das Goethes fundamentalen Vorbehalt gegenüber den trügerischen Veranstaltungen neuzeitlichen 'Fortschritts' andeutet – vom neuen Geld (auf dem Papier) bis zum Neuland (auf dem Meeresboden): scheinhafte, scheiternde Projekte.

212,4890-96 *hier aber fehlt das Geld . . .]* Zu den verbreiteten Vorstellungen von unterirdischen Schätzen, vergrabenen Geldtöpfen, Goldgeschirren und Juwelen, wie Mephisto sie dann 5007-46 verlockend vor Augen führt, auch zu der Überzeugung, man könne durch die Magie (*Begabten Mann's Natur- und Geisteskraft*) in den Besitz solcher Reichtümer gelangen, vgl. etwa Paracelsus 14,529-32: »Von den schezen und verborgenem gut in und under der erden« und HwbdA 7,1002-15. Ausführliche magische Rituale zum Schatzheben auch in der von Goethe benutzten Handschrift *Praxis cabulæ nigræ Doctoris Iohannis Faustii* (→

Kommentar zu 1250-55), zu der er an Zelter schrieb: »freilich wäre es leichter durch einige gezogene Charaktere ⟨magische Zeichen⟩ und unsinniges Gemurmel reich zu werden, als im Schweiße seines Angesichts das tägliche Brot zu essen ⟨→ 5039 f.⟩. Haben wir doch noch vor Kurzem im Neustädter Kreise ein dergleichen Nest von Schatzgräbern ausgehoben und damit ein Dutzend solcher Wunderschriften, deren aber keine an Wert jenem Codex gleicht« (20. 11. 1829).

212,4897-4902 *Natur und Geist]* Für den der Inquisition zugetanen Erzbischof (der hier als Kanzler amtiert, → Kommentar zur Regiebemerkung nach 10930) sind das keine einander opponierenden Begriffe. Gerade aus der Verbindung der sündhaften *Natur* des Menschen mit einem selbstherrlich-kritischen *Geist* sieht er den *Zweifel* an der kirchlichen Lehre entspringen, der ihm für *Thron* und Altar gleichermaßen *höchst gefährlich* erscheint. – 4902 *mißgestaltet Zwitterkind* (in H eigenhändig über gestrichenem *allerliebstes Hurenkind*) charakterisiert diesen unbotmäßig-atheistischen Skeptizismus im Sinn der älteren Zwitter-Bedeutung: von zwei Wesen verschiedener Art abstammend, Mischling, Bastard – vgl. DWb 32,1408 (1).

212,4906 *Die Heiligen . . . und die Ritter]* Wohlredend für Klerus und Adel, die Stützen (und Nutznießer) der mittelalterlich feudalen Gesellschaftsordnung.

212,4909 *Dem Pöbelsinn]* Meint: Aus dem Pöbelsinn.

212,4911 *Die Ketzer sind's! die Hexenmeister]* In dem oben zu 4890-96 zitierten Brief an Zelter (zur *Praxis*-Handschrift mit ihren magischen Schatzhebungsanweisungen) heißt es weiter: »Die römische Kirche behandelte von jeher Ketzer und Teufelsbanner als gleichlautend und belegte sie beiderseits mit dem strengsten Bann, so wie alles was Wahrsagerei und Zeichendeutung heißen konnte. Mit dem Wachstum der Kenntnisse, der nähern Einsicht in die Wirkung der Natur scheint aber auch das Bestreben nach wunderbaren geheimnisvollen Kräften zugenommen zu haben. Der Protestantismus befreite die Menschen von aller Furcht vor kirchlichen Strafen; ⟨. . .⟩ und so scheint sich, in der Hälfte des sechzehnten Jahrhunderts, dieses Teufels- und Zauberwesen methodischer hervorgetan zu haben, da es bisher nur unter dem verworrenen Pöbel gehaust hatte.« – So lassen sich in des Kanzlers Rede die Begriffe *Christen* und *Ketzer* geradezu als Stellvertreter für »römische Kirche« und »Protestantismus« lesen.

212,4913 f. *Die willst du . . . schwärzen]* An Mephisto gerichtet: einschwärzen, einschmuggeln.

212,4915 *Ihr hegt euch]* Zum Kaiser (oder auf *diese hohen Kreise* bezogen?): Ihr haltet euch fest, stützt euch auf (DWb 10,781).

212,4916 *Dem Narren sind sie nah verwandt]* Diesem hier, hinter dem Mephisto steckt, stehen die *Ketzer* ganz *nah.*

213,4922 *münzt]* in Münzen prägt.

213,4924 *Fastenpredigt]* Die Bußpredigt zur kirchlichen Fastenzeit. Hier: das Gerede über die gegenwärtigen *Mängel* (Entbehrungen).

213,4931 *Schreckensläuften]* Völkerwanderungen und Kriege, Flucht, Vertreibung.

213,4938 *Der Boden ist des Kaisers]* Zu den 'Regalien' des Kaisers vermerkt die von Goethe benutzte *Erläuterung der Guldenen Bulle* (Olenschlager 1766,190. → Kommentar zur Szene *Des Gegenkaisers Zelt*, S. 689) »den uralten Satz unsers vormaligen Staatsrechts 〈. . .〉, daß *aller Schatz under Erde vergraben tieffer denn ain Pflug gat*, und folglich auch jedes Silber und Erzgewerk, *zu dem Kuniclichen Gewalt gehörig seye.*«

214,4949 f. *Kreis um Kreise . . . Stund und Haus]* Die astrologische Einteilung des Himmelsglobus in konzentrische *Kreise* wies jedem der (4955-64 angeführten) sieben 'alten' Planeten das *Haus* zu, in dem er regierte, und stellte jede *Stunde* unter den Einfluß eines bestimmten Sterns (→ 6832). So berechneten die Hofastrologen des 16. und 17. Jh.s aus der Planetenkonstellation *am Himmel* die günstige Zeit für ein bestimmtes Unternehmen (hier geht es um ein Horoskop für Mephistos Geldschöpfungs-Projekt).

214,4953 *Ein mattgesungen – alt Gedicht]* alt-abgedroschene lügnerische Erfindung (DWb 4,2015).

214,4954 *Der Tor bläst ein – der Weise spricht]* Nimmt die folgende Regieanweisung voraus: Mephisto als Narr souffliert dem 'weise' daherredenden Hofastrologen. – Die alte Theaterpraxis, daß ein Souffleur (unsichtbar und unhörbar für das Publikum) dem Schauspieler einhilft, ihm notfalls auch seinen ganzen Sprechtext vorflüstert, ist hier mit einem herrlichen dramaturgischen Einfall in das Spiel selber eingebracht. Nicht nur der Kaiser (4971: *Ich höre doppelt was er spricht*), sondern mit ihm der Theaterbesucher vernimmt die Stimme des Einbläsers, begreift den Astrologen als Medium zweiter Potenz und versteht, wer hier das Sagen hat.

214,4955-66 *Die Sonne selbst sie ist ein lautres Gold . . .]* Die mit den Namen antiker Gottheiten bezeichneten Planeten wurden in der kosmologisch-alchymistischen Korrespondenzenlehre auf bestimmte Metalle bezogen (wie Goethe das in den *Chromatik*-Texten von 1822 referierte; FA I 25,786): *Sol/Sonne* = *Gold*, *Merkur* = Quecksilber, *Venus* = Kupfer, *Luna*/Mond = Silber, *Mars* = Eisen, *Jupiter* = Zinn, *Saturn* = Blei. – Goethe nannte die »Geheimniskrämerei« der Alchymisten »ein lügenhaftes Zusagen, wodurch unseren liebsten ⟨nämlich auf »Gold, Gesundheit und langes Leben« gerichteten⟩ Hoffnungen und Wünschen geschmeichelt wird« (*Farbenlehre*; FA I 23/1,662).

Mephistos dem Astrologen eingeflüsterter Hokuspokus von *Kalenderei – Chymisterei* (4974) zielt auf Vers 4966: *Zum Silber Gold*, soll Stimmung machen für seine 'magische' Geldschaffungsaktion – die mit der Alchymie freilich gar nichts mehr zu tun hat.

214,4965 *wenn zu Sol sich Jupiter gesellt]* C¹12, WA und alle folgenden Ausgaben drucken (entspr. einer in H nicht mehr übernommenen Korrektur in H^Co): *sich Luna fein gesellt*. Entgegen den apodiktischen Behauptungen von Michelsen 1995,703 u. 1996,119 f. und MA 18.1,688 ist *Jupiter* in H aber keineswegs eine »unsinnige«, nirgendwo belegte Angabe: Agrippa 1533 I, XXVI, p. XXXIII (in Goethes Besitz!) erklärt ausdrücklich auch vom Silber, daß es dem Jupiter zugehört: »Iovialia sunt ⟨. . .⟩ Ex metallis, stannum, argentum & aurum«. Auch *wenn zu Sol sich Jupiter gesellt*, kommt so zu dessen *Gold* noch dessen *Silber* (worin Hörisch 1996,131 ff. eine gleichgeschlechtlich-männliche Geldzeugung allegorisiert sieht).

214,4969 *der hochgelahrte Mann]* Seine vorbereitenden Verse 4895 f. aufnehmend, bringt der soufflierende Mephisto jetzt den noch nicht am Hof erschienenen Faust als neuen Goldmacher ins Spiel.

214,4974 *Kalenderei – Chymisterei]* Meint die im Jahreslauf wechselnde astrologische 'Regentschaft' der Planeten und ihre angebliche Zugehörigkeit zu den Metallen (→ Kommentar zu 4955-66), wodurch das den Aberglauben schürende »Calender-Machen in solche Verachtung gerathen« war (Zedler 5,221). – *Chymisterei* hier noch für: Alchymie (zu Beginn des 18. Jh.s hatte man allgemein einen »Unterscheid unter der Chymie und Alchymie gemachet, und jene zur Medicin, diese aber zur Goldmacherey gezählet«, Zedler 34,1109); → den Alchymie-Kommentar zu 1038-49.

214,4976 *Und kommt er auch – so ists ein Gauch]* Tritt dieser *hochgelahrte Mann* wirklich auf, ist's auch nur ein Narr (vgl. DWb 4,1528).

215,4979 f. *von Alraunen . . . von dem schwarzen Hund]* Die zauberkräftige Wurzel der Alraune (des Nachtschattengewächses Mandragora), die ihrem Besitzer »Gesundheit, Kindersegen, Gewalt über das Wetter, und Reichtum an Schätzen und Gold« verleihen soll, »ist von menschlicher Gestalt, entsteht aus dem Samen eines unschuldig Gehängten, besonders eines schätzelüsternen Erzdiebes, wächst daher häufig unter dem Galgen, und heißt deshalb auch 'Galgenmännlein'; sie zu gewinnen, ist mit Lebensgefahr verknüpft, da sie beim Herausziehen so entsetzlich schreit, daß, wer es hört, vor Schrecken sterben muß; wer sie daher ausgraben will, der verstopfe sich die Ohren mit Wachs, mache vor Sonnenaufgang, und nach Westen blickend, drei Kreuze über die Wurzel, binde einen hungrigen schwarzen Hund an sie, halte diesem Futter vor, und blase zugleich in ein starkes Horn, um das todbringende Geschrei der Pflanze zu übertönen« (Lippmann 1906,196 ff.).

215,4983 *die Sohle kitzelt]* Die im frühen 19. Jh. besonders durch den Physiker Joh. Wilh. Ritter und seinen ital. Protegé Campetti (vgl. Wetzels 1973) wieder in Mode gekommene 'Rabdomantie' beruhte darauf, daß sensible Personen durch »ganz sonderbare Empfindungen«, etwa »ein merkliches Kitzeln« oder »Jucken an den Füßen« Metalle 'fühlen', auch Wasseradern, Kohlelager etc. aufspüren könnten (Amoretti 1809,55 u. 59 f.); entsprechend reagiert 4993-98 die Menge. – An diesen 'galvanistischen' Phänomenen auf der Grenze zwischen Schulphysik und magischen Naturvorstellungen war Goethe hochinteressiert.

215,4985-92 *... lebendge Spur. | Wem es ...]* Blitzschnell wechselt Mephisto hier mit Vers 4983 von der Imitation Faustischer Redeweise zur drastischen eigenen Diktion. (4989 und 4990 in H^{Co} und $C^{1/3}12$ noch: *Wenn*; in H zu *Wem* korrigiert).

215,4992 *Spielmann]* Sprichwörtlich: Man »stolpert« (4984) dort, wo »der Spielmann oder der Hund begraben liegt« (an Frau v. Stein, 6. 6. 1809).

216,5011 *Salpeter hofft er von der Leimenwand ...]* Salpeter (zum Düngen, Pökeln u.a.) »wird in dem fetten Erdreich der alten Gebäue und gewölbten Keller gefunden ⟨4893: in *Mauergründen*⟩: Absonderlich aber wird er in den Ställen / wegen grossen Menge des flüchtigen Urin-Saltzes und der *excrementorum* von den Thieren« angetroffen (Glaser 1677,191). – »Leim und Leimen« mundartlich für: Lehm (Adelung 3,128).

Der Bauer also, der ausblühenden Salpeter von einer Lehmwand kratzen will, legt unverhofft eine Rolle von Goldmünzen frei (5012).

216,5025 *Dauben]* Faßwandbretter.

216,5038 *Zieh' an dem Pflug]* in H^{Co} korrigiert: *Zieh' deinen Pflug ...*.

216,5039 *Nimm Hack' und Spaten grabe selber]* Mephisto beabsichtigt keineswegs, das im Boden verborgene *Gold* (das lediglich zur Deckung der projektierten Schuldverschreibungen herhalten soll) tatsächlich zutage zu fördern.

Er entzieht sich dieser Aufforderung (5037 f.), indem er sie an den Kaiser zurückgibt, und nimmt ihn damit wörtlicher beim Wort, als der es 5003 ff. wohl gemeint hatte: wiederholt so sein Hufeland-Rezept aus der *Hexenküche* (→ Kommentar zu 2349 f.). Dabei rückt er mit dem auf die 'Bodenschätze' gestützten Papiergeld-*Projekt* noch gar nicht heraus: der Taktiker setzt auf die Ungeduld des bedrängten Herrschers, die er hier (auch noch durch die Verzögerungstaktik 5048 ff.) anzustacheln sucht.

216,5041 *eine Herde goldner Kälber]* Anspielend auf 2. Mose 32, wagt sich Mephisto gegenüber dem mißtrauischen Kanzler-Bischof weit hervor. – In der *Lustgarten*-Szene wird der Kaiserhof tatsächlich um das Goldene Kalb tanzen.

217, vor 5048 ASTROLOG *wie oben]* Wie vor 4955, also zweistimmig: Mephisto *bläst ein* – nun wirklich eine *Fastenpredigt* (4924).

217,5049 *das bunte Freudenspiel]* des bevorstehenden Karnevals.

217, vor 5061 EXEUNT*]* 'Sie gehen ab'. Latein. Bühnenanweisungen (wie sonst noch SOLUS 'allein' vor 6172; AD SPECTATORES 'zu den Zuschauern' vor 7003, 10210, 10327, 11286; FINIS 'Ende' nach 12111): »in Nachahmung mittelalterlicher Schauspiele (auch bei Shakespeare), in denen sich beim Verdrängen des Lateinischen durchs Deutsche diese Rudimente erhielten.« (Trendelenburg 1921,50)

Hier, in Verbindung mit den Kaiserlichen *Trompeten*, wohl auch zu ironischer Verdeutlichung des Widerspruchs von zerrüttetem Staatswesen und protokollarisch zeremoniellem Herrscherpomp.

217,5063 *Stein der Weisen]* 'Lapis philosophorum', das alchymistische Geheimpräparat zur Goldherstellung; → Kommentar zu 1038-49. – Mit seinem nurmehr an das Publikum gerichteten, epigrammatisch kommentierenden Epilog tritt Mephisto zum ersten Mal deutlich aus seiner Rolle heraus. Diese chiastisch geprägte dialektische Formel: *Wenn sie den Stein der Weisen hätten | Der Weise mangelte dem Stein* – als hörte man schon Bertolt Brecht.

5065-5986 WEITLÄUFIGER SAAL, MIT NEBENGEMÄCHERN

Nächst der über mehrere Schauplätze sich erstreckenden und damit 1483 Verse umfassenden *Klassischen Walpurgisnacht* ist dieses Karnevalsfest am Kaiserhof zur weitaus längsten Szene der *Faust*-Dichtung geraten. Schon ihre 922 ausformulierten Verse (zu denen noch Stegreifpassagen mit improvisierten Sprechtexten kommen) umfassen fast ein Achtel des gesamten Zweiten Teils.

Erklärtermaßen in der Rolle eines »Hofpoeten« hat Goethe in Weimar zahlreiche Hoffeste und Maskenzüge dieser Art arrangiert und inszeniert (vgl. FA I 5,437-57, dazu 1208 ff. und I 6,807-71, dazu 1383 ff.). »Man übertäubt mit Maskeraden und glänzenden Erfindungen oft eigne und fremde Not«, schrieb er bei solcher Gelegenheit an Lavater (19. 2. 1781). Das gilt auch hier. Das heitere Fest, mit »glänzenden Erfindungen« verschwenderisch ausgestattet, spielt sich vor dem in der Thronsaal-Szene entworfenen Hintergrund von finanziellem Bankrott, Korruption und Aufruhr ab, die das Staatswesen in seinen Grundfesten erschüttern.

Personal und Requisit sind nahezu ausnahmslos einem dokumentierenden Sammelwerk von Antonio Francesco Grazzini entnommen: *Tutti i Trionfi, carri, mascherate o Canti carnascialeschi andati per Firenze dal tempo del Magnifico Lorenzo de' Medici fino all' anno 1559*, Cosmopoli 1750. Goethe hat es als »Herrlichstes Denkmal der florentinischen Epoche und Lorenz Medicis« bezeichnet (Tagebuch 11. 8. 1827). Den nach Ständen, Berufen, Charaktertypen gruppierten Figuren, mythologischen und allegorischen Gestalten, die er sich aus diesem riesigen Arsenal holte (zusammengestellt in JA 14,307 ff.), hat er die Rollentexte der Gesangs- und Sprechversstrophen zugedichtet, welche sich in lebhaftem, buntem Wechsel der Tonlagen, Metren und Motive aneinanderreihen. So ist der italienischen Renaissancekultur in der deutschen *Faust*-Dichtung ein literarisches Denkmal entstanden.

Für den Einzug des Elefanten (→ 5393 ff.) und das vom Knaben Lenker geführte Viergespann Plutos (→ 5543 ff.) ließ sich Goethe durch Andrea Mantegnas um 1490 gemalte 9teilige Bilderfolge vom 'Triumphzug Julius Caesars' anregen (deren von Andrea Andreani hergestellte Reproduktions-Holzschnitte er besaß und eingehend beschrieben hat: WA I 49.1,255 ff. und 49.2,231; vier von ihnen abgebildet bei Witkowski 1950,486/7). Elefanten-Aufzüge kannte er überdies aus Dürers 'Triumphzug Kaiser Maximilians' und durch Athenäus' Schilderung vom Prachtzug des Ptolemäus Philadelphos (Kassel 1995, 378 f.).

Michael Engelhard hat als weitere Vorlage und inspirierende Quelle Charles LeBrun's 'Triumph-Einzug Alexanders d. Gr. in Babylon' erwiesen (noch ungedruckt). Diese orientalisierende Darstellung, von der sich ein Reproduktions-Kupferstich in Goethes Graphiksammlung befand (→ Abb. 6), zeigt auf dem von weiblichen Gestalten umgebenen Elefanten (→ 5403) die *zierlich-zarte Frau*, die ihn mit *feinem Stäbchen lenkt* (5399 f.) und entschieden an Goethes Darstellung des mädchenhaften Knaben Lenker erinnert (5543-48), – während die Beschreibung Plutos, der unterm Schmuck des Turbans wie ein orientalischer Potentat auftritt (5563 ff.), von der des triumphierenden Alexander auf dem *Wagenthrone* (5553) bestimmt sein mag. Vorgegeben bei LeBrun sind auch *Dunstige Fackeln, Lampen, Lichter* (5407); ein großes kostbares Gefäß wird *herangetragen*, das sich zu Plutos Schatztruhe entwickelt haben könnte (5685 f.); aus einem Kessel vorn links im Bild schlagen schon die Flammen empor, in denen die *Mummenschanz* endet (→5711 ff. und 5920 ff.).

Was anfangs *nicht ein jeder weiß* (5809), wird offenbar, wenn am Ende der Szene im Feuer die Maske fällt: als großer Pan tritt hier der Kaiser selber auf. Hinter der allegorischen Figur des Geizes und als Darsteller des Reichtumsgottes Plutus soll man Mephisto und Faust erkennen (→ Kommentar zu 5531 f.). Aber auch mit dem munteren *Gesang* dieser Gärtner, den *angenehmsten Dialogen* der Fischer und Vogelsteller, selbst den vergleichsweise realitätsnahen Polterversen der schwitzenden Holzhauer stellen keineswegs 'wirkliche' Landleute sich vor. Von deren Lebensverhältnissen hatte der Autor andere Vorstellungen. Bei geologischen Studien in den Thüringer Bergen nahm er die Gesteinsschichten als ein Gleichnis der sozialen Schichtung und schrieb am 17. 4. 1782 an Knebel: »So steig ich durch alle Stände aufwärts, sehe den Bauersmann der Erde das Notdürftige abfordern, das doch auch ein behäglich Auskommen wäre, wenn er nur für sich schwitzte. Du weißt aber wenn die Blattläuse auf den Rosenzweigen sitzen und sich hübsch dick und grün gesogen haben, dann kommen die Ameisen und saugen ihnen den filtrierten Saft aus den Leibern. Und so gehts weiter, und wir habens so weit gebracht, daß oben immer in einem Tage mehr verzehrt wird, als unten in einem { organisiert / beigebracht } werden kann . . .«.

Hier also singen die höfischen »Blattläuse auf den Rosenzweigen«. Dirigiert vom Herold als dem Festordner und Ansager stellen sie in diesem Maskenspiel mit ihren (einstudierten) Liedern und Reden auf indirekte Weise sich selber dar. Auch insofern ihre Auftritte klischiert anmuten und ihre Verse vergleichsweise flach, repräsentieren sie die Lebensart, spiegeln sie das Welt- und Menschenverständnis des feudalen Hofes.

Diese weitläufige *Mummenschanz*-Revue auf die Bühne zu bringen, würde »ein sehr großes Theater erfordern, sagte Goethe, und es ist fast nicht denkbar.« (Eckermann, 20. 12. 1829) Aber eben dahin muß man sich das Spiel doch denken. In hohem Maße appelliert der gedruckte Text hier an das Vorstellungsvermögen des Lesers. Denn als bloßes *Protokoll* (5919) gibt er eigentlich nur die Vorlage ab für ein großes audiovisuelles Bühnenspektakel, bei dem die Verse einzelner Sprecher, Sprechchöre, *Gemurmel*, *Wechselgeschrei* und Chorgesänge zusammen mit begleitender Instrumentalmusik, balletthaften Veranstaltungen und pantomimischen Einlagen, prachtvollen Aufzügen, Schaubildern der Laterna magica, Bodenfeuerwerksspiel und Regenzauber ein glanzvolles Gesamtkunstwerk bilden.

Unübersehbar wird dieser Vorlagencharakter des Textes dort, wo in den schauspiel- und singspielgemäßen Wortlaut 'epische' Passagen eingeschoben werden. Hier (nach 5177, 5198, 5294, 5298) handelt es sich nicht mehr um die gewohnten knappen Regieanmerkungen oder stichworthaften Bühnenanweisungen, sondern (wie sonst nur noch einmal am Ende des 3. Aktes) um erzählend ausformulierte Szenarien, die von *Geplauder*, ja von *Dialogen* oder von Ankündigungen des Herolds berichten, ohne daß deren Wortlaut mitgeteilt und vorgeschrieben würde. Entstehungsgeschichtlich mag es sich um ursprünglich geplante, aber nicht mehr ausgeführte Passagen handeln, die der alte Goethe mit bemerkenswerter Souveränität dadurch markierte und überbrückte, daß er in den dramatischen Wortlaut Textstücke geradezu nach Art seiner erzählenden Paralipomena einrückte (→ Kommentare zu vor 5199 und nach 5294). Ihr Status in der abgeschlossenen Endfassung freilich ist der einer Anweisung zum Stegreifspiel. In der Tradition der ital. Commedia dell'arte werden hier Freiräume für die schauspielerische Improvisation eröffnet.

Wenn 5775-94 der maskierte Mephisto aus weichem Gold den Phallus formt, geht es darum, *pantomimisch deutlich auszudrücken*, worauf das Interesse dieser Hofgesellschaft zielt (und daß sie 'des Teufels' ist: → die Satanspredigt über *Gold* und *Schwanz* im Paralipomenon 50, Text-Band S. 553). Hier werden die beiden Themenstränge gebündelt, welche die *Mummenschanz*-Szene durchziehen. Schon die Eröffnungsgesänge der höfischen Gärtnerinnen und Gärtner sind reich an erotischen Konnotationen; in der Rede der Mutter kommt dieses Motiv handfest-drastisch zur Sprache (5196 ff.); im Szenarium der Fischer und

Vogelsteller wird es spielerisch vorgestellt, liegt dann den Furien-Strophen zugrunde, bestimmt die Beschreibung des Knaben Lenker durch den Herold (5535 ff.) und taucht in den Versen des Abgemagerten auf (5660 ff.).

Schon mit dem Auftritt der Gärtnerinnen aber wird die Verführungskraft der Erotik als Instrument marktwirtschaftlicher Werbung eingesetzt. *Krämerinnen wie die Ware* sind von Käufern umdrängt, die sich *anzupaaren* suchen, und eben wie eine *Ware* bietet die Krämerin-Mutter ihre Tochter an. Auf seine Weise *unermeßlich reich*, wirft der Knabe Lenker die *Kleinode* der Poesie unter die gierig haschende Menge. Gnome, die das unterirdische *Gold zu Tag* fördern, mischen sich in das Treiben. Und als *des Reichtums Gott* steht hinter der Maske des Plutus der im Thronsaal angekündigte *hochgelahrte Mann* (4969), der die Finanzen dieses Staates sanieren soll. Im nachhinein klärt sich auf, daß der Kaiser während dieses Karnevalsgetümmels durch seinen Namenszug Mephistos 'künstliche' Geldschöpfung in Kraft setzt (6066 ff.). Wenn aber die *Feuerquelle* der glühenden Goldkessel am Ende der Szene die *Kaiserpracht* mit *allerseitigem Untergang* bedroht, ist das ein böses Omen für das Finanzierungsprojekt der beiden Magier: Als den Krater eines Vulkans, aus dem die Lavaströme aufsteigen, beschreibt der Herold diese Schatztruhe des Plutus (5922 ff.) – das im 2. und 4. Akt hochbedeutsam wiederkehrende Vulkanismus-Motiv tritt ins Spiel der 'ethisch-ästhetischen Formeln'.

Wenn der hilflose Herold den Magier bittet, die über den scheinhaften Reichtümern des Knaben Lenker außer Rand und Band geratene Menge zurückzudrängen, nennt er ihn: *Vermummter Plutus, Maskenheld* (5737). Hier setzt Schlaffers auf den gesamten *Faust II* ausgedehnte allegorische Deutung an (→ hier S. 55 ff.). Die Bezeichnung als *Maskenheld* wird in kühnem Kurzschluß auf den Satz in Karl Marx' *Kapital* bezogen, daß in der kapitalistisch-bürgerlichen Gesellschaft »die ökonomischen Charaktermasken der Personen nur die Personifikationen der ökonomischen Verhältnisse sind« (Marx 1872,114). Die darauf gestützte Zentralthese lautet dann: »Wenn Marx die Beziehung zwischen Ökonomie und Subjekt mit allegorischen Ausdrücken und Bildern illustriert und Goethes Allegorien wiederum die ökonomischen Bedingungen des Rollenspiels thematisieren – dann beginnen sich das *Kapital* und *Faust II* wechselseitig zu kommentieren.« (Schlaffer 1981,54) So sei die *Mummenschanz*-Szene insgesamt »allegorisch zu verstehen«: geschichtsprophetisch erfolge hier im Innern des »verfallenden Feudalismus« die »scherzhafte Vorwegnahme eines gesellschaftlichen Umbruchs«, denn: »Mit der Lizenz des Karnevals spielt der Hof, was nach ihm kommen wird. Die Mummenschanz ist der Traum einer vergehenden ⟨feudalistischen⟩ Epoche von der künftigen ⟨bürgerlich-kapitalistischen⟩« (aaO. 78 u. 80 f.). → auch Kommentare zu 5450-56 und 5464.

Freilich wird man bedenken müssen, daß die Worte des Knaben Lenker zum Herold, auf welche dieser weithin akzeptierte marxistische Kommentar sich beruft: *Denn wir sind Allegorien* | *Und so solltest du uns kennen* (5531 f.), ausschließlich für diejenigen Figuren gelten, die mit dem Elefanten und dem magischen Viergespann auftreten. Nur bei ihnen geht es erklärtermaßen um die 'allegorische' *Bedeutung der Gestalten* (5506; so auch Arens 1989,78 u. 84). Goethe hat den Allegorie-Begriff hier (sonst in der *Faust*-Dichtung nur noch 10329 hinsichtlich der Drei Gewaltigen und gesprächsweise für Euphorion: → Kommentar S. 621) durchaus bezeichnungsscharf verwendet. Dehnte man ihn auf das gesamte Personal der *Mummenschanz* aus (oder gar mit Schlaffer auf den ganzen *Faust II*), nähme man ihm die auf seiner Unterscheidungsqualität beruhende terminologische Tauglichkeit. Auch ist ja durchaus nicht das ganze Hoffest »als Marktszene eingerichtet« (wie Schlaffer 1981, 82 unterstellt), sondern allein sein erster Teil, und von solchen Marktgeschäften, Warenangeboten, Kaufaufforderungen war schon in Grazzinis oben genannten Vorgaben ständig die Rede (einzelne Hinweise in JA 14,308). Weder dort in den Maskenzügen der Florentinischen Renaissance noch hier in Goethes *Mummenschanz* aber kommen tatsächlich die 'Produktionsverhältnisse' in den Blick, die es auch nach marxistischer Doktrin allererst erlauben könnten, vom 'Kapitalismus' zu reden.

Schlaffers übersichtige Auslegungen schärfen den Blick für das polit-ökonomische Bedeutungssegment dieser höfischen Szene. Aber sie verkürzen ihr Bedeutungsspektrum in unzulässiger Weise auf den Umbruch der feudalistischen in die frühbürgerliche Epoche. Goethes 'ethisch-ästhetische Formel' vom Tanz einer glanzvoll sich repräsentierenden herrschenden Schicht auf dem Vulkan eines wirtschaftlich zerrütteten, moralisch korrumpierten, vom Aufruhr bedrohten Staatswesens hat doch wohl eine größere Reichweite.

217, vor 5065 *Mummenschanz]* Von Goethe noch als Femininum benutzt. Meint: das Maskentreiben der Fastnacht (bei dem die Vermummten ein 'Würfelspiel' veranstalteten – was *Mummenschanz* eigentlich bedeutete).

218,5072 *an heiligen Sohlen]* Beim sogenannten 'Pantoffelkuß', mit dem er dem Papst huldigte.

218,5073 *das Recht zur Macht]* mit der bis zum Augsburger Religionsfrieden (1555) vom Papst vollzogenen Kaiserkrönung des deutschen Königs.

218,5075 *Kappe]* Narrenkappe, Karnevalsmaske (für den von den deutschen Höfen des 16. und 17. Jh.s übernommenen *Mummenschanz* italienischer Umzüge und Feste).

218,5079 *Sie ähnlet ihn]* Transitives 'ähneln': ähnlich machen.

218,5083 *Zudringlich]* Hier (Adelung 5,426): »sich hinzu drängen, oder hinzu dringen«.

218, vor 5088 GÄRTNERINNEN*]* Anders als die heutige Berufsbezeichnung meint 'Gärtnerin' in Goethes Zeit ein

»Weib, so über die Lust-Gärten bestellet ist, das darinnen gewachsene Obst, Früchte und Blumen zu Marckte träget, denen Spatziergehenden die Garten-Thüre auff- und zuschliesset, und ihnen bey dem Abtritt ein Blumen-Bouquet gegen ein Trinck-Geld zu præsentiren pfleget«! (*Frauenzimmer-Lexicon* 1715,594)

218, vor 5088 *Mandolinen]* Nach 5177 aber *Guitarren*: hier oder dort wohl ein Versehen (vgl. Fiedler 1946, 50).

218,5090 *Junge Florentinerinnen]* Die Selbstbezeichnung der Gärtnerinnen ist zugleich Goethes 'Quellenangabe': weist auf Grazzinis Dokumentation der Florentinischen *Trionfi* (→ S. 426 f.).

218,5098 *Blumen, glänzend künstlich]* Goethe an Meyer nach Rom, 12. 10. 1796: »Es sind die italienischen nachgemachten Blumen bei uns, wegen ihrer Natürlichkeit, wieder seit einiger Zeit berühmt geworden, ⟨...⟩ könnten Sie gelegentlich solche finden, anschaffen und herausspedieren, so würden Sie Ihr Andenken auch von dieser Seite erneuern.« – Die zeitgenössische *Mode* (5135, 5145) dieser Kunstgebilde, welche die Damen des Hofes im folgenden anpreisen, hatte auch für den Autor *am Herzen Platz* (5143): ehe sie Goethes Frau wurde, war Christiane Vulpius eine der Näherinnen in Bertuchs Weimarer Manufaktur gewesen, die aus Spitze, Samt und farbigen Seiden solche Stoffblumen bosselten.

218 f., 5101 | 5106 *symmetrisch* | *Naturell]* JA 14,310: »steif oder gesucht«. Tatsächlich ist dieser Fremdwortgebrauch der Hofdamen doch ein sprachliches Analogon zu den *gefärbten Schnitzeln* der hier vorgeführten Kunstblumen.

219,5112 *... in Laub und Gängen]* Wird verdeutlicht durch die Entwurfsfassungen in H7: *Hier in Lauben, grünen Gängen* und: *Eilig daß in Laubengängen.*

219,5114 *Würdig sind sie zu umdrängen]* Für: wert, umdrängt zu werden.

219,5116 f. *Feilschet ... Doch kein Markten finde statt]* Gemeint: handelt um günstige Kaufpreise, doch ohne mäkelndes Herabsetzen.

219,5118 *mit sinnig kurzem Worte]* Geht auf die nachfolgenden sinnreich-knappen Beschreibungen, welche die Gärtnerinnen ihren Produkten 'in den Mund legen' (die Überschriften zu 5120-57 sind natürlich nur fiktive Sprecherangaben, eigentlich Warenbezeichnungen).

219,5123 *Mark der Lande]* Ihr Kraftquell (die Früchte und das aus ihnen gepreßte Öl als eines der wichtigsten Nahrungsmittel Italiens).

219,5125 *Friedenszeichen]* Aus der Antike überkommene Symbolik des Ölbaumzweiges.

219,5128 *Ceres]* Römische Fruchtbarkeitsgottheit, Göttin des Ackerbaus und der Feldfrüchte.

219,5133 *Moos]* Material für die Herstellung der Kunstblumen, aus denen dieser modische *Phantasiekranz* geflochten ist?

219,5134 *nicht gewöhnlich]* Für: gewohnt, gängig, vorkommend.

220,5137 *Theophrast]* Auch dieser griech. Philosoph und Naturforscher (Verfasser der für die Antike grundlegenden botanischen Werke *Historia plantarum* und *De causis plantarum*) wäre außerstande, den der freien Phantasie zu verdankenden Kunstblumen *Namen* zu geben, sie also botanisch einzuordnen. – In H9 war dieser Vers noch als vergnüglich anachronistische Hommage für Goethes Zeitgenossen Alexander v. Humboldt formuliert: *Würde selbst kein Humboldt wagen* (→ auch I H9a: Text-Band S. 605).

220,5143 *am Herzen Platz vergönnte]* Meint: diesen Strauß an den Busen steckte.

220,5144-57 AUSFORDERUNG*]* Eine zum Streit herausfordernde Rede (wie im Text-Band S. 708,34).

Zur Textanordnung: Indem H (wie HCo) diese Angabe vor 5144 setzt, werden die 6 folgenden Verse weiterhin dem aus künstlichen Blumen bestehenden *Phantasie-Strauß* zugeteilt und als dessen an die natürlichen *Rosenknospen* gerichtete Herausforderung kenntlich gemacht. (*Mögen . . . blühen* wäre dabei optativisch zu verstehen, entsprechend dem *Blickt hervor*!) – Die neue Sprecherangabe für die darauf entgegnenden *Rosenknospen* stand in H zunächst vor 5152-57. Die Verse 5150/51 nämlich sind dort erst nachträglich (eigenhändig) eingefügt worden: *Doch wir* links oberhalb der vorgegebenen Sprecherangabe *Rosenknospen*, *halten uns versteckt* aber rechts unterhalb. Die WA hat das ($C^{1}/^{3}$12 folgend) als beabsichtigten Sprecherwechsel mitten im Vers 5150 aufgefaßt, also den *Phantasie-Strauß* mit *Doch wir* enden, die *Rosenknospen* mit *halten uns versteckt* beginnen lassen – was so kaum gemeint sein konnte. Spätere Herausgeber haben dann (Witkowski 1950,307 f. folgend) die Sprecherangabe *Rosenknospen* mitsamt der Angabe *Ausforderung* vor 5144 gerückt, wo sie in H^{9} (bei fehlenden Versen 5150/51) tatsächlich einmal gestanden hat, in einer Abschrift $H^{9,2}$ aber eigenhändig durch *Ausforderung* ersetzt wurde. – Inhaltlich ließen sich 5144-49 auch als Rede der *Rosenknospen* verstehen (*Mögen* die Kunstblumen *blühen* und *hervor*blicken – *Doch wir* . . .), nur bliebe das dann unerwidert, ginge die *Ausforderung* also ins Leere. So hat MA 18.1 zwar *Rosenknospen* vor 5144 gestellt, die dadurch gegenstandslose Gattungsbezeichnung *Ausforderung* aber getilgt (begründet ebd. S. 637 f.). – Ich folge H bzw. H^{Co}, rücke jedoch die beiden dort über der Sprecherangabe *Rosenknospen* nachgetragenen Worte zu den unter diese geschriebenen: So setzt mit 5150 *Doch wir* . . . die Entgegnung der Naturblumen auf ihre nach 5149 mit Ausrufungszeichen und Gedankenstrich markant abgeschlossene *Ausforderung* durch den *Phantasie-Strauß* ein.

220,5156 *in Florens Reich]* 'Flora': röm. Göttin der Blumen. Hederich 1770,1119: Beim »floralischen Spiele«, ihrem Fest, ging »alles in bunten Kleidern, mit Kränzen von allerhand Bluhmen auf den Köpfen; die Tische wurden mit Rosen bestreuet 〈. . .〉. Vornehmlich wurden 〈. . .〉 ganze Schaaren Huren aufgeführet, die ganz nackend allerhand Spiele trieben« (Vorgabe für die erotischen Konnotationen der Verse *in Florens Reich*?).

220, nach 5157 [*Unter grünen Laubgängen* . . .]*]* Das Szenarium fehlt in H, wird in den folgenden Gärtner-Strophen aber vorausgesetzt, ist deshalb entspr. H^{Co} (dort nachgetragen) und $C^{1}/3$12 hier eingefügt worden.

220, vor 5158 *Theorben]* Italienische Baßlauten.

220,5160 *Früchte sollen nicht verführen]* Vielmehr solle man sie nur um ihrer selbst willen *genießen*. Aber gerade diese Beteuerung der *Gärtner* (die sich da *anzupaaren* suchen) rückt ihre *Äpfel* spielerisch galant in die Nähe der Früchte des Paradiesgartens (1. Mose 3).

220,5163 *Pfirschen]* Bis ins 19. Jh. gebräuchl. Nebenform zu: Pfirsiche.

221, nach 5177 *Chore]* veralteter Plural für: Chöre.

221,5182 *Dachte sie . . .]* Durch C^{1}41 und WA eingebürgerter eigenmächtiger Herausgebereingriff: »Dachte dich . . .«. Aber ein Perspektivenwechsel zwischen 2. und 3. Person wäre immerhin denkbar.

221,5187 *Sponsierer]* DWb 16,2674: »freier, werber« (von Spons: Verlobter, → 5182).

222,5194 *dritter Mann]* Abschlag-Spiel mit wechselnden Paarbildungen (DWb 2,1424), auch: ‘Plumpsack’.

222,5197 f. *öffne deinen Schoß . . .]* Arens 1989, 92: »Es ist ausgeschlossen, daß 5197/98 meinen, was sie wörtlich besagen; es kann nur etwa heißen: Sei bereit!« (? Sch.)

222, vor 5199 FISCHER und VOGELSTELLER . . . *geben den angenehmsten Dialogen Gelegenheit]* Wie bei der gleichermaßen nur ‘erzählten’ Poeten-Szene nach 5294 (→ Kommentar dazu) wird hier eine der »Lücken« überbrückt, von denen der Autor bei der Vorbereitung des Druckes von 1828 dem Leiter der Cotta'schen Offizin geschrieben hat, daß sie »sich nicht durch den guten Willen ausfüllen lassen, welches nur zur glücklichsten Stunde gelingt. Melden Sie mir daher den letzten Termin wenn Sie das Heft brauchen, so kann das Fehlende, obgleich ungern, doch allenfalls mit einigen Worten angedeutet werden.« (an Reichel, 29. 12. 1827)

Ein Bruchstück der geplanten Fischer-Reden überliefert das Paralipomenon 108b (→ Text-Band S. 600).

222, vor 5199 *Leimruten]* Mit Leim bestrichene Ruten für den Vogelfang.

222, vor 5199 HOLZHAUER] In H^{13} zusätzlich: *(Gesangs Begleitung Klapperstöcke)*.

222,5199 *Blöße*] »abgeholzte, gelichtete stelle« im Wald (DWb 2,150).

222,5206 *Bringt es ins Reine*] Macht euch das (H^{Co} schreibt: *dies*) klar: Wenn wir Grobschlächtigen nicht *wirkten* . . .

222,5209 f. *Wie kämen Feine | Für sich zu Stande*] Wie sollten die vornehmen Leute ohne uns zurechtkommen?

222,5211 *witzten*] DWb 30,890: »witz haben, zeigen, vorgeben, klügeln«.

222, vor 5215 PULCINELLE] Plural. Pulcinella (Hähnchen) hieß eine dem Hanswurst vergleichbare Maskenfigur der Commedia dell'arte mit Krähstimme und Hüpfgang (→ 5228/32); massenweise auftretend im Karneval. – Goethe zu Soret, 14. 2. 1830: »Polichinelle est ordinairement la gazette de tout ce qui s'est passé à Naples dans le courant de la journée« (Biedermann/Herwig 3.2, Nr 6506).

223, vor 5237 PARASITEN] Aus der antiken Komödie in die Commedia dell'arte eingegangen: schmeichelnde Schmarotzer bei den Mahlzeiten der Reichen.

223,5237 *Ihr wackern Träger*] Meint die Holzhauer (→ 5203).

223, 5247 *Was könnt es frommen*] Bezieht sich zurück auf das 5241-46 angeführte Schmeichlerverhalten (*Doppelblasen*: opportunistische Doppelzüngigkeit; der gleiche Mund bläst warm und kalt, wie in der aisopischen Fabel *Vom Mann und vom Satyr*) – gilt zugleich für das 5248-50 Folgende (5251 ff. schließt an 5247 an).

223,5252 *Kohlentrachten*] »kohlenladung, kohlenfuhre« (DWb 11,1590).

224,5255 *prudelts*] Ältere Nebenform zu: da 'brodelt' es.

224, vor 5263 *unbewußt*] Hier für: benebelt, bei getrübtem Verstand.

224,5270 *so ist's getan*] Witkowski 1950,300: Der refrainartige Strophenschluß meint »5270 und 5278 so ist's gut, 5286 es sei immer so gewesen, 5294 mit dem ist's aus.«

224,5272 *Rümpfte diesem bunten Rock]* mokierte sich über die Bekleidung ihres Mannes (Adelung 3,1533: »Das Maul über etwas rümpfen, zum Zeichen der Verachtung, des Hohnes. Die Nase rümpfen. Daher das Rümpfen«).

224,5274 *Maskenstock]* Holzgestell zur Aufbewahrung der *Mummenschanz*-Masken (analog dem gebräuchlichen Hauben- oder Perückenstock).

225,5293 *Span]* Eigentlich dünnes, gespaltenes Brett (Adelung IV, 536); hier für Schrage oder Bank? (so DWb 16,1864 b).

225, nach 5294 *verschiedene Poeten . . .]* die Modeströmungen der romantischen Epoche repräsentieren. Am *Gedräng* dieser Konkurrenten um die Publikumsgunst *schleicht mit wenigen Worten vorbei* der *Satiriker*, der sich im Gegenteil wünscht, er könnte gerade das sagen, *Was niemand hören wollte* (wie Goethe und Schiller mit ihren *Xenien*).

Weitere Vers-Bruchstücke dieser Poeten-Szene im Paralipomenon 110a (Text-Band S. 601 f.). Möglicherweise hat Goethe doch nur unter Termindruck auf einen ausgeführten Text verzichtet (→ Kommentar zu vor 5199).

225, vor 5299 *Nacht- und Grabdichter . . .]* Meint »die neuste Art der Autoren, welche sich mit dem Abscheulichen abgeben« (Tagebuch 24. 3. 1830), und was den alten Goethe an diesen Romantikern abstößt: »nächtliche Kirchen, Kirchhöfe, Kreuzwege 〈. . .〉; der gräßliche Vampirismus mit allem seinen Gefolge 〈. . .〉; genug, die allerwiderwärtigsten Gegenstände« (WA I 42.1,282).

225, vor 5299 *ruft indessen die griechische Mythologie hervor]* Nicht temporal, sondern den »gegensatz betonend« (DWb 10,2111). Entsprechend zu Eckermann, 14. 3. 1830 über die »allerneueste ultraromantische Richtung« der französ. Literatur: »An die Stelle des schönen Inhalts griechischer Mythologie treten Teufel, Hexen und Vampire«.

225,5299-5304 Die Grazien] Hederich 1770,1177 u. 1180: »die Göttinnen der Annehmlichkeit, Wohlthaten und Dankbarkeit. 〈. . .〉 Ihrer sind drey 〈statt der hier auftretenden *Hegemone* beim Urheber Hesiod jedoch: Thalia〉, weil eine die Wohlthat giebt, die andere sie annimmt, und die dritte sie wieder giebt oder vergilt.« Dieser Rollenverteilung Hederichs folgen Goethes Verse.

226 f.,5305-44 DIE PARZEN] Hederich 1770,1880 f.: »die Göttinnen, in deren Händen das Schicksal, und also auch das Leben eines jeden Menschen stund. 〈. . .〉 Klotho hielt von ihnen einen Rocken, Lachesis spann von solchem einen Faden, und wenn selbiger so lang war, als er seyn sollte, so schnitt ihn Atropos mit einer Schere ab«. Für das heitere Karnevalsfest wird der damit verbundene Todesgedanke freilich ganz zurückgedrängt. Die als Parzen kostümierten Hofdamen passen *freundlich diesem Ort* sich an: die unabwendbar den Lebensfaden abschneidende Atropos des antiken Mythos (Älteste der Parzen: 5320) wechselt *diesmal* in die Rolle der fadenspinnenden Klotho (→ 5305 f.), und diese (die Jüngste: 5325) läßt die tödliche Schere in ihrem damenhaft zierlichen *Futteral* stecken (5328).

226,5312 *schlichten*] »glätten des fadens beim spinnen« (DWb 15,672).

226,5329 *gebunden*] verpflichtet (die Schere nicht zu gebrauchen).

227,5335 *Weife*] oder Haspel: kreisförmig geschwungenes Gerät, mit dem das Gespinst strähnenförmig aufgewikkelt wird (vgl. DWb 28,630).

227,5337 *Fäden weifen*] schwingen sich um die Weife (vgl. DWb 28,632).

227,5344 . . . *Und der Weber nimmt den Strang*] Die Gott-Natur *am sausenden Webstuhl der Zeit* (508; → Kommentar zu 1922-27) 'übernimmt' für ihr Werk das Bündel der gesponnenen (Lebens-)*Fäden*. – Dazu der Entwurf in I H^{12}: Text-Band S. 603.

227,5347 f. *Sie anzusehn . . . Ihr würdet sie willkommne Gäste nennen*] Wenn ihr sie anseht (oder: Um diese Wohlgestalteten ansehen zu dürfen), werdet ihr sie willkommen heißen.

227,5355 *Auch sie verlangen nicht . . .*] Für: Da verlangen auch sie nicht . . .

227 f.,5357-92 DIE FURIEN] Hederich 1770,1129: Die schauerlichen »Straf- oder Plagegöttinnen« der Antike, von

denen »Alekto den Krieg und Tisiphone die ansteckenden Seuchen zu erregen und zu befördern gehabt: Megära aber gebrauchet worden, wenn jemand zum Tode sollte gebracht werden.« Auch ihre Rollen dem höfischen Fest angepaßt: nicht mehr gräßlich, sondern höchst anziehend gestaltet (5350 – wobei Goethe sich auf Hederich ebd. 1131 stützen konnte: »In den ältern Zeiten hatten ihre Bildnisse noch nichts schreckliches«) und zuständig nur für das promiskuitive Liebesleben des Hofes.

228,5369 f. *sind sie erst verbunden, | Ich nehm es auf . . .]* Meint: Nach einem Eheschluß setze ich das erotische Intrigenspiel erst recht fort.

228,5372 *ungleich]* Für: »wechselvoll ⟨. . .⟩, wankelmütig« (DWb 24,971).

228,5378 *Asmodi]* Talmudisch: Aschmedai, latein.: Asmodeus; tötet im biblisch-apokryphen Buch Tobias (3,8) nacheinander die sieben Männer der Sara »alsbald wenn sie beyliegen sollten.« Ursprünglich ein böser Geist der persischen Mythologie, der (nach Zedler 2,1858 f.) den Menschen »das Feuer der unzüchtigen Liebe« einblies und dessen Gewalt sich verlor, wenn »die Neigung zur Wollust in ihnen gedämpffet« war. Gilt daher als Eheteufel (5380: verdirbt *das Menschenvolk in Paaren*, nämlich sofern es Paare sind – oder durch die Paarung).

228,5385 *Muß . . .]* Zu ergänzen: Es muß . . .

228,5386 *Gischt]* für schäumenden »geifer« (DWb 7,7565).

228,5388 *Wie er es beging er büßt es]* Wie immer der *Verräter* es auch *beging* . . . (statt des Präteritums setzt HCo den Konjunktiv: »beging'«).

228,5390 *Felsen]* als den gnadenlos steinernen.

228,5392 *wer wechselt]* Meint den Partnerwechsel, wobei Tisiphone die furienhafte Eifersuchtsrolle der Verlassenen übernimmt.

228-30,5394-5456 *was jetzt kommt ist nicht von eures Gleichen . . .]* Nach den ständischen und den mythologischen Maskenfiguren jetzt (erst) eigentlich allegorische Gestalten, zu deren Verständnis man also einen *Schlüssel* braucht

(5398): Der Elefant ist wohl als Sinnbild der gewaltigen Volkskraft des Reiches zu verstehen; *Mit feinem Stäbchen lenkt* ihn die Staats-*Klugheit*; *Zur Seite gehn gekettet* die vom Verfolgungswahn getriebene *Furcht* und die gleichermaßen der 'Forderung des Tages' ausweichende, ganz auf eine utopische Zukunft gerichtete *Hoffnung*; *droben stehend herrlich-hehr* die siegreiche *Viktorie* als *Göttin aller Tätigkeiten.* Der ganze Aufzug also das mehrgliedrige Denkbild eines wohlbestellten Staats- und Gesellschaftswesens: politische Allegorie.

228 f.,5395-97 *Ihr seht wie sich ein Berg herangedrängt . . .]* Es sollten in seinem Weimarer Hoftheater zwar »keine Hunde auf der Bühne erscheinen« (→ Kommentar zu vor 1178). Bei Elefanten aber war Goethe großzügiger. Diesen dachte er sich keineswegs nur auf dem Papier, sondern tatsächlich im Theater. Eckermann, 20. 12. 1829: »Es wäre auf der Bühne nicht der erste Elefant, sagte Goethe. In Paris spielt einer eine völlige Rolle; er ist von einer Volkspartei und nimmt dem einen König die Krone ab und setzt sie dem andern auf, welches freilich grandios sein muß. Sodann, wenn am Schlusse des Stücks der Elefant herausgerufen wird, erscheint er ganz alleine, macht seine Verbeugung und geht wieder zurück. Sie sehen also, daß bei unserm Karneval auf den Elefanten zu rechnen wäre. Aber das Ganze ist viel zu groß und erfordert einen Regisseur wie es deren nicht leicht gibt.«

229,5412 *gibt Verdacht]* Für: weckt den meinen.

230,5445 f. *Den lebendigen Kolossen . . . turmbeladen]* Kriegs-Elefanten, wie sie bes. in Italien bei den Triumphzügen siegreicher Feldherrn oder Herrscher mitgeführt wurden, trugen einen Wehrturm auf dem Rücken.

230,5450-56 *Jene Göttin . . .]* Heißt es hier, sie breite ihre Flügel aus, um *zum Gewinne | Allerseits sich hinzuwenden*, so bezieht Schlaffer 1981,90 das nurmehr auf den ökonomischen Profit und erklärt: »Die antike Göttin des militärischen Siegs ⟨Viktoria⟩ wird in moderner bürgerlicher Interpretation zur Allegorie des kommerziellen 'Gewinns'«, stehe also für die aufsteigende »kapitalistische

Macht« (→ dazu hier S. 430 ff.). Die Bedeutungsreichweite dieser Sinnfigur eines siegreichen Erfolges *aller Tätigkeiten* im Staatswesen wird damit freilich entschieden verkürzt. – Im Entwurf H^{18} (Text-Band S. 606,7 f.) ohne Namensnennung nur: *Hinter uns auf ihrem Thron | Waltet hehre Thätigkeit.*

230, vor 5457 ZOILO-THERSITES] Verbindet den Namen des athenischen Rhetors Zoilos, welcher eine hämisch herabsetzende Kritik der homerischen Epen verfaßte, mit dem des Thersites, des gehässig redenden, häßlichsten Mannes im griech. Heer vor Troja (*Ilias* II 212 ff.). – Die meisten Kommentatoren unterstellen, daß hinter der Doppelmaske (5474: *Doppelzwerggestalt*) dieses antiken Lästerers Mephisto stecke. Im Text wird das nicht angegeben, und wenig später hockt Mephisto doch in der *Avaritia*-Maske auf dem *Viergespann* (5642 ff.).

230,5457 *da komm ich eben recht]* Die jetzt auftretenden Figuren und alle Geschehnisse bis zum Szenenschluß gehören offensichtlich nicht mehr zum vorgeplanten Maskenzug. Programmgemäß sollte sich hier ein festlicher Ball anschließen (5484: *Frisch! dahinten tanzt man schon*). Deshalb versucht der Herold als Festordner, den Zoilo-Thersites zu vertreiben, und vermag die *Bedeutung der Gestalten*, die jetzt auftreten, *nicht zu erklären* (5506-10).

231,5464 *Gehör ihr alles Volk und Land]* Schlaffer 1981,90: »Wenn Zoilo-Thersites der Viktoria vorhält, daß sie illegitim imperiale Hoheitszeichen gebrauche, den 'Aar', und Hoheitsansprüche usurpiere, als 'gehör' ihr alles Volk und Land', so trifft er damit die Ablösung monarchischer durch kapitalistische Macht – wie sie der Übergang vom 4. Akt, dem letzten der vergangenen feudalen Welt, zum 5. Akt, dem ersten der künftigen bürgerlichen Welt, historisch entfalten wird.« (? Sch.)

231,5467-70 *Das Tiefe hoch . . . auf dem Erdenrund]* Toposhafte Züge der 'Verkehrten Welt'. Dabei tritt der Zoilo-Thersites mit seiner umkehrenden Adaption der messianischen Prophezeiung Jesaja 40,4 (»Alle thale sollen erhöhet werden, und alle berge und hügel sollen geniedriget werden; und was ungleich ist, soll eben, und was höckericht ist, soll schlecht ⟨Adelung 4,122: »gerade«⟩ werden«) geradezu in die Rolle des ‘falschen Messias’.

231,5472 *Des frommen Stabes Meisterstreich]* des heilsam für Ordnung sorgenden Heroldsstabes. – So hat Odysseus in der *Ilias* II 265-77 den *Lumpenhund* Thersites verprügelt.

231,5475-81 *Doch Wunder! . . .]* Die Metamorphose des Zoilo-Thersites, mit der sich seine Doppelgestalt wieder teilt (*Otter* und *Fledermaus* als Tiersymbole des Giftes und der Nacht), erinnert an Theatereffekte des 18. Jh.s (Harlekin aus einem *Ei* hervortretend: Beutler, GA 773), wohl auch an Kämpfe zwischen Menschen und sich verwandelnden Dämonen aus orientalischen Märchen, wie Goethe sie aus *1001 Nacht* kannte (vgl. K. Mommsen 1981,198-205). Mit diesem Verwandlungszauber bricht die Magie in den *Mummenschanz* ein.

232,5499 *Weder wanke . . .]* Zu ergänzen: ich.

232,5518 *Wie von magischer Laterne]* Das von Flügelpferden gezogene magische *Viergespann*, das *durch die Menge* schweift, ohne sie teilen zu müssen: diese rätselhafte Erscheinung (gleichsam körperlos *durch alles durchgetragen*) vermag der Herold weder fernzuhalten noch zu begreifen. Aber sein Vergleich bezeichnet und erklärt diese *Zaubereien* sehr genau: er bringt das Medium der Laterna magica ins Spiel, mit der Faust und Mephisto im *Rittersaal* die *Phantasmagorie* von Helena und Paris veranstalten werden. → Kommentar S. 479 ff.

232,5519 *mit Sturmgewalt]* Im Entwurf H^{21} noch deutlicher als durch Magie bewirktes Phänomen bezeichnet: *Geists Gewalt.*

232,5520 KNABE *Wagenlenker]* Durch die Schreibweise in H wird die Figur noch unterschieden von ihrer Funktion (ebenso vor 5535 durch Komma); erst danach heißt sie *Knabe Lenker* (vor 5560,69,73,82 fehlt *Lenker*: H^{Co} entsprechend ergänzt). – Bei 5520 wurde *Knabe* über die beiden ersten Worte der urspr. Angabe *Euphorion*l*: als Wagenlenker :*/ geklebt (→ auch Text-Band S. 606,8: H^{23}). Der endgültige Text stellt eine solche Verbindung nicht mehr her. Doch Goethe zu Eckermann, 20. 12. 1829: »Wer aber ist der

Knabe Lenker. ⟨...⟩ Es ist der *Euphorion!*«. Und auf die Frage »Wie kann aber dieser ⟨...⟩ schon hier im Karneval erscheinen, da er doch erst im dritten Akt geboren wird?«: Er sei »kein menschliches, sondern nur ein *allegorisches* Wesen. Es ist in ihm die *Poesie* personifiziert, die an keine Zeit, an keinen Ort und an keine Person gebunden ist. Derselbige Geist, dem es später beliebt Euphorion zu sein, erscheint jetzt als Knabe Lenker, und er ist darin den Gespenstern ähnlich, die überall gegenwärtig sein und zu jeder Stunde hervortreten können.« (→ aber Kommentar zu 5574)

232,5531 f. *wir sind Allegorien | Und so solltest du uns kennen]* Für: erkennen? – Der unvorbereitete Herold vermag die drei Maskenfiguren nicht mit den Namen zu *benennen,* die ihre allegorischen Bedeutungen angeben (wie das im Paralipomenon 109, Text-Band S. 606, noch notiert war: *Dich, Poesie, de⟨n⟩ Reichth⟨um⟩ jene⟨n⟩ Geiz*). So kann er im folgenden nur ihre äußere Erscheinung beschreiben, die zeichenhaft auf ihre Bedeutung verweist.

Goethe zu Eckermann, 20. 12. 1829: »Daß in der Maske des *Plutus* der *Faust* steckt ⟨der 4895 f. und 4969 f. verheißene Reichtumsbringer, den der Kaiser sich wünscht: 5571⟩, und in der Maske des *Geizes* der *Mephistopheles,* werden Sie gemerkt haben.« Auch dem Leser und Zuschauer bleibt es überlassen, das zu bemerken; expressis verbis verrät der Text es nicht.

233,5539 *Sponsierer]* → Kommentar zu 5184 (hier S. 436).

233,5542 *des Rätsels heitres Wort]* das die Bedeutung der allegorisch verrätselten Erscheinung angibt (→ 5573 ff.).

233,5546 *Socken]* Hier einfach Filzschuhe? Oder wieder (wie 1808) die Schauspielerschuhe der antiken Komödie?

233,5550 *bei Mädchen gelten]* Ansehen haben, anziehend wirken – so daß sie *dich das A. B. C.* der Liebeskunst lehren wollten.

233,5553 *auf dem Wagenthrone]* DWb 27,475: »der einem throne ähnelnde wagenstuhl der zweirädrigen streit-, renn- und triumphwagen der alten, dann auch der ganze wagen«.

233,5554 *milde]* Noch in der ält. Bedeutung fürsorglicher Freigebigkeit (DWb 12,2201: im Mittelhochdeutschen die »standesmäszige eigenschaft eines guten fürsten oder herrn«).

233,5556 *Er hat nichts weiter zu erstreben]* Meint nicht etwa den Reichtums-*König* und den hinter dieser Maske verborgenen Faust selber (so Emrich 1981,176 mit abwegigem Schluß auf »eine völlige Umkehrung der ursprünglichen Faustcharakteristik«), sondern den, *der seine Gunst erlangt*. Die Verse 5557 f. gelten dann wieder dem Plutus.

233,5558 f. *seine reine Lust zu geben | Ist größer als . . .]* Die Freude am Geben ist für ihn größer als . . .

234,5568 *Als Herrscher scheint er mir bekannt]* Geht auf den Typus: äußere Erscheinung und würdevolles Gehabe (*Anstand*) scheinen ihn als *Herrscher* kenntlich zu machen.

234,5573 ff. *Bin die Verschwendung, bin die Poesie]* Goethe in den *Noten und Abhandlungen* zum *Divan* über »Poeten und Propheten«: »beyde sind von Einem Gott ergriffen und befeuert, der Poet aber vergeudet die ihm verliehene Gabe im Genuß, um Genuß hervorzubringen, Ehre durch das Hervorgebrachte zu erlangen, allenfalls ein bequemes Leben. Alle übrigen Zwecke versäumt er, sucht mannichfaltig zu seyn, sich in Gesinnung und Darstellung gränzenlos zu zeigen.« (FA I 3,157).

234,5574 *Bin der Poet]* Wie der Kaiserhof (und der den allegorischen Knaben darstellende Höfling) sich den Dichter denkt: zuständig für höfische Gelegenheitspoesie (5578), Preisgesänge und Herrscherlob (5616-21).

234,5581 *laß uns deine Künste sehn]* Das sind allegorische Zauberspiele, wie sie dem Charakter der Figur entsprechen. Der die *Poesie* verkörpernde Knabe praktiziert die *Lust am Trug*, von der 193 der Dichter des *Vorspiels* gesprochen hat: die Reichtümer, die er *statt solider Dinge* (5602) der Menge zuschnippt, sind nicht *die plumpe Wahrheit*, sondern *artiger Schein* (5733 f.), versinnbildlichen die Imaginationskraft und den Fiktionscharakter der Dichtkunst. – *Das ist die Münze der Poeten*, heißt es in Goethes Entwurf I H24 (Text-Band S. 607,14).

Zugleich fällt die *Menge* jetzt aus der *Mummenschanz-*

Rolle, verkennt den *Maskenspaß* (5728) und erliegt dem augentäuschenden Spiel: *greift und hascht* also nach den Kleinodien, die der Knabe Lenker in die Luft schnippt (5590 ff.); *dringt* wütend auf den provozierenden Abgemagerten ein (5674); *bückt* sich gierig nach des Plutus Schätzen (5723 ff.) und erlebt am Ende das *Flammengaukelspiel* (5987) der Magier als lebensbedrohenden Ernstfall.

234,5582 *Schnippchen]* DWb 15,1333: »die bewegung und das knipsende geräusch, wenn man den mittelfinger gegen den daumen stemmt und dann los schnellt.«

234,5588 *Auch Flämmchen]* → 5632-39 und Kommentar dazu.

235,5592 *im Traum]* Schreiberfehler für *ein Traum* (so WA I 15.2,21)?

235,5594 *Pfiffe]* »von den Taschenspielern entlehnet«: »Handlung, welche einen andern Endzweck hat, als sie 〈. . .〉 zu haben scheinet« (Adelung 3,1040).

235,5603 *frevle Schmetterlinge]* Hier wohl für: wertlose, nichtige (vgl. DWb 4,171/173).

235,5609 *schärferes Gesicht]* Eine geschärftere »Fähigkeit zu sehen«, aber auch gesteigerte »Vorstellungen der Einbildungskraft« (Adelung 2,622) – um *der Schale Wesen zu ergründen*.

235,5610 *Fehde]* Streit, Auseinandersetzung.

235,5611 *meine Rede]* HCo korrigiert in: *Frag und Rede*.

235,5617/5620 *Palme . . . Lorbeer]* als Sieges- und Ruhmeszeichen.

235,5623 *bist Geist von meinem Geiste]* Bibelpathos, bezogen aus 1. Mose 2,22 f.: »bein von meinen beinen, und fleisch von meinem fleisch.«

236,5627 *Den grünen Zweig . . .]* des Lorbeerkranzes (mit dem in Italien schon seit der Antike, in Deutschland seit dem 15. Jh. die kaiserliche 'Dichterkrönung' vorgenommen wurde): herrscherlich erhebt Plutus den Knaben Lenker zum 'poeta laureatus'.

236,5628 f. *Ein wahres Wort verkünd ich allen*: | *Mein lieber Sohn an dir hab ich Gefallen]* In gottgleicher Pose adaptiert Plutus-Faust die »stimme vom himmel« bei Jesu Taufe im

Jordan: »Du bist mein lieber sohn, an dem ich wohlgefallen habe« (Markus 1,11).

236,5632-39 *Auf dem und jenem Kopfe glüht | Ein Flämmchen ...]* Der Schilderung des pfingstlichen Inspirationswunders im 2. Kap. der Apostelgeschichte folgend: eine »Ausgiessung des heiligen Geistes« der Poesie.

236,5637 *in kurzem Flor]* Bedeutungsspektrum hier: Blüte, Blütezeit, Lebenskraft, Energie.

236,5642 *Gekauzt]* geduckt (Adelung 2,1530: »eigentlich von den Hunden«).

236,5645 *fühlt wohl nicht wenn man ihn zwickt]* – weil auf ‘Haut und Knochen’ *abgezehrt*.

236,5649 *Avaritia]* Lateinisch für: knauserige Sparsamkeit, Geiz, Habgier.

236,5653 *wohl gar ein Laster]* 1. Timotheusbrief 6,10: »Denn geitz ist eine wurtzel alles übels«.

236,5656 *jeder böse Zahler]* Schuldenmacher.

237,5660 *erspulen]* Durch Spinnarbeit herstellen bzw. verdienen.

237,5663 *Sponsierer]* Hier: Galane, Liebhaber (wie 5661 *Buhlen*).

237,5666 *Mit Drachen mag der Drache geizen]* Der ‘Geizdrache’ Mephisto mit den traditionell als Schatzhüter verstandenen Drachen, die das Viergespann ziehen. (Hier und 5680/84 *Drachen*, 5521 *Rosse*: gewiß nur wechselnde Bezeichnungen für das gleiche, aus Flügelpferd und Greifenkopf gebildete Fabeltier ‘Hippogryph’).

237,5670 *Strohmann]* DWb 19,1672: Vogelscheuche.

237,5670 *Schlappe]* Maulschelle (Adelung 4,119).

237,5671 *Marterholz]* Eigentlich das Kreuz (Goethe an Zelter 9. 6. 1831: »das leidige Marterholz, das Widerwärtigste unter der Sonne«), dann auch Personenbezeichnung (vgl. Adelung 3,380) – etwa wie redensartlich: ‘das Leiden Christi’.

237,5673 *Die Drachen sind von Holz und Pappe]* Die wütenden Weiber brechen die *Mummenschanz*-Fiktion, nehmen den magischen *Spuk* des Viergespanns für einen Karnevalswagen.

237,5682 *rein ist der Platz]* der Vers entsprechend reimlos ('Waise').

237,5685 f. *Die Kiste haben sie vom Wagen | Mit Gold und Geiz herangetragen]* Im Paralipomenon 105 (Text-Band S. 609,18 ff.) als magische Elevation gefaßt: *Kiste mit dem Geiz | Hebt sich los. | Setzt sich nieder* (→ dazu dort auch S. 610,34).

238,5690-96 *zu deiner Sphäre ... Zur Einsamkeit! – Da schaffe deine Welt]* → die Dichter-Verse im *Vorspiel* 59 ff.

238,5701 *im widersinnigen Leben]* Eher wohl: in sich widersprüchlich als »verkehrt, absurd, irrsinnig« (DWb 29,1212) – oder dieses durch jenes.

238,5706 *Ich atme nur und schon bin ich verraten]* Im *Schenkenbuch* (*West-östlicher Divan*, FA I 3,417): »Dichter ist umsonst verschwiegen, | Dichten selbst ist schon Verrath.«

238,5708 *lisple leis']* Ält. Wortbedeutung: nur mit Flüsterstimme brauche Plutus ihn zurückzurufen.

238, nach 5708 *ab wie er kam]* mit dem geflügelten Viergespann – *Wie von magischer Laterne* (5518).

238,5710 f. *mit des Herolds Rute ...]* die der künftige Geldbeschaffer Faust in der Maske des *die Schätze* 'entfesselnden' Plutus jetzt übernimmt und als Zauberstab gebraucht (dem magischen Schlag, der die Schlösser der Schatzkiste aufspringen läßt, entspricht die Umsetzung des ursprüngl. *Sie tut sich auf*, H31, in: *Es* ...). – Daß alles jetzt folgende 'allegorische' Geschehen von den Magiern vorgeplant ist, verdeutlicht 5766 und 5797 ff.

238,5719 *wie geprägt]* frisch aus dem Prägestock springend.

239,5726 *Koffer]* Im 18. Jh. (wie französ. coffre) auch für: Truhe, Kiste.

239,5732 *Rechenpfennige]* »aus Messing oder andern Metallen in Gestalt der Pfennige, ⟨...⟩ vermittels derselben auf dem Rechenbrete zu rechnen« (Adelung 3,1308).

239,5733 *Ihr Täppischen]* DWb 21,143: »plump, ungeschickt, linkisch, einfältig«.

239,5747 *Umgang]* DWb 23,889: Rundgang.

240,5761 f. *solcher Ordnung Unterpfand | Zieh ich ein unsicht-*

bares Band] Zum *Unterpfand*, zur Absicherung *solcher Ordnung*, beschreibt er einen Zauberkreis, den die Menge nicht zu durchschreiten vermag.

240,5767 *So]* nachdem die Menge zurückgedrängt ist und im *Kreis* den Herold, Plutus und Geiz umsteht.

240,5774 *sponsieren]* 'anmachen'.

240,5780 *Schwank]* Verharmlosend: Schabernack, Possen. – Der Satanspredigt im Paralipomenon 50, Text-Band S. 553,46 ff. entsprechend (*Das leuchtende Gold | Und ein glänzender Schwanz*) knetet Mephisto das weiche Gold zum Phallus – was heißt: diese beiden Zentralmotive der *Mummenschanz*-Szene *pantomimisch deutlich auszudrücken* (5778)!

Goethes Schilderung *Das Römische Carneval* (Abschnitt 'Masken', FA I 15/1,526): »... kommt ein Pulcinell gelaufen, dem ein großes Horn an bunten Schnüren um die Hüften gaukelt. Durch eine geringe Bewegung, indem er sich mit den Weibern unterhält, weiß er die Gestalt des alten Gottes der Gärten ⟨Priapus⟩ in dem heiligen Rom kecklich nachzuahmen, und seine Leichtfertigkeit erregt mehr Lust als Unwillen.«

240,5782 *dies Metall läßt sich in alles wandlen]* Zugleich natürlich metaphorisch zu verstehen: im Sinn der kapitalistischen 'Käuflichkeit der Welt' (→ Karl Marx im Kommentar zu 1824 ff.).

241,5788 *ungestalt]* Hier: von »übler beschaffenheit«, »unziemlich« (DWb 24,868 f.).

241,5791 *widerwärtig]* Abweisend, ungehalten.

241,5792 *übelfertig]* Auf üble Weise geschickt, nach DWb 23,35 auch: »zum bösen geneigt«.

241,5793 *fühle]* In HCo korrigiert: *fürchte* (Schreiberversehen in H?).

241,5798 *Narrenteidung]* Goethe hat in H ursprüngliches *Narrenwesen* eigenhändig durch diesen Ausdruck ersetzt – obwohl er gar nichts anderes bedeutet und schon damals veraltet war. Offenbar wollte er durch das befremdlich auffallende Wort eine Passage im Epheserbrief (5,3-7) aufrufen, die für Mephistos Rede in der Rolle des Geizes, für seinen pantomimischen Sexual-Schwank und selbst für die bevorstehende Ankunft des Gottes Pan einen bedeutungsreichen Hintergrund eröffnet (dazu Möbus 1988): »Hurerey aber und alle unreinigkeit, oder geiz, lasset nicht von euch gesaget werden 〈. . .〉. Auch schandbare wort und narrentheidinge, oder scherz, welche euch nicht ziemen 〈. . .〉. Denn das sollt ihr wissen, daß kein hurer, oder unreiner, oder geiziger (welcher ist ein götzen-diener) erbe hat an dem reich Christi und Gottes. Lasset euch niemand verführen mit vergeblichen worten; denn um dieser willen kommt der zorn Gottes über die kinder des unglaubens. Darum seyd nicht ihre mitgenossen.«

241,5800 *Gesetz ist mächtig, mächtiger ist die Not]* Die unzüchtigen *Possen* zu beenden, die Mephisto veranstaltet, ist das jetzt *von außen* einbrechende *wilde Heer* (die *Not*) wirksamer als das Gebot der *Sittlichkeit* (das *Gesetz*), dem der Herold Geltung verschaffen möchte.

241,5805 *Sie wissen doch was]* Eigenhändig in den vom Schreiber frei gelassenen Zeilenbeginn gesetzt; danach eine Reihe von Punkten, wohl nur den Anschluß an das schon Geschriebene (*keiner weiß*) markierend, also nicht für den Druck bestimmt? – Gemeint ist, daß hinter der Maske des *großen Pan* der Kaiser steht.

241,5810 *schuldig]* Pflichtschuldig ehrerbietig. – HCo hat *engen* statt *strengen Kreis.*

241,5815 f. *Geputztes Volk du Flitterschau! | Sie kommen roh . . .]* Die kostümierte Hofgesellschaft, in die jetzt das *wilde Heer* einbricht. – *Sie* für: wir kommen . . .

242,5819 *Faunenschar]* Naturgottheiten der röm. Mythologie, spitzohrig dargestellt (5823) und von sprichwörtlicher Lüsternheit, wie der nachfolgende *Satyr.*

242,5826 *nicht:]* WA I 53,533: »in H mit Blei Kolon aus Punkt« (inzwischen nicht mehr erkennbar).

242, vor 5840 GNOMEN*]* Treten hier zu den Figuren der antiken Mythologie, weil diese kleinen nordischen Bergschrate mit den unterirdischen Schätzen zu tun haben: als *Felschirurgen* die Metalladern *schröpfen.*

242,5848 *Gütgen]* Hilfreich-wohlgesinnte Wichtelmänner (thüringisch).

243,5857 *Damit]* So daß, oder: Womit.

243,5859 *allgemeinen Mord]* Meint den Krieg.

243,5860 *die drei Gebot]* Diejenigen der biblischen zehn Gebote, die das eben aufs *Gold* bezogene Stehlen und Ehebrechen (*kuppeln*) und das mit *Eisen* erfolgende Töten verbieten.

243,5863 *habt sofort wie wir Geduld]* Meint: habt alsbald duldende Nachsicht (oder doch Schreibfehler in H und HCo für *so fort* = fortan?).

243,5864-71 *Die wilden Männer . . .]* Typisierte Figuren: riesenhafte Waldmenschen aus Volkssagen und mittelalterl. Epen, die sich hier selber so beschreiben, wie sie in der Heraldik dargestellt wurden. Die von ihnen gebildete *Leibwache* des Pan-Kaisers wird 5954 ff. *verflucht*, weil sie ihn *verführt* zu *allerseitigem Untergang*. Da zwei 'Wilde Männer' als Schildhalter das Wappen des Königreichs Preußen flankierten, meint K. Mommsen 1989,9 ff., daß Goethe hier auf die preußisch-militärischen Ambitionen seines Herzogs anspiele und auf die »Schlacht bei Jena, wo durch leichtsinniges Spiel mit dem Feuer der Untergang Weimars und des gesamten Herzogtums heraufbeschworen wurde«.

243,5866 *Natürlich nackt]* Meint: naturhaft nackt.

243,5871 *Leibwache wie der Papst nicht hat]* »Also hat der Pabst ausser der gewöhnlichen Wacht von Fuß-Knechten zu seiner Leib-Wacht Lantzierer, Kürisser und Schweitzer« (Zedler 16,1556).

243,5872 *Auch kommt er an!]* Meint offenbar: *Auch er* selber, dessen *Leibwache* eben aufgezogen ist, *kommt* jetzt *an!* (Düntzer 1900,109 vermutet hinter dem »jeder verständigen Erklärung sich entziehenden« Vers einen Hörfehler des Schreibers für »Auf! kommt heran!«)

243,5873 ff. *Das All der Welt | Wird vorgestellt | Im großen Pan]* Den Namen dieses arkadischen Hirtengottes und Naturdämons, der schon in der Antike als 'der große' bezeichnet wurde, hat man (irrig) abgeleitet »von πᾶν, alles, weil er ein Bild der gesammten Natur ist« (Hederich 1770,1857). Der Preisgesang des höfischen Nymphenchors, daß er *Das All der Welt* verkörpere, gilt zugleich natürlich dem Kaiser hinter der Pans-Maske. – MA 18.1,725 ff. sieht im *Pan* und seinem Gefolge den jungen Herzog Carl August des *Ilmenau*-Gedichts und seiner Freunde »wildes Geisterheer« gespiegelt.

243,5877 *Im Gaukeltanz umschwebet ihn]* Hederich 1770,1858: Pan sei der »Vorsteher und Führer der Nymphen. Diese pflagen daher um ihn herum zu tanzen, wenn er sich mit seiner Pfeife hören ließ«.

243,5880-82 *Auch unterm blauen Wölbedach | Verhielt' er sich beständig wach, | Doch . . .]* Auch unter dem blauen Tageshimmel bliebe er wach, wenn nicht . . . (*Verhielt* in H ohne Apostroph, aber wohl als Konjunktiv zu verstehen).

243 f.,5884-89 *wenn er zu Mittage schläft . . .]* Goethes *Novelle* (FA I 8,542): »eine heitere Stille, wie es am Mittag zu sein pflegt, wo die Alten sagten, Pan schlafe, und alle Natur halte den Atem an, um ihn nicht aufzuwecken.«

244,5890-95 *Wenn unerwartet mit Gewalt | Dann aber seine Stimm' erschallt . . . Zerstreut sich tapfres Heer im Feld . . .]* Zum 'panischen Schrecken' Hederich 1770, 1859: Pans »Heer sollte des Nachts plötzlich einen Lärm mit seinen Trompeten und andern Instrumenten, wie auch selbst mit seinem Geschreye darzu machen, so groß es nur könnte. Er hatte es dabey so gestellet, daß die Berge durch das Echo alles verdoppelten. Hierüber erschracken die Feinde dergestalt, daß sie eiligst die Flucht ergriffen«.

244,5898-5901 *Wenn das glänzend reiche Gute . . .]* Wie Fausts *Harzgebirg*-Schilderung (→ Kommentar zu 3915) sind auch diese Verse der *Gnomen*, der sagenhaften Bergbauzwerge, von der Fachsprachenpoesie der Bergleute geprägt: *glänzend* ist für sie eine Metall anzeigende Eigenschaft von Mineralien; »*Gut*erz, wird im Allgemeinen *reich*haltiges edles Erz genannt«; *Faden* meint dünne Metalladern; »*Streichen*, 〈. . .〉 die Stunde oder Richtungslinie, in welcher ein Gang in der Länge durch das Gebürge fortgehet, nach welchen die *Klüfte* und Gänge benennet« werden; die *Wünschelrute* dient dazu, Erzlagerstätten ausfindig zu machen und den genauen Verlauf einer Erzader festzustellen, wobei der Rutengänger »die Gänge ausgehet« (so Berg- und

Hütten-Lexikon 1805,I 422 und 477; Bergmännisches Wb. 1778,535 f.; Bergwercks-Lexicon 1743,603. – Kursivierungen hier vom Hg.).

244,5903 *Troglodytisch]* Nach der antiken Bezeichnung 'Trog(l)odytai' für in Höhlen wohnende Völkerschaften.

244,5907 *Eine Quelle wunderbar]* Die Schatzkiste des Plutus-Faust.

244,5914 *im hohen Sinne fassen]* Contenance zeigen.

244,5917 *eräugnen]* Gegen die schon im 18. Jh. eingebürgerte Schreibung 'ereignen' beharrte auch Adelung (1,1710) auf der Schreibung *eräugnen*, weil das Wort »unstreitig von Auge abstammet« und »sich zeigen, wirklich werden«, »sichtbar werden« bedeute.

244,5918 *leugnen]* Als unglaubwürdig bestreiten.

244,5919 *schreib es ... in dein Protokoll]* Man hat sich offenbar vorzustellen, daß der Herold für die Abfolge des Maskenzuges und seine Ansagen Aufzeichnungen besitzt, die dann als *Protokoll* dieses Hoffestes aufbewahrt und überliefert und um das jetzt folgende unvorbereitete Geschehen ergänzt werden sollen (→ Kommentar zu 5457).

245,5929 *solchen Wesen]* Wäre (als Plural) auf die *Zwerge* zu beziehen, die ihn an die *Feuerquelle* der Goldkessel herangeführt haben. – Durch WA eingebürgerter eigenmächtiger Herausgebereingriff: *solchem Wesen.*

245,5931 *fällt sein Bart hinein]* Die Bartmaske Pans (Paralipomenon 104, Text-Band S. 608,30 u. ö.: *Maske fällt hinein*).

245,5932 *Wer mag das glatte Kinn wohl sein?]* Pars pro toto-Formulierung: Wer, mit diesem jetzt bartlosen Kinn?

245,5934 *Ungeschick]* Wohl nicht im Sinne ungeschickten Verhaltens, sondern für: maßloses Mißgeschick

245,5935-43 *Der Bart entflammt ... Ein ganzer Maskenklump verbrennt.]* Dem *Flammengaukelspiel* (5987), wie der entsetzte Herold es jetzt schildert, liegt ein Bericht in Joh. Ludw. Gottfrieds *Historischer Chronica* zugrunde, die zu Goethes Kinderlektüre gehörte. Ausgabe 1642, S. 655 f. (mit einem Holzschnitt Mathias Merians): Bei einer »Mummerey« am Hof Karls VI. von Frankreich traten einige

Höflinge als »wilde Männer / oder Satyri« auf. Ihre Kleidung »war eng / daß sie dem Leib glat anlag / dazu mit Pech oder Harz uberzogen«. Auch der König maskierte sich so (→ 5955), und als man ihm mit einer Fackel »unter das Angesicht« leuchtete, begann er zu brennen. Die anderen »wolten das Fewer am König leschen / aber sie geriethen gleicher Gestalt an die Flamme«, und es »verbrandten ihrer vier auß den Französischen Herrn so jämmerlich / daß sie hernach sterben musten. Der König wurd zwar erhalten / und widerfuhr ihm sonderlich nichts am Leib / aber wegen der Forcht unnd deß grossen Geschreys / so umb ihn war / fiel er wider in die vorige Tobsucht«.

246,5955 *In harzig Reis sich eingeschnürt]* → Kommentar zu 5935-43. – Sinnwidriges *ihn eingeschnürt* (in H) hier entspr. HCo korrigiert.

246,5959 *Der Freude reines Maß bezirken]* Für: sie in maßvollen Grenzen halten.

246,5960 *O Hoheit]* Wohl, am Beispiel dieses Kaisers, überhaupt auf eine absolutistische Herrschergewalt bezogen, die *allmächtig* ist und doch nicht *Vernünftig* handelt (5961).

246,5962 *der Wald]* Die *wilden Männer* tragen einen *Fichtenstamm* in der Hand, dazu einen *Schurz von Zweig und Blatt* (5868 ff.).

246,5964 *Zum holzverschränkten Deckenband]* der Kassettendecke (?) des Festsaals.

246,5972 *Schlage heilgen Stabs Gewalt]* Plutus-Faust hat den Heroldsstab übernommen (→ 5737-40): seine Zaubersprüche bewirken (und beschreiben zugleich) die magische *Gewalt*, die jetzt von ihm ausgeht.

246,5977 *schwangre Streifen]* Regenführende Wolken. – In der Faustbuch-Fassung Pfitzers 1674,424 wird im Bankettsaal Maximilians ein magisches Unwetter veranstaltet, über das der Kaiser »zwar erstlich erschrack, weil er aber bald darauf vername, daß das Wetter ohne Schaden abgangen, darzu nur ein durch Kunst deß D. Fausti zugerichtes Gewitter gewesen, hat er ein sonderbares Wolgefallen ob dieser Kurtzweil getragen.« (→ 5988)

5987-6172 LUSTGARTEN

Die *Morgensonne* des nächsten Tages ist aufgegangen; nach der Feuerkatastrophe im *Weitläufigen Saal* wechselt das Spiel jetzt ins Freie der kaiserlichen Parkanlagen. Der vom Zwischenspiel der *Mummenschanz*-Szene anscheinend unterbrochene Handlungsstrang der Thronsaal-Szene wird wieder aufgenommen: das dort von Mephisto 'propagandistisch' vorbereitete *Projekt* einer Sanierung der Staatsfinanzen durch die Papiergeldschöpfung zeigt seine ersten Folgen.

»Goethes Bibliothek enthielt 46 Bücher zur Nationalökonomie« (Schlaffer 1981,54; verzeichnet bei Ruppert 1958. – Grundlegend dazu Mahl 1982). Wie hoch der *Faust*-Autor die politische Bedeutung ökonomischer Fragen einzuschätzen wußte, wie weitsichtig er die Folgen finanz- und wirtschaftspolitischer Umwälzungen für das menschliche Verhalten »auch im Sittlichen« bedachte, deutet eine seiner 1829 gedruckten *Betrachtungen im Sinne der Wanderer* (FA I 10,563) an: »die Lebhaftigkeit des Handels, das Durchrauschen des Papiergelds, das Anschwellen der Schulden, um Schulden zu bezahlen, das alles sind die ungeheuern Elemente, auf die gegenwärtig ein junger Mann gesetzt ist.«

Ein Modell dafür hatte der schottische Bankier und Wirtschaftstheoretiker John Law geliefert, der 1716 in Frankreich durch Gründung einer Notenbank und die Ausgabe von unzulänglich gedecktem Papiergeld alle Schulden des Königs tilgte, eine Zinssenkung und einen allgemeinen wirtschaftlichen Aufschwung erreichte, bis sein Experiment mit fortgesetzter Geldvermehrung in einer folgenschweren Wirtschaftskrise scheiterte. Entsprechend negative Beispiele zu Goethes Lebzeiten gaben die Assignaten der französ. Revolution oder die Schatzanweisungen der österr. Staatsanleihe, auch die preuß. Tresorscheine des 19.

Jh.s. Insbesondere durch eine von ihm selbst überarbeitete ausführliche Rezension von Henry Thorntons *The Paper Credit of Great Britain* (1804 durch Sartorius in der *Jenaischen Allg. Literatur-Zeitung* 1. Jg., Sp. 209 ff.) war Goethe über die damit zusammenhängenden wirtschaftlichen Probleme eingehend informiert. Aus eigener Erfahrung entschieden mißtrauisch hinsichtlich der Wertbeständigkeit der Banknoten (vgl. etwa *Tag- und Jahreshefte* 1811, WA I 36,69 f.), wußte er doch, daß der Übergang vom Münz- zum Papiergeld und zum Kreditwesen mächtige wirtschaftliche Kräfte zu entbinden vermag, daß eine Zunahme der Geldmenge zur Erhöhung auch des Warenumsatzes (des Sozialprodukts) führen kann – solange sie sich nicht voll niedergeschlagen hat in einer Erhöhung der Preise (das Produktionspotential also ausgeschöpft ist).

Goethe/Sartorius aaO. 210: »wie wohlthätig auch der Papier-Credit ist, so verderblich kann er doch bey Mißgriffen für alles öffentliche und Privat-Eigenthum werden«: Daß dieses zweischneidige wirtschaftspolitische Instrument bei der Art, wie Mephisto es einsetzt, anders als in England »auf das Gewisseste in den tiefsten Abgrund des Verderbens hinabschleudern« wird, ist absehbar. Mit seiner schlagartigen und uferlosen Erhöhung der umlaufenden Geldmenge durch schwindelhafte, ungedeckte Schuldverschreibungen und ohne einen der kaufkräftigen Nachfrage entsprechenden Produktivitätsfortschritt ist die Inflationskatastrophe vorprogrammiert. Nächst dem Baron, der sein *Schloß und Feld* jetzt *schuldenfrei* macht, handelt weitsichtig in dieser Lage allein der (alte) Hofnarr, der sein Papiergeld sogleich zum Erwerb von *Grundbesitz* verwendet. Der Inflation, so lehrt sein Beispiel, entgeht man durch die Flucht in Sachwerte.

Zauber-Blätter nennt dieser Narr die Banknoten, die der Kaiser ihm zuwirft. In der Tat wird Faust-Mephistos Geldschöpfung als ‘magischer’ Akt dargestellt (→ auch Kommentar zu 6071 f.). Die alchymistischen Versuche, eine wertlose Substanz in Gold zu ‘transmutieren’ (→ die von

Mephisto eingeflüsterte Astrologen-Rede 4955-70 und den Alchymie-Kommentar zu 1038-49), finden hier eine Fortsetzung auf dem wirtschaftswissenschaftlichen Spielfeld der neuzeitlichen Finanzpolitik. Gegen die klassische Nationalökonomie gewendet, hat Binswanger 1985 daraus die These abgeleitet, daß der Zweite Teil der *Faust*-Dichtung insgesamt »das Drama der ⟨unaufhörlichen Fortschritt und kontinuierliches Wachstum verheißenden modernen⟩ Wirtschaft« darstelle – eine schwindelhafte »Fortsetzung der Alchemie mit anderen Mitteln« (aaO., 15 und 56).

Zweifellos wird das Motiv des Künstlichen, Maskierten, Scheinhaften, augenverblendend Trügerischen, welches die *Mummenschanz*-Szene in vielen Facetten und mit unterschiedlichen Bewertungen vorstellt, im *Lustgarten* wieder aufgenommen (das ›künstliche Geld‹ steht in Analogie zu den Kunstblumen der Gärtnerinnen – wie dann zur ›künstlichen‹ Helena, die in der *Rittersaal*-Szene auftreten wird). Im nachhinein zeigt sich jetzt, daß das Ende dieses Karnevals bereits den Ausgang des ökonomischen *Projekts* der beiden Magier signalisiert. Von ihrem Papiergeld wird die gierig zugreifende Menge am Ende ebenso wenig in Händen halten wie von den poetischen Schätzen, welche der Knabe Lenker in die Luft schnippt. Und daß die vulkanischen Goldkessel des Reichtumsgottes Plutus-Faust am Ende die ganze *Kaiserpracht* in einen *Aschenhaufen* zu verwandeln drohen (5968 f.), deutet voraus auf die Folgen der von Mephisto und Faust in Gang gesetzten Sanierung der Staatsfinanzen: auch hier muß sich alsbald *ein Gräulichstes eräugnen* (5917).

247, vor 5987 *anständig]* Dem zu Hofe gebotenen Anstand gemäß (wie 8946 u. ö. → auch 11797).

247,5990 *als ob ich Pluto wäre]* Hederich 1770,2027 bestimmt *Pluto* gleichermaßen als den »Gott der Hölle« und als den »des in der Erde verborgen liegenden Reichthums«. Hier ist freilich nicht der Reichtumsgott Plutus gemeint (der beim Karneval von Faust dargestellt wurde), sondern der Gott der Unterwelt. An deren vulkanisch flammenden *Schlund* sah sich der Kaiser erinnert, als ihm am Ende der *Mummenschanz*-Szene die Feuersbrunst vor Augen stand. – Seine jetzt folgende Schilderung dieses Ereignisses steht in aufschlußreicher Nähe zu den Versen, mit denen Goethes *Prolog zur Eröffnung des Berliner Theaters im Mai 1821* die vulkanischen »Schreckensbilder« um den »Plutonischen Thron« vorstellt: FA I 6,911,132-155.

247,5995 f. *Zum höchsten Dome ... | Der immer ward und immer sich verlor]* Weil dieser Lichtdom nur von den Flammen gebildet wird, die unregelmäßig emporzüngeln (vergleichbar 4721 ff.).

247,5997 *gewundner Feuersäulen]* die in diesem *Dome* den sog. salomonischen (gedrehten) Barocksäulen entsprechen. – Der folgende Vers gibt dem einen weiterreichenden biblischen Bezug: eine »feuer-säule« hat das Volk Israel aus Ägypten geleitet (2. Mose 13,21 u. ö.).

247,6002 *von ... Salamandern]* die nach verbreiteter (auf Aristoteles, *Historia animalium* 552b beruhender) Vorstellung im Feuer leben können.

247,6009 f. *Siehst auf und ab lichtgrüne schwanke Wellen, | Mit Purpursaum, zu schönster Wohnung schwellen]* Was der Kaiser sehen kann, wenn sich auf dem *Grund* des Meeres (als Atemraum) *ein herrlich Rund* um ihn bildet, beschreibt Goethes *Farbenlehre* im § 78 des *Didaktischen Teils*: »Wenn Taucher sich unter dem Meere befinden und das Sonnenlicht in ihre Glocke scheint, so ist alles Beleuchtete, was sie umgibt, purpurfarbig (wovon künftig die Ursache anzugeben ist); die Schatten dagegen sehen grün aus.« (FA I 23/I, 56)

Das 'Farbengaukelspiel' des Meeres, das Mephisto dem Kaiser suggeriert, folgt den Einsichten, die der Farbenlehrer in den sinnesphysiologischen Paragraphen dieses Werkes mitgeteilt hat (→ Kommentar zu 1070 f.). Das menschliche Auge reagiert auf einen bestimmten Farbeindruck so, daß es aus eigenem Vermögen einen Simultan- oder Sukzessivkontrast hervorbringt: die ›subjektive‹ Wahrnehmung der von dieser vorgegebenen Farbe gleichsam »geforderten« (dem Auge abgeforderten) Komplementärfarbe nämlich, »welche mit der ⟨vor⟩gegebenen die Totalität des ganzen Farbenkreises enthält.« (§ 805, aaO. 257) »Die Purpurfarbe an dem bewegten Meer ist auch eine geforderte Farbe. Der beleuchtete Teil der Wellen erscheint grün in seiner eigenen Farbe, und der beschattete in der entgegengesetzten purpurnen. Die verschiedene Richtung der Wellen gegen das Auge bringt eben die Wirkung hervor.« (§ 57, aaO. 49) Gegebene und geforderte Farben können aber auch miteinander als optischer Eindruck begegnen: Wird auf solche Weise »die Farbentotalität von außen dem Auge als Objekt gebracht, so ist sie ihm erfreulich, weil ihm die Summe seiner eignen Tätigkeit als Realität entgegen kommt.« (§ 808, aaO. 258) Dazu Schöne 1979,15 f. und 1987,97 ff. – So weiß Mephisto durch die hier imaginierte Farbentotalität *lichtgrüner* Wellen mit *Purpursaum* das kaiserliche Auge zu bezaubern.

247,6012 *Wohin du gehst gehn die Paläste mit]* Paralipomenon 107 (Text-Band S. 618,11): *stürze dich ins Wasser es wird Crystallgewölbe um dich bilden* – die bewegen sich mit ihm, wenn er auf dem Meeresgrund wandelt.

248,6013-18 *Die Wände selbst erfreuen sich des Lebens ...]* Weil man (wie durch die Glaswände eines riesigen Aquariums) die Fische sehen kann.

248,6022 *Nereiden]* Griech. Meergottheiten, Töchter des Nereus (die dann wieder im 2. Akt, in den *Felsbuchten des ägäischen Meers*, erscheinen).

248,6025-27 *Thetis ... Peleus ...]* Nach dem Muster einer antikisierenden höfischen Kunst, welche den Herrscher in mythologischen Rollen verherrlichte und unter die Götter erhob, stellt Mephisto in seinem Gemälde eines neptunischen Reiches den Kaiser als einen *zweiten Peleus* dar (der den ersten noch übertrifft): *Thetis*, eine der *Nereiden* und »von einer so sonderbaren Schönheit, daß Jupiter selbst, wie auch Neptun, sich um ihre Ehe bewarben« (Hederich

1770,2361), mußte vom König Peleus erst gezwungen werden, sich ihm zu vermählen. Dem Kaiser aber reicht sie selber *Hand und Mund.* – In Euripides' *Andromache* 1253 ff. hat sie dem Peleus verheißen, sie werde ihn aus der Sterblichkeit zur Göttlichkeit erheben: → 6027.

248,6029 *Noch früh genug ...]* Meint den Tod und die Erhebung des Kaisers unter die olympischen Götter (auf 6027 zurückbezogen; ironisch?).

248,6032 ff. *Unmittelbar aus Tausend Einer Nacht. | Gleichst du an Fruchtbarkeit Scheherazaden ...]* Das Fragezeichen nach 6031 könnte hinter 6032 gehören.

Den Erfinder des *Flammengaukelspiels* und Erzähler des Meermärchens versichert der Kaiser *der höchsten aller Gnaden*, wenn er ihn weiterhin auf diese Art unterhalten und ergötzen werde – der Scheherazade gleich, die doch *Tausend und eine Nacht* hindurch den Sultan mit ihren Märchen bezauberte. (Über die Anregungen, die besonders dem 1. Akt von *Faust II* aus dieser in Mitteleuropa erst seit dem 18. Jh. bekannten orientalischen Geschichtensammlung zukamen: K. Mommsen 1981.)

248,6035 f. *wenn eure Tageswelt | Wie's oft geschieht, mir widerlichst mißfällt.]* Das waren die letzten Worte des Beginns vom Zweiten Teil, die Goethe selber 1828/29 in der *Ausgabe letzter Hand* zusammen mit *Faust I* seinen Zeitgenossen noch zu lesen gab. Ihre textexterne Botschaft entspricht den Sätzen, mit denen er im Brief an Wilhelm v. Humboldt vom 17. 3. 1832 die Veröffentlichung des *Faust II* zu Lebzeiten endgültig ablehnte (→ Text-Band S. 812).

248,6041 f. *Rechnung für Rechnung ist berichtigt, | Die Wucherklauen sind beschwichtigt]* Die Staatsverschuldung also ist aufgehoben, die Zins- und Abtragszahlungen für die Kredite entfallen.

249,6045 *Abschläglich]* Meint hier wohl nicht eine Abschlagszahlung auf den schuldig gebliebenen Sold, sondern bereits »Vorauszahlung des zukünftig fälligen« (Witkowski 1950,308).

249, vor 6054 KANZLER *der langsam herankommt]* Anders als Marschalk und Heermeister (*eilig*) nähert sich der Kanzler-Bischof nur *langsam*, um sein *Beglückt genug* ... zu sprechen: er allein hat in dieser Geldbeschaffungsaktion des Satans *goldgewirkte Schlingen* gesehen (4941 f.).

249,6057-62 »*Zu wissen sei* ...«*]* Dieser auf allen ›Staatskassenscheinen‹ wiederholte Text der vom Kaiser unterzeichneten Urkunde macht aus den Papierzetteln das Zahlungsmittel Banknote. Die vorgebliche Deckung durch die ungehobenen Schätze *im Kaiserland* (→ 4893 f. u. 4937 f.) garantiert freilich keine Begrenzung der Geldmenge, also keine Geldwertstabilität dieses Papiers (→ Szenen-Kommentar S. 455 ff.).

249,6066 *Erinnre Dich! hast selbst es unterschrieben]* Im *Mummenschanz*-Text selber nicht ausgeführt. Eckermann, Gesprächsbericht 27. 12. 1829: »Sie erinnern sich, sagte er, daß bei der Reichsversammlung ⟨Szene *Saal des Thrones*⟩ das Ende vom Liede ist, daß es an Geld fehlt, welches Mephistopheles zu verschaffen verspricht. Dieser Gegenstand geht durch die Maskerade ⟨Szene *Weitläufiger Saal*⟩ fort, wo Mephistopheles es anzustellen weiß, daß der Kaiser in der Maske des großen Pan ein Papier unterschreibt, welches, dadurch zu Geldeswert erhoben, tausendmal vervielfältigt und verbreitet wird.«

249,6068 ff. *Der Kanzler sprach mit uns zu Dir heran: | »Gewähre* ...«*]* Wenn *sprach* kein Hörfehler des Schreibers ist (für *trat*; so Resenhöfft 1975,295; → H46: Text-Band S. 619, 3), könnte etwa gemeint sein: Der Kanzler, gemeinsam mit uns, näherte sich dir, indem er den Vorschlag aussprach: »*Gewähre* ...«.

249,6071 *Du zogst sie rein]* Meint die Reinschrift, Urschrift des Kaisers.

249,6071 f. *in dieser Nacht | Durch Tausendkünstler schnell vertausendfacht]* Adelung 4,929: »eine in vielerley Künsten und Kunstgriffen erfahrne Person. Im härtern Verstande wird der Teufel, wegen der ⟨...⟩ vielfachen Kunstgriffe und Versuche zur Verführung der Menschen, schon bey den Kirchenvätern« *Tausendkünstler* genannt.

Als 1789 im revolutionären Frankreich das Papiergeld eingeführt wurde, gab es dort regelrechte Geldfabriken mit insgesamt 800 Arbeitern, »die täglich 2-300 Millionen 〈Livres in Assignaten〉 druckten, numerierten und stempelten« (Krünitz 107,67) – was nicht besagt, daß die vermeintlich magische Veranstaltung Mephistos in Wahrheit nur einen bekannten realen Vorgang darstelle, sondern daß der mephistophelisch-magische Charakter eines solchen Realgeschehens hervorgekehrt wird.

250,6075 *Zehn, Dreißig, Funfzig, Hundert sind parat]* Banknoten mit diesen Wertangaben.

250,6081 *Das Alphabet ist nun erst überzählig]* DWb 23,671: »in der amtssprache für übervollzählig, übercomplett«, über die »nöthige, vorgeschriebene anzahl hinausgehend« – durch den zusätzlichen Buchstaben der kaiserl. Initiale auf den Banknoten.

250,6082 *In diesem Zeichen wird nun jeder selig]* Die Ideologie eines Finanzministers. Denn nicht auf die kaiserliche Initiale, welche das aus der Notenpresse kommende Papiergeld gültig macht, sondern auf das Kreuz Christi bezog sich die hier adaptierte legendarische Verheißung an den röm. Kaiser Konstantin im Jahr 312, die in ihrer geläufigen latein. Fassung gelautet haben soll: »In hoc signo vinces« ('In diesem Zeichen wirst du siegen').

250,6086 f. *Unmöglich wär's die Flüchtigen einzufassen; | Mit Blitzeswink zerstreute sichs im Lauf]* Geht auf die in den zeitgenössischen wirtschaftstheoretischen Schriften immer wieder hervorgehobene Mobilität des umlaufenden Papiergeldes. – Die damit verbundenen Gefahren andeutend, hat Adam Smith geradezu von seinen »dädalischen Schwingen« gesprochen (*Untersuchung der Natur und Ursachen von Nationalreichthümern*, Bd 1, 1776,481).

250,6088 *sperrig]* Für: sperrangelweit.

250,6089 f. *Man honoriert . . . freilich mit Rabatt]* wechselt ein – mit einem Abschlag vom Nennwert der Banknote (die also trotz 6058 sogleich einen schlechteren Kurs hat als das entsprechende Münzgeld).

250,6094 *Der Krämer schneidet aus]* Adelung 1,572: »Gewirkte oder gewebte Waaren Ellenweise verkaufen, weil sie alsdann abgeschnitten werden müssen. Tücher, Seidenzeuge u.s.f. ausschneiden.«

250,6100 *Schedel]* Lateinisch schedula: Papierblättchen, *Zettel* (6058), also Banknote.

251,6108 *Erleichtert ... den Gürtel]* in dem er bisher das schwere Münzgeld trug.

251,6111 *erstarrt]* Leblos, nicht in den wirtschaftlichen Kreislauf einbezogen (6113: *ungenutzt*).

251,6117 f. ... *Doch fassen Geister, würdig tief zu schauen,* | *Zum Grenzenlosen grenzenlos Vertrauen.]* Bezögen sich Fausts großartige Verse (außer 6053 seine einzigen in dieser Szene) nicht auf Mephistos windige Papiergeldschöpfung, würden die Interpreten sie gewiß in gleicher Weise für bare Münze nehmen wie seinen Bericht vom Reich der *Mütter* in der *Rittersaal*-Szene (wo er 6428 ebenso vom *Grenzenlosen* redet). Wohl spricht er hier als der große Grenzüberschreiter, der *Sehnsuchtsvolle Hungerleider* | *Nach dem Unerreichlichen* (8204 f.) – aber zugleich doch als *der Mensch*, welcher *irrt*, indem er und *so lang' er strebt* (317).

251,6113 f. *Der weiteste Gedanke ...]* Selbst der noch ist unfähig, solchen Reichtum und die von ihm eröffneten Möglichkeiten auszuschöpfen.

251,6117 *würdig]* Für: gewürdigt, fähig (Witkowski 1950,309).

251,6121 *zu markten noch zu tauschen]* beim Tauschhandel um den Warenwert zu feilschen.

251,6126 *das Papier, sogleich amortisiert]* Meint die Tilgung dieser Schuldverschreibung (Campe 1813,106). Wenn die Wechsler es nicht akzeptierten, berechtige das *Papier* doch zur Selbstaneignung der Schätze im kaiserlichen Boden (6124 f.), auf die es ausgestellt wurde.

251,6134 *Kustoden]* Hüter, Aufseher, Verwalter.

251,6139 f. *mit der obern- sich die Unterwelt ... zusammenstellt]* Insofern das Papiergeld der 'Oberwelt' deckungsgleich ist mit den unterirdischen Schätzen (*Unterwelt* wohl zugleich mit der vom Kaiser nicht begriffenen und gemeinten Konnotation ‘Hölle’).

252,6142 *den Zaubrer zum Kollegen]* Auf 6137 bezogen.

252, vor 6149 *Bannerherr]* Adelung 1,641: »so viel als ein Baron ⟨...⟩. Ein mit der peinlichen Gerichtsbarkeit beliehener Herr, in den mittlern Zeiten; weil die Fahne das Zeichen der oberstrichterlichen Gewalt war«.

252, vor 6155 NARR [*herbeikommend*]*]* Fehlt in H gewiß nur versehentlich. Mit Rücksicht auf 4755 ff. und 6156 schon in C[1]41 von Riemer/Eckermann überzeugend ergänzt.

252,6155 *Ihr spendet Gnaden]* Adelung 2,735: »aus Gnade, d. i. aus unverdienter Neigung ertheilet ⟨...⟩ Gnadengeld«.

252,6159 *Da fallen andere]* Weitere *Zauber-Blätter* (Banknoten), die der Kaiser ihm zuwirft.

253,6170 *dich gestrengen Herrn]* In der ält. Bedeutung von kraftvoll, tapfer; »titel und ehrenprädicat des ritterstandes«; später »führten ⟨u. a.⟩ die landedelleute den titel fort« (DWb 5,4252 f.).

253,vor 6172 SOLUS*]* allein (→ Kommentar zu vor 5061).

253,6172 *unsres Narren Witz]* Für »Verstand überhaupt« (Adelung 5,266).

6173-6306 FINSTERE GALERIE

Ein flurartiger Gang im Obergeschoß, der um die Innenhofseite des drei- oder vierflügelig zu denkenden Kaiserschlosses läuft. Zum Hof hin wohl nur durch Säulen abgegrenzt, liegt diese *Galerie* im Unterschied zu den *Hell erleuchteten Sälen* der folgenden Szene schon in abendlichem Dunkel.

Den Versen 6032-36 der vorangegangenen *Lustgarten*-Szene entsprechend, hat der Kaiser inzwischen den Wunsch geäußert, seine beiden Magier möchten zur Unterhaltung der Hofgesellschaft eine okkultistische Geisterbeschwörung veranstalten. Paris und Helena *In deutlichen Gestalten will er schauen* (den trojanischen Königssohn also und die von ihm einst aus Griechenland entführte Gemahlin des Menelaos, die Schönste unter allen irdischen Frauen, um die der Kampf um Troja ging). Wie zahlreiche Handlungsvorgänge des Zweiten Teils bleibt dieses in einigen Paralipomena (→ P63 oder P104: Text-Band S. 594,44 f. und 608,34 ff.) skizzierte Gespräch zwischen dem verlangenden Kaiser und dem zusagenden Faust im Text des Spiels ausgespart, wird hier berichtsweise nachgetragen: *Erst haben wir ihn reich gemacht, | Nun sollen wir ihn amüsieren.* Bei allem Unterschied sind diese beiden Unternehmungen doch eng miteinander verbunden durch das Grundmotiv des Künstlichen, trügerisch Scheinhaften, Fiktiven, das diesen ganzen 1. Akt durchzieht; vom *Papiergespenst der Gulden* spricht Mephisto ebenso wie vom *Gespenst* des Paris, das in der *Rittersaal*-Szene erscheinen wird (6198, 6515).

Schon in den Faustbüchern ließ der bei Hofe auftretende Teufelsbündner vor dem Kaiser die Geister Alexanders d. Gr. und seiner Gemahlin erscheinen (in der *Historia* 1587, Kap. 33 vor Karl V; bei Pfitzer 1674 im 10. Kap. des

2. Teils wie beim 'Christlich Meynenden' S. 29 vor Maximilian I.). Seinen Studenten führte der Doktor Faustus dort sogar den Geist der schönen Helena vor (*Historia* Kap. 49). Sie einzubringen in das Spiel, gehörte von Anfang an zu Goethes Faustplänen (→ Text-Band S. 761 f.). Hier in der *Finsteren Galerie* setzt dieses große Thema ein, wird dann weitergeführt im 2. Akt und breit entfaltet im 'phantasmagorischen' 3. Akt.

Mephisto, auf dessen magische Künste Faust sich angewiesen sieht, um seine Zusage einzulösen, äußert freilich Bedenken und macht Schwierigkeiten. Nach Eckermanns Angaben (30. 12. 1829) soll Goethe dazu erklärt haben: »Da aber Mephistopheles mit dem griechischen Altertum nichts zu tun und über solche Figuren keine Gewalt hat, so bleibt dieses Werk ⟨der Helena-Beschwörung⟩ Fausten zugeschoben.« Das hat (oder hätte) Eckermann an Mephistos eigenen Versen 6188-6210 so ablesen können. Faust aber hört *den alten Leierton* heraus (6203). In der Tat hat sein Helfershelfer die gleichen hinhaltenden Einwände auch gemacht, als es um Margarete ging: *Über die hab' ich keine Gewalt!* (2626). Hier wie dort weiß er schließlich doch *ein Mittel*, kennt er den Weg – den beide Male Faust selber gehen muß. Dort führt er in *Liebchens Kammer*, hier allererst zu den *Müttern*.

Eckermann blieb, als Goethe ihm am 10. 1. 1830 diese Szene vorlas, »so vieles rätselhaft«, daß er »um einigen Aufschluß« bat: »Er aber, in seiner gewöhnlichen Art, hüllte sich in Geheimnisse, indem er mich mit großen Augen anblickte und mir die Worte wiederholte:

Die Mütter! Mütter! 's klingt so wunderlich! –«

Mit dem Spiel, das der Alte da trieb, verweigert sich der Autor der unentwegten Frage seiner Leser, Interpreten, Kommentatoren, was er denn 'eigentlich gemeint' habe, und entzieht sich dem Verlangen, selber das *Geheimnis* aufzuheben, auf dessen geheimnisvolle Darstellung es ihm doch gerade ankam. »Ich kann Ihnen weiter nichts verraten, sagte er darauf, als daß ich beim *Plutarch* gefunden, daß im griechischen Altertume von *Müttern*, als Gottheiten, die Rede gewesen. Dies ist alles was ich der Überlieferung verdanke, das Übrige ist meine eigene Erfindung. Ich gebe Ihnen das Manuskript mit nach Hause, studieren Sie alles wohl und sehen Sie zu wie Sie zurecht kommen.«

Neben einem solchen bloßen Hinweis in Plutarchs 'Lebensbeschreibung des Marcellus', Kap. 20,3 auf eine kultische Verehrung von 'Göttinnen, welche Mütter heißen', findet sich freilich im 22. Kap. seiner Schrift 'Über den Verfall der Orakel' auch die weitergehende und entschieden einschlägige Angabe, daß 183 verschiedene Welten existierten, angeordnet in Gestalt eines gleichseitigen kosmischen Dreiecks – »Die Fläche innerhalb des Triangels ist als ein für alle gemeinschaftlicher Heerd anzusehen, und heißt das Feld der Wahrheit. In demselben liegen die Gründe, Gestalten und Urbilder aller der Dinge, die je existirt haben und noch existiren werden, unbeweglich. Diese umgiebt die Ewigkeit, von welcher die Zeit, wie ein Ausfluß, in die Welten hinübergeht.« (von Goethe benutzte Übersetzg. von J. F. S. Kaltwasser, 1801)

Eckermann folgend, der in seine *Gespräche mit Goethe* (unter dem 10. 1. 1830) eine notgedrungen eigene »Ansicht« von den »Mythen« der *Mütter* einfügte, haben die Interpreten und Kommentatoren an Mephistos Angaben (hier 6239-48, 6275-90) und Fausts späteren Bericht in der *Rittersaal*-Szene (6427-34) vielfältige tiefsinnige Spekulationen geknüpft. Die das Haupt der *Mütter* umschwebenden *Bilder* hat man dabei im Sinn der Platonischen Ideenlehre zu erklären versucht oder als »Entelechien«, »Monaden«, »Urbilder«, »Urformen der Natur« bezeichnet, als Goethesche »Urphänomene« oder wenigstens als »das objektive Korrelat des geschichtlichen Denkens« usf. (Überblick bei Arens 1989,243-49). Abweichend von diesem gängigen Verständnis, aufmerksam nämlich auf die *Spaß und Trug*-Züge der Szene, haben sich am ehesten ausländische Beiträger erklärt: Atkins 1953, Fuchs 1968. Hierzulande, meint Gottfried Benn, soll »immer alles sofort tiefsinnig und dunkel und allhaft sein – bei den Müttern, diesem beliebten deutschen Aufenthaltsort« (*Probleme der Lyrik* 1951,21).

Zweifellos berühren Mephistos Verse Goethesche Grundvorstellungen. Die großartige Formel 6287 f.: *Gestaltung, Umgestaltung, | Des ewigen Sinnes ewige Unterhaltung* erfaßt das von ihm selber postulierte, in allen Naturerscheinungen wirkende, ihre Formen bildende und umbildende Prinzip der Metamorphose. Nur erscheint das derart ernsthaft Begründete hier durchaus zweideutig. Es wird in den Kontext eines hochstaplerischen Schaugeschäfts gestellt, ironisch gebrochen, satirisch eingefärbt. Zu Recht sagt Faust: *Hier wittert's nach der Hexenküche* (6229), und nicht ohne Grund verdächtigt er die dunkel raunende Rede des vielstimmigen Mephisto als betrügerische Mystifikation (6249 f.). Noch wenn der Beeinflußbare, Umgestimmte zu schaudern beginnt und sich anschickt, Ernst zu machen mit den Anweisungen des *Mystagogen*, bleibt sein Verhalten bemerkenswert theatralisch. Er *macht eine entschieden gebietende Attitüde mit dem Schlüssel*, heißt es nach 6293, und die Bemerkungen des Regisseurs Mephisto (erst: *Berühr ihn mit dem Schlüssel!* – dann: *So ists recht!*) geben zu erkennen, daß hier eine Pose eingeübt und vorgeprobt wird. Worauf ein solches Ironiesignal zielt, wird in der *Rittersaal*-Szene kenntlich werden.

254,6178 *an den Sohlen abgetragen*] Bezogen auf Mephistos *Spaß und Trug*-Veranstaltungen (wie etwa in *Auerbachs Keller*): 'an den Schuhsohlen abgelaufen'.

254,6196 *Machst ... neue Schulden*] Gehst neue Verpflichtungen ein?

254,6199 *Hexen-Fexen ... Gespenst-Gespinsten*] Lautspielerisch etwa für Hexen-Possen und Geistererscheinungs-Phantasien (vgl. DWb 3, 1225; 5, 4143 und 4156).

254,6200 *Kielkröpfigen Zwergen*] Praetorius 1666,439: »Es sind aber Kiel-K⟨r⟩öpffe solche Kinder / die der Teuffel selbst in der Hexen Leibe formiret / und sie solche läst gebehren« (→ *Walpurgisnachts*-Paralipomenon 50, Text-Band S. 559,197).

254,6202 *Heroinen]* Die halbgöttlichen 'Heldinnen' im antiken Mythos (wie 10186, auch dort auf Helena bezogen).

254,6207 *Mit wenig Murmeln]* gemurmelten Zaubersprüchen.

255,6221 *Du selbst bist Schuld . . .]* → 6188.

255 f.,6229-38 *Hier wittert's nach der Hexenküche . . .]* Fausts Erinnerungen aus *einer längst vergangnen Zeit* scheinen mit den im Ersten Teil dargestellten Vorgängen nicht recht übereinzustimmen, so daß man auch hier Spuren eines älteren Handlungsplans glaubte feststellen zu können (vgl. Petsch 1926, 672). Immerhin ließe sich bei der Flucht in *Einsamkeit* und *Wildernis* (ält. Nebenform zu: Wildnis) an die *Wald und Höhle*-Szene denken (→ etwa 3272 ff.); das Stichwort *Öde* fällt dort 3279 wie hier 6227. Daß Faust sich *dem Teufel übergeben* mußte (6238), ist mit der *Wette* freilich kaum verträglich (Arens 1989,222); aber im Sinne von: *Dem Teufel mußt ich mich ergeben* (so noch in H49/50), wäre es mit *Wald und Höhle* 3362 wohl vereinbar.

256,6235 f. *vor widerwärtigen Streichen . . . entweichen]* vor denen des Mephisto (→ etwa 3240-50) in die Wildnis von *Wald und Höhle*? MA 18.1,753 meint: vor den »abweisenden Hieben des Erdgeists« in die »seelische Verwilderung des Selbstmords«. (? Sch.)

256,6237 *versäumt]* Hier für: vernachlässigt (Adelung 4,1501).

256,6249 f. *Mystagogen . . . Neophyten]* Priester, welche die Neulinge einweihten in die Geheimnisse der altgriech. Mysterienkulte.

256,6253 f. *wie jene Katze, | . . . Kastanien aus den Gluten kratze]* In der (nachantiken)Tierfabel benutzt ein Affe die Pfote einer Katze, um sich gebratene Maronen aus dem Feuer zu holen, oder überredet die Katze, das für ihn zu tun (so La Fontaine IX,17).

256,6259 *Hier diesen Schlüssel nimm]* Mephistos magisches Gerät, das als eine Art Wünschelrute (6263) und zugleich wie ein Magnet (6293) funktionieren soll, ist – ebenso wie der *Dreifuß* (6283) – von vielen kommentierenden *Mystagogen* symbolisch oder allegorisch gedeutet worden. Einige dieser tiefsinnigen und hochspekulativen Auslegungen finden die *Neophyten* zusammengestellt bei Arens 1989,239-42. (vgl. auch MA 18.1,754-61. Dort: »Der Schlüssel ist das poetische Zeichen für die seherische Geistestätigkeit Fausts, die im glücklichen gesteigerten Erkenntnisaugenblick zu der Einsicht in das verborgene Gesetzliche führt – hier: *zu den Müttern*«!)

Mephistos *Schlüssel* (auch) als phallisches Symbol zu verstehen, dem dann der glühende *Dreifuß* entsprechen mag, scheinen die nachfolgenden Verse jedenfalls nahezulegen. (→ Kommentar zu *Faust I*,2731)

257,6273 *Wie auch die Welt ihm das Gefühl verteure]* Für: erschwere (vgl. DWb 25,1890 f.). Zu ergänzen: *Wie* sehr *auch* . . .

257,6276 f. *Entfliehe dem Entstandnen, | In der Gebilde losgebundne Räume]* Meint: in den Bereich der von ihrer materiellen Verkörperung unabhängig gedachten Urformen (*losgebundne*: wörtl. Übersetzung von 'absolute').

Die Bewegungsangabe *steige* (6275) wie die Zielangabe *Räume* (6277) treten aus der Reimordnung heraus: *losgebundne* 'Waisen'! (Gegen H und H47 haben die früheren Herausgeber, der WA folgend, für *Räume* eigenmächtig »Reiche« eingesetzt.)

257,6283 f. *Ein glühnder Dreifuß tut dir endlich kund | Du seist im tiefsten, allertiefsten Grund]* Im antiken Kult wurden solche Geräte für das Inspirations-Orakel verwendet. Am berühmtesten ist der (von Herkules geraubte!) Dreifuß im Innern des Apollon-Tempels zu Delphi, über dem die Pythia in Ekstase ihre Weissagungen verkündete.

257,6286 *Die einen sitzen, andre stehn und gehn]* Diese »Dreiheit ihrer Gebärden« bezeichnet D. Lohmeyer 1975, 128 (auf Hertz verweisend) »als das Prinzip des Seins, das in den drei Bereichen der Natur: dem mineralischen (Sitzen), dem pflanzlichen (Stehen), dem tierischen (Gehen) gleichermaßen gesetzlich bildend wirksam ist.« – Vgl. dann MA 18.1,758 f.

258,6298-6302 *So rufst du Held und Heldin aus der Nacht . . .]* Paris also und Helena, die dann 6302 gar *Götter* genannt werden. – Was Faust herbeibringen soll, sind aber nicht etwa deren die *Mütter* umschwebende *Bilder* (6289 und wieder 6430), sondern ist allein der *Dreifuß*, von dem der *Weihrauchsnebel* aufsteigt: in diesem Nebel allererst sollen dann – *nach magischem Behandeln* – die phantasmagorischen Gestalten sichtbar werden. → 6423 f., 6449 f. und Laterna magica-Kommentar S. 479 ff.

258,6299 *erdreistet]* Hier: sich erkühnt, diese *Tat* wagt, riskiert (→ Kommentar zu 4658-65).

6307-6376 HELL ERLEUCHTETE SÄLE

»Diese völlig überflüssige Szene« (Arens 1989,253) ist schon als Pausenfüller unentbehrlich. Sie überbrückt, auf hochamüsante Weise, den Zeitraum, in dem Faust seinen Gang ins *Unbetretene* unternimmt – nach 6304: er *stampft und versinkt*; vor 6421: er *steigt auf der andern Seite des Proszeniums herauf*.

Ein kurzer Wortwechsel zwischen Mephisto und den auf die *Geisterszene* dringenden Hofbeamten geht voran. Die raunende *Mystagogen*-Rede vom Reich der *Mütter* ist einer höchst saloppen Tonart gewichen. Von seinem *Kumpan* spricht Mephisto, und daß der jetzt die nötigen Vorbereitungen treffen müsse für ihre magische Veranstaltung (6311 ff.). Dann wechselt er, von den herandrängenden Damen und Herren des Hofes genötigt, in die Rolle des magischen Arztes und hält seine rasch improvisierte Sprechstunde ab.

Das gehört zu Goethes alten Plänen. Schon aus den Jahren 1797/98 stammt die in der französischen Hofsprache formulierte Arbeitsnotiz des Paralipomenons 70 (Text-Band S. 547): *Meph als Phisicien de la cour.* 1816 dann lautet das Programm (im Paralipomenon 63, Text-Band S. 594, 44 ff.): *Der Kaiser verlangt* ⟨Geister-⟩ *Erscheinungen, sie werden zugesagt. Faust entfernt sich der Vorbereitungen wegen. In dem Augenblick nimmt Mephistophles Fausts Gestalt an, Frauen und Fräuleins zu unterhalten und wird zuletzt für einen ganz unschätzbaren Mann gehalten, da er durch leichte Berührung eine Handwarze, durch einen etwas derbern Tritt seines vermummten Pferdefußes ein Hühner Auge curirt, und ein blondes Fräulein verschmäht nicht ihr Gesichtchen durch seine hagern und spitzen Finger betupfen zu lassen, indem der Taschenspiegel ihr sogleich, daß eine Sommersprosse nach der andern verschwinde, tröstlich zusagt.*

Für die Ende 1829 abgeschlossene Textfassung wird der geplante Wechsel Mephistos in die Gestalt des unbemerkt abtretenden Faust aufgegeben. Die magische Warzenheilung entfällt; bei der alchymistischen Sommersprossen-Kosmetik bleibt es; aber statt des Hühnerauges wird jetzt eine Frostbeule 'homöopathisch' behandelt (→ Kommentar zu 6336); überdies erhält eine liebesdurstige Hofdame ein obskures Rezept, sich begehrenswert zu machen, und ein kleiner Page Nachhilfeunterricht in der ars amandi. Von Fausts Gang zu den *Müttern* ist 1816 noch nicht die Rede; sie kommen offenbar erst mit der späteren Arbeitsphase ins Spiel. Aber dieser *Mütter*-Mythos rückt nun durch den zwischen Fausts Aufbruch ins *Unbetretene* und seine Wiederkehr gestellten, altgeplanten Auftritt des *Phisicien de la cour* ins entschieden Zweideutige. Hell beleuchtet hier: Mephisto als Scharlatan, Faust als sein *Kumpan.* Diese kontrebalancierende Zwischenszene entmythologisiert die orakelnde Rede des *Mystagogen* in der *Finsteren Galerie* ebenso wie die Offenbarungen, welche der ins *Priesterkleid* gehüllte Faust im dämmerigen *Rittersaal* verkünden wird.

259, vor 6309 und vor 6317 MARSCHALL] Meint offenbar den gleichen Hofbeamten, der vorher (→ vor 4852, 4943, 6037, 6086) mit der älteren Wortform MARSCHALK bezeichnet wird.

259,6310 *zur Schmach]* Etwa im Sinn schwerer Kränkung, Beleidigung (vgl. Adelung 4,163).

259,6325 *Froschlaich]* Gängiges Schönheitsmittel der Zeit zur Hautpflege, besonders gegen die hier diagnostizierten Sommersprossen (zur Herstellung: Krünitz 15,177).

259,6325 *kohobiert]* Alchymistische Fachsprache (→ 6853): gereinigt, geläutert durch wiederholte Destillation.

259,6329 *umschranzen]* Meint: schöntun, umschmeicheln; 'Hofschranzen' (vgl. DWb 15,1646).

259,6332 *Selbst ungeschickt ...]* In geläufiger Wortstellung: 'Selbst zum Gruß beweg' ich mich ungeschickt' –

weil der weibliche Knicks nicht nur (Adelung 2,1664) »in der Beugung des Leibes, als vielmehr in der Beugung der Knie bestehet« und so die Fußspitzen belastet.

260,6336 *Zu Gleichem Gleiches; was auch einer litt]* Auf dem Grundsatz »Similia similibus curantur« (‘Ähnliches wird durch Ähnliches geheilt’) beruht die von Samuel Hahnemann begründete Homöopathie (*Organon der rationellen Heilkunde*, Dresden 1810), die Mephisto hier parodiert, indem er den erfrorenen Fuß der Hofdame mit einem Fußtritt zu kurieren sucht. Goethe, in spöttelnder Distanz, hat Hahnemann einen »neuen Theophrastus Paracelsus« genannt (an Meyer, 5. 5. 1820); in der Tat sind die homöopathischen Grundsätze denen der medizinischen Signaturen-Lehre des Paracelsus verwandt (*Labyrinthus medicorum errantium*, Basel 1538), auf die sich Mephistos Formel also gleichermaßen beziehen läßt.

260,6342 *füßle mit dem Lieben]* Meint das Berührungsspiel der Füße unter dem Tisch.

260,6349-58 *Nimm diese Kohle ... von einem Scheiterhaufen | Den wir sonst emsiger angeschürt]* Meint die Ketzer- und Hexenverbrennungen der ‘heiligen’ Inquisition (mit deren Teufelswerk Mephisto sich einig weiß: *wir*!).

Mephistos Rezept entspricht verbreiteten magischen Praktiken (hat nichts zu tun mit der Streichmethode von Franz Anton Mesmers magnetischen Kuren – wie MA 18.1, 767 angibt).

261,6369 *Anständig ... in Folge]* Hier: wie es sich geziemt, nämlich der höfischen Rangordnung angemessen ist.

261,6373 *Auf breite Wände Teppiche spendiert]* Wandteppiche, Gobelins, großzügig verteilt (vgl. Frisch 1741, 2,297).

6377-6565 RITTERSAAL

Dem gängigen Verständnis dieser *Geisterszene* (6307) liegt eine Textvariante zugrunde. Wenn Faust, zurückkehrend aus dem Reich der *Mütter*, von den Bildern oder Schemen berichtet, die das Haupt dieser *Göttinnen* umschweben, heißt es – schon auf Paris und Helena bezogen, die er vor dem Kaiser erscheinen lassen soll: *Die andern sucht der kühne Magier auf*. Die ursprüngliche Fassung dieses Verses aber (in H^{57}, → Text-Band S. 623) lautete: *Die and⟨ern⟩ sucht getrost der Dichter auf* (→ dazu Kommentar zu 6436).

Goethes Textänderung deutet Emrich 1981,181 ff. und 216 ff. als »Verdeckung des offenbaren Geheimnisses«, daß Faust eine »Doppelrolle als Magier und Dichter« spiele. Ja, er liest der verworfenen Bezeichnung das 'eigentlich Gemeinte' ab (und nimmt sie als Indiz für eine zentrale thematische Bedeutung des Dichterischen im ganzen Zweiten Teil), erklärt nämlich, daß »Faust und Dichter in Goethes Vorstellungsbild ineins zusammenfielen«. Ebenso dann Blumenthal 1954, 153: *Magier* meine »nicht nur den Zauberer«, Faust sei »Zauberer, Priester und Dichter in eins«. Und D. Lohmeyer 1975, 119: »In dem Magier Faust verbirgt sich der Dichter – wie es noch eine frühere Fassung des Verses 6436 unmetaphorisch aussprach«. Das nun verbindet sich (etwa in HA 1986, 608) mit dem hier S. 467 f. erwähnten Verständnis des *Mütter*-Mythos. Entsprechend Lohmeyer aaO. 144: »Faust im Priesterkleid ⟨6421⟩ übt die Rolle des Priesters als des Künstlers: Offenbarung eines geheimen Göttlichen, insofern er das verborgene Bildeprinzip der Natur in den Erscheinungen der Schönheit als Schauspiel offenbar macht. Kunst tritt hier neben die Religion als Offenbarung der Wahrheit.« Darauf gründet sich dann in MA 18.1 ihre Ausdeutung der *Rittersaal*-

Szene (wo der das *Mütter*-Reich der 'Urbilder' aufsuchende Faust als »der moderne Künstler« bezeichnet wird, seine das 'Urphänomen' der Schönheit zur Erscheinung bringende Helena/Paris-Dichtung als die »Entstehung des modernen Theaters«! aaO. 781,654 u.ö.)

Ins 'Reich der *Mütter*' schauend, hat man freilich die zahlreichen satirischen Vorzeichen und Ironie-Signale übersehen, mit denen das szenische Arrangement den Auftritt des Magier-Priester-Dichters umstellt. Hochtheatralisch von *Posaunen* angekündigt, beginnt dieses Spiel im Spiele, dem der Astrolog dann den Titel *Raub der Helena* gibt, sobald *Kaiser und Hof* eingezogen sind und Platz genommen haben im magischen Dämmerlicht des *Rittersaals*. Rollkulissen und Schiebewände geben eine kleine Theaterbühne frei. Auf das *Proszenium* tritt der windige Astrolog. Mephisto, der sich eben noch als ärztlicher Scharlatan produziert hat, hockt im *Souffleurloche* und flüstert von dort wohl auch dem *Kumpan* die Verse zu, die unter der schillernden Regieanweisung *großartig* stehen (und nichts anderes als eine situationsgerecht variierende Repetition von Mephistos eigener *Mystagogen*-Rede in der *Finsteren Galerie* 6285-90 abgeben). Herold: *die Geister mögen kommen!* – und Faust, pünktlich zum Vorstellungsbeginn zurückkehrend aus dem zeitlosen, raumlosen 'Reich der *Mütter*', *steigt auf der andern Seite des Proszeniums herauf*. Mit einem *Priesterkleid* aus der biblischen Kostümkammer hat der bekränzte *Wundermann* sich ausstaffiert – entliehen bei 1. Samuel 28,7 ff., wo »ein Weib, das Tote beschwören kann«, auf Verlangen König Sauls den Geist des verstorbenen Samuel heraufsteigen ließ: »bekleidet mit einem Priesterrock« (revid. Luther-Übersetzung; Vulgata: »amictus est pallio«).

Die von Mephisto soufflierte einstimmende Suggestionsrede des Astrologen lautet: *Durch magisch Wort sei die Vernunft gebunden* (6416). Was Faust jetzt veranstaltet, verlegt Binder 1968,86 daraufhin »in die Innerlichkeit seines Geistes; denn die Paris-Helena-Szene ist die Materialisation dessen, was in ihm selber vorgeht«. Entsprechend erklärt

Zabka 1993,144-51, daß Fausts Gang zu den *Müttern* in die Tiefe seines eigenen Geistes führe, »zur Offenbarung der göttlichen Idee im eigenen Inneren«, und sieht damit eine (die romantische »Selbstverabsolutierung des Subjekts« kritisierende) Entsprechung zu Novalis' mystischem 'Weg nach innen' gegeben. Oder Metscher 1976,64 unterstellt einen »Gang ins Unterbewußte, mit dem Ziel, die schöpferischen Potenzen des Ich freizusetzen«. Solche frei schwebenden Interpreten-Konstrukte finden im Wortlaut des Textes keine Stütze. Vielmehr hat der Autor, der sich selber einen »realistischen Tic« zuschrieb (an Schiller, 9. 7. 1796), hier etwas sehr anderes unternommen. Er läßt seinen *Wundermann* nämlich mit dem Projektionsapparat einer Laterna magica hantieren – die im Anschluß an diesen Szenen-Kommentar S. 479 ff. ausführlicher erklärt wird.

Wortwörtlich trifft also zu, was Mephisto aus dem *Soufleurloche* heraus seinem *Kumpan* zuraunt, wenn er der Suggestion dieser magisch-illusionären Kunst zu erliegen beginnt: *Machst du's doch selbst das Fratzengeisterspiel!* (6546) Nach Eckermanns Gesprächsbericht vom 30. 12. 1829 hat Goethe erklärt: »Faust selber ist ganz Entzücken und vergißt, im Anblick der Schönheit die er hervorgerufen, Zeit, Ort und Verhältnis, so daß Mephistopheles jeden Augenblick nötig findet, ihn zu erinnern, daß er ja ganz aus der Rolle falle.« So ausdrücklich mit dem Vers 6501. Fällt Faust aber *aus der Rolle* des praktizierenden Magiers und Hofentertainers, dann tritt er damit, von der Schönheit des selbstbewirkten 'Nebelbildes' seiner Helena zu *Neigung, Lieb, Anbetung, Wahnsinn* (6500) hingerissen, in die Rolle des mythischen Bildhauers Pygmalion ein, der eine selbstgeschaffene Frauenstatue so leidenschaftlich begehrte, daß die Liebesgöttin sein Kunstwerk ins Leben treten ließ (Ovid, *Metamorphosen* X,243 ff.). Wenn hier der Hingerissene sich anschickt, die Grenze zu überschreiten, die zwischen dem schönen Schein seines *von magischer Laterne* (5518) hervorgerufenen 'Kunstwerks' und der Lebenswirklichkeit liegt, wenn er also Hand anlegt an die imaginierte Gestalt, stürzen Wirklichkeit und Fiktion explosionshaft ineinander: *Die Geister gehen in Dunst auf – Finsternis, Tumult.* Und Mephisto schleppt den Bewußtlosen von der Bühne.

Einen solchen Ausgang fand Goethe vorgegeben in Hans Sachs' *Historia: Ein wunderbarlich gesicht keyser Maximiliani* ⟨. . .⟩, *von einem nigromanten* von 1564 und ebenso in Anthony Hamiltons Erzählung *L'enchanteur Faustus* (dt. Übersetzung durch Mylius 1778 in Reichards *Bibliothek der Romane* Bd 2), wo mit Blitz und Donnerschlag die Geistererscheinungen im Dampf verschwinden, wenn der Zuschauer sie zu umarmen versucht. Aber selbst das ist hier noch in der bühnentechnischen Realität begründet; die mit Glasbildern bestückte, mit Knallgasbrennern betriebene Laterna magica der Goethezeit – dazu die nachfolgenden Erläuterungen – führte bei unsachgemäßem Umgang nicht selten zu solchen explosionsartigen Zwischenfällen. (Anweisung zu absichtlicher Schluß-Explosion Halle 1783,237: »Zum Knallen lege man zuletzt, wenn der Geist verschwinden soll, etwas Knallpulver in einem Scherben auf die Kohlen« der dieser Apparatur zugehörigen Rauchpfanne).

Das alles besagt nun keineswegs, man habe das 'Reich der *Mütter*' als puren Schwindel, die Geistererscheinung als bloßen Trickbetrug, die darauf bezogenen Verse nur als Schaumschlägerei zweier Showmaster zu verstehen. So glatt geht im opalisierenden Zauberreich dieser Poesie die Rechnung zwischen Ernst und Scherz nicht auf. Wohl aber hat Goethe den *Mütter*-Mythos und die Helena-Beschwörung durch die Laterna magica-Zauberei ironisch gebrochen und ins heiter Zwielichtige hinübergespielt. Indem die *Faust*-Dichtung dieses visuelle Massenmedium der Goethezeit auf die Bühne bringt und seine Wirkungen auf die Hofgesellschaft zeigt, am Ende auch die Selbstsuggestion des Magiers vorführt, spiegelt sie die augenverblendenden Manipulationen, die dieses 'magische' Instrument ermöglichte, und die illusionäre Überwältigung, die es bewirken konnte. Das hat wohl auch vor den Bildschirmen unseres Massenmediums einige Geltung.

Laterna magica

Wenn in der *Mummenschanz*-Szene der vorgeplante Maskenzug sein Ende gefunden hat und eben ein festlicher Ball beginnen soll (→ Kommentar zu 5457), treten unversehens *luftige Gespenster* auf. Ein von Flügelpferden gezogenes *Viergespann* schweift *durch die Menge*, ohne sie teilen zu müssen, und wird gleichsam körperlos *durch alles durchgetragen. Zaubereien*, sagt der Herold – *Wie von magischer Laterne* (5518).

Hinsichtlich der bühnentechnischen Realisierung 'geisterhafter' Erscheinungen hat Goethe offensichtlich bei mehreren Stellen der *Faust*-Dichtung an eine solche 'Laterna magica' gedacht. Als die Weimarer Inszenierung vorbereitet wurde, schrieb er am 12. 12. 1828 dem Maler Wilhelm Zahn, bei der Berliner Aufführung 1819 (dazu Schillemeit 1988) habe man die Erscheinung des Erdgeistes doch »auf eine phantasmagorische Weise vorstellen« lassen, so nämlich, daß, »bei verdunkeltem Theater, auf eine im Hintergrund aufgespannte Leinwand, von hinten her, ein erst kleiner, dann sich immer vergrößernder lichter Kopf geworfen wurde, welcher daher sich immer zu nähern und immer weiter hervorzutreten schien. Dieses Kunststück ward offenbar durch eine Art Laterna magica hervorgebracht. Könnten Sie baldigst erfahren: wer jenen Apparat verfertigt, ob man einen gleichen erlangen könnte, und was man allenfalls dafür entrichten müßte? Das vorzustellende Bild würde man von hier aus dem Künstler hinsenden.« (→ Kommentar zur Regieanweisung nach 481) An das gleiche Verfahren läßt sich etwa bei der Pudel-Szene im *Studierzimmer I* denken oder bei den Gestalten, die im Kesseldampf der *Hexenküche* erscheinen. In all solchen Fällen freilich bleibt der technische Apparat unsichtbar, geht es um illusionäre Darstellungen. Im *Rittersaal* hingegen wird diese Illusion gebrochen, kommt die nur leicht kaschierte Laterna magica selbst ins Spiel. Nicht dem höfischen Publikum, das auf der Bühne dem magischen Theater beiwohnt, wohl aber dem wirklichen Zuschauer vor der Bühne und dem Leser sollte hier bemerkbar werden, welcher *Künste* sich die Magier bedienen (6317).

Ältere Spiegeltechniken und die Vorform der 'Camera obscura' vervollkommnend, hatte man um die Mitte des 17. Jh.s die ersten als Laternae magicae bezeichneten Geräte konstruiert (Konstruktionsbeschreibungen und Gebrauchsanweisungen etwa bei Krünitz 65,467-522. – Zur Geschichte der Laterna magica Liesegang 1897 und 1918, Berger 1981 mit reichen Literaturangaben, Stierle 1987, 282). Die Strahlen einer Lichtquelle (Kerzen, Öllampen, später das mit Knallgas betriebene Kalklicht und ein Argandbrenner) wurden hier von einem Hohlspiegel reflektiert und durch ein mit zwei bikonvexen Linsen ausgerüstetes justierbares Objektiv geworfen, so daß die vergrößerte Projektion eines Transparentbildes zustande kam, das man in Form einer bemalten Glasscheibe zwischen Lichtquelle und Objektiv schob. Im 18. und frühen 19. Jh. wurden diese Apparate vollends perfektioniert. Häufig befanden sie sich, unsichtbar für die Zuschauer, hinter der Projektionsfläche und wurden dort auf Rollen bewegt, ermöglichten also durch Abstandsveränderung eine zunehmende Vergrößerung oder Verkleinerung des 'Spukbildes'. So kam die perfekte Illusion einer Annäherung der Geistererscheinungen zustande (vor 6479: HELENA *hervortretend*). Überdies setzte man verschiebbare Glasbilder ein und verwendete zwei verschiedene Projektoren, so daß Überblendungen und bewegte Darstellungen möglich waren, wie die *Rittersaal*-Szene es verlangt.

Dort freilich wird keine solche Projektionswand benutzt. Paris und Helena treten *aus dem leichten Flor*, der von dem geheimnisvollen *Dreifuß* aufsteigt. Mit diesem mythisch kaschierten Gerät aber (→ Kommentar zu 6283 f.) wird der zur Herstellung der sogenannten 'Nebelbilder' erforderliche Zusatzapparat zur verdeckten Laterna magica offen sichtbar auf Mephistos Bühne installiert. Faust führt ihn mit sich, wenn er *auf der andern Seite des Proszeniums herauf-*

steigt, und entzündet eine auf diesen *Dreifuß* gesetzte Kohlenpfanne: *Der glühnde Schlüssel rührt die Schale kaum,* | *Ein dunstiger Nebel deckt sogleich den Raum.* (6439 f.) Ehe man sich an 'symbolische' Auslegungen begibt (etwa D. Lohmeyer 1975,147: »Der sich formende Nebel bezeichnet die zarte, ungreifbare Stofflichkeit der Kunst«), müßte man die Technik verstehen, die alles andere als belanglos ist für die Bedeutung dieser Szene.

Christlieb Benedict Funk, ein 'der Magie ergebener' Professor der Naturlehre, der solche 'Nebelbilder' schon 1775 in seinen Leipziger Vorlesungen demonstrierte, hat dieses Verfahren 1783 in seiner Abhandlung über *Natürliche Magie* erklärt – anhand einer Zeichnung, die hier als Abb. 7 reproduziert ist: »Man läßt das Bild J ⟨auf der in die Laterna magica eingeschobenen Glasplatte⟩ nicht, wie gewöhnlich, auf eine weisse Wand, sondern in einen Rauch m n o p fallen, der aber freylich nicht vom Winde hin und her getrieben werden darf. Es fängt der Rauch in der That die Lichtstrahlen eben so auf, wie eine weisse Fläche. – – Hat man nun auf Glas gemahlte wohlgetroffne Bilder von verstorbenen oder noch lebenden Personen, so kann man in diesem Rauch solche vorstellen; man kann ihnen Bewegungen geben, und zwar entweder den ganzen Körpern, oder nur einigen Gliedern, wie nachher beschrieben werden soll. Die größte Schwierigkeit, die denenjenigen immer vorkömmt, die diesen Versuch machen wollen, ohne mit der Experimentirkunst gehörig bekannt zu seyn, ist: den Rauch hervorzubringen; und ich bin oft genug ersucht worden, das Geheimniß meines Rauches, und die Ingredienzien, deren ich mich bedienen müße, zu entdecken. Ich kann aber mehr nicht entdecken, als was ich weiß; nämlich, daß ich auf gut ausgebrannte Kohlen 3 bis 4 Lothe Pech, wie es die Böttcher brauchen, in Stückchen, von der Größe einer Haselnuß geworfen habe, wenn ich wollte, daß das Bild 4 bis 5 Minuten lang auf dem Rauche erscheinen sollte.« Wie auf Funks hier als Abb. 8 wiedergegebener Zeichnung zu sehen ist, benutzte er dafür »ein hohles blechernes Gefäß B« (an dessen Stelle Mephisto den *Dreifuß* verwendet), in welchem die rauchende Kohlenpfanne E stand. Für die Laterna magica selbst gab er (gemäß Abb. 7) die Anweisung, daß sie sich »in der Gegend C, und das Rauchgefäß in B sich befindet«, achtete aber darauf, daß »in der Gegend A keine Wand oder Decke zu nahe sey, damit das Bild sich nicht noch einmal an derselben zeige; daher es auch am besten ist, die Zuschauer in die Gegend A, zwischen dem Rauch und der Wand so zu stellen, daß sie die Wand in dem Rücken und hinter sich haben.« (Funk 1783,152 ff. Wörtl. übernommen in den Lexikonartikel *Laterne* bei Krünitz 65,517 ff.)

Dieses 'Nebelbild'-Verfahren war weit verbreitet. Auch in den Frankfurter *Frag- und Anzeigungsnachrichten* wurde am 24. 2. 1784 »bekannt gemacht, daß ein Künstler eines Mechanischen Schattens allhier angekommen, der ein besonders sehenswerthes Kunst-Cabinet mit sich führet, welches aus einem Wolken-Nebel und in einem wohl abgemessenen Schatten, vollkommene Figuren vorstellet, und nach dem Verhältniß derselben, den Augen die angenehmsten Bewegungen darzeiget.« (Belli 1850,45 f.) »Diese Erscheinung«, heißt es bei Krünitz 65,515 f., »wird eine in Verwunderung setzende Wirkung hervorbringen, weil die Zuschauer die Ursache davon nicht sehen, und also nicht wissen werden, wem sie diese plötzliche Erscheinung des Gespenstes zuschreiben sollen, dessen Kopf zuerst aus dem Rauche hervorzukommen scheinen wird, und nur nach und nach vollständig gesehen werden kann«.

Mit Pech-Rauch freilich begnügt der *Wundermann* Faust im *Priesterkleid* sich nicht. Schon in der *Finsteren Galerie* hat Mephisto angegeben, daß dem wunderbaren Dreifuß – *nach magischem Behandeln* – ein *Weihrauchsnebel* entsteigen müsse, der *sich in Götter wandeln* werde (6301 f.). Das flüstert er jetzt dem Astrologen ein: *Ein Dreifuß steigt mit ihm* ⟨Faust⟩ *aus hohler Gruft, | Schon ahn' ich aus der Schale Weihrauchduft* (6423 f.). – Halle 1783,233 ff. hat empfohlen, je nach der Natur des Geistes, der da erscheinen soll, »wohlriechend oder stinkendes Rauchpulver« oder aber »Weyrauch in die ⟨...⟩ Pfanne« zu streuen.

Der *Faust*-Autor hatte handfest-praktische Erfahrungen mit dieser Technik, die man in seiner Zeit ausdrücklich noch den Künsten der 'Magia naturalis' zurechnete. Tagebuch 12. 11. 1807: »Laterna magica untersucht«; 14. 11. 1807: »Nachher zu Frommanns. Die laterna magica produziert.« Und eben als er an der *Rittersaal*-Szene arbeitete, gab er »den Auftrag, die in dem physikalischen Museum befindliche große Laterna magica, mit der dazu gehörigen Linse und Lampe, durch die Botenfrau herüber zu senden; sodann von den gemalten Gläsern nur wenige hinzuzufügen.« (5. 9. 1829, an Färber)

Damals freilich hatte dieses Massenmedium seine überwältigende Eindrucksgewalt längst verloren. Bezeichnete Goethe in seinem 1816 verfaßten Inhaltsplan für den Zweiten Teil die Geistererscheinung im *Rittersaal* noch als *die übrigens fürchterliche Scene* (→ Text-Band S. 594,58 f.), heißt es doch schon 1825 bei Krünitz 140,390: »Früher wurde die Zauberlaterne, als etwas Uebernatürliches angestaunt; sie brachte Schrecken, Zaubereyen und Bewunderung hervor; späterhin sank ihr Ansehen, und zuletzt so sehr, daß sie sich durch eine begleitende Drehorgel Jedermann auf der Straße anbot, und jetzt ist auch dieses außer Gebrauch gekommen, da man dergleichen Laternen im Kleinen für einen Thaler, ja noch darunter haben kann, und jedes Kind gebildeter Eltern damit umzugehen weiß.«

Wie Goethe mit der Eingangsszene des Ersten Teils den ins Puppenspiel heruntergekommenen Doktor Faust auf seine große Bühne gehoben hat (ohne das ihm anhaftende ulkige Aroma etwa ganz auszuscheiden), hat er hier in der *Rittersaal*-Szene eine volkstümlich spektakelhafte Spielgattung aufgenommen und den Beigeschmack ihrer Herkunft aus dem Schaugeschäft eingebracht in seine Dichtung. In dem 1799/1800 aus der Weimarer Bibliothek entliehenen *Journal des Luxus und der Moden* (7. Jg.,230) hieß es von einem mit der Laterna magica auftretenden Schausteller: »Die Phantasmagorie ist ein neues Spectakel welches ein Englischer sogenannter Naturkünstler, d. h. Taschenspieler, vor kurzem hier etablirte, und das vielen Zulauf hat. Es besteht in lauter Geister-Erscheinungen, und der Phantosmagore citirt berühmte Todten; ohngeachtet er versichert, er wolle niemand betrügen, weil er weder Priester noch Zauberer sey, sondern blos mit seiner Kunst zur Instruction dienen. Das lustigste dabey ist, daß er immer seine Vorstellungen mit einer Citation des Teufels schließt, und diesen vornehmen Herrn bald mit Egalites, bald mit Robespierres, bald mit Marats, bald mit Dantons Gesichte, aber immer mit Klauen, Hörnern und einem langen Schwanze, wie sichs gebührt, erscheinen läßt.«

Das könnte man geradezu als die vorliterarische Rohform nehmen. »Phantasmagorie« war der den Zeitgenossen völlig geläufige Fachterminus für solche Geisterbeschwörungen. Aufgebracht hat ihn Etienne-Gaspard Robertson, der um die Jahrhundertwende in Paris und auf Gastreisen in viele europäische Hauptstädte mit seiner als fantascope bezeichneten Laterna magica ein ungeheures Aufsehen erregte. Für Fausts Geisterbeschwörung im *Rittersaal* hat Goethe dieses Wort nicht eingesetzt. Den 3. Akt des Zweiten Teils aber, in dem er selber die Helena erscheinen ließ, nannte er mit dem Untertitel des Vorabdrucks von 1827 (in $C^1 4$) eine *klassisch-romantische Phantasmagorie*. Das war seine Geisterbeschwörung, und nun wirklich die eines *Magiers* und *Dichters*. (→ dazu S. 584)

261,6378 *Verkümmert mir]* Für: hindert mich (auf betrübliche Weise), entzieht mir.

261,6379 *aus verständigen Gründen]* einsichtigen, rationalen.

261,6383 f. *Auf den Tapeten . . . die Schlachten | Der großen Zeit]* Gobelins mit Schlachtdarstellungen aus den Zeiten der großen Kaiser.

262,6394-98 *Die Tepp'che schwinden . . . Mauer spaltet sich]* Meint die Wandteppiche (6383: *Tapeten*, Gobelins), die nach den Seiten gerollt werden, und die auf Schiebewänden oder Drehkulissen abgebildete *Mauer*, die sich auf diese Weise jetzt öffnet. Paralipomenon 63 (Text-Band S. 594,55 f.): *ein magisches Theater erbaut sich von selbst.*

262,6401 *Du kennst den Takt in dem die Sterne gehn]* → Kommentar zu 4949 f. Mit einem Augurenlächeln dem Astrologen zugeflüstert, der 6415 *sterngegönnte Stunden* verkünden wird.

262,6405 *Atlas]* Der Titan, der im griech. Mythos dazu verurteilt wurde, auf seinen Schultern das Himmelsgewölbe zu tragen.

262,6409-14 ARCHITEKT . . .*]* Ein gotischer Baukunst nacheifernder Zeitgenosse der Romantik.

262,6410 *überlästig]* Rügt die massive, schwerlastige Wucht des antiken (frühen dorischen) Tempelbaus.

263,6420 *Unmöglich ist's, drum eben glaubenswert]* Ein (von Mephisto eingeflüsterter!) Seitenhieb auf die Lehre von Tod und Auferstehung Christi, von der der Kirchenvater Tertullian (*De carne Christi* V,4) erklärte: »Credibile est quia ineptum est; ⟨. . .⟩ certum est, quia impossibile« (‘Glaubwürdig ist das, weil unsinnig; ⟨. . .⟩ gewiß, weil unmöglich’).

263,6427-38 *In eurem Namen, Mütter . . .]* Als spräche der Priester eines Mysterienkults (einsetzend mit der rituellen Formel, die auf göttliche Vollmacht sich beruft), geben sich Fausts Verse *großartig*-dunkel. Seine Worte vom *Zelt des Tages* und dem *Gewölb der Nächte* – wohin die *Mütter* (: *ihr* als *allgewaltige Mächte*) des *Lebens Bilder* ‘verteilen’ lassen an das tagesblaue Himmelszelt denken, wo *des Lebens holder Lauf* sie faßt, und an das nächtliche Himmelsgewölbe (mit den zu Sternbildern erhobenen mythischen Gestalten der Antike?), wo *der kühne Magier* sie aufsucht.

263,6431 f. *Was einmal war, in allem Glanz und Schein, | Es regt sich dort . . .]* Der ursprüngliche Wortlaut in H57 bezog *Des Lebens Bilder* im Reich der *Mütter* nicht nur auf das Abgelebte, sondern zugleich auf das, was künftig in die Erscheinung tritt: *Was war was ist was kommt.* Diese aufgegebene Fassung als die eigentlich zutreffende ins Feld zu führen, um die These von den formschaffenden 'Urbildern' zu stützen (so, entsprechend Eckermanns eigener »Ansicht« vom 10. 1. 1830, etwa D. Lohmeyer 1975,146), hat Neumann 1985,359 f., Anm. 23 für unzulässig erklärt. Dagegen wieder MA 18.1, 782 f.

263,6436 *der kühne Magier]* Bezieht sich offenbar auf den Sprechenden selbst, der die *Bilder* des Paris und der Helena 'aufgesucht' hat. Im Entwurf H^{57} hieß es dafür noch: *getrost der Dichter* (→ Text-Band S. 623). Ob Faust auch damit sich selber bezeichnen sollte, erscheint aber keineswegs sicher. Für die *Mummenschanz*-Szene jedenfalls hat Goethe eine Zeitlang wohl an einen unabhängig von ihm auftretenden *Dichter* gedacht (Hertz 1931,198 nimmt dafür Euphorion bzw. den Knaben Lenker in Anspruch); erwähnt wird diese am Ende ausgesparte Figur in den Paralipomena 113 (Text-Band S. 611,13 ff.), 106 (ebd. S. 613,34), 117 (ebd. S. 618) und in I H^{60} (ebd. S. 620). Dazu Kommentare zu S. 611,13-15 und 618,1-4.

Zu dem vielerörterten Problem *Magier/Dichter* → hier S. 475 ff.

263,6438 *das Wunderwürdige]* Bewundernswert (H^{56} noch: *Wundernswürdige*) – oder: wert, durch *Wunderkraft* (6403) zur Anschauung gebracht zu werden?

263,6441 f. *nach Wolkenart . . .]* Die ersten nachfolgenden Bestimmungen: *Gedehnt, geballt* entsprechen den Wolkenformen Stratus und Kumulus (die sich Goethe mit seiner ersten meteorologischen Studie *Howards Terminologie* von 1817 zu eigen machte: WA II 12,7 ff.; → Kommentar zu Fausts Eingangsmonolog in der *Hochgebirgs*-Szene, S. 644 ff.). Die weiteren Angaben: *verschränkt, geteilt, gepaart* richten sich dann auf die Ausformung der durch die Laterna magica projizierten 'Nebelbilder' von Paris und Helena (→ Kommentar dazu S. 480 ff.).

263,6447 *Triglyphe]* Die dreikerbige Verzierung am Fries über dem (dorischen) *Säulenschaft*.

264,6448 *Ich glaube gar der ganze Tempel singt]* Goethe hat »die Architectur eine *verstummte Tonkunst*« genannt (FA I 13,410): hier läßt die Magie sie wieder vernehmbar werden.

264, nach 6452 [Paris *hervortretend*]] Fehlt in der Handschrift; ergänzt entsprechend der Angabe vor 6479.

264,6454 *Pfirsche*] Bis ins 19. Jh. gebräuchl. Nebenform zu: Pfirsiche.

264,6457 *fein*] Hier für: »wohl gekleidet, geputzt« (Adelung 2,83)?

264,6459 *Schäferknecht*] Als Kind ausgesetzt und unter Hirten aufgewachsen, hatte der Sohn des Trojanerkönigs Priamos auf dem Berge Ida die Herden gehütet. – Im Entwurf I H58 noch gröber: *Läßt doch der Tölpel gleich den Scha⟨fs⟩ Knecht spüren* (Text-Band S. 623,4).

Goethe zu Eckermann, 30. 12. 1829: Paris »ist das Entzücken der Frauen, die die Reize seiner Jugendfülle aussprechen; er ist der Haß der Männer, in denen sich Neid und Eifersucht regt und die ihn herunterziehen wie sie nur können.« Umgekehrt Helena: »Sie macht den Eindruck auf die Männer, wie Paris auf die Frauen. Die Männer zu Liebe und Lob entzündet, die Frauen zu Neid, Haß und Tadel.«

265,6470 *Das Schauspiel selbst, hier sollt es höflich sein*] Nach den Regeln insbesondere des französ. klassizistischen Theaters hatten sich die Schauspieler (rollenunabhängig) vor dem höfischen Publikum an *Hofmanieren* (6460) zu halten, sich also nicht *hinzuräkeln* (6468) oder ‘naturalistisch’ zu schnarchen (6472).

265,6473 *Zum Weihrauchsdampf was duftet so gemischt?*] Halle 1783,236 f. empfahl beim Gebrauch der Laterna magica, je nach der Natur des Geistes, der da erscheinen sollte, »wohlriechend oder stinkendes Rauchpulver« oder auch »Weyrauch in die ⟨. . .⟩ Pfanne« zu streuen (→ Kommentar S. 481 f.). – Der Duft aber, den die Hofdamen hier zusätzlich *Zum Weihrauchsdampf* und mit ihm *gemischt* wahrzunehmen glauben, *kommt von ihm*, denn: *Paris duftete* (→ 9046 und Kommentar dazu).

265,6477 *Ambrosia*] Die Unsterblichkeits-Speise der griech. Götter, »auch eine ungemein wohlriechende Salbe« (Hederich 1770,210).

265,6483 *Die Schöne kommt, und hätt’ ich Feuerzun-*

gen!] Von Helenas Schönheit zu predigen, müßte er die Sprachgewalt besitzen, welche über die Apostel kam, als man beim Pfingstwunder über ihnen »zungen« sah, »als wären sie feurig« (Apostelgeschichte 2,3).

266,6495 ff. *Die Wohlgestalt die mich voreinst entzückte …]* im *Zauberspiegel* der *Hexenküche*: → *Faust I*, 2429 ff.

266,6502 f. *Groß, wohlgestaltet, nur der Kopf zu klein. | Seht nur den Fuß! Wie könnt' er plumper sein!]* Dem informierten zeitgenössischen Leser mit Vergnügen bemerkbar, läßt Goethe die mäkelnden Hofdamen nachreden, was die großen Archäologen seiner Zeit über die Proportionen der als *Musterbild* (6185) weiblicher Schönheit geltenden Venus Medici geäußert hatten (und stellt damit eine Beziehung zwischen Helena und Venus her, die dem antiken Mythos ebenso angemessen ist, wie seiner Spiegelung in der *Faust*-Dichtung). Winckelmann 1764,175: »Das Gewächs der Mediceischen Venus ist ungemein geschlank, und ohngeachtet der Kopf sehr klein ist, hält dennoch die Länge derselben nicht mehr, als sieben Köpfe und einen halben.« Deutlicher noch der Bezug auf Heyne 1822,310 f. (von dessen berühmter, erst postum gedruckter Göttinger Archäologievorlesung Goethe zwei Mitschriften besaß): »Die Schenkel sind plump«, und »Der Kopf ist etwas klein ausgeführt, allein dieses ist der Weiblichkeit nicht zuwider, es verleihet ihr nur noch mehr Reiz«. So dann 6504 f.

266,6509 *Endymion und Luna! wie gemalt!]* Tatsächlich posieren Paris und Helena hier zunächst als der Hirte *Endymion* (nach Hederich 1770,999 »bedeutet er, wegen seiner Schönheit, auch wohl so viel, als einen sonderbar schönen Menschen«) und die Mondgöttin *Luna*, die allnächtlich auf den in ewigen Schlaf versenkten Geliebten herabsinkt (→ 6510), um ihn zu küssen (Goethe besaß Reproduktionsstiche von Gemälden, die diese mythische Szene darstellen). Erst 6541 ff. entwickelt sich die 'Phantasmagorie' dann zum *Raub der Helena* (6548).

266,6512 *– Das Maß ist voll.]* Fehlerhafte Textanordnung in H? – eher doch schon der 'Anstandsdame' DUENA (span. Dueña, Hofmeisterin) zuzurechnen.

267,6525 *gemein]* Meint hier das Übliche, Gewöhnliche (im Gegensatz zu *Majestätisch fein*).

267,6528 *durch manche Hand gegangen]* Die Helena-Sagen berichten von Theseus, der sie raubte; ihrem Gatten Menelaos (dem Menelas des 3. Aktes); Paris, der sie nach Troja entführte; dessen Bruder Deiphobos, der sie nach Paris' Tod dort zur Gemahlin nahm; wieder Menelaos, der sie zurückholte; Achill, mit dem sie nach ihrem Tod auf Leuke zusammenlebte (→ Kommentar zu 7435).

267,6529 *Verguldung]* Nebenform zu: Vergüldung, Vergoldung.

267,6530 *Vom zehnten Jahr an]* → Chirons Erzählung 7415 ff. und Kommentar zu 7426.

267,6531 *Gelegentlich nimmt jeder]* Ergibt sich die Gelegenheit, so nimmt jeder . . .

267,6537 *Da les' ich denn]* in Homers *Ilias* III,154-158.

268,6551 *Graus]* Hier: »furcht, schrecken« (DWb 8,2179).

268,6552 *Strand]* So nur die eigenhändige Handschrift H^{48} (dagegen H, auch $C^{1}/^{3}41$: *Stand*). Der Kontext *Wog' und Welle* bestätigt diese übliche, in WA und MA 18.1, 640 erläuterte Emendation.

268,6555 *Das Doppelreich]* von magischem Schein und lebendiger Wirklichkeit.

268,6559 *Wer sie erkannt der darf sie nicht entbehren]* 'Erkennen' im umfassenden Sinn: wahrnehmen, empfinden, begreifen. 'Dürfen' in der ält. Bedeutung von: vermögen, können.

ZWEITER AKT

Für den 2. Akt des *Faust II*, an dem Goethe wohl seit dem Frühjahr 1826, konzentriert dann vom Herbst 1827 an arbeitete und den er mit dem Jahresende 1830 abschloß (zur Entstehungsgeschichte R. Fischer-Lamberg 1955,25-70 und Bohnenkamp 1994, 389-98), sind zahlreiche Entwürfe und Arbeitsnotizen überliefert. Es lohnt sich, diese Paralipomena (im Text-Band S. 624-65) zu studieren und die konturierende und strukturierende Energie zu beobachten, mit der Goethe die Materialfülle der *Klassischen Walpurgisnacht* zu bändigen suchte und dem Ganzen seine endgültige Fassung gab. Auch die Bedeutung der tiefgreifend umgestalteten Homunkulus-Szenen zeichnet sich tiefenschärfer vor dem Hintergrund der ursprünglichen Planung ab (das wird in den nachfolgenden Szenen-Kommentaren zum *Laboratorium* und zur *Walpurgisnacht* erläutert).

Wie im 1. Akt dem weitläufigen Szenenkomplex *Kaiserliche Pfalz* die schmale Szene *Anmutige Gegend* vorangestellt ist, so gehen hier die vergleichsweise straff geführten Szenen im alten Studierzimmer und nebenliegenden *Laboratorium* dem ausgedehnten *Walpurgisnacht*-Komplex voraus. Einsichtiger aber als dort sind die räumlich weit auseinander liegenden Teile dieses 2. Aktes auf einen Handlungsfaden gereiht, der ihn überdies mit dem vorangehenden Staats- und dem nachfolgenden Helena-Akt verbindet. Den von der Explosion im *Rittersaal* bewußtlos zu Boden geworfenen Faust hat Mephisto zu Beginn des 2. Aktes in seinem alten Zimmer auf ein Lager gebettet: von *Helena paralysiert.* Dort träumt er die Zeugung der Helena ('Leda mit dem Schwan'); von dort wird er in Helenas Land gebracht um zu *genesen.* Und s e i n Weg durch die geisterhafte antike *Walpurgisnacht* ist einzig der Weg zu Helena, zu deren Losbittung Manto ihn in die Unterwelt geleitet. Mit dem 3. Akt dann tritt sie selber ins Spiel. Alles, was ihrem Auftritt vorausgeht und in solcher Weise auf ihn hinzielt, hat Goethe, durchaus relativierend, als die »Antecedenzien der Helena«, also als das ihn ursächlich Vorbereitende bezeichnet (Tagebuch 21. 12. 1826. → auch Text-Band S. 644,323-27).

Anfänglich war Fausts Abstieg in den Hades und die Freigabe der Helena wohl das Quell-Motiv der *Klassischen Walpurgisnacht* und Kernstück des 2. Aktes überhaupt. Aber als sich alles um dieses konzeptionelle Zentrum gefügt hatte, mochte es selber als Bühnengeschehen eigentlich entbehrlich, ja störend erscheinen, hat der Autor es jedenfalls dem zuschauenden Blick entzogen (zu diesem Verzicht auf die Hades-Szene → hier S. 527 f.).

Damit rückt Homunkulus in den Vordergrund des Spiels. Um ihn geht es in der *Laboratorium*-Szene. Er wird zum Sprachrohr des träumenden Faust. Er allein weiß vom Jahresfest der antiken *Walpurgisnacht*, kommandiert den *Mantel her*, leuchtet in seiner Phiole den beiden Luftfahrern als Reiseführer voraus und übernimmt die Rolle, die der auf hellenischem Boden unkundig-hilflose Mephisto am Ende der zweiten *Studierzimmer*-Szene innehatte (→ 2065 ff.). Faust wie Mephisto sind abgetreten, wenn am Ende das Spiel in den *Felsbuchten* einsetzt, das allein um den Homunkulus noch kreist. Das den ganzen Akt beherrschende und strukturierende, in vielerlei Tonarten durchgespielte Thema des Zeugens, Hervorbringens, ins-Leben-Tretens, das schon in der *Zimmer*-Szene sein ironisches Präludium hat (6604: Mephistos *junge Schöpfung* der Insekten in Fausts altem Pelz) und auf das dort auch beim Auftritt des Baccalaureus angespielt wird (6794: *Die Welt sie war nicht eh ich sie erschuf*), dem dann Wagners Versuch im *Laboratorium* gilt (6835: *Es wird ein Mensch gemacht*), das schließlich ebenso Fausts Suche in der Walpurgisnacht bestimmt (7439: *Ins Leben ziehn die einzigste Gestalt*) – es gipfelt in der Schöpfungsfeier des Meerfestes, wo der Homunkulus eingeht in das Element, aus dem alles *entsprungen* ist, und der Allgesang die Entstehung des Lebens feiert. Spricht man vom 3. als dem Helena-Akt, dürfte man diesen 2. geradezu als den Homunkulus-Akt bezeichnen.

Seite 269-277 Szene
6566-6818 HOCHGEWÖLBTES,
ENGES, GOTISCHES ZIMMER

Das *Studierzimmer* des Ersten Teils: *unverändert* (wie die Bühnenanweisung ausdrücklich besagt). Auf gleich gebliebenem Hintergrund zeichnen die inzwischen eingetretenen Veränderungen mit schärferen Konturen sich ab.

Hier bettet Mephisto den von der Explosion im *Rittersaal* Niedergestreckten auf sein Lager und läutet seine *Wiederkunft* (6662) mit dem magischen Glockenton ein, der *die Hallen erbeben und die Türen aufspringen* läßt. Dem aufgeschreckten neuen Famulus ist geradewegs zumute, als erschiene der wiederkehrende Christus (→ Kommentare zu 6626 f. und 6662). Nur liegt Faust in tiefer Bewußtlosigkeit. In des Professors alten Pelz verkleidet, täuscht Mephisto beim Disput mit dem Baccalaureus seine Wiederkehr nur vor. Auch wenn in der anschließenden *Laboratorium*-Szene dem alten Famulus Wagner zuteil wird, was er von Faust erhoffte (*Von dessen Wiederkunft erfleht er Trost und Heil*), ist es der wiederkehrende Mephisto doch, durch dessen Beistand sein großes Werk zu gelingen scheint. In beiden der *Klassischen Walpurgisnacht* vorangehenden Szenen beherrscht er auf diese Weise das Spiel.

Seine Begegnung mit dem Baccalaureus bildet eine der spiegelbildlich angelegten Verstrebungen zwischen Erstem und Zweitem Teil. Der naiv-devote Neuimmatrikulierte der Schüler-Szene 1868-2050 hat sich inzwischen durch das erste Examen gemausert, hat, wie sein Titel besagt, selber zu lehren begonnen und hat Mephistos ERITIS SICUT DEUS (2048) auf unerwartete Weise wahr gemacht.

Dafür werden karikierend überzogene (halbverdaute) Vorstellungen der idealistischen Philosophie eingesetzt.

Aber das eigentliche Ziel ist gewiß nicht, wie häufig unterstellt, eine Fichte-, Schopenhauer- oder Hegel-Parodie. Nach Eckermanns Gesprächsbericht vom 6. 12. 1829 hat Goethe dessen Erkundigung, ob mit dem Baccalaureus »nicht eine gewisse Klasse ideeller Philosophen gemeint« sei, entschieden abweisend beantwortet: »es ist die Anmaßlichkeit in ihm personifiziert, die besonders der Jugend eigen ist, wovon wir in den ersten Jahren nach unserm Befreiungskriege so auffallende Beweise hatten. Auch glaubt jeder in seiner Jugend, daß die Welt eigentlich erst mit ihm angefangen, und daß Alles eigentlich um seinetwillen da sei.« Weitgehend aus zeitgenössischem Material gebildet, erscheint die Baccalaureus-Szene in der Tat als 'ethisch-ästhetische Formel' für jeden Generationenkonflikt, in dem eine aufmüpfige und 'anmaßlich' rebellische Jugend sich emanzipiert. Überraschend verständnisvoll und versöhnlich denn auch Mephistos altersweises Gärungs-Gleichnis am Ende (6813 f.). Das war im *Prolog* auf Faust selber bezogen worden (→ Kommentar zu 302) – als dessen Zerrspiegelfigur man den Baccalaureus doch auch zu verstehen hat.

Wohl aber ist der Generationenkonflikt, den der Scherz und die Ironie dieser Universitätssatire als tiefere Bedeutung abbilden, mit einem wissenschaftlichen 'Paradigmenwechsel' verbunden: hier mit der Ablösung der als antiquiert und untauglich ausgegebenen Lehrmeinungen einer empirisch begründeten Erfahrungswissenschaft durch die erkenntnistheoretischen Philosopheme des Deutschen Idealismus und ihre revolutionären Impulse. – Über die zu seinen Lebzeiten tiefgreifend sich wandelnden Verhältnisse an den Universitäten hat der 70jährige Goethe geschrieben (17. 7. 1819 an v. Welden): »die Lehrer hatten einen unglaublichen Vorsprung vor den Lernenden. An ihnen war ehrwürdig: feste Anhänglichkeit an gewisse Maximen, Glaubens- und Meinungsregeln, zusammenhängendes Wissen, gegründete Gelehrsamkeit ⟨. . .⟩; das alles zusammen gab Ansehen, und indem die Kernmänner meist ein

hohes Alter erreichten, erschienen sie als Ahnherrn ihrer Schüler. Hierauf ruhte die akademische Disziplin; das väterliche Regiment war auf Ehrfurcht gegründet.
So ohngefähr war es noch in meiner Jugend; alsdann aber hab ich seit funfzig Jahren junge Professoren herankommen sehen und immer jüngere strebende, die lehrend lernten und in den letzten Zeiten sich gar der Jugend gleich stellten, Gesinnungen, nicht Wissenschaft überlieferten, mit revolutionärem Geiste alles nivellierten, ohne zu bemerken, daß sie sich selbst, mit der übrigen Gesellschaft, auf die Wasserebene herunter brachten.«

269, vor 6566 *zurückzieht]* H wohl versehentlich: *zurücksieht* (Fiedler 1946,55).

269,6567 *Zu schwergelöstem Liebesbande]* Für: schwer zu lösendem (tatsächlich gelöst doch erst mit dem Ausgang des 3. Aktes).

269,6568 *Wen Helena paralysiert]* Campe 1813,458: »Paralysis, die Lähmung oder Gliederlähmung, diejenige Art des Schlagflusses 〈Gehirnschlages〉, wodurch ein oder einige Glieder gelähmt werden«.

269,6574 *Die Dinte starrt]* Die Tinte ist eingetrocknet (erstarrt).

269,6578 *in dem Rohre]* dem zur *Feder* zurechtgeschnittenen Schreibrohr.

269,6580 *einzigen Stück]* Für: einzigartig (vgl. Adelung 1,1571 f.).

269,6583 f. *jene Schnaken | Wie ich den Knaben einst belehrt]* Im Sinn von »Scherzrede« (Adelung 4,197) auf die Possen der Schüler-Szene des Ersten Teils bezogen, die sich im gleichen Studierzimmer abspielte. Hier wohl doppelsinnig zugleich für eine »Art langbeiniger Mücken« (ebd.): die aus Fausts altem Pelz-Rock (→ 1846) geschüttelten Insekten als 'Allegorien' des stechenden, beißenden Schabernacks, den Mephisto damals mit dem Schüler trieb.

270,6587 *Rauchwarme Hülle]* Wärmendes Rauchwerk (= Pelzwerk).

270,6588 *erbrüsten]* Verstärktes ‘sich brüsten’: in die Brust werfen, in Positur setzen.

270, vor 6592 *Farfarellen]* GWb 3,596: »in Anlehnung an ital farfalletta, farfallina (kleiner Schmetterling) u den daraus abgeleiteten volkstüml Ausdruck farfarello (Kobold, Teufelchen)« – Bezogen aus Dantes *Divina Commedia*, wo es (*Inferno* XXI,122 u. ö.) ein Teufelchen namens Farfarello gibt?

Zugleich meinen die alteingesessenen Insekten in Fausts Professoren-Pelz eben das, was spätere Baccalaurei »Unter den Talaren« ausmachten: den »Muff von 1000 Jahren« (→ Kommentar zu 276, 6787-89).

270,6593 *Patron]* DWb 13,1505: »schutzherr, schirmherr, beschützer, zunächst von Christus und den heiligen«. – In der ersten *Studierzimmer*-Szene hatte Faust den Mephisto als *Fliegengott*, der selber sich als *Herr* der *Fliegen* und *Wanzen, Läuse* bezeichnet (1334,1516 f.).

270,6597 *gepflanzt]* Hier wie in der »Heiligen Schrifft« im »uneigentlichen Verstande« für: schaffen, zeugen (Zedler 27,1454). – Die *junge Schöpfung*, über die *Vater* Mephisto, dieser *Fliegengott*, sich *freut* (6604), läßt blasphemisch-frech den biblischen Schöpfungsbericht anklingen (1. Mose 1,25: »Gott machte ⟨. . .⟩ gewürme auf erden nach seiner art. Und Gott sahe, daß es gut war«). – Offenbar hat Mephisto das inzwischen zu *Tausenden* vermehrte Ungeziefer beim ersten Gebrauch in Fausts Pelzrock *gepflanzt* (→ 6605).

270,6598 f. *Zu Tausenden kommen wir | Vater getanzt]* Zur Textgestalt: der Entwurf H13 schreibt den Chortext noch in 6 paargereimten Langversen. Bei der späteren Umsetzung in 12 Kurzverse (H) ist das *wir* wohl versehentlich in 6598 geraten. Dem metrischen Aufbau des Liedes entsprechend, sollte es heißen: *Zu Tausenden kommen | Wir, Vater, getanzt*. (Arens 1989,325)

270,6600 *Der Schalk in dem Busen]* Der Possenreißer, der im kostümierten Mephisto steckt (im Gegensatz zu den Läusen außen in seinem Pelz).

270,6609 *Eilt euch ihr Liebchen zu verstecken]* Für: Eilt, ihr Liebchen, euch . . .

270,6611 *Pergemen]* veraltet für: Pergament.

270,6612 *Scherben]* Im älteren Sprachgebrauch für zerbrochenes wie unzerbrochenes Geschirr (DWb 14, 2560 ff.).

270,6615 *Grillen]* Wortspielerisch eingesetzte Doppelbedeutung: einerseits den *Zikaden* (wie nach 6591) ähnlich, andererseits 'verstiegene Ideen' (wie der Faust der Eingangsszene sie milieugerecht vorgetragen hat). – Die tatsächlich Hohlräume bewohnenden (→ 6610-13) zirpenden Haus-*Grillen* oder Heimchen waren zu Goethes Zeiten weitverbreitete 'Plagegeister'.

270,6617 *Prinzipal]* Vorstand, Lehrherr.

271,6624 *das Estrich]* Adelung 1,408: »DasÄsterich, oder Ästrich, ⟨...⟩ mit Gyps oder Kalk oder zerstoßenen Mauersteinen überzogener Fußboden«, aber ebenso die »Decke eines Zimmers«.

271,6626 f. *die Türe, fest verriegelt, | Ist durch Wunderkraft entsiegelt]* Als fühlte der Famulus sich geradezu an das »groß erdbeben« und den vom »versiegelten« Grab Christi gewälzten »stein von der thür« erinnert (Matthäus 27,66; 28,2): → Kommentar zu 6662.

271,6634 f. *Ihr heißet Nicodemus . . .* OREMUS*]* Mephisto nennt den Famulus, der auf dem *finstern Gang* heranwankt und angesichts der Zeichen, die da geschehen, vor ihm *in die Knie sinken* möchte, mit dem Namen des Schriftgelehrten, welcher bei Nacht zu Jesus kam und sprach: »niemand kan die zeichen thun, die du thust, es sey denn Gott mit ihm« (Johannes 3,1 ff.). – So heißt der Famulus aber wirklich: Der Fassungslose tituliert den Mephisto wie einen Geistlichen (*Hochwürdiger Herr!*) und spricht die rituelle Formel der Aufforderung zu gemeinsamem Gebet (OREMUS: beten wir)!

271,6638 *Bemooster Herr]* 'Burschen'-Jargon: Student im letzten (sechsten!) Semester.

271,6640 *ein mäßig Kartenhaus]* Entspr. DWb 12,1742 (3a) ein nicht besonders weiträumig angelegtes und wie aus Spielkarten errichtetes (hinfälliges) Wissens-Häuschen.

272,6650 f. *Die Schlüssel übt er wie Sankt Peter, | Das Untre so das Obre schließt er auf]* Wagner als Wissenschafts-Papst: Wie Petrus und seine Nachfolger mit »des himmelreichs schlüssel« auf Erden wie im Himmel »binden« und »lösen« (Matthäus 16,19), so *übt* er ex cathedra seine professorale Schlüsselgewalt aus. In Goethes Gedicht von 1817 auf den Chemiker Döbereiner stehen die biblischen Worte »lösen« und »binden« aber auch für die analytischen und synthetischen Operationen, wie Wagner sie hier vornimmt: »Wenn wir dich, o Vater, sehen | In der Werkstatt der Natur, | Stoffe sammeln, lösen, binden, | Als seist du der Schöpfer nur« (FA I 2,795 – vgl. D. Lohmeyer 1975,163). Der Naturwissenschaftler als der neue »Schöpfer«: so könnte Vers 6651 zugleich meinen, daß der am Homunkulus arbeitende Wagner den Zugang ins organisch *Obre* ebenso bahnt wie den ins anorganisch *Untre*.

272,6655 *erfand]* In weiterem Sinne als heute: »neue Sachen oder Vorstellungen hervorbringen« (Adelung 1,1742).

272,6659 *sein beschieden Teil]* Die »ihm bestimmte« (Adelung 1,800), ihn bezeichnende Eigenschaft.

272,6662 *Von dessen Wiederkunft erfleht er Trost und Heil]* Landolt 1990,172, Anm. 21: »Wagner erwartet die Wiederkunft Faustens so wie die Jünger den auferstandenen Christus schildern« (→ Kommentar zu 6626 f.).

272,6667 *Was muß die Sternenstunde sein?]* Meint: was für eine Konstellation der Gestirne muß das sein, die die ungeheuerlichen Ereignisse dieser Stunde bewirkt oder ermöglicht? (→ 6832 und Kommentar dazu).

273,6681 *So lechzt er jedem Augenblick]* in keuchendem Verlangen von einem Augenblick zum nächsten.

273,6683 f. *Sollt' er den Zutritt mir verneinen, | Ich bin . . .]* *verneinen* für: verweigern wollen. Zu ergänzen: Dann sag ihm, *Ich bin . . .*

273,6684 *beschleunen]* Beschleunigen, befördern (richtet sich auf Mephistos Anwesenheit bei der Kristallisation des Homunkulus in der Funktion eines Katalysators beim chemischen Prozeß. → Kommentar zu 6885 f.).

273,6686 f. *mir bekannt . . . Doch diesmal ist er von den Neusten]* Der ihm noch aus der früheren Sprechstunde (Schüler-Szene: *Faust I*, 1868 ff.) bekannte devote Studienanfänger jetzt als entschieden emanzipierter Parteigänger der fortschrittlichen Universitätsjugend.

273,6688 *erdreusten]* Wie 'erdreisten': sich erfrechen, unverschämt aufführen.

273, vor 6689 BACCALAUREUS*]* Seit dem 13. Jh. gängiger akadem. Titel für den Studenten, der nach bestandener Disputation selber schon Anfänger unterrichten darf: → 6755.

273,6700 *weiter bringt mich keiner]* Wegen der Einsturzgefahr (wohl kaum, weil er an Wissen »schon alles in sich« hätte: Arens 1989,341).

273,6704 *Fuchs]* 'Burschen'-Jargon: Student in den (beiden) ersten Semestern.

273,6705 *diesen Bärtigen]* den Älteren (wie 9578), hier: seinen Lehrern.

273,6707 *Bücherkrusten]* Schweinslederne Schwarten.

274,6712 *Sitzt noch Einer dunkel-helle!]* DWb 2,1542 zu 'Dunkelhell': »dämmerung, aber auch glanz im dunkeln«.

274,6721 *Lethes trübe Fluten]* Der Strom der griech. Unterwelt, aus dem man das Vergessen trinkt.

274,6729 f. *Chrysalide . . .]* Schmetterlingspuppe. Dieses eine Mal wird das für die *Faust*-Dichtung hochbedeutende Metamorphosen-Sinnbild (→ hier S. 53) zu ironischer Verwendung dem Mephisto überlassen.

274,6734 *Schwedenkopf]* 'Fortschrittlich' modischer Kurzhaarschnitt, der seit dem späteren 18. Jh. den militärischen und studentischen (Perücken-)*Zopf* ablöste.

274,6736 *Kommt nur nicht absolut nach Haus]* Im Sinn von 'uneingeschränkt, vollständig, ganz und gar' ließe sich *absolut* als die kahlköpfige Endstufe der vorausgegangenen Frisurenfolge von *Lockenkopf*, (*Zopf*) und *Schwedenkopf* verstehen (Friedr. Wilh. Gotter, *Gedichte* I, 1787,306: »Glatz' oder Schwedenkopf verdrängten die Perücke«). Zugleich aber bezeichnet *absolut*, als Zentralbegriff 'idealistischer'

Systeme zu Goethes Zeit, die vom *Erfahrungswesen* unabhängige Erkenntnis (→ 6758 f.) im Sinn von Goethes Notiz: »Bedingungslos | außer Zeit und Raum | aller Empirie widerstrebend« (WA II 13,456 f.). – Insofern: *doppelsinnige Worte* (6739).

275,6756 *Monden ... Sonnen]* Für Monate, Jahre (nach der Umlaufzeit des Mondes um die Erde bzw. der Erde um die Sonne).

275,6758 *Erfahrungswesen]* Auf Tatsachenwahrnehmung gegründete Empirie (im Gegensatz hier zu apriorischer Erkenntnis oder überhaupt zu spekulativer Metaphysik) ist ihm bloßer *Dust*: wertloser Staub, Dunst.

275,6766 f. *Ich suchte nach verborgen-goldnem Schatze, | Und schauerliche Kohlen trug ich fort]* Kryptische Verse, mit denen Mephisto offenbar die Faust-Rolle einnimmt (in Pfitzers Faustbuch 400 f. gräbt Faustus, um zu Geld zu kommen, auf Anweisung des Mephostophiles einen Schatz aus und findet in diesem Topf nichts als Kohlen – die sich daheim freilich wieder in Münzen verwandeln).

275,6771 *Im Deutschen lügt man, wenn man höflich ist]* Eine alte, verbreitete Gleichsetzung: höflich = verlogen = undeutsch (vgl. Cohn 1920) – Goethe im Gespräch mit Metternich, 26. 10. 1813: »Geschmack ist ein Euphemismus ⟨insofern er Grobheiten umgeht, Anstößiges mildernd umschreibt⟩. Deutsche haben keinen Geschmack, weil sie keinen Euphemismus haben und zu derb sind.« (Biedermann/Herwig 2, Nr 3774)

276,6774 *zur schlechtsten Frist]* Noch zu ganz unpassender Zeit.

276,6778 *Das ist]* Emendationsvorschlag Düntzer 1883,460: »Da ist« (entsprechend 6780). Aber mit: *Das* hier *ist* ... stellt dieser *Jüngling* wohl sich selber vor.

276,6782 *Indessen wir die halbe Welt gewonnen]* Bezieht sich wohl eher »auf die Teilnahme der studentischen Jugend am Befreiungskrieg 1813« (BA, 872. → Eckermanns hier S. 495 zitierten Bericht vom 6. 12. 1829) als etwa auf den Siegeszug des deutschen Idealismus (den eher doch die bewirkten, welche *dreißig Jahr vorüber* hatten).

276,6785 *kaltes Fieber]* »wobey die Fieberhitze nicht in Einem fortdauert, und der Patient bis zur Wiederkunft des Fieberanfalles (Paroxysmus) ruhige Zwischenzeiten hat ⟨...⟩. Gemeiniglich nennt man ein solches Fieber das Kalte Fieber, weil vor jedem Anfall Kälte vorhergehet« (Krünitz 13,279).

276,6787-89 *Hat einer dreißig Jahr vorüber ...]* Nach den von 6764 an durchgehend fünfhebig gehaltenen Madrigalversen ergeht dieses Todesurteil über das Alter in apodiktisch abrupten Vierhebern.

In der *Episode über unser Zeitalter, aus einem republikanischen Schriftsteller*, mit der Fichte 1806/07 das Nationalbewußtsein der deutschen Jugend wachrütteln wollte, heißt es – freilich auf die frühzeitig »in Trägheit und Dumpfheit« versinkenden und angepaßten j u n g e n Leute gemünzt: »Wie sie über dreissig Jahre hinaus waren, hätte man zu ihrer Ehre und zum Besten der Welt wünschen mögen, dass sie stürben, indem sie von nun an nur noch lebten, um sich und die Umgebung immer mehr zu verschlimmern.« Erst 1846 veröffentlicht (*sämmtl. Werke* 7,520), mag ein solcher Satz Fichtes schon früher kolportiert und Goethe zu Ohren gekommen sein (Düntzer 1900,142).

Aber diese Losung ist altverbreitet (dazu Witkowski 1950,324). In der Fassung »Trau keinem über Dreißig!« wurde sie wieder laut in der 1968 einsetzenden Protestbewegung der deutschen Studenten (übernommen von den nordamerikanischen Yippies; vgl. Jerry Rubin: Do it! Scenarios für die Revolution. Reinbek bei Hamburg 1971,89 ff.)

277,6802 *Philisterhaft]* Studentensprachlich, hier für: spießbürgerlich.

277,6806 *Das Helle vor mir, Finsternis im Rücken]* Als eine auf Faust bezogene Spiegel- und Kontrastfigur verdeutlicht der Baccalaureus die sich wandelnden Positionen des Protagonisten. Auf dem Hintergrund einer partiellen Entsprechung (1087 hat auch der frühe Faust gesagt: *Vor mir den Tag, und hinter mir die Nacht*) zeichnen die Differenzen deutlich sich ab; der Baccalaureus nämlich spricht von sich selbst: *Verfolge froh mein innerliches Licht* (6804), Faust hingegen meinte dort die Sonne: *Ich eile fort ihr ew'ges Licht zu trinken* (1086). – Zu Beginn des Zweiten Teils erschien der Gewandelte, der vom *Flammen-Übermaß* sich abwendet und *nach der Erde* blickt, in der entschiedensten Gegenposition zum Baccalaureus: *So bleibe denn die Sonne mir im Rücken!* (4708 ff.). Am Ende aber, wo der Erblindete sagt: *Allein im Innern leuchtet helles Licht* (11500), wird auch ihm die (nach Goethes erkenntnistheoretischen Vorstellungen allein wahrheitsverbürgende) Korrespondenz von 'äußerem' und 'innerem' Licht verlorengehen, die der realitätsblind 'idealistische' Baccalaureus hier von sich weist.

277,6807 *Original fahr hin . . .]* Mephistos abwertende Verwendung dieses Zentralbegriffs der Geniebewegung entspricht durchaus den Vorstellungen des späten Goethe selbst, der erklärte: »Das sogenannte aus sich Schöpfen macht gewöhnlich falsche Originale und Manieristen« (FA I 13,392).

277,6814 *e' Wein]* Die Elision deutet wohl (absichtsvoll ironisierend?) auf Goethes eigenen, frankfurternden Sprachgebrauch: e Woi.

277, vor 6815 *Zu dem jüngern Parterre das nicht applaudiert]* Ein einzigartiger Fall: durch diese 'Regiebemerkung' wird das Publikum angewiesen, wie es sich zu verhalten, wie es mitzuspielen habe (die Älteren klatschen, Jüngere nicht) – und Mephisto reagiert darauf (6815 ff.). Auch die Theateraufführung wird hier eigentlich der Vorstellung des Lesers überantwortet, spielt auf der imaginären Bühne sich ab.

Seite 278-284 Szene
6819-7004 LABORATORIUM

Die Glocke tönt, die fürchterliche: Wagners Eingangsvers bezieht sich zurück auf die Regiebemerkung vor 6620. Die ganz außerordentlichen Ankündigungsereignisse, die Mephisto damit auslöste, konnten – bezogen auf den nachfolgenden Auftritt des Baccalaureus – einigermaßen überinstrumentiert erscheinen (obgleich sie seinem Selbstverständnis wohl entsprechen mochten). Jetzt aber wird ihr eigentlicher: apokalyptischer Signalwert deutlich. Wenn die Erde erbebt, *Mauern* und *Wände* zu *Fall und Sturz* kommen, ja *zum Ende* sich senken (6695 ff.), kündigt Ungeheures sich an. Offenbarung 21,5: »Siehe, ich mache alles neu.« – Wagner: *Es wird ein Mensch gemacht.*

Die Bühnenanweisung kennzeichnet sein *Laboratorium* als das eines Alchymisten. Auch wenn Wagner am Ende der Szene vom Homunkulus auf die *alten Pergamente* verwiesen wird (6989), ist an alchymistische Traktate zu denken – wie Goethe sie in seiner Jugend und später wieder für seine *Geschichte der Farbenlehre* studierte (vgl. deren Abschnitt *Alchymisten*: FA I 23/I,662 ff. und hier den Alchymie-Kommentar zu 1038-49).

In einem solchen, Paracelsus zugeschriebenen Werk *De natura rerum* von 1572, das der *Faust*-Autor zumindest durch vermittelnde Schriften des 16./17. Jh.s kannte (etwa durch Praetorius 1666; dort 156 ff.: *Von Chymischen Menschen*), wird als »der aller höchsten und größesten heimlikeiten eine, die got den tötlichen und sündigen menschen hat wissen lassen«, dargestellt, wie es durch die Kunst der Alchymie »möglich sei, das ein mensch außerthalben weiblichs leibs und einer natürlichen muter möge geboren werden« (Paracelsus 11,317). Diese extrakorporale in-vitro-

Rezeptur der Alchymisten beruhte auf der bis ins 18. Jh. vorherrschenden Theorie des ‘Animalculismus’, welche die ‘Samentierchen’ der Spermatozoen als alleinige Erbgutträger ansah, das Gefäß des Mutterleibes nur als deren Pflegestätte. Sie bediente sich der »putrefaction«, einer von feuchter Wärme bewirkten Fäulnis, die »alle natürliche ding ⟨...⟩ von einer qualitet in die ander« zu transmutieren vermöge (aaO. 312). Männlicher Same, heißt es so bei Paracelsus, müsse in verschlossenen Gefäßen »putreficirt werde⟨n⟩ auf 40 tag oder so lang bis er lebendig werde und sich beweg und rege, welchs leichtlich zu sehen ist. nach solcher zeit wird es etlicher maßen einem menschen gleich sehen, doch durchsichtig on ein corpus.« 40 Wochen lang ernährt und gewärmt, »wird ein recht lebendig menschlich kint daraus mit allen glitmaßen wie ein ander kint, das von einem weib geboren wird, doch vil kleiner. dasselbig wir ein homunculum ⟨ein Menschlein⟩ nennen« (aaO. 317).

In Goethes wohl am 10.11.1826 verfaßtem Schema (Text-Band S. 630,7 f.) heißt es, Wagner *sucht ein chemisch Menschlein hervorzubringen.* Hertz 1931,125 wollte das noch als vergeblichen Versuch verstehen. Aber bereits das Inhaltsprogramm der Homunkulus-Szene vom 17.12.1826 (in der *Ankündigung* für den Vorabdruck des Helena-Akts) zeigt, daß Wagners alchymistisches Experiment mit der Paracelsus-Methode sehr wohl gelingen sollte. Faust nämlich wird von Mephisto überredet, *den academisch-angestellten Doctor und Professor Wagner zu besuchen den sie in seinen Laboratorium finden hoch gloriirend* ⟨sich rühmend⟩ *daß eben ein chemisch Menschlein zu Stande gekommen sey. Dieses zersprengt Augenblicks den leuchtenden Glaskolben und tritt als bewegliches wohlgebildetes Zwerglein auf. Das Recept zu seinem Entstehen wird mystisch angedeutet* (Text-Band S. 638,85 ff.).

Die (nach R. Fischer-Lamberg 1955,29 f. u. 70) vermutlich 1829 entstandene, jedenfalls erst im Dezember 1829 abgeschlossene *Laboratorium*-Szene aber weicht von diesem früheren Plan auf höchst aufschlußreiche Weise ab. Faust bleibt jetzt ganz aus dem Spiel, und Mephisto tritt keineswegs mehr nur als Besucher und Zuschauer auf, sondern wird, wie Goethe nachdrücklich betonte, als mitwirkend dargestellt (→ Kommentar zu 6885 f.), so daß Wagners Versuch in ein diabolisches Zwielicht rückt. Vor allem: am vorgesetzten Ziel gemessen, scheitert das dubiose Experiment. Keineswegs mehr wird da *ein Mensch gemacht*, der den *leuchtenden Glaskolben* des alchymistischen Reagenzglases sprengt und sogleich als *wohlgebildetes Zwerglein* ins Leben träte. Vielmehr bleibt dieser paracelsische Homunkulus in die Phiole verschlossen, aus der seine Bauchrednerstimme (→ Kommentar zu vor 6879) vernehmen läßt, daß er *nur halb zur Welt gekommen* sei und allererst danach suche, *Wie man entstehn und sich verwandlen kann* (8248, 8153). Erst in den *Felsbuchten des ägäischen Meers* wird das geschehen, auf eine sehr andere als die ursprünglich geplante Weise. Die naturwissenschaftliche Grundlage dieser tief eingreifenden Veränderung der Homunkulus-Konzeption kommt in Wagners hybrider Erklärung: was die Natur *organisieren ließ*, | *Das lassen wir kristallisieren* fachterminologisch zur Sprache (→ Kommentar zu 6859 f.). Verursacht wurde sie offenbar durch Mitteilungen, welche Goethe 1828 über Friedrich Wöhlers berühmte Harnstoffsynthese erhielt.

Über eine durch Umlagerung von cyansaurem Ammonium gewonnene »krystallisirte Substanz« und deren Identität mit tierischem Harnstoff hatte Wöhler am 22. 2. 1828 seinem Lehrer Johann Jacob Berzelius in Stockholm geschrieben: »ich kann, so zu sagen, mein chemisches Wasser nicht halten und muss Ihnen sagen, dass ich Harnstoff machen kann, ohne dazu Nieren 〈. . .〉 nöthig zu haben.« Und: »Diese künstliche Bildung von Harnstoff, kann man sie als ein Beispiel von Bildung einer organischen Substanz aus unorganischen Stoffen betrachten?« Berzelius antwortete am 7. 3. 1828 seinem an der Berliner Gewerbeschule tätigen früheren Schüler (*Famulus*) – anspielend auf die in alchymistischen Homunkulus-Rezepturen oft genannten Bestandteile Urin und Sperma: »Nachdem man seine Unsterblichkeit beim Urin angefangen hat, ist wohl aller Grund vorhanden, die Himmelfahrt in demselben Gegenstand zu vollenden, – und wahrlich, Hr. Doktor hat wirklich die Kunst erfunden, den Richtweg zu einem unsterblichen Namen zu gehen. 〈. . .〉 Sollte es nun gelingen, noch etwas weiter im Produktionsvermögen zu kommen (vesiculae seminales 〈die Samenbläschen〉 liegen ja weiter nach vorn als die Urinblase), welche herrliche Kunst, im Laboratorium der Gewerbeschule ein noch so kleines Kind zu machen. – Wer weiß? Es dürfte leicht genug gehen.« (Berzelius/Wöhler 1901,206/208. – Darüber zuerst Hertz 1931,130 ff., mit anderen Schlüssen).

Der über Wöhlers Experiment unterrichtete Jenaer Chemiker Döbereiner, Goethes ständiger Informant über die Fortschritte dieser Disziplin, und Berzelius selbst kamen im August 1828 zu Besuch nach Dornburg (Tagebuch 12., 20., 28. 8. 1828). Zweifellos hat man dem wissenshungrigen Gastgeber damals von der synthetischen Harnstoff-Kristallisation berichtet, vielleicht auch mit dem schwedischen Herrenwitz nicht zurückgehalten – jedenfalls nicht mit dem fundamentalen Vorbehalt der Chemiker gegenüber der Möglichkeit, »im Laboratorium der Gewerbeschule ein noch so kleines Kind zu machen.« Als höchste zeitgenössische Autorität im Bereich der Chemie vertrat Berzelius die herrschende Meinung, daß zum Aufbau organischer Substanzen eine als innerer Bildungstrieb wirkende Lebenskraft erforderlich sei (was eben Wagner, mit Mephistos Hilfe, zu bestreiten sich vermißt: → 6841-44). Berzelius' *Lehrbuch*-Satz lautete: »Wenn wir aber auch in Zukunft mehrere solche Producte, aus rein unorganischen Materien und von einer mit den organischen Producten analogen Zusammensetzung, entdecken sollten, so ist doch diese unvollständige Nachahmung immer zu unbedeutend, als dass wir jemals hoffen könnten es zu wagen, organische Stoffe künstlich hervorzubringen« (Berzelius 1827,147).

Offensichtlich hat die aus der skeptischen Sicht damaliger Chemie-Koryphäen wahrgenommene Harnstoffsynthese dazu geführt, daß Goethe seine Homunkulus-Darstellung nicht mehr nur auf die paracelsische Alchymie zurückbezog, sondern sie zugleich auf die zeitgenössischen Versuche einer 'Kristallisation' organischer Gebilde aus anorganischen Elementen ausrichtete. Das auf halbem Weg steckenbleibende 'Wöhlersche' Experiment Wagners aber verlangte nun eine im ursprünglichen Plan gar nicht vorgesehene Fortsetzung, die man mit einigem Recht als 'prädarwinistisch' bezeichnen kann. Sie wird in den *Felsbuchten des Aegäischen Meers* beginnen: mit den Versen 8347-8487, die dieser schon abgeschlossenen Szene im Dezember 1830 nachträglich noch angefügt wurden. Dort erst wird die Phiole zerbrechen und wird Wagners 'kristallisierter' Homunkulus in das Element sich auflösen, aus dem das organische Leben hervorgegangen ist (Thales, 8324 ff.: *Da regst du dich nach ewigen Normen, | Durch tausend abertausend Formen, | Und bis zum Menschen hast du Zeit.*) – Zur Fortsetzung dieses Homunkulus-Kommentars → S. 529 ff.

278, vor 6819 LABORATORIUM *im Sinne des Mittelalters]* → Alchymie-Kommentar zu 1038-49.

278,6819 *Die Glocke tönt, die fürchterliche]* Unterstellt man, daß Mephistos magischer Glockenschall (der doch schon nach 6619 ertönt) das einzige oder letzte Geräusch war, welches in die Stille des Laboratoriums fiel, daß also der schweigend arbeitende Professor es nicht jetzt erst hört, sondern erst jetzt erwähnt, entfällt die Notwendigkeit spekulativer Erklärungen (D. Lohmeyer 1975,166: »Zeitlosigkeit des Geschehens 〈. . .〉 alles Ein Augenblick 〈. . .〉 der Neugeburt des christlich-nördlichen Geistes, zu dessen Gelingen die Personen als ein Gesamt sonst getrennt wirkender Kräfte plötzlich zusammenhelfen«; ähnlich wieder MA 18.1, 796 f.) – vgl. Arens 1989, 328 ff.

278,6824 *in der innersten Phiole]* Im Innersten einer retortenähnlichen, kugelförmigen und langhalsigen Glasflasche.

278,6825 *wie lebendige Kohle]* wie (!) »eine noch glimmende im gegensatz zu der erloschenen« (DWb 12,431) → 6678 ff. – MA 18.1,813 gleichsetzend: »der organische Kohlenstoff, mit dem Wagner in der Retorte experimentiert«. (? Sch.)

278,6826 f. *Ja wie der herrlichste Karfunkel, | Verstrahlend Blitze durch das Dunkel]* Der sagenhafte, vermeintlich aus Kohle entstandene *Karfunkel*-Stein (von lat. carbunculus = kleine Kohle) soll »im finstern alles erleuchten und helle machen« und »der herrlichste Edelgestein seyn« (Zedler 5, 780).

278,6829 *O daß ich's diesmal nicht verliere]* Er spricht wie eine Schwangere vom Abort!

278,6832 *Stern der Stunde]* Meint den Zeitpunkt der für das alchymistische Unternehmen günstigen Planeten-Konstellation. Über diesen 'Einfluß der Gestirne' und ihre 'himmlische Kraft' heißt es bei Agrippa von Nettesheim (übersetzt), daß dabei 'das Untere mit dem Himmlischen, wie Weibliches und Männliches, zur Befruchtung verbunden wird' (1533, Lib. II, Cap. XXVIIII). → Kommentar zu 4949 f.

278,6837 *Rauchloch]* Die Abzugsöffnung über dem Alchymistenherd (→ 6678 ff.) – oder hier der rauchige Raum des Laboratoriums insgesamt? (DWb 14,251)

279,6840-42 *Der zarte Punkt aus dem das Leben sprang, | Die holde Kraft die aus dem Innern drang | Und nahm und gab, bestimmt sich selbst zu zeichnen]* In seinem 1820 veröffentlichten Aufsatz über die zeitgenössischen Entwicklungstheorien (*Bildungstrieb.* FA I 24,451 f.) äußert sich Goethe einerseits zu der von Bonnet und Haller vertretenen Theorie einer »Evolution« (als »Präformation« und »Einschachtelungslehre« verstanden, nach der das Lebewesen schon vor der Befruchtung vollständig vorgebildet ist in dem winzigen *Punkt* eines 'Keims', aus dem es sich durch Aneignung von Nahrungsstoffen entwickelt), andererseits zu Wolffs konkurrierender Theorie der »Epigenese« (einer Postformationstheorie, welche die Entwicklung der von »einer organischen Materie« genährten Lebewesen durch eine Kette von Neubildungen erklärt). Wolff unterstelle dabei als bildende *Kraft* »eine vim essentialem, die sich zu allem fügt was sich selbst hervorbringen wollte und sich dadurch zu dem Range eines Hervorbringenden selbst erhob«; von Blumenbach heißt es dann: er »anthropomorphosierte das Wort des Rätsels und nannte das wovon die Rede war, einen nisus formativus, einen Trieb, eine heftige Tätigkeit, wodurch die Bildung bewirkt werden sollte.«

Dazu hat Goethe bemerkt: »Evolution und Epigenese« scheinen »Worte zu sein, mit denen wir uns nur hinhalten. Die Einschachtelungslehre wird freilich einem Höhergebildeten gar bald widerlich, aber bei der Lehre eines Auf- und Annehmens wird doch immer ein Aufnehmendes und Aufzunehmendes vorausgesetzt, und wenn wir keine Präformation denken mögen, so kommen wir auf eine Prädelineation ⟨Vorzeichnung⟩, Prädetermination ⟨Vorherfestgelegtsein⟩, auf ein Prästabilieren ⟨Vorausbestimmen⟩, und wie das alles heißen mag was vorausgehen müßte bis wir etwas gewahr werden könnten. So viel aber getraue ich mir zu behaupten, daß wenn ein organisches Wesen in die Erscheinung hervortritt, Einheit und Freiheit des Bildungstriebes ohne den Begriff der Metamorphose nicht zu fassen sei.« (→ die Homunkulus-Kommentare S. 52 und 529 ff.).

Das bringen seine Verse hier auf eine poetische 'Formel', welche wohl auch die heutigen entwicklungsgeschichtlichen Einsichten und entwicklungstheoretischen Vorstellungen zu umgreifen vermag.

279,6844 *ist von ihrer Würde nun entsetzt]* Ist ihrer Bedeutung beraubt, hat ihre Geltung verloren (vgl. DWb 3,620 f.).

279,6847 *höhern, höhern Ursprung]* als den der tierhaftnatürlichen Zeugung. (In H Randnotiz Riemers zur Wortwiederholung: »höhern?«; C1/341 daraufhin eigenmächtig: »reinern, höhern«).

279,6852 f. *In einen Kolben verlutieren | Und ... kohobieren]* In einem kugeligen Glasgefäß luftdicht verschließen und durch mehrfache Destillation läutern (alchymistische Fachsprache).

279,6859 f. *was sie* ⟨die Natur⟩ *sonst organisieren ließ, | Das lassen wir kristallisieren]* Eine ältere Terminologie, welche 'unorganisierte' Körper von den 'organisierten' unterschied, wurde erst seit dem Ende des 18. Jh.s durch die Begriffe 'unorganisch/organisch' abgelöst. In einer erkenntnistheoretischen Auseinandersetzung mit Knebel bestand der Naturforscher Goethe 1789 »mit Strenge, ja mit Pedantismus« auf einer Trennung der so bezeichneten Bereiche. Er nannte »Kristallisation, ⟨pflanzliche⟩ Vegetation, und animalische Organisation« die drei nicht zu verrückenden »großen eingeschlagenen Merkpfähle« für die »Reiche der Natur«, welche »aufs deutlichste zu unterscheiden« wären. Dabei bezeichnet mechanische »Kristallisation« nämlich die Gestaltbildung mineralischer Körper (wie sie im Labor mit künstlichen Kristallbildungen wiederholt wird), wachstümliche »Organisation« aber die der Lebewesen. (*Naturlehre*, FA I 25,19)– So werden Wagners experimentelle Manipulationen mittels seiner eigenen Terminologie kenntlich als ein (Wöhlers Harnstoff-Kristallisation nacheifernder) hybrider Versuch, durch Übertragung anorganischer Bildungsgesetze auf den Bereich des Organischen die »Merkpfähle« zu verrücken, welche die Grundordnung der Natur bezeichnen.

279,6863 *in meinen Wanderjahren]* Meint (als Mephistos 'Gesellenzeit') offenbar eine ur- und frühgeschichtliche Epoche.

279,6864 *Kristallisiertes Menschenvolk]* Unklar. Ältere Kommentare haben das nur gleichnisweise verstanden, als »Menschen, an denen nichts mehr Natur und alles künstlich war« (GA 778), verkalkt und versteinert, oder haben auf menschenähnliche Petrefakten verwiesen, die man sich im Mittelalter durch eine geheimnisvolle Formkraft der Natur aus dem Urschlamm hervorgebracht dachte (Junk 1902), oder haben eine Anspielung auf Lots zur Salzsäule erstarrtes Weib unterstellt (1. Moses 19,26 – weil »Mephistopheles dabei« gewesen sei! HA 1986,623).

Menschenvolk läßt eher an die griechische Mythologie

denken: Perseus mit dem Haupt der Medusa (→ 4190 ff.) verwandelt den König von Seriphus und alles Volk dieser Insel »insgesammt in der Stellung, worinnen sie sich befanden, in Steine« (Hederich 1770,2043). Ebenso werden in den Erzählungen von *1001 Nacht* strafweise versteinerte Völker erwähnt (K. Mommsen 1968,21). Auch kursierten in Europa noch um die Mitte des 18. Jh.s ältere Mitteilungen von Forschungsreisenden über ganze Städte in unzugänglichen Gegenden Afrikas und Asiens, die mit all ihren Einwohnern versteinert sein sollten. Vgl. etwa *Hamburgisches Magazin* Nr 19, 1757,639, wo T. Shaw über seine Untersuchungen solcher Skelette erklärte, daß es sich nur um eine rindenartige »salpeterhafte Versteinerung« handele, »denn diese Wüsten sind dieses Salzes voll. Auf gleiche Weise sieht man wie eine Rinde, oder Crystallen ⟨!⟩ sich an Steine und Topfscherben ansetzen, indem dieselben den Salzdampf bey sich aufhalten und verdicken«.

279,6868 *des Zufalls künftig lachen]* Begabungszüchtung (6869 f.), unabhängig von den Zufällen natürlicher Paarung.

279 f.,6869 f. *ein Hirn, das trefflich denken soll, | Wird künftig auch ein Denker machen]* Angeregt durch die berühmten Automaten Vaucansons und Lamettries Schrift *L'Homme machine* von 1748, in der sprechende und denkende Maschinen-Menschen prognostiziert wurden (Hertz 1931,135 ff.)?

280,6874 *Ein artig Männlein]* Hier, wie häufig bei Goethe: niedlich, anmutig, Gefallen erregend (vgl. GWb 1,839 f.).

280, vor 6879 HOMUNKULUS *in der Phiole zu Wagner]* Eckermann, 20.12.1829: »Wagner, sagte Goethe, darf die Flasche nicht aus den Händen lassen, und die Stimme müßte so kommen, als wenn sie aus der Flasche käme. Es wäre eine Rolle für einen Bauchredner, wie ich deren gehört habe, und der sich gewiß gut aus der Affäre ziehen würde.« – Funk 1783,87: »Es befand sich in den Jahren 1776 und 1777 ein Mann in Leipzig, der einige Minuten lang aus dem Bauche reden konnte ⟨...⟩. An dem Munde, der geschlossen war, während daß man diesen Mann reden hörte, bemerkte man nicht die geringste Bewegung. Die Sprache aber war in so hohen Tone, wie bey einem kleinen Kinde, dessen Lachen und Weinen der Mann auch sehr natürlich nachahmen konnte.« (Trunz, HA 1986,623 über die folgenden ersten Worte des Homunkulus: »Die Lage der Stimme scheint hoch, hell; die Sätze kurz, ohne langen Atem.«)

280,6885 f. *Herr Vetter, bist du hier?| Im rechten Augenblick ...]* *Vetter* (wie umgekehrt auch Mephisto den Homunkulus nennt: 7002) kann über die übliche unbestimmte Verwandtschaftsbezeichnung hinaus auch einen Paten meinen (DWb 26,33: Pate »in landschaftlichem gebrauch zu vetter entstellt 〈...〉; es ist im übrigen natürlich, dasz ein vetter die pathenschaft übernimmt«). So fungiert Mephisto als Beistand, ja als eine Art Geburtshelfer bei Wagners Versuch, einen Menschen zu 'machen', und dessen Kristallisationsexperiment rückt in ein diabolisches Zwielicht. Praetorius 1666,157: »Es ist nicht allein lächerlich / sondern auch gottloß / des Paracelsi (eines verdammten Menschen) seine Meynung / von der Geburt und Empfängnüß eines Männleins im Glase.«

Nach Eckermanns Gesprächsbericht vom 16. 12. 1829 hat Goethe dazu erklärt: »Übrigens nennt er ihn Herr Vetter; denn solche geistige Wesen, wie der Homunkulus, die durch eine vollkommene Menschwerdung noch nicht verdüstert und beschränkt worden, zählte man zu den Dämonen, wodurch denn unter Beiden eine Art von Verwandtschaft existiert. 〈...〉 ich habe schon gedacht, ob ich nicht dem Mephistopheles, wie er zu Wagner geht und der Homunkulus im Werden ist, einige Verse in den Mund legen soll, wodurch seine Mitwirkung ausgesprochen und dem Leser deutlich würde« (er meinte dann freilich, daß dafür Mephistos Rede 7004 von *Kreaturen die wir machten* »dem Aufmerkenden fast genug sein« könnte, hatte ihn ja auch in der vorangehenden Szene schon ankündigen lassen: *Ich bin der Mann das Glück ihm zu beschleunen*).

280,6889 *mich ... zur Arbeit schürzen]* Hier: »sich zu etwas bereit machen, rüsten, anschicken« (DWb 15,2065).

280,6891 *bisher mußt' ich mich schämen]* weil er, leuchtend *vom Katheder*, bestimmte fundamentale Fragen seiner *Hörer* doch nicht zu beantworten wußte.

281,6901 *zeige deine Gabe!]* Über dem bewußtlosen Faust schwebend (den *Helena paralysiert* hat: 6568), wird Homunkulus jetzt dessen Traumbilder in das 'telepathische Diktat' seiner Verse fassen. Diese mediale Begabung, ebenso vorher (6891 ff.) seine von Wagner vorausgesetzten Einsichten und im folgenden seine Äußerungen über Mephistos Herkunft, über die *Klassische Walpurgisnacht* und die Topographie der pharsalischen Ebene, selbst über das Mittel, durch welches Faust *genesen* könne, weisen zurück auf die Beschreibung der Homunkuli bei Paracelsus 11,317 als »wunderleut, die zu einem großen werkzeug und instrument gebraucht werden, ⟨...⟩ alle heimlichen und verborgne ding wissen, die allen menschen sonst nicht möglich sein zuwissen.« (Ähnlich Praetorius 1666,159 f.)

281,6903 *Bedeutend!]* Auf Fausts Traumgesicht bezogen, im Sinne eines gewichtigen, vielsagenden, weitreichend verweisenden, symbolischen Gehalts (einer der kunsttheoretischen und -kritischen Zentralbegriffe Goethes besonders seit dem Ende der 90er Jahre; nach dem GWb über 3300mal belegt).

281,6903-20 *Schön umgeben! ... Die lieblichste von allen Szenen.]* Fausts *ahnungsvoller Traum* (6933) stellt ihm die Zeugung der Helena vor Augen. Diese mythische Liebesbegegnung zwischen dem Göttervater Zeus in Gestalt des Schwans und Leda, der Gemahlin des Spartanerkönigs Tyndareos (→ 8496 ff.), hat in der bildenden Kunst zahllose Darstellungen gefunden. Goethe kannte viele von ihnen. 1822 erwarb er für seine Sammlung den Reproduktions-Kupferstich Desrochers' von Correggios um 1530/32 entstandenem Gemälde 'Leda und Jupiter als Schwan' (→ hier Abb. 9), das dann offenbar die wichtigste Bildvorlage für seine sieben Jahre später geschriebenen Verse abgab. Freilich handelt es sich auch in diesem Fall nicht um eine simple Abschilderung, die »Zug um Zug der Leda des Correggio nachgedichtet« wäre (Witkowski 1950,331). D. Lohmeyer 1975,188: Homunkulus »beschreibt dieselbe Szene, aber in einem anderen Moment: Leda nicht *aus* dem Wasser, sondern *in* das Wasser steigend; und das ist nicht gleichgültig. Sie, die Eine, begibt sich in das Element als das Andere – und die Wahl der Worte: 'Lebensflamme', 'Kristall der Welle', 'sich gewöhnen', lassen aufmerken; denn sie deuten darauf, daß sich in den mythischen Bildern zugleich ein eigener, den Mythos übersteigender Sinn ausspricht« (D. L. meint: Fausts Traum erzähle »als Zeugung der Helena die Erzeugung der Schönheit aus der Natur, nämlich aus der Vereinigung der reinen Polarität von Individuum und Element.« ebd. 189). Entsprechend wieder MA 18.1, 818 f.

Noch einmal wird diese Szene im Halbschlaf am Ufer des Peneus Faust vor Augen stehen: 7271-7312.

281,6918-20 *Auf einmal aber steigt ein Dunst empor ...]* Indem Goethe den Liebesvollzug zwischen Leda und dem Schwan (der – mythisch geadelt – einen sodomitischen Akt darstellt) mit *dichtgewebtem Flor* abschirmt vor den Augen des Zuschauers, erinnert er an die Liebesbegegnung von Zeus und Hera auf dem Berg Ida, die Homer (*Ilias* XIV,341-51) in goldenes Gewölk hüllte. – Dazu Keller 1968,203 f.

Die beiden schließenden Zeilen 6919|20, die diesen Mitteilungsverzicht aussprechen, vollziehen ihn auch in ihrer metrischen Gestalt: die dem Hörer eingeprägte durchgehende Fünftaktigkeit der Homunkulusrede erzwingt am Ende dieser 4hebigen Verse eine Pause – ihr letzter, fünfter Takt bleibt stumm (vgl. Bressem 1931,23).

282,6924 *Im Nebelalter jung geworden]* Dem *Dunst und Nebel* des mittelalterlichen Nordens entstammend (→ Kommentar zur *Zueignung*, Vers 6).

282,6927 ... *zu Hause.]* WA: »reimlos vor Pause«.

282,6935 *Ich, der bequemste]* Selbst ich, der ich mich allem anzubequemen, anzupassen vermag.

282,6941 *klassische Walpurgisnacht]* Der Akzent liegt auf *klassische*, und die Bezeichnung *Walpurgisnacht* steht gleichsam in Anführungszeichen (wird in Anlehnung an die korrespondierende Brocken-Szene des Ersten Teils metaphorisch gebraucht). Mit diesem Oxymoron des Homunkulus, das 'Klassisches' im Sinn des Heidnischen und Antiken und 'Romantisches' im Sinn des Christlich-Mittelalterlichen und Modernen miteinander verbindet, ist die Generalbezeichnung der folgenden Szenengruppe vorgegeben (→ Kommentar S. 520 f.). Zugleich aber wird damit schon auf den 3. Akt angespielt, den Goethe im Vorabdruck als *klassisch-romantische Phantasmagorie* betitelte.

282,6949 *widern]* Anwidern, anekeln.

282 f.,6951-55 *Südöstlich ... liegt Pharsalus alt und neu.]* Der weitsichtige Homunkulus bezeichnet den griechischen Schauplatz der folgenden Szenengruppe: die thessalische *Ebne* mit dem *Peneios*-Fluß. Dort, beim 'alten' *Pharsalus*, tobte 48 v. Chr. die Entscheidungsschlacht zwischen Caesar und Pompejus, auf die und auf deren magische Wiederholungen Mephisto hier 6956 ff. schon anspielt (→ dann 7009-30).

283,6961 *Asmodeus]* Biblisch-talmudischer Dämon, → Kommentar zu 5378. Von altersher vielfach in eins gesetzt mit dem altpersischen kriegerischen Dämon Aēšma (wörtlich etwa: Überfall, Raserei; als Verb auch: Truppen in Bewegung setzen).

283,6962 *Sie streiten sich ... um Freiheitsrechte]* Meint den griechischen Freiheitskampf der Jahre 1821-29 gegen die Türken (→ 9835 ff. und Kommentar zu 9843-50) als eine Wiederholung der Schlacht zwischen den die Republik 'versklavenden' rivalisierenden 'Tyrannen' Caesar und Pompejus: die Gegend um *Pharsalus* war das Zentrum auch der türkischen Kriegsoperationen.

283,6963 *Knechte gegen Knechte]* Erläutert durch den Entwurf H^{18a} (Text-Band S. 647,3 f.): *Die Cäsarn die Pompejus angehörten | Sie waren beyderseits nicht frey.*

283,6967 *Hier fragt sich's nur wie dieser kann genesen?]* Daran anknüpfend, will K. Mommsen 1968,110 f. die *Klassische Walpurgisnacht* insgesamt als die in *1001 Nacht* vorgebildete Heilung des Liebeskranken durch eine ‘phantasmagorische’ Zauberhandlung bestimmen (wie schon im Feen-Spiel *Lila*, über das Goethe am 3. 2. 1816 an Seidel schrieb: »psychische Kuren eines durch Liebesverlust zerrütteten Gemüts«).

283,6971 *Heidenriegel]* die den christlichen Brocken-Teufel aussperren (Goethesche Wortbildung).

283,6976 *blöde]* Hier im älteren Wortsinn: »schüchtern« (Adelung 1,971).

283,6979 Mephistopheles (*lüstern*) *Thessalische Hexen! Wohl!]* Er weiß, »was es zu bedeuten hat, wenn der Homunkulus ihm von *thessalischen* Hexen redet. Ein guter Kenner des Altertums wird bei dem Wort *thessalische Hexen* sich auch Einiges zu denken vermögen, während es dem Ungelehrten ein bloßer Name bleibt.« (Goethe: Eckermann, 21. 2. 1831)

Nach Lukans *De bello civili* (= *Pharsalia*) VI,438 ff. galten diese *thessalischen Zauberfrauen* (→ 7920 ff.,8034 ff.) als Meisterinnen des Liebeszaubers (was den Mephisto hier interessiert) und als Totenbeschwörerinnen (so gehört auch die im 2. Akt auftretende Erichtho zu ihnen und Manto, die den nach Helena verlangenden Faust dort in die Unterwelt führen wird). Vgl. K. Mommsen 1968,111 ff.

284,6984 ... *Und um den Ritter umgeschlagen]* Da nach Paracelsus 11,317 die Homunkuli »alle heimlichen und verborgne ding wissen, die allen menschen sonst nicht möglich sein zuwissen« (→ Kommentar zu 6901), kann Homunkulus hier eine geradezu parapsychologische Präkognition vollbringen: erst in der *Burghof*-Szene des 3. Aktes wird Faust *in ritterlicher Hofkleidung des Mittelalters* erscheinen (vor 9182).

284,6987 *Ich leuchte vor]* Homunkulus übernimmt (strukturanalog) die Funktion, die in der *Walpurgisnacht* im *Harzgebirg* das Irrlicht ausübte, das Faust und Mephisto vorausleuchtet und ihnen den Weg weist (→ 3859, 3869).

284,6994 *das Tüpfchen auf das I]* Der i-Punkt, der allererst den ganzen Buchstaben ausmacht, steht hier offenbar für die eigentliche Körperlichkeit des von Wagner nur 'kristallisierten', noch unvollkommenen und in die Phiole eingeschlossenen Homunkulus; entsprechend meint *der große Zweck* (6995) seinen Eintritt ins wirkliche organische Leben.

In einem eigenhändigen Entwurf (H6, Text-Band S. 649,3 f.), der noch zum ursprünglichen Homunkulus-Plan gehören könnte, heißt es: *Ich seze dir das Tüpfch⟨en⟩ auf das i | Da ist ein Buchstab und uns fehlt es nie.* Hier scheint Homunkulus das i-*Tüpfchen* für den Alchymisten Wagner beschaffen zu wollen, und Trunz, HA 1986,625 erklärt es dementsprechend als die geheimnisvolle »Tinktur bei der Herstellung des Steins der Weisen« (→ Alchymie-Kommentar zu 1038-49). Diese Bedeutung und diese Beschaffungsabsicht des Homunkulus schreibt Trunz auch noch der endgültigen Textfassung zu, bezieht das i-*Tüpfchen* also nicht »auf Homunculus selbst«, sondern »auf Wagner und sein Werk«. Mit der oben (im Szenen-Kommentar S. 504 ff.) dargelegten Konzeptionsveränderung, die das Paracelsus-Rezept verabschiedet, wäre das unvereinbar.

284,6998 *Und Wissenschaft und Tugend]* Wohl nicht (wie häufig erklärt wird, etwa HA 1986,625) als weiteres Objekt des Satzes zu verstehen: Das alchymistische *Streben* könnte vielleicht auch zu *Wissenschaft und Tugend* führen. Eher als nachgestelltes weiteres Subjekt: Den gleichen *Lohn* (*Gold, Ehre, Ruhm, gesundes langes Leben*) wie die Alchymie verdienten doch vielleicht auch *Wissenschaft und Tugend.*

284, vor 7003 *ad Spectatores]* 'Zu den Zuschauern' (→ Kommentar zu vor 5061).

284,7003 f. *Am Ende hängen wir doch ab | Von Kreaturen die wir machten]* Gesprächsbericht Eckermann, 16. 12. 1829: »Ich dächte, sagte Goethe, man hätte eine Weile daran zu zehren. Ein Vater, der sechs Söhne hat, ist verloren, er mag sich stellen wie er will. Auch Könige und Minister, die viele Personen zu großen Stellen gebracht haben, mögen aus ihrer Erfahrung sich etwas dabei denken können.«

Seite 285-334 Szene
7005-8487

KLASSISCHE WALPURGISNACHT

Mit 1483 Versen überschreitet die *Klassische Walpurgisnacht* selbst das Ausmaß der in struktureller Hinsicht vergleichbaren großen *Mummenschanz* im *Weitläufigen Saal* des 1. Aktes (922 ausgeführte Verse) und erreicht für sich allein schon fast den Umfang des ganzen Helena-Aktes (1551 Verse). – *Unser Fest, es ist vollendet, | Heitre Wonne voll und klar!* (8345 f.): damit hatte Goethe diese Szene im Juni 1830 bereits für »völlig abgeschlossen« erklärt. Noch bevor er sie im Dezember dann abermals erweiterte, schrieb er an Eckermann (9. 8. 1830), »daß die klassische Walpurgisnacht zu Stande gekommen, oder vielmehr in's Grenzenlose ausgelaufen ist«.

Grenzenlos erscheint ihre überbordende Figuren- und Geschehnisfülle in der Tat, insofern sich hier nämlich kein textimmanentes Strukturprinzip geltend machen kann, das einem solchen Reichtum Grenzen setzte. »Die alte Walpurgisnacht, sagte Goethe, ist monarchisch, indem der Teufel dort überall als entschiedenes Oberhaupt respektiert wird. Die klassische aber ist durchaus republikanisch, indem Alles in der Breite neben einander steht, so daß der Eine so viel gilt wie der Andere, und niemand sich subordiniert und sich um den Andern bekümmert.« Ein so strukturierter 'offener' Text untersteht nicht mehr den Kriterien des Notwendigen, sondern allenfalls denen des Zumutbaren; ließe sich auch kürzer und knapper denken, aber ebensogut noch ausgedehnter und reicher. Das wußte der Autor sehr wohl: »Das Schwierige indessen war, sich bei so großer ⟨potentieller⟩ Fülle mäßig ⟨maßvoll⟩ zu halten, und alle solche Figuren abzulehnen, die nicht durchaus zu meiner Intention paßten. So habe ich z. B. von dem Minotaurus, den Harpyen und einigen andern Ungeheuern, keinen Gebrauch gemacht.« (Eckermann, 21. 2. 1831)

Ein an den Jahrestag der Schlacht bei Pharsalus geknüpftes, aber weit darüber hinausreichendes, kultisch sich wiederholendes Geschehen spielt in der *Klassischen Walpurgisnacht* sich ab (dabei liegt deren erstem Teil, also den Versen 7005-8033, das antike Fest der 'Peloria' zugrunde, mit dem die Thessaler alljährlich ein urzeitliches Erdbeben feierten, welches ihr Tempe-Tal zerrissen habe, so daß der Peneios ins Meer abfließen konnte und die Ebene von Larissa entwässert wurde: Gelzer 1990). Einsetzend als düster-blutiges *Schauderfest* auf dem alten Schlachtfeld in der thessalischen Ebene, endend als hymnische Erosfeier am Meer, erstreckt sich dieser Szenenkomplex über drei verschiedenartige, ihrerseits weitgedehnte Schauplätze in der freien Landschaft Nordgriechenlands: *Pharsalische Felder – Peneius – Felsbuchten des Aegäischen Meers* (zur Topographie und zu Goethes Vorlage: Witkowski 1950,336).

Diese Spielfelder werden in der Reinschrift H durch entsprechende Zwischenüberschriften kenntlich gemacht, sind aber in graphischer Hinsicht keineswegs als eigenständige Szenen markiert. Erst die späteren Herausgeber haben eine regelgerechte Szenenaufteilung vorgenommen, die durch ihre Unterbrechungsschnitte den Fluß des Geschehens reguliert: *Pharsalische Felder* und *Felsbuchten* wurden als 'selbständige' Szenen ausgewiesen und der Schauplatz *Peneius* in sich nochmals durch drei Szenen-Titel untergliedert (nach 7079: »Am obern Peneios« | nach 7248: »Am untern Peneios« | nach 7494 erneut: »Am obern Peneios«). Allein Goethes Regieanweisung vor 7495 bei der Sprecherangabe SIRENEN (*Am obern Peneios wie zuvor*) muß für diese Konjekturen herhalten, die doch keineswegs nur etwas belanglos Äußerliches betreffen. Insofern sie in den kaleidoskopisch fluktuierenden Geschehniswirbel (durch den hier Fausts, Mephistos und des Homunkulus zielgerichtete Suche führt) stabilisierende, statische Elemente einbringen, greifen sie auch in die strukturelle Semantik dieser Szene ein. Die vorliegende Ausgabe hält sich also strikt an die autorisierte Reinschrift.

Wie sonst nur 3661 durch Mephisto wird hier ein Szenentitel ankündigend von einer der Spielfiguren selber formuliert. Homunkulus nämlich (von dem Paracelsus schrieb, er könne »alle heimlichen und verborgne ding wissen«, → Kommentar zu 6901) erklärt in der *Laboratorium*-Szene 6940 f.: *Jetzt eben, wie ich schnell bedacht, | Ist klassische Walpurgisnacht.* Wohlwissend um seines *Vetters* Mephisto *Lustrevier* (6950), benennt er sie in Analogieantithese zum neuzeitlich-'nordischen' Blocksbergfest im *Faust I.* 'Klassisch' also versteht sich hier als dessen Gegenbegriff (wie *Antike Walpurgisnacht* im Paralipomenon 99B von 1826: Text-Band S. 630,10) und meint nicht etwa das 'Klassische Altertum' olympischer Götter und homerischer Heroen, von denen nicht einer auftreten wird im vorklassisch-archaischen Figurenensemble dieser Szene. Wohl kündigte Goethe an, es werde diese zweite Walpurgisnacht, *wie in dem zweiten Theile alles, auf einer höhern und edlern Stufe* spielen (Paralipomenon 123A. Text-Band 628,11 f.). Aber das zielt keineswegs auf »edle Einfalt und stille Größe« (Winckelmann 1808,35 u. ö.). Der Hexentreiber Mephisto konstatiert 7742 f.: *Es ist ein altes Buch zu blättern: | Vom Harz bis Hellas immer Vettern!* Das Kontrastverhältnis der beiden Szenen wird allererst durch die vielfachen Parallelen und Reminiszenzen kenntlich, die auch hier den Ersten Teil des Spiels mit dem Zweiten verstreben (zusammengestellt bei Arens 1989,401).

Die auf Bocken heranreitenden Hexenschwärme der nordischen Sage: *Uhu, Kauz, Molche* und *Funkenwürmer* dieser ersten *Walpurgisnacht*; die *Fratzen*, der *Krumme* und *Plumpe* und das aus *Spinnenfuß und Krötenbauch* mit *Flügelchen* gebildete Monstrum des *Walpurgisnachtstraums* – sie haben ihre *Vettern* hier in mythischen tier-, zwerg- und zwitterhaften Gestalten, seltsamen Mischwesen, hexenhaften Mißgestalten und Ungeheuern. Und wie das Paralipomenon 123B (Text-Band S. 633,60 ff.) zeigt, sollte der *Geisterspuk* dieser archaischen Ur-Szene eigentlich sogar noch vermehrt werden um *die übrigen Ungethüme des Alterthums, Chimären, vielköpfige Schlangen in Unzahl, verfolgt von Harpyen.* 1827 hatte Goethe in den *Zahmen Xenien* (FA I 2,632) beteuert:

Und so will ich, ein für allemal,
Keine Bestien in dem Götter-Saal!

Hier holt er sie gleich massenweise ins Spiel – mitsamt der indischen »Ur-Schildkröt' im Weltensumpf«, von der er dort erklärte, sie müsse »uns zur Verzweiflung bringen«, und auf deren Rückenschild er hier doch die in den unterolympisch dunklen Nischen antiker Mysterienkulte verborgenen Kabirengötter heranführen läßt (8170). Auf einer wirklich *höhern und edlern Stufe* (aber kaum doch in konsequentem, stufenweisem »Aufsteigen von niederen zu höheren Bildungen«: Witkowski 1950,334) erscheinen nur die Wassernymphen und die Baumnymphe am Peneios, dann die schönen Nereiden oder Doriden des ägäischen Meeres, und Galatee schließlich – von der als einziger unter den Spielfiguren dieser *Walpurgisnacht* Goethe erklären konnte, sie stehe »auf dem Wege, den uns Winckelmann vorzeichnete« (WA I 49.1,64 u. 106 f.).

Nicht einmal in klassisch-antiken, also reimfreien Versen, sondern in Blocksberg-Metren hat er diese Gestalten sprechen lassen. Galatee bleibt ohnehin stumm, ein 'lebendes Bild'. Und der jambische Trimeter in der Erichtho-Rede am Szenenbeginn wird nur wie ein metrisches Eingangszeichen für den Schauplatzwechsel nach Griechenland verwendet. Danach verliert dieser Vers sich ganz aus dem 2. Akt: bleibt Helena vorbehalten. »Die klassische Walpurgisnacht muß in Reimen geschrieben werden und doch muß alles einen antiken Charakter tragen. Eine solche Versart zu finden ist nicht leicht.« (Gesprächsbericht Eckermann, 15. 1. 1827) Das hat Goethe aufgegeben. Keine durchgehende oder auch nur vorherrschende »Versart«, der man trotz des unklassischen Endreims »antiken Charakter«

zusprechen könnte, bestimmt die Szene, sondern ein reicher Metrenwechsel belebt sie und nähert sie der 'nordischen' *Walpurgisnacht* an.

Dem »wiederbelebten Altertum« dieser Szenengruppe (Goethe an Iken, 27. 9. 1827) liegt ein Bildungswissen zugrunde, das unserer Zeit weithin abhanden gekommen ist, anderen Interessen und Kenntnissen Platz gemacht hat. Goethe bezog es aus zahllosen Quellen. »Ohne eine lebenslängliche Beschäftigung mit der bildenden Kunst«, erklärte er, wäre ihm »nicht möglich gewesen«, was er hier vor Augen stellt (Eckermann, 21. 2. 1831). Ebensowenig aber ohne das lebenslängliche Studium der antiken Schriftwerke. In vieler Hinsicht spielen die Komödien des Aristophanes hier hinein (dazu Atkins 1954, Gelzer 1983), deren Figurenarrangements ein dramaturgisches Modell dafür abgaben, »daß Alles, im antiken Sinne, in bestimmten Umrissen dastehe« (Eckermann, 21. 3. 1830). Lukan, Herodot und viele andere haben motivische Anregungen geliefert; ständig benutzt stand Hederichs *Gründliches mythologisches Lexicon* von 1770 auf Goethes Schreibtisch; der Altphilologe Riemer beriet ihn; die Schriften der romantischen Mythenforscher waren ihm zur Hand. Auch eine Reihe satirischer Spitzen gegen diese Zeitgenossen hat er in seinem Text versteckt. Aber zu Recht erläuterte er doch: »Was darin an ⟨solchen⟩ Piquen vorkommt, habe ich so von den besonderen Gegenständen abgerückt und ins Allgemeine gespielt, daß es zwar dem Leser nicht an Beziehungen fehlen, aber niemand wissen wird, worauf es eigentlich gemeint ist.« (Eckermann, aaO.)

Selbst für die humanistisch gebildeten Zeitgenossen blieb dabei wohl manches dunkel, halbverständlich nur und rätselhaft – was vielen Passagen dieser Szene nicht etwa abträglich ist, sondern ihrer Intention durchaus entspricht. Der Mysterienkult, der hier nachgespielt wird, vollzieht sich nicht im Tageslicht der Sonne (diesem Sinnbild der Aufklärung), sondern unter dem nächtlichen Glanz des Mondes. Und dieses magische Gestirn eben beherrscht die

Szene: erhebt sich eingangs über der *Finsternis* der *Pharsalischen Felder* (7031 ff.) und steht bis ans Ende über den *Felsbuchten* der Ägäis – *Mond im Zenit verharrend* (vor 8034).

Auch ihre opernhaften Züge entrücken diese wunderbare *Walpurgisnacht* der Realität. Stellt sie sich doch, entschieden abgehoben von den beiden vorangehenden (auf der fiktiven Ebene: wirklichkeitsnahen) Sprechszenen, über weite Strecken als Libretto dar. Vor allem gegen Ende hin. Alle Sirenenverse hat man sich als gesungen zu denken (7159 f.: *Und in wohlgestimmten Tönen,* | *So geziemet es Sirenen*). Gleiches gilt dann wohl auch für Doriden, Nereiden, Tritonen (8303: *Laß du sie singen . . .*). Es lassen sich Chöre, Duette, Sologesänge ausmachen, Arien und Rezitative unterscheiden. Und gewiß meint die Angabe ALL ALLE! vor den letzten Versen keinen Sprechchor, sondern einen gewaltigen, hymnisch schließenden Gesang.

Das alles legt die Überlegung nahe, welchen Realitätsgrad Goethe diesem Szenenkomplex denn eigentlich zugedacht habe. Vorstellen könnte man sich ja, daß das ganze *Walpurgisnacht*-Geschehen nur einen Vorgang im Innern des bewußtlos auf dem Lager seines alten Studierzimmers liegenden Faust abbilde: daß Homunkulus, der dort seinen *ahnungsvollen Traum* von der Zeugung der Helena auf telepathisch-magische Weise in Worte faßte, nun auch die Suche nach der Begehrten, diese Luftfahrt nach Thessalien und alles dort Geschehende dem von der Helena 'Paralysierten' eingibt oder solche wunschtraumhaften Erlebnisse des Schlafenden nach außen projiziert – ja daß diese Imaginationen Fausts auch noch den ganzen 'phantasmagorischen' Helena-Akt umfaßten (9414: *Es ist ein Traum, verschwunden Tag und Ort*). Vieles läßt sich wohl für eine solche Lesart geltend machen, anderes läuft ihr zuwider. Beckmesserische Betrachtungen und die vielfältigen Spekulationen, die man darüber angestellt hat, gehen am Ende nicht auf; diese Dichtung gibt keine stringente Antwort auf die Frage nach ihrem ontologischen Status. Dem bewußtlos in Helenas Land getragenen Faust, so erklärt Homunkulus 7054 f., werde *das Leben wieder*kehren, wenn er den griechischen Boden berührt – aber der Hellsichtige fährt doch fort (mit einem dunklen *Denn* begründend): *Denn er sucht's im Fabelreich.* Daran läßt der Text nicht zweifeln.

Ins nächtliche Spiel der Fabelfiguren treten – von den Luftfahrern abgesehen – nur zwei eigentlich menschliche Gestalten: Thales und Anaxagoras, der Wasser- und der Feuerphilosoph (→ Kommentar zu vor 7851 und 7853). Sie werden als einander widerstreitende Ratgeber für den ins Leben strebenden Homunkulus agieren. Sie liefern überdies die naturwissenschaftlich-theoretische Interpretation der gewaltigen, gewaltsamen Naturvorgänge, die da am Peneios sich abspielen. Das vom Seismos bewirkte tektonische Beben, bei dem aus der Tiefe ein Berg emporgehoben wird, und der aus der Höhe niederstürzende Meteorit, der gleichermaßen die Erdoberfläche verändert, werden von diesen beiden Kontrahenten im Sinn der 'vulkanistischen' oder 'neptunistischen' Theorien der Goethe-Zeit über die Bildung der Erdrinde diskutiert. Der Antike zugedichtet und mythisch eingekleidet wird hier das Zentralmotiv des 4. Aktes präludiert (→ Szenen-Kommentar *Hochgebirg*, S. 646 ff.). Hier wie dort ist der erdgeschichtliche mit dem politischen 'Vulkanismus' in eins gedacht, werden die geologischen Katastrophen mit sozialen und militärischen Turbulenzen zusammengeführt. Aus den Metalladern des vom Seismos emporgestemmten Berges befestigen die gewalttätigen Pygmäen ihre Herrschaft; ein revolutionärer Aufstand der von ihnen unterdrückten und ausgebeuteten Imsen und Daktyle kündigt sich an; die Reiher werden blutig niedergemetzelt; der Rachefeldzug der Kraniche folgt. Diese in das *Walpurgisnacht*-Geschehen eingebrachte dramatisierte Tierkampf-Fabel erweist sich als mythische Parallelaktion zu dem geognostisch-politischen Geschehen, das dann später auf dem Spielfeld der Geschichte vorgeführt wird.

In diesem hellenischen *Fabelreich* also landen die drei aus Norden kommenden *Luftfahrer*, suchen dort jeder *sein eigen Abenteuer* (7065). Drei roten Fäden gleich, sind die Wege, die sie nehmen, ungemein kunstvoll in das vielgestaltige bunte Szenengewebe verschlungen. Sie teilen sich, bleiben immer nur ein Stück weit sichtbar, kreuzen sich wieder und trennen sich erneut – bis die drei sich nacheinander aus dem Blickfeld verlieren: wenn Faust den Gang in die Unterwelt antritt, wenn Mephisto behauptet, sich im *Höllenpfuhl* verstecken zu müssen, wenn Homunkulus eingeht ins Meer. Jeder von ihnen gelangt da *zu seinem Elemente* (6943) – in dem Faust *genesen* soll, Mephisto *was zu erhaschen* sucht, Homunkulus *entstehn* will. Und auf sehr unterschiedliche Weise ist das für jeden der drei ein erotisches *Abenteuer*. Faust verlangt nach Helena. Mephisto spürt den thessalischen Hexen nach. Homunkulus findet sein Ziel bei Galatee.

Als Faust in der Geisterbeschwörungsszene das Nebelbild der Helena berührte, lauteten seine letzten Worte, ehe die Explosion ihn bewußtlos zu Boden warf: *Wer sie erkannt der darf sie nicht entbehren* (6559). Wenn er jetzt den griechischen Boden berührt, lauten seine ersten: *Wo ist sie?* (7056) Nichts macht deutlicher, wie ausschließlich ihn das Verlangen nach Helena bestimmt, als dieses bloße Personalpronomen anstelle des Namens. Die Sphinxe befragt er nach ihr, dann Chiron, an den sie ihn weisen, und dieser Kentaur trägt ihn zu Manto, die ihn hinabgeleitet in die dem Blick entzogene Unterwelt: Helena loszubitten von Persephone, der Herrscherin im Totenreich.

»Die Idee, Faust auf dem Weg durch das Geisterreich der Klassischen Walpurgisnacht Helena aufsuchen zu lassen«, hat K. Mommsen auf Goethes für 1824/25 belegte Lektüre von *1001 Nacht* und das dort vorgegebene »Erzählschema vom langen Weg zu einem kostbaren, jedoch schwer zu erreichenden Ziel« zurückgeführt: Der liebeskranke Held dieser orientalischen Erzählungen begibt sich auf die aussichtslos erscheinende Suche nach einer in Zeit und Raum unendlich weit entfernten 'Geisterprinzessin', die er zuerst in einer Badeszene erblickt hatte, unter Nymphen, die 'sich entkleiden'; ratgebende Greise und Meerfrauen weisen ihn von Station zu Station; Zauberhilfen werden ihm zuteil, ja ein schwebender Ball führt ihn auf eine weite Luftreise; eine alte Frau hilft ihm schließlich die Auseinandersetzung mit der 'Geisterkönigin' bestehen, in deren Gewalt sich die Geliebte befindet (K. Mommsen 1968, 11 f., 15 ff., 108 f.)

Den Abstieg in die Unterwelt (nach Vergils und Dantes Vorbild) und die Losbittung der Helena hat Goethe ursprünglich in einer großen Hadesszene darstellen wollen: *Faust als zweyter Orpheus.* Im inhalterzählenden Paralipomenon 123C vom 17. 12. 1826, das diese Angabe enthält, wird ein solcher Plan in vielen Einzelheiten ausgeführt (Text-Band S. 643 f., 271-306). Ein ausführliches Stichwort-Schema enthält dann das Paralipomenon 157 vom 18. 6. 1830 (ebd. S. 664). Versbruchstücke geben die Paralipomena 159-161 (ebd. S. 664 f.). In diesen Entwürfen ist es Manto, die den Faust nicht nur hinabgeleitet, sondern als Fürsprecherin des Bittgängers auch redet vor der Unterweltherrscherin Persephone. So liegt wohl keine Absichtsänderung des Autors, sondern eher eine Verwechslung Mantos mit Faust zugrunde, wenn Eckermann unter dem 15. 1. 1827 als Goethes Äußerung überliefert: »Fausts Rede an die Proserpina ⟨lat. für Persephoneia⟩, um diese zu bewegen, daß sie die Helena herausgibt, was muß das nicht für eine Rede sein, da die Proserpina selbst zu Tränen davon gerührt wird! – Dieses alles ist nicht leicht zu machen und hängt sehr viel vom Glück ab, ja fast ganz von der Stimmung und Kraft des Augenblicks.«

Zum Verzicht auf die Hadesszene mögen freilich auch kompositorische Überlegungen geführt haben. Die mehrfach vertretene These (vgl. Franz 1957), daß sie überflüssig geworden sei durch Fausts Gang zu den *Müttern* im 1. Akt, der sie geradezu ersetze, ist schon aus entstehungsgeschichtlichen Gründen haltlos (im Januar 1830 war dieser 1. Akt abgeschlossen, und noch am 18. 6. 1830 hielt das

Paralipomenon 157 am Gang zu Persephoneia fest). Einbezogen aber in die *Klassische Walpurgisnacht* (also auf 7494 folgend) hätte die groß angelegte Unterweltszene deren Gang nicht nur vollends »in's Grenzenlose« auslaufen lassen, sondern ihr Gefüge gesprengt. Deshalb mochte Goethe zuletzt daran gedacht haben, sie als *Prolog des dritten Acts* (P 157: Text-Band S. 664,1) dem Helena-Auftritt unmittelbar voranzustellen. Eingeschoben zwischen den mächtigen Schluß des 2. Aktes, mit dem der Homunkulus eingeht in das lebenschenkende Meer, und den großartigen Einsatz des 3. Aktes, mit dem die Helena (*Vom Strande komm' ich wo wir erst gelandet sind*) unvermittelt vor Augen steht, hätte ein solcher erklärend überleitender *Prolog* diesen beispiellos kühnen Aktschnitt freilich aufgehoben.

Während MEPHISTO in der *Walpurgisnacht* im *Harzgebirg* als *der Herr vom Haus* sich zeigt (3866), wirkt er hier auf dem fremden, hellenischen Boden geradezu *verschüchtert* (vor 7225), wird gefoppt und verhöhnt, erscheint als der 'dumme Teufel', wie ihn – unter sehr anderen Bedingungen – noch einmal die Szene *Grablegung* vorführen wird. Von den Greifen, Sphinxen und Sirenen gelangt der Lüsterne zu den Lamien, die ihn sirenenhaft zu sich locken, ihn mit ihren grausigen Metamorphosen erschauern und dann schmählich abblitzen lassen. Bei den fürchterlichen hexenhaften Phorkyaden landet er schließlich, deren eines Auge und einen Zahn er sich ausleihen darf und mit denen er sich so zu einem neuen *Dreigetüm* körperlich vereinigt (8029: *Man schilt mich nun, o Schmach! Hermaphroditen*). Im Kontext der *Walpurgisnacht* – in Analogie also zu Faust und Homunkulus – mag man das als pervertierte Form einer Liebesvereinigung verstehen. In eben dieser Gestalt aber wird er auch im 3. Akt agieren. *Wagest du Scheusal | Neben der Schönheit* dich dem Blick der *Schönheitliebenden* zu zeigen?, hält der Trojanerinnen-Chor diesem widerwärtigen Mannweib dort vor (8736-48). Kontrastfigur zu Helena ist Mephisto-Phorkyas aber nicht nur als das äußerst *Häßliche*. Zugleich wird diese

Erscheinung hier doch als *das Verwerfliche, ewig-unselige* bezeichnet. Auf dem antiken Schauplatz also erweist sich das Böse als das dem Schönen Entgegengesetzte. Durch die Phorkyas-Maske wird Mephisto zur Kenntlichkeit entstellt. Spiegelverkehrt fügt er sich dem griechischen καλοκἀγαθία-Postulat einer Identität des Guten mit dem Schönen. HOMUNKULUS findet seine Ratgeber und Wegweiser in Anaxagoras und Thales, dem antiken Feuer- und dem Wasserphilosophen (→ Kommentar zu vor 7851 und 7853). Deren oben S. 525 erläuterte, an das Erdbeben und den Meteorsturz anknüpfende vulkanistisch-neptunistische Kontroverse ist von entscheidender Bedeutung auch für das ins Leben strebende Kristallisationsprodukt des Biochemikers Wagner. Will nämlich Anaxagoras den Homunkulus festhalten im 'vulkanistischen' Gewaltstaat der Pygmäen (zu deren *König* er den Kleinen krönen lassen möchte: 7879 f.), so weist Thales ihn zum offenen Meer, in das am Ende der zum Delphin verwandelte Proteus ihn hinausträgt. Im festlichen Mysterienspiel des großen Erosfestes, das den 2. Akt beschließt, kommt *sein eigen Abenteuer* (7065) zum Ziel: in einem orgiastischen Liebesakt zerschellt das Glasgefäß, das ihn umschließt, an Galatees *Muschel* und *ergießet sich* (→ 8466-73 und Kommentar dazu). Einige Kommentare haben diesen Ausgang geradezu zum Tod des Homunkulus erklären wollen. Es ist in Wahrheit doch der 'kleine Tod', das »Stirb und werde!« der *Seligen Sehnsucht* (FA I 3,25).

Hier wird Homunkulus zur Spiegelfigur des Protagonisten. Heißt es von Galatee, sie werde *als Göttin selbst verehrt* (8147), so wird am Ende des Spiels die Mater gloriosa als *Göttin* angebetet (12103): Liebesgöttinnen beide. Zu den Füßen der einen im Wasser die Doriden; zu denen der anderen in den Lüften die an ihre Knie sich schmiegenden Büßerinnen. Und wie dort (wenn es vor 12032 heißt: MATER GLORIOSA *schwebt einher*) für Faust eine ins Unabsehbare führende 'Umartung' einsetzen wird, so beginnt hier für den Homunkulus (wenn es vor 8424 heißt: GALATEE *auf dem Muschelwagen nähert sich*) der Metamorphosengang durch *tausend abertausend Formen* (8325). Und beide treten sie damit aus dem Blickfeld.

In naturwissenschaftlicher Hinsicht setzt das Meeresfest fort, was in der *Laboratorium*-Szene begann (deshalb setzt der hier folgende Kommentar voraus, was S. 504 ff. dargelegt wurde). Das entgegen Goethes ursprünglichem Plan auf halbem Wege steckengebliebene, gleichsam präbiologische, 'Wöhlersche' Kristallisations-Experiment nämlich wird hier auf einen neuen, 'organischen' Weg gebracht. Thales 7856: *Im Feuchten ist Lebendiges erstanden.* Proteus 8260: *Im weiten Meere mußt du anbeginnen!*

Goethe hielt sich dabei eng an die Vorstellungen des Jenaer Naturphilosophen Lorenz Oken. Dessen 1819 veröffentlichte Abhandlung über die *Entstehung des ersten Menschen* stand unter dem biblischen Motto: »Lasset uns *Menschen machen!*« (Wagner 6835: *Es wird ein Mensch gemacht*) und wurde eingeleitet mit dem Satz: »Die Welt besteht aus 4 Elementen, aus Feuer, Luft, Wasser, Erde« (8486 f.: *Hochgefeiert seid allhier | Element' ihr alle vier!*). Oken hatte erklärt: »Daß aus dem Meere alles Lebendige gekommen, ist eine Wahrheit, die wohl niemand bestreiten wird, der sich mit Naturgeschichte und Philosophie befaßt hat« – »denn im Wasser muß alles Organische entstehen.« (Thales 8435: *Alles ist aus dem Wasser entsprungen!!* – und zwei Ausrufzeichen setzt Goethe hinter diesen Fundamentalsatz). Sein Gewährsmann nahm an, daß das als ein großer Uterus, als »Weltgebärmutter« vorgestellte Urmeer eine dem menschlichen Mutterleib entsprechende Wassertemperatur besessen habe, und meinte, die in ihm enthaltenen »zusammengehäuften Schleimpuncte«, die er den »Infusorien« gleichsetzte, erführen durch äußere Einflüsse eine Gestaltveränderung, so daß »im Meere, aus einem Haufen Schleim eine menschliche Zeichnung entstehen könne«. Zwar heißt es hier, hochspekulativ: »Da das Thierreich der in seinen einzelnen Organen zersplitterte Mensch ist, so muß er sich in der Reihe entwickeln, in der der Thiere.« Gemeint war aber, daß dieser »Embryo mit menschlichem Entwurf« (einem keimhaft in ihm präformierten Endzustand) unmittelbar »aus dem Schleim im Meere« entstanden sei. (Zitate: Oken 1819,1121 f.)

In solche entwicklungsgeschichtlichen Theorien seiner Zeitgenossen hat der Morphologe Goethe seinen »Begriff der Metamorphose« eingebracht (→ Kommentar zu 6840-42). In Gesprächen mit Riemer erklärte er 1806: »Die Natur, um zum Menschen zu gelangen, führt ein langes *Präludium* auf von Wesen und Gestalten, denen noch gar sehr viel zum Menschen fehlt. In jedem aber ist eine Tendenz zu einem andern, was über ihm ist, ersichtlich.« 1807: »Die Natur kann zu allem, was sie machen will, nur in einer *Folge* gelangen. Sie macht keine Sprünge. Sie könnte zum Exempel kein Pferd machen, wenn nicht alle übrigen Tiere voraufgingen, auf denen sie wie auf einer *Leiter* bis zur Struktur des Pferdes heransteigt.« 1810: »eine Gestaltung aus dem Wasser zu Mollusken, Polypen und dergleichen, bis endlich einmal ein Mensch entsteht.« (Biedermann/Herwig 2, in Nr 2322,2414,3316)

Am 25. Juni 1830 schrieb er seinem Sohn August, die *Klassische Walpurgisnacht* sei »völlig abgeschlossen«. Da endete das Geschehen in den *Felsbuchten* noch mit den Versen 8345|46. Erst im Dezember 1830 – ein Jahr also nach Fertigstellung der Szene im *Laboratorium*, wo der Homunkulus doch *nur halb zur Welt gekommen* war (8248) – fügte er die Meeresfest-Verse 8347-8487 noch hinzu (R. Fischer-Lamberg 1959,286 f.). Jetzt erst führen Psyllen, Marsen und Doriden tatsächlich die Galatee heran, zerschellt an ihrem *Muschelthron* die vom Proteus-Delphin ins Meer hinausgetragene Phiole des Homunkulus und feiert im hymnischen Finale des 2. Aktes der All-Gesang die vier Elemente, aus denen »die Welt besteht«. Jetzt erst die Nereus-Verse: *Was flammt um die Muschel um Galatees Füße?* – und die des Thales: *Jetzt flammt es, nun blitzt es* – und die der Sirenen: *So leuchtet's und schwanket und hellet hinan: | Die Körper sie glühen auf nächtlicher Bahn . . .*

Auch diesen Szenenschluß, bei dem sich im Meeresleuchten die Entstehung des organischen Lebens bezeugt, haben ihm die Naturforscher vorgeschrieben. Im Oktober 1830 hat Goethe von neuen Untersuchungen der Infusorien durch Ehrenberg 1828 erfahren (→ Kommentar zu P123B: S. 633,67, hier S. 1000) und wohl gleichzeitig von G. A. Michaelis' Studie über das von solchen Geißeltierchen hervorgerufene Meeresleuchten in der Ostsee (Hertz 1931,170 ff.). Schon Oken hatte seine »zusammengehäuften Schleimpuncte«, aus denen »eine menschliche Zeichnung entstehen könne«, mit Infusorien gleichgesetzt. Jetzt, im September 1830, waren diese Mikroorganismen auf dem Kongreß der Naturforscher und Ärzte im Zusammenhang mit den Kontroversen um eine 'Urzeugung' diskutiert worden, und Goethe schrieb an Ehrenberg (6. 11. 1830): »Sehr schön und tröstlich für denjenigen, der im Allgemeinen einen ewigen Zusammenhang zu finden glaubt, ist die Bemerkung, daß in dem Wasser ⟨. . .⟩ sich gleiche einfache Gestalten hervortun, die sich denn hernach durch Entwicklung und Assimilation, als den Haupt-Wirksamkeiten des Lebendigen, auf das wunderbarste vermannichfaltigen mögen.«

Wagners Erklärung: Was die Natur *organisieren ließ*, | *Das lassen wir kristallisieren*, dann die Homunkulus-Frage: *Wie man entstehn und sich verwandlen kann*, und die Rede von der *Kraft die aus dem Innern drang* | *Und nahm und gab, bestimmt sich selbst zu zeichnen*, schließlich der Thales-Satz: *Da regst du dich nach ewigen Normen*, | *Durch tausend abertausend Formen*, | *Und bis zum Menschen hast du Zeit* (8324 ff.) – das alles fügt sich auf diese Weise zu einer 'ethisch-ästhetischen Formel' für die Entstehung des Lebens und die evolutionäre Stammesgeschichte des Menschen. Darwin hat Goethe »an extreme partisan of similar views« genannt (*The Origin of Species*. London [5]1969,16). Mehr noch: die Sprachbilder, die er hier mit dem morphogenetischen Ansatz seiner Metamorphosenlehre aus den Vorgaben der zeitgenössischen Naturwissenschaft und Naturphilosophie entwickelte, vermögen heutige Theorien über eine präbiotisch-chemische Phase der Entstehung organischer Gebilde ebenso zu umgreifen wie die heutigen Vorstellungen von einer auf Selbstreproduktion und Mutagenität beruhenden selektiven Ausbildung genetischer Information und einer immanenten »Zielgerichtetheit des Evolutionsprozesses«, welche »unter dem steuernden Einfluß von Naturgesetzen« die »Entwicklung des Lebens vom Molekülsystem bis hin zum Menschen« bestimmt hat (Eigen 1987,20,79 f. u. passim).

So endet jetzt der 2. Akt: Wagners kristallisierte Substanz löst sich in das Element, aus dem das organische Leben hervorgeht. Und nach dem kühnsten Aktschnitt, den je ein Dramatiker gesetzt haben mag (dreieinhalb Milliarden Jahre überbrückend), steht mit den Eingangsversen des 3. Aktes der Mensch vor Augen, das Musterbild weiblicher Schönheit:

Bewundert viel und viel gescholten Helena
Vom Strande komm' ich wo wir erst gelandet sind . . .

285, vor 7005 Pharsalische Felder*]* Erster Schauplatz des *Walpurgisnacht*-Geschehens ist die 6954 f. vom Homunkulus bezeichnete weitläufige Ebene bei Pharsalus in der nordgriechischen Landschaft Thessalien, wo 48 v. Chr. die Entscheidungsschlacht im Bürgerkrieg zwischen Caesar und Pompejus tobte.

285, vor 7005 ERICHTHO*]* Eine der *Thessalischen Hexen*, die 6977 vom Homunkulus angekündigt wurden. – Wie später Helena (8488 u. ö.) kennt sie ihr eigenes literarisches Nachleben und weiß also, daß der röm. Dichter Lukan in seinem Epos über die Pharsalische Schlacht (*De bello civili* VI,507 ff.) sie als schauerliches, Gräber bewohnendes vampyrisches Scheusal dargestellt hat. – Lukan und wohl Dante sind gemeint, wenn sie 7007 über *die leidigen Dichter* klagt (*Divina Commedia*, *Inferno* IX,22 f.: diese Grausige habe den Vergil in die Hölle herabgerufen).

285 f.,7005-39 *Zum Schauderfeste dieser Nacht, wie öfter schon . . .]* Erichtho spricht in reimlosen, sechshebig alter-

nierenden Versen (deren Jamben paarweise drei Metren bilden, daher: 'jambische Trimeter'). So wird hier der vorherrschende Sprechvers des antiken griechischen Dramas nachgebildet: metrisches Signal für den großen Schauplatzwechsel. Freilich verliert sich das 'klassische' Versmaß wieder im Verlauf dieser entschieden unklassischen *Walpurgisnacht*. Wohl aber erscheint es hier als metrisches Präludium zum 3. Akt: im jambischen Trimeter wird Helena dort sich darstellen (vgl. Bressem 1931,35 f. u. Ciupke 1994,113).

285,7010 *Zelten]* Für: Zelte (als schwaches Substantiv dekliniert).

285,7011 f. *Als Nachgesicht der sorg- und grauenvollsten Nacht. | Wie oft schon wiederholt sich's! . . .]* Goethes Inhaltserzählung von 1826 (Paralipomenon 123C, Text-Band S. 638,98 ff.) erläutert, *daß die gegenwärtige Nacht gerade mit der Stunde zusammentreffe wo die pharsalische Schlacht vorbereitet worden und welche sowohl Caesar als Pompejus schlaflos zugebracht.* (→ 7022 f.)

Das geisterhafte *Nachgesicht*, dieser visionäre *Widerschein* (7026) der schlachtbereiten Heerlager, den die mit Leichen umgehende, Tote beschwörende Erichtho hervorruft (oder dessen sie ansichtig wird), wird zum Sinnbild für die mythische 'Wiederkehr', für den Modellcharakter der großen historischen Schlüssel-Ereignisse. – Goethe in einem Paralipomenon zu *Dichtung und Wahrheit*: »Die Geschichte, selbst die beste, hat immer etwas Leichenhaftes, den Geruch der Totengruft.« (FA I 14,935)

285,7020 f. *Der Freiheit holder . . . Kranz . . . | Der starre Lorbeer . . .]* Lukans *De bello civili* folgend: Pompejus steht für die Niederlage der Republik, Caesar für die kommende Kaiserherrschaft (Augustus).

285,7022 *Hier träumte Magnus]* Beiname des Pompejus (der in Lukans *De bello civili* VII,7 ff. träumt, er werde in Rom die Wiederholung seines ersten jugendlichen Triumphzuges feiern).

285,7023 *Dem schwanken Zünglein lauschend]* Wohl: auf die schwankende Zunge an der Waage des Kriegsglücks achtend (7024: *messen*) – als spräche die zu ihm.

285,7024 *Das wird sich messen . . .]* In der Entscheidungsschlacht, die hier noch aus der Pompejus/Caesar-Perspektive als bevorstehend gedacht wird (Futur, Präsens und Präteritum im gleichen Vers: die Zeitstufenmischung der mythischen Wiederholung).

285,7028 *hellenischer Sage Legion]* Die Vielzahl der mythischen Figuren, denen Faust, Mephisto, Homunkulus jetzt begegnen werden.

285,7030 *fabelhaft Gebild]* Adelung 2,3: »einer Fabel ähnlich, erdichtet, ⟨. . .⟩ statt wahrer Geschichte«; *Gebild* (DWb 4,1768): »alte nebenform zu bild«, auch »von den gestalten der dichtenden phantasie«.

286,7033 *Feuer brennen blau]* Gemeint sind die roten Flammen der *Wachfeuer* (7025), die im Mondlicht jetzt blau erscheinen. – Goethes *Farbenlehre* § 76 (FA I 23/1,55): »Einer der schönsten Fälle farbiger Schatten kann bei dem Vollmonde beobachtet werden«; derjenige nämlich, »den das Licht ⟨einer Kerzenflamme⟩ wirft und der Mond bescheint«, kann da »vom schönsten Blau gesehen werden«.

286,7034 f. *. . . welch unerwartet Meteor? | Es leuchtet und beleuchtet körperlichen Ball]* In der *Phiole* des Homunkulus glaubt Erichtho einen *Meteor* zu sehen (wie er dann 7914 ff. tatsächlich niederfällt). Von daher *leuchtet* es und *beleuchtet* den um Fausts Körper geschlagenen Zaubermantel Mephistos (→ 6983).

286,7036 *Ich wittre Leben. Da geziemen will mirs nicht]* Emendationsvorschlag Düntzer 1883,460: »Ich wittre Leben da. Geziemen will mir nicht.«

286,7044 ff. *Seh' ich, wie durchs alte Fenster . . .]* Witkowski 1950,338: »Bei Luftfahrten im Norden, durch die Wolkenlücken hinabblickend.« (? Sch.)

286,7056 *Wo ist sie?]* Über 500 Verse hin anknüpfend an Fausts letzte Worte im *Rittersaal* (6559). – Keineswegs meint er die davongeschrittene Erichtho, von der eben doch die Rede war: von *Helena paralysiert* (6568) hat er einzig *sie* im Sinn, deren Namen er auch in den ihr geltenden Versen 7070 ff. nicht nennt.

287,7077 *ein Antäus an Gemüte]* Griechischen *Boden berührend* (vor 7056) gewinnt Faust seine geistige, seelische Kraft zurück – wie im antiken Mythos der Riese Antaios durch die Berührung mit seiner Mutter, der Erde, unüberwindliche Körperkraft gewann.

287, nach 7079 | vor 7080 ⟨FAUST⟩ *entfernt sich* | MEPHISTOPHELES *umherspürend]* Die übliche, eigenmächtig eingefügte und entstellende Herausgeberzutat der Szenenüberschrift 'Am obern Peneios' (→ S. 520 f.) hebt nicht nur den gleitenden Übergang auf, sondern zugleich die enge Verbindung der Verse 7079-80, mit denen Faust und Mephisto über den gleichen Schauplatz in charakteristisch unterschiedlicher Weise sprechen.

287,7083 *Die Sphinxe schamlos]* Sie kommen *von Ägypten her* (7241), werden hier aber zugleich der Sphinx der griechischen Oidipus-Sage nachgebildet (→ 7131 und Kommentar zu 7185): löwengestaltige Frauen mit nackten Brüsten. Deshalb dann 7146: *recht appetitlich oben anzuschauen.* – Das nachfolgende *unverschämt* der Greife gleichbedeutend mit dem *schamlos* der Sphinxe.

288,7088 *mit neustem Sinn]* Trifft zeitgenössische Maler (etwa die frommen Nazarener), die nackte Darstellungen tunlichst vermieden, notfalls die Geschlechtsmerkmale nachträglich zu *überkleistern* suchten.

288,7089 *modisch überkleistern . . . .]* Wohl hier sollten vier Verse folgen (Paralipomenon 150. Text-Band S. 663), die in der Reinschrift H entweder versehentlich ausgelassen wurden oder Goethes 'Selbstzensur' zum Opfer fielen, leider:

Das Auge fordert seinen Zoll.
Was hat man an den nackten Heiden?
Ich liebe mir was auszukleiden,
Wenn man doch einmal lieben soll.

288,7091 *anständig]* Anstandsgemäß, wie sichs gebührt (wie 9154 u. ö. → auch 11797).

288,7093 *Nicht Greisen! Greifen!]* Unmittelbar anschaulich wird diese Verwechslung im zeitgenössischen Frakturdruck von Greiſen und Greifen (der Goethe vorschweben mochte). – MA 18.1, 847 f. erhebt die *Grei* schnarrenden *Greife* (auf Herder und Moritz verweisend) »zur Hieroglyphe der Sprachentstehung«.

288,7096 *Grau, grämlich, griesgram . . .] Etymologisch* ist dieser Auszug aus dem Wörterbuch des Greisenalters gerade nicht *stimmig.* Allein die Stimmigkeit des Klanges (Alliteration) stützt bei diesem Sprachspaß den frei assoziierten Bedeutungszusammenhang.

288,7103 *Dem Greifenden ist meist Fortuna hold]* Meint den rasch Zugreifenden (der die oft mit der Glücksgöttin *Fortuna* zusammengesehene Occasio, die Göttin der Gelegenheit, bei ihrem langen Stirnhaar packt, ehe sie an ihm vorübergeht und am geschorenen Hinterkopf nicht mehr zu fassen ist).

288, vor 7104 und 7106 AMEISEN *von der kolossalen Art . . . Das Arimaspen-Volk]* Herodot III, 102 erzählt, daß in Indien riesige *Ameisen* goldhaltigen Sand aus der Erde wühlten, und berichtet III, 116 über die skythischen *Arimaspen,* daß sie der Sage nach Gold von den *Greifen* raubten: Goethe kombiniert beide Stellen.

288, Regiebemerkung vor 7112 *zwischen die Sphinxe]* Als Dual zu verstehen: die altägyptischen Sphinxe kommen in der Regel paarweise vor (zum Ost- bzw. Westhorizont hin orientiert, → Kommentar zu 7243 f.).

288,7115 *ihr verkörpert sie]* Zurückweisung von 7114. Etwa: ihr übersetzt *unsre Geistertöne* mißverstehend in eure Realität? Die (griech.) Sphinx spricht in Rätseln, → 7131. – Aber Reinhardt 1960,324: Die »Sphinxe sind Verkörperungen von Geistergetön durch die, für die sie Sphinxe, d. h. Rätsel, sind.« (? Sch.)

288,7116 *Jetzt nenne dich bis wir dich weiter kennen]* In H8 und H10 noch: *Sag deinen Namen daß wir dich erkennen.* Das *Jetzt* in H für: einstweilen.

289,7122 f. *Im alten Bühnenspiel . . . als* OLD INIQUITY*]* Die englischen Globetrotter 7118 ff. (deren Reiselust freilich erst nach Goethes Zeit Griechenland erreichte) müßten bezeugen können, daß Mephisto sich auch in Gestalt des

'Iniquity' benannten Lasterdarstellers ihrer alten Moralitätendramen auf der Bühne gezeigt habe (so in *Nice Wanton*, um 1550 und *King Darius*, um 1560).

289,7125-27 *Hast du von Sternen einige Kunde?| Was sagst du zu der gegenwärt'gen Stunde? . . . Stern schießt nach Stern, beschnittner Mond scheint helle]* Bis ins 19. Jh. hinein galten Sternschnuppen als »Dünste ⟨irdischer Herkunft⟩, welche sich in der höchsten Luft in einen schleimigen Klumpen sammeln, sich entzünden und als ein schleimiges Wesen auf die Erde fallen«; man nannte sie »Sternschuß ⟨. . .⟩, weil dieser entzündete Dunst im Herunterfallen einem schießenden oder fallenden Sterne gleicht« (Adelung 4,737). – *Stern schießt nach Stern* meint also: *Stern* auf *Stern schießt* herab – und der Autor wußte, daß an jedem 11. August (zwei Tage nach dem Jahrestag der Schlacht von Pharsalus) mit den Perseiden der umfangreichste Sternschnuppenschwarm des Jahres die Erde erreicht. – *beschnittner Mond*: abnehmender, Sichelmond.

289,7131 *Gib Rätsel auf, gib allenfalls Scharaden]* wie die rätselstellende griech. Sphinx, → Kommentar zu 7185. Einer Scharade, bei der das zu erratende Wort in seine Silben zerlegt wird, näherte sich schon der Wortwechsel zwischen Mephisto und den Greifen 7092 ff.

289,7133-37 *Versuch einmal dich innigst aufzulösen: | »Dem frommen Manne nötig wie dem bösen . . . um Zeus zu amüsieren.«]* Mit der Auflösung dieses Sphinxrätsels würde Mephisto sein eigenes Wesen bestimmen, seine Doppelfunktion beim 'Welttheater' unter den Augen des Göttervaters: der Fromme braucht ihn als Widerlager für seine Askese (wie ein Fechter für sein Rapier das lederne *Plastron* des Gegners), und der Böse benötigt ihn als Gehilfen für seine Schandtaten.

289,7139 *Der Garstige gehöret nicht hier her]* Fünfmal, *schnarrend*, das *r* der Greife (Mephisto aber hält sich weiter an die Sphinx).

290,7146 f. *Du bist recht appetitlich oben anzuschauen, | Doch untenhin, die Bestie macht mir Grauen.]* Hederich

1770,2255-58: Die Sphinx »ist, außer den beyden Weiberbrüsten vorn, noch mit vielen andern unter dem Leibe versehen«, hat »Gesicht und Hände wie eine Jungfer, einen Leib wie ein Hund, 〈...〉 eine Stimme wie ein Mensch, einen Schwanz wie ein Drache, Klauen wie ein Löwe, und Flügel wie ein Vogel«; so zu deuten als »das Bild einer bösen Weibesperson, die von vorn besser erscheint, als man sie hinten nach findet.«

290,7154 *Gewahrt euch]* Älterer, reflexiver Wortgebrauch. DWb 6,4813: »sich vorsehen«.

290,7156 f. *verwöhnen | In dem Häßlich-Wunderbaren]* Im Sinne von »schädlicher gewöhnung« (DWb 25,2330) an das *Häßlich-Wunderbare* der Sphinxe.

290,7159 f. *Und in wohlgestimmten Tönen, | So geziemet es Sirenen]* Die griech. Fabelwesen, die mit ihrem betörenden Gesang von der Küste her die Seefahrer anlocken und umbringen (*Odyssee* XII,39 ff. und 158 ff.) – hier (wie in Goethes Bühnenskizze, Text-Band Abb. 8) der nachhomerischen Darstellung folgend mit Vogelleibern; deshalb 7152 *in den Ästen* und später davonfliegend zu den *Felsbuchten.*

291,7172 *Neuigkeiten]* Die dem nordischen Teufel fremdartige altgriechische Musik (Näheres bei Arens 1989,437 f.). – Goethes Hinweis folgend, er habe die satirischen Spitzen der *Walpurgisnacht* »von den besonderen Gegenständen abgelöst und ins Allgemeine gespielt«, aber so doch, »daß Alles, im antiken Sinne, in bestimmten Umrissen dastehe« (Eckermann, 21. 3. 1830), bezieht Witkowski 1950,340 die Verse 7172-77 auf »die gleitenden und klingenden Reime der Romantiker, z. B. Tiecks, denen die Wirkung auf das Gefühl fehlt«, MA 18.1,851 gar auf Haydn und Mozart.

291,7184 *Blick]* Für: Anblick.

291,7185 *Vor solchen hat einst Ödipus gestanden]* In der griech. Sage stürzte sich die mörderische Sphinx von ihrem Felsen vor Theben, als Oidipus ihr Rätsel löste: wer am Morgen vier-, am Mittag zwei-, am Abend dreifüßig sei? (der Mensch, der als Kind auf Händen und Füßen krabbelt, als Greis am Stock geht).

291,7186 *Vor solchen krümmte sich Ulyß in hänfnen Banden]* Odysseus, der sich an den Schiffsmast binden ließ, um unbeschadet den Sirenengesang vernehmen zu können (während sich seine Schiffer die Ohren mit Wachs verstopften): *Odyssee* XII,39-54 und 154-200. → hier 7203 ff. und 7210.

291,7191-94 *Sonst hättest du . . .]* Ursprünglich Faust-Verse. In H[18] noch:

Solch Ungeheuer hätt ich verflucht
Das Unvernünftige scheint unmöglich
Da wo man die Geliebte sucht
Selbst Ungeheuer sind erträglich

292,7197 f. *Wir reichen nicht hinauf zu ihren Tagen, | Die letztesten hat Herkules erschlagen]* Als urzeitliche Wesen haben sie das Zeitalter Helenas nicht mehr erreicht. – Herkules freilich hat zwar andere mythische Ungeheuer erlegt (so die *Stymphaliden* 7220 und die *Lernäische Schlange* 7227), nicht aber die Sphinxe.

292,7210 f. *Statt daß Ulyß sich binden ließ, | Laß unsern guten Rat dich binden]* Ins nahezu Rätselhafte verknappt: Anders als Odysseus, der sich angesichts dieser trügerisch lockenden Sirenen an einen Schiffsmast binden ließ (→ 7186), laß du durch *unsern* auf Chiron weisenden *guten Rat dich binden* (also hindern, den Verheißungen der Sirenen zu folgen).

292,7219-24 *Alcides Pfeilen kaum erreichbar . . . die raschen Stymphaliden . . .]* Hederich 1770,2268: »große Vögel, welche eiserne Flügel, Schnäbel und Klauen sollen gehabt haben. Sie hielten sich in ungeheurer Menge an dem See Stymphalus in Arkadien auf« und konnten von *Alcides* (Herkules) nur durch »ein besonderes Klapperzeug« hochgescheucht werden. – Die gleichfalls geflügelte Sphinx will sie als *Stammverwandte* doch nicht gelten lassen; selber mit Löwenkrallen bewehrt, weist sie auf ihren *Gänsefuß*.

293,7227 f. *die Köpfe der Lernäischen Schlange, | Vom Rumpf getrennt]* Die lernäische Hydra »hatte neun Köpfe, unter welchen der mittelste unsterblich war«, und »soll übrigens dermaßen giftig gewesen seyn, daß sie die Menschen auch mit ihrem bloßen Hauche getödtet; daher sie Herkules auf Anweisung der Minerva erlegen« mußte – indem er ihre Köpfe abschlug, die nachwachsenden ausbrannte und den einen unsterblichen vergrub (Hederich 1770,1454 f.).

293,7235-38 *Die Lamien sinds, lustfeine Dirnen, | Mit Lächelmund und frechen Stirnen, | Wie sie dem Satyrvolk behagen; | Ein Bocksfuß darf dort alles wagen]* Die Vampire des altgriech. Volksglaubens, welche ('fein zur Lust') »nach Menschenfleische und Blute sehr begierig gewesen und daher junge Leute durch allerhand Reizungen an sich zu locken gesuchet«, nahmen »denn wohl die Gestalt schöner junger Frauenspersonen an, die den Vorbeygehenden ihren weißen Busen sehen ließen.« (Hederich 1770,1424) – Der bocksfüßige *Satyr* (auf Mephisto zielend, der bei ihnen *alles wagen* darf) ist selbst ein »Teufelsgespenst« und »von dermaßen unkeuscher und geiler Art, daß sich weder Nymphe, noch ander Frauenvolk sicher vor« ihm sein kann (ebd. 2170 ff.).

293,7240 *Mische dich zum luftigen Gesinde]* Bezieht sich noch auf die Lamien, die dann 7785 ff. im Flug *schauderhafte Kreise* um den *Hexensohn* ziehen, und macht eine kleine intertextuelle Reverenz vor Gottfried August Bürger, in dessen Ballade *Lenore* (1774) die Geister der Hingerichteten den »Hochzeitsreigen« bilden: »Sieh da! sieh da! Am Hochgericht ⟨→ 7246⟩ | Tanzt, um des Rades Spindel, | Halb sichtbarlich, bey Mondenlicht, | Ein luftiges Gesindel.«

In Vincenzo Monti's *Sulla Mitologia, sermone*, Mailand 1825, die ihn daran wieder erinnerte, fand Goethe überdies einen für die eigene Gegenüberstellung von 'nordischer' und 'klassischer' *Walpurgisnacht* bemerkenswerten Hinweis. Monti, schreibt er 1826 in einer Anzeige, »führt uns zu den heiteren Gruppen der Götter und Halbgötter, wie sie den klaren Äther, den glanzreichen Boden Griechenlands und Italiens bevölkerten, und weis't sodann auf unser am Hochgericht um des Rades Spindel bei Mondenlicht tanzendes luftiges Gesindel hin, wobei er sich freilich sehr im Vorteil fühlt.« (WA I 41.2,204)

293,7243 f. *Und respektiert nur unsre Lage, | So regeln wir die*

Mond- und Sonnentage] Wie beim Sphinx von Giza (*vor den Pyramiden*!), der den Osthorizont vertritt, muß man sich den einen Sphinx hier auf den astronomischen Ostpunkt ausgerichtet denken, die Position des anderen spiegelverkehrt westlich – womit sich die kalendarischen Mond- und Sonnenbewegungen bestimmen ließen.

293, vor 7249 PENEIUS umgeben von Gewässern und NYMPHEN] Zweiter Schauplatz des *Walpurgisnacht*-Geschehens ist der die pharsalische Ebene und das Tempe-Tal durchziehende Fluß. Mit dem lyrischen Naturgeflüster der Eingangsverse läßt er selber sich vernehmen: personifiziert zum Flußgott, wie Goethe ihn in einer Darstellung wohl von Giulio Romano vor Augen hatte (abgebildet bei Witkowski 1950,502).

Urspr. Ortsbezeichnung hier *Peneus*, zu *Peneius* korrigiert (versehentlich nicht auch die folg. Sprecherangabe). MA 18.1,641 klärt, daß dabei eine Randnotiz Riemers (*Penéus*) auf die Dreisilbigkeit des Namens hinwies, den Goethe zunächst zweisilbig in die später umgeschriebenen Verse 7001, 7153, 7455, 7495 eingesetzt hatte. Es wechselt dann lat. *Peneius* und griech. *Peneios* (wie schon 6952).

294,7253 *Unterbrochnen Träumen zu]* Der Fluß selber ‘träumt’ offenbar – als eine Art *Nachgesicht* (7011) – die Liebesbegegnung Ledas mit dem Schwan, die Faust dann 7277-7312 in seine Verse faßt.

294,7254 *Wittern]* Adelung 5,263: »Donnern«. – Ein Vorbeben zu 7505. Die gleichen Worte *Wittern* und *Zittern* wiederholen die Sphinxe 7523 f., wenn Seismos die Erde erschüttert.

294,7260 *menschenähnlichs]* so H74 (*menschlichähnlichs* in H wohl Abschreibfehler gegenüber dieser Vorlage).

294,7269 f. *Wir säuseln, wir rieseln . . .]* JA 14,339: »‘Erlkönig’-Rhythmen«!

294,7271-7312 *Ich wache ja! . . .]* Da bleibt offen, ob

Faust teilhat an den zuvor *Unterbrochnen Träumen* des Peneios (7253) oder selbst die *unvergleichlichen Gestalten* auf das Gewässer 'projiziert' – als eigene *Träume* oder als Wachtraum-*Erinnerungen* an sein durch das Medium Homunkulus verbalisiertes Traumgesicht im Studierzimmer. (→ 6903-20, dazu Abb. 9)

295,7315 f. *kommt mir vor | Als . . .]* Entspricht: kommt mir's vor wie . . .

296,7331 CHIRON*]* Was Faust für einen herantrabenden Reiter hielt und dann doch als den berühmten Chiron erkennt (an den ihn 7212 die Sphinx gewiesen hatte), ist einer der Kentauren der griech. Sage: Sohn der *Philyra* (7329), mit der sich der Gott Saturn (so Hederich 1770,707) in Hengstgestalt verband, so daß der männliche Oberkörper dieser Mischgestalt von einem *Pferd getragen* wird. – Goethe zu *Wilhelm Tischbeins Idyllen* 1822: Die Kentauren finden wir »erfahren in der Sternkunde, die ihnen sichere Wegesrichtung verleiht, ferner einsichtig in die Kräfte von Kräutern und Wurzeln, die ihnen zur Nahrung, Erquickung und Heilung gegeben sind, so läßt sich gar wohl folgern, daß darunter vorzüglich sinnende, Erfahrung verbindende Männer sich hervortun, denen man wohl die Erziehung eines Fürsten, eines Helden anvertrauen möchte.« (WA I 49.1,319)

296,7337 f. *der edle Pädagog, | Der . . . ein Heldenvolk erzog]* Von seinen Schülern nennt dieser *Ur-Hofmeister* (Paralipomenon 123B, Text-Band S. 634,109 f.) dann 7369 ff. außer den *Argonauten* Kastor und Pollux (Helenas Brüdern, den *Dioskuren*) noch die *Boreaden*, Jason, Orpheus, Lynceus, schließlich den *Herkules* (→ Hederich 1770,707 f.).

296,7340 *alle die des Dichters Welt erbauten]* Als hätten die antiken Sagengestalten, real existierend, selber die dichterischen Werke hervorgebracht, in denen sie uns erscheinen.

296,7342 *Selbst Pallas kommt als Mentor nicht zu Ehren]* Athena, die in der *Odyssee* häufig die Gestalt des Mentor annimmt, um Telemach oder Odysseus zu raten, zürnt XXII, 205 ff. ihrem Schützling, der sich daran nicht hält.

297,7351 f. *Doch ließ ich meine Kunst zuletzt | Den Wurzelweibern und den Pfaffen]* Chiron, der mythische »Chirurgus, oder Wundarzt«, heißt es bei Hederich 1770,707 ff., »starb aber endlich selbst noch, weil die Wissenschaften, wenn sie aufs höchste gekommen, insgemein wieder in Abnahme gerathen, und gleichsam ersterben.«

297,7366 *brav]* DWb 2,339: »von männern im sinne von tüchtig, tapfer, wacker, redlich«.

297,7373 *im Rat bequem]* Hier: geschickt, tauglich, behilflich (vgl. DWb 1,1481 f.).

297,7380 *loben]* Im Sinn von: billigen, gutheißen (DWb 12,1082).

298,7383-86 *Ich hatte Phöbus nie gesehn, | Noch Ares, Hermes . . .]* Den griech. Sonnengott, den Kriegsgott, den Götterboten (in der Gestalt des Herkules aber trat dem Chiron das Göttliche *vor Augen*).

298,7386 | 87 und 7390 | 91] In den bisherigen Ausgaben fortlaufend gedruckt (obgleich in der Reinschrift H eine Strophengrenze nach 7386 eindeutig, nach 7390 wahrscheinlich ist).

298,7391 f. *Den zweiten zeugt nicht Gäa wieder, | Nicht führt ihn Hebe himmelein]* Einen zweiten Mann dieser Art bringt *Gäa* (»die Erde«, die sagenhafte Mutter der Titanen: Hederich 1770,2382) nicht hervor; keinen anderen wird *Hebe* (Gemahlin des auf den Olymp versetzten *Herkules*) mehr unter die Götter erheben.

298,7393 f. *die Lieder . . . den Stein]* Dichter, Bildhauer.

298,7396 *So herrlich . . .]* Zu ergänzen: wie in deinen Worten (*kam er* durch die Bildhauer *nie zur Schau*).

298,7402 *lebenslustig]* Für: Lebenslust schenkend, nicht nur *sich selber selig* bleibend (dazu Schadewaldt 1963/II,165 ff.).

298,7405 *Helena, da ich sie trug]* Frei fabuliert.

299,7415 f. *Die Dioskuren hatten . . . aus Räuberfaust befreit]* Kastor und Pollux, die ihre durch Theseus entführte Halbschwester nach Sparta zurückholten (entsprechend 8848-53).

299,7426 *Erst sieben Jahr]* Der hier durch die WA eingebürgerte Herausgebereingriff »zehen Jahr« (ebenso in 8850, wo in H das *zehenjährig* der älteren Handschriften erst in *siebenjährig*, dann in *dreizehnjährig* geändert wurde) gleicht Helenas Altersangabe der in 6530 an. – Hederich 1770, 1217 f. besagt: »Nach einigen war sie damals nur erst sieben ⟨. . .⟩ oder höchstens zehen Jahr alt, als sie Theseus entführete« und die Dioskuren sie befreiten. Einwände des Altphilologen Göttling hatten in C1/34 (8850) zu sieben- statt zehnjährig geführt. Laut Eckermann hat Goethe am 17. 3. 1830 dessen Gegenüberlegungen zwar zugestimmt: »ich bin auch dafür, daß sie zehn Jahr alt gewesen sei als Theseus sie entführet, und ich habe daher auch später ⟨6530, entstehungsgeschichtlich ‘später’⟩ geschrieben: *vom zehnten* Jahr an hat sie nichts getaugt. In der künftigen Ausgabe mögt Ihr daher aus dem siebenjährigen Reh immer wieder ein zehnjähriges machen.« Aber er ließ in H die unterschiedlichen Altersangaben von 6530 (zehn), 7426 (sieben), 8850 (dreizehn) denn doch stehen. Das beizubehalten, erlauben, ja fordern geradezu die Verse 7426-33, deren kleine Frotzelei zunächst den philologisch-pingeligen Göttling meinte, nun auch für dessen Nachfolger gilt.

299,7435 *Hat doch Achill auf Pherä sie gefunden]* Wie die Paralipomena zeigen, wußte Goethe (jedenfalls aus Hederich 1770,1222), daß der tote Achill von Troja auf die Donauinsel Leuke entrückt und dort mit der dem Schattenreich entstiegenen Helena verbunden wurde, die ihm den Euphorion gebar (Text-Band S. 631,34 u. 635,137 oder 664,16: *Insel Leuce*). Schreibt er dann doch: *auf Pherä* (als handele es sich bei dieser thessalischen Stadt um eine Insel oder eine Burg), ist das kaum ein Versehen, wie meist unterstellt wird. K. Mommsen 1968,130 ff. sieht darin eine absichtsvolle Kontamination mit der Sage von Alkestis (→ P99A, Text-Band S. 629,22), die hier von Herkules für den liebenden Admetos aus dem Hades zurückgeholt wurde. Entscheidend war wohl, daß nach antiker Vorstellung *Pherä* einen Eingang zur Unterwelt hatte.

299,7436 *Selbst außer aller Zeit]* Achill, wie Helena aus dem Todesreich zurückgekehrt: nicht mehr an die Zeit *gebunden.*

299,7437 *Errungene Liebe]* MA 18.1: sinnwidriger Abschreibfehler in H statt *Errungen* (? Sch.) – *gegen das Geschick*: Homer-Zitat (Reinhardt 1960,330): gegen das vom Schicksal Bestimmte, Gewollte.

300,7442 *heut hab' ich sie gesehn]* Bei der Geisterbeschwörung im *Rittersaal* (was Witkowski 1950,343 kommentieren ließ, daß diese Geschehnisse im 1. und 2. Akt »auf denselben Tag« fielen!).

300,7450 f. *Manto ... Tochter Äskulaps]* Goethe läßt diese wahrsagende Priesterin des Apoll, Tochter des Sehers Teiresias (so noch im Paralipomenon 99B: Text-Band S. 631,27), von Äskulap (Asklepios), dem Gott der Ärzte, abstammen: als Heilkundige nämlich soll sie beitragen zu Fausts *Asklepischer Kur* (7487) – deren sich der Liebeskranke durchaus nicht bedürftig sieht.

300,7455 *Sibyllengilde]* Hederich 1770,2196: Nach der eigentlichen Sibylla, die »einen Wahrsagergeist« besaß, »wurden demnach alle andere weissagende Frauenspersonen Sibyllen genannt«.

300,7456 *wohltätig milde]* In der ält. Bedeutung von: freigebig (mit ihren Wohltaten).

300,7459 *mein Sinn ist mächtig]* Für: ich bin meiner Sinne mächtig.

300,7460 *wie andre niederträchtig]* Auf gewöhnliche Weise niedrig gesinnt, nicht nach Höherem verlangend.

300,7462 *Geschwind herab!]* Abgesessen!

300,7465-68 *Hier trotzen Rom und Griechenland im Streite ...]* 168 v.Chr. besiegten die Römer unter dem *Bürger*-Konsul Lucius Aemilius Paullus den makedonisch-griechischen *König* Perseus – bei Pydna, wo nahe am *Sand* des Ägäischen Meeresstrandes vom *größten Reich*, dem Alexanders d.Gr., auch noch das Stammland verloren ging.

Chirons topographische Angaben freilich sind sehr großzügig: Nicht *Hier* (wo er den Peneios nordwärts überquert und Faust *an's Land gebracht* hat) lag dieses Schlachtfeld, sondern viel weiter nördlich, wo man keineswegs den *Peneios rechts, links den Olymp zur Seite* hat. – Das von Pospischil 1905,265 statt dessen angeführte Schlachtfeld von Skotussa (= Kynoskephalai), wo 197 v.Chr. die Römer den Makedonierkönig Philipp V. schlugen, liegt noch südlich vom Peneios, fügt sich also noch weniger in die Ortsbestimmungen dieser Verse.

301,7487 *Asklepischer Kur]* → Kommentar zu 7450 f.

301,7489 *sollst dich freuen!]* Wörtliche Übersetzung der antiken Begrüßungsformel χαῖρε – die hier zur Verheißung wird.

301,7490 *zu Persephoneien]* der Herrscherin im Hades. – Zu Goethes ursprünglichem Plan einer Darstellung dieses Losbittungs-Ganges: → Szenen-Kommentar S. 527 f.

301,7491 *In des Olympus hohlem Fuß]* Ohne entsprechende Vorlage in der griech. Mythologie wird das Totenreich hier unter dem im Spielfeld der *Klassischen Walpurgisnacht* gelegenen Berg der olympischen Götter lokalisiert (→ 7466) – gleichsam als dessen Gegenstück in der Tiefe.

301,7492 *Lauscht sie geheim verbotnem Gruß]* Von Pluto geraubt und zu seiner Gemahlin gemacht, sehnt sich die Unterweltherrscherin Persephone (Proserpina) doch zurück in die Oberwelt, zu der sie mit jedem Frühjahr wieder aufsteigt; – wie Hederich 1770,2102 angibt, unterhält sie gar eine Liebschaft mit dem gleichfalls hin und her wechselnden Adonis. – In Goethes Arbeitsschema vom 18. 6. 1830 (Paralipomenon 157, Text-Band S. 664,7 ff.) heißt es: *Proserpina verhüllt. Manto trägt vor Die Königin an ihr Erdeleben erinnernd.*

301,7493 f. *Hier hub' ich einst den Orpheus eingeschwärzt, | Benutz' es besser]* Auch der mythische Sänger war in das Totenreich hinabgestiegen. Mit der magischen Gewalt der Musik hatte er Pluto und Persephone bewogen, ihm seine verstorbene Gemahlin Eurydike zurückzugeben. Er freilich konnte sie nicht *Ins Leben ziehn* (7439): Weil er sich gegen die Freigabebedingung nach ihr umwandte beim

Rückweg in die obere Welt, mußte sie für immer zurückkehren zu den Toten (aber 9944 auch Helena: *Persephoneia nimm den Knaben auf und mich*).

Daß Manto an diesem Ort und auf diese Weise auch schon den Orpheus in die Unterwelt eingeschmuggelt habe ('Einschwärzen' bei Adelung 1,1605: steuerpflichtige oder verbotene Waren »heimlich in ein Land, in einen Ort bringen«), hat Goethe der antiken Legende hinzugedichtet. So verstärkt er die Gleichung, welche das Paralipomenon 123C (Text-Band S. 643,292) auf die Formel bringt: *Faust als zweyter Orpheus.*

302,7497 f. *Lied um Lieder anzustimmen, | Dem unseligen Volk zu gut]* H17: *Dem unzähligen Volk*; aber in H25 eigenhändig zu *unseligen* geändert. Gemeint sind wohl beidemal die von dem hier unmittelbar bevorstehenden Erdbeben Betroffenen. Was die ihnen *zu gut* angestimmten Sirenen-*Lieder* 7499-7518 verkünden, bringt deren Eingangsvers auf die Formel *Ohne Wasser ist kein Heil!* Damit wird die Flucht von der vulkanisch erschütterten Erde zum Wasser begründet (7495 *in Peneios Flut*; 7509 ff. dann zum *seeisch heitern Feste* am ägäischen Meer) und zugleich das große geologisch-politische Thema eingeleitet, das sich jetzt entwickelt: die Kontroverse zwischen Vulkanismus und Neptunismus (→ Kommentare zu 7529, vor 7851 u. 7853 und später im Szenen-Kommentar zum *Hochgebirg*, S. 646 ff.).

302,7500 *mit hellem Heere]* Wie: 'in hellen Haufen', alle miteinander.

302,7503 *Schäumend kehrt die Welle wieder]* Ein Stück weit muß das Flußbett angehoben worden sein, so daß hier *das Wasser staucht* (DWb 17,1135 f.: sich staut).

302,7513 *Luna doppelt leuchtet]* Der im Wasser widergespiegelte Mond.

302, vor 7519 SEISMOS*]* Griech.: Erdbeben. Hier Bezeichnung Poseidons als des Erderschütterers (Herodot VII,129 u. ö.). Goethe nutzte für die im folgenden geschilderte Bergentstehung einen Reproduktionsstich von Rafaels Darstellung der Befreiung des Paulus aus dem

Gefängnis zu Philippi durch ein Erdbeben (Apostelgeschichte 16,23 ff.),→ hier Abb. 10.

303,7529 *Bräche los die ganze Hölle]* Verstrebung mit der *Hochgebirg*-Szene des 4. Aktes, wo Mephisto 10072 von den Felsengipfeln erklärt: *eigentlich war das der Grund der Hölle.* Die Bildung der Erdoberfläche gemäß der Theorie der 'Vulkanisten' (→ Szenen-Kommentar, S. 646 ff.), die dort als 'christlicher' Mythos erscheint, wird hier durch das vom Seismos veranstaltete tektonische Beben, das Anaxagoras später (7865 ff.) in einen vulkanischen Vorgang umdeutet, wie ein antiker Mythos dargestellt.

303,7530 *Nun erhebt sich ein Gewölbe]* Hier (ebenso 7554 ff. und 7855) entspricht die Beschreibung der Bergentstehung dem, was im Streit um die Erdgestaltung in *Wilhelm Meisters Wanderjahren* eine Sektion der 'Vulkanisten' behauptet: »mächtige in dem Schoß der Erde schon völlig fertig gewordene Gebilde seien, mittelst unwiderstehlich elastischer Gewalten, durch die Erdrinde hindurch in die Höhe getrieben« (FA I 10,533 f.).

303,7531-34 *Es ist derselbe ... Der die Insel Delos baute, | Einer Kreißenden zu Lieb']* Seismos wird damit als Poseidon identifiziert (→ Kommentar zu vor 7519): Der ließ die Insel Delos, welche »zu der Zeit eben unter dem Wasser gesteckt, 〈...〉 aus demselben empor kommen« (Hederich 1724,1166), damit Latona dort den Apoll und die Diana gebären konnte. – 1808 verweist Goethe auf einen Bericht in Senecas *Naturales quaestiones* II,26, welcher »die Naturerscheinung bei Entstehung der Inseln im Ägäischen Meere auf eine Weise beschreibt, die genau mit derjenigen zusammentrifft, wie ich mir die Entstehung des Kammerbergs 〈bei Eger〉 dachte« (FA I 25,416 f.): als Insel im Urmeer durch eine submarine Eruption.

303,7538 *Wie ein Atlas an Gebärde]* Der Titan, welcher im griech. Mythos auf seinem Nacken das Himmels-*Gewölbe* trägt.

303,7540 *Kies und Grieß und Sand und Letten]* Reihenfolge von den groben bis zu den ganz feinen Ablagerungen: *Kies* –

Grieß (Adelung 2,794: »Grobkörniger Sand, welcher aus kleinen Steinchen bestehet«) – *Sand – Letten* (Adelung 3,184: »Benennung verschiedener zäher und fetter Erdarten«).

303,7545 *Karyatide]* Steinerne Gebälkträger-Figur der antiken Architektur, in Bauten der Renaissance und des Klassizismus wieder verwendet.

303,7547 *Noch im Boden bis zur Büste]* Bis zur Brust, → hier Abb. 10.

303 f.,7558-69 *angesichts der höchsten Ahnen ...]* Aus *Nacht* und *Chaos* entsteht im griech. Mythos die Welt. Seismos zählt sich zu den anstürmenden *Titanen*, welche in Urzeiten die thessalischen Gebirge *Pelion und Ossa* aufeinandertürmten (er schlug sie *als mit Ballen*, wie Bälle) und auf den *Parnaß* den zweifachen Gipfel einer *Doppelmütze* setzten (deren einer dem Apoll geweiht war). Den Olymp als *Sessel* für den Donnerer Jupiter will Seismos selber emporgehoben haben.

304,7575 *das hier Emporgebürgte]* Neologismus nach der von Goethe häufig benutzten älteren Nebenform zu 'Gebirge'.

304,7582-85 *Gold in Blättchen ... Imsen auf! es auszuklauben.]* → Kommentare zu vor 7104 und 7106. Diese schatzhütenden Greife und goldsammelnden Ameisen (mundartlich: *Imsen*) gehen nun ans Werk.

305,7598 *Allemsig]* Rastlos tätig (hier zugleich als Wortspiel: wie es nämlich dem Wesen dieser *Ameisen = Imsen* = Emsen gemäß ist).

305,7601 *Den Berg laßt fahren]* Bergmannssprache: das taube Gestein laßt beiseite.

305, vor 7606 PYGMÄEN*]* Dieses antike Zwergenvolk stellt die 7572 f. vom Seismos aufgerufenen *Bewohner* des gewaltsam emporgehobenen Berges. Selber gleichsam 'vulkanisch' erzeugt (7615: Anspielung auf das Paradies-*Paar* Adam und Eva), gehen die kriegerischen *Pygmäen* gewalttätig gegen die friedlichen *Reiher* vor (7644-53). Gegen ihr 'vulkanistisches' Reich aber (für dessen Königsthron der Feuer-Philosoph Anaxagoras 7879 f. den von Thales zum

Wasser gewiesenen Homunkulus gewinnen möchte) werden die rächenden *Kraniche* dann ihren 'Koalitionskrieg' führen: → Kommentar zu 7660-75. – So bildet diese mythische Tierkampf-Fabel eine Parallelaktion zum großen geognostisch-politischen Spiel des 4. Aktes.

305, vor 7622 DAKTYLE] Die durch ihre Schmiedekunst berühmten *Däumerlinge* (7875) der griech. Sage (δάκτυλος = Finger).

305,7623 f. *Die Kleinen ... die Kleinsten]* Pygmäen und Daktyle.

306,7629 *Schnelle für Stärke]* Schnelligkeit als ihre (oder anstatt der ihnen mangelnden) Stärke.

306,7642 *Heimliche Flammen]* im abgedeckten Meiler, dessen Holz-*Kohlen* in der Waffenschmiede benötigt werden.

306, vor 7644 GENERALISSIMUS] der das *Heer* der Pygmäen kommandiert. Mit Harnisch und Waffen ausgerüstet durch die dienstbar gemachten (aber 7654 ff. schon den Aufstand planenden) Imsen und Daktyle, welche die *Metalle* fördern und schmelzen, stellt das 'vulkanistisch'-gewalttätige Zwergenvolk den friedlichen Reihern nach, um ihre Federn als Helmschmuck zu gewinnen (→ 7652 f.,7667 f. und 7897).

306,7658 *noch nicht zeitig]* Meint: noch nicht an der Zeit, befreiend sich *loszureißen* (so daß diese Unterdrückten noch *geschmeidig*, also fügsam-nachgiebig sind gegenüber den Sklavenhalter-Pygmäen).

307,7660-75 KRANICHE DES IBYKUS ...] Schillers gleichnamige Ballade hat die antike Legende bekannt gehalten, daß Kraniche den Raubmord am Sänger Ibykos beobachteten und die rächende Bestrafung der Täter bewirkten. Danach werden die Beobachter in der Höhe hier benannt, weil sie ihre in kielförmigen Reihen über das Meer ziehenden *Genossen* (7671: *Reihenwanderer des Meeres*) zur *Rache* für die Niedermetzelung der ihnen nah verwandten friedlichen *Reiher* aufrufen; 7884-99 wird die *schwarze Kranich-Wolke* daraufhin ihren Angriff auf das Zwergenheer fliegen. – In dieser dramatisierten Tierfabel bilden die großen politisch-militärischen Ereignisse zu Goethes Zeit sich ab: die ‘vulkanistische’ Erhebung der französischen Republik und der ‘rächende’ Koalitionskrieg der europäischen Monarchien gegen dieses revolutionäre Frankreich (– *In so nahverwandter Sache*: 7673).

Goethe nutzte bildliche Darstellungen dieses schon in der *Ilias* (III,6) erwähnten sagenhaften Kampfes der Kraniche mit den fettbäuchig-krummbeinigen Pygmäen, wie sie sich auf antiken Wandgemälden, Vasen oder Gemmen häufig finden (vgl. etwa Witkowski 1950, Abb. 42).

307,7677 *nicht just]* Nicht geheuer (vgl. DWb 10,2406).

307,7678 *ein gar bequem Lokal]* Hier: passend, zweckmäßig, erwünscht.

307,7680-82 *Frau Ilse . . . auf ihrem Stein, | Auf seiner Höh wird Heinrich . . . | Die Schnarcher schnauzen zwar das Elend an]* Ortsbezeichnungen im Harz: Ilsenstein (→ 3968); Heinrichshöhe; Schnarcherklippen bei Elend (→ 3879 f. und Kommentar dazu). Für *schnauzen* in H43 noch *schnarchen.*

307,7683 *für tausend Jahr getan]* Auf Dauer so eingerichtet.

307,7686 *lustig]* H43/44 noch: *lüstern.*

307,7691 *Abenteuer]* In ält. Bedeutung »seltsame, wunderbare Erscheinung« (Adelung 1,23); hier die des ‘vulkanistisch’ emporgestülpten Berges.

307,7692 *Noch]* »steigernde, vermehrende Bedeutung«: »Dazu kommt noch . . .« (Adelung 3,821).

308, vor 7696 LAMIEN*]* → Kommentar zu 7235-38. Mephistos hier folgendes Abenteuer mit ihnen und der Empuse ist dem des Jünglings mit den drei Vetteln im 2. Teil von Aristophanes’ *Ekklesiazusen* und dem des Dionysos mit der Empusa in seinen *Fröschen* 286 ff. nachgebildet – deren Übersetzer Voß überdies anmerkt: »Empusa, eine Popanzin wie Lamia« sei auch »Eselfüßin« benannt worden (→ 7737). Dazu Gelzer 1983.

308,7704 ff. *Mit starrem Fuße . . .]* Mephistos Pferdefuß.

308,7710 f. *Mannsen . . . Hansen]* ‘Mannsen’: »nur in den niedrigen Sprecharten einiger Gegenden ⟨. . .⟩ übliches Wort, ein Mannsbild, eine Mannsperson« (Adelung 3,357). – ‘Hansen’ Plural von Hans: »um des häufigen Gebrauches dieses Vornamens willen, ward es oft zu einem allgemeinen Nennworte einer jeden Person. ⟨. . .⟩ merkwürdig, daß dieser Taufname in allen Sprachen einen so verächtlichen Nebenbegriff bekommen hat« (ebd. 2,964 f.).

308,7714 *das Volk]* Das Weibervolk allgemein (taugt von Eva her nichts; → 7711).

308,7716 *zu erwidern]* Für: zu bieten.

308,7721 *Entgegnet ihm]* Geht ihm entgegen!

309,7729 *mit ungewissem]* Fragwürdige Konjektur in C1/34 und seit WA: ‘bei ungewissem’ (H wie H74: *mit ungewissen*).

309,7732-47 EMPUSE*]* Griech. Gespenst, das »nur einen Fuß, und daher auch seinen Namen« hat, oder »zwar wohl zween Füße, doch soll der eine ein eiserner, oder, nach andern, ein Eselsfuß seyn ⟨. . .⟩. Dabey soll es sich in allerhand Gestalten, als in eine Pflanze, Kuh, Schlange, Fliege, schöne Frau und dergleichen verwandeln können« (Hederich 1770,993).

Das *Eselsköpfchen* im deutschen Aberglauben vielfach mit magischem Liebeszauber und dämonischem Treiben, auch dem des Hexentanzes verknüpft (HwbdA 2,1011-17): *Vom Harz bis Hellas immer Vettern!* Zugleich eine Shakespeare-Reminiszenz: im *Sommernachtstraum* III,1 zwingt ein Zauberspruch Oberons die Titania, sich in den eselsköpfigen Zettel zu verlieben.

309,7736 *Mühmichen]* Diminutiv von Muhme: »Der Mutter oder des Vaters Schwester«, auch »jede nahe Seitenverwandte weibliches Geschlechtes« (Adelung 3,601).

309,7750 *eräugnen]* Für: ereignen (→ Kommentar zu 5917).

310,7758 f. *Rosen . . . Metamorphosen]* Die befürchtete Metamorphose (Goethes Zentralbegriff für den Gestaltwandel) richtet sich hier entlarvend ins Widerwärtige: →

7769-84. – *Rosen*, dichterisches Sinnbild für »etwas Schönes, Liebliches, Angenehmes« (Campe 1809,861), bezeichnen zugleich doch »eine Entzündung auf der Oberfläche des menschlichen Körpers« (Adelung 3,1478. → 7716: *Nichts haben sie gesundes zu erwidern*).

310,7764 *Freier]* Im Sprachgebrauch der Zeit »Mannsperson, welche sich um eine weibliche Person bewirbt, sie zur Ehe verlangt« (Campe 1808,158), aber auch für Buhler, Verführer, Vergewaltiger und unter dem Einfluß des Rotwelschen für den Kunden einer Dirne (Adelung 2,289: überhaupt »nur in den gemeinen Sprecharten«) → 4071.

310,7771 *Gesicht]* »was man sieht, oder doch zu sehen glaubt, von den Gebilden der Einbildungskraft« (Campe 1808,342).

310,7772 *dünk' es nicht]* Bilde dir das nur nicht ein! (DWb n 6,1515: »im sinne einer unkritischen selbstüberschätzung«).

310,7773 *mir verpfänden]* Für: mir verpflichten (DWb 25,962).

310,7774 *Lacerte]* Eidechse (in Goethes *Venezianischen Epigrammen* 67-70. FA I 1,457 f. heißen so die Straßendirnen).

310,7777 f. *Thyrsusstange ... Pinienapfel]* Beim griech. Dionysos-Kult ein »von Feigenbaumholze geschnitztes männliches Glied« (Hederich 1770,517), das an der Spitze oft einen *Pinienapfel* trug.

310,7782 f. *quammig, quappig ... Orientalen]* Mephistos Versen über die *Dicke* mag zugrunde liegen, was Joh. Jacob Reiske in seinen *Proben der arabischen Dichtkunst*, Leipzig 1765,22 über das Schönheitsideal des Montanabbi mitzuteilen wußte: »sehr dickes, fettes, schwammigtes, quappigtes, und quarkweiches Fleisch an dem Orte, worauf man sitzt. Die Araber denken dießfalls ganz anders als wir.« (ausgemacht von M. Mommsen 1951).

310,7784 *der Bovist platzt entzwei]* Der bei Berührung platzende, seine Sporen versprühende kugelige Bauchpilz war im Volksmund auch als Hexenei oder Teufelsfurz bekannt; man glaubte, Boviste wüchsen »an den nächtlichen Tanzplätzen der Hexen« (HwbdA 1,1485).

311, vor 7791 *sich schüttlend]* Mephistos sonst vierhebig alternierende Verse gehen 7791-7800 in knittelartige, mit unregelmäßiger Senkungszahl sich schüttelnde Vierheber über.

311,7794 *Volk und Poeten abgeschmackt]* Der Volksaberglaube wie die Dichtungen, die solche *Gespenster* erfinden (→ 7843 ff.).

311,7795 *eine Mummenschanz]* Durch Wortgleichung auf den *Karneval* in der *Kaiserlichen Pfalz* mit seinen *Maskenzügen* verweisend (→ vor 5065).

311,7800 *Wenn es nur länger dauerte]* Meint: wenn es sich nur weniger rasch als Betrug oder Selbstbetrug erwiese.

311,7802 *ein Graus]* »veraltetes Wort, zerbrochene Stücke Stein, Kalk, Lehm u.s.f. zu bezeichnen« (Adelung 2,785).

311, vor 7811 OREAS *vom Naturfels]* Griech. Bergnymphe, vom 'neptunistisch'-naturgemäß gebildeten Urgestein her sprechend.

311,7814 *Pindus]* Der griech. Hochgebirgszug zwischen Thessalien und Epirus mit seinen Ausläufern (oder: seinen vom absinkenden Urmeer zuletzt 'hinabgebildeten' Hügeln? → 10101).

311,7816 *Als über mich Pompejus floh]* Nach der 7005-33 erinnerten Pharsalischen Schlacht.

311 f.,7817 f. *das Gebild des Wahns, | Verschwindet schon beim Krähn des Hahns]* Der vermeintlich vulkanisch aufgetürmte Seismos-Berg (so meint Oreas auf ihrem *Naturfels*) verschwinde beim ersten Hahnenschrei – wie nach dem Volksaberglauben aller Gespensterspuk.

312,7836 *Zwei Philosophen bin ich auf der Spur]* Anaxagoras und Thales (→ Kommentar zu vor 7851 und 7853). – Für ihren Disput und die daraus folgende Belehrung des Homunkulus nutzte Goethe das Szenario des ersten Streitgesprächs in Aristophanes' Philosophen-Komödie *Die Wolken*, auf die hier überhaupt mit zahlreichen motivischen und strukturellen Entsprechungen angespielt wird (dazu Atkins 1954).

312,7846 *ein Dutzend neue] Gespenster* jetzt im Sinne von windigen Hypothesen und irrigen Theorien. (Im Kontext der *Farbenlehre* hat Goethe 'Gespenst' häufig als polemische Übersetzung von 'Spektrum' benutzt, um Newtons prismatische Lichtspaltung als bloßes Trugbild auszugeben; dazu Schöne 1987,210).

312,7847 *Wenn du nicht irrst, kommst du nicht zu Verstand!]* 'Irren' hier für »hin und her gehen ⟨...⟩ ohne bestimmte Absicht« (Adelung 2,1396) – weil Homunkulus, statt den Ratschlägen dieser *Philosophen* zu folgen, *von Stell' zu Stelle* schwebend (7830) eher zur Einsicht gelangen werde, wie er *entstehn* kann? – MA 18.1, 891: »durch Irrtum klug werden« (? Sch.).

313, vor 7851 und 7853 ANAXAGORAS und THALES] Griechische Naturphilosophen im 5. und 6. Jh. v. Chr. Der erste »habe behauptet, die Sonne sei eine durchglühte Metallmasse« und habe »den Fall des ⟨Meteor-⟩Steins bei Aigos Potamoi vorausgesagt« (WA I 41.2,244. → hier 7900-45). Der zweite verstand die Erde als schwimmende Scheibe auf dem Urwasser, dem alles *entsprungen* sei (8435). Mit ihrem naturphilosophisch-geognostischen Streitgespräch 7851-72 setzt Goethe sie anachronistisch als Wortführer des 'Vulkanismus' bzw. des 'Neptunismus' ein. Zu dieser zeitgenössischen Kontroverse um die Bildung der Erdoberfläche → S. 646 f.

313,7854 *Doch hält sie* ⟨die *Welle*⟩ *sich vom schroffen Felsen fern]* indem sie ihm ausweicht, an ihm vorbeizieht.

313,7855 *Durch Feuerdunst ist dieser Fels zu Handen]* Nach 'vulkanistischer' Lehre hat das 'Zentralfeuer' im Erdinneren die Felsgebirge hervorgetrieben (→ 7865 ff. und 10075-88).

313,7860 *aus Schlamm]* des Urmeeres, durch dessen Ablagerungen 'Neptunisten' die Berge gebildet glaubten.

313,7866 *Äolischer Dünste Knallkraft]* Aiolos, griech. Gott der Winde, die er in Felshöhlen verschlossen hält (wohnhaft auf den vulkanischen Äolischen Inseln). Verbunden mit der Vorstellung antiker Naturwissenschaft, daß sich in Höhlen und Spalten des Erdinneren Wasser und Luft stauen und explosive Gase bilden.

313,7869 *Was wird dadurch nun weiter fortgesetzt?]* Rhetorische Frage: Was folgt denn schon aus solch vereinzeltem (und spätem) Fall für den Streit um die (urzeitliche) Bildung der Erdoberfläche?

313,7873 *Myrmidonen]* Aus Ameisen (griech. μύρμηκες) entstandener thessalischer Volksstamm; hier wohl als Sammelname für die 7875 angeführten kleinen *Pygmäen*, *Imsen*, *Däumerlinge* (für: *Daktyle*).

314,7879 *zur Herrschaft dich gewöhnen]* über das revolutionär-'vulkanistisch' entstandene Pygmäen-Reich (→ Kommentar zu vor 7606). Statt Gewalttätig-*Großem* nachzustreben, raten Thales 7882 ff. und Proteus 8261, *im Kleinen* anzufangen.

314,7884-99 *Sieh hin! die schwarze Kranich-Wolke . . . es flieht, es stürzt das Heer.]* → Kommentar zu vor 7660-75.

314,7887 *krallen Beinen]* Mit Krallen bewehrt.

314,7897 *Reiherstrahl]* → Kommentar zu vor 7644.

314,7905 *Diana, Luna, Hekate]* Hederich 1770,1207: Hekate »wird insgemein für den Mond gehalten. Am Himmel soll sie Luna, auf der Erde Diana, und in der Hölle Hekate, oder Proserpina heißen. Daher werden ihr drey Köpfe zugeleget« (danach und bezogen auf den zunehmenden, vollen und abnehmenden Mond hier: die *Dreinamig-Dreigestaltete*).

315,7909 *ohne Zauber]* Ohne die Beschwörungsgesänge der thessalischen *Zauberfrauen* (→ 7920 ff. und 8034 ff.).

315,7910 ff. *Bin ich zu schnell . . .]* Von den umgebenden breiten Madrigalversen abgesetzt, markieren unregelmäßige Kurzverse hier, wie häufig, die Erregung des Sprechenden.

315,7915 *Der Göttin rundumschriebner Thron]* Der *Mond*, den Anaxagoras schon selber auf die Erde stürzen sieht, während sich 7925 ff. doch nur ein Meteor aus ihm löst (→

7939 und Kommentar dazu). – Goethe vermerkt 1827 den Bericht des Diogenes Laertius, es habe der Philosoph Anaxagoras »den Fall des Steins bei Aigos Potamoi vorausgesagt, und zwar werde derselbe aus der Sonne herunter fallen«; so denkt er sich für Euripides' *Phaethon*-Tragödie ein »Phänomen, als wenn mit Donnergepolter ein Meteorstein bei heiterm Himmel herabstürzte, in die Erde schlüge und sodann alles wieder vorbei wäre« (WA I 41.2,244).

315,7920 *Thessalische Frauen]* Galten »für sonderbare Hexen«, die *Hekate* als Göttin verehrten (→ 6979 und 7905 mit Kommentaren dazu) und nach Horaz, Lukan, Plutarch »auch selbst den Monden von Himmel herunter hexen« konnten (Zedler 43,1261). – Hatte Anaxagoras nach dem antiken Bericht einen Meteorsturz nur vorausgesagt (→ Kommentar zu 7915), so behauptet er hier, wie diese thessalischen Zauberfrauen habe er selber ihn *hergerufen* (7929).

316,7939 *Der Fels war aus dem Mond gefallen]* Fast zitathafte Wiedergabe des Titels einer Schrift von F. A. v. Ende: *Über Massen und Steine, die aus dem Monde auf die Erde gefallen sind* (Braunschweig 1804), auf die Goethe durch Blumenbach aufmerksam gemacht worden war (RA 4,267). – Gegen die ältere Wissenschaftsvorstellung von vulkanisch oder meteorologisch bewirkten Meteoritenschlägen hatte erst Chladni 1794 eine außerirdische Herkunft der Meteore erkannt. Sein *Chronologisches Verzeichniß der herabgefallenen Stein- und Eisenmassen* von 1812 befand sich in Goethes Besitz; Tagebuch 20. 7. 1816: »Dr. Chladny: Unterhaltung über Meteorsteine«. → aber Thales 7946 und Kommentar dazu.

316,7946 *nur gedacht]* Bloße Einbildung – wie solche 'vulkanistischen' Theorien nichts mit der Wirklichkeit der Erdoberflächenbildung zu tun haben.

Goethe kannte De Lucs *Abrégé de principes et de faits concernants la cosmologie et la géologie* von 1803, wo es S. 57 f. heißt: »si quelqu'un me disoit: 'mais *j'ai vu*, cette *pierre* quand elle est *tombée*!' je répondrois ⟨...⟩ 'je le *crois*, parce que vous dites *l'avoir vu*, mais je ne le *croirois pas* si *je l'avois vu*'« (Wenn jemand mir sagte: 'Aber ich habe diesen Stein gesehen, als er gefallen ist!' würde ich antworten . . .: 'Ich glaube das, weil Sie behaupten, es gesehen zu haben, würde es aber nicht glauben, wenn ich es gesehen hätte').

316,7947 *die garstige Brut]* der Pygmäen.

316,7955 *Zunächst der Schwefel]* 'Zunächst' bezeichnet nach Adelung 5,439 f. auch, »was das erste und eigentliche an einem Dinge ist« (hier also: was beim höllischen *Dunst* der Harzer Walpurgisnacht vorherrscht). – Metz 1904 folgend, haben viele Herausgeber ungerechtfertigt geändert in »Zunächst dem Schwefel«, dabei das vorangehende Semikolon und die folgenden Punkte getilgt – die doch Mephistos Riechpause markieren.

316,7957 f. *Neugierig . . . Womit sie Höllenqual und Flamme schüren]* – anstelle des 'heimischen' *Pech* und *Schwefel.*

316, vor 7959 DRYAS*]* Baumnymphe (griechisch δρῦς = Eiche).

316,7959 *sei einheimisch klug]* Konzessiv: magst du, als Einheimischer, klug sein.

316,7967 *Die Phorkyaden]* Hederich 1770,1174 f.: Die Graeae (Graien), »alte graue Weiber, sonst aber Schwestern«, nach ihrem Vater Phorkus auch »Phorcyades genannt . . . hatten alle drey nur einen Zahn und ein Auge, welche sie einander wechselsweise gaben, wenn sie etwas essen, oder sehen wollten«. Auf Mephisto zielend (→ Kommentar S. 528 f.) macht Goethe dieses *Dreigetüm* (7975; in H48: *Abgrundsding*) zum Archetyp der Häßlichkeit.

317,7972 *Alraune]* Pflanze mit mißgestaltet-menschenähnlicher Wurzelbildung (→ Kommentar zu 4979 f.).

317,7976 *Wir litten sie nicht]* Konjunktiv: würden sie nicht dulden, ertrügen sie nicht.

317, vor 7982 PHORK.*]* Zur Textgestalt: So oder nur mit *Phor.* bezeichnet H von 8000 an auch die drei gemeinsam sprechenden Schwestern. Hier redet nur eine von ihnen, so daß WA die Sprecherangabe *Phorkyas* eingebürgert hat – die besser wohl für den ab 8026 so bezeichneten Mephisto des 3. Aktes reserviert bleibt (→ nach 8696).

317,7982 *das Auge, . . . daß es frage]* Für: erkunde.

317,7985 *empfahen]* Ält. Nebenform von: empfangen.

317,7989 *Ops und Rhea]* Ursprünglich doch nur röm. und griech. Name für die gleiche, der ältesten Götterdynastie angehörige Gemahlin des Saturn.

317,7990 *Die Parzen selbst, des Chaos, Eure Schwestern]* Meint die *Parzen* wohl nicht als *Schwestern* des *Chaos* (was sich aus Hederich 1770, 694/1880 ableiten ließe), sondern als »vom Chaos erzeugt« (so MA 18.1,898); bei Hederich zu »Töchtern der Nacht« erklärt, wären sie Enkel des *Chaos.* – Wenn Mephisto sie hier 'unrichtig' als *Schwestern* der angeredeten *Phorkyaden* bezeichnet, geht es ihm offenbar darum, sich selber als deren *weitläufiger Verwandter* (7987) zu empfehlen: *Des Chaos wunderlicher Sohn* hat Faust ihn in der *Studierzimmer*-Szene genannt (1384); *Des Chaos vielgeliebter Sohn* nennt er selbst sich, wenn er als Phorkyas erscheint (8027). Und die Phorkyaden stimmen zu: *Des Chaos Töchter sind wir unbestritten.* (8028)

317,7998 *Versuch's der Meißel doch euch zu erreichen]* Euch darzustellen müßten die Bildhauer versuchen (nicht die drei olympischen Göttinnen, deren eine Paris als die Schönste beurteilen sollte).

318,8004-07 *an solchen Orten . . . Wo jeden Tag, behend, im Doppelschritt, | Ein Marmorblock als Held ins Leben tritt]* In der Militärsprache hieß solch beschleunigte Gangart Doublierschritt (DWb 2,1270): eine ironische Anspielung auf die Berliner Siegesdenkmäler und Standbilder preuß. Feldherren nach den Befreiungskriegen?

318,8011-25 . . . *In zwei die Wesenheit der drei zu fassen . . .]* Eine der Phorkyaden soll *sich selbst* auf Mephisto *übertragen* (8030: zu einem *neuen Drei der Schwestern*) und dabei ihr *Bildnis* (mit dem einen *Aug' und Zahn*) ihm *überlassen.* – Perseus (auf seiner Suche nach der Medusa, einer der drei Gorgonen, deren entsetzliches Haupt er erbeuten sollte) machte »sich zuerst an diese Gräen 〈Phorkyaden〉, und ertappete deren Zahn und Auge, die er ihnen sodann wieder zu geben versprach, wenn sie ihm sagen würden, wo sich die Gorgonen befänden« (Hederich 1770,1175). Der neue Perseus hier darf sich freilich nur mimisch als Phorkyade darstellen. Aber die beiden (eigentlich die drei) echten, die ihr eines Auge und den einen Zahn behalten haben, sind davon begeistert – 8031: *Wir haben zwei*!

319,8026 MEPHISTOPHELES *als Phorkyas]* Wie sich aus der Regieanweisung nach 10038 ergibt, legt er hier die entsprechende *Maske* an und steigt in die *Kothurnen* (die hohen Schauspielerschuhe der antiken Tragödie). Das Böse, ins Griechische übersetzt, stellt als das Abgrundhäßliche sich dar; → dazu den Mephisto-Kommentar S. 528 f.

Nach 8031 sind möglicherweise nur durch ein unbemerktes Abschreiberversehen vier Mephisto-Verse ausgefallen (Paralipomenon 150a, → Text-Band S. 663):

Ich eile nun und such im vollem Lauf
Der neusten Tage kühnsten Meis⟨s⟩el auf
Mit Gott und Göttin laßt eu⟨ch⟩s dann gefallen
Gesellt zu stehn in heiligen Tempelhallen.

Also nur der radikalste Vertreter einer avantgardistischen Bildhauerkunst sei imstande, die absolute Häßlichkeit der Phorkyaden darzustellen (→ die Chorverse 8736-48 über Mephisto-Phorkyas).

319,8032 f. *mich verstecken, | Im Höllenpfuhl die Teufel zu erschrecken]* Kaum als ernstliche Ankündigung zu verstehen (eher: in dieser Gestalt wäre ich imstande, selbst . . .), motiviert aber Mephistos Abgang. – K. Mommsen 1968, 162 ff. unterstellt, daß er wie Faust 7489 ff. in die (hier der Hölle gleichgesetzte) Unterwelt hinabsteige, um mitzuwirken an der 'Entführung' der Helena (? Sch.).

319, vor 8034 Felsbuchten des Aegäischen Meers*]* Szenenziel und letzter Schauplatz des *Walpurgisnacht*-Geschehens sind die an Thessalien grenzenden Meeresbuchten. Hier werden die Darstellungsmöglichkeiten der Guckkastenbühne eines festen Theaterhauses vollends überfordert. Aber Beutler, SD 608 f. hat verdeutlicht, daß die Raumvision dieses 'Lesestücks' in Wahrheit noch einmal den großartigen Schaustellungen des in Calderón gipfelnden europäischen Barocktheaters folgt: »Galatee unter Musik über die Wasser im Triumphwagen, den Delphine ziehen, heranfahrend, von Sirenen und Tritonen begleitet, während das Meer rings in Flammen aufleuchtet, so hatte im August 1635 die Aufführung von Calderons: *El mayor encanto Amor*, Über allen Zaubern Liebe, geschlossen. ⟨. . .⟩ Das Theater war das von dem Florentiner Cosimo Lotti unter Philipp IV. erbaute Gartentheater im Schloßpark von Buen Retiro bei Madrid; es war so konstruiert, daß für gewisse Szenen die Hinterwand der Bühne kulissenmäßig auseinandergeschoben und dann die Wasserkünste des Parkes und dieser selber als tiefe Hinterbühne in die Vorstellung einbezogen werden konnten. In diesem Fall benutzte man den großen Teich (110 m breit, 300 m lang), über den hier Galatee nach vorn zur eigentlichen Bühne heranfährt. ⟨. . .⟩ Den Kunstgriff, durch Öffnen einer Hinterwand den Park, und zwar in diesem Falle den an der Ilm, in eine Dekoration einzubeziehen, hatte Goethe nach italienischem Vorbild schon am 9. Juni 1778 beim 'Luisenfest' selbst angewandt. Weiter aber, Goethe kannte Calderons Stück sehr wohl, und zwar in Aug. Wilh. Schlegels Übersetzung; ja er hat sogar, wie ein Briefentwurf vom Juni 1803 beweist, erwogen, es in Weimar aufzuführen. Er hat also, auch als Spielleiter, die Eigentümlichkeiten der bühnenmäßigen Wiedergabe, den barocken Schluß mit Einzug der Galatee und mit den großen Meer- und Feuereffekten durchdenken müssen und war der Meinung, daß sich das wohl in Weimar darstellen ließe.«

Für dieses grandiose Meerfest ist eine Bühnenzeichnung des Autors überliefert (→ Text-Band Abb. 8). Sie zeigt zwei zaghaft gestrichelte SIRENEN *auf den Klippen umher gelagert, flötend und singend*, und entspricht dieser Regieanweisung vor 8034 so genau, daß sie wohl gleichzeitig mit den ihr nachfolgenden Versen entstanden sein dürfte. Im Rückblick auch auf Goethes frühere Bühnenskizzen zum *Faust* wird deutlich, wie weit sein zeichnerisches Ausdrucksvermögen inzwischen verkümmert war und: wie gewaltig sich dagegen die bis ans Lebensende ungebrochene dichterische Kraft behauptet.

Immer entschiedener treten hier die in der *Walpurgisnacht*-Szene angelegten kantatenhaften Züge hervor (dazu Reinhardt 1960,350 ff.), und hochcharakteristisch für diesen festlich-hymnischen Ausgang erscheint der paargereimte, vierhebig daktylische Vers (8275-84, 8289-8302, 8424-25, 8464-79), der sonst lediglich in der Erdgeist-Rede (508 f.) und in sehr anderer Tonart noch einmal für die *Mitternacht*-Szene (11384-97) eingesetzt wird. Mit dem Hochgesang der Sirenen festigen sich diese Daktylen am Ende (8478-83) zu vierhebigen Trochäen:

Ŭnd rīngs īst āllĕs vŏm Fēuĕr ŭmrōnnĕn;
So herrsche denn Eros der alles begonnen!
  Heīl dĕm Mēerĕ! Heīl dĕn Wōgĕn!
  Von dem heiligen Feuer umzogen . . .

und dieses Versmaß übernehmen vom Land aus, vom Meer her ALL ALLE! für das gewaltige Finale, mit dem das ägäische Fest der Lebensentstehung gipfelt und endet.

Ein todesnaher einundachtzigjähriger Mann hat das geschrieben, in einem kleinen, armseligen Landstädtchen in Thüringen. So weit und so wunderbar kann die Poesie das Leben übersteigen und die Wirklichkeit aufheben, aus denen sie hervorgeht.

319, vor 8034 *Mond im Zenit verharrend]* im Scheitelpunkt des Bogens (8037), auf dem er heraufgestiegen ist. Bei Lukan (*De bello civili* VI,445 f.) bewirken das die *thessalischen Zauberfrauen* (→ Kommentar zu 7920), und Josua 10,12 ff. läßt der Herr Sonne und Mond stillstehen, bis Israel seine Schlacht bei Gibeon geschlagen hat. So bezeichnet die einführende Bühnenanweisung die große, außerordentliche Stunde: den Höhepunkt des heidnisch-frommen Mysterienspiels, an dem im kultischen Geschehen die Zeit ruht und der Augenblick Dauer gewinnt.

319,8043 *Schöne Luna, sei uns gnädig!]* Dem Gebet zur Mondgöttin antworten die Verse der *Bergschluchten*-Szene: *Jungfrau, Mutter, Königin,* | *Göttin bleibe gnädig.* (12102 f.)

319, vor 8044 ff. NEREIDEN und TRITONEN] Hederich 1770,1724 f.: Nereiden »waren Nymphen, und zwar insonderheit des Meeres. ⟨. . .⟩ Sonst bestund ihr Thun in nichts, als daß sie sich auf dem Wasser lustig macheten, tanzeten und spieleten ⟨. . .⟩ Sie hatten hiernächst die Macht, das ungestüme Meer zu stillen, und begleiteten insonderheit die Wagen der vornehmsten Meergötter ⟨. . .⟩, wie sie denn auch die aus dem Meere hervorsteigende Venus umgaben. ⟨. . .⟩ Insgemein sitzen sie auf Delphinen, Meerrossen und andern Seethieren«. Diese 50 Töchter des *Nereus* (→ Kommentar zu vor 8094) und der Doris, zu denen auch Galatee gehört, heißen in den griech. Sagen nach ihrem Vater Nereiden, bei Hederich nach ihrer Mutter auch Doriden (→ Kommentar zu 8137). Goethe teilt sie in zwei Gruppen (hier die Nereiden als *Meerwunder* und vor 8391 die Doriden *auf Delphinen*) und setzt Galatee, der Venus gleich *auf dem Muschelwagen* (vor 8424), von ihnen ab.

Tritonen, männliche Meergottheiten, oft im Gefolge der weiblichen Nereiden dargestellt (wie auf dem Lande Satyrn bei Nymphen).

320,8056 *Habt ihr uns herangesungen]* Meint die Sirenen, deren *Holder Sang* die Seefahrer anlockte (→ Kommentar zu 7159 f.): aus deren auf den Klippen gescheiterten Schiffen stammen die *Schätze*, mit denen diese Meeresgottheiten sich schmücken.

320,8067 *der kleinsten Reise]* zur nahen Insel Samothrake, wo die Kultstätte der *Kabiren* liegt (die dann 8168 ff. von den Nereiden und Tritonen herangeführt werden).

321,8082 *Nereus]* → Kommentar zu vor 8094.

321,8085 *Der widerwärtige Sauertopf]* Adelung 5,205: »Geneigt, andern zu widersprechen«, aber auch »im hohen Grade unangenehm«.

321,8089 *Dafür]* Hier: 'Wovor' *jedermann Respekt* hat (DWb 2,869).

321,8093 *Glas und Flamme]* der leuchtenden Homunkulus-*Phiole.*

321, vor 8094 NEREUS] Hederich 1770,1728 f.: »einer der vornehmsten Meergötter, und dabey insonderheit ein berühmter Wahrsager. Er sagete dem Paris alles Unglück vorher, welches die Entführung der Helena seinem Vaterlande zuziehen würde 〈→ 8110 ff.〉. Seinen Aufenthalt hatte er in dem ägeischen Meere. 〈. . .〉 Er wird als ein alter Mann vorgestellet, um welchen seine Töchter, die Nereiden, herum spielen.«

322,8110-21 *Wie hab' ich Paris väterlich gewarnt . . .]* In Horaz' *Carmina* I,15 prophezeit ihm Nereus, daß der *Raub der Helena* (6548) zum Untergang seiner Vaterstadt führen werde. Diesen *Gerichtstag* über *Ilion* (Troja) haben *rhythmisch festgebannt* (8116) die in Hexametern verfaßte *Ilias* Homers und Vergils *Aeneis.*

322,8121 *Des Pindus Adlern gar willkommnes Mahl]* Dafür H58: *Dem Dichtervolck . . .* Also wohl weder wirkliche Aasvögel noch die griech. Krieger, sondern (Weitz 1969,261): die auf dem Musenberg *Pindus* beheimateten Dichter – die der »ungeheure 'Stoff' von Troias Untergang immer aufs neue anlockte«.

322,8122-27 *Ulyssen auch . . .]* Daß Nereus auch dem Odysseus seine Irrfahrten (von der Zauberin *Circe* und den *Cyclopen*-Ungeheuern bis zur rettenden Phäaken-Insel) prophezeit habe, wird frei erfunden: wiederkehrende Figuren und die Spiegelung durch Parallelgeschehnisse als durchgehendes Darstellungsprinzip (→ beispielsweise die Entsprechung von 8127 und 8489).

322,8133 *weislich]* Hier wohl geradezu für: wissenschaftlich »richtig« (vgl. DWb 28,1147 B1a).

322,8134 *Humor]* Wie oft bei Goethe in der ält. Bedeutung: »stimmung, gesinnung, laune« (DWb 10,1906).

322,8137 *Doriden]* Hederich 1770,956: Dorides »sind einerley mit den Nereiden«. → Kommentar zu vor 8044 ff.

322,8138 *euer Boden]* Zu Thales gesprochen: die von euch Menschen bewohnte thessalische Ebene hier – gegen den Götterberg *Olymp* gesetzt.

322,8141 *auf Neptunus Pferde]* mit denen der Gott des Meeres (griech. Poseidon) über die Wogen fährt.

322 f.,8143-49 *... der Schaum sie noch zu heben scheint. | Im Farbenspiel von Venus Muschelwagen | Kommt Galatee ...]* Als Stellvertreterin der schaumgeborenen Venus (= *Kypris*, die bis zur Christianisierung in *Paphos* auf Zypern eine berühmte Kultstätte besaß) wird hier auch Galatee mit deren Sexualsymbolen ausgestattet. Hederich 1770,2438: »Als Saturn seinem Vater das männliche Glied weggeschnitten, und es in das Meer geworfen hatte, so entstund um solches herum ein weisser Schaum, der eine Zeitlang auf dem Meere umher trieb, bis endlich Venus aus demselben empor stieg« und zur Insel Kythera getrieben wurde – »auf einer Muschel«, dem uralten Sinnbild des weiblichen Schoßes. – Zur Galatee → Kommentar zu vor 8424.

323,8155 *Proteus]* → Kommentar zu vor 8225.

323,8162 f. *Als wie ... Anzögen weiße Segel]* Meint: Als ob (in H^{74} zunächst *Heranziehn* statt *Anzögen*).

323,8170 *Chelonen's Riesen-Schilde]* Der Panzer einer mythischen Riesenschildkröte, in dem jetzt die *Kabiren* (→ Kommentar zu 8178 ff.) herangeführt werden.

323,8171 *Entglänzt ein streng Gebilde]* 'Mysterienkult'-Sprache: als Glanz hervorgehen, im Glanz sich offenbaren; *streng* »seit der mitte des 18. jhs.« für »eine dem lieblichen und anmutigen abgekehrte, jedoch schönheit keineswegs ausschlieszende erscheinungsform, die meist durch die merkmale des straffen, hart konturierten sowie (der wirkung nach) des herben, ernsten und schlichten gekennzeichnet ist« (DWb 19,1444).

323 f.,8174 ff. *Klein von Gestalt | Groß von Gewalt, | Der Scheiternden Retter]* Als Beinamen der kleingestaltigen Kabiren führt Hederich 1770,583 an: die »mächtigen«, die »großen« und die »guten oder nützlichen Götter«. Schelling 1815,9 vermerkt, daß sie »zumal den Seefahrenden hülfreich und heilbringend seyn« (im Gegensatz zu dem, was die *Sirenen* anrichten: 8182).

324,8178 ff. *Wir bringen die Kabiren ...]* Die geheimnisvollen, stimmlos bleibenden Idole, die in dieser Wasser-Prozession von den Nereiden und Tritonen im Panzer der mythischen Schildkröte herangetragen werden zum kultischen *Fest* in den Felsbuchten, holte sich Goethe von den Mythenforschern der Romantik (dazu JA 14,352 ff. und Reinhardt 1960,324 ff.). In der Spätantike hatte sich um diese urtümlichen Gottheiten ein Geheimkult gebildet, der eines seiner Zentren auf Samothrake (8071) besaß und über die ganze hellenistische Welt verbreitet war; ein solcher Mysterienkult wird hier in der *Klassischen Walpurgisnacht* zitiert, ja nachgespielt. Seine Hauptquellen dafür, die abstrusen und hochspekulativen, hemmungslos synkretistischen Kabiren-Schriften der romantischen Mythologen (insbesondere Creuzers *Symbolik und Mythologie der alten Völker*, Bd 2, 1811 und Schellings Akademie-Abhandlung *Ueber die Gottheiten von Samothrace*, 1815), hat Goethe entschieden kritisch beurteilt; Creuzers *Symbolik* nannte er einen »dunkel-poetisch-philosophisch-pfäffischen Irrgang« (an Meyer, 25. 8. 1819). So geht es hier nicht ohne spöttisch-satirische Anspielungen ab, von denen er freilich zu Eckermann (21. 3. 1830) sagte, er habe sie in der *Walpurgisnacht* »so von den besonderen Gegenständen abgelöst und ins Allgemeine gespielt, daß es zwar dem Leser nicht an Beziehungen fehlen, aber niemand wissen wird, worauf es eigentlich gemeint ist.« → etwa die Kommentare zu 8212-18 und 8221 f.

Doch ist die *Kabiren*-Passage selbst keineswegs als Satire zu verstehen. Das Zentralmotiv für sein »dunkel-poetisch« gefaßtes Spiel verdankte Goethe geradewegs dem bespotteten Schelling. Der nämlich hatte vom »Hunger« dieser proteushaften samothrakischen Gottheiten geschrieben, von ihrem »Schmachten«, ihrer »Sucht« (aaO. 11), hat sie als »Sehnsuchtkranke« bezeichnet (13) und dabei die »Vorstellung der Sehnsucht als ⟨des⟩ Anfangs, als ⟨des⟩ ersten Grundes zur Schöpfung« eingebracht (16): das Schmachten nach Wirklichkeit, den »Hunger nach Wesen, den wir noch als das Innerste der ganzen Natur erkennen« (17). – So hat

Goethe in seinen *Kabiren* den *nur halb zur Welt gekommen*en Homunkulus gespiegelt, den das Verlangen treibt, ins wirkliche Leben einzutreten. Mehr noch: als *Sehnsuchtsvolle Hungerleider | Nach dem Unerreichlichen* (8204 f.) treten hier, im Medium des Mysterienkultspiels, 'faustische' Gottheiten in Erscheinung.

324,8186 ff. *Drei haben wir mitgenommen, | Der Vierte wollte nicht . . . eigentlich ihrer Sieben . . . der Achte]* Über diese geheimnisvoll schwankende, unterschiedlich gedeutete Zahl der Kabiren-Idole Hederich 1770,580-82; Creuzer 1811 und Schelling 1815 passim.

324,8197 f. *Sind im Olymp zu erfragen; | Dort wes't auch wohl der Achte]* In spekulativen Analogien hatten die Mythologen die Reihe der Kabiren, deren *Achter* eine besonders geheimnisvoll undeutliche Gestalt abgab, mit den olympischen Göttern verbunden. Schelling 1815,24: »Glieder einer vom Tiefsten in's Höchste aufsteigenden Kette«, die »dem Menschen Mittler sind zwischen ihm und der höchsten Gottheit«.

wes't von 'wesen' (älteres, hier wie ein Kultwort eingesetztes Verb): sich aufhalten, existieren.

325,8212-18 *Die Helden des Altertums . . . Ihr die Kabiren]* Selbst wenn sie das *goldne Vlies erlangt* haben (das berühmte Widderfell, welches die Argonauten aus Kolchis zurückholten), stünden die antiken *Helden* an Ruhm hinter euch Nereiden und Tritonen zurück, die ihr die *Kabiren* herbeibringt. (Mit ironischem Bezug auf die Mythenforscher Creuzer und Schelling, deren mit der Kabiren-Deutung erlangter Ruhm selbst die Taten der antiken Heroen in den Schatten stellt?)

325,8218 *Wir! ihr! die Kabiren]* Im *Allgesang* (tutti) wird das *Wir!* der Nereiden und Tritonen (die *die Kabiren* erlangt haben) gleichzeitig gesungen mit dem *ihr!* (habt *die Kabiren* erlangt) der Sirenen, die damit ihren Vers 8216 repetieren.

325,8219 f. *Die Ungestalten seh ich an | Als irden-schlechte Töpfe]* Unförmig oder mißförmig erscheinen dem Homunkulus diese Idole: wie primitive Tontöpfe. (Angeregt durch einen Hinweis bei Creuzer 1811,284, daß die Phönizier ihre Kabiren als »irdene, mitunter goldne Krüge« mit sich führten – 'berichtigt' nach Klagelieder Jeremias 4,2: »Die edlen kinder Zion, dem golde gleich geachtet, wie sind sie nun den erdenen töpffen vergleichet«).

325,8221 f. *die Weisen]* Textintern auf die zuvor Sprechenden bezogen, etwa auf ihre widersprüchlich schwankenden Angaben schon über die bloße Anzahl der Kabiren. Dabei mit leisem Spott anachronistisch-extern auf die zeitgenössischen Mythenforscher bezogen, die sich über sie die Köpfe zerbrachen (und in ihren Kontroversen einander vor die Köpfe stießen).

325,8224 *Der Rost macht erst die Münze wert]* bezeugt zugleich ihr Alter und macht sie unentzifferbar.

325, vor 8225 PROTEUS] Hederich 1770,2108/2110: Dieser Meergott verwandelte sich »in allerhand Gestalten, als Feuer, Wasser, Bäume, Löwen, Drachen, und so ferner. 〈...〉 Einige deuten ihn auf die Materie der Dinge, als die sich so oft verändert, als Arten der Thiere, Gewächse und anderer Creaturen sind.« – So erscheint er hier als allegorische Verkörperung der Metamorphose. In der *Italienischen Reise* (Bericht Juli 1787) schreibt Goethe, »daß in demjenigen Organ der Pflanze, welches wir als Blatt gewöhnlich anzusprechen pflegen, der wahre Proteus verborgen liege, der sich in allen Gestaltungen verstecken und offenbaren könne.« (FA I 15/I,402)

325, Regieanweisung in 8227 *Bauchrednerisch]* → Kommentar zu vor 6879.

326,8229 *eitle Worte]* Adelung 1,1638: »leer an Gründlichkeit, an Wahrheit, an Dauer, an Nutzen«.

326,8232 ... *wie ein Fisch]* den man in der Dunkelheit durch künstliches Licht herlocken und fangen kann.

326,8233 *wo er auch gestaltet stockt]* Meint: in welcher Gestalt er sich auch unbeweglich im Abseits hält?

326,8236 *Bescheiden doch, daß ich ...]* Maßvoll, behutsam, damit ich *das Glas nicht sprenge.*

326,8240 *auf menschlich beiden Füßen]* Auf zwei Füßen: in Menschengestalt.

326,8243 *Weltweise Kniffe]* in der damals geläufigen Bedeutung 'philosophischer' Tricks – oder einfach für »lebensklug, in den dingen der welt erfahren« (DWb 28,1724).

327,8256 *Er ist ... hermaphroditisch]* Zedler 12,1723 f.: »Einer der die Zeichen beyderley Geschlechts hat, obgleich dieselben schwach und unvollkommen« sind, habe juristisch, wenn »ein Geschlechte das andere nicht überwiegt, 〈...〉 die Macht selbsten, ein gewisses Geschlechte zu erwählen« (daher 8258: *So wie* Homunkulus am Ende seiner Menschwerdung *anlangt*, in männlicher oder weiblicher Erscheinung, *wird sichs schicken* = sich fügen, recht sein: Adelung 4,50). – »So lange aber der Zwitter noch nicht einen gewissen Sexus erwählen kan, z. E. er ist noch ein Kind; so lange wird er pro masculo gehalten« und entsprechend mit *er* bezeichnet.

327,8266 *Es grunelt so]* Mundartlich wie 'grüneln'. Häufig bei Goethe für den feuchten Duft frischen Grüns, überhaupt für das naturhafte Wachstum und sich regende Leben.

327,8274 *Dreifach merkwürdiger Geisterschritt!]* Wie sie zu dritt jetzt auf die *Strandeszunge* in den *Dunstkreis* des lebenschenkenden Wassers treten: *merkwürdig* im wörtl. Sinn für das Ungewöhnliche, Außerordentliche dieses Ganges. 'Merkwürdiger' noch in H74: *Proteus (als Delphin neben her schwimmend)*, Thales auf dem Land sich bewegend, Homunkulus in der Luft (Arens 1989,532 f.).

327, vor 8275 TELCHINEN VON RHODUS] Auf der Insel Rhodos beheimatete Meerdämonen, die den *Dreizack* des Neptun schmiedeten; hier auf *Hippokampen* (Seepferden) heranreitend.

328,8277 *der Donnrer]* Gängig für den Göttervater ('Iuppiter Tonans').

328,8285 *Helios]* Der auf Rhodos verehrte griech. Sonnengott (*Heiteren Tags* in 8286 meint also den sonnenhellen Tag). – Daß sich die Telchinen ihm geweiht hatten, mag Goethe Hederich 1770,2299 entnommen haben, wo »Telchinius« als Beiname dieses Gottes genannt wird, »dessen

Bildsäule ⟨den Koloß von Rhodos⟩ die Telchiner verfertiget hatten«.

328,8289 *Göttin am Bogen da droben]* Luna als die Göttin des *im Zenit* verharrenden Mondes (→ Kommentar zu vor 8034); Schwester des Sonnengottes.

328,8292 *Päan]* Preisgesang.

328,8298 *und die Insel]* Metrisch überzähliges *und*: seit WA I 15.2,61 und noch in MA 18.1 entspr. H^{74} durch Komma ersetzt, weil nach mehrfacher Textänderung nur versehentlich in H stehengeblieben (nicht zwingend).

328,8299 *Da schaut sich der Hohe in hundert Gebilden]* in den auf Rhodos errichteten Helios-Stelen und im Weltwunder seiner von den Telchinen geschaffenen Kolossalstatue (dem *Riesen*).

328,8301 f. *Wir ersten wir waren's ...]* Hederich 1770, 2298: »Sie errichteten auch zuerst den Göttern Bildsäulen«.

329,8311 *Zerstörte sie ein Erdestoß]* So wird es vom Koloß von Rhodos berichtet.

329,8317 *Proteus-Delphin]* Die Verwandlung in den Delphin (der in vielen griech. Sagen Schiffbrüchige rettet und in der Erzählung vom Enalos diesen aus Sehnsucht nach seiner Geliebten ins Meer sich Stürzenden zu ihr nach Lesbos trug) mag man als leise Vordeutung auf den erotischen Charakter des Ausgangs verstehen: zu Galatee wird Homunkulus getragen, damit er sich dem Ozean 'vermähle'.

329,8327 *Komm geistig mit ...]* Gegen den vorangehenden Ratschlag des Thales: Als Geist, der er doch sei, solle sich Homunkulus in die *feuchte Weite* des Meeres begeben und besser ein Geist dort auch bleiben – deshalb 8330-32.

329,8331 f. *bist du erst ein Mensch geworden, | Dann ist es völlig aus mit dir]* Im BA-Kommentar wohl gründlich mißverstanden: »Der Mensch steht entwicklungsgeschichtlich auf der höchsten Stufe; weiter könnte sich auch der Homunculus nicht entwickeln.« – Aber auch wenn der Autor es eher mit den Thales-Versen 8333 f. halten mochte, wollte er Proteus' Einwurf kaum als völlig abwegig verstanden wissen. Zu Eckermann sagte er immerhin (16. 12. 1829), »solche geistige Wesen, wie der Homunkulus,« seien »durch eine vollkommene Menschwerdung noch nicht verdüstert und beschränkt worden«.

329,8333 *Nachdem es kommt]* Für: Je nachdem, wie es kommt.

329,8335 *So einer wohl von deinem Schlag!]* Einigermaßen ironisch auf die antiken Philosophen und ihr langes Nachleben bezogen.

330,8347 ff. *ein nächtiger Wanderer ... Doch wir Geister ...]* Was Menschenaugen als einen *Mondhof* sehen, deuten die Geister hier auf mythische Weise als *ein Heiliges* (8358): als einen Schwarm von Tauben, aus dem Heiligtum der Liebesgöttin auf Paphos *hergesendet*, die Galatee begleitend und ankündigend – deshalb 8345: *Unser Fest, es ist vollendet*!

330,8352 *Muschelpfad]* Schreiberfehler für *Muschelfahrt* (so H69)? → vor 8424: Galatee *auf dem Muschelwagen nähert sich.*

330,8357 *im stillen warmen Neste]* Deutlicher in H69 (*im alten stillen Neste*) auf die frommen alten Mythen bezogen, in denen sich, unversehrt durch rationale Einsichten, *ein Heiliges lebend hält.*

330, vor 8359 PSYLLEN und MARSEN] Zauberkräftige und heilkundige Völkerstämme der Antike, Schlangenbeschwörer; in Afrika bzw. Italien seßhaft (MA 18.1,917: hier durch Goethes Mißverständnis einer Angabe des Plinius nach *Cypern* versetzt).

330,8360 f. *Vom Meergott nicht verschüttet, | Vom Seismos nicht zerrüttet]* Also weder für die 'neptunistisch' noch für die 'vulkanistisch' verändernden Kräfte erreichbar (→ Kommentar zu vor 7851 u. 7853).

330,8365 *Cypriens Wagen]* Der *Muschelwagen* der cyprischen Venus (→ Kommentare zu 8143-49 u. vor 8424).

330,8369 *Die lieblichste Tochter]* Die Nereus-Tochter Galatee (→ Kommentar zu vor 8044 ff.).

331,8371-76 *Weder Adler noch geflügelten Leuen, | Weder*

Kreuz noch Mond . . .] Meint den römischen Adler, Venedigs Markus-Löwen, das Kreuzritter-Zeichen und den türkischen Halbmond – die Mächte also, die nacheinander über Zypern herrschten und deren 'vulkanistische' Gewalttaten diese Psyllen und Marsen nicht *scheuen* (→ 8361 und im Szenen-Kommentar S. 525).

331,8374 *Sich wechselnd wägt]* 'Wägen' wohl in der »ursprünglichen bedeutung 'auf der wage auf- und niedergehen machen'« (DWb 27,427). Denkbar wäre aber auch ein Schreibfehler in H: der H69 entsprechende, seit WA gängige Herausgebereingriff »wegt« (für bewegt) folgt der verbreiteten Wendung 'sich regen und wegen' (vgl. DWb 27,3089).

331,8381 *Zeil' an Zeile]* Reihe an Reihe (vgl. Adelung 5,354).

331,8385 f. *Bringet, zärtliche Doriden, | Galatee, der Mutter Bild]* Die *Doriden,* nach Hederich 1770,956 »einerley mit den Nereiden« (→ Kommentar zu vor 8044 ff.), werden hier doch als die Zärtlichen von jenen Rüstigen und Derben (8383) unterschieden.

Für die Meernymphe Galateia benutzt Goethe durchgehend die französ. Namensform. Die Reinschrift H hat hier *Galatee der* und eine (nicht eigenhändige) Randnotiz: *te'n?* Düntzer 1900,199 paraphrasiert: Stellt der Galatee (Dativ) das Ebenbild ihrer Mutter Doris vor Augen! Gemeint ist aber, daß die Doriden ihre Schwester Galatee (Akk.) herbeiführen sollen, die geradezu ein Ebenbild ihrer Mutter sei (deshalb Komma vor *der* ergänzt).

331,8388 | 8390 *Würdiger Unsterblichkeit | Lockender Anmutigkeit]* Gemeint: Von . . . (Genitivus qualitatis).

332,8409 *Den Jüngling bildet euch als Mann]* Meint keineswegs: »Stellt euch die Jünglinge mit Hilfe eurer Phantasie als reife Männer vor« (Witkowski 1950,356), sondern: bildet sie euch dazu heran! – Unsterblichkeit freilich (→ 8406) könnte nur der Göttervater schenken.

332,8412 ff. *Die Welle, die euch wogt und schaukelt, | Läßt auch der Liebe nicht Bestand . . .]* Den weichen, glatten Trochäenversen der *zärtlichen Doriden* (8391 ff.) antwortet Nereus in unruhig schaukelnden Jamben: im Rhythmus der Unbeständigkeit, die den Meereswellen und den liebenden Umarmungen gleichermaßen eigen ist. Weithin sind die Versmaße der *Walpurgisnacht*-Szenen auf solche Weise an der Versinnlichung des Geschehens beteiligt.

332, vor 8424 GALATEE *auf dem Muschelwagen]* Wie Leda mit dem Schwan (Abb. 9) ist auch die Meerfahrt der Galateia häufig dargestellt worden in der europäischen Malerei, vornehmlich der Renaissance (Dörrie 1968). Diesen Gemälden lag eine Bildbeschreibung aus dem 3. Jh. nach Chr. zugrunde, die Goethe 1818 in seinem Aufsatz über *Philostrats Gemälde* einläßlich paraphrasiert hat (WA I 49.1,106 f.). Vor allem hatte er Raffaels großes Wandbild 'Triumph der Galatea' in der römischen Villa Farnesina studiert und besaß in seiner Graphiksammlung deren von Marc-Anton und Cunego gestochene Reproduktionen (→ zum folgenden Abb. 11). Raffael zeigt die Figurengruppe auf einer ruhigen, silbrig aufglänzenden Wasserfläche, durch *liebliches Wellengeflechte* ziehend (8367), und hat durch die Körperbiegungen der Mittelpunktsgestalt und des Amor im Vordergrund das Ensemble tatsächlich *In kreisenden Schwunges Bewegung* gesetzt (8427). Um Galateia – *wie holde Menschenfrauen | Lockender Anmutigkeit* (8389 f.) – das Getümmel ihrer Begleitfiguren: ein *Hippokamp*, Kentauren (wie *Chiron*) und die Meerfrauen (Goethes *Doriden*), muschelhornblasende *Tritonen* zu beiden Seiten und *Delphine* (8425) vor *Venus Muschelwagen*, der sich aufwölbt aus dem Meer. In den Lüften kreisend die Pfeile versendenden Eroten, die diese Meerfahrt als mythisches Liebesfest zu erkennen geben; einer zu Füßen der Schönen, der ihr in die Zügel greift: *So herrsche denn Eros ...!* (8479) – Sehr schön kann man hier beobachten, wie der Autor das 'Nebeneinander' der Formen und Farben ins 'Nacheinander' seiner Verse transformiert und Raffaels malerische 'Momentaufnahme' umgesetzt hat in die fortschreitende Bewegung des szenischen Vorgangs.

333,8431 *das ganze Jahr]* ihrer Trennung.

333,8435 *Alles ist aus dem Wasser entsprungen!!]* Ein einzigartiger Fall im ganzen *Faust*-Text: zwei in H eigenhändig eingefügte Ausrufzeichen. Sie markieren die Grundformel für die Entstehung des Lebens; → hier S. 530 f.

333,8442 *Was wären Gebirge, was Ebnen und Welt?]* Nicht nur, daß das Element des Wassers das Leben erhält (8443), daß alles Leben aus ihm hervorgeht (8444): auch *Gebirge* und *Ebnen* gäbe es nicht ohne das Wasser des Urmeeres, das sie ausgeformt hat – was wäre sonst die *Welt*? (zu dieser 'neptunistischen' Vorstellung → Kommentare zu: vor 7851 und 7853 sowie zur Szene *Hochgebirg*, hier S. 647).

333,8445 *Sie kehren schwankend fern zurück]* Meint offenbar eine zurückwendende Kreisbewegung des Zuges fern schon auf dem Meer.

333,8447 *In ... Kettenkreisen]* Im Reigen (dem »Kreistanz« der 'Catena': Scheller 1796,388).

333,8451 *schon und aber schon]* Für: »dennoch« und »wiederum« (Adelung 4,235 u. 1,24) – weil die *Schar* den *Muschelthron* gelegentlich verdeckt?

334,8461 ff. *In dieser Lebensfeuchte | Erglänzt erst deine Leuchte | Mit herrlichem Getön]* Auf die ins Meer eintauchende, leuchtende und klingende Homunkulus-*Phiole* bezogen: eine Synästhesie, die auf dem Zenit des Geschehens das Haptische, Optische und Akustische feierlich-festlich zusammenführt.

334,8465 *offengebaren]* Eine 'liturgische' Eigenbildung (in Anlehnung an das biblische Perfektpartizip 'geoffenbart'?): das von Goethe aus veralteter Kanzleisprache aufgenommene und neu belebte, auf den sichtbaren Vorgang bezogene 'gebaren' wird verschmolzen mit dem auf die geheimnisvolle Bedeutung dieses Geschehens bezogenen 'offenbaren'. – In C1/341 normalisiert und trivialisiert zu »offenbaren«.

334,8466-73 *Was flammt um die Muschel ... ergießet sich schon]* Auf den weiblichen Schoß, den Geschlechtsakt, den Orgasmus deuten die Sprachbilder, die den 'Liebestod' des Homunkulus bezeichnen.

334,8468 *von Pulsen der Liebe]* In wörtl. Bedeutung 'Schläge' (Impulse).

334,8469 *von Proteus verführt]* In der alten Grundbedeutung von 'hinwegführen' (vgl. DWb 25,359). Hier keineswegs in negativem Sinn, aber wohl mit erotischer Konnotation.

334,8478 *Und rings ist alles vom ...]* Zur Textgestalt: Einen Abschreibfehler in H unterstellend, haben hier alle Herausgeber das *ringsum* der Handschriften H69/73 wieder eingesetzt, um ein gleichmäßig daktylisches Metrum v – vv – vv ... herzustellen. Doch ließe sich der Spondeus der Endfassung v – – – vv ... auch als bewußte, aufstauende Abweichung vom metrischen Gleichmaß verstehen, die den nachfolgenden Konklusions-Vers stärker hervorhebt.

334,8479-87 *Eros der alles begonnen ... Element' ihr alle vier!]* Die schließenden Verse der *Klassischen Walpurgisnacht* bilden einen chorischen Gesang auch von der antiken griech. Schöpfungslehre. Platon (*Symposion* 178b) über die zeugende Urkraft: 'Unter allen Göttern zuerst ersann sie den Eros'. – Die *vier* 'klassischen' *Elemente* Feuer, Wasser, Luft und Erde (8485 *Grüfte* = Höhlen, Erdlöcher wohl des Reimes wegen) galten als Ursprung alles Irdischen. Empedokles (*Fragmente* 21,9 ff.): 'Denn aus diesen entsproßt alles, was da war, und was ist und sein wird, Bäume und Männer sowie Frauen und Tiere und Vögel und wassergenährte Fische, und auch Götter ⟨...⟩ durcheinander laufend werden sie ⟨die vier Elemente⟩ zu verschiedenartigen Dingen; ⟨...⟩ alles, was in bezug auf die Mischung mehr entsprechend eingerichtet ist, ⟨ist⟩ einander ähnlich und in Liebe verbunden.'

334,8483 *Abenteuer]* Hier (wie oft bei Goethe) für »ungewöhnl Ereignis, Vorkommnis, Erlebnis« (GWb 1,38).

334, vor 8484 ff. ALL ALLE!*]* Das einzige Ausrufzeichen hinter einer Sprecherangabe im *Faust*-Text. Eigenhändig setzt Goethe es der Abschrift Johns (H79) hinzu und beläßt es so in der Reinschrift H: als vertrete es den enthusiastischen Gestus des Dirigenten, der den großen Chor ins hymnische Finale reißt.

DRITTER AKT

Am 24. 5. 1827 hat Goethe an Nees v. Esenbeck geschrieben, daß er der Helena »nun auch schon sechzig Jahre nachschleiche, um ihr einigermaßen etwas abzugewinnen.« Was das meinte, erklärt ein Brief vom 22. 10. 1826 an Wilhelm v. Humboldt: »Es ist eine meiner ältesten Konzeptionen, sie ruht auf der Puppenspiel-Überlieferung, daß Faust den Mephistopheles genötigt, ihm die Helena zum Beilager heranzuschaffen.« Auch Goethes auf den 17. 12. 1826 datierter Entwurf einer *Ankündigung* des Vorabdrucks dieses 3. Aktes bezieht sich ausdrücklich auf die *alte Legende* der Faustbücher und vermerkt: *Ein solches bedeutendes Motiv in unserer Ausführung nicht zu versäumen war uns Pflicht.* (Text-Band S. 637,45 ff.)

Schon die Geisterbeschwörung im *Rittersaal*, wo der Magier vor Kaiser und Hof die antike *Heldin* erscheinen ließ, war ja im Faustbuch vorgegeben (→ Kommentar zu *Finstere Galerie*, hier S. 465 f.). Und über die leibhaftige Verbindung des D. Faustus mit Helena (die ihrerseits zurückgeht auf die Legende vom Zauberer Simon der Apostelgeschichte 8,9 ff. – dazu Boisserées Brief an Goethe vom 15. 12. 1831) heißt es bei Pfitzer 1674,511 f.: Weil dem Teufelsbündner das Sakrament der Ehe versagt war, habe ihm »der Satan die Gedancken ein⟨gegeben⟩, wie er doch die schöne Helenam aus Griechenland, von welcher noch heutiges Tags die Welt viel zu sagen weiß, nicht allein sehen, sondern gar zu einer Concubin und Beyschläfferin haben und behalten möchte.« So sei ihm vom Mephostophiles die »Schönste selbiger Zeit in Griechenland« zugeführt worden: des »Königs Menelai Gemahel«, »um welcher Willen die schöne Stadt Troja ist zu grund gangen«, und es »hat diese verzauberte Helena ihm das Hertz dermassen eingenommen und gefangen, daß er zur Stund in hefftiger Liebe gegen sie entzündet wurde«. »Etliche Monat« habe er mit ihr verbracht – wohl wissend, daß »sie ja keine natürliche leibhaffte Person wäre«. Als sie dennoch »eines Sohns niderkommen und genesen, hat D. Faustus sich höchlich darüber erfreuet, und ihn Justum Faustum genennet. Welcher aber hernach, nach seines Vattern, D. Fausti, elenden Tod, zugleich mit seiner vermeinten Mutter verschwunden.« So stand bei Pfitzer, was die vorgegebenen »Facta« angeht (→ dazu hier S. 181), Goethes *bedeutendes Motiv* schon mit all den Zügen bereit, denen er »einigermaßen etwas abzugewinnen« vermochte und aus denen er seine Helena-Dichtung entwickelt: sie »in langen, kaum übersehbaren Jahren gestaltet und umgestaltet« hat (an Nees v. Esenbeck, 24. 5. 1827). – Zur Entstehungsgeschichte des 3. Aktes: R. Fischer-Lamberg 1955,83-149 und Bohnenkamp 1994, 532-37.

Eine von der Endfassung noch sehr abweichende Darstellung der Faust-Helena-Begegnung enthält Goethes für *Dichtung und Wahrheit* vorgesehener Bericht (Paralipomenon 63. → Text-Band S. 593 ff., hier 72 ff.). Erst 1816 verfaßt, gibt diese Inhaltserzählung doch Einblick in eine deutlich ältere Konzeption. Da liegt der *Wohnsitz des neuen Paris* noch auf deutschem Boden. Helena *glaubt so eben von Troja zu kommen und in Sparta einzutreffen.* Faust *steht als deutscher Ritter sehr wunderbar* ⟨sonderbar⟩ *gegen die antike Heldengestalt. Sie findet ihn abscheulich.*

Vermutlich noch auf diesen Plan bezogen, entstand im Jahr 1800 das Fragment *Helena im Mittelalter* (Text-Band S. 671-79). Seine 265 Verse entsprechen schon weitgehend dem Eingang des späteren 3. Aktes. Aber sie führen nur bis zu dessen Vers 8802, brechen also ab, bevor die 'klassische' Heroine auf Faust als mittelalterlich-'romantischen' Ritter trifft. Tatsächlich hat Goethe damals gezögert, diese antikisierende Dichtung überhaupt in das 'barbarische' Drama einzubringen, weil er fürchtete, er werde seine Helena durch eine solche Verbindung geradezu »in eine Fratze verwandeln« (→ Text-Band S. 780: Brief an Schiller, 12. 9. 1800). Daß er sie ganz vom *Faust* ablöste und verselbständigte, hat offenbar Schiller damals verhindert. Der redete dem Freund entschieden zu, »von dem Reinen mit Bewußtsein ins Unreinere zu gehen«. Ja, er entwarf ihm ein Arbeitsprogramm, mit dem er auf seine Weise das Ganze der *Faust*-Dichtung auf die *Helena*-Passage ausrichtete: »Gelingt Ihnen diese Synthese des Edeln mit dem Barbarischen, wie ich nicht zweifle, so wird auch der Schlüssel zu dem übrigen Teil des Ganzen gefunden sein, und es wird Ihnen alsdann nicht schwer sein, gleichsam analytisch von diesem Punkt aus den Sinn und Geist der übrigen Partien zu bestimmen und zu verteilen. Denn dieser Gipfel, wie Sie ihn selbst nennen, muß von allen Punkten des Ganzen gesehen werden und nach allen hin sehen.« (13./23. 9. 1800. → Text-Band S. 781 f.) In eine solche zentrierende Gipfelstellung und Schlüsselfunktion für die *Faust*-Dichtung hat Goethe sein *Helena*-Spiel freilich nicht gebracht. Aber Schillers Fürsprache folgend, gab er diesem Bruchstück denn doch den Untertitel *Episode zu Faust*. Und ließ es so ein Vierteljahrhundert lang liegen.

Als er 1825/26 die Arbeit daran wieder aufnahm, ging das alte Fragment, umgearbeitet und erweitert (dazu Niejahr 1894), in den 3. Akt ein, der 1827/28 für sich veröffentlicht wurde. Dieser Vorabdruck in C1/34 trug eine später im Kontext des *Faust*-Dramas gelöschte Bezeichnung, welche die neue und endgültige Konzeption auf den Nenner bringt: *Helena klassisch-romantische Phantasmagorie*.

Die aus dieser letzten Arbeitsphase überkommenen, im Text-Band abgedruckten Handschriften und Paralipomena zeigen, wie sich Goethes (von seinem altphilologischen Gehilfen Riemer beratene) Bemühungen hier weit stärker noch als bei anderen Teilen der *Faust*-Dichtung auf die formale Behandlung der Verse und Strophen richteten. Der 3. Akt ist ein metrisches Kunstwerk höchsten Ranges. An die kennerhafte Aufgeschlossenheit der Gebildeten unter seinen Zeitgenossen nicht zuletzt für diese bedeutungsreichen Vers- und Strophenformen mag der Autor gedacht haben, als er zu Eckermann (29. 1. 1827) sagte, es tröste ihn, »daß die Kultur in Deutschland doch jetzt unglaublich hoch steht und man also nicht zu fürchten hat, daß eine solche Produktion lange unverstanden und ohne Wirkung bleiben werde.« Daß sich diese Kultur auf dieser Höhe nicht zu halten vermochte, steht auf einem anderen Blatt.

Eingehender als anderswo werden die nachfolgenden Erläuterungen zum 3. Akt deshalb auf die metrischen Regelungen und ihre Bedeutung eingehen. Sie richten sich an den stillen Leser. Im Theater vermag sich die semantische Aura der Versformen wohl auch dem über metrische Techniken unbelehrten Zuhörer mitzuteilen – wofern diese Kunstsprache auf unseren Bühnen noch angemessen laut wird. Goethe sagte zum Helena-Akt: »die Philologen werden daran zu tun finden« – aber doch »ist alles sinnlich, und wird, auf dem Theater gedacht, jedem gut in die Augen fallen ⟨zu ergänzen: ins Ohr gehen⟩. Und mehr habe ich nicht gewollt.« (Eckermann, 29. 1. 1827)

Von allen anderen Teilen des *Faust*-Dramas ist die *Helena*-Dichtung abgehoben durch Verzicht auf den 'umgangssprachlichen' Madrigalvers (erst 9955 ff., bezeichnenderweise also n a c h Euphorions und Helenas Abscheiden, wird Mephisto-Phorkyas wieder sieben solche Zeilen einbringen). Die antikisierenden Versmaße des jambischen Trimeters (Beispiel: 8488 ff.) und des trochäischen Tetrameters (Beispiel: 8909 ff.) sowie die den Chorliedern der griechischen Tragödie nachgebildeten Strophen der Trojanerinnen (→ Kommentar zu 8516-23) beherrschen hier das metrische Spiel, bestimmen das Klima, charakterisieren die Figuren und ihre Verhaltensweisen. Freilich hat Goethe, im Unterschied zu den Metrikern der strengen Observanz, die nach der Silbenlänge und -kürze geregelten griechischen Versmaße im wesentlichen durch betonte und unbetonte Silben nachgebildet und darüber hinaus eine ganze Reihe metrisch-rhythmischer Abweichungen eingebracht. Nicht eigentlich eine Imitation antiker Formen wird hier versucht. Vielmehr werden Form-Zitate vorgeführt. In Verbindung mit anderen sprachlichen Mitteln, vor allem denen einer gräzisierend verfremdeten Wortwahl und Wortstellung, gewinnt der Helena-Akt dadurch einen eigentümlich stilisierten, abgerückten, geradezu 'undeutschen' Charakter. Wie eine Übersetzung mutet er an, die das fremdartige griechische 'Original' absichtsvoll durchschimmern läßt.

Nur bleibt es nicht bei den antikisierenden Formen. Ehe Helena abschiednehmend wieder zurückkehrt zu den jambischen Trimetern, mit denen sie aufgetreten war, stimmt sie in die neuzeitlichen Blankverse ein, die Faust ihr vorspricht. Ja, die liebende Verbindung der beiden vollzieht sich in einer Wechselrede mit durchaus unantiken, nämlich gereimten Versen, wie Lynkeus sie zuvor hat hören lassen. Ähnlich verhält sich der Chor (→ Kommentar zu 9687 ff.). Eben diese Verbindung antiker und neuzeitlicher Verssprache charakterisiert den 3. Akt, und eine solche (keineswegs nur auf die Metrik beschränkte) Versöhnung von Antike und Moderne meinte der Untertitel des Vorabdrucks: *klassisch-romantische Phantasmagorie.*

Goethe formulierte damit ein poetologisches und literaturpolitisches Programm, das den heutigen Leser freilich kaum mehr direkt angeht, ihm jedenfalls nicht mehr unmittelbar einsichtig ist und deshalb einiger Erklärung bedarf. An Iken, 27. 9. 1827: »Ich zweifelte niemals, daß die Leser, für die ich eigentlich schrieb, den Hauptsinn dieser Darstellung sogleich fassen würden. Es ist Zeit, daß der leidenschaftliche Zwiespalt zwischen Klassikern und Romantikern sich endlich versöhne. Daß wir uns bilden ist die Hauptforderung; woher wir uns bilden wäre gleichgültig, wenn wir uns nicht an falschen Mustern zu verbilden fürchten müßten. Ist es doch eine weitere und reinere Umsicht in und über griechische und römische Literatur, der wir die Befreiung aus mönchischer Barbarei zwischen dem 15. und 16. Jahrhundert verdanken! Lernen wir nicht auf dieser hohen Stelle alles in seinem wahren, ethisch-ästhetischen Werte schätzen, das Älteste wie das Neuste!«

Den (der französischen 'Querelle des anciens et des modernes' entsprechenden) zeitgenössischen Streit zwischen den auf die Mustergültigkeit antiker Kunst eingeschworenen Klassizisten und den einem deutsch-christlichen Mittelalter zugeneigten Romantikern suchte der alte Goethe also vermittelnd aufzuheben durch eine Dichtung, welche »das Älteste wie das Neuste« aufnahm, um zu zeigen, wie man doch an beidem sich »bilden« könnte und sollte. Dieser Versuch kulminiert hier im 3. Akt, der die griechische Helena mit dem mittelalterlichen Burgherrn Faust zusammenführt und ihrer Verbindung den Euphorion entspringen läßt: die auf den englischen Zeitgenossen Lord Byron verweisende allegorische Verkörperung der modernen Poesie. Aber im Gespräch mit Eckermann vom 16. 12. 1829 hat Goethe darauf aufmerksam gemacht, daß schon in den »früheren Akten das Klassische und Romantische anklingt und zur Sprache gebracht wird, damit es, wie auf einem steigenden Terrain, zur Helena hinaufgehe, wo beide Dichtungsformen entschieden hervortreten und eine Art von Ausgleichung finden.«

Eine für den 3. Akt ungemein aufschlußreiche Charakterisierung des Antiken und des Modernen hat Riemers Tagebuch unter dem 28. 8. 1808 überliefert. Sehr wohl noch durch Goethes Vorbehalte gegenüber den Romantikern bestimmt, zeigt sie doch, wie deutlich sich schon lange vor der 1825 beginnenden Wiederaufnahme der Schreibarbeit an der 1800 abgebrochenen *Helena*-Dichtung deren neue Konzeption herausgebildet hatte. Denn die divergierenden Grundzüge, die dann im 3. Akt spannungsreich zusammengefügt worden sind, werden bereits in dieser frühen Gesprächsäußerung sehr genau bezeichnet: »Das Antike ist nüchtern, modest, gemäßigt, das Moderne ganz zügellos, betrunken. Das Antike erscheint nur ein idealisiertes Reales, ein mit Großheit (Stil) und Geschmack behandeltes Reales; das Romantische ein Unwirkliches, Unmögliches, dem durch die Phantasie nur ein Schein des Wirklichen gegeben wird. Das Antike ist plastisch, wahr und reell; das Romantische täuschend wie die Bilder einer Zauberlaterne ⟨...⟩.« FA II 6 (33),362.

»Zauberlaterne« meint die im Kommentar zur *Rittersaal*-Szene S. 479 ff. beschriebene Laterna magica, mit deren Hilfe Faust und Mephisto im 1. Akt die Geistererscheinungen des Paris und der Helena hervorriefen. Auf sie hat Goethe auch den 3. Akt bezogen, als er ihn mit dem Untertitel des Vorabdrucks als *Phantasmagorie* ausgab. Denn 'fantasmagorie' war der den Zeitgenossen völlig geläufige Fachausdruck, welchen Etienne-Gaspard Robertson um die Jahrhundertwende für die mit dem 'fantascope' der Laterna magica bewirkten Geistererscheinungen in Umlauf gebracht hatte. Für die Bühnentechnik des Helena-Akts wird dieser Apparat nicht mehr eingesetzt. Die in der *Hexenküche* durch *Zauberspiegelung* (6496) vor Augen geführte Frauengestalt war stumm und unbewegt. Die am Kaiserhof mit *magischer Laterne* (5518) zur Erscheinung gebrachte Helena dann zeigte sich in Bewegung und wirkte wohl lebensgroß, blieb aber sprachlos noch. Hier schließlich tritt sie leibhaftig vor die Zuschauer, sprechend und handelnd. Metaphorisch ist die Gattungsbezeichnung *Phantasmagorie* jetzt zu verstehen. Nicht mehr eine Projektion der Zauberlaterne bezeichnet sie, sondern gleichnisweise die Projektion der dichterischen Einbildungskraft. Als Faust im *Rittersaal* sein magisches Spiel verrichtete und dem zu erliegen begann, was er selber verursachte, rief Mephisto ihm zu: *Machst du's doch selbst das Fratzengeisterspiel!* (6546) Als Knebel (an Goethe, 11. 11. 1827) die *Helena* »Dein magisches Dichterwerk« nannte, hat der alte Magier sie, zustimmend, als »ein Wirkliches, welches man selbst verursachte, als ein Wunderbares, Unglaubliches, nicht zu Erlebendes« bezeichnet (an Knebel, 14. 11. 1827). So kündigte er diese als *Zwischenspiel* bezeichnete *Phantasmagorie* 1827 in der Zeitschrift *Kunst und Altertum* an: ein »in den zweyten Theil des Faust einzupassendes, in sich abgeschlossenes kleineres Drama«, in dem »die wahre Helena auf antik-tragischem Kothurn vor ihrer Urwohnung zu Sparta auftreten« werde. (→ Text-Band S. 637 und hier S. 1002) Das meint ein von der fiktiven 'Realitäts'-Ebene der umgebenden *Faust*-Handlung abgehobenes Spiel im Spiele.

Als *Halbwirklichkeiten* hat Goethe bezeichnet, was in diesem wie von einer poetischen *Zaubergränze* umzogenen 3. Akt geschieht (Paralipomenon 63. Text-Band S. 595,95 f.). So empfinden auch die Spielfiguren, was sie da erleben. Wenn Helena ihre sagenhafte Verbindung mit dem Achill als einen *Traum* bezeichnet, wenn sie sich selber zum *Idol* wird (8880 f.), fügt Phorkyas in einem der Paralipomena hinzu: *Wenn Wahres Traum ist kan⟨n⟩ der Traum das Wahre sey⟨n⟩* | *Du träumest hier* (Text-Band S. 683,21 f.). Und am Ende seines hochzeitlichen Reimgesprächs mit ihr sagt Faust es selbst: *Es ist ein Traum, verschwunden Tag und Ort* (9414). Außer Kraft gesetzt, aufgehoben und abgetan scheinen in diesem phantasmagorischen Traumspiel alle Bedingungen, denen die 'reale' Welt und das 'wirkliche' Leben unterliegen, alle Folgen auch, denen sie ausgesetzt sind. Auf magisch-unwirkliche Weise steigt neben dem *Palaste des Menelas* Fausts *Burg* empor. Die schutzsuchenden Frauen finden sich in den von *phantastischen Gebäuden des Mittelalters* umgebenen *Burghof* entrückt und verändern dabei selber doch kaum ihren Standort. Nicht mehr die Figuren bewegen sich, sondern um sie kreisen die Schauplätze. So verfließen in diesem phantasmagorischen Akt die Binnenkonturen: 'Szenen' im gewohnten Sinn läßt auch das graphische Bild des Textes nicht mehr ausmachen (→ Text-Band S. 357 und 371). Denn auf ähnliche, magisch-traumhafte Weise verwandelt sich der *Burghof* wiederum in den von Felsen umgrenzten schattigen *Hain*. Faust selber: in der Rolle eines mittelalterlichen Burgherren auf griechischem Boden erlebt er sich, in der eines Heerführers und Eroberers, eines Königs gar über den Peloponnes und eines *neuen Paris*; in den Besitz der höchsten Schönheit 'träumt' er sich, in das weltvergessene Glück der arkadischen Utopie – freigesetzt auch von den Bestimmungen des mit Mephisto abgeschlossenen Vertrags, der auf das befriedete Leben, die Erfüllungsstunde, den zum Verweilen schönen Augenblick doch den Preis der Vernichtung setzte. Und auf traumhafte Weise durchlebt er so die über dreitausend Jahre sich erstreckenden Dichtungszeitalter, welche diese *Phantasmagorie* umfaßt.

Im Entwurf eines Briefes an einen unbekannten Empfänger (Juni/Juli 1826? FA II 10 [37],393) schreibt der Autor: »Das Merkwürdigste bei diesem Stück ist daß es ohne den Ort zu verändern gerade drei Tausendjahre spielt, die Einheit der Handlung und des Orts aufs genauste beobachtet, die dritte jedoch phantasmagorisch ablaufen läßt.« Diese dritte der auf Aristoteles zurückgehenden normativen 'Einheiten', welche ein dramatisches Werk in sich zusammenhalten sollen, ist die der 'Zeit'. Sie bleibt hier keineswegs, wie gefordert, auf einen Sonnenumlauf beschränkt, sondern erstreckt sich nach damaliger Datierung über »volle 3000 Jahre«: »von Troja's Untergang bis zur Einnahme von Missolunghi.« (→ Text-Band S. 789, an Wilhelm v. Humboldt, 22. 10. 1826) Mit einer solchen »Zeiteinheit« aber ist hier das Problem einer Einheit des Stils, ja der literarischen Gattung überhaupt verbunden. Denn was mit Helenas Auftritt vor dem *Palaste des Menelas* einsetzt als eine dem Euripides-Modell folgende Rekonstruktion der antiken Tragödie, wird im Innenhof der *Burg* mit Fausts Auftritt in romantisch-*ritterlicher Hofkleidung* und mit den Liedstrophen des 'Minnesängers' Lynkeus phantasmagorisch transformiert zur Repetition mittelalterlich-deutscher Minnedichtung und ihrer Nachklänge in der barocken Liebesdichtung. Eine Reminiszenz persischer Poesie bringt dann das Reimspiel der Liebenden hinzu. Fausts Arkadien-Gesang reflektiert die europäische Pastoralpoesie. Mit der arkadischen Szene selbst mündet der 3. Akt unter *vollstimmiger Musik* schließlich in ein opernnahes Singspiel. Für seinen ersten Teil wünschte sich Goethe (halb im Scherz?) »die ersten Künstler der Tragödie, so wie nachher im Teile der Oper die Rollen mit den ersten Sängern und Sängerinnen besetzt werden müssen. Die Rolle der Helena kann nicht von einer, sondern sie muß von zwei großen Künstlerinnen gespielt werden; denn es ist ein seltener Fall, daß eine Sängerin zugleich als tragische Künstlerin von hinlänglicher Bedeutung ist.« An einen Komponisten dachte er dabei, »der wie Meyerbeer lange in Italien gelebt hat, so daß er seine deutsche Natur mit der italienischen Art und Weise verbände. Doch das wird sich schon finden und ich habe keinen Zweifel« (Eckermanns Gesprächsbericht vom 29. 1. 1827).

Dieses merkwürdige »Mischgebilde« ist wohl wirklich, wie Kommerell 1991,63 meinte, »das Widerantikste, das es gibt, gerade weil es durch eine ironisch gebrauchte Form zusammenhält«. Aber als Goethe 1825/26 den 3. Akt vollendete, lag seine klassizistische Phase weit zurück und hatten Schillers Inspirationen des Jahres 1800 ausgedient. Rüdiger 1964,198 hat die auf eine Versöhnung der 'Querelle des anciens et des modernes' zielende *klassisch-romantische Phantasmagorie* verstanden – als poetische Spiegelung der »Idee«, welcher Goethe »gleichzeitig mit dem Abschluß der *Helena* den Namen gab: '*Weltliteratur*'.«

VOR DEM PALASTE DES MENELAS ZU SPARTA

Seite 335-357
8488-9126

Der griechischen Tragödie entsprechend wird im Freien gespielt, werden auch bei den nachfolgenden, die 'Einheit des Ortes' wahrenden Verwandlungen des Schauplatzes keine Innenräume dargestellt und treten neben dem Chor nur wenige Schauspieler auf. – *Menelas* ist die altgriechisch-dorische (und französische) Namensform für Menelaos, den Spartanerkönig und Helenagemahl, die hier wohl auch aus metrischen Gründen durchgehend verwendet wird.

Den zunächst im Kontext des 2. Aktes szenisch geplanten Gang in die Unterwelt, wo der von Manto geleitete Faust *als zweyter Orpheus* die Helena losbitten sollte (Text-Band S. 643, 292), hatte Goethe später als *Prolog des dritten Acts* dem Auftritt der Helena voranstellen wollen (ebd. S. 664,1. → Kommentar S. 1015). Am Ende wurde er gänzlich ausgespart. Helena also tritt »ohne weiteres auf« (an Zelter, 4. 1. 1831). Dieser Verzicht auf einen im Bühnengeschehen sichtbaren Handlungszusammenhang läßt nun eine sehr andersartige Verbindung zwischen beiden Akten supplieren.

Von vorn die Schöpfung anzufangen und in das Meer einzugehen, aus dem alles *entsprungen* ist, hatte der Wasser-Philosoph Thales dem von Wagner 'kristallisierten' Homunkulus geraten, der nach Leben verlangt – *Da regst du dich nach ewigen Normen, | Durch tausend abertausend Formen, | Und bis zum Menschen hast du Zeit.* (8322 ff.) Wenn so am Ende des 2. Aktes, im orgiastischen Finale des Meerfests, die Homunkulus-Phiole am Muschelwagen der Galatee zerschellt ist (→ Kommentar S. 529-533) und nun der Vorhang sich öffnet zum 3. Akt, steht s i e auf der Bühne:

Bewundert viel und viel gescholten Helena
Vom Strande komm' ich wo wir erst gelandet sind
– »denn das letzte Produkt der sich immer steigernden Natur, ist der schöne Mensch.«

Die Bemerkungen Goethes, die diesem Satz seiner *Winckelmann*-Schrift von 1805 folgen, geben einen höchst aufschlußreichen Kommentar zur Helena-Dichtung. Die Natur, heißt es da, könne den vollkommen schönen Menschen doch »nur selten hervorbringen, weil ihren Ideen gar viele Bedingungen widerstreben, und selbst ihrer Allmacht ist es unmöglich, lange im Vollkommnen zu verweilen und dem hervorgebrachten Schönen eine Dauer zu geben. ⟨...⟩ Dagegen tritt nun die Kunst ein, denn indem der Mensch auf den Gipfel der Natur gestellt ist, so sieht er sich wieder als eine ganze Natur an, die in sich abermals einen Gipfel hervorzubringen hat. Dazu steigert er sich, indem er ⟨...⟩ Wahl, Ordnung, Harmonie und Bedeutung aufruft, und sich endlich bis zur Produktion des Kunstwerkes erhebt«. Steht aber das Kunstwerk »in seiner idealen Wirklichkeit vor der Welt, so bringt es eine dauernde Wirkung, es bringt die höchste hervor: denn indem es aus den gesamten Kräften sich geistig entwickelt, so nimmt es alles herrliche, verehrungs- und liebenswürdige in sich auf und erhebt, indem es die menschliche Gestalt beseelt, den Menschen über sich selbst, schließt seinen Lebens- und Tatenkreis ab und vergöttert ihn für die Gegenwart, in der das Vergangene und Künftige begriffen ist. Von solchen Gefühlen wurden die ergriffen, die den olympischen Jupiter erblickten, wie wir aus den Beschreibungen, Nachrichten und Zeugnissen der Alten uns entwickeln können. Der Gott war zum Menschen geworden, um den Menschen zum Gott zu erheben. Man erblickte die höchste Würde und ward für die höchste Schönheit begeistert.« (FA I 19,183 f.)

Was Goethe so von der Zeus-Statue des Phidias im Tempel von Olympia, dem wohl berühmtesten (nicht erhaltenen) Kunstwerk der klassischen Antike gesagt hat, das gilt gleichermaßen doch für seine eigene Helena-Figur. An der »Wirkung« nämlich, die sie hervorruft, an den »Beschreibungen, Nachrichten und Zeugnissen« also, welche hier der Chor, Lynkeus, Faust und am Ende (9947 ff.) selbst Mephisto-Phorkyas von ihr geben, zeigt sich, wie alle, die ihrer ansichtig werden, von eben »solchen Gefühlen« ergriffen: für »die höchste Würde« und »die höchste Schönheit begeistert« werden. Auch diese Helena ist ein Kunstwerk – 'schön' also nicht als Produkt der Natur (so sehr man sich das auf der Bühne von ihren Darstellerinnen wünschen möchte), sondern 'kunstschön' kraft der »Wahl, Ordnung, Harmonie und Bedeutung« der Sprache, mit der (oder durch die) der Autor sie erscheinen läßt.

Helena spricht, stellt sich dar, offenbart ihre Schönheit in Versen, welche sechshebig jambisch und reimlos den Hauptvers des antiken griechischen Dramas, den jambischen Trimeter nachbilden (→ Kommentar zu 7005-39):

Bĕwūndĕrt vīel ŭnd vīel gĕschōltĕn Hēlĕnā . . .

Solche Verse wehren sich gegen eine 'sinngemäße' Akzentuierung und Pausensetzung, wollen nicht der Alltagssprache angenähert, sondern formstreng zelebriert werden: als eine hochstilisierte Kunstsprache von entschieden ungewöhnlicher, edler Schönheit. Wo etwa in den männlichen Schlußkadenzen Versakzent und Sinnbetonung auseinandertreten, ziemt sich jedenfalls eine schwache Hebung, welche die vorverslich-natürliche Sprechweise tonbeugend überformt (*Hēlĕnā* | *rēgsămēm* | *Mēnĕlās* | *Kōnĭgīn* usf.). Auch die dreisilbigen Versfüße, die sich gegen den anstrengungslos von einer Hebung zu einer Senkung gleitenden Jambengang sperren, dürften nicht ins Zweisilbige abgeschliffen, sondern müßten skandierend vorgeführt werden. Goethe hat solche Anapäste häufig eingebracht (May 1962, 162 zählt: 118 Fälle in den 484 Zeilen), ja sie mehrfach noch nachträglich hergestellt. Vers 8490 beispielsweise lautet im *Helena*-Fragment von 1800 (Text-Band S. 671,7):

Noch immer trunken vōn dĕr Wōgĕ schaūkĕlndēm

in der Endfassung hingegen:

Noch immer trunken vōn dĕs Gĕwōgĕs regsamem –

Wie Helena selbst »auf antik-tragischem Kothurn« steht (→ hier S. 1002), so gleichsam auch ihre Verssprache. Denn daß beider Schönheit eine kunstvoll spröde, seltsam fremdartige sei, versichern gleichermaßen Wortwahl und Wortstellung, grammatische und syntaktische Eigenheiten in den Reden der Königin und den Strophen des sie begleitenden, ihr dienenden Chores (dazu einiges bei Boghardt 1973,170-218). Nicht: 'Helena bin ich, die man viel gescholten, aber auch viel bewundert hat. Ich komme vom Strand her, denn eben erst bin ich zusammen mit den gefangenen Trojanerinnen dort gelandet'. Sondern:

Bewundert viel und viel gescholten Helena
Vom Strande komm' ich wo wir erst gelandet sind

– irregulär einsetzend mit einer vorgezogenen Partizipialkonstruktion in der Kunstform des Chiasmus, dem nachgetragen dann die Namensnennung der sich selber vorstellenden Figur gemäß dem Vorbild der Euripides-Prologe, erst im zweiten Vers hart angefügt das Verb – ohne daß dabei auch nur ein einziges Komma als Pausenzeichen das hochgespannte Gleichmaß dieses Vers-Gefüges unterbräche.

Wie Helenas Verssprache, so gehorchen ihre Bewegungen, ihre Verhaltensweisen, ja die Empfindungen, die sie zu erkennen gibt, der »Wahl, Ordnung, Harmonie und Bedeutung«, welche ihre Schönheit verbürgen: sie sind überformt von dem, was *geziemt* (8604). Nicht bürgerliche Anstandsregeln meint das (die der Chor mit seinem Gesang über die *an Männerliebe* gewöhnte Herrin ebenso außer Kraft setzt wie die »edle Einfalt und stille Größe« eines Winckelmannschen klassischen Altertums: 9393 ff.); es meint die Gesetze eines hohen, königlichen Stils. Ihnen unterstehen auch diejenigen Züge, welche diese synthetische Kunstfigur einer höfischen Mätresse, einer frivolen Weltdame des 18. Jh.s annähern (und entsprechend Fausts Rolle der eines galanten Rokoko-Grandseigneurs; besonders deutlich noch im Paralipomenon 166,1-6). *Der Tochter Zeus*, heißt es, *geziemet nicht gemeine Furcht* (8647). Das 'Geziemende' aber und die 'Schönheit' (häufig wiederholt und variiert bezeichnen diese Wörter geradezu das semantische Zentrum des Helena-

Aktes) sind hier nicht voneinander zu trennen. In dem Augenblick, wo Mephisto-Phorkyas, um Helena dem Faust zuzutreiben, mit zynischer Brutalität erklärt, daß König Menelas seiner aus den Armen des Paris zurückeroberten Gemahlin den blutigen Opfertod zugedacht habe und ihren Dienerinnen ein jämmerliches Ende durch den Strang, verfügt die choreographische Regieanweisung nach 8929 über die Entsetzten, Fassungslosen: HELENA und CHOR *stehen erstaunt und erschreckt, in bedeutender, wohl vorbereiteter Gruppe.* Mit diesem Tableau fallen das 'Geziemende' und das 'Schöne' in eins. Und hier wie immer gilt: *was die Königin dabei | In tiefem Busen geheimnisvoll verbergen mag, | Sei jedem unzugänglich.* (9075 ff.)

Alewyn 1974,269: »Die ungewohnte Breite der Verse und die harte Fügung der Sätze, die zierliche Ornamentik des Bildwerks und die unbeugsame Gnomik, das feierliche Strömen der Rede und die unerhörte Sparsamkeit des Gefühls, das strenge Ritual der Bewegung der Personen, des Gesprächs und der Handlung, das Gemessene in Wortschlag, Gang und Gebärde, alles das ist freilich undeutsch, wenn auch mit bewunderungswürdiger Kunst und zu unvergänglichem Ruhm und Gewinn deutscher Sprachkunst geschaffen.« – »Es ist der alte Goethe mit seinem eminenten Sinn für Abstände, der hier das Griechentum ⟨vom eingebürgerten klassizistischen Griechenbild ins fremdartig Archaische⟩ abrückt, um jenen naiven Verwechslungen vorzubeugen, die eine trügerische Intimität vortäuschten, die in Wirklichkeit nichts war als eine naive Selbstbespiegelung.«

335,8490 *trunken]* Meint: ermattet oder taumelnd (DWb 22,1396).

335,8491 *vom phrygischen Blachgefild]* Dem Flachland Phrygiens im westl. Kleinasien, wo Troja lag.

335,8492 *Auf sträubig-hohem Rücken]* Den hoch sich sträubenden Wellenkämmen (Pferden verglichen).

335,8493 *Euros]* Südostwind.

335,8494 *Dort unten]* Meint den Landeplatz des Menelas an *des Eurotas tiefem Buchtgestad* (8538).

335,8497 *Tyndareos, mein Vater]* Wohl wissend, daß sie eine *Tochter* des *Zeus* ist (8647), setzt sie in diese Familiengeschichte ihre Abkunft vom König der Spartaner ein (doch »Jupiter gieng ihm ins Gehäge, und zeugete mit eben der Leda ⟨seiner Gemahlin⟩ den Pollux und die Helena«: Hederich 1770,2417). – Klytämnestra (8499) war des Tyndareos leibliche Tochter; bei *Castor* (8500), dem Dioskuren-Zwilling des *Pollux*, widersprechen sich die Sagen.

335,8498 *Von Pallas Hügel]* Tempelberg der Athene.

335,8498 *wiederkehrend]* Wohl nicht *Von Pallas Hügel*, sondern aus Aetolien, wo er sich mit Leda vermählt hatte.

335,8504 *erwählt aus vielen, Menelas]* Nahezu 40 Männer bewarben sich bei Tyndareos um die Hand der Hochbegehrten (aufgezählt bei Hederich 1770,1218 f.).

336,8510 *Stelle]* Schreiberversehen? In den älteren Handschriften (H^1 und H^2) noch: *Schwelle.*

336,8511 f. *Cytherens Tempel besuchend, heiliger Pflicht gemäß, | Mich aber dort ein Räuber griff, der phrygische]* Heiligtum der Aphrodite-Kythereia. – Helenas Version unterscheidet sich (*wie der Gattin ziemt*, 8507) bemerkenswert von der Angabe bei Goethes Hederich 1770,1219: »Jedoch wollen einige, daß er ⟨der *vom phrygischen Blachgefild* gekommene Trojanerprinz Paris⟩ mit seiner Flotte in der Insel Cythera angelandet, wohin Helena aus Neugierigkeit, ihn zu sehen, gekommen«.

336,8516-23 CHOR . . .*]* Die Strophen des in Euripides' *Troerinnen* vorgegebenen Chors der gefangenen Frauen erinnern auch in ihrer Bauform an die Chorlieder bei Aischylos, Sophokles und Euripides. Sie gliedern sich nämlich – nicht ohne Freizügigkeiten – in Strophe (hier 8516-23), gleichgebaute Gegenstrophe (hier 8560-67) und Nachgesang (Epode, hier 8591-8603). Die Baupläne der weiteren Chorlieder findet man aufgelistet in HA 1986,673.

336,8516 *Verschmähe nicht, o herrliche Frau]* Zur Textgestalt: Das in H3 vorhandene, in H nicht völlig sicher gestrichene *o* wird beibehalten, weil dieser Vers (gemäß dem Aufbau von Strophe und Gegenstrophe in der antiken Tragödie) metrisch der Zeile 8560 zu entsprechen hätte.

336,8523 *Schöne]* Adelung 4,238: »Abstractum von schön, ⟨. . .⟩ die Schönheit«.

336,8537 *gegen mir]* Ält. Sprachgebrauch für: mir gegenüber.

337,8547 *Lakedämon]* Sohn des Zeus und Gemahl der Sparte, »gab von sich dem Lande ⟨*Lakedämon* in der *Eurotas*-Ebene⟩, von seiner Gemahlinn aber der neu erbaueten Stadt ⟨Sparta⟩ den Namen.« (Hederich 1770,1419)

337,8551 *Schaffnerin]* So Voß für die ταμίη Eurykleia bei Homer (*Odyssee* II,345 u. ö.). – Adelung 3,1653: Haushofmeisterin, die »die häuslichen wirthschaftlichen Geschäfte im Nahmen eines andern verwaltet«.

337,8564 *Doch tritt nur ein und fordre sie auf]* Für: fordere sie zum Wettstreit heraus. – Althergebracht in der Liebeslyrik (noch des Barockzeitalters), daß die weibliche *Schönheit* allen Glanz von *Gold und Perlen und Edelgestein* überbietet und 'besiegt' (→ 9311 f.).

Zur Textgestalt: In H aus zwei ursprünglich getrennten Versen zusammengezogen; die dabei verbliebene Großschreibung von *Und* von mir aufgehoben.

337,8571-77 *mancherlei Gefäße die der Opfrer sich | Zur Hand verlangt . . . | Ein wohlgeschliffnes Messer fehle nicht zuletzt]* Die aufgezählten Gerätschaften sind feste Bestandteile des in den homerischen Epen vielfach beschriebenen antiken Opferrituals; zum Töten des Opfers diente das *Beil* (8587), das *Messer* hingegen (anders als Arens 1989,619 u. a. meinten), um die schmackhaftesten Stücke zum Verzehr auszuschälen.

337,8578 *geb ich deiner Sorge hin]* Versehentlich statt *heim*? (so undeutlich H1) – für: stelle ich dir anheim.

338,8579-81 *nichts | Lebendigen Atems zeichnet mir der Ordnende . . .]* Für: kein (lebendes) Opfertier bezeichnete Menelas mir bei dieser Anordnung. → 8922 f.

338,8592 *Königin schreite dahin]* Das seit WA nach *Königin* eigenmächtig eingefügte Komma entstellt zur Anrede, was doch als Prädikatsnomen gemeint ist: als eine Königin sich zu verhalten geziemt der Helena (→8527 f.).

338,8596 *Auch verkündet glauben wir's nicht]* Selbst den Weissagungen könnten sie nicht mehr trauen.

338,8608 f. *so mutig nicht ... die ich kindisch übersprang]* Für: ... wie ich als Kind (*mutig*) sie *übersprang*.

338, nach 8609 [*ab*]*]* Ergänzt gemäß 8640 f.

339,8637 *Angefrischt]* Ält. Sprachgebrauch für: ermuntert, neu belebt (DWb 1,333).

339, vor 8638 PANTHALIS*]* In Goethes Beschreibung der delphischen Polygnot-Gemälde als Begleiterin der Helena genannt (FA I 18,898).

340,8650 f. *vielgestaltet noch | Wie glühende Wolken, aus des Berges Feuerschlund]* ehe diese vulkanischen (!) Dämpfe eine definierte Form annehmen – mit der im folgenden beschriebenen Erscheinung von Mephisto-Phorkyas. Ein Gegenbild zu 10044 ff.

340,8653 *die Stygischen]* Die Mächte der Unterwelt (nach dem sie umfließenden Styx).

340,8676 *welch verhülltes großes Weib]* Hier wohl als indirektes Fragepronomen, das Außergewöhnliche bezeichnend (vgl. DWb 28,1347 f.).

341,8681 *eingefaltet]* in das umhüllende Gewand (8676).

341,8685 *Thalamos]* Das prunkvolle eheliche Lager des Schlafgemachs.

341,8687 *das Wunder]* »seit alters das monstrum«, »sonst von fabelwesen, ungeheuern« (DWb 30,1803 f.).

341,8696 *Phöbus]* Der Sonnengott (wie wieder 8739).

341, vor 8697 PHORKYAS ... *auftretend]* Jetzt bringt sich Mephisto ins Spiel: in der Rolle der alten *Schaffnerin* des Palasts, die Menelas einst aus Kreta als Sklavin geraubt hat (8864 ff.), aber in Gestalt jenes mythischen Ungeheuers, dessen Maske er schon in der *Klassischen Walpurgisnacht* angenommen hatte (8014-33). Neben der höchsten *Schönheit* steht so das abgründig *Häßliche* (als das ins Griechische übersetzte Böse: → *Walpurgisnacht*-Kommentar S. 528 f.), und wechselseitig schärfen sich die Konturen dieser Gegen-Figuren; ihren *Widerdämon* wird Helena das gräßliche Scheusal nennen (9072).

Hat Phorkyas am Ende des Spiels vor dem Menelas-Palast die geängstigten Frauen zum Eintritt in die magisch errichtete rettende Faust-Burg bewegt, verschwindet sie von der Bildfläche, bleibt unsichtbar im *Inneren Burghof*, tritt erst in der arkadischen Euphorion-Oper wieder auf – merkwürdig verwandelt (→ Kommentar zu 9590).

341,8697 *Vieles erlebt' ich]* Wie häufig in der antiken Tragödie formiert sich der Chor hier im Singular des Kollektivs, geht erst 8744-53 wieder zum Plural zurück.

341,8704 f. *der Zwietracht | Eherne Stimme]* Die der Zankgöttin Eris (*Ilias* XI,10), lärmend im Griechenlager und auf dem Schlachtfeld, wenn es *Mauerwärts* geht gegen die Feste *Ilios*-Troja.

341,8709-11 *vom Nachbar zum Nachbar schon ... Mit des eignen Sturmes Wehn]* Von Haus zu Haus mit dem vom Feuer selbst erzeugten Brandsturm.

342,8728-35 *Welche von Phorkys | Töchtern ...]* Identisch mit den *Graien*; → Kommentar zu 7967.

342,8738 f. *vor dem Kennerblick | Phöbus]* Das *dem Schoß der alten Nacht* (8649) entsteigende *Scheusal* vor dem Angesicht des Sonnengottes Apoll.

342,8742 f. *sein heilig Auge noch | Nie erblickte den Schatten]* – der nämlich im Sonnenlicht genau hinter die Gestalt fällt (so kann in Aischylos' *Prometheus* 793 ff. der Sonnengott die Phorkyaden nicht erblicken).

343,8754 ff. *Alt ist das Wort ...]* So Ovid, *Epistulae* XV, 290 (288): »Lis est cum forma magna pudicitiae« ('Zwischen Schönheit und Scham herrscht großer Streit'). Ähnlich etwa bei Cicero, *Pro Caelio* 6; Seneca, *De beneficiis* III,16,3; Martial VIII,53; Juvenal X,297.

Sichtlich kopiert Mephisto-Phorkyas hier die Sprechweise Helenas – leicht übertreibend, gelegentlich beinahe karikierend. Boghardt 1973,208 diagnostiziert geradezu eine »parodistisch-ironische Trimeter-Sprache«.

343,8762 *Orkus]* Lateinisch für »Unterwelt, Reich der Todten«. Hier: »statt des Todes« (Scheller 1796,1884).

343,8772 *Mänadisch]* Von: 'Mänaden', »einerley mit den Bacchantinnen oder rasenden Frauen, die des Bacchus Fest begiengen« (Hederich 1770,1512). → Kommentar zu 10030-38.

343,8774 *Entgegen heulet, wie dem Mond der Hunde Schar]* Emblematisch-sprichwörtlich für das nutzlose Wüten der Unterlegenen.

343,8776 *schlachterzogne]* Zur Textverfassung: Anders als die Reinschrift H und C1/34 haben H1, H2 und HIII: *schlechterzogne*, was WA als Schreibfehler bezeichnet (vgl. aber die Zeitangabe 9004: sollte die jetzt *junge Brut* der Chormädchen ihre Erziehung schon in den Schlachten um Troja genossen haben? Resenhöfft 1975,316).

343,8778 *Entnervend beide, Kriegers auch und Bürgers Kraft]* Adelung 1,1687: »der Kräfte berauben, schwächen, entkräften« – hier durch die *verführende*, mannstolle *Brut* der Priapus-Jüngerinnen.

344,8803 *nun Anerkannte! neu]* Hier beginnt die Fortsetzung des alten *Helena*-Fragments von 1800.

Zur Textverfassung: So eigenhändig H1. In H2 und entsprechend wieder in H hat John offenbar doch falsch abgeschrieben: *nun Anerkannte! nun . . .*

344,8808 *deiner Schönheit Schwan]* Für: ihre 'schwanengleiche' Schönheit (enkomiastisch personifiziert, um die Chormädchen-*Gänse* abzufertigen, und so zugleich an die Herkunft der *Schwanerzeugten* erinnernd: 9108).

344, vor 8812 *Von hier an erwidern die Choretiden, einzeln . . .]* Der jetzt einsetzende, nach dem Muster der Stichomythie des Euripides Vers um Vers erfolgende Schlagabtausch (Beutler, SD 613: »die großartigste Schimpfkanonade der Weltliteratur«) wird mit zunehmend schärferen, übleren Waffen aus dem mythologischen Arsenal ausgetragen:

344,8812 *Vater Erebus . . . Mutter Nacht]* Das Urdunkel *Erebus* wurde am Anfang aller Zeiten »aus dem Chaos«

geboren; als »Seine und der Nacht Kinder« nennt Hederich 1770,1023 f. das »Alter« und den »Tod«, »die Zwietracht, das Elend«, »die Misgunst, die Finsterniß« (1349 ff. hatte Mephisto selbst seine Herkunft auf diese Weise bestimmt; 1384 hatte Faust ihn *Des Chaos wunderlicher Sohn* genannt).

344,8813 *Scylla, leiblich dir Geschwisterkind]* »im Anfange ein sehr schönes Frauenzimmer«; durch Kirke in ein greuliches Meeresungeheuer verwandelt, dem »am Unterleibe lauter Hundesköpfe empor wuchsen« (Hederich 1770,2177). – *dir Geschwisterkind*: deine Nichte.

345,8815 *Zum Orkus hin!]* Zur Hölle (Beiname des Pluto).

345,8817 *Tiresias den Alten gehe buhlend an]* Sich an einen viele Menschenalter überlebenden blinden Seher-Greis heranzumachen, empfiehlt Phorkyas jetzt dem mannstollen Chormädchen. Dieser Tiresias hatte schlichten sollen in einem Götterstreit, »ob die Manns- oder Frauenspersonen mehr Wollust in dem Beyschlafe empfänden«, und »neun Theile davon der Juno, und nur einen dem Jupiter« zugesprochen (Hederich 1770,2378).

345,8818 *Orions Amme war dir Ur-Urenkelin]* Von der Zeugung und Geburt des urzeitlichen Jägers *Orion* (die in mythischer Fassung Wagners paracelsisches Homunkulus-Experiment spiegeln: → Kommentar S. 504 f.) heißt es bei Hederich 1770,1802, der kinderlose Hyrieus habe sich von den Göttern einen Sohn erbeten; sie nahmen dazu »die Haut von dem ihnen geopferten Ochsen, ließen alle drey ihren Urin darein, hießen ihn solche unter die Erde begraben, und den zehenten Monat wieder heraus nehmen. Dieses that Hyrieus, und fand den Orion darinnen«. – Als Ur-Urgroßmutter dieses Ochsen (= *Orions Amme*), als greise Kuh also wird Mephisto-Phorkyas von der Choretide beschimpft.

345,8819 *Harpyen wähn' ich fütterten dich im Unflat auf]* Diese Schreckgestalten fraßen dem König Phineus seine Speisen weg, »das übrige aber beschmeißeten sie ⟨Adelung 4,179: »ein anständiger Ausdruck für das grobe scheissen«⟩ dergestalt, daß es vor Unflate und Gestanke nicht genossen werden konnte.« (Hederich 1770,1196 f.)

345,8821 *Mit Blute nicht, wonach du allzu lüstern bist]* Erst wenn sie aus der Blutgrube getrunken hatten, vermochten die Schatten der Unterwelt zu sprechen (*Odyssee* XI,24 ff.).

345,8825 *das Rätsel hebt sich auf]* insofern sie beide aus der Unterwelt kommen: aus dem Hades die Chorführerin, aus der Hölle Mephisto-Phorkyas.

345,8829 *heimlich unterschworner Zwist]* Für: verdeckt schwärender (Goethe an Zelter, 6. 11. 1827: »die Entdekkung solcher unterschwornen und übertünchten Familienverhältnisse«).

345,8833 *Den selbstverirrten]* Auf den *Herrscherherrn* (hier: Helena) bezogen, der durch den *Zwist* seiner *Diener* selber von seinem Weg abkommt.

345,8836 f. *zum Orkus mich | Gerissen fühle, vaterländ'scher Flur zum Trutz]* In die Unterwelt zurückgedrängt (wohin all die eben aufgerufenen *Schreckgestalten* gehören), obgleich sie hier doch auf dem heimischen Boden der oberen Welt stehe.

346,8840 *jener Städteverwüstenden]* Bezieht sich ('homerisch' getönt) auf die Verwüstung Trojas in dem von Helena 'verschuldeten' Krieg.

346,8843 *Wer ... mannigfaltigen Glücks gedenkt]* Meint, der Fortuna-Vorstellung folgend, das unbeständig trügerische Geschick.

346,8846 *In Lebensreihe]* In der Reihe derer, die dir im Leben begegneten. – Genannt werden im folgenden *Theseus*, der das junge Mädchen entführte (8848 ff.) und aus dessen Gewalt Helenas Brüder *Castor* und *Pollux* sie wieder befreiten (8852); die Bewerber um ihre Hand (8853. → Kommentar zu 8504); *Patroklus*, der Gefährte *des Peliden* Achill (8855); *Menelas*, dem ihr Vater sie antraute und dem er *des Reichs Bestellung*, die herrscherliche Aufsicht über Lakedämon und Sparta übertrug (8856 ff.); dann Paris als *allzuschöner Gast* (8861); schließlich *Achill* (8877 ff.). Später nachgetragen der Patroklus-Bruder Deiphobus (9054).

Fraun, gewöhnt an Männerliebe, | Wählerinnen sind sie nicht, singt der Chor. Und wem alles Helena das gleiche volle *Recht* erteilte über *die schwellenden Glieder* (9393 ff.), listet das Paralipomenon 163 in einem regelrechten Liebhaberkatalog auf! → Text-Band S. 681.

346,8850 *dreizehnjährig]* Durch WA eingeführter eigenmächtiger Herausgebereingriff: »zehenjährig« (→ Kommentar zu 7426).

346,8864 f. *Auch . . . Sklaverei]* Der in eine komplizierte Wortstellung verknappte Satz meint: *jene Fahrt* des Menelas nach Kreta (die dem Paris Gelegenheit gab, dich zu entführen) *erschuf* auch *mir*, der *freigebornen Creterin*, eine solche *Gefangenschaft* (weil Menelas mich aus Kreta in eine *lange Sklaverei* mit sich nahm).

347,8872 f. *ein doppelhaft Gebild, | In Ilios gesehen und in Ägypten auch]* Nach einer (in Euripides' *Helena* aufgenommenen) Sage blieb die Geraubte in *Ägypten*, bis Menelas sie heimholte, so daß Paris nur ein *Idol*, ein Phantom nach *Ilios*-Troja entführte.

347,8874 *Verwirre wüsten Sinnes Aberwitz nicht gar]* Den der über sie umlaufenden widervernünftigen Sagen? oder ihr eigenes gestörtes Selbstbewußtsein? – *gar* für: ganz und gar.

347,8876 f. *aus hohlem Schattenreich herauf | Gesellte sich . . . Achill zu dir]* Nach einer der Sagen (Pausanias III, 19,11 ff.) hatte Achill eine Zeitlang die Unterwelt verlassen und mit der gleichfalls aus dem *Schattenreich* heraufgestiegenen Helena zusammenleben dürfen (8879: sie *als Idol*, mit *ihm dem Idol*). → Kommentar zu 7435.

347,8878 *liebend,]* Komma gegen H eingesetzt. Denn *gegen allen Geschicks Beschluß* geht nicht, daß Achill die Helena früher liebte, sondern daß er sich nach dem vom Schicksal verfügten Tode doch mit ihr noch verbinden durfte (Resenhöfft 1975,316).

347,8883 *Mißblickende, mißredende]* mißgünstig blickend und redend.

347,8889 f. *des drei- | köpfigen Hundes]* Kerberos, der das Tor der Unterwelt bewachende Hund (dreiköpfig bei den griech. Tragikern).

348,8896 *Letheschenkenden]* Vergessen machend (wie der Unterweltstrom Lethe, aus dem die Schatten der Toten trinken).

348,8909 ff. *Tritt hervor aus flüchtigen Wolken . . .]* Phorkyas scheint einzulenken. Tatsächlich holt dieser *Widerdämon* (9072) jetzt in raschen Trochäen zum entscheidenden Schlag gegen Helena aus (8924 ff.: die Todesdrohung).

349,8926 *doch geahnt]* → 8528 f.

349,8928 f. . . . *Wie im Vogelfang die Drosseln, zappelt ihr der Reihe nach]* Phorkyas erfreut sich am Homer: Wie *Drosseln* knüpft Telemach die ungetreuen Dienerinnen seiner Mutter Penelope auf – sie »Zappelten noch mit den Füßen ein wenig, aber nicht lange.« (*Odyssee* XXII,473. Voß' Übersetzung)

350, Regieanweisung nach 8929 *erstaunt und erschreckt, in bedeutender, wohl vorbereiteter Gruppe]* Unbekümmert um psychologische Wahrscheinlichkeit zeigt dieses klassizistische Tableau, was der Königin und ihrem Gefolge *ziemet* (8915 f.). Hier gilt entschieden, was Goethe 1803 in seinen *Regeln für Schauspieler* hinsichtlich der »Stellung und Bewegung des Körpers« und der Gruppierung auf der Bühne gefordert hat: »Zunächst bedenke der Schauspieler, daß er nicht allein die Natur nachahmen, sondern sie auch idealisch vorstellen solle, und er also in seiner Darstellung das Wahre mit dem Schönen zu vereinigen habe«: daß er »das Schöne zum Bedeutenden gesellet« (FA I 18,871 und 882).

350,8930 *Gespenster]* Schatten, dem Hades schon zugehörig.

350,8934 *Doch bittet, oder rettet niemand sie vom Schluß]* Meint offenbar: Doch kann niemand die Menschen freibitten von dem oder erretten vor dem über sie beschlossenen Tod.

350, Regieanmerkung vor 8937 *vermummte Zwerggestalten]* Goethe (nach Eckermanns Gesprächsbericht vom 21. 2. 1831): »Wenn die Franzosen nur erst die Helena gewahr werden, und sehen was daraus für ihr Theater zu machen ist! Sie werden das Stück, wie es ist, verderben; aber sie werden es zu ihren Zwecken klug gebrauchen, und das ist alles was man erwarten und wünschen kann. Der Phorkyas werden sie sicher einen Chor von Ungeheuern beigeben, wie es an einer Stelle auch bereits angedeutet ist.«

350,8945 f. *Und eingewickelt, zwar getrennten Haupts, sogleich | Anständig würdig aber doch bestattet sei]* *Damit das Opfer*, eingehüllt in diese kostbare Decke (*Teppich*), sogleich *bestattet* werde – zwar mit abgeschlagenem Haupt, aber doch auf angemessen würdige Weise.

350,8949 *Mir aber deucht . . .]* Ich aber halte es für meine (als der Ältesten) Pflicht . . .

351,8957 *Ehrenwürdigste der Parzen, weiseste Sibylle]* Die ehrwürdigste unter den Schicksalsgöttinnen (meint Atropos, die den Lebensfaden abschneidet, mit einer *Schere*, welche der angstvoll schmeichelnde Chor hier auch noch vergoldet) und die *weiseste* unter den Wahrsagerinnen der Antike.

351,8959 *Schweben, Schwanken, Bammeln]* → 8928 f. und Kommentar dazu.

351,8969 *Rhea]* Die Gemahlin des Saturn und »Magna Mater Deum« (Hederich 1770,2140).

351,8971 f. *des Vortrags langgedehnten Zug . . . Geschichten]* Mit Phorkyas' arkadischer Verserzählung von Faust und Helena als *idyllischem Liebespaare* und der Geburt des Euphorion 9586-9628 wird das Spiel dann vollends epische Züge annehmen.

351,8973 *Zuhörend leben wir indes]* Während wir zuhören, leben wir doch noch (als ob nicht Menelas *indes* erscheinen könnte!) – K. Mommsen 1968,41 erklärt das als Anspielung auf *1001 Nacht*: »Scheherazade, die in der nämlichen Situation ist, daß ihr Gemahl, der Sultan, sie zum Sterben verurteilt hat, bewahrt sich nur dadurch das Leben, daß sie Geschichten erzählt.« Überhaupt führt sie Mephisto-Phorkyas' Bericht als Zauberrede (»Aus seinem Wort werden Wirklichkeiten«) auf das »magische Fabulieren« dieser orientalischen Märchenerzählerin zurück (aaO. 38 f.).

351,8978 *seiner Schwelle heilige Richte] Schwelle* (HwbdA

7,1510 und 1518): im Volksglauben die Grenze des geschützten heimischen Bereiches zur feindlichen Außenwelt; *Richte* (DWb 14,866): »die grenze, schranke, nach der man sich zu richten, die man innezuhalten hat«.

352,8983 *rege nicht an Verdrießliches]* Die Königin bemerkt und rügt Phorkyas' Anspielung auf ihr eigenes Verhalten (8978-81).

352,8994-9002 zu Fausts *Burg]* In Goethes Inhaltserzählung von 1816 heißt es noch: *Ein altes Schloß, dessen Besitzer in Palestina Krieg führt, der Castellan aber ein Zauberer ist, soll der Wohnsitz des neuen Paris werden. Helena erscheint* ⟨...⟩ *glaubt so eben von Troja zu kommen und in Sparta einzutreffen* (Paralipomenon 63, Text-Band S. 595,80 ff.). Aus Deutschland (oder vom *Rheinthal*: Paralipomenon 84, Text-Band S. 666,19) wurde der Schauplatz dann nach Griechenland verlegt. Unmittelbar neben dem Palast des Menelas wird Fausts phantasmagorische *Burg* jetzt errichtet. Diese topographisch-symbolische Nachbarschaft der Bauwerke (des homerisch-klassischen und des mittelalterlich-romantischen, deren Architektur die Verse 9017-30 kontrastierend schildern) stützt sich auf die griechischen Reiseberichte, die Goethe damals studierte. Sie beschreiben die im 13. Jh. durch fränkische Kreuzfahrer errichtete Felsenburg und Stadt Mistra, die ostwärts des Gebirgszuges *Taygetos*, nicht weit entfernt vom *Eurotas*-Fluß liegt (freilich nahe westlich und nicht *nordwärts* vom antiken Königssitz Sparta). Dazu Johanna Schmidt 1956.

352,8998 *An Rohren]* Schilfrohr.

352,8999 f. *ein kühn Geschlecht ... dringend aus cimmerischer Nacht]* Auf Homers am Okeanos lebende mythische Kimmerier bezogen (*Odyssee* XI,14 ff.: 'dunstige Nebel | Hüllen sie völlig ein ⟨...⟩ Denn niemals | Dringen des Helios leuchtende Blicke herunter zu ihnen') – oder auf das gleichnamige altital. Volk, von dem latein. cimmerius abgeleitet ist (was nach Hederich 1739 I,937 eine »ausserordentliche Finsterniß ⟨bezeichnet⟩, wie etwan in den Hölen der Cimmeriorum in Italien war, worinne sie wohneten«)? – Steht hier jedenfalls für die nördliche Herkunft dieser Eroberer.

Den historischen Hintergrund (auch für die Feldzugspläne Fausts 9446-81) bildet im frühen 13. Jh. das Eindringen fränkischer und normannischer Ritter auf der peloponnesischen Halbinsel, die unter Gottfried v. Villehardouin als ihrem Oberherrn die eroberten Gebiete französ. Lehnsrecht unterwarfen. → Kommentar zu 8994-9002.

352,9002 *placken]* DWb 13,1873: »intensivbildung zu ‘plagen’«.

352,9004 *an zwanzig Jahre]* Arens 1989,628 rechnet nach: »die 10 Jahre der Ehe Helenas bis zum Auftauchen des Paris, während welcher Zeit Menelaos ‘raubschiffend ruderte von Bucht zu Bucht’, Frau und Reich alleinlassend, und die 10 Jahre Krieg«.

352,9009 *Mit . . . Freigeschenken]* freiwilligen Abgaben.

352,9010 *Wie sieht er aus?]* Die Helena-Frage! (Phorkyas 8869: *unerschöpften Liebesfreuden zugewandt*).

353,9014 f. *wie vor Ilios | Gar mancher Held sich menschenfresserisch erwies]* Mephisto-Phorkyas übertreibt. Nur vom Achill berichtet Homer, er habe *vor Ilios*-Troja dem sterbenden Hektor kannibalisch gedroht: »Daß doch Zorn und Wut mich erbitterte, roh zu verschlingen | Dein zerschnittenes Fleisch« (*Ilias* XXII,346 f.).

353,9018-20 *plumpes Mauerwerk | Das eure Väter, mir nichts dir nichts, aufgewälzt, | Cyklopisch wie Cyklopen . . .]* Das *Mauerwerk* peloponnesischer Städte wie Tiryns und Mykene bestand aus so gewaltigen Steinen, daß der Mythos die riesenhaften *Cyklopen* zu ihren Erbauern erklärte. Mit ihnen setzt Mephisto-Phorkyas hier die Stamm-*Väter* Helenas und der Griechen gleich. – Freilich besaßen die antiken Königsstädte ein keineswegs *plumpes Mauerwerk*, aus *rohen* Steinen *aufgewälzt*, sondern standen durchaus *so wohl in Fugen*, wie nach Mephisto-Phorkyas’ überbietender Beschreibung die Faust-Burg.

353,9030 *Was sind Wappen?]* Sie erscheinen in Europa erst zur Zeit der Kreuzzüge. Die der fränkisch-germanischen Geschlechter (→ 9466-73) waren, in Stein gehauen, über den Eingängen der Adelssitze im mittelalterlichen

Mistra angebracht (→ Kommentar zu 8994-9002. Dazu Hauschild 1963,18). Um sie den Trojanerinnen zu erklären, knüpft Phorkyas den folgenden Exkurs in die Heraldik an die antiken Schildbilder an; den Drachenschild des *Ajax* kannte Goethe durch die Weimarer ‘Kassandra-Vase’, die 9034|35 genannten Kriegszeichen stammen aus einem Botenbericht in Aischylos’ *Sieben gegen Theben.*

353,9035 *Leiter . . . Fackeln]* Sturmleiter und Brandfackeln.

353,9036 *guten Städten]* wohlhabenden, mächtigen, befestigten.

353,9038 *Von seinen Ur-Urahnen her]* Zur Textgestalt: Auf *Heldenschar* bezogen, hätte es wohl heißen sollen: *Von ihren* (H33 und H1 hatten in 9037 noch: *ein jeder Heldensohn*).

354,9046 *Paris duftete]* Zur antiken Herrenkosmetik: Bei Hederich 1770,1892 konnte Goethe lesen, man schließe »aus einigen homerischen Ausdrücken«, daß Paris »ein besonderer Liebhaber von köstlichen Salben und herrlichen Schminkwassern gewesen.« Nach der dort angegebenen Quelle (Damms *Novum Lexicon graecum* 1765,2984) benutzte Helenas Entführer »ein köstlich waschwasser, das die haut recht klar machete, und durch sein eindringen in die schweislöcher das gesichte völliger und lebhafter darstellet.« (→ 6473-78 und Paralipomenon 167: Text-Band S. 668,20 f.)

354,9047 f. *Du fällst | Ganz aus der Rolle]* Meint hier, der Bedienten stehe eine solche Bemerkung über den der Königin *zu nahe* kommenden duftenden Paris nicht zu.

354,9054 *deinen Deiphobus]* der nach dem Tod seines Bruders Paris die Helena zur Gemahlin nahm (9057 *kebste* im ält. Sprachgebrauch: zur Konkubine machte).

355,9068 *Sei willkommen Herr und König]* Um Helena in die Faust-Burg zu treiben, steigert Mephisto-Phorkyas die Einschüchterung der Trojanerinnen aufs Äußerste: als sei der todbringende Menelas schon gegenwärtig.

355,9075 *Das andre weiß ich]* Meint: was daraus folgt? schon auf den Burgherrn bezogen? (DWb 1,310: Es »trifft auch unsere sprache mit der griechischen darin zusammen, dasz sie ihr *ander* euphemistisch setzt für das, was man sich scheut in den mund zu nehmen«).

355,9085-87 *wie Ilios Burg . . . Niederträchtiger List erlag]* Bezieht sich auf das hölzerne Pferd mit den darin versteckten Griechen, das die Trojaner selbst in ihre Festung zogen (*Odyssee* VII, 502 ff.).

355, Anweisung nach 9087 *nach Belieben]* Direkt an die Regie und Bühnentechnik adressiert.

356,9102 *Tod verkündenden, sagen sie]* Das Schwanenlied, heißt es im griech. wie german. Volksglauben, verkünde den nahenden Tod dieser weissagenden Vögel – den *schwangleichen* Chorsängerinnen ‘schwant’, daß der ferne Todesgesang auch ihnen selber und der *Schwanerzeugten* gelte: der vom Zeus in Gestalt des Schwans gezeugten Leda-Tochter (→ 6903 ff. und 7277 ff.).

356,9117 *Hermes voran?]* Der Gott, der mit *goldne*m *Stab* die Toten zur Unterwelt geleitet.

Seite 357-371
9127-9573 INNERER BURGHOF

Ohne daß die Figuren ihren Standort eigentlich veränderten (nur Phorkyas ist verschwunden), hat sich auf offener Bühne eine magische Verwandlung des Schauplatzes vollzogen. *Vor dem Palaste des Menelas* im antiken Sparta ist auf phantasmagorische Weise der Innenhof einer Faust-Burg entstanden, *umgeben von reichen phantastischen Gebäuden des Mittelalters.* Der antiken Tragödie entsprechend wird so die Einheit »des Orts aufs genauste beobachtet« (Goethe 1826 an Wilhelm v. Humboldt, → hier S. 586). Insofern die Chorverse 9088-9126 diesen Vorgang beschreiben, erscheinen sie geradezu als eine gesprochene oder gesungene Bühnenanweisung.

357,9131 *überquer]* Die gegenläufigen Emotionen der Choretiden »durchschneiden einander, gehen übers Kreutz« (Adelung 4,1169).

357,9135 *Pythonissa]* Allg. für: Seherin, Zauberin (meint hier Phorkyas).

357,9146 *Der wundersam aus vielen einsgewordnen Burg]* Mittelalterlich, aus vielerlei *Baulichkeit* zusammengeschlossen durch Mauer und Wall (→ 9026-29).

357,9147 *halb]* Für: halber, wegen.

358,9154 *anständig]* Mit dem gebührenden Anstand.

358,9157-61 *Jünglingsknaben ...]* BO 343: »The pages are blond, fair-skinned, rosy-cheeked Teutonic boys«!

358,9163 f. *in ähnlichem Fall, da erfüllte der Mund | Sich ... mit Asche]* Meint wohl den mit staubigem Samen gefüllten 'Sodomsapfel' (benannt nach der Stadt am Toten Meer, die in Asche sank – nachdem ihre Einwohner selbst die Engels-

Jünglinge zu mißbrauchen suchten: 1. Mose 19,5). – MA 18.1, 971 verweist auf Miltons *Paradise Lost* X, 707 f.

359,9192 ff. *Statt feierlichsten Grußes, wie sich ziemte . . .]* Faust setzt in Blankversen ein (5hebig, ungereimt). Zum klassisch-griechischen jambischen Trimeter tritt damit der klassisch-deutsche Dramenvers. In diesem Zeremoniell der Begegnung des deutschen Ritters mit der griechischen Heroine vollzieht sich eine höchst taktvolle *klassisch-romantische* Annäherung auch der Metren. Mit seinen allermeist männlich ausgehenden Blankversen nämlich kommt Faust, *wie sich ziemte*, dem hohen Gast entgegen, ohne ihm doch zu nahe zu treten: er fügt sich in Helenas reimlose Rede, verkürzt ihre Sprechweise jedoch um einen Versfuß. – Mit formvollendeter Höflichkeit geht die Königin darauf ein: erwidernd schmälert sie 9213 ff. nun ihrerseits den bisher verwendeten jambischen Trimeter um eben diesen einen Takt. – (Allen Ernstes May 1962,183: »Es gehört zu ihrem Wesen, daß sie sich dem Stärkeren, dem Manne fügt, und es ist hier der Sinn und Daseinszweck der antiken Gestalt, daß sie sich dem begeisterten Werben des nordisch-germanischen Menschen ergibt.«)

359,9195 *Der, Pflicht verfehlend, mir die Pflicht entwand]* Meint: der seine Turmwächter-Pflicht außer acht ließ und mir so die Möglichkeit nahm, sogleich meiner Begrüßungspflicht zu genügen.

359,9198 f. *der Mann | Mit seltnem Augenblitz]* Der Turmwächter mit seiner außergewöhnlichen Blickschärfe.

359,9211 f. *du allein | Bestrafst, begnadigst, wie dir's wohl gefällt]* In Goethes *Über die Verherrlichung der Helena* (seiner Beschreibung des delphischen Polygnot-Gemäldes; FA I 18,911) heißt es 1804: »so erscheint jene 〈Helena〉 im höchsten Glanze, da sie, mitten unter der Masse von Gefangenen als eine Fürstin ruht, von der es abhängt zu binden oder zu lösen.«

360,9214 f. *Als Richterin, als Herrscherin, und wär's | Versuchend nur . . .]* Spielt sie schon darauf an, daß nach der Probe, wie sie jetzt das Richteramt wahrnehme, Weiteres denkbar sei – sie als *Herrscherin* an der Seite dieses Retters? (→ 9270 ff.)

360, vor 9218 LYNCEUS] Griechisch: der Luchsäugige (→ 9230 f.). Goethe gibt seinem Turmwächter (hier wie wieder in den beiden ersten *Palast*-Szenen des 5. Akts) den Namen, den ein durch »scharfes Gesicht« ausgezeichneter Teilnehmer an der Argonautenfahrt trug: Hederich 1770,1502.

Dieser neue Lynceus, in Ketten geschlossen, weil er wie sein Herr von Helenas *Pfeilen* getroffen wurde (9260 ff.), steht wohl in einem leise sich andeutenden Konkurrenzverhältnis zu Faust und faßt zugleich doch an dessen Stelle in Worte, was auszusprechen die Etikette dem Burgherren selber zunächst verbietet. Mit seinem Gesang bringt Goethe die mittelalterliche Minnedichtung ins Spiel der Gattungen: im Rollenverständnis, in einzelnen Motiven, selbst in den Reimen und Reimwörtern berühren sich seine Verse mit den Liebesliedern vor allem Heinrichs v. Morungen (dazu Grünanger 1948,162 ff.,242 ff. und Rüdiger 1964, 182 ff.); auch 'petrarkistische' Züge klingen da an (→ etwa 9219,9244,9277 ff.).

360,9232 f. *mußt' ich mich bemühen ...*] Meint: konnte ich nur mit Mühe mich zurechtfinden (als müßte ich *aus tiefem düsterm Traum* mich freimachen).

360,9243 *das beschworne Horn*] Signalhorn, auf das der *Wächter* eingeschworen ist (→ 11290).

361,9250-53 *Raubend ... Verführend, fechtend ... entrükkend*] JA 14,366: »Hinweis auf den raubenden Theseus, den verführenden Paris, den fechtenden Menelas, die nach Ägypten entrückende Gottheit, die dämonische Phorkyas.«

361,9254 f. *doppolt mehr ...*] Meint Helena als *doppelhaft Gebild, | In Ilios gesehen und in Ägypten auch* (8872 f.). – *Nun dreifach, vierfach bring' ich Not*: nach Sparta zurückgekehrt ihren Begleiterinnen, hier auf der Burg noch dem Lynceus.

361,9263 *Raum*] Innenhof der Burg.

361,9269 *Im Wahn das Meine*] Meint: was ich mein Eigen wähnte.

362,9279 *der Augen schärfster Blitz]* → 9198 f. und Kommentar dazu.

362,9302 *Den scharfen Blicken]* Dem eigenen scharfen Auge.

362,9309 f. *schwanke zwischen Ohr und Mund | Das Tropfenei]* Die Perle (nach indischer Sage durch Tautropfen wie ein Muschelei entstanden), als langer Ohrring an der Wange sich bewegend.

363,9311 f. *Rubinen . . . Wangenrot sie niederbleicht]* 'Überbietender' Vergleich: ein hochcharakteristisches Ausdrucksmittel im hyperbolischen Frauenpreis mittelalterlicher und barocker Liebesdichtung (ähnlich schon 8562 ff. und wieder 9352 ff.).

363,9325-28 *Das alles . . .]* Direkt an 9320 anschließend (die unterbrechende Strophe 9321-24 nur versehentlich nicht als vorletzte eingeordnet?).

363,9326 *lose]* Aus meiner zugreifenden, festhaltenden Hand fallend.

363,9327 *bar]* DWb 1, 1056: »für rein, lauter, ungefälscht«.

363,9340 *Wie frische Himmel]* sternenklare, an denen die Edelsteine *blinken.*

363,9341 *Von lebelosem Leben]* des Goldes, der kostbaren Mineralien.

364,9345 *Göttliche]* Sinngemäße Großschreibung nach H^2, gegen H.

364,9346 ff. *Schwach ist was der Herr befiehlt . . .]* Eine Konkurrenz zwischen dem Burgherren und seinem Turmwärter deutet sich an; es regt sich tatsächlich, was Faust schon 9265 erklärt: *Rebellisch die Getreusten.*

364,9347 *ist gespielt]* JA 14,367: »nur ein nichtiges Spiel«. – MA 18.1, 975: Lynceus »als Künstler« (? Sch.).

364,9349 *Übermut]* DWb 23,426: »die über das durchschnittliche oder erwartete oder sittlich erlaubte masz hinausgehende seelische stimmung« (der ält. Bedeutung von 'Mut' entsprechend).

364,9357 f. *der leere Platz | Beruft den Herrn]* Hier

(Adelung 1,793) »in engerer Bedeutung, zu einem Amte rufen oder einladen«.

364,9359 *die treue Widmung]* Die mittelalterlichem Frauendienst gemäße, ritterlich huldigende Treueverpflichtung, vollzogen hier mit dem höfisch-zeremoniellen Handkuß und verbunden mit der Herrschaftsübereignung.

364,9367-71 *warum die Rede | Des Mann's mir seltsam klang . . .]* Zum ersten Mal im Helena-Akt hat der aus dem mittelalterlichen Norden kommende Turmwärter mit seinen hingerissenen Liebesstrophen im Endreim gesprochen – den die Antike nicht kennt. Ein Blockreim zuerst (9218 ff.: a b b a), Kreuzreime dann (9222 ff.: a b a b) und Paarreime schließlich (9273 ff.: a a b b), die den Einklang der reimenden Wörter durch solche Nahstellung am deutlichsten hervortreten lassen.

Mit erotischen Metaphern beschreibt die schöne Helena dieses schöne fremde Klangspiel, bei dem das *Wort* dem *Ohre* sich *gesellt* wie zu einer Liebesbegegnung (was der hier nachklingende mittelhochdeutsche Sprachgebrauch mit 'gesellen' doch bezeichnete) und ein anderes Wort sich reimend mit ihm paart, um *liebzukosen.* So geht der *Unterricht* im Reimspiel, den sie wünscht, zugleich schon auf das Liebesspiel.

365,9378 ff. *. . . es muß vom Herzen gehn . . .]* Hier nimmt der alte Goethe noch einmal die dem eigenen Frühwerk zugrundeliegende revolutionierende Dichtungslehre des 18. Jh.s auf, daß die Poesie nicht nur auf sprachhandwerklichem Geschick und nicht auf kühlem Kunstverstand beruhe, sondern eigentlich hervorgehe aus dem ganz ergriffenen, fühlenden Herzen (*Faust I*,544 f.: *Doch werdet ihr nie Herz zu Herzen schaffen, | Wenn es euch nicht von Herzen geht*). Dreimal gesellen sich in dieser liebenden *Wechselrede* zu Fausts unvollständig belassenen Versen Helenas reimend liebkosende Schlüsse. Da fallen Wortklang und Wortbedeutung in eins, und der Schleier der Poesie *deckt mit dichtgewebtem Flor | Die lieblichste von allen Szenen* (6919 f.).

Eine altpersische Legende erzählte von der Entstehung

der ersten Endreime beim Liebesdialog des Sassanidenherrschers Behramgur und seiner Sklavin Dilaram. Im *West-östlichen Divan* hatte Goethe das aufgenommen (*Behramgur, sagt man, hat den Reim erfunden* . . . FA I 3,92 und Kommentar dazu). Hier wird dieser Vorgang in Szene gesetzt – als bilde in Fausts und Helenas Wechselrede und dem Einklang ihrer Reime geradezu der hochzeitliche Akt sich ab. Tatsächlich, während die beiden auf dem *herrlichen Pfühl* des Throns (9176) sich *wiegen* (9404) wie auf einem Liebeslager, stimmt der Chor den Hymenaeus an: das antike Vermählungslied, das gesungen wird, wenn die Liebenden einander zugeführt worden sind (*Annäherung* ⟨Helenas⟩ *an Faust* und *Liebschaft* / *Hymenae⟨on⟩* heißt es ausdrücklich im Paralipomenon 167: Text-Band S. 667,12 f.). Vor dem *Chor* und dem ihm erst folgenden *Gespräch zwischen Faust und Helena* notierte Goethe im Paralipomenon-Schema 166a (Text-Band S. 693,28-30) noch: *Verwandlung des Throns in ein Gezelt.* Jetzt aber genießen sie *Heimlicher Freuden* | *Vor den Augen des Volkes* (9408 f.), und der zuschauende Chor gibt 9393-9400 höchst unbefangen zu verstehen, was gemeint sei. – Zur Strophengliederung seiner Verse (nicht in H) vgl. WA I 15.2, 112.

366,9411-18 *Ich fühle mich . . . ein Augenblick.]* So nahe ist die Griechin jetzt ihrem nordischen Burgherren, daß sie ohne seine Anleitung in das Klang- und Liebesspiel der Verse auch Binnenreime einbringt: *fern-gern* | *verlebt-verwebt.* Und nun geht Faust auf ihre Vorgabe ein: *kaum-Traum* | *nicht-Pflicht.*

366,9415 *verlebt und doch so neu]* In gleicher Konstruktion wie 9411 für: abgelebt – und doch wie neugeboren.

366,9418 *und wärs ein Augenblick]* Gewiß nicht absichtslos hier eingebracht, macht dieses Stichwort der *Wette* (→ 1699 ff.) darauf aufmerksam, daß die Geltung des mit Mephisto abgeschlossenen Vertrages für das phantasmagorische, traumhafte Geschehen des Helena-Aktes ausgesetzt bleibt. Sonst könnte man die *Verweile doch!*-Bedingung in der *Arkadien*-Szene wohl als erfüllt ansehen.

366,9420 *Tändelnd grübelt nur am Liebeln]* Die mit heftig-auftaktlosen Trochäenversen einbrechende Phorkyas denunziert das Reimspiel der Liebenden mit der für die Rokokopoesie charakteristischen 'Tändelei'-Bezeichnung – als hätten die beiden da in anakreontischen *Liebes-Fibeln* buchstabiert.

367,9430 *Wie Deiphobus verstümmelt]* → 9054 ff. mit Kommentar zu 9054.

367,9432 *Bammelt erst die leichte Ware]* Wie 8959 f.; → Kommentar zu 8928 f.

367,9433 *Dieser gleich ist . . .]* Meint: Dann ist für Helena sogleich . . .

367,9435-41 *Verwegne Störung! . . .]* Nur hier spricht auch Faust in Helenas jambischen Trimetern: Bevor er 9442 ff. als Oberbefehlshaber die Sache in die Hand nimmt (mit schroffen, fest entschlossenen jambischen Vierhebern), faßt er seine an die Königin gerichteten Abwehr- und Beruhigungsverse in die ihr vertraute Sprache – *Hier ist nicht Gefahr* (9440)!

Allenfalls wären die Verse 9435-41 auch als Helena-Text denkbar (auch die Wiederholung der Sprecherbezeichnung FAUST vor 9442 wäre sonst überflüssig); so unterstellt Resenhöfft 1975,317 f. eine Schreiberverwechslung der Sprecherangabe und weist diese Trimeter-Rede Helena zu.

367,9439 *leeres Hauchs]* Mit wortleerem Atem, also ungehört (eigenmächtiger, den Goetheschen Sprachgebrauch unnötig korrigierender Herausgebereingriff seit WA: »leeren Hauchs«).

367, Regieanweisung nach 9441 *Explosionen von den Türmen . . Zinken]* Gemeint sind offenbar Geschütze, die aus den Burgtürmen feuern (in der Geschichte der Waffentechnik freilich erst im 14. Jh. erscheinen). Paralipomenon 166 (Text-Band S. 697,32): *Geschüz (Explosion). – Zinken*: scharf schmetternde Blasinstrumente, »daher als kampf- und heerhorn geeignet« (DWb 31,1414).

367 f., 9442-81 FAUST . . .*]* Wenn in der 'realen' Kaiserschlacht des 4. Akts *Trommeln* laut werden und (wie hier)

kriegerische Musik ertönt, wird Faust erklären: *Schon wieder Krieg! der Kluge hörts nicht gern* (10235). Will Mephisto ihm dort die Rolle eines Obergenerals zuweisen, wehrt er entschieden ab: *Das wäre mir die rechte Höhe | Da zu befehlen wo ich nichts verstehe* (10311 f.). Hier aber, beim Donner der Kanonen *von den Türmen* und dem *Durchmarsch gewaltiger Heereskraft*, erscheint er (träumt er sich) tatsächlich als Oberkommandierender. In vierhebig knappen Jambenversen stählt er den Kampfes- und Siegeswillen der Truppe (9446 ff.) und skizziert einen Feldzugsplan, der mit den eingangs erklärten Verteidigungsabsichten keineswegs mehr zu rechtfertigen wäre. Fausts imperialer Eroberungskrieg richtet sich auf eines *Reichs Gewinn* (9465): er zielt auf die Einnahme des gesamten Peloponnes, dessen einzelne Landesteile 9466-73 genannt werden (→ Paralipomenon 175: Text-Band S. 690,5). Am Ende seiner Ansprache wird er den Heerführern der durchmarschierenden *Kolonnen* in einer generalstabsmäßigen Besprechung dafür ihre Instruktionen erteilen (Regieanweisung nach 9481).

Hellhörig stilsicher hat Gottfried Benn (Brief an F. W. Oelze, 29. 7. 1948) über die zweite dieser Kommandeursstrophen und zu deren 'stählerner Romantik' geschrieben: »und dann die S. S.-Lyrik im 'Inneren Burghof', Vers 9450 ff. – 'In Stahl gehüllt, vom Strahl umwittert –', höchst merkwürdige Stelle!«

367,9446 *Mit angehaltnem ... Wüten]* anhaltendem.

367,9450 *vom Strahl umwittert]* von Feuerstrahlen wie im Gewitter umtobt (DWb 19,759/23,1277).

367,9454 f. *An Pylos ... Der alte Nestor]* Sparta benachbarter Haupthafen des Peloponnes, Stadt des greisen Nestor.

367,9456 f. *alle kleine Königsbande ... das ungebundne Heer]* Der in Kleinkönigtümer unterteilte Peloponnes – dagegen Fausts frei operierendes (und 'entfesseltes'?) Erobererheer.

368,9460 *lauern]* Zur Textverfassung: gegen H^{51}, H^{2} und H (*lauren*) hier nach $C^{1}/^{3}4$ (das Reimwort *Mauern* lautete in H^{51} und ursprüngl. in H^{2} noch: *Mauren*).

368,9462 *Herzoge . . .]* D. Lohmeyer 1975,332 f. nennt (mögliche) historische Vorgaben für die Belehnung der hier zu Herzögen erhobenen Heerführer mit den eroberten peloponnesischen Ländern und sieht in ihren fünf Stämmen »die fünf europäischen Kulturnationen: in den Germanen die Deutschen, in den Goten die Spanier, in den Franken die Franzosen, in den Sachsen die Engländer, in den Normannen die Italiener. Damit wird aus der Übergabe antiken Bodens der symbolische Akt der Belehnung der mittelalterlichen Völker mit dem antiken als gemeinsamem Erbe, das sie zu einer neuen Einheit zusammenschließt: dem in der Idee antiker Humanität geeinten Europa.« –
Goethe auf v. Holteis Frage, was eigentlich »gemeint sei, wenn Faust an Helenas Seite die Land-Gebiete an einzelne Heerführer verteilt«: »Ja, ja, ihr guten Kinder, wenn ihr nur nicht so dumm wäret« (Biedermann/Herwig 3.2, Nr. 6189).

368,9477 *Der Königin verjährter Sitz]* Sparta als ihr alteigener, angestammter Königssitz.

368,9485 *Schmeichelnd]* »durch liebes- oder beifallsbezeugungen, anerkennung, lobeserhebungen« (DWb 15,982).

369,9493 *Wie er so tapfer klug sich verband]* Im älteren Sprachgebrauch für: 'sich verpflichtete' (DWb 25,121). Hier wohl zum Schutz der Helena, auf die sich das *sie* in 9500 wieder bezieht. – Mit der Formel *tapfer klug* nimmt der Chor die im antiken Herrscherlob ausgebildete Vorstellung auf, daß die Verbindung von Tapferkeit und Weisheit den großen Herrscher ausmache (Topos 'sapientia et fortitudo': Curtius 1993,180 ff.).

369,9497 *eignem Nutz]* In H2 aber eigenhändig zum Choriambus korrigiert: *eigenem Nutz* (-vv-).

369,9510 *sie beschützen]* Meint die 9466 ff. mit den peloponnesischen Landen belehnten *Herzoge*.

369,9512 f. *Nichtinsel dich, mit leichter Hügelkette | Europens letztem Bergast angeknüpft]* Die durch den schmalen Isthmus mit dem makedonischen Gebirge verbundene Halbinsel des Peloponnes.

In gleitendem Übergang beziehen sich Fausts Verse dann auf die in deren Zentrum gelegene (9569 benannte) Landschaft, und mit vielen in der europäischen Pastoralpoesie vorgegebenen Zügen beschreibt und feiert sein bukolischer Gesang dieses *Arkadien* als die von Vergil entdeckte 'geistige Landschaft' (dazu Snell 1986,257), mit der sich die antiken Vorstellungen vom Goldenen Zeitalter und die alttestamentlichen vom Gelobten Land verbanden (→ Kommentar zu 9564 f. und 9547|49).

369,9517 *geblickt.]* MA 18.1,642 setzt entsprechend H58 ein Komma, weil Nachsatz folge (nicht zwingend).

369,9518 f. *mit Eurotas Schilfgeflüster . . . aus der Schale brach]* Meint das Schwanenei der Leda am Schilfufer des Eurotas.

369,9520 *dem Geschwister]* Alter Kollektiv-Singular.

369,9521 *Das Licht der Augen überstach]* Etwa für: in die Augen stechend und sie überstrahlend (DWb 23,572: »durch glanz blenden«).

370,9535 *zum gähen Rand]* Wie: jähen (steil und plötzlich abfallend).

370,9544 *Der Ahorn mild]* In der ält. Bedeutung von freigebig, wohltätig (mit *süßem Safte*).

370,9547|9549 *Milch* und *Honig]* beziehen *Arkadien* auf das Goldene Zeitalter der Antike (vgl. etwa Ovid, *Metamorphosen* I,111 f.), erinnern zugleich an das biblische Land der Verheißung, »darinnen milch und honig fleußt« (2. Mose 3,8 u. ö.).

370,9549 *Honig trieft vom ausgehöhlten Stamm]* den die Bienenvölker bewohnen (Horaz, *Epodi* 16,47: »mella cava manant ex ilice«).

370,9552 *Ein jeder ist an seinem Platz unsterblich]* Meint den zeitlos gleichförmigen Glückszustand Arkadiens, der den Tod des einzelnen *erblich* überdauert? (Schlaffer 1981,137: »'Unsterblich' heißt also wiederholbar«).

371,9558 f. *So war Apoll den Hirten zugestaltet | Daß ihm der schönsten einer glich]* Der Gott selber nahm die Gestalt eines Hirten an: weil er die Kyklopen getötet hatte, mußte er »den Himmel meiden und dem Admetus, Könige in Thessalien, ein Jahr lang dienen. Er hütete daher dessen Rinder an dem Flusse Amphrisus« (Hederich 1770,331); *der schönsten einer* mag einen der anderen Hirten dort meinen – oder Daphnis, den Halbgott und mythischen Hirten, von dem man sagte, »daß er von ungemeiner Schönheit gewesen« (Hederich 1770,872 f.).

371,9564 f. *vom höchsten Gott entsprungen, | Der ersten Welt gehörst du einzig an]* Vom Zeus abstammend, gehörte Helena keineswegs der *ersten Welt* an (die nach Hesiods Lehre von den vier Weltaltern dem Goldenen Zeitalter gleichgesetzt wurde). Wohl aber herrscht diese paradiesisch goldene Zeit nun erneut in Arkadien, und eben dort habe Helena ihre wahre Heimat.

371,9566 *umschreiben]* Wie latein. circumscribere: kreisförmig umziehen, einschließen, beschränken.

371,9567 *Noch zirkt]* DWb 31,1615: »als bezirk sich ausbreiten, ringsum ausgebreitet daliegen«.

371,9568 f. *zu wonnevollem Bleiben, | Arkadien in Sparta's Nachbarschaft]* K. Mommsen 1968,53 u. 62 f.: »in Fausts Entschluß, nach Arkadien zu gehen, sah Goethe das willkürliche Übertreten eines Gebots, auf das ein Glückszustand begründet ist« – so daß dessen Ende hier schon vorgezeichnet wäre. Dabei wird unterstellt, daß das nach Abschluß des Helena-Akts im Paralipomenon 123A für die Hades-Szene Notierte Geltung behalte, obgleich diese Szene am Ende ausgespart wurde: Von Persephone sollte der Helena erlaubt werden, *wieder in die Wirklichkeit zu treten, mit dem Beding, daß sie sich nirgends als auf dem eigentlichen Boden von Sparta des Lebens wieder erfreuen solle* (Text-Band S. 628,16 ff. Entsprechend P 123C, Text-Band S. 644,307 ff.).

Seite 371-389
9574-10038 ARKADIEN

Der Schauplatz verwandelt sich durchaus – meint: vollständig, ganz und gar. In Fausts vorangegangenen Strophen imaginiert, rückt *Arkadien* jetzt phantasmagorisch vor Augen. Angesagt und geradezu magisch bewirkt mit den Versen 9572 f. und bei offenem Vorhang vollzogen, wird der bühnentechnische Verwandlungsvorgang wiederum zum Bestandteil des szenischen Geschehens selbst (→ Bühnenanweisung nach 9126 und Kommentar zum 3. Akt, S. 585). Schon in Goethes Weimarer Theater hätte das bewerkstelligt werden können mit Hilfe einer unter den Bühnenbrettern liegenden großen Walze, welche alle Kulissen gleichzeitig verschob.

In den früheren *Faust*-Ausgaben ist hier zumeist die der Bühnenanweisung entnommene Ortsangabe *Schattiger Hain* als reguläre Szenenüberschrift eingefügt worden. Angemessener jedoch (auch in topographischer Hinsicht korrekter) bezeichnet die 9569 vorgegebene Angabe *Arkadien* diesen Schauplatz: als 'geistige Landschaft', als einen phantasmagorisch-utopischen Geschehensraum (→ Kommentar zu 9512 f. – Die Textanordnung der vorliegenden Ausgabe folgt der Reinschrift H; die Bezeichnung *Arkadien* wird nur für die vom Herausgeber zugefügten Kolumnentitel verwendet).

Das Spiel beginnt als episches Theater: mit einer der Phorkyas zugewiesenen Verserzählung, in deren Bericht von Faust und Helena als *idyllischem Liebespaare* und der Geburt Euphorions das Zwischengeschehen in phantasmagorischer Zeitraffung abläuft. Es endet damit, daß Euphorion und Helena wieder zurückkehren in die Unterwelt, begleitet von der Chorführerin Panthalis; daß Faust *in*

Wolken wieder nach Norden zurückgeführt wird, in seine Zeit und 'Wirklichkeit'; daß die in Nymphen verwandelten Chormädchen wieder eingehen in den Kreislauf der Natur. Zwischen diese rahmenden Partien aber ist eine melodramatische, ja opernnahe Passage nach Art der Goetheschen Singspiele gesetzt.

Wenn der erzählende Bericht der Phorkyas, in den der zuhörende Chor eingreift, nach 9678 wieder umschlägt in dramatisches Geschehen, wird ein *reizendes, reinmelodisches Saitenspiel* angekündigt, und es heißt: *Von hier an bis zur bemerkten Pause durchaus mit vollstimmiger Musik.* Entsprechend nach 9938: *Völlige Pause. Die Musik hört auf.* Für diese Passage hat der *Faust*-Text Librettocharakter. Fähnrich 1963,260 konstatiert einen musikhistorischen Rückgriff Goethes »auf das 'dramma per musica' der Florentiner Cammarata« und gliedert (gestützt auf Victor Junk 1942,64 ff.) in folgender Weise:

»1. Teil: Terzett: Faust-Helena, Euphorion mit Chor. 2. Teil: Tanzszene: Euphorions Solo wird von dem Duo Faust-Helena beantwortet. Reigentanz vom Chor begleitet. Lebhaftes solistisches Wechselspiel: Euphorion-Chor mit der Hascheszene. Unisono: Faust-Helena-Chor. Solo: Euphorion. Beschluß: das in Flammen aufgehende junge Mädchen. 3. Teil: Unisono: Faust-Helena. Ihnen gegenüber Euphorions dringendes vorwärtstreibendes Motiv, bis er sich in die Lüfte aufschwingt. 4. Teil: Chor: Euphorions Absturz. Chor: 'Ikarus, Ikarus, Jammer genug' (V. 9901-9902). Abklingen des Unisonos bis zur Klage Fausts und Helenas, in die Euphorions helle Sopranstimme hineinklingt ⟨9905 f.⟩. Der Chor beschließt mit einem dreistrophigen Trauergesang die Oper.« –

Als Goethe dem Kanzler v. Müller erklärte: »Der letzte Chor in der Helena sei bloß darum weit ausgeführter als die übrigen, weil ja jede Symphonie mit einem Verein aller Instrumente brillant zu endigen strebe« (Biedermann/Herwig 3.2, Nr 6010), wird er freilich eher die Chorgesänge des Schlußteils 9985-10038 gemeint haben (nicht, wie Fähnrich hier unterstellt, den 9938 endenden *Trauergesang*): *Röhrigflöten* und *der Cymbeln mit der Becken Erzgetöne* werden dort ausdrücklich angeführt (10001, 10030).

Von Musik erfaßt, wendet sich (*bis zur bemerkten Pause*) die antikisierend-*klassische Phantasmagorie* vollends zur neuzeitlich-*romantischen*. Die strengen Normen, welche im Helena-Spiel Verse und Strophen überformten, den Bewegungsstil und Verhaltenskodex bestimmten und die Affekte bändigten, lösen sich mit der Euphorion-Oper ins gefühlvoll Sentimentalische. *Alle merken auf und scheinen bald innig gerührt*, heißt es in der Regieanweisung vor 9679, die das melodische *Saitenspiel* ansagt: *allerliebste Klänge* entrücken die Lauschenden ihren antiken Bindungen, machen sie von der *Götter alt Gemenge* und den mythischen *Fabeln frei* (9679 ff.). Selbst Mephisto-Phorkyas scheint in dieser opernhaft-unwirklichen Sphäre dem *Schmeichelton* der Musik *geneigt*. Der Trojanerinnen-Chor fühlt sich gar *zur Tränenlust erweicht*. (9688 ff.) Und wie die Musik fügen sich die durch ihre eigene, sprachliche Musikalität der Komposition vorarbeitenden Gesangstexte selbst (durchgehend gereimt jetzt, mit unterschiedlichen Strophenformen und Versordnungen) dem unantik-neuzeitlichen Kunstgesetz, daß *von Herzen gehen* müsse, was *auf Herzen wirken soll*. (9685 f.) Nur dieser umfassende Stilwandel überdeckt wohl die leise Komik des Rollenwandels, dem auch Helena und Faust hier unterliegen: die königliche Herrin als ängstliche und jammernde *Mutter*, der ritterliche Burgherr als der tröstende *treue Vater* (9607 ff.).

Der diesem *idyllischen Liebespaare* geschenkte *teure Sohn* (9587, 9722) steht im Mittelpunkt des Spiels. Vorgegeben im Faustbuch als der dem Teufelsbündner von seiner »Concubin und Beyschläfferin« Helena geborene Justus (→ hier S. 578 f.), trägt er hier doch einen griechischen, ‘sprechenden’ Namen (εὔφορος = leichtfüßig; εὐφορεῖν = fruchtbringend sein): *Sie nennen ihn Euphorion so hieß einmal | Sein Stief-Stiefbruder, fraget hier nicht weiter nach* (Paralipomenon 176; Text-Band S. 695,5 f. – Die komplizierte mythische

Verwandtschaft der beiden Gleichbenannten erklärt der Euphorion-Artikel bei Hederich 1770,1073: »Sohn des Achilles und der Helena, welcher in den glücklichen Inseln von ihnen erzeuget, und mit Flügeln geboren wurde.«)

Mit der *Leier* ausgerüstet, *völlig wie ein kleiner Phöbus-*Apoll (9620), fungiert Euphorion als allegorische Gestalt. Wie er zur Höhe strebt, heißt es 9863 im Chorgesang: *Heilige Poesie, | Himmelan steige sie* . . . So stellt eine figurale Gleichung mit dem Knaben Lenker sich her, der im Maskentreiben der *Mummenschanz*-Szene als Sohn des Plutus-Faust agiert und sich als Allegorie der *Poesie* beschreibt (5573 ff.). Im Gespräch mit Eckermann (20. 12. 1829) hat Goethe beide Figuren geradezu für identisch erklärt: Euphorion »ist kein menschliches, sondern nur ein *allegorisches* Wesen. Es ist in ihm die *Poesie* personifiziert, die an keine Zeit, an keinen Ort und an keine Person gebunden ist. Derselbige Geist, dem es später beliebt Euphorion zu sein, erscheint jetzt 〈5520 ff.〉 als Knabe Lenker«. Richtet sich nämlich hier in der *klassisch-romantischen Phantasmagorie* die Verbindung der antiken Helena mit dem mittelalterlichen Faust nach Goethes programmatischer Absicht auf eine beispielhafte Versöhnung im zeitgenössischen »Zwiespalt zwischen Klassikern und Romantikern« (an Iken, 27. 9. 1827), so steht ihr allegorischer Sohn nun für eine Dichtkunst, welche sich aus beidem herleitet und beidem sich verdankt. (→ dazu hier S. 582 f.) Deshalb hat Goethe seine Euphorion-Figur transparent zu machen versucht: hinter ihr, in und mit ihr sollte man den englischen Dichter Byron wahrnehmen als den »Repräsentanten der neuesten poetischen Zeit«. Denn dieses »größte Talent des Jahrhunderts«, meinte er, »ist nicht antik und ist nicht romantisch, sondern er ist wie der gegenwärtige Tag selbst. Einen solchen mußte ich haben.« (Eckermann, 5. 7. 1827) → Kommentar zur Regieanweisung nach 9902.

Weiß man von dieser Byron-Spiegelung, wird man eine ganze Reihe von Zügen wahrnehmen, die von diesem Sportsmann, Frauenhelden, Freiheitskämpfer, früh zu

Tode gekommenen Exzentriker hergeleitet und in die Euphorion-Figur übersetzt worden sind – in die Inhalte ihrer Verse ebenso wie in die Rhythmen, denen das Bewegungsspiel dieses Springers und Tänzers, des Fliegenden und Stürzenden entspricht (→ Kommentar zu 9711 ff.). So bringt Euphorion in das *durchaus mit vollstimmiger Musik* begleitete Singspiel eine Fülle auch an balletthaften und pantomimischen Elementen ein. Denkt man sich den gedruckten Text auf solche Weise gesungen, von Instrumenten begleitet und choreographisch ausgeführt, erscheint er wohl weniger grübelpflichtig und kommentarbedürftig als die papierne Vorlage.

Eckermanns Gesprächsbericht zum 3. Akt, 29. 1. 1827: »Es steckt ein ganzes Altertum darin, sagte ich. 'Ja, sagte Goethe, die Philologen werden daran zu tun finden.' – Für den antiken Teil, sagte ich, fürchte ich nicht, denn es ist da das große Detail, die gründlichste Entfaltung des Einzelnen, wo Jedes ⟨ohne indirekt-allegorische Ansprüche⟩ geradezu das sagt, was es sagen soll. Allein der moderne, romantische Teil ist ⟨durch seine Verweisungsstruktur⟩ sehr schwer, denn eine halbe Weltgeschichte steckt dahinter, die Behandlung ist bei so großem Stoff nur andeutend und macht sehr große Ansprüche an den Leser. 'Aber doch, sagte Goethe, ist alles sinnlich, und wird, auf dem Theater gedacht, jedem gut in die Augen fallen. Und mehr habe ich nicht gewollt. Wenn es nur so ist, daß die Menge der Zuschauer Freude an der *Erscheinung* hat; dem Eingeweihten wird zugleich der höhere Sinn nicht entgehen, wie es ja auch bei der Zauberflöte und andern Dingen der Fall ist.'«

371,9578 *Ihr Bärtigen . . . da drunten]* Zuschaueranrede nach dem Muster der antiken Komödie, der nur die bejahrten (wenn auch nicht durchweg bärtigen) Männer beiwohnten. So hebt die Erzählerin die Bühnenschranke auf und faßt als Auditorium die spielenden Figuren und das Publikum in eins.

371,9581 *Blinzt nicht so]* Adelung 1,967: »mit halb verschlossenen Augen sehen« (blinzeln).

372,9590 *Hochgeehrt ... wie es Vertrauten ziemet]* Dem Mephisto des *Faust I* mag man die fürsorglich-wohlgesinnte Rolle gewiß nicht zutrauen, die sich die Phorkyas in dieser Erzählung zuschreibt. Auch mit ihrem Auftritt *Vor dem Palaste* ist sie nicht recht vereinbar. Doch wird man, das zu erklären, weder bösartige Verstellung noch einen tatsächlichen Wesenswandel zu Hilfe nehmen müssen. Im Kontext der *Phantasmagorie* überformt das Stilgesetz der arkadischen Idylle offenbar den Charakter auch dieser Figur. Immerhin deuten mephistophelisch spöttische und ironische Züge sich an (→ auch Kommentar zu 9950), und *Daß Glück und Schönheit dauerhaft sich nicht vereint* (9940), daß Euphorion auch den elterlichen Bund am Ende zerstören wird, ist der Phorkyas wohl von vornherein bewußt. Im Paralipomenon 176 (Text-Band S. 695,22 f.) ließ Goethe sie sagen: *Gespenstisch spinnt der Dichtung faden sich immerfort | Und reißt am Ende tragisch!* – Dazu Weiß 1956,82 ff.

372,9599 *von der Frauen Schoß]* So H^{61} und $C^{1}/3_{4}$ (H fehlerhaft *Frauenschoos*).

373,9611 *Antäus]* Der mythische Riese, der seine unüberwindliche Kraft aus der Berührung mit dem Erdboden gewann (vgl. Hederich 1770,274).

373,9620 *In der Hand die goldne Leier, völlig wie ein kleiner Phöbus]* Hermes (dessen Mythos der Chor dann 9629 ff. dem Bericht über Euphorion entgegenhält) hatte gleich nach seiner Geburt aus einer mit Darmsaiten bespannten Schildkrötenschale die erste *Leier* verfertigt und sie *Phöbus*-Apollon, dem Gott der Dichtkunst, übergeben (dem Euphorion hier gleichgesetzt wird).

373,9621 *zur Kante, zu dem Überhang]* des Steilfelsens – jetzt also außerhalb vom *Hochgewölb* (9606) der Höhle.

374,9623 f. *Denn wie leuchtet's ihm zu Haupten? ...]* Nach Euphorions Todessturz: diese *Aureole steigt wie ein Komet zum Himmel auf*; → Kommentar zur Regieanweisung nach 9902.

374,9630 *Cretas' Erzeugte]* Phorkyas' Herkunft bezeichnend; → Kommentar zu 8864 f.

374,9644 *Von dem Sohne . . . der Maja]* Über Hermes (latein. Merkur) Hederich 1770,1592: »der Maja Sohn«, weil Jupiter diese Nymphe »zu Falle brachte«.

374,9648 *Strenget in . . .]* Im ält. Sprachgebrauch für: eng umwinden mit . . . (DWb 19,1461).

375,9657 ff. *Gleich dem fertigen Schmetterling . . .]* Die Kindheitsmythe des Hermes (gleich nach seiner Geburt hat er sich aus seinen Windeln »heimlich losgemacht und wandelt munter den Olymp hinab« – so Goethe über *Philostrats Gemälde*, WA I 49.1,111) wird hier in das Sinnbild des aus der Verpuppung sich lösenden, in den Äther auffliegenden Schmetterlings transformiert.

Der Morphologe Goethe nannte die *Entwickelung der Flügel des Schmetterlings Phalaena grossularia* (Aufsatz in FA I 24,314-318) »das schönste Phänomen, das ich in der organischen Natur kenne« (an Schiller, 6. 8. 1796). Als eine der bedeutendsten Symbolbildungen im Metamorphosenspiel der *Faust*-Dichtung wird es 'ironisch' schon auf den Baccalaureus bezogen (6729 f.), 'tragisch' dann auf den Euphorion (9897 f.), 'hoffend' am Ende auf den 'umgearteten' Faust der *Bergschluchten*-Szene (11981 ff.) – spiegelbildlich verbindet es ihn mit seinem 'phantasmagorischen' Sohn, hier wie dort vom Todesmotiv bestimmt, das Goethes Verse *Selige Sehnsucht* im *West-östlichen Divan* entfalten (FA I 3,24 f.). → Kommentar zu 9897 f.

375,9667-78 *gewandteste Künste . . .]* Die Verse, die das ausführen, sind nichts anderes, als eine rhythmisierte Paraphrase des bei Hederich 1770,1593 wörtlich vorgegebenen 'Merkur'-Textes:

»Da er kaum geboren war, so stahl er dem Neptun den Dreyzack 〈Hederich 1724,1281 gleichbedeutend: 'den Tridentem'〉, dem Mars den Degen aus der Scheide, dem Apollo Bogen und Pfeile, dem Vulcan seine Zange, dem Jupiter selbst den Zepter; und, wo er sich nicht vor dem Feuer gefürchtet hätte, so würde er ihm auch den Blitz entwendet haben. An eben dem Tage, da er geboren war, forderte er den Cupido auf die Ringekunst heraus, zog ihm die Beine unten hinweg, und bezwang ihn also glücklich; und, da Venus ihre Freude darüber hatte, und ihn daher auf den Schooß nahm, so entführete er ihr ihren Gürtel.«

Damit hat Goethe sich die Sache gewiß nicht nur leicht gemacht: er hat seinem hilfreichen braven Lexikonverfasser im *Faust* ein kleines Denkmal errichtet.

375,9680 *Macht euch schnell von Fabeln frei]* Meint die antiken Mythen mit der *Götter alt Gemenge* (wie die vorangehenden Hederich-Verse des Chors es vorgeführt haben).

376,9687 ff. *Bist du fürchterliches Wesen . . .]* Der Phorkyas-Aufforderung 9679-86 auch in metrischer Hinsicht folgend, läßt sich jetzt auch der Trojanerinnen-Chor auf den 'zu Herzen gehenden' *Schmeichelton* gereimter Strophen ein. 9970 ff. kehrt er zu den früheren reimlos-antiken Chorstrophen, 9992 schließlich zu trochäischen Tetrametern zurück – Helena folgend, die sich abschiednehmend (9939 ff.) mit den alten ungereimten jambischen Trimetern aus der *klassisch-romantischen* Vereinigung löst.

376,9700 *Nähert sie]* Bringt die *Zwei* einander nahe.

376,9706 *Dürft es doch nicht anders sein!]* Könnte es so doch und immer so bleiben: *Verweile doch! du bist so schön!* (→ Kommentar zu 9418).

376,9710 *der Verein]* Wie wieder 9736 weit entfernt von heutigem Sprachgebrauch. Für: Vereinigung, Verbundenheit.

377,9711 ff. *Nun laßt mich hüpfen . . .]* Was der Zuschauer im Theater zu sehen bekommt, falls der Euphorion-Darsteller ein zureichend sprungtrainierter Tänzer ist, vermag der Hörer oder der laut für sich Lesende gleichermaßen in seinen Sprechweisen wahrzunehmen. Denn der Bewegungsstil, der dem Euphorion eigen ist und sein Wesen charakterisiert (vom hüpfenden Schritt über den ekstatischen Sprung zum waghalsigen Flugversuch sich steigernd), regiert auch die Metrik seiner Verse. Oder richtiger: es sind deren *Melodieen*, die ihm *Durch die Glieder sich bewegen*

(9626 f.). Schon in seinen ersten, 4hebig trochäischen Sätzen wird das deutlich: *Sĕht ĭhr mĭch ĭm Tăktĕ sprĭngĕn,* | *Hŭpft eŭch ĕltĕrlĭch dăs Hĕrz.* (9697 f.)

Wie Euphorions begeisterte *Schnellkraft* (9609) über den bloßen Sprung hinaus doch auf den *Flug* zielt, zeigen 9711 ff. die zweifüßigen Kurzzeilen, die jeweils aus zwei aufsteigenden, aufstrebenden Jamben bestehen: *Nŭn lăßt mĭch hŭpfĕn,* | *Nŭn lăßt mĭch sprĭngĕn,* | *Zŭ ăllĕn Lŭftĕn* | *Hĭnăuf zŭ drĭngĕn.* Hier, wo jeder Vers mit einer Senkung endet, folgt auf den Hebungs-Sprung jedesmal noch die Rückkehr auf den sicheren Grund. Aber: *Ich will nicht länger* | *Am Boden stocken* (9723 f.). So werden die letzten Verse des nach freiem Flug Verlangenden mit einer Hebung enden, mit dem endgültigen Absprung: *Doch! – und ein Flügelpaar* | *Faltet sich los.* | *Dorthin! Ich muß! ich muß!* | *Gönn't mĭr dĕn Flŭg!* (9897 ff.) Die Senkung, welche d i e s e r Hebung folgt, steht nicht mehr in Euphorions Vers. Chor: *Ikarus! Ikarus!* Regieanweisung: *stürzt zu der Eltern Füßen . . .*

377,9717 *mäßig]* Hier für: achtsam gemäßigt.

377,9742 *den Plan]* ebener Boden.

378,9751 *Künstlichem Reihn]* zum kunstvoll *verschlungenen* Reigen des Tanzes.

378,9759 f. *der Fuß . . . schleicht]* Hier keine Tempoangabe, sondern für »leise und dicht über eine fläche hinbewegen« (DWb 15,562 f.).

379,9774 *Sei nicht behende]* Eile dich nicht! Erst *am Ende* eines langen Vorspiels möchten die Chormädchen ihn *umarmen.*

379,9782 *Das widert mir]* widerstrebt und mißfällt mir.

379,9785 ff. *Welch ein Mutwill! welch ein Rasen!* | *Keine Mäßigung ist zu hoffen . . .]* Von Euphorions 2taktig springender rhythmischer Vorgabe (→ Kommentar zu 9711 ff.) heftig mitgerissen, suchen die 4hebigen Trochäenverse der entsetzten Eltern vergebens, das Tempo zu bremsen, zu mäßigen, in das der Rasende sie nötigt. (Im gleichen Rhythmus Goethes verzweifelter *Zauberlehrling,* der die Geister nicht mehr zu bändigen vermag, welche er selber hervorgerufen: »Und sie laufen! Naß und nässer | Wird's im Saal und auf den Stufen. | Welch' entsetzliches Gewässer! | Herr und Meister, hör' mich rufen!« FA I 1,686).

379,9798 *widerwärtigen Mund]* Hier: abwehrend, sich verweigernd, widerstrebend.

380,9804 *im Gedränge]* in Bedrängnis; in schwieriger, gar aussichtsloser Lage.

380,9808 f. *in leichte Lüfte . . . in starre Grüfte]* Die Liebeslockung als Todeslockung: so wird das *Ikarus*-Thema angeschlagen.

380,9825 f. *Mitten in Pelops Land, | Erde- wie seeverwandt]* Auf der nach dem Pelops benannten, gleichermaßen dem Land und dem Meer verbundenen Halbinsel.

380,9827 f. *Magst du nicht . . . Friedlich verweilen,]* Gegen H tilgen WA und die ihr folgenden Ausgaben das *du* (als metrisch irregulär?) und verkehren wie C^{3}4 das Komma nach *verweilen* (als »sinnwidrig«) in ein Fragezeichen.

381,9837 f. *Krieg ist das Losungswort. | Sieg! und so klingt es fort]* Adelung 2,93: »In dem heutigen Kriegswesen wird das Losungswort, woran sich die Partheyen im Felde, besonders zur Nachtzeit erkennen, ⟨. . .⟩ das Feldgeschrey genannt.« – Genauer noch scheint der Doppelruf *Krieg – Sieg* dem Reglement der Felddienstordnung zu entsprechen, nach welchem sich jeder von einem Militärposten mit dem *Losungswort* Angerufene durch die Ergänzung dieser zweizeiligen Parole zu legitimieren hatte.

381,9843-50 *Welche dies Land gebar . . .]* Goethe wollte hier offenbar eine verdeckte Anspielung auf den griechischen Freiheitskampf gegen die Türken (1821-29) geben, mit dem er entschieden sympathisierte. Die bisherigen Herausgeber haben diese besonders schwierigen Verse dadurch verständlicher zu machen versucht, daß sie – auf unterschiedlichste Weise – ihren Wortlaut oder die Interpunktion veränderten. Dagegen hält sich unsere Textwiedergabe an die in allen Handschriften gleichbleibende Schreibung, ersetzt gegenüber H lediglich den Punkt nach 9846 durch ein Komma. – Wollte man die Anspielungsabsicht des Autors deutlicher machen, als der Text sie zu erkennen gibt, so könnte man (einen Vorschlag von Valentin 1898,709 f. aufgreifend) als grammatisches Subjekt nehmen, was Euphorion ausgerufen hat, bevor ihn die Warnung des Chors unterbrach: *Krieg ist das Losungswort* (9837) – und sich die Verse dann in folgender Weise zurechtlegen:

Den Griechen, *Welche dies Land gebar* | die damit *Aus* der alten *Gefahr* der Fremdherrschaft *in* die neue *Gefahr* des Befreiungskampfes geraten, | die aber *Frei* sind, *unbegrenzten Mut's*, | und *Verschwendrisch* hinsichtlich des *eignen Bluts* | – denen stärke das Losungswort 'Krieg' *Den nicht zu dämpfenden* | *Heiligen Sinn* der Vaterlands- und Freiheitsliebe | und *Alle den Kämpfenden* (wie den Griechen selbst, so den aus anderen Ländern zur Hilfe Herbeigeeilten) | *Bring es* den *Gewinn* des Sieges! (Andere Möglichkeiten erörtert z. B. Zitelmann 1922).

Läßt man jedoch, ohne Rücksicht auf die externe Anspielungsabsicht, allein den Text gelten, dann genügt wohl festzustellen: Euphorion wendet sich leidenschaftlich gegen die zum Frieden mahnenden Chorverse 9839-42, und wie er jetzt *immer höher Fels auf* springt, wenig später sich *in die Lüfte* wirft, so verläßt sein zum Kampf begeisternder Redeschrei mit syntaktischen Sprüngen und ekstatischen Verkürzungen auch den festen Boden einer geläufigen, durchgehend verständlichen Satzkonstruktion.

382,9873 *Hat er im Geiste schon getan]* Meint: *im Geiste* habe er sich zu diesen Freiheitskämpfern längst schon gesellt.

383,9897 f. *Doch! – und ein Flügelpaar | Faltet sich los]* Von Euphorion als dem »Sohn des Achilles und der Helena« weiß Hederich 1770,1073, daß er »mit Flügeln geboren wurde«. Der neue Euphorion, der sich im rasenden Überschwang hineinsteigert in die mythische Rolle, ist freilich *ein Genius ohne Flügel* (9603). Auch diesen phantasmagorischen Sohn treibt das Verlangen seines 'Vaters' Faust: *O daß kein Flügel mich vom Boden hebt* (1074); aber auch für ihn gelten dessen Verse: *Ach! zu des Geistes Flügeln wird so leicht | Kein körperlicher Flügel sich gesellen* (1090 f.). Nicht ohne einen Anklang von tragischer Ironie heißt es so in der Regieanweisung vor dem Todessturz: nur *die Gewande tragen ihn einen Augenblick* (→ Kommentar zu 9657 ff.).

383,9901 *Ikarus! Ikarus!]* Ehe noch die nachfolgende Regieanweisung berichtend einholen kann, was geschieht: der wilde Aufschrei, der den Flugversuch und Todessturz begleitet und deutet. Er wiederholt den Jammerruf des Daidalos nach seinem Sohn (Ovids *Metamorphosen* VIII, 231). Denn in Euphorions Verlangen nach dem freien Flug, der aus allen Bindungen sich löst, entdeckt der Chor die mythische Formel: Der erfinderische Daidalos hatte für sich und seinen Sohn Ikarus Flugapparate konstruiert, um der Gefangenschaft auf Kreta zu entkommen; der Knabe aber, ‘vom Drang nach dem Himmel ergriffen’ (VIII,224), mißachtete alle Warnungen (→ hier 9608 und 9717 ff.) und flog so hoch zur Sonne auf, daß sein in Wachs gefaßtes *Flügelpaar* sich löste und er ins Meer stürzte.

383, Regieanweisung nach 9902 *Ein schöner Jüngling . . . man glaubt in dem Toten eine bekannte Gestalt zu erblicken]* Dieses *man* kann allenfalls den nach Goethes eigenen Worten »ganz aus der Rolle« fallenden Chor meinen (→ Kommentar zum *Trauergesang* 9907-38). Für den Theaterzuschauer wird die gemeinte *bekannte Gestalt* so wenig kenntlich werden, wie der Leser sie ohne Anleitung im Wortlaut der Verse auszumachen vermag. Der entschieden aus dem Text hinausweisende Vermerk richtet sich nämlich auf Lord Byron, welcher an der Spitze einer von ihm selber ausgerüsteten Söldnertruppe (mit Kriegshelmen, die eigens dafür nach homerischem Muster angefertigt worden waren!) in den griechischen Befreiungskampf gegen die Türken eingreifen wollte und 1824, erst 36jährig, in Missolunghi (Mesolongion) am ‘Fieber’ verendete.

Weiß man das, wird man in der Euphorion-Figur sehr wohl Züge dieses englischen Dichters wiedererkennen, der sich auf hochtheatralische Weise als extravagante und exzentrische Erscheinung stilisierte und sich durch eine auch in erotischer Hinsicht zügellose Lebensführung, durch sein ruhelos abenteuerndes, freiheitsdurstiges Verlangen nach dem gefährlichen Leben hervortat. Wie am griechischen Befreiungskampf (→ Kommentar zu 9843-50) hat Goethe auch an Byrons persönlichem Schicksal leidenschaftlich Anteil genommen, und seine poetischen Werke hat er höchlichst bewundert.

Euphorion, weder der in Helena verkörperten Antike noch dem von Faust vertretenen 'romantischen' Mittelalter angehörig, sollte eine Allegorie der aus ihrer beider Verbindung entspringenden modernen Poesie abgeben. Eben deshalb wurde ihm die *bekannte Gestalt* unterlegt. Denn: »Ich konnte als Repräsentanten der neuesten poetischen Zeit, sagte Goethe, niemanden gebrauchen als ihn, der ohne Frage als das größte Talent des Jahrhunderts anzusehen ist. Und dann, Byron ist nicht antik und ist nicht romantisch, sondern er ist wie der gegenwärtige Tag selbst. Einen solchen mußte ich haben. Auch paßte er übrigens ganz wegen seines unbefriedigten Naturells und seiner kriegerischen Tendenz, woran er in Missolunghi zugrunde ging.« (Eckermann, 5. 7. 1827)

So wenig dieser Engländer die Mittelalter-Nostalgie der Romantiker teilte, verkörperte er doch auf extreme Weise, was Goethe, hochallergisch reagierend, an der jüngeren Generation deutscher Schriftsteller geradezu als Erkrankung diagnostizierte und auch bei Byron keineswegs übersah. Der sei »an seiner Zügellosigkeit zu Grunde gegangen«, erklärte er; das »Mißverhältnis mit der Welt«, eine »ewige Opposition und Mißbilligung«, der »Hang zum Unbegrenzten« habe seine Dichtung und sein Leben bestimmt (Eckermann, 24. 2. 1825). In diesem einen Fall aber hat der Alte den Jungen nicht mehr am eigenen Maßstab gemessen, sondern ihm (und in seiner Person der 'nachgoetheschen' Dichtkunst) zugestanden, was über die eigene Einsicht hinausging: eine »Excentri〈ci〉tät, die freylich um so auffallender seyn mußte, als ihres gleichen in vergangenen Jahrhunderten nicht wohl zu entdecken gewesen und uns die Elemente zu Berechnung einer solchen Bahn völlig abgingen.« (*Goethes Beitrag zum Andenken Lord Byrons* von 1824. FA I 22, S. 730)

Das ist die »Bahn«, die Euphorion beschreibt, wenn hier *das Körperliche verschwindet* und seine *Aureole* aufsteigt *wie ein Komet zum Himmel.* Goethe an Iken (Konzept, 27. 9. 1827): »Aureole ist ein im Französischen gebräuchliches Wort, welches den Heiligenschein um die Häupter göttlicher oder vergötterter Personen andeutet. Dieser kommt ringförmig schon auf alten pompejanischen Gemälden um die göttlichen Häupter vor. In den Gräbern der alten Christen fehlen sie nicht; auch Kaiser Constantin und seine Mutter erinnere ich mich so abgebildet gesehen zu haben. Hiedurch wird auf alle Fälle eine höhere geistige Kraft, aus dem Haupte gleichsam emanierend und sichtbar werdend, angedeutet; wie denn auch geniale und hoffnungsvolle Kinder durch solche Flammen merkwürdig geworden. Und so heißt es auch in Helena 〈9623 f.〉:

Denn wie leuchtet's ihm zu Haupten? Was erglänzt ist schwer zu sagen,
Ist es Goldschmuck, ist es Flamme übermächtiger Geisteskraft.

Und so kehrt denn diese Geistesflamme, bei seinem Scheiden, wieder in die höhern Regionen zurück.«

383 f., 9907-38 *Trauergesang]* Zwei Monate nach Byrons Tod hat Goethe geschrieben: »Der schönste Stern des dichterischen Jahrhunderts ist untergegangen, den Hinterlassenen bleibt es Pflicht, sein unauslöschliches Andenken immer frisch in großen und kleinen Kreisen zuerhalten.« (WA I 42.1,428) Diesem Andenken gelten hier die Chorverse, die dem Ritual der antiken Totenklage (Nenia) folgen. *Nicht allein!* – in großartigem vollem Einsatz wiederholt der Gesang die beiden letzten Worte aus Euphorions verhallendem Ruf nach der Mutter. Dann aber, mit den Worten: *Denn wir glauben dich zu kennen*, wird die vorangegangene Regieanweisung aufgenommen (*man glaubt in dem Toten eine bekannte Gestalt zu erblicken*). Und nur mit Mühe lassen sich die Verse 9915-30 noch auf den toten Euphorion

beziehen; weit stimmiger richten sie sich auf Byron und seine Lebensgeschichte.

Gesprächsbericht Eckermann, 5. 7. 1827: »Aber haben Sie bemerkt, der Chor fällt bei dem Trauergesang ganz aus der Rolle; er ist früher und durchgehends antik gehalten, oder verleugnet doch nie seine Mädchennatur, hier aber wird er mit einem Mal ernst und hoch reflektierend und spricht Dinge aus, woran er nie gedacht hat und auch nie hat denken können. 〈...〉 Mich soll nur wundern, sagte Goethe lachend, was die deutschen Kritiker dazu sagen werden. Ob sie werden Freiheit und Kühnheit genug haben darüber hinwegzukommen. Den Franzosen wird der Verstand im Wege sein, und sie werden nicht bedenken, daß die Phantasie ihre eigenen Gesetze hat, denen der Verstand nicht beikommen kann und soll.«

384,9924 *Frei]* Aus freiem Willen (gegen das *willenlose Netz* gesetzt).

384,9939 f. *Ein altes Wort bewährt sich leider auch an mir: | Daß Glück und Schönheit dauerhaft sich nicht vereint]* Vorgegeben bei Calderón (*El Purgatorio de San Patricio* II,7): »Polonia desdichada, | Pension de la hermosura celebrada | Fué siempre la desdichada; | Que no se avienen bien belleza y dicha.« (Etwa: '... gewiß vereinen sich nicht gut Schönheit und Glück'). – Für Helenas *altes Wort* finden sich in den *Faust*-Handschriften nicht weniger als elf weitere Fassungen, die der Autor erwogen hat, bevor er den endgültigen Wortlaut festlegte (neun in $H^{73/74}$, Text-Band S. 703 f., und zwei andere Vorschläge noch von Riemers Hand in H^{75}, WA I 15.2,127: *Daß dauerhaft sich Glück und Schönheit nicht vereint | Daß Glück und Schönheit lange nicht zusammengehn*).

384,9941 ff. *Zerrissen ist des Lebens wie der Liebe Band ...]* Das bezeugt sich, ja vollzieht sich wiederum im Versgebrauch. Denn auch das Band des Metrums 'zerreißt', durch das Helena sich mit Faust geeint hat. Abschiednehmend fällt sie mit diesen letzten Versen wieder in die antiken, reimlos jambischen Trimeter zurück, mit denen sie aufgetreten war. Aber wenn sie sich ihm hier *noch einmal in die Arme* wirft, wird auch der Endreim noch einmal vernehmbar, den die Liebende bei ihm gelernt hatte: über drei trennende Zeilen hinweg reimt sie ein letztes Mal doch *dir* auf *mir*.

384,9944 *Persephoneia]* Die Herrscherin im Totenreich, von der sich Faust die Helena losgebeten hatte (→ 7490 ff. und Kommentar zu 7493 f.).

385,9945-61 *Halte fest ...]* Von Helenas Trimetern setzt sich Mephisto-Phorkyas zunächst in holpernden Blankversen ab. Dann legt er 9955 ff. mit dem altgewohnten (gereimten) Madrigalvers seine Phorkyas-Rolle nieder.

385,9950 *Doch göttlich ist's]* Die Phorkyas-Rede 9945-54 hat vielerlei tiefsinnige Kommentare hervorgerufen, die diese Verse zu ihrem Nennwert nehmen und sie dabei als entschieden un-mephistophelisch bewerten müssen (Zusammenstellung bei Daur 1950,455 f.). So erklärt Emrich 1981,355: »Der Schleier als ‘göttlich’ ist die letzte und höchste Apotheose, die Goethe der Helena- und Kunstmanifestation dieses Aktes verlieh. Weder Körper noch Geist verbleiben dem am Äther hinschwebenden Faust, aber Schleier und Kleid (bei Euphorion noch die Lyra), die Zeichen des ewig sich verschleiernden, ewig emporstrebenden Genius der Kunst.«

Zwar ist der Schleier bei Goethe häufig ein Symbol des Dichterischen. Aber Mephisto-Phorkyas spricht in diesen eher wohl ironisch grundierten Versen ausdrücklich von Helenas *Kleid* (*Schleier* wird das Attribut genannt, das er nach 10038 selber zurückläßt). Und wenn es heißt, ihre ‘göttlichen’ *Gewande* könnten, *in Wolken* verwandelt, den verlassenen Faust emporheben und *über alles Gemeine* hin tragen, meint Mephisto dann wirklich mehr, als daß sie ihn anstelle des Zaubermantels aus dem antiken *Fabelreich* (7055) über die ‘gewohnte’ Welt hin wieder nach Norden führen würden?

385, vor 9955 *Exuvien]* Abgestreifte Haut besonders der Schlangen (insofern Sinnbild der Metamorphose; vgl.

etwa *Zahme Xenien* V, 1571 ff. FA I 2,674). Aber auch: Totengewand oder Siegesbeute – worauf sich die folgenden Verse beziehen.

385,9956-61 *Die Flamme ... Poeten einzuweihen ...]* Die dichterische Genialität Euphorion-Byrons – 9623: *wie leuchtet's ihm zu Häupten* – ist ausgelöscht; selbst seine *Talente* lassen sich nicht übertragen auf die nachfolgenden, zur Handwerkerzunft heruntergekommenen *Poeten* eines neuen, prosaischen Zeitalters. (Heine 1831: »Meine alte Prophezeyung von dem Ende der Kunstperiode, die bey der Wiege Goethes anfing und bey seinem Sarge aufhören wird, scheint ihrer Erfüllung nahe zu seyn.« 1980,12.1,47)

385,9963 *Der alt thessalischen Vettel wüsten Geisteszwang]* Mephisto-Phorkyas' magische Zauberkraft.

385,9964 *des Geklimpers vielverworrner Töne Rausch]* Die dem hellenischen Ohr fremde, verwirrende, opernhaft-'romantische' Musik, die diese *Arkadien*-Szene bestimmte. Auch die unantiken Endreimverse hier?

385,9969 *am Throne der Unerforschlichen]* Meint Persephoneia, die Unterweltherrscherin (9973).

386,9975 *Asphodelos-Wiesen]* Mit den vom lilienartigen *Asphodelos* bewachsenen Wiesen der Unterwelt, wie mit deren *Pappeln* oder *Weiden* und dem *Fledermaus*gleichnis für die Seelen der Toten, werden homerische Motive aufgenommen (*Odyssee* X,509 f.; XI,539; XXIV,6-10).

386,9981-84 *Wer keinen Namen sich erwarb, noch Edles will, | Gehört den Elementen an ... | Nicht nur Verdienst, auch Treue wahrt uns die Person.]* Goethes eigene Vorstellungen von der Fortdauer über den Tod hinaus kommen hier zum ersten Mal ins Spiel. Für eine mit dem irdischen Körper verbundene, aber selbständig ihn überdauernde, nach Vollendung strebende innere Kraft hat er (ausgehend von Aristoteles) den Begriff der »Entelechie« verwendet. Sie *wahrt uns die Person.* So nennt er FAUSTENS *Unsterbliches* auch seine *Entelechie* (→ Kommentar zu vor 11934) und erklärte von Leibniz: »was wir mit dem Ausdruck Entelechie bezeichnen, nannte er Monaden.« (Eckermann, 3. 3. 1830)

Weshalb diese Art von Fortdauer, so wenig sie mit antiken Hades-Vorstellungen auch zu tun hat, hier zwar Helena und der Panthalis zukommt, nicht aber den Chormädchen, deutet eine Bemerkung im Gespräch mit Eckermann (1. 9. 1829) an: »Ich zweifle nicht an unserer Fortdauer, denn die Natur kann die Entelechie nicht entbehren. Aber wir sind nicht auf gleiche Weise unsterblich, und um sich künftig als große Entelechie zu manifestieren, muß man auch eine sein.«

386,9988-91 *zum Hades kehren wir nimmer. . . .]* Anders als Helena und Panthalis verbleiben die Chormädchen in der oberen Welt, verlieren dabei aber ihre bisherige Personalität. Ihre *Geister* (»Monaden«) werden den *Elementen* anverwandelt, indem sie die Gestalt verschiedenartiger Nymphen annehmen – von denen Hederich 1770,1749 vermerkt, »man glaubete, daß sie Seelen der Verstorbenen wären.«

Nach Falks Gesprächsbericht (25. 1. 1813; Biedermann/Herwig 2, Nr 3677, S. 773 f.) hat Goethe erklärt: »Alle Monaden aber sind von Natur so unverwüstlich, daß sie ihre Tätigkeit im Moment der Auflösung selbst nicht einstellen oder verlieren, sondern noch in demselben Augenblicke wieder fortsetzen. 〈. . .〉 Jede Monade geht, wo sie hingehört, ins Wasser, in die Luft, in die Erde, ins Feuer, in die Sterne; ja der geheime Zug, der sie dahin führt, enthält zugleich das Geheimnis ihrer zukünftigen Bestimmung.«

An antike Mysterienkulte erinnernd, hat man sich die mit Vers 9992 einsetzenden Darbietungen des in vier Nymphen-Gruppen geteilten Chors wohl in choreographischer Behandlung vorzustellen: als mimische Tänze, welche die in den Gesängen beschriebenen Vorgänge darstellen, begleitet von den Rhythmen und Geräuschen der mehrfach ausdrücklich benannten Musikinstrumente – bis zuletzt *Alle Sinne wirbeln taumlich, gräßlich übertäubt das Ohr.*

386,9992-98 EIN TEIL DES CHORS*]* verwandelt sich in Dryaden: »eine Art Nymphen, 〈. . .〉 Wald- und Baumgöttinnen«, welche »zugleich mit den Bäumen entstehen und wieder vergehen sollten.« (Hederich 1770,959)

387,9999-10004 Ein Anderer Teil] verwandelt sich zum »Echo«: in eine so benannte »Nymphe, welche sehr geschwätzig war« und deshalb von Juno in einen Stein verwandelt wurde, »daß nichts als die Stimme von ihr übrig blieb, und zwar nur so viel, daß sie bloß die letzten Worte oder Sylben von dem wiederholen konnte, was ihr vorgesaget wurde.« (Hederich 1770,970)

387,10000 *Wellen*] Hier für die Schallwellen (FA I 23/2,69: »Schwingungen des Schalls«).

387,10001 f. *lauschen ... Pans furchtbarer Stimme*] Im »Heere des Bacchus« (Dionysos) hatte es Pan »mit seinen Trompeten und andern Instrumenten, wie auch selbst mit seinem Geschreye ⟨...⟩ so gestellet, daß die Berge durch das Echo alles verdoppelten« und die Feinde »die Flucht ergriffen und dem Bacchus den Sieg liessen.« (Hederich 1770,1859)

387,10005-10 Ein Dritter Teil] verwandelt sich in Najaden: »Nymphen der Brunnen und dergleichen Gewässer ⟨...⟩ der Quellen und alles Flüssigen überhaupt.« (Hederich 1770,1685) – Creuzer 1821,429 u. 190: »Seelen, ⟨...⟩ die zur Geburt ins Fleisch sich neigen, lieben das Feuchte, und es dünkt ihnen eine Lust. Daher heissen sie auch wohl Najaden.« Waren »dem Dionysus zugesellt« und wurden »die ersten Anbeterinnen des Gottes, die Stifterinnen seiner Feier«.

387,10007 *mäandrisch wallend*] Nach dem Maeandros, einem »Fluß in Großphrygien von erstaunlichen Krümmungen« (Scheller 1796,1540).

387 ff., 10011-38 Ein Vierter Teil] verwandelt sich in Lenäen: »die um das Keltern und Bereiten des Weins beschäftigt sind, gleichsam Nymphen des süssen, lockenden, oft auch des aufbrausenden Mostes, und zugleich seiner Wirkungen, des trunkenen Muthes jener Ausgelassenheit, die man an Weinfesten sah« (Creuzer 1821,190).

387,10012 *durchaus*] Hier: von Grund auf, vollständig.

387,10016 *fördersamst zum Sonnengott*] DWb 3,1895: »was zu fördern, alsbald vorzunehmen ist« – hier des *Winzers* Gebet zum Helios.

388,10017 *Bacchus kümmert sich, der Weichling, wenig um den treuen Diener]* Der mit *Dionysos* (10031) identische Weingott soll seinen Namen »nach einigen, von βαχεω, ich heule, ich kreische, haben«, wird gewöhnlich »als eine junge Mannsperson, mit einem weibischen Gesichte« vorgestellt, auch »in einem Frauenzimmerkleide, weil volle Leute weibisch sind« (Hederich 1770,501, 509 u. 520).

388,10018 *faselnd]* Hier wohl für: 'tändeln' (GWb).

388,10027 *nach der großen Kufe zu der Keltrer kräftgem Tanz]* Zur Weinbereitung werden die geernteten Trauben von den mit nackten Füßen im Bottich 'tanzenden' Kelterern *zerquetscht.*

388 f., 10030-38 *Und nun . . . | Denn es hat sich Dionysos aus Mysterien enthüllt; | Kommt hervor . . .]* Als kultische Handlungen hat der vierte Nymphenchor die Arbeit der frommen Winzer in den Rebgärten, Weinlese und Kelterung besungen. Jetzt *enthüllt* sich aus diesen *Mysterien* Dionysos selbst. Der orgiastische Gott tritt auf den Plan: *Kommt hervor* mit seinen wilden *Ziegenfüßlern* (Satyrn), die *alle Sitte* niedertreten, während der Esel des trunkenen Silen *unbändig* sein Geschrei erhebt. Wie im antiken Theater folgt der Tragödie so das Satyrspiel. Der Bericht der verwandelten Chormädchen (die Phorkyas schon 8772 selber als *Mänadisch wild, Betrunknen gleich* bezeichnet hat) mündet in die unmittelbare Schilderung der zügellosen bacchantischen *Tumulte.* Im Medium ihrer dithyrambischen Verse spiegelt sich der dionysische Mysterienkult.

Zu diesem brausenden Fortissimo des Aktschlusses Goethe im Gespräch mit dem Kanzler v. Müller (16. 7. 1827; Biedermann/Herwig 3.2, Nr 6010): »Der letzte Chor in der Helena sei bloß darum weit ausgeführter als die übrigen, weil ja jede Symphonie mit einem Verein aller Instrumente brillant zu endigen strebe.«

388,10030 *Cymbeln mit der Becken Erzgetöne]* In des Bacchus »Gefolge hörete man Trommeln und Cymbeln, womit der Lärmen angezeiget wurde, den besoffene Leute machen.« (Hederich 1770,521)

389, nach 10038 *Der Vorhang fällt.]* Gemeint ist der um 1800 gebräuchliche Zwischenaktsvorhang, der das Proszenium vom Szenenspielplatz abtrennte.

389, Regieanweisung nach 10038 PHORKYAS *Im Proszenium ...]* Die Positionsangabe entspricht der Anweisung vor 9955 (*tritt ins Proszenium*). – Niemals, heißt es in Goethes *Regeln für Schauspieler*, trete »man in's Proszenium. Dies ist der größte Mißstand; denn die Figur tritt aus dem Raume heraus, innerhalb dessen sie mit dem Szenengemälde und den Mitspielenden ein Ganzes macht.« Ein Paralipomenon dazu erlaubt das immerhin »in außergewöhnlicher Kommission oder befohlenen Fall« (FA I 18,881 u. 883). Eben darum handelt es sich hier. Mephisto-Phorkyas soll aus dem »Szenengemälde« heraustreten, und das auf außergewöhnliche, geradezu magisch anmutende Weise: *riesenhaft* richtet er sich auf.

389, Regieanweisung nach 10038 PHORKYAS ... *um, in so fern es nötig wäre, im Epilog das Stück zu kommentieren.]* Eine der ganz rätselhaften Passagen der *Faust*-Dichtung. Es ist wohl nicht völlig auszuschließen, daß diese Regieangabe selber schon den gemeinten *Epilog* enthält – als einen stummen, nurmehr gestischen Kommentar: Mephisto legt die Attribute des antiken Schauspielers ab und zeigt, wer der eigentliche Spielmeister dieses Spiels im Spiele gewesen ist.

Im Blick auf die Entstehungsgeschichte des Helena-Akts aber ließe sich eher vermuten, daß Goethe beim isolierten Vorabdruck dieses *Zwischenspiels* (1827/28 in C1/34) dachte, es könnte später, im Kontext des Zweiten Teils, tatsächlich ein verbal kommentierender *Epilog* ratsam sein, um bestimmte Zusammenhänge zu verdeutlichen; dafür spricht wohl die Angabe: *in so fern es nötig wäre.* Nur ließ er dieses ‘epische’ Szenarium mit unverändertem Wortlaut auch in der Endfassung stehen. Insofern entspricht es zwar den erzählenden ‘Paralipomena’ in der *Mummenschanz*-Szene (→ Kommentar S. 429). Aber in diesem Fall kann kaum mehr vom Leser hinzugedacht oder auf der Bühne improvisiert werden, was der Autor unausgeführt ließ.

(Wie das Beispiel von Kommerell 1991,64 lehrt, sollte besser auch ein Kommentar auf Rekonstruktionsversuche verzichten. Er hat ‘erklärt’: »Die Worte, die nach Goethes Aufforderung aus dieser Pantomime zu ziehen sind, lauten vielleicht: ‘Das war das Ganze – es war Magie. Und – wennschon ich Helena mit Faust verkuppelte durch Todesfurcht und Kriegsgeschrei – was war Magie anderes als ein Zauber des Herzens, das Jahrhunderte vertauscht und das Totenreich öffnet – aber nicht bemerkt, daß es bei allem mit sich selbst allein war. Bricht es daran nicht, so bricht es bald an anderem. Ich aber stand dabei und niemand kannte mich: ich die bewiesene Unwirklichkeit dieses Spiels, ich die bewiesene Unwiederholbarkeit des Vergangenen, ich die bewiesene Unverrückbarkeit des christlichen Moments, dem mit dem Urbild der antiken Schönheit nur Schattenheirat und Schattenzeugung möglich ist.’«)

VIERTER AKT

Diesen kürzesten Akt des Zweiten Teils hat Goethe erst vom Mai bis Juli 1831 als letztes Stück der *Faust*-Dichtung fertiggestellt. Noch am 5. 1. 1831 erklärte er, »im Notfall könnte man ihn sich ⟨als Leser⟩ selbst konstruieren, da der Schlußpunkt im fünften Akt gegeben ist.« (Biedermann/Herwig 3.2., Nr 6751). Am 17. 2. 1831 dann zu Eckermann: »Es war auch dieser Akt, wie Sie wissen, längst erfunden; allein da sich das Übrige während der Ausführung so sehr gesteigert hat, so kann ich jetzt von der früheren Erfindung nur das Allgemeinste brauchen, und ich muß nun auch dieses Zwischen-Stück durch neue Erfindungen so heranheben, daß es dem Anderen gleich werde.« Ein umfassendes Schema ist auf den 16. 5. 1831 datiert (Paralipomenon 178, Text-Band S. 707 ff.), und am 22. 7. 1831 schon vermerkt das Tagebuch: »zu Stande gebracht.« – Zur Entstehungsgeschichte Bohnenkamp 1994,656-69.

Die so spät und derart rasch entstandenen Szenen galten den Interpreten und Kommentatoren zumeist als die »unvollkommensten und unergiebigsten«, die »schwächsten der ganzen Faust-Dichtung«: »Er wollte zu Ende kommen und hütete sich vermutlich, allzu lange über das Einzelne nachzudenken« (May 1962,222; Staiger 1959,410). Als er daran zu arbeiten begann, hat Goethe die (für das Verständnis der Gesamtkonstruktion seiner *Faust*-Dichtung aufschlußreiche) Absichtserklärung gegeben: »Dieser Akt bekommt wieder einen ganz eigenen Charakter, so daß er, wie eine für sich bestehende kleine Welt, das Übrige nicht berührt, und nur durch einen leisen Bezug zu dem Vorhergehenden und Folgenden sich dem Ganzen anschließt.« (Eckermanns Gesprächsbericht, 13. 2. 1831). Aber man vermißte denn doch eine zulängliche Verbindung mit dem Vorangegangenen und mehr noch einen organischen Zusammenhang innerhalb der gestückelt wirkenden Textteile selbst (deren »ideelle Mitte« auch Hölscher-Lohmeyer

1981,254 nur vage als das »Phänomen der Herrschaft« zu bestimmen vermochte). Man sah den Handlungskonnex durch Goethes Verzicht auf die (in den Paralipomena 179a, 178, 181/182: Text-Band S. 705, 709, 716 doch vorgesehene) Darstellung der Belehnung Fausts mit dem Meeresufer ungebührlich vernachlässigt. Man erklärte, die große Kriegsszene sei dadurch weitgehend funktionslos geworden und unnötig ausgeufert auf mehr als die Hälfte des ganzen Aktes. Aber das vermeintlich nachlassende Gestaltungsvermögen des Alten hätte im Zweifelsfall wohl ausgereicht, diese Kaiserschlacht zu straffen, wenn er ihre taktischen Züge weniger eingehend hätte darstellen wollen, und sollte ihn kaum daran gehindert haben, den (im Paralipomenon 193: Text-Band S. 721 schon ein Stück weit in Versform gebrachten) Belehnungsakt noch fertigzustellen und einzubauen. Für den Verzicht darauf lassen sich gute Gründe geltend machen (→ Kommentar zu 11035 f.).

Noch einmal wird hier deutlich, wie wenig es dem Autor um eine lückenlose Darstellung der Lebensgeschichte seines Protagonisten ging, und daß er sich keineswegs auf das dafür Notwendige beschränkte – daß das strukturbildende Prinzip dieser Texte vielmehr in der Richtung zu suchen wäre, welche der Brief vom 3. 11. 1826 an Boisserée bezeichnet: »als ethisch-ästhetischer Mathematiker muß ich in meinen hohen Jahren immer auf die letzten Formeln hindringen, durch welche ganz allein mir die Welt noch faßlich und erträglich wird« (→ hier S. 58 ff.). Im 4. Akt gründen sich solche 'Formeln' vor allem auf diejenigen beiden naturwissenschaftlichen Arbeitsbereiche, mit denen sich Goethe bis in sein hohes Alter befaßte. Zunächst betrifft das die Meteorologie (Wolkenlehre). Dann ist es die Geologie ('vulkanistische' und 'neptunistische' Theorien der Erdoberflächenbildung), die weite Textteile in sich zusammenhält. Und für beide gilt, daß sie darüber hinaus einen »leisen Bezug zu dem Vorhergehenden und Folgenden« stiften, welcher diesen eigenartigen 4. Akt »dem Ganzen anschließt«.

Seite 391-401 Szene
10039-10344 HOCHGEBIRG

Dem wilden dionysischen Massentaumel, mit dem der 3. Akt endet, folgt in äußerstem Gegensatz *Der Einsamkeiten tiefste.* Nach dem Siebentakter seines zögernd fußfassenden ersten Verses spricht Faust, den Gipfel des Hochgebirgs betretend, *wohlbedächtig* in 6hebig alternierenden, reimlosen Versen: den griechisch-antiken jambischen Trimetern nachgebildet, in denen Helena aufgetreten war (8488 ff.) und mit denen sie ihn wieder verließ (9939 ff.). Erinnerungsverse. Auch das Metrum spiegelt *flüchtger Tage großen Sinn.* Und zeigt, woher er kommt.

Die symbolischen Sprachbilder dieses großen Eröffnungsmonologs (10039-66) beruhen auf Goethes Beschäftigung mit der Witterungslehre, die 1815 eingesetzt hatte, angeregt durch Luke Howards Nomenklatur der Wolkenformen (dazu Schöne 1970). Daß die Wolke, in die *Helenens Gewande* sich aufgelöst hatten (nach 9954), Faust als *Tragewerk* diente, steht noch ganz in der Tradition antiker und biblischer Epiphanie- und Entrückungsmythen, wie Goethe sie mehrfach aufgenommen hat in seinen Dichtungen. Dann aber folgt ein Verwandlungsspiel, wie er es mit dem an Howards Grundbegriffen Stratus, Kumulus, Zirrus geschulten Meteorologenblick besonders in den Jahren 1819-22 immer wieder beobachtet und in seinen Schriften zur »Physiognomik der Atmosphäre« vielfach beschrieben hat (FA I 25,293. Vgl. ebd. 210-34, 257 f., 267 f., 293 f. → dazu hier auch Abb. 16). Eine Passage beispielsweise im *Versuch einer Witterungslehre* von 1825 stellt exakt das naturkundliche Modell des hier von Faust geschilderten Vorgangs vor Augen: »das Barometer steigt, der Wolkenzug von Westen nach Osten dauert langsam fort, doch bleibt von den oberen Wolkensäumen nach und nach etwas zurück, löst sich auf und begibt sich in höhere Regionen 〈Zirrus〉; endlich stocken ganze Massen, verharren als Kumulus, lehnen sich als Wand 〈Paries〉 an die Gebirge.« (ebd. 286)

Im Paralipomenon 179.3 (Text-Band S. 706,28) heißt es noch ausdrücklich: *Die Wolke steigt halb als Helena nach Süd Osten halb als Gretchen nach Nordwesten* – jede nämlich 'ihrer' heimatlichen Himmelsrichtung zu. Der Wortlaut der *Hochgebirg*-Szene gibt die *Helena*-Wolke, die mächtig geballte, als Kumulus zu verstehen. In einer Metamorphosenreihe lassen dessen langsam sich wandelnde Formen dem Faust noch einmal, auf phantasmagorische Weise, die großen mythischen Frauengestalten des hinter ihm liegenden griechischen Altertums vor Augen treten (→ dazu 7272 f.). Anfangs erscheint ihm das Wolkenbild *Junonen ähnlich* (vom König Ixion erzählt schon die antike Sage, daß er, die Juno begehrend, von Jupiter getäuscht wurde, welcher »einer Wolke die Gestalt seiner Gemahlinn« gab – Hederich 1770,1416; vgl. auch Paralipomenon 68, Text-Band S. 566,8) – dann gleicht es *Leda'n* – endlich *Helenen*: dieser höchsten Verkörperung der Schönheit. Auf solche Weise *flüchtger Tage großen Sinn* widerspiegelnd, auch nachdem mit den Konturen der Wolke ihre *einzigste Gestalt* (7439) sich aufgelöst hat, ruht dieses Wolkengebilde zuletzt, *Formlos breit*, am östlichen Horizont. Für eine derartige Formation hatte Goethe 1817, Howards Terminologie ergänzend, die Bezeichnung 'Paries' vorgeschlagen (FA I 25,202), die von den Meteorologen bald wieder aufgegeben wurde, weil sie nur eine optische Täuschung des Betrachters betrifft. »Bald ist ihr Umriß bergrückenartig«, vermerkte er damals über diese Wolken-'Wand', »so daß man eine entfernte Gebirgsreihe zu sehen glaubt« (→ 10053).

Die *Gretchen*-Wolke dann (10055 ff.), auch ohne Namensnennung deutlich genug auf die früh Geliebte bezogen, erscheint zunächst als *zarter lichter Nebelstreif*, steigt aber *hoch und höher auf*: »Strato-zirrus« nannte Goethe 1817 im Anschluß an Howard eine solche Erscheinung, bei der die

»Streifschichten ⟨Stratus⟩ ohne sich erst zum Kumulus zu ballen, gleich luftig abgelöst, und als Zirrus in die obere Region abgeführt werden« (FA I 25,202). Fausts letzte Verse über diese Zirruswolke (die mit ganz nahestehenden Zügen und Bedeutungen in der 1822/23 entstandenen Marienbader *Elegie* begegnet: FA I 2,459,37 ff.) weisen hochbedeutsam auf die schon früher verfaßte *Bergschluchten*-Szene voraus. Sie *erhebt sich in den Äther hin*, | *Und zieht das Beste meines Innern mit sich fort*, heißt es hier 10065 f. Dort 12094 f. wird die Mater gloriosa zu der fürbittenden Büßerin, *sonst Gretchen genannt*, sprechen: *Komm! Hebe dich zu höhern Sphären*, | *Wenn er dich ahnet folgt er nach.*

Indem die Wolkenbilder der *Hochgebirg*-Szene also einerseits zurückweisen auf die eben vergangene Helena-*Phantasmagorie* des 3. Akts und gleichermaßen auf die Liebesbegegnung mit Margarete in der tiefen Vergangenheit des Ersten Teils der *Faust*-Dichtung, andererseits aber vorausdeuten auf die noch in ferner Zukunft liegende Schlußszene des Zweiten Teils (die sich dann insgesamt als ein 'meteorologisches Theater' abspielen wird! → Kommentar S. 793 ff.), tragen sie entscheidend dazu bei, die weiträumige Statik der poetischen Architektur zu sichern.

Nicht der alte mephistophelische *Zaubermantel* (1122), sondern das *Tragewerk* der Helena-*Wolke* hat den Faust ins *Hochgebirg* geführt. Auch von Mephisto hat ihn das entfernt, äußerlich wie innerlich. Erst nach dem meteorologischen Eingangsmonolog tritt der wieder in Erscheinung. Mit dem einer 'nordischen Mythologie' zugehörigen, märchenhaften Transportmittel der Siebenmeilenstiefel erfolgt diese Wiederkehr des alten nordischen Teufels. Er führt denn auch das Metrum vom antikisierenden Trimeter sogleich zurück zum altgewohnten Madrigalvers.

Der jetzt mit Mephistos Erklärung der Hochgebirgsentstehung einsetzende geognostische Disput (10067-10127) beruht auf dem zeitgenössischen Streit der Geologen um die Ursachen der Gesteinsbildung und Erdoberflächenformung. Nach der in Goethes Zeit vor allem durch Abraham Gottlob Werner, auch durch Lorenz Oken (→ hier S. 530 f.) vertretenen 'neptunistischen' Lehre (so benannt nach dem röm. Meergott Neptunus) hatte ein zunächst die Kontinente bedeckender, allmählich absinkender 'Ur-Ozean' durch Ablagerung von Schichtgesteinen auf dem Knochengerüst des uranfänglichen Granits Berge und Täler geformt. Langdauernde Verwitterungsprozesse und die 'pseudovulkanischen' Brände oberflächennaher Kohlelager fügten sich in dieses Erklärungsmodell. Gegen die zunächst herrschende Lehrmeinung der 'Neptunisten' aber richteten sich seit Beginn des 19. Jh.s geognostische Beobachtungen und Bestimmungen, die in Deutschland vor allem durch Leopold v. Buch und Alexander v. Humboldt vorgetragen wurden. Ältere Vorstellungen wieder belebend (vgl. Goethe über Athanasius Kircher, FA I 25,636 f.), sahen diese neueren 'Vulkanisten' (benannt nach dem röm. Feuergott Vulcanus) die Erdrinde geformt durch Ausbrüche eines 'Zentralfeuers' im Inneren der Erde (→ 10077 f. und 10082 mit Kommentaren dazu), durch Gesteinsschmelzen, die aus der Tiefe aufstiegen, und durch tektonische Bewegungen, welche die Gesteinsschichten verformten und Gebirge emporhoben.

Angesichts der (vulkanistisch gedeuteten) Bergaufwölbung durch das vom Seismos bewirkte große Erdbeben und nach dem Meteoritensturz hatten die naturphilosophischen Kontrahenten Anaxagoras und Thales eben diese Geologenkontroverse schon in der *Klassischen Walpurgisnacht* vorgetragen (→ 7851-72 mit den zugehörigen Erläuterungen und Szenen-Kommentar zur *Klassischen Walpurgisnacht* S. 525). Auch hier der verstrebende »Bezug zu dem Vorhergehenden und Folgenden«. Denn im *Hochgebirg* wird dieser hochbedeutsame Motivkomplex jetzt aus dem präfigurierenden heidnisch-antiken ins christlich-neuzeitliche Spielfeld überführt. Mephisto, der seinen Urzeitbericht mit dem Luzifer-Mythos vom Engelsturz zur 'Legende' verwebt (→ 10075 f. und Kommentar dazu) zeigt, *wie Teufel die*

Natur betrachten (10123): vulkanistisch. Faust hingegen setzt dem sichtlich neptunistische Vorstellungen entgegen (10097-10104, → Kommentar zu 10095).

Goethe hat sich bei seinen geologischen und mineralogischen Exkursionen und Studien (angeregt durch die 1776 einsetzende Beschäftigung mit dem Bergbaubetrieb in Ilmenau) und in zahlreichen Schriften bis ins höchste Alter mit diesen Theorien auseinandergesetzt. Zwischen den gegensätzlichen Positionen schwankend (die in *Wilhelm Meisters Wanderjahren* anschaulich beschrieben werden: FA I 10,533 f.) und zeitweise auf kombinierende Erklärungsversuche bedacht (*Vergleichs Vorschläge*, wohl von 1798: FA I 25,511 ff.), neigte er mehr und mehr der neptunistisch-pseudovulkanischen Lehre zu. Die von ihr behaupteten langsam-stetigen Bildungsprozesse nämlich hielt er für eigentlich »naturgemäß«, während er gegenüber den »gewaltsamen Erklärungen«, welche die Vulkanisten »mit reichlichen Erdbeben, Vulkanen, Wasserfluten und anderen Titanischen Ereignissen geltend zu machen« versuchten, seinen entschiedenen »Abscheu« erklärte (1820; ebd. 1107).

Da er vulkanische Vorgänge doch nur als eine »oberflächliche Spätlingswirkung der Natur« auffaßte (ebd. 610), sah er sich »aufgeschreckt« und »beinahe in Verzweiflung gesetzt« durch eine Abhandlung *Ueber den Bau und die Wirkungsart der Vulkane in verschiedenen Erdstrichen*, in der Alexander v. Humboldt 1823 seine auf den südamerikanischen Reisen gewonnene Einsicht mitteilte, daß durch die »frühesten Revolutionen unsers Erdkörpers« die Gebirgsmassen in der Tat vulkanisch aus der Erde heraufgetürmt, ja ganze Länder so aus dem Meer emporgehoben worden seien. Zwar erklärte Goethe damals, er werde versuchen, sich von den Gründen dieses erneuerten Vulkanismus überzeugen zu lassen – »Haben wir dies vollbracht, so wird es uns nicht beschämen, vielmehr zur Ehre gereichen wenn wir unsere Sinnesänderung öffentlich bekennen« (ebd. 612). Aber von seinem tief eingewurzelten »Unglauben in betreff des Hebens und Drängens Aufwälzens und Quetschens

(Refoulement) Schleuderns und Schmeißens, welches mir nach meinem obigen Bekenntnis durchaus widerwärtig von jeher erscheinen mußte« (ebd. 649), vermochte er sich nicht zu lösen. Sein letztes Wort in dieser Sache schrieb der Zweiundachtzigjährige an Zelter (5. 10. 1831): »Daß sich die Himalaja-Gebirge auf 25000' aus dem Boden gehoben und doch so starr und stolz als wäre nichts geschehen in den Himmel ragen, steht außer den Grenzen meines Kopfes, in den düstern Regionen, wo die Transsubstantiation ⟨das kathol. Dogma einer Umwandlung von Brot und Wein in Leib und Blut Christi⟩ pp. hauset, und mein Zerebralsystem müßte ganz umorganisiert werden – was doch schade wäre – wenn sich Räume für diese Wunder finden sollten.« Denn im »Zerebralsystem« des auf übergreifende Gesetzmäßigkeiten ausgehenden Zusammenhangsdenkers war die erdgeschichtliche Vulkanistenlehre untrennbar verbunden mit einer menschheitsgeschichtlichen. Humboldts eruptiv gewaltsame »Revolutionen unsers Erdkörpers« bildeten für ihn nicht etwa nur ein Gleichnis, sondern eine strukturelle Gleichung mit den zerstörerisch gewaltsamen Revolutionen auf unserer Erde.

Mit der Arbeit am 4. Akt hat Goethe wenige Monate nach der blutig-umstürzlerischen Juli-Revolution in Frankreich und gleichzeitig mit den nachfolgenden wilden Exzessen im Februar 1831 begonnen. Er verstand diesen Ausbruch sogleich als »die Reprise der Tragödie von 1790«, mit der »sich nach vierzig Jahren der alte tumultuarische Taumel wieder erneuert« (an Knebel 12. 9. 30, an Zelter 5. 10. 30). Der Historiker Niebuhr (Vorwort zum 2. Bd der 2. Aufl. seiner *Römischen Geschichte* und Begleitbrief vom 17. 12. 30 zu seinem Dedikationsexemplar für Goethe) hat diese Gleichung in die Zeitentiefe verlängert: Mit dem »Wahnwiz des französischen Hofs«, der »den Talisman zerschlug welcher den Dämon der Revolution gebunden hielt«, sah er eine barbarische Zerstörung eingeleitet – »wie die römische Welt sie um die Mitte des dritten Jahrhunderts unsrer Zeitrechnung erfuhr«. Ausdrücklich pflichtete Goethe ihm bei (Eckermann, 22. 3. 31). Eben diese Wiederholungen ließen ihn die Revolution als historische Kategorie und den politischen Vulkanismus als ständig drohende Möglichkeit begreifen. Nicht von der großen französischen Revolution (über deren isoliertes Ereignis er am 4. 1. 1824 zu Eckermann immerhin sagte, daß ihm »ihre wohltätigen Folgen damals noch nicht zu ersehen waren«), sondern von den umstürzlerischen Ereignissen 1830/31 hat er dem Kanzler v. Müller deshalb erklärt, »er könne sich nur dadurch darüber beruhigen, daß er sie für die größte Denkübung ansehe, die ihm am Schlusse seines Lebens habe werden können.« (Biedermann/Herwig 3.2, Nr 6619)

Aus dieser Denkübung ist hier eine der dichterischen »Formeln« des »ethisch-ästhetischen Mathematikers« hervorgegangen, die allein ihm »die Welt noch faßlich und erträglich« erscheinen ließen (→ hier S. 58 ff.). Sie stellt eine Gleichung her zwischen dem erdgeschichtlichen und dem menschheitsgeschichtlichen Vulkanismus und Neptunismus und bestimmt auf diese Weise das weitere Geschehen im 4. und 5. Akt. Denn Mephistos Erdentstehungs-Legende ist kraft ihrer Strukturanalogie zugleich eine große Revolutionsmetapher. Er selbst bezeichnet sie hier als das ideologische Fundament der gewalttätig-umstürzlerischen *rechten Lehren | Das Unterste ins Oberste zu kehren* (10089 f., → Kommentar dazu). Und ebenso finden im Fortgang des Spiels die Gegenvorstellungen Fausts (10096-10104), die der neptunistisch-evolutionären Theorie folgen, ihre weitreichenden Entsprechungen in der politischen Praxis.

Dieser politische Aspekt des geognostischen Disputs bleibt hier zunächst verdeckt, wird nur eben angedeutet in Mephistos Ideologievermerk 10089 f. und wird durch einen direkten Eingriff des Autors, also auf indirekte Weise markiert mit der Bibelstellenangabe Ephes. 6.12 nach 10094 (→ Kommentar dazu). Mephisto lenkt 10128 ff. das Gespräch auf die *Reiche der Welt und ihre Herrlichkeiten.* Nie zuvor und niemals wieder agiert er so direkt wie hier in der Rolle des Versuchers. Wiederum durch einen Bibelstellenvermerk (nach 10131) wird diese Szene auf das neutestamentliche Modell bezogen: auf das 4. Kapitel des Matthäus-Evangeliums, das von der Versuchung Jesu durch den Teufel (nach seiner Taufe im Jordan und vor dem Beginn seiner Wirksamkeit) berichtet. Um das wörtliche Zitat und die darüber hinausgehende Gleichung zu bemerken (→ Kommentar zu 10131), hätten Goethes bibelfeste Zeitgenossen keinen solchen Stellenhinweis gebraucht. Er dient hier nicht einer Quellenangabe, sondern markiert durch den Analogievermerk die Bedeutungshöhe dieser Versuchungsszene im Kontext der Dichtung.

Mit Mephistos versucherischen Angeboten und Fausts Abwehr wird in vielfacher Weise ihr Pakt-Gespräch in der II. *Studierzimmer*-Szene des Ersten Teils wieder aufgenommen (→ 1672-98), kommt indirekt also auch der *Prolog*-Disput zwischen dem Herrn und Mephisto ins Spiel (300-343). Auch hier geht es dem Versucher darum, Faust *auf ein Faulbett* zu legen, ihn *schmeichelnd* dazu zu bringen, daß er sich *selbst gefallen mag*, ihn mit *Genuß* zu betrügen (1692-96). Auch hier verkennt er ihn *in seinem hohen Streben* (1676): Faust verlangt nach *großen Taten.* Zum ersten Mal eigentlich genügt er wirklich dem, was im *Prolog* als *Des Menschen Tätigkeit* bezeichnet worden ist. Aber anders, als der Herr dort meinte, bedarf er des Teufels nicht, weil sein Tätigkeitsdrang sonst zu *erschlaffen* drohte, sondern nurmehr um seinen eigenen *Wunsch* und selbstgefaßten *Plan* zu *befördern* (10233).

Hinter diesem Verlangen Fausts, ein neues Land zu gewinnen aus dem Meer (das hier noch keinerlei menschheitsbeglückend 'soziale' Absichten erkennen läßt, sondern sich allein auf den Gewinn von *Herrschaft* und *Eigentum* richtet und auf die Bändigung der *Elemente*, auf die Unterwerfung der Natur: → 10187 und 10219-233 mit Kommentaren dazu), steht Goethes leidenschaftlich teilnehmendes Interesse an den Techniken der sogenannten 'Wasserbaukunst', an Deichbauten und Entwässerungsarbeiten, Hafenbauten, Sumpftrockenlegungen und den großen Kanalbauprojekten seiner Zeit: bis ins Detail zeigen sich die entsprechenden Passagen des 5. Aktes von den Berichten bestimmt, die er darüber einholte, und von den Sachkenntnissen, die er dazu erwarb (ausführlicher dargestellt hier S. 707 f.).

Im Bedeutungsgefüge der Dichtung aber wird der faustische Plan, das *herrische Meer vom Ufer auszuschließen, | Der feuchten Breite Grenzen zu verengen | Und, weit hinein, sie in sich selbst zu drängen* (10229 ff.), zum Gegenspiel des mephistophelischen Vulkanismus. Goethes »Schema zu einem geognostischen Vortrag« in der Weimarer Mittwochsgesellschaft von 1806 (FA I 25,534) enthält die Sätze: »Vorstellung der Entstehung der Welt aus den Wassern. Traf mit der Erfahrung überein. 〈...〉 Das Hervortreten der Welt aus den Wassern war in den heiligen Büchern der Juden ausgesprochen. 〈...〉 Diese Meinung traf mit der Meinung der Theologen zusammen. Die Welt habe ihren Anfang im Wasser genommen und werde durch Feuer untergehen.« Und so hatte es Thales im 2. Akt (8435) verkündet: *Alles ist aus dem Wasser entsprungen!!* – Wie Faust seine neptunistische Beschreibung der Erdoberflächenentstehung gegen Mephistos vulkanistische *Legenden* mit ihren Revolutions-*Lehren* gestellt hat, so bildet jetzt sein Plan für ein aus dem Meer hervorgehendes neptunistisches Reich (wie anders es sich dann im 5. Akt auch darstellen mag → Kommentar S. 706 ff.) den großen Gegenentwurf zu eben dem Kaiserreich, welches hier in der nachfolgenden *Vorgebirg*-Szene aus schwellendem *Aufruhr* (10288), explosiver innerer *Gärung* (10392) und dem *blutigen Geschäfte* (10374) des Bürgerkrieges hervortreten und sich dann in der Restaurations-Szene *(Des Gegenkaisers Zelt)* aufs Fragwürdigste konstituieren wird. Nicht dem revolutionär-gewaltsamen, kriegerisch-zerstörerischen politischen Vulkanismus, abgeleitet aus der Art, *wie Teufel die Natur betrachten* (10123), folgt Fausts mächtiges Entwässerungsvorhaben, sondern den evolutionären, neptunistisch-sanften Bildungsgesetzen, nach denen »die Natur, ruhig und langsam wirkend, auch wohl Außerordentliches vermag« (Goethe 1820 über das Granitgebirge der Luisenburg: FA I 25,332).

Die *aus der Ferne* vernehmbaren *Trommeln und kriegerische Musik* (Bühnenanweisung vor 10234) leiten den letzten Abschnitt dieser dreigegliederten Szene ein. *Der gute Kaiser schwebt in großen Sorgen*, heißt es in Mephistos (an die Vorgänge des 1. Aktes anschließendem) Bericht. Wie für seinen damals in der *Lustgarten*-Szene mit grenzenlos vermehrtem Papiergeld überschütteten Hofstaat gilt auch für den Souverän dieses Reiches: es *war die ganze Welt ihm feil*, nachdem die beiden Magier ihm jenen *falschen Reichtum in die Hände spielten.* Aber nicht die Inflationskatastrophe wird jetzt thematisiert, sondern der tumultuarische politische Vulkanismus, der das Reich erschüttert und zerbricht, die gärende *Anarchie*, über die der unfähige, dem Genuß verfallene Kaiser nicht mehr Herr wird. *Der Aufruhr schwoll, der Aufruhr ward geheiligt* (10288). Einen *Gegenkaiser* wollen die Aufständischen wählen, und von einer *frisch geschaffnen Welt* ist die Rede (10283), die aus dem allgemeinen *Mord und Totschlag* hervorgehen soll.

Durch Faust in der Rolle des *Obergenerals* will Mephisto dem Kaiser die jetzt unmittelbar bevorstehende Entscheidungsschlacht gewinnen helfen – damit der Retter dann das *Lehn von grenzenlosem Strande* erbitten und das neue Land in seinen Besitz bringen kann, das er dem Meere abgewinnen will. Die magisch formierten Helfershelfer treten auf. Mit diesen Drei Gewaltigen steigt Faust dann auf das *Vorgebirg* hinab, zum 'Feldherrnhügel', auf dem des *Kaisers Zelt* aufgeschlagen wird und von dem aus man das Tal übersieht, wo das Heer seine Ausgangsstellungen bezogen hat.

391, vor 10039 *starke zackige Felsen-Gipfel]* Üblicher Herausgeber-Eingriff seit WA: »starre ...« (unter Berufung auf P180: Text-Band S. 707,2 und angleichend an 10370. – WA I 15.2,133: »Schreibfehler Johns. Es handelt sich um eine malerische Vorschrift für die Inscenirung«! Auch MA 18.1, 1044 votiert für *starre*).

391,10039 f. *Der Einsamkeiten tiefste schauend unter meinem Fuß, | Betret' ich wohlbedächtig dieser Gipfel Saum]* Ein spätes Echo der Goetheschen Abhandlungen über den Granit von 1784/85: »Auf einem hohen nackten Gipfel sitzend und eine weite Gegend überschauend kann ich mir sagen: Hier ruhst du unmittelbar auf einem Grunde, der bis zu den tiefsten Orten der Erde hinreicht 〈...〉 so einsam sage ich wird es dem Menschen zu Mute der nur den ältsten ersten tiefsten Gefühlen der Wahrheit seine Seele eröffnen will.« (*Granit* II, FA I 25,314).

Mephistos *närrischen Legenden* einer vulkanistischen Gebirgsentstehung entsprechend (10073 ff.), hieß es auch dort schon: »Da dem Menschen nur solche Wirkungen in die Augen fallen, welche durch große Bewegungen und Gewaltsamkeit der Kräfte entstehen, so ist er jederzeit geneigt zu glauben daß die Natur heftige Mittel gebraucht um große Dinge hervorzubringen ob er sich gleich täglich an derselben eines andern belehren könnte. So haben uns die Poeten ein streitendes uneinig tobendes Chaos vorgebildet.« (*Granit* I, FA I 25,312).

391,10047 *will sich's modeln]* »Eine gewisse Gestalt geben 〈...〉 bilden überhaupt« (Adelung 3,551).

391,10054 *flüchtger Tage großen Sinn]* Flüchtig nicht (oder doch nicht allein) im Sinn des zeitlich Vergangenen, sondern als phantasmagorische Erscheinung – wie die »Luftgeburten« in Goethes *Pandora*: »irdisch ausgestreckten Händen unerreichbar 〈...〉, steigend jetzt empor und jetzt gesenkt« (FA I 6,667).

391,10056 *schmeichelhaft]* Entspricht der ält. Bedeutung von 'schmeicheln' als eines »anschmiegenden liebkosens« (DWb 15,977).

392,10060 *quollen auf]* Von den Herausgebern seit C1/341

und WA (gegen H und die einzige weitere Handschrift H1) eigenmächtig geändert in »quellen«. Das Präteritum aber bezeichnet eine nur augenblickshafte Herzensregung: vergangen schon, wenn ausgesprochen.

392,10061 *Aurorens Liebe]* Meint die früheste Liebe, die Faust zuteil geworden (Aurora: röm. Göttin der Morgenröte). – Nachfolgend hat sich seit C1/341 der eigenmächtige, durch das Komma am Versende vollends sinnlose Herausgebereingriff »leichten Schwungs« eingebürgert.

392,10063 *überglänzte jeden Schatz]* Konjunktivisch zu verstehen: würde überglänzen (selbst den »eben noch *sonnbeglänzten* Schatz der Helena-Schönheit«, J. Müller 1966,189) – wenn Faust ihn *festgehalten* hätte, festhalten könnte. – Dagegen wieder MA 18.1, 1046: der Irrealis »würde den Widerruf der ersten drei Akte bedeuten« (? Sch.).

392, vor 10067 SIEBEN-MEILENSTIEFEL*]* Mit Hilfe dieses entschieden unantiken Transportmittels aus dem nordischen Märchen vollzieht sich Mephistos Auftritt als ein geradezu burlesker Einbruch in die Szene (Grimm, *Der liebste Roland:* »Sie zog ihre Meilenstiefeln an, in welchen sie mit jedem Schritt eine Stunde machte ⟨die Entfernung einer Wegstunde⟩, und es dauerte nicht lange so hatte sie beide eingeholt.« FA 254 – Dann redensartlich, wobei ein Schritt mit solchen Stiefeln über sieben Meilen geht.)

ein ANDERER*]* H2 noch: *der Zweyte* (dieses Stiefelpaares).

392,10067 *endlich vorgeschritten]* In der ält. Bedeutung: schnell strebend vorausgeeilt (DWb 3,462 und 464). Mit der *Wolke Tragewerk* haben Mephistos Siebenmeilenstiefel nicht Schritt gehalten.

392,10073 *närrischen Legenden]* Die weitreichende Bedeutung des Folgenden läßt Mephistos Erdentstehungsbericht kaum nur als harmlos drollig, wunderlich oder sonderbar verstehen; vielmehr rückt 'närrisch' hier wohl nahe an die ält. Bedeutung des Narren als eines Irrsinnigen (folgt gar der biblisch bestimmten als des Götzenverehrers und Gottlosen?) – vgl. DWb 13,354 und 358.

392,10075 f. *Ich weiß auch wohl warum . . .]* Im 2. Petrusbrief 2,4 heißt es, daß »Gott der engel, die gesündiget haben, nicht verschonet hat, sondern hat sie mit ketten der finsterniß zur hölle verstossen«. Über den Grund dieses 'Engelsturzes' ist der Teufel naturgemäß genau informiert. Der »menschlichen Vernunfft« hingegen blieb er »unerforschlich, zumahl da uns die Heilige Schrifft davon nichts offenbaret« (Zedler 42,1547): Geschlechtliche Begierde nach 1. Mose 6,1-4? Verlassen ihrer Behausung nach Judasbrief 6? Selbstüberhebung (superbia) nach Sirach 10,15-16? – All das ließe sich übrigens auch dem (3371: 'ziemlich eingeteufelten') Faust zurechnen. Bemerkenswerterweise entwickelte die mittelalterliche Scholastik aus den biblischen Andeutungen über diesen Engelfall geradezu einen 'Prolog im Himmel' zur 'Tragödie' im Paradies, dem Fall der ersten Menschen, auf den in der *Faust*-Dichtung wiederholt angespielt wird (→ beispielsweise 2039, 2048, 7711, 7714 und Kommentare dazu).

392,10076 *aus der Luft]* Kaschierend für: aus der ursprünglichen Himmelshöhe und Gottesnähe dieser gefallenen Engel.

392,10077 f. *wo zentralisch glühend . . . Ein ewig Feuer flammend sich durchbrannte]* Zu voller Glut durchbrennend: das sogenannte 'Zentralfeuer' im Erdinneren, auf das die vulkanistisch argumentierenden Geologen die Gebirgsentstehung zurückführten. – Ihr Vorgänger Athanasius Kircher (in seinem von Goethe gelesenen Werk *Mundus subterraneus.* Amsterdam 1655,I,175 u. II,227 f.) glaubte, daß dieses »Ignis centralis« in der Nachbarschaft der Hölle zu lokalisieren sei und zahlreiche Dämonen beherberge.

392,10079 *Hellung]* Helligkeit, Licht.

392,10082 *Von oben und von unten aus zu pusten]* Meint: von oben und von unten h e r, also mit Mund und Hintern. Entsprechend redet Mephisto im Paralipomenon 136 (Text-Band S. 650,25 f.) von dem *Gas*, das ihm *einst im Schlaf entfuhr.*

Von $C^1/^3 41$ bis zur HA haben die meisten Herausgeber (gegen H wie WA) diesen Vers eigenmächtig umgeschrieben in: *Von oben und von unten auszupusten.* Das ergibt zwar keinen vernünftigen Sinn (denn das *ewig Feuer* vermögen diese Puste-Teufel keineswegs zu löschen, sonst hätte nach der Vulkanisten-Theorie das *Hochgebirg* hier gar nicht erst entstehen können), aber es macht die Sache unanstößig. Im Nationalheiligtum der deutschen Literatur durfte *unten* nicht gepustet werden.

392,10083 f. *von Schwefel-Stank und Säure . . . ein Gas]* Zu Goethes Zeit verstand man unter *Gas* allein die aus Säuren entstehenden, beim Einatmen schädlichen oder tödlichen: sogenannten 'mephitischen' Gase (dazu Leonhardis *Chymisches Wörterbuch*, Bd 2, Leipzig 1781,388 ff.). – *Schwefel-Stank* signalisierte (gemäß der Höllenbeschreibung in Offenbarung 21,8: »pful, der mit feuer und schwefel brennet«) im Volksglauben die Anwesenheit des Teufels (dazu HwbdA 7,1457 ff.).

392,10087 *an einem andern Zipfel]* Am anderen, entgegengesetzten Ende.

393,10089 f. *Sie gründen auch hierauf die rechten Lehren | Das Unterste ins Oberste zu kehren]* Zur Bezeichnung der naturgeschichtlichen Katastrophen, welche die Erdrinde formten, wurde seit dem späteren 18. Jh. die Revolutions-Metapher benutzt (1765 in Diderots und d'Alemberts *Encyclopédie* Bd XIV,237, mit dem Zusatz 'Hist.Nat.Phys. & Minéralogie': »Révolutions de la terre«). Französische wie deutsche Jakobiner haben diese Namensentsprechung häufig für eine gleichsam naturrechtliche Legitimation des gewaltsamen politisch-sozialen Umsturzes genutzt. Noch in Büchners *Danton*-Drama von 1835 (II,7) ist es das »Auflodern des tellurischen Feuers« und »ein vulkanischer Ausbruch«, worauf sich der blutige St. Just in seiner Guillotinen-Rede beruft: »Der Weltgeist bedient sich in der geistigen Sphäre unserer Arme eben so, wie er in der physischen Vulkane oder Wasserfluten gebraucht.« – Diese Argumentation mußte Goethes naturkundlich informierten und politisch interessierten Zeitgenossen völlig geläufig sein.

Spielerischer wird die Analogie von geognostischem

und politischem Vulkanismus in den vor 1827 entstandenen *Zahmen Xenien* VI,1694 ff. behandelt (»Wie man die Könige verletzt . . .«: FA I 2,678).

393,10094 (EPHES. 6.12)*]* Einige unter den zahllosen Bezügen der *Faust*-Dichtung auf die Bibel hat Goethe in den beiden letzten Akten ausdrücklich durch Stellenangaben markiert: Sie machen (freilich nur den Leser) auf einen intertextuellen 'Mehrwert' aufmerksam, den der vorgegebene Text seinen Versen zuspielt.

In diesem ersten Fall hier geht es um den ins Mythische geweiteten Revolutionsbezug von Mephistos vulkanistischer Legende. An der bezeichneten Stelle im Epheserbrief heißt es nämlich: »Denn wir haben nicht mit fleisch und blut zu kämpffen, sondern mit fürsten und gewaltigen, nemlich mit den herren der welt, die in der finsterniß dieser welt herrschen, mit den bösen geistern unter dem himmel.«

Aber diese Angabe EPHES. 6.12 wurde in H von nicht bestimmbarer Hand mit Tinte über einen (gleichlautenden?) Bleistiftnachtrag Goethes geschrieben. Näher bei Mephistos Rede steht der vermutlich gemeinte (in H^3 eigenhändig so vermerkte) Bibelvers EPHES. 2.2. Er liefert eine deutliche Vorgabe für die Revolutions-Anspielung 10089 f. und gibt eine wörtliche Entsprechung zum *Übermaß der Herrschaft freier Luft* in 10092. Da heißt es nämlich, die Epheser seien in »sünden« gewandelt »nach dem lauff dieser welt, und nach dem fürsten, der in der lufft herrschet, nemlich nach dem geist, der zu dieser zeit sein werck hat in den kindern des unglaubens.« – Wortgleichungen beglaubigen den Bezug: Frankreichs Juli-Revolution bezeichnet Goethe im Brief an Varnhagen vom 10. 9. 1830 als »die neue heftige Aufregung der Kinder dieser Welt«, »schüttelnd und rüttelnd« (und den Seismos wiederum läßt er 7552 sagen: *hätt' ich nicht geschüttelt und gerüttelt*).

Zu Goethes Lutherbibel (Basel 1772) vermerkt Ruppert 1958, Nr 2604: »Eingelegt Papierstreifen zu S. 198 (Eph. 2,2), 200 (Eph. 6,12), 225 (1 Petri 5,8), 256 (Apoc. 12,9)« – ohne Angabe, ob diese im Text nicht angestrichenen Bibelstellen etwa auf den (inzwischen entfernten) Lesezeichen vermerkt waren. All diese Verse lassen sich auf den Revolutionskomplex beziehen.

393,10095 *Gebirgesmasse bleibt mir edel-stumm]* Wenn Wilhelm Meister von seinem im Bergwesen erfahrenen Freund Jarno-Montan »Aufklärung und Unterricht« erhofft, erhält er zur Antwort: »die Gebirge sind stumme Meister und machen schweigsame Schüler« (FA I 10,533). Fausts hier folgende Verse aber begnügen sich keineswegs damit, »das Unerforschliche ruhig zu verehren« (FA I 13,240), sondern bestimmen sehr wohl das *woher* und *warum* der Gebirgsentstehung und folgen dabei der neptunistischen Lehre: Was die Berge *bequem* (Adelung 1,763: »Den Absichten gemäß, zur Erreichung eines Endzweckes dienlich«) *hinabgebildet*, nämlich *Mit sanftem Zug sie in das Tal gemildet* hat (Partizip des in der Dichtersprache des 18. Jh.s noch geläufigen Verbs 'milden' = mildern, sänftigen. Vgl. DWb 12,2210), ist ohne Zweifel das absinkende Urmeer der Neptunisten. – Vgl. Goethes geognostische Vortragsnotizen von 1806: »Die Erde 〈. . .〉 hinabgebildet.« (FA I 25, 529)

393,10097 *Als die Natur sich in sich selbst gegründet]* Goethe (*Verschiedene Bekenntnisse*, 1823, WA II 9,264). »Nach meinem Anschauen baute sich die Erde aus sich selbst aus«.

393,10098 *rein]* Hier wohl in der biblischen Bedeutung, entsprechend Adelung 3,1375: frei von »Verbrechen und Vergehungen« (die Goethe mit der vulkanistischen Erdentstehungstheorie assoziierte) – aber auch ohne Fremdeinwirkung (etwa durch einen Meteor, wie er in der *Peneius*-Szene niederstürzt: 7936-45).

393,10108 *strömend Flammen trug]* Meint den flammenden vulkanischen Lavastrom.

393,10109 f. *Molochs Hammer . . .]* Moloch, alttestamentlicher Ammoniter-Götze, der auch in Miltons *Paradise Lost* (I,392) erscheint, ist in Klopstocks *Messias* (II,360 ff.) einer der »Fürsten der Hölle«, um die er zur Verteidigung gegen Jehova aus herangeschleppten Felsstücken »die neuen Gebirge« aufgetürmt hat. Er »wähnt, indem ein zertrümmerter Berg noch | Hallet, er donnr' aus den Wolken!«

393,10110 f. *Gebirges-Trümmer . . .]* Goethe (nach Eckermanns Gesprächsbericht vom 13. 2. 1829): »Herr von Buch hat ein neues Werk herausgegeben, das gleich im Titel eine Hypothese enthält. Seine Schrift soll von Granitblöcken handeln, die hier und dort umherliegen, man weiß nicht wie und woher. Da aber Herr v. Buch die Hypothese im Schilde führt, daß solche Granitblöcke durch etwas Gewaltsames von Innen hervorgeworfen und zersprengt worden, so deutet er dieses gleich im Titel an, indem er schon dort von *zerstreuten* Granitblöcken redet, wo denn der Schritt zur *Zerstreuung* sehr nahe liegt, und dem arglosen Leser die Schlinge des Irrtums über den Kopf gezogen wird, er weiß nicht wie.« (Gemeint war nicht K. L. v. Buch, sondern F. J. L. Hausmann, über dessen Göttinger Akademie-Vortrag von 1817 *De origine saxorum . . . dispersorum* Goethe schon vor seinem Druck von 1832 informiert war.)

393,10113 *Philosoph]* Naturphilosoph (meint die ratlos-uneinigen Gelehrten, die Mephisto im folgenden zitiert – oder in deren Position er da überwechselt: *Zu Schanden haben wir uns schon gedacht*).

393,10116 *Das treu-gemeine Volk]* Die dem Teufelsglauben treuergebene breite Menge.

393,10117 *im Begriff]* In seiner Art, »sich von den Dingen eine Vorstellung zu machen« (Adelung 1,720).

393,10120 f. *Mein Wandrer hinkt, an seiner Glaubenskrücke, | Zum Teufelsstein, zur Teufelsbrücke] Dichtung und Wahrheit* 18. Buch (FA I 14,806) über die Wanderung zum Gotthard 1775: »die Felsen wurden immer mächtiger und schrecklicher, der Weg bis zum Teufelsstein, bis zum Anblick der Teufelsbrücke immer mühseliger.« – Mephistos Bericht über die Gebirgsentstehung entsprechend geben die abergläubischen Erklärungs-Krücken dieser Ortsbezeichnungen dem Wanderer als Teufelswerk zu verstehen, was er da wie ein *Wunder* vor sich sieht.

394,10126 f. *Wir sind die Leute Großes zu erreichen: | Tumult, Gewalt und Unsinn! sieh das Zeichen!]* Wie Gott nach der verwüstenden Sintflut als »das zeichen« seines Bundes mit den Menschen den Regenbogen errichtet hat (1. Mose 9,12 ff.), erhebt Mephisto zu seinem *Zeichen* die von den Teufeln vulkanistisch errichteten wüsten Gesteinsformationen, welche das 'Buch der Natur' hier vor Augen stellt. Sie bezeichnen *Tumult, Gewalt und Unsinn* als das Große, das Teufel zu bewirken vermögen. – Das Semikolon der Reinschrift H nach *erreichen* hat also Doppelpunktbedeutung und wird hier als Doppelpunkt wiedergegeben (→ dazu S. 112 ff.).

394,10131 *Die Reiche der Welt und ihre Herrlichkeiten* (MATTH. 4)] Goethes ausdrücklicher Stellenhinweis auf die neutestamentliche Modellsituation bezeichnet das Gewicht, das der folgenden Versuchungsszene im Kontext der *Faust*-Handlung zukommt (Matthäus 4,8 ff.: »Wiederum führete ihn der teufel mit sich auf einen sehr hohen berg, und zeigete ihm alle reiche der welt, und ihre herrlichkeit, Und sprach zu ihm: Diß alles will ich dir geben, so du niederfallest, und mich anbetest. Da sprach Jesus zu ihm: Heb dich weg von mir, satan«). – Dem »sehr hohen berg« entspricht hier das *Hochgebirg*. Nur hat Faust die *Reiche der Welt* schon auf seinem Flug mit der Wolke gesehen: so paßt sich das vorgegebene Werkstück in den poetischen Kontext ein.

394,10139-41 *Beschränkten Markt ... Fleischbänke ...*] Kindheitserinnerungen Goethes an die 'Schirn' im Frankfurter Altstadt-*Kerne* mit ihren offenen Verkaufsständen: »Nur selten aber mochte man sich über den beschränkten, vollgepfropften und unreinlichen Marktplatz hindrängen. So erinnere ich mich auch, daß ich immer mit Entsetzen vor den daranstoßenden, engen und häßlichen Fleischbänken geflohen bin.« (*Dichtung und Wahrheit* 1. Buch. FA I 14,23)

394,10140 *Schmeißen*] Schmeißfliegen.

394,10146 *wo kein Tor beschränkt*] Stadttore einer dicht bebauten Altstadt, außerhalb derer *Vorstädte* sich entwikkelt haben.

395,10159 *man erzieht sich nur Rebellen*] Ein erster Hinweis auf Fausts autokratisches, 'absolutistisches' Herrschaftsdenken. Gewiß sollten diese Worte den zeitgenössischen Leser auf die verbreitete Vorstellung lenken, daß sich die Rebellion gegen das Ancien Régime auf die Bildung und Belehrung breiter Schichten im Zeitalter der Aufklärung gründe (Lichtenberg, *Sudelbuch* J380: »Die französische Revolution das Werk der Philosophie, aber was für ein Sprung von dem cogito ergo sum ⟨Descartes⟩ bis zum ersten Erschallen des *à la Bastille* im Palais Royal.«).

395,10160 *mir selbst bewußt]* Mit dem Selbstbewußtsein des Herrschers. Trendelenburg 1921,456: »wie Ludwig XIV.: l'état c'est moi« ('Der Staat bin ich').

395,10161-71 *Schloß zur Lust . . . Vertraut-bequeme Häuslein]* Der Park-*Garten* des fürstlichen Lustschlosses (zu dem die umgebende freie Landschaft *prächtig umbestellt* ist) entspricht durchaus französisch-absolutistischem Stil: Vor den *grünen Wänden* der Baumbestände die *Sammet-Matten* der Rasenflächen; schnurgerade Wege; Hecken, die *kunstgerechte Schatten* werfen; *Kaskadensturz* und Wasserspiele. – Noch entschiedener geregelt, überformt, herrscherlich domestiziert (und ohne die versteckten Pavillons und intimen Gartenhäuschen für die Mätressen und Gespielinnen, die Mephisto hier versucherisch vor Augen stellt) zeigt sich dann im 5. Akt der *Ziergarten* vor dem *Palast* des alterseinsamen Machthabers Faust: → Kommentar zu vor 11143.

395,10173 *In allerliebst-geselliger Einsamkeit]* Unter *Einsamkeit* verstand der von Mephisto imaginierte Rokoko-Fürst den sommerlichen Rückzug von der Residenz ins *Schloß zur Lust* – mit Jagden, Schäferspielen, Konzerten in (von großen Teilen des Hofstaates begleiteter) *allerliebst-geselliger* Gemeinschaft mit seinen Mätressen.

395,10176 *Schlecht und modern! Sardanapal!]* Nach antiker Legende lebte der Assyrerkönig Sardanapal zurückgezogen und weibisch verweichlicht in maßlosem Luxus und wüsten sexuellen Ausschweifungen; Aristoteles' *Nikomachische* und *Eudemische Ethik* (1095b/1216a – vgl. Hölscher-Lohmeyer 1981,271) bestimmten das durch sein Beispiel bezeichnete Genußleben als niedrigste der Lebensformen. Die Goethe gewidmete *Sardanapalus*-Tragödie Lord Byrons von 1821 aktualisierte diesen Topos; im nachrevolutionären Frankreich war er weit verbreitet (Bloom/Vaget 1996). Urteilt also der vom Helena-Erlebnis geprägte, an der Antike orientierte Faust, den es nach *großen Taten* verlangt (→ 10181-88), über Mephistos Vorschläge: *Schlecht und modern! Sardanapal!*, dann erfaßt diese Formel zugleich die im schwelgerischen Luxus verkommenen feudalabsolutistischen Herrscher der Neuzeit (und noch ihre modernen Abbilder in unseren Jahren).

395,10179 f. *dem Mond um so viel näher ... zog wohl Deine Sucht dahin?]* Bezieht sich auf Fausts Flug in der *Wolke Tragewerk* (10041) und spielt ironisch auf seine alte *Sucht* an (1074: *O daß kein Flügel mich vom Boden hebt*) – als handle es sich um einen Mondsüchtigen.

395,10181 f. *Dieser Erdenkreis | Gewährt noch Raum zu großen Taten]* Mephisto 10186: *Man merkt's du kommst von Heroinen.* – Was Faust erstrebt, entspricht unter neuzeitlichen Bedingungen durchaus der Rolle, die er in der antikisch-mittelalterlichen *Phantasmagorie* des Helena-Aktes als erobernder Herrscher über das Königreich auf der peloponnesischen Halbinsel spielte: der Neuland erobernde Kolonisator als Herrscher über das dem Meer abgewonnene Reich.

395,10185 f. *also willst du Ruhm verdienen? | Man merkt's du kommst von Heroinen]* Heroine: halbgöttliche, kultisch verehrte Heldin im antiken Mythos – aber auch: Darstellerin einer Heldenrolle auf dem Theater! Wie in dieser spöttischen Replik Mephistos wird Fausts Verlangen nach *großen Taten* auch in den Paralipomena 88 und 89 ausdrücklich an seine Begegnung mit Helena geknüpft: *Ich lernte diese Welt verachten | Nun bin ich erst sie zu erobern werth* und: *Der leichte hohe Geist riß mich aus dieser Enge | Die Schönheit aus der Barbarey* (Text-Band S. 571).

396,10187 *Herrschaft gewinn ich, Eigentum!]* Entgegen Fausts *Verflucht was als Besitz uns schmeichelt* (1597) jetzt: *Lust zum Besitz* und: *umwendung zum Besitz* (Paralipomena 63 und 179a. Text-Band S. 596,110 u. 705,4).

396,10189 ff. *Doch werden sich Poeten finden, | Der Nachwelt deinen Glanz zu künden, | Durch Torheit Torheit zu entzünden]* Anklänge an die Verse des Dichters im *Vorspiel* 154 ff., des Knaben Lenker 5576 ff. und Fausts 11583 f. – Dabei läßt der Autor seinen ironischen Mephisto wohl auch an die *Die Leiden des jungen Werthers* denken. Um gegen das 'Werther-Fieber' zu immunisieren, hatte Goethe in der 2. Aufl. des Romans seinen Helden sagen lassen: »Sei ein Mann und folge mir nicht nach.« (FA I 1,158).

396,10192 *... ist dir nichts gewährt]* Breites Bedeutungsspektrum: Nichts in deine Macht gegeben, zugestanden, erreichbar, verständlich (vgl. DWb 6,4835 ff.).

396,10193-95 *Was weißt du was der Mensch begehrt? ...]* Verstrebung zwischen *Faust I* und *II*: → 1676 f.

396,10215 *Der wüsten Strecke widerlich Gebiet]* Das Watt als dem Meer 'entgegengesetztes' Gebiet (oder als 'ungünstiges' = unfruchtbares?). Vgl. DWb 29,1113.

397,10219-33 *Zwecklose Kraft, unbändiger Elemente! ... Hier möcht' ich kämpfen, dies möcht ich besiegen ...]* Für Goethe stand eine solche Bemühung des Menschen um Herrschaft über die Natur durchaus im Einklang mit dem Naturgesetz einer von der Anziehungskraft der Erde selber ausgehenden Bändigung der Elemente. In seinem *Versuch einer Witterungslehre* (1825) bezieht er sich ausdrücklich auf die »traurigsten Meeres- und Küstenereignisse« einer ungeheuren Springflut (→ 10199 ff.), welche am 3./4. 2. 1825 weite Bereiche der Nordseeküste überschwemmt und verwüstet hatte. Dann heißt es dort im Abschnitt *Bändigen und Entlassen der Elemente* (FA I 25,295 f.): »Es ist offenbar daß das was wir Elemente nennen, seinen eigenen wilden wüsten Gang zu nehmen immerhin den Trieb hat. Insofern sich nun der Mensch den Besitz der Erde ergriffen und ihn zu erhalten Pflicht hat, muß er sich zum Widerstand bereiten und wachsam erhalten. Aber einzelne Vorsichtsmaßregeln sind keineswegs so wirksam als wenn man dem Regellosen das Gesetz entgegen zu stellen vermöchte, und hier hat uns die Natur aufs herrlichste vorgearbeitet und zwar indem sie ein gestaltetes Leben dem Gestaltlosen entgegen setzt. Die Elemente daher sind als kolossale Gegner zu betrachten, mit denen wir ewig zu kämpfen haben, und sie nur durch die höchste Kraft des Geistes, durch Mut und List, im einzelnen Fall bewältigen. 〈. . .〉 Das Höchste jedoch was in solchen Fällen dem Gedanken gelingt ist gewahr zu werden was die Natur in sich selbst als Gesetz und Regel trägt, jenem ungezügelten gesetzlosen Wesen zu imponieren.«

397,10235 *Schon wieder Krieg! der Kluge hörts nicht gern]* Textintern ließe sich das *Schon wieder* nur auf den 3. Akt: auf die militärische Abwehr des Menelas durch Faust und seine Heerführer und auf des peloponnesischen *Reichs Gewinn* durch ihre Eroberungsfeldzüge zurückbeziehen. Hier wie dort verfügt die Regieanweisung (vor 9442 und vor 10234) mit den gleichen Worten *kriegerische Musik*. Nur hörte der Heerführer Faust in der antik-mittelalterlichen *Phantasmagorie* sie offensichtlich weniger ungern als der neuzeitlich *Kluge* hier, der sich wohl eher im Sinn des Autors äußert. Von dem hat Falk berichtet: »Einige Zeit vor dem unglücklichen 14. Oktober 〈1806, Schlacht bei Jena und Auerstädt〉, als alle andern begeistert waren und an nichts als an Kriegslieder dachten, sagte Wieland eines Abends bei der Herzogin Amalie: 'Warum schweigt nur unser Freund Goethe so still?' – da sagte Goethe: 'Ich habe auch ein Kriegslied gemacht!' – Man bat ihn schön, es zu lesen. Da hub er an und las sein Lied: 'Ich habe meine Sach' auf nichts gestellt!'« (Biedermann/Herwig 2, Nr 2281) – Die letzten Strophen dieses Goetheschen Kriegsliedes lauten:

Ich setzt' mein Sach auf Kampf und Krieg.
Juchhe!
Und uns gelang so mancher Sieg.
Juchhe!
Wir zogen in Feindes Land hinein,
Dem Freunde sollt's nicht viel besser sein,
Und ich verlor ein Bein.

Nun hab' ich mein Sach auf Nichts gestellt.
Juchhe!
Und mein gehört die ganze Welt.
Juchhe!
Zu Ende geht nun Sang und Schmaus.
Nur trinkt mir alle Neigen aus;
Die letzte muß heraus! (FA I 2,87 f.)

397,10237 *auszuziehen]* Hier: extrahieren (C1/341 schreibt den Vers eigenmächtig: »Aus jedem Umstand seinen Vortheil ziehen«).

397,10238 *Man paßt, man merkt auf jedes günstige Nu]* Achtet, ist aufmerksam auf jeden günstigen Augenblick.

397,10239 *Fauste]* Der Vokativ erinnert wohl an die Bedeutung der latein. Namensform (Paralipomenon 193, Text-Band S. 721,3: *Faustus, mit Recht der Glückliche genannt*).

397,10242 *Auf meinem Zuge]* mit den Siebenmeilenstiefeln (zu Lande also, durch das Reich des Kaisers).

398,10245 *Ihm falschen Reichtum in die Hände spielten]* Meint Mephistos Papiergeld-Schöpfung im 1. Akt (→ Kommentar zur *Lustgarten*-Szene S. 455 ff.).

398,10251 f. *Regieren und zugleich genießen. | Ein großer Irrtum]* In Goethes *Sprüchen in Prosa* verdeutlicht: »Herrschen und genießen geht nicht zusammen | Genießen heißt sich und andern in Fröhlichkeit angehören | Herrschen heißt sich und andern im Ernstlichsten Sinne wohlthätig seyn.« (FA I 13,68)

398,10259 *Genießen macht gemein]* Meint wohl kaum, wie häufig kommentiert wird: *Genießen* mache durchschnittlich, gewöhnlich, gar niedrig (→ 10228; auch Paralipomenon 1, Text-Band S. 577,12 ff.). Es entspricht vielmehr der oben zu 10251 f. angeführten Bestimmung: »Genießen heißt sich und andern in Fröhlichkeit angehören.«

398,10266 *Kapitel]* Hier: Körperschaft der Geistlichen seiner Kirche oder seines Bistums.

398,10271 *das ging]* Nahm so seinen Lauf.

399,10285 *klingt sehr pfäffisch]* Faust bemerkt, daß man sich mit der von Mephisto zitierten Parole 10284 auf Psalm

85,10 f. beruft (es mögen mit Gottes Hilfe im Lande wieder »gerechtigkeit und friede sich küssen«): *der Aufruhr ward geheiligt.*

399,10294 *Einmal gerettet ist's für tausendmale]* Diesmal ist die Rettung entscheidend (wie Goethe, nach einem ital. Sprichwort: »Nur heute, heute nur laß dich nicht fangen, | So bist du hundertmal entgangen.« FA I 2,387).

399, Regieanweisung vor 10297 *... beschauen die Anordnung des Heeres im Tal]* Zur Aufstellung der Truppen, der Planung und dem Ablauf der Kaiserschlacht → nachfolgenden Szenen-Kommentar *Auf dem Vorgebirg.*

399,10302 *Befestige dich bei großen Sinnen]* In H6 gleichbedeutend: *Erhalte dich bei ...* Der widerwillige Faust soll festhalten an dem groß gedachten eigenen Plan, dem *Zweck*, welchem dieses Unternehmen doch dient: die mit ihrem Beistand durch *Kriegslist* gewonnene Schlacht werde es ermöglichen, seinen 10198-233 dargelegten *Wunsch* zu erfüllen.

400,10305 f. *So kniest du nieder und empfängst | Die Lehn von grenzenlosem Strande]* → 11035 f. und Kommentar dazu. – Von *grenzenlosem* ⟨in H6 ursprüngl. *meilenlangem*⟩ *Strande* spricht Mephisto im Sinn eines wasserwärts unbegrenzten Gebiets: *Das Land ist noch nicht da, im Meere liegt es breit.* (11039) – MA 18.1,1054 erklärt *grenzenlos* als »ohne Grenze zwischen Land und Meer.« (? Sch.)

400,10307 *durchgemacht]* für: durchgeführt, organisiert.

400,10310 *Obergeneral]* → Kommentar zu vor 10345.

400,10311 *die rechte Höhe]* DWb 10,1708: »seit dem 16. jahrh. gewöhnliche ironische redensart« (für: Gipfel der anmaßenden Unverfrorenheit).

400,10315 f. *Kriegsunrat ... Kriegsrat] -unrat* hier mit der im 18. Jh. schon seltenen Bedeutung von Hilflosigkeit, Not, Unglück (DWb 24,1233); entsprechend ist *-rat* bei diesem Wortspiel, älterem Sprachgebrauch gemäß, als »hilfe zu einem unternehmen, thätiges überlegtes eingreifen zu einem bestimmten zwecke« zu verstehen (ebd. 14,158).

400,10320 *das Bergvolk aufgeregt]* Berggeister, aufgescheucht. (→ Kommentar zu 10425)

400,10321 f. *gleich Herrn Peter Squenz, | Vom ganzen Praß die Quintessenz]* Wie in Andreas Gryphius' Schimpfspiel *Herr Peter Squentz* von 1657 dieser Spielführer die Mitglieder seiner jammervoll dilettierenden Schauspielertruppe aufruft und vorstellt, so befiehlt Mephisto hier von seinem ganzen *Praß* (DWb 13,2077: Plunder, Bettel) die Kerntruppe der Drei Gewaltigen herbei.

400, vor 10323 DIE DREI GEWALTIGEN *treten auf.* SAM. II. 23. 8*]* Goethes Bibelstellenverweis stellt eine ins Negative gekehrte Entsprechung her zwischen Mephistos wüsten Handlangern in der Schlacht um die Kaiserherrschaft und den im 2. Buch Samuel 23,8-13 angeführten »drey vornehmsten« unter den Kriegshelden des Königs David, welche die Philister in die Flucht schlagen und seine Herrschaft wiederherzustellen helfen. Doch werden hier andere, dekuvrierend-'sprechende' Namen verwendet – *allegorisch wie die Lumpe sind*, heißt der die jugendlich-brutale Aggressivität verkörpernde, nur *leicht* bewaffnete Faustkämpfer *Raufebold*, der die Besitzgier des Erwachsenen vertretende, *wohl* bewaffnete Kerl dann *Habebald* und der vom Bewahrungstrieb des Alters bestimmte, *stark* bewaffnete *Haltefest.* Die diesen Drei Gewaltigen zugesellte, erst 10783 ff. auftretende Marketenderin schließlich: *Eilebeute* (vorgegeben, aber bezeichnenderweise eines solchen Stellenhinweises nicht für wert befunden, in Jesaja 8,3: »Raubebald, Eilebeute«).

400,10327 f. *Es liebt sich jetzt ein jedes Kind | Den Harnisch und den Ritterkragen]* Stich gegen den ärgerlichen Publikumserfolg von Bühnenwerken und Romanen der Zeit, die in romantischer Mittelalterbegeisterung das Ritterwesen literarisch restaurierten (→ auch 10769 f.).

401,10343 *den grauen Kerl]* Haltefest: *bejahrt.*

Seite 402-416 Szene
10345-10782 AUF DEM VORGEBIRG

Was Goethe über den Charakter des 4. Akts im Gefüge des *Faust*-Dramas bemerkte (zu Eckermann, 13. 2. 1831), gilt hier in gleicher Weise für die Szene. Räumlich und zeitlich unmittelbar mit Fausts und Mephistos Auftritt im *Hochgebirg* verbunden, bildet sie doch »eine für sich bestehende kleine Welt«, die »nur durch einen leisen Bezug zu dem Vorhergehenden und Folgenden sich dem Ganzen anschließt.« Im Motivationszusammenhang des Spielgeschehens dient diese Schlacht zwischen dem kaiserlichen Heer und den Truppen der Aufständischen Mephistos Plan, das große Kolonisationswerk Fausts zu ermöglichen: zum Lohn für seinen kriegsentscheidenden Beistand wird ihn der siegreiche Herrscher mit dem Meeresufer belehnen. Aber während dieser 'Zweck' an den Rand rückt und entgegen früheren Plänen nicht mehr ausgespielt wird (→ Kommentar zu 11035 f.), verselbständigt sich das 'Mittel' der Schlachtszene, gewinnt Eigenwert, nimmt schließlich nicht weniger als 438 Verse in Anspruch.

Die direkte Darstellung eines so weiträumigen Geschehens und ein sichtbarer Auftritt der an diesen militärischen Operationen beteiligten Verbände wird durch die begrenzten Möglichkeiten der 'realen' Bühne ausgeschlossen. Aber der alte Theatermann beherrscht das dramaturgische Handwerkszeug und inszeniert seine Schlacht auf der 'inneren' Bühne unseres Vorstellungsvermögens. Über die ganze Szene hin setzt er dazu akustische Mittel ein. Zum *Vorgebirg* herauf und damit in den Zuschauerraum hinein dringen *von unten* die *Trommeln und kriegerische Musik*; später *furchtbarer Posaunenschall*, der *im feindlichen Heere merkliche Schwankung* signalisiert (oder selber hervorruft?); am Ende *Kriegstumult im Orchester, zuletzt übergehend in militairisch heitre Weisen* – nicht mehr Worte, sondern eben diese Klänge verkünden den siegreichen Ausgang der Schlacht. Das zweite Mittel einer nurmehr indirekten Darstellung bilden die Botenberichte der zum Kommandostand zurückkehrenden Kundschafter oder Herolde und Mephistos Aufträge an seine *Rabenpost* (10678). Das dritte und wichtigste liefert die alte Vermittlungstechnik der Teichoskopie, der 'Mauerschau': vom Feldherrnhügel des Gebirges aus beobachten und schildern die sprechenden Figuren den Verlauf der Kämpfe. Dabei aber handelt es sich keineswegs nur um eine 'Ersatzlösung'. Allererst dieses gleichsam abstrahierende Verfahren ermöglicht es, das turbulente Kriegsgeschehen auf seine taktischen Grundstrukturen hin durchsichtig zu machen und die militärische Praxis dieser Schlacht zurückzuführen auf theoretische Formeln der Kriegskunst.

Als Vorsitzender der Herzoglich-Weimarischen Kriegskommission (1779-86), als Begleiter und Berichterstatter der *Campagne in Frankreich 1792*, durch zahlreiche kriegswissenschaftliche Schriften in der eigenen Bibliothek und durch zahllose Begegnungen und Gespräche mit den Heerführern, Marschällen, hohen Offizieren der europäischen Armeen (mehr als 100 Namen derer, die Goethe persönlich kannte, bei Weniger 1940,525 f.) war dieser Zeitzeuge der Napoleonischen Kriege entschieden sachkundig auf dem Feld der Kriegskunst und Kriegswissenschaft.

Für seine dichterische Darstellung der Kaiserschlacht hat J. Müller 1981,13 auf einzelne Entsprechungen in den Schlachtbeschreibungen Plutarchs, hat Arens 1989,798 auf eine Episode in der Schlacht bei Kulm 1813 verwiesen und K. Mommsen 1989,21 ff. auf die Schlacht bei Jena 1806 (→ dagegen Kommentar zu 10372).

Aber wie Steinmetz 1994 zeigt (auf den sich die folgenden Erläuterungen stützen), liegen den taktischen Dispositionen der beiden gegnerischen Befehlshaber und dem Schlachtverlauf in der Szene *Auf dem Vorgebirg* zwei bisher nicht in Betracht gezogene, unterschiedlich ausgerichtete kriegswissenschaftliche Lehrbücher zugrunde: die *Grundsätze der Strategie* des Erzherzogs Carl von Österreich von 1814 (die Goethe »nach einem interessanten Gespräch« mit dem Erzherzog zum Geschenk erhielt: *Tag- und Jahreshefte* 1815, WA I 36,98) und der ältere, aber entschieden fortschrittlichere, weit über die Militärkreise hinaus in Journalen und Salons diskutierte *Essai général de tactique* des französischen Militärtheoretikers Comte de Guibert von 1770/72 (dessen Übersetzung Goethe schon 1776 studierte: WA IV 3,67 und an Lenz weitergab: WA IV,7,355).

Im Zeitalter Friedrichs d. Gr. und Napoleons gehörte auch das Militärwesen zum öffentlichen Gespräch und die durchaus in ihrem Kunstcharakter verstandene Truppenführung und Schlachtenlenkung zum allgemeinen Bildungsgut. Auf seinen *Versuch über die Tactik* bezogen, hat Guibert 1774,2,335 erklärt, es bleibe »nichts zu der Vollkommenheit einer Kunst hinzuzufügen übrig, wenn die Instrumente erfunden worden sind; wenn man den Künstler gelehrt hat, damit umzugehen; wenn man sein Genie entwickelt hat; wenn ihm endlich kein Umstand und Vorfall vorkommen kann, zu welchem er kein schickliches Mittel in Händen hätte.« Der Bekanntheitsgrad der beiden hier zur Rede stehenden Werke, zumindest der durch sie vertretenen unterschiedlichen Theorien läßt darauf schließen, daß Goethes Schlachtdarstellung von den gebildeten Lesern seiner Zeit durchaus in ihrem Modellcharakter verstanden werden konnte und sollte, gleichsam als ein kunstvolles Generalstabsspiel im poetischen Sandkasten.

Der Lagebericht, den der Obergeneral 10345-374 seinem Kaiser erstattet, bezeichnet die Ausgangspositionen der Truppen und gibt den operativen *Vorsatz* an, auf dem die *Wahl* dieser Bereitstellungsräume beruht. Das gesamte Heer wurde *gedrängt zurückgezogen* in ein günstig gelegenes *Tal.* Auf seinem rechten Flügel sind die Verbände in hügelig *wellenförmigem* Gelände postiert, wenig einsichtig für den anrückenden Gegner, dessen *Reiterei* hier kaum vorgehen kann. Die Hauptmacht des Kaisers (die *Phalanx*) dann steht *auf der Mittelwiese flachen Räumlichkeiten.* Den linken Flügel schließlich schützt das unzugängliche *Hochgebirg* (→ Kommentare zu vor 10547 und zu IV H13, hier S. 1050), dessen *wichtigen Paß* nur ein schwacher Verband besetzt halten muß. Es handelt sich dabei um eine der in Carl von Österreichs *Grundsätzen* (1814,1,36 f.) dargestellten »defensiven Aufstellungen«: »Die Defensive gründet sich« in diesem Fall darauf, daß man »den meist bedrohten« Punkt (hier also den Gebirgs-*Paß*) besetzt, und »wenn dieser eines längern Widerstandes fähig ist, und nach seiner Besetzung noch Truppen genug übrig bleiben; so wählt man eine solche Aufstellung, aus welcher ⟨mit entsprechend stärkeren Verbänden⟩ gegen Flanke und Rücken des Gegners vorgedrungen werden kann, wenn er einen andern Punkt angreifen sollte.«

Nachdem die Berichte der Kundschafter eingegangen, Faust und seine kriegerischen Begleiter aufgetreten, die Herolde abgewiesen sind, die den Gegenkaiser zu einem ritterlichen Zweikampf auffordern sollten, und das gegnerische Heer an der offenen Talseite aufmarschiert ist, befiehlt 10503 ff. der Obergeneral des Kaisers im Hügelgelände den Angriff seines rechten Flügels auf des *Feindes Linke, eben jetzt im Steigen,* und wirft sie 10640 ff. sogleich zurück. So ist des Gegners *Plan erschüttert*: sein linker Flügel wird gegen die *linke Seite* seiner *Hauptmacht* gedrängt und bringt sie in Verwirrung. Auf diese *schwache Stelle* rückt die kaiserliche *Phalanx* zu – Mephisto (dessen Drei Gewaltige die regulären Kampftruppen verstärken): *Herrlichers ist nichts ersonnen | Uns ist diese Schlacht gewonnen.*

Inzwischen aber hat der Feldherr des Gegenkaisers, der sein Heer zunächst auf den *flachen Räumlichkeiten* der *Mittelwiese* anrücken ließ, bereits eine neue, der veränderten Lage entsprechende Disposition getroffen. Seine Truppenführung hält sich dabei an ein taktisches Schema Guiberts, wo es heißt: »Die von dem Feinde gemachten Bewegungen aber veranlassen ihn, diese erste Disposition zu verändern, und eine schräge Stellung Links ⟨hier: auf den *Paß* im Gebirge hin〉 zu nehmen«. Dort steht der Feind nach Guiberts Schema »auf Anhöhen, denen schwer beyzukommen ist«. Da er sich aber »zu sehr auf die vortheilhafte Lage verläßt, solchen 〈seinen linken Flügel〉 an Truppen schwächt, und nur diejenigen da stehen läßt, auf die er sich am wenigsten verlassen kann« (→ Kommentar zu 10655 f.), um den anderen »desto ansehnlicher zu verstärken 〈. . .〉, so macht sich der disseitige General diesen Fehler zu Nutze« und lenkt seine Kräfte mit zusätzlichen Verbänden, die »so viel 〈als〉 möglich ihre Stärke zu verbergen suchen«, nun auf eben diesen kritischen, schlachtentscheidenden Punkt (aaO. 2,146 f. Die zugehörige Tafel XIV stellt die entscheidenden Züge dieser Operation graphisch vor Augen). Guiberts Schema liegt hier die Schlacht bei Leuthen 1757 zugrunde, von der er erklärt: Die Österreicher »verließen sich darauf, daß ihr linker Flügel auf fürchterlichen Anhöhen stand, und ließen nur die Bayern und einige Reichstruppen da. Der König von Preußen machte sich diesen Fehler zu Nutze«, änderte nämlich »seine Disposition« und »fiel dem linken Flügel des Prinzen Carl von Lothringen in die Flanke, der nach Verlauf eines Treffens von einer halben Stunde gänzlich über den Haufen geworfen ward« – was die Schlacht entschied. (aaO. 2,150 f.) Dementsprechend also hat der Heerführer des Gegenkaisers in Goethes Schlachtszene 10537 ff. das Schwergewicht seiner Operationen auf die linke Seite der kaiserlichen Stellungen verlegt, um (*wie vorauszusehn*) jetzt den *engen Paß des Felswegs zu gewinnen.* Und dieser Durchbruch seiner *zu ganzen Massen* verstärkten Truppen droht 10654 ff. tatsächlich zu gelingen. Während die kaiserliche *Phalanx* siegreich vorgedrungen ist, wird die Lage durch den von links ansetzenden Umgehungsangriff so kritisch, daß der Kaiser die Schlacht bereits verloren sieht, sein Obergeneral sie nicht mehr *zu wenden* weiß. – Mephisto in $H^{13/14}$: *Sie habens wohl und richtig ausgedacht* (→ Kommentar zu vor 10547).

Jetzt übernimmt Mephisto selbst das Kommando. Vom Gefechtsstand des Feldherrnhügels aus setzt er die mythische Fernmeldetechnik seiner *Rabenpost* ein: holt so (offenbar zunächst für die bedrohte linke Flanke) die magisch-täuschenden Überschwemmungskünste der Undinen und die artilleristischen Feuerwerksveranstaltungen der Berggeister zu Hilfe, inszeniert am Ende durch seine gespensterhaften Eingreifverbände eine Geisterschlacht in den Lüften, deren *Schreckgetön* das gegnerische Heer vollends in Panik stürzt: *Um jener Sieg ist es getan* (10722).

Es habe sich, wird der Kaiser 10857 erklären, *in unsern Kampf auch Gaukelei geflochten.* Dafür waren Guibert und Carl von Österreich nicht mehr zuständig. Goethe mag sich an Plutarchs Timoleon-Biographie (Kapitel 28) erinnert haben, wo bei der Schlacht am Krimisos-Fluß Donnerschläge und Blitze, Regenfluten und überschwemmt niederrauschende Bäche die Karthager in die Flucht trieben. Auch kommen hier ein letztes Mal die »Facta« im »*gegebenen* Stoffe« der alten Faustbücher ins Spiel (→ *Faust I*-Kommentar S. 181). Eine im 26. Kap. der Spies'schen *Historia* von 1587 breiter ausgeführte Episode knapp zusammenfassend, führt der 'Christlich Meynende' 1725,30 einen »Hauffen geharnischter Ritter an, welche Faust gezaubert und commandirte«. Pfitzers Bearbeitung 1674,441 f. verweist dazu auf ältere Magier, die »einen Hauffen wol mondirter Reuter ins Feld zu zaubern« wußten und durch »Feuer-Flammen«, durch »eine solche dicke Finsterniß bey hellem Tage, daß keiner den andern sehen künte« (→ 10758 f.), oder durch »Blitzen und Donnern« den Feind »in die Flucht geschlagen«; erinnert aaO. 25 auch daran, daß im 2. Buch der Könige 7,6 »der HErr deß Nachts hören lassen ein Geschrey von Wagen, Rossen und grosser Heeres-Krafft«, vor dem die Truppen der Aramäer flüchteten.

Darauf konnte der Autor immerhin vertrauen, daß jedenfalls die Militärs unter seinen zeitgenössischen und zukünftigen Lesern, sofern sie sich nur »etwas umgetan und Einiges erlebt« hätten, auch mit Mephistos *Gaukelei* etwas »anzufangen wissen« (Eckermann, 17. 2. 1831. → Text-Band S. 824): auf die demoralisierende Wirkung von Blendwerk und *Schreckgetön* hat die Kriegskunst nach Maßgabe ihrer technischen Möglichkeiten zu allen Zeiten gesetzt. (→ Kommentar zu 10761)

– der Teufel war dabei. | Wir sind die Leute Großes zu erreichen: | Tumult, Gewalt und Unsinn! sieh das Zeichen! Mephistos Verse 10125 ff. meinten ebenso den geognostischen wie den politischen Vulkanismus, bezogen sich auf das *Hochgebirg* und gelten gleichermaßen für die Schlacht, die sich im Kontext des 4. Aktes als ein entschieden vulkanistisches Geschehen erweist. Auch hier: *der Teufel war dabei.* Nur mit Mephistos Hilfe behält der Kaiser am Ende die Oberhand, und was unter seiner Herrschaft hervorgeht aus dem *Kriegstumult*, dem *blutigen Geschäfte*, bei dem Faust ihm beisprang (→ P193: Text-Band S. 721,9), entspricht nach der Logik des Spiels jenem mythisch-vulkanistischen Reich, welches die kriegerisch-gewalttätigen Pygmäen in der *Klassischen Walpurgisnacht* auf dem vom Seismos emporgestülpten Berg errichten (→ Kommentar zu vor 7606). Was die gleichermaßen 'vulkanistisch' agierenden Gegner in dieser Kaiserschlacht voneinander unterscheidet, ist allein die unterschiedlich begründete Taktik ihrer Kriegsführung. Folgen die Truppen des Gegenkaisers Guibert (dem theoretischen Lehrmeister Napoleons), der eine moderne Kriegskunst und kühne Niederwerfungsstrategie heraufführte, so hält sich das Kaiserheer an Carl von Österreich (den militärischen Hauptgegner Napoleons und langjährigen Oberfeldherrn des österreichischen Kaisers gegen diesen französischen 'Gegenkaiser'), der eine vergleichsweise konventionelle, ja rückschrittliche Kriegsführung vertrat und auf eine veraltete Ermattungsstrategie setzte. Das scheint den Grundcharakter des in der folgenden Restaurations-Szene dargestellten Kaiserreichs vorzubereiten. Was dort aus *Tumult, Gewalt und Unsinn* des Krieges hervorgeht, ist ein marodes und zutiefst fragwürdiges, ja anachronistisches Staatsgebilde.

402, vor 10345 OBERGENERAL] Bezeichnet den Oberkommandierenden der kaiserlichen Truppen. Im DWb nur aus dem *Faust* belegt, ständig aber bei Carl von Österreich 1814 (→ Szenen-Kommentar S. 670 f.).

402, vor 10345 TRABANTEN] Adelung 4,1014: »bewaffnete Bediente zu Fuß, fürstliche Personen zu bewachen und zu begleiten«. Hier also die kaiserliche Leibwache (→ 10853).

402,10346 *dies gelegene Tal]* das in strategischer Hinsicht 'gelegen' kommt (günstig, vorteilhaft erscheint).

402,10348 *uns glückt die Wahl]* Meint: uns schlägt das für die Aufstellung der Truppen gewählte *Terrain* und der damit verbundene taktische *Vorsatz* zum Glück aus.

402,10350 *doch mich verdrießt die halbe Flucht, das Weichen]* Erinnerungen an die 1820-22 verfaßte *Campagne in Frankreich 1792*? Als *Obergeneral* des von Goethe begleiteten Koalitionsheers zog der Herzog von Braunschweig (der veraltenden vorsichtigen Manövrierstrategie gemäß) die Truppen aus Frankreich wieder an den Rhein zurück, ohne eine entscheidende Schlacht gewagt zu haben – »der Verdruß war grenzenlos« (FA I 16,493).

402,10352 *Terrain]* Als kriegswissenschaftlicher Fachbegriff für die 'Geländeformen', auch bei Guibert und Carl von Österreich ständig verwendet (→ Szenen-Kommentar S. 670 f.).

402,10353 *gänglich]* Campe 2,219: Neubildung für »wo man gehn kann, gehbar«.

402,10360 *Phalanx]* Griech., im 18. Jh. als Maskulinum gebräuchlicher Fachterminus für die dichtgeschlossene und zum Karree tiefgestaffelte lineare Kampfformation der mit Lanzen *(Piken)* bewaffneten schweren Infanterie: *das mächtige Quadrat.* Ungeeignet für den Kampf in durchschnittenem Gelände, wird sie hier *auf der Mittelwiese flachen Räumlichkeiten* eingesetzt.

402,10361 f. *Die Piken blinken flimmernd in der Luft, | Im Sonnenglanz]* Langspieße der Fußtruppen (wie sie in den europ. Heeren erst um 1700 allmählich abgelegt wurden). –

Den hier geschilderten Anblick behielt Goethe offenbar aus der *Campagne in Frankreich 1792* in Erinnerung: »Nun trat eben zu Mittag ein Sonnenblick hervor und spiegelte sich in allen Gewehren. Ich hielt auf einer Höhe und sah jenen blinkenden Waffenfluß glänzend heranziehen« (FA I 16, 425).

403,10368 *Ein solches Heer gilt für die Doppelzahl]* In der beschriebenen Formation zählt hinsichtlich der Kampfkraft die kaiserliche Truppenstärke doppelt.

403,10372 *Den wichtigen Paß . . .]* Maßgeblich für die Beziehung dieser Kriegsszene auf die Schlacht bei Jena 1806, die K. Mommsen 1989,21 ff. annimmt. Nur hatten die Preußen den *Paß* zur Weimarer Hochebene gar nicht erst besetzt, weil sie seine strategische Bedeutung verkannten; schon als die Schlacht begann, lag er im Rücken der Franzosen. (Auch zwischen dem Fackelschein bei der nächtlichen Truppenabnahme durch Napoleon – andere vom Gegner wahrgenommene Lichterscheinungen kennen die relevanten Berichte nicht – und den *Irrfunken*, mit denen Mephisto das gegnerische Heer am Szenenende blendet und schreckt, besteht wohl kaum der behauptete Anspielungs-Zusammenhang.)

403,10375 f. *die falschen Anverwandten, | Wie sie mich Oheim, Vetter, Bruder nannten]* Die ungetreuen Verwandten des Kaisers – oder die Verräter, welche ihn ohne Blutsverwandtschaft oder Verschwägerung als *Oheim, Vetter, Bruder* nur tituliert hatten (wie im diplomatischen Verkehr unter Fürsten üblich)?

403,10388 *wir bringen wenig Gunst]* Wenig Wohlwollendes, Wohlgesinntes: Günstiges von der Gegenseite (DWb 9,1115).

403,10391 f. *Doch Untätigkeits-Entschuldigung: | . . .]* Militärisch knapper Meldungsstil: zur Begründung dafür, daß sie keine Waffenhilfe leisten, berufen sich auch die vorgeblich Kaisertreuen auf *Innere Gärung, Volksgefahr.*

403,10396 *Daß Nachbars Hausbrand Euch verzehren soll]* Horaz, *Epistulae* I, 18,84: »Nam tua res agitur, paries cum proximus ardet« (‘Auch dich selber geht es an, wenn des Nachbars Wand in Flammen aufgeht’).

404,10406 *Schafsnatur]* Paralipomenon zur *Geschichte der Farbenlehre*, über die Parteigänger Newtons: »das Schafartige der menschlichen Natur ⟨...⟩, wenn der Bock nun einmal über den Graben gesprungen ist, in ganzer Masse nachzuspringen« (WA II 4,451).

404,10413 f. *zum Ringspiel rietet ihr ... ich atmete Turnier]* Schon bei den Hoffesten, wenn er beim gefahrlosen Reiterspiel des Ringelstechens nach einem aufgehängten kleinen Reif zielen sollte, verlangte es den Kaiser, seine Lanze im ritterlichen Kampfspiel auf einen Gegner zu richten.

404,10417 f. *Selbstständig fühlt ich meine Brust besiegelt ... im Feuerreich]* Beim Saalbrand am Ende der *Mummenschanz*-Szene (5934 ff.) fühlte er sich in seiner eigentlichen, herrscherlich-heroischen Natur bestätigt: 5989 ff.

404, nach 10422 *Die Herolde werden abgefertigt zu Herausforderung des Gegenkaisers]* abgesandt, ihn zum Zweikampf zu fordern (deutlicher in den Paralipomena 178 und 191: Text-Band S. 709,44 f. u. 718,11 f.). → Kommentar zu 406,10491 f.

404, vor 10423 FAUST ... *mit halbgeschloßnem Helme]* Also unkenntlich hinter dem Gesichtsschutz des heruntergeklappten Visiers. In den Paralipomena 178 und 193 (Text-Band S. 709,55 u. 721,6) hieß es noch: *Faust u. Mephist. vom Kaiser als frühere Diener anerkannt* und: *Schon längst als klug und tüchtig uns bekannt.* Jetzt kann Faust sich 10439 ff. als Abgesandter des Negromanten von Norcia ausgeben. Daß damit »die Einheit seiner dramatischen Person vom Dichter ausdrücklich aufgehoben« werde (Hölscher-Lohmeyer 1981,254), läßt sich kaum halten. Wohl aber werden die Verbindungen zum 1. Akt weitgehend gekappt – Goethe am 13. 2. 1831 zu Eckermann über den 4. Akt: »wie eine für sich bestehende kleine Welt«, die »nur durch einen leisen Bezug zu dem Vorhergehenden und Folgenden sich dem Ganzen anschließt.«

404,10423 ff. *Wir treten auf ...]* Nicht etwa Mephisto, der überhaupt erst nach 10546 erscheint, sondern der auf die Belehnung mit dem Meeresufer spekulierende Faust selber führt das Wort und sucht den Kaiser davon zu überzeugen, daß ihm keineswegs eine teuflisch-dämonische 'schwarze' Magie zu Hilfe komme, sondern die 'weiße' Magia naturalis (→ Kommentar zu 377). – Eben noch hat er den Krieg verdammt und es weit von sich gewiesen, als kaiserlicher *Obergeneral* zu fungieren. Wenn er jetzt im Harnisch erscheint (wirklich weil der *gute Kaiser* ihn *jammert*? 10243/291), vom geisterhaften *Bergvolk* und vom Negromanten sprechen wird, die Drei Gewaltigen auf ihre Posten kommandiert, auf die Fata Morgana verweist und die glücksverheißenden Vorzeichen des Elmsfeuers und des Vogelorakels anführt, dann erinnert er geradezu an den Astrologen in der Thronsaal-Szene des 1. Akts: *Mephistopheles bläst ein* (dort 4951 Volksgemurmel: *Zwei Schelme sinds – Verstehn sich schon*).

404,10424 *Vorsicht]* wörtlich zu verstehen (kaum »synonym mit Vorsehung«, in deren Namen MA 18.1,1068 den Faust als naturkundig-dämonische Herrscherfigur auftreten sieht).

405,10425 *das Bergvolk]* Wie 10320: Berggeister (Praetorius 1666, 2. Kap.: über »Bergmännerlein/Wichtelin/Unter-Irrdische«).

405,10425 *simuliert]* Hier im »volksthümlichen sinne« für »nachsinnen, sich bedenken, grübeln« (DWb 16,1064).

405,10426 *in Natur- und Felsenschrift studiert]* Entwurfsnotiz Goethes für geognostische Vorträge von 1806: »So scheinen auch die nackten Gebirge, Steinritzen und Brüche dem natürlichen Auge etwas Unerfreuliches zu haben. Dem Auge des, der Kenntnis besitzt offenbaren sie das Innre« (FA I 25,532).

405,10429-36 *durch labyrinthische Klüfte, | Im edlen Gas metallisch reicher Düfte ...]* Mystisch-magische Überhöhung naturwissenschaftlicher Vorstellungen Goethes über die *Bildung von Edelsteinen* als eine durch metallische Gase (*Düfte* hier für 'Dünste') bewirkte Kristallisation. (FA I 25,553: »innerhalb der ⟨Gebirgs-⟩Masse aber erzeugt sich eine Neigung sich eigenst gestaltet darzustellen ⟨. . .⟩ wenn die Masse Räume läßt daß in denselben von den frühsten bis in die spätesten Zeiten ewig zirkulierende Gasarten die Eigentümlichkeiten des Gebirgs auflösen, befreien, verwandeln, zu Verwandtem Geselligkeit verstatten. Hier scheinen diejenigen Körper entstanden, die wir Edelsteine nennen.«)

405,10435 *Kristall]* Kristallomantie (Zedler 5,2291): »ein Stücke von der Zauberey wo man in einem Chrystalle vergangene, oder auch zukünfftige Dinge sehen soll.« (→ auch *Faust I*,875 ff. und Kommentar zu 878/80).

405,10435 *Schweignis]* Eigene Wortbildung für: Schweigen, Schweigsamkeit.

405,10439-54 *Der Negromant von Norcia, der Sabiner . . .]* Faust (um zu verschleiern, daß hier der *Teufel* den Kaiser zu *retten* unternimmt – vgl. 10445) gibt sich und Mephisto als Beauftragte eines Magiers aus, der dem Kaiser sein Leben verdankt und ihm das jetzt als dankbar-*ehrenhafter Diener* zu vergelten sucht. Angeregt wohl durch eine Passage in dem von Goethe übersetzten *Leben des Benvenuto Cellini* (FA I 11,503): In der für Zauberei berüchtigten Gegend der »Berge von Norcia, zwischen dem Sabiner Lande und dem Herzogtum Spoleto«, stehe der »Meister Cecco von Ascoli, der, wegen negromantischer Schriften, im Jahre 1327 zu Florenz verbrannt worden, ⟨. . .⟩ noch immer in frischem Andenken.«

Zur Schreibung: Das Italienische unterscheidet zwischen 'negromante' (Schwarzkünstler) und 'necromante' (Totenbeschwörer). Wie in H^{13} von Johns Hand und eigenhändig H^{14}, dann auch in $C^{1}/3$41, stand in H ursprünglich *Negromant* – was von Eckermann (erst postum?) irrig in »Nekromant« geändert wurde und hier restituiert wird.

406,10459 *der Biedre]* Adelung 1,901 f. erläutert 'bieder' als schon im 18. Jh. »veraltetes Bey- und Nebenwort, so eigentlich nützlich, dann aber auch fromm, tugendhaft, rechtschaffen, tapfer bedeutete«, führt dabei aber auch den

»Bidermann« an – »den man jetzt mit einem ausländischen Worte einen Patrioten nennet«!

406,10461 *Morgenstunde]* Zur Textgestalt: Düntzer 1883,466 folgend, berichtigen WGA, SD und GA in »Sorgenstunde« (als gegen den *Freudentag* 10455 gestellt). *Morgenstunde* entspricht aber *Morgennebelduft* in 10362.

406,10463 f. *Doch lenket hier, im hohen Augenblick, | Die starke Hand vom willigen Schwert zurück]* In diesem alles entscheidenden 'kaiserlichen' *Moment* soll Faust keine Kriegshilfe leisten (in H^{15} *lenket* aus *haltet* verbessert): der Herrscher selbst möchte im Zweikampf *Thron und Kron* behaupten.

406,10474 *dein Haupt ... verpfänden]* Als 'Pfand' aussetzen – insofern der Kaiser im Ritterspiel des Zweikampfs die eigene Person einsetzen will beim Streit um die Herrschaft.

406,10483 f. *Das Schwert ... Lenkt kräftig ab]* pariert den gegnerischen Hieb.

406,10488 *in Schemeltritt verwandeln]* H^{17} noch: *zum Schemel zu verwandeln.* – *Schemeltritt* wohl eine verdeutlichende Neubildung Goethes. Nachklingend Psalm 110,1: »bis ich deine feinde zum schemel deiner füsse lege«.

406,10491 f. *Unsrer kräftig edlen Meldung | Lachten sie als schaler Possen]* Wie es dem *Wunsch ... der Besten* auch unter den Parteigängern des Kaisers entspricht (10497), hat man die Herausforderung zum Zweikampf (Regieanweisung nach 10422) als lächerlich antiquiertes Narrenspiel abgewiesen: das 'ritterliche' Ethos einer solchen begrenzenden Ritualisierung des Krieges ist nicht mehr verträglich mit dem Vernichtungskalkül der modernen Kriegskunst. – So hatte 1528 Kaiser Karl V. nach der durch Herolde überbrachten englisch-französischen Kriegserklärung seinen Gegner Franz I. von Frankreich zu einem Zweikampf herausgefordert, der nicht zustande kam (dazu Brandi 1937,229 f.).

407,10493-96 *»Euer Kaiser ist verschollen ...«]* Meint (als Perfekt-Partizip von 'verschallen'): »öffentlich vorgeladen oder aufgerufen worden, aber in der bestimmten Zeit nicht erschienen, und dadurch seiner Gerechtsamen verlustig gegangen« (Adelung 4,1502).

Die Herolds-Verse werden verständlicher, wenn man nach 10493 Abführungszeichen und vor 10495 neue Anführungszeichen annimmt: »*Euer Kaiser ist verschollen*«, laute das *Echo*, welches die Gegner *dort im engen Tal* vernehmen ließen; und weiter erklärten sie: »*Wenn wir sein* noch *gedenken sollen*, halten wir uns an die *Märchen*-Worte: *Es war einmal.*«

407, vor 10502 *zum Oberfeldherrn]* Hier (wie wieder vor 10519 und 10537) wird der sonst als OBERGENERAL bezeichnete Kommandeur gemeint sein (H abkürzend: *Ober Feldh.* bzw. *Ob.Feldh.*, sonst: *Ober Gen.* bzw. *Ob.Gen.*).

407,10512 *Als mit zerschlagnen Unter- und Oberbacken]* Raufebolds *muntre* Rabaukensprache legt hier auch das jambisch angelegte Versmaß in Trümmer (vgl. Graham 1988,563). – *Unter- und Oberbacken* für: Kinnbacken, Ober- und Unterkiefer.

407,10514 *graß]* grauenerregend (vgl. DWb 8,2015 ff.).

407,10516 *Kolben]* der als Schlagwaffe benutzten Bajonettflinten des 18. Jhs (so MA 18.1, 1062).

408,10524 *]* In H offenbar nur versehentlich ausgelassen. Seit WA aus H18 ergänzt.

408, vor 10531 EILEBEUTE *Marketenderin]* → Kommentar zur Regieanweisung vor 10323.

408,10531 *angeweibt]* Für: ehelich angetraut? (wohl Goethesche Wortbildung: GWb 1,747).

408,10533 *Herbst]* Meint: Ernte, Kriegsbeute.

408,10538 f. *Widerstehn ... dem wütenden Beginnen]* des Gegners, der den *Paß* einzunehmen sucht.

408,10545 *der Alte]* Der sprechende Haltefest selbst (vor 10339 als *bejahrt* bezeichnet).

408, vor 10547 MEPHISTOPHELES *von oben herunter kommend]* Er hat Faust (der sich um den Kaiser verdient machen und dafür mit dem Meeresstrand belehnt werden soll) den Vortritt gelassen, kommt jetzt erst vom *Hochgebirg* her und über das *Mittelgebirg* hinweg auf das *Vorgebirg* herunter.

Oben in diesem Gebirge ist offenbar der kritische *Paß* zu denken (→ 10369 ff.). Denn in H18 wie in H13 (Text-Band S. 721) schließen hier zunächst vier in der Endfassung ausgefallene Verse an: Guiberts *Versuch über die Tactik* entsprechend (→ Szenen-Kommentar S. 672 f.) erklärt Mephisto, daß die gegnerischen Verbände mit ihrer Verlegung des Angriffs auf diesen Paß taktisch angemessen reagieren: *Sie habens wohl und richtig ausgedacht.*

409, vor 10554 *zu den Wissenden]* In H13 noch: *ad spectatores.* Hier eine zugleich an den Leser adressierte Regieanweisung, für den die Zuschauer als die *Wissenden* bezeichnet werden.

409,10556 *ausgeräumt]* So eigenhändig in H6 und H20 (*aufgeräumt* in H offensichtlich ein Schreibfehler).

409,10557 f. *Da standen sie zu Fuß zu Pferde ...]* Am 22. 9. 1810 besuchte Goethe die Dresdner Rüstkammer: v. Kügelgen sah ihn »unter den gespenstischen Harnischen herumwandeln, welche wie lebendige Recken auf prachtvoll geschnitzten Streitrossen« saßen (Biedermann/Herwig 2, Nr 3277).

409,10562 *Das Mittelalter lebhaft aufgestutzt]* Meint: wieder aufgemöbelt und aufgewertet.

409,10563 f. *Welch Teufelchen auch drinne steckt, | Für diesmal macht es doch Effekt]* Wie 1782 bei einer für den Prinzen von Gotha veranstalteten Tischgesellschaft inmitten der alten Ritterrüstungen des Weimarer Zeughauses: »Goethe hatte vier Soldaten in diese Rüstungen gesteckt; sie mußten sich mausestill verhalten, bis er ihnen das Zeichen gab, das sie zum Leben erweckte.« (Bode: Biedermann/Herwig 1, Nr 644 mit Kommentar dazu)

409,10574 *blutig blinken die Gewehre]* Adelung 2,653: eiserne Streitwerkzeuge, »welche man in der höhern Schreibart Waffen zu nennen pfleget« (also die *Speere* und *Lanzen*, 10594 f.). Auf die Kriegswissenschaft zu Goethes Zeit bezogen, nach deren taktischen Regeln hier operiert wird (→ Szenen-Kommentar S. 670 ff.), müßte es sich bereits um »Flinten, Musketen und Karabiner« handeln (Adelung aaO.) – mit aufgepflanzten Bajonetten, die *blutig blinken*?

410,10580 *beschäftigt]* Hörfehler des Schreibers? Wegen des Reimes auf das in 10577 vorangehende *kräftig* üblicher Herausgebereingriff seit WA: »geschäftig« (aber es gibt ärgere Reime im *Faust*).

410,10584-92 *Vernahmst du nichts von Nebelstreifen . . . Wie Bild um Bild den Äther bricht]* Faust referiert die von Goethe für seine *Farbenlehre* benutzte *Ars magna lucis et umbrae* (Rom 1646,800-804) Athanasius Kirchers, der von Luftspiegelungen an *Siziliens Küsten* berichtet, wo *schwankend klar* (»chiaro oscuro«) *Städte* und *Gärten* in dampfartiger Luft (»in vaporoso aëre«) zu sehen waren – »Patet igitur, aërum speculum à natura fieri, in quo rerum imagines multiplicatæ hominibus se ceu prodigia quædam, sine vlla opera, aut ludibrio dæmonum, exhibeant.« (‘Es ist also offensichtlich, daß die Luftspiegelungen auf natürliche Weise entstehen, wobei die vielfältigen Bilder der Dinge sich den Menschen ohne jedes Zutun oder sogar Blendwerk von Dämonen wie gewisse Wunderzeichen darbieten.’)

410,10589 *Gesicht]* Adelung 2,622: »was man siehet, oder vielmehr zu sehen glaubt«.

410,10593-602 *Doch wie bedenklich! . . . Widerschein der Dioskuren . . .]* Faust erklärt die den Kaiser beunruhigenden magischen Lichterscheinungen als das glückbringende sogenannte Sankt-Elmsfeuer. Diese (bei hohem luftelektrischem Potentialgefälle und gewittriger Wetterlage besonders auf Berggipfeln und an Mastspitzen erfolgenden) Büschelentladungen wurden schon in der Antike häufig beschrieben. Plinius, *Naturalis Historia* II,101 erzählt, er habe Sterne auf den Lanzen der Soldaten gesehen (*Auf unsrer Phalanx blanken Lanzen*); auch auf Segelstangen könne man sie beobachten, wie sie hin und her *tanzen*; zwei solche Sterne, die die Seeleute Castor und Pollux nennten (*Dioskuren*), bedeuteten glückliche Fahrt.

410,10606 *Wem als dem Meister . . . ?]* Gemeint ist der von Faust ins Täuschungsspiel gebrachte dankbare *Negromant von Norcia* (→ 10439 und Kommentar dazu), dessen 10442-47 erwähnte Rettung vom Scheiterhaufen des römischen *Klerus* der Kaiser jetzt 10612 ff. noch einmal referiert.

411,10612-19 *Sie jubelten . . . erfahren?]* In H geklebt über ursprünglichem: *Zufällig ritt ich dort vorbey, | Macht ihn vom grausen Pfahle frey, | Nun solt ich, nach so manchen Jahren, | Die Wirkung solchen Thuns erfahren?* (dieses Fragezeichen fehlt dann im endgültigen Text von H, hier nachgetragen).

411,10622-39 *Er will ein Zeichen senden . . . Adler . . . Greif . . .]* Der *Negromant von Norcia*, behauptet Faust, bewirke jetzt ein 'signum ex avibus'. Den antiken Augurien entsprechend soll der Zweikampf dieser heraldischen Vögel ein Vorzeichen geben für den Ausgang der Schlacht: Der den Gegenkaiser symbolisierende *Greif* (ein *fabelhaftes Tier*, mit Adlerkopf und Flügeln zwar, aber mit einem *Löwenschweif*), der es wagt, *Mit echtem Adler sich zu messen*, unterliegt diesem Wappentier des Kaisers.

412, vor 10640 MEPHISTOPHELES *gegen die Rechte]* Zum siegreich vordringenden rechten Flügel des kaiserlichen Heeres gewendet.

412, vor 10654 KAISER *an der linken Seite zu Faust]* An der *linken Seite* des 'Feldherrnhügels' stehend und nach links beobachtend, wo der überraschende Gegenangriff des Feindes auf den kaum mehr zu haltenden *Paß* erfolgt.

412,10655 f. *Unser Posten steht verfänglich. | Keine Steine seh ich fliegen]* Die schwachen, wohl wenig verläßlichen Truppen, die den *wichtigen Paß* besetzt halten (10369 ff.), befinden sich in bedrohlicher Lage, leisten offenbar gar keinen Widerstand: nicht einmal Steinwürfe sind zu sehen, mit denen sie gegen die aufsteigenden Angreifer vorgehen sollten (→ Szenen-Kommentar S. 673).

412,10664 *meine beiden Raben]* Zwei Raben (Huginn: 'Gedanke' und Muninn: 'Gedächtnis') sind die mythischen Begleiter und Ratgeber des nordgermanischen Kriegsgottes Odin – den die interpretatio christiana in der Bekehrungszeit dann dämonisiert und als Teufel vorgestellt hat. Sie sitzen auf seinen Schultern, raunen ihm ihre Ratschläge ins Ohr und geleiten die Krieger in die Schlacht (vgl. HwbdA 7,435 f.). Genau zu diesen Zwecken dienen sie hier dem Mephisto, als dessen Begleiter sie schon in der *Hexenküche* erwähnt werden; → Kommentar zu 2491.

412,10668 *ihre schwarzen Segel]* Die schwarzgeflügelten *leidigen Vögel* (Adelung 3,160: »Kummer, Unglück, Sorgen, Schaden bringend«) nimmt der Kaiser als böse Vorzeichen. In der griech. Sage vergaß der heimkehrende Theseus, »die schwarzen Segel von dem Schiffe abzunehmen«; sein Vater, der athenische König, glaubte daraufhin den Kampf gegen den Minotaurus verloren, seinen Sohn tot, sein Reich dem feindlichen König Minos weiterhin tributpflichtig – und »stürzete sich daher ins Meer, ehe noch das Schiff näher kam« (Hederich 1770,83).

413,10672 *folgerecht]* folgerichtig (aufgrund der Lagebeurteilung), also zugleich: befolgenswert.

413,10676 ff. *Hier ist's, mit wichtigen Unterschieden:]* Hier ist es anders: während die Brief-*Tauben*, die zu ihrem Nest zurückkehren, wo sie brüten und ihr Futter erhalten, der Friedens-Post dienen, werde im Krieg die *Rabenpost* dieser Aasfresser gebraucht, die vom Schlachtfeld als ihrem Futterplatz herkommen. (H setzt nach 10676 das doppeldeutige, hier als Doppelpunkt wiedergegebene Semikolon; → Interpunktions-Kommentar S. 112 ff.).

413,10689 *Pfiff zum letzten Knoten]* Adelung 3,1040: »von den Taschenspielern entlehnet«; »Handlung, welche einen andern Endzweck hat, als sie 〈...〉 zu haben scheinet«. Der Gaukler Mephisto (→ 10695) nämlich knüpft mit seinem magischen *Pfiff* jetzt den *letzten Knoten* zu einem *Netz*, mit dem er die Feinde (und den Kaiser) *umstrickt*.

413,10698 *Stab]* Kommandostab des Feldherrn.

414,10709 *Es war so was vom Kreuz daran]* → *Frühe Fassung* v. 454 *(Was schlägst vorm Kreuz die Augen nieder?)* und Szenen-Kommentar *Land Strase*, S. 859.

414,10712 *Undinen]* Die romantischen Elementargeister der *Wasserfräulein* (10717), denen hier die Fähigkeit zugedichtet wird, *Menschen-Augen* mit einer künstlichen Überschwemmung zu täuschen.

414,10727 *Ein Strom nun wirft den Bogenstrahl]* Meint wohl, er wirft sich als Wasserbogen abwärts, bildet so einen *Bogenstrahl.*

415,10742 *bei dem hohen Meister]* Eher doch der *Negromant von Norcia* (10439), der schon 10606 und 10622 zum Urheber der magischen Erscheinungen erklärt wird, als etwa der »Satan« (wie JA und BA kommentieren).

415,10751 *Blickschnelles Fallen]* Für: blitzschnelles Fallen (→ Kommentar zu 11378).

416,10760 *Irrfunken-Blick]* Meint das 'Blitzen' umherschwirrender Feuerfunken (→ vorangehenden Kommentar).

416,10761 *Ein Leuchten plötzlich zu verblenden]* Als Blend-, Rauch- oder Dampfkugeln bezeichnete Feuerwerkskörper wurden bei der Kriegsführung des 18. Jh.s verwendet, um »den Feind damit auf einige Zeit zu blenden« (Adelung 1,1249).

416,10764 ff. *Die hohlen Waffen aus der Säle Grüften ...]* Mephistos Geisterheer: die aus den Ritterrüstungen der leergeräumten *Waffensäle* formierte, 10547 ff. bereitgestellte Eingreiftruppe tritt in Aktion.

416,10767 *Ein wunderbarer falscher Ton]* 'falsch': was nicht ist, »wofür es sich ausgibt«; meint aber auch: »zornig, böse« (DWb 3,1291/93).

416,10772-78 *Als Guelfen und als Ghibellinen ...]* → Kommentar zu 4845 f. Die *hohlen Waffen* haben die Streitgesinnung dieser ihrer mittelalterlichen Träger geerbt (10774 *im ererbten Sinne wöhnlich* wohl entspr. DWb 30,1222 u. 1224 für: darin verweilend, sich heimisch fühlend; H^8 aber ursprünglich: *dem ererbten Sinn gewöhnlich*). So gehen sie, vom alten *Parteihaß* getrieben, aufeinander los – ein in den *Lüften* tobender Geisterkampf setzt unten auf dem Schlachtfeld das Heer des Gegenkaisers in panischen Schrecken.

416,10780 *wider-widerwärtig]* Die nachträglich eingefügte Doppelung gibt »keine Verstärkung des Begriffes«, vielmehr soll »der gegenseitig thätige Haß bezeichnet werden« (Pniower 1898,243).

Seite 417-426 Szene
10783-11042 DES GEGENKAISERS
ZELT, THRON

Die im Juli 1831 verfaßte, bis auf geringfügige Nachträge noch im gleichen Monat abgeschlossene Szene (Tagebuch 22. 7. 1831: »Das Hauptgeschäft zu Stande gebracht. Letztes Mundum. Alles rein Geschriebene eingeheftet«) ist das zuallerletzt geschriebene Stück der *Faust*-Dichtung. Lebensgeschichtlich führt von hier ein mehr als sieben Jahrzehnte überspannender Bogen in Goethes Jugend zurück.

Der Staatsakt nämlich, der nach dem kurzen Vorspiel der Plünderer den Hauptteil der Szene abgibt, ist in Alexandrinern verfaßt: dem Versmaß der ersten dichterischen Fingerübungen, mit denen sich der 7jährige Enkel an einem Neujahrspoem für die Großeltern versuchte (»*Erhabner GrosPapa!* Ein neues Jahr erscheint . . .«: FA I 1,15 f.).

14jährig dann hatte der Junge im März/April 1763 dem großen Frankfurter Fest der »Wahl und Krönung« Josephs II. beigewohnt, das im 5. Buch von *Dichtung und Wahrheit* geschildert wird: hatte mit eigenen Augen den Kaiser und die Kurfürsten gesehen und vieles beobachtet oder erfahren, was in diese *Faust*-Szene eingegangen ist. Vor der Stadt, »auf einer schönen geräumigen Ebene«, stand damals »ein Prachtgezelt, wohin sich die sämtlichen Kurfürsten und Wahlbotschafter zum Empfang der Majestäten verfügten« (FA I 14,209; Bühnenanweisung vor 10783: *Zelt, Thron* und *reiche Umgebung*). Es wird berichtet, daß der pompöse Staatsakt »von weltlicher Seite, zu Begleitung des Te-Deum, durch unablässiges Kanonieren« gefeiert wurde (aaO. 208; → 10866 mit Kommentar dazu). Vom »Erbmarschall« heißt es, daß er »das sächsische Schwert aufwärts in der rechten Hand« hielt (aaO. 212; →

10876 u. 10881 f.). »Der Erbkämmerer« dann führte »ein Handbecken nebst Gießfaß und Handquehle« (Trockentuch) herbei (aaO. 224; → 10894) und der »Erbtruchseß« »ein Stück von dem gebratnen Ochsen« (ebd.; → 10899 ff.); auch »den Erbschenken« sah der Junge, wie er »Wein holte« (ebd.; → 10910 ff.), und endlich durfte er in den großen Frankfurter Römersaal, wo der Kaiser thronte und das »Büffet« errichtet war, eigenhändig »eins der silbernen Gefäße« hereintragen (aaO. 226; → 10918 f.).

Schließlich fällt in diese frühen Jahre die Bekanntschaft mit dem Frankfurter Ratsherrn und Bürgermeister v. Olenschlager: »Ich war um ihn, als er eben seine *Erläuterung* der güldnen Bulle schrieb; da er mir denn den Wert und die Würde dieses Dokuments sehr deutlich herauszusetzen wußte« – so »daß ich nicht unterlassen konnte, dasjenige was er mir geschichtlich erzählte, gleichsam als gegenwärtig, mit Ausmalung der Charakter und Umstände und manchmal sogar mimisch darzustellen; woran er denn große Freude hatte, und durch seinen Beifall mich zur Wiederholung aufregte.« (*Dichtung und Wahrheit* 4. Buch. FA I 14,174) Zu einer solchen »Wiederholung« und szenischen »Ausmalung der Charakter und Umstände« ließ sich der alte Goethe Olenschlagers 1766 erschienenes kommentierendes Quellenwerk im Juli 1831 noch einmal aus der Weimarer Bibliothek holen. Denn eben Karls IV. *Goldene Bulle* von 1356, das in wesentlichen Bestimmungen bis 1806 geltende Grundgesetz des Heiligen Römischen Reiches deutscher Nation, liegt dem Staatsakt der *Zelt*-Szene zugrunde. Ihm entspricht hier die Einsetzung der Kurfürsten (sieben in der *Goldenen Bulle*; fünf in Goethes Szene, wo die drei geistlichen allein durch den Erzbischof-Erzkanzler vertreten sind, der dort vom Kurfürsten von Mainz gestellt wird) und die Garantie ihrer Rechte und Privilegien (→ 10940 ff.), ihrer Zuständigkeit für die Wahl des Kaisers (→ 10958 f.), ihrer unteilbaren und erblichen Herrschaft über die Länder (→ Kommentar zu 10968 ff.).

Den herrscherlichen Auftritt des siegreichen Kaisers und

die Verfassung, mit der er sein aus revolutionärem Aufruhr und kriegerischem Tumult hervorgegangenes 'vulkanistisches' Reich hier zu festigen sucht, bestimmt Hölscher-Lohmeyer 1981,276 in »Analogie zu Fausts eigenem Plan, die Elemente zu bändigen« (→ 10219 f.), als eine »Bändigung der entfesselten Elemente im Politischen«, welche den Staat in die *Anarchie* zu stürzen drohten (10261). Goethe allerdings hat hinsichtlich der Instanz, auf welche diese Verfassung zurückging, deutlich genug von der »freilich veralteten goldnen Bulle« gesprochen (*Dichtung und Wahrheit* 5. Buch. FA I 14,202). Aus der Perspektive des Jahres 1811, in dem er seine Schilderung der Frankfurter Wahl und Krönung Josephs II. verfaßte, stattete er »dies altertümliche Fest« mit bemerkenswert ironischen Anmerkungen aus, die den anachronistischen Grundzug des hochtheatralischen Geschehens hervorheben. Der neue Herrscher, heißt es etwa, »schleppte sich in den ungeheuren Gewandstücken mit den Kleinodien Carls des großen, wie in einer Verkleidung einher 〈...〉. Die Krone, welche man sehr hatte füttern müssen, stand wie ein übergreifendes Dach vom Kopf ab.« So werden da »symbolische Zeremonien« beschrieben, die »das durch so viele Pergamente, Papiere und Bücher beinah verschüttete deutsche Reich wieder für einen Augenblick lebendig darstellten« (aaO. 220,223,201). Goethe bemerkte sehr wohl, »daß hier mehrere Gewalten einander gegenüber standen, die sich das Gleichgewicht hielten, und nur in sofern einig waren, als sie den neuen Regenten noch mehr als den alten zu beschränken gedachten; daß Jedermann 〈...〉 seine Privilegien zu erhalten und zu erweitern, und seine Unabhängigkeit mehr zu sichern hoffte.« (aaO. 201) Seinem Historikerblick war keineswegs entgangen, daß die *Goldene Bulle* mit der Stärkung landesherrlicher Territorialgewalt die kraftlose Zersplitterung des Reiches besiegelte.

Nicht anders stellt sich das in der *Zelt*-Szene dar. Schon die hochtönende Thronrede des Kaisers 10849-872, die den Staatsakt eröffnet, ist bis in ihr phraseologisches Grundmuster hinein ein tief ironisch eingefärbtes Musterbeispiel bodenloser politischer Rhetorik (→ auch Kommentar zu 10866). Und wie der patinierte Wortgebrauch der Privilegienvergabe (der »veralteten goldnen Bulle« gemäß: *Gift, Anfall, Beet* und *Geleit, Landsgefälle* usf.), so signalisiert bereits das antiquierte Versmaß dieser Szene, daß es um einen tief fragwürdigen Restaurationsversuch geht. Nicht nur der Kaiser, alle Sprecher hier kommen »wie in einer ‹metrischen› Verkleidung einher«. Von isolierten Einzelfällen abgesehen (vgl. etwa 572 f.,2674,3081 und Kommentare dazu) wird in der *Faust*-Dichtung nur an dieser Stelle in Alexandrinern gesprochen, also in 6hebigen Jambenversen mit einer Binnenzäsur nach der 3. Hebung (dazu Frandsen 1967).

Ĕs sēi nŭn wīe ĭhm sēi! | ŭns īst dĭe Schlācht gĕwōnnĕn – In seiner Affinität zu rhetorischem Prunk, fürstlich-repräsentativem Zeremoniell und affektivem Pathos war das der eigentlich höfische Vers des Barockzeitalters. Hier aber ist sein großer, weiträumiger, machtvoll ordnender Gestus in eintönig hohlem Pomp erstarrt. Das Metrum wird dem sprachlichen Material geradezu mühsam und nicht selten mangelhaft übergestülpt. So kommt ein hülsenhaftes Formzitat zustande (zuerst beobachtet von Frankenberger 1926,110 u. 113), das sich durch den ihm eingeprägten Anspruch auf eine vergangene Größe beruft und zugleich doch zu erkennen gibt, wie weit es dahinter zurückbleibt. Denn immer wieder gehen diese Verse aus den Fugen (nahezu 60 Fehler oder Unregelmäßigkeiten hat man in den 194 Zeilen gezählt). Zu auffällig ungeschickten, auch ‘rührenden’ Reimen, monoton zusammenfallendem Vers- und Satzende, Mißverhältnissen zwischen ‘natürlicher’ und metrisch vorgeschriebener Betonung kommen merkliche Störungen im Jambengang. Ständig stolpern die hohen Herren in fehlerhaft 2silbige Senkungen, und der kommentierende Hinweis, daß diese Entgleisungen »durch die üblichen Elisionen zu normalisieren wären«, ist durchaus irreführend (Arens 1989,812). *Mit hĕilĭgĕr Signatur wirst dus, der Herr, bekrăftĭgĕn* in »hēil'gĕr« und »bekrā̆ft'gĕn« berichtigend, würde der Vorleser oder Schauspieler diese angemaßten Alexandriner gerade verfälschen. Unabweislich wird ein solcher Befund, wenn die zwingend geforderte markante Binnenzäsur nach der dritten Hebung (die dem natürlichen Sprechrhythmus folgen soll) mehrfach gar mitten ins Wort fällt:

Dŏch hōhĕr Āhnĕn Kēt | tĕ zīeht bĕdächtĭgĕn Blĭck –

Diese brüchige Deklamation signalisiert mit der mißlingenden Wiedereinsetzung einer versgeschichtlich überholten Verfassung des Metrums zugleich die einer historisch abgelebten Verfassung des Staates. (Dagegen, unter dem Systemzwang einer entschieden positiven Szenen-Deutung, MA 18.1, 1084 f.)

Den Alexandriner-Reden des Kaisers und der Fürsten gehen im Vorspiel hastige, paargereimt 4hebige Kurzverse mit nahezu ausnahmslos stumpfen Kadenzen voraus, wenn *Habebald* und *Eilebeute* in das Thronzelt einbrechen und sich plündernd über den *Kaiserschatz* hermachen. Emrich 1981,385 sieht diese beiden Teile der Szene in Opposition zueinander, kommentiert sie nämlich als »Darstellungen der Entwürdigung bzw. Wiederherstellung der Würde des Staates.« Näherliegend wäre es wohl, sie in wechselseitiger Spiegelung als unterschiedliche Spielarten des gleichen Grundgeschehens zu verstehen. Unübersehbar wird das im Fall des Erzbischofs. Nicht anders doch als die beiden Marodeure zu Beginn der Szene nutzt er am Ende die Gunst der Stunde. Dreimal zugreifend (zweimal *zurückkehrend* nämlich) rafft dieser geistliche *Habebald* in Eile zusammen, was sich nur irgend an Kirchenbeute aus dem *Kaiserschatz* rauben läßt. Das zeitgeschichtliche Modell dafür war offenbar die Rückgewinnung kirchlicher Besitzstände und Privilegien bei der Restauration der französischen Bourbonen-Monarchie. Textintern aber wiederholt sich hier auf höherer Ebene, was der Pfaffe in der *Spaziergang*-Szene erklärte, als es um das Schmuckkästchen ging:

Die Kirch' allein, meine lieben Frauen, | Kann ungerechtes Gut verdauen. (2839 f.) Dieses in der *Zelt*-Szene dargestellte Bündnis von Thron und Altar, diese vermeintliche »Wiederherstellung der Würde des Staates« realisiert in Wahrheit, was der Kanzler-Erzbischof schon in der Thronsaal-Szene des 1. Aktes formulierte: Klerus und Adel (die *Heiligen* nämlich *und die Ritter* in des *Kaisers alten Landen*) *stützen würdig seinen Thron* – und *nehmen Kirch' und Staat zum Lohn* (4903 ff.).

Aus der Zeit, in der der junge Goethe bei Olenschlager saß, wird in *Dichtung und Wahrheit* (4. Buch. FA I 14,174) erzählt: »Ich hatte von Kindheit auf die wunderliche Gewohnheit, immer die Anfänge der Bücher und Abteilungen eines Werks auswendig zu lernen 〈...〉. So machte ich es nun auch mit der goldenen Bulle, und reizte meinen Gönner oft zum Lächeln, wenn ich ganz ernsthaft unversehens ausrief: omne regnum in se divisum desolabitur: nam principes ejus facti sunt socii furum.« Dieser Eingangssatz der *Goldenen Bulle* (abgeleitet aus Matthäus 12,25 und Jesaja 1,23) liegt der 'ethisch-ästhetischen Formel' der Restaurations-Szene in *Des Gegenkaisers Zelt* zugrunde – 'Jedes Reich, das in sich selbst uneins ist, wird zugrunde gehen: wahrhaftig, seine Fürsten haben sich zum *Diebsgeschmeiß* (10824) gesellt.'

417,10784 *Kein Rabe fliegt so schnell als wir]* »weil alle Thiere dieses Geschlechtes einen natürlichen Trieb haben, glänzende Körper wegzutragen«: »Er stiehlt wie ein Rabe« (Adelung 3,1219).

417,10789 f. *Teppich ...]* Weiter gefaßt als heute: Tücher und Decken, die als Boden-, Tisch- oder Sitzbelag oder eben als Schlaf-*Lager* Verwendung fanden.

417,10791 *Morgenstern]* Schwere Schlagwaffe »aus einem Kolben mit starcken eisernen Spitzen an einem langen Schafft« (Zedler 21,1652).

417,10793 f. *Den roten Mantel ... geträumt]* In den ständischen Kleiderordnungen war »Rot als vornehmste Farbe ⟨. . .⟩ für König, Adel, Richter, Amtsträger« vorbehalten (*Bildwörterbuch der Kleidung und Rüstung*, Stuttgart 1992,136). – Der Autor bietet Eilebeutes Wunschtraum vom *roten Mantel* zur Deutung an: die ginge auf den sozialen Aufstieg.

417,10796 *ihn]* Düntzer 1900,280 unterstellt einen Hörfehler des Schreibers: »Man kann 'nen (einen) vermuthen«, wodurch »hastige Rohheit auch im Ausdruck« sich zeige. Aber eine Totschlagsgeste Habebalds zur Bezeichnung des ungenannten, imaginierten Opfers würde verständlich machen, was er im Sinn hat.

417,10801 *des Heers beschiedner Sold]* Adelung 1,800: »Sein beschiedener, d. i. der ihm bestimmte, Theil.«

418,10811 *zum Schoß hinein]* In die beutelförmig zusammengeraffte *Schürze* (10814).

418, vor 10817 TRABANTEN *unsres Kaisers]* → Kommentar zu vor 10345. Auch hier sind wohl die Leibwächter des 'legitimen' Kaisers gemeint. Aber trotz der Verse 10839-48 bestimmt Arens 1989,810 f. sie mit bedenkenswerten Argumenten als Trabanten des Gegenkaisers. – So oder so ist das Possessivpronomen *unsres Kaisers* als Bestandteil der Figurenbezeichnung (anders als im Sprechtext 10825) ein merkwürdiger Verstoß gegen die Sprachlogik der dramatischen Gattung. Friedrich/Scheithauer 1959,288: »Der Dichter ergreift Partei« (? Sch.).

418,10818 *dem]* So H8 (*den* in H offensichtlich ein Schreibversehen).

419,10828 *Kontribution]* Zedler 6,1156: »Kriegs-Steuer«, die »Städte und Länder bezahlen, sich von der Plünderung und andern Thätlichkeiten der Feinde, loßzukauffen.«

419,10832 *willkommner]* So undeutlich H8 (H: *willkommne*).

419,10845 *Vor Augen schwebt es wie ein Flor]* Feines Gewebe oder Nebeldunst (Mephistos magische Künste verstellten ihnen den Blick).

419,10851 *verräterischer Schatz]* JA 14,386 u. a.: »Schatz des Verräters.« Tatsächlich aber selbst ein *verräterischer* Beweis: von den Anführern des Aufstandes für ihre Söldnertruppen bereitgestellt (10801: *des Heers beschiedner Sold*).

420,10860 *Vom Himmel fällt ein Stein, dem Feinde regnets Blut]* Altüberlieferte Vorzeichen (hier auf die Gegenkaiserlichen bezogen). HwbdA 1,1445 f.: »Blutregen 〈...〉 – meist mit Meteorfall und Erdbeben verbunden – als Wunderzeichen des Himmels, das entweder den Zorn der Gottheit ankündigte oder Krieg bzw. ein anderes Unglück als dem Staate drohend ansagte«.

420,10866 *Herr Gott dich loben wir!]* Eingangsvers des von Luther verdeutschten altchristlichen *Te Deum laudamus*, vertont u. a. von Händel 1743 nach der Schlacht bei Dettingen. – Wie der Autor verstanden wissen wollte, daß das kaiserliche Heer auf dem mit Leichen bedeckten Schlachtfeld diesen Siegeschoral anstimmt (wofür es in der Kriegsgeschichte zahlreiche Beispiele gab), könnte – gegen die wiederum positive Deutung in MA 18.1, 1085 – eine Gesprächsaufzeichnung Sorets vom 19. 3. 1830 verdeutlichen. Danach erzählte Goethe, ein englischer Bischof, der Earl of Bristol, habe ihm vorgeworfen, daß er mit seinem *Werther* Selbstmorde verschuldet hätte; er habe ihm entgegnet: »Sprechen Sie etwa so auch zu den Großen dieser Welt, die mit einem Federstrich und den Stilübungen ihrer Diplomaten zu Gefallen Hunderttausende ins Feld schicken, achtzigtausend totschlagen lassen und ihre Untertanen zu Mord, Raub, Notzucht, sogar zum Meuchelmord verleiten? Darüber stimmen Sie ein *Te deum* an! Wie können Sie sich nur selbst darauf etwas zugute tun, wenn Sie durch Ihre schönen Predigten über die Höllenstrafen von Ihrer Kanzel herunter armen Schwachköpfen so zusetzen, daß sie das letzte bißchen Verstand verlieren und ihr elendes Dasein im Tollhaus endet? Gar nicht zu reden von den vielen, die sich selbst umbringen, um nur schneller in die Herrlichkeit des Paradieses einzugehen oder ihren religiösen Wahnideen zu entfliehen. Was tun Sie dann? Sie loben Gott den Herrn!« (Biedermann/Herwig 3.2., Nr 6536, S. 594. Übersetzung Houben)

420,10867 f. *zum höchsten Preis wend' ich den frommen Blick, | . . . zur eignen Brust zurück]* Versehentlich statt: »vom . . . zur«? Oder senkt der Kaiser, dessen Haupt beim Gotteslob zum Himmel gewendet war, den *frommen Blick* jetzt *zum höchsten Preis*: zum Gebet auf die *Brust*?

420,10871 f. *verbind' ich mich . . . | Mit euch]* DWb 25,119 f.: wechselseitig »zu gegenleistung verpflichten«, »sich zur einheit zusammenfügen«.

420,10876 f. *Erbmarschall]* Wohl nur versehentlich für *Erzmarschall* (wie beidemal H[c])? Auch im folgenden werden diese symbolischen Dienste der Kurfürsten für das Reichsoberhaupt als *Erz*-Ämter bezeichnet – die später (→ hier 10970) zu *Erb*-Ämtern in Adelsgeschlechtern ihres Herrschaftsbereichs wurden, im Krönungsbericht in *Dichtung und Wahrheit* auch so benannt sind: → Kommentar S. 688 f.

420,10881 *Blank trag ichs dir dann vor . . .]* Das diesem *Erbmarschall* 10876 verliehene *Schwert, blank* gezogen beim feierlichen Zeremoniell des Siegesmahles.

421,10895 *Die Ringe halt ich dir]* die der Kaiser ablegt, wenn er im Wasser-*Becken* seine *Hand erfrischt.*

421,10900 *Vorwerk]* Adelung 4,1701: »bestehet gemeiniglich aus einigen von einem Hauptgute abgesonderten und mit den dazu nöthigen wirthschaftlichen Gebäuden versehenen Ländereyen.«

421,10901 *Der Lieblingsspeisen]* WA zur Textgestalt: das Plural-*n* wurde in H[20] gestrichen, aber durch (nur) zwei Punkte darunter restituiert. *Lieblingsspeise* in H also wohl ein Schreiberversehen.

421,10904 *Wohlgericht]* DWb 30,1143: »angenehm schmeckende, bekömmliche speise«.

421,10906 ff. *Das Ferne beizuziehn, die Jahrszeit zu beschleunigen . . .]* Meint Speisen von weit her und bevor sie hierzulande reifen (damit *die Tafel prangt* – obgleich den Kaiser dies Ferne und Frühe gar nicht reizt? Oder gehört auch 10907 f. zum floskelhaften Herrscherlob wider besseres Wissen, wie es hier an der Tagesordnung ist?).

422,10921-24 *Ein blank venedisch Glas . . . schützt noch mehr.]* Witkowski 1950,387: »Die venezianischen Gläser sollten, nach dem Glauben des Mittelalters, Wunderkraft haben, das im Weine enthaltene Gift anzeigen und den Rausch verhüten.«

422,10927 *Gift]* Adelung 2,682: »in der edlen und anständigen Schreibart veraltet« für »ein Geschenk.«

422,10928 f. *Schrift . . . Signatur]* → Kommentar zu 10966.

422, Regiebemerkung nach 10930 ERZBISCHOF [ERZKANZLER] *]* Zum Erzkanzler, der das kaiserliche Siegel führt (→ 10929 f. und 10971 ff.), bestimmte die *Goldene Bulle* den Erzbischof von Mainz. Im Paralipomenon 184 wird vom Kaiser noch notiert: *Der allgemein gültigen Form wegen erklärt er ihn* ⟨den Erzbischof⟩ *zum Erzkanzler.* (Text-Band S. 720,4) Diese ausdrückliche Amtseinsetzung entfiel im endgültigen Text. So wird die Angabe ERZBISCHOF in H hier durch [ERZKANZLER] ergänzt, um zu verdeutlichen, daß die im folgenden wechselnden Sprecherbezeichnungen doch ein und dieselbe Figur meinen. (Vor 10977, ehe dieser *Geistliche* erklärt, er werde jetzt nicht mehr als *Kanzler*, sondern als *Bischof* reden, hieß es in H^g noch: *Erzkanzler Erzb.*).

422,10931 *Schlußstein]* Der zuletzt eingesetzte Stein, der das *Gewölbe* allererst zusammenhält, trägt und krönt.

422,10937 ff. *An Ländern . . .]* Olenschlagers *Neue Erläuterung der Guldenen Bulle* 1766,343: »Um die Vergrösserung und den Anwachß dieser Kurlande zu befördern, hatte Carl der IV bereits im X Kapitel unsern Kurfürsten das Recht der alten Erzherzogen von neuem zugestanden, von allen Fürsten, Graven, und andern Personen sowol ganze Lande, als Schlösser, und einzelne Güter an sich zu bringen.«

422,10939 *Vom Erbteil jener . . .]* Meint: aus den Besitztümern des Gegenkaisers und seiner Parteigänger (*erweitr' ich* eures *Besitztums Grenzen*).

422,10942 *Anfall]* Adelung 1,253: »Erlangung einer Sache« durch Erbschaft, Ehestiftung, Lehensbrief.

422,10943 f. *Dann sei bestimmt vergönnt zu üben ungestört | Was . . .]* *bestimmt* wohl adverbial zu verstehen (vgl. DWb 1,1679): *Dann sei* euch ausdrücklich (oder vollständig) *vergönnt*, uneingeschränkt wahrzunehmen oder auszuüben, was . . .

422,10945 f. *werdet ihr die Endurteile fällen, | Berufung gelte nicht . . .]* Das den Kurfürsten in der *Goldenen Bulle* bestätigte 'Privilegium de non appellando' ließ nur bei verweigerter oder verzögerter Entscheidung eine Berufung bei den Reichsgerichten zu.

422,10947 *Beet . . . Geleit]* Erbetene, »freywillige Gaben oder Dienste« der Untertanen; »Das Recht, Reisende 〈. . .〉 zu geleiten 〈. . .〉 und dafür eine gewisse Abgabe von ihnen zu fordern« (Adelung 1,842 u. 2,528).

422,10948 *Berg- Salz- und Münzregal]* Adelung 3,1337: »Vorrecht der königlichen, und in weiterer Bedeutung einer jeden obersten Gewalt« auf die Einkünfte aus Bergbau, Salzhandel, Münzprägung.

423,10955 *hoher Ahnen Kette]* Meint den Gang der Thronfolgen.

423,10960 *friedlich ende dann was jetzt so stürmisch war]* Der Kaiser stellt die geordnete Wahl und Krönung seines Nachfolgers durch die Kurfürsten gegen die eben abgewehrte aufrührerische Erhebung eines Gegenkaisers (→ 10280).

423,10963 f. *So lang das treue Blut . . .]* Die Zusage lebenslanger Gehorsamstreue gibt sich bedingungslos und läßt, genau besehen, als tautologische Formel doch jede Option offen: Politikersprache.

423,10964 *Sind wir der Körper den Dein Wille leicht bewegt]* Seit der Antike gebräuchliche politische Metapher. So Zedler 39,647: »Staats-Cörper«, im Sinne einer »Verbindung zwischen denen darzu gehörigen Häuptern und Gliedern, das ist, zwischen Obrigkeiten und Unterthanen.«

423,10965 *was wir bisher betätigt]* Meint: durch die vorangegangenen Verfügungen 'bewirkt' (vgl. DWb 1,1699).

423,10966 *Schrift und Zug]* Die in der Kanzlei ausgefertigte, gesiegelte Urkunde und der Federzug des Kaisers, der sie in kraft setzt (wie 10929 u. 10974: *Signatur*).

423,10968 ff. *unteilbar ... soll's der ältste Sohn in gleichem Maß erlangen]* Zur Unteilbarkeit der Kurfürstentümer und 'Primogenitur': *Goldene Bulle*, Kap. 25.

423,10973 f. *Reinschrift und Sieglung ... Signatur]* → Kommentar zu 10966.

423,10977 *Der Kanzler ging hinweg der Bischof ist geblieben]* Zur Personalunion dieses Doppelamtes, in dem die weltliche und die geistliche Herrschaftsstruktur sich überschneiden → Kommentar zur Regiebemerkung nach 10930. Hat bisher der Bischof in der Rolle des Kanzlers als unterwürfig dankbarer, demütig gebeugter und tunlich amtseifriger, loyaler Diener des Kaisers sich aufgeführt, spricht jetzt der Kanzler in der Bischofsrolle des dem Kaiser vorgesetzten geistlichen Vaters rücksichtslos zur Sache.

423,10979 *Sein väterliches Herz von Sorge bangt]* Zur Text-Gestalt: Unnötiger Herausgebereingriff seit WA: »... von Sorge bangt's« (gestützt auf die Schreibung *bangs* in H^g^).

424,10985 *sträflich]* Für: strafend (vgl. DWb 19,743 f.).

424,10986 *Mit heiligem Strahl]* Bannstrahl.

424,10987 f. *wie du, zur höchsten Zeit, ... den Zauberer befreit]* Bei der Kaiserkrönung? Oder: im letzten Augenblick? (gemeint ist der *Negromant von Norcia*, der in Rom schon auf dem Scheiterhaufen stand, → 10439 ff. u. 10612 ff.).

424,10995 *horchsam]* Erst Ende des 18. Jh.s »alterthümelnd gebildetes« Adjektiv oder Adverb: »zum aufmerken, horchen geschickt oder geneigt, aufmerksam« (DWb 10,1804).

424,10998 *steter Weide]* E. Schmidt, WA I 15.2,146: »halte ich für Corruptel« (H^g^: *fetter*).

424,11005 *Erst!]* Als erstes: ...

424,11008 ff. *Chor ... Kreuz ... Schiff]* Erler, BA 915: »Nach alter Tradition wurde der Bau einer Kirche mit dem nach Osten liegenden Chorteil begonnen. Daran schlossen sich Quer- und Längsschiff an.«

425,11017/18 ... *verkündigen* | ... *entsündigen]* Arens 1989,824 bemerkt »die gehorsame Wiederholung des erzbischöflichen Reimes *versündigt: angekündigt*« (11005/06).

425,11020 *Schluß und Formalität]* Meint den förmlichen Beschluß über die kaiserliche Schenkung und wie 11021 ihre urkundliche Übereignung.

425,11024 *Landsgefälle: Zehnten ... Beet]* Adelung 2,466 u. 5,346: »Abgaben, welche man dem Grundherren oder der Obrigkeit von einem Gute ⟨...⟩ entrichtet«: den zehnten Teil »von Feld- und Gartenfrüchten, dem zahmen Viehe, der Wolle u. s. f. in Natura«. *Beet* → Kommentar zu 10947.

425,11035 f. *Es ward dem sehr verrufnen Mann | Des Reiches Strand verliehn]* Der Belehnungsakt wird hier als vollzogen vorausgesetzt. Geplant in den Paralipomena 179a, 178 und 181/182 (Text-Band S. 705,11 ff.; 709,58 ff.; 716,65 ff.) war er im Paralipomenon 193 (ebd. S. 721) schon ein Stück weit in Verse gesetzt, wurde dann aber ausgespart.

Von den Interpreten und Kommentatoren in aller Regel beklagt und mit willkürlicher Nachlässigkeit oder ermattender Gestaltungskraft des Autors erklärt, ist dieser Verzicht doch durchaus einleuchtend. Anders erschiene auch Faust unter den raffgierigen Marodeuren und fürstlichen Plünderern dieser Beutemacherszene – während er allein (P178, Text-Band S. 709,59: *Man ist zufrieden ihn so leicht abzufinden*) mit seinem Entwässerungswerk erst selber schaffen will, worauf ihm hier ein Recht erteilt worden ist.

425,11036 *doch diesen trifft der Bann]* Meint zweifellos den Kirchenbann: die Exkommunikation, welche der Bischof selber verhängen könnte. Die Belehnung mit des *Reiches Strand* ist als kaiserliches Recht davon unabhängig. Der Erzbischof/Erzkanzler aber verbindet beide Akte miteinander, indem er dem Kaiser bedeutet, der könne jenen *Bann* des *sehr verrufnen Mannes* dadurch verhindern, daß er aus Reue über die eigene Verfehlung den *Zehnten, Zins und Gaben und Gefälle* dieses Reichslehens (schon im Vorgriff auf das Neuland) der Kirche übertrage.

425,11038 *Gefälle]* → Kommentar zu 11024.

425,11039 *Das Land ist noch nicht da, im Meere liegt es breit]* Meint: b'reit = bereit? Oder doch im Sinne der von

Adelung (1,1064) angegebenen »in der Landwirthschaft« gebräuchlichen topographischen Bedeutung: »von einem ebenen und in einer Fläche, ohne Rain oder andern Unterschied liegenden Stücke Feld von unbestimmter Größe, welches oft viele Äcker« umfaßt?

426,11042 *zunächst]* Für: demnächst noch.

FÜNFTER AKT

In Boisserées Bericht über ein Gespräch am 3. August 1815 sind Äußerungen Goethes über den Abschluß des Werkes überliefert: »das sei recht schwer, dazu habe jetzt der Maler eine andere Hand, einen andern Pinsel ⟨als den beim Ersten Teil der *Faust*-Tragödie verwendeten⟩ – was er jetzt zu produzieren vermag, würde nicht mit dem Frühern zusammengehen. Ich erwidere: Er dürfe sich keine Skrupel darüber machen, kein anderer vermöchte sich in einen andern zu versetzen, wie viel eher doch der Meister in seine frühern Werke. – Goethe: 'Ich gebe es gerne zu, vieles ist auch schon fertig.' – Ich frage nach dem *Ende*. – Goethe: 'Das sage ich nicht, darf es nicht sagen, aber es ist auch schon fertig, und sehr gut und grandios geraten, aus der besten Zeit.'« (Biedermann/Herwig 2, Nr 4167)

Das Ende war damals keineswegs fertig. Aber zweifellos gab es sehr früh schon Überlegungen dazu und Pläne dafür. Als Goethe im Februar 1825 an den 5. Akt ging, konnte er an Vorarbeiten und Bruchstücke anknüpfen, die jedenfalls vor der Jahrhundertwende entstanden waren. (Zur Entstehungsgeschichte Hertz 1932, die Dokumentation von Landeck 1981 und bes. Bohnenkamp 1994, S. 738-49.) Von späteren und letzten Überarbeitungen abgesehen, wurden wohl schon im Frühjahr 1825 die Szenen *Mitternacht*, *Großer Vorhof* und *Grablegung* abgeschlossen, entstand im Dezember 1830 die *Bergschluchten*-Szene, kamen schließlich im Frühjahr 1831 noch die drei Eingangsszenen *Offene Gegend*, *Palast Weiter Ziergarten* und *Tiefe Nacht* hinzu – »Die Intention auch dieser Szenen, sagte er, ist über dreißig Jahre alt; sie war von solcher Bedeutung, daß ich daran das Interesse nicht verloren, allein so schwer auszuführen, daß ich mich davor fürchtete. Ich bin nun durch manche Künste wieder in Zug gekommen, und wenn das Glück gut ist, so schreibe ich jetzt den ⟨als letztes noch ausstehenden⟩ vierten Akt hintereinander weg.« (zu Eckermann, 2. 5. 1831)

Freilich war die alte »Intention« dabei nie so bestimmend, daß er früher Geplantes und Entworfenes nur noch in Verse gebracht hätte. Was sich an Vorarbeiten erhalten hat, zeigt, daß bei der 'Fertigstellung' durchaus nicht nur geordnet, zusammengefügt, ergänzt und 'kosmetisch' operiert wurde. Vielmehr hat dieser letzte Akt (»von solcher Bedeutung, ... daß ich mich davor fürchtete«) durch entschiedene Abweichungen gegenüber älteren Plänen und durch tiefe Eingriffe in das bereits Niedergeschriebene einige seiner bedeutendsten Züge überhaupt erst in den letzten Arbeitsphasen erhalten (→ Kommentar zu 11403-07 und in den Szenen-Kommentaren S. 745 ff. und 781). Man sieht sehr wohl, wie diese Szenen »mit dem Frühern zusammengehen« und wie sie selber sich hier in einen Ereigniszusammenhang fügen. Aber auch für den Schlußakt und wiederum für die ihm angeschlossene Epilog-Szene gilt dabei Goethes Wort vom jeweils »ganz eigenen Charakter« der Teile, deren jeder »nur durch einen leisen Bezug zu dem Vorhergehenden und Folgenden sich dem Ganzen anschließt.« (Eckermann, 13. 2. 1831)

Nach einem Zeitsprung, den man sich wohl jahrzehnteweit zu denken hätte, steht jetzt Fausts gewaltiges Landgewinnungswerk vor Augen. Doch bildet der 5. Akt so sehr »eine für sich bestehende kleine Welt« (Eckermann aaO.), daß die im 4. Akt vorgegebenen Bedingungen dieses Projekts und seine dort entwickelte Bedeutung jetzt ganz in den Hintergrund treten und sehr andere Züge an ihm sichtbar werden.

Davon, daß Fausts Besitz unter kaiserlicher Lehnshoheit stehe, ist nicht mehr die Rede. Dieser Herrscher, dessen Arm (nach Mephistos Wort 11226) *die ganze Welt umfaßt*, gebietet eigenmächtig über seiner *Völker breiten Wohngewinn* wie über *Krieg, Handel und Piraterie* (11250, 11187). Daß gar die Kirche hier Macht ausübe, *den Zehnten, Zins und Gaben und Gefälle* von seinem neuen Land einzöge (11038), gilt nicht mehr. Keine neue Kathedrale wird errichtet, wie der Erzbischof das gefordert hatte, sondern die alte kleine Kapelle, in der 'die letzten Christen' beteten, fällt der Zerstörung anheim. Mit dem großen Zeitsprung wird Fausts Reich selber aus den spätmittelalterlichen Bindungen gelöst und in eine neue Zeit überführt.

Ebenso verblassen jetzt die Züge, welche der Landgewinnungsplan in der *Hochgebirgs*-Szene angenommen hatte (→ 10198-233). Dort erschien Fausts kühnes Vorhaben als Paradigma einer großartig tätigen Selbstbehauptung des Menschen gegenüber den zerstörerischen und lebensbedrohenden Kräften der Natur, als wohltätig von der Erde Besitz ergreifende Bändigung der Elemente, von denen Goethe 1825 im *Versuch einer Witterungslehre* erklärt hat, sie seien als »kolossale Gegner zu betrachten, mit denen wir ewig zu kämpfen haben« (→ Kommentar zu 10219-233). Vom Wasser, das nach neptunistischer Lehre als Ur-Meer die Erdoberfläche bedeckte, hieß es da, es wolle »die Erde die es ungern verließ, wieder in seinen Abgrund reißen«, und: »Diese Betrachtungen schlagen uns nieder indem wir solche so oft bei großem unersetzlichen Unheil anzustellen haben. Herz und Geist erhebend ist dagegen wenn man zu schauen kommt was der Mensch dagegen getan hat, sich zu waffnen, zu wehren, ja seinen Feind als Sklaven zu benutzen.« (FA I 25,295 f.) Auf solche Vorstellungen traf Goethe auch in den Lehrbüchern der Wasserbaukunst, die er für den *Faust*-Schluß studierte. Büschs Standardwerk (1796,1,117 u. 111 f.) bezog die »über das Meer gemachten Eroberungen« des Menschen ausdrücklich auf die »noch fortdauernde Abnahme« des neptunistischen Ur-Meeres: »Derjenige Teil der Erdkugelfläche, welcher den Erdbewohnern Nahrung aller Art und Wohnung giebt, war, wie jezt niemand mehr zweifelt, ursprünglich ganz mit Wasser bedekt.« »Aber nicht alles Land, welches das Meer zu verlassen scheint, ist als demselben für immer entnommen anzusehen.« So bildet der faustische Plan, das *herrische Meer vom Ufer auszuschließen, | Der feuchten Breite Grenzen zu verengen | Und, weit hinein, sie in sich selbst zu drängen*, im 4. Akt das Gegenspiel zum mephistophelischen Vulkanismus. Ein 'neptunistisches' Reich, das dem Meere abgewonnen werden soll, erscheint als der große Gegenentwurf zu jenem Kaiserreich dort, das sich einem revolutionär-gewaltsamen, kriegerisch-zerstörerischen politischen Vulkanismus verdankt (→ im Szenen-Kommentar *Hochgebirg* S. 652 f.). Das alles rückt jetzt in ein anderes Licht. Nicht so, daß damit als widerrufen und abgewiesen gelten könnte, was der 4. Akt vorstellt: die andere, komplementäre, tief fragwürdige und bedrohliche Seite eines in sich selber widersprüchlichen Phänomens tritt jetzt in den Blick.

In der Eingangsszene liegt Fausts weites Küstenreich vor dem auf die Düne tretenden Wanderer. Für dieses entwässerte Neuland mit dem herrscherlichen *Palast*, durch *Dämme* und *Buhnen* gesichert und dicht besiedelt, auch für den vorverlegten See-*Hafen* und den großen Kanal dann, den großen *Graben*, der die Trockenlegung des neu sich bildenden *Sumpf*landes ermöglichen soll, hat man eine ganze Reihe von Vorbildern angeführt. Einige stammen schon aus dem Altertum (etwa die von Goethe 1819 aus der Jenaischen Schloßbibliothek entliehene *Vita Probi* aus den *Scriptores historiae Augustae*). Aber vor allem Unternehmungen seiner eigenen Zeit oder der jüngeren Vergangenheit lieferten nicht nur Anregungen für den Autor, sondern bestimmten zugleich die Vorstellungen der Leser, an die hier appelliert wird. Da gab es die großen Polder oder Seemarschen an der niederländischen und norddeutschen Küste. Man errichtete riesige neue Hafenanlagen (Eckermann 10. 2. 1829: »Ich fand Goethe umringt von Karten und Plänen in Bezug auf den ⟨wegen des zunehmenden Tiefgangs der Schiffe um gut 60 km vorverlegten⟩ *Bremer Hafenbau*, für welches großartige Unternehmen er besonderes Interesse zeigte«). Und man wußte von der Trockenlegung venetianischer Sümpfe und weiter westpreußischer Bruchgebiete an Warthe und Netze. Auch gingen in Norddeutschland im 17. und 18. Jh. Lokalsagen um, die eine gewalttätige und verhaßte Deichbauerfamilie ihrerseits schon mit dem Teufelsbündner Johann Faust zusammenbrachten. Tatsächlich war bei Landgewinnungsarbeiten im Amt Ritzebüttel bei Cuxhaven von 1618-21 als Organisator und Aufseher (auch über zwangsverpflichtete Arbeiter: → 11552 ff.) ein Kirchspielvogt Eide Fouwes tätig gewesen, dessen Söhne dann 1671 Leopold I. um Erneuerung eines vorgeblich schon ihrem Großvater Johann Faust ausgestellten Adelstitels ersuchten und als 'Faust von und zu Neufeld' kaiserliche Privilegien erhielten. 1825 kam über das dem Meer abgerungene Neuland, an dem auch ihr Schloß stand, eine vernichtende Sturmflut (→ 11544 ff.). Dazu Wiebalck 1951, Lehe 1974. – Eckermann hat 1826 mit dem Wasserbauingenieur Christian Bertram diese Elbgegend und das 'Neue Feld' besucht; Goethe im Tagebuch, 29. 6. 1826: »Gestern war ein umständliches ⟨ausführliches⟩ Reisediarium von Eckermann angekommen.« Das könnte diese Angaben enthalten haben (ist in Weimar aber nicht mehr auffindbar). – Das *Vorspiel zur Eröffnung des Theaters in Halle*, mit dem Goethe des aus dem ostfriesischen Rhaude stammenden Mediziners Joh. Christian Reil gedachte, nennt schon 1814 »Das meerentrung⟨n⟩e Land voll Gärten, Wiesen, | Den reichen Wohnsitz jener tapfern Friesen.« (FA I 6,720)

Schließlich spielen in den letzten *Faust*-Akt die gigantischen Kanalbaupläne hinein, die man in Goethes letzten Lebensjahren diskutierte. Den kühnen Unternehmungsgeist dieser Projekte bewundernd und ihre weltwirtschaftlichen Folgen bedenkend, hat der greise Autor über den Suez-, Panama- und Rhein-Donau-Kanal gesagt: »Diese drei großen Dinge möchte ich erleben, und es wäre wohl der Mühe wert, ihnen zu Liebe es noch einige funfzig Jahre auszuhalten.« (Eckermann, 21. 2. 1827)

So bildet sich in Fausts Landgewinnungswerk die gewaltige neuzeitliche Mobilisierung menschlicher Fähigkeiten und Kräfte ab. Schon scheinen sich, über *Schaufeln* und *Spaten* hinaus, auch die neuen Technologien des Industriezeitalters anzukündigen (→ Kommentar zu 11125 f./

11129 f.). Tief eingreifend in die naturgegebenen Verhältnisse, weltverändernd sucht man sich *behaglich* einzurichten *auf der neusten Erde.* In der Rolle des Moses sieht der sterbende Faust vor sich ein paradiesisches gelobtes Land: *Räume vielen Millionen.*

Den darauf gegründeten Fortschrittsoptimismus freilich ziehen die Nacht- und Todesszenen des letzten Akts in eine düstere Fragwürdigkeit. Dem Alterswerk Fausts hat der alte Goethe die wirtschaftlichen, politischen, sozialen Bedingungen und drohenden Folgen jenes langsam sich heranwälzenden »Maschinenwesens« eingeschrieben, von dem er die Gute-Schöne in *Wilhelm Meisters Wanderjahren* sagen ließ: »es hat seine Richtung genommen, es wird kommen und treffen.« (FA I 10,713) Diese Landgewinnung beruht ja keineswegs auf dem *Gemeindrang* eines *freien Volk*es (wie Fausts letzte Rede es imaginiert), sondern auf totalitärer Gewaltherrschaft: *Ein Geist für tausend Hände.* Und die alte Baucis weiß mehr noch, oder glaubt mehr zu wissen: *Menschenopfer mußten bluten,* | *Nachts erscholl des Jammers Qual* (11127 f.). Eine Garde skrupelloser Gewalttäter umgibt den greisen Herrscher; und deutlicher noch als der endgültige Wortlaut erkennen läßt, geben die Paralipomena 197a und 197 (Text-Band S. 736) an, wie doch alles, was Faust 11242 seinen *Welt-Besitz* nennt, von diesen Drei Gewaltigen gewonnen, gesichert und gemehrt wird: Haltefest läßt die Deiche bauen, die das neue Land eindämmen, und die Entwässerungsgräben ziehen, die es bewohnbar machen; Raufebold kommandiert die seeräubernde Flotte; Habebald organisiert den Hafenbau, an dem der weltumspannende Handel hängt. Auch wenn da keine magischen Zaubersprüche mehr nötig sind (11423) und Faust den Mephisto nur noch zur Rekrutierung seines Zwangsarbeiterheeres und als dessen *Aufseher* einsetzt: bis ans Ende bleibt er doch an den Bösen gebunden.

Dieser Faust des 5. Aktes entspricht sehr wenig den salvierend idealisierenden Beschreibungen eines (als abendländische oder deutsche oder sozialistische Identifikationsfigur brauchbaren) 'positiven Helden', wie sie nicht nur aus älteren Kommentaren und Unterrichtswerken in die allgemeine Vorstellung eingegangen sind und trotz vieler Einsprüche dort überdauern. Auch Fausts 'Apotheose' in der *Bergschluchten*-Szene muß man deshalb wohl anders zu verstehen suchen, als die vielberufenen Engelverse (*'Wer immer strebend sich bemüht | Den können wir erlösen'*) es vorzuschreiben scheinen. In den nachfolgenden Szenen-Kommentaren (die dem je »eigenen Charakter« der Teile Rechnung zu tragen versuchen) und durch einige der Einzelstellen-Erläuterungen mag das deutlicher werden.

Seite 427-430 Szene
11043-11142 OFFENE GEGEND

»Mein Philemon und Baucis, sagte Goethe, hat mit jenem berühmten Paare des Altertums und der sich daran knüpfenden Sage nicht zu tun. Ich gab meinem Paare bloß jene Namen, um die Charaktere dadurch zu heben. Es sind ähnliche Personen und ähnliche Verhältnisse, und da wirken denn die ähnlichen Namen durchaus günstig.«

Falls Eckermann korrekt berichtet haben sollte, scheint dieser Selbstkommentar vom 6. 6. 1831, als die Szene eben fertig vorlag, eher bestimmt (jedenfalls besser geeignet) zu verdecken als einsichtig zu machen, was den Autor hier geleitet hat. Tatsächlich war ihm weit mehr vorgegeben als nur die »ähnlichen Namen«. All das aber wurde umgebildet zu neuen Zwecken. Deshalb kann ein Vergleich mit dem antiken Märchen dem Verständnis dieser Szene aufhelfen, die dem sonst bereits abgeschlossenen 5. Akt als letztgeschriebener Teil noch vorangestellt worden ist.

Eine Kurzfassung der in Ovids *Metamorphosen* VIII,618-724 enthaltenen Legende findet sich in dem von Goethe benutzten mythologischen Lexikon (Hederich 1770,529 f.). Da heißt es, daß sich die alte Baucis »mit ihrem Manne, dem Philemon, in einem elenden Hüttchen behalf, sonst aber bey ihrer Armuth gar friedlich und vergnügt lebete. Da nun Jupiter und Mercur in verstellter Gestalt das Land durchgiengen, um zu sehen, wie die Menschen lebeten, so war niemand, der sie aufnehmen wollte, als diese beyden. Sie bewirtheten auch dieselben nach allem ihrem Vermögen, und vermerketen endlich, daß ihre Gäste Götter seyn müßten, weil der Wein, den sie ihnen aufsetzeten, nicht abnahm. Endlich gaben sich beyde zu erkennen, und vermahneten die beyden Alten, ihnen zu folgen, weil das Land ein besonderes Unglück treffen würde. Sie thaten es, und stiegen mit den beyden Göttern einen Berg hinan, von dar sie endlich sahen, wie die ganze unten liegende Gegend mit Wasser bedeckt sey, ihre Hütte allein ausgenommen, die aber in einen prächtigen Tempel von Marmor verwandelt wurde. Als nun Jupiter ihnen endlich befahl, sie sollten sich von ihm etwas ausbitten, so verlangeten sie, daß sie Priester in dem neuen Tempel werden, und keines des andern Tod erleben möchte. Sie erhielten solches; und, als sie dereinst dem Volke erzähleten, wie es ihnen und dem versenkten Lande ergangen, so wurden sie beyderseits zugleich in Bäume, und zwar Philemon in eine Eiche, Baucis aber in eine Linde verwandelt, die vor dem besagten Tempel stunden, und lange Zeit in allen Ehren gehalten wurden. Diese Fabel lehret, daß Gotte die Gastfreyheit sehr angenehm sey, und er selbige keinesweges unvergolten lasse; hiernächst aber auch, daß derselbe gutherzige und fromme Leute segne, erhebe, und mit Ehre und Unsterblichkeit kröne, wenn sie sonst gleich noch so arm und niedrig sind.«

Von anderen Umbildungen hier abgesehen, wird Goethes Wanderer von der *Düne* aus nicht mehr wie ehemals *das grenzenlose Meer* erblicken, sondern Fausts gewaltiges Kolonisationswerk: *ein paradiesisch Bild* von *Anger, Garten, Dorf und Wald* – während Ovids wandernde Götter und die beiden Alten vom Berg her gerade umgekehrt das zuvor besiedelte Land ganz »mit Wasser bedeckt« sehen, in dem seine sträflich gottlosen Bewohner umgekommen sind (*Metamorphosen* VIII,696 f.: »et mersa palude cetera prospiciunt«). Aber eben aus solcher Umkehrung lenkt Goethe in die Spur seiner Vorlage zurück. Mit den Versen der Baucis, die dem tiefgelegenen *neuen Land* nicht trauen und auf ihrer *Höhe* standhalten will, deutet schon hier sich an, was dann Mephistos Untergangsprognose besagen wird: *Du bist doch nur für uns bemüht | Mit deinen Dämmen deinen Buhnen* ⟨. . .⟩ *Die Elemente sind mit uns verschworen, | Und auf Vernichtung läufts hinaus.* (11544 ff.)

Wie Philemon und Baucis bei Ovid den »in verstellter

Gestalt« das Land durchwandernden Göttern Gastrecht gewährten »nach allem ihrem Vermögen«, so haben sie hier den unbekannten Schiffbrüchigen in ihrer Hütte geborgen und seine Habe gerettet. Aber was in Hederichs Wiedergabe solche »Fabel lehret«, daß Gott nämlich »gutherzige und fromme Leute segne, erhebe, und mit Ehre und Unsterblichkeit kröne, wenn sie sonst gleich noch so arm und niedrig sind«, eben das wird hier außer Kraft gesetzt: mit dem Auftrag, sie zu verschleppen ('umzusiedeln'), werden Fausts Helfer bei Nacht zu ihrer Hütte kommen, ihren Beschützer niederschlagen und sie im Feuer verbrennen lassen. Goethes Szene widerruft die alte Märchen-Legende; es geht in dieser Welt nicht zu, wie es doch zugehen sollte.

Was die einführende Regieanweisung der nachfolgenden Kontrast-Szene für Faust angibt: *im höchsten Alter*, gilt ebenso für Philemon und Baucis. Aber wenn der einsame greise Machthaber im Palast die Verhärtung, den Starrsinn, die lieblose Schroffheit und polternde Reizbarkeit des hohen Alters zeigt, in seinem ungestillten Tätigkeitsdrang, Besitzhunger und Herrschwillen selber ein bejahrter 'Habebald' und 'Haltefest', führt dieses greise Paar im Gegenspiel die ganz andere Möglichkeit eines zu Ende gehenden Lebens vor. Die kleinen, langsamen Schritte ihrer 4hebig trochäischen Verse, die beinahe wieder kindlich anmutende schlichte Parataxe ihrer Reden, ihre von Goethes eigener Alterssprache abgeleiteten, mitunter bis ins Schwerverständliche verknappten Sätze sind (wie ihr Umgang miteinander und mit dem Wanderer-Gast) ganz aufs behutsam Leise und liebevoll Zarte, heiter Zufriedene gestimmt. Fausts erste Worte: *Verdammtes Läuten!* . . . Und die der Baucis hier: *Lieber Kömmling! Leise! Leise!*

In dieser Altersidylle aber steht die Zeit still. Nichts mehr strebt hier über das Gegebene hinaus, verlangt nach tätiger Veränderung, will sich steigern, hat Fortschritt im Sinn. Wie der nach vielen Jahren wiederkehrende Wanderer noch immer die *alte Stelle, Linden* und *Hütte* wiederfindet, leben

Philemon und Baucis in einer alten Welt und alten Zeit, vertrauen *dem alten Gott.* All das aber geht dem Ende zu. Das *morsche Kirchlein* wie die *hohlen Stämme* der Linden wie die *morsche Türe* des hinfälligen Hüttchens: verfalls- und todesnah. So treten die beiden am Ende zu ihrer kleinen Kapelle, *Letzten Sonnenblick zu schaun.* Dann kommt die Nacht.

Der Mann im Palast ist gegenwärtig auch in der Hütte. Es wird von *ihm* geredet (freilich nur mit diesem Pronomen – als wäre *er* selber der 'Gottseibeiuns', dessen Namen auszusprechen die frommen Alten sich scheuen). Es wird gesprochen auch von seinem *neuen Land.* Da gehen die Ansichten weit auseinander. Entschieden mißtrauischer (mag sein: instinktsicherer und hellsichtiger) als der seiner Obrigkeit ergebene, gutgläubig ahnungslose alte Mann, argwöhnt (oder ahnt) die alte Frau den mephistophelischen, unmenschlichen, verbrecherischen Ermöglichungsgrund des Faustschen Kolonisationswerkes. Über *Menschenopfer* müßte Baucis doch etwas erfahren, von *des Jammers Qual* wohl etwas vernommen haben, wenn man ihre Verse nicht als bloßes Altersgefasel sollte abtun dürfen. (→ Kommentar zu 11127 f.) Und wenn sie von *Flämmchen* berichtet, die *nächtig schwärmten,* von *Feuergluten,* die *Meerab flossen,* ließe sich denken, daß sie dergleichen wirklich gesehen, nur nicht verstanden haben soll: daß sie selber nur als magisches Teufelswerk zu begreifen vermag, was der aufgeklärtere Leser (durch ihre verständnislose Wahrnehmung hindurch) auf die neuzeitlichen maschinellen Techniken beim Kanalbau und der Landentwässerung sollte beziehen können. (→ Kommentar zu 11125 f./11129 f.)

Wäre das so zu verstehen, ließe der Text sogar in der Schwebe, wie viel Recht sie hat mit ihrer falschen Erklärung.

427,11054 *Alt schon jener Tage]* Meint: eigentlich zu alt schon damals, um noch *heut mir zu begegnen*?

427,11059 *Lieber Kömmling]* Altmütterlich-zartherzige Simplexbildung für 'Ankömmling'.

427,11063 f. *bist dus eben, | Meinen Dank noch zu empfahn?]* Meint: bist du wahrhaftig die alte Baucis, so daß du selber jetzt noch meinen Dank empfangen kannst?

428,11070 *Meinen Schatz]* Die Habe des Schiffbrüchigen (für den die beiden Alten damals rasch ein Feuer entzündeten und ihr Glöckchen läuteten).

428,11086 *Seht ein paradiesisch Bild]* Nicht der Wanderer, dessen Fassungslosigkeit sich dem Zuschauer/Leser gerade durch sein völliges Verstummen mitteilt, sondern der an diesen unglaublichen Anblick gewohnte Philemon gibt den 'teichoskopischen' Bericht. Was er schildert, wird in Fausts letzter Rede wieder aufgenommen werden: *Im Innern hier ein paradiesisch Land* (11569).

428,11087 *Älter, war ich nicht zu Handen] Älter* schon, konnte ich da selber nicht mehr Hand anlegen.

429,11102 *jetzt ist der Hafen dort]* wo *im Fernsten ziehen Segel*, also vorverlegt an die weit hinausgedrängte Meeresküste.

429,11108 *zum verlechzten Mund]* Eigentlich »durch austrocknung und hitze rissig« (DWb 25,754) oder »völlig leck 〈. . .〉, von hölzernen Gefäßen«; übertragen: »den höchsten Grad der Begierde nach etwas« ausdrückend (Adelung 4,1466 u. 3,110). Meint hier also: fassungslos, mit offenem Munde, gierig auf eine Erklärung.

429,11112 *Läßt mich heute nicht in Ruh]* So in der Reinschrift H (und schon in einem eigenhändigen Konzept: Göres 1991). Die Vorstellung, daß es bei Fausts Landgewinnung nicht *mit rechten Dingen* zugehe, bestimmt Baucis' ahnungsvolle Gedanken *heute*: an eben dem Tag, an dem sie und Philemon durch seine unheimlichen Helfer zu Tode kommen werden. (Verderbt durch den von C1/341 und der WA eingeschleppten eigenmächtigen Herausgebereingriff: »Läßt mich heut noch nicht in Ruh«).

429,11115 *Kann der Kaiser sich versündgen ...?]* R. M. Meyer 1905 verweist auf »die Formel des englischen Staatsrechts, auf der das Wesen des Konstitutionalismus beruht«: Rex non potest peccare.

429,11121 f. *Hütten ... Palast]* → Kommentar zur *Palast*-Szene, S. 718 f.

429 f.,11125 f./11129 f. *Wo die Flämmchen nächtig schwärmten | Stand ein Damm den andern Tag ... Meerab flossen Feuergluten, | Morgens war es ein Kanal]* Nimmt man Baucis' Angaben textintern als Augenzeugenbericht, wird man sie textextern auf das »Maschinenwesen« der neuen Zeit beziehen dürfen, von dem die Schöne-Gute der *Wanderjahre* sagt, daß es sich quälend und ängstigend heranwälze (FA I 10,713). Dessen Inbegriff und der Motor der Industrialisierung waren die Dampfmaschinen, die schon im 18. und frühen 19. Jh. im Bergwesen, bei Kanalbauten und Landgewinnungsarbeiten zur Entwässerung eingesetzt wurden. Über den Gebrauch solcher dampfgetriebenen Schaufelbagger und Schöpfwerke, deren Leistung weit hinausging über das im gewohnten Handbetrieb und für Menschen- oder Pferdekräfte Mögliche, war Goethe sehr wohl informiert (gesichert durch Segeberg 1987,42). Er kannte und benutzte auch die damals gängige Bezeichnung als »Feuermaschinen« (Adelung 2,131; Goethe z. B. an Voigt, 12. 9. 1790).

So könnte man sich (sollte man sich nach Absicht des Autors?) Baucis' *Flämmchen* und *Feuergluten* durchaus als den Widerschein dieser ihr unbekannten Maschinen vorstellen, die der Greisin mit ihren aus den Öfen schlagenden Flammen und den feuerrot beleuchteten, hier im nächtlichen Landwind meerwärts treibenden Dampfwolken als magisches Teufelswerk erscheinen mochten.

429,11127 f. *Menschenopfer mußten bluten, | Nachts erscholl des Jammers Qual]* In der 1782 veröffentlichten Lebensbeschreibung Friedrich v. Brenkenhofs, der für Friedrich d. Gr. die westpreußischen Bruchgebiete trockenlegte, heißt es, daß allein der 36 km lange Kanal zwischen Warthe und

Netze, mit Arbeitermassen aus ganz Deutschland binnen 16 Monaten fertiggestellt, 1500 Menschen das Leben kostete (Hertz 1931,35 ff.).

Eckermann am 10. 2. 1829 »fand Goethe umringt von Karten und Plänen in Bezug auf den *Bremer Hafenbau*, für welches großartige Unternehmen er ein besonderes Interesse zeigte«: beim Bau dieses 1826-29 60 km weserabwärts errichteten Hafens waren zeitweise mehr als 900 Arbeiter beschäftigt, sommers von 4.30-20.00 Uhr, mit Hacken und Schaufeln; 60 Pferde mußten die Pumpen in Betrieb halten, weil das ausgehobene Becken sich rasch wieder mit Wasser füllte; »Sumpffieber griff um sich und forderte zahlreiche Opfer« (Göres 1991,32).

Koopmann 1996,91: »'Sumpffieber' gab es reichlich auch in den Pontinischen Sümpfen; es war Malariagebiet« (von dessen »Austrocknung« durch Entwässerungskanäle hat Goethe unter dem 23.2.1787 in der *Italienischen Reise* berichtet: FA I 15.1,195; → Kommentar zu 11559 ff.).

430,11131 f. *Gottlos ist er, ihn gelüstet | Unsre Hütte . . .]* Der Gottlose (der nämlich die *Menschenopfer* und des *Jammers Qual* bewirkt) versündigt sich auch noch gegen das 9. Gebot: »Du sollst nicht begehren deines Nächsten Haus« (Luthers Erklärung: ». . . sondern ihm dasselbe zu behalten förderlich und dienstlich sein«).

430,11137 *den Wasserboten]* Gemeint sind Fausts Abgesandte aus seinem dem Meer abgewonnenen 'Wasserland', die den beiden Alten dort einen neuen Wohnsitz angeboten hatten (11135 f.). – Seit der WA wurde hier ein Schreiberfehler unterstellt und aus Eckermann/Riemers postumer Ausgabe $C^1/^3$41 deren eigenmächtiges oder versehentliches »dem Wasserboden« übernommen. Daß am Wortlaut der Reinschrift H festzuhalten sei, versichert Goethes Entwurf H^1 (bei Landeck 1981,93): die ursprüngliche Fassung *Traue nicht auf seine Boten* wurde dort eigenhändig korrigiert in . . . *den Wasserboten*!

S. 431-455 Szenengruppe
PALAST

11143-11287 WEITER ZIERGARTEN, GROSSER GRADGEFÜHRTER KANAL

Wie im Schloß oder Palast der *Kaiserlichen Pfalz* (1. Akt) und ähnlich wieder vor dem *Palaste des Menelas* (3. Akt) bilden hier mehrere Auftritte am gleichen Schauplatz eine zusammenhängende Szenengruppe. Im Freien (im *Ziergarten*, beim großen *Kanal*) beginnt das Spiel, auf der *Schloßwarte* und einem *Balkon* setzt es sich fort (*Tiefe Nacht*), führt dann ins Innere des Palastes (*Mitternacht*), endet in seinem *Vorhof*, wo auch die *Grablegung* zu denken ist.

Inhaltlich ist das Geschehen besonders der drei ersten Auftritte auf die Eröffnungsszene bezogen. So stehen auch die Ortsbezeichnungen dieser beiden Alterssitze und Todesplätze in einem wechselseitigen Verweisungsbezug, bilden geradezu eine antithetische Formel. Dort die armselige *Hütte* des greisen Paares mit ihrem kleinen *Gärtchen* – hier der *Palast* des greisen Machthabers und sein *weiter Ziergarten*. Dieser Topos 'Hütte und Palast' (zu Goethes Zeit politisch aktualisiert durch die Kriegsparole der französischen Revolutionstruppen von 1792: »Guerre aux châteaux, paix aux chaumières«) geht auf Horaz, Seneca und Vergil zurück, welche die bescheidene Hütte als Inbegriff einer genügsamen, friedlichen und frommen Lebensweise gegen den prächtigen Palast stellten, in dem die Herrschsucht, das Verbrechen und die Sorge nisten (dazu H. Meyer 1975). Schon beim Urheber Horaz pocht der Tod gleichermaßen an diese Hütte der Armen wie an den Palast des Herrschers – der auch dort ungeachtet seines schon geöffneten Grabes sich müht, den Strand weiter hinauszurücken ins Meer, und die alten Bewohner habgierig von ihrem Grund und Boden vertreibt. (*Carmina* I,4,13 f. und II,18,17-26)

Fausts Herrschersitz findet ein bedeutsames, aufschlußreiches Gegenbild aber auch in den Behausungen seiner *Knechte*, der *Arbeiter* bei der großen Landgewinnung. Deren *Hütten* wurden schon von Philemon (11121 f.) mit dem *Palast* ihres mächtigen Herrn konfrontiert. Jetzt (11225 ff.) gibt Mephisto ihm zu bedenken, *daß hier, hier vom Palast* | *Dein Arm die ganze Welt umfaßt.* | *Von dieser Stelle ging es aus,* | *Hier stand das erste Bretterhaus.* (Marx 1844,237: »Die Arbeit produziert Wunderwerke für den Reichen, aber sie produziert Entblößung für den Arbeiter. Sie produziert Paläste, aber Höhlen für den Arbeiter.«)

Ein drittes Mal dann wird sich die Formel 'Hütte und Palast' auf Faust allein beziehen, mit ihren beiden Bestimmungen. Wenn der Tod an die Palastpforte getreten ist, wenn in der *Vorhof*-Szene die Lemuren das Grab schaufeln, kommentiert Mephisto: *Aus dem Palast ins enge Haus,* | *So dumm läuft es am Ende doch hinaus.* (11529 f.) Da wird dieser Topos zur Vanitasformel.

Auf Philemon/Baucis und Faust bezogen, bilden *Hütte* und *Palast* nicht nur eine binäre Oppositions-Formel. Sie schließen einander aus. Von der Hütte her kommt über den *Palast*-Bewohner die Todesahnung (*Des Glöckchens Klang, der Linden Duft* | *Umfängt mich wie in Kirch und Gruft*); über die *Hütte* fällt todbringend der Schatten des Palastes. *So geht und schafft sie mir zur Seite!* – Fausts Befehl resultiert aus dem Wesen totalitärer Herrschaft. Trunz, HA 1986,712 erklärt: »Er will diese Hütte mit dem Grundstück erwerben, weil er von dort den besten Blick auf seinen Besitz hätte.« So begründet der Machthaber in der Tat sein Begehren. Aber wenn er da um eine Sanddüne, zwei Linden und eine alte Hütte wütet, handelt es sich in Wahrheit um ein fundamentales machtpolitisches Phänomen. Was Mephisto-Phorkyas sagte, als es um Helena ging: *Unteilbar ist die Schönheit; der sie ganz besaß* | *Zerstört sie lieber, fluchend jedem Teilbesitz* (9061 f.), gilt in anderer Weise auch hier. *Des allgewaltigen Willens Kür* |

Bricht sich an diesem Sande hier – deshalb nämlich, weil auch die kleinste Enklave, das winzigste Element von Selbständigkeit (Faust 11269: *Widerstehn* und *Eigensinn*) totalitäre Herrschaft als eine uneingeschränkte in Frage stellt. *Die wenig Bäume, nicht mein eigen, | Verderben mir den Welt-Besitz*: das ist hier die eigentlich treibende Kraft.

431, vor 11143 *Ziergarten ... gradgeführter Kanal]* Für die Aufführung seines *Prologs zur Eröffnung des Berliner Theaters* erläuterte Goethe 1821: »Unter Ziergarten versteh ich hier einen, mehr im geregelten architektonischen 〈französischen〉 als freien 〈englischen〉 Natursinn angelegten Lustort, und würde raten einen vom Ende des 16. Jahrhunderts als Muster zu wählen«, den »Schinkel zu gegenwärtigem Zweck gar herrlich zurichten würde.« (WA I 13.2,204 f.). 1826 dann hatte Karl Friedrich Schinkel im Park von Sanssouci das Schloß Charlottenhof errichtet, dessen nach Vorbildern der Renaissance angelegten *Ziergarten* ein *gradgeführter Kanal* begrenzt; eine solche herrscherliche Landschaftsarchitektur mag Goethe für seine *Palast*-Szene vorgeschwebt haben. So stehen hier *Palast*, *Ziergarten* und *gradgeführter Kanal* nicht nur für die überformende, domestizierende Beherrschung der Natur, für Fausts 'Bändigung der Elemente' (→ Kommentar zu 10219-33), sondern deuten als ein politisches Bühnen- und Lesezeichen auch auf den Status dessen, der sich da *wandelnd* ergeht. Denn Goethes Zeitgenossen empfanden die neue Gartenfreiheit englischen Stils durchaus als eine Demonstration antifeudalistisch-politischer Freiheit – die alten, geometrisch »geregelten architektonischen« Anlagen hingegen, deren Paradigma der Park von Versailles war, als Sinnbilder einer absolutistischen Gesellschaftsordnung.

431, Regieanweisung vor 11143 FAUST *im höchsten Alter]* »Der Faust, wie er im fünften Akt erscheint, sagte Goethe ferner, soll nach meiner Intention gerade hundert Jahr alt sein, und ich bin nicht gewiß, ob es nicht etwa gut wäre, dieses irgendwo ausdrücklich zu bemerken.« (Eckermann, 6. 6. 1831. So im Paralipomenon 197: Text-Band S. 736,8) – Die 'genaue' Altersangabe versteht sich als mythische Zahl.

431, vor 11143 LYNCEUS] Wie in der *Burghof*-Szene des 3. Akts trägt der Turmwächter auch hier den mythischen Namen des 'Luchsäugigen' (→ Kommentar zu vor 9218). Eine Identität der beiden Figuren ist aus dieser Funktionsbezeichnung nicht abzuleiten.

431,11143-46 *Schiffe ... Kahn]* Der Hafen war meerwärts an die Grenze des neu gewonnenen Landes vorverlegt worden (→ 11102 ff.) – Witkowski 1950,391: »Seeschiffe können nur bis in den Hafen gelangen. Dort müssen Menschen und Waren zum Transport auf dem Kanal in Kähne umgeladen werden. 〈...〉 Zeugnis des überall im zweiten Teil vorherrschenden bildhaft-realistischen Sehens«.

431,11145 f. *Ein großer Kahn ist im Begriffe | Auf dem Kanale hier zu sein]* Diese Ankündigung des schwerfällig herankommenden Lastenkahns hat Karl Kraus mehrfach (und reichlich übertreibend) als den »sprachlich stärksten Satz des 'Faust', den jeder deutsche Literaturphilister schon benagt hat«, vor »oberlehrerhafter« Kritik in Schutz zu nehmen versucht (*Fackel* 324-25,25 u. 378-80,52. – Graham 1988,547: »Ich jedenfalls höre in diesem Vers keineswegs west-östliche Segenssprüche, auch nicht Goethes Altersstil, viel eher – Wilhelm Busch.«)

431,11148 *Die starren Masten]* MA 18.1, 1108: hier Pflöcke zum Antäuen.

431,11149 *In dir preist sich der Bootsmann selig]* Mehrdeutig. Auf den *Kahn* oder den *Kanal* bezogen: die Freude der Matrosen, endlich den Gefahren des offenen Meeres entkommen zu sein. Auf Faust bezogen (wie wohl 11150): mit ihm verbunden, in seinem Dienst, seinem Namen *preist sich der Bootsmann selig* (eine biblisch anmutende Wendung – Apostelgeschichte 4,12: »ist auch kein ander name den menschen gegeben, d a r i n n e n wir sollen selig werden«).

431,11150 *Dich grüßt das Glück zur höchsten Zeit]* Faust: *im höchsten Alter.* Was Lynceus als glücklichen Höhepunkt, als seine Erfüllungsstunde besingt (so JA, BA u. a.), ist doch ironisch gebrochen: ein höchst fragwürdiges *Glück*, und das *Glöckchen* läutet schon Fausts Ende ein (vgl. Arens 1989,849). Daß er selber so etwas ahnt, wird 11253 f. sehr deutlich.

431, Regieanweisung vor 11151 *Das Glöckchen läutet auf der Düne]* So ist diese erste Palast-Szene in unmittelbar zeitlichem Anschluß an das eng mit ihr verbundene Gegenspiel von Philemon und Baucis zu denken (11141: *Laßt uns läuten* . . .).

431,11154 *neckt mich]* Durchaus nicht 'neckisch'. DWb 13,515: »peinigen und quälen«, in »böswilliger, tückischer« Absicht.

431,11155 *neidische Laute]* Begehrlich ist hier freilich nur Faust. Aber DWb 13,562: 'neidisch' auch von einem »gleichsam neiderfüllten gegenstande, der dem blicke etwas entzieht und es andere nicht genieszen läszt«.

431,11156 *Hochbesitz]* Im DWb 10,1608 nur mit dieser Stelle belegt (: »groszer, gewaltiger besitz«).

431,11157 *Baute]* DWb 1,1201: Gebäude.

431,11160 *Vor fremden Schatten]* Die von der WA eingeführte, auf H^1 zurückgreifende Konjektur »vor fremdem Schatten« unterstellt, es sei der Schatten vom *Kirchlein* gemeint. Die Bibelstelle aber, die hochbedeutend im nächsten Vers zu Wort kommt (→ Kommentar dazu), nennt »die einwohner des lands«, welche die Israeliten nicht »vertreiben« aus dem Land Kanaan, und erklärt dadurch den Plural: er bezieht sich auf die beiden Alten hier.

431,11161 *Ist Dorn den Augen, Dorn den Sohlen]* Schon in dieser Bildersprache erklärt sich Fausts Vertreibungswille. Denn ihr 'intertextueller Bezug' richtet sich auf das 4. Buch Mose 33,50 ff., wo vom Land der Verheißung die Rede ist. Wenn der Herr den Kindern Israel gebieten läßt, Kanaan einzunehmen, seine Bewohner zu expatriieren und ihre Opferhöhen zu zerstören, heißt es dort: »Werdet ihr aber die einwohner des lands nicht vertreiben vor eurem angesichte, so werden euch die, so ihr überbleiben lasset, zu dornen werden in euren augen, und zu stacheln in euern seiten«. Henkel 1983,135: Faust »pervertiert den Schriftsinn«. Einem 'heilsgeschichtlichen' Verständnis freilich werden diese Bibelworte in Fausts Rede entzogen – keineswegs aber ihrem bibelwörtlich-historischen Sinn. So markieren sie hier die 'ethisch-ästhetische Formel' einer uralten und fortdauernden Unheilsgeschichte gewaltsamer Vertreibung.

432,11167 ff. *Da landen wir, | Da sind wir schon . . .]* Auf einen blechernen Schlagetot-Ton gestimmt, werden die eigentlich (wie 11171 ff.) paargereimten Heimkehrverse der Drei Gewaltigen auch noch (ungleichmäßig) in jambisch aufstampfende Kurzverse zerlegt: das Schriftbild fungiert als Sprechanweisung.

432,11170 *Patron]* Hier (Adelung 3,982): »Eigenthümer eines Schiffes« oder »derjenige, welcher die Aufsicht über das Schiff und dessen Ladung hat«.

432,11177-88 *Das freie Meer befreit den Geist . . .]* Mephisto als Sprecher der Seeräuberbande (: *wir*). Seine Pathosformel mag den großen Seefahrernationen aus ihrem maritimen Herzen gesprochen sein. Aber worauf diese Parole zielt, wozu das herrschaftsfreie Weltmeer hier den Geist *befreit*, wird sogleich doch deutlich: *Man hat Gewalt, so hat man recht* – die gleiche Marodeursmoral, in der sich Eilebeute und Habebald beim Plündern des Kaiserschatzes *erprobt* haben (→ 10783 ff.).

432,11182 *Dann hakelt man . . . bei]* Zieht das fremde Schiff mit dem Enterhaken längsseit an das der Freibeuter heran.

432,11187 f. *Krieg, Handel und Piraterie . . . nicht zu trennen]* Sehr schön dargelegt an der Erziehung der Knaben auf der griechischen Insel Hydra in Goethes *Sprüchen in Prosa* (FA I 13,36: 1.217.).

433,11194 *Widerlich Gesicht]* Umfaßt ein breites Spektrum vom mürrischen oder unzufriedenen bis zum Widerwillen oder Abscheu verratenden Gesichtsausdruck: DWb

29,1114 f. – Ähnlich (und wieder nur an der Physiognomie orientiert) spricht dann Mephisto 11219 von Fausts *ernster Stirn* und *düstrem Blick*. Daß den verschlossenen alten Mann nicht etwa die Seeräuberei seiner Leute entsetzt, daß vielmehr Philemons und Baucis' Enklave ihm seinen *Welt-Besitz* verdirbt, bricht erst 11233 ff. aus ihm heraus.

433,11195 *Königsgut]* Die Seeräuberbeute als eines Königs würdig (HA 1986,716)? Oder die darin enthaltenen *Kostbarkeiten* (11205 ff.) als der nach altem Kriegsrecht Faust zustehende 'Königsanteil' (MA 18.1, 1109)?

433,11201 f. *nur für | Die Langeweil]* Hier wohl noch im Sinn von 'langer Weile'; meint die lange Zeit auf See (vgl. DWb 12,159 u. 173).

433,11217 *Die bunten Vögel]* Gestützt auf 11101, 11147, 11163 meist auf die noch im fernen Hafen ankernden 'Schiffe' bezogen, auch auf die 'Matrosen', gar auf wirkliche 'exotische Vögel' (Überblick bei Arens 1989,855). Wenn Mephisto ein Flottenfest ansagt, hat er wohl anderes im Sinn: die traditionell *bunt*-gekleideten 'Hurenvögel' (von mhd. 'vogelen': begatten; vgl. DWb 26,399 u. 432).

434,11228 *Bretterhaus]* Bauhütte der Arbeiter.

434,11244 *Von Ast zu Ast Gerüste]* für den *Sitz* (11240), den *Luginsland* (11344).

434,11249 f. *Betätigend ... Der Völker breiten Wohngewinn]* Faust selbst: tätig fortwirkend für das den Siedlern gewonnene oder weiter zu gewinnende bewohnbare Land. (Seine letzte Rede klingt an, → 11563 ff. Aber schon hier wird das konterkariert: als bedürfe es des Besitzes auch von Philemons und Baucis' Hüttchen, um so sich zu betätigen!)

434,11255 *Des allgewaltigen Willens Kür]* Trunz, HA 1986,716: »*Kür* = Wahl, Entschluß. Das Wort 'Willkür' ist durch diese Teilung vermieden und zugleich verstärkt.«

435,11261 f. *Jedem edlen Ohr | Kommt das Geklingel widrig vor]* Das gilt nun nicht nur für Teufelsohren (weil das fromme Geläut nach dem Volksglauben Dämonen abwehrt), sondern ein wenig selbstironisch auch vom *edlen Ohr* des Autors. Goethe an Charlotte v. Stein, 12. 5. 1782:

»Ich wohne gegen der Kirche über, das ist eine schröckliche Situation für einen der weder auf diesem noch auf jenem Berge betet, noch vorgeschriebne Stunden hat Gott zu ehren. Sie läuten schon seit früh um viere und orgeln daß ich aufhören muß ⟨zu schreiben⟩ denn ich kann keinen Gedanken zusammenbringen.«

435,11266 *Vom ersten Bad]* womit Mephisto die Taufe meint!

435,11268 *ein verschollner Traum]* DWb 25,1138: Part. Perf. zu verschallen, also »was aufgehört hat zu schallen« – das *Leben* wie das Glockengeläut.

435,11271 f. *Daß man ... | Ermüden muß gerecht zu sein]* Meint, daß man, von diesem Geläut gepeinigt, aufhören muß, rechtmäßig zu verfahren mit den eigensinnig widerstehenden alten Leuten (Faust weiß also sehr wohl, was da *gerecht* wäre).

435,11274 *kolonisieren]* Hier: umsiedeln (von »Colonisten, die einen bisher noch nicht bebaueten Boden zuerst urbar machen oder anbauen«: Campe 1813,201).

435,11275 *und schafft sie mir zur Seite! –]* Im DWb 16,388 wird 'auf die seite schaffen' als »völlig entfernen, vernichten, tötcn, 'aus dem wege räumen' (mit dem nebensinne des heimlichen)« erklärt; hingegen 'bei seite schaffen' lediglich als »sorgen dasz jemand sich entfernt, nicht stört, nicht augenzeuge ist u. ähnl.« Campe 1810,399 gibt mortale Bedeutung an für »Bei Seite, auf die Seite räumen, aus dem Wege räumen, uneigentlich, ermorden«, nicht aber für 'auf die Seite schaffen', was auch Adelung 4,419 und Krünitz 153,31 ohne diesen Nebensinn erläutern. Bei Goethe selbst ist beispielsweise »heimtückisch bei Seite geschafft« in *Philostrats Gemälde* (WA I 49.1,92) nur als Tötungswort zu verstehen. Doch zeigt sich bei ihm in einer Fülle ähnlicher Stellen diese Bedeutung sehr selten. – So könnte man Fausts Befehlswortlaut, für sich genommen, zwar durchaus als Liquidationsauftrag auffassen. Aber wie seine Verse 11276 f. verdeutlichen, wird er damit von Mephisto doch (absichtsvoll) mißverstanden. → Kommentar zu 11286 f.!

Fausts verhängnisvolle Anordnung hebt sich als 'Waise' aus dem Kontext der Verse heraus: sie allein bleibt hier ungereimt. Und erst nach dem Pausenzeichen des Gedankenstrichs wird die entschärfende Erinnerung 11276 f. begütigend nachgetragen.

435, vor 11282 MEPHISTOPHELES . . . *pfeift gellend. Die Drei treten auf]* Fausts *Knechte*, so hat Philemon berichtet, *Gruben Gräben*. Die fromme Baucis: *Hack und Schaufel, Schlag um Schlag*, und: *Menschenopfer mußten bluten, | Nachts erscholl des Jammers Qual.* Dem *Aufseher* wird der aus seinem Palast tretende Faust in der nächtlichen Szene dann 11551 ff. befehlen: *Arbeiter schaffe Meng' auf Menge* ⟨. . .⟩ *Bezahle, locke, presse bei!* Hier, nachdem er dem Mephisto Anweisung gegeben hat, sich gewaltsam in den Besitz von Philemons und Baucis' Hab und Gut zu setzen (*So geht und schafft sie mir zur Seite!* – das wird ihr Todesurteil sein), heißt es von diesem Aufseher über die Zwangsarbeiterscharen: *er pfeift gellend.* Und mörderisch treten die Gewalttäter in Aktion. – In Paul Celans *Todesfuge* (in: *Mohn und Gedächtnis*, 1952 u. ö.), deren Verse »dein goldenes Haar Margarete | dein aschenes Haar Sulamith« einen unübersehbaren Bezug zur *Faust*-Dichtung herstellen, heißt es: »Ein Mann wohnt im Haus« – der »tritt vor das Haus und es blitzen die Sterne er pfeift seine Rüden herbei | er pfeift seine Juden hervor läßt schaufeln ein Grab in der Erde.« – In den hier angeführten Versen des Hauptwerks unserer Literatur sah der Dichter der *Todesfuge* präfiguriert, was die Deutschen den Juden antaten – »der Tod ist ein Meister aus Deutschland.«

435,11283 *Und Morgen gibt ein Flottenfest]* Zu ergänzen: *gibt ⟨der Herr⟩*? Hingegen H1, eigenhändig: *gibt's ein* (so hat man seit WA konjiziert, nicht zwingend).

436,11285 *ist uns zu Recht]* Steht uns von Rechts wegen zu (vgl. DWb 14,368).

436,11286 f. *Auch hier geschieht was längst geschah, | Denn Naboths Weinberg war schon da]* Im 21. Kapitel des 1. Buches der Könige wird erzählt, wie der fromme Naboth sich weigert, seiner »vätter erbe«, einen Weinberg, den der König von Samaria zum Eigentum begehrte (»weil er so nahe an meinem hause liegt«!), zu verkaufen oder zu tauschen gegen »einen bessern« (→ 11276-81), und wie dieser König Ahab am Ende zum »weinberg Naboths« geht, »daß er ihn einnehme«.

Doch Goethes ausdrücklich eingesetzter Hinweis auf das gesamte 21. Kapitel dieses Bibelbuches meint offenbar nicht nur den Parallelfall einer solchen Zwangsenteignung. Nicht für Faust, wohl aber für die bibelfesten SPECTATORES kündigt Mephisto mit diesen Versen schon an, was *hier geschieht*, also worauf er es mit den drei Schlagetots offenbar abgesehen hat. Denn durch eine Intrige der Königin *geschah* es, daß Naboth gesteinigt wurde. Und dem König Ahab ließ der Herr durch Elia verkünden: »Du hast todt geschlagen, dazu auch eingenommen« – »Siehe, ich will unglück über dich bringen, und deine nachkommen wegnehmen« und »ausrotten« (V. 19/21). Und so geschieht es.

11288-11383 TIEFE NACHT

Vom Wechsel der Töne bestimmt. Der *Türmer* hoch *auf der Schloßwarte* (unsichtbar wohl bei tiefer Nacht, nur seine Stimme vernimmt man in ihrem seligen Einklang mit sich selbst) setzt ein mit dem weltfromm kontemplativen Lobgesang auf die Schöpfung – ehe noch der tätig eingreifende Mensch erscheint, der sie sich untertan zu machen sucht. Aber in seinen letzten Versen (11300-03) scheint schon eine Ahnung des Entsetzlichen sich mitzuteilen, das über diese friedliche Natur hereinzubrechen bereitsteht. Lynceus' daktylisch aufgeheiterten 2hebigen Liedversen, vom Kreuzreim zu vier auch syntaktisch geschlossenen Vierzeilern verbunden, folgen hart kontrastierend seine trochäisch beschleunigten 4hebigen Sprechzeilen: der Augenzeugenbericht des tief Betroffenen über die Untat, welche die *guten alten Leute* erleiden. *Lange Pause.* Dann 11336 f. der klagende Abgesang des Rezitativs. Faust nimmt das im unbewegten Gleichmaß jambisch alternierender Vierheber auf. Sein *Türmer jammert* – er empfindet 'Verdruß'. Dann in stampfender Parataxe, mit hart aufstoßenden männlichen Kadenzen die kaltschnäuzig rapportierenden dumpfen Polterverse seiner Totschläger.

436, vor 11288 LYNCEUS] 'Der Luchsäugige' singt von dem, was er bei 'tiefer Nacht' sieht (in der freilich der *Mond und die Sterne* scheinen) – Hederich 1770,1502 wußte, daß der Namengeber aus der griech. Sage, einer der Teilnehmer an der Argonautenfahrt, sein »scharfes Gesicht ⟨. . .⟩ bey finsterer Nacht so wohl, als bey Tage ⟨hat⟩ brauchen können.«

436,11288 f. *Sehen . . . Schauen*] Goethes Sprachgebrauch

unterscheidet die unreflektierte Sinneswahrnehmung *Sehen* (im GWb dafür mehr als 11000 Belege) von einem entschieden anspruchsvolleren: das Wesen der Erscheinungen erfassenden *Schauen* (nur etwa 600 Belege).

436,11290 *Dem Turme geschworen]* Auf den Wächterdienst als Türmer verpflichtet.

436,11308 *Funkenblicke]* Aufblitzend umherschwirrende Feuerfunken (→ Kommentar zu 11378).

436,11309 *der Linden Doppelnacht]* Wird unterschiedlich erklärt. Angelehnt an die urspr. Fassung: *der Linden dichte Nacht* (H^a) als der bei Nacht doppelt dunkle Lindenschatten (Trendelenburg 1921 u. a.). Oder gerade im Unterschied zu H^a als »Die zusammenfallenden Schatten der zwei Linden« (JA 14,391).

437,11312 *die innre Hütte lodert]* Die (mit feuchtem Moos gedeckte) Hütte brennt von innen her. In H^a und zunächst auch H^1 noch: *alte Hütte.*

437,11329 *weitsichtig]* Meint den weitreichenden Scharfblick des luchsäugigen Türmers (→ 9230 f.).

437,11336 *Was sich sonst dem Blick empfohlen]* Für: sich ihm zuvor zu seinem Wohlgefallen dargeboten hat.

437,11337 *Mit Jahrhunderten ist hin]* Auf die *Linden* bezogen: mit ihnen ist auch die Zeit ausgelöscht, in der sie aufwuchsen und Bestand hatten; für die *Hütte* und das *Kapellchen* in übertragenem Sinn: die alte Welt, die Philemon und Baucis verkörperten (in H^a noch: *Und Jahrhunderte sind hin*).

437, vor 11338 FAUST *auf dem Balkon, gegen die Dünen]* Vermerk in H^a: *Rückseite des Palasts nach den Dünen.*

437,11339 *Das Wort ist hier, der Ton zu spat]* Nicht antithetisch zu verstehen, sondern (gemäß H^a *Hier ist ein Wort ein Ton zu spat*): beides kommt zu spät.

437,11342 *Doch sei der Lindenwuchs vernichtet]* Für: wenn der auch vernichtet wurde (so ist doch *bald* . . .).

438,11344 *Ein Luginsland]* freistehender Aussichtsturm (vgl. DWb 12,1284) jetzt, statt der *Gerüste* in den Linden (11243 f.).

438,11346-49 *Da seh ich auch . . .]* Futurisch: Von da aus sähe ich dann auch . . .

438, vor 11350 MEPHISTOPHELES UND DIE DREIE*]* Eher wohl als Wechselrede denn als Sprechchor zu denken?

438,11352-55 *Wir klopften an . . .]* Im Wortgebrauch mag eine Erinnerung an Matthäus 7,7 höhnisch anklingen: »klopffet an, so wird euch aufgethan.«

438,11358 *geschicht]* Dem Reimzwang gehorchend, aber wohl auch im Sinne der hier sich wiederholenden alten 'Geschichte' für: 'geschieht' (gehört nach Adelung 2,599 eigentlich »den Mundarten zu«, aber »auch im Hochdeutschen nicht selten«).

438,11361 *Behende Dir sie weggeräumt]* Skrupelloser gefaßt als das ursprüngliche *Und sie sogleich dir weggeräumt* in H1. – Wie im voraus Fausts *schafft sie mir zur Seite* (→ Kommentar zu 11275), so jetzt wieder im nachhinein ein verharmlosendes Deckwort, ein beschwichtigender Euphemismus (entsprechend: 'umgesiedelt', 'vertrieben', 'ethnisch gesäubert', 'einer Sonderbehandlung zugeführt'). Gleich darauf wird offenbar, was solche Vokabeln noch verbergen: 'umgebracht'.

438,11365 *gestreckt]* Zu Boden geworfen, getötet.

438,11372 f. *Dem unbesonnenen wilden Streich | Ihm fluch ich, teilt es unter euch!]* Anders als die um Fausts Besserung bemühten älteren Kommentare angeben (Beutler, GA 819: »Verfluchung Mephistos«, oder Trunz, HA 1986,718: Faust stoße »mit Abscheu Mephistopheles und seine Helfer für den Augenblick von sich«), ist dieser Fluch doch allein auf ihren 'unbesonnenen', gegen Philemon und Baucis gerichteten *Streich* bezogen (DWb 19,1163/1166: »ein 'hieb', der jemandem zu seinem schaden oder zu seiner vernichtung 'versetzt' wird«, auch »eine kühne und überraschende militärische oder politische unternehmung«). Allenfalls könnte *Streich* noch eine gegen Faust selber gerichtete Heimtükke meinen (Adelung 4,812: »in der Bedeutung listiger, oft auch betrüglicher Handlungen«).

Nach *Ihm fluch ich* setzen C141 und spätere Ausgaben

statt des Kommas eigenmächtig ein Ausrufzeichen oder Semikolon und tragen auch damit zu Fausts moralischer Entlastung bei. Denn bei dieser stärker trennenden Interpunktion könnte man die nachfolgende Anweisung *teilt es* (statt auf Fausts Fluch, wie wohl gemeint) eher auf den *Raub* zurückbeziehen und also unterstellen, daß sich Faust das *schöne Gütchen* durch diesen mörderischen Gewaltakt denn doch nicht zu eigen machen wolle. Beutler, GA 822: »indem er das Land der Ermordeten aus der Hand gibt, erfährt er und offenbart er einen Wandel in seinem Herrschergefühl.« (? Sch.)

438,11376 f. *hältst du Stich]* DWb 18,2693 f.: »'stand halten, sich als zuverlässig erweisen'; ⟨...⟩ aus dem waffenhandwerk« hergeleitet.

439,11378 *Blick]* Adelung 1,963: »der schnell vorüber gehende Schein eines leuchtenden Körpers«, Blitz, Strahl.

439,11382 *Geboten schnell, zu schnell getan! –]* Nur die mörderische Ausführung dessen, was er halt *schnell* geboten habe, verwirft Faust als *zu* schnell. Von reuiger Selbstanklage kann da kaum die Rede sein.

Durch das Pausenzeichen des Gedankenstrichs wird das Nachfolgende nicht etwa abgetrennt und isoliert, sondern mit dem Mord- und Brand-Geschehen verknüpft: aus dem *Rauch* der Hütte, dem *Dunst* der Leichenverbrennung schweben *schattenhaft* die Vier grauen Weiber heran. Und ihnen folgend Fausts *Tod.* Trunz, HA 1986,717 über das Verhältnis der Verse 11382/83: »Zwei scheinbar unverbundene Sätze. Aber der Reim bindet und deutet die innere Beziehung an.«

11384-11510 MITTERNACHT

Die Bühnenanweisung lautete zunächst (in H2): *Pallast, Raum davor, Meeresufer zur Seite Nacht*, wurde dann auf die bloße Zeitangabe reduziert und symbolisch erhöht: *Mitternacht* als Endzeitangabe. Das Spiel beginnt im Freien. Erst die Regieangabe vor 11398 besagt dann: *im Palast* – in dessen Inneres das Phantom der Sorge sich *durchs Schlüsselloch* schleicht.

Die Vier grauen Weiber, die von der niedergebrannten Hütte her schattenhaft heranschweben, erinnern wohl von fern noch an die himmlischen Abgesandten im christlichen Mysterienspiel, welche den sündigen Menschen zur Umkehr zu bewegen suchten, wenn es zum Sterben kam (→ *Prolog*-Kommentar S. 162 f.). Als »Todesboten«, wie Kommerell 1991,80 sie nennt, erscheinen sie auch hier. So war das vorgegeben im biblisch-apokryphen Buch Jesus Sirach 40,1 ff.: »Es ist ein elend jämmerlich ding um aller menschen leben, von mutterleibe an, bis sie in die erde begraben werden, die unser aller mutter ist. Da ist immer sorge, furcht, hoffnung, und zuletzt der tod. Sowol bey dem, der in hohen ehren sitzet, als bey dem geringsten auf erden ⟨. . .⟩. Und wenn einer des nachts auf seinem bette ruhen und schlafen soll, fallen ihm mannigerley gedancken vor. Wenn er gleich ein wenig ruhet, so ists doch nichts: denn er erschrickt im traum, als sehe er die feinde kommen.«

Wie Goethes *Mitternacht*-Szene noch immer zum Welttheater-Spiel, zu einer parabelhaft 'ethisch-ästhetischen Formel' des Menschenlebens tendiert, macht auch ein weiteres, deutlich durchschimmerndes Modell kenntlich, welches Wittkowski 1990 aufgedeckt hat. Im 1818 erschienenen ersten Teil von Schopenhauers *Die Welt als Wille und Vorstellung*, der im Umgang mit dem *Faust*-Autor entstanden war und ihn nachdrücklich beschäftigt hat, wird (§ 57) der allgemein menschliche Wille zum Leben als »beständiges Streben, ohne Ziel und ohne Rast« bestimmt – als ein ontologisches »Leiden«, welches verbannen zu wollen nur bewirke, »daß es seine Gestalt verändert. Diese ist ursprünglich Mangel, Noth, Sorge um die Erhaltung des Lebens.« Könnten solche sich wandelnden Gestalten keinen »Eingang finden« in das menschliche Bewußtsein, bleibe der in ihnen verkörperte »Sorgestoff bloß als dunkle unbemerkte Nebelgestalt an dessen ⟨des Bewußtseins⟩ äußerstem Ende stehen.«

Daß im *Faust*-Spiel der *Mangel*, die *Schuld* und die *Not* keinen Zutritt finden in den Palast, wird ausdrücklich damit begründet, daß *ein Reicher* drin wohne, der *das verwöhnte Gesicht* von ihnen abwende. Auch die *Schuld* wird man deshalb wohl als eine materielle verstehen müssen (als debitum), obgleich ihre Herkunft aus dem *Rauch* der Brand- und Mordstätte es nahelegt, sie als sittliche Schuld (culpa) zu deuten, wie viele Kommentare das versuchen; vgl. HA 1986,719.

Sehr unterschiedliche Erklärungen haben die Gestalt der *Sorge* und der Ausgang ihres Disputs mit Faust gefunden (dazu Klett 1939,57-63 und Moenkemeyer 1954,103-141). Selber stellt sie sich 11453-66 und 11471-86 als Dämon dar, als eine qualvoll beengende Gewalt, die alle Tätigkeit lähmt und den von ihr Befallenen in Zukunftsängsten erstickt. *Hast du die Sorge nie gekannt?* fragt sie den Faust. So hat er sie gekannt, so sie selber beschrieben in der nächtlichen Eingangsszene, ehe er das Gift nahm, das ihn frei machen sollte (→ 644-51). Für diese lähmende Sorge gab es seither keinen Raum mehr in seinem rastlosen Leben. *Du bebst vor allem was nicht trifft*, sagte er sich damals; *Und was du nie verlierst das mußt du stets beweinen.* Der steinharte Alte hier weint nicht und bebt nicht mehr; ist unanfällig für all die Bedrängnisse der Sorge, die er damals beklagte; behauptet sich gegen sie.

Nur hat sie auch ein anderes Gesicht. Das scheint Faust zu wissen, wenn er ungefragt erklärt: *Nach drüben* wolle er die Augen nicht richten, *in die Ewigkeit* brauche der Tüchtige und Tätige nicht *zu schweifen.* Auch alles sorgende Bedenken des Künftigen weist er hier von sich, auch als Todesbotin also will er die Sorge *nicht anerkennen.* In Goethes mythologischem Lexikon stand unter 'Cura': »soll eine Göttinn der Sorge und Unruhe gewesen seyn«; für 'Curae' dann: »Rachegöttinnen der Alten, welche 〈. . .〉 zuförderst für das böse Gewissen der Menschen angenommen werden.« (Hederich 1770,814) Das »Gewissen« aber, so heißt es 1829 in *Wilhelm Meisters Wanderjahre* (FA I 10,345), müsse »erregt« werden, »wenn es stumpf, untätig, unwirksam dahin brütet«; es solle hingegen »beschwichtigt« werden, »wenn es durch reuige Unruhe das Leben zu verbittern droht. Denn es ist ganz nah mit der Sorge verwandt, die in den Kummer überzugehen droht, wenn wir uns oder andern durch eigene Schuld ein Übel zugezogen haben.«

Auch diese Art Sorge wird hier »beschwichtigt«, wird abgewiesen. *Die Menschen sind im ganzen Leben blind* – im übertragenen Sinne nämlich: blind vor Sorge; *Nun Fauste! werde dus am Ende.* (11497 f.) Er erblindet tatsächlich, wenn der verwünschende Dämon ihn anhaucht. Aber seine Blindheit kann in diesem Kontext wohl nicht allein den körperlichen Vorgang meinen. Nicht die lähmende Sorge blendet ihn, wie andere Menschen, sondern gerade umgekehrt die Sorg-Losigkeit, die ihn in unbedingter, rastlos blinder Tätigkeit hält.

Könnt ich Magie von meinem Pfad entfernen – aber Mephisto bleibt an seiner Seite bis zum Ende. *Die Nacht scheint tiefer tief hereinzudringen | Allein im Innern leuchtet helles Licht: | Was ich gedacht ich eil es zu vollbringen . . .* – aber der grandiose, unerschütterliche Selbstbehauptungswille des Uralten, des sorglos Blinden, gründet sich auf eine abgründige Täuschung (→ Kommentare zu 11403-07 u. 11499 f.).

439,11391 *schleicht sich durchs Schlüsselloch ein]* Nach dem Volksaberglauben eine der »Einbruchstellen für magische Mächte, Dämonen und Geister aller Art« (HwbdA 7,1231).

440,11403-07 ... *Könnt ich Magie von meinem Pfad entfernen ...]* Auf diese Verse (und Fausts nachfolgenden Satz: *Nimm dich in Acht und sprich kein Zauberwort*: 11423) haben die 'Perfektibilisten' ihre These gestützt, daß der immerstrebende Held eine moralische 'Besserung' zeige, die ihn am Ende erlösungswürdig macht (gemäßigt etwa Staiger 1959,437: es sei Goethes »Absicht, Faust noch vor dem Tod aus dem Teufelsbündnis zu lösen oder doch wenigstens das Verhältnis zu seinem Gesellen zu lockern«; entschiedener Beutler, GA 818 f.: »Zuerst die Philemon- und Baucis-Handlung; sie führt zur inneren Wandlung Fausts und Verfluchung Mephistos. Es folgt die Begegnung mit der Sorge; sie führt zur Überwindung der Magie«). Die handschriftlichen Vorstufen freilich (entstehungsgeschichtlich untersucht von Bluhm 1966) werfen ein anderes Licht auf den endgültigen Wortlaut dieser Passage. Wie sinngemäß wohl schon in der Endfassung des mehrschichtig-mehrdeutigen Entwurfs $H^{3\alpha}$, dann wieder in H^4 (→ Text-Band S. 725) und der ersten Fassung von H^5 heißt es nämlich in H^3:

Noch seh ⟨über: *hab*⟩ *ich mich ins Freye nicht gekämpft*
Magie ⟨aber⟩ *hab* ⟨ich⟩ *schon längst entfernt*
Die Zauber frevel williglich v⟨er⟩*lernt*
Do⟨ch⟩

Das entspricht offenbar noch immer Goethes ursprünglicher Konzeption, welche das Paralipomenon 63 (Text-Band S. 596,116 ff.) festhält: Faust *entläßt den Mephistophles* ⟨...⟩ *und gewinnt große Güter. Indessen altert er.* Schon in der gleichen Handschrift H^3 jedoch wird eine entschieden abweichende Wendung versucht, die dann sinngemäß in einer zweiten Fassung auch von H^5 und H^6 wiederkehrt:

Ich mühe mich das magische ⟨über: *Magie*⟩ *zu entfernen*
Die Zaubersprüch⟨e⟩ *gänzlich zu verlernen*
Doch ist die Welt von solchem Spuk so voll.

In H^7 schließlich nehmen diese Verse ihre endgültige Gestalt an:

Könnt ich Magie von meinem Pfad entfernen
Die Zaubersprüche ganz und gar verlernen.

Stünd ich Natur vor dir ein Mann allein.
Da wär's der Mühe werth ein Mensch zu seyn.

So ist die ursprünglich *längst* vollzogene Abkehr von der Magie, vom Zauberfrevel (und also von Mephisto) zunächst ersetzt worden durch die bloße Bemühung um einen Magieverzicht. Dann wird auch dieses Besserungsstreben noch abgeschwächt zu einer konjunktivischen Wendung, welche offen läßt, ob Faust überhaupt im Optativ redet oder nicht eher in einem resignierenden Irrealis, der das Wünschenswerte und Richtige doch als unerreichbar erkennt, die Verstrickung ins 'Böse' also als unabwendbar hinnimmt (auch wenn er die *Sorge* dann nicht durch ein *Zauberwort* bannt).

Das genaue Verständnis dieses Konditionalgefüges hängt an der Interpunktion. Die vorläufige Reinschrift H2 hat hinter jedem der Verse 11404-06 ein Komma und bezeichnete sie so als gleichrangige Voraussetzungen für 11407: *Könnt ich* und *Stünd ich*, so *wär's* ... In der endgültigen Reinschrift H aber steht nach 11404 und 06 kein Satzzeichen mehr und nach 05 ein Semikolon, das man durchaus im Sinn des heutigen Doppelpunkts verstehen könnte (→ im Interpunktions-Kommentar hier S. 112 ff.). So scheint jetzt nicht erst 11407, sondern schon 06 abhängig von der Bedingung 11404/05: *Könnt ich ... entfernen* und *verlernen*, so *Stünd ich* ..., und *Da wär's* dann *der Mühe wert ein Mensch zu sein.*

440,11408 f. *eh ich's im Düstern suchte, | Mit Frevelwort mich und die Welt verfluchte]* Fausts Fluchrede in der *Studierzimmer*-Szene galt freilich nicht ihm selbst und der Welt, sondern den christlichen Fundamentaltugenden (»glaube, hoffnung, liebe« und »gedult in der hoffnung« → Kommentar zu 1604 ff.). Bedauert er jetzt dieses *Frevelwort*, so deutet er es doch um (oder schränkt es ein) auf die Weltimmanenz, nimmt ihm seinen religiösen, transzendenten Bezug: der mit ihm vollzogene Abfall vom Christentum wird hier keineswegs zurückgenommen (→ dazu 11442 ff.).

440,11410 *Nun]* Im Sinne des *Doch*, das in allen handschriftl. Entwürfen an dieser Stelle stand.

440,11412 *Wenn auch Ein Tag . . .]* Hervorhebende Großschreibung: Selbst wenn es einmal einen Tag gibt, der . . .

440,11414 *von junger Flur]* Aus der frühlingshaft hoffnungsvollen Natur (hier vom neu gewonnenen Land? HA 1986,719).

440,11415 *Ein Vogel krächzt; was krächzt er? Mißgeschick.]* Das Krächzen der Rabenvögel galt im *Aberglauben* seit der Antike als Ankündigung von Unglück und Tod (dazu HWbdA 4,1442; 5,361 ff. In H^8, Text-Band S. 726,6 noch: *Ein Vogel krächzt er scheint zu prophezeihn*). – *Mißgeschick*: stärker als im heutigen Wortsinn: »ein widerwärtiges, feindseliges Geschick« (Adelung 3,519).

440,11417 *Es eignet sich . . .]* DWb 3,105: »erscheint, kündigt sich 〈. . .〉 geisterhaft an«.

441,11423 *Nimm dich in Acht und sprich kein Zauberwort]* Die vorangehende Regieanweisung macht deutlich, daß Faust diese Worte nicht etwa, wie häufig unterstellt wurde, an die Sorge richtet, sondern an sich selbst (Paralipomenon 202a, Text-Band S. 725,7: *Ihr seyd mir fremd ich mag euch nicht beschwören*). Doch trägt dieser Verzicht auf einen magischen Abwehrzauber kaum so weit, wie neben vielen anderen Kommentatoren Kommerell 1991,89 meinte: »Der Wunsch aber: 'Könnt' ich Magie von meinem Pfad entfernen' 〈11404〉, wird sogleich im Verlauf der Szene, in der die Entscheidung fällt über die Seele Fausts 〈? Sch.〉, zur Tat. Er entfernt wirklich die Magie von seinem Pfad, indem er sich der Sorge nicht, wie er es könnte, oder doch zu können glaubt, durch eine magische Formel entledigt.« (→ dazu Kommentar zu 11403-07).

441,11426 *In verwandelter Gestalt]* In allen möglichen, sich wandelnden Erscheinungsformen.

441,11429 *Ewig ängstlicher Geselle]* Die Sorge selbst: als ständig ängstigender, niederdrückender Begleiter des Menschen (vgl. GWb Bd 1,575).

441,11431 *geschmeichelt]* Hier wohl im Sinn von »lindernd 〈auf sie〉 einwirken« (DWb 15,985).

441,11442 *Nach drüben ist die Aussicht uns verrannt]* Dicht angeschlossen an die *Studierzimmer*-Szene des Ersten Teils: → 1660 ff. – H setzt hinter diesen Vers das doppeldeutige Semikolon (→ Interpunktions-Kommentar S. 112 ff.), das hier als heutiger Doppelpunkt zu verstehen ist: an 11442 als bedingender Feststellung hängt der nachfolgende Schluß, der keineswegs eine eigenständige weitere Aussage abgibt.

441,11443 *Tor! wer dorthin die Augen blinzelnd richtet]* So hat sich Faust in der Eingangsszene des Zweiten Teils abgekehrt vom blendenden Licht der Sonne (in dem sich nach Goethes Verständnis das Göttliche offenbart) – *vom Augenschmerz durchdrungen* (4703; → Kommentare zu 4702 ff. und 4716-27).

441,11444 *Sich über Wolken seines gleichen dichtet]* In Umkehrung des Schöpfungsberichts (1. Mose 1,26: »Und Gott sprach: Lasset uns menschen machen, ein bild, das uns gleich sey«) gegen die Offenbarungsreligion gerichtet.

441,11446 *Dem Tüchtigen ist diese Welt nicht stumm]* Eckermann, 25. 2. 1824: »Die Beschäftigung mit Unsterblichkeits-Ideen, fuhr Goethe fort, ist für vornehme Stände und besonders für Frauenzimmer, die nichts zu tun haben. Ein tüchtiger Mensch aber, der schon hier etwas Ordentliches zu sein gedenkt und der daher täglich zu streben, zu kämpfen und zu wirken hat, läßt die künftige Welt auf sich beruhen, und ist tätig und nützlich in dieser.«

442,11449 *Erdentag]* Für das irdische Leben überhaupt (*entlang* also temporal zu verstehen).

442,11452 *Er! unbefriedigt jeden Augenblick]* In H durch Klebzettel und Rasur korrigiert aus urspr. *Nur mißvergnügt in jedem Augenblick.* An die Stelle einer eher situationsbezogenen oder jetzt altersbedingten Stimmungslage trat damit die immergültige Bestimmung. – Michelsen 1989/I,240, auf diesen Vers verweisend: »So ist der Kern seines Wesens Unzufriedenheit«. Angemessener wohl: Ungenügen am Gegebenen – als Antriebsmoment für Fausts *Weiterschreiten* in *Qual und Glück*, für sein ‘Streben’ und ‘Irren’.

442,11453-66 *Wen ich einmal mir besitze ...]* Wie schon

11424 ff. und wieder 11471 ff. spricht die Sorge in vierhebig absinkenden, monoton leiernden Trochäenversen mit durchweg zweisilbig lullenden Kadenzen. Gegen die *Litanei* ihres betörenden Singsangs behauptet sich Faust bei diesem metrischen Zweikampf mit auftaktig energischen Jamben (welche die 'nicht anerkannte' Sorge am Ende mit ihrer Verwünschungsrede 11495 ff. übernimmt).

Zum Inhalt dieser Sorge-Verse der Mediziner Nager 1990,143: »alle klassischen Lehrbuchsymptome, die den depressiven Seelenzustand kennzeichnen: Verdüsterung und Schwarzsehen, destruktiv-negatives Denken, Unfähigkeit, auch nur die geringste Forderung des Tages zu erfüllen, seelische Lähmung, innere und äußere Trägheit, neurotische Grillenhaftigkeit, Verlangsamung aller Funktionen, tantenhafte Umständlichkeit, paralysierende Unentschlossenheit, Halbheit aller Unternehmungen, Unfähigkeit, den Augenblick anzupacken, körperliche Begleitbeschwerden, Schlafstörungen, negative Ausstrahlung auf die Mitmenschen.«

442,11457 *Bei vollkommnen äußern Sinnen . . .]* Während die auf äußere Wahrnehmungen gerichteten Sinnesorgane völlig intakt sind . . . (→ Kommentar zu 11499 f.).

442,11470 *den klügsten Mann betören]* Adelung 1,843: »des Gebrauches seiner Vernunft berauben, ⟨. . .⟩ von seinem Wege« abbringen.

442,11481 ff. *ein unaufhaltsam Rollen . . .]* Aufgehoben »das schöne Gleichgewicht zwischen Wollen, Sollen und Vollbringen« (*Shakespeare und kein Ende!* FA I 19,644).

443,11482 *Schmerzlich Lassen, widrig Sollen]* Kummervoller Verzicht auf das Gewollte und widerwillige (unvermögende) Wahrnehmung des Gemußten.

443,11486 *Und bereitet ihn zur Hölle]* Sehr erwägenswert der Emendationsvorschlag Düntzer 1883,468 (bei angenommenem Hörfehler): *bereitet* sie *zur Hölle* (die *Stelle*, das *verfluchte hier* in 11233).

443,11492 *Das geistig-strenge Band]* Die enge, feste Bindung – des menschlichen Geistes durch die oder an die Geisterwelt der Dämonen.

443, nach 11498 *sie haucht ihn an]* Zahlreiche Vorgaben in Mythologie und Aberglauben (vgl. z. B. HwbdA 1,647, 710 ff., 1354 ff.). Der Atem dämonischer Wesen als Träger einer unsichtbaren, zerstörerischen Kraft; in Umkehrung des beseelenden göttlichen Hauches 1. Mose 2,7.

443,11499 f. *Die Nacht scheint tiefer tief hereinzudringen | Allein im Innern leuchtet helles Licht]* Auf entschieden gegensätzliche Weise erklärt (Überblick: Klett 1939,57 ff.; Moenkemeyer 1954,124 ff.), bilden diese Verse eine der umstrittensten Stellen der *Faust*-Dichtung. Ihre Deutung ist von entscheidendem Einfluß auf das Verständnis nicht nur des 5. Aktes und der Schlußszene, sondern auf das des gesamten *Faust*-Spiels, und wird umgekehrt (im hermeneutischen Zirkel) von diesem übergreifenden Verständnis oder Vorverständnis her bestimmt. Sehr deutlich zeigen das die ‘perfektibilistischen’ Kommentare, die also ein ins immer Höhere, Reinere, Reifere gelangendes Streben des ‘Helden’ voraussetzen oder nachzuweisen suchen. So Burdach 1923,21: »Faust verliert zwar aus Altersschwäche das Gesicht, aber sein Geist bleibt helle, wie bei manchen Greisen im höchsten Alter. 〈. . .〉 dieses in ihm weiter leuchtende Licht ist nicht mehr die Glut, die seinen Geist von jeher erfüllte; es ist ein neues reineres Feuer, das sich in ihm entzündet hat«. Emrich 1981,397: »hier bedeutet Blindheit tiefste beglückendste Gnade«, weil sie »den Tod überwindet, weil sie das Zufällige, Reale, Stückhafte des Tuns 〈. . .〉 nicht mehr sehen läßt, sondern ihn 〈Faust〉 auf die ewige Schöpferkraft des Innern – und etwas anderes ist nach Goethes Seelenlehre dies ‘innere Licht’ nicht – verweist.« Oder Staiger 1982,33: »Er bleibt sich treu. Im Geist des Dichters, im Geist eines Humanismus, dem es mit der Gottesebenbildlichkeit des Menschen ernst ist, der auch bereit ist, die Verantwortung für diesen Gedanken zu tragen, erkennt er sein, des Menschen, Auge – wie Goethe in der Farbenlehre darlegt – als inneres Licht, und dieses innere Licht reicht aus, sein Werk zu einem Ende zu führen, das in den oberen Rängen gilt.«

Solche Kommentare schließen die These ein, daß Faust hier die Sorge geradezu ‘besiege’, insofern der äußere Schade, den sie ihm zufügt, in Wahrheit doch ein innerer Gewinn sei, jedenfalls: »Das Gegenteil von dem, was die Sorge bewirken wollte! Das Licht, es ist der unversiegliche Tätigkeitsdrang seiner Entelechie, die mächtiger ist als seine Physis und äußerer Helle nicht bedarf.« (Arens 1989,912) Die im vorangehenden Szenen-Kommentar vorgeschlagene Erklärung, daß der die Sorge von sich weisende und daraufhin mit Blindheit geschlagene Faust von Sorg-Losigkeit verblendet sei, wäre damit unvereinbar.

Ob man Fausts Verse in ihrem wörtlichen, positiven, über die Sorge triumphierenden Sinn, also als die Selbstaussprache eines Einsichtigen zu nehmen habe, oder ob sie unter ‘ironischem’ Vorbehalt des Autors und geradezu als Zeugnis der Verblendung des Sprechenden zu verstehen wären – zu dieser Frage kann der Autor, der sich an die Gesetze der dramatischen Gattung bindet, hier selber nichts sagen. Deshalb ist es in diesem kritischen Fall doch nötig und nützlich, externe Äußerungen Goethes beizuziehen.

In den dabei häufig angeführten *Wahlverwandtschaften* heißt es: »Es könnte wohl sein, daß das innere Licht einmal aus uns heraustträte, so daß wir keines andern mehr bedürften.« (FA I 8,410) Aber dieser Satz ‘Aus Ottiliens Tagebuch’ bezeichnet die Gedanken der Romanfigur, die sich – sehr anders als Faust – vom Leben abwendet; »jemand müßte eine ewige Lampe stiften«, heißt es da zuvor. Goethes eigene, tief verankerte Überzeugung hingegen besagte, »daß alles, was innen ist auch außen sei, und daß nur ein Zusammentreffen beider Wesenheiten als Wahrheit gelten dürfe« – insofern nämlich »einer jeden Modifikation des Subjektiven innerhalb der Sinnensphäre jedesmal eine im Objektiven entspreche.« (FA I 25,819/822) Diese allein »Wahrheit« verbürgende Korrespondenz, dieses Gleichgewicht von außen und innen, so meinte er, könne auf zweifache Weise gestört oder aufgehoben werden. Beides kommt 1825 in Goethes *Trilogie der Leidenschaft* zur Sprache (FA I 2,456), und beide Male gilt: »Keins wird vom andern wünschenswert ergänzt«. Einerseits: »Ein glänzend Äußres deckt ⟨verdeckt, verkennt⟩ mein trüber Blick« – das entspricht den Versen der Sorge 11457 f.: *Bei vollkommnen äußern Sinnen | Wohnen Finsternisse drinnen.* Dann aber, gegenläufig: »Von außen düstert's, wenn ⟨während⟩ es innen glänzt« – was Fausts eigenen Versen gleichkommt: *Die Nacht scheint tiefer tief hereinzudringen | Allein* ⟨er will sagen: jedoch; der Leser sollte verstehen: nur noch⟩ *im Innern leuchtet helles Licht.* Michelsen 1962,29: »Das 'innerliche Licht' ist in all diesen Fällen Ergebnis einer pathologischen Verblendung, die das Innere des Menschen in Disproportion zum Äußeren setzt.« Nach Goethes Vorstellungen hat diese Erblindung eine tiefe, heillose Gleichgewichtsstörung zur Folge. Denn der auf eine wahrheitsverbürgende menschliche Wahrnehmung gerichtete Fundamentalsatz des Farbenlehrers lautet: »Die Totalität des Innern und Äußern wird durchs Auge vollendet.« (FA I 23/2,269)

Wenn sich der unentwegt tätige Blinde seines inneren Lichts zu versichern sucht, entspricht das durchaus der anmaßenden Rede des Baccalaureus, daß er froh sein *innerliches Licht* verfolge (→ Kommentar zu 6806). Nur ist das hier nicht mehr lächerlich. Es hat notwendig und unmittelbar den vollkommenen, realitätsfremden, wahrheitsfernen, vielleicht darf man sagen: tragischen Verlust von Fausts Weltbezug zur Folge. Die eigene Erblindung erklärt er sich hier als die tiefer hereindringende Nacht, und wenig später dann hält er die Lemuren für seine aus dem Schlaf gescheuchten *Knechte*, verwechselt das Grab, das sie im Dunkel für ihn schaufeln, mit dem großen Entwässerungskanal und klammert sich angesichts des nahenden Todes an das vermeintlich fortschreitende riesige Lebenswerk (dem Mephisto 11544 ff. doch schon die Vernichtung voraussagt).

443,11500 *Licht:]* In H ursprünglich Komma, mit Bleistift zum Semikolon ergänzt; hier als Doppelpunkt wiedergegeben (→ Interpunktions-Kommentar S. 112 ff.). Denn die nachstehenden Verse schließen sich nicht als selbständige und eigengewichtige Aussagen an, sondern ergeben sich unmittelbar aus dem Realitätsverlust, den der erblindende, in Sorglosigkeit verblendete Faust erleidet (und bestätigen ihn).

443,11506 *Das Abgesteckte]* Der mit der *Kette* festgelegte, durch *Pfähle* markierte Verlauf, den *der unternommene Graben* des großen Entwässerungskanals zu nehmen hätte.

443,11507-10 *Auf strenges Ordnen ... Genügt Ein Geist für tausend Hände]* Diese Verse sind eine der Stützen für die verbreitete These, daß der *Faust*-Schluß auf die 'frühsozialistischen' Lehren Saint-Simons und seiner Schüler anspiele (vgl. etwa Schuchard 1935,271 f., dann ähnlich Boyle 1982, 14 ff. u. a.). In der Tat hat sich Goethe während der französischen Revolution von 1830/31 eingehend unterrichten lassen über die Saint-Simonisten (durch Soret; vgl. Biedermann/Herwig 3.2, Nr 6644). Aber die Spuren, die das in der *Faust*-Dichtung hinterlassen haben mag, sind wohl doch überschätzt worden. Es geht im Saint-Simonismus darum, daß eine Führungselite (welcher der sogenannte Père vorsteht: der *Patron* in 11170?) auf der zuletzt erreichten Stufe der Gesellschaft jedem einzelnen seine Aufgaben zuteilen sollte. Da diese Weisungen in Kenntnis der objektiven Sachzwänge und der gesellschaftlichen Entwicklungsrichtung erfolgten, würde sich ein (eigentlich gar nicht mehr denkbarer) Widerstand gegen den Absolutheitsanspruch der Vernunft selber richten. Wäre erst das Erbrecht abgeschafft, gäbe es am Ende auch keinen Müßiggang mehr, und überhaupt dürfe nur der Arbeitende, Fleißige Bürgerrecht haben (→ 11575-78?). Schließlich werde in dieser ganz auf die Herrschaft über die Natur konzentrierten gesellschaftlichen Anstrengung (→ 10219-21; 10229-33?) jede Art Herrschaft über die Menschen absterben, da alle ihren Fähigkeiten entsprechend tätig seien und die Pflicht mit der Neigung, das Interesse des einzelnen mit dem des Kollektivs zusammenfalle (→ 11567 f. und 11572 ff.?).

11511-11603 GROSSER VORHOF DES PALASTS

Die Todesszene setzt ein mit dem Auftritt der von Mephisto herbeikommandierten Lemuren, die das Grab schaufeln müssen und den zurücksinkenden Faust am Ende fassen und auf den Boden legen; dann hat Mephisto das letzte Wort. Dazwischen die Verse, die der aus dem Palast getretene Faust noch spricht. Das hochbedeutende Mittelstück der Szene bildet sein sogenannter 'Schlußmonolog' 11559-86. Über ihn hat die Rezeptionsgeschichte ein ganzes Gebirge von Auslegungs- und (ideologischen, ja politischen) Adaptationsversuchen getürmt. Er bedarf einer eingehenderen Erläuterung (wird deshalb nicht im Einzelstellenkommentar, sondern hier im Zusammenhang des Szenen-Kommentars erörtert).

Für das Verständnis dieser Passage ist förderlich, was sich hinsichtlich des Entstehungsprozesses und der über verschiedene Vorformen führenden Bedeutungsentwicklung den dazu überlieferten Handschriften ablesen läßt.

In H^2 (nur 9 Verse statt der endgültigen 28; → Handschriftenwiedergabe im Text-Band, Abb. 18) knüpft Fausts Rede direkt an die vorangegangenen Verse an. Er nimmt seine eigenen letzten Worte auf (... *Wie sich verlängt der ungeheure Graben*) – oder er hat gar Mephistos halblaute Bemerkung gehört (man spreche von *keinem Graben doch vom Grab*) und ungenau verstanden, sagt also insistierend:

Dem Graben, der durch Sümpfe schleicht
Und endlich doch das Meer erreicht.
Gewinn ich Plaz für viele Millionen
Da will ich unter ihnen wohnen,
Auf eignem Grund und Boden stehn.
Ich darf zum Augenblicke sagen:

Verweile doch du bist so schön!
Es kann die Spur von meinen Erdetagen
Nicht in Aeonen untergehn.

Der *ungeheure Graben* ist als ein riesiger Kanal zu verstehen, der auch die versumpften Niederungen in Fausts dem Meer schon abgerungenem Neuland bewohnbar und kultivierbar machen soll für *viele Millionen* (→ Kommentar zu 11559 f.). Dort will er auf *eignem Grund und Boden stehn.* Zweifellos entspricht das seinem in der *Hochgebirgs*-Szene ausgesprochenen Verlangen: *Herrschaft gewinn ich, Eigentum!* (10187). Die dort anzusiedelnden *Millionen* denkt er sich gewiß nicht als Grundbesitzer. Immerhin, mit den Worten dieses Autokraten, er wolle *unter ihnen wohnen*, scheint ein überraschend neuer Ton anzuklingen.

In H2 ist nun über der Zeile ein Zusatzwort eingebracht worden. So lautet (bei noch gleichbleibendem Kontext) die zweite Fassung der fraglichen Stelle:

Auf wahrhaft eignem Grund und Boden stehn.

Nur den *Strand* des Kaiserreichs hatte Faust als Lehen erhalten (11063). Offenbar bestimmt das zugefügte Wort sein dem Meer erst abgewonnes Land als *wahrhaft* eigenes: lehnsunabhängiges. Doch dabei bleibt es nicht. Das neue Attribut zieht auch ein neues Adjektiv nach. Die dritte der überlieferten Fassungen (nun schon mit dem endgültigen Kontext der von ursprünglich nur 9 Zeilen auf 28 Verse gebrachten Faustrede in der Reinschrift H; Handschriftenwiedergabe im Text-Band, Abb. 19) lautet:

Solch ein Gewimmel möcht ich sehn,
Auf wahrhaft freyem Grund und Boden stehn.

Wird die Rede von *wahrhaft eignem* jetzt durch die von *wahrhaft freyem Grund und Boden* ersetzt, tritt der Aspekt von Herrschaft und Eigentum offensichtlich in den Hintergrund. Daß hier – oder tastend gar schon in der 2. Fassung – ein von Mephisto unabhängiges, nur in solchem Sinne ‘freies’ Land gemeint sei (wofür man sich auf Fausts Verse in der *Mitternachts*-Szene 11404 ff. berufen hat: *Könnt ich Magie von meinem Pfad entfernen . . .*), ist bei dessen fortgesetzter Beteiligung an Fausts Kolonisationswerk unwahrscheinlich. Vollends die noch auf dem gleichen Handschriftenblatt vorgenommenen weiteren Textveränderungen schließen es aus: Anders als die anfängliche Wendung *Auf eignem Grund und Boden* bedarf die Rede von *freyem Grund und Boden* des vorangestellten Zusatzes *wahrhaft* nicht mehr, und das jetzt neu ins Spiel gebrachte 'frei' ist ein Wort, welches in Goethes Zeit unweigerlich politische Konnotationen heraufführt. Dem folgend wird im nächsten Schritt *wahrhaft* gestrichen, ebenso das eigentumsbezogene *und Boden.* Statt dessen wird eingesetzt (von Eckermanns Hand, aber gewiß nicht aus Eckermanns Geist): *mit freyem Volke.* Vierte, endgültige Fassung also:

Solch ein Gewimmel möcht ich sehn,
Auf freyem Grund mit freyem Volke stehn.

Die Worte *Freiheit* und *frei*, die viermal in Fausts letzter Rede stehen, eröffnen einen weiten Auslegungsspielraum (und die Interpreten und Kommentatoren haben ihn weidlich genutzt).

Noch 1765 konnte Herder 1,23 f. erklären, man denke »bei dem Worte Freiheit anders, als die Alten«: nicht mehr daran nämlich, »selbst das Rad des Staats lenken zu wollen« und »keine Namen über sich zu leiden.« Was sich »heut zu Tage jeder Patriot wünschet«, sei »eine feinere und mäßigere Freiheit, die Freiheit des Gewißens, ein ehrlicher Mann und ein Christ seyn zu dörfen, die Freiheit, unter dem Schatten des Thrones seine Hütte und Weinstock in Ruhe genießen zu können, und die Frucht seines Schweißes zu besitzen; die Freiheit, der Schöpfer seines Glückes und seiner Bequemlichkeit, der Freund seiner Vertrauten, und der Vater und Bestimmer seiner Kinder seyn zu können«. Im Jahr 1802 aber konstatierte Hegel (1971,570): »Da seit zehn Jahren ganz Europa seine Aufmerksamkeit auf das fürchterliche Ringen eines Volks nach Freiheit heftete und ganz Europa in allgemeiner Bewegung deswegen war, so kann es nicht anders sein, ⟨als⟩ daß die Begriffe über Freiheit eine Veränderung erlitten und ⟨sich⟩ aus ihrer Leerheit und Unbestimmtheit geläutert haben.« Als der alte Goethe die Worte von *freyem Grund* und *freyem Volke* in

Fausts letzte Rede setzte, mußte er wissen (ja wollen), daß seine Leser, die Zeitgenossen der amerikanischen Unabhängigkeitserklärung, der französischen Revolution, der preußischen Aufhebung von grundherrschaftlicher Leibeigenschaft und Erbuntertänigkeit, Vorstellungen an diese Verse knüpften, die sich in der Tat aus ihrer vorherigen »Leerheit und Unbestimmtheit geläutert« hatten. Vom *Volke* ist hier gewiß nicht im Sinn von Nation und im Hinblick auf die Souveränität des Volkes die Rede (dazu W. Mommsen 1948,225-47). Sprich *Von Freyheit und von Gleichheit mit dem Volke!* – das gab Goethe (im Paralipomenon 68; Text-Band S. 566,10) dem Mephisto zu sagen. Nicht einmal Fausts Worte über die *Millionen*-Scharen seiner Kolonisten in H2: er wolle *unter ihnen wohnen* (denen man die französische égalité-Parole abhören könnte) ließ er stehen im endgültigen Text. Aber was er (bezeichnenderweise im Zusammenhang von Wasserbautechnik und Landgewinnung) bei Büsch 1796,1,117 gelesen hat, verdeutlicht sehr wohl etwas vom 'gemeinten' Sinn dieser Verse. Da hieß es nämlich von den alten Deichbauern an der Nordseeküste (»z. B. von Dimarsen und dem Lande Wursten«): »Sie waren freie Völker, und hat je ein Volk Recht zur Freiheit; hat je eine Erobrung Recht zum ungekränkten Besiz der eingenommenen Wohnsize gegeben, so waren es diese über das Meer gemachte Erobrungen, diese Zueignung eines Geschenks, das man aus den Händen der Natur genommen, und durch eine andern Völkern unbekannte Kunst zu benuzen gelernt hatte.« Weit eher als an das *Volk* im Sinn einer staatsbildenden Nation und an dessen 'republikanische' Verfassung mag Goethe bei Fausts Versen an eine große Siedlergemeinschaft solcher sogenannten 'Freisassen' gedacht haben – wie man sie zu seiner Zeit längst schon durch Befreiungen von Lasten, Abgaben, Frondiensten zur Kolonisierung in öde oder sumpfige Landstriche und überschwemmungsbedrohte Marschen gezogen hat (aufschlußreich für den Kenntnisstand der Zeit etwa der 'Freysaßen'-Artikel der *Deutschen Encyclopädie* 10,532 f. von 1785).

Faust freilich spricht von Künftigem: *Im Vorgefühl von solchem hohen Glück.* Dem folgend hat man seine Worte geradezu als eine geschichtsprophetische Vision verstehen wollen, eingebracht in die *Faust*-Dichtung, aber doch weit hinausweisend über dieses Spiel und seine Grenzen. Metscher 1976,133: Hier »repräsentiert Goethesche Dichtung bürgerliche Ideologie im Prozeß des Übergangs zur sozialistischen.« Boyle 1983,43: »Faust's final speech is a prophecy of Marxism.«

Im Dienst der parteigesteuerten Kulturpolitik der DDR und ihrer 'Erbe'-Doktrin, für ihr Goethebild und Faustverständnis haben solche Thesen eine bedeutende Rolle gespielt (dazu Lützeler 1975. → auch Kommentar zu 11559 f.). Dietze 1986,627 (beispielsweise): »wahrhaft frei ist der Grund und Boden, wenn er dem freien, dem befreiten Volke gehört, und wahrhaft frei ist das Volk, wenn ihm der Grund und Boden gehört. Wechselbeziehungen in der objektiven Entwicklung gesellschaftlicher Prozesse sind philosophisch tief erfaßt und künstlerisch meisterhaft in knapper Formulierung zusammengezogen. Die Verantwortung des Schriftstellers vor seiner Zeit wurde energisch wahrgenommen und doch zugleich auch auf zukünftige Epochen ausgerichtet ⟨. . .⟩, weil er die Sozialstruktur einer künftigen Gesellschaft deutlich genug als die einer nicht mehr bürgerlichen konturiert. Dies ist der Punkt, an dem Goethe als Künstler den ideologiegeschichtlich weitesten Vorstoß seines Lebens unternimmt«.

Kommentierungen dieser Art, die Fausts 'Schlußmonolog' im Sinne einer fortschrittsoptimistischen Geschichtsprophetie als höchste und reinste Äußerung des allererst in seiner Todesstunde zu sich selbst gelangenden Protagonisten, ja als ein visionäres Vermächtnis des alten Goethe selber darstellen, müssen den Kontext freilich ausblenden. Der nämlich schließt ein solches Verständnis aus. Unmittelbar bevor der greise Gewaltherrscher zu diesen Versen ansetzt, hat er von der *Menge* gemurmelt, die ihm da *frönet*, hat er dem Aufseher Rekrutierungsanweisungen für ein neues *Arbeiter*-Heer erteilt (*Bezahle, locke, presse bei!*).

Damit und mit allem Vorausgehenden ist seine Rede über eine *kühn-emsige Völkerschaft*, welche *tätig-frei* und *behaglich* das *paradiesisch Land* bewohnen soll, und ist sein Satz von *freiem Volke*, mit dem er da *Auf freiem Grund* zu stehen sich wünscht, kaum vereinbar. Ein (als eigentlich unbegreiflich dargestellter) jäher, fundamentaler Sinneswandel also, der den Sterbenden weit über sich selbst hinausführt?

Der Autor hat Fausts letzte Worte mit entschiedenen Vorbehalten umstellt und sie mit tiefer Ironie, mit Hoffnungslosigkeit umdüstert. Unzweideutig stellt diese Szene vor Augen, daß der greise Herrscher hier keineswegs in einem einsamen 'Schlußmonolog', einem bekenntnishaften Selbstoffenbarungsmonolog zu sich selber spricht. Er adressiert seine Worte. Mephisto, der Fausts *Knechte* noch bei Nacht vom Lager aufjagen und zum Grabenbau kommandieren sollte, hat die Lemuren in den *Großen Vorhof* geholt, läßt sie das Grab ausmessen und schaufeln. Da tritt der Uralte, Blinde aus seinem Palast, *tastet an den Türpfosten*, richtet seinen von keiner Sorge betroffenen tätigkeitsbesessenen Durchhaltewillen am *Geklirr der Spaten* auf und raunt sich die Selbstbestätigung zu, daß hier die *Menge* seiner Kanalbauer ihm *frönet*. Taub für Mephistos *bei Seite* und *halblaut* gesprochene zynische Richtigstellungen erteilt er diesem *Aufseher* seine herrischen Anweisungen. Und dann die letzte, große Kraftanstrengung dieser Rede: zu mächtigen jambisch-fünfhebigen Versen sich erhebend, in ein demagogisch anmutendes Pathos sich steigernd, von den Stufen des Palasts her an die *Menge* gerichtet (keineswegs *bei Seite* oder *halblaut* und 'ad spectatores'!) – zu tätigem *Gemeindrang* begeisternd und zum totalen Arbeitseinsatz mobilisierend mit Verheißungen, welche die realexistierenden Lebensbedingungen als bloßen Übergangszustand erscheinen lassen, visionäre Perspektiven eröffnend, zu neuen Ufern weisend. Und vor ihm steht allein Mephisto, mit einer Handvoll schlotternder Lemuren, die darauf warten, ihn aufzufangen, sobald er zusammenbricht.

Nur läßt sich die letzte Rede Fausts (dessen Inneres, dessen 'eigentliches Denken' einem analytischen Zugriff verschlossen bleibt) gewiß nicht auf diesen einen Nenner bringen. Die kümmerlich eingeschränkten Verhältnisse im *Faust I* bedenkend, hatte Goethe über seinen weiteren Plan am 3. 11. 1820 an Schubarth geschrieben, es gebe da vor dem Ende »noch manche herrliche, reale und phantastische Irrtümer auf Erden, in welchen der arme Mensch sich edler würdiger, höher, als im ersten, gemeinen Teile geschieht, verlieren dürfte.« Und in seiner autobiographischen Aufzeichnung *Bedenklichstes* aus demselben Jahr (FA I 13,335) heißt es – als ginge es um den strebend-irrenden, verblendeten Faust dieses 5. Akts –, »daß ein Irrtum so gut als ein Wahres zur Tätigkeit bewegen und antreiben kann. ⟨...⟩ Der wunderbarste Irrtum aber ist derjenige, der sich auf uns selbst und unsere Kräfte bezieht, daß wir uns einem würdigen Geschäft, einem ehrsamen Unternehmen widmen dem wir nicht gewachsen sind, daß wir nach einem Ziel streben das wir nie erreichen können.« Dieser ungebrochene Tätigkeitswille (Goethe: »Es ist nichts trauriger anzusehen als das unvermittelte Streben ins Unbedingte in dieser durchaus bedingten Welt; es erscheint im Jahre 1830 vielleicht ungehöriger als je« – FA I 13,83), dieser unbeugsame, ja hybride Selbstbehauptungswille Fausts (*Es kann die Spur von meinen Erdetagen | Nicht in Äonen untergehn*) geht am Ende doch gegen das, was Mephisto preist: ein *reines Nicht* und *das Ewig-Leere*, gegen den Tod und gegen das Chaos, welches die Schöpfung wieder zu verschlingen droht. Auch das kommt in Fausts gewaltigen letzten Versen zu Wort und behauptet sich hier buchstäblich bis zum letzten Atemzug. Als utopische Energie.

Burdach 1912 hat die 'kommentierenden' Parallelen aufgedeckt, die Goethe zwischen seinem Faust und dem Moses des Alten Testaments zieht. Mit der *Grablegung* kommt dessen apokryphe Legende unübersehbar ins Spiel (→ Szenen-Kommentar S. 764 f.). Schon hier in der Todesszene aber erhebt sich hinter dem Visionär Faust, vor dessen innerem Auge *ein paradiesisch Land* liegt, das er selber doch nie erreichen wird, die Gestalt des sterbenden Moses, den der Herr aus der Ferne das gelobte Land schauen läßt, welches er seinem Volk verheißen hat (5. Mose 34). Im Entwurf eines 'Moses'-Aufsatzes hat Goethe eine »Recapitulation des Charakters« gegeben, die in einigen Zügen anzudeuten scheint, wie er selber wohl den im 5. Akt auftretenden Faust verstehen mochte: »ein starker, gewaltsamer, das rechte und große wollender, ein Mann der That und nicht des Raths. von seinem Wege abzuleiten, aber von seiner Idee nicht. 〈...〉 immer gewaltsam, aber auch gewaltsam zur rechten Zeit, und dem zur Ausführung seiner großen Absicht für sein Volk alles erlaubt schien.« (FA I 3,620) – »Und so gestehen wir gern, daß uns die Persönlichkeit Mosis, von dem ersten Meuchelmord an, durch alle Grausamkeiten durch, bis zum Verschwinden, ein höchst bedeutendes und würdiges Bild giebt, von einem Manne, der durch seine Natur zum Größten getrieben ist.« (*Noten und Abhandlungen* zum *West-östlichen Divan.* FA I 3,247. – Im Kontext dieser Abhandlung über *Israel in der Wüste* eine ganze Reihe von Moses/Faust-Entsprechungen).

Zum Ausgang der Wette

Fausts letzter Rede folgt Mephistos: *Er fällt, es ist vollbracht.* (→ Kommentar zu 11594) Jetzt werden die Worte wieder aufgenommen, die sein Kontrahent in der *Studierzimmer*-Szene des Ersten Teils beim Abschluß des Vertrages gesprochen hatte (1705: *Die Uhr mag stehn, der Zeiger fallen*). Von dieser *Wette* (→ Kommentar S. 260 ff.) war nie mehr die Rede seither – Mephisto hat sie *nicht vergessen* (1707).

In der Frage, wer da nun 'gewonnen' habe (dazu etwa Hohlfeld 1974, Weigand 1974, »in juristischer Beleuchtung« Landsberg/Kohler 1903), gibt es keinen Konsens. Die von 1900-1939 erteilten Auskünfte hat Klett 1939,63 ff. ohne jede Ironie in einer »Tabelle« erfaßt, deren Quoten bei Berücksichtigung des folgenden Halbjahrhunderts etwa gleich geblieben sein dürften. Für die These (1.) »Faust gewinnt im Wortsinne und im höheren Sinne« plädierten danach einundzwanzig »Faustforscher«; für (2.) »Faust gewinnt nicht im Wortsinne, doch im höheren Sinne« zehn;

für (3.) »Faust verliert« dreizehn, davon drei mit Fragezeichen; für (4.) »Faust gewinnt halb, verliert halb« einer, mit Fragezeichen; für (5.) »Keiner gewinnt; die Wette ist ungültig, da Mephisto den Kontrakt gebrochen hat« zwei; für (6.) »ungültig, da Voraussetzungen sich als falsch erweisen« zwei, davon einer mit Fragezeichen.

Dabei haben die »Faustforscher« bemerkenswert wenig Rücksicht genommen auf Goethes eigene Erklärung: »Mephistopheles darf seine Wette nur halb gewinnen, und wenn die halbe Schuld auf Faust ruhen bleibt, so tritt das Begnadigungs-Recht des alten Herrn sogleich herein, zum heitersten Schluß des Ganzen.« Aber diese einigermaßen salopp formulierte briefliche Auskunft an Schubarth (3. 11. 1820), der durchaus schon im voraus zu wissen verlangte, ob er mit seiner Rettungserwartung Recht behalten werde, wurde auch viele Jahre vor dem Abschluß der Szene erteilt.

Unzweifelhaft versteht Mephisto sich als Sieger. 11613 wird er erklären, er werde *rasch den blutgeschriebnen Titel* vorweisen (und im Paralipomenon 93, Text-Band S. 722,10 ff. denkt er offenbar auch an sein Gespräch mit dem Herrn im *Prolog im Himmel* zurück: *oben* will er jetzt *die gewonnene Wette* verkünden – *Nun freu ich mich aufs große Fest | Wie sich der Herr* ⟨dazu⟩ *vernehmen läßt*). Er hält sich an den Wortlaut des Vertrages.

Damals, beim Abschluß der Wette hatte Faust erklärt (1699 ff.): *Werd' ich zum Augenblicke sagen: | Verweile doch! du bist so schön! | Dann magst du mich* . . . Jetzt lauten (in der Vorfassung H2! → oben S. 745 f.) die dem entsprechenden Worte: *Ich darf zum Augenblicke sagen: | Verweile doch du bist so schön!*

Als Boisserée 1815 gesprächsweise vermutete, der Teufel werde am Ende unrecht behalten, soll Goethe zustimmend bemerkt haben: »Faust macht im Anfang dem Teufel eine Bedingung, woraus schon alles folgt.« (Biedermann/Herwig 2, Nr 4167) Anderes als Fausts Bedingung *Werd' ich beruhigt je mich auf ein Faulbett legen* (1692) kann das nicht meinen. Und von faulem Genießen, davon daß dieses *Menschen Tätigkeit* jetzt endlich *erschlaffen* würde (340), kann nicht die Rede sein. Vielmehr *darf* (kann) Faust nur deshalb wünschen, diesen *Augenblick* festzuhalten, weil er hier und jetzt – aber im Vorgriff eben – imaginiert, was sein ungebrochenes Tätigkeitsverlangen als ein utopisches Wunschbild entwirft (dazu Voßkamp 1985): weil er seines gelobten Landes ansichtig wird.

Es ging dem Autor am Ende wohl gar nicht mehr darum, ob sein Faust die alte *Wette* verloren oder gewonnen habe. Für das nämlich, was sich in der *Grablegungs*-Szene abspielen wird, für das vor allem, was sich in den *Bergschluchten* ereignet, spielt die Wette so oder so keine Rolle mehr. Daß Faust 'gewonnen' habe, bildet nicht einmal den Ermöglichungsgrund dieses Geschehens. Es ging allein noch darum, daß der Ausgang der Wette dem Ausgang des Spiels nicht hindernd im Wege stand. Das vollends auszuschließen, hat Goethe die schon dem H^2-Entwurf zugrundeliegende optativische und futurische Zielrichtung der verfänglichen Worte zum *Augenblick* in seiner Endfassung unverkennbar gemacht. Ausdrücklich spricht Faust jetzt im *Vorgefühl von solchem hohen Glück*, und seine *Verweile doch*-Bitte wird transformiert in den Konjunktiv: *Zum Augenblicke dürft' ich sagen* ... Das eben hat der siegesgewisse Mephisto nicht begriffen; diesen Conjunctivus utopicus kennt die Grammatik des Teufels nicht.

444, vor 11511 MEPHISTOPHELES *als Aufseher]* Die Angabe läßt offen, ob das tatsächlich Mephistos Amt ist beim Bau des großen Entwässerungskanals (→ Kommentar zu 11559 f.), die letzte seiner vielen Rollen, seiner Inkarnationen – oder ob er sich hier (vergleichbar seinem Auftritt als Hofnarr in der Thronsaal-Szene des 1. Akts) nur an die Stelle des wirklichen Aufsehers drängt, ohne daß der blinde Faust es noch wahrnähme. Die Frage ist nicht belanglos: → Kommentar zu 11551.

444,11511 ff. *Lemuren]* Altrömische Bezeichnung für nächtlich umgehende, bösartige Geister von Verstorbenen. Eine Lemuren-Darstellung auf dem Basrelief eines Grabes beim südital. Cumae (→ hier Abb. 12) hat Goethe 1812 in seinem *Sendschreiben* an dessen Entdecker K. L. Sickler als Mittelstück eines dreiteiligen Zyklus beschrieben: Das erste Relief stelle eine Tänzerin im Leben dar und das dritte in der »ewigen Schattenseligkeit«. Dieses zweite aber zeige sie »in der Region der Verwesung und Halbvernichtung«, wo sie kümmerlich ihre Tanz-»Künste fortsetzt«. Hier werde der Bildhauer Herr auch über »das Widerwärtige, das Abscheuliche«, indem er einen »humoristischen Geniestreich« verübe, »durch dessen Zauberkraft zwischen ein menschliches Schauspiel und ein geistiges Trauerspiel, eine lemurische Posse, zwischen das Schöne und Erhabene, ein Fratzenhaftes hineingebildet wird.« (FA I 19,603 ff.) Das gilt auf andere Weise auch für den schauerlichen Totentanz *mit neckischen Gebärden*, den Goethe selber hier inszeniert.

Nicht die Arbeiterscharen bei Fausts großem Kolonisationswerk, sondern diese Lemuren ruft Mephisto herbei. Wie jene Tänzerin »in der Region der Verwesung« noch kümmerlich »ihre Künste fortsetzt«, erscheinen die Totengeister hier noch mit dem Arbeitsgerät der Deich- und Kanalbauer (→ Kommentar zu 11519 f.). Das läßt an die *Menschenopfer* denken, von denen Baucis berichtet hat (11127). Tote sind es, und auf Fausts *weites Land*, das sie zu Lebzeiten wohl hätten besiedeln wollen, rechnen sie jetzt in anderer Weise (→ 11517 f. u. 11544 ff.).

Bei Hederich 1770,1450 f. konnte Goethe lesen, daß man, wenn die Lemuren »im Hause Unruhe macheten«, glaubte, »ihre Erscheinung oder ihr erregtes Getöse bedeute, es werde jemand aus demselben sterben.« Hier, wird der Lemuren-*Aufseher* sagen (11558), sei in Wahrheit nicht von dem *Graben* die Rede, mit dem Faust sein Kolonisationswerk vollenden will, sondern *vom Grab*. Und nicht in geweihter Erde läßt er das herrichten (was nach altem Volksglauben dem Seelenheil des Verstorbenen diente), sondern im *Vorhof des Palasts* selbst, in dem der greise Gewaltherrscher residiert.

444,11513 *Aus Ligamenten . . .]* Sehnenartige, bindegewebige Stränge, welche die beweglichen Teile des Knochengerüsts zusammenhalten.

Zur Textverfassung: Eine urspr. Fassung: *Aus Bändern, Sehnen ...* wurde in H gestrichen und über der Zeile durch: *Aus Ligamenten* ersetzt. Das kam 1990/91 zum Vorschein, als bei einer Restauration von H ein fest darüber klebender (jetzt nurmehr angehefteter) Papierstreifen abgelöst wurde – der die gleiche Korrektur wiederholt. Ein weiterer Klebzettel: *Aus Bändern, Sehnen* ist nicht mehr in H befindlich, aber durch eine Verfilmung von 1960 überliefert, die ihn (abgelöst) am Seitenrand zeigt. WA I 15.2,156 gibt an, er habe über dem *Ligamenten*-Zettel geklebt, also die Erstfassung wiederhergestellt. Gegen diese Schichtung spricht, daß eine gleichlautende Überklebung der ersten Korrektur durchaus überflüssig gewesen und unüblich wäre. Plausibler erscheint eine regelmäßig zwischen beiden Lesarten schwankende Korrekturenfolge, bei der also die glattere Formulierung *Aus Bändern, Sehnen* letztgültig wieder ersetzt worden wäre durch den sperrigen anatomischen Fachterminus. – Dann hätte freilich der WA-Bearbeiter, der alle 4 Textstufen wiedergibt, also beide Zettel ablöste oder abgelöst vorfand, deren Abfolge verwechselt und sie entsprechend falsch wieder eingeklebt: den *Ligamenten*-Zettel jetzt direkt auf die bereits gleichlautend korrigierte H-Zeile (die sich dabei wohl durch feuchten Klebstoff auf seiner Rückseite spiegelbildlich abgebildet hat) und darüber den *Bändern, Sehnen*-Zettel (der später wieder abgelöst worden ist).

444,11519 f. *Gespitzte Pfähle ... | Die Kette lang fürs Messen]* ‘Meßstange’ und ‘Meßkette’ (beschrieben bei Adelung 3,485 f.) bildeten das Arbeitsgerät der nach den Regeln der Triangulation verfahrenden sogenannten Feldmeßkunst. (Mit der auf diese Weise vorgenommenen Vermessung von Fausts neuem Land kam für die Zeitgenossen die berühmte, weltweit beispielgebende trigonometrische und topographische Aufnahme Frankreichs durch César-François Cassini de Thury ins Spiel; dessen 1789 vollendete *Carte de la France 1 : 86400* war die Grundlage für die im gleichen Jahr erfolgende revolutionäre Neugliederung des Landes in 83 Départements.)

444,11523 *kein künstlerisch Bemühn]* Nach Maßgabe der bei den Deich- und Kanalbauten angewandten Feldmeßkunst (→ Kommentar zu 11519 f.).

444,11527 *für unsre Väter]* Mephisto spricht in der *Aufseher*-Rolle, meint: von alters her.

444,11528 *längliches Quadrat]* Für: zureichend langes? oder spaßig?

444,11531-38*]* Als Memento mori-Choral der Lemuren montiert Goethe das aus Shakespeares *Hamlet* V,1 bekannte Totengräberlied in seinen Text – frei bearbeitet hier nach der Lord Vaux zugeschriebenen Fassung, die er Percys *Reliques of Ancient English Poetry* (1765 I,161) entnahm. Strophe 1 und 3 lauten dort:

I Lothe that I did love,
  In youth that I thought swete:
As tyme requires for my behove,
  Me thinkes they are not mete.

For age with stealing steps,
  Hath clawed me with his crowch,
And lusty life away the leapes,
  As there had ben none such.

(Fortgesetzt in 11604-07; → Kommentar dazu)

445, vor 11539 FAUST *aus dem Palaste tretend, tastet an den Türpfosten]* In H2 noch: *an den Thürpfosten sich haltend.* Erst die wunderbar beobachtete Handbewegung macht Fausts Zustand augenfällig: ein Blinder tastet sich aus dem Palast, ein Verblendeter wird sprechen.

445,11540 f. *frönet, | ... versöhnet]* Für 'fröhnen' vermerkt 1878 das DWb 4,234 f., es habe »in der heutigen sprache« eine »üble bedeutung und gilt von hartem oder unerlaubtem dienst«. – 'Versöhnen', von der entwässerten *Erde*: jemandes »Unwillen heben, ihn sich oder andern wieder zum Freunde machen« (Adelung 4,1529).

Dieser Widerspruch zwischen dem Gleichklang und der Bedeutungsdiskrepanz der reimenden Wörter bildet ein äußerstes Gegenbeispiel zum Liebesgespräch Fausts und Helenas im *Inneren Burghof*: dort heißt es von der Reimrede, sie *Befriedigt Ohr und Sinn im tiefsten Grunde.* (9374)

445,11543 *Das Meer mit strengem Band umzieht]* als wäre es durch die zurückdämmenden Deichbauten geradezu eingekesselt.

445,11544-50 MEPHISTOPHELES *(bei Seite) ... auf Vernichtung läufts hinaus.]* Auf dem Hintergrund dieser Untergangsprognose erscheint Fausts tätige Zuversicht (11583 f.: *Es kann die Spur von meinen Erdetagen | Nicht in Äonen untergehn*) jedenfalls höchst fragwürdig. Ob am Ende Mephisto recht behält (der Fausts Fall: *Du bist doch nur für uns bemüht* ... überdies auf alles Menschenwerk ausdehnen möchte: *In jeder Art seid ihr verloren*), bleibt durchaus offen. So zweifelsfrei, wie Trunz meint (HA 1986,721: von Fausts Werk »wird nichts bleiben«), ist der Ausgang hier nicht bestimmt. Keineswegs stichhaltig die Beweisführung von Arens 1989,935: daß Mephisto »die Wahrheit sagt, ergibt sich klar daraus, daß er zu sich selber spricht«.

445,11545 *Buhnen]* Fachwort für die rechtwinklig zu den Deich-*Dämmen* am Ufer ins Meer geführten Strandschutz-Bauten.

445,11546 f. *Neptunen, | Dem Wasserteufel]* Entsprechend 4273 f.: wie alle *Götter Griechenlands, | So ist auch er ein Teufel.* – Daß Mephisto den antiken Meergott hier auf seine Seite zieht, taugt gewiß nicht dazu, »den immer wieder beschworenen Neptunismus Goethes zu relativieren« (wofür der Revolutionsanwalt Mieth 1980,92 plädiert).

445,11551 *Aufseher!]* Text und Kontext machen nicht eindeutig, ob der Erblindete mit diesem Ruf Mephisto meint, oder ob er den eigentlichen Aufseher herbeizitieren will und nicht weiß, am antwortenden *Hier!* auch nicht mehr erkennt, wer jetzt an dessen Stelle getreten ist (so beispielsweise Beutler, GA 822). Amtierte Mephisto mit Fausts Wissen tatsächlich als Aufseher über die Zwangsarbeiterscharen, so sollten für das Kolonisationswerk doch nach wie vor die Baucis-Verse 11123-30 gelten (obgleich die jetzt folgenden Anweisungen nicht auf mephistophelisch-magische Praktiken zielen); Faust hielte sich bis zum Ende an den Bösen. Die andere Lesart hingegen zeigte einen gemäß 11423 willentlich auf die Teufelsdienste verzichtenden Faust und leistete eher der von Beutler u. a. vertretenen Vorstellung seiner fortschreitenden Läuterung Vorschub. – Dazu Rieger 1902.

445,11552 *Arbeiter schaffe Meng' auf Menge]* Während Faust 11503 noch *Knechte* sagt (wie Philemon 11091 und Baucis 11123), erscheint nur hier und bezeichnenderweise im Kontext gerade dieser Verse der in der wirtschaftswissenschaftlichen Fachliteratur des 18. Jh.s durchaus schon als 'Klassenbezeichnung' verstandene Begriff *Arbeiter* für die »unterhalb der selbständigen Handwerker und Bauern Arbeitenden, besonders die Tagelöhner in Stadt und Land« (*Geschichtliche Grundbegriffe* 1,216). – In einem amtlichen Votum vom 31. 1. 1782 definierte Goethe: Die beim Wegebau beschäftigten »Arbeiter sind solche Untertanen, die, da sie ein ordentliches Handwerk nicht erlernt, durch ihrer Hände-Arbeit ihr Brot verdienen müssen« (FA I 26,738).

445,11554 *Bezahle, locke, presse bei!]* DWb 13,2107: »soldaten, matrosen pressen, mit gewalt zum dienste nehmen (früher üblich, wenn durch freiwillige anwerbung das bedürfnis nicht gedeckt ward)«.

So genau entsprechen Fausts Rekrutierungsbefehle für sein Arbeiterheer den allgemein bekannten Praktiken bei der Truppenaushebung absolutistischer Fürsten, daß der Leser sie offensichtlich darauf beziehen sollte. Goethe (der 1779 die weimarische Kriegskommission übernommen und selber Aushebungen durchgeführt hat, an Frau v. Stein, 6. 3. 1779: »Kein sonderlich Vergnügen«) riet am 9. Februar dieses Jahres seinem Herzog dringend davon ab, preußische Rekrutierer ins Land zu lassen: Es würden »diese gefährliche Leute sich festsetzen, und überall Wurzel fassen, sie werden auf alle Weise die beste junge Mannschaft an sich zu ziehen suchen, sie werden mit List und heimlicher Gewalt eine grose Anzahl wegnehmen« (FA I 26,50). »Menschen-Rauberei« hießen solche Zwangsrekrutierungen in Weimars Geheimem Consilium (ebd. 55).

445,11559 ff. *Ein Sumpf zieht am Gebirge hin, | Verpestet alles schon Errungene . . .]* Gemeint ist offenbar versumpftes

Niederungsland, das sich diesseits der vorgeschobenen neuen Seedeiche am alten Dünengürtel hinzieht. Büsch 1796, I 412 u. 399 (in Goethes Bibliothek) erklärt von solchen »Versumpfungen«: Wo diese Gebiete »nicht zu allen Zeiten voll Wasser stehen, sondern in troknen Jahreszeiten ⟨...⟩ als ein Morast der Luft offen liegen, so wird der daraus für die Gesundheit der Anwohner zu befürchtende Schaden ⟨neben dem einer eingeschränkten Nutzung des Landes⟩ eine zweite Ursache, warum man sie auszutroknen suchen muß.« Dem soll der *unternommene Graben* dienen (H2, Text-Band S. 728,3 ff. noch: *der ungeheure Graben ⟨...⟩ der durch Sümpfe schleicht | Und endlich doch das Meer erreicht*).

Für die Landschaftsbeschreibung dieser Verse hat Koopmann 1996 auf Goethes Bericht von seiner Fahrt durch die Pontinischen Sümpfe verwiesen (*Italienische Reise*, 23.2.1787: FA I 15.1,195), wo zwischen »Gebirge« und »Meer« das riesige *Sumpf*gebiet lag, das durch einen entwässernden »Haupt-Kanal« meerwärts schon »ausgetrocknet und dem Feldbau überantwortet«, zum Gebirge hin aber noch »nicht vom Wasser befreit« war. Die »beabsichtigte Austrocknung« der Pontinischen Sümpfe nannte Goethe ein »großes und weitläufiges Unternehmen« und vermerkte tatsächlich, daß man dafür noch »einen zweiten Kanal am Gebirge herführen« wolle. – Realgeschichtlich weitergedacht, wäre Fausts 'Vision' (*Räume vielen Millionen*) hier endgültig unter Mussolini verwirklicht worden!

Obgleich Fausts Verse den *Sumpf*, der *alles schon Errungene* verpestet, unmißverständlich als real-gegenwärtig vorstellen, hat Mieth 1980,92 ff. ihn als eine geschichtsprophetische, nämlich auf künftige »gesellschaftliche Erscheinungen« zielende Metapher ausgegeben und erklärt, hier gehe es um eine »(künftige) Bedrohung« des schon gewonnenen neuen Landes »durch den (visionär geschauten) *Sumpf*«. So wurde im nachhinein die Auslegung gestützt, die Walter Ulbricht 1962 (in seiner Rede *An die ganze deutsche Nation!* In: *Neues Deutschland* Nr 87, 28. 3. 1962) diesen *Sumpf*-Versen gegeben hatte: »Die antinationalen und reaktionären

Kräfte in der westdeutschen Bundesrepublik und in Westberlin haben aus dem von ihnen beherrschten Teil Deutschlands einen Sumpf kapitalistischer Ausbeutung, einen Herd der Kriegs- und Revanchepolitik und einen Sumpf einer schamlosen Korruption gemacht. Dieser Sumpf, der an die Grenzen unseres sozialistischen Deutschland heranreicht, die Sicherung des Friedens hindert und die Atmosphäre verpestet, muß trockengelegt werden. Erst wenn die Ursache des Sumpfes, die Herrschaft der Imperialisten und Militaristen in Westdeutschland, beseitigt ist, wird das deutsche Volk in Frieden leben, arbeiten und sich der Früchte seiner friedlichen Arbeit erfreuen können.«

446,11567 *Gleich angesiedelt an des Hügels Kraft]* Eher doch räumlich (gleich hinter den mächtigen Deichen) oder zeitlich zu verstehen (sogleich), als etwa im Sinn sozialer Gleichheit (so Mieth 1980,94; Zabka 1993,253: »Ohne Klassenunterschiede«).

446,11572 *Gemeindrang eilt die Lücke zu verschließen]* Zu den »Gefahren eines nahen Durchbruches« Büsch 1796,1,254/256: »Der Wellenschlag macht die Arbeiter furchtsam und sezt sie sehr oft in die Unmöglichkeit der bedroheten Stelle eines Gefahrdeichs zur Hülfe zu kommen. Indessen sind der Beispiele viele, da auch Seedeiche in solchen dringenden Gefahren gerettet worden sind. Es versteht sich, daß man in denselben nicht Hände genug zur Hülfe fodern kann«.

446,11583 f. *Es kann die Spur von meinen Erdetagen | Nicht in Äonen untergehn]* In unendlich langen Zeiträumen, Weltaltern, Ewigkeiten: die gleiche Hyperbolik wie 11563 (*Eröffn' ich Räume vielen Millionen* – was MA 18.1,1129 als »die Utopie neuen freien Lebens einer ganzen Menschheit« rühmt).

446, nach 11586 FAUST *sinkt zurück . . .]* Wie sich wohl auch aus den Versen 11396 f., 11557 f. und 11592 ergibt, stirbt der Hundertjährige offenbar eines 'natürlichen Todes' – nicht aber, wie man das aus 1696-1706 gelegentlich abgeleitet hat, weil er das *Verweile doch! du bist so schön!* jetzt ausgesprochen hätte (→ Kommentar zur *Wette*, S. 260 ff.).

Höchst bezeichnend: hier, wo es ums Sterben geht und um den Tod, werden diese eigentlichen Worte nicht zugelassen (selbst bei der *Grablegung* heißt es nur ein einziges Mal, 11632 in Mephistos geradezu gegenläufiger Fassung: *Der alte Tod verlor die rasche Kraft*). – Goethe in hohem Alter, über ein Grablegungs-Gemälde: »und nun zuletzt, nun vollends noch ein Toter, eine Leiche; den Tod aber statuiere ich nicht« (gestatte ich nicht, lasse ich nicht stattfinden. – Biedermann/Herwig 3.2, Nr 6175).

446,11588 *So buhlt er fort]* Wirbt und bemüht sich fortgesetzt um, verlangt nach (mit entschieden erotischer Konnotation; vgl. DWb 2,501 ff.).

446,11593 f. *Die Uhr steht still . . . Sie schweigt wie Mitternacht. | Der Zeiger fällt]* Wörtlich Fausts Worte 1705 aufnehmend, bringt Mephisto jetzt den alten Vertrag (11613: *den blutgeschriebnen Titel*) ins Spiel.
Zum fallenden *Zeiger* → Kommentar zu 1705.

446,11594 *es ist vollbracht]* Im Triumph über die vermeintlich gewonnene Wette (→ Paralipomenon 94, Text-Band S. 722,10) versteigt sich Mephisto zu einer blasphemischen Kontrafaktur der letzten Worte des gekreuzigten Jesus (Johannes 19,30) – als wäre mit Fausts 'Fall' die Erlösung widerrufen.

Abwegig doch wohl Emrich 1981,403, der Mephistos Worte so verstehen will, als würden sie von Faust selber gesprochen, und erklärt: es habe sich »mit diesem nicht zufälligen Anklang an Christi Ende in der Tat etwas ereignet, was schon seit Werthers Tod wie ein geheimnisvoller, aber still vorhandener Zug durch Goethes Werk geht: eine Art Erlösung oder stellvertretende Rettung der Welt.«

447,11595-97 CHOR *Es ist vorbei.* MEPHISTOPHELES *Vorbei! ein dummes Wort. | Warum vorbei?| Vorbei und reines Nicht, vollkommnes Einerlei.]* Von Goethe übersehener oder (trotz der Waise 11595) akzeptierter Abschreibfehler Johns? In dessen Vorlage H^{18} (Goethe eigenhändig, Tinte) sind die Worte *Vorbey! ein dummes Wort!* mit Bleistift gestrichen und ist vor die auf gleicher Zeile stehenden Worte *Warum vorbey?*

ein Einzugszeichen gesetzt. So hätte es offenbar doch heißen sollen:

CHOR

Es ist vorbei.

MEPHISTOPHELES

Warum vorbei?

Vorbei und reines Nicht, vollkommnes Einerlei.

Die in Mephistos Rede einfallenden Halbverse des Chors (unbekümmert um Wahrscheinlichkeitsfragen den Lemuren übertragen) rekapitulieren mit dem Wortlaut der alten Wette auch Fausts: *Es sei die Zeit für mich vorbei!* (1706) Auf diesem 'authentischen' *vorbei* insistierend, weisen sie Mephistos blasphemisch anmaßendes *es ist vollbracht* zurück. Dessen radikalnihilistische Replik nun opponiert gegen den Sprachgebrauch des Chors mit der wortlogischen Feststellung, daß nur *vorbei* sein könnte, was zuvor einmal gewesen ist. Was der Chor *vorbei* nennt, sei jedoch *so gut als wär es nicht gewesen.* Deshalb: *Vorbei und reines Nicht, vollkommnes Einerlei.*

447,11598 f. *Was soll uns denn das ewge Schaffen, | Geschaffenes zu nichts hinwegzuraffen?]* Die durch WA eingerissene eigenmächtige Herausgeber-Interpunktion, die gegen H hinter jeden dieser Verse ein Ausrufzeichen setzt, ist durchaus sinnentstellend. Denn Mephisto, der nach den *Prolog*-Worten des Herrn (340 ff.) die *Tätigkeit* des Menschen anreizen und so, *als Teufel, schaffen* soll, stellt hier sehr wohl eine (rhetorische) Frage: die nach dem Sinn des Seienden überhaupt. Wozu das *ewge Schaffen* denn diene, wenn sein sichtlich einziger Zweck die Ermöglichung sei, *Geschaffenes zu nichts hinwegzuraffen?* Der *Geist der stets verneint* (1338) will mehr als diese Vernichtung im ewigen Kreislauf von Werden und Vergehen, will *reines Nicht*, liebt *das Ewig-Leere.*

Michelsen 1993,248 erklärt: mit der »identifizierenden ersten Person Pluralis« (*uns*) nehme Mephisto »den Standpunkt der Menschen ein, die all ihr Tun, vom Rückblick des Endes her, als ganz und gar vergeblich erkennen müssen«: er zeige s e i n e »Wehmut über die Vergänglichkeit der Dinge« (? Sch.).

11604-11843 GRABLEGUNG

Der Kampf zwischen den höllischen Mächten und den himmlischen Heerscharen um die dem Leichnam entschlüpfende Seele, der hier sich abspielt, ist in mittelalterlicher Kunst häufig dargestellt worden. Goethe besaß den Reproduktionsstich von einem der Fresken im Kreuzgang des Campo Santo in Pisa (*Il trionfo della morte.* → Abb. 13), wo die Seelen als kleine Menschenfigürchen dem Mund der Toten entfahren und von einem Engel ergriffen oder von Teufeln geschnappt werden. In der Höhe sieht man einen Luftkampf zwischen häßlichen Teufeln mit *graden* Hörnern oder *vom krummen Horne*, die ihre Beute in den *Feuer-Wirbel-Sturm* vulkanischer Krater werfen, und den *von oben, rechts* her heranschwebenden schönen Engeln, welche die Geretteten mit sich führen. Das war die Vorlage.

Goethe kannte dieses Motiv aber auch aus der apokryphen Moses-Legende (dazu Burdach 1912,361-67); im Kommentar zu 11716 sind seine darauf bezogenen Verse aus den *Zahmen Xenien* angeführt. Der Maler-Dichter Friedrich Müller hatte ihm eine Zeichnung von diesem »Streit des Erzengels Michaelis mit Satan über den Leichnam Mosis« zugeschickt (Brief vom 16. 10. 1779). Was Goethe ihm am 21. 6. 1781 dazu schrieb, erscheint fast schon wie ein früher, skizzenhafter Vorentwurf zu den Todes-, Grablegungs- und Himmelfahrtsszenen seiner Dichtung und zeigt, wie dieses Mosesmodell seine Faustfigur geprägt hat (→ Szenen-Kommentar *Vorhof*, S. 751 f.). Abweichend von Maler Müllers Darstellung wünschte er sich das Sujet nämlich so behandelt, »daß der Heilige, noch voll von dem anmutigen Gesichte des gelobten Landes, entzückt verscheidet und Engel ihn in einer Glorie wegzuheben beschäftigt sind; denn das Wort: ‘Der Herr begrub ihn’

⟨5. Mose 34,6⟩, läßt uns zu den schönsten Aussichten Raum, und hier könnte Satan höchstens nur in einer Ecke des Vorgrundes mit seinen schwarzen Schultern kontrastieren und, ohne Hand an den Gesalbten des Herrn zu legen, sich höchstens nur umsehen, ob nicht auch für ihn etwas hier zu erwerben sein möchte.«

Im *Faust* freilich hat Goethe dieses alte geistliche Spiel vom Kampf der Höllengeister mit den Engeln um die menschliche Seele gleichsam in ironische Anführungsstriche gesetzt. Mit grotesk-komischen Figuren von *altem Teufelsschrot und Korne* inszeniert er hier eine Gattungsparodie. Sogar das traditionelle Requisit eines *gräulichen Höllenrachens* läßt er sie auf die Bühne schaffen. Und behutsam parodierende Züge gibt er selbst den rosenstreuenden 'Engeln'. Bei ihren Gesängen kann man (soll man?) wohl gelegentlich in Zweifel geraten, ob Mephistos dem Biedermeier und Nazarenertum entschieden abgeneigtes Kunsturteil (11688: *Wie frömmelnder Geschmack sichs lieben mag*) den dreisilbig 'gleitenden', leicht parfümierten Reimen und zweihebig tänzelnden Walzerdaktylen nicht angemessener sei, als die Empfehlung von May 1962,281 ff., sie weihevoll zu »alternierenden Vierhebern« zu dehnen (*Rósèn, ihr bléndendèn, | Bálsàm verséndendèn*) und sie so »entzückt ins Gefühl« zu nehmen, daß »uns der zauberische Rhythmus das Erhabene an diesen Versen übermittelt.«

Zwar setzt sich mit der *Grablegung* das Geschehen der vorangegangenen *Vorhof*-Szene unterbrechungslos fort, und die Engelschar, die *Faustens Unsterbliches* hier entführt, schwebt dann in die *Bergschluchten* hinüber (→ Regieanweisungen nach 11824 und vor 11934). Aber bei diesen gleitenden Handlungsübergängen verändert sich das Szenenklima doch ganz entschieden. Zwischen der bedeutungsschweren Todesszene und dem Endspiel, in dem es wahrhaftig um *Höheres und Höchstes* geht (FA I 3,131 ff.), spielt sich hier eine Posse ab, ein dramatisierter Schwank, in dem Mephistos *wanstige Schuften*, *Firlefanze*, *Püstriche* am Ende *ärschlings in die Hölle* stürzen und er selber sich in der alten Rolle des übertölpelten, geprellten Teufels sieht.

Mehr noch: dieses Intermezzo stellt sich als eine Burleske dar, die jedenfalls dem frühen 19. Jh. haarsträubend anstößig erscheinen mußte. Denn was den Mephisto in *liebende Flammen* setzt, sind unmißverständlich homosexuelle Anwandlungen (11759-11800). Von den Engeln als *allerliebsten Jungen*, die er sich *ein wenig lüstern* und *anständig-nackter* wünschte, läßt Goethe ihn sagen: *Sie wenden sich – Von hinten anzusehen! – | Die Racker sind doch gar zu appetitlich* (Arens 1989,986: »Warum ihm die Rückansicht so besonders 'appetitlich' vorkommt, ist nicht zu ersehen.« –!). Von der gewonnenen oder verlorenen *Wette* ist nicht die Rede. In diesem Satyrspiel entgeht Fausts *Seelchen* den Klauen des Bösen, weil ein *Gemein Gelüst* den Teufel überkommt: weil er schwul wird beim Anblick der Engel.

Aber Mephistos *Gemein Gelüst, absurde Liebschaft* gehört sehr wohl zu den »ernst gemeinten Scherzen«, die der Autor mit dem *Faust II* seinen Freunden angekündigt hat (an Boisserée, 24. 11. 1831). Nach einem Gesprächsbericht Falks erklärte er im Ärger über die deutschen Leser: »wenn sie in der Fortsetzung von 'Faust' etwa zufällig an die Stelle kämen, wo der Teufel selbst Gnad' und Erbarmen vor Gott findet; das, denke ich doch, vergeben sie mir sobald nicht! 〈. . .〉 Nahm doch selbst die geistreiche Frau v. Staël es übel, daß ich in dem Engelgesang, Gott Vater gegenüber, den Teufel so gutmütig gehalten hätte; sie wollte ihn durchaus grimmiger. Was soll es nun werden, wenn sie ihm auf einer noch höhern Staffel und vielleicht gar einmal im Himmel wieder begegnet?« Durch eine Passage in Abekens Lebenserinnerungen wird das bestätigt: »In Hinsicht auf den völligen Schluß der Tragödie scheint Goethe wohl in verschiedenen Zeiten verschiedene Absichten gehabt zu haben, wenn anders Wieland sich recht erinnerte, der mir einmal 1809 erzählte: Goethe habe sich nie über seinen Plan für den Faust ausgelassen; nur einmal, in einer aufgeregten Gesellschaft, habe er gesagt: 'Ihr meint, der Teufel werde den Faust holen. Umgekehrt: Faust holt den Teufel.' – Dies

Wort gehört wohl in die früheste Weimarische Zeit.« (Biedermann/Herwig 5, Nr 7228 u. 1, Nr 799).

Der theologische Ermöglichungsgrund dieses riskanten Plans war die heterodoxe Lehre des Kirchenvaters Origenes von der Apokatastasis panton: der versöhnenden, allerbarmenden 'Wiederbringung aller Wesen' und all dessen überhaupt, was einmal von Gott ausgegangen, aber von ihm abgefallen und verlorengegangen sei – die Teufel nicht ausgenommen. Das ist die Vorstellung, auf welcher der Ausgang des Spiels in den *Bergschluchten* beruht (→ Szenen-Kommentar S. 788 ff.). Seine Absicht (oder ärgerliche Drohung), am Ende selbst Mephisto in den »Himmel« zu holen (nach dem berühmten Beispiel Klopstocks, der 1773 im XIX. Gesang des *Messias* auch dem von Gott abgefallenen Engel, dem Teufel Abadona, die rettende Erbarmung zuteil werden ließ), hat Goethe nicht wahrgemacht. Aber eine Schwundstufe dieser Apokatastasis wird man noch ausmachen können in der possenhaften *Grablegungs*-Szene, in der die Engel doch vom seligen *Allverein* des Origenes singen (→ Kommentar zu 11807 f.). Höchst unfromm und entschieden ins Mephistophelische gekehrt, erreicht die alles ergreifende Liebe auch den vom brennenden *Liebeselement* der Rosen berührten Bösen. Die *absurde Liebschaft*, die hier den *ausgepichten Teufel* anwandelt und prellt, rührt von weitem wohl noch immer an die allumfassende liebende Wiederbringung.

447,11604-07 *Wer hat das Haus . . .]* Wieder dem Totengräberlied in *Hamlet* V,1 folgend (→ Kommentar zu 11531-38). Hier aber auf Sologesang und respondierenden Chor verteilt. 8. Strophe der Percy-Fassung:

A pikeax and a spade,
And eke of shrowding shete,
A howse of clay for to be made,
For such a guest most mete.

(11606 *im hänfnen Gewand*, einem armseligen Totenhemd aus

Hanf-Leinen, ist also keineswegs eine 'reale' Beschreibung. – 11608-11 sind unabhängig von der englischen Vorgabe).

447,11606 *dumpfer Gast]* Meint die »Empfindungs u Fühllosigkeit« des Toten (GWb 2,1291).

447,11609 *Wo blieben Tisch und Stühle?]* der *Palast*-Einrichtung, die im *Haus* des Grabes nun fehlen (→ 11529); H2: *Das alles war bisher geborgt.*

447,11613 *den blutgeschriebnen Titel]* Latein. titulus, Urkunde: der alte Vertrag über die Wette (→ 1714 ff.), Mephistos vermeintlicher 'Besitztitel'.

447,11616 f. *Auf altem Wege stößt man an, | Auf neuem sind wir nicht empfohlen]* Undurchsichtig. Vielleicht: Der alte Teufels- und Höllenglaube ist nicht mehr intakt; mit dem Anspruch, daß ein Teufelsbündner ihm 'automatisch' zufalle, stößt der Böse auf Widerstände. Auf *neuem* Weg (hier: einen Rechtstitel einklagend?) ist er aber auch nicht 'willkommen'.

448,11621-35 *Herkömmliche Gewohnheit . . . das rührte das regte sich wieder]* In der Handschrift H19 hieß es noch: *Ein Schein Tod wars der Teufel ist gefoppt.* Tatsächlich parodieren Mephistos Verse über *die leidige Frage*, wann, wie und wo (neuerdings) die Seele den Körper eines Toten verlasse, die zeitgenössische Debatte über den Zeitpunkt der Begräbnisse. Dem Weimarer Mediziner Hufeland (1791,4-27) schien »die Grenzlinie zwischen Tod und Leben bey weitem nicht so bestimmt und entschieden zu seyn, als man gewöhnlich glaubt«, der Tod also »keine plötzliche Verwandlung, kein Werk des Augenblicks, sondern ein stufenweiser Uebergang«. Weder aus dem Eintritt »des Todeskrampfs« (11634: *die starren Glieder*), noch aus dem »gänzlichen Mangel des Athems« (11623: *dem letzten Atem*) könne man mit Sicherheit auf das Ableben eines Menschen schließen (11621: *Herkömmliche Gewohnheit . . . Man kann auf gar nichts mehr vertrauen*). Erst »die wirkliche Auflösung durch Fäulniß« gebe da Gewißheit (→ 11626-29, wofür es in H20, Text-Band S. 727,5-10 noch hieß: *Nun hat sie* ⟨die Seele⟩ *das besonderste Gelüst | Erst die Verwesung abzuwarten | Und promenirt sich durch verstockten Mist* | *Als wär es hold u glatt ein Roseng⟨arten⟩* | *Sonst war sie gern aus diesem Kerker los* | *Und sehnte sich nach andren Tagen*). Man solle deshalb sorgfältig bewachte »Todtenhäuser« errichten, um »den Leichnam so lange liegen zu lassen, bis sich die oben beschriebenen Spuren der Fäulniß zeigen«. – (Aufgrund dieses Vorschlags und mithilfe einer öffentlichen »Subscription« erhielt Weimar schon damals ein solches Leichenhaus – »gewiß ein schöner Beweis vernünftiger und allgemeiner Aufklärung, dessen sich vielleicht manche größre Stadt nicht rühmen könnte«: Hufeland S. 43 f., im *Nachtrag* zu seiner Denkschrift.)

448, vor 11636 *flügelmännische Beschwörungs-Gebärden]* 'Flügelmann' (Adelung 2,224): »der erste und größte Soldat ⟨. . .⟩ auf dem Flügel eines Truppes«, der die Bewegungen vorexerziert.

448,11636 *verdoppelt euren Schritt]* Militärsprache: beschleunigter 'Doublierschritt' (→ Kommentar zu 8004-07).

448,11638 *Von altem]* So H21 und H2 (H: *Vom altem*).

448,11639 *Bringt ihr zugleich den Höllenrachen mit]* Wie Bühnenarbeiter installieren die Helfershelfer jetzt den Höllenschlund, der in den alten Passionsspielen, auch im Barockdrama, als Bühnenrequisit gebräuchlich war: der Theatercharakter der Szene wird unübersehbar.

448,11641 *Nach Standsgebühr . . .]* Standesspezifisch gesonderte *Rachen* der Hölle.

448,11642 f. *bei diesem letzten Spiele . . . nicht so bedenklich sein]* Meint: es beim Einzug in die Hölle mit den Standesunterschieden so genau nicht nehmen.

449,11655 *Sie haltens doch für Lug . . .]* Meint wohl: Halten sie es (sonst) doch für . . .

449,11660 *Psyche mit den Flügeln]* Hederich 1770,2119: »Daß die Seele aber durch einen Schmetterling abgebildet worden, dazu ist vieleicht der erste Anlaß gewesen, daß eine Art derselben im Griechischen eben so, wie sie, Psyche, heißt.«

449,11662 *Mit meinem Stempel . . .]* als Besitzerzeichen eingebrannt (Offenbarung 19,20: »die das maal-zeichen des thiers nahmen«, wurden »in den feurigen pfuhl geworffen, der mit schwefel brannte.«).

449,11665 *Ihr Schläuche]* Zu den *Dickteufeln*! – 'Schlauch' hier (Adelung 4,121): »herab hangender Bauch«.

449,11670 *Firlefanze]* die »alberne Possen« veranstalten (Campe 2,85); *flügelmännische Riesen*: vorexerzierend (→ Kommentar zu vor 11636).

449,11672 *strack]* Gerade.

449,11675 *Genie]* Hier noch eng am latein. Ursprungswort: »eines Menschen Genius ⟨ist⟩ nichts anders, als dessen Animus ⟨Seele⟩« (Hederich 1770,1145).

449, vor 11676 *Glorie von oben, rechts] Glorie* hier auch als (DWb 8,196) »theatertechnischer ausdruck: ⟨...⟩ der erhabene und illuminierte ort, wo ein offener himmel« mit den göttlichen Wesen erscheint. Goethe in seinen *Regeln für Schauspieler* (FA I 18,872): »Auf der rechten Seite steht immer die geachtete Person: Frauenzimmer, Ältere, Vornehmere. ⟨...⟩ Wer auf der rechten Seite steht, behaupte daher sein Recht und lasse sich nicht gegen die Kulisse treiben, sondern halte Stand«. – Mephisto wird durch die von *rechts* kommenden *Engel* schließlich *ins Proszenium gedrängt* werden (vor 11780).

449,11676 *Gesandte]* Wörtl. Übersetzung des griech. ἄγγελοι und latein. angeli (Engel).

449,11677 *Himmelsverwandte]* 'Verwandt' im ält. Sprachgebrauch allgemein für: zugehörig.

449,11680 *Staub zu beleben]* Die Toten (gemäß Prediger Salomo 3,20) wieder zum Leben zu erwecken.

450,11686 *mit unwillkommnem Tag]* Meint das in die nächtliche Szene einbrechende Licht der *Glorie*.

450,11687 *das bübisch-mädchenhafte]* → 11781 f.: hermaphroditische *Hexenmeister;* | *Denn ihr verführet Mann und Weib.*

450,11691 f. *Das Schändlichste ...]* Eine ganze Palette von Erklärungsversuchen findet sich zusammengestellt bei Arens 1989,974: Sündenfall des Menschen, Kreuzigung Christi, Martyrium der Heiligen, sogar Kastraten in Kirchenchören (wobei die *Vernichtung* von *menschlichem Geschlecht* in 11690 einigermaßen wörtlich zu nehmen wäre).

450,11693 *gleisnerisch die Laffen]* »heuchlerisch«; 'Laffe': »junger unverschämter alberner Mensch, im verächtlichen Verstande, und von beyden Geschlechtern« (Adelung 2,716 u. 3,15 f.).

450,11696 *Es sind auch Teufel, doch verkappt]* – erklärt der Teufel, der selber doch ein gefallener Engel ist (→ 10075 f. und Kommentar dazu).

450, vor 11699 ENGEL *Rosen streuend]* die sie *aus den Händen | Liebend-heiliger Büßerinnen* empfangen haben (→ 11942 ff.). So spielt hier schon die *Bergschluchten*-Szene hinein.

Durch die pustenden *heißen Teufel* in Brand gesetzt, werden sich diese *Rosen* als *Liebesspuk* dem Mephisto *auf die Haut* werfen (11809 ff.). Tatsächlich gibt Adelung 3,1478 als 1. Bedeutung für 'Rose' an: »Entzündung auf der Oberfläche des menschlichen Körpers« und vermerkt dafür die Bezeichnung »das heilige Feuer«!

450,11699 ff. *Rosen, ihr blendenden ...]* Geradezu tänzelnd hier die gleichen zweihebig daktylischen Kurzverse mit der überladenen Klangspielerei 'gleitender' Reime wie wieder 11726 ff. und wie schon in der *Nacht*-Szene des Ersten Teils (→ Kommentar zu 737-807). Ein leiser, in stilistische Ironie versteckter Vorbehaltshinweis darauf, daß nicht nur ulkig kostümierte Teufel herbeizitiert werden, sondern auch 'Engel', wie der Zeitgeschmack sie liebte (→ 11688)?

450,11703 f. *Zweiglein beflügelte, | Knospen entsiegelte]* C141 und spätere Herausgeber ändern eigenmächtig in: »Zweigleinbeflügelte, | Knospenentsiegelte«, bilden also Adjektivkomposita zu *Rosen* – während H neue, eigenständige Anredenominative setzt (so daß 11705 auf die entsiegelten *Knospen* zu beziehen wäre).

450,11707 *Purpur und Grün]* Was in Goethes *Farbenlehre* über die »sinnlich-sittliche Wirkung der Farbe« gesagt wird: daß sie nämlich, »als ein Element der Kunst betrachtet, zu den höchsten ästhetischen Zwecken mitwirkend genutzt werden kann«, gilt wohl auch hier vom *Purpur und Grün* der Rosen-*Zweiglein* und *–Knospen.* »Purpur fordert Grün und umgekehrt« – sie gehören zu den Komplementärfarben, welche »die Totalität des ganzen Farbenkreises« enthalten. So werde »gewiß eine besondere geheimnißvolle Anschauung eintreten, daß man diesen beiden getrennten, einander entgegengesetzten Wesen eine geistige Bedeutung unterlegen könne, und man wird sich kaum enthalten, wenn man sie ⟨diese Komplementärphänomene im Farbenkreis⟩ unterwärts das Grün, und oberwärts das Rot hervorbringen sieht, dort an die irdischen, hier an die himmlischen Ausgeburten der Elohim ⟨der göttlichen Mächte⟩ zu gedenken.« (FA I 23/1, §§ 758, 810, 805, 919)

450,11712 *Gauch]* Hier nicht in der harmlosen Narren-Bedeutung (→ 4976), sondern für »spanische Fliege« (Adelung 2,430). Dazu Zedler 9,1357 u. 1360: große Käfer mit einem »sehr stinckenden Geruch, und scharff-brennenden Geschmack«, die man »an denen Rosen-Sträuchern ⟨...⟩ häuffig beysammen hockend antrifft«!

450,11716 *pustet Püstriche]* Kurzatmig dickbackige Burschen oder Kobolde im niedersächs. Volksaberglauben, dann dampf- oder feuerspeiende Hohlplastiken eines Götzen (Schmitt 1913). So verwendet Goethe das Wort in seinen *Invektiven* gegen Pastor Pustkuchen (den Verfasser der falschen *Wanderjahre*):

> *Pusterich*, ein Götzenbild,
> Gräßlich anzuschauen,
> Pustet über klar Gefild
> Wust, Gestank und Grauen. (FA I 2,769)

Ebenso auf Pustkuchen und den *Meister*-Roman bezogen in den *Zahmen Xenien*, wenn es um die im Judas-Brief 9 vorgegebene *Grablegung* des Moses geht (→ Szenen-Kommentar S. 764 f.):

> Über Moses Leichnam stritten
> Selige mit Fluch-Dämonen;
> Lag er doch in ihrer Mitten,

Kannten sie doch kein Verschonen!
Greift der stets bewußte Meister
Nochmals zum bewährten Stabe,
Hämmert auf die Pustrichs-Geister;
Engel brachten ihn zu Grabe. (FA I 2,675)

450,11717 *Vor eurem Broden bleicht der ganze Flug]* Von eurem »Dampf oder Dunst« (Adelung 1,1085) verbleichen die Farben der herabfliegenden Rosen (11707).

451,11726-34 *Blüten die seligen . . .]* Wie ähnlich schon 11676 ff. läßt die ganz vom Rhythmus und Reim her bestimmte Wortfolge den Engelgesang nahezu unverständlich erscheinen (durch syntaktische Normalisierungen und geringfügige Ergänzungen könnte man ihn unschwer in vollverständliche Menschensprache übersetzen).

451,11738 *ärschlings]* Für: rückwärts. – Lessing FA 10,329: »Adelung ⟨*Wörterbuch der Hochdeutschen Mundart*⟩ hat es nicht. Und man sollte, mein' ich, in einem Wörterbuche dieser Mundart auch dergleichen Feinheiten mit anmerken, wenn man nicht das Ansehen haben will, dem übrigen Deutschlande weis machen zu wollen, daß diese Mundart allein sich immer anständig und edel ausdrücke.«

451,11739 *Gesegn' euch das verdiente heiße Bad]* Folgt ironisch dem alten Brauch eines 'Badesegens' (»Prosit balneum!«).

451,11741-44 *Irrlichter . . . mir im Nacken]* → Kommentar zu 3855. – Ein Beispiel dafür, wie der Autor in diesem 'Werk eines Kollektivwesens' (→ S. 27 ff.) verwendete, was gerade über seinen Schreibtisch ging. Reinhold Ludwig Ruhland hatte im *Neuen Journal für Chemie und Physik* (1812,6,40 f.; in Goethes Besitz) eine damals meist schon verworfene Hypothese wiederholt: »Irrlichter bestehen in nichts weniger als in brennendem gekohltem Wasserstoffgas, wie manche wollten, sondern wenn man sie haschte, so findet man eine gallertige, froschlaichartige Masse, die etwas klebricht ist, eine fette Feuchtigkeit in den Händen zurückläßt, und, schnell zwischen den Fingern gerieben, gleich der Materie der Sternschnuppen und Feuerkugeln, Schwefelgeruch verbreitet.« (Dazu G. Schmid 1951,275 f.)

451,11745 *Was euch nicht angehört . . .]* Die Engel, die sich nie zu einem Wortwechsel mit den Teufeln herablassen (nur einmal mit den Blankversen 11778 f. auf den zurückweichenden Mephisto zugehen), sprechen wohl auch hier zu sich selbst oder untereinander (in H30, Text-Band S. 728,13 f. noch: *Was uns nicht angehört | Müssen wir . . .*).

Hingegen bezieht Jantz 1970 die Verse 11745-49 auf Mephisto und erklärt, das Feuer der Liebe dringe auch in ihn ein. Es gelinge ihm aber, diese himmlische Liebe umzukehren »into a supremely hopeless pederastic passion for the boylike angels« (aaO. 169); auf diese Weise rette er sich davor, daß die Engel auch ihn erlösten, entgehe also der Apokatastasis panton, die selbst den Teufel erreiche (→ Szenen-Kommentar *Grablegung*, S. 766 f.). Das eben meine dann 11813: *Gerettet sind die edlen Teufelsteile*!

452,11751 f. *Liebe nur Liebende | Führet herein]* Abweisend auf Mephisto zu beziehen; zugleich aber annehmend auf *Faustens Unsterbliches*, das die Engel mit sich führen werden (→ 4451 und 11902).

452,11753 *Mir brennt der Kopf, das Herz, die Leber]* Wohl metaphorisch für: alles an mir (Verstand, Gefühl, Sinnlichkeit). Die *Leber* galt im Volksglauben als Sitz auch der »Wollust« (HWbdA 5,978).

452,11754 *Ein überteuflich Element]* noch den Teufel überteufelnd (→ 11784: *das Liebeselement*).

452,11759 *Auch mir!]* – geschieht das (verdreht sich so der Hals).

452,11764 *darf]* Für heutiges: kann.

452,11767 *Wetterbuben]* Bezieht die im Luftstrom der *Püstriche* schwebenden Engel möglicherweise auf das »Wetter-Männlein« in dem um die Mitte des 17. Jh.s von Otto v. Guericke erfundenen Manometer (Goethe dazu: FA I 25,279 f.). Ein »höltzernes Männlein, welches durch sein Auf- und Niedersteigen in einer gläsernen Röhre die 〈. . .〉 Schwere der Lufft zeiget.« (Zedler 2,224) – Oder einfach für: verflixte Buben?

452,11770 *Seid ihr nicht auch von Luzifers Geschlecht?]* Wie

11696: *Teufel, doch verkappt.* – Jesaja 14,12 (»Wie bist du vom himmel gefallen, du schöner morgenstern?«) lautet in der Vulgata: »quomodo cecidisti de coelo, lucifer, qui mane oriebaris?« – Zu diesem Engelsturz → Kommentar zu 10075 f.

452,11775 *kätzchenhaft begierlich]* → Kommentar zu 3655.

453,11786 *Ich fühle kaum daß es im Nacken brennt]* Er fühlt kaum, daß es (entsprechend 11744) eigentlich nur dort brennt – weil jetzt der *ganze Körper* im Liebesfeuer glüht.

453,11787 *hin und her]* Über dem Boden schwebend, nicht erreichbar.

453,11797 *Auch könntet ihr anständig-nackter gehen]* Wie es ihnen jetzt wohl anstünde, wie sichs in dieser Situation gehörte – also entschieden unanständig für Engel.

453,11800 *Racker]* DWb 14,34: urspr. der, »der den unflat fortschafft, schinder, abdecker ⟨...⟩ todtengräber«! Im 18. Jh. als Schimpfwort »theils in bösem sinne, ⟨...⟩ theils scherzend, beinahe mit kosendem anklange«.

453,11803 *Die sich verdammen]* Nicht, wie HA 1986,729 angibt: die »sich dem Bösen zuwenden«, sondern (im Hinblick auf 11807 f., → Kommentar dazu): die sich für 'verdammt' halten.

453,11807 f. *Um in dem Allverein | Selig zu sein]* Hervorgehoben durch die variierende Wiederholung 11821 (*Alle vereinigt*) bezieht sich das beinahe wörtlich auf die von Origenes ausgehende heterodoxe Lehre von der seligen 'Wiederbringung aller' (die gegründet ist auf den 1. Korintherbrief 15,28 »daß Gott sey alles in allem«): → Kommentar S. 788 ff. zur Apokatastasis panton. – Unvereinbar mit orthodoxer Theologie ist hier offensichtlich auch das dem Vers 11803 entsprechende: *vom Bösen | Froh sich erlösen!*

453,11809 *hiobsartig, Beul an Beule]* Witzig adaptiert: im Buch Hiob 2,7 schlägt doch gerade der Satan den frommen Gottesknecht »mit bösen schwären, von der fuß-sohlen an bis auf seine scheidel.« (Die Analogieantithese Mephisto/Hiob liegt auch den folgenden Versen zugrunde.)

453,11813 *Gerettet sind die edlen Teufelsteile]* In Analogieantithese zu den auf Faust bezogenen Engelversen 11934 f.: *Gerettet ist das edle Glied | Der Geisterwelt vom Bösen . . .*

453,11814 *Der Liebespuk er wirft sich auf die Haut]* Meint: nur *auf die Haut* (→ Kommentar zu vor 11699). Deshalb *triumphiert* Mephisto: die *edlen Teufelsteile* sind jedenfalls gerettet. – Wortbildung wie 11855 *Liebebrand.*

454, nach 11824 *Faustens Unsterbliches entführend]* Vor 11934 wiederholt (dort erläutert), verbindet diese Regieangabe die *Grablegungs-* mit der *Bergschluchten*-Szene.

454,11826 *Unmündiges Volk]* Adelung 4,1262: noch »der Gewalt des Vaters oder Vormundes« unterworfen (hier: *himmelwärts entflogen*).

454,11831 *pfiffig weggepascht] pfiffig:* »Fertigkeit besitzend seine wahren Absichten zu verbergen«; 'paschen': »schmuggeln« (Adelung 3,1040 u. 971).

454, nach 11831 [Engel (*indessen entschwebend*) *Liebe, die gnädige . . .*]*]* Dieser Chortext findet sich in der Reinschrift H2 nach 11831 und ist in H, wo hier ein durch Tintenwechsel kenntlicher neuer Schreibeinsatz erfolgte, möglicherweise nur durch ein Versehen ausgelassen worden (wie schon E. Schmidt, WA I 15.2,245 vermutete – freilich mit der Einschränkung: »doch scheint das Scenar nach 11824 ein Ersatz«). Im Kontext der Szene erscheinen diese Verse stimmig, wegen des in den *Bergschluchten* wieder aufgenommenen *Wolken*-Motivs eigentlich kaum entbehrlich. Deshalb wurden sie hier eigenmächtig wieder eingefügt (die in H2 ausgelassene zugehörige Regieanweisung wurde aus H31 übernommen, wo die gleichen Verse noch vor 11825-31 standen; die gewohnte Verszählung wurde beibehalten, also für die Einfügung ausgesetzt; die nachfolgende Sprecherbezeichnung Mephistopheles wurde hinzugefügt). – Mit der recht komplizierten handschriftl. Überlieferung argumentierend, hat MA 18.1,1139 f. meine Einfügung entschieden verworfen: für Mephistos Schlußverse 11832 ff. entstehe so »ein unsinniger Anschluß« !

Eine sehr andere Bedeutung hat Hertz 1932 diesem Chortext zugeschrieben: → Kommentar zu S. 731,19-28.

454, eingefügt nach 11831 *Fielen der Bande | Irdischer Flor . . .]* Etwa für: Es fielen die irdischen *Bande* wie ein leichter *Flor* von ihm ab – nun, ihr *Wolkengewande*, tragt den Entlasteten empor! (oder: Da sie gefallen sind, tragt ihn empor).

454,11832 f. *Bei wem soll ich mich nun beklagen . . .]* Witkowski 1950,405: »Hier schimmert vielleicht die frühere Absicht durch, Mephistopheles zur Appellation in den Himmel eilen zu lassen.« (→ Paralipomenon 195: Text-Band S. 731,23 und Kommentar dazu)

454,11836 *mißgehandelt]* Adelung 3,520: »wider ein Gesetz handeln«.

455,11840 *mit diesem kindisch-tollen Ding]* Meint gewiß nicht diese *Grablegungs*-Szene, sondern (gestützt durch 11837) Mephistos ganze Bemühung um Faust, all seine Dienste und Veranstaltungen, an deren Ende er sich nun als geprellter dummer Teufel sieht.

Seite 456-464 Szene
11844-12111 BERGSCHLUCHTEN, WALD, FELS

Wenn er mir jetzt auch nur verworren dient: | So werd' ich ihn bald in die Klarheit führen (308 f.) – jetzt treten die Verheißungsworte des Herrn in Kraft. *Der früh Geliebte | Nicht mehr Getrübte | Er kommt zurück.* Diese letzte Szene übergreift das Erdenspiel. Aber was da gesagt wird und geschieht, ist durch vielerlei wörtliche, figurale, metrische und szenische Korrespondenzen mit früheren Teilen der *Faust*-Dichtung verknüpft. Sie beziehen sich nicht nur auf den *Prolog*, sondern ebenso beispielsweise auf die *Nacht*-Szene (703 ff.: *Ich fühle mich bereit | Auf neuer Bahn den Äther zu durchdringen, | Zu neuen Sphären reiner Tätigkeit*) und auf die österlichen Chöre dort, auf die symbolischen Landschaftsbilder in *Wald und Höhle* oder auf Margaretes Gebet zur Gottesmutter in der *Zwinger*-Szene; hinsichtlich des Zweiten Teils dann auf die Metamorphosen des Homunkulus und überhaupt auf das große Erosfest in den *Felsbuchten des ägäischen Meers*, in dem mit einer Fülle von Entsprechungen das Liebesfest der Schlußszene vorgebildet ist, oder auf das Wolkenspiel im *Hochgebirg* (Faust zur Gretchen-Wolke 10065 f.: Sie *erhebt sich in den Äther hin, | Und zieht das Beste meines Innern mit sich fort*). Viele dieser 'Vorgaben' muten im nachhinein wie Verheißungen an, die nach dem alten (in der typologischen Bibelexegese der Kirchenväter geübten) Präfigurationsmodell von Prophezeiung und Erfüllung gebildet sind. Denn der polyphone Ausgang des Spiels beschränkt sich nicht auf eine variierende Wiederholung und summierende 'Engführung' von Vorangegangenem: in einer mächtigen umartenden Steigerung hebt er das alles über sich selbst hinaus.

Vom Spielfeld der vorangehenden Szenen des 5. Akts, dem Küstenreich, in dem Philemons und Baucis' *Hütte* stand und Fausts *Palast* lag, ist diese letzte, ganz oratorienhafte Szene weit entfernt. Die Engel haben *Faustens Unsterbliches* in eine mythische Landschaft entrückt.

Im Jahr 1800 bekam Goethe eine Reisebeschreibung Wilhelm v. Humboldts zum *Montserrat bei Barcelona* zu lesen. Sie berichtete ihm von den Mönchen, die dort in der »Einöde« ihr »Einsiedler- und Heiligenleben« führten. In den mit Bäumen und Gesträuchen bewachsenen steil ansteigenden Felsen dieses Berges seien ihre Einsiedeleien so errichtet, daß man »einige unmittelbar über sich im eigentlichen Sinne des Worts in den Lüften schwebend erblickt«. Von der Gründungsgeschichte des Stammklosters wird erzählt, daß »melodische Stimmen, wie von Engeln« das Wunderbild einer Madonna hätten auffinden lassen. Von den Klausnern mit ihren »ewigen Andachtsübungen« und »körperlichen Beschwerden« heißt es, daß man sie »*gente retirada y desengañada*« nennt: »*desengaño* hat fast immer einen pathetischen Sinn, es ist das feierliche Wort des Dichters, wenn 〈...〉 eine schwärmerische Stimmung die Seele von der Eitelkeit irdischer Freuden zum Himmel emporreisst.« Schließlich berichtet Humboldt, wie er und seine Begleiter dort »das prächtigste und grösseste Wolkenschauspiel sahen, dessen ich mich je erinnere« (→ in diesem Kommentar S. 793 ff.): »näher am Berge und auf dem ganzen flachen Lande lagen Nebelwolken. Am dichtesten waren sie im Abend gethürmt, von da gieng ihre Bewegung aus, und so zogen sie sich rund zu unsern Füssen herum. In der untersten Tiefe wälzten sie sich schwer und langsam, höher jagte der feine Duft schnell durch die Felsenritzen 〈...〉. Aus dem Nebelmeere erhoben sich lange zart und leicht geflockte Wolken zum reinen Himmel empor.« (Humboldt 1904, Zitate dort 39-57) – Goethe hat ihm am 15. 9. 1800 zu dieser Darstellung geschrieben, man könne sie »aus der Einbildungskraft nicht los werden.«

Als direkte Bildvorlage für den Szenenbeginn benutzte

er auch hier den Reproduktionsstich von einem der Fresken im Kreuzgang des Campo Santo in Pisa, das die frühchristlichen Einsiedlermönche Oberägyptens, die 'Anachoreten in der Thebais' darstellt (*Gli anacoreti nella Tebaide.* → Abb. 14). Da sieht man unten *Woge nach Woge* den gewellten Strom. Dann *Stamm dicht am Stamm* die in den *Felsen* wurzelnden Bäume und *gelagert zwischen Klüften* die *Anachoreten* vor ihrer *Höhle* oder in ihrer *Zelle*, herumschleichende *Löwen* auch. All das *Gebirg auf verteilt.* Darüber ausgespannt das *Himmelszelt.* Aufschlußreich für das Textverständnis ist diese Vorlage vor allem deshalb, weil man ihr ablesen kann, auf welche Weise und mit welcher Absicht Goethe von ihr abweicht. Schon mit dem ersten Chorvers nämlich überführt er ihre bildhafte Statik in eine dynamische Bewegung. *Waldung, sie schwankt heran* – selbst die Baumstämme, an denen die Felsen *lasten* und deren Wurzeln sich ins Erdreich *klammern*, streben hier *in die Lüfte.* Und schon der erste der ins Spiel geführten Patres hat durch sogenannte Levitation die Anziehungskraft der Erde überwunden und sich vom Boden gelöst (→ Kommentar zu vor 11854). Hier, »wo es mit der geretteten Seele nach oben geht« (Goethe zu Eckermann, 6. 6. 1831), vollzieht sich alles in einer Aufwärtsbewegung, die in den *Bergschluchten* zwar beginnt, aber über sie hinausführt ins Unabsehbare, also mit dem Szenenende nicht endet (Mater gloriosa, 12094: *Komm! Hebe dich zu höhern Sphären*). Alles hier wird von einem unwiderstehlichen Vertikalsturm: vom Sog der Apokatastasis panton erfaßt (→ S. 788 ff.). Damit entzieht sich das *Faust*-Spiel am Ende auch den traditionellen Darstellungsmöglichkeiten der Bühne. Der Autor mag noch an Flug- und Schwebemaschinen gedacht haben. Eine angemessene Visualisierung dieses Geschehens aber könnte man sich allenfalls mit dem Hilfsmittel eines Films vorstellen, der sich nicht mehr auf das sprechende oder singende Personal richtete (das beim bloßen Zuhören und Zuschauen, also ohne Sprecherbezeichnungen und Regieangaben ohnehin kaum identifizierbar ist), sondern auf die emporsteigenden Wolkenzüge dieses zeichenhaften, sinnbildhaften 'meteorologischen Theaters' → hier S. 793 ff. und Abb. 16.

Mit dem *Prolog im Himmel* war für das Ende der *Faust*-Dichtung ein 'Epilog' vorgeschrieben, welcher die Entscheidung über den Ausgang der dort vereinbarten Versuchungen dieses neuen Hiob verkündete und so den metaphysischen Rahmen um das Erdenspiel schlösse. Dafür hatte Goethe zunächst ein himmlisches *Gericht über Faust* geplant (→ Paralipomenon 195: Text-Band S. 731,25 ff.). Das sollte jedenfalls zeitweise durch Mephisto herbeigeführt werden, der 'Berufung' einlegte gegen den in der *Grablegungs*-Szene erfolgenden Sieg der Engel im Kampf mit den Teufeln um Fausts Seele (→ Kommentar-Band S. 1060 zu 731,23), und hätte nicht durch den *Herrn* des *Prologs im Himmel* abgehalten werden sollen, sondern offenbar durch Christus als dessen *Reichsverweser* (→ Paralipomenon 95: Text-Band S. 722,13-16 und Kommentar dazu) oder aber allein durch die gnadenreiche Gottesmutter (→ Kommentar-Band S. 1061 zu 731,26). – Morris 1902 I,231 f. und Grumach 1953 haben unterschiedliche, dabei sehr spekulative Versuche unternommen, Goethes wechselnde Konzeptionen zu rekonstruieren; dazu Bohnenkamp 1994,739 ff.

Nach der neuen Datierung des Paralipomenons 195 durch Schillemeit 1996,365 (→ hier S. 1060) hat Goethe an seinem Plan für ein solches Epilog-Gericht bis zum Dezember 1830 festgehalten; dann erst trat an dessen Stelle die sehr anders angelegte *Bergschluchten*-Szene. – In der Tat hätte sich eine szenische Darstellung, welche das *Gericht über Faust* geradewegs wie ein Altarbild oder das Deckengemälde einer Kirche vom Jüngsten Gericht auf die Bühne brächte, mit den an der Endfassung ablesbaren Intentionen kaum mehr vereinbaren lassen: *Christus Mutter u Evangelisten u alle Heiligen* (Paralipomenon 195) waren schwerlich in ironischer Distanz zu halten und als mythologische Spielfiguren zu behandeln, wie Goethe sie hier brauchte.

Andererseits konnte er seine theologischen Vorbehalte gegenüber den orthodoxen Gerichtsvorstellungen am *Faust*-Schluß unmöglich so handfest in Szene setzen, wie ein zu Lebzeiten unveröffentlichter, satirisch possenhafter Text aus dem Nachlaß das zeigt:

Am jüngsten Tag, vor Gottes Thron,
Stand endlich Held Napoleon.
Der Teufel hielt ein großes Register
Gegen denselben und seine Geschwister,
War ein wundersam verruchtes Wesen:
Satan fing an es abzulesen.
  Gott, Vater, oder Gott der Sohn,
Einer von beiden sprach vom Thron,
Wenn nicht etwa gar der heilige Geist
Das Wort genommen allermeist:
  »Wiederhol's nicht vor göttlichen Ohren!
Du sprichst wie die deutschen Professoren.
Wir wissen alles, mach' es kurz!
Am jüngsten Tag ist's nur ein . . .
Getraust du dich ihn anzugreifen,
So magst du ihn nach der Hölle schleifen.«

(FA I 2,740 f.)

In seiner Rezension von *Des Knaben Wunderhorn* hat Goethe über ein Marienbild bemerkt: »Hübsch und zart, wie die Katholiken mit ihren mythologischen Figuren das gläubige Publikum gar zweckmäßig zu beschäftigen und zu belehren wissen.« (WA I 40,354) Solche katholisch-»mythologischen Figuren« setzte er in die *Bergschluchten*-Szene ein. Sie entsprechen sehr wohl dem Katholizismus der konfessionsbezogenen Passagen im *Faust I* (*Zwinger*, *Dom*) und fügen sich in das Versspiel dieser Schlußszene, dessen Gebete, Lieder und Chöre weithin den metrischen Grundmustern der altkirchlichen Hymnen und Sequenzen folgen. Aber sie geben Anlaß zu einem fundamentalen Mißverständnis und riefen dadurch schon unter den Zeitgenossen Ärgernisse auf allen Seiten hervor. Den Freidenkern mißfiel es, daß der alte Heide seinen Helden überhaupt in einen christlichen Himmel versetzte. Die Protestanten, ratlos eingedenk seiner früheren polemischen Äußerungen über die Konvertiten unter den Romantikern, entrüsteten sich darüber, daß er sich jetzt selber als Madonnenverehrer gab und sie mit dem Repertoire und dem Ensemble »der katholischen Gegenreformation« konfrontierte (Schlaffer 1981,163). Den Katholiken mußte es jedenfalls höchst verdächtig erscheinen, daß die Gottesmutter – mit den gleichen Worten, die 7440 der Helena galten – als *Göttern ebenbürtig* bezeichnet wurde, nicht einmal den Christusknaben mehr im Arm hielt und allenfalls wie die Bewohnerin eines »christlichen Olymps« erschien (so hat Goethe selber die Maria 1814 bezeichnet: WA I 34.2,23).

Solche Urteile verkennen freilich die Grundstruktur dieses Textes. Denn die Anleihen, die Goethe hier aus dem reichen kultischen Arsenal des Katholizismus aufgenommen hat (und im vergleichsweise formlos kargen protestantischen Kultus gar nicht verfügbar fand), die Figuren also, die er in der Schlußszene bemühte, die poetischen Bilder, die er einsetzte, und die Worte, die er benutzte, sind in ganz entschiedener Weise uneigentliche Mittel zum eigentlichen Zweck: poetische Surrogate. Daß man diese Zeichen nicht verwechseln dürfe mit dem Bezeichneten oder Bedeuteten selbst, lehrt Goethes höchst aufschlußreiche (und vom Text zweifellos bestätigte) Erklärung, die Eckermann unter dem 6. 6. 1831 aufgezeichnet hat: »Übrigens werden Sie zugeben, daß der Schluß, wo es mit der geretteten Seele nach oben geht, sehr schwer zu machen war, und daß ich, bei so übersinnlichen, kaum zu ahnenden Dingen, mich sehr leicht im Vagen hätte verlieren können, wenn ich nicht meinen poetischen Intentionen, durch die scharf umrissenen christlich-kirchlichen Figuren und Vorstellungen, eine wohltätig beschränkende Form und Festigkeit gegeben hätte.«

Ebenso wie für die »christlich-kirchlichen Figuren«, die hier herbeizitiert werden, gilt das in der Tat für die »Vorstellungen«, deren der Autor sich bedient. Beide sind nurmehr Behelfsmittel: 'unzulänglich', sobald man sie an den »übersinnlichen, kaum zu ahnenden Dingen« bemißt, auf welche die »poetischen Intentionen« sich eigentlich richten. Auch das ist wohl gemeint, wenn am Ende der Chorus mysticus sagt, daß hier *Das Unzulängliche* sich ereigne (→ Kommentar zu 12106 f.). Vorstellungen und Worte wie *Offenbarung* oder *selig* und *heilig*, selbst *Liebe* und *Gnade* stehen hier gleichsam in distanzierenden Anführungsstrichen, werden nämlich ihrem genuin christlichen Verständnis entzogen.

Das gilt nicht zuletzt für das Wort und die Vorstellung 'Erlösung'. Die vielberufenen Engelverse *'Wer immer strebend sich bemüht | Den können wir erlösen'* sind denn auch in der Reinschrift H in Anführungszeichen gesetzt (→ Kommentar zu 11936 f.). Daß sie (wie Eckermanns in diesem Punkt höchst zweifelhafter Gesprächsbericht vom 6. 6. 1831 behauptet) den »Schlüssel zu Fausts Rettung« enthielten, wird man jedenfalls nicht im Sinn einer christlichen Erlösungslehre verstehen dürfen. *Menschenopfer mußten bluten, | Nachts erscholl des Jammers Qual* (11127 f.) – das gilt ja nicht nur für das große Landgewinnungswerk. Am Ende des Ersten Teils Margarete im Kerker und unter dem Henkersbeil, ihre Mutter zu Tode gekommen, ihr Bruder niedergestochen; am Ende des Zweiten die beiden frommen Alten in ihrem Hüttchen verbrannt und der Fremde erschlagen: tief in Schuld verstrickt und keineswegs ohne Unrechtsbewußtsein zeigt Faust doch niemals so etwas wie ernstliche Reue. Gottfern und unbußfertig bleibt er bis an sein Ende. Weder 'gute Werke' noch gar Luthers 'sola fide' könnte man da geltend machen. Selbst in den Gebetsversen des Doctor marianus wird das so allgemein wie nur möglich auf *Alle reuig zarten* bezogene *Gläubig umzuarten* der ursprünglichen Fassung durch ein 'unverfängliches' *Dankend umzuarten* ersetzt (→ Kommentar zu 12099). Die Theologie des Kreuzes hat keinen Eingang gefunden in die *Faust*-Dichtung. Allein in den Legenden der drei Büßerinnen wird der Erlöser überhaupt noch erwähnt (12038, 12047, 12054); nicht nur als der himmlische Richter, selbst in Gestalt des anfänglich vorgesehenen *Knaben* auf dem Arm der Gottesmutter (→ Hg[1]: Text-Band S. 735,13 f.) wurde Christus hier ferngehalten.

Was Goethe dem Faust zugesprochen haben soll: »eine immer höhere und reinere Tätigkeit bis ans Ende, und von oben die ihm zu Hülfe kommende ewige Liebe« (wie oben, 6. 6. 1831), ist eine etwas ungenaue Paraphrase jener Engelrede, die man eher Eckermann selbst als dem Autor zutrauen möchte (→ Kommentar zu 11936 f.). Die rollenbezogenen Reden seiner dramatischen Figuren sollte man nicht unbesehen direkten Auskünften eines Dramatikers über sein Werk gleichsetzen. Hier jedenfalls liefern sie keineswegs eine vom Text gedeckte Quintessenz des Dramas. Viele Kommentatoren und Interpreten freilich haben die Worte »immer höhere und reinere Tätigkeit« geradezu im Sinne sittlich höherer, ethisch reinerer Tätigkeit verstehen wollen und waren nach Kräften bemüht, die Dichtung auf diesen Satz hin auszulegen. Selbst die Editoren haben mit konjizierenden Eingriffen in den Text dazu beigetragen. Aber das Spiel, das Faust vom nächtlichen *Studierzimmer* bis in den nächtlichen *Palast* geführt hat, ist kein in Szene gesetzter Erziehungs- und Bildungsroman, kein Läuterungs- und Vervollkommnungsdrama, das seinen Helden am Ende im Stand der Erlösungswürdigkeit zeigt. Goethe stellt zwar ebensowenig die »Geschichte eines Verfalls« und am Ende das Bild eines »sich in greisenhaftem Solipsismus aufzehrenden Wüstlings« auf die Bühne, welcher »auf allen Stufen seines Lebens über Leichen geschritten, immer tiefer im Blute gewatet ist« (wie das Böhm 1933,26 u. 66 in seinem Generalangriff auf die herrschende ‘perfektibilistische’ Deutungstradition formuliert hat). Wohl aber zeigt das Faustbild, das der Autor gegenüber früheren Aufhellungskonzepten am Ende sichtlich zu verdunkeln suchte (→ etwa Kommentar zu 11403-07), die tiefe Fragwürdigkeit der strebend-irrenden menschlichen Existenz. Darüber wird hier kein Gericht gehalten. So wenig wie vom Gewinnen oder Verlieren der *Wette* ist von Schuld und Sühne, Sünde und Strafe oder von der Rechtfertigung die Rede. Das Haupt- und Grundwort, welches (in unterschiedlichen Wendungen 14mal wiederholt) die große Liturgie dieser Schlußszene beherrscht, lautet: *Liebe.* Sie ist es, die *allmächtige*, von der der Pater profundus hier singt, daß sie *alles bildet alles hegt* (11872 f.). Und wenn im Binnenspiel der *Tragödie* das irrend Strebende, Tätige und Gewaltsame geradezu als ein 'Ewig-Männliches' vorgestellt wird, erscheint diese gnädige, hilfreiche, rettende Liebe jetzt als *Das Ewig-Weibliche* (→ Kommentar zu 12110 f.). Denn anders als im *Prolog im Himmel* treten hier Frauengestalten auf. Über der letzten Szene thront nicht mehr DER HERR mit den Erzengeln, den *Göttersöhnen*, sondern schwebt die von den *Büßerinnen* umgebene MATER GLORIOSA: die *Jungfrau, Mutter, Königin*, die barmherzige *Göttin.* (→ Kommentar zu 12102 f.)

Ohne Zweifel sind in den *Faust*-Schluß Vorstellungen eingegangen, die der alte Goethe mit dem Gedanken an den eigenen Tod verband (dazu Schöne 1979). Aus seinen späten Jahren hat man Äußerungen gegenüber ihm Nahestehenden überliefert, die ebenso indirekt wie unmißverständlich zeigen, wie er diese letzte Szene doch auch in eigener Sache gedacht und gedichtet hat. Gespräch mit dem Kanzler v. Müller: »Der Mensch, wie sehr ihn die Erde auch anzieht, mit ihren tausend und abertausend Erscheinungen, hebt doch den Blick forschend und sehnend zum Himmel auf, der sich in unermeßnen Räumen über ihn wölbt, weil er es tief und klar in sich fühlt, daß er ein Bürger jenes geistigen Reiches sei, woran wir den Glauben nicht abzulehnen noch aufzugeben vermögen. In dieser Ahnung liegt das Geheimnis des ewigen Fortstrebens nach einem unbekannten Ziele, es ist gleichsam der Hebel unseres Forschens und Sinnens, das zarte Band zwischen Poesie und Wirklichkeit.« (Biedermann/Herwig 3.1, Nr 4561 und 4, S. 357) Nach allem, was wir wissen, hat ihn selber die Frage von Verdammung oder Erlösung nicht bekümmert. Woran er sich hielt, war die »Überzeugung, daß unser Geist ein Wesen ist ganz unzerstörbarer Natur; es ist ein fortwirkendes von Ewigkeit zu Ewigkeit.« (zu Eckermann, 2. 5. 1824) Seine dazu überlieferten Äußerungen sind deshalb erwähnenswert, weil sie einen Ermöglichungsgrund für Fausts 'Erlösung' verdeutlichen. Dem Altersfreunde Zelter hat der Siebenundsiebzigjährige am 19. 3. 1827 geschrieben: »Wirken wir fort bis wir, vor oder nacheinander, vom Weltgeist berufen in den Äther zurückkehren! 〈...〉 Die entelechische Monade 〈→ Kommentar zu vor 11934〉 muß sich nur in rastloser Tätigkeit erhalten; wird ihr diese zur andern Natur, so kann es ihr in Ewigkeit nicht an Beschäftigung fehlen.« Und zu Eckermann sagte er, neunundsiebzigjährig (4. 2. 1829): »Die Überzeugung unserer Fortdauer entspringt mir aus dem Begriff der Tätigkeit; denn wenn ich bis an mein Ende rastlos wirke, so ist die Natur verpflichtet, mir eine andere Form des Daseins anzuweisen, wenn die jetzige meinem Geist nicht ferner auszuhalten vermag.« *Des Menschen Tätigkeit* war das einzige, was der Herr des *Prologs* seinem *Knecht* ausdrücklich abverlangte (340 ff.). Und insofern Goethe sie als Bedingung einer Fortdauer über den Tod hinaus, ja in eigener Sache geradezu als deren Unterpfand verstand, ging es auch in Fausts *Wette* mit Mephisto, ob er je sich *auf ein Faulbett* legen werde, um ein Leben nach dem Tod. Dieser Tätigkeitsforderung genügt Faust wahrhaftig bis zuletzt. Doch hat gerade seine rastlose, unbedingte Tätigkeit den nie Befriedigten, Strebend-Irrenden am Ende so tief in Schuld verstrickt, daß diese Bedingung der Möglichkeit seiner 'Erlösung' unmöglich schon als deren zureichender Grund verstanden werden könnte. Goethes Diktum: »Unbedingte Thätigkeit, von welcher Art sie sey, macht zuletzt bankerott« (FA I 13,40) gilt wohl auch für den Faust des 5. Akts. Was in der *Bergschluchten*-Szene geschieht, wenn es »mit der geretteten Seele nach oben geht«, beruht denn auch auf einem theologischen Konzept, welches die Vorstellungen der christlichen Orthodoxie vom Gericht, von Sündenvergebung und Erlösung aufgehoben hat und keinen Raum mehr läßt für das »in aeternum damnatus es!«, mit dem am Ende des Wanderbühnen- und Puppenspiels vom Doktor Faust der Teufelsbündner zu den ewigen Höllenstrafen verdammt wird (→ Kommentar zur *Kerker*-Szene 539,103, hier S. 915).

Diese Lehre von der 'Wiederbringung aller' (ἀποκατάστασις πάντων) geht auf Origenes, den griechischen Kirchenvater des 3. Jahrhunderts, zurück. Sie meint eine liebende, versöhnende Rückführung zu Gott, die alles erfaßt, was einmal von ihm ausgegangen war, sich ihm entfremdet hat, von ihm abgeirrt und verlorengegangen ist, selbst die Teufel in der Hölle – damit gemäß den universalistischen Aussagen des Neuen Testaments am Ende der Zeiten »alle dinge zusammen (unter ein haupt) verfasset würden in Christo«, und durch ihn wieder »Gott sey alles in allem« (Epheserbrief 1,10; 1. Korintherbrief 15,28). Die kirchliche Orthodoxie aller Konfessionen hat diese Lehre verworfen. Sie hielt fest an den eschatologischen Vorstellungen vom Gericht, an einer endgültigen Unterscheidung zwischen Geretteten, Erlösten, Seligen und Verworfenen und an der Ewigkeit der Höllenstrafen für die Verdammten. Aber die origenistische Ketzerei hat sich nicht mehr verloren aus dem theologischen Denken und wird im 18. Jahrhundert wieder höchst virulent (dazu Breuer 1985).

Eine direkte Lektüre des griechischen Kirchenvaters (dessen platonisch inspirierte Schrift Περὶ ἀρχῶν ohnehin nur in Fragmenten und durch Rufinus' latein. Bearbeitung *De principiis* überliefert ist) läßt sich bei Goethe nicht nachweisen. Jedenfalls war er über diese heterodoxen Lehren sehr genau unterrichtet durch die ausführlich zitierende Darstellung Gottfried Arnolds. Dessen *Unpartheyische Kirchen- und Ketzer-Historie*, die entschieden Partei nahm für die »herwiederbringung aller dinge« (Arnold 1729,1,1202), hat er 1769 eingehend studiert. 1794 setzt er sie in die Liste der Bücher, die er aus der väterlichen Bibliothek zu übernehmen wünschte. 1812 äußert er sich in *Dichtung und Wahrheit* (8. Buch. FA I 14,382) über den »großen Einfluß«, den er von diesem »wichtigen Buche« erfahren habe.

So hat er die »Wiederbringung« schon 1772 in seinem *Brief des Pastors* mit unverkennbar eigener Sympathie zur Sprache gebracht (FA I 18,121-123). Und hinsichtlich der *Faust*-Dichtung dachte er eine Zeitlang wohl wirklich daran, daß – der Lehre des Origenes entsprechend – am Ende auch Mephisto, »der Teufel selbst Gnad' und Erbarmen vor Gott findet« (→ Kommentar zur *Grablegung*, S. 766 f.). Im endgültigen Text ließ er Faust in der Szene *Trüber Tag · Feld* vom *ewig Verzeihenden* sprechen (dort, wo in der *Frühen Fassung* nur vom *Ewigen* die Rede war: → Kommentar S. 371 zu 188,25 f.), ließ er bei der *Grablegung* den Engelchor vom seligen *Allverein* singen (→ Kommentar zu 11807 f.) und in den *Bergschluchten* die *sonst Gretchen* genannte Büßerin sagen: *Der früh Geliebte | Nicht mehr Getrübte | Er kommt zurück.* Daß dahinter zentrale Vorstellungen der Apokatastasis-Theologie des Origenes stehen, hat Burdach 1932,45 und 63 vermutet, hat Henkel 1982,169 ff. ausgeführt und Breuer 1985,25 ff. untermauert. Bestritten wurde dieser Ansatz von Zimmermann 1994 (der die Engelverse 11934-37 als den »Entscheid eines Himmelgerichts« ausgibt, wie Goethe es ursprünglich plante, und darauf beharrt, daß »die göttliche Kraft Fausts« hier »den Weg zum Vollkommenen, Unbedingten und damit zum Göttlichen« finde), ebenso von Bremer 1995 (der die »Erlösungswürdigkeit« Fausts bereits mit einer »Erlösungsbereitschaft« seiner Verse 10055-66 gegeben sieht und meint, es gehe hier grundsätzlich nicht um eine christlich-»eschatologische 'Wiederbringung', sondern um kosmologische Verwandlung« im Anschluß an Heraklit, an die Entelechie-Vorstellung des Aristoteles und Platons Metaphysik); ebenso wieder MA 18.1,1165 ff.

Im Gedankengewebe dieser Szene lassen sich sehr wohl auch platonisch-neuplatonische Reminiszenzen ausmachen. Die origenistische Eschatologie aber gibt nicht nur den theologischen Ermöglichungsgrund für Fausts 'Erlösung' ab, ihre Bedeutung und ihre Aufschlußkraft für die *Faust*-Dichtung reicht sehr viel weiter. Zwischen den bildhaften Vorgängen, mit denen sie die Apokatastasis anschaulich oder vorstellbar machte, und Goethes Spiel besteht nämlich eine so weitgehende Strukturhomologie, daß sich die letzte *Faust*-Szene geradezu als die Transformation der Wiederbringungslehre in eine 'ethisch-ästhetische Formel' verstehen läßt – und diese als ein Kommentar zu lesen ist, welcher die Eigenart und die Bedeutung der Choreographie des Endspiels in und über den *Bergschluchten* erschließt. Denn alle Bewegungen und Handlungen im Raum und in der Zeit verlaufen hier auf den vorgezeichneten Bahnen der Apokatastasis.

Die Beschreibungen, die man bei Augustin und den Scholastikern findet, imaginieren die himmlische Glückseligkeit als die erkennende Betrachtung und beseligende Anschauung Gottes (visio beatifica): als den Zustand einer Vollkommenheit, die keine Steigerung der Seligkeit und keinen Fortschritt der Erkenntnis mehr kennt, also keine Besserung, kein Lernen, Streben und Umarten mehr nötig und möglich erscheinen läßt. Der Lehrsatz des Origenes hingegen, aus dem alles Geschehen der *Bergschluchten*-Szene hervorgeht, lautete in der Goethe vorliegenden Fassung bei Arnold 1729,2,359, »daß uns nach der zeit ⟨also erst nach dem irdischen Leben⟩ eine wahre reinigung begegnen werde. Ich meyne, daß wir auch nach der aufferstehung ein Geheimniß bedürffen, das uns reinige und wasche; denn keiner wird ohne flecken aufferstehen können, und ist keine seele wohl zu finden, die alsbald von allen gebrechen frey sey.« *Uns bleibt ein Erdenrest*, singen die Engel, die Fausts *Unsterbliches* tragen, *Er ist nicht reinlich* (11954 ff.). Die Wiederbringung wurde also nicht als ein über den Menschen verfügender jäher göttlicher Gnadenakt vorgestellt, sondern als ein unendlich langer und weiter postmortaler Reinigungs-, Reifungs- und Vervollkommnungsprozeß, bei dem die Seele »nach ihrem freyen willen allerhand wachsthum oder abnahme aus eigenen bewegungen oder vorhaben leidet.« (Arnold aaO. 354) So wissen die drei Fürbitterinnen hier, daß sich *ein büßendes Gewinnen | In die Ewigkeiten* zu steigern vermag (12063 f.). Und wie Arnold aaO. 358 nach dem Origenes angibt, es würden die aufsteigenden Wiedergebrachten »das brodt des lebens essen, das durch die nahrung der wahrheit und weißheit die seele nähre«, erklärt der Pater seraphicus:

Steigt hinan zu höhrem Kreise
Wachset immer unvermerkt . . .
Denn das ist der Geister Nahrung
Die im freisten Äther waltet,
Ewigen Liebens Offenbarung
Die zur Seligkeit entfaltet. (11918 ff.)

Denn nach origenistischer Vorstellung behält die Seele des Auferstehenden ein materielles Substrat. Arnold aaO. 357 referiert, daß »eine verwandelung mit ihm vorgehe«, eine eschatologische Metamorphose, durch die seine irdische Gestalt umgeartet werde und »in der herrlichkeit eines geistlichen leibes zunehmen solle« (wie hier 12076 f. und 12088 ff.).

In diesem Himmel des Origenes leisten alle von der göttlichen Wiederbringung Erfaßten einander Hilfe und Belehrung. Selbst vom Faust meinen, vorausgreifend, die Seligen Knaben: *Er wird uns lehren* (12083). Durch die »heiligen und seligen« erhalten die noch Unvollkommeneren »hülffe, unterweisung und heilsame zucht«, so daß sie »mit hülffe der himmlischen kräfften gelehret« werden (Arnold aaO. 354): *Vergönne mir ihn zu belehren*, wird die *sonst Gretchen* Genannte zur Mater gloriosa beten (12092). Der sonst Faust Genannte selber spricht nicht mehr in dieser letzten Szene des Spiels. Aber was durch die vielen anderen zur Sprache kommt, die ihn da *zum Anbeginn* tragen und begleiten und ihn zu *Steigendem Vollgewinn* (11978 f.) belehren und höher führen wollen, ließe sich, Origenes folgend, als das verstehen, was auch ihm zugesprochen wird, was er jetzt erfährt, empfindet, lernt, erkennt. Von den ersten Gebetsschreien des Pater ecstaticus in der Tiefe der *Bergschluchten* (11854 ff.)

bis zu den letzten Worten des Doctor marianus *in der höchsten, reinlichsten Zelle* (12096 ff.) wäre das alles dann zugleich sein eigener 'innerer Monolog': sein erstes origenistisches Pensum.

Durch unermeßliche Zeiträume erstreckt sich nach der Lehre des griechischen Kirchenvaters dieser Prozeß der Wiederbringung. Wohl erfüllt sich in der *Bergschluchten*-Szene die Verheißung des Herrn, daß er seinen Knecht *bald in die Klarheit führen* werde (309). Aber dieses *führen* (wiederbringen) ist inchoativ und durativ zu verstehen. So gelten auch die Engelverse *'Wer immer strebend sich bemüht | Den können wir erlösen'* dem, was hier allererst beginnt, keineswegs schon vollzogen wäre. Die Engel selber sind diesem fortdauernden Umartungs- und Vervollkommnungsprozeß unterworfen. Denn wie Arnold aaO. 362 angibt, »daß die engel unterschiedene ämter verdienet hätten, ein ieder nach seinem verdienst und bemühung«, so werden hier in den Sprecherbezeichnungen die *vollendeteren Engel* ausdrücklich von den noch *jüngeren* unterschieden.

Dieser zeitlichen Erstreckung der Apokatastasis entspricht die Bewegung im Raum, als die Origenes die Wiederbringung beschrieben hat. Arnold aaO. 359: »Wenn die seele nach der aufferstehung gen himmel fähret, so kommt sie nicht in einem huy und plötzlich zum höchsten grad, sondern wird durch viele mansionen und bleibstädte geführt, in welchen sie von grad zu grad erleuchtet und allezeit an glantz vermehret wird, durch das licht der weißheit, biß sie zu dem vater der lichter selber kommt.« Wörtlich heißt es in *De principiis* (Origenes 1976,454/455) von dem zur Höhe Geführten: »ad caelorum regna perveniet per locorum singulorum, ut ita dixerim, 'mansiones', quas Graeci quidem σφαίρας, id est globos, appellaverunt, scriptura vero divina 'caelos' nominat« (er gelangt ins Reich der Himmel durch die verschiedenen Regionen ⟨...⟩, die die Griechen als 'Sphären' bezeichnen, die heilige Schrift aber als 'Himmel'). Dem entspricht die Himmelstopographie der *Bergschluchten*-Szene, durch die der aufsteigende

Zug der Wiederbringung führt – von der Bezeichnung der »bleibstädte« für die Patres in den anfänglichen Regieangaben *Tiefe Region* und *Mittlere Region* bis zu den an die *Himmelskönigin* gerichteten Versen *Du schwebst zu Höhen | Der ewigen Reiche* und weiter bis zu deren *Komm! Hebe dich zu höhern Sphären* am Ende. Aber da endet es nicht. Wo Goethe *Finis* schreibt, beginnt, was sich dem Blick entzieht und der Sprache verweigert.

Sich in die Lüfte tragen, hinansteigen, zur Höhe schweben, steigern, wachsen, umarten – die Schlußszene der *Faust*-Dichtung ist durchzogen von solchen Worten und Vorstellungen. Diese Aufstiegsvokabeln und Wandlungsmetaphern aber sind doppelsinnig. Sie bieten zugleich eine origenistisch-theologische und eine morphologisch-naturwissenschaftliche Lesart an. So ist die *Bergschluchten*-Szene, die das große Metamorphosenspiel der *Faust*-Dichtung einer unabsehbaren Fortsetzung entgegenführt, das letzte poetische Paradigma in Goethes Werk für eine »Anschauungsweise« und »Vorstellungsart«, von der er 1811 in seinen *Tag- und Jahres-Heften* schrieb: sie hatte »mich Gott in der Natur, die Natur in Gott zu sehen unverbrüchlich gelehrt« und machte »den Grund meiner ganzen Existenz« (WA I 36,72).

Denn Angaben wie: *Tiefe Region* und *Mittlere Region* oder: *in der höhern Atmosphäre* und: *zu höhern Sphären* entsprechen nicht nur wörtlich den »mansiones«, durch die bei Origenes das Heilsgeschehen der aufsteigenden Wiederbringung führt. Sie dienen gleichlautend als naturkundliche Fachtermini, welche in Goethes meteorologischen Tagebüchern der zwanziger Jahre zur Höhenbestimmung benutzt werden, wenn er »das aufsteigende Spiel« der Wolken beobachtet, welche sich in die Höhe heben und ihre Formen verändern und sich am Ende auflösen, so daß ein »reines Blau in der ganzen Atmosphäre« herrscht. Immer wieder hat der alte Goethe mit den von Howard vorgegebenen Gestaltbezeichnungen (→ Szenen-Kommentar

Hochgebirg, S. 644 ff.) diese Metamorphose der Wolken beschrieben. »Stratus verwandelte sich in Kumulus, Kumulus in Zirrus.« »Diese Erscheinungen glaubte man in drei Etagen übereinander vorgehen zu sehen.« »Zu besserem Verständnis der in vorstehendem Aufsatz gebrauchten Ausdrücke wird nachträglich angezeigt: 〈...〉 es gebe drei Luft-Regionen, die obere, mittlere und untere, welcher man die vierte, die unterste, noch hinzufügen kann.« Das sind die »mansiones«, durch die der aufsteigende Wolkenzug führt. (→ dazu Abb. 16: den 'Bergschluchten'-Kupferstich aus Goethes meteorologischer Abhandlung *Wolkengestalt nach Howard* mit den beigefügten Textentsprechungen. – Alle Zitate hier aus diesem Aufsatz: FA I 25,221-31. Vgl. auch das meteorologische Tagebuch von 1823 in WA II 13,484 ff.)

Origenes selbst (1976,452/453) hat sich auf den 1. Thessalonicherbrief 4,17 bezogen: »Rapiemur in nubibus obviam Christo in aërem« ('Wir werden emporgerissen werden in Wolken, Christus entgegen, in die Luft'). Humboldt hatte in seinem Bericht über den Anachoretenberg *Montserrat* ein solches »Wolkenschauspiel« beschrieben (vgl. oben S. 779). Und Goethe hat in kunstvoller Palimpsest-Manier die Textoberfläche seiner Schlußszene transparent gemacht für eben dieses Naturgeschehen. (Dazu zuerst K. Lohmeyer 1927,114 ff., dann Schöne 1970,35 ff.). Als *Nebelnd um Felsenhöh* (11966) beschreiben sich die Jüngeren Engel. Als *Wölkchen*, die *von der Erde Druck* sich lösen, werden die Seligen Knaben bezeichnet (11970 ff.). Um's Knie der Mater gloriosa *verschlingen | Sich leichte Wölkchen, | Sind Büßerinnen, | Ein zartes Völkchen* (12013 ff.). *Faustens Unsterbliches entführend* singen die Engel: *Fielen der Bande | Irdischer Flor, | Wolkengewande | Tragt ihn empor* (aus H2 eingefügt nach 11831). Für die Büßerin *sonst Gretchen genannt* muß man sich an die Szene im *Hochgebirg* erinnern, wo Faust sie in der Zirruswolke sah: *erhebt sich in den Äther hin, | Und zieht das Beste meines Innern mit sich fort* (10065 f.); *Komm!* spricht jetzt die Mater gloriosa, *Hebe dich zu höhern Sphären, | Wenn er dich ahnet folgt er nach.* (12094 f.)

So ereignet sich in und mit dieser eschatologischen Schlußszene, was Goethes naturkundliche Abhandlung vor Augen stellt – ohne das mythologische Figurenensemble, das im *Faust* den »poetischen Intentionen« »eine wohltätig beschränkende Form und Festigkeit« gibt und sie 'bühnenfähig' macht: »Gewinnt nun die obere Region, ihre trocknende, Wasser auflösende, in sich aufnehmende Gewalt, die Oberhand, so werden diese geballten Massen ⟨der Wolken⟩ an ihrem oberen Saum aufgelöst, aufgezupft, sie ziehen sich flockenweise in die Höhe und erscheinen als Zirrus und verschwinden zuletzt in dem unendlichen Raum.« (FA I 25,232) Das ist die meteorologische Strukturformel der *Bergschluchten*-Szene, in der die origenistische Wiederbringungslehre sich abbildet. Deutlich schon dem 'Erlösungs'-Geschehen des *Faust*-Schlusses angenähert, lautet sie in der 'Cirrus' überschriebenen Strophe von Goethes Gedicht zu *Howard's Ehrengedächtnis* (FA I 2,504):

Doch immer höher steigt der edle Drang!
Erlösung ist ein himmlisch leichter Zwang.
Ein Aufgehäuftes, flockig löst sich's auf,
Wie Schäflein tripplend, leicht gekämmt zu Hauf.
So fließt zuletzt was unten leicht entstand
Dem *Vater* oben still in Schoß und Hand.

Förster erinnerte sich, daß er (1828?) in einem Gespräch »die Vermutung aussprach, die Schlußszene werde doch wohl in den Himmel verlegt werden, und Mephisto als überwunden vor den Hörern bekennen, daß 'ein guter Mensch in seines Herzens Drange sich des rechten Weges wohl bewußt sei'« – woraufhin »Goethe kopfschüttelnd sagte: 'Das wäre ja Aufklärung. Faust endet als Greis, und im Greisenalter werden wir Mystiker.'« (Biedermann/Herwig 3.2, Nr 6187) Der greise Faust selbst bleibt freilich 'aufgeklärt'. Aber was der alte Goethe ihm über die Todesgrenze hinaus zudichtete, hat er als Mystiker geschrieben. Sein Chorus mysticus nennt das *Das Unbeschreibliche* – wie in Arnolds *Kirchen- und Ketzer-Historie* (2,358) zu lesen war, daß der Wiederbringungslehrer Origenes »bescheidentlich setzet: Dieses alles ist mystisch und unaussprechlich.«

456, vor 11844 HEILIGE ANACHORETEN] Frühchristliche fromme Eremiten, Klausner (vorgegeben auf einem der Fresken vom Campo Santo in Pisa; → Abb. 14 und Szenen-Kommentar S. 779 f.).

456, vor 11844 CHOR und ECHO] Das dem Chor (wohl der Anachoreten) antwortende Echo könnte man sich als Doppelung des jeweils letzten Daktylus jeder Zeile denken (dazu Arens 1989,1013 f.): *Waldung, sie schwankt heran – schwankt heran.* Vokale Echo-Kompositionen erfreuten sich besonders im Barock und in der Renaissance großer Beliebtheit. Dabei wiederholte entweder ein einzelner Sänger die letzten Worte des Chors, sang sie in die Pause hinein, oder ein Teilchor ('Choro spezzato') übernahm diese Echo-Passage.

Dicht aneinander gefügt, fast einander überlappend, vollziehen auf diese Weise die Gesänge selber die Bewegung, von der hier die Rede ist: klammern sich an, schwanken heran – *Als wogte* nicht nur *Wald und Felsengrund* (11875).

456, vor 11854 PATER EXTATICUS *auf und abschweifend*] In H34 noch: *Ein Bruder in Verzückung.* Dem entspricht die Regieangabe (seit C141 von den Herausgebern eigenmächtig umgeschrieben in: »auf- und abschwebend«). Von aufgehobener Schwerkraft und freiem Schweben, der sogenannten Levitation, wird in Heiligenlegenden berichtet, und über den hl. Filippo Neri heißt es so in Goethes *Italienischer Reise* (FA I 15/1,349): »im Laufe seines Lebens entwickelten sich in ihm die höchsten Gaben des religiösen Enthusiasmus: die 〈. . .〉 der Ekstase und zuletzt sogar des Aufsteigens vom Boden und Schwebens über demselben, welches vor allen für das Höchste gehalten wird.«

Die typisierenden Beinamen der Patres sind nicht frei erfunden, sondern mehrfach vorgegeben, identifizieren die dramatische Figur aber keineswegs mit einem gleichbenannten Heiligen oder Kirchenlehrer. Die ekstatischen Exerzitien dieses Weltüberwinders hier richten sich auf das Martyrium; *Pfeile*, *Lanzen*, *Keulen* sind die klassischen Marterinstrumente und Tötungswerkzeuge der Heiligenlegenden. Schon sein zweiter Vers aber und wieder sein letzter rufen das Wort auf, das in vielerlei Verbindungen und Bedeutungen diese ganze Szene durchzieht und regiert: *Liebe.*

456, vor 11866 PATER PROFUNDUS] Der 'aus der Tiefe' Rufende. – Metrisch entsprechen seine Verse den Erzengelgesängen des *Prologs im Himmel*, die hier auch inhaltlich wieder aufgenommen werden (vgl. 11866-83 mit 255-66).

456,11867 *Auf tieferm Abgrund*] Eigenmächtiger Herausgebereingriff in C[1]41 (von WA und späteren Herausgebern übernommen): »tiefem«.

457,11870 f. *strack ... sich in die Lüfte trägt*] Adelung 4,1022: »als ein Reciprocum, von der ganzen Stellung. Er trägt sich sehr gerade.«

457,11874-81 *Ist um mich her ein wildes Brausen ...*] Durch Motiventsprechungen mit dem *Prolog im Himmel* verstrebt (→ im Gesang der Erzengel die Verse 259-64).

457,11886 f. *Verquält in stumpfer Sinne Schranken | Scharfangeschloßnem Kettenschmerz*] Meint: in den Schranken der stumpfen Sinne, diesem Schmerz fest angelegter Ketten. Dem metaphorischen Sprachgebrauch mag die Bußqual der frühchristlichen *Anachoreten* zugrunde liegen, die sich jahrelang in schwere eiserne Ketten schlossen. – Arens 1989,1017: »Die Höhe und Wucht des Ausdrucks mit seiner Sinn- und Konsonantenkonzentration wird erst ganz deutlich, wenn man die Vorform liest«: *Ich fühle mich in engen Schrancken | Und allzupeinlich ist der Schmerz* (H[35]).

457, vor 11890 PATER SERAPHICUS] Wohl (abgeleitet von 'Seraphim'): der den Engeln Nahe.

457,11892 *was im Innern lebet*] Meint die *Geisterschar* in der Wolke oder geradezu als diese Wolke (→ Kommentar zu 11971). Jochen Schmidt 1990,246/251 (der, auf die Schrift des Pseudo-Dionysius Areopagita *Über die himmlische Hierarchie* gestützt, für die Schlußszene »ein geschlossenes neuplatonisch-mystisches Konzept« unterstellt): »Was der Pater Seraphicus im Chor seliger Knaben zu ahnen und dann zu sehen glaubt, ist nichts anderes, als was in seinem eigenen Inneren lebt: jene Erinnerung eines ursprünglich reinen und vollkommenen Zustands. Dessen dichterische Projektion ist der Chor seliger Knaben.« (? Sch.)

457,11894 f. *Sag uns Vater wo wir wallen,* | *Sag uns Guter wer wir sind?]* Wie die frühverstorbenen Kinder in Swedenborgs *Arcana coelestia* (2,§ 2292) sind sie ohne eigene Welterfahrung geblieben, bedürfen nachholender Belehrung (→ 11906 ff. und 12082 f.). Mit der Anrede *Vater* nehmen sie hier die wörtliche Bedeutung von *Pater* auf.

457,11898 *Mitternachts Geborne]* Unter Berufung auf den *Catechismus Romanus* und Dantes *Divina Commedia* (*Paradiso* XXXII,76-84) meist gedeutet als die »gleich nach der Geburt ungetauft verstorbenen Kinder, die noch nicht sündig geworden, aber doch als menschliche Wesen mit der Erbsünde belastet sind« und so »eine Art Mittelstellung zwischen Menschen und Engeln« einnehmen (Witkowski 1950,407). Aber auch solche den *Eltern gleich Verlorne* empfingen noch das Sakrament der Taufe, das bei Lebensgefahr schon während oder sogar vor der Geburt gespendet werden konnte. – Um die *Mitternachts*-Geburt rankten sich abergläubische Vorstellungen: einerseits gilt sie als böses Omen (HwbdA 3,410), andererseits sollten gerade solche Kinder »die Gabe haben, zukünfftige Dinge vorher zu sagen, und Geheimnisse zu erforschen« (Zedler 21,615).

458,11902 *Daß ein Liebender zugegen]* Faust, wenn er in der *Kerker*-Szene vor Margarete sich niederwirft: *Ein Liebender liegt dir zu Füßen* (4451). – BO II,385: »the *Pater seraphicus* himself.« (? Sch.)

458,11906-09 *Steigt herab in meiner Augen* | *Welt- und erdgemäß Organ . . .]* Zweifellos eine von Swedenborg übernommene Vorstellung (→ Kommentar zu 442-46). In dessen *Arcana coelestia* 1, § 1880 heißt es: »Quando primum apertus mihi fuit visus interior, et per oculos meos viderunt mundum, et quae in mundo essent, Spiritus et Angeli ita obstuperfacti sunt, ut dicerent hoc miraculum miraculorum esse.« (‘Als mir zum ersten Mal der innere Blick eröffnet wurde und die Engel und Geister durch meine Augen die

Welt und das, was in der Welt existiert, sahen, wurden sie in Erstaunen versetzt, so daß sie sagten, dies sei das Wunder der Wunder.') Auf diese Vorstellung hat Goethe mehrfach angespielt; etwa in einem Brief an den Homer-Philologen Wolf, 28. 11. 1806: »Warum kann ich nicht sogleich ⟨...⟩ mich wie jene Schwedenborgischen Geister, die sich manchmal die Erlaubnis ausbaten, in die Sinneswerkzeuge ihres Meisters hineinzusteigen und durch deren Vermittelung die Welt zu sehen, auf kurze Zeit in Ihr Wesen versenken«? Nur ist solch ein metaphorischer Sprachgebrauch etwas anderes als hier die szenische 'Realisierung' dieser Vision des vielverspotteten Geistersehers. Sie verträgt wohl ein leichtes Lächeln. – Die Bezeichnung der *Augen* als der Erscheinungswelt 'gemäßes', ihr entsprechendes *Organ* folgt den naturwissenschaftlichen und erkenntnistheoretischen Grundvorstellungen der Goetheschen *Farbenlehre*: »Aus gleichgültigen tierischen Hülfsorganen ruft sich das Licht ein Organ hervor, das seines Gleichen werde; und so bildet sich das Auge am Lichte fürs Licht, damit das innere Licht dem äußeren entgegentrete«, und: »nur von Gleichem werde Gleiches erkannt« (FA I 23/1,24)

458,11911 *der abestürzt]* Älterem und mundartlichem Sprachgebrauch nachgebildet (abe = herab).

458,11927 *Ringverein]* Goethesche Wortbildung für den himmlischen Reigen der tanzenden und singenden seligen Kinder; → 11974: *Im Kreis gesellt* (viel später erst zu einer Tarnbezeichnung für Vorbestraften- und Zuhältervereine heruntergekommen).

458,11932 f. *Den ihr verehret | Werdet ihr schauen]* Auf Matthäus 5,8 (»Selig sind, die reines hertzens sind; denn sie werden Gott schauen«) und ähnliche Bibelstellen gründet sich die christliche Jenseitsvorstellung der visio beatifica: der beseligenden Anschauung Gottes. Aber das Wort *verehret* scheint eher doch dem *göttlichsten Knaben* angemessen, der ursprünglich auf dem Arm der Gottesmutter sichtbar werden sollte (→ H^{g1}: Text-Band S. 735,13 f.).

459, vor 11934 Engel] Entgegen einigen Kommentaren gewiß als Plural zu verstehen – entsprechend der Regieangabe nach 11824.

459, vor 11934 Faustens *Unsterbliches tragend*] Das wird man nicht im gängigen Sinn als 'christlich' verstehen dürfen. In H^d (Text-Band S. 733,1 f. – dort aber vor 11954 gesetzt) hieß es noch: *Chor der Engel. /: Faustens Entelechie heran bringend:/*. Der Entelechie-Begriff, mit dem Aristoteles ein 'sich im Zustand der Vollendung Befinden' bezeichnete, wird von Goethe im Sinn von Leibniz' unzerstörbarer »Monade« benutzt (vgl. Eckermann, 3. 3. 1830), gleichbedeutend etwa mit »Seele«, die das in ihr Angelegte mit dauernder Energie zu vollenden strebt. Von seinen Vorstellungen über eine Fortdauer nach dem Tode schrieb Goethe an Zelter (19. 3. 1827): »Die entelechische Monade muß sich nur in rastloser Tätigkeit erhalten«, und sagte er zu Eckermann (1. 9. 1829): »Ich zweifle nicht an unserer Fortdauer, denn die Natur kann die Entelechie nicht entbehren.« – Deshalb konnte er in der Endfassung *Faustens Entelechie* durch *Faustens Unsterbliches* ersetzen; deshalb ist aber auch bei dieser Bezeichnung ein fortdauerndes Vollendungsstreben mitzudenken (was sich durchaus mit der origenistischen Wiederbringungslehre verträgt, die ausdrücklich eine postmortale Willensfreiheit unterstellt: → hier S. 790 f.: »nach ihrem freyen willen«).

459,11936 f. *'Wer immer strebend sich bemüht | Den können wir erlösen.'*] In seiner eigenhändigen Niederschrift H^{33} hat Goethe diese beiden Verse in keiner Weise hervorgehoben. In die Reinschrift H wurden dann mit Bleistift doppelte Anführungsstriche eingefügt – nach der Schreibweise zu urteilen: nicht vom Autor selbst, wie WA behauptet und viele Kommentatoren und Interpreten unterstellen. Obgleich nicht auszuschließen ist, daß das postum geschah (bemerkenswerterweise hat noch die von Eckermann und Riemer nach Goethes Tod veranstaltete Ausgabe $C^{1/3}41$ keine Anführungszeichen), muß man sie als passiv autorisiert gelten lassen.

Was sie hier besagen, ist freilich alles andere als eindeutig. Um ein den Engeln in den Mund gelegtes Zitat handelt es sich offenbar nicht. Damit dieses Mißverständnis nicht aufkomme, sind in der vorliegenden Ausgabe einfache Anführungsstriche verwendet worden (deren heutigem Gebrauch entsprechend wurden auch Doppelstriche in Goethes Zeit noch als 'gnomische Häkchen' gesetzt: zur Bezeichnung sentenzenartiger Sätze).

Viele *Faust*-Ausgaben haben die so markierten Zeilen durch Sperrdruck hervorgehoben. Das entspricht wohl der von Eckermann unter dem 6. 6. 1831 überlieferten, vielberufenen Äußerung Goethes, es sei in den Versen 11934-41 »der Schlüssel zu Fausts Rettung erhalten. In Faust selber eine immer höhere und reinere Tätigkeit bis ans Ende, und von oben die ihm zu Hülfe kommende ewige Liebe.« Doch ist die Authentizität dieser Passage des Gesprächsberichts entschieden zweifelhaft (Petersen 1925,137/141: »freie Ausgestaltung in späterer Zeit auf Grund dürftiger Überlieferung«). So ließen sich die Anführungsstriche (als authentisch genommen) auch als ein relativierendes Zeichen verstehen, das diese Engelrede ausdrücklich als einen Rollentext markieren und ihn keineswegs als einen vom Autor gelieferten »Schlüssel zu Fausts Rettung« hervorheben soll.

Auch inhaltlich bedürfen diese Verse gegenüber den gängigen Kommentierungen relativierender Hinweise: *Wer immer* . . . meint kaum: *Wer* unaufhörlich . . ., sondern: *Wer* auch *immer strebend sich bemüht* (Böhm 1949,297). – *Den können wir erlösen*: die Engel sagen es. Aber vom christlichen Verständnis der Erlösung durch den Kreuzestod bleibt das gleichlautende Wort hier weit entfernt. Es meint doch wohl nichts anderes als ein 'ablösen' aus den irrenden Verstrikkungen, ein Freimachen *von der Erde Druck* (11973) und zur Höhe Tragen. So heißt es in der Zirrus-Strophe des Gedichts zu *Howard's Ehrengedächtnis*, die dem meteorologischen Theater dieser *Bergschluchten*-Szene sehr nahe steht (→ Szenen-Kommentar S. 793 ff.), von der aufwärts strebenden, flockig sich auflösenden Wolke: »Doch immer höher steigt der edle Drang! | Erlösung ist ein himmlisch leichter Zwang.« (FA I 2,504) – Schließlich gibt der Vers *Den können wir erlösen* keinesfalls (resultativ) eine 'Vollzugsmeldung', sondern allererst (inchoativ) die Ankündigung eines Geschehens – wie es der Apokatastasis-Lehre entspricht, → hier S. 792.

459,11942 ff. *Jene Rosen . . .]* Die JÜNGEREN ENGEL, die das berichten, waren es also, die bei Fausts *Grablegung* im Kampf um diesen *Seelenschatz* siegten. Und aus den Händen der *Büßerinnen*, die hier 12032 ff. auftreten werden, kamen die *Rosen*, mit denen sie dort Mephisto und die satanischen Heerscharen zurückschlugen (11699 ff.).

459,11955 *peinlich]* DWb 13,1528: »körperliche pein bereitend, qualvoll, schmerzlich«.

459,11956 *Und wär' er von Asbest]* Selbst wenn Fausts *Erdenrest* diesem feuerfesten Mineral gliche, das in der Glut von anhaftenden Unreinigkeiten befreit werden kann, ohne doch in seiner eigenen Substanz zerstört zu werden, wäre er *nicht reinlich.* Oder (das *'er'* wäre auf Faust bezogen): es bliebe da ein unreiner *Erdenrest.* Diese *Zwienatur* aufzulösen vermögen auch die Engel nicht (*trennte* in 11961 konjunktivisch) – *Die ewige Liebe nur . . .*

Plinius, *Naturalis historia* XIX,19, zum Asbest: 'Ich selbst habe auf Herden brennende Tischtücher der Art gesehen, die aus dem Feuer reiner von ihrem Schmutz hervorgingen, als sie es durch Wasser hätten werden können. Die Leichentücher der Könige sind aus diesem Stoffe, um dadurch die Asche des Körpers von der übrigen Asche zu scheiden.'

459,11962 *Geeinte Zwienatur]* Was nur die *ewige Liebe zu scheiden* vermag, hat man zumeist verstanden als Geistiges und Materielles (irdisch-stoffliche *Elemente*, welche die *Geisteskraft* zu ihrer Verkörperung *An sich herangerafft*). So hatte ja Faust in der *Nacht*-Szene des Ersten Teils 634 f. gemeint: *Dem Herrlichsten, was auch der Geist empfangen,* | *Drängt immer fremd und fremder Stoff sich an.* Und so wird 12088 f. von ihm gesagt: *Sieh! wie er jedem Erdenbande* | *Der alten Hülle sich entrafft.* Aber eher als um die auf einen kruden, sehr ungoetheschen Dualismus gegründete 'Trennung' von Geist und Materie geht es hier wohl um eine an alchymistische Prozesse erinnernde, Goethes Metamorphosenlehre entsprechende 'Läuterung', die das 'Unreine' irdischer Trübungen und Schuldverstrickungen abscheidet, ablöst von der 'reinen' Substanz der Entelechie (→ Kommentar zu vor 11934). – 12074 f.: Der *Nicht mehr Getrübte* | *Er kommt zurück*.

460,11971 *bewegte Schar]* Meint 'in Bewegung begriffen': aus den *Wölkchen* hervortretend (→ Kommentar zu 11892).

460,11973 *Los von der Erde Druck]* Der auf der Erde herrschende Luftdruck (vgl. Goethes Barometer-Gedicht *Wenn sich lebendig Silber neigt:* FA I 2,593), welcher abnimmt in der *höhern Atmosphäre* (vor 11934) – als meteorologische Metapher für den Erdendruck, von dem die wolkenhaft aufsteigenden Seligen Knaben *los*kommen, 'erlöst' werden.

460,11981-88 *Freudig empfangen wir* | *Diesen im Puppenstand ...]* Offenbar verbinden sich hier die Metamorphosen-Symbole des aus der Puppe schlüpfenden Schmetterlings und der aus dem Kumulus hervorgehenden Zirruswolke. Denn *Puppenstand* (Adelung 3,1180: »derjenige Stand ⟨...⟩, welcher auf den Raupenstand folgt, und unmittelbar vor dem Stande des vollkommenen Insectes vorher gehet«) weist auf den Schmetterling. Goethe hat dessen 'Umartung' (→ 12099) eingehend studiert und vielfach beschrieben (besonders in den 1796 einsetzenden *Entomologischen Studien*, FA I 24,314-40) und hat sie in seinen Dichtungen sinnbildhaft und gleichnisweise verwendet. 6. 8. 1796 an Schiller: Es sei dies »das schönste Phänomen, das ich in der organischen Natur kenne (welches viel gesagt ist)« – zeige der Schmetterling »uns doch durch seine Verwandlung, die er vor unsern Augen vornimmt, den Vorzug eines vollkommneren Tiers vor einem unvollkommneren« (Vorträge zur vergleichenden Anatomie, FA I 24,278 f.).

Aber 11985 f.: *Löset die Flocken los* | *Die ihn umgeben* bezieht sich kaum mehr auf den aus seinem Kokongespinst hervordringenden Falter. Dafür hat Goethe diese Worte auch sonst nie verwendet. Vielmehr kommt hier die Metamorphose der aufsteigenden Wolken ins Spiel der poetischen Gleichungen (→ Abb. 16). *Italienische Reise* (FA I 15/1,21): »Ich sah das Aufzehren einer solchen Wolke ganz deutlich: sie hing um den steilsten Gipfel, 〈...〉 langsam sonderten ihre Enden sich ab, einige Flocken wurden weggezogen und in die Höhe gehoben; diese verschwanden und so verschwand die ganze Masse nach und nach, und ward vor meinen Augen, wie ein Rocken, von einer unsichtbaren Hand ganz eigentlich abgesponnen.« Ebenso ist in Goethes meteorologischen Schriften mehrfach von »aufgelösten Flocken« die Rede (FA I 25,258 u. ö.). Und von der *Cirrus*-Wolke heißt es (wie im Kommentar zu 11936 f. angegeben): »Doch immer höher steigt der edle Drang! | Erlösung ist ein himmlisch leichter Zwang. | Ein Aufgehäuftes, flockig löst sich's auf . . .«.

460,11984 *Englisches Unterpfand]* Witkowski 1950,409: »Unterpfand, dafür daß wir mit ihm zugleich Engel werden.« – Oder gilt der *Puppenstand*, in dem die Seligen Knaben Faust von den Engeln übernehmen, hier als Zusicherung einer fortgesetzten Metamorphose, die ihn zu *heiligem Leben* führen werde?

460, vor 11989 DOCTOR MARIANUS*]* In H^e zunächst noch als *Pater Marianus* benannt. Am 18. 12. 1830 schrieb Goethe dann dem Jenaer Bibliothekar Christian Ernst Friedr. Weller: »Wenn ich mich recht erinnere, so hat in der mittlern Zeit sich ein Gottesgelehrter durch seine Verehrung der Maria und eine dogmatisch rednerische Verherrlichung derselben den Namen Doctor Marianus erworben, eine nähere Nachricht hierüber würde mir sehr angenehm sein.« (Antwort unbekannt) Es war eine Art Ehrentitel der großen mittelalterlichen 'Lehrer' und Marienverehrer Anselm von Canterbury und Duns Scotus. Seit Trendelenburg 1921,623 hat man den Doctor marianus geradezu gleichsetzen wollen mit Bernhard von Clairvaux (der in Dantes *Divina Commedia* den XXXIII. Gesang des *Paradiso* mit seinem Mariengebet eröffnet!). – Jedenfalls wird dieser letzte der männlichen Sprecher durch seine endgültige Bezeichnung deutlich abgesetzt von den frühkirchlichen Patres in den tieferen Regionen des aufsteigenden Spiels.

461,12003 *mit heiliger Liebeslust]* Daß der Liebesbegriff der Schlußszene 'irdische Liebe' nicht etwa verwirft oder auch nur abgrenzend unterscheidet von 'himmlischer Liebe', vielmehr beide umfaßt und ineinander aufgehen läßt, wird deutlicher noch in der Vorfassung H35, wo dieses hymnische Mariengebet geradezu von *Glut und Liebeslust* spricht.

461,12012 *Göttern ebenbürtig]* Dieselben Worte gelten 7440 der Helena (ähnlich 8387 auch der Galatee): hier ein durchaus antikisierender, jedenfalls synkretistischer Sprachgebrauch (in einer kunsthistorischen Skizze von 1814 zählt Goethe die Maria geradezu unter die »Urbewohner des christlichen Olymps«: WA I 34.2,23). → Kommentar zu 12102 f.

461,12028 f. *Wie entgleitet schnell der Fuß | . . .?]* Vom bloßen Ausruf ('Wie schnell entgleitet doch . . .!') durch das Fragezeichen unterschieden, meint das wohl: 'Entgleitet denn nicht schnell . . .?' – In H35 statt *schnell* zunächst noch *nicht*, dann *leicht*.

461,12030 f. *Wen betört nicht Blick und Gruß, | Schmeichelhafter Odem?]* So erging es Margarete, so hat sie selber es gesagt (3396-3401). *Schmeichelhafter Odem* (Atem) meint eben der *Rede Zauberfluß*.

462, vor 12032 MATER GLORIOSA . . . BÜSSERINNEN*]* Unter allen (einfach unterstrichenen) Sprecher- bzw. Figurenbezeichnungen der Reinschrift H ist hier und vor 12094 die der Gottesmutter durch doppelte Unterstreichung hervorgehoben (wie sonst nur noch KAISER in der Regieanweisung vor 4728).

Zu den vielen Madonnendarstellungen, die Goethe kannte und hier vor Augen haben mochte, gehört Tizians Himmelfahrt der Maria in Verona (bei Schöne 1970, Tafel 6), von der er in der *Italienischen Reise* (FA I 15/1,50) schreibt, es sei »der Gedanke lobenswert, daß die angehende Göttin ⟨→

12103!⟩ nicht himmelwärts, sondern herab nach ihren Freunden blickt.« Folgenreicher für die Konzeption dieser Szene war wohl Goethes Erinnerung an das Bild einer solchen herabblickenden *Mater gloriosa*, auf das Croce 1946,48 ff. hingewiesen hat (→ Abb. 15). Dieses jetzt Benedetto Caliari zugeschriebene, um 1595 entstandene Gemälde, das Goethe 1786 oder eher noch 1790 gesehen haben mag, als er in vielen Kirchen von Venedig Bilder betrachtete, befand sich damals in der Chiesa del Soccorso, und diese Kirche gehörte zur Casa del Soccorso – einer der (sonst auch »Le Penitenti« genannten) Einrichtungen der öffentlichen Fürsorge für 'gefallene Mädchen'!

Da *schwebt* über den *Wolken* die von *Engeln* in *höherem Kreise* umgebene *Himmelskönigin.* Sie hält, wie es in H^{g1} (→ Text-Band S. 735,13 f.) noch hieß, *Im Arme den Süßen* | *Den göttlichsten Knaben* und blickt herab auf eine kniende Frauengruppe mit zwei venezianischen Kurtisanen, deren eine (rechts außen) reuig ihr Geschmeide niederlegt. Auf *leichten Wölkchen*, nahe der *Mater gloriosa* und offenbar als Fürsprecherin jener *leicht Verführbaren* zu ihr redend, sieht man da als dritte der *großen Sünderinnen* auch noch Goethes biblische *Magna peccatrix* (kenntlich an dem links neben ihr stehenden, 12041 genannten Salben-*Gefäße*). Friedländer 1953,94: »selbst der noch unpersönliche Chor der Büßerinnen, der zu Anfang ⟨12032 ff.⟩ die Strophe *Du schwebst zu Höhen* | *Der ewigen Reiche* singt, hätte seine Entsprechung in den schattenhaften Gestalten« links unten.

462 f.,12032-68 CHOR DER BÜSSERINNEN . . .*]* Der Chor setzt mit einem 5zeiligen Anruf der Mater gloriosa ein. Von 12037 an folgt dann in ungemein kunstvollem Arrangement ein einziger Gebets-Satz, der sich über 32 Verse erstreckt: Die drei 'Soli' der Büßerinnen beginnen jeweils mit einer Berufungsformel (*Bei der Liebe* . . . | *Bei dem Bronn* . . . | *Bei dem hochgeweihten Orte* . . .), das anschließende 'Terzett' ruft dann noch einmal die Gottesmutter an (*Die du* . . .), und endlich mündet dieser große 'Aufgesang' mit dem Vers 12065 (vor dem man sich eigentlich einen Dop-

pelpunkt zu denken hätte) in die Konklusion der 4zeiligen Fürbitte für die Sünderin Margarete: *Gönn' auch dieser ... Dein Verzeihen angemessen.*

462,12032-35 ... *Du Ohnegleiche, | Du Gnadenreiche!]* Vorklang von 12070 ff. (anfänglich waren wohl auch diese fünf Chorverse *Gretchen* zugedacht: → Hg[1], Text-Band S. 735).

462,12033 *Der ewigen Reiche]* Arens 1989,1037: »Man vermißt schmerzlich die klare Welt- und Himmelsvorstellung Dantes in Goethes überirdischem Bereich, zumal bei Vagheiten wie 'Du schwebst zu Höhen Der ewigen Reiche' – meint das überhaupt etwas?«! → dazu im Szenen-Kommentar S. 792 f.

462, vor 12037 MAGNA PECCATRIX (ST. LUCAE VII. 36)*]* 'Große Sünderin': die Dirne, die Jesu Füße salbt (12039: *Balsam*), mit Tränen netzt und mit ihrem Haar trocknet: »Ihr sind viel sünden vergeben, denn sie hat viel geliebet«! (Lukas 7,47) Nach alter Tradition gleichgesetzt mit Maria Magdalena – wie diese Figur im Paralipomenon 196 auch noch benannt ist (Text-Band S. 734,2).

462,12038 *Deines gottverklärten Sohnes]* Außer 12047 und 12054 die einzige Christus-Erwähnung im endgültigen Text der Schlußszene – hier eher Goethes arianischer Vorstellung entsprechend als der Lehre von einer uranfänglichen Wesensgleichheit des Sohnes mit dem Vater in der orthodoxen Christologie (dazu Schöne 1987,68 ff.). → Kommentar zu 2000.

462, vor 12045-52 MULIER SAMARITANA (ST. JOH. IV.) ...*]* 'Die samaritanische Frau' im Johannes-Evangelium 4,5 ff., von der Jesus weiß, daß sie mit ihrem sechsten Mann unehelich zusammenlebt. Überdies durften Strenggläubige mit den Juden in Samaria keine Gemeinschaft haben. Er aber bittet sie am Jakobsbrunnen um Wasser und sagt zu ihr: »Wer dieses wassers trincket, den wird wieder dürsten; Wer aber des wassers trincken wird, das ich ihm gebe, den wird ewiglich nicht dürsten; sondern das wasser, das ich ihm geben werde, das wird in ihm ein brunn des wassers werden, das in das ewige leben quillet.« (→ 12049-52)

Anders als Luther verwendet Goethe 12045/49 wie der griech. Text und die Vulgata zwei verschiedene Worte: *Bronn* (Schöpfbrunnen, dessen Tiefe den *Eimer* verlangt) und *Quelle* (die sich *ergießet*).

Zwischen dem neutestamentlichen Jakobsbrunnen und Abraham gibt es keinen biblischen Zusammenhang – es sei denn, man bezöge aus 1. Mose 12,6 ff. seinen Durchzug (mit der *Herde*) auf diesen Ort vor den Toren von Sichem. Offenbar führt Goethe ihn hier eigenmächtig ein, um den Platz mit höchster Patriarchen-Dignität auszustatten. Wie *Brunnen* in H^{38} umgesetzt wurde in *Bronn* (und wie es stilistisch dem *weiland* entspricht), nutzte er dabei die biblisch vorgegebene Namensform *Abram* (die ursprüngliche, bevor 1. Mose 17,5 der Herr ihn umbenannte). Adorno 1974,132 dichtet dazu: »Im Lichtfeld des exotischen Namens wird aus der vertrauten, von zahllosen Assoziationen überdeckten Figur aus dem Alten Testament jäh der östlich-nomadische Stammesfürst. Die treue Erinnerung an ihn wird mit mächtigem Griff der kanonisierten Tradition entrissen. Das allzu gelobte Land wird gegenwärtige Vorwelt. Ausgeweitet über die zur Idylle geschrumpften Patriarchenerzählungen hinaus, gewinnt sie Farbe und Kontur. Das auserwählte Volk ist jüdisch wie das Bild der Schönheit im dritten Akt griechisch.«

462,12051 *Überflüssig]* Adelung 4,1133: »im eigentlichen Verstande für überfließend«, im »Überflusse«.

462, vor 12053 MARIA EGYPTIACA (ACTA SANCTORUM)*]* In der großen Sammlung latein. Lebensgeschichten der Heiligen und Märtyrer wird (Bd IV 1, Antwerpen 1675,67-90) von der ägyptischen Maria, die als Dirne in Alexandria gelebt hatte und als Schiffshure ins heilige Land gekommen war, erzählt, daß eine unsichtbare Kraft ihr den Eintritt in die Grabeskirche in Jerusalem verwehrte. Die Jungfrau Maria, um Hilfe angefleht, gewährte ihr den Zugang zum Kreuz des Erlösers und wies sie dann zu einem 47jährigen Büßerinnenleben in die Wüste – wo sie, sterbend, die Bitte um ein christliches Begräbnis in den Sand schrieb.

463,12063 f. *Und ein büßendes Gewinnen | In die Ewigkeiten steigerst]* Witkowski 1950,410: »den Gewinn durch die Bußen so hoch steigerst, daß er die Seligkeit auf ewige Zeiten gewährt.« (? Sch.) Tatsächlich beruhen diese Verse wohl auf der Vorstellung des Origenes, daß die 'Wiederbringung aller' mit einem durch viele Äonen führenden Prozeß der Besserung verbunden sei (→ Szenen-Kommentar S. 791 ff.).

463,12065-68 *Gönn' auch dieser guten Seele . . . Dein Verzeihen angemessen.]* Es liegt nahe, diese Verse als Fürbitte für Margarete zu verstehen. Baumgart 1902,506 f. meint freilich, daß die »Begnadigung Gretchens« schon »längst geschehen« sei (4611 *Ist gerettet!*): hier werde erfleht, »daß die 'Gnadenreiche' ihr einen Teil ihrer gnadenspendenden Kraft zumesse, ihre Vollmacht 'zu verzeihen' ihr gleichsam übertrage, so weit es einer sterblich Geborenen möglich, ihr 'angemessen' ist!« Weil Margarete »keiner Fürbitte mehr bedarf«, will Böhm 1949,302 das Gebet der drei Büßerinnen gar auf Faust selbst beziehen (heiße es von seiner *guten Seele*, daß sie *sich einmal nur vergessen*, »so betont Goethe, daß es nur grundsätzlich der Teufelspakt sein kann, der vor Gott relevant ist«)!

463, vor 12069 UNA POENITENTUM] 'Eine der Büßenden' (neben dem klassischen Genitiv 'poenitentium' ist im mittelalterl. und humanistischen Latein auch diese abgeschliffene Form gebräuchlich – von früheren Herausgebern durchweg 'berichtigt').

Hier und wieder vor 12084 hat Goethe in Johns Reinschrift H eigenhändig noch eingefügt: *sonst Gretchen genannt* (→ die Wiedergabe der Handschrift im Text-Band, Abb. 20); das war wohl einer seiner letzten Eingriffe im Januar 1832. – Zur Identifkation der Sprecherin kaum erforderlich, deutet diese Angabe offenbar auf Margaretes Metamorphose: auf ihre (der origenistischen Apokatastasis-Lehre entsprechende) 'Umartung'. »Du hast einmal Suleika geheissen«, sagt im *West-östlichen Divan* der Dichter zur Huri des Paradieses (FA I 3,440).

463,12069 ff. *Neige neige | Du Ohnegleiche, | Du Strahlen-*

reiche, | Dein Antlitz gnädig meinem Glück] Auch diese Verse, die eine weit zurückreichende Verbindung zum Ersten Teil des Spiels stiften, vollziehen eine Metamorphose, fügen sich der ‘Umartung’, die hier alles ergreift: Im Dankgebet zur ‘Gottesmutter im Glanz ihrer himmlischen Herrlichkeit’ werden die Leidensworte Margaretes in der *Zwinger*-Szene aufgehoben (3587 ff.: *neige, | Du Schmerzenreiche, | Dein Antlitz gnädig meiner Not!*).

463,12073 f. *Der früh Geliebte | Nicht mehr Getrübte . . .]* ‘Getrübt’ meint gewiß die irdische Verhaftung und Schuldverstrickung der ‘geeinten’ *Zwienatur* Fausts (→ 11962 und Kommentar dazu), hat aber keineswegs nur negative Bedeutung. Goethe bringt hier einen Zentralbegriff seiner *Farbenlehre* ein, die geradezu auf der Vorstellung beruht, daß das (göttliche) Licht erst im Medium des (irdisch) Trüben das herrliche Spiel der Farben hervorrufe. So heißt es 1815 in seinen Reimpaarsprüchen: »Du aber halte dich mit Liebe | An das Durchscheinende, das Trübe«, oder im Gedicht *Wiederfinden* vom Licht der Morgenröte: »Sie entwikkelte dem Trüben | Ein erklingend Farbenspiel« (FA I 2,382 u. 491). Dazu Schöne 1987,224 ff. u. ö.

463,12075 . . . *Er kommt zurück]* Damit erfüllt sich, was Margarete im *Kerker* sagte: *Wir werden uns wiedersehn* (4585). Aber dieser Vers reicht weiter. In die Sprache der Liebenden übersetzt er die ‘Wiederbringung’ des Origenes (→ Szenen-Kommentar S. 788 f.).

Im Entwurf Hg[1] (→ Text-Band S. 735) folgten hier sechs Verse, die noch den gängigen Madonnendarstellungen entsprechen (→ auch Abb. 15):

Verweile, weile!
Den Erdball zu Füßen
Im Arme den Süßen
Den göttlichsten Knaben
Von Stern⟨en⟩ umkränzet
Vom SternAll entsteigst du

Die Endfassung nimmt Christus auch in dieser Gestalt aus dem Spiel.

463,12081 *Von Lebechören]* Meint: von den auf der Erde Lebenden (welche sich diese Frühverstorbenen, Unerfahrenen in Analogie zu den Chören der Engel vorstellen?).

463,12082 f. *Doch dieser hat gelernt | Er wird uns lehren]* »aber der Gedanke an den Unterricht, den er den gebenedeiten Kindern wird angedeihen lassen, erweckt einige Besorgnis um ihren himmlischen Frieden.« (Heller 1966,39) – Im Licht der Apokatastasis nimmt sich das anders aus: → Szenen-Kommentar S. 791 f.

463,12085 *Wird sich der Neue kaum gewahr]* Statt *kaum* hatte Hg noch: *jetzt*. So viel Einsicht wollte die Endfassung dem neu in die Geisterwelt Eingetretenen auf dieser Stufe des 'Wiederbringungs'-Prozesses noch nicht zubilligen.

464,12091 *Hervortritt erste Jugendkraft]* So hat Augustinus (*De Civitate Dei* XXII, 15) gelehrt, »ut suam recipiat quisque mensuram, quam vel habuit in iuventute, etiamsi senex est mortuus, vel fuerat habiturus, si est ante defunctus« ('daß jeder die Gestalt zurückerhält, die er in der Jugend besaß . . .').

464,12094 f. *Komm! Hebe dich zu höhern Sphären, | Wenn er dich ahnet folgt er nach]* Noch einmal (vergleichbar dem Liebesgespräch Fausts mit Helena: 9377-84) bildet sich die Bedeutung des Geschehens hier im Endreim ab. *Die eine Büßerin sonst Gretchen genannt* hat zuvor im Kreuzreim (a b a b) gesprochen, der je vier Zeilen zusammenfaßt und in sich abschließt. So bleiben die beiden letzten ihrer zehn Verse, ihre betend an die Mater gloriosa gerichteten Worte, ungereimt und unabgeschlossen. Sie hoffen auf Antwort. Und die Gebetserhörung jetzt vollzieht sich im Reim. Mit diesen einzigen Versen, welche die Gottesmutter überhaupt spricht, läßt sie sich, hörend und erhörend, auf die Rede der Büßerin ein: hebt deren reimlos flehende Verse gnadenvoll im Kreuzreim auf.

Diese Antwort (motivisch vorgebildet in der *Arkadien*-Szene 9808 ff.) läßt Fausts Verse aus der Eingangsszene des Ersten Teils anklingen: *Auf neuer Bahn den Äther zu durchdringen, | Zu neuen Sphären reiner Tätigkeit* (704 f. – jetzt nicht mehr im ‘trübenden’ Zusammenhang mit dem Selbstmord, zu dem er damals entschlossen war). Sein Aufsteigen *zu höhern Sphären* wird hier freilich unter der Bedingung *Wenn er dich ahnet* verheißen. Doch sollte sich der Hörer oder Leser wohl daran erinnern, was Faust im *Hochgebirg* beim Anblick der Gretchen-*Wolke* sagte, ahnte: Sie *erhebt sich in den Äther hin,* | *Und zieht das Beste meines Innern mit sich fort.* (10065 f.)

464, Regieanweisung vor 12096 *auf dem Angesicht anbetend]* Niedergeworfen, den Blick abgewendet von der *Glorie* der *höhern Sphären* (das kultische Ritual der ‘Prostration’ – wie im Satans-Paralipomenon 50: Text-Band S. 554,55 f.).

464,12097 *Alle reuig zarten]* Sonst durch den Kontext immer nur negativ konnotiert (→ 2939, 6351, 11002, 11037), fällt hier zum ersten und einzigen Mal im ganzen Stück ein Reue-Wort in ernstlichem Sinn und (auch) auf Faust selber bezogen – freilich: vom frommen Doctor marianus gesprochen, nicht feststellend, sondern auffordernd, in eine Pluralbildung gebracht und adjektivisch gesetzt (also doch wohl zurückhaltender, als HA 1986,742 unter Berufung auf Goethes Alterssprache und »in Bezug zu Faust« umschreibt: »alle mit zarter Seele Bereuenden«).

464,12099 *Dankend umzuarten]* Dem Metamorphosen-Wort *umzuarten* war in H35 ursprünglich noch *Gläubig* vorangestellt – was bezeichnenderweise schon dort durch *Völlig*, endgültig durch *Dankend* ersetzt worden ist.

464,12102 f. *Jungfrau, Mutter, Königin,* | *Göttin bleibe gnädig.]* In summierender Wiederholung seiner Verse 12009-11 nimmt der Doctor marianus zunächst die drei traditionellen Bezeichnungen auf, welche die katholische Liturgie der Gottesmutter gegeben hat: virgo, mater, regina. Dann aber überführt er seine vorangegangene Formel *Göttern ebenbürtig* (12012) in die direkte Anrede: *Göttin.* Breuer 1980/81,15 ff. hat sie bei dem Jesuitendichter Jacob Balde nachgewiesen: in dessen über Herder an Goethe vermittelter Marienlyrik von 1643, die ihrerseits die Venus-Dichtung des Horaz zu vereinnahmen und zu überbieten suchte. Aber diese Bezeichnung als dea ist auch im Marienkult höchst ungebräuchlich und jedenfalls mit der christlichen Dogmatik unverträglich: alle drei abrahamitisch-monotheistischen Religionen haben sich gegen die großen Muttergottheiten der mittelmeerisch-vorderasiatischen Kulte gesperrt, an die diese vierfache Anrede immerhin erinnern mag.

Von der Mondgöttin abgesehen (6510, 7915, 8289), sind zuvor auch die venusgleiche Galatee (8147) und dann die Zeustochter Helena (9237, 9949) als *Göttin* bezeichnet und so auf die Mater gloriosa vorausbezogen worden: Liebesgöttinnen.

464, vor 12104 CHORUS MYSTICUS] Die ursprüngliche Bezeichnung (→ Paralipomenon 196, Text-Band S. 734,10/20) lautete: *Chorus in Excelsis* ('Chor in den Himmelshöhen') – anklingend an das (mit Lukas 2,14 beginnende) 'Gloria in excelsis Deo' der katholischen Meßliturgie und der lutherischen Gottesdienstordnung. Dieser ausdrückliche Bezug auf das kirchlich-christliche Gotteslob wurde mit der endgültigen Bezeichnung gelöscht.

Zugleich erscheint der Schlußchor, von dem man nun nicht mehr weiß, wer eigentlich ihm Stimme gibt, durch seine Umbenennung aus der aufsteigenden szenischen Topographie ('in den Himmelshöhen') gelöst, ins geheimnisvoll Raumlose entrückt und als ein mystischer Meta-Text über diese ganze letzte Szene, ja über das ganze Spiel gesetzt. – Ein Hinweis, wie man die Bezeichnung dieses Chores als mysticus verstehen könnte, findet sich vielleicht im *West-östlichen Divan* (FA I 3,33 u. 175). Über die Dichtungen des Hafis (»Du aber bist mystisch . . .«) heißt es dort in den zugehörigen *Noten und Abhandlungen*: »in die Geheimnisse der Gottheit von fern hinein blickend«.

464,12104 f. *Alles Vergängliche | Ist nur ein Gleichnis]* In der Grundbedeutung 'nichts anderes als' umfaßt dieses *nur* wohl nicht allein ein einschränkendes 'nicht mehr als', sondern auch ein verheißendes 'nicht weniger als'.

Die Reichweite dieser beiden ersten Chorus mysticus-Verse (die anklingen an den 1. Korintherbrief 13,12: »Wir sehen jetzt durch einen spiegel in einem dunckeln wort, denn aber von angesicht zu angesicht«) läßt die Eingangsstrophe des *Proœmion*-Gedichts ermessen, das Goethe 1817 dem 1. Heft seiner Zeitschrift *Zur Naturwissenschaft überhaupt, besonders zur Morphologie* vorangestellt hat (FA I 2,489,1-14). Mit einer Prosafassung dieser Grundgedanken setzt dann 1825 auch sein *Versuch einer Witterungslehre* ein: »Das Wahre mit dem Göttlichen identisch, läßt sich niemals von uns direkt erkennen, wir schauen es nur im Abglanz, im Beispiel, Symbol, in einzelnen und verwandten Erscheinungen; wir werden es gewahr als unbegreifliches Leben und können dem Wunsch nicht entsagen, es dennoch zu begreifen. Dieses gilt von allen Phänomenen der faßlichen Welt, wir aber wollen diesmal nur von der schwer zu fassenden Witterungslehre sprechen.« (FA I 25,274)

464,12106 f. *Das Unzulängliche | Hier wird's Ereignis]* Der insbesondere von Staiger 1959,466 und Pretzel 1979,273 ff. durchgesetzte, sehr plausibel anmutende Erklärungsversuch, hier 'ereigne' sich, was eigentlich 'unerlangbar' sei für menschliches Bestreben und Begreifen (Fausts 'Erlösung' nämlich), nimmt das *Unzulängliche* in der Bedeutung von 'inakzessibel'. Aber: die Belege aus dem allgemeinen wie dem Goetheschen Wortgebrauch, die das stützen sollten, sind so untauglich, daß sie dieser Lesart keinerlei Halt geben (vgl. Schöne 1994; der Vermittlungsversuch von Kaiser 1996 erscheint mir nicht stichhaltig). In der allein gängigen Bedeutung von 'insuffizient' haben andere Kommentare das *Unzulängliche* auf den schuldverstrickten, 'unvollkommenen' Faust beziehen, diese Verse also gegen ihren erklärten Sinn auslegen wollen: gerade nicht *Das Unzulängliche*, sondern vielmehr dessen Aufhebung 'ereigne sich' hier. GA 833: »Faust ist vor dem Richterthron unzulänglich, aber seine Erlösung wird Vollzug, Ereignis durch Gnade«; HA 1986,743: »Was auf Erden *unzulänglich*, unvollkommen ist, wird dort vollkommen; dieses ist das schon 11964 f. und 12099 angedeutete *Ereignis*«. – Lexikographisch weist das GWb 3,264 f. für *Ereignis* eine solche Sinnzuschreibung ab, vermerkt hingegen den »Anklang an die ursprüngl Bed⟨eutung⟩ von 'eräugnen'« (→ hier Kommentar zu 5917) und weist auf Goethes Verwendung des Wortes (im Sinn des 'vor Augen Tretenden') auch für die künstlerisch und literarisch dargestellte Begebenheit oder Szene.

So bleibt (im Anschluß an Schlaffer 1981,164) die Möglichkeit zu bedenken, daß sich diese Chorus mysticus-Verse (als kommentierender Meta-Text) auf das Bühnengeschehen selber richten könnten, von dessen »christlich-kirchlichen Figuren und Vorstellungen« der Autor doch sagte, er habe sie benutzt, um den »übersinnlichen, kaum zu ahnenden Dingen«, um die es da ging, eine »beschränkende Form und Festigkeit« zu geben (Eckermann, 6. 6. 1831). Die *Bergschluchten*-Szene selbst wäre dann das in solchem Sinn *Unzulängliche* – behelfsmäßig nur und unvollkommen angesichts des *Unbeschreiblichen*, das sich hier vollzieht. Das entspräche dem Ausgang von Dantes *Divina Commedia*, wo nach dem Gebet des Bernhard von Clairvaux (→ hier Kommentar zu vor 11898) zu der als 'Jungfrau, Mutter' und 'Königin' angerufenen Maria zuletzt davon die Rede ist, daß der Dichter nicht in seine unzulängliche menschliche Sprache zu fassen vermag, was er Unbeschreibliches geschaut hat im ewigen Licht (*Paradiso* XXXIII,121 ff.). – *Alles Vergängliche*, von dem der Chorus mysticus sagt, daß es *nur ein Gleichnis* sei, schlösse das aus Sprache gebildete Menschenwerk der Kunst dann ein.

464,12109 *Hier ist es getan;]* Der WA folgend, sind die meisten *Faust*-Ausgaben hier von der Reinschrift H abgewichen und haben eine ältere Fassung (H^g, von Hand des Schreibers John) eigenmächtig wieder in Kraft gesetzt: *Hier ists getan.* Denn das Harmoniebedürfnis der Herausgeber verlangte nach einer apostrophierten Form (die dem *Hier wird's* in 12107 entspricht), damit das Metrum dieser Zeile dem des Schlußverses *(Zieht uns hinan)* völlig ebenmäßig sei. Trunz, HA 1986,745 f.: »In diesem Gefüge darf es keine Unregelmäßigkeit, kein Holpern geben. Nur wenn man beim Sprechen diese Harmonie Klang werden läßt, symbolisiert die Form den Ausklang, die Läuterung, welche durch die ganze Szene sich steigert und hier ausklingt.« – Aber hier war einer der großen Versmeister unserer Sprache am Werk, dessen Kompetenz man besser respektieren sollte. Als er H^g abschrieb, änderte er das *ists* seines Schreibers eigenhändig in *ist es* (H^n, Goethe-Museum Düsseldorf), und genau so beließ er den Vers dann in der Reinschrift H. Die metrische Irregularität, durch die Goethe das glatte Ebenmaß dieser Chorzeilen so offenbar absichtsvoll aufgehoben hat, läßt sich durchaus als sinnvoll verstehen: Das ganz leise, verlangsamende Stocken (»Holpern«) an genau dieser Stelle erscheint als ein mit großer rhythmischer Sensibilität eingebrachter sprachlicher Ausdruck und Ausweis dafür, daß es in dieser letzten Szene doch um das *Unbeschreibliche* gehe, um etwas selbst für den Chorus mysticus Überwältigendes und Unfaßliches.

In Johns Niederschrift H^g endete dieser Vers 12109 noch ohne Satzzeichen, in Goethes eigenhändiger Abschrift (H^n) dann mit einem Punkt. H hingegen setzt das damals noch doppelwertige Semikolon (→ im Interpunktions-Kommentar S. 112 ff.). Ob das hier (wie die vorangehenden gleichen Zeichen) in der Bedeutung des heutigen Semikolons die beiden nachfolgenden Verse als das letzte Glied einer Reihe von Aussagen bezeichnet – oder ob es sie etwa (in der Bedeutung des heutigen Doppelpunkts) als die Summe der vorangegangenen Verse, gar der Schlußszene oder des *Faust*-Spiels überhaupt zu verstehen gibt, bleibt offen.

464,12110 f. *Das Ewig-Weibliche | Zieht uns hinan.]* In einem Schema zum *West-östlichen Divan* vom Mai 1815 heißt es noch: »Göttliche Idee | In den Mädchen ⟨den Huris des islamischen Paradieses?⟩ verkörpert | Liebe irdisch | Zieht hinauf« (FA I 3,692). Die schließenden Verse des Chorus mysticus hingegen, den man sich doch nicht als einen Männerchor vorstellen darf, sind keineswegs exklusiv zu verstehen. Läßt sich aber das *Zieht uns hinan* nicht auf das männliche Geschlecht beziehen, dann gilt Entsprechendes auch für *Das Ewig-Weibliche.* So sollte man den 'weiblichen

Schluß' der *Faust*-Dichtung (vgl. Schwerte 1990) besser nicht anachronistischen Adaptionsversuchen unterwerfen und ihn für gynokratische Thesen und Programme in Anspruch nehmen. – Eine häufig vermerkte, auf das Jahr 1809 zurückgehende Gesprächserinnerung Riemers besagt: »Merkwürdige Reflexion Goethes über sich selbst: Daß er das Ideelle unter einer weiblichen Form oder unter der Form des Weibes konzipiert. Wie ein Mann sei, das wisse er ja nicht. Den Mann zu schildern sei ihm nur biographisch möglich, es müsse etwas Historisches zum Grunde liegen.« Aber – 'biographisch-historisch' auf die Ruinierung des Weimarer Theaters durch die herzogliche Mätresse Caroline Jagemann bezogen – erklärte Goethe 1808 dem Kanzler v. Müller doch: »Es ist unglaublich, wie der Umgang der Weiber herabzieht p.« (Biedermann/Herwig 2, Nr 3065 u. 2855).

Nicht um eine an die Geschlechter gebundene und sie unterscheidende Zuordnung geht es in der Chorus mysticus-Rede vom *Ewig-Weiblichen*, sondern (Goethes Grundgedanken »von *Polarität* und von *Steigerung*« folgend, die er die »zwei großen Triebräder aller Natur« genannt hat: FA I 25,81) eher wohl um die Zusammenführung komplementärer Grundverhaltensweisen zu einer Totalität des Menschen. Während im Binnenspiel der *Tragödie* das irrend Strebende, Tätige und Gewaltsame doch geradezu als ein 'Ewig Männliches' dargestellt wird, offenbart sich die gnädige, hilfreiche, rettende Liebe hier im *Gleichnis* des *Ewig-Weiblichen*: »unter einer weiblichen Form«.

464, nach 12111 FINIS] Die in den Schriftrollen des Altertums und den Handschriften des Mittelalters vorgegebene, zu Goethes Zeit höchst ungewöhnliche Endbezeichnung hat er nur dieses einzige Mal verwendet. Sein letztes Werk beschließend, steht sie hier wie ein Siegel unter aller Arbeit seines Lebens – am Ende der *Bergschluchten*-Szene, welche in einem höheren Sinn das endliche FINIS doch gerade aufhebt. Dem Ausgang korrespondierend, den das

Faust-Spiel nimmt, lauten im *Divan*-Gedicht *Höheres und Höchstes* (FA I 3,133) die zuletzt vernehmbaren Verse:

Und nun dring ich aller Orten
Leichter durch die ewigen Kreise,
Die durchdrungen sind vom Worte
Gottes rein-lebendigerweise.

Ungehemmt mit heißem Triebe
Läßt sich da kein Ende finden,
Bis im Anschaun ewiger Liebe
Wir verschweben, wir verschwinden.

THEATERZEICHNUNGEN ZUM FAUST

Die im Text-Band nach S. 464 wiedergegebenen sieben Handzeichnungen, die sich mehr oder weniger sicher der *Faust*-Dichtung zuordnen lassen, fanden sich in einem Aktendeckel mit der eigenhändigen Aufschrift *Theaterzeichnungen* in Goethes Nachlaß. Sie werden jetzt im Goethe-Nationalmuseum in Weimar aufbewahrt. Es ist denkbar, daß die ersten sechs (Abb. 2-7) oder doch einige von ihnen im Zusammenhang mit Pius Alexander Wolffs und Riemers nicht verwirklichtem Plan einer Weimarer *Faust I*-Aufführung standen, also etwa aus den Jahren 1810-12 stammen. Hingegen wurde das sehr viel dürftigere siebente Blatt (Abb. 8) gewiß erst in Goethes letzten Lebensjahren gezeichnet.

Abb. 2: Bühnenbild-Skizze zum *Prolog im Himmel*, 271 ff.] Der von den *Himmlischen Heerscharen* umgebene *Herr* mit nacktem Oberkörper, an einen antiken Zeus erinnernd; *Mephisto* edelgestaltet, auf die im Weltraum schwebende Erdkugel weisend, deutlich als sein Gegenspieler aufgefaßt. – Entstanden frühestens um 1797 (Original: Goethe-Nationalmuseum Weimar. 215 × 334 mm, Feder mit Tusche und Sepia auf blauem Papier). – Dazu Wahl 1925,3 und 8 (der auch eine Zuschreibung an Heinrich Meyer für erwägenswert hält). Weitere Literaturangaben: *Corpus der Goethezeichnungen* 4.2, Nr 222.

Abb. 3: Skizze zu *Faust I*, Szene *Nacht* (Studierzimmer), 354 ff.?] Wahl 1925,3: »mutet an wie eine Teilstudie, die nur die linke Bühnenhälfte zeigen will ⟨vgl. die beiden folgenden Blätter!⟩. Die linke Wand wird eingenommen von einem Regal mit Flaschen, Retorten und allerlei alchemistischem Hausrat, davor steht ein Tisch mit Büchern ⟨. . .⟩. Ob die schwebende Figur im Zwickel an der Decke befestigt gedacht ist, ob sie als Relief das Dreieck füllen soll, ob sie als eine auf einem Besen reitende Hexe der Deutung auf die Studierstube widerspricht, läßt sich bei der großen Flüchtigkeit der Zeichnung nicht erkennen.« – Entstanden 1810/12? (Original: Goethe-National-Museum Weimar. 166 × 208 mm, Bleistift auf bläulichem Papier).

Abb. 4: Skizze zu *Faust I*, Szene *Nacht*, 482 ff. (Erscheinung des Erdgeistes)] Wahl 1925,3: »Ein riesiger Helios ⟨nach dem auf griech. Münzen vorgegebenen Bildtypus des Sonnengottes mit flammenden Locken oder einem Strahlenkranz; Goethe besaß eine Tetradrachme aus Rhodos mit frontalem Helios-Antlitz⟩ hebt sich bis zur Brust über die Balustrade, die das gotische Gewölbe im Hintergrund vom Studierzimmer abtrennt. Flammenstrahlen, die von seinem Haupt ausgehen, füllen den Raum. Das Studierzimmer wird rechts wie links begrenzt durch 'Urväterhausrat'.« – Gewiß eine späte, klassizistische Vorstellung des Erdgeistes; entstanden 1810/12 oder erst 1819? (Original: Goethe-Nationalmuseum Weimar. 220 × 171 mm, Bleistift auf weißem Papier). Weitere Literaturangaben: *Corpus der Goethezeichnungen* 4.2, Nr 224. → hier S. 217 f.: Kommentar zur Regiebemerkung nach 481.

Abb. 5: Skizze zu *Faust I*, Szene *Studierzimmer* I, 1303 ff. (Beschwörung des Pudels)] Über dem riesenhaft aufgeschwollenen Hundekopf mit gesträubten *borstigen Haaren* ein rundes magisches Zeichen wie in Lips'/Rembrandts Darstellung des Magiers (→ im Text-Band S. 30, Abb. 1). – Entstanden schon um 1800? (Original: Goethe-Nationalmuseum Weimar. 299 × 200 mm, Feder mit Sepia und Tusche auf blauem Papier, Tuschlavierung). – Dazu Wahl 1925,4. Weitere Literaturangaben: *Corpus der Goethezeichnungen* 4.2, Nr 223.

Abb. 6: Bühnenbild-Skizze zu *Faust I*, Szene *Hexenküche*, 2337 ff.] Rechts der dampfende *Kessel über dem Feuer* mit den

Meerkatzen, *Hexenhausrat*; vorn links offenbar ein Skelett; darüber im Barockrahmen der *Zauberspiegel* mit dem Frauenbild. – (Original: Goethe-Nationalmuseum Weimar. 168 × 210 mm, Bleistift auf bläulichem Papier). – Dazu Wahl 1925,4.

Noch eine weitere Federzeichnung Goethes (Beischrift: »Pempelfort« = Sommerhaus der Jacobis; herkömmlich mit seiner nicht überlieferten Satire *Das Unglück der Jacobis* in Verbindung gebracht, aber auch »dem Vorstellungskreis des Faust« zugerechnet) zeigt eine Art *Hexenküche* mit zwei auf Besen reitenden Frauengestalten. Original: Yale University Library. Abgebildet und erläutert im *Corpus der Goethezeichnungen* 6.2, Nr 261.

Abb. 7: Skizze zu *Faust I*, Szene *Walpurgisnacht*, 3835 ff. und 4183 ff.] *Harzgebirg*, Faust und Mephisto. Rechts hinten die Erscheinung Margaretes? – Entstanden nach 1800, vielleicht 1810/12. (Original: Goethe-Nationalmuseum Weimar. 200 × 332 mm, Feder mit Tusche auf blauem Papier, Tuschlavierung). – Dazu Wahl 1925,4 f. und 8 (der wegen der außerordentlichen Qualität des Bildes Zweifel an Goethes Urheberschaft anmeldet; für diese Zuschreibung spricht freilich die stilistische Nähe zum Pudel-Blatt, Abb. 5). Weitere Literaturangaben: *Corpus der Goethezeichnungen* 4.2, Nr 227.

Abb. 8: Skizze zu *Faust II*, 2. Akt, Szene *Felsbuchten des ägäischen Meers*] Die *Sirenen* (Regieanmerkung vor 8034: *flötend und singend*) kopiert nach einer Gemme des 5. Jh.s v. Chr. – Entstanden wohl erst nach 1826. (Original: Goethe-Nationalmuseum Weimar. 161 × 363 mm, Bleistift auf weißem Papier). – Dazu Wahl 1925,5 und *Corpus der Goethezeichnungen* 4.2,
Nr 228. → Kommentar-Band S. 562 f.

FAUST. FRÜHE FASSUNG

Die erst 1887 von Erich Schmidt aufgefundene und veröffentlichte Niederschrift des Weimarer Hoffräuleins Luise v. Göchhausen umfaßt Teilstücke lediglich des späteren Ersten Teils der *Faust*-Dichtung und überliefert sie in einer Fassung, die sich von der endgültigen Gestaltung und Anordnung dieser Texte vielfach unterscheidet. Angaben zur Entstehung und Überlieferung und eine Begründung für den Verzicht auf die unangemessene, irreführende Bezeichnung als 'Urfaust' finden sich hier S. 81 ff., Erklärungen zur Textgestaltung der vorliegenden Ausgabe S. 100 f.

Diese *Frühe Fassung* ist keineswegs identisch mit Goethes Ur-Manuskript, von dem nur geringe Reste erhalten blieben. Wohl aber erlaubt sie Rückschlüsse auf diese Vorlage – und also auf das, was der Autor im Kreis von Freunden und am Weimarer Hofe daraus vorgelesen oder darüber berichtet hat. Bis zum Teildruck von 1790 bzw. bis zur Drucklegung des vollständigen Ersten Teils von 1808 ist die *Faust*-Dichtung ausschließlich auf diese mündliche Weise mitgeteilt und in 'unvollständiger' Form aufgenommen worden.

Das hat sich nach der Veröffentlichung der *Frühen Fassung* auf andere Art wiederholt, obgleich der 'endgültige' Text nun längst vorlag. Insbesondere durch seinen Eingang in die Theaterspielpläne wurde der 'Urfaust' durchaus auch als ein eigenständiges Werk vorgestellt und rezipiert. Wie auch die nachfolgenden Szenen- und Einzelstellenkommentare zu verdeutlichen suchen, kann man diese Dichtung des jungen Goethe in der Tat auf zweierlei Weise lesen und verstehen.

Einerseits nämlich als Vorstufe zum *Faust I*. Aus dessen Wortlaut (bzw. dem des *Fragment*-Druckes) lassen sich nicht allein die Auslassungen oder Verschreibungen einzelner Worte der *Frühen Fassung* ergänzen oder berichtigen (wie das in den dringenden Fällen durch die Fußnoten der vorliegenden Edition geschieht). Vielmehr stellt sich vor dem Hintergrund des *Faust I*, also bezogen jedenfalls auf den späteren Autorwillen, auch der Szenenbestand der *Frühen Fassung* als unvollständig dar (→ dazu hier S. 66 ff. und die anschließende SZENENÜBERSICHT UND VERSKONKORDANZ). Der informierte Leser oder Zuschauer kann sich ergänzend vorstellen, was da 'noch fehlt': die Szenen *Vor dem Tor* (Osterspaziergang), *Studierzimmer* I (Auftritt Mephistos), *Hexenküche* (Fausts Verjüngung) sowie *Walpurgisnacht* und *Walpurgisnachtstraum*; ebenso die hier noch nicht gegebenen Teile der Szenen *Nacht* (Fausts Selbstmordversuch und das Osternachtgeschehen), *Studierzimmer* II (Fausts Pakt mit Mephisto), *Wald und Höhle*, *Nacht*, *Straße vor Gretchens Türe* (Valentins Verdammungsrede und Tod, Fausts Flucht) und *Kerker* (mit der überirdischen Verheißung, Margarete sei *gerettet*).

Andererseits aber kann man die *Frühe Fassung* durchaus auch als eine für sich bestehende und allein aus sich zu verstehende Dichtung nehmen. Diese Lesart ist naheliegend und streckenweise geradezu zwingend, insofern sie über kürzere oder längere Partien hin (etwa in der Prosaszene *Kerker*) einen anders- und durchaus eigenartigen Charakter besitzt, ja (mit der Kurzszene *Land Strase*, einem größeren Stück der Schülerszene und vielen kleineren Passagen) Textteile enthält, die überhaupt nur hier auftauchen. So betrachtet erscheint der fragmentarische Zustand der *Frühen Fassung* (auch wo er sich nicht erst im Vergleich mit *Faust I* ergibt, sondern wo 'Lücken' in diesem Text selber ihn kenntlich machen) nicht als Ausweis ihrer Vorläufigkeit und Unfertigkeit, sondern als Ausdruck eines autonomen Stilwillens. Abgehend von den Bauprinzipien eines zusammenhängenden Handlungsganges und unbekümmert um eine lückenlose Begründung des Geschehens, wird hier eine kühne, balladeske Bilderreihe entworfen, ein auf freistehenden Szenenpfeilern errichtetes Stationenstück – »Sprünge und Würfe«, wie Herder (5,196 f.) sie proklamiert hat. So besitzt dieser frühe *Faust*, nach dem sachverständigen Urteil des Dramatikers Brecht (1964,328), »ein durchaus eigenes Leben. Er gehört, zusammen mit Kleists 'Robert Guiskard' und Büchners 'Woyzeck' zu einer eigentümlichen Gattung von Fragmenten, die nicht unvollkommen, sondern Meisterwerke sind, hingeworfen in einer wunderbaren Skizzenform.«

Das hat Folgen auch für das Verständnis der Figuren und Vorgänge. Dem Faust, der hier nicht erst durch die *Hexenküche* geht, bevor er auf Margarethe trifft, würde aus dieser Sicht das Verjüngungsmittel und Aphrodisiakum nicht etwa (noch) fehlen: er wäre als ein jüngerer Mann zu denken, der dessen gar nicht bedarf. Für Mephisto, der (noch) völlig unvermittelt ins Spiel kommt, träte die Frage nach seiner Herkunft und der Verbindung mit Faust hinter dem Tatbestand einer fraglos selbstverständlichen Gegenwärtigkeit des 'Bösen' zurück. Was Margarethe angeht, endete die sogenannte 'Gretchentragödie' (zu der die besser nicht so benannte 'Gelehrtentragödie' hier fast nur ein Vorspiel abgibt) tatsächlich mit Mephistos *Sie ist gerichtet!*, also mit der Hinrichtung des Mädchens und der Flucht des Verführers. In der Tat ist keineswegs sicher oder jedenfalls umstritten (vgl. Nollendorfs 1967,188-216), ob man Margarethes (das 'Bürgerliche Trauerspiel' transzendierende) 'Rettung', an die schließlich auch Fausts Schicksal geknüpft wird, hier überhaupt schon als vom Autor geplant unterstellen kann – so daß man sie dem Text hinzudenken dürfte. Unbeschadet ursprünglich weiterreichender Pläne, etwa die Helena betreffend, wäre durchaus denkbar, daß Boies Bericht vom 15./17. 10. 1774 (→ Text-Band S. 764): »Sein Dr. Faust ist fast fertig«, nicht nur dessen irrigen Eindruck wiedergibt, sondern die damalige Vorstellung des Autors selbst.

Zu den Figuren Faust und Mephisto findet sich – über die Belange der *Frühen Fassung* hinausgehend – einiges Allgemeine u. a. in den 'Vorbemerkungen' S. 39 f.; zu Mephisto dort S. 49 oder im Kommentar zu den *Prolog*-Versen

271 ff.). Über die Vorgaben im Faustbuch (bzw. im Wanderbühnen- und Puppenspiel), zum 'Charakter' des Faust und der Margarethe, zum Kindsmord-Motiv und dem Modell 'Bürgerliches Trauerspiel' ist das zum Verständnis auch der *Frühen Fassung* Dienliche in den allgemeinen Erläuterungen zu *Faust I* notiert (S. 180-204). Das wird hier nicht wiederholt.

Damit aber der Leser vom Kommentar der *Frühen Fassung* nicht ständig zurückblättern muß, werden die entsprechenden (gleichlautenden) Szenen-Kommentare und Einzelstellen-Erläuterungen zum *Faust I* hier in aller Regel noch ein zweites Mal mitgeteilt.

Andererseits sollte ein Benutzer, der die Erläuterungen zum *Faust I* genau genug kennt, nicht unnötigen Wiederholungen ausgesetzt werden: Für ihn sind diejenigen Szenen- und Einzelstellen-Kommentare zur *Frühen Fassung*, welche abweichen von den Angaben zum *Faust I*, durch einen kleinen Punkt am Seitenrand markiert worden (wie

• er hier neben der Zeile steht).

Seite 469-477 Szene
1-248 NACHT

Die *Frühe Fassung* entspricht hier weitgehend schon der Eingangsszene von *Faust I*, endet freilich noch mit Wagners Abgang, also vor Fausts großem Monolog, der zum Selbstmordentschluß führt, und vor den Osterchören, die ihn davon zurückhalten; enthält auch noch nicht den dort folgenden Osterspaziergang *Vor dem Tor*. Von den beiden späteren *Studierzimmer*-Szenen findet sich hier nur die dort abschließende Studienberatung durch Mephisto.

Zu den allgemeinen Erläuterungen für die Szene *Nacht* → S. 207 f.

469, vor 1 *In einem ... gothischen Zimmer]* Anders als schon 1772 in Goethes Aufsatz *Von deutscher Baukunst* ist *gothisch* hier negativ bestimmt im Sinne von: disparat zusammengestoppelt und überladen, dumpf und beklemmend, naturfern. Im 18. Jh. überdies gängig für mittelalterl. Überlebtes, Unmodernes (DWb 8,1004 ff.). – Vgl. Goethes Bühnenskizze, im Text-Band Abb. 3.

469,1 ff. *Hab nun ach ...]* Fausts hochpathetischer Eingangsmonolog beginnt in vierhebigen Paarreimen mit unregelmäßiger Senkungszahl. Solche im 16. Jh. weit verbreiteten 'Knittel' hatte Goethe (in ihrer strengen, 8- oder 9silbigen Fassung) beim alten Hans Sachs gefunden – was häufig als Argument für eine Abfassungszeit der ältesten *Faust*-Szenen erst ab 1773 benutzt worden ist. Tatsächlich sind sie ihm schon in seiner Leipziger Studienzeit (1765-68) beigebracht worden. Von Gottscheds *Versuch einer Critischen Dichtkunst vor die Deutschen* berichtet er in *Dichtung und Wahrheit* (7. Buch. FA I 14,287), er habe ihm »von allen

Dichtungsarten eine historische Kenntnis, so wie vom Rhythmus und den verschiedenen Bewegungen desselben« vermittelt. Die beiden ersten Auflagen dieses Lehrbuchs (1730/37) enthalten einen eigenen Paragraphen über den Knittel, zitieren dabei Hans Sachs und liefern als eigenes Beispiel ein Gratulationsgedicht, in dem es von einem »zum Magister-Ampt« Promovierten heißt, daß sie ihn

Zum Lehrer gmachet han allhie
Der Waisheit oder Philosofi
Weil sie von wegen deiner Gabn
Der Eer dich werthgeschetzet habn
Seitdem du wol, daß gibt dir Praiß
Studirt mit unverdroßnem Flaiß
Als wellichs heit zu Tage nun
Schier wenige mit Eyffer tuhn ⟨...⟩
So wirst du ein Philosofus
Bist gleich sonst ein Theologus
⟨... und verlachst die Stümper, die⟩
verstehn nit die geringste Spur
Vom ewgen Gsätz in der Natur
Wollen große Juristen seyn
Bleibn alzeit am Verstand sehr klain
Imgleichen in der Medicin
Siht man fast vile sich bemühn
Nichts nit mit größerm Eiffer treiben
Als die Kunst ein Recept z'verschreiben
(Gottsched 1737,597 f.).

Aus der Leipziger Zeit wird in *Dichtung und Wahrheit* (7. Buch. FA I 14,331) das *Medon*-Schauspiel des Professors Christian August Clodius erwähnt, »dessen Weisheit, Großmut und Tugend wir unendlich lächerlich fanden«. 1767 war das: »Ich machte gleich Abends, als wir zusammen in unser Weinhaus ⟨wohl Auerbachs Keller⟩ kamen, einen Prolog in Knittelversen« dazu. – Das gleiche Versmaß dann in seinem Farcen-Fragment *Hanswursts Hochzeit* von 1775 (FA I 4,575 f.):

Hab ich endlich mit allem Fleiß
Manchem moralisch politischem Schweiß
Meinen Mündel Hanswurst erzogen
Und ihn ziemlich zurechtgebogen 〈. . .〉
Indes er sich am Arsche reibt
Und Wurstel immer Wurstel bleibt.

Die daran abzulesende, inzwischen verblaßte metrische Aura des Eingangsmonologs hat Heine (1973,6,200) noch empfunden, aber wohl mißdeutet, als er 1826 schrieb: »den großen Denkerschmerz 〈Fausts〉, der seine eigne Nichtigkeit begreift, wagt Goethe nur in den Knittelversen eines Puppenspiels auszusprechen«. – Über das ursprünglich »Humorige« der Knittel und Goethes »Kraft, das Ethos eines Versmaßes zu ändern«: Kayser 1960,69 f. (→ dazu auch Kommentar S. 846 f.).

469,1 ff. . . . *die Philosophey | Medizin und Juristerey, | Und leider auch die Theologie | Durchaus studirt . . .]* An den Hohen Schulen des Mittelalters und noch der frühen Neuzeit wurden die Studenten zunächst in der Philosophischen Fakultät in Grammatik, Rhetorik, Dialektik und einigen 'Schulfächern' unterrichtet, bevor sie in eine der drei höheren, angeseheneren Fakultäten übergingen. Auch für Universitätslehrer war es durchaus üblich, die Fakultäten zu wechseln (und Fausts Laufbahn entspricht exakt der Staffel ihrer Bezüge: bis ins 19. Jh. hinein wurden die Professoren der Philosophischen Fakultät in der Regel am dürftigsten bezahlt, Juristen und Mediziner erheblich höher, am besten die Theologen).

Fausts Eingangsverse bezeichnen eine Voraussetzung für alles Folgende. Jedes Schulwissen (*Durchaus studirt*, nämlich von Grund auf und vollständig) erscheint ihm sinnlos, und vor der Angabe *leider auch die Theologie* gewinnen seine späteren Leugnungen fundamentaler christlicher Glaubenssätze (→ *Faust I*, 1605 f.,1667 ff.; *Faust II*, 11442 ff.) die Schärfe des wissentlich vollzogenen Abfalls. Das 'verlorene Ich' einer glaubenslosen, tief skeptischen Neuzeit betritt die Bühne.

Dabei werden nun in der weiteren Faust-Exklamation Verse aus Albrecht v. Hallers Gedicht *Die Falschheit menschlicher Tugenden* (1730) vernehmbar, die im 18. Jh. so häufig angeführt wurden, daß Goethe ihre Kenntnis bei den zeitgenössischen Lesern voraussetzen konnte. Von der breiten Menge, vom »Pöbel« sagen sie: »Er kennet von der Welt, was außen sich bewegt, | Und nicht die innre Kraft, die heimlich alles regt.« (v. 101 f.) Von Einem jedoch heißt es, daß sein »erhabner Geist sich aus der Menschheit Schranken« schwinge (v. 256. → Faust 13 f.: *Zwar bin ich gescheuter als alle die Laffen . . .*). Der habe gewußt, »Warum die Sterne sich an eigne Gleise halten; | Wie bunte Farben sich aus lichten Strahlen spalten; | Was für ein innrer Trieb der Welten Wirbel dreht« (→ Faust 69 und 29 f.). Diese Verse machen unzweifelhaft deutlich, daß von Newton die Rede ist – der die irdische Mechanik und die Himmelsmechanik verband und im universalen Gesetz der Gravitation zu erkennen meinte, *was die Welt | Im innersten zusammenhält* (in einer Anmerkung zu v. 260 nennt der Autor ausdrücklich auch seinen Namen). Aber selbst für ihn, Newton, gelten dann in Hallers Poem die Verse 289 ff. (die Goethe in seinem Altersgedicht *Allerdings*, FA I 2,507 f. noch einmal wörtlich aufgenommen, dort freilich zurückgewiesen hat): »Ins innre der Natur dringt kein erschaffner Geist, | Zu glücklich, wann sie noch die äußre Schale weißt! | Du hast nach reifer Müh und nach durchwachten Jahren | Erst selbst, wieviel uns fehlt, wie nichts du weißt, erfahren!«

Durch unverkennbare 'intertextuelle Verweise' hat Goethe die von Haller vorgezeichnete Rolle Newtons auf seinen Protagonisten übertragen. So tritt mit den Eingangsversen des *Faust*-Spiels der Begründer der neuzeitlichen Naturwissenschaft ins Spiel.

469,13 *Laffen]* Adelung 3,15 f.: »junger unverschämter alberner Mensch, im verächtlichen Verstande«.

469,14 *Schreiber]* Hier für Schreiblehrer, Schulhalter (DWb 15,1699) oder rechtsgelehrte Kanzlei-, Stadt-, Gerichtsschreiber u. ä.

469,22 *Herrlichkeit der Welt]* mit der der Teufel Jesus versuchte (Matthäus 4,8. → *Faust II*, 10131). Fausts Verlangen richtet sich also durchaus auch aufs Materielle und Sinnliche.

469,23 *mögt]* Für: möcht' (in ält. Bedeutung: könnte).

469,24 *Drum hab ich mich der Magie ergeben]* Fausts Erkenntnisverlangen (29 f.) begnügt sich nicht mit dem Erzengelpreis der unergründbaren, *unbegreiflich hohen Werke*. Die *Magie*, eine aufgrund weit zurückreichender Traditionen in der Renaissance ausgebildete, auf die 'Zusammenführung aller Dinge' gerichtete universale Natur-, Menschen- und Himmelskunde, verhieß den Zugang zur Geisterwelt, versprach mit ihren Geheimlehren Einsichten über alle Bücherwissenschaft hinaus und lieferte verändernde, bewirkende, schaffende Handlungsanweisungen, welche die bloße Theorie überwinden sollten (→ 31 f.). Man unterschied dabei eine kirchlich zugelassene 'weiße' Magia naturalis und die mit Dämonen und Teufeln sich einlassende zauberisch-'schwarze' Magie. Beides kommt hier ins Spiel.

Gaier 1989,297, 300, 303 ff. u. ö. hat Fausts Versuche mit dem Makrokosmos-Zeichen und der Erdgeistbeschwörung an den Lehren von Paracelsus und Agrippa gemessen und als schülerhaft inkompetent bestimmt: nach Goethes Absicht, erklärt er, waren sie von vornherein zum Scheitern verurteilt (? Sch.).

470 f.,33-76 *O sähst du voller Mondenschein ...]* Stimmungswechsel im Metrum, das in jambisch alternierende Vierheber übergeht, ab 49 auch mit freier Reimbindung; ebenso im Satzbau, der von bisher überwiegender Parataxe in weite hypotaktische Konstruktionen ausgreift.

470,48 *Trüb durch gemahlte Scheiben]* Vom farbigen 'gotischen' Fensterglas wird, wie das *Himmels Licht* der Sonne, auch ein (im Freien gedachter) *voller Mondenschein* so verdunkelt, daß der Mond 38 als *Trübseelger Freund* erscheint.

470,52 *Mit angeraucht Papier besteckt]* An die Wände geheftet; *angeraucht* wird erklärt durch *Faust I*, 678 f.

• 470,58 *inn]* Für: innen.

471,67 *Nostradamus]* Der dafür oft angeführte Michel de Notredame (franz. Astrologe, 1503-66) hat kein *Buch* von *eigner Hand* hinterlassen, das hier gemeint sein könnte: *Nostradamus*, dessen Vademecum den Faust in die kosmische Geisterwelt führen soll, ist eine allenfalls an den 'Geisterseher' Emanuel v. Swedenborg erinnernde dichterische Figur; → aber Kommentar zu 89-93.

471,72 ... *Wie spricht ein Geist zum andern Geist]* Wohl aus metrischen Gründen vorgezogene Stellung des Verbs (meint: *die Seelenkrafft*, zu erkennen, *Wie ein Geist ... spricht*).

471, vor 77 *Zeichen des Makrokosmus]* Aus dem Griechischen: große Ordnung, Weltall. – In den Goethe bekannten pansophisch-alchymistischen Schriften finden sich vielfach Illustrationen, die durch geometrische Figuren und magisch-mystische Symbole der Elemente und Planeten ins Bild setzen, wie *alles sich zum Ganzen webt*, wie nämlich »sich der verborgene GOtt aus sich selber ⟨...⟩ offenbaret: Was Himmel und Hölle, Welt, Engel, Teufel und alle Creaturen, samt allen Wesen und Weben sind: Wovon Böses und Gutes, Licht und Finsterniß, Leben und Tod, Freund und Feind, Härte und Weiche urstände; Und wie die Verwandelung aller Wesen geschehen; Wie sich das Gute in ein Böses, und das Böse in ein Gutes verwandelt« (Jacob Böhme, 57). → 94-100 und Kommentar dazu.

Goethe befaßte sich besonders um 1769 im Klettenberg-Zirkel mit derartigen Theorien (Paracelsus, van Helmont, von Welling u. a.) und notierte später für *Dichtung und Wahrheit*: »Indessen beschäftigte mich die Bearbeitung solcher gestaltlosen Vorstellungen einige Zeit lang indem ich sie, durch eine Art mathematischer Symbolik, nach Weise meiner Vorgänger zu versinnlichen strebte, und die unorganischen Wesen, mit denen ich mich mehr alchymisch als chymisch beschäftigte, dadurch zu begeisten trachtete« (FA I 14,965. – Solche Versuche »mathematischer Symbolik« haben sich nicht erhalten; zum gesamten Sachverhalt Zimmermann 1969/1979).

Die Möglichkeit einer umgreifenden 'Weltformel' freilich hat Goethe lebenslang beschäftigt. Von seinem »alten Wunsch«, die Tonlehre »unmittelbar mit dem übrigen Physischen und auch mit der Farbenlehre zusammenzuknüpfen«, schrieb er am 19. 7. 1810 an Sartorius: »Wenn ein paar große Formeln glücken, so muß das alles Eins werden, alles aus Einem entspringen und zu Einem zurückkehren.«

471,77 *welche Wonne fließt in diesem Blick]* bei diesem, durch diesen Anblick: das sogleich reagierende Metrum befreit sich bis 114 zu Madrigalversen.

471,89-93 *was der Weise spricht . . .]* Morris, insbes. 1902 I, 13-41 u. a. haben diesen Weisheitslehrer als Emanuel v. Swedenborg (1688-1772) identifizieren wollen, auf dessen *Arcana Coelestia* (1749-56) sie zahlreiche Verse dieser Beschwörungsszene zurückführen (bestritten von Jantz 1951, Heinrichs 1979, Gaier 1989). Diesen 1766 von Kant abgefertigten schwedischen »Geisterseher« meinte Goethe offenbar, als er 1772 in seiner Rezension von Lavaters *Aussichten in die Ewigkeit* ohne Namensnennung einen »gewürdigten Seher unserer Zeiten« erwähnte, »rings um den die Freude des Himmels war, zu dem Geister durch alle Sinnen und Glieder sprachen, in dessen Busen die Engel wohnten« (WA I 37,261). An Lavater, 14. 11. 1781: »Ich bin geneigter als jemand noch eine Welt außer der Sichtbaren zu glauben und ich habe Dichtungs- und Lebenskraft genug, sogar mein eigenes beschränktes Selbst zu einem Schwedenborgischen Geisteruniversum erweitert zu fühlen«.

Doch die Einflüsse Swedenborgs (eindeutig immerhin für *Faust II*, 11906-09, → Kommentar dazu) hat man wohl überbewertet. Neuplatonische und theosophische Vorstellungen über die *Geisterwelt* sind Goethe aus vielerlei Quellen zugekommen, und als *der Weise* (identisch mit *Nostradamus* in 67?) wird hier offenbar kein bestimmter ungenannter Autor vorgestellt, sondern eine überpersonale Autorität imaginiert. Deren durch 'gnomische Häkchen' bezeichneter Lehrspruch 90-93 ist wohl kein Zitat. Aber es klingen in ihm (auch) Vorstellungen aus Herders *Ältester Urkunde des*

Menschengeschlechts an: »*Aufgehende Morgenröte*! 〈. . .〉 dein Auge folgt dem *lieblichen Bilde* – Folge! Es wird dich *weit führen*, von Himmel zur Erde, von Erde zu Himmel! Bald einen großen erleuchteten Schauplatz, eine Flamme der Welt, Allbelebung zwischen Himmel und Erde wirds dir zeigen: fasse die große Morgenlektion Gottes ganz!« (FA 5,248).

472,94-100 *Wie alles sich zum Ganzen webt . . . das all durchklingen]* Hinter Fausts neuplatonisch-pansophischer Beschreibung des Makrokosmos-Zeichens stehen zwei große alte mythische Bildprogramme. Die *Himmels kräffte* mit *Seegenduftenden Schwingen* (hier die Bewirkungen der sieben Planeten; dazu Gaier 1989,307) verweisen auf den Traum Jakobs (1. Mose 28,12 f.: »eine leiter stund auf erden, die rührete mit der spitze an den himmel; und siehe, die engel Gottes stiegen dran auf und nieder. Und der Herr stund oben drauf . . .«). Und diese biblische Himmelsleiter hat man, schon im Mittelalter, zusammengesehen mit der Goldenen Kette Homers, einer durch drei Jahrtausende hin immer wieder aufgenommenen und abgewandelten antiken Bildformel für den vertikalen Zusammenhang des Weltganzen (dazu Ohly 1990). Goethe in *Dichtung und Wahrheit* (8. Buch. FA I 14,373): »Mir wollte 〈1769, bei der Lektüre hermetischer Schriften〉 besonders die Aurea Catena Homeri gefallen 〈zuerst 1723, dem Rosenkreuzer Anton Joseph Kirchweger zugeschrieben〉, wodurch die Natur, wenn auch vielleicht auf phantastische Weise, in einer schönen Verknüpfung dargestellt wird«. – Vgl. dazu den Hinweis von Graffunder 1891,704 f. auf Helmonts *Paradoxal Discourse* (1691).

Solche Vorstellungen lagen als kosmologisches Programm den Sympathie-Lehren auch der Alchymisten zugrunde. Agrippa von Nettesheims musikalische Metapher für die 99 f. wieder aufklingende Harmonie der Sphären (*De Occulta Philosophia.* 1533, Lib. I, Cap. XXXVII in Goethes Besitz) lautet übersetzt: ›Das Untere ist mit dem Oberen gegenseitig dergestalt verbunden, daß der Einfluß vom

Endpunkte des Letzteren, von der ersten Ursache aus, bis zum Untersten sich erstreckt, wie bei einer angespannten Saite, die, wenn man ein Ende derselben berührt, plötzlich ihrer ganzen Länge nach erbebt, indem die Berührung auch am anderen Ende widerhallt. Wird also etwas Unteres in Bewegung gesetzt, so wird es auch das ihm entsprechende Obere, wie die Saiten an einer gutgestimmten Zither.'

472,101 *ach ein Schauspiel nur]* Nur eine kontemplative Schau wird durch das Makrokosmos-Zeichen ermöglicht; das eben führt den enttäuschten, nach eingreifendem eigenem Handeln verlangenden Magier zur Erdgeist-Beschwörung.

472, vor 107 *das Zeichen des Erdgeistes]* Für die kosmogonischen Vorstellungen der folgenden Verse hat man zahlreiche 'Quellen' im pansophischen Schrifttum ausmachen wollen (kritisch dazu F. J. Schneider 1949,25 f.). Vorgegeben war der *Erdgeist* in einem Artikel des vom *Faust*-Autor vielfach benutzten mythologischen Lexikons von Hederich (1770,858), der auch für die später benannten und viel umstrittenen Zusammenhänge zwischen dem Erdgeist und Mephisto Erklärungsansätze enthält: DAEMOGORGON »soll so viel als der Erdgeist heißen und wird für das erste und ursprüngliche Wesen aller Dinge angegeben, welches die dreyfache Welt, nämlich den Himmel, die Erde und das Meer und alles, was darinnen ist, hervorgebracht hat, dessen Namen man aber eigentlich nicht nennen durfte ⟨...⟩, der in dem Innern der Erde wohnete und die Ewigkeit und das Chaos zu Gefährten hatte. ⟨...⟩ An sich aber war dieses Grundwesen nichts anders, als was man die Natur nennet.« (in *Faust I* → 1384, Faust zu Mephisto: *Des Chaos wunderlicher Sohn*; 1745 ff.: *In deinen Rang gehör' ich nur. | Der große Geist hat mich verschmäht, | Vor mir verschließt sich die Natur*; 3217 ff.: *Erhabner Geist, du gabst mir ... den Gefährten*).

Aufschlußreich auch ein Entwurf Herders zum 2. Teil seiner *Ideen zur Philosophie der Geschichte der Menschheit* von 1785 (13,254 f., Anm. 3): »Großer, lebendiger Geist der

Erde, der du alle deine Gebilde durchhauchst und dich in ihnen ⟨...⟩ freuest und fühlest: du führest auf und zerstörest, verfeinst Gestalten und änderst sie ab ⟨...⟩. Welch Geschöpf kann sich retten vor deinem zudringenden Einfluß (⟨...⟩ und vor der Fülle von Herrlichkeit, die uns in jeder Gestalt deiner Sichtbarkeit umgiebet)? welch sterbliches Auge kann aber auch deinen Fußtritt spähen und den (⟨...⟩ ganzen Plan) deines Ganges verfolgen?«

472,110 *vom neuen Wein]* Meint den z. B. als 'Federweißer' bekannten Weinmost, der noch wenig Alkohol besitzt, aber durch Kohlensäure und hohen Vitamingehalt stark euphorisierend wirkt.

472,111-14 *wagen | tragen | herum zu schlagen | zagen]* Fausts im viermal gleichen Reim konzentrierte Selbstbehauptung verliert sich in reimlos kurzatmige Verse, sobald 115 ff. die Erscheinungen einsetzen.

• 473, Regieanweisung nach 129 *der Geist erscheint ... in wiederlicher Gestallt]* Meint widerwillig abweisend, wohl auch Schrecken erregend (entspr. 130 *Schröckliches Gesicht*: im 18. Jh. noch geläufige Nebenform von 'schrecklich'). – Zur Realisierung der Erdgeisterscheinung auf dem Theater → Kommentar zu *Faust I*, Regieanweisung nach 481.

473,134 *erathmend]* Etwa: mit tiefen Atemzügen den Geist heranziehend (→ 132).

473,136 *neigt]* Hier: »bewegen herabzukommen, niederziehen« (DWb 13,572).

473,138 *Uebermenschen dich]* Der durch Nietzsche gängig gewordene, hier natürlich ironisch-verächtlich eingesetzte Begriff begegnet schon in theologischen Schriften des 16. Jh.s (DWb 23,417). Goethe mag ihn durch Herder kennengelernt haben (3,202: »ein völliger Uebermensch! hervorragend über die Schranken des Menschlichen Geistes«).

474,155 *am sausenden Webstul der Zeit]* Zur Technik des Handwebstuhls, auch zur Verwendung des Weber-Gleichnisses für das Wirken der Gott-Natur → Kommentar zu 353-58.

474,157 f. *Der du die weite Welt umschweiffst | Geschäfftger*

Geist ...] Seine eigene weltumschweifende, unruhige Geschäftigkeit projiziert Faust auf den Erdgeist (den das Paralipomenon 1 als den *Welt u Thaten Genius* bezeichnet: Text-Band S. 576,2); eben darauf antwortet die niederschmetternde Zurückweisung: *Du gleichst dem Geist den du begreiffst ...*

474,161-64 *Nicht dir ...]* Die Worte des Niederstürzenden fallen aus der Reimbindung und verlieren den Halt einer metrischen Regelung: eine sprachliche Signatur des Zusammenbruchs.

474,163 *Ebenbild der Gottheit]* 1. Mose 1,27: »Gott schuff den menschen ihm ⟨sich⟩ zum bilde, zum bilde Gottes schuff er ihn«.

474,165 *O Todt! ich kenns das ist mein Famulus]* Wagner in den Faustbüchern vorgegeben, auch dieser störende Auftritt schon in den Puppenspielen. – *Famulus:* eine Art Vorläufer der student. Hilfskraft, freilich mit weitergehenden Rechten und Pflichten: »armer Student, der bey einem Professor freye Wohnung und andre Vortheile hat, in den Hörsälen die Plätze beschlägt ⟨mit Beschlag belegt⟩, und das Honorarium für die Kollegia eintreibt« (Kindleben 1781,73).

474,166 *Nun werd ich tiefer tief zu nichte]* Meint wohl: *tiefer* noch als seine Verwerfung durch den Erdgeist trifft den Magier das Ende dieser *Fülle der Gesichte* (Adelung 2,622: »Dasjenige, was man siehet, oder vielmehr zu sehen glaubt, in welcher Bedeutung doch nur diejenigen Vorstellungen der Einbildungskraft diesen Namen führen, bey welchen alles Bewußtseyn seiner selbst aufhöret, und welche man auch Entzückungen zu nennen pflegt«). •

474,168 *Der trokne Schwärmer]* Meint wohl: pedantisch und enthusiastisch zugleich. Verständnisfördernd vielleicht Herder, *Philosophie und Schwärmerei*, 1776 (9,501): »Ein Mensch, der von gesundem Verstande ohne gesunden Verstand, von richtigen Begriffen ohne richtigen Begriff ⟨...⟩ spricht, welchen gelindern Namen kann er sich versprechen, als – Schwärmer?« Goethe, *Der Philosoph und der* •

Schwärmer, 1796 (FA I 1,530): »Jener steht auf der Erde, doch schaut zum Himmel das Antlitz. | Dieser, die Augen im Kot, recket die Beine hinauf.« – Im *Fragment*-Druck und *Faust I* heißt es dann eindeutiger verächtlich: *Der trockne Schleicher.*

474, nach 168 Auftritt *Wagner]* Ein eminenter Kontrast und ein groteskes Mißverständnis: dem *in der Flamme* erscheinenden *Welt u Thaten Genius* folgt *im Schlafrock und der Nachtmütze* ein zur Humanistenkarikatur heruntergekommener Nachläufer des Erasmus von Rotterdam (dazu Mayer 1969,179 ff.). Der meint, es sei ein antikes Trauerspiel rezitiert worden, wo doch ein gegenwärtiges sich ereignet hat.

474,169 ff. *ich hört euch deklamiren! | Ihr last gewiß ein griechisch Trauerspiel]* Noch im 18. Jh. war es durchaus üblich, auch für sich allein poetische Texte, insbesondere Versdichtungen, laut zu lesen. – Dem lernbegierigen Famulus ist es freilich nicht um Inhalte zu tun, sondern um die *Kunst* der Rede: um die Rhetorik, auf die sich auch seine weiteren Äußerungen beziehen.

474,174 *Ein Kommödiant könnt einen Pfarrer lehren]* JA 13,279: Der aufklärerische Theologe Karl Friedr. Bahrdt hatte 1773 gefordert, die angehenden Pfarrer sollten von Schauspielern für ihre Predigten unterwiesen werden (Goethe hat ihn in seinem *Prolog zu den neuesten Offenbarungen Gottes, verdeutscht durch Dr. Carl Friedrich Bahrdt* heftig attackiert: WA I 16,105-110).

475,177 *Museum]* Im Altertum ein den Musen geweihter Tempel oder Hain, dann eine für deren Zuständigkeitsbereich (Künste und Wissenschaften) bestimmte Einrichtung; hier also das Studierzimmer des gelehrten Humanisten. BA 809 (ohne Nachweis): »bei Spinoza heißt es: ‘quasi in museo suo sepultus’ (gleichsam in seinem Museum begraben)« – einer der Wagnerschen Zitat-*Schnizzel* also.

475,180 *Ueberredung]* Zentralbegriff der Rhetorik, welche als die Kunst des angemessenen und wirksamen Redens oder Schreibens auf Überredung/Überzeugung (persuasio) des Hörers oder Lesers zielt.

475,181 ff. *Wenn ihrs nicht fühlt . . .]* Gegen den um die formalen Kunstregeln der Rhetorik bemühten Wagner führt Faust die Genieästhetik eines subjektiven, spontanen, inspirierten Sprechens ins Feld (in höchst kunstvoller Rede! vgl. Arens 1982,99). – Auf diese Auseinandersetzung beziehen sich wohl die Stichworte über *Form* und *Gehalt* im Paralipomenon 1 (Text-Band S. 576,3 ff.). Dabei zielen Fausts (in manchen Ausgaben irreführend groß geschriebene) Personalpronomina *ihr*, *euch* hier und im folgenden gewiß über den Famulus hinaus auf seinesgleichen.

475,183 *Behagen]* Hier in der ält. Bedeutung 'mit Sicherheit und Stolz' (vgl. Pretzel 1979,275 f.).

475,185 *einweil]* Indessen, nur immer. •

475,185 f. *leimt zusammen, | Braut ein Ragout . . .]* Hinsichtlich der 'inventio' einer Rede leitete der Rhetorikunterricht dazu an, geeignete und bewährte Bilder, Beispiele, Argumente etc. aus musterhaften Texten (oder den dazu veranstalteten 'Blütenlesen') zu übernehmen, also vorformulierte Bestandteile 'zusammenzuleimen', 'zusammenzukochen' und *Schnizzel* aus den großen Literaturwerken kunstfertig zusammenzuflicken (→ 202). – *Ragout*: aus kleingeschnittenem Fleisch, besonders aus »übergebliebenen« Resten gekochte »Brühe, die hernach an andere Essen gegossen wird, sie desto wohlgeschmackter zu machen« (*Frauenzimmer-Lexicon* 1715,1575).

475,188 *aus]* *Faust I*,541: *'raus.* •

475,193 *Allein der Vortrag nüzt dem Redner viel]* *Allein* wohl für: Jedoch, »trotz Quintilians 'pronunciatio non prima sed sola'« in *Institutio oratoria* XI, 3, 5 f. (JA 13, 280). – Die in der Artisten-Fakultät der alten Universitäten und im Schulunterricht noch bis zu Goethes Zeit gelehrte und geübte Redekunst behandelte in der Tradition der antiken Rhetorik als letzten Teil der Arbeit an einer Rede auch die Techniken des Vortrags, Stimmführung und Gestik. Gottsched 1739,364 im 16seitigen Hauptstück *Vom guten Vortrage:* »Daß derselbe einem Redner höchstnöthig sey, daß ist sehr leicht zu begreifen.«

475,195 *Herr Magister hab er . . .]* Die ursprüngl. ehrerbietige Anrede in der 3. Person wurde schon im 18. Jh. zunehmend durch 'Sie' ersetzt, schließlich nur noch als schroff zurechtweisende Anrede einer rangniederen, untergebenen Person benutzt.

• 475,195 *Krafft!]* Gegen die angelernte Technik der Vortragskunst setzt Faust einen Zentralbegriff der Genie-Bewegung, der das innere, eigenständig-schöpferische Vermögen des Sprechenden meint.

475,196 *Schellenlauter Thor]* Der mit seinen Glöckchen klingelnde Narr, nach mittelalterl. Brauch durch eine Schellenkappe kenntlich gemacht. Aber auch der 1. Korintherbrief 13,1 kommt damit ins Spiel: »Wenn ich mit menschen- und mit engel-zungen redete, und hätte der liebe nicht: so wäre ich ein thönend ertz, oder eine klingende schälle.«

• 475,197 f. *Freundschafft, Liebe, Brüderschafft, | Trägt die sich nicht von selber vor]* Diese nur in der *Frühen Fassung* enthaltenen Verse hat Goethe in *Dichtung und Wahrheit* (11. Buch. FA I 14,527) wörtlich zitiert als »Losung und Feldgeschrei« seines Freundeskreises in der Straßburger 'Sturm- und Drang'-Zeit, der »nichts gelten lassen ⟨wollte⟩ als Wahrheit und Aufrichtigkeit des Gefühls, und den raschen derben Ausdruck desselben.«

475,202 *der Menschheit Schnizzel kräuselt] Menschheit*: Genitiv oder Dativ? *Schnizzel*: von alters her vorgegebene Exempel, Sentenzen, Gemeinplätze etc. als Schmuck der rhetorisch kunstgerechten blinkenden *Reden* (wie mit der Kräuselschere zurechtfrisiert). Solche Bildungsgüter mehrfach in Wagners Sätzen.

476,205 f. *die Kunst ist lang | Und kurz ist unser Leben]* Hippokrates-Aphorismus (lat. durch Seneca, *De brevitate vitae* I,1: »vitam brevem esse, longam artem«).

476,207-10 *bey meinem kritischen Bestreben . . . Mittel . . . Quellen]* Der Philologe Wagner hat die von den Renaissance-Humanisten betriebene Erfassung und textkritische Reinigung antiker Handschriften im Auge und meint Sprachkenntnisse, histor. Hilfswissenschaften etc. als die

Mittel, zu diesen *Quellen* der Bildung und Erziehung zu gelangen (Humanistenwahlspruch: »Ad fontes!«). – Faust 213 f. versteht unter *Quellen* sehr anderes als alte Pergamenthandschriften.

476,219 f. *Zu schauen . . . gebracht.]* Den *Geist der Zeiten* bedenkend, verfällt er ins altertümliche Versmaß des Alexandriners.

476,230-32 *Haupt und Staats aktion . . .]* Gängige Bezeichnung für die bombastischen Spiele, in denen spätbarocke Wandertruppen mit typisierten Figuren und moralisierend-sentenzenreichen ·Texten Fürstenschicksale und Staatsaffären auf die Bühne brachten.

249-444 Mephistopheles und der Student

- Die Studienberatung des als Professor kostümierten Mephisto (→ Kommentar zur einführenden Regieanweisung vor 249) steht in *Faust I* am Ende der Szene *Studierzimmer II* (1868 ff.). In der *Frühen Fassung* bleibt also unerklärt, wie Mephisto ins Spiel kommt (zur Füllung dieser »großen Lücke« im *Fragment*-Druck von 1790 → Kommentar zu *Faust I*,1770 ff.).
- Der naive Neuankömmling soll *ein Mediziner werden* (335). So erhält er nach den mephistophelischen Anweisungen für das philosophische Vorstudium (341 ff.) hier dessen *kräfftig Wörtgen* nur für dieses Fach (397 ff.). Erst im *Fragment*-Druck und *Faust I* erstreckt sich das Gespräch auf alle vier Fakultäten, wie sie Fausts Eingangsmonolog genannt hat. Aber schon hier werden Korrespondenzen zwischen dem hoffnungsvollen Anfänger und dem in verzweifelte Wissenschaftsskepsis gefallenen Professor erkennbar, klingt in den Studenten-Versen 336 ff. das enttäuschte faustische Erkenntnisverlangen an. So spiegelt dieses von Mephisto veranstaltete kleine Satyrspiel das Trauerspiel der Haupthandlung.
- Deutlich lokale Züge einer aus Goethes Leipziger Erfahrungen gespeisten Universitätssatire zeigt besonders das der fachlichen Beratung vorausgehende Gespräch über Fragen der studentischen Lebensführung, das sich nur hier in der *Frühen Fassung* findet (265-332). Mit Schuchardt 1926 (aber gegen die vorherrschende Ansicht) ist wohl nicht auszuschließen, daß diese Passagen auf frühe satirische Entwürfe zurückgehen, die Goethe schon in Leipzig verfaßt und seinen Freunden vorgetragen haben könnte – unabhängig noch vom *Faust*-Plan, aber schon in paargereimten Knittelversen, wie er sie dort durch Gottsched kennenlernte. In dessen *Versuch einer Critischen Dichtkunst* 1737,585

hieß es: »Man pflegt zum Scherze auch Knittelverse zu machen, das ist, solche altfränkische ⟨bei fester Silbenzahl:⟩ achtsylbige, gestümpelte Reime, als man vor Opitzens Zeit gemacht hat. Die Schönheit dieser ⟨heutzutage so verfaßten⟩ Verse besteht darinn, daß sie ⟨den alten⟩ wohl nachgeahmet seyn.« – In solchen Knitteln leiert vier- und fünfhebig hier der Student. Mephisto paßt sich seiner Sprache an, geht dann aber (besonders wenn er des altbacken steifen *Professor Tons nun satt* geworden: 403) wieder zu den ungebundenen, souveränen Madrigalversen über.

477, vor 249 *Mephistopheles im Schlafrock eine grose Perrücke auf. Student]* Diese Aufmachung (im *Fragment*-Druck und *Faust I* nur noch: *in Faust's langem Kleide*) scheint unmittelbar auf den Antrittsbesuch zurückzugehen, den der 16jährige Leipziger Student Goethe mit seinem späteren Schwager Schlosser Ostern 1766 beim Professor Gottsched abstattete: »Wir traten hinein zu einer sonderbaren Szene: denn in dem Augenblick trat Gottsched, der große breite riesenhafte Mann, in einem gründamastnen, mit rotem Taft gefütterten Schlafrock zur entgegengesetzten Türe herein; aber sein ungeheures Haupt war kahl und ohne Bedeckung. Dafür sollte jedoch sogleich gesorgt sein: denn der Bediente sprang mit einer großen Allongeperücke auf der Hand (die Locken fielen bis an den Ellenbogen) zu einer Seitentüre herein und reichte den Hauptschmuck seinem Herrn mit erschrockner Gebärde. Gottsched, ohne den mindesten Verdruß zu äußern, hob mit der linken Hand die Perücke von dem Arme des Dieners, und indem er sie sehr geschickt auf den Kopf schwang, gab er mit seiner rechten Tatze dem armen Menschen eine Ohrfeige, so daß dieser, wie es im Lustspiel zu geschehen pflegt, sich zur Türe hinaus wirbelte, worauf der ansehnliche Altvater uns ganz gravitätisch zu sitzen nötigte und einen ziemlich langen Discours mit gutem Anstand durchführte.« (*Dichtung und Wahrheit* 7. Buch. FA I 14,293 f.)

477,251 f. *Einen Mann . . . Den alle wir mit Ehrfurcht nennen]* Nach dem Antrittsbesuch und der Studienberatung bei seinem Leipziger Mentor (dem Staatsrechtslehrer und Historiker Böhme, vgl. FA I 14,269 ff.) schreibt der 16jährige Goethe am 13. 10. 1765 seinem Vater: »Sie können nicht glauben, was es eine schöne Sache um einen Professor ist. Ich bin ganz entzückt gewesen da ich einige von diesen Leuten in ihrer Herrlichkeit sah«!

477,260 *hier aussen]* Hier in der Fremde.

• 478,263 *trocken]* Eingetrocknet (die unfruchtbare Stadt – *Faust I*,1885: *nichts Grünes*).

• 478,283 *geilen]* In ält. Bedeutung: zudringlich betteln (wie Luther in Lukas 11,8); hier schon im Sinne lüstern begehrlichen Herumstreichens um einen Liebhaber.

• 478,284 *Vertripplistreichelt]* Wohl Goethesche Neubildung: »mit trippeln und streicheln hinbringen« (DWb 25,2003).

• 479,288 *Kommen untern Absaz gekrochen]* setzen sich uns devot zu Füßen.

• 479,290 *zu unsrer Rechten sezzen]* Blasphemische Anspielung auf das Glaubensbekenntnis: Christus »sitzend zur Rechten Gottes«.

• 479,293 *fordersamst mit dem Logie]* Hinsichtlich der bequemsten Unterbringung (DWb 3,1895).

• 479,299 *Noes Arche war saubrer gefacht]* sorgfältiger unterteilt – 1. Mose 6,14 ff., der Herr zu Noah: »Mache dir einen kasten von tännen-holtz, und mache kammern drinnen« (oder ironisch, weil dort »je ein paar, männlein und fräulein« logierten?).

• 479,304 *Colegium]* Hier wohl das Unterrichts- und Internatsgebäude seiner heimischen Lateinschule.

• 479,306 *Tisch]* Für: die Beköstigung.

• 479,307 f. *das gäb sich alle nach, | Wer erst von Geists Erweitrung sprach]* Das ergäbe sich alles von selbst – wäre nur erst die *Erweitrung*, Stärkung des Geistes besprochen (oder: – für den, der als erstes darüber gesprochen hat?).

• 479,312 *geschiedne Butter]* Über diese von weither angelieferte, haltbarste, aber minderwertigste Buttersorte Schedel 1,1800,260 (*Waaren-Lexicon*): »über dem Feuer zerlassen, und fleißig abgeschäumt, damit die Milch und andere fremde Theile, die zum Verderben derselben beitragen könnten, davon geschieden werden.«

479,313-15 *Statt Hopfen Keim und iung Gemüs, | Geniessen mit Dank Brennesseln süs | Sie thun einen Gänse stuhlgang treiben]* Statt der jungen Sprößlinge des Gartenhopfens (Hopfenspargel) die bitter schmeckenden ersten Triebe der kleinen Brennessel (Utica urens minor) mit abführender Wirkung: *Gänse stuhlgang*, weil diese Vögel bekanntlich rasch verdauen und der studentische Brennessel-Durchfall »dem Gänse-Koth an der Farbe gleich sieht, und grün-gelb ist« (Frisch 1741,1,318). •

480,316 *drum nicht bass bekleiben]* *bass* (veralteter Positivus von besser): gut; *bekleiben*: haften, festhängen (meint im Darm). •

480,317 f. *Hammel und Kalb kühren . . .]* Ständig nur Hammel oder Kalb wählen (so fest auf dem Speisezettel, oder so zahllos, wie die Sterne am *Firmament*). •

480,319 f. *von euch ergänzt | Was Schwärmerian vor euch geschwänzt]* gut gemacht, was ein prassender Herumtreiber vor euch schuldig geblieben (DWb 15,2291/93 u. 2270). •

480,332 *Tempe]* Das von den Dichtern gepriesene Peneios-Tal am Olymp: der Junge führt seine literarischen Kenntnisse vor. •

480,340 *nicht zerstreuen lassen]* In einem Schema für *Dichtung und Wahrheit* stellt Goethe die Stichworte zur Straßburger Zeit (»Liederlicher Tanzboden 〈. . .〉. Fortsetzung der übrigen Natur- und Medizinischen Studien. Andringen der französischen Literatur. Disputation«) unter die Notiz: »Unendliche Zerstreuung. Vorbild zum Schüler im Faust« (Paralipomenon 3.2. FA I 14,900).

480,342 *Zuerst Collegium Logikum]* im Rahmen der ‘artes liberales’ an der Philosophischen Fakultät; dem Studium von *Medizin und Juristerey* und *Theologie* (2 f.) vorgeordnet. – Goethe über seine Leipziger Studentenzeit (*Dichtung und*

Wahrheit 6. Buch. FA I 14,272): »Meine Collegia besuchte ich Anfangs emsig und treulich; die Philosophie wollte mich jedoch keineswegs aufklären. In der Logik kam es mir wunderlich vor, daß ich diejenigen Geistesoperationen, die ich von Jugend auf mit der größten Bequemlichkeit verrichtete, so aus einander zerren, vereinzeln und gleichsam zerstören sollte, um den rechten Gebrauch derselben einzusehen.«

480,344 *Spansche Stiefeln]* Die Schienbeine zusammenpressendes Marterinstrument beim zweiten Grad der Inquisitionstortur (vgl. etwa Zedler 38,1175).

480,348 *Irrlichtelire den Weeg daher]* Goethesche Wortbildung für eine unstete, sprunghaft-hüpfende Bewegung, wie das Irrlicht sie vortäuscht (*Faust I*, 3862: *Nur Zickzack geht gewöhnlich unser Lauf*).

481,353-58 ... *Weber Meisterstück]* Meint nicht etwa das fertige Gewebe selbst. Als Gleichnis für die nach logischen Verfahrensregeln produzierende philosophische *Gedanken Fabrick* (361 ff.: Prämissen und Schlüsse) wird vielmehr die komplizierte Technik eingesetzt, die man am Handwebstuhl zur Herstellung eines Webstückes meistern muß: Der *Tritt* des Webers, der die ›Kette‹ der (längs gespannten) *tausend Fäden regt*, öffnet eine Art Fadentunnel, durch welchen die von Hand geworfenen *Schifflein* (mit dem ›Einschlag‹ der auf Spulen gebrachten, quer laufenden Fäden) *schiessen* und so die *tausend Verbindungen* des Gewebes herstellen.

Eine umgearbeitete Fassung der Verse 353-58, mit der Goethe sein »altes Liedchen 〈aus dem *Faust*〉 mit einiger Abwechslung erneuern« wollte, erschien 1820 in den Heften *Zur Morphologie* als Abschluß des Aufsatzes *Bedenken und Ergebung* und wurde unter dem Titel *Antepirrhema* 1827 auch unter seine Gedichte aufgenommen (FA I 2,500 f.). Dort wird die Weberkunst nicht mehr mephistophelisch-spöttisch auf das *Collegium Logikum* bezogen, sondern ganz ›goethisch‹ auf die Gott-Natur als ewige »Weberin« – wie bei der Verwendung der *Webstul*-Metapher in der Rede des Erdgeistes 149-56.

481,367 *lebigs]* Südwestdt.: lebendiges. •

481,368 *herauser]* Ält. Form, gekürzt aus: herausher. •

481,370 *das geistlich Band]* Später: *das geistige* (*Faust I*, 1939). – Gaier 1989,348 verweist dafür auf Friedr. Christoph Oetingers Schrift über *Swedenborgs* ⟨...⟩ *irdische und himmlische Philosophie*, die sich Goethe wohl schon nach Weimar mitbrachte. •

481,371 Encheiresin naturae ...*]* Griech./latein., meint den 'Handgriff der Natur'. Goethe an Wackenroder, 21. 1. 1832: »Es interessiert mich höchlich, inwiefern es möglich sei, der organisch-chemischen Operation des Lebens beizukommen, ⟨...⟩ ob wir gleich gern der Natur ihre geheime Encheiresis, wodurch sie Leben schafft und fördert, zugeben und, wenn auch keine Mystiker, doch zuletzt ein Unerforschliches eingestehen müssen«. Indem sie diesen Begriff verwendet, hält die analytische *Chimie* also sich selbst zum Narren. – Goethe hat damit die Kritik an einer nurmehr zergliedernden Naturwissenschaft aufgenommen, die sein Straßburger Lehrer, der Chemiker Jacob Reinhold Spielmann, übte (dazu Burdach 1912,637 f.).

481,372 *Bohrt ... einen Esel]* Im 18. Jh. noch geläufige Redensart für »zum narren haben« (DWb 2,228). •

481,375 f. *reduziren ... klassifiziren]* Fachtermini für die Zurückführung von Konkret-Komplexem auf abstrakte Prinzipien und die Subsumtion unter systematische Normen.

482,387 *Fünf Stunden nehmt ihr ieden Tag]* Der Leipziger Student Goethe an Riese, 28. 4. 1766: »Habt mehr Kollegia in Zukunft. Horn soll 5 nehmen. Ich 6.«

482,390 *Paragraphos wohl einstudirt]* Die Paragraphen der Lehrbücher (Mephisto spricht gelehrsam im lat. Akkusativ), an denen sich nach alter Universitätspraxis die Vorlesungen orientierten (so daß dann der Professor *nichts sagt als was im Buche steht*).

482,393 *Doch euch des Schreibens ia befleisst]* Doch befleißigt euch ja des Mitschreibens (zu einer Zeit, in der die Studierenden in der Regel nicht über Lehrbücher verfügten. *Idiotikon der Burschensprache* 1795,391: »Gutgeschriebene und vollständige Hefte sind der größte Reichthum des Studenten, wie bei dem Frauenzimmer das Linnen. Die Wucherer scheinen dies auch wohl zu wissen und leihen daher Geld auf die Hefte«).

482,394 *Als dicktirt euch der heilig Geist]* Anspielung auf die Eingebung durch den hl. Geist (Lehre von der Verbalinspiration der bibl. Schriften) – oder gar auf die Schnellschreiber, die im 18. Jh. die 'Aussprachen' der radikalpietistischen Inspirierten protokollierten?

482,399 *Drey Jahr]* Die bis zum Ende des 18. Jh.s übliche Regelstudienzeit ('triennium academicum').

482,406 *die gros und kleine Welt]* Meint den im *Labyrinthus medicorum erranntium* entwickelten Grundgedanken des Paracelsus vom Arzt als »apotheker der natur«: »im menschen, als im microcosmo« walten dieselben Strukturen »wie in der großen welt«, dem Makrokosmos des Weltalls. Der Arzt, der den Makrokosmos nicht begreift, kann deshalb auch »den microcosmum nicht erkennen. und was er von der natur des menschen schreibt, ist nichts besser dan so vil der blint von farben ret.« (Paracelsus 11,196 u. 186)

483,423 f. *Ein Titel . . .]* Meint wohl nicht nur den Doktor-Titel, sondern die quacksalberische Gepflogenheit, sich mit vielerlei bombastischen Titulaturen anzupreisen (wie etwa zu Beginn des 18. Jh.s der bekannte 'Kayserliche, auch verschiedener Chur- und Fürsten hochprivilegirte Medicus und Operator, Königlich preussische Hof-Oculist und Rath, Stein- und Bruchschneider Doctor medicinæ Eysenbarth').

483,430 *Zu sehn wie fest geschnürt sie sey]* Schnüren: »eines Frauenzimmers Leib in die Schnur-Brust, mit dem daran hängenden Schnür-Senckel feste zusammen ziehen und einzwängen, damit selbige geschlanck aussehen« (*Frauenzimmer-Lexicon* 1715,442). – Ärztliche Untersuchungen wurden noch im 18. Jh. nur von Männern und an bekleideten Frauen vorgenommen.

483,433 *grün des Lebens goldner Baum]* Anklingend an den

Paradies-Bericht 1. Mose 2,9: »der Herr ließ aufwachsen aus der erde 〈...〉 den baum des lebens mitten im garten, und den baum des erkänntnisses gutes und böses« – von dessen verbotener Frucht dann Eva und Adam essen; vorausweisend also auf 442 (→ Kommentar dazu).

483,439 *mein Stammbuch überreichen]* Zur Erinnerung an die Lehr- und Wanderjahre, an Studienzeiten und Bildungsreisen war es seit der Mitte des 16. Jh.s besonders unter Studenten üblich, bei Besuchen und Begegnungen Eintragungen in ein mitgeführtes Album zu erbitten: geflügelte Worte, Lebensregeln, erbauliche Sprüche oder dergleichen. Goethe wurde häufig darum gebeten, legte für seinen Sohn auch selber noch ein solches Stammbuch an (vgl. FA I 2, 772).

483,442 *Eritis sicut Deus scientis* 〈richtig: *scientes*〉 *bonum et malum]* Ihr »werdet seyn wie Gott, und wissen, was gut und böse ist.« (Vulgata-Wortlaut der Verheißung 1. Mose 3,5, mit der Eva im Paradiesgarten von der Schlange verführt wird, die verbotene Frucht vom Baum der Erkenntnis zu essen). – Der Schreibakt 441/42 bildet eine Prosaeinlage im metrisch geregelten Dialog. Die eingebürgerte Verszählung wird beibehalten.

484,443 *Muhme]* »nahe Seitenverwandte« (Adelung 3,601).

Seite 484-493
445-Zeile 196

Szene
AUERBACHS KELLER IN LEIPZIG

In Auerbachs Hof und seinem Weinkeller war Goethe während seiner Leipziger Studienzeit 1765-68 häufig zu Gast. Dort sah er die Bilder mit dem unter Studenten pokulierenden und ein Weinfaß aus dem Keller reitenden Doktor Faustus (→ Abb. 1). So lag es nahe, sich seine *Zeche lustiger Gesellen* ganz im studentischen Bereich vorzustellen (*Frosch* als Bezeichnung für einen jungen 'Schüler', *Brander* als 'Brandfuchs' im zweiten Semester, *Siebel* jedenfalls als ein 'bemoostes Haupt' und *Alten* als 'Alten Herrn'), während es sich eher wohl um eine gemischte Gesellschaft handelt.

• Die bis auf den Eingang (445-52) und die Liedeinlagen in derb milieugerechter Prosa gehaltene *Frühe Fassung* wurde mit dem *Fragment*-Druck von 1790 ganz in Verse umgesetzt, dabei um manche ihrer lokalen und frankfurtisch-mundartlichen Züge gebracht und in ihrem Grobianismus entschieden gemildert.

• Wenn Mephisto den Faust einführt in dieses wüste Treiben, meint er hier 54 f. noch: *Wenn dirs gefällt, dergleichen Sozietät* ⟨Gesellschaft⟩ *schaff ich dir Nacht nächtlich* ⟨allnächtlich⟩. Der läßt sich immerhin ein auf die unverschämte gröhlende Saufkumpanei und steht mit seinem Wein- und Traubenzauber als Magier und souveräner Herr des Geschehens dann mitten in der Szene – nicht weit entfernt vom *Commödianten*, für den man ihn anfangs hält, nicht weit vom *Teufel selbst*, als der er am Ende erscheint. Beides wird mit der endgültigen Fassung anders.

484, vor 445 *Zeche]* »Gesellschaft zusammen reichlich trinkender Personen, ein Gelag« (Adelung 5,342).

484,1 *singt runda]* Zedler 32,1813: »Runda, ein Saufwort, durch welches, sonderlich bey Handwerckspurschen, das Bier in den Leib begleitet wird«. – Bei dem ebenso genannten Trinkritual »kreiste der Becher durch die Zechgesellschaft und jeder mußte vor dem Trunk ein Lied singen.« (Kluge 1895,29)

484,2 *gekrischen]* kreischen: »in den gemeinen Mundarten gemeiniglich irregulär abgewandelt; ⟨...⟩ Mittelw. gekrischen« (Adelung 2,1772). •

484,3 *Baumwolle]* zum Ohrenverstopfen.

484,7 f. *Das liebe heilge römsche Reich ...]* Das Heilige Römische Reich deutscher Nation: konfessionell gespalten und in eine Vielzahl zunehmend selbständiger Territorien sich auflösend, 'zusammengehalten' noch durch die röm.-dt. Kaiserkrone (die Franz II. 1806 niederlegte).

485,11 *einen Papst wählen]* Anspielung auf ein wüstes studentisches Saufritual, bei dem der Trinkfesteste den päpstlichen Stuhl besteigt (beschrieben von Friedrich Kluge, *Bunte Blätter*. Freiburg 1908,101 ff.). In *Faust I* verschärft (oder nur verdeutlicht?): → Kommentar zu 2098-2100!

485,12 *Schwing dich auf Frau Nachtigall]* Eingang eines Liedes aus der Sammlung *Venus-Gärtlein* von 1639. Der nächste Vers eine variable Formel in Volksliedern.

485,14 f. *Hammelmauspastete]* 'Hammelmaus': »Hausgrille, Heimchen« (Frankfurter Wb. 2,1052). •

485,16 *geschundnen Haasen]* Adelung 4,86: »in Obersachsen ⟨...⟩ schindet man auch einen Hasen u.s.f. wenn man ihn abstreift«, abbalgt. •

485,18 f. *Stuz bart und alle Appartinenzien]* Der »an der Oberlippe abgekürzte« Bart (Adelung 4,869) und das gesamte Zubehör, also der ganze Kerl. •

485,23 *Rundreim]* In der ganzen Runde gesungener Refrain.

485 f., 25-48 *Es war ein Ratt ...]* In sog. 'Lutherstrophen' verfaßt, die der 28 gemeinte Reformator zur Zeit des

historischen Faustus für einige seiner frühen Gemeindelieder verwendete und so in die ev. Kirchenlieddichtung einführte (vgl. Frank 1980,543 f.); deshalb 22: *Ein neu' Lied.* Inhaltlich handelt es sich freilich um *ein alt Lied*: um einen wüsten, rohen Abklatsch der 'petrarkistischen' Liebesdichtung, in der die hochstehende Herrin den, der *Lieb im Leibe* hat, grausam quält und unbarmherzig martert.

• 485 f., 27-48 *Hätt ... Als hett]* *Hätt* mundartl. indikativisch für: hat⟨te⟩ (dazu DWb 10,49); *hett* im Refrain dagegen hier konjunktivisch, für: hätte.

• 485,27 f. *ein Ränzlein angemäst | Als wie der Doktor Luther]* An dieser Namensnennung (von der Abschreiberin Luise v. Göchhausen durch 'Anstandsstriche' ersetzt) hätte der Betroffene selber kaum Anstoß genommen – hat er am 16. 2. 1546 doch selber erklärt, wenn er sich in den Sarg lege, werde er »den Maden einen feisten Doctor zu essen geben« (WA, Tischreden 6, Nr 6975).

486,52 *Schmeerbauch]* »eine Benennung des Unterleibes, weil sich daselbst das Schmeer ⟨...⟩ anzulegen pflegt«: »das auf dem Bauche und an den Gedärmen befindliche Fett, welches, wenn es ausgelassen worden, Schmalz heißt« (Adelung 4,175). Siebel ist gemeint.

• 486,55 *Sozietät]* Gesellschaft.

• 486,58 *Storcher]* Frankfurtisch für Storger. Adelung 4,787: vagabundierender »Marktschreier, Quacksalber«.

487,64 *die Würme schon aus der Nase ziehn]* Redensartlich für: die Wahrheit herauslocken. Dahinter die volksmedizin. Vorstellung von Hirnwürmern (HwbdA 9,848 u. 857).

487,65/68 *von Rippach ... den berühmten Hans]* Hans Arsch von Rippach: im 18. Jh. weit verbreiteter Schimpfname (auch in Goethes handschriftl. Katalog der Spottfiguren für *Hanswursts Hochzeit*: FA I 4,579).

• 487,74 f. *Bey Wurzen ... muß man so lang auf die Fähre manchmal warthen]* Im studentischen Leipzig redensartlich? Zum Bierbrauerstädtchen Wurzen mußte man von dort mit einer Fähre über die Mulde setzen.

• 487,77 *aus dem Reiche]* Gängig für Süddeutschland, wo

die meisten reichsunmittelbaren Städte lagen und der Reichsgedanke im 18. Jh. noch lebendiger war als in den nord- und mitteldeutschen Territorien.

488,91 f. *einzusuckeln]* Frankfurtisch für langsam genußvolles Einsaugen.

488,95 *Schöne Rarität!]* Marktschreierischer Ausruf der Schausteller, die mit Raritäten-Kästen auf den Messen erschienen.

488 f., 97 ff. *Es war einmal . . .]* Mephistos Flohlied ist in der sog. 'Hildebrandsstrophe' der spätmittelalterl. Heldenepik verfaßt, die im späteren 18. Jh. häufig für heitergesellige Lieder benutzt wurde (vgl. Frank 1980,573 ff.). – Die zeitgenössischen Leser, erst recht die Zuhörer bei Goethes frühen *Faust*-Lesungen am Hof, konnten diesen Bürgerspott über das Hofleben und den fürstlichen Favoriten als eine auf den Autor selbst bezogene Satire belachen. Vielleicht entstand sie sogar im Zusammenhang mit dem Wechsel nach Weimar – wo der Herzog seinen Günstling zum Mitglied des Geheimen Consiliums und *Minister* machte.

488 f., 98-112 *hett . . . Hätte . . . hätt . . .]* Mundartl. indikativisch, für: hat⟨te⟩ (dazu DWb 10,49).

489,125 f. *Der Wein geht an . . .]* ist leidlich (meint: ist ziemlich ungenießbar, wie immer *in Leipzig*; → *Faust I*, 2246).

489,129 *von denen Schelmen aus 'm Reich]* Weinhändlern aus Süddeutschland (→ Kommentar zu 77).

490,136 ff. *Schafft mir einen Bohrer . . .]* Der in den Faustbüchern seit 1589 vorgegebene Weinzauber (vgl. JA 13,303) spiegelt wohl als blasphemische Kontrafaktur das Weinwunder Jesu bei der Hochzeit zu Kana (Johannes 2,1-11).

490,152 *was schafft ihr?]* Für: was verlangt ihr? (DWb 14,2030).

491,164 *eingeschifft]* Ins rechte Fahrwasser gekommen.

491,168 *Als wie fünfhundert Säuen]* Matthäus 8,28 ff. läßt Jesus die Teufel aus den von ihnen Besessenen in eine »heerde säue« fahren, die sich dann im Meer ersäuft.

492,184 *deine Nase? Waren das die Trauben?]* In den Faustbüchern vorgegebene Wanderlegende (vgl. JA 13,304), hier mit dem Weinzauber verbunden. Seit dem *Fragment*-Druck vollbringt Mephisto dieses Zauberstück.

492,187 *hab ihn auf einem Fasse hinaus reiten sehn]* In den Faustbüchern seit 1589 verschafft der Schwarzkünstler den Studenten in Leipzig ein Faß Wein, das er aus einem Keller herausreitet. Ein Bild seines Faßritts hing zu Goethes Leipziger Studienzeit im Keller von Auerbachs Hof. → Abb. 1, unten.

• 492 f.,188-193 *Da ist gewiß auf den Marckt nit sicher . . .]* den sie beim Weg *nach Hause* offenbar überqueren müssen. Deshalb Froschs Vorschlag, die *Häscher* der Stadtwache (im Keller *unterm* nahgelegenen *Rathaus*) gegen ein *Trinck geld* als Leibwache zu verpflichten.

Seite 493
453-456

Szene
LAND STRASE

Als einziges Stück der *Frühen Fassung* auch in einer eigenen Handschrift Goethes überliefert, die vermutlich zum 'Urmanuskript' gehörte (= Paralipomenon 21, Text-Band S. 544 und Abb. 10. → Kommentar zu H P6, hier S. 926). In den endgültigen Ersten Teil des *Faust* ist dieser aus vier Madrigalversen bestehende Szenenfetzen nicht übernommen worden.

Mit sinnbildhaft anmutenden Angaben deutet die Bühnenanweisung in unbestimmbarer Weise auf einen geplanten Kontext. So könnte es sich um ein Fragment einer ersten Weltfahrt Fausts mit Mephisto handeln. Es bleibt unklar, ob Faust über den Teufel spottet, oder ob er hier überhaupt erst ahnt, wen er mit diesem *Schandgesellen* (→ Text-Band S. 533,35) bei sich hat. – Mephistos Erklärung für seine eigentlich doch demütig-fromme Gebärde des Augenniederschlagens: daß ihm das Kruzifix nun *einmal zuwieder* sei (was dieser Teufel einigermaßen witzig als *Vorurtheil* bezeichnet), spiegelt eine sehr entschiedene Aversion des Autors selbst. Daß ihm das Marterholz »zuwider«, die Versenkung in die Leidensqual des Gekreuzigten ganz unerträglich war, hat Goethe am schroffsten in den *Venezianischen Epigrammen* formuliert (FA I 1,457. Nr 66).

493, vor 453 *Schloß . . . Bauerhüttgen]* Ohne ausgeführten Bezug zum Text, also ohne faßbare Bedeutung setzt das Szenarium doch wohl nicht absichtslos den Topos 'Hütte und Palast' ins Bild (der dann im 5. Akt des Zweiten Teils hochbedeutsam vor Augen stehen wird: → Kommentar zur Szene *Palast*, *Weiter Ziergarten* S. 718 f.).

Seite 493-496 Szene
457-529 STRASE

Zur Bedeutung der Spielplätze: Wenn Faust auf offener Straße zum ersten Mal das Mädchen anspricht, das Mephisto ohne sein Wissen schon ausspioniert und für ihn vorgesehen hat, kommt Margarethe aus der Kirche, er aus *Auerbachs Keller*; und wieder wird am Ende, bei der Trennung der Liebenden, Mephisto ihn *in abgeschmackten Freuden* wiegen (S. 533,10), wenn sie in den *Kerker* geht.

Zur Namengebung *Margarethe/Gretgen* und deren Namens-Aura → hier S. 191 ff.

493,457 f. *Mein schönes Fräulein ...]* Mit seinen ersten Worten schon spricht Faust die Sprache des galanten Verführers (gewiß nicht »von ihrer unbewußten Vornehmheit befangen«: Witkowski 1950,244). *Fräulein* nämlich bezeichnet »ein junges und annoch unvermähltes Frauenzimmer, so von adelichen Eltern gebohren worden« (*Frauenzimmer-Lexicon* 1715,578), und die 'Kleiderordnungen' der Zeit ließen kein Mißverständnis darüber zu, daß er hier ein Bürgermädchen vor sich hat; → Kommentar zu 644 f. – Dem entspricht das *Arm und Geleit ihr anzutragen* (mit dem Faust sich sogleich bei der 'Jungfer' einhängt).

493,459 *weder Fräulein weder schön]* Adelung 5,106: veraltet für 'weder ... noch'. – Die Zurückweisung bleibt nicht frei von Koketterie: Margarethe ist nicht ein adrettes Bürgermädchen, als das man sich 'Gretgen' wohl vorstellt. Sie ist *schön* und weiß das sehr wohl (→ *Kerker*-Szene, S. 536,19).

• 494,462 *Die hat was in mir angezündt]* Nicht mehr in *Faust I* (wo die *Hexenküchen*-Szene 'entzündend' vorausging).

494,463 *so sitt und tugendreich]* → Kommentar zu 492-96.

494,471 *Dirne]* Keineswegs im heutigen Sinne, sondern: »Jungfer, eine junge unverheurathete Person« (Adelung 1,1368).

494,475 *am Stul herbey]* an den Beichtstuhl heran (*Faust I*, 2623: an ihm *vorbei*).

494,479 *Ist über Vierzehn Jahr doch alt]* Womit nach geltendem Recht Mündigkeit und Geschlechtsreife eingetreten waren. Doch macht der Kontext deutlich, daß es Faust keineswegs um die damit gegebene Heiratsfähigkeit des Mädchens geht (wie viele Kommentare unterstellen); er will die Verführung.

494,480 *Hans Lüderlich]* Redensartlich. Adelung 2,964 u. 3,214: *Hans* entsprechend dem »allgemeinen Nennworte einer jeden Person«; *Lüderlich* hier »Den Ausschweifungen in den Sitten ergeben, ⟨...⟩ im harten und sehr verächtlichen Verstande.«

494,482 *Ehr]* Hier in »engerer Bedeutung, jungfräuliche Unschuld« (Adelung 1,1514).

494,485 *Mein Herr Magister Lobesan]* Formelhaft nachgestelltes Attribut, das (Adelung 3,233) »ehedem für löblich, lobenswürdig üblich war, jetzt aber veraltet ist«. – Betty Jacobi an Goethe, 6. 11. 1773 (aus dem Kindbett diktiert): »Herr Doktor Goethe Lobesan: ⟨...⟩ mein Schreiben ⟨gilt⟩ niemand als dem bösen Mensch mit dem guten Herzen, welcher brave neue Bekanntschaften nicht so ehrenrührig behandelt, und aus der Acht läßt. ⟨...⟩ wenn ich wieder nach F⟨rank⟩furt komme, so bin ich schlank, rasch, munter, und kann hübsch ohne Herrn Doktors Arm gehen« (Anspielung auf 458 ff.; damals also kannte die Freundin diese Szene bereits).

495,486 *Lass er mich mit dem Gesez in Frieden]* Meint Faust ironisch nur, was für einen *Magister Lobesan* als Gesetz gelte? Oder unterstellt er die mögliche Strafbarkeit der Verführung auch eines mündigen Mädchens und erklärt also, daß ihn das *Gesez* selbst in diesem Fall nicht kümmere (→ Kommentar zu 479)?

495,491 *was gehn und stehen mag]* vorfallen und im Weg stehen könnte.

495,492-96 *wenigst vierzen Tag ... So ein Geschöpfgen zu verführen]* Goethe 18jährig an Behrisch, 7. 11. 1767: »Ich bin bei Fritzgen ⟨einem Leipziger Mädchen⟩ gewesen ⟨...⟩. So sittsam, so tugendhaft ⟨... → 463⟩. Sie ist manchmal Sonntags alleine zu Hause. Vierzehn Tage Vorbereitung und so ein Sonntag sollten die Erberkeit ⟨Ehrbarkeit⟩ von dem Schlosse ⟨des 'Keuschheitsgürtels' ihrer Tugendhaftigkeit⟩ wegjagen, und wenn zehen solche Injenieurs zehen solche Halbejahre an der Befestigung gearbeitet hätten. ⟨...⟩ Könnte ich's aber nur ungestraft tun ⟨...⟩, so würde ich die affaire des Teufels übernehmen, und das gute Werk zu nichte machen. Kennst du mich in diesem Tone Behrisch? Es ist der Ton eines siegenden jungen Herrn. ⟨...⟩ Aber ohne zu schwören ich unterstehe mich schon ein Mädgen zu verf- wie Teufel soll ich's nennen.« – Späteres 'Selbstzitat' im *Faust*? Oder Indiz für eine Entstehung einzelner Verspassagen in der Leipziger Zeit?

• 495,493 *zu spüren] Faust I*,2641: *auszuspüren.*

495,497 *wie ein Franzos]* der als sittenlos galt (so daß man die Syphilis 'Franzosenkrankheit' nannte).

• 495,504 *manche Welch Geschicht]* Für: *welsche* (*Faust I*, 2652). Mephisto also überblickt die romanische Literatur, kennt französische und italienische Liebeserzählungen, etwa Boccaccios *Decamerone.*

495,506 *Schimpf]* In der ält. Bedeutung: Scherz.

496,516 *Will förderlich und dienstlich seyn]* – der *Pein* der Begierde nämlich, die er (seiner 499 ff. vorangegangenen Ars amandi gemäß) anstachelnd zu verschärfen trachtet. Für solche Dienste setzt er hier, zynisch parodierend, die kanzleisprachl. Formel ein, die in Luthers *Kleinem Katechismus* das 9. Gebot erläutert.

496,518 *noch heut in ihr Zimmer führen]* Mephistos: *Gebt mir zum wenigst vierzen Tag* (492) diente also der Taktik anstachelnden Hinhaltens: in Wahrheit hatte er eben dieses Mädchen für Fausts Liebesabenteuer wohl schon ausspioniert (Arens 1982,264).

496,527-29 *Hätt Luzifer . . .]* Durch ein Dutzend solcher Söhne, die seine Metallschätze zu Münzen prägten (vgl. DWb 25,899) und verschleuderten, würde selbst der Höllenfürst in den Bankrott getrieben (zur vormundschaftlichen Zwangsverwaltung verschuldeter Reichsstände wurde nach deutscher Staatsrechtspraxis eine kaiserliche Debit-*Comission* eingesetzt).

Seite 496-501 Szene
530-656 ABEND

Von Margarethes kleinem Zimmer wird in der voranstehenden Bühnenanweisung erklärt, was eigentlich selbstverständlich ist bei einem Bürgermädchen dieser Zeit: daß es 'reinlich' sei. Anders aber, als Mephisto es 538 versteht, sind 'rein' und 'reinlich' in Goethes Sprachgebrauch Worte, deren Bedeutung weit hinausgreift über die hier von ihnen bezeichnete Sauberkeit eines fein mit Sand bestreuten Fußbodens oder einer sorgsam über den Tisch gebreiteten Decke (557). Auch in der *Faust*-Dichtung erstreckt sich ihre 'symbolische' Reichweite bis ins Religiöse, berühren sie das Höchste und Heilige (→ etwa *Faust I* 754, 3831; *Faust II* 8298, 8574, 9560, 11920, 11957, 12049). Vom Doctor marianus heißt es am Ende der *Bergschluchten*-Szene (vor 11989): *in der höchsten, reinlichsten Zelle.* Das deutet schon hier sich an. Denn der schwärmende Faust selber nennt des Mädchens *kleines reinliches Zimmer* ein *Heiligthum*, ein *Himmelreich* gar. *Hoffnung*, das Wort, das er verfluchte, stellt sich wieder ein, und der, der eben noch an sich und der Welt verzweifelte, empfindet jetzt doch *Seeligkeit.* Sein religiöses Vokabular ist das einer Liebesfrömmigkeit. Die überkommt und verwandelt ihn hier. In dem frechen Eindringling, dem mit Mephisto verbündeten gewissenlosen Schürzenjäger, der sich ein hübsches Mädchen greifen will, wird der Liebende sichtbar – am deutlichsten wohl in dem einen Augenblick, in dem er die eigenen Wünsche verwirft und zu dem schon entschlossen ist, was der alte Goethe 'Entsagung' nannte (582).

496, vor 530 *Zöpfe . . . aufbindend]* um den Kopf legend.

496,534 *an der Stirne lesen]* Margarethe als 'Physiognomikerin': → Kommentar zu 1229-33.

497,546 *Kerker]* In Fausts verzückter Emphase nur für einschränkende Enge (doch zusammenspielend mit seinem alten Studierzimmer, das er so nannte, auch mit Margarethes wirklichem Kerker dann).

497, vor 547 *Sessel]* Damals »eine Art kleiner ausgestopffter und beschlagener niedriger Stühle sonder 〈ohne〉 Lehne« (*Frauenzimmer-Lexicon* 1715,1842).

497,551 *den heilgen Christ]* Meint das weihnachtliche Geschenk.

497,557 *Teppich]* Adelung 4,935: »jede zierliche, besonders gewirkte Decke, womit die Wände, Fußböden, Tische, Sitze, Altäre u. s. f. zur Zierde bekleidet werden«.

497,558 *Sand . . . kräuseln]* Den auf die Dielen gesiebten Sand (*Frauenzimmer-Lexicon* 1715,1691: »damit der Unflath nicht so gleich an dem Fuß-Boden hafften kann«) mit einem Rechen oder dgl. lockenartig ringeln.

497,561 *Wonnegraus] -graus* in diesem Oxymoron »mehr im sinne eines furchtsamen erschauderns« (DWb 8,2179).

498,564 *Den eingebohrnen Engel]* Das von Geburt her in Margarethe angelegte Wesen eines Engels = lat. innatus; → 567 f. (kaum, wie viele Kommentare erklären: anspielend auf »Gottes eingeborenen Sohn« im Apostol. Glaubensbekenntnis = lat. unigenitus, der einzig erzeugte).

498,568 *Entwürckte sich]* GWb 3,203: »sich aus-, hervorbilden, im Topos der webenden Natur«.

498,579 *Der grose Hans]* Redensartlich typologisch für Großhans; Adelung 2,965: »Groß- oder Klein-Hans, d. i. ein jeder, er sey vornehm oder geringe«. – Abwegig spekulativ Atkins 1958,84 (»Heinrich may be an alias« für den tatsächlich *Hans* heißenden Faust) und Holesovsky 1978,170 (es handele sich um ein Durchschlagen des Autornamens 'Johann' und den »Durchbruch des Persönlichen«).

498,582 *ich kehre nimmermehr!]* Zu ergänzen: zurück.

498,583 *Kästgen]* Das verschlossene *Kästgen*, dem gar ein lockendes *Schlüsselgen* beigegeben ist (640), würde Sigmund Freud – unabhängig von bewußter Absicht des Autors – gewiß als 'vorausweisendes' Sexualitätssymbol deuten. Zu Uhlands *Graf Eberstein* (1814): »Schön Jungfräulein, | Hüte dich fein! | Heut Nacht wird ein Schlößlein gefährdet sein«, hat er erklärt: »Welcher Schlüssel 〈was〉 aufsperrt, braucht dann nicht ausdrücklich gesagt zu werden« (Freud II/III,359).

498,584 *anderswo genommen]* Nämlich gestohlen, offenbar mitsamt dem Inhalt; Faust nimmt das hin.

498,585 *Schrein]* Durch ein Schloß gesichertes (→ 636) »Behältniß, worein das Frauenzimmer ihre Sachen zu verschliessen 〈...〉 pfleget« (*Frauenzimmer-Lexicon* 1715,1776).

498,589 *Zwar Kind ist Kind und Spiel ist Spiel]* Doch so und so (auch bei einer *Fürstin*) geht's um das gleiche.

498,591 *den Schaz zu wahren]* zu bewahren (Adelung 5,28), zu behalten.

498,592 *eurer Lüsternheit]* Trotz der Kleinschreibung wohl ironisch parodierende Titulierung entspr. 'Eurer Heiligkeit' o. ä.

499,597 *Nur fort geschwind –]* Unterbricht den dann weitergeführten Satz: ich *reib an den Händen* 〈tue, was ich nur kann〉 – *Um euch* ...

499,599 *wenden]* »drehend in eine andere lage oder richtung bewegen«, etwa einen Braten am Spieß (DWb 28,1764 f.).

499, vor 605 *Margarethe mit einer Lampe]* Vgl. hier S. 295 den (berichtigenden) Kommentar zu *Faust I*: 117, vor 2753.

• 499,606 *macht doch eben so warm nicht draus] Faust I*,2754: *ist doch* ...

499, vor 611 *indem sie sich auszieht]* Gemeint (anders als spätere Regisseure das gelegentlich anzuordnen beliebten): bis auf ein wadenlanges Unterhemd, das man üblicherweise auch zum Schlaf anbehielt und erst am Wochenende wechselte.

499 f., 611-34 *Es war ein König in Tule . . .]* Von der wohl im Juli 1774 auf Goethes Rheinreise entstandenen Ballade (deren Wortlaut hier noch abweicht von der seit dem *Fragment*-Druck 1790 endgültigen Fassung) erschien eine aus stilistischen Indizien als älter bestimmbare Version 1782 in Seckendorffs *Volks- und andere Lieder* (wieder in *Epochen d. dt. Lyrik* 6, hg. v. G. Pickerodt, 1981,167 ff.). Zwar läßt sich daraus nicht schließen, daß die Göchhausensche Niederschrift erst nach 1782 erfolgt sei, wohl aber mutmaßen, daß ihr wenigstens stellenweise schon nicht mehr die Goethesche Urschrift zugrunde lag (dazu Kögel 1888,57 ff.). Auch begründet Seckendorffs Angabe »aus Göthens D. Faust« Zweifel daran, daß das Lied ganz unabhängig von diesem Kontext entstand (wie die BA vermutet und Arens 1982 versichert).

Zum ersten Mal macht sich Margarethe hier Verse zu eigen, die ihr vorgegeben sind, und die doch mehr von ihr sagen, als ihre eigenen Worte vermöchten. Für den Leser, der im nachhinein weiß, wieviel dieses Lied von einem König und seiner Buhle, von Liebe und Tod und einer Liebestreue über den Tod hinaus mit ihr selber zu tun haben wird, scheint die Singende von Ahnungen bestimmt – auch wenn sie selber nichts von dem Schauer begreift, der sie hier überkommt.

499,611 *Tule]* (Thule). Zedler 43,1910: »Insel in dem Mitternächtlichen Meere, welche bey den Alten das letzte bekannte Land gegen Norden war«.

499,612 *hett]* Hier, wie mehrfach auch in den Liedern in *Auerbachs Keller* (nur *Frühe Fassung*), mundartl. indikativisch für: hat⟨te⟩ (dazu DWb 10,49). In der Handschrift nicht eindeutig lesbar (*hatt*? – aber Reim auf *Todtesbett*).

499,613 *seine Buhle]* Wie häufig im Volkslied für die Geliebte. Von ält. Erläuterungen als Gemahlin ausgegeben, bezeichnet es hier doch keineswegs die Königin, sondern die Konkubine (dazu Richter 1944).

499,617 *Die Augen gingen ihm über]* vom Tränenfluß (Johannes 11,35 f.: »Und Jesu ⟨am Grab des Lazarus⟩ giengen die augen über. Da sprachen die Juden: Siehe, wie hat er ihn so lieb gehabt«).

500,631 *trincken]* Mit Wasser sich füllen.

500 f.,635-56 *Wie kommt das schöne Kästgen hier herein?...]* Mit ihren einfachen Knittelversen hat sich Margarethes Sprache bisher von Mephistos und Fausts Madrigalzeilen deutlich abgesetzt. Das wird sogleich anders, wenn sie jetzt das Kästchen entdeckt und öffnet, das die beiden in ihren Schrein gelegt haben. Ohne daß sie sie doch hätte reden hören, fällt sie in deren Sprechweise (hier wie häufig: das Metrum als Indiz einer Annäherung zwischen den Figuren). – Und wie sie die Standesgrenze zwischen dem Bürgermädchen und einer *Edelfrau* überschreitet, wenn sie diesen Schmuck nun anlegt, übertritt ihre begleitende Rede hier erregt die Grenze des Verses: 644|45 ihr erstes Enjambement.

• 500,637 *Was Guckguck mag dadrinne seyn?]* Für: 'Was, zum Kuckuck!'. In *Fragment*-Fassung und *Faust I* so abgeblaßt, als spräche es Frau v. Stein: *Es ist doch wunderbar! Was mag wohl drinne sein?*

500,638 f. *ein Pfand | Und meine Mutter lieh darauf]* Kaum nur als fromme Wohltäterin (Psalm 112,5: »Wohl dem, der barmhertzig ist, und gerne leihet«). Ein ganzes Schmuckkästchen, und sie *lieh darauf* – wie später Margarethes Bruder, rückt hier ihre Mutter in ein höchst zweifelhaftes Licht. Nutzt sie etwa ihr *hübsch Vermögen* (969) zu zinsnehmender Pfandleihe, die Christen doch streng untersagt war? (Zedler 62,982: Nach »Anleitung und Maßgebung des Canonischen oder Geistlichen Rechts gehöret es ⟨gemäß dem biblischen Zinsverbot 5. Mose 23,19 u. ö.⟩ zu denen geistlichen Verbrechen, wenn man Zinsen von seinem Gelde nimmet«). → 696 und Kommentar dazu.

500,644 f. *Ein Schmuck! drinn könnt eine Edelfrau | Am höchsten Feyertag gehn]* Bis ins 18. Jh. regelten die städtischen 'Kleiderordnungen' gemäß der Ständeordnung, also dem Sozialstatus der Frauen entsprechend, auch den jeweils zulässigen Schmuck, durch den sich die adlige Dame vom Bürgermädchen unterschied. (→ 739 f.)

Seite 501-503 Szene
657-718 ALLEE

In *Faust I* dann *Spaziergang* überschrieben, was dort wie hier einen (baumbestandenen) Spazierweg meint.

501,657 f. *... Ich wollt ich wüsst was ärgers]* Noch *ärgers* können Teufel, diese gefallenen Engel, freilich nicht wissen, als das Verschmähen der *Lieb* Gottes und ihren Sturz »mit ketten der finsterniß zur hölle« (2. Petrusbrief 2,4).

501,659 *petzt]* Ält. Bedeutung »zwicken, kneipen« – wie dann in *Faust I*,2807 (DWb 13,1580).

501,668 *Er würde da zum Heerings Weibe]* keifend wie die Fischhändlerinnen.

501,673 *Meubel]* Möbel, allg. für Hausrat = französisch meubles.

501,677 *ungerechtes Gut ...]* Biblisch, nach Sprüche 10,2: »Unrecht gut hilfft nicht« – wie wieder in der Pfaffenrede 694.

501,680 *Himmels Mann']* Offenbarung 2,17: »wer überwindet, dem will ich zu essen geben von dem verborgenen manna«. → 689.

502,682 *ein geschenkter Gaul]* dem man sprichwörtl. nicht ins Maul schaut (um an den Zähnen festzustellen, wie es um sein Alter steht).

502,687-94 nach *Der hatte kaum den Spus vernommen ...]* Nach Resenhöfft 1975,308 verderbte Versfolge (der Paarreimung entsprechend wäre die korrekte Abfolge 688 | 89 – 693 | 94 – 687 | 90 – 691 | 92; nur 690-92 dann Mephistos eigene, nicht mehr den Pfaffen zitierende Verse).

502,688 *ach kristlich so gesinnt!]* was der Pfaffe durch seine bibelsprachl. Wendungen 689 und 694 stützt.

502,689 *Wer überwindet der gewint]* Nach Offenbarung 21,7: »Wer überwindet, der wirds alles ererben«.

502,696 *Ein Jud und König kann es auch]* Zielt auf 'Wucherzinsen' (das Pfandleih- und Kreditwesen war nur den vom christl. Zinsverbot ausgenommenen Juden und der Obrigkeit selber zugebilligt; → 638 f. und Kommentar dazu), meint aber wohl auch Eroberungskriege.

502,703 *Und Gretgen?]* Gaier 1989,385: »Faust benutzt zum erstenmal den Namen in der Form, die zweideutig Kosename und Bezeichnung für ein Lustobjekt sein kann«. Gestützt auf einige Belege für einen solchen Sprachgebrauch von 'Grete' (DWb 9,199: »namentlich im älteren aleman. prägnant für leichtfertiges, sittenloses mädchen in allen abstufungen«), bezeichnet Gaier ebd. 207 die Szene *Abend* (530 ff.), wo »Margarete sich auskleidet, als eine unerhörte Entblößung und als Erniedrigung des Zuschauers zum Voyeur«, denn »aufgrund dieser Enthüllungen im privaten Raum« (gemeint sind das Lied vom König und der Buhle und das Anlegen des Schmuckes) betrachte er Margarethe »als 'Gretgen', als Dirne, die sich verführen läßt«. Ebd. 178 allen Ernstes: sie wurde »Dirne und lebte, wie Valentins Rede ⟨*Faust I*,3736 ff.⟩ und die folgende Unterhaltung zwischen Faust und Mephisto belegen, trotz des öffentlichen Geredes und stadtbekannten Falles als Dirne zumindest Fausts weiter«!

503,713 *wie Brey]* Also zäh, schwerfällig.

Seite 503-509 Szene
719-878 NACHBARINN HAUS

Zur Figurenkonstellation: Mit der neu ins Spiel tretenden Marthe Schwerdlein wird eine über Kreuz geführte zweifache Paarbildung erreicht: die gleichgeschlechtliche von Faust-Mephisto und Margarethe-Marthe (insofern mit diesem *Weib wie auserlesen, | Zum Kuppler und Zigeunerwesen* (883 f.) dem Mädchen sein 'Mephisto' beigesellt wird) und die gegengeschlechtliche Faust-Margarethe und Mephisto-Marthe (wie sie dann in der *Garten*-Szene auftreten). Abwesend im Spiel hier der aus dem Haus geflüchtete Herr Schwerdlein (der *stracks in die Welt* gezogen ist) und der vor dem Eintritt in Margarethes Haus stehende Faust (der auf sehr andere Weise später doch das gleiche tun wird).

Marthes Eröffnungsverse sind dem Eingang von Hans Sachs' *Der farendt Schuler ins Paradeiß* von 1550 nachgebildet (dessen gattungsbezeichnenden Untertitel aufnehmend, befindet Gaier 1989,387, es lasse sich Goethes »ganze Szene wie ein 'Faßnacht spiel mit 3 Personen' lesen«). Freilich ein unvergleichlich anderes Kaliber dort und hier.

503,722 *läßt mich auf dem Stroh allein]* Anklingend an Strohwitwe: so nennt »man aus Schertz an etlichen Orten diejenigen Weiber, deren Männer verreiset oder abwesend seynd«, sie also auf dem 'Strohlager' ihres Bettes allein lassen (*Frauenzimmer-Lexicon* 1715,1916).

503,726 f. *– –]* Wohl keine 'Anstandsstriche', sondern überlanges Pausenzeichen (→ *Faust I*,2871). E. Schmidt hat seine These, daß hier »ein von Frl. v. Göchhausen wohl als anstössig übergangenes Reimpaar« markiert worden sei (WA I 14,273 f.), später revidiert: »eine durch Schluchzen •

ausgefüllte Pause« (WA I 39,445), die den folgenden Vers pointiert. – Auch aus formalen Gründen ist ein ausgespartes Reimpaar, also ein Blockreim, hier unwahrscheinlich.

503,728 *Todtenschein]* Als Vorbedingung der Wiederverheiratung »vom competenten Pfarrer ausgestelltes Kirchenzeugniß« auf Grund des Kirchenbuches und Totenregisters, ersatzweise auf gerichtlichem Wege von der weltlichen Obrigkeit zu erlangen (*Rechtslexikon* XI,420).

504,738 *O du glückseelige Creatur!]* Bei Frau Marthes Seligpreisung wußten bibelfeste Zeitgenossen Goethes wohl zu assoziieren, woran sie selber kaum denkt: »Siehe, das sind die gottlosen, die sind glückselig in der welt, und werden reich.« (Psalm 73,12)

• 504,739 f. *Darf mich ach leider auf der Gassen | Nicht in der Kirch mit sehen lassen]* Meint: die ‘Kleiderordnung’ lasse das für ein Bürgermädchen weder auf der Gasse noch in der Kirche zu; → Kommentar zu 644 f.

504, vor 750 *Vorhängel]* Vor dem »guckfenster in der thür« (DWb 26,1168).

504,752 *Muss . . . Verzeihn erbeten]* Förmlich-altertümlich; unterwürfiger als ‘erbitten’.

505,760 *Der Herr dich für ein Freulein hält]* weil der schauspielernde Mephisto, Margarethes *Schmuck und Schmeid* erblickend, zurückgetreten ist und vom *vornehmen Besuch* redet. → Kommentare zu 457 f. und 644 f.

• 505,763 *Schmeid]* Kurzform für *Geschmeide* (so *Faust I*).

• 505,767 *Neugirde]* 1. Pers. Sing. der nur hier belegten Eigenbildung ‘neugierden’ (*Faust I*: *Verlange*).

505,768 *frohre Mähr]* Erfreulichere Nachricht.

506,781 f. *An einer wohl geweihten Stäte | Zum . . .]* Bei der Basilica di Sant’ Antonio gelegen, ist seine Grabstätte besonders geweiht zum . . .

506,785 *drey hundert Messen]* Seelen- oder Totenmessen. Hier in absurd hoher Zahl: der zu entrichtenden Meßstipendien wegen wären sie mit enormen Kosten verbunden.

506,787 *Schaustück]* Schaumünze.

506,792 *verzettelt]* Hier wohl für »nutzlos anwenden, vergeuden« (DWb 25,2568) – schon auf 835 ff. zielend?

506,796 *manch Requiem noch beten]* Meint wohl den Introitus der Totenmesse (»Requiem aeternam dona eis, Domine . . .«).

506,804 *es giebt sich auch]* ergibt sich schon.

507,808 . . . *auf der Zeche]* auf dem Kerbholz – *weit mehr noch*, als er vor dem Empfang der Sterbesakramente gebeichtet hatte? (807: *er starb als Christ*).

508,835-38 *Ein schönes Fräulein . . .]* Mephisto macht sich den Spaß, Fausts erste Worte an Margarethe (→ Kommentar zu 457 f.) auf eine Dirne anzuwenden, bei der sich Frau Marthes Mann in *Napel* (gängige Kurzform im 18. Jh. für Neapel) geholt haben soll, was er *bis an sein seelig Ende spürte*: die auch als 'mal de Naples' bezeichnete Syphilis. – Davon begreift freilich Margarethe nichts, Marthe nur die Hälfte; es geht ad spectatores.

508,839 *Der Schelm!]* Hier nach ält. Sprachgebrauch: »verworfener mensch, betrüger«, auch für einen »treulosen geliebten oder gatten« (DWb 14,2507 f.).

508,844 *ein züchtig Jahr]* Das sog. 'Trauerjahr', in dem eine Wiederverheiratung als unschicklich galt und für die Witwe den Verlust ihres Erbes bedeuten konnte (entgegen dem Namen war seine Dauer »für Frauen gewöhnlich auf 9 Monate ⟨!⟩, für Männer auf 12 oder 6 Wochen bestimmt«: *Rechtslexikon* III,583).

508,849 *Ihm fehlte nichts als . . .]* Er hatte keinen anderen Fehler als (*Faust I* dafür: *Er liebte nur . . .*). •

508,855 *Geding]* Im ält. Sprachgebrauch »für verabredung, übereinkommen, vertrag u. ähnl.« (DWb 4,2027) •

509,864 *wenn]* Alte Nebenform von 'wann' (so *Faust I*). •

509,866 *in Wochenblättgen]* Wo im 18. Jh. entspr. Auszüge aus den Kirchenbüchern veröffentlicht wurden.

509,867 f. *durch zweyer Zeugen Mund . . .]* Gemäß 5. Mose 19,15 und entsprechend Johannes 8,17 mußte in der dt. Rechtspraxis »der Tod durch das Zeugniß zweyer solcher Personen erwiesen werden, welche einen haben sterben und begraben sehen« (Zedler 44,650). So bringt Mephisto seinen *Gesellen* ins Spiel.

509,872 | 874 *Jungfer ... Fräuleins]* Noch einmal das Anredespiel. Zuerst korrekt (DWb 10,2381: *Jungfer* »in der anrede und als titel zumal bürgerlicher, unverheirateter, während *fräulein* für den adel blieb«); aber dann wird in verallgemeinernder Form das dafür durchaus nicht unanfällige Mädchen doch noch über die Standesgrenze gehoben, hinter der es den Herrn *aus einem edlen Haus* weiß (533).

509,873 *Knab]* Faust wird damit vorgestellt als »ein junger Mann, d. i. eine männliche Person, bis bald nach dem angetretenen männlichen Alter« (Adelung 2,1650).

509,874 *alle Höflichkeit]* Das ist und bleibt, sehr dezent, der einzige Hinweis auf die Herkunft der Schmuckkästchen – die ihren Zweck doch kaum erfüllten, wenn Margarethe sie nicht mit Faust in Zusammenhang brächte.

Seite 509-511 Szene
879-924 [STRASSE]

In der Göchhausenschen Niederschrift noch ohne diese Bezeichnung, die erst mit dem *Fragment*-Druck von 1790 eingesetzt wird. •

Hieß es in der ersten Männer-Szene auf der Straße: *du must mir die Dirne schaffen* (471), so in der zweiten: *Und mach, und richts nach meinem Sinn* (711); die dritte jetzt setzt mit dem rohen: *Wills fördern wills bald gehn?* ein. Das alles läuft hinaus auf die letzten Worte hier, auf Fausts: *ich muss.* Außerstande und nach 582 auch durchaus nicht mehr gewillt, sich gegen sein Verlangen noch zu wehren – allein deshalb (keineswegs nur *vorzüglich* deshalb) 'muß' er sich denn auch in Mephistos Pläne fügen – 'muß', nachdem er sich unerlaubt eingeschlichen in Margarethes Zimmer und selbst den Diebstahl des Kästchens hingenommen hat, nun auch zu der eidlichen Falschaussage sich bereit erklären, die ihn vollends korrumpiert.

509,879 *fördern]* DWb 3,1894: »weiter kommen, von statten gehen«.

510,886 *Eine Gunst]* Hier für Vergünstigung, Gefälligkeit (*Faust I*: *Ein Dienst*). •

510,891 *Sancta Simplicitas!]* 'Heilige Einfalt'! Durch den böhmischen Reformator Jan Huß berühmt gewordener Ausruf. Als der schon auf dem Scheiterhaufen stand (weil er *von Gott* ketzerische *Definitionen* gegeben) und ein einfältiger Bauer noch Holz herantrug, »lachte Huß darüber, und rief aus: 'O heilige Einfalt!'«, schwor dann der Zuschauermenge zu, daß ihn »falsche⟨r⟩ Zeugen Schuld« (→ 896) auf die Richtstätte gebracht habe (Zedler 13,1284). – Darauf zurückbezogen 894: *da wärt ihr's nun* auch – ein *heilger Mann*?

• 510,895 *gewiss das erst]* In *Faust I* dafür: *das erstemal*? (hier ironisch bezogen auf den Faust der *Nacht*-Szene, → 27 f.).

510,904 *morgen]* Meint hier: ganz bald doch.

511,911-18 *Wenn ich empfinde ... ein teuflisch Lügenspiel]* Es geht um die gleiche Unsäglichkeit des Gefühls, auf die Faust sich später im ‘Religionsgespräch’ berufen wird (→ 1143-50). An die Gräfin Stolberg schrieb Goethe im Januar 1775: »ich will Ihnen keinen Namen geben, denn was sind die Namen Freundin Schwester, Geliebte, Braut, Gattin, oder ein Wort das einen Komplex von all denen Namen begriffe, gegen das unmittelbare Gefühl, zu dem – ich kann nicht weiter schreiben«. Dann, neu ansetzend, gab er dem doch einen Namen: »ich fühle Sie können ihn tragen diesen zerstückten, stammelnden Ausdruck wenn das Bild des Unendlichen in uns wühlt. Und was ist das als Liebe!« – So wird auch Faust das Wort *ewig* Margarethe zu ‘tragen’ geben (1037 ff.). Ein *Lügenspiel* sind seine Worte *Unendlich, ewig, ewig* nur deshalb nicht, weil er sie allein als den äußersten Ausdruck des ganz Gefühlten und wahrhaftig Empfundenen nimmt, als einen sprachlichen Behelf (1149: *Nahme Schall und Rauch*), bei dem diese Worte nicht das Versprechen ewiger Dauer geben, sondern die unermeßliche Zeit, von der sie doch reden, aufgeht in der Unermeßlichkeit des Gefühls: Ewigkeit im Augenblick.

• 511,922 *hälts]* Kurzform für behält’s (so *Faust I*).

Seite 511-517 Szene
925-1053 GARTEN

Hinter Marthes Haus zu denken, uneinsehbar von der Straße her.

Mit dem *falsch Zeugniss* über Schwerdleins Tod, das Faust zuvor doch abgelegt haben müßte, wird hier, wie häufig im weiteren Verlauf des dramatischen Geschehens, ein für die Handlung wesentlicher Vorgang ‘hinter die Bühne’ verlegt. – Fausts *Arm und Geleit* (458) hat das Mädchen schon angenommen, wenn sie miteinander auftreten. Aber noch spricht Margarethe befangen und angestrengt förmlich (lexikalisch wie metrisch aufschlußreich dafür ihr Alexandrinervers 933); erst mit dem Blumenorakel wird das anders.

In fünffachem Szenenschnitt werden die ungleichen Paare (hier Faust, dort Marthe in der werbenden Rolle) auf ihrem Gartenrundgang am Zuschauer/Leser vorübergeführt. Immer nur ein Stück weit hört er ihnen zu, und dieser Wechsel der Töne schärft das Profil der hart gefügten Gesprächsausschnitte.

512,930/31 *unterhalten]* Hier: »die Zeit verkürzen« (Adelung 4,1294).

512, vor 933 *er küsst ihre Hand . . .]* und behandelt sie damit wiederum wie ein *Fräulein* (→ 457 f. und Kommentar dazu): Während Mädchen aus gesellschaftlich hochstehenden Kreisen in der zweiten Hälfte des 18. Jh.s oft »den hergebrachten Handkuß so strenge als eine Wechselschuld einzufordern« pflegten, waren »Personen aus niedrigern Ständen und in wohlfeilern Kleidern« gewöhnlich von dieser »französischen Ziererei« ausgeschlossen (Misophiletes 1782,425 u. 421).

Fausts galante Geste abwehrend, paßt Margarethe sich ihm doch an, verläßt nämlich die ihrem Stand angemessene Sprachebene. Von ihren 'eigenen' treuherzigen Knittelversen (bis 610) ist sie bereits zu den von Mephisto und Faust gebrauchten Madrigalversen übergegangen (bei 635 – genau in dem Augenblick, wo sie auf das Schmuckkästchen stößt). Jetzt bringt sie in dieses 'fremde' Metrum gar einen förmlichen 'französisierenden' Alexandriner ein (933) und das gezierte *Inkomodiert euch nicht!* (für: macht euch keine solchen Umstände).

512,941 *In raschen Jahren]* DWb 14,126: im »jungen, lebenskräftigen alter«.

512,944 *Hagestolz]* Aus der Rechtssprache: »Person männliches Geschlechtes, welche funfzig Jahre alt ist und noch nicht geheurathet hat«, und: deren »Erwerb- oder Errungenschaft« nach dem Tode an die Obrigkeit fällt! (Adelung 2,895)

512,949 *Höflichkeit]* Im Sinn von Courtoisie, jedenfalls von Umgangsformen der höheren Stände. Mephisto hatte 874 Fausts *Höflichkeit* gerühmt (und damit auf das Geschenk der Schmuckkästchen angespielt).

512,950 *der Freunde häufig]* Hier: »eine Menge« (Adelung 2,1002).

513,956 *Demuth, Niedrigkeit]* Die christliche Tugend der humilitas – die Faust freilich als Gabe einer *Liebaustheilenden Natur* bezeichnet; hier durchaus mit standesspezifischer Konnotation (an Frau von Stein, 4. 12. 1777: »Wie sehr ich wieder ⟨. . .⟩ Liebe zu der Klasse von Menschen gekriegt habe! die man die niedre nennt! die aber gewiß für Gott die höchste ist. Da sind doch alle Tugenden beisammen, Beschränktheit, Genügsamkeit, grader Sinn, Treue, Freude über das leidlichste Gute, Harmlosigkeit, Dulden«).

• 513,957 *der Liebaustheilenden Natur]* In *Faust I* dafür: *der liebevoll austeilenden.*

513,957 f. . . . *Natur – | Denkt ihr an mich . . .]* Sie fällt ihm ins Wort (praktizierte humilitas).

513,961 f. *Wirthschafft ... versehen]* Die »Hauswirthschaft« und die dazu gehörigen »häuslichen Geschäfte selbst verwalten und besorgen« (Adelung 5,256).

513,968 *regen]* Hier: finanziell »in nicht zu engen verhältnissen sein« (DWb 14,512).

514,991 *durfte kaum sich regen]* Für: brauchte sich nur zu regen.

514,999 *mutig]* Adelung 3,636: »munter, aufgeweckt«.

514 f.,1001-09 *Sagt grad mein Herr ...]* Auch mit der Gliederung der Wechselrede, die Marthe dem entsprechend antwortenden Mephisto vorgibt, sucht sie ihn immer dichter an sich heranzuholen: zunächst bekommt er erst nach zwei Versen das Wort (sog. Distichomythie), dann nach je einem Vers schon (Stichomythie), zuletzt bereits nach einem halben (Hemistichomythie) – womit die unverhohlen Werbende dann freilich resigniert.

514,1003 f. *Das Sprüchwort ...]* Kontaminiert 'Eigener Herd ist Goldes wert' mit »ein tugendsam weib ⟨...⟩ ist viel edler, denn die köstlichsten perlen« (Sprüche 31,10).

515,1011 *Engel]* Höchst bezeichnend für Fausts schillernde, schwankende Rolle sind die stilistischen Valeurs seiner Anreden für Margarethe. *o kleiner Engel*: diese leutselige *Höflichkeit* ist dem Herrn *aus einem edlen Haus* in der Tat *geläufig* (533,949). In dem ersten Brief, mit dem Werther von Lotte berichtet, nennt er sie »Einen Engel!« und schreibt sogleich: »Pfui! das sagt jeder von der Seinigen, nicht wahr?« (FA I 8,36 f. – schon in der Fassung von 1774). – Dagegen dann 1027 *Süs Liebgen!* mit der volksliedhaft anmutenden Tilgung des auslautenden -es, wie sie häufig bei Margarethe begegnet: da nimmt der Liebende den Herzton des Mädchens auf.

515,1015 *Frechheit]* Wohl noch in der Nähe der ält. Bedeutung von kühn, allenfalls dreist (vgl. DWb 4,91).

515,1016 *lezt]* letzthin (*Faust I* dafür: *jüngst*). •

515,1018 *dir]* Schon vom folgenden *dacht ich* regiert, • oder einfach fehlerhaft für *mir* (so *Faust I*)?

515,1020 *Was freches, unanständiges]* Hier (wiederum standesbezogen, deshalb anders als 1015) für Unschickliches, Sittenloses, das nämlich dem Bürgermädchen nicht ‘ansteht’ (vgl. DWb 4,92 u. 24,163 f.).

• 515,1021 *mogt wandeln]* Für: anwandeln konnte.

515,1022 *Mit dieser Dirne gradehin zu handeln]* Auf das einfache (nicht verheiratete) Mädchen ohne Umstände zuzugehen.

515,1024 *begonnte]* Ält. schwache Form für: begann.

516,1033-43 *Ja mein Kind . . .]* Jetzt, nach dem Blumenorakel, das zu Margarethes Liebeserklärung wird, fallen Fausts erregte Sätze aus der metrischen Ordnung und klanglichen Bindung der (überwiegend im Madrigalvers gehaltenen) Szene heraus in eine rhythmisch ungeregelte und ungereimte Prosa. Fünf heftige Akzente muß deren letzte 7silbige Zeile (1043) tragen.

516,1036 *Mich überläufts!]* Einer der für die Konzeption der Margarethengestalt und für ihr Verständnis bedeutsamen, im *Faust I* noch erheblich verstärkten Bezüge auf die Braut im biblischen Hohelied – »dem zartesten und unnachahmlichsten was uns von Ausdruck leidenschaftlicher, anmuthiger Liebe zugekommen« (*Noten und Abhandlungen* zum *Divan*, FA I 3,140). Goethe an Merck, 8. oder 11. 10. 1775: »Ich habe das Hohelied Salomons übersetzt, welches ist die herrlichste Sammlung Liebeslieder, die Gott erschaffen hat. 〈. . .〉 Hab an Faust viel geschrieben.« In seiner Übersetzung von 1775 (WA I 37,306) lautet Vers 5,4: »Da reichte mein Freund mit der Hand durchs Schalter 〈Fenster〉 und mich überliefs.« → hier auch Szenen-Kommentar zu *Gretgens Stube*, S. 883 und im *Faust I* bes. 3187 mit Kommentar.

516,1042 *Ewig!]* Da spricht er es aus: → 911-18 und Kommentar dazu.

517,1047 *niemand nichts]* Doppelte, verstärkende Verneinung.

• 517,1050 *man kommt in’s Gespräch]* *Faust I* dafür: *in’s Gered’* – wenn die Besucher unschicklich spät das Haus verließen, durch das man Marthes Garten betritt.

517,1052 *Sommervögel]* »Schmetterlinge oder Tagefalter«, als »Sinnbild des Leichtsinnes und der Flatterhaftigkeit« (Adelung 4,518 u. 1780).

Seite 517-518 Szene
1054-1065 EIN GARTENHÄUSGEN

Muthwillge Sommervögel (1052) – aber ihr nur dieses eine Mal so unbeschwert erscheinendes, ausgelassenes Spiel schließt im tatsächlichen Zeitverlauf keineswegs unmittelbar an die *Garten*-Szene an, in der Mephisto das sagte. Die vertraute Anrede, in die das Mädchen sich hier gefunden hat, ihr unbefangener Umgang mit dem Freund, auch was ihre Schlußverse inhaltlich voraussetzen, deutet darauf, daß zwischen den anscheinend fugenlos einander folgenden Szenen doch ausgesparte Begegnungen liegen: Fausts und Margarethes Zeit vergeht.

Seite 518-519 Szene
1066-1105 GRETGENS STUBE

Margarethes Verse sind gewiß nicht, wie häufig erklärt, gesungen zu denken (gar als ein vorgegebenes ‘Volkslied’), sondern gesprochen. Die Unruhe ihrer zweihebig unregelmäßigen Kurzzeilen entspricht der unruhig ‘skandierenden’ Bewegung des Spinnrockens.

Dabei legen leise Anklänge an die alttestamentliche Liebesdichtung um das Bürgermädchen die Aura der Braut im (von Goethe selbst übersetzten) Hohelied; besonders deutlich etwa 1084 f. (*Nach ihm nur geh ich* | *Aus dem Haus* – WA I 37,304: »Aufstehen will ich und umgehen in der Stadt, auf den Märkten und Straßen. Suchen den meine Seele liebt«) oder 1086-91 (*Sein hoher Gang* | *Sein edle Gestalt . . . Und seiner Rede* | *Zauberfluss* – ebd. 307: »Seine Beine wie Marmorsäulen auf güldenen Sockeln. Seine Gestalt wie der Libanon, auserwählet wie Zedern. Seine Kehle voll Süßigkeit, er ganz mein Begehren«); zu den Hohelied-Entsprechungen → hier 1036 und im *Faust I* bes. 3187 mit Kommentaren dazu. Freilich: Margarethes »‘Nimmermehr’-Finden der Ruhe ist das Ergebnis einer Liebe ohne Hoffnung oder mit der einzigen Hoffnung, an ihr zu ‘vergehen’.« (Michelsen 1989/II, 93)

Um eine Art inneren Monologs handelt es sich hier. Die Verse, in denen er vernehmbar wird, tragen kraft ihrer inneren Wahrheit darüber hinweg, daß ihr *Zauberfluss* doch weit über das hinausgeht, was mit Margarethes rollengebundenem Sprachvermögen vereinbar wäre.

518, vor 1066 *Spinn rocken]* »lang gedrehter hölzerner Stock von oben mit einem Wocken-Holz ⟨um den das zu spinnende Material gewickelt wird〉, von unten aber mit einem Fuß-Tritt versehen« (*Frauenzimmer-Lexicon* 1715,1886) – »an dessen Statt in den meisten Provinzen die bequemern Spinnräder aufgekommen sind« (Adelung 3,1459). In den *Faust I* hat Goethe diese technische Neuerung eingebracht: statt der unregelmäßigen Spinnrockenbewegung dort der (den Unruhe-Versen des Mädchens kontrastierende) monotone Rhythmus der Spinnraddrehung. → Kommentar zu *Faust I*,3374-3413.

519,1075 *verrückt]* Part. Perf. Pass. des Verbs (Adelung 4,1498: Jemandem »den Kopf verrücken, ihn um den gehörigen Gebrauch seines Verstandes bringen«).

• 519,1098 f. *Mein Schoos! Gott! drängt | Sich nach ihm hin]* Der tonbeugende Aufschrei hebt *Gott* aus der metrischen Senkung, so daß das für Margarethe ganz ungeheure Eingeständnis als einzig dreihebiger Vers das zweihebig gefaßte Regelmaß ihrer Rede durchbricht (in *Faust I*,3406 der Selbstzensur unterworfen: *Mein Busen drängt* . . . → hier S. 119 f.).

519,1100 *Ach dürft ich]* Wortbedeutung schwankend zwischen: wäre es mir erlaubt! und: hätte ich Gelegenheit!

519,1101 f. *Und halten ihn | Und küssen]* Wie schon 1089 f. überspült der Redefluß die Strophengrenze. Das Spatium in der Handschrift hier nicht völlig deutlich; *Faust. Ein Fragment* und die *Faust I*-Ausgaben bis 1817 drucken die beiden Schlußstrophen dann in eins.

Seite 520-525 Szene
1106-1235 MARTHENS GARTEN

Was das liebende Mädchen dazu treibt, Faust nach seinem *Christenthum* (1160) zu fragen, weiß der Befragte sehr wohl: → 1220 ff. Dieses Religionsgespräch, das Margarethe instinktsicher auch auf Mephisto bezieht, und die unmittelbar folgende erste Verabredung der Liebenden für die Nacht stehen gewiß nicht in einem von ihr geplanten, aber doch in einem für sie zwingenden inneren Zusammenhang. Auf andere Weise als für Faust gehört auch für sie zusammen, was er hier als austauschbare Wörter anführt: *Liebe! Gott!*

Sein großartiger Hymnus auf den unaussprechbar namenlosen *Allumfasser* und *Allerhalter* ist freilich zugleich die Rede eines Verführers. Gewiß von unzweifelhaft subjektiver Wahrhaftigkeit, und doch auch ein Täuschungsversuch mit allen Mitteln der Rhetorik, kaum weniger verlogen als die Auskünfte, die er 1163 ff. der lieben *Puppe* über Mephisto gibt. Ein *übersinnlicher, sinnlicher Freyer*, wie der ihn hier nennt, hat er bei alledem das *Fläschgen* schon in der Tasche, das ihm den nächtlichen Zugang zu Margarethe ermöglichen soll, an dem ihre Mutter sterben wird, und das am Ende auch sie zu Tode bringt. Der 'spionierende' Mephisto ist von Anfang an gegenwärtig, hat seine *Freude dran.*

520,1106 ... *Heinrich]* Nur Margarethe nennt ihn so, hier in *Marthens Garten* und wieder im *Kerker.* Goethe hat den durch die Faustbücher und das Puppenspiel vorgegebenen Namen Johann(es) vermieden – weniger wohl, weil er als Rufname für Bediente gebräuchlich war, eher um die dramatische Figur auf Distanz zur eigenen Person zu halten. Wenig plausibel Atkins' Vermutung (1958,84), Faust benutze dem Mädchen gegenüber *Heinrich* nur als Decknamen.

Heinrich war ein Vorname des Agrippa von Nettesheim (1486-1535): »dem ein schwarzer Satanshund angedichtet wurde wie dem Faust, der wie Mephistopheles in der Schülerszene und wie Faust im Gespräch mit Wagner die Wissenschaft verspottet, der wie Faust Philosophie, Juristerei, Medizin und Theologie studiert zu haben behauptet, der sich wie Faust der Magie ergab, der wie dieser als Pestarzt wirkte, dem Kaiser Maximilian diente« (Möbus 1989,361). Auch als Namensgeber könnte er an der 'synthetischen' Figur Heinrich Faust beteiligt sein. – Am Beginn der *Tragicall History of D. Faustus* Christopher Marlowes aus dem Jahr 1604 (Goethe lernte sie wohl erst in der deutschen Übersetzung Wilhelm Müllers, Berlin 1818 kennen) erklärt Faust: »Ich will nun werden, was Agrippa war, | Des Namen ganz Europa noch verehrt.«

520,1114 *etwas auf dich könnte]* auf dich einzuwirken vermöchte.

520,1115 *die heilgen Sakramente]* Nach der hier zur Rede stehenden kathol. Lehre neben Taufe, Firmung, Eucharistie, Buße, Letzter Ölung und Priesterweihe auch das der Ehe! – *Nachtmal* (1117) protestant. Bezeichnung für Abendmahl, wohl deshalb seit der *Fragment*-Fassung aus der Rede des als katholisch zu denkenden Mädchens getilgt (→ *Faust I*,3425).

520,1116 *Ich ehre sie . . .]* Daß Faust, ihr eigenes, weiter reichendes Wort wiederholend, in Wahrheit doch nur ein 'Achten, Respektieren' bekundet, spürt die Besorgte sogleich: *Doch ohne Verlangen*!

521,1123-50 *Mishör mich nicht . . .]* (Goethesche Neubildung, analog zu 'mißverstehen'.) – Das sprachgewaltige 'Credo', mit dem Faust auf Margarethes liebend besorgte Frage antwortet und sich ihrem kirchlich geregelten, dogmatisch gebundenen Christenglauben entzieht, läßt die vorangehenden überwiegend jambisch geregelten und vom

Reim gebundenen Madrigalverse hinter sich. Hier spricht er im hohen Ton der freien, ab 1130 auch reimlosen Rhythmen, welche Klopstock den ‘Stürmern und Drängern’ vorgebildet hat als eine der hymnisch enthusiastischen Dichterrede gemäße Form.

Inhaltlich rührt dieser Hymnus an pantheistische Glaubenssätze, und zweifellos hing Goethe selbst Vorstellungen an, wie er sie durch Faust hier zur Sprache bringt. Auch über »den Mißbrauch des göttlichen Namens« hat er sich, bis ins Alter, auf solche Weise geäußert: »Die Leute traktieren ihn, sagte Goethe, als wäre das unbegreifliche, gar nicht auszudenkende höchste Wesen nicht viel mehr, als ihres Gleichen. Sie würden sonst nicht sagen: Der *Herr* Gott, der *liebe* Gott, der *gute* Gott. Er wird ihnen, besonders den Geistlichen, die ihn täglich im Munde führen, zu einer Phrase, zu einem bloßen Namen, wobei sie sich auch gar nichts denken. Wären sie aber durchdrungen von seiner Größe, sie würden verstummen und ihn vor Verehrung nicht nennen mögen« (Eckermann, 31. 12. 1823).

Keineswegs aber ist Fausts Bekenntnis »fern von allen biblisch-kirchlichen Formeln« (Burdach 1932,13 u. a.). Wie Wilkinson 1972 zeigt, verdichtet sich in diesen Versen die bis zu den Kirchenvätern zurückreichende, vielstimmig kontroverse innerchristliche Auseinandersetzung um die Unaussprechbarkeit Gottes als des Unbegreiflichen und doch sich Offenbarenden, Namenlosen und zugleich Allnamigen (→ die im Kommentar zu *Faust I*,1224-37 zitierten Äußerungen Herders, die hier wörtlich anklingen).

Freilich ist schon Fausts einleitende Exklamation *Wer darf ihn nennen?* entschieden doppeldeutig – entsprechend dem älteren Gebrauch von ‘dürfen’ (vgl. GWb). Margarethe kann (soll?) das verstehen, wie es *der Cathechismus auch* lehrt: Wer wäre imstande, Gott in Worte zu fassen? Es besagt aber zugleich: Wer wäre überhaupt berechtigt, bekennend von Gott zu sprechen und ein solches Bekenntnis zu fordern? Den grundlegenden Unterschied, der an *ein bisgen andern Worten* hängt und hier verwischt wird, spürt das Mädchen sehr wohl: 1151 ff.

521,1124/28 *Wer darf . . . sich unterwinden]* Biblisch! Apostelgeschichte 19,13: »Es unterwunden sich aber etliche ‹mißbräuchlich› den namen des Herrn Jesu zu nennen«.

521,1130 *Der Allumfasser]* Vorgegeben in Herders jambischer Übersetzung der Apokalypse von 1774/75 für griech. παντοκράτωρ (Leitzmann 1942,159). – Wie *Allerhalter* mit einer durchgehend pantheistischen, gar panentheistischen Lesart von Fausts ‘Credo’ kaum vereinbar.

521,1152 *Ohngefähr sagt das der Cathechismus auch]* Wilkinson 1972,252 ff. hat gezeigt, wie in der Tat auch die alten Katechismen über die Unaussprechbarkeit Gottes und über seine Offenbarungen in den Werken der Natur belehren. *Ohngefähr* so, nur mit *ein bisgen andern Worten*: Wie unbestechlich ihr *Gefühl* auf den *Zauberfluss* (1091) der Faust’schen Bekenntnisrede reagiert, signalisiert denn auch die sprachliche Fassung ihrer Entgegnung. Sie stimmt keineswegs in diese freien Rhythmen ein, sondern setzt ihnen ihre vierhebig festen Reimverse entgegen. Und doch bindet die Liebende Fausts letzte Versschlüsse (1149/50) mit ihren eigenen ersten (1151/52) zusammen in den ‘umarmenden Reim’: a b b a.

522,1167-82 *des Menschen sein Gesicht . . .]* Margarethe als Physiognomikerin: → Kommentar zu 1229-33.

522,1172 *ein heimlich Grauen]* Bedeutungsspektrum: insgeheim, unwillkürlich, unheimlich (vgl. DWb 10,878 f.).

522,1173 *Schelm]* Hier weit weniger harmlos als in 1054 (→ Kommentar dazu): »ein Mensch, der sich solcher Vergehungen schuldig macht, welche in der bürgerlichen Gesellschaft die Ehrlosigkeit mit sich führen, besonders ein Dieb, und großer Betrüger«; im übertragenen Sinne aber auch: »ansteckende tödtliche Seuche, die Pest« (Adelung 4,22).

• 522,1175 *ein Kautz wie’s mehr noch geben]* BA 670: »Pluralform der Frankfurter Umgangssprache.«

522,1181 *Es steht ihn an der Stirn geschrieben . . .]* Margarethe als Physiognomikerin: → 1229-33 und Kommentar dazu.

523,1193 *Antipathie]* »nennet man eine solche natürliche Feindschaft, Abneigung, Verabscheuung oder Widerwärtigkeit unterschiedlicher Körper, die gar nicht miteinander bestehen können, sondern von ganz unterschiedlicher Natur sind« (Krünitz 2,265). Im 18. Jh. noch deutlich naturwissenschaftlich konnotiert und nur in übertragener Bedeutung auf menschliche Beziehungen angewendet.

523,1200 *betroffen]* Für: angetroffen, ertappt.

523,1203 ff. *Hier ist ein Fläschgen und drey Tropfen nur . . .]* Herkunft und Beschaffenheit bleiben offen. Was mit vielen Kommentatoren Trunz, HA 1986,483 entlastend behauptet: »Faust will Gretchens Mutter einen Schlaftrunk geben, Mephistopheles aber gibt ihr tödliches Gift«, hat keine Stütze im Text (es sei denn durch die Trödelhexe in *Faust I*, 4105 f.: *Kein Kelch, aus dem sich nicht, in ganz gesunden Leib, | Verzehrend heißes Gift ergossen*). Genug: Faust hat das *Fläschgen* schon mitgebracht! Und sein zweideutiges *nur* kann meinen: *drey Tropfen* genügen schon – aber auch: drei nur dürfen es sein.

524,1213 *Grasaff]* Mundartlich für »törichte, auch: eitle, eingebildete Person, auch Kosename für Kinder« (Frankfurter Wb 2,971).

524,1215 *kathechisirt]* Dem Katechismus entsprechend »durch mündliches Fragen und Antworten in der Glaubenslehre unterrichten« (Adelung 2,1513).

524,1224 f. *sich heilig quäle | Daß . . .]* 'heilige' Qual darum leide, daß . . .

524,1229-33 *Und die Phisiognomie versteht sie meisterlich . . .]* Mephisto spricht 1230, als habe er Margarethes Worte im Vers 607 noch gehört. Jedenfalls hat er *wieder spionirt* (1213), als sie sich hier 1163 ff. im Religions-Gespräch mit Faust über ihn erklärte. Er benutzt das Wort 'Physiognomie', dem Sprachgebrauch der Zeit folgend, noch gleichbedeutend mit 'Physiognomik' als der Wissenschaft (oder Kunst), den Gesichtszügen des Menschen seine Wesenszüge abzulesen (hier: Mephistos *Mäskgen* seinen *verborgnen Sinn*). –

Seit 1775 erschienen Lavaters *Physiognomische Fragmente,*

zur Beförderung der Menschenkenntnis und Menschenliebe, die solche Interessen mächtig belebten. Ihre Charakterdeutungen, nicht weniger intuitiv als die des Mädchens, gingen vornehmlich von der durch Silhouetten vorgestellten Profillinie aus – wie Margarethe hier, wenn sie 534 dem Faust, 1181 dem Mephisto *an der Stirne* liest. – Die im Herbst 1774 einsetzende Mitarbeit Goethes an Lavaters Unternehmen fällt in die mutmaßliche Abfassungszeit dieser Passage. So impliziert sie keineswegs schon seine spätere Lavater-Kritik. Wohl aber liefert sie eine Lavater-Anspielung, unübersehbar für eingeweihte Zeitgenossen und von wahrhaft mephistophelischem Witz. Das müßte als beabsichtigt gelten, wenn das zur Rede stehende Textstück erst nach dem September 1775 und nach Goethes Übersiedlung nach Weimar verfaßt wäre (was nicht auszuschließen ist, hierdurch sogar wahrscheinlich wird). Anderenfalls hätten die Zuhörer bei Goethes *Faust*-Lesungen – und später die zeitgenössischen Leser – Mephistos Schlußverse gewiß von sich aus auf die *Physiognomischen Fragmente* bezogen. Denn in deren Ostern 1776 erscheinendem 2. Bd, 194 ff. hat Lavater zu großem öffentlichen Aufsehen und Amüsement berichtet, was Goethe jedenfalls seit September 1775 bekannt war: daß ihm der Hannoversche Leibarzt Zimmermann die Silhouette eines Unbekannten zur physiognomischen Begutachtung übersandt habe – bei dem es sich um den gerade in Einbeck vor Gericht stehenden mehrfachen Mörder Rüttgerodt handelte. Sein Urteil bei diesem 'Blindversuch' habe gelautet: »das größte, schöpferischte Urgenie, dabey drollig und boshaft witzreich« – Zimmermann aber habe berichtigt: »die Physiognomie eines Unmenschen; eines eingefleischten Teufels.« (Mephisto 1232 f.: *Sie fühlt daß ich ganz sicher ein Genie | Vielleicht wohl gar ein Teufel bin.*)

524,1231 *Sinn]* Meint hier: »die gesinnung, das gemüt oder den character« (DWb 16,1115).

Seite 525-526 Szene
1236-1277 AM BRUNNEN

Noch zu Goethes Zeit gab es in städtischen Häusern selten eigene Brunnen, holte man das Wasser von den Gemeinschaftsbrunnen der Gassen oder Wohnviertel: den nachbarschaftlichen 'Kommunikationszentren' der Stadt. So wiederholt sich hier, in pervertierter Form, noch einmal die archetypische Szene 'Frauen am Brunnen'. Unmittelbar anregend könnte ein vor 1789 in Straßburg gedrucktes volkstümlich-mundartliches *Brunne-Gschbräch zwische vier Strossburjerische Dienschd-Mäide* über Mädchenverführung und uneheliche Schwangerschaft gewesen sein (Otto 1994 verweist auf wörtliche Anklänge und die Namensgleichungen Lissel, Berwel, Gredel).

Dieser kleinbürgerliche Weibertratsch und bösartige Nachbarschaftsklatsch, Ausdruck und Instrument einer rigorosen sozialen Kontrolle, Disziplinierung und Sanktionierung, kündigt an und nimmt an Bärbelgens Beispiel vorweg, was dem gefallenen Mädchen droht und unter welchem kirchlichen und gesellschaftlichen Ächtungsdruck Margarethe am Ende Ausflucht im Kindsmord suchen wird.

Gegen die metrisch unregelmäßigen Verse des Gesprächs zwischen dem aufgeregt plappernden Liesgen und der einsilbig erstarrt reagierenden Margarethe steht deren einsamer Monolog beim Heimgang: jambisch alternierende Vierheber.

525,1238 *Sibille sagt mirs]* Der Name des Mädchens, auf das Liesgen sich beruft, ist zugleich der der antiken Wahrsagerinnen. Tatsächlich ist ja, was sie von Bärbelgen klatscht, eine Voraussage dessen, was Margarethe geschehen wird.

525,1239 *hat sich endlich auch bethört]* hat sich betören (verführen) lassen. → *Faust I*, 3681.

525,1244-51 *Das war . . .]* Arens 1982,340: »nun sprudelt sie über in lauter subjektlosen Sätzen, obwohl die handelnde Person ⟨beide, er, sie⟩ ständig wechselt«.

525,1247 *Curtesirt ihr]* macht ihr den Hof (das Liesgen imitiert die französisierende Galanteriesprache).

525,1252 *das Blümgen weg]* Die »monathliche Reinigung« (Adelung 1,976), die bei Bärbelgen ausgeblieben ist.

• 526,1255 *Nachts . . . nicht n'abe]* Abends nach Einbruch der Dunkelheit (südwestdt. Sprachgebrauch) . . . nicht auf die Straße hinab.

526,1257 *Thürbanck]* DWb 21,464: »bank bei, vor einer (haus-)thür«.

526,1260 *Kirchbus]* Zu den Praktiken dieses kirchlichen Schauprozesses vgl. Rameckers 1927,36 ff. – Joh. Jodocus Beck (*Tractatus de eo, quod justum est circa stuprum*, Nürnberg 1743,459 f.) vermerkt: »diese Straffe ist grösser und härter als andere Straffen, weilen sie die vorhero verborgen gewesene Schand-That und Ubelthat wiederum aufdecket, und durch neue Ceremonien und Solennitäten vermehret ⟨. . .⟩, zur desperation treibet, und aus Furcht vor der Kirchen-Buß, sie hernachmalen zu denen grösten Verbrechen, zu Kinder-Mord, Abtreib- und Vertuschung der Leibes-Frucht, Hinweglegung der Kinder, ingleichen zu Meineid, Aenderung der Religion, zur Flucht aus ihrem Vater-Land, Verlassung ihres Amts und Dienstes, und anders dergleichen mehr, veranlasset«.

Goethe selbst (*Betrachtungen über die abzuschaffende Kirchenbuße.* 1780. FA I 26,101 ff.) erklärte, daß sie »weder apostolisch noch altkirchlich sei«, und plädierte im Geheimen Consilium dafür, nur unverbesserlichen, »wiederholenden Verbrechern« die »Strafe der öffentlichen Abkündigung, ja den Kirchenbann« aufzuerlegen.

526,1261 *Er nimmt sie gewiss zu seiner Frau]* Margarethe muß dabei wohl auch an sich selber denken (obschon sie dergleichen erst und nur aussprechen wird, wenn sie im *Kerker* ihrer selbst nicht mehr mächtig ist: *der Hochzeit Tag!* 539,87). Ihr hilfloser Satz findet auch in der Versordnung dieser Szene keinen Halt mehr: der einzige Fall hier von metrisch ungeregelter, reimloser Rede.

526,1264 *Er ist auch durch]* durchgebrannt. → *Faust I*, 3573: *ist auch fort.* •

526,1266 f. *Kränzel ... Hexel]* Brauchtümlich: der Brautkranz für das unbescholtene Mädchen, kleingehacktes Stroh statt Blumen fürs gefallene.

526,1268 *tapfer schmälen]* herabsetzen, heruntermachen (mit Verstärkungsadverb).

526,1269 *fehlen]* Absolut gebraucht: fehlgehen.

526,1275 *der Sünde blos]* Bloßgestellt, verfallen (*Sünde* als Dativ).

Seite 527-528 Szene
1278-1310 ZWINGER

Adelung 5,473: »der enge Platz ⟨. . .⟩ zwischen der Stadtmauer und den Häusern«. Das *Andachts Bild* in der Mauernische zeigt die schmerzenreiche Gottesmutter, wie sie im Ensemble der Kreuzigungsgruppe dargestellt wird: aufschauend zu ihrem sterbenden Sohn.

Wechselnde Strophenmaße, Metren, Rhythmen und Reimbindungen geben Margarethes Versen eine hochemotionale Unruhe. Wie ein vorgegebenes Gebet anmutend, nähern sich die drei ersten Strophen in der Tat der *Stabat mater dolorosa*-Dichtung des 13. Jh.s, die als Hymnus ins Brevier, als Sequenz in die kathol. Liturgie einging (und sich im röm. Meßbuch findet).

• 527, vor 1278 *schwenckt die Krüge]* spült und füllt sie neu.

527,1278 ff. *neige | Du schmerzenreiche | Dein Antliz ab zu meiner Noth]* Die Gottesmutter, aufschauend zum Gekreuzigten und zum *Vater* im Himmel (1283 ff.), soll ihren Blick her*ab*wenden auf die Betende.

neige | -reiche: Zu Goethes mundartlichen, hochsprachlich heute als ‘unrein’ empfundenen Reimen → hier S. 15 f.

527,1281 *Das Schwert im Herzen]* Ein besonders durch den Margarethes Gebet unterlegten *Stabat mater dolorosa*-Hymnus weit verbreiteter, häufig (wie hier) in den Figurendarstellungen und Gemälden der religiösen Kunst aufgenommener Bildgedanke; zurückgehend auf Lukas 2,35 (Simeon zu Maria: »es wird ein schwerdt durch deine seele dringen«).

• 527,1282 *Mit tauben Schmerzen]* Wohl kein Schreib- oder Hörfehler der Göchhausen für *tausend Schmerzen* (*Faust I*,

3591), sondern ‘taub’ in der Bedeutung: »ohne gefühl und empfindung, betäubt, dumpf« (DWb 21,164).

527,1296 *Ich bin ach kaum alleine]* Meint: Sobald ich nur allein bin.

527,1299 *Scherben]* Adelung 4,31: »der Blumenscherben, ein irdenes oder porzellänenes Gefäß, Blumen darein zu pflanzen«.

528,1307 *Hilf retten mich . . .]* WA I 14,277: »vielleicht nur Versehen« für *Hilf! rette mich . . .* (→ aber Kommentar zu *Faust I*,3616!). •

Seite 528-530 Szene
1311-1371 DOM

- Anders als in *Faust I*, wo diese Szene erst auf Valentins Tod folgt, bildet sie hier den dritten Grad der Tortur in der Szenen-Klimax *Am Brunnen | Zwinger | Dom.*
- Die Angabe, daß es sich bei diesem *Amt* (Totenamt, Seelenmesse) um die *Exequien*, die liturgischen Feierlichkeiten beim Begräbnis *der Mutter Gretgens* handele, hat vielfach zu Berechnungen und Spekulationen angeregt, wie sie grundsätzlich mit dem Charakter dieser Texte unverträglich sind (so Witkowski 1950,266: Da die Mutter »erst jetzt, mehrere Monate nach Gretchens Fall, gestorben ist, ergibt sich daraus mit Sicherheit, daß der Schlaftrunk nicht nur einmal, sondern geraume Zeit hindurch angewandt wurde, und dann erst, wohl durch ein Versehen Gretchens tödlich wirkte«). – In der *Faust I*-Fassung heißt es nur noch: *Amt*; da bleibt unbestimmt, also belanglos, für wen diese Totenmesse abgehalten wird.

Gegen die nicht vom Endreim gefestigten Verse sehr unregelmäßiger Länge, die der Böse Geist und das Mädchen sprechen, stehen die lateinischen Vierheber des Chors mit der Gewalt ihrer auftaktlos-apodiktischen Verseinsätze und ihrer unerbittlichen Wiederholung des jeweils gleichen Reims. Goethe hat sie der zur Liturgie der Totenmesse gehörigen hochmittelalterlichen *Dies irae*-Sequenz entnommen. Deren dafür ausgewählte Verse gelten dem Weltuntergang und dem Endgericht, bei dem alle Sünden offenbar werden und Gottes Zorn über den Strafwürdigen kommt (was dabei ausgespart wird, was Margarethe nicht mehr zu vernehmen vermag, ist die in 11 von 19 Strophen dieser Sequenz erfolgende Bitte um Gottes Erbarmen, um die durch Christus bewirkte Gnade und um die ewige Seligkeit).

Der Böse Geist hier ist zweifellos nicht als ein Agent Mephistos oder Vertreter des in solchem Sinne Bösen zu verstehen, wie häufig erklärt wurde, sondern als 'quälender' Geist (vgl. Goethes *Tiberius*-Fragment oder seine *Claudine von Villa Bella*, wo den meineidigen Knaben »der böse Geist vom Herrn ängstiget«: FA I 4,616). Seine Erscheinung, die nach der einleitenden Regieanweisung *hinter Gretgen* sichtbar wird, könnte man sich als eine sich verselbständigende Projektion des 'bösen' Gewissens vorstellen (dagegen, abwegig, Arens 1982,361: »Der böse Geist ist böse, weil er implicite die Gnade leugnet«).

Brecht hat im *Arbeitsjournal* vom 7. 5. 49 notiert, es sei »nicht zu schwierig, die domszene etwa als seelische und körperliche execution Gretchens durch die kirche zu spielen und vor allem als moralische execution – sie wird hier zum mord angestiftet«. Nur hat sie sich die hier zur Sprache kommenden kirchlichen Vorstellungen ganz zu eigen gemacht: an sich selber vollzieht sie diese »moralische execution«.

528,1314 *im verblätterten Büchelgen]* dem durch häufiges Umblättern abgegriffenen Gebetbuch. •

528,1319 *Wo steht dein Kopf?]* Wie: Wo steht dir der Kopf?

528,1323 *in die Pein]* JA 13,326: »Fegefeuer nach dem Tod ohne Sakrament und Absolution.«

528,1325 *quillend]* Nebenform zu: quellend = anschwellend, wachsend (DWb 13,2371 f.).

528,1326 *Brandschande Maalgeburt]* Aus 'Brandmal' und 'Schandgeburt' gebrochen, bezeichnen diese (Goetheschen) Wortbildungen das erbarmungslos ächtende Stigma, welches die frühneuzeitlich-bürgerliche Gesellschaft von der ledigen Mutter auf das uneheliche Kind übertragen hat. – Im *Fragment*-Druck von 1790 getilgt; in *Faust I* dafür dann 3740 ff. Valentins Verdammungsrede über die *Schande* seiner Schwester (dazu M. Schmidt 1985,100 f.). •

528,1327 *ängstet dich und sich]* Arens 1982,363: »als fühlte ⟨auch⟩ das Ungeborne schon das Verhängnis, das über ihm liegt«.

529,1331 *rüber und nüber]* Das Hin und Her in den Selbstgesprächen der Verzweifelten (die der Böse Geist 1327 f. meint?).

529,1332 *Wieder mich]* Mich anklagend, oder (Kippenberg 1923,332:) gegen meinen Willen?

529,1333 f. *Dies irae ...]* Aus der Sequenz der Seelenmesse (Vers 1 und 2 ihrer 1. Strophe): 'Der Tag des ⟨Gottes-⟩Zorns, jener Tag, wird die Welt in Asche auflösen' – bezogen auf das Jüngste Gericht, dessen Beginn die nachfolgenden Verse des Bösen Geistes vorstellen.

529,1340 f. *Zu Flammenquaalen | Wieder aufgeschaffen]* Auferweckt zur ewigen Verdammnis im Höllenfeuer.

529,1345 *Den Athem versezzte]* Für: stocken ließe, raubte.

529,1348-50 *Iudex ergo ...]* 6. Strophe der Sequenz: 'Wenn der Richter so zu Gericht sitzen wird, wird offenbar werden alles, was verborgen ist, wird nichts ungestraft bleiben.'

• 529,1356 ff. *Verbirgst du dich! | Blieben verborgen | Dein Sünd und Schand! | Lufft! Licht!]* Hinter dem ersten dieser Verse ist wohl ein Fragezeichen zu denken. Mit dem zweiten und dritten nimmt der Böse Geist auf, was Margarethe sich wünschen mag. Mit dem vierten wiederholt er ihren Schrei.

530,1361-63 *Quid sum ...]* 7. Strophe der Sequenz: 'Was soll ich Elender dann sagen? Wen zum Fürsprecher erbitten, da doch ⟨selbst⟩ der Gerechte kaum sicher ist?'

530,1371 *Nachbarin! Euer Fläschgen!]* Margarethes Bitte an die neben ihr Sitzende meint das im 18. Jh. gebräuchliche »Riechfläschchen, ein Fläschchen, in Ohnmachten u. s. f. daran zu riechen« (Adelung 3,1428). – Für die Bühnenfassung der Weimarer Aufführung von 1829 gab Goethe zur Abänderung dieses im *Faust I* gleichlautenden Verses die Anweisung »Wie sichs schicken will«, und seine Mitarbeiter korrigierten daraufhin in: »Nachbarin! Mir schwindelt!« (zu dieser Selbstzensur → hier S. 125 ff.) Als unschicklich hat man den originalen Wortlaut wohl deshalb empfunden, weil Margarethes *Ohnmacht* als Schwangerschaftssymptom verstanden werden konnte (sollte?). Zedler 25,1011 f.: bei »Ohnmachten der Schwangeren« sei ein Riechfläschchen »äusserlich vor die Nase zu halten«!

Seite 530-532 Szene
1372-1435 NACHT.
VOR GRETGENS HAUS

• Die verbindungslos zweiteilige Szene ist unverkennbar bruchstückhaft: führt noch nicht zu Valentins Begegnung mit Margarethes Galan und seinem Begleiter, zum Gefecht zwischen ihnen und dessen tödlichem Ausgang, obgleich die Anspielungen S. 534,49 ff., auch S. 538,60 ff. zeigen, daß dieser Ablauf schon geplant und das *Blutbann*-Motiv für Fausts Flucht bereits vorgesehen war. Hingegen sind die Verse 1408-35 nicht mehr in die erst 1801 entstandene *Faust I*-Fassung dieser Szene übernommen, sondern in überarbeitetem Wortlaut und mit kontextentsprechend anderen Bezügen in die *Wald und Höhle*-Szene umgesetzt worden (dort 3342-69).

Zur Valentin-Rolle und zur Funktion dieser fragmentarischen *Nacht*-Szene, die erst in *Faust I* ganz einsichtig werden, → Szenen-Kommentar S. 334.

530,1376 *verschwemmt]* Für: überschwemmt (vgl. DWb 25,1205) – trinkend bekräftigend.

• 530,1380 *striche]* Veraltetes Präteritum – oder Verschreibung für (*Faust I*:) *streiche*?

531,1386 *Top! Top! Kling! Klang!]* Petsch 1926,659: »Eine Wette wird geschlossen ⟨. . .⟩ und mit Anstoßen besiegelt.«

531,1394 *ein böser Schuldner]* »böser Bezahler, der schwer zur Bezahlung zu bringen ist.« (Adelung 1,1019)

531,1396 *zusammen schmeissen]* Ält. Sprachgebrauch für: -schlagen.

531,1402 *So siehts in . . .]* Im 18. Jh. geläufig für: sieht es aus in . . .

531,1403 *Käzlein schmächtig]* Das Diminutiv für beide Geschlechter gebräuchlich; *schmächtig* in der von 'schmachten' abgeleiteten Bedeutung »des sehnsüchtigen Verlangens« (Adelung 4,164). – Entsprechend 1407 *Rammeley:* in der Viehzüchter- und Jägersprache für die »begattung von thieren« (DWb 14,76).

531,1412 *Das durch erschüttern durcherwarmen?]* Meint: • Durcherschüttern, Durcherwarmen (solche Verbalkomposita mit dem Präfix *durch-* sind hochcharakteristisch für den Wortschatz des Pietismus, bezeichnen dort die *Himmels Freud* der Vereinigung mit Gott). – Das Fragezeichen stünde sinngemäß erst nach dem folgenden Vers.

532,1417 *Begierig wüthend]* Als Part. Präs. von 'wüten' hier etwa für: zerstörend, vernichtend.

532,1418 *sie mit kindlich dumpfen Sinnen]* 'dumpf' hier für Margarethes vom unreflektiert-innigen Gefühl bestimmte 'kindliche' Wesensart (vgl. GWb).

532,1419 *Im Hüttgen auf dem kleinen Alpenfeld]* Die unübersehbare Abweichung von Margarethes tatsächlichen Lebensverhältnissen signalisiert eine übertragene, sinnbildhafte Bedeutung dieser topographischen Angaben. Goethes Zeitgenossen mußten sich an Albrecht v. Hallers berühmtes Gedicht *Die Alpen* (1729) erinnert sehen: in scharfer Antithese zu den ruhelos, friedlos von »Ehrsucht«, »Staatssucht«, Gier nach »Reichthum« und »Wollust« umgetriebenen, verblendeten und verderbten Städtern wurde dort »selig« gepriesen das idyllisch-»stille Glück« der schweizerischen Alpenbewohner, die ohne »Gelehrtheit« und »in ungestörtem Frieden« ein naturnahes, arbeitsames und sittenreines einfaches Leben führen. Da fallen, in Hallers Winterschilderung, sogar die Stichworte dieses *Faust*-Verses: »Ruht das erschöpfte *Feld* nun aus für neue Gaben, ⟨...⟩ Dann zieht sich auch der Hirt in die beschneiten *Hütten*« (v. 253 ff.).

532,1426-31 *musst ich ... Du Hölle wolltest ... was muss geschehn ...]* Als Margarethes *Geschick* stellt Faust dar, was er ihr zufügt, wenn er in *Liebgens Kammer* schleicht – ohne daß er doch *zu Grunde gehn* wird (*Faust I*, 3371 Mephisto: *Du bist doch sonst so ziemlich eingeteufelt*).

• 532,1432 *Wies wieder brozzelt! wieder glüht!*] Frankfurter Wb 1,392: brotzeln für brutzeln. – Meint hier das überschäumende Titanen-Pathos, mit dem Faust behauptet, daß er *die Felsen fasste | Und sie zu Trümmern schlug!*

Seite 532-534 Szene
1-60 FAUST, MEPHISTOPHELES

Zum ältesten Bestand der *Faust*-Dichtung gehörig (wohl deshalb an einigen Stellen sperrig gegen den Kontext, → Kommentare zu 1 ff.,14-17 u. 33-36); wie die *Kerker*-Szene wohl unter dem Eindruck des Prozesses gegen die Kindsmörderin Susanna Margaretha Brandt und möglicherweise unmittelbar nach ihrer öffentlichen Hinrichtung Anfang 1772 entstanden (H. Fischer Lamberg 1957,388 f.; → im allg. Kommentar zu *Faust I* hier S. 193 f.): Mephistos *Sie ist die erste nicht* stammt offenbar aus den Frankfurter Verhörprotokollen.

Für den *Faust I*-Druck hat Goethe diesen Text überarbeitet (Szenentitel dort: *Trüber Tag · Feld*). Er hat in diesem Fall aber darauf verzichtet, ihn »in Reime zu bringen« und so »die unmittelbare Wirkung des ungeheuern Stoffes« zu dämpfen (an Schiller, 5. 5. 1798. → Text-Band S. 777). Eine ungebändigt wilde, elliptisch verstümmelte, von heftigen Interjektionen zerrissene 'Sturm- und Drang'-Prosa regiert diese Verzweiflungsszene. Nahezu ausnahmslos werden die hocherregten Ausbrüche Fausts durch Ausrufzeichen markiert – denen Mephisto seine kühlen und zynischen Fragezeichen entgegensetzt.

Allein gegen ihn richten sich Fausts Anwürfe und Flüche; kein Wort der Selbstanklage. Woher er jetzt weiß, was mit Margarethe geschehen ist, bleibt offen. Vorausgesetzt wird möglicherweise schon, was im Paralipomenon 50 skizziert worden ist: Die Walpurgisnacht mit dem *Geschwäz von Kielkröpfen | Dadurch Faust erfährt* (→ Kommentar zu S. 559,197 f.). Die dort folgende Angabe *Faust Meph.* ist identisch mit der Überschrift der Szene hier in der *Frühen Fassung* und bezeichnet offenbar deren unmittelbaren Anschluß an eine (damals also schon geplante?) *Walpurgisnacht*-Szene.

532,1 ff. *lang verirrt! ... eingesperrt]* Setzt wohl eine Flucht Margarethes voraus, wie sie sonst nur in der *Kerker*-Szene von *Faust I*, 4545 ff. Erwähnung findet (in solchen Fällen wurden hohe Kopfgelder ausgesetzt; auf die flüchtige Kindsmörderin Susanna Margaretha Brandt beispielsweise 50 Reichstaler: Birkner 1973,36).

532,7 f. *Im unwiederbringlichen Elend]* Adelung 4,1333: »was sich nicht wiederbringen ⟨...⟩, nicht wieder gut machen« läßt. – *Elend* hier wohl (auch) noch mit der ält. Bedeutung »ein fremdes Land, so fern der Aufenthalt in demselben als eine Strafe ⟨...⟩ angesehen wird« (ebd. 1,1648).

532,8 *bösen Geistern übergeben]* wie einer in der *Dom*-Szene *hinter Gretgen* steht? (→ Szenen-Kommentar S. 897).

• 532 f.,9 f. *du wiegst mich indess in abgeschmackten Freuden ein]* Hinweis auf die in der *Frühen Fassung* nicht enthaltene (aber dann schon ganz früh geplante) *Walpurgisnacht*-Szene in *Faust I*? Oder (Grumach 1959,272) allgemeiner auf die nicht überlieferten »interessantesten Wollustscenen« zu beziehen, von denen Wieland berichtet hat? (→ hier S. 82)

533,12 *Sie ist die erste nicht!]* Im Verhörprotokoll der Frankfurter Kindsmörderin vom 8. 10. 1771 heißt es, daß »ihre Schwestern sie scharf befragt, sie solte es gestehen, wann sie schwanger seye, sie wäre ja nicht die erste und würde auch nicht die letzte seyn« (Birkner 1973,52; die gleichen Worte durch eine andere Dienstmagd, ebd. 31). → dazu hier S. 193 f.

533,13 f. *unendlicher Geist]* → Kommentar zu 533, 33-36.

533,14-17 *die Hundsgestalt in der er ...]* In der *Frühen Fassung*, aber auch in der erst in *Faust I* enthaltenen Osterspaziergangsszene *Vor dem Tor* (1147 ff.: der Pudel Mephisto) gibt es nichts, was diesen Schilderungen entspräche: offenbar schlägt hier ein älterer, aufgegebener Plan durch.

533,18 f. *seine Lieblingsbildung ... im Sand auf dem Bauch]* Die (Paradies-)Schlange. → im *Prolog im Himmel* 334 f.

533,22 ff. *dass nicht das erste ⟨Geschöpf⟩ ... genug that für die Schuld aller übrigen ...]* Meint wohl (*die erste nicht* in 12 und 20 aufnehmend) die erste Kindsmörderin – deren *Todtes noth* damit geradezu dem Opfertod des Gekreuzigten angenähert wird.

533,27 *Gros Hans!]* Redensartlich typisierend. Aber, anders als in 579, hier mit entschieden ironischer Konnotation. •

533,27 ... *am Ende deines Witzes]* Meint hier: die »geistige kraft schlechthin« (DWb 30,866 f.).

533,29 f. *auswirthschafften]* Bis zu Ende wirtschaften, die *Gemeinschafft mit uns* durchhalten. •

533,32 *Bläcke deine gefräsigen Zähne ...]* In *Faust I* dafür: *Fletsche* ... •

533,33-36 *Groser herrlicher Geist ... warum mustest du mich an den Schandgesellen schmieden ...!]* Das Verhältnis zwischen dem (hier, wie schon Z. 13 f., offensichtlich gemeinten) Erdgeist und Mephisto ist in der *Faust*-Literatur ausufernd umstritten worden. Daß Faust von eben d e m *Geist*, der sich in der *Nacht*-Szene so entschieden von ihm abwendete, jetzt doch erklärt, er habe ihn seiner Erscheinung gewürdigt, hat man als nicht mehr beseitigte Spur einer Konzeptionsänderung zu erklären versucht; die Angabe, daß Mephisto ein Sendling des Erdgeistes sei, allermeist als einen Irrtum, als eine Selbsttäuschung Fausts, der in seinem *Schandgesellen* denn auch gar nicht den Teufel, sondern nur einen Naturdämon oder Elementargeist vermute (vgl. Nollendorfs 1967,180 ff. und den Kommentar zur Szene *Land Strase*, S. 859). Die Erdgeistrede 159 f.: *Du gleichst dem Geist den du begreifst, | Nicht mir!* mochte dem Vorschub leisten.

Fraglich bleibt ohnehin, ob Fausts Worte den Mephisto als einen 'Abgesandten' des Erdgeistes bezeichnen (sollen).

534,40 *die Bande des Rächers]* die der Obrigkeit (Römerbrief 13,4: »Gottes dienerin; eine rächerin zur straffe, über den, der böses thut«) – aus deren Gefängnis der Teufel nach dem Volksglauben nicht befreien kann.

534,43 *Greiffst du nach dem Donner?]* – spielst den Himmelsherrscher Zeus, der den zerschmetternden Donnerkeil schleudert?

• 534,46 *den entgegnenden Unschuldigen]* den entgegentretenden, begegnenden (DWb 3,539).

• 534,49 f. *daß auf der Stadt noch die Blutschuld liegt . . .]* Setzt schon Valentins Tod voraus, der in der fragmentarischen *Nacht*-Szene der *Frühen Fassung* ausgelassen ist. Kein juristischer Terminus, sondern ein alttestamentl. Gottesgesetz (4. Mose 35,33: der Totschläger, der »blutschuldig ist, der schändet das land; und das land kan vom blute nicht versöhnet werden, das darinnen vergossen wird, ohne das blut deß, der es vergossen hat.« – Psalm 106,38: »Und vergossen unschuldig blut, 〈. . .〉 daß das land mit blutschulden beflecket ward«).

534,55 f. *Hab ich alle Macht im Himmel und auf Erden?]* Christus: »Mir ist gegeben alle gewalt im himmel und auf erden« (Matthäus 28,18).

534,56 *Des Türners]* Ält. Nebenform für: Türmer; hier der Wächter über den Gefängnisturm.

Seite 535 Szene
1436-1441 NACHT. OFFEN FELD

Seit der WA hat man diese reimlosen Zeilen mit wechselnder Hebungszahl als Verse gezählt, obschon sie in der *Frühen Fassung*, noch zwischen zwei Prosa-Szenen stehend, eher gleichfalls als Prosatext aufgefaßt werden könnten. (Wenngleich in der *Faust I*-Fassung lediglich 1438 deutlicher rhythmisiert wurde, nimmt sich das dort doch anders aus; vgl. Wagenknecht 1989,106 f.).

Was Faust und Mephisto, vorüberjagend auf den Zauberpferden, in dieser nur sekundenlangen Fetzenszene wahrnehmen, sind gewiß nicht gute Geister, gar »blumenstreuende Engel«, die Vorbereitungen treffen zur Rettung von Margarethes Seele und nur von Mephisto als *Hexenzunft* ausgegeben werden (Förster in Biedermann/Herwig 3.2, Nr 6186 u. a.; wieder Resenhöfft 1975,273-80). Ebensowenig aber kann es sich hier, wie viele Kommentare erklären, um die Stätte handeln, wo die eingekerkerte Kindsmörderin am Morgen hingerichtet werden soll. Denn das wird innerhalb der Stadt auf dem Marktplatz geschehen (→ S. 539,89 ff), während man sich jetzt auf freiem, *offen Feld* befindet (im alten Frankfurt ging es denn auch durchs Galgentor zu dem außerhalb des Stadtwalles auf einem Hügel gelegenen *Rabenstein*).

Vielmehr handelt es sich hier um ein phantasmagorisches, visionäres Geschehen, das freilich auf Margarethes Hinrichtung deutet, aber offensichtlich mit den *Walpurgisnacht*-Vorgängen und der *Hochgerichtserscheinung* im Paralipomenon 50 zusammenhängt (→ Text-Band S. 557 ff. und hier Kommentar S. 939 ff.). Dem entspricht der sakralrituelle Charakter dieses Hexentreibens; DjG Morris 6,548: eine blasphemische »Parodie des katholischen Meßritus«.

535,1436 *Rabenstein]* »erhabener gemauerter Platz, auf welchem man die Missethäter zu enthaupten pflegt, vermuthlich auch, so fern die Raben sich gern daselbst versammeln, zumahl da ein solcher Richtplatz nicht weit von dem Galgen zu seyn pflegt.« (Krünitz 121,231 f.)

Seite 535-539 Szene
1-104 KERKER

Dieser Prosatext gehört zu den ältesten Stücken der *Faust*-Dichtung, entstand möglicherweise schon 1772 unter dem unmittelbaren Eindruck des Frankfurter Prozesses gegen die im August 1771 eingekerkerte, im Januar 1772 öffentlich enthauptete Kindsmörderin Susanna Margaretha Brandt (→ dazu hier S. 193 f.).

1798, bei der Wiederaufnahme der Arbeit am *Faust*, erschien dem Autor, den die ästhetischen Prinzipien und Kriterien seiner 'klassizistischen' Periode bestimmten, diese genialische Urszene »durch ihre Natürlichkeit und Stärke, in Verhältnis gegen das andere, ganz unerträglich«. Er entschloß sich damals, sie »in Reime zu bringen, da denn die Idee wie durch einen Flor durchscheint, die unmittelbare Wirkung des ungeheuern Stoffes aber gedämpft wird« (an Schiller, 5. 5. 1798; Text-Band S. 777). Neben deutlichen Gewinnen zeigt diese Überarbeitung gewiß auch Verluste (→ Szenen-Kommentar zum *Faust I*, hier S. 375 f.). Überhaupt mag der spätere Leser oder Zuschauer die ungezähmte Sprachkraft und Bühnengewalt dieser rohen *Frühen Fassung* gerade deshalb als angemessen empfinden, weil sie ohne die Milderungen der Verskunst ein ungeheures Leiden zu ungeheurer Wirkung bringt.

Margarethe *verirrt*, sagt Faust (23): sie redet irre, der Wahrnehmungswelt schon tief entfremdet, hin- und hergerissen von abrupt wechselnden emotionalen Schüben, sprunghaft und gedankenflüchtig – wahnsinnig und hellsichtig zugleich. Ihr 'Wahnsinn' scheint sich in der *Dom*-Szene schon anzukündigen. Keineswegs aber wird er, wie häufig erklärt worden ist, als 'mildernder Umstand' für den Kindesmord geltend gemacht. Eher erscheint er hier doch als der innere, mentale Fluchtbereich der unerträglich Gequälten, der die äußere Flucht benommen ist: als Modus ihrer Entrückung.

• Mit seiner späteren Reim-Fassung hat Goethe die im ursprünglichen Text angelegten religiösen Züge verstärkt, hat er die Eingekerkerte dem Modell der hl. Margarethe angenähert (→ hier S. 376 f.) und gegen Mephistos *Sie ist gerichtet!* am Ende die *Stimme von oben* laut werden lassen: *Ist gerettet!* Ob an eine solche, den Ausgang des Zweiten Teils vorbereitende, ja begründende Rettung schon zur Zeit der *Frühen Fassung* gedacht war, ist ungewiß.

• Hier stehen am Ende des 'Trauerspiels Margarethe' die später getilgten Worte der ihrem Schicksal Preisgegebenen: *Auf ewig lebe wohl. Leb wohl Heinrich.* Hier kehrt sich Fausts aus der Endfassung gestrichene Begütigung *Dein* ⟨vermeintlicher⟩ *Mörder wird dein Befreyer* (36) gegen ihn selbst: der da mit Mephisto *verschwindet*, sich davonmacht, wird nicht zum *Befreyer*, ist in Wahrheit ihr *Mörder.*

• 535,1 *verwohnter Schauer]* Für: entwöhnt.

535,2 f. *zögert]* Im ält. Sprachgebrauch auch transitiv verwendet, wie: zieht den Tod heran (DWb 32,22).

535,4-12 *es singt innwendig . . .]* Ein geisterhaft unpersönliches Pronomen. Tatsächlich gibt die Singende ja auch dem toten Kind ihre Stimme.

Goethe nahm dafür Verse aus dem Märchen vom Machandelbaum (Wacholder) auf, das ihm in unbekanntem Wortlaut, offenbar aus mündlicher Überlieferung bekannt war, ehe noch Philipp Otto Runge es 1806 in niederdt. Fassung aufzeichnete und die Brüder Grimm es in ihre *Kinder- und Hausmärchen* aufnahmen (Nr 47, FA 209 ff.). Auch dort geht es um Kindestötung: Eine Frau hat ihren kleinen Stiefsohn umgebracht und ihn ihrem Mann zu essen gegeben. Seine Seele verwandelt sich in einen Vogel, der nach dem Tod der bösen Stiefmutter seine wiederbelebte menschliche Gestalt zurückgewinnt, vorher aber mit diesem Lied die Bluttat offenbar macht: »miin Moder de mi slacht’t ⟨geschlachtet hat⟩, | miin Vader de mi att ⟨hier: ge*gessen* hat⟩, | miin Swester, de Marleeniken, | söcht alle miine Beeniken ⟨hier: *Bein*, Knöchelchen⟩ | un bindt se in een siiden Dook ⟨seidenes Tuch⟩, | legts unner den Machandelboom; | kiwitt, kiwitt, ach watt een schön Vagel bin ick!«

Im *Kerker*-Lied heißt es abweichend: *Meine Mutter die Hur* (so nennt in der *Faust I*-Fassung 3730 Valentin seine Schwester: die Rolle der mordenden Stiefmutter wird auf Margarethe übertragen, Faust damit in Parallele gesetzt zum *Vater*, dem *Schelm* – DWb 14,2507: »verworfener mensch, betrüger«). In des Vogels letztem Vers aber: *Fliege fort! Fliege fort!* scheint hier das Verlangen der Eingekerkerten selbst zu Wort zu kommen.

Bemerkenswert: In Runges Aufzeichnung stirbt die eigentliche Mutter bei der Geburt des Kindes, nachdem sie von den Beeren des Machandelbaums gegessen hat. Die Wacholderart Juniperus sabina (‘Jungfernpalme’ genannt) diente in der Volksmedizin als Abtreibungsmittel (HwbdA 7,868 ff.). Damit fällt auf die Bezeichnung der Mutter als *Hur*, des Vaters als *Schelm* (etwa schon in Goethes Vorlage?) ein überraschendes Licht.

536,20 *die Blumen ... die Kron] Frauenzimmer-Lexicon* 1715,256: »von Lorbeer-Blättern oder von grün besponnenen Drat und bunten Schmeltz-Blümgen ⟨aus farbigem Glas⟩ zusammen gesetzte kleine Crone, so eine Braut auf dem Haar-Kopff zu tragen pfleget«. – Wie in *Faust I* als *zerrissen* und *zerstreut* gedacht? (→ Kommentar dort zu 4436).

536,21 f. *mein Tage nicht]* Umgangssprachl. verkürzende Genitiv-Konstruktion: mein Lebtage nicht (nie im Leben).

536,23 *Sie verirrt]* Für: redet irre (zum intransit. Gebrauch → DWb 25,597 f.).

536,23 *ich vermags nicht]* Ergänze (entspr. *Faust I*,4441): diesen *Jammer* zu *überstehen!*

536,26 *singen Liedger auf mich . . .]* Frankfurtisch für: Lieder. Spottlieder auf den von Gott Geschlagenen schon biblisch (etwa in den Klageliedern Jeremias 3,14: »Ich bin ein spott alle meinem volck, und täglich ihr liedlein«, und 3,63: »so singen sie von mir ein liedlein«). – Bis ins 19. Jh. wurden Bänkellieder und Moritaten auch über Kindsmordfälle öffentlich vorgetragen und auf fliegenden Blättern verbreitet (Sammlung Dt. Volksliedarchiv Freiburg; ein Beispiel bei Arens 1982,456 f.).

536,27 f. *es ist ein Märgen das sich so endigt . . .]* Meint die Verwirrte das eben von ihr selber gesungene Lied – und will es doch nicht auf sich beziehen lassen? Die durch Runge überlieferte Fassung des Machandelbaum-Märchens (→ Kommentar zu 4-12) endet nicht mit dem Lied, sondern mit der wunderbaren Wiederbelebung des ermordeten Kindes.

536,29 *Gretgen!]* Das einzige Mal, daß Faust sie mit diesem Namen anredet (dahinter Jesaja 43,1 ff.: »ich habe dich bey deinem namen geruffen, du bist mein ⟨. . .⟩ und ich habe dich lieb ⟨. . .⟩. So fürchte dich nun nicht, denn ich bin bey dir«). Anders als in der *Faust I*-Fassung (→ Kommentar dort zu 4460) versteht Margarethe zwar, daß Faust sie gerufen hat, begreift aber nicht, daß er selber bei ihr ist (→ hier 33 f.).

536, Regieanweisung vor 30 *die sich aufreist]* vom Boden emporreißt (→ *Faust II*, 8687).

536,31 *Heulen und Zähnklappen]* Matthäus 8,12: »die kinder des reichs ⟨des Bösen⟩ werden ausgestossen in die äusserste finsterniß hinaus, da wird seyn heulen und zähnklappen.«

537, vor 35 *erfasst sie wütend]* Als Part. Präs. von ›wüten‹ hier nicht im Sinn von ›wuterfüllt‹, sondern etwa für: hocherregt.

537,36 *Dein Mörder wird dein Befreyer]* Der, den du für deinen *Hencker* hältst (15), wird dich doch gerade vor ihm retten.

537, vor 37 *über ihrer Betäubung]* »während« sie benommen im hohen »Grad der Bestürzung« verharrt (Adelung 4,1119 u. 1,841).

537,40-46 *Küsse mich . . . als wolltest du mich in wollüstigem Todt ersticken . . .]* Küsse im 18. Jh: Zedlers *Universal-Lexikon* (wo 1740 unter dem aus Anstandsgründen lateinischen Lemma »Osculum« 36 Arten von moralisch und juristisch ganz unterschiedlich zu bewertenden Kuß-Arten angeführt werden) bezeichnet den Kuß »aus lauter Wollust und Geilheit, oder wodurch erst eines das andere zu verbotener und unzüchtiger Liebe zu verleiten trachtet«, als »das nächste Mittel zum Beyschlafe« (ebd. 25,2092 f.). Die Rechtsprechung nahm noch zu Ende des Jh.s einen Kuß als Zusicherung dafür, »daß die Ehe-Verbindung gewiß ⟨. . .⟩ erfolgen werde« (Krünitz 57,169), und konservative Juristen wollten sich gar noch »herum zanken«, ob ein Mädchen nach einem Kusse »noch den Jungfern-Kranz tragen« dürfe (ebd. 176).

Die enthemmte Rücksichtslosigkeit der 'Verirrten' in dieser Passage wird in der *Faust I*-Fassung 4484-97 erheblich gedämpft; auch die eingeschobene Regieanweisung: *sie fällt ihn an* lautet dort nurmehr: *Sie umfaßt ihn.*

537,51 f. *Befreyst mich. Wen befreyst du! Weist du's?]* Meint sie: eine Kindsmörderin? gar eine, die man als Hexe zum Tode verurteilt hat? (→ Kommentar zur *Hochgerichtserscheinung* im Paralipomenon 50, hier S. 939 ff.).

538,58 *Mein Kopf ist verrückt]* So schon in ihren Versen *am Spinn rocken* 1074 f. (Part. Perf. des Verbs. Adelung 4,1498: Jemandem »den Kopf verrücken, ihn um den gehörigen Gebrauch seines Verstandes bringen«).

538,62 *Mich dahin . . .]* Ihre Gesten zeigen offenbar, was die *Faust I*-Fassung ausformuliert: *Mich ein wenig bei Seit', | Nur nicht gar zu weit!* (→ dort Kommentar zu 4526-29).

538,69 ff. *Ist das Grab draus, komm! Lauort der Todt! komm . . .]* Kaum mehr verständlich. Will sie Fausts *komm*! etwa folgen, um *Von hier aus in's ewige Ruhe Bett* des draußen wartenden Todes zu gelangen? Oder sträubt sie sich, eben weil draußen doch nur Grab und Tod warten und sie *Von hier in's ewige Ruhe Bett* zu finden hofft?

539,82 f. *wackelt mit dem Kopf! Sie winckt nicht sie nickt nicht]* Mag auf dem Volksglauben beruhen, daß die Ermordeten keine Ruhe hätten, ehe ihr Tod gesühnt sei (vgl. HwbdA 6,568-73): Nahe der Richtstätte (*Berg* gewiß nicht der von Margarethes »Schuld«: Arens 1982,462, sondern eher der Galgenberg der Hochgerichtsstätte) wartet die Mutter, *winckt nicht* und *nickt nicht*, um die Flucht gutzuheißen, sondern *wackelt mit dem Kopf* – soll sie ihren Seelenfrieden finden, muß ihre Tochter von Hand des Henkers sterben.

539,83 f. *Sie sollt schlafen daß wir könnten wachen und uns freuen beysammen]* → 1203 ff.

539,89 *Mein Kränzgen]* → 526,1266 f. u. 536,20 und Kommentare dazu.

• 539,89 *Wir sehn uns wieder!]* Meint kaum: bei der Hinrichtung. Trotz des 98 folgenden *Auf ewig lebe wohl* hofft die Liebende offenbar auf ein jenseitiges ‘Wiedersehen’, glaubt also auch sich selber nicht auf ewig verdammt.

539,89-93 *Hörst du . . .]* Nicht etwa im Futur, sondern im grammatischen Präsens steht Margarethes halluzinative Vorwegnahme der eigenen Hinrichtung, die sehr genau dem herkömmlichen Ritual entspricht: Unter gewaltigem Andrang der *Bürger* ereignet sich diese andere *Hochgerichtserscheinung* (→ Paralipomenon 50, Text-Band S. 557 ff., Zeile 164-194 und Kommentar dazu, hier S. 939 ff.). Das Geläut einer *Glocke* zeigt die öffentliche Prozedur an. Vor den Augen der Verurteilten zerbricht der Richter ein *Stäbgen* zum Zeichen, daß ihr Leben verwirkt und sie dem ewigen Richter übergeben sei. Vom Schwert des Henkers wird sie enthauptet (das war die zu Goethes Lebzeiten übliche, ‘fortschrittlich-humane’ Form der Hinrichtung von Kindsmörderinnen, welche zuvor meist lebendig begraben oder gepfählt oder in einem verschnürten Sack ertränkt wurden: Wächtershäuser 1973,153-69).

Die Exekution der Frankfurter Kindsmörderin, die wohl den Anstoß für diese Darstellung gab, schildert Beutler 1980,88-90; die amtlichen Berichte bei Birkner 1973,108 ff.
• Dazu hier S. 193 f.

539,90 *schlürpfen]* Nebenform zu 'schlürfen'.

539,92 f. *Es zuckt in iedem Nacken die Schärfe die nach meinem zuckt!]* Das mag im Perspektivenwechsel über den Imaginationshorizont des Mädchens hinausgehen (Arens 1982, 463 oberlehrerhaft: »ist anstößig« und »ein Mißklang in dieser Vision«), reflektiert aber mit authentischer Eindrucksgewalt den Schauder des Augenzeugen bei der Hinrichtung der Frankfurter Kindsmörderin (*Dichtung und Wahrheit* 4. Buch. FA I 14,166: »Wir mußten Zeugen von verschiedenen Exekutionen sein«).

539,100 *Ich lasse dich nicht!]* Faust spricht – zur Hälfte nur! – die Worte Jakobs, der mit dem 'Engel' ringt: »Ich lasse dich nicht, du segnest mich denn« (1. Mose 32,26. – Margarethe aber: *mir grauts vor dir*!). → dagegen *Faust I*, 4606. •

539,103 *Sie ist gerichtet!]* Nur das irdische Gericht kann Mephisto da meinen: die Flucht aus dem Kerker verweigernd, sei Margarethe nun nicht mehr vor dem Henker zu retten. Aber er usurpiert dabei das traditionelle (überirdische) Urteil über die Teufelsbündner: »judicatus es« ('du bist gerichtet') heißt es am Ende des Wanderbühnen- und Puppenspiels auch vom Doktor Faust, und es folgt dort ein apodiktisches »in aeternum damnatus es!« ('du bist in Ewigkeit verdammt'); vgl. Mahal 1991,50 u. 52.

Erst im *Faust I* entgegnet dem, auf die Gerichtete bezogen, die *Stimme von oben* (4611: *Ist gerettet!*). Auszuschließen ist nicht, daß Goethe anfangs noch nicht an eine 'Rettung' Margarethes (und Fausts?) gedacht hat. Aber zu bedenken bleibt, daß nur Mephisto sie *gerichtet* nennt und sie sich doch auch hier dem *Gericht Gottes* übergeben hat. •

PARALIPOMENA ZUM FAUST

Zur Überlieferung der 'Paralipomena zum *Faust*' und zu ihrer Darbietung in der vorliegenden Ausgabe findet man das Nötigste hier S. 84 ff. und S. 102 ff. unter den 'Angaben zum Text'.

Den vom griechischen παραλείπω abgeleiteten Begriff hat Goethe selber benutzt – freilich im engeren und eigentlichen Wortsinn: ausgeschiedene, übergangene oder verschwiegene Texte und Textteile bezeichnend, die ihm »für den Augenblick bedenklich« und für eine Veröffentlichung nicht geeignet erschienen, aber doch »unter der Rubrik *Paralipomena* künftigen Jahren aufgespart« werden sollten (*Noten und Abhandlungen* zum *West-östlichen Divan*: FA I 3,220). Solche Handschriften ließ er in großen Papiermappen sammeln. Eine der auf den *Faust* bezüglichen bezeichnete er (nach dem Gesprächsbericht Falks; Biedermann/Herwig 5, Nr 7228) als seinen »Walpurgissack«: »eine Art von infernalischem Schlauch, Behältnis, Sack, oder wie Ihr's sonst nennen wollt, ursprünglich zur Aufnahme einiger Gedichte bestimmt, die auf Hexenszenen im 'Faust', wo nicht auf den Blocksberg selbst, einen nähern Bezug hatten.« Der werde »nach meinem Tode sich einmal eröffnen und alle bis dahin verschlossenen, stygischen ⟨unterirdisch höllischen⟩ Plagegeister, wie sie mich geplagt, so auch zur Plage für andere wieder loslassen«.

Durch die Weimarer Ausgabe freilich hat dieser Begriff eine weit unschärfere, also weiträumigere Bedeutung angenommen. Erich Schmidt und die sein Konvolut ergänzenden späteren Herausgeber haben als 'Paralipomena' zum *Faust* eine Vielzahl auch solcher Aufzeichnungen publiziert, die Goethe ganz gewiß nicht an eine nur vorläufige Sekretierung und spätere Veröffentlichung denken ließen. Dieser Vorgabe mußte sich die vorliegende Ausgabe fügen. Sie präsentiert also eine Fülle höchst heterogener Texte und Textbruchstücke, die der Autor eigenhändig niedergeschrieben oder diktiert hat oder abschreiben und ins Reine bringen ließ: Exzerpte, Schemata, Entwürfe und Inhaltsangaben oder verworfene Bruchstücke, verschiedenartige Aufzeichnungen zu realisierten wie zu nicht verwirklichten Plänen, einstweilige Einfälle und nicht verwendete Verse, vorläufige Reinschriften und eine ganze Reihe auch von Zusätzen für geplante Aufführungen. Die Überlieferungsträger reichen von alten Umschlägen, Theaterzetteln, Quittungen und groben Konzeptpapierblättern mit flüchtigen Notizen und im Lauf der Zeit schon fast völlig verblaßten eigenhändigen Bleistiftentwürfen bis zu den großen, ganze Szenen oder Akte umfassenden, meist vielfältig überarbeiteten Manuskripten von Hand verschiedener Schreiber. Aufbewahrt werden diese Papiere heute zum überwiegenden Teil im Goethe- und Schiller-Archiv in Weimar; anderes findet sich in den Bibliotheken, Archiven oder Museen von Düsseldorf, Frankfurt a. M., Genf und Leipzig, einzelnes in denen von Coburg, Hannover und Krakau.

Angeordnet wurden diese Texte hier in acht unterschiedlich großen Gruppen. Deren erste (Text-Band S. 544-581) umfaßt die bis 1808, also bis zur Veröffentlichung von *Faust I* entstandenen, aber keineswegs nur auf diesen Ersten Teil der Dichtung bezogenen Handschriften. Sie stammen zumeist aus den Jahren 1797-1800 und sind häufig auf ein 1797/98 angelegtes (nicht überliefertes) Nummern-Schema bezogen, das noch keine Zweiteilung der *Faust*-Dichtung vorsah, sondern eine Gliederung in 30 Szenen oder Szenengruppen (→ Kommentar zu H P8, hier S. 934 f.). Dem folgen als zweite Gruppe Bearbeitungen und Zusätze zu *Faust I*, die aus Goethes 1810 einsetzender Beschäftigung mit verschiedenen Aufführungsprojekten hervorgegangen sind (Text-Band S. 582-592). An dritter Stelle steht ein 1816 verfaßter, ursprünglich für *Dichtung und Wahrheit* vorgesehener ausführlicher Bericht Goethes über seine früheren *Faust*-Pläne (Text-Band S. 593-596). Die vierte bis achte Gruppe bilden dann Nachlaß-Handschriften zum *Faust II* (Text-Band S. 597-736). Sie sind nach den fünf Akten des Zweiten Teils sortiert und innerhalb dieser Gruppen soweit möglich nach ihrer Entstehungszeit geordnet worden. Hier wurden auch die schon im Jahr 1800 entstandenen *Helena*-Handschriften zum späteren 3. Akt eingegliedert, weil Goethe die Arbeit 1825 direkt auf den alten Papieren fortsetzte.

Diese Gruppierung des Paralipomena-Korpus entspricht der Dokumentation von Bohnenkamp 1994 (→ hier S. 86 f.), berücksichtigt dabei jedoch die Berichtigungsvorschläge von Schillemeit 1996, dessen neue Datierung des Paralipomenons 195 (→ hier S. 1060) die Abfolge der Texte zum 5. Akt von *Faust II* verändert. Insgesamt wird damit die bisher maßgebliche Anordnung der Paralipomena nach der Weimarer Ausgabe (WA) aufgegeben. Deren Numerierung freilich wurde aus praktischen Gründen beibehalten – mit Rücksicht nämlich auf die eingebürgerte Zitierweise und Stellenbezeichnung. Zur Orientierung des Benutzers stehen in der Kolumne über jeder rechten Seite des Text-Bandes, Bohnenkamp 1994 entsprechend, die Siglen der betreffenden Handschriften. An jedem Seitenrand aber erscheinen im Text- wie im Kommentar-Band die von der Weimarer Ausgabe vorgegebenen Paralipomena-Nummern. Überdies findet man im Anschluß an die nachfolgenden Einzelkommentare auf S. 1065 ff. eine KONKORDANZ DER PARALIPOMENA, mit deren Hilfe sich ein gesuchtes WA-Paralipomenon in der vorliegenden Ausgabe leichter finden läßt.

Was den Abdruck dieser umfangreichen Textsammlung in der vorliegenden *Faust*-Ausgabe rechtfertigen mag, sind zunächst die entstehungsgeschichtlichen Informationen, die sich den Paralipomena entnehmen lassen. Solche Werkstattbesichtigungen liefern keineswegs nur chronologische Aufschlüsse. Sie geben Einblicke in ältere Konzeptionen, lassen die Absichten erkennen, welche die Veränderungen im Lauf des Arbeitsprozesses bewirkt haben, und verdeutlichen so die Intentionen, die den endgültigen Wortlaut bestimmen. »Natur- und Kunstwerke«, schrieb Goethe am 4. 8. 1803 an Zelter, »lernt man nicht kennen wenn sie fertig sind; man muß sie im Entstehen aufhaschen, um sie einigermaßen zu begreifen.« Tatsächlich läßt die vergleichende Betrachtung später veränderter, verworfener oder ausgesparter Vorarbeiten mit der abschließenden Textfassung hier in vielen Fällen Eigenarten und Absichten des fertiggestellten Werkes erkennen, die anders kaum bemerkt würden. So gibt es beispielsweise handlungsnotwendige Geschehnisse, die man nicht zu sehen bekommt, also ergänzend hinzudenken muß. Sie sind denn auch von Zuschauern und Lesern, Kommentatoren und Interpreten oft als willkürliche und befremdliche Auslassungen empfunden und bemängelt worden. Erst das Studium der Paralipomena belehrt darüber, daß etwa Fausts Abstieg in die Unterwelt und die Losbittung der Helena im 2. Akt des Zweiten Teils oder Fausts Belehnung mit der Meeresküste im 4. Akt, die man herkömmlicherweise als darstellungsbedürftige Voraussetzungen des jeweils folgenden Geschehens verstand, zunächst sehr wohl szenisch geplant und bereits entworfen waren, ja schon in Versfragmenten vorlagen – also durchaus absichtsvoll und mit bestimmbarer Intention ausgespart und 'hinter die Bühne' verlegt worden sind. (→ S. 44 und im Szenen-Kommentar *Klassische Walpurgisnacht* S. 527 f. bzw. Kommentar zu 11035 f.)

Schließlich eröffnen die Paralipomena unmittelbare Einsichten in die Arbeitsweise des Autors (dazu eingehend Bohnenkamp 1994,809-841; einzelne Hinweise auch in den folgenden Stellenkommentaren). Über das Zusammenspiel des »Bewußten und Unbewußten« bei der Entstehung eines solchen Kunstwerks hat Goethe in seinem letzten Brief (an Wilhelm v. Humboldt, 17. 3. 1832: Text-Band S. 810 ff.) geschrieben: »Bewußtsein und Bewußtlosigkeit werden sich verhalten wie Zettel und Einschlag, ein Gleichnis ⟨aus der Fachsprache der Weber⟩ das ich so gerne brauche.« An den unterschiedlichen Handschriftentypen kann man solche Prozesse geradezu ablesen. Nächst eher noch ziellosen

Exzerpten, die Außenanregungen aufnehmen, gibt es da die tastenden Einfälle und Erfindungen vereinzelter rasch hingeworfener Notizen. Oft noch zusammenhanglos, ja mitunter auch ohne inhaltliche Zuordnung oder Sprecherzuweisung werden sie auf größeren Sammelblättern gespeichert. Bewußt planend verfahren dagegen die stichworthaften Schemata, die nicht selten schon Fertiges nachträglich ordnen und dabei auf Fehlendes hinweisen, im übrigen aber das weiterhin Geplante, den Ablauf eines Dialogs, einer Szene oder eines Aktes vorskizzieren – »damit ich sodann mit völligem Behagen und Sicherheit ausführen, und an den Stellen arbeiten kann, die mich zunächst anmuten.« (zu Eckermann, 13. 2. 1831) Als Ergebnisse solcher Arbeit erscheinen die meist kürzeren Entwürfe einzelner Passagen, die bereits als metrisch organisierte Texte einer bestimmten Figur verfaßt sind. Schließlich findet man die vorläufigen Reinschriften größerer Dramenteile, die, meist nach Maßgabe eines Schemas, vorangegangene Einzelentwürfe zusammenfügen. Gelegentlich sind hier, in regelrechter Montagetechnik, aus anderen Handschriften herausgeschnittene Textstücke eingeklebt worden. Und häufig zeigen diese sogenannten Arbeitsmunda freigelassene Zwischenräume für das noch Auszuarbeitende. Diese Lückentechnik betrifft ebenso ein etwa noch fehlendes Wort oder einzelne Verse wie im Großen dann den ganzen 4. Akt, mit dem Goethe erst im letzten Sommer seines Lebens die Arbeit am *Faust* zu Ende führt: »Ich habe nun auch das ganze Manuskript des zweiten Teiles heute heften lassen, damit es mir als eine sinnliche Masse vor Augen sei. Die Stelle des fehlenden vierten Aktes habe ich mit weißem Papier ausgefüllt, und es ist keine Frage, daß das Fertige anlocket und reizet, um das zu vollenden was noch zu tun ist. Es liegt in solchen sinnlichen Dingen mehr als man denkt, und man muß dem Geistigen mit allerlei Künsten zu Hülfe kommen.« (zu Eckermann, 17. 2. 1831)

Es gibt in dieser Textsammlung aber eine ganze Reihe von Prosa- wie Versstücken, die zu lesen auch um ihrer selbst willen lohnt. Dazu gehören jedenfalls diejenigen, von denen sich mit einiger Wahrscheinlichkeit annehmen läßt, daß Goethe selbst sie im eingangs erläuterten engeren und eigentlichen Sinn des Wortes als 'Paralipomena' verstanden hat – beispielsweise die in seinem »Walpurgissack« aufbewahrten Texte zur Satansmesse auf dem Blocksberg (→ Kommentar zur 'Selbstzensur', S. 120 ff.).

Hinsichtlich der Paralipomena kommt eine 'Lese- und Studienausgabe' des *Faust* in Verlegenheit. Für einen bestimmten Benutzerkreis ist ihre vollständige, zuverlässig den Handschriften folgende und durchgehend kommentierte Mitteilung unerläßlich. Andere Leser aber werden an dieser umfangreichen Zusammenstellung eher begrenztes Interesse haben. Also: wo die Nachlaßtexte für das Verständnis der abgeschlossenen Dichtung besonders förderlich erscheinen, wird in den Kommentaren zum *Faust I* und *Faust II* ausdrücklich auf die entsprechenden Paralipomena verwiesen. Und hinsichtlich der für sich selber interessanten und lesenswerten Stücke gebe ich hier eine knapp gefaßte Vorschlagsliste derjenigen Texte, die wohl auch einem etwas flüchtigeren Leser empfohlen werden könnten (voranstehend die Seitenzahl im Text-Band, dann die Sigle des betreffenden Nachlaßstücks):

544	: H P6	626 f.	: H P140
548 f.	: H P10	636-44	: H P123C
550	: H P9	663	: II H^{74}
552-59	: H P50	679	: III H^{12}
565	: H P67	695	: III H^{f}
565 f.	: H P68	716 f.	: IV H^{19}
570	: H P20	721	: IV H^{c}
571	: II H^{5}	722	: H P93
581	: H P47	726 f.	: V H^{20}
593-96	: H P63	736	: IV H^{b}

PARALIPOMENA AUS DER ZEIT BIS ZUM ERSCHEINEN VON FAUST I (VOR 1808)

544, Sammelblatt H P6] Wahrscheinlich Bestandteil des ältesten *Faust*-Manuskripts aus der Frankfurter Zeit (zu dessen Beschreibung Text-Band S. 769). Die Entstehung des ersten Eintrags (P21) ließe sich entsprechend um 1774 ansetzen; bei den beiden folgenden Einträgen (P6 und P7) handelt es sich um spätere Nachträge, vermutlich aus der italienischen Zeit: Mephisto-Verse, die bei Gelegenheit in den entstehenden *Faust* eingefügt werden sollten. Wohl deshalb blieb gerade dieses Blatt aus dem im übrigen zerstörten 'Urmanuskript' erhalten.
Wiedergabe der Handschrift im Text-Band: Abb. 10.

P21 544 (H P6), 1-9 = Paralipomenon 21] Diese Fetzenszene findet sich mit geringen Abweichungen (nur) in der Göchhausenschen Niederschrift wieder (→ Text-Band S. 493 und Kommentar dazu S. 859). Dort steht sie zwischen den Szenen *Auerbachs Keller* und *Strase* und bestätigt so E. Schmidts weitgehend akzeptiertes Urteil, daß es sich um »ein Momentbild von der ersten Weltreise« handele (WA I 14,294).

P6 544 (H P6), 10-14 = Paralipomenon 6] Ob diesen Mephisto-Versen bei der Niederschrift schon ein fester Ort im Gang des Dramas zugedacht war, ist zweifelhaft.

P7 544 (H P6), 15-18 = Paralipomenon 7] Anders als im *Prolog* (318-22) wird hier ausdrücklich das Interesse des Teufels an der *Seele* des Menschen erklärt. Auch für diese Verse ist ein fester Ort im Gang des Dramas nicht zu bestimmen (→ Kommentar zur *Wette*, S. 260 ff.).

545 f., Sammelblatt H P54] Das zweite überlieferte Blatt, dessen Papier zu dem des 'Urmanuskripts' paßt (→ vorangehenden Kommentar zu H P6). Das Alter der Einträge ist umstritten. Möglicherweise handelt es sich um ein ursprünglich leeres, erst in Italien beschriebenes Blatt aus dem alten Manuskript. Die verschiedenen Einträge in Blei

und Tinte sind nicht in einem Zuge niedergeschrieben worden. Als Sprecher ließe sich zumeist Mephisto denken. Vieles bezieht sich auf ein für den ganzen *Faust* zentrales Thema: die Situation des Menschen zwischen Vernunftwesen und Tier.

545 (H P54), 1-4 = Paralipomenon 54] Mephisto-Verse? P54
Oder eine Antwort Fausts auf 1780 f.?

545 (H P54), 5 f. = Paralipomenon 55] Mephisto, auf P55
Faust bezogen? → etwa 1780-1784 und 1806-1809.

545 (H P54), 7-10 = Paralipomenon 56] Vorstufe zu Me- P56
phistos Monolog 1851-1867 oder »älteste Andeutung der Wette« (Sarauw 1925,24 ff.)?

545 (P56), 8 *hurrliburli*] DWb 10,1967: »überstürzende eile malend«.

545 (H P54), 11 f. = Paralipomenon 57] Mephisto zu P57
Faust? Häufig dem Paktschluß in der II. *Studierzimmer*-Szene zugeordnet.

545 (H P54), 15-20 = Paralipomena 58 und 59] Wohl P58
Mephisto zugedacht. Zu dem beidemal thematisierten, für P59
das ganze Drama und seinen Protagonisten zentralen Gegensatzpaar von *wiss⟨en⟩* bzw. *erkenn⟨en⟩* und *genieß⟨en⟩* → auch P1, Text-Band S. 576 f. – Der Hinweis: *etwa zu 8* (in Zeile 15, zu P58) steht vielleicht im Zusammenhang mit Goethes nicht überliefertem numeriertem *Faust*-Schema, würde diese Verse dann nach Paralipomenon 8 (Text-Band S. 551) einordnen. → Kommentar dazu, hier S. 934 f.

545 (H P54), 21-25 = Paralipomenon 60] Der Vierzeiler P60
22-25 wurde 1820 als 'Zahme Xenie' in *Kunst und Altertum* veröffentlicht (wieder 1827: FA I 2,627). Z. 21 offenbar erster Entwurf des Eingangsverses. Der Kontext legt wiederum Mephisto als Sprecher nahe.

546 (H P54), 26-31 = Paralipomenon 61] Wohl Mephisto P61
zugedacht. → P19, Text-Band S. 548.

546 (P61), 29 *Wundermann*] Hier wohl in der Bedeutung »der zauberer, der magier« – oder schon im Sinne von »betrüger, scharlatan« (DWb 30,1926 f.)? → Faust im *Rittersaal*: 6421.

P13 546, Exzerptnotiz H P13] Eintrag in einem Notizheft, das Goethe 1788 auf der Rückreise von Rom benutzte. Bezieht sich auf eine Bemerkung über den historischen Faust in v. Murrs *Beschreibung der vornehmsten Merkwürdigkeiten in des H. R. Reiches freyer Stadt Nürnberg* (1778,699): »Der Gauckel- oder Taschenspieler dieses Namens ⟨...⟩ lebte zu Trithemius Zeiten ⟨...⟩. Conrad Gesner schrieb von ihm ⟨...⟩ Ex illa schola (Druidica) prodierunt, quos vulgo Scholasticos vagantes nominabant, inter quos Faustus quidam, non ita pridem mortuus, mire celebratur.« ('Aus jener ⟨Magier-⟩Schule gingen auch die hervor, welche man gemeinhin Fahrende Scholasten nannte; unter ihnen war ein gewisser Faust, der vor gar nicht so langer Zeit verstorben ist, erstaunlich berühmt.') – Eine erste Anregung zu Mephistos Auftritt als *Fahrender Scholasticus*? Oder sogar die Keimzelle der *Disputations*-Szene? (→ P11, 12, 14, 15: Text-Band S. 577-80).

546 f., Sammelblatt H P2] Offensichtlich zunächst als Arbeitsmundum angelegt, dann als Sammelblatt weiterverwendet (auf der Vorderseite eine Entwurfsfassung von Versen des *Prologs im Himmel*). Grumach 1953,66-71 nimmt an, daß es sich hier um eine Vorarbeit zu der 1797/98 vorgenommenen Neuordnung des *Faust*-Manuskripts handelt; denkbar bleibt aber auch eine spätere Entstehung.

P36 546 (H P2), 1-4 = Paralipomena 36 und 37] Gehören in
P37 den Zusammenhang des *Prologs im Himmel*; sollten wohl, wie die nachstehenden Verse, von Mephisto gesprochen werden.

P49 546 (H P2), 8-11 = Paralipomenon 49] *Berg* könnte den Brocken der *Walpurgisnacht* meinen, des *Volckes Hauf* das gleiche *Volck* wie P48 (Text-Band S. 564,26). Dann träte hier der Satan auf, welcher in P50 (Text-Band S. 552,9 f.) die Rolle des Weltenrichters usurpiert. Zur Epiphanie dieses satanischen Gegengottes → hier Kommentare zu S. 552,9 f. und 564,21-25.

Grumach 1953,80 f. will P49 im genau entgegengesetzten

Sinn verstehen: als Relikt einer ältesten Epilog-Konzeption (noch vor dem in P195: Text-Band S. 731,27 notierten *Gericht über Faust*) – so hätten wir hier den »einzigen uns erhaltenen Rest des ältesten Schlußplans vor uns, nach dem die der Hölle schon verfallene Seele Fausts mit allen andern sündigen Seelen durch Christus aus der Hölle gerettet wurde, um in einem abschließenden Prozeß zwischen Christus und Lucifer ihre endgültige Begnadigung zu finden.« (aaO. 81). – Höchst spekulativ!

547 (H P2), 12 = Paralipomenon 70] Der hier notierte Einfall, Mephisto als *Phisicien de la cour* (Hofarzt) auftreten zu lassen, wurde im 1. Akt des Zweiten Teils in der Szene *Hell erleuchtete Säle* realisiert. Die Idee, ihn auf diese Weise bei Hofe einzuführen, gehört offensichtlich schon zu den ältesten Plänen; eine entsprechende Szene wird auch in P63 ausführlich geschildert (Text-Band S. 594,46-55; → auch P66: Text-Band S. 568,47-51). P70

547 (H P2), 13 f. = Paralipomenon 71] Wohl auf Fausts Auftritt bei Hofe zu beziehen: Mephisto gibt Instruktionen. → P63 (Text-Band S. 594,35-44), wo ausgeführt wird, daß der Kaiser und die Hofgesellschaft *Gaukeley und Verblendung* Fausts *höheren Forderungen* vorziehen. P71

547 (P71), 13 *peroriren*] Mit Nachdruck vortragen.

547 (H P2), 15-19 = Paralipomenon 18] Mephisto? Denkbar im Zusammenhang der geplanten *Disputations*-Szene (→ P11, 12, 14, 15: Text-Band S. 577-80). P18

547 (P18), 17 *Bissecirt den Winckel*] Wohl irrtümlich für 'trisecirt': die Dreiteilung des Winkels ist wie die Quadratur des Kreises (Verwandlung eines gegebenen Kreises in ein flächengleiches Quadrat) eine mit Lineal und Zirkel nicht durchzuführende Aufgabe.

547 (H P2), 20 f. = Paralipomenon 70] Schematisierte Stichworte zu einem Dialog zwischen Faust und Mephisto im Zusammenhang mit der Ausfahrt in die *große Welt* (2052)? P70

547 (H P2), 22-29 = Paralipomena 72, 73 und 74] Textsplitter im Zusammenhang mit dem Eintritt Fausts in die P72-74

große Welt (→ P70, 71, 63: Text-Band S. 547 und 593-596). P72 und P73 lassen sich als Äußerungen Mephistos denken; P74 wäre eher Faust zuzurechnen (→ 1066). P72 wurde 1827 in der *Ausgabe letzter Hand* unter den *Zahmen Xenien* veröffentlicht (FA I 2,668), von denen auch einige weitere als Sprüche Mephistos gelten könnten.

P51 547 (H P2), 30 f. = Paralipomenon 51] Pniower 1892/II,422 verweist auf die Nähe des hier formulierten Gedankens zur Grundlage der Wette zwischen Faust und Mephisto (1675-1702). Vgl. auch die zur Zeit der Anlage des Sammelblatts im *Fragment*-Druck schon veröffentlichten *Faust I*-Verse 3249 f.

P2 547 (H P2), 32 f. = Paralipomenon 2] Der handschriftl. Befund läßt offen, ob hier *des Glückes Insufficienz* zu lesen ist (aber was meinen dann die drei ersten Worte?) – oder ob sich das in die nächste Zeile geklemmte Wort (für Ungenügen) auf die vorangehende insgesamt bezieht, also die stete Unzufriedenheit des 'strebenden' Faust meint, der sich auch im *Element des Glückes* nur 'auf der Stelle treten' sieht (*Zahme Xenien* V. FA I 2,668: »Tretet nicht immer denselben Fleck, | So geht doch weiter!«)

P45 547 (H P2), 34-37 = Paralipomena 45 und 46] Auf die
P46 Erscheinung Margaretes in der *Walpurgisnacht* zu beziehen? Wie WA I 14 nimmt Morris 1902 I,95 an, daß nach einem ursprünglichen Plan »das Gretchenidol mit einem Kinde erscheinen und sich Faust zu Füssen werfen sollte.« Chr. Müller 1993,359 f. denkt beim *hölzern Bild* an eine ikonenhafte Amulettfigur.

548 f., Sammelblatt H P10] Verschiedene Bruchstücke wahrscheinlich aus der Zeit der Neuordnung der *Faust*-Handschriften von 1797/98; einzelnes vielleicht schon wesentlich früher entstanden.

P39 548 (H P10), 1 f. = Paralipomenon 39] Wie in H P27, Text-Band S. 561,46 f. Ob diese Verse schon zum Zeitpunkt ihres Eintrags auf H P10 für die satirischen Einlagen der *Walpurgisnacht* vorgesehen waren, ist nicht sicher. Morris

1902 I,76 nimmt an, daß sie (wie das Paralipomenon 41, Text-Band S. 570) Klopstock zugedacht waren, der in der *Walpurgisnacht* zur Audienz beim Satan erscheinen sollte.

548 (H P10), 3 f. = Paralipomenon 33] Auf dem Weg zur *Walpurgisnacht*. → P50 (Text-Band S. 556,134 f.), wo Mephisto mit entsprechender Wendung die Rückkehr beschreibt: *Dem Ruß den Hexen zu entgehen | Muß unser Wimpel südwärts wehen*. P33

548 (H P10), 5-7 = Paralipomenon 44] Für den satirischen Teil der *Walpurgisnacht*? Die Motive dieses und des Paralipomenons 43 (Text-Band S. 550) hat Goethe viele Jahre später, im Januar 1827, für nachträglich eingefügte Verse des *Walpurgisnachtstraums* verwendet (4339-4342; vgl. dort auch 4255). P44

548 (H P10), 8 = Paralipomenon 34] Bildbeschreibende Notiz nach Herrs Kupferstich (→ Abb. 4) oder dem ihm folgenden Titelholzschnitt von Praetorius 1668, wo der teuflische Vortänzer der 'Sabbatrunde' flammende Hände erhebt. → dazu Szenen-Kommentar zur *Walpurgisnacht* S. 342 und Kommentar zu 4127 ff. P34

548 (H P10), 9-12 = Paralipomenon 35] *Zwey lange Beine keinen Leib*] bezeichnet die Form des Distichons: gemeint sind die *Xenien* (die sich dann auch im *Walpurgisnachtstraum* 4303 f. als *Insekten* vorstellen) und die Wirkung, die diese 'stechenden' (mitteldeutsch: *kiken*den) Epigramme Goethes und Schillers in Deutschland ausgeübt haben; → dazu P40: Text-Band S. 561,58-61. P35

548 (H P10), 13-15 = Paralipomenon 97v] Mit leichten Veränderungen in dem als Epilog vorgesehenen Gedicht *Abkundigung* verwendet, das zwischen 1797 und 1800 entstand (→ P97, Text-Band S. 573,7-9). P97v

548 (H P10), 16-19 = Paralipomenon 19] Erinnert an P61 (→ Text-Band S. 546), auch an P71-74 (→ Text-Band S. 547), die mit einer geplanten Szene am Kaiserhof in Verbindung stehen. P19

548 (H P10), 20-22 = Paralipomenon 52] Steht vermut- P52

lich in Zusammenhang mit der ursprünglichen Planung der Helena-Episode: ein abschätziger Kommentar der griechischen Königin über Faust und sein Gefolge (Morris 1902 I,168). »Es sind die ältesten Verse der Helena, die uns erhalten sind, einer Helena freilich, die noch ganz 'Buhlteufel' und 'Fratze' ist und die Verwandlung in die Heroine von 1800 noch nicht erfahren hat, in deren Munde die 'Schlucker' und die 'spindelförmigen Gestalten' und der trotzig-freche Ton des Ganzen undenkbar wäre.« (Grumach 1958,58) Zum alten Plan → P63: Text-Band S. 595,85-92. Vgl. auch P52v (Text-Band S. 667,6 ff.).

P53 548 (H P10), 23 f. = Paralipomenon 53] Die nicht sicher zuzuordnenden Vanitas-Verse kombinieren einen biblischen Vergleich (»Alles fleisch ist heu, und alle seine güte ist wie eine blume auf dem felde. ⟨. . .⟩ Das heu verdorret, die blume verwelcket; aber das wort unsers Gottes bleibet ewiglich.« Jesaja 40,6-8) mit der sprichwörtlichen Wendung 'Glück und Glas, wie bald bricht das'. – *Bein* meint hier: Knochen.

P38 549 (H P10, 25-27 = Paralipomenon 38] Vorgesehen für die satirischen Passagen der *Walpurgisnacht*? (vgl. Text-Band S. 561,43-63). – 26 *Republiken ohne Tugend*] wohl eine Robespierre-Anspielung (Lukács 1965,540).

P10v 549 (H P10), 28 f. = Paralipomenon 10v] Im folgenden (40 f.) wieder aufgenommen und zu einem Vierzeiler erweitert.

549 (H P10), 30-33 *Die Guten Weiber . . . zu belehren*] Durch kleine Striche wohl aus dem vorliegenden Kontext schon ausgegrenzter, später in die *Garten*-Szene aufgenommener Vierzeiler.

P10 549 (H P10), 34-48 = Paralipomenon 10] Viel umrätselter und bisher nicht befriedigend gedeuteter Entwurf. Die zuerst niedergeschriebenen Verse 38-41 nehmen den oben (28 f.) notierten Zweizeiler erweiternd wieder auf; 34-37 und 42-45 wurden mit kleinerer Schrift erst später eingefügt.

E. Schmidt (WA I 14,289) ordnet das Fragment nach »der Schülerszene zu 2051 ff.« ein (Sprecher: Mephisto). Überzeugender plädiert Morris 1902 I,159 f. für eine Zugehörigkeit zum *Vorspiel auf dem Theater* (Sprecher: Lustige Person). M. Mommsen 1952/53,342 hingegen vermutet hier einen »Ansatz zu einer Exposition der Walpurgisnacht«, die Goethe vorschwebte, als er das Schema *Aufmunterung zu Walp. Nacht* (P31: Text-Band S. 563 f.) niederschrieb. Grumach 1958,51 f. schließlich deutet das Fragment als geplantes Streitgespräch *zwischen Dame⟨n⟩* und *Herr⟨n⟩* des Hofes (→ P107, Text-Band S. 618,15), das der Beschwörung der Helena vorausgehen sollte.

550, Sammelblatt H P9] Ohne äußere Anhaltspunkte für die Datierung. Diese Textsplitter, für die sich Mephisto als Sprecher denken ließe, haben den Charakter unterschiedlicher Momenteinfälle und wurden vielleicht bei der Durchsicht alter Papiere anläßlich der Wiederaufnahme der Arbeiten 1797/98 auf einem neuen Blatt zusammengestellt. Daß über ihre Verwendung schon genau entschieden war, ist unwahrscheinlich.

550 (H P9), 1 f. = Paralipomenon 43] Von Morris 1902 I,80 zusammen mit P44 (Text-Band S. 548) auf die geplanten Satansszenen bezogen (? Sch.). Das *Lumpenpack* wurde im Januar 1827 für nachträglich eingefügte Verse des *Walpurgisnachtstraums* verwendet (→ 4339-4342). P43

550 (H P9), 3-6 = Paralipomenon 9] Eine Lebensweisheit Mephistos? (die man zumeist seinem 2055 ff. auf die Schülerszene folgenden Gespräch mit Faust zugeordnet hat). P9

550 (H P9), 7 f. *er heißt sogar der große . . .*] Abfällig über einen Dichter – im Hinblick auf geplante satirische Szenen der *Walpurgisnacht*? (Morris 1902 I,76 vermutet, daß von Klopstock die Rede ist).

550 (H P9), 9 f. = Paralipomenon 62] Mit den vorangehenden Versen »Komm her! wir setzen uns zu Tisch, | Wen möchte solche Narrheit rühren!« 1827 als *Zahmes Xenion* P62

veröffentlicht (FA I 2,666). Hier offenbar Mephisto zugedacht – im Kontext der *Walpurgisnacht* nahe bei 4092 ff. Deshalb in deren 'Bühnenfassung' eingesetzt: Text-Band S. 749,296-99.

P64 550 (H P9), 11-14 = Paralipomenon 64] Wahrscheinlich später nachgetragenes Schemafragment, das sich auf den geplanten Beginn des Zweiten Teils bezieht und die Entscheidung zur Teilung des Dramas schon voraussetzt.

P42 550, Sammelblatt H P42] Ohne äußeren Anhaltspunkt für die Datierung; die Zugehörigkeit zum *Faust* kann nur vermutet werden. Morris 1902 I,79 f. nimmt einen Zusammenhang mit den geplanten Audienzen vor dem Satan in der *Walpurgisnacht* an: »Wieder ein neuer Gast, zu dessen Benennung die gegebenen Merkmale nicht hinreichen«.

P78-80 551, Sammelblatt H P78] Ohne Anhaltspunkt für die Datierung. Die Zugehörigkeit der Paralipomena 78, 79 und 80 zum *Faust* ist zumindest unsicher; Hecker, WGA 13,332 ordnet sie als Äußerungen Mephistos dem Auftritt bei Hofe in der Szene *Hell erleuchtete Säle* zu.

551 (H P78), 1-5 *Kennst du das Spiel . . .*] 1827 als *Zahmes Xenion* veröffentlicht (FA I 2,627).

P80 551 (H P78), 9 = Paralipomenon 80] Entsprechend *Sprüche in Prosa* 1.70. (FA I 13,30): »Eigentlich weiß man nur wenn man wenig weiß; mit dem Wissen wächst der Zweifel.«

P8 551, Entwurf H P8] Einen Anhaltspunkt für die Einordnung dieses Zweizeilers liefert wohl die darunter geschriebene Signatur *ad 6*, mit der Goethe ihn offenbar in den *Faust*-Plan seines numerierten Schemas von 1797/98 einfügte (dazu sein Brief an Schiller vom 5. 5. 1798: → Text-Band S. 776 f.). Das entstehungsgeschichtlich wichtige, übergreifend ordnende und planende Schema selbst ist nicht überliefert. Es haben sich aber mehrere Handschriften erhalten, die entsprechende Signaturen tragen (und deshalb sämtlich in die vorliegende Paralipomena-Edition aufgenommen wurden). So läßt sich dieser Plan einigermaßen rekonstruieren:

Die später von der Veröffentlichung ausgenommenen Schlußgedichte *Abschied* und *Abkündigung* (Text-Band S. 573) tragen die Signatur *ad 30*. Zu weiteren 9 Schema-Nummern sind ebenfalls Handschriften überliefert – *ad 6*: wohl hier P8; *ad 16*: P26 (Text-Band S. 551 und eine Reinschrift der *Dom*-Szene 3776-3834); *ad 17* und *ad 17a*: P50 (Text-Band S. 552, 555 u. 558); *ad 20*: P66-68 (Text-Band S. 568 u. 565); *ad 22*: P81 u. 82 (Text-Band S. 569 u. 571); *ad 24*: P83 (Text-Band S. 571); *ad 27*: P91 u. 92 (Text-Band S. 572); *ad 28*: P96 (Text-Band S. 573).

Mehr als die Hälfte der Nummern war auf das Geschehen des späteren Ersten Teils bezogen; Nr 19 wahrscheinlich auf die *Kerker*-Szene (da Nr 17 die Satansszenen enthält und die zu Nr 20 überlieferten Bruchstücke auf einen neuen Beginn in der *großen Welt* deuten). Nr 29 bezog sich wohl auf ein ursprünglich geplantes Himmelsgericht (da das *ad 28* signierte Bruchstück mit dem Kampf um Fausts Seele auf die spätere Szene *Grablegung* verweist und Nr 27 offensichtlich zur Todesszene gehört). Die restlichen Nummern 21-26 müßten entsprechend das Geschehen von Fausts Eintritt in die *große Welt* bis zu seinem Tod enthalten haben: das *ad 24* signierte Bruchstück weist auf die Situation Fausts nach dem Verlust der Helena, so daß für die Helena-Szenen Nr 21-23 und für Fausts *umwendung zum Besitz* (P179a: Text-Band S. 705,4) die Nummern 25 und 26 blieben. (Dazu Scheibe 1972)

Die Zugehörigkeit von P8 zu diesem Nummern-Schema ist jedoch nicht ganz zweifelsfrei (da die Signatur abweichend von den anderen Handschriften mit Rötel geschrieben wurde und unter dem Textbruchstück steht). Während Castle 1926,146 in P8 eine Variante zu 1544 f. sieht (*In jedem Kleide werd' ich wohl die Pein | Des engen Erdenlebens fühlen*) und die Verse also der 'Paktszene' zuordnet, nimmt Witkowski 1950,438 mit Blick auf das Nummern-Schema an, daß dieses Bruchstück zur »Schülerszene, genauer zu dem kleinen auf sie folgenden Dialog« gehört (von Faust gesprochen).

P26 551 f., Paralipomenon 26] Gehört in die Arbeitsphase von 1797/98; die Verse selbst sind vermutlich älter (dazu Scheibe 1965,53). Die auf das numerierte *Faust*-Schema dieser Zeit bezogene Signatur *ad 16 e* (→ voranstehenden Kommentar zu P8) stellt das Fragment vor die *ad 16 f.* signierte *Dom*-Szene (3776-3834) und die *ad 17* bezeichnete *Walpurgisnacht* (Text-Band S. 552 ff.). Über die im Schema der Nr *16 e* vorausgehenden Szenen oder Szenenteile ist nichts Sicheres auszumachen.

551 (P26), 3 *Der junge Herr]* Meint offenbar Faust.

551 (P26), 4 *Gouverneur]* Hier: Erzieher.

551 (P26), 6 *afficirt]* Bewegt, reizt.

552 (P26), 10 *ein allzudummer Streich]* Vielleicht ist der tödliche Kampf mit Margaretes Bruder Valentin gemeint; wahrscheinlicher doch ein noch unspezifischer Bezug.

P50 552-559, Paralipomenon 50] Die in sorgfältig-eigenhändiger Tinten-Reinschrift Goethes erhaltenen Vers-Stücke dieses bedeutendsten Paralipomenons zur *Walpurgisnacht* datiert Scheibe 1965 auf mutmaßlich 1797, also früher als die der gleichen Szene geltenden, auf 1800/01 angesetzten Schemata P31/48 (Text-Band S. 563 f.); die mit Bleistift hinzugefügten Stichworte glaubt er erst ab 1800 in diese Handschrift eingetragen (dazu Schöne 1993,191-97 u. 255 ff.). Aber eine weit frühere Konzeption der Satansmesse und anschließenden *Hochgerichtserscheinung* ist damit keineswegs ausgeschlossen (→ dazu im Kommentar zur Szene *Faust, Mephistopheles* der *Frühen Fassung* S. 903).

Am rechten Rand stehen die Seitenzahlen der Handschrift: *1-11* und die Angaben *ad 17* bzw. *ad 17a*, mit denen die betr. Passagen dem *Faust*-Schema von 1797 zugeordnet wurden (→ hier S. 934 f. den Kommentar zu P8).

Wiedergabe der Handschrift Z. 26-61 im Text-Band als Abb. 14 u. 15.

Zum Verständnis dieser unterdrückten Passagen → hier S. 120 ff. und 342 ff.

552 (P50), 9 f. *die Böcke zur rechten,* | *Die Ziegen zur lincken]* Der satanische Gegengott usurpiert die Rolle, die Christus »auf dem stuhl seiner herrlichkeit« einnimmt beim Jüngsten Gericht: »Und werden vor ihm alle völcker versammlet werden. Und er wird sie von einander scheiden, gleich als ein hirte die schaafe von den böcken scheidet. Und wird die schaafe zu seiner rechten stellen, und die böcke zur lincken.« (Matthäus 25,31 ff.). Geht es aber im bibl. Hirtengleichnis um die Scheidung der Seligen von den Verdammten, so hier um die Trennung von Männern und Frauen: auf ihre tierhafte Geschlechtlichkeit zurückgeführt (für die überall in der von Goethe benutzten Hexenliteratur *Böcke* und *Ziegen* stehen), werden sie wie Tiere benannt, wie Tiere sortiert.

552 f. (P50), 17-25 *Aufs Angesicht nieder . . .]* Der Responsorialgesang des Chors sagt den Ritus der Prostration (des kirchlichen Zeremoniells höchster Verehrung und tiefster Demütigung) an bei diesem Satansdienst und preist in liturgischen Formeln *den Herrn* (19). Im *Prolog im Himmel* wurde Gott so bezeichnet. Hier antwortet dem Lobgesang der Erzengel das Gloria eines Gegen Chors, dessen Satanspreis »in lauter gottslästerlichen Worten bestehet / laut derselben diß Truden-Geschmeiß den Beelzebub / für einen Schöpffer / Geber / Stiffter / und Erhalter aller Dinge / bekennet.« (Francisci 1670, 138 über das Sabbatgebet der Hexen).

553 (P50), 33 *glücklich wer . . .]* Die im Vers 57 wörtlich wiederholte Phrase nimmt die Seligpreisungsformel der Bergpredigt auf (Matthäus 5,3 ff.).

554 (P50), 61 *stutze die Ohren]* Für: spitze die Ohren (DWb 20,767).

554 (P50), 83 f. *Ihr Mägdlein ihr stehet* | *Hier grad in der Mitten]* Wie sich die altkirchliche 'Missa catechumenorum' an die im christl. Glauben noch zu Unterrichtenden wendete, die beim Gottesdienst einen besonderen Platz einnahmen, richten sich die Schlußworte der Satanspredigt als 'Adhortatio' an das junge *Mädchen* und seinesgleichen (die

Novizin und die Katechumenen), die zwischen den Bökken und den Ziegen stehen während der Meßliturgie.

555 (P50), 86 *Besmen]* Ältere Form von ‘Besen’ (DWb 1,1614 f.).

555 f. (P50), 91-124 *Einzelne Audienzen . . .]* In den beiden ersten Zeilen handelt es sich offensichtlich um Dispositionsnotizen für eine geplante Szene: Goethe hat hier Raum gelassen für weitere, noch auszuführende Auftritte.

Die Satanshuldigung war beim Ketzer- und Hexensabbat fester Bestandteil des Rituals. Dabei verstand sich der obligatorische analsexuelle ‘Homagialkuß’, der den Kreuzverehrungskuß bei der Karfreitagsliturgie pervertiert, als Widerruf der christl. Erlösung. Zugleich zielt die Huldigung, die der neue *Vasall* des Satans (121) vollzieht, zeitsatirisch auf den fürstlichen *Tyrannen*, diesen Satan auf dem Thron, und auf den masochistischen Untertan, der in opportunistischer Unterwerfungsbereitschaft die aus Frankreich importierten Freiheitsparolen verabschiedet. Goethe zu Eckermann, 21. 2. 1831: »Die alte Walpurgisnacht ⟨im Unterschied zur ‘republikanischen’ des Zweiten Teils⟩ ist monarchisch«. – Dazu Schöne 1993,152-54.

Die von Goethe geplante Abfolge des Geschehens *droben* läßt sich den Handschriften nicht mehr zweifelsfrei entnehmen; die Position der Huldigungsszene ist deshalb strittig (vgl. Schöne 1993,255 ff.). Nach der Goethe durchaus bekannten Sequenz des Sabbatrituals freilich geht sie der Satansmesse und Predigt, dem Hexentanz und der Orgie voraus; dem folgt hier der ‘Vorschlag für eine Bühnenfassung’ (Text-Band S. 746 ff.).

556 (P50), 121 f. *Vasall . . .]* Eine nachdenkenswerte Parallelaktion zu Fausts Belehnung im Zweiten Teil, wo vom Kaiser *dem sehr verrufnen Mann | Des Reiches Strand verliehn* wird (11035 f.): von *vielen Millionen* spricht er, die dort unter seiner Herrschaft leben sollen (11563)!

556 (P50), 126 f. *Und wie wir nun nach Hause ziehn . . .]* Die Heimkehrverse des Hexenchors verkehren die beim Anflug gesungenen (*Die Saat ist gelb* geworden, *die Stoppel*

grün, → *Faust I*, 3957 und Kommentar dazu) und enden ebenso unflätig wie diese.

556 (P50), 132 *Python]* Ungeheuer der griech. Mythologie, »eigentlich weibliches Geschlechtes 〈...〉. Nach einigen entstund dieser Drache, als die Erde nach Deukalions Wasserfluth wieder in etwas trocken wurde, aus dem zurückgebliebenen Schlamme« (Hederich 1770,2132).

556 (P50), 142 *Nacht Mahre]* werden »bey den Holländern und Niedersachsen der Alp genennet« (Zedler 23,281): ein »nachtgeist«, der »die schlafenden, träumenden reite und drücke« (DWb 1,245).

557-559 (P50), 164-94 *Hochgerichtserscheinung]* 'Hochgericht' meint die Gerichtsbarkeit über Kapitalverbrechen, auf welche Todes- und Verstümmelungsstrafen standen, und die Stätte, wo deren Urteile vollstreckt wurden; bezeichnet aber außerdem den Akt eines formalisierten Schauprozesses, wie er (nach einem Geständnis) auf das nicht öffentliche, von der Folter Gebrauch machende inquisitorische Vorverfahren folgte. Dabei wurden am Richtplatz Anklage, Geständnis und Urteil noch einmal vorgetragen, wurde der Stab gebrochen (→ *Faust I*, 4590), der Delinquent dem Henker überantwortet und das Urteil vollstreckt, während die beiwohnende Menge die Sterbechoräle sang (vgl. HwbzR 2,172 ff. u. 380).

Auch für Ketzer, Zauberer und Hexen war diese Hochgerichtsbarkeit zuständig, und eben darauf wird sie hier bezogen – durch das *Geschwäz von Kielkröpfen* (→ Kommentar zu 197) und durch die bemerkenswerten Worte, mit denen *Die grau und schwarze Brüderschafft* (169) hier sich ausweist. Denn eben das war die lang gebräuchliche, volkstümlich geläufige Bezeichnung für die Mönche des Franziskaner- und Dominikaner-Ordens, die Theoretiker und Praktiker der Ketzerbekämpfung und Hexenverfolgung, denen die Inquisition oblag (Nachweis: Schöne 1993, 184 ff.). Sie sind es, die hier den Blutchoral 166 ff. anstimmen und *zu neuen Wercken Krafft* schöpfen.

So stellt die phantasmagorische *Hochgerichtserscheinung*

das Ende eines Hexenprozesses dar – dem Margarete zum Opfer fällt. Hier, wie in der Druckfassung der *Walpurgisnacht* (→ *Faust I*, 4185 ff.), wird ihre Erscheinung als *Idol* bezeichnet; hier wie dort ist sie nackt; und wie hier ihr *Kopf fällt*, trägt sie dort das vom Henker gezogene *rote Schnürchen* um ihren Hals: das abkürzende *G.* der Zeile 185 wird man für 'Gretchen' nehmen dürfen.

'Hexe': das ist das Urteil ihrer Verfolger. Stolt 1974 hat dargelegt, wie Margaretes Verhalten modellgetreu der altkirchlichen Todsündenlehre folgt: ihre 'superbia' (als eine über die Ständegrenzen sich erhebende Eitelkeit) zieht die 'avaritia' (Habgier), 'luxuria' (Unkeuschheit) und 'acedia' (in der Erscheinungsform der Verzweiflung) nach sich. Diese Versündigungen aus dem Lasterkatalog des Mittelalters bilden den dogmatischen Hintergrund. Als Indizien mußten der Tod der Mutter, des Bruders, des eigenen Kindes gelten. Welchem Verdacht diese Vorgänge ausgesetzt waren, deuten die Trödelhexen-Verse der *Walpurgisnacht* an (→ 4104 ff.), und im Kerker wird das Mädchen dann selber 'gestehen': *Meine Mutter hab' ich umgebracht, | Mein Kind hab' ich ertränkt* (*Faust I*, 4507 f.). Die Tötung neugeborener, ungetaufter Kinder gehörte bei der Hexenverfolgung zu den zentralen Anschuldigungen und Geständnissen. Bei Groß 1600, Bl. 138v hat Goethe lesen können, der Böse treibe die Hexen »in eine solche Wahnsinnigkeit / vnd durchteuffeltes Gottloses wesen und leben / das sie 〈...〉 auch jhre eigene Leibßfrüchte dem Fürsten vnd Obersten der Teuffel / durch grewliche vnd erschrecklich execrationes offerirn vnd opffern«. Auch aus den Frankfurter Prozeßakten wußte er, daß die Kindsmörderin Susanna Margaretha Brandt (die den Anstoß zu seiner Margareten-Dichtung gab) gestanden hat, es habe »der Satan ihr in den Sinn gegeben«, das eigene Kind umzubringen (Birkner 1973,51).

Die Leidende, die Geopferte aber erscheint hier als die Rettende. Ihr *Blut springt u löscht das Feuer* (194). Und ihre geisterhafte Erscheinung löst Faust in der *Walpurgisnacht*-Szene aus den Armen der Buhlhexe, bevor die Sabbatrunde übergeht in die geschlechtliche Orgie, mit der man sich dem Satan zu eigen macht; im letzten Augenblick reißt sie den ins Reich des Bösen Eingetretenen dort vom Rand des Verderbens zurück. – So richtet die *Hochgerichtserscheinung* in Wahrheit nicht dieses Opfer des Hexenprozesses, sondern seine furchtbaren Richter und Henker. Den *BlutQuell* Margarete hat Goethe mit den gewaltigen Schlußversen des Inquisitionschorals 179 ff. einmünden lassen in den reißenden Blut-*Strom* der europäischen Hexenverfolgung. – Goethe zu Rühle: »Ich heidnisch? Nun, ich habe doch Gretchen hinrichten und Ottilien ⟨in den *Wahlverwandtschaften*⟩ verhungern lassen, ist denn das den Leuten nicht christlich genug? was wollen sie noch Christlicheres?« (1809/10? Biedermann/Herwig 2, Nr 3285).

559 (P50), 194 *Das Blut springt u löscht das Feuer]* – des Scheiterhaufens, den die Inquisition für die 'Hexe' Margarete errichtet hat (→ 558,174). Anklingend an den Opfertod Christi: »Und sie haben ihn ⟨den Satan⟩ überwunden durch des lammes blut« (Offenbarung 12,11).

559 (P50), 197 f. *Geschwäz von Kielkröpfen | Dadurch Faust erfährt]* Praetorius 1666,439: »Es sind aber Kiel-K⟨r⟩öpffe solche Kinder / die der Teuffel selbst in der Hexen Leibe formiret / und sie solche läst gebehren / in welche er sich selbst setzet / und an statt der Seelen durch sie redet«. Was Faust erst jetzt durch sie *erfährt*, wird durch die der *Walpurgisnacht* folgende Szene erklärt: Margarete als *Missetäterin im Kerker zu entsetzlichen Qualen eingesperrt* (*Faust I*, Text-Band S. 188,1 ff.).

559 (P50), 199 *Faust Meph.]* Petsch 1925,380 versteht diese Angabe sicher zu Recht als »Hinweis auf den unmittelbaren Anschluß der Szene 'Trüber Tag, Feld'« (die in der *Frühen Fassung* noch mit *Faust, Mephistopheles* überschrieben ist); dem entspricht der 'Vorschlag für eine Bühnenfassung': Text-Band, hier S. 753.

559, Paralipomenon 62a] Wenn zum *Faust* gehörig: P62a
einer Vermutung Wahles (WA I 53,367) entsprechend wohl

zu *Einzelne Audienzen* und *Präsentationen. Beleihungen* zu rechnen. (Text-Band S. 555,91 und 564,36 f.)

559-561, Exzerpt und Sammelblatt H P27] Wahrscheinlich zunächst für Exzerptnotizen genutztes Folioblatt, später Eintrag der Paralipomena 38-40. Die Entstehung der Exzerpte P27-P29 fällt vermutlich in die letzten Monate des Jahres 1800.

P27 559 f. (H P27), 1-42 = Paralipomenon 27] Wie E. Schmidt gezeigt hat (WA I 14,296 ff.), gehen diese Notizen auf die von Carpzov 1635 zusammengestellten Geständnisse aus Hexenprozessen zurück, in denen die Beschuldigten über ihre Begegnung und ihren Umgang mit dem Teufel berichten. Möglicherweise ist Carpzovs Schrift aber nicht die direkte Quelle dieser Exzerpte gewesen (seine Berichte wurden auch in andere Goethe nachweislich bekannte Darstellungen übernommen). Er notiert sich hier Bruchstücke verschiedener Aussagen von 'überführten' Delinquentinnen, interessiert sich dabei für isolierte Details und einzelne sprachliche Wendungen. Doch wurden die exzerpierten Notizen für die *Walpurgisnacht*-Szene nicht direkt herangezogen.

Einige hier unverständliche Wörter oder Zusammenhänge werden aus den Schreibungen oder Kontexten der (in WA I 14,296-300 zitierten) Parallelstellen bei Carpzov einsichtiger.

560 (P27), 8-12 *Im Thume* ⟨Dome⟩ | *Steht* ...] Zauberspruch, mit dem eine der Hexerei Beschuldigte *Weisse Würmer* »der Hirtischen Margarethen ⟨!⟩ in das lincke Bein gebracht« haben will (Carpzov 1635 I,454).

560 (P27), 21 *Gar rauh und nicht gros ist Juncker, sein thun sehr kalt*] Carpzov 1635 I,452 über die »unnatürliche Unzucht« der Hexen mit dem Teufel: »es wäre derselbe gar rauch / und nit sehr groß / auch nit länger denn sie / und wie sie sich mit ihme vormischet / das thun gar kalt gewesen«. – Auf diesen Geschlechtsverkehr mit dem Teufel und dessen Geschlechtsorgan bezieht sich hier auch S. 560,31 ff. sein *Thun* und sein *Ding*.

561 (H P27), 43-45 = Paralipomenon 38] Eine vermutlich frühere Fassung findet sich auf dem Sammelblatt H P10 (Text-Band S. 549,25-27); → Kommentar dazu. P38

561 (H P27), 46 f. = Paralipomenon 39] Eine vermutlich frühere Fassung von Hand des Schreibers Geist auf dem Sammelblatt H P10 (Text-Band S. 548,1 f.). Vielleicht hat Goethe bei einer Durchsicht der Sammelblätter auf das vorliegende Blatt solche Splitter übertragen, die er für die satirischen Teile der geplanten *Walpurgisnacht* noch zu verwenden gedachte. P39

561 (H P27), 48-64 = Paralipomenon 40] Der auch in P29 und P31 (Text-Band S. 562,10 u. 564,17) angeführte *Rattenfänger von Hameln* war offenbar für die zeitsatirischen Passagen der *Walpurgisnacht* vorgesehen. Angespielt wird hier auf den Pädagogen Joachim Heinrich Campe, der vorübergehend Leiter des von Basedow gegründeten Philanthropinums in Dessau gewesen war und unter anderem die *Kleine Kinderbibliothek* herausgab. P40

561 (P40), 62 *Mus.⟨aget⟩]* 'Musen-Anführer'. → Kommentar zu *Faust I*, 4307-4318.

561, Paralipomenon 28] Exzerpt-Stichworte ab Winter 1800 aus der Vorrede von Praetorius 1666, offensichtlich für die *Walpurgisnacht* (Aktennotiz in der 1. Zeile, daß außer diesem *Anthropodemvs Plvtonicvs* des *Praetorii übrige Werke* anzuschauen wären). – Ganz deutlich hier der geplante Endzeit-Charakter dieser Szene: → Kommentar zu 4092-95. P28

561 (P28), 1 *Jüngster Tag]* Praetorius 1666, S. A IIb: »O erbärmlicher Zustand der Menschen von Anfang der Welt ⟨...⟩ biß an den lieben Jüngsten Tag / welcher ein Tag der Ergäntzung und Widerbringung alles Verlustes seyn wird!« → den Apokatastasis-Kommentar zur *Bergschluchten*-Szene S. 788 ff.

561 (P28), 2 *Praeadamiten]* Praetorius 1666, S. A IIIb verweist auf die von Isaacus Peyrerius entwickelte Theorie, daß Gott zunächst (1. Mose 1,26 f.) diese 'Vor-Adam-Men-

schen' erschaffen habe, von denen die Heiden abstammen, und später erst Adam und Eva (1. Mose 2,7 und 21 ff.), von denen die Juden herkommen. In der rabbinischen Literatur führten diese verschiedenen Berichte der Genesis zur Annahme einer anderen, ersten Frau Adams: *Lilith*, die im endgültigen Text (4119 ff.) wohl an die Stelle der *Praeadamiten* getreten ist. So Stenzel 1986,225.

561 (P28), 3 *Grausam wilde Menschen]* Praetorius 1666, S. A IIIb: »etwan eine Mittelart zwischen Menschen und Affen«.

P29 562, Paralipomenon 29*]* Auszüge aus Praetorius 1666 zur *Walpurgisnacht*. Die Angabe *p. 86* bezeichnet die letzte Seite, bis zu der Goethe exzerpiert hat. Unmittelbar verwertet wurde nur die *Rothe Maus aus dem Munde* (8) → Kommentar zu 4179, hier S. 359 f. – Einige schwer verständliche Wendungen werden aus den schon bei Witkowski 1894,72-74 zitierten Praetorius-Texten einsichtiger.

P30 562 f., Paralipomenon 30*]* Vermutlich ebenfalls im Zusammenhang mit der *Walpurgisnacht*. Die direkte Quelle ist bisher nicht nachgewiesen. Ein großer Teil der Stichworte weist auf die Kaiserbiographien Suetons zurück. Aber daß Goethe hier zumindest nicht ausschließlich 'klassische' Quellen benutzte, zeigt das erst Ende des 17. Jh.s aus latein. somnus (Schlaf) und ambulare (hin und her gehen) gebildete Stichwort *Somnambule* (7).

562 (P30), 2 *Hippomanes]* Griech.-latein.: Brunstschleim rossiger Stuten oder Auswuchs auf der Stirn neugeborener Füllen (zu Liebestränken und als Liebeszauber verwendet).

562 (P30), 3-5 *Insomnia . . . imaginibus]* 'Schlaflosigkeit, in den wenigen ⟨schlafend verbrachten⟩ Nachtstunden nicht einmal in sanfter Ruhe, sondern geängstigt durch ungewöhnliche Traumerscheinungen' (nach Sueton, *Caligula* 50,3).

562 (P30), 6 *Furor]* 'Wahnsinn'; auch personifiziert als Nachtgespenst (furor nocturnis).

562 (P30), 8 *Summa Confidentia et nimius metus]* 'Höchstes Selbstvertrauen und übermäßige Furchtsamkeit' (nach Sueton, *Caligula* 51,1).

562 (P30), 9 *τοις ευτυχουσι και τριμενα παιδια]* 'Den Glücklichen auch Dreimonatskinder'. Sueton (*Claudius* 1,1) berichtet von Nero Claudius Drusus, daß Livia bereits 6 Monate mit ihm schwanger ging, als sie den Augustus heiratete; daher die Redensart, daß Glückliche ihre Kinder auch in drei Monaten bekommen (→ hier Z. 12-15). Mit der kurzen Schwangerschaft der Hexen in Verbindung zu bringen (Witkowski 1894,74)?

562 (P30), 10 f. *a sinistra . . . aquila]* 'Zur Linken eine Krähe und ein Specht | zur Rechten ein Rabe und ein Adler' (wohl aus der weissagenden Vogelschau der Alten bezogen).

563 (P30), 16-22] *Wilh.* unklar. Für die danach notierten Plinius-Stellen ist eine Beziehung zum *Faust* eher fraglich (*Epistulae* VI,20,19: 'außer sich vor Furcht durch die schrecklichen Weissagungen verhöhnten ⟨die meisten⟩ sowohl ihr eigenes wie auch das fremde Unheil' und VI,21,5: 'es fehlte ihm nicht an Kraft, Größe, Feinsinn, Bitterkeit, Süße, Anmut'). – Die Angaben *Pl. ep. 443* u. *445* in Z. 17 u. 20 meinen die Seitenzahlen in Goethes Plinius-Ausgabe: Ruppert 1958, Nr 1423.

563 f., Schema Entwürfe H P22] Vermutlich nicht vor der Arbeitsphase von 1797/98 entstanden; in die Ausführung nicht oder nur sehr verändert eingegangen.

563 (H P22), 1-6 = Paralipomenon 22] Skizziert ein Gespräch zwischen Faust und Mephisto, das offensichtlich die *Hexenküchen*-Szene vorbereiten sollte (Scheibe 1965,58 vermutet Niederschrift im Frühjahr 1801): die *Geschichte des Trancks* (6) bezieht sich wohl auf das Verjüngungselixier (Morris 1902 I,162 verweist auf die im *Fragment*-Druck von 1790 noch nicht enthaltenen Verse 2366-2377, die vielleicht als ein Teil dieser *Geschichte des Trancks* gelten können). P22

563 (H P22), 7-11 = Paralipomenon 24] Ergänzende P24

Skizze zu den Margareten-Szenen, die das soziale Umfeld dieses 'Bürgerlichen Trauerspiels' in den Blick nimmt (→ Kommentar S. 199 f.). Hier wird der 'normale' Lebensweg des Bürgermädchens entworfen, aus dem die Liebe zu Faust Margarete herausreißt; werden Erwartungen angedeutet, wie sie in der *Brunnen*-Szene (3570) zur Sprache kommen, und wohl auch eine eigene Hoffnung, die sich erst in der *Kerker*-Szene (4581) einmal verrät.

P31 563 f. (H P22), 12-41 = Paralipomena 31 und 48*]* Schei-
P48 be 1965,40 ff. versteht diese zusammengehörigen Entwürfe nicht (wie früher angenommen) als abweichende Vorstufen zum *Walpurgisnacht*-Paralipomenon 50 (Text-Band S. 552-59), sondern als dessen Ergänzung und Erweiterung und datiert ihre Niederschrift auf mutmaßlich 1800/01 (also später als die auf 1797 angesetzten Vers-Stücke in P50; dazu Schöne 1993,191-97 u. 255 ff.). Eine weit frühere Konzeption der Satansszene wird durch die Datierung dieser Niederschrift freilich nicht ausgeschlossen.

Zum Verständnis dieser unterdrückten Passagen → S. 120 ff. und 342 ff.

P31 563 (P31), 15 *Stücke]* Gemeint: Theaterstücke.

563 (P31), 16 *L'hombre]* Kartenspiel (beschrieben von Goethe: WA I 41.1,60).

564 (P31), 17 *Rattenfänger von Hameln]* → Kommentar zu 561,48-64 (P40).

564 (P31), 18 *Hexe aus der Küche]* die in der Szene *Hexenküche* aufgetreten war? (→ Text-Band S. 106)

564 (P48), 19 *Nach dem Intermezz]* Meint das hier noch für die *Walpurgisnacht* selbst vorgesehene *Intermezzo* des späteren *Walpurgisnachtstraums* (Text-Band S. 181 ff.) – oder etwa die hier in P31 skizzierten Vorgänge?

P48 564 (P48), 21-25 *Trompeten Stöße | Blitze, Donner von oben. | Feuersäulen, Rauch Qualm. | Fels ...]* Angelehnt an die Schilderung von Satans Heerlager in Miltons *Paradise Lost* (Goethe las Zachariäs Übersetzung: Morris 1902 I,84). Wichtiger das biblische Modell (2. Mose 14,24 u. 19,16-18), das die Satans-Erscheinung als Kontrafaktur der göttlichen

Epiphanie zu verstehen gibt. (→ Kommentare zu H P2: 546,8-11 und zu P50: 552,9 f.)

564 (P48), 35 ff. *Satans Rede pp | Präsentationen. | Beleihungen]* Bezieht sich auf die in P50 gegebene Bergpredigt des Bösen (Text-Band S. 552 ff.,8-90) und die Huldigungsszene (ebd.).

564 (P48), 39 *Versincken der Erscheinung]* Meint die in P50 enthaltene *Hochgerichtserscheinung* (Text-Band S. 557 ff.,164-194)?

564 (P48) 40 *Volckan]* Für: Vulkan.

564, Paralipomenon 32*]* Deutung und Zuordnung dieser flüchtigen Notiz unsicher. E. Schmidt (WA I 14,301) verweist sie auf den Blocksberg. P32

565, Paralipomenon 67*]* Gehört zu den Abschriften des Schreibers Geist 1797/98 im Zusammenhang mit der Neuordnung der alten *Faust*-Papiere. Die auf das Nummern-Schema (→ Kommentar zu P8, hier S. 934 f.) bezogene Signatur *ad 20* weist dieses Fragment sowie zwei weitere Bruchstücke (P68 und P66, Text Band S. 565 f. / 568) einer Szene zu, die Fausts weiteren Weg nach Margaretes Tod eröffnen sollte. Für den *Beginn des zweiten Theiles* war ursprünglich vorgesehen, daß ihm *von Geister Chören* die *Freuden der Ehre, des Ruhms, der Macht und Herrschaft* vorgespiegelt werden sollten (P63, Text-Band S. 593,3 ff.): Mephistos Verse hier reagieren offenbar auf einen noch derart ruhmbegierigen Faust. P67

565 (P67), 9 *Der größte König]* Gemeint: Friedrich II.? (so Morris 1902 I,176 f.; vgl. auch Hertz 1931,14 f.)

565 (P67), 11 *Semiramis]* Wohl die von Voltaire als 'Semiramis des Nordens' bezeichnete Katharina d. Gr. (vgl. Hertz 1931,14).

565 (P67), 18 *Skarteke]* Meint einen »nichtswürdigen wisch, ein unbrauchbares buch« (DWb 16,1308).

565 (P67), 21 f. *Doch bist du nur erst . . .]* Wieder aufgenommen in den *Zahmen Xenien* von 1827: »Wie es dir nicht

im Leben ziemt, | Mußt du nach Ruhm auch nicht am Ende jagen: | Denn bist du nur erst hundert Jahr berühmt, | So weiß kein Mensch mehr was von dir zu sagen.« (FA I 2,624)

P68 565 f., Paralipomenon 68] Gehört wie H P67 zu den von Geist im Zuge der Neuordnung der alten *Faust*-Papiere 1797/98 vorgenommenen Abschriften. Die Signatur *ad 20* (→ Kommentar zu P8, hier S. 934 f.) weist auch dieses Fragment dem Beginn der Handlung zu, welchem dann die ersten Szenen des Zweiten Teils entsprechen. Es handelt sich offenbar um die Fortsetzung der Mephisto-Rede P67.

566 (P68), 8 *Ixion*] Von diesem thessalischen König erzählt die antike Sage, er habe die Juno begehrt und sei durch Jupiter getäuscht worden, der einer »Wolke die Gestalt seiner Gemahlinn gab« (Hederich 1770,1416).

566 (P68), 10 *Von Freyheit und von Gleichheit mit dem Volke!*] Die Losungen der französ. Revolution (→ Fausts letzte Rede, 11580).

566 (P68), 14 *mächtiges*] Verschrieben für: nächtiges (= düster, finster)?

P65-66 566-568, Entwurf und Sammelblatt H P65] Vermutlich zuerst mit P65 beschrieben. Später auf Quartformat zusammengefaltet; die dabei entstehende letzte Seite dann für den Eintrag von P66 genutzt. Dafür ist eine Beschriftung um 1797/98 sehr wahrscheinlich; die Niederschrift von P65 wäre entsprechend früher zu datieren (unterschiedliche Vermutungen: von 1775 bis in die späten 90er Jahre).

P65 566-568 (H P65), 1-46 = Paralipomenon 65] Bei dieser mit flüchtiger Hand skizzierten und zum Teil schwer zu entziffernden Szene handelt es sich offensichtlich um einen ersten Prosaentwurf zur Geisterbeschwörung am Kaiserhof. Neben den Erscheinungen von Paris und Helena wird in P63 eine dritte Geistererscheinung erwähnt: *Über die Wahl der dritten Erscheinung wird man nicht einig, die herangezogenen Geister werden unruhig; es erscheinen mehrere bedeutende zusammen. Es entstehen sonderbare Verhältnisse, bis endlich*

Theater und Phantome zugleich verschwinden. (Text-Band S. 594 f.,63-67)

566 (P65), 1 *alter Fortinbras]* Name des norwegischen Prinzen, der am Ende von Shakespeares *Hamlet* auftritt. Nach der Vorgabe der Faustbücher (→ Szenenkommentar *Finstere Galerie*, S. 465 f.) vermutet Morris 1902 I,172, der als *alter Fortinbras* angeredete Geist sei derjenige Alexanders d. Gr. Hingegen sucht Hertz 1931,16-20 (unter anderem mit Hinweis auf P67: Text-Band S. 565) wahrscheinlich zu machen, daß hier die Erscheinung Friedrichs d.Gr. geplant war, den Voltaire als 'Marc-Aurèle d'Allemagne' bezeichnet hatte (→ Text-Band S. 567,30).

567 (P65), 9 f. *unpraejudicirlich]* Unvorgreiflich.

567 (P65), 13 *du alter Schwan]* Metaphorische Anrede im Hinblick auf den *letz⟨ten⟩ gesang* (→ Kommentar zu *Faust II*, 9102).

567 (P65) 25 f. *{immer reden}]* Oder: *innen reden*?

567 (P65), 29 f. *im Mark aurel]* Meint die 'Selbstbetrachtungen' (Τὰ εἰς ἑαυτόν) dieses röm. Kaisers.

568 (P65), 32 *Gs]* Denkbar auch die Auflösung *Geister*.

568 (H P65), 47-50 = Paralipomenon 66] Die Signatur *20* P66 (→ Kommentar zu P8, hier S. 934 f.) ordnet das vom Schreiber Geist eingetragene Bruchstück dem geplanten Auftritt der beiden Protagonisten am Kaiserhof zu (gleich beziffert P67 und 68, Text-Band S. 565). Die Rolle des Arztes wird in der endgültigen Fassung (*Hell erleuchtete Säle*, 6319-66) von Mephisto übernommen; für die Deutung der Sterne ist der kaiserliche Astrolog zuständig (→ etwa 4955 ff.: *Mephistopheles bläst ein*).

568 (H P65), 51 *Als Phisicus des Hofs auf Taschenspiel Künste]* → P70: S. 547,12 und Kommentar dazu.

569, Paralipomenon 69] Gehört sehr wahrscheinlich zu P69 den vom Schreiber Geist bei der Neuordnung alter *Faust*-Papiere gefertigten Abschriften von 1797/98: steht in Zusammenhang mit dem Prosaentwurf P65 (wohl gereimte Fassung der Zeilen 8-10 im Text-Band S. 567).

569, Sammelblatt H P75] Wohl zu den durch Geist im Zusammenhang mit dem Nummern-Schema von 1797/98 gefertigten Abschriften zu rechnen; die fehlende Signatur könnte auf der abgerissenen oberen Hälfte des Blattes gestanden haben. Die hier versammelten Fragmente lassen sich auf die Nummer 20 des numerierten *Faust*-Schemas beziehen (→ Kommentar zu P8, hier S. 934 f.) und gehören in den Zusammenhang des geplanten Auftritts der beiden Protagonisten am Kaiserhof.

P75 569 (H P75), 1 f. = Paralipomenon 75] Mephisto zu Faust?

P76 569 (H P75), 3-6 = Paralipomenon 76] Hofleute über den als *Zaubrer* auftretenden Faust?

P77 569 (H P75), 7 f. = Paralipomenon 77] Mephisto zu Faust über den Kaiser?

P81 569, Paralipomenon 81] Im Zusammenhang mit der Neuordnung der alten *Faust*-Papiere 1797/98 entstandene Abschrift Geists. Die Signatur *ad 22* (→ Kommentar zu P8, hier S. 934 f.) weist diese Mephisto-Rede einer Szene nach dem ersten Auftritt der beiden Weltreisenden am Kaiserhof zu. Die genaue Zuordnung ist umstritten; eine u. a. von Hecker, WGA 13,346 vorgenommene Zuweisung zum 4. Akt jedenfalls unwahrscheinlich (da die Nr 20 den Auftritt der Protagonisten bei Hofe enthält, bliebe dann für den gesamten Helena-Komplex nur eine Nummer, während auf den Beginn des 4. Aktes noch 8 weitere Nummern folgen müßten).

570, Entwürfe H P20] Sammelblatt, aus der Arbeitsphase von 1797/98? (dazu Grumach 1953,67)

P82v 570 (H P20), 1-3 = Paralipomenon 82v] → die wahrscheinlich spätere Fassung auf H P82 (Text-Band S. 571, 1-4) und Kommentar dazu.

570 (H P20), 4-11 *Und Freude schwebt . . .*] Eine Beziehung auf die *Faust*-Dichtung wird vom Überlieferungskontext nahegelegt, auch besteht eine thematische Nähe zu den

Stanzen des *Abschieds* (P98, Text-Band S. 573 f.). Pniower 1892/II,420: »eine Improvisation Goethes ⟨. . .⟩, in der er seinen Gedanken über die ihn beschäftigende Dichtung Ausdruck gab.« Ob die Verse aber für den *Faust* bestimmt waren, läßt sich nicht sagen.

570 (H P20), 12-15 = Paralipomenon 20] Meist in den Zusammenhang der auf erkenntnistheoretische Fragen gerichteten *Disputation* gestellt (→ Paralipomenon 12: Text-Band S. 577 f.). Ausführlich begründend: Burdach 1926,61 f. Zum Verständnis von 14 f.: *kein Geheimniß in der Zahl . . . ein grosses in den Brüchen* könnte eine von Boisserée überlieferte Gesprächsäußerung Goethes hilfreich sein (11. 8. 1815. Biedermann/Herwig 2, Nr 4175): Bei einem Buch, das zu erklären suche, »was sich nicht erklären lasse, was man zugeben müsse«, sei es »wie bei der Musik, wo man nie eine reine Oktave kriege, sondern in der zweiten immer ein neuer Ton sich bilde, ein neunter Teil, den man nicht als einen für sich stehenden annehmen könne, darum als *Bruch* in die ganze verteile. Dieser Bruch sei es, der einem überall in der Geologie und in der ganzen Natur begegne. Wolle man ihn rein auflösen, so gehe es nicht, so verwirre man das Ganze, man müsse wissen, daß da noch etwas Unauflösbares sei, und es als solches zugeben, dann komme man durch.« P20

Gegen die Zuordnung zur *Disputation* hat Morris 1902 I,161 eingewandt, daß die beiden Protagonisten dort nicht per 'du' verkehren sollten; Schaaffs 1913,22 f. versucht, das Paralipomenon an den Schluß der *Studierzimmer*-Szene (2072) zu stellen.

570 (H P20), 16 f. = Paralipomenon 41] Für die satirischen Passagen der *Walpurgisnacht*? Morris 1902 I,76 vermutet auch hier einen Bezug auf Klopstock. P41

570, Sammelblatt H P121a] Befindet sich als Blatt 82 in einem Foliofaszikel, das Goethe 1797 auf seiner Reise in die Schweiz als eine Art Tagebuch verwendete; enthält neben den hier wiedergegebenen Notizen eine Reihe unterschiedlicher Einträge, die nicht auf den *Faust* zu beziehen sind. P121a

P83v 570 (H P121a), 4 f. = Paralipomenon 83v] Geringfügig abweichend auch auf dem nachstehenden Sammelblatt H P82; dort durch die Signatur *ad 24* der Situation Fausts nach dem Verlust der Helena zugeordnet (→ Kommentar zu P8, hier S. 934 f.).

571, Sammelblatt H P82] Sammelblatt aus der Zeit der Neuordnung alter *Faust*-Papiere von 1797/98. Grumach 1953,67: Goethe habe hier »zwei Fragmente zunächst abgeschrieben und signiert, um sie nach ihrer Signatur in die betreffende Lage zu übertragen oder übertragen zu lassen. In beiden Fällen läßt sich seine Vorlage noch feststellen, denn P82 steht, und zwar in einer zweifellos älteren Fassung, auf einem Sammelblatt mit ganz verschiedenartigen Fragmenten 〈H P20, Text-Band S. 570〉, P83 auf einem Blatt aus den Papieren der Schweizer Reise 〈H P121a, Text-Band S. 570〉«.

P82 571 (H P82), 1-4 = Paralipomenon 82] Durch *ad 22* (→ Kommentar zu P8, hier S. 934 f.) wohl auf den Helena-Komplex bezogen. Gemeint ist die alttestamentliche Prophezeiung von der Zerstörung des babylonischen Reiches; Jesaja 13,21: »Zihim werden sich da lagern, und ihre häuser voll Ohim seyn« (Zedler 62,690: Tiere, »die sich gern an wüsten Orten aufhalten«). Hier auf das zerstörte Troja übertragen, aus dem Helena zurückkehrt?

P83 571 (H P82), 5-7 = Paralipomenon 83] Durch *ad 24* (→ Kommentar zu P8, hier S. 934 f.) wohl auf Faust nach dem Verlust Helenas bezogen.

P86-90 571, Sammelblatt II H5] Wohl ebenfalls aus der Arbeitszeit vor der Jahrhundertwende. Alle hier gesammelten Zweizeiler lassen sich auf Faust nach dem Verlust der Helena beziehen. P86-89 waren offensichtlich als seine eigenen Äußerungen vorgesehen; P90 für Mephisto?

P91 572, Paralipomenon 91] Gehört in den Zusammenhang der Neuordnung der *Faust*-Papiere von 1797/98. Die Signatur *ad 27* (→ Kommentar zu P8, hier S. 934 f.) ordnet das Fragment den abschließenden Szenen zu. Schon hier die Realitätsblindheit des vor seinem Ende stehenden greisen Faust (der die *Mitternacht* noch für *hoch Mittag* hält). – Die *Taubheit* (Z. 2) des überdies Erblindeten meint hier gewiß die Empfindungslosigkeit in den Gliedern, den *alten Beinen*.

572, Reinschrift H P92*]* Auch diese Niederschrift entstand bei der Neuordnung der *Faust*-Papiere von 1797/98. Ihre auf das numerierte Schema bezogene Signatur *ad 27* (→ Kommentar zu P8, hier S. 934 f.) stellt das *Lied* wie P91 in die Szene oder Szenenreihe, in der es um Fausts Alter und Tod geht. Zu diesem Zeitpunkt sind die später auf die *Vorhof*- und die *Grablegungs*-Szene verteilten, dort erweiterten Totengräberstrophen (→ Kommentare zu 11531-38 und 11604-07) noch nicht den Lemuren zugeordnet, die im Plan von 1797/98 noch fehlen (vgl. dazu Grumach 1953,77 Anm.). – 3 *Wie jung ich war]* Meint: Als ich noch jung war. P92

573, Paralipomenon 96*]* Auch diese Niederschrift gehört in die Arbeitsphase von 1797/98 und in den Zusammenhang des damals angelegten Nummern-Schemas (→ Kommentar zu P8, hier S. 934 f.). Für die nicht sicher zu entziffernde Signatur ist die Lesung *ad 28* wahrscheinlicher als etwa *ad 18*, was auf eine Szene direkt nach der *Walpurgisnacht* (*Kerker*?) deuten würde. *ad 28* hingegen verweist auf eine Szene am Ende des Dramas nach Fausts Tod, und diese Verse lassen sich auf Mephistos Auseinandersetzung mit den Engeln (*Das zierlich höfische Geschlecht*) um Fausts Seele beziehen, die also schon dem alten Plan angehörte. Das Fragment scheint zu erweisen, daß Goethe bereits um die Jahrhundertwende plante, Mephisto beim abschließenden Himmelsgericht nicht auf den *König* treffen zu lassen, sondern stattdessen wohl auf seinen *Reichsverweser* Christus (vgl. die späte Abschrift der sehr wahrscheinlich vor der Jahrhundertwende entstandenen Bruchstücke zum Schluß des *Faust*-Dramas auf dem Sammelblatt H P93, Text-Band S. 722). P96

P97 573, Paralipomenon 97] Gehört zu den in der Arbeitsphase von 1797/98 und im Zusammenhang mit dem Nummern-Schema gefertigten Abschriften (→ Kommentar zu P8, hier S. 934 f.). Mit der Signatur *ad 30* ist offensichtlich der letzte Punkt dieses Schemas bezeichnet. Die *Abkündigung* läßt sich als Pendant zum *Vorspiel auf dem Theater* bestimmen (→ Kommentar zur *Zueignung* S. 152). Goethe knüpft hier nicht nur an das 'Plaudite' der antiken Komödie, sondern auch an einen Theaterbrauch des 18. Jh.s an: 'Abkündigen' nannte man den »temporäre⟨n⟩ Dienst des Schauspielers, dem vom Regisseur die Ordre wird, nach Endigung des Stücks dem Publikum zu sagen, was man für ein Stück Kochwerk – ihm am nächsten Spielabend auftischen werde. ⟨. ..⟩ Gewöhnlich trat damals der Prinzipal ⟨. . .⟩ oder sein Narr und Lustigmacher – gewöhnlich er selbst – auf, und begann etwa so: 'Für die heute gehabte Ehre des zahlreichen Zuspruchs und großen Beifalls ⟨. . .⟩ statten wir unsern ergebensten Dank ab. Auf Morgen ⟨. . .⟩'«. (Schütze 1800,13) Als Sprecher der *Abkündigung* wäre hier also der Direktor oder die Lustige Person des *Vorspiels* zu denken.

573 (P97), 4 f. *Wir möchtens gerne wiederholen | Allein der Beyfall giebt allein Gewicht]* Hatte ein Stück Beifall gefunden, wurde am Schluß der Vorstellung seine Wiederholung angekündigt.

573 (P97), 7-9 *Des Menschen Leben . . .]* Auf der Vorstufe dieser Verse (P97v. → Text-Band S. 548,13-15) wird das *Leben* noch als *episches Gedicht* bezeichnet; die *Abkündigung* ersetzt *episches* durch *ähnliches* und stellt so den Bezug zum vorangegangenen Theaterstück her.

P98 573 f., Paralipomenon 98] Gehört zu den 1797/98 im Zusammenhang der Neuordnung gefertigten Abschriften. Wie die vorangehende *Abkündigung* (P97), sind auch die *Abschied* überschriebenen Verse durch die Signatur *ad 30* der letzten Nummer des Schemas zugeordnet (→ Kommentar zu P8, hier S. 934 f.). Wie die *Abkündigung* dem *Vorspiel auf dem Theater*, so entsprechen die Stanzen des *Abschieds* denen der *Zueignung*; wie zu Beginn sollte also auch zum Abschluß noch einmal der 'Dichter' sprechen (→ Kommentar zur *Zueignung* S. 152). Die beiden Schlußgedichte (in den Jahren 1797-1800, wahrscheinlich 1798 entstanden) waren zur Zeit ihrer Aufnahme in das numerierte Schema als Abschluß der ganzen Dichtung, nicht etwa nur des Ersten Teils, vorgesehen. Tatsächlich hielt Goethe damals eine Vollendung des gesamten Werkes in näherer Zukunft für möglich (die beiden ersten *Abschied*-Verse nehmen sie voraus). Er hat die Aufnahme der Schlußgedichte aber auch noch 1825 vorgesehen (vgl. das Mundum V H^2, in das beide wieder aufgenommen wurden: Text-Band S. 729 f.). Wann er sie endgültig ausschloß, ist ungewiß. Über die Gründe dafür wurden unterschiedliche Vermutungen angestellt. Ausschlaggebend war wohl die Einsicht, daß auf die erst im Dezember 1830 entstandenen Schlußverse der *Bergschluchten*-Szene diese Gedichte nicht mehr folgen konnten und durften (so J. Müller 1969,164 f.).

Sehr deutlich wird in der 1. Strophe die Distanz des 'klassizistischen' Goethe gegenüber der »barbarischen Komposition« seiner *Faust*-Dichtung (→ Text-Band S. 774: an Schiller, 27. 6. 1797). Und *gebannt* wird in der 2. Strophe nicht nur *der böse Geist* des nordischen Mephisto, mit dem sich die eigenen *Jugendträume* (auch Selbstentwürfe?) verbanden und der sich ihm *als Freund und Feind* verkörpert hatte (etwa in dem wiederholt mit Mephisto verglichenen, gar so benannten Johann Heinrich Merck: FA I 14,603 u. 721) – für die Veröffentlichung der ganzen *Faust*-Dichtung wählt Goethe hier eine Beerdigungsvokabel: *bestatten* (574,15). So geben sich diese um 1798 verfaßten *Abschied*-Verse vor allem als ein Aufbruchs-Gedicht auf dem *Weg zur Klarheit*: *Nach Osten*, zur klassischen Antike. Auch wenn es in der 3. Strophe heißt, der Dichter ehre *Das Alterthum und jedes neue Gute*, ist hier kaum schon die Versöhnung der 'Querelle des anciens et des modernes' gemeint, die der *Faust*-Autor in seinen letzten Jahren mit der *klassisch-ro-*

mantischen Phantasmagorie der Helena-Dichtung erstrebte (→ Kommentar zum 3. Akt, S. 582 f.).

P4v 575, Entwürfe H P3] Wahrscheinlich im Zusammen-
P3 hang mit der Arbeit am *Vorspiel auf dem Theater*, das zunächst wohl gar nicht für den *Faust* vorgesehen war, sondern im Spätsommer 1798 für die Wiedereröffnung des Weimarer Theaters geschrieben wurde (Schillemeit 1986; → Kommentar zum *Vorspiel* S. 155).

P4 575, Paralipomenon 4] Möglicherweise gleichfalls zu den Entwürfen zum *Vorspiel auf dem Theater* gehörig: ein erster Entwurf zum voranstehenden P4v. Oder aber ein späteres Blatt, das diesen nicht verwerteten Zweizeiler aus der *Vorspiel*-Arbeit aufnimmt und zu einem knappen Gedicht im Stil der *Zahmen Xenien* erweitert?

P5 575, Paralipomenon 5] Wie H P3 wohl der Arbeit am *Vorspiel* zugehörend (Spätsommer 1798).

575 (P5), 3 *reich*] Schreibfehler (vielleicht im Blick auf die letzte Zeile): *reicht*.

P5a 576, Entwurf H P5a] Entwürfe zum *Vorspiel auf dem Theater* – was der Kontext des Blattes auch für 9-15 nahelegt. (→ Kommentar zu 575,H P3)

P1 576 f., Paralipomenon 1] Mit großer Wahrscheinlichkeit um 1800 entstandener, die im Plan von 1797/98 noch nicht vorgesehene Zweiteilung des Dramas voraussetzender »Versuch des Dichters, die von ihm bereits ausgestalteten Szenen nachträglich auf kurze Formeln zu bringen, diese untereinander gedanklich zu verbinden und von da aus die Stichworte für das Neuzuschaffende zu gewinnen« (Friedrich/Scheithauer 1959,123). Als »Erzeugnis der Schiller-Zeit« und Entwurf der 'klassischen Faust-Konzeption' hat Binder 1968,75 f. dieses Paralipomenon überzeugend mit den »beiden Kernstellen« des *Faust* (Paktszene und *Gro-*

ßer Vorhof des Palasts) in Verbindung gebracht, die beide »um 1800 entstanden sein müssen«.

Die Begriffe *Streben* und *Genuß*, die die Möglichkeiten der Weltaneignung durch das Subjekt thematisieren und hier als Angelpunkte des dramatischen Geschehens eingesetzt werden, hat Goethe in seinem Briefkonzept vom 1. 5. 1801 (WA IV 15,228) zu einem geplanten Preisausschreiben »im Felde der rationellen Empirie« angeführt: »Man nehme die beiden Enden menschlicher Tätigkeit Genuß und Streben, mit den dazwischen liegenden Zuständen Gewohnheit und Resignation, als empirische Data für einmal an, man lege diesen Maßstab, oder einen ähnlichen, der sich durch strengere Ableitung mehr empfiehlt, an die Völkergeschichte der verschiedensten Länder und Zeiten, ja, an die Lebens und Tagesgeschichte eines einzelnen Menschen 〈...〉.«
Wiedergabe der Handschrift im Text-Band, Abb. 11 (das dort unten rechts stehende Datum wurde nachträglich eingesetzt, wohl aufgrund einer Datierungsvermutung von Pniower 1924,146).

576 (P1), 2 *Erscheinung des Geists als Welt u Thaten Genius]* Meint die Erdgeisterscheinung 460 ff., hier umgesetzt in die »klassizistische Kunstterminologie der Jahrhundertwende«. (Grumach 1953,100 Anm.) Als *Weltgeist* wird der *Erdgeist* auch in der 1812 geplanten Bühneneinrichtung bezeichnet (→ Text Band S. 582,9).

576 (P1), 3-7 *Streit zwischen Form- u Formlosen . . .]* → *Faust I*, 522-605 und Kommentar zu 534 ff. In Schellings *Erster Entwurf eines Systems der Naturphilosophie* von 1799,27, mit der Goethe sich schon bald nach Erscheinen auseinandersetzte (WA I 26,361), findet sich die Formulierung vom »Schauspiel eines Kampfs zwischen der Form und dem Formlosen« – bezogen auf die »Natur«, die »continuirlich im Werden begriffen ist«.

577 (P1), 9 f. *Dumpfes 〈Streben〉]* Hier kaum als positiv konnotierte Sturm und Drang-Vokabel, vielmehr (als Gegensatz zu *Helles*) im Sinne von: verworren.

577 (P1), 11 *Lebens Thaten Wesen]* Getilgt als bloße Kurzformel für das in den nachstehenden Zeilen näher Ausgeführte?

577 (P1), 14 *zweyter ——]* Zu ergänzen: *Theil* (entspr. Zeile 12: *I. Theil*). Erste Erwähnung des Teilungsplans, auf den sich Schillers Brief vom 13. 9. 1800 als schon feststehend bezieht: → Text-Band S. 780.

577 (P1), 16 *Epilog im Chaos auf dem Weg zur Hölle]* In Miltons *Paradise Lost* wird als *Chaos* ein zwischen Hölle und Erde liegender 'Urraum vor Erschaffung der Welt' gedacht. Es bleibt aber unbestimmt, wer hier überhaupt *auf dem Weg zur Hölle* ist. Morris 1902 I,86 entnimmt diesen Stichworten, daß Faust nach einem alten Plan »unmittelbar vor der anscheinend sicheren Verdammnis doch noch gerettet werden soll«. Burdach 1932,63 vermutet, daß Goethe an die in den 'Satansprozessen' geschilderten Berichte »über den Verlauf des Himmelsgerichts« anknüpfe, die der Satan »in der Hölle den Teufeln erstattet«: »Vielleicht ists der Schlußbericht ⟨Mephistos⟩ über den endgültigen Verlust der Seele Fausts.« – Alles höchst spekulativ.

P11 577 f., Paralipomenon 11] Mit Überlegungen zu einem »Disputationsactus« war Goethe Anfang April 1801 beschäftigt (Brief an Schiller, Text-Band S. 782). Die Konzeption einer solchen Szene vermutet Burdach 1926,29 schon in der italienischen Zeit (1788: in enger Nachbarschaft mit den Überlegungen zum *Fragment* und der Ausführung der *Hexenküche*); Reich 1968,146 sogar in der Straßburger Studienzeit (1770/71: Nähe zur Schülerszene).

An welcher Stelle Goethe diese *Disputation* im April 1801 noch unterzubringen dachte, ist nicht eindeutig festzustellen. Der Rest der »großen Lücke« (→ Kommentar zu *Faust I*, 1770 ff.), den er damit ausfüllen wollte, könnte zwischen den beiden *Studierzimmer*-Szenen angenommen werden, in denen sich noch deutliche Spuren dieses Planes finden (→ Kommentare zu vor 1322, 1424 f., 1712 f.). Daß sie als überflüssig ausgeschlossen wurde, weil ihr Gehalt in diese *Studierzimmer*-Szenen übergegangen sei (Petsch 1915, 310 f.), ist aus entstehungsgeschichtlichen Gründen kaum haltbar; wahrscheinlicher ein Verzicht nur aus äußeren Ursachen, etwa unter Zeitdruck.

Das für diese Szene vorgesehene gelehrte Streitgespräch zwischen Faust und Mephisto (die beim Doktorexamen mancher Universitäten noch heute übliche institutionalisierte *Disputation* war bis ins 19. Jh. eine der zentralen Veranstaltungen an den Hohen Schulen) läßt sich anhand des P11-Schemas als eine Debatte über erkenntnistheoretische Grundfragen ausmachen. Faust sollte zunächst als Vertreter der 'Schulweisheit' und (in Opposition zu dem 'schwadronierenden' Mephisto) als Anwalt einer regelrecht und ordnungsgemäß durchgeführten akademischen Auseinandersetzung auftreten. Mephisto dagegen (der als *Fahrender Scholasticus* erscheint, → Kommentar zu vor 1322) greift die traditionelle deduktive Metaphysik an und beruft sich auf die *Erfahrung* als überlegene Erkenntnisquelle. In der Fortführung der *Disputation* scheint Faust dann sogar Positionen der neueren Philosophie zu vertreten – einen (Goethes Denken angenäherten) erkenntnistheoretischen Idealismus.

577 (P11), 7 *Opponent]* Der bestallte Gegner bei einer Disputation.

577 (P11), 10 *Pedell]* Universitätsdiener.

578 (P11), 16 *Respondent]* oder Defendent: dessen Behauptungen (oder Verteidigungen der diskutierten Schrift) der *Opponent* zu widerlegen sucht.

578 (P11), 20 *daß er articuli⟨re⟩]* Hier: daß er deutlich gegliederte, logisch zusammenhängende Sätze aufstelle.

578 (P11), 27 *γνοϑι σεαυτον]* Richtig: γνῶϑι σεαυτόν: 'Erkenne dich selbst'. Inschrift des Heiligtums in Delphi und Motto einer gegen Ende des 18. Jh.s sich konstituierenden 'Erfahrungsseelenkunde'. Von Goethe später kritisch bedacht als eine Forderung, die »von der Tätigkeit gegen die Außenwelt zu einer innern falschen Beschaulichkeit« zu verleiten drohe: »Der Mensch kennt nur sich selbst, in so-

fern er die Welt kennt, die er nur in sich und sich nur in ihr gewahr wird.« (WA II 11,59)

578 (P11), 28 f. *Fordert den Gegner auf . . .]* Als die in Verse gefaßte Aufforderung Fausts, *Fragen aus der Erfahrung vorzulegen*, ließe sich P14 (Text-Band S. 579) verstehen.

578 (P11), 30 *Gletscher]* Auf der Schweizer Reise im Oktober/November 1779 notierte Goethe: »das merkwürdige der Formen und Erscheinungen bei den Gletschern« (an Frau v. Stein. WA IV 4,85).

578 (P11), 31 *Bolog. Feuer]* Das 'Bolognesische Feuer': bei Bologna vorkommender, im Dunkel leuchtender Kalkspat.

578 (P11), 32 *Charibdis]* Hier: in der Antike gefürchteter Meeresstrudel bei Messina (galt bei den Seefahrern schon des 18. Jh.s als vollkommen gefahrlos).

578 (P11), 33 *Fata Morg.]* Die Luftspiegelung der 'Fata Morgana' (→ 10584-92).

578 (P11), 36 *der schaffende Spiegel]* Gleichnis für das Erschaffen von Welt (in der menschlichen Vorstellungskraft, in den Werken der Kunst) durch eine produktive Widerspiegelung der Dinge. In einem Brief an Schiller vom 3. 1. 1798 kündigt Goethe die Abschrift eines bei Francisci 1670,43 entdeckten philosophischen Streitgesprächs an, das ihn »unglaublich amüsiert« und ihm »eine gute Idee von dem Scharfsinn der Chineser gegeben« habe. Da erklärt ein chinesischer Gelehrter (Goethe: »ein schaffender Idealist«), »er könnte auch wol Himmel und Erden schaffen.« Ein opponierender Jesuitenpater hält dem entgegen: »Schauet in diesem Spiegel hier / sihet man der Sonnen und deß Mondes Bild / so man ihn recht dagegen stellet: wer solte aber so stumpffsinnig wol seyn / und sprechen / der Spiegel könne den Mond und die Sonne schaffen?«

P12 579, Paralipomenon 12] Bruchstück zur geplanten *Disputation*: Beginn der Szene am Eingang zum *Auditorium* (*Schüler* für: Studenten). Entspricht weitgehend den Zeilen 1-15 des voranstehenden Schemas P11. Die entstehungsgeschichtliche Abfolge freilich ist nicht eindeutig (Goethes Schemata sind häufig auch nachträglich ordnende Arbeitsmittel).

579 (P12), 9 *Convickt]* Hier: Speisesaal der Studenten.

579 (P12), 19 *renomirt]* Studentensprachlich 'viel schreien und wenig leisten' (*Idiotikon der Burschensprache* 1795,93).

579, Paralipomenon 14] Gehört noch zu den Abschrif- P14
ten bei der Neuordnung der *Faust*-Papiere 1797/98 und geht auf einen älteren Einfall zur *Disputation* zurück – oder ist erst um 1801 entstanden? (→ Kommentar zu S. 577 f.: P11). Als *Herrn Vaganten* hat man gewiß Mephisto zu verstehen, den P11 als *Fahrender Scholasticus* ausweist und den Faust auffordert, *Fragen aus der Erfahrung vorzulegen.* – In Metrik und Reimordnung ist P14 dem voranstehenden P12 verwandt.

580, Entwürfe H P15] Ohne sichere Anhaltspunkte zur P15-17
Datierung. P15 und P17 zur *Disputation* gehörig? P16 eher zur *Studierzimmer*-Szene (wo der hier von Faust angeredete Mephisto als *Pudel*, als *Gespenst*, schließlich als *fahrender Scholastikus* erscheint: 1186, 1253, vor 1322)?

580, Paralipomenon 25] Ohne sichere Anhaltspunkte P25
für die Datierung. Ungewiß auch, ob die geplante *Doppel=Scene* »zur Verzahnung von *Wald und Höhle*« gedacht war (WA I 14,295) oder als Ersatz für die Szene der ersten Begegnung von Faust und Margarete (Morris 1902 I,163) oder als deren Vorspiel (Petsch 1925,712). – Zur *Andreas Nacht* → *Faust I*, 876-83 mit Kommentar zu 878/80.

581, Paralipomenon 47] Nach Überschrift und Tonart P47
und auf Grund der Entstehungszeugnisse gehören diese zeitsatirischen Verse zweifellos zum *Walpurgisnachtstraum*-Intermezzo. Frühestmöglicher Entstehungstermin (wegen der Anspielungen auf Zeitgenossen) Ende 1808, also erst nach dem Erstdruck von *Faust I.* Aber auch in die späteren Ausgaben nicht mehr aufgenommen. Sollte Goethe sie mit

Rücksicht auf Voß zu dessen Lebzeiten zurückgehalten haben (Harnack 1902,579), hätten sie jedenfalls 1828 in der *Ausgabe letzter Hand* erscheinen können (die den *Walpurgisnachtstraum* ohnedies um die Verse 4335-42 erweiterte).

581 (P47), 2-17 *Stilling . . .]* Bezieht sich auf die 1808 von Goethes Jugendfreund Jung-Stilling (10: *Jung*) herausgegebene *Theorie der Geister-Kunde in einer Natur- Vernunft- und Bibelmäßigen Beantwortung der Frage: Was von Ahnungen, Gesichten und Geistererscheinungen geglaubt und nicht geglaubt werden müßte.* Sie enthielt ein Titelkupfer der berühmten ‘weisen Frau’: der *Gräfin* von Orlamünda (→ 5-11), und behandelte in § 24 den Sturz des ptolemäischen Weltsystems durch Kopernikus, der »viel Unbegreifliches begreiflich, und vieles Unerklärbare erklärbar« macht (→ 12-17).

581 (P47), 18-27 *Eutiner . . . Wunderhorn . . .]* Johann Heinrich Voß, Rektor in Eutin, hatte im *Morgenblatt* (Nov. 1808) *Des Knaben Wunderhorn* kritisiert, dessen 1. Bd von Goethe wohlwollend rezensiert worden war (zum Kanzler v. Müller am 14. 12. 1808: dafür wolle er Voß »auch noch einst auf den Blocksberg zitieren«; Biedermann/Herwig 2, Nr 2855).

ZUSATZTEXTE FÜR DIE BÜHNE

582-584 (1), Weimarischer Inszenierungsversuch] Pläne zu einer Aufführung, an denen vor allem der Schauspieler Wolff und auch Riemer beteiligt waren, gab es in Weimar seit 1810 (→ Text-Band S. 785) – »wodurch der Dichter verleitet ward mit diesem Gegenstand sich abermals zu beschäftigen, manche Zwischenszenen zu bedenken, ja sogar Dekorationen und sonstiges Erfordernis zu entwerfen.« (*Tag- und Jahreshefte* 1812: WA I 36,75) Zu konkreten Vorarbeiten kam es im Herbst 1812. Die erste Weimarer Aufführung von *Faust I* erfolgte freilich erst zur Nachfeier von Goethes 80. Geburtstag (→ Text-Band S. 798 und hier S. 125).

Gräf 1904,201 vermutet, daß Wolff das vorliegende Szenar »nach Goethes Dictat oder auf Grund von Berathungen mit dem Dichter« niedergeschrieben habe. Die eigenhändig hinzugefügten Ziffern am linken Rand beziehen sich wohl auf die Bühnenbilder. Nach E. Schmidt, WA I 14,314 deuten die Seitenzahlen (34: *pag. 96* und 40: *pag. 129*) auf ein Bühnenmanuskript; die am rechten Rand befindlichen *NB.*-Angaben auf die vorgesehene musikalische Begleitung (möglich wäre auch ein Zusammenhang mit den geplanten »Zwischenszenen«, → 34).

583,34 *Kleine Teufel*] Gräf 1904,212 f. vermutet, daß es sich dabei um eine (nicht überlieferte) Zwischenszene handelt, von der Matthisson aus dem Jahr 1815 berichtet (Biedermann/Herwig 2, Nr 4133): Der Hölle entsteigend, sende Mephisto da eine »Schar schwarzer Teufelchen ⟨...⟩ als Missionäre über den Erdball« aus – eine satanische Kontrafaktur des Missionsbefehls Christi (Matthäus 28,18 ff.), welche der dualistischen Konzeption der unterdrückten Satansszenen entspricht (→ P50: Text-Band S. 552 ff. und Kommentar zur *Walpurgisnacht*, hier S. 344 f.).

584-588 (2), Zusätzliche Szene *Zwey Teufelchen und Amor*] Zunächst wohl unabhängig von der *Faust*-Dichtung und früher als 1814 entstanden (Schillemeit 1988,647). Zusammen mit der hier nachfolgenden *Gartenhäuschen*-Szene am 11. 4. 1814 an den mit der Vertonung und melodramatischen Teil-Aufführung von *Faust I* beschäftigten Fürsten Radziwill nach Berlin gesandt. War dazu bestimmt, »der Gartenszene vorauszugehen« (an Radziwill, 11. 4. 1814). Schillemeit 1988,646 f.: »ein echter Zusatz zum *Faust*-Text und ein sehr eigentümlicher, auf den ersten Blick überraschender: ein ⟨wie die hier nachfolgende *Gartenhäuschen*-Szene⟩ gleichfalls opernhaftes, zugleich aber auch ballettartiges Stückchen«, das in der »Mischung antiker und nordisch-romantischer Elemente, in höchst merkwürdiger Weise, schon als ein erster, vorausdeutender Hinweis auf die Begegnung von antiker und 'romantischer' Welt im *Faust II*« erscheine (→ Kommentar S. 582 f.).

585,6 *Papa]* Mephisto (→ *Faust I*, 4305).

587,90 *erzplutonisches Gelichter]* Vom antiken Höllengott Pluton abgeleitet.

587,92 *Parnassus]* Berg bei Delphi (einer seiner beiden Gipfel war dem *Apoll* geweiht).

587,95 *Apoll verbirgt sich unter Hirten]* → *Faust II*, 9558 f. und Kommentar dazu.

587,109 f. *Wie alle Götter Griechenlands, | Auch ein verkappter Teufel]* Schillers Gedicht *Die Götter Griechenlands* war von Friedr. Leopold zu Stolberg im *Deutschen Museum* (August 1788) als unmoralisch, unchristlich, gottlos kritisiert worden (→ Kommentar zu *Faust I*, 4271-74).

588, nach Z. 115*]* Am Schluß der an Radziwill gesandten Handschrift wurde hinzugefügt: »Amor fliegt gegen die Seite, wo sogleich Faust und Gretchen hervortreten. Die Teufelchen hüpfen in die entgegengesetzte, wo später Mephistopheles und Marthe herauskommen.« (WA I 14,318)

588-590 (3), earbeitung der Gartenhäuschenszene*]* Zusammen mit den voranstehenden *Zwey Teufelchen* zur Vertonung für die Berliner Aufführung dem Fürsten Radziwill übersandt. Begleitbrief 11. 4. 1814: »Ich wünsche, daß die

Szene des Gartenhäuschens, in ihrer gegenwärtigen Form, der Musik mehr geeignet sein möge, als sie es bisher in ihrem Lakonismus gewesen.« Sie ist hier zu einer »typische⟨n⟩ Opernszene« mit »sich verschlingenden Solo- und Duettpartien« (Schillemeit 1988,646) und abschließendem Quartett gediehen (vgl. *Faust I*, 3205-16).

589,48 *benommen]* Adelung 1,760: »Hinderung des freyen Gebrauches einer Sache«.

590 (4), Zwei Geisterchöre für die Paktszene*]* Mit einem Begleitbrief vom 4. 7. 1819 an den Regisseur Wolff nach Berlin geschickt, zur Vertonung durch den Fürsten Radziwill für die dortige Aufführung bestimmt und offenbar auf Bitte der Berliner verfaßt. Die von Goethe notierten Anschlußverse zeigen, wo diese »neuen Chöre« eingefügt werden sollten.

591 (5), *Faust* als Monodrama*]* Bearbeitung der Verse 630-85 (*Nacht*-Szene) im Zusammenhang mit den Weimarer Aufführungsplänen; Abschrift vom Mai 1815. Goethe an Brühl, 1. 5. 1815: »An Faust wird schon seit einigen Jahren probiert, es hat aber noch nicht gelingen wollen. ⟨...⟩ Jedoch darf ich nicht verhehlen, daß wir im Begriff stehn eine Probe zu machen, und zwar folgendermaßen: Ich habe die beiden ersten großen Monologe von Faust in's Engere gezogen, und überdies die Szene zwischen ihm und Wagner herausgeworfen, so, daß vom Anfang: Habe nun, ach! Philosophie pp. bis zu den Schlußworten des Chors: Euch ist der Meister nah, Euch ist er da! das Monodram in einem fortgeht, und nur durch die Erscheinung des Geistes unterbrochen wird. Die Absicht ist, Fausten mit seltner musikalischer Begleitung rezitieren zu lassen, die Annäherung und Erscheinung des Geistes wird melodramatisch behandelt, das Schlußchor melodisch, woraus denn ein kleines Stück entsteht, welches etwas über eine halbe Stunde dauern mag.« – Neben der hier wiedergegebenen Abschrift der zwölf neuen Verse ist eine Reinschrift der ganzen

für diese Aufführung eingerichteten ersten *Faust I*-Szene erhalten. Dazu ausführlich Schimpf 1987,348.

591 f. (6), Zwei zusätzliche Chöre für die erste Weimarer Aufführung am 29. August 1829] Eine Neufassung des den Teufelspakt begleitenden Geisterchors, welchen Goethe für die Berliner Aufführung geschrieben hatte (Text-Band S. 590), und ein Engelchor zum Beschluß des Ersten Teils (→ Kommentar zu 4612).

BERICHT FÜR 'DICHTUNG UND WAHRHEIT'

P63 593-596, Paralipomenon 63] Entstanden wohl Ende 1816. Goethe rechnete kaum mehr mit einer Vollendung des *Faust* und wollte im 18. Buch von *Dichtung und Wahrheit* den Inhalt des Zweiten Teils berichten, wie er ihn um das Jahr 1775 geplant haben mochte (→ Zur Entstehungsgeschichte, Text-Band S. 786). Daß bei so großem Zeitabstand auch spätere Konzeptionen Eingang fanden in diese Darstellung, ist sehr wahrscheinlich.

Hochinteressant ein aus etwa gleicher Zeit stammender (hinsichtlich seiner Zuverlässigkeit sehr umstrittener) Parallelbericht Falks über eine »in dem gedruckten ‘Faust’ unterdrückte Szene« (bei Biedermann/Herwig 5, Nr 7229): »Es wird nämlich dem Faust, weil er die ganze Welt kennen lernen will, vom Mephistopheles unter anderm auch der Antrag gemacht, beim Kaiser um eine Audienz nachzusuchen. Es ist gerade Krönungszeit. Faust und Mephistopheles kommen glücklich nach Frankfurt. Nun sollen sie gemeldet werden. Faust will nicht daran, weil er nicht weiß was er dem Kaiser sagen, oder wovon er sich mit ihm unterhalten soll. Mephistopheles aber heißt ihn gutes Mutes sein; er wolle ihm schon zu gehöriger Zeit an die Hand gehn, ihn, wo die Unterhaltung stocke, unterstützen und, im Fall es gar nicht fort wolle, mit dem Gespräche zugleich auch seine Person übernehmen, so daß der Kaiser gar nicht inne zu werden brauche, mit wem er eigentlich gesprochen oder nicht gesprochen habe. So läßt sich denn Faust zuletzt den Vorschlag gefallen. Beide gehen ins Audienzzimmer und werden auch wirklich vorgelassen. Faust seinerseits, um sich dieser Gnade wert zu machen, nimmt alles, was irgend von Geist und Kenntnis in seinem Kopfe ist, zusammen und spricht von den erhabensten Gegenständen. Sein Feuer indessen wärmt nur ihn; den Kaiser selbst läßt es kalt. Er gähnt einmal über das andere und steht sogar auf dem Punkte, die ganze Unterhaltung abzubrechen. Dies wird Mephistopheles noch zur rechten Zeit gewahr und kommt dem armen Faust versprochnermaßen zu Hülfe. Er nimmt zu dem Ende dessen Gestalt an und steht mit Mantel, Koller und Kragen, den Degen an seiner Seite, leibhaftig wie Faust vor dem Kaiser da. Nun setzt er das Gespräch genau da fort, wo Faust geendigt hatte; nur mit einem ganz andern und weit glänzendern Erfolge. Er räsonniert nämlich, schwadroniert und radotiert so links und rechts, so kreuz und quer, so in die Welt hinein und aus der Welt heraus, daß der Kaiser vor Erstaunen ganz außer sich gerät und die umstehenden Herren von seinem Hofe versichert, das sei ein grundgelehrter Mann, dem möchte er wohl tage- und wochenlang zuhören, ohne jemals müde zu werden. Anfangs sei es ihm freilich nicht recht vonstatten gegangen, aber nach diesem, und wie er gehörig in Fluß gekommen, da lasse sich kaum etwas Prächtigeres denken, als die Art, wie er alles so kurz, und doch zugleich so zierlich und gründlich vortrage. Er als Kaiser müsse bekennen, einen solchen Schatz von Gedanken, Menschenkenntnis und tiefen Erfahrungen nie in einer Person, selbst nicht bei den weisesten von seinen Räten, vereinigt gefunden zu haben. Ob der Kaiser mit diesem Lobe zugleich den Vorschlag verbindet, daß Faust-Mephistopheles in seine Dienste treten oder die Stelle eines dirigierenden Ministers annehmen soll, ist mir unbekannt. Wahrscheinlich aber hat Faust einen solchen Antrag aus guten Gründen abgelehnt.«

593 (P63), 1 *jenen ...]* Die vorangehende Seite ist nicht überliefert. E. Schmidt (WA I 15.2,173) hat eine Rekonstruktion des fehlenden Beginns versucht: »Das damals beredete dichterische Vorhaben sei liegen geblieben; nach so langer Zeit habe er beschlossen die Leser seiner Lebensgeschichte« ...

593 (P63), 5 f. *die Freuden der Ehre, des Ruhms, der Macht und Herrschaft ...]* Zu den Abweichungen gegenüber der endgültigen Szene *Anmutige Gegend* → Kommentar zu 4658-65.

593 (P63), 12 ff. *Mephistophles ... Beschreibung von dem*

Reichstage zu Augsburg, welchen Kaiser Maximilian . . .] Zu den Abweichungen gegenüber der endgültigen Fassung → Kommentar zum 1. Akt, hier S. 397 ff., Punkt 2 und 3.

593 (P63), 21 f. *sein Mantel beschleunigt die Reise]* Meint den *Zaubermantel* (→ *Faust I*, 1122 ff. und 2065 ff.).

593 f. (P63), 26 *die wunderbare Bedingung]* Für: sonderbare.

594 ff. (P63), 28 f., 37 f., 116 *nichts von Gaukeley und Verblendung . . . Fausts Antworten deuten auf höhere Forderungen und höhere Mittel . . . entläßt den Mephistophles]* → Kommentare zum 1. Akt des Zweiten Teils: S. 397, Punkt 1 und zu 11403-07.

594 (P63), 58 f. *die übrigens fürchterliche Scene]* → Laterna magica-Kommentar, hier S. 479 ff.

594 f. (P63), 63 ff. *Wahl der dritten Erscheinung . . . mehrere]* → Kommentar zu 566-568 (P65).

595 (P63), 70 *Doppeltseyn]* Meint: *Der wirkliche* und *Der verkappte Faust* (Mephisto).

595 (P63), 83 *durch einen magischen Ring]* Das später aufgegebene Motiv findet sich in verschiedenen Vorarbeiten noch von 1825/26 wieder (→ Text-Band S. 680,20; S. 686, 27; S. 696 unten).

596 (P63), 110 *Lust zum Besitz]* → auch P179a (Text-Band S. 705,4): *umwendung zum Besitz* und dann im 4. Akt, 10187, bezogen auf das Land, das Faust dem Meer abkämpfen will: *Herrschaft gewinn ich, Eigentum!*

596 (P63), 115 f. *Faust . . . entläßt den Mephistophles]* → Kommentare zum 1. Akt, hier S. 397, Punkt 1 und zu 11403-07.

596 (P63), 125 *. . . geistreiche und anregende]* Wie der Beginn fehlt auch der Abschluß des Manuskripts; E. Schmidt (WA I 15.2,177) ergänzt: . . . »Unterhaltung«.

PARALIPOMENA ZU FAUST II · ERSTER AKT

P100 597, III H^{58} = Paralipomenon 100] Dieses den Beginn des Zweiten Teils skizzierende Schema wird meist auf Mai 1827 datiert (Tagebuch 27. 5. 1827: »Ich behandelte das Schema von Faust anschließend an das schon Vollendete«). Als gesichert kann nur gelten, daß es zwischen Mai 1825 und 1827 entstanden ist. Auffallend, daß die Stichworte dicht an den im Paralipomenon 63 von 1816 überlieferten alten Plan (→ Text-Band S. 593-596) und einige der ältesten Entwürfe zu Motiven des 1. Akts anschließen, dabei aber kaum schon Spuren der bei der Ausführung eintretenden Umgestaltungen aufweisen. Anders jedoch als im Bericht für *Dichtung und Wahrheit* (P63) ist hier von einer dritten Geistererscheinung nach Paris und Helena nicht mehr die Rede.

597 (P100), 1 *Geister des Ruhms der großen That]* → P63: Text-Band S. 593,4-7. Im Elfenchor der Szene *Anmutige Gegend* wird dieses Motiv entschieden zurückgenommen (→ Kommentar zu 4658-65).

597 (P100), 2 *Notiz von des Kaysers Wunsch]* Entspricht P63, Text-Band S. 593,17-21?

597 (P100), 3 *Streit]* Entspricht P63, Text-Band S. 593 f.,23-30?

597 (P100), 5 *M.⟨ephistopheles⟩ u Marsch⟨alk⟩. Wunsch]* Entspricht wohl P63, Text-Band S. 594,44 f. – Ausgeführt im *Faust II*, 6182 ff.

597 (P100), 7 f. *Irdisches Verh.⟨indern?⟩ | Faust höheres Unmögliches]* Entspricht P63, Text-Band S. 594,35-38; → Kommentar zum 1. Akt, S. 397, Punkt 1.

597 (P100), 8-10 *Geister citir⟨en⟩ | Misverständniß | Meph. hinter Faust]* → P63: Text-Band S. 594,38-47. Dort nimmt Mephisto sogar *Fausts Gestalt an.*

597 (P100), 13 *Curtisan]* Höfling.

P101 598, Paralipomenon 101] Schema zu 4889-5060 der Szene *Saal des Thrones* vom Sommer 1827 (Beginn der Ausarbeitung des 1. Akts). Die Stichworte entsprechen schon weitgehend den ausgeführten Versen (in anderer Abfolge). Der zur großen *Mummenschanz*-Szene sich entwickelnde *Carnevall* erscheint hier als ein eher sekundäres Motiv: kontrastierend auf die *Fromme Vorbereitung* (Buße) bezogen, die jetzt noch als *Bedingung des Schatzhebens* angeführt wird. – Dabei ist vom Papiergeld noch keine Rede.

598 (P101), 4 *Man entgegnet]* Meint: tritt dem entgegen, widerspricht.

598 (P101), 4 *Furcht vor Zauberey]* → *Faust II*, 4979-84.

598 (P101), 5 *Der lustige]* wohl Mephisto als der neue Hofnarr.

598 (P101), 6 *Wünschelruthe und Persönlichkeit]* → Kommentare zu *Faust II*, 4983 und 5898-5901.

598 (P101), 8-11 *Fromme Vorbereitung]* → *Faust II*, 5049-60.

598, Paralipomenon 101a] Notizbucheintrag zwischen 1827 und 1828. Ergänzungen zum hier vorangehenden P101, die sich auf 4903-14 beziehen lassen. P101a

598-600, Paralipomenon 102] Ältestes überliefertes Schema zur *Mummenschanz* (für deren Verse 5065 bis etwa 5688) aus dem Spätsommer/Herbst 1827. Zentrale Motive vor allem des zweiten Teils dieser Szene sind hier noch nicht verzeichnet, aber viele der im ausgeführten Text auftretenden Figurengruppen werden schon genannt (die noch fehlenden Grazien erst in H nachträglich eingefügt). Die bezeichnenderweise nicht 'als erledigt' gestrichenen *Musikanten* und den *Juwelier* ließ Goethe fallen; für *Vogelsteller*, *Fischer* und *Poeten* gab er schließlich nur erzählende, zum Stegreifspiel anleitende Szenarien (→ Kommentare zu vor 5199 und nach 5294), obgleich Versbruchstücke dafür in den hier folgenden Paralipomena 108b und 110a schon existierten. P102

Das Schema zeigt, daß Goethe sich an Grazzinis Dokumentation der florentinischen Maskenzüge, mit der er sich zwischen August und Oktober 1827 erneut beschäftigte (→ Kommentar zur *Mummenschanz*-Szene, S. 426 f.), noch weit stärker orientiert hat, als der endgültige Text erkennen läßt. Alle Stichworte seines Schemas lassen sich auf Anregungen durch Grazzini zurückführen; ihre Reihenfolge freilich entspricht nicht mehr dieser Quelle, sondern schon dem Aufbau der ausgeführten Szene.

599 (P102), 6 *Gelegenheit für alle Pflanzen]* Angemessene Bedingungen für ihr Gedeihen zu schaffen, sei die Aufgabe der Gärtner (so in Grazzinis *Canto di giardinieri*).

599 (P102), 10 *Reißen]* Ält. Wortform für: Reusen (DWb 14,846).

599 (P102), 12 *Buffone]* In *Faust II* durch *Pulcinelle*, die Spaßmacher der Commedia dell'arte ersetzt (5215 ff.).

599 (P102), 20 *Mütter und Töchter]* Endgültig auf eine Mutter und ihre Tochter reduziert (*Faust II*, 5178 ff.).

599 (P102), 22 *Klatschen]* Sprecherangabe vor 5640: WEIBERGEKLATSCH.

599 (P102), 26 *Verschwendung]* In *Faust II*, 5573 erklärt der hier noch nicht angeführte Knabe Lenker: *Bin die Verschwendung . . .*

600 (P102), 29 *Farfarellen]* Falter, Motten (→ Kommentar zu *Faust II*, vor 6592).

600 (P102), 30 *Geitz hinter ihm]* Meint: hinter dem Reichtumsgott Plutus (in den Masken dieser allegorischen Figuren sind dann Faust und Mephisto zu denken. → Kommentar zu *Faust II*, 5531 f.).

P108b 600, Paralipomenon 108b] Vermutlich aus dem Sommer 1827. Verse für die endgültig nur 'erzählend' eingebrachten Fischer; → *Faust II*, vor 5199 und Kommentar dazu.

P108c 600, Paralipomenon 108c] Wie P108b vermutlich ein im Sommer 1827 entstandener Entwurf zum Auftritt der *Fischer und Vogelsteller*, die sich vor 5199 *unter die schönen Kinder* mischen.

P110a 601 f., Paralipomenon 110a] Eigenhändige Abschrift

von Fragmenten einer im Rahmen der *Mummenschanz* geplanten Poeten-Szene (die an weiter auszuarbeitenden Stellen Lücken läßt). Möglicherweise hat Goethe nur unter Termindruck auf einen ausgeführten Sprechtext verzichtet (→ Kommentar zu *Faust II*, vor 5199): immerhin wurden die (spätestens im August 1827 verfaßten) Zeilen 30-33 als Verse des *Satirikers* in die Szene eingebracht (dort 5295-98).

601 (P110a), 1 Randnotiz: *19]* Vgl. im folgenden die Einträge *20*, *17*, *18*: diese gegen die ursprüngliche (römische) Numerierung später eingesetzten Zahlen sollten offenbar eine nachträglich vorgesehene Veränderung der Reihenfolge bezeichnen.

601 (P110a), 4 | 12 *Natur u Liebe* | *Ruhm u Leidenschaft]* Diese Themengruppen für die geplante Poeten-Szene entsprechen den einigermaßen ironischen Bezeichnungen, welche die Dichter dann endgültig in den Szenarien nach 5294 erhalten. In Goethes Vorlage (Grazzinis Dokumentation florentinischer Maskenzüge von 1750, S. 467; → Kommentar zur *Mummenschanz*-Szene S. 426 f.) wurde korrekt nach den 'klassischen' Gattungen unterschieden: Komödien- und Tragödiendichter, Elegiker und Satiriker.

601 (P110a), 19 *in die Schrancken]* des ritterlichen Turnierplatzes.

602 (P110a), 35-37 *Heisa . . .]* Mit Bleistift notierte frühere Entwurfsfassung (wohl zu IIII).

602 (P110a), 39 *Hans Liederlich]* Redensartlich für einen leichtfertig ausschweifenden Kerl (→ Kommentar zu *Faust I*, 2628).

603 f., Entwurfsblatt I H12*]* Vom Spätsommer/Herbst 1827, zu den Versen der Parzen (die nur wenig vom endgültigen Text abweichenden Partien sind hier nicht wiedergegeben) und zu denen der Mutter in der *Mummenschanz*-Szene.

603 (I H12), 2-6*]* Ein von der endgültigen Fassung auch metrisch noch deutlich unterschiedener Entwurf wohl zu den Lachesis-Versen *Faust II*, 5333-44.

603 (I H^{12}), 2 *Wenn ich nicht weifte]* Bezeichnet das Aufwickeln des gesponnenen Fadens um die kreisförmig geschwungene *Weife* (= Haspel; → Kommentar zu *Faust II*, 5335).

604 (I H^{12}), 25-29*]* Frühe, kaum noch zu entziffernde Skizze wohl zu 5191-98. Besonders umstritten das erste Wort der letzten Zeile (*Phillis*?): E. Schmidt, WA I 15.2,17 vermutet eine Verschreibung für *Phallus*; Düntzer 1891/I,282 möchte stattdessen *Niklas* lesen.

604 f., Entwurfsblatt I H^{19}*]* Verschiedenes zur *Mummenschanz*, zwischen September und Dezember 1827.

604 (I H^{19}), 4 *Ist das Auge doch verlez⟨t⟩]* Als Quelle für die Zoilo/Thersites-Passage 5473-93 diente nach K. Mommsen 1981,204 f. ein Märchen aus *1001 Nacht*: bei einem (den Ausgang der *Mummenschanz* vorbildenden) spukhaften Feuer, das des Sultans Bart verbrennt und den ganzen Palast bedroht, verliert dort die zuschauend erzählende Figur ihr rechtes *Auge*.

P108 604 f. (I H^{19}), 18-21 = Paralipomenon 108*]* Im Gegensatz zu den anderen Entwürfen auf diesem Bogen später nicht verwendete Verse, wahrscheinlich für den Auftritt der Gärtner und Gärtnerinnen in der *Mummenschanz*. (Zur Arbeit an dieser Szene Jensen 1968)

605, Entwurfsblatt I H^{9a}*]* Nach Schillemeit 1996, 364 zunächst für »kleine Gedichte zu den Blumenbouquets« gedacht (s. Goethes Tagebuch, 8.12.1827), dann zu *Faust* 5136 ff. verwendet.

605 (I H^{9a}), 1 und 7 *Theophr⟨ast⟩ u Humboldt ... Linn⟨é⟩ u Humboldt]* Wie Theophrast (→ Kommentar zu *Faust II*, 5137) wären auch Karl v. Linné (auf dessen Nomenklatur die botanische Systematik des 18. Jh.s. beruhte) und Alexander v. Humboldt (der 1806 seine *Ideen zu einer Physiognomik der Gewächse*, 1816 eine Schrift über *Verteilung der Pflanzengestalten* veröffentlicht hatte) außerstande, die Kunstblumen *bestimmt zu nennen*, also botanisch einzuordnen,

aus welchen der *Phantasiekranz* und *Phantasie-Strauß* in der *Mummenschanz*-Szene bestehen.

605 (I H^{9a}), 4 f. und 10 f. = Paralipomena 108a und P108a/av
108av] Als Goethe die Gärtnerinnen-Passage der *Mummenschanz* um die Auseinandersetzung zwischen den Kunst- und Naturblumen erweiterte (→ 5132-57) und dafür seine oben genannten Blumengedichte benutzte, ließ er diese zwischen dem 'Falschen' und 'Wahren' eher ausgleichenden Verse doch fallen.

605, Entwurfsblatt I H^{10}] Zur *Mummenschanz*, wohl zwischen September und Dezember 1827. Später dem Herold zugewiesene Beschreibung, wie die Schatzkiste des Plutus vom Wagen herabgehoben wird (→ 5685-88).

606, Entwurfsblatt I H^{23}] Wohl aus der Arbeitsphase zwischen September und Dezember 1827.

606 (I H^{23}), 1-7 = Paralipomenon 110] Das zwischen P110
Zeile 2 und 3 wechselnde Metrum läßt annehmen, daß es sich um zwei voneinander unabhängige Bruchstücke handelt. Gegen die Vermutung, daß 3-7 der Herold zur Einführung der Holzhauer sprechen sollte (Düntzer 1891/I,283), weist Morris 1902 I,193 auf 5217 f. und schließt: »Für die Pulcinelle war also ursprünglich dasselbe Versmass bestimmt, wie für die Gärtner und den Trunkenen.«

606 (P110), 7 *die sich mit Lasten schlepp⟨en⟩*] Wohl die Holzhauer (→ 5203 und 5237).

606 (I H^{23}), 8-13 *Euph.⟨orion⟩ ...*] Entwurf zu 5560-5562. Wie zunächst auch in H hat der Knabe Lenker hier noch den Namen, den er dann erst im 3. Akt trägt (→ Kommentar zu: in 5520).

606 (I H^{23}), 14 = Paralipomenon 109] Zu 5531 f. gehö- P109
rig – Euphorion (später der Knabe Lenker) als Allegorie der *Poesie*, Plutus (Faust): *Reichth⟨um⟩*, der Abgemagerte (Mephisto): *Geiz*. Die Handschrift legt nahe, daß auch diese Zeile im Zusammenhang mit dem vorangehenden Entwurf als Äußerung des Herolds notiert wurde – der

hätte dann selber gewußt, wie die neu auftauchenden allegorischen Figuren zu *benennen* seien. Die verbliebene Lücke weist nach Goethes üblichem Verfahren auf noch zu ergänzende Verse.

606, Entwurfsblatt I H^{18}] Zum Auftritt der Gruppe *Klugheit*, *Furcht* und *Hoffnung*, aus der Arbeitsphase zwischen September und Dezember 1827. Zu dieser politischen Allegorie → Kommentar zu *Faust II*, 5394-5456.

606 (I H^{18}), 5-8 *Klugheit führt ...*] Erste Ansätze zu 5445-5456, wo die *Thätigkeit* des Entwurfs zur anschaulich-allegorischen Beschreibung von *Viktorie*, der *Göttin aller Tätigkeiten* ausgestaltet wird. – Spricht die *Klugheit* hier von sich in der dritten Person, oder war in diesem Stadium noch ein anderer Sprecher dieser Verse vorgesehen?

607, Entwurfsblatt I H^{24}] Zu 5590-5603, vom Herbst 1827.

607 (I H^{24}), 14 *Das ist die Münze der Poeten*] So ausdrücklich werden die vom *Knaben Lenker* ausgeteilten magisch-scheinhaften *Schnippchen* in der *Mummenschanz*-Szene nicht mehr den Dichtergaben gleichgesetzt (→ dazu Kommentar zu 5581).

607 (I H^{24}), 18 *statt der   Dinge*] Bezeichnend für Goethes Arbeitsweise die dem charakterisierenden Adjektiv belassene Lücke (5602 dann: *statt solider Dinge*).

607 (I H^{24}), 22 *Ver{steh} nicht*] Kaum zu entziffern, möglicherweise: *Versprich nicht*

P104 607-609, Paralipomenon 104] Nach dem 7. 11. 1827 entstandenes Schema, das von 1-33 den zweiten Teil der *Mummenschanz* skizziert (dort ab 5562) und von 34-37 Stichworte zur Geisterbeschwörung gibt, die den Versen 6183-8 in der *Finsteren Galerie* entsprechen.

Während der Beginn des Schemas (4-9) der Ausführung in den Versen 5562-66 schon recht genau entspricht (aufgrund bereits vorliegender Teilentwürfe niedergeschrieben?), sind die offensichtlich vorausplanenden Stichworte zum folgenden Geschehen noch sehr allgemein gehalten. Wichtige Motive, wie das des brennenden Bartes, fehlen noch; die später zwischen dem Schluß der *Maske⟨ra⟩d⟨e⟩* und der Geisterbeschwörung behandelte Papiergeldschöpfung wird ebensowenig angedeutet wie Fausts Gang zu den *Müttern.* – Die Striche zur Kennzeichnung des Erledigten machen deutlich, daß das vorliegende Schema ab 20 nicht mehr direkt 'verwertet' wurde.

607 (P104), 2 *Flämmchen]* Zu den Inspirations-*Flämmchen*, die der *Knabe Lenker* aussendet (hier in den beiden mit Bleistift an den Rand geschriebenen Zusätzen 1-3 und wieder 38-39) → *Faust II*, 5632-39 und Kommentar dazu.

608 (P104), 12 *Schnippch⟨en⟩ als Geschenck]* Die Kleinodien, die der *Knabe* Lenker mit schnipsenden Fingern unter die Menge verteilt (→ 5582 ff.).

608 (P104), 15 *Mein lieber Sohn . . .]* → Kommentar zu 5628 f.

608 (P104), 19 *weigerung]* Meint 5646 f.: *Vom Leibe mir . . .?*

608 (P104), 20 *Drache⟨n⟩ holen herab]* → *Faust II*, 5684 ff.

608 (P104), 37 *schwürig]* DWb 15,2768: »für schwierig« (entsprechend Text-Band S. 610,47 im Paralipomenon 105: *Meph. widersetzt sich* der Forderung nach *Geistererscheinungen*).

609 f., Paralipomenon 105] Wohl nach dem hier voran- P105
gehenden Paralipomenon 104 entstanden. 1-43 schematische Skizze für den zweiten Teil der *Mummenschanz* (dort ab 5612); 44-48 wieder den Versen 6183-88 in der *Finsteren Galerie* entsprechend. Gleichfalls noch ohne Erwähnung des Papiergeld- und des *Mütter*-Motivs. Die Zeilen 1-25 (die jeweils den Sprecher und ein Stichwort seiner Rede angeben) lassen sich bei geringen Abweichungen von der späteren Abfolge den ausgeführten Versen recht genau zuordnen; jedenfalls bis Zeile 12 scheinen sie schon vorgelegen zu haben, dient das Schema also einer nachträglichen Ordnung dieser Entwürfe. Dagegen zeigen die Zeilen

26-51 noch deutliche Abweichungen: die herandrängende Menge, Mephistos obszöne Pantomime, auch die Gnomen, Satyrn und Nymphen sind noch nicht vorgesehen, auch der später ausgeführte Brand wird hier noch nicht erwähnt – während (anders als in P104) die 'flammende' *Kiste* schon vorhanden ist, in die des Kaisers 〈Bart-〉*Maske* fällt, bevor sie (hier) davonfliegt.

610 (P105), 37 *Entwast]* Wohl eigene Wortbildung aus 'wasen' (DWb 27,2285: »dampfen, dunst von sich geben«). In P106, Text-Band S. 613,36 dafür: *En〈t〉hüllt.*

610 (P105), 38 *Stücke]* ? – E. Schmidt, WA I 15.2,193 liest: *Stände[?].*

610 (P105), 43 *ajournirt]* Vertagt.

P112 610, I H28 = Paralipomenon 112*]* Auf dem Blatt mit Entwürfen zu 5666-5681 doch offensichtlich isoliert eingetragener Zweizeiler, dessen Zugehörigkeit zur Arbeit am *Faust* durchaus nicht gesichert ist.

610-612, Entwurfsblatt I H29*]* Verschiedenes zur *Mummenschanz*, wohl aus der Arbeitsphase Herbst 1827.

P113 610 f. (I H29), 1-21 = Paralipomenon 113*]* Nicht verwendeter Entwurf zur Rolle von Faust/Plutus beim 'Feuerzauber' der *Mummenschanz*-Szene.

610 (P113), 1 f. *Er mag sich wie er will gebärden | Er muß zuletzt ein Zaubr〈er〉 werden]* Die wohl Mephisto zuzuschreibenden Verse lassen sich vielleicht mit der schon aus P63 (Text-Band S. 593 f.,26-29) bekannten Absicht Fausts in Verbindung bringen, ohne *Gaukeley und Verblendung* auszukommen, so daß er Mephisto *entläßt* (ebd. S. 596,116) – der das hier zu unterlaufen sucht. → hier S. 397, Punkt 1.

611 (P113), 13-15 *Dichter ...]* Spuren des Plans, einen *Dichter* auftreten zu lassen, finden sich auch in P106 (Text-Band S. 613,34), P117 (Text-Band S. 618) und I H60 (Text-Band S. 620). Ähnlich wie schon Morris 1902 I,188 f. schließt Blumenthal 1954,148 ff. aus den »vielfältig auszulegenden Andeutungen in den älteren Entwürfen«, ein »äl-

tester Plan« habe vorgesehen, daß nicht Faust, sondern der Dichter die »Feuergaukelei« beenden sollte, und bemerkt zum vorliegenden Entwurf: »Wenn es nicht zu kühn ist, den Sinn dieser fragmentarischen Stelle interpretieren zu wollen, möchte man vermuten, daß die Zauberei des Flammengaukelspiels nicht durch neue Zauberei bezwungen werden sollte – was der Dichter als ‘erdreisten’ empfindet –, sondern durch höhere Magie, die nur der Dichter ‘leisten’ kann.« Später habe Goethe offenbar erwogen, durch diesen *Dichter* nicht die *Mummenschanz*, sondern den ganzen ersten Akt schließen zu lassen: → Kommentar zu S. 618 (I H^{45}), 1-4. – Anders MA 18.1, 701: »nicht eine neue dramatische Person, sondern Plutus/Faust« als Dichter.

611 (P113), 18 *liberal*] Hier im Sinne von ‘freigebig’.

611 (I H^{29}), 22-26 = Paralipomenon 114v] Bleistiftent- P114
wurf zum folgenden Paralipomenon 114.

611 (I H^{29}), 27-32 = Paralipomenon 114] Dem Knaben Lenker zuzuordnen. Im ausgeführten Text etwa durch 5705 ff. ersetzt.

612 f., Paralipomenon 106] Der auf den 16. Dezember P106
1827 datierte Entwurf eines Schemas skizziert den zweiten Teil der *Mummenschanz* (dort ab 5689). In der Beschreibung der Geschehnisse nach dem Abschied des Knaben *Lencker* detaillierter als die Schemata P104 und P105 (Text-Band S. 608-610); so scheint es sich hier um ein diese ergänzendes Zusatzschema zu handeln. Die erste Fassung des Schemas steht der entsprechenden Partie P105 noch sehr nahe; die nachstehende, durch Sofortkorrekturen und Ergänzungen hergestellte zweite Fassung P106v verweist schon auf die schließlich ausgeführte Version.

612 (P106), 9 *grosthuisch*] Prahlerisch (→ P106v: Text-Band S. 613,9).

612 (P106), 29 *den Faun*] Schreibfehler für ‘den Pan’? Oder ist hier *Der erste* Faun in P103, Text-Band S. 614,12 gemeint, im Gegensatz zu den folgenden *Faunen*?

613 (P106), 34 *Der Dichter*] Zu dieser Figur, die nach

Goethes ursprünglichem Plan hier offenbar neben Faust auftreten sollte, → Kommentare zu P113 (611,13-15) und P117 (618,1-4). Jedenfalls wurde das schon bei der Überarbeitung des vorliegenden Schemas wieder verworfen, *Der Dichter* nämlich durch *Faust* ersetzt.

P106v 613 f. (I H^{43}), 1-26 = Paralipomenon 106v] Auf den 22. Dezember 1827 datiert, neue Niederschrift und Weiterentwicklung des vorangehenden Schemas P106; die dort vorgenommenen Korrekturen sind hier realisiert. Das Blatt wurde nach der Beschriftung jedoch zerschnitten und enthält daher nur noch den Beginn einer Überarbeitung von P106. Unvollständig sind so auch die quer am Rand ergänzten, das Schema beschließenden Stichworte (hier 19-26), die den Schluß der *Mummenschanz* skizzieren (für 19-24 → P105, Text-Band S. 610,38 und P106, Text-Band S. 613,36) und auf die geplante Fortsetzung des 1. Aktes nach der *Mummenschanz* verweisen (für 25 f. → P107, Text-Band S. 618,2 f.).

P103 614, Paralipomenon 103] Papier und Beschriftung lassen vermuten, daß es sich bei diesem Schemabruchstück um einen von I H^{43} (= P106v) nachträglich abgetrennten Teil der Bearbeitung des Schemas P106 handelt (→ Text-Band S. 612 f.,21 ff.).

614 f., Entwurfsblatt I H^{39}] Für den Gesang des herandringenden Faunen-Chors; aus dem Umkreis des Arbeitsmundums I H^{32} (Text-Band S. 616 f.), wahrscheinlich von Ende Dezember 1827.

P115 614 (I H^{39}), 1-4 = Paralipomenon 115] Wohl für die Faune bestimmte Verse, die hier statt der erst später eingeführten Gnome den Pan zur Feuerquelle führen sollten (→ I H^{40}, Text-Band S. 615). Dazu Morris 1902 I,193 f.

615, Entwurfsblatt I H^{40}] Aus dem Umkreis des Arbeitsmundums I H^{32} (Text-Band S. 616 f.) vom Dezember 1827. Dokumentiert den ursprünglichen Plan, daß statt der

Gnome die Faune zum siedenden Schatz drängen sollten (→ P115: Text-Band S. 614).

615, Entwurfsblatt I H42] Für den Schluß der *Mummenschanz* (Vorarbeiten zum Arbeitsmundum I H32, Text-Band S. 616 f.), vom Dezember 1827.

615 (I H42), 1 f. = Paralipomenon 116] Vermutlich als Ausruf des Herolds notiert, der das durch Übermut ausgelöste Brandunglück beklagt (→ *Faust II*, 5958 ff.). P116

616, I H31 mit Paralipomenon 113v] Einige Zeilen des Entwurfs P113, wie sie in zum Teil abweichender Form in den Blättern aus dieser Arbeitsphase wiederholt in unterschiedlichen Kontexten auftauchen (in P113, Text-Band S. 611,16-21 vom *Geiz* gesprochen). P113v

616 f., Arbeitsmundum I H32] Mit dem Schluß der *Mummenschanz* in einer frühen Fassung, aus der Arbeitsphase vom Herbst 1827. Deutlich hier Goethes Verfahren, das für die Reinschrift bestimmte Heft zunächst mit Schema-Stichworten zu gliedern (1 f.,5-7,13 f.,17); zwischen den einzelnen Eintragungen blieb dabei freier Raum, der später zum Teil mit vermutlich aus anderen Reinschriften herausgeschnittenen, eingeklebten Blättern gefüllt wurde. An diesem ursprüngl. zu H gehörenden Mundum (so Schillemeit 1996, 364) läßt sich beobachten, wie die Szenen aus verschiedenen Einzelteilen geradezu 'montiert' wurden.

616 (I H32), 3 f. und 15 f. = Paralipomenon 113v: *In hundert Jahren . . .*] Ähnlich P113, Text-Band S. 611,17 f.; dort vom *Geiz* gesprochen. P113v

616 f. (I H32), 8-12] Skizze zu 5767 ff.

616 (I H32), 8 *einen goldnen Becher*] Deutlicher als in der Endfassung, wo Mephisto aus Gold einen Phallus *knetet* (→ Kommentar zu 5780), wird hier die von Möbus 1988,73 f. untersuchte Beziehung auf die Hure Babylon mit dem »güldenen becher in der hand, voll greuels und unsauberkeit ihrer hurerey« (Offenbarung 17,4).

617 (I H32), 13-16 *Geiz . . . liberal]* Ältere Stichworte zu 5767 ff., die mit der ausführlicheren Skizze 8-12 überklebt wurden.

617 (I H32), 17 *Faunen Chor]* Älteres Stichwort auf sonst unbeschriebener Seite, wie 13-16 überklebt.

P107 618, Paralipomenon 107] Schema für den Fortgang des 1. Aktes nach der *Mummenschanz*. Die überarbeitete Fassung von P106 (Text-Band S. 613 f.) deutet diese Fortsetzung bereits an (dort 26: *Knieend pp*). Entstanden während der abschließenden Arbeiten an der Szene *Weitläufiger Saal* im Dezember 1827 oder Januar 1828.

618 (P107), 6 *Fürst von Salamand⟨ern⟩]* → 5989-6002 und Kommentar zu 6002.

618 (P107), 12-19 *Neues wünschend . . .]* Entspricht dem schon am Ende von P104 und P105 (Text-Band S. 608,34 ff. u. 610,44 ff.) skizzierten Plan einer Fortsetzung des 1. Akts. Daß die Hofgesellschaft den Wunsch nach einer Geisterbeschwörung äußert und Faust trotz Mephistos Warnung zusagt, wurde jedoch in der szenischen Darstellung ausgespart und zu Beginn der Szene *Finstere Galerie* 6179-88 berichtend nachgetragen. – Von der dazwischengestellten Papiergeld-Aktion hier noch keine Spur.

618 (P107), 15 *Streit zwischen Dame⟨n?⟩ u Herr⟨n?⟩]* um die gewünschte Geistererscheinung? Einen frühen Entwurf zu diesem Streitgespräch vermutet Grumach 1958,52 f. in dem vielumrätselten P10 (→ Text-Band S. 549 und Kommentar dazu).

618 (P107), 18 *assentirt]* Stimmt zu.

618 f., Entwurfsblatt I H45] Enthält neben den hier mitgeteilten Entwürfen zum *Faust* verschiedene andere Konzepte aus dem Dezember 1827.

P117 618 (I H45), 1-4 = Paralipomenon 117] Blumenthal 1954,150 ff. meinte, es könne sich hier um den Entwurf eines Epilogs zur Szene *Weitläufiger Saal* handeln, den ein in Goethes älterem Plan noch vorgesehener *Dichter* sprechen sollte. Denn zwei undeutliche Zeilen in I H60: *Däm-*

m⟨er⟩schein | *Der Dichter tritt ein* (→ hier Kommentar zu 620,5) ergänzt sie durch: ⟨in⟩ »das Proscenium«. Sie nimmt an, daß dieser *Dichter* ursprünglich während der ganzen *Mummenschanz* auf der Bühne anwesend sein sollte, und rechnet zu seinem Epilog (sehr spekulativ) auch die isoliert handschriftlich überlieferten, von ihr zum *Faust*-Paralipomenon erklärten Verse

Der Zaubrer quält sich um Helenens Bild
Quält Höll und Himmel leidenschaftlich wild
Besucht er mich in heitern Morgenstunden
Das Liebenswürdigste war ihm gefunden.

(Umgearbeitete Fassung in der Nachlaßsammlung *Zahme Xenien* VIII: FA I 2,726 f.) – Dagegen MA 18.1, 703: »Sprecher vermutlich Faust in der Doppelrolle: als Plutus und Dichter« (? Sch.).

619 (I H^{45}), 5-7 = Paralipomenon 118] Bezieht sich auf P118 die geplanten Geistererscheinungen; vielleicht handelt es sich um einen Entwurf im Zusammenhang der später fallengelassenen Szene, in der Faust von der Hofgesellschaft zur Geisterbeschwörung aufgefordert wird (→ P104,105, 107 und Kommentar zu S. 618,12-19).

619, Entwurfsblatt I H^{46}] Zur Papiergeld-Szene.

619 (I H^{46}), 9 *schmunzt*] DWb 15,1134: Nebenform zu *schmunzelt* (so dann 6100).

619 (I H^{46}), 9 *Schede⟨l⟩*] Latein. schedula: Papierblättchen, Zettel.

620, Entwurfsblatt I H^{60}] Zur Szene *Rittersaal*, nach dem 30. August 1829.

620 (I H^{60}), 5 *Der Dichter tritt ein*] Zuerst von Morris 1902 I,188 vorgeschlagene Lesung, welche die von E. Schmidt, WA I 15.2,36: »Dämmerschein der Dinge tritt ein« überzeugend korrigiert. – Zu der von Blumenthal 1954 daraus konstruierten Epilog-These: → Kommentar zu 618,1-4 (Paralipomenon 117).

620 f., Entwurfsblatt I H^{48}] Zur Szene *Finstere Galerie* (6207-6219), wahrscheinlich vom September 1829.

P119 621 (I H^{48}), 21 f. = Paralipomenon 119] Bezieht sich auf das Reich der *Mütter* (→ dazu I H^{n}: Text-Band S. 622,7 f. und *Faust II*, 6245 f., 6432).

621, Entwurfsblatt I H^{50a}] Zu *Faust II*, 6259-6261, wahrscheinlich aus dem Herbst 1829.

621 f., Sammelblatt I H^{50}] Textbruchstücke zu den Szenen *Finstere Galerie* und *Hell erleuchtete Säle*.

P120 621 (I H^{50}), 1 f. = Paralipomenon 120] Mephistopheles zu Faust (→ *Faust II*, 6292 ff. – *ihn* meint den Dreifuß).

621 (I H^{50}), 9 *Es . . . es*] oder: *Er . . . er*?

622, Entwurfsblatt I H^{n}] Zur Szene *Finstere Galerie* 6239 ff., entstanden nach dem 3. 9. 1829.

622 (I H^{n}), 6 *Gestillter Meere, streichend⟨e⟩ Delphine*] Das nachträglich eingefügte Komma sollte aus der (6244 doch beibehaltenen) Genitivbeziehung offenbar eine Aufzählung machen; Korrektur in 'Gestillte' fehlt jedoch.

P121 622 (I H^{n}), 9-14 = Paralipomenon 121] Entwurf für die auf 6246 folgenden Mephisto-Verse (9 f. deutlich abgesetzt, wohl für sich notiert. → dazu 6293 f. und 6562 f.).

623, Entwurfsblatt I H^{57}] Zur Szene *Rittersaal*, wahrscheinlich aus dem Herbst 1829.

623 (I H^{57}), 2 *getrost der Dichter*] In *Faust II*, 6436: *der kühne Magier*. Zu dieser vielerörterten Änderung → Kommentar-Band S. 475 zur *Rittersaal*-Szene (vgl. auch P113: Text-Band S. 610,2 und I H^{60}: ebd. 620,5).

623 (I H^{57}), 4 *das Schöne*] Dafür in 6438: *das Wunderwürdige*; entspricht der Umsetzung von *Dichter* in *Magier*.

623, Entwurfsblatt I H^{58}] Zur Szene *Rittersaal*, vermutlich von Ende August 1829.

P122 623 (I H^{58}) 3 f. im Paralipomenon 122 *Man kleid' ihn ritterlich ...]* Wie der folgende Text verdeutlicht: Verse einer Hofdame über Paris, die den mäkelnden Höflingen entgegnet – in ritterlichem Gewand würde dieser *Scha⟨fs⟩ Knecht* sie vollends ausstechen.

623 (I H58), 5 *Scha⟨fs⟩ Knecht]* In der *Rittersaal*-Szene gemildert zu *Schäferknecht* (Paris hatte auf dem Berge Ida die Herden seines königlichen Vaters Priamos gehütet; → Kommentar zu 6459).

PARALIPOMENA ZU FAUST II · ZWEITER AKT

624 f., Entwurfsblatt III H49] Folioblatt mit Entwürfen von zwei Chorliedern, wahrscheinlich aus dem Frühjahr 1825: 1-16 *Frauen MännerLiebe gewohnte* und 17-32 *Nennst du ein Wunder dieß* (dessen Fortsetzung sich auf der später abgetrennten, als III H27 bezeichneten anderen Hälfte des gleichen Bogens findet: Text-Band S. 690 f.). Vermutlich als Goethe sich im Frühjahr 1826 wieder der Arbeit an der *Helena* zuwandte, nutzte er III H49 für das hier anschließende P158.

P158 625 (III H49), 33-49 = Paralipomenon 158] Schillemeit hat gezeigt, daß es sich bei diesem ironisch-parodistisch gehaltenen Entwurf nicht (wie früher angenommen) um ein Gespräch Fausts mit der Manto handelt, sondern mit Mephisto, der in den Plänen des Frühjahrs 1826 noch als sein Begleiter in das Totenreich (zur Losbittung der Helena) vorgesehen war. Goethe muß eine Zeitlang erwogen haben, »Faust in der Szene mit Helena in jambischen Trimetern ⟨den *langgeschwänzten Zeilen* reimlos 12silbiger Verse⟩ sprechen zu lassen, und dabei auch, ebenfalls nur vorübergehend, mit dem Gedanken gespielt haben, ihn das Sprechen in diesem fremdartigen Versmaß üben und Mephisto dabei, auf seine Weise, die Rolle des philologischen Mentors spielen zu lassen« (Schillemeit 1985,50. – Zu Helenas Verssprache → hier S. 590 f.). Ähnlich wie die wohl gleichzeitig entstandenen Paralipomena 176v/176 (→ Text-Band S. 694 f. und Kommentar dazu) zeigt dieser Plan eine »Neigung zu parodistischer Reflexion auf Sprachliches und zu entsprechendem, illusionszerstörendem Spiel der sprachlichen und poetischen Formen mit sich selbst« (aaO. 40).

625 (P158), 38 *noch andres babylonische*] Vermessene Unternehmungen (wie der Turmbau von Babel)?

625 (P158), 43 *zur aller ältesten*] Wohl die in P99A (Text-Band S. 629,19) genannte *Thessalische Ursybille*, die Faust den Weg zu Proserpina und Helena öffnen sollte und erst

später zu Manto konkretisiert wurde (P99B, Text-Band S. 631,26 f.). Vgl. Schillemeit 1985,47-50.

625 (P158), 44 *lange {Weile}*] Oder etwa *lange Qualen*?

625 (P158), 46 *mit verblü‹m›tem Wort*] Mit rhetorischem Schmuck versehene Rede.

625 f., Entwurfsblatt III H7] Wahrscheinlich aus dem Frühjahr 1826.

625 (III H7), 1 f. = Paralipomenon 142v] Auf einen personifizierten Geist des Erdbebens zu beziehen, der dann Enceladus heißen sollte (P123B: Text-Band S. 633,85 u. P123C: Text-Band S. 641,200) und in der ausgeführten Fassung als Seismos (→ Kommentar zu vor 7519) auftritt. Nach einer Überlegung von Düntzer 1891/II,98 wollte Goethe das Erdbeben ursprünglich dem Gott der Unterwelt selbst zuschreiben, der nämlich im Gegensatz zu Enceladus oder Seismos in der griech. Sage eine Frau besitzt. P142v

625 f. (III H7), 3-6 = Paralipomenon 141v] Varianten des gleichen Verspaares. Eher als an die bisher vermuteten Sprecher Faust oder Mephisto wäre wohl an Oreas zu denken (→ 7811 f. und die Entstehungsvariante auf II H46: Text-Band S. 655,7 ff.). Fraglich, ob überhaupt schon ein bestimmter Sprecher vorgesehen war. P141v

626 (III H7), 8-11 = Paralipomenon 140v] Mephisto zu sich selber? Oder (Witkowski 1950,444): »Worte der Sphinxe zu Mephistopheles ähnlich wie 7148 ff., oder der Dryas wie 7959 ff.«? Oder (Morris 1902 I,184): ablehnende Antwort Enyos auf »die erste unhöfliche Begegnung Mephistos« (→ P123A: Text-Band S. 627 f., 8 ff.)? P140v

626 (P140v), 9 *In ihren Gauen ists zu blöde*] In dieser Gegend ist deine Sehkraft zu schwach?

626 (III H7), 7 und 12-21] Metrische Bearbeitungen der Verse durch Riemer.

626 f., Sammelblatt H P140] Textsplitter zur *Klassischen Walpurgisnacht*, wahrscheinlich aus dem Frühjahr/Sommer 1826. P140-146

626 (H P140), 1-4 = Paralipomenon 140] Wohl Abschrift von P140v (Text-Band S. 626,8-11). → Kommentar dazu.

626 (H P140), 5 f. = Paralipomenon 141] Wohl neue Fassung von P141v (Text-Band S. 625 f.). → Kommentar dazu.

626 f. (H P140), 7-9 = Paralipomenon 142] Wohl weiterentwickelte Version von P142v (Text-Band S. 625). → Kommentar dazu.

627 (H P140), 10-13 = Paralipomenon 143] Lesung und Deutung unsicher. Schmeichelworte Mephistos an Enyo? (so Morris 1902 I,184)

627 (H P140), 14-18 = Paralipomena 144 und 145] Exzerptnotizen aus Lukans *De bello civili* über die thessalischen Hexen; für die *Klassische Walpurgisnacht* nicht verwendet. 14: Übersetzung von VI,520. – 15 : VI,437 (ihre 'Kunst besteht darin, das Unglaubliche zu vollbringen'). – 16-18: Lukan VI,467 und eigene Übersetzung.

627 (H P140), 19-22 = Paralipomenon 146] Zuordnung ganz unsicher. Ansätze zu den Versen 8445 ff. und 8391 ff. (Galatea und die Doriden)?

P123A 627-629, Paralipomenon 123A] Am 10. 6. 1826 diktierte erste Fassung einer Ankündigung für den Vorabdruck des eben abgeschlossenen 3. Aktes (*Helena | klassisch-romantische Phantasmagorie* erschien 1827/28 in C1/34). Der für Goethes Zeitschrift *Über Kunst und Altertum* vorgesehene Text will erklären, wie sich dieses isolierte Zwischenspiel an den im Druck vorliegenden *Faust I* anschließen sollte, und gibt damit Aufschluß über die ältesten Pläne zur (damals noch nicht so bezeichneten) *Klassischen Walpurgisnacht*. Zu erkennen sind deutliche Bezüge auf Lukans Epos *De bello civili*, das Goethe im April 1826 gelesen hat.

627 (P123A), 3 ff. *Dem alten, auf die . . . von Faust umgehende Fabel gegründeten Puppenspiel gemäß . . .]* → Kommentar zum 3. Akt, S. 578 f.

627 (P123A), 10 *Ennyo]* Eine der Phorkyaden, die in der *Klassischen Walpurgisnacht* dann als *Dreigetüm* auftreten (→ Kommentar zu 7967).

628 (P123A), 12 f. *Thessalien]* Landschaft im nördl. Griechenland: Schauplatz der in Lukans *De bello civili* beschriebenen Pharsalischen Schlacht und der *Klassischen Walpurgisnacht.*

628 (P123A), 13 *Sibyllen]* → Kommentar zu 7455.

628 (P123A), 15 *Persephone]* → Kommentar zu 7490.

628 (P123A), 15 ff. *mit dem Beding . . .]* Zu Persephones Bedingung für die Losgabe Helenas aus dem Hades → Kommentar zu 9568 f.

628 (P123A), 40-47 *Nur bemerke ich, daß in der Schillerschen Correspondenz . . .]* → Text-Band S. 780 ff.

629 (P123A), 48-54 *Bey der Unternehmung der vollständigen Ausgabe meiner Werke . . .]* Die *Ausgabe letzter Hand*, in deren 4. Bd der 3. Akt 1827/28 als Vorabdruck erschien. Das *wohlverwahrte Manuscript* meint Goethes Fragment *Helena im Mittelalter* von 1800 (→ Text-Band S. 671 ff.), im Frühjahr 1825 *wieder vorgenommen*, im Juni 1826 *zu Ende geführt.*

629 f., Paralipomenon 99A] Frühes Schema zum 2. Akt, in zwei voneinander abweichenden Fassungen überliefert. Hier die ältere Fassung (→ Tagebucheintrag vom 8. 11. 1826. Text-Band S. 790). P99A

629 (P99A), 1 *Faust, niedergelegt an einer Kirchhofsmauer]* Wie die erst mit Punkt 7 beginnende Numerierung zeigt, fehlt ein erster Teil der Niederschrift, der wohl dem ebenfalls noch auszuführenden 1. Akt galt. Der dort bei der Geisterbeschwörung im *Rittersaal* in Ohnmacht gestürzte Faust wird hier *niedergelegt.*

629 (P99A), 2 f. *Großer Monolog, zwischen Gretchens und Helenas Wahnerscheinung]* Bald wieder fallengelassener Plan (→ P123B u. C, Text-Band S. 632,14 ff. u. 638,72 ff.), der sich in anderer Form dann zu Beginn des 4. Akts wiederfindet: Während die beiden Frauengestalten hier zunächst wohl als *Todt*⟨enbilder⟩ oder *Todt*⟨enerscheinungen⟩ vorgestellt waren (Z. 3), wurde ihre *Wahnerscheinung* in der überarbeiteten Fassung des Paralipomenons durch das Stichwort *Träume* ergänzt (P99B: Text-Band S. 630,1) und

mit Fausts Eingangsmonolog zum 4. Akt dann in die großen Wolkenbilder transformiert (→ 10039-66).

629 (P99A), 8 *Chemisch Menschlein]* Erste Erwähnung des Homunkulus-Motivs.

629 (P99A), 10 *Sie gelangen endlich nach Thessalien]* Die Reise nach Griechenland ist noch nicht mit dem Homunkulus-Motiv verknüpft, wird hier offenbar nur von Mephisto und Faust unternommen.

629 (P99A), 11-18 *Sie finden die häßliche Enyo . . .]* Eine der Phorkyaden (→ Kommentar zu 7967), mit der Mephisto sich hier auf ein nicht näher erläutertes *Bündniß* einläßt. Morris 1902 I,183 vermutet mit Bezug auf P162 und P127 (Text-Band S. 680 und 645), daß Enyo bei der Erringung Helenas behilflich sein und dafür ein ähnliches Anerbieten erhalten sollte, wie Mephisto es im Ersten Teil der *Hexe aus der Küche* macht (*Und kann ich dir was zu Gefallen tun: | So darfst du mir's nur auf Walpurgis sagen.* 2589 f.): »Enyo soll sich also ihre kupplerischen Bemühungen um die Vereinigung Fausts mit Helena nicht verdriessen lassen – sie wird dafür selber geniessen.«

629 (P99A), 19 *Sie gelangen zur Thessalischen Ursybille]* Die (→ Kommentar zu 7455) sollte offenbar den Weg in die Unterwelt weisen und Faust zu *Proserpina* führen. Dafür wird später Manto eingesetzt.

629 (P99A), 21 *Proserpina wird angegangen]* Zum geplanten Gang Fausts in die Unterwelt (Losbittung der Helena) → Szenen-Kommentar *Klassische Walpurgisnacht* S. 526 ff.

629 (P99A), 22 f. *Die Beyspiele . . .]* 'Präzedenzfälle' aus den griech. Sagen bei der Losbittung der Helena (dazu Hederich 1770, 2105/171/1083): Der vor Troja gefallene *Protesilaus* wurde auf Bitten seiner Gemahlin »auf drey Stunden wieder aus dem Reiche der Todten herauf gelassen«, *Alceste* ihrem Gatten Admetus zurückgegeben, *Euridice* von Orpheus freigebeten (→ Kommentar zu 7493 f.).

630 (P99A), 24-27 *Helena selbst . . . mit dem Achill . . . auf der Insel Leuce]* → Kommentar zu 7435.

630 (P99A), 28-33] Das alte Motiv vom *magischen Ring,*

das für die Helena-Pläne noch bis ins Frühjahr 1826 eine Rolle gespielt hatte (P63: Text-Band S. 595,83 u. P166: S. 696,1), ist ersetzt durch die Bedingung, daß ihre Rückkehr aus dem Totenreich *auf den Boden von Sparta* beschränkt sein sollte (so schon P123A: Text-Band S. 628,15 ff.; → Kommentar zu 7435). Damit ist Helenas Auftritt im 3. Akt endgültig aus dem deutschen Mittelalter nach Griechenland verlegt.

630 f., Paralipomenon 99B] Vermutlich am 10. 11. 1826 überarbeitete Fassung von P99A (→ Tagebucheintrag unter diesem Datum: Text-Band S. 790). Der bisherige Plan zeigt sich hier vor allem um die Begegnung mit *den antiken Ungeheuern und Mißgestalten* erweitert. – Erläuterungsbedürftige Angaben, die sich schon im vorangehenden Paralipomenon 99A finden, werden hier nicht erneut kommentiert. P99B

630 (P99B), 1 *Träume*] Das gegenüber P99A neu eingefügte Motiv findet sich in den ausführlichen Berichten über die Geschehnisse des 2. Akts vom Dezember 1826 (P123C, Text-Band S. 638,72 ff.) wieder, in verwandelter Gestalt dann auch im endgültigen Text: als Fausts Traumgesicht von der Zeugung der Helena (6904 ff.).

630 (P99B), 11 *auf der Pharsalischen Ebene*] → Kommentar zu vor 7005.

630 (P99B), 12 *Erichtho*] → Kommentar zu vor 7005.

630 (P99B), 12 *Erichthonius*] Sagenhafter König von Athen. Hederich 1770,1029 ff.: Außerhalb eines Mutterleibes aus dem auf die Erde gefallenen Samen Vulkans entstanden (Homunkulus-Motiv!), daher »kein volliger Mensch, sondern ein Knabe mit einem Paar Drachenfüßen 〈. . .〉 und also eine häßliche Misgeburt«. Darauf bezieht sich wohl seine *Symbolische Verwandtschaft* mit der namensverwandten thessalischen Hexe *Erichtho* (aber P123B, Text-Band S. 632,45 f.: *ihre Verwandtschaft von der das Alterthum nichts weiß*).

630 (P99B), 17-19 *Centauren . . . Graien*] Wahrscheinlich

erst anläßlich der Überarbeitung von P123B (→ Text-Band S. 631 ff.) im Dezember 1826 entstandene Randnotizen, welche die *antiken Ungeheuer und Mißgestalten* aufzählen. Von ihnen treten im endgültigen Text nur die *Sphynxe, Greife, Sirenen, Tritonen und Nereiden* und *Graien* (= Phorkyaden) auf (in den Kommentaren zur *Klassischen Walpurgisnacht* erläutert).

630 (P99B), 17 *Centauren]* Fabelwesen der griechischen Mythologie: »von oben an, bis ungefähr an den Nabel, Menschen, so dann aber vollends Pferde« (Hederich 1770,658). – Einer von ihnen, Chiron, tritt in der *Klassischen Walpurgisnacht* noch auf (→ Kommentar zu 7331).

630 (P99B), 17 *Chimären]* Hederich 1770,703: »ungeheures Thier, welches drey Köpfe, als einen Löwen- Ziegen- und Schlangenkopf hatte, dabey von vorn einem Löwen, in der Mitten einer Ziege, und von hinten einem Drachen glich, hiernächst Feuer aus seinem Rachen spye.«

630 (P99B), 19 *Gorgonen]* Die drei Schwestern der Graien (= Phorkyaden): »Sie hatten Köpfe voller schuppichten Schlangen« und »so große Zähne, als die wilden Schweine, Hände von Erze, und goldene Flügel, womit sie fliegen konnten.« (Hederich 1770,1168) Eine von ihnen Medusa.

631 (P99B), 27 *Manto des Tiresias Tochter]* Vgl. Hederich 1770,1520. Endgültig läßt Goethe sie nicht mehr von diesem griech. Seher, sondern vom Äskulap abstammen: → Kommentar zu 7450 f.

P123B/C 631-644, Paralipomena 123B und 123C*]* Zwei Versionen einer gegenüber P123A (Text-Band S. 627-29) erweiterten Fassung des Ankündigungstextes für den Vorabdruck vom 3. Akt (der 1827/28 in $C^1/3$4 als *Helena* | *klassisch-romantische Phantasmagorie* veröffentlicht wird). Um zu erklären, wie sich dieses isolierte *Zwischenspiel* an den im Druck vorliegenden *Faust I* anschließen sollte, geben beide Texte jetzt einen ausführlichen Bericht über die Geschehnisse der *Klas-*

sischen Walpurgisnacht, der in wesentlichen Zügen schon der endgültigen Szene entspricht. Eine ganze Reihe bereits bis ins einzelne ausgeführter Motive wurde jedoch wieder fallengelassen: »Das Schwierige indessen war, sich bei so großer Fülle mäßig zu halten, und alle solche Figuren abzulehnen, die nicht durchaus zu meiner Intention paßten. So habe ich z. B. von dem Minotaurus, den Harpyen, und einigen andern Ungeheuern, keinen Gebrauch gemacht.« (Goethe zu Eckermann, 21. 2. 1831) → Szenen-Kommentar zur *Klassischen Walpurgisnacht*, hier S. 521 f. – Erläuterungsbedürftige Angaben, die sich schon im Paralipomenon 123A (Text-Band S. 627-29) finden, werden hier nicht erneut kommentiert.

P123B wurde nicht, P123C nicht in dieser Form veröffentlicht. Dazu Kommentar zum nachfolgenden Paralipomenon 123C (hier S. 1002 f.).

632 (P123B), 14 *exaltirt]* Verzückt, überspannt.

632 (P123B), 15 *paralisirt]* Gelähmt (freilich nicht: bewußtlos, wie in der endgültigen Fassung. → Kommentar zu 6568).

632 (P123B), 18 *seines früheren probaten Mittels]* Bezieht sich offenbar auf die aus dem Ersten Teil bekannten Versuche Mephistos, Faust von Margaretes Schicksal abzulenken.

632 (P123B), 24 *gloriirend]* Prahlend, sich rühmend.

632 (P123B), 24-27 *daß eben ein chemisch Menschlein zu Stande gekommen ...]* Zu Goethes einschneidender und weitreichender Änderung dieses ursprünglichen Homunkulus-Plans → Szenen-Kommentar *Laboratorium*, hier S. 505 ff.

632 (P123B), 35 f. *die pharsalische Schlacht]* bei Pharsalus, wo 48 v. Chr. Pompejus von Caesar geschlagen wurde. → Kommentar zu 6951-55, vor 7005 und 7011 f.

632 (P123B), 43 *Erichtho]* → Kommentar zu vor 7005.

632 (P123B), 44 f. *Erichtonius ... ihre Verwandtschaft]* → Kommentar hier zu S. 630,12.

633 (P123B), 55 ff. *Greif, einer der Goldhüthenden ... colos-*

sale Ameisen-Goldhüter] → Kommentar zu vor 7104 und zu 7106.

633 (P123B), 61 *Ungethüme des Alterthums ...]* → P99B: Text-Band S. 630,15 ff.

633 (P123B), 62 *Harpyen]* Hederich 1770,1196 ff.: »Gesichter wie Jungfern, aber Hände mit großen krummen Klauen 〈...〉, werden mit unter die Furien gerechnet 〈...〉, wohneten nach einigen mit in dem Eingange der Hölle«; einige halten sie auch »für einerley mit den Stymphaliden«, die in der *Walpurgisnacht* fliegen (→ Kommentar zu 7219-24).

633 (P123B), 62 *Python]* Erläutert hier S. 939 im Kommentar zu P50: 556,132.

633 (P123B), 63 *stymphalische Vögel]* → Kommentar zu 7219-24.

633 (P123B), 67 *Menge phosphoreszirender Atome]* Goethe dachte wohl an Infusorien (Geißeltierchen), die auch das Meeresleuchten hervorrufen (→ 8466 und *Walpurgisnacht*-Kommentar, hier S. 531 f.). Der Naturforscher Ehrenberg (1828,2 f.) spekulierte, ob in ihnen »die Werkstätte der bildenden Natur, der Anfang und das Ende aller Organismen sei«, ob »sich durch das Verschmelzen mehrerer 〈Infusorien〉 zu grösseren Formen allmälig alles Organische« gebildet habe: »selbst der Leib des Menschen«.

633 (P123B), 72 *Kohortenweis Pompejaner und Cäsareaner]* In der Schlacht bei Pharsalus (Z. 35 f.) fielen auf beiden Seiten ganze Kohorten (Zehntel einer röm. Legion).

633 (P123B), 83 *Skotusa]* Stadt in Thessalien, Sitz eines alten Heiligtums.

633 (P123B), 85 *Enceladus]* Einer der Giganten, die die Schmach der Titanen im verlorenen Götterkrieg zu rächen suchten. Nach Vergil (*Aeneis* III,575-80) wurde sein durch Jupiters Blitz halbverbrannter Leib unter den Ätna verbannt, der nun 'Klippen, zerrissenes Bergeingeweide' und 'flüssige Felsbrocken' würgend hervorspeie. Endgültig durch den Titanen Seismos ersetzt (→ Kommentar zu 7558-69). Für seine Beschreibung des Erdbebens, bei dem *Haupt*

und Schultern des Enceladus aus dem Boden treten, nutzte Goethe einen Reproduktionsstich von Raffaels Bildteppich 'Paulus im Gefängnis zu Philippi' (→ hier Abb. 10).

634 (P123B), 89 *Thales und Anaxagoras]* → Kommentar zu vor 7851 und zu 7853.

634 (P123B), 100 f. *ein ergötzliches Kampfspiel]* Im endgültigen Text zur geognostisch-politischen Allegorie entwickelt: → Kommentar zu vor 7606 (*Pygmäen*) und zu 7660-75 (*Kraniche*).

634 (P123B), 108 *Chiron]* → Kommentare zu 7331 und 7337 f.

634 (P123B), 117 *Peneus]* → Kommentar zu vor 7249.

634 (P123B), 121 *Manto]* → Kommentar hier zu S. 631,27 (P99B).

634 (P123B), 123 f. *zur Stunde, wo ehmals so viele große Seelen hinabgestiegen]* Meint die Opfer der Schlacht bei Pharsalus (Z. 35 f. u. 72).

634 f. (P123B), 125 ff. *steigen sie sämmtlich hinunter und treten vor Proserpinas Thron . . .]* Zur Unterweltszene und zu Goethes Verzicht darauf → im Kommentar zur *Walpurgisnacht* S. 526 ff.

635 (P123B), 126 *Proserpina]* Latein. für *Persephone* (so noch P123A).

635 (P123B), 128 *Incidenzien]* Zwischenfälle, Nebenhandlungen.

635 (P123B), 129 *zweiter Orpheus]* → Kommentar zu *Faust II*, 7493 f.

635 (P123B), 132 f. *Beyspiele . . . des Protesilaus, der Alceste und Euridice]* → Kommentar hier zu S. 629,22 f. (P99A).

635 (P123B), 134 ff. *Helena . . . mit dem Achill . . .]* → Kommentar zu 7435.

635 (P123B), 140 *Richter]* der Unterwelt: Aeacus, Minos, Radamanthus (über sie Hederich 1770,76/1639/2138 f.).

635 (P123B), 143 *vorgebildeten]* Hier: vorgespiegelten, magisch-'phantasmagorischen'.

635 (P123B), 149 *Antecedenzien]* Vorleben, frühere Lebensumstände.

636-644, Paralipomenon 123C] Überarbeitete und erweiterte Fassung von P123B (Text-Band S. 631-35). Beide Texte betreffende allg. Angaben hier S. 998 f. – Erläuterungsbedürftige Stellen, die sich schon in den älteren Versionen P123A oder P123B finden, werden hier nicht erneut kommentiert.

Bald nach der Niederschrift hat Goethe sich entschlossen, einen so ausführlichen Erzählbericht über die Vorgeschichte der Helena (vor ihrem Auftritt im vorab veröffentlichten 3. Akt) zurückzuhalten. Seine Anfang Mai 1827 in der Zeitschrift *Über Kunst und Altertum* veröffentlichte Ankündigung (Überschrift: *Helena. Zwischenspiel zu Faust*) übernimmt nahezu wörtlich nur die fünf ersten Absätze vom Paralipomenon 123C (Text-Band: bis S. 637,38) und schließt dann, ohne vom 1. und 2. Akt noch etwas mitzuteilen, mit den folgenden Sätzen: »Noch ist die große Kluft zwischen dem bekannten jammervollen Abschluß des ersten Teils und dem Eintritt einer griechischen Heldenfrau nicht überbrückt; man genehmige jedoch vorläufig Nachstehendes mit Freundlichkeit. Die alte Legende sagt nämlich, und das Puppenspiel verfehlt nicht, die Szene vorzuführen, daß Faust in seinem herrischen Übermut durch Mephistopheles den Besitz der schönen Helena von Griechenland verlangt und dieser ihm nach einigem Widerstreben willfahrt habe. Ein solches bedeutendes Motiv in unserer Ausführung nicht zu versäumen, war uns Pflicht, und wie wir uns derselben zu entledigen gesucht, wird aus dem Zwischenspiel hervorgehen. Was aber zu einer solchen Behandlung die nähere Veranlassung gegeben, und wie nach mannichfaltigen Hindernissen den bekannten magischen Gesellen geglückt, die eigentliche Helena persönlich aus dem Orkus ins Leben heraufzuführen, bleibe vor der Hand noch unausgesprochen. Gegenwärtig ist genug, wenn man zugibt, daß die wahre Helena auf antik-tragischem Kothurn vor ihrer Urwohnung zu Sparta auftreten könne. Sodann aber bittet man, die Art und Weise zu beobachten, wie Faust es unternehmen dürfe, sich um die

Gunst der weltberühmten königlichen Schönheit zu bewerben.« (WA I 41.2,291 f.)

636 (P123C), 18 f. *Fortsetzung und Ergänzung meines Fragmentes]* Goethes Fortsetzung des *Faust I* ließ damals seit 18 Jahren auf sich warten. So hatten verschiedene Schriftsteller versucht, sein Drama »zu vollenden« – beispielsweise der Hofrat Schöne (Carl Christian Ludwig), → Text-Band S. 818.

637 (P123C), 45 ff. *Die alte Legende sagt nämlich . . .]* Zu den Vorgaben für die Faust-Helena-Begegnung im Faustbuch → Kommentar zum 3. Akt, S. 578 f.

637 (P123C), 62 *den plumpen heroischen Fuß]* → Kommentar zu 6502 f.

638 (P123C), 102 *nach Angabe der Benedictiner]* Bezieht sich nach Düntzer 1891/II,84 auf das für die historische Chronologie lange Zeit maßgebende Werk *L'art de vérifier les dates*, 3 Bde, Paris 1783-87.

639 (P123C), 122 *Eilmantel]* → *Faust II*, 6983-6986.

640 (P123C), 148 *Empusa]* → Kommentar zu 7732-47.

640 (P123C), 156 *Tragelaphe]* Mischwesen aus Bock und Hirsch der altgriech. Fabelwelt; in der Ausführung fallengelassen.

640 (P123C), 157 *Gryllen]* Zwergenhafte Figuren mit übergroßen Köpfen und kurzen Gliedmaßen; in den endgültigen Text nicht aufgenommen.

640 (P123C), 165 *baumen sie auf]* Lassen sich nieder auf den Bäumen.

640 (P123C), 167 *Nereiden und Tritonen]* In P123B noch nicht genannt, in P99B (→ Text-Band S. 630,18) am Rand ergänzt und in den endgültigen Text übernommen (→ Kommentar zu vor 8044 ff.).

640 (P123C), 167 f. *Conformation]* Körperliche Beschaffenheit.

641 (P123C), 208 *peroriren]* Nachdrücklich vortragen.

642 (P123C), 242 *Lamien]* → Kommentar zu 7235-38. Anders als im endgültigen Text 7696 ff. wollen sie hier nicht Mephisto, sondern Faust verführen: ein »Pendant zu jener

jungen Hexe, mit der Faust in der Walpurgisnacht des Brockens tanzt« (Reinhardt 1960,320).

642 (P123C), 246 f. *das höchste Gebild der Schönheit]* Helena.

642 (P123C), 251 *Argonauten]* → Kommentar zu 7337 f.

643 (P123C), 257 ff. *. . . erfreut er sich doch auch wieder einmal einen Mann zu sehen der das Unmögliche verlange, wie er denn immer an seinen Zöglingen dergleichen gebilligt.]* Aus dieser Chiron-Prosa wird dann der Manto-Vers zusammengezogen: *Den lieb ich der Unmögliches begehrt* (7488).

643 (P123C), 262-66 *Peneus . . . Larissa . . . bis an den Fuß des Olympus]* Dieser Ritt von den *Pharsalischen Feldern* durch den Fluß zum nordwärts gelegenen Olymp berührt freilich nicht die möglichen Raststätten des bei Pydna besiegten und nach Norden flüchtenden *Perseus* (→ Vers 7465-68 und Kommentar dazu). – MA 18.1,872 hält eine absichtsvolle Zusammenziehung des Perseus mit Pompejus für möglich, von dem Plutarch berichtet, daß er nach der Pharsalischen Schlacht am Peneios *verschnaufte* (und im übrigen genau den hier angegebenen Fluchtweg nahm).

643 (P123C), 271-83 *der Weg zum Orkus . . .]* Fausts in der endgültigen Fassung ausgesparter Gang in die Unterwelt zur Losbittung der Helena (→ *Walpurgisnacht*-Kommentar S. 526 ff.), bei dem ihnen das der Medusa abgeschlagene *Gorgonenhaupt* entgegentritt, dessen schrecklicher Anblick den Betrachter erstarren ließ. Versbruchstücke dazu im Text-Band S. 665 (P160, 161). Auch in der 'nordischen' *Walpurgisnacht* kam das ins Spiel: → *Faust I*, 4189 ff. und Kommentar zu 4184 ff.

643 (P123C), 276 ff. *Auf einmal deckt Manto . . .]* Sie übernimmt hier die Rolle des Vergil, der in der *Divina Commedia, Inferno* IX,55 ff. Dantes Augen bedeckt, wenn am Eingang zur Unterwelt das *Gorgonenhaupt* erscheint.

644 (P123C), 301 *Peroration]* Mit höchstem Nachdruck vorgetragene Rede.

644 (P123C), 304 f. *in dem Lethestrome]* aus dem die Toten das Vergessen trinken.

644 (P123C), 310 *ebenmäßig]* Unter entsprechender Bedingung (jetzt: des eingeschränkten Wohnens und Bleibens in Sparta). → Kommentar zu 9568 f.

645, Notizblatt II H^{4}*]* R. Fischer-Lamberg 1955,28: »vor dem 18. 9. 1827 entstanden«.

645 (II H^{4}), 4 f. = Paralipomenon 130*]* In deutlich an- P130
derem Schreibduktus als die vorausgehenden Zeilen. Zuordnung daher ganz unsicher (zweifelsfrei ist nicht einmal die Zugehörigkeit zum *Faust*). Witkowski 1950,443: wohl »eine ironische Erwiderung Mephistos auf die Worte des Bakkalaureus«. Morris 1902 I,198: »Bemerkung einer Sphinx zur anderen«, wenn Mephisto nach der Täuschung durch die Lamien zu den Sphinxen zurückkehrt.

645, II H^{2c} = Paralipomenon 129*]* Nach dem 27. 9. 1827. P129
Witkowski 1950,443: vermutlich eine an Enyo gerichtete Erwiderung Mephistos, wenn sie seiner Ehrlichkeit mißtraut (→ Kommentar zu P99A: 629,11-18).

645, Notizblatt II H^{2b}*]* Nach dem 29. 9. 1827.

645 (II H^{2b}), 1 f. = Paralipomenon 127*]* Morris 1902 P127
I,183 vermutet sehr spekulativ einen Zusammenhang mit dem *Bündniß* zwischen Mephisto und Enyo, der Mephisto hier für ihre Hilfe bei der Vereinigung von Faust und Helena seine Gunstbezeugungen in Aussicht stelle (→ Kommentar zu P99A: 629,11-18). – MA 18.1,812: »vielleicht Mephisto zu Wagner, auf Homunculus bezüglich (vgl. 6836 f.).«

645, II H^{2a} = Paralipomenon 128*]* E. Schmidt, WA I P128
15.2,217 ordnet diese Zeilen Mephisto zu, MA 18.1,800 dem Baccalaureus. Die Zugehörigkeit zum *Faust* ist aber ganz unsicher.

646 f., Reinschrift mit Entwürfen I H^{37}*]* Zwischen der wahrscheinlich aus dem Dezember 1827 stammenden Rein-

schrift zum Schluß der *Mummenschanz* (hier 1-27) zwei vermutlich wenig später niedergeschriebene Versionen eines Entwurfs zur *Laboratorium*-Szene (hier 28-35).

647 (I H^{37}), 28-35*]* Von Weitz 1989,281 überzeugend bestimmt als »Vorstufe oder Variante« der Abschieds-Antwort des Homunkulus auf Wagners ängstliche *Und ich?*-Frage 6987. – Die Verse des ins Leben verlangenden Retorten-Produkts scheinen zu besagen, daß die Künste des Alchymisten denn doch auf die papierene *Vorschrift* (6990) der Paracelsischen Rezepte beschränkt bleiben (→ Kommentar zur *Laboratorium*-Szene S. 504 f.).

P149 647, Paralipomenon 149*]* Vermutlich *17. 10.* 1829. E. Schmidt, WA I 15.2,221: »Thales zu Homunculus«. Düntzer 1891/II,103 verweist auf parallele Äußerungen des Proteus (→ 8260, 8315 f.). Angesprochen ist zweifellos Homunkulus, ob aber der Sprecher überhaupt schon feststand, bleibt unsicher.

647, Entwurfsblatt II H^{18a}*]* Frühe Skizzen zu den Anfängen der *Klassischen Walpurgisnacht.*

647 (II H^{18a}), 3 f. *Die Cäsarn . . .]* Auf die pharsalische Schlacht zu beziehen, inhaltlich mit Mephistos Kommentar 6956-63 in der Szene *Laboratorium* verwandt.

648, Arbeitsmundum I H^{56}*]* Unter dieser Sigle werden 6 Folioblätter zusammengefaßt, die – mit einigen Lücken – die Verse 6415-7139 enthalten. Der hier wiedergegebene Ausschnitt, eine vom endgültigen Text noch erheblich abweichende Fassung der Szene zwischen Mephisto und den Sphinxen (7114-7248), ist wohl Ende 1829/Anfang 1830 entstanden: am 17. Januar war die Szene im wesentlichen schon abgeschlossen.

Charakteristisch für Goethes Arbeitsweise die durch Punkte markierten, noch zu ergänzenden Verszeilen 4 und 5.

648 f., Entwurfsblatt II H^{15}] Nach dem 26. 12. 1829.

648 (II H^{15}), 1-5 = Paralipomenon P133v] Wie der anschließende Entwurf zu 7558 ff. offensichtlich dem für die *Klassische Walpurgisnacht* vorgesehenen Erdbebenmotiv zuzuordnen. P133v

649 f., Entwurfsblatt II H^{6}] Ende 1829/Anfang 1830.

649 (II H^{6}), 1-7] Entwürfe zu der im Dezember 1829 abgeschlossenen *Laboratorium*-Szene in noch ungeordneter Reihenfolge. Überzeugend hat Weitz 1989, 280 f. darauf hingewiesen, daß auch die in WA I 5.2,420 anders zugeordneten Z. 5-7 als später nicht aufgenommene Homunkulus-Verse in diesen Zusammenhang gehören: »An Scheiben klingen kann nur ein Metall oder wiederum Glas; und dies ist die 'Phiole' des künstlich Gezeugten. Sie klingt und leuchtet zugleich 〈...〉 Das Leuchten deutet sich in dem Fragment am Gegensatze der 'düstren Scheiben' an. Es sind die Fenster in 'ehemals Faustens' Zimmer, welches (nach V. 6902) unmittelbar an das Laboratorium stößt: 'Die bunten Scheiben sind, so dünkt mich, trüber' (V. 6572)«.

649 f. (II H^{6}), 8-26 = Paralipomena 133-139] In diesen Fragmenten geht es um die Entstehung des Gebirges (P133), das der als Sprecher zu denkende (noch nicht als Seismos benannte) 'Geist des Erdbebens' gegen den mythologischen Bericht nicht den Kräften der Titanen (P135), sondern eigenem Husten (P134) oder seinen 'Gasen' (P136) zuschreibt. Reinhardt 1960,347 verweist dazu auf Seneca, *Naturales quaestiones* V,4 ('Bald stößt die Erde selbst eine große Menge Luft aus und bläst sie aus der Tiefe' – 'Wie in unseren Körpern durch Nahrung Blähung entsteht, die nicht ohne große Belästigung der Nase herausfährt und den Bauch zuweilen mit Getöse entlädt'). P133-139

Im 4. Akt wurden die hier notierten Motive für den mephistophelisch-vulkanistischen Bericht von der Entstehung des *Hochgebirges* verwendet (→ 10075-94 und Kommentar zu 10082).

650 (P135), 23 Randnotiz: *Psychestre Semestr* {*Sylves*} *Pe-*

destre] Griech./latein., etwa für ‘seelisch’, lat. ‘halbjährlich’ und ‘zu Fuß’. Mit breiten Spatien zwischen den Worten notiert: wohl der Versuch, zunächst auf *sy⟨l⟩vestren* in P136 einen Reim zu bilden.

650 (P136), 25 *Das Gas sy⟨l⟩vestren]* Nach Leonhardis *Chymischem Wörterbuch* (Bd 2, Leipzig 1781, 388 f.) Sammelbegriff für »alle Säuren in Luftgestalt« und somit für die ‘mephitischen’, beim Einatmen schädlichen oder gar tödlichen Gase.

650 (P136), 26 ... *Daß mir einst im Schlaf entfuhr]* → *Faust II*, 10082 (*von unten aus zu pusten*).

650 (II H^{6}), 27 f. = Paralipomenon 138] Kleine mephistophelische Lobrede auf das alte humanistische Gymnasium. Aufgegangen in Mephistos Versen 7112 f.?

650 (II H^{6}), 29-36 = Paralipomenon 137] Nicht etwa Äolus, dem *Gott der Winde*, sondern dem ‘Geist des Erdbebens’ zuzuordnen. Zum Zusammenspiel äolischer und plutonischer Kräfte bei der Bergentstehung im endgültigen Text → 7865 f.

650 (II H^{6}), 37 f. = Paralipomenon 139] WA I 15.2,219 weist diese Verse Mephisto zu. Hecker, WGA 13,355 ordnet sie »nach dem Lamien-Abenteuer« ein. Unsicher.

651, Entwurfsblatt II H^{a}] Auf der Vorderseite dieses Blattes (1-5) ein von der endgültigen Fassung noch stark abweichender Entwurf zur *Laboratorium*-Szene (etwa 6983-6987); auf der Rückseite (6-11) die beiden Paralipomena.

651 (II H^{a}), 4 *Du packe diesen ein]* Homunkulus zu Mephisto, der Faust in den Zaubermantel hüllen soll (→ 6984).

P131 651 (II H^{a}), 6 f. = Paralipomenon 131] Mephisto? Morris 1902 I,198 f. vermutet hier seine Antwort auf die den Sphinxen zugewiesenen Verse von P130 (Text-Band S. 645).

P132 651 (II H^{a}), 8-11 = Paralipomenon 132] Mephisto vom Baccalaureus? Morris 1902 I,186 f. nimmt eine Beziehung auf die von ihm vermuteten ungleichen ‘Liebespaare’ Mephisto-Enyo (P99A: Text-Band S. 629,16) und Faust-Helena an.

651, Entwurfsblatt II H20] Schema-Stichworte zum Beginn der *Klassischen Walpurgisnacht*, wohl Vorarbeit oder Ergänzung zu den Schemata P124 und P125 (Text-Band S. 652 f. u. 657 ff.). Erläuterungen erfolgen bei den entsprechenden Angaben des nachstehenden Paralipomenons 124. – Hier Z. 7: *E* für *Erichto* (Text-Band S. 652,7)?

652 f., Paralipomenon 124] Dieses gegenüber P125 (Text-Band S. 657 ff.) ältere der beiden ausführlichen Schemata zur *Klassischen Walpurgisnacht* stammt vermutlich vom 16. 1. 1830. Es diente nicht nur der Vorausplanung, sondern auch der Ordnung vorhandener Entwürfe und steht in der Anordnung wie in zahlreichen Einzelheiten den im Winter 1826 verfaßten großen Ankündigungserzählungen zur *Klassischen Walpurgisnacht* (P123B und C, Text-Band S. 631-644) noch sehr nahe. P124

652 (P124), 6 *Bivouak*] Feldnachtlager.

652 (P124), 6 *Nachgesicht*] → Kommentar zu 7011 f.

652 (P124), 8 *Erichtonius*] Nach dem 6. 2. 1830 fallengelassenes Motiv. → Kommentar hier S. 997 zu P99B: 630,12.

652 (P124), 9 *Der jüngere Pompejus*] = Pompejus, Sextus. Lukan, *De bello civili* VI,412 ff.: dieser 'unwürdige Sohn seines großen Vaters' (des Pompejus Magnus, der bei Pharsalus von Caesar geschlagen wurde) befragte die thessalische Zauberin Erichtho furchtsam über das künftige Geschick.

652 (P124), 10 *Die Luftwandler*] Regieanweisung *Faust II*, vor 7040: *Die Luftfahrer oben.*

652 (P124), 18 *Faust, in Betrachtung der Gestalten*] → 7181-90.

652 (P124), 24 *Hinweisung auf Chiron*] → 7195-7201.

652 (P124), 25 *Die Stymphaliten*] Schreiberfehler für: Stymphaliden. → Kommentar zu 7219-24.

652 (P124), 26 *Köpfe der Lernea*] → Kommentar zu 7227 f.

653 (P124), 30 *Erderschütterung*] Das schon in P123 vorgesehene Motiv (Text-Band S. 633,84 ff. u. 641,197 ff.) taucht hier zum ersten Mal mit dem Zusatz *Seismos* auf, der

in der endgültigen Fassung den früheren *Enceladus* ersetzt (→ Kommentar zu vor 7519).

653 (P124), 43 *Daktile]* Schreiberfehler für: Daktyle. → Kommentar zu vor 7622.

653 (P124), 44 *Mephist. von Lamien zurückkehrend]* Jetzt auf Mephisto bezogen, während in den Plänen vom Winter 1826 noch Faust in *einen Kreis von Lamien* gerät – so daß, wenn er *nicht das höchste Gebild der Schönheit in sich selbst aufgenommen hätte er nothwendig verführt werden müßte* (P123C: Text-Band S. 642,246 ff.). Die hier geplante Rückkehr Mephistos (zu den Sphinxen: P125, Text-Band S. 658,34) – in den endgültigen Text nicht aufgenommen – hat Goethe zumindest teilweise ausgeführt (→ II H^{24}, Text-Band S. 657 und Kommentar dazu).

653 (P124), 45 *Motiv seiner weitern Forschung]* Schon auf seine Verwandlung in Phorkyas zielend?

653 (P124), 46 *Meeresgestade]* In P125 (Text-Band S. 659,40) schon durch den späteren Szenentitel *Buchten des ägäischen Meers* ersetzt.

653 (P124), 55 *Kureten und Koribanten von Creta]* Später fallengelassen. Hederich 1770,814 ff.: Curetes, »auch Corybantes, Caberi oder Cabiri und Dactyli Idaei ⟨→ vor 7622⟩ und Telchines genannt«, schützten auf Kreta durch lautes Getöse den jungen Zeus vor seinem Erzeuger, »daß Saturn dessen Weinen nicht hörete, und ihn also nicht finden und seiner Gewohnheit nach verschlingen konnte. ⟨. . .⟩ Allein noch andere machten sie zu Priestern der Titanen, großen Sterndeutern und Weltweisen, denen unter andern auch die Auferziehung der jungen Prinzen anvertrauet worden«.

653 (P124), 59 *Unterirdisch reich]* Meint das 'Reich' der Proserpina.

653 (P124), 61 *Mando]* Schreiberfehler für: Manto.

653 (P124), 62 *die drey Richter]* → P123B: Text-Band S. 635,140 und Kommentar dazu.

654, Entwurfsblatt II H^{17}] Aus dem Januar 1830.

654 (II H^{17}), 2 *Mit⟨t⟩ellande*] DWb 12,2401: »in der mitte liegendes land, binnenland im gegensatz zum küstenlande«.

654 (II H^{17}), 19-22] Verblaßte Bleistiftstichworte unter der Niederschriftschicht der Entwürfe zu 7495 ff., die sich als frühe Notizen zur Erdbebenszene bestimmen lassen.

654 (II H^{17}), 19 {*Droller⟨ei⟩*}] DWb 2,1430: »munteres, scherzhaftes treiben«.

655, Entwurfsblatt II H^{46}] Vor Juni 1830.

655 (II H^{46}), 1-4 = Paralipomenon 151] Flüchtiger, nicht P151
zuverlässig zu entziffernder Entwurf zum Gesang der Sirenen am Beginn der Szene *Felsbuchten des ägäischen Meers* (→ 8034 ff., auch 8056 f.).

655 (P151), 3 *Jetzt im mitten stille stehn*] Die gestrichene erste Fassung zu dieser Zeile lautete *Am mitten Himmel stille stehn* und erinnert an den hier folgenden Entwurf H^{22} (im ausgeführten Text dann vor 8034: *Mond im Zenit verharrend*). Die an den Mond gerichtete Aufforderung, anläßlich des *seeisch heitern Festes* (7510) *stille* zu *stehn*, findet sich noch im endgültigen Text (→ 8078-81).

655, Entwurfsblatt II H^{22}] Der an den Mond gerichtete Gesang der Sirenen (→ 8034 ff.) steht in direkter Beziehung zu den Stichworten des Schemas P124, Text-Band S. 653,46 ff.

655 (II H^{22}), 2 *Halte still am Mittel Himmel*] → hier Kommentar zu 655,3 (P151).

655 (II H^{22}), 9 *Coryb⟨an⟩t⟨en⟩*] → hier Kommentar zu 653,55 (P124).

656 f., Reinschrift II H^{25}] Nach dem 17. Januar 1830. Der Szenentitel entspricht schon dem Stichwort auf P125 (Text-Band S. 659,40) und geht damit über P124 (Text-Band S. 653,46) hinaus. Die Reihenfolge der vorgesehenen Auftritte dagegen scheint noch an der ersten Fassung von

P124 orientiert. Die im endgültigen Text diese Szene eröffnenden (hier nicht wiedergegebenen) Verse der Sirenen sind bereits ausgeführt, aber das Spatium zwischen Sprecherangabe und Text zeigt, daß Goethe zunächst noch eine später nicht realisierte Ergänzung plante. Vielleicht lassen sich P151 (Text-Band S. 655) und der Beginn des Entwurfs auf H^{22} (Text-Band ebd.) als Ansätze dazu auffassen: die dort skizzierte Beschwörung des Mondes durch die Sirenen (*Halte still am Mittel Himmel*) ist in der endgültigen Fassung in die Regieanweisung vor dem Sirenengesang übergegangen.

656 (II H^{25}), 3 ff. *Kabiren . . .]* Die ihnen hier noch zugeschriebenen Verse werden später auf die Sirenen übertragen, die das von den *Kabiren* verkünden: die geheimnisvollen Kultfiguren selber bleiben stumm in der *Walpurgisnacht* (→ Kommentar zu 8178 ff.).

656 f. (II H^{25}), 20-26 *Faust / am Peneus :/. . .]* Witkowski 1950,431: »Bis auf die Schlußworte unausgeführte Skizze zum Auftreten Fausts 7271 ff.« (zu Z. 22 aber → 7197 f.; zu 26 → 7275-7312). – Faust spricht von Helena.

657 (II H^{25}), 26 *Letha]* Schreiberfehler für: Leda (Niederschrift nach Diktat?).

657, Entwurfsblatt II H^{24}*]* Wohl Ende Januar 1830. Gespräch nach der Rückkehr Mephistos zu den Sphinxen. Dieser Plan (→ P124 u. 125: Text-Band S. 653,44 u. 658,34) wurde aufgegeben, dabei die Frage *Ihr seyd noch hier?* in die abschiednehmende Wendung 7239 umgeformt; der Bericht über das Lamien-Erlebnis für Mephistos Selbstgespräch 7797-7800 verwendet; nur die beide Partien verbindenden Verse 10-14 gestrichen. – Häufig zu beobachten: der alte Goethe geht sparsam um mit seinen poetischen Produkten.

P125 657-659, Paralipomenon 125*]* Wohl diktierte überarbeitete Fassung von P124 (Text-Band S. 652 f.). Dort nachträglich eingetragene Randnotizen sind hier integriert und bereits ‘abgehakte’ Stichworte nicht mehr übernommen, da die entsprechenden Textpassagen inzwischen ausgeführt vorlagen. – Erklärungsbedürftige Angaben, die sich schon im Paralipomenon 124 finden, werden hier nicht erneut kommentiert.

658 (P125), 13 *Aufgang den Mondes]* Schreibfehler für: des Mondes.

658 (P125), 17 f. *Die Zelten verschwind⟨en⟩ . . .]* → *Faust II*, 7033.

658 (P125), 27 *Sphynxe incomodirt]* → 7523-27.

658 (P125), 35 *Verwandelt sich in ihrer Gegenwart]* Die Sphynxe sollten also Zeugen der Verwandlung Mephistos in die Phorkyas sein (→ 8026-8033).

658 (P125), 37 *Heißer Wind und Sandwirbel]* Vulkanische Erscheinungen (Witkowski 1950,431)? Andere Kommentatoren verweisen auf die Beschreibung der Wüste in Lukans *De bello civili* IX,444-97.

659 (P125), 51-67] Die Stichworte 51-57 zum damals geplanten Schluß des 2. Aktes werden zunächst ohne Veränderungen von P124 übernommen (Text-Band S. 653, 56-62), dann 58-67 in eigenhändigen Zusätzen genauer skizziert. Fausts Gang in die Unterwelt zur Losbittung der Helena wurde schließlich ausgespart (→ *Walpurgisnacht*-Kommentar S. 526 ff.); Stichworte und Versbruchstücke dazu aber noch in den Paralipomena 157, 159, 160, 161: Text-Band S. 664 f.

660, Entwurfsblatt II H^{55}] Wahrscheinlich vor dem 26. 3. 1830.

660 (II H^{55}), 3 f. = Paralipomenon 155] Direkt in den P155
Entwurf von 8331-8338 eingesetzt und trotz des abweichenden Metrums wohl für diesen Zusammenhang bestimmt. So gibt E. Schmidt, WA I 15.2,222 auch hier den Proteus als Sprecher an.

660 (II H^{55}), 8-10] Kaum zu entziffern. Sphinx zu Mephisto?

660 (II H^{55}), 13-18 = Paralipomenon 154] Kaum zu ent- P154
ziffern. Wahrscheinlich Nereus über das Wesen der Menschen (→ 8096 ff. und 8106 ff.).

660 (P154), 13] Undeutlich. Vielleicht: *In einem Irrthum auch entstanden*?

P204 661, Paralipomenon 204] Bisher immer auf die Szene *Grablegung* des 5. Akts bezogene Notiz. Eher wohl (→ Kontext der Variante P204v: Text-Band S. 661 f., 14-24) als Entwurf zu den *Walpurgisnacht*-Versen 7973 ff. zu deuten. *Der listigste von mei⟨nen⟩ Streich⟨en⟩*, der dem Mephisto hier als 'verrückte Idee' durch den Kopf geht (vgl. 'Grille' im DWb 9,323 ff.), wäre dann sein Auftritt als Phorkyas (um so die Helena dem Faust zuzutreiben).

661 f., Entwurfsblatt II H^{48}] Vor Juni 1830.

661 (II H^{48}), 9-12] Notizen zu Mephistos Begegnung mit den Phorkyaden (→ 7965 ff.)?

P204v 662 (II H^{48}), 22-25 = Paralipomenon 204v] → oben Kommentar zu S. 661 (P204).

P152 662 (II H^{48}), 26 f. = Paralipomenon 152] Bezieht sich wohl auf das *Bildnis* (*Auge* und *Zahn*) der Phorkyaden, das Mephisto sich erbittet; → 8014 ff.

P153v 662, Paralipomenon 153v] Februar/März 1830. Zur Erdbebenszene: Seismos beschreibt die Ausdehnung des betroffenen Gebietes (→ P123C: Text-Band S. 641,198 f.).

662, Entwurfsblatt II H^{49}] Wohl vor Juni 1830.

P153 662 (II H^{49}), 5 f. = Paralipomenon 153] Die auf H^{42} (Text-Band S. 662) isoliert überlieferte Notiz hier im Zusammenhang eines Entwurfs zu 7865 ff.

662 (II H^{49}), 7-12] Offenbar auf Mephistos Phorkyas-Maske bezogen.

P126 663, Paralipomenon 126 *Interloc.⟨utio?⟩*] Einwurf, Zwischenbescheid. Noch auf Mephistos Gespräch mit den Phorkyaden zu beziehen – oder auf die im folgenden notierten, 'Zwischenbescheide' erteilenden Figuren zu Beginn der *Felsbuchten*-Szene 8034 ff.? (Düntzer 1891/II,103 liest: *Interloc.⟨utoren⟩*).

663, Reinschrift II H^{74}] Das Foliofaszikel enthält eine erste große Reinschrift der *Klassischen Walpurgisnacht* (7005-8338). Wohl Mitte Juni 1830 abgeschlossen.

663 (II H^{74}), 1-4 = Paralipomenon 150] Für Mephisto bestimmte, nachträglich in H^{74} eingetragene Verse, die (durch Einfügungszeichen markiert) zwischen 7089 und 7090 stehen sollten und in H nur versehentlich ausgelassen wurden – oder doch Goethes Selbstzensur zum Opfer fielen? P150

663 (II H^{74}), 5-9 = Paralipomenon 150a] Nachträglich an 8031 angefügte Verse, die in H (nur versehentlich?) nicht übernommen wurden. – Erläutert im Kommentar zu *Faust II*, 8030 f. P150a

664, Paralipomenon 157] Ausführliche Fassung der im Februar 1830 notierten Stichworte zu Fausts geplantem Abstieg in die Unterwelt (→ P125: Text-Band S. 659,61 ff.). Die Überschrift zeigt, daß diese ursprünglich zentrale Szene der *Klassischen Walpurgisnacht* (vgl. etwa P123C: Text-Band S. 643 f.,271-306) jetzt aus dem 2. Akt herausgenommen und als *Prolog* dem 3. Akt vorangestellt werden sollte – bis Goethe sie schließlich ganz 'hinter (unter) die Bühne' verlegte. → Szenen-Kommentar *Klassische Walpurgisnacht* S. 527 f. P157

664 (P157), 14 *Erklärt das Resultat*] Die Bedingungen, unter denen eine Rückkehr Helenas aus der Unterwelt zugestanden wird (→ P123C: Text-Band S. 644,307-15).

664 (P157), 15 *Ehre den Antecedenzien*] Meint: die von Manto angeführten Präzedenzfälle (erläutert im Kommentar zu 629,22 f.) – oder nur Helenas eigene 'Vorgeschichten': hier ihre frühere Freigabe aus der Totenwelt für das Zusammenleben mit Achill auf der *Insel Leuce* (→ Kommentar zu 7435)?

664 (P157), 19 *Manto ist die Einleitung überlassen*] Meint: das Arrangement der Zusammenführung von Faust und Helena unter diesen Bedingungen?

P159 664, Paralipomenon 159] Äußerung der den Faust in die Unterwelt geleitenden Manto?

P160 665, Paralipomena 160 und 161] Beides wohl Bruch-
P161 stücke zu Goethes spätestens im Dezember 1830 aufgegebenem Plan, nach dem Faust von Manto zur Losbittung der Helena in die Unterwelt geleitet werden und ihnen auf diesem Weg die Medusa entgegentreten sollte (oder überhaupt nur das ihr abgeschlagene *Gorgonenhaupt*). Vor diesem tödlichen Anblick sucht Manto ihn hier zu schützen (→ Paralipomenon 123C: Text-Band S. 643, 276-89). – Auch in der 'nordischen' *Walpurgisnacht* kam das ins Spiel: → *Faust I*, 4189 ff. und Kommentar zu 4184 ff.

PARALIPOMENA ZU FAUST II · DRITTER AKT

P84 666 f. (H P84), 1-32 = Paralipomenon 84] Schema zum Beginn des 3. Aktes. Wie es Goethes 1816 niedergeschriebenem alten Plan (→ P63, Text-Band S. 595,80 ff.) entspricht, gerät die Griechin hier noch in das deutsche Mittelalter. Gegen frühere Datierungen hat Grumach 1958 geltend gemacht, daß dieser Plan erst 1825 aufgegeben wurde (aaO. 70), also auch noch für das Fragment *Helena im Mittelalter* von 1800 (Text-Band S. 671 ff.) gegolten habe: Da das Schema P84 in Z. 33 mit Versentwürfen verbunden ist, die zu diesem Fragment gehören, liege die Vermutung nahe, daß es erst in der Arbeitsphase von 1800 entstanden sei und überhaupt »erst beim Beginn der neuen Arbeit im Jahre 1825 ‘ad acta’ gelegt« wurde (aaO. 64).

666 (P84), 1 *Egypterin*] (im folgenden abgekürzt *Eg.*). Meint Mephisto. Zu 8864 (Phorkyas: ... *mir freigebornen Creterin*) gibt noch H18 die Variante: *Mich fing er mich Egiptierin.*

666 (P84), 7-12 *Und das heilig⟨e⟩ Menschenrecht* ...] Die *Spartanische Fürstin* ist in einer ihr fremden Umgebung gelandet. Auch die unantiken Reimpaare der *Egypterin* deuten wohl darauf hin, daß P84 vor dem *Helena*-Fragment von 1800 (Text-Band S. 671 ff.) anzusetzen ist, wo Mephisto-Phorkyas bereits in ‘antiken’ jambischen Trimetern spricht.

666 (P84), 13-17 *Schwäne ... Weiber.*] Stichworte zu einer Szene am Ufer – vielleicht zu einem wohl schon für das *Helena*-Fragment von 1800 geplanten Eingangslied des Chores über ihre Herkunft (→ Kommentar zu 673,88: III H1).

666 (P84), 20 f. *Schweigen der Orakel* ...] der antiken? für die im mittelalterl. deutschen *Rheinthal* hier *Kartenschlagen u Händedeutung* eintreten? Witkowski 1950,432 f. vermutet einen Hinweis auf »Analogien zwischen den nun längst verstummten antiken Orakeln und dem Treiben der Zigeuner«.

666 (P84), 22 *Jammer daß Venus sie wieder belogen]* Helena erkennt, daß sie nicht nach Sparta und zu Menelas geführt worden ist: wieder einmal (vgl. Homer, *Ilias* III,399 ff.; Euripides, *Troerinnen* 914-65) habe die Venus trügerisch in ihr Schicksal eingegriffen.

666 (P84), 26 *Trost]* → 9010 ff.

667 (P84), 29 *aus Elysium geholt]* Hederich 1770, 986 u. 988: »Den Namen Elysium hat solches erdichtete Land der verstorbenen Frommen, nach einigen, von ἄλυτος, unauflöslich, weil die Leiber der Verstorbenen daselbst nicht mehr aufgelöset werden 〈...〉. Da soll niemand alt, schwach oder krank werden, und wie die Menschen, also die Früchte und was zu ihrem Unterhalte gehöret, stets unverändert in ihrer Vollkommenheit verbleiben.« – Aber P63 (Text-Band 595,76): *Helena gehört dem Orkus.*

667 f., Entwurfsblatt H P167*]* Gehörte ursprünglich zu einem Foliobogen, auf dessen anderer Hälfte P84 notiert ist. Wie dieses hält Grumach 1958,60 f. die in ähnlicher Schrift niedergeschriebenen Verse auf der Vorderseite des Blattes (nicht das Schema P167 selbst) für alte Einträge aus der Arbeitsphase von oder vor 1800. Wahrscheinlich hat dem Autor der ganze Bogen vorgelegen, als er bei Neubeginn der Arbeit am 3. Akt im März 1825 Splitter aus den alten Helena-Papieren auf III H^{12} (Text-Band S. 679) zusammenstellte.

667 (H P167), 1-5 = Paralipomenon 172v*]* Wahrscheinlich 1825 bei der Wiederaufnahme der Arbeiten am 3. Akt auf das Entwurfsblatt III H^{12},5-9 übertragen (→ Text-Band S. 679). P172v

667 (H P167), 6-9 = Paralipomenon 52v*]* Grumach 1958,58 ff. macht wahrscheinlich, daß bei der Wiederaufnahme der Arbeit 1825 P52 auf dem alten Sammelblatt H P10 (Text-Band S. 548) umgeformt und zunächst hier festgehalten, dann wie das vorangehende P172v auf III H^{12} übertragen wurde (→Text-Band S. 679). P52v

667 f. (H P167), 10-32 = Paralipomenon 167*]* Schema P167

zum 3. Akt. Während Grumach 1958,62 eine Entstehung zu Beginn der Wiederaufnahme der Arbeit 1825 vermutet, hält R. Fischer-Lamberg 1955,149 P167 für eine Überarbeitung des die Arbeit von 1825 abschließenden Schemas P166a (Text-Band S. 692 f.) und nimmt für seine Entstehung also erst das Frühjahr 1826 an. Die auffallende Nähe zu P166a läßt jedoch auch die Möglichkeit zu, P167 als dessen Vorstufe aufzufassen.

667 (P167), 10 *Leere]* → P166, Text-Band S. 697,17: begründet Helenas *Annäherung an Faust.*

667 (P167), 13 *Hymenae⟨on?⟩]* Antikes Hochzeitslied, von den Brautjungfern auf dem Weg der Braut in das Haus des Bräutigams gesungen. Hier für das Chorlied *Wer verdächt' es unsrer Fürstin* . . . (9385 ff. → Kommentar zu 9378 ff.).

667 f. (P167), 15-20 *Geschichten ⟨ . . .⟩]* aus dem Leben Helenas, → 8843 ff.

668 (P167), 21 *Duft beyder]* → *Faust II*, 6473 ff. und 9046 mit Kommentar dazu.

668 (P167) *Ermahnung zu wachen]* Meint: zu erwachen.

668 (P167), 32 *Geburt des Merkur]* Die Kindheitsgeschichte des Hermes-Merkur (welche der Chor dann Phorkyas' *Nachricht* vom Euphorion vergleichend entgegenhält: 9641-78).

668 f., Entwurfsblatt III H^{10}] Die Entwürfe zu 8779-8802 müssen in der Arbeitsphase von 1800 (oder vorher) entstanden sein, da sie in der 1800 entstandenen *Helena im Mittelalter* bereits enthalten sind (→ Text-Band S. 678 f., 259-78). Fraglich ist, ob das mit Bleistift notierte Paralipomenon 85 schon damals oder erst bei der Wiederaufnahme 1825 hinzugefügt wurde.

669 (III H^{10}), 18-20 *Den Hausgenossen . . . verdient]* In *Helena im Mittelalter* (Text-Band S. 679,275 ff.) wie in der endgültigen Fassung (8800 ff.) dann Phorkyas zugeordnet.

P85 669 (III H^{10}), 21-32 = Paralipomenon 85] Entwurf zu Phorkyas' Antwort auf die Rede der Helena (→ 8803 ff.);

vielleicht der Versuch einer Fortführung des *Helena*-Fragments, der in das Manuskript von 1800 nicht mehr aufgenommen wurde.

669 (P85), 27 f. *Zerrissen ist die Schlinge die die holde Scham | Auf ihre Stirne drückt]* ? – Anklingend an H1 (Text-Band S. 677,228 ff.: zu *Schaam und Schönheit*). Aber wohl nicht nur metaphorisch, sondern auf eine bildliche Darstellung mit solch verziertem Stirnband bezogen. *Schlinge* dabei zugleich an den Fang des Wildes erinnernd, auf den die *männerwechselnde* Helena aus war? (in H13: Text-Band S. 682,16).

669 (P85), 32 *Sch⟨atz⟩]* So Hecker, WGA 13,340. Hingegen E. Schmidt, WA I 15.2,185: *Sch⟨rein?⟩*. Möglich auch: *Sch⟨lüssel⟩*.

669 f., Entwurfsblatt III H9*]* 1-26 sind Vorstufen zu der 1800 angefertigten Reinschrift der *Helena im Mittelalter* (Text-Band S. 676 f.,199-207), müssen also ebenfalls in dieser Arbeitsphase (oder vorher) entstanden sein. Ob diese frühe Datierung auch für 27-36 (P171) gilt, ist unsicher.

670 (III H9), 21-26 *Stehe lange . . .]* Vorgesehen für den auf Phorkyas bezogenen Gesang des Chors (8697-8753); im endgültigen Text entfallen.

670 (III H9), 23 *Ausgeburt du des Zufalls]* → P50: Text-Band S. 556,131 f.

670 (III H9), 27-36 = Paralipomenon 171*]* Ob auch dieser Eintrag (wie das Vorangehende) bereits aus der Arbeitsphase von 1800 stammt oder später zu datieren wäre, läßt die Handschrift nicht erkennen. Das Gespräch zwischen Phorkyas und dem Chor über die Schönheit und das Häßliche gehört zum Teil zu den Versen von 1800, zum Teil aber auch zu deren Fortsetzung von 1825 (*Faust II*, 8810 ff.). P171

671-679, Reinschrift III H1*]* Angefertigt im Herbst des Jahres 1800 (→ Text-Band S. 780: an Schiller 12. 9. 1800). 25 Jahre später hat Goethe dieses fragmentarische Manuskript wieder vorgenommen, um die damals unterbrochene Arbeit fortzusetzen.

Seine ersten 7 Blätter enthalten den alten Bestand; einige Verse auf ihnen sind aber auch schon der späteren Arbeitsphase zuzurechnen. In ihrer Untersuchung des Manuskripts hat R. Fischer-Lamberg 1955,71-75 wahrscheinlich gemacht, daß neben den späteren *Faust*-Versen 8489-8515, 8524-45, 8547-59, 8569-86 und 8638-8778, die von der Hand des Schreibers Geist überliefert sind, nur die eigenhändigen Ergänzungen von 8546 und 8779-8802 aus der Arbeit von 1800 stammen. Hingegen gehören die ebenfalls eigenhändigen Ergänzungen 8587-90 (die E. Schmidt noch zum alten Bestand von 1800 gerechnet hat: WA I 15.2,72–81) und 8604-09 sowie die vom Schreiber John eingetragenen Verse 8610-37 der Phase von 1825 an.

Abgedruckt wird hier nur das alte Manuskript aus dem Jahr 1800, und zwar ohne die 25 Jahre später eingetragenen Ergänzungen und Korrekturen (die sich nahezu ausschließlich auf die Metrik beziehen). – Allgemeine Erläuterungen dazu im Kommentar zum 3. Akt, hier S. 579 f.

671 (III H1), 1 *Helena im Mittelalter]* Nach dem alten, erst 1825 aufgegebenen Plan sollte nicht Faust nach Griechenland, sondern Helena ins mittelalterliche Deutschland versetzt werden (→ P63: Text-Band S. 595,80-85; P 84: Text-Band S. 666,19 und Kommentar zum 3. Akt, hier S. 579 f.).

671 (III H1), 2 f. *Satyr-Drama, | Episode zu Faust]* Im Manuskript anfangs noch: *Satyrisches Drama.* – Schillemeit 1987/I,307 meint, Goethe habe die *Helena*-Dichtung also »in einer gewissen Analogie zum griechischen Satyrspiel konzipiert«, wie es den klassischen Tragödien-Aufführungen nachfolgte, und insofern als eine *Episode zu Faust.*

673 (III H1), 88 *Verlasset des Gesanges freudumgebnen Pfad]* Anders als im endgültigen Text wird Helenas Monolog in der Fassung von 1800 noch nicht von Chorliedern unterbrochen. Aber offenbar plante Goethe auch damals schon ein Eingangslied des Chors, auf das dieser Vers der Chorführerin sich zurückbezieht (Stichworte dazu in P84: Text-Band S. 666,13-17?).

679, Sammelblatt III H12*]* Angelegt wahrscheinlich bei der Wiederaufnahme der Helena-Arbeiten und der Durchsicht der alten Papiere im Frühjahr 1825 (dazu R. Fischer-Lamberg 1955,92 und Grumach 1958,58 ff.). Als Vorlage lassen sich P84 und P167 (Text-Band S. 666 ff.) bestimmen, die ursprünglich einen zusammenhängenden Foliobogen bildeten. P52v P172

679 (III H12), 1-4 = Paralipomenon 52v*]* Die älteste überlieferte Fassung findet sich als P52 im Text-Band S. 548,20-22 (→ Kommentar dazu). Dort gestrichen, erscheinen diese Verse in einer neuen Fassung zunächst auf H P167 (Text-Band S. 667,6 ff.) und wurden dann, geringfügig bearbeitet, auf das vorliegende Sammelblatt übertragen. In der alten Fassung noch von Helena selbst und in eigener Sache gesprochen, bilden sie hier eine »allgemeine Sentenz über das Schicksal schöner Frauen« (Grumach 1958,58). So wurden sie von Eckermann und Riemer in der Quartausgabe von 1836 als selbständiger Vierzeiler veröffentlicht (vgl. FA I 2,722). Der Überlieferungskontext macht aber deutlich, daß Goethe sie auch noch in der überarbeiteten Version für die *Helena*-Dichtung vorgesehen hatte – vielleicht als mephistophelischen Kommentar zu ihrer Situation.

679 (III H12), 10 *Wie häßlich . . .]* Bereits im Paralipomenon 84 (Text-Band S. 667,33) verzeichneter Vers, hier zum Zweizeiler ergänzt. Gehört zu den ersten Versen, mit denen im Frühjahr 1825 die Fortsetzung der *Helena* von 1800 einsetzt.

679 (III H12), 13 *Mulieres Bohemae magae Bohemiennes]* ›Zauberkundige böhmische Weiber, Zigeunerinnen‹. Zu diesen und den gestrichenen Stichworten der vorausgehenden Zeile verweist E. Schmidt, WA I 15.2,231 auf »die ältesten Pläne: Tod des Sohnes, Mephisto als Zigeunerin«. Vielleicht besteht ein Zusammenhang mit dem in P63 skizzierten Plan (→Text-Band S. 595 f.,92-103), der im einzelnen kaum mehr zu rekonstruieren ist.

P162 680, III H^{8} = Paralipomenon 162] Gehört wahrscheinlich zu den ersten Arbeiten bei der Wiederaufnahme der *Helena* im März 1825. Entsprechend einem für Goethe charakteristischen Verfahren handelt es sich im ersten Teil (bis 15) weniger um eine Skizze von Geplantem als um die Rekapitulation von schon Vorhandenem.

680 (P162), 1 *Helena von den Schiffen*] Bezeichnet den Eingangsmonolog der Helena 8488 ff. (→ auch 8538 ff.).

680 (P162), 2-11 *Chor* ...] Schemastichworte wohl zu einem schon 1800 geplanten Eingangslied des Chors (→ Kommentar zu S. 673,88), das, anders als im endgültigen Text, von Helenas Herkunft (*UrAlte Mythologien*), ihrer Heimat (*Lacedämon*), ihren Eltern (*Tyndareus u Leda*), ihrer Schwester Klytaimnestra und ihren Brüdern Kastor und Pollux (*Ewige Jünglinge*) berichten sollte.

680 (P162), 4 *Säuberung d⟨xx⟩ W⟨xx⟩*] E. Schmidt, WA I 15.2,227 las *Säuberung und Weihen*; Morris 1902 I,202 schlägt *Säuberung der Wohnung* vor.

680 (P162), 14 *Increpatio*] Schmähung (→ 8754 ff.).

680 (P162), 15 *Helena die Dienerinnen sch⟨ilt?⟩*] Zur Ergänzung → *Faust II*, 8784.

680 (P162), 18 ff. *Übergang ins magische* ...] Diese Skizze zur Fortsetzung des Fragments von 1800, wie Goethe sie sich zu Beginn der Arbeit 1825 zunächst vorstellte, war offenbar noch deutlich an dem 1816 für *Dichtung und Wahrheit* diktierten alten Plan orientiert (→ Text-Band S. 595, 83 f.).

680 (P162), 20-24 *Ring Versuch* ...] → P63: Text-Band S. 595,83 f. – Witkowski 1950,433: »Phorkyas erklärt die Bedingung, an die Helenas neues Leben geknüpft ist: den magischen Ring; diese will die Wahrheit der Worte erproben, berührt den Ring, um ihn abzustreifen, und sogleich fühlt auch der Chor sein Leben schwinden. Phorkyas tritt als Kupplerin zwischen Helena und Faust und weiß die Skrupel der Griechin gegen das Unschöne der mittelalterlichen Erscheinung zu beseitigen.«

680 (P162), 26 *Localitäten Ergezl.*] Wohl auf 9017-9047

zu beziehen: »Phorkyas malt zu seinen Zwecken auch die Lokalitäten und Ergetzlichkeiten in Fausts Burg aus« (Morris 1902, I,204).

680 (P162), 27 ff. *Nachgiebigkeit . . .]* Helena fügt sich und wird in ein *Schloß* im *Mittelalter* versetzt; der Schauplatz also ist noch nicht Griechenland.

681, Paralipomenon 163] Schemaentwurf aus dem P163
Frühjahr 1825. Ergänzung zum vorangehenden Paralipomenon 162.

681 (P163), 1-12] Katalog der im vorangehenden Paralipomenon 162 (25) erwähnten *vielen Liebhaber* u *Zu{stände}* der Helena. Erläuterungen im Kommentar zu 8846.

681 (P163), 13-15 *Opferfurcht . . .]* Ersetzt offensichtlich das im vorangehenden Paralipomenon 162 (21) durch das Drehen am *Ring* verursachte *Gefühl des Orkus*, das hier 9 f. zunächst noch als *NichtigkeitsGefühl* übernommen und dann gestrichen wurde. Jetzt soll die Furcht vor der Rache des Menelas (*Befürchtung zu s.⟨einer⟩ Rückk⟨ehr⟩*) Helena bewegen, Schutz zu suchen bei Faust.

681 f. (III H^{13}), 4-17 = Paralipomenon 173] Im Zusam- P173
menhang mit der Arbeit an den Versen 8826-45 wahrscheinlich im März 1825, vielleicht aber auch schon 1800 zunächst auf III H^{13} skizzierter und dann auf III H^{14} (Text-Band S. 682) noch einmal bearbeiteter Entwurf, der bei Übertragung in die Reinschrift III H^{1} (*Helena im Mittelalter*) fallengelassen wurde; dafür dann *Faust II*, 8846-75.

682 (P173), 16 *Äuglen]* Lockende, auffordernde Blicke ausschicken.

682 f., Entwurfsblatt III H^{14}] Wie das vorangehende Blatt (→ Kommentar dazu) wahrscheinlich vom Frühling 1825; vielleicht auch schon von 1800.

682 (III H^{14}), 4-18 = Paralipomenon 173v] Überarbeitete P173v
Version von P173 (Text-Band S. 681 f.).

682 (P173v), 8 *Halb wittwe dann]* Meint die von Menelas getrennte ‘Strohwitwe’ (→ Text-Band S. 681,5)?

682 (P173v), 8 *umsichtig männerwechslend]* Durchaus in der Bedeutung *Umschauend Äuglen . . .*; → Kommentar zu 682 (P173), 16.

682 (P173v), 15 *fällt . . . d⟨er⟩ Heilung Loos]* Für: tritt die Heilung ein.

P174 683 (III H^{14}), 21-31 = Paralipomenon 174*]* Wahrscheinlich im März 1825, vielleicht auch schon 1800 entstandene Bruchstücke zu einem Dialog zwischen Helena und Phorkyas.

683 (P174), 25-29 *Ich kehre wieder . . .]* Vom vorangehenden Bruchstück deutlich getrennt. Früher Entwurf zu den bereits 1800 entstandenen Eingangsversen der Helena 8496 ff.?

683 (P174), 31 *Nicht meine Schuld . . .]* → P84: Text-Band S. 666,22. – Wie bei Euripides, *Troerinnen* 929 ff. verteidigt Helena ihre Untreue mit dem Hinweis auf die Liebesgöttin.

683 f., Entwurfsblatt III H^{17}*]* Aus dem Frühjahr 1825.

684 (III H^{17}), 21-26 *Denn was wäre . . .]* Diese Verse wurden in die hier nicht oder nur teilweise wiedergegebenen Reinschriften III H^{1} und III H^{2} 1825 noch übernommen, fehlen dann aber in III H^{III}, einer Reinschrift aus dem Sommer 1826 (vgl. WA I 15.2,67) und entsprechend im endgültigen Text. Dazu R. Fischer-Lamberg 1955,80 f. – Bemerkenswert die gedankliche Nähe zur Szene *Anmutige Gegend.*

684 (III H^{17}), 24 *Rollende Tagesbewegung]* Später (III H^{1}): *Rollende Jahresbewegung.*

684 f., Entwurfsblatt III H^{30}*]* Vorarbeiten für die Fortsetzung des im Frühling 1825 ergänzten alten Mundums III H^{1} von 1800 (*Helena im Mittelalter.* → hier S. 1021 f.: Kommentar zu 671-679).

684 (III H^{30}), 6-11*]* Entwurf zur Rede der Phorkyas 8986 ff. und zu Helenas Antwort 8992 f.

684 (III H^{30}), 7 f. *Wie sichs Laomedon nicht hoffte]* König von Troja – der nicht damit rechnete, daß infolge seiner treulosen Wortbrüche die (später von Priamos wieder auf-

gebaute) Stadt durch Herakles zerstört werden und er mit den meisten seiner Söhne den Tod finden würde. – Die *Hochzeit* von Menelas und Helena veranstaltete freilich deren menschlicher Vater Tyndareos.

685 f., Paralipomenon 165*]* Aus dem Frühjahr 1825. P165
Schema zum Fortgang des 3. Akts ab 9001. Der vermutlich dem Schreiber diktierte erste Teil (1-23) skizziert den Übergang Helenas aus der griechischen Sphäre in die ihr fremde Umgebung und ihre Entscheidung, Schutz zu suchen bei Faust. In der ausgeführten Fassung entsprechen dem etwa die Verse 9001-67, 8937-46, 8957 ff., 9074 ff. und der Schauplatzwechsel zwischen 9087 und 9126. In einem nächsten Arbeitsschritt wurde das Schema mit Bleistift ergänzt und fortgeführt: der 24-49 schematisierte Verlauf entspricht dem Fortgang der Szene bis etwa 9505, weist aber noch zahlreiche Abweichungen gegenüber der Ausführung auf.

685 (P165), 17 *Bewegen wir den Fuß]* → *Faust II*, 9078 ff.

686 (P165), 26-28 *Helena Monolog . . .]* Dem alten Plan entsprechend sollte hier offensichtlich noch einmal das *Gesez des Rings* zur Sprache kommen (→ P63: Text-Band S. 595,83 f. und P162: Text-Band S. 680,20).

686 (P165), 37 *Verwundrung]* über die der Helena unbekannte *Handkuß*-Sitte (→ im endgültigen Text 9360 f. und 9365; dort folgen dann ihre Erkundigung nach der fremdartig gereimten Rede des Lynkeus und das Liebesspiel des Reimdialogs mit Faust: beides hier noch nicht vorgesehen).

686 (P165), 40 *Versprechen der Regierung des Peloponnes]* → den Entwurf im Paralipomenon 175 (Text-Band S. 690,5) und Kommentar zu 9442-81.

686 (P165), 45 {*Abreise*}*]* Hecker, WGA 13,315 liest: *Ankunft*.

686 f., Entwurfsblatt III H31*]* Nach dem 9. 3. 1825, wahrscheinlich zweite Hälfte März. Während die Stichworte Z. 2-5 mit der Nennung der jeweils ersten Worte die

offensichtlich schon geschriebenen Verse 9013-9016 zitieren, handelt es sich bei den Zeilen 7-23 um Entwürfe zu dem auf 9021 Folgenden.

686 (III H^{31}), 1 *Nacht.]* Das Reimwort von 9000 bezeichnet die ursprünglich vorgesehene (wohl schon vorliegende) Anschlußstelle für die folgenden Versanfänge.

687 (III H^{31}), 6 *dort]* Das Reimwort von 9021 kennzeichnet die Anschlußstelle für den folgenden Entwurf zur Beschreibung der *Burg inwendig* (P165: Text-Band S. 685,5).

687 (III H^{31}), 15 *Knäufe]* Für: Kapitelle.

687 f., Entwurfsblatt III H^{34}] Aus dem Frühjahr 1825.

687 (III H^{34}), 5 ff. *Die Schönheit ...]* Entwürfe zu *Faust II*, 9061 f.

P164 688, III H^{6} = Paralipomenon 164] Vermutlich vom 29. 3. 1825 (vgl. Schillemeit 1987/II,243). Während 1-15 wohl einen Überblick über bereits Skizziertes bietet (etwa 8974-9062), beziehen sich die folgenden Notizen auf den geplanten weiteren Verlauf.

688 (P164), 1 *Run away]* Davonlaufen. Hier tadelnd auf Menelas bezogen, → 8974 ff.

688 (P164), 2 *Piraten schweifens]* → *Faust II*, 8985 ff.

688 (P164), 5 *Vigilantibus iura scripta sunt]* 'Für Wachsame sind die Gesetze geschrieben' (aus Justinians 'Digesten' XLII,8,24) – wie auch die folgenden Stichworte auf die Einwanderer bezogen? (→ 8994-9002)

688 (P164), 6 *Nördlicher Einfall der Gallier]* Wohl auf das *aus cimmerischer Nacht* kommende *kühn Geschlecht* zu beziehen, das *im Gebirgtal* bei Sparta siedelt (8999 f.).

688 (P164), 7 f. *Anachronism. | Anbau]* → *Faust II*, 9003 f.?

688 (P164), 9 *Nachbar]* Geht wohl auf Faust, → 9005 ff.

688 (P164), 10 *Vorsch.⟨lag?⟩]* von Phorkyas, sich zu den Fremden zu retten.

688 (P164), 13 *Ob denn auch]* Helenas Frage, ob denn auch sie etwas von Menelas zu befürchten habe; → 9052 f.

688 (P164), 15 *Wirckung der Eifersucht]* → *Faust II*, 9060 ff. und die Vorstufen auf H34: Text-Band S. 687.

688 (P164), 17-23] Während der Chor Phorkyas' Vorschlag akzeptieren möchte (→ 9078-9087), zögert Helena mit ihrer *Zusage*, bis Phorkyas das *Opfergerät* vorführt (→ 8937-8946).

688 (P164), 24 f. *Magie . . .]* Die Verwandlung des Schauplatzes (→ Bühnenanweisung nach 9087); hier ausdrücklich als magischer Vorgang bezeichnet.

688 (P164), 26 *Anäpäste]* Bezeichnet offenbar Goethes Absicht, den Jambengang der Trimeter durch Anapäste (vv-) aufzulockern. Schillemeit 1987/II,242 f. Anm. 14 macht wahrscheinlich, daß es sich um den direkten Reflex einer metrischen Besprechung mit Riemer am 29. 3. 1825 handelt, bei der es um die wohl Ende März entstandenen Chorverse 9152 ff. ging.

688 (P164), 26 f. *von Best⟨immung?⟩ {des Rings}]* Radierter, kaum noch zu lesender Eintrag. Falls so richtig entziffert, war hier zunächst geplant, das alte Ring-Motiv aufzunehmen (→ P63: Text-Band S. 595,83 f.; P162: ebd. S. 680,20; P165: ebd. S. 686,27).

689, Entwurfsblatt III H42] Vorarbeiten zu den letzten noch in das Mundum III H1 (*Helena im Mittelalter*, → Kommentar S. 1021 f. zu 671-679) nachgetragenen Versen aus dem Frühjahr 1825; vermutlich vom 29. 3. 1825 (vgl. Schillemeit 1987/II,242 f., Anm. 14).

689 (III H42), 1-20 *Das / Herz . . .]* Entwurf eines Chorliedes mit Anapästen; über der ersten Zeile das metrische Schema (→ P164: Text-Band S. 688,26 und Kommentar dazu).

689 (III H42), 21-23 *Schon find ich dich . . .]* Mit Bleistift in große Klammern gesetzter Entwurf zu einer Begrüßung der Helena durch Faust (→ etwa 9207 f.), der wohl noch 1825 skizziert, aber nicht mehr mundiert wurde.

690, Entwurfsblatt III H36*]* Wahrscheinlich von Ende März/Anfang April 1825.

690 (III H36), 1-4 *Stärker herrlicher . . .]* Fortsetzung der hier nicht wiedergegebenen Entwürfe zu 9074-9082 auf der Vorderseite des Blattes. Vgl. 9084 f.

P175 690 (III H36), 5-9 = Paralipomenon 175*]* Entwurf eines stichomythischen Wechselgesprächs zwischen Faust und Helena, wohl noch aus der Arbeitsphase im Frühjahr 1825. Bei der Weiterarbeit im nächsten Frühjahr nicht mehr aufgenommen.

690 (P175), 5 *Peloponnes . . .]* → die aus der gleichen Zeit stammenden Schemata P165 (Text-Band S. 686,40) u. P166 (ebd. S. 697,21) und den Kommentar zu 9442-81.

690 (P175), 6 *. . . ein völlig unbekanntes Land]* Die Bezeichnung *Peloponnes* kam erst im 7. Jh. auf. Morris 1902 I,209: »Die Verse gehören also zu den mannigfachen Versuchen Goethes, die Unbekanntschaft Helenas und des Chors mit dem, was nach ihrer Zeit liegt«, für die Handlung zu verwenden.

690 f., Entwurfsblatt III H27*]* Sehr wahrscheinlich vor dem 5. 4. 1825 (da das hier entworfene Chorlied unter seinem Eingangsvers *Nennst du ein Wunder dies* im Paralipomenon 166a: Text-Band S. 693,37 bereits zitiert wird). Der hier fehlende Beginn (→ 9629 ff.) und ebenso ein Entwurf zu dem in P166a (Text-Band S. 693,32) gleichfalls zitierten Chorlied *Wer verdächt es unsrer Herrscherin* (→ 9385 ff.) finden sich auf dem Folioblatt III H49 (Text-Band S. 624). Das gehörte ursprünglich mit III H27 zu einem Foliobogen und wurde wohl erst nach der Beschriftung mit den Chorlieder-Entwürfen von ihm getrennt.

691 (III H27), 21 ff. *Nicht verschont er des Vaters . . . des Oheims . . .]* Zeus-Jupiter und Poseidon-Neptun, denen der kleine Hermes ihre Herrschaftszeichen stiehlt. Diese noch ganz allgemein gehaltene knappe Vorstufe der späteren Verse 9668 ff. wird ersetzt durch Goethes Einfall, dem Lexikonverfasser Hederich mit einer rhythmisierten Para-

phrase seines Hermes/Merkur-Artikels ein Denkmal zu setzen: → Kommentar zu 9667.

691 f., Paralipomenon 164a] Die Funktion dieses Schemas hat Schillemeit 1987/II bestimmt. Es entsteht etwa Anfang April, wahrscheinlich am 2. 4. 1825 im Zusammenhang mit Goethes abschließender Arbeit an der ersten großen Reinschrift der *Helena*-Dichtung (III H1. → Kommentar S. 1021 f. zu 671-679). Die Angaben Zeile 1-8 beziehen sich auf Textpassagen, welche in dieser Reinschrift bereits vorlagen und nach Diktat in eine neu entstehende Reinschrift zu übernehmen waren (sie entsprechen den späteren Versen 8936-9121). Die folgenden Stichworte 9-14 geben dann knappe, aber schon sehr genaue inhaltliche Kennzeichnungen des noch zu Ergänzenden; wie aus den wörtlichen Anklängen an den endgültigen Verstext (9122-26, 9135-81) deutlich wird, war das teilweise im Konzept schon entworfen. Das letzte Drittel des Schemas 15-22 skizziert dann in größeren Schritten den weiteren Verlauf des Geplanten bis zur Geburt von Fausts und Helenas Sohn. Der hier skizzierte Teil wurde nicht mehr in das alte Manuskript III H1 eingetragen; bis auf einzelne Entwürfe fällt die Arbeit an dieser Partie in den Frühling 1826. (So Schillemeit 1987/II, 234-38) P164a

691 (P164a), 1-4] *S. 11* meint die Seitenzahl der Reinschrift III H1. Dort wurde (auf einem nachträglich eingefügten Extrablatt mit der Signatur *ad 11*) die *Einschaltung* der Verse 8936-53 vorgenommen, welche durch die hier folgenden Stichworte bezeichnet sind.

691 (P164a), 9 *Zu suppliren Gegenwart der Burg*] Meint: zu ergänzen bleibe die Beschreibung des neuen Schauplatzes, der nach dem Abzug des Nebels sichtbar wird (→ 9122-9126).

692 (P164a), 15 *Faust Helena*] → *Faust II*, 9192 ff.

692 (P164a), 16 f. *Phorkyas Nachricht vom Menelaus*] → *Faust II*, 9423-9434.

692 (P164a), 17 *Einführung ins Gyneceum*] Bisher unbe-

kanntes Motiv: Helena und der Chor sollen in das ‘Frauengemach’ der Burg geführt werden.

692 (P164a), 18 *Helena Faust Einigkeit]* Dafür im endgültigen Text wohl ihr Reimgespräch 9356-9384.

692 (P164a), 19 *Chor. Nicht zu verdenk⟨en⟩]* Das damit bezeichnete Vermählungslied des Chors (9385-9410. → P167: Text-Band S. 667,13) lag wahrscheinlich im Entwurf bereits vor (III H^{49}: Text-Band S. 624) und war in den wechselnden Plänen für unterschiedliche Stellen vorgesehen.

692 (P164a), 20-22 *Phorkyas . . .]* Wie die graphische Anordnung verdeutlicht, gibt *Phorkyas Nachricht* von Helenas *Schwangersch.⟨aft⟩* und *Niederkunft* und schildert dann (→ 9574-9628) das Liebespaar mit seinem Sohn als eine *Drey Einheit* (so Schillemeit 1987/II,246-250, der die seit Morris 1902 I,204-209 eingebürgerte Lesung und Deutung der letzten Zeile als *Drei Einheiten* überzeugend abgewiesen hat).

P176a 692, Paralipomenon 176a*]* März/April 1825 oder Frühjahr 1826? Die vermutlich Mephisto-Phorkyas zugedachten Zeilen beziehen sich auf den Eintritt der Helena und ihrer Dienerinnen in die Faust-*Burg*. Deutlich hier noch das alte Motiv ihrer Täuschung über den Ort des Geschehens (*Erst gings nach Sparta . . . Doch war's nicht Sparta.* → P63: Text-Band S. 595,84 f.), das bald darauf dem grundlegenden Wandel der Konzeption: der Verlegung des 3. Aktes auf griechischen Boden weicht.

P166a 692 f., Paralipomenon 166a*]* Das (wahrscheinlich am 5. 4. 1825 im Tagebuch erwähnte) Schema skizziert den Verlauf der Helena-Handlung vom Eintritt Fausts bis zur Geburt Euphorions, setzt also da ein, »wo die ‘Helena’ 1825 abschloß« (R. Fischer-Lamberg 1955,109). Damit verschaffte sich Goethe einen Überblick über die noch auszuführende Fortsetzung, die er erst im Frühling des folgenden Jahres zum Abschluß brachte, zu der aber im Frühjahr 1825 schon einige Entwürfe vorlagen. Vom endgültigen Text weicht dieses Schema in verschiedener Hinsicht noch deutlich ab. Während zu Beginn vor allem das Motiv der Huldigungen des noch nicht namentlich bestimmten *Thurmwärters* fehlt (die Entstehung der Lynkeus-Lieder fällt mit großer Wahrscheinlichkeit erst in das nächste Frühjahr), ist danach vor allem die Reihenfolge des Geschehens anders: Vor der *Verwandlung des Throns in ein Gezelt* und der Vereinigung von Faust und Helena erfolgt der Durchzug des Heeres (und wird das Motiv der Bedrohung durch Menelas immerhin angedeutet). Beim hochzeitlichen Fest hier ein *Tanz in den oberen Säälen.* Nach den an das Publikum gerichteten Phorkyas-Versen (→ den Entwurf zu einer solchen 'Zwischenrede' in P176v: Text-Band S. 694) folgt dann in ebenfalls noch deutlich unterschiedener Gestalt die Ankündigung der Schwangerschaft und der Geburt des Sohnes, der hier erst in einer eigenhändigen Ergänzung *Euphorion genannt* wird (MA 18.1,999 versteht 35-38 und 39-51 als Entwurfsvarianten).

692 f. (P166a), 13-17 *Corinth ... Mantinea]* → 9466 ff. Im endgültigen Text werden die altgriech. Städte *Argos* und *Mantinea* zu *Argolis* und *Achaia* verändert.

693 (P166a), 32 *Wer verdächt es unsrer Herrscherin]* Bezeichnet das Chorlied (den Hymenaeus) 9385 ff.

693 (P166a), 37 *Nennst du ein Wunder dies]* Bezeichnet das Chorlied 9629 ff.

694, Paralipomenon 176v*]* Entwurf zu einer geplanten satirischen 'Zwischenrede' von Mephisto-Phorkyas wohl aus dem Frühjahr 1826 (vgl. Schillemeit 1985,40-42). Schon in P166a (Text-Band S. 693,34) genannt, sollte sie nach Fausts Vermählung mit Helena und vor *Phork. Nachricht von Schwangerschaft und Entbindung* (ebd. 36) eingefügt werden. In der ausgeführten Dichtung findet sie sich 9573 ff. in ganz veränderter Form nach der Verwandlung des Schauplatzes in eine arkadische Landschaft, die in den Schemata noch nicht vorgesehen war. P176v

694 (P176v), 1 *Denn Liebespaaren zeigtet ihr euch stets ge-*

neigt] Direkte Anrede des Publikums (→ *Faust II*, 9578 ff.).

694 (P176v), 3 *dieselben]* Helena und Faust.

694 (P176v), 5 f. *Euphorion ... Sein Stief-Stief Bruder]* → im Kommentar zur *Arkadien*-Szene hier S. 620 f.

694 (P176v), 8 f. *auf der britti⟨s⟩chen Bühne wo ein kleines Kind | Sich nach u nach herauf zum Helden wächst]* Kein konkretes Bühnenstück ausgemacht. Vielleicht ganz allgemein auf das englische Moralitätendrama des 15. und 16. Jh.s bezogen, in dem die 'Helden' häufig eine mit ihrer Kindheit und Jugend einsetzende 'schlimme' (vielen Versuchungen ausgesetzte) Lebensgeschichte durchlaufen, bis entweder die Strafe sie trifft oder sie zur Einsicht finden (so etwa in *Nice Wanton*; → Kommentar zu 7122 f.).

694 (P176v), 14-20 *Mystificationen, Indisches, und auch | Egyptisches ... Der neueren Symbolik treu⟨er⟩ Schüler]* Zielt ironisch auf die zeitgenössische Mode romantischer Mythenforschung, neben Schelling 1815 insbesondere auf Creuzer 1821 und dessen Versuch, griechische Mythen auf indische und ägyptische Ursprünge zurückzuführen (25. 8. 1819 an Meyer: »das bißchen Heiterkeit« der Griechen »von den tristen ägyptisch-indischen Nebelbildern ⟨!⟩ ganz und gar verdüstert«). → dazu Kommentar zu 8178 ff.

In die Endfassung werden diese Phorkyas-Verse nicht aufgenommen. Am Helena-Akt arbeitend, schreibt Goethe (an Reinhard, 12. 5. 1826), die romantischen Symboliker seien »im Grunde Antiklassiker« und hätten »nichts Gutes gestiftet«; er wolle aber sehen, »ob in der Folge an irgendeine Teilnahme und Annäherung zu denken ist. Überhaupt muß ich mich jetzt sehr zusammennehmen und, mehr als jemals, alles Polemische an mir vorübergehen lassen.« (Zu dieser programmatischen Vermittlung zwischen »Klassizismus und Romantizismus« Zabka 1993,124 ff.)

694 (P176v), 23-25 *Gespenstisch spinnt der Dichtung Faden sich {mir} fort | Und reißt am Ende tragisch ...]* Eckermann, 5. 7. 1827: »Ich hatte den Schluß, sagte er, früher ganz anders im Sinne, ich hatte ihn mir auf verschiedene Weise

ausgebildet und einmal auch recht gut, aber ich will es euch nicht verraten. Dann brachte mir die Zeit dieses mit Lord Byron und Missolunghi und ich ließ gern alles Übrige fahren.« – Zu Lord Byron und Missolunghi → Kommentare zur Regieanweisung nach 9902 und zu 9907-38.

695, III H^{f} = Paralipomenon 176] Wohl nach Diktat ge- P176
fertigte überarbeitete Fassung des vorangehenden eigenhändigen Entwurfs P176v. – Die dort gegebenen Erläuterungen werden hier nicht wiederholt.

696, III H^{53} = Paralipomenon 169] Im Zusammenhang P169
mit der Arbeit am Helena-Akt angefertigte Exzerpte für die Beschreibung Arkadiens (→ 9526-49). Gegen die Datierung auf einen Zeitpunkt nach dem 22. 2. 1826 (R. Fischer-Lamberg 1955,117) spricht Goethes intensive Beschäftigung mit der hier wohl zugrundeliegenden *Classical and topographical tour through Greece* Edward Dodwells bereits im Sommer 1825.

696-698, III H^{43} = Paralipomenon 166] Überarbeitung P166
und Fortführung des die Arbeitsphase von 1825 abschließenden Überblickschemas P166a (Text-Band S. 692 f.), wahrscheinlich vom Beginn der Wiederbeschäftigung mit dem *Faust* im Frühjahr 1826. Skizziert wird der Gang der Handlung von 9356 bis zum Schluß des 3. Akts.

696 (P166), 1-3 *Ring (NB) . . .*] Noch Verweis auf das alte Motiv des magischen Ringes (→ P63: Text-Band S. 595,83 f.; P162: ebd. S. 680,20; P165: ebd. S. 686,27)? Oder jetzt verbunden mit *Handkuß* und *Schärpe*, an denen Helena die Fremdheit der mittelalterlichen Welt deutlich werden sollte (→ P165: Text-Band S. 686,36 ff.)?

697 (P166), 9 *Wuth*] E. Schmidt, WA I 15.2,229 und Hecker, WGA 13,316 lesen *Werth*. Vgl. aber P166a: Text-Band S. 692,2.

697 (P166), 13 *Nationalit⟨ät⟩*] Die *Erklärung* Fausts (auf der Griechin *Frage nach dem* ihr unbekannten *Reim*) sollte offenbar auf die 'nationalen' Unterschiede der Verskunst gehen.

697 (P166), 21 *Regierung verspr.⟨echend⟩ des Pe⟨loponnes⟩]* → P 165 (Text-Band S. 686,40) und P175 (ebd. S. 690,5), außerdem Kommentar zu *Faust II*, 9442-81.

697 (P166) 22 *Vorüberziehen⟨de⟩ Vorst.⟨ellung⟩]* Meint wohl den *Durchmarsch gewaltiger Heereskraft* (vor 9442) und Fausts Vorstellung von *Heerführern* 9442-81.

697 (P166), 38 */ Wer verdächt es]* Bezeichnet das hier einzufügende Chorlied 9385-9410.

698 (P166), 40 *Phorkyas interloquirt]* als *Zwischenredner*. Gemeint ist die in P166a (Text-Band S. 693,34) bezeichnete, in P176v (ebd. S. 694) ausgeführte Parabase.

698 (P166), 43 */ Nennst du ein Wunder das?]* Bezeichnet das hier einzufügende Chorlied 9629-78.

698 (P166), 45 *Kunststück und Todt]* Wie P63 (Text-Band S. 595 f.,98-103)?

P168 698, Paralipomenon 168*]* Zu den Geschehnissen nach dem *Abzug der Fürsten* (P166, Text-Band S. 697,29: *Siegerchor*) bis zum geplanten Ende des 3. Akts. Vermutlich eine Überarbeitung des Schemas P166a (Text-Band S. 693,21 ff.), die Goethe bei der Wiederaufnahme der Helena-Arbeit im April 1826 vornahm. Noch wird die in P166a und P166 (Text-Band S. 696 ff.) vorgegebene Reihenfolge vorausgesetzt; jetzt aber schon der schlafende Chor (wie 9574 f.).

698 (P168), 14 ff. *Kunststücke . . . Tod]* Wie P63 (Text-Band S. 595 f.,98-103)? – 17 *Aufgehobener Zauber]* → *Faust II*, 992.

698 f., Entwurfsblatt III H55*]* Wahrscheinlich aus der Arbeitsphase im Frühjahr 1826. Gegenüber den ausgeführten Chorversen 9482-89 wirkt der Entwurf wie eine intakte Kurzfassung, die unter Beibehaltung der Satzgefüge ausgeweitet wurde: Die Entstehung des Helena-Akts unterscheidet sich von einem Großteil des übrigen *Faust* darin, daß Goethe auch die Verse ‘auf dem Papier’ gedichtet hat.

699, Paralipomenon 170] Auf die zweite Helena-Reinschrift vom Sommer 1825 (III H^{2}) bezogenes, ursprünglich auch in deren erstes Heft eingeklebtes Schema. Vorausplanend wird hier der Inhalt einiger Abschnitte der Reinschrift notiert. Deren Seitenzahlen sind deshalb vor den Stichworten notiert: auf S. 27 von H^{2} finden sich die Verse 9432-41 (zu den Sprecherangaben *Faust, Phorkyas, Helena* im Schema → Kommentar zu 9435-41); auf S. 28b (loses Blatt von Riemers Hand) 9482-9505; auf S. 28 9466-81; die Angabe 30a bezieht sich wohl auf 9574-9580 und das, was folgen sollte; 33 auf 9695 ff.; 36a auf 9962 ff. P170

699 (P170), 12-18 *Polytheism⟨us⟩ . . .*] Witkowski 1950, 435 f.: »Die nachfolgenden allgemeinen Bemerkungen gelten der Auffassung der Antike in diesen Partien der Dichtung und dem Gegensatz der beiden Welten, die hier zusammentreffen.«

700 f., Entwurfsblatt III H^{57}] Wahrscheinlich aus dem Frühjahr 1826 (R. Fischer-Lamberg 1955,143).

700 f. (III H^{57}), 24-58 *Laßt uns eilen . . .*] Noch deutlich abweichender Entwurf zu den Chören am Schluß des 3. Aktes. Die vier letzten Strophen fügen sich schon der Aufteilung des Gesamtchors in die vier unterschiedlichen Nymphen-Gruppen (→ Kommentare zu 9992-98, 9999-10004, 10005-10, 10011-38). Die im Entwurf noch 4hebig gefaßten Liedstrophen aber werden endgültig zu trochäischen Tetrametern erweitert: → Kommentar zu 9687 ff.

700 f. (III H^{57}), 26-36 *Doch verlasset nicht den leichten . . .*] → *Faust II*, 9985 ff. und Kommentar zu 9988-91.

701 (III H^{57}), 45 *Reizen Tändelnd . . .*] Das metrisch überzählige *und* ist bei der Korrektur des hier ursprünglich stehenden *Tändelnd fort und locken leise* wohl nur versehentlich stehengeblieben.

702, III H^{66} = Paralipomenon 177] Für den Schluß des 3. Akts vorgesehen (die Angabe *Alle* im endgültigen Text vor 9985), aber nicht aufgenommen: das hier vom Chor P177

Ausgesprochene wird dort ohne einen solchen Kommentar vollzogen.

P148 702, Paralipomenon 148] Lesung und Zuordnung sehr unsicher. Während E. Schmidt, WA I 15.2,221 diese Skizze zum 2. Akt rechnet, vermutet Strehlke 1891/I,41 einen Zusammenhang mit Euphorion, dessen Rhythmen hier in der Tat anklingen (→ 9711 ff.).

702 (P148), 5 {*Willen verwunden*}] E. Schmidt, WA I 15.2,221 liest: *Will ich verwunden*

702 f., Entwurfsblatt III H^{60}] Wahrscheinlich aus dem Frühjahr/Sommer 1826.

703 (III H^{60}), 21-30] Radierte, kaum noch zu entziffernde Bleistiftentwürfe. Von R. Fischer-Lamberg 1955,122 f. als Vorarbeiten zum *Faust* bestimmt (für 21-23 vermutet sie einen Bezug zum Ausgang des 1. Aktes: nach 6565).

703 (III H^{60}), 24-28 *zum Märchen spann* . . .] Wie die Stichworte 24, 27, 28 deutlich machen (die den jeweiligen Einsatz der geplanten Chorverse markieren), befanden sich hier später radierte und jetzt kaum noch lesbare Notizen zu den Chören 8516 ff., 8560 ff., 8591 ff., die sich wohl auf den 13. 6. 1826 datieren lassen (Tagebuch: »Überlegung noch einiger wirksamen Chöre zur Helena«).

703 f., Entwurfsblätter III H^{73} und H^{74}] Letzte Arbeiten am 3. Akt. Nach Absendung des Manuskripts (27. 1. 1827) Goethe an Reichel, 18. 3. 1827: »Einzuschalten wären in Helena einige Zeilen, und zwar die letzten Worte derselben folgendermaßen abzudrucken« – es folgen die Verse 9939-42, die gerade noch rechtzeitig kamen, um in die Druckfassung aufgenommen zu werden.
Im letzten Vers von H^{73} wäre statt *entbehrt wird* möglicherweise zu lesen: *entbehre⟨n⟩ wird* . . .

PARALIPOMENA ZU FAUST II · VIERTER AKT

P179a 705, Paralipomenon 179a*]* Frühe Stichwort-Skizze zum 4. Akt, vielleicht schon vom April 1828. Führt bereits bis zur geplanten Belehnung Fausts und darüber hinaus. Zentrale Motive (wie das Gespräch über die Gebirgsentstehung und das Schlachtgeschehen) fehlen hier noch.

705 (P179a), 2 *die Wolcke steigt als Helena]* Auffallend: anders als im nachfolgenden P179 wird *Gretchen* hier nicht angeführt. – Die alte Idee der *Wahnerscheinung* beider Geliebten (in P99B, Text-Band S. 630,2 f.), 1826 für den Beginn des 2. Akts vorgesehen, wird noch immer nicht mit dem Beginn des 4. Akts in Verbindung gebracht.

705 (P179a), 4 *umwendung zum Besitz]* Altes Motiv der Reaktion Fausts auf den Verlust der Helena (→ P90: Text-Band S. 571,9 f. und P63: ebd. S. 596,109 f.) – wiederkehrend: 10187.

705 (P179a), 6 *drey Hauptf.⟨iguren⟩]* Die drei *Helfershelfer, mit Namen: Raufebold, Habebald, Haltefest* aus P63 (Text-Band S. 596,114 f.) gewinnen an Gewicht.

705 (P179a), 8 *Chor als That]* Deutlicher in P179.3 (Text-Band S. 707,35).

705 (P179a), 9 *Reichstag]* Plan einer großen höfischen Szene? (auf eine alte Konzeption des 1. Akts bezogen fällt dieses Stichwort schon in P63: Text-Band S. 593,13).

705 (P179a), 10 *Andr⟨er⟩ Kayser]* Ist bereits der *Gegen Kayser* gemeint? (P178: Text-Band S. 708,33; dann *Faust II*, 10407) – oder die einem anderen, gar Faust selber angetragene *Kayserwürde*? (was in P179.1 u. 179.2 angedeutet sein könnte: Text-Band S. 706,10 ff. u. 19 ff.) Vgl. *Faust II*, 7879 ff.

705 (P179a), 11 f. *Groß⟨e⟩ Belehn⟨ungen?⟩ . . .]* Plan einer Szene, in der die *treuen Fürsten* Ländereien zu Lehen empfangen und Faust *die unfruchtbaren Meeresufer* fordert (P178: Text-Band S. 709,56 ff.) → Kommentar zu *Faust II*, 11035 f.

705 (P179a), 14 *H.⟨err?⟩ des Delta]* Bezeichnet das brei-

te, fächerförmige Mündungsgebiet eines Stroms in das Meer.

705 (P179a), 15 *Triumph . . .]* Meint wohl (entsprechend 10221) Fausts Projekt der Landgewinnung. Wie wahrscheinlich auch die folgenden, kaum zu entziffernden und dunkel bleibenden Zeilen 16 f., beziehen sich diese Stichworte bereits auf Motive des 5. Akts.

705 (P179a), 16 *Ruhm]* Vielleicht auch: *Ruhen* (so E. Schmidt, WA I 53,371).

705-707, Paralipomenon 179] Unter dieser P-Nr hat E. Schmidt, WA I 15.2,237 f. drei verschiedene Schemata bzw. Schemabruchstücke zusammengefaßt: Einen frühen Bleistiftentwurf zum 4. Akt (hier P179.1), eine ergänzte und modifizierte Version der letzten 5 Zeilen dieses Entwurfs (hier P179.2) und eine erweiterte Reinschriftfassung von P179a durch den Schreiber John (hier P179.3 – in einem zweiten Arbeitsgang mit Ergänzungen und Korrekturen Goethes versehen, welche ihrerseits auf den Entwurf P179.1 zurückzugehen bzw. an ihn anzuschließen scheinen). P179

705 (P179.1), 1 f. *Paralogus | Im Proscenium]* Wohl Eigenbildung für: beiseite Gesprochenes. Hier ein die Handlung erläuternder Kommentar, der vor dem eigentlichen Bühnenraum gesprochen werden sollte (zum *Proscenium* → Kommentar zur Regieanweisung nach 10038).

706 (P179.1), 6-18] Der nicht realisierte Plan, der diesen Stichworten und dem folgenden Schema P179.2 zugrunde liegt, erscheint hochinteressant, aber kaum mehr rekonstruierbar. Witkowski 1950,436 erläutert: »Der Gegenkaiser soll im Gegensatz zum Kaiser ein weiser Fürst sein. Mephistopheles hofft auch ihn zu betören und tritt als Sprecher einer Deputation, die ihm die Kaiserwürde anträgt, vor ihn hin; aber der weise Fürst lehnt ab und rät, den Mächtigsten, den Rechten zu wählen.« Morris 1902 I,210 ff. hingegen hat angenommen, daß nach einem alten Plan Faust selber zum Kaiser gemacht werden sollte. E.

Schmidt, JA 14,381 f. deutet jedenfalls Z. 23 (P179.2) dahingehend, daß der Versucher Mephisto »Faust als den ›rechten‹ ⟨für die *Kayserwürde*⟩ bezeichnet.« (letzte Andeutungen davon in Mephistos Versen 10136-54?)

706 (P179.1), 10 *{der} sie auf den Thron setze⟨n⟩ woll]* Oder: *den sie auf den Thron setzen wollen*?

706 (P179.1), 14 *Drey Bursche] Die drey Hauptf.⟨iguren⟩* aus P179a: Text-Band S. 705,7 (endgültig: die Drei Gewaltigen).

706 (P179.1), 16 *Deputation]* Abordnung. Im nachfolgenden P179.2 genauer: *Deputation der Stände.*

706 (P179.3), 27 *Dolmetsch]* Hier: Erklärer, Interpret – der nach dem *Paralogus | Im Proscenium* (so P179.1: Text-Band S. 705,1 f.) jetzt *zum zweyt⟨en⟩ male* spricht?

707 (P179.3), 35 *Chorgesang zur That auftretend]* Im Sinne von P179a (Text-Band S. 705,8): *Chor als That*? Oder doch Hörfehler des Schreibers für: »zur That aufregend«?

707 (P179.3), 36 *Kriegerschritt von Pandora und Helena]* Bezieht sich für die *Pandora* auf das Lied der Krieger V. 899 ff. (FA I 6,691 f.), für den *Helena*-Akt auf 9446 ff.?

707 (P179.3), 37 *Die Masken sind von Stahl u Eisen]* An Karl Marx orientiert, der in den »Charaktermasken der Personen nur die Personifikationen der ökonomischen Verhältnisse« sah (→ Kommentar zu *Weitläufiger Saal*, hier S. 430 f.), hat Schlaffer 1981,131 die hier gemeinten Drei Gewaltigen anhand dieser *Masken* als »Allegorie der maschinellen Kraft« gedeutet und auf die beginnende Industrialisierung bezogen. Gewiß sind hier aber metallene Helme gemeint, deren Visiere die Gesichter decken. Eher als die bürgerlich-kapitalistische Gesellschaft kommt also Ritterromantik ins Spiel: ein vom Nationalenthusiasmus der Befreiungskriege mobilisiertes Mittelalter (Birk 1989,269 ff.).

707 (P179.3), 38 *Thy⟨r⟩sus . . .]* Das Zeichen der Teilnehmer des Dionysoskultes (→ 7777 f. und Kommentar dazu) wurde auf dem Indienfeldzug des Dionysos auch als Waffe verwendet: unter dem Knauf war eine Lanzenspitze

verborgen (Diodorus Siculus III,65,3). Das ist das *Schwerdt*, welches der Thyrsos hier blinken läßt.

707, Paralipomenon 180] Vermutlich vor dem nachstehenden großen *Scenario* zum 4. Akt (Mitte Mai 1831) entstanden. P180

707 (P180), 6 *Verwirrung des Reichs]* → *Faust II*, 10261 ff.

707 (P180), 8 *Ruhm u Mittel gemein]* → *Faust II*, 10299 ff.

707-710, Schema mit Entwürfen IV H22] Der Foliobogen wurde Mitte Mai 1831 zunächst für die Reinschrift des Schemas P178 genutzt (1-70); geraume Zeit später hat Goethe den an den Rändern verbliebenen Raum für Bleistift-Entwürfe zu den Versen 10598-10639 verwendet, von denen hier nur eine von der Endfassung besonders stark abweichende Passage wiedergegeben wird (71-80).

707-709 (IV H22), 1-70 = Paralipomenon 178] Dieses P178 kurz nach Beendigung des 5. Akts niedergeschriebene *Scenario* gibt einen Überblick über den damals geplanten Ablauf des ganzen 4. Akts. Die Angaben beschränken sich nicht auf den Handlungsgang, sondern skizzieren streckenweise auch schon den Gesprächsverlauf. Dabei fehlen Hinweise auf den Eingangsmonolog Fausts (wohl weil er bereits abgeschlossen vorlag) und auf die Schlußszene *Gegenkaisers Zelt* (die Mitte Mai 1831 offenbar noch nicht geplant war). Das Schema zielt deutlich auf Fausts Kolonisationswerk: Abschluß und Höhepunkt des 4. Aktes sollte seine Belehnung mit dem Meeresstrande werden, die in der endgültigen Fassung dann 'hinter die Bühne' verlegt wird. Während der erste Teil des Schemas dem Endtext schon recht genau entspricht, weicht die zweite Hälfte (ab 30) noch deutlich ab. Diese Partien sind nicht mehr im einzelnen abgehakt, sondern im ganzen gestrichen worden – wahrscheinlich als Goethe sie durch neuere Schemata ersetzte.

707 (P178), 5 f. *Sagt Faust habe nun . . .]* Die im ausgeführten Text hier folgende 'vulkanistisch-neptunistische'

Kontroverse über die Entstehung des Hochgebirges ist noch nicht vorgesehen; die Stichworte verweisen auf 10130-133.

707 (P178), 7 f. *Faust läßt den Schein . . .]* Während diese Antwort Fausts im endgültigen Text keine rechte Entsprechung mehr findet, sind an die Stelle der hier geplanten Schilderung Mephistos (*Zustände der besitzenden Menschen*) wohl seine Verse 10135-175 getreten.

708 (P178), 9 *Faust hat immer etwas Widerwärtiges]* ungehalten Abweisendes (→ *Faust II*, 10155 ff. und 10176).

708 (P178), 11 . . . *Schilderung der Revolte]* Davon endgültig nur *Faust II*, 10159.

708 (P178), 12 ff. *Anwohner des Meeres-Ufers . . . Zu diesen will er sich gesellen]* Im endgültigen Text von der gemeinschaftlichen Arbeit ganz auf die Leistung des großen Einzelnen verschoben: 10198-233 (gemäß 11510: *Genügt Ein Geist für tausend Hände*).

708 (P178), 16 *Später zu bringen]* Als Randnotiz auf die vorangehenden *Vorzüge der menschlichen Gesellschaft in ihren Anfängen* bezogen (blieb unausgeführt).

708 (P178), 17 *Mephist. läßts gelten . . .]* → *Faust II*, 10234 ff.

708 (P178), 23-25 *die Bergvölker aufzuregen . . .]* Fausts Vorschlag (nachklingend 10425 ff.). Mephisto bietet statt dessen magische Künste an. Im endgültigen Text 10711-755 wird er selber die *Undinen* vom *Bergsee* und das *Gezwerg-Volk* des Gebirges mobilisieren – durchaus als *höhern Beystand* (für den hier nur *die drey Rüstigen* = Die Drei Gewaltigen genannt werden).

708 (P178), 27 *Des Kaisers Zelt wird aufgeschlagen]* Von diesem Eintrag an, der sich in der Regieanweisung zu Beginn der Szene *Auf dem Vorgebirg* wiederfindet, nehmen die Entsprechungen zum endgültigen Text deutlich ab.

708 (P178), 31 *der gehoffte Succurs]* Hier: zur Unterstützung des Kaisers erwartete Hilfstruppen.

708 (P178), 33 f. *Gegen Kayse⟨r⟩ | Ausfoderung]* wie hier Z. 44 f. und in P191v (Text-Band S. 717,17 f.). Endgültig

10407 ff. mit nachfolgender Regieanweisung: *Herausforderung des Gegenkaisers* (zum Zweikampf).

709 (P178), 46 f. *Faust zeigt das Nutzlose. | Die verneinende Antwort kommt]* → *Faust II*, 10473 ff. u. 10489 ff.

709 (P178), 50 *Fürchterliche Posaunenzinken]* → Regieanweisung vor 10571. *Zinken* (auch nach 9441 genannt): scharf schmetternde Blasinstrumente, »daher als kampf- und heerhorn geeignet« (DWb 31,1414).

709 (P178), 55 *als frühere Diener]* Rückverweis auf den 1. Akt (später getilgt!).

710 (IV H^{22}), 71-80 *K⟨aiser⟩ . . . F⟨aust⟩ . . .]* Gehört zu den am Rand des Schemas P178 nachgetragenen Entwürfen (→ Kommentar hier S. 1043 zu 707-710: IV H^{22}), welche zunächst ohne größere Überarbeitungen in die Reinschrift H übernommen und erst im Dezember 1831 durch Überklebung der betr. Passagen noch einmal verändert wurden.

710, Entwurfsblatt IV H^{6}*]* Wohl vom Beginn der Ausarbeitung des 4. Akts im Frühjahr 1831. Zunächst in der Art eines Sammelblatts angelegt, mit verschiedenen Notizen und Einfällen, die dann zum Teil überarbeitet und ergänzt wurden.

710 (IV H^{6}), 3 f. = Paralipomenon 185*]* Mephisto zu P185
Faust?

710 (IV H^{6}), 5-9*]* Entstanden aus einem hier zunächst notierten Dreizeiler: *Er bildete sich fälschlich ein | Das konnte wohl beysammen seyn | Genießen und regieren.*

710 (IV H^{6}), 10-12 = Paralipomenon 186*]* Notiz zur ge- P186
planten Gegenkaiser-Szene (→ P179a: Text-Band S. 705,10 und P191: ebd. S. 718,11 ff.), die offensichtlich als Rede (des Kaisers) und Gegenrede (eines Untergebenen) gedacht war: der Strich zwischen 10 und 11 signalisiert den Sprecherwechsel.

711 f., Entwurfsblatt IV H^{5}*]* Wohl zunächst als Sammelblatt genutzter Foliobogen mit verschiedenen frühen Entwürfen zum 4. Akt.

711 (IV H^5), 1-5] Ältester überlieferter Entwurf zur 'vulkanistisch-neptunistischen' Kontroverse um die Entstehung des Gebirges (→ *Faust II*, 10095 ff.).

P187 711 (IV H^5), 13 f. = Paralipomenon 187] Von Düntzer 1891/I,341 f. im Hinblick auf 10335-10339 dem Habebald zugeordnet. Morris 1902 I,218 f. dagegen vermutet hier die Antwort Fausts auf Mephistos: *Erhalten wir dem Kaiser Thron und Lande, | So kniest du nieder und empfängst | Die Lehn von grenzenlosem Strande.* (10304 ff.) Fraglich, ob eine Zuordnung überhaupt schon feststand, als dieser Verseinfall notiert wurde.

P189 711 (IV H^5), 15-19 = Paralipomenon 189] Frühe Skizzen zu Fausts Versen 10212 ff.

711 (P189), 17 *H⟨xx⟩*] E. Schmidt, WA I 15.2,241 schlägt die Lesung *Hügelchen* vor.

P188v 711 f. (IV H^5), 21-27 = Paralipomenon 188v] Frühe Entwürfe für Fausts Verse zum Kampf mit dem Meer (10198-10233). Seine Metaphern (wieder in P188: Text-Band S. 712) lassen es als ein ungeheuerliches Tier erscheinen. Deshalb Schadewaldt 1963/II,192 f. (mit Bezug auf Mephisto 10185 f. *Und also willst du Ruhm verdienen?| Man merkt's du kommst von Heroinen*): »Damit stellt Faust sich neben den großen Heros der Griechen, Herakles, der, als der Reiniger der Erde, solche 'Ungeheuer' bekämpft und besiegt hat und den Chiron zuvor in der Klassischen Walpurgisnacht ihm als letzten in der Reihe der großen Griechenhelden gepriesen hatte«.

P188a 712, Paralipomenon 188a] Wahrscheinlich April 1831.

712 (P188a), 1-3] Exzerptnotizen aus Catteau-Callevilles physikalisch-geographischer Studie *Tableau de la mer baltique* (Paris 1812), die Goethe im Dezember 1828 und am 15. April 1831 offensichtlich im Zusammenhang mit der Arbeit am *Faust* aus der Großherzogl. Bibliothek entlieh.

712 (P188a), 1 *Maree basse*] Ebbe.

712 (P188a), 3 *Flux reflux*] 'Flux et Reflux' (Flut und Ebbe): Titel eines Kapitels aus Catteau-Callevilles Studie (wie oben: I,115).

712, Paralipomenon 188] Früher Entwurf für Fausts Verse zum Kampf mit dem Meer (10198-10233); Weiterentwicklung der Skizze P188v (Text-Band S. 711 f.,21-27. → Kommentar dazu). P188

713, Paralipomenon 190a] Durch Trennstriche voneinander abgesetzte, nicht direkt zusammenhängende Verszeilen. Die Zugehörigkeit zum *Faust* ist nicht ganz sicher. P190a

713 (P190a), 1 *Ein altes Wrack . . .*] → P190: Text-Band S. 713,5.

713 (P190a), 3 *Unfruchtbar . . .*] → *Faust II*, 10213.

713, Paralipomenon 190] Diese »Beschreibung des öden und gefährlichen Meeresstrandes, der noch durch keine Anzeichen von Vegetation die Möglichkeit zeigt, ihn fruchtbar zu machen« (Witkowski 1950,446), läßt sich inhaltlich zu 10198 ff. stellen (nach dem Vorschlag Witkowskis »etwa auf 10226 folgend«). Sie weicht mit der Verwendung 4hebig-trochäischer Verse aber so entschieden von den dort 5hebig-jambischen ab, daß eine solche Zuordnung (wie überhaupt die Zugehörigkeit zum *Faust*) zweifelhaft bleibt. P190

713, Paralipomenon 190b] Die Zugehörigkeit zum *Faust* läßt sich aufgrund der Nähe zu 11039 vermuten. P190b

714-716, H P181/IV H20 = Paralipomenon 181/182] Vermutlich aus dem Juni 1831. Die beiden von E. Schmidt, WA I 15.2,238 f. nach Z. 43 unterschiedenen und als P181 und P182 einzeln numerierten Schemateile gehören unmittelbar zusammen; der Foliobogen wurde wohl erst nach der Beschriftung zertrennt. Das Schema setzt mit dem Anfang der Szene *Auf dem Vorgebirg* ein – dort also, wo die Ausführung von den Stichworten des Schemas P178 (Text-Band S. 708,27) deutlich abzuweichen beginnt. P181 P182

714 (P181/182), 1-6] Reinschrift-Fassung der eigenhändigen Ergänzung am Schluß von P178 (Text-Band

S. 709,63 ff.). In der endgültigen Fassung zur Bühnenanweisung vor der Szene *Auf dem Vorgebirg* verkürzt.

714 (P181/182), 7-22] Stichworte zu *Faust II*, 10345-10374.

714 (P181/182), 13 f. *ganz natürlich finden wir bewährt . . .*] Auf natürliche Weise 'wahr gemacht', was die *Kriegskunst* hier sich wünscht? Eher wohl: so 'bewehrt' (beschirmt, befestigt), wie sie es *begehrt*, – dadurch nämlich, daß das *Terrain* hier *nicht allzu* ⟨zu⟩*gänglich* ist (so 10352 f.).

714 f. (P181/182), 23-26] Vom endgültigen Text stärker abweichend.

714 f. (P181/182), 29-33] In den endgültigen Text nicht eingegangen.

715 (P181/182), 41 *Nur wenn ich falle steht er fest*] Meint den zum *Zweykampf* herausgeforderten *Gegenkaiser*.

715 (P181/182), 48-62] Die Stichworte zur Schlacht (→ *Faust II*, 10475-480, 10510-580, 10640-655) zeigen gegenüber dem ausgeführten Text noch große Lücken. Es fehlen die kritische Wendung der Schlacht und der Komplex um den Negromanten von Norcia (der bis zuletzt Erweiterungen erfuhr); der Einsatz der Geister wird nur angedeutet.

715 (P181/182), 63 f.] Im endgültigen Text zu einer ganzen Szene (10783 ff.: *Des Gegenkaisers Zelt*) erweiterter Randeintrag.

716 f., Entwurfsblatt IV H^{19}] An einen Entwurf zu 10512-10518 schließen hier, im selben Duktus fortfahrend, Ansätze und Varianten zu Versen von Habebald, Eilebeute, Raufebold, Haltefest und ein Entwurf zur *Herausforderung des Gegenkaisers* (= P191v) an.

P191v 716 f. (IV H^{19}), 8-18 = Paralipomenon 191v] Vorstufe zu P191 (Text-Band S. 717 f.).

717, Reinschrift IV H^{e}] Beispiel für ein charakteristisches Arbeitsverfahren Goethes: bereits ausgeführte Versgruppen werden in einem nächsten Schritt wieder zerlegt und anders zusammengesetzt. Vier dieser Mephisto-Verse (6-9, hier separat als erledigt gestrichen) wurden – in veränderter Abfolge – überdies Faust zugewiesen.

717 f. (IV H^{12}), 1-13 = Paralipomenon 191] Die reim- P191
losen Jamben des von E. Schmidt, WA I 15.1,341 als 'Herausforderung des Gegenkaisers' bezeichneten Fragments wurden im endgültigen Text gestrichen. Die Funktion der Herausforderung übernehmen dort die Verse 10407-422, denen die Regieanweisung folgt: *Die Herolde werden abgefertigt zu Herausforderung des Gegenkaisers.*

718 (IV H^{12}), 14-31 = Paralipomenon 183] Schema zu P183
10345-10422 mit Angaben zur Kaiserschlacht. Sehr wahrscheinlich nach dem Schema P181/182 entstanden. Während dort noch von einem *Spion* die Rede war (Text-Band S. 715,35), entspricht hier die Einführung der *Kundschafter* schon dem endgültigen Text.

718 (P183), 15 *ObG.*] Obergeneral.

718 (P183), 28 *Kaysers vorerst ablehnende Antwort an Faust*] Gegen Bohnenkamp 1994,720 (»Dieses Motiv wurde in die Ausführung nicht aufgenommen«) verweist MA 18.1,1058 zu Recht auf die endgültigen *Faust II*-Verse 10463-72.

718 (IV H^{12}), 33 = Paralipomenon 192] Mephisto über P192
den Kaiser (→ 10247). MA 18.1,1060: Zwischen *Faust II* 10472 und 73 passend.

719, Entwurfsblatt IV H^{11}] Wohl nach P183 (Text-Band S. 718) entstandener Entwurf zu einer Begrüßung Fausts, der seine Hilfe angeboten hat (1-4), und ein erneuter Ansatz dazu (5-7). → 10455 ff.

719 f., Entwurfsblatt IV H^{22a}] Nach dem 30. 5. 1831. Noch nicht in den endgültigen Alexandrinern, sondern in 5hebigen Jamben verfaßter Entwurf für die Erklärung des Erzbischofs, daß der Kaiser zur Entsühnung (von der *bösen Geister Athem*, die ihm zu Hilfe kamen in der Schlacht)

Land für die Kirche zu stiften habe, auf dem ein Gotteshaus errichtet werden soll. (→ 10993 ff.)

720, Arbeitsmundum IV H^{8}] Wahrscheinlich Juni 1831.

P184 720 (IV H^{8}), 1-15 = Paralipomenon 184] Auf eine bis 10848 reichende Reinschrift folgend. Mit diesen Stichworten zu 10931-10976 wurde das Arbeitsmundum vorläufig abgeschlossen (die noch fehlende Szene *Des Gegenkaisers Zelt* später nachgetragen).

720 (P184), 4 ... *erklärt er ihn zum Erzkanzler*] Im endgültigen Text ausgespart, aber vorausgesetzt. → Kommentar zur Regiebemerkung nach 10930.

720 (IV H^{8}), 16 *Faust Habebald*] Dieser und der (hier nicht wiedergegebene) Eintrag *Faust Raufebold* auf der Rückseite des Blattes deuten auf einen im Frühjahr 1831 zeitweilig verfolgten Plan, die Drei Gewaltigen für Fausts Werke im 5. Akt stärker heranzuziehen (→ Text-Band S. 736: P197a und P197 mit Kommentaren dazu). Als Goethe diese Absicht aufgab, wurden die Blätter für die Arbeit am 4. Akt weiterverwendet.

721, Reinschrift IV H^{13}] Dem endgültigen Text schon nahestehend. Wiedergegeben sind hier vier Verse, die durch die Randnotiz *später* zunächst auf eine andere Stelle verwiesen wurden, schließlich ganz ausgefallen sind. – Offenbar kommt Mephisto vom Gebirge zurück (wie im ausgeführten Text vor 10547), wo also der kritische *Paß* zu denken wäre, den der Gegner jetzt angreift (→ Szenen-Kommentar *Vorgebirg*, S. 672 und Kommentar zu vor 10547). Davon ist im endgültigen Text tatsächlich erst *später* die Rede: 10654 ff., wo dieser Angriff zunächst zu gelingen droht und nicht (wie hier) sogleich schon abprallt.

P193 721, IV H^{c} = Paralipomenon 193] Fragment der in den Schemata zum 4. Akt (P178: Text-Band S. 709,60 u. P181/182: ebd. S. 716,67 f.) als Abschluß vorgesehenen Szene der Belehnung Fausts mit dem Meeresstrand. Im endgültigen

Text lediglich erwähnt, als vollzogen vorausgesetzt. Zur Begründung für diesen Darstellungsverzicht, den man auf mangelndes Interesse oder (Beutler, GA 811) auf nachlassende Schaffenskraft zurückgeführt hat: → Kommentar zu 11035 f.

721 (P193), *6/7]* Der trennende Strich wurde nachträglich gezogen; vielleicht hat Goethe zeitweise beabsichtigt, zumindest einen Teil des hier Entworfenen aufzunehmen?

721 (P193), 9 *die blutigen Geschäfte]* der Kaiserschlacht (in der Faust ihm durch magische *Kräffte* zu Hilfe kam).

721 (P193), 11 *Ehrenschlag]* mit dem flachen Schwert auf Schulter oder Rücken: rituelle Erhebung in den Ritterstand (als Voraussetzung der Belehnung).

PARALIPOMENA ZU FAUST II · FÜNFTER AKT

722, Sammelblatt H P93] Abschrift offensichtlich alter Bruchstücke aus der Zeit vor der Jahrhundertwende anläßlich der Wiederaufnahme der Arbeit am *Faust* im Frühjahr 1825.

P93 722 (H P93), 1-5 = Paralipomenon 93] Mephisto, wohl kurz vor Fausts Tod.

P94 722 (H P93), 6-12 = Paralipomenon 94] Mephisto, nach Fausts Tod.

722 (P94), 7 *Paradebette*] Das Leichenbett.

722 (P94), 8 f. *eh das Seelchen sich ... einen neuen Körper schafft*] Goethe zu Eckermann, 4. 2. 1829: »denn wenn ich bis an mein Ende rastlos wirke, so ist die Natur verpflichtet, mir eine andere Form des Daseins anzuweisen, wenn die jetzige meinem Geist nicht ferner auszuhalten vermag.«

722 (H P94), 10 *die gewonnene Wette*] Mephisto kann eigentlich nur die mit Faust abgeschlossene Wette meinen. Oder denkt er (was Zeile 11 f. vermuten lassen könnte) doch an sein im *Prolog im Himmel* zum Herrn gesprochenes: *Was wettet ihr?* (→ Kommentar zu 312)?

P95 722 (H P93), 13-16 = Paralipomenon 95] Der gängigen These, daß beim ursprünglich geplanten *Gericht über Faust* (→ Text-Band S. 731: P195,25 ff.) Christus als gnadenreicher Richter hätte auftreten sollen (vgl. etwa Grumach 1953,73 ff.), dient P95 als wichtigste Stütze: *Reichsverweser* nämlich (die staatsrechtliche Bezeichnung für den bei Verhinderung eines Reichsoberhauptes regierenden Statthalter: DWb 14,613 f. und 25,2241 ff.) wird hier auf *Christus* bezogen. → auch Kommentar-Band S. 953: zu 573,P96.

723, Entwurfsblatt V H^{24}] Jedenfalls nach dem 26. Februar 1825 (Schillemeit 1996,365).

P205 723 (V H^{24}), 7-9 = Paralipomenon 205] Vom Kontext als Reaktion Mephistos auf die Erscheinung der Engel bestimmt; → 11772. (*Du kommst* könnte auch heißen: *Du kämst mir eben recht.* – Sollte *Lang* . . . dann im Hinblick auf *Dich langer Bursche* oder *Das lange Faltenhemd* in 11794/98 zu entziffern sein?)

723 (V H24), 16-21] Verbindet die Verse, die im endgültigen Text in Mephistos Rede an die Teufel vor dem Erscheinen der Engel aufgenommen wurden (hier 16-18), mit der Aufforderung an die Satane, die von den Engeln gestreuten *Blümeleien* zu bekämpfen (19-21). → 11713-21.

724 f., Sammelblatt V H23] Zusammenstellung einzelner Textsplitter zu den Szenen *Grablegung* (11638 f., P199, P202, 11779-82, P206, P207 und 11735 ff.), *Mitternacht* (P201) und *Großer Vorhof des Palasts* (P200?). Niederschrift nach V H24, also auch nach dem 26. Februar 1825 (Schillemeit 1996,365).

724 (V H23), 3-6 = Paralipomenon 199] Mephisto zu sich selber? Morris 1902 I,221: Die Griechen seien nach »der Anschauung der alten Kirchenväter und der neuen Orthodoxen 〈. . .〉 durch Teufel, die sich 'für eine Weile schön machten' und ihnen als Götter erschienen, um ihr Seelenheil betrogen worden.« (→ *Faust I*, 4273 f. und Text-Band S. 587,109 f.) Mephisto versuche nun, »es mit den Engeln ebenso zu machen; sie sollen in ihrem heiligen Frieden gestört, zur Sinnlichkeit gereizt werden, womit ihre feurigen Rosen wirkungslos, sie selbst der Gnade verlustig würden 〈. . .〉 und Fausts Seele Mephisto zufiele.« P199
MA 18.1,1107 stellt P199 zu den *Faust II*-Versen 11273-81.

724 (V H23), 7-9 = Paralipomenon 200] Mephisto, auf Faust bezogen. Steht wohl in Zusammenhang mit dem in P63 (Text-Band S. 596,115 f.) berichteten alten Plan, Faust glaube sich mit den Drei Gewaltigen *genug ausgestattet und entläßt den Mephistophles.* Dem entspricht offenbar die noch im Frühjahr 1825 in H4 (Text-Band S. 725,4) festgehaltene Absicht, Faust in der *Mitternacht*-Szene sagen zu lassen: *Ich habe längst schon die Magie entfernt.* → dazu Kommentar zu *Faust II*, 11403-07. 8 f. *zufrieden*] → *Faust I*, 1692 ff. P200

724 (V H23), 10-13 = Paralipomenon 201] Entwurfsbruchstück zur Szene *Mitternacht.* Erst Faust zu sich selber. P201

Dann Antwort der Sorge auf seinen Befehl, sie solle sich entfernen (→ 11422).

P202 724 (V H^{23}), 14 f. = Paralipomenon 202] Über die von den Engeln ausgestreuten Rosen, wenn die satanischen *Püstriche* sie angepustet haben (→ 11715 ff.).

P206 724 (V H^{23}), 21 f. = Paralipomenon 206] Mephisto beim Kampf mit den Engeln um die Seele Fausts (→ 11612 ff.).

P207 725 (V H^{23}), 23 f. = Paralipomenon 207] Gewiß auf die *schwebenden Rosen* zu beziehen (Szenar nach 11740) und eher wohl den Engeln zuzuschreiben als dem Mephisto (wie Hecker, WGA 13,351 will).

725, Entwurfsblatt V H^4] Wahrscheinlich aus dem Frühjahr 1825.

P198 725 (V H^4), 1 f. = Paralipomenon 198] Der Kontext der Handschrift läßt einen Zusammenhang mit dem nachfolgenden Entwurf von Fausts Monolog und seinem Gespräch mit der Sorge in der *Mitternacht*-Szene vermuten. Doch bleibt die geplante Verbindung undeutlich.

P202a 725 (V H^4), 3-10 mit Paralipomenon 202a] Entwurf zur Szene *Mitternacht* (→ 11403-07). Die später ausgelassene Zeile 7 (= P202a) wird in 11423 aufgenommen. Aber was die Endfassung in den Konjunktiv umgesetzt hat (*Könnt ich Magie von meinem Pfad entfernen . . .*), ist hier Zeile 4-6 im Indikativ des Perfekts als eine tatsächlich vollzogene Abkehr Fausts von der mephistophelischen *Magie* mitgeteilt. Das mag noch zusammenhängen mit dem 1816 in P63 (Text-Band S. 596,115 f.) berichteten alten Plan, Faust glaube sich mit den Drei Gewaltigen *genug ausgestattet und entläßt den Mephistophles*, und wohl auch mit den Mephisto-Versen P200 (Text-Band S. 724). – Zu den tief eingreifenden Veränderungen dieser Passage im Verlauf des Arbeitsprozesses → Kommentar zu 11403-07 (hier S. 735 f.).

726, Entwurfsblatt V H^{11}] In der mit Tinte gefertigten zügigen Niederschrift von 11467-86 u. 11495v verblieb ein Zwischenraum, in den Goethe mit Bleistift 1-3 nachtrug.

An deren Stelle wurden im endgültigen Text hier die Verse 11487-90 eingefügt, die das im Entwurf eingeführte Bild abgewandelt aufnehmen. 4-6 des Entwurfs dann zu 11495-98 erweitert.

726, Entwurfsblatt V H[8]*]* Mit dem endgültigen Kontext scheint Zeile 2 f. kaum vereinbar (oder bezieht sich *ein Liebender Gedanke* etwa auf den Magie-Verzicht? In H[7] heißt es dazu schon: *Könnt ich Magie von meinem Pfad entfernen*; → Kommentar S. 1056 zu 725,3-10).

726 f., Entwurfsblatt V H[20]*]* Früher Entwurf zu 11622 ff.

726 (V H[20]), 1 *Grillenmaus]* Später durch *die schnellste Maus* ersetzter Neologismus. Meint die Seele, welche neuerdings das schrullige *Gelüst* habe, *erst die Verwesung abzuwarten*, und im faulenden Körper lustwandelt (*promenirt*). → 11626 ff.

727 (V H[20]), 6-12 *Erst die Verwesung abzuwarten . . .]* Anspielung auf die zeitgenössische Debatte um Beerdigungen von Scheintoten; → Kommentar zu 11621-35.

727 (V H[20]), 12 *der Streit der Elemente]* → 11628 f. Landeck 1981,144 unterstellt die später aufgegebene Absicht, »einen chorartigen Einschub in Mephistopheles' Monolog« einzufügen (? Sch.).

727, Entwurfsblatt V H[28]*]* zu 11710-16.

727 f., Entwurfsblatt V H[30]*]* Kurz vor dem 6. 3. 1825 entstandene Entwürfe zu den beiden Engel-Chören 11726-34 und 11745-52. Für Z. 5-12 (denen nachfolgend H[2],29-31 entspricht) treten im endgültigen Text 11731-34 ein.

728-730, Reinschrift V H[2]*]* Aus dem sämtliche bereits vorliegenden Entwürfe und Teilhandschriften zusammenfassenden Mundum wahrscheinlich vom März 1825 werden hier lediglich eine frühe Fassung von Fausts letzter Rede

(1-18) und danach (19-77) die 3 letzten Seiten der Reinschrift abgedruckt. – Für die ganze Handschrift vgl. Landeck 1981,60-75.

Zur Umgestaltung der Verse 8-13 → Szenen-Kommentar *Großer Vorhof*, S. 745 ff. und 753 f.

728 (V H2), 8 f. *Dem Graben ...]* Bluhm 1972,159: »Faust will tagtäglich über die Verlängerung des Grabens unterrichtet werden. Bei dem Worte 'Graben' unterbricht ihn Mephisto, indem er halblaut zwischenbemerkt, daß er von keinem Graben gehört hat, nur von einem Grab. Faust, der durch Mephistos Worte in seiner Anweisung gestört wurde, fährt fort, indem er an sie anknüpft, jedenfalls in der Konstruktion: Man spricht oder ich spreche 'von dem Graben, der durch Sümpfe schleicht ...'«. → Kommentar zu 11559 f.: Es handelt sich hier wohl kaum um ein ursprüngliches Konzept der Trockenlegung von Sümpfen, an dessen Stelle erst später Fausts Landgewinnung an der Küste durch den Dammbau gegen das Meer getreten wäre (Hohlfeld 1955,287 ff.; Hertz 1932,273 f.; Staiger 1959,423 ff.).

728 (V H2), 12 *Auf wahrhaft eignem Grund und Boden stehn]* In diesem Entwurf wurden zunächst die Versgruppen 8-11 und 13-16 niedergeschrieben, später durch die dazwischen gesetzte Zeile 12 verbunden (*wahrhaft* dort über der Zeile hinzugefügt; vgl. Text-Band Abb. 18. – Zur weiteren Umgestaltung in H → Szenen-Kommentar *Großer Vorhof*, S. 746 ff.).

P203v 729 (V H2), 19-28 = Paralipomenon 203v] Anders interpungiert und mit der hier ausgelassenen Regieanmerkung *Engel. /: indeßen entschwebend: /* auch in V H31 überliefert, dort aber vor 11825-31 gestellt (vgl. Landeck 1981,166).

Von diesem Engel-Chor hat schon E. Schmidt, WA I 15.2,245 bemerkt, daß er in H »leicht aus Versehen Johns ⟨des Schreibers⟩ entfallen sein könnte«. Er wurde in der vorliegenden Ausgabe wieder eingefügt und durch eckige Klammern als ein (freilich sehr eigenmächtiger) Herausgebereingriff markiert. → Text-Band S. 454 u. Kommentar zu: nach 11831.

Ganz anders hat Hertz 1932 (aufgenommen von Landeck 1981,168) die Bedeutung dieses Paralipomenons bestimmt: als den 1826 so geplanten »Abschluß des Aktes oder Epilog« nämlich, den »erst vier Jahre später ⟨...⟩ die Szene 'Bergschluchten' verdrängte«. »Diese Gestaltung des ursprünglichen Schlusses der Tragödie« lasse »unmittelbar erkennen«, daß sich für die früher konzipierte Szene vom himmlischen *Gericht über Faust* (→ Text-Band S. 731,27) »keine befriedigende Schau hatte einstellen wollen, und daß das ganze ⟨Gerichts-⟩Motiv nunmehr verdrängt und ersetzt war durch den Schlußchor ⟨P203v⟩, der durch die Verheißung der Gnade das Endurteil aussprach.« Denn »für die Handlung unentbehrlich war ein Epilog zum Schlußakt nicht, da Mephistos Klage: 'Sind mit der Beute himmelwärts entflogen' ⟨11827⟩ die Himmelfahrt des Helden bezeugt und damit seine Lossprechung unzweideutig verkündet.« (Hertz 1932,264 u. 266 f.) – Gegen diese Hypothese scheint schon der formale Handschriftenbefund zu sprechen: dem vermeintlich als Schluß der Tragödie gedachten Chor (Text-Bd S. 729, 19-28) folgt noch in H2 ein offenbar für anschließende Verse gedachter halbseitiger Freiraum; danach wurden eigenhändig die Zeilen 29-31 hinzugefügt, die jedenfalls einen weiteren Text ankündigen.

729 (V H2), 29-31] Entwürfe für den Schluß eines weiteren geplanten Engelchors?

729-30 (V H2), 32-77 = P97v und P98v *Abkündigung ... Abschied ...*] Noch im Frühjahr 1825 war also vorgesehen, an das Ende der *Faust*-Dichtung diese beiden 'rahmenden' Schlußgedichte aus der Arbeitsphase von 1797/98 zu setzen (→ Kommentar zur *Zueignung*, S. 152). Gegenüber der Fassung P97 (Text-Band S. 573) hier nur um die Zeile 35 erweitert. – Die Randvermerke Zeile 32 u. 44 (l und m) betreffen die Seitenpaginierung. Zeile 39 *Menschenleben*] Schreiberversehen für *Menschen Leben* (P97). P97v P98v

Die zu P97 und P98 gegebenen Erläuterungen (→ S. 954 ff.) werden hier nicht wiederholt.

P195 731, Paralipomenon 195] Bisher auf Februar 1825 datiert (so Hertz 1932,250; Bohnenkamp 1994,753 f.), von Schillemeit 1996,365 aber entschieden später angesetzt. Danach hat sich Goethe hier erst Ende 1830, wohl bei der Wiederaufnahme der Schreibarbeit am *Faust* Anfang Dezember, die Handlungsschritte der 1825 entstandenen *Grablegungs*-Szene vergegenwärtigt (bis Zeile 22) und für den geplanten Schluß dann notiert: *Himmel . . . Gericht über Faust.* Das sollte offenbar nicht von Gott dem Herrn selbst abgehalten werden, sondern (wie P95: Text-Band S. 722,16 zu zeigen scheint) durch Christus als *Reichsverweser.*

Nach Schillemeits Datierung war dieser alte Gerichtsplan also keineswegs schon Anfang 1825 endgültig aufgegeben (wie bisher allgemein angenommen: Grumach 1953, 74 f., Erler BA 942 oder Henkel 1982, 166). Vielmehr trat erst im Dezember 1830 die sehr anders angelegte *Bergschluchten*-Szene an seine Stelle.

731 (P195), 23 *Appellation]* Latein. appellatio: in der Rechtssprache vom 15. bis ins ausgehende 19. Jh. geläufige Bezeichnung für den gerichtlichen Einspruch. Im Kampf um die Seele haben die Engel gewonnen: vermutlich gegen diese Entscheidung will Mephisto vor dem geplanten Himmelsgericht 'Berufung' einlegen. Burdach 1932,50 ff. hat hingewiesen auf das juristische Lehrbuch *Processus Sathanae contra Dominam Virginem coram iudice Jesu*, wo der Satan eine Klage erst um den Besitz, dann um die Verurteilung des Menschengeschlechts erhebt, Maria als dessen Fürsprecherin, Christus als Richter erscheint und diese Gerichtsverhandlung in zwei Instanzen sich abspielt.

731 (P195), 24 *Da Capo]* 'Von vorne', 'Wiederholung'. Meint, zurückbezogen auf den *Prolog im Himmel*, eine neuerliche Szene im Himmel? Oder die Wiederaufnahme des Prozesses aufgrund der *Appellation* Mephistos? – Der von Düntzer 1891/I,369 vertretenen Auffassung, »Da Capo sollte wohl launig bezeichnen, daß er 〈Goethe〉 den Himmel sich noch einmal einmischen lasse«, widerspricht Morris 1902 I,228 mit der Deutung, *Da Capo* bedeute hier 'neue

Szene'. Anders Hertz 1931,80: »Der Kampf ⟨der Engel mit den Teufeln um Fausts Seele⟩ steht unter der Vorstellung eines Gottesgerichts: das Unterliegen der Höllenpartei gilt als Gottesurteil erster Instanz, gegen das die Berufung zulässig ist an ein himmlisches Reichsgericht. Dementsprechend schließt das Schema mit den Worten: '⟨. . .⟩ Da capo (= Neue Verhandlung)'«.

731 (P195), 26 *Christus Mutter]* Die im GWb 2,1010 unterstellte Lesung als Kompositum ist nach dem Schriftbild auszuschließen. Also: Christus und die Mutter Maria (wie in aller Regel unterstellt wird)? Oder doch: Christus' Mutter (gegen Goethes Gewohnheit nicht latein. flektiert)? Hielt also Goethe bei der Wiederaufnahme der Arbeit am Schluß des *Faust* zunächst noch an Christus als Richter fest (vorausgesetzt, daß er doch gemeint war mit der Bezeichnung *Reichsverweser* in P95)? Oder ist Christus in diesem Schema bereits eliminiert und die gnadenreiche Gottesmutter, die seit dem Spätmittelalter als die höchste Fürsprecherin beim Jüngsten Gericht galt, als oberste Instanz eingesetzt? (so Morris 1902 I,228 f.)

731 (P195), 27 *Gericht über Faust]* Das GWb (2,1010) schlägt vor, hier nicht mit einem »ordentl Himmelsgerichtshof« zu rechnen, sondern in Betracht zu ziehen, daß *Gericht* bei Goethe »mehrf in der noch zeitgenöss Bed von 'Urteil' vorkommt.« Die Hypothese einer ursprünglich geplanten Gerichts-Szene stützt sich jedoch nicht nur auf diese Stelle, sondern zieht auch die Textbruchstücke heran, die hinter die Jahrhundertwende zurückreichen (→ P96: Text-Band S. 573 und in P95: ebd. S. 722,13 ff.). Im vorliegenden Schema selbst wird die Vorstellung von einem himmlischen 'Gerichtsverfahren' durch die Verwendung des juristischen Terminus *Appellation* gestützt.

732, Paralipomenon 194] Schema-Reinschrift, wenig später als das vorangehende P195 (Text-Band S. 731). P194

1-2 Stichworte zur Szene *Mitternacht*; 3-5 zu *Großer Vorhof des Palasts*; 6-21 zu *Grablegung*. 22: → Kommentar hier zu 731,23.

P209 733, V H^e mit den Paralipomena 209v und 209] Vom Dezember 1830 (vgl. Hertz 1932,263). Gemeint ist der *bestaubte* Erdenwanderer Faust; vergleichbar 11954-65.

733 f., Entwurfsblatt V H^d] Wohl vom Dezember 1830 (vgl. Hertz 1932,263).

733 (V H^d), 8 f. *Die hohe Geisteskraft | Sie ist gerettet*] Gleicher Wortgebrauch dann in *Faust II*, 11958 und 11934.

P208v 733 f. (V H^d), 12-14 = Paralipomenon 208v] → *Faust II*, 12001 ff.

P209v 734 (V H^d), 15 f. = Paralipomenon 209v] Varianten in H^e (Text-Band S. 733. → Kommentar dazu).

P196 734, Paralipomenon 196] Vom Dezember 1830. 1-10 notieren die im Schlußteil der *Bergschluchten*-Szene ab 12032 vorgesehenen Sprecher. – 11-20 (nach dem Trennstrich) geben dann bereits deren vollständige Liste und endgültige Abfolge: *Maria Magdalen⟨a⟩* und *Die Samariterin* (oben) jetzt schon mit den späteren Bezeichnungen *Magna Peccatrix* und *Mulier Samaritana*. Der dreimalige Sprechchor *zu drey* wurde endgültig auf einen einzigen reduziert (12061 ff.), *Gretchen* als UNA POENITENTUM bzw. DIE EINE BÜSSERIN bezeichnet. – Erläuterungen dieser Angaben in den Stellenkommentaren zur *Bergschluchten*-Szene.

735, Entwurfsblatt V H^{g1}] Vom Dezember 1830. Ohne 15 f. auch durch eine Schreiber-Reinschrift H^{g2} überliefert; dort sind diese Verse vor 12084 gesetzt, sollten also wohl auf 12075 folgen und wären »für Gretchen ⟨. . .⟩ bestimmt gewesen, die der entschwebenden Mater gloriosa mit dem Christuskinde im Arme nachruft.« (Strehlke 1891/II,142) – Mit dem Verzicht auf diese Passage ist Christus nicht nur als Gerichtsherr über Faust (→ hier Kommentare zu P95: 722,13-16 und zu P195: 731), sondern selbst als Kind auf dem Arm der Gottesmutter aus der Schlußszene eliminiert worden.

735, Entwurfsblatt V H^c] Vom Dezember 1830.

735 (V H^c), 1-3 = Paralipomenon 208] Für den Doctor marianus vorgesehen (→ 12001-04). Ein leicht abweichender Entwurf auf H^d ist dort an 11996 angefügt (→ Text-Band S. 733 f., 12-14). P208

736, Paralipomenon 197a] Wohl vom Frühjahr 1831, als Goethe mit dem noch fehlenden 4. Akt und der Ausarbeitung der ersten Szenen des 5. Akts beschäftigt war, auf die diese Stichworte sich beziehen. R. Fischer-Lamberg 1954,345: »Nur noch einmal, in P197, ist es so deutlich ausgesprochen, daß die Landgewinnung als das Werk der drei Gesellen gedacht war.« P197a

Aber keineswegs nur die Gewinnung des neuen Landes wird hier den von Mephisto gestellten Drei Gewaltigen zugeschrieben. Fausts ganzer *Welt-Besitz* (11242) verdankt sich ihnen: gemäß ihren 'sprechenden' Namen baut *Haltefest* die Dämme, die das Neuland sichern (Fausts *Landes Besiz*); kommandiert *Raufebold* die seeräubernde Flotte (→ 11171-88); organisiert *Habebald* den Hafenbau, an dem der weltumspannende *Handel* hängt (→ 11102, 11187, 11225 f.).

736 (IV H^b) = Paralipomenon 197] Dem vorangehenden P197a entsprechend (: *Haltefest Eindäm⟨m⟩ung*) wohl Überbleibsel des im Frühjahr 1831 verfolgten Plans, Fausts Alterswerk noch weit entschiedener auf die Drei Gewaltigen zu beziehen, als die Endfassung das erkennen läßt. P197

736 (P197), 1 *Faust Haltefest*] Die von Schreiberhand eingetragenen Namen (mit großem Abstand vom folgenden Fragment für das noch Nachzutragende) waren sehr wahrscheinlich der erste Eintrag auf diesem Folioblatt, dessen erste Seite damit für eine Szene *Faust Haltefest* bestimmt wurde (vgl. IV H^8: Text-Band S. 720,16 u. Kommentar dazu).

736 (P197), 4 *Sie flieht . . .*] Fragmentarisch einsetzend. *Sie* wird sich auf die 'Welle' oder die 'Flut' beziehen.

736 (P197), 5 *insultirt*] Kränkt, verhöhnt.

736 (P197), 6 *H. F.*] Der (gemäß vorangehendem

P197a) für den Deichbau und die Entwässerungsgräben zuständige *Haltefest* erscheint hier geradezu als der *Aufseher* über die Kolonisationsarbeiten (in der Rolle also, die endgültig wohl Mephisto übernimmt: → Kommentar zu 11551).

736 (P197), 8 *Du bist nun hundert Jahr, ich bin schon etwas weiter]* Goethe zu Eckermann, 6. 6. 1831: »Der Faust, wie er im 5. Akt erscheint, ⟨. . .⟩ soll nach meiner Intention gerade hundert Jahr alt sein, und ich bin nicht gewiß, ob es nicht etwa gut wäre, dieses irgendwo ausdrücklich zu bemerken« (endgültig nicht ausdrücklich bemerkt). – *Haltefest* als die allegorische Verkörperung des menschlichen 'Strebens' nach Besitz und Besitzstandswahrung ist da (altersbezogen) in der Tat *etwas weiter.*

KONKORDANZ DER PARALIPOMENA

Für die vorliegende Ausgabe wurde die in der *Faust*-Literatur meistbenutzte Paralipomena-Numerierung der Weimarer Ausgabe beibehalten, deren Textfolge aber geändert (zur Begründung → S. 102 f. und 920 f.). Um gesuchte Stücke leichter auffindbar zu machen, verzeichnet die nachstehende Konkordanz die Paralipomena in der Abfolge der WA-Numerierung und gibt an, auf welchen Seiten des Text-Bandes man sie hier in der Frankfurter Ausgabe finden könnte. *Faust*-Handschriften, welche in unserer Sammlung mitgeteilt werden, im Paralipomena-Korpus der Weimarer Ausgabe aber nicht enthalten sind, werden im folgenden also nicht angeführt.

WA Nr	FA Seite
1	576 f.
2	547
3	575
4	575
5	575
5a	576
6	544
7	544
8	551
9	550
10	549
11	577 f.
12	579
13	546
14	579
15	580
16	580
17	580
18	547
19	548
20	570
21	544
22	563
23	–
24	563
25	580
26	551 f.
27	559 f.

WA Nr	FA Seite	WA Nr	FA Seite
28	561	62	550
29	562	62a	559
30	562 f.	63	593-96
31	563 f.	64	550
32	564	65	566-68
33	548	66	568
34	548	67	565
35	548	68	565 f.
36	546	69	569
37	546	70	547
38	549	71	547
39	548	72	547
40	561	73	547
41	570	74	547
42	550	75	569
43	550	76	569
44	548	77	569
45	547	78	551
46	547	79	551
47	581	80	551
48	564	81	569
49	546	82	571/570
50	552-59	83	571/570
51	547	84	666 f.
52	548/667/679	85	669
53	548	86	571
54	545	87	571
55	545	88	571
56	545	89	571
57	545	90	571
58	545	91	572
59	545	92	572
60	545	93	722
61	546	94	722

WA Nr	FA Seite	WA Nr	FA Seite
95	722	123,2	627-62
96	573	124	652 f.
97	573/729	125	657-65
98	573 f./730	126	663
99	629-31	127	645
100	597	128	645
101	598	129	645
102	598-600	130	645
103	614	131	651
104	607-09	132	651
105	609 f.	133	648/649
106	612 f.	134	649/650
107	618	135	650
108	604 f.	136	650
108a	605	137	650
108b	600	138	650
108c	600	139	650
109	606	140	626
110	606	141	625 f./626
110a	601 f.	142	625/626 f.
111	–	143	627
112	610	144	627
113	610 f./616 f.	145	627
114	611	146	627
115	614	147	–
116	615	148	702
117	618	149	647
118	619	150	663
119	621	151	655
120	621	152	662
121	622	153	662
121a	570	154	660
122	623	155	660
123,1	631-64	156	–

WA Nr	FA Seite	WA Nr	FA Seite
157	664	184	720
158	625	185	710
159	665	186	710
160	665	187	711
161	665	188	711 f./712
162	680	188a	712
163	681	189	711
164	688	190	713
164a	691 f.	190a	713
165	685 f.	190b	713
166	696-98	191	716 f./717 f.
166a	692 f.	192	718
167	667 f.	193	721
168	698	194	732
169	696	195	731
170	699	196	734
171	670	197	736
172	679	198	725
173	681 f./682 f.	199	724
174	683	200	724
175	690	201	724
176	694/695	202	724
176a	692	202a	725
177	702	203	729
178	707-09	204	661/662
179	705-07	205	723
179a	705	206	724
180	707	207	725
181	714-16	208	735/733
182	714-16	209	733/734
183	718		

Abb. 1: zu *Faust I* und *Faust. Frühe Fassung* –
Szene *Auerbachs Keller*
Nachstiche der wohl 1625 gemalten Bilder
im Keller von 'Auerbachs Hof' zu Leipzig
(Vorlagen: Fr. Dt. Hochstift Frankf./M)

Doctor Faustus und sein Pudel, oben mit Studenten pokulierend, unten ein Weinfaß aus dem Keller reitend.

Dazu hier S. 242, 276, 281, 854, 858 und Text-Band S. 760

Abb. 2: zu *Faust I* – Szene *Studierzimmer* I, 1250-55
Aus *Praxis cabulæ nigræ Doctoris Iohannis Faustii*, Mitte 17. Jh.?
(Herzogin Anna Amalia Bibliothek / Stiftung Weimarer Klassik)
Dazu hier S. 247

Abb. 3: zu *Faust I* – Szene *Studierzimmer* I, 1258 und 1395 ff.
Aus *Praxis cabulæ nigræ Doctoris Iohannis Faustii*, Mitte 17. Jh.?
(Herzogin Anna Amalia Bibliothek / Stiftung Weimarer Klassik)
Dazu hier S. 248 und 253-255

Abb. 4: zu *Faust I* – Szene *Walpurgisnacht*
und Paralipomena 34, 50, 48 (Text-Band S. 548, 552 ff., 564)
Michael Herr, *Eigentlicher Entwurf und Abbildung deß Gottlosen und verfluchten Zauber Festes.* Kupferstich Mitte 17. Jh. –
Linke Bildhälfte

Dazu hier S. 342, 350, 355 f. und 931

Abb. 5: zu *Faust I* – Szenen *Walpurgisnacht* und *Walpurgisnachtstraum*
Michael Herr, *Eigentlicher Entwurf und Abbildung deß Gottlosen und verfluchten Zauber Festes*. Kupferstich Mitte 17. Jh. – Rechte Bildhälfte

Dazu hier S. 284, 342, 355 und 363

Abb. 6: zu *Faust II*, – Szene *Weitläufiger Saal*, 5393 ff.
Kupferstich nach Charles LeBrun's Karton
des Triumph-Einzugs Alexanders d. Gr. in Babylon
(Goethe-Nationalmuseum / Stiftung Weimarer Klassik)
Dazu hier S. 427

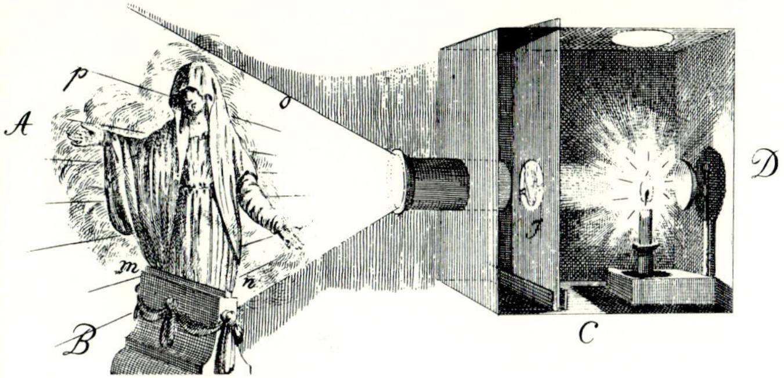

Abb. 7: zu *Faust II*, 1 – Szene *Rittersaal*
Laterna magica-Projektion: Nebelbild. Aus Christlieb Benedict Funk: *Natürliche Magie*, 1783 (V. Kupfertafel)

Dazu hier S. 480-482

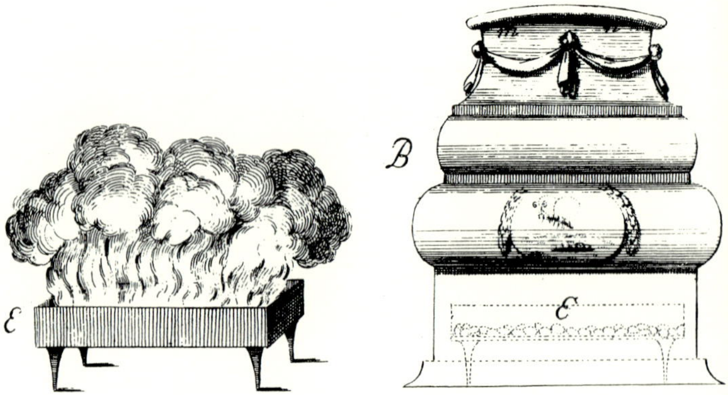

Abb. 8: zu *Faust II*, 1 – Szene *Rittersaal*
Kohlenpfanne und Rauchgefäß für die Nebelbilder der Laterna magica. Aus Christlieb Benedict Funk: *Natürliche Magie*, 1783 (V. Kupfertafel)

Dazu hier S. 481 f.

Abb. 9: zu *Faust II*, 2 – Szene *Laboratorium*, 6903-6920
Kupferstich von E. Desrochers nach Corregios Gemälde
'Leda und Jupiter als Schwan'
(Goethe-Nationalmuseum / Stiftung Weimarer Klassik)
Dazu hier S. 514f.

Abb. 10: zu *Faust II*, 2 – Szene *Peneus*, 7519-7547 (Seismos)
Kupferstich von Petrus S. Bartolus nach Raffaels vatikanischem Bildteppich ‘Paulus im Gefängnis von Philippi’ (aus dem ein Erdbeben ihn befreit; vgl. Apostelgeschichte 16,23 ff. – Bildinschrift des Stechers: *Terr*⟨a⟩*e Motus*)
(Goethe-Nationalmuseum / Stiftung Weimarer Klassik)
Dazu hier S. 548 f.

Abb. 11: zu *Faust II*, 2 – Szene *Felsbuchten des ägäischen Meers*
Kupferstich von D. Cunego nach Raffaels Wandbild
'Triumph der Galatea' in der Villa Farnesina in Rom
(Goethe-Nationalmuseum / Stiftung Weimarer Klassik)
Dazu hier S. 574

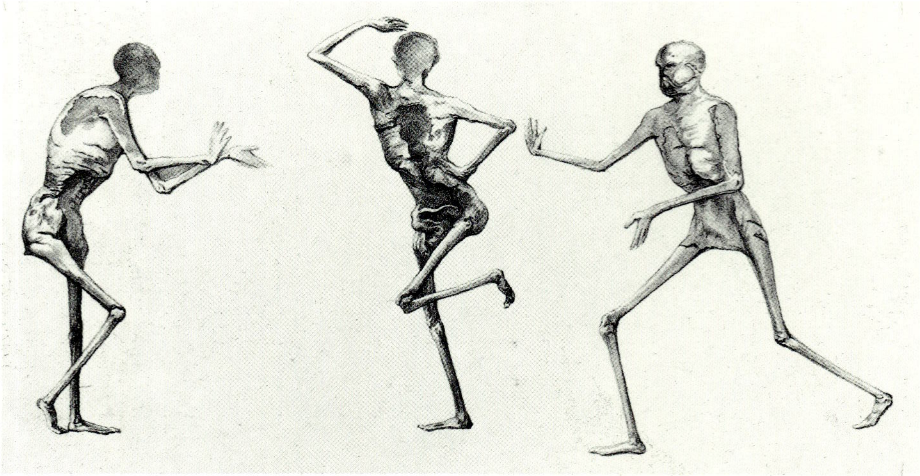

Abb. 12: zu *Faust II*, 5 – Szene *Großer Vorhof*, 11511-11611 (Lemuren). Bildbeigabe zu Ignaz F. W. M. v. Olfers: *Über ein merkwürdiges Grab bei Kumae und die in demselben enthaltenen Bildwerke (Zweites Basrelief)*. In: Abhandlg. d. Kgl. Akademie d. Wissenschaften zu Berlin aus dem Jahre 1830. Berlin 1832. – Dazu hier S. 754-756

Abb. 13: zu *Faust II*, 5 – Szene *Grablegung*. Kupferstich von Andrea Orgagna (?):
Il trionfo della morte ('Der Triumph des Todes')
nach einem der Fresken vom Friedhof in Pisa (= Tavola XIV in Carlo Lasinio:
Pitture a Fresco del Campo Santo di Pisa, Florenz 1822; in Lieferungen seit 1812)

(Goethe-Museum Düsseldorf)

Dazu hier S. 764

Abb. 14: zu *Faust II*, 5 – Szene *Bergschluchten*. Kupferstich von Pietro Laurati: *Gli anacoreti nella Tebaide* ('Leben der Eremiten in der Thebais') nach einem der Fresken vom Friedhof in Pisa. (= Tavola XII in Carlo Lasinio: *Pitture a Fresco del Campo Santo di Pisa*, Florenz 1822; in Lieferungen seit 1812)

(Goethe-Museum Düsseldorf)

Dazu hier S. 779f.

Abb. 15: zu *Faust II*, 5 – Szene *Bergschluchten*, ab 11989
Altarbild der Chiesa del Soccorso in Venedig, um 1595 gemalt
von Benedetto (?) Caliari

(Jetzt: Museo Vetrario di Murano)

Dazu hier S. 805f.

». . . erscheinen als Zirrus und verschwinden zuletzt in dem unendlichen Raum«

»höhere Region«

»obere Region«

»mittlere Region«

»untere Region«

»unterste Region«

»Mater Gloriosa:
Komm! Hebe dich zu
höhern Sphären,
Wenn er dich ahnet,
folgt er nach«

»Engel, schwebend in der höhern Atmosphäre«

»Chor seliger Knaben, um die höchsten Gipfel kreisend«

»Pater Seraphicus, Mittlere Region«

»Pater Profundus, Tiefe Region«

»Pater Profundus:
Wie Felsenabgrund
mir zu Füßen
Auf tieferm Abgrund
lastend ruht«

»sodann ereignete sich das aufsteigende Spiel, Stratus verwandelte sich in Kumulus, Kumulus, in Zirrus . . . .
Diese Erscheinungen glaubte man in drei Etagen übereinander vorgehen zu sehen.«

Abb. 16: zu *Faust II*, 5 – Szene *Bergschluchten*
Kupferstich in Goethes meteorologischer Schrift
Wolkengestalt nach Howard

(Zitate links: aus dieser Schrift | rechts: aus der *Faust*-Szene | Wolkentermini eingefügt)

Dazu hier S. 792-795

LITERATUR-
UND ABKÜRZUNGSVERZEICHNIS

Die Literatur zu Goethes *Faust* umfaßt mittlerweile wohl annähernd 10 000 Titel (Zugänge eröffnen Pyritz/Nicolai 1965/1968, Henning 1966-1976 und die laufenden Anzeigen der Neuerscheinungen in den Jahrbüchern der Goethe-Gesellschaft). Davon werden im folgenden lediglich diejenigen Arbeiten verzeichnet, die dem Herausgeber und seinen Helfern erreichbar waren und ihm bei der Einrichtung des Textes dienlich gewesen sind oder für die Kommentierungen brauchbar erschienen. Für die 4. Auflage der vorliegenden Ausgabe wurden einige ältere und diejenigen nach 1994 veröffentlichten Arbeiten nachgetragen, die für revidierte Passagen oder Ergänzungen des Kommentars benutzt worden sind.

Auch die zu Erläuterungszwecken verwendeten lexikalischen Hilfsmittel werden hier angeführt und ebenso Goethes eigene 'Quellen', soweit sie im Kommentar nur mit abkürzenden Bezeichnungen versehen wurden. Außerdem findet man in diesem Verzeichnis, unter ihren gängigen Siglen, die herangezogenen Handschriften und Drucke sowie die erwähnten früheren *Faust*-Editionen und die mit Respekt und Dankbarkeit benutzten älteren Kommentarwerke (die ich nicht, wie weithin üblich, stillschweigend geplündert, sondern jeweils angeführt habe).

Um den Zugriff des Benutzers zu erleichtern, wurden diese Titel oder Siglen nicht chronologisch oder systematisch geordnet, sondern in eine durchgehend alphabetische Abfolge gebracht. Die linksbündig vorangestellten abkürzenden Angaben sind identisch mit den im Kommentar verwendeten (ihre Jahreszahlen bezeichnen ggf. die am leichtesten erreichbare, deshalb hier zitierte Ausgabe).

AA *(Akademie-Ausgabe der Werke Goethes)*:
Werke Goethes, hg. v. d. Dt. Akad. d. Wiss. zu Berlin unter Leitg. v. Ernst Grumach.
⟨Bd 1:⟩ Urfaust | Faust. Ein Fragment, bearbeitet v. Ernst Grumach, Berlin 1954 *⟨mit Faksimiledruck der Frühen Fassung⟩*.
⟨Bd 2:⟩ Faust I, bearbeitet v. Ernst Grumach und Inge Jensen, *ebd.* 1958.
⟨Erg.-Bd 3:⟩ Urfaust | Faust. Ein Fragment | Faust I (Paralleldruck), bearbeitet v. Ernst Grumach und Inge Jensen, *ebd.* 1958.

A 8 *(Goethe)*:
Faust. Eine Tragödie (= Faust I), *in:* Goethe's Werke, 13 Bde, Tübingen: Cotta 1806-1810, Bd 8 (1808), *S. 1-234.*

Adelung:
Johann Christoph Adelung, Versuch eines vollständigen grammatisch-kritischen Wörterbuches der hochdeutschen Mundart, 5 Bde, Leipzig 1774-1786 *(in Goethes Gebrauch)*.

Adelung 1788:
Johann Christoph Adelung, Vollständige Anweisung zur Deutschen Orthographie, Leipzig 1788 *(in Goethes Gebrauch. Fotomech. Nachdruck Hildesheim und New York 1978)*.

Adorno 1974:
Theodor W. Adorno, Zur Schlußszene des Faust *(zuerst 1959), in: ders.*, Gesammelte Schriften Bd 11, hg. v. Rolf Tiedemann, Frankfurt/Main 1974, *S. 129-138.*

Agrippa 1533:
Henricus Cornelius Agrippa ab Nettesheym, De occulta philosophia sive de magia libri tres, o.O. *⟨Köln⟩* 1533 *(in Goethes Bibliothek. Faksimiledruck Graz 1967)*.

Agrippa 1913:
Heinrich Cornelius Agrippa von Nettesheim, Die Eitel-

keit und Unsicherheit der Wissenschaften und die Verteidigungsschrift *(zuerst lat. 1530)*, 2 Bde, hg. v. Fritz Mauthner, München 1913.

Alewyn 1974:
Richard Alewyn, Goethe und die Antike *(zuerst 1932), in: ders.*, Probleme und Gestalten, Frankfurt/Main 1974, *S. 255-270.*

Amoretti 1809:
Carlo Amoretti, Physikalische und historische Untersuchungen über die Rabdomantie oder animalische Electrometrie, 1. Teil, Berlin 1809.

Anderegg 1983:
Johannes Anderegg, Knabe Lenker, *in:* J. W. Goethe – Fünf Studien zum Werk, hg. v. Anselm Maler, Frankfurt/Main 1983, *S. 85-114.*

Arens 1982:
Hans Arens, Kommentar zu Goethes Faust I, Heidelberg 1982.

Arens 1989:
Hans Arens, Kommentar zu Goethes Faust II, Heidelberg 1989.

Arnold 1729:
Gottfried Arnold, Unpartheyische Kirchen- und Ketzer-Historie, Vom Anfang des Neuen Testaments Biß auf das Jahr Christi 1688, 4 Teile in 2 Bdn, Franckfurt am Mayn ²1729 *(in dieser Aufl. von Goethe benutzt. Fotomech. Nachdruck Hildesheim 1967).*

Atkins 1953:
Stuart Atkins, The Mothers, the Phorcides and the Cabiri in Goethe's »Faust«, *in:* Monatshefte f. dt. Unterricht 45 (1953), *S. 289-296.*

Atkins 1954:
Stuart Atkins, Goethe, Aristophanes, and the Classical Walpurgisnacht, *in:* Comparative Literature 6 (1954), *S. 64-78.*

Atkins 1958:
Stuart Atkins, Goethe's Faust. A Literary Analysis, Cambridge, Mass. 1958.

Atkins 1959:
Stuart Atkins, Faustforschung und Faustdeutung seit 1945, *in:* Euphorion 53 (1959), *S. 422-440.*

BA *(Berliner Ausgabe der Werke Goethes)*:
Goethe, Poetische Werke. Kunsttheoretische Schriften und Übersetzungen, Bd 8: Faust, bearbeitet v. Gotthard Erler *(zuerst 1965)*, Berlin und Weimar [4]1990.

Baron 1982:
Frank Baron, Faustus. Geschichte, Sage, Dichtung, München 1982.

Bartscherer 1911:
Agnes Bartscherer, Paracelsus, Paracelsisten und Goethes Faust, Dortmund 1911.

Bassermann-Jordan 1926:
Ernst von Bassermann-Jordan, Alte Uhren und ihre Meister, Leipzig 1926.

Bastomsky 1970:
Beatrice und Saul Bastomsky, Eine Deutung der Verse 1705 und 11593/94 in Goethes »Faust«, *in:* Jb. d. Wiener Goethe-Vereins 74 (1970), *S. 58-60.*

Baumgart 1902:
Hermann Baumgart, Goethes Faust als einheitliche Dichtung, Bd 2: Die Erklärung des zweiten Teiles, Königsberg 1902.

Bekker 1693:
Balthasar Bekker, Die Bezauberte Welt: Oder Eine gründliche Untersuchung Allgemeinen Aberglaubens / Betreffend / die Arth und das Vermögen / Gewalt und Wirckung Des Satans und der bösen Geister über den Menschen / Und was diese durch derselben Krafft und Gemeinschaft thun 〈...〉 *(zuerst niederl. 1691-1693)*, Amsterdam 1693 *(von Goethe benutzt)*.

Belli 1850:
Maria Belli (Hg.), Leben in Frankfurt am Main. Auszüge der Frag- und Anzeigungsnachrichten, Bd 5, Frankfurt/Main 1850.

Benda 1890:
A. Benda, Zur Valentinsscene, *in:* Goethe-Jb. 11 (1890), *S. 170-171.*
Bengel 1748:
Johann Albrecht Bengel, Sechzig erbauliche Reden über die Offenbarung Johannis ⟨...⟩, Stuttgart 1748.
Bengel 1835:
Johann Albrecht Bengel, Sechzig erbauliche Reden über die Offenbarung Johannis ⟨...⟩, Stuttgart ^{3}1835.
Berger 1981:
Jürgen Berger, Die Projektion. Anmerkungen zur Geschichte der Laterna Magica, *in:* Laterna Magica – Vergnügen, Belehrung, Unterhaltung. Der Projektionskünstler Paul Hoffmann, Ausstellungskatalog des Historischen Museums Frankfurt/Main 1981, *S. 29-54.*
Berg- u. Hütten-Lexikon 1805:
Carl Friedrich Richter, Neuestes Berg- und Hütten-Lexikon, 2 Bde, Leipzig 1805.
Bergmännisches Wb. 1778:
⟨*Anonymus*⟩, Bergmännisches Wörterbuch, Chemnitz 1778.
Bergwercks-Lexicon 1743:
Minerophilus Freibergensis, Neues und wohleingerichtetes Mineral- und Bergwercks-Lexicon *(zuerst 1730)*, Chemnitz ^{2}1743.
Berzelius 1827:
J. Jacob Berzelius, Lehrbuch der Chemie. Aus dem Schwedischen übersetzt von F. Wöhler, Bd 3.1, Dresden 1827.
Berzelius/Wöhler 1901:
Briefwechsel zwischen J. Berzelius und F. Wöhler, hg. v. Otto Wallach, Bd 1, Leipzig 1901.
Beutler 1940:
Ernst Beutler, Der Frankfurter Faust, *in:* Jb. d. Fr. Dt. Hochstifts 1940, *S. 594-686.*
Beutler 1980:
Ernst Beutler, Essays um Goethe *(zuerst 1941)*. 7., ver-

mehrte Aufl., hg. v. Christian Beutler, Zürich und München 1980.
Bibel:
Biblia, Das ist: Die ganze Heilige Schrift Alten und Neuen Testamentes, Nach der deutschen Uebersetzung D. Martin Luthers, Basel 1772 *(in Goethes Gebrauch).*
Biedermann/Herwig:
Goethes Gespräche. Auf Grund der Ausgabe und des Nachlasses von Flodoard Frhrn. von Biedermann hg. v. Wolfgang Herwig, 5 Bde *(in 6)*, Stuttgart und Zürich 1965-1987.
Binder 1944:
Wolfgang Binder, Goethes Faust: »Und was der ganzen Menschheit zugeteilt ist«, Gießen 1944.
Binder 1968:
Wolfgang Binder, Goethes klassische 'Faust'-Konzeption, *in:* Dt. Vierteljahrsschr. 42 (1968), *S. 55-88.*
Binder 1983:
Wolfgang Binder, Die Einheit der Faustgestalt im Urfaust, *in:* Wirkendes Wort 33 (1983), *S. 4-18.*
Binswanger 1985:
Hans-Christoph Binswanger, Geld und Magie. Deutung und Kritik der modernen Wirtschaft anhand von Goethes Faust, Stuttgart 1985.
Birkner 1973:
Siegfried Birkner, Leben und Sterben der Kindsmörderin Susanna Margaretha Brandt, Frankfurt/Main 1973.
Blackall 1984:
Eric A. Blackall, Faust's Last Speech, University of London 1984.
Bloch 1959:
Ernst Bloch, Das Prinzip Hoffnung, *in: ders.*, Gesamtausgabe der Werke, Bd 5 *(in 2 Bdn)*, Frankfurt/Main 1959.
Bloom/Vaget 1996:
Peter Anthony Bloom/Hans Rudolf Vaget, »Sardanapal!« – The French Connection: Unraveling Faust II, 10176, *in:* Goethe Yearbook 7 (1996), *S. 252-270.*

Bluhm 1966:
Heinz Bluhm, Die Entwicklung von Fausts erstem Monolog in der Szene 'Mitternacht' in Faust II,5, *in:* forschen und bilden 1 (1966), *S. 8-26.*

Bluhm 1972:
Heinz Bluhm, Zur Entstehung und Interpretation der Szene »Großer Vorhof des Palasts« in der Fausthandschrift VH2, *in:* Traditions and Transitions. Studies in Honor of Harold Jantz, ed. by L. E. Kurth, W. H. McClain, H. Homann, München 1972, *S. 142-161.*

Blumenthal 1950:
Lieselotte Blumenthal, Die Tasso-Handschriften, *in:* Jb. Goethe-Ges. NF 12 (1950), *S. 89-125.*

Blumenthal 1954:
Lieselotte Blumenthal, Goethes letztes Gedicht? *in:* Jb. Goethe-Ges. NF 16 (1954), *S. 143-160.*

BO *(Goethe)*:
Goethe's Faust, hg. v. Roe-Merrill Secrist Heffner, Helmut Rehder, William Freeman Twaddell, Part I: Boston 1954, Part II: *ebd.* 1955.

Bodin 1698:
Des weyland Hochgelehrten Johannis Bodini ⟨. . .⟩ Daemonomania, Oder außführliche Erzehlung Des wütenden Teuffels / in seinen damahligen rasenden Hexen und Hexenmeistern ⟨. . .⟩. Welches der andere Theil Nicolai Remigii Daemonolatria *(zuerst französ. 1580)*, Hamburg 1698 *(von Goethe benutzt).*

Böhm 1933:
Wilhelm Böhm, Faust der Nichtfaustische, Halle 1933.

Böhm 1949:
Wilhelm Böhm, Goethes Faust in neuer Deutung, Köln 1949.

Böhme:
Jacob Böhme, Tabulae principiorum, oder Tafeln von den Dreyen Principien Göttlicher Offenbarung *(zuerst 1624), in: ders.*, Sämtliche Schriften. Faksimile-Neudruck der Ausg. von 1730 in elf Bdn, neu hg. v. Will-Erich Peuckert, Bd 9, Teil XIX, Stuttgart 1956, *S. 57-74.*

Boenigk 1914:
Otto von Boenigk, Das Urbild von Goethes Gretchen, Greifswald 1914.
Boghardt 1973:
Martin Boghardt, Der jambische Trimeter im Drama der Goethezeit, Hamburg 1973.
Bohnenkamp 1994:
Anne Bohnenkamp, '... das Hauptgeschäft nicht außer Augen lassend' Die Paralipomena zu Goethes Faust, Frankfurt/Main 1994.
Bojanowski 1938:
Martin Bojanowski, Das Anagramm in Rembrandts 'Faust', *in:* Dt. Vierteljahrsschr. 16 (1938), *S. 527-530.*
Bojanowski 1956:
Martin Bojanowski, Rembrandts 'Faust', *in:* Dt. Vierteljahrsschr. 30 (1956), *S. 526-532.*
Borchmeyer 1989:
Dieter Borchmeyer, Gerettet und wieder gerichtet: Fausts Wege im 19. Jahrhundert, *in:* Faust through Four Centuries. Retrospect and Analysis = Vierhundert Jahre Faust, ed. by Peter Boerner and Sidney Johnson, Tübingen 1989, *S. 169-183.*
Boyle 1983:
Nicholas Boyle, The Politics of Faust II: Another Look at the Stratum of 1831, *in:* Publ. of the Engl. Goethe Society 52 (1983), *S. 4-43.*
Bradish 1943:
Joseph A. von Bradish, Geschichte und Legende um Auerbachs Keller, *in:* German Quarterly 16 (1943), *S. 76-89.*
Brandi 1937:
Karl Brandi, Kaiser Karl V., München 1937.
Brecht 1963:
Bertolt Brecht, ⟨Der Fall des Herrn Kerr⟩ *(zuerst 1926-1929), in: ders.*, Schriften zum Theater 2. 1918-1933, Frankfurt/Main 1963, *S. 238-243.*

Brecht 1964:
Bertolt Brecht, Einschüchterung durch die Klassizität *(zuerst 1954), in: ders.*, Schriften zum Theater 6. 1947-1956, Frankfurt/Main 1964, *S. 321-324. – Ebd. S. 328-330: ders.*, Ist die Aufführung des Fragments gerechtfertigt? *(zuerst 1952)*

Bremer 1995:
Dieter Bremer, »Wenn starke Geisteskraft . . .«. Traditionsvermittlungen in der Schlußszene von Goethes 'Faust', *in:* Goethe-Jb. 112 (1995), *S. 287-307.*

Bressem 1931:
Margarethe Bressem, Der metrische Aufbau des Faust II und seine innere Notwendigkeit, Berlin 1931.

Breuer 1980/81:
Dieter Breuer, Goethes christliche Mythologie. Zur Schlußszene des »Faust«, *in:* Jb. des Wiener Goethe-Vereins 84/85 (1980/81), *S. 7-24.*

Breuer 1985:
Dieter Breuer, Origenes im 18. Jahrhundert in Deutschland, *in:* seminar 21 (1985), *S. 1-30.*

Brown 1986:
Jane K. Brown, Goethe's Faust. The German Tragedy, Ithaka 1986.

Brown 1992:
Jane K. Brown, Goethe's Other Faust. The Drama of Part II, Toronto 1992.

Browning 1953:
Robert M. Browning, On the Structure of the »Urfaust«, *in:* Publ. of the Mod. Lang. Association of America 68 (1953), *S. 458-495.*

Brunner 1927:
Constantin Brunner, Faustischer Geist und Untergang des Abendlandes, Berlin 1927.

Büsch 1796:
Johann Georg Büsch, Uebersicht des gesamten Wasserbaues, 2 Bde (= Versuch einer Mathematik Teil 3, Bde 2 u. 3), Hamburg 1796 *(in Goethes Bibliothek).*

Burdach 1912:
Konrad Burdach, Faust und Moses, *in:* Sitzungsberichte d. Königl. Preuß. Akad. d. Wiss., Philolog.-hist. Klasse, Berlin 1912, *S. 358-403, 627-659, 736-789.*

Burdach 1923:
Konrad Burdach, Faust und die Sorge, *in:* Dt. Vierteljahrsschr. 1 (1923), *S. 1-60.*

Burdach 1926:
Konrad Burdach, Die Disputationsszene und die Grundidee in Goethes Faust, *in:* Euphorion 27 (1926), *S. 1-69.*

Burdach 1932:
Konrad Burdach, Das religiöse Problem in Goethes Faust, *in:* Euphorion 33 (1932), *S. 3-83.*

Butler 1952:
E.*(liza)* M.*(arian)* Butler, The Fortunes of Faust, Cambridge 1952.

$C^1$4 *(Goethe)*:
Helena | klassisch-romantische Phantasmagorie. Zwischenspiel zu Faust (= Faust II, *3. Akt*), *in:* Goethe's Werke. Vollständige Ausgabe letzter Hand ⟨*Taschenausgabe*⟩, Bd 4, Stuttgart und Tübingen 1827, *S. 229-307.*

$C^1$12 *(Goethe)*:
Faust. Eine Tragödie (= Faust I *und* Faust II, *1. Akt bis v. 6036*), in: Goethe's Werke. Vollständige Ausgabe letzter Hand ⟨*Taschenausgabe*⟩, Bd 12, Stuttgart und Tübingen 1828.

$C^1$41 *(Goethe)*:
Faust. Der Tragödie zweyter Theil in fünf Acten, *in:* Goethe's nachgelassene Werke, Bd 1, Stuttgart und Tübingen 1832 ⟨= Bd 41 der Ausg letzter Hand, *Taschenausgabe*⟩.

$C^3$4 *(Goethe)*:
Helena | klassisch-romantische Phantasmagorie. Zwischenspiel zu Faust (= Faust II, *3. Akt*), *in:* Goethe's Werke. Vollständige Ausgabe letzter Hand ⟨*Oktav-Ausgabe*⟩, Bd 4, Stuttgart und Tübingen 1828, *S. 223-291.*

$C^3$12 *(Goethe)*:
Faust. Eine Tragödie (= Faust I *und* Faust II, *1. Akt bis v. 6036*), in: Goethe's Werke. Vollständige Ausgabe letzter Hand ⟨*Oktav-Ausgabe*⟩, Bd 12, Stuttgart und Tübingen 1829.

$C^3$41 *(Goethe)*:
Faust. Der Tragödie zweyter Theil in fünf Acten, *in:* Goethe's nachgelassene Werke, Bd 1, Stuttgart und Tübingen 1833 ⟨ = Bd 41 der Ausg. letzter Hand, *Oktav-Ausgabe*⟩.

Campe 1807-1811:
Johann Heinrich Campe (Hg.), Wörterbuch der Deutschen Sprache, 5 Bde, Braunschweig 1807-1811.

Campe 1813:
Johann Heinrich Campe (Hg.), Wörterbuch zur Erklärung und Verdeutschung der unserer Sprache aufgedrungenen fremden Ausdrücke, Braunschweig 1813.

Carl v. Österreich 1814:
Carl von Österreich, Grundsätze der Strategie, 3 Bde, Wien 1814 *(in Goethes Bibliothek)*.

Carpzov 1635:
Benedict Carpzov, Practica nova Imperialis Saxonica rerum criminalium in partes III, Wittenberg 1635.

Cases 1981:
Cesare Cases, Fausts Schlußmonolog: eine Diskussion und ihre Folgen, *in:* Deutsche Klassik und Revolution. Texte eines literaturwissenschaftlichen Kolloquiums, hg. v. Paolo Chiarini und Walter Dietze, Rom 1981, *S. 299-321*.

Castle 1926:
Eduard Castle, Plan und Einheit in der ersten Konzeption des Goetheschen »Faust« *(zuerst 1911), in: ders.*, In Goethes Geist. Vorträge und Aufsätze, Wien und Leipzig 1926, *S. 131-148*.

Chorus Sanctorum Omnium 1565:
Chorus Sanctorum Omnium. Zwelff Bücher Historien aller Heiligen Gottes ⟨. . .⟩ beschrieben durch Georgium

Wicelium ⟨...⟩ Cölln am Rhein 1565 *(die textgleiche Erstausgabe von 1554 in Goethes Besitz).*
(Der) Christlich Meynende 1725:
→ *hier unter:* Faustbücher.

Ciupke 1994:
Markus Ciupke, Des Geklimpers vielverworrner Töne Rausch. Die Metrische Gestaltung in Goethes 'Faust', Göttingen 1994.

Cohn 1920:
Egon Cohn, Zur Schlagwortforschung, *in:* Germ.-Rom. Monatsschr. 8 (1920), *S. 318-319.*

Corpus der Goethezeichnungen:
Corpus der Goethezeichnungen, hg. v. Gerhard Femmel u.a., 7 Bde *(in 10)*, Leipzig 1958-1973.

Creizenach 1881:
Wilhelm Creizenach, Die Bühnengeschichte des Goethe'schen Faust, Frankfurt/Main 1881.

Creuzer 1821:
Friedrich Creuzer, Symbolik und Mythologie der alten Völker besonders der Griechen, 3. Teil *(zuerst 1812)*, zweite völlig umgearbeitete Ausgabe, Leipzig und Darmstadt 1821 *(in Goethes Bibliothek).*

Croce 1946:
Benedetto Croce, Goethe con una scelta delle liriche nuovamente tradotte, parte seconda, Bari ^{4}1946.

Curtius 1993:
Ernst Robert Curtius, Europäische Literatur und lateinisches Mittelalter *(zuerst Bern 1948)*, Tübingen und Basel ^{11}1993.

Dabezies 1967:
André Dabezies, Visages de Faust au XXe siècle. Littérature, idéologie et mythe, Paris 1967.

Daur 1950:
Albert Daur, Faust und der Teufel, Heidelberg 1950.

Dehio 1886:
Georg Dehio, Alt-Italienische Gemälde als Quelle zum Faust, *in:* Goethe-Jb. 7 (1886), *S. 251-264.*

Deutsche Encyclopädie:
Deutsche Encyclopädie, 23 Bde, hg. v. Heinr. Martin Gottfr. Köster *⟨Bde 1-17⟩* und Joh. Friedr. Roos *⟨ab Bd 18⟩*, Frankfurt/Main 1778-1804.

Diener 1961:
Gottfried Diener, Fausts Weg zu Helena, Stuttgart 1961.

Dietze 1985:
Walter Dietze, Der Walpurgisnachtstraum im 'Faust' *(zuerst 1969), in: ders.*, Poesie der Humanität. Anspruch und Leistung im lyrischen Werk Johann Wolfgang Goethes, Berlin und Weimar 1985, *S. 195-220.*

Dietze 1986:
Walter Dietze, Nachwort zu: Johann Wolfgang Goethe, Faust, Berlin und Weimar [8]1986 *(= Bibliothek der Weltliteratur, zuerst 1971), S. 623-652 (unter dem Titel* Tradition, Gegenwart und Zukunft in Goethes 'Faust' *auch in:* Deutschunterricht 24, Berlin (DDR) 1971, *S. 267-285).*

DjG Fischer-Lamberg:
Der junge Goethe, 5 Bde u. 1 Registerbd, hg. v. Hanna Fischer-Lamberg, Berlin 1963-1974.

DjG Morris:
Der junge Goethe, 6 Bde, hg. v. Max Morris, Leipzig 1909-1912.

Dörrie 1968:
Heinrich Dörrie, Die schöne Galatea. Eine Gestalt am Rande des griechischen Mythos in antiker und neuzeitlicher Sicht, München 1968.

Dülmen 1991:
Richard van Dülmen, Frauen vor Gericht. Kindsmord in der frühen Neuzeit, Frankfurt/Main 1991.

Düntzer 1883:
Heinrich Düntzer, Der text des zweiten teiles von Goethes Faust, *in:* Zeitschr. f. dt. Philologie 15 (1883), *S. 434-471 u. 504.*

Düntzer 1891/I:
Heinrich Düntzer, Die Entstehung der beiden ersten Akte des zweiten Teiles des »Faust« bis zur »klassischen

(Der) Christlich Meynende 1725:
es Durch die gantze Welt beruffenen Ertz-Schwartz-ünstlers und Zauberers Doctor Johann Fausts, Mit em Teufel auffgerichtetes Bündnüß, Abentheurlicher ebens-Wandel und mit Schrecken genommenes Ende, uffs neue übersehen, In eine beliebte Kürtze zusammen ezogen, Und allen vorsetzlichen Sündern zu einer ertzlichen Vermahnung und Warnung zum Druck be-ördert von einem Christlich-Meynenden, Franckfurt nd Leipzig 1725 *(46 Seiten – Verfasserfrage ungeklärt, twa 30 Aufl. im 18. Jh.). Zitiert wird mit Seitenangabe des Originals nach:* Das Faustbuch des Christlich Meynenden on 1725. Faksimile-Edition des Erlanger Unikats mit Erläuterungen und einem Nachwort, hg. v. Günther Mahal, Knittlingen 1983.

hte 1965:
Johann Gottlieb Fichte, Gesamtausgabe der Bayerischen Akademie der Wissenschaften, hg. v. Reinhard Lauth und Hans Jacob, Bd I,2: Werke 1793-1795, Stuttgart-Bad Cannstatt 1965.

edler 1946:
H. G. Fiedler, Textual Studies of Goethe's Faust, Oxford 1946.

. Fischer 1889:
Kuno Fischer, Die Erklärungsarten des Goetheschen Faust, Heidelberg 1889.

. Fischer 1913:
Kuno Fischer, Goethes Faust. Bd 4: Die Erklärung des Goetheschen Faust nach der Reihenfolge seiner Szenen. Zweiter Teil *(zuerst 1903)*, hg. v. Victor Michels, Heidelberg ^{4}1913.

. Fischer 1929:
Paul Fischer, Goethe-Wortschatz, Leipzig 1929.

H. Fischer-Lamberg 1957:
Hanna Fischer-Lamberg, Zur Entstehung und Datierung der ältesten Szenen des Urfaust, *in:* Zeitschr. f. dt. Philologie 76 (1957), *S. 379-406.*

Walpurgisnacht«, *in: ders.*, Zur Goetheforschung. Neue Beiträge, Stuttgart, Leipzig, Berlin, Wien 1891, *S. 246-313.* – Die Entstehung der beiden letzten Akte des zweiten Teiles des »Faust«, *in: ebd. S. 314-379.*

Düntzer 1891/II:
Heinrich Düntzer, Die Entstehung des zweiten Teiles von Goethes »Faust«, insbesondere der klassischen Walpurgisnacht, nach den neuesten Mitteilungen, *in:* Zeitschr. f. dt. Philologie 23 (1891), *S. 67-104.*

Düntzer 1899:
Goethes Faust. Erster Teil, erläutert v. Heinrich Düntzer *(zuerst 1850, danach mehrfach überarbeitet)*, Leipzig ^{6}1899.

Düntzer 1900:
Goethes Faust. Zweiter Teil, erläutert v. Heinrich Düntzer *(zuerst 1850, danach mehrfach überarbeitet)*, Leipzig ^{5}1900.

DWb:
Deutsches Wörterbuch, hg. v. Jacob und Wilhelm Grimm u.a., 33 Bde, München 1984 (Nachdruck der Erstausgabe Leipzig 1854-1971). ⟨*Hinweise im Kommentar, welche sich auf die Neubearbeitung des Wörterbuchs beziehen, erfolgen mit der Angabe* DWb n⟩.

Eberwein 1853:
Karl Eberwein, Mittheilungen über den zweiten Theil des Goethe'schen Faust, *in:* Europa 64 (1853), *S. 505-509.*

Eckermann:
Johann Peter Eckermann, Gespräche mit Goethe in den letzten Jahren seines Lebens, hg. v. Heinz Schlaffer *(= Goethe, Münchner Ausgabe Bd 19)*, München 1986.

Ehrenberg 1828:
C. G. Ehrenberg, Die geographische Verbreitung der Infusionsthierchen in Nord-Afrika und West-Asien ⟨. . .⟩. (Gelesen in der Akad. d. Wiss. am 10. Januar 1828), *in:* Abhandlungen d. physikal. Klasse d. Königl. Akad. d. Wiss. zu Berlin. Aus dem Jahre 1829. Berlin 1832, *S. 1-20.*

Eichner 1976:
Hans Eichner, The Eternal Feminine: an Aspect of Goethe's Ethics, *in:* Johann Wolfgang von Goethe, Faust. A Tragedy ⟨. . .⟩, hg. v. Cyrus Hamlin, New York 1976, *S. 615-624.*

Eigen 1987:
Manfred Eigen, Stufen zum Leben. Die frühe Evolution im Visier der Molekularbiologie, München und Zürich 1987.

EM:
Enzyklopädie des Märchens. Handwörterbuch zur historischen und vergleichenden Erzählforschung, hg. v. Rolf Wilhelm Brednich, Berlin und New York 1988 ff.

Emrich 1981:
Wilhelm Emrich, Die Symbolik von 'Faust II' *(zuerst 1943)*, Königstein/Taunus ^{5}1981.

Errante 1949:
Vincenzo Errante, Musik und Malerei in Goethes Kunst. Dargestellt an Faust I: »Auerbachs Keller«, *in:* Thema. Zeitschr. f. d. Einheit d. Kultur 2 (1949), *S. 39-42.*

FA *(Frankfurter Ausgabe der Werke Goethes)*:
Johann Wolfgang Goethe, Sämtliche Werke. Briefe, Tagebücher und Gespräche, Vierzig Bände, Frankfurt/Main 1985 ff.

Fähnrich 1963:
Hermann Fähnrich, Goethes Musikanschauung in seiner Fausttragödie – die Erfüllung und Vollendung seiner Opernreform, *in:* Jb. Goethe-Ges. NF 25 (1963), *S. 250-263.*

Fairley 1965:
Barker Fairley, Goethe's Faust. Six Essays *(zuerst 1953)*, Oxford ^{2}1965.

Faustbücher:

Historia 1587:
Historia von D. Johann Fausten / dem weitbeschreyten Zauberer vnnd Schwartzkünstler / Wie er sich gegen

dem Teuffel auff eine benandte zeit ve
hierzwischen für seltzame Abentheuv
angerichtet vnd getrieben / biß er e
verdienten Lohn empfangen. ⟨. . .
Mayn, durch Johann Spies, 1587 *(227
Jh. 22 Aufl.; dänische, engl., französ., niede
Zitiert wird mit Seitenangabe des Origin*
von D. Johann Fausten, Text des Druck
tische Ausgabe. Mit den Zusatztexten
ler Handschrift *(einer gegenüber dem Sp
handschr. Fassung der Faustgeschichte)* und
schen Drucke *(einer 2. Aufl. von 1587 und
1588 und 1589)*, hg. v. Stephan Füssel un
Kreutzer, Stuttgart 1988.

Widman 1599:
DEr Warhafftigen Historien von den grew
schewlichen Sünden vnd Lastern / auch v
derbarlichen vnd seltzamen ebentheure
hannes Faustus Ein weitberuffener Sc
vnd Ertzzäuberer / durch seine Schwartzk
seinen erschrecklichen end hat getrieben.
digen Erinnerungen vnd schönen exempel
chem zur Lehr vnd Warnung außgestriche
ret / Durch Georg Rudolff Widman. Gedru
burg / Anno 1599 *(671 Seiten – einzige Au
Faksimiledruck Schwäbisch Hall 1978)*.

Pfitzer 1674:
Das ärgerliche Leben und schreckliche En
berüchtigten Ertz-Schwartzkünstlers Johan
Erstlich, vor vielen Jahren, fleissig beschriebe
org Rudolph Widmann; Ietzo, aufs neue
⟨. . .⟩ und vermehret Durch Ch. Nicolaum
Nürnberg 1674 *(635 Seiten – bis 1726 6 weitere
tiert wird mit Seitenangabe des Originals nach:* Fau
Von Georg Rudolf Widmann *(in Pfitzers Bea*
hg. v. Adelbert von Keller, Tübingen 1880.

R. Fischer-Lamberg 1954:
Renate Fischer-Lamberg, Aus Goethes Papierkorb (Miszelle), *in:* Jb. Goethe-Ges. NF 16 (1954), *S. 344-345*.
R. Fischer-Lamberg 1955:
Renate Fischer-Lamberg, Untersuchungen zur Chronologie von Faust II 2 und 3, Diss. phil. *(masch.)* Halle/Saale 1955.
R. Fischer-Lamberg 1959:
Renate Fischer-Lamberg, Der Schluß der klassischen Walpurgisnacht, *in:* Beiträge zur Goetheforschung, hg. v. Ernst Grumach, Berlin 1959, *S. 279-289*.
Forster 1971:
Leonard Forster, Faust und die acedia, Mephisto und die superbia, *in:* Dichtung, Sprache, Gesellschaft. Akten des IV. Internationalen Germanistenkongresses 1970, hg. v. Victor Lange und Hans-Gert Roloff, Frankfurt/Main 1971, *S. 307-319*.
Francisci 1670:
Erasmus Francisci, Neu-polirter Geschicht- Kunst- und Sitten-Spiegel ausländischer Völcker, Nürnberg 1670 *(von Goethe benutzt)*.
Francisci 1690:
Erasmus Francisci, Der Höllische Proteus oder Tausendkünstige Versteller, Nürnberg 1690 *(von Goethe benutzt in der Ausgabe von 1708)*.
Frandsen 1967:
Ingeborg Frandsen, Die Alexandrinerszene in 'Faust II'. Diss. phil. Kiel 1967.
Frank 1980:
Horst Joachim Frank, Handbuch der deutschen Strophenformen, München 1980.
Frankenberger 1926:
Julius Frankenberger, Walpurgisnacht. Zur Kunstgestalt von Goethes Faust, Leipzig 1926.
Frankfurter Wb:
Frankfurter Wörterbuch, 6 Bde, aufgr. des v. Joh. Joseph Oppel (1815-1894) u. Hans Ludwig Rauh (1892-

1945) gesammelten Materials hg. v. Wolfgang Brückner, Frankfurt/Main 1971.

Franz 1957:
Erich Franz, Die verlorene Hades-Szene in Goethes Faust II, *in:* Germ.-Rom. Monatsschr. 38 (1957), *S. 343-349.*

Frauenzimmer-Lexicon 1715:
Nutzbares, galantes und curiöses Frauenzimmer-Lexicon ⟨...⟩ von Amaranthes, Leipzig 1715.

Frede 1966:
Lothar Frede, Kindesmord und Kirchenbuße bei Goethe, *in:* Zeitschr. f. d. gesamte Strafrechtswissenschaft, Bd 78, Berlin 1966, *S. 420-431.*

Freud:
Sigmund Freud, Gesammelte Werke, 17 Bde u. Registerbd *(Bde I-XVII zuerst London 1940-1952, seit 1960: Frankfurt/Main)*, Bd XVIII *ebd.* 1968.

Friedländer 1953:
Paul Friedländer, Rhythmen und Landschaften im zweiten Teil des Faust, Weimar 1953.

Friedrich/Scheithauer 1959:
Theodor Friedrich und Lothar J. Scheithauer, Kommentar zu Goethes Faust, Stuttgart 1959 u.ö.

Frisch 1741:
Johann Leonhard Frisch, Teutsch-Lateinisches Wörter-Buch, 2 Teile, Berlin 1741.

Fuchs 1968:
Albert Fuchs, Die »Mütter«. Eine Mephistopheles-Phantasmagorie *(zuerst französ. 1966), in: ders.*, Goethe-Studien, Berlin 1968, *S. 64-81.*

Fuchs 1973:
Albert Fuchs, Le »Faust« de Goethe: Mystère, document humain, confession personnelle, Paris 1973.

Funk 1783:
Christlieb Benedict Funk, Natürliche Magie oder Erklärung verschiedener Wahrsager- und Natürlicher Zauberkünste, Berlin und Stettin 1783.

Fusenig 1996:
Thomas Fusenig, Faust-Rezeption in der bildenden Kunst, *in:* Goethe-Handbuch Bd 2, Stuttgart und Weimar 1996, *S. 514-521.*

GA *(Gedenkausgabe der Werke Goethes)*:
Johann Wolfgang von Goethe, Gedenkausgabe der Werke, Briefe und Gespräche, Bd 5: Die Faustdichtungen, hg. v. Ernst Beutler, Zürich 1950 *(Unveränderter Nachdruck Zürich und München 1977).*

Gaier 1989:
Ulrich Gaier, Goethes Faust-Dichtungen. Ein Kommentar, Bd 1: Urfaust, Stuttgart 1989.

Gearey 1981:
John Gearey, Goethe's Faust. The Making of Part I, New Haven/London 1981.

Gearey 1982:
John Gearey, Faust II and the Darwinian Revolution, *in:* Germanic Review 57 (1982), *S. 143-148.*

Geerdts 1981:
Hans Jürgen Geerdts, Zur Widerspiegclung der Revolutionsproblematik in Goethes Faust II, *in:* Deutsche Klassik und Revolution. Texte eines literaturwissenschaftlichen Kolloquiums, hg. v. Paolo Chiarini und Walter Dietze, Rom 1981, *S. 287-297.*

Gelzer 1983:
Thomas Gelzer, Aristophanes in der 'Klassischen Walpurgisnacht', *in:* J. W. Goethe – Fünf Studien zum Werk, hg. v. Anselm Maler, Frankfurt/Main 1983, *S. 50-84.*

Gelzer 1990:
Thomas Gelzer, Das Fest der Klassischen Walpurgisnacht, *in:* Cabinet of the Muses. Essays on classical and comparative Literature in honor of Thomas G. Rosenmeyer, hg. v. Mark Griffith und Donald J. Mastronarde, Atlanta 1990, *S. 351-360.*

Genast 1905:
Eduard Genast, Aus Weimars klassischer und nachklassischer Zeit. Erinnerungen eines alten Schauspielers *(zuerst in 4 Bdn 1862-1866)*, neu hg. v. Robert Kohlrausch, Stuttgart [4]1905.

Geschichtliche Grundbegriffe:
Geschichtliche Grundbegriffe. Histor. Lexikon zur polit.-sozialen Sprache in Deutschland, hg. v. Otto Brunner, Werner Conze u. Reinhard Koselleck, 7 Bde, Stuttgart 1972-1992.

Gille 1984:
Klaus F. Gille, »Wer immer strebend sich bemüht ...« – Überlegungen zur Faustrezeption, *in:* Neophil. 68 (1984), *S. 105-120.*

Gillies 1957:
Alexander Gillies, Goethe's Faust. An interpretation, Oxford/New York 1957.

Glaser 1677:
Christoph Glaser, Neu-eröfffnete Chymische Artzney- und Werck-Schul, Nürnberg 1677 *(Fotomech. Nachdruck Leipzig 1988).*

Göres 1991:
Jörn Göres, Faust: Vers 11091 bis 11115, *in:* Im Vorfeld der Literatur. Vom Wert archivalischer Überlieferung für das Verständnis von Literatur und ihrer Geschichte, hg. v. Karl-Heinz Hahn, Weimar 1991, *S. 30-34.*

Goethe, Amtliche Schriften:
Johann Wolfgang Goethe, Amtliche Schriften, Bd 1.1, hg. v. Willy Flach, Weimar 1950.

Götting 1953:
Franz Götting, Die Bibliothek von Goethes Vater, *in:* Nassauische Annalen 64 (1953), *S. 23-69.*

Goldschmid 1704:
Petri Goldschmids Höllischer Morpheus Welcher kund wird Durch die geschehene Erscheinungen Derer Gespenster und Polter-Geister 〈...〉, Hamburg 1704 *(von Goethe benutzt in der Aufl. von 1698).*

Gollwitzer 1966:
Gerhard Gollwitzer, Die Geisterwelt ist nicht verschlossen. Swedenborgs Schau in Goethes Faust, Zürich o.J. *⟨1966 oder später⟩*.

Gottsched 1737:
Johann Christoph Gottsched, Versuch einer Critischen Dichtkunst für die Deutschen *(zuerst 1730)*, Leipzig ^{2}1737.

Gottsched 1739:
Johann Christoph Gottsched, Ausführliche Redekunst, Nach Anleitung der alten Griechen und Römer, wie auch der neuern Ausländer ⟨...⟩ *(zuerst 1728)*, Leipzig ^{2}1739.

Gräf 1904:
Hans Gerhard Gräf, Goethe über seine Dichtungen, Bd 2.2: Die dramatischen Dichtungen 2 *(darin S. 1-608: Goethes Äußerungen über* Faust*)*, Frankfurt/Main 1904.

Graffunder 1891:
P. Graffunder, Der Erdgeist und Mephistopheles in Goethes Faust, *in:* Preuß. Jb. 68 (1891), *S. 700-725*.

Graham 1988:
Ilse Graham, Goethe. Schauen und Glauben, Berlin und New York 1988.

Gramsch 1949:
Alfred Gramsch, Goethes Faust. Einführung und Deutung, Braunschweig, Berlin und Hamburg 1949.

Grappin 1974:
Pierre Grappin, Zur Gestalt des Kaisers in Faust II, *in:* Goethe-Jb. 91 (1974), *S. 107-116*.

Grappin 1983:
Pierre Grappin, Faust aveugle, *in:* Etudes Germaniques 38 (1983), *S. 138-146*.

Grimm, Brüder:
Kinder- und Hausmärchen, gesammelt durch die Brüder Grimm, hg. v. Heinz Rölleke, Frankfurt/Main 1985 *(= FA: Frankfurter Ausgabe)*.

Groß 1600:
Henning Groß, Magica, Daß ist: Wunderbarliche Historien Von Gespensten vnd mancherley Erscheinungen der Geister, Eisleben 1600 *(von Goethe benutzt).*

Grumach 1949:
Ernst Grumach, Goethe und die Antike. Eine Sammlung, 2 Bde, Potsdam 1949.

Grumach 1950:
Ernst Grumach, Prolegomena zu einer Goethe-Ausgabe, *in:* Jb. Goethe-Ges. NF 12 (1950), *S. 60-88 (leicht ergänzt wieder in:* Beiträge zur Goetheforschung [*wie hier unter:* Grumach 1959], *S. 1-34).*

Grumach 1953:
Ernst Grumach, Prolog und Epilog im Faustplan von 1797, *in:* Jb. Goethe-Ges. NF 14/15 (1953), *S. 63-107.*

Grumach 1958:
Ernst Grumach, Aus Goethes Vorarbeiten zu den Helenaszenen, *in:* Jb. Goethe-Ges. NF 20 (1958), *S. 45-71.*

Grumach 1959:
Ernst Grumach, Faustiana. 1: Zum Urfaust *(zuerst 1954), in:* Beiträge zur Goetheforschung, hg. v. Ernst Grumach, Berlin 1959, *S. 268-275.* – 2: Kommata *(zuerst 1956), ebd. S. 276-278.*

Grumach 1962:
Ernst Grumach, Zueignung V. 21-24, *in:* Jb. Goethe-Ges. NF 24 (1962), *S. 288-290.*

Grünanger 1948:
Carlo Grünanger, Heinrich von Morungen e il problema del Minnesang, Milano 1948.

Guibert 1774:
Antoine Hyppolite Guibert, Versuch über die Tactic, Nebst einer vorläufigen Abhandlung über den gegenwärtigen Zustand der Staats- und Kriegs-Wissenschaft in Europa 〈...〉 *(zuerst französ. London 1770; erweitert in 2 Teilen ebd. 1772)*, 2 Bde, Dresden 1774.

GWb:
Goethe-Wörterbuch, hg. v. d. Akad. d. Wiss. der DDR,

der Akad. d. Wiss. in Göttingen u. d. Heidelberger Akad. d. Wiss., Stuttgart 1978 ff.

H *(Goethe)*:
Haupthandschrift, den gesamten Zweiten Teil des Faust *enthaltend, mehrfach von Goethe durchgesehen, 187 Folioblätter. Akt 1-2 und 4-5 von Johns, Akt 3 von Schuchardts Hand, dazu eigenhändige Korrekturen von Goethe sowie Eckermann, Riemer und Göttling. Abgeschlossen 1832.*

H[1] … / H[a] … *(Goethe)*:
Die der Haupthandschrift vorausgehenden Teilhandschriften zu Faust II *(Die hochgestellten Zahlen bzw. Buchstaben folgen der Numerierung der Handschriften in WA I 15. 2. Da sie für jeden Akt mit neuer Zählung einsetzt, wurden in der vorliegenden Ausgabe, wo nötig, die entsprechenden Ziffern I-V vorangestellt: I H[1] …).*

H[Co]:
In WA noch nicht enthaltene, vorläufige Sigle (Goethe): *Teilhandschrift zu* Faust II. *32 Folioblätter von Johns Hand mit den Versen 4613-6036 = Setzervorlage für deren Vorabdruck in C[1]12 1828 (jetzt Schiller-Nationalmuseum Marbach, Sigle* Cotta Ms. Goethe*).*

HA *(Hamburger Ausgabe der Werke Goethes)*:
Goethes Werke, Bd 3: Faust I, Faust II, Urfaust *(zuerst Hamburg 1949)*, 11. neubearbeitete Aufl., hg. v. Erich Trunz, München 1981.

HA 1986:
Goethe, Faust. Der Tragödie erster und zweiter Teil. Urfaust, hg. u. kommentiert v. Erich Trunz, München 1986 *(= Sonderausg. v. Bd 3 der HA, 13. neubearbeitete u. erweiterte Aufl.)*.

Hagen 1982:
Quellen und Zeugnisse zur Druckgeschichte von Goethes Werken, Teil 2: Die Ausgabe letzter Hand, bearbeitet v. Waltraud Hagen, Berlin 1982.

Hagen 1983:
Die Drucke von Goethes Werken, bearbeitet v. Waltraud Hagen *(zuerst 1971)*, Weinheim [2]1983.

Halle 1783:
Johann Samuel Halle, Magie, oder, Die Zauberkräfte der Natur, so auf den Nutzen und die Belustigung angewandt worden 〈...〉, Teil 1, Berlin 1783.

Hamm 1981:
Heinz Hamm, Die Aufnahme von Goethes »Helena«-Zwischenspiel in Deutschland und im Ausland, *in:* Weimarer Beiträge 27 (1981), Heft 12, *S. 30-54.*

Harczyk 1884:
J. Harczyk, Drei kleine Bemerkungen zu Goethes Faust, *in:* Zeitschr. f. dt. Philologie 16 (1884), *S. 221-223.*

Harnack 1902:
Goethes Werke, hg. v. Karl Heinemann, Bd 5: Faust, bearbeitet v. Otto Harnack, Leipzig und Wien 1902 *(= Meyers Klassiker-Ausgaben).*

Hauschild 1963:
Richard Hauschild, Mistra – Die Faustburg Goethes. Erinnerungen an eine Griechenlandfahrt, *in:* Abhandlungen d. Sächs. Akad. d. Wiss. zu Leipzig. Philolog.-hist. Klasse, Bd 54, Heft 4, Berlin 1963, *S. 3-24.*

Hederich 1739:
Benjamin Hederich, Lexicon manvale latino-germanicvm, 2 Bde, Leipzig 1739.

Hederich 1770 (1724):
Benjamin Hederich, Gründliches mythologisches Lexicon, bearbeitet von Joh. Joachim Schwabe, Leipzig 1770 *(Fotomech. Nachdruck Darmstadt 1986). – Diese 3. Aufl. in Goethes Bibliothek und Gebrauch. Die noch nicht von Schwabe bearbeitete 1. Aufl.,* Gründliches Lexicon Mythologicum, Leipzig 1724, *die er gleichfalls benutzt hat, wird ggf. mit der Angabe* Hederich 1724 *zitiert. – Im Kommentar erfolgen alle Hederich-Zitate ohne dessen zahlreiche, die Artikel durchsetzende Quellenangaben.*

Hegel 1971:
Georg Wilhelm Friedrich Hegel, Die Verfassung Deutschlands, *in:* Werke, Bd 1, hg. v. Eva Moldenhauer u. Karl Markus Michel, Frankfurt/Main 1971, *S. 461-581.*

Heilig 1892:
Otto Heilig, Zum Zauberspruch in Auerbachs Keller, *in:* Zeitschr. f. d. dt. Unterricht 6 (1892), *S. 497-498.*
Heine:
Heinrich Heine, Historisch-kritische Gesamtausgabe der Werke, hg. v. Manfred Windfuhr im Auftr. d. Landeshauptstadt Düsseldorf, Hamburg 1973 ff. *(= Düsseldorfer Ausgabe).*
Heinrichs 1979:
Michael Heinrichs, Emanuel Swedenborg in Deutschland. Eine kritische Darstellung der Rezeption des schwedischen Visionärs im 18. und 19. Jahrhundert, Frankfurt/Main 1979.
Heise 1982:
Wolfgang Heise, Die Idee der Entwicklung im Spiegel von Goethes Faust II, *in:* Goethe-Jb. 99 (1982), *S. 89-104.*
Heller 1966:
Erich Heller, Fausts Verdammnis – Die Ethik des Wissens, *in: ders.*, Die Reise der Kunst ins Innere *(zuerst engl. 1965)*, Frankfurt/Main 1966, *S. 13-54.*
Helmont 1691:
Franciscus Mercurius Freiherr von Helmont, Paradoxal Discourse, Oder: Ungemeine Meynungen Von dem Macrocosmo und Microcosmo, Das ist: Von der Grossen und kleinern Welt und derselben Vereinigung mit einander 〈...〉. Auß der Englischen in die Hochteutsche Sprache übersetzet, Hamburg 1691.
Henkel 1982:
Arthur Henkel, Das Ärgernis Faust *(zuerst 1976), in: ders.*, Goethe-Erfahrungen. Studien und Vorträge, Stuttgart 1982, *S. 163-179.*
Henkel 1983:
Arthur Henkel, Erwägungen zur Philemon- und Baucis-Szene im 5. Akt von Goethes Faust II, *in:* Etudes Germaniques 38 (1983), *S. 128-137.*
Henkel 1984:
Arthur Henkel, Zitat-Spiele Goethes, *in:* Antike Tradi-

tion und Neuere Philologien. Symposium zu Ehren des 75. Geburtstages von Rudolf Sühnel, hg. v. Hans-Joachim Zimmermann, Heidelberg 1984, *S. 107-125*.

Henning 1963:
Hans Henning, Beiträge zur Druckgeschichte der Faust- und Wagner-Bücher des 16. und 18. Jahrhunderts, Weimar 1963.

Henning 1966-1976:
Hans Henning, Faust-Bibliographie, III Teile *(in 5 Bdn)*, Berlin und Weimar 1966-1976.

Henning 1993:
Hans Henning, Faust als historische Gestalt *(zuerst 1959), in: ders.*, Faust-Variationen. Beiträge zur Editionsgeschichte vom 16. bis zum 20. Jahrhundert, München 1993, *S. 11-43*.

Herbers 1988:
Klaus Herbers, Die Päpstin Johanna, *in:* Histor. Jb. d. Görres-Ges. 108 (1988), *S. 174-194*.

Herder:
Johann Gottfried Herder, Sämtliche Werke, 33 Bde, hg. v. Bernhard Suphan, Berlin 1877-1913 *(Fotomech. Nachdruck Hildesheim 1967-68)*.

Herrmann 1917:
Helene Herrmann, Faust, Der Tragödie zweiter Teil: Studien zur inneren Form des Werkes, *in:* Zeitschr. f. Ästhetik u. allg. Kunstwissenschaft 12 (1917), *S. 86-137, 161-178, 316-351*.

Herrmann 1937:
Helene Herrmann, Faust und die Sorge, *in:* Zeitschr. f. Ästhetik u. allg. Kunstwissenschaft 31 (1937), *S. 321-337*.

Hertz 1930:
Gottfried Wilhelm Hertz, Zu Goethes römischem Faustplan, *in:* Euphorion 31 (1930), *S. 383-427*.

Hertz 1931:
Gottfried Wilhelm Hertz, Natur und Geist in Goethes Faust, Frankfurt/Main 1931.

Hertz 1932:
Gottfried Wilhelm Hertz, Zur Entstehungsgeschichte von Faust II Akt 5 (1825. 1826. 1830)., *in:* Euphorion 33 (1932), *S. 244-277.*

Heyne 1822:
Christian Gottlob Heyne, Akademische Vorlesungen über die Archäologie der Kunst des Alterthums, Braunschweig 1822 *(Postumer Druck. Goethe besaß zwei zeitgenössische Mitschriften dieser Göttinger Vorlesungen).*

Hinck 1959:
Walter Hinck, Der Bewegungsstil der Weimarer Bühne. Zum Problem des Allegorischen bei Goethe, *in:* Jb. Goethe-Ges. NF 21 (1959), *S. 94-106.*

Hinck 1982:
Walter Hinck, Goethe – Mann des Theaters, Göttingen 1982.

Historia 1587:
→ *hier unter:* Faustbücher.

Höchli 1981:
Stefan Höchli, Zur Geschichte der Interpunktion im Deutschen. Eine kritische Darstellung der Lehrschriften von der zweiten Hälfte des 15. Jahrhunderts bis zum Ende des 18. Jahrhunderts, Berlin und New York 1981.

Hölscher-Lohmeyer 1981:
Dorothea Hölscher-Lohmeyer, Auf dem Hochgebirg. Faust II – Die erste Szene des 4. Aktes, *in:* Jb. d. Dt. Schillerges. 25 (1981), *S. 249-284.*

Hoelzel 1982:
Alfred Hoelzel, The Conclusion of Goethes 'Faust': Ambivalence and Ambiguity, *in:* German Quarterly 55 (1982), *S. 1-12.*

Hörisch 1996:
Jochen Hörisch, Kopf oder Zahl. Die Poesie des Geldes, Frankfurt/Main 1996.

Hohlfeld 1940:
Alexander Rudolph Hohlfeld, Zur Textgestaltung der neueren Faustausgaben, *in:* Monatshefte f. dt. Unterricht 32 (1940), *S. 49-71.*

Hohlfeld 1953:
A.*(lexander)* R.*(udolph)* Hohlfeld, Umlaut und Reim: Ein Beitrag zur Geschichte und Theorie des deutschen Reims, mit besonderer Berücksichtigung von Goethe und der Goethezeit *(zuerst 1942), in: ders.*, Fifty Years with Goethe. 1901-1951, Madison 1953, *S. 202-247.* – *Ebd. S. 248-260: ders.*, Zu Goethes Reimen, besonders im Faust *(zuerst 1943).*
Hohlfeld 1955:
Alexander R.*(udolph)* Hohlfeld, Die Entstehung des Faust-Manuskripts von 1825-26 (VH2), *in:* Euphorion 49 (1955), *S. 283-304.*
Hohlfeld 1974:
Alexander Rudolph Hohlfeld, Pakt und Wette in Goethes 'Faust' *(zuerst engl. 1921), in:* Aufsätze zu Goethes 'Faust I', hg. v. Werner Keller, Darmstadt 1974, *S. 380-409.*
Hohlfeld 1983:
Alexander Rudolph Hohlfeld, Martin Joos, William Freeman Twaddell (Bearbeiter), Wortindex zu Goethes Faust *(zuerst 1940)*, Reprint Ann Arbor/Michigan 1983.
Holesovsky 1978:
Hanne Weill Holesovsky, Heinrich Faust. Zur Abweichung von der Tradition bei Goethe, *in:* Jb. d. Fr. Dt. Hochstifts 1978, *S. 165-172.*
Holtzhauer 1969:
Helmut Holtzhauer, Goethe-Museum. Werk, Leben und Zeit Goethes in Dokumenten, Berlin und Weimar 1969.
Houben 1932:
H. H. Houben, Der polizeiwidrige Goethe, Berlin 1932.
Hufeland 1791:
Christoph Wilhelm Hufeland, Ueber die Ungewißheit des Todes und das einzige untrügliche Mittel sich von seiner Wirklichkeit zu überzeugen, und das Lebendigbegraben unmöglich zu machen, Weimar 1791.
Hufeland 1797:
Christoph Wilhelm Hufeland, Die Kunst das menschliche Leben zu verlängern, Jena 1797.

A. v. Humboldt 1823:
Alexander von Humboldt, Über den Bau und die Wirkungsart der Vulcane in verschiedenen Erdstrichen. (Gelesen in der Akad. d. Wiss. am 24. Januar 1823), *in*: Abhandlungen d. physikal. Klasse der Königl. Akad. d. Wiss. zu Berlin. Aus den Jahren 1822 und 1823. Berlin 1825, *S. 137-155 (als Separatdruck mit Humboldts Widmung in Goethes Bibliothek).*

W. v. Humboldt 1904:
Wilhelm von Humboldt, Der Montserrat bei Barcelona *(Erstdruck 1803), in:* Wilhelm von Humboldts Werke, hg. v. Albert Leitzmann, Bd 3: 1799-1818, Berlin 1904, *S. 30-59. – Ebd. S. 171-218:* W.v.H., Geschichte des Verfalls und Unterganges der griechischen Freistaaten.

HwbdA:
Handwörterbuch des deutschen Aberglaubens, hg. v. Hanns Bächtold-Stäubli, 10 Bde, Berlin und Leipzig 1927-1942.

HwbzR:
Handwörterbuch zur deutschen Rechtsgeschichte, hg. v. Adalbert Erler u. Ekkehard Kaufmann, Berlin 1971 ff.

Idiotikon der Burschensprache 1795:
⟨Christian Friedr. Bernh. Augustin⟩, Idiotikon der Burschensprache, *in: ders.*, Bemerkungen eines Akademikers über Halle und dessen Bewohner, Germanien *⟨Quedlinburg⟩* 1795, *S. 343-438.*

JA *(Jubiläums-Ausgabe der Werke Goethes)*:
Goethes sämtliche Werke, Bd 13: Faust I, Bd 14: Faust II, hg. v. Erich Schmidt, Stuttgart und Berlin 1903 u. 1906.

Jantz 1951:
Harold Jantz, Goethe's Faust as a Renaissance Man: Parallels and Prototypes, Princeton 1951.

Jantz 1970:
Harold Jantz, Goethe's Last Jest in Faust: Or »Faust holt

den Teufel«, *in:* Festschr. f. Detlev W. Schumann zum 70. Geburtstag, hg. v. Albert R. Schmitt, München 1970, *S. 166-172.*

Jantz 1978:
Harold Jantz, The Forms of »Faust«. The Work of Art and its Intrinsic Structures, Baltimore 1978.

Jean Paul 1974:
Jean Paul, Grönländische Prozesse oder Satirische Skizzen *(zuerst 1783), in: ders.*, Sämtliche Werke. Abteilung II. Jugendwerke und vermischte Schriften, Bd 1: Jugendwerke 1, hg. v. Norbert Miller, München 1974, *S. 371-582.*

Jensen 1965:
Inge Jensen, Zu acht Versen aus dem Walpurgisnachtstraum: Entstehung und Datierung, *in:* Sitzungsberichte d. Dt. Akad. d. Wiss. zu Berlin. Klasse f. Sprachen, Literatur u. Kunst 1965, Nr. 4, *S. 63-78.*

Jensen 1968:
Inge Jensen, Zum Chor der Gärtnerinnen in der Mummenschanz-Szene von Faust II, *in:* Studien zur Goethezeit. Festschr. f. Lieselotte Blumenthal, hg. v. Helmut Holtzhauer und Bernhard Zeller, Weimar 1968, *S. 165-177.*

Jensen 1984:
Quellen und Zeugnisse zur Druckgeschichte von Goethes Werken, Teil 4: Die Einzeldrucke, bearbeitet v. Inge Jensen, Berlin 1984.

Joost 1989:
Ulrich Joost, Lichtenbergs Faust. Ein paar Splitter aus der Wirkungsgeschichte des Magiers, *in:* Lichtenberg-Jb. 1989, hg. v. Wolfgang Promies und Ulrich Joost, *S. 122-127.*

Viktor Junk 1902:
Viktor Junk, »Krystallisiertes Menschenvolk«, *in:* Euphorion 9 (1902), *S. 327-331.*

Victor Junk 1942:
Victor Junk, Zweiter Teil »Faust« und Zweite »Zauberflöte«, *in:* Neues Mozart-Jb. 2 (1942), *S. 59-77.*

Kaiser 1984:
Gerhard Kaiser, Goethes Faust und die Bibel, *in:* Dt. Vierteljahrsschr. 58 (1984), *S. 391-413.*
Kaiser 1996:
Gerhard Kaiser, Noch einmal: 'Das Unzulängliche / Hier wird's Ereignis' (Faust 12106 f.), *in:* Zeitschr. f. dt. Philologie 115 (1996), *S. 279-283.*
Kalde 1966:
Wilfried Kalde, Die dramaturgischen Bearbeitungen des Faust II im Bereich des deutschsprachigen Theaters von 1834 bis zur Gegenwart, Diss. phil. München 1966.
Kassel 1995:
Rudolf Kassel, Philologische Bemerkungen zu einer neuen 'Faust'-Ausgabe, *in:* Goethe-Jb. 112 (1995), *S. 375-381.*
Kayser 1961:
Wolfgang Kayser, Goethes Dichtungen in Stanzen *(zuerst 1959), in: ders.*, Kunst und Spiel. Fünf Goethe-Studien, Göttingen 1961, *S. 86-99.*
Kayser 1991:
Wolfgang Kayser, Geschichte des deutschen Verses *(zuerst 1960)*, München [4]1991.
Keller 1968:
Werner Keller, »Die antwortenden Gegenbilder«. Eine Studie zu Goethes Wolkendichtung, *in:* Jb. d. Fr. Dt. Hochstifts 1968, *S. 191-236.*
Keller 1974:
Werner Keller, Der Dichter in der »Zueignung« und im »Vorspiel auf dem Theater« *(zuerst 1972), in:* Aufsätze zu Goethes 'Faust I', hg. v. Werner Keller, Darmstadt 1974, *S. 151-191.*
Keller 1985:
Johann Wolfgang von Goethe, Urfaust | Faust. Ein Fragment | Faust I. Ein Paralleldruck. 2 Bde, hg. v. Werner Keller, Frankfurt/Main 1985.
Keppler 1939:
Johannes Keppler, Weltharmonik. Übersetzt und eingeleitet von Max Caspar, München und Berlin 1939.

Kerényi 1966:
Karl Kerényi, Das ägäische Fest. Eine mythologische Studie *(zuerst 1941), in: ders.*, Humanistische Seelenforschung, Darmstadt 1966, *S. 116-149.*
Keudell 1931:
Elise von Keudell, Goethe als Benutzer der Weimarer Bibliothek, Weimar 1931 *(Neudruck Leipzig 1982).*
Kiefer 1988:
Johann Wolfgang Goethe, Recension einer Anzahl französischer satyrischer Kupferstiche, hg. v. Klaus H. Kiefer, München 1988.
Kindleben 1781:
Christian Wilhelm Kindleben, Studenten-Lexicon, Halle/Saale 1781. *Fotomech. Nachdruck in:* Bibliothek zur historischen deutschen Studenten- und Schülersprache, Bd 2, hg. v. H. Henne u. G. Objartel, Berlin und New York 1984, *S. 27-312.*
Kippenberg 1922:
Anton Kippenberg, Zur Erklärung einer Faust-Stelle, *in:* Jb. d. Sammlg. Kippenberg 2 (1922), *S. 332.*
Kittel/Fuerst 1946:
Paula M. Kittel, Der Wortschatz der Bühnenprosa in Goethes Faust *⟨meint: Bühnenanweisungen, Szenentitel, Bezeichnung der dramat. Figuren in beiden Teilen⟩*, zweite Aufl., besorgt von Norbert Fuerst *(zuerst 1944)*, Madison ²1946.
Klett 1939:
Ada M. Klett, Der Streit um 'Faust II' seit 1900, Jena 1939.
Kluge 1895:
Friedrich Kluge, Deutsche Studentensprache, Straßburg 1895.
Kluge 1908:
Friedrich Kluge, Wir wollen einen Papst erwählen *(zuerst 1895), in: ders.,* Bunte Blätter. Kulturgeschichtliche Vorträge und Aufsätze, Freiburg (Baden) 1908, *S. 101-108.*

Koch 1802:
Heinrich Christoph Koch, Musikalisches Lexikon, welches die theoretische und praktische Tonkunst, encyclopädisch bearbeitet ⟨...⟩ enthält, Frankfurt/Main 1802.

Kögel 1888:
Rudolf Kögel, Kleinigkeiten zu Goethe, Teil 1: Zum ältesten Faust, *in:* Vierteljahrschr. f. Litteraturgesch. 1 (1888), *S. 52-60.*

Kommerell 1991:
Max Kommerell, Geist und Buchstabe der Dichtung *(zuerst 1940)*, Frankfurt/Main [6]1991.

Koopmann 1996:
Helmut Koopmann, Marschländer vor Sandgebirge? Zu Fausts letzter Vision, *in:* Hermenautik – Hermeneutik, hg. v. Holger Helbig u.a., Würzburg 1996, *S. 85-93.*

Korff 1938:
Hermann August Korff, Faustischer Glaube. Versuch über das Problem humaner Lebenshaltung, Leipzig 1938.

Koselleck 1993:
Reinhart Koselleck, Goethes unzeitgemäße Geschichte, *in:* Goethe-Jb. 110 (1993), *S. 27-39.*

Kuhn 1988:
Dorothea Kuhn, »Ihr naht euch wieder, schwankende Gestalten« *(zuerst 1953), in: dies.*, Typus und Metamorphose. Goethe-Studien, hg. v. Renate Grumach, Marbach/Neckar 1988, *S. 11-13.*

Kummer 1934:
Bernhard Kummer, Anfang und Ende des faustischen Jahrtausends, Leipzig 1934.

Kunisch 1981:
Hermann Kunisch, Theatrum Mundi: Anfang und Schluß von Goethes Faust, *in:* Theatrum Mundi. Götter, Gott und Spielleiter im Drama von der Antike bis zur Gegenwart, hg. v. Franz Link und Günter Niggl, Berlin 1981, *S. 199-229.*

Krünitz:
Johann Georg Krünitz, Oekonomisch-technologische Encyclopädie, Bd 1-242, Berlin 1773-1858.

LA *(Leopoldina-Ausgabe, Goethe)*:
Goethe. Die Schriften zur Naturwissenschaft. Vollständige mit Erläuterungen versehene Ausgabe, hg. im Auftrage d. Dt. Akad. d. Naturforscher (Leopoldina) zu Halle v. Dorothea Kuhn und Wolf von Engelhardt, Weimar 1947 ff.

Landeck 1981:
Ulrich Landeck, Der fünfte Akt von Goethes Faust II. Kommentierte kritische Ausgabe, Zürich 1981.

Landolt 1990:
Stephan Landolt, Goethes 'Faust'. Das Verhältnis von Grablegungs- und Bergschluchtenszene zur Kirchen-Lehre, *in:* Sprachkunst 21 (1990), *S. 155-194.*

Landsberg/Kohler 1903:
E. Landsberg, J. Kohler, Fausts Pakt mit Mephistopheles in juristischer Beleuchtung, *in:* Goethe-Jb. 24 (1903), *S. 113-131.*

Lange 1971:
Victor Lange, Nationalliteratur und Weltliteratur, *in:* Jb. Goethe-Ges. NF 33 (1971), *S. 15-30.*

Lange 1980:
Victor Lange, Faust. Der Tragödie zweiter Teil, *in:* Goethes Dramen. Neue Interpretationen, hg. v. Walter Hinderer, Stuttgart 1980, *S. 281-312.*

Langen 1968:
August Langen. Der Wortschatz des deutschen Pietismus *(zuerst 1954)*, Tübingen ^{2}1968.

Lehe 1974:
Erich von Lehe, Das Wurster Hausmannsgeschlecht der Fauwets (Faust) und das Faustlehen, *in:* Jb. d. Männer vom Morgenstern 54 (1974), *S. 51-125.*

Leithe 1935:
W. Leithe, Eine Anmerkung zu »Faust«, *in:* Zeitschr. f. dt. Philologie 60 (1935), *S. 414-415.*

Leitzmann 1942:
Albert Leitzmann, Der junge Goethe und Herders Schriften, *in:* Goethe. Vierteljahrsschr. d. Goethe-Ges. 7 (1942), *S. 145-159.*
Lessing:
Gotthold Ephraim Lessing, Werke und Briefe in zwölf Bänden, hg. v. Wilfried Barner u.a., Frankfurt/Main 1985 ff. *(= FA: Frankfurter Ausgabe).*
Lichtenberg 1792:
Georg Christoph Lichtenberg (Hg.), Göttinger Taschen Calender für das Jahr 1792.
Liesegang 1897:
F. Paul Liesegang, Die Phantasmagorie, Geistererscheinungen und andere Illusionen, *in:* Laterna Magica. Zeitschrift für alle Zweige der Projektionskunst 13 (1897), *S. 73-88.*
Liesegang 1918:
F. Paul Liesegang, Vom Geisterspiegel zum Kino, Düsseldorf 1918.
Lipiński 1988:
Krzysztof Lipiński, Das Echo der Französischen Revolution in Goethes »Faust«, *in:* Skamandros. Germ. Jb. DDR/VR Polen. Sonderbd 1988, *S. 81-94.*
Lippmann 1906:
Edmund von Lippmann, Abhandlungen und Vorträge zur Geschichte der Naturwissenschaften, Leipzig 1906.
Loeper 1881:
Gustav von Loeper, Zu einer Stelle im Faust, *in:* Goethe-Jb. 2 (1881), *S. 439-444.*
D. Lohmeyer 1975:
Dorothea Lohmeyer, Faust und die Welt. Der zweite Teil der Dichtung. Eine Anleitung zum Lesen des Textes *(zuerst Potsdam 1940)*, München 1975.
K. Lohmeyer 1927:
Karl Lohmeyer, Das Meer und die Wolken in den beiden letzten Akten des »Faust«, *in:* Jb. Goethe-Ges. 13 (1927), *S. 106-133.*

Lüders 1982:
Goethe in der Kunst des 20. Jahrhunderts. Weltliteratur und Bilderwelt. Ausstellung zum 150. Todestag von Johann Wolfgang Goethe. Katalog, hg. v. Detlev Lüders. Fr. Dt. Hochstift – Frankfurter Goethe-Museum, Frankfurt/Main 1982.

Lützeler 1975:
Paul Michael Lützeler, Goethes Faust und der Sozialismus. Zur Rezeption des klassischen Erbes in der DDR, *in:* Basis. Jb. f. dt. Gegenwartslit. 5 (1975), *S. 31-54.*

Lukács 1965:
Georg Lukács, Faust-Studien *(Teilabdruck 1941 ff., erster Gesamtdruck 1947), in: ders.*, Werke Bd 6: Probleme des Realismus III, Neuwied und Berlin 1965, *S. 525-621.*

MA *(Münchner Ausgabe der Werke Goethes)*:
Johann Wolfgang Goethe, Sämtliche Werke nach Epochen seines Schaffens, hg. v. Karl Richter u.a.
Bd 1.2: Der junge Goethe. 1757-1775 *(darin:* Urfaust*)*, hg. v. Gerhard Sauder, München und Wien 1987.
Bd 3.1: Italien und Weimar. 1786-1790 *(darin:* Faust. Ein Fragment*)*, hg. v. Norbert Miller u. Hartmut Reinhardt, *ebd.* 1990.
Bd 6.1: Weimarer Klassik. 1798-1806 *(darin:* Faust I*)*, hg. v. Victor Lange, *ebd.* 1986.
Bd. 18.1: Letzte Jahre. 1827-1832 *(darin:* Faust II*)*, hg. v. Gisela Henckmann u. Dorothea Hölscher-Lohmeyer, *ebd.* 1997.

Maché 1971:
Ulrich Maché, Zu Goethes 'Faust': Studierzimmer I und Geisterchor, *in:* Euphorion 65 (1971), *S. 200-205.*

Mahal 1980:
Günther Mahal, Faust. Die Spuren eines geheimnisvollen Lebens, Bern und München 1980.

Mahal 1991:
Doktor Johannes Faust. Puppenspiel in vier Aufzügen, hergestellt von Karl Simrock, hg. v. Günther Mahal, Stuttgart 1991.

Mahl 1982:
Bernd Mahl, Goethes ökonomisches Wissen, Frankfurt/Main und Bern 1982.
Mandelkow 1975-1984:
Karl Robert Mandelkow (Hg.), Goethe im Urteil seiner Kritiker. Dokumente zur Wirkungsgeschichte Goethes in Deutschland (1773-1982), Teil I-IV, München 1975-1984.
Mandelkow 1980/1989:
Karl Robert Mandelkow, Goethe in Deutschland. Rezeptionsgeschichte eines Klassikers, 2 Bde. Bd I: München 1980, Bd II: *ebd.* 1989.
Mann 1949:
Alfred Mann, The Riddle of Mephistopheles, *in:* Germanic Review 24 (1949), *S. 265-268.*
Marx 1844:
Karl Marx, Ökonomisch-philosophische Manuskripte. Heft I-III *(entstanden 1844), in:* Karl Marx und Friedrich Engels, Gesamtausgabe (MEGA), Bd I 2, Berlin 1982, *S. 187-322.*
Marx 1872:
Karl Marx, Das Kapital. Kritik der politischen Ökonomie. Erster Band. Hamburg 1872, *in:* Karl Marx und Friedrich Engels, Gesamtausgabe (MEGA), Bd II 6, Berlin 1987.
Mason 1967:
Eudo C. Mason, Goethe's Faust. Its Genesis and Purport, Berkeley and Los Angeles 1967.
Mattenklott 1981:
Gert Mattenklott, Das Monströse und das Schöne. Zur Mummenschanz im Faust II mit einem Rückblick auf die Aufklärung, *in:* Text & Kontext 9.2 (1981), *S. 315-330.*
Mattenklott 1987:
Gert Mattenklott, Mantegnas Doppelleben als Muster für Goethes späte Ästhetik, *in:* Bausteine zu einem neuen Goethe, hg. v. Paolo Chiarini, Frankfurt/Main 1987, *S. 135-147.*

May 1962:
Kurt May, Faust 2. Teil. In der Sprachform gedeutet *(zuerst 1936)*, München 1962.
Mayer 1969:
Hans Mayer, Der Famulus Wagner und die moderne Wissenschaft, *in:* Gestaltungsgeschichte und Gesellschaftsgeschichte, hg. v. Helmut Kreuzer und Käte Hamburger, Stuttgart 1969, *S. 176-200.*
Meier 1990:
Andreas Meier, Faustlibretti. Geschichte des Fauststoffs auf der europäischen Musikbühne nebst einer lexikalischen Bibliographie der Faustvertonungen, Frankfurt/Main 1990.
Mendelssohn:
Moses Mendelssohn, Gesammelte Schriften. Jubiläumsausgabe, hg. v. F. Bamberger, A. Altmann u.a., Stuttgart-Bad Cannstatt 1971 ff.
Metscher 1976:
Thomas Metscher, Faust und die Ökonomie, *in:* Vom Faustus bis Karl Valentin. Der Bürger in Geschichte und Literatur, Argument-Sonderbd 3 (1976), *S. 28-155.*
Metz 1904:
Adolf Metz, Zu Faust II, *in:* Goethe-Jb. 25 (1904), *S. 215.*
H. Meyer 1970:
Herman Meyer, Diese sehr ernsten Scherze. Eine Studie zu Faust II, Heidelberg 1970.
H. Meyer 1975:
Herman Meyer, »Friede den Hütten, Krieg den Palästen«, *in:* Jb. d. Dt. Akad. f. Sprache und Dichtung 1974, Heidelberg 1975, *S. 20-31.*
R. M. Meyer 1905:
Richard M. Meyer, Rex non potest peccare. Faust II, v. 11115, *in:* Archiv f. d. Studium d. neueren Sprachen u. Literaturen 114 (1905), *S. 161.*
Meyfart 1635:
Mattaeus Meyfart, Christliche Erinnerung / An Gewaltige Regenten / vnd Gewissenhaffte Praedicanten / wie

das abschewliche Laster der Hexerey mit Ernst außzurotten / aber in Verfolgung desselbigen auff Cantzeln vnd in Gerichtsheusern sehr bescheidentlich zu handeln sey. Erfurt 1635 *(von Goethe benutzt)*.

Michelsen 1962:
Peter Michelsen, Fausts Erblindung, *in:* Dt. Vierteljahrsschr. 36 (1962), *S. 26-35*.

Michelsen 1983:
Peter Michelsen, Fausts Schlaf und Erwachen. Zur Eingangsszene von Faust II, *in:* Jb. d. Fr. Dt. Hochstifts 1983, *S. 21-61*.

Michelsen 1989/I:
Peter Michelsen, Faust und die Deutschen (mit besonderem Hinblick auf Thomas Manns 'Doktor Faustus'), *in:* Faust through Four Centuries. Retrospect and Analysis = Vierhundert Jahre Faust, ed. by Peter Boerner and Sidney Johnson, Tübingen 1989, *S. 229-247*.

Michelsen 1989/II:
Peter Michelsen, Gretchen am Spinnrad: Zur Szene 'Gretchens Stube' in Goethes Faust I, *in:* Texte, Motive und Gestalten der Goethezeit. Festschr. f. Hans Reiss, hg. v. John L. Hibberd und H. B. Nisbet, Tübingen 1989, *S. 81-93*.

Michelsen 1990:
Peter Michelsen, Wem wird Goethes Faust zugeeignet?, *in:* Momentum dramaticum. Festschr. f. Eckehard Catholy, ed. by Linda Dietrick and David G. John, Waterloo, Ontario 1990, *S. 181-192*.

Michelsen 1993:
Peter Michelsen, Mephistos »eigentliches Element«. Vom Bösen in Goethes »Faust«, *in:* Das Böse. Eine historische Phänomenologie des Unerklärlichen, hg. v. Carsten Colpe und Wilhelm Schmidt-Biggemann, Frankfurt/Main 1993, *S. 229-255*.

Michelsen 1995:
Peter Michelsen, Diplomatik als Editionsprinzip. Zur Textgestaltung des 'Faust' anhand der Ausgabe Albrecht Schönes, *in:* Merkur 49 (1995), *S. 695-706*.

Michelsen 1996:
Peter Michelsen, Der Rat des Narren. Die Staatsratsszene in Goethes 'Faust II', *in:* Jb. d. Fr. Dt. Hochstifts 1996, *S. 84-129.*

Mieth 1980:
Günter Mieth, Fausts letzter Monolog – Poetische Struktur einer geschichtlichen Vision, *in:* Goethe-Jb. 97 (1980), *S. 90-102.*

Minor 1901:
Jacob Minor, Goethes Faust. Entstehungsgeschichte und Erklärung, 2 Bde, Stuttgart 1901.

Misophiletes 1782:
Misophiletes *⟨ungelöstes Pseudonym⟩*: Ueber die Gewohnheit, dem Frauenzimmer die Hand zu küssen, *in:* Deutsches Museum Bd 1, Leipzig 1782, *S. 419-434.*

Möbus 1988:
Frank Möbus, Des Plutus zwiefache Rede. Eine kryptische Bibelanspielung in der Mummenschanz des Faust II, *in:* Zeitschr. f. dt. Philologie 107 (1988). Sonderheft, *S. 71-84.*

Möbus 1989:
Frank Möbus, Heinrich! Heinrich! Goethes Faust: Genetisches, Genealogisches, *in:* Euphorion 83 (1989), *S. 337-363.*

Möbus 1999:
Frank Möbus, Von »Faust« zu Faust. Wechselspiele zwischen Fiktion und Faktizität, Göttingen 1999.

Moenkemeyer 1954:
Heinz Moenkemeyer, Erscheinungsformen der Sorge bei Goethe, Gießen 1954.

Molnár 1979:
Géza von Molnár, Die Fragwürdigkeit des Fragezeichens. Einige Überlegungen zur Paktszene, *in:* Goethe-Jb. 96 (1979), *S. 270-279.*

Molnár 1988:
Géza von Molnár, »Die Wette biet' ich«. Der Begriff des

Wettens in Goethes 'Faust' und Kants 'Kritik der Urteilskraft', *in:* Geschichtlichkeit und Aktualität. Festschr. f. Hans-Joachim Mähl zum 65. Geburtstag, hg. v. Klaus-Detlef Müller u.a., Tübingen 1988, *S. 29-50.*

K. Mommsen 1968:
Katharina Mommsen, Natur- und Fabelreich in Faust II, Berlin 1968.

K. Mommsen 1981:
Katharina Mommsen, Goethe und 1001 Nacht *(zuerst 1960)*, Frankfurt/Main 1981.

K. Mommsen 1989:
Katharina Mommsen, 'Faust II' als politisches Vermächtnis des Staatsmannes Goethe, *in:* Jb. d. Fr. Dt. Hochstifts 1989, *S. 1-36.*

M. Mommsen 1951:
Momme Mommsen, Zu Vers 7782, *in:* Jb. Goethe-Ges. NF 13 (1951), *S. 296.*

M. Mommsen 1952/53:
Momme Mommsen, Zum Faustparalipomenon 10, *in:* Jb. Goethe-Ges. NF 14/15 (1952/53), *S. 342-343.*

M. Mommsen 1953:
Momme Mommsen, Zur Entstehung und Datierung einiger Faust-Szenen um 1800, *in:* Euphorion 47 (1953), *S. 295-330.*

W. Mommsen 1948:
Wilhelm Mommsen, Die politischen Anschauungen Goethes, Stuttgart 1948.

Morris 1901:
Max Morris, Mephistopheles, in: Goethe-Jb. 22 (1901), *S. 150-191.*

Morris 1902:
Max Morris, Goethe-Studien, 2 Bde, Berlin ²1902 *⟨gegenüber 1. Aufl. von 1897/98 verändert u. erweitert⟩.*

Chr. Müller 1993:
Christoph Müller, »Gretchen als Hexe?«, *in:* Euphorion 87 (1993), *S. 347-364.*

J. Müller 1966:
Joachim Müller, »Meiner Wolke Tragewerk«. Fausts Abschied von Helena, *in:* Sprachkunst als Weltgestaltung. Festschr. f. Herbert Seidler, hg. v. Adolf Haslinger, Salzburg und München 1966, *S. 172-190.*

J. Müller 1969:
Joachim Müller, Prolog und Epilog zu Goethes Faustdichtung *(zuerst 1964), in: ders.*, Gesammelte Studien Bd 1: Neue Goethe-Studien, Halle/Saale 1969, *S. 153-166.*

J. Müller 1981:
Joachim Müller, Der vierte Akt im Zweiten Teil von Goethes »Faust«. Aktion und Bezüge, Berlin 1981 (= Sitzungsberichte d. Sächs. Akad. d. Wiss. zu Leipzig. Philolog.-hist. Klasse, Bd 122, Heft 1).

Müller-Seidel 1968:
Walter Müller-Seidel, Komik und Komödie in Goethes »Faust«, *in:* Das deutsche Lustspiel, Teil 1, hg. v. Hans Steffen, Göttingen 1968, *S. 94-119.*

Müller-Seidel 1971:
Walter Müller-Seidel, Lynkeus. Lyrik und Tragik in Goethes »Faust«, *in:* Sprache und Bekenntnis. Hermann Kunisch zum 70. Geburtstag, hg. v. Wolfgang Frühwald und Günter Niggl, Berlin 1971, *S. 79-100.*

NA *(Schiller)*:
Friedrich Schiller, Werke. Nationalausgabe, Weimar 1943 ff.

Nager 1990:
Frank Nager, Der heilkundige Dichter. Goethe und die Medizin, Zürich und München 1990.

Nahler 1986:
Quellen und Zeugnisse zur Druckgeschichte von Goethes Werken, Teil 3: Die nachgelassenen Werke und die Quartausgabe, bearbeitet v. Edith und Horst Nahler, Berlin 1986.

Neubert 1932:
Franz Neubert, Vom Doctor Faustus zu Goethes Faust. Mit 595 Abbildungen, Leipzig 1932.

Neumann 1985:
Michael Neumann, Das Ewig-Weibliche in Goethes 'Faust', Heidelberg 1985.
Niejahr 1894:
Johannes Niejahr, Goethes »Helena«, *in:* Euphorion 1 (1894), *S. 81-109.*
Nöthiger Beytrag 1735:
Nöthiger Beytrag zu den Neuen Zeitungen von Gelehrten Sachen, Bd 2, Leipzig 1735.
Nollendorfs 1967:
Valters Nollendorfs, Der Streit um den Urfaust, The Hague 1967.

Ohly 1976:
Friedrich Ohly, Faust: Der Verfluchte oder der Erwählte, *in: ders.*, Der Verfluchte und der Erwählte. Vom Leben mit der Schuld, Opladen 1976, *S. 98-116.*
Ohly 1990:
Friedrich Ohly, Zur Goldenen Kette Homers, *in:* Das Subjekt der Dichtung. Festschr. f. Gerhard Kaiser, hg. v. Gerhard Buhr, Friedrich A. Kittler und Horst Turk, Würzburg 1990, *S. 411-486.*
Oken 1819:
⟨*Lorenz*⟩ Oken, Entstehung des ersten Menschen, *in: ders.*, ⟨*Autor u. Hg.*⟩, Isis oder Encyclopädische Zeitung, Bd 2, Jena 1819, *Sp. 1117-1123.*
Olenschlager 1766:
Johann Daniel von Olenschlager, Neue Erläuterung der Guldenen Bulle Kaysers Carls des IV., Frankfurt und Leipzig 1766.
Olfers 1832:
Ignaz von Olfers, Über ein merkwürdiges Grab bei Kumae und die in demselben enthaltenen Bildwerke. (Gelesen in der Akad. d. Wiss. am 4. November 1830), *in:* Abhandlungen d. hist.-philolog. Klasse d. Königl. Akad. d. Wiss. zu Berlin. Aus dem Jahre 1830. Berlin 1832, *S. 1-48.*

Origenes 1976:
Origenes, De principiis libri IV / Vier Bücher von den Prinzipien, hg. u. übers. v. Herwig Görgemanns und Heinrich Karpp, Darmstadt 1976.

Otto 1994:
Claude Otto, Zur Genese der Szene ‘Am Brunnen’ (Faust I, v. 3544-3585), *in:* Euphorion 88 (1994), *S. 418-424.*

Paracelsus:
Theophrast von Hohenheim gen. Paracelsus, Sämtliche Werke. I. Abteilung. Medizinische, naturwissenschaftliche und philosophische Schriften, 14 Bde, hg. v. Karl Sudhoff, München und Berlin 1922-1933.

Perels 1989:
Christoph Perels, Max Beckmanns Zeichnungen zu Goethes Faust-Zweiter Teil, *in:* Faust through Four Centuries. Retrospect and Analysis = Vierhundert Jahre Faust, ed. by Peter Boerner and Sidney Johnson, Tübingen 1989, *S. 99-132.*

Pestalozzi 1996:
Karl Pestalozzi, Faust als Luther. Zur Übersetzungsszene in Goethes ‘Faust’, *in:* Zwiesprache. Beiträge zur Theorie und Geschichte des Übersetzens, hg. v. Ulrich Stadler, Stuttgart und Weimar 1996, *S. 42-51.*

Petersen 1925:
Julius Petersen, Die Entstehung der Eckermannschen Gespräche und ihre Glaubwürdigkeit *(zuerst 1924)*, Frankfurt/Main ²1925.

Petriconi 1953:
Hellmuth Petriconi, Die verführte Unschuld. Bemerkungen über ein literarisches Thema, Hamburg 1953.

Petsch 1908:
Robert Petsch, Faust-Studien 3: Das erste Gespräch mit dem Famulus Wagner, *in:* Goethe-Jb. 29 (1908), *S. 88-107.*

Petsch 1911:
Lessings Faustdichtung, hg. v. Robert Petsch, Heidelberg 1911.
Petsch 1915:
Robert Petsch, Die Disputationsszene im »Faust«, *in:* Euphorion 22 (1915), *S. 307-317.*
Petsch 1925:
Robert Petsch, Die Walpurgisnacht in Goethes 'Faust', *in: ders.*, Gehalt und Form. Gesammelte Abhandlungen zur Literaturwissenschaft und zur allgemeinen Geistesgeschichte, Dortmund 1925, *S. 366-387.*
Petsch 1926:
Goethes Werke. Festausgabe, Bd 5: Faust, hg. v. Robert Petsch, Leipzig 1926.
Petzsch 1962:
Hans Petzsch, Chr. W. Hufelands »Makrobiotik« im Spiegel von Goethes »Faust«, insbesondere der Szene »Hexenküche«, *in:* Das deutsche Gesundheitswesen, Bd 17, Berlin 1962, *S. 651-660.*
Pfitzer 1674:
→ *hier unter:* Faustbücher.
Pierer:
Heinrich August Pierer (Hg.), Universal-Lexikon oder vollständiges encyclopädisches Wörterbuch, 26 Bde, Altenburg 1835-1836.
Pniower 1892/I:
Otto Pniower, Goethes Faust und das Hohe Lied, *in:* Goethe-Jb. 13 (1892), *S. 181-198.*
Pniower 1892/II:
Otto Pniower, Einige Faustparalipomena Goethes, *in:* Vierteljahrschr. f. Litteraturgesch. 5 (1892), *S. 408-430.*
Pniower 1898:
Otto Pniower, Zu Goethes Wortgebrauch, *in:* Goethe-Jb. 19 (1898), *S. 229-247.*
Pniower 1899:
Otto Pniower, Goethes Faust. Zeugnisse und Excurse zu seiner Entstehungsgeschichte, Berlin 1899.

Pniower 1914:
Otto Pniower, »Der Schäfer putzte sich zum Tanz«, *in:* Jb. Goethe-Ges. 1 (1914), *S. 99-110.*
Pniower 1920:
Otto Pniower, Pfitzers Faustbuch als Quelle Goethes, *in:* Zeitschr. f. dt. Altertum 57 (1920), *S. 248-266.*
Pniower 1924:
Otto Pniower, Miszellen zum 'Faust': 1. »Des Nordens Daurbarkeit« (Vers 1796), 2. »Den leichten Tag gesucht« (Vers 666), 3. Das erste Paralipomenon, *in:* Jb. Goethe-Ges. 10 (1924), *S. 139-146.*
Pniower 1930:
Otto Pniower, Goethe als Wortschöpfer, *in:* Euphorion 31 (1930), *S. 362-383.*
Politzer 1968:
Heinz Politzer, Vom Baum der Erkenntnis und der Sünde der Wissenschaft. Über Goethes 'Faust', *in: ders.*, Das Schweigen der Sirenen. Studien zur deutschen und österreichischen Literatur, Stuttgart 1968, *S. 254-284.*
Politzer 1976:
Heinz Politzer, Der blinde Faust, *in:* German Quarterly 49 (1976), *S. 161-167.*
Pospischil 1905:
Maria Pospischil, Der Schauplatz der Klassischen Walpurgisnacht, *in:* Goethe-Jb. 26 (1905), *S. 264-267.*
Praetorius 1666:
Johannes Praetorius, Anthropodemvs Plvtonicvs. Das ist/ Eine Neue Welt-beschreibung Von allerley Wunderbahren Menschen, Magdeburg 1666.
Praetorius 1668:
Johannes Praetorius, Blockes-Berges Verrichtung, Leipzig und Frankfurt/Main 1668.
Pretzel 1979:
Ulrich Pretzel, Wortbedeutungsprobleme in Goethes Sprache *(zuerst 1974), in: ders.*, Kleine Schriften, hg. v. Wolfgang Bachofer und Karl Stackmann, Berlin 1979, *S. 264-278.*

Pyritz/Nicolai 1965/1968:
Goethe-Bibliographie, begr. v. Hans Pyritz, fortgeführt v. Heinz Nicolai und Gerhard Burkhardt, Bd 1: Heidelberg 1965, Bd 2: *ebd.* 1968.

RA *(Goethe)*:
Briefe an Goethe. Gesamtausgabe in Regestform, hg. v. Karl-Heinz Hahn, Weimar 1980 ff.

Rameckers 1927:
J. M. Rameckers, Der Kindesmord in der Literatur der Sturm-und-Drang-Periode, Rotterdam 1927.

RDK:
Reallexikon zur Deutschen Kunstgeschichte. Begonnen von Otto Schmitt, hg. v. Zentralinst. f. Kunstgesch. München. Redaktion Karl-August Wirth. Bd VII, München 1981.

Rechtslexikon:
Rechtslexikon für Juristen aller teutschen Staaten, redigiert v. Julius Weiske, 15 Bde *(Bd 1-4: 2. Ausgabe)*, Leipzig 1844-1861.

Reemtsma 1991:
Jan Philipp Reemtsma, »Wir sind alles für dich!«, *in: ders. (Hg.),* Folter. Zur Analyse eines Herrschaftsmittels, Hamburg 1991.

Reich 1967:
Helgard Reich, Die Entstehung der ersten fünf Szenen des Goetheschen 'Urfaust', München 1968.

Reinhardt 1960:
Karl Reinhardt, Die klassische Walpurgisnacht. Entstehung und Bedeutung *(zuerst 1945), in: ders.*, Tradition und Geist. Gesammelte Essays zur Dichtung, hg. v. Carl Becker, Göttingen 1960, *S. 309-356.*

Requadt 1964:
Paul Requadt, Die Figur des Kaisers in Faust II, *in:* Jb. d. Dt. Schillerges. 8 (1964), *S. 153-171.*

Requadt 1972:
Paul Requadt, Goethes Faust I. Leitmotivik und Architektur, München 1972.

Resenhöfft 1973:
Wilhelm Resenhöfft, Faust, der Dreißigjährige, *in:* Goethe-Jb. 90 (1973), *S. 200-211.*

Resenhöfft 1975:
Wilhelm Resenhöfft, Goethes »Faust«. Gleichnis schöpferischer Sinnerfassung. Anhang: Engel am Rabenstein – Textrevision, Frankfurt/Main 1975.

Reuchlein 1986:
Georg Reuchlein, Bürgerliche Gesellschaft, Psychiatrie und Literatur. Zur Entwicklung der Wahnsinnsthematik in der deutschen Literatur des späten 18. und frühen 19. Jahrhunderts, München 1986.

Richter 1944:
Werner Richter, Der König von Thule und seine Buhle, *in:* Monatshefte f. dt. Unterricht 36 (1944), *S. 131-139.*

Richter 1949:
Werner Richter, Urfaust oder Ururfaust? *⟨= Teil 1-3 des Aufsatzes⟩, in:* Monatshefte f. dt. Unterricht 41 (1949), *S. 329-349.*

Rieger 1902:
Max Rieger, Zum letzten Akte des Faust, *in:* Euphorion 9 (1902), *S. 331-338.*

Rölleke 1996:
Heinz Rölleke, 'Vor mir den Tag und hinter mir die Nacht' – Anmerkungen zu einem 'Faust'-Vers, *in:* Euphorion 90 (1996), *S. 344-347.*

Ross 1963:
Werner Ross, Johann Wolfgang Goethe »Es war ein König in Thule«, *in:* Wege zum Gedicht, Bd 2: Interpretation von Balladen, hg. v. Rupert Hirschenauer und Albrecht Weber, München und Zürich 1963, *S. 147-153.*

Rüdiger 1964:
Horst Rüdiger, Weltliteratur in Goethes »Helena«, *in:* Jb. d. Dt. Schillerges. 8 (1964), *S. 172-198.*

Ruppert 1958:
Hans Ruppert, Goethes Bibliothek. Katalog, Weimar 1958 *(Neudruck Leipzig 1979).*

Sanders:
Daniel Sanders, Wörterbuch der Deutschen Sprache, 3 Bde, Leipzig 1860-1865.
Sarauw 1925:
Chr.*(istian)* Sarauw, Zur Faustchronologie, Kopenhagen 1925.
Schaaffs 1913:
G.*(eorg)* Schaaffs, Die Faust Paralipomena 20, 14, 41, 19, 53, *in:* Journal of Engl. and Germ. Philology 12 (1913), *S. 20-31.*
Schadewaldt 1963/I:
Wolfgang Schadewaldt, Zur Entstehung der Elfenszene im zweiten Teil des Faust *(zuerst 1955), in: ders.*, Goethestudien, Zürich und Stuttgart 1963, *S. 251-262.*
Schadewaldt 1963/II:
Wolfgang Schadewaldt, Faust und Helena *(zuerst 1956), in: ders.*, Goethestudien, Zürich und Stuttgart 1963, *S. 165-205.*
Schanze 1984:
Helmut Schanze, Szenen, Schema, Schwammfamilie. Goethes Arbeitsweise und die Frage der Struktureinheit von Faust I und II, *in:* Euphorion 78 (1984), *S. 383-400.*
Schedel 1800:
Johann Christian Schedel, Neues und vollständiges, allgemeines Waaren-Lexicon ⟨...⟩, 2 Teile, Tl 1: Offenbach am Mayn [3]1800, Tl 2: *ebd.* [3]1801.
Scheele 1782:
Carl Wilhelm Scheele, Chemische Abhandlung von Luft und Feuer, Leipzig [2]1782.
Scheibe 1965:
Siegfried Scheibe, Zur Entstehungsgeschichte der Walpurgisnacht im Faust I, *in:* Goethe-Studien. Sitzungsberichte d. Dt. Akad. d. Wiss. zu Berlin. Klasse f. Sprachen, Literatur u. Kunst 1965, Nr. 4, *S. 7-61.*
Scheibe 1970:
Siegfried Scheibe, Bemerkungen zur Entstehungsgeschichte des frühen 'Faust', *in:* Jb. Goethe-Ges. NF 32 (1970), *S. 61-71.*

Scheibe 1972:
Siegfried Scheibe, Noch einmal zum bezifferten Faustschema von 1797, *in:* Goethe-Jb. 89 (1972), *S. 235-255.*
Scheller 1796:
Imm. Joh. Gerh. Schellers lateinisch-deutsches und deutsch-lateinisches Handlexicon, 2 Teile *(zuerst 1792)*, Leipzig [2]1796.
Schelling 1815:
Friedrich Wilhelm Joseph Schelling, Ueber die Gottheiten von Samothrace, Stuttgart und Tübingen 1815 *(in Goethes Bibliothek).*
Schelling 1927:
Friedrich Wilhelm Joseph Schelling, Philosophie der Kunst *(Vorlesungen, zuerst gehalten 1802/03 in Jena, aus dem Nachlaß veröffentlicht 1859), in:* Schellings Werke, hg. v. Manfred Schröter, Bd 3, München 1927, *S. 375-507.*
Schillemeit 1985:
Jost Schillemeit, Faust und der tragische Trimeter. Zur Vorgeschichte der Klassischen Walpurgisnacht, *in:* Jb. d. Fr. Dt. Hochstifts 1985, *S. 33-51.*
Schillemeit 1986:
Jost Schillemeit, Das Vorspiel auf dem Theater zu Goethes Faust, *in:* Euphorion 80 (1986), *S. 149-166.*
Schillemeit 1987/I:
Jost Schillemeit, Satyrspiel und tragische Tetralogien. Zum Kontext eines philologischen Themas beim späten Goethe, *in:* Formen innerliterarischer Rezeption, hg. v. Wilfried Floeck, Dieter Steland, Horst Turk, Wiesbaden 1987, *S. 303-318.*
Schillemeit 1987/II:
Jost Schillemeit, Faust Paralipomenon 164a. Aus der Arbeit Goethes an der 'Helena'-Dichtung, *in:* Textkritik und Interpretation. Festschr. f. Karl Konrad Polheim zum 60. Geburtstag, hg. v. Heimo Reinitzer, Bern, Frankfurt/Main, New York, Paris 1987, *S. 229-252.*
Schillemeit 1988:
Jost Schillemeit, Goethe und Radziwill, *in:* Daß eine Na-

tion die ander verstehen möge. Festschr. f. Marian Szyrocki zu seinem 60. Geburtstag, hg. v. Norbert Honsza und Hans-Gert Roloff, Amsterdam 1988, *S. 639-662* (= Chloe. Beihefte zum Daphnis 7).

Schillemeit 1996:
Jost Schillemeit, *Rezension von* Bohnenkamp 1994, *in:* Arbitrium 14 (1996), *S. 362-365.*

Schimpf 1987:
Wolfgang Schimpf, Faust als Melodrama? Überlegungen zu einer Bühnenfassung von 1815, *in:* Euphorion 81 (1987), *S. 347-352.*

Schlaffer 1981:
Heinz Schlaffer, Faust, Zweiter Teil. Die Allegorie des 19. Jahrhunderts, Stuttgart 1981.

Chr. H. Schmid 1902:
Christian Heinrich Schmid, Chronologie des deutschen Theaters *(zuerst 1775)*, neu hg. v. Paul Legband, Berlin 1902.

G. Schmid 1951:
Günther Schmid, Irrlicht und Sternschnuppe. Zu Goethes Faust, *in:* Jb. Goethe-Ges. NF 13 (1951), *S. 268-289.*

E. Schmidt 1894:
Erich Schmidt (Hg.), Goethes Faust in ursprünglicher Gestalt nach der Göchhausenschen Abschrift *(zuerst 1887)*, 3. Aufl. *⟨mit erweiterter Einleitung⟩*, Weimar 1894.

Jochen Schmidt 1990:
Jochen Schmidt, Die »katholische Mythologie« und ihre mystische Entmythologisierung in der Schlußszene des Faust II, *in:* Jb. d. Dt. Schillerges. 34 (1990), *S. 230-256.*

Johanna Schmidt 1956:
Johanna Schmidt, Sparta – Mistra. Forschungen über Goethes Faustburg, *in:* Jb. Goethe-Ges. NF 18 (1956), *S. 132-157.*

M. Schmidt 1985:
Michael Schmidt, Genossin der Hexe. Interpretation der Gretchentragödie in Goethes Faust aus der Perspektive der Kindesmordproblematik, Göttingen 1985.

Schmitt 1913:
Otto Schmitt, Der 'Püsterich', *in:* Germ.-Rom. Monatsschr. 5 (1913), *S. 214-217.*

F. J. Schneider 1949:
Ferdinand Josef Schneider, Goethes »Satyros« und der Urfaust, Halle/Saale 1949.

H. Schneider 1949:
Hermann Schneider, Urfaust? Eine Studie, Tübingen 1949.

Schöne 1970:
Albrecht Schöne, Über Goethes Wolkenlehre, *in:* Der Berliner Germanistentag 1968. Vorträge und Berichte, hg. v. Karl Heinz Borck und Rudolf Henss, Heidelberg 1970, *S. 24-41.*

Schöne 1979:
Albrecht Schöne, 'Regenbogen auf schwarzgrauem Grunde' – Goethes Dornburger Brief an Zelter zum Tod seines Großherzogs, Göttingen 1979.

Schöne 1987:
Albrecht Schöne, Goethes Farbentheologie, München 1987.

Schöne 1990:
Albrecht Schöne, Vom philologischen Geschäft. Arbeitsbericht über eine neue 'Faust'-Ausgabe, *in:* Jb. d. Akad. d. Wiss. in Göttingen 1990, *S. 73-93.*

Schöne 1993:
Albrecht Schöne, Götterzeichen, Liebeszauber, Satanskult. Neue Einblicke in alte Goethetexte *(zuerst 1982)*, München [3]1993.

Schöne 1994:
Albrecht Schöne, 'Das Unzulängliche | Hier wird's Ereignis' (Faust 12106 f.), in: Sprachwiss. 19 (1994), *S. 231-234.*

Schöne 1997/I:
Albrecht Schöne, Entgegnung auf Rudolf Kassels »Philologische Bemerkungen zu einer neuen 'Faust'-Ausgabe«, *in:* Goethe-Jb. 114 (1997), *S. 303-312.*

Schöne 1997/II:
Albrecht Schöne, Johann Wolfgang Goethe: Der letzte Brief, *in*: Querlektüren. Weltliteratur zwischen den Disziplinen, hg. v. Wilfried Barner, Göttingen 1997, *S. 106-123*.

Scholz 1984:
Rüdiger Scholz, Goethes »Faust« in der wissenschaftlichen Interpretation von Schelling und Hegel bis heute *(zuerst 1983)*, Rheinfelden ²1984.

Schrimpf 1968:
Hans Joachim Schrimpf, Goethes Begriff der Weltliteratur, Stuttgart 1968.

Schuchard 1935:
G.*(ottlieb)* C. L. Schuchard, Julirevolution, St. Simonismus und die Faustpartien von 1831, *in:* Zeitschr. f. dt. Philologie 60 (1935), *S. 240-274, 362-384*.

Schuchardt 1926:
G. Schuchardt ⟨= *G.(ottlieb) C. L. Schuchard*⟩, Die ältesten Teile des ‘Urfaust’, *in:* Zeitschr. f. dt. Philologie 51 (1926), *S. 465-475*.

Schümann Heinke 1971:
Elke Schümann-Heinke, Die Lichtsymbolik in Faust II, *in:* Studien zu Goethes Alterswerken, hg. v. Erich Trunz, Frankfurt/Main 1971, *S. 251-324*.

Schütze 1800:
Johann Friedrich Schütze, Satyrisch-ästhetisches Hand- und Taschen-Wörterbuch für Schauspieler und Theaterfreunde ⟨. . .⟩, Hamburg 1800.

B. Schulz 1967:
Bernhard Schulz, Faustdeutungen nach dem zweiten Weltkrieg, *in:* Gestalt, Gedanke, Geheimnis. Festschr. f. Johannes Pfeiffer zu seinem 65. Geburtstag, hg. v. Rolf Bohnsack u.a., Berlin 1967, *S. 327-344*.

G. Schulz 1988:
Gerhard Schulz, Faust und der Fortschritt, *in:* Ulrich Fülleborn und Manfred Engel (Hg.), Das neuzeitliche Ich in der Literatur des 18. und 20. Jahrhunderts, München 1988, *S. 173-194*.

Schwerte 1962:
Hans Schwerte (*recte:* Hans Ernst Schneider), Faust und das Faustische. Ein Kapitel deutscher Ideologie, Stuttgart 1962.
Schwerte 1986:
Hans Schwerte (*recte:* Hans Ernst Schneider), Faustus Ikarus. Flugsehnsucht und Flugversuche in der Faust-Dichtung von der Historia bis zu Goethes Tragödie, *in:* Goethe-Jb. 103 (1986), *S. 302-315.*
Schwerte 1990:
Hans Schwerte (*recte:* Hans Ernst Schneider), Der weibliche Schluß von Goethes 'Faust', *in:* Sprachkunst 21 (1990), *S. 129-143.*
SD *(Goethe)*:
Goethe. Faust und Urfaust, erläutert v. Ernst Beutler *(zuerst 1939)*, zweite erweiterte Auflage, Leipzig 1940 *(u.ö. = Sammlung Dieterich Bd 25).*
Segeberg 1987:
Harro Segeberg, Literarische Technik-Bilder. Studien zum Verhältnis von Technik- und Literaturgeschichte im 19. und 20. Jahrhundert, Tübingen 1987.
Seidlin 1944:
Oskar Seidlin, Das Etwas und das Nichts. Versuch zur Neuinterpretation einer 'Faust'-Stelle, *in:* Germanic Review 19 (1944), *S. 170-175.*
Seidlin 1963:
Oskar Seidlin, Ist das »Vorspiel auf dem Theater« ein Vorspiel zum »Faust«? *(zuerst engl. 1949), in: ders.*, Von Goethe zu Thomas Mann, Göttingen 1963, *S. 56-64.*
T. Shaw 1757:
T. Shaw, Abhandlung von einer versteinerten Stadt in der Landschaft Tripoli in Africa, *in:* Hamburgisches Magazin, Bd 19, Hamburg und Leipzig 1757, *S. 631-653 ⟨dort ohne Verfasserangabe, aus dem Englischen⟩.*
Simrock 1846:
Doctor Johannes Faust. Puppenspiel, *in:* Karl Simrock (Hg.), Die deutschen Volksbücher, Bd 4, Frankfurt/Main 1846, *S. 153-226.*

Snell 1986:
Bruno Snell, Arkadien. Die Entdeckung einer geistigen Landschaft *(zuerst 1945), in: ders.*, Die Entdeckung des Geistes, Göttingen [6]1986, *S. 257-274.*
Sondrup/Chisholm 1986:
Steven P. Sondrup und David Chisholm (Bearbeiter), Verskonkordanz zu Goethes »Faust, Erster Teil«, Tübingen 1986.
Sondrup/Jones 1989:
Steven P. Sondrup und Randall L. Jones (Bearbeiter), Verskonkordanz zu Goethes »Faust, Zweiter Teil«, Tübingen 1989.
Sprachkunst 1990:
Salzburger Symposion: Der Schluß von Goethes 'Faust'. Die Szene Bergschluchten, *in:* Sprachkunst 21 (1990), *S. 3-127.*
Staiger 1959:
Emil Staiger, Goethe. Bd 3: 1814-1832, Zürich und Freiburg/Breisgau 1959.
Staiger 1982:
Emil Staiger, Licht und Finsternis, *in: ders.*, Vier Vorträge zum Goethe-Jahr 1982, München 1982, *S. 9-35.*
Steffensen 1969:
Steffen Steffensen, Makrokosmoszeichen und Erdgeist in Goethes Faust, *in:* Kopenhagener germanistische Studien, Bd 1, hg. v. Karl Hyldgaard-Jensen und Steffen Steffensen, Kopenhagen 1969, *S. 186-197.*
Steiner 1983:
Jacob Steiner, Die letzte Szene von Goethes Faust, *in:* Etudes Germaniques 38 (1983), *S. 147-155.*
Steinmetz 1994:
Ralf-Henning Steinmetz, Goethe, Guibert und Carl von Österreich. Krieg und Kriegswissenschaft im vierten Akt von 'Faust II', *in:* Goethe-Jb. 111 (1994), *S. 151-170.*
Stenzel 1986:
Jürgen Stenzel, Mephistos Endzeit, *in:* Germ.-Rom. Monatsschr. 67 (1986), *S. 224-228.*

Sternberger 1984:
Dolf Sternberger, Moses Mendelssohn, Faust, die Unsterblichkeit und der Tod, *in:* Jb. d. Fr. Dt. Hochstifts 1984, *S. 17-33.*
Stierle 1987:
Karlheinz Stierle, Imaginäre Räume. Eisenarchitektur in der Literatur des 19. Jahrhunderts, *in:* Helmut Pfeiffer, Hans Robert Jauß, Françoise Gaillard (Hg.), Art social und art industriel. Funktionen der Kunst im Zeitalter des Industrialismus, München 1987, *S. 281-308.*
Stockum 1959:
Th. C. van Stockum, Deutsche Klassik und antike Tragödie, Zwei Studien – II. Goethes Versuch der Neubelebung der antiken Tragödie: der Helena-Akt im Faust II, *in:* Neophil. 43 (1959), *S. 265-277.*
Stöcklein 1960:
Paul Stöcklein, Die Sorge im Faust, *in: ders.*, Wege zum späten Goethe *(zuerst 1949)*, Hamburg [2]1960, *S. 93-162.*
Stöcklein 1974:
Paul Stöcklein, Wie beginnt und wie endet Goethes 'Faust'? *(zuerst 1962), in: ders.*, Literatur als Vergnügen und Erkenntnis, Heidelberg 1974, *S. 67-87.*
Stolt 1974:
Birgit Stolt, Gretchen und die Todsünden, *in:* Moderna sprak monographs Lit. 4 (1974), *S. 1-29.*
Stolzenberg 1975:
Johann Wolfgang von Goethe, Die Valentinszene und die Walpurgisnacht aus Faust I. Faksimile der Handschr. Ms. germ. qu. 475 u. 527 d. Staatsbibl. Preuß. Kulturbesitz in Berlin (*zu* Nacht Straße vor Gretchens Türe *und* Walpurgisnacht 3235-4208) mit einer Einführg. v. Ingeborg Stolzenberg, Hagen 1975.
Storck 1914:
Willy F. Storck, Goethes Faust und die bildende Kunst, Berlin und Leipzig 1914.
Strehlke 1891/I:
Friedrich Strehlke, Wörterbuch zu Goethes 'Faust', Stuttgart 1891.

Strehlke 1891/II:
Friedrich Strehlke, Paralipomena zu Goethes Faust. Entwürfe, Skizzen, Vorarbeiten und Fragmente ⟨. . .⟩, Stuttgart, Leipzig, Berlin, Wien 1891.
Strich 1964:
Fritz Strich, Goethes »Faust«, aus dem Nachlaß hg. v. Gertrud Strich-Sattler, Bern und München 1964.
Swedenborg:
Emanuel Swedenborg, Arcana coelestia, 8 Bde, o.O. ⟨*London*⟩ 1749-1756.

Tewes 1901:
Friedrich Tewes (Hg.), Goethes Faust am Hof des Kaisers. In drei Akten für die Bühne eingerichtet von Johann Peter Eckermann, Berlin 1901.
Tille 1893:
Alexander Tille, Die Bilder zu Goethes Faust, *in:* Preuß. Jb. 72 (1893), *S. 264-299*.
Tille 1900:
Alexander Tille, Die Faustsplitter in der Literatur des sechzehnten bis achtzehnten Jahrhunderts nach den ältesten Quellen, Berlin 1900.
Timm 1974:
Hermann Timm, Gott und die Freiheit. Studien zur Religionsphilosophie der Goethezeit, Bd 1: Die Spinozarenaissance, Frankfurt/Main 1974.
Titze 1916:
Hans Titze, Die philosophische Periode der deutschen Faustforschung (1817-1839) ⟨. . .⟩, Greifswald 1916 *(Fotomech. Nachdruck Leipzig 1973)*.
Traumann 1913-1914:
Ernst Traumann, Goethes 'Faust'. Nach Entstehung und Inhalt erklärt. 2 Bde, München 1913-1914.
Trendelenburg 1921:
Goethes Faust, erklärt von Adolf Trendelenburg. Der Tragödie zweiter Teil, Berlin und Leipzig 1921.

Trendelenburg 1922:
Goethes Faust, erklärt von Adolf Trendelenburg. Der Tragödie erster Teil, Berlin und Leipzig 1922.

Trevelyan 1949:
Humphry Trevelyan, Goethe und die Griechen *(englisch: Cambridge 1941; ebd. ²1981)*, Hamburg 1949.

Trithemius 1601:
Johannes Trithemius, Opera historica, Part. II, Frankfurt 1601 *(Fotomech. Nachdruck Frankfurt/Main 1966)*.

Twaddell 1953:
William Freeman Twaddell, The Kerker Lexicon and the Gretchen Episode, *in:* Monatshefte f. dt. Unterricht 45 (1953), *S. 355-370*.

Vaget 1980:
Hans Rudolf Vaget, Faust, der Feudalismus und die Restauration, *in:* Akten des VI. Internationalen Germanisten-Kongresses, hg. v. Heinz Rupp und Hans-Gert Roloff, Bern 1980, *S. 345-351*.

Valentin 1894:
Veit Valentin, Goethes Faustdichtung, Berlin 1894.

Valentinus 1677:
Basilius Valentinus, *Chymische Schriften*, Hamburg 1677.

Vermeil 1949:
Edmond Vermeil, Revolutionäre Hintergründe in Goethes Faust *(zuerst französ. 1946/47), in:* Spiegelungen Goethes in unserer Zeit, hg. v. Hans Mayer, Wiesbaden 1949, *S. 237-323*.

Vietor-Engländer 1987:
Deborah Vietor-Engländer, Faust in der DDR, Frankfurt/Main und Bern 1987.

Vincent 1982:
Deirdre Vincent, Die Tat ist alles: a Reconsideration of the Significance of Faust II Act IV, *in:* seminar 18 (1982), *S. 125-141*.

Vischer 1875:
Friedrich Theodor Vischer, Göthe's Faust. Neue Beiträge zur Kritik des Gedichts, Stuttgart 1875.

Vosskamp 1985:
Wilhelm Vosskamp, »Höchstes Exemplar des utopischen Menschen«: Ernst Bloch und Goethes Faust, *in:* Dt. Vierteljahrsschr. 59 (1985), *S. 676-687*.

WA *(Weimarer Ausgabe der Werke Goethes)*:
Goethes Werke, herausgegeben im Auftrage der Großherzogin Sophie von Sachsen. Abt. I-IV, 133 Bde *(in 143)*, Weimar 1887-1919 *(Fotomech. Nachdruck München 1987)*. – *Zur Brief*-Abt. IV*: 3 Nachtragsbände* München 1990.

WA *(Weimarer Ausgabe der Werke Luthers)*:
D. Martin Luthers Werke. Kritische Gesamtausgabe, Weimar 1883 ff.

Wächtershäuser 1973:
Wilhelm Wächtershäuser, Das Verbrechen des Kindsmordes im Zeitalter der Aufklärung, Berlin 1973.

Wagenknecht 1989:
Christian Wagenknecht, Deutsche Metrik. Eine historische Einführung *(zuerst 1981)*, München ^{2}1989.

Wahl 1925:
Die sieben Zeichnungen Goethes zu seinem Faust, hg. v. Hans Wahl, Weimar 1925.

Walz 1930:
John A. Walz, Linguistic Notes on Goethe's Faust, Part I, *in:* Journal of Engl. and Germ. Philology 29 (1930), *S. 204-232*.

B. Weber 1974:
Beat Weber, Die Kindsmörderin im deutschen Schrifttum von 1770-1795, Bonn 1974.

W. E. Weber 1836:
Wilhelm Ernst Weber, Goethe's Faust, Halle 1836.

Wegner 1962:
Wolfgang Wegner, Die Faustdarstellung vom 16. Jahrhundert bis zur Gegenwart, Amsterdam 1962.

Weigand 1974:
Hermann J. Weigand, Wetten und Pakt in Goethes

'Faust' *(zuerst 1961), in:* Aufsätze zu Goethes 'Faust I', hg. v. Werner Keller, Darmstadt 1974, *S. 410-427.*

Weiß 1956:
Walter Weiß, Der Helena-Akt des zweiten Teiles von Goethes »Faust« und Mephisto, *in:* Innsbrucker Beiträge zur Kulturwissenschaft 4 (1956), *S. 75-85.*

Weiße 1837:
Christian Hermann Weiße, Kritik und Erläuterung des Goethe'schen Faust, Leipzig 1837.

Weitz 1951/52:
Hans-J. Weitz, Goethe-Studien, *in:* Zeitschr. f. dt. Philologie 71 (1951/52), *S. 69-80.*

Weitz 1969:
Hans-J. Weitz, Des Pindus Adler, *in:* Zeitschr. f. dt. Philologie 88 (1969), *S. 260-261.*

Weitz 1989:
Hans-J. Weitz, Zwei Paralipomena zum Faust, *in:* Zeitschr. f. dt. Philologie 108 (1989), *S. 280-281.*

Welling 1735:
Georgius von Welling, Opus Mago – Cabbalisticum et Theosophicum. Darinnen der Ursprung / Natur / Eigenschafften und Gebrauch / Des Saltzes, Schwefels und Mercurii, In dreyen Theilen beschrieben ⟨...⟩, Homburg v. d. Höhe 1735 *(in der Ausgabe von 1760 in Goethes Bibliothek).*

Wendriner 1913:
Karl Georg Wendriner (Hg.), Goethe-Bibliothek. Die Faustdichtung vor, neben und nach Goethe, 4 Bde, Berlin 1913.

Weniger 1940:
Erich Weniger, Goethe und die Generäle, *in:* Jb. d. Fr. Dt. Hochstifts 1940, *S. 408-593 (ohne den wiss. Apparat, geringfügig geändert und erweitert* Leipzig 1942: Goethe und die Generale).

Wenzel 1988:
Manfred Wenzel, »Buchholz peinigt vergebens die Lüffte ...«. Das Luftfahrt- und Ballonmotiv in Goethes natur-

wissenschaftlichem und dichterischem Werk, *in:* Jb. d. Fr. Dt. Hochstifts 1988, *S. 79-111.*

Wetzels 1973:
Walter D. Wetzels, Johann Wilhelm Ritter. Physik im Wirkungsfeld der deutschen Romantik, Berlin und New York 1973.

WGA *(Welt-Goethe-Ausgabe)*:
Goethes Werke, Bd 12: Urfaust | Faust. Ein Fragment | Faust. Der Tragödie erster Teil, Bd 13: Faust. Der Tragödie zweiter Teil, hg. v. Max Hecker (zuerst 1932), Leipzig 1937.

White 1980:
Ann White, Names and Nomenclature in Goethe's 'Faust', London 1980.

Wiebalck 1951:
Robert Wiebalck, Die Wurster Familie Fouwes (Faust), die Faustsage und das Faustlehen, *in:* Jb. d. Männer vom Morgenstern 32 (1951), *S. 77-91.*

Wieland:
Christoph Martin Wieland, Sämmtliche Werke. 39 Bde u. 6 Supplement-Bde, Leipzig 1794-1811 *(Fotomech. Nachdruck Hamburg 1984).*

Wiesflecker 1982:
Hermann Wiesflecker, Der Kaiser in Goethes Faust. Beobachtungen über Goethes Verhältnis zur Geschichte, *in:* Tradition und Entwicklung. Festschr. f. Eugen Thurnher zum 60. Geburtstag, hg. v. Werner M. Bauer, Innsbruck 1982, *S. 271-282.*

Wilkinson 1972:
Elizabeth M. Wilkinson, Theologischer Stoff und dichterischer Gehalt in Fausts sogenanntem Credo *(zuerst engl. 1957), in:* Goethe und die Tradition, hg. v. Hans Reiss, Frankfurt/Main 1972, *S. 242-258.*

Wilkinson/Willoughby 1974:
Elizabeth M. Wilkinson und Leonard A. Willoughby, Goethe, Dichter und Denker *(zuerst engl. 1962)*, Frankfurt/Main 1974.

Williams 1984:
John R. Williams, Die Rache der Kraniche. Goethe, Faust II und die Julirevolution, *in:* Goethe. Neue Studien zu seinem Werk. Sonderheft zu Bd 103 der Zeitschr. f. dt. Philologie, hg. v. Werner Besch u.a., Berlin, Bielefeld und München 1984, *S. 105-127.*

Winckelmann 1764:
Johann ⟨Joachim⟩ Winckelmann, Geschichte der Kunst des Alterthums, Dresden 1764.

Winckelmann 1808:
Johann Joachim Winckelmann, Gedanken über die Nachahmung der griechischen Werke in der Malerey und Bildhauerkunst *(zuerst 1756), in:* Winckelmann's Werke, hg. v. C. L. Fernow, Bd 1, Dresden 1808, *S. 5-62.*

Witkowski 1894:
Georg Witkowski, Die Walpurgisnacht im ersten Teile von Goethes Faust, Leipzig 1894.

Witkowski 1930:
Georg Witkowski, Notwendige Faust-Emendationen, *in:* Jb. d. Sammlg. Kippenberg 8 (1930), *S. 304-308.*

Witkowski 1949:
Goethes Faust, hg. v. Georg Witkowski, Bd 1: Erster und zweiter Teil | Urfaust | Fragment | Helena | Nachlaß *(zuerst 1906)*, Leiden 10 1949.

Witkowski 1950:
Goethes Faust, hg. v. Georg Witkowski, Bd 2: Kommentar und Erläuterungen *(zuerst 1906)*, Leiden 10 1950.

Wittkowski 1968:
Wolfgang Wittkowski, »Gedenke zu leben«. Schuld und Sorge in Goethes Faust, *in:* Publ. of the Engl. Goethe Society 38 (1968), *S. 114-145.*

Wittkowski 1969:
Wolfgang Wittkowski, Faust und der Kaiser, *in:* Dt. Vierteljahrsschr. 43 (1969), *S. 631-651.*

Wittkowski 1990:
Wolfgang Wittkowski, Goethe, Schopenhauer und Fausts Schlußvision, *in:* Goethe Yearbook 5 (1990), *S. 233-268.*

Zabka 1993:
Thomas Zabka, Faust II – Das Klassische und das Romantische. Goethes 'Eingriff in die neueste Literatur', Tübingen 1993.
Zabka 1998:
Thomas Zabka, Dialektik des Bösen. Warum es in Goethes 'Walpurgisnacht' keinen Satan gibt, *in:* Dt. Vierteljahrsschr. 72 (1998), *S. 201-226.*
Zagari 1987:
Luciano Zagari, Natur und Geschichte. Metamorphisches und Archetypisches in der Klassischen Walpurgisnacht, *in:* Bausteine zu einem neuen Goethe, hg. v. Paolo Chiarini, Frankfurt/Main 1987, *S. 148-185.*
Zauberbibliothek:
Georg Conrad Horst, Zauberbibliothek oder von Zauberei, Theurgie und Mantik ⟨...⟩ Zur Beförderung einer rein-geschichtlichen, von Aberglauben ⟨...⟩ freien Beurtheilung dieser Gegenstände, Bd 6, Mainz 1826.
Zedler:
Johann Heinrich Zedler, Grosses vollständiges Universal-Lexicon Aller Wissenschaften und Künste ⟨...⟩, 64 Bde u. 4 Supplement-Bde, Halle und Leipzig 1732-1754.
Zeller 1985:
Hans Zeller, Für eine historische Edition. Zu Textkonstitution und Kommentar, *in:* Germanistik – Forschungsstand und Perspektiven. Vorträge d. Dt. Germanistentages 1984, Teil 2, hg. v. Georg Stötzel, Berlin und New York 1985, *S. 305-323.*
Zezschwitz 1985:
Eberhard von Zezschwitz, Komödienperspektive in Goethes 'Faust I', Bern, Frankfurt/Main und New York 1985.
Zimmerische Chronik:
Die Chronik der Grafen von Zimmern, hg. v. Hansmartin Decker-Hauff, Bd 3, Sigmaringen 1972.

Zimmermann 1969/1979:
Rolf Christian Zimmermann, Das Weltbild des jungen Goethe. Studien zur hermetischen Tradition des deutschen 18. Jahrhunderts. Bd 1: München 1969, Bd 2: *ebd.* 1979.

Zimmermann 1994:
Rolf Christian Zimmermann, Goethes 'Faust' und die 'Wiederbringung aller Dinge'. Kritische Bemerkungen zu einem unkritisch aufgenommenen Interpretationsversuch, *in:* Goethe-Jb. 111 (1994), *S. 171-185.*

Zitelmann 1922:
Ernst Zitelmann, Zu Faust 3. Akt, 9843-50, *in:* Germ.-Rom. Monatsschr. 10 (1922), *S. 117-120.*

BEDANKUNG

Auf ihre Art, also in ungleich bescheidenerer Weise, verdanken sich auch die vorliegende Textausgabe von Goethes *Faust*-Dichtung und ihre Kommentierung einem »être collectif« (→ hier S. 27):

Über Jahre hin hat mir meine Universität eine Reihe Studentischer oder Wissenschaftlicher Hilfskräfte beigegeben, die durch Recherchen, Bücherbesorgungen, Textüberprüfungen und Korrekturlesungen meine Arbeit erleichtert, sie mit Einwänden und Anregungen begleitet, auch durch eigene Beobachtungen und Entdeckungen gefördert haben. Einander ablösend waren das zunächst Karl Eichwalder, Sabine Strümper-Krobb, Diane Coleman, Christiane Visbeck, für etwas längere Zeit dann Markus Ciupke und Ralf-Henning Steinmetz.

In der Abschlußphase bestand diese Gruppe aus Christoph Fasbender, Hannes Fricke, Farouk Grewing und Frank-Michael Wohlers, deren ausdauernde Hilfsbereitschaft und kritische Teilnahme und deren Freude an der gemeinsamen Arbeit ich als ein großes Geschenk empfunden habe. Der Arbeitsstelle, die das Göttinger Deutsche Seminar uns eingerichtet hatte, hat als Wissenschaftlicher Mitarbeiter jahrelang Frank Möbus vorgestanden. Seiner Sachkenntnis und Beobachtungsenergie, Umsicht und Sorgfalt verdanke ich mehr, als sich hier sagen läßt.

Wie er ist aus dem Kreis der Hilfskräfte Anne Bohnenkamp-Renken hervorgegangen, die dann von München her den Textteil der Paralipomena besorgt hat und auf deren Vorgaben auch die zugehörigen Kommentare beruhen. Dorothea Schäfer-Weiss in Hamburg war unsere Verbindungsfrau zur dortigen Arbeitsstelle für das Goethe-Wörterbuch, hat sich besonders um die *Frühe Fassung* gekümmert, um die Durchsicht der Typoskripte und die Schlußkorrekturen – deren letzte Besorgung dann vor allem in der erfahrenen Hand von Hans-Jürgen Kiepe lag. Christa Fischer war über die ganze Arbeitszeit hin eine unermüdliche und fröhliche Schreiberin.

Ohne einzelne Namensnennungen muß ich all denen danken, die mir durch Auskünfte, Ratschläge und Hinweise geholfen haben. Ich hatte das Glück, inmitten einer der großen alten Hochschulen und einer Akademie der Wissenschaften arbeiten zu dürfen, die eine so universale Kompetenz in sich versammeln, daß mir hier gleichermaßen Theologen, Juristen, Philosophen, Philologen, Musikwissenschaftler, Kunsthistoriker, Archäologen, Wirtschaftswissenschaftler, Geologen oder Evolutionsforscher auf die Sprünge helfen konnten, wo ich nicht weiterwußte.

Die Mitarbeiter in verschiedenen Abteilungen der heutigen 'Stiftung Weimarer Klassik', vor allem im Goethe- und Schiller-Archiv, haben mich weit über ihre Amtspflicht hinaus unterstützt und uns ungehinderten Zugang zu ihren Schätzen verschafft – schon lange bevor die Grenzsperren fielen.

Die Privilegien schließlich, die mir die Direktoren der Niedersächsischen Staats- und Universitätsbibliothek gewährten, und die Hilfsbereitschaft ihrer Mitarbeiter haben meine Helfer und mich dankbar nachempfinden lassen, was der *Faust*-Autor an diesem herrlichen Göttinger Bücherhaus rühmte, als er hier für seine *Farbenlehre* arbeitete: »man fühlt sich wie in der Gegenwart eines großen Kapitals, das geräuschlos unberechenbare Zinsen spendet.« (WA I 35,97)

NACHBEMERKUNG ZUR VIERTEN AUFLAGE

Über fünf Jahre hin, von ihrer 1. bis zur 3. Auflage, ist diese *Faust*-Ausgabe unverändert geblieben. Für die jetzt notwendig gewordene 4. Auflage aber habe ich Texte und Kommentare noch einmal kritisch durchsehen können. Manches erschien mir selber inzwischen berichtigungsbedürftig oder ergänzenswert. Bei anderem haben mich die Rezensenten belehrt oder haben mir aufmerksame Benutzer und Leser durch ihre Hinweise geholfen.

Die hier edierten Texte sind noch einmal mit den Vorlagen verglichen und von einigen Fehllesungen des Herausgebers oder früher nicht bemerkten Druckversehen befreit worden. Für *Faust I* wurde dabei nicht mehr (wie in der 1. bis 3. Auflage) Goethes Taschenausgabe letzter Hand von 1828 zugrunde gelegt, sondern deren Setzervorlage, die man im Cotta Verlag aufbewahrt hat und die jetzt im Deutschen Literaturarchiv Marbach zugänglich ist (→ dazu hier S. 70 und 90); einige eigenmächtige Eingriffe und Druckfehler der Cottaschen Setzerei konnten dadurch ausgemerzt werden. Bei der erneuten Durchsicht von *Faust II* anhand der Gesamtreinschrift H ist auch eine Reihe von Fehlern berichtigt worden, auf die mich Martin Ehrenzeller aufmerksam gemacht hat – der anfänglich den Text der 1997 erschienenen Münchner Ausgabe des Zweiten Teils bearbeitete und seinerseits die 1. Auflage der hier vorliegenden Edition zur Berichtigung eigener Versehen nutzen konnte. Fortbestehende Textabweichungen gegenüber dieser Münchner Ausgabe (in MA 18.1) beruhen überwiegend auf den hier S. 90-99, dort S. 632-636 dargelegten editorischen Vorentscheidungen, betreffen sonst unterschiedlich behandelte Ermessensfälle oder aber Irrtümer der MA (wenn nicht noch unbemerkte Fehler der vorliegenden Ausgabe).

Einige Kritiker haben bemängelt, daß sich unter den edierten Texten nicht auch noch der Teildruck *Faust. Ein Fragment* von 1790 findet. Aber aus den S. 67 angeführten Gründen erscheint mir dieser Verzicht nach wie vor vernünftig (zumal die 'Szenenübersicht und Verskonkordanz' S. 71-74 auch dieses *Fragment* erfaßt und der Kommentar in allen wichtigen Fällen auf seinen Wortlaut eingeht).

Bei meinen bessernden oder berichtigenden Eingriffen im Kommentar-Band ergaben sich einzelne Änderungen und Ergänzungen auch aus nachträglich herangezogenen älteren, mehr noch aus den seither veröffentlichten neueren wissenschaftlichen Arbeiten zum *Faust*, um deren Titel das Literaturverzeichnis erweitert worden ist. Bei den Erläuterungen zur *Frühen Fassung* wurden jetzt durch Markierung am Seitenrand diejenigen Stellenkommentare kenntlich gemacht, die nicht den voranstehenden Erläuterungen zu *Faust I* entsprechen, sondern allein für diesen sogenannten 'Urfaust' gelten (→ dazu hier S. 830). Außerdem wurde die Orientierung über die Erläuterungen der *Paralipomena zum Faust* dadurch erleichtert, daß deren Nummern jetzt auch am Seitenrand erscheinen. Schließlich sind die Kommentare durch ein Personenregister, ein Sachregister und ein Werkregister erschlossen worden. Damit der Benutzer sie leichter handhaben könnte, wurden sie nicht dem Kommentar-Band selber angehängt, sondern ans Ende des Text-Bandes gestellt.

Ich danke den studentischen Helfern, die mir bei diesen Arbeiten hochengagiert und zunehmend sachkundig zur Hand gegangen sind: Frank Daubner, Astrid Popien und Stefanie Stockhorst, ebenso der hilfreichen Schreiberin Christa Fischer und schließlich meinen Kritikern und Ratgebern, die ich hier nicht gut einzeln bei Namen nennen kann.

Herbst 1998 Albrecht Schöne

JOHANN WOLFGANG GOETHE
SÄMTLICHE WERKE.
BRIEFE, TAGEBÜCHER UND GESPRÄCHE

I. Abteilung: Sämtliche Werke

Band 9
Romane II:
Wilhelm Meisters theatralische Sendung
Wilhelm Meisters Lehrjahre
Unterhaltungen deutscher Ausgewanderten

Band 10
Romane III: Wilhelm Meisters Wanderjahre

Band 11
Übersetzungen I: Leben des Benvenuto Cellini

Band 12
Übersetzungen II: Zur Weltliteratur/Bearbeitungen

Band 13
Sprüche in Prosa:
Maximen und Reflexionen

Band 14
Autobiographische Schriften I:
Dichtung und Wahrheit

Band 15/1 und 2
Autobiographische Schriften II:
Italienische Reise

Band 16
Autobiographische Schriften III:
Campagne in Frankreich
Belagerung von Mainz/Reiseschriften

Band 17
Autobiographische Schriften IV:
Tag- und Jahreshefte

Band 18
Ästhetische Schriften I: 1771-1805

Band 19
Ästhetische Schriften II: 1805-1815

Band 20
Ästhetische Schriften III: 1816-1820

Band 21
Ästhetische Schriften IV: 1821-1824

Band 22
Ästhetische Schriften V: 1824-1832

Band 23/1 und 2
Naturkundliche Schriften I:
Schriften zur Farbenlehre

Band 24
Naturkundliche Schriften II:
Schriften zur Morphologie

Band 25
Naturkundliche Schriften III:
Schriften zur allgemeinen Naturlehre,
Geologie und Mineralogie

Band 26
Amtliche und politische Schriften I

Band 27
Amtliche und politische Schriften II

II. Abteilung: Briefe, Tagebücher und Gespräche

Band 1 (28)
Von Frankfurt nach Weimar: Der junge Goethe
(1764-1775)

Band 2 (29)
Das erste Weimarer Jahrzehnt
(1775-1786)

Band 3 (30)
Italien – Im Schatten der Revolution
(1786-1794)

Band 4 (31)
Mit Schiller I
(1794-1799)

Band 5 (32)
Mit Schiller II
(1800-1805)

Band 6 (33)
Napoleonische Zeit I
(1805-1811)

Band 7 (34)
Napoleonische Zeit II
(1812-1816)

Band 8 (35)
Zwischen Weimar und Jena I
(1816-1819)

Band 9 (36)
Zwischen Weimar und Jena II
(1819-1822)

Band 10 (37)
Die letzten Jahre I
(1823-1828)

Band 11 (38)
Die letzten Jahre II
(1823-1832)

Band 12 (39)
J. P. Eckermann: Gespräche mit Goethe

Band 13 (40)/1 und 2
Register zur I. und II. Abteilung

DEUTSCHER
KLASSIKER
VERLAG

JOHANN WOLFGANG GOETHE
FAUST

TEXTE

HERAUSGEGEBEN
VON ALBRECHT SCHÖNE

DEUTSCHER
KLASSIKER
VERLAG

Sonderausgabe

textidentisch mit der
vierten, überarbeiteten Auflage
von Band 7/1 der Goethe-Ausgabe
des Deutschen Klassiker Verlages

Gefördert durch den Stifterverband für die Deutsche Wissenschaft

Satz: pagina GmbH, Tübingen
Druck: Nomos Verlagsgesellschaft, Baden-Baden
Printed in Germany

FAUST

TEXTE

INHALT

FAUST

EINE TRAGÖDIE

ZUEIGNUNG

Ihr naht euch wieder, schwankende Gestalten!
Die früh sich einst dem trüben Blick gezeigt.
Versuch' ich wohl euch diesmal fest zu halten?
Fühl' ich mein Herz noch jenem Wahn geneigt?
Ihr drängt euch zu! nun gut, so mögt ihr walten,
Wie ihr aus Dunst und Nebel um mich steigt;
Mein Busen fühlt sich jugendlich erschüttert
Vom Zauberhauch, der euren Zug umwittert.

Ihr bringt mit euch die Bilder froher Tage,
Und manche liebe Schatten steigen auf;
Gleich einer alten halbverklungnen Sage,
Kommt erste Lieb' und Freundschaft mit herauf;
Der Schmerz wird neu, es wiederholt die Klage
Des Lebens labyrinthisch irren Lauf,
Und nennt die Guten, die, um schöne Stunden
Vom Glück getäuscht, vor mir hinweggeschwunden.

Sie hören nicht die folgenden Gesänge,
Die Seelen, denen ich die ersten sang;
Zerstoben ist das freundliche Gedränge,
Verklungen ach! der erste Widerklang.
Mein Lied ertönt der unbekannten Menge,
Ihr Beifall selbst macht meinem Herzen bang,
Und was sich sonst an meinem Lied erfreuet,
Wenn es noch lebt, irrt in der Welt zerstreuet.

Und mich ergreift ein längst entwöhntes Sehnen
Nach jenem stillen ernsten Geisterreich,
Es schwebet nun in unbestimmten Tönen
Mein lispelnd Lied, der Äolsharfe gleich,
Ein Schauer faßt mich, Träne folgt den Tränen,
Das strenge Herz es fühlt sich mild und weich;
Was ich besitze seh' ich wie im weiten,
Und was verschwand wird mir zu Wirklichkeiten.

VORSPIEL

AUF DEM THEATER

DIREKTOR, THEATERDICHTER,
LUSTIGE PERSON

DIREKTOR
Ihr beiden, die ihr mir so oft,
In Not und Trübsal, beigestanden,
Sagt was ihr wohl in deutschen Landen
Von unsrer Unternehmung hofft?
Ich wünschte sehr der Menge zu behagen,
Besonders weil sie lebt und leben läßt.
Die Pfosten sind, die Bretter aufgeschlagen,
Und jedermann erwartet sich ein Fest.
Sie sitzen schon, mit hohen Augenbraunen,
Gelassen da und möchten gern erstaunen.
Ich weiß wie man den Geist des Volks versöhnt;
Doch so verlegen bin ich nie gewesen;
Zwar sind sie an das Beste nicht gewöhnt,
Allein sie haben schrecklich viel gelesen.
Wie machen wir's? daß alles frisch und neu
Und mit Bedeutung auch gefällig sei.
Denn freilich mag ich gern die Menge sehen,
Wenn sich der Strom nach unsrer Bude drängt,
Und mit gewaltig wiederholten Wehen
Sich durch die enge Gnadenpforte zwängt,
Bei hellem Tage, schon vor Vieren,
Mit Stößen sich bis an die Kasse ficht
Und, wie in Hungersnot um Brot an Bäckertüren,
Um ein Billet sich fast die Hälse bricht,
Dies Wunder wirkt auf so verschiedne Leute
Der Dichter nur; mein Freund, o! tu' es heute!
DICHTER
O sprich mir nicht von jener bunten Menge,
Bei deren Anblick uns der Geist entflieht.
Verhülle mir das wogende Gedränge,

Das wider Willen uns zum Strudel zieht.
Nein, führe mich zur stillen Himmelsenge,
Wo nur dem Dichter reine Freude blüht;
Wo Lieb' und Freundschaft unsres Herzens Segen
Mit Götterhand erschaffen und erpflegen.

Ach! was in tiefer Brust uns da entsprungen,
Was sich die Lippe schüchtern vorgelallt,
Mißraten jetzt und jetzt vielleicht gelungen,
Verschlingt des wilden Augenblicks Gewalt.
Oft wenn es erst durch Jahre durchgedrungen
Erscheint es in vollendeter Gestalt.
Was glänzt ist für den Augenblick geboren;
Das Echte bleibt der Nachwelt unverloren.

LUSTIGE PERSON

Wenn ich nur nichts von Nachwelt hören sollte;
Gesetzt daß ich von Nachwelt reden wollte,
Wer machte denn der Mitwelt Spaß?
Den will sie doch und soll ihn haben.
Die Gegenwart von einem braven Knaben
Ist, dächt' ich, immer auch schon was.
Wer sich behaglich mitzuteilen weiß,
Den wird des Volkes Laune nicht erbittern;
Er wünscht sich einen großen Kreis,
Um ihn gewisser zu erschüttern.
Drum seid nur brav und zeigt euch musterhaft,
Laßt Phantasie, mit allen ihren Chören,
Vernunft, Verstand, Empfindung, Leidenschaft,
Doch, merkt euch wohl! nicht ohne Narrheit hören.

DIREKTOR

Besonders aber laßt genug geschehn!
Man kommt zu schaun, man will am liebsten sehn.
Wird Vieles vor den Augen abgesponnen,
So daß die Menge staunend gaffen kann,
Da habt ihr in der Breite gleich gewonnen,
Ihr seid ein vielgeliebter Mann.
Die Masse könnt ihr nur durch Masse zwingen,

Ein jeder sucht sich endlich selbst was aus.
Wer Vieles bringt, wird manchem etwas bringen;
Und jeder geht zufrieden aus dem Haus.
Gebt ihr ein Stück, so gebt es gleich in Stücken!
Solch ein Ragout es muß euch glücken;
Leicht ist es vorgelegt, so leicht als ausgedacht.
Was hilft's, wenn ihr ein Ganzes dargebracht,
Das Publikum wird es euch doch zerpflücken.

DICHTER

Ihr fühlet nicht, wie schlecht ein solches Handwerk sei!
Wie wenig das dem echten Künstler zieme!
Der saubern Herren Pfuscherei
Ist, merk' ich, schon bei euch Maxime.

DIREKTOR

Ein solcher Vorwurf läßt mich ungekränkt;
Ein Mann, der recht zu wirken denkt,
Muß auf das beste Werkzeug halten.
Bedenkt, ihr habet weiches Holz zu spalten,
Und seht nur hin für wen ihr schreibt!
Wenn diesen Langeweile treibt,
Kommt jener satt vom übertischten Mahle,
Und, was das allerschlimmste bleibt,
Gar mancher kommt vom Lesen der Journale.
Man eilt zerstreut zu uns, wie zu den Maskenfesten,
Und Neugier nur beflügelt jeden Schritt;
Die Damen geben sich und ihren Putz zum besten
Und spielen ohne Gage mit.
Was träumet ihr auf eurer Dichter-Höhe?
Was macht ein volles Haus euch froh?
Beseht die Gönner in der Nähe!
Halb sind sie kalt, halb sind sie roh.
Der, nach dem Schauspiel, hofft ein Kartenspiel,
Der eine wilde Nacht an einer Dirne Busen.
Was plagt ihr armen Toren viel,
Zu solchem Zweck, die holden Musen?
Ich sag' euch, gebt nur mehr, und immer immer mehr,
So könnt ihr euch vom Ziele nie verirren,

Sucht nur die Menschen zu verwirren,
Sie zu befriedigen ist schwer – –
Was fällt euch an? Entzückung oder Schmerzen?

DICHTER

Geh hin und such dir einen andern Knecht!
Der Dichter sollte wohl das höchste Recht,
Das Menschenrecht, das ihm Natur vergönnt,
Um deinetwillen freventlich verscherzen!
Wodurch bewegt er alle Herzen?
Wodurch besiegt er jedes Element?
Ist es der Einklang nicht, der aus dem Busen dringt,
Und in sein Herz die Welt zurücke schlingt?
Wenn die Natur des Fadens ew'ge Länge,
Gleichgültig drehend, auf die Spindel zwingt,
Wenn aller Wesen unharmon'sche Menge
Verdrießlich durch einander klingt:
Wer teilt die fließend immer gleiche Reihe
Belebend ab, daß sie sich rhythmisch regt?
Wer ruft das Einzelne zur allgemeinen Weihe?
Wo es in herrlichen Akkorden schlägt,
Wer läßt den Sturm zu Leidenschaften wüten?
Das Abendrot im ernsten Sinne glühn?
Wer schüttet alle schönen Frühlingsblüten
Auf der Geliebten Pfade hin?
Wer flicht die unbedeutend grünen Blätter
Zum Ehrenkranz Verdiensten jeder Art?
Wer sichert den Olymp, vereinet Götter?
Des Menschen Kraft im Dichter offenbart.

LUSTIGE PERSON

So braucht sie denn die schönen Kräfte
Und treibt die dicht'rischen Geschäfte,
Wie man ein Liebesabenteuer treibt.
Zufällig naht man sich, man fühlt, man bleibt
Und nach und nach wird man verflochten;
Es wächst das Glück, dann wird es angefochten,
Man ist entzückt, nun kommt der Schmerz heran,
Und eh man sich's versieht, ist's eben ein Roman.

Laßt uns auch so ein Schauspiel geben!
Greift nur hinein in's volle Menschenleben!
Ein jeder lebt's, nicht vielen ist's bekannt,
Und wo ihr's packt, da ist's interessant.
In bunten Bildern wenig Klarheit,
Viel Irrtum und ein Fünkchen Wahrheit,
So wird der beste Trank gebraut,
Der alle Welt erquickt und auferbaut.
Dann sammelt sich der Jugend schönste Blüte
Vor eurem Spiel und lauscht der Offenbarung,
Dann sauget jedes zärtliche Gemüte
Aus eurem Werk sich melanchol'sche Nahrung;
Dann wird bald dies bald jenes aufgeregt,
Ein jeder sieht was er im Herzen trägt.
Noch sind sie gleich bereit zu weinen und zu lachen,
Sie ehren noch den Schwung, erfreuen sich am Schein;
Wer fertig ist, dem ist nichts recht zu machen;
Ein Werdender wird immer dankbar sein.

DICHTER

So gib mir auch die Zeiten wieder,
Da ich noch selbst im Werden war,
Da sich ein Quell gedrängter Lieder
Ununterbrochen neu gebar,
Da Nebel mir die Welt verhüllten,
Die Knospe Wunder noch versprach,
Da ich die tausend Blumen brach,
Die alle Täler reichlich füllten.
Ich hatte nichts und doch genug,
Den Drang nach Wahrheit und die Lust am Trug.
Gib ungebändigt jene Triebe,
Das tiefe schmerzenvolle Glück,
Des Hasses Kraft, die Macht der Liebe,
Gib meine Jugend mir zurück!

LUSTIGE PERSON

Der Jugend, guter Freund, bedarfst du allenfalls,
Wenn dich in Schlachten Feinde drängen,
Wenn mit Gewalt an deinen Hals

Sich allerliebste Mädchen hängen,
Wenn fern des schnellen Laufes Kranz
Vom schwer erreichten Ziele winket,
Wenn nach dem heft'gen Wirbeltanz
Die Nächte schmausend man vertrinket.
Doch ins bekannte Saitenspiel
Mit Mut und Anmut einzugreifen,
Nach einem selbstgesteckten Ziel
Mit holdem Irren hinzuschweifen,
Das, alte Herrn, ist eure Pflicht,
Und wir verehren euch darum nicht minder.
Das Alter macht nicht kindisch, wie man spricht,
Es findet uns nur noch als wahre Kinder.

DIREKTOR

Der Worte sind genug gewechselt,
Laßt mich auch endlich Taten sehn;
Indes ihr Komplimente drechselt,
Kann etwas nützliches geschehn.
Was hilft es viel von Stimmung reden?
Dem Zaudernden erscheint sie nie.
Gebt ihr euch einmal für Poeten,
So kommandiert die Poesie.
Euch ist bekannt, was wir bedürfen,
Wir wollen stark Getränke schlürfen;
Nun braut mir unverzüglich dran!
Was heute nicht geschieht, ist morgen nicht getan,
Und keinen Tag soll man verpassen,
Das Mögliche soll der Entschluß
Beherzt sogleich beim Schopfe fassen,
Er will es dann nicht fahren lassen,
Und wirket weiter, weil er muß.

Ihr wißt, auf unsern deutschen Bühnen
Probiert ein jeder was er mag;
Drum schonet mir an diesem Tag
Prospekte nicht und nicht Maschinen.
Gebraucht das groß' und kleine Himmelslicht,

Die Sterne dürfet ihr verschwenden;
An Wasser, Feuer, Felsenwänden,
An Tier und Vögeln fehlt es nicht.
So schreitet in dem engen Bretterhaus
Den ganzen Kreis der Schöpfung aus,
Und wandelt mit bedächt'ger Schnelle
Vom Himmel durch die Welt zur Hölle.

PROLOG

IM HIMMEL

DER HERR,
DIE HIMMLISCHEN HEERSCHAREN,
nachher MEPHISTOPHELES.

Die drei Erzengel treten vor.

RAPHAEL
Die Sonne tönt nach alter Weise
In Brudersphären Wettgesang,
Und ihre vorgeschrieb'ne Reise
Vollendet sie mit Donnergang.
Ihr Anblick gibt den Engeln Stärke,
Wenn keiner sie ergründen mag;
Die unbegreiflich hohen Werke
Sind herrlich wie am ersten Tag.
GABRIEL
Und schnell und unbegreiflich schnelle
Dreht sich umher der Erde Pracht,
Es wechselt Paradieses-Helle
Mit tiefer schauervoller Nacht;
Es schäumt das Meer in breiten Flüssen
Am tiefen Grund der Felsen auf,
Und Fels und Meer wird fortgerissen
In ewig schnellem Sphärenlauf.
MICHAEL
Und Stürme brausen um die Wette,
Vom Meer auf's Land, vom Land auf's Meer,
Und bilden wütend eine Kette
Der tiefsten Wirkung rings umher.
Da flammt ein blitzendes Verheeren
Dem Pfade vor des Donnerschlags;
Doch deine Boten, Herr, verehren
Das sanfte Wandeln deines Tags.

ZU DREI
Der Anblick gibt den Engeln Stärke
Da keiner dich ergründen mag,
Und alle deine hohen Werke
Sind herrlich wie am ersten Tag.

MEPHISTOPHELES
Da du, o Herr, dich einmal wieder nahst
Und fragst wie alles sich bei uns befinde,
Und du mich sonst gewöhnlich gerne sahst:
So siehst du mich auch unter dem Gesinde.
Verzeih, ich kann nicht hohe Worte machen,
Und wenn mich auch der ganze Kreis verhöhnt;
Mein Pathos brächte dich gewiß zum Lachen,
Hätt'st du dir nicht das Lachen abgewöhnt.
Von Sonn' und Welten weiß ich nichts zu sagen,
Ich sehe nur wie sich die Menschen plagen.
Der kleine Gott der Welt bleibt stets von gleichem Schlag,
Und ist so wunderlich als wie am ersten Tag.
Ein wenig besser würd' er leben,
Hätt'st du ihm nicht den Schein des Himmelslichts gegeben;
Er nennt's Vernunft und braucht's allein,
Nur tierischer als jedes Tier zu sein.
Er scheint mir, mit Verlaub von Ew. Gnaden,
Wie eine der langbeinigen Zikaden,
Die immer fliegt und fliegend springt
Und gleich im Gras ihr altes Liedchen singt;
Und läg' er nur noch immer in dem Grase!
In jeden Quark begräbt er seine Nase.

DER HERR
Hast du mir weiter nichts zu sagen?
Kommst du nur immer anzuklagen?
Ist auf der Erde ewig dir nichts recht?

MEPHISTOPHELES
Nein Herr! ich find' es dort, wie immer, herzlich schlecht.
Die Menschen dauern mich in ihren Jammertagen,
Ich mag sogar die armen selbst nicht plagen.

DER HERR
Kennst du den Faust?
MEPHISTOPHELES
Den Doktor?
DER HERR
Meinen Knecht!
MEPHISTOPHELES
Fürwahr! er dient euch auf besondre Weise.
Nicht irdisch ist des Toren Trank noch Speise.
Ihn treibt die Gärung in die Ferne,
Er ist sich seiner Tollheit halb bewußt;
Vom Himmel fordert er die schönsten Sterne,
Und von der Erde jede höchste Lust,
Und alle Näh' und alle Ferne
Befriedigt nicht die tiefbewegte Brust.
DER HERR
Wenn er mir jetzt auch nur verworren dient:
So werd' ich ihn bald in die Klarheit führen.
Weiß doch der Gärtner, wenn das Bäumchen grünt,
Daß Blüt' und Frucht die künft'gen Jahre zieren.
MEPHISTOPHELES
Was wettet ihr? den sollt ihr noch verlieren,
Wenn ihr mir die Erlaubnis gebt
Ihn meine Straße sacht zu führen!
DER HERR
So lang' er auf der Erde lebt,
So lange sei dir's nicht verboten.
Es irrt der Mensch so lang' er strebt.
MEPHISTOPHELES
Da dank' ich euch; denn mit den Toten
Hab' ich mich niemals gern befangen.
Am meisten lieb' ich mir die vollen frischen Wangen.
Für einen Leichnam bin ich nicht zu Haus;
Mir geht es wie der Katze mit der Maus.
DER HERR
Nun gut, es sei dir überlassen!
Zieh diesen Geist von seinem Urquell ab,

Und führ' ihn, kannst du ihn erfassen,
Auf deinem Wege mit herab,
Und steh' beschämt, wenn du bekennen mußt:
Ein guter Mensch in seinem dunkeln Drange
Ist sich des rechten Weges wohl bewußt.

MEPHISTOPHELES

Schon gut! nur dauert es nicht lange.
Mir ist für meine Wette gar nicht bange.
Wenn ich zu meinem Zweck gelange,
Erlaubt ihr mir Triumph aus voller Brust.
Staub soll er fressen, und mit Lust,
Wie meine Muhme, die berühmte Schlange.

DER HERR

Du darfst auch da nur frei erscheinen;
Ich habe deines gleichen nie gehaßt.
Von allen Geistern die verneinen
Ist mir der Schalk am wenigsten zur Last.
Des Menschen Tätigkeit kann allzuleicht erschlaffen,
Er liebt sich bald die unbedingte Ruh;
Drum geb' ich gern ihm den Gesellen zu,
Der reizt und wirkt, und muß, als Teufel, schaffen.
Doch ihr, die echten Göttersöhne,
Erfreut euch der lebendig reichen Schöne!
Das Werdende, das ewig wirkt und lebt,
Umfass' euch mit der Liebe holden Schranken,
Und was in schwankender Erscheinung schwebt,
Befestiget mit dauernden Gedanken.

Der Himmel schließt, die Erzengel verteilen sich.

MEPHISTOPHELES *allein*

Von Zeit zu Zeit seh' ich den Alten gern,
Und hüte mich mit ihm zu brechen.
Es ist gar hübsch von einem großen Herrn,
So menschlich mit dem Teufel selbst zu sprechen.

Abb. 1: Rembrandts Gelehrter
nachgestochen von Johann Heinrich Lips
für den Druck von 1790: *Faust. Ein Fragment*
(Angaben dazu im Kommentar-Band, S. 205 f.)

DER TRAGÖDIE ERSTER TEIL

NACHT

In einem hochgewölbten, engen, gotischen Zimmer FAUST *unruhig auf seinem Sessel am Pulte.*

FAUST
Habe nun, ach! Philosophie,
Juristerei und Medizin,
Und leider auch Theologie!
Durchaus studiert, mit heißem Bemühn.
Da steh' ich nun, ich armer Tor!
Und bin so klug als wie zuvor;
Heiße Magister, heiße Doktor gar,
Und ziehe schon an die zehen Jahr,
Herauf, herab und quer und krumm,
Meine Schüler an der Nase herum –
Und sehe, daß wir nichts wissen können!
Das will mir schier das Herz verbrennen.
Zwar bin ich gescheiter als alle die Laffen,
Doktoren, Magister, Schreiber und Pfaffen;
Mich plagen keine Skrupel noch Zweifel.
Fürchte mich weder vor Hölle noch Teufel –
Dafür ist mir auch alle Freud' entrissen,
Bilde mir nicht ein was rechts zu wissen,
Bilde mir nicht ein ich könnte was lehren
Die Menschen zu bessern und zu bekehren.
Auch hab' ich weder Gut noch Geld,
Noch Ehr' und Herrlichkeit der Welt,
Es möchte kein Hund so länger leben!
Drum hab' ich mich der Magie ergeben,
Ob mir, durch Geistes Kraft und Mund,
Nicht manch Geheimnis würde kund;
Daß ich nicht mehr, mit sauerm Schweiß,
Zu sagen brauche was ich nicht weiß;

Daß ich erkenne was die Welt
Im Innersten zusammenhält,
Schau' alle Wirkenskraft und Samen,
Und tu' nicht mehr in Worten kramen.

O sähst du, voller Mondenschein,
Zum letztenmal auf meine Pein,
Den ich so manche Mitternacht
An diesem Pult herangewacht:
Dann, über Büchern und Papier,
Trübsel'ger Freund, erschienst du mir!
Ach! könnt' ich doch auf Berges-Höh'n
In deinem lieben Lichte gehn,
Um Bergeshöhle mit Geistern schweben,
Auf Wiesen in deinem Dämmer weben,
Von allem Wissensqualm entladen
In deinem Tau gesund mich baden!

Weh! steck' ich in dem Kerker noch?
Verfluchtes dumpfes Mauerloch,
Wo selbst das liebe Himmelslicht
Trüb' durch gemalte Scheiben bricht!
Beschränkt von diesem Bücherhauf,
Den Würme nagen, Staub bedeckt,
Den, bis an's hohe Gewölb' hinauf,
Ein angeraucht Papier umsteckt;
Mit Gläsern, Büchsen rings umstellt,
Mit Instrumenten vollgepfropft,
Urväter Hausrat drein gestopft –
Das ist deine Welt! das heißt eine Welt!

Und fragst du noch, warum dein Herz
Sich bang' in deinem Busen klemmt?
Warum ein unerklärter Schmerz
Dir alle Lebensregung hemmt?
Statt der lebendigen Natur,
Da Gott die Menschen schuf hinein,
Umgibt in Rauch und Moder nur
Dich Tiergeripp' und Totenbein.

Flieh! Auf! Hinaus in's weite Land!
Und dies geheimnisvolle Buch,
Von Nostradamus eigner Hand,
Ist dir es nicht Geleit genug?
Erkennest dann der Sterne Lauf,
Und wenn Natur dich unterweist,
Dann geht die Seelenkraft dir auf,
Wie spricht ein Geist zum andern Geist.
Umsonst, daß trocknes Sinnen hier
Die heil'gen Zeichen dir erklärt.
Ihr schwebt, ihr Geister, neben mir;
Antwortet mir, wenn ihr mich hört!

Er schlägt das Buch auf und erblickt das Zeichen des Makrokosmus

Ha! welche Wonne fließt in diesem Blick
Auf einmal mir durch alle meine Sinnen!
Ich fühle junges heil'ges Lebensglück
Neuglühend mir durch Nerv' und Adern rinnen.
War es ein Gott, der diese Zeichen schrieb,
Die mir das inn're Toben stillen,
Das arme Herz mit Freude füllen,
Und mit geheimnisvollem Trieb
Die Kräfte der Natur rings um mich her enthüllen?
Bin ich ein Gott? Mir wird so licht!
Ich schau' in diesen reinen Zügen
Die wirkende Natur vor meiner Seele liegen.
Jetzt erst erkenn' ich was der Weise spricht:
»Die Geisterwelt ist nicht verschlossen;
Dein Sinn ist zu, dein Herz ist tot!
Auf, bade, Schüler, unverdrossen
Die ird'sche Brust im Morgenrot!«

Er beschaut das Zeichen

Wie alles sich zum Ganzen webt,
Eins in dem andern wirkt und lebt!
Wie Himmelskräfte auf und nieder steigen
Und sich die goldnen Eimer reichen!
Mit segenduftenden Schwingen

Vom Himmel durch die Erde dringen,
Harmonisch all' das All durchklingen!

Welch Schauspiel! aber ach! ein Schauspiel nur!
Wo fass' ich dich, unendliche Natur?
Euch Brüste, wo? Ihr Quellen alles Lebens,
An denen Himmel und Erde hängt,
Dahin die welke Brust sich drängt –
Ihr quellt, ihr tränkt, und schmacht' ich so vergebens?

Er schlägt unwillig das Buch um, und erblickt das Zeichen des Erdgeistes

Wie anders wirkt dies Zeichen auf mich ein!
Du, Geist der Erde, bist mir näher;
Schon fühl' ich meine Kräfte höher,
Schon glüh' ich wie von neuem Wein,
Ich fühle Mut mich in die Welt zu wagen,
Der Erde Weh, der Erde Glück zu tragen,
Mit Stürmen mich herumzuschlagen,
Und in des Schiffbruchs Knirschen nicht zu zagen;
Es wölkt sich über mir –
Der Mond verbirgt sein Licht –
Die Lampe schwindet!
Es dampft! – Es zucken rote Strahlen
Mir um das Haupt – Es weht
Ein Schauer vom Gewölb' herab
Und faßt mich an!
Ich fühl's, du schwebst um mich, erflehter Geist.
Enthülle dich!
Ha! wie's in meinem Herzen reißt!
Zu neuen Gefühlen
All' meine Sinnen sich erwühlen!
Ich fühle ganz mein Herz dir hingegeben!
Du mußt! du mußt! und kostet' es mein Leben!

Er faßt das Buch und spricht das Zeichen des Geistes geheimnisvoll aus. Es zuckt eine rötliche Flamme, DER GEIST *erscheint in der Flamme.*

GEIST
Wer ruft mir?
FAUST *abgewendet*
Schreckliches Gesicht!
GEIST
Du hast mich mächtig angezogen,
An meiner Sphäre lang' gesogen,
Und nun –
FAUST
Weh! ich ertrag' dich nicht!
GEIST
Du flehst eratmend mich zu schauen,
Meine Stimme zu hören, mein Antlitz zu sehn;
Mich neigt dein mächtig Seelenflehn,
Da bin ich! – Welch erbärmlich Grauen
Faßt Übermenschen dich! Wo ist der Seele Ruf?
Wo ist die Brust? die eine Welt in sich erschuf,
Und trug und hegte, die mit Freudebeben
Erschwoll, sich uns, den Geistern, gleich zu heben.
Wo bist du, Faust? des Stimme mir erklang,
Der sich an mich mit allen Kräften drang?
Bist Du es? der, von meinem Hauch umwittert,
In allen Lebenstiefen zittert,
Ein furchtsam weggekrümmter Wurm!
FAUST
Soll ich dir, Flammenbildung, weichen?
Ich bin's, bin Faust, bin deines gleichen!
GEIST
In Lebensfluten, im Tatensturm
Wall' ich auf und ab,
Wehe hin und her!
Geburt und Grab,
Ein ewiges Meer,
Ein wechselnd Weben,
Ein glühend Leben,
So schaff' ich am sausenden Webstuhl der Zeit,
Und wirke der Gottheit lebendiges Kleid.

FAUST
Der du die weite Welt umschweifst,
Geschäftiger Geist, wie nah fühl' ich mich dir!
GEIST
Du gleichst dem Geist den du begreifst,
Nicht mir!
Verschwindet.

FAUST *zusammenstürzend*
Nicht dir?
Wem denn?
Ich Ebenbild der Gottheit,
Und nicht einmal dir!
Es klopft.
O Tod! ich kenn's – das ist mein Famulus –
Es wird mein schönstes Glück zu nichte!
Daß diese Fülle der Gesichte
Der trockne Schleicher stören muß!

WAGNER *im Schlafrocke und der Nachtmütze, eine Lampe in der Hand. Faust wendet sich unwillig.*

WAGNER
Verzeiht! ich hör' euch deklamieren;
Ihr las't gewiß ein griechisch Trauerspiel?
In dieser Kunst möcht' ich 'was profitieren,
Denn heut zu Tage wirkt das viel.
Ich hab' es öfters rühmen hören,
Ein Komödiant könnt' einen Pfarrer lehren.
FAUST
Ja, wenn der Pfarrer ein Komödiant ist;
Wie das denn wohl zu Zeiten kommen mag.
WAGNER
Ach! wenn man so in sein Museum gebannt ist,
Und sieht die Welt kaum einen Feiertag,
Kaum durch ein Fernglas, nur von weiten,
Wie soll man sie durch Überredung leiten?
FAUST
Wenn ihr's nicht fühlt, ihr werdet's nicht erjagen,

Wenn es nicht aus der Seele dringt,
Und mit urkräftigem Behagen
Die Herzen aller Hörer zwingt.
Sitzt ihr nur immer! Leimt zusammen,
Braut ein Ragout von andrer Schmaus,
Und blas't die kümmerlichen Flammen
Aus eurem Aschenhäufchen 'raus!
Bewund'rung von Kindern und Affen,
Wenn euch darnach der Gaumen steht;
Doch werdet ihr nie Herz zu Herzen schaffen,
Wenn es euch nicht von Herzen geht.

WAGNER

Allein der Vortrag macht des Redners Glück;
Ich fühl' es wohl noch bin ich weit zurück.

FAUST

Such' Er den redlichen Gewinn!
Sei er kein schellenlauter Tor!
Es trägt Verstand und rechter Sinn
Mit wenig Kunst sich selber vor;
Und wenn's euch Ernst ist was zu sagen,
Ist's nötig Worten nachzujagen?
Ja, eure Reden, die so blinkend sind,
In denen ihr der Menschheit Schnitzel kräuselt,
Sind unerquicklich wie der Nebelwind,
Der herbstlich durch die dürren Blätter säuselt!

WAGNER

Ach Gott! die Kunst ist lang!
Und kurz ist unser Leben.
Mir wird, bei meinem kritischen Bestreben,
Doch oft um Kopf und Busen bang'.
Wie schwer sind nicht die Mittel zu erwerben,
Durch die man zu den Quellen steigt!
Und eh' man nur den halben Weg erreicht,
Muß wohl ein armer Teufel sterben.

FAUST

Das Pergament ist das der heil'ge Bronnen,
Woraus ein Trunk den Durst auf ewig stillt?

Erquickung hast du nicht gewonnen,
Wenn sie dir nicht aus eigner Seele quillt.

WAGNER

Verzeiht! es ist ein groß Ergetzen
Sich in den Geist der Zeiten zu versetzen,
Zu schauen wie vor uns ein weiser Mann gedacht,
Und wie wir's dann zuletzt so herrlich weit gebracht.

FAUST

O ja, bis an die Sterne weit!
Mein Freund, die Zeiten der Vergangenheit
Sind uns ein Buch mit sieben Siegeln;
Was ihr den Geist der Zeiten heißt,
Das ist im Grund der Herren eigner Geist,
In dem die Zeiten sich bespiegeln.
Da ist's denn wahrlich oft ein Jammer!
Man läuft euch bei dem ersten Blick davon.
Ein Kehrichtfaß und eine Rumpelkammer,
Und höchstens eine Haupt- und Staatsaktion,
Mit trefflichen pragmatischen Maximen,
Wie sie den Puppen wohl im Munde ziemen!

WAGNER

Allein die Welt! des Menschen Herz und Geist!
Möcht' jeglicher doch was davon erkennen.

FAUST

Ja was man so erkennen heißt!
Wer darf das Kind beim rechten Namen nennen?
Die wenigen, die was davon erkannt,
Die töricht g'nug ihr volles Herz nicht wahrten,
Dem Pöbel ihr Gefühl, ihr Schauen offenbarten,
Hat man von je gekreuzigt und verbrannt.
Ich bitt' euch, Freund, es ist tief in der Nacht,
Wir müssen's diesmal unterbrechen.

WAGNER

Ich hätte gern nur immer fortgewacht,
Um so gelehrt mit euch mich zu besprechen.
Doch morgen, als am ersten Ostertage,
Erlaubt mir ein' und andre Frage.

Mit Eifer hab' ich mich der Studien beflissen;
Zwar weiß ich viel, doch möcht' ich alles wissen.

Ab.

FAUST *allein*

Wie nur dem Kopf nicht alle Hoffnung schwindet,
Der immerfort an schalem Zeuge klebt,
Mit gier'ger Hand nach Schätzen gräbt,
Und froh ist wenn er Regenwürmer findet!

Darf eine solche Menschenstimme hier,
Wo Geisterfülle mich umgab, ertönen?
Doch ach! für diesmal dank' ich dir,
Dem ärmlichsten von allen Erdensöhnen.
Du rissest mich von der Verzweiflung los,
Die mir die Sinne schon zerstören wollte.
Ach! die Erscheinung war so riesen-groß,
Daß ich mich recht als Zwerg empfinden sollte.

Ich, Ebenbild der Gottheit, das sich schon
Ganz nah gedünkt dem Spiegel ew'ger Wahrheit,
Sein selbst genoß in Himmelsglanz und Klarheit,
Und abgestreift den Erdensohn;
Ich, mehr als Cherub, dessen freie Kraft
Schon durch die Adern der Natur zu fließen
Und, schaffend, Götterleben zu genießen
Sich ahnungsvoll vermaß, wie muß ich's büßen!
Ein Donnerwort hat mich hinweggerafft.

Nicht darf ich dir zu gleichen mich vermessen.
Hab' ich die Kraft dich anzuziehn besessen:
So hatt' ich dich zu halten keine Kraft.
In jenem sel'gen Augenblicke
Ich fühlte mich so klein, so groß;
Du stießest grausam mich zurücke,
Ins ungewisse Menschenlos.
Wer lehret mich? was soll ich meiden?
Soll ich gehorchen jenem Drang?
Ach! unsre Taten selbst, so gut als unsre Leiden,
Sie hemmen unsres Lebens Gang.

Dem Herrlichsten, was auch der Geist empfangen,
Drängt immer fremd und fremder Stoff sich an;
Wenn wir zum Guten dieser Welt gelangen,
Dann heißt das Bess're Trug und Wahn.
Die uns das Leben gaben, herrliche Gefühle,
Erstarren in dem irdischen Gewühle.

Wenn Phantasie sich sonst, mit kühnem Flug,
Und hoffnungsvoll zum Ewigen erweitert,
So ist ein kleiner Raum ihr nun genug,
Wenn Glück auf Glück im Zeitenstrudel scheitert.
Die Sorge nistet gleich im tiefen Herzen,
Dort wirket sie geheime Schmerzen,
Unruhig wiegt sie sich und störet Lust und Ruh;
Sie deckt sich stets mit neuen Masken zu,
Sie mag als Haus und Hof, als Weib und Kind erscheinen,
Als Feuer, Wasser, Dolch und Gift;
Du bebst vor allem was nicht trifft,
Und was du nie verlierst das mußt du stets beweinen.

Den Göttern gleich' ich nicht! Zu tief ist es gefühlt;
Dem Wurme gleich' ich, der den Staub durchwühlt;
Den, wie er sich im Staube nährend lebt,
Des Wandrers Tritt vernichtet und begräbt.

Ist es nicht Staub, was diese hohe Wand,
Aus hundert Fächern, mir verenget;
Der Trödel, der mit tausendfachem Tand
In dieser Mottenwelt mich dränget?
Hier soll ich finden was mir fehlt?
Soll ich vielleicht in tausend Büchern lesen,
Daß überall die Menschen sich gequält,
Daß hie und da ein Glücklicher gewesen? –
Was grinsest du mir hohler Schädel her?
Als daß dein Hirn, wie meines, einst verwirret,
Den leichten Tag gesucht und in der Dämmrung schwer,
Mit Lust nach Wahrheit, jämmerlich geirret.
Ihr Instrumente freilich, spottet mein,

Mit Rad und Kämmen, Walz' und Bügel.
Ich stand am Tor, ihr solltet Schlüssel sein;
Zwar euer Bart ist kraus, doch hebt ihr nicht die Riegel.
Geheimnisvoll am lichten Tag
Läßt sich Natur des Schleiers nicht berauben,
Und was sie deinem Geist nicht offenbaren mag,
Das zwingst du ihr nicht ab mit Hebeln und mit Schrauben.

Du alt Geräte das ich nicht gebraucht,
Du stehst nur hier, weil dich mein Vater brauchte.
Du alte Rolle, du wirst angeraucht,
So lang an diesem Pult die trübe Lampe schmauchte.
Weit besser hätt' ich doch mein Weniges verpraßt,
Als mit dem Wenigen belastet hier zu schwitzen!
Was du ererbt von deinen Vätern hast
Erwirb es um es zu besitzen.
Was man nicht nützt ist eine schwere Last;
Nur was der Augenblick erschafft das kann er nützen.

Doch warum heftet sich mein Blick auf jene Stelle?
Ist jenes Fläschchen dort den Augen ein Magnet?
Warum wird mir auf einmal lieblich helle,
Als wenn im nächt'gen Wald uns Mondenglanz umweht?

Ich grüße dich, du einzige Phiole!
Die ich mit Andacht nun herunterhole,
In dir verehr' ich Menschenwitz und Kunst.
Du Inbegriff der holden Schlummersäfte,
Du Auszug aller tödlich feinen Kräfte,
Erweise deinem Meister deine Gunst!
Ich sehe dich, es wird der Schmerz gelindert,
Ich fasse dich, das Streben wird gemindert,
Des Geistes Flutstrom ebbet nach und nach.
In's hohe Meer werd' ich hinausgewiesen,
Die Spiegelflut erglänzt zu meinen Füßen,
Zu neuen Ufern lockt ein neuer Tag,

Ein Feuerwagen schwebt, auf leichten Schwingen,
An mich heran! Ich fühle mich bereit

Auf neuer Bahn den Äther zu durchdringen,
Zu neuen Sphären reiner Tätigkeit.
Dies hohe Leben, diese Götterwonne!
Du, erst noch Wurm, und die verdienest du?
Ja, kehre nur der holden Erdensonne
Entschlossen deinen Rücken zu!
Vermesse dich die Pforten aufzureißen,
Vor denen jeder gern vorüber schleicht.
Hier ist es Zeit durch Taten zu beweisen,
Daß Manneswürde nicht der Götterhöhe weicht,
Vor jener dunkeln Höhle nicht zu beben,
In der sich Phantasie zu eigner Qual verdammt,
Nach jenem Durchgang hinzustreben,
Um dessen engen Mund die ganze Hölle flammt;
Zu diesem Schritt sich heiter zu entschließen
Und wär' es mit Gefahr, in's Nichts dahin zu fließen.

Nun komm herab, kristallne reine Schale!
Hervor aus deinem alten Futterale,
An die ich viele Jahre nicht gedacht.
Du glänztest bei der Väter Freudenfeste,
Erheitertest die ernsten Gäste,
Wenn einer dich dem andern zugebracht.
Der vielen Bilder künstlich reiche Pracht,
Des Trinkers Pflicht, sie reimweis zu erklären,
Auf Einen Zug die Höhlung auszuleeren,
Erinnert mich an manche Jugend-Nacht;
Ich werde jetzt dich keinem Nachbar reichen,
Ich werde meinen Witz an deiner Kunst nicht zeigen;
Hier ist ein Saft, der eilig trunken macht.
Mit brauner Flut erfüllt er deine Höhle.
Den ich bereitet, den ich wähle,
Der letzte Trunk sei nun, mit ganzer Seele,
Als festlich hoher Gruß, dem Morgen zugebracht!

Er setzt die Schale an den Mund.

Glockenklang und Chorgesang

CHOR DER ENGEL

Christ ist erstanden!
Freude dem Sterblichen,
Den die verderblichen,
Schleichenden, erblichen
Mängel umwanden.

FAUST

Welch tiefes Summen, welch ein heller Ton,
Zieht mit Gewalt das Glas von meinem Munde?
Verkündiget ihr dumpfen Glocken schon
Des Osterfestes erste Feierstunde?
Ihr Chöre singt ihr schon den tröstlichen Gesang
Der einst, um Grabes Nacht, von Engelslippen klang,
Gewißheit einem neuen Bunde?

CHOR DER WEIBER

Mit Spezereien
Hatten wir ihn gepflegt,
Wir seine Treuen
Hatten ihn hingelegt;
Tücher und Binden
Reinlich umwanden wir,
Ach! und wir finden
Christ nicht mehr hier.

CHOR DER ENGEL

Christ ist erstanden!
Selig der Liebende,
Der die betrübende,
Heilsam' und übende
Prüfung bestanden.

FAUST

Was sucht ihr, mächtig und gelind,
Ihr Himmelstöne, mich am Staube?
Klingt dort umher, wo weiche Menschen sind.
Die Botschaft hör' ich wohl, allein mir fehlt der Glaube;

Das Wunder ist des Glaubens liebstes Kind.
Zu jenen Sphären wag' ich nicht zu streben,
Woher die holde Nachricht tönt;
Und doch, an diesen Klang von Jugend auf gewöhnt,
Ruft er auch jetzt zurück mich in das Leben.
Sonst stürzte sich der Himmels-Liebe Kuß
Auf mich herab, in ernster Sabbatstille;
Da klang so ahnungsvoll des Glockentones Fülle,
Und ein Gebet war brünstiger Genuß;
Ein unbegreiflich holdes Sehnen
Trieb mich durch Wald und Wiesen hinzugehn,
Und unter tausend heißen Tränen
Fühlt' ich mir eine Welt entstehn.
Dies Lied verkündete der Jugend muntre Spiele,
Der Frühlingsfeier freies Glück;
Erinnrung hält mich nun, mit kindlichem Gefühle,
Vom letzten, ernsten Schritt zurück.
O tönet fort ihr süßen Himmelslieder!
Die Träne quillt, die Erde hat mich wieder!

CHOR DER JÜNGER

Hat der Begrabene
Schon sich nach oben,
Lebend Erhabene,
Herrlich erhoben:
Ist er in Werdelust
Schaffender Freude nah;
Ach! an der Erde Brust,
Sind wir zum Leide da.
Ließ er die Seinen
Schmachtend uns hier zurück;
Ach! wir beweinen
Meister dein Glück!

CHOR DER ENGEL

Christ ist erstanden,
Aus der Verwesung Schoß.
Reißet von Banden
Freudig euch los!

Tätig ihn preisenden,
Liebe beweisenden,
Brüderlich speisenden,
Predigend reisenden,
Wonne verheißenden
Euch ist der Meister nah',
Euch ist er da!

VOR DEM TOR

SPAZIERGÄNGER aller Art
ziehen hinaus.

EINIGE HANDWERKSBURSCHE
Warum denn dort hinaus?
ANDRE
Wir gehn hinaus auf's Jägerhaus.
DIE ERSTEN
Wir aber wollen nach der Mühle wandern.
EIN HANDWERKSBURSCH
Ich rat' euch nach dem Wasserhof zu gehn.
ZWEITER
Der Weg dahin ist gar nicht schön.
DIE ZWEITEN
Was tust denn du?
EIN DRITTER
Ich gehe mit den Andern.
VIERTER
Nach Burgdorf kommt herauf, gewiß dort findet ihr
Die schönsten Mädchen und das beste Bier,
Und Händel von der ersten Sorte.
FÜNFTER
Du überlustiger Gesell,
Juckt dich zum drittenmal das Fell?
Ich mag nicht hin, mir graut es vor dem Orte.
DIENSTMÄDCHEN
Nein, nein! ich gehe nach der Stadt zurück.
ANDRE
Wir finden ihn gewiß bei jenen Pappeln stehen.
ERSTE
Das ist für mich kein großes Glück;
Er wird an deiner Seite gehen,

Mit dir nur tanzt er auf dem Plan.
Was gehn mich deine Freuden an!

ANDRE

Heut ist er sicher nicht allein,
Der Krauskopf, sagt er, würde bei ihm sein.

SCHÜLER

Blitz, wie die wackern Dirnen schreiten!
Herr Bruder komm! wir müssen sie begleiten.
Ein starkes Bier, ein beizender Toback,
Und eine Magd im Putz das ist nun mein Geschmack.

BÜRGERMÄDCHEN

Da sieh mir nur die schönen Knaben!
Es ist wahrhaftig eine Schmach;
Gesellschaft könnten sie die allerbeste haben,
Und laufen diesen Mägden nach!

ZWEITER SCHÜLER *zum ersten*

Nicht so geschwind! dort hinten kommen zwei,
Sie sind gar niedlich angezogen,
's ist meine Nachbarin dabei;
Ich bin dem Mädchen sehr gewogen.
Sie gehen ihren stillen Schritt
Und nehmen uns doch auch am Ende mit.

ERSTER

Herr Bruder nein! Ich bin nicht gern geniert.
Geschwind! daß wir das Wildpret nicht verlieren.
Die Hand, die Samstags ihren Besen führt,
Wird Sonntags dich am besten karessieren.

BÜRGER

Nein, er gefällt mir nicht der neue Burgemeister!
Nun, da er's ist, wird er nur täglich dreister.
Und für die Stadt was tut denn er?
Wird es nicht alle Tage schlimmer?
Gehorchen soll man mehr als immer,
Und zahlen mehr als je vorher.

BETTLER *singt*

Ihr guten Herrn, ihr schönen Frauen,
So wohlgeputzt und backenrot,

Belieb' es euch mich anzuschauen,
Und seht und mildert meine Not!
Laßt hier mich nicht vergebens leiern!
Nur der ist froh, der geben mag.
Ein Tag den alle Menschen feiern,
Er sei für mich ein Erntetag.

ANDRER BÜRGER

Nichts bessers weiß ich mir an Sonn- und Feiertagen,
Als ein Gespräch von Krieg und Kriegsgeschrei,
Wenn hinten, weit, in der Türkei,
Die Völker auf einander schlagen.
Man steht am Fenster, trinkt sein Gläschen aus
Und sieht den Fluß hinab die bunten Schiffe gleiten;
Dann kehrt man Abends froh nach Haus,
Und segnet Fried' und Friedenszeiten.

DRITTER BÜRGER

Herr Nachbar, ja! so laß ich's auch geschehn,
Sie mögen sich die Köpfe spalten,
Mag alles durch einander gehn;
Doch nur zu Hause bleib's beim Alten.

ALTE *zu den Bürgermädchen*

Ei! wie geputzt! das schöne junge Blut!
Wer soll sich nicht in euch vergaffen? –
Nur nicht so stolz! Es ist schon gut!
Und was ihr wünscht das wüßt' ich wohl zu schaffen.

BÜRGERMÄDCHEN

Agathe fort! ich nehme mich in Acht
Mit solchen Hexen öffentlich zu gehen;
Sie ließ mich zwar, in Sankt Andreas Nacht,
Den künft'gen Liebsten leiblich sehen.

DIE ANDRE

Mir zeigte sie ihn im Kristall,
Soldatenhaft, mit mehreren Verwegnen;
Ich seh' mich um, ich such' ihn überall,
Allein mir will er nicht begegnen.

SOLDATEN

Burgen mit hohen
Mauern und Zinnen,

Mädchen mit stolzen
Höhnenden Sinnen
Möcht' ich gewinnen!
Kühn ist das Mühen,
Herrlich der Lohn!

Und die Trompete
Lassen wir werben,
Wie zu der Freude,
So zum Verderben.
Das ist ein Stürmen!
Das ist ein Leben!
Mädchen und Burgen
Müssen sich geben.
Kühn ist das Mühen,
Herrlich der Lohn!
Und die Soldaten
Ziehen davon.

FAUST und WAGNER.

FAUST
Vom Eise befreit sind Strom und Bäche
Durch des Frühlings holden, belebenden Blick;
Im Tale grünet Hoffnungs-Glück;
Der alte Winter, in seiner Schwäche,
Zog sich in rauhe Berge zurück.
Von dorther sendet er, fliehend, nur
Ohnmächtige Schauer körnigen Eises
In Streifen über die grünende Flur;
Aber die Sonne duldet kein Weißes,
Überall regt sich Bildung und Streben,
Alles will sie mit Farben beleben;
Doch an Blumen fehlt's im Revier,
Sie nimmt geputzte Menschen dafür.
Kehre dich um, von diesen Höhen
Nach der Stadt zurück zu sehen.
Aus dem hohlen finstren Tor
Dringt ein buntes Gewimmel hervor.
Jeder sonnt sich heute so gern.

Sie feiern die Auferstehung des Herrn,
Denn sie sind selber auferstanden,
Aus niedriger Häuser dumpfen Gemächern,
Aus Handwerks- und Gewerbes-Banden,
Aus dem Druck von Giebeln und Dächern,
Aus der Straßen quetschender Enge,
Aus der Kirchen ehrwürdiger Nacht
Sind sie alle an's Licht gebracht.
Sieh nur sieh! wie behend sich die Menge
Durch die Gärten und Felder zerschlägt,
Wie der Fluß, in Breit' und Länge,
So manchen lustigen Nachen bewegt,
Und, bis zum Sinken überladen,
Entfernt sich dieser letzte Kahn.
Selbst von des Berges fernen Pfaden
Blinken uns farbige Kleider an.
Ich höre schon des Dorfs Getümmel,
Hier ist des Volkes wahrer Himmel,
Zufrieden jauchzet groß und klein:
Hier bin ich Mensch, hier darf ich's sein.

WAGNER

Mit euch, Herr Doktor, zu spazieren
Ist ehrenvoll und ist Gewinn;
Doch würd' ich nicht allein mich her verlieren,
Weil ich ein Feind von allem Rohen bin.
Das Fiedeln, Schreien, Kegelschieben,
Ist mir ein gar verhaßter Klang;
Sie toben wie vom bösen Geist getrieben
Und nennen's Freude, nennen's Gesang.

BAUERN *unter der Linde.*
Tanz und Gesang.

Der Schäfer putzte sich zum Tanz,
Mit bunter Jacke, Band und Kranz,
Schmuck war er angezogen.
Schon um die Linde war es voll
Und alles tanzte schon wie toll.

Juchhe! Juchhe!
Juchheisa! Heisa! He!
So ging der Fiedelbogen.

Er drückte hastig sich heran,
Da stieß er an ein Mädchen an
Mit seinem Ellenbogen;
Die frische Dirne kehrt sich um
Und sagte: nun das find' ich dumm!
Juchhe! Juchhe!
Juchheisa! Heisa! He!
Seid nicht so ungezogen.

Doch hurtig in dem Kreise ging's,
Sie tanzten rechts, sie tanzten links
Und alle Röcke flogen.
Sie wurden rot, sie wurden warm
Und ruhten atmend Arm in Arm,
Juchhe! Juchhe!
Juchheisa! Heisa! He!
Und Hüft' an Ellenbogen.

Und tu' mir doch nicht so vertraut!
Wie Mancher hat nicht seine Braut
Belogen und betrogen!
Er schmeichelte sie doch bei Seit'
Und von der Linde scholl es weit:
Juchhe! Juchhe!
Juchheisa! Heisa! He!
Geschrei und Fiedelbogen.

ALTER BAUER

Herr Doktor, das ist schön von euch,
Daß ihr uns heute nicht verschmäht,
Und unter dieses Volksgedräng',
Als ein so Hochgelahrter, geht.
So nehmet auch den schönsten Krug,
Den wir mit frischem Trunk gefüllt,
Ich bring' ihn zu und wünsche laut,
Daß er nicht nur den Durst euch stillt;

Die Zahl der Tropfen, die er hegt,
Sei euren Tagen zugelegt.

FAUST
Ich nehme den Erquickungs-Trank,
Erwidr' euch allen Heil und Dank.

DAS VOLK *sammelt sich im Kreis umher.*

ALTER BAUER
Fürwahr es ist sehr wohl getan,
Daß ihr am frohen Tag erscheint;
Habt ihr es vormals doch mit uns
An bösen Tagen gut gemeint!
Gar mancher steht lebendig hier,
Den euer Vater noch zuletzt
Der heißen Fieberwut entriß,
Als er der Seuche Ziel gesetzt.
Auch damals ihr, ein junger Mann,
Ihr gingt in jedes Krankenhaus,
Gar manche Leiche trug man fort,
Ihr aber kamt gesund heraus.
Bestandet manche harte Proben;
Dem Helfer half der Helfer droben.

ALLE
Gesundheit dem bewährten Mann,
Daß er noch lange helfen kann!

FAUST
Vor jenem droben steht gebückt,
Der helfen lehrt und Hülfe schickt.

Er geht mit Wagnern weiter.

WAGNER
Welch ein Gefühl mußt du, o großer Mann!
Bei der Verehrung dieser Menge haben!
O! glücklich! wer von seinen Gaben
Solch einen Vorteil ziehen kann.
Der Vater zeigt dich seinem Knaben,
Ein jeder fragt und drängt und eilt,
Die Fiedel stockt, der Tänzer weilt.

Du gehst, in Reihen stehen sie,
Die Mützen fliegen in die Höh':
Und wenig fehlt, so beugten sich die Knie,
Als käm' das Venerabile.

FAUST

Nur wenig Schritte noch hinauf zu jenem Stein,
Hier wollen wir von unsrer Wandrung rasten.
Hier saß ich oft gedankenvoll allein
Und quälte mich mit Beten und mit Fasten.
An Hoffnung reich, im Glauben fest,
Mit Tränen, Seufzen, Händeringen
Dacht' ich das Ende jener Pest
Vom Herrn des Himmels zu erzwingen.
Der Menge Beifall tönt mir nun wie Hohn.
O könntest du in meinem Innern lesen,
Wie wenig Vater und Sohn
Solch eines Ruhmes wert gewesen!
Mein Vater war ein dunkler Ehrenmann,
Der über die Natur und ihre heil'gen Kreise,
In Redlichkeit, jedoch auf seine Weise,
Mit grillenhafter Mühe sann.
Der, in Gesellschaft von Adepten,
Sich in die schwarze Küche schloß,
Und, nach unendlichen Rezepten,
Das Widrige zusammengoß.
Da ward ein roter Leu, ein kühner Freier,
Im lauen Bad, der Lilie vermählt
Und beide dann, mit offnem Flammenfeuer,
Aus einem Brautgemach ins andere gequält.
Erschien darauf mit bunten Farben
Die junge Königin im Glas,
Hier war die Arzenei, die Patienten starben,
Und niemand fragte: wer genas?
So haben wir, mit höllischen Latwergen,
In diesen Tälern, diesen Bergen,
Weit schlimmer als die Pest getobt.
Ich habe selbst den Gift an Tausende gegeben,

Sie welkten hin, ich muß erleben
Daß man die frechen Mörder lobt.

WAGNER

Wie könnt ihr euch darum betrüben!
Tut nicht ein braver Mann genug,
Die Kunst, die man ihm übertrug,
Gewissenhaft und pünktlich auszuüben?
Wenn du, als Jüngling, deinen Vater ehrst,
So wirst du gern von ihm empfangen;
Wenn du, als Mann, die Wissenschaft vermehrst,
So kann dein Sohn zu höh'rem Ziel gelangen.

FAUST

O glücklich! wer noch hoffen kann
Aus diesem Meer des Irrtums aufzutauchen.
Was man nicht weiß das eben brauchte man,
Und was man weiß kann man nicht brauchen.
Doch laß uns dieser Stunde schönes Gut
Durch solchen Trübsinn nicht verkümmern!
Betrachte wie in Abendsonne-Glut
Die grünumgebnen Hütten schimmern.
Sie rückt und weicht, der Tag ist überlebt,
Dort eilt sie hin und fördert neues Leben.
O daß kein Flügel mich vom Boden hebt,
Ihr nach und immer nach zu streben!
Ich säh' im ewigen Abendstrahl
Die stille Welt zu meinen Füßen,
Entzündet alle Höhn, beruhigt jedes Tal,
Den Silberbach in goldne Ströme fließen.
Nicht hemmte dann den göttergleichen Lauf
Der wilde Berg mit allen seinen Schluchten;
Schon tut das Meer sich mit erwärmten Buchten
Vor den erstaunten Augen auf.
Doch scheint die Göttin endlich wegzusinken;
Allein der neue Trieb erwacht,
Ich eile fort ihr ew'ges Licht zu trinken,
Vor mir den Tag, und hinter mir die Nacht,
Den Himmel über mir und unter mir die Wellen.

Ein schöner Traum, indessen sie entweicht.
Ach! zu des Geistes Flügeln wird so leicht
Kein körperlicher Flügel sich gesellen.
Doch ist es jedem eingeboren,
Daß sein Gefühl hinauf und vorwärts dringt,
Wenn über uns, im blauen Raum verloren,
Ihr schmetternd Lied die Lerche singt;
Wenn über schroffen Fichtenhöhen
Der Adler ausgebreitet schwebt,
Und über Flächen, über Seen,
Der Kranich nach der Heimat strebt.

WAGNER

Ich hatte selbst oft grillenhafte Stunden,
Doch solchen Trieb hab' ich noch nie empfunden.
Man sieht sich leicht an Wald und Feldern satt,
Des Vogels Fittig werd' ich nie beneiden.
Wie anders tragen uns die Geistesfreuden,
Von Buch zu Buch, von Blatt zu Blatt!
Da werden Winternächte hold und schön,
Ein selig Leben wärmet alle Glieder,
Und ach! entrollst du gar ein würdig Pergamen,
So steigt der ganze Himmel zu dir nieder.

FAUST

Du bist dir nur des einen Triebs bewußt;
O lerne nie den andern kennen!
Zwei Seelen wohnen, ach! in meiner Brust,
Die eine will sich von der andern trennen;
Die eine hält, in derber Liebeslust,
Sich an die Welt, mit klammernden Organen;
Die andre hebt gewaltsam sich vom Dust
Zu den Gefilden hoher Ahnen.
O gibt es Geister in der Luft,
Die zwischen Erd' und Himmel herrschend weben,
So steiget nieder aus dem goldnen Duft
Und führt mich weg, zu neuem buntem Leben!
Ja, wäre nur ein Zaubermantel mein!
Und trüg' er mich in fremde Länder,

Mir sollt' er um die köstlichsten Gewänder,
Nicht feil um einen Königsmantel sein.

WAGNER

Berufe nicht die wohlbekannte Schar,
Die strömend sich im Dunstkreis überbreitet,
Dem Menschen tausendfältige Gefahr,
Von allen Enden her, bereitet.
Von Norden dringt der scharfe Geisterzahn
Auf dich herbei, mit pfeilgespitzten Zungen;
Von Morgen ziehn, vertrocknend, sie heran,
Und nähren sich von deinen Lungen;
Wenn sie der Mittag aus der Wüste schickt,
Die Glut auf Glut um deinen Scheitel häufen,
So bringt der West den Schwarm, der erst erquickt,
Um dich und Feld und Aue zu ersäufen.
Sie hören gern, zum Schaden froh gewandt,
Gehorchen gern, weil sie uns gern betrügen,
Sie stellen wie vom Himmel sich gesandt,
Und lispeln englisch, wenn sie lügen.
Doch gehen wir! Ergraut ist schon die Welt,
Die Luft gekühlt, der Nebel fällt!
Am Abend schätzt man erst das Haus. –
Was stehst du so und blickst erstaunt hinaus?
Was kann dich in der Dämmrung so ergreifen?

FAUST

Siehst du den schwarzen Hund durch Saat und Stoppel streifen?

WAGNER

Ich sah ihn lange schon, nicht wichtig schien er mir.

FAUST

Betracht' ihn recht! Für was hältst du das Tier?

WAGNER

Für einen Pudel, der auf seine Weise
Sich auf der Spur des Herren plagt.

FAUST

Bemerkst du, wie in weitem Schneckenkreise
Er um uns her und immer näher jagt?

Und irr' ich nicht, so zieht ein Feuerstrudel
Auf seinen Pfaden hinterdrein.

WAGNER
Ich sehe nichts als einen schwarzen Pudel;
Es mag bei euch wohl Augentäuschung sein.

FAUST
Mir scheint es, daß er magisch leise Schlingen
Zu künft'gem Band um unsre Füße zieht.

WAGNER
Ich seh' ihn ungewiß und furchtsam uns umspringen,
Weil er, statt seines Herrn, zwei Unbekannte sieht.

FAUST
Der Kreis wird eng, schon ist er nah!

WAGNER
Du siehst! ein Hund, und kein Gespenst ist da.
Er knurrt und zweifelt, legt sich auf den Bauch,
Er wedelt. Alles Hunde Brauch.

FAUST
Geselle dich zu uns! Komm hier!

WAGNER
Es ist ein pudelnärrisch Tier.
Du stehest still, er wartet auf;
Du sprichst ihn an, er strebt an dir hinauf;
Verliere was, er wird es bringen,
Nach deinem Stock ins Wasser springen.

FAUST
Du hast wohl Recht; ich finde nicht die Spur
Von einem Geist, und alles ist Dressur.

WAGNER
Dem Hunde, wenn er gut gezogen,
Wird selbst ein weiser Mann gewogen.
Ja deine Gunst verdient er ganz und gar,
Er der Studenten trefflicher Scolar.

Sie gehen in das Stadt-Tor.

STUDIERZIMMER

FAUST *mit dem* PUDEL *hereintretend*

Verlassen hab' ich Feld und Auen,
Die eine tiefe Nacht bedeckt,
Mit ahnungsvollem heil'gem Grauen
In uns die bess're Seele weckt.
Entschlafen sind nun wilde Triebe,
Mit jedem ungestümen Tun;
Es reget sich die Menschenliebe,
Die Liebe Gottes regt sich nun.

Sei ruhig Pudel! renne nicht hin und wider!
An der Schwelle was schnoberst du hier?
Lege dich hinter den Ofen nieder,
Mein bestes Kissen geb' ich dir.
Wie du draußen auf dem bergigen Wege
Durch Rennen und Springen ergetzt uns hast,
So nimm nun auch von mir die Pflege,
Als ein willkommner stiller Gast.

Ach wenn in unsrer engen Zelle
Die Lampe freundlich wieder brennt,
Dann wird's in unserm Busen helle,
Im Herzen, das sich selber kennt.
Vernunft fängt wieder an zu sprechen,
Und Hoffnung wieder an zu blühn;
Man sehnt sich nach des Lebens Bächen,
Ach! nach des Lebens Quelle hin.

Knurre nicht Pudel! Zu den heiligen Tönen,
Die jetzt meine ganze Seel' umfassen,
Will der tierische Laut nicht passen.
Wir sind gewohnt, daß die Menschen verhöhnen
Was sie nicht verstehn,

Daß sie vor dem Guten und Schönen,
Das ihnen oft beschwerlich ist, murren;
Will es der Hund, wie sie, beknurren?

Aber ach! schon fühl' ich, bei dem besten Willen,
Befriedigung nicht mehr aus dem Busen quillen.
Aber warum muß der Strom so bald versiegen,
Und wir wieder im Durste liegen?
Davon hab' ich so viel Erfahrung.
Doch dieser Mangel läßt sich ersetzen,
Wir lernen das Überirdische schätzen,
Wir sehnen uns nach Offenbarung,
Die nirgends würd'ger und schöner brennt,
Als in dem neuen Testament.
Mich drängt's den Grundtext aufzuschlagen,
Mit redlichem Gefühl einmal
Das heilige Original
In mein geliebtes Deutsch zu übertragen.

Er schlägt ein Volum auf und schickt sich an.

Geschrieben steht: »im Anfang war das Wort!«
Hier stock' ich schon! Wer hilft mir weiter fort?
Ich kann das Wort so hoch unmöglich schätzen,
Ich muß es anders übersetzen,
Wenn ich vom Geiste recht erleuchtet bin.
Geschrieben steht: im Anfang war der Sinn.
Bedenke wohl die erste Zeile,
Daß deine Feder sich nicht übereile!
Ist es der Sinn, der alles wirkt und schafft?
Es sollte stehn: im Anfang war die Kraft!
Doch, auch indem ich dieses niederschreibe,
Schon warnt mich was, daß ich dabei nicht bleibe.
Mir hilft der Geist! Auf einmal seh' ich Rat
Und schreibe getrost: im Anfang war die Tat!

Soll ich mit dir das Zimmer teilen,
Pudel, so laß das Heulen,
So laß das Bellen!

Solch einen störenden Gesellen
Mag ich nicht in der Nähe leiden.
Einer von uns beiden
Muß die Zelle meiden.
Ungern heb' ich das Gastrecht auf,
Die Tür' ist offen, hast freien Lauf.
Aber was muß ich sehen!
Kann das natürlich geschehen?
Ist es Schatten? ist's Wirklichkeit?
Wie wird mein Pudel lang und breit!
Er hebt sich mit Gewalt,
Das ist nicht eines Hundes Gestalt!
Welch ein Gespenst bracht' ich ins Haus!
Schon sieht er wie ein Nilpferd aus,
Mit feurigen Augen, schrecklichem Gebiß.
O! du bist mir gewiß!
Für solche halbe Höllenbrut
Ist Salomonis Schlüssel gut.

GEISTER *auf dem Gange*

Drinnen gefangen ist einer!
Bleibet haußen, folg' ihm keiner!
Wie im Eisen der Fuchs
Zagt ein alter Höllenluchs.
Aber gebt Acht!
Schwebet hin, schwebet wider,
Auf und nieder,
Und er hat sich losgemacht.
Könnt ihr ihm nützen,
Laßt ihn nicht sitzen!
Denn er tat uns allen
Schon viel zu Gefallen.

FAUST

Erst zu begegnen dem Tiere,
Brauch' ich den Spruch der Viere:

Salamander soll glühen,
Undene sich winden,

Silphe verschwinden,
Kobold sich mühen.

Wer sie nicht kennte
Die Elemente,
Ihre Kraft
Und Eigenschaft,
Wäre kein Meister
Über die Geister.

Verschwind' in Flammen
Salamander!
Rauschend fließe zusammen
Undene!
Leucht' in Meteoren-Schöne
Silphe!
Bring' häusliche Hülfe
INCUBUS! INCUBUS!
Tritt hervor und mache den Schluß.

Keines der Viere
Steckt in dem Tiere.
Es liegt ganz ruhig und grins't mich an;
Ich hab' ihm noch nicht weh getan.
Du sollst mich hören
Stärker beschwören.

Bist du Geselle
Ein Flüchtling der Hölle?
So sieh dies Zeichen!
Dem sie sich beugen
Die schwarzen Scharen.

Schon schwillt es auf mit borstigen Haaren.

Verworfnes Wesen!
Kannst du ihn lesen?
Den nie entspross'nen,
Unausgesprochnen,
Durch alle Himmel gegoss'nen,
Freventlich durchstochnen?

Hinter den Ofen gebannt
Schwillt es wie ein Elephant,
Den ganzen Raum füllt es an,
Es will zum Nebel zerfließen.
Steige nicht zur Decke hinan!
Lege dich zu des Meisters Füßen!
Du siehst daß ich nicht vergebens drohe.
Ich versenge dich mit heiliger Lohe!
Erwarte nicht
Das dreimal glühende Licht!
Erwarte nicht
Die stärkste von meinen Künsten!

MEPHISTOPHELES

tritt, indem der Nebel fällt, gekleidet wie ein fahrender Scholastikus, hinter dem Ofen hervor.

Wozu der Lärm? was steht dem Herrn zu Diensten?

FAUST

Das also war des Pudels Kern!
Ein fahrender Scolast? Der Casus macht mich lachen.

MEPHISTOPHELES

Ich salutiere den gelehrten Herrn!
Ihr habt mich weidlich schwitzen machen.

FAUST

Wie nennst du dich?

MEPHISTOPHELES

Die Frage scheint mir klein
Für einen der das Wort so sehr verachtet,
Der, weit entfernt von allem Schein,
Nur in der Wesen Tiefe trachtet.

FAUST

Bei euch, ihr Herrn, kann man das Wesen
Gewöhnlich aus dem Namen lesen,
Wo es sich allzudeutlich weis't,
Wenn man euch Fliegengott, Verderber, Lügner heißt.
Nun gut wer bist du denn?

MEPHISTOPHELES

Ein Teil von jener Kraft,
Die stets das Böse will und stets das Gute schafft.

FAUST
Was ist mit diesem Rätselwort gemeint?
MEPHISTOPHELES
Ich bin der Geist der stets verneint!
Und das mit Recht; denn alles was entsteht
Ist wert daß es zu Grunde geht;
Drum besser wär's daß nichts entstünde.
So ist denn alles was ihr Sünde,
Zerstörung, kurz das Böse nennt,
Mein eigentliches Element.
FAUST
Du nennst dich einen Teil, und stehst doch ganz vor mir?
MEPHISTOPHELES
Bescheidne Wahrheit sprech' ich dir.
Wenn sich der Mensch, die kleine Narrenwelt,
Gewöhnlich für ein Ganzes hält:
Ich bin ein Teil des Teils, der Anfangs alles war,
Ein Teil der Finsternis, die sich das Licht gebar,
Das stolze Licht, das nun der Mutter Nacht
Den alten Rang, den Raum ihr streitig macht,
Und doch gelingt's ihm nicht, da es, so viel es strebt,
Verhaftet an den Körpern klebt.
Von Körpern strömt's, die Körper macht es schön,
Ein Körper hemmt's auf seinem Gange,
So, hoff' ich, dauert es nicht lange
Und mit den Körpern wird's zu Grunde gehn.
FAUST
Nun kenn' ich deine würd'gen Pflichten!
Du kannst im Großen nichts vernichten
Und fängst es nun im Kleinen an.
MEPHISTOPHELES
Und freilich ist nicht viel damit getan.
Was sich dem Nichts entgegenstellt,
Das Etwas, diese plumpe Welt,
So viel als ich schon unternommen,
Ich wußte nicht ihr beizukommen,
Mit Wellen, Stürmen, Schütteln, Brand,

Geruhig bleibt am Ende Meer und Land!
Und dem verdammten Zeug, der Tier- und Menschenbrut,
Dem ist nun gar nichts anzuhaben.
Wie viele hab' ich schon begraben!
Und immer zirkuliert ein neues, frisches Blut.
So geht es fort, man möchte rasend werden!
Der Luft, dem Wasser, wie der Erden
Entwinden tausend Keime sich,
Im Trocknen, Feuchten, Warmen, Kalten!
Hätt' ich mir nicht die Flamme vorbehalten:
Ich hätte nichts Apart's für mich.

FAUST

So setzest du der ewig regen,
Der heilsam schaffenden Gewalt
Die kalte Teufelsfaust entgegen,
Die sich vergebens tückisch ballt!
Was anders suche zu beginnen
Des Chaos wunderlicher Sohn!

MEPHISTOPHELES

Wir wollen wirklich uns besinnen,
Die nächstenmale mehr davon!
Dürft' ich wohl diesmal mich entfernen?

FAUST

Ich sehe nicht warum du fragst.
Ich habe jetzt dich kennen lernen,
Besuche nun mich wie du magst.
Hier ist das Fenster, hier die Türe,
Ein Rauchfang ist dir auch gewiß.

MEPHISTOPHELES

Gesteh' ich's nur! Daß ich hinausspaziere
Verbietet mir ein kleines Hindernis,
Der Drudenfuß auf eurer Schwelle –

FAUST

Das Pentagramma macht dir Pein?
Ei sage mir, du Sohn der Hölle,
Wenn das dich bannt, wie kamst du denn herein?
Wie ward ein solcher Geist betrogen?

MEPHISTOPHELES
Beschaut es recht! es ist nicht gut gezogen;
Der eine Winkel, der nach außenzu,
Ist, wie du siehst, ein wenig offen.
FAUST
Das hat der Zufall gut getroffen!
Und mein Gefangner wärst denn du?
Das ist von ohngefähr gelungen!
MEPHISTOPHELES
Der Pudel merkte nichts als er hereingesprungen,
Die Sache sieht jetzt anders aus;
Der Teufel kann nicht aus dem Haus.
FAUST
Doch warum gehst du nicht durch's Fenster?
MEPHISTOPHELES
's ist ein Gesetz der Teufel und Gespenster:
Wo sie hereingeschlüpft, da müssen sie hinaus.
Das erste steht uns frei, bei'm zweiten sind wir Knechte.
FAUST
Die Hölle selbst hat ihre Rechte?
Das find' ich gut, da ließe sich ein Pakt,
Und sicher wohl, mit euch ihr Herren schließen?
MEPHISTOPHELES
Was man verspricht, das sollst du rein genießen,
Dir wird davon nichts abgezwackt.
Doch das ist nicht so kurz zu fassen,
Und wir besprechen das zunächst;
Doch jetzo bitt' ich, hoch und höchst,
Für diesesmal mich zu entlassen.
FAUST
So bleibe doch noch einen Augenblick,
Um mir erst gute Mär zu sagen.
MEPHISTOPHELES
Jetzt laß mich los! ich komme bald zurück;
Dann magst du nach Belieben fragen.
FAUST
Ich habe dir nicht nachgestellt,

Bist du doch selbst ins Garn gegangen.
Den Teufel halte wer ihn hält!
Er wird ihn nicht sobald zum zweitenmale fangen.

MEPHISTOPHELES
Wenn dir's beliebt, so bin ich auch bereit
Dir zur Gesellschaft hier zu bleiben;
Doch mit Bedingnis, dir die Zeit,
Durch meine Künste, würdig zu vertreiben.

FAUST
Ich seh' es gern, das steht dir frei;
Nur daß die Kunst gefällig sei!

MEPHISTOPHELES
Du wirst, mein Freund, für deine Sinnen,
In dieser Stunde mehr gewinnen,
Als in des Jahres Einerlei.
Was dir die zarten Geister singen,
Die schönen Bilder die sie bringen,
Sind nicht ein leeres Zauberspiel.
Auch dein Geruch wird sich ergetzen,
Dann wirst du deinen Gaumen letzen,
Und dann entzückt sich dein Gefühl.
Bereitung braucht es nicht voran,
Beisammen sind wir, fanget an!

GEISTER
Schwindet, ihr dunkeln
Wölbungen droben!
Reizender schaue
Freundlich der blaue
Äther herein!
Wären die dunkeln
Wolken zerronnen!
Sternelein funkeln,
Mildere Sonnen
Scheinen darein.
Himmlischer Söhne
Geistige Schöne,
Schwankende Beugung

Schwebet vorüber.
Sehnende Neigung
Folget hinüber;
Und der Gewänder
Flatternde Bänder
Decken die Länder,
Decken die Laube,
Wo sich für's Leben,
Tief in Gedanken,
Liebende geben.
Laube bei Laube!
Sprossende Ranken!
Lastende Traube
Stürzt in's Behälter
Drängender Kelter,
Stürzen in Bächen
Schäumende Weine,
Rieseln durch reine,
Edle Gesteine,
Lassen die Höhen
Hinter sich liegen,
Breiten zu Seen
Sich um's Genügen
Grünender Hügel.
Und das Geflügel
Schlürfet sich Wonne,
Flieget der Sonne,
Flieget den hellen
Inseln entgegen,
Die sich auf Wellen
Gauklend bewegen;
Wo wir in Chören
Jauchzende hören,
Über den Auen
Tanzende schauen,
Die sich im Freien
Alle zerstreuen.

Einige klimmen
Über die Höhen,
Andere schwimmen
Über die Seen,
Andere schweben;
Alle zum Leben,
Alle zur Ferne
Liebender Sterne
Seliger Huld.

MEPHISTOPHELES
Er schläft! So recht, ihr luft'gen zarten Jungen!
Ihr habt ihn treulich eingesungen!
Für dies Konzert bin ich in eurer Schuld.
Du bist noch nicht der Mann den Teufel fest zu halten!
Umgaukelt ihn mit süßen Traumgestalten,
Versenkt ihn in ein Meer des Wahns;
Doch dieser Schwelle Zauber zu zerspalten
Bedarf ich eines Rattenzahns.
Nicht lange brauch' ich zu beschwören,
Schon raschelt eine hier und wird sogleich mich hören.

Der Herr der Ratten und der Mäuse,
Der Fliegen, Frösche, Wanzen, Läuse,
Befiehlt dir dich hervor zu wagen
Und diese Schwelle zu benagen,
So wie er sie mit Öl betupft –
Da kommst du schon hervorgehupft!
Nur frisch ans Werk! Die Spitze, die mich bannte,
Sie sitzt ganz vornen an der Kante.
Noch einen Biß, so ist's geschehn. –
Nun, Fauste, träume fort, bis wir uns wiedersehn.

FAUST *erwachend*
Bin ich denn abermals betrogen?
Verschwindet so der geisterreiche Drang,
Daß mir ein Traum den Teufel vorgelogen,
Und daß ein Pudel mir entsprang?

STUDIERZIMMER

FAUST. MEPHISTOPHELES.

FAUST
Es klopft? Herein! Wer will mich wieder plagen?
MEPHISTOPHELES
Ich bin's.
FAUST
Herein!
MEPHISTOPHELES
Du mußt es dreimal sagen.
FAUST
Herein denn!
MEPHISTOPHELES
So gefällst du mir.
Wir werden, hoff' ich, uns vertragen;
Denn dir die Grillen zu verjagen
Bin ich, als edler Junker, hier,
In rotem goldverbrämtem Kleide,
Das Mäntelchen von starrer Seide,
Die Hahnenfeder auf dem Hut,
Mit einem langen, spitzen Degen,
Und rate nun dir, kurz und gut,
Dergleichen gleichfalls anzulegen;
Damit du, losgebunden, frei,
Erfahrest was das Leben sei.
FAUST
In jedem Kleide werd' ich wohl die Pein
Des engen Erdelebens fühlen.
Ich bin zu alt, um nur zu spielen,
Zu jung, um ohne Wunsch zu sein.
Was kann die Welt mir wohl gewähren?
Entbehren sollst du! sollst entbehren!

Das ist der ewige Gesang,
Der jedem an die Ohren klingt,
Den, unser ganzes Leben lang,
Uns heiser jede Stunde singt.
Nur mit Entsetzen wach' ich Morgens auf,
Ich möchte bittre Tränen weinen,
Den Tag zu sehn, der mir in seinem Lauf
Nicht Einen Wunsch erfüllen wird, nicht Einen,
Der selbst die Ahnung jeder Lust
Mit eigensinnigem Krittel mindert,
Die Schöpfung meiner regen Brust
Mit tausend Lebensfratzen hindert.
Auch muß ich, wenn die Nacht sich niedersenkt,
Mich ängstlich auf das Lager strecken;
Auch da wird keine Rast geschenkt,
Mich werden wilde Träume schrecken.
Der Gott, der mir im Busen wohnt,
Kann tief mein Innerstes erregen;
Der über allen meinen Kräften thront,
Er kann nach außen nichts bewegen;
Und so ist mir das Dasein eine Last,
Der Tod erwünscht, das Leben mir verhaßt.

MEPHISTOPHELES

Und doch ist nie der Tod ein ganz willkommner Gast.

FAUST

O selig der, dem er im Siegesglanze
Die blut'gen Lorbeer'n um die Schläfe windet,
Den er, nach rasch durchras'tem Tanze,
In eines Mädchens Armen findet.
O wär' ich vor des hohen Geistes Kraft
Entzückt, entseelt dahin gesunken!

MEPHISTOPHELES

Und doch hat Jemand einen braunen Saft,
In jener Nacht, nicht ausgetrunken.

FAUST

Das Spionieren, scheint's, ist deine Lust.

MEPHISTOPHELES

Allwissend bin ich nicht; doch viel ist mir bewußt.

FAUST
Wenn aus dem schrecklichen Gewühle
Ein süß bekannter Ton mich zog,
Den Rest von kindlichem Gefühle
Mit Anklang froher Zeit betrog:
So fluch' ich allem was die Seele
Mit Lock- und Gaukelwerk umspannt,
Und sie in diese Trauerhöhle
Mit Blend- und Schmeichelkräften bannt!
Verflucht voraus die hohe Meinung,
Womit der Geist sich selbst umfängt!
Verflucht das Blenden der Erscheinung,
Die sich an unsre Sinne drängt!
Verflucht was uns in Träumen heuchelt,
Des Ruhms, der Namensdauer Trug!
Verflucht was als Besitz uns schmeichelt,
Als Weib und Kind, als Knecht und Pflug!
Verflucht sei Mammon, wenn mit Schätzen
Er uns zu kühnen Taten regt,
Wenn er zu müßigem Ergetzen
Die Polster uns zurechte legt!
Fluch sei dem Balsamsaft der Trauben!
Fluch jener höchsten Liebeshuld!
Fluch sei der Hoffnung! Fluch dem Glauben,
Und Fluch vor allen der Geduld!

GEISTER-CHOR *unsichtbar*
Weh! weh!
Du hast sie zerstört,
Die schöne Welt,
Mit mächtiger Faust;
Sie stürzt, sie zerfällt!
Ein Halbgott hat sie zerschlagen!
Wir tragen
Die Trümmern in's Nichts hinüber,
Und klagen
Über die verlorne Schöne.
Mächtiger

Der Erdensöhne,
Prächtiger
Baue sie wieder,
In deinem Busen baue sie auf!
Neuen Lebenslauf
Beginne,
Mit hellem Sinne,
Und neue Lieder
Tönen darauf!

MEPHISTOPHELES

Dies sind die kleinen
Von den Meinen.
Höre, wie zu Lust und Taten
Altklug sie raten!
In die Welt weit,
Aus der Einsamkeit,
Wo Sinnen und Säfte stocken,
Wollen sie dich locken.

Hör' auf mit deinem Gram zu spielen,
Der, wie ein Geier, dir am Leben frißt;
Die schlechteste Gesellschaft läßt dich fühlen,
Daß du ein Mensch mit Menschen bist.
Doch so ist's nicht gemeint
Dich unter das Pack zu stoßen.
Ich bin keiner von den Großen;
Doch willst du, mit mir vereint,
Deine Schritte durch's Leben nehmen,
So will ich mich gern bequemen
Dein zu sein, auf der Stelle.
Ich bin dein Geselle
Und, mach' ich dir's recht,
Bin ich dein Diener, bin dein Knecht!

FAUST

Und was soll ich dagegen dir erfüllen?

MEPHISTOPHELES

Dazu hast du noch eine lange Frist.

FAUST
Nein, nein! der Teufel ist ein Egoist
Und tut nicht leicht um Gottes Willen
Was einem Andern nützlich ist.
Sprich die Bedingung deutlich aus;
Ein solcher Diener bringt Gefahr in's Haus.
MEPHISTOPHELES
Ich will mich hier zu deinem Dienst verbinden,
Auf deinen Wink nicht rasten und nicht ruhn;
Wenn wir uns drüben wieder finden,
So sollst du mir das Gleiche tun.
FAUST
Das Drüben kann mich wenig kümmern,
Schlägst du erst diese Welt zu Trümmern,
Die andre mag darnach entstehn.
Aus dieser Erde quillen meine Freuden,
Und diese Sonne scheinet meinen Leiden;
Kann ich mich erst von ihnen scheiden,
Dann mag was will und kann geschehn.
Davon will ich nichts weiter hören,
Ob man auch künftig haßt und liebt,
Und ob es auch in jenen Sphären
Ein Oben oder Unten gibt.
MEPHISTOPHELES
In diesem Sinne kannst du's wagen.
Verbinde dich; du sollst, in diesen Tagen,
Mit Freuden meine Künste sehn,
Ich gebe dir was noch kein Mensch gesehn.
FAUST
Was willst du armer Teufel geben?
Ward eines Menschen Geist, in seinem hohen Streben,
Von deines Gleichen je gefaßt?
Doch hast du Speise die nicht sättigt, hast
Du rotes Gold, das ohne Rast,
Quecksilber gleich, dir in der Hand zerrinnt,
Ein Spiel, bei dem man nie gewinnt,
Ein Mädchen, das an meiner Brust

Mit Äugeln schon dem Nachbar sich verbindet,
Der Ehre schöne Götterlust,
Die, wie ein Meteor, verschwindet.
Zeig mir die Frucht die fault, eh' man sie bricht,
Und Bäume die sich täglich neu begrünen!

MEPHISTOPHELES

Ein solcher Auftrag schreckt mich nicht,
Mit solchen Schätzen kann ich dienen.
Doch, guter Freund, die Zeit kommt auch heran
Wo wir was Gut's in Ruhe schmausen mögen.

FAUST

Werd' ich beruhigt je mich auf ein Faulbett legen:
So sei es gleich um mich getan!
Kannst du mich schmeichelnd je belügen,
Daß ich mir selbst gefallen mag,
Kannst du mich mit Genuß betrügen:
Das sei für mich der letzte Tag!
Die Wette biet' ich!

MEPHISTOPHELES

Topp!

FAUST

Und Schlag auf Schlag!
Werd' ich zum Augenblicke sagen:
Verweile doch! du bist so schön!
Dann magst du mich in Fesseln schlagen,
Dann will ich gern zu Grunde gehn!
Dann mag die Totenglocke schallen,
Dann bist du deines Dienstes frei,
Die Uhr mag stehn, der Zeiger fallen,
Es sei die Zeit für mich vorbei!

MEPHISTOPHELES

Bedenk' es wohl, wir werden's nicht vergessen.

FAUST

Dazu hast du ein volles Recht;
Ich habe mich nicht freventlich vermessen.
Wie ich beharre bin ich Knecht,
Ob dein, was frag' ich, oder wessen.

MEPHISTOPHELES
Ich werde heute gleich, bei'm Doktorschmaus,
Als Diener, meine Pflicht erfüllen.
Nur eins! – Um Lebens oder Sterbens willen,
Bitt' ich mir ein Paar Zeilen aus.
FAUST
Auch was geschriebnes forderst du Pedant?
Hast du noch keinen Mann, nicht Mannes-Wort gekannt?
Ist's nicht genug, daß mein gesprochnes Wort
Auf ewig soll mit meinen Tagen schalten?
Ras't nicht die Welt in allen Strömen fort,
Und mich soll ein Versprechen halten?
Doch dieser Wahn ist uns in's Herz gelegt,
Wer mag sich gern davon befreien?
Beglückt wer Treue rein im Busen trägt,
Kein Opfer wird ihn je gereuen!
Allein ein Pergament, beschrieben und beprägt,
Ist ein Gespenst vor dem sich Alle scheuen.
Das Wort erstirbt schon in der Feder,
Die Herrschaft führen Wachs und Leder.
Was willst du böser Geist von mir?
Erz, Marmor, Pergament, Papier?
Soll ich mit Griffel, Meißel, Feder schreiben?
Ich gebe jede Wahl dir frei.
MEPHISTOPHELES
Wie magst du deine Rednerei
Nur gleich so hitzig übertreiben?
Ist doch ein jedes Blättchen gut.
Du unterzeichnest dich mit einem Tröpfchen Blut.
FAUST
Wenn dies dir völlig G'nüge tut,
So mag es bei der Fratze bleiben.
MEPHISTOPHELES
Blut ist ein ganz besondrer Saft.
FAUST
Nur keine Furcht, daß ich dies Bündnis breche!
Das Streben meiner ganzen Kraft

Ist g'rade das was ich verspreche.
Ich habe mich zu hoch gebläht;
In deinen Rang gehör' ich nur.
Der große Geist hat mich verschmäht,
Vor mir verschließt sich die Natur.
Des Denkens Faden ist zerrissen,
Mir ekelt lange vor allem Wissen.
Laß in den Tiefen der Sinnlichkeit
Uns glühende Leidenschaften stillen!
In undurchdrungnen Zauberhüllen
Sei jedes Wunder gleich bereit!
Stürzen wir uns in das Rauschen der Zeit,
Ins Rollen der Begebenheit!
Da mag denn Schmerz und Genuß,
Gelingen und Verdruß,
Mit einander wechseln wie es kann;
Nur rastlos betätigt sich der Mann.

MEPHISTOPHELES

Euch ist kein Maß und Ziel gesetzt.
Beliebt's euch überall zu naschen,
Im Fliehen etwas zu erhaschen,
Bekomm euch wohl was euch ergetzt.
Nur greift mir zu und seid nicht blöde!

FAUST

Du hörest ja, von Freud' ist nicht die Rede.
Dem Taumel weih' ich mich, dem schmerzlichsten Genuß,
Verliebtem Haß, erquickendem Verdruß.
Mein Busen, der vom Wissensdrang geheilt ist,
Soll keinen Schmerzen künftig sich verschließen,
Und was der ganzen Menschheit zugeteilt ist,
Will ich in meinem innern Selbst genießen,
Mit meinem Geist das Höchst' und Tiefste greifen,
Ihr Wohl und Weh auf meinen Busen häufen,
Und so mein eigen Selbst zu ihrem Selbst erweitern,
Und, wie sie selbst, am End' auch ich zerscheitern.

MEPHISTOPHELES

O glaube mir, der manche tausend Jahre

An dieser harten Speise kaut,
Daß von der Wiege bis zur Bahre
Kein Mensch den alten Sauerteig verdaut!
Glaub' unser einem, dieses Ganze
Ist nur für einen Gott gemacht!
Er findet sich in einem ew'gen Glanze,
Uns hat er in die Finsternis gebracht,
Und euch taugt einzig Tag und Nacht.

FAUST

Allein ich will!

MEPHISTOPHELES

Das läßt sich hören!
Doch nur vor Einem ist mir bang':
Die Zeit ist kurz, die Kunst ist lang.
Ich dächt', ihr ließet euch belehren.
Assoziiert euch mit einem Poeten,
Laßt den Herrn in Gedanken schweifen,
Und alle edlen Qualitäten
Auf euren Ehren-Scheitel häufen,
Des Löwen Mut,
Des Hirsches Schnelligkeit,
Des Italieners feurig Blut,
Des Nordens Dau'rbarkeit.
Laßt ihn euch das Geheimnis finden,
Großmut und Arglist zu verbinden,
Und euch, mit warmen Jugendtrieben,
Nach einem Plane, zu verlieben.
Möchte selbst solch einen Herren kennen,
Würd' ihn Herrn Mikrokosmus nennen.

FAUST

Was bin ich denn, wenn es nicht möglich ist
Der Menschheit Krone zu erringen,
Nach der sich alle Sinne dringen?

MEPHISTOPHELES

Du bist am Ende – was du bist.
Setz' dir Perücken auf von Millionen Locken,
Setz' deinen Fuß auf ellenhohe Socken,
Du bleibst doch immer was du bist.

FAUST

Ich fühl's, vergebens hab' ich alle Schätze
Des Menschengeist's auf mich herbeigerafft,
Und wenn ich mich am Ende niedersetze,
Quillt innerlich doch keine neue Kraft;
Ich bin nicht um ein Haar breit höher,
Bin dem Unendlichen nicht näher.

MEPHISTOPHELES

Mein guter Herr, ihr seht die Sachen,
Wie man die Sachen eben sieht;
Wir müssen das gescheiter machen,
Eh' uns des Lebens Freude flieht.
Was Henker! freilich Händ' und Füße
Und Kopf und H[intern] die sind dein;
Doch alles, was ich frisch genieße,
Ist das drum weniger mein?
Wenn ich sechs Hengste zahlen kann,
Sind ihre Kräfte nicht die meine?
Ich renne zu und bin ein rechter Mann,
Als hätt' ich vier und zwanzig Beine.
Drum frisch! Laß alles Sinnen sein,
Und g'rad' mit in die Welt hinein!
Ich sag' es dir: ein Kerl, der spekuliert,
Ist wie ein Tier, auf dürrer Heide
Von einem bösen Geist im Kreis herum geführt,
Und rings umher liegt schöne grüne Weide.

FAUST

Wie fangen wir das an?

MEPHISTOPHELES

Wir gehen eben fort.
Was ist das für ein Marterort?
Was heißt das für ein Leben führen,
Sich und die Jungens ennuyieren?
Laß du das dem Herrn Nachbar Wanst!
Was willst du dich das Stroh zu dreschen plagen?
Das Beste, was du wissen kannst,
Darfst du den Buben doch nicht sagen.
Gleich hör' ich einen auf dem Gange!

FAUST
Mir ist's nicht möglich ihn zu sehn.
MEPHISTOPHELES
Der arme Knabe wartet lange,
Der darf nicht ungetröstet gehn.
Komm, gib mir deinen Rock und Mütze;
Die Maske muß mir köstlich stehn.
Er kleidet sich um.
Nun überlaß es meinem Witze!
Ich brauche nur ein Viertelstündchen Zeit;
Indessen mache dich zur schönen Fahrt bereit!
FAUST *ab.*

MEPHISTOPHELES *in Faust's langem Kleide*
Verachte nur Vernunft und Wissenschaft,
Des Menschen allerhöchste Kraft,
Laß nur in Blend- und Zauberwerken
Dich von dem Lügengeist bestärken,
So hab' ich dich schon unbedingt –
Ihm hat das Schicksal einen Geist gegeben,
Der ungebändigt immer vorwärts dringt,
Und dessen übereiltes Streben
Der Erde Freuden überspringt.
Den schlepp' ich durch das wilde Leben,
Durch flache Unbedeutenheit,
Er soll mir zappeln, starren, kleben,
Und seiner Unersättlichkeit
Soll Speis' und Trank vor gier'gen Lippen schweben;
Er wird Erquickung sich umsonst erflehn,
Und hätt' er sich auch nicht dem Teufel übergeben,
Er müßte doch zu Grunde gehn!

EIN SCHÜLER *tritt auf.*

SCHÜLER
Ich bin allhier erst kurze Zeit,
Und komme voll Ergebenheit,
Einen Mann zu sprechen und zu kennen,
Den Alle mir mit Ehrfurcht nennen.

MEPHISTOPHELES
Eure Höflichkeit erfreut mich sehr!
Ihr seht einen Mann wie andre mehr.
Habt ihr euch sonst schon umgetan?
SCHÜLER
Ich bitt' euch, nehmt euch meiner an!
Ich komme mit allem guten Mut,
Leidlichem Geld und frischem Blut;
Meine Mutter wollte mich kaum entfernen;
Möchte gern' was rechts hieraußen lernen.
MEPHISTOPHELES
Da seid ihr eben recht am Ort.
SCHÜLER
Aufrichtig, möchte schon wieder fort:
In diesen Mauern, diesen Hallen,
Will es mir keineswegs gefallen.
Es ist ein gar beschränkter Raum,
Man sieht nichts Grünes, keinen Baum,
Und in den Sälen, auf den Bänken,
Vergeht mir Hören, Seh'n und Denken.
MEPHISTOPHELES
Das kommt nur auf Gewohnheit an.
So nimmt ein Kind der Mutter Brust
Nicht gleich im Anfang willig an,
Doch bald ernährt es sich mit Lust.
So wird's euch an der Weisheit Brüsten
Mit jedem Tage mehr gelüsten.
SCHÜLER
An ihrem Hals will ich mit Freuden hangen;
Doch sagt mir nur, wie kann ich hingelangen?
MEPHISTOPHELES
Erklärt euch, eh' ihr weiter geht,
Was wählt ihr für eine Fakultät?
SCHÜLER
Ich wünschte recht gelehrt zu werden,
Und möchte gern was auf der Erden
Und in dem Himmel ist erfassen,
Die Wissenschaft und die Natur.

MEPHISTOPHELES
Da seid ihr auf der rechten Spur;
Doch müßt ihr euch nicht zerstreuen lassen.
SCHÜLER
Ich bin dabei mit Seel' und Leib;
Doch freilich würde mir behagen
Ein wenig Freiheit und Zeitvertreib
An schönen Sommerfeiertagen.
MEPHISTOPHELES
Gebraucht der Zeit, sie geht so schnell von hinnen,
Doch Ordnung lehrt euch Zeit gewinnen.
Mein teurer Freund, ich rat' euch drum
Zuerst Collegium Logicum.
Da wird der Geist euch wohl dressiert,
In spanische Stiefeln eingeschnürt,
Daß er bedächtiger so fort an
Hinschleiche die Gedankenbahn,
Und nicht etwa, die Kreuz' und Quer,
Irrlichteliere hin und her.
Dann lehret man euch manchen Tag,
Daß, was ihr sonst auf einen Schlag
Getrieben, wie Essen und Trinken frei,
Eins! Zwei! Drei! dazu nötig sei.
Zwar ist's mit der Gedanken-Fabrik
Wie mit einem Weber-Meisterstück,
Wo Ein Tritt tausend Fäden regt,
Die Schifflein herüber hinüber schießen,
Die Fäden ungesehen fließen,
Ein Schlag tausend Verbindungen schlägt:
Der Philosoph der tritt herein,
Und beweist euch, es müßt' so sein:
Das Erst' wär' so, das Zweite so,
Und drum das Dritt' und Vierte so;
Und wenn das Erst' und Zweit' nicht wär',
Das Dritt' und Viert' wär' nimmermehr.
Das preisen die Schüler aller Orten,
Sind aber keine Weber geworden.

Wer will was lebendig's erkennen und beschreiben,
Sucht erst den Geist heraus zu treiben,
Dann hat er die Teile in seiner Hand,
Fehlt leider! nur das geistige Band.
ENCHEIRESIN NATURAE nennt's die Chemie,
Spottet ihrer selbst und weiß nicht wie.

SCHÜLER

Kann euch nicht eben ganz verstehen.

MEPHISTOPHELES

Das wird nächstens schon besser gehen,
Wenn ihr lernt alles reduzieren
Und gehörig klassifizieren.

SCHÜLER

Mir wird von alle dem so dumm,
Als ging' mir ein Mühlrad im Kopf herum.

MEPHISTOPHELES

Nachher, vor allen andern Sachen
Müßt ihr euch an die Metaphysik machen!
Da seht daß ihr tiefsinnig faßt,
Was in des Menschen Hirn nicht paßt;
Für was drein geht und nicht drein geht,
Ein prächtig Wort zu Diensten steht.
Doch vorerst dieses halbe Jahr
Nehmt ja der besten Ordnung wahr.
Fünf Stunden habt ihr jeden Tag;
Seid drinnen mit dem Glockenschlag!
Habt euch vorher wohl präpariert,
Paragraphos wohl einstudiert,
Damit ihr nachher besser seht,
Daß er nichts sagt, als was im Buche steht;
Doch euch des Schreibens ja befleißt,
Als diktiert' euch der Heilig' Geist!

SCHÜLER

Das sollt ihr mir nicht zweimal sagen!
Ich denke mir wie viel es nützt;
Denn, was man schwarz auf weiß besitzt,
Kann man getrost nach Hause tragen.

MEPHISTOPHELES
Doch wählt mir eine Fakultät!
SCHÜLER
Zur Rechtsgelehrsamkeit kann ich mich nicht bequemen.
MEPHISTOPHELES
Ich kann es euch so sehr nicht übel nehmen,
Ich weiß wie es um diese Lehre steht.
Es erben sich Gesetz' und Rechte
Wie eine ew'ge Krankheit fort;
Sie schleppen von Geschlecht sich zum Geschlechte,
Und rücken sacht von Ort zu Ort.
Vernunft wird Unsinn, Wohltat Plage;
Weh dir, daß du ein Enkel bist!
Vom Rechte, das mit uns geboren ist,
Von dem ist leider! nie die Frage.
SCHÜLER
Mein Abscheu wird durch euch vermehrt.
O glücklich der! den ihr belehrt.
Fast möcht' ich nun Theologie studieren.
MEPHISTOPHELES
Ich wünschte nicht euch irre zu führen.
Was diese Wissenschaft betrifft,
Es ist so schwer den falschen Weg zu meiden,
Es liegt in ihr so viel verborgnes Gift,
Und von der Arzenei ist's kaum zu unterscheiden.
Am besten ist's auch hier, wenn ihr nur Einen hört,
Und auf des Meisters Worte schwört.
Im Ganzen – haltet euch an Worte!
Dann geht ihr durch die sichre Pforte
Zum Tempel der Gewißheit ein.
SCHÜLER
Doch ein Begriff muß bei dem Worte sein.
MEPHISTOPHELES
Schon gut! Nur muß man sich nicht allzu ängstlich quälen;
Denn eben wo Begriffe fehlen,
Da stellt ein Wort zur rechten Zeit sich ein.
Mit Worten läßt sich trefflich streiten,

Mit Worten ein System bereiten,
An Worte läßt sich trefflich glauben,
Von einem Wort läßt sich kein Jota rauben.

SCHÜLER

Verzeiht, ich halt' euch auf mit vielen Fragen,
Allein ich muß euch noch bemühn.
Wollt ihr mir von der Medizin
Nicht auch ein kräftig Wörtchen sagen?
Drei Jahr' ist eine kurze Zeit,
Und, Gott! das Feld ist gar zu weit.
Wenn man einen Fingerzeig nur hat,
Läßt sich's schon eher weiter fühlen.

MEPHISTOPHELES *für sich*

Ich bin des trocknen Tons nun satt,
Muß wieder recht den Teufel spielen.

Laut

Der Geist der Medizin ist leicht zu fassen;
Ihr durchstudiert die groß' und kleine Welt,
Um es am Ende gehn zu lassen,
Wie's Gott gefällt.
Vergebens daß ihr ringsum wissenschaftlich schweift,
Ein jeder lernt nur was er lernen kann;
Doch der den Augenblick ergreift,
Das ist der rechte Mann.
Ihr seid noch ziemlich wohlgebaut,
An Kühnheit wird's euch auch nicht fehlen,
Und wenn ihr euch nur selbst vertraut,
Vertrauen euch die andern Seelen.
Besonders lernt die Weiber führen;
Es ist ihr ewig Weh und Ach
So tausendfach
Aus Einem Punkte zu kurieren,
Und wenn ihr halbweg ehrbar tut,
Dann habt ihr sie all' unter'm Hut.
Ein Titel muß sie erst vertraulich machen,
Daß eure Kunst viel Künste übersteigt;
Zum Willkomm' tappt ihr dann nach allen Siebensachen,

Um die ein andrer viele Jahre streicht,
Versteht das Pülslein wohl zu drücken,
Und fasset sie, mit feurig schlauen Blicken,
Wohl um die schlanke Hüfte frei,
Zu seh'n, wie fest geschnürt sie sei.

SCHÜLER

Das sieht schon besser aus! Man sieht doch wo und wie.

MEPHISTOPHELES

Grau, teurer Freund, ist alle Theorie,
Und grün des Lebens goldner Baum.

SCHÜLER

Ich schwör' euch zu, mir ist's als wie ein Traum.
Dürft' ich euch wohl ein andermal beschweren,
Von eurer Weisheit auf den Grund zu hören?

MEPHISTOPHELES

Was ich vermag, soll gern geschehn.

SCHÜLER

Ich kann unmöglich wieder gehn,
Ich muß euch noch mein Stammbuch überreichen.
Gönn' eure Gunst mir dieses Zeichen!

MEPHISTOPHELES

Sehr wohl.

Er schreibt und gibt's.

SCHÜLER *liest*

Eritis sicut Deus, scientes bonum et malum.

Macht's ehrerbietig zu und empfiehlt sich.

MEPHISTOPHELES

Folg' nur dem alten Spruch und meiner Muhme der Schlange,
Dir wird gewiß einmal bei deiner Gottähnlichkeit bange!

FAUST *tritt auf.*

FAUST

Wohin soll es nun gehn?

MEPHISTOPHELES

Wohin es dir gefällt.
Wir sehn die kleine, dann die große Welt.

Mit welcher Freude, welchem Nutzen,
Wirst du den Cursum durchschmarutzen!

FAUST

Allein bei meinem langen Bart
Fehlt mir die leichte Lebensart.
Es wird mir der Versuch nicht glücken;
Ich wußte nie mich in die Welt zu schicken,
Vor andern fühl' ich mich so klein;
Ich werde stets verlegen sein.

MEPHISTOPHELES

Mein guter Freund, das wird sich alles geben;
Sobald du dir vertraust, sobald weißt du zu leben.

FAUST

Wie kommen wir denn aus dem Haus?
Wo hast du Pferde, Knecht und Wagen?

MEPHISTOPHELES

Wir breiten nur den Mantel aus,
Der soll uns durch die Lüfte tragen.
Du nimmst bei diesem kühnen Schritt
Nur keinen großen Bündel mit.
Ein bißchen Feuerluft, die ich bereiten werde,
Hebt uns behend von dieser Erde.
Und sind wir leicht, so geht es schnell hinauf;
Ich gratuliere dir zum neuen Lebenslauf.

AUERBACHS KELLER IN LEIPZIG

Zeche lustiger Gesellen

FROSCH
Will keiner trinken? keiner lachen?
Ich will euch lehren Gesichter machen!
Ihr seid ja heut wie nasses Stroh,
Und brennt sonst immer lichterloh.
BRANDER
Das liegt an dir; du bringst ja nichts herbei,
Nicht eine Dummheit, keine Sauerei.
FROSCH *gießt ihm ein Glas Wein über den Kopf*
Da hast du beides!
BRANDER
Doppelt Schwein!
FROSCH
Ihr wollt' es ja, man soll es sein!
SIEBEL
Zur Tür hinaus wer sich entzweit!
Mit offner Brust singt Runda, sauft und schreit!
Auf! Holla! Ho!
ALTMAYER
Weh mir, ich bin verloren!
Baumwolle her! der Kerl sprengt mir die Ohren.
SIEBEL
Wenn das Gewölbe widerschallt,
Fühlt man erst recht des Basses Grundgewalt.
FROSCH
So recht, hinaus mit dem der etwas übel nimmt!
A! tara lara da!
ALTMAYER
A! tara lara da!

FROSCH

Die Kehlen sind gestimmt.

Singt

Das liebe, heil'ge Röm'sche Reich,
Wie hält's nur noch zusammen?

BRANDER

Ein garstig Lied! Pfui! ein politisch Lied!
Ein leidig Lied! Dankt Gott mit jedem Morgen
Daß ihr nicht braucht für's Röm'sche Reich zu sorgen!
Ich halt' es wenigstens für reichlichen Gewinn,
Daß ich nicht Kaiser oder Kanzler bin.
Doch muß auch uns ein Oberhaupt nicht fehlen;
Wir wollen einen Papst erwählen.
Ihr wißt, welch eine Qualität
Den Ausschlag gibt, den Mann erhöht.

FROSCH *singt*

Schwing' dich auf, Frau Nachtigall,
Grüß' mir mein Liebchen zehentausendmal.

SIEBEL

Dem Liebchen keinen Gruß! Ich will davon nichts hören!

FROSCH

Dem Liebchen Gruß und Kuß! du wirst mir's nicht verwehren!

Singt

Riegel auf! in stiller Nacht.
Riegel auf! der Liebste wacht.
Riegel zu! des Morgens früh.

SIEBEL

Ja, singe, singe nur, und lob' und rühme sie!
Ich will zu meiner Zeit schon lachen.
Sie hat mich angeführt, dir wird sie's auch so machen.
Zum Liebsten sei ein Kobold ihr beschert!
Der mag mit ihr auf einem Kreuzweg schäkern;
Ein alter Bock, wenn er vom Blocksberg kehrt,
Mag im Galopp noch gute Nacht ihr meckern!
Ein braver Kerl von echtem Fleisch und Blut
Ist für die Dirne viel zu gut.

Ich will von keinem Gruße wissen,
Als ihr die Fenster eingeschmissen!

BRANDER *auf den Tisch schlagend*
Paßt auf! paßt auf! Gehorchet mir!
Ihr Herrn gesteht, ich weiß zu leben;
Verliebte Leute sitzen hier,
Und diesen muß, nach Standsgebühr,
Zur guten Nacht ich was zum Besten geben.
Gebt Acht! Ein Lied vom neusten Schnitt!
Und singt den Rundreim kräftig mit!

Er singt

Es war eine Ratt' im Kellernest,
Lebte nur von Fett und Butter,
Hatte sich ein Ränzlein angemäst't,
Als wie der Doktor Luther.
Die Köchin hatt' ihr Gift gestellt;
Da ward's so eng' ihr in der Welt,
Als hätte sie Lieb' im Leibe.

CHORUS *jauchzend*
Als hätte sie Lieb' im Leibe.

BRANDER
Sie fuhr herum, sie fuhr heraus,
Und soff aus allen Pfützen,
Zernagt', zerkratzt' das ganze Haus,
Wollte nichts ihr Wüten nützen;
Sie tät gar manchen Ängstesprung,
Bald hatte das arme Tier genung,
Als hätt' es Lieb' im Leibe.

CHORUS
Als hätt' es Lieb' im Leibe.

BRANDER
Sie kam vor Angst am hellen Tag
Der Küche zugelaufen,
Fiel an den Herd und zuckt' und lag,
Und tät erbärmlich schnaufen.
Da lachte die Vergifterin noch:
Ha! sie pfeift auf dem letzten Loch,
Als hätte sie Lieb' im Leibe.

CHORUS
Als hätte sie Lieb' im Leibe.
SIEBEL
Wie sich die platten Bursche freuen!
Es ist mir eine rechte Kunst,
Den armen Ratten Gift zu streuen!
BRANDER
Sie stehn wohl sehr in deiner Gunst?
ALTMAYER
Der Schmerbauch mit der kahlen Platte!
Das Unglück macht ihn zahm und mild;
Er sieht in der geschwollnen Ratte
Sein ganz natürlich Ebenbild.

FAUST *und* MEPHISTOPHELES.

MEPHISTOPHELES
Ich muß dich nun vor allen Dingen
In lustige Gesellschaft bringen,
Damit du siehst wie leicht sich's leben läßt.
Dem Volke hier wird jeder Tag ein Fest.
Mit wenig Witz und viel Behagen
Dreht jeder sich im engen Zirkeltanz,
Wie junge Katzen mit dem Schwanz.
Wenn sie nicht über Kopfweh klagen,
So lang' der Wirt nur weiter borgt,
Sind sie vergnügt und unbesorgt.
BRANDER
Die kommen eben von der Reise,
Man sieht's an ihrer wunderlichen Weise;
Sie sind nicht eine Stunde hier.
FROSCH
Wahrhaftig du hast Recht! Mein Leipzig lob' ich mir!
Es ist ein klein Paris, und bildet seine Leute.
SIEBEL
Für was siehst du die Fremden an?
FROSCH
Laßt mich nur gehn! Bei einem vollen Glase

Zieh' ich, wie einen Kinderzahn,
Den Burschen leicht die Würmer aus der Nase.
Sie scheinen mir aus einem edlen Haus,
Sie sehen stolz und unzufrieden aus.

BRANDER

Marktschreier sind's gewiß, ich wette!

ALTMAYER

Vielleicht.

FROSCH

Gib Acht, ich schraube sie!

MEPHISTOPHELES *zu Faust*

Den Teufel spürt das Völkchen nie,
Und wenn er sie bei'm Kragen hätte.

FAUST

Seid uns gegrüßt, ihr Herrn!

SIEBEL

Viel Dank zum Gegengruß.

Leise, Mephistopheles von der Seite ansehend

Was hinkt der Kerl auf Einem Fuß?

MEPHISTOPHELES

Ist es erlaubt, uns auch zu euch zu setzen?
Statt eines guten Trunks, den man nicht haben kann,
Soll die Gesellschaft uns ergetzen.

ALTMAYER

Ihr scheint ein sehr verwöhnter Mann.

FROSCH

Ihr seid wohl spät von Rippach aufgebrochen?
Habt ihr mit Herren Hans noch erst zu Nacht gespeis't?

MEPHISTOPHELES

Heut sind wir ihn vorbei gereist!
Wir haben ihn das letztemal gesprochen.
Von seinen Vettern wußt' er viel zu sagen,
Viel Grüße hat er uns an jeden aufgetragen.

Er neigt sich gegen Frosch.

ALTMAYER *leise*

Da hast du's! der versteht's!

SIEBEL

Ein pfiffiger Patron!

FROSCH
Nun, warte nur, ich krieg' ihn schon!
MEPHISTOPHELES
Wenn ich nicht irrte, hörten wir
Geübte Stimmen Chorus singen?
Gewiß, Gesang muß trefflich hier
Von dieser Wölbung widerklingen!
FROSCH
Seid ihr wohl gar ein Virtuos?
MEPHISTOPHELES
O nein! die Kraft ist schwach, allein die Lust ist groß.
ALTMAYER
Gebt uns ein Lied!
MEPHISTOPHELES
Wenn ihr begehrt, die Menge.
SIEBEL
Nur auch ein nagelneues Stück!
MEPHISTOPHELES
Wir kommen erst aus Spanien zurück,
Dem schönen Land des Weins und der Gesänge.
Singt
Es war einmal ein König,
Der hatt' einen großen Floh –
FROSCH
Horcht! Einen Floh! Habt ihr das wohl gefaßt?
Ein Floh ist mir ein saub'rer Gast.
MEPHISTOPHELES *singt*
Es war einmal ein König,
Der hatt' einen großen Floh,
Den liebt' er gar nicht wenig,
Als wie seinen eignen Sohn.
Da rief er seinen Schneider,
Der Schneider kam heran:
Da, miß dem Junker Kleider,
Und miß ihm Hosen an!
BRANDER
Vergeßt nur nicht dem Schneider einzuschärfen,

Daß er mir auf's genauste mißt,
Und daß, so lieb sein Kopf ihm ist,
Die Hosen keine Falten werfen!

MEPHISTOPHELES

In Sammet und in Seide
War er nun angetan,
Hatte Bänder auf dem Kleide,
Hatt' auch ein Kreuz daran,
Und war sogleich Minister,
Und hatt' einen großen Stern.
Da wurden seine Geschwister
Bei Hof' auch große Herrn.

Und Herrn und Frau'n am Hofe,
Die waren sehr geplagt,
Die Königin und die Zofe
Gestochen und genagt,
Und durften sie nicht knicken,
Und weg sie jucken nicht.
Wir knicken und ersticken
Doch gleich wenn einer sticht.

CHORUS *jauchzend*

Wir knicken und ersticken
Doch gleich wenn einer sticht.

FROSCH

Bravo! Bravo! Das war schön!

SIEBEL

So soll es jedem Floh ergehn!

BRANDER

Spitzt die Finger und packt sie fein!

ALTMAYER

Es lebe die Freiheit! Es lebe der Wein!

MEPHISTOPHELES

Ich tränke gern ein Glas, die Freiheit hoch zu ehren,
Wenn eure Weine nur ein bißchen besser wären.

SIEBEL

Wir mögen das nicht wieder hören!

MEPHISTOPHELES
Ich fürchte nur der Wirt beschweret sich;
Sonst gäb' ich diesen werten Gästen
Aus unserm Keller was zum Besten.
SIEBEL
Nur immer her! ich nehm's auf mich.
FROSCH
Schafft ihr ein gutes Glas, so wollen wir euch loben.
Nur gebt nicht gar zu kleine Proben;
Denn wenn ich judizieren soll,
Verlang' ich auch das Maul recht voll.
ALTMAYER *leise*
Sie sind vom Rheine, wie ich spüre.
MEPHISTOPHELES
Schafft einen Bohrer an!
BRANDER
Was soll mit dem geschehn?
Ihr habt doch nicht die Fässer vor der Türe?
ALTMAYER
Dahinten hat der Wirt ein Körbchen Werkzeug stehn.
MEPHISTOPHELES *nimmt den Bohrer. Zu Frosch*
Nun sagt, was wünschet ihr zu schmecken?
FROSCH
Wie meint ihr das? Habt ihr so mancherlei?
MEPHISTOPHELES
Ich stell' es einem jeden frei.
ALTMAYER zu *Frosch*
Aha, du fängst schon an die Lippen abzulecken.
FROSCH
Gut! wenn ich wählen soll, so will ich Rheinwein haben.
Das Vaterland verleiht die allerbesten Gaben.
MEPHISTOPHELES, *indem er an dem Platz, wo Frosch sitzt, ein Loch in den Tischrand bohrt*
Verschafft ein wenig Wachs, die Pfropfen gleich zu machen!
ALTMAYER
Ach das sind Taschenspielersachen.
MEPHISTOPHELES *zu Brander*
Und ihr?

BRANDER
Ich will Champagner Wein,
Und recht moussierend soll er sein!
MEPHISTOPHELES
bohrt, einer hat indessen die Wachspfropfen gemacht und verstopft.
BRANDER
Man kann nicht stets das Fremde meiden,
Das Gute liegt uns oft so fern.
Ein echter deutscher Mann mag keinen Franzen leiden,
Doch ihre Weine trinkt er gern.
SIEBEL, *indem sich Mephistopheles seinem Platze nähert*
Ich muß gestehn, den sauren mag ich nicht,
Gebt mir ein Glas vom echten süßen!
MEPHISTOPHELES *bohrt*
Euch soll sogleich Tokayer fließen.
ALTMAYER
Nein, Herren, seht mir in's Gesicht!
Ich seh' es ein, ihr habt uns nur zum Besten.
MEPHISTOPHELES
Ei! Ei! Mit solchen edlen Gästen
Wär' es ein bißchen viel gewagt.
Geschwind! Nur grad' heraus gesagt!
Mit welchem Weine kann ich dienen?
ALTMAYER
Mit jedem! Nur nicht lang gefragt.
Nachdem die Löcher alle gebohrt und verstopft sind,
MEPHISTOPHELES *mit seltsamen Gebärden*
Trauben trägt der Weinstock!
Hörner der Ziegenbock;
Der Wein ist saftig, Holz die Reben,
Der hölzerne Tisch kann Wein auch geben.
Ein tiefer Blick in die Natur!
Hier ist ein Wunder, glaubet nur!

Nun zieht die Pfropfen und genießt!
ALLE *indem sie die Pfropfen ziehen, und jedem der verlangte Wein in's Glas läuft*
O schöner Brunnen, der uns fließt!

MEPHISTOPHELES
Nur hütet euch, daß ihr mir nichts vergießt!
Sie trinken wiederholt.

ALLE *singen*
Uns ist ganz kannibalisch wohl,
Als wie fünfhundert Säuen!

MEPHISTOPHELES
Das Volk ist frei, seht an, wie wohl's ihm geht!

FAUST
Ich hätte Lust nun abzufahren.

MEPHISTOPHELES
Gib nur erst Acht, die Bestialität
Wird sich gar herrlich offenbaren.

SIEBEL
trinkt unvorsichtig, der Wein fließt auf die Erde, und wird zur Flamme.
Helft! Feuer! Helft! Die Hölle brennt!

MEPHISTOPHELES *die Flamme besprechend*
Sei ruhig, freundlich Element!
Zu dem Gesellen
Für diesmal war es nur ein Tropfen Fegefeuer.

SIEBEL
Was soll das sein? Wart! Ihr bezahlt es teuer!
Es scheinet, daß ihr uns nicht kennt.

FROSCH
Laß er uns das zum zweitenmale bleiben!

ALTMAYER
Ich dächt', wir hießen ihn ganz sachte seitwärts gehn.

SIEBEL
Was Herr? Er will sich unterstehn,
Und hier sein Hokuspokus treiben?

MEPHISTOPHELES
Still, altes Weinfaß!

SIEBEL
Besenstiel!
Du willst uns gar noch grob begegnen?

BRANDER
Wart nur! Es sollen Schläge regnen!

ALTMAYER
zieht einen Pfropf aus dem Tisch, es springt ihm Feuer entgegen.
Ich brenne! ich brenne!

SIEBEL
Zauberei!
Stoßt zu! der Kerl ist vogelfrei!
Sie ziehen die Messer und gehn auf Mephistopheles los.

MEPHISTOPHELES *mit ernsthafter Gebärde*
Falsch Gebild und Wort
Verändern Sinn und Ort!
Seid hier und dort!
Sie stehn erstaunt und sehn einander an.

ALTMAYER
Wo bin ich? Welches schöne Land?

FROSCH
Weinberge! Seh' ich recht?

SIEBEL
Und Trauben gleich zur Hand!

BRANDER
Hier unter diesem grünen Laube,
Seht, welch ein Stock! Seht, welche Traube!
Er faßt Siebeln bei der Nase. Die andern tun es wechselseitig und heben die Messer.

MEPHISTOPHELES *wie oben*
Irrtum, laß los der Augen Band!
Und merkt euch wie der Teufel spaße.
Er verschwindet mit Faust, die Gesellen fahren aus einander.

SIEBEL
Was gibt's?

ALTMAYER
Wie?

FROSCH
War das deine Nase?

BRANDER *zu Siebel*
Und deine hab' ich in der Hand!

ALTMAYER
Es war ein Schlag, der ging durch alle Glieder!
Schafft einen Stuhl, ich sinke nieder!

FROSCH
Nein, sagt mir nur, was ist geschehn?
SIEBEL
Wo ist der Kerl? Wenn ich ihn spüre,
Er soll mir nicht lebendig gehn!
ALTMAYER
Ich hab' ihn selbst hinaus zur Kellertüre –
Auf einem Fasse reiten sehn – –
Es liegt mir bleischwer in den Füßen.
Sich nach dem Tische wendend
Mein! Sollte wohl der Wein noch fließen?
SIEBEL
Betrug war alles, Lug und Schein.
FROSCH
Mir däuchte doch als tränk' ich Wein.
BRANDER
Aber wie war es mit den Trauben?
ALTMAYER
Nun sag' mir eins, man soll kein Wunder glauben!

HEXENKÜCHE

Auf einem niedrigen Herde steht ein großer Kessel über dem Feuer. In dem Dampfe, der davon in die Höhe steigt, zeigen sich verschiedne Gestalten. EINE MEERKATZE *sitzt bei dem Kessel und schäumt ihn, und sorgt daß er nicht überläuft.* DER MEERKATER *mit den Jungen sitzt darneben und wärmt sich, Wände und Decke sind mit dem seltsamsten Hexenhausrat ausgeschmückt.*

FAUST. MEPHISTOPHELES.

FAUST
Mir widersteht das tolle Zauberwesen,
Versprichst du mir, ich soll genesen,
In diesem Wust von Raserei?
Verlang' ich Rat von einem alten Weibe?
Und schafft die Sudelköcherei
Wohl dreißig Jahre mir vom Leibe?
Weh mir, wenn du nichts bessers weißt!
Schon ist die Hoffnung mir verschwunden.
Hat die Natur und hat ein edler Geist
Nicht irgend einen Balsam ausgefunden?
MEPHISTOPHELES
Mein Freund, nun sprichst du wieder klug!
Dich zu verjüngen gibt's auch ein natürlich Mittel;
Allein es steht in einem andern Buch,
Und ist ein wunderlich Kapitel.
FAUST
Ich will es wissen.
MEPHISTOPHELES
Gut! Ein Mittel, ohne Geld
Und Arzt und Zauberei zu haben:
Begib dich gleich hinaus auf's Feld,
Fang' an zu hacken und zu graben,

Erhalte dich und deinen Sinn
In einem ganz beschränkten Kreise,
Ernähre dich mit ungemischter Speise,
Leb' mit dem Vieh als Vieh, und acht' es nicht für Raub,
Den Acker, den du erntest, selbst zu düngen;
Das ist das beste Mittel, glaub',
Auf achtzig Jahr dich zu verjüngen!

FAUST
Das bin ich nicht gewöhnt, ich kann mich nicht bequemen,
Den Spaten in die Hand zu nehmen.
Das enge Leben steht mir gar nicht an.

MEPHISTOPHELES
So muß denn doch die Hexe dran.

FAUST
Warum denn just das alte Weib!
Kannst du den Trank nicht selber brauen?

MEPHISTOPHELES
Das wär' ein schöner Zeitvertreib!
Ich wollt' indes wohl tausend Brücken bauen.
Nicht Kunst und Wissenschaft allein,
Geduld will bei dem Werke sein.
Ein stiller Geist ist Jahre lang geschäftig;
Die Zeit nur macht die feine Gärung kräftig.
Und alles was dazu gehört
Es sind gar wunderbare Sachen!
Der Teufel hat sie's zwar gelehrt;
Allein der Teufel kann's nicht machen.

Die Tiere erblickend

Sieh, welch ein zierliches Geschlecht!
Das ist die Magd! das ist der Knecht!

Zu den Tieren

Es scheint, die Frau ist nicht zu Hause?

DIE TIERE
Bei'm Schmause,
Aus dem Haus
Zum Schornstein hinaus!

MEPHISTOPHELES
Wie lange pflegt sie wohl zu schwärmen?

DIE TIERE
So lange wir uns die Pfoten wärmen.

MEPHISTOPHELES *zu Faust*
Wie findest du die zarten Tiere?

FAUST
So abgeschmackt als ich nur jemand sah!

MEPHISTOPHELES
Nein, ein Diskurs wie dieser da,
Ist g'rade der den ich am liebsten führe!

Zu den Tieren

So sagt mir doch, verfluchte Puppen!
Was quirlt ihr in dem Brei herum?

TIERE
Wir kochen breite Bettelsuppen.

MEPHISTOPHELES
Da habt ihr ein groß Publikum.

DER KATER
macht sich herbei und schmeichelt dem Mephistopheles
O würfle nur gleich,
Und mache mich reich,
Und laß mich gewinnen!
Gar schlecht ist's bestellt,
Und wär' ich bei Geld,
So wär' ich bei Sinnen.

MEPHISTOPHELES
Wie glücklich würde sich der Affe schätzen,
Könnt' er nur auch in's Lotto setzen!

Indessen haben die jungen Meerkätzchen mit einer großen Kugel gespielt und rollen sie hervor.

DER KATER
Das ist die Welt;
Sie steigt und fällt
Und rollt beständig;
Sie klingt wie Glas;
Wie bald bricht das?
Ist hohl inwendig.
Hier glänzt sie sehr,

Und hier noch mehr,
Ich bin lebendig!
Mein lieber Sohn,
Halt dich davon!
Du mußt sterben!
Sie ist von Ton,
Es gibt Scherben.

MEPHISTOPHELES
Was soll das Sieb?

DER KATER *holt es herunter*
Wärst du ein Dieb,
Wollt' ich dich gleich erkennen.
Er läuft zur Kätzin und läßt sie durchsehen
Sieh durch das Sieb!
Erkennst du den Dieb,
Und darfst ihn nicht nennen?

MEPHISTOPHELES *sich dem Feuer nähernd*
Und dieser Topf?

KATER und KÄTZIN
Der alberne Tropf!
Er kennt nicht den Topf,
Er kennt nicht den Kessel!

MEPHISTOPHELES
Unhöfliches Tier!

DER KATER
Den Wedel nimm hier,
Und setz' dich in Sessel!
Er nötigt den Mephistopheles zu sitzen.

FAUST *welcher diese Zeit über vor einem Spiegel gestanden, sich ihm bald genähert, bald sich von ihm entfernt hat*
Was seh' ich? Welch ein himmlisch Bild
Zeigt sich in diesem Zauberspiegel!
O Liebe, leihe mir den schnellsten deiner Flügel,
Und führe mich in ihr Gefild!
Ach wenn ich nicht auf dieser Stelle bleibe,
Wenn ich es wage nah' zu gehn,

Kann ich sie nur als wie im Nebel sehn! –
Das schönste Bild von einem Weibe!
Ist's möglich, ist das Weib so schön?
Muß ich an diesem hingestreckten Leibe
Den Inbegriff von allen Himmeln sehn?
So etwas findet sich auf Erden?

MEPHISTOPHELES
Natürlich, wenn ein Gott sich erst sechs Tage plagt,
Und selbst am Ende Bravo sagt,
Da muß es was gescheites werden.
Für diesmal sieh dich immer satt;
Ich weiß dir so ein Schätzchen auszuspüren,
Und selig wer das gute Schicksal hat,
Als Bräutigam sie heim zu führen!

Faust sieht immerfort in den Spiegel. Mephistopheles, sich in dem Sessel dehnend und mit dem Wedel spielend, fährt fort zu sprechen

Hier sitz' ich wie der König auf dem Throne,
Den Zepter halt' ich hier, es fehlt nur noch die Krone.

DIE TIERE *welche bisher allerlei wunderliche Bewegungen durch einander gemacht haben, bringen dem Mephistopheles eine Krone mit großem Geschrei*
O sei doch so gut,
Mit Schweiß und mit Blut
Die Krone zu leimen!

Sie gehn ungeschickt mit der Krone um und zerbrechen sie in zwei Stücke, mit welchen sie herumspringen.

Nun ist es geschehn!
Wir reden und sehn,
Wir hören und reimen;

FAUST *gegen den Spiegel*
Weh mir! ich werde schier verrückt.

MEPHISTOPHELES *auf die Tiere deutend*
Nun fängt mir an fast selbst der Kopf zu schwanken.

DIE TIERE
Und wenn es uns glückt,
Und wenn es sich schickt,
So sind es Gedanken!

FAUST *wie oben*

Mein Busen fängt mir an zu brennen!
Entfernen wir uns nur geschwind!

MEPHISTOPHELES *in obiger Stellung*

Nun, wenigstens muß man bekennen,
Daß es aufrichtige Poeten sind.

Der Kessel, welchen die Kätzin bisher außer Acht gelassen, fängt an überzulaufen; es entsteht eine große Flamme, welche zum Schornstein hinaus schlägt. DIE HEXE *kommt durch die Flamme mit entsetzlichem Geschrei herunter gefahren.*

DIE HEXE

Au! Au! Au! Au!
Verdammtes Tier! verfluchte Sau!
Versäumst den Kessel, versengst die Frau!
Verfluchtes Tier!

Faust und Mephistopheles erblickend

Was ist das hier?
Wer seid ihr hier?
Was wollt ihr da?
Wer schlich sich ein?
Die Feuerpein
Euch in's Gebein!

Sie fährt mit dem Schaumlöffel in den Kessel, und spritzt Flammen nach Faust, Mephistopheles und den Tieren. Die Tiere winseln.

MEPHISTOPHELES, *welcher den Wedel, den er in der Hand hält, umkehrt, und unter die Gläser und Töpfe schlägt*

Entzwei! entzwei!
Da liegt der Brei!
Da liegt das Glas!
Es ist nur Spaß,
Der Takt, du Aas,
Zu deiner Melodei.

Indem die Hexe voll Grimm und Entsetzen zurücktritt

Erkennst du mich? Gerippe! Scheusal du!
Erkennst du deinen Herrn und Meister?

Was hält mich ab, so schlag' ich zu,
Zerschmettre dich und deine Katzen-Geister!
Hast du vor'm roten Wams nicht mehr Respekt?
Kannst du die Hahnenfeder nicht erkennen?
Hab' ich dies Angesicht versteckt?
Soll ich mich etwa selber nennen?

DIE HEXE

O Herr, verzeiht den rohen Gruß!
Seh' ich doch keinen Pferdefuß.
Wo sind denn eure beiden Raben?

MEPHISTOPHELES

Für diesmal kommst du so davon;
Denn freilich ist es eine Weile schon,
Daß wir uns nicht gesehen haben.
Auch die Kultur, die alle Welt beleckt,
Hat auf den Teufel sich erstreckt;
Das nordische Phantom ist nun nicht mehr zu schauen,
Wo siehst du Hörner, Schweif und Klauen?
Und was den Fuß betrifft, den ich nicht missen kann,
Der würde mir bei Leuten schaden;
Darum bedien' ich mich, wie mancher junge Mann,
Seit vielen Jahren falscher Waden.

DIE HEXE *tanzend*

Sinn und Verstand verlier' ich schier,
Seh' ich den Junker Satan wieder hier!

MEPHISTOPHELES

Den Namen, Weib, verbitt' ich mir!

DIE HEXE

Warum? Was hat er euch getan?

MEPHISTOPHELES

Er ist schon lang' in's Fabelbuch geschrieben;
Allein die Menschen sind nichts besser dran,
Den Bösen sind sie los, die Bösen sind geblieben.
Du nennst mich Herr Baron, so ist die Sache gut;
Ich bin ein Kavalier, wie andre Kavaliere.
Du zweifelst nicht an meinem edlen Blut;
Sieh her, das ist das Wappen, das ich führe!

Er macht eine unanständige Gebärde.

DIE HEXE *lacht unmäßig*
Ha! Ha! Das ist in eurer Art!
Ihr seid ein Schelm, wie ihr nur immer war't!
MEPHISTOPHELES *zu Faust*
Mein Freund, das lerne wohl verstehn!
Dies ist die Art mit Hexen umzugehn.
DIE HEXE
Nun sagt, ihr Herren, was ihr schafft.
MEPHISTOPHELES
Ein gutes Glas von dem bekannten Saft!
Doch muß ich euch um's ält'ste bitten;
Die Jahre doppeln seine Kraft.
DIE HEXE
Gar gern! Hier hab' ich eine Flasche,
Aus der ich selbst zuweilen nasche,
Die auch nicht mehr im mind'sten stinkt;
Ich will euch gern ein Gläschen geben.
Leise
Doch wenn es dieser Mann unvorbereitet trinkt,
So kann er, wißt ihr wohl, nicht eine Stunde leben.
MEPHISTOPHELES
Es ist ein guter Freund, dem es gedeihen soll;
Ich gönn' ihm gern das Beste deiner Küche.
Zieh deinen Kreis, sprich deine Sprüche,
Und gib ihm eine Tasse voll!
DIE HEXE
mit seltsamen Gebärden, zieht einen Kreis und stellt wunderbare Sachen hinein; indessen fangen die Gläser an zu klingen, die Kessel zu tönen, und machen Musik. Zuletzt bringt sie ein großes Buch, stellt die Meerkatzen in den Kreis, die ihr zum Pult dienen und die Fackel halten müssen. Sie winkt Fausten, zu ihr zu treten.
FAUST zu *Mephistopheles*
Nein, sage mir, was soll das werden?
Das tolle Zeug, die rasenden Gebärden,
Der abgeschmackteste Betrug,
Sind mir bekannt, verhaßt genug.

MEPHISTOPHELES
Ei, Possen! Das ist nur zum Lachen;
Sei nur nicht ein so strenger Mann!
Sie muß als Arzt ein Hokuspokus machen,
Damit der Saft dir wohl gedeihen kann.
Er nötigt Fausten in den Kreis zu treten.

DIE HEXE *mit großer Emphase fängt an aus dem Buche zu deklamieren*
Du mußt verstehn!
Aus Eins mach' Zehn,
Und Zwei laß gehn,
Und Drei mach' gleich,
So bist du reich.
Verlier' die Vier!
Aus Fünf und Sechs,
So sagt die Hex',
Mach' Sieben und Acht,
So ist's vollbracht:
Und Neun ist Eins,
Und Zehn ist keins.
Das ist das Hexen-Einmal-Eins!

FAUST
Mich dünkt, die Alte spricht im Fieber.

MEPHISTOPHELES
Das ist noch lange nicht vorüber,
Ich kenn' es wohl, so klingt das ganze Buch;
Ich habe manche Zeit damit verloren,
Denn ein vollkommner Widerspruch
Bleibt gleich geheimnisvoll für Kluge wie für Toren.
Mein Freund, die Kunst ist alt und neu.
Es war die Art zu allen Zeiten,
Durch Drei und Eins, und Eins und Drei
Irrtum statt Wahrheit zu verbreiten.
So schwätzt und lehrt man ungestört;
Wer will sich mit den Narr'n befassen?
Gewöhnlich glaubt der Mensch, wenn er nur Worte hört,
Es müsse sich dabei doch auch was denken lassen.

DIE HEXE *fährt fort*

Die hohe Kraft
Der Wissenschaft,
Der ganzen Welt verborgen!
Und wer nicht denkt,
Dem wird sie geschenkt,
Er hat sie ohne Sorgen.

FAUST

Was sagt sie uns für Unsinn vor?
Es wird mir gleich der Kopf zerbrechen.
Mich dünkt, ich hör' ein ganzes Chor
Von hundert tausend Narren sprechen.

MEPHISTOPHELES

Genug, genug, o treffliche Sibylle!
Gib deinen Trank herbei, und fülle
Die Schale rasch bis an den Rand hinan;
Denn meinem Freund wird dieser Trunk nicht schaden:
Er ist ein Mann von vielen Graden,
Der manchen guten Schluck getan.

DIE HEXE

mit vielen Zeremonien, schenkt den Trank in eine Schale; wie sie Faust an den Mund bringt, entsteht eine leichte Flamme.

MEPHISTOPHELES

Nur frisch hinunter! Immer zu!
Es wird dir gleich das Herz erfreuen.
Bist mit dem Teufel du und du,
Und willst dich vor der Flamme scheuen?

DIE HEXE *lös't den Kreis.*

FAUST *tritt heraus.*

MEPHISTOPHELES

Nun frisch hinaus! Du darfst nicht ruhn.

DIE HEXE

Mög' euch das Schlückchen wohl behagen!

MEPHISTOPHELES *zur Hexe*

Und kann ich dir was zu Gefallen tun:
So darfst du mir's nur auf Walpurgis sagen.

DIE HEXE
Hier ist ein Lied! wenn ihr's zuweilen singt,
So werdet ihr besondre Wirkung spüren.

MEPHISTOPHELES *zu Faust*
Komm nur geschwind und laß dich führen;
Du mußt notwendig transpirieren,
Damit die Kraft durch Inn- und Äußres dringt.
Den edlen Müßiggang lehr' ich hernach dich schätzen,
Und bald empfindest du mit innigem Ergetzen,
Wie sich Cupido regt und hin und wider springt.

FAUST
Laß mich nur schnell noch in den Spiegel schauen!
Das Frauenbild war gar zu schön!

MEPHISTOPHELES
Nein! Nein! Du sollst das Muster aller Frauen
Nun bald leibhaftig vor dir seh'n.
Leise
Du siehst, mit diesem Trank im Leibe,
Bald Helenen in jedem Weibe.

STRASSE

FAUST MARGARETE *vorüber gehend.*

FAUST
Mein schönes Fräulein, darf ich wagen,
Meinen Arm und Geleit Ihr anzutragen?
MARGARETE
Bin weder Fräulein, weder schön,
Kann ungeleitet nach Hause gehn.
Sie macht sich los und ab.
FAUST
Beim Himmel, dieses Kind ist schön!
So etwas hab' ich nie gesehn.
Sie ist so sitt- und tugendreich,
Und etwas schnippisch doch zugleich.
Der Lippe Rot, der Wange Licht,
Die Tage der Welt vergess' ich's nicht!
Wie sie die Augen niederschlägt,
Hat tief sich in mein Herz geprägt;
Wie sie kurz angebunden war,
Das ist nun zum Entzücken gar!
MEPHISTOPHELES *tritt auf.*
FAUST
Hör, du mußt mir die Dirne schaffen!
MEPHISTOPHELES
Nun, welche?
FAUST
Sie ging just vorbei.
MEPHISTOPHELES
Da die? Sie kam von ihrem Pfaffen,
Der sprach sie aller Sünden frei;
Ich schlich mich hart am Stuhl vorbei,
Es ist ein gar unschuldig Ding,

Das eben für nichts zur Beichte ging;
Über die hab' ich keine Gewalt!

FAUST
Ist über vierzehn Jahr doch alt.

MEPHISTOPHELES
Du sprichst ja wie Hans Liederlich,
Der begehrt jede liebe Blum' für sich,
Und dünkelt ihm es wär' kein' Ehr'
Und Gunst die nicht zu pflücken wär';
Geht aber doch nicht immer an.

FAUST
Mein Herr Magister Lobesan,
Laß er mich mit dem Gesetz in Frieden!
Und das sag' ich ihm kurz und gut,
Wenn nicht das süße junge Blut
Heut' Nacht in meinen Armen ruht:
So sind wir um Mitternacht geschieden.

MEPHISTOPHELES
Bedenk was gehn und stehen mag!
Ich brauche wenigstens vierzehn Tag',
Nur die Gelegenheit auszuspüren.

FAUST
Hätt' ich nur sieben Stunden Ruh,
Brauchte den Teufel nicht dazu,
So ein Geschöpfchen zu verführen.

MEPHISTOPHELES
Ihr sprecht schon fast wie ein Franzos;
Doch bitt' ich, laßt's euch nicht verdrießen:
Was hilft's nur g'rade zu genießen?
Die Freud' ist lange nicht so groß,
Als wenn ihr erst herauf, herum,
Durch allerlei Brimborium,
Das Püppchen geknetet und zugericht't,
Wie's lehret manche welsche Geschicht'.

FAUST
Hab' Appetit auch ohne das.

MEPHISTOPHELES
Jetzt ohne Schimpf und ohne Spaß.
Ich sag' euch, mit dem schönen Kind
Geht's ein- für allemal nicht geschwind.
Mit Sturm ist da nichts einzunehmen;
Wir müssen uns zur List bequemen.

FAUST
Schaff' mir etwas vom Engelsschatz!
Führ' mich an ihren Ruheplatz!
Schaff' mir ein Halstuch von ihrer Brust,
Ein Strumpfband meiner Liebeslust!

MEPHISTOPHELES
Damit ihr seht, daß ich eurer Pein
Will förderlich und dienstlich sein:
Wollen wir keinen Augenblick verlieren,
Will euch noch heut' in ihr Zimmer führen.

FAUST
Und soll sie sehn? sie haben?

MEPHISTOPHELES
Nein!
Sie wird bei einer Nachbarin sein.
Indessen könnt ihr ganz allein
An aller Hoffnung künft'ger Freuden
In ihrem Dunstkreis satt euch weiden.

FAUST
Können wir hin?

MEPHISTOPHELES
Es ist noch zu früh.

FAUST
Sorg' du mir für ein Geschenk für sie.
ab.

MEPHISTOPHELES
Gleich schenken? Das ist brav! Da wird er reüssieren!
Ich kenne manchen schönen Platz
Und manchen alt vergrabnen Schatz;
Ich muß ein bißchen revidieren.
ab.

ABEND

Ein kleines reinliches Zimmer

MARGARETE *ihre Zöpfe flechtend und aufbindend*
Ich gäb' was drum, wenn ich nur wüßt'
Wer heut der Herr gewesen ist!
Er sah gewiß recht wacker aus,
Und ist aus einem edlen Haus;
Das konnt' ich ihm an der Stirne lesen –
Er wär' auch sonst nicht so keck gewesen.
ab.

MEPHISTOPHELES. FAUST.

MEPHISTOPHELES
Herein, ganz leise, nur herein!
FAUST *nach einigem Stillschweigen*
Ich bitte dich, laß mich allein!
MEPHISTOPHELES *herumspürend*
Nicht jedes Mädchen hält so rein.
ab.

FAUST *rings aufschauend*
Willkommen süßer Dämmerschein!
Der du dies Heiligtum durchwebst.
Ergreif mein Herz, du süße Liebespein!
Die du vom Tau der Hoffnung schmachtend lebst.
Wie atmet rings Gefühl der Stille,
Der Ordnung, der Zufriedenheit!
In dieser Armut welche Fülle!
In diesem Kerker welche Seligkeit!
Er wirft sich auf den ledernen Sessel am Bette.
O nimm mich auf! der du die Vorwelt schon
Bei Freud' und Schmerz im offnen Arm empfangen!
Wie oft, ach! hat an diesem Väter-Thron

Schon eine Schar von Kindern rings gehangen!
Vielleicht hat, dankbar für den heil'gen Christ,
Mein Liebchen hier, mit vollen Kinderwangen,
Dem Ahnherrn fromm die welke Hand geküßt.
Ich fühl', o Mädchen, deinen Geist
Der Füll' und Ordnung um mich säuseln,
Der mütterlich dich täglich unterweis't,
Den Teppich auf den Tisch dich reinlich breiten heißt,
Sogar den Sand zu deinen Füßen kräuseln.
O liebe Hand! so göttergleich!
Die Hütte wird durch dich ein Himmelreich.
Und hier!

Er hebt einen Bettvorhang auf.

Was faßt mich für ein Wonnegraus!
Hier möcht' ich volle Stunden säumen.
Natur! Hier bildetest in leichten Träumen
Den eingebornen Engel aus;
Hier lag das Kind! mit warmem Leben
Den zarten Busen angefüllt,
Und hier mit heilig reinem Weben
Entwirkte sich das Götterbild!

Und du! Was hat dich hergeführt?
Wie innig fühl' ich mich gerührt!
Was willst du hier? Was wird das Herz dir schwer?
Armsel'ger Faust! ich kenne dich nicht mehr.

Umgibt mich hier ein Zauberduft?
Mich drang's so g'rade zu genießen,
Und fühle mich in Liebestraum zerfließen!
Sind wir ein Spiel von jedem Druck der Luft?

Und träte sie den Augenblick herein,
Wie würdest du für deinen Frevel büßen!
Der große Hans, ach wie so klein!
Läg', hingeschmolzen, ihr zu Füßen.

MEPHISTOPHELES [*kommt*]
Geschwind! ich seh' sie unten kommen.

FAUST
Fort! Fort! Ich kehre nimmermehr!
MEPHISTOPHELES
Hier ist ein Kästchen leidlich schwer,
Ich hab's wo anders hergenommen.
Stellt's hier nur immer in den Schrein,
Ich schwör' euch, ihr vergehn die Sinnen;
Ich tat euch Sächelchen hinein,
Um eine andre zu gewinnen.
Zwar Kind ist Kind und Spiel ist Spiel.
FAUST
Ich weiß nicht soll ich?
MEPHISTOPHELES
Fragt ihr viel?
Meint ihr vielleicht den Schatz zu wahren?
Dann rat' ich eurer Lüsternheit,
Die liebe schöne Tageszeit
Und mir die weitre Müh' zu sparen.
Ich hoff' nicht daß ihr geizig seid!
Ich kratz' den Kopf, reib' an den Händen –
Er stellt das Kästchen in den Schrein und drückt das Schloß wieder zu.
Nur fort! geschwind! –
Um euch das süße junge Kind
Nach Herzens Wunsch und Will' zu wenden;
Und ihr seht drein,
Als solltet ihr in den Hörsaal hinein,
Als stünden grau leibhaftig vor euch da
Physik und Metaphysika!
Nur fort! –
ab.

MARGARETE *mit einer Lampe*
Es ist so schwül, so dumpfig hie
Sie macht das Fenster auf.
Und ist doch eben so warm nicht drauß'.
Es wird mir so, ich weiß nicht wie –

Ich wollt', die Mutter käm' nach Haus.
Mir läuft ein Schauer über'n ganzen Leib –
Bin doch ein töricht furchtsam Weib!

Sie fängt an zu singen, indem sie sich auszieht

Es war ein König in Thule
Gar treu bis an das Grab,
Dem sterbend seine Buhle
Einen goldnen Becher gab.

Es ging ihm nichts darüber,
Er leert ihn jeden Schmaus;
Die Augen gingen ihm über,
So oft er trank daraus.

Und als er kam zu sterben,
Zählt' er seine Städt' im Reich,
Gönnt' alles seinem Erben,
Den Becher nicht zugleich.

Er saß bei'm Königsmahle,
Die Ritter um ihn her,
Auf hohem Väter-Saale,
Dort auf dem Schloß am Meer.

Dort stand der alte Zecher,
Trank letzte Lebensglut,
Und warf den heiligen Becher
Hinunter in die Flut.

Er sah ihn stürzen, trinken
Und sinken tief ins Meer,
Die Augen täten ihm sinken,
Trank nie einen Tropfen mehr.

Sie eröffnet den Schrein, ihre Kleider einzuräumen, und erblickt das Schmuckkästchen.

Wie kommt das schöne Kästchen hier herein?
Ich schloß doch ganz gewiß den Schrein.
Es ist doch wunderbar! Was mag wohl drinne sein?

Vielleicht bracht's jemand als ein Pfand,
Und meine Mutter lieh darauf.
Da hängt ein Schlüsselchen am Band,
Ich denke wohl ich mach' es auf!
Was ist das? Gott im Himmel! Schau,
So was hab' ich mein' Tage nicht gesehn!
Ein Schmuck! Mit dem könnt' eine Edelfrau
Am höchsten Feiertage gehn.
Wie sollte mir die Kette stehn?
Wem mag die Herrlichkeit gehören?

Sie putzt sich damit auf und tritt vor den Spiegel.

Wenn nur die Ohrring' meine wären!
Man sieht doch gleich ganz anders drein.
Was hilft euch Schönheit, junges Blut?
Das ist wohl alles schön und gut,
Allein man läßt's auch alles sein;
Man lobt euch halb mit Erbarmen.
Nach Golde drängt,
Am Golde hängt
Doch Alles. Ach wir Armen!

SPAZIERGANG

FAUST *in Gedanken auf und ab gehend. Zu ihm* MEPHISTOPHELES.

MEPHISTOPHELES
Bei aller verschmähten Liebe! Bei'm höllischen Elemente!
Ich wollt' ich wüßte was ärgers, daß ich's fluchen könnte!

FAUST
Was hast? was kneipt dich denn so sehr?
So kein Gesicht sah' ich in meinem Leben!

MEPHISTOPHELES
Ich möcht' mich gleich dem Teufel übergeben,
Wenn ich nur selbst kein Teufel wär'!

FAUST
Hat sich dir was im Kopf verschoben?
Dich kleidet's, wie ein Rasender zu toben!

MEPHISTOPHELES
Denkt nur, den Schmuck für Gretchen angeschafft,
Den hat ein Pfaff hinweggerafft! –
Die Mutter kriegt das Ding zu schauen,
Gleich fängt's ihr heimlich an zu grauen:
Die Frau hat gar einen feinen Geruch,
Schnuffelt immer im Gebetbuch,
Und riecht's einem jeden Möbel an,
Ob das Ding heilig ist oder profan;
Und an dem Schmuck da spürt sie's klar,
Daß dabei nicht viel Segen war.
Mein Kind, rief sie, ungerechtes Gut
Befängt die Seele, zehrt auf das Blut.
Wollen's der Mutter Gottes weihen,
Wird uns mit Himmels-Manna erfreuen!
Margretlein zog ein schiefes Maul,
Ist halt, dacht' sie, ein geschenkter Gaul,

Und wahrlich! gottlos ist nicht der,
Der ihn so fein gebracht hierher.
Die Mutter ließ einen Pfaffen kommen;
Der hatte kaum den Spaß vernommen,
Ließ sich den Anblick wohl behagen.
Er sprach: So ist man recht gesinnt!
Wer überwindet der gewinnt.
Die Kirche hat einen guten Magen,
Hat ganze Länder aufgefressen,
Und doch noch nie sich übergessen;
Die Kirch' allein, meine lieben Frauen,
Kann ungerechtes Gut verdauen.

FAUST

Das ist ein allgemeiner Brauch,
Ein Jud' und König kann es auch.

MEPHISTOPHELES

Strich drauf ein Spange, Kett' und Ring',
Als wären's eben Pfifferling',
Dankt' nicht weniger und nicht mehr,
Als ob's ein Korb voll Nüsse wär',
Versprach ihnen allen himmlischen Lohn –
Und sie waren sehr erbaut davon.

FAUST

Und Gretchen?

MEPHISTOPHELES

Sitzt nun unruhvoll,
Weiß weder was sie will noch soll,
Denkt an's Geschmeide Tag und Nacht,
Noch mehr an den der's ihr gebracht.

FAUST

Des Liebchens Kummer tut mir leid.
Schaff' du ihr gleich ein neu Geschmeid'!
Am ersten war ja so nicht viel.

MEPHISTOPHELES

O ja, dem Herrn ist Alles Kinderspiel!

FAUST

Und mach', und richt's nach meinem Sinn!

Häng' dich an ihre Nachbarin.
Sei Teufel doch nur nicht wie Brei,
Und schaff' einen neuen Schmuck herbei!

MEPHISTOPHELES

Ja, gnäd'ger Herr, von Herzen gerne.

Faust ab.

MEPHISTOPHELES

So ein verliebter Tor verpufft
Euch Sonne, Mond und alle Sterne
Zum Zeitvertreib dem Liebchen in die Luft.

ab.

DER NACHBARIN HAUS

MARTHE *allein*
Gott verzeih's meinem lieben Mann,
Er hat an mir nicht wohl getan!
Geht da stracks in die Welt hinein,
Und läßt mich auf dem Stroh allein.
Tät' ihn doch wahrlich nicht betrüben,
Tät' ihn, weiß Gott, recht herzlich lieben.
Sie weint.
Vielleicht ist er gar tot! – O Pein! – –
Hätt' ich nur einen Totenschein!
MARGARETE *kommt*

MARGARETE
Frau Marthe!
MARTHE
Gretelchen, was soll's?
MARGARETE
Fast sinken mir die Knie nieder!
Da find' ich so ein Kästchen wieder
In meinem Schrein, von Ebenholz,
Und Sachen herrlich ganz und gar,
Weit reicher als das erste war.
MARTHE
Das muß sie nicht der Mutter sagen;
Tät's wieder gleich zur Beichte tragen.
MARGARETE
Ach seh' sie nur! ach schau' sie nur!
MARTHE *putzt sie auf.*
O du glücksel'ge Kreatur!
MARGARETE
Darf mich, leider, nicht auf der Gassen,
Noch in der Kirche mit sehen lassen.

MARTHE
Komm du nur oft zu mir herüber,
Und leg' den Schmuck hier heimlich an;
Spazier' ein Stündchen lang dem Spiegelglas vorüber,
Wir haben unsre Freude dran;
Und dann gibt's einen Anlaß, gibt's ein Fest,
Wo man's so nach und nach den Leuten sehen läßt.
Ein Kettchen erst, die Perle dann in's Ohr;
Die Mutter sieht's wohl nicht, man macht ihr auch was vor.

MARGARETE
Wer konnte nur die beiden Kästchen bringen?
Es geht nicht zu mit rechten Dingen!
Es klopft.

MARGARETE
Ach Gott! mag das meine Mutter sein?
MARTHE *durch's Vorhängel guckend*
Es ist ein fremder Herr – Herein!
MEPHISTOPHELES *tritt auf.*

MEPHISTOPHELES
Bin so frei g'rad' herein zu treten,
Muß bei den Frauen Verzeihn erbeten.
Tritt ehrerbietig vor Margareten zurück.
Wollte nach Frau Marthe Schwerdtlein fragen!
MARTHE
Ich bin's, was hat der Herr zu sagen?
MEPHISTOPHELES *leise zu ihr*
Ich kenne Sie jetzt, mir ist das genug;
Sie hat da gar vornehmen Besuch.
Verzeiht die Freiheit die ich genommen,
Will Nachmittage wieder kommen.
MARTHE *laut*
Denk', Kind, um alles in der Welt!
Der Herr dich für ein Fräulein hält.
MARGARETE
Ich bin ein armes junges Blut;
Ach Gott! der Herr ist gar zu gut:
Schmuck und Geschmeide sind nicht mein.

MEPHISTOPHELES
Ach, es ist nicht der Schmuck allein;
Sie hat ein Wesen, einen Blick so scharf!
Wie freut mich's daß ich bleiben darf.
MARTHE
Was bringt er denn? Verlange sehr –
MEPHISTOPHELES
Ich wollt' ich hätt' eine frohere Mär'!
Ich hoffe sie läßt mich's drum nicht büßen:
Ihr Mann ist tot und läßt sie grüßen.
MARTHE
Ist tot? das treue Herz! O weh!
Mein Mann ist tot! Ach ich vergeh'!
MARGARETE
Ach! liebe Frau, verzweifelt nicht!
MEPHISTOPHELES
So hört die traurige Geschicht'!
MARGARETE
Ich möchte drum mein' Tag' nicht lieben,
Würde mich Verlust zu Tode betrüben.
MEPHISTOPHELES
Freud' muß Leid, Leid muß Freude haben.
MARTHE
Erzählt mir seines Lebens Schluß!
MEPHISTOPHELES
Er liegt in Padua begraben
Bei'm heiligen Antonius,
An einer wohlgeweihten Stätte
Zum ewig kühlen Ruhebette.
MARTHE
Habt ihr sonst nichts an mich zu bringen?
MEPHISTOPHELES
Ja, eine Bitte, groß und schwer;
Laß sie doch ja für ihn dreihundert Messen singen!
Im übrigen sind meine Taschen leer.
MARTHE
Was! Nicht ein Schaustück? Kein Geschmeid'?

Was jeder Handwerksbursch im Grund des Säckels spart,
Zum Angedenken aufbewahrt,
Und lieber hungert, lieber bettelt!

MEPHISTOPHELES
Madam, es tut mir herzlich leid;
Allein er hat sein Geld wahrhaftig nicht verzettelt.
Auch er bereute seine Fehler sehr,
Ja, und bejammerte sein Unglück noch viel mehr.

MARGARETE
Ach! daß die Menschen so unglücklich sind!
Gewiß ich will für ihn manch Requiem noch beten.

MEPHISTOPHELES
Ihr wäret wert, gleich in die Eh' zu treten:
Ihr seid ein liebenswürdig Kind.

MARGARETE
Ach nein, das geht jetzt noch nicht an.

MEPHISTOPHELES
Ist's nicht ein Mann, sei's derweil' ein Galan.
's ist eine der größten Himmelsgaben,
So ein lieb Ding im Arm zu haben.

MARGARETE
Das ist des Landes nicht der Brauch.

MEPHISTOPHELES
Brauch oder nicht! Es gibt sich auch.

MARTHE
Erzählt mir doch!

MEPHISTOPHELES
Ich stand an seinem Sterbebette,
Es war was besser als von Mist,
Von halbgefaultem Stroh; allein er starb als Christ,
Und fand daß er weit mehr noch auf der Zeche hätte.
Wie, rief er, muß ich mich von Grund aus hassen,
So mein Gewerb, mein Weib so zu verlassen!
Ach! die Erinnrung tötet mich.
Vergäb' sie mir nur noch in diesem Leben! –

MARTHE *weinend*
Der gute Mann! ich hab' ihm längst vergeben.

MEPHISTOPHELES
Allein, weiß Gott! sie war mehr Schuld als ich.
MARTHE
Das lügt er! Was! am Rand des Grab's zu lügen!
MEPHISTOPHELES
Er fabelte gewiß in letzten Zügen,
Wenn ich nur halb ein Kenner bin.
Ich hatte, sprach er, nicht zum Zeitvertreib zu gaffen,
Erst Kinder, und dann Brot für sie zu schaffen,
Und Brot im allerweit'sten Sinn,
Und konnte nicht einmal mein Teil in Frieden essen.
MARTHE
Hat er so aller Treu', so aller Lieb' vergessen,
Der Plackerei bei Tag und Nacht!
MEPHISTOPHELES
Nicht doch, er hat euch herzlich dran gedacht.
Er sprach: Als ich nun weg von Malta ging,
Da betet' ich für Frau und Kinder brünstig;
Uns war denn auch der Himmel günstig,
Daß unser Schiff ein Türkisch Fahrzeug fing,
Das einen Schatz des großen Sultans führte.
Da ward der Tapferkeit ihr Lohn,
Und ich empfing denn auch, wie sich's gebührte,
Mein wohlgemess'nes Teil davon.
MARTHE
Ei wie? Ei wo? Hat er's vielleicht vergraben?
MEPHISTOPHELES
Wer weiß, wo nun es die vier Winde haben.
Ein schönes Fräulein nahm sich seiner an,
Als er in Napel fremd umher spazierte;
Sie hat an ihm viel Lieb's und Treu's getan,
Daß er's bis an sein selig Ende spürte.
MARTHE
Der Schelm! der Dieb an seinen Kindern!
Auch alles Elend, alle Not
Konnt' nicht sein schändlich Leben hindern!

MEPHISTOPHELES
Ja seht! dafür ist er nun tot.
Wär' ich nun jetzt an eurem Platze,
Betraurt' ich ihn ein züchtig Jahr,
Visierte dann unterweil' nach einem neuen Schatze.

MARTHE
Ach Gott! wie doch mein erster war,
Find' ich nicht leicht auf dieser Welt den andern!
Es konnte kaum ein herziger Närrchen sein.
Er liebte nur das allzuviele Wandern,
Und fremde Weiber, und fremden Wein,
Und das verfluchte Würfelspiel.

MEPHISTOPHELES
Nun, nun, so konnt' es gehn und stehen,
Wenn er euch ungefähr so viel
Von seiner Seite nachgesehen.
Ich schwör' euch zu, mit dem Beding
Wechselt' ich selbst mit euch den Ring!

MARTHE
O es beliebt dem Herrn zu scherzen!

MEPHISTOPHELES *für sich*
Nun mach' ich mich bei Zeiten fort!
Die hielte wohl den Teufel selbst bei'm Wort.
zu Gretchen
Wie steht es denn mit Ihrem Herzen?

MARGARETE
Was meint der Herr damit?

MEPHISTOPHELES *für sich*
Du gut's, unschuldig's Kind!
Laut
Lebt wohl ihr Fraun!

MARGARETE
Lebt wohl!

MARTHE
O sagt mir doch geschwind!
Ich möchte gern ein Zeugnis haben,
Wo, wie und wann mein Schatz gestorben und begraben.

Ich bin von je der Ordnung Freund gewesen,
Möcht' ihn auch tot im Wochenblättchen lesen.

MEPHISTOPHELES

Ja, gute Frau, durch zweier Zeugen Mund
Wird allerwegs die Wahrheit kund;
Habe noch gar einen feinen Gesellen,
Den will ich euch vor den Richter stellen.
Ich bring' ihn her.

MARTHE

O tut das ja!

MEPHISTOPHELES

Und hier die Jungfrau ist auch da? –
Ein braver Knab'! ist viel gereis't,
Fräuleins alle Höflichkeit erweis't.

MARGARETE

Müßte vor dem Herren schamrot werden.

MEPHISTOPHELES

Vor keinem Könige der Erden.

MARTHE

Da hinter'm Haus in meinem Garten
Wollen wir der Herrn heut' Abend warten.

STRASSE

FAUST. MEPHISTOPHELES.

FAUST
Wie ist's? Will's fördern? Will's bald gehn?
MEPHISTOPHELES
Ah bravo! Find' ich euch in Feuer?
In kurzer Zeit ist Gretchen euer.
Heut' Abend sollt ihr sie bei Nachbar' Marthen sehn:
Das ist ein Weib wie auserlesen
Zum Kuppler- und Zigeunerwesen!
FAUST
So recht!
MEPHISTOPHELES
Doch wird auch was von uns begehrt.
FAUST
Ein Dienst ist wohl des andern wert.
MEPHISTOPHELES
Wir legen nur ein gültig Zeugnis nieder,
Daß ihres Ehherrn ausgereckte Glieder
In Padua an heil'ger Stätte ruhn.
FAUST
Sehr klug! Wir werden erst die Reise machen müssen!
MEPHISTOPHELES
SANCTA SIMPLICITAS! darum ist's nicht zu tun;
Bezeugt nur ohne viel zu wissen.
FAUST
Wenn Er nichts bessers hat, so ist der Plan zerrissen.
MEPHISTOPHELES
O heil'ger Mann! Da wär't ihr's nun!
Ist es das erstemal in eurem Leben,
Daß ihr falsch Zeugnis abgelegt?
Habt ihr von Gott, der Welt und was sich d'rin bewegt,

Vom Menschen, was sich ihm in Kopf und Herzen regt,
Definitionen nicht mit großer Kraft gegeben?
Mit frecher Stirne, kühner Brust?
Und wollt ihr recht in's Innre gehen,
Habt ihr davon, ihr müßt es g'rad' gestehen,
So viel als von Herrn Schwerdtleins Tod gewußt!

FAUST

Du bist und bleibst ein Lügner, ein Sophiste.

MEPHISTOPHELES

Ja, wenn man's nicht ein bißchen tiefer wüßte.
Denn morgen wirst, in allen Ehren,
Das arme Gretchen nicht betören,
Und alle Seelenlieb' ihr schwören?

FAUST

Und zwar von Herzen.

MEPHISTOPHELES

Gut und schön!
Dann wird von ewiger Treu' und Liebe,
Von einzig überallmächt'gem Triebe –
Wird das auch so von Herzen gehn?

FAUST

Laß das! Es wird! – Wenn ich empfinde,
Für das Gefühl, für das Gewühl
Nach Namen suche, keinen finde,
Dann durch die Welt mit allen Sinnen schweife,
Nach allen höchsten Worten greife,
Und diese Glut, von der ich brenne,
Unendlich, ewig, ewig nenne,
Ist das ein teuflisch Lügenspiel?

MEPHISTOPHELES

Ich hab' doch Recht!

FAUST

Hör'! merk' dir dies –
Ich bitte dich, und schone meine Lunge –
Wer Recht behalten will und hat nur eine Zunge,
Behält's gewiß.
Und komm', ich hab' des Schwätzens Überdruß,
Denn du hast Recht, vorzüglich weil ich muß.

GARTEN

MARGARETE *an* FAUSTENS *Arm,*
MARTHE *mit* MEPHISTOPHELES
auf und ab spazierend.

MARGARETE
Ich fühl' es wohl, daß mich der Herr nur schont,
Herab sich läßt, mich zu beschämen.
Ein Reisender ist so gewohnt
Aus Gütigkeit fürlieb zu nehmen;
Ich weiß zu gut, daß solch' erfahrnen Mann
Mein arm Gespräch nicht unterhalten kann.

FAUST
Ein Blick von dir, Ein Wort mehr unterhält,
Als alle Weisheit dieser Welt.
Er küßt ihre Hand.

MARGARETE
Inkommodiert euch nicht! Wie könnt ihr sie nur küssen?
Sie ist so garstig, ist so rauh!
Was hab' ich nicht schon alles schaffen müssen!
Die Mutter ist gar zu genau.
Gehn vorüber.

MARTHE
Und ihr, mein Herr, ihr reis't so immer fort?

MEPHISTOPHELES
Ach, daß Gewerb' und Pflicht uns dazu treiben!
Mit wie viel Schmerz verläßt man manchen Ort,
Und darf doch nun einmal nicht bleiben!

MARTHE
In raschen Jahren geht's wohl an,
So um und um frei durch die Welt zu streifen;
Doch kömmt die böse Zeit heran,
Und sich als Hagestolz allein zum Grab' zu schleifen,
Das hat noch Keinem wohl getan.

MEPHISTOPHELES
Mit Grausen seh' ich das von weiten.
MARTHE
Drum, wertet Herr, beratet euch in Zeiten.
Gehn vorüber.
MARGARETE
Ja, aus den Augen aus dem Sinn!
Die Höflichkeit ist euch geläufig;
Allein ihr habt der Freunde häufig,
Sie sind verständiger als ich bin.
FAUST
O Beste! glaube, was man so verständig nennt,
Ist oft mehr Eitelkeit und Kurzsinn.
MARGARETE
Wie?
FAUST
Ach, daß die Einfalt, daß die Unschuld nie
Sich selbst und ihren heil'gen Wert erkennt!
Daß Demut, Niedrigkeit, die höchsten Gaben
Der liebevoll austeilenden Natur –
MARGARETE
Denkt ihr an mich ein Augenblickchen nur,
Ich werde Zeit genug an euch zu denken haben.
FAUST
Ihr seid wohl viel allein?
MARGARETE
Ja, unsre Wirtschaft ist nur klein,
Und doch will sie versehen sein.
Wir haben keine Magd; muß kochen, fegen, stricken
Und nähn, und laufen früh und spat;
Und meine Mutter ist in allen Stücken
So akkurat!
Nicht daß sie just so sehr sich einzuschränken hat;
Wir könnten uns weit eh'r als andre regen:
Mein Vater hinterließ ein hübsch Vermögen,
Ein Häuschen und ein Gärtchen vor der Stadt.
Doch hab' ich jetzt so ziemlich stille Tage;

Mein Bruder ist Soldat,
Mein Schwesterchen ist tot.
Ich hatte mit dem Kind wohl meine liebe Not;
Doch übernähm' ich gern noch einmal alle Plage,
So lieb war mir das Kind.

FAUST

Ein Engel, wenn dir's glich.

MARGARETE

Ich zog es auf, und herzlich liebt' es mich.
Es war nach meines Vaters Tod geboren,
Die Mutter gaben wir verloren,
So elend wie sie damals lag,
Und sie erholte sich sehr langsam, nach und nach.
Da konnte sie nun nicht d'ran denken
Das arme Würmchen selbst zu tränken,
Und so erzog ich's ganz allein,
Mit Milch und Wasser; so ward's mein.
Auf meinem Arm, in meinem Schoß
War's freundlich, zappelte, ward groß.

FAUST

Du hast gewiß das reinste Glück empfunden.

MARGARETE

Doch auch gewiß gar manche schwere Stunden.
Des Kleinen Wiege stand zu Nacht
An meinem Bett', es durfte kaum sich regen,
War ich erwacht;
Bald mußt' ich's tränken, bald es zu mir legen,
Bald, wenn's nicht schwieg, vom Bett' aufstehn,
Und tänzelnd in der Kammer auf und nieder gehn,
Und früh am Tage schon am Waschtrog stehn;
Dann auf dem Markt und an dem Herde sorgen,
Und immer fort wie heut so morgen.
Da geht's, mein Herr, nicht immer mutig zu;
Doch schmeckt dafür das Essen, schmeckt die Ruh.

Gehn vorüber.

MARTHE

Die armen Weiber sind doch übel dran:
Ein Hagestolz ist schwerlich zu bekehren.

MEPHISTOPHELES
Es käme nur auf eures gleichen an,
Mich eines bessern zu belehren.
MARTHE
Sagt g'rad', mein Herr, habt ihr noch nichts gefunden?
Hat sich das Herz nicht irgendwo gebunden?
MEPHISTOPHELES
Das Sprichwort sagt: Ein eigner Herd,
Ein braves Weib, sind Gold und Perlen wert.
MARTHE
Ich meine, ob ihr niemals Lust bekommen?
MEPHISTOPHELES
Man hat mich überall recht höflich aufgenommen.
MARTHE
Ich wollte sagen: ward's nie Ernst in eurem Herzen?
MEPHISTOPHELES
Mit Frauen soll man sich nie unterstehn zu scherzen.
MARTHE
Ach, ihr versteht mich nicht!
MEPHISTOPHELES
Das tut mir herzlich leid!
Doch ich versteh' – daß ihr sehr gütig seid.
Gehn vorüber.
FAUST
Du kanntest mich, o kleiner Engel, wieder,
Gleich als ich in den Garten kam?
MARGARETE
Saht ihr es nicht? ich schlug die Augen nieder.
FAUST
Und du verzeihst die Freiheit, die ich nahm,
Was sich die Frechheit unterfangen,
Als du jüngst aus dem Dom gegangen?
MARGARETE
Ich war bestürzt, mir war das nie geschehn;
Es konnte niemand von mir übels sagen.
Ach, dacht' ich, hat er in deinem Betragen
Was freches, unanständiges gesehn?

Es schien ihn gleich nur anzuwandeln,
Mit dieser Dirne g'rade hin zu handeln.
Gesteh' ich's doch! Ich wußte nicht was sich
Zu eurem Vorteil hier zu regen gleich begonnte;
Allein gewiß, ich war recht bös' auf mich,
Daß ich auf euch nicht böser werden konnte.

FAUST
Süß Liebchen!

MARGARETE
Laßt einmal!

Sie pflückt eine Sternblume und zupft die Blätter ab, eins nach dem andern.

FAUST
Was soll das? Einen Strauß?

MARGARETE
Nein, es soll nur ein Spiel.

FAUST
Wie?

MARGARETE
Geht! ihr lacht mich aus.

Sie rupft und murmelt.

FAUST
Was murmelst du?

MARGARETE *halb laut*
Er liebt mich – liebt mich nicht.

FAUST
Du holdes Himmels-Angesicht!

MARGARETE *fährt fort*
Liebt mich – Nicht – Liebt mich – Nicht –
Das letzte Blatt ausrupfend, mit holder Freude
Er liebt mich!

FAUST
Ja, mein Kind! Laß dieses Blumenwort
Dir Götter-Ausspruch sein. Er liebt dich!
Verstehst du, was das heißt? Er liebt dich!

Er faßt ihre beiden Hände.

MARGARETE
Mich überläuft's!

FAUST
O schaudre nicht! Laß diesen Blick,
Laß diesen Händedruck dir sagen,
Was unaussprechlich ist:
Sich hinzugeben ganz und eine Wonne
Zu fühlen, die ewig sein muß!
Ewig! – Ihr Ende würde Verzweiflung sein.
Nein, kein Ende! Kein Ende!

MARGARETE
drückt ihm die Hände, macht sich los und läuft weg. Er steht einen Augenblick in Gedanken, dann folgt er ihr.

MARTHE *kommend*
Die Nacht bricht an.

MEPHISTOPHELES
Ja, und wir wollen fort.

MARTHE
Ich bät' euch länger hier zu bleiben,
Allein es ist ein gar zu böser Ort.
Es ist als hätte niemand nichts zu treiben
Und nichts zu schaffen,
Als auf des Nachbarn Schritt und Tritt zu gaffen,
Und man kommt in's Gered', wie man sich immer stellt.
Und unser Pärchen?

MEPHISTOPHELES
Ist den Gang dort aufgeflogen.
Mutwill'ge Sommervögel!

MARTHE
Er scheint ihr gewogen.

MEPHISTOPHELES
Und sie ihm auch. Das ist der Lauf der Welt.

EIN GARTENHÄUSCHEN

MARGARETE *springt herein, steckt sich hinter die Tür, hält die Fingerspitze an die Lippen, und guckt durch die Ritze.*

MARGARETE
Er kommt!
FAUST *kommt.*
Ach Schelm, so neckst du mich!
Treff' ich dich!
Er küßt sie.
MARGARETE *ihn fassend und den Kuß zurückgebend*
Bester Mann! von Herzen lieb' ich dich!
MEPHISTOPHELES *klopft an.*
FAUST *stampfend*
Wer da?
MEPHISTOPHELES
Gut Freund!
FAUST
Ein Tier!
MEPHISTOPHELES
Es ist wohl Zeit zu scheiden.
MARTHE *kommt.*
Ja, es ist spät, mein Herr.
FAUST
Darf ich euch nicht geleiten?
MARGARETE
Die Mutter würde mich – Lebt wohl!
FAUST
Muß ich denn gehn?
Lebt wohl!
MARTHE
Ade!
MARGARETE
Auf baldig Wiedersehn!
Faust und Mephistopheles ab.

MARGARETE
Du lieber Gott! was so ein Mann
Nicht alles alles denken kann!
Beschämt nur steh' ich vor ihm da,
Und sag' zu allen Sachen ja.
Bin doch ein arm unwissend Kind,
Begreife nicht was er an mir find't.

ab.

WALD UND HÖHLE

FAUST *allein*
Erhabner Geist, du gabst mir, gabst mir Alles,
Warum ich bat. Du hast mir nicht umsonst
Dein Angesicht im Feuer zugewendet.
Gabst mir die herrliche Natur zum Königreich,
Kraft, sie zu fühlen, zu genießen. Nicht
Kalt staunenden Besuch erlaubst du nur,
Vergönnest mir in ihre tiefe Brust
Wie in den Busen eines Freund's zu schauen.
Du führst die Reihe der Lebendigen
Vor mir vorbei, und lehrst mich meine Brüder
Im stillen Busch, in Luft und Wasser kennen.
Und wenn der Sturm im Walde braus't und knarrt,
Die Riesenfichte stürzend Nachbaräste
Und Nachbarstämme quetschend nieder streift,
Und ihrem Fall dumpf hohl der Hügel donnert:
Dann führst du mich zur sichern Höhle, zeigst
Mich dann mir selbst, und meiner eignen Brust
Geheime tiefe Wunder öffnen sich.
Und steigt vor meinem Blick der reine Mond
Besänftigend herüber: schweben mir
Von Felsenwänden, aus dem feuchten Busch,
Der Vorwelt silberne Gestalten auf,
Und lindern der Betrachtung strenge Lust.

O daß dem Menschen nichts Vollkomm'nes wird,
Empfind' ich nun. Du gabst zu dieser Wonne,
Die mich den Göttern nah' und näher bringt,
Mir den Gefährten, den ich schon nicht mehr
Entbehren kann, wenn er gleich, kalt und frech,
Mich vor mir selbst erniedrigt, und zu Nichts,
Mit einem Worthauch, deine Gaben wandelt.

Er facht in meiner Brust ein wildes Feuer
Nach jenem schönen Bild geschäftig an.
So tauml' ich von Begierde zu Genuß,
Und im Genuß verschmacht' ich nach Begierde.

MEPHISTOPHELES *tritt auf.*

MEPHISTOPHELES
Habt ihr nun bald das Leben g'nug geführt?
Wie kann's euch in die Länge freuen?
Es ist wohl gut, daß man's einmal probiert;
Dann aber wieder zu was Neuen!

FAUST
Ich wollt', du hättest mehr zu tun,
Als mich am guten Tag zu plagen.

MEPHISTOPHELES
Nun nun! ich lass' dich gerne ruhn,
Du darfst mir's nicht im Ernste sagen.
An dir Gesellen unhold, barsch und toll,
Ist wahrlich wenig zu verlieren.
Den ganzen Tag hat man die Hände voll!
Was ihm gefällt und was man lassen soll,
Kann man dem Herrn nie an der Nase spüren.

FAUST
Das ist so just der rechte Ton!
Er will noch Dank, daß er mich ennuyiert.

MEPHISTOPHELES
Wie hätt'st du, armer Erdensohn,
Dein Leben ohne mich geführt?
Vom Kribskrabs der Imagination
Hab' ich dich doch auf Zeiten lang kuriert;
Und wär' ich nicht, so wär'st du schon
Von diesem Erdball abspaziert.
Was hast du da in Höhlen, Felsenritzen
Dich wie ein Schuhu zu versitzen?
Was schlurfst aus dumpfem Moos und triefendem Gestein,
Wie eine Kröte, Nahrung ein?
Ein schöner, süßer Zeitvertreib!
Dir steckt der Doktor noch im Leib.

FAUST

Verstehst du, was für neue Lebenskraft
Mir dieser Wandel in der Öde schafft?
Ja, würdest du es ahnen können,
Du wärest Teufel g'nug mein Glück mir nicht zu gönnen.

MEPHISTOPHELES

Ein überirdisches Vergnügen!
In Nacht und Tau auf den Gebirgen liegen,
Und Erd und Himmel wonniglich umfassen,
Zu einer Gottheit sich aufschwellen lassen,
Der Erde Mark mit Ahnungsdrang durchwühlen,
Alle sechs Tagewerk' im Busen fühlen,
In stolzer Kraft ich weiß nicht was genießen,
Bald liebewonniglich in alles überfließen,
Verschwunden ganz der Erdensohn,
Und dann die hohe Intuition –

Mit einer Gebärde

Ich darf nicht sagen wie – zu schließen.

FAUST

Pfui über dich!

MEPHISTOPHELES

Das will euch nicht behagen;
Ihr habt das Recht gesittet pfui zu sagen.
Man darf das nicht vor keuschen Ohren nennen,
Was keusche Herzen nicht entbehren können.
Und kurz und gut, ich gönn' Ihm das Vergnügen,
Gelegentlich sich etwas vorzulügen;
Doch lange hält Er das nicht aus.
Du bist schon wieder abgetrieben,
Und, währt es länger, aufgerieben
In Tollheit oder Angst und Graus.
Genug damit! Dein Liebchen sitzt dadrinne,
Und alles wird ihr eng' und trüb'.
Du kommst ihr gar nicht aus dem Sinne,
Sie hat dich übermächtig lieb.
Erst kam deine Liebeswut übergeflossen,

Wie vom geschmolznen Schnee ein Bächlein übersteigt;
Du hast sie ihr in's Herz gegossen;
Nun ist dein Bächlein wieder seicht.
Mich dünkt, anstatt in Wäldern zu thronen,
Ließ es dem großen Herren gut,
Das arme affenjunge Blut
Für seine Liebe zu belohnen.
Die Zeit wird ihr erbärmlich lang;
Sie steht am Fenster, sieht die Wolken ziehn
Über die alte Stadtmauer hin.
Wenn ich ein Vöglein wär'! so geht ihr Gesang
Tagelang, halbe Nächte lang.
Einmal ist sie munter, meist betrübt,
Einmal recht ausgeweint,
Dann wieder ruhig, wie's scheint,
Und immer verliebt.

FAUST
Schlange! Schlange!

MEPHISTOPHELES *für sich*
Gelt! daß ich dich fange!

FAUST
Verruchter! hebe dich von hinnen,
Und nenne nicht das schöne Weib!
Bring' die Begier zu ihrem süßen Leib
Nicht wieder vor die halb verrückten Sinnen!

MEPHISTOPHELES
Was soll es denn? Sie meint, du seist entfloh'n,
Und halb und halb bist du es schon.

FAUST
Ich bin ihr nah', und wär' ich noch so fern,
Ich kann sie nie vergessen, nie verlieren,
Ja, ich beneide schon den Leib des Herrn,
Wenn ihre Lippen ihn indes berühren.

MEPHISTOPHELES
Gar wohl, mein Freund! Ich hab' euch oft beneidet
Um's Zwillingspaar, das unter Rosen weidet.

FAUST
Entfliehe, Kuppler!
MEPHISTOPHELES
Schön! Ihr schimpft und ich muß lachen.
Der Gott, der Bub' und Mädchen schuf,
Erkannte gleich den edelsten Beruf,
Auch selbst Gelegenheit zu machen.
Nur fort, es ist ein großer Jammer!
Ihr sollt in eures Liebchens Kammer,
Nicht etwa in den Tod.
FAUST
Was ist die Himmelsfreud' in ihren Armen?
Laß mich an ihrer Brust erwarmen!
Fühl' ich nicht immer ihre Not?
Bin ich der Flüchtling nicht? der Unbehaus'te?
Der Unmensch ohne Zweck und Ruh?
Der wie ein Wassersturz von Fels zu Felsen braus'te
Begierig wütend nach dem Abgrund zu.
Und seitwärts sie, mit kindlich dumpfen Sinnen,
Im Hüttchen auf dem kleinen Alpenfeld,
Und all ihr häusliches Beginnen
Umfangen in der kleinen Welt.
Und ich, der Gottverhaßte,
Hatte nicht genug,
Daß ich die Felsen faßte
Und sie zu Trümmern schlug!
Sie, ihren Frieden mußt' ich untergraben!
Du, Hölle, mußtest dieses Opfer haben!
Hilf, Teufel, mir die Zeit der Angst verkürzen!
Was muß geschehn, mag's gleich geschehn!
Mag ihr Geschick auf mich zusammenstürzen
Und sie mit mir zu Grunde gehn.
MEPHISTOPHELES
Wie's wieder siedet, wieder glüht!
Geh' ein und tröste sie, du Tor!
Wo so ein Köpfchen keinen Ausgang sieht,
Stellt er sich gleich das Ende vor.

Es lebe wer sich tapfer hält!
Du bist doch sonst so ziemlich eingeteufelt.
Nichts Abgeschmackters find' ich auf der Welt,
Als einen Teufel der verzweifelt.

GRETCHENS STUBE

GRETCHEN *am Spinnrade allein*

Meine Ruh' ist hin,
Mein Herz ist schwer;
Ich finde sie nimmer
Und nimmermehr.

Wo ich ihn nicht hab'
Ist mir das Grab,
Die ganze Welt
Ist mir vergällt.

Mein armer Kopf
Ist mir verrückt,
Mein armer Sinn
Ist mir zerstückt.

Meine Ruh' ist hin,
Mein Herz ist schwer;
Ich finde sie nimmer
Und nimmermehr.

Nach ihm nur schau' ich
Zum Fenster hinaus,
Nach ihm nur geh' ich
Aus dem Haus.

Sein hoher Gang,
Sein' edle Gestalt,
Seines Mundes Lächeln,
Seiner Augen Gewalt,

Und seiner Rede
Zauberfluß,
Sein Händedruck,
Und ach sein Kuß!

Meine Ruh' ist hin.
Mein Herz ist schwer,
Ich finde sie nimmer
Und nimmermehr.

Mein Busen drängt
Sich nach ihm hin.
Ach dürft' ich fassen
Und halten ihn!

Und küssen ihn
So wie ich wollt',
An seinen Küssen
Vergehen sollt'!

MARTHENS GARTEN

MARGARETE. FAUST.

MARGARETE
Versprich mir, Heinrich!
FAUST
Was ich kann!
MARGARETE
Nun sag', wie hast du's mit der Religion?
Du bist ein herzlich guter Mann,
Allein ich glaub', du hält'st nicht viel davon.
FAUST
Laß das, mein Kind! Du fühlst, ich bin dir gut;
Für meine Lieben ließ ich Leib und Blut,
Will niemand sein Gefühl und seine Kirche rauben.
MARGARETE
Das ist nicht recht, man muß d'ran glauben!
FAUST
Muß man?
MARGARETE
Ach! wenn ich etwas auf dich könnte!
Du ehrst auch nicht die heil'gen Sakramente.
FAUST
Ich ehre sie.
MARGARETE
Doch ohne Verlangen.
Zur Messe, zur Beichte bist du lange nicht gegangen.
Glaubst du an Gott?
FAUST
Mein Liebchen, wer darf sagen,
Ich glaub' an Gott?
Magst Priester oder Weise fragen,
Und ihre Antwort scheint nur Spott
Über den Frager zu sein.

MARGARETE

So glaubst du nicht?

FAUST

Mißhör' mich nicht, du holdes Angesicht!
Wer darf ihn nennen?
Und wer bekennen:
Ich glaub' ihn.
Wer empfinden
Und sich unterwinden
Zu sagen: ich glaub' ihn nicht?
Der Allumfasser,
Der Allerhalter,
Faßt und erhält er nicht
Dich, mich, sich selbst?
Wölbt sich der Himmel nicht dadroben?
Liegt die Erde nicht hierunten fest?
Und steigen freundlich blickend
Ewige Sterne nicht herauf?
Schau' ich nicht Aug' in Auge dir,
Und drängt nicht alles
Nach Haupt und Herzen dir,
Und webt in ewigem Geheimnis
Unsichtbar sichtbar neben dir?
Erfüll' davon dein Herz, so groß es ist,
Und wenn du ganz in dem Gefühle selig bist,
Nenn' es dann wie du willst,
Nenn's Glück! Herz! Liebe! Gott!
Ich habe keinen Namen
Dafür! Gefühl ist alles;
Name ist Schall und Rauch,
Umnebelnd Himmelsglut.

MARGARETE

Das ist alles recht schön und gut;
Ungefähr sagt das der Pfarrer auch,
Nur mit ein bißchen andern Worten.

FAUST

Es sagen's aller Orten
Alle Herzen unter dem himmlischen Tage,

Jedes in seiner Sprache;
Warum nicht ich in der meinen?

MARGARETE
Wenn man's so hört, möcht's leidlich scheinen,
Steht aber doch immer schief darum;
Denn du hast kein Christentum.

FAUST
Lieb's Kind!

MARGARETE
Es tut mir lang' schon weh,
Daß ich dich in der Gesellschaft seh'.

FAUST
Wie so?

MARGARETE
Der Mensch, den du da bei dir hast,
Ist mir in tiefer inn'rer Seele verhaßt;
Es hat mir in meinem Leben
So nichts einen Stich in's Herz gegeben,
Als des Menschen widrig Gesicht.

FAUST
Liebe Puppe, fürcht' ihn nicht!

MARGARETE
Seine Gegenwart bewegt mir das Blut.
Ich bin sonst allen Menschen gut;
Aber, wie ich mich sehne dich zu schauen,
Hab' ich vor dem Menschen ein heimlich Grauen,
Und halt' ihn für einen Schelm dazu!
Gott verzeih' mir's, wenn ich ihm Unrecht tu'!

FAUST
Es muß auch solche Käuze geben.

MARGARETE
Wollte nicht mit seines Gleichen leben!
Kommt er einmal zur Tür herein,
Sieht er immer so spöttisch drein,
Und halb ergrimmt;
Man sieht, daß er an nichts keinen Anteil nimmt;

Es steht ihm an der Stirn' geschrieben,
Daß er nicht mag eine Seele lieben.
Mir wird's so wohl in deinem Arm,
So frei, so hingegeben warm,
Und seine Gegenwart schnürt mir das Inn're zu.

FAUST

Du ahnungsvoller Engel du!

MARGARETE

Das übermannt mich so sehr,
Daß, wo er nur mag zu uns treten,
Mein' ich sogar, ich liebte dich nicht mehr.
Auch wenn er da ist, könnt' ich nimmer beten,
Und das frißt mir in's Herz hinein;
Dir, Heinrich, muß es auch so sein.

FAUST

Du hast nun die Antipathie!

MARGARETE

Ich muß nun fort.

FAUST

Ach kann ich nie
Ein Stündchen ruhig dir am Busen hängen,
Und Brust an Brust und Seel' in Seele drängen?

MARGARETE

Ach wenn ich nur alleine schlief'!
Ich ließ dir gern heut Nacht den Riegel offen;
Doch meine Mutter schläft nicht tief,
Und würden wir von ihr betroffen,
Ich wär' gleich auf der Stelle tot!

FAUST

Du Engel, das hat keine Not.
Hier ist ein Fläschchen! Drei Tropfen nur
In ihren Trank umhüllen
Mit tiefem Schlaf gefällig die Natur.

MARGARETE

Was tu' ich nicht um deinetwillen?
Es wird ihr hoffentlich nicht schaden!

FAUST
Würd' ich sonst, Liebchen, dir es raten?
MARGARETE
Seh' ich dich, bester Mann, nur an,
Weiß nicht was mich nach deinem Willen treibt;
Ich habe schon so viel für dich getan,
Daß mir zu tun fast nichts mehr übrig bleibt.
ab.

MEPHISTOPHELES *tritt auf.*

MEPHISTOPHELES
Der Grasaff'! ist er weg?
FAUST
Hast wieder spioniert?
MEPHISTOPHELES
Ich hab's ausführlich wohl vernommen,
Herr Doktor wurden da katechisiert;
Hoff' es soll Ihnen wohl bekommen.
Die Mädels sind doch sehr interessiert,
Ob einer fromm und schlicht nach altem Brauch.
Sie denken, duckt er da, folgt er uns eben auch.
FAUST
Du Ungeheuer siehst nicht ein,
Wie diese treue liebe Seele
Von ihrem Glauben voll,
Der ganz allein
Ihr selig machend ist, sich heilig quäle,
Daß sie den liebsten Mann verloren halten soll.
MEPHISTOPHELES
Du übersinnlicher, sinnlicher Freier,
Ein Mägdelein nasführet dich.
FAUST
Du Spottgeburt von Dreck und Feuer!
MEPHISTOPHELES
Und die Physiognomie versteht sie meisterlich.
In meiner Gegenwart wird's ihr sie weiß nicht wie,
Mein Mäskchen da weissagt verborgnen Sinn;

Sie fühlt, daß ich ganz sicher ein Genie,
Vielleicht wohl gar der Teufel bin.
Nun heute Nacht – ?

FAUST

Was geht dich's an?

MEPHISTOPHELES

Hab' ich doch meine Freude d'ran!

AM BRUNNEN

GRETCHEN *und* LIESCHEN
mit Krügen.

LIESCHEN
Hast nichts von Bärbelchen gehört?
GRETCHEN
Kein Wort. Ich komm' gar wenig unter Leute.
LIESCHEN
Gewiß, Sibylle sagt' mir's heute!
Die hat sich endlich auch betört.
Das ist das Vornehmtun!
GRETCHEN
Wie so?
LIESCHEN
Es stinkt!
Sie füttert zwei, wenn sie nun ißt und trinkt.
GRETCHEN
Ach!
LIESCHEN
So ist's ihr endlich recht ergangen.
Wie lange hat sie an dem Kerl gehangen!
Das war ein Spazieren,
Auf Dorf und Tanzplatz Führen,
Mußt' überall die erste sein,
Kurtesiert' ihr immer mit Pastetchen und Wein;
Bild't sich was auf ihre Schönheit ein,
War doch so ehrlos sich nicht zu schämen
Geschenke von ihm anzunehmen.
War ein Gekos' und ein Geschleck';
Da ist denn auch das Blümchen weg!

GRETCHEN
Das arme Ding!
LIESCHEN
Bedauerst sie noch gar!
Wenn unser eins am Spinnen war,
Uns Nachts die Mutter nicht hinunterließ:
Stand sie bei ihrem Buhlen süß,
Auf der Türbank und im dunkeln Gang
Ward ihnen keine Stunde zu lang.
Da mag sie denn sich ducken nun,
Im Sünderhemdchen Kirchbuß' tun!
GRETCHEN
Er nimmt sie gewiß zu seiner Frau.
LIESCHEN
Er wär' ein Narr! Ein flinker Jung'
Hat anderwärts noch Luft genung,
Er ist auch fort.
GRETCHEN
Das ist nicht schön!
LIESCHEN
Kriegt sie ihn, soll's ihr übel gehn.
Das Kränzel reißen die Buben ihr,
Und Häckerling streuen wir vor die Tür!
ab.
GRETCHEN *nach Hause gehend*
Wie konnt' ich sonst so tapfer schmälen,
Wenn tät ein armes Mägdlein fehlen!
Wie konnt' ich über andrer Sünden
Nicht Worte g'nug der Zunge finden!
Wie schien mir's schwarz, und schwärzt's noch gar,
Mir's immer doch nicht schwarz g'nug war,
Und segnet' mich und tat so groß,
Und bin nun selbst der Sünde bloß!
Doch – alles was dazu mich trieb,
Gott! war so gut! ach war so lieb!

ZWINGER

In der Mauerhöhle ein Andachtsbild der Mater dolorosa, *Blumenkrüge davor.*

GRETCHEN *steckt frische Blumen in die Krüge.*

Ach neige,
Du Schmerzenreiche,
Dein Antlitz gnädig meiner Not!

Das Schwert im Herzen,
Mit tausend Schmerzen
Blickst auf zu deines Sohnes Tod.

Zum Vater blickst du,
Und Seufzer schickst du
Hinauf um sein' und deine Not.

Wer fühlet,
Wie wühlet
Der Schmerz mir im Gebein?
Was mein armes Herz hier banget,
Was es zittert, was verlanget,
Weißt nur du, nur du allein!

Wohin ich immer gehe,
Wie weh, wie weh, wie wehe
Wird mir im Busen hier!
Ich bin ach kaum alleine,
Ich wein', ich wein', ich weine,
Das Herz zerbricht in mir.

Die Scherben vor meinem Fenster
Betaut' ich mit Tränen, ach!
Als ich am frühen Morgen
Dir diese Blumen brach.

Schien hell in meine Kammer
Die Sonne früh herauf,
Saß ich in allem Jammer
In meinem Bett' schon auf.

Hilf! rette mich von Schmach und Tod!
Ach neige,
Du Schmerzenreiche,
Dein Antlitz gnädig meiner Not!

NACHT

Straße vor Gretchens Türe

VALENTIN *Soldat, Gretchens Bruder*
Wenn ich so saß bei einem Gelag,
Wo mancher sich berühmen mag,
Und die Gesellen mir den Flor
Der Mägdlein laut gepriesen vor,
Mit vollem Glas das Lob verschwemmt,
Den Ellenbogen aufgestemmt
Saß ich in meiner sichern Ruh,
Hört' all' dem Schwadronieren zu,
Und streiche lächelnd meinen Bart,
Und kriege das volle Glas zur Hand
Und sage: Alles nach seiner Art!
Aber ist eine im ganzen Land,
Die meiner trauten Gretel gleicht,
Die meiner Schwester das Wasser reicht?
Topp! Topp! Kling! Klang! das ging herum!
Die einen schrieen: er hat Recht,
Sie ist die Zier vom ganzen Geschlecht!
Da saßen alle die Lober stumm.
Und nun! – um's Haar sich auszuraufen
Und an den Wänden hinauf zu laufen! –
Mit Stichelreden, Naserümpfen
Soll jeder Schurke mich beschimpfen!
Soll wie ein böser Schuldner sitzen,
Bei jedem Zufallswörtchen schwitzen!
Und möcht' ich sie zusammenschmeißen:
Könnt' ich sie doch nicht Lügner heißen.

Was kommt heran? Was schleicht herbei?
Irr' ich nicht, es sind ihrer zwei.

Ist er's, gleich pack' ich ihn beim Felle,
Soll nicht lebendig von der Stelle!

FAUST. MEPHISTOPHELES.

FAUST
Wie von dem Fenster dort der Sakristei
Aufwärts der Schein des ew'gen Lämpchens flämmert
Und schwach und schwächer seitwärts dämmert,
Und Finsternis drängt ringsum bei!
So sieht's in meinem Busen nächtig.

MEPHISTOPHELES
Und mir ist's wie dem Kätzlein schmächtig,
Das an den Feuerleitern schleicht,
Sich leis' dann um die Mauern streicht;
Mir ist's ganz tugendlich dabei,
Ein bißchen Diebsgelüst, ein bißchen Rammelei.
So spukt mir schon durch alle Glieder
Die herrliche Walpurgisnacht.
Die kommt uns übermorgen wieder,
Da weiß man doch warum man wacht.

FAUST
Rückt wohl der Schatz indessen in die Höh',
Den ich dorthinten flimmern seh'?

MEPHISTOPHELES
Du kannst die Freude bald erleben,
Das Kesselchen herauszuheben.
Ich schielte neulich so hinein,
Sind herrliche Löwentaler drein.

FAUST
Nicht ein Geschmeide? Nicht ein Ring?
Meine liebe Buhle damit zu zieren.

MEPHISTOPHELES
Ich sah dabei wohl so ein Ding,
Als wie eine Art von Perlenschnüren.

FAUST
So ist es recht! Mir tut es weh,
Wenn ich ohne Geschenke zu ihr geh'.

MEPHISTOPHELES
Es sollt' euch eben nicht verdrießen
Umsonst auch etwas zu genießen.
Jetzt da der Himmel voller Sterne glüht,
Sollt ihr ein wahres Kunststück hören:
Ich sing' ihr ein moralisch Lied,
Um sie gewisser zu betören.

Singt zur Zither

Was machst du mir
Vor Liebchens Tür
Kathrinchen hier
Bei frühem Tagesblicke?
Laß, laß es sein!
Er läßt dich ein
Als Mädchen ein,
Als Mädchen nicht zurücke.

Nehmt euch in Acht!
Ist es vollbracht,
Dann gute Nacht
Ihr armen, armen Dinger!
Habt ihr euch lieb,
Tut keinem Dieb
Nur nichts zu Lieb',
Als mit dem Ring am Finger.

VALENTIN *tritt vor.*
Wen lockst du hier? bei'm Element!
Vermaledeiter Rattenfänger!
Zum Teufel erst das Instrument!
Zum Teufel hinter drein den Sänger!

MEPHISTOPHELES
Die Zither ist entzwei! an der ist nichts zu halten.

VALENTIN
Nun soll es an ein Schädelspalten!

MEPHISTOPHELES *zu Faust*
Herr Doktor nicht gewichen! Frisch!
Hart an mich an, wie ich euch führe.

Heraus mit eurem Flederwisch!
Nur zugestoßen! Ich pariere.

VALENTIN
Pariere den!

MEPHISTOPHELES
Warum denn nicht?

VALENTIN
Auch den!

MEPHISTOPHELES
Gewiß!

VALENTIN
Ich glaub' der Teufel ficht!
Was ist denn das? Schon wird die Hand mir lahm.

MEPHISTOPHELES *zu Faust*
Stoß zu!

VALENTIN *fällt.*
O weh!

MEPHISTOPHELES
Nun ist der Lümmel zahm!
Nun aber fort! Wir müssen gleich verschwinden:
Denn schon entsteht ein mörderlich Geschrei.
Ich weiß mich trefflich mit der Polizei,
Doch mit dem Blutbann schlecht mich abzufinden.

MARTHE *am Fenster*
Heraus! Heraus!

GRETCHEN *am Fenster*
Herbei ein Licht!

MARTHE *wie oben*
Man schilt und rauft, man schreit und ficht.

VOLK
Da liegt schon einer tot!

MARTHE *heraustretend*
Die Mörder sind sie denn entflohn?

GRETCHEN *heraustretend*
Wer liegt hier?

VOLK
Deiner Mutter Sohn.

GRETCHEN
Allmächtiger! welche Not!
VALENTIN
Ich sterbe! das ist bald gesagt
Und bälder noch getan.
Was steht ihr Weiber, heult und klagt?
Kommt her und hört mich an!

Alle treten um ihn.

Mein Gretchen sieh! du bist noch jung,
Bist gar noch nicht gescheit genung,
Machst deine Sachen schlecht.
Ich sag' dir's im Vertrauen nur:
Du bist doch nun einmal eine Hur';
So sei's auch eben recht.
GRETCHEN
Mein Bruder! Gott! Was soll mir das?
VALENTIN
Lass' unsern Herr Gott aus dem Spaß.
Geschehn ist leider nun geschehn,
Und wie es gehn kann, so wird's gehn.
Du fingst mit Einem heimlich an,
Bald kommen ihrer mehre dran,
Und wenn dich erst ein Dutzend hat,
So hat dich auch die ganze Stadt.

Wenn erst die Schande wird geboren,
Wird sie heimlich zur Welt gebracht,
Und man zieht den Schleier der Nacht
Ihr über Kopf und Ohren;
Ja, man möchte sie gern ermorden.
Wächst sie aber und macht sich groß,
Dann geht sie auch bei Tage bloß,
Und ist doch nicht schöner geworden.
Je häßlicher wird ihr Gesicht,
Je mehr sucht sie des Tages Licht.

Ich seh' wahrhaftig schon die Zeit,
Daß alle brave Bürgersleut',
Wie von einer angesteckten Leichen,
Von dir, du Metze! seitab weichen.
Dir soll das Herz im Leib verzagen,
Wenn sie dir in die Augen sehn!
Sollst keine goldne Kette mehr tragen!
In der Kirche nicht mehr am Altar stehn!
In einem schönen Spitzenkragen
Dich nicht bei'm Tanze wohlbehagen!
In eine finstre Jammerecken
Unter Bettler und Krüppel dich verstecken,
Und wenn dir denn auch Gott verzeiht,
Auf Erden sein vermaledeit!

MARTHE

Befehlt eure Seele Gott zu Gnaden!
Wollt ihr noch Lästrung auf euch laden?

VALENTIN

Könnt' ich dir nur an den dürren Leib,
Du schändlich kupplerisches Weib!
Da hofft' ich aller meiner Sünden
Vergebung reiche Maß zu finden.

GRETCHEN

Mein Bruder! Welche Höllenpein!

VALENTIN

Ich sage, laß die Tränen sein!
Da du dich sprachst der Ehre los,
Gabst mir den schwersten Herzensstoß.
Ich gehe durch den Todesschlaf
Zu Gott ein als Soldat und brav.

(*stirbt.*)

DOM

Amt, Orgel und Gesang

GRETCHEN *unter vielem Volke.* BÖSER GEIST *hinter Gretchen.*

BÖSER GEIST
Wie anders, Gretchen, war dir's,
Als du noch voll Unschuld
Hier zum Altar trat'st,
Aus dem vergriffnen Büchelchen
Gebete lalltest,
Halb Kinderspiele,
Halb Gott im Herzen!
Gretchen!
Wo steht dein Kopf?
In deinem Herzen,
Welche Missetat?
Bet'st du für deiner Mutter Seele, die
Durch dich zur langen, langen Pein hinüberschlief?
Auf deiner Schwelle wessen Blut?
– Und unter deinem Herzen
Regt sich's nicht quillend schon,
Und ängstet dich und sich
Mit ahnungsvoller Gegenwart?

GRETCHEN
Weh! Weh!
Wär' ich der Gedanken los,
Die mir herüber und hinüber gehen
Wider mich!

CHOR
Dies irae, dies illa
Solvet saeclum in favilla.
Orgelton.

BÖSER GEIST
Grimm faßt dich!
Die Posaune tönt!
Die Gräber beben!
Und dein Herz,
Aus Aschenruh'
Zu Flammenqualen
Wieder aufgeschaffen,
Bebt auf!

GRETCHEN
Wär' ich hier weg!
Mir ist als ob die Orgel mir
Den Atem versetzte,
Gesang mein Herz
Im Tiefsten lös'te.

CHOR
JUDEX ERGO CUM SEDEBIT,
QUIDQUID LATET ADPAREBIT,
NIL INULTUM REMANEBIT.

GRETCHEN
Mir wird so eng'!
Die Mauern-Pfeiler
Befangen mich!
Das Gewölbe
Drängt mich! – Luft!

BÖSER GEIST
Verbirg' dich! Sünd' und Schande
Bleibt nicht verborgen.
Luft? Licht?
Weh dir!

CHOR
QUID SUM MISER TUNC DICTURUS?
QUEM PATRONUM ROGATURUS?
CUM VIX JUSTUS SIT SECURUS.

BÖSER GEIST
Ihr Antlitz wenden
Verklärte von dir ab.

Die Hände dir zu reichen,
Schauert's den Reinen.
Weh!

CHOR

Quid sum miser tunc dicturus?

GRETCHEN

Nachbarin! Euer Fläschchen! –

Sie fällt in Ohnmacht.

WALPURGISNACHT

Harzgebirg
Gegend von Schirke und Elend

FAUST. MEPHISTOPHELES.

MEPHISTOPHELES
Verlangst du nicht nach einem Besenstiele?
Ich wünschte mir den allerderbsten Bock.
Auf diesem Weg sind wir noch weit vom Ziele.
FAUST
So lang' ich mich noch frisch auf meinen Beinen fühle,
Genügt mir dieser Knotenstock.
Was hilft's daß man den Weg verkürzt! –
Im Labyrinth der Täler hinzuschleichen,
Dann diesen Felsen zu ersteigen,
Von dem der Quell sich ewig sprudelnd stürzt,
Das ist die Lust, die solche Pfade würzt!
Der Frühling webt schon in den Birken
Und selbst die Fichte fühlt ihn schon;
Sollt' er nicht auch auf unsre Glieder wirken?
MEPHISTOPHELES
Fürwahr ich spüre nichts davon!
Mir ist es winterlich im Leibe;
Ich wünschte Schnee und Frost auf meiner Bahn.
Wie traurig steigt die unvollkommne Scheibe
Des roten Monds mit später Glut heran,
Und leuchtet schlecht, daß man bei jedem Schritte
Vor einen Baum, vor einen Felsen rennt!
Erlaub' daß ich ein Irrlicht bitte!
Dort seh' ich eins, das eben lustig brennt.
He da! mein Freund! Darf ich dich zu uns fodern?
Was willst du so vergebens lodern?
Sei doch so gut und leucht' uns da hinauf!

IRRLICHT
Aus Ehrfurcht, hoff' ich, soll es mir gelingen,
Mein leichtes Naturell zu zwingen;
Nur Zickzack geht gewöhnlich unser Lauf.

MEPHISTOPHELES
Ei! Ei! er denkt's den Menschen nachzuahmen.
Geh er nur g'rad', ins Teufels Namen!
Sonst blas' ich ihm sein Flacker-Leben aus.

IRRLICHT
Ich merke wohl, ihr seid der Herr vom Haus,
Und will mich gern nach euch bequemen.
Allein bedenkt! der Berg ist heute zaubertoll,
Und wenn ein Irrlicht euch die Wege weisen soll,
So müßt ihr's so genau nicht nehmen.

FAUST, MEPHISTOPHELES, IRRLICHT
im Wechselgesang

In die Traum- und Zaubersphäre
Sind wir, scheint es, eingegangen.
Führ' uns gut und mach' dir Ehre!
Daß wir vorwärts bald gelangen,
In den weiten öden Räumen.

Seh' die Bäume hinter Bäumen,
Wie sie schnell vorüber rücken,
Und die Klippen, die sich bücken,
Und die langen Felsennasen,
Wie sie schnarchen, wie sie blasen!

Durch die Steine, durch den Rasen
Eilet Bach und Bächlein nieder.
Hör' ich Rauschen? hör' ich Lieder?
Hör' ich holde Liebesklage,
Stimmen jener Himmelstage?
Was wir hoffen, was wir lieben!
Und das Echo, wie die Sage
Alter Zeiten, hallet wider.

Uhu! Schuhu! tönt es näher,
Kauz und Kiebitz und der Häher,

Sind sie alle wach geblieben?
Sind das Molche durch's Gesträuche?
Lange Beine, dicke Bäuche!
Und die Wurzeln, wie die Schlangen,
Winden sich aus Fels und Sande,
Strecken wunderliche Bande,
Uns zu schrecken, uns zu fangen;
Aus belebten derben Masern
Strecken sie Polypenfasern
Nach dem Wandrer. Und die Mäuse
Tausendfärbig, scharenweise,
Durch das Moos und durch die Heide!
Und die Funkenwürmer fliegen,
Mit gedrängten Schwärme-Zügen,
Zum verwirrenden Geleite.

Aber sag' mir ob wir stehen,
Oder ob wir weiter gehen?
Alles, alles scheint zu drehen,
Fels und Bäume, die Gesichter
Schneiden, und die irren Lichter,
Die sich mehren, die sich blähen.

MEPHISTOPHELES

Fasse wacker meinen Zipfel!
Hier ist so ein Mittelgipfel,
Wo man mit Erstaunen sieht,
Wie im Berg der Mammon glüht.

FAUST

Wie seltsam glimmert durch die Gründe
Ein morgenrötlich trüber Schein!
Und selbst bis in die tiefen Schlünde
Des Abgrunds wittert er hinein.
Da steigt ein Dampf, dort ziehen Schwaden,
Hier leuchtet Glut aus Dunst und Flor,
Dann schleicht sie wie ein zarter Faden,
Dann bricht sie wie ein Quell hervor.
Hier schlingt sie eine ganze Strecke,

Mit hundert Adern, sich durch's Tal,
Und hier in der gedrängten Ecke
Vereinzelt sie sich auf einmal.
Da sprühen Funken in der Nähe,
Wie ausgestreuter goldner Sand.
Doch schau! in ihrer ganzen Höhe
Entzündet sich die Felsenwand.

MEPHISTOPHELES

Erleuchtet nicht zu diesem Feste
Herr Mammon prächtig den Palast?
Ein Glück daß du's gesehen hast;
Ich spüre schon die ungestümen Gäste.

FAUST

Wie ras't die Windsbraut durch die Luft!
Mit welchen Schlägen trifft sie meinen Nacken!

MEPHISTOPHELES

Du mußt des Felsens alte Rippen packen;
Sonst stürzt sie dich hinab in dieser Schlünde Gruft.
Ein Nebel verdichtet die Nacht.
Höre wie's durch die Wälder kracht!
Aufgescheucht fliegen die Eulen.
Hör' es splittern die Säulen
Ewig grüner Paläste.
Girren und Brechen der Äste
Der Stämme mächtiges Dröhnen!
Der Wurzeln Knarren und Gähnen!
Im fürchterlich verworrenen Falle
Über einander krachen sie alle,
Und durch die übertrümmerten Klüfte
Zischen und heulen die Lüfte.
Hörst du Stimmen in der Höhe?
In der Ferne, in der Nähe?
Ja, den ganzen Berg entlang
Strömt ein wütender Zaubergesang!

HEXEN *im Chor*

Die Hexen zu dem Brocken ziehn,
Die Stoppel ist gelb, die Saat ist grün.

Dort sammelt sich der große Hauf,
Herr Urian sitzt oben auf.
So geht es über Stein und Stock
Es f[arz]t die Hexe, es st[ink]t der Bock.

STIMME

Die alte Baubo kommt allein;
Sie reitet auf einem Mutterschwein.

CHOR

So Ehre dem, wem Ehre gebührt!
Frau Baubo vor! und angeführt!
Ein tüchtig Schwein und Mutter drauf;
Da folgt der ganze Hexenhauf.

STIMME

Welchen Weg kommst du her?

STIMME

Über'n Ilsenstein!
Da guckt' ich der Eule in's Nest hinein.
Die macht ein Paar Augen!

STIMME

O fahre zur Hölle!
Was reit'st du so schnelle!

STIMME

Mich hat sie geschunden,
Da sieh nur die Wunden!

HEXEN. *Chor*

Der Weg ist breit, der Weg ist lang,
Was ist das für ein toller Drang?
Die Gabel sticht, der Besen kratzt,
Das Kind erstickt, die Mutter platzt.

HEXENMEISTER. *Halbes Chor*

Wir schleichen wie die Schneck' im Haus,
Die Weiber alle sind voraus.
Denn, geht es zu des Bösen Haus,
Das Weib hat tausend Schritt voraus.

ANDRE HÄLFTE

Wir nehmen das nicht so genau,
Mit tausend Schritten macht's die Frau;

Doch, wie sie auch sich eilen kann,
Mit einem Sprunge macht's der Mann.

STIMME *oben*
Kommt mit, kommt mit, vom Felsensee!

STIMMEN *von unten*
Wir möchten gerne mit in die Höh'.
Wir waschen und blank sind wir ganz und gar;
Aber auch ewig unfruchtbar.

BEIDE CHÖRE
Es schweigt der Wind, es flieht der Stern,
Der trübe Mond verbirgt sich gern.
Im Sausen sprüht das Zauber-Chor
Viel tausend Feuerfunken hervor.

STIMME *von unten*
Halte! Halte!

STIMME *von oben*
Wer ruft da aus der Felsenspalte?

STIMME *unten*
Nehmt mich mit! Nehmt mich mit!
Ich steige schon dreihundert Jahr,
Und kann den Gipfel nicht erreichen.
Ich wäre gern bei Meinesgleichen.

BEIDE CHÖRE
Es trägt der Besen, trägt der Stock,
Die Gabel trägt, es trägt der Bock;
Wer heute sich nicht heben kann,
Ist ewig ein verlorner Mann.

HALBHEXE *unten*
Ich tripple nach, so lange Zeit;
Wie sind die Andern schon so weit!
Ich hab' zu Hause keine Ruh,
Und komme hier doch nicht dazu.

CHOR DER HEXEN
Die Salbe gibt den Hexen Mut,
Ein Lumpen ist zum Segel gut,
Ein gutes Schiff ist jeder Trog;
Der flieget nie, der heut nicht flog.

BEIDE CHÖRE
Und wenn wir um den Gipfel ziehn,
So streichet an dem Boden hin.
Und deckt die Heide weit und breit
Mit eurem Schwarm der Hexenheit.

Sie lassen sich nieder.

MEPHISTOPHELES
Das drängt und stößt, das ruscht und klappert!
Das zischt und quirlt, das zieht und plappert!
Das leuchtet, sprüht und stinkt und brennt!
Ein wahres Hexenelement!
Nur fest an mir! sonst sind wir gleich getrennt.
Wo bist du?

FAUST *in der Ferne*
Hier!

MEPHISTOPHELES
Was! dort schon hingerissen?
Da werd' ich Hausrecht brauchen müssen.
Platz! Junker Voland kommt. Platz! süßer Pöbel, Platz!
Hier, Doktor, fasse mich! und nun, in Einem Satz,
Laß uns aus dem Gedräng' entweichen;
Es ist zu toll, sogar für Meinesgleichen.
Dort neben leuchtet was mit ganz besond'rem Schein,
Es zieht mich was nach jenen Sträuchen.
Komm, komm! wir schlupfen da hinein.

FAUST
Du Geist des Widerspruchs! Nur zu! du magst
mich führen.
Ich denke doch, das war recht klug gemacht:
Zum Brocken wandlen wir in der Walpurgisnacht,
Um uns beliebig nun hieselbst zu isolieren.

MEPHISTOPHELES
Da sieh nur welche bunten Flammen!
Es ist ein muntrer Klub beisammen.
Im Kleinen ist man nicht allein.

FAUST
Doch droben möcht' ich lieber sein!

Schon seh' ich Glut und Wirbelrauch.
Dort strömt die Menge zu dem Bösen;
Da muß sich manches Rätsel lösen.

MEPHISTOPHELES
Doch manches Rätsel knüpft sich auch.
Laß du die große Welt nur sausen,
Wir wollen hier im Stillen hausen.
Es ist doch lange hergebracht,
Daß in der großen Welt man kleine Welten macht.
Da seh' ich junge Hexchen nackt und bloß,
Und alte die sich klug verhüllen.
Seid freundlich, nur um meinetwillen;
Die Müh' ist klein, der Spaß ist groß.
Ich höre was von Instrumenten tönen!
Verflucht Geschnarr! Man muß sich dran gewöhnen.
Komm mit! Komm mit! Es kann nicht anders sein,
Ich tret' heran und führe dich herein,
Und ich verbinde dich auf's neue.
Was sagst du, Freund? das ist kein kleiner Raum.
Da sieh nur hin! du siehst das Ende kaum.
Ein Hundert Feuer brennen in der Reihe;
Man tanzt, man schwatzt, man kocht, man trinkt, man liebt;
Nun sage mir, wo es was bessers gibt?

FAUST
Willst du dich nun, um uns hier einzuführen
Als Zaub'rer oder Teufel produzieren?

MEPHISTOPHELES
Zwar bin ich sehr gewohnt inkognito zu gehn;
Doch läßt am Galatag man seinen Orden sehn.
Ein Knieband zeichnet mich nicht aus,
Doch ist der Pferdefuß hier ehrenvoll zu Haus.
Siehst du die Schnecke da? Sie kommt herangekrochen;
Mit ihrem tastenden Gesicht
Hat sie mir schon was abgerochen.
Wenn ich auch will, verleugn' ich hier mich nicht.
Komm nur! von Feuer gehen wir zu Feuer,

Ich bin der Werber und du bist der Freier.

Zu einigen, die um verglimmende Kohlen sitzen

Ihr alten Herrn, was macht ihr hier am Ende?
Ich lobt' euch, wenn ich euch hübsch in der Mitte fände,
Von Saus umzirkt und Jugendbraus;
Genug allein ist jeder ja zu Haus.

GENERAL

Wer mag auf Nationen trauen!
Man habe noch so viel für sie getan;
Denn bei dem Volk, wie bei den Frauen,
Steht immerfort die Jugend oben an.

MINISTER

Jetzt ist man von dem Rechten allzuweit,
Ich lobe mir die guten Alten;
Denn freilich, da wir alles galten,
Da war die rechte goldne Zeit.

PARVENÜ

Wir waren wahrlich auch nicht dumm,
Und taten oft was wir nicht sollten;
Doch jetzo kehrt sich alles um und um,
Und eben da wir's fest erhalten wollten.

AUTOR

Wer mag wohl überhaupt jetzt eine Schrift
Von mäßig klugem Inhalt lesen!
Und was das liebe junge Volk betrifft,
Das ist noch nie so naseweis gewesen.

MEPHISTOPHELES, *der auf einmal sehr alt erscheint*

Zum jüngsten Tag fühl' ich das Volk gereift,
Da ich zum letztenmal den Hexenberg ersteige,
Und, weil mein Fäßchen trübe läuft,
So ist die Welt auch auf der Neige.

TRÖDELHEXE

Ihr Herren geht nicht so vorbei!
Laßt die Gelegenheit nicht fahren!
Aufmerksam blickt nach meinen Waren;
Es steht dahier gar mancherlei.
Und doch ist nichts in meinem Laden,

Dem keiner auf der Erde gleicht,
Das nicht einmal zum tücht'gen Schaden
Der Menschen und der Welt gereicht.
Kein Dolch ist hier, von dem nicht Blut geflossen,
Kein Kelch, aus dem sich nicht in ganz gesunden Leib
Verzehrend heißes Gift ergossen,
Kein Schmuck, der nicht ein liebenswürdig Weib
Verführt, kein Schwert das nicht den Bund gebrochen,
Nicht etwa hinterrücks den Gegenmann durchstochen.

MEPHISTOPHELES

Frau Muhme! Sie versteht mir schlecht die Zeiten.
Getan geschehn! Geschehn getan!
Verleg' sie sich auf Neuigkeiten!
Nur Neuigkeiten ziehn uns an.

FAUST

Daß ich mich nur nicht selbst vergesse!
Heiß' ich mir das doch eine Messe!

MEPHISTOPHELES

Der ganze Strudel strebt nach oben;
Du glaubst zu schieben und du wirst geschoben.

FAUST

Wer ist denn das?

MEPHISTOPHELES

Betrachte sie genau!
Lilith ist das.

FAUST

Wer?

MEPHISTOPHELES

Adams erste Frau.
Nimm dich in Acht vor ihren schönen Haaren,
Vor diesem Schmuck, mit dem sie einzig prangt.
Wenn sie damit den jungen Mann erlangt,
So läßt sie ihn sobald nicht wieder fahren.

FAUST

Da sitzen zwei, die alte mit der jungen;
Die haben schon was rechts gesprungen!

MEPHISTOPHELES
Das hat nun heute keine Ruh.
Es geht zum neuen Tanz; nun komm! wir greifen zu.
FAUST *mit der jungen tanzend*
Einst hatt' ich einen schönen Traum;
Da sah ich einen Apfelbaum,
Zwei schöne Äpfel glänzten dran,
Sie reizten mich, ich stieg hinan.
DIE SCHÖNE
Der Äpfelchen begehrt ihr sehr
Und schon vom Paradiese her.
Von Freuden fühl' ich mich bewegt,
Daß auch mein Garten solche trägt.
MEPHISTOPHELES *mit der Alten*
Einst hatt' ich einen wüsten Traum;
Da sah' ich einen gespaltnen Baum,
Der hatt' ein [ungeheures Loch];
So [groß] es war, gefiel mir's doch.
DIE ALTE
Ich biete meinen besten Gruß
Dem Ritter mit dem Pferdefuß!
Halt' er einen [rechten Pfropf] bereit,
Wenn er [das große Loch] nicht scheut.
PROKTOPHANTASMIST
Verfluchtes Volk! was untersteht ihr euch?
Hat man euch lange nicht bewiesen,
Ein Geist steht nie auf ordentlichen Füßen?
Nun tanzt ihr gar, uns andern Menschen gleich!
DIE SCHÖNE *tanzend*
Was will denn der auf unserm Ball?
FAUST *tanzend*
Ei! der ist eben überall.
Was Andre tanzen muß er schätzen.
Kann er nicht jeden Schritt beschwätzen,
So ist der Schritt so gut als nicht geschehn.
Am meisten ärgert ihn, sobald wir vorwärts gehn.
Wenn ihr euch so im Kreise drehen wolltet,

Wie er's in seiner alten Mühle tut,
Das hieß er allenfalls noch gut;
Besonders wenn ihr ihn darum begrüßen solltet.

PROKTOPHANTASMIST

Ihr seid noch immer da! Nein das ist unerhört.
Verschwindet doch! Wir haben ja aufgeklärt!
Das Teufelspack es fragt nach keiner Regel.
Wir sind so klug und dennoch spukt's in Tegel.
Wie lange hab' ich nicht am Wahn hinausgekehrt
Und nie wird's rein, das ist doch unerhört!

DIE SCHÖNE

So hört doch auf uns hier zu ennuyieren!

PROKTOPHANTASMIST

Ich sag's euch Geistern in's Gesicht,
Den Geistesdespotismus leid' ich nicht;
Mein Geist kann ihn nicht exerzieren.

Es wird fortgetanzt.

Heut, seh' ich, will mir nichts gelingen;
Doch eine Reise nehm' ich immer mit
Und hoffe noch, vor meinem letzten Schritt,
Die Teufel und die Dichter zu bezwingen.

MEPHISTOPHELES

Er wird sich gleich in eine Pfütze setzen,
Das ist die Art wie er sich soulagiert,
Und wenn Blutegel sich an seinem Steiß ergetzen,
Ist er von Geistern und von Geist kuriert.

Zu Faust, der aus dem Tanz getreten ist

Was lässest du das schöne Mädchen fahren?
Das dir zum Tanz so lieblich sang.

FAUST

Ach! mitten im Gesange sprang
Ein rotes Mäuschen ihr aus dem Munde.

MEPHISTOPHELES

Das ist was rechts! Das nimmt man nicht genau;
Genug die Maus war doch nicht grau.
Wer fragt darnach in einer Schäferstunde?

FAUST
Dann sah' ich –
MEPHISTOPHELES
Was?
FAUST
Mephisto, siehst du dort
Ein blasses, schönes Kind allein und ferne stehen?
Sie schiebt sich langsam nur vom Ort,
Sie scheint mit geschloss'nen Füßen zu gehen.
Ich muß bekennen, daß mir deucht,
Daß sie dem guten Gretchen gleicht.
MEPHISTOPHELES
Laß das nur stehn! Dabei wird's niemand wohl.
Es ist ein Zauberbild, ist leblos, ein Idol.
Ihm zu begegnen ist nicht gut;
Vom starren Blick erstarrt des Menschen Blut,
Und er wird fast in Stein verkehrt,
Von der Meduse hast du ja gehört.
FAUST
Fürwahr es sind die Augen einer Toten,
Die eine liebende Hand nicht schloß.
Das ist die Brust, die Gretchen mir geboten,
Das ist der süße Leib, den ich genoß.
MEPHISTOPHELES
Das ist die Zauberei, du leicht verführter Tor!
Denn jedem kommt sie wie sein Liebchen vor.
FAUST
Welch eine Wonne! welch ein Leiden!
Ich kann von diesem Blick nicht scheiden.
Wie sonderbar muß diesen schönen Hals
Ein einzig rotes Schnürchen schmücken,
Nicht breiter als ein Messerrücken!
MEPHISTOPHELES
Ganz recht! ich seh' es ebenfalls.
Sie kann das Haupt auch unterm Arme tragen;
Denn Perseus hat's ihr abgeschlagen. –

Nur immer diese Lust zum Wahn!
Komm doch das Hügelchen heran,
Hier ist's so lustig wie im Prater;
Und hat man mir's nicht angetan,
So seh' ich wahrlich ein Theater.
Was gibt's denn da?

SERVIBILIS

Gleich fängt man wieder an.
Ein neues Stück, das letzte Stück von sieben;
Soviel zu geben ist allhier der Brauch.
Ein Dilettant hat es geschrieben,
Und Dilettanten spielen's auch.
Verzeiht ihr Herrn, wenn ich verschwinde;
Mich dilettiert's den Vorhang aufzuziehn.

MEPHISTOPHELES

Wenn ich euch auf dem Blocksberg finde,
Das find' ich gut; denn da gehört ihr hin.

WALPURGISNACHTSTRAUM

oder

Oberons und Titanias goldne Hochzeit

Intermezzo

THEATERMEISTER

Heute ruhen wir einmal
Miedings wackre Söhne.
Alter Berg und feuchtes Tal,
Das ist die ganze Szene!

HEROLD

Daß die Hochzeit golden sei
Soll'n funfzig Jahr sein vorüber;
Aber ist der Streit vorbei,
Das golden ist mir lieber.

OBERON

Seid ihr Geister wo ich bin,
So zeigt's in diesen Stunden;
König und die Königin,
Sie sind auf's neu verbunden.

PUCK

Kommt der Puck und dreht sich quer
Und schleift den Fuß im Reihen;
Hundert kommen hinterher
Sich auch mit ihm zu freuen.

ARIEL

Ariel bewegt den Sang
In himmlisch reinen Tönen;
Viele Fratzen lockt sein Klang,
Doch lockt er auch die Schönen.

OBERON

Gatten die sich vertragen wollen,
Lernen's von uns beiden!
Wenn sich zweie lieben sollen,
Braucht man sie nur zu scheiden.

TITANIA

Schmollt der Mann und grillt die Frau,
So faßt sie nur behende,
Führt mir nach dem Mittag Sie
Und Ihn an Nordens Ende.

ORCHESTER TUTTI Fortissimo
Fliegenschnauz' und Mückennas',
Mit ihren Anverwandten,
Frosch im Laub' und Grill' im Gras'
Das sind die Musikanten!

SOLO
Seht da kommt der Dudelsack!
Es ist die Seifenblase.
Hört den Schneckeschnickeschnack
Durch seine stumpfe Nase.

GEIST DER SICH ERST BILDET
Spinnenfuß und Krötenbauch
Und Flügelchen dem Wichtchen!
Zwar ein Tierchen gibt es nicht,
Doch gibt es ein Gedichtchen.

EIN PÄRCHEN
Kleiner Schritt und hoher Sprung
Durch Honigtau und Düfte;
Zwar du trippelst mir genung,
Doch geht's nicht in die Lüfte.

NEUGIERIGER REISENDER
Ist das nicht Maskeraden-Spott?
Soll ich den Augen trauen?
Oberon den schönen Gott
Auch heute hier zu schauen!

ORTHODOX
Keine Klauen, keinen Schwanz!
Doch bleibt es außer Zweifel,
So wie die Götter Griechenlands,
So ist auch er ein Teufel.

NORDISCHER KÜNSTLER
Was ich ergreife das ist heut
Fürwahr nur skizzenweise;
Doch ich bereite mich bei Zeit
Zur italien'schen Reise.

PURIST
Ach! mein Unglück führt mich her:
Wie wird nicht hier geludert!

Und von dem ganzen Hexenheer
Sind zweie nur gepudert.

JUNGE HEXE

Der Puder ist so wie der Rock
Für alt' und graue Weibchen;
Drum sitz' ich nackt auf meinem Bock
Und zeig' ein derbes Leibchen.

MATRONE

Wir haben zu viel Lebensart
Um hier mit euch zu maulen;
Doch hoff' ich, sollt ihr jung und zart,
So wie ihr seid, verfaulen.

KAPELLMEISTER

Fliegenschnauz' und Mückennas'
Umschwärmt mir nicht die Nackte!
Frosch im Laub' und Grill' im Gras'
So bleibt doch auch im Takte!

WINDFAHNE *nach der einen Seite*

Gesellschaft wie man wünschen kann.
Wahrhaftig lauter Bräute!
Und Junggesellen, Mann für Mann,
Die hoffnungsvollsten Leute.

WINDFAHNE *nach der andern Seite*

Und tut sich nicht der Boden auf
Sie alle zu verschlingen,
So will ich mit behendem Lauf
Gleich in die Hölle springen.

XENIEN

Als Insekten sind wir da,
Mit kleinen scharfen Scheren,
Satan, unsern Herrn Papa,
Nach Würden zu verehren.

HENNINGS

Seht! wie sie in gedrängter Schar
Naiv zusammen scherzen.
Am Ende sagen sie noch gar,
Sie hätten gute Herzen.

MUSAGET

Ich mag in diesem Hexenheer
Mich gar zu gern verlieren;
Denn freilich diese wüßt' ich eh'r,
Als Musen anzuführen.

CI-DEVANT GENIUS DER ZEIT

Mit rechten Leuten wird man was.
Komm, fasse meinen Zipfel!
Der Blocksberg, wie der deutsche Parnaß,
Hat gar einen breiten Gipfel.

NEUGIERIGER REISENDER

Sagt wie heißt der steife Mann?
Er geht mit stolzen Schritten.
Er schnopert was er schnopern kann.
»Er spürt nach Jesuiten.«

KRANICH

In dem Klaren mag ich gern
Und auch im Trüben fischen;
Darum seht ihr den frommen Herrn
Sich auch mit Teufeln mischen.

WELTKIND

Ja für die Frommen, glaubet mir,
Ist alles ein Vehikel;
Sie bilden auf dem Blocksberg hier
Gar manches Konventikel.

TÄNZER

Da kommt ja wohl ein neues Chor?
Ich höre ferne Trommeln.
Nur ungestört! es sind im Rohr
Die unisonen Dommeln.

TANZMEISTER

Wie jeder doch die Beine lupft!
Sich wie er kann herauszieht!
Der Krumme springt, der Plumpe hupft
Und fragt nicht wie es aussieht.

FIDELER

Das haßt sich schwer das Lumpenpack
Und gäb' sich gern das Restchen;

Es eint sie hier der Dudelsack
Wie Orpheus Leier die Bestjen.

DOGMATIKER

Ich lasse mich nicht irre schrein,
Nicht durch Kritik noch Zweifel.
Der Teufel muß doch etwas sein;
Wie gäb's denn sonst auch Teufel?

IDEALIST

Die Phantasie in meinem Sinn
Ist diesmal gar zu herrisch.
Fürwahr, wenn ich das alles bin,
So bin ich heute närrisch.

REALIST

Das Wesen ist mir recht zur Qual
Und muß mich baß verdrießen;
Ich stehe hier zum erstenmal
Nicht fest auf meinen Füßen.

SUPERNATURALIST

Mit viel Vergnügen bin ich da
Und freue mich mit diesen;
Denn von den Teufeln kann ich ja
Auf gute Geister schließen.

SKEPTIKER

Sie gehn den Flämmchen auf der Spur,
Und glaub'n sich nah dem Schatze.
Auf Teufel reimt der Zweifel nur;
Da bin ich recht am Platze.

KAPELLMEISTER

Frosch im Laub' und Grill' im Gras'
Verfluchte Dilettanten!
Fliegenschnauz' und Mückennas'
Ihr seid doch Musikanten!

DIE GEWANDTEN

Sanssouci so heißt das Heer
Von lustigen Geschöpfen,
Auf den Füßen geht's nicht mehr,
Drum gehn wir auf den Köpfen.

DIE UNBEHÜLFLICHEN
Sonst haben wir manchen Bissen erschranzt,
Nun aber Gott befohlen!
Unsere Schuhe sind durchgetanzt,
Wir laufen auf nackten Sohlen.

IRRLICHTER
Von dem Sumpfe kommen wir,
Woraus wir erst entstanden;
Doch sind wir gleich im Reihen hier
Die glänzenden Galanten.

STERNSCHNUPPE
Aus der Höhe schoß ich her
Im Stern- und Feuerscheine,
Liege nun im Grase quer,
Wer hilft mir auf die Beine?

DIE MASSIVEN
Platz und Platz! und ringsherum!
So gehn die Gräschen nieder,
Geister kommen, Geister auch
Sie haben plumpe Glieder.

PUCK
Tretet nicht so mastig auf
Wie Elephantenkälber,
Und der Plumpst' an diesem Tag
Sei Puck der derbe selber.

ARIEL
Gab die liebende Natur
Gab der Geist euch Flügel,
Folget meiner leichten Spur,
Auf zum Rosenhügel!

ORCHESTER PIANISSIMO
Wolkenzug und Nebelflor
Erhellen sich von oben.
Luft im Laub und Wind im Rohr,
Und alles ist zerstoben.

TRÜBER TAG
FELD

FAUST. MEPHISTOPHELES.

FAUST

Im Elend! Verzweifelnd! Erbärmlich auf der Erde lange verirrt und nun gefangen! Als Missetäterin im Kerker zu entsetzlichen Qualen eingesperrt das holde unselige Geschöpf! Bis dahin! dahin! – Verräterischer, nichtswürdiger Geist, und das hast du mir verheimlicht! – Steh nur, steh! Wälze die teuflischen Augen ingrimmend im Kopf herum! Steh und trutze mir durch deine unerträgliche Gegenwart! Gefangen! Im unwiederbringlichen Elend! Bösen Geistern übergeben und der richtenden gefühllosen Menschheit! Und mich wiegst du indes in abgeschmackten Zerstreuungen, verbirgst mir ihren wachsenden Jammer und lässest sie hülflos verderben!

MEPHISTOPHELES

Sie ist die erste nicht.

FAUST

Hund! abscheuliches Untier! – Wandle ihn, du unendlicher Geist! wandle den Wurm wieder in seine Hundsgestalt, wie er sich oft nächtlicher Weise gefiel vor mir herzutrotten, dem harmlosen Wandrer vor die Füße zu kollern und sich dem niederstürzenden auf die Schultern zu hängen. Wandl' ihn wieder in seine Lieblingsbildung, daß er vor mir im Sand auf dem Bauch krieche, ich ihn mit Füßen trete, den Verworfnen! – Die erste nicht! – Jammer! Jammer! von keiner Menschenseele zu fassen, daß mehr als ein Geschöpf in die Tiefe dieses Elendes versank, daß nicht das erste genugtat für die Schuld aller übrigen in seiner windenden Todesnot vor den Augen des ewig Verzeihenden! Mir wühlt es Mark und Leben durch, das

Elend dieser einzigen; du grinsest gelassen über das Schicksal von Tausenden hin!

MEPHISTOPHELES

Nun sind wir schon wieder an der Grenze unsres Witzes, da wo euch Menschen der Sinn überschnappt. Warum machst du Gemeinschaft mit uns, wenn du sie nicht durchführen kannst? Willst fliegen und bist vor'm Schwindel nicht sicher? Drangen wir uns dir auf, oder du dich uns?

FAUST

Fletsche deine gefräßigen Zähne mir nicht so entgegen! Mir ekelts! – Großer herrlicher Geist, der du mir zu erscheinen würdigtest, der du mein Herz kennest und meine Seele, warum an den Schandgesellen mich schmieden, der sich am Schaden weidet und an Verderben sich letzt?

MEPHISTOPHELES

Endigst du?

FAUST

Rette sie! oder weh dir! Den gräßlichsten Fluch über dich auf Jahrtausende!

MEPHISTOPHELES

Ich kann die Bande des Rächers nicht lösen, seine Riegel nicht öffnen. – Rette sie! – Wer war's, der sie in's Verderben stürzte? Ich oder du?

FAUST *blickt wild umher.*

MEPHISTOPHELES

Greifst du nach dem Donner? Wohl, daß er euch elenden Sterblichen nicht gegeben ward! Den unschuldig entgegnenden zu zerschmettern, das ist so Tyrannen-Art sich in Verlegenheiten Luft zu machen.

FAUST

Bringe mich hin! Sie soll frei sein!

MEPHISTOPHELES

Und die Gefahr der du dich aussetzest? Wisse, noch liegt auf der Stadt Blutschuld von deiner Hand. Über des Erschlagenen Stätte schweben rächende Geister und lauern auf den wiederkehrenden Mörder.

FAUST

Noch das von dir? Mord und Tod einer Welt über dich Ungeheuer! Führe mich hin, sag' ich, und befrei' sie!

MEPHISTOPHELES

Ich führe dich und was ich tun kann, höre! Habe ich alle Macht im Himmel und auf Erden? Des Türners Sinne will ich umnebeln, bemächtige dich der Schlüssel und führe sie heraus mit Menschenhand. Ich wache! die Zauberpferde sind bereit, ich entführe euch. Das vermag ich.

FAUST

Auf und davon!

NACHT, OFFEN FELD

FAUST, MEPHISTOPHELES.
auf schwarzen Pferden daher brausend

FAUST
Was weben die dort um den Rabenstein?
MEPHISTOPHELES
Weiß nicht was sie kochen und schaffen.
FAUST
Schweben auf, schweben ab, neigen sich, beugen sich.
MEPHISTOPHELES
Eine Hexenzunft.
FAUST
Sie streuen und weihen.
MEPHISTOPHELES
Vorbei! Vorbei!

KERKER

FAUST, *mit einem Bund Schlüssel und einer Lampe, vor einem eisernen Türchen*
Mich faßt ein längst entwohnter Schauer,
Der Menschheit ganzer Jammer faßt mich an.
Hier wohnt sie hinter dieser feuchten Mauer,
Und ihr Verbrechen war ein guter Wahn!
Du zauderst zu ihr zu gehen!
Du fürchtest sie wieder zu sehen!
Fort! Dein Zagen zögert den Tod heran.

Er ergreift das Schloß. Es singt inwendig.

Meine Mutter, die Hur,
Die mich umgebracht hat!
Mein Vater, der Schelm,
Der mich gessen hat!
Mein Schwesterlein klein
Hub auf die Bein,
An einem kühlen Ort;
Da ward ich ein schönes Waldvögelein;
Fliege fort, fliege fort!

FAUST *aufschließend*
Sie ahnet nicht, daß der Geliebte lauscht,
Die Ketten klirren hört, das Stroh das rauscht.

Er tritt ein.

MARGARETE *sich auf dem Lager verbergend*
Weh! Weh! Sie kommen. Bittrer Tod!

FAUST *leise*
Still! Still! ich komme dich zu befreien.

MARGARETE *sich vor ihn hinwälzend*
Bist du ein Mensch, so fühle meine Not.

FAUST
Du wirst die Wächter aus dem Schlafe schreien!

Er faßt die Ketten, sie aufzuschließen.

MARGARETE *auf den Knieen*
Wer hat dir Henker diese Macht
Über mich gegeben!
Du holst mich schon um Mitternacht.
Erbarme dich und laß mich leben!
Ist's morgen früh nicht zeitig genung?
Sie steht auf.
Bin ich doch noch so jung, so jung!
Und soll schon sterben!
Schön war ich auch, und das war mein Verderben.
Nah war der Freund, nun ist er weit;
Zerrissen liegt der Kranz, die Blumen zerstreut.
Fasse mich nicht so gewaltsam an!
Schone mich! Was hab' ich dir getan?
Laß mich nicht vergebens flehen,
Hab' ich dich doch mein Tage nicht gesehen!
FAUST
Werd' ich den Jammer überstehen!
MARGARETE
Ich bin nun ganz in deiner Macht.
Laß mich nur erst das Kind noch tränken.
Ich herzt' es diese ganze Nacht;
Sie nahmen mir's um mich zu kränken
Und sagen nun, ich hätt' es umgebracht.
Und niemals werd' ich wieder froh.
Sie singen Lieder auf mich! Es ist bös von den Leuten!
Ein altes Märchen endigt so,
Wer heißt sie's deuten?
FAUST *wirft sich nieder.*
Ein Liebender liegt dir zu Füßen
Die Jammerknechtschaft aufzuschließen.
MARGARETE *wirft sich zu ihm.*
O laß uns knien die Heil'gen anzurufen!
Sieh! unter diesen Stufen,
Unter der Schwelle
Siedet die Hölle!
Der Böse,

Mit furchtbarem Grimme,
Macht ein Getöse!

FAUST *laut*
Gretchen! Gretchen!

MARGARETE *aufmerksam*
Das war des Freundes Stimme!
Sie springt auf. Die Ketten fallen ab.
Wo ist er? Ich hab' ihn rufen hören.
Ich bin frei! Mir soll niemand wehren.
An seinen Hals will ich fliegen,
An seinem Busen liegen!
Er rief Gretchen! Er stand auf der Schwelle.
Mitten durch's Heulen und Klappen der Hölle,
Durch den grimmigen teuflischen Hohn,
Erkannt' ich den süßen, den liebenden Ton.

FAUST
Ich bin's!

MARGARETE
Du bist's! O sag' es noch einmal!
Ihn fassend
Er ist's! Er ist's! Wohin ist alle Qual?
Wohin die Angst des Kerkers? der Ketten?
Du bist's! Kommst mich zu retten!
Ich bin gerettet! –
Schon ist die Straße wieder da,
Auf der ich dich zum erstenmale sah.
Und der heitere Garten,
Wo ich und Marthe deiner warten.

FAUST *fortstrebend*
Komm mit! Komm mit!

MARGARETE
O weile!
Weil' ich doch so gern wo du weilest.
Liebkosend.

FAUST
Eile!
Wenn du nicht eilest,
Werden wir's teuer büßen müssen.

MARGARETE
Wie? du kannst nicht mehr küssen?
Mein Freund, so kurz von mir entfernt,
Und hast's Küssen verlernt?
Warum wird mir an deinem Halse so bang?
Wenn sonst von deinen Worten, deinen Blicken
Ein ganzer Himmel mich überdrang,
Und du mich küßtest als wolltest du mich ersticken.
Küsse mich!
Sonst küss' ich dich!

Sie umfaßt ihn.

O weh! deine Lippen sind kalt,
Sind stumm.
Wo ist dein Lieben
Geblieben?
Wer brachte mich drum?

Sie wendet sich von ihm.

FAUST
Komm! Folge mir! Liebchen, fasse Mut!
Ich herze dich mit tausendfacher Glut;
Nur folge mir! Ich bitte dich nur dies!

MARGARETE *zu ihm gewendet*
Und bist du's denn? Und bist du's auch gewiß?

FAUST
Ich bin's! Komm mit!

MARGARETE
Du machst die Fesseln los,
Nimmst wieder mich in deinen Schoß.
Wie kommt es, daß du dich vor mir nicht scheust? –
Und weißt du denn, mein Freund, wen du befreist?

FAUST
Komm! komm! Schon weicht die tiefe Nacht.

MARGARETE
Meine Mutter hab' ich umgebracht,
Mein Kind hab' ich ertränkt.
War es nicht dir und mir geschenkt?
Dir auch – Du bist's! ich glaub' es kaum.

Gib deine Hand! Es ist kein Traum!
Deine liebe Hand! – Ach aber sie ist feucht!
Wische sie ab! Wie mich deucht
Ist Blut dran.
Ach Gott! Was hast du getan!
Stecke den Degen ein;
Ich bitte dich drum!

FAUST
Laß das Vergang'ne vergangen sein,
Du bringst mich um.

MARGARETE
Nein, du mußt übrig bleiben!
Ich will dir die Gräber beschreiben,
Für die mußt du sorgen
Gleich morgen:
Der Mutter den besten Platz geben,
Meinen Bruder sogleich darneben,
Mich ein wenig bei Seit',
Nur nicht gar zu weit!
Und das Kleine mir an die rechte Brust.
Niemand wird sonst bei mir liegen! –
Mich an deine Seite zu schmiegen
Das war ein süßes, ein holdes Glück!
Aber es will mir nicht mehr gelingen;
Mir ist's als müßt' ich mich zu dir zwingen,
Als stießest du mich von dir zurück;
Und doch bist du's und blickst so gut, so fromm.

FAUST
Fühlst du daß ich es bin, so komm!

MARGARETE
Dahinaus?

FAUST
In's Freie.

MARGARETE
Ist das Grab drauß',
Lauert der Tod, so komm!
Von hier in's ewige Ruhebett

Und weiter keinen Schritt –
Du gehst nun fort? O Heinrich, könnt' ich mit!

FAUST
Du kannst! So wolle nur! Die Tür steht offen.

MARGARETE
Ich darf nicht fort; für mich ist nichts zu hoffen.
Was hilft es fliehn? Sie lauern doch mir auf.
Es ist so elend betteln zu müssen,
Und noch dazu mit bösem Gewissen!
Es ist so elend in der Fremde schweifen
Und sie werden mich doch ergreifen!

FAUST
Ich bleibe bei dir.

MARGARETE
Geschwind! Geschwind!
Rette dein armes Kind.
Fort! Immer den Weg
Am Bach hinauf,
Über den Steg,
In den Wald hinein,
Links wo die Planke steht,
Im Teich.
Faß es nur gleich!
Es will sich heben,
Es zappelt noch!
Rette! rette!

FAUST
Besinne dich doch!
Nur Einen Schritt, so bist du frei!

MARGARETE
Wären wir nur den Berg vorbei!
Da sitzt meine Mutter auf einem Stein,
Es faßt mich kalt bei'm Schopfe!
Da sitzt meine Mutter auf einem Stein
Und wackelt mit dem Kopfe;
Sie winkt nicht, sie nickt nicht, der Kopf ist ihr schwer,
Sie schlief so lange, sie wacht nicht mehr.

Sie schlief damit wir uns freuten.
Es waren glückliche Zeiten!

FAUST

Hilft hier kein Flehen, hilft kein Sagen,
So wag' ich's dich hinweg zu tragen.

MARGARETE

Laß mich! Nein, ich leide keine Gewalt!
Fasse mich nicht so mörderisch an!
Sonst hab' ich dir ja alles zu lieb getan.

FAUST

Der Tag graut! Liebchen! Liebchen!

MARGARETE

Tag! Ja es wird Tag! der letzte Tag dringt herein;
Mein Hochzeittag sollt' es sein!
Sag Niemand daß du schon bei Gretchen warst.
Weh meinem Kranze!
Es ist eben geschehn!
Wir werden uns wiedersehn;
Aber nicht beim Tanze.
Die Menge drängt sich, man hört sie nicht.
Der Platz, die Gassen
Können sie nicht fassen.
Die Glocke ruft, das Stäbchen bricht.
Wie sie mich binden und packen!
Zum Blutstuhl bin ich schon entrückt.
Schon zuckt nach jedem Nacken
Die Schärfe die nach meinem zückt.
Stumm liegt die Welt wie das Grab!

FAUST

O wär' ich nie geboren!

MEPHISTOPHELES *erscheint draußen.*

Auf! oder ihr seid verloren.
Unnützes Zagen! Zaudern und Plaudern!
Meine Pferde schaudern,
Der Morgen dämmert auf.

MARGARETE

Was steigt aus dem Boden herauf?

Der! der! Schick' ihn fort!
Was will der an dem heiligen Ort?
Er will mich!

FAUST

Du sollst leben!

MARGARETE

Gericht Gottes! Dir hab' ich mich übergeben!

MEPHISTOPHELES zu *Faust*

Komm! komm! Ich lasse dich mit ihr im Stich.

MARGARETE

Dein bin ich Vater! Rette mich!
Ihr Engel! Ihr heiligen Scharen,
Lagert euch umher, mich zu bewahren!
Heinrich! Mir graut's vor dir.

MEPHISTOPHELES

Sie ist gerichtet!

STIMME *von oben*

Ist gerettet!

MEPHISTOPHELES *zu Faust*

Her zu mir!

Verschwindet mit Faust.

STIMME *von innen, verhallend*

Heinrich! Heinrich!

DER TRAGÖDIE ZWEITER TEIL

IN FÜNF AKTEN

ERSTER AKT

ANMUTIGE GEGEND

FAUST auf blumigen Rasen gebettet, ermüdet, unruhig, schlafsuchend.

Dämmerung.

GEISTER KREIS schwebend bewegt, anmutige kleine Gestalten.

ARIEL *Gesang von Äolsharfen begleitet*
Wenn der Blüten Frühlings-Regen
Über alle schwebend sinkt,
Wenn der Felder grüner Segen
Allen Erdgebornen blinkt,
Kleiner Elfen Geistergröße
Eilet wo sie helfen kann,
Ob er heilig? ob er böse?
Jammert sie der Unglücksmann.

Die ihr dies Haupt umschwebt im luftgen Kreise,
Erzeigt euch hier nach edler Elfen Weise,
Besänftiget des Herzens grimmen Strauß,
Entfernt des Vorwurfs glühend bittre Pfeile,
Sein Innres reinigt von verlebtem Graus.
Vier sind die Pausen nächtiger Weile,
Nun ohne Säumen füllt sie freundlich aus.
Erst senkt sein Haupt aufs kühle Polster nieder,
Dann badet ihn im Tau aus Lethes Flut,
Gelenk sind bald die krampferstarrten Glieder,
Wenn er gestärkt dem Tag entgegen ruht.
Vollbringt der Elfen schönste Pflicht
Gebt ihn zurück dem heiligen Licht.

CHOR *Einzeln, zu zweien und vielen, abwechselnd und gesamt*

Wenn sich lau die Lüfte füllen
Um den grünumschränkten Plan,
Süße Düfte, Nebelhüllen
Senkt die Dämmerung heran.
Lispelt leise süßen Frieden,
Wiegt das Herz in Kindesruh;
Und den Augen dieses Müden
Schließt des Tages Pforte zu.

Nacht ist schon hereingesunken
Schließt sich heilig Stern an Stern,
Große Lichter, kleine Funken,
Glitzern nah und glänzen fern;
Glitzern hier im See sich spiegelnd,
Glänzen droben klarer Nacht,
Tiefsten Ruhens Glück besiegelnd
Herrscht des Mondes volle Pracht.

Schon verloschen sind die Stunden,
Hingeschwunden Schmerz und Glück;
Fühl' es vor! du wirst gesunden;
Traue neuem Tagesblick.
Täler grünen, Hügel schwellen,
Buschen sich zu Schatten-Ruh;
Und in schwanken Silberwellen
Wogt die Saat der Ernte zu.

Wunsch um Wünsche zu erlangen
Schaue nach dem Glanze dort!
Leise bist du nur umfangen,
Schlaf ist Schale, wirf sie fort!
Säume nicht dich zu erdreisten
Wenn die Menge zaudernd schweift;
Alles kann der Edle leisten,
Der versteht und rasch ergreift.

Ungeheures Getöse verkündet das Herannahen der Sonne

ARIEL
Horchet! Horcht! dem Sturm der Horen,
Tönend wird für Geistes-Ohren
Schon der neue Tag geboren.
Felsentore knarren rasselnd,
Phöbus Räder rollen prasselnd,
Welch Getöse bringt das Licht!
Es trommetet, es posaunet,
Auge blinzt und Ohr erstaunet,
Unerhörtes hört sich nicht.
Schlüpfet zu den Blumenkronen,
Tiefer tiefer, still zu wohnen,
In die Felsen unters Laub;
Trifft es euch so seid ihr taub.

FAUST
Des Lebens Pulse schlagen frisch lebendig,
Ätherische Dämmerung milde zu begrüßen;
Du Erde warst auch diese Nacht beständig
Und atmest neu erquickt zu meinen Füßen,
Beginnest schon mit Lust mich zu umgeben,
Du regst und rührst ein kräftiges Beschließen,
Zum höchsten Dasein immerfort zu streben. –
In Dämmerschein liegt schon die Welt erschlossen,
Der Wald ertönt von tausendstimmigem Leben
Tal aus, Tal ein ist Nebelstreif ergossen,
Doch senkt sich Himmelsklarheit in die Tiefen,
Und Zweig und Äste, frisch erquickt, entsprossen
Dem duft'gen Abgrund wo versenkt sie schliefen;
Auch Farb' an Farbe klärt sich los vom Grunde,
Wo Blum' und Blatt von Zitterperle triefen,
Ein Paradies wird um mich her die Runde.

Hinaufgeschaut! – Der Berge Gipfelriesen
Verkünden schon die feierlichste Stunde,

Sie dürfen früh des ewigen Lichts genießen
Das später sich zu uns hernieder wendet.
Jetzt zu der Alpe grüngesenkten Wiesen
Wird neuer Glanz und Deutlichkeit gespendet,
Und stufenweis herab ist es gelungen; –
Sie tritt hervor! – und, leider schon geblendet,
Kehr' ich mich weg, vom Augenschmerz durchdrungen.

So ist es also, wenn ein sehnend Hoffen
Dem höchsten Wunsch sich traulich zugerungen,
Erfüllungspforten findet flügeloffen,
Nun aber bricht aus jenen ewigen Gründen
Ein Flammen-Übermaß, wir stehn betroffen;
Des Lebens Fackel wollten wir entzünden,
Ein Feuermeer umschlingt uns, welch ein Feuer!
Ist's Lieb? Ist's Haß? die glühend uns umwinden?
Mit Schmerz und Freuden wechselnd ungeheuer,
So daß wir wieder nach der Erde blicken,
Zu bergen uns in jugendlichstem Schleier.

So bleibe denn die Sonne mir im Rücken!
Der Wassersturz, das Felsenriff durchbrausend,
Ihn schau' ich an mit wachsendem Entzücken.
Von Sturz zu Sturzen wälzt er jetzt in tausend
Dann abertausend Strömen sich ergießend,
Hoch in die Lüfte Schaum an Schäume sausend.
Allein wie herrlich diesem Sturm entsprießend
Wölbt sich des bunten Bogens Wechsel-Dauer
Bald rein gezeichnet, bald in Luft zerfließend,
Umher verbreitend duftig kühle Schauer.
Der spiegelt ab das menschliche Bestreben.
Ihm sinne nach und du begreifst genauer:
Am farbigen Abglanz haben wir das Leben.

KAISERLICHE PFALZ

Saal des Thrones

Staatsrat in Erwartung des Kaisers.

TROMPETEN

HOFGESINDE aller Art prächtig gekleidet tritt vor.

DER KAISER *gelangt auf den Thron, zu seiner Rechten der Astrolog.*

KAISER
Ich grüße die Getreuen, Lieben,
Versammelt aus der Näh' und Weite; –
Den Weisen seh ich mir zur Seite,
Allein wo ist der Narr geblieben?

JUNKER
Gleich hinter deiner Mantel-Schleppe
Stürzt' er zusammen auf der Treppe,
Man trug hinweg das Fett-Gewicht,
Tot oder trunken? weiß man nicht.

ZWEITER JUNKER
Sogleich mit wunderbarer Schnelle
Drängt sich ein andrer an die Stelle.
Gar köstlich ist er aufgeputzt
Doch fratzenhaft daß jeder stutzt;
Die Wache hält ihm an der Schwelle
Kreuzweis die Hellebarden vor –
Da ist er doch der kühne Tor!

MEPHISTOPHELES *am Throne kniend*
Was ist verwünscht und stets willkommen?
Was ist ersehnt und stets verjagt?
Was immerfort in Schutz genommen?
Was hart gescholten und verklagt?
Wen darfst du nicht herbeiberufen?

Wen höret jeder gern genannt?
Was naht sich deines Thrones Stufen?
Was hat sich selbst hinweggebannt?

KAISER

Für diesmal spare deine Worte!
Hier sind die Rätsel nicht am Orte,
Das ist die Sache dieser Herrn. –
Da löse du! das hört' ich gern:
Mein alter Narr ging, fürcht' ich, weit in's Weite;
Nimm seinen Platz und komm an meine Seite.

MEPHISTOPHELES

steigt hinauf und stellt sich zur linken.

GEMURMEL DER MENGE

Ein neuer Narr – Zu neuer Pein –
Wo kommt er her – Wie kam er ein –
Der Alte fiel – Der hat vertan –
Es war ein Faß – Nun ists ein Span –

KAISER

Und also ihr Getreuen, Lieben,
Willkommen aus der Näh' und Ferne,
Ihr sammelt Euch mit günstigem Sterne
Da droben ist uns Glück und Heil geschrieben.
Doch sagt warum in diesen Tagen,
Wo wir der Sorgen uns entschlagen,
Schönbärte mummenschänzlich tragen,
Und heitres nur genießen wollten,
Warum wir uns ratschlagend quälen sollten?
Doch weil ihr meint es ging nicht anders an,
Geschehen ist's, so sei's getan.

KANZLER

Die Höchste Tugend, wie ein Heiligen-Schein,
Umgibt des Kaisers Haupt, nur er allein
Vermag sie gültig auszuüben:
Gerechtigkeit! – Was alle Menschen lieben,
Was alle fordern, wünschen, schwer entbehren,
Es liegt an ihm dem Volk es zu gewähren.
Doch ach! Was hilft dem Menschengeist Verstand,

Dem Herzen Güte, Willigkeit der Hand,
Wenns fieberhaft durchaus im Staate wütet,
Und Übel sich in Übeln überbrütet.
Wer schaut hinab von diesem hohen Raum
Ins weite Reich, ihm scheint's ein schwerer Traum;
Wo Mißgestalt in Mißgestalten schaltet,
Das Ungesetz gesetzlich überwaltet,
Und eine Welt des Irrtums sich entfaltet.

Der raubt sich Herden, der ein Weib,
Kelch, Kreuz und Leuchter vom Altare,
Berühmt sich dessen manche Jahre
Mit heiler Haut, mit unverletztem Leib.
Jetzt drängen Kläger sich zur Halle,
Der Richter prunkt auf hohem Pfühl,
Indessen wogt, in grimmigem Schwalle,
Des Aufruhrs wachsendes Gewühl.
Der darf auf Schand und Frevel pochen,
Der auf Mitschuldigste sich stützt,
Und: Schuldig! hörst du ausgesprochen
Wo Unschuld nur sich selber schützt.
So will sich alle Welt zerstückeln,
Vernichtigen was sich gebührt;
Wie soll sich da der Sinn entwickeln
Der einzig uns zum Rechten führt.
Zuletzt ein wohlgesinnter Mann
Neigt sich dem Schmeichler, dem Bestecher.
Ein Richter der nicht strafen kann
Gesellt sich endlich zum Verbrecher.
Ich malte schwarz, doch dichtern Flor
Zög' ich dem Bilde lieber vor.

Pause

Entschlüsse sind nicht zu vermeiden,
Wenn alle schädigen, alle leiden
Geht selbst die Majestät zu Raub.

HEERMEISTER

Wie tobts in diesen wilden Tagen!

Ein jeder schlägt und wird erschlagen
Und für's Kommando bleibt man taub.
Der Bürger hinter seinen Mauren,
Der Ritter auf dem Felsennest
Verschwuren sich uns auszudauren
Und halten ihre Kräfte fest.
Der Mietsoldat wird ungeduldig,
Mit Ungestüm verlangt er seinen Lohn,
Und wären wir ihm nichts mehr schuldig
Er liefe ganz und gar davon.
Verbiete wer was alle wollten,
Der hat ins Wespennest gestört;
Das Reich das sie beschützen sollten,
Es liegt geplündert und verheert.
Man läßt ihr Toben wütend hausen,
Schon ist die halbe Welt vertan;
Es sind noch Könige da draußen
Doch keiner denkt es ging ihn irgend an.

SCHATZMEISTER

Wer wird auf Bundsgenossen pochen!
Subsidien die man uns versprochen,
Wie Röhrenwasser, bleiben aus.
Auch Herr, in deinen weiten Staaten
An wen ist der Besitz geraten?
Wohin man kommt da hält ein Neuer Haus;
Und unabhängig will er leben,
Zusehen muß man wie er's treibt;
Wir haben soviel Rechte hingegeben,
Daß uns auf nichts ein Recht mehr übrig bleibt.
Auch auf Parteien, wie sie heißen,
Ist heut zu Tage kein Verlaß;
Sie mögen schelten oder preisen,
Gleichgültig wurden Lieb und Haß.
Die Ghibellinen wie die Guelfen
Verbergen sich um auszuruhn;
Wer jetzt will seinem Nachbar helfen?
Ein jeder hat für sich zu tun.

Die Goldespforten sind verrammelt,
Ein jeder kratzt und scharrt und sammelt
Und unsre Kassen bleiben leer.

MARSCHALK

Welch Unheil muß auch ich erfahren;
Wir wollen alle Tage sparen
Und brauchen alle Tage mehr.
Und täglich wächst mir neue Pein.
Den Köchen tut kein Mangel wehe;
Wildschweine, Hirsche, Hasen, Rehe,
Welschhühner, Hühner, Gäns und Enten,
Die Deputate, sichre Renten,
Sie gehen noch so ziemlich ein.
Jedoch am Ende fehlts an Wein.
Wenn sonst im Keller Faß an Faß sich häufte,
Der besten Berg- und Jahresläufte,
So schlürft unendliches Gesäufte
Der edlen Herrn den letzten Tropfen aus.
Der Stadtrat muß sein Lager auch verzapfen,
Man greift zu Humpen, greift zu Napfen,
Und unterm Tische liegt der Schmaus.
Nun soll ich zahlen, alle lohnen,
Der Jude wird mich nicht verschonen,
Der schafft Antizipationen,
Die speisen Jahr um Jahr voraus.
Die Schweine kommen nicht zu Fette,
Verpfändet ist der Pfühl im Bette,
Und auf den Tisch kommt vorgegessen Brot.

KAISER *nach einigem Nachdenken, zu* MEPHISTO

Sag, weißt du Narr nicht auch noch eine Not?

MEPHISTOPHELES

Ich? keineswegs. Den Glanz umher zu schauen,
Dich und die Deinen! – Mangelte Vertrauen
Wo Majestät unweigerlich gebeut?
Bereite Macht Feindseliges zerstreut,
Wo guter Wille, kräftig durch Verstand
Und Tätigkeit, vielfältige, zur Hand?

Was könnte da zum Unheil sich vereinen,
Zur Finsternis, wo solche Sterne scheinen?

GEMURMEL

Das ist ein Schalk – Ders wohl versteht –
Er lügt sich ein – So lang es geht –
Ich weiß schon – Was dahinter steckt –
Und was denn weiter? – Ein Projekt –

MEPHISTOPHELES

Wo fehlts nicht irgendwo auf dieser Welt?
Dem dies, dem das, hier aber fehlt das Geld.
Vom Estrich zwar ist es nicht aufzuraffen;
Doch Weisheit weiß das Tiefste herzuschaffen.
In Bergesadern, Mauergründen
Ist Gold gemünzt und ungemünzt zu finden,
Und fragt ihr mich wer es zu Tage schafft:
Begabten Mann's Natur- und Geisteskraft.

KANZLER

Natur und Geist! So spricht man nicht zu Christen.
Deshalb verbrennt man Atheisten,
Weil solche Reden höchst gefährlich sind.
Natur ist Sünde, Geist ist Teufel,
Sie hegen zwischen sich den Zweifel
Ihr mißgestaltet Zwitterkind.
Uns nicht so! – Kaisers alten Landen
Sind zwei Geschlechter nur entstanden,
Sie stützen würdig seinen Thron.
Die Heiligen sind es und die Ritter:
Sie stehen jedem Ungewitter
Und nehmen Kirch' und Staat zum Lohn.
Dem Pöbelsinn verworrner Geister
Entwickelt sich ein Widerstand,
Die Ketzer sind's! die Hexenmeister!
Und sie verderben Stadt und Land.
Die willst du nun mit frechen Scherzen
In diese hohen Kreise schwärzen,
Ihr hegt euch an verderbtem Herzen,
Dem Narren sind sie nah verwandt.

MEPHISTOPHELES
Daran erkenn ich den gelehrten Herrn!
Was ihr nicht tastet steht euch meilenfern,
Was ihr nicht faßt das fehlt euch ganz und gar,
Was ihr nicht rechnet, glaubt ihr sei nicht wahr,
Was ihr nicht wägt hat für euch kein Gewicht,
Was ihr nicht münzt das meint ihr gelte nicht.
KAISER
Dadurch sind unsre Mängel nicht erledigt,
Was willst Du jetzt mit deiner Fastenpredigt.
Ich habe satt das ewige Wie und Wenn;
Es fehlt an Geld, nun gut so schaff' es denn.
MEPHISTOPHELES
Ich schaffe was ihr wollt und schaffe mehr;
Zwar ist es leicht, doch ist das Leichte schwer;
Es liegt schon da, doch um es zu erlangen
Das ist die Kunst, wer weiß es anzufangen?
Bedenkt doch nur: in jenen Schreckensläuften
Wo Menschenfluten Land und Volk ersäuften,
Wie der und der, so sehr es ihn erschreckte,
Sein Liebstes da- und dortwohin versteckte.
So wars von je in mächtiger Römer Zeit,
Und so fortan, bis gestern, ja bis heut.
Das alles liegt im Boden still begraben,
Der Boden ist des Kaisers, der soll's haben.
SCHATZMEISTER
Für einen Narren spricht er gar nicht schlecht,
Das ist fürwahr des alten Kaisers Recht.
KANZLER
Der Satan legt euch goldgewirkte Schlingen:
Es geht nicht zu mit frommen, rechten Dingen.
MARSCHALK
Schafft' er uns nur zu Hof willkommne Gaben,
Ich wollte gern ein bißchen Unrecht haben.
HEERMEISTER
Der Narr ist klug, verspricht was jedem frommt;
Fragt der Soldat doch nicht woher es kommt.

MEPHISTOPHELES
Und glaubt ihr euch vielleicht durch mich betrogen:
Hier steht ein Mann! da! fragt den Astrologen,
In Kreis' um Kreise kennt er Stund und Haus,
So sage denn wie sieht's am Himmel aus?
GEMURMEL
Zwei Schelme sinds – Verstehn sich schon –
Narr und Phantast – So nah dem Thron –
Ein mattgesungen – alt Gedicht –
Der Tor bläst ein – der Weise spricht –
ASTROLOG *spricht, Mephistopheles bläst ein*
Die Sonne selbst sie ist ein lautres Gold,
Merkur der Bote dient um Gunst und Sold,
Frau Venus hat's euch allen angetan,
So früh als spat blickt sie euch lieblich an;
Die keusche Luna launet grillenhaft,
Mars trifft er nicht so dräut euch seine Kraft.
Und Jupiter bleibt doch der schönste Schein,
Saturn ist groß, dem Auge fern und klein.
Ihn als Metall verehren wir nicht sehr
An Wert gering, doch im Gewichte schwer.
Ja! wenn zu Sol sich Jupiter gesellt,
Zum Silber Gold, dann ist es heitre Welt,
Das übrige ist alles zu erlangen,
Paläste, Gärten, Brüstlein, rote Wangen,
Das alles schafft der hochgelahrte Mann
Der das vermag was unser keiner kann.
KAISER
Ich höre doppelt was er spricht;
Und dennoch überzeugts mich nicht.
GEMURMEL
Was soll uns das – Gedroschner Spaß –
Kalenderei – Chymisterei –
Das hört ich oft – und falsch gehofft –
Und kommt er auch – so ists ein Gauch –
MEPHISTOPHELES
Da stehen sie umher und staunen

Vertrauen nicht dem hohen Fund,
Der eine faselt von Alraunen
Der andre von dem schwarzen Hund.
Was soll es daß der eine witzelt,
Ein andrer Zauberei verklagt,
Wenn ihm doch auch einmal die Sohle kitzelt
Wenn ihm der sichre Schritt versagt.

Ihr alle fühlt geheimes Wirken
Der ewig waltenden Natur,
Und aus den untersten Bezirken
Schmiegt sich herauf lebendge Spur.
Wem es in allen Gliedern zwackt,
Wem es unheimlich wird am Platz,
Nur gleich entschlossen grabt und hackt,
Da liegt der Spielmann, liegt der Schatz!

GEMURMEL

Mir liegts im Fuß wie Bleigewicht –
Mir krampfts im Arme – das ist Gicht –
Mir krabbelts an der großen Zeh' –
Mir tut der ganze Rücken weh –
Nach solchen Zeichen wäre hier
Das allerreichste Schatzrevier.

KAISER

Nur eilig! du entschlüpfst nicht wieder,
Erprobe deine Lügenschäume,
Und zeig' uns gleich die edlen Räume.
Ich lege Schwert und Zepter nieder,
Und will mit eignen hohen Händen,
Wenn du nicht lügst, das Werk vollenden,
Dich, wenn du lügst, zur Hölle senden!

MEPHISTOPHELES

Den Weg dahin wüßt' allenfalls zu finden. –
Doch kann ich nicht genug verkünden
Was überall besitzlos harrend liegt.
Der Bauer der die Furche pflügt
Hebt einen Goldtopf mit der Scholle,

Salpeter hofft er von der Leimenwand
Und findet golden-goldne Rolle,
Erschreckt, erfreut in kümmerlicher Hand.
Was für Gewölbe sind zu sprengen,
In welchen Klüften, welchen Gängen
Muß sich der Schatzbewußte drängen,
Zur Nachbarschaft der Unterwelt!
In weiten, altverwahrten Kellern,
Von goldnen Humpen, Schüsseln, Tellern
Sieht er sich Reihen aufgestellt.
Pokale stehen aus Rubinen,
Und will er deren sich bedienen
Daneben liegt uraltes Naß.
Doch – werdet ihr dem Kundigen glauben –
Verfault ist längst das Holz der Dauben,
Der Weinstein schuf dem Wein ein Faß.
Essenzen solcher edlen Weine,
Gold und Juwelen nicht alleine
Umhüllen sich mit Nacht und Graus.
Der Weise forscht hier unverdrossen;
Am Tag' erkennen das sind Possen,
Im Finstern sind Mysterien zu Haus.

KAISER

Die laß ich dir! Was will das Düstre frommen!
Hat etwas Wert, es muß zu Tage kommen.
Wer kennt den Schelm in tiefer Nacht genau?
Schwarz sind die Kühe, so die Katzen grau.
Die Töpfe drunten, voll von Goldgewicht:
Zieh' an dem Pflug, und ackre sie ans Licht.

MEPHISTOPHELES

Nimm Hack' und Spaten grabe selber,
Die Bauernarbeit macht dich groß,
Und eine Herde goldner Kälber
Sie reißen sich vom Boden los.
Dann, ohne Zaudern, mit Entzücken,
Kannst du dich selbst, wirst die Geliebte schmücken;
Das leuchtend Farb- und Glanzgestein erhöht
Die Schönheit wie die Majestät.

KAISER

Nur gleich nur gleich! Wie lange soll es währen!

ASTROLOG *wie oben*

Herr! mäßige solch dringendes Begehren,
Laß erst vorbei das bunte Freudenspiel;
Zerstreutes Wesen führt uns nicht zum Ziel.
Erst müssen wir in Fassung uns versühnen,
Das Untre durch das Obere verdienen.
Wer Gutes will der sei erst gut;
Wer Freude will besänftige sein Blut;
Wer Wein verlangt der keltre reife Trauben,
Wer Wunder hofft der stärke seinen Glauben.

KAISER

So sei die Zeit in Fröhlichkeit vertan!
Und ganz erwünscht kommt Aschermittwoch an.
Indessen feiern wir, auf jeden Fall,
Nur lustiger das wilde Karneval.

Trompeten, EXEUNT.

MEPHISTOPHELES

Wie sich Verdienst und Glück verketten
Das fällt den Toren niemals ein;
Wenn sie den Stein der Weisen hätten
Der Weise mangelte dem Stein.

Weitläufiger Saal, mit Nebengemächern, verziert und aufgeputzt zur Mummenschanz

HEROLD

Denkt nicht ihr seid in deutschen Grenzen
Von Teufels- Narren- und Totentänzen,
Ein heitres Fest erwartet euch.
Der Herr, auf seinen Römerzügen,
Hat, sich zu Nutz, euch zum Vergnügen,
Die hohen Alpen überstiegen,

Gewonnen sich ein heitres Reich.
Der Kaiser, er, an heiligen Sohlen,
Erbat sich erst das Recht zur Macht,
Und als er ging die Krone sich zu holen,
Hat er uns auch die Kappe mitgebracht.
Nun sind wir alle neugeboren;
Ein jeder weltgewandte Mann
Zieht sie behäglich über Kopf und Ohren;
Sie ähnlet ihn verrückten Toren,
Er ist darunter weise wie er kann.
Ich sehe schon wie sie sich scharen,
Sich schwankend sondern, traulich paaren;
Zudringlich schließt sich Chor an Chor.
Herein, hinaus, nur unverdrossen;
Es bleibt doch endlich, nach wie vor,
Mit ihren hunderttausend Possen,
Die Welt ein einziger großer Tor.

GÄRTNERINNEN *Gesang begleitet von Mandolinen*

Euren Beifall zu gewinnen
Schmückten wir uns diese Nacht
Junge Florentinerinnen
Folgten deutschen Hofes Pracht;

Tragen wir in braunen Locken
Mancher heiteren Blume Zier
Seidenfäden, Seidenflocken
Spielen ihre Rolle hier.

Denn wir halten es verdienstlich
Lobenswürdig ganz und gar
Unsre Blumen, glänzend künstlich,
Blühen fort das ganze Jahr.

Allerlei gefärbten Schnitzeln
Ward symmetrisch recht getan;
Mögt ihr Stück für Stück bewitzeln
Doch das Ganze zieht euch an.

Niedlich sind wir anzuschauen
Gärtnerinnen und galant
Denn das Naturell der Frauen
Ist so nah mit Kunst verwandt.

HEROLD
Laßt die reichen Körbe sehen
Die ihr auf den Häupten traget
Die sich bunt am Arme blähen
Jeder wähle was behaget.
Eilig daß in Laub und Gängen
Sich ein Garten offenbare
Würdig sind sie zu umdrängen
Krämerinnen wie die Ware.

GÄRTNERINNEN
Feilschet nun am heitern Orte
Doch kein Markten finde statt
Und mit sinnig kurzem Worte
Wisse jeder was er hat.

OLIVENZWEIG MIT FRÜCHTEN
Keinen Blumenflor beneid' ich
Allen Widerstreit vermeid' ich,
Mir ists gegen die Natur.
Bin ich doch das Mark der Lande,
Und, zum sichern Unterpfande,
Friedenszeichen jeder Flur.
Heute hoff' ich soll mirs glücken
Würdig schönes Haupt zu schmücken.

ÄHRENKRANZ *golden*
Ceres Gaben euch zu putzen
Werden hold und lieblich stehn
Das Erwünschteste dem Nutzen
Sei als eure Zierde schön.

PHANTASIEKRANZ
Bunte Blumen Malven ähnlich
Aus dem Moos ein Wunderflor!
Der Natur ists nicht gewöhnlich
Doch die Mode bringts hervor.

PHANTASIE-STRAUSS

Meinen Namen euch zu sagen
Würde Theophrast nicht wagen,
Und doch hoff ich wo nicht allen,
Aber mancher zu gefallen,
Der ich mich wohl eignen möchte,
Wenn sie mich ins Haar verflöchte,
Wenn sie sich entschließen könnte
Mir am Herzen Platz vergönnte.

Ausforderung

Mögen bunte Phantasien
Für des Tages Mode blühen,
Wunderseltsam sein gestaltet
Wie Natur sich nie entfaltet;
Grüne Stiele, goldne Glocken
Blickt hervor aus reichen Locken! –

ROSENKNOSPEN

Doch wir halten uns versteckt,
Glücklich wer uns frisch entdeckt!

Wenn der Sommer sich entzündet
Rosenknospe sich verkündet,
Wer mag solches Glück entbehren?
Das Versprechen, das Gewähren!
Das beherrscht, in Florens Reich,
Blick und Sinn und Herz zugleich.

[*Unter grünen Laubgängen putzen die Gärtnerinnen zierlich ihren Kram auf.*]

GÄRTNER *Gesang begleitet von Theorben*

Blumen mögen ruhig sprießen
Reizend euer Haupt umzieren
Früchte sollen nicht verführen
Kostend will man sie genießen.

Bieten bräunliche Gesichter
Kirschen, Pfirschen, Königspflaumen
Kauft! denn gegen Zung' und Gaumen
Hält sich Auge schlecht als Richter.

Kommt von allerreifsten Früchten
Mit Geschmack und Lust zu speisen!
Über Rosen läßt sich dichten,
In die Äpfel muß man beißen.

Sei's erlaubt uns anzupaaren
Eurem reichen Jugendflor
Und wir putzen reifer Waren
Fülle nachbarlich empor

Unter lustigen Gewinden,
In geschmückter Lauben Bucht,
Alles ist zugleich zu finden:
Knospe, Blätter, Blume, Frucht.

Unter Wechselgesang, begleitet von Guitarren und Theorben fahren beide Chore fort ihre Waren stufenweis' in die Höhe zu schmücken und auszubieten.

MUTTER und TOCHTER

MUTTER

Mädchen als du kamst ans Licht
Schmückt ich dich im Häubchen,
Warst so lieblich von Gesicht,
Und so zart am Leibchen.
Dachte sie sogleich als Braut,
Gleich dem Reichsten angetraut,
Dachte dich als Weibchen.

Ach! Nun ist schon manches Jahr
Ungenützt verflogen
Der Sponsierer bunte Schar
Schnell vorbeigezogen.
Tanztest mit dem einen flink,
Gabst dem andern feinen Wink,
Mit dem Ellenbogen.

Welches Fest man auch ersann
Ward umsonst begangen,
Pfänderspiel und dritter Mann
Wollten nicht verfangen.
Heute sind die Narren los
Liebchen öffne deinen Schoß
Bleibt wohl einer hangen.

GESPIELINNEN

Jung und schön gesellen sich hinzu, ein vertrauliches Geplauder wird laut.

FISCHER und VOGELSTELLER

Mit Netzen, Angel und Leimruten auch sonstigem Geräte treten auf, mischen sich unter die schönen Kinder. Wechselseitige Versuche zu gewinnen, zu fangen, zu entgehen und festzuhalten geben den angenehmsten Dialogen Gelegenheit.

HOLZHAUER *derb, ungestüm und ungeschlacht*

Nur Platz! nur Blöße!
Wir brauchen Räume,
Wir fällen Bäume
Die krachen schlagen,
Und wenn wir tragen
Da gibt es Stöße.

Zu unserem Lobe
Bringt es ins Reine;
Denn wirkten Grobe
Nicht auch im Lande,
Wie kämen Feine
Für sich zu Stande
So sehr sie witzten.
Des seid belehret;
Denn ihr erfröret
Wenn wir nicht schwitzten.

PULCINELLE *täppisch fast läppisch*

Ihr seid die Toren
Gebückt geboren.

Wir sind die Klugen
Die nie was trugen;
Denn unsre Kappen,
Jacken und Lappen
Sind leicht zu tragen.
Und mit Behagen
Wir immer müßig,
Pantoffelfüßig,
Durch Markt und Haufen
Einher zu laufen.
Gaffend zu stehen,
Uns anzukrähen;
Auf solche Klänge
Durch Drang und Menge
Aalgleich zu schlüpfen,
Gesamt zu hüpfen,
Vereint zu toben.
Ihr mögt uns loben,
Ihr mögt uns schelten
Wir lassens gelten.

PARASITEN *schmeichelnd lüstern*

Ihr wackern Träger,
Und eure Schwäger
Die Kohlenbrenner
Sind unsre Männer.
Denn alles Bücken,
Bejah'ndes Nicken,
Gewundne Phrasen,
Das Doppelblasen,
Das wärmt und kühlet
Wie's einer fühlet,
Was könnt es frommen?
Es möchte Feuer
Selbst ungeheuer
Vom Himmel kommen,
Gäb es nicht Scheite
Und Kohlentrachten

Die Herdesbreite
Zur Glut entfachten.
Da brät's und prudelts,
Da kochts und strudelts.
Der wahre Schmecker,
Der Tellerlecker,
Er riecht den Braten,
Er ahnet Fische;
Das regt zu Taten
An Gönners Tische.

TRUNKNER *unbewußt*

Sei mir heute nichts zuwider!
Fühle mich so frank und frei;
Frische Lust und heitre Lieder
Holt ich selbst sie doch herbei.
Und so trink ich! trinke, trinke.
Stoßet an ihr! Tinke, Tinke!
Du dort hinten komm heran.
Stoßet an, so ist's getan.

Schrie mein Weibchen doch entrüstet
Rümpfte diesem bunten Rock,
Und, wie sehr ich mich gebrüstet,
Schalt mich einen Maskenstock.
Doch ich trinke! Trinke, Trinke!
Angeklungen! Tinke, Tinke!
Maskenstöcke stoßet an!
Wenn es klingt so ist's getan.

Saget nicht daß ich verirrt bin,
Bin ich doch wo mir's behagt.
Borgt der Wirt nicht, borgt die Wirtin,
Und am Ende borgt die Magd.
Immer trink ich! Trinke, Trinke!
Auf ihr andern! Tinke Tinke!
Jeder jedem! so fortan
Dünkt mich's doch es sei getan.

Wie und wo ich mich vergnüge

Mag es immerhin geschehn;
Laßt mich liegen wo ich liege
Denn ich mag nicht länger stehn.

CHOR

Jeder Bruder trinke, Trinke!
Toastet frisch ein Tinke, Tinke!
Sitzet fest auf Bank und Span,
Unterm Tisch Dem ists getan.

DER HEROLD

Kündigt verschiedene Poeten an. Naturdichter, Hof- und Rittersänger, Zärtliche so wie Enthusiasten. Im Gedräng von Mitwerbern aller Art läßt keiner den andern zum Vortrag kommen. Einer schleicht mit wenigen Worten vorbei.

SATIRIKER

Wißt ihr was mich Poeten
Erst recht erfreuen sollte?
Dürft ich singen und reden
Was niemand hören wollte.

Die Nacht- und Grabdichter lassen sich entschuldigen, weil sie so eben im interessantesten Gespräch mit einem frisch erstandenen Vampiren begriffen seien; woraus eine neue Dichtart sich vielleicht entwickeln könnte; der Herold muß es gelten lassen und ruft indessen die griechische Mythologie hervor, die, selbst in moderner Maske, weder Charakter noch Gefälliges verliert.

DIE GRAZIEN

AGLAIA

Anmut bringen wir in's Leben;
Leget Anmut in das Geben.

HEGEMONE

Leget Anmut in's Empfangen
Lieblich ist's den Wunsch erlangen.

EUPHROSYNE

Und in stiller Tage Schranken
Höchst anmutig sei das Danken.

DIE PARZEN

ATROPOS

Mich die älteste zum Spinnen
Hat man diesmal eingeladen
Viel zu denken, viel zu sinnen
Gibts beim zarten Lebensfaden.

Daß er euch gelenk und weich sei
Wußt ich feinsten Flachs zu sichten;
Daß er glatt und schlank und gleich sei
Wird der kluge Finger schlichten.

Wolltet ihr bei Lust und Tänzen
Allzu üppig euch erweisen:
Denkt an dieses Fadens Grenzen,
Hütet euch! Er möchte reißen!

KLOTHO

Wißt, in diesen letzten Tagen
Ward die Schere mir vertraut;
Denn man war von dem Betragen
Unsrer Alten nicht erbaut.

Zerrt unnützeste Gespinste
Lange sie an Licht und Luft
Hoffnung herrlichster Gewinste
Schleppt sie schneidend zu der Gruft.

Doch auch ich, im Jugend-Walten,
Irrte mich schon hundertmal;
Heute mich im Zaum zu halten,
Schere stickt im Futteral.

Und so bin ich gern gebunden,
Blicke freundlich diesem Ort;
Ihr in diesen freien Stunden
Schwärmt nur immer fort und fort.

LACHESIS

Mir, die ich allein verständig,
Blieb das Ordnen zugeteilt.

Meine Weife, stets lebendig
Hat noch nie sich übereilt.

Fäden kommen, Fäden weifen,
Jeden lenk ich seine Bahn,
Keinen laß ich überschweifen,
Füg er sich im Kreis heran.

Könnt ich einmal mich vergessen
Wär es um die Welt mir bang;
Stunden zählen, Jahre messen
Und der Weber nimmt den Strang.

HEROLD

Die jetzo kommen werdet ihr nicht kennen
Wärt ihr noch so gelehrt in alten Schriften;
Sie anzusehn die so viel Übel stiften
Ihr würdet sie willkommne Gäste nennen.

Die Furien sind es, niemand wird uns glauben,
Hübsch, wohlgestaltet, freundlich, jung von Jahren;
Laßt euch mit ihnen ein, ihr sollt erfahren
Wie schlangenhaft verletzen solche Tauben.

Zwar sind sie tückisch, doch am heutigen Tage
Wo jeder Narr sich rühmet seiner Mängel,
Auch sie verlangen nicht den Ruhm als Engel,
Bekennen sich als Stadt- und Landesplage.

DIE FURIEN

ALECTO

Was hilft es euch, ihr werdet uns vertrauen,
Denn wir sind hübsch und jung und Schmeichelkätzchen,
Hat einer unter euch ein Liebe-Schätzchen:
Wir werden ihm so lange die Ohren krauen

Bis wir ihm sagen dürfen, Aug in Auge:
Daß sie zugleich auch dem und jenem winke,
Im Kopfe dumm, im Rücken krumm, und hinke,
Und, wenn sie seine Braut ist, gar nichts tauge.

So wissen wir die Braut auch zu bedrängen:
Es hat sogar der Freund, vor wenig Wochen,
Verächtliches von ihr zu der gesprochen!
Versöhnt man sich so bleibt doch etwas hängen.

MEGÄRE

Das ist nur Spaß! denn, sind sie erst verbunden,
Ich nehm es auf, und weiß in allen Fällen,
Das schönste Glück durch Grille zu vergällen;
Der Mensch ist ungleich, ungleich sind die Stunden.

Und niemand hat Erwünschtes fest in Armen,
Der sich nicht nach Erwünschterem törig sehnte,
Vom höchsten Glück, woran er sich gewöhnte;
Die Sonne flieht er, will den Frost erwarmen.

Mit diesem allen weiß ich zu gebaren,
Und führe her Asmodi den Getreuen,
Zu rechter Zeit Unseliges auszustreuen,
Verderbe so das Menschenvolk in Paaren.

TISIPHONE

Gift und Dolch statt böser Zungen
Misch ich schärf ich dem Verräter;
Liebst du andre, früher, später
Hat Verderben dich durchdrungen.

Muß der Augenblicke Süßtes
Sich zu Gischt und Galle wandeln!
Hier kein Markten, hier kein Handeln
Wie er es beging er büßt es.

Singe keiner vom Vergeben!
Felsen klag ich meine Sache,
Echo! Horch! Erwidert: Rache;
Und wer wechselt soll nicht leben.

HEROLD

Belieb es euch zur Seite wegzuweichen,
Denn was jetzt kommt ist nicht von eures Gleichen.
Ihr seht wie sich ein Berg herangedrängt,

Mit bunten Teppichen die Weichen stolz behängt,
Ein Haupt, mit langen Zähnen, Schlangenrüssel,
Geheimnisvoll, doch zeig ich euch den Schlüssel.
Im Nacken sitzt ihm zierlich-zarte Frau,
Mit feinem Stäbchen lenkt sie ihn genau,
Die andre droben stehend herrlich-hehr,
Umgibt ein Glanz der blendet mich zu sehr.
Zur Seite gehn gekettet edle Frauen,
Die eine bang, die andre froh zu schauen,
Die eine wünscht, die andre fühlt sich frei,
Verkünde jede wer sie sei.

FURCHT

Dunstige Fackeln, Lampen, Lichter,
Dämmern durchs verworrne Fest,
Zwischen diese Truggesichter
Bannt mich ach die Kette fest.

Fort ihr lächerlichen Lacher!
Euer Grinsen gibt Verdacht;
Alle meine Widersacher
Drängen mich in dieser Nacht.

Hier! ein Freund ist Feind geworden,
Seine Maske kenn ich schon;
Jener wollte mich ermorden
Nun entdeckt schleicht er davon.

Ach wie gern in jeder Richtung,
Flöh ich zu der Welt hinaus.
Doch von drüben droht Vernichtung
Hält mich zwischen Dunst und Graus.

HOFFNUNG

Seid gegrüßt ihr lieben Schwestern,
Habt ihr euch schon heut und gestern
In Vermummungen gefallen,
Weiß ich doch gewiß von allen
Morgen wollt ihr euch enthüllen.
Und wenn wir bei Fackelscheine

Uns nicht sonderlich behagen
Werden wir in heitern Tagen,
Ganz nach unserm eignen Willen,
Bald gesellig, bald alleine
Frei durch schöne Fluren wandeln,
Nach Belieben ruhn und handeln
Und in sorgenfreiem Leben,
Nie entbehren, stets erstreben,
Überall willkommne Gäste
Treten wir getrost hinein.
Sicherlich es muß das Beste
Irgendwo zu finden sein.

KLUGHEIT

Zwei der größten Menschenfeinde
Furcht und Hoffnung angekettet,
Halt ich ab von der Gemeinde;
Platz gemacht! ihr seid gerettet.

Den lebendigen Kolossen
Führ ich, seht ihr, turmbeladen
Und er wandelt unverdrossen
Schritt vor Schritt auf steilen Pfaden.

Droben aber auf der Zinne
Jene Göttin mit behenden,
Breiten Flügeln, zum Gewinne
Allerseits sich hinzuwenden.

Rings umgibt sie Glanz und Glorie
Leuchtend fern nach allen Seiten;
Und sie nennet sich Viktorie
Göttin aller Tätigkeiten.

ZOILO-THERSITES

Hu! Hu! da komm ich eben recht
Ich schelt euch allzusammen schlecht!
Doch was ich mir zum Ziel ersah
Ist oben Frau Victoria.
Mit ihrem weißen Flügelpaar
Sie dünkt sich wohl sie sei ein Aar,

Und wo sie sich nur hingewandt
Gehör ihr alles Volk und Land;
Doch, wo was Rühmliches gelingt
Es mich sogleich in Harnisch bringt.
Das Tiefe hoch, das Hohe tief,
Das Schiefe grad, das Grade schief,
Das ganz allein macht mich gesund,
So will ichs auf dem Erdenrund.

HEROLD

So treffe dich du Lumpenhund,
Des frommen Stabes Meisterstreich,
Da krümm und winde dich sogleich! –
Wie sich die Doppelzwerggestalt
So schnell zum eklen Klumpen ballt! –
– Doch Wunder! – Klumpen wird zum Ei,
Das bläht sich auf und platzt entzwei.
Nun fällt ein Zwillingspaar heraus,
Die Otter und die Fledermaus.
Die eine fort im Staube kriecht,
Die andre schwarz zur Decke fliegt.
Sie eilen draußen zum Verein,
Da möcht' ich nicht der Dritte sein.

GEMURMEL

Frisch! dahinten tanzt man schon –
Nein! Ich wollt ich wär' davon –
Fühlst du? wie uns das umflicht,
Das gespenstische Gezücht –
Saust es mir doch übers Haar –
Ward ichs doch am Fuß gewahr –
Keiner ist von uns verletzt –
Alle doch in Furcht gesetzt –
Ganz verdorben ist der Spaß –
Und die Bestien wollten das.

HEROLD

Seit mir sind bei Maskeraden
Heroldspflichten aufgeladen
Wach ich ernstlich an der Pforte,

Daß euch hier am lustigen Orte
Nichts Verderbliches erschleiche,
Weder wanke, weder weiche.
Doch ich fürchte durch die Fenster
Ziehen luftige Gespenster
Und von Spuk und Zaubereien
Wüßt ich euch nicht zu befreien.
Machte sich der Zwerg verdächtig,
Nun! Dorthinten strömt es mächtig.
Die Bedeutung der Gestalten
Möcht ich amtsgemäß entfalten.
Aber was nicht zu begreifen
Wüßt ich auch nicht zu erklären,
Helfet alle mich belehren! –
Seht ihr's durch die Menge schweifen? –
Vierbespannt ein prächtiger Wagen
Wird durch alles durchgetragen;
Doch er teilet nicht die Menge
Nirgend seh ich ein Gedränge.
Farbig glitzerts in der Ferne,
Irrend leuchten bunte Sterne,
Wie von magischer Laterne.
Schnaubt's heran mit Sturmgewalt!
Platz gemacht! Mich schauderts!

KNABE *Wagenlenker*

Halt!

Rosse hemmet eure Flügel
Fühlet den gewohnten Zügel
Meistert euch wie ich euch meistre,
Rauschet hin wenn ich begeistre –
Diese Räume laßt uns ehren,
Schaut umher wie sie sich mehren
Die Bewundrer Kreis um Kreise.
Herold auf! nach Deiner Weise,
Ehe wir von Euch entfliehen,
Uns zu schildern uns zu nennen;
Denn wir sind Allegorien
Und so solltest du uns kennen.

HEROLD
Wüßte nicht dich zu benennen,
Eher könnt ich dich beschreiben.
KNABE, LENKER
So probier's!
HEROLD
Man muß gestehn:
Erstlich bist du jung und schön.
Halbwüchsiger Knabe bist du; doch die Frauen
Sie möchten dich ganz ausgewachsen schauen.
Du scheinest mir ein künftiger Sponsierer
Recht so von Haus aus ein Verführer.
KNABE LENKER
Das läßt sich hören! fahre fort,
Erfinde dir des Rätsels heitres Wort.
HEROLD
Der Augen schwarzer Blitz, die Nacht der Locken
Erheitert von juwelnem Band!
Und welch ein zierliches Gewand
Fließt dir von Schultern zu den Socken,
Mit Purpursaum und Glitzertand!
Man könnte dich ein Mädchen schelten,
Doch würdest du, zu Wohl und Weh
Auch jetzo schon bei Mädchen gelten
Sie lehrten dich das A.B.C.
KNABE LENKER
Und dieser, der als Prachtgebilde
Hier auf dem Wagenthrone prangt?
HEROLD
Er scheint ein König reich und milde,
Wohl dem der seine Gunst erlangt!
Er hat nichts weiter zu erstreben,
Wo's irgend fehlte späht sein Blick,
Und seine reine Lust zu geben
Ist größer als Besitz und Glück.
KNABE [LENKER]
Hiebei darfst du nicht stehen bleiben,
Du mußt ihn recht genau beschreiben.

HEROLD
Das Würdige beschreibt sich nicht.
Doch das gesunde Mondgesicht,
Ein voller Mund, erblühte Wangen,
Die unterm Schmuck des Turbans prangen.
Im Faltenkleid ein reich Behagen!
Was soll ich von dem Anstand sagen?
Als Herrscher scheint er mir bekannt.

KNABE [LENKER]
Plutus, des Reichtums Gott genannt,
Derselbe kommt in Prunk daher,
Der hohe Kaiser wünscht ihn sehr.

HEROLD
Sag von dir selber auch das Was und Wie?

KNABE [LENKER]
Bin die Verschwendung, bin die Poesie.
Bin der Poet, der sich vollendet
Wenn er sein eigenst Gut verschwendet.
Auch ich bin unermeßlich reich
Und schätze mich dem Plutus gleich,
Beleb' und schmück ihm Tanz und Schmaus
Das was ihm fehlt das teil ich aus.

HEROLD
Das Prahlen steht dir gar zu schön;
Doch laß uns deine Künste sehn!

KNABE [LENKER]
Hier seht mich nur ein Schnippchen schlagen,
Schon glänzt's und glitzert's um den Wagen.
Da springt eine Perlenschnur hervor,
immerfort umherschnippend
Nehmt goldne Spange für Hals und Ohr;
Auch Kamm und Krönchen ohne Fehl,
In Ringen köstlichstes Juwel.
Auch Flämmchen spend ich dann und wann
Erwartend wo es zünden kann.

HEROLD
Wie greift und hascht die liebe Menge!

Fast kommt der Geber ins Gedränge.
Kleinode schnippt er wie im Traum
Und alles hascht im weiten Raum.
Doch da erleb' ich neue Pfiffe;
Was einer noch so emsig griffe
Des hat er wirklich schlechten Lohn,
Die Gabe flattert ihm davon.
Es löst sich auf das Perlenband,
Ihm krabbeln Käfer in der Hand,
Er wirft sie weg, der arme Tropf,
Und sie umsummen ihm den Kopf.
Die andern statt solider Dinge
Erhaschen frevle Schmetterlinge.
Wie doch der Schelm so viel verheißt,
Und nur verleiht was golden gleißt!

KNABE LENKER

Zwar Masken, merk' ich, weißt du zu verkünden,
Allein der Schale Wesen zu ergründen
Sind Herolds Hofgeschäfte nicht;
Das fordert schärferes Gesicht.
Doch hüt ich mich vor jeder Fehde;
An dich Gebieter wend ich meine Rede.

zu Plutus gewendet

Hast du mir nicht die Windesbraut
Des Viergespannes anvertraut?
Lenk ich nicht glücklich wie du leitest?
Bin ich nicht da wohin du deutest?
Und wußt ich nicht auf kühnen Schwingen
Für dich die Palme zu erringen?
Wie oft ich auch für dich gefochten
Mir ist es jederzeit geglückt:
Wenn Lorbeer deine Stirne schmückt
Hab ich ihn nicht mit Sinn und Hand geflochten?

PLUTUS

Wenns nötig ist daß ich dir Zeugnis leiste,
So sag ich gern: bist Geist von meinem Geiste.
Du handelst stets nach meinem Sinn,

Bist reicher als ich selber bin.
Ich schätze, deinen Dienst zu lohnen,
Den grünen Zweig vor allen meinen Kronen,
Ein wahres Wort verkünd ich allen:
Mein lieber Sohn an dir hab ich Gefallen.

KNABE LENKER *zur Menge*

Die größten Gaben meiner Hand,
Seht! hab' ich rings umher gesandt.
Auf dem und jenem Kopfe glüht
Ein Flämmchen das ich angesprüht,
Von einem zu dem andern hüpft's,
An diesem hält sich's, dem entschlüpft's,
Gar selten aber flammts empor
Und leuchtet rasch in kurzem Flor.
Doch vielen, eh mans noch erkannt,
Verlischt es, traurig ausgebrannt.

WEIBER GEKLATSCH

Da droben auf dem Viergespann
Das ist gewiß ein Scharlatan;
Gekauzt da hintendrauf Hanswurst,
Doch abgezehrt von Hunger und Durst,
Wie man ihn niemals noch erblickt.
Er fühlt wohl nicht wenn man ihn zwickt.

DER ABGEMAGERTE

Vom Leibe mir ekles Weibsgeschlecht!
Ich weiß dir komm ich niemals recht. –
Wie noch die Frau den Herd versah,
Da hieß ich Avaritia;
Da stand es gut um unser Haus:
Nur viel herein, und nichts hinaus!
Ich eiferte für Kist' und Schrein;
Das sollte wohl gar ein Laster sein.
Doch als in allerneusten Jahren
Das Weib nicht mehr gewohnt zu sparen,
Und, wie ein jeder böse Zahler,
Weit mehr Begierden hat als Taler,
Da bleibt dem Manne viel zu dulden

Wo er nur hinsieht da sind Schulden.
Sie wendets, kann sie was erspulen,
An ihren Leib an ihren Buhlen;
Auch speist sie besser, trinkt noch mehr
Mit der Sponsierer leidigem Heer;
Das steigert mir des Goldes Reiz:
Bin männlichen Geschlechts, der Geiz!

HAUPTWEIB

Mit Drachen mag der Drache geizen,
Ist's doch am Ende Lug und Trug!
Er kommt die Männer aufzureizen
Sie sind schon unbequem genug.

WEIBER IN MASSE

Der Strohmann! Reich ihm eine Schlappe!
Was will das Marterholz uns dräun?
Wir sollen seine Fratze scheun!
Die Drachen sind von Holz und Pappe,
Frisch an und dringt auf ihn hinein!

HEROLD

Bei meinem Stabe! Ruh gehalten! –
Doch braucht es meiner Hülfe kaum,
Seht wie die grimmen Ungestalten
Bewegt im rasch gewonnenen Raum
Das Doppel-Flügelpaar entfalten.
Entrüstet schütteln sich der Drachen
Umschuppte, feuerspeiende Rachen;
Die Menge flieht, rein ist der Platz.

PLUTUS *steigt vom Wagen.*

HEROLD

Er tritt herab wie königlich!
Er winkt, die Drachen rühren sich
Die Kiste haben sie vom Wagen
Mit Gold und Geiz herangetragen,
Sie steht zu seinen Füßen da.
Ein Wunder ist es wie's geschah.

PLUTUS *zum Lenker*
Nun bist du los der allzulästigen Schwere,
Bist frei und frank, nun frisch zu deiner Sphäre!
Hier ist sie nicht! Verworren, scheckig, wild
Umdrängt uns hier ein fratzenhaft Gebild.
Nur wo du klar ins holde Klare schaust,
Dir angehörst und dir allein vertraust,
Dorthin wo Schönes Gutes nur gefällt,
Zur Einsamkeit! – Da schaffe deine Welt.

KNABE LENKER
So acht ich mich als werten Abgesandten,
So lieb ich dich als nächsten Anverwandten.
Wo du verweilst ist Fülle, wo ich bin
Fühlt jeder sich im herrlichsten Gewinn;
Auch schwankt er oft im widersinnigen Leben:
Soll er sich dir? soll er sich mir ergeben?
Die Deinen freilich können müßig ruhn,
Doch wer mir folgt hat immer was zu tun.
Nicht ins Geheim vollführ' ich meine Taten
Ich atme nur und schon bin ich verraten.
So lebe wohl! du, gönnst mir ja mein Glück
Doch lisple leis' und gleich bin ich zurück.
ab wie er kam.

PLUTUS
Nun ist es Zeit die Schätze zu entfesseln
Die Schlösser treff ich mit des Herolds Rute.
Es tut sich auf! schaut her! in ehrnen Kesseln
Entwickelt sichs und wallt von goldnem Blute,
Zunächst der Schmuck von Kronen, Ketten, Ringen
Es schwillt und droht ihn schmelzend zu verschlingen.

WECHSELGESCHREI DER MENGE
Seht hier o hin! wies reichlich quillt
Die Kiste bis zum Rande füllt. –
Gefäße goldne schmelzen sich,
Gemünzte Rollen wälzen sich. –
Dukaten hüpfen wie geprägt,
O wie mir das den Busen regt –

Wie schau ich alle mein Begehr!
Da kollern sie am Boden her. –
Man bietet's euch, benutzts nur gleich
Und bückt euch nur und werdet reich. –
Wir andern, rüstig wie der Blitz,
Wir nehmen den Koffer in Besitz.

HEROLD

Was solls ihr Toren? soll mir das?
Es ist ja nur ein Maskenspaß.
Heut abend wird nicht mehr begehrt;
Glaubt ihr man gab euch Gold und Wert?
Sind doch für euch in diesem Spiel
Selbst Rechenpfennige zuviel.
Ihr Täppischen! ein artiger Schein
Soll gleich die plumpe Wahrheit sein.
Was soll euch Wahrheit? – dumpfen Wahn
Packt ihr an allen Zipfeln an. –
Vermummter Plutus, Maskenheld,
Schlag dieses Volk mir aus dem Feld.

PLUTUS

Dein Stab ist wohl dazu bereit
Verleih ihn mir auf kurze Zeit. –
Ich tauch ihn rasch in Sud und Glut. –
Nun! Masken seid auf eurer Hut.
Wie's blitzt und platzt, in Funken sprüht!
Der Stab schon ist er angeglüht.
Wer sich zu nah herangedrängt
Ist unbarmherzig gleich versengt. –
Jetzt fang ich meinen Umgang an.

GESCHREI UND GEDRÄNG

O weh! Es ist um uns getan. –
Entfliehe wer entfliehen kann! –
Zurück zurück du Hintermann –
Mir sprüht es heiß ins Angesicht. –
Mich drückt des glühenden Stabs Gewicht –
Verloren sind wir all und all. –
Zurück zurück du Maskenschwall!

Zurück zurück unsinniger Hauf –
O hätt' ich Flügel flög ich auf. –

PLUTUS

Schon ist der Kreis zurückgedrängt
Und niemand glaub ich ist versengt
Die Menge weicht;
Sie ist verscheucht. –
Doch solcher Ordnung Unterpfand
Zieh ich ein unsichtbares Band.

HEROLD

Du hast ein herrlich Werk vollbracht
Wie dank ich deiner klugen Macht.

PLUTUS

Noch braucht es edler Freund Geduld
Es droht noch mancherlei Tumult.

GEIZ

So kann man doch, wenn es beliebt,
Vergnüglich diesen Kreis beschauen;
Denn immerfort sind vornen an die Frauen
Wo's was zu gaffen was zu naschen gibt.
Noch bin ich nicht so völlig eingerostet
Ein schönes Weib ist immer schön,
Und heute weil es mich nichts kostet
So wollen wir getrost sponsieren gehn.
Doch weil am überfüllten Orte
Nicht jedem Ohr vernehmlich alle Worte,
Versuch ich klug und hoff' es soll mir glücken,
Mich pantomimisch deutlich auszudrücken.
Hand, Fuß, Gebärde reicht mir da nicht hin,
Da muß ich mich um einen Schwank bemühn.
Wie feuchten Ton will ich das Gold behandlen.
Denn dies Metall läßt sich in alles wandlen.

HEROLD

Was fängt der an der magre Tor!
Hat so ein Hungermann Humor?
Er knetet alles Gold zu Teig,
Ihm wird es untern Händen weich,

Wie er es drückt und wie es ballt
Bleibt's immer doch nur ungestalt.
Er wendet sich zu den Weibern dort,
Sie schreien alle, möchten fort,
Gebärden sich gar widerwärtig;
Der Schalk erweist sich übelfertig.
Ich fühle daß er sich ergötzt
Wenn er die Sittlichkeit verletzt.
Dazu darf ich nicht schweigsam bleiben,
Gib meinen Stab, ihn zu vertreiben.

PLUTUS
Er ahnet nicht was uns von außen droht;
Laß ihn die Narrenteidung treiben
Ihm wird kein Raum für seine Possen bleiben;
Gesetz ist mächtig, mächtiger ist die Not.

GETÜMMEL und UNGESANG
Das wilde Heer es kommt zumal
Von Bergeshöh und Waldes Tal
Unwiderstehlich schreitets an
Sie feiern ihren großen Pan.
Sie wissen doch was keiner weiß
Und drängen in den leeren Kreis.

PLUTUS
Ich kenn euch wohl und euren großen Pan!
Zusammen habt ihr kühnen Schritt getan.
Ich weiß recht gut was nicht ein jeder weiß
Und öffne schuldig diesen strengen Kreis.
Mag sie ein gut Geschick begleiten!
Das Wunderlichste kann geschehn;
Sie wissen nicht wohin sie schreiten,
Sie haben sich nicht vorgesehn.

WILDGESANG
Geputztes Volk du Flitterschau!
Sie kommen roh sie kommen rauh,
In hohem Sprung und raschem Lauf
Sie treten derb und tüchtig auf.

FAUNEN
Die Faunenschar
Im lustigen Tanz
Den Eichenkranz
Im krausen Haar
Ein feines zugespitztes Ohr
Dringt an dem Lockenkopf hervor
Ein stumpfes Näschen, ein breit Gesicht
Das schadet alles bei Frauen nicht:
Dem Faun wenn er die Patsche reicht
Versagt die Schönste den Tanz nicht leicht.

SATYR
Der Satyr hüpft nun hinterdrein
Mit Ziegenfuß und dürrem Bein,
Ihm sollen sie mager und sehnig sein.
Und gemsenartig auf Bergeshöhn,
Belustigt er sich umher zu sehn.
In Freiheitsluft erquickt alsdann
Verhöhnt er Kind und Weib und Mann
Die tief in Tales Dampf und Rauch
Behaglich meinen sie lebten auch,
Da ihm doch rein und ungestört
Die Welt dort oben allein gehört.

GNOMEN
Da trippelt ein die kleine Schar
Sie hält nicht gern sich Paar und Paar;
Im moosigen Kleid mit Lämplein hell
Bewegt sichs durcheinander schnell,
Wo jedes für sich selber schafft,
Wie Leuchtameisen wimmelhaft;
Und wuselt emsig hin und her,
Beschäftigt in die Kreuz und Quer.

Den frommen Gütgen nah verwandt,
Als Felschirurgen wohlbekannt;
Die hohen Berge schröpfen wir,
Aus vollen Adern schöpfen wir;
Metalle stürzen wir zu Hauf,

Mit Gruß getrost: Glück auf! Glück auf!
Das ist von Grund aus wohlgemeint
Wir sind der guten Menschen Freund.
Doch bringen wir das Gold zu Tag
Damit man stehlen und kuppeln mag,
Nicht Eisen fehle dem stolzen Mann,
Der allgemeinen Mord ersann.
Und wer die drei Gebot veracht
Sich auch nichts aus den andern macht.
Das alles ist nicht unsre Schuld,
Drum habt sofort wie wir Geduld.

RIESEN

Die wilden Männer sinds genannt,
Am Harzgebirge wohlbekannt,
Natürlich nackt in aller Kraft,
Sie kommen sämtlich riesenhaft;
Den Fichtenstamm in rechter Hand
Und um den Leib ein wulstig Band
Den derbsten Schurz von Zweig und Blatt,
Leibwache wie der Papst nicht hat.

NYMPHEN im Chor

sie umschließen den großen Pan

Auch kommt er an! –
Das All der Welt
Wird vorgestellt
Im großen Pan.
Ihr Heitersten umgebet ihn,
Im Gaukeltanz umschwebet ihn,
Denn weil der Ernste gut dabei,
So will er daß man fröhlich sei.
Auch unterm blauen Wölbedach
Verhielt' er sich beständig wach,
Doch rieseln ihm die Bäche zu,
Und Lüftlein wiegen ihn mild in Ruh.
Und wenn er zu Mittage schläft
Sich nicht das Blatt am Zweige regt,
Gesunder Pflanzen Balsam Duft

Erfüllt die schweigsam stille Luft,
Die Nymphe darf nicht munter sein
Und wo sie stand da schläft sie ein.
Wenn unerwartet mit Gewalt
Dann aber seine Stimm erschallt,
Wie Blitzes Knattern, Meergebraus
Dann niemand weiß wo ein noch aus,
Zerstreut sich tapfres Heer im Feld
Und im Getümmel bebt der Held.
So Ehre dem, dem Ehre gebührt
Und Heil ihm der uns hergeführt!

DEPUTATION DER GNOMEN *an den großen Pan*

Wenn das glänzend reiche Gute
Fadenweis durch Klüfte streicht,
Nur der klugen Wünschelrute
Seine Labyrinthe zeigt,

Wölben wir in dumpfen Grüften
Troglodytisch unser Haus,
Und an reinen Tageslüften
Teilst du Schätze gnädig aus.

Nun entdecken wir hieneben
Eine Quelle wunderbar,
Die bequem verspricht zu geben
Was kaum zu erreichen war.

Dies vermagst du zu vollenden,
Nimm es Herr in deine Hut.
Jeder Schatz in deinen Händen
Kommt der ganzen Welt zu gut.

PLUTUS *zum Herold*

Wir müssen uns im hohen Sinne fassen
Und was geschieht getrost geschehen lassen,
Du bist ja sonst des stärksten Mutes voll.
Nun wird sich gleich ein Gräulichstes eräugnen,
Hartnäckig wird es Welt und Nachwelt leugnen,
Du schreib es treulich in dein Protokoll.

HEROLD *den Stab anfassend, welchen Plutus in der Hand behält*
Die Zwerge führen den großen Pan
Zur Feuerquelle sacht heran,
Sie siedet auf vom tiefsten Schlund
Dann sinkt sie wieder hinab zum Grund,
Und finster steht der offne Mund;
Wallt wieder auf in Sud und Glut
Der große Pan steht wohlgemut
Freut sich des wundersamen Dings.
Und Perlenschaum sprüht rechts und links,
Wie mag er solchen Wesen traun?
Er bückt sich tief hinein zu schaun. –
Nun aber fällt sein Bart hinein! –
Wer mag das glatte Kinn wohl sein?
Die Hand verbirgt es unserm Blick. –
Nun folgt ein großes Ungeschick
Der Bart entflammt und fliegt zurück.
Entzündet Kranz und Haupt und Brust,
Zu Leiden wandelt sich die Lust. –
Zu löschen läuft die Schar herbei,
Doch keiner bleibt von Flammen frei,
Und wie es patscht und wie es schlägt
Wird neues Flammen aufgeregt;
Verflochten in das Element
Ein ganzer Maskenklump verbrennt.

Was aber hör ich wird uns kund
Von Ohr zu Ohr von Mund zu Mund!
O ewig unglückselge Nacht
Was hast du uns für Leid gebracht.
Verkünden wird der nächste Tag
Was niemand willig hören mag;
Doch hör' ich aller Orten schrein:
Der Kaiser leidet solche Pein
O wäre doch ein andres wahr!
Der Kaiser brennt und seine Schar.
Sie sei verflucht die ihn verführt,

In harzig Reis sich eingeschnürt,
Zu toben her mit Brüll-Gesang
Zu allerseitigem Untergang.
O Jugend Jugend wirst du nie
Der Freude reines Maß bezirken?
O Hoheit Hoheit wirst du nie
Vernünftig wie allmächtig wirken?

Schon geht der Wald in Flammen auf,
Sie züngeln leckend spitz hinauf,
Zum holzverschränkten Deckenband,
Uns droht ein allgemeiner Brand.
Des Jammers Maß ist übervoll,
Ich weiß nicht wer uns retten soll.
Ein Aschenhaufen einer Nacht
Liegt morgen reiche Kaiserpracht.

PLUTUS

Schrecken ist genug verbreitet,
Hülfe sei nun eingeleitet! –
Schlage heilgen Stabs Gewalt
Daß der Boden bebt und schallt.
Du geräumig weite Luft
Fülle dich mit kühlem Duft;
Zieht heran umherzuschweifen
Nebeldünste, schwangre Streifen,
Deckt ein flammendes Gewühl;
Rieselt, säuselt, Wölkchen kräuselt,
Schlüpfet wallend, leise dämpfet,
Löschend überall bekämpfet,
Ihr die lindernden die feuchten,
Wandelt in ein Wetterleuchten
Solcher eitlen Flamme Spiel. –
Drohen Geister uns zu schädigen
Soll sich die Magie betätigen.

Lustgarten
Morgensonne

Der KAISER, dessen Hofstaat, Männer und Frauen;
Faust, Mephisto *anständig nicht auffallend nach Sitte gekleidet, beide knien.*

FAUST
Verzeihst du Herr das Flammengaukelspiel?
KAISER *zum Aufstehen winkend*
Ich wünsche mir dergleichen Scherze viel. –
Auf einmal sah ich mich in glühender Sphäre,
Es schien mir fast als ob ich Pluto wäre.
Aus Nacht und Kohlen lag ein Felsengrund,
Von Flämmchen glühend. Dem und jenem Schlund
Aufwirbelten viel tausend wilde Flammen,
Und flackerten in Ein Gewölb zusammen.
Zum höchsten Dome züngelt es empor,
Der immer ward und immer sich verlor.
Durch fernen Raum gewundner Feuersäulen
Sah ich bewegt der Völker lange Zeilen,
Sie drängten sich im weiten Kreis heran
Und huldigten, wie sie es stets getan.
Von meinem Hof erkannt' ich ein und andern,
Ich schien ein Fürst von tausend Salamandern.
MEPHISTOPHELES
Das bist du Herr! Weil jedes Element
Die Majestät als unbedingt erkennt.
Gehorsam Feuer hast du nun erprobt,
Wirf dich ins Meer wo es am wildsten tobt,
Und kaum betrittst du perlenreichen Grund
So bildet wallend sich ein herrlich Rund;
Siehst auf und ab lichtgrüne schwanke Wellen,
Mit Purpursaum, zu schönster Wohnung schwellen,
Um dich den Mittelpunkt. Bei jedem Schritt
Wohin du gehst gehn die Paläste mit.

Die Wände selbst erfreuen sich des Lebens,
Pfeilschnellen Wimmlens, Hin- und Widerstrebens.
Meerwunder drängen sich zum neuen milden Schein,
Sie schießen an, und keines darf herein.
Da spielen farbig goldbeschuppte Drachen,
Der Haifisch klafft, du lachst ihm in den Rachen.
Wie sich auch jetzt der Hof um dich entzückt
Hast du doch nie ein solch Gedräng erblickt.
Doch bleibst du nicht vom Lieblichsten geschieden
Es nahen sich neugierige Nereiden
Der prächtigen Wohnung in der ewigen Frische,
Die jüngsten scheu und lüstern wie die Fische,
Die spätern klug; schon wird es Thetis kund
Dem zweiten Peleus reicht sie Hand und Mund. –
Den Sitz alsdann auf des Olymps Revier! –

KAISER

Die luftigen Räume die erlaß ich dir.
Noch früh genug besteigt man jenen Thron.

MEPHISTOPHELES

Und, höchster Herr! die Erde hast du schon.

KAISER

Welch gut Geschick hat dich hieher gebracht?
Unmittelbar aus Tausend Einer Nacht.
Gleichst du an Fruchtbarkeit Scheherazaden,
Versichre ich dich der höchsten aller Gnaden.
Sei stets bereit wenn eure Tageswelt
Wie's oft geschieht, mir widerlichst mißfällt.

MARSCHALK *tritt eilig auf*

Durchlauchtigster, ich dacht' in meinem Leben
Vom schönsten Glück Verkündung nicht zu geben
Als diese, die mich hoch beglückt,
In Deiner Gegenwart entzückt.
Rechnung für Rechnung ist berichtigt,
Die Wucherklauen sind beschwichtigt,
Los bin ich solcher Höllenpein;
Im Himmel kanns nicht heitrer sein.

HEERMEISTER *folgt eilig*
Abschläglich ist der Sold entrichtet,
Das ganze Heer aufs neu verpflichtet,
Der Lanzknecht fühlt sich frisches Blut,
Und Wirt und Dirnen habens gut.

KAISER
Wie atmet eure Brust erweitert!
Das faltige Gesicht erheitert!
Wie eilig tretet ihr heran!

SCHATZMEISTER *der sich einfindet*
Befrage diese die das Werk getan.

FAUST
Dem Kanzler ziemts die Sache vorzutragen.

KANZLER *der langsam herankommt*
Beglückt genug in meinen alten Tagen. –
So hört und schaut das schicksalschwere Blatt,
Das alles Weh in Wohl verwandelt hat.

er liest

»Zu wissen sei es jedem ders begehrt:
Der Zettel hier ist tausend Kronen wert.
Ihm liegt gesichert als gewisses Pfand
Unzahl vergrabnen Guts im Kaiserland.
Nun ist gesorgt damit der reiche Schatz,
Sogleich gehoben, diene zum Ersatz.«

KAISER
Ich ahne Frevel, ungeheuren Trug!
Wer fälschte hier des Kaisers Namenszug?
Ist solch Verbrechen ungestraft geblieben?

SCHATZMEISTER
Erinnre Dich! hast selbst es unterschrieben;
Erst heute Nacht. Du standst als großer Pan,
Der Kanzler sprach mit uns zu Dir heran:
»Gewähre Dir das hohe Festvergnügen,
Des Volkes Heil, mit wenig Federzügen.«
Du zogst sie rein, dann wards in dieser Nacht
Durch Tausendkünstler schnell vertausendfacht.
Damit die Wohltat allen gleich gedeihe

So stempelten wir gleich die ganze Reihe,
Zehn, Dreißig, Funfzig, Hundert sind parat.
Ihr denkt euch nicht wie wohl's dem Volke tat.
Seht eure Stadt, sonst halb im Tod verschimmelt,
Wie alles lebt und lustgenießend wimmelt!
Obschon Dein Name längst die Welt beglückt,
Man hat ihn nie so freundlich angeblickt.
Das Alphabet ist nun erst überzählig
In diesem Zeichen wird nun jeder selig.

KAISER

Und meinen Leuten gilts für gutes Gold?
Dem Heer, dem Hofe gnügts zu vollem Sold?
So sehr michs wundert muß ichs gelten lassen.

MARSCHALK

Unmöglich wär's die Flüchtigen einzufassen;
Mit Blitzeswink zerstreute sichs im Lauf.
Die Wechsler-Bänke stehen sperrig auf,
Man honoriert daselbst ein jedes Blatt
Durch Gold und Silber, freilich mit Rabatt.
Nun gehts von da zum Fleischer, Bäcker, Schenken;
Die halbe Welt scheint nur an Schmaus zu denken,
Wenn sich die andre neu in Kleidern bläht.
Der Krämer schneidet aus, der Schneider näht.
Bei: »hoch dem Kaiser!« sprudelts in den Kellern,
Dort kochts und bräts und klappert mit den Tellern.

MEPHISTOPHELES

Wer die Terrassen einsam abspaziert
Gewahrt die Schönste, herrlich aufgeziert.
Ein Aug' verdeckt vom stolzen Pfauenwedel,
Sie schmunzelt uns und blickt nach solcher Schedel;
Und hurt'ger als durch Witz und Redekunst
Vermittelt sich die reichste Liebesgunst.
Man wird sich nicht mit Börs' und Beutel plagen,
Ein Blättchen ist im Busen leicht zu tragen,
Mit Liebesbrieflein paarts bequem sich hier. –
Der Priester trägts andächtig im Brevier,
Und der Soldat, um rascher sich zu wenden,

Erleichtert schnell den Gürtel seiner Lenden.
Die Majestät verzeihe wenn ins Kleine
Das hohe Werk ich zu erniedern scheine.

FAUST

Das Übermaß der Schätze, das, erstarrt,
In Deinen Landen tief im Boden harrt,
Liegt ungenutzt. Der weiteste Gedanke
Ist solches Reichtums kümmerlichste Schranke,
Die Phantasie, in ihrem höchsten Flug,
Sie strengt sich an und tut sich nie genug.
Doch fassen Geister, würdig tief zu schauen,
Zum Grenzenlosen grenzenlos Vertrauen.

MEPHISTOPHELES

Ein solch Papier, an Gold und Perlen statt,
Ist so bequem, man weiß doch was man hat,
Man braucht nicht erst zu markten noch zu tauschen,
Kann sich nach Lust in Lieb und Wein berauschen,
Will man Metall, ein Wechsler ist bereit,
Und fehlt es da, so gräbt man eine Zeit.
Pokal und Kette wird verauktioniert,
Und das Papier, sogleich amortisiert,
Beschämt den Zweifler der uns frech verhöhnt.
Man will nichts anders, ist daran gewöhnt.
So bleibt von nun an allen Kaiser Landen
An Kleinod, Gold, Papier genug vorhanden.

KAISER

Das hohe Wohl verdankt euch unser Reich,
Wo möglich sei der Lohn dem Dienste gleich.
Vertraut sei euch des Reiches innrer Boden,
Ihr seid der Schätze würdigste Kustoden.
Ihr kennt den weiten wohlverwahrten Hort,
Und wenn man gräbt so sei's auf euer Wort.
Vereint euch nun ihr Meister unsres Schatzes,
Erfüllt mit Lust die Würden eures Platzes,
Wo mit der obern- sich die Unterwelt,
In Einigkeit beglückt, zusammenstellt.

SCHATZMEISTER
Soll zwischen uns kein fernster Zwist sich regen,
Ich liebe mir den Zaubrer zum Kollegen.
ab mit Faust.

KAISER
Beschenk ich nun bei Hofe Mann für Mann,
Gesteh er mir wozu er's brauchen kann.

PAGE *empfangend*
Ich lebe lustig, heiter, guter Dinge.

EIN ANDRER *gleichfalls*
Ich schaffe gleich dem Liebchen Kett und Ringe.

KÄMMERER *annehmend*
Von nun an trink ich doppelt bessre Flasche

EIN ANDRER *gleichfalls*
Die Würfel jucken mich schon in der Tasche.

BANNERHERR *mit Bedacht*
Mein Schloß und Feld ich mach' es schuldenfrei,

EIN ANDRER *gleichfalls*
Es ist ein Schatz, den leg ich Schätzen bei.

KAISER
Ich hoffte Lust und Mut zu neuen Taten;
Doch wer euch kennt, der wird euch leicht erraten.
Ich merk' es wohl, bei aller Schätze Flor
Wie ihr gewesen bleibt ihr nach wie vor.

NARR [*herbeikommend*]
Ihr spendet Gnaden, gönnt auch mir davon.

KAISER
Und lebst du wieder, du vertrinkst sie schon.

NARR
Die Zauber-Blätter! ich verstehs nicht recht.

KAISER
Das glaub ich wohl, denn du gebrauchst sie schlecht.

NARR
Da fallen andere, weiß nicht was ich tu.

KAISER
Nimm sie nur hin, sie fielen Dir ja zu.
ab.

NARR
Fünftausend Kronen wären mir zu Handen!
MEPHISTOPHELES
Zweibeiniger Schlauch bist wieder auferstanden?
NARR
Geschieht mir oft, doch nicht so gut als jetzt.
MEPHISTOPHELES
Du freust dich so daß dichs in Schweiß versetzt.
NARR
Da seht nur her ist das wohl Geldes wert?
MEPHISTOPHELES
Du hast dafür was Schlund und Bauch begehrt.
NARR
Und kaufen kann ich Acker, Haus und Vieh?
MEPHISTOPHELES
Versteht sich! biete nur, das fehlt dir nie.
NARR
Und Schloß, mit Wald und Jagd und Fischbach?
MEPHISTOPHELES
Traun!
Ich möchte dich gestrengen Herrn wohl schaun!
NARR
Heut Abend wieg ich mich im Grundbesitz! –
ab.
MEPHISTOPHELES SOLUS
Wer zweifelt noch an unsres Narren Witz.

Finstere Galerie

FAUST. MEPHISTOPHELES.

MEPHISTOPHELES
Was ziehst du mich in diese düstern Gänge?
Ist nicht da drinnen Lust genug,
Im dichten, bunten Hofgedränge
Gelegenheit zu Spaß und Trug?

FAUST
Sag mir das nicht, du hast's in alten Tagen
Längst an den Sohlen abgetragen;
Doch jetzt, dein Hin- und Widergehn
Ist nur um mir nicht Wort zu stehn.
Ich aber bin gequält zu tun,
Der Marschalk und der Kämmrer treibt mich nun.
Der Kaiser will, es muß sogleich geschehn,
Will Helena und Paris vor sich sehn;
Das Musterbild der Männer, so der Frauen,
In deutlichen Gestalten will er schauen.
Geschwind ans Werk ich darf mein Wort nicht brechen.

MEPHISTOPHELES
Unsinnig war's leichtsinnig zu versprechen.

FAUST
Du hast, Geselle, nicht bedacht
Wohin uns deine Künste führen;
Erst haben wir ihn reich gemacht,
Nun sollen wir ihn amüsieren.

MEPHISTOPHELES
Du wähnst es füge sich sogleich;
Hier stehen wir vor steilern Stufen,
Greifst in ein fremdestes Bereich,
Machst frevelhaft am Ende neue Schulden,
Denkst Helenen so leicht hervorzurufen
Wie das Papiergespenst der Gulden. –
Mit Hexen-Fexen, mit Gespenst-Gespinsten,
Kielkröpfigen Zwergen steh ich gleich zu Diensten;
Doch Teufels-Liebchen, wenn auch nicht zu schelten,
Sie können nicht für Heroinen gelten.

FAUST
Da haben wir den alten Leierton!
Bei dir gerät man stets ins Ungewisse.
Der Vater bist du aller Hindernisse,
Für jedes Mittel willst du neuen Lohn.
Mit wenig Murmeln, weiß ich, ist's getan,
Wie man sich umschaut bringst du sie zur Stelle.

MEPHISTOPHELES
Das Heidenvolk geht mich nicht an,
Es haust in seiner eignen Hölle;
Doch gibts ein Mittel.
FAUST
Sprich, und ohne Säumnis.
MEPHISTOPHELES
Ungern entdeck' ich höheres Geheimnis. –
Göttinnen thronen hehr in Einsamkeit,
Um sie kein Ort noch weniger eine Zeit,
Von ihnen sprechen ist Verlegenheit.
Die Mütter sind es!
FAUST *aufgeschreckt*
Mütter!
MEPHISTOPHELES
Schauderts dich?
FAUST
Die Mütter! – Mütter! – 's klingt so wunderlich.
MEPHISTOPHELES
Das ist es auch. Göttinnen, ungekannt
Euch Sterblichen, von uns nicht gern genannt.
Nach ihrer Wohnung magst ins Tiefste schürfen;
Du selbst bist Schuld daß ihrer wir bedürfen.
FAUST
Wohin der Weg?
MEPHISTOPHELES
Kein Weg! Ins Unbetretene,
Nicht zu Betretende; ein Weg ans Unerbetene
Nicht zu Erbittende. Bist du bereit? –
Nicht Schlösser sind, nicht Riegel wegzuschieben,
Von Einsamkeiten wirst umhergetrieben.
Hast du Begriff von Öd' und Einsamkeit?
FAUST
Du spartest dächt' ich solche Sprüche,
Hier wittert's nach der Hexenküche,
Nach einer längst vergangnen Zeit.
Mußt' ich nicht mit der Welt verkehren,

Das Leere lernen, Leeres lehren? –
Sprach ich vernünftig wie ichs angeschaut,
Erklang der Widerspruch gedoppelt laut;
Mußt ich sogar vor widerwärtigen Streichen
Zur Einsamkeit, zur Wildernis entweichen,
Und um nicht ganz versäumt, allein zu leben
Mich doch zuletzt dem Teufel übergeben.

MEPHISTOPHELES

Und hättest du den Ozean durchschwommen
Das Grenzenlose dort geschaut,
So sähst du dort doch Well auf Welle kommen,
Selbst wenn es dir vorm Untergange graut.
Du sähst doch etwas. Sähst wohl in der Grüne
Gestillter Meere streichende Delphine,
Sähst Wolken ziehen, Sonne, Mond und Sterne;
Nichts wirst du sehn in ewig leerer Ferne,
Den Schritt nicht hören den du tust,
Nichts Festes finden wo du ruhst.

FAUST

Du sprichst als erster aller Mystagogen,
Die treue Neophyten je betrogen;
Nur umgekehrt. Du sendest mich ins Leere,
Damit ich dort so Kunst als Kraft vermehre.
Behandelst mich, daß ich, wie jene Katze,
Dir die Kastanien aus den Gluten kratze.
Nur immer zu! wir wollen es ergründen,
In Deinem Nichts hoff ich das All zu finden.

MEPHISTOPHELES

Ich rühme dich eh du dich von mir trennst,
Und sehe wohl daß du den Teufel kennst;
Hier diesen Schlüssel nimm.

FAUST

Das kleine Ding!

MEPHISTOPHELES

Erst faß' ihn an und schätz' ihn nicht gering.

FAUST

Er wächst in meiner Hand! er leuchtet, blitzt!

MEPHISTOPHELES
Merkst du nun bald was man an ihm besitzt?
Der Schlüssel wird die rechte Stelle wittern,
Folg ihm hinab, er führt dich zu den Müttern.
FAUST *schaudernd*
Den Müttern! Trifft's mich immer wie ein Schlag!
Was ist das Wort das ich nicht hören mag?
MEPHISTOPHELES
Bist du beschränkt daß neues Wort dich stört?
Willst du nur hören was du schon gehört?
Dich störe nichts wie es auch weiter klinge,
Schon längst gewohnt der wunderbarsten Dinge.
FAUST
Doch im Erstarren such ich nicht mein Heil,
Das Schaudern ist der Menschheit bestes Teil;
Wie auch die Welt ihm das Gefühl verteure,
Ergriffen, fühlt er tief das Ungeheure.
MEPHISTOPHELES
Versinke denn! Ich könnt auch sagen: steige!
'S ist einerlei. Entfliehe dem Entstandnen,
In der Gebilde losgebundne Räume,
Ergötze dich am längst nicht mehr Vorhandnen,
Wie Wolkenzüge schlingt sich das Getreibe,
Den Schlüssel schwinge, halte sie vom Leibe.
FAUST *begeistert*
Wohl! fest ihn fassend fühl' ich neue Stärke,
Die Brust erweitert hin zum großen Werke
MEPHISTOPHELES
Ein glühnder Dreifuß tut dir endlich kund
Du seist im tiefsten, allertiefsten Grund.
Bei seinem Schein wirst du die Mütter sehn,
Die einen sitzen, andre stehn und gehn,
Wie's eben kommt. Gestaltung, Umgestaltung,
Des ewigen Sinnes ewige Unterhaltung,
Umschwebt von Bildern aller Kreatur.
Sie sehn dich nicht, denn Schemen sehn sie nur.
Da faß ein Herz, denn die Gefahr ist groß,

Und gehe grad auf jenen Dreifuß los,
Berühr ihn mit dem Schlüssel!

FAUST
macht eine entschieden gebietende Attitüde mit dem Schlüssel.

MEPHISTOPHELES *ihn betrachtend*
So ists recht! . . . .
Er schließt sich an, er folgt als treuer Knecht,
Gelassen steigst du, dich erhebt das Glück,
Und eh sie's merken bist mit ihm zurück.
Und hast du ihn einmal hierher gebracht,
So rufst du Held und Heldin aus der Nacht,
Der erste der sich jener Tat erdreistet;
Sie ist getan und du hast es geleistet,
Dann muß fortan, nach magischem Behandeln,
Der Weihrauchsnebel sich in Götter wandeln.

FAUST
Und nun was jetzt?

MEPHISTOPHELES
Dein Wesen strebe nieder,
Versinke stampfend, stampfend steigst du wieder.

FAUST *stampft und versinkt.*

MEPHISTOPHELES
Wenn ihm der Schlüssel nur zum besten frommt!
Neugierig bin ich ob er wieder kommt?

Hell erleuchtete Säle

Kaiser und Fürsten, Hof
in Bewegung.

KÄMMERER *zu Mephistopheles*
Ihr seid uns noch die Geisterszene schuldig;
Macht euch daran! der Herr ist ungeduldig.

MARSCHALL
So eben fragt der Gnädigste darnach;
Ihr! zaudert nicht der Majestät zur Schmach.
MEPHISTOPHELES
Ist mein Kumpan doch deshalb weggegangen,
Er weiß schon wie es anzufangen,
Und laboriert verschlossen still,
Muß ganz besonders sich befleißen;
Denn wer den Schatz, das Schöne, heben will
Bedarf der Höchsten Kunst, Magie der Weisen.
MARSCHALL
Was ihr für Künste braucht ist einerlei,
Der Kaiser will daß alles fertig sei.
BLONDINE *zu Mephisto*
Ein Wort, mein Herr! Ihr seht ein klar Gesicht,
Jedoch so ist's im leidigen Sommer nicht!
Da sprossen hundert bräunlich rote Flecken,
Die zum Verdruß die weiße Haut bedecken.
Ein Mittel!
MEPHISTOPHELES
Schade! So ein leuchtend Schätzchen,
Im Mai getupft wie euere Pantherkätzchen.
Nehmt Froschlaich, Krötenzungen, kohobiert,
Im vollsten Mondlicht sorglich distilliert;
Und, wenn er abnimmt, reinlich aufgestrichen,
Der Frühling kommt, die Tupfen sind entwichen.
BRAUNE
Die Menge drängt heran euch zu umschranzen.
Ich bitt' um Mittel! Ein erfrorner Fuß
Verhindert mich am Wandeln wie am Tanzen,
Selbst ungeschickt beweg ich mich zum Gruß.
MEPHISTOPHELES
Erlaubet einen Tritt von meinem Fuß.
BRAUNE
Nun das geschieht wohl unter Liebesleuten.
MEPHISTOPHELES
Mein Fußtritt, Kind! hat Größres zu bedeuten.

Zu Gleichem Gleiches; was auch einer litt;
Fuß heilet Fuß, so ists mit allen Gliedern.
Heran! Gebt acht! Ihr sollt es nicht erwidern.

BRAUNE *schreiend*

Weh! Weh! das brennt! das war ein harter Tritt,
Wie Pferdehuf!

MEPHISTOPHELES

Die Heilung nehmt ihr mit.
Du kannst nunmehr den Tanz nach Lust verüben,
Bei Tafel schwelgend füßle mit dem Lieben.

DAME *herandringend*

Laßt mich hindurch! zu groß sind meine Schmerzen,
Sie wühlen siedend mir im tiefsten Herzen.
Bis gestern sucht Er Heil in meinen Blicken,
Er schwatzt mit ihr und wendet mir den Rücken.

MEPHISTOPHELES

Bedenklich ist es, aber höre mich.
An ihn heran mußt du dich leise drücken,
Nimm diese Kohle, streich ihm einen Strich
Auf Ärmel, Mantel, Schulter wie sichs macht:
Er fühlt im Herzen holden Reuestich.
Die Kohle doch mußt du sogleich verschlingen,
Nicht Wein, nicht Wasser an die Lippen bringen:
Er seufzt vor deiner Tür noch heute Nacht.

DAME

Ist doch kein Gift?

MEPHISTOPHELES *entrüstet*

Respekt wo sichs gebührt!
Weit müßtet ihr nach solcher Kohle laufen;
Sie kommt von einem Scheiterhaufen
Den wir sonst emsiger angeschürt.

PAGE

Ich bin verliebt, man hält mich nicht für voll.

MEPHISTOPHELES *bei Seite*

Ich weiß nicht mehr wohin ich hören soll.

zum Pagen

Müßt euer Glück nicht auf die jüngste setzen.

Die Angejahrten wissen euch zu schätzen. –
Andere drängen sich herzu.
Schon wieder Neue! Welch ein harter Strauß!
Ich helfe mir zuletzt mit Wahrheit aus;
Der schlechteste Behelf! Die Not ist groß. –
O Mütter, Mütter! Laßt nur Fausten los!
umherschauend
Die Lichter brennen trübe schon im Saal,
Der ganze Hof bewegt sich auf einmal.
Anständig seh' ich sie in Folge ziehn,
Durch lange Gänge, ferne Galerien.
Nun! sie versammeln sich im weiten Raum
Des alten Rittersaals, er faßt sie kaum.
Auf breite Wände Teppiche spendiert,
Mit Rüstung Eck und Nischen ausgeziert.
Hier braucht es, dächt' ich, keine Zauberworte;
Die Geister finden sich von selbst zum Orte.

Rittersaal

Dämmernde Beleuchtung,
Kaiser und Hof,
sind eingezogen.

HEROLD
Mein alt Geschäft, das Schauspiel anzukünden,
Verkümmert mir der Geister heimlich Walten;
Vergebens wagt man aus verständigen Gründen,
Sich zu erklären das verworrene Schalten.
Die Sessel sind, die Stühle schon zur Hand;
Den Kaiser setzt man grade vor die Wand;
Auf den Tapeten mag er da die Schlachten
Der großen Zeit bequemlichstens betrachten.
Hier sitzt nun alles, Herr und Hof im Runde,
Die Bänke drängen sich im Hintergrunde;

Auch Liebchen hat, in düstern Geisterstunden,
Zur Seite Liebchens lieblich Raum gefunden.
Und so, da alle schicklich Platz genommen,
Sind wir bereit, die Geister mögen kommen!

Posaunen

ASTROLOG
Beginne gleich das Drama seinen Lauf,
Der Herr befiehlts, ihr Wände tut euch auf!
Nichts hindert mehr, hier ist Magie zur Hand,
Die Tepp'che schwinden, wie gerollt vom Brand;
Die Mauer spaltet sich, sie kehrt sich um,
Ein tief Theater scheint sich aufzustellen,
Geheimnisvoll ein Schein uns zu erhellen,
Und ich besteige das Proszenium.

MEPHISTOPHELES *aus dem Souffleurloche auftauchend*
Von hier aus hoff' ich allgemeine Gunst,
Einbläsereien sind des Teufels Redekunst.
zum Astrologen
Du kennst den Takt in dem die Sterne gehn,
Und wirst mein Flüstern meisterlich verstehn.

ASTROLOG
Durch Wunderkraft erscheint allhier zur Schau,
Massiv genug, ein alter Tempelbau.
Dem Atlas gleich der einst den Himmel trug,
Steh'n, reihenweis, der Säulen hier genug;
Sie mögen wohl der Felsenlast genügen,
Da zweie schon ein groß Gebäude trügen.

ARCHITEKT
Das wär antik! ich wüßt' es nicht zu preisen,
Es sollte plump und überlästig heißen.
Roh nennt man edel, unbehülflich groß.
Schmal-Pfeiler lieb' ich, strebend, grenzenlos;
Spitzbögiger Zenit erhebt den Geist;
Solch ein Gebäu erbaut uns allermeist.

ASTROLOG
Empfangt mit Ehrfurcht sterngegönnte Stunden;

Durch magisch Wort sei die Vernunft gebunden;
Dagegen weitheran bewege frei
Sich herrliche verwegne Phantasei.
Mit Augen schaut nun was ihr kühn begehrt,
Unmöglich ist's, drum eben glaubenswert.

FAUST *steigt auf der andern Seite des Proszeniums herauf.*

ASTROLOG
Im Priesterkleid, bekränzt, ein Wundermann,
Der nun vollbringt was er getrost begann.
Ein Dreifuß steigt mit ihm aus hohler Gruft,
Schon ahn' ich aus der Schale Weihrauchduft.
Er rüstet sich das hohe Werk zu segnen,
Es kann fortan nur glückliches begegnen.

FAUST *großartig*
In eurem Namen, Mütter, die ihr thront
Im Grenzenlosen, ewig einsam wohnt,
Und doch gesellig. Euer Haupt umschweben
Des Lebens Bilder, regsam, ohne Leben.
Was einmal war, in allem Glanz und Schein,
Es regt sich dort; denn es will ewig sein.
Und ihr verteilt es, allgewaltige Mächte,
Zum Zelt des Tages, zum Gewölb der Nächte.
Die einen faßt des Lebens holder Lauf,
Die andern sucht der kühne Magier auf;
In reicher Spende läßt er, voll Vertrauen,
Was jeder wünscht, das Wunderwürdige schauen.

ASTROLOG
Der glühnde Schlüssel rührt die Schale kaum,
Ein dunstiger Nebel deckt sogleich den Raum.
Er schleicht sich ein, er wogt nach Wolkenart,
Gedehnt, geballt, verschränkt, geteilt, gepaart.
Und nun erkennt ein Geister-Meister Stück!
So wie sie wandeln machen sie Musik.
Aus luftgen Tönen quillt ein Weißnichtwie,
Indem sie ziehn wird alles Melodie.
Der Säulenschaft, auch die Triglyphe klingt,

Ich glaube gar der ganze Tempel singt.
Das Dunstige senkt sich; aus dem leichten Flor
Ein schöner Jüngling tritt im Takt hervor.
Hier schweigt mein Amt, ich brauch ihn nicht zu nennen,
Wer sollte nicht den holden Paris kennen!

[PARIS *hervortretend*]

DAME
O! welch ein Glanz aufblühender Jugendkraft!
ZWEITE
Wie eine Pfirsche frisch und voller Saft!
DRITTE
Die fein gezogenen, süß geschwollnen Lippen!
VIERTE
Du möchtest wohl an solchem Becher nippen?
FÜNFTE
Er ist gar hübsch, wenn auch nicht eben fein.
SECHSTE
Ein bißchen könnt' er doch gewandter sein.
RITTER
Den Schäferknecht glaub ich allhier zu spüren,
Vom Prinzen nichts und nichts von Hofmanieren.
ANDRER
Eh nun! halb nackt ist wohl der Junge schön,
Doch müßten wir ihn erst im Harnisch sehn!
DAME
Er setzt sich nieder, weichlich, angenehm.
RITTER
Auf seinem Schoße wär' euch wohl bequem?
ANDRE
Er lehnt den Arm so zierlich übers Haupt.
KÄMMRER
Die Flegelei! Das find' ich unerlaubt!
DAME
Ihr Herren wißt an allem was zu mäkeln.
DERSELBE
In Kaisers Gegenwart sich hinzuräkeln!

DAME
Er stellts nur vor! Er glaubt sich ganz allein.
DERSELBE
Das Schauspiel selbst, hier sollt es höflich sein.
DAME
Sanft hat der Schlaf den Holden übernommen.
DERSELBE
Er schnarcht nun gleich, natürlich ist's, vollkommen!
JUNGE DAME *entzückt*
Zum Weihrauchsdampf was duftet so gemischt?
Das mir das Herz zum Innigsten erfrischt.
ÄLTERE
Fürwahr! Es dringt ein Hauch tief ins Gemüte,
Er kommt von ihm!
ÄLTESTE
Es ist des Wachstums Blüte.
Im Jüngling als Ambrosia bereitet,
Und atmosphärisch ringsumher verbreitet.

HELENA *hervortretend*

MEPHISTOPHELES
Das wär' sie denn! Vor dieser hätt' ich Ruh;
Hübsch ist sie wohl, doch sagt sie mir nicht zu.
ASTROLOG
Für mich ist diesmal weiter nichts zu tun,
Als Ehrenmann gesteh, bekenn ich's nun.
Die Schöne kommt, und hätt' ich Feuerzungen!
Von Schönheit ward von jeher viel gesungen;
Wem sie erscheint wird aus sich selbst entrückt,
Wem sie gehörte ward zu hoch beglückt.
FAUST
Hab ich noch Augen? Zeigt sich tief im Sinn
Der Schönheit Quelle reichlichstens ergossen?
Mein Schreckensgang bringt seligsten Gewinn,
Wie war die Welt mir nichtig, unerschlossen!
Was ist sie nun seit meiner Priesterschaft?
Erst wünschenswert, gegründet, dauerhaft!

Verschwinde mir des Lebens Atemkraft,
Wenn ich mich je von Dir zurückgewöhne! –
Die Wohlgestalt die mich voreinst entzückte,
In Zauberspiegelung beglückte,
War nur ein Schaumbild solcher Schöne! –
Du bist's der ich die Regung aller Kraft,
Den Inbegriff der Leidenschaft,
Dir Neigung, Lieb, Anbetung, Wahnsinn zolle.

MEPHISTOPHELES *aus dem Kasten*
So faßt euch doch, und fallt nicht aus der Rolle!

ÄLTERE DAME
Groß, wohlgestaltet, nur der Kopf zu klein.

JÜNGERE
Seht nur den Fuß! Wie könnt' er plumper sein!

DIPLOMAT
Fürstinnen hab ich dieser Art gesehn,
Mich deucht sie ist vom Kopf zum Fuße schön.

HOFMANN
Sie nähert sich dem Schläfer listig mild.

DAME
Wie häßlich neben jugendreinem Bild!

POET
Von ihrer Schönheit ist er angestrahlt.

DAME
Endymion und Luna! wie gemalt!

DERSELBE
Ganz recht! Die Göttin scheint herabzusinken,
Sie neigt sich über, seinen Hauch zu trinken;
Beneidenswert! – Ein Kuß! – Das Maß ist voll.

DUENA
Vor allen Leuten! Das ist doch zu toll!

FAUST
Furchtbare Gunst dem Knaben! –

MEPHISTOPHELES
Ruhig! still!
Laß das Gespenst doch machen was es will.

HOFMANN
Sie schleicht sich weg, leichtfüßig; er erwacht.

DAME
Sie sieht sich um! Das hab' ich wohl gedacht.

HOFMANN
Er staunt! Ein Wunder ist's was ihm geschieht.

DAME
Ihr ist kein Wunder was sie vor sich sieht.

HOFMANN
Mit Anstand kehrt sie sich zu ihm herum.

DAME
Ich merke schon sie nimmt ihn in die Lehre;
In solchem Fall sind alle Männer dumm,
Er glaubt wohl auch daß er der erste wäre.

RITTER
Laßt mir sie gelten! Majestätisch fein! –

DAME
Die Buhlerin! Das nenn' ich doch gemein!

PAGE
Ich möchte wohl an seiner Stelle sein!

HOFMANN
Wer würde nicht in solchem Netz gefangen?

DAME
Das Kleinod ist durch manche Hand gegangen,
Auch die Verguldung ziemlich abgebraucht.

ANDRE
Vom zehnten Jahr an hat sie nichts getaugt.

RITTER
Gelegentlich nimmt jeder sich das Beste;
Ich hielte mich an diese schönen Reste.

GELAHRTER
Ich seh' sie deutlich, doch gesteh' ich frei,
Zu zweiflen ist, ob sie die Rechte sei.
Die Gegenwart verführt ins Übertriebne,
Ich halte mich vor allem ans Geschriebne.
Da les' ich denn: sie habe wirklich allen
Graubärten Trojas sonderlich gefallen;
Und, wie mich dünkt, vollkommen paßt das hier,
Ich bin nicht jung und doch gefällt sie mir.

ASTROLOG

Nicht Knabe mehr! Ein kühner Heldenmann
Umfaßt er sie, die kaum sich wehren kann.
Gestärkten Arms hebt er sie hoch empor,
Entführt er sie wohl gar?

FAUST

Verwegner Tor!
Du wagst! Du hörst nicht! halt! das ist zu viel!

MEPHISTOPHELES

Machst du's doch selbst das Fratzengeisterspiel!

ASTROLOG

Nur noch ein Wort! Nach allem was geschah
Nenn ich das Stück: den Raub der Helena.

FAUST

Was Raub! Bin ich für nichts an dieser Stelle!
Ist dieser Schlüssel nicht in meiner Hand!
Er führte mich, durch Graus und Wog' und Welle
Der Einsamkeiten, her zum festen Strand.
Hier faß ich Fuß! Hier sind es Wirklichkeiten,
Von hier aus darf der Geist mit Geistern streiten,
Das Doppelreich, das große, sich bereiten.
So fern sie war, wie kann sie näher sein.
Ich rette sie und sie ist doppelt mein.
Gewagt! Ihr Mütter! Mütter müßt's gewähren.
Wer sie erkannt der darf sie nicht entbehren.

ASTROLOG

Was tust du Fauste! Fauste! – Mit Gewalt
Faßt er sie an, schon trübt sich die Gestalt.
Den Schlüssel kehrt er nach dem Jüngling zu,
Berührt ihn! – Weh uns, Wehe! Nu! im Nu!

Explosion, Faust liegt am Boden. Die Geister gehen in Dunst auf.

MEPHISTOPHELES *der Fausten auf die Schulter nimmt*

Da habt ihr's nun! Mit Narren sich beladen,
Das kommt zuletzt dem Teufel selbst zu Schaden.

Finsternis, Tumult.

ZWEITER AKT

HOCHGEWÖLBTES, ENGES, GOTISCHES ZIMMER

ehemals Faustens, unverändert

MEPHISTOPHELES *hinter einem Vorhang hervortretend. Indem er ihn aufhebt und zurückzieht erblickt man* FAUSTEN *hingestreckt auf einem altväterischen Bette.*

Hier lieg' Unseliger! verführt
Zu schwergelöstem Liebesbande!
Wen Helena paralysiert
Der kommt so leicht nicht zu Verstande.

sich umschauend

Blick' ich hinauf, hierher, hinüber,
Allunverändert ist es, unversehrt;
Die bunten Scheiben sind, so dünkt mich, trüber,
Die Spinneweben haben sich vermehrt;
Die Dinte starrt, vergilbt ist das Papier;
Doch alles ist am Platz geblieben;
Sogar die Feder liegt noch hier,
Mit welcher Faust dem Teufel sich verschrieben.
Ja! tiefer in dem Rohre stockt
Ein Tröpflein Blut, wie ich's ihm abgelockt.
Zu einem solchen einzigen Stück
Wünscht' ich dem größten Sammler Glück.
Auch hängt der alte Pelz am alten Haken,
Erinnert mich an jene Schnaken
Wie ich den Knaben einst belehrt,
Woran er noch vielleicht als Jüngling zehrt.
Es kommt mir wahrlich das Gelüsten,

Rauchwarme Hülle, dir vereint,
Mich als Dozent noch einmal zu erbrüsten,
Wie man so völlig recht zu haben meint.
Gelehrte wissens zu erlangen,
Dem Teufel ist es längst vergangen.

er schüttelt den herabgenommenen Pelz,
Zikaden, Käfer und Farfarellen fahren heraus.

CHOR DER INSEKTEN

Willkommen! willkommen
Du alter Patron,
Wir schweben und summen
Und kennen dich schon.
Nur einzeln im Stillen
Du hast uns gepflanzt,
Zu Tausenden kommen wir
Vater getanzt.
Der Schalk in dem Busen
Verbirgt sich so sehr,
Vom Pelze die Läuschen
Enthüllen sich ehr.

MEPHISTOPHELES

Wie überraschend mich die junge Schöpfung freut!
Man säe nur, man erntet mit der Zeit.
Ich schüttle noch einmal den alten Flaus,
Noch eines flattert hier und dort hinaus. –
Hinauf! umher! in hunderttausend Ecken
Eilt euch ihr Liebchen zu verstecken.
Dort wo die alten Schachteln stehn,
Hier im bebräunten Pergemen,
In staubigen Scherben alter Töpfe,
Dem Hohlaug' jener Totenköpfe.
In solchem Wust und Moderleben
Muß es für ewig Grillen geben.

schlüpft in den Pelz

Komm decke mir die Schultern noch einmal,
Heut bin ich wieder Prinzipal.
Doch hilft es nichts mich so zu nennen,
Wo sind die Leute die mich anerkennen!

er zieht die Glocke die einen gellenden, durchdringenden Ton erschallen läßt; wovon die Hallen erbeben und die Türen aufspringen.

FAMULUS *den langen finstern Gang herwankend*
Welch ein Tönen! welch ein Schauer!
Treppe schwankt, es bebt die Mauer;
Durch der Fenster buntes Zittern,
Seh ich wetterleuchtend Wittern.
Springt das Estrich, und von Oben
Rieselt Kalk und Schutt verschoben.
Und die Türe, fest verriegelt,
Ist durch Wunderkraft entsiegelt. –
Dort! Wie fürchterlich! Ein Riese
Steht in Faustens altem Vliese.
Seinen Blicken, seinem Winken,
Möcht' ich in die Knie sinken.
Soll ich fliehen? Soll ich stehn?
Ach! wie wird es mir ergehn!

MEPHISTOPHELES *winkend*
Heran mein Freund! – Ihr heißet Nicodemus.

FAMULUS
Hochwürdiger Herr! so ist mein Nam' – Oremus.

MEPHISTOPHELES
Das lassen wir!

FAMULUS
Wie froh! daß ihr mich kennt.

MEPHISTOPHELES
Ich weiß es wohl, bejahrt und noch Student,
Bemooster Herr! Auch ein gelehrter Mann
Studiert so fort, weil er nicht anders kann.
So baut man sich ein mäßig Kartenhaus,
Der größte Geist bauts doch nicht völlig aus.
Doch euer Meister das ist ein Beschlagner:
Wer kennt ihn nicht den edlen Doktor Wagner,
Den ersten jetzt in der gelehrten Welt!
Er ist's allein der sie zusammenhält,

Der Weisheit täglicher Vermehrer.
Allwißbegierige Horcher, Hörer
Versammeln sich um ihn zu Hauf.
Er leuchtet einzig vom Katheder;
Die Schlüssel übt er wie Sankt Peter,
Das Untre so das Obre schließt er auf.
Wie er vor allen glüht und funkelt,
Kein Ruf, kein Ruhm hält weiter stand;
Selbst Faustus Name wird verdunkelt,
Er ist es, der allein erfand.

FAMULUS

Verzeiht! Hochwürdiger Herr! wenn ich euch sage,
Wenn ich zu widersprechen wage:
Von allem dem ist nicht die Frage,
Bescheidenheit ist sein beschieden Teil.
Ins unbegreifliche Verschwinden
Des hohen Manns weiß er sich nicht zu finden,
Von dessen Wiederkunft erfleht er Trost und Heil.
Das Zimmer, wie zu Doktor Faustus Tagen,
Noch unberührt seitdem er fern,
Erwartet seinen alten Herrn.
Kaum wag' ich's mich herein zu wagen.
Was muß die Sternenstunde sein? –
Gemäuer scheint mir zu erbangen;
Türpfosten bebten, Riegel sprangen,
Sonst kamt ihr selber nicht herein.

MEPHISTOPHELES

Wo hat der Mann sich hingetan?
Führt mich zu ihm, bringt ihn heran.

FAMULUS

Ach! sein Verbot ist gar zu scharf,
Ich weiß nicht ob ichs wagen darf.
Monate lang, des großen Werkes willen,
Lebt' er im aller stillsten Stillen.
Der zarteste gelehrter Männer
Er sieht aus wie ein Kohlenbrenner,
Geschwärzt vom Ohre bis zur Nasen,

Die Augen rot vom Feuer blasen,
So lechzt er jedem Augenblick;
Geklirr der Zange gibt Musik.

MEPHISTOPHELES

Sollt' er den Zutritt mir verneinen,
Ich bin der Mann das Glück ihm zu beschleunen.

Der Famulus geht ab, Mephistopheles setzt sich gravitätisch nieder.

Kaum hab' ich Posto hier gefaßt
Regt sich dort hinten, mir bekannt, ein Gast.
Doch diesmal ist er von den Neusten,
Er wird sich grenzenlos erdreusten.

BACCALAUREUS *den Gang herstürmend*

Tor und Türe find ich offen!
Nun da läßt sich endlich hoffen
Daß nicht, wie bisher, im Moder,
Der Lebendige wie ein Toter
Sich verkümmere, sich verderbe
Und am Leben selber sterbe.

Diese Mauern, diese Wände
Neigen, senken sich zum Ende
Und wenn wir nicht bald entweichen
Wird uns Fall und Sturz erreichen.
Bin verwegen, wie nicht einer,
Aber weiter bringt mich keiner.

Doch was soll ich heut erfahren!
War's nicht hier, vor so viel Jahren,
Wo ich, ängstlich und beklommen,
War als guter Fuchs gekommen?
Wo ich diesen Bärtigen traute,
Mich an ihrem Schnack erbaute.

Aus den alten Bücherkrusten
Logen sie mir was sie wußten,
Was sie wußten, selbst nicht glaubten,
Sich und mir das Leben raubten.

Wie? – Dort hinten in der Zelle
Sitzt noch Einer dunkel-helle!
Nahend seh' ichs mit Erstaunen,
Sitzt er noch im Pelz, dem braunen;
Wahrlich wie ich ihn verließ,
Noch gehüllt im rauhen Vlies!
Damals schien er zwar gewandt,
Als ich ihn noch nicht verstand.
Heute wird es nicht verfangen,
Frisch an ihn herangegangen!

Wenn, alter Herr, nicht Lethes trübe Fluten
Das schiefgesenkte, kahle Haupt durchschwommen,
Seht anerkennend hier den Schüler kommen,
Entwachsen akademischen Ruten.
Ich find' euch noch wie ich euch sah;
Ein Anderer bin ich wieder da.

MEPHISTOPHELES
Mich freut daß ich euch hergeläutet.
Ich schätzt' euch damals nicht gering;
Die Raupe schon, die Chrysalide deutet
Den künftigen bunten Schmetterling.
Am Lockenkopf und Spitzenkragen,
Empfandet ihr ein kindliches Behagen. –
Ihr trugt wohl niemals einen Zopf? –
Heut schau ich euch im Schwedenkopf.
Ganz resolut und wacker seht ihr aus,
Kommt nur nicht absolut nach Haus.

BACCALAUREUS
Mein alter Herr! Wir sind am alten Orte,
Bedenkt jedoch erneuter Zeiten Lauf,
Und sparet doppelsinnige Worte;
Wir passen nun ganz anders auf.
Ihr hänseltet den guten treuen Jungen,
Das ist euch ohne Kunst gelungen,
Was heut zu Tage niemand wagt.

MEPHISTOPHELES
Wenn man der Jugend reine Wahrheit sagt
Die gelben Schnäbeln keineswegs behagt,
Sie aber hinterdrein nach Jahren
Das alles derb an eigner Haut erfahren,
Dann dünkeln sie es käm' aus eignem Schopf;
Da heißt es denn: der Meister war ein Tropf.

BACCALAUREUS
Ein Schelm vielleicht! – denn welcher Lehrer spricht
Die Wahrheit uns direkt ins Angesicht?
Ein jeder weiß zu mehren wie zu mindern,
Bald ernst, bald heiter klug, zu frommen Kindern.

MEPHISTOPHELES
Zum lernen gibt es freilich eine Zeit,
Zum lehren seid ihr, merk' ich, selbst bereit.
Seit manchen Monden, einigen Sonnen,
Erfahrungsfülle habt ihr wohl gewonnen.

BACCALAUREUS
Erfahrungswesen! Schaum und Dust!
Und mit dem Geist nicht ebenbürtig.
Gesteht! was man von je gewußt
Es ist durchaus nicht wissenswürdig . . .

MEPHISTOPHELES *nach einer Pause*
Mich deucht es längst. Ich war ein Tor,
Nun komm' ich mir recht schal und albern vor.

BACCALAUREUS
Das freut mich sehr! Da hör' ich doch Verstand,
Der erste Greis, den ich vernünftig fand!

MEPHISTOPHELES
Ich suchte nach verborgen-goldnem Schatze,
Und schauerliche Kohlen trug ich fort.

BACCALAUREUS
Gesteht nur, euer Schädel, eure Glatze
Ist nicht mehr wert als jene hohlen dort?

MEPHISTOPHELES *gemütlich*
Du weißt wohl nicht, mein Freund, wie grob du bist?

BACCALAUREUS
Im Deutschen lügt man, wenn man höflich ist.

MEPHISTOPHELES *der mit seinem Rollstuhle immer näher ins Proszenium rückt, zum Parterre*
Hier oben wird mir Licht und Luft benommen,
Ich finde wohl bei euch ein Unterkommen?

BACCALAUREUS
Anmaßlich find' ich daß zur schlechtsten Frist
Man etwas sein will, wo man nichts mehr ist.
Des Menschen Leben lebt im Blut, und wo
Bewegt das Blut sich wie im Jüngling so?
Das ist lebendig Blut in frischer Kraft,
Das neues Leben sich aus Leben schafft.
Da regt sich alles, da wird was getan,
Das Schwache fällt, das Tüchtige tritt heran.
Indessen wir die halbe Welt gewonnen
Was habt ihr denn getan? genickt, gesonnen,
Geträumt, erwogen, Plan und immer Plan.
Gewiß das Alter ist ein kaltes Fieber
Im Frost von grillenhafter Not.
Hat einer dreißig Jahr vorüber,
So ist er schon so gut wie tot.
Am besten wär's euch zeitig totzuschlagen.

MEPHISTOPHELES
Der Teufel hat hier weiter nichts zu sagen.

BACCALAUREUS
Wenn ich nicht will, so darf kein Teufel sein.

MEPHISTOPHELES *abseits*
Der Teufel stellt dir nächstens doch ein Bein.

BACCALAUREUS
Dies ist der Jugend edelster Beruf!
Die Welt sie war nicht eh ich sie erschuf;
Die Sonne führt' ich aus dem Meer herauf;
Mit mir begann der Mond des Wechsels Lauf;
Da schmückte sich der Tag auf meinen Wegen,
Die Erde grünte, blühte mir entgegen.
Auf meinen Wink, in jener ersten Nacht,
Entfaltete sich aller Sterne Pracht.
Wer, außer mir, entband euch aller Schranken

Philisterhaft einklemmender Gedanken?
Ich aber frei, wie mir's im Geiste spricht,
Verfolge froh mein innerliches Licht,
Und wandle rasch, im eigensten Entzücken,
Das Helle vor mir, Finsternis im Rücken.

ab.

MEPHISTOPHELES

Original fahr hin in deiner Pracht! –
Wie würde dich die Einsicht kränken:
Wer kann was Dummes, wer was Kluges denken
Das nicht die Vorwelt schon gedacht?
Doch sind wir auch mit diesem nicht gefährdet,
In wenig Jahren wird es anders sein.
Wenn sich der Most auch ganz absurd gebärdet,
Es gibt zuletzt doch noch e' Wein.

Zu dem jüngern Parterre das nicht applaudiert

Ihr bleibt bei meinem Worte kalt,
Euch guten Kindern laß ich's gehen;
Bedenkt: der Teufel der ist alt,
So werdet alt, ihn zu verstehen!

LABORATORIUM

im Sinne des Mittelalters,
weitläufige, unbehülfliche Apparate,
zu phantastischen Zwecken.

WAGNER *am Herde*
Die Glocke tönt, die fürchterliche
Durchschauert die berußten Mauern.
Nicht länger kann das Ungewisse
Der ernstesten Erwartung dauern.
Schon hellen sich die Finsternisse;
Schon in der innersten Phiole
Erglüht es wie lebendige Kohle,
Ja wie der herrlichste Karfunkel,
Verstrahlend Blitze durch das Dunkel;
Ein helles weißes Licht erscheint!
O daß ich's diesmal nicht verliere! –
Ach Gott! was rasselt an der Türe?

MEPHISTOPHELES *eintretend*
Willkommen! es ist gut gemeint.

WAGNER *ängstlich*
Willkommen! zu dem Stern der Stunde.
Leise
Doch haltet Wort und Atem fest im Munde,
Ein herrlich Werk ist gleich zu Stand gebracht.

MEPHISTOPHELES *leiser*
Was gibt es denn?

WAGNER *leiser*
Es wird ein Mensch gemacht.

MEPHISTOPHELES
Ein Mensch? Und welch verliebtes Paar
Habt ihr in's Rauchloch eingeschlossen?

WAGNER

Behüte Gott! wie sonst das Zeugen Mode war
Erklären wir für eitel Possen.
Der zarte Punkt aus dem das Leben sprang,
Die holde Kraft die aus dem Innern drang
Und nahm und gab, bestimmt sich selbst zu zeichnen,
Erst Nächstes, dann sich Fremdes anzueignen,
Die ist von ihrer Würde nun entsetzt;
Wenn sich das Tier noch weiter dran ergötzt,
So muß der Mensch mit seinen großen Gaben
Doch künftig höhern, höhern Ursprung haben.

Zum Herd gewendet

Es leuchtet! seht! – Nun läßt sich wirklich hoffen
Daß, wenn wir aus viel hundert Stoffen,
Durch Mischung, denn auf Mischung kommt es an,
Den Menschenstoff gemächlich komponieren,
In einen Kolben verlutieren
Und ihn gehörig kohobieren,
So ist das Werk im Stillen abgetan.

zum Herd gewendet

Es wird! die Masse regt sich klarer,
Die Überzeugung wahrer, wahrer:
Was man an der Natur geheimnisvolles pries,
Das wagen wir verständig zu probieren,
Und was sie sonst organisieren ließ,
Das lassen wir kristallisieren.

MEPHISTOPHELES

Wer lange lebt hat viel erfahren,
Nichts Neues kann für ihn auf dieser Welt geschehn,
Ich habe schon, in meinen Wanderjahren,
Kristallisiertes Menschenvolk gesehn.

WAGNER *bisher immer aufmerksam auf die Phiole*

Es steigt, es blitzt, es häuft sich an,
Im Augenblick ist es getan.
Ein großer Vorsatz scheint im Anfang toll,
Doch wollen wir des Zufalls künftig lachen,
Und so ein Hirn, das trefflich denken soll,

Wird künftig auch ein Denker machen.
Entzückt die Phiole betrachtend
Das Glas erklingt von lieblicher Gewalt,
Es trübt, es klärt sich; also muß es werden!
Ich seh' in zierlicher Gestalt
Ein artig Männlein sich gebärden.
Was wollen wir, was will die Welt nun mehr?
Denn das Geheimnis liegt am Tage.
Gebt diesem Laute nur Gehör,
Er wird zur Stimme, wird zur Sprache.

HOMUNKULUS *in der Phiole zu Wagner*
Nun Väterchen! wie stehts? es war kein Scherz.
Komm, drücke mich recht zärtlich an dein Herz,
Doch nicht zu fest, damit das Glas nicht springe.
Das ist die Eigenschaft der Dinge:
Natürlichem genügt das Weltall kaum,
Was künstlich ist, verlangt geschloßnen Raum.
zu Mephistopheles
Du aber Schalk, Herr Vetter, bist du hier?
Im rechten Augenblick, ich danke dir.
Ein gut Geschick führt dich zu uns herein,
Dieweil ich bin, muß ich auch tätig sein.
Ich möchte mich sogleich zur Arbeit schürzen,
Du bist gewandt, die Wege mir zu kürzen.

WAGNER
Nur noch ein Wort; bisher mußt' ich mich schämen,
Denn Alt und Jung bestürmt mich mit Problemen.
Zum Beispiel nur: noch niemand konnt' es fassen
Wie Seel' und Leib so schön zusammenpassen,
So fest sich halten als um nie zu scheiden,
Und doch den Tag sich immerfort verleiden.
Sodann –

MEPHISTOPHELES
Halt ein! ich wollte lieber fragen:
Warum sich Mann und Frau so schlecht vertragen?
Du kommst, mein Freund, hierüber nie ins Reine.
Hier gibts zu tun, das eben will der Kleine.

HOMUNKULUS
Was gibt's zu tun?
MEPHISTOPHELES *auf eine Seitentüre deutend*
Hier zeige deine Gabe!
WAGNER *immer in die Phiole schauend*
Fürwahr, du bist ein allerliebster Knabe.

Die Seitentür öffnet sich, man sieht Faust auf dem Lager hingestreckt.

HOMUNKULUS *erstaunt*
Bedeutend! –
Die Phiole entschlüpft aus Wagners Händen, schwebt über Faust und beleuchtet ihn
Schön umgeben! – Klar Gewässer
Im dichten Haine, Frau'n die sich entkleiden;
Die allerliebsten! – Das wird immer besser.
Doch eine läßt sich glänzend unterscheiden,
Aus höchstem Helden-, wohl aus Götterstamme;
Sie setzt den Fuß in das durchsichtige Helle;
Des edlen Körpers holde Lebensflamme
Kühlt sich im schmiegsamen Kristall der Welle. –
Doch welch Getöse rasch bewegter Flügel,
Welch Sausen, Plätschern wühlt im glatten Spiegel?
Die Mädchen fliehn verschüchtert; doch allein
Die Königin sie blickt gelassen drein,
Und sieht, mit stolzem, weiblichem Vergnügen,
Der Schwäne Fürsten ihrem Knie sich schmiegen,
Zudringlichzahm. Er scheint sich zu gewöhnen. –
Auf einmal aber steigt ein Dunst empor,
Und deckt mit dichtgewebtem Flor
Die lieblichste von allen Szenen.
MEPHISTOPHELES
Was du nicht alles zu erzählen hast!
So klein du bist, so groß bist du Phantast.
Ich sehe nichts –
HOMUNKULUS
Das glaub ich. Du aus Norden,

Im Nebelalter jung geworden,
Im Wust von Rittertum und Pfäfferei,
Wo wäre da dein Auge frei!
Im Düstern bist du nur zu Hause.

umherschauend

Verbräunt Gestein, bemodert, widrig,
Spitzbögig, schnörkelhaftest, niedrig! –
Erwacht uns dieser, gibt es neue Not,
Er bleibt gleich auf der Stelle tot.
Waldquellen, Schwäne, nackte Schönen,
Das war sein ahnungsvoller Traum;
Wie wollt' er sich hierher gewöhnen!
Ich, der bequemste, duld' es kaum.
Nun fort mit ihm!

MEPHISTOPHELES

Der Ausweg soll mich freuen.

HOMUNKULUS

Befiehl den Krieger in die Schlacht,
Das Mädchen führe Du zum Reihen,
So ist gleich alles abgemacht.
Jetzt eben, wie ich schnell bedacht,
Ist klassische Walpurgisnacht;
Das Beste was begegnen könnte
Bringt ihn zu seinem Elemente.

MEPHISTOPHELES

Dergleichen hab ich nie vernommen.

HOMUNKULUS

Wie wollt' es auch zu euren Ohren kommen?
Romantische Gespenster kennt ihr nur allein,
Ein echt Gespenst auch klassisch hat's zu sein.

MEPHISTOPHELES

Wohin denn aber soll die Fahrt sich regen?
Mich widern schon antikische Kollegen.

HOMUNKULUS

Nordwestlich, Satan, ist Dein Lustrevier;
Südöstlich diesmal aber segeln wir –
An großer Fläche fließt Peneios frei,

Umbuscht, umbaumt, in still' und feuchten Buchten,
Die Ebne dehnt sich zu der Berge Schluchten, –
Und oben liegt Pharsalus alt und neu.

MEPHISTOPHELES

O weh! hinweg! und laßt mir jene Streite
Von Tyrannei und Sklaverei bei Seite.
Mich langeweilt's, denn kaum ist's abgetan,
So fangen sie von vorne wieder an;
Und keiner merkt: er ist doch nur geneckt
Vom Asmodeus der dahinter steckt.
Sie streiten sich, so heißt's, um Freiheitsrechte,
Genau besehn sind's Knechte gegen Knechte.

HOMUNKULUS

Den Menschen laß ihr widerspenstig Wesen,
Ein jeder muß sich wehren wie er kann,
Vom Knaben auf, so wird's zuletzt ein Mann.
Hier fragt sich's nur wie dieser kann genesen?
Hast du ein Mittel so erprob' es hier,
Vermagst du's nicht so überlaß es mir.

MEPHISTOPHELES

Manch Brockenstückchen wäre durchzuproben,
Doch Heidenriegel find' ich vorgeschoben.
Das Griechenvolk es taugte nie recht viel!
Doch blendet's euch mit freiem Sinnen-Spiel,
Verlockt des Menschen Brust zu heitern Sünden;
Die unsern wird man immer düster finden.
Und nun was soll's?

HOMUNKULUS

Du bist ja sonst nicht blöde;
Und wenn ich von Thessalischen Hexen rede,
So denk' ich hab' ich was gesagt.

MEPHISTOPHELES *lüstern*

Thessalische Hexen! Wohl! das sind Personen
Nach denen hab' ich lang' gefragt.
Mit ihnen Nacht für Nacht zu wohnen
Ich glaube nicht daß es behagt;
Doch zum Besuch! Versuch!

HOMUNKULUS

Den Mantel her,
Und um den Ritter umgeschlagen!
Der Lappen wird euch, wie bisher,
Den einen mit dem andern tragen,
Ich leuchte vor.

WAGNER *ängstlich*

Und ich?

HOMUNKULUS

Eh nun
Du bleibst zu Hause Wichtigstes zu tun.
Entfalte du die alten Pergamente,
Nach Vorschrift sammle Lebens-Elemente
Und füge sie mit Vorsicht eins ans andre.
Das Was bedenke, mehr bedenke Wie?
Indessen ich ein Stückchen Welt durchwandre
Entdeck' ich wohl das Tüpfchen auf das I.
Dann ist der große Zweck erreicht,
Solch einen Lohn verdient ein solches Streben:
Gold, Ehre, Ruhm, gesundes langes Leben
Und Wissenschaft und Tugend – auch vielleicht.
Leb wohl!

WAGNER *betrübt*

Leb wohl! Das drückt das Herz mir nieder.
Ich fürchte schon ich seh dich niemals wieder.

MEPHISTOPHELES

Nun zum Peneios frisch hinab,
Herr Vetter ist nicht zu verachten.

ad Spectatores

Am Ende hängen wir doch ab
Von Kreaturen die wir machten.

KLASSISCHE WALPURGISNACHT

Pharsalische Felder, Finsternis

ERICHTHO
Zum Schauderfeste dieser Nacht, wie öfter schon,
Tret' ich einher, Erichtho, ich die düstere;
Nicht so abscheulich wie die leidigen Dichter mich
Im Übermaß verlästern ... Endigen sie doch nie,
In Lob und Tadel ... Überbleicht erscheint mir schon
Von grauer Zelten Woge weit das Tal dahin,
Als Nachgesicht der sorg- und grauenvollsten Nacht.
Wie oft schon wiederholt sich's! Wird sich immerfort
In's Ewige wiederholen ... Keiner gönnt das Reich
Dem Andern, dem gönnt's keiner der's mit Kraft erwarb
Und kräftig herrscht. Denn jeder, der sein innres Selbst
Nicht zu regieren weiß, regierte gar zu gern
Des Nachbars Willen, eignem stolzen Sinn gemäß ...
Hier aber ward ein großes Beispiel durchgekämpft,
Wie sich Gewalt Gewaltigerem entgegenstellt,
Der Freiheit holder tausendblumiger Kranz zerreißt,
Der starre Lorbeer sich ums Haupt des Herrschers biegt.
Hier träumte Magnus früher Größe Blütentag,
Dem schwanken Zünglein lauschend wachte Cäsar dort!
Das wird sich messen. Weiß die Welt doch wem's gelang.

Wachfeuer glühen, rote Flammen spendende,
Der Boden haucht vergoßnen Blutes Widerschein,
Und angelockt von seltnem Wunderglanz der Nacht,
Versammelt sich hellenischer Sage Legion.
Um alle Feuer schwankt unsicher, oder sitzt
Behaglich, alter Tage fabelhaft Gebild ...
Der Mond, zwar unvollkommen, aber leuchtend hell,

Erhebt sich, milden Glanz verbreitend überall;
Der Zelten Trug verschwindet, Feuer brennen blau.

Doch! über mir! welch unerwartet Meteor?
Es leuchtet und beleuchtet körperlichen Ball.
Ich wittre Leben. Da geziemen will mirs nicht
Lebendigem zu nahen, dem ich schädlich bin;
Das bringt mir bösen Ruf und frommt mir nicht.
Schon sinkt es nieder. Weich' ich aus mit Wohlbedacht!

Entfernt sich.

Die Luftfahrer oben

HOMUNKULUS

Schwebe noch einmal die Runde
Über Flamm- und Schaudergrauen;
Ist es doch in Tal und Grunde,
Gar gespenstisch anzuschauen.

MEPHISTOPHELES

Seh' ich, wie durchs alte Fenster,
In des Nordens Wust und Graus,
Ganz abscheuliche Gespenster:
Bin ich hier wie dort zu Haus.

HOMUNKULUS

Sieh! da schreitet eine Lange,
Weiten Schrittes von uns hin.

MEPHISTOPHELES

Ist es doch als wär' ihr bange;
Sah uns durch die Lüfte ziehn.

HOMUNKULUS

Laß sie schreiten! setz' ihn nieder
Deinen Ritter, und sogleich
Kehret ihm das Leben wieder,
Denn er sucht's im Fabelreich.

FAUST *den Boden berührend*

Wo ist sie?

HOMUNKULUS

Wüßten's nicht zu sagen,
Doch hier wahrscheinlich zu erfragen.

In Eile magst du, eh' es tagt,
Von Flamm' zu Flamme spürend gehen:
Wer zu den Müttern sich gewagt
Hat weiter nichts zu überstehen.

MEPHISTOPHELES

Auch ich bin hier an meinem Teil,
Doch wüßt' ich besseres nicht zu unserm Heil
Als: jeder möge durch die Feuer
Versuchen sich sein eigen Abenteuer.
Dann, um uns wieder zu vereinen,
Laß deine Leuchte, Kleiner, tönend scheinen.

HOMUNKULUS

So soll es blitzen, soll es klingen.
das Glas dröhnt und leuchtet gewaltig
Nun frisch zu neuen Wunderdingen!

FAUST *allein*

Wo ist sie? – Frage jetzt nicht weiter nach . . .
Wär's nicht die Scholle die sie trug,
Die Welle nicht die ihr entgegen schlug:
So ist's die Luft die ihre Sprache sprach.
Hier! durch ein Wunder, hier in Griechenland!
Ich fühlte gleich den Boden wo ich stand;
Wie mich, den Schläfer, frisch ein Geist durchglühte,
So steh' ich, ein Antäus an Gemüte.
Und find' ich hier das Seltsamste beisammen,
Durchforsch' ich ernst dies Labyrinth der Flammen.
entfernt sich.

MEPHISTOPHELES *umherspürend*

Und wie ich diese Feuerchen durchschweife,
So find' ich mich doch ganz und gar entfremdet,
Fast alles nackt, nur hie und da behemdet:
Die Sphinxe schamlos, unverschämt die Greife,
Und was nicht alles, lockig und beflügelt,
Von vorn und hinten sich im Auge spiegelt . . . .
Zwar sind auch wir von Herzen unanständig,
Doch das Antike find' ich zu lebendig;

Das müßte man mit neustem Sinn bemeistern
Und mannigfaltig modisch überkleistern ....
Ein widrig Volk! doch darf michs nicht verdrießen
Als neuer Gast anständig sie zu grüßen ....
Glückzu! den schönen Frau'n, den klugen Greisen.

GREIF *schnarrend*

Nicht Greisen! Greifen! – Niemand hört es gern
Daß man ihn Greis nennt. Jedem Worte klingt
Der Ursprung nach wo es sich her bedingt:
Grau, grämlich, griesgram, gräulich, Gräber, grimmig,
Etymologisch gleicherweise stimmig,
Verstimmen uns.

MEPHISTOPHELES

Und doch, nicht abzuschweifen,
Gefällt das Grei im Ehrentitel Greifen.

GREIF *wie oben und immer so fort*

Natürlich! die Verwandtschaft ist erprobt,
Zwar oft gescholten, mehr jedoch gelobt;
Man greife nun nach Mädchen, Kronen, Gold,
Dem Greifenden ist meist Fortuna hold.

AMEISEN *von der kolossalen Art*

Ihr sprecht von Gold, wir hatten viel gesammelt,
In Fels und Höhlen heimlich eingerammelt;
Das Arimaspen-Volk hat's ausgespürt,
Sie lachen dort, wie weit sie's weggeführt.

GREIFE

Wir wollen sie schon zum Geständnis bringen.

ARIMASPEN

Nur nicht zur freien Jubelnacht.
Bis morgen ists alles durchgebracht,
Es wird uns diesmal wohl gelingen.

MEPHISTOPHELES *hat sich zwischen die Sphinxe gesetzt.*

Wie leicht und gern ich mich hierher gewöhne,
Denn ich verstehe Mann für Mann.

SPHINX

Wir hauchen unsre Geistertöne
Und ihr verkörpert sie alsdann.
Jetzt nenne dich bis wir dich weiter kennen!

MEPHISTOPHELES
Mit vielen Namen glaubt man mich zu nennen –
Sind Briten hier? Sie reisen sonst so viel,
Schlachtfeldern nachzuspüren, Wasserfällen,
Gestürzten Mauern, klassisch dumpfen Stellen;
Das wäre hier für sie ein würdig Ziel.
Sie zeugten auch: Im alten Bühnen-Spiel
Sah man mich dort als OLD INIQUITY.

SPHINX
Wie kam man drauf?

MEPHISTOPHELES
Ich weiß es selbst nicht wie.

SPHINX
Mag sein! Hast du von Sternen einige Kunde?
Was sagst du zu der gegenwärt'gen Stunde?

MEPHISTOPHELES *aufschauend*
Stern schießt nach Stern, beschnittner Mond scheint helle
Und mir ist wohl an dieser trauten Stelle,
Ich wärme mich an deinem Löwenfelle.
Hinauf sich zu versteigen wär' zum Schaden,
Gib Rätsel auf, gib allenfalls Scharaden.

SPHINX
Sprich nur dich selbst aus, wird schon Rätsel sein.
Versuch einmal dich innigst aufzulösen:
»Dem frommen Manne nötig wie dem bösen,
Dem ein Plastron, asketisch zu rapieren,
Kumpan dem andern, Tolles zu vollführen,
Und beides nur, um Zeus zu amüsieren.«

1. GREIF *schnarrend*
Den mag ich nicht!

2. GREIF *stärker schnarrend*
Was will uns der?

BEIDE
Der Garstige gehöret nicht hier her!

MEPHISTOPHELES *brutal*
Du glaubst vielleicht des Gastes Nägel krauen
Nicht auch so gut wie deine scharfen Klauen?
Versuchs einmal!

SPHINX *milde*

Du magst nur immer bleiben,
Wird dich's doch selbst aus unsrer Mitte treiben;
In deinem Lande tust dir was zu Gute,
Doch, irr' ich nicht, hier ist dir schlecht zu Mute.

MEPHISTOPHELES

Du bist recht appetitlich oben anzuschauen,
Doch untenhin, die Bestie macht mir Grauen.

SPHINX

Du Falscher kommst zu deiner bittern Buße,
Denn unsre Tatzen sind gesund;
Dir mit verschrumpftem Pferdefuße
Behagt es nicht in unserem Bund.

SIRENEN *präludieren oben*

MEPHISTOPHELES

Wer sind die Vögel in den Ästen
Des Pappelstromes hingewiegt?

SPHINX

Gewahrt euch nur, die Allerbesten
Hat solch ein Sing-Sang schon besiegt.

SIRENEN

Ach was wollt ihr euch verwöhnen
In dem Häßlich-Wunderbaren!
Horcht, wir kommen hier zu Scharen
Und in wohlgestimmten Tönen,
So geziemet es Sirenen.

SPHINXE *sie verspottend in derselben Melodie*

Nötigt sie herabzusteigen!
Sie verbergen in den Zweigen
Ihre garstigen Habichtskrallen,
Euch verderblich anzufallen,
Wenn ihr euer Ohr verleiht.

SIRENEN

Weg! das Hassen, weg! das Neiden;
Sammeln wir die klarsten Freuden,
Unterm Himmel ausgestreut!
Auf dem Wasser, auf der Erde,

Sei's die heiterste Gebärde
Die man dem Willkommnen beut.

MEPHISTOPHELES

Das sind die saubern Neuigkeiten
Wo aus der Kehle, von den Saiten,
Ein Ton sich um den andern flicht.
Das Trallern ist bei mir verloren,
Es krabbelt wohl mir um die Ohren
Allein zum Herzen dringt es nicht.

SPHINXE

Sprich nicht vom Herzen! das ist eitel;
Ein lederner verschrumpfter Beutel
Das paßt dir eher zu Gesicht.

FAUST *herantretend*

Wie wunderbar! das Anschaun tut mir Gnüge,
Im Widerwärtigen große tüchtige Züge.
Ich ahne schon ein günstiges Geschick;
Wohin versetzt mich dieser ernste Blick?

Auf Sphinxe bezüglich

Vor solchen hat einst Ödipus gestanden;

Auf Sirenen bezügl.

Vor solchen krümmte sich Ulyß in hänfnen Banden;

Auf Ameisen bez.

Von solchen ward der höchste Schatz gespart;

Auf Greife bez.

Von diesen treu und ohne Fehl bewahrt.
Vom frischen Geiste fühl' ich mich durchdrungen,
Gestalten groß, groß die Erinnerungen.

MEPHISTOPHELES

Sonst hättest du dergleichen weggeflucht,
Doch jetzo scheint es dir zu frommen;
Denn wo man die Geliebte sucht,
Sind Ungeheuer selbst willkommen.

FAUST *zu den Sphinxen*

Ihr Frauenbilder müßt mir Rede stehn:
Hat eins der Euren Helena gesehn?

SPHINXE
Wir reichen nicht hinauf zu ihren Tagen,
Die letztesten hat Herkules erschlagen.
Von Chiron könntest dus erfragen;
Der sprengt herum in dieser Geisternacht,
Wenn er dir steht so hast du's weit gebracht.

SIRENEN
Sollte dir's doch auch nicht fehlen! . . .
Wie Ulyß bei uns verweilte,
Schmähend nicht vorübereilte,
Wußt' er vieles zu erzählen;
Würden alles dir vertrauen,
Wolltest du zu unsern Gauen
Dich ans grüne Meer verfügen.

SPHINX
Laß dich Edler nicht betrügen!
Statt daß Ulyß sich binden ließ,
Laß unsern guten Rat dich binden;
Kannst du den hohen Chiron finden,
Erfährst du was ich dir verhieß.

FAUST *entfernt sich.*

MEPHISTOPHELES *verdrießlich*
Was krächzt vorbei mit Flügelschlag?
So schnell daß man's nicht sehen mag,
Und immer eins dem andern nach,
Den Jäger würden sie ermüden.

SPHINX
Dem Sturm des Winterwinds vergleichbar,
Alcides Pfeilen kaum erreichbar:
Es sind die raschen Stymphaliden.
Und wohlgemeint ihr Krächzegruß,
Mit Geierschnabel und Gänsefuß.
Sie möchten gern in unsern Kreisen
Als Stammverwandte sich erweisen.

MEPHISTOPHELES *wie verschüchtert*
Noch andres Zeug zischt zwischen drein.

SPHINX
Vor diesen sei euch ja nicht bange,
Es sind die Köpfe der Lernäischen Schlange,
Vom Rumpf getrennt, und glauben was zu sein.
Doch sagt, was soll nur aus euch werden?
Was für unruhige Gebärden?
Wo wollt ihr hin? Begebt euch fort! . . .
Ich sehe, jener Chorus dort
Macht euch zum Wendehals. Bezwingt euch nicht,
Geht hin! begrüßt manch reizendes Gesicht.
Die Lamien sinds, lustfeine Dirnen,
Mit Lächelmund und frechen Stirnen,
Wie sie dem Satyrvolk behagen;
Ein Bocksfuß darf dort alles wagen.

MEPHISTOPHELES
Ihr bleibt doch hier? daß ich euch wiederfinde.

SPHINX
Ja! Mische dich zum luftigen Gesinde.
Wir, von Ägypten her, sind längst gewohnt
Daß unsereins in tausend Jahre thront.
Und respektiert nur unsre Lage,
So regeln wir die Mond- und Sonnentage.
Sitzen vor den Pyramiden,
Zu der Völker Hochgericht;
Überschwemmung, Krieg und Frieden –
Und verziehen kein Gesicht.

PENEIUS umgeben von Gewässern
und NYMPHEN

PENEIUS
Rege dich du Schilfgeflüster!
Hauche leise Rohrgeschwister,
Säuselt leichte Weidensträuche,
Lispelt Pappelzitterzweige

Unterbrochnen Träumen zu! . . .
Weckt mich doch ein grauslich Wittern,
Heimlich allbewegend Zittern,
Aus dem Wallestrom und Ruh.

FAUST *an den Fluß tretend*

Hör' ich recht, so muß ich glauben:
Hinter den verschränkten Lauben
Dieser Zweige, dieser Stauden
Tönt ein menschenähnlichs Lauten:
Scheint die Welle doch ein Schwätzen,
Lüftlein wie – ein Scherzergötzen.

NYMPHEN *zu Faust*

Am besten geschäh' dir
Du legtest dich nieder,
Erholtest im Kühlen
Ermüdete Glieder,
Genössest der immer
Dich meidenden Ruh;
Wir säuseln, wir rieseln,
Wir flüstern dir zu.

FAUST

Ich wache ja! O laßt sie walten
Die unvergleichlichen Gestalten
Wie sie dorthin mein Auge schickt.
So wunderbar bin ich durchdrungen
Sind's Träume? Sind's Erinnerungen?
Schon einmal warst du so beglückt.
Gewässer schleichen durch die Frische
Der dichten sanft bewegten Büsche,
Nicht rauschen sie, sie rieseln kaum;
Von allen Seiten hundert Quellen
Vereinen sich, im reinlich hellen
Zum Bade flach vertieften Raum.
Gesunde junge Frauenglieder,
Vom feuchten Spiegel doppelt wieder
Ergötztem Auge zugebracht!
Gesellig dann und fröhlich badend,

Erdreistet schwimmend, furchtsam watend;
Geschrei zuletzt und Wasserschlacht.
Begnügen sollt' ich mich an diesen,
Mein Auge sollte hier genießen,
Doch immer weiter strebt mein Sinn.
Der Blick dringt scharf nach jener Hülle,
Das reiche Laub der grünen Fülle
Verbirgt die hohe Königin.

Wundersam! auch Schwäne kommen
Aus den Buchten hergeschwommen,
Majestätisch rein bewegt.
Ruhig schwebend, zart gesellig,
Aber stolz und selbstgefällig
Wie sich Haupt und Schnabel regt . . . .
Einer aber scheint vor allen
Brüstend kühn sich zu gefallen,
Segelnd rasch durch alle fort;
Sein Gefieder bläht sich schwellend,
Welle selbst, auf Wogen wellend,
Dringt er zu dem heiligen Ort . . . .
Die andern schwimmen hin und wider
Mit ruhig glänzendem Gefieder,
Bald auch in regem prächtigen Streit:
Die scheuen Mädchen abzulenken,
Daß sie an ihren Dienst nicht denken,
Nur an die eigne Sicherheit.

NYMPHEN

Leget Schwestern euer Ohr
An des Ufers grüne Stufe;
Hör' ich recht, so kommt mir vor
Als der Schall von Pferdes Hufe.
Wüßt' ich nur wer dieser Nacht
Schnelle Botschaft zugebracht.

FAUST

Ist mir doch als dröhnt' die Erde
Schallend unter eiligem Pferde.

Dorthin mein Blick!
Ein günstiges Geschick,
Soll es mich schon erreichen?
O Wunder ohne Gleichen!
Ein Reuter kommt herangetrabt,
Er scheint von Geist und Mut begabt,
Von blendend-weißem Pferd getragen . . . .
Ich irre nicht, ich kenn' ihn schon,
Der Philyra berühmter Sohn!
Halt Chiron! halt! Ich habe dir zu sagen . . .

CHIRON
Was gibt's? Was ist's?

FAUST
Bezähme deinen Schritt!

CHIRON
Ich raste nicht!

FAUST
So bitte! Nimm mich mit!

CHIRON
Sitz auf! so kann ich nach Belieben fragen:
Wohin des Wegs? Du stehst am Ufer hier,
Ich bin bereit dich durch den Fluß zu tragen.

FAUST *aufsitzend*
Wohin du willst. Für ewig dank' ichs dir . . . .
Der große Mann der edle Pädagog,
Der, sich zum Ruhm, ein Heldenvolk erzog,
Den schönen Kreis der edlen Argonauten
Und alle die des Dichters Welt erbauten.

CHIRON
Das lassen wir an seinem Ort!
Selbst Pallas kommt als Mentor nicht zu Ehren;
Am Ende treiben sie's nach ihrer Weise fort
Als wenn sie nicht erzogen wären.

FAUST
Den Arzt der jede Pflanze nennt,
Die Wurzeln bis ins Tiefste kennt,
Dem Kranken Heil, dem Wunden Lindrung schafft,
Umarm' ich hier in Geist und Körperkraft!

CHIRON
Ward neben mir ein Held verletzt,
Da wußt' ich Hülf' und Rat zu schaffen;
Doch ließ ich meine Kunst zuletzt
Den Wurzelweibern und den Pfaffen.
FAUST
Du bist der wahre große Mann
Der Lobeswort nicht hören kann;
Er sucht bescheiden auszuweichen
Und tut als gäb' es Seinesgleichen.
CHIRON
Du scheinest mir geschickt zu heucheln,
Dem Fürsten wie dem Volk zu schmeicheln.
FAUST
So wirst du mir denn doch gestehn
Du hast die Größten Deiner Zeit gesehn,
Dem Edelsten in Taten nachgestrebt,
Halbgöttlich ernst die Tage durchgelebt.
Doch unter den heroischen Gestalten
Wen hast Du für den Tüchtigsten gehalten?
CHIRON
Im hehren Argonautenkreise
War jeder brav nach seiner eignen Weise,
Und, nach der Kraft die ihn beseelte,
Konnt' er genügen, wo's den andern fehlte.
Die Dioskuren haben stets gesiegt,
Wo Jugendfüll' und Schönheit überwiegt.
Entschluß und schnelle Tat zu andrer Heil
Den Boreaden ward's zum schönen Teil;
Nachsinnend, kräftig, klug, im Rat bequem,
So herrschte Jason, Frauen angenehm.
Dann Orpheus, zart und immer still bedächtig,
Schlug er die Leier allen übermächtig.
Scharfsichtig Lynceus, der, bei Tag und Nacht,
Das heilge Schiff durch Klipp' und Strand gebracht . . . .
Gesellig nur läßt sich Gefahr erproben:
Wenn einer wirkt, die andern alle loben.

FAUST

Von Herkules willst nichts erwähnen?

CHIRON

O weh! errege nicht mein Sehnen . . .
Ich hatte Phöbus nie gesehn,
Noch Ares, Hermes, wie sie heißen,
Da sah ich mir vor Augen stehn
Was alle Menschen göttlich preisen.

So war er ein geborner König,
Als Jüngling herrlichst anzuschaun;
Dem ältern Bruder untertänig
Und auch den allerliebsten Fraun.

Den zweiten zeugt nicht Gäa wieder,
Nicht führt ihn Hebe himmelein;
Vergebens mühen sich die Lieder,
Vergebens quälen sie den Stein.

FAUST

So sehr auch Bildner auf ihn pochen,
So herrlich kam er nie zur Schau.
Vom schönsten Mann hast du gesprochen,
Nun sprich auch von der schönsten Frau!

CHIRON

Was! . . Frauen-Schönheit will nichts heißen,
Ist gar zu oft ein starres Bild;
Nur solch ein Wesen kann ich preisen
Das froh und lebenslustig quillt.
Die Schöne bleibt sich selber selig;
Die Anmut macht unwiderstehlich,
Wie Helena, da ich sie trug.

FAUST

Du trugst sie?

CHIRON

Ja, auf diesem Rücken.

FAUST

Bin ich nicht schon verwirrt genug,
Und solch' ein Sitz muß mich beglücken!

CHIRON
Sie faßte so mich in das Haar
Wie du es tust.
FAUST
O! ganz und gar
Verlier' ich mich! Erzähle wie?
Sie ist mein einziges Begehren!
Woher? wohin? ach, trugst du sie?
CHIRON
Die Frage läßt sich leicht gewähren.
Die Dioskuren hatten, jener Zeit,
Das Schwesterchen aus Räuberfaust befreit.
Doch diese, nicht gewohnt besiegt zu sein,
Ermannten sich und stürmten hinterdrein.
Da hielten der Geschwister eiligen Lauf
Die Sümpfe bei Eleusis auf;
Die Brüder wateten, ich patschte, schwamm hinüber;
Da sprang sie ab und streichelte
Die feuchte Mähne, schmeichelte
Und dankte lieblich-klug und selbstbewußt
Wie war sie reizend! jung, des Alten Lust!
FAUST
Erst sieben Jahr! . . .
CHIRON
Ich seh', die Philologen
Sie haben dich so wie sich selbst betrogen.
Ganz eigen ist's mit mythologischer Frau;
Der Dichter bringt sie, wie er's braucht zur Schau:
Nie wird sie mündig, wird nicht alt,
Stets appetitlicher Gestalt,
Wird jung entführt, im Alter noch umfreit;
G'nug, den Poeten bindet keine Zeit.
FAUST
So sei auch sie durch keine Zeit gebunden!
Hat doch Achill auf Pherä sie gefunden,
Selbst außer aller Zeit. Welch seltnes Glück:
Errungene Liebe gegen das Geschick!

Und sollt ich nicht, sehnsüchtigster Gewalt,
Ins Leben ziehn die einzigste Gestalt?
Das ewige Wesen, Göttern ebenbürtig,
So groß als zart, so hehr als liebenswürdig?
Du sahst sie einst, heut hab' ich sie gesehn,
So schön wie reizend, wie ersehnt so schön.
Nun ist mein Sinn, mein Wesen streng umfangen,
Ich lebe nicht, kann ich sie nicht erlangen.

CHIRON

Mein fremder Mann! als Mensch bist du entzückt,
Doch unter Geistern scheinst du wohl verrückt.
Nun trifft sich's hier zu deinem Glücke;
Denn alle Jahr, nur wenig Augenblicke,
Pfleg' ich bei Manto vorzutreten,
Der Tochter Äskulaps; im stillen Beten
Fleht sie zum Vater: daß, zu seiner Ehre,
Er endlich doch der Ärzte Sinn verkläre,
Und vom verwegnen Totschlag sie bekehre . . .
Die liebste mir aus der Sibyllengilde,
Nicht fratzenhaft bewegt, wohltätig milde;
Ihr glückt es wohl, bei einigem Verweilen,
Mit Wurzelkräften dich von Grund zu heilen.

FAUST

Geheilt will ich nicht sein, mein Sinn ist mächtig;
Da wär' ich ja wie andre niederträchtig.

CHIRON

Versäume nicht das Heil der edlen Quelle!
Geschwind herab! Wir sind zur Stelle.

FAUST

Sag an! Wohin hast du, in grauser Nacht,
Durch Kiesgewässer, mich an's Land gebracht?

CHIRON

Hier trotzten Rom und Griechenland im Streite,
Peneios rechts, links den Olymp zur Seite.
Das größte Reich das sich im Sand verliert;
Der König flieht, der Bürger triumphiert.
Blick auf! hier steht, bedeutend nah,
Im Mondenschein der ewige Tempel da.

MANTO *Inwendig träumend*
Von Pferdes Hufe
Erklingt die heilige Stufe,
Halbgötter treten heran.
CHIRON
Ganz recht!
Nur die Augen aufgetan!
MANTO *erwachend*
Willkommen! ich seh' du bleibst nicht aus.
CHIRON
Steht dir doch auch dein Tempelhaus!
MANTO
Streifst du noch immer unermüdet?
CHIRON
Wohnst du doch immer still umfriedet,
Indes zu kreisen mich erfreut.
MANTO
Ich harre, mich umkreist die Zeit.
Und dieser?
CHIRON
Die verrufene Nacht
Hat strudelnd ihn hier hergebracht.
Helenen, mit verrückten Sinnen,
Helenen will er sich gewinnen,
Und weiß nicht wie und wo beginnen;
Asklepischer Kur vor andern wert.
MANTO
Den lieb' ich der Unmögliches begehrt.
CHIRON *ist schon weit weg.*
MANTO
Tritt ein, Verwegner, sollst dich freuen;
Der dunkle Gang führt zu Persephoneien.
In des Olympus hohlem Fuß
Lauscht sie geheim verbotnem Gruß.
Hier hab' ich einst den Orpheus eingeschwärzt,
Benutz' es besser, frisch! beherzt!
Sie steigen hinab.

SIRENEN *Am obern Peneios wie zuvor*

Stürzt euch in Peneios Flut!
Plätschernd ziemt es da zu schwimmen,
Lied um Lieder anzustimmen,
Dem unseligen Volk zu gut.
Ohne Wasser ist kein Heil!
Führen wir mit hellem Heere
Eilig zum ägäischen Meere,
Würd' uns jede Lust zu Teil.

Erdbeben

SIRENEN

Schäumend kehrt die Welle wieder,
Fließt nicht mehr im Bett darnieder;
Grund erbebt, das Wasser staucht,
Kies und Ufer berstend raucht.
Flüchten wir! Kommt alle, kommt!
Niemand dem das Wunder frommt.

Fort! ihr edlen frohen Gäste
Zu dem seeisch heitern Feste,
Blinkend wo die Zitterwellen,
Ufernetzend, leise schwellen;
Da wo Luna doppelt leuchtet,
Uns mit heilgem Tau befeuchtet.
Dort ein freibewegtes Leben,
Hier ein ängstlich Erde-Beben;
Eile jeder Kluge fort!
Schauderhaft ist's um den Ort.

SEISMOS *in der Tiefe brummend und polternd*

Einmal noch mit Kraft geschoben,
Mit den Schultern brav gehoben!
So gelangen wir nach oben,
Wo uns alles weichen muß.

SPHINXE

Welch ein widerwärtig Zittern
Häßlich grausenhaftes Wittern!

Welch ein Schwanken, welches Beben,
Schaukelnd Hin- und Widerstreben!
Welch unleidlicher Verdruß!
Doch wir ändern nicht die Stelle,
Bräche los die ganze Hölle.

Nun erhebt sich ein Gewölbe
Wundersam. Es ist derselbe,
Jener Alte, längst Ergraute,
Der die Insel Delos baute,
Einer Kreißenden zu Lieb'
Aus der Wog' empor sie trieb.
Er, mit Streben, Drängen, Drücken,
Arme straff, gekrümmt den Rücken,
Wie ein Atlas an Gebärde,
Hebt er Boden, Rasen, Erde,
Kies und Grieß und Sand und Letten,
Unsres Ufers stille Betten.
So zerreißt er eine Strecke
Quer des Tales ruhige Decke.
Angestrengtest, nimmer müde,
Kolossale Karyatide;
Trägt ein furchtbar Steingerüste,
Noch im Boden bis zur Büste;
Weiter aber soll's nicht kommen,
Sphinxe haben Platz genommen.

SEISMOS

Das hab' ich ganz allein vermittelt,
Man wird mir's endlich zugestehn;
Und hätt' ich nicht geschüttelt und gerüttelt,
Wie wäre diese Welt so schön?
Wie ständen eure Berge droben
In prächtig-reinem Ätherblau,
Hätt' ich sie nicht hervorgeschoben,
Zu malerisch-entzückter Schau!
Als, angesichts der höchsten Ahnen,
Der Nacht, des Chaos, ich mich stark betrug

Und, in Gesellschaft von Titanen,
Mit Pelion und Ossa als mit Ballen schlug.
Wir tollten fort in jugendlicher Hitze,
Bis überdrüssig, noch zuletzt
Wir dem Parnaß, als eine Doppelmütze,
Die beiden Berge frevelnd aufgesetzt . . . .
Apollen hält ein froh Verweilen
Dort nun mit seliger Musen Chor.
Selbst Jupitern und seinen Donnerkeilen
Hob ich den Sessel hoch empor.
Jetzt so, mit ungeheurem Streben,
Drang aus dem Abgrund ich herauf
Und fordere laut, zu neuem Leben,
Mir fröhliche Bewohner auf.

SPHINXE

Uralt müßte man gestehen
Sei das hier Emporgebürgte,
Hätten wir nicht selbst gesehen
Wie sich's aus dem Boden würgte.
Bebuschter Wald verbreitet sich hinan,
Noch drängt sich Fels auf Fels bewegt heran;
Ein Sphinx wird sich daran nicht kehren:
Wir lassen uns im heiligen Sitz nicht stören.

GREIFE

Gold in Blättchen, Gold in Flittern
Durch die Ritze seh' ich zittern;
Laßt euch solchen Schatz nicht rauben;
Imsen auf! es auszuklauben.

CHOR DER AMEISEN

Wie ihn die Riesigen
Empor geschoben,
Ihr Zappelfüßigen
Geschwind nach oben!
Behendest aus und ein!
In solchen Ritzen
Ist jedes Bröselein
Wert zu besitzen.

Das Allermindeste
Müßt ihr entdecken,
Auf das geschwindeste
In allen Ecken.
Allemsig müßt ihr sein,
Ihr Wimmelscharen;
Nur mit dem Gold herein!
Den Berg laßt fahren.

GREIFE

Herein! Herein! Nur Gold zu Hauf,
Wir legen unsre Klauen drauf;
Sind Riegel von der besten Art,
Der größte Schatz ist wohl verwahrt.

PYGMÄEN

Haben wirklich Platz genommen,
Wissen nicht wie es geschah;
Fraget nicht woher wir kommen:
Denn wir sind nun einmal da!
Zu des Lebens lustigem Sitze
Eignet sich ein jedes Land;
Zeigt sich eine Felsenritze,
Ist auch schon der Zwerg zur Hand.
Zwerg und Zwergin rasch zum Fleiße,
Musterhaft ein jedes Paar;
Weiß nicht ob es gleicher Weise
Schon im Paradiese war.
Doch wir findens hier zum besten,
Segnen dankbar unsern Stern;
Denn, im Osten wie im Westen,
Zeugt die Mutter Erde gern.

DAKTYLE

Hat sie in einer Nacht
Die Kleinen hervorgebracht:
Sie wird die Kleinsten erzeugen,
Finden auch ihresgleichen.

PYGMÄEN-ÄLTESTE

Eilet bequemen

Sitz einzunehmen!
Eilig zum Werke;
Schnelle für Stärke!
Noch ist es Friede;
Baut euch die Schmiede,
Harnisch und Waffen
Dem Heer zu schaffen.

Ihr Imsen alle,
Rührig im Schwalle,
Schafft uns Metalle!
Und ihr Daktyle,
Kleinste, so viele,
Euch sei befohlen
Hölzer zu holen!
Schichtet zusammen
Heimliche Flammen,
Schaffet uns Kohlen!

GENERALISSIMUS

Mit Pfeil und Bogen
Frisch ausgezogen!
An jenem Weiher
Schießt mir die Reiher,
Unzählig nistende,
Hochmütig brüstende
Auf einen Ruck!
Alle wie Einen;
Daß wir erscheinen
Mit Helm und Schmuck.

IMSEN UND DAKTYLE

Wer wird uns retten!
Wir schaffen 's Eisen,
Sie schmieden Ketten.
Uns loszureißen
Ist noch nicht zeitig,
Drum seid geschmeidig.

DIE KRANICHE DES IBYKUS
Mordgeschrei und Sterbeklagen,
Ängstlich Flügelflatterschlagen,
Welch ein Ächzen, welch Gestöhn
Dringt herauf zu unsern Höhn!
Alle sind sie schon ertötet,
See von ihrem Blut gerötet;
Mißgestaltete Begierde
Raubt des Reihers edle Zierde.
Weht sie doch schon auf dem Helme
Dieser Fettbauch-Krummbein-Schelme.
Ihr Genossen unsres Heeres,
Reihenwanderer des Meeres,
Euch berufen wir zur Rache
In so nahverwandter Sache;
Keiner spare Kraft und Blut,
Ewige Feindschaft dieser Brut!
Zerstreuen sich krächzend in den Lüften.

MEPHISTOPHELES *in der Ebne*
Die nordischen Hexen wußt' ich wohl zu meistern,
Mir wirds nicht just mit diesen fremden Geistern.
Der Blocksberg bleibt ein gar bequem Lokal,
Wo man auch sei, man findet sich zumal.
Frau Ilse wacht für uns auf ihrem Stein,
Auf seiner Höh wird Heinrich munter sein,
Die Schnarcher schnauzen zwar das Elend an,
Doch alles ist für tausend Jahr getan.
Wer weiß denn hier nur, wo er geht und steht,
Ob unter ihm sich nicht der Boden bläht? . .
Ich wandle lustig durch ein glattes Tal
Und hinter mir erhebt sich auf einmal
Ein Berg, zwar kaum ein Berg zu nennen,
Von meinen Sphinxen mich jedoch zu trennen
Schon hoch genug – Hier zuckt noch manches Feuer
Das Tal hinab, und flammt ums Abenteuer . . .
Noch tanzt und schwebt mir lockend, weichend vor,
Spitzbübisch gaukelnd, der galante Chor.

Nur sachte drauf! Allzu gewohnt ans Naschen,
Wo es auch sei man sucht was zu erhaschen.

LAMIEN *Mephisto nach sich ziehend*

Geschwind, geschwinder!
Und immer weiter!
Dann wieder zaudernd,
Geschwätzig plaudernd.
Es ist so heiter
Den alten Sünder
Uns nach zu ziehen,
Zu schwerer Buße.
Mit starrem Fuße
Kommt er geholpert
Einher gestolpert;
Er schleppt das Bein,
Wie wir ihn fliehen,
Uns hinterdrein.

MEPHISTOPHELES *stillstehend*

Verflucht Geschick! Betrogne Mannsen!
Von Adam her verführte Hansen!
Alt wird man wohl, wer aber klug?
Warst du nicht schon vernarrt genug!

Man weiß das Volk taugt aus dem Grunde nichts,
Geschnürten Leibs, geschminkten Angesichts.
Nichts haben sie gesundes zu erwidern,
Wo man sie anfaßt, morsch in allen Gliedern.
Man weiß, man sieht's, man kann es greifen,
Und dennoch tanzt man wenn die Luder pfeifen!

LAMIEN *inne haltend*

Halt! er besinnt sich, zaudert, steht;
Entgegnet ihm daß er euch nicht entgeht!

MEPHISTOPHELES *fortschreitend*

Nur zu! und laß dich ins Gewebe
Der Zweifelei nicht törig ein;
Denn wenn es keine Hexen gäbe,
Wer Teufel möchte Teufel sein!

LAMIEN *anmutigst*
Kreisen wir um diesen Helden;
Liebe wird in seinem Herzen
Sich gewiß für Eine melden.

MEPHISTOPHELES
Zwar mit ungewissem Schimmer
Scheint ihr hübsche Frauenzimmer,
Und so möcht' ich euch nicht schelten.

EMPUSE *eindringend*
Auch nicht mich! als eine solche
Laßt mich ein in eure Folge.

LAMIEN
Die ist in unserm Kreis zuviel,
Verdirbt doch immer unser Spiel.

EMPUSE *zu Mephistopheles*
Begrüßt von Mühmichen Empuse,
Der Trauten mit dem Eselsfuße;
Du hast nur einen Pferdefuß
Und doch, Herr Vetter, schönsten Gruß!

MEPHISTOPHELES
Hier dacht' ich lauter Unbekannte,
Und finde leider Nahverwandte;
Es ist ein altes Buch zu blättern:
Vom Harz bis Hellas immer Vettern!

EMPUSE
Entschieden weiß ich gleich zu handeln,
In vieles könnt' ich mich verwandeln;
Doch euch zu Ehren hab' ich jetzt
Das Eselsköpfchen aufgesetzt.

MEPHISTOPHELES
Ich merk' es hat bei diesen Leuten
Verwandtschaft Großes zu bedeuten;
Doch mag sich was auch will eräugnen,
Den Eselskopf möcht' ich verleugnen.

LAMIEN
Laß diese Garstige, sie verscheucht,
Was irgend schön und lieblich deucht;

Was irgend schön und lieblich wär,
Sie kommt heran, es ist nicht mehr!

MEPHISTOPHELES

Auch diese Mühmchen, zart und schmächtig,
Sie sind mir allesamt verdächtig;
Und hinter solcher Wänglein Rosen
Fürcht' ich doch auch Metamorphosen.

LAMIEN

Versuch' es doch! sind unsrer Viele.
Greif zu! Und hast du Glück im Spiele,
Erhasche dir das beste Los.
Was soll das lüsterne Geleier?
Du bist ein miserabler Freier,
Stolzierst einher und tust so groß! –
Nun mischt er sich in unsre Scharen;
Laßt nach und nach die Masken fahren,
Und gebt ihm euer Wesen bloß.

MEPHISTOPHELES

Die schönste hab' ich mir erlesen . . . .

sie umfassend

O weh mir! welch ein dürrer Besen!

eine andere ergreifend

Und diese? . . . . Schmähliches Gesicht!

LAMIEN

Verdienst du's besser? dünk' es nicht.

MEPHISTOPHELES

Die Kleine möcht' ich mir verpfänden . . . .
Lacerte schlüpft mir aus den Händen!
Und schlangenhaft der glatte Zopf.
Dagegen faß' ich mir die Lange . . . .
Da pack' ich eine Thyrsusstange!
Den Pinienapfel als den Kopf.
Wo will's hinaus? . . . . Noch eine Dicke,
An der ich mich vielleicht erquicke;
Zum letztenmal gewagt! Es sei!
Recht quammig, quappig, das bezahlen
Mit hohem Preis Orientalen . . . .
Doch ach! der Bovist platzt entzwei!

LAMIEN
Fahrt auseinander, schwankt und schwebet
Blitzartig, schwarzen Flugs umgebet
Den eingedrungenen Hexensohn!
Unsichre schauderhafte Kreise!
Schweigsamen Fittichs, Fledermäuse!
Zu wohlfeil kommt er doch davon.

MEPHISTOPHELES *sich schüttlend*
Viel klüger, scheint es, bin ich nicht geworden;
Absurd ist's hier, absurd im Norden,
Gespenster hier wie dort vertrackt,
Volk und Poeten abgeschmackt.
Ist eben hier eine Mummenschanz
Wie überall ein Sinnentanz.
Ich griff nach holden Maskenzügen
Und faßte Wesen daß mich's schauerte . . . .
Ich möchte gerne mich betrügen,
Wenn es nur länger dauerte.
sich zwischen dem Gestein verirrend
Wo bin ich denn? Wo will's hinaus?
Das war ein Pfad, nun ist's ein Graus.
Ich kam daher auf glatten Wegen,
Und jetzt steht mir Geröll entgegen.
Vergebens klettr' ich auf und nieder,
Wo find ich meine Sphinxe wieder?
So toll hätt ich mirs nicht gedacht
Ein solch Gebirg in Einer Nacht.
Das heiß ich frischen Hexenritt!
Die bringen ihren Blocksberg mit.

OREAS *vom Naturfels*
Herauf hier! Mein Gebirg ist alt,
Steht in ursprünglicher Gestalt.
Verehre schroffe Felsensteige,
Des Pindus letztgedehnte Zweige.
Schon stand ich unerschüttert so,
Als über mich Pompejus floh.
Daneben, das Gebild des Wahns,

Verschwindet schon beim Krähn des Hahns.
Dergleichen Märchen seh' ich oft entstehn
Und plötzlich wieder untergehn.

MEPHISTOPHELES

Sei Ehre dir, ehrwürdiges Haupt!
Von hoher Eichenkraft umlaubt;
Der allerklarste Mondenschein
Dringt nicht zur Finsternis herein. –
Doch neben am Gebüsche zieht
Ein Licht das gar bescheiden glüht.
Wie sich das alles fügen muß!
Fürwahr! es ist Homunkulus.
Woher des Wegs, du Kleingeselle?

HOMUNKULUS

Ich schwebe so von Stell' zu Stelle
Und möchte gern im besten Sinn entstehn,
Voll Ungeduld mein Glas entzwei zu schlagen;
Allein was ich bisher gesehn
Hinein da möcht' ich mich nicht wagen.
Nur, um dirs im Vertraun zu sagen:
Zwei Philosophen bin ich auf der Spur,
Ich horchte zu, es hieß: Natur! Natur!
Von diesen will ich mich nicht trennen,
Sie müssen doch das irdische Wesen kennen;
Und ich erfahre wohl am Ende
Wohin ich mich am allerklügsten wende.

MEPHISTOPHELES

Das tu' auf deine eigne Hand.
Denn, wo Gespenster Platz genommen,
Ist auch der Philosoph willkommen.
Damit man seiner Kunst und Gunst sich freue,
Erschafft er gleich ein Dutzend neue.
Wenn du nicht irrst, kommst du nicht zu Verstand!
Willst du entstehn, entsteh' auf eigne Hand!

HOMUNKULUS

Ein guter Rat ist auch nicht zu verschmähn.

MEPHISTOPHELES
So fahre hin! Wir wollen's weiter sehn.
trennen sich.

ANAXAGORAS *zu Thales*
Dein starrer Sinn will sich nicht beugen,
Bedarf es weit'res dich zu überzeugen?

THALES
Die Welle beugt sich jedem Winde gern,
Doch hält sie sich vom schroffen Felsen fern.

ANAXAGORAS
Durch Feuerdunst ist dieser Fels zu Handen.

THALES
Im Feuchten ist Lebendiges erstanden.

HOMUNKULUS *zwischen beiden*
Laßt mich an eurer Seite gehn,
Mir selbst gelüstet's zu entstehn!

ANAXAGORAS
Hast du, o Thales, je, in Einer Nacht,
Solch einen Berg aus Schlamm hervorgebracht?

THALES
Nie war Natur und ihr lebendiges Fließen
Auf Tag und Nacht und Stunden angewiesen;
Sie bildet regelnd jegliche Gestalt,
Und selbst im Großen ist es nicht Gewalt.

ANAXAGORAS
Hier aber war's! Plutonisch grimmig Feuer,
Äolischer Dünste Knallkraft ungeheuer,
Durchbrach des flachen Bodens alte Kruste
Daß neu ein Berg sogleich entstehen mußte.

THALES
Was wird dadurch nun weiter fortgesetzt?
Er ist auch da, und das ist gut zuletzt.
Mit solchem Streit verliert man Zeit und Weile
Und führt doch nur geduldig Volk am Seile.

ANAXAGORAS
Schnell quillt der Berg von Myrmidonen,
Die Felsenspalten zu bewohnen,

Pygmäen, Imsen, Däumerlinge,
Und andre tätig kleine Dinge.

zum Homunkulus

Nie hast du Großem nachgestrebt,
Einsiedlerisch-beschränkt gelebt;
Kannst du zur Herrschaft dich gewöhnen,
So laß ich dich als König krönen.

HOMUNKULUS

Was sagt mein Thales? –

THALES

Will's nicht raten;
Mit Kleinen tut man kleine Taten,
Mit Großen wird der Kleine groß.
Sieh hin! die schwarze Kranich-Wolke!
Sie droht dem aufgeregten Volke
Und würde so dem König drohn.
Mit scharfen Schnäbeln, krallen Beinen,
Sie stechen nieder auf die Kleinen;
Verhängnis wetterleuchtet schon.
Ein Frevel tötete die Reiher,
Umstellend ruhigen Friedensweiher.
Doch jener Mordgeschosse Regen,
Schafft grausam-blut'gen Rache-Segen,
Erregt der Nahverwandten Wut,
Nach der Pygmäen frevlem Blut.
Was nützt nun Schild und Helm und Speer?
Was hilft der Reiherstrahl den Zwergen?
Wie sich Daktyl und Imse bergen,
Schon wankt, es flieht, es stürzt das Heer.

ANAXAGORAS *nach einer Pause feierlich*

Konnt' ich bisher die Unterirdischen loben,
So wend' ich mich in diesem Fall nach oben ...
Du! droben ewig unveraltete,
Dreinamig-Dreigestaltete,
Dich ruf' ich an bei meines Volkes Weh,
Diana, Luna, Hekate!
Du Brust-erweiternde, im Tiefsten-sinnige,

Du ruhig-scheinende, gewaltsam-innige,
Eröffne deiner Schatten grausen Schlund,
Die alte Macht sei ohne Zauber kund!

Pause

Bin ich zu schnell erhört!
Hat mein Flehn
Nach jenen Höhn
Die Ordnung der Natur gestört?

Und größer, immer größer nahet schon
Der Göttin rundumschriebner Thron,
Dem Auge furchtbar, ungeheuer.
Ins Düstre rötet sich sein Feuer . . .
Nicht näher! drohend-mächtige Runde,
Du richtest uns und Land und Meer zu Grunde!

So wär' es wahr daß dich Thessalische Frauen,
In frevlend magischem Vertrauen,
Von deinem Pfad herabgesungen?
Verderblichstes dir abgerungen? . . .
Das lichte Schild hat sich umdunkelt,
Auf einmal reißt's und blitzt und funkelt,
Welch ein Geprassel! Welch ein Zischen!
Ein Donnern, Windgetüm dazwischen! –
Demütig zu des Thrones Stufen! –
Verzeiht! Ich hab' es hergerufen.

Wirft sich aufs Angesicht.

THALES

Was dieser Mann nicht alles hört' und sah!
Ich weiß nicht recht wie uns geschah;
Auch hab' ich's nicht mit ihm empfunden.
Gestehen wir, es sind verrückte Stunden,
Und Luna wiegt sich ganz bequem
An ihrem Platz so wie vordem.

HOMUNKULUS

Schaut hin nach der Pygmäen Sitz,
Der Berg war rund, jetzt ist er spitz.

Ich spürt' ein ungeheures Prallen,
Der Fels war aus dem Mond gefallen,
Gleich hat er, ohne nachzufragen,
So Freund als Feind gequetscht, erschlagen.
Doch muß ich solche Künste loben,
Die schöpferisch, in einer Nacht,
Zugleich von unten und von oben,
Dies Berggebäu zu Stand gebracht.

THALES
Sei ruhig! Es war nur gedacht.
Sie fahre hin die garstige Brut!
Daß du nicht König warst ist gut.
Nun fort zum heitern Meeresfeste,
Dort hofft und ehrt man Wundergäste.
entfernen sich.

MEPHISTOPHELES *An der Gegenseite kletternd*
Da muß ich mich durch steile Felsentreppen,
Durch alter Eichen starre Wurzeln schleppen!
Auf meinem Harz der harzige Dunst
Hat was vom Pech und das hat meine Gunst;
Zunächst der Schwefel .... Hier, bei diesen Griechen
Ist von dergleichen kaum die Spur zu riechen;
Neugierig aber wär' ich, nachzuspüren
Womit sie Höllenqual und Flamme schüren.

DRYAS
In Deinem Lande sei einheimisch klug,
Im fremden bist du nicht gewandt genug.
Du solltest nicht den Sinn zur Heimat kehren,
Der heiligen Eichen Würde hier verehren.

MEPHISTOPHELES
Man denkt an das was man verließ,
Was man gewohnt war bleibt ein Paradies.
Doch sagt: was in der Höhle dort,
Bei schwachem Licht, sich dreifach hingekauert?

DRYAS
Die Phorkyaden! Wage dich zum Ort,
Und sprich sie an, wenn dich nicht schauert.

MEPHISTOPHELES
Warum denn nicht! – Ich sehe was, und staune.
So stolz ich bin, muß ich mir selbst gestehn:
Dergleichen hab' ich nie gesehn,
Die sind ja schlimmer als Alraune ....
Wird man die urverworfnen Sünden
Im mindesten noch häßlich finden,
Wenn man dies Dreigetüm erblickt?
Wir litten sie nicht auf den Schwellen
Der grauenvollsten unsrer Höllen.
Hier wurzelt's in der Schönheit Land,
Das wird mit Ruhm antik genannt ....
Sie regen sich, sie scheinen mich zu spüren,
Sie zwitschern pfeifend, Fledermaus-Vampiren.
[EINE DER] PHORK[YADEN]
Gebt mir das Auge, Schwestern, daß es frage,
Wer sich so nah an unsre Tempel wage.
MEPHISTOPHELES
Verehrteste! Erlaubt mir euch zu nahen
Und euren Segen dreifach zu empfahen.
Ich trete vor, zwar noch als Unbekannter
Doch, irr' ich nicht, weitläufiger Verwandter.
Altwürdige Götter hab' ich schon erblickt,
Vor Ops und Rhea tiefstens mich gebückt,
Die Parzen selbst, des Chaos, Eure Schwestern,
Ich sah sie gestern – oder ehegestern;
Doch eures Gleichen hab' ich nie erblickt,
Ich schweige nun und fühle mich entzückt.
PHORKYADEN
Er scheint Verstand zu haben dieser Geist.
MEPHISTOPHELES
Nur wundert's mich daß euch kein Dichter preist.
Und sagt! wie kam's, wie konnte das geschehn?
Im Bilde hab' ich nie euch Würdigste gesehn;
Versuch's der Meißel doch euch zu erreichen,
Nicht Juno, Pallas, Venus und dergleichen.

PHORKYADEN
Versenkt in Einsamkeit und stillste Nacht
Hat unser Drei noch nie daran gedacht!
MEPHISTOPHELES
Wie sollt' es auch? da ihr der Welt entrückt,
Hier niemand seht und niemand euch erblickt.
Da müßtet ihr an solchen Orten wohnen
Wo Pracht und Kunst auf gleichem Sitze thronen,
Wo jeden Tag, behend, im Doppelschritt,
Ein Marmorblock als Held ins Leben tritt.
Wo –
PHORKYADEN
Schweige still und gib uns kein Gelüsten!
Was hülf' es uns und wenn wir's besser wüßten?
In Nacht geboren, Nächtlichem verwandt,
Beinah uns selbst, ganz allen unbekannt.
MEPHISTOPHELES
In solchem Fall hat es nicht viel zu sagen,
Man kann sich selbst auch andern übertragen.
Euch Dreien g'nügt Ein Auge, g'nügt Ein Zahn,
Da ging' es wohl auch mythologisch an
In zwei die Wesenheit der drei zu fassen,
Der dritten Bildnis mir zu überlassen,
Auf kurze Zeit.
EINE
Wie dünkt's euch ging' es an?
DIE ANDERN
Versuchen wir's! – doch ohne Aug' und Zahn.
MEPHISTOPHELES
Nun habt ihr grad das Beste weggenommen;
Wie würde da das strengste Bild vollkommen?
EINE
Drück du ein Auge zu, 's ist leicht geschehn,
Laß alsofort den Einen Raffzahn sehn,
Und, im Profil, wirst du sogleich erreichen
Geschwisterlich vollkommen uns zu gleichen.
MEPHISTOPHELES
Viel Ehr'! Es sei!

PHORKYADEN
Es sei!
MEPHISTOPHELES *als Phorkyas im Profil*
Da steh' ich schon,
Des Chaos vielgeliebter Sohn!
PHORKYADEN
Des Chaos Töchter sind wir unbestritten.
MEPHISTOPHELES
Man schilt mich nun, o Schmach! Hermaphroditen.
PHORKYADEN
Im neuen Drei der Schwestern welche Schöne!
Wir haben zwei der Augen, zwei der Zähne.
MEPHISTOPHELES
Vor aller Augen muß ich mich verstecken,
Im Höllenpfuhl die Teufel zu erschrecken.
ab.

Felsbuchten des Aegäischen Meers

Mond im Zenit verharrend

SIRENEN *auf den Klippen umher gelagert, flötend und singend*
Haben sonst bei nächtigem Grauen
Dich thessalische Zauberfrauen
Frevelhaft herabgezogen,
Blicke ruhig von dem Bogen
Deiner Nacht auf Zitterwogen
Mildeblitzend Glanzgewimmel,
Und erleuchte das Getümmel
Das sich aus den Wogen hebt.
Dir zu jedem Dienst erbötig,
Schöne Luna, sei uns gnädig!
NEREIDEN und TRITONEN *als Meerwunder*
Tönet laut in schärfern Tönen,
Die das breite Meer durchdröhnen,

Volk der Tiefe ruft fortan!
Vor des Sturmes grausen Schlünden
Wichen wir zu stillsten Gründen,
Holder Sang zieht uns heran.

Seht! Wie wir im Hochentzücken
Uns mit goldenen Ketten schmücken,
Auch zu Kron' und Edelsteinen
Spang- und Gürtelschmuck vereinen.
Alles das ist eure Frucht.
Schätze, scheiternd hier verschlungen,
Habt ihr uns herangesungen,
Ihr Dämonen unsrer Bucht.

SIRENEN

Wissen's wohl, in Meeresfrische
Glatt behagen sich die Fische,
Schwanken Lebens ohne Leid;
Doch! Ihr festlich regen Scharen,
Heute möchten wir erfahren
Daß ihr mehr als Fische seid.

NEREIDEN und TRITONEN

Ehe wir hieher gekommen
Haben wir's zu Sinn genommen,
Schwestern, Brüder, jetzt geschwind!
Heut bedarf's der kleinsten Reise,
Zum vollgültigsten Beweise:
Daß wir mehr als Fische sind.

entfernen sich.

SIRENEN

Fort sind sie im Nu!
Nach Samothrace grade zu,
Verschwunden mit günstigem Wind.
Was denken sie zu vollführen
Im Reiche der hohen Kabiren?
Sind Götter! Wundersam eigen,
Die sich immerfort selbst erzeugen,
Und niemals wissen was sie sind.

Bleibe auf deinen Höhn,
Holde Luna, gnädig stehn;
Daß es nächtig verbleibe,
Uns der Tag nicht vertreibe.

THALES *am Ufer zu Homunkulus*
Ich führte dich zum alten Nereus gern;
Zwar sind wir nicht von seiner Höhle fern,
Doch hat er einen harten Kopf,
Der widerwärtige Sauertopf.
Das ganze menschliche Geschlecht
Macht's ihm, dem Griesgram, nimmer recht.
Doch ist die Zukunft ihm entdeckt,
Dafür hat jedermann Respekt,
Und ehret ihn auf seinem Posten;
Auch hat er manchem wohlgetan.

HOMUNKULUS
Probieren wir's und klopfen an!
Nicht gleich wird's Glas und Flamme kosten.

NEREUS
Sind's Menschenstimmen die mein Ohr vernimmt?
Wie es mir gleich im tiefsten Herzen grimmt!
Gebilde, strebsam Götter zu erreichen,
Und doch verdammt sich immer selbst zu gleichen.
Seit alten Jahren konnt' ich göttlich ruhn,
Doch trieb mich's an den Besten wohlzutun;
Und schaut' ich dann zuletzt vollbrachte Taten,
So war es ganz als hätt' ich nicht geraten.

THALES
Und doch, o Greis des Meers, vertraut man dir,
Du bist der Weise, treib' uns nicht von hier!
Schau diese Flamme, menschenähnlich zwar,
Sie deinem Rat ergibt sich ganz und gar.

NEREUS
Was Rat! Hat Rat bei Menschen je gegolten?
Ein kluges Wort erstarrt im harten Ohr.
So oft auch Tat sich grimmig selbst gescholten,
Bleibt doch das Volk selbstwillig wie zuvor.

Wie hab' ich Paris väterlich gewarnt,
Eh' sein Gelüst ein fremdes Weib umgarnt.
Am griechischen Ufer stand er kühnlich da,
Ihm kündet' ich was ich im Geiste sah:
Die Lüfte qualmend, überströmend Rot,
Gebälke glühend, unten Mord und Tod:
Troja's Gerichtstag, rhythmisch festgebannt,
Jahrtausenden so schrecklich als gekannt.
Des Alten Wort dem Frechen schien's ein Spiel,
Er folgte seiner Lust und Ilion fiel –
Ein Riesenleichnam, starr nach langer Qual,
Des Pindus Adlern gar willkommnes Mahl.
Ulyssen auch! sagt' ich ihm nicht voraus
Der Circe Listen, des Cyclopen Graus?
Das Zaudern sein, der Seinen leichten Sinn,
Und was nicht alles! bracht ihm das Gewinn?
Bis vielgeschaukelt ihn, doch spät genug,
Der Woge Gunst an gastlich Ufer trug.

THALES

Dem weisen Mann gibt solch Betragen Qual,
Der gute doch versucht es noch einmal.
Ein Quentchen Danks wird, hoch ihn zu vergnügen,
Die Zentner Undanks völlig überwiegen.
Denn nichts Geringes haben wir zu flehn:
Der Knabe da wünscht weislich zu entstehn.

NEREUS

Verderbt mir nicht den seltensten Humor!
Ganz andres steht mir heute noch bevor.
Die Töchter hab' ich alle herbeschieden,
Die Grazien des Meeres, die Doriden.
Nicht der Olymp, nicht euer Boden trägt
Ein schön Gebild das sich so zierlich regt.
Sie werfen sich, anmutigster Gebärde,
Vom Wasserdrachen auf Neptunus Pferde,
Dem Element aufs zarteste vereint,
Daß selbst der Schaum sie noch zu heben scheint.

Im Farbenspiel von Venus Muschelwagen
Kommt Galatee, die schönste nun, getragen,
Die, seit sich Kypris von uns abgekehrt,
In Paphos wird als Göttin selbst verehrt.
Und so besitzt die Holde, lange schon,
Als Erbin, Tempelstadt und Wagenthron.

Hinweg! Es ziemt, in Vaterfreudenstunde,
Nicht Haß dem Herzen, Scheltwort nicht dem Munde.
Hinweg zu Proteus! Fragt den Wundermann:
Wie man entstehn und sich verwandlen kann.

entfernt sich gegen das Meer.

THALES

Wir haben nichts durch diesen Schritt gewonnen,
Trifft man auch Proteus, gleich ist er zerronnen;
Und steht er euch, so sagt er nur zuletzt
Was Staunen macht und in Verwirrung setzt.
Du bist einmal bedürftig solchen Rats,
Versuchen wirs und wandlen unsres Pfads!

entfernen sich.

SIRENEN *oben auf den Felsen*

Was sehen wir von Weiten
Das Wellenreich durchgleiten?
Als wie nach Windes Regel
Anzögen weiße Segel,
So hell sind sie zu schauen,
Verklärte Meeresfrauen . . .
Laßt uns herunterklimmen,
Vernehmt ihr doch die Stimmen.

NEREIDEN UND TRITONEN

Was wir auf Händen tragen
Soll allen euch behagen.
Chelonen's Riesen-Schilde
Entglänzt ein streng Gebilde,
Sind Götter die wir bringen;
Müßt hohe Lieder singen.

SIRENEN

Klein von Gestalt
Groß von Gewalt,
Der Scheiternden Retter,
Uralt verehrte Götter.

NEREIDEN und TRITONEN

Wir bringen die Kabiren,
Ein friedlich Fest zu führen;
Denn wo sie heilig walten,
Neptun wird freundlich schalten.

SIRENEN

Wir stehen euch nach,
Wenn ein Schiff zerbrach,
Unwiderstehbar an Kraft
Schützt ihr die Mannschaft.

NEREIDEN und TRITONEN

Drei haben wir mitgenommen,
Der Vierte wollte nicht kommen,
Er sagte, er sei der Rechte
Der für sie alle dächte.

SIRENEN

Ein Gott den andern Gott
Macht wohl zu Spott.
Ehrt ihr alle Gnaden,
Fürchtet jeden Schaden.

NEREIDEN und TRITONEN

Sind eigentlich ihrer Sieben.

SIRENEN

Wo sind die drei geblieben?

NEREIDEN und TRITONEN

Wir wüßtens nicht zu sagen,
Sind im Olymp zu erfragen;
Dort wes't auch wohl der Achte,
An den noch niemand dachte.
In Gnaden uns gewärtig,
Doch alle noch nicht fertig.

Diese Unvergleichlichen
Wollen immer weiter,
Sehnsuchtsvolle Hungerleider
Nach dem Unerreichlichen.

SIRENEN

Wir sind gewohnt,
Wo es auch thront,
In Sonn' und Mond
Hinzubeten, es lohnt.

NEREIDEN und TRITONEN

Wie unser Ruhm zum höchsten prangt
Dieses Fest anzuführen!

SIRENEN

Die Helden des Altertums
Ermangeln des Ruhms,
Wo und wie er auch prangt;
Wenn sie das goldne Vlies erlangt,
Ihr die Kabiren.

wiederholt als Allgesang

Wenn sie das goldene Vlies erlangt,
Wir! ihr! die Kabiren.

NEREIDEN und TRITONEN *ziehen vorüber.*

HOMUNKULUS

Die Ungestalten seh ich an
Als irden-schlechte Töpfe,
Nun stoßen sich die Weisen dran
Und brechen harte Köpfe.

THALES

Das ist es ja was man begehrt,
Der Rost macht erst die Münze wert.

PROTEUS *unbemerkt*

So etwas freut mich alten Fabler!
Je wunderlicher desto respektabler.

THALES

Wo bist du Proteus?

PROTEUS *Bauchrednerisch, bald nah, bald fern*

Hier! und hier!

THALES
Den alten Scherz verzeih' ich Dir;
Doch, einem Freund nicht eitle Worte!
Ich weiß du sprichst vom falschen Orte.

PROTEUS *als aus der Ferne*
Leb wohl!

THALES *leise zu Homunkulus*
Er ist ganz nah. Nun leuchte frisch,
Er ist neugierig wie ein Fisch;
Und wo er auch gestaltet stockt,
Durch Flammen wird er hergelockt.

HOMUNKULUS
Ergieß' ich gleich des Lichtes Menge,
Bescheiden doch, daß ich das Glas nicht sprenge.

PROTEUS *in Gestalt einer Riesen-Schildkröte*
Was leuchtet so anmutig schön?

THALES *den Homunkulus verhüllend*
Gut! Wenn du Lust hast kannst dus näher sehn.
Die kleine Mühe laß dich nicht verdrießen,
Und zeige dich auf menschlich beiden Füßen.
Mit unsern Gunsten seis, mit unserm Willen,
Wer schauen will was wir verhüllen.

PROTEUS *edel gestaltet*
Weltweise Kniffe sind dir noch bewußt.

THALES
Gestalt zu wechseln bleibt noch deine Lust.
hat den Homunkulus enthüllt.

PROTEUS *erstaunt*
Ein leuchtend Zwerglein! Niemals noch gesehn!

THALES
Es fragt um Rat, und möchte gern entstehn.
Er ist, wie ich von ihm vernommen,
Gar wundersam nur halb zur Welt gekommen.
Ihm fehlt es nicht an geistigen Eigenschaften,
Doch gar zu sehr am greiflich Tüchtighaften.
Bis jetzt gibt ihm das Glas allein Gewicht,
Doch wär' er gern zunächst verkörperlicht.

PROTEUS
Du bist ein wahrer Jungfern-Sohn,
Eh du sein solltest bist du schon!
THALES *leise*
Auch scheint es mir von andrer Seite kritisch,
Er ist, mich dünkt, hermaphroditisch.
PROTEUS
Da muß es desto eher glücken,
So wie er anlangt wird sichs schicken.
Doch gilt es hier nicht viel Besinnen,
Im weiten Meere mußt du anbeginnen!
Da fängt man erst im Kleinen an
Und freut sich Kleinste zu verschlingen,
Man wächst so nach und nach heran,
Und bildet sich zu höherem Vollbringen.
HOMUNKULUS
Hier weht gar eine weiche Luft,
Es grunelt so und mir behagt der Duft!
PROTEUS
Das glaub ich, allerliebster Junge!
Und weiter hin wirds viel behäglicher,
Auf dieser schmalen Strandeszunge
Der Dunstkreis noch unsäglicher;
Da vorne sehen wir den Zug,
Der eben herschwebt, nah genug.
Kommt mit dahin!
THALES
Ich gehe mit.
HOMUNKULUS
Dreifach merkwürdiger Geisterschritt!

TELCHINEN von RHODUS
auf Hippokampen und Meerdrachen,
Neptunens Dreizack handhabend.

CHOR
Wir haben den Dreizack Neptunen geschmiedet
Womit er die regesten Wellen begütet.

Entfaltet der Donnrer die Wolken die vollen,
Entgegnet Neptunus dem gräulichen Rollen;
Und wie auch von oben es zackig erblitzt,
Wird Woge nach Woge von unten gespritzt;
Und was auch dazwischen in Ängsten gerungen
Wird, lange geschleudert, vom Tiefsten verschlungen;
Weshalb er uns heute den Zepter gereicht,
Nun schweben wir festlich, beruhigt und leicht.

SIRENEN

Euch dem Helios Geweihten,
Heiteren Tags Gebenedeiten,
Gruß zur Stunde, die bewegt
Lunas Hochverehrung regt!

TELCHINEN

Allieblichste Göttin am Bogen da droben
Du hörst mit Entzücken den Bruder beloben.
Der seligen Rhodus verleihst du ein Ohr,
Dort steigt ihm ein ewiger Päan hervor.
Beginnt er den Tagslauf und ist es getan,
Er blickt uns mit feurigem Strahlenblick an.
Die Berge, die Städte, die Ufer, die Welle,
Gefallen dem Gotte, sind lieblich und helle.
Kein Nebel umschwebt uns, und schleicht er sich ein,
Ein Strahl und ein Lüftchen und die Insel ist rein!
Da schaut sich der Hohe in hundert Gebilden,
Als Jüngling, als Riesen, den großen, den milden.
Wir ersten wir waren's, die Göttergewalt
Aufstellten in würdiger Menschengestalt.

PROTEUS

Laß du sie singen, laß sie prahlen!
Der Sonne heiligen Lebestrahlen
Sind tote Werke nur ein Spaß.
Das bildet, schmelzend, unverdrossen;
Und haben sie's in Erz gegossen
Dann denken sie es wäre was.
Was ist's zuletzt mit diesen Stolzen?
Die Götterbilder standen groß, –

Zerstörte sie ein Erdestoß;
Längst sind sie wieder eingeschmolzen.

Das Erdetreiben, wie's auch sei,
Ist immer doch nur Plackerei;
Dem Leben frommt die Welle besser;
Dich trägt ins ewige Gewässer
Proteus-Delphin.

er verwandelt sich

Schon ists getan!
Da soll es Dir zum schönsten glücken,
Ich nehme dich auf meinen Rücken
Vermähle dich dem Ozean.

THALES

Gib nach dem löblichen Verlangen
Von vorn die Schöpfung anzufangen,
Zu raschem Wirken sei bereit!
Da regst du dich nach ewigen Normen,
Durch tausend abertausend Formen,
Und bis zum Menschen hast du Zeit.

HOMUNKULUS *besteigt den Proteus-Delphin.*

PROTEUS

Komm geistig mit in feuchte Weite,
Da lebst du gleich in Läng' und Breite,
Beliebig regest du dich hier;
Nur strebe nicht nach höheren Orden,
Denn bist du erst ein Mensch geworden,
Dann ist es völlig aus mit dir.

THALES

Nachdem es kommt; 's ist auch wohl fein
Ein wackrer Mann zu seiner Zeit zu sein.

PROTEUS *zu Thales*

So einer wohl von deinem Schlag!
Das hält noch eine Weile nach;
Denn unter bleichen Geisterscharen
Seh' ich dich schon seit vielen hundert Jahren.

SIRENEN *auf den Felsen*

Welch ein Ring von Wölkchen ründet
Um den Mond so reichen Kreis?
Tauben sind es, liebentzündet,
Fittiche wie Licht so weiß.
Paphos hat sie hergesendet,
Ihre brünstige Vogelschar;
Unser Fest, es ist vollendet,
Heitre Wonne voll und klar!

NEREUS *zu Thales tretend*

Nennte wohl ein nächtiger Wanderer
Diesen Mondhof Lufterscheinung;
Doch wir Geister sind ganz anderer
Und der einzig richtigen Meinung.
Tauben sind es, die begleiten
Meiner Tochter Muschelpfad,
Wunderflugs besondrer Art,
Angelernt vor alten Zeiten.

THALES

Auch ich halte das fürs Beste
Was dem wackern Mann gefällt,
Wenn im stillen warmen Neste
Sich ein Heiliges lebend hält.

PSYLLEN und MARSEN *auf Meerstieren, Meerkälbern und Widdern*

In Cyperns rauhen Höhle-Grüften,
Vom Meergott nicht verschüttet,
Vom Seismos nicht zerrüttet,
Umweht von ewigen Lüften,
Und, wie in den ältesten Tagen,
In still-bewußtem Behagen,
Bewahren wir Cypriens Wagen,
Und führen, beim Säuseln der Nächte,
Durch liebliches Wellengeflechte,
Unsichtbar dem neuen Geschlechte,
Die lieblichste Tochter heran.
Wir leise Geschäftigen scheuen

Weder Adler noch geflügelten Leuen,
Weder Kreuz noch Mond,
Wie es oben wohnt und thront,
Sich wechselnd wägt und regt,
Sich vertreibt und totschlägt,
Saaten und Städte niederlegt.
Wir, so fortan,
Bringen die lieblichste Herrin heran.

SIRENEN

Leicht bewegt, in mäßiger Eile,
Um den Wagen, Kreis um Kreis,
Bald verschlungen Zeil' an Zeile
Schlangenartig reihenweis,
Naht euch rüstige Nereiden,
Derbe Frau'n, gefällig wild,
Bringet, zärtliche Doriden,
Galatee, der Mutter Bild:
Ernst, den Göttern gleich zu schauen,
Würdiger Unsterblichkeit,
Doch wie holde Menschenfrauen
Lockender Anmutigkeit.

DORIDEN *im Chor am Nereus vorbeiziehend sämtlich auf Delphinen*

Leih uns Luna Licht und Schatten,
Klarheit diesem Jugendflor;
Denn wir zeigen liebe Gatten
Unserm Vater bittend vor.

zu Nereus

Knaben sinds die wir gerettet,
Aus der Brandung grimmem Zahn,
Sie, auf Schilf und Moos gebettet,
Aufgewärmt zum Licht heran,
Die es nun mit heißen Küssen
Treulich uns verdanken müssen;
Schau' die Holden günstig an!

NEREUS
Hoch ist der Doppelgewinn zu schätzen:
Barmherzig sein, und sich zugleich ergötzen.

DORIDEN
Lobst du Vater unser Walten,
Gönnst uns wohl erworbene Lust,
Laß uns fest, unsterblich halten
Sie an ewiger Jugendbrust.

NEREUS
Mög't euch des schönen Fanges freuen,
Den Jüngling bildet euch als Mann;
Allein ich könnte nicht verleihen
Was Zeus allein gewähren kann.
Die Welle, die euch wogt und schaukelt,
Läßt auch der Liebe nicht Bestand,
Und hat die Neigung ausgegaukelt
So setzt gemächlich sie ans Land.

DORIDEN
Ihr holde Knaben seid uns wert,
Doch müssen wir traurig scheiden;
Wir haben ewige Treue begehrt,
Die Götter wollens nicht leiden.

DIE JÜNGLINGE
Wenn ihr uns nur so ferner labt,
Uns wackre Schiffer-Knaben;
Wir haben's nie so gut gehabt
Und wollen's nicht besser haben.

GALATEE *auf dem Muschelwagen nähert sich.*

NEREUS
Du bist es mein Liebchen!

GALATEE
O Vater! das Glück!
Delphine verweilet! mich fesselt der Blick.

NEREUS
Vorüber schon, sie ziehen vorüber
In kreisenden Schwunges Bewegung;

Was kümmert sie die innre herzliche Regung!
Ach! nähmen sie mich mit hinüber!
Doch ein einziger Blick ergötzt
Daß er das ganze Jahr ersetzt.

THALES

Heil! Heil! aufs neue!
Wie ich mich blühend freue,
Vom Schönen, Wahren durchdrungen . . .
Alles ist aus dem Wasser entsprungen!!
Alles wird durch das Wasser erhalten!
Ozean gönn' uns Dein ewiges Walten.
Wenn Du nicht Wolken sendetest,
Nicht reiche Bäche spendetest,
Hin und her nicht Flüsse wendetest,
Die Ströme nicht vollendetest:
Was wären Gebirge, was Ebnen und Welt?
Du bist's der das frischeste Leben erhält.

ECHO *Chorus der sämtlichen Kreise*

Du bists dem das frischeste Leben entquellt.

NEREUS

Sie kehren schwankend fern zurück,
Bringen nicht mehr Blick zu Blick;
In gedehnten Kettenkreisen
Sich festgemäß zu erweisen,
Windet sich die unzählige Schar.
Aber Galateas Muschelthron
Seh' ich schon und aber schon.
Er glänzt wie ein Stern
Durch die Menge;
Geliebtes leuchtet durchs Gedränge,
Auch noch so fern
Schimmert's hell und klar,
Immer nah und wahr.

HOMUNKULUS

In dieser holden Feuchte
Was ich auch hier beleuchte,
Ist alles reizend schön.

PROTEUS

In dieser Lebensfeuchte
Erglänzt erst deine Leuchte
Mit herrlichem Getön.

NEREUS

Welch neues Geheimnis in Mitte der Scharen
Will unseren Augen sich offengebaren?
Was flammt um die Muschel um Galatees Füße?
Bald lodert es mächtig, bald lieblich bald süße,
Als wär' es von Pulsen der Liebe gerührt?

THALES

Homunkulus ist es, von Proteus verführt . . .
Es sind die Symptome des herrischen Sehnens,
Mir ahnet das Ächzen beängsteten Dröhnens;
Er wird sich zerschellen am glänzenden Thron;
Jetzt flammt es, nun blitzt es, ergießet sich schon.

SIRENEN

Welch feuriges Wunder verklärt uns die Wellen,
Die gegen einander sich funkelnd zerschellen?
So leuchtet's und schwanket und hellet hinan:
Die Körper sie glühen auf nächtlicher Bahn,
Und rings ist alles vom Feuer umronnen;
So herrsche denn Eros der alles begonnen!
Heil dem Meere! Heil den Wogen!
Von dem heiligen Feuer umzogen;
Heil dem Wasser! Heil dem Feuer!
Heil dem seltnen Abenteuer!

ALL ALLE!

Heil den mildgewogenen Lüften!
Heil geheimnisreichen Grüften!
Hochgefeiert seid allhier
Element' ihr alle vier!

DRITTER AKT

VOR DEM PALASTE DES MENELAS ZU SPARTA

HELENA tritt auf
und CHOR gefangener Trojanerinnen
PANTHALIS Chorführerin.

HELENA
Bewundert viel und viel gescholten Helena
Vom Strande komm' ich wo wir erst gelandet sind,
Noch immer trunken von des Gewoges regsamem
Geschaukel, das vom phrygischen Blachgefild uns her
Auf sträubig-hohem Rücken, durch Poseidons Gunst
Und Euros Kraft in vaterländische Buchten trug.
Dort unten freuet nun der König Menelas
Der Rückkehr samt den tapfersten seiner Krieger sich.
Du aber heiße mich willkommen, hohes Haus,
Das Tyndareos, mein Vater, nah dem Hange sich
Von Pallas Hügel wiederkehrend aufgebaut
Und, als ich hier mit Klytämnestren schwesterlich,
Mit Castor auch und Pollux fröhlich spielend wuchs,
Vor allen Häusern Spartas herrlich ausgeschmückt.
Gegrüßet seid mir der eh'rnen Pforte Flügel ihr,
Durch euer gastlich ladendes Weiteröffnen einst
Geschah's daß mir, erwählt aus vielen, Menelas
In Bräutigams-Gestalt entgegen leuchtete.
Eröffnet mir sie wieder, daß ich ein Eilgebot
Des Königs treu erfülle, wie der Gattin ziemt.
Laßt mich hinein! und alles bleibe hinter mir,
Was mich umstürmte bis hieher, verhängnisvoll.

Denn seit ich diese Stelle sorgenlos verließ,
Cytherens Tempel besuchend, heiliger Pflicht gemäß,
Mich aber dort ein Räuber griff, der phrygische,
Ist viel geschehen, was die Menschen weit und breit
So gern erzählen, aber der nicht gerne hört
Von dem die Sage wachsend sich zum Märchen spann.

CHOR

Verschmähe nicht, o herrliche Frau,
Des höchsten Gutes Ehrenbesitz!
Denn das größte Glück ist dir einzig beschert,
Der Schönheit Ruhm der vor allen sich hebt.
Dem Helden tönt sein Name voran,
Drum schreitet er stolz,
Doch beugt sogleich hartnäckigster Mann
Vor der allbezwingenden Schöne den Sinn.

HELENA

Genug! mit meinem Gatten bin ich hergeschifft
Und nun von ihm zu seiner Stadt vorausgesandt;
Doch welchen Sinn er hegen mag errat' ich nicht.
Komm' ich als Gattin? komm' ich eine Königin?
Komm' ich ein Opfer für des Fürsten bittern Schmerz
Und für der Griechen lang'erduldetes Mißgeschick?
Erobert bin ich, ob gefangen weiß ich nicht!
Denn Ruf und Schicksal bestimmten fürwahr die Unsterblichen
Zweideutig mir, der Schöngestalt bedenkliche
Begleiter, die an dieser Schwelle mir sogar
Mit düster drohender Gegenwart zur Seite stehn.
Denn schon im hohlen Schiffe blickte mich der Gemahl
Nur selten an, auch sprach er kein erquicklich Wort.
Als wenn er Unheil sänne saß er gegen mir.
Nun aber, als des Eurotas tiefem Buchtgestad
Hinangefahren der vordern Schiffe Schnäbel kaum
Das Land begrüßten, sprach er, wie vom Gott bewegt:
Hier steigen meine Krieger, nach der Ordnung, aus,
Ich mustre sie am Strand des Meeres hingereiht
Du aber ziehe weiter, ziehe des heiligen

Eurotas fruchtbegabtem Ufer immer auf,
Die Rosse lenkend auf der feuchten Wiese Schmuck,
Bis daß zur schönen Ebene du gelangen magst,
Wo Lakedämon einst ein fruchtbar weites Feld,
Von ernsten Bergen nah umgeben, angebaut.
Betrete dann das hochgetürmte Fürstenhaus
Und mustere mir die Mägde, die ich dort zurück
Gelassen, samt der klugen alten Schaffnerin.
Die zeige dir der Schätze reiche Sammlung vor,
Wie sie dein Vater hinterließ und die ich selbst
In Krieg und Frieden, stets vermehrend, aufgehäuft.
Du findest alles nach der Ordnung stehen: denn
Das ist des Fürsten Vorrecht daß er alles treu
In seinem Hause, wiederkehrend, finde, noch
An seinem Platze jedes wie er's dort verließ.
Denn nichts zu ändern hat für sich der Knecht Gewalt.

CHOR

Erquicke nun am herrlichen Schatz,
Dem stets vermehrten, Augen und Brust;
Denn der Kette Zier, der Krone Geschmuck
Da ruhn sie stolz und sie dünken sich was;
Doch tritt nur ein und fordre sie auf,
Sie rüsten sich schnell.
Mich freuet zu sehn Schönheit in dem Kampf
Gegen Gold und Perlen und Edelgestein.

HELENA

Sodann erfolgte des Herren ferneres Herrscherwort:
Wenn du nun alles nach der Ordnung durchgesehn,
Dann nimm so manchen Dreifuß als du nötig glaubst
Und mancherlei Gefäße die der Opfrer sich
Zur Hand verlangt, vollziehend heiligen Festgebrauch.
Die Kessel, auch die Schalen, wie das flache Rund,
Das reinste Wasser aus der heilgen Quelle sei
In hohen Krügen, ferner auch das trockne Holz,
Der Flammen schnell empfänglich, halte da bereit,
Ein wohlgeschliffnes Messer fehle nicht zuletzt;
Doch alles andre geb ich deiner Sorge hin.

So sprach er, mich zum Scheiden drängend; aber nichts
Lebendigen Atems zeichnet mir der Ordnende
Das er, die Olympier zu verehren, schlachten will.
Bedenklich ist es, doch ich sorge weiter nicht
Und alles bleibe hohen Göttern heimgestellt,
Die das vollenden, was in ihrem Sinn sie deucht,
Es möge gut von Menschen, oder möge bös
Geachtet sein, die Sterblichen wir ertragen das.
Schon manchmal hob das schwere Beil der Opfernde
Zu des erdgebeugten Tieres Nacken weihend auf,
Und konnt' es nicht vollbringen, denn ihn hinderte
Des nahen Feindes oder Gottes Zwischenkunft.

CHOR

Was geschehen werde sinnst du nicht aus,
Königin schreite dahin
Guten Muts.
Gutes und Böses kommt
Unerwartet dem Menschen;
Auch verkündet glauben wir's nicht.
Brannte doch Troja, sahen wir doch
Tod vor Augen, schmählichen Tod;
Und sind wir nicht hier
Dir gesellt, dienstbar freudig,
Schauen des Himmels blendende Sonne
Und das Schönste der Erde
Huldvoll, dich, uns Glücklichen.

HELENA

Sei's wie es sei! Was auch bevorsteht, mir geziemt
Hinaufzusteigen ungesäumt in das Königshaus,
Das lang entbehrt, und viel ersehnt, und fast verscherzt,
Mir abermals vor Augen steht, ich weiß nicht wie.
Die Füße tragen mich so mutig nicht empor
Die hohen Stufen die ich kindisch übersprang.

[*ab.*]

CHOR

Werfet o Schwestern, ihr
Traurig gefangenen,

Alle Schmerzen ins Weite;
Teilet der Herrin Glück,
Teilet Helenens Glück,
Welche zu Vaterhauses Herd,
Zwar mit spätzurückkehrendem
Aber mit desto festerem
Fuße freudig herannaht.

Preiset die heiligen,
Glücklich herstellenden
Und heimführenden Götter!
Schwebt der Entbundene
Doch wie auf Fittichen
Über das Rauhste, wenn umsonst
Der Gefangene sehnsuchtsvoll
Über die Zinne des Kerkers hin
Armausbreitend sich abhärmt.

Aber sie ergriff ein Gott
Die Entfernte;
Und aus Ilios Schutt
Trug er hierher sie zurück,
In das alte das neugeschmückte
Vaterhaus,
Nach unsäglichen
Freuden und Qualen,
Früher Jugendzeit
Angefrischt zu gedenken.

PANTHALIS als CHORFÜHRERIN
Verlasset nun des Gesanges freudumgebnen Pfad
Und wendet nach der Türe Flügeln euren Blick.
Was seh' ich, Schwestern? Kehret nicht die Königin,
Mit heftigen Schrittes Regung, wieder zu uns her?
Was ist es, große Königin, was konnte dir
In deines Hauses Hallen, statt der Deinen Gruß,
Erschütterendes begegnen? Du verbirgst es nicht;
Denn Widerwillen seh ich an der Stirne dir
Ein edles Zürnen das mit Überraschung kämpft.

HELENA *welche die Türflügel offen gelassen hat, bewegt*
Der Tochter Zeus geziemet nicht gemeine Furcht
Und flüchtig-leise Schreckenshand berührt sie nicht;
Doch das Entsetzen, das dem Schoß der alten Nacht,
Vom Urbeginn entsteigend, vielgestaltet noch
Wie glühende Wolken, aus des Berges Feuerschlund,
Herauf sich wälzt erschüttert auch des Helden Brust.
So haben heute grauenvoll die Stygischen
Ins Haus den Eintritt mir bezeichnet, daß ich gern
Von oft betretner, langersehnter Schwelle mich,
Entlaßnem Gaste gleich, entfernend scheiden mag.
Doch nein! gewichen bin ich her an's Licht, und sollt
Ihr weiter nicht mich treiben, Mächte, wer ihr seid.
Auf Weihe will ich sinnen, dann gereinigt mag
Des Herdes Glut die Frau begrüßen wie den Herrn.

CHORFÜHRERIN
Entdecke deinen Dienerinnen, edle Frau,
Die dir verehrend beistehn, was begegnet ist.

HELENA
Was ich gesehen sollt ihr selbst mit Augen sehn,
Wenn ihr Gebilde nicht die alte Nacht sogleich
Zurückgeschlungen in ihrer Tiefe Wunderschoß.
Doch daß ihrs wisset, sag' ichs euch mit Worten an:
Als ich des Königs-Hauses ernsten Binnenraum,
Der nächsten Pflicht gedenkend, feierlich betrat,
Erstaunt' ich ob der öden Gänge Schweigsamkeit.
Nicht Schall der emsig Wandelnden begegnete
Dem Ohr, nicht raschgeschäftiges Eiligtun dem Blick,
Und keine Magd erschien mir, keine Schaffnerin
Die jeden Fremden freundlich sonst begrüßenden.
Als aber ich dem Schoße des Herdes mich genaht,
Da sah' ich, bei verglommner Asche lauem Rest,
Am Boden sitzen welch verhülltes großes Weib,
Der Schlafenden nicht vergleichbar, wohl der Sinnenden.
Mit Herrscherworten ruf' ich sie zur Arbeit auf,
Die Schaffnerin mir vermutend, die indes vielleicht
Des Gatten Vorsicht hinterlassend angestellt;

Doch eingefaltet sitzt die unbewegliche;
Nur endlich rührt sie, auf mein Dräun, den rechten Arm,
Als wiese sie von Herd und Halle mich hinweg.
Ich wende zürnend mich ab von ihr und eile gleich
Den Stufen zu, worauf empor der Thalamos
Geschmückt sich hebt und nah daran das Schatzgemach;
Allein das Wunder reißt sich schnell vom Boden auf,
Gebietrisch mir den Weg vertretend, zeigt es sich
In hagrer Größe, hohlen, blutig-trüben Blicks,
Seltsamer Bildung, wie sie Aug und Geist verwirrt.
Doch red' ich in die Lüfte; denn das Wort bemüht
Sich nur umsonst Gestalten schöpferisch aufzubaun.
Da seht sie selbst! sie wagt sogar sich ans Licht hervor!
Hier sind wir Meister, bis der Herr und König kommt.
Die grausen Nachtgeburten drängt der Schönheitsfreund,
Phöbus hinweg in Höhlen, oder bändigt sie.

PHORKYAS *Auf der Schwelle zwischen den Türpfosten auftretend.*

CHOR

Vieles erlebt' ich, obgleich die Locke
Jugendlich wallet mir um die Schläfe!
Schreckliches hab' ich vieles gesehen,
Kriegrischen Jammer, Ilios Nacht,
Als es fiel.

Durch das umwölkte, staubende Tosen
Drängender Krieger hört ich die Götter
Fürchterlich rufen, hört ich der Zwietracht
Eherne Stimme schallen durchs Feld,
Mauerwärts.

Ach, sie standen noch, Ilios
Mauern, aber die Flammenglut
Zog vom Nachbar zum Nachbar schon
Sich verbreitend von hier und dort
Mit des eignen Sturmes Wehn
Über die nächtliche Stadt hin.

Flüchtend sah ich, durch Rauch und Glut
Und der züngelnden Flamme Loh'n
Gräßlich zürnender Götter Nahn,
Schreitend Wundergestalten
Riesengroß durch düsteren
Feuerumleuchteten Qualm hin.

Sah' ichs, oder bildete
Mir der angstumschlungene Geist
Solches Verworrene? sagen kann
Nimmer ich's; doch daß ich dies
Gräßliche hier mit Augen schau
Solches gewiß ja weiß ich;
Könnt' es mit Händen fassen gar
Hielte von dem Gefährlichen
Nicht zurücke die Furcht mich.

Welche von Phorkys
Töchtern nur bist du?
Denn ich vergleiche dich
Diesem Geschlechte.
Bist du vielleicht der graugebornen,
Eines Auges und Eines Zahns
Wechselsweis teilhaftigen,
Graien eine gekommen?

Wagest du Scheusal
Neben der Schönheit
Dich vor dem Kennerblick
Phöbus zu zeigen?
Tritt du dennoch hervor nur immer
Denn das Häßliche schaut Er nicht,
Wie sein heilig Auge noch
Nie erblickte den Schatten.

Doch uns Sterbliche nötigt, ach,
Leider trauriges Mißgeschick
Zu dem unsäglichen Augenschmerz,
Den das Verwerfliche, ewig-unselige
Schönheitliebenden rege macht.

Ja so höre denn, wenn du frech
Uns entgegenest, höre Fluch,
Höre jeglicher Schelte Drohn,
Aus dem verwünschenden Munde der Glücklichen
Die von Göttern gebildet sind.

PHORKYAS

Alt ist das Wort, doch bleibet hoch und wahr der Sinn:
Daß Scham und Schönheit nie zusammen, Hand in Hand,
Den Weg verfolgen über der Erde grünen Pfad.
Tief eingewurzelt wohnt in beiden alter Haß,
Daß wo sie immer irgend auch des Weges sich
Begegnen, jede der Gegnerin den Rücken kehrt.
Dann eilet jede wieder heftiger, weiter fort,
Die Scham betrübt, die Schönheit aber frech gesinnt,
Bis sie zuletzt des Orkus hohle Nacht umfängt,
Wenn nicht das Alter sie vorher gebändigt hat.
Euch find ich nun, ihr frechen, aus der Fremde her
Mit Übermut ergossen, gleich der Kraniche
Laut-heiser klingendem Zug, der über unser Haupt,
In langer Wolke, krächzend sein Getön herab
Schickt, das den stillen Wandrer über sich hinauf
Zu blicken lockt; doch ziehn sie ihren Weg dahin,
Er geht den seinen, also wirds mit uns geschehn.

Wer seid denn ihr? daß ihr des Königes Hochpalast
Mänadisch wild, Betrunknen gleich umtoben dürft?
Wer seid ihr denn, daß ihr des Hauses Schaffnerin
Entgegen heulet, wie dem Mond der Hunde Schar?
Wähnt ihr, verborgen sei mir welch Geschlecht ihr seid,
Du kriegerzeugte, schlachterzogne, junge Brut?
Mannlustige du, so wie verführt verführende,
Entnervend beide, Kriegers auch und Bürgers Kraft.
Zu Hauf euch sehend scheint mir ein Zikaden-Schwarm
Herabzustürzen, deckend grüne Feldersaat.
Verzehrerinnen fremden Fleißes! Naschende
Vernichterinnen aufgekeimten Wohlstands ihr,
Erobert, marktverkauft, vertauschte Ware du!

HELENA

Wer gegenwarts der Frau die Dienerinnen schilt,
Der Gebiet'rin Hausrecht tastet er vermessen an;
Denn ihr gebührt allein das Lobenswürdige
Zu rühmen, wie zu strafen was verwerflich ist.
Auch bin des Dienstes ich wohl zufrieden, den sie mir
Geleistet als die hohe Kraft von Ilios
Umlagert stand und fiel und lag; nicht weniger
Als wir der Irrfahrt kummervolle Wechselnot
Ertrugen, wo sonst jeder sich der nächste bleibt.
Auch hier erwart' ich gleiches von der muntern Schar;
Nicht was der Knecht sei, fragt der Herr, nur wie er dient,
Drum schweige du und grinse sie nicht länger an.
Hast du das Haus des Königs wohl verwahrt bisher,
Anstatt der Hausfrau, solches dient zum Ruhme dir;
Doch jetzo kommt sie selber, tritt nun du zurück,
Damit nicht Strafe werde statt verdienten Lohns.

PHORKYAS

Den Hausgenossen drohen bleibt ein großes Recht,
Das gottbeglückten Herrschers hohe Gattin sich
Durch langer Jahre weise Leitung wohl verdient.
Da du, nun Anerkannte! neu den alten Platz
Der Königin und Hausfrau wiederum betrittst,
So fasse längst erschlaffte Zügel, herrsche nun,
Nimm in Besitz den Schatz und sämtlich uns dazu.
Vor allem aber schütze mich die ältere
Vor dieser Schar, die, neben deiner Schönheit Schwan,
Nur schlechtbefittigt schnatterhafte Gänse sind.

CHORFÜHRERIN

Wie häßlich neben Schönheit zeigt sich Häßlichkeit.

PHORKYAS

Wie unverständig neben Klugheit Unverstand.

Von hier an erwidern die Choretiden,
einzeln aus dem Chor heraustretend

CHORETIDE 1

Von Vater Erebus melde, melde von Mutter Nacht.

PHORKYAS

So sprich von Scylla, leiblich dir Geschwisterkind.

CHORETIDE 2
An deinem Stammbaum steigt manch Ungeheu'r empor.
PHORKYAS
Zum Orkus hin! da suche deine Sippschaft auf.
CHORETIDE 3
Die dorten wohnen sind dir alle viel zu jung.
PHORKYAS
Tiresias den Alten gehe buhlend an.
CHORETIDE 4
Orions Amme war dir Ur-Urenkelin.
PHORKYAS
Harpyen wähn' ich fütterten dich im Unflat auf.
CHORETIDE 5
Mit was ernährst du so gepflegte Magerkeit?
PHORKYAS
Mit Blute nicht, wonach du allzu lüstern bist.
CHORETIDE 6
Begierig du auf Leichen, ekle Leiche selbst!
PHORKYAS
Vampiren-Zähne glänzen dir im frechen Maul.
CHORFÜHRERIN
Das deine stopf' ich wenn ich sage wer du seist.
PHORKYAS
So nenne dich zuerst, das Rätsel hebt sich auf.
HELENA
Nicht zürnend, aber traurend schreit ich zwischen euch,
Verbietend solches Wechselstreites Ungestüm;
Denn schädlicheres begegnet nichts dem Herrscherherrn
Als treuer Diener heimlich unterschworner Zwist.
Das Echo seiner Befehle kehrt alsdann nicht mehr
In schnell vollbrachter Tat, wohlstimmig ihm zurück,
Nein, eigenwillig brausend tos't es um ihn her,
Den selbstverirrten, ins Vergeb'ne scheltenden.
Dies nicht allein. Ihr habt in sittelosem Zorn
Unsel'ger Bilder Schreckgestalten hergebannt,
Die mich umdrängen, daß ich selbst zum Orkus mich
Gerissen fühle, vaterländ'scher Flur zum Trutz.

Ist's wohl Gedächtnis? war es Wahn, der mich ergreift?
War ich das alles? Bin ich's? Werd ich's künftig sein,
Das Traum- und Schreckbild jener Städteverwüstenden?
Die Mädchen schaudern, aber du die älteste
Du stehst gelassen, rede mir verständig Wort.

PHORKYAS

Wer langer Jahre mannigfaltigen Glücks gedenkt,
Ihm scheint zuletzt die höchste Göttergunst ein Traum.
Du aber hochbegünstigt, sonder Maß und Ziel,
In Lebensreihe sahst nur Liebesbrünstige,
Entzündet rasch zum kühnsten Wagstück jeder Art.
Schon Theseus haschte früh dich, gierig aufgeregt,
Wie Herakles stark, ein herrlich schön geformter Mann.

HELENA

Entführte mich, ein dreizehnjährig schlankes Reh,
Und mich umschloß Aphidnus Burg in Attika.

PHORKYAS

Durch Castor und durch Pollux aber bald befreit,
Umworben standst du ausgesuchter Helden-Schar.

HELENA

Doch stille Gunst vor allen, wie ich gern gesteh',
Gewann Patroklus, er des Peliden Ebenbild.

PHORKYAS

Doch Vaterwille traute dich an Menelas,
Den kühnen Seedurchstreicher, Hausbewahrer auch.

HELENA

Die Tochter gab er, gab des Reichs Bestellung ihm.
Aus ehlichem Beisein sproßte dann Hermione.

PHORKYAS

Doch als er fern sich Creta's Erbe kühn erstritt,
Dir Einsamen da erschien ein allzuschöner Gast.

HELENA

Warum gedenkst du jener halben Witwenschaft?
Und welch Verderben gräßlich mir daraus erwuchs?

PHORKYAS

Auch jene Fahrt mir freigebornen Creterin
Gefangenschaft erschuf sie, lange Sklaverei.

HELENA
Als Schaffnerin bestellt' er dich sogleich hieher
Vertrauend vieles, Burg und kühn erworbnen Schatz.
PHORKYAS
Die du verließest, Ilios umtürmter Stadt
Und unerschöpften Liebesfreuden zugewandt.
HELENA
Gedenke nicht der Freuden! allzuherben Leid's
Unendlichkeit ergoß sich über Brust und Haupt.
PHORKYAS
Doch sagt man, du erschienst ein doppelhaft Gebild,
In Ilios gesehen und in Ägypten auch.
HELENA
Verwirre wüsten Sinnes Aberwitz nicht gar.
Selbst jetzo, welche denn ich sei, ich weiß es nicht.
PHORKYAS
Dann sagen sie: aus hohlem Schattenreich herauf
Gesellte sich inbrünstig noch Achill zu dir;
Dich früher liebend, gegen allen Geschicks Beschluß.
HELENA
Ich als Idol, ihm dem Idol verband ich mich.
Es war ein Traum, so sagen ja die Worte selbst.
Ich schwinde hin und werde selbst mir ein Idol.
sinkt dem Halbchor in die Arme.

CHOR
Schweige, schweige!
Mißblickende, mißredende du!
Aus so gräßlichen einzahnigen
Lippen was enthaucht wohl
Solchem furchtbaren Greuelschlund.

Denn der Bösartige wohltätig erscheinend,
Wolfesgrimm unter schafwolligem Vlies,
Mir ist er weit schrecklicher als des drei-
köpfigen Hundes Rachen.
Ängstlich lauschend stehn wir da,
Wann? wie? wo nur brichts hervor

Solcher Tücke
Tiefauflauerndes Ungetüm?

Nun denn, statt freundlich mit Trost reich begabten
Letheschenkenden holdmildesten Worts
Regest du auf aller Vergangenheit
Bösestes mehr denn Gutes,
Und verdüsterst allzugleich
Mit dem Glanze der Gegenwart
Auch der Zukunft
Mild aufschimmerndes Hoffnungslicht.

Schweige, schweige!
Daß der Königin Seele,
Schon zu entfliehen bereit,
Sich noch halte, festhalte
Die Gestalt aller Gestalten
Welche die Sonne jemals beschien.

Helena hat sich erholt und steht wieder in der Mitte.

PHORKYAS

Tritt hervor aus flüchtigen Wolken hohe Sonne dieses Tags
Die verschleiert schon entzückte, blendend nun im Glanze herrscht.
Wie die Welt sich dir entfaltet schaust du selbst mit holdem Blick.
Schelten sie mich auch für häßlich kenn ich doch das Schöne wohl.

HELENA

Tret ich schwankend aus der Öde die im Schwindel mich umgab,
Pflegt ich gern der Ruhe wieder, denn so müd ist mein Gebein;
Doch es ziemet Königinnen, allen Menschen ziemt es wohl
Sich zu fassen, zu ermannen, was auch drohend überrascht.

PHORKYAS

Stehst du nun in deiner Großheit, deiner Schöne vor uns da,

Sagt dein Blick, daß du befiehlest; was befiehlst du? sprich es aus.

HELENA

Eures Haders frech Versäumnis auszugleichen seid bereit,
Eilt ein Opfer zu bestellen wie der König mir gebot.

PHORKYAS

Alles ist bereit im Hause, Schale, Dreifuß, scharfes Beil,
Zum Besprengen, zum Beräuchern; das zu Opfernde zeig an.

HELENA

Nicht bezeichnet' es der König

PHORKYAS

Sprachs nicht aus? O Jammerwort!

HELENA

Welch ein Jammer überfällt dich?

PHORKYAS

Königin, du bist gemeint!

HELENA

Ich?

PHORKYAS

Und diese!

CHOR

Weh und Jammer!

PHORKYAS

Fallen wirst du durch das Beil.

HELENA

Gräßlich! doch geahnt, ich Arme!

PHORKYAS

Unvermeidlich scheint es mir.

CHOR

Ach! Und uns? was wird begegnen?

PHORKYAS

Sie stirbt einen edlen Tod;
Doch am hohen Balken drinnen, der des Daches Giebel trägt,
Wie im Vogelfang die Drosseln, zappelt ihr der Reihe nach.

HELENA und CHOR
stehen erstaunt und erschreckt, in bedeutender, wohl vorbereiteter Gruppe.

PHORKYAS
Gespenster! – – – Gleich erstarrten Bildern steht ihr da,
Geschreckt vom Tag zu scheiden der euch nicht gehört.
Die Menschen, die Gespenster sämtlich gleich wie ihr,
Entsagen auch nicht willig hehrem Sonnenschein;
Doch bittet, oder rettet niemand sie vom Schluß;
Sie wissen's alle, wenigen doch gefällt es nur.
Genug ihr seid verloren! Also frisch ans Werk.
klatscht in die Hände, darauf erscheinen an der Pforte vermummte Zwerggestalten, welche die ausgesprochenen Befehle alsobald mit Behendigkeit ausführen
Herbei du düstres, kugelrundes Ungetüm,
Wälzt euch hieher, zu schaden gibt es hier nach Lust.
Dem Tragaltar, dem goldgehörnten, gebet Platz,
Das Beil, es liege blinkend über dem Silberrand,
Die Wasserkrüge füllet, abzuwaschen gibt's
Des schwarzen Blutes greuelvolle Besudelung.
Den Teppich breitet köstlich hier am Staube hin,
Damit das Opfer niederkniee königlich,
Und eingewickelt, zwar getrennten Haupts, sogleich
Anständig würdig aber doch bestattet sei.

CHORFÜHRERIN
Die Königin stehet sinnend an der Seite hier,
Die Mädchen welken gleich gemähtem Wiesengras;
Mir aber deucht, der Ältesten, heiliger Pflicht gemäß
Mit dir das Wort zu wechseln, Ur-Urälteste.
Du bist erfahren, weise, scheinst uns gutgesinnt,
Ob schon verkennend hirnlos diese Schar dich traf.
Drum sage, was du möglich noch von Rettung weißt.

PHORKYAS
Ist leicht gesagt: Von der Königin hängt allein es ab
Sich selbst zu erhalten, euch Zugaben auch mit ihr.
Entschlossenheit ist nötig und die behendeste.

CHOR
Ehrenwürdigste der Parzen, weiseste Sibylle du,
Halte gesperrt die goldne Schere, dann verkünd' uns Tag und Heil;
Denn wir fühlen schon im Schweben, Schwanken, Bammeln unergötzlich
Unsere Gliederchen, die lieber erst im Tanze sich ergötzten,
Ruh'ten drauf an Liebchens Brust.

HELENA
Laß diese bangen! Schmerz empfind ich, keine Furcht;
Doch kennst du Rettung, dankbar sei sie anerkannt.
Dem Klugen, Weitumsichtigen zeigt fürwahr sich oft
Unmögliches noch als möglich. Sprich und sag es an.

CHOR
Sprich und sage, sag uns eilig: wie entrinnen wir den grausen,
Garstigen Schlingen? die bedrohlich, als die schlechtesten Geschmeide,
Sich um unsre Hälse ziehen. Vorempfinden wir's, die Armen,
Zum entatmen, zum ersticken, wenn du Rhea, aller Götter
Hohe Mutter, dich nicht erbarmst.

PHORKYAS
Habt ihr Geduld des Vortrags langgedehnten Zug
Still anzuhören? Mancherlei Geschichten sinds.

CHOR
Geduld genug! Zuhörend leben wir indes.

PHORKYAS
Dem der zu Hause verharrend edlen Schatz bewahrt,
Und hoher Wohnung Mauern auszukitten weiß,
Wie auch das Dach zu sichern vor des Regens Drang,
Dem wird es wohlgehn lange Lebenstage durch;
Wer aber seiner Schwelle heilige Richte leicht
Mit flüchtigen Sohlen überschreitet freventlich,
Der findet wiederkehrend wohl den alten Platz,
Doch umgeändert alles, wo nicht gar zerstört.

HELENA
Wozu dergleichen wohlbekannte Sprüche hier.
Du willst erzählen, rege nicht an Verdrießliches.
PHORKYAS
Geschichtlich ist es, ist ein Vorwurf keineswegs.
Raubschiffend ruderte Menelas von Bucht zu Bucht,
Gestad' und Inseln, alles streift er feindlich an,
Mit Beute wiederkehrend, wie sie drinnen starrt.
Vor Ilios verbracht' er langer Jahre zehn,
Zur Heimfahrt aber weiß ich nicht wie viel es war.
Allein wie steht es hier am Platz um Tyndareos
Erhabnes Haus? wie stehet es mit dem Reich umher?
HELENA
Ist dir denn so das Schelten gänzlich einverleibt,
Daß ohne Tadeln du keine Lippe regen kannst?
PHORKYAS
So viele Jahre stand verlassen das Tal-Gebirg,
Das hinter Sparta nordwärts in die Höhe steigt,
Taygetos im Rücken, wo als muntrer Bach
Herab Eurotas rollt und dann durch unser Tal
An Rohren breit hinfließend eure Schwäne nährt.
Dort hinten still im Gebirgtal hat ein kühn Geschlecht
Sich angesiedelt, dringend aus cimmerischer Nacht,
Und unersteiglich feste Burg sich aufgetürmt,
Von da sie Land und Leute placken wie's behagt.
HELENA
Das konnten sie vollführen? Ganz unmöglich scheint's.
PHORKYAS
Sie hatten Zeit, vielleicht an zwanzig Jahre sind's.
HELENA
Ist Einer Herr? sind's Räuber viel, Verbündete?
PHORKYAS
Nicht Räuber sind es, Einer aber ist der Herr.
Ich schelt' ihn nicht und wenn er schon mich heimgesucht.
Wohl konnt' er alles nehmen, doch begnügt er sich
Mit wenigen Freigeschenken, nannt er's, nicht Tribut.
HELENA
Wie sieht er aus?

PHORKYAS

Nicht übel! mir gefällt er schon.
Es ist ein munterer, kecker, wohlgebildeter,
Wie unter Griechen wenig, ein verständger Mann.
Man schilt das Volk Barbaren, doch ich dächte nicht
Daß grausam einer wäre, wie vor Ilios
Gar mancher Held sich menschenfresserisch erwies.
Ich acht' auf seine Großheit, Ihm vertraut ich mich.
Und seine Burg! die solltet ihr mit Augen sehn,
Das ist was anderes gegen plumpes Mauerwerk
Das eure Väter, mir nichts dir nichts, aufgewälzt,
Cyklopisch wie Cyklopen, rohen Stein sogleich
Auf rohe Steine stürzend; dort hingegen, dort
Ist alles senk- und waagerecht und regelhaft.
Von außen schaut sie! himmelan sie strebt empor,
So starr, so wohl in Fugen, spiegelglatt wie Stahl.
Zu klettern hier – ja selbst der Gedanke gleitet ab.
Und innen großer Höfe Raumgelasse, rings
Mit Baulichkeit umgeben, aller Art und Zweck.
Da seht ihr Säulen, Säulchen, Bogen, Bögelchen,
Altane, Galerie'n zu schauen aus und ein,
Und Wappen.

CHOR

Was sind Wappen?

PHORKYAS

Ajax führte ja
Geschlungne Schlang' im Schilde, wie ihr selbst gesehn.
Die Sieben dort vor Theben trugen Bildnerei'n
Ein jeder auf seinem Schilde, reich bedeutungsvoll.
Da sah man Mond und Stern' am nächtigen Himmelsraum,
Auch Göttin, Held und Leiter, Schwerter, Fackeln auch,
Und was bedrängliches guten Städten grimmig droht.
Ein solch Gebilde führt auch unsre Heldenschar
Von seinen Ur-Urahnen her in Farbenglanz.
Da seht ihr Löwen, Adler, Klau' und Schnabel auch,
Dann Büffelhörner, Flügel, Rosen, Pfauenschweif,
Auch Streifen, gold und schwarz, und silbern, blau und rot.

Dergleichen hängt in Sälen Reih an Reihe fort,
In Sälen, grenzenlosen, wie die Welt so weit;
Da könnt ihr tanzen!

CHOR

Sage, gibt's auch Tänzer da?

PHORKYAS

Die besten! goldgelockte, frische Bubenschar.
Die duften Jugend, Paris duftete einzig so,
Als er der Königin zu nahe kam.

HELENA

Du fällst
Ganz aus der Rolle, sage mir das letzte Wort!

PHORKYAS

Du sprichst das letzte, sagst mit Ernst vernehmlich ja!
Sogleich umgeb' ich dich mit jener Burg.

CHOR

O sprich
Das kurze Wort! und rette dich und uns zugleich.

HELENA

Wie? sollt' ich fürchten, daß der König Menelas
So grausam sich verginge mich zu schädigen?

PHORKYAS

Hast du vergessen, wie er deinen Deiphobus
Des totgekämpften Paris Bruder, unerhört
Verstümmelte, der starrsinnig Witwe dich erstritt
Und glücklich kebste; Nas' und Ohren schnitt er ab
Und stümmelte mehr so; Greuel war es anzuschaun.

HELENA

Das tat er jenem, meinetwegen tat er das.

PHORKYAS

Um jenes willen wird er dir das Gleiche tun.
Unteilbar ist die Schönheit; der sie ganz besaß
Zerstört sie lieber, fluchend jedem Teilbesitz.

Trompeten in der Ferne, der Chor fährt zusammen

Wie scharf der Trompete Schmettern Ohr und Eingeweid
Zerreißend anfaßt, also krallt sich Eifersucht

Im Busen fest des Mannes, der das nie vergißt
Was einst er besaß und nun verlor, nicht mehr besitzt.

CHOR

Hörst du nicht die Hörner schallen? siehst der Waffen
Blitze nicht?

PHORKYAS

Sei willkommen Herr und König, gerne geb ich
Rechenschaft.

CHOR

Aber wir?

PHORKYAS

Ihr wißt es deutlich, seht vor Augen ihren Tod,
Merkt den eurigen da drinne; nein zu helfen ist euch nicht.

Pause

HELENA

Ich sann mir aus das Nächste was ich wagen darf.
Ein Widerdämon bist du, das empfind' ich wohl,
Und fürchte, Gutes wendest du zum Bösen um.
Vor allem aber folgen will ich dir zur Burg;
Das andre weiß ich; was die Königin dabei
In tiefem Busen geheimnisvoll verbergen mag,
Sei jedem unzugänglich. Alte! geh voran.

CHOR

O wie gern gehen wir hin,
Eilenden Fußes;
Hinter uns Tod,
Vor uns abermals
Ragender Veste
Unzugängliche Mauer.
Schütze sie eben so gut
Eben wie Ilios Burg,
Die doch endlich nur
Niederträchtiger List erlag.

Nebel verbreiten sich, umhüllen den Hintergrund, auch die Nähe, nach Belieben

Wie? aber wie?
Schwestern schaut euch um!
War es nicht heiterer Tag?
Nebel schwanken streifig empor
Aus Eurotas heilger Flut;
Schon entschwand das liebliche
Schilfumkränzte Gestade dem Blick,
Auch die frei, zierlich-stolz
Sanfthingleitenden Schwäne
In gesell'ger Schwimmlust
Seh' ich, ach, nicht mehr!

Doch, aber doch
Tönen hör' ich sie,
Tönen fern heiseren Ton!
Tod verkündenden, sagen sie;
Ach daß uns er nur nicht auch,
Statt verheißener Rettung Heil,
Untergang verkünde zuletzt;
Uns den schwangleichen, lang-
Schön weißhalsigen, und ach!
Uns'rer Schwanerzeugten.
Weh uns, weh, weh!

Alles deckte sich schon
Rings mit Nebel umher.
Sehen wir doch einander nicht!
Was geschieht? gehen wir?
Schweben wir nur
Trippelnden Schritts am Boden hin?
Siehst du nichts? schwebt nicht etwa gar
Hermes voran? Blinkt nicht der goldne Stab
Heischend, gebietend uns wieder zurück
Zu dem unerfreulichen, grautagenden,
Ungreifbarer Gebilde vollen,
Überfüllten, ewig leeren Hades.

Ja auf einmal wird es düster, ohne Glanz entschwebt der Nebel

Dunkelgräulich, mauerbräunlich. Mauern stellen sich dem Blicke
Freiem Blicke starr entgegen. Ist's ein Hof? ist's tiefe Grube?
Schauerlich in jedem Falle! Schwestern ach! wir sind gefangen,
So gefangen wie nur je.

Innerer Burghof, umgeben von reichen phantastischen Gebäuden des Mittelalters

CHORFÜHRERIN
Vorschnell und töricht, echt wahrhaftes Weibsgebild!
Vom Augenblick abhängig, Spiel der Witterung,
Des Glücks und Unglücks, keins von beiden wißt ihr je
Zu bestehn mit Gleichmut. Eine widerspricht ja stets
Der andern heftig, überquer die andern ihr;
In Freud und Schmerz nur heult und lacht ihr gleichen Ton's.
Nun schweigt! und wartet horchend was die Herrscherin
Hochsinnig hier beschließen mag für sich und uns.

HELENA
Wo bist du Pythonissa? heiße wie du magst,
Aus diesen Gewölben tritt hervor der düstern Burg.
Gingst etwa du, dem wunderbaren Heldenherrn
Mich anzukündigen, Wohlempfang bereitend mir,
So habe Dank und führe schnell mich ein zu ihm;
Beschluß der Irrfahrt wünsch' ich, Ruhe wünsch' ich nur.

CHORFÜHRERIN
Vergebens blickst du, Königin, allseits um dich her;
Verschwunden ist das leidige Bild, verblieb vielleicht
Im Nebel dort, aus dessen Busen wir hieher,
Ich weiß nicht wie, gekommen, schnell und sonder Schritt.
Vielleicht auch irrt sie zweifelhaft im Labyrinth
Der wundersam aus vielen einsgewordnen Burg,
Den Herrn erfragend fürstlicher Hochbegrüßung halb.
Doch sieh, dort oben regt in Menge sich allbereits

In Galerien, am Fenster, in Portalen rasch
Sich hin und her bewegend viele Dienerschaft;
Vornehm-willkommnen Gastempfang verkündet es.

CHOR

Auf geht mir das Herz! o, seht nur dahin
Wie so sittig herab mit verweilendem Tritt
Jungholdeste Schar anständig bewegt
Den geregleten Zug. Wie? auf wessen Befehl
Nur erscheinen gereiht und gebildet so früh,
Von Jünglingsknaben das herrliche Volk?
Was bewundr' ich zumeist! Ist es zierlicher Gang,
Etwa des Haupts Lockhaar um die blendende Stirn,
Etwa der Wänglein Paar, wie die Pfirsiche rot
Und eben auch so weichwollig beflaumt?
Gern biß ich hinein, doch ich schaudre davor
Denn in ähnlichem Fall, da erfüllte der Mund
Sich, gräßlich zu sagen! mit Asche.
Aber die schönsten
Sie kommen daher;
Was tragen sie nur?
Stufen zum Thron,
Teppich und Sitz,
Umhang und zelt-
artigen Schmuck,
Über überwallt er,
Wolkenkränze bildend,
Unsrer Königin Haupt
Denn schon bestieg sie
Eingeladen herrlichen Pfühl.
Tretet heran
Stufe für Stufe
Reihet euch ernst.
Würdig, o würdig, dreifach würdig
Sei gesegnet ein solcher Empfang!

alles vom Chor Ausgesprochene geschieht nach und nach.

FAUST

Nachdem Knaben und Knappen in langem Zug herabgestiegen, erscheint er oben an der Treppe in ritterlicher Hofkleidung des Mittelalters und kommt langsam würdig herunter.

CHORFÜHRERIN *ihn aufmerksam beschauend*

Wenn diesem nicht die Götter, wie sie öfter tun,
Für wenige Zeit nur wundernswürdige Gestalt,
Erhabnen Anstand, liebenswerte Gegenwart
Vorübergänglich liehen: wird ihm jedesmal
Was er beginnt gelingen, sei's in Männerschlacht,
So auch im kleinen Kriege mit den schönsten Frau'n.
Er ist fürwahr gar vielen andern vorzuziehn,
Die ich doch auch als hochgeschätzt mit Augen sah.
Mit langsam-ernstem, ehrfurchtsvoll gehaltnem Schritt
Seh ich den Fürsten; wende dich o Königin!

FAUST *herantretend, einen Gefesselten zur Seite*

Statt feierlichsten Grußes, wie sich ziemte,
Statt ehrfurchtsvollem Willkomm bring ich dir
In Ketten hartgeschlossen solchen Knecht,
Der, Pflicht verfehlend, mir die Pflicht entwand.
Hier knie nieder! dieser höchsten Frau
Bekenntnis abzulegen deiner Schuld.
Dies ist, erhabne Herrscherin, der Mann
Mit seltnem Augenblitz vom hohen Turm
Umherzuschaun bestellt, dort Himmelsraum
Und Erdenbreite scharf zu überspähn,
Was etwa da und dort sich melden mag,
Vom Hügelkreis ins Tal zur festen Burg
Sich regen mag, der Herden Woge sei's,
Ein Heereszug vielleicht; wir schützen jene,
Begegnen diesem. Heute, welch' Versäumnis!
Du kommst heran, er meldet's nicht, verfehlt
Ist ehrenvoller schuldigster Empfang
So hohen Gastes. Freventlich verwirkt
Das Leben hat er, läge schon im Blut
Verdienten Todes; doch nur du allein
Bestrafst, begnadigst, wie dir's wohl gefällt.

HELENA

So hohe Würde wie du sie vergönnst,
Als Richterin, als Herrscherin, und wär's
Versuchend nur, wie ich vermuten darf;
So üb' ich nun des Richters erste Pflicht
Beschuldigte zu hören. Rede denn.

TURMWÄRTER, LYNCEUS

Laß mich knien, laß mich schauen,
Laß mich sterben, laß mich leben,
Denn schon bin ich hingegeben
Dieser gottgegebnen Frauen.

Harrend auf des Morgens Wonne,
Östlich spähend ihren Lauf,
Ging auf einmal mir die Sonne
Wunderbar im Süden auf.

Zog den Blick nach jener Seite,
Statt der Schluchten, statt der Höh'n
Statt der Erd- und Himmelsweite,
Sie die Einzige zu spähn.

Augenstrahl ist mir verliehen
Wie dem Luchs auf höchstem Baum,
Doch nun mußt' ich mich bemühen
Wie aus tiefem düsterm Traum.

Wüßt' ich irgend mich zu finden?
Zinne? Turm? geschloßnes Tor?
Nebel schwanken, Nebel schwinden
Solche Göttin tritt hervor!

Aug' und Brust ihr zugewendet
Sog ich an den milden Glanz,
Diese Schönheit wie sie blendet
Blendete mich Armen ganz.

Ich vergaß des Wächters Pflichten,
Völlig das beschworne Horn,
Drohe nur mich zu vernichten,
Schönheit bändigt allen Zorn.

HELENA
Das Übel das ich brachte darf ich nicht
Bestrafen. Wehe mir! Welch streng Geschick
Verfolgt mich, überall der Männer Busen
So zu betören, daß sie weder sich
Noch sonst ein Würdiges verschonten. Raubend jetzt,
Verführend, fechtend, hin und her entrückend;
Halbgötter, Helden, Götter, ja Dämonen,
Sie führten mich im Irren her und hin.
Einfach die Welt verwirrt ich, doppelt mehr,
Nun dreifach, vierfach bring' ich Not auf Not.
Entferne diesen Guten, laß ihn frei;
Den Gottbetörten treffe keine Schmach.

FAUST
Erstaunt o Königin, seh' ich zugleich
Die sicher Treffende, hier den Getroffnen;
Ich seh' den Bogen, der den Pfeil entsandt,
Verwundet jenen. Pfeile folgen Pfeilen
Mich treffend. Allwärts ahn' ich überquer
Gefiedert schwirrend sie in Burg und Raum.
Was bin ich nun? Auf einmal machst du mir
Rebellisch die Getreusten, meine Mauern
Unsicher. Also fürcht' ich schon, mein Heer
Gehorcht der siegend unbesiegten Frau.
Was bleibt mir übrig? als mich selbst und alles,
Im Wahn das Meine, dir anheim zu geben.
Zu deinen Füßen laß mich, frei und treu,
Dich Herrin anerkennen, die sogleich
Auftretend sich Besitz und Thron erwarb.

LYNCEUS *mit einer Kiste und Männer die ihm andere nachtragen*
Du siehst mich, Königin, zurück!
Der Reiche bettelt einen Blick,
Er sieht dich an und fühlt sogleich
Sich bettelarm und fürstenreich.

Was war ich erst? was bin ich nun?
Was ist zu wollen? was zu tun?

Was hilft der Augen schärfster Blitz!
Er prallt zurück an deinem Sitz.

Von Osten kamen wir heran
Und um den Westen wars getan;
Ein lang und breites Volksgewicht,
Der erste wußte vom letzten nicht.

Der erste fiel, der zweite stand,
Des dritten Lanze war zur Hand;
Ein jeder hundertfach gestärkt,
Erschlagne Tausend unbemerkt.

Wir drängten fort, wir stürmten fort,
Wir waren Herrn von Ort zu Ort;
Und wo ich herrisch heut befahl
Ein andrer morgen raubt' und stahl.

Wir schauten, – eilig war die Schau;
Der griff die allerschönste Frau,
Der griff den Stier von festem Tritt,
Die Pferde mußten alle mit.

Ich aber liebte zu erspähn
Das Seltenste was man gesehn,
Und was ein andrer auch besaß,
Das war für mich gedörrtes Gras.

Den Schätzen war ich auf der Spur,
Den scharfen Blicken folgt ich nur,
In alle Taschen blickt ich ein,
Durchsichtig war mir jeder Schrein.

Und Haufen Goldes waren mein,
Am herrlichsten der Edelstein:
Nun der Smaragd allein verdient
Daß er an deinem Herzen grünt.

Nun schwanke zwischen Ohr und Mund
Das Tropfenei aus Meeresgrund;

Rubinen werden gar verscheucht,
Das Wangenrot sie niederbleicht.

Und so den allergrößten Schatz
Versetz' ich hier auf deinen Platz,
Zu deinen Füßen sei gebracht
Die Ernte mancher blut'gen Schlacht.

So viele Kisten schlepp' ich her,
Der Eisenkisten hab' ich mehr;
Erlaube mich auf deiner Bahn
Und Schatzgewölbe füll' ich an.

Denn du bestiegest kaum den Thron,
So neigen schon, so beugen schon
Verstand und Reichtum und Gewalt
Sich vor der einzigen Gestalt.

Das alles hielt ich fest und mein,
Nun aber lose, wird es dein,
Ich glaubt' es würdig, hoch und bar,
Nun seh' ich, daß es nichtig war.

Verschwunden ist was ich besaß,
Ein abgemähtes welkes Gras:
O gib mit einem heitern Blick,
Ihm seinen ganzen Wert zurück!

FAUST
Entferne schnell die kühn erworbne Last,
Zwar nicht getadelt aber unbelohnt.
Schon ist Ihr alles eigen was die Burg
Im Schoß verbirgt, Besondres Ihr zu bieten
Ist unnütz. Geh und häufe Schatz auf Schatz
Geordnet an. Der ungeseh'nen Pracht
Erhabnes Bild stell' auf! Laß die Gewölbe
Wie frische Himmel blinken, Paradiese
Von lebelosem Leben richte zu.
Voreilend ihren Tritten laß beblümt
An Teppich Teppiche sich wälzen, ihrem Tritt

Begegne sanfter Boden, ihrem Blick,
Nur Göttliche nicht blendend, höchster Glanz.

LYNCEUS

Schwach ist was der Herr befiehlt,
Tut's der Diener, es ist gespielt;
Herrscht doch über Gut und Blut
Dieser Schönheit Übermut.
Schon das ganze Heer ist zahm
Alle Schwerter stumpf und lahm,
Vor der herrlichen Gestalt
Selbst die Sonne matt und kalt,
Vor dem Reichtum des Gesichts
Alles leer und alles nichts.

ab.

HELENA *zu Faust*

Ich wünsche dich zu sprechen, doch herauf
An meine Seite komm! der leere Platz
Beruft den Herrn und sichert mir den meinen.

FAUST

Erst kniend laß die treue Widmung dir
Gefallen, hohe Frau; die Hand die mich
An deine Seite hebt laß mich sie küssen.
Bestärke mich als Mitregenten deines
Grenzunbewußten Reichs, gewinne dir
Verehrer, Diener, Wächter all' in Einem.

HELENA

Vielfache Wunder seh' ich, hör' ich an,
Erstaunen trifft mich, fragen möcht' ich viel.
Doch wünscht' ich Unterricht, warum die Rede
Des Mann's mir seltsam klang, seltsam und freundlich.
Ein Ton scheint sich dem andern zu bequemen,
Und hat ein Wort zum Ohre sich gesellt,
Ein andres kommt, dem ersten liebzukosen.

FAUST

Gefällt dir schon die Sprechart unsrer Völker
O so gewiß entzückt auch der Gesang,

Befriedigt Ohr und Sinn im tiefsten Grunde.
Doch ist am sichersten wir übens gleich,
Die Wechselrede lockt es, ruft's hervor.

HELENA

So sage denn, wie sprech' ich auch so schön?

FAUST

Das ist gar leicht, es muß vom Herzen gehn.
Und wenn die Brust von Sehnsucht überfließt,
Man sieht sich um und fragt –

HELENA

Wer mit genießt.

FAUST

Nun schaut der Geist nicht vorwärts nicht zurück,
Die Gegenwart allein –

HELENA

Ist unser Glück.

FAUST

Schatz ist sie, Hochgewinn, Besitz und Pfand;
Bestätigung wer gibt sie?

HELENA

Meine Hand.

CHOR

Wer verdächt' es unsrer Fürstin
Gönnet sie dem Herrn der Burg
Freundliches Erzeigen.
Denn gesteht, sämtliche sind wir
Ja Gefangene, wie schon öfter,
Seit dem schmählichen Untergang
Ilios und der ängstlich-
Labyrinthischen Kummerfahrt.

Fraun, gewöhnt an Männerliebe,
Wählerinnen sind sie nicht,
Aber Kennerinnen.
Und wie goldlockigen Hirten,
Vielleicht schwarzborstigen Faunen,
Wie es bringt die Gelegenheit,

Über die schwellenden Glieder
Vollerteilen sie gleiches Recht.

Nah und näher sitzen sie schon
Aneinander gelehnet,
Schulter an Schulter, Knie an Knie,
Hand in Hand wiegen sie sich
Über des Throns
Aufgepolsterter Herrlichkeit.
Nicht versagt sich die Majestät
Heimlicher Freuden
Vor den Augen des Volkes
Übermütiges Offenbarsein.

HELENA
Ich fühle mich so fern und doch so nah,
Und sage nur zu gern: da bin ich! da!

FAUST
Ich atme kaum, mir zittert, stockt das Wort,
Es ist ein Traum, verschwunden Tag und Ort.

HELENA
Ich scheine mir verlebt und doch so neu,
In dich verwebt, dem Unbekannten treu.

FAUST
Durchgrüble nicht das einzigste Geschick
Dasein ist Pflicht und wärs ein Augenblick.

PHORKYAS *heftig eintretend*
Buchstabiert in Liebes-Fibeln,
Tändelnd grübelt nur am Liebeln,
Müßig liebelt fort im Grübeln,
Doch dazu ist keine Zeit.
Fühlt ihr nicht ein dumpfes Wettern?
Hört nur die Trompete schmettern,
Das Verderben ist nicht weit.
Menelas mit Volkes-Wogen
Kommt auf euch herangezogen;
Rüstet euch zu herbem Streit!
Von der Sieger-Schar umwimmelt,

Wie Deiphobus verstümmelt
Büßest du das Fraun-Geleit.
Bammelt erst die leichte Ware,
Dieser gleich ist am Altare
Neugeschliffnes Beil bereit.

FAUST

Verwegne Störung! widerwärtig dringt sie ein,
Auch nicht in Gefahren mag ich sinnlos Ungestüm.
Den schönsten Boten Unglücksbotschaft häßlicht ihn;
Du Häßlichste gar, nur schlimme Botschaft bringst du gern.
Doch diesmal soll dirs nicht geraten, leeres Hauchs
Erschüttere du die Lüfte. Hier ist nicht Gefahr,
Und selbst Gefahr erschiene nur als eitles Dräun.

Signale, Explosionen von den Türmen, Trompeten und Zinken, kriegerische Musik, Durchmarsch gewaltiger Heereskraft.

FAUST

Nein gleich sollst du versammelt schauen
Der Helden ungetrennten Kreis:
Nur der verdient die Gunst der Frauen,
Der kräftigst sie zu schützen weiß.

Zu den Heerführern, die sich von den Kolonnen absondern und herantreten

Mit angehaltnem stillen Wüten,
Das euch gewiß den Sieg verschafft,
Ihr Nordens jugendliche Blüten,
Ihr Ostens blumenreiche Kraft.

In Stahl gehüllt, vom Strahl umwittert,
Die Schar die Reich um Reich zerbrach,
Sie treten auf, die Erde schüttert,
Sie schreiten fort, es donnert nach.

An Pylos traten wir zu Lande,
Der alte Nestor ist nicht mehr,
Und alle kleine Königsbande
Zersprengt das ungebundne Heer.

Drängt ungesäumt von diesen Mauern
Jetzt Menelas dem Meer zurück;
Dort irren mag er, rauben, lauern,
Ihm war es Neigung und Geschick.

Herzoge soll ich euch begrüßen
Gebietet Sparta's Königin,
Nun legt ihr Berg und Tal zu Füßen,
Und euer sei des Reichs Gewinn.

Germane du! Corinthus Buchten
Verteidige mit Wall und Schutz,
Achaia dann mit hundert Schluchten
Empfehl ich Gote deinem Trutz.

Nach Elis ziehn der Franken Heere,
Messene sei der Sachsen Los,
Normanne reinige die Meere
Und Argolis erschaff er groß.

Dann wird ein jeder häuslich wohnen,
Nach außen richten Kraft und Blitz;
Doch Sparta soll euch überthronen
Der Königin verjährter Sitz.

All-Einzeln sieht sie euch genießen
Des Landes dem kein Wohl gebricht;
Ihr sucht getrost zu ihren Füßen
Bestätigung und Recht und Licht.

Faust steigt herab, die Fürsten schließen einen Kreis um ihn, Befehl und Anordnung näher zu vernehmen.

CHOR

Wer die Schönste für sich begehrt,
Tüchtig vor allen Dingen
Seh er nach Waffen weise sich um;
Schmeichelnd wohl gewann er sich
Was auf Erden das Höchste;
Aber ruhig besitzt er's nicht:

Schleicher listig entschmeicheln sie ihm,
Räuber kühnlich entreißen sie ihm,
Dieses zu hinderen sei er bedacht.

Unsern Fürsten lob' ich drum,
Schätz' ihn höher vor andern,
Wie er so tapfer klug sich verband
Daß die Starken gehorchend stehn
Jedes Winkes gewärtig.
Seinen Befehl vollziehn sie treu,
Jeder sich selbst zu eignem Nutz
Wie dem Herrscher zu lohnendem Dank,
Beiden zu höchlichem Ruhmes-Gewinn.

Denn wer entreißet sie jetzt
Dem gewaltgen Besitzer?
Ihm gehört sie, ihm sei sie gegönnt,
Doppelt von uns gegönnt, die er
Samt ihr zugleich innen mit sicherster Mauer
Außen mit mächtigstem Heer umgab.

FAUST

Die Gaben, diesen hier verliehen –
An jeglichen ein reiches Land –
Sind groß und herrlich, laß sie ziehen!
Wir halten in der Mitte Stand.

Und sie beschützen um die Wette
Ringsum von Wellen angehüpft,
Nichtinsel dich, mit leichter Hügelkette
Europens letztem Bergast angeknüpft.

Das Land, vor aller Länder Sonnen
Sei ewig jedem Stamm beglückt,
Nun meiner Königin gewonnen,
Das früh an ihr hinauf geblickt.

Als, mit Eurotas Schilfgeflüster,
Sie leuchtend aus der Schale brach,
Der hohen Mutter, dem Geschwister
Das Licht der Augen überstach.

Dies Land, allein zu dir gekehret,
Entbietet seinen höchsten Flor;
Dem Erdkreis, der dir angehöret,
Dein Vaterland o! zieh es vor.

Und duldet auch auf seiner Berge Rücken
Das Zackenhaupt der Sonne kalten Pfeil,
Läßt nun der Fels sich angegrünt erblicken,
Die Ziege nimmt genäschig kargen Teil.

Die Quelle springt, vereinigt stürzen Bäche,
Und schon sind Schluchten, Hänge, Matten grün,
Auf hundert Hügeln unterbrochner Fläche
Siehst Wollenherden ausgebreitet ziehn.

Verteilt, vorsichtig, abgemessen schreitet
Gehörntes Rind hinan zum gähen Rand,
Doch Obdach ist den sämtlichen bereitet,
Zu hundert Höhlen wölbt sich Felsenwand.

Pan schützt sie dort und Lebensnymphen wohnen
In buschiger Klüfte feucht erfrischtem Raum,
Und, sehnsuchtsvoll nach höhern Regionen,
Erhebt sich zweighaft Baum gedrängt an Baum.

Alt-Wälder sind's! Die Eiche starret mächtig
Und eigensinnig zackt sich Ast an Ast;
Der Ahorn mild, von süßem Safte trächtig,
Steigt rein empor und spielt mit seiner Last.

Und mütterlich im stillen Schattenkreise
Quillt laue Milch bereit für Kind und Lamm;
Obst ist nicht weit, der Ebnen reife Speise,
Und Honig trieft vom ausgehöhlten Stamm.

Hier ist das Wohlbehagen erblich,
Die Wange heitert wie der Mund,
Ein jeder ist an seinem Platz unsterblich:
Sie sind zufrieden und gesund.

Und so entwickelt sich am reinen Tage
Zu Vaterkraft das holde Kind.
Wir staunen drob; noch immer bleibt die Frage:
Ob's Götter, ob es Menschen sind?

So war Apoll den Hirten zugestaltet
Daß ihm der schönsten einer glich;
Denn wo Natur im reinen Kreise waltet
Ergreifen alle Welten sich.

Neben ihr sitzend

So ist es mir, so ist es dir gelungen,
Vergangenheit sei hinter uns getan;
O fühle dich vom höchsten Gott entsprungen,
Der ersten Welt gehörst du einzig an.

Nicht feste Burg soll dich umschreiben!
Noch zirkt, in ewiger Jugendkraft
Für uns, zu wonnevollem Bleiben,
Arkadien in Sparta's Nachbarschaft.

Gelockt auf sel'gem Grund zu wohnen,
Du flüchtetest ins heiterste Geschick;
Zur Laube wandeln sich die Thronen,
Arkadisch frei sei unser Glück!

Der Schauplatz verwandelt sich durchaus. An eine Reihe von Felsenhöhlen lehnen sich geschloßne Lauben. Schattiger Hain bis an die rings umgebende Felsensteile hinan. Faust und Helena werden nicht gesehen. Der Chor liegt schlafend verteilt umher.

PHORKYAS

Wie lange Zeit die Mädchen schlafen weiß ich nicht,
Ob sie sich träumen ließen was ich hell und klar
Vor Augen sah, ist ebenfalls mir unbekannt.
Drum weck' ich sie. Erstaunen soll das junge Volk;
Ihr Bärtigen auch, die ihr da drunten sitzend harrt,
Glaubhafter Wunder Lösung endlich anzuschaun –
Hervor! hervor! Und schüttelt eure Locken rasch;
Schlaf aus den Augen! Blinzt nicht so, und hört mich an!

CHOR

Rede nur, erzähl' erzähle was sich Wunderlichs begeben,
Hören möchten wir am liebsten was wir gar nicht glauben können,
Denn wir haben lange Weile diese Felsen anzusehn.

PHORKYAS

Kaum die Augen ausgerieben Kinder langeweilt ihr schon!
So vernehmt: in diesen Höhlen, diesen Grotten diesen Lauben
Schutz und Schirmung war verliehen, wie idyllischem Liebespaare,
Unserm Herrn und unsrer Frauen.

CHOR

Wie, da drinnen?

PHORKYAS

Abgesondert
Von der Welt, nur mich die Eine riefen sie zu stillem Dienste.
Hochgeehrt stand ich zur Seite, doch, wie es Vertrauten ziemet,
Schaut ich um nach etwas andrem. Wendete mich hier- und dorthin,
Suchte Wurzeln, Moos und Rinden, kundig aller Wirksamkeiten,
Und so blieben sie allein.

CHOR

Tust du doch als ob da drinne ganze Weltenräume wären,
Wald und Wiese, Bäche, Seen, welche Märchen spinnst du ab!

PHORKYAS

Allerdings, ihr Unerfahrnen! das sind unerforschte Tiefen:
Saal an Sälen, Hof an Höfen, diese spürt' ich sinnend aus.
Doch auf einmal ein Gelächter echo't in den Höhlen-Räumen;
Schau' ich hin, da springt ein Knabe von der Frauen Schoß zum Manne,
Von dem Vater zu der Mutter; das Gekose das Getändel,

Töriger Liebe Neckereien, Scherzgeschrei und Lustgejauchze
Wechselnd übertäuben mich.
Nackt ein Genius ohne Flügel, faunenartig ohne Tierheit,
Springt er auf den festen Boden, doch der Boden gegenwirkend
Schnellt ihn zu der luft'gen Höhe, und im zweiten dritten Sprunge
Rührt er an das Hochgewölb.

Ängstlich ruft die Mutter: springe wiederholt und nach Belieben,
Aber hüte dich: zu fliegen, freier Flug ist dir versagt.
Und so mahnt der treue Vater: in der Erde liegt die Schnellkraft,
Die dich aufwärts treibt, berühre mit der Zehe nur den Boden
Wie der Erdensohn Antäus bist du alsobald gestärkt.
Und so hüpft er auf die Masse dieses Felsens, von der Kante
Zu dem andern und umher so wie ein Ball geschlagen springt.

Doch auf einmal in der Spalte rauher Schlucht ist er verschwunden,
Und nun scheint er uns verloren. Mutter jammert, Vater tröstet,
Achselzuckend steh ich ängstlich. Doch nun wieder welch Erscheinen.
Liegen Schätze dort verborgen? blumenstreifige Gewande
Hat er würdig angetan.
Quasten schwanken von den Armen, Binden flattern um den Busen,
In der Hand die goldne Leier, völlig wie ein kleiner Phöbus
Tritt er wohlgemut zur Kante, zu dem Überhang; wir staunen.

Und die Eltern vor Entzücken werfen wechselnd sich ans Herz.
Denn wie leuchtet's ihm zu Häupten? Was erglänzt ist schwer zu sagen,
Ist es Goldschmuck, ist es Flamme übermächtiger Geisteskraft.
Und so regt er sich gebärdend, sich als Knabe schon verkündend
Künftigen Meister alles Schönen, dem die ewigen Melodieen
Durch die Glieder sich bewegen; und so werdet ihr ihn hören,
Und so werdet ihr ihn sehn zu einzigster Bewunderung.

CHOR

Nennst du ein Wunder dies,
Creta's Erzeugte?
Dichtend belehrendem Wort
Hast du gelauscht wohl nimmer?
Niemals noch gehört Ioniens,
Nie vernommen auch Hellas
Urväterlicher Sagen
Göttlich-heldenhaften Reichtum?

Alles was je geschieht
Heutiges Tages
Trauriger Nachklang ist's
Herrlicher Ahnherrn-Tage
Nicht vergleicht sich dein Erzählen
Dem was liebliche Lüge
Glaubhaftiger als Wahrheit
Von dem Sohne sang der Maja.

Diesen zierlich und kräftig doch
Kaum geborenen Säugling
Faltet in reinster Windeln Flaum,
Strenget in köstlicher Wickeln Schmuck
Klatschender Wärterinnen Schar
Unvernünftigen Wähnens.
Kräftig und zierlich aber zieht

Schon der Schalk die geschmeidigen
Doch elastischen Glieder
Listig heraus, die purpurne
Ängstlich drückende Schale
Lassend ruhig an seiner Statt.
Gleich dem fertigen Schmetterling
Der aus starrem Puppenzwang
Flügel entfaltend behendig schlüpft
Sonne durchstrahlten Äther kühn
Und mutwillig durchflatternd.

So auch er der behendeste,
Daß er Dieben und Schälken,
Vorteil suchenden allen auch
Ewig günstiger Dämon sei.
Dies betätigt er alsobald
Durch gewandteste Künste.
Schnell des Meeres Beherrscher stiehlt
Er den Trident, ja dem Ares selbst
Schlau das Schwert aus der Scheide:
Bogen und Pfeil dem Phöbus auch,
Wie dem Hephästos die Zange;
Selber Zeus, des Vaters, Blitz
Nähm' er, schreckt' ihn das Feuer nicht;
Doch dem Eros siegt er ob
In beinstellendem Ringerspiel,
Raubt auch Cyprien, wie sie ihm kos't,
Noch vom Busen den Gürtel.

Ein reizendes, reinmelodisches Saitenspiel erklingt aus der Höhle. Alle merken auf und scheinen bald innig gerührt. Von hier an bis zur bemerkten Pause durchaus mit vollstimmiger Musik.

PHORKYAS

Höret allerliebste Klänge,
Macht euch schnell von Fabeln frei,
Eurer Götter alt Gemenge
Laßt es hin, es ist vorbei.

Niemand will euch mehr verstehen,
Fordern wir doch höhern Zoll:
Denn es muß von Herzen gehen,
Was auf Herzen wirken soll.
sie zieht sich nach den Felsen zurück.

CHOR

Bist du fürchterliches Wesen
Diesem Schmeichelton geneigt,
Fühlen wir, als frisch genesen,
Uns zur Tränenlust erweicht.

Laß der Sonne Glanz verschwinden,
Wenn es in der Seele tagt,
Wir im eignen Herzen finden
Was die ganze Welt versagt.

HELENA, FAUST, EUPHORION *in dem oben beschriebenen Kostüm.*

EUPHORION

Hört ihr Kindeslieder singen,
Gleich ist's euer eigner Scherz;
Seht ihr mich im Takte springen,
Hüpft euch elterlich das Herz.

HELENA

Liebe, menschlich zu beglücken
Nähert sie ein edles Zwei,
Doch zu göttlichem Entzücken
Bildet sie ein köstlich Drei.

FAUST

Alles ist sodann gefunden:
Ich bin dein und du bist mein;
Und so stehen wir verbunden,
Dürft es doch nicht anders sein!

CHOR

Wohlgefallen vieler Jahre
In des Knaben mildem Schein
Sammelt sich auf diesem Paare.
O! wie rührt mich der Verein.

EUPHORION

Nun laßt mich hüpfen,
Nun laßt mich springen,
Zu allen Lüften
Hinauf zu dringen
Ist mir Begierde
Sie faßt mich schon.

FAUST

Nur mäßig! mäßig!
Nicht ins Verwegne,
Daß Sturz und Unfall
Dir nicht begegne,
Zu Grund uns richte
Der teure Sohn.

EUPHORION

Ich will nicht länger
Am Boden stocken;
Laßt meine Hände,
Laßt meine Locken,
Laßt meine Kleider,
Sie sind ja mein.

HELENA

O denk'! o denke
Wem du gehörest!
Wie es uns kränke
Wie du zerstörest
Das schön errungene
Mein, Dein und Sein.

CHOR

Bald lös't, ich fürchte,
Sich der Verein!

HELENA und FAUST

Bändige! bändige!
Eltern zu Liebe
Überlebendige,
Heftige Triebe!
Ländlich im Stillen
Ziere den Plan.

EUPHORION

Nur euch zu Willen
Halt ich mich an.

durch den Chor sich schlingend und ihn zum Tanze fortziehend

Leichter umschweb' ich hie
Muntres Geschlecht.
Ist nun die Melodie,
Ist die Bewegung recht?

HELENA

Ja, das ist wohlgetan,
Führe die Schönen an
Künstlichem Reihn.

FAUST

Wäre das doch vorbei!
Mich kann die Gaukelei
Gar nicht erfreun.

EUPHORION und CHOR *tanzend und singend bewegen sich in verschlungenem Reihen*

[CHOR]

Wenn du der Arme Paar
Lieblich bewegest,
Im Glanz dein lockig Haar
Schüttlend erregest,
Wenn dir der Fuß so leicht
Über die Erde schleicht,
Dort und da wieder hin
Glieder um Glied sich ziehn,
Hast du dein Ziel erreicht
Liebliches Kind;
All' unsre Herzen sind
All dir geneigt.

Pause

EUPHORION

Ihr seid so viele
Leichtfüßige Rehe,
Zu neuem Spiele

Frisch aus der Nähe,
Ich bin der Jäger
Ihr seid das Wild.

CHOR

Willst du uns fangen
Sei nicht behende,
Denn wir verlangen
Doch nur am Ende
Dich zu umarmen
Du schönes Bild.

EUPHORION

Nur durch die Haine!
Zu Stock und Steine!
Das leicht Errungene
Das widert mir,
Nur das Erzwungene
Ergötzt mich schier.

HELENA und FAUST

Welch ein Mutwill! welch ein Rasen!
Keine Mäßigung ist zu hoffen.
Klingt es doch wie Hörnerblasen
Über Tal und Wälder dröhnend,
Welch ein Unfug! welch Geschrei!

CHOR *Einzeln schnell eintretend*

Uns ist er vorbei gelaufen,
Mit Verachtung uns verhöhnend,
Schleppt er von dem ganzen Haufen
Nun die wildeste herbei.

EUPHORION *ein junges Mädchen hereintragend*

Schlepp' ich her die derbe Kleine
Zu erzwungenem Genusse.
Mir zur Wonne, mir zur Lust
Drück' ich widerspenstige Brust,
Küß ich widerwärtigen Mund,
Tue Kraft und Willen kund.

MÄDCHEN

Laß mich los! In dieser Hülle

Ist auch Geistes Mut und Kraft,
Deinem gleich ist unser Wille
Nicht so leicht hinweggerafft.
Glaubst du wohl mich im Gedränge?
Deinem Arm vertraust du viel!
Halte fest, und ich versenge
Dich den Toren mir zum Spiel.

sie flammt auf und lodert in die Höhe

Folge mir in leichte Lüfte,
Folge mir in starre Grüfte,
Hasche das verschwundne Ziel.

EUPHORION *die letzten Flammen abschüttelnd*

Felsengedränge hier
Zwischen dem Waldgebüsch,
Was soll die Enge mir,
Bin ich doch jung und frisch.
Winde sie sausen ja,
Wellen sie brausen da
Hör' ich doch beides fern
Nah wär ich gern.

er springt immer höher Fels auf

HELENA, FAUST und CHOR

Wolltest du den Gemsen gleichen?
Vor dem Falle muß uns graun.

EUPHORION

Immer höher muß ich steigen,
Immer weiter muß ich schaun.
Weiß ich nun wo ich bin!
Mitten der Insel drin,
Mitten in Pelops Land,
Erde- wie seeverwandt.

CHOR

Magst du nicht in Berg und Wald
Friedlich verweilen,
Suchen wir alsobald
Reben in Zeilen,
Reben am Hügelrand;

Feigen und Apfelgold.
Ach in dem holden Land
Bleibe du hold.

EUPHORION

Träumt ihr den Friedenstag?
Träume wer träumen mag.
Krieg ist das Losungswort.
Sieg! und so klingt es fort.

CHOR

Wer im Frieden
Wünschet sich Krieg zurück
Der ist geschieden
Vom Hoffnungsglück.

EUPHORION

Welche dies Land gebar
Aus Gefahr in Gefahr,
Frei, unbegrenzten Mut's,
Verschwendrisch eignen Bluts,
Den nicht zu dämpfenden
Heiligen Sinn
Alle den Kämpfenden
Bring es Gewinn!

CHOR

Seht hinauf wie hoch gestiegen!
Und erscheint uns doch nicht klein.
Wie im Harnisch, wie zum Siegen,
Wie von Erz und Stahl der Schein.

EUPHORION

Keine Wälle, keine Mauern,
Jeder nur sich selbst bewußt;
Feste Burg, um auszudauern,
Ist des Mannes eh'rne Brust.
Wollt ihr unerobert wohnen,
Leicht bewaffnet rasch ins Feld;
Frauen werden Amazonen
Und ein jedes Kind ein Held.

CHOR

Heilige Poesie,
Himmelan steige sie,
Glänze, der schönste Stern,
Fern und so weiter fern,
Und sie erreicht uns doch
Immer, man hört sie noch,
Vernimmt sie gern.

EUPHORION

Nein, nicht ein Kind bin ich erschienen,
In Waffen kommt der Jüngling an;
Gesellt zu Starken, Freien, Kühnen,
Hat er im Geiste schon getan.
Nun fort!
Nun dort
Eröffnet sich zum Ruhm die Bahn.

HELENA und FAUST

Kaum ins Leben eingerufen,
Heitrem Tag gegeben kaum,
Sehnest du von Schwindelstufen
Dich zu schmerzenvollem Raum.
Sind denn wir
Gar nichts dir?
Ist der holde Bund ein Traum?

EUPHORION

Und hört ihr donnern auf dem Meere?
Dort widerdonnern Tal um Tal,
In Staub und Wellen Heer dem Heere,
In Drang um Drang zu Schmerz und Qual.
Und der Tod
Ist Gebot,
Das versteht sich nun einmal.

HELENA, FAUST und CHOR

Welch Entsetzen! welches Grauen!
Ist der Tod denn dir Gebot?

EUPHORION

Sollt' ich aus der Ferne schauen,
Nein! ich teile Sorg' und Not.

DIE VORIGEN
Übermut und Gefahr,
Tödliches Los!

EUPHORION
Doch! – und ein Flügelpaar
Faltet sich los.
Dorthin! Ich muß! ich muß!
Gönn't mir den Flug!

er wirft sich in die Lüfte, die Gewande tragen ihn einen Augenblick, sein Haupt strahlt, ein Lichtschweif zieht nach

CHOR
Ikarus! Ikarus!
Jammer genug.

Ein schöner Jüngling stürzt zu der Eltern Füßen, man glaubt in dem Toten eine bekannte Gestalt zu erblicken; doch das Körperliche verschwindet sogleich, die Aureole steigt wie ein Komet zum Himmel auf, Kleid, Mantel und Lyra bleiben liegen.

HELENA und FAUST
Der Freude folgt sogleich
Grimmige Pein.

EUPHORIONS *Stimme aus der Tiefe*
Laß mich im düstern Reich,
Mutter, mich nicht allein!

Pause

CHOR *Trauergesang*
Nicht allein! – wo du auch weilest,
Denn wir glauben dich zu kennen,
Ach! wenn du dem Tag enteilest
Wird kein Herz von dir sich trennen.
Wüßten wir doch kaum zu klagen,
Neidend singen wir dein Los:
Dir in klar und trüben Tagen
Lied und Mut war schön und groß.

Ach! zum Erdenglück geboren,
Hoher Ahnen, großer Kraft,

Leider! früh dir selbst verloren,
Jugendblüte weggerafft.
Scharfer Blick die Welt zu schauen,
Mitsinn jedem Herzensdrang,
Liebesglut der besten Frauen
Und ein eigenster Gesang.

Doch du ranntest unaufhaltsam
Frei ins willenlose Netz,
So entzweitest du gewaltsam
Dich mit Sitte, mit Gesetz;
Doch zuletzt das höchste Sinnen
Gab dem reinen Mut Gewicht,
Wolltest Herrliches gewinnen,
Aber es gelang dir nicht.

Wem gelingt es? – Trübe Frage,
Der das Schicksal sich vermummt,
Wenn am unglückseligsten Tage
Blutend alles Volk verstummt.
Doch erfrischet neue Lieder,
Steht nicht länger tief gebeugt;
Denn der Boden zeugt sie wieder,
Wie von je er sie gezeugt.

Völlige Pause. Die Musik hört auf.

HELENA *zu Faust*
Ein altes Wort bewährt sich leider auch an mir:
Daß Glück und Schönheit dauerhaft sich nicht vereint.
Zerrissen ist des Lebens wie der Liebe Band,
Betraurend beide, sag ich schmerzlich Lebewohl!
Und werfe mich noch einmal in die Arme dir.
Persephoneia nimm den Knaben auf und mich.

Sie umarmt Faust, das Körperliche verschwindet,
Kleid und Schleier bleiben ihm in den Armen.

PHORKYAS *zu Faust*
Halte fest was dir von allem übrig blieb.
Das Kleid laß es nicht los. Da zupfen schon
Dämonen an den Zipfeln, möchten gern
Zur Unterwelt es reißen. Halte fest!
Die Göttin ist's nicht mehr die du verlorst,
Doch göttlich ist's. Bediene dich der hohen
Unschätzbar'n Gunst und hebe dich empor,
Es trägt dich über alles Gemeine rasch
Am Äther hin, so lange du dauern kannst.
Wir sehn uns wieder, weit gar weit von hier.
Helenens Gewande lösen sich in Wolken auf, umgeben Faust, heben ihn in die Höhe und ziehen mit ihm vorüber.

PHORKYAS *Nimmt Euphorions Kleid Mantel und Lyra von der Erde, tritt ins Proszenium, hebt die Exuvien in die Höhe und spricht*
Noch immer glücklich aufgefunden!
Die Flamme freilich ist verschwunden,
Doch ist mir um die Welt nicht leid.
Hier bleibt genug Poeten einzuweihen,
Zu stiften Gild- und Handwerksneid;
Und kann ich die Talente nicht verleihen,
Verborg ich wenigstens das Kleid.
sie setzt sich im Proszenium an eine Säule nieder.

PANTHALIS
Nun eilig Mädchen! Sind wir doch den Zauber los,
Der alt thessalischen Vettel wüsten Geisteszwang;
So des Geklimpers vielverworrner Töne Rausch,
Das Ohr verwirrend, schlimmer noch den innern Sinn.
Hinab zum Hades! Eilte doch die Königin
Mit ernstem Gang hinunter. Ihrer Sohle sei
Unmittelbar getreuer Mägde Schritt gefügt.
Wir finden sie am Throne der Unerforschlichen.

CHOR
Königinnen freilich überall sind sie gern;
Auch im Hades stehen sie oben an,

Stolz zu ihres Gleichen gesellt,
Mit Persephonen innigst vertraut;
Aber wir im Hintergrunde
Tiefer Asphodelos-Wiesen,
Langgestreckten Pappeln,
Unfruchtbaren Weiden zugesellt,
Welchen Zeitvertreib haben wir?
Fledermausgleich zu piepsen,
Geflüster, unerfreulich, gespenstig.

PANTHALIS

Wer keinen Namen sich erwarb, noch Edles will,
Gehört den Elementen an, so fahret hin!
Mit meiner Königin zu sein verlangt mich heiß;
Nicht nur Verdienst, auch Treue wahrt uns die Person.

ab.

ALLE

Zurückgegeben sind wir dem Tageslicht,
Zwar Personen nicht mehr,
Das fühlen, das wissen wir,
Aber zum Hades kehren wir nimmer.
Ewig lebendige Natur
Macht auf uns Geister,
Wir auf sie vollgültigen Anspruch.

EIN TEIL DES CHORS

Wir in dieser tausend Äste Flüsterzittern, Säuselschweben,
Reizen tändlend, locken leise wurzelauf des Lebens Quellen
Nach den Zweigen; bald mit Blättern, bald mit Blüten überschwenglich
Zieren wir die Flatterhaare frei zu luftigem Gedeihn.
Fällt die Frucht, sogleich versammeln lebenslustig Volk und Herden
Sich zum Greifen, sich zum Naschen, eilig kommend, emsig drängend;
Und, wie vor den ersten Göttern, bückt sich alles um uns her.

EIN ANDERER TEIL

Wir an dieser Felsenwände weithinleuchtend glattem Spiegel
Schmiegen wir, in sanften Wellen uns bewegend, schmeichelnd an;
Horchen, lauschen jedem Laute, Vogelsängen, Röhrigflöten,
Sei es Pans furchtbarer Stimme, Antwort ist sogleich bereit;
Säuselt's, säuseln wir erwidernd, donnert's, rollen unsre Donner
In erschütterndem Verdoppeln, dreifach, zehnfach hinten nach.

EIN DRITTER TEIL

Schwestern! Wir bewegtern Sinnes, eilen mit den Bächen weiter;
Denn es reizen jener Ferne reichgeschmückte Hügelzüge,
Immer abwärts, immer tiefer, wässern wir, mäandrisch wallend,
Jetzt die Wiese, dann die Matten, gleich den Garten um das Haus.
Dort bezeichnen's der Zypressen schlanke Wipfel, über Landschaft,
Uferzug und Wellenspiegel, nach dem Äther steigende.

EIN VIERTER TEIL

Wallt ihr andern wo's beliebet, wir umzingeln wir umrauschen
Den durchaus bepflanzten Hügel, wo am Stab die Rebe grünt;
Dort zu aller Tage Stunden läßt die Leidenschaft des Winzers
Uns des liebevollsten Fleißes zweifelhaft Gelingen sehn.
Bald mit Hacke, bald mit Spaten, bald mit Häufeln, Schneiden, Binden,
Betet er zu allen Göttern, fördersamst zum Sonnengott.

Bacchus kümmert sich, der Weichling, wenig um den treuen Diener,
Ruht in Lauben, lehnt in Höhlen, faselnd mit dem jüngsten Faun.
Was zu seiner Träumereien halbem Rausch er je bedurfte,
Immer bleibt es ihm in Schläuchen, ihm in Krügen und Gefäßen,
Rechts und links der kühlen Grüfte ewige Zeiten aufbewahrt.
Haben aber alle Götter, hat nun Helios vor allen,
Lüftend, feuchtend, wärmend, glutend Beeren-Füllhorn aufgehäuft,
Wo der stille Winzer wirkte, dort auf einmal wird's lebendig,
Und es rauscht in jedem Laube, raschelt um von Stock zu Stock.
Körbe knarren, Eimer klappern, Tragebutten ächzen hin,
Alles nach der großen Kufe zu der Keltrer kräftgem Tanz;
Und so wird die heilige Fülle reingeborner saftiger Beeren
Frech zertreten, schäumend, sprühend mischt sichs widerlich zerquetscht.
Und nun gellt ins Ohr der Cymbeln mit der Becken Erzgetöne,
Denn es hat sich Dionysos aus Mysterien enthüllt;
Kommt hervor mit Ziegenfüßlern, schwenkend Ziegenfüßlerinnen,
Und dazwischen schreit unbändig grell Silenus öhrig Tier.
Nichts geschont! Gespaltne Klauen treten alle Sitte nieder,
Alle Sinne wirbeln taumlich, gräßlich übertäubt das Ohr.
Nach der Schale tappen Trunkne, überfüllt sind Kopf und Wänste,

Sorglich ist noch ein und andrer, doch vermehrt er die Tumulte,
Denn um neuen Most zu bergen, leert man rasch den alten Schlauch.

Der Vorhang fällt.

PHORKYAS

Im Proszenium richtet sich riesenhaft auf, tritt aber von den Kothurnen herunter, lehnt Maske und Schleier zurück und zeigt sich als Mephistopheles, um, in so fern es nötig wäre, im Epilog das Stück zu kommentieren.

VIERTER AKT

HOCHGEBIRG

starke zackige Felsen-Gipfel,
eine Wolke zieht herbei,
lehnt sich an, senkt sich
auf eine vorstehende
Platte herab. Sie teilt sich.

FAUST *tritt hervor*
Der Einsamkeiten tiefste schauend unter meinem Fuß,
Betret' ich wohlbedächtig dieser Gipfel Saum,
Entlassend meiner Wolke Tragewerk, die mich sanft
An klaren Tagen über Land und Meer geführt.
Sie löst sich langsam, nicht zerstiebend, von mir ab.
Nach Osten strebt die Masse mit geballtem Zug,
Ihr strebt das Auge staunend in Bewundrung nach.
Sie teilt sich wandelnd, wogenhaft, veränderlich.
Doch will sich's modeln. Ja! das Auge trügt mich nicht! –
Auf sonnbeglänzten Pfühlen herrlich hingestreckt,
Zwar riesenhaft, ein göttergleiches Fraungebild,
Ich seh's! Junonen ähnlich, Leda'n, Helenen,
Wie majestätisch lieblich mir's im Auge schwankt.
Ach! schon verrückt sich's! Formlos breit und aufgetürmt,
Ruht es in Osten, fernen Eisgebirgen gleich
Und spiegelt blendend flüchtger Tage großen Sinn.

Doch mir umschwebt ein zarter lichter Nebelstreif
Noch Brust und Stirn, erheiternd, kühl und schmeichelhaft.
Nun steigt es leicht und zaudernd hoch und höher auf,
Fügt sich zusammen. – Täuscht mich ein entzückend Bild,
Als jugenderstes, längstentbehrtes höchstes Gut?

Des tiefsten Herzens frühste Schätze quollen auf,
Aurorens Liebe, leichten Schwung bezeichnet's mir,
Den schnellempfundnen, ersten, kaum verstandnen Blick,
Der, festgehalten, überglänzte jeden Schatz.
Wie Seelenschönheit steigert sich die holde Form,
Löst sich nicht auf, erhebt sich in den Äther hin,
Und zieht das Beste meines Innern mit sich fort.

EIN SIEBEN-MEILENSTIEFEL *tappt auf*
ein ANDERER folgt alsbald.
MEPHISTOPHELES *steigt ab*
die STIEFEL schreiten eilig weiter.

MEPHISTOPHELES
Das heiß ich endlich vorgeschritten!
Nun aber sag, was fällt dir ein?
Steigst ab in solcher Gräuel Mitten,
Im gräßlich gähnenden Gestein?
Ich kenn es wohl, doch nicht an dieser Stelle,
Denn eigentlich war das der Grund der Hölle.

FAUST
Es fehlt dir nie an närrischen Legenden,
Fängst wieder an dergleichen auszuspenden.

MEPHISTOPHELES *ernsthaft*
Als Gott der Herr – Ich weiß auch wohl warum –
Uns, aus der Luft, in tiefste Tiefen bannte,
Da, wo zentralisch glühend, um und um,
Ein ewig Feuer flammend sich durchbrannte,
Wir fanden uns bei allzugroßer Hellung,
In sehr gedrängter unbequemer Stellung.
Die Teufel fingen sämtlich an zu husten,
Von oben und von unten aus zu pusten;
Die Hölle schwoll von Schwefel-Stank und Säure,
Das gab ein Gas! Das ging ins Ungeheure,
So daß gar bald der Länder flache Kruste,
So dick sie war, zerkrachend bersten mußte.
Nun haben wir's an einem andern Zipfel,
Was ehmals Grund war ist nun Gipfel.

Sie gründen auch hierauf die rechten Lehren
Das Unterste ins Oberste zu kehren.
Denn wir entrannen knechtisch-heißer Gruft,
Ins Übermaß der Herrschaft freier Luft.
Ein offenbar Geheimnis wohlverwahrt
Und wird nur spät den Völkern offenbart. (EPHES. 6. 12)

FAUST

Gebirgesmasse bleibt mir edel-stumm,
Ich frage nicht woher und nicht warum?
Als die Natur sich in sich selbst gegründet,
Da hat sie rein den Erdball abgeründet.
Der Gipfel sich, der Schluchten sich erfreut,
Und Fels an Fels und Berg an Berg gereiht;
Die Hügel dann bequem hinabgebildet,
Mit sanftem Zug sie in das Tal gemildet.
Da grünts und wächst's, und um sich zu erfreuen
Bedarf sie nicht der tollen Strudeleien.

MEPHISTOPHELES

Das sprecht ihr so! Das scheint euch sonnenklar.
Doch weiß es anders der zugegen war.
Ich war dabei, als noch da drunten, siedend,
Der Abgrund schwoll und strömend Flammen trug,
Als Molochs Hammer, Fels an Felsen schmiedend,
Gebirges-Trümmer in die Ferne schlug.
Noch starrt das Land von fremden Zentnermassen;
Wer gibt Erklärung solcher Schleudermacht?
Der Philosoph er weiß es nicht zu fassen,
Da liegt der Fels, man muß ihn liegen lassen,
Zu Schanden haben wir uns schon gedacht. –
Das treu-gemeine Volk allein begreift
Und läßt sich im Begriff nicht stören;
Ihm ist die Weisheit längst gereift:
Ein Wunder ist's, der Satan kommt zu Ehren.
Mein Wandrer hinkt, an seiner Glaubenskrücke,
Zum Teufelsstein, zur Teufelsbrücke.

FAUST

Es ist doch auch bemerkenswert zu achten,
Zu sehn wie Teufel die Natur betrachten.

MEPHISTOPHELES
Was geht michs an! Natur sei wie sie sei!
's ist Ehrenpunkt! – der Teufel war dabei.
Wir sind die Leute Großes zu erreichen:
Tumult, Gewalt und Unsinn! sieh das Zeichen! –
Doch, daß ich endlich ganz verständlich spreche,
Gefiel Dir nichts an unsrer Oberfläche?
Du übersahst, in ungemeßnen Weiten,
Die Reiche der Welt und ihre Herrlichkeiten; (MATTH. 4)
Doch, ungenügsam wie du bist,
Empfandest du wohl kein Gelüst?

FAUST
Und doch! ein Großes zog mich an.
Errate!

MEPHISTOPHELES
Das ist bald getan.
Ich suchte mir so eine Hauptstadt aus,
Im Kerne Bürger-Nahrungs-Graus,
Krummenge Gäßchen, spitze Giebeln,
Beschränkten Markt, Kohl, Rüben, Zwiebeln;
Fleischbänke wo die Schmeißen hausen
Die fetten Braten anzuschmausen;
Da findest du zu jeder Zeit
Gewiß Gestank und Tätigkeit.
Dann weite Plätze, breite Straßen,
Vornehmen Schein sich anzumaßen;
Und endlich, wo kein Tor beschränkt,
Vorstädte grenzenlos verlängt.
Da freut ich mich an Rollekutschen,
Am lärmigen Hin- und Widerrutschen,
Am ewigen Hin- und Widerlaufen,
Zerstreuter Ameis-Wimmelhaufen.
Und, wenn ich führe, wenn ich ritte,
Erschien ich immer ihre Mitte
Von Hunderttausenden verehrt.

FAUST
Das kann mich nicht zufrieden stellen!

Man freut sich daß das Volk sich mehrt,
Nach seiner Art behäglich nährt,
Sogar sich bildet sich belehrt,
Und man erzieht sich nur Rebellen.

MEPHISTOPHELES

Dann baut ich, grandios, mir selbst bewußt,
Am lustigen Ort ein Schloß zur Lust.
Wald, Hügel, Flächen, Wiesen, Feld
Zum Garten prächtig umbestellt.
Vor grünen Wänden Sammet-Matten,
Schnurwege, kunstgerechte Schatten,
Kaskadensturz, durch Fels zu Fels gepaart,
Und Wasserstrahlen aller Art;
Ehrwürdig steigt es dort, doch an den Seiten,
Da zischt's und pißts, in tausend Kleinigkeiten.
Dann aber ließ ich allerschönsten Frauen
Vertraut-bequeme Häuslein bauen;
Verbrächte da grenzenlose Zeit
In allerliebst-geselliger Einsamkeit.
Ich sage Fraun; denn, ein für allemal,
Denk ich die Schönen im Plural.

FAUST

Schlecht und modern! Sardanapal!

MEPHISTOPHELES

Errät man wohl wornach du strebtest?
Es war gewiß erhaben kühn.
Der du dem Mond um so viel näher schwebtest,
Dich zog wohl Deine Sucht dahin?

FAUST

Mit nichten! Dieser Erdenkreis
Gewährt noch Raum zu großen Taten.
Erstaunenswürdiges soll geraten,
Ich fühle Kraft zu kühnem Fleiß.

MEPHISTOPHELES

Und also willst du Ruhm verdienen?
Man merkt's du kommst von Heroinen.

FAUST
Herrschaft gewinn ich, Eigentum!
Die Tat ist alles, nichts der Ruhm.
MEPHISTOPHELES
Doch werden sich Poeten finden,
Der Nachwelt deinen Glanz zu künden,
Durch Torheit Torheit zu entzünden.
FAUST
Von allem ist dir nichts gewährt.
Was weißt du was der Mensch begehrt?
Dein widrig Wesen, bitter, scharf,
Was weiß es was der Mensch bedarf.
MEPHISTOPHELES
Geschehe denn nach Deinem Willen!
Vertraue mir den Umfang deiner Grillen.
FAUST
Mein Auge war aufs hohe Meer gezogen,
Es schwoll empor, sich in sich selbst zu türmen.
Dann ließ es nach und schüttete die Wogen,
Des flachen Ufers Breite zu bestürmen.
Und das verdroß mich. Wie der Übermut
Den freien Geist, der alle Rechte schätzt,
Durch leidenschaftlich aufgeregtes Blut
Ins Mißbehagen des Gefühls versetzt.
Ich hielt's für Zufall, schärfte meinen Blick,
Die Woge stand und rollte dann zurück,
Entfernte sich vom stolz erreichten Ziel;
Die Stunde kommt, sie wiederholt das Spiel.
MEPHISTOPHELES AD SPECTATORES
Da ist für mich nichts Neues zu erfahren,
Das kenn ich schon seit hunderttausend Jahren.
FAUST *leidenschaftlich fortfahrend*
Sie schleicht heran, an abertausend Enden
Unfruchtbar selbst Unfruchtbarkeit zu spenden,
Nun schwillt's und wächst und rollt und überzieht
Der wüsten Strecke widerlich Gebiet.
Da herrschet Well auf Welle kraftbegeistet,

Zieht sich zurück und es ist nichts geleistet.
Was zur Verzweiflung mich beängstigen könnte,
Zwecklose Kraft, unbändiger Elemente!
Da wagt mein Geist sich selbst zu überfliegen,
Hier möcht' ich kämpfen, dies möcht ich besiegen.

Und es ist möglich, flutend wie sie sei,
An jedem Hügel schmiegt sie sich vorbei;
Sie mag sich noch so übermütig regen,
Geringe Höhe ragt ihr stolz entgegen,
Geringe Tiefe zieht sie mächtig an.
Da faßt ich schnell im Geiste Plan auf Plan:
Erlange dir das köstliche Genießen
Das herrische Meer vom Ufer auszuschließen,
Der feuchten Breite Grenzen zu verengen
Und, weit hinein, sie in sich selbst zu drängen.
Schon Schritt für Schritt wußt ich mirs zu erörtern;
Das ist mein Wunsch, den wage zu befördern.

Trommeln und kriegerische Musik im Rücken der Zuschauer, aus der Ferne, von der rechten Seite her.

MEPHISTOPHELES
Wie leicht ist das! Hörst du die Trommeln fern?
FAUST
Schon wieder Krieg! der Kluge hörts nicht gern.
MEPHISTOPHELES
Krieg oder Frieden. Klug ist das Bemühen
Zu seinem Vorteil etwas auszuziehen.
Man paßt, man merkt auf jedes günstige Nu.
Gelegenheit ist da, nun, Fauste greife zu.
FAUST
Mit solchem Rätselkram verschone mich!
Und kurz und gut, was solls? Erkläre dich.
MEPHISTOPHELES
Auf meinem Zuge blieb mir nicht verborgen
Der gute Kaiser schwebt in großen Sorgen,
Du kennst ihn ja. Als wir ihn unterhielten,

Ihm falschen Reichtum in die Hände spielten,
Da war die ganze Welt ihm feil.
Denn jung ward ihm der Thron zu Teil,
Und ihm beliebt' es falsch zu schließen:
Es könne wohl zusammengehn,
Und sei recht wünschenswert und schön,
Regieren und zugleich genießen.

FAUST

Ein großer Irrtum. Wer befehlen soll,
Muß im Befehlen Seligkeit empfinden.
Ihm ist die Brust von hohem Willen voll,
Doch was er will, es darfs kein Mensch ergründen.
Was er den Treusten in das Ohr geraunt,
Es ist getan und alle Welt erstaunt.
So wird er stets der Allerhöchste sein,
Der Würdigste –, Genießen macht gemein.

MEPHISTOPHELES

So ist er nicht! Er selbst genoß und wie!
Indes zerfiel das Reich in Anarchie,
Wo groß und klein sich kreuz und quer befehdeten,
Und Brüder sich vertrieben, töteten.
Burg gegen Burg, Stadt gegen Stadt,
Zunft gegen Adel – Fehde hat,
Der Bischof mit Kapitel und Gemeinde;
Was sich nur ansah waren Feinde.
In Kirchen Mord und Totschlag, vor den Toren
Ist jeder Kauf- und Wandersmann verloren.
Und allen wuchs die Kühnheit nicht gering;
Denn leben hieß sich wehren – Nun das ging.

FAUST

Es ging, es hinkte, fiel, stand wieder auf;
Dann überschlug sich's, rollte plump zu Hauf.

MEPHISTOPHELES

Und solchen Zustand durfte niemand schelten,
Ein jeder konnte, jeder wollte gelten.
Der Kleinste selbst er galt für voll.
Doch war's zuletzt den Besten allzutoll.

Die Tüchtigen sie standen auf mit Kraft
Und sagten: Herr ist der uns Ruhe schafft.
Der Kaiser kanns nicht, wills nicht – laßt uns wählen,
Den neuen Kaiser neu das Reich beseelen,
Indem er jeden sicher stellt,
In einer frisch geschaffnen Welt
Fried' und Gerechtigkeit vermählen.

FAUST
Das klingt sehr pfäffisch.

MEPHISTOPHELES
Pfaffen warens auch,
Sie sicherten den wohlgenährten Bauch.
Sie waren mehr als andere beteiligt.
Der Aufruhr schwoll, der Aufruhr ward geheiligt;
Und unser Kaiser, den wir froh gemacht,
Zieht sich hieher, vielleicht zur letzten Schlacht.

FAUST
Er jammert mich, er war so gut und offen.

MEPHISTOPHELES
Komm, sehn wir zu, der Lebende soll hoffen.
Befrein wir ihn aus diesem engen Tale!
Einmal gerettet ist's für tausendmale.
Wer weiß wie noch die Würfel fallen?
Und hat er Glück so hat er auch Vasallen.

sie steigen über das Mittelgebirg herüber und beschauen die Anordnung des Heeres im Tal. Trommeln und Kriegsmusik schallt von unten auf.

MEPHISTOPHELES
Die Stellung, seh ich, gut ist sie genommen,
Wir treten zu, dann ist der Sieg vollkommen.

FAUST
Was kann da zu erwarten sein?
Trug! Zauberblendwerk! Hohler Schein.

MEPHISTOPHELES
Kriegslist um Schlachten zu gewinnen!
Befestige dich bei großen Sinnen,

Indem du deinen Zweck bedenkst.
Erhalten wir dem Kaiser Thron und Lande,
So kniest du nieder und empfängst
Die Lehn von grenzenlosem Strande.

FAUST

Schon manches hast du durchgemacht,
Nun, so gewinn' auch eine Schlacht.

MEPHISTOPHELES

Nein, Du gewinnst sie! diesesmal
Bist du der Obergeneral.

FAUST

Das wäre mir die rechte Höhe
Da zu befehlen wo ich nichts verstehe.

MEPHISTOPHELES

Laß du den Generalstab sorgen
Und der Feldmarschall ist geborgen.
Kriegsunrat hab ich längst verspürt,
Den Kriegsrat gleich voraus formiert,
Aus Urgebirgs Urmenschenkraft;
Wohl dem der sie zusammenrafft.

FAUST

Was seh ich dort was Waffen trägt?
Hast du das Bergvolk aufgeregt?

MEPHISTOPHELES

Nein! aber, gleich Herrn Peter Squenz,
Vom ganzen Praß die Quintessenz.

DIE DREI GEWALTIGEN *treten auf.*
SAM. II. 23. 8.

MEPHISTOPHELES

Da kommen meine Bursche ja!
Du siehst, von sehr verschiedenen Jahren,
Verschiednem Kleid und Rüstung sind sie da,
Du wirst nicht schlecht mit ihnen fahren.

AD SPECTATORES

Es liebt sich jetzt ein jedes Kind
Den Harnisch und den Ritterkragen;

Und, allegorisch wie die Lumpe sind,
Sie werden nur um desto mehr behagen.

RAUFEBOLD *jung, leicht bewaffnet, bunt gekleidet*

Wenn einer mir ins Auge sieht
Werd ich ihm mit der Faust gleich in die Fresse fahren,
Und eine Memme wenn sie flieht
Faß ich bei ihren letzten Haaren.

HABEBALD *männlich, wohl bewaffnet, reich gekleidet*

So leere Händel das sind Possen,
Damit verdirbt man seinen Tag;
Im Nehmen sei nur unverdrossen,
Nach allem andern frag hernach.

HALTEFEST *bejahrt, stark bewaffnet, ohne Gewand*

Damit ist auch nicht viel gewonnen,
Bald ist ein großes Gut zerronnen,
Es rauscht im Lebensstrom hinab.
Zwar nehmen ist recht gut doch besser ists behalten;
Laß du den grauen Kerl nur walten
Und niemand nimmt dir etwas ab.

sie steigen allzusammen tiefer.

AUF DEM VORGEBIRG

Trommeln und kriegerische Musik von unten.
Des Kaisers Zelt wird aufgeschlagen.

KAISER. OBERGENERAL. TRABANTEN

OBERGENERAL
Noch immer scheint der Vorsatz wohl erwogen
Daß wir, in dies gelegene Tal,
Das ganze Heer gedrängt zurückgezogen,
Ich hoffe fest uns glückt die Wahl.
KAISER
Wie es nun geht, es muß sich zeigen;
Doch mich verdrießt die halbe Flucht, das Weichen.
OBERGENERAL
Schau hier, mein Fürst, auf unsre rechte Flanke.
Solch ein Terrain wünscht sich der Kriegsgedanke;
Nicht steil die Hügel, doch nicht allzu gänglich,
Den Unsern vorteilhaft, dem Feind verfänglich.
Wir, halb versteckt, auf wellenförmigem Plan;
Die Reiterei sie wagt sich nicht heran.
KAISER
Mir bleibt nichts übrig als zu loben;
Hier kann sich Arm und Brust erproben.
OBERGENERAL
Hier, auf der Mittelwiese flachen Räumlichkeiten,
Siehst Du den Phalanx, wohlgemut zu streiten.
Die Piken blinken flimmernd in der Luft,
Im Sonnenglanz, durch Morgennebelduft.
Wie dunkel wogt das mächtige Quadrat!
Zu Tausenden glühts hier auf große Tat.
Du kannst daran der Masse Kraft erkennen,
Ich trau ihr zu der Feinde Kraft zu trennen.

KAISER
Den schönen Blick hab' ich zum ersten Mal.
Ein solches Heer gilt für die Doppelzahl.

OBERGENERAL
Von unsrer Linken hab ich nichts zu melden,
Den starren Fels besetzen wackere Helden.
Das Steingeklipp, das jetzt von Waffen blitzt,
Den wichtigen Paß der engen Klause schützt.
Ich ahne schon hier scheitern Feindeskräfte
Unvorgesehn im blutigen Geschäfte.

KAISER
Dort ziehn sie her die falschen Anverwandten,
Wie sie mich Oheim, Vetter, Bruder nannten,
Sich immer mehr und wieder mehr erlaubten,
Dem Zepter Kraft, dem Thron Verehrung raubten;
Dann, unter sich entzweit, das Reich verheerten,
Und nun gesamt sich gegen mich empörten.
Die Menge schwankt im ungewissen Geist,
Dann strömt sie nach wohin der Strom sie reißt.

OBERGENERAL
Ein treuer Mann, auf Kundschaft ausgeschickt,
Kommt eilig Felsenab; seis ihm geglückt!

ERSTER KUNDSCHAFTER
Glücklich ist sie uns gelungen,
Listig, mutig unsre Kunst,
Daß wir hin und her gedrungen;
Doch wir bringen wenig Gunst.
Viele schwören reine Huldigung
Dir, wie manche treue Schar,
Doch Untätigkeits-Entschuldigung:
Innere Gärung, Volksgefahr.

KAISER
Sich selbst erhalten bleibt der Selbstsucht Lehre,
Nicht Dankbarkeit und Neigung, Pflicht und Ehre.
Bedenkt ihr nicht, wenn eure Rechnung voll,
Daß Nachbars Hausbrand Euch verzehren soll.

OBERGENERAL
Der Zweite kommt, nur langsam steigt er nieder,
Dem müden Manne zittern alle Glieder.

ZWEITER KUNDSCHAFTER
Erst gewahrten wir vergnüglich
Wilden Wesens irren Lauf;
Unerwartet, unverzüglich
Trat ein neuer Kaiser auf.
Und auf vorgeschriebenen Bahnen
Zieht die Menge durch die Flur;
Den entrollten Lügenfahnen
Folgen alle. – Schafsnatur!

KAISER
Ein Gegenkaiser kommt mir zum Gewinn,
Nun fühl ich erst daß Ich der Kaiser bin.
Nur als Soldat legt ich den Harnisch an,
Zu höherem Zweck ist er nun umgetan.
Bei jedem Fest, wenns noch so glänzend war,
Nichts ward vermißt, mir fehlte die Gefahr.
Wie ihr auch seid zum Ringspiel rietet ihr,
Mir schlug das Herz ich atmete Turnier.
Und hättet ihr mir nicht vom Kriegen abgeraten,
Jetzt glänzt' ich schon in lichten Heldentaten.
Selbstständig fühlt ich meine Brust besiegelt,
Als ich mich dort im Feuerreich bespiegelt,
Das Element drang gräßlich auf mich los,
Es war nur Schein, allein der Schein war groß.
Von Sieg und Ruhm hab ich verwirrt geträumt,
Ich bringe nach was frevelhaft versäumt.

Die Herolde werden abgefertigt
zu Herausforderung des Gegenkaisers.

FAUST, geharnischt mit halbgeschloßnem Helme,
DIE DREI GEWALTIGEN, gerüstet und gekleidet wie oben.

FAUST
Wir treten auf, und hoffen ungescholten;
Auch ohne Not hat Vorsicht wohl gegolten.

Du weißt das Bergvolk denkt und simuliert,
Ist in Natur- und Felsenschrift studiert.
Die Geister, längst dem flachen Land entzogen,
Sind mehr als sonst dem Felsgebirg gewogen.
Sie wirken still durch labyrinthische Klüfte,
Im edlen Gas metallisch reicher Düfte;
In stetem Sondern, Prüfen und Verbinden,
Ihr einziger Trieb ist Neues zu erfinden.
Mit leisem Finger geistiger Gewalten
Erbauen sie durchsichtige Gestalten;
Dann im Kristall und seiner ewigen Schweignis
Erblicken sie der Oberwelt Ereignis.

KAISER

Vernommen hab ich's und ich glaube Dir;
Doch, wackrer Mann, sag an: was soll das hier?

FAUST

Der Negromant von Norcia, der Sabiner,
Ist dein getreuer ehrenhafter Diener.
Welch gräulich Schicksal droht' ihm ungeheuer,
Das Reisig prasselte, schon züngelte das Feuer;
Die trocknen Scheite, rings umher verschränkt,
Mit Pech und Schwefelruten untermengt,
Nicht Mensch, noch Gott, noch Teufel konnte retten,
Die Majestät zersprengte glühende Ketten.
Dort war's in Rom. Er bleibt dir hoch verpflichtet,
Auf deinen Gang in Sorge stets gerichtet.
Von jener Stund' an ganz vergaß er sich,
Er fragt den Stern, die Tiefe nur für Dich.
Er trug uns auf, als eiligstes Geschäfte,
Bei dir zu stehn. Groß sind des Berges Kräfte;
Da wirkt Natur so übermächtig frei,
Der Pfaffen Stumpfsinn schilt es Zauberei.

KAISER

Am Freudentag wenn wir die Gäste grüßen,
Die heiter kommen, heiter zu genießen,
Da freut uns jeder wie er schiebt und drängt,
Und, Mann für Mann, der Säle Raum verengt.

Doch höchst willkommen muß der Biedre sein,
Tritt er als Beistand kräftig zu uns ein,
Zur Morgenstunde, die bedenklich waltet,
Weil über ihr des Schicksals Waage schaltet.
Doch lenket hier, im hohen Augenblick,
Die starke Hand vom willigen Schwert zurück.
Ehrt den Moment, wo manche tausend schreiten,
Für oder wider mich zu streiten.
Selbst ist der Mann! Wer Thron und Kron begehrt
Persönlich sei er solcher Ehren wert.
Sei das Gespenst, das gegen uns erstanden
Sich Kaiser nennt und Herr von unsern Landen,
Des Heeres Herzog, Lehnsherr unsrer Großen,
Mit eigner Faust in's Totenreich gestoßen.

FAUST

Wie es auch sei das Große zu vollenden,
Du tust nicht wohl dein Haupt so zu verpfänden.
Ist nicht der Helm mit Kamm und Busch geschmückt,
Er schützt das Haupt das unsern Mut entzückt.
Was, ohne Haupt, was förderten die Glieder?
Denn schläfert jenes, alle sinken nieder;
Wird es verletzt, gleich alle sind verwundet,
Erstehen frisch, wenn jenes rasch gesundet.
Schnell weiß der Arm sein starkes Recht zu nützen,
Er hebt den Schild den Schädel zu beschützen,
Das Schwert gewahret seiner Pflicht sogleich,
Lenkt kräftig ab und wiederholt den Streich;
Der tüchtige Fuß nimmt Teil an ihrem Glück,
Setzt dem Erschlagenen frisch sich ins Genick.

KAISER

Das ist mein Zorn, so möcht ich ihn behandeln,
Das stolze Haupt in Schemeltritt verwandeln.

HEROLDE *kommen zurück*

Wenig Ehre wenig Geltung
Haben wir daselbst genossen,
Unsrer kräftig edlen Meldung
Lachten sie als schaler Possen:

»Euer Kaiser ist verschollen,
Echo dort im engen Tal;
Wenn wir sein gedenken sollen,
Märchen sagt: – Es war einmal.«

FAUST
Dem Wunsch gemäß der Besten ists geschehn,
Die, fest und treu, an Deiner Seite stehn.
Dort naht der Feind, die Deinen harren brünstig,
Befiehl den Angriff, der Moment ist günstig.

KAISER
Auf das Kommando leist ich hier Verzicht.
zum Oberfeldherrn
In Deinen Händen, Fürst, sei Deine Pflicht.

OBERGENERAL
So trete denn der rechte Flügel an!
Des Feindes Linke, eben jetzt im Steigen,
Soll, eh sie noch den letzten Schritt getan,
Der Jugendkraft geprüfter Treue weichen.

FAUST
Erlaube denn daß dieser muntre Held
Sich ungesäumt in Deine Reihen stellt,
Sich Deinen Reihen innigst einverleibt,
Und, so gesellt, sein kräftig Wesen treibt.
er deutet zur Rechten.

RAUFEBOLD *tritt vor*
Wer das Gesicht mir zeigt der kehrts nicht ab
Als mit zerschlagnen Unter- und Oberbacken,
Wer mir den Rücken kehrt, gleich liegt ihm schlapp
Hals, Kopf und Schopf hinschlotternd graß im Nacken.
Und schlagen Deine Männer dann
Mit Schwert und Kolben wie ich wüte,
So stürzt der Feind, Mann über Mann,
Ersäuft im eigenen Geblüte.
ab.

OBERFELDHERR
Der Phalanx unsrer Mitte folge sacht,
Dem Feind begegn' er, klug mit aller Macht,

Ein wenig rechts, dort hat bereits, erbittert,
Der Unseren Streitkraft ihren Plan erschüttert.

FAUST *auf den Mittelsten deutend*
So folge denn auch dieser Deinem Wort.
[Er ist behend, reißt alles mit sich fort.]

HABEBALD *Tritt hervor*
Dem Heldenmut der Kaiserscharen
Soll sich der Durst nach Beute paaren;
Und allen sei das Ziel gestellt:
Des Gegenkaisers reiches Zelt.
Er prahlt nicht lang auf seinem Sitze,
Ich ordne mich dem Phalanx an die Spitze.

EILEBEUTE *Marketenderin, sich an ihn anschmiegend*
Bin ich auch ihm nicht angeweibt,
Er mir der liebste Buhle bleibt.
Für uns ist solch ein Herbst gereift!
Die Frau ist grimmig wenn sie greift,
Ist ohne Schonung wenn sie raubt;
Im Sieg voran! und alles ist erlaubt.

beide ab.

OBERFELDHERR
Auf unsre Linke, wie vorauszusehn,
Stürzt ihre Rechte, kräftig. Widerstehn
Wird Mann für Mann dem wütenden Beginnen
Den engen Paß des Felswegs zu gewinnen.

FAUST *winkt nach der Linken*
So bitte Herr auch diesen zu bemerken,
Es schadet nichts wenn Starke sich verstärken.

HALTEFEST *tritt vor*
Dem linken Flügel keine Sorgen!
Da wo ich bin ist der Besitz geborgen,
In ihm bewähret sich der Alte,
Kein Strahlblitz spaltet was ich halte.

ab.

MEPHISTOPHELES *von oben herunter kommend*
Nun schauet wie im Hintergrunde,
Aus jedem zackigen Felsenschlunde,

Bewaffnete hervor sich drängen,
Die schmalen Pfade zu verengen.
Mit Helm und Harnisch, Schwertern, Schilden,
In unserm Rücken eine Mauer bilden,
Den Wink erwartend zuzuschlagen.

leise zu den Wissenden

Woher das kommt müßt ihr nicht fragen.
Ich habe freilich nicht gesäumt
Die Waffensäle ringsum ausgeräumt;
Da standen sie zu Fuß zu Pferde,
Als wären sie noch Herrn der Erde,
Sonst waren's Ritter, König, Kaiser,
Jetzt sind es nichts als leere Schneckenhäuser.
Gar manch Gespenst hat sich darein geputzt,
Das Mittelalter lebhaft aufgestutzt.
Welch Teufelchen auch drinne steckt,
Für diesmal macht es doch Effekt.

laut

Hört wie sie sich voraus erbosen,
Blechklappernd aneinander stoßen!
Auch flattern Fahnenfetzen bei Standarten,
Die frischer Lüftchen ungeduldig harrten.
Bedenkt, hier ist ein altes Volk bereit
Und mischte gern sich auch zum neuen Streit.

furchtbarer Posaunenschall von oben, im feindlichen Heere merkliche Schwankung

FAUST

Der Horizont hat sich verdunkelt,
Nur hie und da bedeutend funkelt
Ein roter ahnungsvoller Schein;
Schon blutig blinken die Gewehre,
Der Fels, der Wald, die Atmosphäre,
Der ganze Himmel mischt sich ein.

MEPHISTOPHELES

Die rechte Flanke hält sich kräftig;
Doch seh ich, ragend unter diesen,

Hans Raufbold, den behenden Riesen,
Auf seine Weise rasch beschäftigt.

KAISER

Erst sah ich Einen Arm erhoben,
Jetzt seh ich schon ein Dutzend toben,
Naturgemäß geschieht es nicht.

FAUST

Vernahmst du nichts von Nebelstreifen
Die auf Siziliens Küsten schweifen?
Dort, schwankend klar, im Tageslicht,
Erhoben zu den Mittellüften,
Gespiegelt in besondern Düften,
Erscheint ein seltsames Gesicht.
Da schwanken Städte hin und wider,
Da steigen Gärten auf und nieder,
Wie Bild um Bild den Äther bricht.

KAISER

Doch wie bedenklich! Alle Spitzen
Der hohen Speere seh ich blitzen;
Auf unsrer Phalanx blanken Lanzen
Seh ich behende Flämmchen tanzen.
Das scheint mir gar zu geisterhaft.

FAUST

Verzeih, o Herr, das sind die Spuren
Verschollner geistiger Naturen,
Ein Widerschein der Dioskuren,
Bei denen alle Schiffer schwuren,
Sie sammeln hier die letzte Kraft.

KAISER

Doch sage wem sind wir verpflichtet
Daß die Natur, auf uns gerichtet,
Das Seltenste zusammenrafft?

MEPHISTOPHELES

Wem als dem Meister, jenem hohen,
Der dein Geschick im Busen trägt?
Durch deiner Feinde starkes Drohen
Ist er im Tiefsten aufgeregt.

Sein Dank will dich gerettet sehen,
Und sollt er selbst daran vergehen.

KAISER

Sie jubelten mich pomphaft umzuführen,
Ich war nun was, das wollt ich auch probieren,
Und fands gelegen, ohne viel zu denken,
Dem weißen Barte kühle Luft zu schenken.
Dem Klerus hab ich eine Lust verdorben,
Und ihre Gunst mir freilich nicht erworben.
Nun sollt ich seit so manchen Jahren
Die Wirkung frohen Tuns erfahren?

FAUST

Freiherzige Wohltat wuchert reich;
Laß deinen Blick sich aufwärts wenden!
Mich deucht Er will ein Zeichen senden,
Gib acht, es deutet sich sogleich.

KAISER

Ein Adler schwebt im Himmelhohen,
Ein Greif ihm nach mit wildem Drohen.

FAUST

Gib acht: gar günstig scheint es mir.
Greif ist ein fabelhaftes Tier;
Wie kann er sich so weit vergessen,
Mit echtem Adler sich zu messen?

KAISER

Nunmehr, in weitgedehnten Kreisen,
Umziehn sie sich; – in gleichem Nu,
Sie fahren aufeinander zu
Sich Brust und Hälse zu zerreißen.

FAUST

Nun merke wie der leidige Greif,
Zerzerrt, zerzaust nur Schaden findet,
Und, mit gesenktem Löwenschweif,
Zum Gipfelwald gestürzt, verschwindet.

KAISER

Seis, wie gedeutet, so getan!
Ich nehm es mit Verwundrung an.

MEPHISTOPHELES *gegen die Rechte*
Dringend wiederholten Streichen
Müssen unsre Feinde weichen,
Und, mit ungewissem Fechten,
Drängen sie nach ihrer Rechten
Und verwirren so im Streite
Ihrer Hauptmacht linke Seite.
Unsers Phalanx feste Spitze
Zieht sich rechts, und gleich dem Blitze
Fährt sie in die schwache Stelle. –
Nun, wie sturmerregte Welle,
Sprühend, wüten gleiche Mächte,
Wild in doppeltem Gefechte,
Herrlichers ist nichts ersonnen
Uns ist diese Schlacht gewonnen.

KAISER *an der linken Seite zu Faust*
Schau! Mir scheint es dort bedenklich,
Unser Posten steht verfänglich.
Keine Steine seh ich fliegen,
Niedre Felsen sind erstiegen,
Obre stehen schon verlassen.
Jetzt! – Der Feind, zu ganzen Massen
Immer näher angedrungen,
Hat vielleicht den Paß errungen.
Schlußerfolg unheiligen Strebens!
Eure Künste sind vergebens.

Pause

MEPHISTOPHELES
Da kommen meine beiden Raben,
Was mögen die für Botschaft haben?
Ich fürchte gar es geht uns schlecht.

KAISER
Was sollen diese leidigen Vögel?
Sie richten ihre schwarzen Segel
Hierher vom heißen Felsgefecht.

MEPHISTOPHELES *zu den Raben*
Setzt euch ganz nah zu meinen Ohren.

Wen ihr beschützt ist nicht verloren,
Denn euer Rat ist folgerecht.

FAUST *zum Kaiser*
Von Tauben hast du ja vernommen,
Die aus den fernsten Landen kommen,
Zu ihres Nestes Brut und Kost.
Hier ist's, mit wichtigen Unterschieden:
Die Taubenpost bedient den Frieden,
Der Krieg befiehlt die Rabenpost.

MEPHISTOPHELES
Es meldet sich ein schwer Verhängnis,
Seht hin! gewahret die Bedrängnis
Um unsrer Helden Felsenrand.
Die nächsten Höhen sind erstiegen,
Und würden sie den Paß besiegen,
Wir hätten einen schweren Stand.

KAISER
So bin ich endlich doch betrogen!
Ihr habt mich in das Netz gezogen,
Mir graut seitdem es mich umstrickt.

MEPHISTOPHELES
Nur Mut! Noch ist es nicht mißglückt.
Geduld und Pfiff zum letzten Knoten;
Gewöhnlich gehts am Ende scharf.
Ich habe meine sichern Boten,
Befehlt daß ich befehlen darf.

OBERGENERAL *der indessen herangekommen*
Mit diesen hast du dich vereinigt,
Mich hat's die ganze Zeit gepeinigt,
Das Gaukeln schafft kein festes Glück.
Ich weiß nichts an der Schlacht zu wenden,
Begannen sie's, sie mögen's enden,
Ich gebe meinen Stab zurück.

KAISER
Behalt ihn bis zu bessern Stunden,
Die uns vielleicht das Glück verleiht.
Mir schaudert vor dem garstigen Kunden,

Und seiner Rabentraulichkeit.

zu Mephistopheles

Den Stab kann ich dir nicht verleihen,
Du scheinst mir nicht der rechte Mann,
Befiehl, und such uns zu befreien;
Geschehe, was geschehen kann.

ab ins Zelt mit dem Obergeneral.

MEPHISTOPHELES

Mag ihn der stumpfe Stab beschützen!
Uns andern könnt er wenig nützen,
Es war so was vom Kreuz daran.

FAUST

Was ist zu tun.

MEPHISTOPHELES

Es ist getan! –
Nun schwarze Vettern, rasch im Dienen,
Zum großen Bergsee! grüßt mir die Undinen,
Und bittet sie um ihrer Fluten Schein.
Durch Weiberkünste, schwer zu kennen,
Verstehen sie vom Sein den Schein zu trennen,
Und jeder schwört das sei das Sein.

Pause

FAUST

Den Wasserfräulein müssen unsre Raben
Recht aus dem Grund geschmeichelt haben,
Dort fängt es schon zu rieseln an.
An mancher trocknen, kahlen Felsenstelle
Entwickelt sich die volle rasche Quelle,
Um jener Sieg ist es getan.

MEPHISTOPHELES

Das ist ein wunderbarer Gruß,
Die kühnsten Kletterer sind konfus.

FAUST

Schon rauscht Ein Bach zu Bächen mächtig nieder,
Aus Schluchten kehren sie gedoppelt wieder,
Ein Strom nun wirft den Bogenstrahl,

Auf einmal legt er sich in flache Felsenbreite
Und rauscht und schäumt, nach der und jener Seite,
Und stufenweise wirft er sich ins Tal.
Was hilft ein tapfres heldenmäßiges Stemmen?
Die mächtige Woge strömt sie wegzuschwemmen.
Mir schaudert selbst vor solchem wilden Schwall.

MEPHISTOPHELES
Ich sehe nichts von diesen Wasserlügen,
Nur Menschen-Augen lassen sich betrügen
Und mich ergötzt der wunderliche Fall.
Sie stürzen fort zu ganzen hellen Haufen,
Die Narren wähnen zu ersaufen,
Indem sie frei auf festem Lande schnaufen,
Und lächerlich mit Schwimmgebärden laufen.
Nun ist Verwirrung überall.

die Raben sind wieder gekommen.

Ich werd euch bei dem hohen Meister loben;
Wollt ihr euch nun als Meister selbst erproben,
So eilet zu der glühenden Schmiede,
Wo das Gezwerg-Volk, nimmer müde,
Metall und Stein zu Funken schlägt.
Verlangt, weitläufig sie beschwatzend,
Ein Feuer, leuchtend, blinkend, platzend,
Wie man's im hohen Sinne hegt.
Zwar Wetterleuchten in der weiten Ferne,
Blickschnelles Fallen allerhöchster Sterne,
Mag jede Sommernacht geschehn;
Doch Wetterleuchten in verworrnen Büschen,
Und Sterne die am feuchten Boden zischen,
Das hat man nicht so leicht gesehn.
So müßt ihr, ohn' Euch viel zu quälen,
Zuvörderst bitten, dann befehlen.

RABEN *ab.* *Es geschieht wie vorgeschrieben.*

MEPHISTOPHELES
Den Feinden dichte Finsternisse!
Und Tritt und Schritt in's Ungewisse!

Irrfunken-Blick an allen Enden,
Ein Leuchten plötzlich zu verblenden.
Das alles wäre wunderschön,
Nun aber brauchts noch Schreckgetön.

FAUST

Die hohlen Waffen aus der Säle Grüften
Empfinden sich erstarkt in freien Lüften;
Da droben klapperts, rasselts lange schon,
Ein wunderbarer falscher Ton.

MEPHISTOPHELES

Ganz recht! sie sind nicht mehr zu zügeln,
Schon schallts von ritterlichen Prügeln,
Wie in der holden alten Zeit.
Armschienen, wie der Beine Schienen,
Als Guelfen und als Ghibellinen,
Erneuen rasch den ewigen Streit.
Fest, im ererbten Sinne wöhnlich,
Erweisen sie sich unversöhnlich,
Schon klingt das Tosen weit und breit.
Zuletzt, bei allen Teufelsfesten,
Wirkt der Parteihaß doch zum Besten,
Bis in den allerletzten Graus.
Schallt wider-widerwärtig panisch,
Mitunter grell und scharf-satanisch,
Erschreckend in das Tal hinaus.

Kriegstumult im Orchester, zuletzt übergehend in militairisch heitre Weisen.

DES GEGENKAISERS ZELT, THRON

reiche Umgebung

HABEBALD, EILEBEUTE.

EILEBEUTE
So sind wir doch die ersten hier!
HABEBALD
Kein Rabe fliegt so schnell als wir.
EILEBEUTE
O! welch ein Schatz liegt hier zu Hauf!
Wo fang ich an! Wo hör' ich auf?
HABEBALD
Steht doch der ganze Raum so voll!
Weiß nicht wozu ich greifen soll.
EILEBEUTE
Der Teppich wär mir eben recht,
Mein Lager ist oft gar zu schlecht
HABEBALD
Hier, hängt von Stahl ein Morgenstern,
Dergleichen hätt' ich lange gern.
EILEBEUTE
Den roten Mantel goldgesäumt,
So etwas hatt' ich mir geträumt.
HABEBALD *die Waffe nehmend*
Damit ist es gar bald getan,
Man schlägt ihn tot und geht voran.
Du hast soviel schon aufgepackt,
Und doch nichts rechtes eingesackt.
Den Plunder laß an seinem Ort,
Nehm' eines dieser Kistchen fort!
Dies ist des Heers beschiedner Sold,
In seinem Bauche lauter Gold.

EILEBEUTE
Das hat ein mörderisch Gewicht,
Ich heb es nicht, ich trag es nicht.
HABEBALD
Geschwinde duck dich! Mußt dich bücken!
Ich hucke dir's auf den starken Rücken.
EILEBEUTE
O Weh! O Weh nun ists vorbei!
Die Last bricht mir das Kreuz entzwei.
das Kistchen stürzt und springt auf
HABEBALD
Da liegt das rote Gold zu Hauf,
Geschwinde zu und raff es auf.
EILEBEUTE *kauert nieder*
Geschwinde nur zum Schoß hinein!
Noch immer wirds zur Gnüge sein.
HABEBALD
Und so genug! und eile doch!
sie steht auf
O weh die Schürze hat ein Loch!
Wohin du gehst und wo du stehst
Verschwenderisch die Schätze säst.
TRABANTEN *unsres Kaisers*
Was schafft ihr hier am heiligen Platz?
Was kramt ihr in dem Kaiserschatz.
HABEBALD
Wir trugen unsre Glieder feil,
Und holen unser Beuteteil. –
In Feindes-Zelten ists der Brauch
Und wir, Soldaten sind wir auch.
TRABANTEN
Das passet nicht in unsern Kreis
Zugleich Soldat und Diebsgeschmeiß,
Und wer sich unserm Kaiser naht,
Der sei ein redlicher Soldat.
HABEBALD
Die Redlichkeit die kennt man schon.

Sie heißet: Kontribution.
Ihr alle seid auf gleichem Fuß:
Gib her! das ist der Handwerksgruß.

zu Eilebeute

Mach fort und schleppe was du hast,
Hier sind wir nicht willkommner Gast.

ab.

ERSTER TRABANT

Sag warum gabst du nicht sogleich
Dem frechen Kerl einen Backenstreich?

ZWEITER

Ich weiß nicht, mir verging die Kraft,
Sie waren so gespensterhaft.

DRITTER

Mir ward es vor den Augen schlecht,
Da flimmert es, ich sah nicht recht.

VIERTER

Wie ich es nicht zu sagen weiß:
Es war den ganzen Tag so heiß,
So bänglich, so beklommen schwül,
Der eine stand der andere fiel,
Man tappte hin und schlug zugleich,
Der Gegner fiel vor jedem Streich,
Vor Augen schwebt es wie ein Flor,
Dann summts und sausts und zischt im Ohr.
Das ging so fort, nun sind wir da
Und wissen selbst nicht wie's geschah.

KAISER, mit VIER FÜRSTEN *treten auf.*
Die TRABANTEN *entfernen sich.*

KAISER

Es sei nun wie ihm sei! uns ist die Schlacht gewonnen,
Des Feinds zerstreute Flucht im flachen Feld zerronnen.
Hier steht der leere Thron, verräterischer Schatz,
Von Teppichen umhüllt, verengt umher den Platz.
Wir, ehrenvoll, geschützt von eigenen Trabanten,

Erwarten Kaiserlich der Völker Abgesandten;
Von allen Seiten her kommt frohe Botschaft an:
Beruhigt sei das Reich, uns freudig zugetan.
Hat sich in unsern Kampf auch Gaukelei geflochten,
Am Ende haben wir uns nur allein gefochten.
Zufälle kommen ja dem Streitenden zu gut,
Vom Himmel fällt ein Stein, dem Feinde regnets Blut,
Aus Felsenhöhlen tönt's von mächtigen Wunderklängen,
Die unsre Brust erhöhn, des Feindes Brust verengen.
Der Überwundne fiel, zu stets erneutem Spott,
Der Sieger, wie er prangt, preist den gewognen Gott.
Und alles stimmt mit ein, er braucht nicht zu befehlen,
Herr Gott dich loben wir! aus Millionen Kehlen.
Jedoch zum höchsten Preis wend' ich den frommen Blick,
Das selten sonst geschah, zur eignen Brust zurück.
Ein junger muntrer Fürst mag seinen Tag vergeuden,
Die Jahre lehren ihn des Augenblicks Bedeuten.
Deshalb denn ungesäumt, verbind' ich mich sogleich
Mit euch Vier Würdigen, für Haus und Hof und Reich.

zum ersten

Dein war o Fürst! des Heers geordnet kluge Schichtung,
Sodann, im Hauptmoment, heroisch kühne Richtung;
Im Frieden wirke nun wie es die Zeit begehrt,
Erbmarschall nenn ich dich, verleihe dir das Schwert.

ERBMARSCHALL

Dein treues Heer, bis jetzt im Inneren beschäftigt,
Wenns an der Grenze dich und deinen Thron bekräftigt,
Dann sei es uns vergönnt, bei Festesdrang im Saal
Geräumiger Vaterburg, zu rüsten dir das Mahl.
Blank trag ichs dir dann vor, blank halt ich dirs zur Seite,
Der höchsten Majestät zu ewigem Geleite.

DER KAISER *zum Zweiten*

Der sich, als tapfrer Mann, auch zart gefällig zeigt,
Du! Sei Erzkämmerer, der Auftrag ist nicht leicht.
Du bist der Oberste von allem Hausgesinde,
Bei deren innerm Streit ich schlechte Diener finde;
Dein Beispiel sei fortan in Ehren aufgestellt,
Wie man dem Herrn, dem Hof und allen wohlgefällt.

ERZKÄMMERER
Des Herren großen Sinn zu fördern bringt zu Gnaden,
Den besten hülfreich sein, den Schlechten selbst nicht schaden,
Dann klar sein ohne List, und ruhig ohne Trug!
Wenn du mich, Herr, durchschaust, geschieht mir schon genug.
Darf sich die Phantasie auf jenes Fest erstrecken?
Wenn du zur Tafel gehst reich ich das goldne Becken,
Die Ringe halt ich dir, damit zur Wonnezeit
Sich deine Hand erfrischt, wie mich dein Blick erfreut.

KAISER
Zwar fühl ich mich zu ernst, auf Festlichkeit zu sinnen,
Doch seis! Es fördert auch frohmütiges Beginnen.
zum Dritten
Dich wähl' ich zum Erztruchseß! Also sei fortan
Dir Jagd, Geflügel-Hof und Vorwerk untertan;
Der Lieblingsspeisen Wahl laß mir zu allen Zeiten
Wie sie der Monat bringt und sorgsam zubereiten.

ERZTRUCHSESS
Streng Fasten sei für mich die angenehmste Pflicht,
Bis, vor dich hingestellt, dich freut ein Wohlgericht.
Der Küche Dienerschaft soll sich mit mir vereinigen,
Das Ferne beizuziehn, die Jahrszeit zu beschleunigen.
Dich reizt nicht fern und früh womit die Tafel prangt,
Einfach und kräftig ist's wornach dein Sinn verlangt.

KAISER *zum Vierten*
Weil unausweichlich hier sichs nur von Festen handelt,
So sei mir, junger Held, zum Schenken umgewandelt.
Erzschenke sorge nun daß unsre Kellerei
Aufs reichlichste versorgt mit gutem Weine sei.
Du selbst sei mäßig, laß nicht über Heiterkeiten,
Durch der Gelegenheit Verlocken, dich verleiten.

ERZSCHENK
Mein Fürst, die Jugend selbst, wenn man ihr nur vertraut,
Steht, eh man sichs versieht, zu Männern auferbaut.
Auch ich versetze mich zu jenem großen Feste;

Ein Kaiserlich Büffet schmück ich aufs allerbeste
Mit Prachtgefäßen, gülden, silbern allzumal,
Doch wähl' ich dir voraus den lieblichsten Pokal:
Ein blank venedisch Glas, worin Behagen lauschet,
Des Weins Geschmack sich stärkt und nimmermehr berauschet.
Auf solchen Wunderschatz vertraut man oft zu sehr,
Doch deine Mäßigkeit, du Höchster, schützt noch mehr.

KAISER

Was ich euch zugedacht in dieser ernsten Stunde,
Vernahmt ihr mit Vertraun aus zuverlässigem Munde.
Des Kaisers Wort ist groß und sichert jede Gift,
Doch zur Bekräftigung bedarfs der edlen Schrift,
Bedarfs der Signatur. Die förmlich zu bereiten,
Seh ich den rechten Mann zu rechter Stunde schreiten.

DER ERZBISCHOF [ERZKANZLER] *tritt auf.*

KAISER

Wenn ein Gewölbe sich dem Schlußstein anvertraut,
Dann ist's mit Sicherheit für ewige Zeit erbaut.
Du siehst vier Fürsten da! Wir haben erst erörtert,
Was den Bestand zunächst von Haus und Hof befördert.
Nun aber, was das Reich in seinem Ganzen hegt,
Sei, mit Gewicht und Kraft, der Fünfzahl auferlegt.
An Ländern sollen sie vor allen andern glänzen,
Deshalb erweitr' ich gleich jetzt des Besitztums Grenzen,
Vom Erbteil jener die sich von uns abgewandt.
Euch Treuen sprech ich zu so manches schöne Land,
Zugleich das hohe Recht euch, nach Gelegenheiten,
Durch Anfall, Kauf und Tausch ins weitere zu verbreiten,
Dann sei bestimmt vergönnt zu üben ungestört
Was von Gerechtsamen Euch Landesherrn gehört.
Als Richter werdet ihr die Endurteile fällen,
Berufung gelte nicht von Euern höchsten Stellen.
Dann Steuer, Zins und Beet, Lehn und Geleit und Zoll,
Berg- Salz- und Münzregal Euch angehören soll.
Denn meine Dankbarkeit vollgültig zu erproben,
Hab ich Euch ganz zunächst der Majestät erhoben.

ERZBISCHOF
Im Namen aller sei dir tiefster Dank gebracht,
Du machst uns stark und fest und stärkest deine Macht.
KAISER
Euch fünfen will ich noch erhöhtere Würde geben.
Noch leb' ich meinem Reich und habe Lust zu leben;
Doch hoher Ahnen Kette zieht bedächtigen Blick
Aus rascher Strebsamkeit ins Drohende zurück.
Auch werd ich, seiner Zeit, mich von den Teuren trennen,
Dann sei es Eure Pflicht den Folger zu ernennen.
Gekrönt erhebt ihn hoch auf heiligem Altar,
Und friedlich ende dann was jetzt so stürmisch war.
ERZKANZLER
Mit Stolz in tiefster Brust, mit Demut an Gebärde,
Stehn Fürsten Dir gebeugt, die ersten auf der Erde.
So lang das treue Blut die vollen Adern regt,
Sind wir der Körper den Dein Wille leicht bewegt.
KAISER
Und also sei, zum Schluß, was wir bisher betätigt,
Für alle Folgezeit durch Schrift und Zug bestätigt.
Zwar habt ihr den Besitz als Herren völlig frei,
Mit dem Beding jedoch daß er unteilbar sei.
Und wie ihr auch vermehrt was ihr von uns empfangen,
Es soll's der ältste Sohn in gleichem Maß erlangen.
ERZKANZLER
Dem Pergament alsbald vertrau ich wohlgemut,
Zum Glück dem Reich und uns, das wichtigste Statut;
Reinschrift und Sieglung soll die Kanzelei beschäftigen,
Mit heiliger Signatur wirst dus, der Herr, bekräftigen.
KAISER
Und so entlaß ich euch, damit den großen Tag,
Gesammelt, jedermann sich überlegen mag.

DIE WELTLICHEN FÜRSTEN *entfernen sich.*

DER GEISTLICHE *bleibt und spricht pathetisch*
Der Kanzler ging hinweg der Bischof ist geblieben,
Vom ernsten Warnegeist zu Deinem Ohr getrieben!
Sein väterliches Herz von Sorge bangt um dich.

KAISER

Was hast du Bängliches zur frohen Stunde? sprich!

ERZBISCHOF

Mit welchem bittern Schmerz find ich, in dieser Stunde,
Dein hochgeheiligt Haupt mit Satanas im Bunde.
Zwar, wie es scheinen will, gesichert auf dem Thron,
Doch leider! Gott dem Herrn, dem Vater Papst zum Hohn.
Wenn dieser es erfährt schnell wird er sträflich richten,
Mit heiligem Strahl dein Reich das sündige zu vernichten.
Denn noch vergaß er nicht wie du, zur höchsten Zeit,
An Deinem Krönungstag den Zauberer befreit.
Von Deinem Diadem, der Christenheit zum Schaden,
Traf das verfluchte Haupt der erste Strahl der Gnaden.
Doch schlag an Deine Brust und gib, vom frevlen Glück,
Ein mäßig Scherflein, gleich dem Heiligtum zurück.
Den breiten Hügelraum, da wo dein Zelt gestanden,
Wo böse Geister sich zu deinem Schutz verbanden,
Dem Lügenfürsten du ein horchsam Ohr geliehn,
Den stifte, fromm belehrt, zu heiligem Bemühn;
Mit Berg und dichtem Wald, so weit sie sich erstrecken,
Mit Höhen die sich grün zu steter Weide decken,
Fischreichen klaren Seen, dann Bächlein ohne Zahl,
Wie sie sich, eilig schlängelnd, stürzen ab zu Tal;
Das breite Tal dann selbst, mit Wiesen, Gauen, Gründen.
Die Reue spricht sich aus, und du wirst Gnade finden.

KAISER

Durch meinen schweren Fehl bin ich so tief erschreckt,
Die Grenze sei von dir nach eignem Maß gesteckt.

ERZBISCHOF

Erst! der entweihte Raum wo man sich so versündigt,
Sei alsobald zum Dienst des Höchsten angekündigt.
Behende steigt im Geist Gemäuer stark empor,
Der Morgensonne Blick erleuchtet schon das Chor,
Zum Kreuz erweitert sich das wachsende Gebäude,
Das Schiff erlängt, erhöht sich zu der Gläubigen Freude,
Sie strömen brünstig schon, durchs würdige Portal,

Der erste Glockenruf erscholl durch Berg und Tal,
Von hohen Türmen tönt's, wie sie zum Himmel streben,
Der Büßer kommt heran, zu neugeschaffnem Leben.
Dem hohen Weihetag, er trete bald herein!
Wird Deine Gegenwart die höchste Zierde sein.

KAISER
Mag ein so großes Werk den frommen Sinn verkündigen,
Zu preisen Gott den Herrn, so wie mich zu entsündigen.
Genug! Ich fühle schon wie sich mein Sinn erhöht.

ERZBISCHOF
Als Kanzler fördr' ich nun Schluß und Formalität.

KAISER
Ein förmlich Dokument der Kirche das zu eignen
Du legst es vor, ich wills mit Freuden unterzeichnen.

ERZBISCHOF *hat sich beurlaubt, kehrt aber beim Ausgang um*
Dann widmest Du zugleich dem Werke, wie's entsteht,
Gesamte Landsgefälle: Zehnten, Zinsen, Beet,
Für ewig. Viel bedarfs zu würdiger Unterhaltung,
Und schwere Kosten macht die sorgliche Verwaltung.
Zum schnellen Aufbau selbst auf solchem wüsten Platz
Reichst du uns einiges Gold, aus Deinem Beuteschatz.
Daneben braucht man auch, ich kann es nicht verschweigen,
Entferntes Holz und Kalk und Schiefer und dergleichen.
Die Fuhren tut das Volk, vom Predigtstuhl belehrt,
Die Kirche segnet den der ihr zu Diensten fährt.

ab.

KAISER
Die Sünd' ist groß und schwer womit ich mich beladen,
Das leidige Zaubervolk bringt mich in harten Schaden.

ERZBISCHOF *abermals zurückkehrend mit tiefster Verbeugung*
Verzeih o Herr! Es ward dem sehr verrufnen Mann
Des Reiches Strand verliehn; doch diesen trifft der Bann,
Verleihst du reuig nicht der hohen Kirchenstelle,
Auch dort, den Zehnten, Zins und Gaben und Gefälle.

KAISER *verdrießlich*
Das Land ist noch nicht da, im Meere liegt es breit.

ERZBISCHOF
Wer's Recht hat und Geduld für den kommt auch die Zeit.
Für uns mög Euer Wort in seinen Kräften bleiben!
KAISER *allein*
So könnt' ich wohl zunächst das ganze Reich verschreiben.

FÜNFTER AKT

OFFENE GEGEND

WANDERER
Ja! sie sinds die dunkeln Linden,
Dort, in ihres Alters Kraft.
Und ich soll sie wieder finden,
Nach so langer Wanderschaft!
Ist es doch die alte Stelle,
Jene Hütte, die mich barg,
Als die sturmerregte Welle
Mich an jene Dünen warf!
Meine Wirte möcht' ich segnen,
Hülfsbereit, ein wackres Paar,
Das, um heut mir zu begegnen
Alt schon jener Tage war.
Ach! das waren fromme Leute!
Poch ich? ruf ich? – Seid gegrüßt!
Wenn, gastfreundlich, auch noch heute
Ihr des Wohltuns Glück genießt.

BAUCIS. *Mütterchen, sehr alt*
Lieber Kömmling! Leise! Leise!
Ruhe! laß den Gatten ruhn!
Langer Schlaf verleiht dem Greise
Kurzen Wachens rasches Tun.

WANDERER
Sage Mutter bist Dus eben,
Meinen Dank noch zu empfahn,
Was Du für des Jünglings Leben
Mit dem Gatten einst getan?
Bist Du Baucis, die, geschäftig,
Halberstorbnen Mund erquickt?

Der GATTE *tritt auf*

Du Philemon, der, so kräftig,
Meinen Schatz der Flut entrückt?
Eure Flammen raschen Feuers,
Eures Glöckchens Silberlaut,
Jenes grausen Abenteuers
Lösung war Euch anvertraut.

Und nun laßt hervor mich treten,
Schaun das grenzenlose Meer;
Laßt mich knien, laßt mich beten,
Mich bedrängt die Brust so sehr.

Er schreitet vorwärts auf der Düne.

PHILEMON *zu* BAUCIS

Eile nur den Tisch zu decken,
Wo's im Gärtchen munter blüht.
Laß ihn rennen, ihn erschrecken,
Denn er glaubt nicht was er sieht.

neben dem Wandrer stehend

Das Euch grimmig mißgehandelt,
Wog' auf Woge, schäumend wild,
Seht als Garten ihr behandelt,
Seht ein paradiesisch Bild.
Älter, war ich nicht zu Handen,
Hülfreich nicht wie sonst bereit,
Und, wie meine Kräfte schwanden,
War auch schon die Woge weit.
Kluger Herren kühne Knechte
Gruben Gräben, dämmten ein,
Schmälerten des Meeres Rechte
Herrn an seiner Statt zu sein.
Schaue grünend Wies' an Wiese
Anger, Garten, Dorf und Wald. –
Komm nun aber und genieße
Denn die Sonne scheidet bald. –
Dort im Fernsten ziehen Segel!
Suchen nächtlich sichern Port.

Kennen doch ihr Nest die Vögel,
Denn jetzt ist der Hafen dort.
So erblickst du in der Weite
Erst des Meeres blauen Saum,
Rechts und links, in aller Breite,
Dichtgedrängt bewohnten Raum.

Am Tische zu drei, im Gärtchen.

BAUCIS
Bleibst du stumm? und keinen Bissen
Bringst du zum verlechzten Mund?
PHILEMON
Möcht er doch vom Wunder wissen,
Sprichst so gerne, tu's ihm kund.
BAUCIS
Wohl! ein Wunder ists gewesen!
Läßt mich heute nicht in Ruh;
Denn es ging das ganze Wesen
Nicht mit rechten Dingen zu.
PHILEMON
Kann der Kaiser sich versündgen
Der das Ufer ihm verliehn?
Tät's ein Herold nicht verkündgen
Schmetternd im Vorüberziehn?
Nicht entfernt von unsern Dünen
War der erste Fuß gefaßt,
Zelte! Hütten! – Doch, im Grünen,
Richtet bald sich ein Palast.
BAUCIS
Tags umsonst die Knechte lärmten,
Hack und Schaufel, Schlag um Schlag,
Wo die Flämmchen nächtig schwärmten
Stand ein Damm den andern Tag.
Menschenopfer mußten bluten,
Nachts erscholl des Jammers Qual,
Meerab flossen Feuergluten,

Morgens war es ein Kanal.
Gottlos ist er, ihn gelüstet
Unsre Hütte, unser Hain;
Wie er sich als Nachbar brüstet
Soll man untertänig sein.

PHILEMON

Hat er uns doch angeboten
Schönes Gut im neuen Land!

BAUCIS

Traue nicht den Wasserboten,
Halt auf Deiner Höhe Stand.

PHILEMON

Laßt uns zur Kapelle treten!
Letzten Sonnenblick zu schaun.
Laßt uns läuten, knien, beten!
Und dem alten Gott vertraun.

PALAST

weiter Ziergarten, großer gradgeführter Kanal

FAUST *im höchsten Alter wandelnd, nachdenkend*

LYNCEUS DER TÜRMER *durchs Sprachrohr*
Die Sonne sinkt, die letzten Schiffe
Sie ziehen munter hafenein.
Ein großer Kahn ist im Begriffe
Auf dem Kanale hier zu sein.
Die bunten Wimpel wehen fröhlich,
Die starren Masten stehn bereit,
In Dir preist sich der Bootsmann selig,
Dich grüßt das Glück zur höchsten Zeit.

das Glöckchen läutet auf der Düne

FAUST *auffahrend*
Verdammtes Läuten! Allzuschändlich
Verwundets, wie ein tückischer Schuß,
Vor Augen ist mein Reich unendlich,
Im Rücken neckt mich der Verdruß,
Erinnert mich durch neidische Laute:
Mein Hochbesitz er ist nicht rein,
Der Lindenraum, die braune Baute,
Das morsche Kirchlein ist nicht mein.
Und wünscht' ich dort mich zu erholen,
Vor fremden Schatten schaudert mir,
Ist Dorn den Augen, Dorn den Sohlen,
O! wär ich weit hinweg von hier!

TÜRMER *wie oben*
Wie segelt froh der bunte Kahn,
Mit frischem Abendwind heran!

Wie türmt sich sein behender Lauf
In Kisten, Kasten, Säcken auf!

Prächtiger Kahn, reich und bunt beladen mit Erzeugnissen fremder Weltgegenden.

MEPHISTOPHELES
DIE DREI GEWALTIGEN GESELLEN.

CHORUS

Da landen wir,
Da sind wir schon.
Glückan! dem Herren,
Dem Patron.

sie steigen aus, die Güter werden an's Land geschafft

MEPHISTOPHELES

So haben wir uns wohl erprobt,
Vergnügt wenn der Patron es lobt.
Nur mit zwei Schiffen ging es fort,
Mit zwanzig sind wir nun im Port.
Was große Dinge wir getan
Das sieht man unsrer Ladung an.
Das freie Meer befreit den Geist,
Wer weiß da was Besinnen heißt!
Da fördert nur ein rascher Griff,
Man fängt den Fisch, man fängt ein Schiff,
Und ist man erst der Herr zu drei
Dann hakelt man das vierte bei.
Da geht es denn dem fünften schlecht,
Man hat Gewalt, so hat man recht.
Man fragt ums Was? und nicht ums Wie?
Ich müßte keine Schiffahrt kennen.
Krieg, Handel und Piraterie,
Dreieinig sind sie, nicht zu trennen.

DIE DREI GEWALTIGEN GESELLEN

Nicht Dank und Gruß!
Nicht Gruß und Dank!

Als brächten wir
Dem Herrn Gestank.
Er macht ein
Widerlich Gesicht;
Das Königsgut
Gefällt ihm nicht.

MEPHISTOPHELES

Erwartet weiter
Keinen Lohn,
Nahmt ihr doch
Euren Teil davon.

DIE GESELLEN

Das ist nur für
Die Langeweil,
Wir alle fordern
Gleichen Teil.

MEPHISTOPHELES

Erst ordnet oben
Saal an Saal.
Die Kostbarkeiten
Allzumal.
Und tritt er zu
Der reichen Schau,
Berechnet er alles
Mehr genau,
Er sich gewiß
Nicht lumpen läßt
Und gibt der Flotte
Fest nach Fest.
Die bunten Vögel kommen morgen,
Für die werd' ich zum besten sorgen.

die Ladung wird weggeschafft.

MEPHISTOPHELES *zu Faust*

Mit ernster Stirn, mit düstrem Blick,
Vernimmst Du Dein erhaben Glück.
Die hohe Weisheit wird gekrönt,

Das Ufer ist dem Meer versöhnt,
Vom Ufer nimmt, zu rascher Bahn,
Das Meer die Schiffe willig an;
So sprich daß hier, hier vom Palast
Dein Arm die ganze Welt umfaßt.
Von dieser Stelle ging es aus,
Hier stand das erste Bretterhaus;
Ein Gräbchen ward hinabgeritzt
Wo jetzt das Ruder emsig spritzt.
Dein hoher Sinn, der Deinen Fleiß
Erwarb des Meers, der Erde Preis.
Von hier aus –

FAUST

Das verfluchte *hier*!
Das eben leidig lastets mir.
Dir Vielgewandtem muß ichs sagen,
Mir gibts im Herzen Stich um Stich,
Mir ists unmöglich zu ertragen!
Und wie ichs sage schäm' ich mich.
Die Alten droben sollten weichen,
Die Linden wünscht ich mir zum Sitz,
Die wenig Bäume, nicht mein eigen,
Verderben mir den Welt-Besitz.
Dort wollt ich, weit umher zu schauen,
Von Ast zu Ast Gerüste bauen,
Dem Blick eröffnen weite Bahn,
Zu sehn was alles ich getan,
Zu überschaun mit einem Blick
Des Menschengeistes Meisterstück,
Betätigend, mit klugem Sinn,
Der Völker breiten Wohngewinn.

So sind am härtsten wir gequält
Im Reichtum fühlend was uns fehlt.
Des Glöckchens Klang, der Linden Duft
Umfängt mich wie in Kirch und Gruft.
Des allgewaltigen Willens Kür

Bricht sich an diesem Sande hier.
Wie schaff ich mir es vom Gemüte!
Das Glöcklein läutet und ich wüte.

MEPHISTOPHELES
Natürlich! daß ein Hauptverdruß
Das Leben Dir vergällen muß.
Wer leugnets! Jedem edlen Ohr
Kommt das Geklingel widrig vor.
Und das verfluchte Bim-Baum-Bimmel
Umnebelnd heitern Abendhimmel,
Mischt sich in jegliches Begebnis,
Vom ersten Bad bis zum Begräbnis,
Als wäre, zwischen Bimm und Baum,
Das Leben ein verschollner Traum.

FAUST
Das Widerstehn, der Eigensinn
Verkümmern herrlichsten Gewinn,
Daß man, zu tiefer grimmiger Pein,
Ermüden muß gerecht zu sein.

MEPHISTOPHELES
Was willst Du Dich denn hier genieren,
Mußt Du nicht längst kolonisieren.

FAUST
So geht und schafft sie mir zur Seite! –
Das schöne Gütchen kennst du ja,
Das ich den Alten ausersah.

MEPHISTOPHELES
Man trägt sie fort und setzt sie nieder,
Eh man sich umsieht stehn sie wieder;
Nach überstandener Gewalt
Versöhnt ein schöner Aufenthalt.

er pfeift gellend.

Die Drei treten auf.

MEPHISTOPHELES
Kommt! Wie der Herr gebieten läßt,
Und Morgen gibt ein Flottenfest.

DIE DREI
Der alte Herr empfing uns schlecht
Ein flottes Fest ist uns zu Recht.
MEPHISTOPHELES AD SPECTATORES
Auch hier geschieht was längst geschah,
Denn Naboths Weinberg war schon da. (REGUM I. 21.)
[*ab.*]

Tiefe Nacht

LYNCEUS, der Türmer *auf der Schloßwarte, singend*
Zum Sehen geboren,
Zum Schauen bestellt,
Dem Turme geschworen
Gefällt mir die Welt.
Ich blick in die Ferne,
Ich seh in der Näh,
Den Mond und die Sterne,
Den Wald und das Reh.
So seh ich in allen
Die ewige Zier
Und wie mir's gefallen
Gefall ich auch mir.
Ihr glücklichen Augen,
Was je ihr gesehn,
Es sei wie es wolle,
Es war doch so schön!

Pause

Nicht allein mich zu ergötzen
Bin ich hier so hoch gestellt;
Welch ein gräuliches Entsetzen
Droht mir aus der finstern Welt!
Funkenblicke seh ich sprühen
Durch der Linden Doppelnacht,
Immer stärker wühlt ein Glühen

Von der Zugluft angefacht.
Ach! die innre Hütte lodert,
Die bemoost und feucht gestanden,
Schnelle Hülfe wird gefodert,
Keine Rettung ist vorhanden.
Ach! die guten alten Leute,
Sonst so sorglich um das Feuer,
Werden sie dem Qualm zur Beute!
Welch ein schrecklich Abenteuer!
Flamme flammet, rot in Gluten
Steht das schwarze Moosgestelle;
Retteten sich nur die Guten
Aus der wildentbrannten Hölle!
Züngelnd lichte Blitze steigen
Zwischen Blättern, zwischen Zweigen;
Äste dürr, die flackernd brennen,
Glühen schnell und stürzen ein.
Sollt ihr Augen dies erkennen!
Muß ich so weitsichtig sein!
Das Kapellchen bricht zusammen
Von der Äste Sturz und Last.
Schlängelnd sind, mit spitzen Flammen,
Schon die Gipfel angefaßt.
Bis zur Wurzel glühn die hohlen
Stämme, Purpurrot im Glühn. –

Lange Pause, Gesang

Was sich sonst dem Blick empfohlen,
Mit Jahrhunderten ist hin.

FAUST *auf dem Balkon, gegen die Dünen*
Von oben welch ein singend Wimmern?
Das Wort ist hier, der Ton zu spat,
Mein Türmer jammert; mich, im Innern,
Verdrießt die ungeduldge Tat.
Doch sei der Lindenwuchs vernichtet
Zu halbverkohlter Stämme Graun,

Ein Luginsland ist bald errichtet,
Um ins Unendliche zu schaun.
Da seh ich auch die neue Wohnung,
Die jenes alte Paar umschließt,
Das, im Gefühl großmütiger Schonung,
Der späten Tage froh genießt.

MEPHISTOPHELES UND DIE DREIE *unten*

Da kommen wir mit vollem Trab,
Verzeiht! es ging nicht gütlich ab.
Wir klopften an, wir pochten an,
Und immer ward nicht aufgetan;
Wir rüttelten, wir pochten fort,
Da lag die morsche Türe dort;
Wir riefen laut und drohten schwer,
Allein wir fanden kein Gehör.
Und wie's in solchem Fall geschicht,
Sie hörten nicht, sie wollten nicht;
Wir aber haben nicht gesäumt
Behende Dir sie weggeräumt.
Das Paar hat sich nicht viel gequält
Vor Schrecken fielen sie entseelt.
Ein Fremder, der sich dort versteckt,
Und fechten wollte, ward gestreckt.
In wilden Kampfes kurzer Zeit,
Von Kohlen, ringsumher gestreut,
Entflammte Stroh. Nun loderts frei,
Als Scheiterhaufen dieser Drei.

FAUST

War't ihr für meine Worte taub!
Tausch wollt ich, wollte keinen Raub.
Dem unbesonnenen wilden Streich
Ihm fluch ich, teilt es unter euch!

CHORUS

Das alte Wort, das Wort erschallt:
Gehorche willig der Gewalt!
Und bist du kühn, und hältst du Stich,
So wage Haus und Hof und – Dich.

ab.

FAUST *auf dem Balkon*
Die Sterne bergen Blick und Schein,
Das Feuer sinkt und lodert klein;
Ein Schauerwindchen fächelts an,
Bringt Rauch und Dunst zu mir heran.
Geboten schnell, zu schnell getan! –
Was schwebet schattenhaft heran?

Mitternacht

Vier GRAUE WEIBER treten auf.

ERSTE
Ich heiße der Mangel.
ZWEITE
Ich heiße die Schuld.
DRITTE
Ich heiße die Sorge.
VIERTE
Ich heiße die Not.
ZU DREI
Die Tür ist verschlossen wir können nicht ein,
Drin wohnet ein Reicher wir mögen nicht 'nein
MANGEL
Da werd ich zum Schatten
SCHULD
Da werd ich zu nicht.
NOT
Man wendet von mir das verwöhnte Gesicht.
SORGE
Ihr Schwestern ihr könnt nicht und dürft nicht hinein.
Die Sorge sie schleicht sich durchs Schlüsselloch ein.
Sorge verschwindet.
MANGEL
Ihr graue Geschwister entfernt euch von hier.

SCHULD

Ganz nah an der Seite verbind ich mich Dir.

NOT

Ganz nah an der Ferse begleitet die Not.

ZU DREI

Es ziehen die Wolken, es schwinden die Sterne!
Dahinten, dahinten! von ferne von ferne,
Da kommt er der Bruder, da kommt er der – – – – – Tod.

FAUST *im Palast*

Vier sah ich kommen, drei nur gehn,
Den Sinn der Rede konnt' ich nicht verstehn.
Es klang so nach als hieß es – Not
Ein düstres Reimwort folgte – Tod.
Es tönte hohl, gespensterhaft gedämpft.
Noch hab ich mich ins Freie nicht gekämpft.
Könnt ich Magie von meinem Pfad entfernen
Die Zaubersprüche ganz und gar verlernen;
Stünd ich, Natur! vor dir ein Mann allein
Da wär's der Mühe wert ein Mensch zu sein.

Das war ich sonst, eh ich's im Düstern suchte,
Mit Frevelwort mich und die Welt verfluchte.
Nun ist die Luft von solchem Spuk so voll
Daß niemand weiß wie er ihn meiden soll.
Wenn auch Ein Tag uns klar vernünftig lacht
In Traumgespinst verwickelt uns die Nacht;
Wir kehren froh von junger Flur zurück,
Ein Vogel krächzt; was krächzt er? Mißgeschick.
Von Aberglauben früh und spat umgarnt:
Es eignet sich, es zeigt sich an, es warnt.
Und so verschüchtert stehen wir allein.
Die Pforte knarrt und niemand kommt herein.

erschüttert

Ist jemand hier?

SORGE

Die Frage fordert ja!

FAUST
Und du wer bist denn du?
SORGE
Bin einmal da.
FAUST
Entferne dich!
SORGE
Ich bin am rechten Ort.
FAUST *Erst ergrimmt, dann besänftigt für sich*
Nimm dich in Acht und sprich kein Zauberwort.
SORGE
Würde mich kein Ohr vernehmen
Müßt es doch im Herzen dröhnen;
In verwandelter Gestalt
Üb' ich grimmige Gewalt.
Auf den Pfaden, auf der Welle
Ewig ängstlicher Geselle,
Stets gefunden nie gesucht,
So geschmeichelt wie verflucht.
Hast du die Sorge nie gekannt?
FAUST
Ich bin nur durch die Welt gerannt.
Ein jed' Gelüst ergriff ich bei den Haaren,
Was nicht genügte ließ ich fahren,
Was mir entwischte ließ ich ziehn.
Ich habe nur begehrt und nur vollbracht,
Und abermals gewünscht, und so mit Macht
Mein Leben durchgestürmt; erst groß und mächtig,
Nun aber geht es weise, geht bedächtig.
Der Erdenkreis ist mir genug bekannt.
Nach drüben ist die Aussicht uns verrannt:
Tor! wer dorthin die Augen blinzelnd richtet,
Sich über Wolken seines gleichen dichtet;
Er stehe fest und sehe hier sich um;
Dem Tüchtigen ist diese Welt nicht stumm,
Was braucht er in die Ewigkeit zu schweifen,
Was er erkennt läßt sich ergreifen;

Er wandle so den Erdentag entlang;
Wenn Geister spuken geh er seinen Gang,
Im Weiterschreiten find er Qual und Glück,
Er! unbefriedigt jeden Augenblick.

SORGE

Wen ich einmal mir besitze
Dem ist alle Welt nichts nütze,
Ewiges Düstre steigt herunter,
Sonne geht nicht auf noch unter,
Bei vollkommnen äußern Sinnen
Wohnen Finsternisse drinnen.
Und er weiß von allen Schätzen
Sich nicht in Besitz zu setzen.
Glück und Unglück wird zur Grille,
Er verhungert in der Fülle,
Sei es Wonne sei es Plage
Schiebt ers zu dem andern Tage,
Ist der Zukunft nur gewärtig
Und so wird er niemals fertig.

FAUST

Hör auf! so kommst du mir nicht bei!
Ich mag nicht solchen Unsinn hören.
Fahrhin! die schlechte Litanei
Sie könnte selbst den klügsten Mann betören.

SORGE

Soll er gehen, soll er kommen,
Der Entschluß ist ihm genommen;
Auf gebahnten Weges Mitte
Wankt er tastend halbe Schritte.
Er verliert sich immer tiefer,
Siehet alle Dinge schiefer,
Sich und andre lästig drückend,
Atem holend und erstickend;
Nicht erstickt und ohne Leben,
Nicht verzweiflend, nicht ergeben.
So ein unaufhaltsam Rollen

Schmerzlich Lassen, widrig Sollen,
Bald befreien, bald erdrücken,
Halber Schlaf und schlecht Erquicken
Heftet ihn an seine Stelle
Und bereitet ihn zur Hölle.

FAUST

Unselige Gespenster so behandelt ihr
Das menschliche Geschlecht zu tausendmalen;
Gleichgültige Tage selbst verwandelt ihr
In garstigen Wirrwarr netzumstrickter Qualen.
Dämonen, weiß ich, wird man schwerlich los,
Das geistig-strenge Band ist nicht zu trennen;
Doch deine Macht, o Sorge, schleichend groß,
Ich werde sie nicht anerkennen.

SORGE

Erfahre sie, wie ich geschwind
Mich mit Verwünschung von dir wende!
Die Menschen sind im ganzen Leben blind,
Nun Fauste! werde dus am Ende.

sie haucht ihn an.

FAUST *erblindet*

Die Nacht scheint tiefer tief hereinzudringen
Allein im Innern leuchtet helles Licht:
Was ich gedacht ich eil es zu vollbringen;
Des Herren Wort es gibt allein Gewicht.
Vom Lager auf ihr Knechte! Mann für Mann!
Laßt glücklich schauen was ich kühn ersann.
Ergreift das Werkzeug, Schaufel rührt und Spaten,
Das Abgesteckte muß sogleich geraten.
Auf strenges Ordnen, raschen Fleiß,
Erfolgt der allerschönste Preis;
Daß sich das größte Werk vollende
Genügt Ein Geist für tausend Hände.

Großer Vorhof des Palasts

Fackeln.

MEPHISTOPHELES *als Aufseher, voran*
Herbei herbei! herein herein!
Ihr schlotternden Lemuren,
Aus Ligamenten und Gebein
Geflickte Halbnaturen.

LEMUREN *im Chor*
Wir treten dir sogleich zur Hand,
Und, wie wir halb vernommen,
Es gilt wohl gar ein weites Land
Das sollen wir bekommen.

Gespitzte Pfähle die sind da,
Die Kette lang fürs Messen;
Warum an uns der Ruf geschah
Das haben wir vergessen.

MEPHISTOPHELES
Hier gilt kein künstlerisch Bemühn;
Verfahret nur nach eignen Maßen:
Der Längste lege längelang sich hin,
Ihr andern lüftet ringsumher den Rasen;
Wie mans für unsre Väter tat,
Vertieft ein längliches Quadrat!
Aus dem Palast ins enge Haus,
So dumm läuft es am Ende doch hinaus.

LEMUREN *mit neckischen Gebärden grabend*
Wie jung ich war und lebt und liebt,
Mich deucht das war wohl süße,
Wo's fröhlich klang und lustig ging
Da rührten sich meine Füße.

Nun hat das tückische Alter mich
Mit seiner Krücke getroffen;
Ich stolpert' über Grabes Tür,
Warum stand sie just offen!

FAUST *aus dem Palaste tretend, tastet an den Türpfosten*
Wie das Geklirr der Spaten mich ergötzt!
Es ist die Menge, die mir frönet,
Die Erde mit sich selbst versöhnet,
Den Wellen ihre Grenze setzt,
Das Meer mit strengem Band umzieht.

MEPHISTOPHELES *bei Seite*
Du bist doch nur für uns bemüht
Mit deinen Dämmen deinen Buhnen;
Denn du bereitest schon Neptunen,
Dem Wasserteufel, großen Schmaus.
In jeder Art seid ihr verloren,
Die Elemente sind mit uns verschworen,
Und auf Vernichtung läufts hinaus.

FAUST
Aufseher!

MEPHISTOPHELES
Hier!

FAUST
Wie es auch möglich sei
Arbeiter schaffe Meng' auf Menge,
Ermuntere durch Genuß und Strenge,
Bezahle, locke, presse bei!
Mit jedem Tage will ich Nachricht haben
Wie sich verlängt der unternommene Graben.

MEPHISTOPHELES *halblaut*
Man spricht, wie man mir Nachricht gab,
Von keinem Graben, doch vom Grab.

FAUST
Ein Sumpf zieht am Gebirge hin,
Verpestet alles schon Errungene;
Den faulen Pfuhl auch abzuziehn
Das Letzte wär das Höchsterrungene.
Eröffn' ich Räume vielen Millionen,
Nicht sicher zwar, doch tätig-frei zu wohnen.
Grün das Gefilde, fruchtbar; Mensch und Herde
Sogleich behaglich auf der neusten Erde,

Gleich angesiedelt an des Hügels Kraft,
Den aufgewälzt kühn-emsige Völkerschaft.
Im Innern hier ein paradiesisch Land,
Da rase draußen Flut bis auf zum Rand,
Und wie sie nascht gewaltsam einzuschießen,
Gemeindrang eilt die Lücke zu verschließen.
Ja diesem Sinne bin ich ganz ergeben,
Das ist der Weisheit letzter Schluß:
Nur der verdient sich Freiheit wie das Leben,
Der täglich sie erobern muß.
Und so verbringt, umrungen von Gefahr,
Hier Kindheit, Mann und Greis sein tüchtig Jahr.
Solch ein Gewimmel möcht ich sehn,
Auf freiem Grund mit freiem Volke stehn.
Zum Augenblicke dürft' ich sagen:
Verweile doch, Du bist so schön!
Es kann die Spur von meinen Erdetagen
Nicht in Äonen untergehn. –
Im Vorgefühl von solchem hohen Glück
Genieß ich jetzt den höchsten Augenblick.

FAUST
sinkt zurück, die LEMUREN *fassen ihn auf und legen ihn auf den Boden.*

MEPHISTOPHELES
Ihn sättigt keine Lust, ihm gnügt kein Glück,
So buhlt er fort nach wechselnden Gestalten;
Den letzten, schlechten, leeren Augenblick
Der Arme wünscht ihn fest zu halten.
Der mir so kräftig widerstand,
Die Zeit wird Herr, der Greis hier liegt im Sand.
Die Uhr steht still –

CHOR
Steht still! Sie schweigt wie Mitternacht.
Der Zeiger fällt.

MEPHISTOPHELES
Er fällt, es ist vollbracht.

CHOR
Es ist vorbei.
MEPHISTOPHELES
Vorbei! ein dummes Wort.
Warum vorbei?
Vorbei und reines Nicht, vollkommnes Einerlei.
Was soll uns denn das ewge Schaffen,
Geschaffenes zu nichts hinwegzuraffen?
Da ists vorbei! Was ist daran zu lesen?
Es ist so gut als wär es nicht gewesen,
Und treibt sich doch im Kreis als wenn es wäre.
Ich liebte mir dafür das Ewig-Leere.

Grablegung

LEMUR *Solo*
Wer hat das Haus so schlecht gebaut,
Mit Schaufeln und mit Spaten?
LEMUREN *Chor*
Dir dumpfer Gast im hänfnen Gewand
Ists viel zu gut geraten.
LEMUR *Solo*
Wer hat den Saal so schlecht versorgt?
Wo blieben Tisch und Stühle?
LEMUREN *Chor*
Es war auf kurze Zeit geborgt;
Der Gläubiger sind so viele.
MEPHISTOPHELES
Der Körper liegt und will der Geist entfliehn,
Ich zeig ihm rasch den blutgeschriebnen Titel; –
Doch leider hat man jetzt so viele Mittel
Dem Teufel Seelen zu entziehn.
Auf altem Wege stößt man an,
Auf neuem sind wir nicht empfohlen;
Sonst hätt ich es allein getan,
Jetzt muß ich Helfershelfer holen.

Uns gehts in allen Dingen schlecht.
Herkömmliche Gewohnheit, altes Recht,
Man kann auf gar nichts mehr vertrauen.
Sonst mit dem letzten Atem fuhr sie aus,
Ich paßt ihr auf und, wie die schnellste Maus,
Schnapps! hielt ich sie in fest verschloßnen Klauen.
Nun zaudert sie und will den düstern Ort,
Des schlechten Leichnams ekles Haus nicht lassen;
Die Elemente die sich hassen,
Die treiben sie am Ende schmählich fort.
Und wenn ich Tag und Stunden mich zerplage
Wann? wie? und wo? das ist die leidige Frage,
Der alte Tod verlor die rasche Kraft,
Das Ob? sogar ist lange zweifelhaft;
Oft sah ich lüstern auf die starren Glieder;
Es war nur Schein, das rührte das regte sich wieder.

Phantastisch-flügelmännische Beschwörungs-Gebärden

Nur frisch heran! verdoppelt euren Schritt,
Ihr Herrn vom graden, Herrn vom krummen Horne,
Von altem Teufelsschrot und Korne
Bringt ihr zugleich den Höllenrachen mit.
Zwar hat die Hölle Rachen viele! viele!
Nach Standsgebühr und Würden schlingt sie ein;
Doch wird man auch bei diesem letzten Spiele
Ins künftige nicht so bedenklich sein.

Der gräuliche Höllenrachen tut sich links auf.

Eckzähne klaffen; dem Gewölb des Schlundes
Entquillt der Feuerstrom in Wut,
Und in dem Siedequalm des Hintergrundes
Seh ich die Flammenstadt in ewiger Glut.
Die rote Brandung schlägt hervor bis an die Zähne,
Verdammte, Rettung hoffend, schwimmen an;
Doch kolossal zerknirscht sie die Hyäne
Und sie erneuen ängstlich heiße Bahn.
In Winkeln bleibt noch vieles zu entdecken,

So viel Erschrecklichstes im engsten Raum!
Ihr tut sehr wohl die Sünder zu erschrecken
Sie haltens doch für Lug und Trug und Traum.

zu den DICKTEUFELN *vom kurzen, graden Horne*

Nun wanstige Schuften mit den Feuerbacken!
Ihr glüht so recht vom Höllenschwefel feist;
Klotzartige, kurze, nie bewegte Nacken
Hier unten lauert ob's wie Phosphor gleißt:
Das ist das Seelchen, Psyche mit den Flügeln,
Die rupft ihr aus so ists ein garstiger Wurm;
Mit meinem Stempel will ich sie besiegeln
Dann fort mit ihr im Feuer-Wirbel-Sturm.

Paßt auf die niedern Regionen,
Ihr Schläuche, das ist eure Pflicht;
Ob's ihr beliebte da zu wohnen,
So akkurat weiß man das nicht.
Im Nabel ist sie gern zu Haus,
Nehmt es in Acht sie wischt euch dort heraus.

zu den DÜRRTEUFELN *vom langen, krummen Horne*

Ihr Firlefanze, flügelmännische Riesen,
Greift in die Luft, versucht euch ohne Rast;
Die Arme strack, die Klauen scharf gewiesen,
Daß ihr die flatternde, die Flüchtige faßt.
Es ist ihr sicher schlecht im alten Haus
Und das Genie es will gleich obenaus.

Glorie von oben, rechts.

HIMMLISCHE HEERSCHAR

Folget Gesandte,
Himmelsverwandte,
Gemächlichen Flugs;
Sündern vergeben,
Staub zu beleben,
Allen Naturen
Freundliche Spuren
Wirket im Schweben
Des weilenden Zugs.

MEPHISTOPHELES
Mißtöne hör ich, garstiges Geklimper,
Von oben kommts mit unwillkommnem Tag;
Es ist das bübisch-mädchenhafte Gestümper,
Wie frömmelnder Geschmack sichs lieben mag.
Ihr wißt wie wir, in tiefverruchten Stunden,
Vernichtung sannen menschlichem Geschlecht;
Das Schändlichste was wir erfunden
Ist ihrer Andacht eben recht.

Sie kommen gleisnerisch die Laffen!
So haben sie uns manchen weggeschnappt,
Bekriegen uns mit unsern eignen Waffen;
Es sind auch Teufel, doch verkappt.
Hier zu verlieren wär euch ewge Schande;
Ans Grab heran und haltet fest am Rande!

CHOR DER ENGEL *Rosen streuend*
Rosen, ihr blendenden,
Balsam versendenden!
Flatternde, schwebende,
Heimlich belebende,
Zweiglein beflügelte,
Knospen entsiegelte,
Eilet zu blühn.

Frühling entsprieße,
Purpur und Grün;
Tragt Paradiese
Dem Ruhenden hin.

MEPHISTOPHELES *zu den Satanen*
Was duckt und zuckt ihr? ist das Höllenbrauch?
So haltet Stand und laßt sie streuen.
An seinen Platz ein jeder Gauch!
Sie denken wohl mit solchen Blümeleien
Die heißen Teufel einzuschneien;
Das schmilzt und schrumpft vor eurem Hauch.
Nun pustet Püstriche! – Genug genug!
Vor eurem Broden bleicht der ganze Flug. –

Nicht so gewaltsam! schließet Maul und Nasen.
Fürwahr ihr habt zu stark geblasen;
Daß ihr doch nie die rechten Maße kennt.
Das schrumpft nicht nur, es bräunt sich, dorrt, es brennt!
Schon schwebts heran mit giftig klaren Flammen,
Stemmt euch dagegen, drängt euch fest zusammen!
Die Kraft erlischt, dahin ist aller Mut!
Die Teufel wittern fremde Schmeichelglut.

ENGEL

Blüten die seligen,
Flammen die fröhlichen,
Liebe verbreiten sie,
Wonne bereiten sie,
Herz wie es mag.
Worte die wahren,
Äther im klaren,
Ewigen Scharen
Überall Tag.

MEPHISTOPHELES

O Fluch! o Schande solchen Tröpfen!
Satane stehen auf den Köpfen,
Die Plumpen schlagen Rad auf Rad
Und stürzen ärschlings in die Hölle.
Gesegn' euch das verdiente heiße Bad!
Ich aber bleib auf meiner Stelle. –

Sich mit den schwebenden Rosen herumschlagend

Irrlichter fort! du! leuchte noch so stark,
Du bleibst gehascht ein ekler Gallert-Quark.
Was flatterst du? Willst du dich packen! –
Es klemmt wie Pech und Schwefel mir im Nacken.

ENGEL. CHOR

Was euch nicht angehört
Müsset ihr meiden,
Was euch das Innre stört
Dürft ihr nicht leiden.
Dringt es gewaltig ein
Müssen wir tüchtig sein.

Liebe nur Liebende
Führet herein.

MEPHISTOPHELES
Mir brennt der Kopf, das Herz, die Leber brennt,
Ein überteuflich Element!
Weit spitziger als Höllenfeuer. –
Drum jammert ihr so ungeheuer
Unglückliche Verliebte! die, verschmäht,
Verdrehten Halses nach der Liebsten späht.

Auch mir! Was zieht den Kopf auf jene Seite?
Bin ich mit ihr doch in geschwornem Streite?
Der Anblick war mir sonst so feindlich scharf.
Hat mich ein Fremdes durch und durch gedrungen,
Ich mag sie gerne sehn die allerliebsten Jungen;
Was hält mich ab daß ich nicht fluchen darf? –
Und wenn ich mich betören lasse
Wer heißt denn künftighin der Tor?
Die Wetterbuben die ich hasse
Sie kommen mir doch gar zu lieblich vor. –

Ihr schönen Kinder laßt mich wissen:
Seid ihr nicht auch von Luzifers Geschlecht?
Ihr seid so hübsch, fürwahr ich möcht euch küssen;
Mir ists als kommt ihr eben recht.
Es ist mir so behaglich, so natürlich
Als hätt ich euch schon tausendmal gesehn,
So heimlich-kätzchenhaft begierlich;
Mit jedem Blick aufs neue schöner schön.
O nähert euch, o gönnt mir Einen Blick!

ENGEL
Wir kommen schon, warum weichst du zurück?
Wir nähern uns und wenn du kannst so bleib.

Die Engel nehmen, umherziehend, den ganzen Raum ein.

MEPHISTOPHELES *der ins Proszenium gedrängt wird*
Ihr scheltet uns verdammte Geister
Und seid die wahren Hexenmeister;

Denn ihr verführet Mann und Weib. –
Welch ein verfluchtes Abenteuer!
Ist dies das Liebeselement?
Der ganze Körper steht in Feuer,
Ich fühle kaum daß es im Nacken brennt. –
Ihr schwanket hin und her, so senkt euch nieder,
Ein bißchen weltlicher bewegt die holden Glieder;
Fürwahr der Ernst steht euch recht schön.
Doch möcht' ich euch nur einmal lächeln sehn;
Das wäre mir ein ewiges Entzücken.
Ich meine so wie wenn Verliebte blicken,
Ein kleiner Zug am Mund so ists getan.
Dich langer Bursche dich mag ich am liebsten leiden,
Die Pfaffenmiene will dich gar nicht kleiden,
So sieh mich doch ein wenig lüstern an!
Auch könntet ihr anständig-nackter gehen,
Das lange Faltenhemd ist übersittlich –
Sie wenden sich – Von hinten anzusehen! –
Die Racker sind doch gar zu appetitlich.

CHOR DER ENGEL

Wendet zur Klarheit
Euch liebende Flammen!
Die sich verdammen
Heile die Wahrheit;
Daß sie vom Bösen
Froh sich erlösen,
Um in dem Allverein
Selig zu sein.

MEPHISTOPHELES *sich fassend*

Wie wird mir! – hiobsartig, Beul an Beule
Der ganze Kerl, dem's vor sich selber graut,
Und triumphiert zugleich wenn er sich ganz durchschaut,
Wenn er auf sich und seinen Stamm vertraut;
Gerettet sind die edlen Teufelsteile,
Der Liebespuk er wirft sich auf die Haut;
Schon ausgebrannt sind die verruchten Flammen,
Und, wie es sich gehört, fluch ich euch allzusammen.

CHOR DER ENGEL

Heilige Gluten!
Wen sie umschweben
Fühlt sich im Leben
Selig mit Guten.
Alle vereinigt
Hebt euch und preist,
Luft ist gereinigt
Atme der Geist.

Sie erheben sich, Faustens Unsterbliches entführend

MEPHISTOPHELES *sich umsehend*

Doch wie? – wo sind sie hingezogen?
Unmündiges Volk du hast mich überrascht,
Sind mit der Beute himmelwärts entflogen;
Drum haben sie an dieser Gruft genascht!
Mir ist ein großer einziger Schatz entwendet,
Die hohe Seele die sich mir verpfändet
Die haben sie mir pfiffig weggepascht.

[ENGEL *indessen entschwebend*

Liebe, die gnädige,
Hegende, tätige,
Gnade die liebende
Schonung verübende
Schweben uns vor.
Fielen der Bande
Irdischer Flor,
Wolkengewande
Tragt ihn empor.

MEPHISTOPHELES]

Bei wem soll ich mich nun beklagen?
Wer schafft mir mein erworbenes Recht?
Du bist getäuscht in deinen alten Tagen,
Du hasts verdient, es geht dir grimmig schlecht.
Ich habe schimpflich mißgehandelt,
Ein großer Aufwand, schmählich! ist vertan,
Gemein Gelüst, absurde Liebschaft wandelt

Den ausgepichten Teufel an.
Und hat mit diesem kindisch-tollen Ding
Der Klugerfahrne sich beschäftigt,
So ist fürwahr die Torheit nicht gering
Die seiner sich am Schluß bemächtigt.

BERGSCHLUCHTEN, WALD, FELS

EINÖDE

HEILIGE ANACHORETEN *Gebirg auf verteilt, gelagert zwischen Klüften.*

CHOR und ECHO

Waldung, sie schwankt heran,
Felsen, sie lasten dran,
Wurzeln, sie klammern an,
Stamm dicht am Stamm hinan.
Woge nach Woge spritzt,
Höhle die tiefste schützt.
Löwen sie schleichen stumm-
Freundlich um uns herum,
Ehren geweihten Ort
Heiligen Liebeshort.

PATER EXTATICUS *auf und abschweifend*

Ewiger Wonnebrand,
Glühendes Liebeband,
Siedender Schmerz der Brust,
Schäumende Gottes-Lust.
Pfeile durchdringet mich,
Lanzen bezwinget mich,
Keulen zerschmettert mich,
Blitze durchwettert mich;
Daß ja das Nichtige
Alles verflüchtige,
Glänze der Dauerstern
Ewiger Liebe Kern.

PATER PROFUNDUS *Tiefe Region*

Wie Felsenabgrund mir zu Füßen
Auf tieferm Abgrund lastend ruht,

Wie tausend Bäche strahlend fließen
Zum grausen Sturz des Schaums der Flut,
Wie strack, mit eignem kräftigen Triebe,
Der Stamm sich in die Lüfte trägt,
So ist es die allmächtige Liebe
Die alles bildet alles hegt.

Ist um mich her ein wildes Brausen,
Als wogte Wald und Felsengrund,
Und doch stürzt, liebevoll im Sausen,
Die Wasserfülle sich zum Schlund,
Berufen gleich das Tal zu wässern;
Der Blitz der flammend niederschlug
Die Atmosphäre zu verbessern
Die Gift und Dunst im Busen trug:
Sind Liebesboten, sie verkünden
Was ewig schaffend uns umwallt.
Mein Innres mög' es auch entzünden
Wo sich der Geist, verworren kalt,
Verquält in stumpfer Sinne Schranken
Scharfangeschloßnem Kettenschmerz.
O Gott! beschwichtige die Gedanken
Erleuchte mein bedürftig Herz.

PATER SERAPHICUS *Mittlere Region*

Welch ein Morgenwölkchen schwebet
Durch der Tannen schwankend Haar;
Ahn ich was im Innern lebet?
Es ist junge Geisterschar.

CHOR SELIGER KNABEN

Sag uns Vater wo wir wallen,
Sag uns Guter wer wir sind?
Glücklich sind wir, allen allen
Ist das Dasein so gelind.

PATER SERAPHICUS

Knaben! Mitternachts Geborne,
Halb erschlossen Geist und Sinn,
Für die Eltern gleich Verlorne,

Für die Engel zum Gewinn.
Daß ein Liebender zugegen
Fühlt ihr wohl, so naht euch nur;
Doch von schroffen Erdewegen
Glückliche! habt ihr keine Spur.
Steigt herab in meiner Augen
Welt- und erdgemäß Organ,
Könn't sie als die euern brauchen,
Schaut euch diese Gegend an.

er nimmt sie in sich

Das sind Bäume, das sind Felsen,
Wasserstrom, der abestürzt
Und mit ungeheuerm Wälzen
Sich den steilen Weg verkürzt.

SELIGE KNABEN *von innen*

Das ist mächtig anzuschauen
Doch zu düster ist der Ort,
Schüttelt uns mit Schreck und Grauen,
Edler, Guter laß uns fort.

PATER SERAPHICUS

Steigt hinan zu höhrem Kreise
Wachset immer unvermerkt,
Wie, nach ewig reiner Weise,
Gottes Gegenwart verstärkt.
Denn das ist der Geister Nahrung
Die im freisten Äther waltet,
Ewigen Liebens Offenbarung
Die zur Seligkeit entfaltet.

CHOR SELIGER KNABEN *um die höchsten Gipfel kreisend*

Hände verschlinget
Freudig zum Ringverein,
Regt euch und singet
Heilge Gefühle drein;
Göttlich belehret
Dürft ihr vertrauen,
Den ihr verehret
Werdet ihr schauen

ENGEL *schwebend in der höhern Atmosphäre,*
FAUSTENS *Unsterbliches tragend*

Gerettet ist das edle Glied
Der Geisterwelt vom Bösen,
›Wer immer strebend sich bemüht
Den können wir erlösen.‹
Und hat an ihm die Liebe gar
Von oben Teil genommen,
Begegnet ihm die selige Schar
Mit herzlichem Willkommen.

DIE JÜNGEREN ENGEL

Jene Rosen, aus den Händen
Liebend-heiliger Büßerinnen,
Halfen uns den Sieg gewinnen,
Uns das hohe Werk vollenden,
Diesen Seelenschatz erbeuten.
Böse wichen als wir streuten,
Teufel flohen als wir trafen.
Statt gewohnter Höllenstrafen,
Fühlten Liebesqual die Geister;
Selbst der alte Satans-Meister
War von spitzer Pein durchdrungen.
Jauchzet auf! es ist gelungen.

DIE VOLLENDETEREN ENGEL

Uns bleibt ein Erdenrest
Zu tragen peinlich,
Und wär' er von Asbest
Er ist nicht reinlich.
Wenn starke Geisteskraft
Die Elemente
An sich herangerafft,
Kein Engel trennte
Geeinte Zwienatur
Der innigen Beiden,
Die ewige Liebe nur
Vermags zu scheiden.

DIE JÜNGEREN ENGEL
Nebelnd um Felsenhöh
Spür ich so eben,
Regend sich in der Näh,
Ein Geister-Leben.
Die Wölkchen werden klar,
Ich seh bewegte Schar
Seliger Knaben,
Los von der Erde Druck,
Im Kreis gesellt,
Die sich erlaben
Am neuen Lenz und Schmuck
Der obern Welt.
Sei er zum Anbeginn,
Steigendem Vollgewinn,
Diesen gesellt!

DIE SELIGEN KNABEN
Freudig empfangen wir
Diesen im Puppenstand;
Also erlangen wir
Englisches Unterpfand.
Löset die Flocken los
Die ihn umgeben,
Schon ist er schön und groß
Von heiligem Leben.

DOCTOR MARIANUS *in der höchsten, reinlichsten Zelle*
Hier ist die Aussicht frei,
Der Geist erhoben.
Dort ziehen Fraun vorbei,
Schwebend nach oben.
Die Herrliche, mitteninn,
Im Sternenkranze,
Die Himmelskönigin,
Ich seh's am Glanze.

entzückt

Höchste Herrscherin der Welt
Lasse mich, im blauen,

Ausgespannten Himmelszelt,
Dein Geheimnis schauen.
Billige was des Mannes Brust
Ernst und zart beweget
Und mit heiliger Liebeslust
Dir entgegen träget.

Unbezwinglich unser Mut
Wenn du hehr gebietest,
Plötzlich mildert sich die Glut,
Wie du uns befriedest.
Jungfrau, rein im schönsten Sinn,
Mutter, Ehren würdig,
Uns erwählte Königin,
Göttern ebenbürtig.
  Um sie verschlingen
  Sich leichte Wölkchen,
  Sind Büßerinnen,
  Ein zartes Völkchen;
  Um Ihre Knie
  Den Äther schlürfend,
  Gnade bedürfend.
Dir, der Unberührbaren,
Ist es nicht benommen
Daß die leicht Verführbaren
Traulich zu dir kommen.

In die Schwachheit hingerafft
Sind sie schwer zu retten;
Wer zerreißt aus eigner Kraft
Der Gelüste Ketten?
Wie entgleitet schnell der Fuß
Schiefem glattem Boden?
Wen betört nicht Blick und Gruß,
Schmeichelhafter Odem?

MATER GLORIOSA *schwebt einher*

CHOR DER BÜSSERINNEN

Du schwebst zu Höhen
Der ewigen Reiche,
Vernimm das Flehen
Du Ohnegleiche,
Du Gnadenreiche!

MAGNA PECCATRIX (ST. LUCAE VII. 36)

Bei der Liebe, die den Füßen
Deines gottverklärten Sohnes
Tränen ließ zum Balsam fließen,
Trotz des Pharisäer-Hohnes;
Beim Gefäße das so reichlich
Tropfte Wohlgeruch hernieder,
Bei den Locken die so weichlich
Trockneten die heilgen Glieder –

MULIER SAMARITANA (ST. JOH. IV.)

Bei dem Bronn, zu dem schon weiland
Abram ließ die Herde führen,
Bei dem Eimer der dem Heiland
Kühl die Lippe durft berühren;
Bei der reinen reichen Quelle
Die nun dorther sich ergießet,
Überflüssig, ewig helle,
Rings durch alle Welten fließet –

MARIA EGYPTIACA (ACTA SANCTORUM)

Bei dem hochgeweihten Orte
Wo den Herrn man niederließ,
Bei dem Arm der von der Pforte
Warnend mich zurücke stieß;
Bei der vierzigjährigen Buße
Der ich treu in Wüsten blieb,
Bei dem seligen Scheidegruße
Den im Sand ich niederschrieb –

ZU DREI

Die du großen Sünderinnen
Deine Nähe nicht verweigerst
Und ein büßendes Gewinnen
In die Ewigkeiten steigerst,
Gönn' auch dieser guten Seele
Die sich einmal nur vergessen,
Die nicht ahnte daß sie fehle,
Dein Verzeihen angemessen.

UNA POENITENTUM *sich anschmiegend*
sonst Gretchen genannt

Neige neige
Du Ohnegleiche,
Du Strahlenreiche,
Dein Antlitz gnädig meinem Glück.
Der früh Geliebte
Nicht mehr Getrübte
Er kommt zurück.

SELIGE KNABEN *in Kreisbewegung sich nähernd*

Er überwächst uns schon
An mächtigen Gliedern,
Wird treuer Pflege Lohn
Reichlich erwidern.
Wir wurden früh entfernt
Von Lebechören,
Doch dieser hat gelernt
Er wird uns lehren.

DIE EINE BÜSSERIN
sonst GRETCHEN genannt

Vom edlen Geisterchor umgeben
Wird sich der Neue kaum gewahr,
Er ahnet kaum das frische Leben
So gleicht er schon der heiligen Schar.
Sieh! wie er jedem Erdenbande
Der alten Hülle sich entrafft,

Und aus ätherischem Gewande
Hervortritt erste Jugendkraft.
Vergönne mir ihn zu belehren,
Noch blendet ihn der neue Tag.

MATER GLORIOSA

Komm! hebe dich zu höhern Sphären,
Wenn er dich ahnet folgt er nach.

DOCTOR MARIANUS *auf dem Angesicht anbetend*

Blicket auf zum Retterblick
Alle reuig zarten,
Euch zu seligem Geschick
Dankend umzuarten.
Werde jeder bessre Sinn
Dir zum Dienst erbötig;
Jungfrau, Mutter, Königin,
Göttin bleibe gnädig.

CHORUS MYSTICUS

Alles Vergängliche
Ist nur ein Gleichnis;
Das Unzulängliche
Hier wird's Ereignis;
Das Unbeschreibliche
Hier ist es getan;
Das Ewig-Weibliche
Zieht uns hinan.

FINIS

THEATERZEICHNUNGEN ZUM FAUST

Abb. 2: Bühnenbild-Skizze zum *Prolog im Himmel*, 271 ff.
(Angaben dazu im Kommentar-Band, S. 165 f. und 821)

Abb. 3: Skizze zu *Faust I*, Szene *Nacht* (Studierzimmer), 354 ff.?
(Angaben dazu im Kommentar-Band, S. 821 f.)

Abb. 4: Skizze zu *Faust I*, Szene *Nacht*, 482 ff.:
Erscheinung des Erdgeistes
(Angaben dazu im Kommentar-Band, S. 217 f. und 822)

Abb. 5: Skizze zu *Faust I*, Szene *Studierzimmer* I, 1303 ff.:
Beschwörung des Pudels
(Angaben dazu im Kommentar-Band, S. 822)

Abb. 6: Bühnenbild-Skizze zu *Faust I*, Szene *Hexenküche*, 2337 ff.
(Angaben dazu im Kommentar-Band, S. 822 f.)

Abb. 7: Skizze zu *Faust I*, Szene *Walpurgisnacht*, 3835 ff. und 4183 ff.
(Angaben dazu im Kommentar-Band, S. 823)

Abb. 8: Skizze zu *Faust II*, 2. Akt, Szene *Felsbuchten des Aegäischen Meers*, wie Regieanmerkung vor 8034 (Angaben dazu im Kommentar-Band, S. 562 f. und 823)

Abb. 9: Luise von Göchhausen am Schreibtisch
Goethesche Bleistiftzeichnung, wohl um 1776
(Original: Goethe-Museum Düsseldorf)

FAUST · FRÜHE FASSUNG

Nach der Handschrift
des Hoffräuleins Luise von Göchhausen

Nacht.

In einem hochgewölbten engen gothischen Zimmer.
Faust unruhig auf seinem Sessel am Pulten

Hab nun ach die Philosophey
Medizin und Juristerey,
Und leider auch die Theologie
Durchaus studirt mit heisser Müh.
Da steh ich nun ich armer Tohr.
Und bin so klug als wie zuvor.
Heisse Docktor und Professor gar
Und ziehe schon an die zehen Jahr
Herauf herab und queer und krum
Meine Schüler an der Nas herum
Und seh daß wir nichts wissen können,
Das will mir schier das Herz verbrennen.
Zwar bin ich gescheuter als alle die Laffen
Docktors, Professors, Schreiber und Pfaffen
Mich blagen keine Skrupel noch Zweifel
Fürcht mich weder vor Höll noch Teufel.
Dafür ist mir auch all Freud entrissen
Bild mir nicht ein was rechts zu wissen
Bild mir nicht ein ich könnt was lehren
Die Menschen zu bessern und zu bekehren,
Auch hab ich weder Gut noch Geld
Noch Ehr und Herrlichkeit der Welt.
Es mögt kein Hund so länger leben
Drum hab ich mich der Magie ergeben
Ob mir durch Geistes Krafft und Mund
Nicht manch Geheimniß werde kund.
Daß ich nicht mehr mit sauren Schweis
Rede von dem was ich nicht weis.

KONKORDANZ-ZEILE:
Faust. Frühe Fassung, v. 1-28 entspricht (≈) *Faust 1*, v. 354-381

Daß ich erkenne was die Welt
Im innersten zusammenhält
Schau alle Würkungskrafft und Saamen
Und thu nicht mehr in Worten kramen.

O sähst du voller Mondenschein
Zum lezten mal auf meine Pein
Den ich so manche Mitternacht
An diesen Pult heran gewacht.
Dann über Bücher und Papier
Trübseelger Freund erschienst du mir.
Ach könnt ich doch auf Berges Höhn
In deinem lieben Lichte gehn
Um Bergeshöhl mit Geistern schweben
Auf Wiesen in deinem Dämmer weben
Von all dem Wissensqualm entladen
In deinem Thau gesund mich baden.

Weh! steck ich in den Kerker noch
Verfluchtes dumpfes Mauerloch
Wo selbst das liebe Himmels Licht
Trüb durch gemahlte Scheiben bricht.
Beschränkt von all dem Bücherhauff
Den Würme nagen, Staub bedekt
Und bis ans hohe Gewölb hinauf
Mit angeraucht Papier besteckt
Mit Gläsern Büchsen rings bestellt
Mit Instrumenten vollgepropft
Uhrväter Hausrath drein gestopft,
Das ist deine Welt, das heisst eine Welt!

Und fragst du noch warum dein Herz
Sich inn in deinem Busen klemmt?
Warum ein unerklärter Schmerz
Dir alle Lebensregung hemmt.
Statt all der lebenden Natur
Da Gott die Menschen schuf hinein
Umgiebt in Rauch und Moder nur
Dich Tiergeripp und Todtenbein.

29-64 ≈ 382-417

Flieh! Auf hinaus in's weite Land!
Und dies geheimnissvolle Buch
Von Nostradamus eigner Hand
Ist dir das nicht Geleit genung?
Erkennest dann der Sterne Lauf
Und wenn Natur dich unterweist
Dann geht die Seelenkrafft dir auf
Wie spricht ein Geist zum andern Geist.
Umsonst daß trocknes Sinnen hier
Die heilgen Zeichen dir erklärt
Ihr schwebt ihr Geister neben mir
Antwortet mir wenn ihr mich hört.

/: er schlägt das Buch auf und erblickt das Zeichen des Makrokosmus :/

Ha welche Wonne fließt in diesem Blick
Auf einmal mir durch alle meine Sinnen.
Ich fühle iunges heilges Lebens glück,
Fühl neue Glut durch Nerv und Adern rinnen.
War es ein Gott der diese Zeichen schrieb?
Die all das innre Toben stillen
Das arme Herz mit Freude füllen
Und mit geheimnissvollen Trieb
Die Kräffte der Natur enthüllen
Bin ich ein Gott? mir wird so licht!
Ich schau in diesen reinen Zügen
Die winkende* Natur vor meiner Seele liegen.
Jetzt erst erkenn' ich was der Weise spricht:
»Die Geister Welt ist nicht verschlossen
»Dein Sinn ist zu, dein Herz ist todt
»Auf bade Schüler unverdrossen
»Die irrdsche Brust im Morgenroth.«

/: er beschaut das Zeichen :/

* *Faust I, v. 441:* wirkende

Wie alles sich zum Ganzen webt
Eins in dem andern würkt und lebt
Wie Himmels kräffte auf und nieder steigen
Und sich die goldnen Eimer reichen!
Mit Seegenduftenden Schwingen
Vom Himmel durch die Erde dringen
Harmonisch all das all durchklingen.

Welch Schauspiel! aber ach ein Schauspiel nur
Wo fass ich dich unendliche Natur!
Euch Brüste wo! Ihr Quellen alles Lebens
An denen Himmel und Erde hängt
Dahin die welke Brust sich drängt.
Ihr quellt, ihr tränkt, und schmacht ich so vergebens!

/: er schlägt unwillig das Buch um und erblickt das Zeichen des Erdgeistes :/

Wie anders würckt dies Zeichen auf mich ein!
Du Geist der Erde bist mir näher
Schon fühl ich meine Kräffte höher
Schon glüh ich wie vom neuen Wein
Ich fühle Muth mich in die Welt zu wagen
All Erden weh und all ihr Glück zu tragen
Mit Stürmen mich herum zu schlagen
Und in des Schiffbruchs Knirschen nicht zu zagen.
Es wölckt sich über mir
Der Mond verbirgt sein Licht!
Die Lampe schwindet!
Es dampft! Es zucken rothe Stralen
Mir um das Haupt. Es weht
Ein Schauer vom Gewölb herab
Und faßt mich an.
Ich fühls du schwebst um mich
Erflehter Geist!
Enthülle dich.
Ha! wie's in meinem Herzen reisst!
Zu neuen Gefühlen
All meine Sinne sich erwühlen

94-127 ≈ 447-79

Ich fühle ganz mein Herz Dir hingegeben!
Du musst! Du musst! Und kostet es mein Leben.
/: er fasst das Buch und spricht das Zeichen des Geists geheimnisvoll aus. Es zuckt eine röthliche Flamme, der Geist erscheint in der Flamme, in wiederlicher Gestallt :/

Geist.

Wer ruft mir!

Faust, abwendent

Schröckliches Gesicht!

Geist

Du hast mich mächtig angezogen
An meiner Sphäre lang gesogen,
Und nun –

Faust

Weh ich ertrag dich nicht.

Geist

Du flehst erathmend mich zu schauen
Meine Stimme zu hören mein Antliz zu sehn,
Mich neigt dein mächtig Seelen Flehn.
Da bin ich! Welch erbärmlich Grauen
Fasst Uebermenschen dich! Wo ist der Seele Ruf?
Wo ist die Brust die eine Welt in sich erschuf,
Und trug, und heegte, und mit Freude Beben
Erschwoll sich uns den Geistern gleich zu heben
Wo bist du Faust des Stimme mir erklang?
Der sich an mich mit allen Kräfften drang?
Du! der, den kaum mein Hauch umwittert
In allen Lebenstiefen zittert,
Ein furchtsam weggekrümmter Wurm.

Faust.

Soll ich dir Flammenbildung weichen!
Ich bin's, bin Faust, bin deines gleichen.

Geist

In Lebensfluthen im Thatensturm
Wall ich auf und ab
Webe hin und her

128-51 ≈ 480-503

Geburt und Grab
Ein ewges Meer
Ein wechselnd Leben!*
So schaff ich am sausenden Webstul der Zeit
Und würke der Gottheit lebendiges Kleid

Faust.

Der du die weite Weit umschweiffst
Geschäfftger Geist wie nah fühl ich mich dir

Geist.

Du gleichst dem Geist den du begreiffst,
Nicht mir!

/: verschwindet :/

Faust zusammenstürzend :/

Nicht dir!
Wem denn?
Ich Ebenbild der Gottheit!
Und nicht ein mal dir!

/: es klopft :/

O Todt! ich kenns das ist mein Famulus.
Nun werd ich tiefer tief zu nichte,
Daß diese Fülle der Gesichte
Der trokne Schwärmer stören muß.

Wagner im Schlafrock und der Nachtmütze, eine Lampe in der Hand. Faust wendet sich unwillig.

Wagner.

Verzeiht! ich hört euch deklamiren!
Ihr last gewiß ein griechisch Trauerspiel
In dieser Kunst mögt ich was profitiren
Denn heutzutage würkt das viel.
Ich hab es öffters rühmen hören
Ein Kommödiant könnt einen Pfarrer lehren.

---

* *Faust I, v. 506f.:* Ein wechselnd Weben, | Ein glühend Leben,

Faust

Ja wenn der Pfarrer ein Commödiant ist.
Wie das denn wohl zu Zeiten kommen mag.

Wagner

Ach wenn man in sein Museum gebannt ist,
Und sieht die Welt kaum einen Feyertag.
Man weis nicht eigentlich wie sie zu guten Dingen
Durch Ueberredung hinzubringen.

Faust.

Wenn ihrs nicht fühlt ihr werdets nicht erjagen.
Wenns euch nicht aus der Seele dringt
Und mit urkräftigen Behagen
Die Herzen aller Hörer zwingt.
Sizzt ihr einweil und leimt zusammen,
Braut ein Ragout von andrer Schmaus,
Und blast die kümmerlichen Flammen
Aus eurem Aschenhäufgen aus
Bewundrung von Kindern und Affen
Wenn euch darnach der Gaumen steht!
Doch werdet ihr nie Herz zu Herzen schaffen,
Wenn es euch nicht von Herzen geht.

Wagner.

Allein der Vortrag nüzt dem Redner viel.

Faust.

Was Vortrag! der ist gut im Puppenspiel
Mein Herr Magister hab er Krafft!
Sey er kein Schellenlauter Thor!
Und Freundschafft, Liebe, Brüderschafft,
Trägt die sich nicht von selber vor.
Und wenns euch Ernst ist was zu sagen
Ists nöthig Worten nachzujagen.
Und all die Reden die so blinkend sind
In denen ihr der Menschheit Schnizzel kräuselt,
Sind neu erquicklich* wie der Nebelwind
Der herbstlich durch die dürren Blätter säuselt.

---

* *Faust I, v. 556:* unerquicklich

175-78 ≈ 528-31 | 179 nur hier | 180-93 ≈ 533-46 | 194-95 nur hier | 196 ≈ 549 | 197 nur hier | 198-204 ≈ 551-57

Wagner

Ach Gott die Kunst ist lang
Und kurz ist unser Leben!
Mir wird bey meinem kritischen Bestreben
Doch offt um Kopf und Busen bang
Wie schwer sind nicht die Mittel zu erwerben,
Durch die man zu den Quellen steigt,
Und eh man nur den halben Weeg erreicht,
Muß wohl ein armer Teufel sterben.

Faust.

Das Pergament ist daß der heilge Bronnen,
Woraus ein Trunk den Durst auf ewig stillt.
Erquikung hast du nicht gewonnen
Wenn sie dir nicht aus eigner Seele quillt.

Wagner

Verzeiht es ist ein gros Ergözzen
Sich in den Geist der Zeiten zu versezzen.
Zu schauen wie vor uns ein weiser Mann gedacht,
Und wie wirs dann zulezt so herrlich weit gebracht.

Faust

O ia bis an die Sterne weit.
Mein Freund die Zeiten der Vergangenheit,
Sind uns ein Buch mit sieben Siegeln.
Was ihr den Geist der Zeiten heisst
Das ist im Grund der Herren eigner Geist,
In dem die Zeiten sich bespiegeln.
Da ists denn warrlich offt ein Jammer
Man läufft euch bey dem ersten Blick davon.
Ein Kehrichtfass und eine Rumpelkammer,
Und höchstens eine Haupt und Staats aktion.
Mit trefflichen pragmatischen Maximen,
Wie sie den Puppen wohl im Munde ziemen.

Wagner

Allein die Welt! des Menschen Herz und Geist!
Mögt ieglicher doch was davon erkennen.

Faust.

Ja was man so erkennen heisst.

205-35 ≈ 558-88

Wer darf das Kind beym rechten Nahmen nennen?
Die wenigen die was davon erkannt
Die Thörig gnug ihr volles Herz nicht wahrten.
Den Pöbel ihr Gefühl ihr Schauen offenbaarten
Hat man von ie gekreuzigt und verbrannt.
Ich bitt euch Freund es ist tief in der Nacht
Wir müßen diesmal unterbrechen.

Wagner.

Ich hätte gern bis morgen früh gewacht,
Um so gelehrt mit euch mich zu besprechen. /: ab :/

Faust:

Wie nur dem Kopf nicht alle Hoffnung schwindet,
Der immer fort an schaalen Zeuge klebt,
Mit gierger Hand nach Schätzen gräbt,
Und froh ist wenn er Regenwürmer findet.*

Mephistopheles im Schlafrock eine grose Perrücke auf. Student.

Student.

Ich bin alhier erst kurze Zeit,
Und komme voll Ergebenheit
Einen Mann zu sprechen und zu kennen
Den alle wir mit Ehrfurcht nennen.

Mephistopheles

Eure Höflichkeit erfreut mich sehr,
Ihr seht einen Mann wie andre mehr.
Habt ihr euch hier schon umgethan.

Student

Ich bitt euch nehmt euch meiner an.
Ich komm mit allem gutem Muth,
Ein leidlich Geld und frischem Blut.
Meine Mutter wollt mich kaum entfernen,
Mögte gern was rechts hier aussen lernen.

---

* *Im Faust I folgen dem die Verse 606-1867, mit denen die ›große Lücke‹ der Frühen Fassung geschlossen wurde.*

236-44 ≈ 589-97 | 245-48 ≈ 602-05 || 249-60 ≈ 1868-79

Meph:
Da seyd ihr eben recht am Ort.
Student
Aufrichtig! Mögt schon wieder fort!
Sieht all so trocken ringsum aus
Als säs Heishunger in iedem Haus.
Meph:
Bitt euch! dran euch nicht weiter kehrt,
Hier alles sich vom Studenten nährt.
Doch erst, wo werdet ihr logiren?
Das ist ein Hauptstück!
Student
Wolltet mich führen*
Bin warrlich ganz ein irres Lamm.
Mögt gern das gute so allzusamm,
Mögt gern das böse mir all vom Leib,
Und Freyheit, auch wohl Zeitvertreib,
Mögt auch dabey studiren tief,
Dass mirs über Kopf und Ohren lief!
O Herr helft dass meiner Seel
Am guten Wesen nimmer fehl.
Mephis: krazt sich.
Kein Logie habt ihr? wie ihr sagt.
Student.
Hab noch nicht 'mal darnach gefragt.
Mein Wirthshaus nährt mich leidlich gut,
Feines Mägdlein drinn aufwarten thut.
Meph:
Behüte Gott das führt euch weit!
Caffee und Billard! Weh dem Spiel!
Die Mägdlein ach sie geilen viel!
Vertripplistreichelt eure Zeit.
Dagegen sehn wirs leidlich gern,
Dass alle Studiosi nah und fern
Uns wenigstens einmal die Wochen

* *Gegen die Handschrift als 2. Halbvers von 268 zu lesen (Reimordnung!)*

261-62 ≈ 1880-81 | 263-71 nur hier | 272 ≈ 1906 | 273-87 nur hier

Kommen untern Absaz gekrochen.
Will einer an unserm Speichel sich lezzen
Den thun wir zu unsrer Rechten sezzen.

Student.

Mir wird ganz greulich vorm Gesicht!

Meph:

Das schadt der guten Sache nicht.
Dann fordersamst mit dem Logie
Wüßt ich euch wohl nichts bessers hie,
Als geht zu Frau Sprizbierlein morgen
Weis Studiosos zu versorgen.
Hats Haus von oben bis unten voll,
Und versteht weidlich was sie soll.
Zwar Noes Arche war saubrer gefacht,
Doch ists einmal so hergebracht.
Ihr zahlt was andre vor euch zahlten
Die ihren Nahm aufs –Haus* mahlten.

Student.

Wird mir fast so eng um's Herz herum
Als zu Haus im Colegium.

Meph:

Euer Logie wär nun bestellt.
Nun euren Tisch für leidlich Geld!

Student.

Mich dünkt das gäb sich alle nach,
Wer erst von Geists Erweitrung sprach!

Meph:

Mein Schatz! das wird euch wohl verziehn,
Kennt nicht den Geist der Akademien.
Der Mutter Tisch müßt ihr vergessen,
Klar Wasser geschiedne Butter fressen.
Statt Hopfen Keim und iung Gemüs,
Geniessen mit Dank Brennesseln süs,
Sie thun einen Gänse stuhlgang treiben,

---

* *'Anstandsstrich' als Auslassungszeichen (wohl der Schreiberin) für* Scheiß–

288-315 nur hier

Aber eben drum nicht bass bekleiben,
Hammel und Kalb kühren ohne End,
Als wie unsers Herr Gotts Firmament.
Doch zahlend wird von euch ergänzt
Was Schwärmerian vor euch geschwänzt.
Müsst euren Beutel wohl versorgen,
Besonders keinem Freunde borgen
Aber redlich zu allen Maalen
Wirth, Schneider und Professor zahlen.

Student.

Hochwürdger Herr das findet sich.
Aber nun bitt ich leitet mich!
Mir steht das Feld der Weisheit offen,
Wäre gern so grade zu geloffen,
Aber sieht drinn so bunt und kraus
Auch seitwärts wüst und trocken aus
Fern thät sich's mir vor die Sinnen stellen,
Als wie ein Tempe voll frischer Quellen.

Meph:

Sagt mir erst eh ihr weiter geht,
Was wählt ihr für eine Fakultät?

Student

Soll zwar ein Mediziner werden,
Doch wünscht ich rings von aller Erden,
Von allem Himmel und all Natur,
So viel mein Geist vermögt zu fassen.

Meh:

Ihr seyd da auf der rechten Spur,
Doch müßt ihr euch nicht zerstreuen lassen
Mein theurer Freund ich rath euch drum,
Zuerst Collegium Logikum.
Da wird der Geist euch wohl dressirt,
In Spansche Stiefeln eingeschnürt,
Dass er bedächtger so fort an
Hinschleiche die Gedanken Bahn.
Und nicht etwa die Kreuz und Queer
Irrlichtelire den Weeg daher.

316-32 nur hier | 333-34 ≈ 1896-97 | 335 nur hier | 336-40 ≈ 1898-1903 | 341-48 ≈ 1910-17

Dann lehret man euch manchen Tag,
Daß was ihr sonst auf Einen Schlag
Getrieben wie Essen und trinken frey,
Eins! Zwey! Drey! dazu nöthig sey.
Zwar ists mit der Gedanken Fabrick
Wie mit einem Weber Meisterstück,
Wo ein Tritt tausend Fäden regt
Die Schifflein rüber hinüber schiessen
Die Fäden ungesehen fliessen.
Ein Schlag tausend Verbindungen schlägt.
Der Philosoph der tritt herein
Und beweist euch es müßt so seyn.
Das erst wär so, das zweyte so
Und drum das dritt und virte so.
Und wenn das erst und zweyt nicht wär
Das dritt und viert wär nimmermehr.
Das preisen die Schüler aller Orten
Sind aber keine Weber worden.
Wer will was lebigs erkennen und beschreiben,
Muß erst den Geist herauser treiben,
Dann hat er die Theil in seiner Hand,
Fehlt leider nur das geistlich Band.
Encheiresin naturae nennts die Chimie!
Bohrt sich selbst einen Esel und weis nicht wie.

Student

Kann euch nicht eben ganz verstehen.

Meph:

Das wird nächstens schon besser gehen.
Wenn ihr lernt alles reduziren,
Und gehörig klassifiziren.

Student.

Mir wird von allem dem so dumm
Als ging mir ein Mühlrad im Kopf herum.

Meph:

Nachher vor allen andern Sachen
Müßt ihr euch an die Metaphisick machen,
Da seht daß ihr tiefsinnig fasst,

Was in des Menschen Hirn nicht passt,
Für was drein geht und nicht drein geht,
Ein prächtig Wort zu Diensten steht.
Doch vorerst dieses halbe Jahr
Nehmt euch der besten Ordnung wahr.
Fünf Stunden nehmt ihr ieden Tag,
Seyd drinne mit dem Glockenschlag.
Habt euch zu Hause wohl preparirt,
Paragraphos wohl einstudirt.
Damit ihr nachher besser seht
Dass er nichts sagt als was im Buche steht.
Doch euch des Schreibens ia befleisst,
Als dicktirt euch der heilig Geist.

Student.

Verzeiht ich halt euch auf mit vielen Fragen
Allein ich muß euch noch bemühn.
Wollt ihr mir von der Medizin,
Nicht auch ein kräfftig Wörtgen sagen!
Drey Jahr ist eine kurze Zeit,
Und Gott das Feld ist gar zu weit.
Wenn man ein' Fingerzeig nur hat
Lässt sichs schon ehe weiter fühlen.

Meh:/: vor sich :/

Bin des Professor Tons nun satt,
Will wieder einmal den Teufel spielen.

/: laut :/

Der Geist der Medizin ist leicht zu fassen,
Ihr durchstudirt die gros und kleine Welt,
Um es am Ende gehn zu lassen
Wie's Gott gefällt.
Vergebens daß ihr ringsum wissenschafftlich schweift,
Ein ieder lernt nur was er lernen kann.
Doch der den Augenblick ergreift,
Das ist der rechte Mann.
Ihr seyd noch ziemlich wohl gebaut,
An Kühnheit wirds euch auch nicht fehlen,
Und wenn ihr euch nur selbst vertraut

382-94 ≈ 1951-63 | 395-415 ≈ 2001-21

Vertrauen euch die andern Seelen.
Besonders lernt die Weiber führen
Es ist ihr ewig Weh und Ach
So tausendfach,
Aus Einem Punckte zu kuriren.
Und wenn ihr halbweeg ehrbaar thut,
Dann habt ihr sie all unterm Hut.
Ein Titel muß sie erst vertraulich machen,
Dass eure Kunst viel Künste übersteigt
Zum Willkomm tappt ihr dann nach allen Siebensachen,
Um die ein andrer viele Jahre streicht.
Versteht das Pülslein wohl zu drücken,
Und fasset sie mit feurig schlauen Blicken,
Wohl um die schlanke Hüfte frey
Zu sehn wie fest geschnürt sie sey.

Student.

Das sieht schon besser aus als die Philosophie.

Meh:

Grau, theurer Freund, ist alle Theorie
Und grün des Lebens goldner Baum.

Student.

Ich schwör euch zu mir ists als wie ein Traum.
Dürft ich euch wohl ein andermal beschweeren,
Von eurer Weisheit auf den Grund zu hören.

Meph:

Was ich vermag soll gern geschen

Student.

Ich kann ohnmöglich wieder gehn,
Ich muß euch noch mein Stammbuch überreichen,
Gönn eure Gunst mir dieses Zeichen.

Meph:

Sehr wohl.

/: er schreibt und giebts :/

Student /: liest :/

Eritis sicut Deus scientis bonum et malum.*

/: machts ehrbietig zu und empfielt sich :/

---

* *Faust I, v. 2048 richtig:* SCIENTES

416-42 ≈ 2022-48

Meph:
Folg nur dem alten Spruch von meiner Muhme der Schlange,
Dir wird gewiss einmal bey deiner Gottähnlichkeit bange.

Auerbachs Keller
in Leipzig.

Zeche lustiger Gesellen

Frosch

Will keiner sauffen keiner lachen!
Ich werd euch lehren Gesichter machen!
Ihr seyd ia heut wie nasses Stroh
Und brennt sonst immer lichterloh.

Brander

Das liegt an dir, du bringst ia nichts herbey,
Nicht eine Dummheit, keine Sauerey.

Frosch /: gießt ihm ein Glas Wein übern Kopf :/

Da hast du beides!

Brander

Esel! Schwein!

Frosch

Muß man mit euch nicht beydes seyn.

Siebel.

Drey Teufel! ruht! und singt runda! und drein gesoffen drein gekrischen. Holla he! Auf! He da!

Alten.

Baumwolle her! der sprengt uns die Ohren.

Siebel

Kann ich davor dass das verflucht niedrige Gewölbe so wiederschallt. Sing.

Frosch.

A! Tara! Tara! lara! di! – Gestimmt ist! Und was nun

Das liebe heilge römsche Reich
Wie hälts nur noch zusammen.

443-44 ≈ 2049-50 || 445-52 ≈ 2073-80 | z. 1-8 ≈ (mit erheblichen Abweichungen) v. 2081-91

Brander.

Pfuy ein garstig Lied! Ein politisch Lied, ein leidig Lied Dankt Gott dass euch das heilige römische Reich nichts angeht. Wir wollen einen Papst wählen.

Frosch

Schwing dich auf Frau Nachtigall
Grüs mein Liebgen zehntausendmal.

Siebel.

Wetter und Todt. Grüs mein Liebgen! – Eine Hammelmauspastete mit gestopften dürren Eichenblättern vom Blocksberg, durch einen geschundnen Haasen mit dem Hahnenkopf überschickt, und keinen Grus von der Nachtigall. Hatt sie mich nicht – Meinen Stuz bart und alle Appartinenzien hinter die Thüre geworfen wie einen stumpfen Besen, und das um – drey Teufel! Keinen Grus sag ich dir als die Fenster eingeschmissen

Frosch /: den Krug auf den Tisch stossend :/

Ruh iezt! – Ein neu' Lied Kammeraden, ein alt Lied wenn ihr wollt! – Aufgemerkt und den Rundreim mit gesungen. Frisch und hoch auf! –

Es war ein Ratt im Keller Nest,
Lebt nur von Fett und Butter,
Hätt sich ein Ränzlein angemäst
Als wie der – – – – *
Die Köchin hätt ihr Gift gestellt
Da wards so eng ihr in der Welt,
Als hett sie Lieb im Leibe!

Chorus iauchzend

Als hett sie Lieb im Leibe.

Frosch

Sie fuhr herum sie fuhr her aus
Und soff aus allen Pfüzzen,
Zernagt zerkrazt das ganze Haus,

* *Faust I, v. 2129:* Doktor Luther.

z. 9-10 ≈ v. 2092-94 | z. 11 ≈ v. 2098 | z. 12-13 ≈ v. 2101-02 | z. 14-20 nur hier | z. 20-21 ≈ v. 2117-18 | z. 22-35 ≈ v. 2124-36

Wollt nichts ihr Wüten nützen.
Sie thät so manchen Aengstesprung
Bald hätt das arme Tier genung,
Als hett es Lieb im Leibe.

Chorus

Als hett es Lieb im Leibe

Frosch

Sie kam vor Angst am hellen Tag
Der Küche zu gelaufen,
Fiel an den Heerd und zuckt und lag
Und thät erbärmlich schnauffen.
Da lachte die Vergifftrinn noch:
Ha sie pfeift auf dem lezten Loch
Als hett sie Lieb im Leibe.

Chorus

Als hett sie Lieb im Leibe.

Siebel.

Und eine hinlängliche Portion Rattenpulver der Köchin in die Suppe. Ich bin nit mitleidig, aber so eine Ratte könnte einen Stein erbarmen.

Brander

Selbst Ratte! Ich mögte den Schmeerbauch so am Heerde sein Seelgen ausblasen sehn!

Faust, Mephistopheles.

Meph:

Nun schau wie sie's hier treiben! Wenn dirs gefällt, dergleichen Sozietät schaff ich dir Nacht nächtlich

Faust

Guten Abend ihr Herren

Alle

Grosen Dank!

Siebel

Wer ist der Storcher da!

Brander.

Still! das ist was vornehmes inkognito, sie haben so was unzufriednes böses im Gesicht.

z. 36-48 ≈ v. 2137-49 | z. 49-53 ≈ (mit erheblichen Abweichungen) v. 2150-57 | z. 54-55 nur hier | z. 56-57 ≈ v. 2183 | z. 58 nur hier | z. 59-60 ≈ v. 2177-78

Siebel

Pah! Commödianten wenns hoch kommt.

Meph: /: leise :/

Merks! den Teufel vermuthen die Kerls nie so nah er ihnen immer ist.

Frosch.

Ich will 'en die Würme schon aus der Nase ziehn, wo sie herkommen! – Ist der Weeg von Rippach herüber so schlimm, dass ihr so tief in die Nacht habt reisen müssen.

Faust.

Wir kommen den Weeg nit

Frosch.

Ich meinte etwa ihr hättet bey den berühmten Hans drüben zu Mittag gespeißt

Faust.

Ich kenn ihn nicht.

/: die andern lachen :/

Frosch.

O er ist von altem Geschlecht. Hat eine weitläufige Familie.

Meph:

Ihr seyd wohl seiner Vettern einer.

Brander /: leise zu Frosch :/

Stecks ein! der versteht den Rummel.

Frosch.

Bey Wurzen ists fatal, da muß man so lang auf die Fähre manchmal warthen.

Faust.

So!

Siebel /: leise :/

Sie kommen aus dem Reiche man siehts 'en an. Lasst sie nur erst fidel werden. – Seyd ihr Freunde von einen herzhaften Schluck! Herbey mit euch.

Meph:

Immer zu. /: sie stoßen an und trinken :/

Frosch.

Nun Herrn ein Liedgen. Für einen Krug ein Liedgen, das ist billig.

z. 61 ≈ v. 2179 | z. 62-63 ≈ v. 2181-82 | z. 64 ≈ (mit erheblichen Abweichungen) v. 2176 | z. 65-73 ≈ (mit erheblichen Abweichungen) v. 2189-95 | z. 74-82 nur hier

Faust

Ich habe keine Stimme.

Meph:

Ich sing eins für mich, zwey für meinen Cammeraten, hundert wenn ihr wollt, wir kommen aus Spanien wo Nachs* so viel Lieder gesungen werden als Sterne am Himmel stehn.

Brander

Das verbät ich mir, ich hasse das Geklimpere, ausser wenn ich einen Rausch habe, und schlafe daß die Welt untergehen dürfte. – Für kleine Mädgen ists so was die nit schlafen können, und am Fenster stehen Monden Kühlung einzusuckeln.

Meph:

Er** war einmal ein König
Der hett einen grosen Floh!

Siebel

Stille! Horch! Schöne Rarität! schöne Liebhaberey!

Frosch.

Noch ein mahl.

Meph:

Es war einmal ein König
Der hett einen grosen Floh
Den liebt er gar nit wenig
Als wie sein eignen Sohn,
Da rief er seinen Schneider,
Der Schneider kam heran:
Da mess den Junker Kleider
Und meß ihm Hosen an.

Siebel

Wohl gemeßen! Wohl! /: sie schlagen in ein Gelächter aus :/ Daß sie nur keine Falten werfen!

Meph:

In Sammet und in Seide
War er nun angethan

---

* *Schreibfehler für* Nachts
** *Faust I, v. 2211:* Es

z. 83-84 nur hier | z. 85-87 ≈ (mit erheblichen Abweichungen) v. 2205-06 | z. 88-92 nur hier | z. 93-108 ≈ (mit erheblichen Abweichungen) v. 2207-24

Hätte Bänder auf dem Kleide
Hätt auch ein Kreutz daran.
Und war so gleich Minister
Und hätt einen grosen Stern,
Da wurden sein Geschwister
Bey Hof auch grose Herrn.

Und Herrn und Fraun am Hofe
Die waren sehr geplagt,*
Und durften sie nicht knicken,
Und weg sie jagen nicht
Wir knicken und ersticken
Doch gleich wenn einer sticht.

Chorus, iauchzend :/

Wir kniken und ersticken
Doch gleich wenn einer sticht.

Alle durch einander.

Bravo! Bravo! Schön und trefflich! Noch eins! Noch ein paar Krüg. Noch ein paar Lieder.

Faust.

Meine Herren! Der Wein geht an! Geht an wie in Leipzig die Weine alle angehn müssen. Doch dünckt mich ihr würdet erlauben daß man euch aus einem andern Fasse zapfte.

Siebel

Habt ihr einen eignen Keller? Handelt ihr mit Weinen? Seid ihr vielleicht von denen Schelmen aus 'm Reich? –

Alten.

Wart ein bissgen! /: ersteht auf :/ Ich hab so eine Probe, ob ich weiter trinken darf. /: Er macht die Augen zu und steht eine Weile :/ Nun! nun! das Köpfgen schwanckt schon!

Siebel

Pah! eine Flasche! Ich wills vor Gott verantworten und vor deiner Frauen. Euren Wein!

* *Faust I folgt v. 2233 f.:* Die Königin und die Zofe | Gestochen und genagt,

Faust.

Schafft mir einen Bohrer.

Frosch

Der Wirth hat so ein Körbel mit Werckzeug in der Ecke stehn.

Faust. nimmt den Bohrer

Gut! Was verlangt ihr für Wein?

Frosch

He!

Faust

Was für ein Gläsgen mögtet ihr trinken? Ich schaffs euch!

Frosch.

He! He! So ein Glas Reinwein ächten Nierensteiner.

Faust

Gut! /: er bohrt in den Tisch an Froschens Seite :/ Nun schafft Wachs!

Alten

Da ein Kerzenstümpfgen.

Faust

So! /: er stopft das Loch :/ Halt iezzo! – und ihr?

Siebel

Muskaten Wein! Spanischen Wein sonst keinen Tropfen. Ich will nur sehn wo das hinaus läufft.

Faust /: bohrt und verstopft :/.

Was beliebt euch?

Alten

Rothen Wein! Einen Französchen! – Die Franzosen kann ich nicht leiden, so grosen Respeckt ich vor ihren Wein hab.

Faust /: wie oben :/

Nun was schafft ihr?

Brander

Hält er uns für'n Narren?

Faust

Schnell Herr nennt einen Wein!

Brander

Tockayer denn! – Soll er doch nicht aus dem Tische laufen!

z. 136-55 ≈ (mit erheblichen Abweichungen) v. 2257-76

Faust.

Stille iunger Herr! – Nun aufgeschaut! Die Gläser untergehalten. Jeder ziehe den Wachspfropfen heraus! Dass aber kein Tropfen an die Erde fällt, sonst giebts ein Unglük!

Alten

Mir wirds unheimlich. Der hat den Teufel.

Faust

Ausgezogen!

/: Sie ziehn die Pfropfen, iedem läuft der verlangte Wein in's Glas :/

Faust

Zugestopft! Und nun versucht!

Siebel

Wohl! trefflich wohl!

Alle

Wohl! Majestatisch wohl! – Willkommner Gast.

/: sie trinken wiederhohlt :/

Meph:

Sie sind nun eingeschifft.

Faust

Gehn wir!

Meph:

Noch ein Moment.

Alle singen.

Uns ist gar kannibalisch wohl
Als wie fünfhundert Säuen!

/: Sie trinken wiederholt, Siebel lässt den Pfropf fallen, es fliest auf die Steine und wird zur Flamme die an Siebeln hinauf lodert :/

Siebel.

Hölle und Teufel!

Brander

Zauberey! Zauberey!

Faust

Sagt ichs euch nicht.

/: er verstopft die Oeffnung und spricht einge Worte, die Flamme flieht :/

z. 156-71 ≈ (mit erheblichen Abweichungen) v. 2290-2300

Siebel.

Herr und Satan! – Meynt er, er dürft in ehrliche Gesellschafft sich machen und sein Höllisches Hokuspokus treiben.

Faust

Stille Mastschwein!

Siebel.

Mir Schwein! Du Besenstil! Brüder! Schlagt ihn zusammen! Stost ihn nieder! /: sie ziehn die Messer :/ Ein Zauberer ist Vogelfrey! Nach den Reichsgesetzen Vogelfrey.

/: Sie wollen über Fausten her, er winckt, sie stehn in frohem Erstaunen auf einmal und sehn einander an :/

Siebel

Was seh ich! Weinberge!

Brander

Trauben um diese Jahrs zeit.

Alten

Wie reif! Wie schön!

Frosch

Halt das ist die schönste! /: sie greifen zu, kriegen einander bey den Nasen, und heben die Messer :/

Faust.

Halt! – Geht und schlaft euren Rausch aus!

/: Faust und Meph: ab. Es gehen ihnen die Augen auf; sie fahren mit Geschrey aus einader* :/

Siebel

Meine Nase! War das deine Nase? Waren das die Trauben? Wo ist er?

Brander

Fort! Es war der Teufel selbst.

Frosch

Ich hab ihn auf einem Fasse hinaus reiten sehn

Alten

Hast du! Da ist gewiß auf den Marckt nit sicher – Wie kommen wir nach Hause.

---

* *Faust I, nach v. 2321:* aus einander.

z. 172-87 ≈ (mit erheblichen Abweichungen) v. 2306-30 | z. 188-89 nur hier

Brander

Siebel geh zu erst!

Siebel

Kein Narr!

Frosch

Kommt wir wecken die Häscher unterm Rathaus, für ein Trinck geld thun die wohl ihre Schuldigkeit. Fort!

Siebel

Sollte wohl der Wein noch laufen.

/: er visitirt die Pfropfen :/

Alten

Bildt dirs nicht ein! Trocken wie Holz!

Frosch

Fort ihr Bursche! Fort!

/: alle ab :/

Land Strase.

Ein Kreuz am Weege, rechts auf dem Hügel ein altes Schloß, in der Ferne ein Bauerhüttgen.

Faust

Was giebts Mephisto hast du Eil?
Was schlägst vorm Kreuz die Augen nieder?

Meph:

Ich weis es wohl es ist ein Vorurtheil,
Allein genung mir ists einmal zuwieder.

Strase.

Faust, Margarethe vorübergehend.

Faust.

Mein schönes Fräulein darf ichs wagen
Mein Arm und Geleit ihr anzutragen.

Margarethe.

Bin weder Fräulein weder schön
Kann ohngeleit nach Hause gehn. /: sie macht sich los und ab :/

z. 190-96 nur hier || 453-56 [Land Strase] nur hier || 457-60 ≈ 2605-08

Faust

Das ist ein herrlich schönes Kind
Die hat was in mir angezündt
Sie ist so sitt und tugendreich
Und etwas schnippisch doch zugleich
Der Lippen Roth der Wange Licht
Die Tage der Welt vergess ich's nicht
Wie sie die Augen niederschlägt
Hat tief sich in mein Herz geprägt
Wie sie kurz angebunden war
Das ist nun zum Entzücken gar.

Mephistopheles tritt auf.

Faust

Hör du must mir die Dirne schaffen.

Meph:

Nun welche?

Faust

Sie ging iust vorbey.*

Meph:

Da die! Sie kam von ihren Pfaffen
Der sprach sie aller Sünden frey.
Ich schlich mich hart am Stul herbey.
Es ist ein gar unschuldig Ding
Das eben für nichts zur Beichte ging.
Ueber die hab ich keine Gewalt.

Faust.

Ist über Vierzehn Jahr doch alt.

Meph:

Sprichst ey wie der Hans Lüderlich
Der begehrt iede liebe Blum für sich
Und dünkelt ihm es wär kein Ehr
Und Gunst die nicht zu pflücken wär.
Geht aber doch nicht immer an.

Faust

Mein Herr Magister Lobesan

---

* *Gegen die Handschrift als 2. Halbvers von 472 zu lesen (Reimordnung!)*

461 ≈ 2609 | 462 nur hier | 463-85 ≈ 2611-33

Lass er mich mit dem Gesez in Frieden.
Und das sag ich ihm kurz und gut
Wenn nicht das süse iunge Blut
Heut Nacht in meinen Armen ruht,
So sind wir um Mitternacht geschieden.

Meph:

Bedenkt was gehn und stehen mag
Gebt mir zum wenigst vierzen Tag
Nur die Gelegenheit zu spüren.

Faust

Hätt ich nur sieben Tage Ruh
Braucht keinen Teufel nicht dazu
So ein Geschöpfgen zu verführen.

Meph:

Ihr sprecht schon fast wie ein Franzos.
Drum bitt ich lassts euch nicht verdriessen
Was hilft so grade zu geniessen.
Die Freud ist lange nicht so gros
Als wenn ihr erst herauf herum
Durch allerley Brimborium
Das Püppgen geknät und zugericht
Wies lehret manche Welch* Geschicht.

Faust

Hab Apetit auch ohne das.

Meph:

Jetzt ohne Schimpf und ohne Spas
Ich sag euch mit dem schönen Kind
Geht ein vor allmal nicht geschwind
Mit Sturm ist da nichts einzunehmen
Wir müssen uns zur List bequemen.

Faust

Schaff mir etwas vom Engelsschatz
Führ mich an ihren Ruheplatz
Schaff mir ein Halstuch von ihrer Brust
Ein Strumpfband meiner Liebes Lust.

---

* *Faust I, v. 2652:* welsche

Meph:

Damit ihr seht dass ich eurer Pein
Will förderlich und dienstlich seyn,
Wollen wir keinen Augenblick verliehren
Will euch noch heut in ihr Zimmer führen.

Faust

Und soll sie sehn! Sie haben?

Meph:

Nein
Sie wird bey einer Nachbrinn seyn.
Indessen könnt ihr ganz allein
An aller Hoffnung künftger Freuden
In ihren Dunstkreis satt euch weiden.

Faust

Können wir hin.

Meph:

Es ist noch zu früh.

Faust

Sorg du mir für ein Geschenk für sie. /: ab :/

Meph:

Er thut als wär er ein Fürsten Sohn
Hätt Luzifer so ein Duzzend Prinzen
Die sollten ihm schon was vermünzen
Am Ende kriegt' er eine Comission. /: ab :/

Abend.
Ein kleines reinliches Zimmer
Margrethe ihre Zöpfe flechtend
und aufbindend.

Ich gäb was drum wenn ich nur wüsst
Wer heut der Herr gewesen ist.
Er sah gewiss recht wacker aus
Und ist aus einem edlen Haus
Das konnt ich ihn an der Stirne lesen.
Er wär auch sonst nicht so keck gewesen. /: ab :/

515-25 ≈ 2663-73 | 526-29 nur hier || 530-35 ≈ 2678-83

Meph:, Faust.
Meph:
Herein, ganz leise nur herein.
Faust nach einigem Still-schweigen.
Ich bitte dich lass mich allein.
Meph: herum spürend :/
Nicht iedes Madgen hält so rein. /: ab :/
Faust rings aufschauend.
Willkommen süsser Dämmerschein
Der du dies Heiligthum durchwebst
Ergreif mein Herz du süse Liebespein
Die du vom Tau der Hoffnung schmachtend lebest.
Wie athmet rings Gefühl der Stille,
Der Ordnung, der Zufriedenheit,
In dieser Armuth welche Fülle!
In diesen Kerker welche Seeligkeit!
/: Er wirft sich auf den ledernen Sessel am Bett :/
O nimm mich auf der du die Vorwelt schon
In Freud und Schmerz in offnen Arm empfangen!
Wie offt ach hat an diesem Väter Trohn
Schon eine Schaar von Kindern rings gehangen
Vielleicht hat dankbar für den heilgen Christ
Mein Liebgen hier mit vollen Kinderwangen
Dem Ahnherrn fromm die welke Hand geküsst.
Ich fühl o Mädgen deinen Geist
Der Füll und Ordnung um mich säußeln,
Der Mütterlich dich täglich unterweisst!
Den Teppich auf den Tisch dich reinlich breiten heisst
Sogar den Sand zu deinen Füssen kräuseln.
O liebe Hand so Göttergleich
Die Hütte wird durch dich ein Himmelreich.
Und hier!
/: er hebt einen Bettvorhang auf :/
Was faßt mich für ein Wonnegraus!
Hier mögt ich volle Stunden säumen
Natur! Hier bildetest in leichten Träumen

536-63 ≈ 2684-2711

Den eingebohrnen Engel aus.
Hier lag das Kind, mit warmem Leben
Den zarten Busen angefüllt
Und hier mit heilig reinem Weben
Entwürckte sich das Götterbild.
    Und du! Was hat dich hergeführt?
Wie innig fühl ich mich gerührt!
Was willst du hie? Was wird das Herz dir schweer?
Armseelger Faust ich kenne dich nicht mehr.
    Umgiebt mich hier ein Zauberdufft?
Mich drangs so grade zu geniessen.
Und fühle mich in Liebestraum zerfliessen!
Sind wir ein Spiel von iedem Druck der Lufft.
    Und träte sie den Augenblick herein
Wie würdest du für deinen Frevel büssen
Der grose Hans, ach wie so klein
Läg weggeschmolzen ihr zu Füssen.

Meph:

Geschwind ich seh sie dortunten kommen.

Faust

Komm komm ich kehre nimmermehr!

Meph:

Hier ist ein Kästgen leidlich schweer
Ich habs wo anderswo genommen.
Stellts hier nur immer in den Schrein,
Ich schwör euch ihr vergehn die Sinnen.
Ich sag euch es sind Sachen drein
Um eine Fürstin zu gewinnen.
Zwar Kind ist Kind und Spiel ist Spiel.

Faust

Ich weis nicht soll ich?

Meph:

Fragt ihr viel!

Meynt ihr vielleicht den Schaz zu wahren
Dann rath ich eurer Lüsternheit
Die liebe schöne Tages Zeit
Und mir die weitre Müh zu spaaren.

564-94 ≈ 2712-42

Ich hoff nicht daß ihr geizig seyd.
Ich kraz den Kopf reib an den Händen.
/: er stellt das Kästgen in Schrein und drückt das Schloß wieder zu :/
Nur fort geschwind –
Um euch das süsse iunge Kind
Nach eurem Herzens Will zu wenden
Und ihr seht drein
Als solltet ihr in Hörsaal 'nein.
Als stünden grau leibhafftig vor euch da
Phisick und Metaphisika.
Nur fort – /: ab :/

Margarethe mit einer Lampe.

Es ist so schwül und dumpfig hie
/: sie macht das Fenster auf :/
Und macht doch eben so warm nicht draus
Es wird mir so! Ich weis nicht wie.
Ich wollt die Mutter käm nach Haus,
Mir läufft ein Schauer am ganzen Leib
Bin doch ein törig furchtsam Weib.

/: sie fängt an zu singen indem sie sich auszieht :/

Es war ein König in Tule
Einen goldnen Bächer er hett
Empfangen von seiner Bule
Auf ihrem Todtesbett.

Der Becher war ihm lieber.
Trank draus bey iedem Schmaus.
Die Augen gingen ihm über
So offt er trank daraus.

Und als es kam zu sterben
Zählt' er seine Städt und Reich
Gönnt alles seinen Erben
Den Becher nicht zugleich.

595-622 ≈ 2743-70

Er sas beym Königs Mahle
Die Ritter um ihn her
Auf hohem Väter Saale
Dort auf dem Schloss am Meer.

Dort stand der alte Zecher
Trank lezte Lebens glut
Und warf den heilgen Becher
Hinunter in die Flut.

Er sah ihn stürzen, trincken,
Und sinken tief ins Meer
Die Augen thähten ihn sinken
Trank nie einen Tropfen mehr.

/: sie eröffnet den Schrein ihre Kleider einzuräumen, und erblickt das Schmuckkästgen :/

Wie kommt das schöne Kästgen hier herein?
Ich schloß doch ganz gewiß den Schrein.
Was Guckguck mag dadrinne seyn?
Vielleicht brachts iemand als ein Pfand
Und meine Mutter lieh darauf?
Da hängt ein Schlüsselgen am Band
Ich denke wohl ich mach es auf!
Was ist das? Gott im Himmel schau
So was hab ich mein Tage nicht gesehn!
Ein Schmuck! drinn könnt eine Edelfrau
Am höchsten Feyertag gehn.
Wie sollte mir die Kette stehn?
Wem mag die Herrlichkeit gehören?
/: sie putzt sich damit auf und tritt vor den Spiegel :/
Wenn nur die Ohrring meine wären!
Man sieht doch gleich ganz anders drein.
Was hilft euch Schönheit, iunges Blut
Das ist wohl alles schön und gut,
Allein man läßt auch alles seyn
Man lobt euch halb mit Erbarmen.
Nach Golde drängt

623-54 ≈ 2771-2802

Am Golde hängt
Doch alles! Ach wir Armen!

Allee.

Faust in Gedanken auf und abgehend zu ihm Mephistopheles

Meph:

Bey aller verschmähten Lieb! Beym höllischen Element!
Ich wollt ich wüsst was ärgers, daß ichs fluchen könnt

Faust

Was hast? was petzt dich dann so sehr?
So kein Gesicht sah ich in meinem Leben.

Meph:

Ich mögt mich gleich dem Teufel übergeben,
Wenn ich nur selbst kein Teufel wär.

Faust.

Hat sich dir was im Kopf verschoben?
Es kleidt dich gut das Rasen und das Toben.

Meph:

Denckt nur den Schmuck den ich Margreten schafft,
Den hat ein Pfaff hinweggerafft.
Hätt einer auch Engels blut im Leibe,
Er würde da zum Heerings Weibe.
Die Mutter kriegt das Ding zu schauen,
Es fängt ihr heimlich an zu grauen.
Die Frau hat gar einen feinen Geruch
Schnüffelt immer im Gebet buch,
Und riechts einem ieden Meubel an
Ist das Ding heilig oder profan.
Und an den Schmuck da spürt sie's klar
Daß dabey nit viel Seegen war.
Mein Kind rief sie ungerechtes Gut
Befängt die Seel, zehrt auf das Blut.
Wollens der Mutter Gottes weihen
Wird uns mit Himmels Mann' erfreun.
Margretlein zog ein schiefes Maul,

655-56 ≈ 2803-04 || 657-66 ≈ 2805-14 | 667-68 nur hier | 669-81 ≈ 2815-27

Ist halt dacht sie ein geschenkter Gaul
Und warrlich gottlos ist nicht der
Der ihn so fein gebracht hier her.
Die Mutter lies einen Pfaffen kommen;
Der hatte kaum den Spas vernommen,
Lies sich den Anblick wohl behagen,
Er sprach: ach kristlich so gesinnt!
Wer überwindet der gewint.
Die Kirche hat einen guten Magen.
Hatt ganze Länder aufgefressen
Und doch noch nie sich übergessen.
Die Kirch allein meine Lieben Frauen
Kann ungerechtes Gut verdauen.

Faust.

Das ist ein allgemeiner Brauch
Ein Jud und König kann es auch.

Meph:

Strich drauf ein Spange Kett und Ring
Als wärens eben Pfifferling
Dankt nicht weniger und nicht mehr
Als wenns ein Korb voll Nüsse wär,
Versprach ihnen allen himmlischen Lohn,
Sie wahren sehr erbaut davon.

Faust

Und Gretgen?

Meph:

Sitzt nun unruhvoll
Weis weder was sie will noch soll
Denkt ans Geschmeide Tag und Nacht,
Noch mehr an den ders ihr gebracht.

Faust.

Des Liebgens Kummer thut mir leid
Schaff du ihr gleich ein neu Geschmeid.
Am ersten war ia so nicht viel

Meph:

O ia, dem Herrn ist alles Kinderspiel.

682-710 ≈ 2828-56

Faust.

Und mach, und richts nach meinem Sinn
Häng dich an ihre Nachbarinn.
Sey Teufel doch nur nicht wie Brey
Und schaff einen neuen Schmuck herbey.

Meph:

Ja gnädger Herr von Herzen gerne.

/: Faust ab :/

Meph:

So ein verliebter Tohr verpufft
Euch Sonne Mond und alle Sterne
Zum Zeitvertreib dem Liebgen in die Lufft.

/: ab :/

Nachbarinn Haus

Marthe.

Gott verzeihs meinem lieben Mann
Er hat an mir nicht wohl gethan
Geht da stracks in die Welt hinein
Und läßt mich auf dem Stroh allein.
Thät ihn doch warrlich nicht betrüben
Thät ihn weis Gott recht herzlich lieben.

/: sie weint :/

Vielleicht ist er gar todt! – O Pein!

—— —— —— —— —— ——

—— —— —— —— —— ——

Hätt ich nur einen Todtenschein!

Margrethe kommt.

Frau Marthe!

Marthe.

Gretgen was solls?

Margrethe.

Fast sinken mir die Knie nieder
Da find ich so ein Kästgen wieder
In meinem Schrein von Ebenholz,
Und Sachen herrlich ganz und gar
Weit reicher als das erste war.

711-18 ≈ 2857-64 || 719-34 ≈ 2865-78

Marthe.

Das muß sie nit der Mutter sagen
Thäts wieder gleich zur Beichte tragen

Margareth.

Ach seh sie nur! ach schau sie nur!

Marthe putzt sie auf.

O du glückseelige Creatur!

Margarethe

Darf mich ach leider auf der Gassen
Nicht in der Kirch mit sehen lassen.

Marthe

Komm du nur offt zu mir herüber,
Und leg den Schmuck hier heimlich an;
Spazier ein Stündgen lang dem Spiegelglas vorüber,
Wir haben unsre Freude dran.
Und dann giebts einen Anlas giebts ein Fest
Wo mans so nach und nach den Leuten sehen lässt.
Ein Kettgen erst, die Perle dann in's Ohr,
Die Mutter siehts wohl nicht man macht ihr auch was vor.

/: Es klopft :/

Margrete.

Ach Gott! mag das mein' Mutter seyn?

Marthe /: durchs Vorhängel gukend :/

Es ist ein fremder Herr – Herein!

Mephistopheles tritt auf :/

Bin so frey grad herein zu treten
Muss bey den Fraun Verzeihn erbeten.

/: tritt ehrbietig vor Margreten zurük. /

Wollt nach Frau Marthe Schwerdlein fragen!

Marthe

Ich bin's, was hat der Herr zu sagen.

Meph: leise zu ihr :/

Ich kenn sie iezt mir ist das gnug
Sie hat da gar vornehmen Besuch.
Verzeiht die Freyheit die ich genommen
Will nach Mittage wiederkommen.

735-48 ≈ 2879-92 | 749-58 ≈ 2895-2904

Marthe laut :/
Denk Kind um alles in der Welt!
Der Herr dich für ein Freulein hält.
Margarethe
Ich bin ein armes iunges Blut,
Ach Gott, der Herr ist gar zu gut.
Der Schmuck und Schmeid Herr ist nicht mein!
Meph:
Ach es ist nicht der Schmuck allein
Sie hat ein Wesen, einen Blick so scharf.
Wie freut michs daß ich bleiben darf.
Marthe
Was bringt er dann? Neugirde sehr.
Meph:
Ach wollt hätt eine frohre Mähr!
Ich hoff sie lässt michs drum nicht büsen!
Ihr Mann ist todt und läßt sie güsen.*
Marthe
Ist todt! Das treue Herz! O weh!
Mein Mann ist todt ach ich vergeh!
Margrethe
Ach liebe Frau verzweifelt nicht!
Meph:
So hört die traurige Geschicht.
Margrethe.
Ich mögte drum mein tag nicht lieben
Würd mich Verlust zu todt betrüben
Meph:
Freud muss Leid, Leid muss Freude haben.
Marthe
Erzählt mir seines Lebens Schluss.
Meph:
Er liegt in Padua begraben
Beym heiligen Antonius

* *Faust I, v. 2916:* grüßen.

An einer wohl geweihten Stäte
Zum ewig kühlen Ruhe bette.

Marthe

Habt ihr sonst nichts an mich zu bringen?

Meph:

Ja eine Bitte gros und schweer:
Lass sie doch ia für ihn drey hundert Messen singen!
Im übrigen sind meine Taschen leer.

Marthe

Was? nicht ein Schaustück? kein Geschmeid?
Was ieder Handwerckspursch im Grund des Sekels spaart
Zum Angedenken aufbewahrt
Und lieber hungert lieber bettelt!

Meph:

Madam, es thut mir herzlich leid
Allein er hat sein Geld wahrhafftig nicht verzettelt.
Und er bereute seine Fehler sehr,
Ach und bejammerte sein Unglück noch vielmehr.

Margareth

Ach daß die Menschen so unglücklich sind
Gewiss ich will für ihn manch *Requiem* noch beten.

Meph:

Ihr wäret werth gleich in die Eh zu treten
Ihr seyd ein liebens würdig Kind.

Margr:

Ach nein, das geht jezt noch nicht an.

Meph:

Ists nicht ein Mann seys derweil ein Galan.
Ist eine der grösten Himmelsgaben
So ein lieb Ding im Arm zu haben.

Margr:

Das ist des Landes nicht der Brauch.

Meph:

Brauch oder nicht! es giebt sich auch.

Marthe

Erzählt mir doch!

781-805 ≈ 2927-51

Meph:
Ich stand an seinem Sterbette.*
Es war 'was besser als von Mist
Von halb gefaulten Stroh; allein er starb als Christ
Und fand, dass er weit mehr noch auf der Zeche hätte.
Wie, rief er, muss ich mich von Grund aus hassen,
So mein Gewerb, mein Weib so zu verlassen.
Ach die Erinnrung tödtet mich.
Vergab sie mir nur noch in diesem Leben!
Marthe weinend :/
Der gute Mann ich hab ihm längst vergeben.
Meph:
Allein, weis Gott sie war mehr schuld als ich.
Marthe
Das lügt er! Was am Rand des Todts zu lügen
Meph:
Er fabelte gewiss in lezten Zügen.
Wenn ich nur halb ein Kenner bin.
Ich hatte, sprach er, nicht zum Zeitvertreib zu gaffen,
Erst Kinder, und dann Brodt für sie zu schaffen,
Und Brod im aller weitsten Sinn.
Ich konnte nicht einmal mein Theil in Frieden essen.
Marthe
Hat er so aller Treu, so aller Lieb vergessen.
Der Plakerey bey Tag und Nacht.
Meph:
Nicht doch er hat recht herzlich dran gedacht.
Er sprach, als ich nun weg von Malda ging,
Da, betet ich für Frau und Kinder brünstig.
Uns war denn auch der Himmel günstig
Dass unser Schiff ein Türkisch Fahrzeuch fing,
Das einen Schatz des grosen Sultans führte.
Da ward der Tapferkeit ihr Lohn,
Und ich empfing dann auch wie sichs gebührte
Mein wohlgemessen Theil davon.

---

* *Faust I, v. 2951:* Sterbebette,

805-32 ≈ 2951-78

Marthe
Ey wie? Ey wo? hat er's vielleicht vergraben?
Mephist:
Wer weis, wo nun es die vier Winde haben.
Ein schönes Fräulein nahm sich seiner an,
Als er in Napel fremd umher spazierte,
Sie hat an ihm, viel Liebs und Treu gethan,
Dass er's bis an sein seelig Ende spürte.
Marthe
Der Schelm! der Dieb an seinen Kindern!
Auch alles Elend alle Noth
Konnt nicht sein schändlich Leben hindern.
Meph:
Ja seht! dafür ist er nun Todt.
Wär ich nun iezt an eurem Platze
Betrauert ihn ein züchtig Jahr,
Visirt dann unterweil nach einem neuen Schatze.
Marthe
Ach Gott! Wie doch mein erster war,
Find ich nicht leicht auf dieser Welt den andern.
Es konnte kaum ein herzger Närgen seyn
Ihm fehlte nichts als allzugern zu wandern,
Und fremde Weiber und der Wein,
Und das verfluchte Würfel Spiel.
Meph:
Nun, nun das konnte gehn und stehen,
Wenn er euch ohngefähr so viel,
Von seiner Seite nach gesehen.
Ich schwör euch zu um das Geding,
Wechselt ich selbst mit euch den Ring.
Marthe
O es beliebt den Herrn zu scherzen
Meph: /: vor sich :/
Nun mach ich mich bey Zeiten fort
Die hielte wohl den Teufel selbst beym Wort.
/: zu Gretgen :/
Wie steht es denn mit ihrem Herzen?

833-60 ≈ 2979-3006

Margr:
Was meint der Herr damit?
Meph: /: vor sich :/
Du gutts unschuldigs Kind!
/: laut :/
Lebt wohl ihr Fraun!
Marthe.
O sagt mir doch geschwind!
Ich mögte gern ein Zeugniss haben,
Wo, wie und wenn mein Schatz gestorben und begraben:
Ich bin von ie der Ordnung Freund gewesen.
Mögt ihn auch todt in Wochenblättgen lesen.
Meph:
Ja gute Frau durch zweyer Zeugen Mund
Wird alleweegs die Wahrheit kund
Habe noch gar einen feinen Gesellen,
Den will ich euch vor den Richter stellen.
Ich bring ihn her.
Marthe
O thut das ia.
Meph:
Und hier die Jungfer ist auch da.
Ein braver Knab, ist viel gereist
Fräuleins alle Höflichkeit erweist.
Margr:
Müst vor solch Herren schamroth werden
Meph:
Vor keinem König der Erden.
Marthe
Da hintern Haus in meinem Garten,
Wollen wir der Herrn heut Abend warten.
[alle ab]

*Faust Mephistopheles.

Faust
Wie ist's? Wills fördern wills bald gehn?

* *Faust I Szenenüberschrift:* STRASSE

861-78 ≈ 3007-24 || 879 ≈ 3025

Meph:

Ach Bravo! find ich euch im Feuer!
In kurzer Zeit ist Gretgen euer,
Heut Abend sollt ihr sie bey Nachbaar Marthen sehn.
Das ist ein Weib wie auserlesen,
Zum Kuppler und Zigeunerwesen.

Faust

Sie ist mir lieb.

Meph:

Doch gehts nicht ganz umsunst,
Eine Gunst ist werth der andern Gunst.
Wir legen nur ein gültig Zeuchniß nieder,
Dass ihres Ehherrn ausgereckte Glieder
In Padua, an heilger Stätte ruhn.

Faust

Sehr klug! wir werden erst die Reise machen müssen.

Meph:

Sancta Simplicitas! Darum ist's nicht zu thun.
Bezeugt nur, ohne viel zu wissen.

Faust.

Wenn er nichts bessers hat, so ist der Plan zerrissen.

Meph:

O heilger Mann da wärt ihr's nun!
Es ist gewiss das erst in eurem Leben,
Daß ihr falsch Zeugniss abgelegt.
Habt ihr von Gott, der Welt, und was sich drinne regt,
Vom Menschen, und was ihm in Kopf und Herzen schlägt,
Definitionen nicht mit groser Kraft gegeben?
Und habt davon in Geist und Brust,
So viel als von Herrn Schwerdleins Todt gewusst.

Faust.

Du bist u. bleibst ein Lügner, ein Sophiste.

Meph:

Ja wenn man's nicht einbissgen tiefer wüste.
Denn morgen wirst in allen Ehren
Das arme Gretgen nicht bethören?
Und alle Seelenlieb ihr schwören?

880-99 ≈ 3026-45 | 900-01 ≈ (mit erheblichen Abweichungen) 3048-49 | 902-06 ≈ 3050-54

Faust
Und zwar von Herzen.
Meph:
Gut und schön.
Dann wird von ewger Treu und Liebe!
Von einzig überallmächtgen Triebe –
Wird das auch so von Herzen gehn.
Faust
Lass das, es wird. Wenn ich empfinde
Und dem Gefühl und dem Gewühl
Vergebens Nahmen such und keine Nahmen finde.
Und in der Welt mit allen Sinnen schweife
Und alle höchsten Worte greife,
Und diese Glut von der ich brenne
Unendlich, ewig, ewig nenne
Ist das ein teuflisch Lügenspiel
Meph:
Ich hab doch recht.
Faust
Hör merk dir dies
Ich bitte dich und schone meine Lunge.
Wer Recht behalten will und hat nur eine Zunge
Der hälts gewiss.
Und komm ich hab des Schwäzens Uberdruss
Denn du hast Recht, vorzüglich weil ich muss.

Garten.

Margrete an Faustens Arm. Marthe mit Mephistopheles auf und ab spazierend.
*
Ich fühl es wohl daß mich der Herr nur schont,
Herab sich lässt, bis zum Beschämen.
Ein Reisender ist so gewohnt
Aus Gütigkeit vorlieb zu nehmen,

---

* *Faust I Sprecherangabe vor v. 3073:* MARGARETE

907-24 ≈ 3055-72 || 925-28 ≈ 3073-76

Ich weis zu gut dass solch erfahrnen Mann
Mein arm Gespräch nicht unterhalten kann.

Faust

Ein Blick von dir, ein Wort mehr unterhält
Als alle Weisheit dieser Welt.
/: er küsst ihre Hand :/

Margr:

Inkomodirt euch nicht! Wie könnt ihr sie nur küssen,
Sie ist so garstig, ist so rauh
Was hab ich nicht schon alles schaffen müssen,
Die Mutter ist gar zu genau
/: gehn vorüber :/

Marthe

Und ihr mein Herr, ihr reist so immer fort?

Meph:

Ach daß Gewerb und Pflicht uns dazu treiben!
Mit wie viel Schmerz verlässt man manchen Ort,
Und darf doch nun einmal nicht bleiben.

Marthe

In raschen Jahren gehts wohl an
So um und um frey durch die Welt zu streifen.
Doch kommt die böse Zeit heran,
Und sich als Hagestolz allein zum Grab zu schleifen,
Das hat noch keinen wohlgethan.

Meph:

Mit Grausen seh ich das von weiten.

Marthe

Drum werther Herr berathet euch in Zeiten. /: gehn vorüber :/

Margr:

Ja aus den Augen aus dem Sinn
Die Höflichkeit ist euch geläufig.
Allein ihr habt der Freunde häufig,
Und weit verständger als ich bin.

Faust.

O Beste! Glaube dass was man verständig nennt,
Mehr Kurzsinn, Eigensinn und Eitelkeit ist.

929-53 ≈ 3077-3101

Margr:

Wie?

Faust

Ach dass die Einfalt daß die Unschuld nie
Sich selbst und ihren heilgen Werth erkennt!
Daß Demuth, Niedrigkeit die höchsten Gaben
Der Liebaustheilenden Natur –

Margr:

Denkt ihr an mich ein Augenblickgen nur
Ich werde Zeit genug an euch zu denken haben.

Faust

Ihr seyd wohl viel allein.

Margr:

Ja unsre Wirthschafft ist nur klein
Und doch will sie versehen seyn.
Wir haben keine Magt; muß kochen, fegen, stricken,
Und nehn, und lauffen früh und spat.
Und meine Mutter ist in allen Stücken
So accurat.
Nicht dass sie iust so sehr sich einzuschränken hat,
Wir könten uns weit eh als andre regen
Mein Vater hinterlies ein hübsch Vermögen
Ein Häusgen und ein Gärtgen vor der Stadt.
Doch hab ich iezt so ziemlich stille Tage
Mein Bruder ist Soldat
Mein Schwestergen ist todt
Ich hatte mit dem Kind wohl meine liebe Noth
Doch übernähm ich gern noch ein mal alle Plage,
So lieb war mir das Kind.

Faust

Ein Engel wenn dir's glich.

Margr:

Ich zog es auf und herzlich liebt es mich.
Es war nach meines Vaters Todt gebohren,
Die Mutter gaben wir verlohren
So elend wie sie damals lag
Und sie erholte sich sehr langsam nach und nach.

953-81 ≈ 3101-29

Da konnte sie nun nicht dran denken
Das arme Würmgen selbst zu tränken
Und so erzog ichs ganz allein
Mit Wasser und mit Milch, und so wards mein
Auf meinem Arm, in meinem Schoos
Wars freundlich zappelich und gros.

Faust.

Du hast gewiss das reinste Glück empfunden!

Margr:

Doch auch gewiss gar manche schweere Stunden.
Des Kleinen Wiege stund zu Nacht,
An meinem Bett es durfte kaum sich regen
War ich erwacht.
Bald must ich's tränken bald es zu mir legen,
Bald wenns nicht schweigen wollt vom Bett aufstehn
Und tänzelnd in der Kammer auf und nieder gehn.
Und früh am Tag schon an den Waschtrog stehn,
Dann auf dem Markt und an dem Heerde sorgen,
Und immer so fort heut und morgen.
Da gehts mein Herr nicht immer mutig zu,
Doch schmeckt dafür das Essen und die Ruh.

/: gehn vorüber :/

Marthe

Sagt grad mein Herr, habt ihr noch nichts gefunden,
Hat sich das Herz nicht irgendwo gebunden?

Meph:

Das Sprüchwort sagt ein eigner Heerd
Ein braves Weib sind Gold und Perlen werth.

Marthe

Ich meyne: ob ihr niemals Lust bekommen.

Meph:

Man hat mich überall recht höflich aufgenommen.

Marthe

Ich wollte sagen: ward's nie Ernst in eurem Herzen?

Meph:

Mit Frauens soll man sich nie unterstehn zu scherzen.

982-1000 ≈ 3130-48 | 1001-08 ≈ 3153-60

Marthe
Ach ihr versteht mich nicht.
Meph:
Das thut mir herzlich leid,
Doch ich versteh – dass ihr sehr gütig seyd.
/: gehn vorüber :/
Faust.
Du kanntest mich o kleiner Engel wieder
Gleich als ich in den Garten kam?
Margr:
Saht ihr es nicht, ich schlug die Augen nieder.
Faust.
Und du verzeihst die Freyheit die ich nahm?
Was sich die Frechheit unterfangen
Als du lezt aus dem Dom gegangen?
Margr:
Ich war bestürzt, mir war das nie geschehn
Es konnte niemand von dir übels sagen
Ach dacht ich hat er in deinem Betragen
Was freches, unanständiges gesehn.
Dass ihm sogleich die Lust mogt wandeln
Mit dieser Dirne gradehin zu handeln.
Gesteh ich's doch! Ich wuste nicht was sich
Zu euerm Vortheil hier zu regen gleich begonnte.
Allein gewiss ich war recht bös auf mich
Daß ich auf euch nicht böser werden konte.
Faust.
Süs Liebgen!
Margr:
Lasst einmal.
/: sie pflückt eine Stern Blume und zupft die Blätter ab eins nach dem andern :/
Faust.
Was soll das? Keinen Straus?
Margr:
Nein es soll nur ein Spiel.
Faust.
Wie?

1009-28 ≈ 3161-80

Margr:

Geht ihr lacht mich aus.

/: sie rupft und murmeld :/

Faust.

Was murmelst du?

Margr: halb laut :/

Er liebt mich – Liebt mich nicht.

Faust

Du holdes Himmels Angesicht!

Margr: färt fort :/

Liebt mich – Nicht – Liebt mich – Nicht –

/: das lezte Blat ausrupfend mit holder Freude :/

Er liebt mich!

Faust

Ja mein Kind! Lass dieses Blumenwort
Dir Götter Ausspruch seyn: Er liebt dich!
Verstehst du, was das heist: Er liebt dich!

/: er fasst ihr beyde Hände :/

Margr:

Mich überläufts!

Faust

O schaudre nicht! Lass diesen Blick
Lass diesen Händedruk dir sagen
Was unaussprechlich ist.
Sich hinzugeben ganz und eine Wonne
Zu fühlen die ewig seyn muss!
Ewig! – Ihr Ende würde Verzweiflung seyn.
Nein kein Ende! Kein Ende!

Margr: drückt ihm die Hände. macht sich los und läufft weg. Er steht einen Augenblick in Gedanken, dann folgt er ihr.

Marthe.

Die Nacht bricht an.

Meph:

Ja und wir wollen fort.

1028-44 ≈ 3181-95

Marthe

Ich bät euch länger hier zu bleiben
Allein es ist ein gar zu böser Ort.
Es ist als hätte niemand nichts zu treiben
Und nichts zu schaffen,
Als auf des Nachbaarn Schritt und Tritt zu gaffen.
Und man kommt in's Gespräch wie man sich immer stellt
Und unser Päärgen?

Meph:

Ist den Gang dort aufgeflogen
Muthwillge Sommervögel

Marthe

Er scheint ihr gewogen.

Meph:

Und sie ihm auch. Das ist der Lauf der Welt.

Ein Gartenhäusgen.

Margrete mit Herz klopfen herrein steckt sich hinter die Thüre, hällt die Fingerspizze an die Lippen und guckt durch die Ritze.

Er kommt!

Faust.

Ach Schelm so neckst du mich!
Treff ich dich!

/: er küsst sie :/

Margr. ihn fassend und den Kuss zurückgebend :/

Bester Mann schon lange lieb ich dich.

Meph: klopft an :/

Faust stampfend :/

Wer da!

Meph:

Gut Freund.

Faust.

Ein Tier!

Meph:

Es ist wohl Zeit zu scheiden.

1045-53 ≈ 3196-3204 || 1054-56 ≈ 3205-07

Marthe.

Ja es ist spät mein Herr.

Faust.

Darf ich euch nicht geleiten?

Margr:

Die Mutter würde mich! Lebt wohl!

Faust.

Muss ich dann gehn.

Lebt wohl!

Marthe

Ade.

Marg:

Auf baldig Wiedersehn.

/: Faust, Meph: ab :/

Margrete.

Du lieber Gott was so ein Mann
Nit alles alles denken kann.
Beschämt nur steh ich vor ihm da
Und sag zu allen Sachen ia
Bin doch ein arm unwissend Kind
Begreif nicht was er an mir findt.

/: ab :/

Gretgens Stube.

Gretgen am Spinn rocken allein.

Meine Ruh ist hin
Mein Herz ist schweer
Ich finde sie nimmer
Und nimmer mehr.

Wo ich ihn nicht hab
Ist mir das Grab,
Die ganze Welt
Ist mir vergällt.

1057-65 ≈ 3208-16 || 1066-73 ≈ 3374-81

Mein armer Kopf
Ist mir verrückt,
Mein armer Sinn
Ist mir zerstückt.

Meine Ruh ist hin
Mein Herz ist schweer
Ich finde sie nimmer
Und nimmermehr.

Nach ihm nur schau ich
Zum Fenster hinaus
Nach ihm nur geh ich
Aus dem Haus.

Sein hoher Gang
Sein edle Gestalt
Seines Mundes Lächlen
Seiner Augen Gewalt

Und seiner Rede
Zauberfluss
Sein Händeduck*
Und ach sein Kuss.

Meine Ruh ist hin
Mein Herz ist schweer
Ich finde sie nimmer
Und nimmer mehr.

Mein Schoos! Gott! drängt
Sich nach ihm hin
Ach dürft ich fassen
Und halten ihn

Und küssen ihn
So wie ich wollt
An seinen Küssen
Vergehen sollt.

---

* *Faust I, v. 3400:* Händedruck,

1074-1105 ≈ 3382-3413

Marthens Garten.

Margrete, Faust.

Gretgen.

Sag mir doch Heinrich!

Faust

Was ist dann

Gretgen

Wie hast du's mit der Religion?
Du bist ein herzlich guter Mann
Allein ich glaub du hältst nich viel davon.

Faust

Lass das mein Kind, du fühlst ich bin dir gut.
Für die ich liebe lies ich Leib und Blut,
Will niemand sein Gefühl und seine Kirche rauben.

Margr:

Das ist nicht recht, man muss dran glauben!

Faust

Muss man?

Gretgen

Ach wenn ich etwas auf dich könnte,
Du ehrst auch nicht die heilgen Sakramente.

Faust.

Ich ehre sie.

Gretgen.

Doch ohne Verlangen.
Wie lang bist du zur Kirch zum Nachtmal nicht gegangen?
Glaubst du an Gott?

Faust

Mein Kind wer darf das sagen,
Ich glaub einen Gott!
Magst Priester, Weise fragen
Und ihre Antwort scheint nur Spott
Uber den Frager zu seyn.

Gretgen

So glaubst du nicht.

1106-22 ≈ 3414-30

Faust.

Mishör mich nicht du holdes Angesicht.
Wer darf ihn nennen?
Und wer bekennen?
Ich glaub ihn!
Wer empfinden?
Und sich unterwinden
Zu sagen ich glaub ihn nicht!
Der Allumfasser
Der Allerhalter
Fasst und erhält er nicht
Dich, mich, sich selbst!
Wölbt sich der Himmel nicht dadroben
Liegt die Erde nicht hierunten fest
Und steigen hüben und drüben
Ewige Sterne nicht herauf!
Schau ich nicht Aug in Auge dir!
Und drängt nicht alles
Nach Haupt und Herzen dir
Und weht in ewigem Geheimniß
Unsichtbaar Sichtbaar neben dir,
Erfüll davon dein Herz so gros es ist
Und wenn du ganz in dem Gefühle seelig bist,
Nenn das dann wie du willst,
Nenns Glük! Herz! Liebe! Gott!
Ich habe keinen Nahmen
Dafür. Gefühl ist alles
Nahme Schall und Rauch
Umnebelnd Himmels Glut.

Gretgen

Das ist alles recht schön und gut
Ohngefähr sagt das der Cathechismus auch
Nur mit ein bisgen andern Worten.

Faust

Es sagens aller Orten
Alle Herzen unter dem Himmlischen Tage,
Jedes in seiner Sprache
Warum nicht ich in der meinen.

1123-57 ≈ 3431-65

Gretgen

Wenn man's so hört, mögts leidlich scheinen
Steht aber doch immer schief darum,
Denn du hast kein Christenthum.

Faust

Liebes Kind!

Gretgen

Es thut mir lang schon weh!
Dass ich dich in der Gesellschafft seh.

Faust

Wie so?

Gretgen

Der Mensch den du da bey dir hast
Ist mir in tiefer innrer Seel verhasst
Es hat mir in meinem Leben
So nichts einen Stich in's Herz gegeben,
Als des Menschen sein Gesicht.

Faust

Liebe Puppe fürcht ihn nicht.

Gretgen.

Seine Gegenwart bewegt mir das Blut
Ich bin sonst allen Menschen gut
Aber wie ich mich sehne dich zu schauen
Hab ich vor den Menschen* ein heimlich Grauen.
Und halt ihn für einen Schelm dazu.
Gott verzeih mir's wenn ich ihm Unrecht thu.

Faust.

Es ist ein Kautz wie's mehr noch geben.

Gretgen.

Mögt nicht mit seines Gleichen leben.
Kommt er einmal zur Thür herein
Er sieht immer so spöttisch drein
Und halb ergrimmt
Man sieht daß er an nichts keinen Antheil nimmt.
Es steht ihn an der Stirn geschrieben
Dass er nicht mag eine Seele lieben.

---

* *Faust I, v. 3480:* dem Menschen

1158-83 ≈ 3466-91

Mir wirds so wohl in deinem Arm
So frey, so hingegeben warm,
Und seine Gegenwart schürt* mir das Innre zu.

Faust.

Du ahndungsvoller Engel du.

Gretgen

Das übermannt mich so sehr
Dass wo er mag zu uns treten,
Meyn ich so gar ich liebte dich nicht mehr.
Auch wenn er da ist könnt ich nimmer beten.
Und das frisst mir ins Herz hinein
Dir Heinrich muß es auch so seyn.

Faust

Du hast nun die Antipathie!

Gretgen.

Ich muß nun fort.

Faust

Ach kann ich nie,
Ein Stündgen ruhig dir am Busen hängen
Und Brust an Brust und Seel an Seele drängen.

Gretgen.

Ach wenn ich nur alleine schlief
Ich lies dir gern heut Nacht den Riegel offen.
Doch meine Mutter schläfft nicht tief.
Und würden wir von ihr betroffen
Ich wär gleich auf der Stelle todt.

Faust.

Du Engel das hat keine Noth.
Hier ist ein Fläschgen und drey Tropfen nur
In ihren Tranck umhüllen
In tiefen Schlaf gefällig die Natur.

Gretgen.

Was thu ich nicht um deinet willen.
Es wird ihr hoffentlich nicht schaden!

Faust

Würd ich sonst Liebgen dir es rathen.

---

* *Faust I, v. 3493:* schnürt

1184-1208 ≈ 3492-3516

Gretgen.
Seh ich dich bester Mann nur an
Weis nicht was mich nach deinem Willen treibt,
Ich habe schon für dich so viel gethan,
Dass mir zu thun fast nichts mehr überbleibt. /: ab :/
Mephistopheles tritt auf :/
Der Grasaff ist er weg!
Faust
Hast wieder spionirt.
Meph:
Ich habs ausführlich wohl vernommen.
Herr Docktor wurden da kathechisirt.
Hoff es soll ihnen wohl bekommen.
Die Mädels sind doch sehr interessirt,
Ob einer fromm und schlicht nach altem Brauch,
Sie denken duckt er da, folgt er uns eben auch!
Faust
Du Ungeheuer siehst nicht ein
Wie diese Engels liebe Seele
Von ihren Glauben voll
Der ganz allein
Ihr seelig machend ist sich heilig quäle
Daß der nun den sie liebt verlohren werden soll.
Meph:
Du übersinnlicher, sinnlicher Freyer
Ein Mägdelein nasführet dich.
Faust
Du Spott geburt von Dreck und Feuer!
Meph:
Und die Phisiognomie versteht sie meisterlich.
In meiner Gegenwart wirds ihr sie weis nicht wie!
Mein Mäskgen da weissagt ihr borgnen* Sinn,
Sie fühlt daß ich ganz sicher ein Genie
Vielleicht wohl gar ein Teufel bin.
Nun heute Nacht –?

* *Faust I, v. 3539:* verborgnen

1209-34 ≈ 3517-42

Faust.
Was geht dich's an.
Meph:
Hab ich doch meine Freude dran.

Am Brunnen

Gretgen und Liesgen mit Krügen.

Liesgen.
Hast nichts von Bärbelgen gehört?
Gretgen.
Kein Wort ich komm gar wenig unter Leute.
Liesgen.
Gewis Sibille sagt mirs heute!
Die hat sich endlich auch bethört.
Da ist das vornehm thun.
Gretgen
Wie so?
Liesgen
Es stinckt!
Sie füttert zwey iezt wenn sie isst und trinckt.
Gretgen.
Ach
Liesgen
Ja so ist's ihr endlich gangen
Wie lang hat's an den Kerl gehangen!
Das war ein gespazieren
Auf Dorf und Tanzplatz führen
Must überall die erste seyn.
Curtesirt ihr immer mit Pastetgen und Wein
Bildt sich was auf ihre Schönheit ein.
War doch so ehrlos sich nicht zu schämen
Gesenke* von ihn anzunehmen.
War ein Gekos und ein Geschleck,
Ja da ist dann das Blümgen weg.

---

* *Faust I, v. 3559:* Geschenke

1234-35 ≈ 3542-43 || 1236-52 ≈ 3544-61

Gretgen

Das arme Ding.

Liesgen

Bedauer sie kein Haar
Wenn unser ein's am Spinnen war
Uns Nachts die Mutter nicht n'abe lies
Stand sie bey ihren Bulen süs
Auf der Thürbanck und dem dunkeln Gang
Ward ihnen keine Stund zu lang.
Da mag sie denn sich ducken nun
Im Sünderhemdgen Kirchbus thun!

Gretgen

Er nimmt sie gewiss zu seiner Frau.

Liesgen

Er wär ein Narr. Ein flinker Jung
Hat anderwärts noch Lufft geung.*
Er ist auch durch.

Gretgen

Das ist nicht schön.

Liesgen

Kriegt sie ihn solls ihr übel gehn.
Das Kränzel reissen die Buben ihr
Und Hexel streuen wir vor die Thür! / ab :/

Gretgen heime gehend :/

Wie konnt ich sonst so tapfer schmälen
Wen** thät ein armes Mägdlein fehlen
Wie konnt ich über andrer Sünden
Nicht Worte gnug der Zunge finden.
Wie schien mirs schwartz und schwärzts noch gar.
Mir nimmer doch nit schwarz gnug war.
Und seegnet mich und that so gros
Und bin nun selbst der Sünde blos
Doch – alles was mich dazu trieb
Gott! war so gut! ach war so lieb!

---

* *Faust I, v. 3572:* genung,
** *Faust I, v. 3578:* Wenn

1253-77 ≈ 3562-86

Zwinger

In der Mauerhöle ein Andachts Bild der *Mater dolorosa*, Blumenkrüge davor.

Gretgen gebeugt schwenckt die Krüge im nächsten Brunn füllt sie mit frischen Blumen die sie mitbrachte.

Ach neige
Du schmerzenreiche
Dein Antliz ab zu meiner Noth

Das Schwert im Herzen
Mit tauben Schmerzen
Blickst auf zu deines Sohnes Tod!
Zum Vater blickst du
Und Seufzer schickst du
Hinauf um sein und deine Noth!

Wer fühlet
Wie wühlet
Der Schmerz mir im Gebein?
Was mein armes Herz hier banget,
Was es zittert, was verlanget
Weißt nur du, nur du allein

Wohin ich immer gehe,
Wie Weh wie Weh wie wehe
Wird mir im Busen hier.
Ich bin ach kaum alleine
Ich wein ich wein ich weine
Das Herz zerbricht in mir.

Die Scherben vor meinem Fenster
Bethaut ich mit Trähnen ach!
Als ich am frühen Morgen
Dir diese Blumen brach

Schien hell in meine Kammer

1278-1303 ≈ 3587-3612

Die Sonne früh herauf
Sass ich in allem Jammer
In meinem Bett schon auf.

Hilf retten mich von Schmach und Todt!
Ach neige
Du schmerzenreiche
Dein Antliz ab zu meiner Noth!

Dom.

Exequien der Mutter Gretgens.

Gretgen alle Verwandte. Amt, Orgel und Gesang

Böser Geist hinter Gretgen.

Wie anders Gretgen war dirs
Als du noch voll Unschuld
Hier zum Altar tratst.
Und im verblätterten Büchelgen
Deinen Gebeten nachlalltest,
Halb Kinderspiel
Halb Gott im Herzen.
Gretgen!
Wo steht dein Kopf?
In deinem Herzen
Welche Missethat?
Betest du für deiner Mutter Seel
Die durch dich sich in die Pein hinüberschlief.
– Und unter deinem Herzen,
Schlägt da nicht quillend schon,
Brandschande Maalgeburt!
Und ängstet dich und sich
Mit ahnde voller Gegenwart.

Gretgen.

Weh! Weh!
Wär ich der Gedanken los

1304-10 ≈ 3613-19 || 1311-25 ≈ 3776-91 | 1326 nur hier | 1327-30 ≈ 3792-95

Die mir rüber und nüber gehn,
Wieder mich.

Chor

Dies irae dies illa
Solvet Saeclum in favilla.

/: Orgelton :/

Böser Geist

Grimm fasst dich!
Der Posaunen Klang!
Die Gräber beben
Und dein Herz
Aus Aschenruh
Zu Flammenquaalen
Wieder aufgeschaffen
Bebt auf.

Gretgen.

Wär ich hier weg.
Mir ist als ob die Orgel mir
Den Athem versezzte
Gesang mein Herz
Im tiefsten löste

Chor.

Iudex ergo cum sedebit
Quid quid latet adparebit
Nil inultum remanebit

Gretgen.

Mir wird so eng
Die Mauern Pfeiler
Befangen mich
Das Gewölbe
Drängt mich! – Lufft!

Böser Geist

Verbirgst du dich!
Blieben verborgen
Dein Sünd und Schand!
Lufft! Licht!
Weh dir!

1331-60 ≈ 3796-3824

Chor

Quid sum miser tunc dicturus
Quem patronum rogaturus
Cum vix iustus sit securus.

Böser Geist

Ihr Antliz wenden
Verklärte von dir ab
Die Hände* reichen
Schauerts ihnen
Den Reinen!
Weh!

Chor

Quid sum miser tunc dicturus

Gretgen.

Nachbarin! Euer Fläschgen! –
/: sie fällt in Ohnmacht :/

Nacht.

Vor Gretgens Haus

Valentin Soldat Gretgens Bruder.

Wenn ich so sas bey 'em Gelag
Wo mancher sich berühmen mag
Und all und all mir all den Flor
Der Mägdlein mir gepriesen vor
Mit vollem Glas das Lob verschwemmt
– Den Ellebogen aufgestemmt
Sass ich in meiner sichern Ruh.
Hört all dem Schwadroniren zu.
Und striche lachend meinen Bart
Und kriege das volle Glas zur Hand,
Und sage: alles nach seiner Art
Aber ist eine im ganzen Land
Die meiner trauten Gretel gleicht

* *Faust I, v. 3830 folgt:* dir zu

1361-71 ≈ 3825-34 || 1372-84 ≈ 3620-32

Die meiner Schwester das Wasser reicht
Top! Top! Kling! Klang! das ging herum
Die einen schrien er hat Recht
Sie ist die Zier vom ganzen Geschlecht!
Da sassen alle die Lober stumm.
Und iezt! – das Haar sich auszurauffen
Um an den Wänden 'nauf zu lauffen!
Mit Stichel reden Nasenrümpfen
Soll ieder Schurke mich beschimpfen,
Soll wie ein böser Schuldner sitzen
Bey iedem Zufalls Wörtgen schwizzen.
Und sollt ich sie zusammen schmeissen
Könnt ich sie doch nicht Lügner heissen.

Faust. Mephistopheles.

Faust

Wie von dem Fenster dort der Sakristey
Der Schein der ewgen Lampe aufwärts flämmert,
Und schwach, und schwächer seitwärts dämmert,
Und Finsterniss drängt rings um bey;
So siehts in diesem Busen mächtig.*

Meph:

Und mir ists wie den Käzlein schmächtig
Das an den Feuerleitern schleicht,
Sich leis so an die Mauern streicht.
Wär mir ganz tugendlich dabey,
Ein bissgen Diebsgelüst ein bissgen Rammeley.
Nun frisch dann zu! Das ist ein Jammer
Ihr geht nach eures Liebgens Kammer
Als gingt ihr in den Todt.

Faust

Was ist die Himmels Freud in ihren Armen
Das durch erschüttern durcherwarmen?
Verdrängt es diese Seelen Noth.

* *Faust I, v. 3654:* in meinem Busen nächtig.

1385-97 ≈ 3633-45 || 1398-1407 ≈ 3650-59 | 1408-13 ≈ 3342-47

Ha bin ich nicht der Flüchtling, Unbehauste
Der Unmensch ohne Zweck und Ruh
Der wie ein Wassersturz von Fels zu Felsen brauste
Begierig wüthend nach dem Abgrund zu
Und seitwärts sie mit kindlich dumpfen Sinnen,
Im Hüttgen auf dem kleinen Alpenfeld
Und all ihr häusliches Beginnen
Umfangen in der kleinen Welt.
Und ich der Gott verhasste
Hatte nicht genug
Daß ich die Felsen fasste
Und sie zu Trümmern schlug!
Sie! Ihren Frieden musst ich untergraben,
Du Hölle wolltest dieses Opfer haben!
Hilf Teufel mir die Zeit der Angst verkürzen,
Mags schnell geschehn was muss geschehn.
Mag ihr Geschick auf mich zusammen stürzen.
Und sie mit mir zu Grunde gehn.

Meph:

Wies wieder brozzelt! wieder glüht!
Geh ein und tröste sie du Thor
Wo so ein Köpfgen keinen Ausgang sieht,
Stellt es sich gleich das Ende vor.

*Faust, Mephistopheles.

Faust.

Im Elend! Verzweifelnd! Erbärmlich auf der Erde lang verirrt! Als Missetäterinn im Kerker zu entsetzlichen Quaalen eingesperrt, das holde unseelige Geschöpf! Biss dahin! – Verrätrischer nichtswürdiger Geist, und das hast du mir verheimlicht! Steh nur, steh, wälze die Teuflischen Augen inngrimmend im Kopf herum, steh und truzze mir durch deine unerträgliche Gegenwart. Gefangen! Im unwiederbringlichen Elend bösen Geistern übergeben, und der richtenden gefühllosen Menschheit. Und du wiegst mich indess

* *Faust I Szenenüberschrift:* TRÜBER TAG · FELD

1414-35 ≈ 3348-69 || z. 1-9 ≈ z. 1-10 [hier S. 188]

in abgeschmackten Freuden ein, verbirgst mir ihren wachsenden Jammer, und lässest sie hülflos verderben.

Meph:

Sie ist die erste nicht!

Faust

Hund! Abscheuliches Untier! – Wandle ihn du unendlicher Geist wandle den Wurm wieder in die Hundsgestalt in der er sich nächtlicher Weile offt gefiel vor mir herzutrotten, dem harmlosen Wandrer vor die Füsse zu kollern und dem Umstürzenden sich auf die Schultern zu hängen Wandl' ihn wieder in seine Lieblingsbildung, dass er vor mir im Sand auf dem Bauch krieche ich ihn mit Füssen trete den Verworfnen – Die erste nicht! – Jammer! Jammer! von keiner Menschenseele zu fassen dass mehr als ein Geschöpf in die Tiefe dieses Elends sank, dass nicht das erste in seiner windenden Todtes noth genug that für die Schuld aller übrigen vor den Augen des Ewigen. Mir wühlt es Marck und Leben durch das Elend dieser einzigen und du grinsest gelassen über das Schicksaal von Tausenden hin:

Meph:

Gros Hans! nun bist du wieder am Ende deines Witzes, an dem Fleckgen wo euch Herrn das Köpfgen überschnappt. Warum machst du Gemeinschafft mit uns *auswirthschafften kannst. Willst fliegen und der Kopf wird dir schwindlich. Eh! drangen wir uns dir auf oder du** uns?

Faust

Bläcke deine gefräsigen Zähne mir nicht so entgegen, mir eckelts – Groser herrlicher Geist der du mir zu erscheinen würdigtest, der du mein Herz kennst und meine Seele warum mustest du mich an den Schandgesellen schmieden, der sich am Schaden weidet und am Verderben sich lezt!

* *Faust I*, TRÜBER TAG · FELD z. 31f. *folgt:* wenn du sie nicht durchführen kannst? *Die Auslassung hier wohl zu ergänzen:* wenn du sie nicht *oder:* wenn du nicht mit uns

** *Faust I*, TRÜBER TAG · FELD z. 34 *folgt:* dich

z. 10-36 ≈ z. 10-40 [hier S. 188 f.]

Meph:

Endigst du?

Faust

Rette sie oder weh dir! den entsezlichsten Fluch über dich auf Jahrtausende. Rette sie!

Meph:

Ich kann die Bande des Rächers nicht lösen, seine Riegel nicht öffnen. – Rette sie – ? Wer wars der sie in's Verderben stürzte? Ich oder du?

Faust blickt wild umher.

Meph:

Greiffst du nach dem Donner? Wohl daß er euch elenden Sterblichen nicht gegeben ward. Ist's doch das einzige Kunststück auch in euern Verworrenheiten Lufft zu machen, dass ihr den entgegnenden Unschuldigen zerschmettert.

Faust.

Bring mich hin! sie soll frey seyn!

Meph:

Und die Gefahr der du dich aus sezzest! Wisse daß auf der Stadt noch die Blutschuld liegt die du auf sie gebracht hast. Daß über der Stäte des Erschlagenen rächende Geister schweben, die auf den rückkehrenden Mörder lauern.

Faust

Noch das von dir! Mord und Todt einer Welt über dich Ungeheuer. Führe mich hin sag ich dir, und befrey sie

Meph:

Ich führe dich und was ich thun kann höre! Hab ich alle Macht im Himmel und auf Erden? Des Türners Sinne will ich umneblen, bemächtige dich der Schlüssel und führe sie heraus mit Menschenhand. Ich wach' und halte dir die Zauber Pferde bereit. Das vermag ich.

Faust

Auf und davon.

z. 37-60 ≈ z. 41-63 [hier S. 189 f.]

Nacht. Offen Feld.

Faust, Mephistopheles auf schwarzen
Pferden daher brausend.

Faust.
Was weben die dort um den Rabenstein?
Meph:
Weis nicht was sie kochen und schaffen.
Faust
Schweben auf und ab. Neigen sich beugen sich.
Meph:
Eine Hexenzunft!
Faust.
Sie streuen und weihen!
Meph:
Vorbey! Vorbey!

Kerker

Faust mit einem Bund Schlüssel und einer Lampe
an einem eisernen Türgen.

Es fasst mich längst verwohnter Schauer. Inneres Grauen der Menschheit. Hier! Hier! – Auf! – Dein Zagen zögert den Todt heran!

/: er fasst das Schloss es singt innwendig :/

Meine Mutter die Hur
Die mich umgebracht hat
Mein Vater der Schelm
Der mich gessen hat
Mein Schwesterlein klein
Hub auf die Bein
An einen kühlen Ort,
Da ward ich ein schönes Waldvögelein
Fliege fort! Fliege fort!

1436-41 ≈ 4399-4404 || Z. 1-12 ≈ V. 4405-20

Faust /: zittert wankt ermannt sich und schließt auf, er hört die Ketten klirren und das Stroh rauschen :/

Margarethe /: sich verbergend auf ihrem Lager :/

Weh! Weh! sie kommen. Bittrer Todt!

Faust / leise :/

Still! Ich komme dich zu befreyn. /: erfasst ihre Ketten sie aufzuschliessen :/

Marg: /: wehrend :/

Weg! Um Mitternacht! Hencker ist dir's morgen frühe nicht zeitig gnug.

Faust

Lass!

Marg: /: walzt sich vor ihn hin :/

Erbarme dich mein und laß mich leben! Ich bin so iung, so iung, und war schön und bin ein armes iunges Mädgen. Sieh nur einmal die Blumen an, sieh nur einmal die Kron. Erbarme dich mein! Was hab ich dir gethan? Hab dich mein Tage nicht gesehn.

Faust.

Sie verirrt und ich vermags nicht.

Marg:

Sieh das Kind! Muss ich's doch tränken. Da hatt ich's eben! Da! Ich habs getränckt! Sie nahmen mirs, und sagen ich hab es umgebracht, und singen Liedger auf mich! – Es ist nicht wahr – es ist ein Märgen das sich so endigt, es ist nicht auf mich daß Sie's singen.

Faust /: der sich zu ihr hinwirft :/

Gretgen!

Margr: / die sich aufreist :/

Wo ist er! Ich hab ihn rufen hören! er rief Gretgen! Er rief mir! Wo ist er! Ach durch all das Heulen und Zähnklappen erkenn ich ihn, er ruft mir: Gretgen! /: Sich vor ihm niederwerfend :/ Mann! Mann! Gieb mir ihn schaff mir ihn! Wo ist er!

z. 13-34 ≈ (mit erheblichen Abweichungen) v. 4421-69

Faust /: erfasst sie wütend um den Hals :/

Meine Liebe! Meine Liebe!

Margr:

/: sinckt ihr Haupt in seinen Schoos verbergend :/

Faust

Auf meine Liebe! Dein Mörder wird dein Befreyer. Auf! – /: Er schliesst über ihrer Betäubung die Arm Kette auf :/ Komm, wir entgehen den schröcklichen Schicksaal.

Margr /: angelehnt :/

Küsse mich! Küsse mich!

Faust

Tausendmal! Nur eile Gretgen eile!

Margr:

Küsse mich! Kannst du nicht mehr küssen? Wie! Was! Bist mein Heinrich und hast's Küssen verlernt! Wie sonst ein ganzer Himmel mit deiner Umarmung gewaltig über mich eindrang. Wie du küsstest als wolltest du mich in wollüstigem Todt ersticken. Heinrich küsse mich, sonst küss ich dich /: sie fällt ihn an :/ Weh! deine Lippen sind kalt! Todt! Antworten nicht!

Faust

Folge mir, ich herze dich mit tausendfacher Glut. Nur folge mir.

Margr: /: sie setzt sich und bleibt eine Zeitlang stille :/

Heinrich bist du's?

Faust

Ich bin's. komm mit.

Margr:

Ich begreiffs nicht! Du? Die Fesseln los! Befreyst mich. Wen befreyst du! Weist du's?

Faust.

Komm! Komm!

Margr:

Meine Mutter hab ich umgebracht! Mein Kind hab ich ertränckt. Dein Kind! Heinrich! – Groser Gott im Himmel

z. 35-37 nur hier | z. 38-55 ≈ (mit erheblichen Abweichungen) v. 4481-4510

soll das kein Traum seyn! Deine Hand Heinrich! – Sie ist feucht – Wische sie ab ich bitte dich! Es ist Blut dran – Stecke den Degen ein! Mein Kopf ist verrückt.

Faust.

Du bringst mich um.

Margr:

Nein du sollst überbleiben, überbleiben von allen. Wer sorgte für die Gräber! So in eine Reihe ich bitte dich, neben die Mutter den Bruder da! Mich dahin und mein Kleines an die rechte Brust. Gieb mir die Hand drauf du bist mein Heinrich.

Faust /: will sie weg ziehen :/

Fühlst du mich! Hörst du mich! komm ich bins ich befreye dich.

Margr:

Da hinaus.

Faust

Freyheit!

Margr:

Da hinaus! Nicht um die Welt. Ist das Grab draus, komm! Lauert der Todt! komm. Von hier in's ewige Ruhe Bett weiter nicht einen Schritt. Ach Heinrich könnt ich mit dir in alle Welt.

Faust.

Der Kerker ist offen säume nicht.

Margr:

Sie lauren auf mich an der Strase am Wald.

Faust.

Hinaus! Hinaus!

Margr:

Ums Leben nicht – Siehst du's zappeln! Rette den armen Wurm er zappelt noch! – Fort! geschwind! Nur übern Steg, gerad in Wald hinein links am Teich wo die Planke steht. Fort! rette! rette!

Faust

Rette! Rette dich!

z. 56-74 ≈ (mit erheblichen Abweichungen) v. 4511-45 | z. 75 nur hier | z. 76-80 ≈ (mit erheblichen Abweichungen) v. 4552-64

Margr:

Wären wir nur den Berg vorbey, da sizzt meine Mutter auf einem Stein und wackelt mit dem Kopf! Sie winckt nicht sie nickt nicht, ihr Kopf ist ihr schweer. Sie sollt schlafen daß wir könnten wachen und uns freuen beysammen.

Faust.

/: ergreifft sie und will sie wegtragen :/

Margr:

Ich schreye laut, laut dass alles erwacht.

Faust

Der Tag graut. O Liebgen! Liebgen!

Margr:

Tag! Es wird Tag! der lezte Tag! der Hochzeit Tag! – Sags niemand dass du die Nacht vorher bey Gretgen warst. – Mein Kränzgen! – Wir sehn uns wieder! – Hörst du die Bürger schlürpfen nur über die Gassen! Hörst du! Kein lautes Wort. Die Glocke ruft! – Krack das Stäbgen bricht! – Es zuckt in iedem Nacken die Schärfe die nach meinem zuckt! – Die Glocke hör.

Meph: erscheint.

Auf oder ihr seyd verlohren, meine Pferde schaudern, der Morgen dämmert auf.

Marg:

Der! der! Lass ihn schick ihn fort! der will mich! Nein! Nein! Gericht Gottes komm über mich, dein bin ich! rette mich! Nimmer nimmermehr! Auf ewig lebe wohl. Leb wohl Heinrich.

Faust. sie umfassend.

Ich lasse dich nicht!

Margr:

Ihr heiligen Engel bewahret meine Seele – mir grauts vor dir Heinrich.

Meph:

Sie ist gerichtet! /: erverschwindet mit Faust, die Thüre rasselt zu man hört verhallend :/

Heinrich! Heinrich!

z. 81-104 ≈ (mit erheblichen Abweichungen) v. 4565-4612

PARALIPOMENA
ZUM FAUST

VORBEMERKUNGEN

Für die in Goethes Nachlaß handschriftlich überlieferten Arbeitsnotizen, Schemata, Entwürfe, ausgelassenen Passagen und anderen Texte zum Faust *hat sich die Sammelbezeichnung* Paralipomena *eingebürgert (›Beiseitegelassenes‹). Ihre Wiedergabe erfolgt hier auf der Grundlage der Dokumentation von Anne Bohnenkamp 1994 und unterscheidet sich damit von allen früheren Paralipomena-Drucken durch eine erweiterte Auswahl der Texte, durch deren an den Überlieferungsträgern orientierte entstehungsgeschichtliche Anordnung, durch eine Darbietung, welche die für ein zulängliches Verständnis oft unentbehrlichen Kontexte der Handschriften berücksichtigt und ihre graphischen Besonderheiten beibehält, durch Wiedergabe der authentischen Schreibweise und vielfach auch hinsichtlich des korrekten Wortlauts.*

Abweichend aber von Bohnenkamps Edition teilt die vorliegende Lese- und Studienausgabe (buchstaben- und zeichengetreu) allein die jeweils letzte Fassung der Texte mit; lediglich in besonders interessanten Fällen werden auch Entstehungsvarianten verzeichnet. Außerdem wurden hier als Lesehilfe Abkürzungen aufgelöst und Sprecherbezeichnungen eingefügt sowie unvollständige Wörter ergänzt, wo das möglich war und (wegen denkbarer Mißverständnisse) nötig erschien. Diese Zusätze und alle anderen Einschaltungen des Herausgebers sind durch Kursivdruck kenntlich gemacht, ggf. außerdem in ⟨Winkelklammern⟩ gestellt worden.

Nähere Angaben zur Überlieferung der Paralipomena und zur Textgestaltung findet man im Kommentar-Band S. 84ff. bzw. 102ff. Wie dort begründet, ist die in der Weimarer Ausgabe (WA) vorgenommene Numerierung der Paralipomena beibehalten worden, obgleich diese Texte hier in eine andere Reihenfolge gebracht werden mußten. Ein gesuchtes Paralipomenon nach seiner WA-Zählung aufzufinden, helfen die P-Nummern links und rechts am Seitenrand (während in der Kolumne über jeder rechten Seite die Sigle der betr. Handschrift steht). Außerdem findet sich im Kommentar-Band S. 1065-68 eine Konkordanz der Paralipomena, *welche von der Zählung der WA ausgeht und die jeweilige Seitenzahl im vorliegenden Text-Band angibt.*

ABKÜRZUNGEN UND BEZEICHNUNGEN

H P6 *(usf.)*
Handschrift mit dem Paralipomenon 6 (nach der durch die Weimarer Ausgabe eingeführten, hier beibehaltenen Paralipomena-Zählung); ggf. auch weitere, dann nur noch am Seitenrand bezeichnete Paralipomena enthaltend.

III H^{58} *(usf.)*
Handschrift 58 zum III. Akt des Faust II *(nach der Handschriften-Zählung der Weimarer Ausgabe); solche Bezeichnungen nur bei Handschriften, die kein bisher als Paralipomenon veröffentlichtes Textstück enthalten.*

P21 *Paralipomenon 21 (usf.) nach der WA-Zählung. Bei nicht in den* Faust-*Bänden der Weimarer Ausgabe enthaltenen Paralipomena stehen zusätzliche Kleinbuchstaben:* P62a. *Zusätzliche Großbuchstaben bezeichnen unterschiedliche Fassungen:* H P123A.

97v *Variante oder Bruchstück von Paralipomenon 97 (usf.).*

— *Trennstrich am Seitenrand markiert das Ende eines Paralipomenons, sofern das anders nicht eindeutig ist.*

166 *entspricht dem* Faust-*Vers 4166 (usf.).*

31v *Variante von* Faust-*Vers 331 (usf.).*

[ ] *in der Handschrift als erledigt durchgestrichen, weil für den endgültigen* Faust-*Text berücksichtigt oder verworfen.*

{ } *unsichere Lesung.*

x *unleserlicher Buchstabe.*

xx *unleserliche Buchstabengruppe.*

xxx *unleserliches Wort.*

PARALIPOMENA AUS DER ZEIT BIS ZUM ERSCHEINEN VON FAUST I (VOR 1808)

H P6
Sammelblatt eigenhändig

P21 [Land Strase.
Ein Kreuz am Wege, rechts auf dem Hügel ein altes Schloss, in der Ferne ein Bauerhüttgen.]
Faust
Was giebts Mephisto hast du Eil?
Was schlägst vorm Kreuz die Augen nieder?
Meph.
Ich weis es wohl es ist ein Vorurteil,
Allein genug mir ists einmal zu wider.

P6 Meph.
Mich darf niemand auf's Gewissen fragen
Ich schäme mich offt meines Geschlechts
Sie meynen wenn sie Teufel sagen;
So sagen sie was rechts.

P7 Mein Freund wenn je der Teufel dein begehrt
Begehrt er dein auf eine Andre Weise
Dein Fleisch und Blut ist wohl schon etwas werth
Allein die Seel ist unsre rechte Speise.

⟨Wiedergabe dieser Handschrift: hier Abb. 10⟩

H P54

Sammelblatt eigenhändig

Ey was ich weis das brauch ich nicht zu glauben, P54
Der Mensch ist gar erbärmlich dran
Und es steht nur dem Teufel an
Ihm noch das Bischen Sicherheit zu rauben.

[Und der zuerst sich wie ein Gott erging P55
Befindet sich noch wohl am Schweinekoben.]

Auf diesem Wege rollt es eben P56
Recht hurrliburli durch das Leben
Er nagt nicht lang' an Einem Knoch*en*
Ich muß es ihm gepfeffert kochen.

Wenn du nur von den Bissen leben solltest P57
Die dieser oder jener dir gegönnt.

[Den Geistes despotismus leid ich nicht *4166*
Mein Geist kann ihn nicht exerziren.] *4167*

etwa zu 8 P58
Der ganze Fehler ist daher entstanden
Das was ihr wißt, das könn*t* ihr nicht genieß*en*

Was man genießt, das braucht man nicht zu wiss*en*

Denn zum erkenn*en* ist der größte viel zu klein P59
Und zum genieß*en* ist der kleinste groß genug

Denn dein Gespräch gefällt mir nicht P60

[Gibts ein Gespräch wenn wir uns nicht betrüg*en*
Mehr oder weniger versteckt
So ein Ragout von Wahrheit und von Lügen
Das ist die Köcherey die mir am besten schmeckt.]

P61 Die bloße Wahrheit ist ein simpel Ding
Die jeder leicht begreifen kann
Allein sie scheint euch zu gering
Und sie befriedigt nicht den Wundermann
Drum wollt ihr daß man euch betrüge
Und {kundet} daß {man} es halb verstanden

H P13

Exzerptnotiz eigenhändig

P13 Schola Druidica
Faustus Scholasticus vagans.
Murr 699

H P2

Sammelblatt, teils von der Hand des Schreibers Geist, teils eigenhändig

⟨*Mephistopheles*⟩
P36 Vier Beine lieb ich mir zu sichrem Stand und Lauf
Er klettert stets und kommt doch nicht hinauf

P37 Und selbst die allerkürzten Flügel
Sind doch ein herrliches Organ.

331v [Es ist mir gar nicht bange
334 Staub soll er fressen und mit Lust
335 Wie meine Muhme die berühmte Schlange]
⟨*folgt teilweise variante Niederschrift von 336-353*⟩

P49 Siehst du er kommt den Berg hinauf
Von Weitem steht des Volckes Hauf.
Es segnen staunend sich die Fromm*en*
Gewiss er wird als Sieger kommen.

Meph als Phisicien de la cour P70

Und wenn du ganz was falsches perorirt P71
Dann glauben sie was rechts zu hören.

Mit pathetischem Dünkel P18
Quadrirt der Zirkel
Bissecirt den Winckel
Und wo die Klügsten selbst sich wunderlich gebärden
Das kann hier Schüler Arbeit werden

Faust wie er regiren u nachsichtig seyn wolle P70
Meph. Schade für die Nachkömmlinge.

[Mit diesen Menschen umzugehen P72
Ist warlich keine große Last
Sie werden dich recht gut verstehen
Wenn du sie nur zum besten hast.]

Wann du sie nicht zum besten hast P73
So werden sie dich nie für gut u redlich halten.

[Und was sie gerne wissen wollen P74
Ist grade das was ich nicht weis.]

O wo ist der Genuß der der Begierde gleich P51
Und wo ist ein Genuß der die Begier erreicht.

Treten des Elements des Glückes P2
Insufficienz

Was für ein hölzern Bild sie an dem Halse hat P45
Ein heiligs oder ein lebendigs.

Fiel vor mir hin u küßte mir die Hand P46
Es brennt mich noch.

H P10

Sammelblatt vorwiegend eigenhändig

P39 Ich wäre nicht so arm an Witz
Wär ich nicht gar so arm an Reimen.

P33 Wie man nach Norden weiter kommt
Da nehmen Rus und Hexen zu.

P44 [Musick nur her und wärs ein Dudelsack
Wir haben wie manche edle Gesellen
Viel apetit u wenig Geschmack.]

—

P34 Leuchtende Finger des Meph.

—

P35 Ihr Leben ist ein bloser Zeitvertreib
Zwey lange Beine keinen Leib
Sie kiken
den Unfug den sie jüngst in Deutsch*land*
angestiftet

P97v [Das Leben ist ein episches Gedicht
Es hat wohl einen Anfang u ein Ende
Allein ein ganzes ist es nicht.]

———

P19 Die Wahrheit zu ergründen
Spannt ihr vergebens euer blöd Gesicht
Das Wahre wäre leicht zu finden
Doch eben das genügt euch nicht.

P52 [Die spindelförmigen Gestalten!
Und sind für mich die edlen Held*en* todt
So muß ich mich doch wohl zu diesen Schluckern halten]

P53 Fleisch dorrt wie Heu und Bein zerbricht wie Glas
Und alle Schönheit ist ein wahrer Mottenfras.

Bestünde nur die Weisheit mit der Jugend P38
Und Republiken ohne Tugend
So wär die Welt dem höchsten Ziele nah.

[Und es verzeihen ⟨*gestrichen*: selbst gestrenge Damen⟩ sogar gelegentlich die Frauen P10v
Wenn man mit Anstand den Respeckt vergißt.]

—

[Die Guten Weiber sind doch übel dran *3149v*
Ein ⟨*gestrichen*: Misogyn⟩ Frauenfeind ist schwerlich zu bekehren *3150v*
Es käme nur auf eures gleichen an *3151*
Mich eines bessern zu belehren.] *3152*

—

[[Seht mir nur ab wie man vor leute tritt P10
Ich komme lustig angezog*en*
So ist mir jedes Herz gewog*en*
Ich lache jeder lacht mir mit]
Ihr müßt wie ich erst nur euch selbst vertrau*en*
Und dencken dass hir was zu wagen ist
Denn es verzeihen selbst gelegentlich die Frauen
Wenn man mit Anstand den Respeckt vergisst.
Nicht Wünschelruthen nicht Alraune
Die beste Zauberey ⟨*gestrichen*: {würkt} aus⟩ liegt in der guten Laune
Bin ich mit allen gleich gestimmt
So seh ich nicht daß man was übelnimmt
Drum frisch an*s* Werk u zaudert mir nicht lange
Das Vorbereiten macht mir bange
D.]

H P9
Sammelblatt eigenhändig

P43 Was an dem Lumpenpack mich noch am meisten freut
Ist daß es wechselsweis von Herzen sich verachtet.

———

P9 [Wenn du von aussen ausgestattet bist
So wird sich alles zu dir drängen
Ein Kerl der nicht ein wenig eitel ist
Der mag sich auf der Stelle hängen.]

— ———

er heißt sogar der große
und doch ist ein Gedicht nur unvernünftigre Prose.

———

P62 Die Welt geht auseinander wie ein fauler Fisch
Wir wollen sie nicht balsamiren

P64 [C Ad Partem II.
Bedauren der traurig zugebrachten frühern Zeit.
Kühnheit sich in Besiz zu setzen balancirt allein die Möglichkeit der Unfälle.]

H P42
Sammelblatt eigenhändig

P42.1 Nur Hunger schärft den Geist der subalternen Wesen
Ein sattes Thier ist gräßlich dumm.

———

P42.2 Und mein Verdienst worauf ich stolz bin
Ich schlepp es nicht am Hintern hinten nach

———

H P78
Sammelblatt eigenhändig

[Kennst du das Spiel wenn man im lustigen Kreis
Das Pfeifchen sucht und niemals findet
Weil mans dem Sucher ohne daß ers weiß
In seines Rockes hintre Falte*n* bindet.
Das heißt an sein*en* Steis.]

Ist völlig eins bey Hof und in der Stadt P78

Wer den geringsten Vorzug hat P79
Wird sich des Vorzugs überheben.
—
Das Wissen wächst die Unruh wächst mit ihm. P80

H P8
Entwurf eigenhändig

Und schleppe noch ⟨*gestrichen*: bey jedem frey*en*⟩ bey diesem P8
Sclaven Schrit*t*
Das lange Kleid die weiten Ermel mit
ad 6.

H P26
Reinschrift von der Hand des Schreibers Geist

ad 16 e. P26

Mephisto.
Der junge Herr ist freylich schwer zu führen
Doch als erfahrner Gouverneur
Weiß ich den Wildfang zu regieren
Und afficirt mich auch nichts mehr
Ich laß ihn so in seinen Lüsten wandeln

Mag ich doch auch nach meinen Lüsten handeln
Ich rede viel und laß ihn immer gehn
Ist ja ein allzudummer Streich geschehn
Dann muß ich meine Weisheit zeigen
Dann wird er bey den Haarn herausgeführt
Doch giebt man gleich, indem manns reparirt,
Gelegenheit zu neuen dummen Streichen

H P50
Arbeitsmundum eigenhändig

P50 1

ad 17.

Gipfel Nacht
Feuer Koloss. nächste Umgebung
Massen, Gruppen. Rede.

2

⟨bis auf die Paginierung unbeschriebenes Blatt⟩

3

Satan.
Die Böcke zur rechten,
Die Ziegen zur lincken
Die Ziegen sie riechen   wincken
Die Böcke sie stincken   fechten
Und wenn auch die Böcke
Noch stinckiger wären
So kann doch die Ziege
Des Bocks nicht entbehren.

Chor.
Aufs Angesicht nieder
Verehret den Herrn
Er lehret die Völcker
Und lehret sie gern

Vernehmet die Worte
Er zeigt euch die Spur
Des ewigen Lebens
Der tiefsten Natur.

Satan rechts gewendet.
Euch giebt es zwey Dinge
So herrlich und groß
Das glänzende Gold
Und der weibliche Schoos.
Das eine verschaffet
Das andre verschlingt
Drum glücklich wer beyde
Zusammen erringt.

Eine Stimme.
Was sagte der Herr denn? –
Entfernt von dem Orte
Vernahm ich nicht deutlich
Die köstlichen Worte
Mir bleibet noch dunckel
Die herrliche Spur
Nicht seh ich das Leben
Der tiefen Natur.

⟨Wiedergabe der Handschrift Z. 26-43: hier Abb. 14⟩

4

Satan lincks gewendet.
Für euch sind zwey Dinge
Von köstlichem Glanz
Das leuchtende Gold
Und ein glänzender Schwanz
Drum wißt euch ihr Weiber
Am Gold zu ergötzen
Und mehr als das Gold
Noch die Schwänze zu schätzen.

Chor
Aufs Angesicht nieder
Am heiligen Ort.
O glücklich wer nah steht
Und höret das Wort.

Eine Stimme
Ich stehe von ferne
Und stutze die Ohren
Doch hab ich schon manches
Der Worte verlohren
Wer sagt mir es deutlich
Wer zeigt mir die Spur
Des ewigen Lebens
Der tiefsten Natur.

⟨*Wiedergabe der Handschrift Z. 45-61: hier Abb. 15*⟩

Meph zu einem jungen Mädchen.
Was weinst du? artger kleiner Schatz
Die Thränen sind hier nicht am Plaz
Du wirst in dem Gedräng wohl gar zu arg gestoßen?

Mädchen.
Ach nein! der Herr dort spricht so gar kurios,
Von Gold u Schwanz von Gold u Schoos,
Und alles freut sich wie es scheint!
Doch das verstehn wohl nur die Großen?

Meph.
Nein liebes Kind nur nicht geweint.
Denn willst du wissen was der Teufel meynt,
So greife nur dem Nachbar in die Hosen.

Satan grad aus.
Ihr Mägdlein ihr stehet
Hier grad in der Mitten

Ich seh ihr kommt alle
auf Besmen geritten
Seyd reinlich bey Tage
Und säuisch bey Nacht
So habt ihrs auf Erden
Am weitsten gebracht.

6

Einzelne Audienzen.
Ceremonien M*ei*st*e*r.

7
ad 17.

X
und kann ich wie ich bat
Mich unumschränckt in diesem Reiche schauen
So küß ich, bin ich gleich von Haus aus Demokrat
Dir doch Tyrann voll Danckbarkeit die Klauen.

Ceremonienmstr.
Die Klauen! das ist für einmal
Du wirst dich weiter noch entschließen müssen.

X
Was fordert denn das Ritual.

Cer Mstr.
Beliebt dem Herrn den Hintern Theil zu küssen.

X
Darüber bin ich unverworrn
Ich küsse hinten oder vorn.

Scheint oben deine Nase doch
Durch alle Welten vorzudringen,
So seh ich unten hier ein Loch
Das Universum zu verschlingen
Was duftet aus dem kolossalen Mund!

So wohl kanns nicht im Paradiese riechen
Und dieser wohlgebaute Schlund
erregt den Wunsch hinein zu kriechen.
Was soll ich mehr!

Satan

Vasall du bist erprobt
Hierdurch beleih ich dich mit Millionen seelen
Und wer des Teufels Arsch so gut wie du gelobt
Dem soll es nie an Schmeichelphrasen fehlen.

8

⟨*Chor der Hexen*⟩
Und wie wir nun nach Hause ziehn
Die Saat ist gelb die Stoppel grün,
Zum Schlusse nimmts kein Mensch genau
Es speyt die Hexe es scheißt die Sau.

F.⟨*aust*⟩
Schöpfung des Menschen durch die ewige Weisheit
———— der Hexen zufällig wie Python

Meph.
Dem Ruß den Hexen zu entgehen
Muß unser Wimpel südwärts wehen;
Doch dort bequeme dich zu wohnen
Bey Pfaffen und bey Scorpionen.

F.⟨*aust*⟩
Verändrung ist schon alles
Kranckheit das Mittel ein Choc damit die Natur nicht unter liege

M⟨*ephistopheles*⟩
Will einige Nacht Mahre zaumen u Fausten eine Falle legen.
gelingts so hohlt er ihn

9

Faust allein
Schmeichel Gesänge

F.⟨*aust*⟩
Wer ist in der Nähe dem das gelt*en* kan*n*
Fortgesetzte Schmeichelges*änge*

Meph.
Deutet sie auf Faust

Fausts
Unwille

Meph
Keck verräth sich

Faust
Er solls wo anders anwenden.

Meph
Pferde

sie reiten

Schnelligkeit

Falsche Richtung

Zug nach Osten

Hochgerichtserscheinung.

10

ad 17a

⟨*Chor*⟩
Wo fließet heißes Menschen Blut
Der Dunst ist allem Zauber gut
Die grau und schwarze Brüderschafft
Sie schöpft zu neuen Wercken Krafft
Was deutet auf Blut ist uns genehm,
Was Blut vergießt ist uns bequem.
Um Glut und Blut umkreißt den Reihn
In Glut soll Blut vergossen seyn.

Die Dirne winckt es ist schon gut
Der Säufer trinckt es deutet auf Blut
Der Blick der Tranck er feuert an
Der Dolch ist blanck es ist gethan.
Ein BlutQuell rieselt nie allein
Es laufen andre Bächlein drein
Sie wälzen sich von Ort zu Ort
Es reisst der Strom die Ströme fort.

Gedräng

Sie ersteig*en* einen Baum

G.
Reden des Volckes

11

Auf glühndem Boden

Nackt das Idol

Die Hände auf dem Rücken

Bedeckt nicht das Gesicht u nicht die Scham

Gesang

Der Kopf fällt ab

Das Blut springt u löscht das Feuer

Nacht.

Rauschen

Geschwäz von Kielkröpfen
Dadurch Faust erfährt

Faust Meph.

H P62a

Versbruchstück eigenhändig

Ein Tritt von seinem Fusse P62a
Aufs Haupt ist meine Krone

H P27

Exzerpt und Sammelblatt eigenhändig

[Bezahlung der Inquisitions-Kosten in Criminal fällen wenn der Inquisite schuldig, unvermögend und kein Ankläger da ist.] P27

Juncker der böse Feind
Weisse Würmer, schwarze Köpfe
Schwarz Kleid rother Federbusch gelbe rothe Strumpf
Eselsfus. Blauen Hut roth und weiss Strüppl*en*

Im Thume
Steht die Rosenblume
Sie ist weder Braun noch fahl
so müssen die Huffdinger verstauben und zerfahren
Und kommen Margrethen ins Teufels nahmen an
3 pf. Lohn.
Böse Dinger
Wolle er ihr den Hals brechen
Begiessen, anspeyen, anblasen
Die Pfoten Esels Pferde fus lange Nägel Rauhe Latschen.
Fahrt auf den Blocksberg. Kuchen getanzt.
Der Alf Hinckepinck. Tauft f P. W. 33 bringt dessen Frau um.
Die Elben zu bringen und abnehmen.
Gar rauh und nicht gros ist Juncker, sein thun sehr kalt
Werck Hadern Zaubrisch Geschoss von Gänsefedern u Stecknadeln in ein schwarzes Lederlein gebunden. /
Weiser Dornbusch drey gelbe Stecknadeln.
Du hast mich geschossen ich schiese dich wieder
ins Teufels nahmen
Pulver aus einem Todtenkopf und Erde aus dem Grabe. in die Häuser gestreut.
Juncker als ein schwarzes Mängen wie ein Esel gros.
Er habe ihr nichts gelernt als die Leute verderben
Sein Thun währt eine halbe Stunde wohl ganze Stunde hat ein Ding wie ein Esel gros
auch wie ein kalt hörnchen
Zwey Kinder gestaltet wie der böse Volant
Wetter machen   Die Leute blenden daß sie nicht in Verhafft genommen würden

Elben.
gute Kinder
reisende gute Kinder
fahrende Dinger
Gute Holden.
Weisgelb ein Paar schwarze Flügel dazu

Bestünde nur die Weisheit mit der Jugend P38
Und Republicken ohne Tugend
So wär die Welt dem höchsten Ziele nah.

Ich wäre nicht so arm an Wiz P39
Wär ich nur nicht so arm an Reimen.

Der liebe Sänger P40
Von Hameln auch mein alter Freund
Der Vielbeliebte Rattenfänger.
Wie geht
Rattenfäng*er* von Hameln
recht wohl mein Herr! zu dien*en*
Ich bin ein wohl genährter Mann
Patron von zwölf Philantropinen
Daneben
⟨*gestrichen*: Schreibe eine Kinder Bibliothek⟩

Wegen Papierner Flügel bekant
Sieht euch auch hier ein jeder an
Ein Paar Löcher sind hinein gebrant
Daß haben die verfluchten Xenien gethan.
Mus.⟨*aget*⟩
Ich folge
Als Musen anzuführen.

H P28

Notizen eigenhändig

Jüngster Tag. Practorii übrige Werke P28
Praeadamiten.
Grausam wilde Menschen
Ungethüm

H P29
Exzerptnotizen eigenhändig

P29 Hagestolz
Träume.
Alp. Nahmen zu brauchen
Weise Frau
Trutte*n* Schu Alpfuß
Lieb Leib u Bley
Nachtraben saugen an Kindern
Rothe Maus aus dem Munde
Gewachsen*e* Töpfe
Musiker der Rattenfänger
Chaos festes durch welch*es* die Geister durchgehn

Undenen ohne Seele
das Bündniß giebt die Seele
Das mindere geneußt des mehreren
Unterschied im reden
p. 86.

H P30
Exzerptnotizen eigenhändig

P30 Faust
Hippomanes.
Insomnia
paucis noct.*urnis* hor.*is* ne quidem placida quiete sed pavida miris rerum imaginibus.
Furor.
Somnambule.
Summa Confidentia et nimius metus.
τοις ευτυχουσι και τριμενα παιδια
a sinistra cornix et picus
a dextra corvus et aquila

O welch ein Glück
Welch ein frühzeitig Glück
Andre müssen sich 9 Monat schleppen
Ein ander Weib muß sich 9 Monat schleppen

Wilh.
Pl. ep. 443.
Lymphati terrificis vaticinationibus et sua et aliena mala ludificabantur.

445.
Non illi vis non granditas non subtilitas. non amaritudo, non dulcedo non lepor defuit.

H P22
Schema-Entwürfe eigenhändig

Faust Meph P22
F. Umgekehrte Richtung der Jugend
M. Gegen Roheit.
F. Widerspricht. Jugend Elasticität,
der Theilnahme fehlend.
Vortheile der Roheit. u Abgeschmacktheit.
M. Vorschlag. Geschichte des Trancks.

Kleine Reichsst.*adt* P24
Das anmuthige beschränckte des bürgerlichen Zustands.
Kirchgang
Neugetauftes Kind
Hochzeit.

Aufmunterung zu Walp.*urgis* P31
Nacht

Daselbst.
Frauen über die Stücke.
Männer über das L'hombre.

Rattenfänger von Hameln.
Hexe aus der Küche.

P48 Nach dem Intermezz
Einsamkeit, Oede
Trompeten Stöße
Blitze, Donner von oben.
Feuersäulen, Rauch Qualm.
Fels der daraus hervorragt.
Ist der Satan.
Großes Volck umher.
Versäumniß
Mittel durchzudringen.
Schaden.
Geschrey
Lied.
Sie stehen im nächsten Kreise.
Man kanns für Hitze kaum aushalten.
Wer zunächst im Kreise steht.
Satans Rede pp
Präsentationen.
Beleihungen.

Mitternacht.
Versincken der Erscheinung
Volckan.
Unordentliches Auseinanderströmen. Brechen u Stürmen.

H P32
Entwurf eigenhändig

P32 welch hohe Pracht
In den Bergen waldes Nacht

H P67

Reinschrift von der Hand des Schreibers Geist

ad 20. P67

Mephist:

Pfui schäme dich daß du nach Ruhm verlangst
Ein Charlatan bedarf nur Ruhm zu haben.
Gebrauche besser deine Gaben
Statt daß du eitel vor den Menschen prangst.
Nach kurzem Lärm legt Fama sich zur Ruh,
Vergessen wird der Held so wie der Lotterbube,
Der größte König schließt die Augen zu
Und jeder Hund bepißt gleich seine Grube.
Semiramis! hielt sie nicht das Geschick
Der halben Welt in Kriegs und Friedenswage?
Und war sie nicht so groß im letzten Augenblick
Als wie am ersten ihrer Herschertage?
Doch kaum erliegt sie ohngefähr
Des Todes unve*r*sehenem Streiche,
So fliegen gleich, von allen Enden her,
Skarteken tausendfach und decken ihre Leiche.
Wer wohl versteht was so sich schickt und ziemt
Versteht auch seiner Zeit ein Kränzchen abzujagen;
Doch bist du nur erst hundert Jahr berühmt;
So weiß kein Mensch mehr was von dir zu sagen.

H P68

Reinschrift von der Hand des Schreibers Geist

ad 20. P68

Mephistopheles

Geh' hin versuche nur dein Glück!
Und hast du dich recht durchgeheuchelt,
So komme matt und lahm zurück.
Der Mensch vernimmt nur was ihm schmeichelt.

Sprich mit dem Frommen von der Tugend Lohn,
Mit Ixion sprich von der Wolke,
Mit Königen vom Ansehn der Person,
Von Freyheit und von Gleichheit mit dem Volke!

Faust.
Auch diesmal imponirt mir nicht
Die tiefe Wuth mit der du gern zerstöhrtest,
Dein Tigerblick, dein mächtiges Gesicht.
So höre denn wenn du es niemals hörtest:
Die Menschheit hat ein fein Gehör,
Ein reines Wort erreget schöne Thaten.
Der Mensch fühlt sein Bedürfniß nur zu sehr
Und läßt sich gern im Ernste rathen.
Mit dieser Aussicht trenn ich mich von dir,
Bin bald und triumphirend wieder hier

Mephist:
So gehe denn mit deinen schönen Gaben!
Mich freuts wenn sich ein Thor um andre Thoren quält.
Denn Rath denkt jeglicher genug bey sich zu haben,
Geld fühlt er eher wenns ihm fehlt.

⟨varianter Entwurf zu den beiden letzten Zeilen, auf separatem Blatt eigenhändig:⟩

P68v Denn Rath denckt ieglicher genug bey sich zu haben
Gold fühlt er eher wenns ihm fehlt

H P65

Eigenhändiger Entwurf und vorwiegend eigenhändiges Sammelblatt

P65 Bravo alter Fortinbras, alter Kauz, dir ist übel zu Muthe ich bedaur dich von Herzen. Nimm dich zusammen Noch ein Paar Worte wir hören sobald kein*en* König wieder reden.

Canz.*ler*
Dafür haben wir das Glück die Weisen Sprüche Ihrer Majestät deß Kaysers desto öfter zu verneh*men*

M⟨*ephistopheles*⟩
Das ist was ganz anders. Ew Ex*zellenz* brauchen nicht zu protestiren was wir and*re* Hexenmeister sagen ist ganz unpraejudicirlich

Faust
Stille stille er regt sich wieder.

—

Fahr hin du alter Schwan! Fahr hin Gesegnet seyst du vor einem letz*ten* gesang und alles was du uns zuv*or* gesagt hast. Das Übel was du thun mußtest ist klein dagegen

Marsch*alk*
Redet nicht so laut der Kayser schläft Ihre Maj*estät* scheinen nicht wol

M⟨*ephistopheles*⟩
Ihro Majest*ät* haben zu befehlen ob wir aufhören sollen. Die Geister haben ohne dies nichts weiter zu sagen

F⟨*aust*⟩
Was siehst du dich um

M.⟨*ephistopheles*⟩
Wo nur die Meerkatzen stecken mögen ich höre sie {immer reden}

———

Es ist wie ich schon sagte ein {ketzerischer} König.

B.⟨*ischof*⟩
Es sind heidnische Gesinnungen ich habe dergleichen im Mark aurel gefunden. Es sind die heidnischen Tugend*en*

M⟨*ephistopheles*⟩

Glänzende Laster! Und billig daß die Gs. ⟨*wohl für: Gesinnungen*⟩ deshalb sämtlich verdammt werden

K.⟨*aiser?*⟩

Ich finde es hart was sagt Ihr Bisch*of*

B⟨*ischof*⟩

Ohne dem Ausspruch unsrer allweisen Kirche zu entgegnen sollte ich glauben daß gleich –

M⟨*ephistopheles*⟩

Vergeben! – heidnische Tugenden ich hätte sie gern gestraft gehabt wenns aber nicht anders ist so wollen wir sie vergeben – du bist vors erste absolvirt – weiter im Text

---

Sie verschwinden – Ohne Gestanck
Riecht ihr was
Ich nicht
Diese Art Geister stincken nicht meine Herren

P66 **20.**

Ein Leibarzt muß zu allem taugen
Wir fingen bey den Sternen an
Und endigen mit Hühneraugen.

–

Als Phisicus des Hofs auf Taschenspiel Künste.

H P69

Reinschrift von der Hand des Schreibers Geist

Mephist. P69
Herr Kanzler protestirt nur nicht
Das was ein Geist in seinem Taumel spricht
Das ist politisch unverfänglich

H P75

Sammelblatt von der Hand des Schreibers Geist

Wenn du was recht verborgen halten willst P75
So mußt du's nur vernünftig sagen

———

Er gefällt mir so besonders nicht P76
Ob er wohl auch französisch spricht
Er führt sich selbst ein wie er glaubt
Einem Zaubrer ist alles erlaubt

———

Er will nur deine Künste sehn P77
Und dir die seinen Produciren.

H P81

Reinschrift von der Hand des Schreibers Geist

ad 22. P81

Meph.
Worum man sich doch ängstlich müht und plackt.
Das ist gewöhnlich abgeschmackt.
Zum Beyspiel unser täglich Brot
Das ist nun eben nicht das feinste
Auch ist nichts abgeschmackter als der Tod
Und grade der ist der gemeinste

H P20
Entwürfe eigenhändig

P82v Das hat schon der Prophet gewußt
Es ist gar eine schlechte Lust
Wenn Ohim mit den Zihim sich begegnen.

—

Und Freude schwebt wie Sternen klang
Uns nur im Traume vor.

In goldnen Frühlings Sonnen Stund*en*
Lag ich gebunden
An dies Gesicht
In holder Dunkelheit der Sinn*en*
Konnt ich wohl diesen Traum begin*nen*
Vollenden nicht.

———

P20 Und merck dir ein für allemal
Den wichtigsten von allen Sprüchen
Es liegt dir kein Geheimniß in der Zahl
Allein ein grosses in den Brüchen

———

P41 Ein Mensch der von sich spricht u schreibt
Wie einst ein Biograph von ihm geschr*ieben* hätte

H P121a
Sammelblatt von der Hand des Schreibers Geist

P121a Mephistopheles.
Wie man bey Hof sich zwischen Fensterpfeiler
Mit einer schönen Dame stellt

———

P83v Aller Trost ist niederträchtig
Und Verzweiflung nur ist Pflicht

———

H P82

Sammelblatt eigenhändig

ad 22 P82

Das haben die Propheten schon gewußt
Es ist gar eine schlechte Lust
Wenn Ohim, sagt die Schrift, und Zihim sich begegnen.

ad 24 P83

Jeder Trost ist niederträchtig
Und Verzweiflung nur ist Pflicht.

II H^5

Sammelblatt eigenhändig

⟨*Faust*⟩

So hab' ich denn auf immerdar verlohren P86
Was mir das Herz zum letztenmal erquickt.

Ein irdischer Verlust ist zu bejammern P87
Ein geistiger treibt zu Verzweiflung hin.

Ich lernte diese Welt verachten P88
Nun bin ich erst sie zu erobern werth

Der leichte hohe Geist riß mich aus dieser Enge P89
Die Schönheit aus der Barbarey

Und wenn das Leben allen Reiz verlohren P90
Ist der Besiz noch immer etwas werth.

⟨*folgt Entwurf zu 6863 f.*⟩

H P91
Entwurf eigenhändig

P91 ad 27.

[NB. Taubheit.

M.⟨*ephistopheles*⟩

Und Mitternacht bezeichnet dieser Schlag

F.⟨*aust*⟩

Was fabelst du es ist ja hoch Mittag
Wie herrlich muß die Sonne scheinen
Sie thut so wohl den alten Beinen.
Komm mit

M.⟨*ephistopheles*⟩

Du willst

F.⟨*aust*⟩

ich fordr es selbst von dir.]

H P92
Eigenhändig überarbeitete Reinschrift
von der Hand des Schreibers Geist

P92 ad 27.

[Lied.

11531 Wie jung ich war und lebt und liebt
11532 Mich däucht das war wohl süße
11533 Wo's fröhlich klang und lustig ging
11534 Da rührten sich meine Füße.

11535 Nun hat das tückische Alter mich
11536 Mit seiner Krücke getroffen.
11537 Ich stolpert über Grabes Thür
11538 Warum stand sie just offen!]

11604 [Wer hat das Haus so schlecht gebaut
11605 Mit Schaufeln und mit Spaten?
11606 Dir dumpfer Gast im hänfnen Gewand
11607 Ists viel zu gut gerathen.]

H P96

Reinschrift eigenhändig

ad {28.} P96

Meph.
Das zierlich höfische Geschlecht
ist uns nur zum Verdruß gebohren
Und hat ein armer Teufel einmal Recht,
So kommts gewiß dem König nicht zu Ohren.

H P97

Eigenhändig überarbeitete Reinschrift
von der Hand des Schreibers Geist

ad 30 P97

[Abkündigung.
Den besten Köpfen sey das Stück empfohlen
Wir möchtens gerne wiederholen
Allein der Beyfall giebt allein Gewicht.
Vielleicht daß sich was bessres freylich fände. –
Des Menschen Leben ist ein ähnliches Gedicht
Es hat wohl seinen Anfang und sein Ende.
Allein ein Ganzes ist es nicht.
Ihr Herren seyd so gut und klatscht nun in die Hände.]

H P98

Eigenhändig fortgesetzte Reinschrift
von der Hand des Schreibers Geist

ad 30 P98

Abschied.
[Am Ende bin ich nun des Trauerspieles
Das ich zuletzt mit Bangigkeit vollführt
Nicht mehr vom Drange menschlichen Gewühles

Nicht von der Macht der Dunkelheit gerührt
Wer schildert gern den Wirrwarr des Gefühles
Wenn ihn der Weg zur Klarheit aufgeführt
Und so geschlossen sey der Barbareyen
Beschränkter Kreis mit seinen Zaubereyen

Und hinterwärts mit allen guten Schatten
Sey auch hinfort der böse Geist gebannt
Mit dem so gern sich Jugendträume gatten
Den ich so früh als Freund und Feind gekannt
Leb alles wohl was wir hiemit bestatten
Nach Osten sey der sichre Blick gewandt.
〈*gestrichen*: Dem neuen Triebe, diesem neuen Streben
Begegne neue Kunst und neues Leben.

Auf neue Scenen ist der Geist gewandt〉
Begünstige die Muse jedes Streben
Und Lieb und Freundschaft würdige das Leben.]

[Denn immer halt ich mich an Eurer Seite
Ihr Freunde die das Leben mir gesellt
Ihr fühlt mit mir was Einigkeit bedeute
Sie schafft aus kleinen Kreisen Welt in Welt
Wir fragen nicht in eigensinngem Streite
Was dieser schilt was jenem nur gefällt,
Wir ehren froh mit immer gleichem Muthe
Das Alterthum und jedes neue Gute.

O glücklich! wen die holde Kunst in Frieden
Mit jedem Frühling lokt auf neue Flur
Vergnügt mit dem was ihm ein Gott beschieden
Zeigt ihm die Welt des eignen Geistes Spur
Kein Hinderniß vermag ihn zu ermüden
Er schreite fort so will es die Natur.
Und wie des wilden Jägers braust von oben
Des Zeiten Geists gewaltig freches Toben.]

H P3
Entwürfe eigenhändig

⟨*Lustige Person*⟩
[Und wer euch heut recht derb die Wahrheit sagt, P4v
Der sagt sie euch auf tausend Jahre.]

Und wenn der Narr durch alle Scenen läuft, P3
So ist das Stück genug verbunden.

H P4
Entwurf eigenhändig

⟨*Lustige Person?*⟩
Und wenn ihr scheltet wenn ihr klagt P4
Dass ich zu grob mit euch verfahre,
Und wer euch heut recht derb die Wahrheit sagt
Der sagt sie euch auf tausend Jahre.

H P5
Entwurf eigenhändig

⟨*Direktor*⟩
Nur heute schränckt den weiten Blick mir ein P5
Nur heute laßt die Strenge mir nicht walten
Laßt unser Stück nur reich an Fülle seyn
Dann mag der Zufall selbst als Geist der Einhei*t* schalten

Wenn Poesie nicht reicht mag Laune sie verbind*en*

H P5a
Entwurf eigenhändig

⟨*Direktor*⟩
91 [Wird Vieles vor den Augen abgesponn*en*
92 So daß die Menge staunend gaffen kann
93v Da habt ihr in der Breite gleich gewonn*en*
94v Ihr seyd ein vielbeliebter Mann.
95 Die Masse könnt ihr nur durch Masse zwingen
96 Ein jeder sucht sich endlich selbst was aus
97 Wer vieles bringt wird manch⟨*em?*⟩ etwas b*ringen*
98v Und mancher geht zufrieden aus dem Haus]

⟨*Dichter*⟩
P5a Wenn sichs in me*inem* Busen regt
Wen*n* sich m*ein* Auge feuchtet
Auch noch ein Herz das mir entgegen schlägt
Noch ein Geist der mir entgegen leuchtet.

Das wenige Talent das ich besitze raube*n*
Den*n* etwas guts zu machen und zu thun
Muß man erst an die Gute*n* glauben

H P1
Arbeitsnotizen eigenhändig

P1 Ideales streben nach Einwircken u Einfühlen
in die ganze Natur.
Erscheinung des Geists als Welt u Thaten Genius.

Streit zwischen Form- u Formlosen.
Vorzug dem formlosen Gehalt
Vor der leeren Form.
Gehalt bringt die Form mit
Form ist nie ohne Gehalt.

Diese Widersprüche statt sie zu vereinigen disparater zu machen.

Helles kaltes Wissensch. Streben Wagner
Dumpfes warmes —— —— Schüler.

⟨*gestrichen*: Lebens Thaten Wesen.⟩
Lebens Genuß der Person von aussen ges{eh} I. Theil
in der Dumpfheit Leidensch.*aft*
Thaten Genuß nach aussen zweyter ——
und Genuß mit Bewußtsey.*n* Schönheit.
Schöpfungs Genuß von innen. Epilog im Chaos auf dem Weg zur Hölle.
⟨*Wiedergabe der Handschrift: hier Abb. 11*⟩

H P11

Schema eigenhändig

Disputation. P11

Das Gedräng die Wach*e*
das ein und ausströmen.
Halbchor
andre Hälfte } der Studenten den Zustand ausdrückend.
Tutti.

Wagner als Opponent letzte*r*
Macht ein Compl.*iment*
Einzelne Stimmen.
Recktor zum Pedell
Die Pedellen die Ruhe gebieten
Fahrender Scholasticus tritt auf.
Schilt die Versammlung
Chor der Studenten
halb. Ganz

Schilt den Respondenten
Bescheiden dieser lehnts ab.
Faust nimmts auf
Schilt sein Schwadronir*en*
Verlangt daß er articuli*re*
Meph. thuts fällt aber gleich ins Lob des Vagirens und der daraus entstehend*en* Erfahrung

Chor. halb
F⟨*aust*⟩ Ungünstige Schilderung des Vaganten

Chor halb.
M⟨*ephisto*⟩ Kenntnisse die dem Schulweisen fehlen
F.⟨*aust*⟩ γνοϑι σεαυτον. im schön*en* Sinne.
Fordert den Gegner auf Fragen aus der Erfahrung vorzulegen. Die F.*aust* alle beantworten wolle.

M.⟨*eph*⟩ Gletscher
Bolog. Feuer
Charibdis
Fata Morg.
Thier
Mensch
F.⟨*aust*⟩ Gegenfrage wo der schaffende Spiegel sey
M.⟨*eph*⟩ Compliment die Antwort einandermal
F.⟨*aust*⟩ Schluß Abdanckung
Majorität
Minorität der Zuhör*er* als Chor.

Wagners Sorge die Geister mögten sprechen was der Mensch zu sich zu sagen glaubte

H P12

Reinschrift eigenhändig

Auditorium. P12

Disputation.

Schüler von innen.
Lasst uns hinaus! wir haben nicht gegessen.
Wer sprechen darf wird Speis und Tranck vergessen,
Wer hören soll wird endlich matt.

Schüler von aussen
Lasst uns hinein wir kommen schon vom Kauen;
Denn uns hat das Convickt gespeist.
Lasst uns hinein wir wollen hier verdauen,
Uns fehlt der Wein, und hier ist Geist.

Fahrender Scholasticus.
Hinaus! Hinein! Und keiner von der Stelle!
Was drängt ihr euch auf dieser Schwelle!
Hier aussen Platz u lasst die innern fort,
Besetzt dann den verlassnen Ort.

Schüler.
Der ist vom fahrenden Geschlecht.
Er renomiert, doch er hat recht.

H P14

Reinschrift von der Hand des Schreibers Geist

⟨*Faust*⟩ P14
Zu suchen wo auf Erden dieß geworden
Das steht dem Herrn Vaganten frey
Ob es in Süden oder Norden
Mir ist es alles einerley.

H P15
Entwürfe eigenhändig

P15 ⟨*gestrichen*: Das was uns trennt das ist die Wirklichkeit
Was uns verbindet das sind Worte.⟩
Was uns zerspaltet ist die Wirklichkeit
Doch was uns einigt das sind Worte.

P16 Als Pudel als Gespenst u als Scholasticus
Ich habe dich als Pudel doch am liebsten

P17 M.⟨*ephistopheles*⟩
Wer spricht von Zweifeln laßt {michs} hö*ren*
Wer zweifeln will der muß nicht lehren
Wer lehren will der gebe {was}.

H P25
Schema-Entwurf eigenhändig

P25 Doppel = Scene

Andreas Nacht.
Mondschein

Feld u Wiesen. — Vorstadt oeder Platz
Faust. — Gretchen.

H P47

Reinschrift eigenhändig mit Korrekturen

Blocksbergs=Candidaten P47

Stilling
Das Geisterreich hier kommts zur Schau,
Den Gläubigen ersprieslich;
Doch find ich nicht die weisse Frau,
So bin ich doch verdrieslich.

Gräfin.
Der weisen Frauen giebts genung
Für ächte Weiberkenner;
Doch sage mir, mein lieber Jung,
Wo sind die weisen Männer?

Ptolemaeer.
Da tritt die Sonne doch hervor
Am alten Himmelsfenster.

Copernikus
Nicht doch! es ist ein Meteor,
Ihr Narren und Gespenster

Eutiner
Mit Fleiß und Tücke webt ich mir
Ein eignes Ruhmgespinste
Doch ist mirs unerträglich hier
Auch hier find ich Verdienste

Wunderhorn.
Hinweg von unserm frohen Tanz
Du alter neidscher Igel.
Gönnst nicht dem Teufel seinen Schwanz
Dem Engel nicht die Flügel

ZUSATZTEXTE FÜR DIE BÜHNE

I
Weimarischer Inszenierungsversuch
Eigenhändig überarbeitetes Schema für eine Bühneneinrichtung von der Hand des Schauspielers P. A. Wolff

Act. I.

1) Zueignung.
Vorspiel auf dem Theater.
2) Prolog im Himmel. {Spazzefanger.}

Act. II.

Sc.*ene* 1.
3) Nacht. Faust.
Sc. 2.
Faust. Weltgeist.
Sc. 3.
Faust. Wagner.
Sc. 4.
Faust. Chorgesang.
Sc. 5.
4) Vor dem Thor.
Spaziergänger, Faust, Wagner. Baurenhochzeit.
Sc. 6.
Faust. Wagner. Pudel.
5=3) Sc. 7.
Studierzimmer.
Faust, Pudel, Geister vor der Thür.
Sc. 8.
Faust erwacht. NB.

Act. III.

Sc. 1.
Faust. nacher Mephistopheles.
Sc 2.
Mephist.
Sc. 3
Mephist. Schüler.
Sc. 4.
Mephist. Faust.
Sc 5.
Strasse. pag. 96. NB. Kleine Teufel. Techn Einsch ⟨*wohl für: Technisches Einschiebsel*⟩

Sc. 6.
Auerbachs Keller.
Sc. 7.
Hexenküche.
Sc. 8.
Straße. pag. 129.
Sc. 9.
Margarethens Stube.

Act. IV.

Sc. 1.
Spaziergang.
Faust. Mephist.
Sc 2.
Marthens Zimmer
Margarethe, Marthe.
Sc. 3.
Wald und Höhle.

Spaziergang
Faust Meph
Margr. Marthe

Sc. 4
Gretchens Stube
Margarethe. Combination
Sc. 5.
Margarethe Faust. NB.
Sc. 6.
Strasse.
Valentin p.
Sc. 7.
Faust. Mephist.
Sc. 8.
Volk.
Sc. 9.
Vorhalle des Dom's Lieschen
Gretchens. Ach neige Du Schmerzensreiche p
Sc. 10. NB.
Böser Geist.

Act. V.

Sc 1.
Felsen Gegend
Sc. 2.
BloksBerg.
Sc. 3.
Kerker.

2

Zusätzliche Szene (›Zwey Teufelchen und Amor‹)

Text nach dem Erstdruck in C 4, S. 220-224

Zu Faust.

Zwey Teufelchen tauchen aus der rechten Versenkung.

A.
Nun, sagt' ich's nicht, da sind wir ja!
B.
Das ging geschwind! wo ist denn der Papa?
Wir kriegen's ab für unsern Frevel.
(sie sind herausgetreten.)
A.
Er ist nicht weit, es riecht hier stark nach Schwefel.
Wir gehn drauf los, so sind wir bald am Ziel.
Amor
mit übereinander geschlagenen Füßen und Händen wird durch die Versenkung links schlafend hervorgehoben.
B.
Sieh dort!
A.
Was gibt's?
B.
Da kommt noch ein Gespiel.
O der ist garstig! der ist greulich!
A.
So weiß und roth, das find' ich ganz abscheulich.
B.
Und Flügel hat er wie ein Strauß.
A.
Ich lobe mir die Fledermaus.
B.
Es lüstet mich ihn aufzuwecken.
A.
Den Laffen müssen wir erschrecken.
A, a! E, e! I, i! O! U!
B.
Er regt sich, still! wir horchen zu.
Amor an die Zuschauer.
In welches Land ich auch gekommen,
Fremd, einsam werd' ich nirgend seyn.
Erschein' ich – Herzen sind entglommen,
Gesellig finden sie sich ein;

Verschwind' ich, jeder steht allein.

A. nachäffend.

Allein.

B.

Allein.

Beide.

Wir beide sind doch auch zu zweyn.

Amor.

Ja die Gesellschaft ist darnach!

A.

Er muckt noch!

B.

Sing' ihm was zur Schmach!

A.

Das ärmliche Bübchen!
O wärmt mir das Stübchen,
Es klappert, es friert.

B.

O wie das Kaninchen,
Das Hermelinchen,
Sich windet, sich ziert!

Amor.

Vergebens wirst du dich erbittern,
Du garstig Fratzenangesicht!
Verlust der Neigung macht mich zittern,
Allein der Haß erschreckt mich nicht!

(in den Hintergrund.)

B.

Das ist mir wohl ein saubres Hähnchen!

A.

Ein wahres derbes Grobiänchen!

B.

Gewiß ein Schalk wie ich und du.

A.

Komm, sehn wir etwas näher zu!
Wir wollen ihn mit Schmeicheln kirren.

B.

Das kleine Köpfchen leicht verwirren,
So gut als ob's ein großer wär!

(beide verneigend:)

Wo kommt der schöne Herr denn her?
Von unsersgleichen gibt es Hundert;
Nun stehn wir über ihn verwundert.

Amor.

Aus diesen krummgebognen Rücken,
Aus den verdrehten Feuerblicken,
Will immer keine Demuth blicken;
Ihr mögt euch winden, mögt euch bücken,
Euch kleidet besser Trotz und Grimm.
Ja, ihr verwünschten Angesichter,
Du erzplutonisches Gelichter,
Das was du wissen willst, vernimm!

Ich liebe von Parnassus Höhen
Zur Pracht des Göttermahls zu gehen,
Dann ist der Gott zum Gott entzückt.
Apoll verbirgt sich unter Hirten,
Doch alle müssen mich bewirthen,
Und Hirt und König ist beglückt.
Bereit' ich Jammer einem Herzen,
Dem wird das größte Glück zu Theil.
Wer freuet sich nicht meiner Schmerzen!
Der Schmerz ist mehr als alles Heil.

A. und B.

Nun ist's heraus und offenbar;
So kannst du uns gefallen!
Erlogen ist das Flügelpaar,
Die Pfeile, die sind Krallen.
Die Hörnerchen verbirgt der Kranz:
Er ist ohn' allen Zweifel,
Wie alle Götter Griechenlands,
Auch ein verkappter Teufel.

Amor.
Ihr zieht mich nicht in eure Schmach!
Ich freue mich am goldnen Pfeil und Bogen,
Und kommt denn auch der Teufel hinten nach,
Bin ich schon weit hinweggeflogen.

3

Bearbeitung der Gartenhäuschenszene

Reinschrift von der Hand Riemers

Ein Gartenhäuschen.

Margarete spingt herein, steckt sich hinter die Thür, hält die Fingerspitzen an die Lippen, und guckt durch die Ritze.

Margarete.
3205v Er kommt! Er kommt so schnell,
Er wird mich fragen.
Da draußen ist's so hell –
Ich kann's nicht sagen.

Faust kommt.
3206 Ach Schelm, so neckst du mich!
Willst du's nicht sagen?
Ich lieb' ich liebe dich!
Sollt' ich nicht fragen?

Margarete.
Was soll denn aber das?
Warum verfolgst du mich?

Faust.
Ich will kein ander Was,
Ich will nur dich!

Margarete.
Verlangst du noch einmal
Was du genommen? –
Komm an mein Herz! du bist
Du bist willkommen!

Faust.
O welchen süssen Schatz
Hab' ich genommen!
So sey denn Herz an Herz
Sich hoch willkommen!

Marthe und Mephistopheles
außen.
Kluge Frau und kluger Freund
Kennen solche Flammen;
Bis der Herr es redlich meynt
Lasst sie nicht beysammen.

Faust.
Wer da? *3207*

Mephistopheles.
Gut Freund!

Faust.
Ein Thier!

Mephistopheles
mit Marthe hereintretend
Nun endlich, so gefällst du mir!

Mephistopheles und Marthe
Wer Gelegenheit gegeben
Der soll leben;
Wer Gelegenheit benommen,
Schlecht willkommen!

Margarete und Faust.
Sag wer hat es uns gegeben
Dieses Leben?
Niemals wird es uns genommen
Diess Willkommen.

4

Zwei Geisterchöre für die Paktszene

Reinschrift eigenhändig

Faust
1739 So mag es bey der Fratze bleiben.
1. Halb Chor.
Wird er schreiben.
2. Halb Chor
Er wird schreiben
1 Halb Chor
Er wird nicht schreiben.
2. Halb Chor
Er wird schreiben
Chor.
Blut ist ein ganz besondrer Saft.
Wirkend im Innern Kraft aus Kraft.
Reisst ihn die Wunde rasch nach Aussen,
Draussen wird er wilde, wilder haussen.
Meph.
1740 Blut ist ein ganz besondrer Saft.

Meph.
2072 Ich gratulire dir zum neuen Lebenslauf
Chor.
Hinaus! Hinauf!
Kühn und munter.
Sind wir einmal oben drauf
Gehts wieder hinunter.

5
›Faust‹ als Monodrama
Abschrift von der Hand des Schreibers John

Zum verkürzten Melodrama Faust.
/: nach: »Ins ungewiße Menschenloos.« :/
Hier soll ich bangen, soll ich wähnen,
Und hoffen in erneuter Pein,
Soll an Verzweiflung mich gewöhnen
Und größer als Verzweiflung seyn.
Du Erdengeist, kennst du die Macht
Was eine Menschenbrust vermag?
Ich breche durch! Nach dieser Nacht
Was kümmert mich ein neuer Tag
Ich sollte wohl im Jammer weilen,
Nachdem ich einmal dich geschaut.
Sieh mich entschloßen, sieh mich eilen.
Das Ende such ich, keine Braut.
/: folgt: »Doch warum heftet sich mein Blick auf jene Stelle.« :/

6
Zwei zusätzliche Chöre für die erste Weimarer Aufführung am 29. August 1829
Texteinträge in Partitur von Schreiberhand

No 8 Chor.
Allegro
Und wird er schreiben?
Ja er wird schreiben
Er wird nicht schreiben!
Nicht! nein nein!
Er schreibt! Er schreibt,
und zwar mit ganz besonderm Saft
⟨folgt 1740⟩

No 26 Schlußchor
Allegro
Meph.: Sie ist gerichtet.
Chor. Ist gerettet!
Meph.: Her zu mir!
Chor
Andante dol*ce*
Im Wolkenschoos gebettet,
im Wolkenschoos gebettet!
Heran! heran
In Engelsarmen
entsühnt zu erwarmen
find Erbarmen,
Erbarmen, Erbarmen!
//: Fine ://

BERICHT FÜR ›DICHTUNG UND WAHRHEIT‹

H P63

Überarbeitete Reinschrift von der Hand Kräuters (unvollständig überliefert)

jenen früher theilnehmenden Freunden gleich zu achten und hier den Plan kürzlich vorzutragen. P63

Zu Beginn des zweiten Theiles findet man Faust schlafend. Er ist umgeben von Geister Chören die ihm in sichtlichen Symbolen und anmuthigen Gesängen die Freuden der Ehre, des Ruhms, der Macht und Herrschaft vorspiegeln. Sie verhüllen in schmeichelnde Worte und Melodien ihre eigentlich ironischen Anträge. Er wacht auf, fühlt sich gestärkt, verschwunden alle vorhergehende Abhängigkeit von Sinnlichkeit und Leidenschaft. Der Geist, gereinigt und frisch, nach dem Höchsten strebend.

Mephistophles tritt zu ihm ein und macht ihm eine lustige aufregende Beschreibung von dem Reichstage zu Augsburg, welchen Kaiser Maximilian dahin zusammen berufen hat, indem er annimmt, daß alles vor dem Fenster, drunten auf dem Platze, vorgeht, wo Faust jedoch nichts sehen kann. Endlich will Mephistophles an einem Fenster des Stadthauses den Kaiser sehen, mit einem Fürsten sprechend, und versichert Fausten, daß nach ihm gefragt worden, wo er sich befinde und ob man ihn nicht einmal an Hof schaffen könne. Faust läßt sich bereden und sein Mantel beschleunigt die Reise. In Augsburg landen sie an einer einsamen Halle, Mephistophles geht aus zu spioniren. Faust verfällt indeß in seine früheren abstrusen Speculationen und Forderungen an sich selbst und als jener zurückkehrt, macht Faust die wunderbare Bedingung; Mephistophles dürfe nicht in den Saal, sondern müsse auf der Schwelle bleiben, ferner daß in des Kaisers Gegenwart nichts von Gaukeley und Verblendung vorkommen solle. Mephistophles giebt nach. Wir werden in einen großen Saal versetzt, wo der Kaiser, eben von Tafel aufstehend, mit einem Fürsten ins Fenster tritt und gesteht, daß er sich Faustens Mantel wünsche um in Tyrol zu jagen und morgen zur Sitzung wieder zurück zu seyn. Faust wird angemeldet und gnädig aufgenommen. Die Fragen des Kaisers beziehen sich alle auf irdische Hindernisse, wie sie durch Zauberey zu beseitigen. Fausts Antworten deuten auf höhere Forderungen und höhere Mittel. Der Kaiser versteht ihn nicht, der Hofmann noch weniger. Das Gespräch verwirrt sich, stockt und Faust, verlegen, sieht sich nach Mephistophles um, welcher sogleich hinter ihn tritt und in seinem Namen antwortet. Nun belebt sich das Gespräch, mehrere Personen treten näher und jedermann ist zufrieden mit dem wundervollen Gast. Der Kaiser verlangt Erscheinungen, sie werden zugesagt. Faust entfernt sich der Vorbereitungen wegen. In dem Augenblick nimmt Mephistophles Fausts Gestalt an, Frauen und Fräuleins zu unterhalten und wird zuletzt für einen ganz unschätzbaren Mann gehalten, da er durch leichte Berührung eine Handwarze, durch einen etwas derbern Tritt seines vermummten Pferdefußes ein Hühner Auge curirt, und ein blondes Fräulein verschmäht nicht ihr Gesichtchen durch seine hagern und spitzen Finger betupfen zu lassen, indem der Taschenspiegel ihr sogleich, daß eine Sommersprosse nach der andern verschwinde, tröstlich zusagt. Der Abend kommt heran, ein magisches Theater erbaut sich von selbst. Es erscheint die Gestalt der Helena. Die Bemerkungen der Damen über diese Schönheit der Schönheiten beleben die übrigens fürchterliche Scene: Paris tritt hervor und diesem ergehts von Seiten der Männer, wie es jener von Seiten der Frauen ergangen. Der verkappte Faust giebt beiden Theilen recht und es entwickelt sich eine sehr heitere Scene.

Über die Wahl der dritten Erscheinung wird man nicht einig, die herangezogenen Geister werden unruhig; es erscheinen mehrere bedeutende zusammen. Es entstehen sonderbare Verhältnisse, bis endlich Theater und Phantome zugleich verschwinden. Der wirkliche Faust, von drei Lampen beleuchtet, liegt im Hintergrunde ohnmächtig, Mephistophles macht sich aus dem Staube, man ahndet etwas von dem Doppeltseyn, niemanden ist wohl bey der Sache zu Muthe.

Mephistophles als er wieder auf Fausten trifft, findet diesen in dem leidenschaftlichsten Zustande. Er hat sich in Helena verliebt und verlangt nun daß der Tausendkünstler sie herbey schaffen und ihm in die Arme liefern solle. Es finden sich Schwierigkeiten. Helena gehört dem Orkus und kann durch Zauberkünste wohl herausgelockt aber nicht festgehalten werden. Faust steht nicht ab, Mephistophles unternimmts. Unendliche Sehnsucht Faust's nach der einmal erkannten höchsten Schönheit. Ein altes Schloß, dessen Besitzer in Palestina Krieg führt, der Castellan aber ein Zauberer ist, soll der Wohnsitz des neuen Paris werden. Helena erscheint: durch einen magischen Ring ist ihr die Körperlichkeit wieder gegeben. Sie glaubt so eben von Troja zu kommen und in Sparta einzutreffen. Sie findet alles einsam, sehnt sich nach Gesellschaft, besonders nach männlicher, die sie ihr lebelang nicht entbehren können. Faust tritt auf und steht als deutscher Ritter sehr wunderbar gegen die antike Heldengestalt. Sie findet ihn abscheulich, allein da er zu schmeicheln weiß, so findet sie sich nach und nach in ihn, und er wird der Nachfolger so mancher Heroen und Halbgötter. Ein Sohn entspringt aus dieser Verbindung, der, sobald er auf die Welt kommt, tanzt, singt und mit Fechterstreichen die Luft theilt. Nun muß man wissen daß das Schloß mit einer Zaubergränze umzogen ist, innerhalb welcher allein diese Halbwirklichkeiten gedeihen können. Der immer zunehmende Knabe macht der Mutter viel Freude. Es ist ihm alles erlaubt, nur verboten über einen gewissen Bach zu gehen. Eines Festtags aber hört er drüben Musik und sieht die Landleute und Soldaten tanzen. Er überschreitet die Linie, mischt sich unter sie und kriegt

Händel, verwundet viele wird aber zuletzt durch ein geweihtes Schwerdt erschlagen. Der Zauberer Castellan rettet den Leichnam. Die Mutter ist untröstlich und indem Helena in Verzweiflung die Hände ringt, streift sie den Ring ab und fällt Faust in die Arme der aber nur ihr leeres Kleid umfaßt. Mutter und Sohn sind verschwunden. Mephistophles der bisher unter der Gestalt einer alten Schaffnerin von allem Zeuge gewesen, sucht seinen Freund zu trösten und ihm Lust zum Besitz einzuflösen. Der Schloßherr ist in Palestina umgekommen, Mönche wollen sich der Güter bemächtigen, ihre Seegensprüche heben den Zauberkreis auf. Mephistophles räth zur physischen Gewalt und stellt Fausten drei Helfershelfer, mit Namen: Raufebold, Habebald, Haltefest. Faust glaubt sich nun genug ausgestattet und entläßt den Mephistophles und Castellan, führt Krieg mit den Mönchen, rächt den Tod seines Sohnes und gewinnt große Güter. Indessen altert er, und wie es weiter ergangen wird sich zeigen, wenn wir künftig die Fragmente, oder vielmehr die zerstreut gearbeiteten Stellen dieses zweiten Theils zusammen räumen und dadurch einiges retten was den Lesern interessant seyn wird.

Dergleichen dichterische Seltsamkeiten, theils erzählt als Plan und Vorsatz, theils stellenweis fertig vorgelesen, gaben denn freilich eine sehr geistreiche und anregende

PARALIPOMENA ZU FAUST II · ERSTER AKT

III H58

Schema-Entwurf eigenhändig

[F.⟨*aust*⟩ Schlafend Geister des Ruhms der großen That P100
F.⟨*aust*⟩ M.⟨*ephistopheles*⟩ Notiz von des Kaysers Wunsch.
Streit.

Kaysers Hof
M.⟨*ephistopheles*⟩ u Marsch*alk*. Wunsch
Faust erscheint als {Pracht}mann
Kayser Irdisches Verh.⟨*indern*?⟩
Faust höheres Unmögliches / Geister citir*en*
Misverständniß
Meph. hinter Faust.
Ausgeglichen
Faust zur Magie
Meph. als Curtisan
Erscheinungen
Paris die Frau*en* lob*en*
die Männ*er* tad*eln*
Helena die Frauen tad*eln*
die Männer lob*en*
Gebärdenspiel
Schreckniß.
Faust ohnmächtig.
Alles ein tumultuarisch Ende.]

H P101
Schema von der Hand des Schreibers John

P101 [Andeutungen auf die verborgenen Schätze.
Sie gehören im ganzen Reiche dem Kaiser
Man muß sie auf kluge Weise zu Tage bringen
Man entgegnet aus Furcht vor Zauberey.
Der lustige reduzirt alles auf Naturkräfte.
Wünschelruthe und Persönlichkeit.
Andeutung auf Faust
Fromme Vorbereitung
Erst Bee*n*digung des Carnevalls
Wegen Bedingung des Schatzhebens, Sammlung u. Buse
Erwünschter Aschermittwoch.]

H P101a
Schemastichworte von der Hand des Schreibers John

P101a Drey Stände:

Heilige
Ritter
Hexenmeister.

H P102
Schema von der Hand des Schreibers John

P102 Zur Mumm*en*schanz

Maskenzüge.

[Gärtnerinnen
Blumen für alle Jahrszeit bringend

Gärtner:
Gelegenheit für alle Pflanzen zu finden.]

[Vogelsteller]
Mit Leimruthen, Schlingen und Netzwänden.

[Fischer]
mit Netzen, Reißen Angeln.

[Holzhauer.]

[Buffone und Parasiten]

Musikanten

[Poeten.]

[Hofpoet,]
[Italiäner]
[Mythologie]

[Furien]

[Parzen.]

[Mütter und Töchter]

Juwelier

[Klatschen]

Klugheit
[auf dem Elephanten führt gefangen Hoffnung und Furcht.

Triumph des Plutus
Verschwendung vor ihm wirft aus

Gefieder
Grillen
Farfarellen.
Geitz hinter ihm.
Eisenkasten mit Drachenschlößern.]

H P108b
Reinschrift eigenhändig

P108b *⟨Fischer⟩*
Und in stets bewegten Fluten
Haschen wir lebendige Schätze,
Lieben Angeln, Leine, Ruthen
Und verehren unsre Netze.

H P108c
Entwurf eigenhändig

P108c [Nicht so eilig eure Straß *⟨für: Straßen?⟩*
Gute Frau*en* schöne Kinder
Den*n* es lernet sich im Spaß *⟨für: Spaßen?⟩*
nicht minder

Fische fange Vogelstell
⟨wohl für: Fische fangen Vogelstellen⟩]

H P110a
Arbeitsmundum eigenhändig

19 P110a

Poeten.

I
Natur u Liebe.

Wüßt ich irgend'

Als was mir vor Augen steht
Als was mir zur Seite geht

20

Leben heist's und leben lassen
Und so sey es auch fortan.

II
Ruhm u Leidenschaft

Nein! was meine Brust beschäftigt
Sprech ich aus in holdem Drang
Denn so wie die That bekräftigt,
So erkräftigt der Gesang.
Aus umdämmernden Gedancken
Aus des Haynes Zitterlicht
Rief der Hof mich in die Schrancken
Und ich übte Ritterpflicht.

Da ein Reiten, streiten, stoßen
Lanze da und Rippe brach,
So die Mittlern wie die Großen
Strebten Allerhöchstem nach

Einen Beyfall zu gewinnen
Barg ich mich in stillen ⟨*über der Zeile:* treuen⟩ Fleis
Denn der darf das Höchste sinnen
Der sich zu bescheiden weis.

III

5295 Wißt ihr was mich Poeten
5296 Erst recht erfreuen sollte?
5297 Dürft ich singen u reden.
5298 Was niemand hören wollte.

17

Heisa Wirth u Wirthin heisa
Hier den Krug
Denn man danket {brüderlich}

IIII
Hans Liederlich.
Nennt ihr mich auf meinen Wegen
Scheltend Bruder Liederlich
Doch entgegen
Überall auf Pfad' und Stegen
Grüßet man mich brüderlich

18

Fehlt es mir nicht an Gesellen
Ey so fehlt es mir an nichts.

I H12

Entwürfe eigenhändig

Atropos.

⟨teils variante Entwürfe zu 5305-5316⟩

⟨Lachesis⟩

Wenn ich nicht weifte
Wo gäb es Stränge
Wenn ich nicht mäße
Wenn ich nicht zählte
Wer wollte weben

⟨folgt varianter Entwurf zu 5333-5344⟩

⟨Mutter⟩

[Mädchen ⟨xxx⟩ kamst ins Licht 5178v
Schmückt ich d*ich* im Häubchen] 5179
[Den ⟨xxx⟩ {Leibchen} 5181v
Dachte dich soglei*ch* als Braut 5182
Gleich dem schönsten dich getr*aut* 5183v
Dachte dich als Weibchen.] 5184

Sieht er sich schon seitwärts {um}
Und sie thut desgleichen

⟨folgt varianter Entwurf zu 5317-5332⟩

⟨Mutter⟩

[Ach nun ist schon manches Jahr 5185
Ungenutzt verflogen 5186
Der Sponsi*re*r bunte Sch*ar* 5187
Ist vorb*ei* gezoge*n* 5188v
Tanztest mit dem eine*n* flink 5189
Gabst dem ander*n* stillen Wink 5190v
Mit dem Ellenbogen] 5191

[Heute sind die Nar*ren* los 5196
Lieb*chen* öff*ne* de*inen* Schos 5197
Aber halt ihn feste] 5198v

[⟨xxx⟩ Spiele Rath ⟨xxx⟩
5192v Alles war vergebens
Lange suchten wir den {Stamm}
Eines Lebens
{Phillis} selbst den {heilig} M*ann*]

I H19

Entwürfe eigenhändig

⟨variante Entwürfe zu 5457-5471⟩

5492v [Und verdorben ist der Spas
5493v Diese Bestien wissen das.
Gem*urmel*
5490v Ist das Auge doch verlez*t*
5491v Sind wir doch in Furcht versez*t*
5486 Fühlst du wie uns das umflicht
5487 Das gespenstische Gezücht
Zwar ist es hinweg gescheucht
Doch]

⟨folgt teilweise varianter Entwurf zu 5484-5493 und 5486-5489⟩
5490v [Ist auch keiner schon verletzt
5491v Sind wir doch in Furcht gesetzt
Zwar ist es hinweg gescheucht
Seht ihr wie das fliegt und kreuch*t*
5492v Und verdorben ist der Spas
5493v Und die Bestien wissen das

5484v Frisch dorthinten tanzt m*an* scho*n*
5485 Nein ich wollt ich wär davon]

⟨Gärtnerin?⟩
P108 Grüßet mich in meiner Laub*e*
Den*n* ich bin nicht gern allein

Oben drängt die reife Traube
Brich*t* ein Sonn*en* Blick herein

I H^{9a}

Entwürfe eigenhändig

Theophr*ast* u Humboldt stutz*en* *5137v*
{u dann}
Wohl ein schönes Kind zu putz*en*
Denn das Falsche wie das Wa*hre* P108a
Haben ihren eignen Reiz

Würde*n* uns bestimmt zu nenn*en* *5136v*
Selbst Linn*é* u Humboldt stutz*en* *5137v*
Und doch wer*det* Ihr bekenn*en*
{Sind} ein schönes Kind zu putz*en*

Denn das Falsche wie das Wah*re* P108av
Ueben oft geheim*en* Reiz

I H^{10}

Entwürfe eigenhändig

[Knab⟨*e Lenker*⟩
Nun heben Tragen sie den Schatz
Die Eisenkiste
Und setzen sie am Boden nieder]

⟨*folgen Entwürfe zu 5650-5653 und 5168f.*⟩

I H23

Entwurf eigenhändig

P110 Mummenschanz
Irrst du nicht hier so irrst du andrer Orten.

Narren giebt es heut zu Haufen
Doch so viele da und dort
Auf dem Markt sich {stoß*en*d} laufen
Größre giebt es wahrlich nicht
Als die sich mit Lasten schlepp*en*

Euph.⟨*orion*⟩
Das hast du Herold gut getroffen
Beschreib ihn die Gestalt ist offen
Her*o*ld.
Das ist nicht nöthi*g* allein {fang}
Er

P109 Dich, Poesie, de*n* Reichth*um* jene*n* Geiz

I H18

Entwürfe eigenhändig

⟨*variante Entwürfe zu 5439 f. und 5407-5418*⟩
5441 [Zwey der größten Menschenfeinde
5442 Furcht u Hoffnung angekettet
5443 Halt ich ab von der Gemeinde
5444 Plaz gemacht ihr seyd gerettet
5445v Klugheit führt den ⟨*gestrichen:* Elephanten⟩ Coloss*en*
Der an sichern Tritt gewohnt
Hinter uns auf ihrem Thron
Waltet {hehre} Thätigkeit]

⟨*folgen variante Entwürfe zu 5419-5422, 5521 f. und 5531-5535*⟩

I H²⁴

Entwürfe eigenhändig

Her*ol*d
[Wie greift u grabst die liebe Meng*e* 5590v
Fast komt der Gebe*r* ins Gedränge 5591
Kleinode schnipt er wie {im} Tra*um* 5592v
Die Menge hascht im weit*en* Raum 5593v
Doch da erlebt ich neue Pfiffe 5594v
Was der u jener ängstlich griffe 5595v
Des' hat er wirklich schlechten Lohn 5596

Die Gabe flattert ihm davon 5597
Es löst sich auf das Perlenband 5598
Ihm krabeln Käfer in der Hand 5599
Er wirft sie weg, der Arme Tropf 5600
Und sie umsummen ihm den Kopf 5601
Das ist die Münze der Poeten
Die Fülle jederm*ann* verheist 5604v
Und selten Gold so sehr es gleist] 5605v

[Plutus /: herabsteigend
Die andern statt der Dinge 5602v
Erhaschten nichts als Schmet*ter*linge 5603v
Sie stehn in ⟨xxx⟩ {Runde}
Wie eine Wolck*e* füllts den Saal]

Ver{steh} nicht
Ich verspreche

H P104

Schema-Entwurf eigenhändig

⟨*am Rand:*⟩ [Knabe P104
Flämmchen. deutet athmendes Wachsthum dersel⟨*ben*?⟩

Respekt. Äuserlich]
[Das Würdige nicht zu beschreib*en*
Doch indireckt beschrieb*en*
Talar
Turban
Mondgesicht
Behagliches
Name.
Poesie
Schnippch*en* als Geschenck
Verwandlung derselb*en*]

5628v ⟨*am Rand:*⟩ [Und ich verkündig*e* vor allen
5629 Mein lieber Sohn an dir hab' ich gefallen]

Plutus
Steigt ab.
[Avaritia Geiz
weigerung]
Drache*n* holen herab
Knabe jagt fort
⟨*am Rand:*⟩ [Knabe
Verherrlichen des Reichthum*s*
Lorbe*e*rkranz auf d*em* Haupte des Plutus]

Faun*en* kom*men* an.
Kreisen umher
Begaffen.
Eröffnen der Kiste
Hineinschauen
Maske fällt hinein
Kayser.
Faust {mit} Heroldst*ab*
Schließt die Maske*ra*d*e*
Hof u der Kays*er*
Forderung der Gestalt⟨*en?*⟩
Versprechen.
Meph. schwürig. ⟨*wohl für: schwierig*⟩

⟨am Rand:⟩
[Auch Flämmchen spend ich dann und wann 5588
Erwartend wo es zünden kann] 5589

H P105
Schema-Entwurf eigenhändig

Knabe P105
[Zu Plutus]
[Plutus
Zeugniß.]
[Knabe
Geistes Gaben]
[W.*eiber* Geklatsch
Gegen den Geiz]
[d*er* Abgemagerte
Invecktiven.]
[W.*eiber* Gege*n*geklatsch
Angriff.]
[Der Herold
Ruhe gebietend.
Drachen regen die Flügel
Speyen Feuer
die W*ei*ber entfernen sich]
[Kiste mit dem Geiz
Hebt sich los.
Setzt sich nieder
Plutus steigt aus]
[Plutus
Verabschiedet den Wag*en*
Lencker
Adieu.
Faunen
Kommen an.
Herold
Verkü*n*det u. beschreibt.]

[Faunen. Wilder Kreis kreise*n*d.
[Kiste springt auf u flammt.]
Sie schauen hinein
Maske fällt hinein
Kiste schlägt zu fliegt dav*on*
Der Kayser ist entdeckt
Faust den Heroldstab fassend
Entwast das Ganze
{Stücke} trenn*en* sich
Vereinige*n* sich
Fliehen, bleiben
Kreis um den Kayser
Plutus anred*end*
⟨*gestrichen:* Kays⟩ ajournirt
Kayser zur Unterhalt*ung*
Geistererscheinungen
Wahl. Paris u Helen*a*
Meph. widersetzt sich
Faust verspricht]

I H28
Entwürfe eigenhändig

⟨*Entwürfe zu 5666-5681*⟩

P112 Irrthum d{u} bist {gar zu} sch⟨*ön?*⟩
Könnt ich dich nur wider find*en*

I H29
Entwürfe eigenhändig

⟨*variante Entwürfe zu 5675-5682*⟩

P113 [Er mag sich wie er will gebärden
Er muß zuletzt ein Zaubr*er* werden

Plutus
Bist's, unbewußt
Der Herold ist ein heilig Man*n*
Ein Faunen Tanz
das hilft ihm daß er hexen kann.
Es sieht so wild
Gieb dein*en* Stab hier muß ich enden
Die Menge weich*t* *5759*
Und wie verscheuch*t* *5760v*
Tritt alles an die Seit

Dichter
erdreist⟨*en*?⟩
Und nur der Dichter kan*n* es leisten.

Geiz
Nur alle hundert Jahr einmal
Doch heute bin ich liberal
Ch.⟨*or*⟩
Ach in den Zauberkreis Geban*n*t
Bis auf die Knochen ausgebr.*annt*]

⟨*Knabe Lenker*⟩
[[Forschet wollt ihr mich entde*cken* P114v
Leisen Ton u. laute*n* Schall
Und so werde*n* {wir} uns spre⟨*chen*?⟩
Nirgends oder überall]
ich werde nicht verstecken

Kann ich nie doch mich verstecken P114
Leises Lispeln lauter Schall
Und so bin ich zu entdecken
Nirgends oder überall

———

Lebe wohl du voller {Sonnenschein}
Eilig mach ich mich davon

5689v Nun bist du los der unbe*quemen* Last
5690v Bist leicht u frey wie dus am Liebsten hast]

H P106
Schema eigenhändig

P106 Dez. 16.
[Plutus
Verabschiedet den Wagen.
Lencker.
Adieu.
Plutus
Dem Geiz befehlend
[Der gern verheimlicht
Doch auch grosthuisch]
Öffnung der Kiste]
Herold
⟨*gestrichen:* Inhalt.
Andrängen der Menge.
Faunen wilder Kreis.⟩
[Plutus
Den Stab ergreifend.
Platz machend
Den Kreis beschreitend]
Gemurmel
⟨*gestrichen:* Beschwert sich⟩
Plutus
⟨*gestrichen:* Ankündigung, Stab⟩
[Faunenchor]
[Gemurmel]
[Tanz u. Sang.
Annäherung an die Kiste.
Maske fällt hinein
[Flammt auf
Entzündet den Faun
Dann die Faunen.]

Kiste schlägt zu fliegt fort
⟨*gestrichen:* Einer verhüllt das Ges*icht*⟩]
Der Kayser ist entdeckt.
⟨*gestrichen:* Der Dichter.⟩
Faust den Heroldst.*ab* fassend
En*t*hüllt das Ganze

I H43

Schema-Entwurf eigenhändig

Dez. 22. P106v

[Plutus.
[Verabschiedet den Wagen.]
Lencker
Adieu
Plutus
Dem Geiz befehlend
dem Verheimlicher
dem Prahler
Oeffnung der Kiste]
Herold
[Inhalt
Wachsende Erscheinung desselb*en*
Menge.
Andrängend.
Plutus
Den Herolds Stab ergreifend
Platz machend.]

⟨*am Rand, durch Abschneiden unvollständig:*⟩
[Die sich aus
entwickel
Das Feuer
Enthüllt
Kaysers

Tren*n*ung der
Fau
Knieend pp]

⟨Hier ursprünglich wohl auch:⟩

P103

Schema-Entwurf eigenhändig

P103 Plutus
[Ankündigend.

Faunenchor.
Tanz u Sang.
Annäherung der Kiste.
Maske fällt hinein
lodert auf.
Herold
Die Kiste schlägt zu
Fliegt fort.
Faun*⟨en?⟩*
Entzündet. Der erste]

I H39

Entwürfe eigenhändig

P115 *⟨Faunen Chor⟩*
[Seht ihr die Quelle da
Lustig sie sprudelt ja
Wie ich noch keine sah
Kostete gern.]

—

[Der Faunen Kranz
5820v Im Wilden Tanz
5815 Geputztes Volck du Flitterschau
5816v Sie kommen wild sie kommen rauh

In hohem Sprung u raschem Lauf 5817v
Sie treten derb u tüchtig auf. 5818
Wir brechen durch den Zauberkreis
Und wissen was das keiner weis]

I H^{40}
Entwürfe eigenhändig

[Wir wissen doch was keiner weis
Und sprengen diesen Zauberkreis
Plut*us*
Sie dringen ein. Wie wird es gehn,
Sie haben sich nicht vorgesehn.] 5814
Erblicken den Schaz der immer noch
siedet u aufquill*t*
[Stehe Alter Pan.]

Feuer Quelle.

I H^{42}
Entwürfe eigenhändig

⟨Herold⟩
O Jugend Jugend 5958v
O Hoheit Hoheit 5960v

⟨am Rand, quer⟩
Soll immerfort das Übermaas P116
Das allerherrlichste zerstören

⟨auf diesem Blatt finden sich außerdem Entwürfe zu 5931-5943⟩

I H31

Entwürfe eigenhändig

P113v [Ach in den Zauberkreis gebannt
Bis auf die Knochen schon verbrannt]

⟨auch auf diesem Blatt Entwürfe zu 5709-5714. Rückseite:⟩

[Nur alle hundert jahr einmal
Doch heute bin ich liberal]

⟨folgen variante Entwürfe zu 5977, 5689-5708⟩

I H32

Arbeitsmundum zum Teil eigenhändig

[Herold tritt vor
Die Menge wirds gewahr
und drängt
P113v In hundert Jahren nur einmal
Doch heute bin ich liberal

—

Menge umdrängt.

Herold eingeengt

Herold bedrängt]

⟨folgen 5739-5766⟩

⟨auf nachträglich eingeklebtem Blatt:⟩
[Der Geitz der einen goldnen Becher aus dem Schatze nahm geht in dem Kreise umher und neckt sich mit den Frauen nicht auf die schicklichste Weise; er hört nicht auf die War-

nungen des Herolds wird aber zuletzt von einbrechend*em* wilden Heer überstürmt und an den Kasten zurückgetrieben.]

Geiz die Runde machend
〈xxx〉 Schatz anlachend

In hundert Jahren nur einmal P113v
Doch heute bin ich liberal

—

Faunen Chor.

〈auf nachträglich eingeklebtem Blatt:〉
[Der Faunentanz
In Laub und Kranz *5821v*
Aus Waldes Nacht
Nur Platz gemacht
Geputztes Volk du Flitterschau *5815*
Sie kommen roh sie kommen rauh *5816*
In hohem Sprung und raschem Lauf *5817*
Sie treten derb und tüchtig auf *5818*
Und wissen doch was keiner weis *5805v*
Und dringen in den leeren Kreis] *5806v*
Plutus.
[Ich kenne dich vermumter Pan *5807v*
Hast einen kühnen Schritt gethan *5808v*
Sie dringen ein wie wirds ergehn
Sie haben sich nicht vorgesehn.] *5814*

〈folgen 5864-5871, 5931-5986〉

〈auf der Rückseite eines in das Mundum eingeklebten Blattes findet sich P103, hier S. 614〉

H P107
Schema eigenhändig

P107 [Noch zum ersten Acte.

1. Faust Mephistopheles Kaiserl.*icher* Hof.
Beyde kniend. Verzeihung wegen des Zauberscherzes bittend.

Kayser vergnügt darüber
Erzählung wie ihm zu Muthe gewesen.
[Fürst von Salamand*ern*
Meph
Das bist du auch
Elem.
im Feuer
stürze dich ins Wasser es wird Crystallgewölbe um dich bilden]
Neues wünschend.

Marschalck.
Interesse an Geistererscheinungen.
Streit zwischen Dame⟨*n*?⟩ u Herr⟨*n*?⟩.
Helena u Paris
Meph. Warnung
Kayser assentirt
⟨*gestrichen:* Me⟩ Faust verspricht.]

I H45
Entwürfe eigenhändig

P117 Wer schildert solchen Übermuth
Wenns nicht der Dichter selber thu*t*

Nun tret ich nothgedrungen vor
Der Dichter

⟨außerdem auf diesem Bogen Entwürfe zu 6027-6030 und 6019 f.⟩

[Und wenn du rufst sie folg*en* Mann für Mann. P118
Und Fraun für Fraun die Groß*en* wie die Schön*en*
Die bringen her so Paris wie Helenen.]

I H46
Entwurf eigenhändig

⟨variante Entwürfe zu 6057-6065⟩

⟨Schatzmeister⟩
[Erinner dich zu standst als großer Pan *6066v*
Erst *6067v*
Das D⟨xx⟩ es trat an dich heran *6068v*

Du kanntest die Vertrauten

Nacht
Durch große Künste schnell vertausendfacht *6072v*
Denn jeder weis die Schätze liegen da]

⟨Mephistopheles⟩
[Ein schönes Kind mit seinem {Pfau*en* Wedel} *6099v*
Es schmunzt uns an und blickt ein hold*er* Schede*l* *6100v*
Und ob d*ein* Nahm*e* gleich die Welt beglückt *6079v*
Man hat ihn nie mit größrer Lust erblickt *6080v*
Was soll man sich mit Börs u Beutel schlagen *6103v*
Ein Blättchen ist im Busen leicht zu trag*en* *6104*
Der Pfaffe steckts bequemlich ins Brev*ier* *6106v*
Und ein Gebetbuch das man uns verehrt
Ist in geheim schon hundert Kron*en* werth]
⟨folgen 6073-6078⟩

I H60
Entwurf eigenhändig

⟨*Faust*⟩
⟨*Entwurf zu 6549-6557*⟩
6558v [Wohlan Ihr Mütter Mütter müßts gewähren
Da wars
6559v Wer sie erkannt er kan sie nicht entbehren!
Dämm*er*schein
Der Dichter tritt ein]

I H48
Entwurf eigenhändig

⟨*Entwürfe zu 6189-6198*⟩

F⟨*aust*⟩
6207v [Mit wenig Mur*meln* ists gethan
6208v Ich weis es schon du bringst sie gleich zur Stelle
M⟨*ephistopheles*⟩
6209 Das Heidenvolck geht mich nichts an
6210 Es haust in seiner eignen Hölle
6211v Doch giebt ein Mittel
⟨*Faust*⟩
Sprich u ohne Säumniß
⟨*Mephistopheles*⟩
6212 Ungern entdeck ich hö*heres* Geheimniß.
6213v Göttin*nen* wohnend in der Einsamkeit
6214 Um sie kein Ort, noch weniger ein*e* Zeit
6216 Die Mütter sind es
⟨*Faust*⟩
Mütter
⟨*Mephistopheles*⟩
Schauderts dich
F⟨*aust*⟩
6217 Die Mütter Mütter 's klingt so wunderlich

Meph
Das ist es auch. Göttin*nen* ungekant *6218*
⟨*gestrichen:* Auch von uns selbst⟩
Euch Sterblichen, von uns nicht gern gen*annt* *6219*

Nicht Nacht nicht Tag in ewger Dämme*rung* P119
Es war u es will ewig seyn]

I H50a

Entwurf eigenhändig

⟨*Mephistopheles*⟩
Ein klein*er* Schlüssel leuchtend klar im Dunkel*n*
Er wächst an Größe wächst an Sprü*h*ndem Funkel*n*
⟨*Faust*⟩
Was soll's damit

I H50

Sammelblatt eigenhändig

[Am glühnd*en* Schlüssel führst du ihn gefangen P120
Durch Wunder nur sind Wunder zu erlangen]

Und um nicht ganz allein zu seyn *6237v*
Dem Teufel mußt ich mich ergeben *6238v*

[Versinke stampfend stampf*end* steigst d*u* wie*der*] *6304*

[Wenn ihm der Schlüssel nur zum Besten frommt *6305*
Neugierig bin ich ob er wiederkomt] *6306*

laßt mich ich in Ruh *6479v*
{Es} ist wohl schön doch sagt {es} mir nicht zu *6480v*

F.⟨*aust*⟩
6261 [Er wächst in mein*er* Hand er leuchte*t* blizt
M.⟨*ephistopheles*⟩
6262 Merkst Du nun bald was man an ihm besitzt]

I H^n
Entwürfe eigenhändig

⟨*Mephistopheles*⟩
6239 Und hättest du den Ocean durchschwommen
6240v Das Gränzlos'-einsame dort geschaut
6241v Du sahst ⟨*wohl für: sähst*⟩ doch Well auf Welle schäumend kom*m*en
6242v Berghaft bewegt auf dich herangegraut,
6243v Du sahst ⟨*wohl für: sähst*⟩ doch etwas; sahst ⟨*wohl für: sähst*⟩ auch wohl, im Grüne*n*
6244 Gestillter Meere, streichend*e* Delphine
6245 Sahst ⟨*wohl für: sähst*⟩ Wolcken ziehen, Sonne Mond u Sterne
6246v Von allem diesem Nichts in grauer Dämmerferne.

P121 Musst mit Bedacht des Schlüssels Kräfte führen
Sie anzuziehen, nicht sie zu berühren.

Worauf du trittst es bleib ⟨*für: bleibt*?⟩ dir unbewußt
Es dehnt sich nicht es klemt sich nicht die Brust
Wohin sich auch dein Blick begierig wende
Nicht Finsterniß doch keine Gegenstände

I H^{57}
Entwürfe eigenhändig

⟨*Faust*⟩
⟨*Entwürfe zu 6427-6434*⟩
[Die einen faßt des Lebens holder La*uf* 6435
Die and*ern* sucht getrost der Dichter auf 6436v
Der spendet uns den Weirauch voll Vertrau*en* 6437v
Was jeder will das Schöne läßt er schauen.] 6438v

I H^{58}
Entwurf eigenhändig

4

D⟨*ame*⟩ b⟨*xx*⟩ ⟨*xxx*⟩ P122
[Man kleid' ihn ritterlich
Ihr guten Herrn von euch hält keiner Stich

—

⟨*Ritter*⟩
Läßt doch der Tölpel gleich den Scha*fs* Knecht spüren 6459v
Vom Prinzen nicht*s* u nicht*s* von Hofman*ieren* 6460

6460

⟨*Damen*⟩
Ah welch ein Glanz Jugendkraf*t* 6453v
Wie eine Pfirsche frisch u voller Saft 6454

fein gebognen süß geschwoll*nen* Lipp*en* 6455v
du möchtest wo*h*l an solche*m* Becher 6456v

Da schweig ich nun den brauch ich nicht zu n*ennen* 6451v
Wer würde nicht den holden Paris kenne*n*] 6452v

PARALIPOMENA ZU FAUST II · ZWEITER AKT

III H49

Entwürfe eigenhändig

⟨*Chor*⟩

9393v [Frauen MännerLiebe gewohnte
9394 Wählerin*nen* sind sie nicht
9396v Goldlockige*n* Hirten
9397v Schwarzborstige*n* Faunen
Gestatten sie
9399 Über die schwellenden Glieder
9400v Ein gleiches Recht.

9385v Wer verdächt es unsrer Herrscher*in*
9386v Daß sie dem Herrn der Burg
9387v sich gefällig erweist
9388v Denn gesteht es euch nur
9389v Gefangene sind wir
Wie schon oft genug
9390 Seit dem schmälichen Unter*gang*
9391v Ilions und der Labyrinth*isch*
9392v Angst – kummervollen Irrfahrt]

9629 [Nennst du ein Wunder dieß
9630v Cretas erzeugte du?
9631v Dichtend belehrenden
9632v Hast denn du niemals zugelauscht
9633v Hast du von alter Zeit
Niemals gehört
9634v Nie vernomm*en* Hellas
9635 Urväterlicher Sagen
9636 Göttlich-heldenhaften Reichthum

Alles was je geschieht *9637*
Nur ein Nachklang ists *9639v*
Unserer Tage der Tage *9638v*
Herrlicher A*h*nherr*n* *9640v*
Dein Erzählen vergleicht sich nicht *9641v*
Jenem was mir lieblich glaubliche Lüge *9642v*
Von dem Sohne der Maja sang.] *9644v*

[Faust
Das wohlgedachte glaub ich spricht sich ebenso P158
In solchen ernsten langgeschwänzten Zeilen aus
Und ist es die Bedingung jene göttliche
Zu sehn, zu sprechen, ihr zu nahn von Hauch zu Hauch
So wage sonst noch andres babylonische
Mir zuzumuthen, schülerhaft gehorch ich dir.
Mich reizt es schon von Dingen sonst mit kurz*em* Wort
Leicht abgethan mich zu ergehen redehafft]

[M⟨*ephistopheles*⟩
Verspare dies bis du zur allr ältesten kommst
Die Lust giebt lange {Weile} die man genießt
Die Frauen liebens allermeist die Tragische*n*
Da spricht ein jeder sinnig mit verblü*m*tem Wort
Weitläufig aus was ohn gefäh*r* ein jeder weis.
Doch still hievon gesamm*elt* steh zur Seite scheu
Man spaße nicht wenn sich der Orkus öffnen will]

III H7

Entwürfe eigenhändig und von Riemers Hand

[Wenn er mit seiner Frau sich {zankt} P142v
Dann sprühen oben die Vulkane]

[Uralt berühmter Felsen Spur P141v
An d⟨*wohl für: deinem*⟩ Gürtelkreis Natur

Und dein Gürtel⟨xxx⟩ Natur
Auf Urberühmter Felsen Spur]

8812 Von Va/ter Ére/bos mel/de mel/de von Mút/ter Nacht

P140v [Du schärfe deiner Augen Licht
In ihren Gauen ists zu blöde
Von Teufeln ist die Frage nicht
Von Göttern ist allhier die Rede]

8775 Wähnt ihr verborgen sey mir welch Geschlecht ihr seyd

8777v mannlust'ge du, so wie verführt, verführend auch
8779v Zu Hauf gesehen
8785v Antastet er das Hausrecht der Gebieterinn
8785v Die Hoheit der Gebieterinn beleidigt er
8785v Hausrecht beleidigt er u Hoheit der Geb.
v—/v v   v   v/
8785v beleidiget der Gebieterinn

8785v Hausrecht u Würde   tastet an
8785v In Recht u Würde greift er der Gebietrinn

H P140
Sammelblatt eigenhändig

P140 Du! schärfe deiner Augen Licht
In diesen Gauen scheints zu blöde
Von Teufeln ist die Frage nicht
Von Göttern ist alhier die Rede.

P141 An deinem Gürtelkreis Natur
Auf Urberühmter Felsen Spur

P142 Wenn er mit seinem Weibe keift

Dann sprüht der Erdkreis von Vulkanen.
Und Alpen steigen spizzig auf

Ich kenne dich genau P143
Da wo du bist ist mir der Him*me*l blau
Du bist des Lebens {eignes} ⟨xxx⟩
Ich sehe dich nicht {gerne} in den Lichten {Höhlen}

Hascht nach dem nächtgen Wetterleuchten. P144

quid quid non creditur ars est. P145
tonat coelum ignaro iove

Das sind Gewitter
Von denen Jupiter nichts weis

Nicht so direkt doch wohl im Kreise P146
Führ ich sie deinem Thron heran
Verführen will ich dir sie duzzendweise
Doch sie zu schlachten geht nicht an.

H P123A

Reinschrift von der Hand Schuchardts
mit eigenhändigen Korrekturen

Helena, klassisch-romantische Phantasmagorie, Zwischenspiel zu Faust. P123A

Dem alten, auf die ältere von Faust umgehende Fabel gegründeten Puppenspiel gemäß, sollte im zweiten Theil meiner Tragödie gleichfalls die Verwegenheit Faust's dargestellt werden, womit er die schönste Frau, von der uns die Ueberlieferung meldet, die schöne Helena aus Griechenland in die Arme begehrt. Dieses war nun nicht durch Blockbergs Genossen, ebensowenig durch die häßliche, nordischen Hexen und Vampyren nahverwandt*e* Ennyo zu erreichen, sondern, wie in dem zweiten Theile alles auf einer höhern und edlern Stufe gefunden wird, in den Bergklüfte*n* Thessaliens unmittelbar bey dämonischen Sibyllen zu suchen, welche durch merkwürdige Verhandlungen es zuletzt dahin vermittelten, daß Persephone der Hellena erlaubte, wieder in die Wirklichkeit zu treten, mit dem Beding, daß sie sich nirgends als auf dem eigentlichen Boden von Sparta des Lebens wieder erfreuen solle; nicht weniger, mit fernerer Bedingung, daß alles Uebrige, so wie das Gewinnen ihrer Liebe, auf menschlichen Wege zugehen müsse; Mit phantastischen Einleitungen solle es so streng nicht genommen werden.

Das Stück beginnt also vor dem Pallaste des Menelaus zu Sparta, wo Helena, begleitet von einem Chor trojanischer Frauen als eben gelandet auftritt, wie sie in den ersten Worten sogleich zu verstehen giebt:

8489 Vom Strande komm' ich, wo wir erst gelandet sind,
8490 Noch immer trunken von des Gewoges regsamen
8491 Geschaukel, das vom Phrygischen Blachgefild uns her
8492 Auf sträubig-hohem Rücken, durch Poseidons Gunst
8493 Und Euros Kraft in vaterländische Buchten trug.
8494 Dort unten freuet nun der König Menelas
8495v Der Rückkehr, sammt der tapfersten seiner Krieger sich,
8496 Du aber heiße mich willkommen Hohes Haus, u.s.w.

Mehr aber dürfen wir von dem Gang und Inhalt des Stücks nicht verrathen.

Dieses Zwischenspiel war gleich bey der ersten Conception des Ganzen ohne Weiteres bestimmt; und von Zeit zu Zeit an die Entwickelung und Ausführung gedacht, worüber ich jedoch kaum Rechenschaft geben könnte. Nur bemerke ich, daß in der Schillerschen Correspondenz vom Jahr 1800 dieser Arbeit als einer ernstlich vorgenommenen Erwähnung geschieht; wobey ich mich denn gar wohl erinner, daß von Zeit zu Zeit, auf des Freundes Betrieb, wieder Hand angelegt wurde, auch die lange Zeit her, wie gar manches Andere, was ich früher unternommen, wieder ins Gedächtniß gerufen ward.

Bey der Unternehmung der vollständigen Ausgabe meiner Werke ward auch dieses wohlverwahrte Manuscript wieder vorgenommen und mit neu belebtem Muthe dieses Zwischenspiel zu Ende geführt, und um so mehr mit anhaltender Sorgfalt behandelt, als es auch einzeln für sich bestehen kann und in dem 4en Bande der neuen Ausgabe, unter der Rubrick: Dramatisches, mitgetheilt werden soll.

Weimar den 10en Juny 1826.

H P99A

Schema von der Hand des Schreibers John

[7., Faust, niedergelegt an einer Kirchhofsmauer. P99A
Großer Monolog, zwischen Gretchens und Helenas ⟨*gestrichen:* Todt⟩ Wahnerscheinung;
8., Fausts Leidenschafft zu Helena durch Zerstreuung des listigen Mephistopheles unterbrochen und abgeleitet.
9., Wagners Laboratorium
Chemisch Menschlein.
10., Verschiedene andere Ausweichungen und Ausflüchte.
11. Sie gelangen endlich nach Thessalien.
Sie finden die häßliche Enyo
Mephistopheles schaudert selbst.
Ueberwirft sich mit ihr
Doch lenkt ein, wegen ihrer hohen Ahnen und wichtigen Einflusses.
Er macht ein Bündniß mit ihr.
Die offenbaren Bedingungen wollen nichts heißen.]
[Die geheimen Artikel desto mehr.]
[12. Sie gelangen zur Thessalischen Ursybille.
Wichtige Unterhandlung.
13., Proserpina wird angegangen.
Die Beyspiele von Protesilaus Alceste Euridice angeführt

Helena selbst hat schon einmal die Erlaubniß gehabt ins Leben zurückzukehren. und mit dem Achill sich zu verbinden.
Aber bestimmt auf der Insel Leuce.
So soll nun Helena auf den Boden von Sparta zurückkehren und in dessen Bereich als lebend dort in dem Hause des Menelaus empfangen und dem neuen Freyer überlassen werden inwiefern er auf ihren hohen Geist und ihren empfänglichen Sinn einwirken könne.]

W.*eimar* d. 9. Novbr. 1826

H P99B
Schema von der Hand Schuchardts

P99B 7., Faust niedergelegt an einer Kirchhofsmauer. Träume. Darauf großer Monolog zwischen der Wahnerscheinung von Gretchen und Helena.

8., Faust's Leidenschaft zu Helena bleibt unbezwinglich. Mephistopheles sucht ihn durch mancherley Zerstreuungen zu beschwichtigen.

9., Wagners Laboratorium. Er sucht ein chemisch Menschlein hervorzubringen.

10., Verschiedene andere Ausweichungen und Ausflüchte.

11. Antike Walpurgisnacht in Thessalien.
⟨*am Rand:*⟩ auf der Pharsalischen Ebene

12. Erichtho macht die Honneurs und Erichthonius zu ihr gesellt. Etymologische u Symbolische Verwandtschaft beyder

13., Mephistopheles mit den antiken Ungeheuern und Mißgestalten findet sich zu Hause
⟨*am Rand:*⟩ Ad 13., Centauren, Sphynxe Chimären, Greife, Sirenen, Tritonen und Nereiden, die Gorgonen, die Graien.

14., Mephistopheles und Enyo; schaudert vor ihrer Häßlichkeit; im Begriff sich mit ihr zu überwerfen, lenkt er ein. Wegen ihrer hohen Ahnen und wichtigen Einflusses macht er ein Bündniß mit ihr. Die offenbaren Bedingungen wollen nichts heißen, die geheimen Artikel sind die wirksamsten.

15., Faust gelangt zu der Versammlung der Sibyllen.
⟨*am Rand:*⟩ Manto des Tiresias Tochter
Wichtige Unterhaltung; günstiger Moment.

16. Der Hades thut sich auf, Proserpina wird angegangen

17., Die Beispiele von Protesilaus, Alceste und Euridice werden angeführt. Helena selbst hat schon einmal die Erlaubniß gehabt ins Leben zurückzukehren, um sich mit dem Achill zu verbinden, mit eingeschränkter Wohnung auf die Insel Leuce

18., So soll nun Helena auf den Boden von Sparta zurückkehren und als lebendig dort im Hause des Menelaus empfangen werden, und dem neuen Freyer überlassen seyn, in wie fern er auf ihren Geist und ihre empfänglichen Sinne einwirken könne.

H P123B

Reinschrift von der Hand Johns mit eigenhändigen Korrekturen

[Bey einem großen Feste an des deutschen Kaisers Hofe, P123B
werden Faust und Mephistopheles aufgefordert eine Geistererscheinung zu bewirken, ungern zwar aber gedrängt rufen sie die Idole von Helena und Paris hervor. Paris tritt auf, die Frauen entzücken sich gränzenlos, die Herren suchen durch Einzelnen Tadel den Enthusiasmus abzuk*ühlen.* Helena tritt auf, die Männer sind außer sich; die Frauen wissen durch Misrede*n* die herrliche Persönlichkeit verächtlich zu machen. Faust von der Gestalt der Helena hingerissen wagt es den Paris der sie eben umarmen will wegdrängen zu wollen; ein Donnerschlag streckt ihn nieder Die Erscheinungen verschwinden, das Fest endet tumultuarisch.

Faust schwer ins Leben zurück gerufen tritt auf, exaltirt und paralisirt vom Anschauen der Helena, und fordert ihren Besitz dringend von Mephistopheles. Dieser der nicht bekennen mag daß er im klassischen Hades nichts zu sagen habe, bedient sich seines früheren probaten Mittels und zerstreut Fausten auf die mannigfaltigste Weise. Hier werden gar manche Schubladen (tiroirs) aufgezogen, genugsame Aufmerksamkeit fordernd; endlich da Fausts Ungeduld nicht mehr halten will, beredet er ihn noch im Vorbeygehen den Doctor und Professor Wagner zu besuchen, den sie in seinem Laboratorium finden, sehr gloriirend daß eben ein chemisch Menschlein zu Stande gekommen sey. Dieses zersprengt augenblicks den Glaskolben und tritt als bewegliches wohlgebildetes Zwerglein auf. Sein Entstehen wird mystisch angedeutet, von seinen Eigenschaften legt es Proben ab, besonders tritt hervor daß in ihm ein allgemeiner Weltkalender enthalten sey, er weis jeden Augenblick was seit Adams Bildung bey gleicher Sonn Mond Erd- und Planeten Stellung unter Menschen vorgegangen sey daher er den⟨*n?*⟩ den Zusammenhang der Weltgeschichte gründlich ableitet und zugleich verkündet daß die gegenwärtige Nacht gerade mit der Stunde zusammentreffe wo die pharsalische Schlacht geliefert worden, wie denn auch zu gleicher Zeit das Fest der klassischen Walpurgisnacht eintrete. ⟨*eingefügt und wieder gestrichen:* Seit dem tiefsten Alterthum gefeyert die eigentlich Ursache an jenem Unglück gewesen⟩ Alle vier entschließen sich nun dorthin zu wandern welches denn auch durch vereinte übernatürliche Kräfte leicht zu bewirken ist. Sie kommen an und treffen zuerst auf Erichtho welche den untilgbaren Modergeruch dieser Felder begierig einzieht. Zu ihr hat sich Erichtonius gesellt und nun wird ihre Verwandtschaft von der das Alterthum nichts weiß ethymologisch bewiesen, leider muß sie ihn da er nicht gut zu Fuße ist öfters auf den Armen tragen. Eine seltsame Leidenschaft aber ergreift diesen Wunderknaben zu dem Chemischen Männlein so starck daß Eric*tho* ihn auch auf den Arm nehmen muß. Mephist*opheles* hinten seine Glossen keineswegs verbergen kann.

Faust hat sich in's Gespräch mit einer Sphynx eingelassen, wo die wichtigsten Fragen durch gleich räthselhafte Antworten ins Unendliche gespielt werden. Ein daneben in gleichsitzender Stellung aufpassender Greif, einer der Goldhüthenden spricht mit ein ohne deshalb aufzuklären, colossale Ameisen-Goldhüter, welche sich hinzugesellen, machen die Unterhaltung noch verwirrter. Nun aber vermehren sich Sphynxen und Greifen sich gleichsam auseinander entwickelnd; hin und her schwärmen ferner die übrigen Ungethüme des Alterthums, Chimären, vielköpfige Schlangen in Unzahl, verfolgt von Harpyen auch Python erscheint im Plural und die stymphalischen Vögel schnurren hin- und wieder. Unsere Reisende an solchen Geisterspuck gewohnt, lassen das alles wenig bemerkt um sich her her summen. Das chemische Menschlein klaubt indessen aus dem Humus eine Menge phosphoreszirender Atome auf die eine Blaues, die andere Scharlachfeuer von sich strahlend, er giebt sie fleißig Wagnern in die Phiole, freylich nicht um ein chemisch Weiblein künftig daraus zu bilden. Als aber Wagner um sie näher zu betrachten sie stark schüttelt, erscheinen Kohortenweis Pompejaner und Cäsareaner um zu legitimer Auferstehung sich die Bestandtheile ihrer Individualitäten wieder zuzueignen. Als Geistern gelingt ihnen beynah sich diese Körperlichkeiten zuzueignen doch nehmen sich die vier Winde, welche diese Nacht gegeneinander unablässig wehen, des gegenwärtigen Be sitzers an, und die Gespenster überzeugen sich, daß die Bestandtheile Ihres Heldenthums längst durch alle Lüfte zerstoben, von Millionen Bildungen aufgenommen worden. Der Tumult wird dadurch nicht geringer; allein gewissermassen auf einen Augenblick beschwichtigt indem die Aufmerksamkeit auf die Gegend bey Skotusa hingerichtet wird wo die Erde bebt, sich aufbläht und berstend Haupt und Schultern des Enceladus sehen läßt, der nicht ermangelte unter Land und Meer heranreisend den wichtigen Tag zu verherrlichen. Die Klüfte fahren fort zu flammen, die Naturphilosophen die bey dieser Gelegenheit auch nicht fehlen, Thales und Anaxagoras kommen in Streit; jener dem Wasser alles zuschreibend, dieser überall feurige geschmolzene, schmelzende Massen erblickend, sie machen disputirend Chorus mit den übrigen Hexen und Teufelslärm, doch kaum haben sich die Gluten einigermaßen entfernt so bemächtigen sich schon die Pygmäen, die aus weit umherklaffenden Schlünden hervorwimmeln, der Oberarme und Schultern des noch gebeugten Riesen und bedienen sich deren als Tanz- und Tummelplatz, indessen ein unzählbares Heer von Kranichen dessen Haupt und Haar als wärens undurchdringliche Wälder umschwärmt und dem wichtigen Feste zum Schluß ein ergötzliches Kampfspiel ankündigt.

Mephistopheles hat indessen mit Enyo Bekanntschaft gemacht, vor deren antiken Häßlichkeit er allen Respect hat, sich auch mit ihr wohl versteht und ein Bündniß abschließt, wovon die offenbaren Bedingungen nicht viel heißen wollen, die geheimen Artikel aber die merkwürdigsten und folgereichsten sind. Faust indessen ist an den Chiron getreten der als benachbarter Gebirgsbewohner hier seine Runde macht; ernstes Gespräch mit diesem Ur-Hofmeister der ersten und größten Helden. Dieser fragt ihn zuletzt um seine Absichten und Geschäfte, das große Unternehmen billigt sich der Helena nochmals zu bemächtigen. Habe er doch immer auch an seinen Zöglingen solchen Unternehmungsgeist gebilligt und bietet dem modernen Helden seine Dienste an, nimmt ihn auf den Rücken und führt ihn durch Furthen, Krümmungen und Kiesstrecken so gehts den Peneus abwärts bis an den Fuß des Olymps. Hier stoßen sie auf eine lange Prozession von Sibyllen weit mehr als Zwölfen. Chiron schildert die ersten vorbeyziehenden als alte Bekannte und empfiehlt seinen Schützling der sinnigen wohldenkenden Manto, des Tiresias Tochter.

Diese eröffnet ihm daß der Weg zum Orkus sich so eben aufthun werde, zur Stunde wo ehmals so viele große Seelen hinabgestiegen. Es ereignet sich und, begünstigt von dem horoskopischen Augenblick steigen sie sämmtlich hinunter und treten vor Proserpinas Thron. Dieser Abstieg, so wie das große Bild des ewigen Hoflagers giebt zu gränzenlosen Incidenzien Gelegenheit, so wie der präsentirte Faust als zweiter Orpheus gut aufgenommen, Vortrag und Bitte aber etwas seltsam gefunden wird.

Die Rede der Manto ist hier von Bedeutung, sie beruft sich auf die Macht der Beyspiele, führt die Begünstigung des Protesilaus, der Alceste und Euridice umständlich vor. Helena selbst hat schon einmal die Erlaubniß gehabt ins Leben zurück zu kehren, um sich mit dem Achill zu verbinden, und zwar mit eingeschränckter Wohnung auf die Insel Leuce. es steht zu erwarten inwiefern sie sich hier als Meistrin der Redekunst erweisen wird

Nach manchem Hin- und Widerreden, wobey denn auch die drey ernsten Richter laconische Worte mitsprechen, wird endlich zugegeben: daß Helena auf den Boden von Sparta zurückkehren solle, um als wahrhaft lebendig dort in einem vorgebildeten Hause des Menelas aufzutreten, dem neuen Werber jedoch solle überlassen seyn inwiefern er auf ihren Geist und ihren empfänglichen Sinne einwirken und sich ihrer Gunst erwerben könne.

Dieses kurze Schema, wäre mit allen Vortheilen der Dicht- und Redekunst auszuschmücken, wie es aber da liegt diene es einsweilen die Antecedenzien bekannt zu machen welche der angekündigten Helena, einer klassischromantischen Phantas-Magorie, als Zwischenspiel zu Faust, voraus gekannt und gedacht seyn müßten.]

W.*eimar* d. 15. Decbr. 1826

H P123C

Reinschrift von der Hand Johns mit eigenhändigen Korrekturen

P123C [Helena, Zwischenspiel zu Faust.

Ankündigung.

Fausts Charakter, auf der Höhe wohin die neue Ausbildung aus dem alten rohen Volksmährchen denselben hervorgehoben hat stellt einen Mann dar, welcher, in den allgemeinen Erdeschranken sich ungeduldig und unbehaglich fühlend, den Besitz des höchsten Wissens, den Genuß der schönsten Güter für unzulänglich achtet seine Sehnsucht auch nur im mindesten zu befriedigen, einen Geist welcher deshalb nach allen Seiten hin sich wendend immer unglücklicher zurückkehrt.

Diese Gesinnung ist der modernen so analog daß mehrere gute Köpfe die Lösung einer solchen Aufgabe zu unternehmen sich gedrängt fanden. Die Art wie ich mich dabey benommen hat sich Beyfall erworben; vorzügliche Männer haben darüber gedacht und meinen Text comentirt, welches ich dankbar anerkannte. Darüber aber mußte ich mich wundern daß diejenigen, welche eine Fortsetzung und Ergänzung meines Fragmentes unternahmen nicht auf den so nahe liegenden Gedancken gekommen sind, man müsse bey Bearbeitung eines zweyten Theils sich nothwendig aus der bisherigen kummervollen Sphäre durchaus erheben und einen solchen Mann, in höheren Regionen, durch würdigere Verhältnisse durchführen.

Wie ich nun von meiner Seite dieses begonnen lag im Stillen vor mir, von Zeit zu Zeit mich zu einiger Bearbeitung aufrufend, wobey ich mein Geheimniß vor allen und jeden sorgfältig verwahrte, immer in Hoffnung das Werck einem gewünschten Abschluß entgegen zu führen. Jetzo aber darf ich nicht mehr zurückhalten und bey Herausgabe meiner sämmtlichen Bestrebungen kein Geheimniß mehr vor dem Publicum verbergen, vielmehr fühle ich mich verpflichtet alles mein Bemühen auch fragmentarisch nach und nach vorzulegen.

Deshalb entschließ ich mich zuerst oben benanntes, in den zweyten Theil des Faustes einzupassendes, in sich abgeschlossenes kleineres Drama bey der nächst ersten Sendung sogleich mitzutheilen.

Damit aber die große Kluft zwischen dem bekannten jammervollen Abschluß des ersten Theiles und dem Eintritt einer griechischen Heldenfrau einigermaßen überbrückt werde, so nehme man vorerst eine Schilderung des Vorausgegangen*en* freundlich auf und finde solche einsweilend hinreichend.

Die alte Legende sagt nämlich, und das Puppenspiel verfehlt nicht die Scene vorzuführen: daß Faust in seinem herrischen Uebermuth durch Mephistopheles den Besitz der schönen Helena von Griechenland verlangt, und ihm dieser nach einigem Widerstreben willfahrt habe. Ein solches bedeutendes Motiv in unserer Ausführung nicht zu versäumen war uns Pflicht und wie wir uns derselben zu entledigen gesucht, welche Einleitung dazu wir schicklich gefunden möge Nachstehendes einsweilen aufklären.

Bey einem großen Feste an des deutschen Kaisers Hof werden Faust und Mephistopheles aufgefordert eine Geistererscheinung zu bewirken; ungern zwar, aber gedrängt rufen Sie die verlangten Idole von Helena und Paris hervor. Paris tritt auf, die Frauen entzücken sich gränzenlos; die Herren suchen durch einzelnen Tadel den Enthusiasmus abzukühlen, aber vergebens. Helena tritt auf, die Männer sind außer sich, die Frauen betrachten sie aufmerksam und wissen spöttisch den plumpen heroischen Fuß, eine höchst wahrscheinlich angemahlte elfenbeinartige Gesichtsfarbe hervorzuheben, besonders aber durch bedenkliche, freylich in der wahrhaften Geschichte nur allzusehr gegründete Nachreden, auf die herrliche Persönlichkeit einen verächtlichen Schein zu werfen. Faust, von dem Erhaben-Schönen hingerissen, wagt es den zu ihrer Umarmung sich neigenden Paris wegdrängen zu wollen; ein Donnerschlag streckt ihn nieder, die Erscheinungen verschwinden, das Fest endet tumultuarisch.

Faust aus einer schweren, langen Schlafsucht, während welcher seine Träume sich vor den Augen des Zuschauers sichtbar umständlich begeben, ins Leben zurückgerufen, tritt exaltirt hervor und fordert von dem höchsten Anschauen ganz durchdrungen den Besitz heftig von Mephistopheles. Dieser, der nicht bekennen mag, daß er im klassischen Hades nichts zu sagen habe, auch dort nicht einmal gern gesehen sey, bedient sich seines früheren probaten Mittels seinen Gebieter nach allen Seiten hin und her zu sprengen. Hier gelangen wir zu gar vielen Aufmerksamkeit fordernden Mannigfaltigkeiten und zuletzt noch die wachsende Ungeduld des Herrn zu beschwichtigen beredet er ihn, gleichsam im Vorbeygehen auf dem Weg zum Ziele den academisch-angestellten Doctor und Professor Wagner zu besuchen den sie in seinen Laboratorium finden hoch gloriirend daß eben ein chemisch Menschlein zu Stande gekommen sey.

Dieses zersprengt Augenblicks den leuchtenden Glaskolben und tritt als bewegliches wohlgebildetes Zwerglein auf. Das Recept zu seinem Entstehen wird mystisch angedeutet, von seinen Eigenschaften legt es Proben ab, besonders zeigt sich daß in ihm ein allgemeiner historischer Weltkalender enthalten sey, er wisse nämlich in jedem Augenblick anzugeben was seit Adams Bildung bey gleicher Sonn- Mond- Erd- und Planetenstellung unter Menschen vorgegangen sey. Wie er denn auch zur Probe sogleich verkündet daß die gegenwärtige Nacht gerade mit der Stunde zusammentreffe wo die pharsalische Schlacht vorbereitet worden und welche sowohl Caesar als Pompejus schlaflos zugebracht. Hierüber kommt er mit Mephistopheles in Streit, welcher, nach Angabe der Benedictiner, den Eintritt jener großen Weltbegebenheit zu dieser Stunde nicht will gelten lassen, sondern denselben einige Tage weiter hinausschiebt. Man macht ihm die Einwendung: der Teufel dürfe sich nicht auf Mönche berufen. Da er aber hartnäckig auf diesem Rechte besteht, so würde sich der Streit in eine unentscheidbare chronologische Controvers verlieren, wenn das chemische Männlein nicht eine andere Probe seines tiefen historisch-mythischen Naturells ablegte und zu bemerken gäbe: daß zu gleicher Zeit das Fest der klassischen Walpurgisnacht hereintrete das seit Anbeginn der mythischen Welt immer in Thessalien gehalten worden und, nach dem gründlichen durch Epochen bestimmten Zusammenhang der Weltgeschichte, eigentlich Ursach an jenem Unglück gewesen. Alle vier entschließen sich dorthin zu wandern und Wagner bey aller Eilfertigkeit vergißt nicht eine reine Phiole mitzunehmen um, wenn es glückte, hie und da die zu einem chemischen Weiblein nöthigen Elemente zusammenzufinden. Er steckt das Glas in die linke Brusttasche, das chemische Männlein in die rechte, und so vertrauen sie sich dem Eilmantel. Ein gränzenloses Geschwirre geographisch historischer Notizen auf die Gegenden worüber sie hinstreifen bezüglich, aus dem Munde des eingesackten Männleins läßt sie bey der Pfeilschnelle des Flugwercks unterwegs nicht zu sich selbst kommen, bis sie endlich beim Lichte des klaren obschon abnehmenden Mondes zur Fläche Thessaliens gelangen. Hier auf der Haide treffen sie zuerst mit Erichto zusammen, welche den untilgbaren Modergeruch dieser Felder begierig einzieht. Zu ihr hat sich Erichtonius gesellt und nun wird beyder nahe Verwandtschaft, von der das Alterthum nichts weiß, etymologisch bewiesen; leider muß sie ihn da er nicht gut zu Fuße ist, öfters auf dem Arme tragen und sogar, als das Wunderkind eine seltsame Leidenschaft zu dem chemischen Männlein darthut diesen auch auf den andern Arm nehmen, wobey Mephistopheles seine bösartigen Glossen keineswegs zurückhält.

Faust hat sich ins Gespräch mit einer, auf den Hinterfüßen ruhenden Sphynx eingelassen, wo die abstrusesten Fragen durch gleich räthselhafte Antworten ins Unendliche gespielt werden. Ein daneben, in gleicher Stellung aufpassender Greif, der goldhütenden einer spricht dazwischen ohne das Mindeste deshalb aufzuklären. Eine kolossale, gleichfalls goldscharrende Ameise welche sich hinzugesellt, macht die Unterhaltung noch verwirrter.

Nun aber da der Verstand im Zwiespalt verzweifelt sollen auch die Sinne sich nicht mehr trauen. Empusa tritt hervor die dem heutigen Fest zu ehren einen Eselskopf aufgesetzt hat, und, sich immer umgestaltend, zwar die übrigen entschiedenen Gebilde nicht zur Verwandlung aber doch zu unsteter Ungeduld aufregt.

Nun erscheinen unzählbar vermehrt Sphynxe, Greife und Ameisen, sich gleichsam aus sich selbst entwickelnd. Hin und her schwärmen übrigens und rennen die sämmtlichen Ungethüme des Alterthums, Chimären, Tragelaphe, Gryllen, dazwischen vielköpfige Schlangen in Unzahl. Harpyen flattern und schwanken fledermausartig in unsichern Kreisen; der Drache Python selbst erscheint im Plural und die stymphalischen Raubvögel, scharf geschnabelt mit Schwimmfüßen schnurren einzeln pfeilschnell hintereinander vorbey. Auf einmal jedoch über allen schwebt wolkenartig ein singender und klingender Zug von Sirenen, sie stürzen in den Peneus und baden rauschend und pfeifend, dann baumen sie auf im Gehölze zunächst des Flusses, singen die lieblichsten Lieder. allererst nun Entschuldigung der Nereiden und Tritonen, welche durch ihre Conformation, ohngeachtet der Nähe des Meeres, diesem Feste beyzuwohnen gehindert werden. Dann aber laden sie die ganze Gesellschaft aufs dringendste sich in den mannigfaltigen Meeren und Golfen, auch Inseln und Küsten der Nachbarschaft insgesammt zu ergötzen; ein Theil der Menge folgt der lockenden Einladung und stürzt meerwärts.

Unsere Reisenden aber, an solchen Geisterspuk mehr oder weniger gewöhnt, lassen das alles fast unbemerkt um sich her summen. Das chemische Menschlein, an der Erde hinschleichend, klaubt aus dem Humus eine Menge phosphorescirender Atome auf, deren einige blaues, andere purpurnes Feuer von sich strahlen. Er vertraut sie gewissenhaft Wagnern in die Phiole, zweifelnd jedoch ob daraus künftig ein chemisch Weiblein zu bilden sey. Als aber Wagner um sie näher zu betrachten sie stark schüttelt erscheinen, zu Kohorten gedrängt, Pompejaner und Cäsareaner, um zu legitimer Auferstehung, sich die Bestandtheile ihrer Individualitäten stürmisch vielleicht wieder zuzueignen. Beynahe gelänge es ihnen sich dieser ausgegeisteten Körperlichkeiten zu bemächtigen, doch nehmen die vier Winde, welche diese Nacht unablässig gegen einander wehen, den gegenwärtigen Besitzer in Schutz und die Gespenster müssen sich gefallen lassen von allen Seiten her zu vernehmen: daß die Bestandtheile ihres römischen Großthums längst durch alle Lüfte zerstoben, durch Millionen Bildungsfolgen aufgenommen und verarbeitet worden.

Der Tummult wird dadurch nicht geringer, allein gewissermaßen auf einen Augenblick beschwichtigt, indem die Aufmerksamkeit zu der Mitte der breit und weiten Ebene gerichtet wird. Dort bebt die Erde zuerst, bläht sich auf und ein Gebirgsreihen bildet sich aufwärts bis Scotusa abwärts bis an den Peneus bedrohlich sogar den Fluß zu hemmen. Haupt und Schultern des Enceladus wühlen sich hervor, der nicht ermangelte, unter Meer und Land heranschleichend, die wichtige Stunde zu verherrlichen. Aus mehreren Klüften lecken flüchtige Flammen; Naturphilosophen die bey dieser Gelegenheit auch nicht ausbleiben konnten, Thales und Anaxagoras gerathen über das Phänomen heftig in Streit, jener dem Wasser wie dem Feuchten alles zuschreibend, dieser überall geschmolzene, schmelzende Massen erblickend, peroriren ihre Solos zu dem übrigen Chor-Gesause, beide führen den Homer an und jeder ruft Vergangenheit und Gegenwart zu Zeugen. Thales beruft sich vergebens auf Spring- und Sündfluthen mit didaktisch wogendem Selbstbehagen; Anaxagoras, wild wie das Element das ihn beherrscht, führt eine leidenschaftlichere Sprache, er weissagt einen Steinregen, der denn auch alsobald aus dem Monde herunter fällt. Die Menge preist ihn als einen Halbgott, und sein Gegner muß sich nach dem Meeresufer zurückziehen.

Noch aber haben sich Gebirgsschluchten und Gipfel nicht befestigt und bestätigt, so bemächtigen sich schon aus weit umherklaffenden Schlünden hervorwimmelnde Pygmäen der Oberarme und Schultern des noch gebeugt aufgestemmten Riesen und bedienen sich deren als Tanz- und Tummelplatz, inzwischen unzählbare Heere von Kranichen, Gipfelhaupt und Haare, als wären es undurchdringliche Wälder, kreischend umziehen und, vor Schluß des allgemeinen Festes, ein ergötzliches Kampfspiel ankündigen.

So vieles und noch mehr denke sich wem es gelingt als gleichzeitig wie es sich ergiebt. Mephistopheles hat indessen mit Enyo Bekanntschaft gemacht, deren grandiose Häßlichkeit ihn beynahe aus der Fassung gebracht und zu unhöflichen beleidigenden Interjectionen aufgeschreckt hätte. Doch nimmt er sich zusammen und in Betracht ihrer hohen Ahnen und bedeutenden Einflusses sucht er ihre Gunst zu erwerben. Er versteht sich mit ihr und schließt ein Bündniß ab, dessen offenkundige Bedingungen nicht viel heißen wollen, die geheimen aber desto merkwürdiger und folgereicher sind. Faust an seinem Theile ist an den Chiron getreten, der als benachbarter Gebirgsbewohner seine gewöhnliche Runde macht. Ein ernst pädagogisches Gespräch mit diesem Urhofmeister wird, wo nicht unterbrochen doch gestört durch einen Kreis von Lamien, die sich zwischen Chiron und Faust unablässig durch bewegen; Reizendes aller Art, blond, braun, groß, klein, zierlich und stark von Gliedern, jedes spricht oder singt, schreitet oder tanzt, eilt oder gestikulirt, so daß wenn Faust nicht das höchste Gebild der Schönheit in sich selbst aufgenommen hätte er nothwendig verführt werden müßte. Auch Chiron indessen, der Alte unerschütterliche, will dem neuen sinnigen Bekannten die Maximen klar machen wornach er seine schätzbaren Helden gebildet, da denn die Argonauten herzählt werden und Achill den Schluß macht. Wenn aber der Pädagog auf das Resultat seiner Bemühungen gelangen will; so ergiebt sich wenig Erfreuliches; denn sie leben und handeln gerade fort als wenn sie nicht erzogen wären.

Als nun Chiron das Begehren und die Absicht von Faust erfährt, erfreut er sich doch auch wieder einmal einen Mann zu sehen der das Unmögliche verlange, wie er denn immer an seinen Zöglingen dergleichen gebilligt. Zugleich bietet er dem modernen Helden Förderung und Leitung an, trägt ihn auf breitem Rücken kreuzweis hinüber herüber durch alle Furthen und Kiese des Peneus, läßt Larissa zu rechten und zeigt seinem Reuter nur hie und da die Stelle wo der unglückliche König von Macedonien Perseus auf der bänglichsten Flucht wenige Minuten verschnaufte. So gelangen sie abwärts bis an den Fuß des Olympus; hier stoßen sie auf eine lange Prozession von Sibyllen, an Zahl weit mehr als zwölfe. Chiron schildert die ersten Vorüberziehenden als alte Bekannte und empfiehlt seinen Schützling der sinnigen, wohldenkenden Tochter des Tiresias, Manto.

Diese eröffnet ihm daß der Weg zum Orkus sich soeben aufthuen werde, gegen die Stunde wo ehmals, um so viele große Seelen hinabzulassen, der Berg klaffen müssen. Es ereignet sich wirklich und, von dem horoskopischen Augenblick begünstigt steigen sie sämmtlich schweigend hinunter. Auf einmal deckt Manto ihren Beschützten mit dem Schleyer und drängt ihn vom Wege ab gegen die Felsenwände, so daß er zu ersticken und zu vergehen fürchtet. Dem bald darauf wieder enthüllten erklärt sie diese Vorsicht, das Gorgonenhaupt nämlich sey ihnen die Schlucht herauf entgegen gezogen, seit Jahrhunderten immer größer und breiter werdend; Proserpina halte es gern von der Festebene zurück weil die versammelten Gespenster und Ungethüme durch sein Erscheinen aus aller Fassung gebracht sich alsobald zerstreuten. Sie Manto selbst als hochbegabte wage nicht es anzuschauen, hätte Faust darauf geblickt so wär er gleich vernichtet worden, so daß weder von Leib noch Geist im Universum jemals wieder etwas von ihm wäre zu finden gewesen. Sie gelangen endlich zu dem unabsehbaren, von Gestalt um Gestalt überdrängten Hoflager der Proserpina; hier giebt es zu gränzenlosen Incidenzien Gelegenheit, bis der präsentirte Faust als zweyter Orpheus

gut aufgenommen, seine Bitte aber doch einigermaßen seltsam gefunden wird. Die Rede der Manto als Vertreterin,
muß bedeutend seyn, sie beruft sich zuerst auf die Kraft der 29
Beyspiele, führt die Begünstigung des Protesilaus, der Alceste und Euridice umständlich vor. Hat doch Helena schon einmal die Erlaubniß gehabt ins Leben zurückzukehren, um sich mit dem frühgeliebten Achill zu verbinden!
Von dem übrigen Gang und Fluß der Rede dürfen wir 30
nichts verrathen, am wenigsten von der Peroration, durch welche die bis zu Thränen gerührte Königin ihr Jawort ertheilt und die Bittenden an die drey Richter verweist, in deren ehrenes Gedächtniß sich alles einsenckt was in dem
Lethestrome zu ihren Füßen vorüberrollend zu verschwin- 30
den scheint.

Hier findet sich nun, daß Helenen das vorigemal die Rückkehr ins Leben vergönnt worden, unter der Bedingung eingeschränkten Wohnens und Bleibens auf der Insel
Leuce. Nun soll sie ebenmäßig auf den Boden von Sparta 31
zurückkehren, um, als wahrhaft lebendig, dort in einem vorgebildeten Hause des Menelas aufzutreten, wo denn dem neuen Werber überlassen bleibe inwiefern er auf ihren beweglichen Geist und empfänglichen Sinn einwirken und
sich ihre Gunst erwerben könne. 31

Hier tritt nun das angekündigte Zwischenspiel ein, zwar mit dem Gange der Haupthandlung genugsam verbunden, aus Ursachen aber, die sich in der Folge entwickeln werden, als isolirt für diesmal mitgetheilt.

Dieses kurze Schema sollte freylich mit allen Vortheilen 32
der Dicht- und Redekunst ausgeführt und ausgeschmückt dem Publicum übergeben werden, wie es aber da liegt, diene es einsweilen die Antecedenzien bekannt zu machen welche der angekündigten Helena, einem klassisch-roman-
tisch-phantasmagorischen Zwischenspiel zu Faust als vor- 32
ausgehend genau gekannt und gründlich überdacht werden sollte.

W.*eimar* d. 17. Decbr. 1826. |

II H^{4}

Notizen eigenhändig

⟨*Baccalaureus*⟩
[Wenn ich nicht will; so muß kein Teufel seyn. 6791v
Meph.
Der Teufel stellt dir nächstens doch ein Bein.] 6792

[Das hätt er dencken sollen P130
Das Böse (Übel) kommt {so wenig} vor]

II H^{2c}

Notiz eigenhändig

Und wenns der Teufel ernstlich mey*n*t, P129
So sind es warlich keine Späße

II H^{2b}

Notizen eigenhändig

Das muß dich nicht verdrieße*n* P127
Wer kuppelt nicht ein*m*al um selb⟨*er*?⟩ zu genießen
So
Blut das ich ihm abgel*ockt* 6579v
Vertrockn*et*
Sogar hier in de*m* Rohr*e* stockt. 6578v

II H^{2a}

Notiz eigenhändig

Von dem was sie versteh*n* P128
Woll'n sie nichts weiter wissen.

I H37

Reinschriftblatt von der Hand des Schreibers John, dazwischen eigenhändige Entwürfe

Wilder Gesang von Ferne.
Das wilde Heer

Der Faunentanz
In Laub und Kranz — Von berges Höhe de*n*
Aus Waldes Nacht — dunklen Wald
Nur Platz gemacht

[Plutus. — Wildes Heer
5807v Ich kenne dich du großer Pan
Du kommst mir ganz erwünscht heran
5809v Schon weis ich was nicht jeder weis
5810v Und öffne diesen Zauber Kreis.

Faunen
5815 Geputztes Volk
Du Flitterschau
5816 Sie kommen roh
Sie kommen rauh
5817v In hohem Sprung
Und raschem Lauf
5818 Sie treten derb
Und tüchtig auf
5805v Wir wissen doch was keiner weis
5806v Und dringen in den leeren Kreis

Plutus.
5807v (Ich kenne dich vermummter Pan
5808v Du hast einen kühnen Schritt gethan
5812v Doch wunderlichstes kann geschehn
5814 Sie haben sich nicht vorgesehn.)]

⟨*nach 5810v eigenhändig eingefügt:*⟩
⟨*Homunculus*⟩
[Bleib deinen ruhigen Bezirk*en*
Treu deiner Lampe Nachtrevier
Auf Menschen ist nicht recht zu wirk*en*
Wohl aber aufs Papier]

O! Bleibe ruhigen Bezirken
Treu, deiner Lampe Nacht Rev.*ier*
Auf Menschen ist nicht leicht zu wirk*en*
Doch auf das willige Papier.

H P149
Notiz eigenhändig

17. 10.
[Wenn du entstehn willst thust du imme*r* besser P149
Du wirfst dich ins ursprüngliche Gewässer.
Es ist zu klar]

II H18a
Entwürfe eigenhändig

Denn wo man die Geliebte sucht *7193*
Ist alles Fratzen zeug erträglich. *7194v*

[Die Cäsarn die Pompejus angehörten
Sie waren beyderseits nicht frey]

Greife /: schnarend :/
Was er will es ist nicht deutlich *7138v*
Denn hi{er}her gehört er nicht. *7139v*

Chiron.
[Man thue was man mag]

I H^{56}

Arbeitsmundum von der Hand des Schreibers John

[Meph.
In welcher Sprache weis doch selbst nicht wie
7118v Sind Britten hier, sie reisen sonst ja viel
.
.
7122v Mag seyn jedoch In ihrem Bühnenspiel
7123v Dem ältsten tret ich auf als old Iniquity

Sphynx
Da brauchts fürwahr kein vieles Übersetzen
Als alten Schalk, weiß man dich wohl zu schätzen

Meph.
7131v Gebt mir ein Räthsel, aus dem tiefsten Schrein.]

⟨folgt varianter Entwurf zu 7132-7139⟩

II H^{15}

Entwürfe eigenhändig

P133v Ohne gräßliches Gepolter
Durfte keine Welt entstehn

[Ohne wildest*es* Gep*olter*]

[Nur durch plutonisches Gepolder
Konnt eine schöne Welt entsteh*n*]

7558v [Ahnen
W⟨xx⟩ und die Gegend⟨xx⟩ ⟨xxx⟩
7561v Mit Pelion und Ossa Ball gespielt
7560v Und übermüthig mit Titanen]

[Und setzen sie wie eine Mütz*e* *7564v*
Dem grämliche*n* Olymph*us* auf]

⟨Mephistopheles⟩
[Denn da wo sich Gespenster häufen *7843v*
Da ist der Philosoph zu Haus *7844v*
Und daß man seiner Gegenwart sich freue *7845v*
Er macht sogleich ein duzzend Neue.] *7846v*

II H^{6}
Entwürfe eigenhändig

⟨Homunculus⟩
[Gold Überfluß u lang gesundes Leben *6997v*
Und will uns Gott auch Tugend] *6998v*

[Ich seze dir das Tüpfch*en* auf das i *6994v*
Da ist ein Buchstab und uns fehlt es nie

Wenn ich froh u guter Dinge
An die dustre *⟨wohl für: düstre⟩* Scheibe klinge
Thun sie wohl]
⟨folgt varianter Entwurf zu 6995-7000⟩

Ohne gräßlich*es* Gepolter P133
Konnte kein*e* Welt entstehn

[Als ich einstmal stark gchustet P134v
Wußt ich gar nicht was geschah
[Hab ich sie heraus gepustet
Und sie stehn wie Götter da]

nicht wie mir gesch*ah*

P134 [Als ich einstmal stark gehustet
Wußt ich nicht wie mir geschah]
Hatt ich sie heraus gehustet
Und sie stehn als Berg*e* da

P135 Und {nun} sagt {man} die Tittan*en*
Hätten alles das erstürmt
Und zu unerstieg*nen* Bahnen
Das Gebirgs werck aufgethürmt

⟨*am Rand:*⟩ Psychestre Semestr {Sylves} Pedestre

P136 Diese schöne glate Flur
Und es ist das Gas sy*l*vestren
Daß mir einst im Schlaf entfuhr

P138 [Reden mag man noch so griechisch
Hörts ein Deutscher der verstehts]

P137 So bin ich der Gott der Winde
All das alte dumme Zeug
Nord und {Süd und} West gesinde
Fahren {über} Meer und Reich
{Steigt durch losgelaßne Kräfte
Himmelan ⟨xxx⟩ ⟨xxx⟩ ⟨xxx⟩
Weil sich gibt geschrey
Plutus hat es nie vermocht}]

P139 [Wer's mit der Welt nicht lustig nehmen will
Der mag nur seinen Bündel schnüren]

II H^{a}
Entwürfe eigenhändig

H.⟨*omunculus*⟩
Du darfst dich nur bequem*en*
Mir hinten den nächsten Weg zu nehm*en*
Ich schwebe vor. Du packe diesen ein
Der alte Mantel mag das Flugwe*r*k seyn.

Das Böse das Gute P131
Ich weis es nicht doch ist {mir} schlecht zu Muth*e*

[Indessen wir in's Fäustchen lache*n* P132
So brüsten sie sich ohne Scheu,
Sie dencken, weil sie's anders machen:
Es wäre neu!]

II H^{20}
Schema-Entwurf eigenhändig

[Die Pharsalische Eb*ene*

Mond u Sternhelle Nacht

Erichto
Zelten. Bivou*a*cs. als Nachgesicht]

{Der} Schatten des Jüngeren Pompejus

Erichthon*iu*s

E⟨xx⟩

H P124
Schema von der Hand des Schreibers John
mit eigenhändigen Ergänzungen

P124 [Schema.

⟨*am Rand:*⟩ [Pharsalische Ebene
Peneus
Mond u Sternhelle Nacht
Erichto
Zelte Bivouak der beyden Heere als Nachgesicht]

[Erichto
Erichtonius]
[Der jüngere Pompejus.
Die Luftwandler.
Faust auf klassischen Boden
Sie trennen sich]
[Mephistoph. umherwandelnd]
[Kommt zu den Greifen und Sphynxen]
[Ameisen und Arimaspen treten auf]
[Mephist. die Sphynxe und Greife, Fortsetzung.]
[Die Sirenen]
[Faust, in Betrachtung der Gestalten]

⟨*am Rand:*⟩ [Rohr u. Schilf, Weidengelisp*el* u Pappelzweig*e*]
[Meph u Lamien
Faust am Peneus.]
Rohr Gelispel Pappelzw*eige*
Faust Chiron

[Hinweisung auf Chiron]
[Die Stymphaliten]
[Köpfe der Lernea]
⟨*am Rand:*⟩ [Mephist. u die Lamien.
Faust und Chiron.]

Sirenen sich badend
Erderschütterung
[Seismos]
Flucht nach dem Meere eingeleitet.
Beschreibung des Bergwachsens.
Sphynxe zum Entstehen des Berges.]

[Steinregen
Thales
Anaxag*oras*]
[[Ameisen]
[Greife]
[Pygmäen]
Kranniche
Wettstreit
Daktile sonst Däumchen genannt.
[Mephist. von Lamien zurückkehrend.]
Motiv seiner weitern Forschung.
Meeresgestade
Sirenen flötend und singend.
Mond im Gewässer
Najaden
Tritone
Drachen und Meerpferde
Der Muschelwagen der Venus
Telchinen von Rhodus
Kabiren von Samothrace
Kureten und Koribanten von Creta
Faust mit Chiron und Manto
Exposition des Sibyllenzuges
Zug selbst
Unterirdisch reich
Verhandlung
Rede der Mando
Abschluß die drey Richter.]

II H17

Entwurf eigenhändig

⟨*Sirenen*⟩
[O we*lch* Beb*en*! Welche Sch{recken}
In de*m* flachen Mit*t*ellande
7495v Stürzt euch in des Peneus Fluth
7496v Da noch gilt es platschend ⟨*wohl für: plätschernd*⟩ schwimmen
7497 Lied um Lieder anzustimmen
7498v Dem unzähligen Volk zu gut.
/: Erdbeben :/

v – v – v v – v v –
7263/64v Am besten wär es du legtest d*ich* nieder
Die Buschufer des Peneus

v – v – v v – v v – v
7263/64 Am besten geschäh dir du legtest d*ich* nie*der*
7265/66v Erholtest im Rohre die schmachten*den* ⟨*über der Zeile:* ermüd*eten*⟩ Glied*er*
7267/68v Genieße der ewig entbehrtest*en* Ruh
7269/70 Wir säusel*n* wir riesel*n* wir flüst*ern* dir zu

Schilf u Rohr Gelispel
Säußeln des Weidengesträuchs
des PappelGezweich]

{Droller*ei*} u Taumel
S{eismos}
{Erdbeben}

Flucht nach dem Meer

II H^{46}
Entwurf eigenhändig

⟨*Sirenen*⟩
[D{ir} w{i}rds vor unserm Zaube*r* bang P151
Der {D}ich so gar hernieder zwang
Jetzt im mitten stille stehn
Zu {ihren heiligen} Festen sehn.]

⟨*Mephistopheles*⟩
[Bin denn gar in fremde*n* Lande*n* *7801v*
Ist hier ein neuer Berg entstande*n*
Oreas
Kom*m* hier herauf me*in* Fels ist alt *7811v*
Und von ursprüngli*ch*er Gestalt *7812v*
Darunter das Gebild des Wahns *7817v*
Dryas
Verschwindet schon beym Krähn des Hahns.] *7818*

II H^{22}
Entwurf eigenhändig

[Sirenen
Halte still am Mittel Himmel
Scheine mild*e*r das Gewimmel
Die Wasser Blitz*e* leuchten
Diese Wellen feucht*en*
Denen die daraus entstehen
Schwebend auf und niedergehen
Telchin*en* von Rhodus Kabir*en* vo*n* Samoth*race*
Coryb*an*t*en* von Cret*a*]

II H^{25}

Eigenhändig überarbeitete Reinschrift von der Hand des Schreibers John

[Buchten des Aegäischen Meeres.

Sirenen.

⟨nach Spatium folgen 8034-8041⟩

Kabiren.
8076v Götter die sich selbst erzeugen
8077v Und nicht wissen was sie sind
Telchinen.
8275v Wir haben den Dreyzack Neptunus geschmiedet

Sirenen.
7495v Stürzt euch in des Peneus Fluth
7496 Plätschernd ziemt es da zu schwimmen
7497 Lied um Lieder anzustimmen
7498 Dem unseligen Volk zu gut.

[Schilf und Rohrgelispel
Säuseln der Weidengesträuche
der Pappelgezweige]

7263/64v Am besten geschieht dir du legtest dich nieder
7265/66 Erholtest im Kühlen ermüdete Glieder
7267/68 Genössest der immer dich meidenden Ruh
7269/70 Wir säuseln wir rieseln wir flüstern dir zu]

[Faust / am Peneus :/
Noch ist ihm nicht geholfen
Alles hat nicht an sie herangereicht
Deutet auf eine wichtige Vorwelt

Sie aber tritt in ein gebildeteres Zeitalter
Göttlichen Ursprungs
Lebhafte Erinnerung an den Traum Letha und die
Schwäne.]

II H^{24}

Entwurf eigenhändig

[Meph.
Ihr seyd noch hier? 7239v
Sph.⟨*inxe*⟩
Das ist nun unsre Lage, 7243v
So gleichen wir die Mond u Sonnentage 7244v
Sitzen vor den Pyramiden, 7245
Zu der Völcker Hochgericht, 7246
Überschwemmung Krieg u Frieden, 7247
Und verziehen kein Gesicht. 7248
Sehr eilig hast du dich benommen,
Und bist wohl übel angekommen.
Meph.
Ich ging – Ihr laßt euch nicht belügen –
Mich ein Momentchen zu Vergnügen,
Doch, hinter holder Masken Zügen 7797v
Sah ich Gesichter daß mich's schauerte, 7798v
Gar gerne ließ ich mich betrügen 7799v
Wenn es nur länger dauerte.] 7800

H P125

Reinschrift von der Hand des Schreibers John mit eigenhändigen Ergänzungen

[Schema P125
den 6. Febr. 1830.

Pharsalische Ebene

links der Peneus
Rechts das Gebirg
Erichto
Zelte, Wachfeuer röthlich flammend.
Bivouac der beiden Heere

Das Ganze Als Nachgesicht
Erichto führt sich ein, commentirt die Ers*cheinung*
Der jüngere Pompejus
[Anfrage u Unterh.*altung*
Aufgang den Mondes.
Die Luftwandler sencken sich
Anrede der E.*richtho*
Faust auf klassischen Boden
Die Zelten verschwind*en*
Die Feuer brennen fort bläulich]
Sie trennen sich.

Faust am Peneus
[Rohr- u. Schilfgeflüster]
[Weidenbusch und Pappelzweig Gesäusel.]
Faust u. Chiron sich entfernend.
Sirenen sich badend
Erderschütterung
Flucht nach dem Meere eingeleitet
Sphynxe incomodirt.]
[Anaxagoras Steinregen veranlassend
Thales den Homunkulus zum Meere einladend
Mephist. u. Dryas
⟨*gestrichen:* Derselbe die Phorkyaden
Abschluß dieser Unterhaltung⟩
Begegnen Schlangen
Findet die Sphynxe wieder
Verwandelt sich in ihrer Gegenwart.
Abscheu und Abschluß
Heißer Wind und Sandwirbel
Der Berg scheint zu versinken.

Mephist. flüchtet.]

[Buchten des ägäischen Meers
Sirenen
Thales u. Humunkulus.
Nereus und Proteus
Najaden
Tritonen
Drachen und Meerpferde
Muschelwagen der Venus.]

[Telchinen von Rhodus.
Kabiren v. Samothrace
Kureten und Korybanten von Kreta.

[Faust mit Chiron ud. Manto.
⟨*gestrichen:* Exposition des Sibyllenzuges.
Zug selbst.⟩
Unterirdisches Reich.
Verhandlung
Rede von Manto
Abschluß die drey Richter]]

⟨*eigenhändig ergänzend am Rand neben Zeile 51 ff.:*⟩
[Chiron über Manto sprechend
Fausten bey ihr einführend.
Übereinkunft.
Geheimer Gang
Medusenhaupt
Proserpina verhüllt
Manto ihre Schönheit rühmend
Vortrag
Zugeständniß. Melodisch unverneh*mlich*
Manto erklärt.]

II H55

Überarbeitete Reinschrift von der Hand des Schreibers John, eigenhändige Zusätze

⟨*Proteus*⟩
8331v [Bist du einmal ein Mensch geworden
8332 Dann ist es völlig aus mit dir.
P155 [Kennte der Jüngling die Welt genau
Er würde im ersten Jahre grau.]
Thales.
8333v Nach dem es kommt ist's auch wohl fein
8334 Ein wackrer Mann zu seiner Zeit zu seyn.]
⟨*folgen 8335-8338*⟩

S⟨*phinx?*⟩
Du bist ein {Gast} das kan*n* ich leiden
{Die unsern eil ich meist zu meiden}

⟨*varianter Entwurf zu 8082-8093*⟩
Th⟨*ales*⟩
8093 [Nicht gleich wirds Glas u Fla*mme* k*osten*]

P154 [In {einem} Irrthum {euch} entst⟨xx⟩
Die Welt {durch euch} nicht k*ann* be⟨xx⟩]
[Im Eigensinn bedächtig
Stets Rath bedürfen*d* kein*en* Rath im Ohr]

[Und in Verzweiflung doch zuletzt
Wenn Übermas sich selbst ein Ziel ges*ezt*,]

H P204
Entwurf eigenhändig

⟨*Mephistopheles*⟩
Mir grillts im Kopf P204
kan*n* ichs erreich*en*
Der listigste von mein*en* Streich*en*

II H^{48}
Entwurf eigenhändig

H⟨*omunculus*⟩
[Laßt mich an eurer Seite gehn *7857*
Mich selbst gelüstets zu entstehn *7858*
A⟨*naxagoras*⟩ *7895v*
Hast du in Einer Nacht *7860v*
Solch einen Berg heraufgebrach*t*
{Sie ist die Macht}
D⟨xx⟩]

[Solch ein {fürchterliches} Bild
eingehüllt

Ich such ihn auf an allen {Ecken}
Den alten Sat*a*n zu erschr{ecken}
Meph
Wird man die ur*ver*worfnen Sünden *7973*
Im mindesten noch häßlich finden *7974*
Wen*n* man das Abgrunds Ding erblickt *7975v*
Wir litten sie nicht auf der Schwelle *7976v*
Zu unsrer grauenvoll⟨*en*?⟩ Hölle *7977v*
[Das duldet man in der Schö*n*heits L*and* *7978v*
Das wird noch jetzt antic genannt. *7979v*
Wir {duld}]

P204v Mir {fehlt} was ⟨xxx⟩ kan*n* ichs erreich*en*
Es ist wenn es nur glückt
Der listigste von all*en* mei*nen* Streich*en*
Wir {schwan}
P152 M.⟨*ephistopheles*⟩
Zum edlen Zwe*ck* es abzutreten frey]

II H42
Notiz eigenhändig

P153v Seismos
Von Scotusa bis an den Peneus

II H49
Entwürfe eigenhändig

7865v [Hier war es ⟨xxx⟩ Plutonisch {grau*ses*} Feuer
7866v Aeolischer Kraftwind wirksam ungeheuer
7867v [durchbrachen diesen Boden⟨*s?*⟩ alte Kruste
7868v Daß alsogl*eich* ein Berg entstehen mußt*e*]]
P153 ⟨*gestrichen:* Hier von Scotusa bis zum Peneus dort⟩
[W{o}
8026v? Viel Ehr thut ihr mir
Und mein Eckzahn mächtig so wie wir

Viel ehr thu
und ⟨xxx⟩ durfte {den Eckzahn} dem
Wo{bei} zu ⟨xxx⟩ überläßt]
7865v [Hier war es wo Plutonisch grimmig Feuer
7866v Aeolischen Dunst ausdehnend ungeheuer
7867 Durchbrach des flachen Bodens alte Krust*e*
7868 Daß neu ein Berg sogleich entstehen mußte]

⟨*folgt varianter Entwurf zu 8000 f. und 7965-7969*⟩

H P126
Schema eigenhändig

[Interloc.⟨*utio*?⟩ P126
Sirene*n* (Chorus
Nereus
Proteus
Thales
Homunkul*us*]

II H^{74}
Mundum von der Hand des Schreibers John
mit eigenhändigen Zusätzen

⟨*Reinschrift 7005-7089*⟩
⟨*Mephistopheles*⟩
Das Auge fordert seinen Zoll. P150
Was hat man an den nackten Heiden?
Ich liebe mir was auszukleiden,
Wenn man doch einmal lieben soll.

⟨*Reinschrift 7090-8081 ohne 7395-7494 und 7676-7695. Nach 8031 am Schluß der Szene zwischen Mephistopheles und den Phorkyaden:*⟩
Meph. /: laut :/
Ich eile nun und such im vollem Lauf P150a
Der neusten Tage kühnsten Meisel auf
Mit Gott und Göttin laßt eu*ch*s dann gefallen
Gesellt zu stehn in heiligen Tempelhallen.
/: zum Parterre :/
Vor aller Augen muß ich mich verstecken, *8032*
Im Höllenpfuhl die Teufel zu erschrecken. *8033*
⟨*folgt Reinschrift bis 8338*⟩

H P157
Schema von der Hand des Schreibers John

P157 [Prolog des dritten Acts.

Geheimer Gang
Manto und Faust
Einleitung des Folgenden
Medusenhaupt
Fernerer Fortschritt.
Proserpina verhüllt.
Manto trägt vor
Die Königin an ihr Erdeleben erinnernd.
Unterhaltung von der verhüllten Seite, melodisch artikulirt scheinend aber unvernemlich.
Faust wünscht sie entschleyert zu sehen.
Vorhergehende Entzückung
Manto führt ihn schnell zurück.
Erklärt das Resultat
Ehre den Antecedenzien
Die Helena war schon einmal auf die Insel Leuce beschränkt.
Jetzt auf Spartanischem Gebiet soll sie sich lebendig erweisen.
Der Freyer suche ihre Gunst zu erwerben.
Manto ist die Einleitung überlassen.]
W.*eimar* d. 18. Juni. 30.

H P159
Entwurf eigenhändig

⟨*Manto*?⟩
P159 Nur wandle den Weg {hier} ungest*ört*
Ein jeder stutzt der Unbegreiflich*s* hört.

H P160
Entwurf eigenhändig

⟨*Manto*?⟩
Sieh hier die Tiefe dieses Ganges P160
Es deckt sie uns ein dumpf*er* Flor
⟨*Faust*?⟩
Mich däuch*t* was Riesenha*ftes* langes
Tritt aus der Finsterniß hervor

H P161
Entwurf eigenhändig

[Faust P161
Was hüllst du mich in dein*en* Mantel ein?
Was drängst du mich gewaltsam an die Seite
Manto
Ich wahre dich vor größrer Pein,
Verehr*e* weisliches Geleite.]

PARALIPOMENA ZU FAUST II · DRITTER AKT

H P84
Schema-Entwurf eigenhändig

P84 [Helena Egypterin Mägde
H. M{orgen} befiehlt eine Spartanische Fürstin
Eg. Alberne Späße
H. Verdrießlichkeit
Eg. Weitere Reden
H. Drohung
Eg. Und das heilig*e* Menschenrecht
Gilt dem Herren wie dem Knecht
Brauch nichts mehr nach euch zu fragen
Darf der Frau ein schnipp*chen* schlag*en*
Bin dir längst nicht mehr verkauft
Ich bin Christin bin getauft
⟨*am Rand:*⟩ Schwäne
Rohr
Tanz
Grad od. ungrad.
Schöne Weiber.

H. Erstaunen
Eg. Zeigt auf die Architek*tur* freundl*icher* Ort. Rheinthal
⟨*am Rand:*⟩ [Schweigen der Orakel
Kartenschlagen u Händedeutung]

H. Jammer daß Venus sie wieder belogen
Klage der Schönheit
Eg. Lob der Schönheit
H. Bangigkeit wem sie angehöre
Eg. Trost Faust gerühmt.]

Faust

H Will zu den ihrigen
F Alle dahin. Sie selbst aus Elysium gehohlt.
H Danckbarkeit. Heidnische Lebens liebe
F. Leidenschaft u Antheil
H. Wiedmet sich Fausten

⟨*gestrichen:* Wie häßlich neben Schönheit ist die Häßlichkeit⟩ *8810v*

H P167

Entwürfe und Schema, eigenhändig

[O daß die Götter sterbliche ⟨*wohl für: Sterblichen*⟩ zu heiser Quaal P172v

So wird die Schönheit köstlicher als alles Gold
Geachtet von den Menschen u sie bringt

Denn sie erregt der wüthenden Begier Gewalt
Das Alter u die Jugend ruft sie auf.]

[Die schönen Weiber jung u. alt P52v
sind nicht gemacht sich abzuhärmen.
Und sind einmal die edlen Helden kalt,
So kann man sich an Schluckern wärmen.]

[[Leere P167
Als Ritterfrau
Annäherung an Faust
Liebschaft / Hymenae⟨*on*⟩]
Chor sich zu unterhalt*en*
Geschichten
{Entführung}

Freyer
Beklagen die Helden die sie nicht gekan*n*t den Herkules pp
Wahl des Menelas
Flucht mit Paris
Duft beyder
⟨am Rand:⟩ [Schwangerschaft
Phorkyas Ermahnung zu wachen]
Halb Chor
Trojanischer Krieg {weis nicht wie}
[Wiederkehr von Menelas
Neues Abenteuer, Woher Wohin wissen sie selbst nicht
Der Schönen geht es überall wohl.
Phorkyas. Nachricht
Entbindung. Sohn]]
Chor
Geburt des Merkur

III H10

Entwurf eigenhändig

⟨varianter Entwurf zu 8779-8783⟩

H.*⟨elena⟩*

8784v [Wer in der Frauen Gegenwart die Mägde schilt
8785v Beleidiget die Hoheit der Gebieterinn,
8786 Denn ihr gebührt allein das Lobenswürdige
8787v Zu rühmen und zu strafen das verwerfliche
8788v Auch bin ich wohl zufrieden mit dem Dienst den
8789v Sie mir geleistet als die Kraft von Ilion
8790v Die hohe stand und fiel und lag nicht weniger
8791v Als wir des Meeres kummervollen Wechselmuth
8792v Ertrugen wo fast jeder sich der nächste bleibt.
8794v Nicht was der Knecht sey fragt der Herr nur wem er dient.
8793 Auch hier erwart' ich gleiches von der muntern Schaar
8795 Drum schweige du und grinse sie nicht länger an.
8796 Hast du das Haus des Königs wohl verwahrt bisher

Anstat der Hausfrau, dienet es zum Ruhm dir *8797v*
Doch jetzo komt sie selbst tritt nun du zurück *8798v*
Damit nicht Strafe werde statt des Lohnes dir. *8799v*
Den Hausgenossen drohen ist ein großes Recht. *8800v*
Das, eines gottbeglückten Herrschers Gattin sich *8801v*
Durch langer Jahre weise Leitung sich verdient *8802v*
Doch die es einmal verscherzte nie vermögte sie P85
Sichs wieder zuzueignen denn sie steht beschämt.]

Phorkyas

[Ohnmächtig steht sie vor den eignen Mägden da.
Zerbrochen ist der goldne Scepter den sie trug
Dem Jeder sonst sich beugte in des Königs Haus
Zerrissen ist die Schlinge die die holde Scham
Auf ihre Stirne drückt]
Im Innern herrschet sie über das erworbene
Das erst durch Ordnung zur erwünschten Habe wächst
Von dem vorhandnen theilet sie jedermann
Nach sein*em* Dienste aus u hält den Sch⟨*atz?*⟩

III H^{9}

Entwürfe eigenhändig

⟨*Chor*⟩

[Wagest du gräßliche *8736v*
Neben der Schönheit *8737*
Vor dem Kenner *8738v*
Phöbos dich zu zeig*en* *8739v*
Doch tritt immer herv*or* *8740v*
Denn das häßliche *8741v*
Sieht er nicht
Wie sein heilig*es* Aug *8742v*
Niemals den Schatten sieht *8743v*

8744v Aber uns nöthigt
8745v Ein trauriges Geschi*ck*
8746v Zu dem Augenschmerz
8747v Den das Verwerfliche
8748v Schönheitslieben ⟨*wohl für: Schönheitsliebenden*⟩ rege macht.

8749v Ja so höre denn
Wenn du frech
8750v uns entgegen stehst
8751v Höre Fluch u Schelten,
8752v Aus dem Munde der glücklich
8753v Von den Göttern gebild*eten*

Stehe lange lang und grins u*ns* an
Starre lange lang häßlicher wirst du nu*r*
Ausgeburt du des Zufalls
Du verworrener,
Du erschöpfter Krafft
Leidige {hohle} Brut.]

– – – | – v | – v | v – v | v – | – v v
P171 O das ist | unter | allem | verwünschten | das ver | wünschteste

Chor
sag es an du Häßliche
Phorkias
Ihr Schönen! denn so belobt man wechselsweise sich
Gesang blos giebt so

Der Herr verpflichtet sich dem Dien*er* wie de*m* Her*rn*
Der Diener sich.
Der Herr verpflichtet wie dem Herrn der Diener sich

III H1

Mundum von der Hand des Schreibers Geist
mit eigenhändigen Ergänzungen

Helena im Mittelalter

Satyr=Drama,
Episode zu Faust

Concept.

Helena.
Vom Strande komm ich, wo wir erst gelandet sind, 8489
Noch immer trunken von der Woge schaukelndem 8490v
Bewegen, die vom phrygischen Gefild' uns her, 8491v
Auf ihrem hohen Rücken, mit Poseidons Gunst 8492v
Und Euros Krafft, an heimisches Gestade trug. 8493v
Dort unten freut sich nun der König Menelas 8494v
Der Rückkehr, mit den tapfersten der Krieger sich. 8495v
Du aber heiße mich willkommen, hohes Haus, 8496
Das Tyndareus, mein Vater, an dem Hang sich 8497v
Von Pallas Hügel, wiederkehrend, aufgebaut, 8498
Und als ich hier, mit Clytemnest*ren*, schwesterlich, 8499
Mit Castor und mit Pollux, fröhlich spielend, wuchs, 8500v
Vor allen Häusern Spartas herrlich ausgeschmückt. 8501
Seyd mir gegrüßt der ehrnen Pforte Flügel ihr, 8502v
Durch deren weit einladendes Eröffnen einst 8503v
Der mir aus vielen Auserwählte Menelas, 8504v
In Bräutigams Gestalt entgegen leuchtete. 8505
Eröffnet mir sie wieder, daß ich das Gebot 8506v
Des Königes erfülle, wie der Gattin ziemt. 8507v
Laßt mich hinein! und alles bleibe hinter mir, 8508
Was mich bisher und andere verworren hat. 8509v
Denn seit ich diese Schwelle sorgenlos verließ, 8510
Zu Cypris Tempel wandelnd, heilger Pflicht gemäß, 8511v
Mich aber dort ein Räuber griff, der phrygische, 8512

8513 Ist viel geschehen, was die Menschen weit und breit
8514 So gern erzählen, aber der nicht gerne hört
8515v Von dem die seltne Fabel ihren ersten Ursprung nahm.
8524 Genug! mit meinem Gatten bin ich hergeschifft
8525v Und bin von ihm zu seiner Stadt vorausgesandt;
8526 Doch welchen Sinn er hegen mag errath' ich nicht.
8527 Komm ich als Gattin? komm ich eine Königin?
8528 Komm ich ein Opfer für des Fürsten bittern Schmerz
8529 Und für der Griechen lang erduldetes Mißgeschick?
8530 Erobert bin ich, ob gefangen weiß ich nicht!
8531v Denn Ruf und Schicksal gaben die Unsterblichen
8532v Zweydeutig mir, der Schönheit zu bedenklichen
8533v Begleitern, die mir an der Schwelle des Pallasts,
8534v Mit ihrer düstern Gegenwart, zur Seite stehn.
8535v Denn schon im hohlen Schiffe blickte der Gemahl
8536v Mich selten an und redete kein freundlich Wort.
8537 Als wenn er Unheil sänne saß er gegen mir.
8538v Nun aber als wir des Eurotas tiefe Bucht
8539v Hineingefahren und die ersten Schiffe kaum
8540v Das Land berührten, sprach er, wie vom Gott bewegt:
8541 Hier steigen meine Krieger, nach der Ordnung, aus,
8542 Ich mustre sie, am Strand des Meeres hingereiht;
8543v Du aber ziehe weiter, an des heiligen,
8544v Befruchtenden Eurotas Ufer immer fort
8545v Die Pferde lenkend auf der feuchten Wiese Schmuck,
8546v Biß du zur schönen Ebene gelangen magst,
8547 Wo Lakedämon einst ein fruchtbar weites Feld,
8548 Von ernsten Bergen nah umgeben, angebaut.
8549v Betrete dann das hochgebaute Fürstenhaus
8550v Und mustere die Mägde, die ich dort zurück
8551v Gelassen mit der klugen alten Schaffnerinn.
8552 Die zeige dir der Schätze reiche Sammlung vor,
8553v Die einst dein Vater hinterlies und die ich selbst,
8554 In Krieg und Frieden, stets vermehrend, aufgehäuft.
8555 Du findest alles nach der Ordnung stehen. Denn
8556 Das ist des Fürsten Vorrecht daß er alles treu
8557 In seinem Hause, wiederkehrend, finde, noch

An seinem Platze jedes wie er es verlies. 8558v
Denn nichts zu ändern hat für sich der Knecht Gewalt. 8559
Wenn du nun alles nach der Ordnung durchgesehn, 8569
Dann nimm so manchen Dreyfuß als du nöthig glaubst 8570
Und mancherley Gefäße, die der Opfrer sich 8571
Zur Hand verlangt, um die Gebräuche zu vollziehn. 8572v
Die Kessel und die Schaalen, wie das flache Rund. 8573v
Das reinste Wasser aus der heilgen Quelle sey 8574
In hohen Krügen, ferner sey das trockne Holz 8575v
Das Flammen schnell empfangende bereit, 8576v
Ein wohlgeschliffnes Messer fehle nicht zuletzt; 8577
Doch alles andre geb ich deiner Sorge heim. 8578
So sprach er, mich zum Scheiden drängend; aber nichts 8579
Lebendiges bezeichnet mir der Ordnende, 8580v
Das er, die Götter zu verehren, schlachten will. 8581v
Bedenklich ist es, doch ich sorge weiter nicht 8582
Und alles bleibe hohen Göttern heimgestellt, 8583
Die das vollenden, was in ihrem Sinn sie däucht, 8584
Es werde gut von Menschen, oder werde bös 8585v
Geachtet und wir Sterblichen ertragen das. 8586v

Chorführerinn.

Verlasset des Gesanges freudumgebnen Pfad 8638v
Und wendet zu der Thüre Flügel euren Blick. 8639v
Was seh ich, Schwestern! schreitet nicht die Königin, 8640v
Mit heftiger Bewegung, wieder zu uns her? 8641v
Was ist es, große Königin? was konnte dir 8642
In deines Hauses Hallen, statt der Deinen Gruß, 8643
Erschütterndes begegnen? Du verbirgst es nicht; 8644
Denn Widerwillen seh ich an der Stirne dir, 8645
Ein edles Zürnen das mit Ueberraschung kämpft. 8646

Helena.

Der Tochter Zeus geziemet nicht gemeine Furcht 8647
Und flüchtig, leise Schreckenshand berührt sie nicht; 8648
Doch das Entsetzen, das dem Schoos der alten Nacht, 8649
Von Urbeginn entsteigend, vielgestaltet noch 8650

8651 Wie glühende Wolken, aus des Berges Feuerschlund,
8652 Herauf sich wälzt, erschüttert auch des Helden Brust.
8653v So haben mir die Götter heute grauenvoll
8654v Den Eintritt in mein Haus bezeichnet, daß ich gern
8655 Von oft betretner, lang ersehnter Schwelle mich,
8656v Gleich einem Fremden, scheidenden entfernen mag.
8657v Doch nein! gewichen bin ich her, ans Licht, und weiter sollt
8658v Ihr mich nicht treiben, Mächte, wer ihr immer seyd.
8659v Auf Weihe will ich sinnen und, gereinigt, soll
8660v Des Heerdes Gluth die Frau begrüßen und den Herrn.

Chor.

8661 Entdecke deinen Dienerinnen, edle Frau,
8662v Die dir verehrend beystehen, was begegnet ist.

Helena.

8663 Was ich gesehen, sollt ihr selbst mit Augen sehn,
8664 Wenn ihr Gebilde nicht die alte Nacht sogleich
8665v Zurückgeschlungen, in den Tiefen Wunderschoos.
8666 Doch daß ihrs wisset, sag ichs euch mit Worten an:
8667v Als ich des königlichen Hauses Tiefe nun,
8668 Der nächsten Pflicht gedenkend, feyerlich betrat,
8669v Erstaunt' ich ob dem öden, weiten Hallenraum.
8670v Kein Schall der emsig wandelnden begegnete
8671v Dem Ohr, kein Eilen des Geschäftigen dem Blick;
8672v Und keine Magd und keine Schaffnerinn erschien,
8673 Die jeden Fremden freundlich sonst begrüßenden.
8674v Als aber ich des Heerdes Busen mich genaht,
8675 Da sah ich, bey verglommner Asche lauem Rest,
8676v Am Boden sitzen ein verhülltes, großes Weib,
8677v Der Sinnenden vergleichbar, nicht der Schlafenden.
8678 Mit Herrscherworten ruf ich sie zur Arbeit auf,
8679v Die Schaffnerinn vermuthend, die, mir unbekannt,
8680v Des scheidenden Gemahles Vorsicht angestellt.
8681 Doch eingefaltet sitzt die Unbewegliche;
8682 Nur endlich rührt sie, auf mein Dräun, den rechten Arm,
8683 Als wiese sie von Heerd und Halle mich hinweg.

Ich wende zürnend mich von ihr und eile gleich 8684v
Den Stufen zu, auf denen sich der Thalamos 8685v
Und nah daran der königliche Schatz erhebt. 8686v
Allein das Wunder reißt sich schnell vom Boden auf, 8687
Gebietrisch mir den Weg vertretend, zeigt es sich 8688
In hagrer Größe, hohlen, blutigtrüben Blicks, 8689
Seltsamer Bildung, wie sie Aug und Geist verwirrt. 8690
Doch red ich in die Lüfte; denn das Wort bemüht 8691
Sich nur umsonst Gestalten schöpfrisch aufzubaun. 8692v
Da seht sie selbst! sie waget sich ans Licht heraus. 8693v
Hier sind wir Meister, bis der Herr und König kommt. 8694
Die grausen Nachtgeburten drängt der Schönheitsfreund, 8695
Phöbus hinweg in Höhlen, oder bändigt sie. 8696

Chor.

Vieles erlebt ich, obgleich die Locke, 8697
Jugendlich, wallet mir um die Schläfe! 8698
Schreckliches hab ich vieles gesehen, 8699
Kriegrischen Jammer, Ilions Nacht, 8700v
Als es fiel! 8701

Durch das umwölkte, staubende, Tosen, 8702
Drängender Krieger hört ich die Götter 8703
Fürchterlich rufen, hört ich der Zwietracht 8704
Ehrene Stimme schallen durchs Feld, 8705
Mauerwärts! 8706

Ach! sie standen noch 8707v
Ilions Mauern;
Aber die Glut zog 8708v
Schon, vom Nachbar 8709v
Zum Nachbar sich
Verbreitend, 8710v
Hier und dort her,
Ueber die Stadt. 8712v

Flüchtend sah ich, 8713v

Durch Rauch und Gluth,
8715v Zürnender Götter
Gräßliches Nahen;
8716v Wundergestalten,
8717v In dem Düstern
8718v Feuerumleuchteten Qualm.

8719 Sah ichs? oder bildete
8720v Mir der angstumschlungene
8721v Geist solches Verworrene?
Sagen kann ichs nicht;
8722v Aber daß ich dieses
8723v Gräßliche hier
Mit Augen sehe
8724v Weiß ich.

8725v Könnt' es mit Händen fassen,
8726v Hielte die Furcht
Vor dem Gefährlichen
8727v Mich nicht zurück.

8728 Welche von Phorkos
8729v Töchtern bist du?
8730 Denn ich vergleiche Dich
8731v Diesem Geschlecht.
8732v [Bist du der Gorgonen
Eine? bist du
Eine der fürchterlich sie,
Schwesterlich hütenden?]
8732v Bist du der graugebohrnen,
8733v Einäugigen, einzähnigen,
8735 Graien eine gekommen.

8736v Wagest du Gräßliche
8737 Neben der Schönheit,
8738v Vor dem Kenner
8739v Phöbos dich zu zeigen?

Doch tritt immer hervor; 8740v
Denn das Häßliche 8741v
Sieht er nicht,
Wie sein heiliges Aug 8742v
Niemals den Schatten sieht. 8743v

Aber uns nöthigt 8744v
Ein trauriges Geschick 8745v
Zu dem Augenschmerz; 8746v
Den das Verwerfliche 8747v
Schönheitsliebenden rege macht. 8748v

Ja! so höre denn, 8749v
Wenn du frech
Uns entgegenstehst, 8750v
Höre Fluch und Schelten, 8751v
Aus dem Munde der glücklich 8752v
Von den Göttern gebildeten. 8753v

Stehe länger, länger!
Und grins' uns an.
Starre länger, länger!
Häßlicher wirst du nur.
Ausgeburt du des Zufalls,
Du, verworrener,
Du erschöpfter Krafft
leidige hohle Brut.

Phorkyas.

Alt ist das Wort, doch bleibet wahr und hoch der Sinn: 8754v
Daß Schaam und Schönheit, nie zusammen, Hand in Hand, 8755v
Den Weg verfolgen, auf des Menschen Lebenspfad. 8756v
Tief eingewurzelt wohnet in beyden alter Haß, 8757v
Und wenn sie auf dem Wege sich auch irgendwo 8758v
Begegnen, jede sogleich der Gegnerin den Rücken kehrt. 8759v
Dann eilet jede wieder heftiger, weiter fort, 8760
Die Schaam betrübt, die Schönheit aber frech gesinnt, 8761

8762 Bis sie zuletzt des Orkus hohle Nacht umfängt,
8763 Wenn nicht das Alter sie vorher gebändigt hat.
8764 Euch find ich nun ihr frechen, aus der Fremde her,
8765 Mit Uebermuth ergossen, gleich der Kraniche
8766v Laut, heißer klingendem Zug, der über unser Haupt,
8767v Wie eine Wolke ziehend, krächzendes Getön
8768v Herabschickt, das den stillen Wandrer über sich
8769 Zu blicken lockt; doch ziehn sie ihren Weg dahin,
8770 Er geht den seinen, also wirds mit uns geschehn.
8771v Wer seyd denn ihr? daß ihr des Königs hohes Haus
8772v Mit der Mänaden wildem Getümmel umtönen dürft?
8773v Wer seyd ihr? daß ihr seiner ernsten Schaffnerinn
8774 Entgegenheulet, wie dem Mond der Hunde Schaar.
8775v Wähnt ihr daß ich nicht wisse welch Geschlecht ihr seyd,
8776 Du kriegerzeugte, schlachterzogne, junge Brut.
8777v Du männerlustige, verführt verführende
8778v Entnervende des Kriegers und des Bürgers Kraft.
8779v Seh ich zu Hauf euch scheint mir ein Cicaden Schwarm
8780v Herabzustürzen auf des Feldes grüne Saat.
8781 Verzehrerinnen fremden Fleißes! Naschende
8782 Vernichterinnen aufgekeimten Wohlstands ihr.
8783v Eroberte, verkauft, vertauschte Waare du.

Helena.

8784v Wer in der Frauen Gegenwart die Mägde schilt,
8785v Beleidiget die Hoheit der Gebieterinn.
8786 Denn ihr gebührt allein das Lobenswürdige
8787v Zu rühmen und zu strafen das Verwerfliche.
8788v Auch bin ich wohl zufrieden mit dem Dienste den
8789v Sie mir geleistet als die Kraft von Ilion
8790v Die Hohe stand, und fiel und lag. Nicht weniger
8791 Als wir der Irrfahrt kummervolle Wechselnoth
8792 Ertrugen, wo sonst jeder sich der nächste bleibt.
8793 Auch hier erwart ich gleiches von der muntren Schaar.
8794 Nicht was der Knecht sey fragt der Herr, nur wie er dient.
8795 Drum schweige du und grinse sie nicht länger an.
8796 Hast du das Haus des Königs wohl verwahrt bisher,

Anstat der Hausfrau, dienet es zum Ruhme dir; *8797v*
Doch jetzo kommt sie selber, tritt nun du zurück, *8798*
Damit nicht Strafe werde statt des Lohnes dir *8799v*

Phorkyas
Den Hausgenossen drohen ist ein grosses Recht, *8800v*
Das eines gottbeglückten Herrschers Gattinn sich *8801v*
Durch langer Jahre weise Leitung wohl verdient. *8802*

III H^{12}

Sammelblatt eigenhändig

Die schönen Frauen jung und alt P52v
Sind nicht gemacht sich abzuhärmen,
Und sind einmal die edlen Helden kalt,
So kann man sich an Schluckern wärmen.

So wird die Schönheit köstlicher als alles Gold P172
Geachtet von den Menschen, bringt sie doch

Denn sie erreget wüthender Begier Gewalt
Das Alter und die Jugend regt sie   auf

O daß die Götter Sterblichen zu heißer Quaal!

[Wie häßlich neben Schönheit ist das Häßliche *8810v*
Wie unverständig neben Weisheit Unverstand] *8811v*

⟨*gestrichen:* Verblendung durch das Schwerdter Blitzen.⟩
Mulieres Bohemae magae Bohemiennes.

III H^{8}

Schema-Entwurf eigenhändig

P162 [Helena von den Schiffen
Chor
UrAlte Mythologien
⟨xxx⟩ Säuberung d⟨xx⟩ W⟨xx⟩
Übergang zur Schönheit
Lacedämon ⟨xxx⟩
Tyndareus u Leda
Entspringen der Schönhei*t*
Helena Cly*taimnestra* Cast*or* Pollux
Ewige Jünglinge
Anrufung
Helena aus dem Pallast
Chor scheltend das Ungeth*üm*
Phorkyas dazu. Increpatio
Helena die Dienerinnen sch⟨*ilt*⟩
Phorkyas schmeichelt sich ein
Erscheint nicht so häs*s*lich
Übergang ins magische
Unheimliches
Ring Versuch Chor fühlt mit
⟨*am Rand:*⟩ Gefühl des Orkus Chor fühlts mit
Phorkyas Kuppeley
Faust. Anstoß an d*er* Kleidung pp
Phorkyas fortgesetzte Kuppe*ley*
Chor Erinnerung an die vielen Liebhaber u Zu{stände}
Auch Localitäten Ergezl.
Nachgiebigkeit
Schloß Mittelalter
Ahnung großer Entfernung der Zeit u des Raum*es*]

H P163
Schema-Entwurf eigenhändig

[Helen*a* P163
Kind [Theseus
Gefreyt Patroklus
Verhey*ratet* Menelaus.
Str*oh*W*.itwe* Paris
1 Witwe Deiphobus.
2 Witw*e*] Menelaus,
Geist Achilles.
⟨*gestrichen:* NichtigkeitsGefühl
Vermehrt⟩
Menelaus Rache
Deiphobus
Opferfurcht.
Men*elaus* wieder Piraten
Befürchtung zu s*.einer* Rückk*ehr*
Ihr sey sie zu hüten gegeb*en*
Bis zu jenem traurig*en* Geschick]

[Mitleiden]

III H^{13}
Entwürfe eigenhändig

⟨*Phorkyas*⟩
[Wer langer Jahre mannigfaltiges Glück genoß, *8843v*
Ihm scheint zulezt die höchste Göttergunst ein Traum. *8844*
Du freylich, ohne Maas u Ziel Begünstigte *8845v*
Du schön geborne, schöner noch gewachs*ne*, P173
Ganz früh begehrter bald entführ*ter* Blütenzweig
Umworben dann von Helden ungezählt
Du schädlicher als schädlich, allen doch begehrt

H⟨*elena*⟩
Mir schein*en* dein*e* Worte nicht beruhigend,
Du regest schlimmer Übel als das Schelt*en* auf.
Ph.⟨*orkyas*⟩
Wer Schaden heilen möchte muß erst schädigen
Siehst du zurück du siehst nur unbegreifliche*s*
Undenkb*ar*, unvereinbar, wechselnd Freud u Schmertz
Erinnerst dich des einzeln*en*
Umschauend Äuglen, männerwechselnde]
⟨*am Rand:*⟩ [dem Gatten durch des Vaters wählen anvertraut]

III H14
Entwürfe eigenhändig

⟨*Phorkyas*⟩
8843v [Wer langer Jahre mannigfaltges Glück genoß
8844 Ihm scheint zuletzt die höchste Göttergunst ein Traum
8845v [Du freylich ohne Maas u Ziel begünstigte
P173v Du schön gebohren, schöner noch erwachsene drauf.]
So früh begehrter bald entführter Blütenzweig
Umworben dann von Helden-Jugend ohne Zahl,
Dem Gatten durch des Vaters Wählen angetraut,
Halb wittwe dann, umsichtig männerwechslend oft,
Du, schädlicher als schädlich, allen doch begehrt.
H⟨*elena*⟩
Mir scheinen deine Worte nicht beruhigend
Du regest schlimmer Übel als im Schelten auf.
Ph⟨*orkyas*⟩
Wer Schaden heilen möchte, schädige vorher
Und unerwartet fällt sodann d*er* Heilung Loos.
Siehst du zurück, und unbegreiflichs tritt hervor
Undenckbar, unvereinbar, alles räthselhafft,
So Schmerz als Freude, Fliehen oder Wiederkehr.]

⟨Helena⟩
[Ich ein Idol ihm dem Idol verband ich mich, *8879v*
Es war ein Traum, so sagens ja die Worte selbst] *8880v*
Ph*⟨orkyas⟩* P174
Wenn Wahres Traum ist kan*n* der Traum das Wahre sey*n*
Du träumest hier

———

H*⟨elena⟩*
[Ich kehre wieder ich erkenn*e* {mich} alzu wohl
An diese Pforte, diese Angeln mächtiglich
An dieser Säulen riesenhaften festen Bau
W{o} Tyndareus mein Vater]

[ich war ein Kind
⟨Phorkyas⟩
Und schon als Kind verwirrtest du der Männ*er* Sinn
⟨Helena⟩
Nicht meine Schuld ists Cypris hat allein die Schuld]

III H^{17}

Reinschrift eigenhändig

[Ph.*⟨orkyas⟩*
Sie sagen ferner hohlem Schattenreich entstürmt *8876v*
Gesellte sich inbrünstig noch Achill zu dir *8877*
Dich früher heftig liebend gegen des Geschick*s* Beschluß. *8878v*
H.*⟨elena⟩*
Ich als Idol ihm dem Idol vertraut ich mich; *8879v*
Es war ein Traum, so sagen ja die Worte selbst . . . *8880*
Ich schwinde hin und werde selbst mir zum Idol *8881v*
/: sie sinkt dem Halbchor in die Arme :/
Andr*er* Halbchor
Schweige! Schweige! pp *8882v*

———

Denn der Bösartige pp *8887v*

———

8891v Ängstlich sorgsam p

8895v Nun denn, statt beruhigen*den*
8896v Lethegeschöpften
Hold mildesten Wortes
8897v Regst du auf aller Vergangenheit
8898v Böses mehr als Gutes
8899f.v Und zerstörst mit der Gegenwart
8901v Heite*rn* Vergnügung*en* zug*leich* die Zukunft.

Denn was wäre das Künftige,
Löschte sich nicht der Vergangenheit
Kreisend in Schuld u Unglück
Rollende Tagesbewegung,
Leise glücklich auf eben wieder
Durch den bewegten unschuldigen Tag.

8903 Schweige. Schweige]

III H^{30}

Entwurf eigenhändig

⟨*varianter Entwurf zu 8957-8981, ohne 8966-8970*⟩
[H⟨*elena*⟩
8983v Erzählen willst du sagst nur unerfreuliches]
Ph⟨*orkyas*⟩
8984v [Es ist geschichtlich, keineswegs vorwürflich ists.
8985v Zog Menelas hinweg, du auch und er sodann
Zog weiter und das Haus u Erbe stand verwaist
Wie sichs Laomedon nicht hoffte dich mit ihm
Und ihn mit dir am Hochzeit Tag verband
H.⟨*elena*⟩
Was soll das Alles ungeduldig machst du mich]
Nicht gute*n* Wille*n* ⟨xxx⟩ deine Reden an.

Ph⟨*orkyas*⟩
Du hörst sogleich was eigentlich die Rede sey
[Verlassen stand so viele Jahre dies Gebirg *8994v*
Das hinter Sparta Nordwärts sich erhöht *8995v*
Tayget*os* und alle Höhen *8996v*
Und manches Thales Kreis u Raum sich umschließt]

H P165

Schema von der Hand des Schreibers John
mit eigenhändigen Zusätzen

[[Burg von außen] P165
[Besitzer]
[Dessen Art und Weise]
[Großmüthige Protektorschaft]
[Burg inwendig.]
[Lüsterne Beschreibung.]
[Widerstreben der Helena.]
[Trompeten von Ferne.]
[Phorkyas geht zum Pallaste]
[Kommt mit verhüllten Zwergen zurück, welche die sämtlichen Opfergeräthschaften bringen.]
[Phorkias will sich mit ihnen entfernen.]
[Aufgehalten durch den Chor dem er die Stricke vorzeigte.]
Endliche Einstimmung der Helena
⟨*am Rand:*⟩ mitzugehen, versagendes ja.
[Alte geh voran
Bewegen wir den Fuß oder nicht zu dem Erwünschten Ziel
Nebel hüllet die Gibel
Hüllet die Säulen schon]
Wolkenzüge alles verdeckend
Sich endlich aufklärend.
Sie befinden sich in dem Hofe einer Ritterburg.
Ohne Phorkyas.]

Allein die Frauen
Betrachtende Beschreibung
Helena Monolog
  Gesez des Rings
  Gefühle
Knapen Ritter
Faust
Z{or}⟨*niger*?⟩ Empfang
[Ohne Anmeldung u Einführung
Schutz gesucht
Ritterlich beantwortet]
[Gegeneinan*der* angewiesen
Handkuß
Verwundrung]
[Kniet widmet sich {ihr zum} Ritter
Schärpe
Versprechen der Regierung des Peloponnes
Anweisung zur Seite
Geht ab die Ritter {ziehen} ab]
[Helena Monolog
Phorcyas nachricht
  Von Menelaus {Abreise}
  {Brau*t*schaz} Sparta
Nachricht von den R{üst}*ungen*
Einladung auf den Thu*rm*
Nicht {Belagerer}]

III H31

Entwürfe eigenhändig

⟨*Phorkyas*⟩
9000v [Nacht.
9013v Man schilt
9014v Daß einer
9015v Gar manch*er*
9016v Ich acht

dort 9021v
Ist alles nett und starck zugleich und gros. 9022v
An solchen Wänd*en*
Steilig
Auch der Gedancke gleitet ab. 9025v
Und innerlich 9026v
So würdig als ergözlich
Hofma*nn*
Galan
Säulen Knäufe Bog*en* 9028v
Doch sch*ein*t alles immer hin u herzugehen
Die Wap*p*en Ritterbilder 9030v
Die Treppe stattlich nach dem Hofe zugewandt
Und Säle wie die Welt so weit 9043v
Da ⟨xxx⟩
Da könnt ihr tanzen 9044

Und Säle grenzenlose wie die Welt so weit 9043v
Da könnt ihr tanzen] 9044

III H^{34}
Entwürfe eigenhändig

[H⟨*elena*⟩
Das that er ihm um meinetwillen that er das 9059v
Ph⟨*orkyas*⟩
Um seinetwillen wird er dir das Gleiche thun 9060v
[Die Schönheit ist ein einzig hohes Gut
Getheilt nicht denckbar, man zerstört sie lieber selbst]
Zum zehnten Mal den Mann veränd*ern* ist nicht gut

Untheilbar ist die Schönheit, wer sie ganz besas 9061v
Zerstört sie lieber als des Höchsten sich zu trenn*en* 9062v

Zum zweyten mal schon dächt ich wäre schlim genug

Reichthum steckt in jeder Tugend
Jeder Vorzug jedes Glück]

III H6

Schema-Entwurf eigenhändig

P164 [Tadel des Run away
—— des Piraten schweifens
H⟨*elena*⟩
Ausweichend
Vigilantibus iura scripta sunt
Nördlicher Einfall der Gallier
Anachronism.
Anbau
Nachbar
{Vorsch.⟨*lag*?⟩}
H⟨*elena*⟩
Ablehnen
Ob denn auch.
Ph⟨*orkyas*⟩
Wirckung der Eifersucht
Ruhm der Schönheit
Ch.⟨*or*⟩
Belobts.
H⟨*elena*⟩
Zaudert
Phork.
Mit Opfergerät Beil u Strick]

[Zusage
Magie
Luft Erscheinungen
Anäpäste.
von Best⟨*immung*?⟩ {des Rings}
Von ⟨xxx⟩]

III H^{42}
Entwürfe eigenhändig

⟨Chor⟩

– – v v – – – v v –
[Das | Herz geht mir auf | o seht nur dahin | 9152v
Wie | sie schreiten u stehen | wie sie wallen herab 9153v

Die | Stufen anmuthig
Das Herz geht mir auf.] 9152v

[Das Herz geht mir auf o seht nur dahin 9152v
Wie sittig herab verweilenden Tritts 9153v
Die holdeste Schaar, anständig bewegt 9154v
{geregelter} Zug. Auf wessen Befehl 9155v
Was wundert mich [mich mehr ists lockiges Haupt] 9158v
Ists röthliche Wang sinds 9160v
Erscheinen gereiht so gebildet u jung 9156v
Von Jünglings-Knaben das liebliche Volck 9157v
Was wundert mich mehr ists zierlicher Gang 9158v
Das lockige Haupt? Die blendende Stirn? 9159v
Der Wängelein Paar, wie Äpfelchen roth 9160v
Gern biss ich hinein, doch schaudr ich davor, 9162v
In ähnlichem Fall erfüllte der Mund 9163v
Sich, gräßlich zu sagen, 9164v
Mit Asche!]

⟨Faust⟩

Schon find ich dich zu mein*em* Hof gelangt
Kein Schall des Wächters kündete dich an
Ich wäre dir entge*gen*

III H36

Entwürfe eigenhändig

⟨*variante Entwürfe zu 9074-9082*⟩

⟨*Chor*⟩
[Stärker herrlicher als Ilion
Und beschüzt von tapfern
Rüstigen Mann ⟨*wohl für: Männern*⟩ die den {stärksten}
Von allen Griechen kühn wiederstehn]

⟨*Faust*⟩
P175 [Peloponnes den ganzen unterwerf ich d*ir*
⟨*Helena*⟩
Was nennst du mir ein völlig unbekanntes Land
⟨*Faust*⟩
Du wirst es kenn*en* wenn es dein gehört
⟨*Helena*⟩
So sage liegt es fern von hier
⟨*Faust*⟩
Mit nichten du gebietst]

III H27

Entwurf eigenhändig

⟨*Chor*⟩
9645v [Jenen zierlich kräftig
9646v Gebohren*en* kaum
9647v Wicklet in reine Windeln
9648v Strenget in köstlich Wickeln
9649v Klatschender Wärterin ⟨*für: Wärterinnen?*⟩
9650v Unvernunft.
9651v Kräftig u zierlich aber
9652v Zieht die schon beugsamen
Glieder lustig zur purpurnen Schaal*e*

Lustig heraus 9654v
So wie der Schmetterling 9657v
Aus dem starren Puppenzwang 9658v
Flügel entfaltet u schlüpft 9659v
Sonnen durchstrahlender Aether 9660v
Muthwillig durchflatternd 9661v

So auch er der Behendeste 9662
Daß er den Dieben sey, 9663v
Vortheilsuchenden allen 9664v
Ewig günstiger Dämon 9665v
Das bethätiget er gleich 9666v
Nicht verschont er des Vaters
Nicht des Oheims
Würdige Herrscherkrafft.

Schwingt zum helle*n* Olymp sich auf
Nieder zum tosenden Ocean –
Über der Erde Breites hinweg]

⟨außerdem auf diesem Blatt Entwürfe zu 8936-8944⟩

H P164a
Schema eigenhändig

S. 11 P164a
[Einschaltung Zwergen, Altar pp.
Chorf.*⟨ührerin⟩*
Spricht ein.
Sodann Ist leicht zu sagen.
Fortgefah. Bis Niederträchtiger List erlag
Sodann Wie aber wie. bis
ewig Leeren Hades
Zu suppliren Gegenwart der Burg
Helena Anrede an Pythonissa.
Da sie fehlt.
Bewegung in der Galer*ie*

Herabschreit*en*
Das Herz geht mir auf
Faust Helena.
Phorkyas Nachricht vom Menelaus.
Einführung ins Gyneceum
Helena Faust Einigkeit
Chor. Nicht zu verdenk*en*
Phorkyas Nachricht
Schwangersch.*aft* Niederkunft.
Drey Einheit.]

H P176a

Entwurf eigenhändig

⟨*Phorkyas*⟩

P176a [Erst gings nach Sparta willig fandet ihr Euch ein
Doch war's nicht Sparta euch und uns gefiels nur so
Jetzt sind wir in der Ritterlichen Burg.]

H P166a

Schema von der Hand des Schreibers John

P166a [Faust tritt ein.
Ausgesprochener Zorn über den Thurmwärter.
Gebändigt durch die Gegenwart der höchsten Schönheit.]
[Er läßt Helena nicht zum Wort kommen.]
[Thron, Schemel und Baldachin werden herbeygeschafft und aufgestellt]
[Faust erbittet sich Ihre Befehle.]
[Schickliche Rede der Helena. Faust erklärt die bedeutende Gelegenheit zu der sie kommt um von dem ihr bestimten Reiche Besitz zu nehmen.]
[Das Heer tritt auf und zieht vorbey]
[Herzoge werden genannt
Corinth

Argos
Elis
Messene
Mantinea]
[Sparta vorbehalten als Oberbesitz.
Jene seine Lehnsleute, Er der Königin Lehnmann.]
[Helenas Zweifel wegen Menelas und der Vergangenheit.]
[Faust Darstellung des gegenwärtigen Zustands.
Aufgehobene Seeräuberei.
Flotte.
Schießpulver.]
[Kanonade von den Zinnen.
Donnergott.
Annäherung.
Verwandlung des Throns in ein Gezelt.]
[Chorführ. und Chor.
Gespräch zwischen Faust und Helena.]
[Das Zelt schließt sich und wird weggeschafft.]
[Chor: Wer verdächt es unsrer Herrscherin]
[Tanz in den oberen Säälen
Phork. als Zwischenredner.
Chor tumultuarisch wieder eintretend.
Phork. Nachricht von Schwangerschaft und Entbindung.
Chor: Nennst du ein Wunder dies
Faust, Helena und Euphorion]
[Phorkyas Schwangerschaft verkündigend.
Aufforderung zum Wachen
Halbchor wacht auf
Trojanische Krieg verschlafen.
Wiederkehr zum Menelaus
Neues Abenteuer
Woher wohin wissen sie selbst nicht.]
[Trost den Schönen gehe es überall wohl.
Halbchor erwachend
Geschichte der Entbindung als Traum.
Zugleich des wunderbaren Sohnes
Euphorion genannt]
[Halbchor Erinnerung an die Geburt des Merkurs.]

H P176v

Entwurf eigenhändig

⟨*Phorkyas*⟩

P176v Denn Liebespaaren zeigtet ihr euch stets geneigt
Euch selbst ertappend auf dem Weg zum Labyrinth.
Doch werdet ihr sogleich dieselben sehn
Durch einen Knaben elterlich vereint
Sie nennen ihn Euphorion so hies einmal
Sein Stief-Stief Bruder, fraget hier nicht weiter nach
Genug ihr seht ihn ob es gleich viel schlimmer ist
Als auf der britti*s*chen Bühne wo ein kleines Kind
Sich nach u nach herauf zum Helden wächst
Hier ist's noch toller. Tadeln viele das
So denken andre dies sey nicht so grad
Und gröblich zu verstehen dahinter stecke was
Man witter ⟨*für: wittert?*⟩ wohl mysterien vielleic*h*t wohl gar
Mystificationen, Indisches, und auch
Egyptisches und wer das recht zusam*men* fasst
Zu sam*men* braut, Etymologisch hin u her
{Sich} zu bewegen Lust hat sey der rechte Mann.
Wir sagens auch, und unsers tiefen Sinnes wird
Der neueren Symbolik treu*er* Schüler seyn
Desgleichen viele gnug gewiß zugegen sind.
Ich aber bin nichts nütze mehr an diesem Plaz
wo ihr mich wieder findet auch gewiß verjagt.

Gespenstisch spinnt der Dichtung Faden sich {mir} fort
Und reißt am Ende tragisch. Alle seyd gegrüst
Wo ihr mich wieder findet seys zu Eurer Lust

III Hf

Überarbeitete Reinschrift von der Hand des Schreibers John

⟨*Phorkyas*⟩
Denn Liebespaaren zeigtet ihr euch stets geneigt P176
Euch selbst ertappend gleichfalls in dem Labyrinth
Doch werdet ihr dieselben alsbald wieder sehen
Durch eines Knaben Schönheit elterlich vereint
Sie nennen ihn Euphorion so hieß einmal
Sein Stief-Stiefbruder, fraget hier nicht weiter nach
[Genug ihr seht ihn, ob es gleich viel schlimmer ist
Als auf der brittischen Bühne, wo ein kleines Kind
Sich nach und nach herauf zum Helden wächst
Hier ists noch toller kaum ist er gezeugt so ist er auch geboren
Er Springt, tanzt und ficht schon, ⟨*über der Zeile:* spricht ein zierlich Wort⟩ tadeln viele das,
So denken andere dies sey nicht so grad
Und gröblich zu verstehen, dahinter stecke was
Man wittere ⟨*wittert?*⟩ wohl Mysterien vielleicht auch gar
Mistificationen indisches und auch
Aegyptisches und wer das recht zusammenkneipt
Zusammenbraut ethymologisch hin und her
Sich zu bewegen Lust hat ist der rechte Mann.

Wir sagens auch und unseres tiefen Sinnes wird
Der neueren Symbolik treuer Schüler seyn.
Ich aber bin nichts nütze mehr an diesem Platz
Gespenstisch spinnt der Dichtung faden sich immerfort
Und reißt am Ende tragisch! alle seyd gegrüßt,
Wo ihr mich wieder findet werd es euch zur Lust.]

III H53
Exzerptnotizen eigenhändig

P169 Hohes Gebirg
Gebirgs weiden unzugänglich Schaaf und Ziegen nur Weiden.
Ufer Plätze
Den Pferden gewidmet
Hügel u Thäler
Oelbaum
Castan*ie*
Bien*en*
Honig
Flöz erhöhtes Land   Feldb*au*
Weinberge   Weizen
Feigen   Gerste
Maulb*eeren*   Baumwolle
Garten-Quitten

Wälder
Eichen   Cypressen
Tannen   Lorbeer
Ahorn   Myrthe
Mastix Strauch
Balsam Kraut.

Bien*en*
Honig

III H43
Schema-Entwurf eigenhändig

P166 ⟨*am Rand:*⟩ [Ring (NB)
Handkuß
Schärpe]

[H⟨*elena*⟩
Zu sich einladend
F.⟨*aust*⟩
Gegen kompl.*iment*
Thorwächter mit Geschenken {zurück}
Wuth.
H.⟨*elena*⟩
Frage nach dem Reim
F.⟨*aust*⟩
Erklärung. Nationalit*ät*
⟨*am Rand:*⟩ [Anklang der Entfernung von Ort u Zeit]
Ph.⟨*orkyas*⟩
Heftige Nachricht von Menelas Anrücken.]
⟨*am Rand:*⟩ [Aus der großen Leere Bedürfniß des Ergreifens]
H.⟨*elena*⟩
[Schu*t*z verlangend
Faust
Regierung verspr.*echend* des Pe*loponnes*
Vorüberziehen*de* Vorst.*ellung*]
⟨*am Rand:*⟩ [Germanen Corint
Gothen Argos
Franken Elis
Sachsen Messene
Normannen Mantinea]
[Sparta Siz der K. ⟨*wohl für: Königin*⟩]
[Siegerchor
Schicksal Menelas
Seeräuber.
Im Geschüz (Explosion)]
He⟨*lena*⟩
[Furchtsam sich anschm*iegend*
Zelt statt des Th*rons*]
[Hinweggeholt
Chor
/Wer verdächt es unserer Königin.]
[Tanz oben

Phorkyas interloquirt
Chor{ges}*ang* Phork*yas* schilt
/Nachricht der Entbindung
/Nennst du ein Wunder das?]
[Faust, Helena Euphorion
Kunststück und Todt.]

H P168
Schema von der Hand des Schreibers John

P168 Abzug der Fürsten.
Beschreibung des Friedens
Fernes Donnern.
Freudenschießen.
Anschmiegen.
Zelt statt des Throns.
Chor schläft ein.
Phorkyas erweckend.
Nachricht von der Entbindung.
Chor: Nennst du ein Wunder das
Helena
Faust
Euphorion.
Kunststücke.
Freudige Eitelkeit
Tod.
Aufgehobener Zauber.

III H55
Entwurf eigenhändig

⟨*Chor*⟩
9482v [Wer der Schönheit begehrt
9483v Vor allen Dingen
9484v Seh er sich nach Waffen um

Den*n* gewinnt er sie auch 9485v
Durch freundliches Schmeicheln
Abschmeicheln wird man
Sie ihm nicht
Räuber entreisen sie
Mit trotziger Gewalt]

⟨folgen variante Entwürfe zu 9491-9499 und 9500-9505⟩

H P170
Arbeitsnotizen eigenhändig

31. P170

S 27. Wechselrede
Faust, Phorkyas, Helena.
28a. *⟨gestrichen:* Chor Lob der Tapfern.*⟩*
28 Helena?
30a Phorkyas
Erzählung der Wunder
Bedingungen des Daseyns
33. Helena, Faust, Euphorion, Chor
Hauptscene.
36a. Chorführerin zum Aufbruch

Polytheism*us* u Heroismus ganz edel Mytholog *⟨für: mythologisch?⟩*
Anklang vom wunderlichen
Wunderbaren, Mährchenhaften
Folge
Ritterthum Galanterie
Natürlich Rührendes, natürlich schalk*haftes*
Ideale Rettung, Fassung in der Mythologie, Pantheismus.

III H57

Entwürfe eigenhändig

⟨*Faust*⟩

9506v [Wie groß die Gaben sind die du verleihst
Glückselig Land
9512v Nichtinsel du mit leichtem Hügelfaden
9513 Europen*s* letztem Berg Ast angeknüpft
9529v [Die Ziege nimmt genäschig ihren Theil]]

9530v [Die Quelle springt und vereinigt stürzen Bäche
9531 Und schon sind Schluchten, Hänge Matten grün]
9533v [Schon heerdet sich das Schaaf u Rinder weiden
9534v Die Schaafe sind vertheilt vorsichtgen Schritts]
9536v [Auch Wohnung ist den Wandernden ⟨*über:* Liebenden⟩ bereitet
9537v Zu hundert Hölen wölbt der Fels sich aus
sich Felsen Wand]
9538v [Pan schützt sie dort der Nymphen jede
Besucht sie {hascht} sie scherzt alda
9540v Und in Aetherischen Regionen
9542v Im nahen Eichwald Schatten
9544v Des Ahorns Breite
9557v Obs Götter oder Menschen sind]
9560v [Denn wo Natur am allerreinsten waltet
⟨*gestrichen:* Berühren beide sich unmittelbar⟩
O laß uns dort
9564v Denn du die Gottgebohrene
9565v Arkadien gehörst du an.]

⟨*Chor*⟩

Laßt uns eilen laßt uns schwe*b*en
Ohne Ziel und ohne Richtung
Doch verlasset nicht den leichten
Grün beblumten Boden
Hellas soll die unsre bleiben

Wir erbauens, hier stellens
Wie es immer wird u sey

Um zu {zirpen} u zu flüstern
Nichtiger als nichtig dort
Nicht wer einmal sich des Lichtes
Zarter Kräfte sich erfreut
Der verläßt sie nicht mit Willen
Augenlos empfand er sich

[Theilen wir {Schwestern} uns an den
Felsenwänden schmeichelnd an *10000v*
Horchen lauschen, jedem Laute *10001v*
Antwort sey von uns bereit *10002v*
Donnerts, donn *10003v*
Verdoppeln wetteifernd] *10004v*

[Wir in dieser tausend Zweige *9992v*
Flüsterungen plauderhaften
Reizen Tändelnd und locken leise *9993v*
Wenn die Stimme des Lebens Quelle
In den Zweigen und mit Blüte*n* *9994v*
Zieren wir das Locken Haar *9995v*
Fällt die Frucht sogleich versamm*eln* *9996v*
Lebens lustig Volck Thier]

[Schwestern wir bewegtern Lebens *10005v*
Eilen mit dem Bache fort
Immer nieder eilig nieder *10007v*
Zu des Weinberg*s*]
Laß uns dort der Trauben pflegen
Laß sie keltern laßt sie ⟨xxx⟩
Winzer dann u Winzerinnen
Theilen jauchzend wir die Lust

III H66
Entwurf eigenhändig

P177 [Alle
So vertheilen wir uns Schwestern nicht
zum scheiden zum Begegnen
Ewig auf und Nieder steigend, suchend
dieses Landes Raum.]

H P148
Entwurf eigenhändig

⟨*Euphorion?*⟩
P148 Auch d{ie} Gesunde*n*
Will ich d{en} Todten gleich
Wüthende*r* Streich
Gräslich zu {nennen}
{Willen verwunden}

III H60
Entwürfe eigenhändig

⟨*variante Entwürfe zu 9574-9588*⟩

Ph.⟨*orkyas*⟩
9588 Abgesonder*t*
9589v Von der Welt nur mich allein
Riefen sie zu ihrem Dienste
9590 Hochgeehrt stand ich zur Seite
Doch wie es Vertrauten ziem*et*
9591v Wendet ich mich hie und dort
Aber nach dem Paar*e* nicht
9592v Suchte Wurze*l*n Moos und Rinde
Kundig sol*cher* Wirksamkei*ten*

Schalkisch wie der jüngst*e* Faun
schmiegend mich ins Labyrinthe

[Doch auf einmal ein Gelächter 9598
Echo't in den Holen ⟨*wohl für: Höhlen*⟩ Räume*n*
Sehe mich um da springt ein Knabe 9599v
Von der Mutter schoos zum Vater
Nackt wie amor, nett und zierlich
Etwas blässlich doch behende
Springt er bald zum Boden nieder 9604v
Hüpft von]
⟨*folgen variante Entwürfe zu 9623-9628*⟩

Allgemein*er* Tumul*t*
Der Vorhang f⟨*ällt?*⟩
Der Lärm klingt ab

zum Märchen spann 8515v
Doch ver⟨xx⟩ nicht ⟨xxx⟩ d{ir}
{Ruh} ⟨xxx⟩ ⟨xxx⟩ {genannt zu werden} Mu

Knecht gewalt 8559v

Gottes Zwischenkunft 8590v

⟨*am Rand:*⟩
Tritt er franck und frey den Boden 9604v
Tritt und springt, mit solchen Sprüngen

III H73
Entwurf eigenhändig

⟨*Helena*⟩
[An mir bewährt sich leider auch das alte Wort 9939v
Daß hoher Schönheit holdes Glück sich nicht gesellt 9940v

9940v Daß daurend Glück die Schönheit nicht begleiten mag
9940v Daß nie vom Glück begleit*et* sey die schönste Frau
9940v Erfreuen darf sich nie die Schönheit
9940v {Die schönste} Frau entbehrt gewiß des süß*en* Glücks]
9940v Nie war ein daurend Glück der Schönst*en* zugetheilt
9940v Ein daurend Glück entbehrt wird d⟨xx⟩ schönste Frau

III H^{74}

Entwürfe eigenhändig und von der Hand Riemers

⟨*Helena*⟩

9939 [Ein altes Wort bewährt sich leider auch an mir
9940v Vor allen unglückselig ist die schönste Frau.]

9940v [Daß Glück und Schönheit dauerhaft, sich nicht gesellt]

PARALIPOMENA ZU FAUST II · VIERTER AKT

H P179a

Schema-Entwurf eigenhändig

[Meph im Gebirg der Wolcke nach P179a
Faust läßt sich nieder die Wolcke steigt als Helena.
Ab{lösen} dieser Vision
Meph. Faust umwendung zum Besitz
Gewalt. Aufregung der Völcker.
Meph. als Werber. der drey Hauptf.*iguren*
Die drey Hauptf.*iguren*
Chor als That.
Reichstag.
Andr*er* Kayser
Groß*e* Belehn*ung⟨en?⟩*
Fausts Forderungen.
Zugestand*en*
H.⟨*err?*⟩ des Delta]

Triumph. {Gewinn} gegen das Meer

{Wanderer Ruhm ⟨*oder* Ruhen?⟩}
Faust. {St. NB.}

H P179

Eigenhändige Schema-Entwürfe und Schema-Reinschrift von der Hand des Schreibers John mit eigenhändigen Korrekturen

[Paralogus P179.1
Im Proscenium
Faust Wolce

Helena
Gretchen
Meph. ⟨xxx⟩
Confusion im Reiche
Thöriger Kayse*r*
Schilderung fortgese*tzt* jene*r* Hof Scenen
Weise*r* Fürst, {der} sie auf den Thron setze*n* woll ⟨*wohl für: wolle*⟩
Meph. hofft ihn zu bethören.
Faust soll sich rüsten
Die Bergvölk*er* aufrufen
Drey Bursche
Weiser Fürst
Deputation
Ableh*nung*
Rath {den} Mächtig⟨*sten*?⟩ zu wählen]

P179.2 [Der weise Fürst
Deputation der Stände
Meph. als Sprecher
Ablehnung der Kayserwürde
Andeutung {des} rechten.]

P179.3 [Mephistopheles im rauhen Gebirg
mit siebenmeilen Stiefeln der Wolke nachschreitend.

Sie sinkt nieder
Dolmetsch zum zweyt*en* male deshalb sprech*end*
Die Wolke steigt halb als Helena nach Süd Osten halb als Gretchen nach Nordwesten
Erwachen.
Mephistopheles und Faust.
Umwendung zum Besitz.
Aufregung der Bergvölker
Mephistopheles als Werber.
Die drey Hauptfiguren treten auf.

Chorgesang zur That auftretend
Wäre mit dem Kriegerschritt von Pandora und Helena zu rivalisiren.
Die Masken sind von Stahl u Eisen
Ihr Thy*r*sus blinkt das schärfste Schwerdt]

H P180

Schema eigenhändig

[Vierter Ackt. P180

Starres Gebirg
Faust sich niedersenckend.
Wolke nach zwey Seiten
Monolog
Meph. Freude über die Verwirrung des Reichs auffordernd zu Kriegsthaten.
Ruhm u Mittel gemein
Die drey Bursche
Werbung, Trommeln.]

IV H^{22}

Schema von der Hand des Schreibers John, eigenhändige Entwürfe

Scenario zum 4. Act des Faust. P178

[Faust aus der Wolke im Hochgebirg.]
[Siebenmeilen Stiefeln.]
[Mephisto. steigt aus.]
[Sagt Faust habe nun die Reiche der Welt und ihre Herrlichkeit gesehen]
[Ob er sich etwas ausgesucht habe.]
[Faust läßt den Schein der Welt am Sonnentage gelten.]
[Jener schildert die Zustände der besitzenden Menschen]

[Faust hat immer etwas Widerwärtiges.
Meph. schildert ein Sardanapalisches Leben.]
[Faust entgegnet durch Schilderung der Revolte]
[Beneidenswerth sind ihm die Anwohner des Meeres-Ufers,
das sie der Fluth abgewinnen wollen.]
[[Zu diesen will er sich gesellen.]
[Erst bilden und schaffen
Vorzüge der menschlichen Gesellschaft in ihren Anfängen.]
⟨*am Rand:*⟩ Später zu bringen
[Mephist. läßts gelten, zeigt die Gelegenheit dazu.]
[Trommeln u. kriegerische Musik im Rücken der
Zuschauer]
[Fern von der rechten Seite her.]
[Mephist. macht das Bedrängniß des Kaisers anschaulich.]
[Die Verwirrung des Reichs pp.]
Faust aus alter Neigung wünscht dem Monarchen zu
helfen.
[Vorschlag die Bergvölker aufzuregen.]
[Mephist. macht sie lächerlich.]]
[[Offerirt höhern Beystand.]
[Und präsentirt die drey Rüstigen.]
Des Kaisers Zelt wird aufgeschlagen.
Gefährliche Lage
Der Kaiser tritt auf mit seinen Getreuen]
[Trommeln im Rücken der Zuschauer von der linken Seite.
Nachricht daß der gehoffte Succurs sich zum Feinde geschlagen habe.
Alles in Beängstigung.
⟨*am Rand:*⟩ Gegen Kayse*r*
Ausfoderung
Faust tritt auf geharnischt.
Erklärung und Warnung.
Die Stellung der Kaiserl. Armee wird gebilligt.
Mephist. tritt auf mit den drey Tüchtigen.
[Haltefest zur Linken
Habebald zur Mitte gesellt
Eilebeute die Marketenderin ist bereit.

Die Eigenschaften eines jeden werden geprießen.
Trompeten u. Freudengeschrei im feindl. Lager.]
Der Gegenkaiser sey erwählt u. angekommen.
Der rechte Kaiser fordert ihn zum Zweykampfe.
Faust zeigt das Nutzlose.
Die verneinende Antwort kommt.
Das Gebirg glänzt von Helmen, Panzern, Spießen, Schwerdtern und Fahnen.]
[Trompeten von jener Seite verklingen im Winde
Fürchterliche Posaunenzinken Töne von diesseits
Das Gefecht bricht los.
Die drey Bursche thun Wunder
Völlige Niederlage der Feinde.
Scherzhafte Fälle bey dieser Gelegenheit.
Faust u. Mephist. vom Kaiser als frühere Diener anerkannt.
Die treuen Fürsten werden in ihre Besitzthümer eingesetzt.
Haben auch schon Ansprüche auf die Confiscirten
Faust bringt seine Ansprüche vor an die unfruchtbaren Meeresufer.
Man ist zufrieden ihn so leicht abzufinden.
Er wird damit beliehen und geht um davon Besitz zu nehmen.]
G

d. 16. May 1831

⟨eigenhändiger Zusatz:⟩
[Plateau auf dem Vorgebirge
man übersieht das Thal
Trommeln kriegerische Musik.
Das Heer in Schlachtor*d*nung.
Des Kaysers Zelt wird aufgeschlag*en*
Kayser Oberge*ne*ral
Leibwache
O*ber* G.*eneral*]

⟨an den Rändern eigenhändige Entwürfe 10598-10611, 10624-10627, 10630-10639⟩

K⟨*aiser*⟩

Zufällig ritt ich dort vorbei
Macht ihn vom grausen Pfahle frey
10618v Nun soll ich nach so manchen Jahre*n*
10619v Die Wirkung seines Geists erfahr*en*

F⟨*aust*⟩

10620v Die freye Wohltat wuchert reich
10621 Laß dein*en* Blick sich aufwärts wenden
10622v Mir scheint er will ein Zeichen send*en*
10623v Die Deutung finde es sogleich

IV H6
Entwürfe eigenhändig

10156 [Man freut sich daß das Volck sich mehrt
10159 Und man erzieht sich nur Rebellen.]

P185 Das Menschengeschlecht es quält sich eb*en*
Im Besondern u Allgemeinen.

10247v [Wie er so jung zum Thron*e* kam
10248v Beliebts dem Her*ren* falsch zu schlie*ßen*
10249v Das könnte wohl zusammen ge*hn*
10251v Regieren u genießen.
10250 Und sey recht wünschenswerth und schön.]

P186 Bin ich denn nicht der Kayser mehr

Der Gegen Kayser rückt heran
O Herr das ist geschwind gethan

⟨*folgen variante Entwürfe zu 10297f. und 10313-10318*⟩

IV H^{5}
Entwürfe eigenhändig

F⟨*aust*⟩
[Mir ist es lieb das das Gebirge stu*mm* ist
Und {mach} dich nicht vergeb*ne* Pein
So lang das Volk so übermäßig du*mm* ist
Der Teufel braucht nicht klug zu sey*n*]

[Eh ist es so verbracht ⟨*wohl für: verbrächt*⟩ ich mei*ne* Zeit *10172v*
In allerliebst geselliger Einsamkeit *10173*
Da giebt es Wald u Hügel Feld u Rain *10162v*
Dan*n* aber ließe ich schön*en* Frauen *10170v*
Vertraut bequeme] *10171v*

{Da kam mir der Gedan*ke*
Wenn sie sagt ich ⟨xxx⟩ ⟨xxx⟩ ⟨xxx⟩ der Schran*ke*}

das dauert mir zu lange P187
Ich nehme lieber als empfange

[Unfruchtbar kams, unfruchtbar weichts zurück P189
Und daß es ja unfruchtbar bleib*e*]

[Ein H⟨xx⟩, ein Erd Streiff halt ⟨*wohl für: hält*⟩ es auf
Ich glaub man hem*m*te sein*en* Lauf
Mit einer Reihe Maulwurfshaufen] –
Meph
⟨*folgt varianter Entwurf zu 10547-10553*⟩

⟨*varianter Entwurf zu 10160-10176*⟩

⟨*Faust*⟩
das Ungehe*ue*r klaft P188v

Mit tausend Rachen, all ⟨*wohl für: alles*⟩ weggerafft,
Vor mächtig*em* Dräng*en* Drange, sacht*em* Schieben
Dann wie vom Sturm unsinnig angetrieb*en*
Mit diese⟨x⟩ W⟨xx⟩ möcht ich kämpf*en*
Den scharfen Zahn {gekrauster} Welle dämpf*en*

Welch ein {wüste} {läst} d⟨xx⟩ {Wuth} {zur}*ück*

⟨*folgen variante Entwürfe zu 10130-10158*⟩

H P188a

Exzerptnotizen eigenhändig

P188a Maree Fluth u. Ebbe
basse Ebbe
Flux reflux
Und wenn die Fluth dich noch so vorwärts führt
Die Ebbe gleich wird dich zurücke reissen.

H P188

Entwurf eigenhändig

⟨*Faust*⟩

P188 Von ferne schwillt der Kam*m*. Es klafft
Mit tausend Rachen, schon hinweg geraft
Vom mächtigen Drängen, sachten Schieb*en*
Dann wie vom Sturm unsinnig angetrieb*en*
Rollts, bäumt sich wogt
Mit diesem Ungeheuer möcht ich kämpfen
Mit Menschengeist die Elemente dämpfen

H P190a
Entwurf eigenhändig

Ein altes Wrack die längst entblöste*n* Rippen P190a

Grünliebend, Luft bedürfend, Frücht*e* spendend

Unfruchtbar ists Unfruchtbark*ei*t sein Kommen

Von Stürmen rege, Sturm erregend wüthet.

H P190
Entwurf eigenhändig

⟨*gestrichen:* Doppel Brandung. Gefährlich die Landung⟩ P190
Doppelt schreckliches der Brandung
Flaches Ufer, Todt u Landung
In der Weite fern von Klipp*en*
Alter Wracks entblöste Ripp*en*
Wie nur auch das Aug*e* {schweife}
Nirgens Wachsthum nirgens {Reife}

H P190b
Notiz eigenhändig

Das weite Land noch unbesessen liegt P190b

H P181/182 / IV H^{20}

Schema von der Hand des Schreibers John
mit eigenhändigen Zusätzen

P181 Plateau auf dem Vorgebirge
Man übersieht das Thal
Trommeln kriegerische Musick von unten auf.
Das Heer in Schlachtordnung
Des Kaisers Zelt wird aufgeschlagen.

Kaiser Obergeneral Leibwache
Hier übersiehst du
Das Heer bedächtig aufgestellt
Der Boden ungleich abhängig
Zum Angriff schwer den Feinden
Zum Vertheidigen auch wohl
zum Angriff starck diesseits
Und ganz natürlich finden wir bewährt
Wie es die Kriegskunst nur begehrt.
Die Reiterey ist ihnen unnütz
Unser Fußvolk tüchtig
Unser rechter Flügel die Muthigsten Streitbegierigsten
Der Phalanx in der Mitte

Kräftig und unerschütterlich
Die linke Flanke eigens fest
Auf Felsenhorsten unersteiglich.
Nicht zu umgehen nicht zu vermeiden.
Geschoß und Steinwurf zu Beschädigung des Feindes.
So hast du es so haben es die Deinigen angeordnet
Dem Glück ist wenig überlassen
Das Größte was man ausgedacht
Durch anderer Kraft vollführt zu sehen
Des Kaisers Unmuth gegen die Menge
⟨*am Rand:*⟩
Der {Vortrab} des Feindes
Masse mit Picke*n*

Das ist die Menge
Vorstadt
{Sperrte mich in meine} Hauptstadt ein
Hoffnung auf die Getreuen festgehalten
Ein Spion wird eingeführt
Nachricht vom Z⟨xx⟩ [Abfall der] Besseren
Gegenkaiser
Kaiser
[Erhöhter Sinn
Ausforderung]
⟨*am Rand:*⟩ Nur wenn ich falle steht er fest.
[Die Herolde gehen ab]
[Faust, Mephisto und die drey Gewaltigen]
[Vorstellung derselben] P182
[Die Ausforderung ward verworfen.]
⟨*am Rand:*⟩
[Zweykampf Faustsche Rede dagegen
Haupt das von den Gliedern vertheidigt wird]
[Eilige Schlacht]
[Vertheilung der drey Gewaltigen]
Posaunenton
Erschütterung des feindlichen Heeres.
[Blanke Rüstungen, Waffen Speere Fahnen u. dergl.]
[Lassen sich zwischen den Felsen sehen.]
[Posaunen wiederholt
Habe freylich nicht gesaumt, *10555v*
Die Waffensäale ringsum ausgeräumt. *10556*
Gar manch Gespenst hat sich damit geputzt *10561v*
Das Mittelalter lebhaft aufgestutzt. *10562*
Furchtbarer Posaunen Schall von oben.]
Die Schlacht geht fort
Wird von den Zuschauern im Einzelnen beschrieben.
Der Feind flieht
⟨*am Rand:*⟩
Zelt des Gegenkays*ers*
Habebald Eilebeute

Die Getreuen versammeln sich um den Kaiser.
Belohnungen.
Beleihungen.
Zuletzt mit dem Meeresstrande.

IV H^{19}

Entwurf eigenhändig

⟨Entwurf zu 10512-10518⟩

⟨Habebald⟩

[Wir fahren zu wie Flam*men* Gluth
Die Habsucht giebt den Wahren Muth]

⟨Eilebeute⟩

10534v [Das Weib ist grausam wenn sie gr *⟨wohl für: greift⟩*]

⟨Raufebold⟩

zu zuschlagen
[Dem Donn*er*keile {zeigt}, Zeus bleibt im Stich

⟨Haltefest⟩

10546v Kein Donnerstrahl zerspaltet was ich halte]

Der Ruhm ist Narrheit Weisheit d*er* Besi*tz*

⟨Kaiser⟩

P191v [Die Menge steht dem Kayser nie entgeg*en*
Will sie von ihm sich tren*nen* ists Verrath,
Rebellion, stets bleibt sie unter ihm
Hebt er sie nicht durch Neigung zu sich auf
Drückt an die Brust sie liebend väterlich
Nun flucht er ihr als dem ungerath*enen*
Verwilderten Geschlecht. Tritt aber tritt
Ein Mann hervor u sagt: ich bin der Kayser
Das klingt schon anders. Klingt persönlich gr*os*

Ein GegenKayser. Gut er stell*e* sich.
So seys denn Kayser geg*en* Kayser gleich gew*agt*]

IV H^{e}

Reinschrift eigenhändig

[M.⟨*ephistopheles*⟩
Das alles wär*e* wunderschön 10762
Nun aber braucht*s* auch ein Getön. 10763v
Erschreckend, widerwärtig, panisch 10780v
Mitunter grell u scharf satanisch 10781
[Dadroben klapperts u rasselt schon. 10766v
Die alten Waffen aus der Säle Grüften, 10764v
Empfinden sich in freyen Lüften 10765v
Und gében wunderbar*en* Ton.] 10767v
Ganz recht! Sie sind nicht mehr zu zügel*n* 10768
Es geht schon wied*er* an ein feindlich Prügeln 10769v
Wie in der holden alten Zeit 10770
Der Arme wie der Beine Schienen 10771v
Als Guelfen u als Ghibellin*en* 10772
Erneuen sie den alten Streit. 10773v
Und nicht dem Sinn gewöhnlich 10774v
Erweisen sie sich unversöhnlich] 10775

IV H^{12}

Reinschrift von der Hand des Schreibers John
und eigenhändiges Schema

[Kaiser: / nach einigem Nachdenken: / P191
Die Menge steht dem Kaiser nie entgegen
Will sie von ihm sich trennen ists Verrath,
Rebellion; stets blieb sie unter ihm
Hub er sie nicht durch Neigung zu sich auf,
Drückt an die Brust sie, liebend väterlich.
Nun flucht er ihr, als einem ungerathnen,

Verwilderten Geschlecht. – Tritt aber tüchtig
Ein Mann hervor und ruft: ich bin der Kaiser
Das klingt schon anders, klingt persönlich groß
Ein Gegenkaiser, gut! er stelle sich
So seys denn Kaiser gegen Kaiser frisch gewagt.]
Die Herolde /: gehen ab :/

⟨folgt 10407-10422⟩

P183 Kayser Obergeneral

ObG.
Legt die Stellung des Heeres aus
Vortheile. Hof*f*nungen
[Erster Kundschafter
Hie u da Abfall
Im Ganzen Läßigkeit
Wenig Trost.]
⟨am Rand:⟩ Kayser
[Zweyter Kundschafter
Gegen Kayser
Aufregung
Ausforderung
Herolde ab.]

Kaysers vorerst ablehnende Antwort an Faust

Schlacht.
Motive der beyden Flügel
Und der Mitte.

⟨Mephistopheles⟩
P192 Der Her*r* ist jung man merckts ihm an

IV H[11]
Entwürfe eigenhändig

⟨*Kaiser*⟩
Sey uns gegrüßt, denn zu der best*en* Zeit
Kommt jeder neu Verbündete zu Ehren
Wie anders muß bey zweifelhafte*m* Streit
Ein neuer Tapfrer uns behaglich mehren.
⟨*folgt teilweise varianter Entwurf zu 10427-10438*⟩

K.⟨*aiser*⟩
Sey uns willkomm*en*. Zu den besten Zeit*en*
Der ⟨xxx⟩

IV H[22a]
Entwurf eigenhändig

⟨*Erzbischof*⟩
[Die Fläche wo dein Kriegszelt aufgeschl*agen* *10993v*
Verehrst du zugunsten deiner {Tath*en*}
Damit ⟨xxx⟩ er sich als Gottesgrund ern*eue*
Der bösen Geister Athem sich zerstreue
Da wird ein hohes Chor zugleich entstehn
Wo das Gebet sich durch Gesang erhöht
Das {Schiff} wird sich zum Schiffe gleich verläng*en*
Die Nebengänge
Da steig ein Thurm auf gleichem Z

Von dort her wer*den* volle Glock*en*
Die Gegend zum Gebete locken

So weit man diese Glocke*n* hört
So weit verehrest du das Land dem Stift]

K.⟨*aiser*⟩
Gescheh es alles wie du sprichst

IV H8

Schema von der Hand des Schreibers John im Arbeitsmundum zu 10296-10848

P184 Erzbischoff /tritt ein/
Der Kaiser meldet ihm wie er Haus und Hof bestellt.
Präsentirt ihm die vier Erzfürsten,
Der allgemein gültigen Form wegen erklärt er ihn zum Erzkanzler.
Sowohl das Innere als das Äußere durch die nöthigen Formen zu bekräftigen
Hohe Bedeutung der Fünfe
Sollen mächtige Fürsten seyn
Ihre Länder werden Ihnen verliehen
Vermehrung hinzugethan
Weitere Erwerbungen erlaubt
Große Gerechtsame innerhalb dieser Länder.
Bestellung zu Churfürsten
Wahl und Krönung durch sie entschieden
Glückwunsch und Dank
Der Erzbischoff wünscht als Beichtiger den Kaiser allein zu sprechen.

—

⟨*am unteren Rand:*⟩
Faust Habebald.

IV H13

Reinschrift von der Hand des Schreibers John mit eigenhändigen Zusätzen

⟨*Reinschrift 10541-10546*⟩

Mephist. /: zurückkommend von oben herunter :/
Sie habens wohl und richtig ausgedacht,
Doch schwächte dieß des Heers gesammte Macht
Und prallen hier mit Noth und Mißgeschick
Vom starren Fels vom starren Volk zurück.
⟨*am Rand:*⟩ später
⟨*folgt Reinschrift 10547-10558, am Rand 10563 f.*⟩

IV Hc

Arbeitsmundum teilweise eigenhändig

Der Kanzler /: liest :/ P193
Sodann ist auch vor unserm Thron erschienen
Faustus, mit Recht der Glückliche genannt,
Denn ihm gelingt wozu er sich ermannt,
Schon längst bestrebsam uns zu dienen,
Schon längst als klug und tüchtig uns bekannt.

Auch heut am Tage glückts ihm hohe Kräffte
Wie sie der Berg verschließt hervorzurufen,
Erleichternd uns die blutigen Geschäfte.
Er trete näher den geweihten Stufen,
Den Ehrenschlag empfang er!
Faust /: knieet :/
Kayser. Nimm ihn hin!
Duld ih*n* von keinem andern!

⟨*außerdem auf diesem Bogen Reinschrift 10565-10570*⟩

PARALIPOMENA ZU FAUST II · FÜNFTER AKT

H P93

Sammelblatt von der Hand des Schreibers John

Vor dem Pallast.

⟨*Mephistopheles*⟩

P93 Das Leben, wie es eilig flieht,
Nehmt ihr genau und stets genauer,
Und wenn man es beym Licht besieht,
G'nügt euch am Ende schon die Dauer.

P94 So ruhe denn an deiner Stätte!
Sie weihen das Paradebette,
Und, eh das Seelchen sich entraft,
Sich einen neuen Körper schafft,
Verkünd ich oben die gewonnene Wette.
Nun freu ich mich aufs große Fest
Wie sich der Herr vernehmen läßt.

P95 Nein! diesmal gilt kein Weilen und kein Bleiben:
Der Reichsverweser herrscht vom Thron,
Ihn und die Seinen kenn' ich schon,
Sie wissen mich, wie ich die Ratten, zu vertreiben.

V H24
Entwürfe eigenhändig

⟨*Engel*⟩
[Sündern vergeben 11679
Staub zu beleben 11680
Allen Naturen 11681
Freundliche Spuren 11682
{Weichet} zur Seite
Des weilenden Zugs 11684

⟨*Mephistopheles*⟩ P205

Du {kommst} mir eben recht
Lang{weilig} ⟨xxx⟩ ⟨xxx⟩
weich Geschlecht]

⟨*Engel*⟩
[Folget Gesandte 11676
Himmels verwandte 11677
Gemächlichen Flugs 11678

⟨*Mephistopheles*⟩
Es brennt der Kopf das Herz die Leber brennt 11753v
Das ist ein Teufels Element 11754v
Weit spitziger als höllisch Feuer] 11755v

[Du wanstig*er* Schuft mit de*inen* Feu*er*back*en* 11656v
Du siehst so recht vom Höllenschw*efel* satt 11657v
Den hagern tristen krummgezognen Nacken 11658v
Nun haucht mir glühend Blum u Blatt
Matt
Seht wie sie schrumpfen]

V H^{23}
Sammelblatt eigenhändig

⟨*Mephistopheles*⟩
11638v [Ihr von altem Teufels=Schrot u Korne
11639v Ihr bringt sogleich den Höllenrachen mit]

P199 Willst du zu deinem Zweck gelange*n*
Mußt dir nicht selbst im Wege stehn,
Die Griechen wußten wir zu fangen
Wir machten uns auf eine Weile schön.

P200 Wir sind noch keineswegs geschieden
Der Narr wird noch zuletzt zufrieden
Da läuft er willig mir in's Garn

P201 ⟨*Faust?*⟩
Muß befehlen

S.⟨*orge*⟩
Das hilft dir nichts du wirst uns doch nicht los
Grad im Befehlen wird die Sorge gros.

⟨*Mephistopheles*⟩
P202 [Gethan geschehn sogleich
Verdumpft verschrumpft u wie die Leiche bleich]

⟨*Engel*⟩
11779 [Wir nähern uns, und wenn du kannst so bleib.
Meph.
11780 Ihr scheltet uns Verdammte Geister;
11781 Ihr seyd die wahren Hexenmeister,
11782 Denn ihr verführ*e*t Mann u Weib.]

P206 Es war genau in unserm Packt bestimmt
Ich will doch sehn wer mir den nimmt.

⟨*Engel?*⟩
[Zart schwebend aufnehmend P207
Das oberste zu unterst kehrend.
⟨*Mephistopheles*⟩
[O ewige Schande solchen Tröpfen *11735v*
Satane stehen auf den Köpfen] *11736*
Und stürzen ärschlings in die Hölle *11738*
Gesegne euch das heiße Bad. *11739v*
Ich aber bleib auf meiner Stelle *11740*
Die Buben schlagen Rad auf Rad] *11737v*

[Gefangen ist's ein eckler Gallert-Quark.] *11742v*

V H^4

Entwurf eigenhändig

[Er hat die Händel angefange*n* P198
Laß mich davon den Vorteil ziehn.

⟨*Faust*⟩
Es klang so hohl gespensterh*aft* gedämpft *11402v*
Ich habe längst schon die Magie entfernt. *11404v*
Magie hab ich schon lang
Die Zaubersprüche williglich verlernt *11405v*
Ihr seyd mir fremd ich mag euch nicht beschwören P202a
Doch ist die Welt vom Geister Spuk so voll *11410v*
Daß man nicht weis wie man ihn meiden soll *11411v*
Ist jem*and* hier *11420*
⟨*Sorge*⟩ Die Frage fordert ja
Und du wer bist du *11421v*
Ich bin nun einmal da.
Entferne dich *11422v*
Und bin am rechten Ort]

V H^{11}

Entwurf eigenhändig

⟨11467-11486⟩

Faust

[Die armen Menschen! gar zu gern
Verstricket ihr sie solchen Schlingen

Sorge.

11495v [Erfahre sie wie ich mich von dir wende!
Sie sind im Leben blind, sey du's am Ende.]]

V H^{8}

Entwürfe eigenhändig

⟨variante Entwürfe zu 11407-11409 und 11414 f.⟩

⟨Faust⟩

11419 [die Pforte knarrt u niemand komt herein]
Doch man durchdringt des Raums gedehnte Schrank*e*
Und uns ergreift ein Liebender Gedanke
11416v [Vom Aberglauben sind wir so umg.*arnt*
11417 Es eignet sich es zeigt s*ich* an es warnt]
11415v [Ein Vogel krächzt er scheint zu prophezeihn
Ein Traum
11413v Ein Lügentraum scheint mein bestimmt Geschick]

V H^{20}

Entwürfe eigenhändig

⟨Mephistopheles⟩

11624v [Ich paß ihr auf wie einer Grillenmaus
11622 Man kann auf gar nichts mehr vertrauen
11623 Sonst mit dem letzten Athem fuhr sie aus
11625v Schon hatt' ich sie in festgeschloßnen Klauen

Nun hat sie das besonderste Gelüst
Erst die Verwesung abzuwarten
Und promenirt sich durch verstockten Mist
Als wär es hold u glatt ein Roseng*arten*
Sonst war sie gern aus diesem Kerker los
Und sehnte sich nach andren Tagen

Jetzt läßt sie sich vom Element verjag*en*
der Streit der Elemente]

V H^{28}

Entwürfe eigenhändig

⟨*Mephistopheles*⟩
[Was weicht ihr von der rechten Seite
Entschließt euch kurz u gut zum Streite
Seyd keck nach altem Teufels Brauch
Was fürchtet ihr die Blümeleyen *11713v*
Laßt sie doch schütteln laßt sie streuen
Es ist nur Schnee und schmilzt vor eurem Hauch. *11715v*
Nun pustet fort ihr Püstriche] *11716v*
⟨*folgt weiterer Entwurf zu 11710-11716*⟩

V H^{30}

Entwürfe eigenhändig

⟨*Engel. Chor*⟩
[Blüten die seel*igen* *11726*
Flam*men* die fröhlichen *11727*
Liebe verbreiten sie *11728*
Wonne bereiten sie, *11729*
/Nichts unbezwingl*ich*,
[Alles durchdringlich
⟨*gestrichen:* Nichts ist unmöglich⟩
Dem Wahren dem Licht]

11734 Überal Tag

Nichts unbezwingli*ch*
Alles durchdringlich
Dem Wahren dem Licht]

11745v [Was uns nicht angehört
11746v Müssen wir meiden
11747v Was euch im Innern stört,
11748v /bringet nur leiden
11749v Dringet es auf uns ein
11750 Müssen wir tüchtig seyn
11751 Liebe {nur} Liebenden
11752 Führet herein.]

V H^2

Mundum von der Hand des Schreibers John
mit eigenhändigen Zusätzen

⟨Reinschrift 11384-11550, noch ohne 11400f. u. 11507-10. Dann:⟩

Faust
11555 Mit jedem Tage will ich Nachricht haben
11556v Wie sich verlängt der ungeheure Graben,
Meph. / halblaut :/
11557 Man spricht, wie man mir Nachricht gab,
11558 Von keinem Graben doch vom Grab.
Faust
Dem Graben, der durch Sümpfe schleicht
Und endlich doch das Meer erreicht.
Gewinn ich Plaz für viele Millionen
Da will ich unter ihnen wohnen,
11580r Auf wahrhaft eignem Grund und Boden stehn.
11581v Ich darf zum Augenblicke sagen:
11582 Verweile doch du bist so schön!
11583 Es kann die Spur von meinen Erdetagen

Nicht in Aeonen untergehn. *11584*
/: Faust sinckt zurück, die Lemuren faßen
ihn auf und legen ihn auf den Boden :/
⟨folgt 11587-11831, noch ohne 11591f.⟩

⟨Wiedergabe des den Faust II-*Versen 11539-90 entsprechenden Handschriften-Blattes: hier Abb. 18⟩*

Engel P203v
Liebe, die gnädige,
Hegende, thätige,
Gnade die liebende
Schonung verübende
Schweben uns vor.
Fielen der Bande
Irdischer Flor,
Wolkengewande
Tragt ihn empor.

Nichts unbezwinglich
Alles durchdringlich
Dem Wahren dem Licht

1 P97v

Abkündigung.
Den besten Köpfen sey das Stück empfohlen
Der Deutsche sitzt verständig zu Gericht.
Wir möchtens gerne wiederholen,
Allein der Beyfall giebt allein Gewicht.
Vielleicht daß sich was bessres freylich fände. –
Des Menschenleben ist ein ähnliches Gedicht
Es hat wohl Anfang hat ein Ende.
Allein ein Ganzes ist es nicht.
Ihr Herren seyd so gut und klatscht nun in die Hände.

P98v

Schluß

m

Abschied.
Am Ende bin ich nun des Trauerspieles
Das ich zuletzt mit Bangigkeit vollführt,
Nicht mehr vom Drange Menschlichen Gewühles
Nicht von der Macht der Dunkelheit gerührt.
Wer schildert gern den Wirrwarr des Gefühles
Wenn ihn der Weg zur Klarheit aufgeführt
Und so geschlossen sey der Barbareyen
Beschränckter Kreis mit seinen Zaubereyen.

Und hinterwärts mit allen guten Schatten
Sey auch hinfort der böse Geist gebannt
Mit dem so gern sich Jugendträume gatten
Den ich so früh als Freund und Feind gekannt.
Leb alles wohl was wir hiemit bestatten
Nach Osten sey der sichre Blick gewandt
Begünstige die Muse jedes Streben
Und Lieb und Freundschaft würdige das Leben.

Denn immer halt ich mich an Eurer Seite
Ihr Freunde die das Leben mir gesellt
Ihr fühlt mit mir was Einigkeit bedeute
Sie schafft aus kleinen Kreisen Welt in Welt.
Wir fragen nicht in eigensinngem Streite
Was dieser schilt was jenem nur gefällt,
Wir ehren froh mit immer gleichem Muthe
Das Alterthum und jedes neue Gute.

O glücklich! wen die holde Gunst *⟨für: Kunst⟩* in Frieden
Mit jedem Frühling lockt auf neue Flur
Vergnügt mit dem was ihm ein Gott beschieden
Zeigt ihm die Welt des eignen Geistes Spur
Kein Hinderniß vermag ihn zu ermüden
Er schreite fort so will es die Natur.
Und wie des wilden Jägers braust von oben
Des Zeiten Geists gewaltig freches Toben.

H P195
Schema-Entwurf eigenhändig

[Leiche P195
Lemuren legen ihn ins Grab
Zieh*en* sich zu*rück*
Satane
Verwesung
Seele entflieht.
Später
Satane in Angst zu erhaschen
Gesang fern
Meph. Ärgerlich
Engel nah
Wort Streit
Die Engel streun Rosen
Die Satane hauchen
Sie welken]
[Die Rosen in Flam*men* verwandelt flieg*en* auf
Geg*en* die Satane
diese entflieh*en*
Meph. hält aus.
Liebespein
Engel schaaren
Satan*e* drohn
Meph. ab zur Appellation.
Da Capo.
Himmel
Christus Mutter u Evangelisten u alle Heiligen
Gericht über Faust.]

H P194

Schema von der Hand des Schreibers John

P194 [Vier graue Weiber.
Faust und Sorge.
Mephist. und Lemuren.
Faust Zufriedenheit
Vorbey.
Leiche.
Lemuren begrabend.
Entfernt.
Satane und Höllenrachen.
Verwesung erwartend.
Weil die Seele später als sonst entflieht.
Satanische Posituren sie zu erhaschen.
Engel Himmelsglorie
Schweben heran
Mephist. Widersetzen
Engel streuen Rosen.
Die verwelken auf den Hauch der Satane.
Verwandelt in Liebesflammen
Satane fliehen
Mephist. Liebespein.
Engel entschweben.
Mephist. zur Appellation.]

V He
Entwürfe eigenhändig

⟨*Arbeitsmundum 11981-11996, am Rand:*⟩
⟨*Doctor Marianus*?⟩
Badet in der reinsten Quell*e* P209v
Der bestaubte Wandr*er* sich

⟨*Arbeitsmundum 12013-12019, am Rand:*⟩
In der allerreinsten Quelle P209
Badet der bestaubte ja

V Hd
Reinschrift von der Hand des Schreibers John
und eigenhändiger Entwurf

[Chor der Engel.
/: Faustens Entelechie heran bringend :/
⟨*Reinschrift 11954-11957*⟩

Nebelnd um Felsenhöh 11966
Spür ich so eben, 11967
Regend sich, in der Näh, 11968
Ein Geisterleben. 11969
Die Wölckchen werden klar 11970
[Die hohe Geisteskraft
Sie ist gerettet]]

⟨*Reinschrift 11971-11980*⟩

[Doctor marianus
/: in der höchsten, reinsten Zelle :/
⟨*Entwurf 11991-11996*⟩]
[In heilige*m* Liebes brand P208v
Was männlich in der Brust

Zu dir zu wenden]
⟨*Entwurf 12013-12019*⟩

P209v [In der allerreinsten Quelle
Der bestaubte Wandrer sich]

H P196
Schema eigenhändig

P196 [Chor der Büßerin*nen*

Maria Magdalen*a*
Die Samariterin
    Chor
Gretchen
Seel.*ige* Knabe*n*
Gretchen
Mater gloriosa
Doctor Marianus
Chor in Excelsis]

[Chor der Büßerin*nen*]
[Magna Peccatrix
    zu drey]
[Mulier Samaritana]
    zu drey
[Maria Egyptiaca]
    zu drey
[Gretchen
Seel.*ige* Knaben Fortsezung
[Gretchen]
Mater gloriosa
Doctor Marianus
Chorus in Excelsis]

V Hg^{1}

Entwurf eigenhändig

⟨*Gretchen?*⟩

[Du schwebst zu Höhen 12032
Der ewigen Reiche 12033
Vernim das Flehen 12034
Du Ohnegleiche 12035/70
Du Strahlenreiche, 12071
Jetzt neige neige 12069v
Dein Antlitz gnädig meine*m* Glück. 12072
Der früh geliebte 12073
Nicht mehr getrübte, 12074
Er kommt zurück. 12075
Verweile, weile!
Den Erdball zu Füßen
Im Arme den Süßen
Den göttlichsten Knaben
Von Stern*en* umkränzet
Zum SternAll entsteigst du]

V H^{c}

Entwürfe eigenhändig

⟨*Entwürfe zu 11926-11941, 11954-11965, 12076-12079 sowie 9 Zeilen Gedichtentwurf*⟩

[In heiliger Liebes Lu*st* P208
Was männlich in der Brust
Zu dir zu wenden]

⟨*am Rand:*⟩
[Ich habe mißgehandelt 11836v
Der Aufwand ⟨*gestrichen:* Die Kosten sind⟩ verthan 11837v
Gelüst u Thorheit wandelt 11838v
Auch selbst den Teufel an] 11839v

H P197a
Stichworte eigenhändig

P197a Landes Besiz

Haltefest Eindäm*m*ung
Raufebold Seefahrt
Habebald. Hafenbau.

IV Hb
Entwurf eigenhändig

P197 Faust Haltefest
H
⟨*folgt, auf dem Kopf stehend, Entwurf zu 10419f. Dann:*⟩

Faust

Sie flieht, da liegt ein weites Land vor mir,
Sie kehrt zurück und insultirt mich hier.

H. F. ⟨*für: Haltefest oder Haltefest Faust?*⟩
Mit jedem Tag wird man gescheidter!
Du bist nun hundert Jahr, ich bin schon etwas weiter,
Wir haben Lust und guten Blick.
Gedacht, gethan das Meer es muß zurück.
Die längsten Gräben sollen niedergehn,
Die höchsten Dämme stolz entgegen stehn.
Wir halten fest recht weit in's Meer hinaus.
Wie braust Neptun! Tyrannen lacht man aus.
Faust
Nur frisch ans Werk

HANDSCHRIFTEN-ABBILDUNGEN

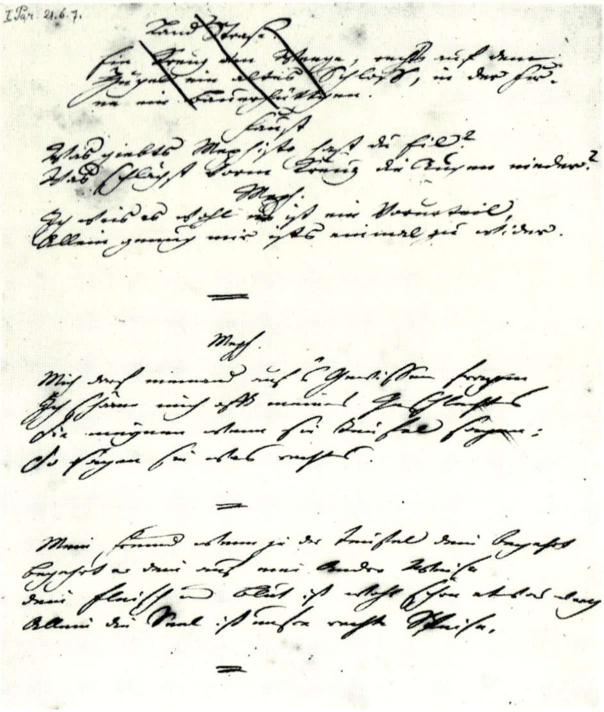
I Par. 21.6.7.

Abb. 10: Sammelblatt zum *Faust* mit dem Paralipomenon 21 (vermutlich aus Goethes ältestem Manuskript) und den Paralipomena 6 und 7 (wohl spätere Eintragungen); vgl. hier S. 544

(Goethe- und Schiller-Archiv Weimar: 25/XVII 2,13)

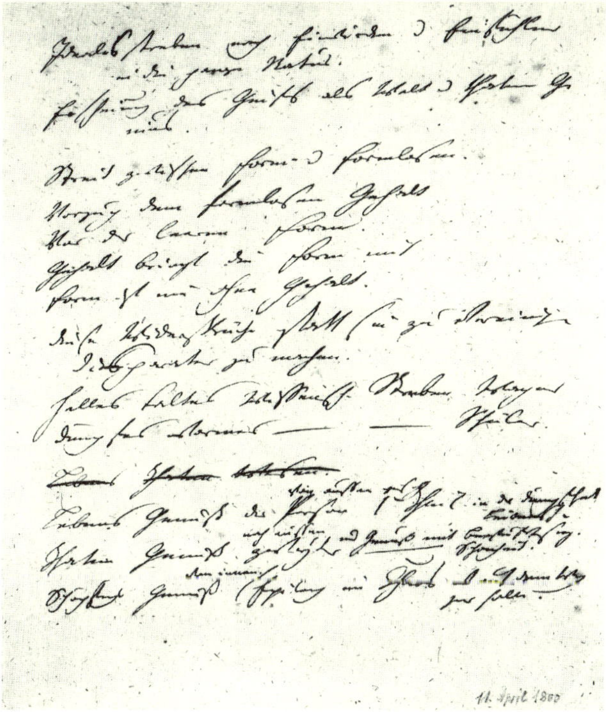

Abb. 11: Arbeitsnotizen zu beiden Teilen des *Faust* (Paralipomenon I, wohl aus den Jahren 1800/1801); vgl. hier S. 576f.

(Goethe- und Schiller-Archiv Weimar: 25/XVII 2,1)

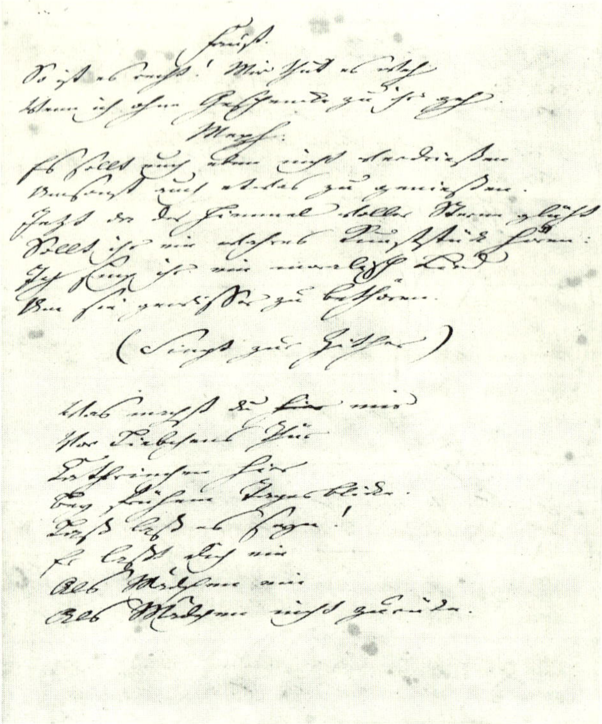

Abb. 12: Goethes Handschrift zu *Faust I*, *Nacht* 3674-89
(Staatsbibliothek Preußischer Kulturbesitz, Berlin: Ms.germ.qu. 475, Bl 2ᵛ)

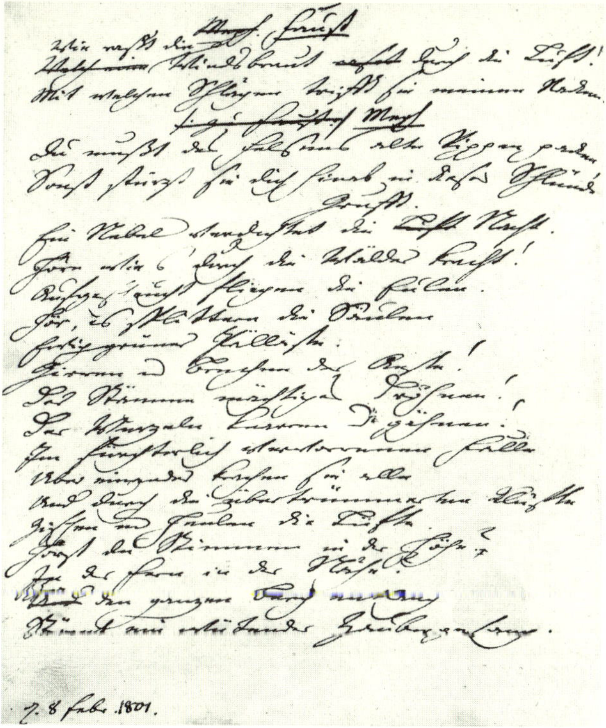

Abb. 13: Goethes Handschrift zu *Faust I*, *Walpurgisnacht* 3936 55

(Staatsbibliothek Preußischer Kulturbesitz, Berlin: Ms.germ.qu. 527, Bl 4^{v})

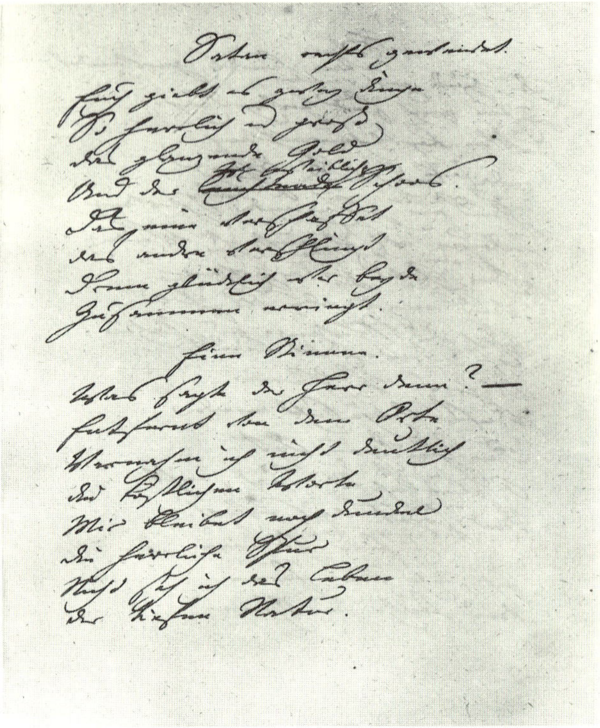

Abb. 14: Goethes Reinschrift: Satansrede in der *Walpurgisnacht*, aus dem Paralipomenon 50; vgl. hier S. 553, 26-43

(Goethe- und Schiller-Archiv Weimar: 25/XVII 2,24 Bl 3^v)

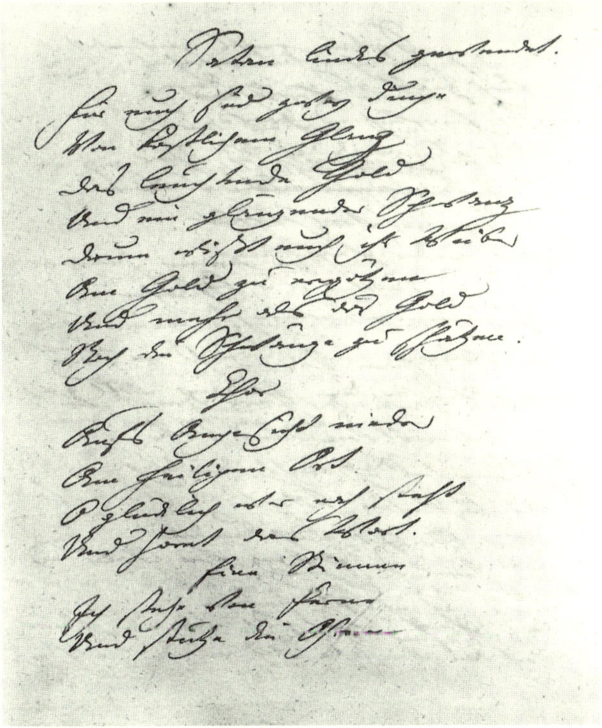

Abb. 15: Goethes Reinschrift: Satansrede in der *Walpurgisnacht*, aus dem Paralipomenon 50; vgl. hier S. 553f., 45-61
(Goethe- und Schiller-Archiv Weimar: 25/XVII 2,24 Bl 4r)

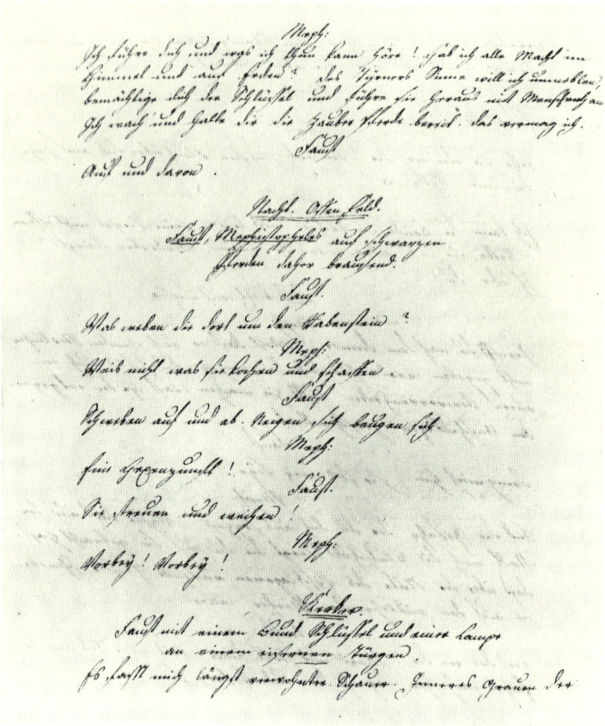
Meph:
Ich führe dich und was ich thun kann höre! Hab ich alle Macht im Himmel und auf Erden? Des Thürners Sinne will ich umneblen, bemächtige dich der Schlüssel und führe sie heraus mit Menschenhand. Ich wache und halte dir die Zauberpferde bereit. Das vermag ich.
Faust
Auf und davon.

Nacht. Offen Feld.
Faust, Mephistopheles auf schwarzen Pferden daher brausend.
Faust.
Was weben die dort um den Rabenstein?
Meph:
Weis nicht was sie kochen und schaffen.
Faust
Schweben auf und ab. Neigen sich beugen sich.
Meph:
Eine Hexenzunft!
Faust.
Sie streuen und weihen!
Meph:
Vorbey! Vorbey!

Kerker.
Faust mit einem Bund Schlüssel und einer Lampe an einem eisernen Türgen.
Es fasst mich längst verwohnter Schauer. Inneres Grauen der

Abb. 16: Handschrift der Luise v. Göchhausen:
Faust. Frühe Fassung,
[Trüber Tag. Feld] Z. 55-60 | *Nacht. Offen Feld* | *Kerker* Z. 1-2;
vgl. hier S. 534f.

(Goethe- und Schiller-Archiv Weimar: 25/XXXV 5 Bl 561v)

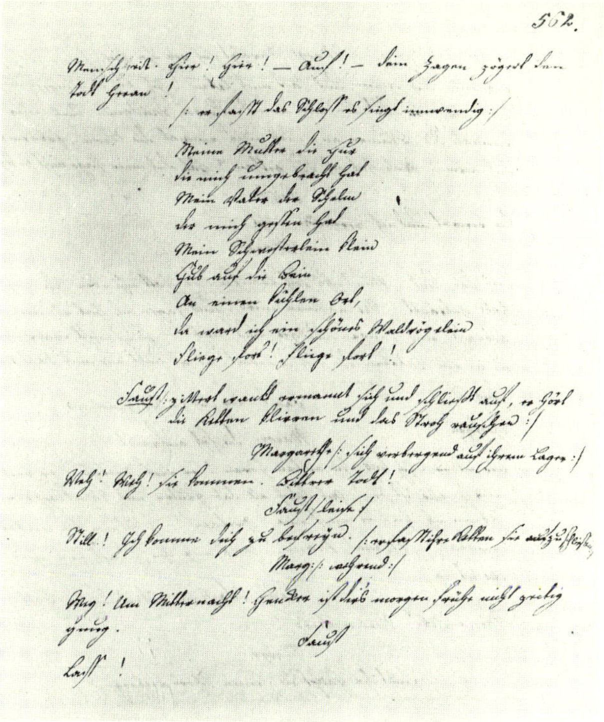
562.

Menschheit. Hier! Hier! — Auf! — Dein Zagen zögert den
todt Graun!
/: er fasst das Schloss es singt inwendig :/

Meine Mutter die Hur
Die mich umgebracht hat
Mein Vater der Schelm
der mich gessen hat
Mein Schwesterlein klein
Hub auf die Bein
An einen kühlen Ort,
Da ward ich ein schönes Waldvögelein
Fliege fort! fliege fort!

Faust /: zittert wankt ermannt sich und schliesst auf, er hört
die Ketten klirren und das Stroh rauschen :/

Margarethe /: sich verbergend auf ihrem Lager :/

Weh! Weh! sie kommen. Bittrer todt!

Faust /leise/

Still! Ich komme dich zu befreyen. /: er fasst ihre Ketten sie aufzuschliesen

Marg: /: wehrend :/

Weg! Um Mitternacht! Henker ist dirs morgen frühe nicht zeitig
gnug.

Faust

Lass!

Abb. 17: Handschrift der Luise v. Göchhausen:
Faust. Frühe Fassung,
Kerker Z. 2-17; vgl. hier S. 535f.
(Goethe- und Schiller-Archiv Weimar: 25/XXXV 5 Bl 562)

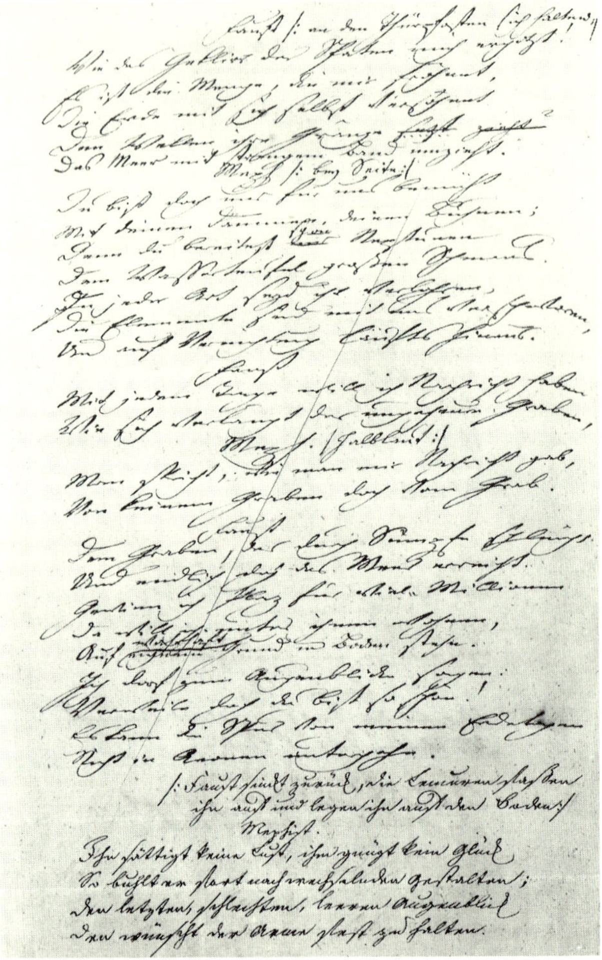

Abb. 18: Entwurf (H2 zu *Faust II, Großer Vorhof* ≈ 11539–90
Eigenhändig; letzte 7 Zeilen Schreiber John.
Mit diagonalem Federmesserschnitt als Erledigungszeichen.
Vgl. im Szenen-Kommentar *Großer Vorhof* S. 745 f. und 753
(Goethe- und Schiller-Archiv Weimar: 25/XVIII 7,3 Bl 6)

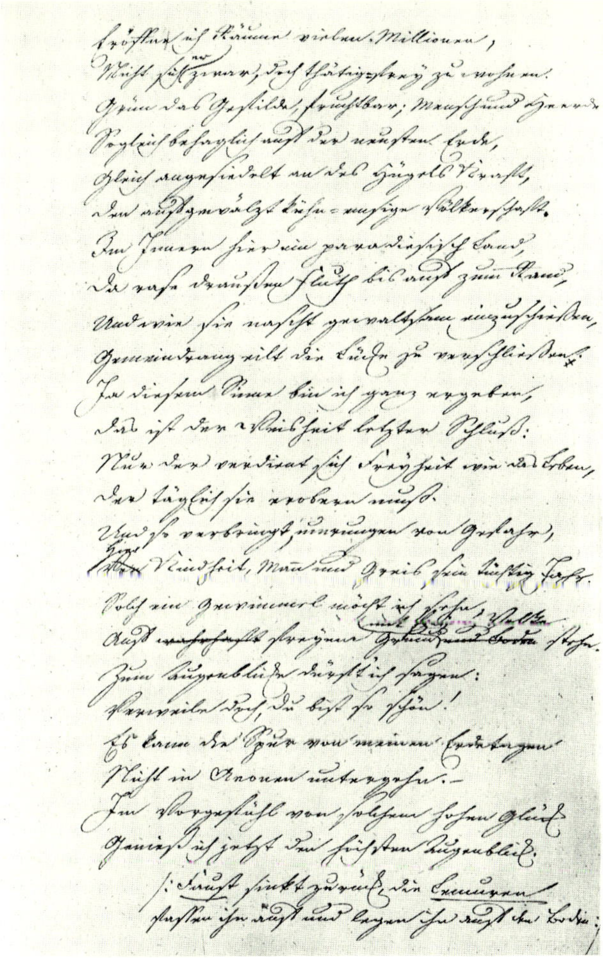
Eröffn' ich Räumen vielen Millionen,
Nicht sicher zwar, doch thätig-frey zu wohnen.
Grün das Gefilde, fruchtbar; Mensch und Heerde
Sogleich behaglich auf der neusten Erde,
Gleich angesiedelt an des Hügels Kraft,
Den aufgewälzt kühn-emsige Völkerschaft.
Im Innern hier ein paradiesisch Land,
Da rase draußen Fluth bis auf zum Rand,
Und wie sie nascht gewaltsam einzuschießen,
Gemeindrang eilt die Lücke zu verschließen.
Ja diesem Sinne bin ich ganz ergeben,
Das ist der Weisheit letzter Schluß:
Nur der verdient sich Freyheit wie das Leben,
Der täglich sie erobern muß.
Und so verbringt, umrungen von Gefahr,
Hier Kindheit, Mann und Greis sein tüchtig Jahr.
Solch ein Gewimmel möcht' ich sehn,
Auf ~~unverfälschtem~~ freyem ~~Grund und Boden~~ mit freyem Volke stehn.
Zum Augenblicke dürft' ich sagen:
Verweile doch, du bist so schön!
Es kann die Spur von meinen Erdetagen
Nicht in Aeonen untergehn. –
Im Vorgefühl von solchem hohen Glück
Genieß' ich jetzt den höchsten Augenblick.
/: Faust sinkt zurück, die Lemuren
fassen ihn auf und legen ihn auf den Boden :/

Abb. 19: Reinschrift H zu *Faust II*, *Großer Vorhof* 11563-86
Schreiber John; Eingriff Goethes in 11580. –
Vgl. Szenen-Kommentar *Großer Vorhof*, S. 746ff. und 754
(Goethe- und Schiller-Archiv Weimar: 25/XIX 3 Bl 176r)

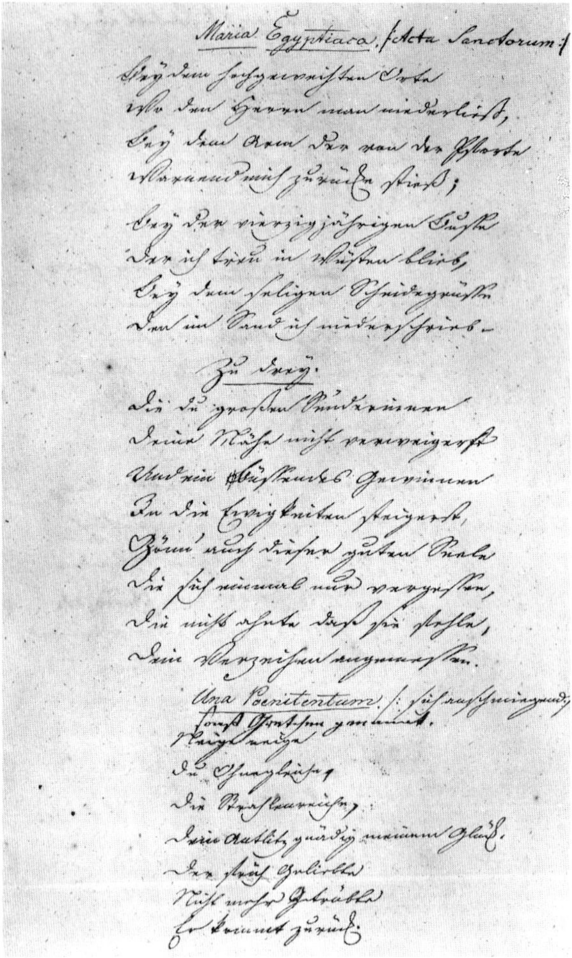

Maria Aegyptiaca (Acta Sanctorum)
Bey dem hochgeweihten Orte
Wo den Herrn man niederließ,
Bey dem Arm der von der Pforte
Warnend mich zurücke stieß;
Bey der vierzigjährigen Buße
Der ich treu in Wüsten blieb,
Bey dem seligen Scheidegruße
Den im Sand ich niederschrieb –
Zu drey:
Die du großen Sünderinnen
Deine Nähe nicht verweigerst
Und ein büßendes Gewinnen
In die Ewigkeiten steigerst,
Gönn' auch dieser guten Seele
Die sich einmal nur vergessen,
Die nicht ahnte daß sie fehlte,
Dein Verzeihen angemessen.
Una Poenitentium (: sich anschmiegend, sonst Gretchen genannt.
Neige neige
Du Ohnegleiche,
Du Strahlenreiche,
Dein Antlitz gnädig meinem Glück.
Der früh Geliebte
Nicht mehr Getrübte
Er kommt zurück.

Abb. 20: Reinschrift H zu *Faust II*, *Bergschluchten* 12053-75
Schreiber John; eigenhändige Zusätze Goethes
vor 12053 und 12069

(Goethe- und Schiller-Archiv Weimar: 25/XIX 3 Bl 186[v])

WALPURGISNACHT. HARZGEBIRG

Vorschlag des Herausgebers für eine Bühnenfassung (unter Einbeziehung der Paralipomena 48, 49, 50, 62)

Die nachstehende Bühnenfassung der 'nordischen' Walpurgisnacht *folgt mit geringfügigen Abweichungen dem Erstdruck von 1982 (jetzt Schöne 1993, 217ff.). Wie dort begründet, unternimmt sie keineswegs den aussichtslosen Versuch, diese Szene so zu rekonstruieren, wie der Autor sie sich ursprünglich gedacht haben mag. Wohl aber sollte sie für das Theater verfügbar machen und will sie (ein 'Kommentar mit anderen Mitteln') auch dem Leser im szenischen Zusammenhang vor Augen führen, was für die kanonisierte Fassung der* Faust-*Tragödie verlorenging, als Goethe die im Paralipomenon 48 skizzierte Satansszene mit den durch die Paralipomena 49, 50, 62 überlieferten Teilstücken (→ hier S. 564, 546, 552ff., 550) für den Druck von 1808 aus der* Walpurgisnacht *ausschloß (zu dieser Selbstzensur → S. 120ff. des Kommentar-Bandes).*

Von den gegen die strengen Grundsätze der Editionsphilologie verstoßenden Rechten eines Dramaturgen, der den dichterischen Text für die Bühne zu bearbeiten sucht, mache ich hier entschieden Gebrauch. Ich streiche nicht nur (wie schon 1812 der von Goethe gebilligte Weimarer Aufführungsplan, → hier S. 582ff.) das Intermezzo *des* Walpurgisnachtstraums, *sondern ebenso die zeitsatirischen Einsprengsel der* Walpurgisnacht-*Szene selbst. Ich kontaminiere deren autorisierten Text und die hier vorgezogene Szene* Nacht, offen Feld *mit den verwendbaren Teilen der Paralipomena; straffe dabei aus Proportionsgründen die Hexenpartien beim Anflug auf den Blocksberg und nehme im Interesse des sprachlichen oder szenischen Zusammenhangs interne Umstellungen vor; auch solche, die der vorgegebenen und Goethe bekannten Abfolge des Sabbatrituals entsprechen. Ich setze Stichworte des Goetheschen Entwurfs als Bühnenanweisungen ein und erläutere, wo sie fehlen, die aus dem Sprechtext nicht zulänglich bestimmbaren Vorgänge durch Regieangaben oder Sprecherbezeichnungen [wie alles vom Bearbeiter Hinzugefügte hier in eckigen Klammern]; ich erlaube mir schließlich einige Eingriffe auch in die Orthographie und Interpunktion.*

WALPURGISNACHT

Harzgebirg
Gegend von Schierke und Elend

FAUST. MEPHISTOPHELES.

MEPHISTOPHELES
Verlangst du nicht nach einem Besenstiele?
Ich wünschte mir den allerderbsten Bock.
Auf diesem Weg sind wir noch weit vom Ziele.

FAUST
Solang ich mich noch frisch auf meinen Beinen fühle,
Genügt mir dieser Knotenstock.
Was hilfts, daß man den Weg verkürzt! –
Im Labyrinth der Täler hinzuschleichen,
Dann diesen Felsen zu ersteigen,
Von dem der Quell sich ewig sprudelnd stürzt,
Das ist die Lust, die solche Pfade würzt!
Der Frühling webt schon in den Birken
Und selbst die Fichte fühlt ihn schon;
Sollt' er nicht auch auf unsre Glieder wirken?

MEPHISTOPHELES
Fürwahr ich spüre nichts davon!
Mir ist es winterlich im Leibe;
Ich wünschte Schnee und Frost auf meiner Bahn.
Wie traurig steigt die unvollkommne Scheibe
Des roten Monds mit später Glut heran
Und leuchtet schlecht, daß man bei jedem Schritte
Vor einen Baum, vor einen Felsen rennt!
Erlaub, daß ich ein Irrlicht bitte!
Dort seh ich eins, das eben lustig brennt.
He da! mein Freund! Darf ich dich zu uns fordern?

Was willst du so vergebens lodern?
Sei doch so gut und leucht uns da hinauf!

IRRLICHT

Aus Ehrfurcht, hoff ich, soll es mir gelingen,
Mein leichtes Naturell zu zwingen;
Nur zickzack geht gewöhnlich unser Lauf.

MEPHISTOPHELES

Ei! Ei! er denkts den Menschen nachzuahmen.
Geh er nur grad, ins Teufels Namen!
Sonst blas ich ihm sein Flacker-Leben aus.

IRRLICHT

Ich merke wohl, ihr seid der Herr vom Haus,
Und will mich gern nach euch bequemen.
Allein bedenkt! der Berg ist heute zaubertoll,
Und wenn ein Irrlicht euch die Wege weisen soll,
So müßt ihrs so genau nicht nehmen.

FAUST, MEPHISTOPHELES, IRRLICHT *im Wechselgesang*

[FAUST]

In die Traum- und Zaubersphäre
Sind wir, scheint es, eingegangen.

[MEPHISTOPHELES]

Führ uns gut und mach dir Ehre!
Daß wir vorwärts bald gelangen
In den weiten öden Räumen.

[IRRLICHT]

Seh die Bäume hinter Bäumen,
Wie sie schnell vorüberrücken,
Und die Klippen, die sich bücken,
Und die langen Felsennasen,
Wie sie schnarchen, wie sie blasen!

[FAUST]

Durch die Steine, durch den Rasen
Eilet Bach und Bächlein nieder.
Hör ich Rauschen? hör ich Lieder?
Hör ich holde Liebesklage,
Stimmen jener Himmelstage?
Was wir hoffen, was wir lieben!

Und das Echo, wie die Sage
Alter Zeiten, hallet wider.
[IRRLICHT]
Uhu! Schuhu! tönt es näher,
Kauz und Kiebitz und der Häher,
Sind sie alle wach geblieben?
[FAUST]
Sind das Molche durchs Gesträuche?
Lange Beine, dicke Bäuche!
Und die Wurzeln, wie die Schlangen,
Winden sich aus Fels und Sande,
Strecken wunderliche Bande,
Uns zu schrecken, uns zu fangen.
[MEPHISTOPHELES]
Aus belebten derben Masern
Strecken sie Polypenfasern
Nach dem Wandrer. Und die Mäuse
Tausendfärbig, scharenweise,
Durch das Moos und durch die Heide!
Und die Funkenwürmer fliegen
Mit gedrängten Schwärme-Zügen
Zum verwirrenden Geleite.
[FAUST]
Aber sag mir ob wir stehen,
Oder ob wir weiter gehen?
Alles, alles scheint zu drehen,
Fels und Bäume, die Gesichter
Schneiden, und die irren Lichter,
Die sich mehren, die sich blähen.
MEPHISTOPHELES
Fasse wacker meinen Zipfel!
Hier ist so ein Mittelgipfel,
Wo man mit Erstaunen sieht,
Wie im Berg der Mammon glüht.
FAUST
Wie seltsam glimmert durch die Gründe
Ein morgenrötlich trüber Schein!

Und selbst bis in die tiefen Schlünde
Des Abgrunds wittert er hinein.
Da steigt ein Dampf, dort ziehen Schwaden,
Hier leuchtet Glut aus Dunst und Flor,
Dann schleicht sie wie ein zarter Faden,
Dann bricht sie wie ein Quell hervor.
Hier schlingt sie eine ganze Strecke
Mit hundert Adern sich durchs Tal,
Und hier in der gedrängten Ecke
Vereinzelt sie sich auf einmal.
Da sprühen Funken in der Nähe
Wie ausgestreuter goldner Sand.
Doch schau! in ihrer ganzen Höhe
Entzündet sich die Felsenwand.

MEPHISTOPHELES

Erleuchtet nicht zu diesem Feste
Herr Mammon prächtig den Palast?
Ein Glück daß du's gesehen hast;
Ich spüre schon die ungestümen Gäste.

FAUST

Wie rast die Windsbraut durch die Luft!
Mit welchen Schlägen trifft sie meinen Nacken!

MEPHISTOPHELES

Du mußt des Felsens alte Rippen packen;
Sonst stürzt sie dich hinab in dieser Schlünde Gruft.
Ein Nebel verdichtet die Nacht.
Höre wie's durch die Wälder kracht!
Aufgescheucht fliegen die Eulen.
Hör es splittern die Säulen
Ewig grüner Paläste.
Girren und Brechen der Äste
Der Stämme mächtiges Dröhnen!
Der Wurzeln Knarren und Gähnen!
Im fürchterlich verworrenen Falle
Über einander krachen sie alle,
Und durch die übertrümmerten Klüfte
Zischen und heulen die Lüfte.

Hörst du Stimmen in der Höhe?
In der Ferne, in der Nähe?
Ja, den ganzen Berg entlang
Strömt ein wütender Zaubergesang!

HEXEN *im Chor*

Die Hexen zu dem Brocken ziehn,
Die Stoppel ist gelb, die Saat ist grün.
Dort sammelt sich der große Hauf,
Herr Urian sitzt oben auf.
So geht es über Stein und Stock
Es furzt die Hexe, es stinkt der Bock.

STIMME

Die alte Baubo kommt allein;
Sie reitet auf einem Mutterschwein.

CHOR

So Ehre dem, wem Ehre gebührt!
Frau Baubo vor! und angeführt!
Ein tüchtig Schwein und Mutter drauf;
Da folgt der ganze Hexenhauf.

HEXEN. *Chor*

Der Weg ist breit, der Weg ist lang,
Was ist das für ein toller Drang?
Die Gabel sticht, der Besen kratzt,
Das Kind erstickt, die Mutter platzt.

HEXENMEISTER. *Halbes Chor*

Wir schleichen wie die Schneck' im Haus,
Die Weiber alle sind voraus.
Denn, geht es zu des Bösen Haus,
Das Weib hat tausend Schritt voraus.

ANDRE HÄLFTE

Wir nehmen das nicht so genau,
Mit tausend Schritten machts die Frau;
Doch wie sie auch sich eilen kann,
Mit einem Sprunge machts der Mann.

BEIDE CHÖRE

Es trägt der Besen, trägt der Stock,
Die Gabel trägt, es trägt der Bock;

Wer heute sich nicht heben kann,
Ist ewig ein verlorner Mann.

CHOR DER HEXEN

Die Salbe gibt den Hexen Mut,
Ein Lumpen ist zum Segel gut,
Ein gutes Schiff ist jeder Trog;
Der flieget nie, der heut nicht flog.

Sie lassen sich nieder.

MEPHISTOPHELES

Das drängt und stößt, das ruscht und klappert!
Das zischt und quirlt, das zieht und plappert!
Das leuchtet, sprüht und stinkt und brennt!
Ein wahres Hexenelement!
Nur fest an mir! sonst sind wir gleich getrennt.
Wo bist du?

FAUST *in der Ferne*

Hier!

MEPHISTOPHELES

Was! dort schon hingerissen?
Da werd ich Hausrecht brauchen müssen.
Platz! Junker Voland kommt. Platz! süßer Pöbel, Platz!
Hier, Doktor, fasse mich! und nun, in einem Satz
Laß uns aus dem Gedräng entweichen;
Es ist zu toll, sogar für meinesgleichen.
Dort neben leuchtet was mit ganz besondrem Schein,
Es zieht mich was nach jenen Sträuchen.
Komm, komm! wir schlupfen da hinein.

FAUST

Doch droben möcht ich lieber sein!
Schon seh ich Glut und Wirbelrauch.
Dort strömt die Menge zu dem Bösen;
Da muß sich manches Rätsel lösen.

MEPHISTOPHELES

Der ganze Strudel strebt nach oben;
Du glaubst zu schieben, und du wirst geschoben.

TRÖDELHEXE

Ihr Herren geht nicht so vorbei!

Laßt die Gelegenheit nicht fahren!
Aufmerksam blickt nach meinen Waren;
Es steht dahier gar mancherlei.
Und doch ist nichts in meinem Laden,
Dem keiner auf der Erde gleicht,
Das nicht einmal zum tüchtgen Schaden
Der Menschen und der Welt gereicht.
Kein Dolch ist hier, von dem nicht Blut geflossen,
Kein Kelch, aus dem sich nicht in ganz gesunden Leib
Verzehrend heißes Gift ergossen,
Kein Schmuck, der nicht ein liebenswürdig Weib
Verführt, kein Schwert, das nicht den Bund gebrochen,
Nicht etwa hinterrücks den Gegenmann durchstochen.

MEPHISTOPHELES
Frau Muhme! Sie versteht mir schlecht die Zeiten,
Getan geschehn! Geschehn getan!
Verleg sie sich auf Neuigkeiten!
Nur Neuigkeiten ziehn uns an.

FAUST
Willst du dich nun, um uns hier einzuführen,
Als Zaubrer oder Teufel produzieren?

MEPHISTOPHELES, *der auf einmal sehr alt erscheint*
Zum jüngsten Tag fühl ich das Volk gereift,
Da ich zum letztenmal den Hexenberg ersteige,
Und weil mein Fäßchen trübe läuft,
So ist die Welt auch auf der Neige.

Gipfel

[STIMME IM STRUDEL]
Siehst du, er kommt den Berg hinauf!
Von weitem steht des Volkes Hauf.

[ALLE]
Es segnen staunend sich die Frommen.
Gewiß, er wird als Sieger kommen!

Trompetenstöße, Blitze, Donner von oben.
Feuersäulen, Rauch, Qualm.
Fels, der daraus hervorragt. Ist der Satan.
Großes Volk umher.

[KNIENDER]
. . . und kann ich, wie ich bat,
Mich unumschränkt in diesem Reiche schauen,
So küß ich, bin ich gleich von Haus aus Demokrat,
Dir doch, Tyrann, voll Dankbarkeit die Klauen.

[Mephisto als] ZEREMONIENMEISTER
Die Klauen! das ist für einmal!
Du wirst dich weiter noch entschließen müssen.

[KNIENDER]
Was fordert denn das Ritual?

ZEREMONIENMEISTER
Beliebt dem Herrn, den h i n t e r n Teil zu küssen!

[KNIENDER]
Darüber bin ich unverworrn,
Ich küsse hinten oder vorn.
[Satan wendet sich]
Scheint oben deine Nase doch
Durch alle Welten vorzudringen,
So seh ich unten hier ein Loch,
Das Universum zu verschlingen.
Was duftet[s] aus dem kolossalen Mund!
So wohl kanns nicht im Paradiese riechen,
Und dieser wohlgebaute Schlund
Erregt den Wunsch hineinzukriechen.
[Atemlose Stille. Dann frenetischer Aufschrei der Menge]
Was soll ich mehr!

SATAN *[richtet sich auf, wendet sich um]*
Vasall, du bist erprobt!
Hierdurch beleih ich dich mit Millionen Seelen.
Und wer des Teufels Arsch so gut wie du gelobt,
Dem soll es nie an Schmeichelphrasen fehlen.

Nacht

Massen, Gruppen.
[Der Satan auf dem Thron]

SATAN

Die Böcke zur Rechten,
Die Ziegen zur Linken!
Die Ziegen, sie riechen,
Die Böcke, sie stinken.
Und wenn auch die Böcke
Noch stinkiger wären,
So kann doch die Ziege
Des Bocks nicht entbehren.

CHOR

Aufs Angesicht nieder!
Verehret den Herrn!
Er lehret die Völker
Und lehret sie gern.
Vernehmet die Worte:
Er zeigt euch die Spur
Des ewigen Lebens
Der tiefsten Natur.

SATAN *rechts gewendet*

Euch gibt es zwei Dinge
So herrlich und groß:
Das glänzende Gold
Und der weibliche Schoß.
Das eine verschaffet,
Das andre verschlingt.
Drum glücklich, wer beide
Zusammen erringt!

EINE STIMME

Was sagte der Herr denn? –
Entfernt von dem Orte
Vernahm ich nicht deutlich
Die köstlichen Worte.
Mir bleibet noch dunkel

Die herrliche Spur,
Nicht seh ich das Leben
Der tiefen Natur.

SATAN *links gewendet*

Für euch sind zwei Dinge
Von köstlichem Glanz:
Das leuchtende Gold
Und ein glänzender Schwanz.
Drum wißt euch, ihr Weiber,
Am Gold zu ergötzen
Und mehr als das Gold
Noch die Schwänze zu schätzen.

CHOR

Aufs Angesicht nieder
Am heiligen Ort!
O glücklich, wer nah steht
Und höret das Wort!

EINE STIMME

Ich stehe von ferne
Und stutze die Ohren.
Doch hab ich schon manches
Der Worte verloren.
Wer sagt mir es deutlich?
Wer zeigt mir die Spur
Des ewigen Lebens,
Der tiefsten Natur?

MEPHISTOPHELES *zu einem jungen Mädchen [halblaut]*

Was weinst du? art'ger kleiner Schatz
Die Tränen sind hier nicht am Platz.
Du wirst in dem Gedräng wohl gar zu arg gestoßen?

MÄDCHEN

Ach nein! der Herr dort spricht so gar kurios
Von Gold und Schwanz, von Gold und Schoß,
Und alles freut sich, wie es scheint!
Doch das verstehn wohl nur die Großen?

MEPHISTOPHELES

Nein, liebes Kind, nur nicht geweint!

Denn willst du wissen, was der Teufel meint,
So greife nur dem Nachbar in die Hosen!

SATAN *gradaus*

Ihr Mägdlein, ihr stehet
Hier grad in der Mitten.
Ich seh, ihr kommt alle
Auf Besen geritten.
Seid reinlich bei Tage
Und säuisch bei Nacht!
So habt ihrs auf Erden
Am weitsten gebracht.

[Orgiastisches Getümmel. Die Menge formiert sich zum Ringtanz, der übergeht in die Sexualorgie.]

FAUST

Daß ich mich nur nicht selbst vergesse!
Heiß ich mir das doch eine Messe!

MEPHISTOPHELES

Komm her! wir setzen uns zu Tisch,
Wen möchte solche Narrheit rühren!
Die Welt geht auseinander wie ein fauler Fisch,
Wir wollen sie nicht balsamieren.
Da seh ich junge Hexchen nackt und bloß,
Und alte, die sich klug verhüllen.
Seid freundlich, nur um meinetwillen:
Die Müh ist klein, der Spaß ist groß.
Es ist doch lange hergebracht,
Daß in der großen Welt man kleine Welten macht.
Komm nur! von Feuer gehen wir zu Feuer,
Ich bin der Werber, und du bist der Freier.

FAUST

Wer ist denn das?

MEPHISTOPHELES

Betrachte sie genau!

Lilith ist das.

FAUST

Wer?

MEPHISTOPHELES
Adams erste Frau.
Nimm dich in acht vor ihren schönen Haaren,
Vor diesem Schmuck, mit dem sie einzig prangt!
Wenn sie damit den jungen Mann erlangt,
So läßt sie ihn sobald nicht wieder fahren.

FAUST
Da sitzen zwei, die Alte mit der Jungen;
Die haben schon was Rechts gesprungen!

MEPHISTOPHELES
Das hat nun heute keine Ruh.
Es geht zum neuen Tanz; nun komm! wir greifen zu.

FAUST *mit der Jungen tanzend*
Einst hatt ich einen schönen Traum:
Da sah ich einen Apfelbaum,
Zwei schöne Äpfel glänzten dran,
Sie reizten mich, ich stieg hinan.

DIE SCHÖNE
Der Äpfelchen begehrt ihr sehr,
Und schon vom Paradiese her.
Von Freuden fühl ich mich bewegt,
Daß auch mein Garten solche trägt.

MEPHISTOPHELES *mit der Alten*
Einst hatt ich einen wüsten Traum:
Da sah ich einen gespaltnen Baum,
Der hatt ein ungeheures Loch;
So groß es war, gefiel mirs doch.

DIE ALTE
Ich biete meinen besten Gruß
Dem Ritter mit dem Pferdefuß.
Halt er einen rechten Pfropf bereit,
Wenn er das große Loch nicht scheut!

[Summender Singsang der Schönen; ihr lasziver Tanz mit Faust nähert sich dem Geschlechtsakt – da macht er sich frei.]

MEPHISTOPHELES *zu Faust, der aus dem Tanz getreten ist*
Was lässest du das schöne Mädchen fahren,
Das dir zum Tanz so lieblich sang?

FAUST
Ach! mitten im Gesange sprang
Ein rotes Mäuschen ihr aus dem Munde.
MEPHISTOPHELES
Das ist was Rechts! das nimmt man nicht genau;
Genug, die Maus war doch nicht grau.
Wer fragt danach in einer Schäferstunde?
FAUST
Dann sah ich –

[In der Ferne wird die Erscheinung Gretchens erkennbar]
Nackt. Die Hände auf dem Rücken.
Bedeckt nicht das Gesicht und nicht die Scham.

MEPHISTOPHELES
Was?
FAUST
Mephisto, siehst du dort
Ein blasses, schönes Kind allein und ferne stehen?
Sie schiebt sich langsam nur vom Ort,
Sie scheint mit geschlossnen Füßen zu gehen.
Ich muß bekennen, daß mir deucht,
Daß sie dem guten Gretchen gleicht.
MEPHISTOPHELES
Laß das nur stehn! Dabei wirds niemand wohl.
Es ist ein Zauberbild, ist leblos, ein Idol.
Ihm zu begegnen, ist nicht gut;
Vom starren Blick erstarrt des Menschen Blut,
Und er wird fast in Stein verkehrt,
Von der Meduse hast du ja gehört.
FAUST
Fürwahr es sind die Augen einer Toten,
Die eine liebende Hand nicht schloß.
Das ist die Brust, die Gretchen mir geboten,
Das ist der süße Leib, den ich genoß.
MEPHISTOPHELES
Das ist die Zauberei, du leicht verführter Tor!
Denn jedem kommt sie wie sein Liebchen vor.

FAUST
Welch eine Wonne! welch ein Leiden!
Ich kann von diesem Blick nicht scheiden.
Wie sonderbar muß diesen schönen Hals
Ein einzig rotes Schnürchen schmücken,
Nicht breiter als ein Messerrücken!

Hochgerichtserscheinung

[Im Hintergrund die Richter, Henker, Henkersknechte. Gruppe von Franziskanern in grauem Habit und Dominikanern mit schwarzen Kutten und Kapuzen. Gretchen nähert sich ihnen. Volksmenge. Hexenschwärme umziehen den Richtblock.]

FAUST, MEPHISTOPHELES
auf schwarzen Pferden daherbrausend

FAUST
Was weben die dort um den Rabenstein?
MEPHISTOPHELES
Weiß nicht, was sie kochen und schaffen.
FAUST
Schweben auf, schweben ab, neigen sich, beugen sich.
MEPHISTOPHELES
Eine Hexenzunft.
FAUST
Sie streuen und weihen.
MEPHISTOPHELES
Vorbei! Vorbei!

HEXEN *im Chor*
Und wie wir nun nach Hause ziehn,
Die Saat ist gelb, die Stoppel grün.
Zum Schlusse nimmts kein Mensch genau,
Es speit die Hexe, es scheißt die Sau.

Gedräng. Reden des Volkes.
[Gretchen kniet vor dem Richtblock.]

GESANG [der Volksmenge, *gedämpft*]
[Media vita
In morte sumus:
Quem quaerimus adiutorem
Nisi te, domine,
Qui pro peccatis nostris
Iuste irasceris.
Sancte Deus,
Sancte fortis,
Sancte et misericors salvator:
Amarae morti ne tradas nos.]

[SPRECHCHOR DER FRANZISKANER- UND DOMINIKANER-INQUISITOREN]
Wo fließet heißes Menschenblut
Der Dunst ist allem Zauber gut.
Die grau und schwarze Brüderschaft
Sie schöpft zu neuen Werken Kraft.
Was deutet auf Blut, ist uns genehm,
Was Blut vergießt, ist uns bequem.
Um Glut und Blut umkreist den Reihn
In Glut soll Blut vergossen sein!

Der Kopf fällt ab.
Das Blut springt und löscht das Feuer.

Ein Blutquell rieselt nie allein
Es laufen andre Bächlein drein
Sie wälzen sich von Ort zu Ort
Es reißt der Strom die Ströme fort!

Mitternacht
Versinken der Erscheinung
Vulkan.
Unordentliches Auseinanderströmen. Brechen und Stürmen.

[*Morgendämmerung. Es folgt die Szene* Trüber Tag. Feld]

Stellenverzeichnis

1-133: 3835-3967 (meint: Vers 1-133 der Bühnenfassung entspricht der Druckfassung von Faust I, *Vers 3835-3967) | 134-145: 3974-3985 | 146-149: 4000-4003 | 150-153: 4008-4011 | 154-167: 4016-4029 | 168-171: 4037-4040 | 172-173: 4116-4117 | 174-191: 4096-4113 | 192-193: 4060-4061 | 194-197: 4092-4095 | vor 198: Paralipomenon 50, Z. 3 | 198-201: Paralipomenon 49 | vor 202: Paralipomenon 48, Z. 21-26 | 202-223: Paralipomenon 50, Z. 97-124 | vor 224-293: Paralipomenon 50, Z. 3-90 | 294-295: 4114-4115 | 296-299: Zahme Xenien V (FA I 2, 666); die beiden letzten, später so ergänzten Verse = Paralipomenon 62 | 300-303: 4046-4049 | 304-305: 4044-4045 | 306-307: 4070-4071 | 308-333: 4118-4143 | 334-340: 4176-4182 | 341: 4183 und Paralipomenon 50, Z. 189-191 | 342-363: 4184-4205 | vor 364: Paralipomenon 50, Z. 164 | 364-369: 4399-4404 (›Nacht, offen Feld‹) | 370-373: Paralipomenon 50, Z. 126-129 | vor 374: Paralipomenon 50, Z. 183, 186 | 374-383: als Vorschlag für den ›Gesang‹, der vom 13.-16. Jahrhundert weitverbreitete mittelalterliche Tropus | 384-391: Paralipomenon 50, Z. 167-174 | vor 392: Paralipomenon 50, Z. 193f. | 392-395: Paralipomenon 50, Z. 179-182 | nach 395: Paralipomenon 48, Z. 38-41.*

ZEUGNISSE
ZUR ENTSTEHUNGSGESCHICHTE

Was man von der Entstehung der Goetheschen Faust-*Dichtung weiß, wird hier nicht erzählend dargestellt, sondern in Form einer Zitatmontage dokumentiert (erläuternde Zusätze des Herausgebers sind möglichst knapp gefaßt und durch Kursivdruck abgesetzt). Die dafür ausgewählten, besonders bedeutsamen und interessanten Zeugnisse stellen freilich nur einen schmalen Ausschnitt des Textmaterials dar, das zuerst von Pniower 1899, dann nahezu vollständig von Gräf 1904 zusammengetragen worden ist (bei ihm umfassen* Goethes Äusserungen über Faust *1132 Stücke auf 608 Druckseiten). Nur haben diese beiden Sammlungen und ebenso die auf sie gestützten, kürzer gefaßten Anthologien Goethescher Äußerungen in den* Faust-*Ausgaben des 20. Jahrhunderts nicht unterschieden zwischen den entstehungsgeschichtlichen Zeugnissen und denjenigen Äußerungen Goethes, die man als Leseanweisungen des Autors bezeichnen könnte, und solchen Mitteilungen schließlich, die das entstehende oder abgeschlossene Werk selber betreffen: seinen Selbsterklärungen und eigenen Deutungen. Um diese heterogene und sehr unübersichtliche Textmenge zugänglicher zu machen, ist sie in der vorliegenden Ausgabe zerlegt worden. Hier also folgen Mitteilungen Goethes und seiner Zeitgenossen zur Entstehung des* Faust. *Rezeptionsbezogene Äußerungen des Autors hingegen sind S. 815 ff. unter der Rubrik* Leseanweisungen *gesondert zusammengestellt. Die werkbezogenen, kommentierenden Äußerungen Goethes schließlich findet man im Zusammenhang der Texterläuterungen an jeweils einschlägiger Stelle im Kommentar-Band.*

Knappe entstehungsgeschichtliche Angaben erfolgen aber, wenn möglich und nötig, auch bei den Erläuterungen der einzelnen Akte, Szenen oder kleineren Passagen. Denn Goethe hat seine Faust-*Dichtung keineswegs durchgehend in der Abfolge verfaßt, die das abgeschlossene Werk zeigt, und für das Textverständnis können die Abfassungszeiten einzelner Teile mitunter doch hilfreich sein. Schließlich finden sich solche Datierungen oder Datierungsversuche auch im Kommentar zu den (hier S. 541 ff. abgedruckten) Para-*

lipomena zum Faust, *in denen sich die Entstehung dieser Dichtung unmittelbar abbildet – soweit sie sich auf beschriebenem Papier vollzogen hat.*

Mehr als 70 Lebensjahre umfaßt die Entstehungsgeschichte, welche die folgenden Texte dokumentieren. Sie setzt ein, wenn der kleine Junge das Puppenspiel vom Doktor Faust erlebt, also in Goethes früher Kindheit, und endet wenige Wochen vor dem Tod des Zweiundachtzigjährigen mit den letzten Eingriffen, die er noch Ende Januar 1832 im Zweiten Teil seiner Dichtung vorgenommen hat.

Sie berichtet von vielfältigen inneren und äußeren Anregungen, Antrieben, Ermutigungen und von ebensolchen Störungen, Hinderungen, Entfremdungen. Sie führt durch Zeiten, Da sich ein Quell gedrängter Lieder | Ununterbrochen neu gebar *(186f.), und belehrt darüber, mit welchen Vorkehrungen und Anstrengungen der Autor später selbst praktizierte, was der Direktor im* Vorspiel auf dem Theater *sagt:* Gebt ihr euch einmal für Poeten, | So kommandiert die Poesie. *(220f.) Sie zeugt von durchgehaltenen Plänen und wechselnden Konzeptionen, von euphorischen und resignativen Phasen, langen Stockungen und mächtigen Produktionsschüben, vergeblichen Bemühungen und glückhaftem Gelingen.*

So eröffnet sie an diesem außerordentlichen, in der Weltgeschichte der Kunst wohl einzigartigen Fall einen unvergleichlich weiten und tiefen Einblick in den Ablauf eines schöpferischen Prozesses.

KINDERZEIT

Dichtung und Wahrheit *10. Buch (FA I 14, 451), niedergeschrieben 1811, bezogen auf Straßburg 1770/71:*

> Die bedeutende Puppenspielfabel des andern *⟨des Doktor Faust⟩* klang und summte gar vieltönig in mir wider.

Schon der vierjährige Johann Wolfgang und seine Schwester bekamen ein eigenes Puppentheater geschenkt, auf dem ihnen vorgespielt wurde: »besonders auf den Knaben machte es einen sehr starken Eindruck, der in eine große langdauernde Wirkung nachklang.« (Dichtung und Wahrheit *1. Buch, aaO. 20 – aber wohl weder ein Geschenk der Großmutter noch schon zu Weihnachten 1753). Über die zu Goethes Kinderzeit in Frankfurt öffentlich aufgeführten* Faust-*Puppenspiele dann hat der sieben Jahre ältere Lichtenberg, der in seiner Kindheit häufig aus dem nahen Darmstadt herübergekommen war, noch im September 1775 notiert: »Dem Dr Faust unter andern haben wir ein ganz herrliches Denkmal gestiftet, daß ihn der Teufel noch auf die Stunde in jedem Marionettenstall auf jeder Frankfurter Messe die Woche 6mal holt.« (*Sudelbuch *E 107. Vgl. Joost 1989)*

Die variablen Texte solcher Aufführungen gehen indirekt auf die Spies'sche Historia Von D. Johann Fausten *aus dem Jahr 1587 zurück, → Kommentar-Band S. 181-85. Deren englische Übersetzung nämlich hat – möglicherweise nur mittelbar – Christopher Marlowes um 1590 verfaßte* Tragicall History of D. Faustus *angeregt, welche dann seit dem frühen 17. Jahrhundert von englischen Wandertruppen in (nicht erhaltenen) gewiß zweckdienlich zugerichteten Spektakelfassungen wiederum nach Deutschland gebracht und an die Puppenspieler weitergegeben wurde. – Aufgrund von Darbietungen der Schütz-Dreherschen Gesellschaft in den 20er Jahren des 17. Jahrhunderts in Berlin und nach Zuschauerberichten über andere Aufführungen hat Simrock 1846 eine kompilierend bearbeitete Version der aus den Wanderbühnentexten abgeleiteten*

Puppenspiele herausgegeben (Neudruck bei Mahal 1991, 8-52). Sie vermag wenigstens annäherungsweise zu zeigen, in welcher Gestalt der Doktor Faust seinem Dichter zum erstenmal entgegentrat.

1765 / 1768

Goethe, 14. 11. 1816 an Zelter (der ihm am 8. 11. in einer derben Szene großsprecherische Meinungen von Lesern der Italienischen Reise *mitgeteilt hatte):*

Die Leser und Meiner, die mir dein letzter Brief vorführt, mögen zu den Gesellen in Auerbachs Hof gehören, von denen Mephistopheles schon vor 50 Jahren gesagt hat: alles spüren die Kerle nur nicht den Teufel und wenn er ihnen noch so nah ist. ⟨→ Frühe Fassung *S. 487, 62f. und* Faust I, *2181f.*⟩

Auch hier merken sie nicht, daß sie mit dem Regenwurm, der so glatt hinunter zu gehen scheint, einen Angel verschlucken der ihnen zu schaffen machen wird.

Während seiner Leipziger Zeit (Oktober 1765–August 1768) hatte Goethe im Keller dieser Studentenkneipe zwei Bilder gesehen, die den Doctor Faustus mit seinem Pudel darstellten, wie er unter pokulierenden Studenten sitzt, und wie er vor ihnen ein Weinfaß aus dem Keller reitet (→ Kommentar-Band, Abb. 1). – Wann eine erste Niederschrift der Szene Auerbachs Keller *erfolgte, ist freilich ungewiß.*

FRÜHJAHR 1766

Dichtung und Wahrheit *7. Buch (FA I 14, 293f.) über den Besuch, den der 16jährige Leipziger Student mit seinem späteren Schwager Schlosser beim Professor Gottsched abstattete:*

Wir traten hinein zu einer sonderbaren Szene: denn in dem Augenblick trat Gottsched, der große breite riesenhafte Mann, in einem gründamastnen, mit rotem Taft gefütterten Schlafrock zur entgegengesetzten Türe herein; aber sein ungeheures Haupt war kahl und ohne

Bedeckung. Dafür sollte jedoch sogleich gesorgt sein: denn der Bediente sprang mit einer großen Allongeperücke auf der Hand (die Locken fielen bis an den Ellenbogen) zu einer Seitentüre herein und reichte den Hauptschmuck seinem Herrn mit erschrockner Gebärde. Gottsched, ohne den mindesten Verdruß zu äußern, hob mit der linken Hand die Perücke von dem Arme des Dieners, und indem er sie sehr geschickt auf den Kopf schwang, gab er mit seiner rechten Tatze dem armen Menschen eine Ohrfeige, so daß dieser, wie es im Lustspiel zu geschehen pflegt, sich zur Türe hinaus wirbelte, worauf der ansehnliche Altvater uns ganz gravitätisch zu sitzen nötigte und einen ziemlich langen Discours mit gutem Anstand durchführte.

In Faust. Frühe Fassung *lautet die Regieanweisung vor 249:* Mephistopheles im Schlafrock eine grose Perrücke auf. Student. *Es ist denkbar, daß der Beginn der dann folgenden Schüler-Szene (ebd. 249-332, → Kommentar dazu) auf eine in Knittelversen verfaßte Universitäts- und Professoren-Satire zurückgeht, die Goethe nach diesem Besuch, noch in Leipzig und vielleicht schon 1766 verfaßt und seinen Freunden vorgetragen haben könnte – wohl noch unabhängig von der* Faust-*Dichtung, in die sie dann als einer ihrer ältesten Bestandteile eingegangen wäre.*

1767?

Goethe an Nees v. Esenbeck, 24. 5. 1827:

Wie ich im Stillen langmütig einhergehe werden Sie an der dreitausendjährigen Helena sehen, der ich nun auch schon sechzig Jahre nachschleiche, um ihr einigermaßen etwas abzugewinnen.

An Boisserée, 22. 10. 1826:

Die Helena ist eine meiner ältesten Konzeptionen, gleichzeitig mit Faust 〈*meint wohl nicht: neben dem* Faust, *als eine von ihm unabhängige Dichtung, sondern: schon zusammen mit dessen späterem Ersten Teil konzipiert⟩*, immer nach Einem Sinne, aber immer um und um gebildet.

NOVEMBER 1768

In Die Mitschuldigen, *1. Fassg., II. Auftr. (FA I 4, 64):*

Ach, wüßt ihr wie mir's graust.
Es wird mir siedend heiß! So war's dem Doktor Faust
Nicht halb zu Mut ⟨. . .⟩!

1769?

Goethe an Zelter, Mitte Mai (Datum am Briefende 1. 6.) 1831:

Es ist keine Kleinigkeit, das, was man im zwanzigsten Jahre konzipiert hat, im 82. außer sich darzustellen ⟨. . .⟩.

An Wilhelm v. Humboldt, 17. 3. 1832:

Es sind über sechzig Jahre, daß die Konzeption des Faust bei mir jugendlich von vorne herein *⟨meint: hinsichtlich der vorderen Partien des Gesamtwerks⟩* klar, die ganze Reihenfolge hin weniger ausführlich vorlag.

SEPTEMBER 1770 – APRIL 1771

Dichtung und Wahrheit *10. Buch (FA I 14, 450f.) über die Straßburger Zeit mit Herder:*

Am sorgfältigsten verbarg ich ihm das Interesse an gewissen Gegenständen, die sich bei mir eingewurzelt hatten und sich nach und nach zu poetischen Gestalten ausbilden wollten. Es war *Götz* von Berlichingen und *Faust.* Die Lebensbeschreibung des erstern hatte mich im Innersten ergriffen. ⟨. . .⟩ Die bedeutende Puppenspielfabel des andern klang und summte gar vieltönig in mir wider.

JANUAR 1772

Dichtung und Wahrheit 4. *Buch (FA I 14, 166) über Ereignisse in Frankfurt:*

⟨. . .⟩ es fehlte mitten in der bürgerlichen Ruhe und Sicherheit nicht an gräßlichen Auftritten. ⟨. . .⟩ bald setzte ein entdecktes großes Verbrechen, dessen Untersuchung und Bestrafung die Stadt auf viele Wochen in Unruhe. Wir mußten Zeugen von verschiedenen Exekutionen sein ⟨. . .⟩.

Wie 1758 schon Anna Maria Fröhlich, wurde am 14. 1. 1772 Susanna Margaretha Brandt als Kindsmörderin öffentlich hingerichtet. Über deren Verhöre und ihre Exekution war der junge Frankfurter Rechtsanwalt genau unterrichtet – zumindest durch Abschriften aus den Prozeßprotokollen, die man im Haus seines Vaters gefunden hat. Sie haben im Faust-*Text, besonders in der* Kerker-*Szene, deutliche Spuren hinterlassen (→ Kommentar-Band S. 193 f., 369 f., 383, bzw. 903 f., 914 f.). Denkbar, daß schon in dieser Zeit eine erste Prosa-Niederschrift entstand, die möglicherweise erst später in den Kontext des* Faust-*Dramas einging. – Dazu Beutler 1980, 85-98.*

FRÜHJAHR 1772

Dichtung und Wahrheit *12. Buch (FA I 14, 552):*

Faust war schon vorgeruckt ⟨. . .⟩.

1773

Gotter an Goethe, Juni (?) 1773, Schlußverse eines Dankbriefes:

Du nächstens im Merkurius ⟨*Wielands Zeitschrift*⟩
Wirst finden was von meiner Mus',
Und freut mich recht von Herzensgrund,
Wenn Dir der Dreck gefallen kunnt.

Schick' mir dafür den Doctor Faust,
Sobald Dein Kopf ihn ausgebraust.

Goethe an Zelter, 11. 5. 1820, über das im Sommer 1773 entstandene Dramolett Satyros oder Der vergötterte Waldteufel*:*

Ich enthalte mich aller Vergleichung; nur bemerke daß auch ein wichtiger Teil des Faust in diese Zeit fällt.

OKTOBER 1774

Boie, Reisetagebuch 15./17. 10. 1774:

Einen ganzen Tag allein, ungestört mit Goethen zugebracht ⟨. . .⟩. Er hat mir viel vorlesen müssen, ganz und Fragment, und in allem ist der originale Ton, eigne Kraft, und bei allem Sonderbaren, Unkorrekten alles mit dem Stempel des Genies geprägt. Sein Dr. Faust ist fast fertig, und scheint mir das Größte und Eigentümlichste von allem.

DEZEMBER 1774

Knebel an Bertuch, 23. 12. 1774 über seinen Besuch bei Goethe am 11./12. 12.:

Ich habe ⟨*gesehen? oder als Leihgabe erhalten?*⟩ einen Haufen Fragmente von ihm, unter andern zu einem Doktor Faust, wo ganz ausnehmend herrliche Szenen sind. Er zieht die Manuskripte aus allen Winkeln seines Zimmers hervor.

SEPTEMBER 1775

Goethe an Auguste Gräfin zu Stolberg, 17. 9. 1775:

Ist der Tag leidlich und stumpf herumgegangen, da ich aufstund war mirs gut, ich machte eine Szene an meinem Faust. Vergängelte ein paar Stunden. Verliebelte ein paar mit einem Mädgen davon dir die Brüder erzählen mögen, das ein seltsames Geschöpf ist. Aß in einer Gesellschaft ein Dutzend guter Jungens, so grad wie sie Gott erschaffen hat. Fuhr auf dem Wasser selbst auf und nieder, ich hab die Grille selbst fahren zu lernen. Spielte ein paar Stunden Pharao und verträumte ein paar mit guten Menschen. Und nun sitz ich dir gute Nacht zu sagen. Mir wars in all dem wie einer Ratte die Gift gefressen hat, sie läuft in alle Löcher, schlürpft alle Feuchtigkeit, verschlingt alles Eßbare das ihr in Weg kommt und ihr innerstes glüht von unauslöschlich verderblichem Feuer. Heut vor acht Tagen war Lili hier. Und in dieser Stunde war ich in der grausamst feierlichst süßesten Lage meines ganzen Lebens |: mögt ich sagen :|. O Gustgen warum kann ich nichts davon sagen! Warum! Wie ich durch die glühendsten Tränen der Liebe, Mond und Welt schaute und mich alles seelenvoll umgab. ⟨→ *das Rattenlied:* Faust. Frühe Fassung *S. 485, 25 ff. und* Faust I, *2126 ff.*⟩

NOVEMBER 1775

Goethe, nach Eckermanns Gesprächsbericht vom 10. 2. 1829:

Der Faust entstand mit meinem Werther ⟨*Februar–Mai 1774*⟩; ich brachte ihn im Jahre 1775 mit nach Weimar. Ich hatte ihn auf Postpapier ⟨*besonders leichtes, feines Papier*⟩ geschrieben und nichts daran gestrichen; denn ich hütete mich, eine Zeile niederzuschreiben, die nicht gut war und die nicht bestehen konnte.

ENDE 1775

Friedrich Leopold Graf zu Stolberg an Henriette v. Bernstorff, 16. 12. 1775:

Einen Nachmittag las Goethe seinen halbfertigen Faust vor. Es ist ein herrliches Stück. Die Herzoginnen ⟨*Anna Amalia und Luise*⟩ waren gewaltig gerührt bei einigen Szenen.

Bei dieser (ersten?) Weimarer Faust-*Vorlesung mag der Eindruck eines »halbfertigen« Stückes wohl deshalb entstanden sein, weil Goethe in raffender Erzählung Fehlendes ergänzte und weiter Geplantes skizzierte.*

JANUAR 1776

Merck an Nicolai, 19. 1. 1776:

Ich erstaune so oft ich Ein Neu Stück zu Fausten zu sehen bekomme, wie der Kerl zusehends wächst, und Dinge macht, die ohne den großen Glauben an sich selbst, und dem damit verbundenen Mutwillen ohnmögl. wären.

1778 – 1780

Herder an Knebel, undatierte Einladung zu einer Faust-*Lesung Goethes in Weimar:*

Morgen am Abend lassen bei uns sich hinter der Kirche
Faustus Teufel zur Lehr böser Verruchter sehn
Oder hören vielmehr; sei auch von der heiligen Anzahl,
oder willt Du etwa selbst Mephistophiles sein?

Ich bitte aber es weiter niemanden zu sagen, weil der Zauberer nur einen kleinen Kreis will.

FEBRUAR 1782

Für die ersten Weimarer Jahre (bis zum Aufbruch nach Italien im September 1786) wird allgemein unterstellt, daß Goethe die Arbeit am Faust *liegenließ und das Stück keine Fortschritte machte. Handschriften, die anderes bezeugten, sind nicht überliefert. Aber Fortschritte müssen sich nicht unbedingt auf beschriebenem Papier vollzogen haben.*

Goethe an Charlotte v. Stein, 10. 2. 1782, über einen turbulenten Abend beim Herzog (»Herder sagte Wielanden einmal etwas Unartiges und dieser erwiderte was Grobes«):

⟨...⟩ mir raunte Mephistopheles einige Anmerkungen leise zu, und ich ließ mir den Punsch schmecken.

SOMMER 1786

Mit dem Leipziger Verleger Göschen vereinbart Goethe im Juni eine 8bändige Ausgabe seiner Schriften. *In Zeitschriften kündigt Göschen dafür jetzt schon an:* Faust. Ein Fragment *(→ hier Ostermesse 1790). Goethe nimmt sein Manuskript mit nach Karlsbad (27. 7. - 2. 9.) und auf die anschließende italienische Reise.*

Frau v. Gravmayer an Caroline v. Beulwitz, 14. 10. 1786:

Goethe hat viel (in Karlsbad) vorgelesen, unter andern Doktor Faust, und es schien, daß meine beide Freundinnen Lanthiery und Fräulein Asseburg mich recht bedauerten, es nicht gehört zu haben. Ich bedauerte mich damals schon selbst darum, und noch hinten nach jedes Mal, wenn ich dran denke ⟨...⟩ Denn bei dialogierten Stücken ist es von vorzüglichem Wert, sie von den Autoren selbst lesen zu hören. Überhaupt ist es mir unersetzbar, Goethen nicht selbst *sein* Stück haben lesen hören ⟨...⟩

AUGUST 1787

Goethe an Herzog Carl August, 11. 8. 1787 aus Rom:

Noch eine andre Epoche denke ich mit Ostern zu schließen: meine erste (oder eigentlich meine zweite) Schriftsteller-Epoche. Egmont ist fertig, und ich hoffe bis Neujahr den Tasso, bis Ostern Faust ausgearbeitet zu haben, welches mir nur in dieser Abgeschiedenheit möglich wird. ⟨. . .⟩

Daß ich meine älteren Sachen fertig arbeite, dient mir erstaunend. Es ist eine Rekapitulation meines Lebens und meiner Kunst, und indem ich gezwungen bin, mich und meine jetzige Denkart, meine neuere Manier, nach meiner ersten zurückzubilden, das was ich nur entworfen hatte nun auszuführen; so lern' ich mich selbst und meine Engen und Weiten recht kennen. Hätte ich die alten Sachen stehen und liegen lassen, ich würde niemals soweit gekommen sein, als ich jetzt zu reichen hoffe.

DEZEMBER 1787

Goethe an Carl August, 8. 12. 1787 aus Rom:

An Faust gehe ich ganz zuletzt, wenn ich alles andre hinter mir habe. Um das Stück zu vollenden, werd' ich mich sonderbar zusammennehmen müssen. Ich muß einen magischen Kreis um mich ziehen, wozu mir das günstige Glück eine eigne Stätte bereiten möge.

FEBRUAR 1788

Italienische Reise. Zweiter Römischer Aufenthalt *(*Korrespondenz, *1. 3. 1788):*

Ich habe den Mut gehabt, meine drei letzten Bände ⟨*die noch ausstehenden Bde 6-8 der* Schriften⟩ auf einmal zu überdenken, und ich weiß nun genau, was ich machen will; gebe nun der Himmel Stimmung und Glück es zu machen.

Es war eine reichhaltige Woche, die mir in der Erinnerung wie ein Monat vorkommt.

Zuerst ward der Plan zu Faust gemacht *〈der gewiß das gesamte Drama umfaßte; nicht überliefert〉*, und ich hoffe, diese Operation soll mir geglückt sein. Natürlich ist es ein ander Ding, das Stück jetzt oder vor funfzehn Jahren ausschreiben, ich denke, es soll nichts dabei verlieren, besonders da ich jetzt glaube den Faden wieder gefunden zu haben. Auch was den Ton des Ganzen betrifft, bin ich getröstet; ich habe schon eine neue Szene ausgeführt *〈wohl die Paktszene, → Kommentar zu 1770 ff.〉*, und wenn ich das Papier räuchre, so dächt' ich, sollte sie mir niemand aus den alten herausfinden. Da ich durch die lange Ruhe und Abgeschiedenheit ganz auf das Niveau meiner eignen Existenz zurückgebracht bin, so ist es merkwürdig, wie sehr ich mir gleiche und wie wenig mein Innres durch Jahre und Begebenheiten gelitten hat. Das alte Manuskript macht mir manchmal zu denken, wenn ich es vor mir sehe. Es ist noch das erste, ja in den Hauptszenen gleich so ohne Konzept hingeschrieben, nun ist es so gelb von der Zeit, so vergriffen (die Lagen waren nie geheftet), so mürbe und an den Rändern zerstoßen, daß es wirklich wie das Fragment eines alten Kodex aussieht, so daß ich, wie ich damals in eine frühere Welt mich mit Sinnen und Ahnen versetzte, mich jetzt in eine selbst gelebte Vorzeit wieder versetzen muß.

Eckermann, Gesprächsbericht vom 10. 4. 1829:

Goethe zeigte mir sodann auch auf diesem Grundriß *〈einem Stadtplan von Rom〉* die merkwürdigsten Gebäude und Plätze. »Dies, sagte er, ist der Farnesische Garten.« War es nicht hier, sagte ich, wo Sie die Hexenszene 〈Hexenküche〉 des *Faust* geschrieben? »Nein, sagte er, das war im Garten Borghese.«

JULI 1789

Goethe an Carl August, 5. 7. 1789:

Faust will ich als Fragment geben aus mehr als einer Ursache. Davon mündlich.

NOVEMBER 1789

Goethe an Carl August, 5. 11. 1789:

Faust ist fragmentiert, das heißt in seiner Art für diesmal abgetan. Mittelsdorf schreibt ihn ab. Ein wunderlicher Konzept ist ihm wohl nie vorgelegt worden. Es ist recht eigen alle diese Tollheiten von eben der Hand zu sehen, welche uns sonst nur: Veste, liebe getreue vorzulegen gewohnt ist ⟨*als Kanzleischreiber beim Geheimen Consilium hatte Mittelsdorf die Herzoglichen Reskripte mit dieser Anrede auszufertigen*⟩. Nun wünsche ich daß Ihnen das Stückwerk noch einmal einen guten Abend machen möge.

OSTERMESSE 1790

Von 1787 bis 1790 erscheinen Goethe's Schriften *in acht Bänden bei Göschen in Leipzig. Der 7. Bd enthält u. a. den ersten, noch unvollständigen Druck des Ersten Teils:* Faust. Ein Fragment *(mit einem von Lips nach Rembrandt gestochenen Titelkupfer, → hier S. 30: Abb. 1).*

NOVEMBER/DEZEMBER 1794

Schiller an Goethe, 29. 11. 1794; nach der Ankündigung von Wilhelm Meisters Lehrjahre:

Aber mit nicht weniger Verlangen würde ich die Bruchstücke von Ihrem Faust, die noch nicht gedruckt sind, lesen, denn ich gestehe Ihnen, daß mir das, was ich von diesem Stücke gelesen, der Torso des Herkules ist. Es herrscht in diesen Szenen eine Kraft und eine Fülle des Genies, die den besten Meister unverkennbar zeigt, und ich möchte diese große und kühne Natur, die darin atmet, so weit als möglich verfolgen.

Goethe an Schiller, 2. 12. 1794:

Von Faust kann ich jetzt nichts mitteilen, ich wage nicht das Paket aufzuschnüren das ihn gefangen hält. Ich könnte nicht abschreiben ohne auszuarbeiten und dazu fühle ich mir keinen Mut. Kann mich künftig etwas dazu vermögen; so ist es gewiß Ihre Teilnahme.

JUNI 1797

Goethe an Schiller, 22. 6. 1797:

Da es höchst nötig ist daß ich mir, in meinem jetzigen unruhigen Zustande, etwas zu tun gebe, so habe ich mich entschlossen an meinen Faust zu gehen und ihn, wo nicht zu vollenden, doch wenigstens um ein gutes Teil weiter zu bringen, indem ich das was gedruckt ist, wieder auflöse und, mit dem was schon fertig oder erfunden ist, in große Massen disponiere, und so die Ausführung des Plans, der eigentlich nur eine Idee ist, näher vorbereite. Nun habe ich eben diese Idee und deren Darstellung wieder vorgenommen und bin mit mir selbst ziemlich einig. Nun wünschte ich aber daß Sie die Güte hätten die Sache einmal, in schlafloser Nacht, durchzudenken, mir die Forderungen, die Sie an das Ganze machen würden, vorzulegen und so mir meine eignen Träume, als ein wahrer Prophet, zu erzählen und zu deuten.

Da die verschiednen Teile dieses Gedichts, in Absicht auf die Stimmung, verschieden behandelt werden können, wenn sie sich nur dem Geist und Ton des Ganzen subordinieren, da übrigens die ganze Arbeit subjektiv ist, so kann ich in einzelnen Momenten daran arbeiten und so bin ich auch jetzt etwas zu leisten im Stande.

Unser Balladenstudium hat mich wieder auf diesen Dunst- und Nebelweg gebracht, und die Umstände raten mir, in mehr als in Einem Sinne, eine Zeit lang darauf herum zu irren.

Schiller an Goethe, 23. 6. 1797:

Ihre Aufforderung an mich, Ihnen meine Erwartungen und Desideria mitzuteilen, ist nicht leicht zu erfüllen; aber soviel ich kann, will ich Ihren Faden aufzufinden suchen, und wenn auch das nicht geht, so will ich mir einbilden, als ob ich die Fragmente von Faust zufällig fände, und solche auszuführen hätte. Soviel bemerke ich hier nur, daß der Faust, das Stück nämlich, bei aller seiner dichterischen Individualität die Foderung an eine Symbolische Bedeutsamkeit nicht ganz von sich weisen kann, wie auch wahrscheinlich Ihre eigene Idee ist. Die Duplizität der menschlichen Natur und das verunglückte Bestreben das Göttliche und das Physische im Menschen zu vereinigen verliert man nicht aus den Augen, und weil die Fabel ins Grelle und Formlose geht und gehen muß, so will man nicht bei dem Gegenstand stille stehen, sondern von ihm zu Ideen geleitet werden. Kurz, die Anfoderungen an den Faust sind zugleich philosophisch und poetisch, und Sie mögen sich wenden wie Sie wollen, so wird Ihnen die Natur des Gegenstandes eine philosophische Behandlung auflegen, und die Einbildungskraft wird sich zum Dienst einer Vernunftidee bequemen müssen.

Aber ich sage Ihnen damit schwerlich etwas neues, denn Sie haben diese Foderung in dem, was bereits da ist, schon in hohem Grad zu befriedigen angefangen.

Goethe, Tagebuch 23. 6. 1797:

Ausführlicheres Schema zum Faust.

Tagebuch 24. 6. 1797:

Zueignung an Faust ⟨*Verse 1-32*⟩.

Goethe an Schiller, 24. 6. 1797:

Dank für Ihre ersten Worte über den wieder auflebenden Faust. Wir werden wohl in der Ansicht dieses Werkes nicht variieren, doch gibt's gleich einen ganz andern Mut zur Arbeit, wenn man seine Gedanken und Vorsätze auch von außen bezeichnet sieht, und Ihre Teilnahme ist in mehr als Einem Sinne fruchtbar.

Daß ich jetzt dieses Werk angegriffen habe ist eigentlich eine Klugheitssache, denn da ich bei Meyers Gesundheitsumständen noch immer erwarten muß einen nordischen Winter zuzubringen ⟨*Joh. Heinr. M., mit dem er sich zu einer damals geplanten neuen Italienreise treffen wollte, war in Florenz erkrankt*⟩, so mag ich, durch Unmut über fehlgeschlagene Hoffnung, weder mir noch meinen Freunden lästig sein und bereite mir einen Rückzug in diese Symbol-, Ideen- und Nebelwelt mit Lust und Liebe vor.

Ich werde nur vorerst die großen erfundenen und halb bearbeiteten Massen zu enden und mit dem was gedruckt ist zusammen zu stellen suchen, und das so lange treiben bis sich der Kreis selbst erschöpft.

Leben Sie recht wohl, fahren Sie fort mir etwas über Gegenstand und Behandlung zu sagen ⟨. . .⟩.

Schiller an Goethe, 26. 6. 1797:

Den Faust habe ich nun wieder gelesen und mir schwindelt ordentlich vor der Auflösung. Dies ist indes sehr natürlich, denn die Sache beruht auf einer Anschauung und solang man die nicht hat, muß ein selbst nicht so reicher Stoff den Verstand in Verlegenheit setzen. Was mich daran ängstigt ist, daß mir der Faust seiner Anlage nach auch eine Totalität der Materie nach zu erfodern scheint, wenn am Ende die Idee ausgeführt erscheinen soll, und für eine so hoch aufquellende Masse finde ich keinen poetischen Reif, der sie zusammenhält. Nun, Sie werden sich schon zu helfen wissen.

Zum Beispiel, es gehörte sich meines Bedünkens, daß der Faust in das handelnde Leben geführt würde, und welches Stück Sie auch aus dieser Masse erwählen, so scheint es mir immer durch seine Natur eine zu große Umständlichkeit und Breite zu erfodern.

In Rücksicht auf die Behandlung finde ich die große Schwierigkeit zwischen dem Spaß und dem Ernst glücklich durchzukommen, Verstand und Vernunft scheinen mir in diesem Stoff auf Tod und Leben miteinander zu ringen. Bei der jetzigen fragmentarischen Gestalt des Fausts fühlt man dieses sehr aber man verweist die Erwartung auf das entwickelte Ganze. Der Teufel behält durch seinen Realism vor dem Verstand, und der Faust vor dem Herzen recht. Zuweilen aber scheinen sie ihre Rollen zu tauschen und der Teufel nimmt die Vernunft gegen den Faust in Schutz.

Eine Schwierigkeit finde ich auch darin, daß der Teufel durch seinen Charakter, der realistisch ist, seine Existenz, die idealistisch ist aufhebt. Die Vernunft nur kann ihn glauben, und der Verstand nur kann ihn so wie er da ist, gelten lassen und begreifen.

Ich bin überhaupt sehr erwartend, wie die Volksfabel ⟨*des Faustbuches*⟩ sich dem philosophischen Teil des Ganzen anschmiegen wird.

Goethe an Schiller, 27. 6. 1797:

Ihre Bemerkungen zu Faust waren mir sehr erfreulich. Sie treffen, wie es natürlich war, mit meinen Vorsätzen und Planen recht gut zusammen, nur daß ich mir's bei dieser barbarischen Komposition bequemer mache und die höchsten Forderungen mehr zu berühren als zu erfüllen denke. So werden wohl Verstand und Vernunft, wie zwei Klopffechter, sich grimmig herumschlagen, um Abends zusammen freundschaftlich auszuruhen. Ich werde sorgen daß die Teile anmutig und unterhaltend sind und etwas denken lassen, bei dem Ganzen, das immer ein Fragment bleiben wird, mag mir die neue Theorie des epischen Gedichts zu statten kommen ‹*vgl. den Briefwechsel der beiden über die gattungstheoretische Unterscheidung von »epischem Gedicht« und Drama hinsichtlich ihrer Stoffe und deren Behandlung im April/Mai 1797 sowie Goethes daraus hervorgegangenen Aufsatz* Über epische und dramatische Dichtung›.

JULI 1797

Goethe an Schiller, 1. 7. 1797:

Meinen Faust habe ich, in Absicht auf Schema und Übersicht, in der Geschwindigkeit recht vorgeschoben, doch hat die deutliche Baukunst ‹*Goethes Beschäftigung mit portugiesischer, dalmatinischer, italienischer Architektur*› die Luftphantome bald wieder verscheucht. Es käme jetzt nur auf einen ruhigen Monat an, so sollte das Werk zu männiglicher Verwunderung und Entsetzen, wie eine große Schwammfamilie, aus der Erde wachsen. Sollte aus meiner Reise nichts werden, so habe ich auf diese Possen mein einziges Vertrauen gesetzt. Ich lasse jetzt das Gedruckte wieder abschreiben und zwar in seine Teile getrennt, da denn das neue desto besser mit dem alten zusammen wachsen kann.

Schiller an Goethe, 4. 7. 1797:

Ich wünsche morgen von Ihnen zu hören, daß der Faust vorgerückt ist.

Goethe an Schiller, 5. 7. 1797:

Faust ist die Zeit zurückgelegt worden, die nordischen Phantome sind durch die südlichen Reminiszenzen auf einige Zeit zurückgedrängt worden, doch habe ich das Ganze als Schema und Übersicht sehr umständlich durchgeführt.

APRIL 1798

Goethe, Tagebuch 9. 4. 1798:

Faust wieder vorgenommen.

Damit beginnt eine Reihe ähnlicher Einträge, die am 21. 4. abbricht, am 18./19. 9. 1799 vorübergehend wiederaufgenommen und im April 1800 dann über längere Zeit hin fortgesetzt wird.

Goethe an Charlotte Schiller, 21. 4. 1798:

Faust hat diese Tage immer zugenommen; so wenig es ist, bleibt es eine gute Vorbereitung und Vorbedeutung. Was mich so lange Jahre abgehalten hat wieder daran zu gehen war die Schwierigkeit den alten geronnenen Stoff wieder ins Schmelzen zu bringen. Ich habe nun auf Cellinische Weise ein Schock zinnerne Teller und eine Portion hartes trocknes Holz dran gewendet* und hoffe nun das Werk gehörig im Fluß zu erhalten.

** In seiner von Goethe übersetzten Autobiographie, IV. Buch, 6. Kap., berichtet Benvenuto Cellini, wie er den fast hoffnungslos schwierigen Erzguß seiner Perseus-Statue dadurch zustande brachte, daß er in das nicht zureichend flüssige Metall noch die zinnernen Schüsseln und Teller seines Hausrats warf, also dem vorgegebenen Material neues: eigenes hinzufügte und durch lang getrocknetes Eichenholz ein besonders heftiges Feuer entfachte. – So unterschied Goethe dann nach Eckermanns Gesprächsbericht vom 18. 9. 1823 zwischen dem »gegebenen Stoffe«, welcher »Facta und Charaktere überliefert«, und dem, was der Dichter »von dem Seinigen hinzuzutun« habe.*

MAI 1798

Goethe an Schiller, 5. 5. 1798:

Meinen Faust habe ich um ein gutes weiter gebracht. Das alte noch vorrätige höchst konfuse Manuskript ist abgeschrieben und die Teile sind in abgesonderten Lagen, nach den Nummern eines ausführlichen Schemas hinter einander gelegt. Nun kann ich jeden Augenblick der Stimmung nutzen, um einzelne Teile weiter auszuführen und das ganze früher oder später zusammen zu stellen.

Ein sehr sonderbarer Fall erscheint dabei: Einige tragische Szenen waren in Prosa geschrieben, sie sind durch ihre Natürlichkeit und Stärke, in Verhältnis gegen das andere, ganz unerträglich ⟨→ *die Prosa-Szenen in* Faust. Frühe Fassung⟩. Ich suche sie deswegen gegenwärtig in Reime zu bringen, da denn die Idee wie durch einen Flor durchscheint, die unmittelbare Wirkung des ungeheuern Stoffes aber gedämpft wird.

Das hier erwähnte, 1797/98 angelegte ausführliche Schema ist nicht überliefert (aber aus entsprechend bezifferten Handschriften teilweise rekonstruierbar – dazu Grumach 1953, 66 und Kommentar-Band S. 934f., zum Paralipomenon 8*). Es hält die Gesamtkonzeption gegenwärtig, stellt die bestehenden Lücken vor Augen und wird von nun an zum wichtigsten äußeren Hilfsmittel eines planmäßigen Arbeitsverfahrens, das die früheren inspiriert-impulsiven Schübe abzulösen beginnt: der Autor* kommandiert die Poesie *(221). Dazu Schanze 1984.*

DEZEMBER 1798

Schiller an den Verleger Cotta, 16. 12. 1798:

Göthe hat an seinem Faust noch viel Arbeit eh er fertig wird. Ich bin oft hinter ihm her, ihn zu beendigen und seine Absicht ist wenigstens, daß dieses nächsten Sommer geschehen soll. Es wird freilich eine kostbare Unternehmung sein. Das Werk ist weitläuftig 20-30 Bogen gewiß, es sollen Kupfer dazu kommen, und er rechnet auf ein derbes Honorar. Es ist aber auch ein ungeheurer Absatz zu erwarten. Es wird gar keine Frage sein, daß er Ihnen das Werk in Verlag gibt, wenn Ihnen die Bedingungen recht sind, denn er meint es sehr gut mit Ihnen.

Cotta an Goethe, 18. 12. 1798:

Einige Ihrer Stuttgarter Verehrer glauben die Erscheinung des »Faust's« nahe – dörfte ich mir schmeicheln, daß Sie mich auch mit diesem Verlag beehrten?

JANUAR 1799

Goethe an Cotta, 2. 1. 1799:

Mein Faust ist zwar im vorigen Jahre ziemlich vorgerückt, doch wüßt ich bei diesem Hexenprodukte ⟨*er arbeitet an der* Walpurgisnacht *im* Harzgebirg⟩ die Zeit der Reife nicht voraus zu sagen. Wenn die Hoffnung näher rückt sollen Sie davon hören.

MÄRZ 1800

Schiller an Cotta, 24. 3. 1800:

Nun noch einen guten Rat. Ich fürchte, Göthe läßt seinen Faust, an dem schon so viel gemacht ist, ganz liegen, wenn er nicht von außen und durch anlockende Offerten veranlaßt wird, sich noch einmal an diese große Arbeit zu machen und sie zu vollenden. Der Faust wird, wie er mir sagte, wenn er vollendet ist zwei beträchtliche Bände, über 2 Alphabete betragen ⟨*Druckersprache: 2 Alphabete = 46 Druckbogen = 736 Seiten bei einer Taschen- bzw. 368 Seiten bei einer Oktav-Ausgabe. Tatsächlich umfaßte der* Faust *in der* Ausgabe letzter Hand *dann 591 Seiten im Taschen- bzw. 554 Seiten im Oktav-Format*⟩. Er rechnet freilich auf einen großen Profit, weil er weiß, daß man in Deutschland auf dieses Werk sehr gespannt ist. Sie können ihn, das bin ich überzeugt, durch glänzende Anerbietungen dahin bringen, dieses Werk in diesem Sommer auszuarbeiten.

APRIL 1800

Cotta an Goethe, 4. 4. 1800:

Wahrscheinlich haben Euer Exzellenz während des Winters den Faust seiner Vollendung nahe gebracht; die Gnade, welche mir Hochdieselbe stets bezeugen, entschuldigt gewiß auch den Wunsch, dieses seltene Produkt verlegen zu dörfen, und die untertänige Bitte diesen Wunsch gnädig zu realisieren. Ohne einen Maßstab für seine Ausdehnung zu haben, als einem der Daten, worauf leider wir Buchhändler gewöhnlich Rücksicht nehmen müssen, ist es freilich schwer irgend einen Vorschlag zu machen, indessen wenn ich mir schmeicheln dörfte, daß Hochdieselbe in mich dasjenige Zutrauen setzen möchten, welches ich zu verdienen glaube und nach diesem annehmen würden, daß jeder Vorschlag für mich nur Norm dessen, was ich gleichsam für die Unternehmung zahle, keineswegs aber gänzliche Entrichtung meiner Schuldigkeit seie und daß ich diese erst nach dem Erfolg als redlicher Mann abmesse, so möchte ich es wohl wagen, Hochdenenselben f 4000 ReichsGeld* anzubieten in der schmeichelhaften Hoffnung, Sie werden dieses Anerbieten ganz so ansehen, wie es gemacht wird und wie ich es im Eingang offen und redlich angab.

Nehmen Sie meine Freiheit gnädig auf!

** 4000 Florentiner = Gulden. – Goethes vergleichsweise hohe Bezüge als Weimarer 'Minister' betrugen damals 2100 Reichstaler im Jahr (= 3150 Gulden). Ein gutgestellter Kanzleidiener, Hofkutscher, Gendarmeriewachtmeister lag jährlich unter 400 Gulden.*

Goethe, Tagebuch 11. 4. 1800:

Brief von Cotta. Faust angesehen.

Goethe an Schiller ⟨11. 4. 1800⟩:

Cottas Freiheit ist mir sehr angenehm. Ich habe einen Brief von ihm über Faust, den Sie mir wahrscheinlich zugezogen haben. Wofür ich aber danken muß. Denn wirklich habe ich auf diese Veranlassung das Werk heute vorgenommen und durchdacht.

SEPTEMBER 1800

Goethe an Schiller, 12. 9. 1800:

Nach verschiedenen Abenteuern bin ich erst heute früh wieder zu der jenaischen Ruhe gelangt und habe gleich etwas versucht, aber nichts getan. Glücklicherweise konnte ich diese acht Tage die Situationen fest halten von denen Sie wissen, und meine Helena ist wirklich aufgetreten ⟨→ Paralipomenon III H^1, *hier S. 671 ff.; dieses* Helena im Mittelalter-*Fragment bricht ab, bevor noch die Griechin dem nordisch-barbarischen Faust begegnet*⟩. Nun zieht mich aber das Schöne in der Lage meiner Heldin so sehr an, daß es mich betrübt wenn ich es zunächst ⟨*demnächst*⟩ in eine Fratze verwandeln soll. Wirklich fühle ich nicht geringe Lust eine ernsthafte Tragödie auf das Angefangene zu gründen ⟨*Goethe bedachte wohl allen Ernstes eine vom* Faust-*Drama abgelöste, der antiken Tragödie nacheifernde Dichtung*⟩; allein ich werde mich hüten die Obliegenheiten zu vermehren, deren kümmerliche Erfüllung ohnehin schon die Freude des Lebens wegzehrt.

Schiller an Goethe, 13. 9. 1800:

Ich wünsche Ihnen Glück zu dem Schritte, den Sie in Ihrem Faust getan. Lassen Sie Sich aber ja nicht durch den Gedanken stören, wenn die schönen Gestalten und Situationen kommen, daß es Schade sei, sie zu verbarbarisieren. Der Fall könnte Ihnen im 2ten Teil des Faust noch öfters vorkommen, und es möchte einmal für allemal gut sein, Ihr poetisches Gewissen darüber zum Schweigen zu bringen. Das Barbarische der Behandlung, das Ihnen durch den Geist des ganzen auferlegt wird, kann den höhern Gehalt nicht zerstören und das Schöne nicht aufheben, nur es anders spezifizieren und für ein anderes Seelenvermögen zubereiten. Eben das Höhere und Vornehmere in den Motiven wird dem Werk einen eigenen Reiz geben, und Helena ist in diesem Stück ein Symbol für alle die Schönen Gestalten, die sich hinein verirren werden. Es ist ein sehr bedeutender Vorteil, von dem Reinen mit Bewußtsein ins Unreinere zu gehen, anstatt von dem Unreinen einen Aufschwung zum Reinen zu suchen wie bei uns übrigen Barbaren der Fall ist. Sie müssen also in Ihrem Faust überall Ihr Faustrecht behaupten.

Goethe an Schiller, 16. 9. 1800:

Der Trost, den Sie mir in Ihrem Briefe geben, daß durch die Verbindung des reinen und abenteuerlichen ein nicht ganz verwerfliches poetisches Ungeheuer entstehen könne, hat sich durch die Erfahrung schon an mir bestätigt, indem aus dieser Amalgamation seltsame Erscheinungen, an denen ich selbst einiges Gefallen habe, hervortreten. Mich verlangt zu erfahren wie es in vierzehn Tagen aussehen wird. Leider haben diese Erscheinungen eine so große Breite als Tiefe, und sie würden mich eigentlich glücklich machen, wenn ich ein ruhiges halbes Jahr vor mir sehen könnte.

Schiller an Goethe (der ihm am 21. 9. in Jena aus dem Helena-Akt vorgelesen hatte), 23. 9. 1800:

Ihre neuliche Vorlesung hat mich mit einem großen und vornehmen Eindruck entlassen, der edle hohe Geist der alten Tragödie weht aus dem Monolog einem entgegen und macht den gehörigen Effekt, indem er ruhig mächtig das tiefste aufregt. Wenn Sie auch sonst nichts poetisches von Jena zurückbrächten, als dieses und was Sie über den fernern Gang dieser tragischen Partie schon mit sich ausgemacht haben, so wäre Ihr Aufenthalt in Jena belohnt. Gelingt Ihnen diese Synthese des Edeln mit dem Barbarischen, wie ich nicht zweifle, so wird auch der

Schlüssel zu dem übrigen Teil des Ganzen gefunden sein, und es wird Ihnen alsdann nicht schwer sein, gleichsam analytisch von diesem Punkt aus den Sinn und Geist der übrigen Partien zu bestimmen und zu verteilen. Denn dieser Gipfel, wie Sie ihn selbst nennen, muß von allen Punkten des Ganzen gesehen werden und nach allen hin sehen.

MÄRZ 1801

Schiller an Goethe, 16. 3. 1801 aus Jena:

Viel Glück zu den Fortschritten im Faust, auf den die hiesigen Philosophen ganz unaussprechlich gespannt sind.

Goethe an Schiller, 18. 3. 1801:

Keinen eigentlichen Stillstand an Faust habe ich noch nicht gemacht, aber mitunter nur schwache Fortschritte. Da die Philosophen auf diese Arbeit neugierig sind, habe ich mich freilich zusammen zu nehmen.

APRIL 1801

Goethe an Schiller ⟨3. oder 4. 4. 1801⟩:

An Faust ist in der Zeit auch etwas geschehen. Ich hoffe daß bald in der großen Lücke nur der Disputationsactus fehlen soll, welcher denn freilich als ein eigenes Werk anzusehen ist und aus dem Stegreife nicht entstehen wird.

*Zur »großen Lücke«, die da noch zwischen Wagners Abgang (*Frühe Fassung, *248;* Faust I, *601) und der Schüler-Szene (*Frühe Fassung, *249;* Faust I, *1868) bestand: → Kommentar zu 1770 ff. Der geplante Disputationsakt (→ hier S. 577 ff.:* Paralipomenon 11 *und* 12*) kam nicht zustande.*

DEZEMBER 1801

Schiller an Cotta, 10. 12. 1801:

Sie fragen mich nach Göthen und seinen Arbeiten. Er hat aber leider seit seiner Krankheit gar nichts mehr gearbeitet und macht auch keine Anstalten dazu. Bei den trefflichsten Planen und Vorarbeiten die er hat, fürchte ich dennoch daß nichts mehr zu Stande kommen wird, wenn nicht eine große Veränderung mit ihm vorgeht.

Er ist zu wenig Herr über seine Stimmung, seine Schwerfälligkeit macht ihn unschlüssig und über den vielen Liebhaber Beschäftigungen, die er sich mit Wissenschaftlichen Dingen macht, zerstreut er sich zu sehr. Beinahe verzweifle ich daran, daß er seinen Faust noch vollenden wird.

JUNI 1805

Wilhelm v. Humboldt an Goethe, 5. 6. 1805 – nach Schillers Tod am 9. Mai d. J.:

Daß der arme Schiller auch Ihren Faust nun nie vollendet sieht.

SEPTEMBER 1805

Goethe an Cotta, 30. 9. 1805, zur geplanten Ausgabe seiner Werke, *in der* Faust I *dann 1808 als 8. Bd erschien:*

Was ich in den vierten Band bringe, darüber bin ich mit mir selbst noch nicht einig. Ist es mir einigermaßen möglich; so tret ich gleich mit Faust hervor. Er und die übrigen Holzschnittartigen Späße machen ein gutes Ganze und würden bei der ersten Lieferung gleich ein lebhafteres Interesse erregen. Bezeichnen Sie mir den letzten Termin, wann Sie das Manuskript vom vierten

Bande haben müssen, damit ich einigermaßen meinen Überschlag machen kann.

NOVEMBER 1805

Goethe an Cotta, 25. 11. 1805:

Den Faust, dächt' ich, gäben wir ohne Holzschnitte und Bildwerk *⟨der Verleger hatte offenbar die »Holzschnittartigen Späße« in Goethes Brief vom 30. 9. 1805 mißverstanden und am 12. 11. Vorlagen für »Holzschnitte zu Faust« erbeten⟩*. Es ist so schwer, daß etwas geleistet werde, was dem Sinne und dem Tone nach zu einem Gedicht paßt. Kupfer und Poesie parodieren sich gewöhnlich wechselsweise. Ich denke, der Hexenmeister soll sich allein durchhelfen.

MÄRZ 1806

Goethe, Tagebuch 21. 3. 1806:

Faust angefangen durchzugehen mit Riemer.

APRIL 1806

Goethe, Tagebuch 13. 4. 1806:

Schluß von Fausts 1. Teil.

Tagebuch 25. 4. 1806:

Faust letztes Arrangement zum Druck.

Cotta nahm die Druckvorlage im Mai auf der Rückreise von der Leipziger Buchmesse persönlich entgegen. Aber durch die Kriegswirren verzögerte sich die Drucklegung. Zunächst für Bd 4 bestimmt, erschien Faust. Eine Tragödie *erst im 8. Bd von* Goethe's Werke *(→ hier Ostermesse 1808).*

MAI 1808

Goethe, Tagebuch 13. 5. 1808, auf der Reise nach Karlsbad:
Unterweges de 〈...〉 Fausti dramatis parte secunda et quae in ea continebuntur 〈*'vom Zweiten Teil des* Faust-*Dramas und was darin enthalten sein wird'*〉.

OSTERMESSE 1808

Bei Cotta in Tübingen erscheinen von 1806 bis 1810 Goethe's Werke *in 13 Bänden; in Bd 8 jetzt der erste Druck von* Faust I, *enthaltend* Zueignung, Vorspiel auf dem Theater, Prolog im Himmel *und* Der Tragödie Erster Teil.

NOVEMBER 1810

Goethe an Zelter, 18. 11. 1810:
Schließlich melde, daß uns ein seltsames Unternehmen bevorsteht, nämlich den Faust aufzuführen, wie er ist 〈*seit 1808 gedruckt vorliegt*〉, insofern es nur einigermaßen möglich werden will.
Zur Aufführung → hier August 1829.

NOVEMBER 1812

Goethe, Tag- und Jahreshefte:
Wolff 〈*Schauspieler in Weimar*〉 und Riemer machten einen Plan zu Aufführung des Faust, wodurch der Dichter verleitet ward mit diesem Gegenstand sich abermals zu beschäftigen, manche Zwischenszenen zu bedenken, ja sogar Dekorationen und sonstiges Erfordernis zu entwerfen.

Zu diesem Inszenierungsplan → das Szenarium, hier S. 582-84 und Goethes Theaterzeichnungen zum Faust, *hier Abb. 2-7, erläutert im Kommentar-Band S. 821 ff. Die erste Weimarer Aufführung von* Faust I *erfolgte freilich erst zur Nachfeier von Goethes 80. Geburtstag (→ hier August 1829).*

DEZEMBER 1816

Goethe, Tagebuch 16. 12. 1816:

Meine Biographie: Schema des 2. Teils von Faust.

67jährig rechnete er damals kaum mehr mit einer Vollendung des Werkes und wollte im 18. Buch von Dichtung und Wahrheit *eine Inhaltserzählung vom Zweiten Teil geben, wie er ihn (dem Gang seiner Autobiographie folgend) um das Jahr 1775 geplant haben mag. Der unvollständig überlieferte Text findet sich hier S. 593 ff. als* Paralipomenon 63. *Er wurde nicht gedruckt, weil Eckermann ihn später benutzte, um Goethe zur Vollendung des Werkes anzuregen (→ hier August 1824 und Januar 1827).*

SEPTEMBER 1820

Goethe, Tagebuch 27. 9. 1820, zum Besuch von Schubarth in Weimar:

fortgesetzte gestrige Unterhaltung über das Fragmentarische des Faust und zu wünschende Vollendung.

AUGUST 1824

Eckermann, 10. 8. 1824, Notiz für Goethe über die 1816 für Dichtung und Wahrheit *verfaßte Inhaltserzählung zu* Faust II *(→ hier Dezember 1816):*

Ob nun dieser Plan zu Faust mitzuteilen oder zurückzuhalten sein wird, dieser Zweifel dürfte sich dann beseitigen lassen, wenn man die bereits fertigen Bruchstücke zur Prüfung vor Augen hat, und erst darüber klar ist, ob man überall ⟨*meint: überhaupt? oder hinsichtlich aller* fertigen Bruchstücke?⟩ die Hoffnung einer Fortsetzung des Faust aufgeben muß oder nicht. ⟨*→ hier Januar 1827*⟩

FEBRUAR 1825

Goethe, Tagebuch 25. 2. 1825:

Für mich Betrachtungen über das Jahr 1775, besonders Faust.

Tagebuch 26. 2. 1825:

An Faust einiges gedacht und geschrieben. ⟨*Arbeit am 5. Akt?*⟩

Tagebuch 27. 2. 1825:

Betrachtungen über Faust. Die ältern Nacharbeitungen vorgenommen. Einiges zurechte gestellt.

MÄRZ 1825

Goethe, Tagebuch 13. 3. 1825:

An Faust den Schluß ⟨*wohl* Großer Vorhof, *nicht* Bergschluchten⟩ fernerhin redigiert. Vorhergehende ⟨*zum 5. Akt gehörige?*⟩ Fragmente betrachtet.

Tagebuch 14. 3. 1825:

Helena vorgenommen ⟨*danach fast tägliche Eintragungen, meist auf diesen späteren 3. Akt bezogen, bis zum 5. 4. 1825*⟩.

JUNI 1826

Seit Mitte März zahlreiche Tagebucheintragungen über die wiederaufgenommene Arbeit am Helena-*Akt und über Gespräche mit dem daran mitwirkenden Altphilologen Riemer, die metrische, rhythmische, ästhetische Probleme, Dialoge und Chöre betreffen. Goethe hat sich entschlossen, diesen 3. Akt des Zweiten Teils als Vorabdruck zu veröffentlichen (was 1827/28 in* $C^{1/3}$ *4 geschieht). Am 3. 6. 1826 schreibt er darüber an Zelter:*

> Sodann darf ich dir wohl vertrauen: daß, um der ersten Sendung meiner neuen Ausgabe ⟨*der bei Cotta erscheinenden* Ausgabe letzter Hand⟩ ein volles Gewicht zu geben, ich die Vorarbeiten eines bedeutenden Werks, nicht in der Ausdehnung, sondern in der Eindichtung, wieder vorgenommen habe, das seit Schillers Tod nicht wieder angesehen worden, auch wohl ohne den jetzigen Anstoß in limbo patrum ⟨*meint: in Abrahams Schoß*⟩ geblieben wäre. Es ist zwar von der Art, daß es in die neueste Literatur eingreift, daß aber auch niemand, wer es auch sei, eine Ahnung davon haben durfte. Ich hoffe, da es zu Schlichtung eines Streits ⟨*zwischen Klassik und Romantik, → Kommentar-Band S. 582f.*⟩ gedacht ist, große Verwirrung dadurch hervorgebracht zu sehen.

Tagebuch 8. 6. 1826:

> Völliger Abschluß der Helena. Vorbereitung des Mundums ⟨*der Reinschrift, durch den Schreiber Schuchardt*⟩.

*Am 10. 6. 1826 diktiert Goethe die erste Fassung eines Ankündigungstextes (*Paralipomenon 123A, *hier S. 627ff.), der dem Leser verständlich zu machen sucht, wie sich dieses isolierte Teilstück an den im Druck vorliegenden* Faust I *anschließen sollte.*

SEPTEMBER 1826

Goethe an den Jenaer Philologen Göttling, Begleitbrief zum Helena-*Manuskript, 30. 9. 1826:*

> Ew. Wohlgeboren
>
> nehme mir die Freiheit eine schöne Dame zuzuführen, die sich denn selbst einleiten und einschmeicheln möge.

Eigentlich aber zu reden wünsche diesem sonderbaren Werke eine freundliche Aufnahme; so problematisch es auch scheinen mag, wird es der Wissende sich leicht erklären. Eines möchte ich bevorworten: Wenn das eigentlich Fehlerhafte der reimlos rhythmischen Stellen allerdings zu tilgen sein möchte, so würde man dabei doch nicht allzu genau verfahren; bisher habe ich es mit Professor Riemer durchgegangen, bis wir müde wurden. Möchten Ew. Wohlgeboren es Ihrer gewohnten Aufmerksamkeit wert achten.

OKTOBER 1826

Goethe an Wilhelm v. Humboldt, 22. 10. 1826:

Ich habe den ganzen Sommer zu Hause zugebracht und ungestört an der Ausgabe meiner Werke fortgearbeitet ⟨*meint Cottas* Vollständige Ausgabe letzter Hand⟩. Erinnern Sie sich wohl noch, mein Teuerster, einer dramatischen Helena, die im zweiten Teil von Faust erscheinen sollte? Aus Schillers Briefen vom Anfang des Jahrhunderts sehe ich, daß ich ihm den Anfang vorzeigte, auch, daß er mich zur Fortsetzung treulich ermahnte. Es ist eine meiner ältesten Konzeptionen, sie ruht auf der Puppenspiel-Überlieferung, daß Faust den Mephistopheles genötigt, ihm die Helena zum Beilager heranzuschaffen. Ich habe von Zeit zu Zeit daran fortgearbeitet, aber abgeschlossen konnte das Stück nicht werden, als in der Fülle der Zeiten, da es denn jetzt seine volle 3000 Jahre spielt, von Troja's Untergang bis zur Einnahme von Missolunghi ⟨*wo 1824 der am griech. Freiheitskrieg beteiligte Lord Byron starb, an den im* Helena-*Akt die Gestalt des Euphorion erinnern soll*⟩. Dies kann man also auch für eine Zeiteinheit rechnen, im höheren Sinne; die Einheit des Orts und der Handlung sind aber auch im gewöhnlichen Sinn auf's genauste beobachtet. Es tritt auf unter dem Titel:

Helena
klassisch-romantische
Phantasmagorie.

Zwischenspiel zu Faust.

NOVEMBER 1826

Goethe, Tagebuch 8. 11. 1826:

Das Schema zu Faust, zweiter Teil, bei Gelegenheit der Helena vorgenommen ⟨*eine nicht überlieferte Vorstufe zu dem auf den 9. 11. 1826 datierten* Paralipomenon 99A, *hier S. 629f., oder doch dieses selbst?*⟩.

Tagebuch 10. 11. 1826:

Das Schema zu Fausts zweitem Teile fortgeführt ⟨*Überarbeitung* Paralipomenon 99A, *zu* 99B, *hier S. 630f.?*⟩.

DEZEMBER 1826

Mitte Dezember diktiert Goethe eine zweite Fassung des Textes, welcher den geplanten Vorabdruck des 3. Aktes ankündigen und ihn im Zusammenhang der Faust-*Handlung verständlich machen soll. Die »Antezendenzien der Helena« (Tagebuch 21. 12. 1826), also die ihrem Auftritt vorausgehenden, zu ihr hinführenden Geschehnisse, werden darin weit ausführlicher dargestellt als im ersten Entwurf vom 10. 6. 1826 (*Paralipomenon 123A, *hier S. 627ff.). Auch von dieser neuen Fassung (*P123C, *hier S. 636ff.) weichen der endgültige 1. und 2. Akt noch in vielfacher Hinsicht und aufschlußreicher Weise ab.*

Goethe, Tagebuch 29. 12. 1826:

Mit Herrn ⟨*Wilhelm*⟩ von Humboldt die Unterhaltungen fortgesetzt. Er las die ⟨...⟩ Helena, und teilte verschiedene Bemerkungen mit. Ingleichen las er die Antezedenzien zu Helena ⟨Paralipomenon 123C, *hier S. 636ff.*⟩, und war auch der Meinung, daß sie gegenwärtig nicht gedruckt werden sollten.

JANUAR 1827

Eckermann, Gesprächsbericht vom 15. 1. 1827:

Ich brachte das Gespräch auf den zweiten Teil des Faust, insbesondere auf die klassische Walpurgisnacht, die nur noch ⟨*noch immer nur*⟩ in der Skizze dalag ⟨Paralipomenon 63, *hier S. 593ff.*⟩, und wovon Goethe mir vor einiger Zeit gesagt hatte, daß er sie als Skizze wolle drucken lassen ⟨→ *hier: Dezember 1816*⟩. Nun hatte ich mir vorgenommen, Goethen zu raten, dieses nicht zu tun, denn ich fürchtete, sie möchte, einmal gedruckt, für immer unausgeführt bleiben ⟨→ *hier: August 1824*⟩. Goethe mußte in der Zwischenzeit das bedacht haben, denn er kam mir sogleich entgegen, indem er sagte, daß er entschlossen sei, jene Skizze nicht drucken zu lassen. Das ist mir sehr lieb, sagte ich, denn nun habe ich doch die Hoffnung, daß Sie sie ausführen werden. »In einem Vierteljahre, sagte er, wäre es getan, allein woher will die Ruhe kommen! Der Tag macht gar zu viele Ansprüche an mich; es hält schwer, mich so sehr abzusondern und zu isolieren. ⟨...⟩«

Und doch, sagte ich, haben Sie vorigen Winter die Helena vollendet, und Sie waren doch nicht weniger gestört als jetzt. »Freilich, sagte Goethe, es geht auch, und muß auch gehen, allein es ist schwer.« Es ist nur gut, sagte ich, daß Sie ein so ausführliches Schema haben. »Das Schema ist wohl da, sagte Goethe, allein das Schwierigste ist noch zu tun; und bei der Ausführung hängt noch Alles gar zu sehr vom Glück ab. Die klassische Walpurgisnacht muß in Reimen geschrieben werden und doch muß alles einen antiken Charakter tragen. Eine solche Versart zu finden ist nicht leicht. Und nun den Dialog!« – Ist denn der nicht im Schema mit erfunden? sagte ich. »Wohl das Was, antwortete Goethe, aber nicht das Wie. Und dann bedenken Sie nur, was alles in jener tollen Nacht zur Sprache kommt! Fausts Rede an die Proserpina, um diese zu bewegen, daß sie die Helena herausgibt, was muß das nicht für eine Rede sein, da die Proserpina selbst zu Tränen davon gerührt wird! – Dieses alles ist nicht leicht zu machen und hängt sehr viel vom Glück ab, ja fast ganz von der Stimmung und Kraft des Augenblicks.«

Eckermann, 29. 1. 1827:
Ein versiegeltes Paket lag auf dem Tisch. Goethe legte seine Hand darauf. »Was ist das? sagte er. Es ist die *Helena,* die an Cotta zum Druck abgeht.« ⟨. . .⟩

»Ich habe, sagte Goethe, bis jetzt immer noch Kleinigkeiten daran zu tun und nachzuhelfen gefunden. Endlich aber muß es genug sein und ich bin nun froh, daß es zur Post geht und ich mich mit befreiter Seele zu etwas Anderem wenden kann. Es mag nun seine Schicksale erleben! ⟨. . .⟩«

OSTERMESSE 1827

Ab 1827 verlegt Cotta in Tübingen/Stuttgart Goethe's Werke. Vollständige Ausgabe letzter Hand*; im 4. Bd (C¹4) erscheint zur Ostermesse der 3. Akt des Zweiten Teils unter dem Titel* Helena klassisch-romantische Phantasmagorie. Zwischenspiel zu Faust.

MAI 1827

In Goethes Zeitschrift Kunst und Altertum *erscheint eine Ankündigung des Vorabdrucks vom 3. Akt (*Helena Zwischenspiel zu Faust, *vollständiger Abdruck in WA I 41.2, 290ff.), die den Beginn des im Dezember 1826 diktierten Entwurfs (*Paralipomenon 123C, *hier S. 636ff.) übernimmt, aber anders als dort vom geplanten 1. und 2. Akt noch gar nichts mitteilt (diese abweichend schließenden Sätze stehen hier im Kommentar-Band S. 1002f., in den Angaben zum* Paralipomenon 123C*)*.

Goethe an Zelter, 24. 5. 1827:

Nun aber soll das Bekenntnis im Stillen zu dir gelangen, daß ich, durch guter Geister fördernde Teilnahme, mich wieder an Faust begeben habe, und zwar gerade dahin, wo er, aus der antiken Wolke sich niederlassend, wieder seinem bösen Genius begegnet ⟨*Beginn des 4. Aktes*⟩. Sage das niemanden; dies aber vertrau ich dir, daß ich von diesem Punkt an weiter fortzuschreiten und die Lükke auszufüllen gedenke zwischen dem völligen Schluß, der schon längst fertig ist.

An Nees v. Esenbeck, 25. 5. 1827:

Wie ich im Stillen langmütig einhergehe werden Sie an der dreitausendjährigen Helena sehen, der ich nun auch schon sechzig Jahre nachschleiche, um ihr einigermaßen etwas abzugewinnen. ⟨. . .⟩

Es liegen so manche Dinge die ich selbst wert achten muß, weil sie sich aus einer Zeit herschreiben die nicht wieder kommt, lange Jahre vor mir da, und bedürfen eigentlich nur einer gewissen genialen Redaktion. Vollständige Plane, schematisch aufgestellt, einzelnes ausgearbeitet! und es kommt nur auf einen reinen genialen Entschluß an, so ist es als eine Art von Ganzem brauchbar und gewiß manchem angenehm. So habe ich voriges Jahr mit einem gewaltsamen Anlauf die Helena endlich zum übereinstimmenden Leben gebracht; wie vielfach hatte sich diese in langen, kaum übersehbaren Jahren gestaltet und umgestaltet, nun mag sie im Zeitmoment solidesziert ⟨*in eine feste Gestalt überführt*⟩ endlich verharren.

Tagebuch 27. 5. 1827:

Ich behandelte das Schema von Faust anschließend an das schon Vollendete ⟨*meint: was auf* Faust I *folgen oder – nach vorn hin anschließend – dem 3. Akt von* Faust II *vorangehen sollte*⟩.

OKTOBER/NOVEMBER 1827

Goethe an Boisserée, 12. 10./11. 11. 1827:

Die gute Wirkung der Helena ermutigt mich, das Übrige heranzuarbeiten; Helena bestünde zuletzt ⟨*nach Fertigstellung des Zweiten Teils*⟩ als dritter Akt, wo sich denn freilich die ersten und letzten würdig anschließen müßten. Das Unternehmen ist nicht gering, das Ganze erfunden und schematisiert; nun kommt es aufs Glück der einzelnen ⟨*hier bricht der Brief vom 12. 10. mit der Bemerkung* Fortsetzung nächstens *ab; diese folgt unvermittelt am 11. 11.:*⟩ Ausführung an, wobei man sich denn freilich sehr zusammen nehmen muß.

An Zelter, 21. 11. 1827:

Der zweite Teil des Faust fährt fort sich zu gestalten; die Aufgabe ist hier wie bei der Helena: das Vorhandene so zu bilden und zu richten, daß es zum Neuen paßt und klappt, wobei manches zu verwerfen, manches umzuarbeiten ist. Deshalb Resolution dazu gehörte, das Geschäft anzugreifen; im Fortschreiten vermindern sich die Schwierigkeiten.

DEZEMBER 1827

Goethe, Tagebuch 28. 12. 1827:

Faust zweiten Teil Konzept und Mundum ⟨*Reinschrift*⟩ geordnet und geheftet.

Goethe an Riemer, 29. 12. 1827:

Sie erhalten hiebei, mein Wertester, das fragliche wundersame Werk bis gegen das Ende ⟨Faust II, *4613-6036; für den Vorabdruck 1828 im 12. Bd von Cottas* Vollständiger Ausgabe letzter Hand *bestimmt⟩;* haben Sie die Gefälligkeit, es genau durchzugehen, die Interpunktion zu berichtigen und allenfallsige Bemerkungen niederzuschreiben, vorzüglich aber Folgendes im Auge zu haben: Ich unterließ, wie Sie sehen, in prosaischer Parenthese ⟨*durch Bühnenanweisungen und Regiebemerkungen*⟩ das, was geschieht und vorgeht, auszusprechen und ließ vielmehr alles in dem dichterischen Flusse hinlaufen, anzeigen und andeuten, soviel mir zur Klarheit und Faßlichkeit nötig schien; da aber unsre lieben deutschen Leser sich nicht leicht bemühn, irgend etwas zu supplieren ⟨*ergänzen*⟩, wenn es auch noch so nah liegt, so schreiben Sie doch ein, wo Sie irgend glauben, daß eine solche Nachhülfe nötig sei. Das Werk ist seinem Inhalt nach rätselhaft genug, so möge es denn der Ausführung an Deutlichkeit nicht fehlen.

JANUAR 1828

Goethe an Zelter, 24. 1. 1828:

Drei bis vier Szenen des zweiten Teils von Faust sind nach Augsburg ⟨*in Cottas Druckerei*⟩ abgegangen; möchtet ihr, wenn sie gedruckt erscheinen, in den Strömungen des Lebens diesen Darstellungen einige Augenblicke widmen können! Ich fahre fort an dieser Arbeit, denn ich möchte gar zu gern die zwei ersten Akte fertig bringen, damit Helena als dritter Akt sich ganz ungezwungen anschlösse und, genugsam vorbereitet, nicht mehr phantasmagorisch und eingeschoben, sondern in ästhetisch-vernunftgemäßer Folge sich erweisen könnte. Was gelingen kann, müssen wir abwarten.

MÄRZ 1828

An Reichel, den Geschäftsführer des Cotta-Verlages, der am 28. 2. 1828 wegen des Vorabdrucks des 1. Akts von Faust II *in Bd 12 der* Ausgabe letzter Hand *(C¹ 12) anfragte, ob nach Vers 6036 (mitten in der Szene* Weitläufiger Saal. Lustgarten) *»nicht zu sagen sein möchte, daß eine weitere Fortsetzung später noch folgen wird?«, schreibt Goethe am 4. 3. 1828 – als ob er mit diesem Hinweis für den Leser sich selbst kommandierte:*

Worauf denn die Notiz folgen kann:
(Ist fortzusetzen.)

Goethe, nach Eckermanns Gesprächsbericht vom 11. 3. 1828:

Ich hatte in meinem Leben eine Zeit, wo ich täglich einen gedruckten Bogen ⟨= *16 Druckseiten Oktav*⟩ von mir fordern konnte, und es gelang mir mit Leichtigkeit. ⟨...⟩ Jetzt, am zweiten Teil meines Faust, kann ich nur in den frühen Stunden des Tages arbeiten, wo ich mich vom Schlaf erquickt und gestärkt fühle und die Fratzen des täglichen Lebens mich noch nicht verwirrt haben. Und doch, was ist es, das ich ausführe! Im allerglücklichsten Fall eine geschriebene Seite; in der Regel aber nur so viel, als man auf den Raum einer Handbreit schreiben könnte, und oft, bei unproduktiver Stimmung, noch weniger.

APRIL 1828

Goethe an Zelter, 22. 4. 1828:

⟨...⟩ so manches andere noch nebenher, indessen Faust mich von der Seite anschielt und die bittersten Vorwürfe macht, daß ich nicht ihm als dem Würdigsten den Vorzug der Arbeit zuwende und alles Übrige bei Seite schiebe.

OSTERMESSE 1828

Als Bd 12 der Ausgabe letzter Hand *(C¹ 12) erscheint zur Ostermesse:* Faust. Eine Tragödie *mit* Faust, erster Teil *und* Faust, zweiter Teil – *dieser noch ohne die Angabe ›Erster Akt‹ und nach 6036 abbrechend mit der Notiz:* (Ist fortzusetzen.)

Die letzten Worte der Faust-*Dichtung, die Goethe zu Lebzeiten seinen Zeitgenossen noch zu lesen gab, lauteten also:* wenn eure Tageswelt | Wie's oft geschieht, mir widerlichst mißfällt *(→ hier S. 812 im Brief an Wilhelm v. Humboldt, mit dem Goethe die Veröffentlichung des* Faust II *vor seinem Tode endgültig verweigerte: »Der Tag ist aber wirklich so absurd und konfus* 〈...〉. *Verwirrende Lehre zu verwirrenden Handel waltet über die Welt«).*

JULI 1828

Goethe an Zelter, 26. 7. 1828:

Meine nahe Hoffnung, euch zu Michael *〈Herbstmesse, Ende September〉* die Fortsetzung von Faust zu geben, wird mir denn auch durch diese Ereignisse vereitelt *〈meint den Tod des Großherzogs Carl August am 14. Juni〉* 〈...〉.

Der Anfang des zweiten Akts ist gelungen; wir wollen dies ganz bescheiden aussprechen, weil wir ihn, wenn er nicht dastünde, nicht machen würden. Es kommt nun darauf an, den ersten Akt zu schließen, der bis auf's letzte Detail erfunden ist und ohne dieses Unheil auch schon in behaglichen Reimen ausgeführt stünde. Das müssen wir denn auch der vorschwebenden Zeit überlassen.

FEBRUAR 1829

Eckermann, Gesprächsbericht vom 12. 2. 1829 (er hatte die Hoffnung geäußert, »zum Faust eine passende Musik kommen zu sehen«):

Es ist ganz unmöglich, sagte Goethe. Das Abstoßende, Widerwärtige, Furchtbare, was sie stellenweise enthalten müßte, ist der Zeit zuwider. Die Musik müßte im Charakter des Don Juan sein; *Mozart* hätte den Faust komponieren müssen. *Meyer-Beer* wäre vielleicht dazu fähig, allein der wird sich auf so etwas nicht einlassen; er ist zu sehr mit italienischen Theatern verflochten.

JULI 1829

Goethe an Zelter, 19. 7. 1829, nach dessen begeistertem Dank vom 16. 6. für den Vorabdruck des Beginns von Faust II *in C¹ 12 (→ hier: Ostermesse 1828):*

Daß du auf den zweiten Faust zurückkehrst, tut mir sehr wohl; es wird mich das anregen, manches andere zu beseitigen und wenigstens das Allernächste was hieran stößt bald möglichst auszufertigen. Der Abschluß ist so gut wie ganz vollbracht, von den Zwischenstellen manches Bedeutende vollendet, und wenn man mich von Seiten höchster Gewalten auffangen und auf ein Vierteljahr einer hohen Festung anvertrauen wollte, so sollte nicht viel übrig sein. Ich habe alles so deutlich in Herz und Sinn daß es mir oft unbequem fällt.

AUGUST 1829

Goethe, Tagebuch 29. 8. 1829 (am Tag nach seinem 80. Geburtstag: die erste Aufführung von Faust I in *Weimar – ohne ihn):*

Abends allein. Aufführung von Faust im Theater.

DEZEMBER 1829

Eckermann, Gesprächsbericht vom 6. 12. 1829:

Heute nach Tisch las Goethe mir die erste Szene vom zweiten Akt des *Faust*. ⟨. . .⟩

»Da die Konzeption so alt ist, sagte Goethe, und ich seit funfzig Jahren darüber nachdenke, so hat sich das innere Material so sehr gehäuft, daß jetzt das Ausscheiden und Ablehnen die schwere Operation ist. Die Erfindung des ganzen zweiten Teiles ist wirklich so alt wie ich sage. Aber daß ich ihn erst jetzt schreibe, nachdem ich über die weltlichen Dinge so viel klarer geworden, mag der Sache zu Gute kommen. Es geht mir damit wie Einem, der in seiner Jugend sehr viel kleines Silber- und Kupfer-Geld hat, das er während dem Lauf seines Lebens immer bedeutender einwechselt, so daß er zuletzt seinen Jugendbesitz in reinen Goldstücken vor sich sieht.«

Goethe an Zelter, 16. 12. 1829:

Mit dem alten Faust bin ich zeither in Konnexion geblieben und habe, in der letzten Zeit *⟨seit Ende August⟩*, ihn und seine Gesellschaft besonders kultiviert. Meine einzige Sorge und Bemühung ist nun: die zwei ersten Akte fertig zu bringen damit sie sich an den dritten, welcher eigentlich das bekannte Drama, Helena betitelt, in sich faßt, klüglich und weislich anschließen mögen.

JANUAR 1830

Goethe, nach Eckermanns Gesprächsbericht vom 24. 1. 1830:

Faust ist jetzt mit dem Chiron zusammen *⟨→ 7319 ff.⟩* und ich hoffe die Szene soll mir gelingen. Wenn ich mich fleißig dazu halte, kann ich in ein paar Monaten mit der *⟨klassischen⟩* Walpurgisnacht fertig sein. Es soll mich nun aber auch nichts wieder vom Faust abbringen; denn es wäre doch toll genug, wenn ich es erlebte ihn zu vollenden! Und möglich ist es; – der fünfte Akt ist so gut wie fertig, und der vierte wird sich sodann wie von selber machen.

MÄRZ 1830

Eckermann, Gesprächsbericht vom 7. 3. 1830:

Wir waren heiter und sprachen von Arbeiten und Vorsätzen hin und her. »Es ist nicht gut daß der Mensch alleine sei, sagte Goethe, und besonders nicht daß er alleine arbeite; vielmehr bedarf er der Teilnahme und Anregung, wenn etwas gelingen soll. Ich verdanke Schillern die *Achilleïs* und viele meiner *Balladen*, wozu er mich getrieben, und Sie können es sich zurechnen, wenn ich den zweiten Teil des *Faust* zu Stande bringe. Ich habe es Ihnen schon oft gesagt, aber ich muß es wiederholen, damit Sie es wissen.«

JUNI 1830

Goethe zum Kanzler von Müller, 28. 6. 1830:

Voltaire, einer der größten Geister, hatte im hohen Alter die Schwachheit, noch ein neues Trauerspiel von sich aufführen zu lassen ⟨Irène, *1778*⟩; ich dagegen spüre immer mehr Neigung, das Beste, was ich gemacht und noch machen kann, zu sekretieren.

AUGUST 1830

Goethe an Eckermann (nach Italien), 9. 8. 1830:

Wir haben wenig zu erzählen, und hätten viel zu sagen, wovon ich nur soviel vermelde, daß die klassische Walpurgisnacht zu Stande gekommen, oder vielmehr in's

Grenzenlose ausgelaufen ist. Hätten Sie solche noch vor Ihrer Abreise vernommen, so wären Sie vielleicht erstaunt; aber wie kann man den, der aus einer so weiten und großen Welt zurückkommt, noch in Verwunderung setzen.

NOVEMBER 1830

Eckermann, 30. 11. 1830:

Goethe setzte uns vorigen Freitag in nicht geringe Sorge, indem er in der Nacht ⟨*25. auf 26. 11.*⟩ von einem heftigen Blutsturz überfallen wurde und den ganzen Tag nicht weit vom Tode war. Er verlor, einen Aderlaß mit eingerechnet, sechs Pfund Blut, welches bei seinem achtzigjährigen Alter viel sagen will.

Ist diese Angabe über einen (aus ungeklärter Ursache erfolgten) Blutverlust von mehr als zwei Litern auch nur annähernd richtig, so grenzt es selbst bei außergewöhnlich gutem physischem Zustand an ein Wunder, daß der Einundachtzigjährige überlebte. Wie die nachstehenden Zeugnisse zu erkennen geben, wird von nun an der Tod der letzte große Antreiber zur Vollendung der Faust-*Dichtung.*

DEZEMBER 1830

Goethe, Tagebuch 2. 12. 1830:

Nachts an Faust gedacht und einiges gefördert.

Tagebuch 3. 12. 1830:

Nach 1 Uhr einige Stunden gewacht. Verschiedenes in Gedanken gefördert.

Das mag die Bergschluchten-*Szene betreffen, deren endgültige Niederschrift noch im Dezember erfolgt: angesichts des eigenen Todes (→ hier November 1830) dichtet Goethe das* Unbeschreibliche *nach Fausts Tod.*

JANUAR 1831

Goethe, nach v. Müllers Gesprächsbericht vom 5. 1. 1831:
⟨...⟩ wenn ich nur erst meine Testaments-Sorge vom Herzen habe, dann wollen wir wieder frisch auftreten. Zehn neue Bände meiner Schriften ⟨Ausgabe letzter Hand, *Bd 41-50*⟩ sind fast schon parat; vom Faust der fünfte Akt ⟨*noch ohne die Szene* Offene Gegend⟩ und der zweite fast ganz ⟨*ebenso, seit längerer Zeit schon, der 1. und 3. Akt des Zweiten Teils*⟩. Der vierte muß noch gemacht werden, doch im Notfall könnte man ihn sich ⟨*als Leser*⟩ selbst konstruieren, da der Schlußpunkt im fünften Akt gegeben ist.

FEBRUAR 1831

Goethe, Tagebuch 12. 2. 1831:
Das Hauptwerk mutig und glücklich angegriffen.

Goethe, nach Eckermanns Gesprächsbericht vom 13. 2. 1831:
Ich werde nun diese ganze Lücke, von der Helena bis zum fertigen fünften Akt ⟨*also den 4. Akt*⟩, durcherfinden und in einem ausführlichen Schema niederschreiben, damit ich sodann mit völligem Behagen und Sicherheit ausführen, und an den Stellen arbeiten kann, die mich zunächst anmuten.

Nach Eckermanns Gesprächsbericht vom 17. 2. 1831:
»Ich habe nun auch das ganze Manuskript des zweiten Teiles heute heften lassen, damit es mir als eine sinnliche Masse vor Augen sei. Die Stelle des fehlenden vierten Aktes habe ich mit weißem Papier ausgefüllt, und es ist keine Frage, daß das Fertige anlocket und reizet, um das zu vollenden was noch zu tun ist. Es liegt in solchen sinnlichen Dingen mehr als man denkt, und man

muß dem Geistigen mit allerlei Künsten zu Hülfe kommen.«

Goethe ließ den gehefteten neuen Faust hereinbringen, und ich war erstaunt über die Masse des Geschriebenen, das im Manuskript als ein guter Folioband mir vor Augen war.

MAI 1831

Goethe, Tagebuch 4. 5. 1831:
Abschluß der 5. Abteilung ‹*5. Akt* Faust II›. Beginn der vierten.

An Zelter, Mitte Mai (Briefende 1. 6. 1831):
Fahre ja fort, mein Guter, aus der reichen äußern Ernte, in die du gesendet bist, mir von Zeit zu Zeit einige Büschel zuzuschicken, indes ich ganz in's innere Klostergarten-Leben ‹*des von einer hohen Mauer umfriedeten Hausgartens*› beschränkt bin, um, damit ich es nur mit wenig Worten ausspreche, den zweiten Teil meines Faust zu vollenden. Es ist keine Kleinigkeit, das, was man im zwanzigsten Jahre konzipiert hat, im 82. außer sich darzustellen und ein solches inneres lebendiges Knochengeripp mit Sehnen, Fleisch und Oberhaut zu bekleiden, auch wohl dem fertig Hingestellten noch einige Mantelfalten umzuschlagen, damit alles zusammen ein offenbares Rätsel bleibe, die Menschen fort und fort ergetze und ihnen zu schaffen mache.

JULI 1831

Goethe, Tagebuch 10. 7. 1831:
Das Hauptgeschäft ununterbrochen fortgesetzt.

An Johann Heinrich Meyer, 20. 7. 1831:

Wundersam bleibt es immer wie sich der von allem absondernde, teils revolutionäre, teils einsiedlerische Egoismus durch die lebendigen Tätigkeiten aller Art hindurchzieht.

Den meinen, will ich nur bekennen, hab ich in's Innerste der Produktion zurückgezogen und den, nunmehr seit vollen vier Jahren, wieder ernstlich aufgenommenen zweiten Teil des Faust in sich selbst arrangiert, bedeutende Zwischenlücken ausgefüllt und vom Ende herein, vom Anfang zum Ende das Vorhandene zusammengeschlossen. Dabei hoffe ich, es soll mir geglückt ⟨*sein*⟩, alle den Unterschied des Früheren und Späteren ausgelöscht zu haben.

Ich wußte schon lange her was, ja sogar wie ich's wollte, und trug es als ein inneres Märchen seit so vielen Jahren mit mir herum, führte aber nur die einzelnen Stellen aus, die mich von Zeit zu Zeit näher anmuteten. Nun sollte und konnte dieser zweite Teil nicht so fragmentarisch sein, als der erste. Der Verstand hat mehr Recht daran, wie man auch wohl schon an dem davon gedruckten Teil ersehen haben wird. Freilich bedurfte es zuletzt einen recht kräftigen Entschluß, das Ganze zusammenzuarbeiten, daß es vor einem gebildeten Geiste bestehen könne. Ich bestimmte daher fest in mir, daß es noch vor meinem Geburtstage vollendet sein müsse. Und so wird es auch; das Ganze liegt vor mir, und ich habe nur noch Kleinigkeiten zu berichtigen; so siegle ich's ein, und dann mag es das spezifische Gewicht meiner folgenden Bände ⟨*meint: die postumen der* Ausgabe letzter Hand⟩, wie es auch damit werden mag, vermehren. Wenn es noch Probleme genug enthält, indem, der Welt- und Menschengeschichte gleich, das zuletzt aufgelöste Problem immer wieder ein neues aufzulösendes darbietet, so wird es doch gewiß denjenigen erfreuen, der sich auf Miene, Wink und leise Hindeutung versteht. Er wird sogar mehr finden, als ich geben konnte.

Und so ist nun ein schwerer Stein über den Bergesgipfel auf die andere Seite hinabgewälzt. Gleich liegen aber wieder andere hinter mir, die auch wieder gefördert sein wollen; damit erfüllt werde, was geschrieben steht: »Solche Mühe hat Gott den Menschen gegeben.« ⟨*Prediger Salomo 1,13*⟩

Tagebuch 22. 7. 1831:

Das Hauptgeschäft zu Stande gebracht. Letztes Mundum. Alles rein Geschriebene eingeheftet.

AUGUST 1831

Eckermann, Gesprächsbericht vom 6. 6. 1831 (späterer Zusatz nach Mitte August):

Den noch fehlenden vierten Akt vollendete Goethe darauf in den nächsten Wochen, so daß im August der ganze zweite Teil geheftet und vollkommen fertig dalag. Dieses Ziel, wonach er so lange gestrebt, endlich erreicht zu haben, machte Goethe überaus glücklich. »Mein ferneres Leben, sagte er, kann ich nunmehr als ein reines Geschenk ansehen, und es ist jetzt im Grunde ganz einerlei, ob und was ich noch etwa tue.«

Eckermann, Gesprächsbericht (undatiertes Fragment; erst Februar/März 1832?):

Goethe übergab mir heute das Manuskript des zweiten Teiles seines Faust, um es nebst seinem übrigen Nachlaß einstens herauszugeben. »Sie lesen es wohl noch einmal, sagte er, und bemerken wohl was Ihnen etwa auffällt, damit wir es nach und nach in's Reine bringen. Ich wünsche übrigens nicht daß es jemand anders lese. Sie wissen ich habe Zelter davon Einiges gezeigt; aber sonst kennt es außer Ottilien und Ihnen niemand. Anderen guten Freunden, die nach dem Manuskript einige Neugierde verrieten, habe ich weisgemacht ich hätte es mit sieben

Siegeln belegt und fest verschlossen. Wir wollen es dabei bewenden lassen, damit ich nicht ferner geplagt werde.«

Zu den sieben Siegeln *vgl.* Offenbarung 5,1: *»UNd ich sahe in der rechten hand deß, der auf dem stuhl saß, ein buch geschrieben, inwendig und auswendig, versiegelt mit sieben siegeln«! – Die Reinschrift* (H) *von* Faust II *läßt nicht mehr erkennen, ob sie versiegelt war bzw. in einem versiegelten Umschlag lag (vgl. hier den folgenden Gesprächsbericht Försters und weiter Goethes Briefe 4. 9. 1831 an Zelter, 8. 9. und 24. 11. 1831 an Boisserée, 1. 12. 1831 an Humboldt) oder ob Eckermanns Behauptung zutrifft.*

Förster, Gesprächsbericht vom 25. 8. 1831(?):

Bei meinem letzten Besuche (1831) lagen zwei starke Foliobände, Manuskripte enthaltend, auf seinem Arbeitstische, und auf diese zeigend, sagte er: »Unter sieben Siegeln liegt hier der zweite Teil des Faust verschlossen; erst aber, wenn ich es nicht mehr imstande sein werde, mögen andere ihre Hand daran legen.«

SEPTEMBER 1831

Goethe an Zelter, 4. 9. 1831:

Wenn du nun aber nach dem Faust fragst, so kann ich dir erwidern: daß der zweite Teil nun auch in sich abgeschlossen ist. Ich habe seit so vielen Jahren recht gewußt was ich wollte, habe aber nur die einzelnen Stellen ausgeführt die mich im Augenblick interessierten. Dadurch wurden Lücken offenbar, welche ausgefüllt werden mußten. Dieses alles nun zurechtzustellen, faßt ich den festen Vorsatz, es müsse vor meinem Geburtstag geschehen. Und so ward es auch; das Ganze liegt vor mir und ich habe nur noch Kleinigkeiten zu berichtigen, so siegle ich's ein, und dann mag es das spezifische Gewicht meiner folgenden Bände 〈*der* Ausgabe letzter Hand〉, wie es auch damit werden mag, vermehren.

An Boisserée, 8. 9. 1831:

Es ist mir nämlich gelungen, den zweiten Teil des Faust in sich selbst abzuschließen. Ich wußte schon lange her was, ja sogar wie ich's wollte, und trug es, als ein inneres Märchen, seit so vielen Jahren mit mir herum, führte aber nur die einzelnen Stellen aus, die mich von Zeit zu Zeit näher anmuteten.

Nun sollte und konnte dieser zweite Teil nicht so fragmentarisch sein als der erste. Der Verstand hat mehr Rechte daran; wie Sie ja auch schon an dem davon gedruckten Anfang ersehen haben. Nun bedurft es zuletzt einen recht kräftigen Entschluß, das Ganze zusammenzuarbeiten, daß es vor einem gebildeten Geiste bestehen könne. Da steht es nun, wie es auch geraten sei. Und, wenn es noch Probleme genug enthält, keineswegs jede Aufklärung darbietet, so wird es doch denjenigen erfreuen, der sich auf Miene, Wink und leise Hindeutung versteht. Er wird sogar mehr finden als ich geben konnte.

Und so wird denn das Manuskript endlich eingesiegelt, daß es verborgen bleibe und dereinst, wenn's gluckt, die spezifische Schwere der folgenden Bände meiner Werke vermehren möge. Alles was hiezu gehört wird, sorgfältig redigiert und rein geschrieben, in einem aparten Kistchen verwahrt.

NOVEMBER 1831

Goethe an Boisserée, 24. 11. 1831:

Als ich meinen abgeschlossenen Faust einsiegelte, war mir denn doch nicht ganz wohl dabei zu Mute; denn es mußte mir einfallen daß meine wertesten, im Allgemeinen mit mir übereinstimmenden Freunde nicht alsobald den Spaß haben sollten, sich an diesen ernst gemeinten Scherzen einige Stunden zu ergötzen und dabei gewahr zu werden, was ich viele Jahre in Kopf und Sinn herumbewegte, bis es endlich diese Gestalt angenommen.

Sogar als Dichter, der sein Licht nicht unter den Scheffel setzen will, mußt ich verzweifeln, indem ich auf die nächste unmittelbare Teilnahme Verzicht tat. Mein Trost ist jedoch, daß gerade die, an denen mir gelegen sein muß, alle jünger sind als ich und seiner Zeit das für sie Bereitete und Aufgesparte zu meinem Andenken genießen werden.

DEZEMBER 1831

Goethe an Wilhelm v. Humboldt, 1. 12. 1831:

Von meinem Faust ist viel und wenig zu sagen; gerade zu einer günstigen Zeit fiel mir das Diktum ein:

Gebt ihr euch einmal für Poeten,
So kommandiert die Poesie ⟨→ Vorspiel, *220 f.*⟩;

und durch eine geheime psychologische Wendung, welche vielleicht näher studiert zu werden verdiente, glaube ich mich zu einer Art von Produktion erhoben zu haben, welche bei völligem Bewußtsein dasjenige hervorbrachte, was ich jetzt noch selbst billige, ohne vielleicht jemals in diesem Flusse wieder schwimmen zu können, ja was Aristoteles ⟨Poetik *17, 1455 a 32*⟩ und andere Prosaisten einer Art von Wahnsinn zuschreiben würden.

Die Schwierigkeit des Gelingens bestand darin, daß der zweite Teil des Faust, dessen gedruckten Partien Sie vielleicht einige Aufmerksamkeit geschenkt haben, seit funfzig Jahren in seinen Zwecken und Motiven durchgedacht und fragmentarisch, wie mir eine oder die andere Situation gefiel, durchgearbeitet war, das Ganze aber lückenhaft blieb.

Nun hat der Verstand an dem zweiten Teile mehr Forderung als an dem ersten, und in diesem Sinne mußte dem vernünftigen Leser mehr entgegengearbeitet werden, wenn ihm auch noch an Übergängen zu supplieren ⟨*ergänzen*⟩ genug übrigblieb.

Das Ausfüllen gewisser Lücken war sowohl für historische als ästhetische Stetigkeit nötig, welches ich so lange fortsetzte, bis ich endlich für rätlich hielt auszurufen:

Schließet den Wäss'rungskanal, Genugsam tranken die Wiesen. *⟨Vergil, Schlußvers 3. Ekloge⟩*

Und nun mußte ich mir ein Herz nehmen, das geheftete Exemplar, worin Gedrucktes und Ungedrucktes in einander geschoben sind, zu versiegeln, damit ich nicht etwa hie und da weiter auszuführen in Versuchung käme; wobei ich freilich bedaure, daß ich es – was der Dichter doch so gern tut – meinen wertesten Freunden nicht mitteilen kann.

JANUAR 1832

Goethes Tagebuch (2.–29. 1. 1832) bezeugt, daß er in dieser Zeit die (versiegelte?) Reinschrift des Faust II *noch einmal öffnete, um ihn seiner Schwiegertochter vorzulesen. Damals hat er, ändernd oder ergänzend, letzte Hand an sein Werk gelegt –*

17. 1. 1832:
Einiges im Faust Bemerkte nachgeholfen.

18. 1. 1832:
Einiges umgeschrieben.

24. 1. 1832:
Neue Aufregung zu Faust in Rücksicht größerer Ausführung der Hauptmotive, die ich, um fertig zu werden, allzu lakonisch behandelt hatte.

29. 1. 1832:
Abends Ottilie. Faust ausgelesen.

MÄRZ 1832

Auf Goethes Brief vom 1. 12. 1831 (s. o.) antwortend, hatte Wilhelm v. Humboldt am 6. 1. 1832 geschrieben:

Die Stelle Ihres Briefes über den Faust hat mich aufs höchste interessiert. Ich schicke Ihnen dieselbe in Abschrift zurück, weil Sie gewiß keine behalten haben und die Sache zu wichtig ist, um nicht künftig darauf zurückzukommen. Versuchen Sie doch einmal, ob Sie (da dies in der Stelle mir dunkel bleibt) aus Ihrer Erinnerung entnehmen können, ob Ihnen jene Art der Produktion mit völligem Bewußtsein wohl immer beigewohnt hat, oder ob Sie dieselbe als erst in einer gewissen Epoche eingetreten betrachten? Ich möchte, wenn auch natürlich im Grade Verschiedenheiten gewesen sein mögen, an das erstere glauben. Der Aristotelische Ausdruck wenigstens, wenn man ihn auch noch so sehr als ein bloßes Extrem ansieht, hat gewiß niemals auf Sie gepaßt und paßt auf keines Ihrer Werke, auch nicht auf den Werther und den Götz. Ihre Dichtung stammte von jeher aus Ihrer ganzen Natur- und Weltansicht. 〈. . .〉

Wenn ich Sie recht verstehe, daß Sie es wirklich nicht erleben wollen, den Faust zusammen gedruckt zu sehen, so beschwöre ich Sie wirklich, diesen Vorsatz wieder aufzugeben. Berauben Sie sich selbst nicht des Genusses, denn ein solcher ist es doch, eine Dichtung hinzustellen, die schon so tief empfunden worden ist, und nun in einem noch höhern Sinne aufgenommen werden muß, berauben Sie aber vorzüglich die nicht der Freude, das Ganze zu kennen, die den Gedanken nicht ertragen mögen, Sie zu überleben.

Goethe antwortete fünf Tage vor seinem Tod, mit dem letzten seiner Briefe:

Nach einer langen unwillkürlichen Pause beginne folgendermaßen und doch nur aus dem Stegreife. Die Tiere werden durch ihre Organe belehrt, sagten die Alten, ich setze hinzu: die Menschen gleichfalls, sie haben jedoch den Vorzug ihre Organe dagegen wieder zu belehren.

Zu jedem Tun, daher zu jedem Talent, wird ein Angebornes gefordert, das von selbst wirkt und die nötigen Anlagen unbewußt mit sich führt, deswegen auch so geradehin fortwirkt, daß, ob es gleich die Regel in sich hat, es doch zuletzt ziel- und zwecklos ablaufen kann.

Je früher der Mensch gewahr wird daß es ein Handwerk daß es eine Kunst gibt, die ihm zur geregelten Steigerung seiner natürlichen Anlagen verhelfen, desto glücklicher ist er; was er auch von außen empfange schadet seiner eingebornen Individualität nichts. Das beste Genie ist das, welches alles in sich aufnimmt sich alles zuzueignen weiß ohne daß es der eigentlichen Grundbestimmung, demjenigen was man Charakter nennt, im mindesten Eintrag tue, vielmehr solches noch erst recht erhebe und durchaus nach Möglichkeit befähige.

Hier treten nun die mannigfaltigen Bezüge ein zwischen dem Bewußten und Unbewußten; denke man sich ein musikalisches Talent, das eine bedeutende Partitur aufstellen soll, Bewußtsein und Bewußtlosigkeit werden sich verhalten wie Zettel und Einschlag, ein Gleichnis ⟨*aus der Fachsprache der Weber*⟩ das ich so gerne brauche.

Die Organe des Menschen durch Übung, Lehre, Nachdenken, Gelingen, Mißlingen, Fördernis und Widerstand und immer wieder Nachdenken, verknüpfen ohne Bewußtsein in einer freien Tätigkeit das Erworbene mit dem Angebornen, so daß es eine Einheit hervorbringt welche die Welt in Erstaunen setzt.

Dieses Allgemeine diene zu schneller Beantwortung der Frage und zu Erläuterung des wieder zurückkehrenden Blättchens.

Es sind über sechzig Jahre, daß die Konzeption des Faust bei mir jugendlich von vorne herein ⟨*meint: hin-*

sichtlich der vorderen Partien des Gesamtwerks〉 klar, die ganze Reihenfolge hin weniger ausführlich vorlag. Nun hab ich die Absicht immer sachte neben mir her gehen lassen, und nur die mir gerade interessantesten Stellen einzeln durchgearbeitet, so daß im zweiten Teile Lücken blieben, durch ein gleichmäßiges Interesse mit dem Übrigen zu verbinden. Hier trat nun freilich die große Schwierigkeit ein, dasjenige durch Vorsatz und Charakter zu erreichen, was eigentlich der freiwilligen tätigen Natur allein zu kommen sollte. Es wäre aber nicht gut, wenn es nicht auch nach einem so lange tätig nachdenkenden Leben möglich geworden wäre, und ich lasse mich keine Furcht angehen man werde das Ältere vom Neueren, das Spätere vom Früheren unterscheiden können, welches wir denn den künftigen Lesern zu geneigter Einsicht übergeben wollen.

Ganz ohne Frage würd' es mir unendliche Freude machen, meinen werten, durchaus dankbar anerkannten, weitverteilten Freunden auch bei Lebzeiten diese sehr ernsten Scherze zu widmen, mitzuteilen und ihre Erwiederung zu vernehmen. Der Tag aber ist wirklich so absurd und konfus, daß ich mich überzeuge meine redlichen, lange verfolgten Bemühungen um dieses seltsame Gebäu würden schlecht belohnt und an den Strand getrieben, wie ein Wrack in Trümmern daliegen und von dem Dünenschutt der Stunden zunächst überschüttet werden. Verwirrende Lehre zu verwirrenden Handel waltet über die Welt, und ich habe nichts angelegentlicher zu tun als dasjenige was an mir ist und geblieben ist, wo möglich zu steigern, und, meine Eigentümlichkeiten zu kohobieren*, wie Sie es, würdiger Freund, auf Ihrer Burg ja auch bewerkstelligen.

Teilen Sie mir deshalb auch etwas von Ihren Arbeiten mit; Riemer ist, wie Sie wohl wissen, an die gleichen und ähnlichen Studien geheftet und unsre Abendgespräche führen oft auf die Grenzen dieses Faches.

Verzeihung diesem verspäteten Blatte! Ohngeachtet

meiner Abgeschlossenheit findet sich selten eine Stunde, wo man sich diese Geheimnisse des Lebens vergegenwärtigen mag.

Weimar treu angehörig
den 17. März J.WvGoethe
1832.

* *Mit dem Wort* kohobieren *nimmt Goethe noch einmal einen im* Faust *verwendeten Fachterminus aus dem alchymistischen Laboratorium auf. Dort (Vers 6853) meinte das: reinigen und läutern durch das Abscheiden flüchtiger Öle mittels wiederholter Destillation. Hier aber hat er diesem Wort wohl eine weiter ausgreifende Bedeutung zugedacht. In den Heften* Zur Morphologie *hatte er 1820 seinen Aufsatz* Verstäubung, Verdunstung, Vertropfung *mitgeteilt, in dem es heißt:*

»Der aus der letzten Raupenhaut sich loslösende, zwar vollkommene, aber nicht vollendete Schmetterling verwahrt, von einer neuen, seine ⟨künftige!⟩ Gestalt weissagenden Haut eingeschlossen, bei sich einen köstlichen Saft. Diesen in sich organisch kohobierend, eignet er sich davon das Köstlichste zu, indem das Unbedeutendere nach Beschaffenheit äußerlicher Temperatur verdunstet« (FA I 24, 520). Ausdrücklich wollte er damit darauf »hindeuten: wie in der großen Natur alles auf einander spielt und arbeitet, und wie sich die ersten Anfänge so wie die höchsten Erscheinungen alles Gebildeten immer gleich und verschieden erweisen« (aaO. 521).

So verschlüsselt der Alte, fünf Tage vor seinem Ende, in das Wort kohobieren, *daß er selbst einer den Tod übergreifenden Metamorphose entgegenlebt – wie er sie seinem Faust in der* Bergschluchten-*Szene zugedichtet hat.*

OSTERMESSE 1833

Anzeige des Verlegers Cotta im Morgenblatt für gebildete Stände, *26. Jg, Okt. 1832* / Intelligenzblatt *Nr. 28, Sept. 1832:*

Die unterzeichnete Verlagshandlung erfüllt eine heilige Pflicht, indem sie hiermit die nahe Herausgabe
der nachgelassenen Schriften Goethe's
ankündigt.

Dieser reiche Nachlaß des großen Abgeschiedenen wird, seinen eigenen, letztwilligen Verfügungen gemäß, in dreien Lieferungen, jede zu fünf Bänden, erscheinen und zugleich auf einem zweiten Titelblatt als 41r–55r Band der sämtlichen Werke ⟨*in der* Ausgabe letzter Hand⟩ bezeichnet werden, um sich ganz den schon erschienenen 40 Bänden anzuschließen. Er wird daher auch mit ihnen gleichen Druck, Format und Papier, je nach den verschiedenen Oktav- und Sedez-Ausgaben, erhalten.

Zur Ostermesse 1833 erscheint der auf 1832 datierte 1. Band der Taschenbuchausgabe dieser unter Riemers Aufsicht veröffentlichten nachgelassenen Werke als Bd 41 der Ausgabe letzter Hand *(C^1 41):*

Faust.
Der Tragödie zweyter Theil in fünf Acten.

mit Eckermanns Angabe:

(Vollendet im Sommer 1831.)

GOETHESCHE LESEANWEISUNGEN

Das Publikum, besonders das deutsche, ist eine närrische Karrikatur des δημος *⟨der griechischen Volksversammlung⟩*; es bildet sich wirklich ein, eine Art von Instanz, von Senat auszumachen, und im Leben und Lesen dieses oder jenes wegvotieren zu können was ihm nicht gefällt. Dagegen ist kein Mittel als ein stilles Ausharren. ⟨. . .⟩ Wenn ungeachtet alles Tadelns und Geschreis das was das Büchlein enthält, als ein unveränderliches Faktum vor der Einbildungskraft steht, wenn man sieht, daß man mit allem Willen und Widerwillen daran doch nichts ändert; so läßt man sich in der Fabel zuletzt auch so ein apprehensives Wunderkind gefallen, wie man sich in der Geschichte nach einigen Jahren die Hinrichtung eines alten Königs und die Krönung eines neuen Kaisers gefallen läßt. Das Gedichtete behauptet sein Recht, wie das Geschehene.

(Goethe an v. Reinhard, 31. 12. 1809; bei Erscheinen der Wahlverwandtschaften*)*

Die Leser und Meiner, die mir dein letzter Brief vorführt, mögen zu den Gesellen in Auerbachs Hof gehören, von denen Mephistopheles schon vor 50 Jahren gesagt hat: alles spüren die Kerle nur nicht den Teufel und wenn er ihnen noch so nah ist.

Auch hier merken sie nicht, daß sie mit dem Regenwurm, der so glatt hinunter zu gehen scheint, einen Angel verschlucken der ihnen zu schaffen machen wird. Das Büchlein wird sie noch manche Zeit im Bauche grimmen.

(an Zelter, 14. 11. 1816; zum 1. Band der Italienischen Reise*)*

Einem Verfasser müßte schaudern, wenn er bedächte, wie viele Leser nichts zum Buche hinzubringen, weder Kenntnis noch Empfänglichkeit, ja wie viele bloß lesen um dabei geruhig einzuschlafen.

(an Boisserée, 16. 12. 1816)

Lassen Sie mich noch eine Bemerkung hinzufügen welche einem alten Autor wohl ziemen mag. Es gibt dreierlei Arten Leser: Eine, die ohne Urteil genießt, eine dritte, die ohne zu genießen urteilt, die mittlere die genießend urteilt und urteilend genießt; diese reproduziert eigentlich ein Kunstwerk auf's neue.

(an Rochlitz, 13. 6. 1819)

Dem Dummen wird die Ilias zur Fibel;
Wie uns vor solchem Leser graus't!
Er lies't so ohngefähr die Bibel,
Als wie Herr Schöne meinen Faust.

(aus Goethes Nachlaß: FA I 2, 769) – Der Hofrat Dr. Carl Christian Ludwig Schöne hatte ihm 1821 seine auf der Lektüre des Ersten Teils beruhende, 1823 gedruckte Fortsetzung des Faust *zugeschickt – mit der Widmung: »Du schwiegst, Du willst den Faust nicht enden. | So wagt' ich's zitternd denn ihn zu vollenden«! Goethe an Zelter, 14. 12. 1822: »wunderlich, daß ein sinniger Mensch das für Fortsetzung halten kann was nur Wiederholung ist, das Hauptunglück aber bleibt, daß sie haben in Prosa und in Versen schreiben lernen, und damit, meinen sie, wäre es getan.«*

Die Deutschen sind übrigens wunderliche Leute! – Sie machen sich durch ihre tiefen Gedanken und Ideen, die sie überall suchen und überall hineinlegen, das Leben schwerer, als billig. – Ei! so habt doch endlich einmal die Courage, *Euch den Eindrücken hinzugeben*, Euch ergötzen zu lassen, Euch rühren zu lassen, Euch erheben zu lassen, ja Euch belehren und zu etwas Großem entflammen und ermutigen zu lassen; aber denkt nur nicht immer, es wäre Alles eitel, wenn es nicht irgend abstrakter Gedanke und Idee wäre!

Da kommen sie und fragen: welche Idee ich in meinem *Faust* zu verkörpern gesucht? – Als ob ich das selber wüßte und aussprechen könnte! – *Vom Himmel durch die Welt zur Hölle ⟨Vers 242⟩*, das wäre zur Not etwas; aber das ist keine Idee, sondern Gang der Handlung. Und ferner, daß der Teufel die Wette verliert, und daß ein aus schweren Verirrungen immerfort zum Besseren aufstrebender Mensch zu *erlösen* sei, das ist zwar ein wirksamer, Manches erklärender guter Gedanke, aber es ist keine *Idee*, die dem Ganzen und jeder einzelnen Szene im Besondern zu Grunde liege. Es hätte auch in der Tat ein schönes Ding werden müssen, wenn ich ein so reiches, buntes und so höchst mannigfaltiges Leben, wie ich es im Faust zur Anschauung gebracht, auf die magere Schnur einer einzigen durchgehenden Idee hätte reihen wollen!

(zu Eckermann, 6. 5. 1827)

Ich zweifelte niemals, daß die Leser, für die ich eigentlich schrieb, den Hauptsinn dieser Darstellung sogleich fassen würden. ⟨. . .⟩

In solchen Hoffnungen einsichtiger Teilnahme habe ich mich bei Ausarbeitung der Helena ganz gehen lassen, ohne an irgend ein Publikum noch an einen einzelnen Leser zu denken, überzeugt, daß wer das Ganze leicht ergreift und faßt, mit liebevoller Geduld sich auch nach und nach das Einzelne zueignen werde. ⟨. . .⟩

Da sich gar manches unserer Erfahrungen nicht rund aussprechen und direkt mitteilen läßt, so habe ich seit langem das Mittel gewählt, durch einander gegenüber gestellte und sich gleichsam in einander abspiegelnde Gebilde den geheimeren Sinn dem Aufmerkenden zu offenbaren.

Da alles, was von mir mitgeteilt worden, auf Lebenserfahrung beruht, so darf ich wohl andeuten und hoffen, daß man meine Dichtungen auch wieder erleben wolle und werde. Und gewiß, jeder meiner Leser findet es an sich selbst, daß ihm von Zeit zu Zeit bei schon im Allgemeinen bekannten Dingen noch im Besonderen etwas Neues erfreulich aufgeht, welches denn ganz eigentlich uns angehört, indem es von einer wachsenden Bildung zeugt und uns dabei zu einem frischen Gedeihen hinleitet. Geht es uns doch dabei mit allem so, was irgend einen Gehalt darbietet oder hinter sich hat.

(an Iken, 27. 9. 1827)

Die rechte Art, ihm ⟨*dem Kunstwerk* Faust⟩ beizukommen, es zu beschauen und zu genießen, ist die, welche du erwählt hast: es nämlich in Gesellschaft mit einem Freunde zu betrachten. Überhaupt ist jedes gemeinsame Anschauen von der größten Wirksamkeit; denn indem ein poetisches Werk für viele geschrieben ist, gehören auch mehrere dazu, um es zu empfangen; da es viele Seiten hat, sollte es auch jederzeit vielseitig angesehen werden.

(an Knebel, 14. 11. 1827)

Deine Korrespondentin aus Sanssouci ⟨*die bei Zelter angefragt hatte, wieso zwei der* Xenien *sowohl in Schillers als in Goethes Werken stünden*⟩ mag ein liebenswürdiges Mädchen sein, eine wahre Deutsche ist sie zugleich. Diese Nation weiß durchaus nichts zurechtzulegen, durchaus stolpern sie über Strohhalmen. ⟨. . .⟩ Eben so quälen sie sich und mich mit den Weissagungen des Bakis, früher mit dem Hexen-Einmaleins und so manchem andern Unsinn, den man dem schlichten Menschenverstande anzueignen gedenkt. Suchten sie doch die psychisch-sittlich-ästhetischen Rätsel, die in meinen Werken mit freigebigen Händen ausgestreut sind, sich anzueignen und sich ihre Lebensrätsel dadurch aufzuklären! Doch viele tun es ja, und wir wollen nicht zürnen, daß es nicht immer und überall geschieht.

(an Zelter, 4. 12. 1827)

(Karl v. Holtei zu Goethe:) 〈...〉 ich soll morgen die zu Faust gehörige ›Helena‹ vorlesen. Ich habe mir zwar alle Mühe damit gegeben, aber alles verstehe ich doch nicht. Möchten Sie mir nicht zum Beispiel erklären, was eigentlich damit gemeint sei, wenn Faust an Helenas Seite die Land-Gebiete an einzelne Heerführer verteilt? 〈*Vers 9446 ff.*〉 Ob eine bestimmte Andeutung 〈...〉

Er ließ mich nicht ausreden, sondern unterbrach mich sehr freundlich: Ja, ja, ihr guten Kinder, wenn ihr nur nicht so dumm wäret? – Hierauf ließ er mich stehen etc.

(aus den Erinnerungen des in Weimar gastierenden Berliner Rezitators, 28. 2. 1828)

Ich bin in meinen Arbeiten nicht leicht didaktisch geworden: eine poetische Darstellung der Zustände, teils wirklicher, teils ideeller, schien mir immer das Vorteilhafteste, damit ein sinniger Leser sich in den Bildern bespiegeln und die mannichfaltigsten Resultate bei wachsender Erfahrung selbst herausfinden möge.

(an Borchardt, 1. 5. 1828)

In Gefolg dieses habe zu vermelden, daß mir nun bekannt geworden, wie man Helena in Edinburg, Paris und Moskau begrüßte. Es ist sehr belehrend, drei verschiedene Denkweisen hiebei kennen zu lernen: der Schotte sucht das Werk zu durchdringen, der Franzose es zu verstehen, der Russe sich es zuzueignen. Vielleicht fände sich bei deutschen Lesern alles drei.
(an Zelter, 21. 5. 1828; über die Aufnahme des Vorabdrucks vom 3. Akt des Faust II *in den Rezensionen von Carlyle, Ampère und Schewireff – abgedruckt und übersetzt jetzt in* MA 18.1, 596 ff.*)*

Der Schotte sucht das Werk zu durchdringen, der Franzose es zu verstehen, und der Russe sich es anzueignen. Unverabredet haben also diese drei die sämtlichen Kategorien der Teilnahme an einem ästhetischen Werke dargestellt; wobei sich versteht daß diese drei Arten nicht entschieden getrennt sein können, sondern immer eine jede die andere zu ihren Zwecken zu Hülfe rufen wird.

(an Carlyle, 15. 6. 1828)

Wenn dies Ding nicht fortgesetzt auf einen übermütigen Zustand hindeutet, wenn es den Leser nicht auch nötigt, sich über sich selber hinauszumuten, so ist es nichts wert. Bis jetzt, denk ich, hat ein guter Kopf und Sinn schon zu tun, wenn er sich will zum Herrn machen von allem dem was da hineingeheimnisset ist.

(an Zelter zum Faust II*, 26./27. 7. 1828)*

Aber Ihr Frauen habt Unrecht, wenn Ihr immer Partei macht; Ihr leset gewöhnlich ein Buch, um darin Nahrung für Eurer Herz zu finden, einen Helden, den Ihr lieben könntet! So soll man aber eigentlich nicht lesen, und es kommt gar nicht darauf an, daß Euch dieser oder jener *Charakter* gefalle, sondern daß Euch das *Buch* gefalle.

(zu Ottilie v. Goethe; Eckermann, 3. 10. 1828)

(Eckermann:) Wenn das alles so zur Erscheinung käme wie Sie es gedacht haben, das Publikum müßte vor Erstaunen dasitzen und gestehen, daß es ihm an Geist und Sinnen fehle, den Reichtum solcher Erscheinungen würdig aufzunehmen.

Geht nur, sagte Goethe, und laßt mir das Publikum, von dem ich nichts hören mag. Die Hauptsache ist, daß es geschrieben steht; mag nun die Welt damit gebaren so gut sie kann, und es benutzen soweit sie es fähig ist.

(20. 12. 1829; im Gespräch über den 1. Akt von Faust II*)*

Der Faust ⟨. . .⟩ ist doch ganz etwas Inkommensurabeles, und alle Versuche, ihn dem Verstand näher zu bringen, sind vergeblich. Auch muß man bedenken, daß der erste Teil aus einem etwas dunkelen Zustand des Individuums hervorgegangen. Aber eben dieses Dunkel reizt die Menschen, und sie mühen sich daran ab, wie an allen unauflösbaren Problemen.

(zu Eckermann, 3. 1. 1830)

(Eckermann:) ⟨. . .⟩ im Grunde sind doch der Auerbachsche Keller, die Hexenküche, der Blocksberg, der Reichstag, die Maskerade, das Papiergeld, das Laboratorium, die klassische Walpurgnisnacht, die Helena, lauter für sich bestehende kleine Weltenkreise, die, in sich abgeschlossen, wohl auf einander wirken, aber doch einander wenig ange-

hen. Dem Dichter liegt daran, eine mannigfaltige Welt auszusprechen, und er benutzt die Fabel eines berühmten Helden bloß als eine Art von durchgehender Schnur, um darauf aneinander zu reihen was er Lust hat. ⟨...⟩

Sie haben vollkommen Recht, sagte Goethe; auch kommt es bei einer solchen Komposition bloß darauf an, daß die einzelnen Massen bedeutend und klar seien, während es als ein Ganzes immer inkommensurabel bleibt, aber eben deswegen, gleich einem unaufgelösten Problem, die Menschen zu wiederholter Betrachtung immer wieder anlockt.

(13. 2. 1831)

(Eckermann:) Es kommt doch in diesem zweiten Teil ⟨*des* Faust⟩, sagte ich, eine weit reichere Welt zur Erscheinung als im ersten.

Ich sollte denken, sagte Goethe. Der erste Teil ist fast ganz subjektiv; es ist alles aus einem befangeneren, leidenschaftlicheren Individuum hervorgegangen, welches Halbdunkel den Menschen auch so wohl tun mag. Im zweiten Teile aber ist fast gar nichts Subjektives, es erscheint hier eine höhere, breitere, hellere, leidenschaftslosere Welt, und wer sich nicht etwas umgetan und Einiges erlebt hat, wird nichts damit anzufangen wissen.

(17. 2. 1831)

Es ist keine Kleinigkeit, das, was man im zwanzigsten Jahre konzipiert hat, im 82. außer sich darzustellen und ein solches inneres lebendiges Knochengeripp mit Sehnen, Fleisch und Oberhaut zu bekleiden, auch wohl dem fertig Hingestellten noch einige Mantelfalten umzuschlagen, damit alles zusammen ein offenbares Rätsel bleibe, die Menschen fort und fort ergetze und ihnen zu schaffen mache.

(an Zelter, 1. 6. 1831)

Aufschluß erwarten Sie nicht; der Welt- und Menschengeschichte gleich, enthüllt das zuletzt aufgelös'te Problem immer wieder ein neues aufzulösendes.

(an v. Reinhard, 7. 9. 1831; über den abgeschlossenen und 'versiegelten' Faust*)*

Nun hat der Verstand an dem zweiten Teile mehr Forderung als an dem ersten, und in diesem Sinne mußte dem vernünftigen Leser mehr entgegengearbeitet werden, wenn ihm auch noch an Übergängen zu supplieren ⟨*zu ergänzen*⟩ genug übrigblieb.

(an Wilhelm v. Humboldt, 1. 12. 1831)

Da steht es nun, wie es auch geraten sei. Und, wenn es noch Probleme genug enthält, keineswegs jede Aufklärung darbietet, so wird es doch denjenigen erfreuen, der sich auf Miene, Wink und leise Hindeutung versteht. Er wird sogar mehr finden als ich geben konnte.

(an Boisserée, 8. 9. 1831)

REGISTER ZUM KOMMENTAR-BAND

Es ist nicht eben freundlich gehandelt von manchen Gelehrten, daß sie die Register dem gleichen Buch anbinden lassen, aus dem die Wörter gezogen sind. Der rechte Zeigfinger, hätte man ihn auch angeleckt, haftet ungern hinten an der Zahlenkolonne, wenn der linke vorne sucht. Könnte man dieses nicht bequemer einrichten?

Lichtenberg, Sudelbuch K 418 (apokryph)

PERSONENREGISTER

Bis auf vergleichsweise belanglose Fälle erfaßt dieses Namensverzeichnis alle im Kommentar-Band angeführten mythologischen, biblischen und dichterischen Gestalten (nicht die Spielfiguren der *Faust*-Dichtung selbst); außerdem historische Personen (sofern sie nicht als bloße Empfänger von mündlichen oder schriftlichen Äußerungen Goethes genannt werden); schließlich die in den Erläuterungen zitierten Verfasser wissenschaftlicher Literatur (bloße Verweise wurden ihrer großen Zahl wegen dabei nicht berücksichtigt). – Die Verfasser oder Herausgeber von Wörterbüchern, Lexika oder Kommentarwerken (die der Kommentar-Band in der Regel nur mit ihren im Literatur-Verzeichnis aufgelösten Abkürzungen bezeichnet) werden nicht angeführt.

Zeitschriften der Goethezeit sowie anonyme Schriften und Kunstwerke sind unter ihrer (hier *kursiv* gesetzten) gängigen Betitelung oder Bezeichnung alphabetisch eingeordnet worden.

Alle biblischen Schriften (gleichfalls durch *Kursive* markiert) finden sich unter dem Stichwort *Bibel*.

SACHREGISTER

Dieses stichworthafte Verzeichnis der in den Lemmata und den Erläuterungen des Kommentar-Bandes benannten oder gemeinten Sachen und Begriffe stellt notgedrungen eine knappe Auswahl dar; vergleichsweise belanglose Fälle sind nicht berücksichtigt worden. Alphabetisch eingeordnet wurden hier auch die (*kursiv* gesetzten) Ortsangaben: Länder, Landschaften, Flüsse, Städte, Plätze etc.

WERKREGISTER

Dieses Verzeichnis erfaßt nur die im Kommentar-Band erwähnten eigenen Werke Goethes (die Schriften anderer Autoren müßte man über deren im Personenregister angeführte Namen suchen). Zur Unterscheidung wurden die Überschriften bzw. Anfänge einzelner Gedichte *kursiv* gesetzt. – Briefe, Tagebücher, Gespräche sind hier nicht berücksichtigt worden.

JOHANN WOLFGANG GOETHE
SÄMTLICHE WERKE.
BRIEFE, TAGEBÜCHER UND GESPRÄCHE

I. Abteilung: Sämtliche Werke

Band 1
Lyrik I: Gedichte 1756-1799

Band 2
Lyrik II: Gedichte 1800-1832

Band 3/1 und 2
Lyrik III: West-östlicher Divan

Band 4
Dramen I: Götz von Berlichingen
Clavigo/Stella/Dramen 1765-1775

Band 5
Dramen II: Iphigenie auf Tauris
Egmont/Torquato Tasso
Dramen 1776-1790

Band 6
Dramen III: Der Groß-Cophta
Die natürliche Tochter/Pandora
Dramen 1791-1832

Band 7/1 und 2
Dramen IV: Faust

Band 8
Romane I: Die Leiden des jungen Werthers
Die Wahlverwandtschaften
Epen/Novelle/Kleine Prosa

Band 9
Romane II:
Wilhelm Meisters theatralische Sendung
Wilhelm Meisters Lehrjahre
Unterhaltungen deutscher Ausgewanderten

Band 10
Romane III: Wilhelm Meisters Wanderjahre

Band 11
Übersetzungen I: Leben des Benvenuto Cellini

Band 12
Übersetzungen II: Zur Weltliteratur/Bearbeitungen

Band 13
Sprüche in Prosa:
Maximen und Reflexionen

Band 14
Autobiographische Schriften I:
Dichtung und Wahrheit

Band 15/1 und 2
Autobiographische Schriften II:
Italienische Reise

Band 16
Autobiographische Schriften III:
Campagne in Frankreich
Belagerung von Mainz/Reiseschriften

Band 17
Autobiographische Schriften IV:
Tag- und Jahreshefte

Band 18
Ästhetische Schriften I: 1771-1805

Band 19
Ästhetische Schriften II: 1805-1815

Band 20
Ästhetische Schriften III: 1816-1820

Band 21
Ästhetische Schriften IV: 1821-1824

Band 22
Ästhetische Schriften V: 1824-1832

Band 23/1 und 2
Naturkundliche Schriften I:
Schriften zur Farbenlehre

Band 24
Naturkundliche Schriften II:
Schriften zur Morphologie

Band 25
Naturkundliche Schriften III:
Schriften zur allgemeinen Naturlehre,
Geologie und Mineralogie

Band 26
Amtliche und politische Schriften I

Band 27
Amtliche und politische Schriften II

II. Abteilung: Briefe, Tagebücher und Gespräche

Band 1 (28)
Von Frankfurt nach Weimar: Der junge Goethe
(1764-1775)

Band 2 (29)
Das erste Weimarer Jahrzehnt
(1775-1786)

Band 3 (30)
Italien – Im Schatten der Revolution
(1786-1794)

Band 4 (31)
Mit Schiller I
(1794-1799)

Band 5 (32)
Mit Schiller II
(1800-1805)

Band 6 (33)
Napoleonische Zeit I
(1805-1811)

Band 7 (34)
Napoleonische Zeit II
(1812-1816)

Band 8 (35)
Zwischen Weimar und Jena I
(1816-1819)

Band 9 (36)
Zwischen Weimar und Jena II
(1819-1822)

Band 10 (37)
Die letzten Jahre I
(1823-1828)

Band 11 (38)
Die letzten Jahre II
(1823-1832)

Band 12 (39)
J. P. Eckermann: Gespräche mit Goethe

Band 13 (40)/1 und 2
Register zur I. und II. Abteilung